에듀윌과 함께 시작하면, 당신도 합격할 수 있습니다!

이 일 저 일 전전하다 관리자가 되려고 시작해
최고득점으로 동차 합격한 퇴직자

4살 된 딸아이가 어린이집에 있는 동안 공부해
고득점으로 합격한 전업주부

밤에는 대리운전, 낮에는 독서실에서 공부하며
에듀윌의 도움으로 거머쥔 주택관리사 합격증

누구나 합격할 수 있습니다.
시작하겠다는 '다짐' 하나면 충분합니다.

마지막 페이지를 덮으면,

**에듀윌과 함께
주택관리사 합격이 시작됩니다.**

주택관리사 1위

16년간
베스트셀러 1위

기초서

기본서

기출문제집

핵심요약집

문제집

네컷회계

주택관리사 교재 보기

베스트셀러 1위 교재로
따라만 하면 합격하는 커리큘럼

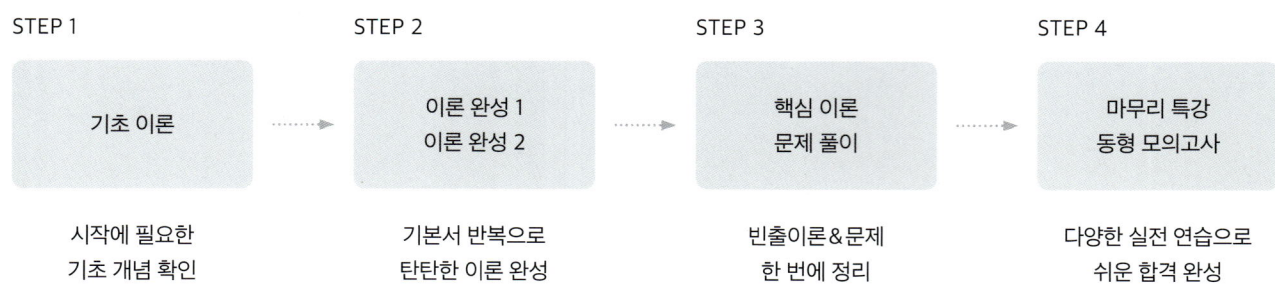

* 2023 대한민국 브랜드만족도 주택관리사 교육 1위 (한경비즈니스)
* YES24 수험서 자격증 주택관리사 베스트셀러 1위 (2010년 12월, 2011년 3월, 9월, 12월, 2012년 1월, 3월~12월, 2013년 1월~5월, 8월~11월, 2014년 2월~8월, 10월~12월, 2015년 1월~5월, 7월~12월, 2016년 1월~12월, 2017년 1월~12월, 2018년 1월~12월, 2019년 1월~12월, 2020년 1월~7월, 9월~12월, 2021년 1월~12월, 2022년 1월~12월, 2023년 1월~11월, 2024년 1월~2월, 4월~12월, 2025년 1월~9월 월별 베스트)

에듀윌 주택관리사

업계 유일 3년 연속 전국 수석, 6년 연속 최고득점자 배출

에듀윌 주택관리사의 우수성, 2024년에도 입증했습니다!

2024 최고득점자 & 수석합격

제27회 시험 최고득점자&수석합격

문O호 합격생

에듀윌 주택관리사를 공부하면서 좋았던 부분은 체계적인 커리큘럼과 실전 대비 시스템입니다. 강의가 단계적으로 구성되어 초보자도 쉽게 따라갈 수 있었고, 중요한 내용을 반복 학습할 수 있는 구조가 시험 준비에 큰 도움이 되었다고 생각합니다. 또한 다양한 문제 풀이와 모의고사를 통해 실전에 대한 자신감을 키울 수 있었던 점이 좋았습니다. 주택관리사 시험을 준비하는 여러분들, 많이 힘들고 불안한 마음이 들겠지만 "한 발짝 더 나아가는 용기와 꾸준함이 합격을 만드는 것 같습니다." 포기하지 않고 끝까지 달려간다면 반드시 좋은 결과를 얻을 수 있습니다. 마지막까지 최선을 다하는 여러분을 진심으로 응원합니다.

* 2024년, 2023년, 2022년 전국수석합격 및 공동주택관리실무 최고득점
2021년, 2020년 주택관리관계법규, 공동주택관리 실무 과목별 최고득점
2019년 주택관리관계법규 최고득점

주택관리사 1위

주택관리사, 에듀윌을 **선택해야 하는 이유**

오직 에듀윌에서만 가능한 합격 신화
3년 연속 전국 수석 배출

합격을 위한 최강 라인업
주택관리사 명품 교수진

주택관리사

합격부터 취업까지!
에듀윌 주택취업지원센터 운영

합격생들이 가장 많이 선택한 교재
16년간 베스트셀러 1위

* 2023 대한민국 브랜드만족도 주택관리사 교육 1위 (한경비즈니스)
  2024년, 2023년, 2022년 전국수석합격 및 공동주택관리실무 최고득점 / 2021년, 2020년 주택관리관계법규, 공동주택관리실무 과목별 최고득점 / 2019년 주택관리관계법규 최고득점
* YES24 수험서 자격증 주택관리사 베스트셀러 1위 (2010년 12월, 2011년 3월, 9월, 12월, 2012년 1월, 3월~12월, 2013년 1월~5월, 8월~11월, 2014년 2월~8월, 10월~12월, 2015년 1월~5월, 7월~12월, 2016년 1월~12월, 2017년 1월~12월, 2018년 1월~12월, 2019년 1월~12월, 2020년 1월~7월, 9월~12월, 2021년 1월~12월, 2022년 1월~12월, 2023년 1월~11월, 2024년 1월~2월, 4월~12월, 2025년 1월~9월 월별 베스트)

시간을 두고 꼼꼼히 공부하고 싶다면?

주택관리관계법규 3회독 합격플래너

나의 3회독 PLAN   1회독 ___월___일 ~ ___월___일 | 2회독 ___월___일 ~ ___월___일 | 3회독 ___월___일 ~ ___월___일

단원 PART	학습기간			회독체크		
	1회독	2회독	3회독	1회독	2회독	3회독
1. 주택법 ★				☑	☐	☐
2. 공동주택관리법 ★				☐	☐	☐
3. 민간임대주택에 관한 특별법				☐	☐	☐
4. 공공주택 특별법				☐	☐	☐
5. 건축법 ★				☐	☐	☐
6. 도시 및 주거환경정비법				☐	☐	☐
7. 도시재정비 촉진을 위한 특별법				☐	☐	☐
8. 시설물의 안전 및 유지관리에 관한 특별법				☐	☐	☐
9. 소방기본법				☐	☐	☐
10. 화재의 예방 및 안전관리에 관한 법률				☐	☐	☐
11. 소방시설 설치 및 관리에 관한 법률				☐	☐	☐
12. 전기사업법				☐	☐	☐
13. 승강기 안전관리법				☐	☐	☐
14. 집합건물의 소유 및 관리에 관한 법률				☐	☐	☐
총 학습기간				☐	☐	☐

* 에듀윌 이론강의 커리큘럼에 따라 3회독 셀프 플랜을 짜 보세요.
   이론강의에 대한 자세한 내용은 에듀윌 홈페이지(house.eduwill.net)에서 확인하세요.

* 최근 5개년 출제빈도가 높았던 단원에는 ★표시를 하였습니다. 더 주의 깊게 학습하세요.

짧은 기간 안에 확실히 공부하고 싶다면?

주택관리관계법규 1회독 합격플래너

단원 PART	학습기간	학습할 날짜	학습여부
1. 주택법 ★		/ ~ /	○ △ ×
2. 공동주택관리법 ★		/ ~ /	○ △ ×
3. 민간임대주택에 관한 특별법		/ ~ /	○ △ ×
4. 공공주택 특별법		/ ~ /	○ △ ×
5. 건축법 ★		/ ~ /	○ △ ×
6. 도시 및 주거환경정비법		/ ~ /	○ △ ×
7. 도시재정비 촉진을 위한 특별법		/ ~ /	○ △ ×
8. 시설물의 안전 및 유지관리에 관한 특별법		/ ~ /	○ △ ×
9. 소방기본법		/ ~ /	○ △ ×
10. 화재의 예방 및 안전관리에 관한 법률		/ ~ /	○ △ ×
11. 소방시설 설치 및 관리에 관한 법률		/ ~ /	○ △ ×
12. 전기사업법		/ ~ /	○ △ ×
13. 승강기 안전관리법		/ ~ /	○ △ ×
14. 집합건물의 소유 및 관리에 관한 법률		/ ~ /	○ △ ×
총 학습기간		/ ~ /	○ △ ×

➕ **기본서 외에 꼭 필요한 공부가 있다면?**

기본서로 이론학습을 한 후에는 반드시 문제풀이를 해야 합니다. 내가 공부한 이론이 실제로 어떻게 문제에 적용되는지를 연습해야 제대로 시험을 준비할 수 있어요. 문제 중에서도 가장 베스트는 기출문제라는 사실! 기출문제와 예상문제를 많이 풀어보세요!

에듀윌이
너를
지지할게

ENERGY

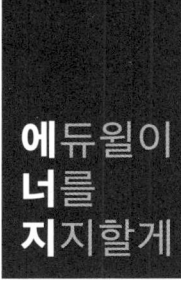

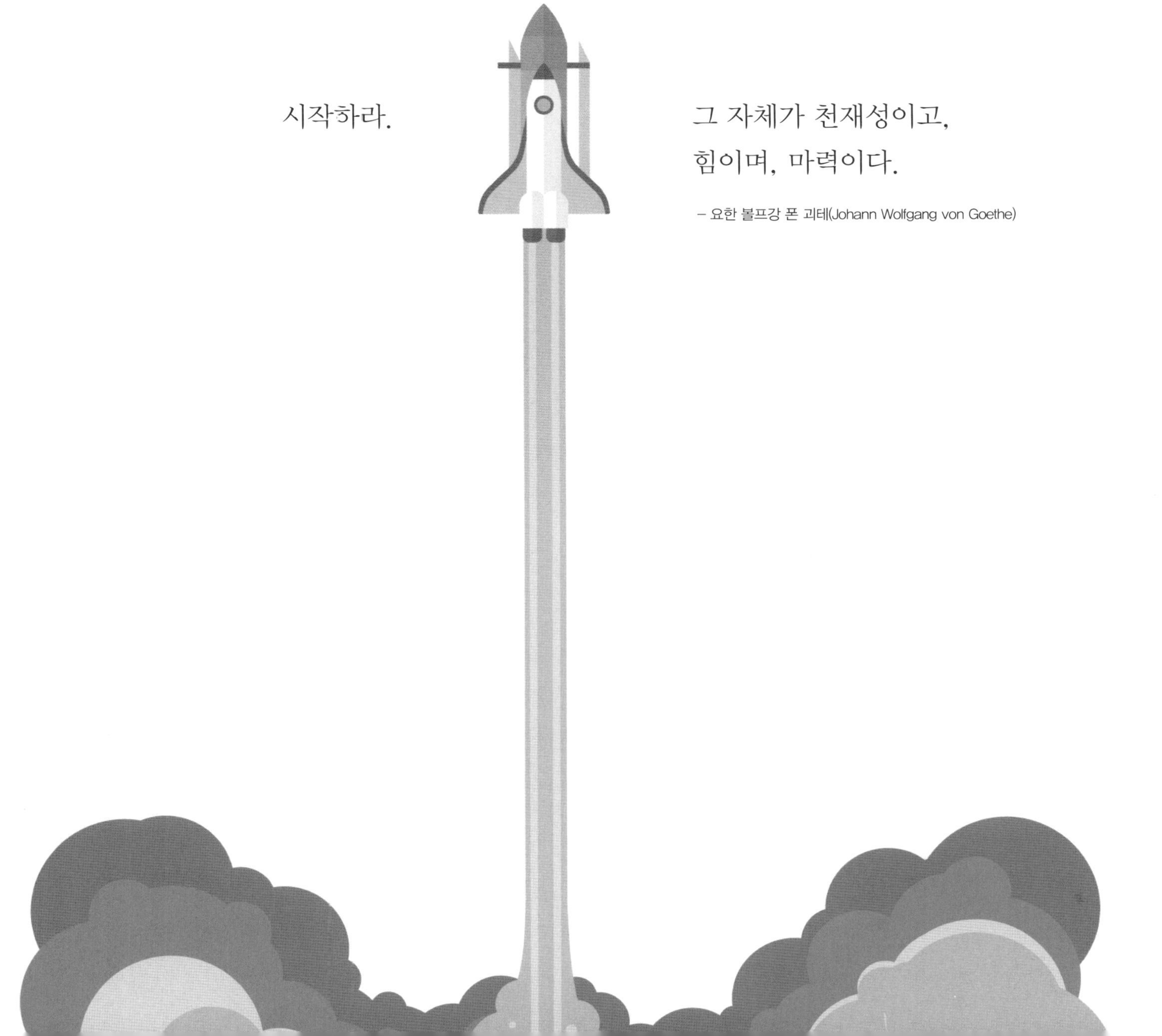

시작하라.

그 자체가 천재성이고,
힘이며, 마력이다.

– 요한 볼프강 폰 괴테(Johann Wolfgang von Goethe)

✚ **합격할 때까지 책임지는 개정법령 원스톱 서비스!**

기준 및 법령 개정이 잦은 주택관리사 시험,
개정사항을 어떻게 확인해야 할지 막막하고 걱정스러우신가요?
에듀윌에서는 필요한 개정법령만을 빠르게! 한번에! 제공해 드립니다.

| 에듀윌 도서몰 접속 (book.eduwill.net) | ▶ | 도서자료실 클릭 |

개정법령
확인하기

2026
에듀윌 주택관리사
기본서 2차

주택관리관계법규 上

시험 안내

주택관리사, 무슨 일을 하나요?

주택관리사란?	주택관리사(보) 합격증서 + 대통령령으로 정하는 주택 관련 실무 경력 → 주택관리사 자격증 발급
하는 일은?	공동주택, 아파트 등의 관리사무소장은 물론, 주택관리 전문 공무원, 공동주택 또는 건물관리 용역 업체 창업 등 취업의 문이 넓습니다.

주택관리사(보) 시험에서는 어떤 과목을 보나요?

제1차 (매년 6~7월 중 시행)

1교시 (총 100분)	회계원리	세부과목 구분 없이 출제 ※ 회계처리 등과 관련된 시험문제는 한국채택국제회계기준(K-IFRS)을 적용하여 출제
	공동주택 시설개론	목구조·특수구조를 제외한 일반건축구조와 철골구조, 홈네트워크를 포함한 건축설비개론 및 장기수선계획 수립 등을 위한 건축적산 포함
2교시 (총 50분)	민법	총칙, 물권, 채권 중 총칙·계약총칙·매매·임대차·도급·위임·부당이득·불법행위

▶ 과목별 각 40문항이며, 전 문항 객관식 5지 택일형으로 출제됩니다.

제2차 (매년 9월 중 시행)

1교시 (총 100분)	주택관리 관계법규	다음의 법률 중 주택관리에 관련되는 규정: 「주택법」, 「공동주택관리법」, 「민간임대주택에 관한 특별법」, 「공공주택 특별법」, 「건축법」, 「소방기본법」, 「화재의 예방 및 안전관리에 관한 법률」, 「소방시설 설치 및 관리에 관한 법률」, 「승강기 안전관리법」, 「전기사업법」, 「시설물의 안전 및 유지관리에 관한 특별법」, 「도시 및 주거환경정비법」, 「도시재정비 촉진을 위한 특별법」, 「집합건물의 소유 및 관리에 관한 법률」
	공동주택 관리실무	시설관리, 환경관리, 공동주택회계관리, 입주자관리, 공동주거관리이론, 대외업무, 사무·인사관리, 안전·방재관리 및 리모델링, 공동주택 하자관리(보수공사를 포함한다) 등

▶ 과목별 각 40문항이며, 객관식 5지 택일형 24문항, 주관식 16문항으로 출제됩니다.

상대평가, 어떻게 시행되나요?

선발예정인원 범위에서 선발!

국가에서 정한 선발예정인원(선발예정인원은 매해 시험 공고에 게재됨) 범위에서 고득점자 순으로 합격자가 결정되며, 2025년 제28회 시험의 선발예정인원은 1,600명입니다.

제1차는 평균 60점 이상 득점한 자, 제2차는 고득점자 순으로 선발!

제1차	매 과목 40점 이상, 전 과목 평균 60점 이상 득점한 사람 중에서 선발합니다.
제2차	매 과목 40점 이상, 전 과목 평균 60점 이상 득점한 사람 중에서 선발하며, 그중 선발예정인원 범위에서 고득점자 순으로 결정합니다. 선발예정인원에 미달하는 경우 전 과목 40점 이상자 중 고득점자 순으로 선발하며, 동점자로 인하여 선발예정인원을 초과하는 경우에는 동점자 모두를 합격자로 결정합니다.

제2차 과목의 주관식 단답형 16문항은 부분점수 적용

괄호가 3개인 경우	3개 정답(2.5점), 2개 정답(1.5점), 1개 정답(0.5점)
괄호가 2개인 경우	2개 정답(2.5점), 1개 정답(1점)
괄호가 1개인 경우	1개 정답(2.5점)

2020년 상대평가 시행 이후 제2차 시험 합격선은?

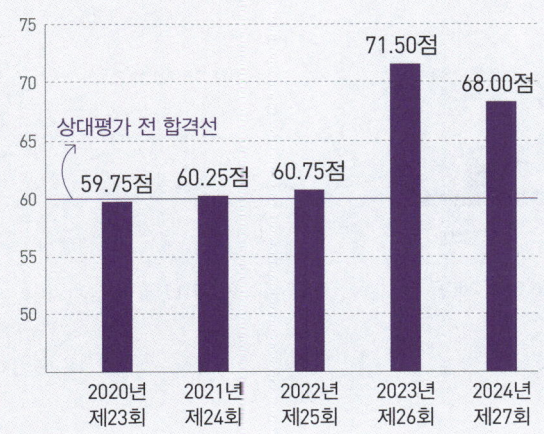

최근 2개년 합격선 평균 69.75점!

상대평가 시행 이후 제25회 시험까지는 합격선이 60점 내외로 형성되었지만, 제26회에는 평균 71.50점, 제27회에는 평균 68.00점에서 합격선이 형성되며 합격에 필요한 점수가 상당히 올라갔습니다. 앞으로도 에듀윌은 변화하는 수험 환경에 맞는 학습 커리큘럼과 교재를 통해 수험자 여러분들을 합격의 길로 이끌겠습니다.

에듀윌 기본서로 합격해야 하는 이유!

여러분이 마주한 합격이라는 산 앞에서,
기본서는 언제든 돌아올 수 있는 든든한 베이스캠프가 되어줄 것입니다.

그래서, 아무 책이나 보시면 안 됩니다!

베스트셀러 1위, 합격생이 인정한 교재!

주부 동차합격생 김○○님
> 기본서 내용을 확실하게 이해해서 넘어가는 학습을 했습니다. 또 중요 용어나 헷갈리는 내용은 따로 기본서 페이지를 정리해 자주자주 찾아봤습니다.

직장인 동차합격생 정○○님
> 교수님들의 강의와 교재는 타의 추종을 불허합니다. 내용 자체가 기출문제로 그대로 나오는 짜릿함을 시험 현장에서 경험했습니다.

* YES24 수험서 자격증 주택관리사 기본서 베스트셀러 1위
 - 회계 2025년 10월 1주, 시설 2025년 10월 2주, 민법 2025년 9월 2주 주별 베스트
 - 법규 2024년 11월 3주, 실무 2024년 11월 1주 주별 베스트

철저한 기출분석 + 시험 필승전략 제공!

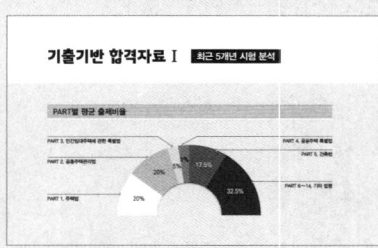
과목별 기출기반 합격자료

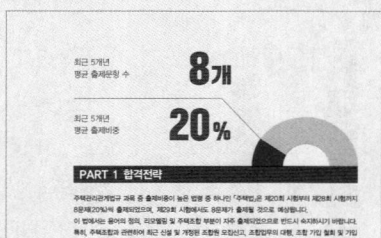
PART별 기출분석 & 전략

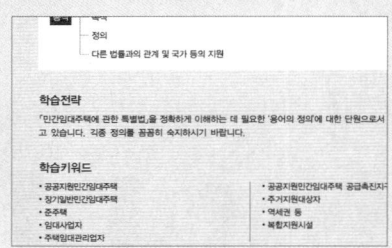
CHAPTER별 학습키워드

기출문제로 검증된 합격이론 수록!

에듀윌 주택관리사 주택관리관계법규 기본서

⑤ 관리주체는 관리비 등을 다음의 금융기관 중 '입주자대표회의가 지정하는 금융기관'에 예치하여 관리하되, 장기수선충당금은 '별도의 계좌'로 예치·관리하여야 한다. 이 경우 계좌는 관리사무소장의 '직인' 외에 입주자대표회의의 회장 '인감'을 복수로 등록할 수 있다.
  ㉠ 「은행법」에 따른 은행
  ㉡ 「중소기업은행법」에 따른 중소기업은행
  ㉢ 「상호저축은행법」에 따른 상호저축은행
  ㉣ 「보험업법」에 따른 보험회사
  ㉤ 그 밖의 법률에 따라 금융업무를 하는 기관으로서 '국토교통부령'으로 정하는 다음의 기관'(규칙 제6조의2)
    ⓐ 「농업협동조합법」에 따른 조합, 농업협동조합중앙회 및 농협은행
    ⓑ 「수산업협동조합법」에 따른 수산업협동조합 및 수산업협동조합중앙회
    ⓒ 「신용협동조합법」에 따른 신용협동조합 및 신용협동조합중앙회
    ⓓ 「새마을금고법」에 따른 새마을금고 및 새마을금고중앙회
    ⓔ 「산림조합법」에 따른 산림조합 및 산림조합중앙회
    ⓕ 「한국주택금융공사법」에 따른 한국주택금융공사
    ⓖ 「우체국예금·보험에 관한 법률」에 따른 체신관서

주택관리사 주택관리관계법규 기출문제

8. 공동주택관리법령상 관리주체가 관리비를 예치할 수 있도록 입주자대표회의가 지정할 수 있는 금융기관에 해당하지 않는 것은?
① 「산림조합법」에 따른 산림조합
② 「한국주택금융공사법」에 따른 한국주택금융공사
③ 「보험업법」에 따른 보험회사
④ 「수산업협동조합법」에 따른 수산업협동조합
⑤ 「건설기술 진흥법」에 따른 공제조합

지문 일치

➕ PLUS 기본서 학습이 끝난 후에는?

단원별 기출문제집(2종)
주택관리사(보) 최근 기출문제로 약점 극복, 실전 완벽 대비!
(2025년 12월 출간 예정)

출제가능 문제집(5종)
주택관리사(보) 문제 해결능력 확실히 키우기!
(2026년 1~2월 출간 예정)

* 상기 교재의 이미지는 변경될 수 있습니다.

구성과 특징

STEP 1 이론, 꼼꼼하게 파헤치기!

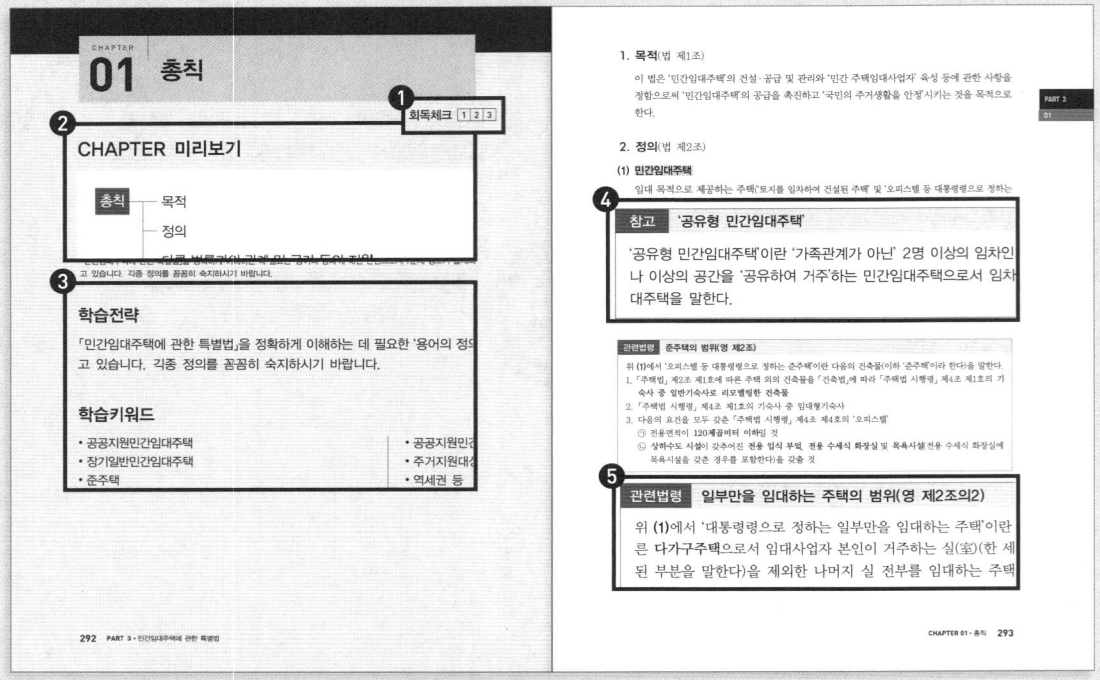

❶ 3회독 체크표
반복 학습을 도와주는 3회독 체크표

❷ CHAPTER 미리보기
방대한 이론, 학습 전 구조 미리보기

❸ 학습전략 + 학습키워드
CHAPTER별 전략과 키워드로 학습 방향 설정

❹ 참고
고득점을 원한다면, 참고 이론으로 깊이 있는 학습

❺ 관련법령
본문과 관련되는 법령들을 연계하여 숙지

➕ 특별제공

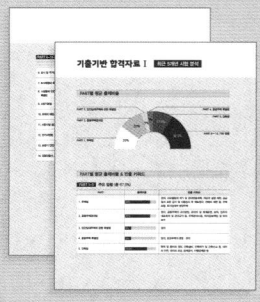

기출기반 합격자료
최근 5개년 출제경향과 2025년 제28회 시험 리포트로 본격적인 학습 시작 전 최신 출제경향을 파악해 보세요.

PART별 합격전략
최근 5개년 출제경향을 반영한 PART별 합격전략을 먼저 확인하고 전략적으로 학습해 보세요.

STEP 2 기본용어 다시보며 한 번 더 복습!

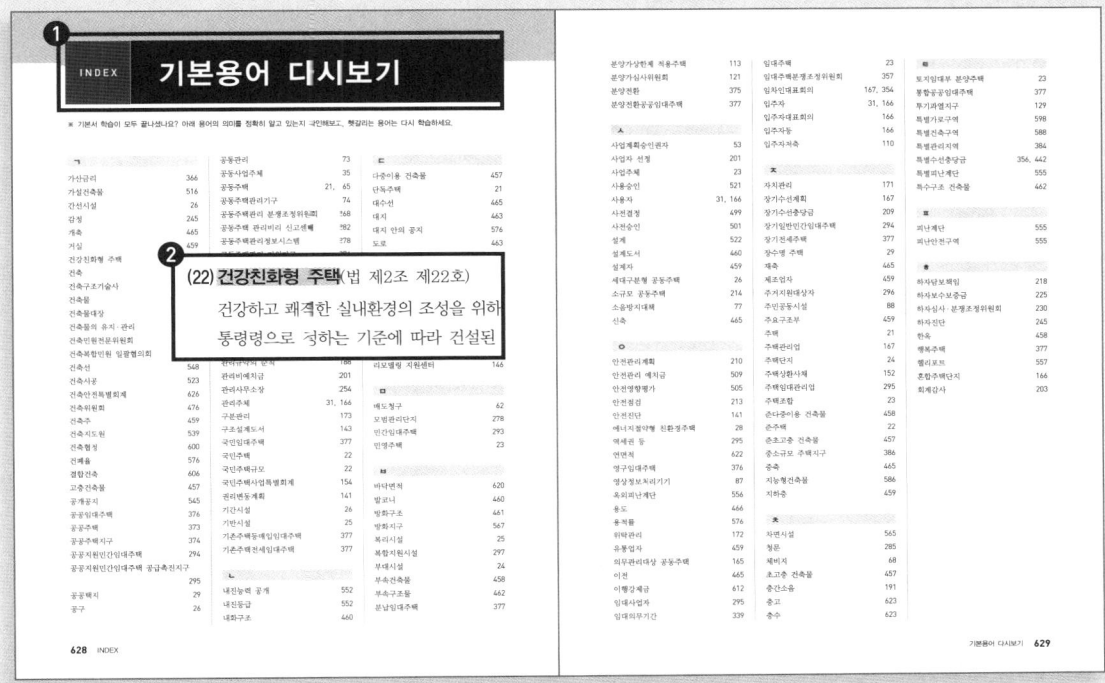

❶ 기본용어 다시보기
기본서 학습이 끝났다면, 기본용어 다시보며 이해도 체크

❷ 기본용어 형광펜
헷갈리는 용어는 본문에 표시된 형광펜을 확인하여 기본서 한 번 더 복습

➕ 합격부록

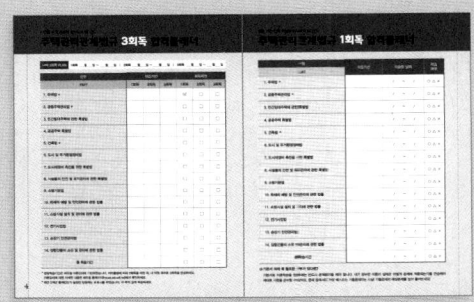

3회독 & 1회독 합격플래너
꼼꼼하게 3회독? 빠르게 1회독 끝장?
나의 학습 스타일에 맞출 수 있는 플래너를 활용해
기본서 학습 계획을 짜 보세요.

기출기반 합격자료 I 최근 5개년 시험 분석

PART별 평균 출제비율

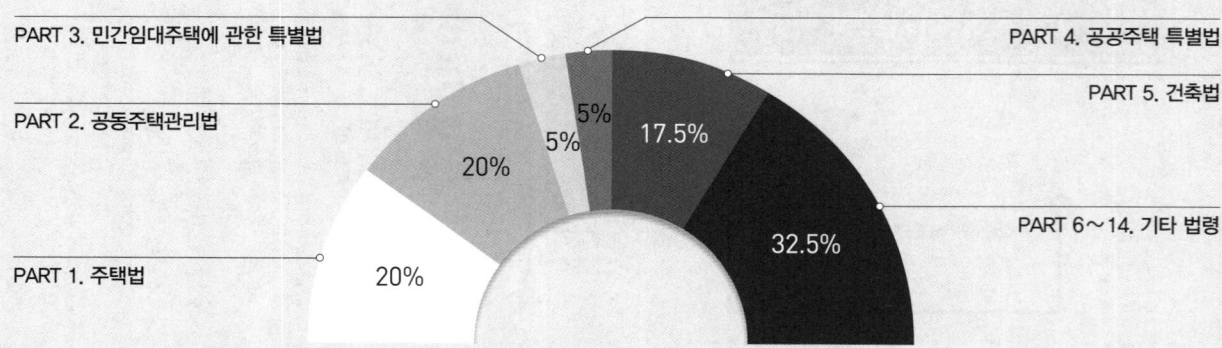

- PART 1. 주택법 — 20%
- PART 2. 공동주택관리법 — 20%
- PART 3. 민간임대주택에 관한 특별법 — 5%
- PART 4. 공공주택 특별법 — 5%
- PART 5. 건축법 — 17.5%
- PART 6~14. 기타 법령 — 32.5%

PART별 평균 출제비율 & 빈출 키워드

PART 1~5 주요 법령 (총 67.5%)

PART	출제비율	빈출 키워드
1. 주택법	20%	정의, 리모델링의 허가 및 권리변동계획, 저당권 설정 제한, 공급질서 교란 금지 및 사용검사 후 매도청구, 전매의 제한 등, 주택조합, 토지임대부 분양주택
2. 공동주택관리법	20%	정의, 공동주택의 관리방법, 관리비 및 회계운영, 보칙, 입주자대표회의 및 관리규약 등, 주택관리사등, 하자담보책임 및 하자보수
3. 민간임대주택에 관한 특별법	5%	정의
4. 공공주택 특별법	5%	정의, 공공주택의 운영·관리
5. 건축법	17.5%	목적 및 용어의 정의, 건축설비, 건축허가 및 건축신고 등, 대지의 안전, 대지의 조경, 공개공지, 이행강제금 등

PART 6~14 기타 법령 (총 32.5%)

PART	출제비율	빈출 키워드
6. 도시 및 주거환경정비법	5%	정의, 정비계획 및 정비구역의 지정 등, 조합설립추진위원회 및 조합의 설립 등
7. 도시재정비 촉진을 위한 특별법	2.5%	정의, 재정비촉진지구 지정요건 및 효력상실
8. 시설물의 안전 및 유지관리에 관한 특별법	5%	정의, 안전점검
9. 소방기본법	2.5%	소방활동 등
10. 화재의 예방 및 안전관리에 관한 법률	5%	정의, 소방안전관리, 특정소방대상물에 설치하는 소방시설 등의 유지·관리 등
11. 소방시설 설치 및 관리에 관한 법률		
12. 전기사업법	5%	총칙, 전기사업, 전력산업의 기반조성 등
13. 승강기 안전관리법	5%	승강기의 자체점검 및 안전검사
14. 집합건물의 소유 및 관리에 관한 법률	2.5%	기관 및 규약 등

기출기반 합격자료 Ⅱ 2025년 제28회 시험 리포트

PART별 출제비율

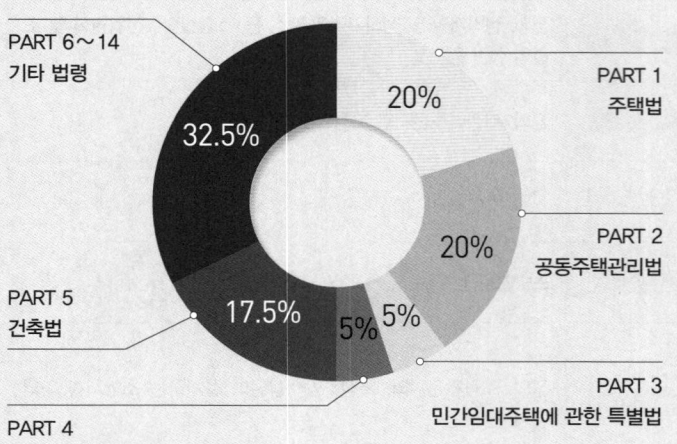

모든 PART에서 예년과 같은 출제 비중을 유지하며 출제되었습니다.

그중 PART 1 주택법과 PART 2 공동주택관리법이 각각 20%로 가장 높은 비중을 보였고, 그 다음으로 PART 5 건축법에서 17.5%의 출제 비중을 보였습니다. PART 3 민간임대주택에 관한 특별법과 PART 4 공공주택 특별법은 각각 5%의 비중을 차지하였습니다. PART 6에서 PART 14까지에 해당하는 기타 법령에서는 각 법령당 출제 비중은 적은 편이나, 모두 합쳤을 시 32.5%의 높은 비중을 보였습니다.

유형별 출제비율

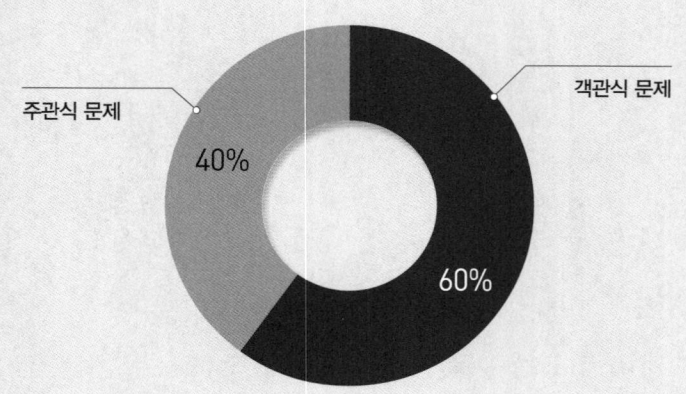

예년과 마찬가지로 객관식 문제 24문항(60%), 주관식 문제 16문항(40%)이 출제되었습니다.

전반적인 출제경향

꼼꼼한 정리 및 정확한 암기를 요하는 시험
제27회 이전의 시험은 주택관리사 업무와 직접적으로 관련이 없는 부분에 대한 질문이 비교적 많았던 것이 특징이었습니다. 제27회 시험의 경우는 출제되리라 예측되었던 문제가 다수 출제되어 그 전의 시험에 비해 평이한 시험이었습니다. 그러나, 제28회 시험은 너무 세세한 부분에 대한 질문이 많이 포함되어 상대적으로 어려운 시험이었습니다.

기출문제 반복 출제 및 최근 개정·신설된 부분 다수 출제
제27회 시험까지는 기출문제를 변형한 문제와 최근 개정·신설된 부분에 대한 문제가 다수 출제된 특징이 있었던 반면, 제28회 시험은 이러한 특징에 추가하여 기본서의 세세한 부분에 대한 질문이 다수 포함되어 출제경향의 변화가 감지되는 시험이었습니다. 따라서 기본서의 세세한 부분까지 꼼꼼히 정리하고, 출제가능 문제집 및 기출문제집 등 다양한 문제를 접해보는 것이 중요합니다.

기본서 반복 학습 요망
최근 출제경향의 변화에 맞추어, 기본서를 반복 학습하는 것이 절실히 요망됩니다.

총평

제27회 이전의 시험은 주택관리사 업무와 직접적으로 관련이 없는 지엽적이고 어려운 문제가 다수 출제되었으나 제27회 시험의 경우는 예측되었던 문제가 다수 출제되어 평이한 시험이었습니다. 그러나, 제28회 시험의 경우는 기본서의 내용 중 매우 세세한 부분에 대한 출제비중이 상당히 증가되었습니다. 따라서, 향후 제29회 시험을 대비하여 기본서의 꼼꼼한 정리 및 반복 학습이 요구됩니다.

\# 변화된 출제경향에 맞춰

\# 기본서 완벽 정리 및 다양한 문제에 대한 학습 요망

\# 개정 및 신설된 규정 등 숙지

차례

| 上 |

PART 1 | 주택법

CHAPTER 01 | 총칙   20

CHAPTER 02 | 주택의 건설 등   33

CHAPTER 03 | 주택의 공급 등   106

CHAPTER 04 | 리모델링   138

CHAPTER 05 | 보칙   148

PART 2 | 공동주택관리법

CHAPTER 01 | 총칙   164

CHAPTER 02 | 공동주택의 관리방법, 입주자대표회의 및 관리규약   169
- 제1절   공동주택의 관리방법   170
- 제2절   입주자대표회의 및 관리규약 등   179

CHAPTER 03 | 관리비 및 회계운영, 시설관리 및 행위허가   196
- 제1절   관리비 및 회계운영   197
- 제2절   시설관리 및 행위허가   207

CHAPTER 04 | 하자담보책임 및 하자분쟁조정   217
- 제1절   하자담보책임 및 하자보수   218
- 제2절   하자심사·분쟁조정 및 분쟁재정   230

CHAPTER 05 | 공동주택의 전문관리   247

CHAPTER 06 | 공동주택관리 분쟁조정, 협회, 보칙 및 벌칙   267

PART 3 | 민간임대주택에 관한 특별법

CHAPTER 01 | 총칙   292

CHAPTER 02 | 임대사업자 및 주택임대관리업자   299

CHAPTER 03 | 민간임대주택의 건설   318

CHAPTER 04 | 공공지원민간임대주택 공급촉진지구   325

CHAPTER 05 | 민간임대주택의 공급, 임대차계약 및 관리   334

CHAPTER 06 | 보칙 및 벌칙   360
- 제1절   보칙   361
- 제2절   벌칙   366

PART 4 | 공공주택 특별법

CHAPTER 01	총칙	372
CHAPTER 02	공공주택지구의 지정 등	382
CHAPTER 03	공공주택지구의 조성	392
CHAPTER 04	공공주택통합심의위원회	401
CHAPTER 05	도심 공공주택 복합사업	404
CHAPTER 06	공공주택의 건설과 매입 등	412
CHAPTER 07	공공주택의 공급 및 운영·관리 등	419
CHAPTER 08	보칙 및 벌칙	445

PART 5 | 건축법

CHAPTER 01	총칙	456
제1절	목적 및 용어의 정의	457
제2절	도로 및 대지	463
제3절	건축법상의 행위 및 용도	465
제4절	건축위원회 및 건축분쟁전문위원회	476
제5절	적용의 완화 등	491

CHAPTER 02	건축물의 건축	498
제1절	건축허가 및 건축신고 등	499
제2절	건축복합민원 일괄협의회 및 안전관리 예치금 등	508
제3절	용도변경 및 가설건축물	513
제4절	사용승인, 설계, 시공, 공사감리	521
제5절	허용 오차 등	533
제6절	건축지도원 및 건축물대장	539

CHAPTER 03	건축의 규제	541
제1절	대지의 안전, 대지의 조경, 공개공지	542
제2절	대지와 도로 및 건축선	547
제3절	구조안전의 확인 및 피난시설	549
제4절	내화구조 및 방화구조 등	565
제5절	대지 안의 공지 등	575
제6절	건축물의 높이제한 및 일조 등의 확보를 위한 높이제한	580
제7절	건축설비	584
제8절	특별건축구역 등	588
제9절	보칙	609
제10절	이행강제금 등	612
제11절	면적 등의 산정 등	617

| 下 |

PART 6 | 도시 및 주거환경정비법

CHAPTER 01 | 총칙   8

CHAPTER 02 | 기본계획의 수립 및 정비구역의 지정   14

CHAPTER 03 | 정비사업의 시행   32

PART 7 | 도시재정비 촉진을 위한 특별법

CHAPTER 01 | 총칙   136

CHAPTER 02 | 재정비촉진지구의 지정   139
- 제1절   재정비촉진지구의 지정신청 및 지정   140
- 제2절   재정비촉진지구 지정요건 및 효력상실   142

CHAPTER 03 | 재정비촉진계획의 수립 및 결정   145

CHAPTER 04 | 재정비촉진사업의 시행 및 사업지원 등   152
- 제1절   재정비촉진사업의 시행   153
- 제2절   재정비촉진사업의 시행을 위한 지원   156
- 제3절   개발이익의 환수 등   161
- 제4절   보칙   167

PART 8 | 시설물의 안전 및 유지관리에 관한 특별법

CHAPTER 01 | 총칙   172

CHAPTER 02 | 기본계획 등   176

CHAPTER 03 | 시설물의 안전관리   185

PART 9 | 소방기본법

CHAPTER 01 | 총칙 등   228
- 제1절   총칙   229
- 제2절   소방장비 및 소방용수시설 등   234

CHAPTER 02 | 소방활동 등   237

PART 10 | 화재의 예방 및 안전관리에 관한 법률

CHAPTER 01 | 총칙   260

CHAPTER 02 | 화재의 예방 및 안전관리 기본계획의 수립·시행 등   262

| CHAPTER 03 | 소방안전관리 | 279 |
| CHAPTER 04 | 보칙 및 벌칙 | 300 |

PART 11 | 소방시설 설치 및 관리에 관한 법률

CHAPTER 01	총칙	308
CHAPTER 02	소방시설등의 설치·관리 및 방염	315
CHAPTER 03	소방시설등의 자체점검 등	339
CHAPTER 04	보칙 및 벌츼	353

PART 12 | 전기사업법

CHAPTER 01	총칙 등	364
제1절	총칙	365
제2절	전기사업	371
CHAPTER 02	전력수급의 안정 등	391
제1절	전력 관련 계획 등	392
제2절	전력시장	396
제3절	전력산업의 기반조성 등	406

PART 13 | 승강기 안전관리법

CHAPTER 01	총칙 등	430
CHAPTER 02	승강기부품 등의 안전인증	443
CHAPTER 03	승강기의 설치 및 안전관리	459

PART 14 | 집합건물의 소유 및 관리에 관한 법률

CHAPTER 01	건물의 구분소유	494
제1절	구분소유 및 공용부분 등	495
제2절	기관 및 규약 등	505
제3절	재건축 등	519
CHAPTER 02	구분건물의 건축물대장 및 벌칙 등	527

PART 1

주택법

CHAPTER 01 총칙
CHAPTER 02 주택의 건설 등
CHAPTER 03 주택의 공급 등
CHAPTER 04 리모델링
CHAPTER 05 보칙

최근 5개년
평균 출제문항 수   **8개**

최근 5개년
평균 출제비중   **20%**

PART 1 합격전략

주택관리관계법규 과목 중 출제비중이 높은 법령 중 하나인 「주택법」은 제20회 시험부터 제28회 시험까지 8문제(20%)씩 출제되었으며, 제29회 시험에서도 8문제가 출제될 것으로 예상됩니다.
이 법에서는 용어의 정의, 리모델링 및 주택조합 부분이 자주 출제되었으므로 반드시 숙지하시기 바랍니다. 특히, 주택조합과 관련하여 최근 신설 및 개정된 조합원 모집신고, 조합업무의 대행, 조합 가입 철회 및 가입비 등의 반환, 사업의 종결 및 조합의 해산 등, 사전방문 및 품질점검단에 대해서는 철저한 정리가 요구되며, 또한 최근에 개정된 도시형 생활주택 중 '아파트형 주택'에 대하여도 정확한 숙지가 필요합니다.

CHAPTER

01 총칙

회독체크 1 2 3

CHAPTER 미리보기

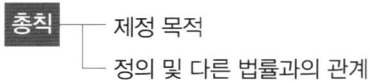
총칙 ─ 제정 목적
     └ 정의 및 다른 법률과의 관계

학습전략

「주택법」을 정확하게 이해하는 데 필요한 '용어의 정의'에 대한 단원으로서 출제 빈도가 매우 높으므로 꼼꼼히 숙지하시기 바랍니다.

학습키워드

- 각종 주택의 정의
- 리모델링
- 부대시설 및 복리시설
- 기반시설
- 기간시설
- 간선시설 등

※ 본문의 **굵은 글씨**는 주관식 대비에 좋은 강조 지문입니다.
※ 본문에 형광펜 처리가 된 용어는 주택관리관계법규 학습에서 기본적으로 알아야 하는 용어이니 꼭! 알아두세요.
학습이 끝난 후에는 교재 맨 뒤의 '기본용어 다시보기'에서 내가 제대로 용어를 기억하고 있는지 되짚어 보세요.

1. 제정 목적(법 제1조)

이 법은 쾌적하고 살기 좋은 주거환경 조성에 필요한 주택의 건설·공급 및 주택시장의 관리 등에 관한 사항을 정함으로써 국민의 주거안정과 주거수준의 향상에 이바지함을 목적으로 한다. 25회 주관식

2. 정의 및 다른 법률과의 관계

(1) 주택(법 제2조 제1호)

세대의 구성원이 장기간 독립된 주거생활을 할 수 있는 구조로 된 건축물의 전부 또는 일부 및 그 부속토지를 말하며, '단독주택'과 '공동주택'으로 구분한다. 25회

(2) 단독주택(법 제2조 제2호)

1세대가 하나의 건축물 안에서 독립된 주거생활을 할 수 있는 구조로 된 주택을 말하며, 그 종류와 범위는 대통령령으로 정한다.

> **관련법령** 단독주택의 종류와 범위(영 제2조)
>
> 「주택법」(이하 '법'이라 한다) 제2조 제2호에 따른 '단독주택'의 종류와 범위는 다음과 같다.
> 1. 「건축법 시행령」 [별표 1] 제1호 가목에 따른 단독주택
> 2. 「건축법 시행령」 [별표 1] 제1호 나목에 따른 다중주택
> 3. 「건축법 시행령」 [별표 1] 제1호 다목에 따른 다가구주택

(3) 공동주택(법 제2조 제3호)

건축물의 벽·복도·계단이나 그 밖의 설비 등의 전부 또는 일부를 **공동**으로 사용하는 **각 세대**가 하나의 건축물 안에서 각각 독립된 주거생활을 할 수 있는 구조로 된 주택을 말하며, 그 종류와 범위는 대통령령으로 정한다. 25회

> **관련법령** '공동주택'의 종류와 범위(영 제3조)
>
> 위 (3)에 따른 '공동주택'의 종류와 범위는 다음과 같다. 22회
> 1. 「건축법 시행령」 [별표 1] 제2호 가목에 따른 아파트(이하 '아파트'라 한다)
> 2. 「건축법 시행령」 [별표 1] 제2호 나목에 따른 연립주택(이하 '연립주택'이라 한다)
> 3. 「건축법 시행령」 [별표 1] 제2호 다목에 따른 다세대주택(이하 '다세대주택'이라 한다)

▶ 「건축법 시행령」 [별표 1] 제2호 라목 '기숙사'는 「주택법」상 '공동주택'에 속하지 아니한다.

(4) 준주택(법 제2조 제4호)

주택 외의 **건축물**과 그 **부속토지**로서 주거시설로 이용 가능한 시설 등을 말하며, 그 범위와 종류는 대통령령으로 정한다. 25회

> **관련법령 준주택의 종류와 범위(영 제4조)**
>
> 위 (4)에 따른 '준주택'의 종류와 범위는 다음과 같다.
> 1. 「건축법 시행령」[별표 1] 제2호(**공동주택**) 라목에 따른 기숙사
> 2. 「건축법 시행령」[별표 1] 제4호(**제2종 근린생활시설**) 거목 및 제15호(**숙박시설**) 다목에 따른 다중생활시설
> 3. 「건축법 시행령」[별표 1] 제11호(**노유자시설**) 나목에 따른 노인복지시설 중 「노인복지법」 제32조 제1항 제3호의 노인복지주택
> 4. 「건축법 시행령」[별표 1] 제14호(**업무시설**) 나목(일반업무시설) 2)에 따른 오피스텔

▶ '준주택'은 '주택도시기금'의 지원을 받아 건설될 수 있다.

(5) 국민주택(법 제2조 제5호)

다음의 어느 하나에 해당하는 주택으로서 '**국민주택규모 이하**'인 주택을 말한다.
① 국가·지방자치단체, 「한국토지주택공사법」에 따른 한국토지주택공사(이하 '한국토지주택공사'라 한다) 또는 「지방공기업법」 제49조에 따라 주택사업을 목적으로 설립된 지방공사(이하 '지방공사'라 한다)가 건설하는 주택
② 국가·지방자치단체의 재정 또는 「주택도시기금법」에 따른 주택도시기금(이하 '주택도시기금'이라 한다)으로부터 자금을 지원받아 건설되거나 개량되는 주택

(6) 국민주택규모(법 제2조 제6호)

주거의 용도로만 쓰이는 면적(이하 '주거전용면적'이라 한다)이 1호(戶) 또는 1세대당 **85제곱미터 이하**인 주택(수도권정비계획법 제2조 제1호에 따른 수도권을 제외한 도시지역이 아닌 읍 또는 면 지역은 1호 또는 1세대당 주거전용면적이 **100제곱미터 이하**인 주택을 말한다)을 말한다. 이 경우 주거전용면적의 산정방법은 '국토교통부령'으로 정한다. 22회 주관식

> **관련법령 주거전용면적의 산정방법(규칙 제2조)**
>
> 위 (6) 후단에 따른 주거전용면적(주거의 용도로만 쓰이는 면적을 말한다. 이하 같다)의 산정방법은 다음의 기준에 따른다.
> 1. **단독주택**의 경우: 그 **바닥면적**(건축법 시행령 제119조 제1항 제3호에 따른 **바닥면적**을 말한다. 이하 같다)에서 지하실(거실로 사용되는 면적은 제외한다), 본 건축물과 분리된 창고·차고 및 화장실의 면적을 제외한 면적. 다만, 그 주택이 「건축법 시행령」[별표 1] 제1호 다목의 **다가구주택**에 해당하는 경우 그 바닥면적에서 본 건축물의 지상층에 있는 부분으로서 복도, 계단, 현관 등 2세대 이상이 공동으로 사용하는 부분의 면적도 제외한다.

> ◎ 「건축법 시행령」 제119조 제1항 제3호에 따른 '바닥면적'
> 건축물의 각 층 또는 그 일부로서 벽, 기둥, 그 밖에 이와 비슷한 구획의 중심선으로 둘러싸인 부분의 수평투영면적으로 한다.

2. **공동주택의 경우**: 외벽의 내부선을 기준으로 산정한 면적. 다만, 2세대 이상이 공동으로 사용하는 부분으로서 다음의 어느 하나에 해당하는 공용면적은 제외하며, 이 경우 바닥면적에서 주거전용면적을 제외하고 남는 외벽면적은 공용면적에 가산한다.
   ㉠ 복도, 계단, 현관 등 공동주택의 지상층에 있는 공용면적
   ㉡ 위 ㉠의 공용면적을 제외한 지하층, 관리사무소 등 그 밖의 공용면적

(7) 민영주택(법 제2조 제7호)

'국민주택'을 '제외'한 주택을 말한다. 25회

(8) 임대주택(법 제2조 제8호)

임대를 목적으로 하는 주택으로서, 「공공주택 특별법」 제2조 제1호 가목에 따른 공공임대주택과 「민간임대주택에 관한 특별법」 제2조 제1호에 따른 민간임대주택으로 구분한다.

(9) 토지임대부 분양주택(법 제2조 제9호)

'토지'의 소유권은 사업계획의 승인을 받아 토지임대부 분양주택 건설사업을 **시행하는 자**가 가지고, **건축물 및 복리시설 등**에 대한 소유권(건축물의 **전유부분**에 대한 '**구분소유권**'은 이를 분양받은 자가 가지고, 건축물의 **공용부분·부속건물** 및 복리시설은 분양받은 자들이 공유한다)은 '**주택을 분양받은 자**'가 가지는 주택을 말한다.

(10) 사업주체(법 제2조 제10호)

법 제15조에 따른 '주택건설사업계획' 또는 '대지조성사업계획'의 승인을 받아 그 사업을 시행하는 다음의 자를 말한다.
① 국가·지방자치단체
② 한국토지주택공사 또는 지방공사
③ 법 제4조에 따라 등록한 주택건설사업자 또는 대지조성사업자
④ 그 밖에 이 법에 따라 주택건설사업 또는 대지조성사업을 시행하는 자

(11) 주택조합(법 제2조 제11호)

많은 수의 구성원이 '**사업계획의 승인**'을 받아 주택을 마련하거나 리모델링하기 위하여 결성하는 다음의 조합을 말한다.
① **지역주택조합**: 다음 구분에 따른 지역에 거주하는 주민이 주택을 마련하기 위하여 설립한 조합

㉠ 서울특별시·인천광역시 및 경기도
㉡ 대전광역시·충청남도 및 세종특별자치시
㉢ 충청북도
㉣ 광주광역시 및 전라남도
㉤ 전북특별자치도
㉥ 대구광역시 및 경상북도
㉦ 부산광역시·울산광역시 및 경상남도
㉧ 강원특별자치도
㉨ 제주특별자치도

② **직장주택조합**: 같은 직장의 근로자가 주택을 마련하기 위하여 설립한 조합
③ **리모델링주택조합**: 공동주택의 소유자가 그 주택을 리모델링하기 위하여 설립한 조합

(12) 주택단지(법 제2조 제12호)

주택건설사업계획 또는 대지조성사업계획의 승인을 받아 주택과 그 부대시설 및 복리시설을 건설하거나 대지를 조성하는 데 사용되는 일단(一團)의 토지를 말한다. 다만, 다음의 시설로 분리된 토지는 각각 **별개의 주택단지**로 본다.

① 철도·고속도로·자동차전용도로
② 폭 20미터 이상인 일반도로 ^{19회·26회 주관식}
③ 폭 8미터 이상인 도시계획예정도로 ^{26회 주관식}
④ 위 ①~③의 시설에 준하는 것으로서 '대통령령으로 정하는 시설'

(13) 부대시설(법 제2조 제13호)

주택에 딸린 다음의 시설 또는 설비를 말한다.
① 주차장, 관리사무소, 담장 및 주택단지 안의 도로 ^{19회, 21회, 25회}
② 「건축법」 제2조 제1항 제4호에 따른 **건축설비**
③ 위 ① 및 ②의 시설·설비에 준하는 것으로서 '대통령령으로 정하는 시설 또는 설비'

> **관련법령** 부대시설의 범위(영 제6조)
>
> 위 (13)의 ③에서 '대통령령으로 정하는 시설 또는 설비'란 다음의 시설 또는 설비를 말한다.
> 1. 보안등, 대문, 경비실 및 자전거보관소 [21회]
> 2. 조경시설, 옹벽 및 축대
> 3. 안내표지판 및 공중화장실 [21회]
> 4. 저수시설, 지하양수시설 및 대피시설 [25회]
> 5. 쓰레기 수거 및 처리시설, 오수처리시설, 정화조 [25회]
> 6. 소방시설, 냉난방공급시설(**지역난방공급시설**은 '제외'한다) 및 방범설비

7. 「환경친화적 자동차의 개발 및 보급 촉진에 관한 법률」 제2조 제3호에 따른 전기자동차에 전기를 충전하여 공급하는 시설
8. 「전기통신사업법」 등 다른 법령에 따라 거주자의 편익을 위하여 주택단지에 '**의무적으로 설치해야 하는 시설**'로서 사업주체 또는 입주자의 '**설치 및 관리 의무가 없는 시설**' 등

(14) 복리시설(법 제2조 제14호)

주택단지의 입주자 등의 생활복리를 위한 다음의 공동시설을 말한다.
① 어린이놀이터, 근린생활시설, 유치원, 주민운동시설 및 **경로당** 21회, 22회, 25회
② 그 밖에 입주자 등의 생활복리를 위하여 '대통령령으로 정하는 공동시설'

관련법령 복리시설의 범위(영 제7조)

위 (14)의 ②에서 '대통령령으로 정하는 공동시설'이란 다음의 시설을 말한다.
1. 「건축법 시행령」 [별표 1] 제3호에 따른 제1종 근린생활시설
2. 「건축법 시행령」 [별표 1] 제4호에 따른 제2종 근린생활시설(**총포판매소, 장의사, 다중생활시설, 단란주점 및 안마시술소는 '제외'한다**)
3. 「건축법 시행령」 [별표 1] 제6호에 따른 종교시설
4. 「건축법 시행령」 [별표 1] 제7호에 따른 판매시설 중 소매시장 및 상점
5. 「건축법 시행령」 [별표 1] 제10호에 따른 교육연구시설
6. 「건축법 시행령」 [별표 1] 제11호에 따른 노유자시설
7. 「건축법 시행령」 [별표 1] 제12호에 따른 수련시설
8. 「건축법 시행령」 [별표 1] 제14호에 따른 업무시설 중 금융업소
9. 「산업집적활성화 및 공장설립에 관한 법률」 제2조 제13호에 따른 지식산업센터
10. 「사회복지사업법」 제2조 제5호에 따른 사회복지관
11. 공동작업장
12. 주민공동시설
13. 도시·군계획시설인 시장 등

(15) 기반시설(법 제2조 제15호)

「국토의 계획 및 이용에 관한 법률」 제2조 제6호에 따른 기반시설을 말한다.

참고 「국토의 계획 및 이용에 관한 법률」 제2조 제6호에 따른 기반시설

1. 도로·철도·항만·공항·주차장 등 교통시설
2. 광장·공원·녹지 등 공간시설
3. 유통업무설비, 수도·전기·가스공급설비, 방송·통신시설, 공동구 등 유통·공급시설
4. 학교·공공청사·문화시설 및 공공필요성이 인정되는 체육시설 등 공공·문화체육시설
5. 하천·유수지(遊水池)·방화설비 등 방재시설
6. 장사시설 등 보건위생시설
7. 하수도·폐기물처리 및 재활용시설, 빗물저장 및 이용시설 등 환경기초시설

(16) 기간시설(基幹施設)(법 제2조 제16호)

도로·상하수도·전기시설·가스시설·통신시설·지역난방시설 등을 말한다.

(17) 간선시설(幹線施設)(법 제2조 제17호)

도로·상하수도·전기시설·가스시설·통신시설 및 지역난방시설 등 주택단지(둘 이상의 주택단지를 동시에 개발하는 경우에는 각각의 주택단지를 말한다) **안**의 기간시설을 그 주택단지 **밖**에 있는 같은 종류의 기간시설에 연결시키는 시설을 말한다. 다만, **가스시설·통신시설** 및 **지역난방시설**의 경우에는 주택단지 **안**의 기간시설을 포함한다. _{19회, 21회 주관식}

(18) 공구(법 제2조 제18호)

'**하나**'의 주택단지에서 '**대통령령으로 정하는 기준**'에 따라 둘 이상으로 구분되는 일단의 구역으로, '**착공신고**' 및 '**사용검사**'를 별도로 수행할 수 있는 구역을 말한다. _{23회·28회 주관식}

> **관련법령 공구의 구분기준(영 제8조)**
>
> 위 **(18)**에서 '대통령령으로 정하는 기준'이란 다음의 요건을 모두 충족하는 것을 말한다.
> 1. 다음의 어느 하나에 해당하는 시설을 설치하거나 공간을 조성하여 **6미터** 이상의 너비로 공구 간 경계를 설정할 것
>   ㉠ 「주택건설기준 등에 관한 규정」 제26조에 따른 주택단지 안의 도로
>   ㉡ 주택단지 안의 지상에 설치되는 부설주차장
>   ㉢ 주택단지 안의 옹벽 또는 축대
>   ㉣ 식재·조경이 된 녹지
>   ㉤ 그 밖에 어린이놀이터 등 부대시설이나 복리시설로서 사업계획승인권자가 적합하다고 인정하는 시설
> 2. '공구별 세대수'는 **300세대** 이상으로 할 것

(19) 세대구분형 공동주택(법 제2조 제19호)

공동주택의 주택 내부 공간의 일부를 세대별로 구분하여 '**생활**'이 **가능**한 구조로 하되, 그 구분된 공간의 일부를 '**구분소유**'**할 수 없는 주택**으로서 '**대통령령으로 정하는 건설기준, 설치기준, 면적기준 등에 적합한 주택**'을 말한다. _{19회}

> **관련법령 세대구분형 공동주택(영 제9조)**
>
> 1. 위 **(19)**에서 '대통령령으로 정하는 건설기준, 설치기준, 면적기준 등에 적합한 주택'이란 다음의 구분에 따른 요건을 충족하는 공동주택을 말한다.
>   ㉠ 법 제15조에 따른 **사업계획의 승인**을 받아 건설하는 공동주택의 경우: 다음의 요건을 모두 충족할 것
>   ⓐ 세대별로 구분된 각각의 공간마다 별도의 **욕실**, **부엌**과 **현관**을 설치할 것
>   ⓑ 하나의 세대가 통합하여 사용할 수 있도록 세대 간에 **연결문** 또는 **경량구조**의 **경계벽** 등을 설치할 것

ⓒ 세대구분형 공동주택의 세대수가 해당 주택단지 안의 공동주택 **전체 세대수의 3분의 1**을 넘지 않을 것

ⓓ 세대별로 구분된 각각의 공간의 주거전용면적(주거의 용도로만 쓰이는 면적으로서 법 제2조 제6호 후단에 따른 방법으로 산정된 것을 말한다. 이하 같다) 합계가 해당 주택단지 **전체 주거전용 면적 합계의 3분의 1**을 넘지 않는 등 국토교통부장관이 정하여 고시하는 주거전용면적의 비율에 관한 기준을 충족할 것

ⓛ 「공동주택관리법」 제35조에 따른 **행위의 허가**를 받거나 **신고**를 하고 설치하는 공동주택의 경우: 다음의 요건을 모두 충족할 것

ⓐ 구분된 공간의 세대수는 기존 세대를 포함하여 **2세대 이하**일 것

ⓑ 세대별로 구분된 각각의 공간마다 별도의 **욕실, 부엌**과 **구분 출입문**을 설치할 것

ⓒ 세대구분형 공동주택의 세대수가 해당 주택단지 안의 공동주택 **전체 세대수의 10분의 1**과 **해당 동의 전체 세대수의 3분의 1**을 각각 넘지 않을 것. 다만, 특별자치시장, 특별자치도지사, 시장, 군수 또는 구청장(구청장은 자치구의 구청장을 말하며, 이하 '시장·군수·구청장'이라 한다)이 부대시설의 규모 등 해당 주택단지의 여건을 고려하여 인정하는 범위에서 세대수의 기준을 넘을 수 있다.

ⓓ 구조, 화재, 소방 및 피난안전 등 관계 법령에서 정하는 **안전 기준**을 충족할 것

2. 위 1.에 따라 건설 또는 설치되는 주택과 관련하여 법 제35조에 따른 '**주택건설기준 등**'을 적용하는 경우 세대구분형 공동주택의 세대수는 그 구분된 공간의 세대수에 관계없이 **하나의 세대**로 산정한다.

(20) **도시형 생활주택**(법 제2조 제20호)

300세대 미만의 **국민주택규모**에 해당하는 주택으로서 '대통령령으로 정하는 주택'을 말한다.

19회, 20회·22회 주관식

관련법령 | 도시형 생활주택(영 제10조)

1. 위 **(20)**에서 '대통령령으로 정하는 주택'이란 「국토의 계획 및 이용에 관한 법률」 제36조 제1항 제1호에 따른 '**도시지역**'에 건설하는 다음의 주택을 말한다. 〈개정 2025.1.21.〉

   ㉠ **아파트형 주택**: 다음의 요건을 모두 갖춘 '**아파트**'

   ⓐ 세대별로 독립된 주거가 가능하도록 **욕실 및 부엌**을 설치할 것

   ⓑ 지하층에는 세대를 설치하지 않을 것

   ㉡ **단지형 연립주택**: 「건축법」상 연립주택. 다만, 「건축법」 제5조 제2항에 따라 같은 법 제4조에 따른 건축위원회의 심의를 받은 경우에는 주택으로 쓰는 층수를 5개 층까지 건축할 수 있다.

   ㉢ **단지형 다세대주택**: 「건축법」상 다세대주택. 다만, 「건축법」 제5조 제2항에 따라 같은 법 제4조에 따른 건축위원회의 심의를 받은 경우에는 주택으로 쓰는 층수를 5개 층까지 건축할 수 있다.

2. 하나의 건축물에는 '**도시형 생활주택**'과 '**그 밖의 주택**'을 함께 건축할 수 없다. 다만, 다음의 어느 하나에 해당하는 경우는 예외로 한다. 〈개정 2025.1.21.〉

   ㉠ '**도시형 생활주택**'과 '주거전용면적이 85제곱미터를 초과하는 주택' 1세대를 함께 건축하는 경우

   ㉡ 「국토의 계획 및 이용에 관한 법률 시행령」에 따른 **준주거지역** 또는 **상업지역**에서 '**아파트형 주택**'과 '**도시형 생활주택 외의 주택**'을 함께 건축하는 경우

3. 하나의 건축물에는 **단지형 연립주택** 또는 **단지형 다세대주택**과 '**아파트형 주택**'을 함께 건축할 수 없다. 〈개정 2025.1.21.〉

> **참고** 「국토의 계획 및 이용에 관한 법률」 제36조 제1항(용도지역)
>
> 1. 도시지역: 다음의 어느 하나로 구분하여 지정한다.
>   ㉠ 주거지역: 전용주거지역, 일반주거지역, 준주거지역
>   ㉡ 상업지역: 중심상업지역, 일반상업지역, 근린상업지역, 유통상업지역
>   ㉢ 공업지역: 전용공업지역, 일반공업지역, 준공업지역
>   ㉣ 녹지지역: 보전녹지지역, 생산녹지지역, 자연녹지지역
> 2. 관리지역: 보전관리지역, 생산관리지역, 계획관리지역
> 3. 농림지역
> 4. 자연환경보전지역

(21) 에너지절약형 친환경주택 (법 제2조 제21호)

저에너지 건물 조성기술 등 대통령령으로 정하는 기술을 이용하여 **에너지 사용량**을 절감하거나 **이산화탄소 배출량**을 저감할 수 있도록 건설된 주택을 말하며, 그 종류와 범위는 대통령령으로 정한다.

> **관련법령** 에너지절약형 친환경주택의 건설기준 및 종류·범위(영 제11조)
>
> 위 (21)에 따른 에너지절약형 친환경주택의 종류·범위 및 건설기준은 「주택건설기준 등에 관한 규정」으로 정한다.

> **관련법령** 에너지절약형 친환경주택의 건설기준 등(주택건설기준 등에 관한 규정 제64조)
>
> 「주택법」에 따른 사업계획승인을 받은 공동주택을 건설하는 경우에는 다음의 어느 하나 이상의 기술을 이용하여 주택의 총 에너지사용량 또는 총 이산화탄소 배출량을 절감할 수 있는 **에너지절약형 친환경주택**(이하 '**친환경주택**'이라 한다)으로 건설하여야 한다.
> 1. 고단열·고기능 외피구조, 기밀설계, 일조확보 및 친환경자재 사용 등 저에너지 건물 조성기술
> 2. 고효율 열원설비, 제어설비 및 고효율 환기설비 등 에너지 고효율 설비기술
> 3. 태양열, 태양광, 지열 및 풍력 등 신·재생에너지 이용기술
> 4. 자연지반의 보존, 생태면적률의 확보 및 빗물의 순환 등 생태적 순환기능 확보를 위한 외부환경 조성기술
> 5. 건물에너지 정보화 기술, 자동제어장치 및 「지능형전력망의 구축 및 이용촉진에 관한 법률」 제2조 제2호에 따른 지능형전력망 등 에너지 이용효율을 극대화하는 기술

(22) 건강친화형 주택 (법 제2조 제22호)

건강하고 쾌적한 실내환경의 조성을 위하여 **실내공기의 오염물질** 등을 최소화할 수 있도록 대통령령으로 정하는 기준에 따라 건설된 주택을 말한다. 19회, 24회 주관식, 27회

> **관련법령** 건강친화형 주택의 건설기준(영 제12조)
>
> 위 (22)에 따른 건강친화형 주택의 건설기준은 「주택건설기준 등에 관한 규정」으로 정한다.

> **관련법령** 건강친화형 주택의 건설기준(주택건설기준 등에 관한 규정 제65조)
>
> 500세대 이상의 공동주택을 건설하는 경우에는 다음의 사항을 고려하여 세대 내의 실내공기 오염물질 등을 최소화할 수 있는 건강친화형 주택으로 건설하여야 한다.
> 1. 오염물질을 적게 방출하거나 오염물질의 발생을 억제 또는 저감시키는 건축자재(붙박이 가구 및 붙박이 가전제품을 포함한다)의 사용에 관한 사항
> 2. 청정한 실내환경 확보를 위한 마감공사의 시공관리에 관한 사항
> 3. 실내공기의 원활한 환기를 위한 환기설비의 설치, 성능검증 및 유지관리에 관한 사항
> 4. 환기설비 등을 이용하여 신선한 바깥의 공기를 실내에 공급하는 환기의 시행에 관한 사항

(23) **장수명 주택**(법 제2조 제23호)

구조적으로 오랫동안 유지·관리될 수 있는 **내구성**을 갖추고, 입주자의 필요에 따라 내부 구조를 쉽게 변경할 수 있는 **가변성**과 **수리 용이성** 등이 우수한 주택을 말한다. 20회 주관식, 25회, 27회

(24) **공공택지**(법 제2조 제24호)

다음의 어느 하나에 해당하는 '**공공사업**'에 의하여 개발·조성되는 '**공동주택**'이 건설되는 용지를 말한다.

① 법 제24조 제2항(수용)에 따른 국민주택건설사업 또는 대지조성사업

> **참고** 「주택법」 제24조 제2항
>
> '국가·지방자치단체·한국토지주택공사 및 지방공사인 사업주체'가 국민주택을 건설하거나 국민주택을 건설하기 위한 대지를 조성하는 경우에는 토지나 토지에 정착한 물건 및 그 토지나 물건에 관한 소유권 외의 권리(이하 '토지 등'이라 한다)를 수용하거나 사용할 수 있다.

② 「택지개발촉진법」에 따른 택지개발사업. 다만, 같은 법 제7조 제1항 제4호에 따른 주택건설 등 사업자가 같은 법 제12조 제5항에 따라 활용하는 택지는 제외한다.
③ 「산업입지 및 개발에 관한 법률」에 따른 산업단지개발사업
④ 「공공주택 특별법」에 따른 공공주택지구조성사업
⑤ 「민간임대주택에 관한 특별법」에 따른 공공지원민간임대주택 공급촉진지구 조성사업(같은 법 제23조 제1항 제2호에 해당하는 시행자가 같은 법 제34조에 따른 수용 또는 사용의 방식으로 시행하는 사업만 해당한다)
⑥ 「도시개발법」에 따른 도시개발사업[같은 법 제11조 제1항 제1호부터 제4호까지의 시행자 또는 같은 항 제11호에 해당하는 시행자(같은 법 제11조 제1항 제1호부터 제4호까지의 시행자가 100분의 50을 초과하여 출자한 경우에 한정한다)가 같은 법 제21조에 따른 수용 또는 사용의 방식으로 시행하는 사업과 혼용방식 중 수용 또는 사용의 방식이 적용되는 구역에서 시행하는 사업만 해당한다]
⑦ 「경제자유구역의 지정 및 운영에 관한 특별법」에 따른 경제자유구역개발사업(수용 또는 사용의 방식으로 시행하는 사업과 혼용방식 중 수용 또는 사용의 방식이 적용되는 구역에서 시행하는 사업만 해당한다)

⑧ 「혁신도시 조성 및 발전에 관한 특별법」에 따른 혁신도시개발사업
⑨ 「신행정수도 후속대책을 위한 연기·공주지역 행정중심복합도시 건설을 위한 특별법」에 따른 행정중심복합도시건설사업
⑩ 「공익사업을 위한 토지 등의 취득 및 보상에 관한 법률」 제4조에 따른 공익사업으로서 '대통령령으로 정하는 사업' 23회

> **관련법령** 공공택지의 범위(영 제12조의2)
>
> 위 **(24)**의 ⑩에서 '대통령령으로 정하는 사업'이란 「공익사업을 위한 토지 등의 취득 및 보상에 관한 법률」 제19조 제1항에 따라 토지 등을 수용하거나 사용하는 방식으로 시행되는 사업으로서 다음의 사업을 말한다. 다만, 다음의 사업에 대한 사업계획 또는 시행계획의 승인·인가 등을 받기 위하여 관계 법령에 따라 토지, 물건 또는 권리의 소유자나 소유자 외 권리자의 동의를 받아야 하는 사업(승인권자 또는 인가권자 등이 사업시행자에 해당하여 승인·인가 등을 받지 않는 사업으로서 관계 법령에 따라 토지, 물건 또는 권리의 소유자나 소유자 외 권리자의 동의를 받아야 하는 사업을 포함한다)은 제외한다.
> 1. 다음의 자가 시행하는 사업
>   ㉠ 국가 또는 지방자치단체
>   ㉡ 「공공기관의 운영에 관한 법률」 제4조에 따른 공공기관
>   ㉢ 「지방공기업법」에 따른 지방공기업
>   ㉣ 「지방자치법」 제176조에 따른 지방자치단체조합
> 2. 위 1.의 자 중 하나 이상이 출자한 비율의 합이 100분의 50을 초과하는 법인이 시행하는 일정한 사업

(25) 리모델링(법 제2조 제25호)

법 제66조 제1항 및 제2항에 따라 건축물의 노후화 억제 또는 기능향상 등을 위한 다음의 어느 하나에 해당하는 행위를 말한다. 23회

① 대수선(大修繕)
② 사용검사일(주택단지 안의 공동주택 전부에 대하여 임시 사용승인을 받은 경우에는 그 임시 사용승인일) 또는 「건축법」에 따른 사용승인일부터 **15년**[15년 이상 20년 미만의 연수 중 특별시·광역시·특별자치시·도 또는 특별자치도(이하 '**시·도**'라 한다)의 **조례**로 정하는 경우에는 그 연수로 한다]이 지난 공동주택을 각 세대의 **주거전용면적**(건축법 제38조에 따른 건축물대장 중 집합건축물대장의 '**전유부분의 면적**'을 말한다)의 **30퍼센트 이내**(세대의 주거전용면적이 '**85제곱미터 미만**'인 경우에는 40**퍼센트 이내**)에서 **증축**하는 행위. 이 경우 공동주택의 기능향상 등을 위하여 **공용부분**에 대하여도 별도로 증축할 수 있다. 20회 주관식
③ 위 ②에 따른 '각 세대의 증축 가능 면적을 합산한 면적의 범위'에서 기존 세대수의 **15퍼센트 이내**에서 세대수를 증가하는 증축행위(이하 '**세대수 증가형 리모델링**'이라 한다). 다만, 수직으로 증축하는 행위(이하 '**수직증축형 리모델링**'이라 한다)는 다음 요건을 모두 충족하는 경우로 한정한다. 19회

㉠ 최대 **3개층 이하**로서 '대통령령으로 정하는 범위'에서 증축할 것
㉡ 리모델링 대상 건축물의 **구조도** 보유 등 대통령령으로 정하는 요건을 갖출 것

> **관련법령** 수직증축형 리모델링의 허용 요건(영 제13조)
>
> 1. 위 **(25)** ③의 ㉠에서 '대통령령으로 정하는 범위'란 다음의 구분에 따른 범위를 말한다.
>   ㉠ 수직으로 증축하는 행위(이하 '수직증축형 리모델링'이라 한다)의 대상이 되는 기존 건축물의 층수가 **15층 이상**인 경우: **3개 층**
>   ㉡ 수직증축형 리모델링의 대상이 되는 기존 건축물의 층수가 **14층 이하**인 경우: **2개 층**
> 2. 위 **(25)** ③의 ㉡에서 '리모델링 대상 건축물의 구조도 보유 등 대통령령으로 정하는 요건'이란 수직증축형 리모델링의 대상이 되는 기존 건축물의 '**신축 당시**' **구조도**를 보유하고 있는 것을 말한다. 19회

(26) 리모델링 기본계획(법 제2조 제26호)

'**세대수 증가형 리모델링**'으로 인한 도시과밀, 이주수요 집중 등을 체계적으로 관리하기 위하여 수립하는 계획을 말한다.

(27) 입주자(법 제2조 제27호)

다음의 구분에 따른 자를 말한다.
① **법 제8조**(주택건설사업의 등록말소 등), **제54조**(주택의 공급), **제57조의2**(분양가상한제 적용주택 등의 입주자의 거주의무 등), **제64조**(주택의 전매행위 제한 등), **제88조**(주택정책 관련 자료 등의 종합관리), **제91조**(체납된 분양대금 등의 강제징수) 및 **제104조**(벌칙, 1년 이하의 징역 또는 1천만원 이하의 벌금)**의 경우**: 주택을 공급받는 자
② **법 제66조**(리모델링의 허가 등)**의 경우**: 주택의 **소유자** 또는 '그 소유자를 대리'하는 **배우자** 및 **직계존비속**

(28) 사용자(법 제2조 제28호)

「공동주택관리법」 제2조 제6호에 따른 사용자를 말한다.

> **참고** 「공동주택관리법」 제2조 제6호 및 제19호
>
> 1. '사용자'란 공동주택을 임차하여 사용하는 사람('임대주택'의 임차인은 '제외'한다) 등을 말한다.
> 2. '임대주택'이란 「민간임대주택에 관한 특별법」에 따른 민간임대주택 및 「공공주택 특별법」에 따른 공공임대주택을 말한다.

(29) 관리주체(법 제2조 제29호)

「공동주택관리법」 제2조 제10호에 따른 관리주체를 말한다.

> **참고** 「공동주택관리법」 제2조 제10호
>
> '관리주체'란 공동주택을 관리하는 다음의 자를 말한다.
> 1. 자치관리기구의 대표자인 공동주택의 관리사무소장
> 2. 관리업무를 인계하기 전의 사업주체
> 3. 주택관리업자
> 4. 임대사업자
> 5. 「민간임대주택에 관한 특별법」에 따른 주택임대관리업자(시설물 유지·보수·개량 및 그 밖의 주택관리 업무를 수행하는 경우에 한정한다)

(30) 다른 법률과의 관계(법 제3조)

주택의 **건설** 및 **공급**에 관하여 다른 법률에 특별한 규정이 있는 경우를 제외하고는 '**이 법**'에서 정하는 바에 따른다.

CHAPTER 02 주택의 건설 등

회독체크 1 2 3

CHAPTER 미리보기

학습전략

'주택의 건설 절차'를 다루는 단원으로서 2문제 정도 출제됩니다. 사업주체, 등록사업자, 주택조합의 개념을 숙지하여야 하며, 사업계획승인, 착공신고, 감리, 사전방문, 사용검사 등의 절차 및 주택건설기준 등을 정리하여야 합니다.

학습키워드

- 주택조합
- 사업계획승인
- 착공신고
- 감리
- 사전방문
- 품질점검단
- 사용검사 등 절차

1. 주택건설사업자 등

(1) 주택건설사업 등의 등록(법 제4조)

① 연간 대통령령으로 정하는 호수(20호, 20세대) 이상의 주택건설사업을 시행하려는 자 또는 연간 대통령령으로 정하는 면적(1만 제곱미터) 이상의 대지조성사업을 시행하려는 자는 **국토교통부장관**에게 **등록**하여야 한다. 다만, 다음의 사업주체의 경우에는 그러하지 아니하다.
  ㉠ 국가·지방자치단체
  ㉡ 한국토지주택공사
  ㉢ 지방공사
  ㉣ 「공익법인의 설립·운영에 관한 법률」 제4조에 따라 주택건설사업을 목적으로 설립된 공익법인
  ㉤ 법 제11조에 따라 설립된 주택조합(등록사업자와 **공동**으로 주택건설사업을 하는 주택조합만 해당한다)
  ㉥ 근로자를 고용하는 자(등록사업자와 **공동**으로 주택건설사업을 시행하는 고용자만 해당하며, 이하 '고용자'라 한다)

② 위 ①에 따라 등록하여야 할 사업자의 자본금과 기술인력 및 사무실면적에 관한 등록의 기준·절차·방법 등에 필요한 사항은 대통령령으로 정한다.

관련법령 주택건설사업자 등의 범위 및 등록기준 등(영 제14조)

1. 위 **(1)** ①의 ㉠~㉥ 외의 부분 본문에서 '대통령령으로 정하는 호수'란 다음의 구분에 따른 호수(戶數) 또는 세대수를 말한다. 19회 주관식
   ㉠ **단독주택**의 경우: **20호**
   ㉡ **공동주택**의 경우: **20세대**. 다만, **도시형 생활주택**('도시형 생활주택'과 '주거전용면적이 85제곱미터를 초과하는 주택' 1세대를 함께 건축하는 경우를 포함한다)은 **30세대**로 한다.
2. 위 **(1)**에 따라 주택건설사업 또는 대지조성사업의 등록을 하려는 자는 다음의 요건을 모두 갖추어야 한다. 이 경우 하나의 사업자가 주택건설사업과 대지조성사업을 함께 할 때에는 다음 ㉠ 및 ㉢의 기준은 중복하여 적용하지 아니한다.
   ㉠ **자본금**: **3억원**(개인인 경우에는 자산평가액 **6억원**) 이상
   ㉡ 다음의 구분에 따른 기술인력
      ⓐ 주택건설사업: 「건설기술 진흥법 시행령」 [별표 1]에 따른 **건축 분야 기술인 1명** 이상
      ⓑ 대지조성사업: 「건설기술 진흥법 시행령」 [별표 1]에 따른 **토목 분야 기술인 1명** 이상
   ㉢ 사무실 면적: 사업의 수행에 필요한 사무장비를 갖출 수 있는 면적

> **관련법령** 주택건설사업 등의 등록절차(영 제15조)

1. 위 **(1)**에 따라 주택건설사업 또는 대지조성사업의 등록을 하려는 자는 신청서에 국토교통부령으로 정하는 서류를 첨부하여 국토교통부장관에게 제출하여야 한다.
2. 국토교통부장관은 위 **(1)**에 따라 주택건설사업 또는 대지조성사업의 등록을 한 자(이하 '등록사업자'라 한다)를 등록부에 등재하고 등록증을 발급하여야 한다.
3. 등록사업자는 등록사항에 변경이 있으면 국토교통부령으로 정하는 바에 따라 변경 사유가 발생한 날부터 30일 이내에 국토교통부장관에게 신고하여야 한다. 다만, 국토교통부령으로 정하는 경미한 변경에 대해서는 그러하지 아니하다.

(2) 공동사업주체(법 제5조)

① **토지소유자**가 주택을 건설하는 경우에는 위 **(1)**의 ①에도 불구하고 대통령령으로 정하는 바에 따라 위 **(1)**에 따라 등록을 한 자(이하 '등록사업자'라 한다)와 공동으로 사업을 **시행할 수 있다**. 이 경우 토지소유자와 등록사업자를 공동사업주체로 본다.

② **주택조합**('세대수를 증가하지 아니하는 리모델링주택조합'은 제외한다)이 그 구성원의 주택을 건설하는 경우에는 대통령령으로 정하는 바에 따라 등록사업자(지방자치단체·한국토지주택공사 및 지방공사를 '포함'한다)와 공동으로 사업을 **시행할 수 있다**. 이 경우 주택조합과 등록사업자를 공동사업주체로 본다.

③ **고용자**가 그 근로자의 주택을 건설하는 경우에는 대통령령으로 정하는 바에 따라 등록사업자와 공동으로 사업을 **시행하여야 한다**. 이 경우 고용자와 등록사업자를 공동사업주체로 본다.

④ 공동사업주체 간의 구체적인 업무·비용 및 책임의 분담 등에 관하여는 대통령령으로 정하는 범위에서 '당사자간'의 **협약**에 따른다.

> **관련법령** 공동사업주체의 사업시행(영 제16조)

1. 위 **(2)**의 ①에 따라 공동으로 주택을 건설하려는 토지소유자와 등록사업자는 다음의 요건을 모두 갖추어 사업계획승인을 신청하여야 한다.
   ㉠ 등록사업자가 다음의 어느 하나에 해당하는 자일 것
      ⓐ '영 제17조 제1항 각 호의 요건을 모두 갖춘 자'
      ● 영 제17조 제1항 각 호의 요건을 모두 갖춘 자('건설사업자로 간주되는 등록사업자')
         1. 자본금이 5억원(개인인 경우에는 자산평가액 10억원) 이상일 것
         2. 「건설기술 진흥법 시행령」 [별표 1]에 따른 건축 분야 및 토목 분야 기술인 3명 이상을 보유하고 있을 것. 이 경우 「건설기술 진흥법 시행령」 [별표 1]에 따른 건설기술인으로서 다음에 해당하는 건설기술인 각 1명이 포함되어야 한다.
            ㉠ 건축시공 기술사 또는 건축기사
            ㉡ 토목 분야 기술인
         3. 최근 5년간의 주택건설 실적이 100호 또는 100세대 이상일 것
      ⓑ 「건설산업기본법」 제9조에 따른 건설업(건축공사업 또는 토목건축공사업만 해당한다)의 등록을 한 자(건설사업자)

ⓛ 주택건설대지가 저당권·가등기담보권·가압류·전세권·지상권 등(이하 '저당권 등'이라 한다)의 목적으로 되어 있는 경우에는 그 저당권 등을 **말소**할 것. 다만, 저당권 등의 권리자로부터 해당 사업의 시행에 대한 동의를 받은 경우는 예외로 한다.

ⓒ 토지소유자와 등록사업자 간에 다음의 사항에 대하여 법 및 이 영이 정하는 범위에서 협약이 체결되어 있을 것
    ⓐ 대지 및 주택(부대시설 및 복리시설을 포함한다)의 사용·처분
    ⓑ 사업비의 부담
    ⓒ 공사기간
    ⓓ 그 밖에 사업 추진에 따르는 각종 책임 등 사업 추진에 필요한 사항

2. 위 **(2)**의 ②에 따라 공동으로 주택을 건설하려는 **주택조합**('세대수를 늘리지 아니하는 리모델링주택조합'은 '제외'한다)과 등록사업자, 지방자치단체, 한국토지주택공사(한국토지주택공사법에 따른 한국토지주택공사를 말한다. 이하 같다) 또는 지방공사(지방공기업법 제49조에 따라 주택건설사업을 목적으로 설립된 지방공사를 말한다. 이하 같다)는 다음의 요건을 모두 갖추어 사업계획승인을 신청하여야 한다.
    ⓛ 등록사업자와 공동으로 사업을 시행하는 경우에는 해당 등록사업자가 위 1.의 ⓛ의 요건을 갖출 것
    ⓒ **주택조합**이 주택건설대지의 **소유권**을 확보하고 있을 것. 다만, 지역주택조합 또는 직장주택조합이 등록사업자와 공동으로 사업을 시행하는 경우로서 법 제21조 제1항 제1호에 따라 「국토의 계획 및 이용에 관한 법률」 제49조에 따른 **지구단위계획**의 결정이 필요한 사업인 경우에는 **95퍼센트 이상**의 **소유권**을 확보하여야 한다.
    ⓒ 위 1.의 ⓒ 및 ⓒ의 요건을 갖출 것. 이 경우 위 1.의 ⓒ의 요건은 소유권을 확보한 대지에 대해서만 적용한다.

3. 위 **(2)**의 ③에 따라 **고용자**가 등록사업자와 공동으로 주택을 건설하려는 경우에는 다음의 요건을 모두 갖추어 법 제15조에 따른 사업계획승인을 신청하여야 한다.
    ⓛ 위 1.의 ⓛ~ⓒ의 요건을 모두 갖추고 있을 것
    ⓒ **고용자**가 해당 주택건설대지의 **소유권**을 확보하고 있을 것

(3) 등록사업자의 결격사유(법 제6조)

다음의 어느 하나에 해당하는 자는 위 **(1)**에 따른 주택건설사업 등의 등록을 할 수 없다.

① 미성년자·피성년후견인 또는 피한정후견인

② 파산선고를 받은 자로서 복권되지 아니한 자

③ 「부정수표 단속법」 또는 이 법을 위반하여 금고 이상의 **실형**을 선고받고 그 집행이 끝나거나(집행이 끝난 것으로 보는 경우를 포함한다) 집행이 면제된 날부터 **2년**이 지나지 아니한 자

④ 「부정수표 단속법」 또는 이 법을 위반하여 금고 이상의 형의 **집행유예**를 선고받고 그 **유예기간 중**에 있는 자

⑤ 법 제8조에 따라 등록이 말소(위 ① 및 ②에 해당하여 말소된 경우는 제외한다)된 후 **2년**이 지나지 아니한 자

⑥ 임원 중에 위 ①~⑤의 규정 중 어느 하나에 해당하는 자가 있는 법인

(4) 등록사업자의 '시공'(법 제7조)

등록사업자가 사업계획승인(건축법에 따른 공동주택건축허가를 포함한다)을 받아 분양 또는 임대를 목적으로 주택을 건설하는 경우로서 그 기술능력, 주택건설 실적 및 주택규모 등이 '대통령령으로 정하는 기준에 해당하는 경우'에는 그 등록사업자를 「건설산업기본법」 제9조에 따른 '**건설사업자**'로 보아 주택건설공사를 **시공**할 수 있다.

> **관련법령** 등록사업자의 주택건설공사 시공기준(영 제17조)
>
> 1. 위 **(4)**에 따라 주택건설공사를 시공하려는 등록사업자는 다음의 요건을 모두 갖추어야 한다('**건설사업자로 간주되는 등록사업자**').
>   ㉠ 자본금이 **5억원**(개인인 경우에는 자산평가액 **10억원**) 이상일 것
>   ㉡ 「건설기술 진흥법 시행령」 [별표 1]에 따른 **건축 분야 및 토목 분야 기술인 3명** 이상을 보유하고 있을 것. 이 경우 「건설기술 진흥법 시행령」 [별표 1]에 따른 건설기술인으로서 다음에 해당하는 건설기술인 각 **1명**이 포함되어야 한다.
>   ⓐ 건축시공 기술사 또는 건축기사
>   ⓑ 토목 분야 기술인
>   ㉢ 최근 **5년간**의 주택건설 실적이 **100호** 또는 **100세대** 이상일 것
> 2. 위 **(4)**에 따라 '등록사업자가 건설할 수 있는 주택'은 주택으로 쓰는 층수가 **5개 층 이하**인 주택으로 한다. 다만, 각층 거실의 바닥면적 **300제곱미터 이내**마다 1개소 이상의 '**직통계단**'을 설치한 경우에는 주택으로 쓰는 층수가 6개 층인 주택을 건설할 수 있다.
> 3. 위 2.에도 불구하고 다음의 어느 하나에 해당하는 등록사업자는 주택으로 쓰는 층수가 6개 층 이상인 주택을 건설할 수 있다.
>   ㉠ 주택으로 쓰는 층수가 '6개 층 이상인 아파트'를 건설한 실적이 있는 자
>   ㉡ 최근 3년간 300세대 이상의 '공동주택'을 건설한 실적이 있는 자
> 4. 위 **(4)**에 따라 주택건설공사를 시공하는 등록사업자는 건설공사비(총공사비에서 대지구입비를 제외한 금액을 말한다)가 자본금과 자본준비금·이익준비금을 합한 금액의 10배(개인인 경우에는 자산평가액의 5배)를 초과하는 건설공사는 시공할 수 없다.

(5) 등록말소처분 등을 받은 자의 사업 수행(법 제9조)

법 제8조에 따라 등록말소 또는 영업정지처분을 받은 등록사업자는 그 처분 전에 사업계획승인을 받은 사업은 계속 수행할 수 있다. 다만, 등록말소 처분을 받은 등록사업자가 그 사업을 계속 수행할 수 없는 중대하고 명백한 사유가 있을 경우에는 그러하지 아니하다.

(6) 영업실적 등의 제출(법 제10조)

① 등록사업자는 국토교통부령으로 정하는 바에 따라 **매년** '영업실적'(개인인 사업자가 해당 사업에 1년 이상 사용한 사업용 자산을 현물출자하여 법인을 설립한 경우에는 그 개인인 사업자의 영업실적을 포함한 실적을 말하며, 등록말소 후 다시 등록한 경우에는 다시 등록한 이후의 실적을 말한다)과 '영업계획 및 기술인력 보유 현황'을 **국토교통부장관**에게 제출하여야 한다.

② 등록사업자는 국토교통부령으로 정하는 바에 따라 **월별** '주택분양계획 및 분양실적'을 **국토교통부장관**에게 제출하여야 한다.

2. 주택조합

(1) 주택조합의 설립 등(법 제11조)

① 많은 수의 구성원이 주택을 마련하거나 리모델링하기 위하여 주택조합을 설립하려는 경우(국민주택을 공급받기 위한 직장주택조합의 경우는 제외한다)에는 관할 특별자치시장, 특별자치도지사, 시장, 군수 또는 구청장(구청장은 자치구의 구청장을 말하며, 이하 '시장·군수·구청장'이라 한다)의 **인가**를 받아야 한다. 인가받은 내용을 변경하거나 주택조합을 해산하려는 경우에도 또한 같다. 22회

② 위 ①에 따라 주택을 마련하기 위하여 주택조합설립인가를 받으려는 자는 다음의 요건을 모두 갖추어야 한다. 다만, 위 ① 후단의 경우에는 그러하지 아니하다. 19회, 23회
  ㉠ 해당 주택건설대지의 **80퍼센트** 이상에 해당하는 토지의 **사용권원**을 확보할 것
  ㉡ 해당 주택건설대지의 **15퍼센트** 이상에 해당하는 토지의 **소유권**을 확보할 것 26회 주관식

③ 위 ①에 따라 주택을 리모델링하기 위하여 주택조합을 설립하려는 경우에는 다음의 구분에 따른 **구분소유자**(집합건물의 소유 및 관리에 관한 법률 제2조 제2호에 따른 구분소유자를 말한다. 이하 같다)와 **의결권**(집합건물의 소유 및 관리에 관한 법률 제37조에 따른 의결권을 말한다. 이하 같다)의 결의를 증명하는 서류를 첨부하여 관할 **시장·군수·구청장**의 **인가**를 받아야 한다.
  ㉠ 주택단지 **전체**를 리모델링하고자 하는 경우에는 주택단지 '**전체**'의 구분소유자와 의결권의 각 3분의 2 이상의 결의 및 '각 동'의 구분소유자와 의결권의 각 **과반수**의 **결의**
  ㉡ 동을 리모델링하고자 하는 경우에는 '그 동'의 구분소유자 및 의결권의 각 3분의 2 이상의 **결의** 24회

④ 위 1. (2)의 ②에 따라 주택조합과 등록사업자가 공동으로 사업을 **시행**하면서 **시공**할 경우 '등록사업자'는 **시공자**로서의 책임뿐만 아니라 자신의 귀책사유로 사업 추진이 불가능하게 되거나 지연됨으로 인하여 조합원에게 입힌 **손해를 배상할 책임**이 있다.

⑤ '국민주택을 공급받기 위하여 직장주택조합'을 설립하려는 자는 관할 시장·군수·구청장에게 **신고**하여야 한다. 신고한 내용을 변경하거나 직장주택조합을 해산하려는 경우에도 또한 같다. 22회

⑥ **주택조합**(리모델링주택조합은 '**제외**'한다)은 그 구성원을 위하여 건설하는 주택을 그 조합원에게 **우선공급**할 수 있으며, '국민주택을 공급받기 위한 직장주택조합'에 대하여는 **사업주체**가 국민주택을 '그 직장주택조합원'에게 우선공급할 수 있다.

⑦ 조합원은 조합규약으로 정하는 바에 따라 조합에 탈퇴 의사를 알리고 탈퇴할 수 있다. 24회

⑧ 탈퇴한 조합원(제명된 조합원을 포함한다)은 조합규약으로 정하는 바에 따라 부담한 비용의 환급을 청구할 수 있다.

> **관련법령** 주택조합의 설립인가 등(영 제20조)

1. 주택조합의 설립·변경 또는 해산의 인가를 받으려는 자는 신청서에 다음의 서류를 첨부하여 주택건설대지(리모델링주택조합의 경우에는 해당 주택의 소재지를 말한다. 이하 같다)를 관할하는 시장·군수·구청장에게 제출해야 한다.
   ㉠ 설립인가신청: 다음의 구분에 따른 서류
      ⓐ **지역주택조합** 또는 **직장주택조합**의 경우 25회
         ⅰ) 창립총회 회의록 25회
         ⅱ) 조합장선출동의서 25회
         ⅲ) 조합원 전원이 자필로 연명(連名)한 **조합규약** 25회
         ⅳ) 조합원 명부
         ⅴ) 사업계획서
         ⅵ) 해당 주택건설대지의 **80퍼센트** 이상에 해당하는 토지의 사용권원을 확보하였음을 증명하는 서류
         ⅶ) 해당 주택건설대지의 **15퍼센트 이상**에 해당하는 토지의 소유권을 확 보하였음을 증명하는 서류
         ⅷ) 그 밖에 국토교통부령으로 정하는 다음의 서류
            • 고용자가 확인한 근무확인서(직장주택조합의 경우만 해당한다) 25회
            • 조합원 자격이 있는 자임을 확인하는 서류
      ⓑ **리모델링주택조합**의 경우
         ⅰ) 위 ⓐ의 ⅰ)~ⅴ)의 서류
         ⅱ) **위 (1) ③의 ㉠, ㉡ 결의를 증명하는 서류**. 이 경우 결의서에는 [별표 4] 제1호 나목 1)부터 3)까지의 사항이 기재되어야 한다.
         ⅲ) 「건축법」 제5조에 따라 건축기준의 완화 적용이 결정된 경우에는 그 증명서류
         ⅳ) 해당 주택이 법 제49조에 따른 사용검사일(주택단지 안의 공동주택 전부에 대하여 같은 조에 따라 임시 사용승인을 받은 경우에는 그 임시 사용승인일을 말한다) 또는 「건축법」 제22조에 따른 사용승인일부터 다음의 구분에 따른 기간이 지났음을 증명하는 서류
            • 대수선인 리모델링: 10년
            • 증축인 리모델링: **15년**[15년 이상 20년 미만의 연수 중 특별시·광역시·특별자치시·도 또는 특별자치도(이하 '**시·도**'라 한다)의 **조례**로 정하는 경우에는 그 연수]
   ㉡ 변경인가신청: 변경의 내용을 증명하는 서류
   ㉢ 해산인가신청: 조합해산의 결의를 위한 총회의 의결정족수에 해당하는 조합원의 동의를 받은 정산서
2. 위 1. ㉠의 ⓐ의 ⅲ)의 **조합규약**에는 다음의 사항이 **포함**되어야 한다.
   ㉠ 조합의 명칭 및 사무소의 소재지
   ㉡ 조합원의 자격에 관한 사항
   ㉢ 주택건설대지의 위치 및 면적
   ㉣ 조합원의 제명·탈퇴 및 교체에 관한 사항
   ㉤ 조합임원의 수, 업무범위(권리·의무를 포함한다), 보수, 선임방법, 변경 및 해임에 관한 사항
   ㉥ 조합원의 비용부담 시기·절차 및 조합의 회계
   ㉦ 조합원의 제명·탈퇴에 따른 환급금의 산정방식, 지급시기 및 절차에 관한 사항
   ㉧ 사업의 시행시기 및 시행방법

  ㉥ 총회의 소집절차·소집시기 및 조합원의 총회소집요구에 관한 사항
  ㉦ 총회의 의결을 필요로 하는 사항과 그 의결정족수 및 의결절차
  ㉧ 사업이 종결되었을 때의 청산절차, 청산금의 징수·지급방법 및 지급절차
  ㉨ 조합비의 사용명세와 총회 의결사항의 공개 및 조합원에 대한 통지방법
  ㉩ 조합규약의 변경절차
  ㉪ 그 밖에 조합의 사업추진 및 조합 운영을 위하여 필요한 사항

3. 위 2.의 ㉦에도 불구하고 '**국토교통부령으로 정하는 사항**'은 반드시 **총회의 의결**을 거쳐야 한다(규칙 제7조 제5항).
  ㉠ 조합규약(위 2. 각 호의 사항만 해당한다)의 변경
  ㉡ 자금의 차입과 그 방법·이자율 및 상환방법
  ㉢ 예산으로 정한 사항 외에 조합원에게 부담이 될 계약의 체결
  ㉣ 법 제11조의2 제1항에 따른 업무대행자의 선정·변경 및 업무대행계약의 체결
  ㉤ 시공자의 선정·변경 및 공사계약의 체결
  ㉥ 조합임원의 선임 및 해임
  ㉦ 사업비의 조합원별 분담 명세 **확정**(리모델링주택조합의 경우 법 제68조 제4항에 따른 안전진단 결과에 따라 구조설계의 변경이 필요한 경우 발생할 수 있는 추가 비용의 분담안을 포함한다) 및 **변경**
  ㉧ 사업비의 세부항목별 사용계획이 포함된 예산안
  ㉨ 조합해산의 결의 및 해산 시의 회계 보고

4. 총회의 의결을 하는 경우에는 조합원의 **100분의 10 이상**이 직접 출석하여야 한다. 다만, 창립총회 또는 위 3.에 따라 '국토교통부령으로 정하는 사항'을 의결하는 총회의 경우에는 조합원의 100분의 20 이상이 직접 출석하여야 한다.

5. 위 4.에도 불구하고 총회의 소집시기에 해당 주택건설대지가 위치한 특별자치시·특별자치도·시·군·구(자치구를 말하며, 이하 '시·군·구'라 한다)에 「감염병의 예방 및 관리에 관한 법률」 제49조 제1항 제2호에 따라 여러 사람의 **집합을 제한**하거나 **금지하는 조치**가 내려진 경우에는 '**전자적 방법**'으로 총회를 개최해야 한다. 이 경우 조합원의 의결권 행사는 「전자서명법」 제2조 제2호 및 제6호의 전자서명 및 인증서(서명자의 실제 이름을 확인할 수 있는 것으로 한정한다)를 통해 **본인 확인**을 거쳐 **전자적 방법**으로 해야 한다.

6. 주택조합은 위 5.에 따라 전자적 방법으로 총회를 개최하려는 경우 다음의 사항을 조합원에게 사전에 통지해야 한다.
  ㉠ 총회의 의결사항
  ㉡ 전자투표를 하는 방법
  ㉢ 전자투표 기간
  ㉣ 그 밖에 전자투표 실시에 필요한 기술적인 사항

7. 주택조합(**리모델링주택조합**은 **제외**한다)은 주택조합 설립인가를 받는 날부터 사용검사를 받는 날까지 계속하여 다음의 요건을 모두 충족해야 한다.
  ㉠ 주택건설 예정 세대수(설립인가 당시의 사업계획서상 주택건설 예정 세대수를 말하되, 법 제20조에 따라 임대주택으로 건설·공급하는 세대수는 제외한다. 이하 같다)의 **50퍼센트 이상**의 조합원으로 구성할 것. 다만, 사업계획승인 등의 과정에서 세대수가 변경된 경우에는 변경된 세대수를 기준으로 한다.
  ㉡ 조합원은 **20명 이상**일 것

8. 리모델링주택조합 설립에 동의한 자로부터 건축물을 취득한 자는 리모델링주택조합 설립에 동의한 것으로 본다. [19회]

9. **시장·군수·구청장**은 해당 주택건설대지에 대한 다음의 사항을 종합적으로 검토하여 주택조합의 설립인가 여부를 결정하여야 한다. 이 경우 그 주택건설대지가 이미 인가를 받은 다른 주택조합의 주택건설대지와 중복되지 아니하도록 하여야 한다.
   ㉠ 법 또는 관계 법령에 따른 건축기준 및 건축제한 등을 고려하여 해당 주택건설대지에 주택건설이 가능한지 여부
   ㉡ 「국토의 계획 및 이용에 관한 법률」에 따라 수립되었거나 해당 주택건설사업기간에 수립될 예정인 도시·군계획에 부합하는지 여부
   ㉢ 이미 수립되어 있는 토지이용계획
   ㉣ 주택건설대지 중 토지 사용에 관한 권원을 확보하지 못한 토지가 있는 경우 해당 토지의 위치가 사업계획서상의 사업시행에 지장을 줄 우려가 있는지 여부

10. **시장·군수·구청장**은 위 (1)의 ①에 따라 주택조합의 **설립인가**를 한 경우 다음의 사항을 해당 **지방자치단체**의 **인터넷 홈페이지**에 공고해야 한다. 이 경우 공고한 내용이 위 (1)의 ①에 따른 변경인가에 따라 변경된 경우에도 또한 같다.
    ㉠ 조합의 명칭 및 사무소의 소재지
    ㉡ 조합설립 인가일
    ㉢ 주택건설대지의 위치
    ㉣ 조합원 수
    ㉤ 토지의 사용권원 또는 소유권을 확보한 면적과 비율

관련법령 조합원의 자격(영 제21조)

1. 위 (1)에 따른 주택조합의 조합원이 될 수 있는 사람은 다음의 구분에 따른 사람으로 한다. 다만, 조합원의 사망으로 그 지위를 상속받는 자는 다음의 요건에도 불구하고 조합원이 될 수 있다.
   ㉠ **지역주택조합** 조합원: 다음의 요건을 모두 갖춘 사람
     ⓐ **조합설립인가 신청일**(해당 주택건설대지가 투기과열지구 안에 있는 경우에는 조합설립인가 신청일 1년 전의 날을 말한다. 이하 같다)부터 해당 조합주택의 **입주 가능일**까지 주택을 소유(주택의 유형, 입주자 선정방법 등을 고려하여 국토교통부령으로 정하는 지위에 있는 경우를 포함한다. 이하 같다)하는지에 대하여 다음의 어느 하나에 해당할 것
       ⅰ) 국토교통부령으로 정하는 기준에 따라 세대주를 포함한 세대원[세대주와 동일한 세대별 주민등록표에 등재되어 있지 아니한 세대주의 배우자 및 그 배우자와 동일한 세대를 이루고 있는 사람을 포함한다. 이하 다음 ⅱ)에서 같다] 전원이 주택을 소유하고 있지 아니한 세대의 세대주일 것
       ⅱ) 국토교통부령으로 정하는 기준에 따라 세대주를 포함한 세대원 중 1명에 한정하여 주거전용면적 **85제곱미터** 이하의 **주택 1채**를 소유한 세대의 세대주일 것
     ⓑ 조합설립인가 신청일 현재 법 제2조 제11호 가목의 구분에 따른 지역에 **6개월** 이상 계속하여 거주하여 온 사람일 것
     ⓒ 본인 또는 본인과 같은 세대별 주민등록표에 등재되어 있지 않은 배우자가 같은 또는 다른 지역주택조합의 조합원이거나 직장주택조합의 조합원이 아닐 것
   ㉡ **직장주택조합** 조합원: 다음의 요건을 모두 갖춘 사람
     ⓐ 위 ㉠의 ⓐ에 해당하는 사람일 것. 다만, '국민주택을 공급받기 위한 직장주택조합'의 경우에는 **무주택 세대주**로 한정한다.

- ⓑ 조합설립인가 신청일 현재 동일한 특별시·광역시·특별자치시·특별자치도·시 또는 군(광역시의 관할 구역에 있는 군은 제외한다) 안에 소재하는 **동일한** 국가기관·지방자치단체·법인에 근무하는 사람일 것
- ⓒ 본인 또는 본인과 같은 세대별 주민등록표에 등재되어 있지 않은 배우자가 같은 또는 다른 직장주택조합의 조합원이거나 지역주택조합의 조합원이 아닐 것
- ㉢ **리모델링주택조합** 조합원: 다음의 어느 하나에 해당하는 사람. 이 경우 해당 공동주택, 복리시설 또는 다음 ⓒ에 따른 공동주택 외의 시설의 소유권이 여러 명의 공유(共有)에 속할 때에는 그 여러 명을 대표하는 1명을 조합원으로 본다. 19회
  - ⓐ 법 제15조에 따른 사업계획승인을 받아 건설한 공동주택의 소유자
  - ⓑ 복리시설을 함께 리모델링하는 경우에는 해당 복리시설의 소유자
  - ⓒ 「건축법」 제11조에 따른 건축허가를 받아 분양을 목적으로 건설한 공동주택의 소유자(해당 건축물에 공동주택 외의 시설이 있는 경우에는 해당 시설의 소유자를 포함한다)
2. 주택조합의 조합원이 근무·질병치료·유학·결혼 등 부득이한 사유로 세대주 자격을 일시적으로 상실한 경우로서 시장·군수·구청장이 인정하는 경우에는 위 1.에 따른 조합원 자격이 있는 것으로 본다.

관련법령 지역·직장주택조합 조합원의 교체·신규가입 등(영 제22조)

1. **지역주택조합** 또는 **직장주택조합**은 '설립인가를 받은 후'에는 해당 조합원을 **교체**하거나 **신규로 가입**하게 할 수 없다. 다만, 다음의 어느 하나에 해당하는 경우에는 예외로 한다.
   - ㉠ 조합원 수가 주택건설 예정 세대수를 초과하지 아니하는 범위에서 시장·군수·구청장으로부터 국토교통부령으로 정하는 바에 따라 조합원 추가모집의 승인을 받은 경우
   - ㉡ 다음의 어느 하나에 해당하는 사유로 결원이 발생한 범위에서 충원하는 경우
     - ⓐ 조합원의 **사망**
     - ⓑ 법 제15조에 따른 '사업계획승인 이후'[지역주택조합 또는 직장주택조합이 해당 주택건설대지 전부의 소유권을 확보하지 아니하고 사업계획승인을 받은 경우에는 해당 주택건설대지 전부의 소유권(해당 주택건설대지가 저당권 등의 목적으로 되어 있는 경우에는 그 저당권 등의 말소를 포함한다)을 확보한 이후를 말한다]에 입주자로 선정된 지위(해당 주택에 입주할 수 있는 권리·자격 또는 지위 등을 말한다)가 양도·증여 또는 판결 등으로 변경된 경우. 다만, **법 제64조 제1항 제1호**(투기과열지구)에 따라 '전매가 금지되는 경우'는 '제외'한다.
     - ⓒ 조합원의 탈퇴 등으로 조합원 수가 '주택건설 예정 세대수의 50퍼센트 미만'이 되는 경우
     - ⓓ 조합원이 무자격자로 판명되어 자격을 상실하는 경우
     - ⓔ 사업계획승인 등의 과정에서 주택건설 예정 세대수가 변경되어 조합원 수가 변경된 세대수의 50퍼센트 미만이 되는 경우
2. 조합원으로 추가모집되거나 충원되는 자가 조합원 자격요건을 갖추었는지를 판단할 때에는 해당 '**조합설립인가 신청일**'을 기준으로 한다. 19회, 22회, 24회
3. 조합원 추가모집의 승인과 조합원 추가모집에 따른 주택조합의 변경인가 신청은 '**사업계획승인신청일까지**' 하여야 한다. 19회

> **관련법령** 주택조합의 사업계획승인신청 등(영 제23조)
>
> 1. 주택조합은 '설립인가를 받은 날'부터 2년 이내에 **사업계획승인**('증가하는 세대수'가 30세대 **미만**인 사업계획승인 대상이 아닌 리모델링인 경우에는 법 제66조 제2항에 따른 **허가**를 말한다)을 신청하여야 한다.
> 2. 주택조합은 등록사업자가 소유하는 공공택지를 주택건설대지로 사용해서는 아니 된다. 다만, '경매 또는 공매를 통하여 취득'한 **공공택지**는 '예외'로 한다.

> **관련법령** 직장주택조합의 설립신고(영 제24조)
>
> 위 **(1)**의 ⑤에 따라 '국민주택을 공급받기 위한 직장주택조합'을 설립하려는 자는 신고서에 다음의 서류를 첨부하여 관할 시장·군수·구청장에게 제출하여야 한다. 이 경우 시장·군수·구청장은 「전자정부법」 제36조 제1항에 따른 행정정보의 공동이용을 통하여 주민등록표 등본을 확인하여야 하며, 신고인이 확인에 동의하지 아니하면 직접 제출하도록 하여야 한다.
> 1. 조합원 명부
> 2. 조합원이 될 사람이 해당 직장에 근무하는 사람임을 증명할 수 있는 서류(그 직장의 장이 확인한 서류여야 한다)
> 3. **무주택자**임을 증명하는 서류

(2) 주택조합업무의 대행 등(법 제11조의2)

① 주택조합[리모델링주택조합은 제외한다. 이하 **(2)**에서 같다] 및 주택조합의 발기인은 조합원 모집 등 다음 ②에 따른 주택조합의 업무를 '공동사업주체인 등록사업자' 또는 '다음의 어느 하나에 해당하는 자로서 대통령령으로 정하는 자본금을 보유한 자' **외의 자**에게 대행하게 할 수 없다.
  ㉠ 등록사업자
  ㉡ 「공인중개사법」 제9조에 따른 중개업자 24회
  ㉢ 「도시 및 주거환경정비법」 제102조에 따른 정비사업전문관리업자
  ㉣ 「부동산개발업의 관리 및 육성에 관한 법률」 제4조에 따른 등록사업자
  ㉤ 「자본시장과 금융투자업에 관한 법률」에 따른 **신탁업자**
  ㉥ 그 밖에 다른 법률에 따라 등록한 자로서 대통령령으로 정하는 자

② 위 ①에 따라 업무대행자에게 대행시킬 수 있는 주택조합의 업무는 다음과 같다.
  ㉠ 조합원 모집, 토지 확보, 조합설립인가 신청 등 조합설립을 위한 업무의 대행 25회, 26회
  ㉡ 사업성 검토 및 사업계획서 작성업무의 대행 25회, 26회
  ㉢ 설계자 및 시공자 선정에 관한 업무의 지원 25회, 26회
  ㉣ 법 제15조에 따른 사업계획승인 신청 등 사업계획승인을 위한 업무의 대행
  ㉤ **계약금 등 자금의 보관 및 그와 관련된 업무의 대행** 25회

ⓗ 그 밖에 총회의 운영업무 지원 등 국토교통부령으로 정하는 다음의 사항
  ⓐ 총회 일시·장소 및 안건의 통지 등 총회 운영업무 지원
  ⓑ 조합 임원 선거 관리업무 지원 25회, 26회
③ 주택조합 및 주택조합의 발기인은 위 ②의 ⓗ에 따른 업무 중 '**계약금 등 자금의 보관 업무**'는 위 ①의 ⓗ에 따른 '**신탁업자**'에게 대행하도록 하여야 한다. 23회
④ 위 ①에 따른 업무대행자는 국토교통부령으로 정하는 바에 따라 사업연도별로 **분기마다** 해당 업무의 **실적보고서**를 작성하여 **주택조합** 또는 **주택조합의 발기인**에게 제출하여야 한다. 23회
⑤ 위 ①부터 ④까지 규정에 따라 '주택조합의 업무를 대행하는 자'는 신의에 따라 성실하게 업무를 수행하여야 하고, 자신의 귀책사유로 주택조합(발기인을 포함한다) 또는 조합원(주택조합 가입 신청자를 포함한다)에게 손해를 입힌 경우에는 그 손해를 배상할 책임이 있다. 23회
⑥ **국토교통부장관**은 주택조합의 원활한 사업추진 및 조합원의 권리 보호를 위하여 **공정거래위원회 위원장**과 협의를 거쳐 **표준업무대행계약서**를 작성·보급할 수 있다. 23회

> **관련법령** **주택조합 업무대행자의 요건(영 제24조의2)**
>
> 위 **(2)**의 ①에서 '대통령령으로 정하는 자본금을 보유한 자'란 다음의 어느 하나에 해당하는 자를 말한다. 23회
> 1. 법인인 경우: **5억원 이상**의 **자본금**을 보유한 자
> 2. 개인인 경우: **10억원 이상**의 **자산평가액**을 보유한 사람 24회

> **관련법령** **업무대행자의 업무범위 등(규칙 제7조의2)**
>
> 1. 위 **(2)**의 ②의 ⓗ에서 '국토교통부령으로 정하는 사항'이란 다음의 업무를 말한다.
>   ㉠ 총회 일시·장소 및 안건의 통지 등 총회 운영업무 지원
>   ㉡ 조합 임원 선거 관리업무 지원 25회
> 2. 업무대행자는 위 **(2)**의 ④에 따라 업무의 **실적보고서**를 해당 분기의 말일부터 **20일 이내**에 **주택조합** 또는 **주택조합의 발기인**에게 제출해야 한다.

(3) 조합원 모집신고 및 공개모집(법 제11조의3)

① 위 **(1)**의 ①에 따라 **지역주택조합** 또는 **직장주택조합**의 설립인가를 받기 위해 **조합원을 모집하려는 자**는 해당 주택건설대지의 **50퍼센트 이상**에 해당하는 토지의 **사용권원**을 확보하여 관할 '**시장·군수·구청장**'에게 '**신고**'하고, **공개모집의 방법**으로 조합원을 모집하여야 한다. 조합 설립인가를 받기 전에 신고한 내용을 변경하는 경우에도 또한 같다. [위반자: 2년 이하의 징역 또는 2천만원 이하의 벌금] 27회 주관식

② 위 ①에도 불구하고 공개모집 이후 조합원의 **사망**·자격상실·탈퇴 등으로 인한 결원을 충원하거나 미달된 조합원을 재모집하는 경우에는 '신고하지 아니하고' '선착순의 방법'으로 조합원을 모집할 수 있다. 24회

③ 위 ①에 따른 모집시기, 모집방법 및 모집절차 등 조합원 모집의 신고, 공개모집 및 조합가입 신청자에 대한 정보공개 등에 필요한 사항은 '국토교통부령'으로 정한다.

④ 위 ①에 따라 신고를 받은 시장·군수·구청장은 신고내용이 이 법에 적합한 경우에는 신고를 수리하고 그 사실을 신고인에게 통보하여야 한다.

⑤ 시장·군수·구청장은 다음의 어느 하나에 해당하는 경우에는 조합원 모집신고를 수리할 수 없다. 26회

　㉠ 이미 신고된 사업대지와 전부 또는 일부가 중복되는 경우

　㉡ 이미 수립되었거나 수립 예정인 도시·군계획, 이미 수립된 토지이용계획 또는 이 법이나 관계 법령에 따른 건축기준 및 건축제한 등에 따라 해당 주택건설대지에 조합주택을 건설할 수 없는 경우

　㉢ 위 **(2)**의 ①에 따라 조합업무를 대행할 수 있는 자가 아닌 자와 업무대행계약을 체결한 경우 등 신고내용이 법령에 위반되는 경우

　㉣ 신고한 내용이 사실과 다른 경우

⑥ 위 ①에 따라 조합원을 모집하려는 주택조합의 발기인은 '**대통령령으로 정하는 자격기준**'을 갖추어야 한다.

⑦ 위 ⑥에 따른 주택조합의 발기인은 '**조합원 모집신고를 하는 날**' 주택조합에 **가입한 것으로 본다**. 이 경우 주택조합의 발기인은 그 주택조합의 '가입 신청자'와 **동일한 권리와 의무**가 있다.

⑧ 위 ①에 따라 조합원을 모집하는 자[위 **(2)**의 ①에 따라 조합원 모집 업무를 대행하는 자를 포함한다. 이하 '**모집주체**'라 한다]와 **주택조합 가입 신청자**는 다음의 사항이 포함된 '**주택조합 가입에 관한 계약서**'를 작성하여야 한다.

　㉠ 주택조합의 사업개요

　㉡ 조합원의 자격기준

　㉢ 분담금 등 각종 비용의 납부예정금액, 납부시기 및 납부방법

　㉣ 주택건설대지의 사용권원 및 소유권을 확보한 면적 및 비율

　㉤ 조합원 탈퇴 및 환급의 방법, 시기 및 절차

　㉥ 그 밖에 주택조합의 설립 및 운영에 관한 중요사항으로서 '대통령령으로 정하는 사항'

> **관련법령** 주택조합 발기인의 자격기준 등(영 제24조의3)
>
> 1. 위 **(3)**의 ⑥에서 '대통령령으로 정하는 자격기준'이란 다음의 구분에 따른 요건을 말한다.
>   ㉠ **지역주택조합** 발기인인 경우: 다음의 요건을 모두 갖출 것
>   ⓐ **조합원 모집 신고를 하는 날**부터 해당 **조합설립인가일**까지 주택을 소유(주택의 유형, 입주자 선정 방법 등을 고려하여 '국토교통부령으로 정하는 지위'에 있는 경우를 포함한다)하는지에 대하여 영 제21조 제1항 제1호 가목 1)(**무주택**) 또는 2)(**85제곱미터 이하의 주택 1채를 소유**)에 해당할 것
>   ⓑ **조합원 모집 신고를 하는 날의 1년 전**부터 해당 **조합설립인가일**까지 **계속**하여 법 제2조 제11호 가목의 구분에 따른 지역에 **거주**할 것
>   ㉡ **직장주택조합** 발기인인 경우: 다음의 요건을 모두 갖출 것
>   ⓐ 위 ㉠의 ⓐ에 해당할 것
>   ⓑ 조합원 모집신고를 하는 날 현재 영 제21조 제1항 제2호 나목(**동일한 국가기관, 지방자치단체, 법인에 근무**)에 해당할 것
> 2. 위 **(3)**의 ⑧의 ㉥에서 '대통령령으로 정하는 사항'이란 다음의 사항을 말한다.
>   ㉠ 주택조합 발기인과 **임원**의 성명, 주소, 연락처 및 보수에 관한 사항
>   ㉡ 위 **(2)**의 ①에 따라 업무대행자가 선정된 경우 업무대행자의 성명, 주소, 연락처(법인의 경우에는 법인명, 대표자의 성명, 법인의 주소 및 법인등록번호를 말한다) 및 대행 수수료에 관한 사항
>   ㉢ **사업비 명세** 및 **자금조달계획**에 관한 사항
>   ㉣ **사업비**가 **증액**될 경우 조합원이 **추가 분담금**을 납부할 수 있다는 사항
>   ㉤ 법 제11조의6에 따른 **청약 철회 및 가입비 등**(법 제11조의6 제1항에 따른 가입비 등을 말한다. 이하 같다)의 **예치ㆍ반환** 등에 관한 사항

(4) 설명의무(법 제11조의4) [위반자: 1천만원 이하의 과태료]

① 모집주체는 위 **(3)**의 ⑧의 사항을 주택조합 **가입 신청자**가 **이해**할 수 있도록 **설명**하여야 한다.

② 모집주체는 위 ①에 따라 **설명한 내용**을 주택조합 **가입 신청자**가 **이해**하였음을 '국토교통부령으로 정하는 바'에 따라 **서면**으로 **확인**을 받아 주택조합 **가입 신청자**에게 **교부**하여야 하며, 그 사본을 **5년간 보관**하여야 한다. 24회

(5) 조합원 모집 광고 등에 관한 준수사항(법 제11조의5) [위반자: 2년 이하의 징역 또는 2천만원 이하의 벌금]

① **모집주체**가 주택조합의 조합원을 모집하기 위하여 **광고**를 하는 경우에는 다음의 내용이 포함되어야 한다.
  ㉠ '지역주택조합 또는 직장주택조합의 조합원 모집을 위한 광고'라는 문구
  ㉡ **조합원의 자격기준**에 관한 내용
  ㉢ 주택건설대지의 **사용권원** 및 **소유권**을 확보한 비율
  ㉣ 그 밖에 조합원 보호를 위하여 '대통령령으로 정하는 내용'

② 모집주체가 **조합원** 가입을 **권유**하거나 모집 광고를 하는 경우에는 다음의 행위를 하여서는 아니 된다.
  ㉠ 조합주택의 공급방식, **조합원의 자격기준** 등을 충분히 설명하지 않거나 누락하여 제한 없이 조합에 가입하거나 주택을 공급받을 수 있는 것으로 **오해**하게 하는 행위
  ㉡ 법 제5조 제4항에 따른 협약이나 법 제15조 제1항에 따른 사업계획승인을 통하여 확정될 수 있는 사항을 **사전**에 **확정된 것**처럼 **오해**하게 하는 행위
  ㉢ 사업추진 과정에서 **조합원이 부담해야 할 비용**이 **추가**로 발생할 수 있음에도 주택 공급 가격이 **확정된** 것으로 **오해**하게 하는 행위
  ㉣ 주택건설대지의 **사용권원** 및 **소유권을 확보한 비율**을 사실과 다르거나 불명확하게 제공하는 행위
  ㉤ 조합사업의 내용을 사실과 다르게 설명하거나 그 내용의 중요한 사실을 **은폐** 또는 **축소**하는 행위
  ㉥ 그 밖에 조합원 보호를 위하여 대통령령으로 정하는 행위

> **관련법령** 조합원 모집 광고 등에 관한 준수사항(영 제24조의4)
>
> 1. 위 **(5)**의 ①의 ㉣에서 '대통령령으로 정하는 내용'이란 다음의 사항을 말한다.
>   ㉠ 조합의 **명칭** 및 사무소의 소재지
>   ㉡ **조합원 모집 신고 '수리일'**
> 2. 위 **(5)**의 ②의 ㉥에서 '대통령령으로 정하는 행위'란 **시공자**가 선정되지 않았음에도 **선정된 것**으로 오해하게 하는 행위를 말한다.
> 3. 모집주체[위 **(3)**의 ③ 외의 부분에 따른 모집주체를 말한다. 이하 같다]는 조합원 모집 광고를 할 때 다음의 요건을 모두 갖춘 크기로 위 **(5)**의 ①의 내용을 **표기**하여 일반인이 쉽게 인식할 수 있도록 해야 한다.
>   ㉠ 9포인트 이상일 것
>   ㉡ '제목이 아닌 다른 내용'보다 20퍼센트 이상 클 것
> 4. 모집주체는 해당 주택조합의 인터넷 홈페이지가 있는 경우 조합원 모집 광고를 시작한 날부터 **7일** 이내에 광고한 매체 및 기간을 표시하여 그 **인터넷 홈페이지**에 해당 광고를 게재해야 한다.

(6) 조합 가입 철회 및 가입비 등의 반환(법 제11조의6)

① **모집주체**는 주택조합의 가입을 신청한 자가 주택조합 가입을 신청하는 때에 납부하여야 하는 일체의 금전(이하 '**가입비 등**'이라 한다)을 대통령령으로 정하는 기관(이하 '**예치기관**'이라 한다)에 예치하도록 하여야 한다. [위반자: 2년 이하의 징역 또는 2천만원 이하의 벌금]

② 주택조합의 가입을 신청한 자는 '**가입비 등을 예치한 날**'부터 30일 이내에 주택조합 가입에 관한 **청약**을 철회할 수 있다. 27회

③ 청약 철회를 서면으로 하는 경우에는 '청약 철회의 의사를 표시한 서면을 **발송한 날**'에 그 효력이 발생한다. 27회

④ 모집주체는 주택조합의 가입을 신청한 자가 **청약 철회**를 한 경우 '**청약 철회 의사가 도달한 날**'부터 **7일 이내**에 **예치기관의 장**에게 **가입비 등**의 **반환**을 **요청**하여야 한다. [위반자: 2년 이하의 징역 또는 2천만원 이하의 벌금] 27회
⑤ **예치기관의 장**은 위 ④에 따른 가입비 등의 반환 요청을 받은 경우 **요청일부터 10일 이내**에 그 가입비 등을 예치한 자에게 **반환**하여야 한다.
⑥ **모집주체**는 주택조합의 가입을 신청한 자에게 '**청약 철회를 이유**'로 위약금 또는 손해배상을 **청구**할 수 **없다**.
⑦ 위 ②에 따른 기간 이내에는 위 **(1)**의 ⑦ 및 ⑧을 적용하지 않는다.
⑧ 위 ①에 따라 예치된 가입비 등의 관리, 지급 및 반환과 위 ②에 따른 청약 철회의 절차 및 방법 등에 관한 사항은 대통령령으로 정한다.

관련법령 **가입비 등의 예치(영 제24조의5)**

1. 위 **(6)**의 ①에서 '대통령령으로 정하는 기관'이란 다음의 기관을 말한다.
   ㉠ 「은행법」 제2조 제1항 제2호에 따른 은행
   ㉡ 「우체국예금·보험에 관한 법률」에 따른 체신관서
   ㉢ 「보험업법」 제2조 제6호에 따른 보험회사
   ㉣ 「자본시장과 금융투자업에 관한 법률」 제8조 제7항에 따른 신탁업자
2. **모집주체**는 위 1.의 어느 하나에 해당하는 기관과 가입비 등의 예치에 관한 **계약**을 체결해야 한다.
3. 주택조합의 가입을 신청한 자는 주택조합 가입 계약을 체결하면 위 2.에 따라 예치에 관한 계약을 체결한 기관(이하 '**예치기관**'이라 한다)에 국토교통부령으로 정하는 가입비 등 **예치신청서**를 제출해야 한다.
4. **예치기관**은 위 3.에 따른 신청서를 제출받은 경우 가입비 등을 **예치기관의 명의**로 예치해야 하고, 이를 '다른 금융자산'과 **분리**하여 **관리**해야 한다.
5. **예치기관의 장**은 위 4.에 따라 가입비 등을 예치한 경우에는 **모집주체**와 **주택조합 가입 신청자**에게 국토교통부령으로 정하는 **증서**를 내주어야 한다.

관련법령 **주택조합 가입에 관한 청약의 철회(영 제24조의6)**

1. 주택조합 **가입 신청자**는 위 **(6)**의 ②에 따라 주택조합 가입에 관한 **청약**을 철회하는 경우 국토교통부령으로 정하는 '**청약 철회 요청서**'를 모집주체에게 제출해야 한다.
2. **모집주체**는 위 1.에 따른 요청서를 제출받은 경우 이를 **즉시 접수**하고 접수일자가 적힌 **접수증**을 해당 주택조합 가입 신청자에게 **발급**해야 한다.

관련법령 **가입비 등의 지급 및 반환(영 제24조의7)**

1. **모집주체**는 위 **(6)**의 ④에 따라 가입비 등의 **반환**을 **요청**하는 경우 국토교통부령으로 정하는 요청서를 **예치기관의 장**에게 제출해야 한다.
2. **모집주체**는 가입비 등을 예치한 날부터 30일이 지난 경우 **예치기관의 장**에게 가입비 등의 **지급**을 **요청**할 수 있다. 이 경우 **모집주체**는 국토교통부령으로 정하는 **요청서**를 **예치기관의 장**에게 제출해야 한다. 27회

3. **예치기관의 장**은 위 2.에 따라 요청서를 받은 경우 요청일부터 **10일 이내**에 가입비 등을 위 **(2)**의 ③에 따라 계약금 등 '자금의 보관 업무를 대행'하는 **신탁업자**에게 지급해야 한다.
4. 위 **(2)**의 ③에 따라 계약금 등 '자금의 보관 업무를 대행'하는 **신탁업자**는 위 3.에 따라 지급받은 가입비 등을 신탁업자의 **명의**로 예치해야 하고, 이를 '다른 금융자산'과 분리하여 관리해야 한다.
5. **예치기관의 장**은 '정보통신망'을 이용하여 '가입비 등의 예치·지급 및 반환 등에 필요한 업무'를 수행할 수 있다. 이 경우 **예치기관의 장**은 「전자서명법」 제2조 제2호 및 제6호에 따른 전자서명 및 인증서(서명자의 실제 이름을 확인할 수 있는 것을 말한다)로 신청인의 본인 여부를 확인해야 한다. ^{27회}

(7) 실적보고 및 관련 자료의 공개(법 제12조)

① 주택조합의 **발기인** 또는 **임원**은 다음의 사항이 포함된 해당 주택조합의 **실적보고서**를 국토교통부령으로 정하는 바에 따라 사업연도별로 **분기마다** 작성하여야 한다.
  ㉠ **조합원**[주택조합 가입 신청자를 포함한다. 이하 **(7)**에서 같다] 모집 현황
  ㉡ 해당 주택건설대지의 **사용권원** 및 **소유권** 확보 현황
  ㉢ 그 밖에 조합원이 주택조합의 사업 추진현황을 파악하기 위하여 필요한 사항으로서 '국토교통부령으로 정하는 사항'

② 주택조합의 **발기인** 또는 **임원**은 주택조합사업의 시행에 관한 다음의 서류 및 관련 자료가 작성되거나 변경된 후 **15일 이내**에 이를 조합원이 알 수 있도록 인터넷과 그 밖의 방법을 병행하여 공개하여야 한다.
  ㉠ 조합규약
  ㉡ 공동사업주체의 선정 및 주택조합이 공동사업주체인 등록사업자와 체결한 협약서
  ㉢ 설계자 등 용역업체 선정 계약서
  ㉣ 조합총회 및 이사회, 대의원회 등의 의사록
  ㉤ 사업시행계획서
  ㉥ 해당 주택조합사업의 시행에 관한 공문서
  ㉦ 회계감사보고서
  ㉧ 분기별 사업실적보고서
  ㉨ 위 **(2)**의 ㉣에 따라 업무대행자가 제출한 실적보고서
  ㉩ 그 밖에 주택조합사업 시행에 관하여 '대통령령으로 정하는 서류 및 관련 자료'

③ 위 ②에 따른 서류 및 다음 ㉠~㉢을 포함하여 주택조합사업의 시행에 관한 서류와 관련 자료를 조합원이 열람·복사 요청을 한 경우 주택조합의 발기인 또는 임원은 **15일 이내**에 그 요청에 따라야 한다. 이 경우 복사에 필요한 비용은 실비의 범위에서 청구인이 부담한다.
  ㉠ 조합원 명부
  ㉡ 주택건설대지의 사용권원 및 소유권 확보 비율 등 토지 확보 관련 자료
  ㉢ 그 밖에 대통령령으로 정하는 서류 및 관련 자료

④ 주택조합의 발기인 또는 임원은 원활한 사업추진과 조합원의 권리 보호를 위하여 연간 자금 운용 계획 및 자금 집행 실적 등 '국토교통부령으로 정하는 서류 및 자료'를 '국토교통부령으로 정하는 바'에 따라 **매년 정기적으로 시장·군수·구청장**에게 제출하여야 한다.

⑤ 위 ② 및 ③에 따라 공개 및 열람·복사 등을 하는 경우에는 「개인정보 보호법」에 의하여야 하며, 그 밖의 공개절차 등 필요한 사항은 국토교통부령으로 정한다.

> **관련법령** 자료의 공개(영 제25조)
>
> 위 **(7)**의 ②의 ㉢에서 '대통령령으로 정하는 서류 및 관련 자료'란 다음의 서류 및 자료를 말한다.
> 1. 연간 자금운용계획서
> 2. 월별 자금 입출금 명세서
> 3. 월별 공사진행 상황에 관한 서류
> 4. 주택조합이 사업주체가 되어 법 제54조 제1항에 따라 공급하는 주택의 분양신청에 관한 서류 및 관련 자료
> 5. 전체 조합원별 분담금 납부내역
> 6. 조합원별 추가 분담금 산출내역

(8) 조합임원의 결격사유 등(법 제13조)

① 다음의 어느 하나에 해당하는 사람은 주택조합의 발기인 또는 임원이 될 수 없다.
㉠ 미성년자·피성년후견인 또는 피한정후견인
㉡ 파산선고를 받은 사람으로서 복권되지 아니한 사람
㉢ 금고 이상의 실형을 선고받고 그 집행이 종료(종료된 것으로 보는 경우를 포함한다)되거나 집행이 면제된 날부터 2년이 지나지 아니한 사람
㉣ 금고 이상의 형의 집행유예를 선고받고 그 유예기간 중에 있는 사람
㉤ 금고 이상의 형의 선고유예를 받고 그 선고유예기간 중에 있는 사람
㉥ 법원의 판결 또는 다른 법률에 따라 자격이 상실 또는 정지된 사람
㉦ 해당 주택조합의 공동사업주체인 등록사업자 또는 업무대행사의 임직원

② 주택조합의 **발기인**이나 **임원**이 다음의 어느 하나에 해당하는 경우 해당 **발기인**은 그 **지위를 상실**하고 해당 **임원**은 **당연히 퇴직**한다.
㉠ 주택조합의 **발기인**이 위 **(3)**의 ⑥에 따른 자격기준을 갖추지 아니하게 되거나 주택조합의 **임원**이 조합원 자격을 갖추지 아니하게 되는 경우
㉡ 주택조합의 **발기인** 또는 **임원**이 위 ①의 **결격사유**에 해당하게 되는 경우

③ 위 ②에 따라 지위가 상실된 발기인 또는 퇴직된 임원이 지위 상실이나 퇴직 전에 관여한 행위는 그 효력을 상실하지 아니한다.

④ 주택조합의 임원은 다른 주택조합의 임원, 직원 또는 발기인을 겸할 수 없다.

(9) 주택조합에 대한 감독 등(법 제14조)

① 국토교통부장관 또는 시장·군수·구청장은 주택공급에 관한 질서를 유지하기 위하여 특히 필요하다고 인정되는 경우에는 국가가 관리하고 있는 행정전산망 등을 이용하여 주택조합 구성원의 자격 등에 관하여 필요한 사항을 확인할 수 있다.

② 시장·군수·구청장은 주택조합 또는 주택조합의 구성원이 다음의 어느 하나에 해당하는 경우에는 주택조합의 설립인가를 취소할 수 있다.
  ㉠ 거짓이나 그 밖의 부정한 방법으로 설립인가를 받은 경우
  ㉡ 법 제94조에 따른 명령이나 처분을 위반한 경우

③ 시장·군수·구청장은 모집주체가 이 법을 위반한 경우 시정요구 등 필요한 조치를 명할 수 있다.

(10) 주택조합의 해산 등(법 제14조의2)

① '**주택조합**'은 위 (1)의 ①에 따른 '**주택조합의 설립인가를 받은 날**'부터 3년이 되는 날까지 '**사업계획승인을 받지 못하는 경우**' '대통령령으로 정하는 바'에 따라 **총회**의 **의결**을 거쳐 **해산 여부를 결정**하여야 한다. 25회 주관식

② 주택조합의 발기인은 위 **(3)**의 ①에 따른 '**조합원 모집신고가 수리된 날**'부터 2년이 되는 날까지 '**주택조합 설립인가를 받지 못하는 경우**' 대통령령으로 정하는 바에 따라 주택조합 가입 신청자 '**전원**'으로 구성되는 **총회 의결**을 거쳐 '**주택조합 사업의 종결 여부**'를 **결정하도록** 하여야 한다. 23회·25회 주관식

③ 위 ① 또는 ②에 따라 총회를 소집하려는 주택조합의 **임원** 또는 **발기인**은 총회가 개최되기 **7일 전까지** 회의 목적, 안건, 일시 및 장소를 정하여 **조합원** 또는 **주택조합 가입 신청자**에게 통지하여야 한다.

④ 위 ①에 따라 **해산**을 **결의**하거나 위 ②에 따라 **사업의 종결**을 결의하는 경우 대통령령으로 정하는 바에 따라 '**청산인**'을 선임하여야 한다.

⑤ 주택조합의 **발기인**은 위 ②에 따른 **총회의 결과**(사업의 종결을 결의한 경우에는 **청산계획**을 포함한다)를 관할 **시장·군수·구청장**에게 국토교통부령으로 정하는 바에 따라 통지하여야 한다.

관련법령 주택조합의 해산 등(영 제25조의2)

1. **주택조합** 또는 주택조합의 발기인은 위 **(10)**의 ① 또는 ②에 따라 주택조합의 **해산** 또는 주택조합 사업의 **종결 여부**를 **결정**하려는 경우에는 다음의 구분에 따른 날부터 **3개월 이내**에 **총회**를 **개최**해야 한다.
   ㉠ 위 (1)의 ①에 따른 '주택조합 설립인가를 받은 날'부터 3년이 되는 날까지 사업계획승인을 받지 못하는 경우: 해당 설립인가를 받은 날부터 3년이 되는 날
   ㉡ 위 (3)의 ①에 따른 '조합원 모집신고가 수리된 날'부터 2년이 되는 날까지 **주택조합 설립인가**를 받지 못하는 경우: 해당 조합원 모집신고가 수리된 날부터 2년이 되는 날

2. 위 **(10)**의 ②에 따라 개최하는 총회에서 주택조합 사업의 **종결 여부를 결정**하는 경우 다음의 사항을 포함해야 한다.
   ⊙ 사업의 종결 시 회계보고에 관한 사항
   ⓒ 청산 절차, 청산금의 징수·지급방법 및 지급절차 등 청산 계획에 관한 사항
3. 위 **(10)**의 ②에 따라 개최하는 **총회**는 다음의 요건을 모두 충족해야 한다. ^{23회 주관식}
   ⊙ 주택조합 가입 신청자의 **3분의 2 이상**의 찬성으로 의결할 것
   ⓒ 주택조합 가입 신청자의 **100분의 20 이상**이 직접 출석할 것. 다만, 영 제20조 제5항 전단(집합 금지 등)에 해당하는 경우는 제외한다.
   ⓒ 위 ⓒ 단서의 경우에는 영 제20조 제5항 후단 및 같은 조 제6항에 따를 것. 이 경우 '조합원'은 '주택조합 가입 신청자'로 본다.
4. 주택조합의 **해산** 또는 **사업의 종결**을 결의한 경우에는 위 **(10)**의 ④에 따라 주택 조합의 **임원** 또는 **발기인**이 '**청산인**'이 된다. 다만, 조합규약 또는 총회의 결의로 달리 정한 경우에는 그에 따른다.

> **관련법령** 총회 결과의 통지(규칙 제11조의2)
>
> 주택조합의 발기인은 위 **(10)**의 ⑤에 따라 **총회의 결과**를 총회 개최일부터 **10일 이내**에 서면으로 관할 시장·군수·구청장에게 통지해야 한다.

(11) 회계감사(법 제14조의3)

① 주택조합은 대통령령으로 정하는 바에 따라 **회계감사**를 받아야 하며, 그 감사결과를 관할 시장·군수·구청장에게 보고하여야 한다.

② 주택조합의 **임원** 또는 **발기인**은 **계약금 등**(해당 주택조합사업에 관한 모든 수입에 따른 금전을 말한다)의 징수·보관·예치·집행 등 모든 거래 행위에 관하여 **장부**를 **월별**로 작성하여 그 증빙서류와 함께 위 **(1)**에 따른 **주택조합 해산인가를 받는 날**까지 '**보관**'하여야 한다. 이 경우 주택조합의 임원 또는 발기인은「전자문서 및 전자거래 기본법」제2조 제2호에 따른 '**정보처리시스템**'을 통하여 장부 및 증빙서류를 작성하거나 보관할 수 있다.

> **관련법령** 주택조합의 회계감사(영 제26조)
>
> 1. 위 **(11)**의 ①에 따라 주택조합은 다음의 어느 하나에 해당하는 날부터 **30일 이내**에「주식회사 등의 외부감사에 관한 법률」제2조 제7호에 따른 감사인의 회계감사를 받아야 한다.
>   ⊙ 법 제11조에 따른 '**주택조합 설립인가**'를 받은 날부터 **3개월**이 '**지난 날**'
>   ⓒ 법 제15조에 따른 **사업계획승인**('증가하는 세대수'가 30세대 미만인 사업계획승인 대상이 아닌 리모델링인 경우에는 법 제66조 제2항에 따른 **허가**를 말한다)을 받은 날부터 **3개월**이 '**지난 날**'
>   ⓒ 법 제49조에 따른 **사용검사** 또는 **임시 사용승인**을 '**신청한 날**'
> 2. 위 1.에 따른 회계감사에 대해서는「주식회사 등의 외부감사에 관한 법률」제16조에 따른 회계감사기준을 적용한다.
> 3. 위 1.에 따른 회계감사를 한 자는 회계감사 종료일부터 **15일 이내**에 회계감사 결과를 관할 **시장·군수·구청장**과 해당 **주택조합**에 각각 통보하여야 한다.

4. 시장·군수·구청장은 위 3.에 따라 통보받은 회계감사 결과의 내용을 검토하여 위법 또는 부당한 사항이 있다고 인정되는 경우에는 그 내용을 해당 주택조합에 통보하고 시정을 요구할 수 있다.

(12) 주택조합사업의 시공보증(법 제14조의4, 영 제26조의2)

① 주택조합이 '공동사업주체인 **시공자를 선정**한 경우' 그 **시공자**는 공사의 시공보증[시공자가 공사의 계약상 의무를 이행하지 못하거나 의무이행을 하지 아니할 경우 보증기관에서 시공자를 대신하여 계약이행의무를 부담하거나 총공사금액의 **50퍼센트 이하**에서 대통령령으로 정하는 비율 이상(**총공사금액의 30퍼센트 이상**)의 범위에서 주택조합이 정하는 금액을 납부할 것을 보증하는 것을 말한다]을 위하여 국토교통부령으로 정하는 기관의 **시공보증서**를 조합에 제출하여야 한다.

② 사업계획승인권자는 법 제16조 제2항에 따른 착공신고를 받는 경우에는 위 ①에 따른 시공보증서 제출 여부를 확인하여야 한다.

> **관련법령** 시공보증(규칙 제11조의3)
>
> 위 **(12)**의 ①에서 '국토교통부령으로 정하는 기관의 시공보증서'란 조합원에게 공급되는 주택에 대한 다음의 어느 하나의 보증서를 말한다.
> 1. 「건설산업기본법」에 따른 공제조합이 발행한 보증서
> 2. 「주택도시기금법」에 따른 주택도시보증공사가 발행한 보증서
> 3. 「은행법」 제2조 제1항 제2호에 따른 은행, 「한국산업은행법」에 따른 한국산업은행, 「한국수출입은행법」에 따른 한국수출입은행 또는 「중소기업은행법」에 따른 중소기업은행이 발행한 지급보증서
> 4. 「보험업법」에 따른 보험회사가 발행한 보증보험증권

3. 사업계획의 승인 등

(1) 사업계획의 승인(법 제15조)

① '대통령령으로 정하는 호수 이상'의 주택건설사업을 시행하려는 자 또는 '대통령령으로 정하는 면적(1만 제곱미터) 이상'의 대지조성사업을 시행하려는 자는 다음의 사업계획승인권자[이하 '**사업계획승인권자**'라 한다. 국가 및 한국토지주택공사가 시행하는 경우와 대통령령으로 정하는 경우에는 **국토교통부장관**을 말하며, 이하 **(1)**부터 **(5)**까지 및 **(7)**에서 같다]에게 사업계획승인을 받아야 한다. 다만, '주택 외의 시설과 주택을 동일 건축물로 건축하는 경우 등 대통령령으로 정하는 경우'에는 그러하지 아니하다.

㉠ 주택건설사업 또는 대지조성사업으로서 해당 대지면적이 '**10만 제곱미터 이상**'인 경우: 특별시장·광역시장·특별자치시장·도지사 또는 특별자치도지사(이하 '**시·도지사**'라 한다) 또는 「지방자치법」 제198조에 따라 서울특별시·광역시 및 특별자치시를 제외한 인구 50만 이상의 **대도시의 시장**

ⓒ 주택건설사업 또는 대지조성사업으로서 해당 대지면적이 '**10만 제곱미터 미만**'인 경우: **특별시장·광역시장·특별자치시장·특별자치도지사** 또는 **시장·군수**
② 위 ①에 따라 사업계획승인을 받으려는 자는 사업계획승인신청서에 주택과 그 부대시설 및 복리시설의 배치도, 대지조성공사 설계도서 등 대통령령으로 정하는 서류를 첨부하여 사업계획승인권자에게 제출하여야 한다.
③ 주택건설사업을 시행하려는 자는 '대통령령으로 정하는 호수 이상의 주택단지(전체 세대수가 **600세대 이상인 주택단지**)'를 **공구별**로 분할하여 주택을 건설·공급할 수 있다. 이 경우 위 ②에 따른 서류와 함께 다음의 서류를 첨부하여 사업계획승인권자에게 제출하고 사업계획승인을 받아야 한다.
  ㉠ 공구별 공사계획서
  ㉡ 입주자모집계획서
  ㉢ 사용검사계획서
④ 위 ① 또는 ③에 따라 승인받은 사업계획을 변경하려면 사업계획승인권자로부터 '**변경승인**'을 받아야 한다. 다만, 국토교통부령으로 정하는 경미한 사항을 변경하는 경우에는 그러하지 아니하다.
  ▶ 사업주체는 사업계획변경승인을 받은 경우에는 14일 이내에 문서로 입주예정자에게 그 내용을 통보하여야 한다(규칙 제13조 제4항).
⑤ 위 ① 또는 ③의 사업계획은 쾌적하고 문화적인 주거생활을 하는 데에 적합하도록 수립되어야 하며, 그 사업계획에는 **부대시설** 및 **복리시설**의 설치에 관한 계획 등이 포함되어야 한다.
⑥ 사업계획승인권자는 위 ① 또는 ③에 따라 사업계획을 승인하였을 때에는 이에 관한 사항을 고시하여야 한다. 이 경우 '국토교통부장관'은 관할 **시장·군수·구청장**에게, '특별시장, 광역시장 또는 도지사'는 관할 **시장, 군수 또는 구청장**에게 각각 사업계획승인서 및 관계 서류의 사본을 지체 없이 송부하여야 한다.

> **관련법령** 　**사업계획의 승인(영 제27조)**

1. 위 **(1)**의 ①의 본문에서 '대통령령으로 정하는 호수'란 다음의 구분에 따른 호수 및 세대수를 말한다.
  ㉠ 단독주택: **30호**. 다만, 다음의 어느 하나에 해당하는 단독주택의 경우는 **50호**로 한다.
    ⓐ 법 제2조 제24호 각 목의 어느 하나에 해당하는 공공사업(공공택지 관련 국민주택건설사업 또는 대지조성사업, 택지개발사업, 도시개발사업 등)에 따라 조성된 용지를 개별 필지로 구분하지 아니하고 일단(一團)의 토지로 공급받아 해당 토지에 건설하는 단독주택
    ⓑ 「건축법 시행령」 제2조 제16호에 따른 **한옥**

ⓒ 공동주택: 30세대('리모델링의 경우'에는 '증가하는 세대수'를 기준으로 한다). 다만, 다음의 어느 하나에 해당하는 공동주택을 건설(리모델링의 경우는 제외한다)하는 경우에는 50세대로 한다.
  ⓐ 다음의 요건을 모두 갖춘 **단지형 연립주택** 또는 **단지형 다세대주택**
    ⅰ) 세대별 주거전용면적이 **30제곱미터 이상**일 것
    ⅱ) 해당 주택단지 진입도로의 폭이 **6미터 이상**일 것. 다만, 해당 주택단지 진입도로가 두 개 이상인 경우에는 다음의 요건을 모두 갖추면 진입도로의 폭을 **4미터 이상 6미터 미만**으로 할 수 있다.
      • 두 개의 진입도로 폭의 합계가 **10미터 이상**일 것
      • 폭 4미터 이상 6미터 미만인 진입도로는 영 제5조에 따른 도로와 통행거리가 **200미터 이내**일 것
  ⓑ 「도시 및 주거환경정비법」에 따른 정비구역에서 **주거환경개선사업**(같은 법 제23조 제1항 제1호에 **해당하는 방법으로 시행하는 경우만 해당**한다)을 시행하기 위하여 건설하는 공동주택. 다만, 같은 법 시행령 제8조 제3항 제6호에 따른 정비기반시설의 설치계획대로 **정비기반시설 설치**가 이루어지지 아니한 지역으로서 시장·군수·구청장이 지정·고시하는 지역에서 건설하는 공동주택은 제외한다.

2. 위 **(1)**의 ①의 본문에서 '대통령령으로 정하는 면적'이란 **1만 제곱미터**를 말한다. 19회
3. '**국토교통부장관**에게 **사업계획승인**을 받아야 하는 경우'는 다음과 같다.
   ㉠ **국가** 및 **한국토지주택공사**가 시행하는 경우
   ㉡ **330만 제곱미터** 이상의 규모로 「택지개발촉진법」에 따른 **택지개발사업** 또는 「도시개발법」에 따른 **도시개발사업**을 추진하는 지역 중 국토교통부장관이 지정·고시하는 지역에서 주택건설사업을 시행하는 경우
   ㉢ 수도권 또는 광역시 지역의 긴급한 주택난 해소가 필요하거나 지역균형개발 또는 광역적 차원의 조정이 필요하여 국토교통부장관이 지정·고시하는 지역에서 주택건설사업을 시행하는 경우
   ㉣ 다음의 자가 단독 또는 공동으로 총지분의 50퍼센트를 초과하여 출자한 **위탁관리 부동산투자회사**(해당 부동산투자회사의 자산관리회사가 **한국토지주택공사**인 경우만 해당한다)가 「공공주택 특별법」 제2조 제3호 나목에 따른 공공주택건설사업을 시행하는 경우
     ⓐ 국가
     ⓑ 지방자치단체
     ⓒ 한국토지주택공사
     ⓓ 지방공사
4. 위 **(1)**의 ① 단서에서 '주택 외의 시설과 주택을 동일 건축물로 건축하는 경우 등 대통령령으로 정하는 경우'란 다음의 어느 하나에 해당하는 경우를 말한다. 19회, 21회 주관식
   ㉠ 다음의 요건을 모두 갖춘 사업의 경우
     ⓐ 「국토의 계획 및 이용에 관한 법률 시행령」에 따른 '**준주거지역**' 또는 '**상업지역**'(유통상업지역은 제외한다)에서 300세대 미만의 주택과 주택 외의 시설을 동일 건축물로 건축하는 경우일 것
     ⓑ 해당 건축물의 연면적에서 **주택의 연면적**이 차지하는 비율이 **90퍼센트 미만**일 것
   ㉡ 「농어촌정비법」 제2조 제10호에 따른 **생활환경정비사업** 중 「농업협동조합법」 제2조 제4호에 따른 '농업협동조합중앙회가 조달하는 자금'으로 시행하는 사업인 경우

> **관련법령** 표본설계도서의 승인(영 제29조)
>
> 1. 한국토지주택공사, 지방공사 또는 등록사업자는 동일한 규모의 주택을 **대량**으로 건설하려는 경우에는 국토교통부령으로 정하는 바에 따라 국토교통부장관에게 주택의 형별(型別)로 '**표본설계도서**'를 작성·제출하여 승인을 받을 수 있다.
> 2. 국토교통부장관은 위 1.에 따른 승인을 하려는 경우에는 관계 행정기관의 장과 협의하여야 하며, 협의 요청을 받은 기관은 정당한 사유가 없으면 요청받은 날부터 15일 이내에 국토교통부장관에게 의견을 통보하여야 한다.
> 3. 국토교통부장관은 위 1.에 따라 표본설계도서의 승인을 하였을 때에는 그 내용을 특별시장·광역시장·특별자치시장·도지사 또는 특별자치도지사(이하 '시·도지사'라 한다)에게 통보하여야 한다.

> **관련법령** 사업계획의 승인절차 등(영 제30조)
>
> 1. 사업계획승인권자는 위 (1)에 따른 사업계획승인의 신청을 받았을 때에는 정당한 사유가 없으면 신청받은 날부터 60일 이내에 사업주체에게 승인 여부를 통보하여야 한다.
> 2. **국토교통부장관**은 주택건설사업계획의 승인을 하였을 때에는 지체 없이 관할 시·도지사에게 그 내용을 통보하여야 한다.
> 3. 사업계획승인권자는 「주택도시기금법」에 따른 주택도시기금을 지원받은 사업주체에게 '사업계획의 변경승인'을 하였을 때에는 그 내용을 해당 사업에 대한 융자를 취급한 **기금수탁자**에게 **통지**하여야 한다.
> 4. 주택도시기금을 지원받은 사업주체가 '사업주체를 변경'하기 위하여 사업계획의 변경승인을 신청하는 경우에는 기금수탁자로부터 '사업주체 변경에 관한 **동의서**'를 받아 첨부하여야 한다.

(2) 사업계획의 이행 및 취소 등(법 제16조)

① 사업주체는 승인받은 사업계획대로 사업을 시행하여야 하고, 다음의 구분에 따라 공사를 시작하여야 한다. 다만, 사업계획승인권자는 '대통령령으로 정하는 정당한 사유가 있다고 인정하는 경우'에는 사업주체의 신청을 받아 그 사유가 없어진 날부터 **1년**의 범위에서 다음 ㉠ 또는 ㉡의 ⓐ에 따른 공사의 착수기간을 연장할 수 있다.

  ㉠ 위 **(1)**의 ①(법 제15조 제1항)에 따라 **사업계획승인을 받은 경우**: 사업계획승인을 받은 날부터 **5년** 이내

  ㉡ 위 **(1)**의 ③[법 제15조 제3항(공구별 분할 건설)]에 따라 **사업계획승인을 받은 경우**

  ⓐ '**최초**'로 공사를 진행하는 공구: 사업계획승인을 받은 날부터 **5년** 이내

  ⓑ '최초로 공사를 진행하는 공구 외'의 공구: 해당 주택단지에 대한 '**최초 착공신고일 부터**' 2년 이내

② 사업주체가 위 ①에 따라 공사를 시작하려는 경우에는 국토교통부령으로 정하는 바에 따라 '**사업계획승인권자**'에게 신고하여야 한다.

③ 사업계획승인권자는 위 ②에 따른 신고를 받은 날부터 **20일 이내**에 신고수리 여부를 신고인에게 통지하여야 한다.

④ 사업계획승인권자는 다음의 어느 하나에 해당하는 경우 그 사업계획의 승인을 취소(다음 ⓒ 또는 ⓒ에 해당하는 경우 주택도시기금법 제26조에 따라 주택분양보증이 된 사업은 제외한다)할 수 있다.

㉠ 사업주체가 위 ①(위 ⓒ의 ⓑ는 제외한다)을 위반하여 공사를 시작하지 아니한 경우
㉡ 사업주체가 경매·공매 등으로 인하여 대지소유권을 상실한 경우
㉢ 사업주체의 부도·파산 등으로 공사의 완료가 불가능한 경우

⑤ 사업계획승인권자는 위 ④의 ⓒ 또는 ⓒ의 사유로 사업계획승인을 취소하고자 하는 경우에는 사업주체에게 사업계획 이행, 사업비 조달계획 등 대통령령으로 정하는 내용이 포함된 **'사업 정상화 계획'**을 제출받아 계획의 타당성을 심사한 후 취소 여부를 결정하여야 한다.

⑥ 위 ④에도 불구하고 사업계획승인권자는 해당 사업의 시공자 등이 다음 **(7)**의 ①에 따른 해당 주택건설대지의 소유권 등을 확보하고 사업주체 변경을 위하여 위 **(1)**의 ④에 따른 사업계획의 변경승인을 요청하는 경우에 이를 승인할 수 있다.

> **관련법령** 공사 착수기간의 연장(영 제31조)
>
> 위 **(2)**의 ①의 ㉠, ㉡ 외의 부분 단서에서 '대통령령으로 정하는 정당한 사유가 있다고 인정하는 경우'란 다음의 어느 하나에 해당하는 경우를 말한다.
> 1. 「매장유산 보호 및 조사에 관한 법률」 제11조에 따라 '국가유산청장의 **매장유산 발굴허가**'를 받은 경우
> 2. 해당 사업시행지에 대한 소유권 분쟁('**소송절차가 진행 중인 경우만**' 해당한다)으로 인하여 공사 착수가 지연되는 경우
> 3. 위 **(1)**에 따른 사업계획승인의 조건으로 부과된 사항을 이행함에 따라 공사 착수가 지연되는 경우
> 4. 천재지변 또는 사업주체에게 책임이 없는 불가항력적인 사유로 인하여 공사 착수가 지연되는 경우
> 5. 공공택지의 개발·조성을 위한 계획에 포함된 기반시설의 설치 지연으로 공사 착수가 지연되는 경우
> 6. 해당 지역의 미분양주택 증가 등으로 사업성이 악화될 우려가 있거나 주택건설경기가 침체되는 등 공사에 착수하지 못할 부득이한 사유가 있다고 사업계획승인권자가 인정하는 경우

> **관련법령** 사업계획승인의 취소(영 제32조)
>
> 위 **(2)**의 ⑤에서 '사업계획 이행, 사업비 조달계획 등 대통령령으로 정하는 내용'이란 다음의 내용을 말한다.
> 1. 공사일정, 준공예정일 등 사업계획의 이행에 관한 계획
> 2. 사업비 확보 현황 및 방법 등이 포함된 사업비 조달계획
> 3. 해당 사업과 관련된 소송 등 분쟁사항의 처리계획

(3) 기반시설의 기부채납(법 제17조)

① 사업계획승인권자는 위 **(1)**의 ① 또는 ③에 따라 사업계획을 승인할 때 사업주체가 제출하는 사업계획에 해당 주택건설사업 또는 대지조성사업과 직접적으로 관련이 없거나 과도한 **기반시설의 기부채납**(寄附採納)을 요구하여서는 아니 된다.

② **국토교통부장관**은 기부채납 등과 관련하여 다음의 사항이 포함된 '**운영기준**'을 작성하여 고시할 수 있다.
㉠ 주택건설사업의 기반시설 기부채납 부담의 원칙 및 수준에 관한 사항
㉡ 주택건설사업의 기반시설의 설치기준 등에 관한 사항
③ **사업계획승인권자**는 위 ②에 따른 운영기준의 범위에서 지역여건 및 사업의 특성 등을 고려하여 자체 실정에 맞는 '**별도의 기준**'을 마련하여 운영할 수 있으며, 이 경우 미리 **국토교통부장관**에게 보고하여야 한다.

(4) 사업계획의 통합심의 등(법 제18조)

① **사업계획승인권자**는 필요하다고 인정하는 경우에 도시계획·건축·교통 등 사업계획승인과 관련된 다음의 사항을 통합하여 검토 및 심의(이하 '**통합심의**'라 한다)**할 수 있다**.
㉠ 「건축법」에 따른 건축심의
㉡ 「국토의 계획 및 이용에 관한 법률」에 따른 도시·군관리계획 및 개발행위 관련 사항
㉢ 「대도시권 광역교통 관리에 관한 특별법」에 따른 광역교통 개선대책
㉣ 「도시교통정비 촉진법」에 따른 교통영향평가
㉤ 「경관법」에 따른 경관심의
㉥ 그 밖에 사업계획승인권자가 필요하다고 인정하여 통합심의에 부치는 사항
② 사업계획승인권자는 사업계획승인을 받으려는 자가 통합심의를 신청하는 경우 통합심의를 하여야 한다. 다만, 사업계획의 특성 및 규모 등으로 인하여 위 ①의 ㉠~㉥ 중 어느 하나에 대하여 통합심의가 적절하지 아니하다고 인정하는 경우에는 그 사항을 제외하고 통합심의를 할 수 있다.
③ 위 **(1)**의 ① 또는 ③에 따라 사업계획승인을 받으려는 자가 통합심의를 신청하는 경우 위 ①의 ㉠~㉥과 관련된 서류를 첨부하여야 한다. 이 경우 사업계획승인권자는 통합심의를 효율적으로 처리하기 위하여 필요한 경우 제출기한을 정하여 제출하도록 할 수 있다.
④ 사업계획승인권자가 시장·군수·구청장인 경우로서 시·도지사가 위 ①의 ㉠~㉥ 중 어느 하나에 해당하는 권한을 가진 경우에는 사업계획승인권자가 시·도지사에게 통합심의를 요청할 수 있다.
⑤ 통합심의를 하는 지방자치단체의 장은 다음의 어느 하나에 해당하는 위원회에 속하고 해당 위원회의 위원장의 추천을 받은 위원들과 사업계획승인권자가 속한 지방자치단체 소속 공무원으로 소집된 **공동위원회**를 구성하여 '**통합심의**'를 **하여야 한다**. 이 경우 공동위원회의 구성, 통합심의의 방법 및 절차에 관한 사항은 대통령령으로 정한다.
㉠ 「건축법」에 따른 중앙건축위원회 및 지방건축위원회
㉡ 「국토의 계획 및 이용에 관한 법률」에 따라 해당 주택단지가 속한 시·도에 설치된 지방도시계획위원회

    ⓒ 「대도시권 광역교통 관리에 관한 특별법」에 따라 광역교통 개선대책에 대하여 심의권한을 가진 국가교통위원회
    ⓔ 「도시교통정비 촉진법」에 따른 교통영향평가심의위원회
    ⓜ 「경관법」에 따른 경관위원회
    ⓗ 위 ①의 ⓗ에 대하여 심의권한을 가진 관련 위원회
  ⑥ 사업계획승인권자는 통합심의를 한 경우 특별한 사유가 없으면 '심의 결과'를 반영하여 사업계획을 승인하여야 한다.
  ⑦ 통합심의를 거친 경우에는 위 ①의 ㉠~ⓗ에 대한 검토·심의·조사·협의·조정 또는 재정을 거친 것으로 본다.

> **관련법령** 공동위원회의 구성(영 제33조)
>
> 1. 위 **(4)**의 ⑤에 따른 공동위원회는 위원장 및 부위원장 1명씩을 포함하여 **25명 이상 30명 이하**의 위원으로 구성한다.
> 2. 공동위원회 위원장은 위 **(4)**의 ⑤의 ㉠~ⓗ의 어느 하나에 해당하는 위원회 위원장의 추천을 받은 위원 중에서 호선(互選)한다.
> 3. 공동위원회 부위원장은 사업계획승인권자가 속한 지방자치단체 및 위 **(4)**의 ④에 따라 통합심의를 하는 지방자치단체 소속 공무원 중에서 위원장이 지명한다.
> 4. 공동위원회 위원은 위 **(4)**의 ⑤의 ㉠~ⓗ의 위원회의 위원이 각각 **5명 이상**이 되어야 한다.

> **관련법령** 통합심의의 방법과 절차(영 제35조)
>
> 1. 위 **(4)**의 ⑤에 따라 사업계획을 통합심의하는 경우 통합심의를 하는 지방자치단체의 장은 공동위원회를 개최하기 **7일 전**까지 회의일시, 장소 및 상정안건 등 회의내용을 위원에게 알려야 한다.
> 2. 공동위원회의 회의는 재적위원 과반수의 출석으로 개의(開議)하고, 출석위원 과반수의 찬성으로 의결한다.
> 3. 공동위원회 위원장은 통합심의와 관련하여 필요하다고 인정하거나 사업계획승인권자가 요청한 경우에는 당사자 또는 관계자를 출석하게 하여 의견을 듣거나 설명하게 할 수 있다.
> 4. 공동위원회는 사업계획승인과 관련된 사항, 당사자 또는 관계자의 의견 및 설명, 관계 기관의 의견 등을 종합적으로 검토하여 심의하여야 한다.
> 5. 공동위원회는 회의 시 회의내용을 녹취하고, 다음의 사항을 회의록으로 작성하여 「공공기록물 관리에 관한 법률」에 따라 보존하여야 한다.
>   ㉠ 회의일시·장소 및 공개 여부
>   ㉡ 출석위원 서명부
>   ㉢ 상정된 의안 및 심의결과
>   ㉣ 그 밖에 주요 논의사항 등
> 6. 공동위원회의 회의에 참석한 위원에게는 예산의 범위에서 수당 및 여비를 지급할 수 있다. 다만, 공무원인 위원이 소관 업무와 직접 관련되어 위원회에 출석하는 경우에는 그러하지 아니하다.
> 7. 이 영에서 규정한 사항 외에 공동위원회 운영에 필요한 사항은 위원회의 의결을 거쳐 위원장이 정한다.

(5) 다른 법률에 따른 인가·허가 등의 의제 등(법 제19조)

① 사업계획승인권자가 위 **(1)**에 따라 사업계획을 승인 또는 변경승인할 때 다음의 허가·인가·결정·승인 또는 신고 등(이하 '인·허가 등'이라 한다)에 관하여 다음 ③에 따른 관계 행정기관의 장과 협의한 사항에 대하여는 해당 인·허가 등을 받은 것으로 보며, 사업계획의 승인고시가 있은 때에는 다음의 관계 법률에 따른 고시가 있은 것으로 본다.
  ㉠ 「건축법」 제11조에 따른 **건축허가**, 같은 법 제14조에 따른 건축신고, 같은 법 제16조에 따른 허가·신고사항의 변경 및 같은 법 제20조에 따른 가설건축물의 건축허가 또는 신고
  ㉡ 「농지법」 제34조에 따른 농지전용의 허가 또는 협의 등

② 인·허가 등의 의제를 받으려는 자는 위 **(1)**에 따른 사업계획승인을 신청할 때에 해당 법률에서 정하는 관계 서류를 함께 제출하여야 한다.

③ 사업계획승인권자는 위 **(1)**에 따라 사업계획을 승인하려는 경우 그 사업계획에 위 ①의 ㉠~㉡의 어느 하나에 해당하는 사항이 포함되어 있는 경우에는 해당 법률에서 정하는 관계 서류를 미리 관계 행정기관의 장에게 제출한 후 협의하여야 한다. 이 경우 협의 요청을 받은 관계 행정기관의 장은 사업계획승인권자의 협의 요청을 받은 날부터 **20일 이내**에 의견을 제출하여야 하며, 그 기간 내에 의견을 제출하지 아니한 경우에는 협의가 완료된 것으로 본다.

④ 위 ③에 따라 사업계획승인권자의 협의 요청을 받은 관계 행정기관의 장은 해당 법률에서 규정한 인·허가 등의 기준을 위반하여 협의에 응하여서는 아니 된다.

⑤ 대통령령으로 정하는 비율(**50퍼센트**) 이상의 **국민주택**을 건설하는 사업주체가 위 ①에 따라 다른 법률에 따른 인·허가 등을 받은 것으로 보는 경우에는 관계 법률에 따라 부과되는 수수료 등을 면제한다.

(6) 주택건설사업 등에 의한 임대주택의 건설 등(법 제20조)

① **사업주체**('리모델링을 시행하는 자'는 '**제외**'한다)가 다음의 사항을 포함한 사업계획승인신청서[건축법 제11조 제3항의 허가신청서를 포함한다. 이하 **(6)**에서 같다]를 제출하는 경우 사업계획승인권자(건축허가권자를 포함한다)는 「국토의 계획 및 이용에 관한 법률」의 용도지역별 용적률 범위에서 특별시·광역시·특별자치시·특별자치도·시 또는 군의 조례로 정하는 기준에 따라 **용적률**을 **완화**하여 **적용**할 수 있다.
  ㉠ 위 **(1)**의 ①에 따른 호수(원칙 30세대) 이상의 '주택과 주택 외의 시설'을 동일 건축물로 건축하는 계획
  ㉡ '임대주택'의 건설·공급에 관한 사항

② 위 ①에 따라 용적률을 완화하여 적용하는 경우 '**사업주체**'는 완화된 용적률의 **60퍼센트 이하**의 범위에서 '대통령령으로 정하는 비율'(30퍼센트 이상 60퍼센트 이하의 범위에서 '시·도'의 조례로 정하는 비율) 이상에 해당하는 면적을 '**임대주택**'으로 공급하여야 한다. 이 경우

사업주체는 임대주택을 **국토교통부장관, 시·도지사, 한국토지주택공사** 또는 **지방공사**(이하 '인수자'라 한다)에 공급하여야 하며 **시·도지사가 우선 인수**할 수 있다. 다만, 시·도지사가 임대주택을 인수하지 아니하는 경우 다음의 구분에 따라 **국토교통부장관**에게 인수자 지정을 요청하여야 한다.

　㉠ **특별시장, 광역시장 또는 도지사가 인수하지 아니하는 경우**: 관할 **시장, 군수 또는 구청장**이 위 ①의 사업계획승인[건축법 제11조의 건축허가를 포함한다. 이하 **(6)**에서 같다] 신청 사실을 **특별시장, 광역시장 또는 도지사**에게 통보한 후 **국토교통부장관**에게 '인수자 지정 요청'

　㉡ **특별자치시장 또는 특별자치도지사가 인수하지 아니하는 경우**: 특별자치시장 또는 특별자치도지사가 '직접' 국토교통부장관에게 '인수자 지정 요청'

③ 위 ②에 따라 공급되는 임대주택의 공급가격은 「공공주택 특별법」 제50조의3 제1항에 따른 '공공건설임대주택의 분양전환가격 산정기준'에서 정하는 **건축비**로 하고, '그 **부속토지**'는 인수자에게 **기부채납**한 것으로 본다.

④ 사업주체는 위 **(1)**에 따른 사업계획승인을 신청하기 전에 미리 용적률의 완화로 건설되는 임대주택의 규모 등에 관하여 인수자와 협의하여 사업계획승인신청서에 반영하여야 한다.

⑤ 사업주체는 공급되는 주택의 전부(법 제11조의 주택조합이 설립된 경우에는 조합원에게 공급하고 남은 주택을 말한다)를 대상으로 **공개추첨의 방법**에 의하여 인수자에게 공급하는 임대주택을 선정하여야 하며, 그 선정 결과를 지체 없이 인수자에게 통보하여야 한다.

⑥ **사업주체는** 임대주택의 준공인가(건축법 제22조의 사용승인을 포함한다)를 받은 후 지체 없이 **인수자에게 등기를 촉탁 또는 신청**하여야 한다. 이 경우 '**사업주체가 거부 또는 지체하는 경우**'에는 '**인수자**'가 등기를 **촉탁** 또는 **신청**할 수 있다.

> **관련법령** 주택건설사업 등에 따른 임대주택의 비율 등(영 제37조)
>
> 1. 위 **(6)**의 ②의 ㉠, ㉡ 외의 부분에서 '대통령령으로 정하는 비율'이란 30퍼센트 이상 60퍼센트 이하의 범위에서 특별시·광역시·특별자치시·도 또는 특별자치도(이하 '시·도'라 한다)의 조례로 정하는 비율을 말한다.
> 2. 국토교통부장관은 위 **(6)**의 ②에 따라 시장·군수·구청장으로부터 인수자를 지정하여 줄 것을 요청받은 경우에는 30일 이내에 인수자를 지정하여 시·도지사에게 통보하여야 한다.
> 3. 시·도지사는 위 2.에 따른 통보를 받은 경우에는 지체 없이 국토교통부장관이 지정한 인수자와 임대주택의 인수에 관하여 협의하여야 한다.

(7) 대지의 소유권 확보 등(법 제21조)

① **주택건설사업계획의 승인**을 받으려는 자는 해당 주택건설대지의 **소유권**을 확보하여야 한다. 다만, 다음의 어느 하나에 해당하는 경우에는 그러하지 아니하다.

㉠ 「국토의 계획 및 이용에 관한 법률」에 따른 **지구단위계획 결정**(의제되는 경우를 포함한다)이 필요한 주택건설사업의 해당 대지면적의 **80퍼센트 이상을 사용할 수 있는 권원**[등록사업자와 공동으로 사업을 시행하는 주택조합(리모델링주택조합은 제외한다)의 경우에는 **95퍼센트 이상의 소유권**을 말한다. 이하 (7)~(9)에서 같다]을 확보하고('**국공유지**'가 포함된 경우에는 해당 토지의 **관리청**이 해당 토지를 사업주체에게 '매각하거나 양여할 것을 확인한 서류'를 사업계획승인권자에게 제출하는 경우에는 확보한 것으로 본다), 확보하지 못한 대지가 다음 **(8)** 및 **(9)**에 따른 매도청구 대상이 되는 대지에 해당하는 경우

㉡ 사업주체가 주택건설대지의 소유권을 확보하지 못하였으나 그 대지를 **사용할 수 있는 권원**을 확보한 경우

㉢ 국가·지방자치단체·한국토지주택공사 또는 지방공사가 주택건설사업을 하는 경우

㉣ 법 제66조 제2항에 따라 리모델링 결의를 한 리모델링주택조합이 다음 **(8)**의 ②에 따라 매도청구를 하는 경우

② 사업주체가 위 **(2)**의 ②에 따라 신고한 후 공사를 시작하려는 경우 사업계획승인을 받은 해당 주택건설대지에 다음 **(8)** 및 **(9)**에 따른 매도청구 대상이 되는 대지가 포함되어 있으면 해당 매도청구 대상 대지에 대하여는 그 대지의 소유자가 매도에 대하여 **합의**를 하거나 매도청구에 관한 법원의 **승소판결**('확정되지 아니한 판결'을 포함한다)을 받은 경우에만 공사를 시작할 수 있다.

(8) **매도청구 등**(법 제22조)

① 위 **(7)**의 ①의 ㉠에 따라 사업계획승인을 받은 사업주체는 다음에 따라 해당 주택건설대지 중 사용할 수 있는 권원을 확보하지 못한 대지[건축물을 포함한다. 이하 **(8)** 및 **(9)**에서 같다]의 소유자에게 그 대지를 **시가**(市價)로 매도할 것을 청구할 수 있다. 이 경우 매도청구 대상이 되는 대지의 소유자와 매도청구를 하기 전에 **3개월 이상** 협의를 하여야 한다.

㉠ 주택건설대지면적의 **95퍼센트 이상의 사용권원을 확보한 경우**: 사용권원을 확보하지 못한 대지의 **모든** 소유자에게 매도청구 가능

㉡ 위 ㉠ 외의 경우: 사용권원을 확보하지 못한 대지의 소유자 중 '**지구단위계획구역 결정 고시일**' 10년 이전에 해당 대지의 소유권을 취득하여 계속 보유하고 있는 자(대지의 소유기간을 산정할 때 대지소유자가 **직계존속·직계비속** 및 **배우자**로부터 '**상속**'받아 소유권을 취득한 경우에는 '**피상속인**'의 소유기간을 **합산**한다)를 '**제외**'한 소유자에게 매도청구 가능

② 위 ①에도 불구하고 법 제66조 제2항에 따른 리모델링의 허가를 신청하기 위한 동의율을 확보한 경우 리모델링 결의를 한 리모델링주택조합은 그 리모델링 결의에 찬성하지 아니하는 자의 주택 및 토지에 대하여 **매도청구**를 할 수 있다.

③ 위 ① 및 ②에 따른 매도청구에 관하여는 「집합건물의 소유 및 관리에 관한 법률」 제48조를 준용한다. 이 경우 구분소유권 및 대지사용권은 주택건설사업 또는 리모델링사업의 매도청구의 대상이 되는 건축물 또는 토지의 소유권과 그 밖의 권리로 본다.

> **관련법령** 구분소유권 등의 매도청구 등(집합건물의 소유 및 관리에 관한 법률 제48조 제1항~제4항)
>
> 1. **재건축**의 결의가 있으면 집회를 소집한 자는 지체 없이 그 결의에 찬성하지 아니한 구분소유자(그의 승계인을 포함한다)에 대하여 그 결의내용에 따른 재건축에 참가할 것인지 여부를 회답할 것을 **서면**으로 **촉구**하여야 한다.
> 2. 위 1.의 촉구를 받은 구분소유자는 촉구를 받은 날부터 **2개월** 이내에 회답하여야 한다.
> 3. 위 2.의 기간 내에 회답하지 아니한 경우 그 구분소유자는 '재건축에 참가하지 아니하겠다는 뜻'을 회답한 것으로 본다.
> 4. 위 2.의 기간이 지나면 재건축 결의에 찬성한 각 구분소유자, 재건축 결의내용에 따른 재건축에 참가할 뜻을 회답한 각 구분소유자(그의 승계인을 포함한다) 또는 이들 전원의 합의에 따라 구분소유권과 대지사용권을 매수하도록 지정된 자(이하 '매수지정자'라 한다)는 위 2.의 기간 만료일부터 2개월 이내에 재건축에 참가하지 아니하겠다는 뜻을 회답한 구분소유자(그의 승계인을 포함한다)에게 **구분소유권과 대지사용권**을 **시가**로 매도할 것을 청구할 수 있다. 재건축 결의가 있은 후에 이 구분소유자로부터 '대지사용권만을 취득한 자'의 대지사용권에 대하여도 또한 같다.

(9) 소유자를 확인하기 곤란한 대지 등에 대한 처분(법 제23조)

① 위 **(7)**의 ①의 ㉠에 따라 사업계획승인을 받은 사업주체는 해당 주택건설대지 중 사용할 수 있는 권원을 확보하지 못한 대지의 소유자가 있는 곳을 확인하기가 현저히 곤란한 경우에는 전국적으로 배포되는 **둘 이상**의 일간신문에 **두 차례** 이상 공고하고, 공고한 날부터 **30일 이상**이 지났을 때에는 위 **(8)**에 따른 '매도청구 대상의 대지'로 본다.

② 사업주체는 위 ㉠에 따른 매도청구 대상 대지의 감정평가액에 해당하는 금액을 법원에 **공탁**(供託)하고 주택건설사업을 시행할 수 있다.

③ 위 ②에 따른 대지의 감정평가액은 사업계획승인권자가 추천하는 「감정평가 및 감정평가사에 관한 법률」에 따른 **'감정평가법인 등' 2인 이상**이 평가한 금액을 '산술평균'하여 산정한다.

(10) 토지에의 출입 등(법 제24조)

① **국가 · 지방자치단체 · 한국토지주택공사** 및 **지방공사**인 사업주체가 사업계획의 수립을 위한 조사 또는 측량을 하려는 경우와 **국민주택사업**을 시행하기 위하여 필요한 경우에는 다음의 행위를 할 수 있다.

  ㉠ 타인의 토지에 출입하는 행위
  ㉡ 특별한 용도로 이용되지 아니하고 있는 타인의 토지를 재료적치장 또는 임시도로로 일시 사용하는 행위
  ㉢ 특히 필요한 경우 죽목(竹木) · 토석이나 그 밖의 장애물을 변경하거나 제거하는 행위

② 위 ①의 사업주체가 국민주택을 건설하거나 국민주택을 건설하기 위한 대지를 조성하는 경우에는 토지나 토지에 정착한 물건 및 그 토지나 물건에 관한 소유권 외의 권리(이하 '토지 등'이라 한다)를 **수용**하거나 **사용**할 수 있다('**공공택지**' 관련 공공사업).

> ◑ 법 제24조 제2항의 '국민주택건설사업' 또는 '대지조성사업'에 따라 개발·조성되는 '공동주택'이 건설되는 용지는 '공공택지'에 해당한다.

(11) 토지에의 출입 등에 따른 손실보상(법 제25조)

① 위 **(10)**의 ①에 따른 행위로 인하여 손실을 입은 자가 있는 경우에는 그 행위를 한 **사업주체**가 그 손실을 보상하여야 한다.

② 위 ①에 따른 손실보상에 관하여는 그 '손실을 보상할 자'와 '손실을 입은 자'가 **협의**하여야 한다.

③ 손실을 보상할 자 또는 손실을 입은 자는 위 ②에 따른 협의가 성립되지 아니하거나 협의를 할 수 없는 경우에는 「공익사업을 위한 토지 등의 취득 및 보상에 관한 법률」에 따른 관할 **토지수용위원회**에 **재결**(裁決)을 신청할 수 있다.

④ 위 ③에 따른 관할 토지수용위원회의 재결에 관하여는 「공익사업을 위한 토지 등의 취득 및 보상에 관한 법률」 제83조부터 제87조까지의 규정을 준용한다.

(12) 토지매수업무 등의 위탁(법 제26조)

① **국가** 또는 **한국토지주택공사**인 사업주체는 주택건설사업 또는 대지조성사업을 위한 토지매수업무와 손실보상업무를 대통령령으로 정하는 바에 따라 관할 **지방자치단체의 장**에게 위탁할 수 있다.

② 사업주체가 위 ①에 따라 토지매수업무와 손실보상업무를 위탁할 때에는 그 토지매수금액과 손실보상금액의 **2퍼센트**의 범위에서 대통령령으로 정하는 요율의 **위탁수수료**(최대 **2퍼센트**)를 해당 지방자치단체에 지급하여야 한다.

> **관련법령** 토지매수업무 등의 위탁(영 제38조)
>
> 사업주체(국가 또는 한국토지주택공사인 경우로 한정한다)는 위 **(12)**의 ①에 따라 토지매수업무와 손실보상업무를 지방자치단체의 장에게 위탁하는 경우에는 매수할 토지 및 위탁조건을 명시하여야 한다.

(13) 「공익사업을 위한 토지 등의 취득 및 보상에 관한 법률」의 준용(법 제27조)

① 위 **(10)**의 ②에 따라 토지 등을 수용하거나 사용하는 경우 이 법에 규정된 것 외에는 「공익사업을 위한 토지 등의 취득 및 보상에 관한 법률」을 준용한다.

② 위 ①에 따라 「공익사업을 위한 토지 등의 취득 및 보상에 관한 법률」을 준용하는 경우에는 '「공익사업을 위한 토지 등의 취득 및 보상에 관한 법률」 제20조 제1항에 따른 **사업인정**'을 '법 제15조에 따른 **사업계획승인**'으로 본다. 다만, 재결신청은 「공익사업을 위한 토지 등의

취득 및 보상에 관한 법률」 제23조 제1항 및 제28조 제1항(1년 이내 재결신청)에도 불구하고 '사업계획승인을 받은 **주택건설사업 기간 이내**'에 할 수 있다.

> **참고** 　**사업인정의 실효**(공익사업을 위한 토지 등의 취득 및 보상에 관한 법률 제23조 제1항)
>
> 사업시행자가 사업인정고시된 날부터 1년 이내에 재결신청을 하지 아니한 경우에는 사업인정고시가 된 날부터 1년이 되는 날의 다음 날에 사업인정은 그 효력을 상실한다.

> **참고** 　**재결의 신청**(공익사업을 위한 토지 등의 취득 및 보상에 관한 법률 제28조 제1항)
>
> 협의가 성립되지 아니하거나 협의를 할 수 없을 때에는 사업시행자는 사업인정고시가 된 날부터 1년 이내에 관할 토지수용위원회에 재결을 신청할 수 있다.

(14) 간선시설의 설치 및 비용의 상환(법 제28조)

① 사업주체가 대통령령으로 정하는 호수(100호, 100세대) 이상의 주택건설사업을 시행하는 경우 또는 대통령령으로 정하는 면적(1만 6천500제곱미터) 이상의 대지조성사업을 시행하는 경우 다음에 해당하는 자는 각각 해당 간선시설을 설치하여야 한다. 다만, 다음 ㉠의 시설(도로 및 상하수도시설)로서 사업주체가 주택건설사업계획 또는 대지조성사업계획에 포함하여 설치하려는 경우에는 그러하지 아니하다.

　㉠ **지방자치단체**: 도로 및 상하수도시설

　㉡ 해당 지역에 **전기·통신·가스 또는 난방을 공급하는 자**: 전기시설·통신시설·가스시설 또는 지역난방시설

　㉢ **국가**: 우체통

② 위 ①의 ㉠~㉢에 따른 간선시설은 특별한 사유가 없으면 '**사용검사일**'까지 설치를 완료하여야 한다.

③ 위 ①에 따른 간선시설의 설치비용은 **설치의무자**가 부담한다. 이 경우 위 ①의 ㉠에 따른 간선시설(**도로 및 상하수도시설**)의 설치비용은 그 비용의 **50퍼센트**의 범위에서 **국가**가 보조할 수 있다.

④ 위 ③에도 불구하고 위 ①의 전기간선시설을 지중선로(地中線路)로 설치하는 경우에는 '전기를 공급하는 자'와 '지중에 설치할 것을 요청하는 자'가 각각 **50퍼센트**의 비율로 그 설치비용을 부담한다. 다만, '사업지구 밖의 기간시설'로부터 '그 사업지구 안의 가장 가까운 주택단지'(사업지구 안에 1개의 주택단지가 있는 경우에는 그 주택단지를 말한다)의 경계선까지 전기간선시설을 설치하는 경우에는 '전기를 공급하는 자'가 부담한다.

⑤ 지방자치단체는 사업주체가 자신의 부담으로 위 ①의 ㉠에 해당하지 아니하는 도로 또는 상하수도시설(해당 주택건설사업 또는 대지조성사업과 직접적으로 관련이 있는 경우로 한정한다)의 설치를 요청할 경우에는 이에 따를 수 있다.

⑥ 간선시설 설치의무자가 위 ②의 기간까지 간선시설의 설치를 완료하지 못할 특별한 사유가 있는 경우에는 **사업주체**가 그 간선시설을 자기부담으로 설치하고 '**간선시설 설치의무자**'에게 그 비용의 상환을 요구할 수 있다.

> **관련법령** 간선시설의 설치 등(영 제39조)
>
> 1. 위 (14)의 ①에서 '대통령령으로 정하는 호수'란 다음의 구분에 따른 호수 또는 세대수를 말한다.
>   ㉠ 단독주택인 경우: 100호
>   ㉡ 공동주택인 경우: 100세대(리모델링의 경우에는 **늘어나는 세대수**를 기준으로 한다)
> 2. 위 (14)의 ①에서 '대통령령으로 정하는 면적'이란 **1만 6천500제곱미터**를 말한다.
> 3. **사업계획승인권자**는 위 1. 또는 2.에 따른 규모 이상의 주택건설 또는 대지조성에 관한 사업계획을 승인하였을 때에는 그 사실을 지체 없이 '**간선시설 설치의무자**'에게 통지하여야 한다.
> 4. **간선시설 설치의무자**는 사업계획에서 정한 사용검사 예정일까지 해당 간선시설을 설치하지 못할 특별한 사유가 있을 때에는 위 3.에 따른 통지를 받은 날부터 **1개월** 이내에 그 사유와 설치 가능 시기를 명시하여 해당 **사업주체**에게 통보하여야 한다.

> **별표 2** 간선시설의 종류별 설치범위(영 제39조 제5항 관련)
>
> 1. 도로
>   주택단지 밖의 기간(基幹)이 되는 도로부터 주택단지의 경계선(단지의 주된 출입구를 말한다. 이하 같다)까지로 하되, 그 길이가 **200미터를 초과하는 경우**로서 그 **초과부분에 한정**한다.
> 2. 상하수도시설
>   주택단지 밖의 기간이 되는 상하수도시설부터 주택단지의 경계선까지의 시설로 하되, 그 길이가 **200미터를 초과하는 경우**로서 그 **초과부분에 한정**한다.
> 3. 전기시설
>   주택단지 밖의 기간이 되는 시설부터 주택단지의 경계선까지로 한다. 다만, 지중선로는 사업지구 밖의 기간이 되는 시설부터 그 사업지구 안의 가장 가까운 주택단지(사업지구 안에 1개의 주택단지가 있는 경우에는 그 주택단지를 말한다)의 경계선까지로 한다. 다만, 「공공주택 특별법 시행령」 제2조 제1항 제2호에 따른 국민임대주택을 건설하는 주택단지에 대해서는 국토교통부장관이 산업통상자원부장관과 따로 협의하여 정하는 바에 따른다.
> 4. 가스공급시설
>   주택단지 밖의 기간이 되는 가스공급시설부터 주택단지의 경계선까지로 한다. 다만, 주택단지 안에 취사 및 개별난방용(중앙집중식 난방용은 제외한다)으로 가스를 공급하기 위하여 정압조정실(일정 압력 유지·조정실)을 설치하는 경우에는 그 정압조정실까지로 한다.
> 5. 통신시설(세대별 전화 설치를 위한 시설을 포함한다)
>   관로시설은 주택단지 밖의 기간이 되는 시설부터 주택단지 경계선까지, 케이블시설은 주택단지 밖의 기간이 되는 시설부터 주택단지 안의 최초 단자까지로 한다. 다만, 국민주택을 건설하는 주택단지에 설치하는 케이블시설의 경우에는 그 설치 및 유지·보수에 관하여는 국토교통부장관이 과학기술정보통신부장관과 따로 협의하여 정하는 바에 따른다.
> 6. 지역난방시설
>   주택단지 밖의 기간이 되는 열수송관의 분기점(해당 주택단지에서 가장 가까운 분기점을 말한다)부터 주택단지 안의 각 기계실입구 차단밸브까지로 한다.

> **관련법령** 간선시설 설치비의 상환(영 제40조)
>
> 1. 위 **(14)**의 ⑥에 따라 사업주체가 간선시설을 자기부담으로 설치하려는 경우 간선시설 설치의무자는 사업주체와 간선시설의 '**설치비 상환계약**'을 체결하여야 한다.
> 2. 위 1.에 따른 상환계약에서 정하는 설치비의 상환기한은 해당 사업의 '**사용검사일**'부터 **3년 이내**로 하여야 한다.
> 3. 간선시설 설치의무자가 위 1.에 따른 상환계약에 따라 상환하여야 하는 금액은 다음의 금액을 합산한 금액으로 한다.
>   ㉠ 설치비용
>   ㉡ 상환 완료 시까지의 설치비용에 대한 이자. 이 경우 이자율은 설치비 상환계약 체결일 당시의 정기예금 금리(은행법에 따라 설립된 은행 중 수신고를 기준으로 한 전국 상위 6개 시중은행의 **1년** 만기 정기예금 금리의 산술평균을 말한다)로 하되, 상환계약에서 달리 정한 경우에는 그에 따른다.

(15) 공공시설의 귀속 등(법 제29조)

① 사업주체가 위 **(1)**의 ① 또는 ③에 따라 사업계획승인을 받은 사업지구의 토지에 새로 공공시설을 설치하거나 기존의 공공시설에 대체되는 공공시설을 설치하는 경우 그 공공시설의 귀속에 관하여는 「국토의 계획 및 이용에 관한 법률」 제65조 및 제99조를 준용한다. 이 경우 '개발행위허가를 받은 자'는 '사업주체'로, '개발행위허가'는 '사업계획승인'으로, '행정청인 시행자'는 '한국토지주택공사 및 지방공사'로 본다.

> **참고** 「국토의 계획 및 이용에 관한 법률」 제65조 제1항·제2항
>
> 1. 개발행위허가(다른 법률에 따라 개발행위허가가 의제되는 협의를 거친 인가·허가·승인 등을 포함한다. 이하 '참고'에서 같다)를 받은 자가 '행정청'인 경우 개발행위허가를 받은 자가 새로 공공시설을 설치하거나 기존의 공공시설에 대체되는 공공시설을 설치한 경우에는 「국유재산법」과 「공유재산 및 물품 관리법」에도 불구하고 새로 설치된 공공시설은 '그 시설을 관리할 관리청'에 무상으로 귀속되고, '종래의 공공시설'은 '개발행위허가를 받은 자'에게 무상으로 귀속된다.
> 2. 개발행위허가를 받은 자가 '행정청이 아닌 경우' 개발행위허가를 받은 자가 새로 설치한 공공시설은 '그 시설을 관리할 관리청'에 무상으로 귀속되고, '개발행위로 용도가 폐지되는 공공시설'은 「국유재산법」과 「공유재산 및 물품 관리법」에도 불구하고 '새로 설치한 공공시설의 설치비용에 상당하는 범위'에서 '개발행위허가를 받은 자'에게 무상으로 양도할 수 있다.

> **참고** 「국토의 계획 및 이용에 관한 법률」 제99조
>
> 도시·군계획시설사업이 의하여 새로 공공시설을 설치하거나 기존의 공공시설에 대체되는 공공시설을 설치한 경우에는 법 제65조를 준용한다.

② 위 ① 후단에 따라 '**행정청**'인 시행자로 보는 **한국토지주택공사** 및 **지방공사**는 해당 공사에 귀속되는 공공시설을 해당 국민주택사업을 시행하는 목적 외로는 사용하거나 처분할 수 없다.

(16) 국공유지 등의 우선 매각 및 임대(법 제30조)

① **국가** 또는 **지방자치단체**는 그가 소유하는 토지를 매각하거나 임대하는 경우에는 다음의 어느 하나의 목적으로 그 토지의 매수 또는 임차를 원하는 자가 있으면 그에게 우선적으로 그 토지를 매각하거나 임대할 수 있다.
  ㉠ 국민주택규모의 주택을 대통령령으로 정하는 비율(**50퍼센트**) 이상으로 건설하는 주택의 건설
  ㉡ 주택조합이 건설하는 주택(이하 '**조합주택**'이라 한다)의 건설
  ㉢ 위 ㉠ 또는 ㉡의 주택을 건설하기 위한 대지의 조성
② 국가 또는 지방자치단체는 위 ①에 따라 국가 또는 지방자치단체로부터 토지를 매수하거나 임차한 자가 그 매수일 또는 임차일부터 **2년 이내**에 국민주택규모의 주택 또는 조합주택을 건설하지 아니하거나 그 주택을 건설하기 위한 대지조성사업을 시행하지 아니한 경우에는 **환매**(還買)하거나 임대계약을 **취소**할 수 있다.

> **참고** 「민간임대주택에 관한 특별법」 제18조 제1항·제4항·제5항
>
> 1. 국가·지방자치단체·공공기관 또는 지방공사가 그가 소유하거나 조성한 토지를 공급(매각 또는 임대)하는 경우에는 「주택법」 제30조 제1항에도 불구하고 민간임대주택을 건설하려는 임대사업자에게 우선적으로 공급할 수 있다.
> 2. 위 1.에 따라 토지 및 종전 부동산('토지 등')을 공급받은 자는 토지 등을 공급받은 날부터 4년 이하의 범위에서 대통령령으로 정하는 기간(2년) 이내에 민간임대주택을 건설하여야 한다.
> 3. 위 2.에도 불구하고 민간임대주택을 건설하지 아니한 경우 토지 등을 공급한 자는 대통령령으로 정하는 기준과 절차에 따라 토지 등을 환매하거나 임대차계약을 해제 또는 해지할 수 있다.

(17) '환지방식'에 의한 도시개발사업으로 조성된 대지의 활용(법 제31조)

① 사업주체가 '**국민주택용지**'로 사용하기 위하여 도시개발사업시행자[도시개발법에 따른 **환지**(換地)방식에 의하여 사업을 시행하는 '**도시개발사업의 시행자**'를 말한다. 이하 (17)에서 같다]에게 체비지(替費地)의 매각을 요구한 경우 그 도시개발사업시행자는 대통령령으로 정하는 바에 따라 체비지의 총면적의 **50퍼센트**의 범위에서 이를 우선적으로 사업주체에게 매각할 수 있다. 21회 주관식
② 위 ①의 경우 사업주체가 「도시개발법」 제28조에 따른 '환지계획의 수립 전'에 체비지의 매각을 요구하면 도시개발사업시행자는 사업주체에게 매각할 체비지를 그 환지계획에서 '**하나**'의 단지로 정하여야 한다.
③ 위 ①에 따른 체비지의 양도가격은 국토교통부령으로 정하는 바에 따라 「감정평가 및 감정평가사에 관한 법률」에 따른 '**감정평가법인 등**'이 감정평가한 **감정가격**을 기준으로 한다. 다만, 임대주택을 건설하는 경우 등 국토교통부령으로 정하는 경우에는 국토교통부령으로 정하는 **조성원가**를 기준으로 할 수 있다.

> **관련법령** 체비지의 우선매각(영 제42조)
>
> 위 **(17)**에 따라 도시개발사업시행자[도시개발법에 따른 환지(換地)방식에 의하여 사업을 시행하는 도시개발사업의 시행자를 말한다]는 체비지(替費地)를 사업주체에게 국민주택용지로 매각하는 경우에는 **경쟁입찰**로 하여야 한다. 다만, 매각을 요구하는 사업주체가 하나일 때에는 **수의계약**으로 매각할 수 있다.

> **관련법령** 체비지의 양도가격(규칙 제16조)
>
> 1. 위 **(17)**의 ③에 따른 체비지(替費地)의 양도가격은 「감정평가 및 감정평가사에 관한 법률」 제2조 제4호에 따른 '**감정평가법인 등**' **2인** 이상의 감정평가가격을 산술평균한 가격을 기준으로 산정한다.
> 2. 위 **(17)**의 ③ 단서에서 '임대주택을 건설하는 경우 등 국토교통부령으로 정하는 경우'란 주거전용면적 **85제곱미터** 이하의 '**임대주택**'을 건설하거나 주거전용면적 **60제곱미터** 이하의 '**국민주택**'을 건설하는 경우를 말한다.

(18) 서류의 열람(법 제32조)

'**국민주택**'을 건설·공급하는 사업주체는 주택건설사업 또는 대지조성사업을 시행할 때 필요한 경우에는 등기소나 그 밖의 관계 행정기관의 장에게 필요한 서류의 열람·등사나 그 등본 또는 초본의 발급을 **무료**로 청구할 수 있다.

4. 주택의 설계, 시공 등

(1) 주택의 설계 및 시공(법 제33조)

① 법 제15조에 따른 사업계획승인을 받아 건설되는 주택[부대시설과 복리시설을 포함한다. 이하 **(1)**, 법 제49조, 제54조 및 제61조에서 같다]을 설계하는 자는 대통령령으로 정하는 설계도서 작성기준에 맞게 설계하여야 한다.

② 위 ①에 따른 주택을 시공하는 자와 사업주체는 설계도서에 맞게 시공하여야 한다.

(2) 주택건설공사의 시공 제한 등(법 제34조)

① 위 **3.**의 **(1)**에 따른 사업계획승인을 받은 주택의 건설공사는 「건설산업기본법」 제9조에 따른 **건설사업자**로서 대통령령으로 정하는 자 또는 법 제7조에 따라 **건설사업자로 간주하는 등록사업자**가 아니면 이를 시공할 수 없다.

② 공동주택의 방수·위생 및 냉난방 설비공사는 「건설산업기본법」 제9조에 따른 **건설사업자**로서 대통령령으로 정하는 자(특정열사용기자재를 설치·시공하는 경우에는 에너지이용 합리화법에 따른 시공업자를 말한다)가 아니면 이를 시공할 수 없다.

③ 국가 또는 지방자치단체인 사업주체는 위 3.의 **(1)**에 따른 사업계획승인을 받은 주택건설공사의 설계와 시공을 분리하여 발주하여야 한다. 다만, 주택건설공사 중 '대통령령으로 정하는 대형공사'(대지구입비를 제외한 총공사비가 500억원 이상인 공사)로서 '기술관리상 설계와 시공을 분리하여 발주할 수 없는 공사의 경우'에는 '대통령령으로 정하는 입찰방법'(국가를 당사자로 하는 계약에 관한 법률 시행령 제79조 제1항 제5호에 따른 일괄입찰)으로 시행할 수 있다.

5. 주택건설기준 등

(1) 주택건설기준 등(법 제35조)

① 사업주체가 건설·공급하는 주택의 건설 등에 관한 다음의 기준(이하 '주택건설기준 등'이라 한다)은 대통령령으로 정한다.
  ㉠ 주택 및 시설의 배치, 주택과의 복합건축 등에 관한 주택건설기준
  ㉡ 세대 간의 경계벽, 바닥충격음 차단구조, 구조내력(構造耐力) 등 주택의 구조·설비기준
  ㉢ 부대시설의 설치기준
  ㉣ 복리시설의 설치기준
  ㉤ 대지조성기준
  ㉥ 주택의 규모 및 규모별 건설비율
② **지방자치단체**는 그 지역의 특성, 주택의 규모 등을 고려하여 주택건설기준 등의 범위에서 조례로 구체적인 기준을 정할 수 있다.
③ **사업주체**는 위 ①의 주택건설기준 등 및 위 ②의 기준에 따라 주택건설사업 또는 대지조성사업을 시행하여야 한다.

> **관련법령** 주택의 규모별 건설비율(영 제46조)
>
> 1. 국토교통부장관은 적정한 주택수급을 위하여 필요하다고 인정하는 경우에는 위 **(1)**의 ①의 ㉥에 따라 사업주체가 건설하는 주택의 **75퍼센트**(법 제5조 제2항 및 제3항에 따른 주택조합이나 고용자가 건설하는 주택은 **100퍼센트**) 이하의 범위에서 일정 비율 이상을 국민주택규모로 건설하게 할 수 있다.
> 2. 위 1.에 따른 '국민주택규모 주택의 건설비율'은 '주택단지별 사업계획'에 적용한다.

(2) 도시형 생활주택의 건설기준(법 제36조)

① 사업주체(건축법 제2조 제12호에 따른 건축주를 포함한다)가 도시형 생활주택을 건설하려는 경우에는 「국토의 계획 및 이용에 관한 법률」에 따른 도시지역에 '대통령령으로 정하는 유형과 규모 등'에 적합하게 건설하여야 한다.
② 하나의 건축물에는 도시형 생활주택과 그 밖의 주택을 복합하여 건축할 수 없다. 다만, '대통령령으로 정하는 요건을 갖춘 경우'에는 그러하지 아니하다.

(3) 에너지절약형 친환경주택 등의 건설기준(법 제37조)

① 사업주체가 위 3.의 **(1)**에 따른 **사업계획승인**을 받아 주택을 건설하려는 경우에는 에너지 고효율 설비기술 및 자재 적용 등 대통령령으로 정하는 바에 따라 '**에너지절약형 친환경주택**'으로 건설하여야 한다.

② 사업주체가 대통령령으로 정하는 호수(500세대) 이상의 주택을 건설하려는 경우에는 친환경 건축자재 사용 등 대통령령으로 정하는 바에 따라 '**건강친화형 주택**'으로 건설하여야 한다.

(4) 장수명 주택의 건설기준 및 인증제도 등(법 제38조)

① **국토교통부장관**은 '**장수명 주택의 건설기준**'을 정하여 고시할 수 있다.
② **국토교통부장관**은 장수명 주택의 공급 활성화를 유도하기 위하여 위 ①의 건설기준에 따라 '**장수명 주택 인증제도**'를 시행할 수 있다.
③ 사업주체가 대통령령으로 정하는 호수(1,000세대) 이상의 주택을 공급하고자 하는 때에는 위 ②의 인증제도에 따라 대통령령으로 정하는 기준(**일반 등급**) 이상의 등급을 인정받아야 한다.
④ 국가, 지방자치단체 및 공공기관의 장은 장수명 주택을 공급하는 사업주체 및 장수명 주택 취득자에게 법률 등에서 정하는 바에 따라 행정상·세제상의 지원을 할 수 있다.
⑤ 국토교통부장관은 위 ②의 인증제도를 시행하기 위하여 인증기관을 지정하고 관련 업무를 위탁할 수 있다.
⑥ 위 ②의 인증제도의 운영과 관련하여 인증기준, 인증절차, 수수료 등은 국토교통부령으로 정한다.
⑦ 위 ②의 인증제도에 따라 '국토교통부령으로 정하는 기준 이상의 등급(**우수 등급**)'을 인정받은 경우 「국토의 계획 및 이용에 관한 법률」에도 불구하고 대통령령으로 정하는 범위에서 **건폐율·용적률·높이제한**을 완화할 수 있다.

> **관련법령** 장수명 주택의 인증대상 및 인증등급 등(주택건설기준 등에 관한 규정 제65조의2)
>
> 1. 위 **(4)**의 ②에 따른 인증제도로 **(4)**의 ①에 따른 장수명 주택에 대하여 부여하는 등급은 다음과 같이 구분한다.
>   ㉠ 최우수 등급
>   ㉡ 우수 등급
>   ㉢ 양호 등급
>   ㉣ 일반 등급
> 2. 위 **(4)**의 ⑦에 따른 장수명 주택의 건폐율·용적률은 다음의 구분에 따라 조례로 그 제한을 완화할 수 있다.

㉠ **건폐율**: 「국토의 계획 및 이용에 관한 법률」 제77조 및 같은 법 시행령 제84조 제1항에 따라 조례로 정한 건폐율의 100분의 115를 초과하지 아니하는 범위에서 완화. 다만, 「국토의 계획 및 이용에 관한 법률」 제77조에 따른 건폐율의 최대한도를 초과할 수 없다.

㉡ **용적률**: 「국토의 계획 및 이용에 관한 법률」 제78조 및 같은 법 시행령 제85조 제1항에 따라 조례로 정한 용적률의 100분의 115를 초과하지 아니하는 범위에서 완화. 다만, 「국토의 계획 및 이용에 관한 법률」 제78조에 따른 용적률의 최대한도를 초과할 수 없다.

(5) **공동주택성능등급의 표시**(법 제39조)

사업주체가 대통령령으로 정하는 호수(500세대) 이상의 공동주택을 공급할 때에는 주택의 성능 및 품질을 입주자가 알 수 있도록 「녹색건축물 조성 지원법」에 따라 다음의 공동주택성능에 대한 등급을 발급받아 국토교통부령으로 정하는 방법으로 **입주자 모집공고**에 표시하여야 한다. 22회 주관식

① 경량충격음·중량충격음·화장실소음·경계소음 등 **소음** 관련 등급
② 리모델링 등에 대비한 가변성 및 수리 용이성 등 **구조** 관련 등급
③ 조경·일조확보율·실내공기질·에너지절약 등 **환경** 관련 등급
④ 커뮤니티시설, 사회적 약자 배려, 홈네트워크, 방범안전 등 **생활환경** 관련 등급
⑤ 화재·소방·피난안전 등 **화재·소방** 관련 등급

(6) **환기시설의 설치 등**(법 제40조)

사업주체는 공동주택의 실내공기의 원활한 환기를 위하여 대통령령으로 정하는 기준에 따라 환기시설을 설치하여야 한다.

> **관련법령** 공동주택 및 다중이용시설의 환기설비기준 등(건축물의 설비기준 등에 관한 규칙 제11조 제1항)
>
> 「건축법 시행령」 제87조 제2항의 규정에 따라 **신축** 또는 **리모델링**하는 다음의 어느 하나에 해당하는 주택 또는 건축물(이하 '**신축공동주택 등**'이라 한다)은 **시간당 0.5회** 이상의 환기가 이루어질 수 있도록 자연환기설비 또는 기계환기설비를 설치해야 한다.
> 1. 30세대 이상의 공동주택
> 2. '주택을 주택 외의 시설과 동일 건축물로 건축하는 경우'로서 주택이 **30세대 이상**인 건축물

(7) **바닥충격음 성능등급 인정 등**(법 제41조)

① **국토교통부장관**은 위 **(1)**의 ①의 ㉡에 따른 주택건설기준 중 공동주택 바닥충격음 차단구조의 성능등급을 대통령령으로 정하는 기준에 따라 인정하는 기관(이하 '**바닥충격음 성능등급 인정기관**'이라 한다)을 지정할 수 있다.

② '바닥충격음 성능등급 인정기관'은 **성능등급을 인정받은 제품**(이하 '인정제품'이라 한다)이 다음의 어느 하나에 해당하면 그 **인정**을 **취소**할 수 있다. 다만, 다음 ㉠에 해당하는 경우에는 그 인정을 취소하여야 한다. 23회

㉠ 거짓이나 그 밖의 부정한 방법으로 인정받은 경우
㉡ 인정받은 내용과 다르게 판매·시공한 경우
㉢ 인정제품이 국토교통부령으로 정한 품질관리기준을 준수하지 아니한 경우
㉣ 인정의 유효기간을 연장하기 위한 시험결과를 제출하지 아니한 경우

③ '국토교통부장관'은 **바닥충격음 성능등급 인정기관**이 다음의 어느 하나에 해당하는 경우 그 **지정을 취소**할 수 있다. 다만, 다음 ㉠에 해당하는 경우에는 그 지정을 취소하여야 한다.
㉠ 거짓이나 그 밖의 부정한 방법으로 바닥충격음 성능등급 인정기관으로 지정을 받은 경우
㉡ 바닥충격음 차단구조의 성능등급의 인정기준을 위반하여 업무를 수행한 경우
㉢ 바닥충격음 성능등급 인정기관의 지정요건에 맞지 아니한 경우
㉣ 정당한 사유 없이 2년 이상 계속하여 인정업무를 수행하지 아니한 경우

④ 국토교통부장관은 바닥충격음 성능등급 인정기관에 대하여 성능등급의 인정현황 등 업무에 관한 자료를 제출하게 하거나 소속 공무원에게 관련 서류 등을 검사하게 할 수 있다.

⑤ 위 ④에 따라 검사를 하는 공무원은 그 권한을 나타내는 증표를 지니고 이를 관계인에게 내보여야 한다.

⑥ 사업주체가 대통령령으로 정하는 두께(콘크리트 슬래브 두께 250밀리미터) 이상으로 바닥구조를 시공하는 경우 사업계획승인권자는 「국토의 계획 및 이용에 관한 법률」 제50조 및 제52조 제1항 제4호에 따라 지구단위계획으로 정한 **건축물 높이의 '최고한도'**의 100분의 115를 초과하지 아니하는 범위에서 조례로 정하는 기준에 따라 건축물 높이의 최고한도를 완화하여 적용할 수 있다.

관련법령 **주택건설기준 등에 관한 규정 제14조의2(바닥구조)**

공동주택의 세대 내의 층간바닥(화장실의 바닥은 제외한다. 이하 같다)은 **다음의 기준**을 모두 **충족**해야 한다.
1. **콘크리트 슬래브 두께**는 210밀리미터[라멘구조(보와 기둥을 통해서 내력이 전달되는 구조를 말한다. 이하 같다)의 공동주택은 150밀리미터] 이상으로 할 것. 다만, 다음의 어느 하나에 해당하는 주택의 층간바닥은 예외로 한다.
   ㉠ 법 제51조 제1항에 따라 인정받은 **공업화주택**
   ㉡ **목구조**(주요구조부를 목재의 지속가능한 이용에 관한 법률에 따른 목재 또는 목재제품으로 구성하는 구조를 말한다) **공동주택**
2. **각 층간 바닥**은 **바닥충격음 차단성능**[바닥의 **경량충격음**(비교적 가볍고 딱딱한 충격에 의한 바닥충격음) 및 **중량충격음**(무겁고 부드러운 충격에 의한 바닥충격음을 말한다)이 **각각 49데시벨 이하**인 성능을 말한다]을 **갖춘 구조**일 것. 다만, **다음의 층간바닥**은 그렇지 않다.
   ㉠ 라멘구조의 공동주택(법 제51조 제1항에 따라 인정받은 공업화주택은 제외한다)의 층간바닥
   ㉡ 위 ㉠의 공동주택 외의 공동주택 중 발코니, 현관 등 국토교통부령으로 정하는 부분의 층간바닥

> **관련법령** 바닥충격음 성능등급 인정기관(주택건설기준 등에 관한 규정 제60조의2)

바닥충격음 성능등급 인정기관으로 지정받으려는 자는 국토교통부령으로 정하는 신청서에 다음의 서류를 첨부하여 국토교통부장관에게 제출해야 한다. 이 경우 국토교통부장관은 「전자정부법」에 따른 행정정보의 공동이용을 통하여 법인 등기사항증명서를 확인해야 한다.
1. 임원 명부
2. 법령에 따른 인력 및 장비기준을 증명할 수 있는 서류
3. 바닥충격음 성능등급 인정업무의 추진계획서

> **관련법령** 바닥충격음 성능등급 및 기준 등(주택건설기준 등에 관한 규정 제60조의3)

1. 바닥충격음 성능등급 인정기관이 인정하는 바닥충격음 성능등급 및 기준에 관하여는 국토교통부장관이 정하여 고시한다.
2. 바닥충격음 차단성능 인정을 받으려는 자는 국토교통부장관이 정하여 고시하는 방법 및 절차 등에 따라 바닥충격음 성능등급 인정기관으로부터 바닥충격음 차단성능 인정을 받아야 한다.

> **관련법령** 신제품에 대한 성능등급 인정(주택건설기준 등에 관한 규정 제60조의4)

바닥충격음 성능등급 인정기관은 규정 제60조의3 제1항에 따라 고시된 기준을 적용하기 어려운 신개발품이나 인정 규격 외의 제품(이하 '**신제품**'이라 한다)에 대한 성능등급 인정의 신청이 있을 때에는 규정 제60조의3 제1항에도 불구하고 제60조의5에 따라 신제품에 대한 별도의 인정기준을 마련하여 성능등급을 인정할 수 있다.

> **관련법령** 신제품에 대한 성능등급 인정절차(주택건설기준 등에 관한 규정 제60조의5)

1. 바닥충격음 성능등급 인정기관은 규정 제60조의4에 따른 별도의 성능등급 인정기준을 마련하기 위해서는 규정 제60조의6에 따른 전문위원회의 심의를 거쳐야 한다.
2. 바닥충격음 성능등급 인정기관은 신제품에 대한 성능등급 인정의 신청을 받은 날부터 **15일** 이내에 전문위원회에 심의를 요청해야 한다.
3. 바닥충격음 성능등급 인정기관의 장은 위 1.에 따른 인정기준을 지체 없이 신청인에게 통보하고, 인터넷 홈페이지 등을 통하여 일반인에게 알려야 한다.
4. 바닥충격음 성능등급 인정기관의 장은 위 1.에 따른 별도의 성능등급 인정기준을 국토교통부장관에게 제출해야 하며, 국토교통부장관은 이를 관보에 고시해야 한다.

> **관련법령** 전문위원회(주택건설기준 등에 관한 규정 제60조의6)

1. 신제품에 대한 인정기준 등에 관한 사항을 심의하기 위하여 바닥충격음 성능등급 인정기관에 '전문위원회'를 둔다.
2. 전문위원회의 구성, 위원의 선임기준 및 임기 등 위원회의 운영에 필요한 구체적인 사항은 '해당 바닥충격음 성능등급 인정기관의 장'이 정한다.

관련법령	공동주택 바닥충격음 차단구조의 성능등급 인정의 유효기간 등(주택건설기준 등에 관한 규정 제60조의7)

1. 위 **(7)**의 ③에 따른 공동주택 바닥충격음 차단구조의 성능등급 인정의 유효기간은 그 성능등급 인정을 받은 날부터 **5년**으로 한다.
2. 공동주택 바닥충격음 차단구조의 성능등급 인정을 받은 자는 위 1.에 따른 유효기간이 끝나기 전에 유효기간을 연장할 수 있다. 이 경우 연장되는 유효기간은 연장될 때마다 **3년**을 초과할 수 없다.

(8) 바닥충격음 성능검사 등 (법 제41조의2)

① **국토교통부장관**은 바닥충격음 차단구조의 성능을 검사하기 위하여 성능검사의 기준[이하 **(8)**에서 '성능검사기준'이라 한다]을 마련하여야 한다.

② **국토교통부장관**은 다음 ⑤에 따른 성능검사를 전문적으로 수행하기 위하여 성능을 검사하는 기관(이하 '**바닥충격음 성능검사기관**'이라 한다)을 '대통령령으로 정하는 지정 요건' 및 절차에 따라 지정할 수 있다.

③ 바닥충격음 성능검사기관의 지정 취소, 자료 제출 및 서류 검사 등에 관하여는 위 **(7)**의 ③부터 ⑤까지를 준용한다. 이 경우 '바닥충격음 성능등급 인정기관'은 '바닥충격음 성능검사기관'으로, '인정업무'는 '바닥충격음 성능검사업무'로 본다.

④ **국토교통부장관**은 바닥충격음 성능검사기관의 업무를 수행하는 데에 필요한 **비용**을 **지원**할 수 있다.

⑤ **사업주체**는 사업계획승인을 받아 시행하는 주택건설사업의 경우 **사용검사를 받기 전**에 '**바닥충격음 성능검사기관**'으로부터 **성능검사기준**에 따라 바닥충격음 차단구조의 성능을 검사[이하 **(8)**에서 '성능검사'라 한다]받아 '그 결과'를 **사용검사권자**에게 제출하여야 한다.

⑥ **사용검사권자**는 위 ⑤에 따른 '성능검사 결과'가 '성능검사기준'에 **미달**하는 경우 대통령령으로 정하는 바에 따라 **사업주체**에게 보완 시공, 손해배상 등의 조치를 권고할 수 있다.

⑦ 위 ⑥에 따라 조치를 권고받은 **사업주체**는 '대통령령으로 정하는 기간 내'에 권고사항에 대한 조치결과를 **사용검사권자**에게 제출하여야 한다.

⑧ **사업주체**는 위 ⑤에 따라 사용검사권자에게 제출한 **성능검사 결과** 및 위 ⑦에 따라 사용검사권자에게 제출한 **조치결과**를 대통령령으로 정하는 방법에 따라 **입주예정자**에게 알려야 한다.

⑨ **국토교통부장관**은 층간소음 저감 정책을 수립하기 위하여 필요하다고 판단하는 경우 **사용검사권자**에게 위 ⑤에 따라 제출된 **성능검사 결과** 및 위 ⑦에 따라 제출된 **조치결과**를 **국토교통부장관**에게 제출하도록 요청할 수 있다. 이 경우 자료 제출을 요청받은 **사용검사권자**는 정당한 사유가 없으면 이에 따라야 한다.

⑩ **바닥충격음 성능검사기관**은 위 ⑤에 따른 **성능검사 결과**를 토대로 대통령령으로 정하는 기준과 절차에 따라 **매년 '우수 시공자'를 선정**하여 **공개**할 수 있다.
⑪ 성능검사의 방법, 성능검사 결과의 제출, 성능검사에 드는 수수료 등 필요한 사항은 대통령령으로 정한다.

> **관련법령** 바닥충격음 성능검사기관의 지정(주택건설기준 등에 관한 규정 제60조의9)
>
> 1. 위 **(8)**의 ②에서 '대통령령으로 정하는 지정 요건'이란 다음의 요건을 말한다.
>   ㉠ 「민법」에 따른 비영리법인이거나 특별법에 따라 설립된 법인(영리법인은 제외한다)일 것
>   ㉡ 규정 [별표 6]에 따른 인력 및 장비 기준을 충족할 것
>   ㉢ 바닥충격음 성능등급 인정기관이 아닐 것
> 2. '바닥충격음 성능검사기관'으로 지정받으려는 자는 국토교통부령으로 정하는 신청서에 다음의 서류를 첨부하여 국토교통부장관에게 제출해야 한다. 이 경우 국토교통부장관은 「전자정부법」 제36조 제1항에 따른 행정정보의 공동이용을 통하여 법인 등기사항증명서를 확인해야 한다.
>   ㉠ 규정 [별표 6]에 따른 인력 및 장비 기준을 충족함을 증명할 수 있는 서류
>   ㉡ 위 **(8)**의 ⑤에 따른 바닥충격음 차단구조의 성능검사업무 추진계획서
> 3. 국토교통부장관은 바닥충격음 성능검사기관을 지정하였을 때에는 그 명칭·대표자 및 소재지 등을 관보에 고시해야 한다.

> **관련법령** 바닥충격음 차단구조의 성능검사 방법 등(주택건설기준 등에 관한 규정 제60조의10)
>
> 1. 위 **(8)**의 ⑤에 따른 바닥충격음 차단구조의 성능검사(이하 '**성능검사**'라 한다)를 받으려는 **사업주체**는 건설하는 주택의 바닥충격음 차단구조에 대한 **시공이 완료된 후** '바닥충격음 성능검사기관의 장'에게 성능검사를 **신청**해야 한다.
> 2. '위 1.에 따른 신청'을 받은 '바닥충격음 성능검사기관의 장'은 주택 각 세대의 평면유형(平面類型), 면적 및 층수 등을 고려하여 구분한 '**세대단위별**'로 '성능검사를 실시할 세대'를 **무작위**로 **선정**하여 성능검사를 **실시해야 한다**.
> 3. 바닥충격음 성능검사기관의 장은 성능검사를 완료하면 지체 없이 **사업주체**에게 그 결과를 통보해야 한다.
> 4. **바닥충격음 성능검사기관의 장**은 '사업주체가 요청하면' 위 3.에 따라 성능검사 결과를 통보할 때 사용검사를 하는 시장·군수·구청장(이하 '**사용검사권자**'라 한다)에게도 이를 **통보**할 수 있다. 이 경우 위 **(8)**의 ⑤에 따라 '사업주체'가 '사용검사권자'에게 성능검사 결과를 제출한 것으로 본다.

> **관련법령** 성능검사 수수료(주택건설기준 등에 관한 규정 제60조의11)
>
> 1. 성능검사 수수료는 성능검사에 필요한 시험에 드는 비용으로 한다.
> 2. 위 1.의 수수료는 「엔지니어링산업 진흥법」 제31조 제2항에 따른 엔지니어링사업의 대가 기준을 국토교통부장관이 정하여 고시하는 방법에 따라 적용하여 바닥충격음성능검사기관의 장이 산정한다.

| 관련법령 | 사업주체에 대한 권고(주택건설기준 등에 관한 규정 제60조의12) |

1. 사용검사권자는 위 **(8)**의 ⑥에 따라 규정 제14조의2 제2호 각 목 외의 부분 본문에 따른 경량충격음 또는 중량충격음이 49데시벨을 초과하는 경우에는 사업주체에게 보완 시공, 손해배상 등의 조치를 권고할 수 있다.
2. **사용검사권자**는 위 1.에 따라 **사업주체**에게 보완 시공 등의 조치를 권고하는 경우에는 다음의 사항을 적은 **문서**(전자문서를 포함한다)로 해야 한다.
   ⊙ 권고의 내용 및 이유
   ⓒ 권고사항에 대한 조치기한
3. 위 2.에 따른 권고를 받은 **사업주체**는 권고받은 날부터 **10일 이내**에 사용검사권자에게 권고사항에 대한 **조치계획서**를 제출해야 한다. 다만, 기술적 검토에 시간이 걸리는 등 불가피한 경우에는 사용검사권자와 협의하여 그 기간을 **연장**할 수 있다.
4. 위 **(8)**의 ⑦에서 '대통령령으로 정하는 기간'이란 '위 1.의 ⓒ의 조치기한이 지난 날부터 **5일**'을 말한다.

| 관련법령 | 성능검사 결과 등의 통보(주택건설기준 등에 관한 규정 제60조의13) |

사업주체는 위 **(8)**의 ⑧에 다라 다음 각 호의 결과를 **입주예정일 전까지 입주예정자**에게 문서(전자문서를 포함한다)로 알려야 한다.
1. 위 **(8)**의 ⑤에 따라 사용검사권자에게 제출한 성능검사 결과
2. 위 **(8)**의 ⑦에 따라 사용검사권자에게 제출한 조치결과

| 관련법령 | 성능검사 우수 시공자의 선정 및 공개(주택건설기준 등에 관한 규정 제60조의14) |

1. **바닥충격음 성능검사기관**은 위 **(8)**의 ⑩에 따라 '다음의 요건을 모두 갖춘 시공자' 중에서 '**전년도에 사용검사를 받은 주택단지별 성능검사 결과의 평균값**'(해당 주택단지가 1개인 경우에는 그 주택단지의 성능검사 결과를 말한다)이 '**높은**' **상위 10개의 시공자**를 **우수 시공자**로 선정할 수 있다.
   ⊙ '전년도에 사용검사를 받은 공동주택'이 **총 500세대 이상**일 것
   ⓒ '전년도에 사용검사를 받은 주택단지' 중에서 '성능검사기준에 미달하는 주택단지'가 없을 것
2. **바닥충격음 성능검사기관**은 위 ①에 따라 선정한 우수 시공자를 선정한 경우에는 해당 기관의 **인터넷 홈페이지**를 통해 **공개**한다.

(9) **소음방지대책의 수립**(법 제42조)

① **사업계획승인권자**는 주택의 건설에 따른 소음의 피해를 방지하고 주택건설지역 주민의 평온한 생활을 유지하기 위하여 주택건설사업을 시행하려는 **사업주체**에게 대통령령으로 정하는 바에 따라 **소음방지대책**을 수립하도록 하여야 한다.

② '사업계획승인권자'는 대통령령으로 정하는 주택건설지역이 도로와 인접한 경우에는 해당 **도로의 관리청과** 소음방지대책을 미리 '협의'하여야 한다. 이 경우 해당 도로의 관리청은 소음 관계 법률에서 정하는 소음기준 범위에서 필요한 의견을 제시할 수 있다.

③ 위 ①에 따른 소음방지대책 수립에 필요한 실외소음도와 실외소음도를 측정하는 기준은 대통령령으로 정한다.

④ 국토교통부장관은 위 ③에 따른 실외소음도를 측정할 수 있는 측정기관(이하 '실외소음도 측정기관'이라 한다)을 지정할 수 있다.

⑤ 국토교통부장관은 실외소음도 측정기관이 다음의 어느 하나에 해당하는 경우에는 그 지정을 취소할 수 있다. 다만, 다음 ㉠에 해당하는 경우 그 지정을 취소하여야 한다.
  ㉠ 거짓이나 그 밖의 부정한 방법으로 실외소음도 측정기관으로 지정을 받은 경우
  ㉡ 위 ③에 따른 실외소음도 측정기준을 위반하여 업무를 수행한 경우
  ㉢ 다음 ⑥에 따른 실외소음도 측정기관의 지정요건에 미달하게 된 경우

⑥ 실외소음도 측정기관의 지정요건, 측정에 소요되는 수수료 등 실외소음도 측정에 필요한 사항은 대통령령으로 정한다.

관련법령 **소음방지대책의 수립(주택건설기준 등에 관한 규정 제9조)**

1. **사업주체**는 공동주택을 건설하는 지점의 소음도(이하 '**실외소음도**'라 한다)가 **65데시벨 미만**이 되도록 하되, '65데시벨 이상인 경우'에는 방음벽·방음림(소음막이숲) 등의 '**방음시설**'을 설치하여 해당 공동주택의 건설지점의 소음도가 65데시벨 미만이 되도록 **소음방지대책**을 수립해야 한다. 다만, 공동주택이 「국토의 계획 및 이용에 관한 법률」에 따른 **도시지역**(주택단지 면적이 30만 제곱미터 미만인 경우로 한정한다) 또는 「소음·진동관리법」 제27조에 따라 '지정된 지역'에 건축되는 경우로서 다음의 기준을 모두 충족하는 경우에는 그 공동주택의 **6층 이상**인 부분에 대하여 본문을 적용하지 않는다.
  ㉠ 세대 안에 설치된 모든 창호(窓戶)를 닫은 상태에서 거실에서 측정한 소음도(이하 '**실내소음도**'라 한다)가 **45데시벨 이하**일 것
  ㉡ 공동주택의 세대 안에 「건축법 시행령」 제87조 제2항에 따라 정하는 기준에 적합한 **환기설비**를 갖출 것

2. 위 1.에 따른 실외소음도와 실내소음도의 소음측정기준은 국토교통부장관이 환경부장관과 협의하여 고시한다.

3. 위 **(9)**의 ② 전단에서 '대통령령으로 정하는 주택건설지역이 도로와 인접한 경우'란 다음의 어느 하나에 해당하는 경우를 말한다. 다만, 주택건설지역이 「환경영향평가법 시행령」 [별표 3] 제1호의 사업구역에 포함된 경우로서 환경영향평가를 통하여 **소음저감대책**을 수립한 후 해당 도로의 관리청과 협의를 완료하고 개발사업의 실시계획을 수립한 경우는 제외한다.
  ㉠ 「도로법」 제11조에 따른 **고속국도로부터 300미터 이내**에 주택건설지역이 있는 경우
  ㉡ 「도로법」 제12조에 따른 **일반국도**(자동차전용도로 또는 왕복 6차로 이상인 도로만 해당한다)와 같은 법 제14조에 따른 특별시도·광역시도(자동차 전용도로만 해당한다)로부터 **150미터 이내**에 주택건설지역이 있는 경우

4. 위 3.의 ㉠, ㉡의 거리를 계산할 때에는 도로의 경계선(보도가 설치된 경우에는 도로와 보도와의 경계선을 말한다)부터 가장 가까운 공동주택의 외벽면까지의 거리를 기준으로 한다.

6. 주택건설기준 등에 관한 규정

(1) 정의(규정 제2조)

① **'주민공동시설'**이란 해당 공동주택의 거주자가 공동으로 사용하거나 거주자의 생활을 지원하는 시설로서 다음의 시설을 말한다.
  ㉠ 경로당
  ㉡ 어린이놀이터
  ㉢ **어린이집**
  ㉣ 주민운동시설
  ㉤ 도서실(정보문화시설과 도서관법 제4조 제2항 제1호 가목에 따른 작은도서관을 포함한다)
  ㉥ 주민교육시설(영리를 목적으로 하지 아니하고 공동주택의 거주자를 위한 교육장소를 말한다)
  ㉦ 청소년 수련시설
  ㉧ 주민휴게시설
  ㉨ 독서실
  ㉩ 입주자집회소
  ㉪ 공용취사장
  ㉫ 공용세탁실
  ㉬ 「공공주택 특별법」 제2조에 따른 공공주택의 단지 내에 설치하는 사회복지시설
  ㉭ 「아동복지법」 제44조의2의 **다함께돌봄센터**
  ㉮ 「아이돌봄 지원법」 제19조의 **공동육아나눔터**
  ㉯ 그 밖에 위 ㉠~㉮의 시설에 준하는 시설로서 「주택법」에 따른 사업계획의 승인권자(이하 '사업계획승인권자'라 한다)가 인정하는 시설

② **'의료시설'**이라 함은 의원·치과의원·한의원·조산소·보건소지소·병원(전염병원 등 격리병원을 제외한다)·한방병원 및 약국을 말한다.

③ **'주민운동시설'**이라 함은 거주자의 체육활동을 위하여 설치하는 옥외·옥내운동시설(체육시설의 설치·이용에 관한 법률에 의한 신고체육시설업에 해당하는 시설을 포함한다)·생활체육시설 기타 이와 유사한 시설을 말한다.

④ **'독신자용 주택'**이라 함은 다음의 하나에 해당하는 주택을 말한다.
  ㉠ 근로자를 고용하는 자가 그 고용한 근로자 중 독신생활(근로여건상 가족과 임시별거하거나 기숙하는 생활을 포함한다. 이하 같다)을 영위하는 자의 거주를 위하여 건설하는 주택
  ㉡ 국가·지방자치단체 또는 공공법인이 독신생활을 영위하는 근로자의 거주를 위하여 건설하는 주택

⑤ **'기간도로'**라 함은 「주택법 시행령」 제5조에 따른 도로를 말한다.

⑥ **'진입도로'**라 함은 보행자 및 자동차의 통행이 가능한 도로로서 기간도로로부터 주택단지의 출입구에 이르는 도로를 말한다.

⑦ '**시 · 군지역**'이라 함은 「수도권정비계획법」에 의한 수도권 외의 지역 중 인구 **20만 미만**의 시지역과 군지역을 말한다.

(2) 적용의 특례(규정 제7조 제10항 · 제11항)
① '도시형 생활주택'을 건설하는 경우에는 규정 제9조(소음방지대책의 수립), 제10조(공동주택의 배치) 제2항, 제13조(기준척도), 제31조(안내표지판등), 제35조(비상급수시설) 및 제55조의2(주민공동시설)를 적용하지 않는다. 다만, **150세대 이상**으로서 다음의 어느 하나에 해당하는 주택을 건설하는 경우에는 규정 제55조의2(**주민공동시설**)를 적용한다. 〈개정 2025.1.21.〉
  ㉠ **아파트형 주택**(세대당 전용면적이 **60제곱미터를 초과하는** 세대가 150세대 이상인 경우로 한정한다)
  ㉡ **단지형 연립주택**
  ㉢ **단지형 다세대주택**
② 다음의 요건을 모두 충족하는 **도시형 생활주택**의 경우에는 위 ①에 따라 적용을 제외하는 규정 '**외**'에 그 주택을 **임대주택으로 사용하는 기간 동안** 규정 제9조의2(소음 등으로부터의 보호), 제10조(공동주택의 배치) 제3항 · 제4항, 제12조(주택과의 복합건축) 제2항, 제15조(승강기등), 제16조(계단) 제1항 · 제2항, 제37조(난방설비 등) 제5항, 제50조(근린생활시설 등) 및 제64조(에너지절약형 친환경 주택의 건설기준 등)도 **적용하지 않는다.**
  ㉠ 「건축법 시행령」 [별표 1]의 제1종 근린생활시설, 제2종 근린생활시설, 노유자시설, 수련시설, 업무시설 또는 숙박시설을 **도시형 생활주택**(세대당 전용면적이 **60제곱미터 이하인** 경우로 **한정**한다)으로 **용도변경**할 것
  ㉡ 다음의 어느 하나에 해당하는 **임대주택으로 사용할 것**
    ⓐ 「장기공공임대주택 입주자 삶의 질 향상 지원법」의 **장기공공임대주택**
    ⓑ 「민간임대주택에 관한 특별법」의 **공공지원민간임대주택**

(3) 공동주택의 배치(규정 제10조)
① **도로**(주택단지 안의 도로를 포함하되, 필로티에 설치되어 보도로만 사용되는 도로는 제외한다) 및 **주차장**(지하, 필로티, 그 밖에 이와 비슷한 구조에 설치하는 주차장 및 그 진출입로는 제외한다)의 경계선으로부터 공동주택의 외벽(발코니나 그 밖에 이와 비슷한 것을 포함한다. 이하 같다)까지의 거리는 **2미터 이상** 띄어야 하며, 그 띄운 부분에는 식재 등 조경에 필요한 조치를 하여야 한다. 다만, 다음의 어느 하나에 해당하는 도로로서 보도와 차도로 구분되어 있는 경우에는 그러하지 아니하다.
  ㉠ 공동주택의 **1층**이 **필로티 구조**인 경우 필로티에 설치하는 도로(사업계획승인권자가 인정하는 보행자 안전시설이 설치된 것에 한정한다)

ⓒ 주택과 주택 외의 시설을 **동일 건축물**로 건축하고, **1층**이 **주택 외의 시설**인 경우 해당 주택 외의 시설에 접하여 설치하는 도로(사업계획승인권자가 인정하는 보행자 안전시설이 설치된 것에 한정한다)

ⓒ 공동주택의 외벽이 **개구부(開口部)가 없는 측벽**인 경우 해당 **측벽에 접하여 설치하는 도로**

② 주택단지는 화재 등 재난발생 시 소방활동에 지장이 없도록 다음의 요건을 갖추어 배치해야 한다.

ⓐ 공동주택의 **각 세대로 소방자동차의 접근이 가능**하도록 **통로**를 설치할 것

ⓑ 주택단지 출입구의 문주(문기둥) 또는 차단기는 **소방자동차의 통행이 가능**하도록 설치할 것

③ 주택단지의 각 동의 높이와 형태 등은 주변의 경관과 어우러지고 해당 지역의 **미관을 증진**시킬 수 있도록 배치되어야 하며, 국토교통부장관은 공동주택의 디자인 향상을 위하여 주택단지의 배치 등에 필요한 사항을 정하여 고시할 수 있다.

(4) 세대 간의 경계벽 등(규정 제14조)

① 공동주택 각 세대 간의 경계벽 및 공동주택과 주택 외의 시설 간의 경계벽은 내화구조로서 다음의 어느 하나에 해당하는 구조로 해야 한다.

ⓐ 철근콘크리트조 또는 철골·철근콘크리트조로서 그 두께(시멘트모르타르·회반죽·석고플라스터, 그 밖에 이와 유사한 재료를 바른 후의 두께를 포함한다)가 **15센티미터 이상**인 것

ⓑ 무근콘크리트조·콘크리트블록조·벽돌조 또는 석조로서 그 두께(시멘트모르타르·회반죽·석고플라스터, 그 밖에 이와 유사한 재료를 바른 후의 두께를 포함한다)가 **20센티미터 이상**인 것

ⓒ 조립식주택부재인 콘크리트판으로서 그 두께가 **12센티미터 이상**인 것

ⓓ 위 ⓐ~ⓒ의 것 외에 국토교통부장관이 정하여 고시하는 기준에 따라 한국건설기술연구원장이 차음성능을 인정하여 지정하는 구조인 것

② 위 ①에 따른 경계벽은 이를 지붕밑 또는 바로 윗층바닥판까지 닿게 하여야 하며, 소리를 차단하는 데 장애가 되는 부분이 없도록 설치하여야 한다. 이 경우 경계벽의 구조가 벽돌조인 경우에는 줄눈 부위에 빈틈이 생기지 아니하도록 시공하여야 한다.

③ **공동주택의 3층 이상인 층**의 발코니에 세대 간 경계벽을 설치하는 경우에는 위 ① 및 ②의 규정에 불구하고 화재 등의 경우에 피난용도로 사용할 수 있는 **피난구**를 경계벽에 설치하거나 경계벽의 구조를 **파괴하기 쉬운 경량구조** 등으로 할 수 있다. 다만, 경계벽에 창고 기타 이와 유사한 시설을 설치하는 경우에는 그러하지 아니하다.

▶ 「건축법 시행령」 제46조 제4항
아파트로서 4층 이상인 층에 설치하여야 하는 대피공간

④ 위 ③에 따라 피난구를 설치하거나 경계벽의 구조를 경량구조 등으로 하는 경우에는 그에 대한 정보를 포함한 표지 등을 식별하기 쉬운 위치에 부착 또는 설치하여야 한다.

(5) 바닥구조(규정 제14조의2)

공동주택의 세대 내의 층간바닥[화장실의 바닥은 제외한다. 이하 (5)에서 같다]은 다음의 기준을 모두 충족해야 한다.

① 콘크리트 슬래브 두께는 **210밀리미터**[라멘구조(보와 기둥을 통해서 내력이 전달되는 구조를 말한다. 이하 (5)에서 같다)의 공동주택은 150밀리미터] 이상으로 할 것. 다만, 다음의 어느 하나에 해당하는 **주택**의 층간바닥은 **예외**로 한다.
  ㉠ 법 제51조 제1항에 따라 인정받은 **공업화주택**
  ㉡ **목구조**(주요구조부를 목재의 지속가능한 이용에 관한 법률에 따른 목재 또는 목재제품으로 구성하는 구조를 말한다) **공동주택**

② **각 층간 바닥**은 **바닥충격음 차단성능**[바닥의 **경량충격음**(비교적 가볍고 딱딱한 충격에 의한 바닥충격음) 및 **중량충격음**(무겁고 부드러운 충격에 의한 바닥충격음을 말한다)이 **각각 49데시벨 이하**인 성능을 말한다]**을 갖춘 구조**일 것. 다만, **다음의 층간바닥은 그렇지 않다.**
  ㉠ **라멘구조**의 공동주택(법 제51조 제1항에 따라 인정받은 공업화주택은 제외한다)의 **층간바닥**
  ㉡ '위 ㉠의 공동주택 외의 공동주택' 중 **발코니, 현관** 등 국토교통부령으로 정하는 부분의 **층간바닥**

(6) 승강기 등(규정 제15조)

① **6층 이상**인 공동주택에는 국토교통부령이 정하는 기준에 따라 대당 **6인승 이상**인 승용승강기를 설치하여야 한다. 다만, 「건축법 시행령」 제89조의 규정에 해당하는 공동주택의 경우에는 그러하지 아니하다.

> **참고** 「건축법 시행령」 제89조
>
> 법 제64조 제1항 전단에서 '승용승강기를 설치하지 아니할 수 있는 건축물'이란 층수가 6층인 건축물로서 각 층 거실의 바닥면적 300제곱미터 이내마다 1개소 이상의 직통계단을 설치한 건축물을 말한다.

② **10층 이상**인 공동주택의 경우에는 위 ①의 승용승강기를 **비상용 승강기의 구조**로 하여야 한다.
③ **10층 이상**인 공동주택에는 이삿짐 등을 운반할 수 있는 다음의 기준에 적합한 **화물용 승강기**를 설치하여야 한다.
  ㉠ 적재하중이 **0.9톤 이상**일 것
  ㉡ 승강기의 폭 또는 너비 중 한 변은 **1.35미터 이상**, 다른 한 변은 **1.6미터 이상**일 것
  ㉢ 계단실형인 공동주택의 경우에는 계단실마다 설치할 것
  ㉣ 복도형인 공동주택의 경우에는 100세대까지 1대를 설치하되, 100세대를 넘는 경우에는 100세대마다 1대를 추가로 설치할 것
④ 위 ① 또는 ②에 의한 승용승강기 또는 비상용 승강기로서 위 ③의 기준에 적합한 것은 화물용 승강기로 **'겸용'**할 수 있다.

(7) 주택단지 안의 도로(규정 제26조)

① 공동주택을 건설하는 주택단지에는 폭 **1.5미터 이상**의 '보도'를 포함한 폭 **7미터 이상**의 '도로'(보행자전용도로, 자전거도로는 제외한다)를 설치하여야 한다.

② 위 ①에도 불구하고 다음에 어느 하나에 해당하는 경우에는 도로의 폭을 **4미터 이상**으로 할 수 있다. 이 경우 해당 도로에는 '보도'를 설치하지 아니할 수 있다.

  ㉠ 해당 도로를 이용하는 공동주택의 세대수가 **100세대 미만**이고 해당 도로가 막다른 도로로서 그 길이가 **35미터 미만**인 경우

  ㉡ 그 밖에 주택단지 내의 막다른 도로 등 사업계획승인권자가 부득이하다고 인정하는 경우

③ 주택단지 안의 도로는 유선형(流線型) 도로로 설계하거나 도로 노면의 요철(凹凸) 포장 또는 과속방지턱의 설치 등을 통하여 도로의 설계속도(도로설계의 기초가 되는 속도를 말한다)가 **시속 20킬로미터 이하**가 되도록 하여야 한다.

④ **500세대 이상**의 공동주택을 건설하는 주택단지 안의 도로에는 어린이 통학버스의 정차가 가능하도록 국토교통부령으로 정하는 기준에 적합한 **'어린이 안전보호구역'**을 1개소 이상 설치하여야 한다.

(8) 주차장(규정 제27조)

① 주택단지에는 다음의 기준(소수점 이하의 끝수는 이를 한 대로 본다)에 따라 주차장을 설치해야 한다.

  ㉠ 주택단지에는 주택의 '전용면적의 합계'를 기준으로 하여 다음 표에서 정하는 '면적당 대수의 비율'로 산정한 주차대수 이상의 주차장을 설치하되, 세대당 주차대수가 **1대**(세대당 전용면적이 **60제곱미터 이하**인 경우에는 0.7대) **이상**이 되도록 해야 한다. 다만, 지역별 차량보유율 등을 고려하여 설치기준의 **5분의 1**(세대당 전용면적이 **60제곱미터 이하**인 경우에는 **2분의 1**)의 범위에서 특별시·광역시·특별자치시·특별자치도(관할 구역에 지방자치단체인 시·군이 없는 특별자치도를 말한다)·시·군 또는 자치구의 조례로 **강화**하여 정할 수 있다.

주택규모별 (전용면적: 제곱미터)	주차장 설치기준(대/제곱미터)			
	가. 특별시	나. 광역시·특별자치시 및 수도권 내의 시지역	다. 가. 및 나. 외의 시지역과 수도권 내의 군지역	라. 그 밖의 지역
85 이하	1/75	1/85	1/95	1/110
85 초과	1/65	1/70	1/75	1/85

ⓒ **도시형 생활주택**(**단지형 연립주택** 또는 **단지형 다세대주택** 중 주택법 시행령에 따라 주택으로 쓰는 층수를 5개층까지 건축하는 경우는 '**제외**'한다)은 위 ⊙에도 불구하고 세대당 주차대수가 **1대**(세대당 전용면적이 **30제곱미터 이상 60제곱미터 이하**인 경우에는 **0.6대**, 세대당 전용면적이 **30제곱미터 미만**인 경우에는 **0.5대**) 이상이 되도록 주차장을 설치해야 한다. 다만, 지역별 차량보유율 등을 고려하여 다음의 구분에 따라 특별시·광역시·특별자치시·특별자치도(관할 구역에 지방자치단체인 시·군이 없는 특별자치도를 말한다)·시·군 또는 자치구의 조례로 **강화**하거나 **완화**하여 정할 수 있다. 〈개정 2025.1.21.〉

ⓐ 「민간임대주택에 관한 특별법」 제2조 제13호 가목 및 나목에 해당하는 시설로부터 통행거리 **500미터 이내**에 건설하는 '**도시형 생활주택**'으로서 다음의 요건을 모두 갖춘 경우: 설치기준의 **10분의 7** 범위에서 **완화**

ⅰ) 「공공주택 특별법」 제2조 제1호 가목의 **공공임대주택**일 것

ⅱ) **임대기간 동안 자동차를 소유하지 않을 것**을 **임차인 자격요건**으로 하여 임대할 것. 다만, 「장애인복지법」 제2조 제2항에 따른 **장애인 등**에 대해서는 특별시·광역시·특별자치시·도·특별자치도의 조례로 자동차 소유 요건을 **달리** 정할 수 있다.

ⅲ) 세대당 전용면적이 **60제곱미터 이하**일 것 〈신설 2025.1.21.〉

ⓑ 그 밖의 경우: 설치기준의 **5분의 1**(세대당 전용면적이 **60제곱미터 이하**인 경우에는 **2분의 1**) 범위에서 **강화** 또는 **완화** 〈개정 2025.1.21.〉

② 위 ①에 따라 설치해야 하는 주차장의 주차단위구획(주차장법에 따른 주차단위구획을 말한다. 이하 같다) 총수를 산정할 때 도시형 생활주택에 설치하는 주차장의 일부를 「도시교통정비 촉진법」 제33조 제1항 제4호에 따른 승용차공동이용 지원(승용차공동이용을 위한 전용주차구획을 설치하고 공동이용을 위한 승용자동차를 상시 배치하는 것을 말한다. 이하 같다)을 위해 사용하는 경우에는 승용차공동이용 지원을 위해 설치한 주차단위구획 수의 3.5배수(소수점 이하는 버린다)에 해당하는 주차단위구획을 설치한 것으로 본다. 다만, **위 ①**에 따라 설치해야 하는 주차단위구획 총수 중 승용차공동이용 지원을 위한 용도가 아닌 주차단위구획을 일정 비율 이상 확보할 필요가 있는 경우에는 다음의 구분에 따른 비율의 범위에서 지역별 차량보유율 등을 고려하여 특별시·광역시·특별자치시·특별자치도(관할 구역 안에 지방자치단체인 시·군이 없는 특별자치도를 말한다)·시·군 또는 자치구의 조례로 해당 주차단위구획의 필수 설치 비율을 정할 수 있다. 〈개정 2025.1.21.〉

㉠ **준주거지역** 또는 **상업지역**인 경우: 주차단위구획 총수의 100분의 40 이내

㉡ 위 ㉠ 외의 도시지역인 경우: 주차단위구획 총수의 100분의 70 이내

③ 위 ① 및 ②에 따른 주차장은 지역의 특성, 전기자동차(환경친화적 자동차의 개발 및 보급 촉진에 관한 법률 제2조 제3호에 따른 전기자동차를 말한다) 보급 정도 및 주택의 규모 등을 고려하여 그 일부를 전기자동차의 전용주차구획으로 구분 설치하도록 특별시·광역시·특별자치

시·특별자치도(관할 구역 안에 지방자치단체인 시·군이 없는 특별자치도를 말한다)·시 또는 군의 조례로 정할 수 있다.

④ 주택단지에 건설하는 주택(부대시설 및 주민공동시설을 포함한다) 외의 시설에 대하여는 「주차장법」이 정하는 바에 따라 산정한 **부설주차장**을 설치하여야 한다.

⑤ **'도시형 생활주택'**이 다음의 요건을 모두 갖춘 경우에는 위 ①의 ⓒ 및 ②에도 불구하고 '임대주택으로 사용하는 기간 동안' '용도변경하기 전의 용도'를 **기준**으로 「주차장법」 제19조의 부설주차장 설치기준을 적용할 수 있다. 〈개정 2025.1.21.〉

　㉠ 규정 제7조(적용의 특례) 제11항 각 호의 요건을 갖출 것
　㉡ 위 ①의 ⓒ 및 ②에 따라 주차장을 추가로 설치해야 할 것
　㉢ 세대별 전용면적이 **30제곱미터 미만**일 것
　㉣ 임대기간 동안 **자동차**(장애인복지법 제39조 제2항에 따른 장애인사용자동차등표지를 발급받은 자동차는 제외한다)를 **소유하지 않을 것**을 **임차인 자격요건**으로 하여 임대할 것

⑥ 「노인복지법」에 의하여 노인복지주택을 건설하는 경우 당해 주택단지에는 위 ①의 규정에 불구하고 세대당 주차대수가 **0.3대**(세대당 전용면적이 '60제곱미터 이하인 경우'에는 **0.2대**) **이상**이 되도록 하여야 한다.

⑦ 「철도산업발전기본법」 제3조 제2호의 철도시설 중 역시설로부터 반경 500미터 이내에서 건설하는 「공공주택 특별법」 제2조에 따른 공공주택(이하 '철도부지 활용 공공주택'이라 한다)의 경우 해당 주택단지에는 위 ①에 따른 주차장 설치기준의 2분의 1의 범위에서 완화하여 적용할 수 있다.

(9) 관리사무소 등(규정 제28조)

① **50세대 이상**의 공동주택을 건설하는 주택단지에는 다음의 시설을 모두 설치하되, 그 면적의 합계가 10제곱미터에 50세대를 넘는 매 세대마다 500제곱센티미터를 더한 면적 이상이 되도록 설치해야 한다. 다만, 그 면적의 합계가 '**100제곱미터를 초과**하는 경우'에는 설치면적을 100제곱미터로 할 수 있다.

　㉠ **관리사무소**
　㉡ **'경비원** 등 공동주택 관리업무에 종사하는 **근로자'**를 위한 **휴게시설**

② 위 ①의 ㉠에 따른 관리사무소는 관리업무의 효율성과 입주민의 접근성 등을 고려하여 배치해야 한다.

③ 위 ①의 ㉡에 따른 휴게시설은 「산업안전보건법」에 따라 설치해야 한다.

(10) 보안등(규정 제33조)

① 주택단지 안의 **어린이놀이터** 및 **도로**(폭 15미터 이상인 도로의 경우에는 **도로의 양측**)에는 보안등을 설치하여야 한다. 이 경우 당해 도로에 설치하는 '보안등의 간격'은 **50미터 이내**로 하여야 한다.

② 위 ①의 규정에 의한 보안등에는 외부의 밝기에 따라 자동으로 켜지고 꺼지는 장치 또는 시간을 조절하는 장치를 부착하여야 한다.

(11) 가스공급시설(규정 제34조)

① 도시가스의 공급이 가능한 지역에 주택을 건설하거나 액화석유가스를 배관에 의하여 공급하는 주택을 건설하는 경우에는 **각 세대까지** 가스공급설비를 하여야 하며, 그 밖의 지역에서는 안전이 확보될 수 있도록 외기에 면한 곳에 액화석유가스용기를 보관할 수 있는 시설을 하여야 한다.

② 위 ①에도 불구하고 다음의 요건을 모두 갖춘 경우에는 각 세대까지 가스공급설비를 설치하지 않을 수 있다.
  ㉠ 장기공공임대주택일 것
  ㉡ 세대별 전용면적이 **50제곱미터 이하**일 것
  ㉢ 세대 내 가스사용시설이 설치되어 있지 않고 전기를 사용하는 **취사시설이 설치되어 있을 것**
  ㉣ 「건축법 시행령」 제87조 제2항에 따른 난방을 위한 건축설비를 '**개별난방방식으로 설치하지 않을 것**'

③ 특별시장·광역시장·특별자치시장·특별자치도지사 또는 도지사(이하 '시·도지사'라 한다)는 **500세대 이상**의 주택을 건설하는 주택단지에 대하여는 '당해 지역의 가스공급계획'에 따라 **가스저장시설**을 설치하게 할 수 있다.

(12) 난방설비 등(규정 제37조)

① **6층 이상**인 공동주택의 난방설비는 **중앙집중난방방식**(집단에너지사업법에 의한 **지역난방공급방식**을 포함한다. 이하 같다)으로 하여야 한다. 다만, 「건축법 시행령」 제87조 제2항의 규정에 의한 난방설비를 하는 경우에는 그러하지 아니하다.

② 공동주택의 난방설비를 **중앙집중난방방식**으로 하는 경우에는 난방열이 각 세대에 균등하게 공급될 수 있도록 **4층 이상 10층 이하**의 건축물인 경우에는 **2개소 이상, 10층을 넘는 건축물**인 경우에는 **10층을 넘는 5개 층마다 1개소를 더한 수 이상**의 난방구획으로 구분하여 각 난방구획마다 따로 '**난방용 배관**'을 하여야 한다. 다만, 다음의 하나에 해당하는 경우에는 그러하지 아니하다.
  ㉠ 연구기관 또는 학술단체의 조사 또는 시험에 의하여 난방열을 각 세대에 균등하게 공급할 수 있다고 인정되는 시설 또는 설비를 설치한 경우
  ㉡ 난방설비를 「집단에너지사업법」에 의한 **지역난방공급방식**으로 하는 경우로서 산업통상자원부장관이 정하는 바에 따라 각 세대별로 **유량조절장치**를 설치한 경우

③ 난방설비를 **중앙집중난방방식**으로 하는 공동주택의 각 세대에는 산업통상자원부장관이 정하는 바에 따라 '난방열량을 계량하는 계량기'와 '난방온도를 조절하는 장치'를 각각 설치하여야 한다.

④ 공동주택 각 세대에 「건축법 시행령」 제87조 제2항에 따라 '**온돌** 방식의 난방설비를 하는 경우'에는 침실에 포함되는 옷방 또는 붙박이 가구 설치 공간에도 난방설비를 하여야 한다.

⑤ 공동주택의 각 세대에는 발코니 등 세대 안에 '냉방설비의 **배기장치**'를 설치할 수 있는 **공간**을 마련하여야 한다. 다만, **중앙집중냉방방식**의 경우에는 그러하지 아니하다.

⑥ 위 ⑤ 본문에 따른 배기장치 설치공간은 냉방설비의 배기장치가 원활하게 작동할 수 있도록 국토교통부령으로 정하는 기준에 따라 설치해야 한다.

(13) 폐기물보관시설(규정 제38조)

주택단지에는 **생활폐기물보관시설** 또는 **용기**를 설치하여야 하며, 그 설치장소는 차량의 출입이 가능하고 주민의 이용에 편리한 곳이어야 한다.

(14) 영상정보처리기기의 설치(규정 제39조)

'**의무관리대상 공동주택**'을 건설하는 주택단지에는 '국토교통부령으로 정하는 기준'에 따라 보안 및 방범 목적을 위한 「개인정보 보호법 시행령」 제3조 제1항 제1호 또는 제2호에 따른 영상정보처리기기를 설치해야 한다.

> **관련법령** 영상정보처리기기의 설치기준(주택건설기준 등에 관한 규칙 제9조)
>
> 위 (14)에서 '국토교통부령으로 정하는 기준'이란 다음의 기준을 말한다.
> 1. **승강기, 어린이놀이터** 및 공동주택 **각 동의 출입구**마다 「개인정보 보호법 시행령」 제3조 제1호 또는 제2호에 따른 '영상정보처리기기'의 카메라를 설치할 것
> 2. 영상정보처리기기의 카메라는 전체 또는 주요 부분이 조망되고 잘 식별될 수 있도록 설치하되, 카메라의 해상도는 **130만 화소 이상**일 것
> 3. 영상정보처리기기의 카메라 수와 녹화장치의 모니터 수가 같도록 설치할 것. 다만, 모니터 화면이 다채널로 분할 가능하고 다음의 요건을 모두 충족하는 경우에는 그렇지 않다.
>   ㉠ 다채널의 카메라 신호를 1대의 녹화장치에 연결하여 감시할 경우에 연결된 카메라 신호가 전부 모니터 화면에 표시돼야 하며 1채널의 감시화면의 대각선방향 크기는 최소한 **4인치 이상**일 것
>   ㉡ 다채널 신호를 표시한 모니터 화면은 채널별로 확대감시기능이 있을 것
>   ㉢ 녹화된 화면의 재생이 가능하며 재생할 경우에 화면의 크기 조절 기능이 있을 것
> 4. 「개인정보 보호법 시행령」 제3조 제2호에 따른 네트워크 카메라를 설치하는 경우에는 다음의 요건을 모두 충족할 것
>   ㉠ 인터넷 장애가 발생하더라도 영상정보가 끊어지지 않고 지속적으로 저장될 수 있도록 필요한 기술적 조치를 할 것
>   ㉡ 서버 및 저장장치 등 주요 설비는 국내에 설치할 것
>   ㉢ 「공동주택관리법 시행규칙」 [별표 1]의 **장기수선계획**의 수립기준에 따른 **수선주기 이상**으로 운영될 수 있도록 설치할 것

> **관련법령** 영상정보처리기기의 설치 및 관리 등(공동주택관리법 시행규칙 제8조)
>
> 1. 공동주택단지에 「개인정보 보호법 시행령」 제3조 제1호 또는 제2호에 따른 영상정보처리기기를 설치하거나 설치된 영상정보처리기기를 보수 또는 교체하려는 경우에는 **장기수선계획**에 반영하여야 한다. 24회
> 2. 공동주택단지에 설치하는 영상정보처리기기는 다음의 기준에 적합하게 설치 및 관리해야 한다.
>   ㉠ 영상정보처리기기를 설치 또는 교체하는 경우에는 「주택건설기준 등에 관한 규칙」 제9조에 따른 설치기준을 따를 것
>   ㉡ 선명한 화질이 유지될 수 있도록 관리할 것
>   ㉢ 촬영된 자료는 컴퓨터보안시스템을 설치하여 **30일 이상** 보관할 것
>   ㉣ 영상정보처리기기가 고장 난 경우에는 지체 없이 수리할 것
>   ㉤ 영상정보처리기기의 안전관리자를 지정하여 관리할 것
> 3. 관리주체는 영상정보처리기기의 촬영자료를 '보안 및 방범 목적 외'의 용도로 활용하거나 타인에게 열람하게 하거나 제공하여서는 아니 된다. 다만, 다음의 어느 하나에 해당하는 경우에는 촬영자료를 열람하게 하거나 제공할 수 있다.
>   ㉠ 정보주체에게 열람 또는 제공하는 경우
>   ㉡ 정보주체의 동의가 있는 경우
>   ㉢ 범죄의 수사와 공소의 제기 및 유지에 필요한 경우
>   ㉣ 범죄에 대한 재판업무수행을 위하여 필요한 경우
>   ㉤ 다른 법률에 특별한 규정이 있는 경우

(15) **주민공동시설**(규정 제55조의2)

① **100세대 이상**의 주택을 건설하는 주택단지에는 다음에 따라 산정한 면적 이상의 주민공동시설을 설치하여야 한다. 다만, 지역 특성, 주택 유형 등을 고려하여 특별시·광역시·특별자치시·특별자치도·시 또는 군의 조례로 주민공동시설의 설치면적을 그 기준의 4분의 1 범위에서 강화하거나 완화하여 정할 수 있다.

㉠ 100세대 이상 1,000세대 미만: 세대당 **2.5제곱미터**를 더한 면적
㉡ 1,000세대 이상: 500제곱미터에 세대당 **2제곱미터**를 더한 면적

② 위 ①에 따른 면적은 각 시설별로 전용으로 사용되는 면적을 합한 면적으로 산정한다. 다만, 실외에 설치되는 시설의 경우에는 그 시설이 설치되는 부지 면적으로 한다.

③ 위 ①에 따른 주민공동시설을 설치하는 경우 해당 주택단지에는 다음의 구분에 따른 시설이 포함되어야 한다. 다만, '해당 주택단지의 특성, 인근 지역의 시설 설치현황 등을 고려할 때 사업계획승인권자가 **설치할 필요가 없다고 인정하는 시설**'이거나 '입주예정자의 **과반수**가 서면으로 반대하는 **다함께돌봄센터**'는 설치하지 않을 수 있다.

㉠ 150세대 이상: 경로당, 어린이놀이터
㉡ 300세대 이상: 경로당, 어린이놀이터, 어린이집
㉢ 500세대 이상: 경로당, 어린이놀이터, 어린이집, 주민운동시설, 작은도서관, **다함께돌봄센터**

④ 위 ③에서 규정한 시설 외에 필수적으로 설치해야 하는 세대수별 주민공동시설의 종류에 대해서는 특별시·광역시·특별자치시·특별자치도·시 또는 군의 지역별 여건 등을 고려하여 조례로 따로 정할 수 있다.

⑤ 국토교통부장관은 문화체육관광부장관, 보건복지부장관과 협의하여 위 ③의 ㉠~㉢에 따른 주민공동시설별 세부 면적에 대한 사항을 정하여 특별시·광역시·특별자치시·특별자치도·시 또는 군에 이를 활용하도록 제공할 수 있다.

⑥ 위 ③ 및 ④에 따라 필수적으로 설치해야 하는 주민공동시설별 세부 면적 기준은 특별시·광역시·특별자치시·특별자치도·시 또는 군의 지역별 여건 등을 고려하여 조례로 정할 수 있다.

⑦ 위 ③의 ㉠~㉢에 따른 주민공동시설은 다음의 기준에 적합하게 설치해야 한다.

㉠ **경로당**
ⓐ 일조 및 채광이 양호한 위치에 설치할 것
ⓑ 오락·취미활동·작업 등을 위한 공용의 다목적실과 남녀가 따로 사용할 수 있는 공간을 확보할 것
ⓒ 급수시설·취사시설·화장실 및 부속정원을 설치할 것

㉡ **어린이놀이터**
ⓐ 놀이기구 및 그 밖에 필요한 기구를 일조 및 채광이 양호한 곳에 설치하거나 주택단지의 녹지 안에 어우러지도록 설치할 것
ⓑ 실내에 설치하는 경우 놀이기구 등에 사용되는 마감재 및 접착제, 그 밖의 내장재는 「환경기술 및 환경산업 지원법」 제17조에 따른 환경표지의 인증을 받거나 그에 준하는 기준에 적합한 친환경 자재를 사용할 것
ⓒ '**실외**'에 설치하는 경우 **인접대지경계선**(도로·광장·시설녹지, 그 밖에 건축이 허용되지 아니하는 공지에 접한 경우에는 그 반대편의 경계선을 말한다)과 '**주택단지 안의 도로**' 및 '**주차장**'으로부터 **3미터 이상**의 거리를 두고 설치할 것

㉢ **어린이집**
ⓐ 「영유아보육법」의 기준에 적합하게 설치할 것
ⓑ 해당 주택의 사용검사 시까지 설치할 것

㉣ **주민운동시설**
ⓐ 시설물은 안전사고를 방지할 수 있도록 설치할 것
ⓑ 「체육시설의 설치·이용에 관한 법률 시행령」 [별표 1]에서 정한 체육시설을 설치하는 경우 해당 종목별 경기규칙의 시설기준에 적합할 것

㉤ **작은도서관**은 「도서관법 시행령」 [별표 6] 제1호 나목 및 같은 표 제2호 나목의 기준에 적합하게 설치할 것

㉥ **다함께돌봄센터**는 「아동복지법」 제44조의2 제5항의 기준에 적합하게 설치할 것

7. 주택의 감리 및 사용검사

(1) 주택의 감리자 지정 등(법 제43조)

① **사업계획승인권자**가 주택건설사업계획을 승인하였을 때와 **시장·군수·구청장**이 법 제66조 제1항 또는 제2항에 따른 리모델링의 허가를 하였을 때에는 「건축사법」 또는 「건설기술 진흥법」에 따른 감리자격이 있는 자를 대통령령으로 정하는 바에 따라 해당 주택건설공사의 감리자로 지정하여야 한다. 다만, '사업주체가 **국가·지방자치단체·한국토지주택공사·지방공사** 또는 대통령령으로 정하는 자인 경우'와 「건축법」 제25조에 따라 공사감리를 하는 **도시형 생활주택**의 경우에는 그러하지 아니하다.

> **참고** 「건축법」 제25조 제1항
> '건축주'는 대통령령으로 정하는 용도·규모 및 구조의 건축물을 건축하는 경우 건축사나 대통령령으로 정하는 자를 공사감리자로 지정하여 공사감리를 하게 하여야 한다(예외: '허가권자'가 공사감리자를 지정하는 경우도 있음).

② **다음의 단체 및 협회**는 위 ①에 따른 감리자를 지정하기 위하여 **공동**으로 '**주택건설공사 감리비 지급기준**'을 정하여 **국토교통부장관의 승인**을 받아야 한다. 승인받은 사항을 변경하려는 경우에도 또한 같다.
　㉠ **주택사업자단체**
　㉡ 「건설기술 진흥법」 제69조에 따른 **건설엔지니어링사업자단체**
　㉢ 「건축사법」 제31조에 따른 **대한건축사협회**

③ 사업계획승인권자는 감리자가 감리자의 지정에 관한 서류를 부정 또는 거짓으로 제출하거나, 업무 수행 중 위반사항이 있음을 알고도 묵인하는 등 대통령령으로 정하는 사유에 해당하는 경우에는 감리자를 교체하고, 그 감리자에 대하여는 **1년**의 범위에서 감리업무의 지정을 제한할 수 있다. 26회

④ 사업주체(법 제66조 제1항 또는 제2항에 따른 리모델링의 허가만 받은 자도 포함한다. 이하 다음 ⑤, 법 제44조 및 제47조에서 같다)와 감리자 간의 책임 내용 및 범위는 이 법에서 규정한 것 외에는 당사자간의 계약으로 정한다.

⑤ **국토교통부장관**은 위 ④에 따른 계약을 체결할 때 사업주체와 감리자 간에 공정하게 계약이 체결되도록 하기 위하여 **감리용역표준계약서**를 정하여 보급할 수 있다.

| 관련법령 | **감리자의 지정 및 감리원의 배치 등(영 제47조)** |

1. 위 **(1)**의 ① 본문에 따라 사업계획승인권자는 다음의 구분에 따른 자를 주택건설공사의 감리자로 지정하여야 한다. 이 경우 인접한 둘 이상의 주택단지에 대해서는 감리자를 '공동으로 지정'할 수 있다.
   ㉠ 300세대 미만의 주택건설공사: 다음의 어느 하나에 해당하는 자[해당 주택건설공사를 시공하는 자의 계열회사(독점규제 및 공정거래에 관한 법률 제2조 제3호에 따른 계열회사를 말한다)는 제외한다. 이하 다음 ㉡에서 같다]
      ⓐ 「건축사법」 제23조 제1항에 따라 **건축사사무소개설신고를 한 자**
      ⓑ 「건설기술 진흥법」 제26조 제1항에 따라 등록한 **건설엔지니어링사업자**
   ㉡ 300세대 이상의 주택건설공사: 「건설기술 진흥법」 제26조 제1항에 따라 등록한 **건설엔지니어링사업자**
2. 국토교통부장관은 위 1.에 따른 지정에 필요한 다음의 사항에 관한 세부적인 기준을 정하여 고시할 수 있다.
   ㉠ 지정 신청에 필요한 제출서류
   ㉡ 다른 신청인에 대한 제출서류 공개 및 그 제출서류 내용의 타당성에 대한 이의신청절차
   ㉢ 그 밖에 지정에 필요한 사항
3. 사업계획승인권자는 위 2.의 ㉠에 따른 제출서류의 내용을 확인하기 위하여 필요하면 관계 기관의 장에게 사실 조회를 요청할 수 있다.
4. 위 1.에 따라 지정된 감리자는 다음의 기준에 따라 감리원을 배치하여 감리를 하여야 한다.
   ㉠ 국토교통부령으로 정하는 감리자격이 있는 자를 공사현장에 **상주시켜 감리**할 것
   ㉡ 국토교통부장관이 정하여 고시하는 바에 따라 공사에 대한 감리업무를 총괄하는 총괄감리원 1명과 공사분야별 감리원을 각각 배치할 것
   ㉢ 총괄감리원은 주택건설공사 **전 기간**(全期間)에 걸쳐 배치하고, 공사분야별 감리원은 **해당 공사의 기간 동안** 배치할 것
   ㉣ 감리원을 해당 주택건설공사 외의 건설공사에 중복하여 배치하지 아니할 것
5. 감리자는 법 제16조 제2항에 따라 착공신고를 하거나 감리업무의 범위에 속하는 각종 시험 및 자재확인 등을 하는 경우에는 **서명 또는 날인**을 하여야 한다.
6. 주택건설공사에 대한 감리는 법 또는 이 영에서 정하는 사항 외에는 「건축사법」 또는 「건설기술 진흥법」에서 정하는 바에 따른다.
7. 위 **(1)**의 ① 단서에서 '대통령령으로 정하는 자'란 다음의 요건을 모두 갖춘 위탁관리 부동산투자회사를 말한다.
   ㉠ 다음의 자가 단독 또는 공동으로 총지분의 **50퍼센트를 초과하여 출자**한 **부동산투자회사**일 것
      ⓐ 국가
      ⓑ 지방자치단체
      ⓒ 한국토지주택공사
      ⓓ 지방공사
   ㉡ 해당 부동산투자회사의 **자산관리회사가 한국토지주택공사**일 것
   ㉢ 사업계획승인 대상 주택건설사업이 **공공주택건설사업**일 것
8. 위 7.의 ㉡에 따른 자산관리회사인 한국토지주택공사는 다음 **(2)**의 ① 및 위 4.에 따라 감리를 수행하여야 한다.

> **관련법령** 감리자의 교체(영 제48조)

1. 위 **(1)**의 ③에서 '업무 수행 중 위반사항이 있음을 알고도 묵인하는 등 대통령령으로 정하는 사유에 해당하는 경우'란 다음의 어느 하나에 해당하는 경우를 말한다.
    ㉠ 감리업무 수행 중 발견한 위반사항을 묵인한 경우
    ㉡ 다음 (2)의 ④ 후단에 따른 이의신청 결과 다음 (2)의 ③에 따른 시정 통지가 **3회 이상** 잘못된 것으로 판정된 경우
    ㉢ 공사기간 중 공사현장에 **1개월 이상** 감리원을 상주시키지 아니한 경우. 이 경우 기간 계산은 영 제47조 제4항에 따라 감리원별로 상주시켜야 할 기간에 각 감리원이 상주하지 아니한 기간을 합산한다.
    ㉣ 감리자 지정에 관한 서류를 거짓이나 그 밖의 부정한 방법으로 작성·제출한 경우
    ㉤ 감리자 **스스로** 감리업무 수행의 **포기 의사**를 밝힌 경우
2. 사업계획승인권자는 위 **(1)**의 ③에 따라 감리자를 교체하려는 경우에는 해당 감리자 및 시공자·사업주체의 의견을 들어야 한다.
3. 사업계획승인권자는 **위 1.의 ㉤에도 불구**하고 감리자가 **다음의 사유**로 감리업무 수행을 포기한 경우에는 그 감리자에 대하여 위 **(1)**의 ③에 따른 감리업무 지정제한을 하여서는 아니 된다.
    ㉠ 사업주체의 **부도·파산** 등으로 인한 공사 중단
    ㉡ **1년 이상의 착공 지연**
    ㉢ 그 밖에 **천재지변** 등 부득이한 사유

> **관련법령** 공사감리비의 예치 및 지급 등(규칙 제18조의2)

1. 사업주체는 감리자와 위 **(1)**의 ③에 따른 계약(이하 '계약'이라 한다)을 체결한 경우 사업계획승인권자에게 계약 내용을 통보하여야 한다. 이 경우 통보를 받은 사업계획승인권자는 즉시 사업주체 및 감리자에게 공사감리비 예치 및 지급 방식에 관한 내용을 안내하여야 한다. 26회
2. **사업주체**는 해당 **공사감리비**를 '계약에서 정한 지급예정일' **14일 전까지 사업계획승인권자**에게 예치하여야 한다. 27회 주관식
3. **감리자**는 '계약에서 정한 공사감리비 지급예정일' **7일 전까지** '**사업계획승인권자**'에게 공사감리비 지급을 요청해야 하며, **사업계획승인권자**는 '감리업무 수행 상황을 확인한 후' **공사감리비**를 **지급**해야 한다. 27회 주관식
4. 위 2. 및 3.에도 불구하고 계약에서 선급금의 지급, 계약의 해제·해지 및 감리 용역의 일시중지 등의 사유 발생 시 공사감리비의 예치 및 지급 등에 관한 사항을 별도로 정한 경우에는 그 계약에 따른다.
5. **사업계획승인권자**는 '위 3. 또는 4.에 따라 공사감리비를 지급한 경우' 그 사실을 즉시 **사업주체**에게 통보하여야 한다.
6. 위 1.부터 5.까지에서 규정한 사항 '외'에 공사감리비 예치 및 지급 등에 필요한 사항은 **시·도지사** 또는 **시장·군수**가 정한다.

(2) 감리자의 업무 등(법 제44조)

① **감리자**는 자기에게 소속된 자를 **감리원**으로 배치하고, 다음의 업무를 수행하여야 한다.
　㉠ 시공자가 설계도서에 맞게 시공하는지 여부의 확인 27회
　㉡ 시공자가 사용하는 건축자재가 관계 법령에 따른 기준에 맞는 건축자재인지 여부의 확인 27회

ⓒ 주택건설공사에 대하여 「건설기술 진흥법」 제55조에 따른 품질시험을 하였는지 여부의 확인 26회

ⓔ 시공자가 사용하는 마감자재 및 제품이 사업주체가 시장·군수·구청장에게 제출한 마감자재 목록표 및 영상물 등과 동일한지 여부의 확인

ⓜ 주택건설공사의 **하수급인**[건설산업기본법 제2조 제14호에 따른 하수급인을 말한다. 이하 **(2)**, 법 제45조, 법 제47조 및 법 제48조에서 같다]이 「건설산업기본법」 제16조에 따른 **시공자격을 갖추었는지 여부의 확인**

ⓗ 그 밖에 주택건설공사의 감리에 관한 사항으로서 '대통령령으로 정하는 사항'

② 감리자는 업무의 수행 상황을 **사업계획승인권자**(법 제66조 제1항 또는 제2항에 따른 리모델링의 허가만 받은 경우는 허가권자를 말한다) 및 **사업주체**에게 보고하여야 한다.

③ 감리자는 업무를 수행하면서 위반사항을 발견하였을 때에는 지체 없이 시공자 및 사업주체에게 위반사항을 **시정**할 것을 **통지**하고, **7일 이내**에 **사업계획승인권자**에게 그 내용을 보고하여야 한다. 26회

④ 시공자 및 사업주체는 위 ④에 따른 시정 통지를 받은 경우에는 즉시 해당 공사를 중지하고 위반사항을 시정한 후 감리자의 확인을 받아야 한다. 이 경우 감리자의 시정 통지에 이의가 있을 때에는 즉시 그 공사를 중지하고 사업계획승인권자에게 서면으로 이의신청을 할 수 있다.

⑤ **사업주체**는 위 **(1)**의 ④의 계약에 따른 **공사감리비**를 국토교통부령으로 정하는 바에 따라 **사업계획승인권자**에게 예치하여야 한다.

⑥ **사업계획승인권자**는 위 ⑤에 따라 예치받은 공사감리비를 **감리자**에게 '국토교통부령으로 정하는 절차 등에 따라' **지급**하여야 한다. 다만, **감리자**가 감리업무를 소홀히 하여 **사업계획승인권자로부터** 아래 **(6)**의 ②에 따라 **시정명령을 받은 경우** 사업계획승인권자는 감리자가 '시정명령을 이행완료할 때까지' **감리비** 지급을 유예할 수 있다.

> **관련법령** **하수급인의 시공자격 확인(영 제48조의2)**
>
> 감리자는 위 **(2)**의 ①의 ⓜ에 따른 업무를 수행하려는 경우에는 **수급인**(건설산업기본법에 따른 수급인을 말한다. 이하 같다)으로부터 **하수급인**(같은 법에 따른 하수급인을 말한다. 이하 같다)**의 시공자격**(같은 법 제16조에 따른 시공자격을 말한다)**에 관한 자료**를 **제출**받아야 한다.

> **관련법령** 감리자의 업무(영 제49조)
>
> 1. 위 **(2)**의 ①의 ㉥에서 '대통령령으로 정하는 사항'이란 다음의 업무를 말한다.
>   ㉠ 설계도서가 해당 지형 등에 적합한지에 대한 확인
>   ㉡ 설계변경에 관한 적정성 확인
>   ㉢ 시공계획·예정공정표 및 시공도면 등의 검토·확인 27회
>   ㉣ 국토교통부령으로 정하는 주요 공정이 예정공정표대로 완료되었는지 여부의 확인 27회
>   ㉤ 예정공정표보다 공사가 지연된 경우 대책의 검토 및 이행 여부의 확인 26회
>   ㉥ 방수·방음·단열시공의 적정성 확보, 재해의 예방, 시공상의 안전관리 및 그 밖에 건축공사의 질적 향상을 위하여 국토교통부장관이 정하여 고시하는 사항에 대한 검토·확인
> 2. 국토교통부장관은 주택건설공사의 시공감리에 관한 세부적인 기준을 정하여 고시할 수 있다.

> **관련법령** 이의신청의 처리(영 제50조)
>
> 사업계획승인권자는 위 **(2)**의 ④ 후단에 따른 이의신청을 받은 경우에는 이의신청을 받은 날부터 10일 이내에 처리 결과를 회신하여야 한다. 이 경우 감리자에게도 그 결과를 통보하여야 한다.

(3) 감리자의 업무 협조(법 제45조)

① 감리자는 「전력기술관리법」 제14조의2, 「정보통신공사업법」 제8조, 「소방시설공사업법」 제17조에 따라 감리업무를 수행하는 자(이하 '다른 법률에 따른 감리자'라 한다)와 서로 협력하여 감리업무를 수행하여야 한다.

② '다른 법률에 따른 감리자'는 '공정별 감리계획서 등 대통령령으로 정하는 자료'를 감리자에게 제출하여야 하며, 감리자는 제출된 자료를 근거로 다른 법률에 따른 감리자와 협의하여 전체 주택건설공사에 대한 감리계획서를 작성하여 감리업무를 착수하기 전에 사업계획승인권자에게 보고하여야 한다.

③ 감리자는 주택건설공사의 품질·안전관리 및 원활한 공사 진행을 위하여 다른 법률에 따른 감리자에게 공정 보고 및 시정을 요구할 수 있으며, 다른 법률에 따른 감리자는 요청에 따라야 한다.

> **관련법령** 다른 법률에 따른 감리자의 자료제출(영 제51조)
>
> 위 **(3)**의 ②에서 '공정별 감리계획서 등 대통령령으로 정하는 자료'란 다음의 자료를 말한다.
> 1. 공정별 감리계획서
> 2. 공정보고서
> 3. 공사분야별로 필요한 부분에 대한 상세시공도면

(4) 건축구조기술사와의 협력(법 제46조)

① **수직증축형** 리모델링('세대수가 증가되지 아니하는 리모델링'을 포함한다. 이하 같다)의 **감리자**는 감리업무 수행 중에 다음의 어느 하나에 해당하는 사항이 확인된 경우에는 「국가기술자격법」에 따른 **건축구조기술사**(해당 건축물의 리모델링 구조설계를 담당한 자를 말하며, 이하 '건축구조기술사'라 한다)의 협력을 받아야 한다. 다만, 구조설계를 담당한 건축구조기술사가 사망하는 등 대통령령으로 정하는 사유로 감리자가 협력을 받을 수 없는 경우에는 대통령령으로 정하는 건축구조기술사의 협력을 받아야 한다.

  ㉠ 수직증축형 리모델링 허가 시 제출한 **구조도** 또는 **구조계산서**와 **다르게** 시공하고자 하는 경우

  ㉡ 내력벽(耐力壁), 기둥, 바닥, 보 등 건축물의 **주요구조부**에 대하여 수직증축형 리모델링 허가 시 제출한 도면보다 **상세한 도면 작성이 필요**한 경우

  ㉢ 내력벽, 기둥, 바닥, 보 등 건축물의 **주요구조부의 철거 또는 보강 공사를 하는 경우**로서 국토교통부령으로 정하는 경우

  ㉣ 그 밖에 건축물의 구조에 영향을 미치는 사항으로서 국토교통부령으로 정하는 경우

② 위 ①에 따라 감리자에게 협력한 **건축구조기술사**는 분기별 감리보고서 및 최종 감리보고서에 감리자와 함께 **서명날인**하여야 한다.

③ 위 ①에 따라 협력을 요청받은 건축구조기술사는 독립되고 공정한 입장에서 성실하게 업무를 수행하여야 한다.

④ 수직증축형 리모델링을 하려는 자는 위 ①에 따라 감리자에게 협력한 건축구조기술사에게 적정한 대가를 지급하여야 한다.

> **관련법령** 건축구조기술사와의 협력(영 제52조)
>
> 1. 위 (4)의 ①의 ㉠~㉣ 외의 부분 단서에서 '구조설계를 담당한 건축구조기술사가 사망하는 등 대통령령으로 정하는 사유로 감리자가 협력을 받을 수 없는 경우'란 다음의 어느 하나에 해당하는 경우를 말한다.
>   ㉠ 구조설계를 담당한 건축구조기술사(국가기술자격법에 따른 건축구조기술사로서 해당 건축물의 리모델링을 담당한 자를 말한다. 이하 같다)의 사망 또는 실종으로 감리자가 협력을 받을 수 없는 경우
>   ㉡ 구조설계를 담당한 건축구조기술사의 해외체류, 장기입원 등으로 감리자가 즉시 협력을 받을 수 없는 경우
>   ㉢ 구조설계를 담당한 건축구조기술사가 「국가기술자격법」에 따라 국가기술자격이 취소되거나 정지되어 감리자가 협력을 받을 수 없는 경우
> 2. 위 (4)의 ①의 ㉠~㉣ 외의 부분 단서에서 '대통령령으로 정하는 건축구조기술사'란 리모델링주택조합 등 리모델링을 하는 자(이하 '리모델링주택조합 등'이라 한다)가 추천하는 건축구조기술사를 말한다.
> 3. 수직증축형 리모델링(세대수가 증가하지 아니하는 리모델링을 포함한다)의 감리자는 구조설계를 담당한 건축구조기술사가 위 1.의 ㉠~㉢의 어느 하나에 해당하게 된 경우에는 지체 없이 리모델링주택조합 등에 건축구조기술사 추천을 의뢰하여야 한다. 이 경우 추천의뢰를 받은 리모델링주택조합 등은 지체 없이 건축구조기술사를 추천하여야 한다.

| 관련법령 | 사업주체 등에 대한 감리자의 통보 등(영 제52조의2) |

1. **감리자**는 감리업무 수행을 위하여 필요한 경우에는 주택건설공사의 **수급인**(하수급인을 포함한다)에게 '수급인의 건설기술인 배치에 관한 자료'의 제공을 요청할 수 있다.
2. **감리자**는 감리업무 수행 중 주택건설공사의 수급인이 「건설산업기본법」 제40조 제1항에 따라 공사현장에 건설기술인을 배치하지 않은 사실을 확인한 경우에는 이를 **사업주체** 또는 **사업계획승인권자**에게 통보할 수 있다.

(5) 부실감리자 등에 대한 조치(법 제47조)

사업계획승인권자는 위 **(1)** 및 **(2)**에 따라 지정·배치된 감리자 또는 감리원(다른 법률에 따른 감리자 또는 그에게 소속된 감리원을 포함한다)이 그 업무를 수행할 때 고의 또는 중대한 과실로 감리를 부실하게 하거나 관계 법령을 위반하여 감리를 함으로써 해당 사업주체 또는 입주자 등에게 피해를 입히는 등 주택건설공사가 부실하게 된 경우에는 그 감리자의 등록 또는 감리원의 면허나 그 밖의 자격인정 등을 한 행정기관의 장에게 등록말소·면허취소·자격정지·영업정지나 그 밖에 필요한 조치를 하도록 요청할 수 있다.

(6) 감리자에 대한 실태점검 등(법 제48조)

① **사업계획승인권자**는 주택건설공사의 부실방지, 품질 및 안전 확보를 위하여 해당 주택건설공사의 감리자를 대상으로 각종 시험 및 자재확인 업무에 대한 이행 실태 등 대통령령으로 정하는 사항에 대하여 실태점검(이하 '**실태점검**'이라 한다)을 실시할 수 있다.
② 사업계획승인권자는 실태점검 결과 위 **(2)**의 ①에 따른 감리업무의 소홀이 확인된 경우에는 **시정명령**을 하거나, 위 **(1)**의 ③에 따라 감리자 **교체**를 하여야 한다.
③ 사업계획승인권자는 실태점검에 따른 감리자에 대한 시정명령 또는 교체지시 사실을 국토교통부령으로 정하는 바에 따라 국토교통부장관에게 보고하여야 하며, 국토교통부장관은 해당 내용을 종합관리하여 위 **(1)**의 ①에 따른 감리자 지정에 관한 기준에 반영할 수 있다.

| 관련법령 | 감리자에 대한 실태점검 항목(영 제53조) |

위 **(6)**의 ①에서 '각종 시험 및 자재확인 업무에 대한 이행 실태 등 대통령령으로 정하는 사항'이란 다음의 사항을 말한다.
1. 감리원의 적정자격 보유 여부 및 상주이행 상태 등 감리원 구성 및 운영에 관한 사항
2. 시공 상태 확인 등 시공관리에 관한 사항
3. 각종 시험 및 자재품질 확인 등 품질관리에 관한 사항
4. 안전관리 등 현장관리에 관한 사항
5. 그 밖에 사업계획승인권자가 실태점검이 필요하다고 인정하는 사항

(7) 사전방문 등(법 제48조의2)

① **사업주체**는 '사용검사를 받기 전'에 **입주예정자**가 해당 주택을 방문하여 공사 상태를 미리 점검(이하 '**사전방문**'이라 한다)할 수 있게 하여야 한다. 24회

② **입주예정자**는 사전방문 결과 **하자**(공사상 잘못으로 인하여 균열·침하·파손·들뜸·누수 등이 발생하여 안전상·기능상 또는 미관상의 지장을 초래할 정도의 결함을 말한다. 이하 같다)가 있다고 판단하는 경우 **사업주체**에게 보수공사 등 **적절한 조치**를 해줄 것을 **요청**할 수 있다. 24회

③ 위 ②에 따라 하자(다음 ④에 따라 사용검사권자가 하자가 아니라고 확인한 사항은 제외한다)에 대한 조치 요청을 받은 **사업주체**는 대통령령으로 정하는 바에 따라 보수공사 등 **적절한 조치**를 하여야 한다. 이 경우 입주예정자가 조치를 요청한 하자 중 대통령령으로 정하는 **중대한 하자**는 대통령령으로 정하는 특별한 사유가 없으면 **사용검사를 받기 전까지 조치를 완료**하여야 한다.

④ 위 ③에도 불구하고 입주예정자가 요청한 사항이 하자가 아니라고 판단하는 **사업주체**는 대통령령으로 정하는 바에 따라 다음 **(9)**의 ①에 따른 사용검사를 하는 **시장·군수·구청장**(이하 '**사용검사권자**'라 한다)에게 '**하자 여부를 확인해줄 것**'을 **요청**할 수 있다. 이 경우 **사용검사권자**는 다음 **(8)**에 따른 공동주택 **품질점검단의 자문**을 받는 등 대통령령으로 정하는 바에 따라 **하자 여부**를 확인할 수 있다.

⑤ **사업주체**는 위 ③에 따라 조치한 내용 및 위 ④에 따라 하자가 아니라고 확인받은 사실 등을 '대통령령으로 정하는 바'에 따라 '**입주예정자**' 및 '**사용검사권자**'에게 알려야 한다.

⑥ **국토교통부장관**은 사전방문에 필요한 **표준양식**을 정하여 보급하고 활용하게 할 수 있다.

> **관련법령** 사전방문 결과에 대한 조치 등(영 제53조의2)
>
> 1. 위 **(7)**의 ②에 따른 '**하자의 범위**'는 「공동주택관리법 시행령」 제37조 각 호의 구분에 따르며, 하자의 판정기준은 같은 영 제47조 제3항에 따라 국토교통부장관이 정하여 고시하는 바에 따른다.
> 2. 위 **(7)**의 ②에 따라 하자에 대한 조치 요청을 받은 **사업주체**는 위 **(7)**의 ③에 따라 '다음의 구분에 따른 시기까지' 보수공사 등의 조치를 완료하기 위한 계획(이하 '**조치계획**'이라 한다)을 국토교통부령으로 정하는 바에 따라 수립하고, 해당 계획에 따라 보수공사 등의 조치를 완료해야 한다.
>   ㉠ 다음 4.에 해당하는 **중대한 하자**인 경우: 사용검사를 받기 전. 다만, 다음 5.의 사유가 있는 경우에는 '**입주예정자와 협의**(공용부분의 경우에는 입주예정자 3분의 2 이상의 동의를 받아야 한다)하여 정하는 날'로 하되, 사용검사를 받은 날부터 **90일 이내**에 **조치를 완료**하도록 **노력**해야 한다.
>   ㉡ 그 밖의 하자인 경우: 다음의 구분에 따른 시기. 다만, '다음 5.의 사유가 있거나' '입주예정자와 협의(공용부분의 경우에는 입주예정자 3분의 2 이상의 동의를 받아야 한다)한 경우'에는 **입주예정자와 협의하여 정하는 날**로 하되, '**전유부분**'은 입주예정자에게 **인도한 날부터**, '**공용부분**'은 사용검사를 받은 날부터 '**각각**' 180일 이내에 조치를 완료하도록 노력해야 한다.
>   ⓐ 전유부분: 입주예정자에게 **인도하기 전**
>   ⓑ 공용부분: **사용검사를 받기 전**

3. 조치계획을 수립한 **사업주체**는 위 **(7)**에 따른 '사전방문 기간의 종료일'부터 **7일 이내**에 **사용검사권자**[아래 **(9)**에 따라 사용검사를 하는 자를 말한다. 이하 같다]에게 해당 **조치계획을 제출**하고, 입주예정자에게 그 조치계획을 문서(전자문서를 포함한다)로 알려야 한다. 〈개정 2025.1.10.〉

4. 위 **(7)**의 ③ 후단에서 '대통령령으로 정하는 중대한 하자'란 '다음의 어느 하나에 해당하는 하자'로서 '사용검사권자가 중대한 하자라고 인정하는 하자'를 말한다.
   ㉠ 내력구조부 하자: 다음의 어느 하나에 해당하는 결함이 있는 경우로서 공동주택의 구조안전상 심각한 위험을 초래하거나 초래할 우려가 있는 정도의 결함이 있는 경우
      ⓐ 철근콘크리트 균열
      ⓑ 「건축법」 제2조 제1항 제7호의 주요구조부의 철근 노출
   ㉡ 시설공사별 하자: 다음의 어느 하나에 해당하는 결함이 있는 경우로서 입주예정자가 공동주택에서 생활하는 데 안전상·기능상 심각한 지장을 초래하거나 초래할 우려가 있는 정도의 결함이 있는 경우
      ⓐ 토목 구조물 등의 균열
      ⓑ 옹벽·차도·보도 등의 침하(沈下)
      ⓒ 누수, 누전, 가스 누출
      ⓓ 가스배관 등의 부식, 배관류의 동파
      ⓔ 다음의 어느 하나에 해당하는 기구·설비 등의 기능이나 작동 불량 또는 파손
         ⅰ) 급수·급탕·배수·위생·소방·난방·가스 설비 및 전기·조명 기구
         ⅱ) 발코니 등의 안전 난간 및 승강기

5. 위 **(7)**의 ③ 후단에서 '대통령령으로 정하는 특별한 사유'란 다음의 어느 하나에 해당하여 '사용검사를 받기 전까지 중대한 하자에 대한 보수공사 등의 조치를 완료하기 어렵다'고 '사용검사권자로부터 인정받은 사유'를 말한다.
   ㉠ 공사 여건상 자재, 장비 또는 인력 등의 수급이 곤란한 경우
   ㉡ 공정 및 공사의 특성상 사용검사를 받기 전까지 보수공사 등을 하기 곤란한 경우
   ㉢ 그 밖에 **천재지변**이나 부득이한 사유가 있는 경우

관련법령 | **사전방문의 절차 및 방법 등(규칙 제20조의2)**

1. '사업주체'는 사전방문을 '주택공급계약에 따라 정한 입주지정기간 시작일' 45일 전까지 2일 이상 실시해야 한다.
2. **사업주체**가 **사전방문**을 실시하려는 경우에는 사전방문기간 및 방법 등 사전방문에 필요한 사항을 포함한 **사전방문계획**을 수립하여 **사용검사권자에게 제출**하고, **입주예정자**에게 그 내용을 서면(전자문서를 포함한다)으로 알려야 한다. 이 경우 '**사전방문계획의 제출 및 통보**'는 '사전방문기간 시작일' **1개월 전까지** 해야 한다.
3. '**사업주체**'는 전유부분 및 **공용부분**(계단, 복도, 승강기 및 현관만 해당한다)이 '**설계도서에 맞게 시공되었음**'을 '**감리자**로부터 확인받은 후'에 **사전방문**을 실시해야 한다. 〈신설, 시행 2025.2.3.〉
4. 위 1.에도 불구하고 사업주체는 위 2.에 따라 사용검사권자에게 사전방문계획을 제출한 후에 영 제53조의2 제5항 제1호 또는 제3호에 **해당하는 사유가 발생한 경우**에는 '**사전방문기간 시작일**'을 15일의 범위에서 '**연기**'할 수 있다. 〈신설, 시행 2025.2.3.〉

5. **사업주체**는 위 4.에 따라 사전방문기간 시작일을 **연기**하려는 경우에는 '사전방문기간 시작일' 10일 전까지 다음의 자료를 **사용검사권자에게 제출**하고 **확인**을 받아야 한다. 이 경우 **확인**을 받은 **사업주체**는 즉시 그 내용을 **입주예정자**에게 서면(전자문서를 포함한다)으로 알려야 한다. 〈신설, 시행 2025.2.3.〉
   ㉠ 연기된 사전방문기간 시작일이 포함된 사전방문계획
   ㉡ 연기 사유를 객관적으로 증명할 수 있는 자료
6. '**사업주체**'는 위 **(7)**의 ⑥에 따른 표준양식을 참고하여 **입주예정자**에게 사전방문에 필요한 '**점검표**'를 제공해야 한다.

관련법령 사전방문 결과 하자 여부의 확인 등(영 제53조의3)

1. **사업주체**는 위 **(7)**의 ④ 전단에 따라 하자 여부 확인을 요청하려면 **사용검사권자에게 조치계획을 제출**할 때 다음의 자료를 첨부해야 한다.
   ㉠ 입주예정자가 보수공사 등의 조치를 요청한 내용
   ㉡ 입주예정자가 보수공사 등의 조치를 요청한 부분에 대한 설계도서 및 현장사진
   ㉢ 하자가 아니라고 판단하는 이유
   ㉣ 감리자의 의견
   ㉤ 그 밖에 하자가 아님을 증명할 수 있는 자료
2. **사용검사권자**는 위 1.에 따라 요청을 받은 경우 영 제53조의2 제1항의 **판정기준**에 따라 **하자 여부를 판단**해야 하며, 하자 여부를 판단하기 위하여 필요한 경우에는 다음 **(8)**의 ①에 따른 **공동주택 품질점검단**(이하 '**품질점검단**'이라 한다)에 자문할 수 있다.
3. **사용검사권자**는 위 1.에 따라 확인 요청을 받은 날부터 **7일 이내**에 **하자 여부를 확인**하여 해당 **사업주체**에게 통보해야 한다.
4. **사업주체**는 위 **(7)**의 ⑤에 따라 **입주예정자**에게 전유부분을 **인도**하는 날에 다음의 사항을 **서면**(전자문서 및 전자거래 기본법 제2조 제1호의 전자문서를 포함한다)으로 알려야 한다.
   ㉠ 조치를 완료한 사항
   ㉡ 조치를 완료하지 못한 경우에는 그 사유와 조치계획
   ㉢ 위 1.에 따라 사용검사권자에게 확인을 요청하여 하자가 아니라고 확인받은 사항
5. **사업주체**는 조치계획에 따라 조치를 모두 완료한 때에는 위 **(7)**의 ⑤에 따라 **사용검사권자**에게 그 결과를 제출해야 한다.

(8) 품질점검단의 설치 및 운영 등(법 제48조의3)

① **시·도지사**는 위 **(7)**에 따른 **사전방문**을 실시하고 '**사용검사**를 신청하기 전에 공동주택의 품질을 점검하여 사업계획의 내용에 적합한 공동주택이 건설되도록 할 목적'으로 주택 관련 분야 등의 전문가로 구성된 공동주택 품질점검단(이하 '**품질점검단**'이라 한다)을 설치·운영할 수 있다. 이 경우 **시·도지사**는 품질점검단의 설치·운영에 관한 사항을 **조례**로 정하는 바에 따라 **대도시 시장**에게 위임할 수 있다. 26회 주관식

② **품질점검단**은 '대통령령으로 정하는 규모 및 범위 등에 해당하는 공동주택'의 건축·구조·안전·품질관리 등에 대한 **시공품질**을 대통령령으로 정하는 바에 따라 **점검**하여 그 **결과**를 **시·도지사**(위 ① 후단의 경우에는 **대도시 시장**을 말한다)와 **사용검사권자**에게 제출하여야 한다.

③ **사업주체**는 위 ②에 따른 **품질점검단**의 **점검**에 **협조**하여야 하며 이에 따르지 아니하거나 기피 또는 방해해서는 아니 된다.

④ **사용검사권자**는 품질점검단의 시공품질 점검을 위하여 필요한 경우에는 **사업주체, 감리자** 등 '**관계자**'에게 공동주택의 공사현황 등 국토교통부령으로 정하는 서류 및 관련 자료의 제출을 요청할 수 있다. 이 경우 자료제출을 요청받은 자는 정당한 사유가 없으면 이에 따라야 한다.

⑤ **사용검사권자**는 위 ②에 따라 제출받은 **점검결과**를 **사용검사**가 있은 날부터 **2년 이상** 보관하여야 하며, 입주자(입주예정자를 포함한다)가 관련 자료의 공개를 요구하는 경우에는 이를 공개하여야 한다.

⑥ **사용검사권자**는 대통령령으로 정하는 바에 따라 위 ②에 따른 '**품질점검단의 점검결과**'에 대한 **사업주체**의 의견을 청취한 후 **하자**가 있다고 판단하는 경우 **보수·보강** 등 필요한 조치를 **명하여야 한다**. 이 경우 '대통령령으로 정하는 **중대한 하자**'는 '대통령령으로 정하는 특별한 사유가 없으면' **사용검사를 받기** 전까지 **조치하도록 명하여야 한다**.

⑦ 위 ⑥에 따라 보수·보강 등의 조치명령을 받은 **사업주체**는 대통령령으로 정하는 바에 따라 '**조치**'를 하고, 그 **결과**를 '**사용검사권자**'에게 **보고**하여야 한다. 다만, '조치명령에 **이의**가 있는 **사업주체**'는 사용검사권자에게 **이의신청**을 할 수 있다.

⑧ '**사용검사권자**'는 '공동주택의 시공품질 관리를 위하여' 위 **(7)**에 따라 사업주체에게 통보받은 **사전방문 후 조치결과**, 위 ⑥ 및 ⑦에 따른 **조치명령, 조치결과, 이의신청** 등에 관한 사항을 '대통령령으로 정하는 정보시스템(하자관리정보시스템)'에 등록하여야 한다.

> **관련법령** 품질점검단의 구성 및 운영 등(영 제53조의4)
>
> 1. 품질점검단의 위원(이하 '위원'이라 한다)은 다음의 어느 하나에 해당하는 사람 중에서 시·도지사(권한을 위임받은 **대도시 시장**을 포함한다)가 임명하거나 위촉한다.
>   ㉠ 「건축사법」 제2조 제1호의 건축사
>   ㉡ 「국가기술자격법」에 따른 건축 분야 기술사 자격을 취득한 사람
>   ㉢ 「공동주택관리법」 제67조 제2항에 따른 **주택관리사 자격을 취득한 사람**
>   ㉣ 「건설기술 진흥법 시행령」 [별표 1]에 따른 특급건설기술인
>   ㉤ 「고등교육법」 제2조의 학교 또는 연구기관에서 주택 관련 분야의 조교수 이상 또는 이에 상당하는 직에 있거나 있었던 사람
>   ㉥ 건축물이나 시설물의 설계·시공 관련 분야의 박사학위를 취득한 사람
>   ㉦ 건축물이나 시설물의 설계·시공 관련 분야의 석사학위를 취득한 후 이와 관련된 분야에서 5년 이상 종사한 사람

ⓞ 공무원으로서 공동주택 관련 지도·감독 및 인·허가 업무 등에 종사한 경력이 5년 이상인 사람
　　　ⓩ 다음의 어느 하나에 해당하는 기관의 임직원으로서 건축물 및 시설물의 설계·시공 및 하자보수와 관련된 업무에 5년 이상 재직한 사람
　　　　ⓐ 「공공기관의 운영에 관한 법률」 제4조의 공공기관
　　　　ⓑ 「지방공기업법」 제3조 제1항의 지방공기업
2. 공무원이 아닌 위원의 임기는 2년으로 하며, **두 차례만** 연임할 수 있다.
3. 위원이 다음의 어느 하나에 해당하는 경우에는 해당 공동주택의 품질점검에서 **제척**된다.
　　㉠ 위원 또는 그 배우자나 배우자였던 사람이 해당 주택건설사업의 사업주체, 시공자 또는 감리자(이하 '사업주체등'이라 하며, ㉠ 및 ㉡에서는 사업주체등이 법인·단체 등인 경우 그 임직원을 포함한다)이거나 최근 3년 내에 사업주체등이었던 경우
　　㉡ 위원이 해당 주택건설사업의 사업주체등의 친족이거나 친족이었던 경우
　　㉢ 위원이 해당 주택건설사업에 대하여 자문, 연구, 용역(하도급을 포함한다), 감정 또는 조사를 한 경우
　　㉣ 위원이 임직원으로 재직하고 있거나 최근 3년 내에 재직했던 법인·단체 등이 해당 주택건설사업에 대하여 자문, 연구, 용역(하도급을 포함한다), 감정 또는 조사를 한 경우
　　㉤ 위원이나 위원이 속한 법인·단체 등이 해당 주택건설사업의 사업주체등의 대리인이거나 대리인이었던 경우
　　㉥ 위원이나 위원의 친족이 해당 주택의 입주예정자인 경우
4. 위원이 위 3.의 ㉠~㉣의 제척 사유에 해당하는 경우에는 스스로 해당 공동주택의 품질점검에서 **회피**해야 한다.
5. **시·도지사**는 **위원**에게 예산의 범위에서 업무수행에 따른 수당, 여비 및 그 밖에 필요한 경비를 지급할 수 있다. 다만, **공무원인 위원**이 그 소관 업무와 직접적으로 관련되어 품질점검에 참여하는 경우에는 지급하지 않는다.
6. 위 1.부터 5.까지에서 규정한 사항 외에 품질점검단의 구성·운영 등에 필요한 세부적인 사항은 해당 행정구역에 건설하는 주택단지 수 및 세대수 등의 규모를 고려하여 조례로 정한다.

관련법령 품질점검단의 점검대상 및 점검방법 등(영 제53조의5)

1. 위 **(8)**의 ②에서 '대통령령으로 정하는 규모 및 범위 등에 해당하는 공동주택'이란 법 제2조 제10호 다목 및 라목에 해당하는 사업주체(국가 등이 아닌 사업주체)가 건설하는 **300세대 이상**인 공동주택을 말한다. 다만, **시·도지사**가 필요하다고 인정하는 경우에는 조례로 정하는 바에 따라 **300세대 미만**인 공동주택으로 정할 수 있다. 24회
2. 품질점검단은 위 **(8)**의 ②에 따라 공동주택 관련 법령, 입주자모집공고, 설계도서 및 마감자재 목록표 등 '관련 자료'를 토대로 다음의 사항을 점검해야 한다.
　　㉠ 공동주택의 공용부분
　　㉡ 공동주택 일부 세대의 전유부분
　　㉢ 영 제53조의3 제2항에 따라 사용검사권자가 하자 여부를 판단하기 위해 품질점검단에 자문을 요청한 사항 중 현장조사가 필요한 사항

> **관련법령** 품질점검단의 점검결과에 대한 조치 등(영 제53조의6)

1. **사용검사권자**는 품질점검단으로부터 점검결과를 제출받은 때에는 위 **(8)**의 ⑥ 전단에 따라 의견을 청취하여 **사업주체**에게 그 내용을 즉시 **통보**해야 한다.
2. **사업주체**는 위 1.에 따라 통보받은 점검결과에 대하여 **이견**(異見)이 있는 경우 '통보받은 날'부터 **5일 이내**에 관련 자료를 첨부하여 **사용검사권자**에게 **의견을 제출**할 수 있다.
3. **사용검사권자**는 품질점검단 점검결과 및 위 2.에 따라 제출받은 의견을 검토한 결과 **하자에 해당한다고 판단**하는 때에는 위 **(8)**의 ⑥에 따라 위 2.에 따른 '의견 제출일'부터 **5일 이내**에 **보수·보강 등의 조치를 명해야 한다**.
4. 위 **(8)**의 ⑥ 후단에서 '대통령령으로 정하는 중대한 하자'란 영 제53조의2 제4항에 해당하는 하자를 말한다.
5. 위 **(8)**의 ⑥ 후단에서 '대통령령으로 정하는 특별한 사유'란 영 제53조의2 제5항에서 정하는 사유를 말한다.
6. **사업주체**는 위 **(8)**의 ⑦ 본문에 따라 위 3.에 따른 **사용검사권자의 조치명령**에 대해 '영 제53조의2 제2항 각 호의 구분에 따른 시기까지' 조치를 **완료**해야 한다.
7. 위 **(8)**의 ⑧에서 '대통령령으로 정하는 정보시스템'이란 「공동주택관리법 시행령」 제53조 제5항에 따른 **하자관리정보시스템**을 말한다.

> **관련법령** 조치명령에 대한 이의신청 등(영 제53조의7)

1. **사업주체**는 위 **(8)**의 ⑦ 단서에 따라 영 제53조의6 제3항에 따른 조치명령에 **이의신청**을 하려는 경우에는 **조치명령을 받은 날**부터 **5일 이내**에 **사용검사권자**에게 다음의 자료를 제출해야 한다.
   ㉠ 사용검사권자의 조치명령에 대한 이의신청 내용 및 이유
   ㉡ 이의신청 내용 관련 설계도서 및 현장사진
   ㉢ 감리자의 의견
   ㉣ 그 밖에 이의신청 내용을 증명할 수 있는 자료
2. **사용검사권자**는 위 1.에 따라 이의신청을 받은 때에는 '신청을 받은 날'부터 **5일 이내**에 **사업주체**에게 검토결과를 통보해야 한다.

(9) 사용검사 등(법 제49조)

① 사업주체는 사업계획승인을 받아 시행하는 주택건설사업 또는 대지조성사업을 완료한 경우에는 주택 또는 대지에 대하여 **시장·군수·구청장**[국가 또는 한국토지주택공사가 사업주체인 경우와 대통령령으로 정하는 경우(국토교통부장관으로부터 사업계획승인을 받은 경우)에는 **국토교통부장관**을 말한다]의 사용검사를 받아야 한다. 다만, '**공구별로 사업계획**'을 승인받은 경우에는 완공된 주택에 대하여 공구별로 사용검사(이하 '**분할사용검사**'라 한다)를 받을 수 있고, 사업계획승인 조건의 미이행 등 대통령령으로 정하는 사유가 있는 경우에는 공사가 완료된 주택에 대하여 동별로 사용검사(이하 '**동별 사용검사**'라 한다)를 받을 수 있다. 28회

② 사업주체가 위 ㉠에 따른 **사용검사**를 받았을 때에는 법 제19조 제1항에 따라 의제되는 인·허가 등에 따른 해당 사업의 **사용승인**·준공검사 또는 준공인가 등을 받은 것으로 본다. 이 경우 사용검사권자는 미리 관계 행정기관의 장과 협의하여야 한다.

③ 위 ①에도 불구하고 다음의 구분에 따라 해당 주택의 시공을 보증한 자, 해당 주택의 시공자 또는 입주예정자는 대통령령으로 정하는 바에 따라 사용검사를 받을 수 있다.

㉠ 사업주체가 **파산** 등으로 사용검사를 받을 수 없는 경우에는 해당 주택의 '**시공을 보증한 자**' 또는 '**입주예정자**' 28회

㉡ 사업주체가 **정당한 이유 없이** 사용검사를 위한 절차를 이행하지 아니하는 경우에는 해당 주택의 '**시공을 보증한 자**', 해당 주택의 '**시공자**' 또는 '**입주예정자**'. 이 경우 사용검사권자는 사업주체가 사용검사를 받지 아니하는 '**정당한 이유를 밝히지 못하면**' 사용검사를 '**거부하거나 지연할 수 없다**'. 24회

④ 사업주체 또는 입주예정자는 위 ①에 따른 사용검사를 받은 후가 아니면 주택 또는 대지를 사용하게 하거나 이를 사용할 수 없다. 다만, 대통령령으로 정하는 경우로서 사용검사권자의 임시 사용승인을 받은 경우에는 그러하지 아니하다. 24회

관련법령 사용검사 등(영 제54조)

1. 위 **(9)**의 ① 단서에서 '사업계획승인 조건의 미이행 등 대통령령으로 정하는 사유가 있는 경우'란 다음 어느 하나에 해당하는 경우를 말한다.
   ㉠ 사업계획승인의 조건으로 부과된 사항의 미이행
   ㉡ 하나의 주택단지의 입주자를 분할 모집하여 전체 단지의 사용검사를 마치기 전에 입주가 필요한 경우
   ㉢ 그 밖에 사업계획승인권자가 동별로 사용검사를 받을 필요가 있다고 인정하는 경우
2. 사용검사권자는 사용검사를 할 때 다음의 사항을 확인해야 한다.
   ㉠ 주택 또는 대지가 사업계획의 내용에 적합한지 여부 28회
   ㉡ 위 **(7)**의 ③, 위 **(8)**의 ⑥ 후단, 이 영 제53조의2 제2항 및 영 제53조의6 제6항에 따라 사용검사를 받기 전까지 조치해야 하는 하자를 조치 완료했는지 여부
3. 사용검사는 신청일부터 **15일 이내**에 하여야 한다. 28회
4. 위 **(9)**의 ② 후단에 따라 협의 요청을 받은 관계 행정기관의 장은 정당한 사유가 없으면 그 요청을 받은 날부터 **10일 이내**에 의견을 제시하여야 한다

관련법령 시공보증자 등의 사용검사(영 제55조)

1. 사업주체가 '**파산** 등으로 주택건설사업을 계속할 수 없는 경우'에는 위 **(9)**의 ③의 ㉠에 따라 해당 주택의 시공을 보증한 자(이하 '**시공보증자**'라 한다)가 잔여공사를 시공하고 사용검사를 받아야 한다. 다만, 시공보증자가 없거나 파산 등으로 시공을 할 수 없는 경우에는 입주예정자의 대표회의(이하 '**입주예정자대표회의**'라 한다)가 시공자를 정하여 잔여공사를 시공하고 사용검사를 받아야 한다.
2. 위 1.에 따라 사용검사를 받은 경우에는 사용검사를 받은 자의 구분에 따라 **시공보증자** 또는 **세대별 입주자의 명의**로 **건축물관리대장** 등재 및 **소유권보존등기**를 할 수 있다.

3. 위 **(9)**의 **③**의 **ⓒ**에 따라 **시공보증자**, 해당 주택의 **시공자** 또는 **입주예정자**가 사용검사를 신청하는 경우 **사용검사권자**는 사업주체에게 사용검사를 받지 아니하는 정당한 이유를 제출할 것을 요청하여야 한다. 이 경우 **사업주체**는 요청받은 날부터 **7일 이내**에 의견을 통지하여야 한다.

> **관련법령** **입주예정자대표회의의 구성(규칙 제22조)**
>
> **사용검사권자**는 입주예정자대표회의가 사용검사를 받아야 하는 경우에는 입주예정자로 구성된 **대책회의**를 소집하여 그 내용을 통보하고, 건축공사현장에 **10일 이상** 그 사실을 공고하여야 한다. 이 경우 입주예정자는 그 **과반수**의 동의로 **10명 이내**의 입주예정자로 구성된 입주예정자대표회의를 구성하여야 한다.

> **관련법령** **임시 사용승인(영 제56조)**
>
> 1. 위 **(9)**의 ④ 단서에서 '대통령령으로 정하는 경우'란 다음의 구분에 따른 경우를 말한다.
>   ㉠ 주택건설사업의 경우: 건축물의 **동별**로 공사가 완료된 경우
>   ㉡ 대지조성사업의 경우: **구획별**로 공사가 완료된 경우
> 2. 사용검사권자는 임시 사용승인을 신청받은 때에는 임시 사용승인대상인 주택 또는 대지가 사업계획의 내용에 적합하고 사용에 지장이 없는 경우에만 임시 사용을 승인할 수 있다. 이 경우 임시 사용승인의 대상이 **공동주택**인 경우에는 **세대별**로 임시 **사용승인**을 할 수 있다.

(10) 사용검사 등의 특례에 따른 하자보수보증금 면제(법 제50조)

위 **(9)**의 **③**에 따라 사업주체의 **파산** 등으로 '입주예정자'가 사용검사를 받을 때에는 「공동주택관리법」 제38조 제1항에도 불구하고 **입주예정자의 대표회의**가 사용검사권자에게 사용검사를 신청할 때 **하자보수보증금**을 예치하여야 한다.

8. 공업화주택의 인정 등

(1) **공업화주택의 인정 등**(법 제51조)

① **국토교통부장관**은 다음의 어느 하나에 해당하는 부분을 국토교통부령으로 정하는 성능기준 및 생산기준에 따라 맞춤식 등 공업화공법으로 건설하는 주택을 '**공업화주택**'으로 인정할 수 있다.
   ㉠ 주요구조부의 전부 또는 일부
   ㉡ 세대별 주거공간의 전부 또는 일부[거실(건축법 제2조 제6호에 따른다)·화장실·욕조 등 일부로서의 기능이 가능한 단위 공간을 말한다]
② 국토교통부장관, 시·도지사 또는 시장·군수는 다음의 구분에 따라 주택을 건설하려는 자에 대하여 「건설산업기본법」 제9조 제1항에도 불구하고 대통령령으로 정하는 바에 따라 해당 주택을 건설하게 할 수 있다.

㉠ 국토교통부장관: 「건설기술 진흥법」 제14조에 따라 국토교통부장관이 고시한 새로운 건설기술을 적용하여 건설하는 공업화주택
㉡ 시·도지사 또는 시장·군수: 공업화주택

> **관련법령** 공업화주택의 인정 등(주택건설기준 등에 관한 규정 제61조의2)
>
> 1. 국토교통부장관은 공업화주택의 인정 신청을 받은 경우에는 그 신청을 받은 날부터 **60일** 이내에 인정 여부를 통보하여야 한다. 다만, 서류보완 등 부득이한 사유로 처리기간의 연장이 필요한 경우에는 **10일** 이내의 범위에서 한 번만 연장할 수 있다.
> 2. 국토교통부장관은 공업화주택을 인정하는 경우에는 공업화주택인정서를 신청인에게 발급하고 이를 **공고**하여야 한다.
> 3. 공업화주택인정서를 교부받은 자는 공업화주택의 생산 및 건설실적을 국토교통부장관에게 제출해야 한다.
> 4. 공업화주택 인정의 유효기간은 위 2.의 규정에 의한 공고일부터 **5년**으로 한다.
> 5. 위 **(1)**의 ②에 따라 공업화주택 또는 국토교통부장관이 고시한 새로운 건설기술을 적용하여 건설하는 주택을 건설하는 자는 「건설산업기본법」 제40조의 규정에 따라 건설공사의 현장에 **건설기술인**을 배치하여야 한다.

(2) 공업화주택의 인정취소(법 제52조)

국토교통부장관은 위 **(1)**의 ①에 따라 공업화주택을 인정받은 자가 다음의 어느 하나에 해당하는 경우에는 공업화주택의 인정을 취소할 수 있다. 다만, 다음 ①에 해당하는 경우에는 그 인정을 취소하여야 한다.

① 거짓이나 그 밖의 부정한 방법으로 인정을 받은 경우
② 인정을 받은 기준보다 낮은 성능으로 공업화주택을 건설한 경우

> **관련법령** 인정취소의 공고(주택건설기준 등에 관한 규정 제63조)
>
> 국토교통부장관은 위 **(2)**에 따라 공업화주택의 인정을 취소한 때에는 이를 관보에 공고하여야 한다.

(3) 공업화주택의 건설 촉진(법 제53조)

① 국토교통부장관, 시·도지사 또는 시장·군수는 사업주체가 건설할 주택을 공업화주택으로 건설하도록 사업주체에게 권고할 수 있다.
② 공업화주택의 건설 및 품질 향상과 관련하여 '국토교통부령으로 정하는 기술능력을 갖추고 있는 자'가 공업화주택을 건설하는 경우에는 법 제33조(주택의 **설계 및 시공**), 제43조(주택의 **감리자 지정** 등), 제44조(**감리자의 업무** 등) 및 「건축사법」 제4조(**설계 또는 공사감리** 등)를 적용하지 아니한다.

CHAPTER 03 주택의 공급 등

CHAPTER 미리보기

주택의 공급 등
- 주택공급의 원칙 등
- 분양가상한제 적용주택
- 저당권 설정 제한, 공급질서 교란 금지 및 사용검사 후 매도청구
- 전매의 제한 등

학습전략

주택의 공급, 즉 분양(입주자모집)에 대한 단원으로서 2문제 내지 3문제 정도 출제됩니다.

학습키워드

- 분양가상한제 적용지역
- 투기과열지구 및 조정대상지역의 비교
- 분양가상한제 적용주택 및 분양가심사위원회
- 저당권 설정 제한
- 공급질서 교란 금지 및 사용검사 후 매도청구
- 전매 제한 및 그 예외

1. 주택공급의 원칙 등

(1) 주택의 공급(법 제54조)

① **사업주체**[건축법 제11조에 따른 건축허가를 받아 주택 외의 시설과 주택을 동일 건축물로 하여 법 제15조 제1항에 따른 호수(원칙 30세대) 이상으로 건설·공급하는 **건축주**와 사용검사를 받은 주택을 사업주체로부터 **일괄하여 양수받은 자**를 포함한다. 이하 이 장에서 같다]는 다음에서 정하는 바에 따라 주택을 건설·공급하여야 한다. 이 경우 국가유공자, 보훈보상대상자, 장애인, 철거주택의 소유자, 그 밖에 국토교통부령으로 정하는 대상자에게는 국토교통부령으로 정하는 바에 따라 입주자 모집조건 등을 달리 정하여 별도로 공급할 수 있다.

　㉠ 사업주체('공공주택사업자'는 '제외'한다)가 입주자를 모집하려는 경우: 국토교통부령으로 정하는 바에 따라 **시장·군수·구청장의 승인**('복리시설'의 경우에는 **신고**를 말한다)을 받을 것

　㉡ 사업주체가 건설하는 주택을 공급하려는 경우

　　ⓐ **국토교통부령**으로 정하는 입주자모집의 시기(사업주체 또는 시공자가 영업정지를 받거나 건설기술 진흥법 제53조에 따른 벌점이 국토교통부령으로 정하는 기준에 해당하는 경우 등에 달리 정한 입주자모집의 시기를 포함한다)·조건·방법·절차, 입주금(입주예정자가 사업주체에게 납입하는 주택가격을 말한다. 이하 같다)의 납부 방법·시기·절차, 주택공급계약의 방법·절차 등에 적합할 것

　　ⓑ 국토교통부령으로 정하는 바에 따라 벽지·바닥재·주방용구·조명기구 등을 **제외**한 부분의 가격을 따로 제시하고, 이를 입주자가 선택할 수 있도록 할 것

> **참고** 법 제54조 제1항에 따라 입주자 모집 승인을 받고 건설·공급하여야 하는 경우
> 1. 사업주체
> 2. 「건축법」 제11조에 따른 건축허가를 받아 주택 외의 시설과 주택을 동일 건축물로 하여 법 제15조 제1항에 따른 호수(30세대) 이상으로 건설·공급하는 건축주
> 3. 사용검사를 받은 주택을 사업주체로부터 일괄하여 양수받은 자

② '주택을 공급받으려는 자'는 **국토교통부령**으로 정하는 입주자자격, 재당첨 제한 및 공급순위 등에 맞게 주택을 공급받아야 한다. 이 경우 '**투기과열지구**' 및 '**조정대상지역**'에서 건설·공급되는 주택을 공급받으려는 자의 입주자자격, 재당첨 제한 및 공급순위 등은 주택의 수급 상황 및 투기 우려 등을 고려하여 국토교통부령으로 지역별로 달리 정할 수 있다.

③ 사업주체가 위 ①의 ㉠에 따라 시장·군수·구청장의 승인을 받으려는 경우(사업주체가 국가·지방자치단체·한국토지주택공사 및 지방공사인 경우에는 견본주택을 건설하는 경우를 말한다)에는 다음 (2)에 따라 건설하는 견본주택에 사용되는 마감자재의 규격·성능 및 재질을 적은 목록표(이하 '**마감자재 목록표**'라 한다)와 견본주택의 각 실의 내부를 촬영한 **영상물** 등을 제작하여 '**승인권자**'에게 '**제출**'하여야 한다.

④ 사업주체는 주택공급계약을 체결할 때 입주예정자에게 다음의 자료 또는 정보를 제공하여야 한다. 다만, 입주자 모집공고에 이를 표시(인터넷에 게재하는 경우를 포함한다)한 경우에는 그러하지 아니하다.
  ㉠ 위 ③에 따른 견본주택에 사용된 마감자재 목록표
  ㉡ 공동주택 발코니의 세대 간 경계벽에 피난구를 설치하거나 경계벽을 경량구조로 건설한 경우 그에 관한 정보
⑤ 시장·군수·구청장은 '마감자재 목록표와 영상물 등'을 **사용검사**가 있은 날부터 **2년 이상** 보관하여야 하며, 입주자가 열람을 요구하는 경우에는 이를 공개하여야 한다.
⑥ **사업주체**가 마감자재 생산업체의 부도 등으로 인한 제품의 품귀 등 부득이한 사유로 인하여 사업계획승인 또는 마감자재 목록표의 마감자재와 다르게 마감자재를 시공·설치하려는 경우에는 당초의 마감자재와 **같은 질 이상**으로 설치하여야 한다.
⑦ 사업주체가 위 ⑥에 따라 마감자재 목록표의 자재와 다른 마감자재를 시공·설치하려는 경우에는 그 사실을 입주예정자에게 알려야 한다.
⑧ **사업주체**는 공급하려는 주택에 대하여 대통령령으로 정하는 내용이 포함된 표시 및 광고(표시·광고의 공정화에 관한 법률 제2조에 따른 표시 또는 광고를 말한다. 이하 같다)를 한 경우 대통령령으로 정하는 바에 따라 해당 **표시** 또는 **광고**의 **사본**을 시장·군수·구청장에게 제출하여야 한다. 이 경우 시장·군수·구청장은 제출받은 '표시 또는 광고의 사본'을 **사용검사**가 있은 날부터 **2년 이상** 보관하여야 하며, 입주자가 열람을 요구하는 경우 이를 공개하여야 한다.

> **관련법령** 주택에 관한 표시·광고의 사본 제출 대상 등(영 제58조)
> 1. 위 (1)의 ⑧ 전단에서 '대통령령으로 정하는 내용'이란 「국토의 계획 및 이용에 관한 법률」 제2조 제6호에 따른 기반시설의 설치·정비 또는 개량에 관한 사항을 말한다.
> 2. 사업주체는 위 (1)의 ⑧ 전단에 따라 위 1.의 내용이 포함된 표시 또는 광고(표시·광고의 공정화에 관한 법률 제2조에 따른 표시 또는 광고를 말한다)의 '사본'을 '주택공급계약 체결기간의 시작일'부터 **30일** 이내에 시장·군수·구청장에게 제출해야 한다.

(2) 견본주택의 건축기준(법 제60조)

① 사업주체가 주택의 판매촉진을 위하여 견본주택을 건설하려는 경우 견본주택의 내부에 사용하는 마감자재 및 가구는 법 제15조에 따른 사업계획승인의 내용과 **같은 것**으로 시공·설치하여야 한다.
② 사업주체는 견본주택의 내부에 사용하는 마감자재를 사업계획승인 또는 마감자재 목록표와 다른 마감자재로 설치하는 경우로서 다음의 어느 하나에 해당하는 경우에는 일반인이 그 해당 사항을 알 수 있도록 국토교통부령으로 정하는 바에 따라 그 공급가격을 표시하여야 한다.

㉠ 분양가격에 포함되지 아니하는 품목을 견본주택에 전시하는 경우
㉡ 마감자재 생산업체의 부도 등으로 인한 제품의 품귀 등 부득이한 경우
③ 견본주택에는 마감자재 목록표와 사업계획승인을 받은 서류 중 평면도와 시방서(示方書)를 갖춰 두어야 하며, 견본주택의 배치·구조 및 유지관리 등은 국토교통부령으로 정하는 기준에 맞아야 한다.

(3) 주택의 공급업무의 대행 등(법 제54조의2)

① **사업주체**는 주택을 효율적으로 공급하기 위하여 필요하다고 인정하는 경우 주택의 공급업무의 일부를 제3자로 하여금 **대행하게 할 수 있다.**

② 위 ①에도 불구하고 사업주체가 입주자자격, 공급 순위 등을 증명하는 서류의 확인 등 '국토교통부령으로 정하는 업무'를 대행하게 하는 경우 '다음의 어느 하나에 해당하는 자'(이하 **'분양대행자'**라 한다)에게 **대행하게 하여야 한다.**

㉠ 등록사업자
㉡ 「건설산업기본법」 제9조에 따른 **건설업자**로서 「건설산업기본법 시행령」 [별표 1]에 따른 건축공사업 또는 토목건축공사업의 등록을 한 자
㉢ 「도시 및 주거환경정비법」 제102조에 따른 **정비사업전문관리업자**
㉣ 「부동산개발업의 관리 및 육성에 관한 법률」 제4조에 따른 등록사업자
㉤ 다른 법률에 따라 등록하거나 인가 또는 허가를 받은 자로서 국토교통부령으로 정하는 자

③ **사업주체**가 위 ②에 따라 업무를 대행하게 하는 경우 **분양대행자에 대한 교육**을 실시하는 등 국토교통부령으로 정하는 **관리·감독 조치**를 시행하여야 한다. [위반자: 1천만원 이하의 과태료]

관련법령 국토교통부령으로 정하는 업무(주택공급에 관한 규칙 제50조 제4항)

위 (3)의 ②에서 '국토교통부령으로 정하는 업무'란 다음의 업무를 말한다.
1. 주택공급 신청자가 제출한 서류의 확인 및 관리
2. 입주자자격의 확인 및 규칙 제57조 제8항에 따른 부적격 당첨 여부 확인
3. 당첨자·부적격 당첨자의 명단관리
4. 주택의 공급계약 체결에 관한 업무
5. 위 1.부터 4.까지의 규정과 관련된 상담 및 안내 등

---

(4) 자료제공의 요청(법 제55조)

① **국토교통부장관**은 '주택을 공급받으려는 자'의 입주자자격, 주택의 소유 여부, 재당첨 제한 여부, 공급 순위 등을 확인하거나 다음 **(7)**에 따라 요청받은 정보를 제공하기 위해 필요하다고 인정하는 경우, **주민등록 전산정보**(주민등록번호·외국인등록번호 등 고유식별번호 포함), 가족관계 등록사항, 국세, 지방세, 금융, 토지, 건물(건물등기부·건축물대장 포함), 자동차, 건강

보험, 국민연금, 고용보험 및 산업재해보상보험 등의 자료 또는 정보의 제공을 **관계 기관의 장**에게 요청할 수 있다. 이 경우 관계 기관의 장은 특별한 사유가 없으면 이에 따라야 한다.

② **국토교통부장관**은 「금융실명거래 및 비밀보장에 관한 법률」 제4조 제1항과 「신용정보의 이용 및 보호에 관한 법률」 제32조 제2항에도 불구하고 '주택을 공급받으려는 자'의 입주자자격, 공급 순위 등을 확인하기 위하여 본인, 배우자, 본인 또는 배우자와 세대를 같이하는 세대원이 제출한 **동의서면**을 '전자적 형태로 바꾼 문서'에 의하여 **금융기관 등**(금융실명거래 및 비밀보장에 관한 법률에 따른 금융회사 등 및 신용정보의 이용 및 보호에 관한 법률에 따른 신용정보집중기관을 말한다. 이하 같다)**의 장**에게 다음의 자료 또는 정보의 제공을 요청할 수 있다.

  ㉠ 「금융실명거래 및 비밀보장에 관한 법률」 제2조 제2호·제3호에 따른 금융자산 및 금융거래의 내용에 대한 자료 또는 정보 중 예금의 평균잔액과 그 밖에 국토교통부장관이 정하는 자료 또는 정보(이하 '**금융정보**'라 한다)

  ㉡ 「신용정보의 이용 및 보호에 관한 법률」 제2조 제1호에 따른 신용정보 중 채무액과 그 밖에 국토교통부장관이 정하는 자료 또는 정보(이하 '**신용정보**'라 한다)

  ㉢ 「보험업법」 제4조 제1항 각 호에 따른 보험에 가입하여 납부한 보험료와 그 밖에 국토교통부장관이 정하는 자료 또는 정보(이하 '**보험정보**'라 한다)

③ 국토교통부장관이 위 ②에 따라 금융정보·신용정보 또는 보험정보(이하 '**금융정보 등**'이라 한다)의 제공을 요청하는 경우 해당 금융정보 등 명의인의 정보제공에 대한 **동의서면**을 함께 제출하여야 한다. 이 경우 동의서면은 전자적 형태로 바꾸어 제출할 수 있으며, 금융정보 등을 제공한 금융기관 등의 장은 「금융실명거래 및 비밀보장에 관한 법률」 제4조의2 제1항과 「신용정보의 이용 및 보호에 관한 법률」 제35조에도 불구하고 금융정보 등의 제공사실을 명의인에게 통보하지 아니할 수 있다.

④ 국토교통부장관 및 사업주체(국가, 지방자치단체, 한국토지주택공사 및 지방공사로 한정한다)는 위 ① 및 ②에 따른 자료를 확인하기 위하여 「사회복지사업법」에 따른 정보시스템을 연계하여 사용할 수 있다.

⑤ 국토교통부 소속 공무원 또는 소속 공무원이었던 사람과 위 ④에 따른 사업주체의 소속 임직원은 위 ①과 ②에 따라 얻은 정보와 자료를 이 법에서 정한 목적 외의 다른 용도로 사용하거나 다른 사람 또는 기관에 제공하거나 **누설**하여서는 아니 된다. [위반자: **5년 이하의 징역** 또는 **5천만원 이하의 벌금**]

(5) **입주자저축**(법 제56조)

① **국토교통부장관**은 주택을 공급받으려는 자에게 미리 입주금의 전부 또는 일부를 저축(이하 '**입주자저축**'이라 한다)하게 할 수 있다. 25회 주관식

② 위 ①에서 '입주자저축'이란 국민주택과 민영주택을 공급받기 위하여 가입하는 **주택청약종합저축**을 말한다. 28회

③ 입주자저축계좌를 취급하는 기관(이하 '**입주자저축취급기관**'이라 한다)은 「은행법」에 따른 **은행** 중 **국토교통부장관**이 지정한다. 28회

④ 입주자저축은 '**한 사람**'이 **한 계좌만 가입**할 수 있다. 28회

⑤ **국토교통부장관**은 다음의 업무를 수행하기 위하여 필요한 경우 「금융실명거래 및 비밀보장에 관한 법률」 제4조 제1항에도 불구하고 **입주자저축취급기관의 장**에게 입주자저축에 관한 자료 및 정보(이하 '**입주자저축정보**'라 한다)를 제공하도록 요청할 수 있다.

  ㉠ 주택을 공급받으려는 자의 **입주자자격, 재당첨 제한 여부** 및 **공급 순위 등 확인** 및 **정보 제공 업무**

  ㉡ 입주자저축 가입을 희망하는 자의 '**기존**' 입주자저축 가입 여부 확인 업무

  ㉢ 「조세특례제한법」 제89조의2에 따라 세금우대저축 취급기관과 세금우대저축자료 집중기관 상호간 입주자저축과 관련된 세금우대저축자료를 제공하도록 중계하는 업무

  ㉣ ㉠부터 ㉢까지의 규정에 따라 이미 보유하고 있는 정보의 **정확성, 최신성**을 '유지'하기 위한 정보요청 업무

⑥ 위 ⑤에 따라 입주자저축정보의 제공 요청을 받은 '**입주자저축취급기관의 장**'은 「금융실명거래 및 비밀보장에 관한 법률」 제4조에도 불구하고 '**입주자저축정보**'를 제공하여야 한다.

⑦ 위 ⑥에 따라 입주자저축정보를 제공한 **입주자저축취급기관의 장**은 「금융실명거래 및 비밀보장에 관한 법률」 제4조의2 제1항에도 불구하고 입주자저축정보의 **제공사실**을 '명의인'에게 **통보하지 아니할 수 있다**. 다만, 입주자저축정보를 제공하는 **입주자저축취급기관의 장**은 입주자저축정보의 '**명의인이 요구할 때**'에는 입주자저축정보의 제공사실을 '**통보**'하여야 한다. 28회

⑧ 입주자저축정보의 제공 요청 및 제공은 「정보통신망 이용촉진 및 정보보호 등에 관한 법률」 제2조 제1항 제1호의 정보통신망을 이용하여야 한다. 다만, 정보통신망의 손상 등 불가피한 사유가 있는 경우에는 그러하지 아니하다.

⑨ 그 밖에 입주자저축의 납입방식·금액 및 조건 등에 필요한 사항은 국토교통부령으로 정한다.

⑩ **(5)**에 따른 업무에 종사하거나 종사하였던 자는 업무를 수행하면서 취득한 입주자저축정보를 다른 법률에 특별한 규정이 없으면 위 ⑤의 업무를 수행하기 위한 목적 외의 다른 용도로 사용하거나 다른 사람 또는 기관에 제공하거나 **누설**해서는 아니 된다. [위반자: **5년 이하의 징역 또는 5천만원 이하의 벌금**]

⑪ **국토교통부장관**(법 제89조 제4항 제2호에 따라 입주자저축정보의 제공 요청 업무를 위탁받은 **주택청약업무수행기관**을 포함한다)은 입주자저축정보를 **다른 법률**에 따라 위 ⑤의 업무를 수행하기 위한 '**목적 외의 용도로 사용**'하거나 '다른 사람 또는 기관에 **제공**'하는 경우에는 「개인정보 보호법」 제18조 제4항에 따라 그 사용 또는 제공의 법적 근거, 목적 및 범위 등을 '**관보**' 또는 '**인터넷 홈페이지** 등'에 게재하여야 한다.

> **관련법령** 입주자저축(영 제58조의3)
>
> **국토교통부장관**은 위 **(5)**의 ⑨에 따라 입주자저축에 관한 **국토교통부령**을 제정하거나 개정할 때에는 **기획재정부장관**과 미리 **협의**해야 한다. 25회 주관식, 28회

(6) 주택청약업무수행기관(법 제56조의2)

국토교통부장관은 위 **(4)**에 따른 입주자자격, 공급 순위 등의 확인과 위 **(5)**에 따른 입주자저축의 관리 등 주택공급과 관련하여 '국토교통부령으로 정하는 업무'를 효율적으로 수행하기 위하여 **주택청약업무수행기관**을 지정·고시할 수 있다.

> **관련법령** 주택청약업무수행기관의 업무(주택공급에 관한 규칙 제7조의2 제1항)
>
> 위 **(6)**에서 '국토교통부령으로 정하는 업무'란 다음의 업무를 말한다.
> 1. 입주자저축 가입 여부 확인
> 2. 입주자저축 현황·실적 관리
> 3. 주택청약종합저축 가입(순위)증명서 발행
> 4. 규칙 제19조 제5항 및 제6항에 따른 입주자모집 및 선정 대행
> 5. 사전당첨자 모집 및 선정 대행
> 6. 규칙 제24조 제2항에 따른 청약접수 정보의 보관
> 7. 규칙 제24조의6 제2항에 따른 사전청약접수 정보의 보관
> 8. 청약접수, 입주자 선정 및 동·호수 배정 업무의 대행
> 9. 입주대상자 자격 확인
> 10. 입주자자격 및 공급 순위 등 정보의 사전제공
> 11. 입주자자격 제한자 명단의 관리
> 12. 당첨자 및 사전당첨자 명단의 관리
> 13. 부적격 당첨자 및 사전당첨자 명단의 관리
> 14. 그 밖에 청약업무 수행을 위하여 국토교통부장관이 필요하다고 인정하여 고시하는 업무

(7) 입주자자격 정보 제공 등(법 제56조의3)

① **국토교통부장관**은 주택을 공급받으려는 자가 요청하는 경우 '**주택공급 신청 전**'에 입주자자격, 주택의 소유 여부, 재당첨 제한 여부, 공급 순위 등에 관한 **정보**를 **제공**할 수 있다.

② 위 ①에 따라 정보를 제공하기 위하여 필요한 경우 **국토교통부장관**은 정보 제공을 요청하는 자 및 배우자, 정보 제공을 요청하는 자 또는 배우자와 세대를 같이하는 세대원에게 '**개인정보의 수집·제공 동의**'를 받아야 한다.

2. 분양가상한제 적용주택

(1) 주택의 분양가격 제한 등(법 제57조)

① 사업주체가 위 1.의 (1)에 따라 일반인에게 공급하는 공동주택 중 다음의 어느 하나에 해당하는 지역에서 공급하는 주택의 경우에는 (1)에서 정하는 기준에 따라 산정되는 분양가격 이하로 공급(이에 따라 공급되는 주택을 '**분양가상한제 적용주택**'이라 한다. 이하 같다)하여야 한다.

㉠ 공공택지

㉡ **공공택지 외의 택지**에서 주택가격 상승 우려가 있어 다음 (4)에 따라 '국토교통부장관'이 「주거기본법」 제8조에 따른 '주거정책심의위원회의 심의'를 거쳐 지정하는 지역(**분양가상한제 적용지역**)

② 위 ①에도 불구하고 다음의 어느 하나에 해당하는 경우에는 위 ①을 적용하지 아니한다.

㉠ **도시형 생활주택**

㉡ 「경제자유구역의 지정 및 운영에 관한 특별법」 제4조에 따라 지정·고시된 **경제자유구역**에서 건설·공급하는 공동주택으로서 같은 법 제25조에 따른 경제자유구역위원회에서 외자유치 촉진과 관련이 있다고 인정하여 이 조에 따른 분양가격 제한을 적용하지 아니하기로 심의·의결한 경우

㉢ 「관광진흥법」 제70조 제1항 또는 제2항에 따라 지정된 **관광특구**에서 건설·공급하는 공동주택으로서 해당 건축물의 층수가 **50층 이상**이거나 높이가 **150미터 이상**인 경우

㉣ **한국토지주택공사** 또는 **지방공사**가 다음의 정비사업의 시행자(도시 및 주거환경정비법 제2조 제8호 및 빈집 및 소규모주택 정비에 관한 특례법 제2조 제5호에 따른 사업시행자를 말한다)로 참여하는 등 '대통령령으로 정하는 **공공성 요건**'을 충족하는 경우로서 해당 사업에서 건설·공급하는 주택

ⓐ 「도시 및 주거환경정비법」 제2조 제2호에 따른 정비사업으로서 면적, 세대수 등이 '대통령령으로 정하는 요건'에 해당되는 사업

ⓑ 「빈집 및 소규모주택 정비에 관한 특례법」 제2조 제3호에 따른 **소규모주택정비사업**

㉤ 「도시 및 주거환경정비법」에 따른 '**주거환경개선사업**' 및 '**공공재개발사업**'에서 건설·공급하는 주택

㉥ 「도시재생 활성화 및 지원에 관한 특별법」에 따른 **주거재생혁신지구**에서 시행하는 **혁신지구재생사업**에서 건설·공급하는 주택

㉦ 「공공주택 특별법」에 따른 **도심 공공주택 복합사업**에서 건설·공급하는 주택

③ 위 ①의 분양가격은 **택지비**와 **건축비**로 구성(토지임대부 분양주택의 경우에는 **건축비만** 해당한다)되며, 구체적인 명세, 산정방식, 감정평가기관 선정방법 등은 국토교통부령으로 정한다. 이 경우 택지비는 다음에 따라 산정한 금액으로 한다.

㉠ **공공택지**에서 주택을 공급하는 경우에는 해당 택지의 '**공급가격**'에 국토교통부령으로 정하는 택지와 관련된 비용을 가산한 금액

㉡ **공공택지 외의 택지**에서 분양가상한제 적용주택을 공급하는 경우에는 「감정평가 및 감정평가사에 관한 법률」에 따라 **감정평가한 가액**에 국토교통부령으로 정하는 택지와 관련된 비용을 가산한 금액. 다만, 택지 매입가격이 다음의 어느 하나에 해당하는 경우에는 해당 **매입가격**('대통령령으로 정하는 범위'로 한정한다)에 국토교통부령으로 정하는 택지와 관련된 비용을 가산한 금액을 택지비로 볼 수 있다. 이 경우 택지비는 주택단지 전체에 동일하게 적용하여야 한다.

　ⓐ 「민사집행법」, 「국세징수법」 또는 「지방세징수법」에 따른 **경매·공매 낙찰가격**

　ⓑ **국가·지방자치단체 등 '공공기관'**으로부터 **매입**한 가격

　ⓒ 그 밖에 실제 매매가격을 확인할 수 있는 경우로서 **대통령령**으로 정하는 경우

④ 위 ③의 분양가격 구성항목 중 **건축비**는 **국토교통부장관**이 정하여 고시하는 건축비(이하 '**기본형 건축비**'라 한다)에 국토교통부령으로 정하는 금액을 더한 금액으로 한다. 이 경우 기본형 건축비는 **시장·군수·구청장**이 해당 지역의 특성을 고려하여 국토교통부령으로 정하는 범위에서 **따로** 정하여 고시할 수 있다.

⑤ **사업주체**는 분양가상한제 적용주택으로서 **공공택지**에서 공급하는 주택에 대하여 입주자 모집 승인을 받았을 때에는 입주자 모집공고에 다음[국토교통부령으로 정하는 세분류(細分類)를 포함한다]에 대하여 분양가격을 **공시**하여야 한다.

㉠ 택지비

㉡ 공사비

㉢ 간접비

㉣ 그 밖에 국토교통부령으로 정하는 비용

⑥ **시장·군수·구청장**이 위 1.의 **(1)**에 따라 **공공택지 외의 택지**에서 공급되는 분양가상한제 적용주택 중 분양가 상승 우려가 큰 지역으로서 대통령령으로 정하는 기준에 해당되는 지역에서 공급되는 주택의 입주자 모집 승인을 하는 경우에는 다음의 구분에 따라 분양가격을 **공시**하여야 한다. 이 경우 다음 ㉡~㉥의 금액은 기본형 건축비[특별자치시·특별자치도·시·군·구(구는 자치구의 구를 말하며, 이하 '시·군·구'라 한다)별 기본형 건축비가 따로 있는 경우에는 시·군·구별 기본형 건축비]의 항목별 가액으로 한다.

㉠ 택지비

㉡ 직접공사비

㉢ 간접공사비

㉣ 설계비

㉤ 감리비

ⓑ 부대비

ⓢ 그 밖에 국토교통부령으로 정하는 비용

⑦ 위 ⑤ 및 ⑥에 다른 공시를 할 때 국토교통부령으로 정하는 택지비 및 건축비에 가산되는 비용의 공시에는 다음 **(5)**에 따른 분양가심사위원회 심사를 받은 내용과 산출근거를 포함하여야 한다.

관련법령 분양가상한제 적용주택 제외요건(영 제58조의4)

1. 위 **(1)**의 ②의 ㉣에 다른 '**공공성 요건**'은 다음과 같다.
   ㉠ 한국토지주택공사 또는 지방공사가 위 **(1)**의 ② ㉣의 ⓐ, ⓑ에 해당하는 사업의 시행자로 참여할 것
   ㉡ 위 ㉠의 사업에서 건설·공급하는 주택의 전체 세대수의 **10퍼센트 이상**을 **임대주택**으로 건설·공급할 것
2. 위 **(1)**의 ② ㉣의 ⓐ에서 '면적, 세대수 등이 대통령령으로 정하는 요건에 해당되는 사업'이란 다음의 어느 하나에 해당하는 사업을 말한다.
   ㉠ 「도시 및 주거환경정비법」 제2조 제1호의 정비구역 면적이 **2만 제곱미터 미만**인 사업
   ㉡ 해당 정비사업에서 건설·공급하는 주택의 전체 세대수가 **200세대 미만**인 사업

관련법령 택지 매입가격의 범위 및 분양가격 공시지역(영 제59조)

1. 위 **(1)**의 ③ ㉡의 ⓐ~ⓒ 외의 부분에서 '대통령령으로 정하는 범위'란 「감정평가 및 감정평가사에 관한 법률」에 따라 **감정평가한 가액**의 120퍼센트에 상당하는 금액 또는 「부동산 가격공시에 관한 법률」 제10조에 따른 **개별공시지가**의 150퍼센트에 상당하는 금액을 말한다.
2. 사업주체는 위 1.에 따른 감정평가 가액을 기준으로 택지비를 산정하려는 경우에는 시장·군수·구청장에게 「감정평가 및 감정평가사에 관한 법률」에 따른 감정평가를 요청하여야 한다. 이 경우 감정평가의 실시와 관련된 구체적인 사항은 위 **(1)**의 ③의 감정평가의 예에 따른다.
3. 위 **(1)**의 ③ ㉡의 ⓑ에 따른 공공기관은 다음의 어느 하나에 해당하는 기관으로 한다.
   ㉠ 국가기관
   ㉡ 지방자치단체
   ㉢ 「공공기관의 운영에 관한 법률」에 따라 공기업, 준정부기관 또는 기타 공공기관으로 지정된 기관
   ㉣ 「지방공기업법」에 따른 지방직영기업, 지방공사 또는 지방공단
4. 위 **(1)**의 ③ ㉡의 ⓒ에서 '대통령령으로 정하는 경우'란 「부동산등기법」에 따른 **부동산등기부** 또는 「지방세법 시행령」 제18조 제3항 제2호에 따른 **법인장부**에 해당 택지의 거래가액이 기록되어 있는 경우를 말한다.
5. 위 **(1)**의 ⑥의 ㉠~㉠ 외의 부분 전단에서 '대통령령으로 정하는 기준에 해당되는 지역'이란 다음의 어느 하나에 해당하는 지역을 말한다.
   ㉠ **수도권 안**의 **투기과열지구**(법 제63조에 따른 투기과열지구를 말한다. 이하 같다)
   ㉡ 다음의 어느 하나에 해당하는 지역으로서 「주거기본법」 제8조에 따른 주거정책심의위원회의 심의를 거쳐 국토교통부장관이 지정하는 지역
      ⓐ **수도권 밖**의 **투기과열지구** 중 그 지역의 주택가격의 상승률 및 주택의 청약경쟁률 등을 고려하여 국토교통부장관이 정하여 고시하는 기준에 해당하는 지역
      ⓑ 해당 지역을 관할하는 시장·군수·구청장이 주택가격의 상승률 및 주택의 청약경쟁률이 지나치게 상승할 우려가 크다고 판단하여 국토교통부장관에게 지정을 요청하는 지역

> **관련법령** 주의문구의 명시(영 제60조)
>
> 사업주체는 입주자 모집을 하는 경우에는 입주자 모집공고안에 "분양가격의 항목별 공시내용은 사업에 실제 소요된 비용과 다를 수 있다."는 문구를 명시하여야 한다.

(2) 분양가상한제 적용주택 등의 입주자의 거주의무 등(법 제57조의2)

① **다음의 어느 하나에 해당하는 주택의 입주자**[상속받은 자는 제외한다. 이하 **(2)** 및 다음 **(3)**에서 '**거주의무자**'라 한다]는 해당 주택의 '**최초 입주가능일**'부터 **3년 이내**(토지임대부 분양주택의 경우에는 '**최초 입주가능일**'을 말한다)에 '**입주**'하여야 하고, 해당 주택의 분양가격과 국토교통부장관이 고시한 방법으로 결정된 인근지역 주택매매가격의 비율에 따라 **5년 이내**의 범위에서 '**대통령령으로 정하는 기간**'(이하 '**거주의무기간**'이라 한다) 동안 계속하여 해당 주택에 거주하여야 한다. 다만, 해외 체류 등 대통령령으로 정하는 부득이한 사유가 있는 경우 그 기간은 해당 주택에 거주한 것으로 본다. 24회, 28회

⊙ 사업주체가 「수도권정비계획법」 제2조 제1호에 따른 **수도권**에서 건설·공급하는 **분양가상한제 적용주택** 24회

ⓒ **토지임대부 분양주택**

② 거주의무자는 위 ①에 따른 거주의무를 이행하지 아니한 경우 해당 주택을 양도[매매·증여나 그 밖에 권리 변동을 수반하는 모든 행위를 포함하되, 상속의 경우는 제외한다. 이하 **(2)** 및 제101조에서 같다]할 수 없다. 다만, 거주의무자가 **위 ①의 ⊙, ⓒ 외의 부분 단서 이외의 사유로 거주의무기간 이내에 거주를 이전하려는 경우 '거주의무자'**는 대통령령으로 정하는 바에 따라 **한국토지주택공사**[사업주체가 공공주택 특별법 제4조에 따른 공공주택사업자인 경우에는 **공공주택사업자**를 말한다. 이하 **(2)**, 법 제64조(주택의 전매행위 제한 등), 법 제78조의2(토지임대부 분양주택의 공공매입) 및 법 제106조(과태료)에서 같다]에 해당 주택의 매입을 신청하여야 한다. 28회

③ 한국토지주택공사는 위 ② 단서 또는 ⑧에 따라 매입신청을 받거나 거주의무자 및 ⑦에 따라 주택을 공급받은 사람(이하 '거주의무자등'이라 한다)이 위 ① 또는 ⑦을 위반하였다는 사실을 알게 된 경우 위반사실에 대한 의견청취를 하는 등 대통령령으로 정하는 절차를 거쳐 대통령령으로 정하는 특별한 사유가 없으면 해당 주택을 매입하여야 한다.

④ **한국토지주택공사**가 위 ③에 따라 주택을 매입하는 경우 **거주의무자등**에게 그가 납부한 입주금과 그 입주금에 「은행법」에 따른 은행의 **1년 만기 정기예금의 평균이자율**을 적용한 이자를 합산한 금액(이하 '**매입비용**'이라 한다)을 **지급한 때**에는 **그 지급한 날**에 한국토지주택공사가 해당 주택을 **취득한 것으로 본다.**

⑤ 사업주체는 위 ①에 따른 주택을 공급하는 경우에는 거주의무자가 거주의무기간을 거주하여야 해당 주택을 양도할 수 있음을 소유권에 관한 등기에 **부기등기**하여야 한다. 이 경우 부기등기는 주택의 **소유권보존등기**와 동시에 하여야 하며, 부기등기에 포함되어야 할 표기 내용 등은 대통령령으로 정한다. 24회

⑥ 거주의무자등은 거주의무기간을 거주한 후 지방자치단체의 장으로부터 **그 거주사실을 확인받은 경우** 위 ⑤에 따른 **부기등기 사항**을 말소할 수 있다. 이 경우 거주사실의 확인 등의 절차·방법 등에 필요한 사항은 대통령령으로 정한다.

⑦ 한국토지주택공사는 위 ③ 및 ④에 따라 취득한 주택을 **국토교통부령으로 정하는 바에 따라 재공급하여야 하며**, **주택을 재공급받은 사람은 거주의무기간 중 잔여기간을 계속하여 거주하지 아니하고 그 주택을 양도할 수 없다.** 다만, 위 ①의 ㉠, ㉡ **외의 부분 단서의 사유에 해당하는 경우** 그 기간은 해당 주택에 **거주한 것으로 본다.** 24회

⑧ 위 ⑦에 따라 **주택을 재공급받은 사람이** ⑦의 **단서 이외의 사유로 거주의무기간 이내에 거주를 이전하려는 경우**에는 대통령령으로 정하는 바에 따라 **한국토지주택공사에 해당 주택의 매입을 신청하여야 한다.**

⑨ 한국토지주택공사가 위 ③ 및 ④에 따라 주택을 취득하거나 위 ⑦에 따라 주택을 공급하는 경우에는 법 제64조(주택의 전매행위 제한 등) 제1항을 적용하지 아니한다.

관련법령 분양가상한제 적용주택 등의 입주자의 거주의무기간 등(영 제60조의2)

1. 위 **(2)**의 ① 본문에서 '대통령령으로 정하는 기간'이란 다음의 구분에 따른 기간(이하 '**거주의무기간**'이라 한다)을 말한다.
   ㉠ 위 **(2)**의 ①의 ㉠에 따른 주택의 경우
      ⓐ **공공택지**에서 건설·공급되는 주택의 경우 24회
         ⅰ) **분양가격**이 위 **(2)**의 ①의 ㉠~㉢ 외의 부분 본문에 따라 국토교통부장관이 정하여 고시하는 방법으로 결정된 인근지역 주택매매가격(이하 '**인근지역주택매매가격**'이라 한다)의 80퍼센트 미만인 주택: 5년
         ⅱ) 분양가격이 인근지역주택매매가격의 80퍼센트 이상 100퍼센트 미만인 주택: 3년
      ⓑ **공공택지 외의 택지**에서 건설·공급되는 주택의 경우
         ⅰ) 분양가격이 인근지역주택매매가격의 80퍼센트 미만인 주택: 3년
         ⅱ) 분양가격이 인근지역주택매매가격의 80퍼센트 이상 100퍼센트 미만인 주택: 2년
   ㉡ '**토지임대부 분양주택**'의 경우: 5년 28회

2. 위 **(2)**의 ① 단서에서 '해외 체류 등 대통령령으로 정하는 부득이한 사유'란 다음의 어느 하나에 해당하는 사유를 말한다. 이 경우 ㉡부터 ㉤까지의 규정에 해당하는지는 **한국토지주택공사**(사업주체가 공공주택 특별법 제4조의 공공주택사업자인 경우에는 공공주택사업자를 말한다. 이하 같다)의 **확인**을 받아야 한다.
   ㉠ 다음 각 목의 어느 하나에 해당하는 경우
      ⓐ 위 **(2)**의 ①의 ㉠에 **따른 주택**에 입주하기 위해 준비기간이 필요한 경우. 이 경우 해당 주택에 거주한 것으로 보는 기간은 **최초 입주가능일 이후 3년이 되는 날부터 90일까지**(최초 입주가능일부터 3년이 되는 날 전에 입주하는 경우에는 입주일 전날부터 역산하여 최초 입주가능일까지의 기간으로 하되, 90일을 한도로 한다)로 한다. 24회

ⓑ 법률 제20393호 「주택법」 일부개정법률 부칙 제3조에 따라 **위 (2)의 ①의 ㉠**에 따른 주택에서의 거주를 중단했다가 거주를 재개하기 위해 입주하는 경우로서 준비기간이 필요한 경우. 이 경우 해당 주택에 거주한 것으로 보는 기간은 거주를 중단한 날의 다음 날 이후 3년이 되는 날부터 90일까지(거주를 중단한 날의 다음 날부터 3년이 되는 날 전에 입주하는 경우에는 입주일 전날부터 역산하여 거주를 중단한 날의 다음 날까지의 기간으로 하되, 90일을 한도로 한다)로 한다.
　　ⓒ **토지임대부 분양주택**에 입주하기 위해 준비기간이 필요한 경우. 이 경우 해당 주택에 거주한 것으로 보는 기간은 **최초 입주가능일부터 90일까지**로 한다. 28회
　㉡ **위 (2)의 ①의 ㉠, ㉡** 외의 부분 본문에 따른 거주의무자가 거주의무기간 중 세대원(거주의무자가 포함된 세대의 구성원을 말한다. 이하 2.에서 같다)의 근무·생업·취학 또는 질병치료를 위하여 해외에 체류하는 경우
　㉢ 거주의무자가 주택의 특별공급(군인복지기본법 제10조에 따른 공급을 말한다)을 받은 군인으로서 인사발령에 따라 거주의무기간 중 해당 주택건설지역(주택을 건설하는 특별시·광역시·특별자치시·특별자치도 또는 시·군의 행정구역을 말한다. 이하 2.에서 같다)이 아닌 지역에 거주하는 경우
　㉣ 거주의무자가 거주의무기간 중 세대원의 근무·생업·취학 또는 질병치료를 위하여 세대원 전원이 다른 주택건설지역에 거주하는 경우. 다만, 수도권 안에서 거주를 이전하는 경우는 제외한다.
　㉤ 거주의무자가 거주의무기간 중 혼인 또는 이혼으로 입주한 주택에서 퇴거하고 해당 주택에 계속 거주하려는 거주의무자의 직계존속·비속, 배우자(종전 배우자를 포함한다) 또는 형제자매가 자신으로 세대주를 변경한 후 거주의무기간 중 남은 기간을 승계하여 거주하는 경우
　㉥ 「영유아보육법」 제10조 제5호에 따른 가정어린이집을 설치·운영하려는 자가 같은 법 제13조에 따라 해당 주택에 가정어린이집의 설치를 목적으로 인가를 받은 경우. 이 경우 해당 주택에 거주한 것으로 보는 기간은 가정어린이집을 설치·운영하는 기간으로 한정한다.
　㉦ 법 제64조 제2항 본문에 따라 전매제한이 적용되지 않는 경우. 다만, 영 제73조 제4항 제7호 또는 제8호에 해당하는 경우는 제외한다.
　㉧ 거주의무자의 직계비속이 「초·중등교육법」 제2조에 따른 학교에 재학 중인 학생으로서 주택의 최초 입주가능일 현재 해당 학기가 끝나지 않은 경우. 이 경우 해당 주택에 거주한 것으로 보는 기간은 학기가 끝난 후 90일까지로 한정한다.

3. 거주의무자 및 **위 (2)의 ⑦**에 따라 주택을 공급받은 사람(이하 '거주의무자등'이라 한다)은 **위 (2)의 ② 단서** 또는 ⑧에 따라 해당 주택의 매입을 신청하려는 경우 국토교통부령으로 정하는 매입신청서를 한국토지주택공사에 제출해야 한다.
4. 한국토지주택공사는 거주의무자등이 **위 (2)의 ② 단서** 또는 ⑧에 따라 매입신청을 하거나 **위 (2)의 ① 또는 ⑦**을 위반하여 ③에 따라 해당 주택을 매입하려면 **14일 이상**의 기간을 정하여 거주의무자에게 의견을 제출할 수 있는 기회를 줘야 한다.
5. 위 4.에 따라 의견을 제출받은 한국토지주택공사는 제출 의견의 처리 결과를 거주의무자에게 통보해야 한다.
6. 위 **(2)**의 ③에서 '대통령령으로 정하는 특별한 사유'란 다음의 사유를 말한다.
　㉠ 한국토지주택공사의 부도·파산
　㉡ 위 ㉠과 유사한 사유로서 한국토지주택공사가 해당 주택을 매입하는 것이 어렵다고 국토교통부장관이 인정하는 사유
7. **위 (2)의 ⑤ 전단**에 따른 **부기등기**에는 "이 주택은 **위 (2)의 ①**에 따른 거주의무기간을 거주한 후 ⑥에 따라 부기등기를 말소하여야 양도할 수 있으며, 이를 위반하는 경우 한국토지주택공사(사업주체가 공공주택 특별법 제4조에 따른 공공주택사업자인 경우에는 공공주택사업자)가 해당 주택을 매입함"이라는 내용을 표기해야 한다.

> **관련법령** 거주사실의 확인(영 제60조의3)
>
> 1. 위 **(2)**의 ⑥ 전단에 따라 부기등기 사항을 **말소**하려는 **거주의무자등**은 국토교통부령으로 정하는 **거주사실 확인 신청서**에 거주사실을 확인할 수 있는 서류(법 제57조의3 제2항에 따라 제공받은 주민등록 전산정보로 거주사실을 확인할 수 없는 경우만 해당한다)를 첨부하여 **지방자치단체의 장**에게 제출해야 한다.
> 2. 위 1.에 따라 거주사실 확인 신청서를 접수한 **지방자치단체의 장**은 거주사실이 확인되면 '해당 신청서를 접수한 날부터 **14일 이내**에 국토교통부령으로 정하는 **거주사실 확인서**를 발급해야 한다.
> 3. 위 **(2)**의 ⑥에 따른 거주사실 확인을 위한 구체적인 거주기간 산정방법은 국토교통부령으로 정한다.

(3) 분양가상한제 적용주택 등의 거주실태 조사 등(법 제57조의3)

① 국토교통부장관 또는 지방자치단체의 장은 **거주의무자등**의 실제 **거주 여부를 확인**하기 위하여 거주의무자등에게 필요한 서류 등의 제출을 요구할 수 있으며, 소속 공무원으로 하여금 해당 주택에 출입하여 조사하게 하거나 관계인에게 필요한 질문을 하게 할 수 있다. 이 경우 서류 등의 제출을 요구받거나 해당 주택의 출입·조사 또는 필요한 질문을 받은 거주의무자등은 모든 세대원의 해외출장 등 특별한 사유가 없으면 이에 따라야 한다. 28회

② 국토교통부장관 또는 지방자치단체의 장은 위 ①에 따른 조사를 위하여 필요한 경우 주민등록 전산정보(주민등록번호·외국인등록번호 등 고유식별번호를 포함한다), 가족관계 등록사항 등 실제 거주 여부를 확인하기 위하여 필요한 자료 또는 정보의 제공을 관계 기관의 장에게 요청할 수 있다. 이 경우 자료의 제공을 요청받은 관계 기관의 장은 특별한 사유가 없으면 이에 따라야 한다.

③ 위 ①에 따라 출입·조사·질문을 하는 사람은 국토교통부령으로 정하는 증표를 지니고 이를 관계인에게 내보여야 하며, 조사자의 이름·출입시간 및 출입목적 등이 표시된 문서를 관계인에게 교부하여야 한다.

④ 국토교통부 또는 지방자치단체의 소속 공무원 또는 소속 공무원이었던 사람은 위 ①과 ②에 따라 얻은 정보와 자료를 이 법에서 정한 목적 외의 다른 용도로 사용하거나 다른 사람 또는 기관에 제공하거나 **누설**하여서는 아니 된다.

(4) 분양가상한제 적용지역의 지정 및 해제(법 제58조)

① **국토교통부장관**은 위 **(1)**의 ①의 ㉡에 따라 **주택가격상승률**이 **물가상승률**보다 현저히 높은 지역으로서 그 지역의 주택가격·주택거래 등과 지역 주택시장 여건 등을 고려하였을 때 주택가격이 급등하거나 급등할 우려가 있는 지역 중 대통령령으로 정하는 기준을 충족하는 지역은 **주거정책심의위원회**의 심의를 거쳐 '**분양가상한제 적용지역**'으로 지정할 수 있다.

② '**국토교통부장관**'이 위 ①에 따라 분양가상한제 적용지역을 지정하는 경우에는 미리 '**시·도지사**'의 **의견**을 들어야 한다.

③ **국토교통부장관**은 위 ①에 따른 분양가상한제 적용지역을 지정하였을 때에는 지체 없이 이를 공고하고, 그 지정 지역을 관할하는 **시장·군수·구청장**에게 공고내용을 통보하여야 한다. 이 경우 **시장·군수·구청장**은 **사업주체**로 하여금 입주자 모집공고 시 해당 지역에서 공급하는 주택이 분양가상한제 적용주택이라는 사실을 공고하게 하여야 한다.

④ 국토교통부장관은 위 ①에 따른 분양가상한제 적용지역으로 계속 지정할 필요가 없다고 인정하는 경우에는 주거정책심의위원회 심의를 거쳐 분양가상한제 적용지역의 지정을 해제하여야 한다.

⑤ 분양가상한제 적용지역의 지정을 해제하는 경우에는 위 ② 및 ③ 전단을 준용한다. 이 경우 '지정'은 '지정 해제'로 본다.

⑥ 분양가상한제 적용지역으로 지정된 지역의 시·도지사, 시장, 군수 또는 구청장은 분양가상한제 적용지역의 지정 후 해당 지역의 주택가격이 안정되는 등 분양가상한제 적용지역으로 계속 지정할 필요가 없다고 인정하는 경우에는 국토교통부장관에게 그 지정의 **해제를 요청**할 수 있다.

⑦ 위 ⑥에 따라 분양가상한제 적용지역 지정의 해제를 요청하는 경우의 절차 등 필요한 사항은 대통령령으로 정한다.

> **관련법령** 분양가상한제 적용지역의 지정기준 등(영 제61조)
>
> 1. 위 **(4)**의 ①에서 '대통령령으로 정하는 기준을 충족하는 지역'이란 **투기과열지구** 중 '다음에 해당하는 지역'을 말한다.
>   ㉠ 분양가상한제 적용지역으로 지정하는 날이 속하는 달의 바로 전달(이하 1.에서 '분양가상한제적용직전월'이라 한다)부터 소급하여 **12개월간**의 **아파트 분양가격상승률**이 **물가상승률**(해당 지역이 포함된 **시·도 소비자물가상승률**을 말한다)의 **2배**를 초과한 지역. 이 경우 해당 지역의 아파트 분양가격상승률을 산정할 수 없는 경우에는 해당 지역이 포함된 특별시·광역시·특별자치시·특별자치도 또는 시·군의 아파트 분양가격상승률을 적용한다.
>   ㉡ 분양가상한제적용직전월부터 소급하여 **3개월간**의 주택매매거래량이 전년 동기 대비 **20퍼센트** 이상 증가한 지역 23회 주관식
>   ㉢ 분양가상한제적용직전월부터 소급하여 주택공급이 있었던 **2개월 동안** 해당 지역에서 공급되는 **주택의 월평균 청약경쟁률**이 모두 5대 1을 초과하였거나 해당 지역에서 공급되는 **국민주택규모 주택의 월평균 청약경쟁률**이 모두 10대 1을 초과한 지역
> 2. 국토교통부장관이 위 1.에 따른 지정기준을 충족하는 지역 중에서 위 **(4)**의 ①에 따라 분양가상한제 적용지역을 지정하는 경우 해당 지역에서 공급되는 주택의 분양가격 제한 등에 관한 위 **(1)**의 규정은 위 **(4)**의 ③ 전단에 따른 공고일 이후 최초로 입주자모집승인을 신청하는 분부터 적용한다.
> 3. 위 **(4)**의 ⑥에 따라 국토교통부장관은 분양가상한제 적용지역 지정의 해제를 요청받은 경우에는 **주거정책심의위원회**의 심의를 거쳐 요청받은 날부터 40일 이내에 해제 여부를 결정하고, 그 결과를 시·도지사, 시장, 군수 또는 구청장에게 통보하여야 한다.

(5) 분양가심사위원회의 운영 등(법 제59조)

① **시장·군수·구청장**은 위 (1)에 관한 사항을 심의하기 위하여 분양가심사위원회를 설치·운영하여야 한다.

② **시장·군수·구청장**은 '**입주자 모집 승인을 할 때**'에는 분양가심사위원회의 심사결과에 **따라** '승인 여부를 결정'하여야 한다.

③ 분양가심사위원회는 주택 관련 분야 교수, 주택건설 또는 주택관리분야 전문직 종사자, 관계 공무원 또는 변호사·회계사·감정평가사 등 관련 전문가 **10명 이내**로 구성하되, 구성절차 및 운영에 관한 사항은 대통령령으로 정한다.

④ 분양가심사위원회의 위원은 위 ①~③의 업무를 수행할 때에는 신의와 성실로써 공정하게 심사를 하여야 한다.

> **관련법령** 위원회의 설치·운영(영 제62조)
>
> 1. 시장·군수·구청장은 법 제15조에 따른 **사업계획승인** 신청(도시 및 주거환경정비법에 따른 **사업시행계획인가** 및 건축법에 따른 **건축허가**를 포함한다)이 있는 날부터 **20일 이내**에 분양가심사위원회를 설치·운영하여야 한다.
> 2. 사업주체가 국가, 지방자치단체, 한국토지주택공사 또는 지방공사인 경우에는 **해당 기관의 장**이 위원회를 설치·운영하여야 한다. 이 경우 영 제63조부터 제70조까지의 규정을 준용한다.

> **관련법령** 기능(영 제63조)
>
> 위원회는 다음의 사항을 심의한다.
> 1. 위 (1)의 ①에 따른 **분양가격** 및 **발코니 확장비용 산정**의 **적정성 여부**
> 2. 위 (1)의 ④ 후단에 따른 시·군·구별 기본형 건축비 산정의 적정성 여부
> 3. 위 (1)의 ⑤ 및 ⑥에 따른 분양가격 공시내용[위 (1)의 ⑦에 따라 '공시에 포함해야 하는 내용'을 포함한다]의 적정성 여부
> 4. 분양가상한제 적용주택과 관련된 「주택도시기금법 시행령」 제5조 제1항 제2호에 따른 제2종 국민주택채권 매입예정상한액 산정의 적정성 여부
> 5. 분양가상한제 적용주택의 전매행위제한과 관련된 인근지역주택매매가격 산정의 적정성 여부

> **관련법령** 구성(영 제64조)
>
> 1. 시장·군수·구청장은 주택건설 또는 주택관리분야에 관한 학식과 경험이 풍부한 사람으로서 '다음의 어느 하나에 해당하는 사람' **6명**을 위원회 위원으로 위촉해야 한다. 이 경우 다음에 해당하는 위원을 각각 1명 이상 위촉하되, 등록사업자의 임직원과 임직원이었던 사람으로서 3년이 지나지 않은 사람은 위촉해서는 안 된다.
>   ㉠ 법학·경제학·부동산학·건축학·건축공학 등 주택분야와 관련된 학문을 전공하고 「고등교육법」에 따른 대학에서 조교수 이상으로 1년 이상 재직한 사람
>   ㉡ 변호사·회계사·감정평가사 또는 세무사의 자격을 취득한 후 해당 직(職)에 1년 이상 근무한 사람

ⓒ 토목·건축·전기·기계 또는 주택 분야 업무에 5년 이상 종사한 사람
ⓔ **주택관리사** 자격을 취득한 후 공동주택 관리사무소장의 직에 **5년** 이상 근무한 사람
ⓜ 건설공사비 관련 연구 실적이 있거나 공사비 산정업무에 3년 이상 종사한 사람

2. 시장·군수·구청장은 다음의 어느 하나에 해당하는 사람 **4명**을 위원으로 임명하거나 위촉해야 한다. 이 경우 다음에 해당하는 위원을 각각 1명 이상 임명 또는 위촉해야 한다.
   ㉠ 국가 또는 지방자치단체에서 주택사업 인·허가 등 관련 업무를 하는 5급 이상 공무원으로서 해당 기관의 장으로부터 추천을 받은 사람. 다만, 해당 시·군·구에 소속된 공무원은 추천을 필요로 하지 아니한다.
   ㉡ 다음의 어느 하나에 해당하는 기관에서 주택사업 관련 업무에 종사하고 있는 임직원으로서 해당 기관의 장으로부터 추천을 받은 사람
      ⓐ 한국토지주택공사
      ⓑ 지방공사
      ⓒ 「주택도시기금법」에 따른 주택도시보증공사(이하 '주택도시보증공사'라 한다)
      ⓓ 「한국부동산원법」에 따른 한국부동산원
3. 위 1.에 따른 위원(이하 '**민간위원**'이라 한다)의 임기는 **2년**으로 하며, 두 차례만 연임할 수 있다.
4. 위원회의 위원장은 시장·군수·구청장이 **민간위원 중**에서 지명하는 자가 된다.

관련법령 회의(영 제65조)

1. 위원회의 회의는 시장·군수·구청장이나 위원장이 필요하다고 인정하는 경우에 시장·군수·구청장이 소집한다.
2. 시장·군수·구청장은 회의 개최일 **7일 전**까지 회의와 관련된 사항을 위원에게 알려야 한다.
3. **시장·군수·구청장**은 위원회의 위원 명단을 회의 개최 전에 해당 기관의 **인터넷 홈페이지 등**을 통하여 공개해야 한다.
4. 위원회의 회의는 재적위원 과반수의 출석으로 개의하고 출석위원 과반수의 찬성으로 의결한다.
5. 위원장은 위원회의 의장이 된다. 다만, 위원장이 부득이한 사유로 그 직무를 수행할 수 없을 때에는 위원장이 미리 지명한 위원이 그 직무를 대행한다.
6. 위원회에 위원회의 사무를 처리할 간사 1명을 두며, 간사는 해당 시·군·구의 주택업무 관련 직원 중에서 시장·군수·구청장이 지명한다.
7. 위원회의 회의는 공개하지 아니한다. 다만, 위원회의 의결로 공개할 수 있다.

관련법령 위원이 아닌 사람의 참석 등(영 제66조)

1. 위원장은 영 제63조 각 호의 사항을 심의하기 위하여 필요하다고 인정하는 경우에는 해당 사업장의 사업주체·관계인 또는 참고인을 위원회의 회의에 출석하게 하여 의견을 듣거나 관련 자료의 제출 등 필요한 협조를 요청할 수 있다.
2. 위원회의 회의사항과 관련하여 시장·군수·구청장 및 사업주체는 위원장의 승인을 받아 회의에 출석하여 발언할 수 있다.
3. 위원장은 위원회에서 심의·의결된 결과를 지체 없이 시장·군수·구청장에게 제출해야 한다.

| 관련법령 | 위원의 대리 출석(영 제67조) |

영 제64조 제2항에 따른 위원(이하 '**공공위원**'이라 한다)은 부득이한 사유가 있을 때에는 해당 직위에 상당하는 공무원 또는 공사의 임직원을 지명하여 **대리 출석**하게 할 수 있다.

| 관련법령 | 위원의 의무 등(영 제68조) |

1. 위원은 회의과정에서 또는 그 밖에 직무를 수행하면서 알게 된 사항으로서 공개하지 아니하기로 한 사항을 누설해서는 아니 되며, 위원회의 품위를 손상하는 행위를 해서는 아니 된다.
2. 다음의 어느 하나에 해당하는 위원은 해당 심의대상 안건의 심의·의결에서 제척된다.
   ㉠ 위원 또는 그 배우자나 배우자이었던 사람이 해당 심의안건의 당사자(당사자가 법인·단체 등인 경우에는 그 임원을 포함한다. 이하 ㉠ 및 ㉡에서 같다)가 되거나 그 심의안건의 당사자와 공동권리자 또는 공동의무자인 경우
   ㉡ 위원이 해당 심의안건 당사자의 친족이거나 친족이었던 경우
   ㉢ 위원이 해당 심의안건에 대하여 자문, 연구, 용역(하도급을 포함한다), 감정 또는 조사를 한 경우
   ㉣ 위원이나 위원이 속한 법인·단체 등이 해당 심의안건 당사자의 대리인이거나 대리인이었던 경우
   ㉤ 위원이 임원 또는 직원으로 재직하고 있거나 최근 3년 내에 재직했던 기업 등이 해당 심의안건에 대하여 자문, 연구, 용역(하도급을 포함한다), 감정 또는 조사를 한 경우
3. 위 2.의 ㉠~㉤의 어느 하나에 해당하는 위원은 스스로 해당 안건의 심의에서 회피하여야 하며, 회의 개최일 전까지 이를 간사에게 통보하여야 한다.
4. 시장·군수·구청장은 다음의 어느 하나에 해당하는 민간위원이 있는 경우에는 그 위원을 해촉할 수 있으며, 해촉된 위원의 후임으로 위촉된 위원의 임기는 전임자의 잔여기간으로 한다.
   ㉠ 심신장애로 인하여 직무를 수행할 수 없게 된 경우
   ㉡ 직무와 관련된 비위사실이 있는 경우
   ㉢ 직무태만, 품위손상이나 그 밖의 사유로 인하여 위원으로 적합하지 아니하다고 인정되는 경우
   ㉣ 위원 스스로 직무를 수행하는 것이 곤란하다고 의사를 밝히는 경우
   ㉤ 법 제59조 제4항[위 **(5)**의 ④]을 위반한 경우
   ㉥ 위 1.을 위반한 경우
   ㉦ 위 2.의 ㉠~㉤의 어느 하나에 해당하는 데에도 불구하고 회피하지 아니한 경우
   ㉧ 해외출장, 질병 또는 사고 등으로 6개월 이상 위원회의 직무를 수행할 수 없는 경우
5. 시장·군수·구청장은 공공위원이 위 4.의 ㉠~㉧의 어느 하나에 해당하는 경우에는 해당 공공위원을 해임하거나 해촉할 수 있다.
6. 시장·군수·구청장은 위 5.에 따라 공공위원을 해임하거나 해촉한 경우에는 해당 기관의 장으로부터 영 제64조 제2항 각 호에 해당하는 다른 사람을 추천받아 위원으로 임명하거나 위촉할 수 있다.

| 관련법령 | 회의록 등(영 제69조) |

1. 간사는 위원회의 회의 시 다음의 사항을 회의록으로 작성하여 「공공기록물 관리에 관한 법률」에 따라 보존하여야 한다.
   ㉠ 회의일시·장소 및 공개 여부
   ㉡ 출석위원 서명부
   ㉢ 상정된 의안 및 심의결과
   ㉣ 그 밖에 주요 논의사항 등

2. 위 1.의 회의록은 해당 주택의 입주자를 선정한 날 이후에 공개 요청이 있는 경우 열람의 방법으로 공개해야 한다. 다만, 심의의 공정성을 침해할 우려가 있다고 인정되는 이름, 주민등록번호, 직위 및 주소 등 개인을 특정할 수 있는 정보에 대해서는 공개하지 않을 수 있다.
3. 위원회의 회의에 참석한 위원에게는 **예산의 범위**에서 수당 및 여비를 지급할 수 있다. 다만, **공무원인 위원**이 그 **소관 업무와 직접적으로 관련**되어 출석한 경우에는 그러하지 아니하다.

관련법령 운영세칙(영 제70조)

이 영에 규정된 사항 외에 위원회 운영에 필요한 사항은 시장·군수·구청장이 정한다.

---

3. 저당권 설정 제한, 공급질서 교란 금지 및 사용검사 후 매도청구

(1) 저당권 설정 등의 제한(법 제61조) [위반자: 2년 이하 징역 또는 2천만원 이하 벌금]

① 사업주체는 주택건설사업에 의해 건설된 주택 및 대지에 대하여는 **입주자 모집공고 승인 신청일**(주택조합의 경우에는 '사업계획승인 신청일'을 말한다) 이후부터 입주예정자가 그 주택 및 대지의 '**소유권이전등기를 신청할 수 있는 날**' 이후 60일까지의 기간 동안 입주예정자의 동의 없이 다음의 어느 하나에 해당하는 행위를 하여서는 아니 된다. 다만, 그 주택의 건설을 촉진하기 위해 대통령령으로 정하는 경우에는 그러하지 아니하다. ^{19회 주관식, 21회}

  ㉠ 해당 주택 및 대지에 **저당권** 또는 **가등기담보권** 등 '담보물권'을 설정하는 행위
  ㉡ 해당 주택 및 대지에 **전세권·지상권** 또는 **등기되는 부동산임차권**을 설정하는 행위
  ㉢ 해당 주택 및 대지를 **매매** 또는 **증여** 등의 방법으로 처분하는 행위

② 위 ①에서 '**소유권이전등기를 신청할 수 있는 날**'이란 사업주체가 입주예정자에게 통보한 '**입주가능일**'을 말한다. ^{21회}

③ 위 ①에 따른 저당권 설정 등의 제한을 할 때 사업주체는 해당 주택 또는 대지가 입주예정자의 동의 없이는 양도하거나 제한물권을 설정하거나 압류·가압류·가처분 등의 목적물이 될 수 없는 재산임을 소유권등기에 **부기등기**(附記登記)하여야 한다. 다만, 사업주체가 국가·지방자치단체 및 한국토지주택공사 등 공공기관이거나 해당 대지가 사업주체의 소유가 아닌 경우 등 대통령령으로 정하는 경우에는 그러하지 아니하다.

④ 위 ③에 따른 부기등기는 '주택건설대지'에 대하여는 **입주자 모집공고 승인 신청**(주택건설대지 중 주택조합이 사업계획승인 신청일까지 소유권을 확보하지 못한 부분이 있는 경우에는 그 부분에 대한 소유권이전등기)과 **동시**에 하여야 하고, '건설된 주택'에 대하여는 **소유권보존등기**와 **동시**에 하여야 한다. 이 경우 부기등기의 내용 및 말소에 관한 사항은 대통령령으로 정한다.

⑤ 위 ④에 따른 '부기등기일 이후'에 해당 대지 또는 주택을 양수하거나 제한물권을 설정받은 경우 또는 압류·가압류·가처분 등의 목적물로 한 경우에는 그 효력을 **무효**로 한다. 다만, 사업주체의 경영부실로 입주예정자가 그 대지를 양수받는 경우 등 대통령령으로 정하는 경우에는 그러하지 아니하다.

⑥ 사업주체의 재무 상황 및 금융거래 상황이 극히 불량한 경우 등 대통령령으로 정하는 사유에 해당되어 「주택도시기금법」에 따른 주택도시보증공사가 분양보증을 하면서 주택건설대지를 주택도시보증공사에 신탁하게 할 경우에는 위 ①과 ③에도 불구하고 사업주체는 그 주택건설대지를 신탁할 수 있다.

⑦ 위 ⑥에 따라 사업주체가 주택건설대지를 신탁하는 경우 **신탁등기일 이후**부터 입주예정자가 해당 주택건설대지의 소유권이전등기를 신청할 수 있는 날 이후 60일까지의 기간 동안 '해당 신탁의 종료를 원인'으로 하는 사업주체의 소유권이전등기청구권에 대한 압류·가압류·가처분 등은 효력이 없음을 신탁계약조항에 포함하여야 한다.

⑧ 위 ⑥에 따른 신탁등기일 이후부터 입주예정자가 '해당 주택건설대지의 소유권이전등기를 신청할 수 있는 날' 이후 60일까지의 기간 동안 '해당 신탁의 종료를 원인'으로 하는 사업주체의 소유권이전등기청구권을 압류·가압류·가처분 등의 목적물로 한 경우에는 그 효력을 무효로 한다.

⑨ 위 ①의 위반자는 2년 이하의 징역 또는 2천만원 이하의 벌금에 처한다.

관련법령 **입주자의 동의 없이 저당권 설정 등을 할 수 있는 경우 등(영 제71조)**

위 **(1)**의 ①의 ㉠~㉢ 외의 부분 단서에서 '대통령령으로 정하는 경우'란 다음의 어느 하나에 해당하는 경우를 말한다.

1. 해당 주택의 입주자에게 **주택구입자금**의 일부를 **융자**해 줄 목적으로 주택도시기금이나 다음의 금융기관으로부터 **주택건설자금**의 융자를 받는 경우
   ㉠ 「은행법」에 따른 은행
   ㉡ 「중소기업은행법」에 따른 중소기업은행
   ㉢ 「상호저축은행법」에 따른 상호저축은행
   ㉣ 「보험업법」에 따른 보험회사
   ㉤ 그 밖의 법률에 따라 금융업무를 수행하는 기관으로서 국토교통부령으로 정하는 기관
2. 해당 주택의 입주자에게 **주택구입자금**의 일부를 **융자**해 줄 목적으로 위 1.의 ㉠~㉤의 금융기관으로부터 **주택구입자금**의 융자를 받는 경우
3. 사업주체가 **파산**(채무자 회생 및 파산에 관한 법률 등에 따른 법원의 결정·인가를 포함한다. 이하 같다), 합병, 분할, 등록말소 또는 영업정지 등의 사유로 사업을 시행할 수 없게 되어 사업주체가 변경되는 경우

관련법령 **부기등기 등(영 제72조)**

1. 위 **(1)**의 ③ 본문에 따른 부기등기(附記登記)에는 **(1)**의 ④ 후단에 따라 다음의 구분에 따른 내용을 명시하여야 한다.
   ㉠ 대지의 경우: '이 토지는 「주택법」에 따라 입주자를 모집한 토지(주택조합의 경우에는 주택건설사업계획승인이 신청된 토지를 말한다)로서 입주예정자의 동의 없이는 양도하거나 제한물권을 설정하거나 압류·가압류·가처분 등 소유권에 제한을 가하는 일체의 행위를 할 수 없음'이라는 내용
   ㉡ 주택의 경우: '이 주택은 「부동산등기법」에 따라 소유권보존등기를 마친 주택으로서 입주예정자의 동의 없이는 양도하거나 제한물권을 설정하거나 압류·가압류·가처분 등 소유권에 제한을 가하는 일체의 행위를 할 수 없음'이라는 내용

2. 위 **(1)**의 ③ 단서에서 '사업주체가 국가·지방자치단체 및 한국토지주택공사 등 공공기관이거나 해당 대지가 사업주체의 소유가 아닌 경우 등 대통령령으로 정하는 경우'란 다음의 구분에 따른 경우를 말한다.
   ㉠ **대지의 경우**: 다음의 어느 하나에 해당하는 경우. 이 경우 다음 ⓓ 또는 ⓔ에 해당하는 경우로서 법원의 판결이 확정되어 소유권을 확보하거나 권리가 말소되었을 때에는 지체 없이 위 1.에 따른 **부기등기를** 하여야 한다.
      ⓐ 사업주체가 '국가·지방자치단체·한국토지주택공사 또는 지방공사'인 경우
      ⓑ 사업주체가 「택지개발촉진법」 등 관계 법령에 따라 조성된 택지를 공급받아 주택을 건설하는 경우로서 '해당 대지의 지적정리가 되지 아니하여' 소유권을 확보할 수 없는 경우. 이 경우 대지의 지적정리가 완료된 때에는 지체 없이 위 1.에 따른 '부기등기를 하여야' 한다.
      ⓒ 조합원이 주택조합에 대지를 **신탁**한 경우
      ⓓ 해당 대지가 다음의 어느 하나에 해당하는 경우. 다만, 다음 ii) 및 iii)의 경우에는 법 제23조 제2항 및 제3항에 따른 감정평가액을 공탁하여야 한다.
         i) 법 제22조 또는 제23조에 따른 **매도청구소송**을 제기하여 법원의 **승소판결**(판결이 확정될 것을 요구하지 아니한다)을 받은 경우
         ii) 해당 대지의 소유권 확인이 곤란하여 매도청구소송을 제기한 경우
         iii) 사업주체가 소유권을 확보하지 못한 대지로서 법 제15조에 따라 최초로 주택건설사업계획승인을 받은 날 이후 소유권이 제3자에게 이전된 대지에 대하여 매도청구소송을 제기한 경우
      ⓔ 사업주체가 소유권을 확보한 대지에 저당권, 가등기담보권, 전세권, 지상권 및 등기되는 부동산임차권이 설정된 경우로서 '이들 권리의 **말소소송**'을 제기하여 **승소판결**(판결이 확정될 것을 요구하지 아니한다)을 받은 경우
   ㉡ **주택의 경우**: 해당 주택의 입주자로 선정된 지위를 취득한 자가 없는 경우. 다만, '소유권보존등기 이후 입주자 모집공고의 승인을 신청하는 경우'는 제외한다.
3. 사업주체는 **사업계획승인이 취소**되거나 **입주예정자가 소유권이전등기를 신청한 경우**를 제외하고는 위 1.에 따른 부기 등기를 말소할 수 없다. 다만, '소유권이전등기를 신청할 수 있는 날부터 **60일**이 지나면 부기등기를 말소할 수 있다.
4. 위 **(1)**의 ⑤ 단서에서 '사업주체의 경영부실로 입주예정자가 그 대지를 양수받는 경우 등 대통령령으로 정하는 경우'란 다음의 어느 하나에 해당하는 경우를 말한다.
   ㉠ 영 제71조 제1호 또는 제2호에 해당하여 해당 대지에 저당권, 가등기담보권, 전세권, 지상권 및 등기되는 부동산임차권을 설정하는 경우
   ㉡ 영 제71조 제3호에 해당하여 다른 사업주체가 해당 대지를 양수하거나 시공보증자 또는 입주예정자가 해당 대지의 소유권을 확보하거나 압류·가압류·가처분 등을 하는 경우
5. 위 **(1)**의 ⑥에서 '사업주체의 재무 상황 및 금융거래 상황이 극히 불량한 경우 등 대통령령으로 정하는 사유'란 다음의 어느 하나에 해당하는 경우를 말한다.
   ㉠ 최근 2년간 연속된 경상손실로 인하여 자기자본이 잠식된 경우
   ㉡ 자산에 대한 부채의 비율이 500퍼센트를 초과하는 경우
   ㉢ 사업주체가 위 (1)의 ③에 따른 부기등기를 하지 않고 주택도시보증공사에 해당 대지를 신탁하려는 경우

(2) 공급질서 교란 금지(법 제65조) [위반자: 3년 이하 징역 또는 3천만원 이하 벌금]

① 누구든지 이 법에 따라 건설·공급되는 주택을 공급받거나 공급받게 하기 위하여 다음의 어느 하나에 해당하는 증서 또는 지위를 **양도·양수**[매매·증여나 그 밖에 권리변동을 수반하는 모든 행위를 포함하되, '상속·저당'의 경우는 **제외**한다. 이하 **(2)**에서 같다] 또는 이를 **알선**하거나 양도·양수 또는 이를 알선할 목적으로 하는 **광고**(각종 간행물·인쇄물·전화·인터넷, 그 밖의 매체를 통한 행위를 포함한다)를 하여서는 아니 되며, 누구든지 거짓이나 그 밖의 부정한 방법으로 이 법에 따라 건설·공급되는 증서나 지위 또는 주택을 공급받거나 공급받게 하여서는 아니 된다.
  ㉠ 법 제11조에 따라 주택을 공급받을 수 있는 지위(주택조합원의 지위)
  ㉡ 입주자저축증서
  ㉢ 주택상환사채 ^{24회 주관식}
  ㉣ 그 밖에 주택을 공급받을 수 있는 증서 또는 지위로서 '대통령령으로 정하는 것'

② 국토교통부장관 또는 사업주체는 다음의 어느 하나에 해당하는 자에 대하여는 그 주택 공급을 신청할 수 있는 지위를 **무효**로 하거나 '이미 체결된 주택의 공급계약'을 **취소하여야 한다**.
  ㉠ 위 ①을 위반하여 증서 또는 지위를 양도하거나 양수한 자
  ㉡ 위 ①을 위반하여 거짓이나 그 밖의 부정한 방법으로 증서나 지위 또는 주택을 공급받은 자

③ 사업주체가 위 ㉡을 위반한 자에게 대통령령으로 정하는 바에 따라 산정한 주택가격에 해당하는 금액을 지급한 경우에는 '**그 지급한 날**'에 그 주택을 취득한 것으로 본다.

④ 위 ③의 경우 **사업주체**가 매수인에게 주택가격을 **지급**하거나, 매수인을 알 수 없어 주택가격의 수령 통지를 할 수 없는 경우 등 대통령령으로 정하는 사유에 해당하는 경우로서 주택가격을 그 주택이 있는 지역을 관할하는 '**법원**'에 **공탁**한 경우에는 그 주택에 입주한 자에게 기간을 정하여 퇴거를 명할 수 있다.

⑤ 국토교통부장관은 위 ①을 위반한 자에 대하여 **10년**의 범위에서 국토교통부령으로 정하는 바에 따라 주택의 '입주자 자격을 제한'할 수 있으며, 위반자로서 그 위반행위로 얻은 이익의 3배에 해당하는 금액이 3천만원을 초과하는 자는 3년 이하의 징역 또는 그 이익의 **3배**에 해당하는 금액 이하의 벌금에 처한다. ^{24회 주관식}

⑥ 국토교통부장관 또는 사업주체는 위 ②에도 불구하고 위 ①을 위반한 공급질서 교란 행위가 있었다는 사실을 **알지 못하고** 주택 또는 주택의 입주자로 선정된 지위를 취득한 매수인이 해당 공급질서 교란 행위와 **관련이 없음**을 대통령령으로 정하는 바에 따라 **소명**하는 경우에는 이미 체결된 주택의 공급계약을 **취소하여서는 아니 된다**.

⑦ 사업주체는 위 ②에 따라 이미 체결된 주택의 공급계약을 **취소하려는 경우** '국토교통부장관' 및 '주택 또는 주택의 입주자로 선정된 지위를 보유하고 있는 자'에게 대통령령으로 정하는 절차 및 방법에 따라 그 사실을 **미리 알려야 한다**.

> **관련법령** 양도가 금지되는 증서 등(영 제74조)

1. 위 **(2)**의 ①의 ㉣에서 '대통령령으로 정하는 것'이란 다음의 어느 하나에 해당하는 것을 말한다.
   ㉠ 시장·군수·구청장이 발행한 무허가건물 확인서, 건물철거예정 증명서 또는 건물철거 확인서
   ㉡ 공공사업의 시행으로 인한 이주대책에 따라 주택을 공급받을 수 있는 지위 또는 이주대책대상자 확인서
2. 위 **(2)**의 ③에 따라 사업주체가 위 **(2)**의 ①을 위반한 자에게 '**다음의 금액을 합산**한 금액'에서 '**감가상각비**' (법인세법 시행령 제26조 제2항 제1호에 따른 정액법에 준하는 방법으로 계산한 금액을 말한다)를 '공제한 금액'을 지급하였을 때에는 '그 지급한 날'에 해당 주택을 취득한 것으로 본다.
   ㉠ 입주금
   ㉡ 융자금의 상환 원금
   ㉢ 위 ㉠ 및 ㉡의 금액을 합산한 금액에 **생산자물가상승률**을 곱한 금액
3. 위 **(2)**의 ④에서 '매수인을 알 수 없어 주택가격의 수령 통지를 할 수 없는 경우 등 대통령령으로 정하는 사유에 해당하는 경우'란 다음의 어느 하나에 해당하는 경우를 말한다.
   ㉠ 매수인을 알 수 없어 주택가격의 수령 통지를 할 수 없는 경우
   ㉡ 매수인에게 주택가격의 수령을 **3회 이상** 통지하였으나 매수인이 수령을 거부한 경우. 이 경우 각 통지일 간에는 1개월 이상의 간격이 있어야 한다.
   ㉢ 매수인이 주소지에 **3개월 이상** 살지 아니하여 주택가격의 수령이 불가능한 경우
   ㉣ 주택의 압류 또는 가압류로 인하여 매수인에게 주택가격을 지급할 수 없는 경우

> **관련법령** 공급질서 교란 행위로 인한 주택 공급계약 취소제한 및 취소절차 등(영 제74조의2)

1. 위 **(2)**의 ⑥에서 '대통령령으로 정하는 바에 따라 소명하는 경우'란 매수인이 위 **(2)**의 ①을 위반한 공급질서 교란 행위(이하 '공급질서교란행위'라 한다)와 관련이 없음을 다음 5.에 따라 '시장·군수·구청장'으로부터 **확인받은 경우**를 말한다.
2. **국토교통부장관** 또는 **사업주체**는 매수인이 취득한 주택이나 주택의 입주자로 선정된 지위(이하 '주택등'이라 한다)가 위 **(2)**의 ①을 **위반하여 공급받은 것으로 판단되는 경우**에는 지체 없이 해당 주택의 소재지 (사용검사를 받기 전인 경우에는 '**주택건설대지**'로 한다)를 관할하는 시장·군수·구청장에게 그 사실을 통보해야 한다. 이 경우 **국토교통부장관**은 사업주체에게, **사업주체**는 국토교통부장관에게도 함께 통보해야 한다.
3. 위 2.에 따라 관할 시장·군수·구청장에게 통보하거나 국토교통부장관으로부터 통보받은 **사업주체**는 '매수인이 공급질서교란행위와 관련이 없음을 위 2.에 따른 시장·군수·구청장에게 소명할 것'을 매수인에게 **요구**해야 한다.
4. 위 3.에 따른 소명 요구를 받은 **매수인**은 '요구받은 날'부터 **1개월 이내**에 소명 내용을 적은 문서(전자문서를 포함한다)에 다음의 서류(전자문서를 포함한다)를 첨부하여 위 2.에 따른 '**시장·군수·구청장**'에게 **제출**할 수 있다.
   ㉠ 주택등의 거래계약서
   ㉡ 「부동산 거래신고 등에 관한 법률」 제3조 제5항에 따라 발급받은 신고필증
   ㉢ 주택등 거래대금의 지급내역이 적힌 서류
   ㉣ 그 밖에 주택등의 거래사실을 증명할 수 있는 서류

5. 위 4.에 따른 소명 문서를 제출받은 **시장·군수·구청장**은 '문서를 제출받은 날'부터 **2개월 이내**에 소명 **내용을 확인**하여 '매수인이 공급질서교란행위와 관련이 있는지'를 **국토교통부장관·사업주체** 및 **매수인**에게 각각 통보해야 한다.
6. 사업주체는 위 **(2)**의 ②에 따라 이미 체결된 주택의 공급계약을 **취소**하려는 경우 **국토교통부장관**과 **주택등을 보유하고 있는 자**에게 '계약 취소 일정', '위 (2)의 ③에 따른 주택가격에 해당하는 금액'과 '해당 금액의 지급 방법' 등을 각각 문서로 미리 통보해야 한다.

(3) 사용검사 후 매도청구 등(법 제62조)

① 주택[복리시설을 포함한다. 이하 (3)에서 같다]의 **소유자들**은 주택단지 전체 대지에 속하는 일부의 토지에 대한 **소유권이전등기 말소소송** 등에 따라 사용검사[동별 사용검사를 포함한다. 이하 (3)에서 같다]를 받은 이후에 해당 토지의 소유권을 회복한 자[이하 (3)에서 '**실소유자**'라 한다]에게 해당 토지를 **시가로 매도할 것을 청구**할 수 있다. 20회, 24회

② 주택의 소유자들은 대표자를 선정하여 위 ①에 따른 매도청구에 관한 소송을 제기할 수 있다. 이 경우 대표자는 주택의 소유자 전체의 **4분의 3 이상**의 동의를 받아 선정한다. 27회 주관식

③ 위 ②에 따른 매도청구에 관한 소송에 대한 판결은 주택의 소유자 전체에 대하여 효력이 있다. 24회

④ 위 ①에 따라 매도청구를 하려는 경우에는 해당 토지의 면적이 주택단지 전체 대지면적의 **5퍼센트 미만**이어야 한다. 24회, 27회 주관식

⑤ 위 ①에 따른 '매도청구의 의사표시'는 실소유자가 '해당 토지소유권을 회복한 날'부터 **2년 이내**에 해당 실소유자에게 **송달**되어야 한다. 24회

⑥ '주택의 소유자들'은 위 ①에 따른 '매도청구로 인하여 발생한 비용'의 **전부**를 '**사업주체**'에게 **구상**(求償)할 수 있다. 24회

4. 전매의 제한 등

(1) 투기과열지구의 지정 및 해제(법 제63조)

① 국토교통부장관 또는 시·도지사는 주택가격의 안정을 위하여 필요한 경우에는 **주거정책심의위원회**[시·도지사의 경우에는 주거기본법 제9조에 따른 **시·도 주거정책심의위원회**를 말한다. 이하 (1)에서 같다]의 심의를 거쳐 일정한 지역을 '**투기과열지구**'로 지정하거나 이를 해제할 수 있다. 이 경우 투기과열지구는 그 지정목적을 달성할 수 있는 **최소한의** 범위에서 **시·군·구** 또는 **읍·면·동**의 지역 단위로 지정하되, 택지개발지구(택지개발촉진법 제2조 제3호에 따른 택지개발지구를 말한다) 등 해당 지역 여건을 고려하여 **지정 단위를 조정**할 수 있다. 19회, 28회

② 투기과열지구는 해당 지역의 **주택가격상승률**이 **물가상승률**보다 현저히 높은 지역으로서 그 지역의 청약경쟁률·주택가격·주택보급률 및 주택공급계획 등과 지역 주택시장 여건 등을 고려하였을 때 주택에 대한 투기가 성행하고 있거나 성행할 우려가 있는 지역 중 '**대통령령**으로 정하는 기준'을 충족하는 곳이어야 한다.

③ 국토교통부장관 또는 시·도지사는 위 ①에 따라 투기과열지구를 지정하였을 때에는 지체 없이 이를 공고하고, '국토교통부장관'은 그 투기과열지구를 관할하는 **시장·군수·구청장**에게, '특별시장, 광역시장 또는 도지사'는 그 투기과열지구를 관할하는 **시장, 군수 또는 구청장**에게 각각 공고내용을 통보하여야 한다. 이 경우 **시장·군수·구청장**은 **사업주체**로 하여금 입주자 모집공고 시 해당 주택건설지역이 투기과열지구에 포함된 사실을 공고하게 하여야 한다. 투기과열지구 지정을 해제하는 경우에도 또한 같다. [19회]

④ 국토교통부장관 또는 시·도지사는 투기과열지구에서 위 ②에 따른 지정사유가 없어졌다고 인정하는 경우에는 지체 없이 투기과열지구 지정을 해제하여야 한다. [19회]

⑤ 위 ①에 따라 **국토교통부장관**이 투기과열지구를 지정하거나 해제할 경우에는 미리 '시·도지사'의 **의견**을 듣고 그 의견에 대한 검토의견을 회신하여야 하며, **시·도지사**가 투기과열지구를 지정하거나 해제할 경우에는 '국토교통부장관'과 **협의**하여야 한다. [19회]

⑥ **국토교통부장관**은 **반기마다** 주거정책심의위원회의 회의를 소집하여 투기과열지구로 지정된 지역별로 해당 지역의 주택가격 안정 여건의 변화 등을 고려하여 '투기과열지구 지정의 유지 여부'를 **재검토**하여야 한다. 이 경우 재검토 결과 투기과열지구 지정의 해제가 필요하다고 인정되는 경우에는 지체 없이 투기과열지구 지정을 해제하고 이를 공고해야 한다.

⑦ 투기과열지구로 지정된 지역의 **시·도지사, 시장, 군수 또는 구청장**은 투기과열지구 지정 후 해당 지역의 주택가격이 안정되는 등 지정사유가 없어졌다고 인정되는 경우에는 '국토교통부장관' 또는 '시·도지사'에게 투기과열지구 지정의 **해제**를 **요청**할 수 있다.

⑧ 위 ⑦에 따라 투기과열지구 지정의 해제를 요청받은 국토교통부장관 또는 시·도지사는 요청받은 날부터 **40일 이내**에 주거정책심의위원회의 심의를 거쳐 투기과열지구 지정의 해제 여부를 결정하여 투기과열지구를 관할하는 지방자치단체의 장에게 심의결과를 통보해야 한다.

⑨ 국토교통부장관 또는 시·도지사는 위 ⑧에 따른 심의결과 투기과열지구에서 그 지정사유가 없어졌다고 인정될 때에는 지체 없이 투기과열지구 지정을 해제하고 이를 공고하여야 한다.

| 관련법령 | 투기과열지구의 지정기준(영 제72조의2) |

1. 위 **(1)**의 ②에서 '대통령령으로 정하는 기준을 충족하는 곳'이란 다음에 해당하는 곳을 말한다.
   ㉠ 투기과열지구로 지정하는 날이 속하는 달의 바로 전달(이하 '투기과열지구지정직전월')부터 소급하여 주택공급이 있었던 **2개월** 동안 해당 지역에서 공급되는 **주택의 월별 평균 청약경쟁률**이 '모두' **5대 1**을 초과했거나 **국민주택규모** 주택의 월별 평균 청약경쟁률이 '모두' 10대 1을 초과한 곳
   ㉡ 다음에 해당하는 곳으로서 주택공급이 위축될 우려가 있는 곳
      ⓐ 투기과열지구지정직전월의 '주택분양실적'이 **전달**보다 **30퍼센트 이상** 감소한 곳 28회
      ⓑ 사업계획승인 건수나 건축허가 건수(투기과열지구지정직전월부터 소급하여 6개월간의 건수)가 **직전 연도**보다 급격하게 감소한 곳
   ㉢ **신도시** 개발이나 주택 **전매행위의 성행** 등으로 투기 및 주거불안의 우려가 있는 곳으로서 다음에 해당하는 곳
      ⓐ 해당 지역이 속하는 '시·도의 주택보급률'이 **전국 평균 '이하'**인 곳
      ⓑ 해당 지역이 속하는 '시·도의 자가주택비율'이 전국 평균 '이하'인 곳
      ⓒ 해당 지역의 **분양주택**(투기과열지구로 지정하는 날이 속하는 연도의 직전 연도에 분양된 주택을 말한다)**의 수**가 '입주자저축에 가입한 사람으로서 국토교통부령으로 정하는 사람의 수'보다 **현저히 적은 곳**
2. 위 1.의 ㉠~㉢에 따른 투기과열지구 지정기준 충족 여부를 판단할 때 '위 1.의 ㉠~㉢에 규정된 기간'에 대한 **통계가 없는 경우**에는 그 기간과 '**가장 가까운 월 또는 연도에 대한 통계**'를 위 1.의 ㉠~㉢에 규정된 기간에 대한 통계로 본다.

(2) 조정대상지역의 지정 및 해제(법 제63조의2)

① **국토교통부장관**은 다음의 어느 하나에 해당하는 지역으로서 '**대통령령**으로 정하는 기준을 충족하는 지역'을 **주거정책심의위원회**의 심의를 거쳐 '**조정대상지역**'으로 지정할 수 있다. 이 경우 '**다음 ㉠**에 해당하는 조정대상지역'은 그 지정목적을 달성할 수 있는 **최소한의 범위**에서 시·군·구 또는 읍·면·동의 지역 단위로 지정하되, 택지개발지구(택지개발촉진법에 따른 택지개발지구를 말한다) 등 해당 지역 여건을 고려하여 지정 단위를 조정할 수 있다. 22회, 23회
   ㉠ 주택가격, 청약경쟁률, 분양권 전매량 및 주택보급률 등을 고려하였을 때 주택 분양 등이 **과열**되어 있거나 **과열**될 우려가 있는 지역
   ㉡ 주택가격, 주택거래량, 미분양주택의 수 및 주택보급률 등을 고려하여 주택의 분양·매매 등 거래가 **위축**되어 있거나 **위축**될 우려가 있는 지역
② 국토교통부장관은 위 ①에 따라 조정대상지역을 지정하는 경우 다음의 사항을 미리 관계 기관과 협의할 수 있다.
   ㉠ 「주택도시기금법」에 따른 주택도시보증공사의 보증업무 및 주택도시기금의 지원 등에 관한 사항
   ㉡ 주택 분양 및 거래 등과 관련된 금융·세제 조치 등에 관한 사항
   ㉢ 그 밖에 주택시장의 안정 또는 실수요자의 주택거래 활성화를 위하여 대통령령으로 정하는 사항

③ **국토교통부장관**은 위 ①에 따라 조정대상지역을 지정하는 경우에는 미리 **시·도지사**의 '**의견**'을 들어야 한다.

④ **국토교통부장관**은 조정대상지역을 지정하였을 때에는 지체 없이 이를 공고하고, 그 조정대상지역을 관할하는 **시장·군수·구청장**에게 공고 내용을 통보하여야 한다. 이 경우 **시장·군수·구청장**은 사업주체로 하여금 입주자 모집공고 시 해당 주택건설지역이 조정대상지역에 포함된 사실을 공고하게 하여야 한다. 22회

⑤ 국토교통부장관은 조정대상지역으로 유지할 필요가 없다고 판단되는 경우에는 주거정책심의위원회의 심의를 거쳐 조정대상지역의 지정을 해제하여야 한다. 22회

⑥ 위 ⑤에 따라 조정대상지역의 지정을 해제하는 경우에는 위 ③ 및 ④ 전단을 준용한다. 이 경우 '지정'은 '해제'로 본다.

⑦ 국토교통부장관은 **반기마다** 주거정책심의위원회의 회의를 소집하여 조정대상지역으로 지정된 지역별로 해당 지역의 주택가격 안정 여건의 변화 등을 고려하여 '조정대상지역 지정의 유지 여부'를 **재검토**하여야 한다. 이 경우 재검토 결과 조정대상지역 지정의 해제가 필요하다고 인정되는 경우에는 지체 없이 조정대상지역 지정을 해제하고 이를 공고하여야 한다.

⑧ 조정대상지역으로 지정된 지역의 **시·도지사** 또는 **시장·군수·구청장**은 조정대상지역 지정 후 해당 지역의 주택가격이 안정되는 등 조정대상지역으로 유지할 필요가 없다고 판단되는 경우에는 국토교통부장관에게 그 지정의 **해제**를 **요청**할 수 있다. 22회

⑨ 위 ⑧에 따라 조정대상지역의 지정의 해제를 요청하는 경우의 절차 등 필요한 사항은 국토교통부령으로 정한다.

> **관련법령** 조정대상지역의 지정기준(영 제72조의3)

1. 위 **(2)**의 ①에서 '대통령령으로 정하는 기준을 충족하는 지역'이란 다음의 구분에 따른 지역을 말한다.
   ㉠ 위 **(2)**의 ①의 ㉠에 해당하는 지역의 경우: 같은 항에 따른 조정대상지역으로 지정하는 날이 속하는 달의 바로 전달(이하 '조정대상지역지정직전월'이라 한다)부터 소급하여 **3개월간**의 해당 지역 '주택가격상승률'이 그 지역이 속하는 '시·도 소비자물가상승률'의 1.3배를 초과한 지역으로서 다음에 해당하는 지역
      ⓐ 조정대상지역지정직전월부터 소급하여 주택공급이 있었던 **2개월** 동안 해당 지역에서 공급되는 **주택**의 월별 평균 청약경쟁률이 '모두' 5대 1을 초과했거나 **국민주택규모 주택**의 월별 평균 청약경쟁률이 '모두' 10대 1을 초과한 지역
      ⓑ 조정대상지역지정직전월부터 소급하여 **3개월간**의 **분양권**(주택의 입주자로 선정된 지위를 말한다) **전매거래량**이 '직전 연도의 같은 기간'보다 **30퍼센트 이상** '증가'한 지역
      ⓒ 해당 지역이 속하는 '시·도의 주택보급률 또는 자가주택비율'이 **전국** 평균 '이하'인 지역

ⓒ 위 (2)의 ①의 ㉡에 해당하는 지역의 경우: 조정대상지역지정직전월부터 소급하여 **6개월간**의 '평균 주택가격상승률'이 마이너스 1퍼센트 이하인 지역으로서 다음에 해당하는 지역
  ⓐ 조정대상지역지정직전월부터 소급하여 3개월 연속 '주택매매거래량'이 '직전 연도의 같은 기간'보다 20퍼센트 이상 '감소'한 지역
  ⓑ 조정대상지역지정직전월부터 소급하여 3개월간의 **평균 미분양주택**(법 제15조 제1항에 따른 사업계획승인을 받아 입주자를 모집했으나 입주자가 선정되지 않은 주택을 말한다)의 수가 '직전 연도의 같은 기간'보다 2배 이상인 지역
  ⓒ 해당 지역이 속하는 '시·도의 주택보급률 또는 자가주택비율'이 **전국 평균**을 '**초과**'하는 지역
2. 위 1.의 ㉠, ㉡에 따른 조정대상지역 지정기준 충족 여부를 판단할 때 '위 1.의 ㉠, ㉡에 규정된 기간에 대한 통계가 없는 경우'에는 영 제72조의2 제2항을 준용한다.

> **관련법령** 조정대상지역 지정의 해제 절차(규칙 제25조의4)
>
> 위 (2)의 ⑦에 따라 **국토교통부장관**은 조정대상지역 지정의 해제를 요청받은 경우에는 「주거기본법」 제8조에 따른 주거정책심의위원회의 심의를 거쳐 요청받은 날부터 **40일 이내**에 해제 여부를 결정하고, 그 결과를 해당 지역을 관할하는 **시·도지사** 또는 **시장·군수·구청장**에게 통보해야 한다. 23회

(3) 주택의 전매행위 제한 등(법 제64조) [위반자: 3년 이하 징역 또는 3천만원 이하 벌금]

① 사업주체가 건설·공급하는 주택[해당 주택의 입주자로 선정된 지위(입주자로 선정되어 그 주택에 입주할 수 있는 권리·자격·지위 등을 말한다)를 포함한다. 이하 (3) 및 법 제101조에서 같다]으로서 다음의 어느 하나에 해당하는 경우에는 **10년 이내**의 범위에서 '대통령령으로 정하는 기간(이하 '**전매제한기간**'이라 한다)'이 지나기 전에는 그 주택을 **전매**(매매·증여나 그 밖에 권리의 변동을 수반하는 모든 행위를 포함하되, **상속**의 경우는 **제외**한다. 이하 같다)하거나 이의 **전매를 알선**할 수 없다. 이 경우 전매제한기간은 주택의 수급 상황 및 투기 우려 등을 고려하여 대통령령으로 지역별로 달리 정할 수 있다. 20회

㉠ **투기과열지구**에서 건설·공급되는 주택

㉡ '**조정대상지역**'에서 건설·공급되는 주택. 다만, **위 (2)의 ①의 ㉡**에 해당하는 조정대상지역 중 주택의 수급 상황 등을 고려하여 '대통령령으로 정하는 지역에서 건설·공급되는 주택'은 **제외**한다.

㉢ **분양가상한제 적용주택**. 다만, **수도권 외의 지역** 중 주택의 수급 상황 및 투기 우려 등을 고려하여 '**대통령령으로 정하는 지역**'으로서 **투기과열지구가 지정되지 아니하거나** 위 **(1)**에 따라 지정 해제된 지역 중 공공택지 외의 택지에서 건설·공급되는 분양가상한제 적용주택은 **제외**한다.

㉣ **공공택지 외의 택지**에서 건설·공급되는 주택. 다만, '**법 제57조 제2항 각 호의 주택**' 및 '**수도권 외의 지역** 중 주택의 수급 상황 및 투기 우려 등을 고려하여 대통령령으로 정하는 지역으로서 **공공택지 외의 택지**에서 건설·공급되는 주택'은 '**제외**'한다.

ⓜ 「도시 및 주거환경정비법」에 따른 **공공재개발사업**(법 제57조 제1항 제2호의 지역에 한정한다)에서 건설·공급하는 주택
　　ⓗ **토지임대부 분양주택**

② 위 ①의 ㉠~㉥의 주택을 공급받은 자의 생업상의 사정 등으로 전매가 불가피하다고 인정되는 경우로서 대통령령으로 정하는 경우에는 위 ①을 적용하지 아니한다. 다만, '**위 ①의 ㉢의 주택**을 공급받은 자'가 전매하는 경우에는 한국토지주택공사가 그 주택을 우선 매입할 수 있다.

③ 위 ①(토지임대부 분양주택은 제외한다)을 위반하여 주택의 입주자로 선정된 지위의 전매가 이루어진 경우, **사업주체가 '매입비용'을 그 매수인에게 지급한 경우에는 그 지급한 날에** 사업주체가 해당 입주자로 선정된 지위를 취득한 것으로 보며, **위의 ② 단서**에 따라 '**한국토지주택공사가 분양가상한제 적용주택을 우선 매입하는 경우**'에도 매입비용을 **준용**하되, 해당 주택의 분양가격과 인근지역 주택매매가격의 비율 및 해당 주택의 보유기간 등을 고려하여 대통령령으로 정하는 바에 따라 **매입금액을 '달리'** 정할 수 있다.

④ 사업주체가 '**위 ①의 ㉢, ㉣ 및 ㉥에 해당하는 주택**'을 공급하는 경우(**한국주택토지공사가 다음 ⑥에 따라 주택을 재공급하는 경우도 포함**한다)에는 그 주택의 소유권을 제3자에게 이전할 수 없음을 소유권에 관한 등기에 **부기등기**하여야 한다.

⑤ 위 ④에 따른 부기등기는 주택의 **소유권보존등기와 '동시'**에 하여야 하며, 부기등기에는 '이 주택은 **최초로 소유권이전등기**가 된 후에는 위 ①에서 정한 기간이 지나기 전에 한국토지주택공사[위 ② 단서 및 법 제78조의2(토지임대부 분양주택의 공공매입) 제3항에 따라 한국토지주택공사가 매입한 주택을 공급받는 자를 포함한다] 외의 자에게 소유권을 이전하는 어떠한 행위도 할 수 없음'을 명시하여야 한다.

⑥ 한국토지주택공사는 위 ② 단서 및 법 제78조의2(토지임대부 분양주택의 공공매입) 제3항에 따라 매입한 주택을 국토교통부령으로 정하는 바에 따라 **재공급하여야 하며, 해당 주택을 공급받은 자는 전매제한기간 중 잔여기간 동안 그 주택을 전매할 수 없다**. 이 경우 법 제78조의2 제3항에 따라 **매입한 주택은 토지임대부 분양주택으로 재공급**하여야 한다.

⑦ 국토교통부장관은 위 ① 및 ⑥을 위반한 자에 대하여 **10년의 범위**에서 국토교통부령으로 정하는 바에 따라 주택의 **입주자자격을 제한**할 수 있으며, **위 ①의 위반자**로서 그 위반행위로 얻은 이익의 3배에 해당하는 금액이 3천만원을 초과하는 자는 3년 이하의 징역 또는 그 이익의 **3배**에 해당하는 금액 이하의 벌금에 처한다.

⑧ 한국토지주택공사가 위 ⑥에 따라 주택을 **재공급**하는 경우에는 위 ①을 적용하지 아니한다.

관련법령 **분양가상한제 적용주택의 매입금액(영 제73조의2)**

한국토지주택공사가 위 (3)의 ② 단서에 따라 우선 매입하는 분양가상한제 적용주택의 '위 (3)의 ③에 따른 **매입금액**'은 [별표 3의2]와 같다.

별표 3의2 | 분양가상한제 적용주택의 매입금액(영 제73조의2 관련)

1. 공통 사항
분양가상한제 적용주택의 보유기간은 해당 주택의 최초 입주가능일부터 계산한다.

2. '공공택지'에서 건설·공급되는 주택의 매입금액

구분	보유기간	매입금액
가. 분양가격이 인근지역주택매매가격의 100퍼센트 이상인 경우	–	매입비용의 100퍼센트에 해당하는 금액
나. 분양가격이 인근지역주택매매가격의 80퍼센트 이상 100퍼센트 미만인 경우	3년 미만	매입비용의 100퍼센트에 해당하는 금액
	3년 이상 4년 미만	매입비용의 50퍼센트에 인근지역주택매매가격의 50퍼센트를 더한 금액
	4년 이상	인근지역주택매매가격의 100퍼센트에 해당하는 금액
다. 분양가격이 인근지역주택매매가격의 80퍼센트 미만인 경우	5년 미만	매입비용의 100퍼센트에 해당하는 금액
	5년 이상 6년 미만	매입비용의 50퍼센트에 인근지역주택매매가격의 50퍼센트를 더한 금액
	6년 이상	인근지역주택매매가격의 100퍼센트에 해당하는 금액

3. '공공택지 외의 택지'에서 건설·공급되는 주택의 매입금액

구분	보유기간	매입금액
가. 분양가격이 인근지역주택매매가격의 100퍼센트 이상인 경우	–	매입비용의 100퍼센트에 해당하는 금액
나. 분양가격이 인근지역주택매매가격의 80퍼센트 이상 100퍼센트 미만인 경우	2년 미만	매입비용의 100퍼센트에 해당하는 금액
	2년 이상 3년 미만	매입비용의 50퍼센트에 인근지역주택매매가격의 50퍼센트를 더한 금액
	3년 이상 4년 미만	매입비용의 25퍼센트에 인근지역주택매매가격의 75퍼센트를 더한 금액
	4년 이상	인근지역주택매매가격의 100퍼센트에 해당하는 금액
다. 분양가격이 인근지역주택매매가격의 80퍼센트 미만인 경우	3년 미만	매입비용의 100퍼센트에 해당하는 금액
	3년 이상 4년 미만	매입비용의 75퍼센트에 인근지역주택매매가격의 25퍼센트를 더한 금액
	4년 이상 5년 미만	매입비용의 50퍼센트에 인근지역주택매매가격의 50퍼센트를 더한 금액
	5년 이상 6년 미만	매입비용의 25퍼센트에 인근지역주택매매가격의 75퍼센트를 더한 금액
	6년 이상	인근지역주택매매가격의 100퍼센트에 해당하는 금액

> **관련법령** 전매행위 제한기간 및 전매가 불가피한 경우(영 제73조)

1. 위 **(3)**의 ①의 ㉠~㉤ 외의 부분에서 '대통령령으로 정하는 기간'이란 [별표 3]에 따른 기간을 말한다.
2. 위 **(3)**의 ①의 **㉡ 단서**에서 '대통령령으로 정하는 지역에서 건설·공급되는 주택'이란 '**공공택지 외의 택지**'에서 건설·공급되는 주택을 말한다.
3. 위 **(3)**의 ①의 **㉢ 단서** 및 위 **(3)**의 ①의 **㉣ 단서**에서 '대통령령으로 정하는 지역'이란 각각 다음의 지역을 말한다.
   ㉠ 광역시가 아닌 지역
   ㉡ 광역시 중 「국토의 계획 및 이용에 관한 법률」에 따른 도시지역이 아닌 지역
4. 위 **(3)**의 ② 본문에서 '대통령령으로 정하는 경우'란 다음의 어느 하나에 해당하여 **한국토지주택공사의 동의**를 받은 경우를 말한다.
   ㉠ 세대원[위 **(3)**의 ①의 ㉠~㉤의 주택을 공급받은 사람이 포함된 세대의 구성원을 말한다. 이하 같다]이 근무 또는 생업상의 사정이나 질병치료·취학·결혼으로 인하여 세대원 전원이 다른 광역시, 특별자치시, 특별자치도, 시 또는 군('광역시의 관할 구역에 있는 군'은 **제외**한다)으로 이전하는 경우. 다만, 수도권 안에서 이전하는 경우는 제외한다.
   ㉡ **상속**에 따라 취득한 주택으로 세대원 전원이 이전하는 경우
   ㉢ 세대원 전원이 해외로 이주하거나 **2년** 이상의 기간 동안 해외에 체류하려는 경우
   ㉣ **이혼**으로 인하여 입주자로 선정된 지위 또는 주택을 **배우자**에게 **이전**하는 경우
   ㉤ 「공익사업을 위한 토지 등의 취득 및 보상에 관한 법률」 제78조 제1항에 따라 공익사업의 시행으로 주거용 건축물을 제공한 자가 사업시행자로부터 이주대책용 주택을 공급받은 경우(사업시행자의 알선으로 공급받은 경우를 포함한다)로서 시장·군수·구청장이 확인하는 경우
   ㉥ 위 **(3)**의 ①의 ㉢에서 ㉤까지의 어느 하나에 해당하는 주택의 소유자가 다음의 어느 하나에 해당하는 자에 대한 채무를 이행하지 못하여 경매 또는 공매가 시행되는 경우 〈개정 2025.4.15.〉
      ⓐ 국가
      ⓑ 지방자치단체
      ⓒ 영 제71조 제1호 각 목의 금융기관
      ⓓ 주택도시보증공사

      ● 영 제71조 제1호의 금융기관
         1. 「은행법」에 따른 은행
         2. 「중소기업은행법」에 따른 중소기업은행
         3. 「상호저축은행법」에 따른 상호저축은행
         4. 「보험업법」에 따른 보험회사
         5. 그 밖의 법률에 따라 금융업무를 수행하는 기관으로서 국토교통부령으로 정하는 다음의 기관
            ㉠ 「농업협동조합법」에 따른 조합, 농업협동조합중앙회 및 농협은행
            ㉡ 「수산업협동조합법」에 따른 수산업협동조합 및 수산업협동조합중앙회
            ㉢ 「신용협동조합법」에 따른 신용협동조합 및 신용협동조합중앙회
            ㉣ 「새마을금고법」에 따른 새마을금고 및 새마을금고중앙회
            ㉤ 「산림조합법」에 따른 산림조합 및 산림조합중앙회
            ㉥ 「한국주택금융공사법」에 따른 한국주택금융공사
            ㉦ 「우체국예금·보험에 관한 법률」에 따른 체신관서
   ㉧ 입주자로 선정된 지위 또는 주택의 '**일부**'를 **배우자**에게 **증여**하는 경우
   ㉨ **실직·파산** 또는 **신용불량**으로 경제적 어려움이 발생한 경우
5. '위 4.에 따른 동의를 받으려는 사람'은 국토교통부령으로 정하는 **전매 동의신청서를 한국토지주택공사**에 제출해야 한다. 이 경우 **한국토지주택공사**는 '해당 동의신청서를 접수한 날'부터 **14일 이내**에 '**동의 여부**'를 신청인에게 통보해야 한다.

6. 한국토지주택공사는 위 (3)의 ② 단서에 따라 해당 주택을 우선 매입하려는 경우에는 '위 5. 후단에 따른 통보를 할 때' 우선 매입 의사를 함께 통보해야 한다.

별표 3 전매행위 제한-기간(영 제73조 제1항 관련)

1. 공통 사항
   가. 전매행위 제한기간은 '해당 주택의 **입주자로 선정된 날**'부터 **기산**한다.
   나. 주택에 대한 **제2호부터 제6호까지의** 규정에 따른 전매행위 제한기간이 둘 이상에 해당하는 경우에는 그중 **가장 긴 전매행위 제한기간**을 적용한다. 다만, 법 제63조의2 제1항 제2호에 따른 지역(**위축지역**)에서 건설·공급되는 주택의 경우에는 가장 **짧은 전매행위 제한기간**을 적용한다.
   다. 주택에 대한 **제2호부터 제6호까지의** 규정에 따른 전매행위 제한기간 이내에 해당 주택에 대한 소유권이전등기를 완료한 경우 소유권이전등기를 완료한 때에 전매행위 제한기간이 지난 것으로 본다. 이 경우 '주택'에 대한 소유권이전등기에는 '대지'를 제외한 '건축물'에 대해서만 소유권이전등기를 하는 경우를 포함한다.
2. 법 제64조 제1항 제1호의 **주택**(투기과열지구에서 건설·공급되는 주택): 다음의 구분에 따른 기간
   가. 수도권: 3년 ^{28회}
   나. 수도권 외의 지역: 1년
3. 법 제64조 제1항 제2호의 **주택**(조정대상지역에서 건설·공급되는 주택): 다음의 구분에 따른 기간
   가. **과열지역**(법 제63조의2 제1항 제1호에 해당하는 조정대상지역을 말한다): 다음 구분에 따른 기간
      1) 수도권: 3년
      2) 수도권 외의 지역: 1년
   나. **위축지역**(법 제63조의2 제1항 제2호에 해당하는 조정대상지역을 말한다)

공공택지에서 건설·공급되는 주택	공공택지 외의 택지에서 건설·공급되는 주택
6개월	–

4. 법 제64조 제1항 제3호의 **주택**(분양가상한제 적용주택): 다음의 구분에 따른 기간
   가. 공공택지에서 건설·공급되는 주택: 다음의 구분에 따른 기간
      1) 수도권: 3년
      2) 수도권 외의 지역: 1년
   나. 공공택지 외의 택지에서 건설·공급되는 주택: 다음의 구분에 따른 기간
      1) 투기과열지구: 제2호 각 목의 구분에 따른 기간
      2) 투기과열지구가 아닌 지역: 제5호 각 목의 구분에 따른 기간
5. 법 제64조 제1항 제4호의 **주택**(공공택지 외의 택지에서 건설·공급되는 주택): 다음의 구분에 따른 기간

구분		전매행위 제한기간
가. 수도권	1) 「수도권정비계획법」 제6조 제1항 제1호에 따른 **과밀억제권역**	1년
	2) 「수도권정비계획법」 제6조 제1항 제2호 및 제3호에 따른 **성장관리권역 및 자연보전권역**	6개월
나. 수도권 외의 지역	1) 광역시 중 「국토의 계획 및 이용에 관한 법률」 제36조 제1항 제1호에 따른 **도시지역**	6개월
	2) 그 밖의 지역	–

6. 법 제64조 제1항 제5호의 **주택**[도시 및 주거환경정비법 제2조 제2호 나목 후단에 따른 **공공재개발사업**(법 제57조 제1항 제2호의 지역에 한정한다)에서 건설·공급하는 주택]: 제4호 나목에 따른 기간
7. 법 제64조 제1항 제6호의 **주택**(토지임대부 분양주택): 10년

CHAPTER 04 리모델링

회독체크 1 2 3

CHAPTER 미리보기

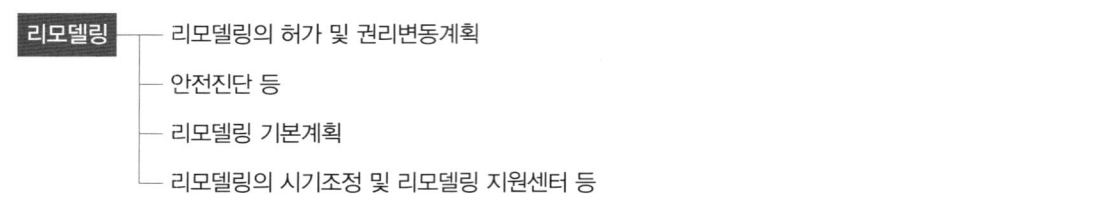

학습전략

본 단원에서는 대수선하는 리모델링, 증축형 리모델링, 세대수 증가형 리모델링 및 수직증축형 리모델링을 구별하여 정리하여야 하며, 1문제 내지 2문제 정도 출제되고 있습니다.

학습키워드

- 리모델링 행위의 허가받기 위한 요건
- 증축형 리모델링 및 수직증축형 리모델링의 안전진단
- 세대수 증가형 리모델링의 리모델링 기본계획 및 권리변동계획 등

1. 리모델링의 허가 및 권리변동계획

(1) 리모델링의 허가 등(법 제66조)

① 공동주택(부대시설과 복리시설을 포함한다)의 **입주자·사용자** 또는 **관리주체**가 공동주택을 리모델링하려고 하는 경우에는 허가와 관련된 면적, 세대수 또는 입주자 등의 동의비율에 관하여 대통령령으로 정하는 기준 및 절차 등에 따라 '**시장·군수·구청장**'의 **허가**를 받아야 한다. 28회

② 위 ①에도 불구하고 대통령령으로 정하는 기준 및 절차 등에 따라 리모델링 결의를 한 **리모델링주택조합**이나 '**소유자 전원의 동의**'를 받은 **입주자대표회의**(공동주택관리법 제2조 제1항 제8호에 따른 입주자대표회의를 말하며, 이하 '입주자대표회의'라 한다)가 '**시장·군수·구청장**'의 **허가**를 받아 리모델링을 할 수 있다.

③ 위 ②에 따라 리모델링을 하는 경우 법 제11조 제1항에 따라 '**설립인가**'를 받은 '**리모델링주택조합**'의 **총회** 또는 '**소유자 전원의 동의**'를 받은 **입주자대표회의**에서 「건설산업기본법」 제9조에 따른 '**건설사업자**' 또는 법 제7조 제1항에 따라 '**건설사업자로 보는 등록사업자**'를 시공자로 선정하여야 한다.

④ 위 ③에 따른 시공자를 선정하는 경우에는 국토교통부장관이 정하는 **경쟁입찰의 방법**으로 하여야 한다. 다만, 경쟁입찰의 방법으로 시공자를 선정하는 것이 곤란하다고 인정되는 경우 등 대통령령으로 정하는 경우에는 그러하지 아니하다.

⑤ 위 ① 또는 ②에 따른 리모델링에 관하여 시장·군수·구청장이 관계 행정기관의 장과 협의하여 허가받은 사항에 관하여는 법 제19조(다른 법률에 따른 인가·허가 등의 의제 등)를 준용한다.

⑥ 위 ①에 따라 **시장·군수·구청장**이 세대수 증가형 리모델링[대통령령으로 정하는 세대수(**50세대**) 이상으로 세대수가 증가하는 경우로 한정한다. 이하 **(1)**에서 같다]을 **허가하려는 경우**에는 기반시설에의 영향이나 도시·군관리계획과의 부합 여부 등에 대해 「국토의 계획 및 이용에 관한 법률」 제113조 제2항에 따라 설치된 **시·군·구 도시계획위원회**(이하 '시·군·구도시계획위원회'라 한다)의 **심의**를 거쳐야 한다. 19회, 22회 주관식, 24회, 28회

⑦ 공동주택의 입주자·사용자·관리주체·입주자대표회의 또는 리모델링주택조합이 위 ① 또는 ②에 따른 리모델링에 관해 시장·군수·구청장의 '허가'를 받은 후 그 공사를 완료하였을 때에는 **시장·군수·구청장의 사용검사**를 받아야 하며, 사용검사에 관하여는 법 제49조(사용검사 등)를 준용한다. 24회

⑧ 시장·군수·구청장은 위 ⑦에 해당하는 자가 거짓이나 그 밖의 부정한 방법으로 위 ①, ② 및 ⑤에 따른 허가를 받은 경우에는 행위허가를 취소할 수 있다.

⑨ 법 제71조에 따른 '**리모델링 기본계획 수립대상지역**'에서 '**세대수 증가형 리모델링**'을 '**허가**'하려는 **시장·군수·구청장**은 해당 **리모델링 기본계획**에 '**부합하는 범위**'에서 **허가해야** 한다.

> **관련법령** 리모델링의 허가기준 등(영 제75조)

1. 위 **(1)**의 ① 및 ②에 따른 리모델링 허가기준은 [별표 4]와 같다.
2. 위 **(1)**의 ① 및 ②에 따른 리모델링 허가를 받으려는 자는 허가신청서에 국토교통부령으로 정하는 서류를 첨부하여 시장·군수·구청장에게 제출하여야 한다.
3. 위 **(1)**의 ②에 따라 리모델링에 동의한 소유자는 리모델링주택조합 또는 입주자대표회의가 위 2.에 따라 시장·군수·구청장에게 '허가신청서를 제출하기 전까지' '서면'으로 동의를 철회할 수 있다. 23회, 28회

별표 4 공동주택 리모델링의 허가기준(영 제75조 제1항 관련)

구분	세부기준
1. 동의비율	가. **입주자·사용자 또는 관리주체**의 경우 24회, 26회, 28회 　공사기간, 공사방법 등이 적혀 있는 동의서에 '**입주자**' **전체의 동의**를 받아야 한다. 나. **리모델링주택조합**의 경우 　다음의 사항이 적혀 있는 결의서에 주택단지 전체를 리모델링하는 경우에는 주택단지 전체 구분소유자 및 의결권의 각 **75퍼센트** 이상의 동의와 각 동별 구분소유자 및 의결권의 각 **50퍼센트** 이상의 동의를 받아야 하며(리모델링을 하지 않는 별동의 건축물로 입주자 공유가 아닌 복리시설 등의 소유자는 권리변동이 없는 경우에 한정하여 동의비율 산정에서 제외한다), 동을 리모델링하는 경우에는 그 동의 구분소유자 및 의결권의 각 **75퍼센트** 이상의 동의를 받아야 한다. 20회, 26회 　1) 리모델링 설계의 개요 　2) 공사비 　3) 조합원의 비용분담 명세 다. **입주자대표회의**의 경우 21회 주관식, 24회, 28회 　다음 사항이 적혀 있는 결의서에 주택단지의 '**소유자**' **전원의 동의**를 받아야 한다. 　1) 리모델링 설계의 개요 　2) 공사비 　3) 소유자의 비용분담 명세
2. 허용행위	가. 공동주택 　1) 리모델링은 **주택단지별** 또는 **동별**로 한다. 　2) 복리시설을 **분양하기 위한 것이 아니어야** 한다. 다만, **1층을 필로티 구조로 전용**하여 세대의 일부 또는 전부를 **부대시설 및 복리시설 등으로 이용**하는 경우에는 그렇지 않다. 　3) 위 2)에 따라 1층을 필로티 구조로 전용하는 경우 영 제13조에 따른 수직증축 허용범위를 초과하여 증축하는 것이 아니어야 한다. 　4) 내력벽의 철거에 의하여 세대를 합치는 행위가 아니어야 한다. 나. 입주자 공유가 아닌 복리시설 등 　1) 사용검사를 받은 후 **10년 이상** 지난 복리시설로서 공동주택과 동시에 리모델링하는 경우로서 시장·군수·구청장이 구조안전에 지장이 없다고 인정하는 경우로 한정한다. 　2) **증축**은 기존 건축물 연면적 합계의 **10분의 1 이내**여야 하고, 증축범위는 「건축법 시행령」 제6조 제2항 제2호 나목에 따른다. 다만, 주택과 주택 외의 시설이 동일 건축물로 건축된 경우는 **주택**의 **증축 면적비율의 범위 안**에서 증축할 수 있다.

> **관련법령** 리모델링의 시공자 선정 등(영 제76조)
>
> 위 (1)의 ④ 단서에서 '경쟁입찰의 방법으로 시공자를 선정하는 것이 곤란하다고 인정되는 경우 등 대통령령으로 정하는 경우'란 시공자 선정을 위하여 **2회 이상** 경쟁입찰을 하였으나 입찰자의 수가 해당 경쟁입찰의 방법에서 정하는 최저 입찰자 수에 미달하여 경쟁입찰의 방법으로 시공자를 선정할 수 없게 된 경우를 말한다.

(2) 권리변동계획의 수립(법 제67조)

'세대수가 증가되는 리모델링'을 하는 경우에는 기존 주택의 권리변동, 비용분담 등 대통령령으로 정하는 사항에 대한 계획(이하 '**권리변동계획**'이라 한다)을 수립하여 **사업계획승인** 또는 **행위허가**를 받아야 한다. 23회

> **관련법령** 권리변동계획의 내용(영 제77조)
>
> 1. 위 (2)에서 '기존 주택의 권리변동, 비용분담 등 대통령령으로 정하는 사항'이란 다음의 사항을 말한다. 19회
>   ㉠ 리모델링 전후의 대지 및 건축물의 권리변동 명세
>   ㉡ 조합원의 비용분담
>   ㉢ 사업비
>   ㉣ 조합원 외의 자에 대한 분양계획
>   ㉤ 그 밖에 리모델링과 관련된 권리 등에 대하여 해당 시·도 또는 시·군의 조례로 정하는 사항
> 2. 위 1.의 ㉠ 및 ㉡에 다라 대지 및 건축물의 권리변동 명세를 작성하거나 조합원의 비용분담 금액을 산정하는 경우에는 「감정평가 및 감정평가사에 관한 법률」 제2조 제4호에 따른 **감정평가법인 등**이 리모델링 전후의 재산 또는 권리에 대하여 평가한 금액을 기준으로 할 수 있다.

2. 안전진단 등

(1) 증축형 리모델링의 안전진단(법 제68조)

① '증축형 리모델링을 하려는 자'는 시장·군수·구청장에게 **안전진단**을 **요청**하여야 하며, 안전진단을 요청받은 시장·군수·구청장은 해당 건축물의 '증축 가능 여부의 확인 등을 위하여' 안전진단을 실시하여야 한다. 19회

② 시장·군수·구청장은 위 ①에 따라 안전진단을 실시하는 경우에는 '대통령령으로 정하는 기관'에 안전진단을 의뢰하여야 하며, 안전진단을 의뢰받은 기관은 '리모델링을 하려는 자가 추천'한 **건축구조기술사**(구조설계를 담당할 자를 말한다)와 함께 안전진단을 실시하여야 한다.

③ 시장·군수·구청장이 위 ①에 따른 안전진단으로 건축물 구조의 안전에 위험이 있다고 평가하여 「도시 및 주거환경정비법」 제2조 제2호 다목에 따른 '**재건축사업**' 및 「빈집 및 소규모주택 정비에 관한 특례법」 제2조 제1항 제3호 다목에 따른 '**소규모재건축사업**'의 시행이 필요하다고 결정한 건축물은 증축형 리모델링을 하여서는 아니 된다.

④ 시장·군수·구청장은 위 1. (1)의 ①에 따라 **수직증축형 리모델링**을 '허가한 후에' 해당 건축물의 '구조안전성 등에 대한 상세 확인을 위하여' **안전진단**을 실시하여야 한다. 이 경우 안전진단을 의뢰받은 기관은 위 ②에 따른 **건축구조기술사**와 함께 안전진단을 실시하여야 하며, 리모델링을 하려는 자는 안전진단 후 구조설계의 변경 등이 필요한 경우에는 건축구조기술사로 하여금 이를 '보완'하도록 하여야 한다.

⑤ 위 ② 및 ④에 따라 안전진단을 의뢰받은 기관은 국토교통부장관이 정하여 고시하는 기준에 따라 안전진단을 실시하고, 국토교통부령으로 정하는 방법 및 절차에 따라 **안전진단 결과보고서**를 작성하여 '안전진단을 요청한 자'와 '시장·군수·구청장'에게 제출해야 한다.

⑥ 시장·군수·구청장은 위 ① 및 ④에 따라 안전진단을 실시하는 비용의 전부 또는 일부를 '리모델링을 하려는 자'에게 부담하게 할 수 있다.

> **관련법령** 증축형 리모델링의 안전진단(영 제78조)
>
> 1. 위 (1)의 ②에서 '대통령령으로 정하는 기관'이란 다음의 어느 하나에 해당하는 기관을 말한다.
>   ㉠ 「시설물의 안전 및 유지관리에 관한 특별법」에 따라 등록한 '안전진단전문기관'
>   ㉡ 「국토안전관리원법」에 따른 '국토안전관리원'
>   ㉢ 「과학기술분야 정부출연연구기관 등의 설립·운영 및 육성에 관한 법률」 제8조에 따른 한국건설기술연구원(이하 '**한국건설기술연구원**'이라 한다)
> 2. 시장·군수·구청장은 '위 (1)의 ②에 따른 안전진단을 실시한 기관'에 (1)의 ④에 따른 안전진단을 의뢰해서는 아니 된다. 다만, 다음의 어느 하나에 해당하는 경우에는 그러하지 아니하다.
>   ㉠ 위 (1)의 ②에 따라 안전진단을 실시한 기관이 **국토안전관리원** 또는 **한국건설기술연구원**인 경우
>   ㉡ 위 (1)의 ④에 따른 안전진단 의뢰(2회 이상 지방자치단체를 당사자로 하는 계약에 관한 법률 제9조에 따라 입찰에 부치거나 수의계약을 시도하는 경우로 한정한다)에 응하는 기관이 없는 경우
> 3. 위 (1)의 ⑤에 따라 안전진단전문기관으로부터 '안전진단 결과보고서'를 제출받은 시장·군수·구청장은 필요하다고 인정하는 경우에는 제출받은 날부터 7일 이내에 **국토안전관리원** 또는 **한국건설기술연구원**에 '안전진단 결과보고서의 적정성에 대한 검토'를 의뢰할 수 있다.
> 4. 시장·군수·구청장은 위 (1)의 ①에 따른 안전진단을 한 경우에는 위 (1)의 ⑤에 따라 제출받은 안전진단 결과보고서, 위 3.에 따른 '적정성 검토 결과' 및 법 제71조[다음 3.의 (1)]에 따른 '리모델링 기본계획'을 고려하여 안전진단을 요청한 자에게 '증축 가능 여부'를 통보하여야 한다.

(2) 전문기관의 안전성 검토 등(법 제69조)

① 시장·군수·구청장은 '수직증축형 리모델링을 하려는 자'가 「건축법」에 따른 **건축위원회의 심의를 요청**하는 경우 구조계획상 증축범위의 적정성 등에 대하여 대통령령으로 정하는 전문기관에 안전성 검토를 '**의뢰**'하여야 한다. 23회

② 시장·군수·구청장은 '수직증축형 리모델링을 하려는 자의 허가 신청'이 있거나 위 (1)의 ④에 따른 '안전진단 결과 국토교통부장관이 정하여 고시하는 설계도서의 변경이 있는 경우' 제출된 '설계도서상 구조안전의 적정성 여부 등'에 대해 '위 ①에 따라 검토를 수행한 전문기관'에 안전성 검토를 '**의뢰**'하여야 한다.

③ 위 ① 및 ②에 따라 검토의뢰를 받은 전문기관은 국토교통부장관이 정하여 고시하는 검토기준에 따라 검토한 결과를 대통령령으로 정하는 기간(안전성 검토를 의뢰받은 날부터 30일) 이내에 시장·군수·구청장에게 제출하여야 하며, 시장·군수·구청장은 특별한 사유가 없는 경우 이 법 및 관계 법률에 따른 위원회의 심의 또는 허가 시 제출받은 안전성 검토결과를 반영하여야 한다.

④ 시장·군수·구청장은 위 ① 및 ②에 따른 전문기관의 안전성 검토비용의 전부 또는 일부를 '리모델링을 하려는 자'에게 부담하게 할 수 있다.

⑤ **국토교통부장관**은 시장·군수·구청장에게 위 ③에 따라 제출받은 자료의 제출을 요청할 수 있으며, 필요한 경우 **'시장·군수·구청장'**으로 하여금 **'안전성 검토결과의 적정성'**에 대하여 「건축법」에 따른 **중앙건축위원회의 심의**를 받도록 요청할 수 있다.

⑥ 시장·군수·구청장은 특별한 사유가 없으면 위 ⑤에 따른 심의결과를 반영하여야 한다.

> **관련법령** 전문기관의 안전성 검토 등(영 제79조)
>
> 1. 위 **(2)**의 ①에서 '대통령령으로 정하는 전문기관'이란 국토안전관리원 또는 한국건설기술연구원을 말한다.
> 2. 위 **(2)**의 ③에서 '대통령령으로 정하는 기간'이란 위 **(2)**의 ① 또는 ②에 따라 안전성 검토(이하 '검토'라 한다)를 의뢰받은 날부터 30일을 말한다. 다만, 검토 의뢰를 받은 전문기관이 부득이하게 검토기간의 연장이 필요하다고 인정하여 20일의 범위에서 그 기간을 **연장**(**한 차례**로 **한정**한다)한 경우에는 그 연장된 기간을 포함한 기간을 말한다.
> 3. 검토 의뢰를 받은 전문기관은 검토 의뢰 서류에 보완이 필요한 경우에는 일정한 기간을 정하여 보완하게 할 수 있다.
> 4. 위 2.에 따른 기간을 산정할 때 위 3.에 따른 보완기간, 공휴일 및 토요일은 산정대상에서 제외한다.

(3) 수직증축형 리모델링의 구조기준(법 제70조)

'수직증축형 리모델링'의 설계자는 '국토교통부장관'이 정하여 고시하는 구조기준에 맞게 '구조설계도서'를 작성하여야 한다. 26회

3. 리모델링 기본계획

(1) 리모델링 기본계획의 수립권자 및 대상지역 등(법 제71조)

① **특별시장·광역시장** 및 **대도시의 시장**은 관할 구역에 대하여 다음의 사항을 포함한 리모델링 기본계획을 **10년 단위**로 수립하여야 한다. 다만, 세대수 증가형 리모델링에 따른 도시과밀의 우려가 적은 경우 등 대통령령으로 정하는 경우에는 리모델링 기본계획을 수립하지 아니할 수 있다.

　　　　㉠ 계획의 목표 및 기본방향
　　　　㉡ 도시기본계획 등 관련 계획 검토
　　　　㉢ 리모델링 대상 공동주택 현황 및 세대수 증가형 리모델링 수요 예측
　　　　㉣ 세대수 증가에 따른 기반시설의 영향 검토
　　　　㉤ 일시집중 방지 등을 위한 단계별 리모델링 시행방안
　　　　㉥ 그 밖에 대통령령으로 정하는 사항
　　② **대도시가 아닌 시의 시장**은 세대수 증가형 리모델링에 따른 도시과밀이나 일시집중 등이 우려되어 **도지사**가 리모델링 기본계획의 수립이 필요하다고 인정한 경우 리모델링 기본계획을 수립하여야 한다.

(2) 리모델링 기본계획 수립절차(법 제72조)

① 특별시장·광역시장 및 대도시의 시장[위 (1)의 ②에 따른 대도시가 아닌 시의 시장을 포함한다. 이하 (2)부터 다음 4.의 (1)까지에서 같다]은 리모델링 기본계획을 수립하거나 변경하려면 14일 이상 주민에게 공람하고, 지방의회의 의견을 들어야 한다. 이 경우 지방의회는 의견제시를 요청받은 날부터 30일 이내에 의견을 제시하여야 하며, **30일 이내**에 의견을 제시하지 아니하는 경우에는 이의가 없는 것으로 본다. 다만, 대통령령으로 정하는 경미한 변경인 경우에는 주민공람 및 지방의회 의견청취 절차를 거치지 아니할 수 있다.

② 특별시장·광역시장 및 대도시의 시장은 리모델링 기본계획을 수립하거나 변경하려면 관계 행정기관의 장과 **협의**한 후 「국토의 계획 및 이용에 관한 법률」 제113조 제1항에 따라 설치된 시·도 도시계획위원회(이하 '**시·도 도시계획위원회**'라 한다) 또는 **시·군·구 도시계획위원회**의 심의를 거쳐야 한다.

③ 위 ②에 따라 협의를 요청받은 관계 행정기관의 장은 특별한 사유가 없으면 그 요청을 받은 날부터 **30일 이내**에 의견을 제시하여야 한다. 23회

④ 대도시의 시장은 리모델링 기본계획을 수립하거나 변경하려면 도지사의 승인을 받아야 하며, 도지사는 리모델링 기본계획을 승인하려면 시·도 도시계획위원회의 심의를 거쳐야 한다.

(3) 리모델링 기본계획의 고시 등(법 제73조)

① 특별시장·광역시장 및 대도시의 시장은 리모델링 기본계획을 수립하거나 변경한 때에는 이를 지체 없이 해당 지방자치단체의 공보에 고시하여야 한다.

② 특별시장·광역시장 및 대도시의 시장은 **5년마다** 리모델링 기본계획의 **타당성**을 **검토**하여 그 결과를 리모델링 기본계획에 반영하여야 한다.

> **관련법령** 리모델링 기본계획의 수립 등(영 제80조)
>
> 1. 위 **(1)**의 ①의 ㉠~㉥ 외의 부분 단서에서 '세대수 증가형 리모델링에 따른 도시과밀의 우려가 적은 경우' 등 대통령령으로 정하는 경우'란 다음의 구분에 따른 경우를 말한다.
>   ㉠ **특별시·광역시의 경우**: 세대수 증가형 리모델링(세대수를 증가하는 증축행위를 말한다. 이하 같다)에 따른 도시과밀이나 이주수요의 일시집중 우려가 적은 경우로서 특별시장·광역시장이 「국토의 계획 및 이용에 관한 법률」 제113조 제1항에 따른 시·도 도시계획위원회(이하 '시·도 도시계획위원회'라 한다)의 심의를 거쳐 리모델링 기본계획을 수립할 필요가 없다고 인정하는 경우
>   ㉡ **대도시**(지방자치법 제198조 제1항에 따른 대도시를 말한다. 이하 같다): 세대수 증가형 리모델링에 따른 도시과밀이나 이주수요의 일시집중 우려가 적은 경우로서 대도시 시장의 요청으로 도지사가 시·도 도시계획위원회의 심의를 거쳐 리모델링 기본계획을 수립할 필요가 없다고 인정하는 경우
> 2. 위 **(1)**의 ①의 ㉥에서 '대통령령으로 정하는 사항'이란 도시과밀 방지 등을 위한 계획적 관리와 리모델링의 원활한 추진을 지원하기 위한 사항으로서 특별시·광역시 또는 대도시의 조례로 정하는 사항을 말한다.
> 3. 위 **(2)**의 ①에서 '대통령령으로 정하는 경미한 변경인 경우'란 다음의 어느 하나에 해당하는 경우를 말한다.
>   ㉠ 세대수 증가형 리모델링 수요 예측 결과에 따른 세대수 증가형 리모델링 수요(세대수 증가형 리모델링을 하려는 주택의 총세대수를 말한다. 이하 3.에서 같다)가 **감소**하거나 **10퍼센트** 범위에서 **증가**하는 경우
>   ㉡ 세대수 증가형 리모델링 수요의 변동으로 기반시설의 영향 검토나 단계별 리모델링 시행 방안이 변경되는 경우
>   ㉢ 「국토의 계획 및 이용에 관한 법률」 제2조 제3호에 따른 도시·군기본계획 등 관련 계획의 변경에 따라 리모델링 기본계획이 변경되는 경우
> 4. 특별시장·광역시장 및 대도시의 시장[위 **(1)**의 ②에 따른 대도시가 아닌 시의 시장을 포함한다]은 주민공람을 실시할 때에는 미리 공람의 요지 및 장소를 해당 지방자치단체의 공보 및 인터넷 홈페이지에 공고하고, 공람장소에 관계 서류를 갖추어 두어야 한다.

4. 리모델링의 시기조정 및 리모델링 지원센터 등

(1) 세대수 증가형 리모델링의 시기조정(법 제74조)

① **국토교통부장관**은 '세대수 증가형 리모델링'의 시행으로 주변지역에 현저한 주택부족이나 주택시장의 불안정 등이 발생될 우려가 있는 때에는 '**주거정책심의위원회**' 심의를 거쳐 **특별시장, 광역시장, 대도시의 시장**에게 '리모델링 기본계획을 변경'하도록 요청하거나, **시장·군수·구청장**에게 '세대수 증가형 리모델링의 사업계획 승인 또는 허가의 시기를 조정'하도록 요청할 수 있으며, 요청을 받은 특별시장, 광역시장, 대도시의 시장 또는 시장·군수·구청장은 특별한 사유가 없으면 그 요청에 따라야 한다.

② **시·도지사**는 세대수 증가형 리모델링의 시행으로 주변지역에 현저한 주택부족이나 주택시장의 불안정 등이 발생될 우려가 있는 때에는 「주거기본법」 제9조에 따른 **시·도 주거정책심의위원회**의 심의를 거쳐 **대도시의 시장**에게 '리모델링 기본계획을 변경'하도록 요청하거나, **시장·군수·구청장**에게 '세대수 증가형 리모델링의 사업계획 승인 또는 허가의 시기를 조정'하도록 요청할 수 있으며, 요청을 받은 대도시의 시장 또는 시장·군수·구청장은 특별한 사유가 없으면 그 요청에 따라야 한다.

(2) 리모델링 지원센터의 설치·운영(법 제75조)

① **시장·군수·구청장**은 리모델링의 원활한 추진을 지원하기 위하여 '**리모델링 지원센터**'를 설치하여 운영할 수 있다.
② 리모델링 지원센터는 다음의 업무를 수행할 수 있다. 26회
  ㉠ 리모델링주택조합 설립을 위한 업무 지원
  ㉡ 설계자 및 시공자 선정 등에 대한 지원
  ㉢ 권리변동계획 수립에 관한 지원
  ㉣ 그 밖에 지방자치단체의 조례로 정하는 사항

(3) 공동주택 리모델링에 따른 특례(법 제76조)

① 공동주택의 소유자가 '**리모델링에 의하여**' **전유부분**[집합건물의 소유 및 관리에 관한 법률 제2조 제3호에 따른 전유부분을 말한다. 이하 (3)에서 같다]의 면적이 늘거나 줄어드는 경우에는 「집합건물의 소유 및 관리에 관한 법률」 제12조 및 제20조 제1항에도 불구하고 **대지사용권**은 변하지 아니하는 것으로 본다. 다만, '세대수 증가를 수반하는 리모델링'의 경우에는 **권리변동계획**에 따른다.
② 공동주택의 소유자가 '**리모델링에 의하여**' **일부 공용부분**[집합건물의 소유 및 관리에 관한 법률 제2조 제4호에 따른 공용부분을 말한다. 이하 (3)에서 같다]**의 면적**을 **전유부분의 면적**으로 **변경**한 경우에는 「집합건물의 소유 및 관리에 관한 법률」 제12조에도 불구하고 그 소유자의 '**나머지**' **공용부분의 면적**은 변하지 아니하는 것으로 본다. 26회
③ 위 ①의 대지사용권 및 위 ②의 공용부분의 면적에 관하여는 위 ①과 ②에도 불구하고 소유자가 「집합건물의 소유 및 관리에 관한 법률」 제28조에 따른 '규약으로 달리 정한 경우'에는 그 **규약**에 따른다.
④ **임대차계약 당시** 다음의 어느 하나에 해당하여 그 사실을 **임차인**에게 **고지**한 경우로서 법 제66조 제1항 및 제2항에 따라 리모델링 허가를 받은 경우에는 해당 리모델링 건축물에 관한 임대차계약에 대하여 「주택임대차보호법」 제4조 제1항(임대차기간 등, **2년**) 및 「상가건물 임대차보호법」 제9조 제1항(임대차기간 등, **1년**)을 적용하지 아니한다.
  ㉠ 임대차계약 당시 해당 건축물의 소유자들(입주자대표회의를 포함한다)이 '**리모델링주택조합 설립인가**'를 받은 경우

ⓛ 임대차계약 당시 해당 건축물의 **입주자대표회의가 직접 리모델링을 실시**하기 위하여 법 제68조(증축형 리모델링의 안전진단) 제1항에 따라 관할 '시장·군수·구청장'에게 **안전진단을 요청**한 경우

⑤ **리모델링주택조합**의 **법인격**에 관하여는 「도시 및 주거환경정비법」 **제38조**를 준용한다. 이 경우 '정비사업조합'은 '**리모델링주택조합**'으로 본다. 26회

⑥ 권리변동계획에 따라 소유권이 이전되는 토지 또는 건축물에 대한 권리의 확정 등에 관하여는 「도시 및 주거환경정비법」 **제87조**를 준용한다. 이 경우 '토지등소유자에게 분양하는 대지 또는 건축물'은 '권리변동계획에 따라 구분소유자에게 소유권이 이전되는 토지 또는 건축물'로, '일반에게 분양하는 대지 또는 건축물'은 '권리변동계획에 따라 구분소유자 외의 자에게 소유권이 이전되는 토지 또는 건축물'로 본다.

> **관련법령** 조합의 법인격 등(도시 및 주거환경정비법 제38조)
>
> 1. 조합은 **법인**으로 한다. 26회
> 2. 조합은 조합설립인가를 받은 날부터 **30일 이내**에 주된 사무소의 소재지에서 대통령령으로 정하는 사항을 **등기**하는 때에 성립한다.
> 3. 조합은 명칭에 '**정비사업조합**'이라는 문자를 사용하여야 한다.

> **관련법령** 「민법」의 준용(도시 및 주거환경정비법 제49조)
>
> 조합에 관하여는 이 법에 규정된 사항을 제외하고는 「민법」 중 **사단법인**에 관한 규정을 준용한다.

(4) 부정행위 금지(법 제77조)

공동주택의 **리모델링**과 관련하여 다음의 어느 하나에 해당하는 자는 부정하게 재물 또는 재산상의 이익을 취득하거나 제공하여서는 아니 된다.

① 입주자
② 사용자
③ **관리주체**
④ 입주자대표회의 또는 그 구성원
⑤ 리모델링주택조합 또는 그 구성원

> **참고** 벌칙
>
> 공동주택의 리모델링과 관련하여 관리주체는 부정하게 재물 또는 재산상의 이익을 취득하거나 제공하여서는 아니 되며, 위반 시 2년 이하의 징역 또는 2천만원 이하의 벌금에 처한다. 다만, '위반행위로 얻은 이익'의 50퍼센트에 해당하는 금액이 '2천만원을 초과하는 자'는 2년 이하의 징역 또는 '그 이익의 2배에 해당하는 금액 이하의 벌금'에 처한다.

CHAPTER 05 보칙

CHAPTER 미리보기

학습전략

본 단원에서는 토지임대부 분양주택 및 주택상환사채를 특히 꼼꼼히 정리하여야 하며, 1문제 내지 2문제 정도 출제되고 있습니다.

학습키워드

- 토지임대부 분양주택
- 주택상환사채
- 국민주택사업특별회계
- 주택사업자단체 등

1. 토지임대부 분양주택

(1) 토지임대부 분양주택의 토지에 관한 임대차관계(법 제78조)

① 토지임대부 분양주택의 토지에 대한 임대차기간은 **40년 이내**로 한다. 이 경우 토지임대부 분양주택 '소유자의 **75퍼센트 이상**이 계약갱신을 청구하는 경우' **40년의 범위**에서 이를 갱신할 수 있다. 24회 주관식

② 토지임대부 분양주택을 공급받은 자가 토지소유자와 임대차계약을 체결한 경우 해당 주택의 구분소유권을 목적으로 그 토지 위에 위 ①에 따른 '**임대차기간 동안**' 지상권이 설정된 것으로 본다. 20회, 24회 주관식

③ 토지임대부 분양주택의 토지에 대한 임대차계약을 체결하고자 하는 자는 '**국토교통부령**'으로 정하는 **표준임대차계약서**를 사용하여야 한다.

④ 토지임대부 분양주택을 양수한 자 또는 상속받은 자는 위 ①의 임대차계약을 승계한다.

⑤ 토지임대부 분양주택의 토지임대료는 해당 토지의 조성원가 또는 감정가격 등을 기준으로 산정하되, 구체적인 토지임대료의 책정 및 변경기준, 납부절차 등에 관한 사항은 대통령령으로 정한다.

⑥ 위 ⑤의 토지임대료는 **월별** 임대료를 원칙으로 하되, 토지소유자와 주택을 공급받은 자가 **합의**한 경우 대통령령으로 정하는 바에 따라 '**임대료를 선납**'하거나 '**보증금으로 전환**'하여 납부할 수 있다.

⑦ 위 ①~⑥에서 정한 사항 외에 토지임대부 분양주택 '토지'의 임대차관계는 토지소유자와 주택을 공급받은 자 간의 임대차계약에 따른다.

⑧ 토지임대부 분양주택에 관하여 이 법에서 정하지 아니한 사항은 「**집합건물의 소유 및 관리에 관한 법률**」, 「**민법**」 순으로 적용한다.

> **관련법령 토지임대료 결정 등(영 제81조)**
>
> 1. 위 **(1)**의 ⑤에 따른 토지임대부 분양주택의 **월별 토지임대료**는 다음의 구분에 따라 산정한 금액을 '**12개월**로 분할한 금액' 이하로 한다.
>   ㉠ '**공공택지**'에 토지임대주택을 건설하는 경우: 해당 공공택지의 **조성원가**에 입주자 모집공고일이 속하는 달의 전전달의 「은행법」에 따른 은행의 3년 만기 정기예금 평균이자율을 적용하여 산정한 금액
>   ㉡ '**공공택지 외의 택지**'에 토지임대주택을 건설하는 경우: 「감정평가 및 감정평가사에 관한 법률」에 따라 **감정평가한 가액**에 입주자 모집공고일이 속하는 달의 전전달의 「은행법」에 따른 은행의 **3년 만기 정기예금 평균이자율**을 적용하여 산정한 금액. 이 경우 감정평가액의 산정시기와 산정방법 등은 국토교통부령으로 정한다.
> 2. 위 1.에도 불구하고 사업주체가 **지방자치단체** 또는 **지방공사**인 경우에는 다음의 금액 사이의 범위에서 **지방자치단체의 장**(사업주체가 지방공사인 경우에는 해당 지방공사를 설립한 지방자치단체의 장을 말한다)이 지역별 여건을 고려하여 정하는 금액을 **12개월**로 분할한 금액 이하로 할 수 있다.

㉠ 해당 택지의 '**조성원가**'에 입주자모집공고일이 속하는 달의 전전달의 「은행법」에 따른 은행의 **3년 만기 정기예금 평균이자율**을 적용하여 산정한 금액
㉡ 「감정평가 및 감정평가사에 관한 법률」에 따라 **감정평가한 가액**에 입주자모집공고일이 속하는 달의 전전달의 「은행법」에 따른 은행의 **3년 만기 정기예금 평균이자율**을 적용하여 산정한 금액. 이 경우 감정평가액의 산정시기와 산정방법 등에 관하여는 위 1.의 ㉡ 후단을 준용한다.
3. 토지소유자는 위 1. 및 2.의 기준에 따라 토지임대주택을 분양받은 자와 토지임대료에 관한 약정(이하 '**토지임대료약정**'이라 한다)을 체결한 후 **2년**이 지나기 전에는 토지임대료의 증액을 청구할 수 없다. 21회
4. 토지소유자는 토지임대료약정 체결 후 2년이 지나 토지임대료의 증액을 청구하는 경우에는 시·군·구의 평균지가상승률을 고려하여 증액률을 산정하되, 「주택임대차보호법 시행령」 제8조 제1항(20분의 1)에 따른 차임 등의 증액청구 한도 비율을 초과해서는 아니 된다.
5. 토지소유자는 위 1. 및 2.에 따라 산정한 월별 토지임대료의 납부기한을 정하여 토지임대주택 소유자에게 고지하되, 구체적인 납부방법, 연체료율 등에 관한 사항은 위 **(1)**의 ③에 따른 표준임대차계약서에서 정하는 바에 따른다.

> **관련법령** 감정평가한 가액의 산정 시기 및 산정 방법(규칙 제32조)
>
> 1. 영 제81조 제1항 제2호 후단에 따른 감정평가는 「부동산 가격공시에 관한 법률」에 따른 공시지가로서 '평가 의뢰일 당시 해당 토지의 공시지가' 중 **평가 의뢰일**에 '**가장 가까운 시점에 공시된 공시지가**'를 기준으로 하여 평가한다.
> 2. 위 1.에 따라 감정평가 가액을 산정하는 경우에는 감정평가법인 등 2인 이상이 감정평가한 가액을 산술평균한 가액으로 산정해야 한다.
> 3. 위 2.에 따라 감정평가법인 등이 감정평가를 할 때에는 택지조성이 완료되지 않은 토지는 택지조성이 완료된 상태를 상정하고 그 이용 상황은 대지를 기준으로 하여 평가해야 한다.

> **관련법령** 토지임대료의 보증금 전환(영 제82조)
>
> 위 **(1)**의 ⑥에 따라 토지임대료를 **선납**하거나 보증금으로 전환하려는 경우 그 **선납 토지임대료** 또는 보증금을 산정할 때 적용되는 이자율은 「은행법」에 따른 은행의 3년 만기 정기예금 평균이자율 이상이어야 한다.

(2) 토지임대부 분양주택의 공공매입(법 제78조의2)

① 토지임대부 분양주택을 공급받은 자는 법 제64조 제1항(주택의 전매행위 제한 등)에도 불구하고 전매제한기간이 지나기 전에 대통령령으로 정하는 바에 따라 한국토지주택공사에 해당 주택의 매입을 신청할 수 있다.
② 한국토지주택공사는 위 ①에 따라 매입신청을 받거나 법 제64조(주택의 전매행위 제한 등) 제1항을 위반하여 토지임대부 분양주택의 전매가 이루어진 경우 대통령령으로 정하는 특별한 사유가 없으면 대통령령으로 정하는 절차를 거쳐 해당 주택을 매입해야 한다.
③ 한국토지주택공사가 위 ②에 따라 주택을 매입하는 경우 다음의 구분에 따른 금액을 그 주택을 양도하는 자에게 지급한 때에는 **그 지급한 날**에 한국토지주택공사가 해당 주택을 취득한 것으로 본다.

㉠ 위 ①에 따라 **매입신청을 받은 경우**: 해당 주택의 매입비용과 보유기간 등을 고려하여 **대통령령으로 정하는 금액**
㉡ **법 제64조**(주택의 전매행위 제한 등) **제1항을 위반**하여 **전매가 이루어진 경우**: 해당 주택의 **매입비용**
④ 한국토지주택공사가 위 ②에 따라 주택을 매입하는 경우에는 법 제64조(주택의 전매행위 제한 등) 제1항을 적용하지 아니한다.

> **관련법령** 토지임대부 분양주택의 공공매입 절차 등(영 제82조의2)
>
> 1. 토지임대부 분양주택을 공급받은 자는 위 **(2)**의 ①에 따라 해당 주택의 매입을 신청하려는 경우 국토교통부령으로 정하는 매입신청서를 한국토지주택공사에 제출해야 한다.
> 2. 위 **(2)**의 ②에서 '대통령령으로 정하는 특별한 사유'란 영 제60조의2 제6항 각 호의 사유를 말한다.
> 3. 한국토지주택공사는 위 **(2)**의 ②에 따라 위 1.에 따른 매입신청서를 제출받은 날부터 **14일 이내**에 해당 주택의 매입 여부를 신청인에게 통보해야 한다.
> 4. 위 **(2)**의 ③의 ㉠에서 '대통령령으로 정하는 금액'이란 다음의 구분에 따른 금액을 말한다.
>   ㉠ '거주의무기간'이 경과하지 않은 경우: 법 제57조의2(분양가상한제 적용주택 등의 입주자의 거주의무 등) 제4항에 따른 **'매입비용'**
>   ㉡ '거주의무기간'은 경과했으나 법 제64조(주택의 전매행위 제한 등) 제1항에 따른 '전매제한기간'은 경과하지 않은 경우: 「감정평가 및 감정평가사에 관한 법률」에 따라 해당 주택에 대해 감정평가한 금액에서 입주금을 '뺀 금액'의 **70퍼센트**에 해당하는 금액과 **입주금**을 '합산'한 금액. 다만, 본문에 따라 합산한 금액이 매입비용보다 작은 경우에는 **'매입비용'**으로 한다.

(3) **토지임대부 분양주택의 재건축**(법 제79조)

① **토지임대부 분양주택의 소유자**가 위 **(1)**의 ①에 따른 임대차기간이 만료되기 전에 「도시 및 주거환경정비법」 등 도시개발 관련 법률에 따라 해당 주택을 철거하고 재건축을 하고자 하는 경우 「집합건물의 소유 및 관리에 관한 법률」 제47조(재건축 결의, **5분의 4 이상의 결의**)부터 제49조(재건축에 관한 합의)까지에 따라 토지소유자의 동의를 받아 재건축할 수 있다. 이 경우 토지소유자는 정당한 사유 없이 이를 거부할 수 없다.
② 위 ①에 따라 토지임대부 분양주택을 재건축하는 경우 '해당 **주택의 소유자**'를 「도시 및 주거환경정비법」 제2조 제9호 나목에 따른 **'토지등소유자'**로 본다.
③ 위 ①에 따라 재건축한 주택은 **'토지임대부 분양주택'**으로 한다. 이 경우 재건축한 주택의 준공인가일부터 위 **(1)**의 ①에 따른 임대차기간(**40년 이내**) 동안 토지소유자와 재건축한 주택의 조합원 사이에 '토지의 임대차기간에 관한 계약'이 성립된 것으로 본다.
④ 위 ③에도 불구하고 토지소유자와 주택소유자가 합의한 경우에는 **'토지임대부 분양주택이 아닌 주택'**으로 전환할 수 있다.

2. 주택상환사채

(1) 주택상환사채의 발행(법 제80조)

① **한국토지주택공사**와 **등록사업자**는 대통령령으로 정하는 바에 따라 주택으로 상환하는 사채 (이하 '주택상환사채'라 한다)를 발행할 수 있다. 이 경우 **등록사업자**는 자본금·자산평가액 및 기술인력 등이 대통령령으로 정하는 기준에 맞고 '금융기관 또는 주택도시보증공사의 **보증을 받은 경우에만**' 주택상환사채를 발행할 수 있다. 25회, 27회

② 주택상환사채를 발행하려는 자는 대통령령으로 정하는 바에 따라 **주택상환사채발행계획**을 수립하여 '**국토교통부장관**'의 승인을 받아야 한다. 25회, 27회

③ 주택상환사채의 발행요건 및 상환기간 등은 대통령령으로 정한다.

관련법령 주택상환사채의 발행(영 제83조)

1. 위 (1)의 ①에 따른 주택상환사채(이하 '주택상환사채'라 한다)는 액면 또는 할인의 방법으로 발행한다.
2. 주택상환사채권에는 기호와 번호를 붙이고 국토교통부령으로 정하는 사항을 적어야 한다.
3. 주택상환사채의 발행자는 주택상환사채대장을 갖추어 두고 주택상환사채권의 발행 및 상환에 관한 사항을 적어야 한다.

관련법령 등록사업자의 주택상환사채 발행(영 제84조)

1. 위 (1)의 ① 후단에서 '대통령령으로 정하는 기준'이란 다음의 기준 모두를 말한다.
   ㉠ 법인으로서 자본금이 **5억원 이상**일 것
   ㉡ 「건설산업기본법」 제9조에 따라 **건설업 등록**을 한 자일 것
   ㉢ 최근 **3년간** 연평균 주택건설 실적이 **300호 이상**일 것 19회 주관식
2. 등록사업자가 발행할 수 있는 주택상환사채의 규모는 최근 **3년간**의 **연평균 주택건설 호수** 이내로 한다. 19회, 27회

관련법령 주택상환사채의 발행요건 등(영 제85조)

1. 위 (1)의 ②에 따라 주택상환사채발행계획의 승인을 받으려는 자는 주택상환사채발행계획서에 다음의 서류를 첨부하여 국토교통부장관에게 제출하여야 한다. 다만, 다음 ㉢의 서류는 주택상환사채 모집공고 전까지 제출할 수 있다.
   ㉠ 주택상환사채 상환용 주택의 건설을 위한 택지에 대한 소유권 또는 그 밖에 사용할 수 있는 권리를 증명할 수 있는 서류
   ㉡ 주택상환사채에 대한 금융기관 또는 주택도시보증공사의 보증서
   ㉢ 금융기관과의 발행대행계약서 및 납입금 관리계약서
2. 위 1.에 따른 주택상환사채발행계획서에는 다음의 사항을 적어야 한다.
   ㉠ 발행자의 명칭
   ㉡ 회사의 자본금 총액
   ㉢ 발행할 주택상환사채의 총액 등

3. 국토교통부장관은 주택상환사채발행계획을 승인하였을 때에는 주택상환사채발행 대상지역을 관할하는 시·도지사에게 그 내용을 통보하여야 한다. 27회
4. 주택상환사채발행계획을 승인받은 자는 주택상환사채를 모집하기 전에 국토교통부령으로 정하는 바에 따라 주택상환사채 모집공고안을 작성하여 국토교통부장관에게 제출하여야 한다.

(2) 발행책임과 조건 등(법 제81조)

① 위 **(1)**에 따라 주택상환사채를 발행한 자는 발행조건에 따라 주택을 건설하여 사채권자에게 상환하여야 한다.
② 주택상환사채는 **기명증권**(記名證券)으로 하고, 사채권자의 명의변경은 취득자의 성명과 주소를 사채원부에 기록하는 방법으로 하며, 취득자의 성명을 채권에 기록하지 아니하면 사채발행자 및 제3자에게 **대항**할 수 없다.
③ 국토교통부장관은 사채의 납입금이 택지의 구입 등 사채발행 목적에 맞게 사용될 수 있도록 그 사용방법·절차 등에 관하여 대통령령으로 정하는 바에 따라 필요한 조치를 하여야 한다.

> **관련법령** **주택상환사채의 상환 등(영 제86조)**
>
> 1. 주택상환사채의 상환기간은 **3년**을 초과할 수 없다. 19회, 25회, 28회 주관식
> 2. 위 1.의 상환기간은 '주택상환사채 발행일'부터 '주택의 **공급계약체결일**'까지의 기간으로 한다.
> 3. 주택상환사채는 양도하거나 중도에 해약할 수 없다. 다만, 해외이주 등 국토교통부령으로 정하는 부득이한 사유가 있는 경우는 예외로 한다. 19회

> **관련법령** **주택상환사채의 양도 등(규칙 제35조)**
>
> 1. 영 제86조 제3항 단서에서 '해외이주 등 국토교통부령으로 정하는 부득이한 사유가 있는 경우'란 다음의 어느 하나에 해당하는 경우를 말한다.
>   ㉠ 세대원(세대주가 포함된 세대의 구성원을 말한다. 이하 같다)의 근무 또는 생업상의 사정이나 질병 치료, 취학 또는 결혼으로 세대원 전원이 다른 행정구역으로 이전하는 경우
>   ㉡ 세대원 전원이 상속으로 취득한 주택으로 이전하는 경우
>   ㉢ 세대원 전원이 해외로 이주하거나 **2년** 이상 해외에 체류하려는 경우
> 2. 주택상환사채를 양도 또는 중도해약하거나 상속받으려는 자는 위 1.의 ㉠~㉢의 어느 하나에 해당함을 증명하는 서류 또는 상속인임을 증명하는 서류를 주택상환사채 발행자에게 제출하여야 한다. 이 경우 주택상환사채 발행자는 지체 없이 주택상환사채권자의 명의를 변경하고, 주택상환사채원부 및 주택상환사채권에 적어야 한다.
> 3. 주택상환사채를 상환할 때에는 주택상환사채권자가 원하면 주택상환사채의 원리금을 현금으로 상환할 수 있다.

> **관련법령** 납입금의 사용(영 제87조)
>
> 1. 주택상환사채의 납입금은 다음의 용도로만 사용할 수 있다.
>   ㉠ 택지의 구입 및 조성
>   ㉡ 주택건설자재의 구입 19회
>   ㉢ 건설공사비에의 충당
>   ㉣ 그 밖에 주택상환을 위하여 필요한 비용으로서 국토교통부장관의 승인을 받은 비용에의 충당
> 2. 주택상환사채의 납입금은 '해당 보증기관과 주택상환사채 발행자가 협의하여 정하는' **금융기관**에서 관리한다. 19회, 25회
> 3. 위 2.에 따라 납입금을 관리하는 금융기관은 국토교통부장관이 요청하는 경우에는 납입금 관리상황을 보고하여야 한다.

(3) 주택상환사채의 효력(법 제82조)

법 제8조에 따라 등록사업자의 등록이 말소된 경우에도 등록사업자가 발행한 주택상환사채의 효력에는 영향을 미치지 아니한다. 25회, 27회

(4) 「상법」의 적용(법 제83조)

주택상환사채의 발행에 관하여 이 법에서 규정한 것 외에는 「**상법**」 중 **사채발행에 관한 규정**을 적용한다. 다만, 한국토지주택공사가 발행하는 경우와 금융기관 등이 상환을 보증하여 등록사업자가 발행하는 경우에는 「상법」 제478조 제1항을 적용하지 아니한다.

3. 국민주택사업특별회계

(1) 국민주택사업특별회계의 설치 등(법 제84조)

① **지방자치단체**는 '국민주택사업을 시행'하기 위하여 **국민주택사업특별회계**를 설치·운용하여야 한다.
② 위 ①의 국민주택사업특별회계의 자금은 다음의 재원으로 조성한다.
  ㉠ 자체 부담금
  ㉡ 주택도시기금으로부터의 차입금
  ㉢ 정부로부터의 보조금
  ㉣ 농협은행으로부터의 차입금
  ㉤ 외국으로부터의 차입금
  ㉥ 국민주택사업특별회계에 속하는 재산의 매각 대금
  ㉦ 국민주택사업특별회계자금의 회수금·이자수입금 및 그 밖의 수익
  ㉧ 「재건축초과이익 환수에 관한 법률」에 따른 재건축부담금 중 **지방자치단체** 귀속분
③ '**지방자치단체**'는 대통령령으로 정하는 바에 따라 국민주택사업특별회계의 운용 상황을 **국토교통부장관**에게 보고하여야 한다.

(2) 국민주택사업특별회계의 편성·운용 등(영 제88조)

① 위 (1)의 ①에 따라 지방자치단체에 설치하는 국민주택사업특별회계의 편성 및 운용에 필요한 사항은 해당 지방자치단체의 **조례**로 정할 수 있다.

② 국민주택을 건설·공급하는 **지방자치단체의 장**은 위 (1)의 ③에 따라 국민주택사업특별회계의 **분기별** 운용 상황을 '그 분기가 끝나는 달'의 **다음 달 20일**까지 **국토교통부장관**에게 보고하여야 한다. 이 경우 '시장·군수·구청장'의 경우에는 '시·도지사'를 거쳐(특별자치시장 또는 특별자치도지사가 보고하는 경우는 제외한다) 보고하여야 한다.

4. 협회 등

(1) 협회의 설립 등(법 제85조)

① 등록사업자는 주택건설사업 및 대지조성사업의 전문화와 주택산업의 건전한 발전을 도모하기 위하여 **주택사업자단체**를 설립할 수 있다.

② 위 ①에 따른 단체(이하 '협회'라 한다)는 **법인**으로 한다.

③ 협회는 그 주된 사무소의 소재지에서 설립등기를 함으로써 성립한다.

④ 이 법에 따라 국토교통부장관, 시·도지사 또는 대도시의 시장으로부터 '영업의 정지처분을 받은 협회 회원의 권리·의무'는 그 영업의 정지기간 중에는 정지되며, '등록사업자의 등록이 말소되거나 취소된 때'에는 협회의 회원자격을 상실한다.

(2) 협회의 설립인가 등(법 제86조)

① 협회를 설립하려면 회원자격을 가진 자 **50인 이상**을 발기인으로 하여 **정관**을 마련한 후 **'창립총회의 의결'**을 거쳐 **'국토교통부장관'**의 **인가**를 받아야 한다. 협회가 정관을 '변경'하려는 경우에도 또한 같다.

② 국토교통부장관은 위 ①에 따른 인가를 하였을 때에는 이를 지체 없이 공고하여야 한다.

(3) 「민법」의 준용(법 제87조)

협회에 관하여 이 법에서 규정한 것 외에는 「민법」 중 **사단법인**에 관한 규정을 준용한다.

(4) 주택정책 관련 자료 등의 종합관리(법 제88조)

① 국토교통부장관 또는 시·도지사는 적절한 주택정책의 수립 및 시행을 위하여 주택(준주택 포함)의 건설·공급·관리 및 이와 관련된 자금의 조달, 주택가격 동향 등 주택과 관련된 사항에 관한 정보를 종합적으로 관리하고 이를 관련 기관·단체 등에 제공할 수 있다.

② 국토교통부장관 또는 시·도지사는 위 ①에 따른 주택 관련 정보를 종합관리하기 위하여 필요한 자료를 관련 기관·단체 등에 요청할 수 있다. 이 경우 관계 행정기관 등은 특별한 사유가 없으면 요청에 따라야 한다.

③ 사업주체 또는 관리주체는 주택을 건설·공급·관리할 때 이 법과 이 법에 따른 명령에 따라 필요한 주택의 소유 여부 확인, 입주자의 자격 확인 등 대통령령으로 정하는 사항에 대하여 관련 기관·단체 등에 자료제공 또는 확인을 요청할 수 있다.

> **관련법령** 주택행정정보화 및 자료의 관리 등(영 제89조)
>
> 1. 국토교통부장관은 위 **(4)**의 ①에 따른 주택(준주택을 포함한다. 이하 같다) 정보의 종합적 관리 및 제공 업무를 효율적이고 체계적으로 관리하기 위하여 국토교통부령으로 정하는 바에 따라 **주택정보체계**를 구축·운영할 수 있다.
> 2. 위 **(4)**의 ③에서 '주택의 소유 여부 확인, 입주자의 자격 확인 등 대통령령으로 정하는 사항'이란 다음의 사항을 말한다.
>   ㉠ 주택의 소유 여부 확인
>   ㉡ 입주자의 자격 확인
>   ㉢ 지방자치단체·한국토지주택공사 등 공공기관이 법, 「택지개발촉진법」 및 그 밖의 법률에 따라 개발·공급하는 택지의 현황, 공급계획 및 공급일정
>   ㉣ 주택이 건설되는 해당 지역과 인근지역에 대한 입주자저축의 가입자현황
>   ㉤ 주택이 건설되는 해당 지역과 인근지역에 대한 주택건설사업계획승인현황
>   ㉥ 주택관리업자 등록현황

(5) 권한의 위임·위탁(법 제89조)

① 이 법에 따른 국토교통부장관의 권한은 대통령령으로 정하는 바에 따라 그 일부를 시·도지사 또는 국토교통부 소속 기관의 장에게 위임할 수 있다.

② 국토교통부장관 또는 지방자치단체의 장은 이 법에 따른 권한 중 다음의 권한을 대통령령으로 정하는 바에 따라 주택산업 육성과 주택관리의 전문화, 시설물의 안전관리 및 자격검정 등을 목적으로 설립된 법인 또는 「주택도시기금법」 제10조 제2항 및 제3항에 따라 주택도시기금 운용·관리에 관한 사무를 위탁받은 자 중 국토교통부장관 또는 지방자치단체의 장이 인정하는 자에게 위탁할 수 있다.
  ㉠ 법 제4조에 따른 주택건설사업 등의 등록
  ㉡ 법 제10조에 따른 영업실적 등의 접수
  ㉢ 법 제48조 제3항에 따른 부실감리자 현황에 대한 종합관리
  ㉣ 법 제88조에 따른 주택정책 관련 자료의 종합관리

③ 국토교통부장관은 법 제55조 제1항 및 제2항에 따른 관계 기관의 장에 대한 자료제공 요청에 관한 사무를 **보건복지부장관** 또는 **지방자치단체의 장**에게 위탁할 수 있다.

④ 국토교통부장관은 다음의 사무를 법 제56조의2에 따라 지정·고시된 **주택청약업무수행기관**에 위탁할 수 있다.
  ㉠ 법 제55조 제1항에 따른 주민등록 전산정보 및 주택의 소유 여부 확인을 위한 자료의 제공 요청

ⓛ 법 제56조에 따른 입주자저축정보의 제공 요청

ⓒ 위 ㉠ 및 ⓛ에 따라 제공받은 자료 또는 정보를 활용한 입주자자격, 주택의 소유 여부, 재당첨 제한 여부, 공급 순위 등의 확인 및 해당 정보의 제공

> **관련법령 권한의 위임(영 제90조)**
>
> **국토교통부장관**은 위 **(5)**의 ①에 따라 다음의 권한을 **시·도지사**에게 위임한다.
> 1. 법 제8조에 따른 주택건설사업자 및 대지조성사업자의 등록말소 및 영업의 정지
> 2. 법 제15조 및 제16조에 따른 사업계획의 승인·변경승인·승인취소 및 착공신고의 접수. 다만, 다음의 어느 하나에 해당하는 경우는 제외한다.
>   ㉠ 영 제27조 제3항 제1호의 경우 중 택지개발사업을 추진하는 지역 안에서 주택건설사업을 시행하는 경우
>   ⓛ 영 제27조 제3항 제3호에 따른 주택건설사업을 시행하는 경우. 다만, 착공신고의 접수는 시·도지사에게 위임한다.
> 3. 법 제49조에 따른 사용검사 및 임시 사용승인
> 4. 법 제51조 제2항 제1호에 따른 새로운 건설기술을 적용하여 건설하는 공업화주택에 관한 권한
> 5. 법 제93조에 따른 보고·검사
> 6. 법 제96조 제1호 및 제2호에 따른 청문

> **관련법령 업무의 위탁(영 제91조)**
>
> 1. **국토교통부장관**은 위 **(5)**의 ②에 따라 다음의 업무를 위 **(1)**의 ①에 따른 **주택사업자단체**(이하 '**협회**'라 한다)에 위탁한다.
>   ㉠ 법 제4조에 따른 주택건설사업 및 대지조성사업의 등록
>   ⓛ 법 제10조에 따른 영업실적 등의 접수
> 2. **국토교통부장관**은 위 **(5)**의 ②에 따라 위 **(4)**의 ①에 따른 주택 관련 정보의 종합관리에 관한 다음의 업무를 '**한국부동산원**'에 위탁한다.
>   ㉠ '주택거래 관련' 정보체계의 구축·운용
>   ⓛ '주택공급 관련' 정보체계의 구축·운용
>   ⓒ '주택가격의 동향 조사' 및 '주택시장 분석'

(6) 등록증의 대여 등 금지(법 제90조)

① 등록사업자는 다른 사람에게 자기의 성명 또는 상호를 사용하여 이 법에서 정한 사업이나 업무를 수행 또는 시공하게 하거나 그 등록증을 대여하여서는 아니 된다.

② 누구든지 등록사업자로부터 그 성명이나 상호를 빌리거나 허락 없이 등록사업자의 성명 또는 상호로 이 법에서 정한 사업이나 업무를 수행 또는 시공하거나 그 등록증을 빌려서는 아니 된다.

③ 누구든지 위 ① 및 ②에서 금지된 행위를 알선하여서는 아니 된다.

④ 등록사업자, 주택조합의 임원(발기인을 포함한다) 및 법 제11조의2에 따른 업무대행자는 이 법에서 정한 사업이나 업무를 수행 또는 시공하기 위하여 위 ②의 행위를 교사하거나 방조하여서는 아니 된다.

(7) 체납된 분양대금 등의 강제징수(법 제91조)

① 국가 또는 지방자치단체인 사업주체가 건설한 국민주택의 분양대금·임대보증금 및 임대료가 체납된 경우에는 국가 또는 지방자치단체가 국세 또는 지방세 체납처분의 예에 따라 강제징수할 수 있다. 다만, 입주자가 장기간의 질병이나 그 밖의 부득이한 사유로 분양대금·임대보증금 및 임대료를 체납한 경우에는 강제징수하지 아니할 수 있다.

② 한국토지주택공사 또는 지방공사는 그가 건설한 국민주택의 분양대금·임대보증금 및 임대료가 체납된 경우에는 주택의 소재지를 관할하는 시장·군수·구청장에게 그 징수를 위탁할 수 있다.

③ 위 ②에 따라 징수를 위탁받은 시장·군수·구청장은 지방세 체납처분의 예에 따라 이를 징수하여야 한다. 이 경우 한국토지주택공사 또는 지방공사는 시장·군수·구청장이 징수한 금액의 2퍼센트에 해당하는 금액을 해당 시·군·구에 위탁수수료로 지급하여야 한다.

(8) 분양권 전매 등에 대한 신고포상금(법 제92조)

시·도지사는 법 제64조를 위반하여 분양권 등을 전매하거나 알선하는 자를 주무관청에 신고한 자에게 대통령령으로 정하는 바에 따라 포상금을 지급할 수 있다.

관련법령 분양권 전매 등에 대한 신고포상금(영 제92조)

1. 위 **(8)**에 따라 법 제64조를 위반하여 분양권 등을 전매하거나 알선하는 행위(이하 '부정행위'라 한다)를 하는 자를 신고하려는 자는 신고서에 부정행위를 입증할 수 있는 자료를 첨부하여 **시·도지사**에게 신고하여야 한다.
2. 시·도지사는 위 1.에 따른 신고를 받은 경우에는 관할 **수사기관**에 '수사를 의뢰'하여야 하며, 수사기관은 해당 수사결과(법 제101조 제2호에 따른 벌칙 부과 등 확정판결의 결과를 포함한다. 이하 같다)를 시·도지사에게 통보하여야 한다.
3. **시·도지사**는 위 2.에 따른 수사결과를 **신고자**에게 통지하여야 한다.
4. 위 3.에 따른 통지를 받은 '**신고자**'는 신청서에 다음의 서류를 첨부하여 **시·도지사**에게 포상금 지급을 신청할 수 있다. 이 경우 시·도지사는 신청일부터 **30일 이내**에 국토교통부령으로 정하는 지급기준에 따라 포상금을 지급하여야 한다.
   ㉠ 위 3.에 따른 수사결과통지서 사본 1부
   ㉡ 통장 사본 1부

(9) 보고·검사 등(법 제93조)

① **국토교통부장관** 또는 **지방자치단체의 장**은 필요하다고 인정할 때에는 **다음의 어느 하나에 해당하는** 자에게 필요한 보고를 하게 하거나, 관계 공무원으로 하여금 사업장에 출입하여 필요한 검사를 하게 할 수 있다. 다만, 공공택지를 공급하기 위하여 한국토지주택공사등(법 제4조 제1항 제1호부터 제4호까지에 해당하는 자를 말한다)이 법 제4조 제2항에 따른 등록기준 관련 검사를 요청하는 경우 요청받은 **지방자치단체의 장**은 '검사요청을 받은 날'부터 **30일 이내**에 검사결과를 '통보'하여야 한다.

　㉠ 이 법에 따른 신고·인가·승인 또는 등록을 한 자
　㉡ 관할구역에서 공공택지를 공급받은 자(법 제4조 제1항 단서에 해당하는 자는 제외한다)

② 위 ①에 따른 검사를 할 때에는 검사 **7일 전**까지 검사일시, 검사이유 및 검사내용 등 검사계획을 검사를 받을 자에게 알려야 한다. 다만, 긴급한 경우나 사전에 통지하면 증거인멸 등으로 검사 목적을 달성할 수 없다고 인정하는 경우에는 그러하지 아니하다.

③ 위 ①에 따라 검사를 하는 공무원은 그 권한을 나타내는 증표를 지니고 이를 관계인에게 내보여야 한다.

④ 위 ①에 따른 보고·검사 등에서 법 제8조(주택건설사업의 등록말소 등)에 따른 조치가 필요하다고 판단되는 다른 지방자치단체 등록사업자가 있는 경우 관할 시·도지사에게 통보하여야 한다.

(10) 보고·검사 등에 따른 자료요청(법 제93조의2)

① 국토교통부장관 또는 지방자치단체의 장은 위 **(9)**에 따른 보고·검사 등에 필요한 자료로서 기술인력에 해당하는 자의 고용보험, 국민연금보험, 국민건강보험, 산업재해보상보험, 건설근로자 퇴직공제 및 경력증명, 사업자등록증명, 소득금액증명, 법인등기임원에 관한 자료를 관계 기관의 장에게 요청할 수 있다. 이 경우 자료의 제공을 요청받은 관계 기관의 장은 특별한 사유가 없으면 이에 따라야 한다.

② 국토교통부장관 또는 지방자치단체의 장은 위 ①의 자료를 확인하기 위하여 필요하면 「전자정부법」 제36조 제1항에 따라 행정정보를 공동이용할 수 있다.

(11) 사업주체 등에 대한 지도·감독(법 제94조)

국토교통부장관 또는 지방자치단체의 장은 사업주체 및 공동주택의 입주자·사용자·관리주체·입주자대표회의나 그 구성원 또는 리모델링주택조합이 이 법 또는 이 법에 따른 명령이나 처분을 위반한 경우에는 공사의 중지, 원상복구 또는 그 밖에 필요한 조치를 명할 수 있다.

> **관련법령** 　사업주체 등에 대한 감독(영 제93조)
>
> 지방자치단체의 장은 위 **(11)**에 따라 사업주체 등에게 공사의 중지, 원상복구 또는 그 밖에 필요한 조치를 명하였을 때에는 즉시 국토교통부장관에게 그 사실을 보고하여야 한다.

(12) 협회 등에 대한 지도·감독(법 제95조)

국토교통부장관은 협회를 지도·감독한다.

> **관련법령** 협회에 대한 감독(영 제94조)
>
> 국토교통부장관은 위 (12)에 따라 감독상 필요한 경우에는 협회로 하여금 다음의 사항을 보고하게 할 수 있다.
> 1. 총회 또는 이사회의 의결사항
> 2. 회원의 실태파악을 위하여 필요한 사항
> 3. 협회의 운영계획 등 업무와 관련된 중요사항
> 4. 그 밖에 주택정책 및 주택관리와 관련하여 필요한 사항

(13) 청문(법 제96조)

국토교통부장관 또는 지방자치단체의 장은 다음의 어느 하나에 해당하는 처분을 하려면 **청문**을 하여야 한다.

① 주택건설사업 등의 등록말소
② 주택조합의 설립인가취소
③ 사업계획승인의 취소
④ 행위허가의 취소

(14) 벌칙 적용에서 공무원 의제(법 제97조)

다음의 어느 하나에 해당하는 자는 「형법」 제129조부터 제132조까지의 규정(뇌물죄 관련)을 적용할 때에는 공무원으로 본다.

① 법 제44조 및 제45조에 따라 **감리업무를 수행하는 자**
② 법 제48조의3 제1항에 따른 **품질점검단의 위원** 중 공무원이 아닌 자
③ 법 제59조에 따른 **분양가심사위원회의 위원** 중 공무원이 아닌 자

memo

PART 2

공동주택 관리법

CHAPTER 01 총칙
CHAPTER 02 공동주택의 관리방법, 입주자대표회의 및 관리규약
CHAPTER 03 관리비 및 회계운영, 시설관리 및 행위허가
CHAPTER 04 하자담보책임 및 하자분쟁조정
CHAPTER 05 공동주택의 전문관리
CHAPTER 06 공동주택관리 분쟁조정, 협회, 보칙 및 벌칙

최근 5개년
평균 출제문항 수 **8개**

최근 5개년
평균 출제비중 **20%**

PART 2 합격전략

「공동주택관리법」은 공동주택의 관리와 관련된 법령으로서 주택관리사보 자격시험에서 가장 중요한 법령이며 제20회 시험부터 제28회 시험까지 8문제(20%)씩 출제되었으며, 제29회 시험에서도 8문제가 출제될 것으로 예상됩니다.

「공동주택관리법」은 관리사무소장의 업무와 가장 관련이 많은 부분이므로 꼼꼼히 학습하셔야 합니다. 특히, 의무관리대상 공동주택 및 의무관리대상 전환 공동주택, 관리방법의 결정·변경, 자치관리 및 위탁관리, 입주자대표회의, 관리규약준칙 및 관리규약, 관리비 및 관리비예치금, 회계감사, 장기수선계획 및 장기수선충당금, 하자담보책임, 하자보수 및 하자보수보증금, 주택관리업자 및 관리사무소장, 주택관리사등, 하자심사분쟁조정위원회, 공동주택관리분쟁조정위원회 등 중요 부분이 많으므로, 「공동주택관리법」 전 부분을 유의 깊게 학습하시기 바랍니다.

CHAPTER 01 총칙

CHAPTER 미리보기

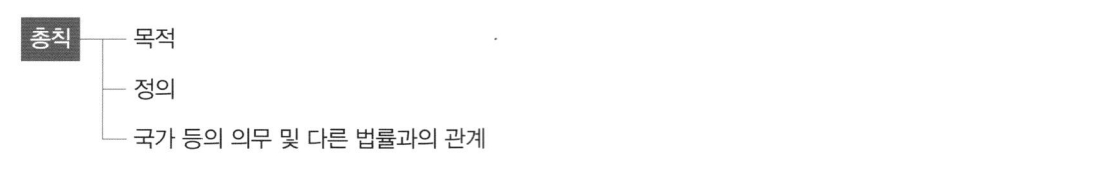

학습전략

가장 중요한 법령인 「공동주택관리법」을 정확하게 이해하는 데 필요한 '용어의 정의'에 대한 단원으로서 출제 빈도(1문제 내지 2문제)가 높은 부분이므로 숙지하시기 바랍니다.

학습키워드

- 공동주택
- 의무관리대상 공동주택
- 의무관리대상 전환 공동주택
- 입주자대표회의
- 혼합주택단지
- 관리주체
- 주택관리업자
- 관리사무소장
- 주택관리사등

1. 목적(법 제1조)

이 법은 공동주택의 관리에 관한 사항을 정함으로써 공동주택을 투명하고 안전하며 효율적으로 관리할 수 있게 하여 국민의 주거수준 향상에 이바지함을 목적으로 한다.

2. 정의(법 제2조)

(1) 공동주택

다음의 주택 및 시설을 말한다. 이 경우 '일반인에게 분양되는 복리시설'은 제외한다.
① 「주택법」 제2조 제3호에 따른 **공동주택**
② 「건축법」 제11조에 따른 **건축허가**를 받아 '**주택 외의 시설**'과 '**주택**'을 동일 건축물로 건축하는 건축물
③ 「주택법」 제2조 제13호에 따른 **부대시설** 및 같은 조 제14호에 따른 **복리시설**

(2) 의무관리대상 공동주택

해당 공동주택을 '전문적으로 관리하는 자'를 두고 자치 의결기구를 의무적으로 구성하여야 하는 등 일정한 의무가 부과되는 공동주택으로서, 다음 중 어느 하나에 해당하는 공동주택을 말한다. 20회
① 300세대 이상의 공동주택 24회 주관식
② 150세대 **이상**으로서 승강기가 설치된 공동주택 24회 주관식
③ 150세대 **이상**으로서 중앙집중식 난방방식(지역난방방식을 포함한다)의 공동주택
④ 「건축법」 제11조에 따른 건축허가를 받아 주택 외의 시설과 주택을 동일 건축물로 건축한 건축물로서 주택이 150세대 **이상**인 건축물 24회 주관식
⑤ 위 ①부터 ④까지에 해당하지 아니하는 공동주택 중 입주자등이 '**대통령령으로 정하는 기준**'에 따라 동의하여 정하는 공동주택(의무관리대상 전환 공동주택)

> **관련법령** 의무관리대상 공동주택의 범위(영 제2조)
>
> 위 **(2)**의 ⑤에서 '대통령령으로 정하는 기준'이란 전체 입주자등의 3분의 2 이상이 서면으로 동의하는 방법을 말한다.

(3) 공동주택단지

「주택법」 제2조 제12호에 따른 주택단지를 말한다.

> **관련법령** 「주택법」 제2조 제12호에 따른 주택단지
>
> '주택단지'란 법 제15조에 따른 주택건설사업계획 또는 대지조성사업계획의 승인을 받아 주택과 그 부대시설 및 복리시설을 건설하거나 대지를 조성하는 데 사용되는 일단(一團)의 토지를 말한다. 다만, '다음의 시설로 분리된 토지'는 각각 별개의 주택단지로 본다.
> 1. 철도·고속도로·자동차전용도로
> 2. 폭 20미터 이상인 일반도로
> 3. 폭 8미터 이상인 도시계획예정도로
> 4. 위 1.~3.의 시설에 준하는 것으로서 대통령령으로 정하는 시설

(4) 혼합주택단지

'분양을 목적으로 한 공동주택'과 '임대주택'이 함께 있는 공동주택단지를 말한다. ^{25회 주관식}

(5) 입주자

공동주택의 소유자 또는 '그 소유자를 대리'하는 배우자 및 직계존비속을 말한다. ^{21회 주관식}

(6) 사용자

공동주택을 임차하여 사용하는 사람('임대주택'의 임차인은 제외한다) 등을 말한다. ^{21회 주관식}

(7) 입주자등

입주자와 사용자를 말한다.

(8) 입주자대표회의

공동주택의 입주자등을 대표하여 관리에 관한 주요사항을 결정하기 위하여 법 제14조에 따라 구성하는 '자치의결기구'를 말한다.

(9) 관리규약

공동주택의 입주자등을 보호하고 주거생활의 질서를 유지하기 위하여 법 제18조 제2항에 따라 입주자등이 정하는 '자치규약'을 말한다.

(10) 관리주체

공동주택을 관리하는 다음의 자를 말한다.
① 자치관리기구의 대표자인 공동주택의 관리사무소장
② 관리업무를 인계하기 전의 사업주체
③ 주택관리업자
④ 임대사업자

⑤ 「민간임대주택에 관한 특별법」 제2조 제11호에 따른 '**주택임대관리업자**'(시설물 유지·보수·개량 및 그 밖의 주택관리 업무를 수행하는 경우에 한정한다) 21회 주관식

(11) 주택관리사보

법 제67조 제1항에 따라 주택관리사보 합격증서를 발급받은 사람을 말한다.

(12) 주택관리사

법 제67조 제2항에 따라 주택관리사 자격증을 발급받은 사람을 말한다.

(13) 주택관리사등

주택관리사보와 주택관리사를 말한다.

(14) **주택관리업**

공동주택을 안전하고 효율적으로 관리하기 위하여 '입주자등'으로부터 의무관리대상 공동주택의 관리를 '위탁'받아 관리하는 업(業)을 말한다.

(15) 주택관리업자

주택관리업을 하는 자로서 법 제52조 제1항에 따라 등록한 자를 말한다.

(16) **장기수선계획**

공동주택을 오랫동안 안전하고 효율적으로 사용하기 위하여 필요한 '주요 시설'의 교체 및 보수 등에 관하여 법 제29조 제1항에 따라 수립하는 장기계획을 말한다.

(17) 임대주택

「민간임대주택에 관한 특별법」에 따른 민간임대주택 및 「공공주택 특별법」에 따른 공공임대주택을 말한다.

(18) 임대사업자

「민간임대주택에 관한 특별법」 제2조 제7호에 따른 '임대사업자' 및 「공공주택 특별법」 제4조 제1항에 따른 '공공주택사업자'를 말한다.

(19) **임차인대표회의**

「민간임대주택에 관한 특별법」 제52조에 따른 임차인대표회의 및 「공공주택 특별법」 제50조에 따라 준용되는 임차인대표회의를 말한다.

(20) **이 법에서 따로 정하지 아니한 용어**

이 법에서 따로 정하지 아니한 용어의 뜻은 「주택법」에서 정한 바에 따른다.

3. 국가 등의 의무 및 다른 법률과의 관계

(1) 국가 등의 의무(법 제3조)

① 국가 및 지방자치단체는 공동주택의 관리에 관한 정책을 수립·시행할 때에는 다음의 사항을 위하여 노력하여야 한다.
  ㉠ 공동주택에 거주하는 입주자등이 쾌적하고 살기 좋은 주거생활을 할 수 있도록 할 것
  ㉡ 공동주택이 투명하고 체계적이며 평온하게 관리될 수 있도록 할 것
  ㉢ 공동주택의 관리와 관련한 산업이 건전한 발전을 꾀할 수 있도록 할 것
② 관리주체는 공동주택을 효율적이고 안전하게 관리하여야 한다.
③ 입주자등은 공동체 생활의 질서가 유지될 수 있도록 이웃을 배려하고 관리주체의 업무에 협조하여야 한다.

(2) 다른 법률과의 관계(법 제4조)

① 공동주택의 관리에 관하여 이 법에서 정하지 아니한 사항에 대하여는 「**주택법**」을 적용한다.
② '**임대주택**'의 '**관리**'에 관하여 「민간임대주택에 관한 특별법」 또는 「공공주택 특별법」에서 정하지 아니한 사항에 대하여는 「**공동주택관리법**」을 적용한다.

CHAPTER 02 | 공동주택의 관리방법, 입주자대표회의 및 관리규약

CHAPTER 미리보기

학습전략

공동주택의 관리방법, 입주자대표회의 및 관리규약 등을 다루는 단원으로서 1문제 내지 2문제 정도 출제됩니다. 출제빈도가 매우 높으므로 전 부분을 꼼꼼히 숙지하시기 바랍니다.

학습키워드

- 공동주택의 관리방법(자치관리 및 위탁관리)
- 공동관리와 구분관리
- 혼합주택단지의 관리
- 관리의 이관

- 입주자대표회의의 구성(동별 대표자 및 임원의 선출·해임)
- 입주자대표회의 의결사항
- 관리규약의 준칙 및 관리규약

제1절 공동주택의 관리방법

1. 관리방법

구분	의무관리대상 공동주택	의무관리대상 전환 공동주택
관리규약의 제정	① **사업주체** 제안 ② '입주예정자' 과반수 서면동의	① 관리인 제안 ② '입주자등' 과반수 서면동의
관리규약의 제정 신고	[사업주체] 시장·군수·구청장에게 신고, '제정된 날'부터 30일 이내	[관리인(입주자등, 10분의 1 이상)] 시장·군수·구청장에게 신고, '제정된 날'부터 30일 이내
입주자대표회의 구성	[입주자등] '법 제11조 제1항에 따른 요구받은 날'부터 3개월 이내	[입주자등] 관리규약의 제정 신고가 수리된 날부터 3개월 이내
관리방법의 결정 등	[입주자등] (기한 없음)	[입주자등] 입주자대표회의 구성 신고가 수리된 날부터 3개월 이내
관리방법 결정의 통지, 신고	[입주자대표회의 회장] ① '사업주체'에게 통지 ② 시장·군수·구청장에게 신고(30일 이내)	[입주자대표회의 회장] ① '관리인'에게 통지 ② 시장·군수·구청장에게 신고(30일 이내)
자치관리기구 구성 (자치관리)	[입주자대표회의] '법 제11조 제1항에 따른 요구받은 날'부터 6개월 이내	[입주자대표회의] 입주자대표회의 구성 신고가 수리된 날부터 6개월 이내
주택관리업자의 선정 (위탁관리)	[입주자대표회의] (기한 없음)	[입주자대표회의] 입주자대표회의 구성 신고가 수리된 날부터 6개월 이내
의무관리대상 전환 신고	–	[관리인(입주자등 10분의 1 이상)] 전체 입주자등의 **3분의 2 이상**의 **서면동의**를 받은 날부터 **30일 이내**에 시장·군수·구청장에게 '전환 신고'
의무관리대상 제외 신고	–	[**입주자대표회의 회장**(직무대행자 포함)] 전체 입주자등의 **3분의 2 이상**의 **서면동의**를 받은 날부터 **30일 이내**에 시장·군수·구청장에게 '제외 신고'

(1) 공동주택의 관리방법(법 제5조)

① '입주자등'은 의무관리대상 공동주택을 자치관리하거나 주택관리업자에게 위탁하여 관리하여야 한다. 26회

② 입주자등이 공동주택의 관리방법을 정하거나 변경하는 경우에는 '대통령령으로 정하는 바'에 따른다.

> **관련법령 관리방법의 결정방법(영 제3조)**
>
> 위 (1)의 ②에 따른 공동주택 관리방법의 결정 또는 변경은 다음의 어느 하나에 해당하는 방법으로 한다. 22회, 23회, 26회, 28회
> 1. 입주자대표회의의 의결로 제안하고 전체 입주자등의 과반수가 찬성
> 2. 전체 입주자등의 10분의 1 이상이 서면으로 제안하고 전체 입주자등의 과반수가 찬성

(2) 자치관리(법 제6조)

① 의무관리대상 공동주택의 '입주자등'이 공동주택을 자치관리할 것을 정한 경우에는 입주자대표회의는 법 제11조 제1항에 따른 요구가 있은 날(법 제2조 제1항 제2호 마목에 따라 '의무관리대상 공동주택으로 전환되는 경우'에는 법 제19조 제1항 제2호에 따른 입주자대표회의의 구성 신고가 수리된 날을 말한다)부터 6개월 이내에 공동주택의 '관리사무소장'을 자치관리기구의 대표자로 선임하고, '대통령령으로 정하는 기술인력 및 장비'를 갖춘 자치관리기구를 구성하여야 한다. 20회, 22회, 26회, 25회 주관식

② 주택관리업자에게 위탁관리하다가 자치관리로 관리방법을 변경하는 경우 입주자대표회의는 그 위탁관리의 종료일까지 자치관리기구를 구성하여야 한다. 21회

> **관련법령 자치관리기구의 구성 및 운영(영 제4조)**
>
> 1. 위 (2)의 ①에서 '대통령령으로 정하는 기술인력 및 장비'란 [별표 1]에 따른 기술인력 및 장비를 말한다.
> 2. 자치관리기구는 입주자대표회의의 감독을 받는다.
> 3. 자치관리기구 관리사무소장은 입주자대표회의가 입주자대표회의 구성원('관리규약으로 정한 정원'을 말하며, 해당 입주자대표회의의 구성원의 3분의 2 이상이 선출되었을 때에는 그 '선출된 인원'을 말한다. 이하 같다) 과반수의 찬성으로 선임한다. 23회, 24회
> 4. 입주자대표회의는 선임된 관리사무소장이 해임되거나 그 밖의 사유로 결원이 되었을 때에는 그 사유가 발생한 날부터 30일 이내에 새로운 관리사무소장을 선임하여야 한다.
> 5. 입주자대표회의 구성원은 자치관리기구의 직원을 겸할 수 없다. 28회

별표 1 '공동주택관리기구'의 기술인력 및 장비기준(영 제4조 제1항, 제6조 제1항 관련)

구분	기준
1. 기술인력	다음의 기술인력. 다만, 관리주체가 입주자대표회의의 동의를 받아 관리업무의 일부를 해당 법령에서 인정하는 전문용역업체에 용역하는 경우에는 해당 기술인력을 갖추지 않을 수 있다. 가. 승강기가 설치된 공동주택인 경우에는 「승강기 안전관리법 시행령」 제28조에 따른 승강기자체검사자격을 갖추고 있는 사람 1명 이상 나. 해당 공동주택의 건축설비의 종류 및 규모 등에 따라 「전기안전관리법」, 「고압가스 안전관리법」, 「액화석유가스의 안전관리 및 사업법」, 「도시가스사업법」, 「에너지이용 합리화법」, 「소방기본법」, 「화재의 예방 및 안전관리에 관한 법률」, 「소방시설 설치 및 관리에 관한 법률」 및 「대기환경보전법」 등 관계 법령에 따라 갖추어야 할 기준 인원 이상의 기술자
2. 장비	가. 비상용 급수펌프(수중펌프를 말한다) 1대 이상 나. 절연저항계(누전측정기를 말한다) 1대 이상 다. 건축물 안전점검의 보유장비: 망원경, 카메라, 돋보기, 콘크리트 균열폭 측정기, 5미터 이상용 줄자 및 누수탐지기 각 1대 이상

[비고]
1. '관리사무소장'과 '기술인력 상호간'에는 겸직할 수 없다. 24회
2. 기술인력 상호간에는 겸직할 수 없다. 다만, 입주자대표회의가 영 제14조 제1항에 따른 방법으로 다음의 겸직을 허용한 경우에는 그러하지 아니하다.
    가. 해당 법령에서 「국가기술자격법」에 따른 국가기술자격의 취득을 선임요건으로 정하고 있는 기술인력과 국가기술자격을 취득하지 않아도 선임할 수 있는 기술인력의 겸직
    나. 해당 법령에서 국가기술자격을 취득하지 않아도 선임할 수 있는 기술인력 상호간의 겸직

(3) 위탁관리(법 제7조)

① 의무관리대상 공동주택의 '**입주자등**'이 공동주택을 **위탁관리**할 것을 정한 경우에는 **입주자대표회의**는 다음의 기준에 따라 '**주택관리업자**'를 선정하여야 한다. 28회 주관식

㉠ 「전자문서 및 전자거래 기본법」 제2조 제2호에 따른 정보처리시스템을 통하여 선정(이하 '**전자입찰방식**'이라 한다)할 것. 다만, 선정방법 등이 전자입찰방식을 적용하기 곤란한 경우로서 '**국토교통부장관이 정하여 고시하는 경우**'에는 전자입찰방식으로 선정하지 아니할 수 있다.

㉡ 다음의 구분에 따른 사항에 대하여 전체 **입주자등**의 **과반수의 동의**를 얻을 것
  ⓐ **경쟁입찰**: '**입찰의 종류 및 방법**', 낙찰방법, 참가자격 제한 등 입찰과 관련한 중요사항 28회 주관식
  ⓑ **수의계약**: 계약상대자 선정, 계약 조건 등 계약과 관련한 중요사항 28회 주관식

㉢ 그 밖에 입찰의 방법 등 '**대통령령**으로 정하는 방식'을 따를 것

② **입주자등**은 기존 주택관리업자의 관리 서비스가 만족스럽지 못한 경우에는 대통령령으로 정하는 바에 따라 새로운 주택관리업자 선정을 위한 입찰에서 '기존 주택관리업자의 참가를 제한'하도록 **입주자대표회의**에 요구할 수 있다. 이 경우 입주자대표회의는 그 요구에 따라야 한다.

> **관련법령** 주택관리업자의 선정 등(영 제5조)

1. 위 **(3)**의 ①의 ㉠에 따른 전자입찰방식의 세부기준, 절차 및 방법 등은 **국토교통부장관**이 정하여 고시한다.
   23회
2. 위 **(3)**의 ①의 ㉢에서 '입찰의 방법 등 **대통령령으로 정하는 방식**'이란 다음에 따른 방식을 말한다.
   ㉠ **국토교통부장관이 정하여 고시하는 경우 '외'**에는 **경쟁입찰**로 할 것. 이 경우 다음의 사항은 **국토교통부장관**이 정하여 고시한다.
     ⓐ 입찰의 절차
     ⓑ 입찰 참가자격
     ⓒ 입찰의 효력
     ⓓ 그 밖에 주택관리업자의 적정한 선정을 위하여 필요한 사항
     ○ **주택관리업자 자선정 방법**
       입주자대표회의 의결로 제안하고 전체 입주자등의 '과반수' 동의로 선정한다.
   ㉡ '입주자대표회의의 **감사**'가 '입찰과정 참관을 원하는 경우'에는 '참관'할 수 있도록 할 것
   ㉢ 계약기간은 **장기수선계획**의 '**조정 주기**'를 고려하여 정할 것
3. 위 **(3)**의 ② 전단에 따라 입주자등이 새로운 주택관리업자 선정을 위한 입찰에서 '기존 주택관리업자의 참가를 제한'하도록 입주자대표회의에 요구하려면 **전체 입주자등 과반수**의 서면동의가 있어야 한다.

(4) **공동관리와 구분관리**(법 제8조)

① **입주자대표회의**는 해당 공동주택의 관리에 필요하다고 인정하는 경우에는 '**국토교통부령으로 정하는 바**'에 따라 **인접한 공동주택단지**(임대주택단지를 포함한다)와 **공동**으로 **관리**하거나 **500세대 이상**의 단위로 **나누어 관리**하게 할 수 있다. 24회, 26회, 28회

② 공동관리는 **단지 별**로 입주자등의 **과반수**의 서면동의를 받은 경우(임대주택단지의 경우에는 임대사업자와 임차인대표회의의 '서면동의'를 받은 경우를 말한다)로서 **국토교통부령으로 정하는 기준**에 적합한 경우에만 해당한다.

> **관련법령** 공동주택의 공동관리 등(규칙 제2조)

1. 입주자대표회의는 공동주택을 공동관리하거나 구분관리하려는 경우에는 다음의 사항을 입주자등에게 통지하고 입주자등의 서면동의를 받아야 한다.
   ㉠ 공동관리 또는 구분관리의 필요성
   ㉡ 공동관리 또는 구분관리의 범위
   ㉢ 공동관리 또는 구분관리에 따른 다음의 사항
     ⓐ 입주자대표회의의 구성 및 운영 방안
     ⓑ 법 제9조에 다른 공동주택 관리기구의 구성 및 운영 방안
     ⓒ 장기수선계획의 조정 및 장기수선충당금의 적립 및 관리 방안
     ⓓ 입주자등이 부담하여야 하는 비용변동의 추정치
     ⓔ 그 밖에 공동관리 또는 구분관리에 따라 변경될 수 있는 사항 중 입주자대표회의가 중요하다고 인정하는 사항
   ㉣ 그 밖에 관리규약으로 정하는 사항

2. 위 1.에 따른 서면동의는 다음의 구분에 따라 받아야 한다.
    ㉠ **공동관리의 경우**: **단지별**로 입주자등 **과반수**의 서면동의 〈개정 2025.4.15.〉
    ㉡ **구분관리의 경우**: **구분관리 단위별** 입주자등 과반수의 서면동의. 다만, 관리규약으로 달리 정한 경우에는 그에 따른다.
3. 위 **(4)**의 ②에서 '국토교통부령으로 정하는 기준'이란 다음의 기준을 말한다. 다만, 특별자치시장·특별자치도지사·시장·군수 또는 구청장(구청장은 자치구의 구청장을 말하며, 이하 '시장·군수·구청장'이라 한다)이 지하도, 육교, 횡단보도, 그 밖에 이와 유사한 시설의 설치를 통하여 **단지 간 보행자 통행의 편리성 및 안전성이 확보되었다고** 인정하는 경우에는 ㉡의 **기준은 적용하지 아니한다**.
    ㉠ 공동관리하는 총세대수가 **1천5백세대 이하**일 것. 다만, 의무관리대상 공동주택단지와 인접한 300세대 미만의 공동주택단지를 공동으로 관리하는 경우는 제외한다.
    ㉡ 공동주택단지 사이에 「주택법」 제2조 제12호 각 목의 어느 하나에 해당하는 시설이 **없을** 것
        ● 「주택법」 제2조 제12호 각 목의 어느 하나에 해당하는 시설
            1. 철도·고속도로·자동차전용도로
            2. 폭 20미터 이상인 일반도로
            3. 폭 8미터 이상인 도시계획예정도로
            4. 위 1.~3.의 시설에 준하는 것으로서 대통령령으로 정하는 시설
4. **입주자대표회의**는 공동주택을 공동관리하거나 구분관리할 것을 결정한 경우에는 지체 없이 그 내용을 '**시장·군수·구청장**'에게 **통보**하여야 한다.

(5) **공동주택관리기구**(법 제9조)

① '입주자대표회의' 또는 '관리주체'는 공동주택 공용부분의 유지·보수 및 관리 등을 위하여 **공동주택관리기구**[위 **(2)**의 ①에 따른 '**자치관리기구**'를 **포함**한다]를 구성하여야 한다.

② 공동주택관리기구의 구성·기능·운영 등에 필요한 사항은 대통령령으로 정한다.

관련법령 **공동주택관리기구의 구성·운영(영 제6조)**

1. 위 **(5)**의 ①에 따라 공동주택관리기구는 [**별표 1**]에 따른 기술인력 및 장비를 갖추어야 한다. [별표 1: '자치관리기구'와 동일]
2. **입주자대표회의 또는 관리주체**는 공동주택을 '공동관리'하거나 '구분관리'하는 경우에는 **공동관리 또는 구분관리 단위별**로 위 **(5)**의 ①에 따른 '**공동주택관리기구**'를 구성하여야 한다. 26회

(6) **혼합주택단지의 관리**(법 제10조)

① 입주자대표회의와 임대사업자는 '혼합주택단지의 관리에 관한 사항'을 공동으로 결정하여야 한다. 이 경우 임차인대표회의가 구성된 혼합주택단지에서는 임대사업자는 「민간임대주택에 관한 특별법」 제52조 제4항 각 호의 사항을 임차인대표회의와 사전에 협의하여야 한다.

② 공동으로 결정할 관리에 관한 사항과 공동결정의 방법 및 절차 등에 필요한 사항은 대통령령으로 정한다.

| 관련법령 | 혼합주택단지의 관리(영 제7조) |

1. 위 **(6)**의 ①에 따라 혼합주택단지의 입주자대표회의와 임대사업자가 혼합주택단지의 관리에 관하여 '**공동으로 결정하여야 하는 사항**'은 다음과 같다.
   ㉠ 관리방법의 결정 및 변경
   ㉡ 주택관리업자의 선정
   ㉢ 장기수선계획의 조정 23회, 24회
   ㉣ 장기수선충당금 및 특별수선충당금(민간임대주택에 관한 특별법 제53조 또는 공공주택 특별법 제50조의4에 따른 특별수선충당금을 말한다)을 사용하는 **주요시설의 교체 및 보수**에 관한 사항
   ㉤ 법 제25조 각 호 외의 부분에 따른 **관리비등**을 사용하여 시행하는 각종 공사 및 용역에 관한 사항
2. 위 1.에도 불구하고 다음의 요건을 모두 갖춘 혼합주택단지에서는 위 1.의 ㉣ 또는 ㉤의 사항을 입주자대표회의와 임대사업자가 각자 결정할 수 있다.
   ㉠ 분양을 목적으로 한 공동주택과 임대주택이 **별개의 동(棟)**으로 배치되는 등의 사유로 **구분하여 관리가 가능할 것**
   ㉡ 입주자대표회의와 임대사업자가 공동으로 결정하지 아니하고 각자 결정하기로 합의하였을 것
3. 위 1.의 ㉠~㉤의 사항을 공동으로 결정하기 위한 입주자대표회의와 임대사업자 간의 **합의가 이뤄지지 않는 경우**에는 다음의 구분에 따라 혼합주택단지의 관리에 관한 사항을 결정한다.
   ㉠ 위 1.의 ㉠ 및 ㉡의 사항: 해당 혼합주택단지 공급면적의 **2분의 1을 초과**하는 면적을 관리하는 입주자대표회의 또는 임대사업자가 결정
   ㉡ 위 1.의 ㉢~㉤의 사항: 해당 혼합주택단지 공급면적의 **3분의 2 이상**을 관리하는 입주자대표회의 또는 임대사업자가 결정. 다만, '다음의 요건에 모두 해당하는 경우'에는 해당 혼합주택단지 공급면적의 2분의 1을 **초과**하는 면적을 관리하는 자가 결정한다.
      ⓐ 해당 혼합주택단지 공급면적의 3분의 2 이상을 관리하는 입주자대표회의 또는 임대사업자가 **없을 것**
      ⓑ 영 제33조에 다른 시설물의 안전관리계획 수립대상 등 **안전관리**에 관한 사항일 것
      ⓒ 입주자대표회의와 임대사업자 간 '**2회**'의 협의에도 불구하고 '합의가 이뤄지지 않을 것'
4. 입주자대표회의 또는 임대사업자는 위 3.에도 불구하고 혼합주택단지의 관리에 관한 1.의 사항에 관한 결정이 이루어지지 아니하는 경우에는 **공동주택관리 분쟁조정위원회**에 분쟁의 조정을 신청할 수 있다.

(7) 의무관리대상 공동주택 전환 등(법 제10조의2)

① 의무관리대상 공동주택으로 전환되는 공동주택(이하 '**의무관리대상 전환 공동주택**'이라 한다)의 '**관리인**'(집합건물의 소유 및 관리에 관한 법률에 따른 관리인을 말하며, '관리단이 관리를 개시하기 전인 경우'에는 같은 법 제9조의3 제1항에 따라 공동주택을 관리하고 있는 자를 말한다. 이하 같다)은 관할 특별자치시장·특별자치도지사·시장·군수·구청장(자치구의 구청장을 말하며 이하 같다. 이하 특별자치시장·특별자치도지사·시장·군수·구청장은 '**시장·군수·구청장**'이라 한다)에게 '**의무관리대상 공동주택 전환 신고**'를 하여야 한다. 다만, 관리인이 신고하지 않는 경우에는 입주자등의 10분의 1 이상이 연서하여 신고할 수 있다. 27회

② '의무관리대상 전환 공동주택'의 **입주자등**은 **관리규약의 제정 신고가 수리된 날**부터 **3개월 이내**에 입주자대표회의를 구성하여야 하며, '**입주자대표회의의 구성 신고가 수리된 날**'부터 **3개월 이내에 공동주택의 관리 방법을 결정**하여야 한다.

③ '의무관리대상 전환 공동주택'의 **입주자등**이 공동주택을 **위탁관리**할 것을 결정한 경우 **입주자대표회의**는 '**입주자대표회의의 구성 신고가 수리된 날**'부터 **6개월 이내**에 주택관리업자를 '**선정**'하여야 한다.

④ 의무관리대상 전환 공동주택의 **입주자등**은 해당 공동주택을 의무관리대상에서 **제외**할 것을 정할 수 있으며, 이 경우 **입주자대표회의의 회장**(직무를 대행하는 경우에는 그 **직무를 대행하는 사람을 포함한다. 이하 같다**)은 '**대통령령으로 정하는 바**'에 따라 **시장·군수·구청장**에게 **의무관리대상 공동주택 제외 신고**를 하여야 한다.

⑤ 시장·군수·구청장은 위 ① 및 ④에 따른 신고를 받은 날부터 **10일 이내**에 신고수리 여부를 신고인에게 통지하여야 한다.

⑥ 시장·군수·구청장이 위 ⑤에서 정한 기간 내에 신고수리 여부 또는 민원 처리 관련 법령에 따른 처리기간의 연장을 신고인에게 통지하지 아니하면 그 기간(민원 처리 관련 법령에 따라 처리기간이 연장 또는 재연장된 경우에는 해당 처리기간을 말한다)이 끝난 날의 **다음 날**에 '**신고를 수리한 것**'으로 본다.

> **관련법령** 의무관리대상 공동주택 전환 등(영 제7조의2)
>
> 1. 위 **(7)**의 ①에 따라 '의무관리대상 공동주택 **전환 신고를 하려는 자**'는 '입주자등의 동의를 받은 날'부터 30일 이내에 관할 특별자치시장·특별자치도지사·시장·군수·구청장(구청장은 자치구의 구청장을 말하며, 이하 '**시장·군수·구청장**'이라 한다)에게 '국토교통부령으로 정하는 신고서'를 제출해야 한다.
> 2. 위 **(7)**의 ④에 따라 '의무관리대상 공동주택 **제외 신고**를 하려는 **입주자대표회의의 회장**'(직무를 대행하는 경우에는 그 직무를 대행하는 사람을 포함한다. 이하 같다)은 '입주자등의 동의를 받은 날'부터 30일 이내에 **시장·군수·구청장**에게 '국토교통부령으로 정하는 신고서'를 제출해야 한다.

2. 관리의 이관 등

(1) 관리의 이관(법 제11조)

① **의무관리대상 공동주택**을 건설한 **사업주체**는 입주예정자의 **과반수**가 입주할 때까지 그 공동주택을 관리하여야 하며, 입주예정자의 과반수가 입주하였을 때에는 **입주자등**에게 대통령령으로 정하는 바에 따라 그 사실을 통지하고 해당 공동주택을 관리할 것을 **요구**하여야 한다.

<small>22회, 23회, 24회</small>

② **입주자등**이 위 ①의 요구를 받았을 때에는 그 요구를 받은 날부터 **3개월 이내**에 입주자를 구성원으로 하는 **입주자대표회의**를 구성하여야 한다.

③ '입주자대표회의의 **회장**'은 '**입주자등**'이 해당 공동주택의 **관리방법을 결정**(위탁관리하는 방법을 선택한 경우에는 그 **주택관리업자의 선정을 포함**한다)한 경우에는 이를 **사업주체** 또는 **의무관리대상 전환 공동주택**의 '**관리인**'에게 **통지**하고, '**대통령령으로 정하는 바**'에 따라 관할 **시장·군수·구청장**에게 **신고**하여야 한다. 신고한 사항이 변경되는 경우에도 또한 같다.

④ 시장·군수·구청장은 위 ③에 따른 신고를 받은 날부터 **7일 이내**에 **신고수리 여부**를 신고인에게 **통지**하여야 한다.

⑤ 시장·군수·구청장이 위 ④에서 정한 기간 내에 신고수리 여부 또는 민원 처리 관련 법령에 따른 처리기간의 연장을 신고인에게 통지하지 아니하면 그 기간(민원 처리 관련 법령에 따라 처리기간이 연장 또는 재연장된 경우에는 해당 처리기간을 말한다)이 끝난 날의 **다음 날**에 '**신고를 수리한 것**'으로 본다.

> **관련법령** **입주자등에 대한 관리요구의 통지(영 제8조)**
>
> 1. **사업주체**는 위 **(1)**의 ①에 따라 **입주자등**에게 입주예정자의 **과반수**가 입주한 사실을 통지할 때에는 '**통지서**'에 다음의 사항을 기재하여야 한다.
>   ㉠ 총 입주예정세대수 및 총 입주세대수
>   ㉡ 동별 입주예정세대수 및 동별 입주세대수
>   ㉢ 공동주택의 관리방법에 관한 결정의 요구
>   ㉣ 사업주체의 성명 및 주소(법인인 경우에는 명칭 및 소재지를 말한다)
> 2. **임대사업자**는 다음의 어느 하나에 해당하는 경우에는 위 1.을 준용하여 입주자등에게 통지하여야 한다.
>   ㉠ 「민간임대주택에 관한 특별법」 제2조 제2호에 따른 민간건설임대주택을 같은 법 제43조에 따라 임대사업자 외의 자에게 **양도**하는 경우로서 해당 양도 임대주택 입주예정자의 과반수가 입주하였을 때
>   ㉡ 「공공주택 특별법」 제2조 제1호의2에 따른 공공건설임대주택에 대하여 같은 조 제4호에 따른 **분양전환**을 하는 경우로서 해당 공공건설임대주택 전체 세대수의 과반수가 분양전환된 때
> 3. **사업주체** 및 **임대사업자**는 입주자대표회의의 구성에 **협력**하여야 한다.

> **관련법령** **관리방법 결정 등의 신고(영 제9조)**
>
> 위 **(1)**의 ③에 따라 입주자대표회의의 **회장**은 공동주택 관리방법의 **결정**(위탁관리하는 방법을 선택한 경우에는 그 **주택관리업자의 선정**을 포함한다) 또는 **변경결정**에 관한 신고를 하려는 경우에는 그 결정일 또는 변경결정일부터 **30일 이내**에 신고서를 **시장·군수·구청장**에게 제출해야 한다.

(2) 사업주체의 주택관리업자 선정(법 제12조)

사업주체는 입주자대표회의로부터 위 **(1)**의 ③에 따른 통지가 없거나 입주자대표회의가 위 1. **(2)**의 ①에 따른 자치관리기구를 구성하지 아니하는 경우에는 **주택관리업자**를 선정하여야 한다. 이 경우 사업주체는 '**입주자대표회의**' 및 관할 '**시장·군수·구청장**'에게 그 사실을 알려야 한다.

(3) 관리업무의 인계(법 제13조) [위반자: 1천만원 이하의 과태료]

① **사업주체** 또는 '**의무관리대상 전환 공동주택**'의 관리인은 다음의 어느 하나에 해당하는 경우에는 대통령령으로 정하는 바에 따라 해당 **관리주체**에게 공동주택의 관리업무를 인계하여야 한다.
  ㉠ 입주자대표회의의 회장으로부터 주택관리업자의 선정을 통지받은 경우
  ㉡ 자치관리기구가 구성된 경우
  ㉢ 위 **(2)**에 따라(사업주체에 의해) 주택관리업자가 선정된 경우
② 공동주택의 관리주체가 변경되는 경우에 **기존 관리주체**는 '**새로운 관리주체**'에게 위 ①을 준용하여 해당 공동주택의 관리업무를 인계하여야 한다.

관련법령   관리업무의 인계(영 제10조)

1. **사업주체** 또는 '의무관리대상 전환 공동주택의 **관리인**'은 위 **(3)**의 ①의 ㉠~㉢의 어느 하나에 해당하게 된 날부터 **1개월 이내**에 해당 공동주택의 관리주체에게 공동주택의 관리업무를 인계해야 한다.
2. 위 **(3)**의 ②에 따른 '새로운 관리주체'는 '기존 관리의 종료일'까지 '**공동주택관리기구**'를 구성하여야 하며, '기존 관리주체'는 '해당 관리의 종료일'까지 공동주택의 관리업무를 **인계**하여야 한다.
3. 위 2.에도 불구하고 기존 관리의 종료일까지 인계·인수가 이루어지지 아니한 경우 '기존 관리주체'는 기존 관리의 종료일(기존 관리의 종료일까지 '새로운 관리주체가 선정되지 못한 경우'에는 **새로운 관리주체가 선정된 날**을 말한다)부터 **1개월 이내**에 '새로운 관리주체'에게 공동주택의 관리업무를 인계하여야 한다. 이 경우 '그 인계기간에 소요되는 기존 관리주체의 인건비 등'은 해당 공동주택의 **관리비**로 지급할 수 있다.
4. **사업주체** 또는 의무관리대상 전환 공동주택의 **관리인**은 위 **(3)**의 ①에 따라 공동주택의 관리업무를 해당 관리주체에게 인계할 때에는 입주자대표회의의 **회장** 및 **1명 이상의 감사**의 '**참관하**'에 인계자와 인수자가 '**인계·인수서**'에 각각 **서명날인**하여 다음의 서류를 '**인계**'해야 한다. 기존 관리주체가 위 **(3)**의 ②에 따라 새로운 관리주체에게 공동주택의 관리업무를 인계하는 경우에도 또한 같다.
  ㉠ **설계도서**, 장비의 명세, **장기수선계획** 및 **안전관리계획**
  ㉡ **관리비**·사용료·이용료의 부과·징수현황 및 이에 관한 회계서류
  ㉢ **장기수선충당금**의 적립현황
  ㉣ 법 제24조 제1항에 따른 **관리비예치금**의 명세
  ㉤ 법 제36조 제3항 제1호에 따라 세대 **전유부분을 입주자에게 인도한 날**의 현황
  ㉥ **관리규약**과 그 밖에 공동주택의 관리업무에 필요한 사항
5. 건설임대주택(민간임대주택에 관한 특별법 제2조 제2호에 따른 민간건설임대주택 및 공공주택 특별법 제2조 제1호의2에 따른 공공건설임대주택을 말한다. 이하 같다)을 **분양전환**(민간임대주택에 관한 특별법 제43조에 따른 '임대사업자 외의 자'에게의 **양도** 및 공공주택 특별법 제2조 제4호에 따른 **분양전환**을 말한다. 이하 같다)하는 경우 **임대사업자**는 위 1. 및 4.를 준용하여 **관리주체**에게 공동주택의 관리업무를 인계하여야 한다. 이 경우 4.의 ㉤의 '입주자'는 '**임차인**'으로 본다.

제2절 입주자대표회의 및 관리규약 등

1. 입주자대표회의의 구성

(1) 입주자대표회의의 구성 등(법 제14조)

① '입주자대표회의'는 **4명 이상**으로 구성하되, '**동별 세대수에 비례**'하여 '**관리규약**'으로 정한 선거구에 따라 선출된 대표자(이하 '**동별 대표자**'라 한다)로 구성한다. 이 경우 선거구는 **2개 동 이상**으로 묶거나 '**통로**'나 '**층별**'로 구획하여 정할 수 있다. 23회, 24회, 25회, 27회, 28회

② 하나의 공동주택단지를 여러 개의 공구로 구분하여 순차적으로 건설하는 경우(임대주택은 분양전환된 경우를 말한다) 먼저 입주한 공구의 입주자등은 위 ①에 따라 입주자대표회의를 구성할 수 있다. 다만, 다음 공구의 입주예정자의 **과반수**가 입주한 때에는 **다시 입주자대표회의를 구성하여야 한다**.

③ 동별 대표자는 동별 대표자 선출공고에서 정한 각종 서류 제출 마감일[이하 (1)에서 '서류 제출 마감일'이라 한다]을 기준으로 다음의 요건을 갖춘 **입주자**(입주자가 법인인 경우에는 그 대표자를 말한다) 중에서 '대통령령으로 정하는 바'에 따라 **선거구 입주자등**의 보통·평등·직접·비밀선거를 통하여 선출한다. 다만, '입주자'인 동별 대표자 후보자가 '**없는**' 선거구에서는 '**다음 ㉠, ㉡**' 및 '**대통령령으로 정하는 요건**'을 갖춘 '**사용자**'도 동별 대표자로 선출될 수 있다. 27회

㉠ '**해당 공동주택단지 안**'에서 '**주민등록을 마친 후**' '**계속**'하여 대통령령으로 정하는 기간(**3개월**) **이상 거주**하고 있을 것(최초의 입주자대표회의를 구성하거나 위 ②의 단서에 따른 입주자대표회의를 구성하기 위해 동별 대표자를 선출하는 경우는 **제외**한다) 22회

㉡ '**해당 선거구**'에 주민등록을 마친 후 **거주**하고 있을 것

관련법령 **동별 대표자의 선출(영 제11조 제1항)**

위 **(1)**의 ③에 따라 동별 대표자는 '**선거구별**'로 1명씩 선출하되 그 선출방법은 다음의 구분에 따른다.
1. 후보자가 2명 이상인 경우: 해당 선거구 전체 입주자등의 **과반수**가 **투표**하고 후보자 중 **최다득표자**를 선출
2. 후보자가 1명인 경우: 해당 선거구 전체 입주자등의 **과반수**가 **투표**하고 **투표자 과반수**의 찬성으로 선출

관련법령 **사용자인 동별 대표자의 선출(영 제11조 제2항)**

사용자는 '위 **(1)**의 ③ 단서' 및 '다음 **(1)**의 ⑩'에 따라 '**2회**'의 선출공고(직전 선출공고일부터 **2개월** 이내에 공고하는 경우만 2회로 계산한다)에도 불구하고 '**입주자**(입주자가 법인인 경우에는 그 대표자를 말한다)인 동별 대표자의 후보자가 없는 선거구'에서 직전 선출공고일부터 **2개월** 이내에 선출공고를 하는 경우로서 '위 **(1)**의 ③의 ㉠, ㉡'과 '다음의 어느 하나에 해당하는 요건'을 모두 갖춘 경우에는 동별 대표자가 될 수 있다. 이 경우 입주자인 후보자가 있으면 사용자는 후보자의 자격을 상실한다.
1. 공동주택을 임차하여 사용하는 사람일 것. 이 경우 **법인**인 경우에는 그 **대표자**를 말한다.
2. '위 1. 전단에 따른 사람'의 배우자 또는 직계존비속일 것. 이 경우 '위 1. 전단에 따른 사람'이 서면으로 위임한 **대리권**이 있는 경우만 해당한다.

④ 서류 제출 마감일을 기준으로 다음의 어느 하나에 해당하는 사람은 동별 대표자가 될 수 없으며 그 자격을 상실한다. 22회, 28회

㉠ 미성년자, 피성년후견인 또는 피한정후견인 28회

㉡ 파산자로서 복권되지 아니한 사람 28회

㉢ 이 법 또는 「주택법」, 「민간임대주택에 관한 특별법」, 「공공주택 특별법」, 「건축법」, 「집합건물의 소유 및 관리에 관한 법률」을 위반한 범죄로 금고 이상의 실형 선고를 받고 그 집행이 끝나거나(집행이 끝난 것으로 보는 경우를 포함한다) 집행이 면제된 날부터 **2년**이 지나지 아니한 사람

㉣ 금고 이상의 형의 집행유예선고를 받고 '**그 유예기간 중**'에 있는 사람

㉤ 그 밖에 '대통령령으로 정하는 다음의 사람'(영 제11조 제4항)

ⓐ 이 법 또는 「주택법」, 「민간임대주택에 관한 특별법」, 「공공주택 특별법」, 「건축법」, 「집합건물의 소유 및 관리에 관한 법률」을 위반한 범죄로 **벌금형**을 선고받은 후 **2년**이 지나지 않은 사람

ⓑ 법 제15조 제1항에 따른 선거관리위원회 위원(사퇴하거나 해임 또는 해촉된 사람으로서 '그 남은 임기 중에 있는 사람'을 포함한다)

ⓒ 공동주택의 '소유자가 서면으로 위임한' **대리권이 없는** 소유자의 **배우자나 직계존비속**

ⓓ 해당 공동주택 관리주체의 소속 임직원과 해당 공동주택 관리주체에 용역을 공급하거나 사업자로 지정된 자의 소속 임원. 이 경우 관리주체가 주택관리업자인 경우에는 해당 주택관리업자를 기준으로 판단한다.

ⓔ 해당 공동주택의 동별 대표자를 '**사퇴**한 날'부터 **1년**(해당 동별 대표자에 대한 '해임이 요구된 후 사퇴한 경우'에는 2년을 말한다)이 지나지 아니하거나 '**해임**된 날'부터 **2년**이 지나지 아니한 사람

ⓕ '관리비등'을 최근 **3개월 이상 연속**하여 **체납**한 사람 24회

ⓖ 동별 대표자로서 임기 중에 위 ⓕ에 해당하여 다음 ⑤에 따라 **퇴임**한 사람으로서 그 **남은 임기**('남은 임기'가 1년을 **초과**하는 경우에는 1년을 말한다) 중에 있는 사람

⑤ 동별 대표자가 임기 중에 위 ③에 따른 자격요건을 충족하지 아니하게 된 경우나 위 ④의 ㉠~㉤에 따른 결격사유에 해당하게 된 경우에는 **당연히 퇴임**한다. 24회

⑥ 입주자대표회의에는 대통령령으로 정하는 바에 따라 회장, 감사 및 이사를 임원으로 둔다.

⑦ 위 ⑥에도 불구하고 **사용자인 동별 대표자는 회장이 될 수 없다.** 다만, 입주자인 동별 대표자 중에서 **회장 후보자가 없는 경우**로서 '선출 전'에 전체 **입주자 과반수**의 서면동의를 얻은 경우에는 그러하지 아니하다. 28회

⑧ **입주자대표회의**는 그 회의를 개최한 때에는 '**회의록**'을 작성하여 '**관리주체**'에게 보관하게 하여야 한다. 이 경우 **입주자대표회의**는 관리규약으로 정하는 바에 따라 **입주자등**에게 회의를 '**실시간**' 또는 '**녹화·녹음 등의 방식**'으로 **중계**하거나 **방청**하게 할 수 있다.

⑨ 300세대 이상인 공동주택의 **관리주체**는 '**관리규약으로 정하는 범위·방법 및 절차 등**'에 따라 '**회의록**'을 입주자등에게 공개하여야 하며, 300세대 미만인 공동주택의 **관리주체**는 '**관리규약으로 정하는 바**'에 따라 '**회의록**'을 공개할 수 있다. 이 경우 **관리주체**는 입주자등이 회의록의 열람을 청구하거나 자기의 비용으로 복사를 요구하는 때에는 '**관리규약으로 정하는 바**'에 따라 이에 **응하여야 한다**. 26회 주관식

⑩ 동별 대표자의 임기나 그 제한에 관한 사항, 동별 대표자 또는 입주자대표회의의 임원의 선출이나 해임방법 등 입주자대표회의의 구성 및 운영에 필요한 사항과 입주자대표회의의 의결방법은 대통령령으로 정한다.

⑪ 입주자대표회의의 의결사항은 관리규약, 관리비, 시설의 운영에 관한 사항 등으로 하며, 그 구체적인 내용은 대통령령으로 정한다.

⑫ 위 ⑩ 및 ⑪에도 불구하고 입주자대표회의의 구성원 중 '**사용자인 동별 대표자가 과반수인 경우**'에는 대통령령으로 '**그 의결방법 및 의결사항**'을 달리 정할 수 있다.

'동별 대표자'의 선출 및 해임

① 선출
  ㉠ 결격자가 아닌 자격을 갖춘

  [입주자·(또는 사용자)] 中 [선거구] 입주자등의 보통·평등·직접·비밀선거

  ㉡ 선거구별로 1명씩 선출(예외 없음)
    ─ 후보자 2명 이상 → [선거구] 전체 입주자등 (과)(투) + 후보자 중 최다득표자
    ─ 후보자 1명 → [선거구] 전체 입주자등 (과)(투) + (투)(과)

② 해임
   해당 [선거구] 전체 입주자등 (과)(투) + (투)(과)

※ (과): 과반수, (투): 투표 및 투표자

> **관련법령** 동별 대표자의 선출(영 제11조 제5항)
>
> 공동주택 '소유자' 또는 '공동주택을 임차하여 사용하는 사람'의 결격사유[위 (1)의 ④에 따른 결격사유를 말한다. 이하 같다]는 그를 '대리하는 자'에게 미치며, '공유(共有)'인 공동주택 소유자의 결격사유를 판단할 때에는 '지분의 과반을 소유한 자'의 결격사유를 기준으로 한다. 24회

관련법령 입주자대표회의 임원의 선출 등(영 제12조)

1. 입주자대표회의에는 다음의 임원을 두어야 한다. 25회, 27회
   ㉠ 회장 1명
   ㉡ 감사 2명 이상
   ㉢ 이사 1명 이상
2. '임원'은 **동별 대표자** 중에서 다음 구분에 따른 방법으로 선출한다.
   ㉠ '**회장**' 선출방법
      ⓐ '**입주자등**'의 보통·평등·직접·비밀선거를 통하여 선출
      ⓑ 후보자가 **2명 이상**인 경우: 전체 **입주자등의 10분의 1 이상**이 투표하고 후보자 중 **최다득표자**를 선출
      ⓒ 후보자가 1명인 경우: 전체 **입주자등의 10분의 1 이상**이 투표하고 **투표자 과반수**의 찬성으로 선출
      ⓓ 다음의 경우는 입주자대표회의 **구성원 과반수**의 찬성으로 선출하며, 입주자대표회의 구성원 과반수 찬성으로 선출할 수 없는 경우로서 최다득표자가 2인 이상인 경우에는 **추첨**으로 선출
         ⅰ) '후보자가 없거나' '위 ⓐ부터 ⓒ까지의 규정에 따라 선출된 자가 없는 경우'
         ⅱ) 위 ⓐ부터 ⓒ까지의 규정에도 불구하고 500세대 미만의 공동주택 단지에서 관리규약으로 정하는 경우
   ㉡ '**감사**' 선출방법
      ⓐ '**입주자등**'의 보통·평등·직접·비밀선거를 통하여 선출
      ⓑ 후보자가 **선출필요인원을 초과**하는 경우: 전체 **입주자등의 10분의 1 이상**이 투표하고 후보자 중 **다득표자 '순'**으로 선출
      ⓒ 후보자가 **선출필요인원과 같거나 미달**하는 경우: 후보자별로 전체 **입주자등의 10분의 1 이상**이 **투표**하고 **투표자 과반수**의 찬성으로 선출
      ⓓ 다음의 경우는 입주자대표회의 **구성원 과반수**의 찬성으로 선출하며, 입주자대표회의 구성원 과반수 찬성으로 선출할 수 없는 경우로서 최다득표자가 2인 이상인 경우에는 **추첨**으로 선출
         ⅰ) '후보자가 없거나' '위 ⓐ부터 ⓒ까지의 규정에 따라 선출된 자가 없는 경우'(선출된 자가 선출필요인원에 미달하여 추가선출이 필요한 경우를 포함한다)
         ⅱ) 위 ⓐ부터 ⓒ까지의 규정에도 불구하고 500세대 미만의 공동주택 단지에서 **관리규약**으로 정하는 경우
   ㉢ '**이사**' 선출방법 〈개정 2025.4.15.〉
      ⓐ 후보자가 선출필요인원을 **초과**하는 경우: 입주자대표회의 **구성원의 과반수**가 **투표**하고 후보자 중 **다득표자** 순으로 선출하며, 순위 내에 득표수가 같은 후보자가 있는 경우로서 그 득표수가 같은 후보자를 모두 선출하면 선출필요인원을 초과하는 경우에는 그 득표수가 같은 후보자들 간에는 '**추첨**'으로 선출
      ⓑ 후보자가 선출필요인원과 같거나 미달하는 경우: 후보자별로 입주자대표회의 **구성원의 과반수**가 투표하고 투표자 과반수의 찬성으로 선출
      ⓒ 위 ⓐ 및 ⓑ에도 불구하고 **관리규약**에서 '입주자대표회의의 정원'과 '임원의 정원'을 같은 수로 정한 경우에는 회장과 감사가 모두 선출된 후 남은 동별 대표자를 별도의 투표 또는 동의 절차 없이 '이사'로 선출
3. 입주자대표회의는 입주자등의 소통 및 화합의 증진을 위하여 그 이사 중 '공동체 생활의 활성화에 관한 업무를 담당하는 이사'를 선임할 수 있다.
4. 입주자대표회의 '임원의 업무범위 등'은 **국토교통부령**으로 정한다.

관련법령 입주자대표회의 임원의 업무범위 등(규칙 제4조)

1. 입주자대표회의의 **회장**(이하 '회장'이라 한다)은 입주자대표회의를 대표하고, 그 회의의 **의장**이 된다.
2. **이사**는 회장을 보좌하고, 회장이 부득이한 사유로 그 직무를 수행할 수 없을 때에는 관리규약에서 정하는 바에 따라 그 **직무를 대행**한다.
3. **감사**는 관리비·사용료 및 장기수선충당금 등의 부과·징수·지출·보관 등 **회계 관계 업무**와 관리업무 전반에 대하여 '관리주체의 업무'를 감사한다.
4. **감사**는 위 3.에 따른 감사를 한 경우에는 **감사보고서**를 작성하여 **입주자대표회의**와 **관리주체**에게 제출하고 **인터넷 홈페이지**(인터넷 홈페이지가 없는 경우에는 인터넷 포털을 통해 관리주체가 운영·통제하는 유사한 기능의 **웹사이트** 또는 **관리사무소의 게시판**을 말한다) 및 **동별 게시판**(통로별 게시판이 설치된 경우에는 이를 포함한다)에 공개해야 한다.
5. '**감사**'는 입주자대표회의에서 의결한 안건이 관계 법령 및 관리규약에 위반된다고 판단되는 경우에는 **입주자대표회의에 재심의**를 요청할 수 있다.
6. 위 5.에 따라 재심의를 요청받은 입주자대표회의는 지체 없이 해당 안건을 다시 심의하여야 한다.

관련법령 동별 대표자의 임기 등(영 제13조)

1. 동별 대표자의 임기는 **2년**으로 한다. 다만, 보궐선거 또는 재선거로 선출된 동별 대표자의 임기는 다음의 구분에 따른다.
   ㉠ 모든 동별 대표자의 임기가 동시에 시작하는 경우: 2년 ^{25회}
   ㉡ 그 밖의 경우: 전임자 임기(재선거의 경우 재선거 전에 실시한 선거에서 선출된 동별 대표자의 임기를 말한다)의 남은 기간
2. 동별 대표자는 **한 번만 '중임'**할 수 있다. 이 경우 보궐선거 또는 재선거로 선출된 동별 대표자의 임기가 **6개월 미만**인 경우에는 임기의 횟수에 포함하지 않는다.
3. 영 제11조 제1항 및 위 2.에도 불구하고 2회의 선출공고(직전 선출공고일부터 **2개월 이내**에 공고하는 경우만 2회로 계산한다)에도 불구하고 동별 대표자의 후보자가 없거나 선출된 사람이 없는 선거구에서 직전 선출공고일부터 **2개월 이내**에 선출공고를 하는 경우에는 동별 대표자를 중임한 사람도 해당 **선거구 입주자등의 과반수**의 찬성으로 다시 동별 대표자로 선출될 수 있다. 이 경우 후보자 중 동별 대표자를 중임하지 않은 사람이 있으면 동별 대표자를 중임한 사람은 후보자의 자격을 상실한다.
4. 동별 대표자 및 입주자대표회의의 **임원**은 '관리규약으로 정한 사유가 있는 경우'에 다음의 구분에 따른 방법으로 **해임**한다.
   ㉠ **동별 대표자**: 해당 **선거구** 전체 입주자등의 **과반수가 투표**하고 **투표자 과반수**의 찬성으로 해임
   ㉡ 입주자대표회의의 **임원**: 다음의 구분에 따른 방법으로 해임
      ⓐ **회장 및 감사**: 전체 **입주자등의 10분의 1 이상이 투표**하고 **투표자 과반수**의 찬성으로 해임. 다만, 500세대 미만의 공동주택 단지에서 관리규약으로 정하는 경우로써 입주자대표회의에서 선출된 회장 및 감사는 '**관리규약으로 정하는 절차**'에 따라 해임한다.
      ⓑ **이사**: '**관리규약으로 정하는 절차**'에 따라 해임

(2) 입주자대표회의의 의결방법 및 의결사항 등(영 제14조)

① 입주자대표회의는 입주자대표회의 **구성원 과반수**의 찬성으로 의결한다. 27회

② 입주자대표회의의 의결사항은 다음과 같다.
　㉠ 관리규약 **개정안의 제안**(제안서에는 개정안의 취지, 내용, 제안 유효기간 및 제안자 등을 포함한다. 이하 같다)
　㉡ 관리규약에서 위임한 사항과 그 시행에 필요한 규정의 제정·개정 및 폐지
　㉢ 공동주택 **관리방법**의 '**제안**' 25회
　㉣ '**관리비등의 집행**'을 위한 **사업계획** 및 **예산의 승인**(변경승인을 포함한다)
　㉤ 공용시설물 이용료 부과기준의 결정
　㉥ 관리비등의 회계감사 요구 및 회계감사보고서의 승인
　㉦ '**관리비등**'의 결산의 승인
　㉧ 단지 안의 전기·도로·상하수도·주차장·가스설비·냉난방설비 및 승강기 등의 유지·운영기준 25회
　㉨ 자치관리를 하는 경우 **자치관리기구 직원의 임면**에 관한 사항
　㉩ **장기수선계획**에 따른 공동주택 **공용부분의 보수·교체 및 개량**
　㉪ 공동주택 '**공용부분**'의 행위허가 또는 신고행위의 제안
　㉫ 영 제39조 제5항 및 제6항에 따른 공동주택 **공용부분의 담보책임 종료 확인**
　㉬ 「주택건설기준 등에 관한 규정」 제2조 제3호에 따른 **주민공동시설**[이하 '주민공동시설'이라 하며, **(2)**, 영 제19조(관리규약의 준칙), 영 제23조(관리비 등), 영 제25조(관리비 등의 집행을 위한 사업자 선정), 영 제29조(주민공동시설의 위탁 운영) 및 영 제29조의2(인근 공동주택단지 입주자등의 주민공동시설 이용의 허용)에서는 영 제29조의3 제1항 각 호의 시설(**어린이집, 다함께돌봄센터, 공동육아나눔터**)은 제외한다] **위탁 운영의 제안** 21회
　㉭ 인근 공동주택단지 입주자등의 주민공동시설 이용에 대한 허용 제안
　㉮ **장기수선계획** 및 **안전관리계획의 '수립'** 또는 **조정**('비용지출을 수반하는 경우'로 한정한다) 25회
　㉯ 입주자등 상호간에 이해가 상반되는 사항의 조정 25회
　㉰ 공동체 생활의 활성화 및 질서유지에 관한 사항 25회
　㉱ 그 밖에 공동주택의 관리와 관련하여 관리규약으로 정하는 사항

③ 위 ① 및 ②에도 불구하고 '입주자대표회의 구성원' 중 '**사용자인 동별 대표자가 과반수인 경우**'에는 위 **(1)**의 ⑫에 따라 위 ②의 ㉫(공용부분의 담보책임 종료 확인)에 관한 사항은 **의결사항에서 제외**하고, 위 ②의 ㉮ 중 **장기수선계획의 수립 또는 조정에 관한 사항은 전체 입주자 과반수**의 '**서면동의**'를 받아 그 동의 내용대로 의결한다.

④ 입주자대표회의는 **관리규약**으로 정하는 바에 따라 **회장**이 그 명의로 소집한다. 다만, 다음의 어느 하나에 해당하는 때에는 **회장**은 해당 일부터 14일 **이내**에 입주자대표회의를 소집해야 하며, 회장이 회의를 소집하지 않는 경우에는 **관리규약**으로 정하는 **이사**가 그 회의를 소집하고 회장의 직무를 대행한다.
  ㉠ 입주자대표회의 '**구성원**' 3분의 1 이상이 청구하는 때
  ㉡ '**입주자등**'의 '10분의 1 이상이 요청'하는 때
  ㉢ 전체 '**입주자**'의 '10분의 1 이상이 요청'하는 때(위 ②의 ㉮ 중 장기수선계획의 수립 또는 조정에 관한 사항만 해당한다)
⑤ **입주자대표회의**는 위 ②의 각 사항을 의결할 때에는 입주자등이 아닌 자로서 해당 공동주택의 관리에 이해관계를 가진 자의 권리를 침해해서는 안 된다.
⑥ **입주자대표회의**는 주택관리업자가 공동주택을 관리하는 경우에는 주택관리업자의 직원인 사·노무관리 등의 업무수행에 부당하게 간섭해서는 아니 된다.

(3) 동별 대표자 등의 선거관리(법 제15조)

① **입주자등**은 **동별 대표자**나 입주자대표회의의 **임원**을 선출하거나 해임하기 위하여 선거관리위원회(이하 '**선거관리위원회**'라 한다)를 구성한다.
② 다음의 어느 하나에 해당하는 사람은 선거관리위원회 위원이 될 수 없으며 그 자격을 상실한다.
  ㉠ 동별 대표자 또는 그 후보자
  ㉡ 위 ㉠에 해당하는 사람의 배우자 또는 직계존비속
  ㉢ 그 밖에 '대통령령으로 정하는 다음의 사람'(영 제16조)
    ⓐ 미성년자, 피성년후견인 또는 피한정후견인
    ⓑ **동별 대표자**를 사퇴하거나 그 지위에서 해임된 사람 또는 위 **(1)**의 ⑤에 따라 퇴임한 사람으로서 그 **남은 임기 중**에 있는 사람 24회
    ⓒ **선거관리위원회 위원**을 사퇴하거나 그 지위에서 해임 또는 해촉된 사람으로서 그 **남은 임기 중**에 있는 사람 25회
③ 선거관리위원회의 구성원 수, 위원장의 선출방법, 의결의 방법 등 선거관리위원회의 구성 및 운영에 필요한 사항은 대통령령으로 정한다.
④ 선거관리위원회는 위 ①에 따른 선거관리를 위해 「선거관리위원회법」 제2조 제1항 제3호에 따라 해당 소재지를 관할하는 '**구·시·군 선거관리위원회**'에 투표 및 개표 관리 등 **선거지원**을 **요청**할 수 있다.

> **관련법령** 선거관리위원회 구성원 수 등(영 제15조)

1. 위 **(3)**의 ①에 따른 '선거관리위원회'는 '**입주자등**'(서면으로 위임된 대리권이 없는 공동주택 소유자의 **배우자** 및 **직계존비속**이 그 소유자를 대리하는 경우를 **포함한다**) 중에서 위원장을 포함하여 다음의 구분에 따른 위원으로 구성한다.
   ㉠ 500세대 이상인 공동주택: **5명 이상 9명 이하**
   ㉡ 500세대 미만인 공동주택: **3명 이상 9명 이하**
2. 선거관리위원회 위원장은 위원 중에서 호선한다. 27회
3. 위 1.에도 불구하고 500세대 이상인 공동주택은 「선거관리위원회법」제2조에 따른 선거관리위원회 소속 직원 1명을 관리규약으로 정하는 바에 따라 **위원으로 위촉**할 수 있다.
4. 선거관리위원회는 그 **구성원**('관리규약으로 정한 정원'을 말한다) **과반수**의 찬성으로 그 의사를 결정한다. 이 경우 이 영 및 관리규약으로 정하지 아니한 사항은 선거관리위원회 규정으로 정할 수 있다.
5. 선거관리위원회의 구성·운영·업무[위 **(1)**의 ④의 ㉠~㉢에 따른 동별 대표자 결격사유의 확인을 '**포함**'한다]·경비, '**위원**'의 선임·해임 및 임기 등에 관한 사항은 **관리규약**으로 정한다.

(4) 동별 대표자 후보자 등에 대한 범죄경력 조회 등(법 제16조)

① **선거관리위원회 위원장**(선거관리위원회가 구성되지 아니하였거나 위원장이 사퇴, 해임 등으로 궐위된 경우에는 '**입주자대표회의 회장**'을 말하며, 입주자대표회의의 회장도 궐위된 경우에는 '**관리사무소장**'을 말한다. 이하 같다)은 '**동별 대표자 후보자**'에 대하여 동별 대표자의 자격요건 충족 여부와 결격사유 해당 여부를 **확인하여야 하며**, 결격사유 해당 여부를 확인하는 경우에는 '**동별 대표자 후보자의 동의를 받아**' 범죄경력을 관계 기관의 장에게 **확인하여야 한다**.

② 선거관리위원회 위원장은 '**동별 대표자**'에 대하여 자격요건 충족 여부와 결격사유 해당 여부를 **확인할 수 있으며**, 결격사유 해당 여부를 확인하는 경우에는 '**동별 대표자의 동의를 받아**' 범죄경력을 관계 기관의 장에게 **확인하여야 한다**.

> **관련법령** 동별 대표자 후보자 등에 대한 범죄경력 조회(영 제17조)

1. 위 **(4)**의 ① 또는 ②에 따라 **선거관리위원회 위원장**은 동별 대표자 후보자 또는 동별 대표자에 대한 범죄경력의 확인을 **경찰관서의 장**에게 요청하여야 한다. 이 경우 **동별 대표자 후보자 또는 동별 대표자**의 동의서를 첨부하여야 한다.
2. 위 ①의 요청을 받은 **경찰관서의 장**은 동별 대표자 후보자 또는 동별 대표자가 법 제14조 제4항 제3호·제4호[위 **(1)**의 ④의 ㉢·㉣] 또는 이 영 제11조 제4항 제1호에 따른 범죄의 경력이 있는지 여부를 확인하여 **회신해야 한다**.

(5) 입주자대표회의의 구성원 등 교육(법 제17조)

① 시장·군수·구청장은 '대통령령으로 정하는 바'에 따라 입주자대표회의의 **구성원**에게 입주자대표회의의 운영과 관련하여 필요한 **'교육 및 윤리교육'**을 실시하여야 **한다.** 이 경우 입주자대표회의의 구성원은 그 교육을 성실히 이수하여야 한다.

② 위 ①에 따른 교육내용에는 다음의 사항을 포함하여야 한다.
  ㉠ 공동주택의 관리에 관한 관계 법령 및 관리규약의 준칙에 관한 사항
  ㉡ 입주자대표회의의 구성원의 직무·소양 및 윤리에 관한 사항
  ㉢ 공동주택단지 공동체의 활성화에 관한 사항
  ㉣ 관리비·사용료 및 장기수선충당금에 관한 사항
  ㉤ 공동주택 회계처리에 관한 사항
  ㉥ 층간소음 예방 및 입주민 간 분쟁의 조정에 관한 사항
  ㉦ 하자보수에 관한 사항 21회
  ㉧ 그 밖에 입주자대표회의의 운영에 필요한 사항

③ '시장·군수·구청장'은 '관리주체·입주자등'이 희망하는 경우에는 위 ①의 교육을 **관리주체·입주자등**에게 실시할 수 있다.

관련법령 입주자대표회의의 구성원 등 교육(영 제18조)

1. 위 (5)의 ① 또는 ③에 따라 시장·군수·구청장은 입주자대표회의 구성원 또는 입주자등에 대하여 입주자대표회의의 운영과 관련하여 필요한 교육 및 윤리교육(이하 '운영·윤리교육'이라 한다)을 하려면 다음의 사항을 교육 **10일 전까지** 공고하거나 교육대상자에게 알려야 한다.
   ㉠ 교육일시, 교육기간 및 교육장소
   ㉡ 교육내용
   ㉢ 교육대상자
   ㉣ 그 밖에 교육에 관하여 필요한 사항
2. 입주자대표회의 구성원은 **매년 4시간**의 운영·윤리교육을 이수하여야 한다.
3. 운영·윤리교육은 '집합교육의 방법'으로 한다. 다만, 교육 참여현황의 관리가 가능한 경우에는 그 전부 또는 일부를 '온라인교육'으로 할 수 있다.
4. 시장·군수·구청장은 운영·윤리교육을 이수한 사람에게 **수료증**을 내주어야 한다. 다만, 교육수료사실을 '입주자대표회의 구성원이 소속된' 입주자대표회의에 문서로 **통보**함으로써 **수료증의 수여**를 갈음할 수 있다.
5. '**입주자대표회의 구성원**'에 대한 운영·윤리교육의 수강비용은 '**입주자대표회의 운영경비**'에서 부담하며, '**입주자등**'에 대한 운영·윤리교육의 수강비용은 '**수강생 본인**'이 **부담**한다. 다만, **시장·군수·구청장**은 필요하다고 인정하는 경우에는 그 비용의 **전부** 또는 **일부**를 '지원'할 수 있다.
6. 시장·군수·구청장은 입주자대표회의 구성원의 운영·윤리교육 **참여현황**을 **엄격히 관리**해야 하며, 운영·윤리교육을 이수하지 아니한 **입주자대표회의 구성원**에 대해서는 법 제93조(공동주택관리에 관한 감독) 제1항에 따라 **필요한 조치**를 하여야 한다.

2. 관리규약의 준칙 및 관리규약

(1) 관리규약(법 제18조)

① '**시·도지사**'는 공동주택의 입주자등을 보호하고 주거생활의 질서를 유지하기 위하여 대통령령으로 정하는 바에 따라 공동주택의 관리 또는 사용에 관하여 준거가 되는 관리규약의 준칙을 정하여야 한다. 27회

② **입주자등**은 관리규약의 준칙을 '**참조**'하여 관리규약을 정한다. 이 경우 「주택법」 제35조에 따라 공동주택에 설치하는 **어린이집**의 **임대료** 등에 관한 사항은 위 ①에 따른 **관리규약의 준칙**, 어린이집의 안정적 운영, 보육서비스 수준의 향상 등을 고려하여 결정하여야 한다. 22회

③ 입주자등이 관리규약을 제정·개정하는 방법 등에 필요한 사항은 대통령령으로 정한다.

④ 관리규약은 입주자등의 지위를 '**승계한 사람**'에 대하여도 그 효력이 있다. 21회, 22회, 26회, 27회

관련법령 관리규약의 준칙(영 제19조)

1. 관리규약의 준칙에는 다음의 사항이 포함되어야 한다. 이 경우 입주자등이 아닌 자의 기본적인 권리를 침해하는 사항이 포함되어서는 안 된다.
    ㉠ 입주자등의 권리 및 의무(다음 2.에 따른 의무를 포함한다)
    ㉡ 입주자대표회의 구성·운영(회의의 녹음·녹화·중계 및 방청에 관한 사항을 포함한다)과 그 구성원의 의무 및 책임
    ㉢ 동별 대표자의 선거구·선출절차와 해임사유·절차 등에 관한 사항
    ㉣ 선거관리위원회의 구성·운영·업무·경비, 위원의 선임·해임 및 임기 등에 관한 사항
    ㉤ 입주자대표회의 소집절차, 임원의 해임사유·절차 등에 관한 사항
    ㉥ 입주자대표회의 운영경비의 용도 및 사용금액(운영·윤리교육 수강비용을 포함한다)
    ㉦ 자치관리기구의 구성·운영 및 관리사무소장과 그 소속 직원의 자격요건·인사·보수·책임
    ㉧ 입주자대표회의 또는 관리주체가 작성·보관하는 자료의 종류 및 그 열람방법 등에 관한 사항
    ㉨ 위·수탁관리계약에 관한 사항
    ㉩ 다음 2.의 ㉠~㉧의 행위에 대한 관리주체의 동의기준
    ㉪ 관리비예치금의 관리 및 운용방법
    ㉫ 관리비 등의 세대별 부담액 산정방법, 징수, 보관, 예치 및 사용절차
    ㉬ 관리비 등을 납부하지 아니한 자에 대한 조치 및 가산금의 부과
    ㉭ **장기수선충당금의 요율 및 사용절차**
    ㉮ 회계관리 및 회계감사에 관한 사항
    ㉯ 회계관계 임직원의 책임 및 의무(재정보증에 관한 사항을 포함한다)
    ㉰ 각종 공사 및 용역의 발주와 물품구입의 절차
    ㉱ 관리 등으로 인하여 발생한 수입의 용도 및 사용절차
    ㉲ 공동주택의 관리책임 및 비용부담
    ㉳ 관리규약을 위반한 자 및 공동생활의 질서를 문란하게 한 자에 대한 조치
    ㉴ 공동주택의 **어린이집 임대계약**(지방자치단체에 무상임대하는 것을 포함한다)에 대한 다음의 **임차인 선정기준**. 이 경우 그 기준은 「영유아보육법」 제24조 제2항 각 호 외의 부분 후단에 따른 국공립어린이집 **위탁체** 선정관리 기준에 따라야 한다.

- ⓐ 임차인의 신청자격
- ⓑ 임차인 선정을 위한 심사기준
- ⓒ 어린이집을 이용하는 입주자등 중 어린이집 임대에 동의하여야 하는 비율
- ⓓ 임대료 및 임대기간
- ⓔ 그 밖에 어린이집의 적정한 임대를 위하여 필요한 사항
㉔ 공동주택의 **층간소음** 및 **간접흡연**에 관한 사항
㉕ **주민공동시설의 위탁**에 따른 방법 또는 절차에 관한 사항
㉖ 영 제29조의2에 따라 주민공동시설을 인근 공동주택단지 입주자등도 이용할 수 있도록 허용하는 경우에 대한 다음의 기준
- ⓐ 입주자등 중 허용에 동의하여야 하는 비율
- ⓑ 이용자의 범위
- ⓒ 그 밖에 인근 공동주택단지 입주자등의 이용을 위하여 필요한 사항
㉗ **혼합주택단지의 관리**에 관한 사항
㉘ **전자투표의 본인확인** 방법에 관한 사항
㉙ 공동체 생활의 활성화에 관한 사항
㉚ 공동주택의 **주차장** 임대계약 등에 대한 다음의 기준
- ⓐ 「도시교통정비 촉진법」 제33조 제1항 제4호에 따른 승용차 공동이용을 위한 주차장 임대계약의 경우
  - ⅰ) 입주자등 중 주차장의 임대에 동의하는 비율
  - ⅱ) 임대할 수 있는 주차대수 및 위치
  - ⅲ) 이용자의 범위
  - ⅳ) 그 밖에 주차장의 적정한 임대를 위하여 필요한 사항
- ⓑ **지방자치단체**와 입주자대표회의 간 체결한 협약에 따라 **지방자치단체** 또는 「지방공기업법」 제76조에 따라 설립된 **지방공단**이 직접 운영·관리하거나 위탁하여 운영·관리하는 방식으로 '**입주자등 외의 자**'에게 공동주택의 **주차장을 개방**하는 경우
  - ⅰ) 입주자등 중 주차장의 개방에 동의하는 비율
  - ⅱ) 개방할 수 있는 주차대수 및 위치
  - ⅲ) 주차장의 개방시간
  - ⅳ) 그 밖에 주차장의 적정한 개방을 위하여 필요한 사항
- ⓒ '**민간**'에 **위탁**하여 운영·관리하는 방식으로 입주자등 외의 자에게 공동주택의 **주차장을 개방**하는 경우 〈신설 2025.4.15.〉
  - ⅰ) 입주자등 중 주차장의 개방에 동의하는 비율
  - ⅱ) 개방할 수 있는 주차대수 및 위치
  - ⅲ) 주차장의 개방시간
  - ⅳ) 주차장 요금의 상한 및 운영수입의 사용 용도
  - ⅴ) 그 밖에 주차장의 적정한 개방을 위하여 필요한 사항
㉛ 경비원 등 근로자에 대한 괴롭힘의 금지 및 발생 시 조치에 관한 사항
㉜ 「주택건설기준 등에 관한 규정」에 따른 **지능형 홈네트워크** 설비의 기본적인 유지·관리에 관한 사항
㉝ 그 밖에 공동주택의 관리에 필요한 사항

2. 입주자등은 다음의 어느 하나에 해당하는 행위를 하려는 경우에는 **관리주체**의 **동의**를 받아야 한다.
   ㉠ 법 제35조 제1항 제3호에 따른 경미한 행위(창틀, 문틀 교체 등 행위)로서 주택 내부의 구조물과 설비를 교체하는 행위
   ㉡ 「소방시설 설치 및 관리에 관한 법률」 제16조 제1항에 위배되지 아니하는 범위에서 공용부분에 물건을 적재하여 통행·피난 및 소방을 방해하는 행위
   ㉢ 공동주택에 광고물·표지물 또는 표지를 부착하는 행위 26회
   ㉣ 가축(**장애인 보조견은 제외**한다)을 사육하거나 방송시설 등을 사용함으로써 공동주거생활에 피해를 미치는 행위
   ㉤ 공동주택의 **발코니 난간** 또는 **외벽**에 **돌출물**을 **설치**하는 행위
   ㉥ 전기실·기계실·정화조시설 등에 출입하는 행위
   ㉦ 「환경친화적 자동차의 개발 및 보급 촉진에 관한 법률」 제2조 제3호에 따른 전기자동차의 **이동형 충전기**를 이용하기 위한 **차량무선인식장치**[전자태그(RFID tag)를 말한다]를 **콘센트 주위**에 **부착**하는 행위

3. 위 2.의 ㉤에도 불구하고 「주택건설기준 등에 관한 규정」 제37조 제5항 본문에 따라 세대 안에 냉방설비의 배기장치를 설치할 수 있는 공간이 마련된 공동주택의 경우 입주자등은 냉방설비의 배기장치를 설치하기 위해 **돌출물을 설치하는 행위**를 하여서는 아니 된다.

(2) 관리규약의 제정 등(영 제20조)

① **사업주체**는 '입주예정자와 **관리계약**을 체결할 때' 관리규약 **제정안**을 **제안**해야 한다. 다만, 영 제29조의3에 따라 **사업주체가 입주자대표회의가 구성되기 전에 같은 조 제1항 각 호의 시설(어린이집, 다함께돌봄센터, 공동육아나눔터)의 임대계약을 체결하려는 경우**에는 '**입주개시일 3개월 전부터**' 관리규약 제정안을 **제안**할 수 있다.

② 공동주택 분양 후 **최초의 관리규약**은 위 ①에 따라 '**사업주체가 제안한 내용**'을 해당 '**입주예정자**'의 **과반수**가 '**서면으로 동의하는 방법**'으로 결정한다. 26회

③ 위 ②의 경우 사업주체는 해당 공동주택단지의 **인터넷 홈페이지**(인터넷 홈페이지가 없는 경우에는 인터넷 포털을 통해 관리주체가 운영·통제하는 유사한 기능의 **웹사이트** 또는 관리사무소의 게시판을 말한다. 이하 같다)에 제안내용을 '**공고**'하고 입주예정자에게 **개별 통지**해야 한다.

④ '**의무관리대상 전환 공동주택의 관리규약 제정안**'은 의무관리대상 전환 공동주택의 **관리인**이 **제안**하고, 그 내용을 전체 **입주자등 과반수**의 '**서면동의**'로 결정한다. 이 경우 관리규약 제정안을 제안하는 **관리인**은 위 ③의 방법에 따라 **공고·통지**해야 한다. 26회

⑤ 관리규약을 **개정**하려는 경우에는 다음의 사항을 기재한 개정안을 **위 ③의 방법**에 따른 **공고·통지**를 거쳐 영 제3조 각 호의 방법(관리방법의 결정방법)으로 결정한다.
   ㉠ 개정 목적
   ㉡ 종전의 관리규약과 '달라진 내용'
   ㉢ 관리규약준칙과 '달라진 내용'

⑥ 공동주택의 **관리주체**는 관리규약을 **보관**하여 **입주자등**이 열람을 청구하거나 자기의 비용으로 복사를 요구하면 **응하여야 한다**. 22회

(3) 관리규약 등의 신고(법 제19조)

① **입주자대표회의의 회장**(관리규약의 제정의 경우에는 **사업주체** 또는 '의무관리대상 전환 공동주택의 **관리인**'을 말한다)은 다음의 사항을 대통령령으로 정하는 바에 따라 **시장·군수·구청장**에게 **신고**해야 하며, 신고한 사항이 변경되는 경우에도 또한 같다. 다만, '의무관리대상 전환 공동주택의 **관리인**이 관리규약의 제정 신고를 하지 아니하는 경우'에는 입주자등의 **10분의 1 이상**이 **연서**하여 **신고**할 수 있다. 26회
　㉠ 관리규약의 제정·개정
　㉡ 입주자대표회의의 구성·변경
　㉢ 그 밖에 필요한 사항으로서 대통령령으로 정하는 사항

② 시장·군수·구청장은 위 ①에 따른 신고를 받은 날부터 **7일 이내**에 신고수리 여부를 신고인에게 통지하여야 한다.

③ 시장·군수·구청장이 위 ②에서 정한 기간 내에 신고수리 여부 또는 민원 처리 관련 법령에 따른 처리기간의 연장을 신고인에게 통지하지 아니하면 그 기간(민원 처리 관련 법령에 따라 처리기간이 연장 또는 재연장된 경우에는 해당 처리기간을 말한다)이 끝난 날의 **다음 날**에 '신고를 수리한 것'으로 본다.

> **관련법령** **관리규약의 제정 및 개정 등 신고(영 제21조)**
>
> 위 (3)의 ①에 따른 신고를 하려는 '**입주자대표회의의 회장**'('관리규약 제정의 경우'에는 '**사업주체**' 또는 의무관리대상 전환 공동주택의 **관리인**을 말한다)은 관리규약이 제정·개정되거나 입주자대표회의가 구성·변경된 날부터 30일 이내에 신고서를 **시장·군수·구청장**에게 제출해야 한다. 20회 주관식

> **관련법령** **관리규약의 제정 및 개정 등 신고(규칙 제6조)**
>
> 1. 영 제21조에 따른 신고서는 별지 제5호 서식과 같다.
> 2. 입주자대표회의의 **회장**(관리규약 제정의 경우에는 **사업주체** 또는 의무관리대상 전환 공동주택의 **관리인**을 말한다)은 시장·군수·구청장에게 신고서를 제출할 때에는 다음의 구분에 따른 서류를 첨부해야 한다.
>   ㉠ 관리규약의 제정·개정을 신고하는 경우: 관리규약의 **제정·개정 제안서** 및 그에 대한 입주자등의 **동의서**
>   ㉡ 입주자대표회의의 구성·변경을 신고하는 경우: 입주자대표회의의 **구성 현황**(임원 및 동별 대표자의 성명·주소·생년월일 및 약력과 그 선출에 관한 증명서류를 포함한다)

(4) 층간소음의 방지 등(법 제20조)

① 공동주택의 입주자등[임대주택의 **임차인**을 포함한다. 이하 (4)에서 같다]은 '공동주택에서 뛰거나 걷는 동작에서 발생하는 소음'이나 '음향기기를 사용하는 등의 활동에서 발생하는 소음' 등 층간소음[벽간소음 등 인접한 세대 간의 소음(대각선에 위치한 세대 간의 소음을 포함한다)을 포함하며, 이하 '**층간소음**'이라 한다]으로 인하여 다른 입주자등에게 피해를 주지 아니하도록 노력하여야 한다. 21회

② 위 ①에 따른 층간소음으로 피해를 입은 입주자등은 **관리주체**에게 층간소음 발생 사실을 알리고, **관리주체**가 층간소음 피해를 끼친 해당 입주자등에게 '**층간소음 발생을 중단**'하거나 '**소음차단 조치를 권고**'하도록 요청할 수 있다. 이 경우 관리주체는 사실관계 확인을 위하여 세대 내 확인 등 필요한 조사를 할 수 있다.

③ 층간소음 피해를 끼친 입주자등은 위 ②에 따른 관리주체의 조치 및 권고에 협조하여야 한다.

④ 위 ②에 따른 관리주체의 조치에도 불구하고 층간소음 발생이 계속될 경우에는 층간소음 피해를 입은 입주자등은 다음의 ⑦에 따른 **공동주택 층간소음관리위원회**에 조정을 신청할 수 있다.

⑤ 공동주택 층간소음의 범위와 기준은 **국토교통부**와 **환경부**의 '**공동부령**'으로 정한다. 27회

> **참고** 「공동주택 층간소음의 범위와 기준에 관한 규칙」 제2조(층간소음의 범위)
>
> 공동주택 층간소음의 범위는 입주자 또는 사용자의 활동으로 인하여 발생하는 소음으로서 다른 입주자 또는 사용자에게 피해를 주는 다음의 소음으로 한다. 다만, '욕실, 화장실 및 다용도실 등에서 급수·배수로 인하여 발생하는 소음'은 '제외'한다.
> 1. 직접충격 소음: 뛰거나 걷는 동작 등으로 인하여 발생하는 소음
> 2. 공기전달 소음: 텔레비전, 음향기기 등의 사용으로 인하여 발생하는 소음

⑥ **관리주체**는 필요한 경우 입주자등을 대상으로 층간소음의 예방, 분쟁의 조정 등을 위한 교육을 실시할 수 있다.

⑦ 입주자등은 층간소음에 따른 분쟁을 예방하고 조정하기 위하여 관리규약으로 정하는 바에 따라 다음의 업무를 수행하는 공동주택 층간소음관리위원회(이하 '**층간소음관리위원회**'라 한다)를 **구성·운영할 수 있다**. 다만, **의무관리대상 공동주택 중 대통령령으로 정하는 규모(700세대) 이상인 경우**에는 '층간소음관리위원회'를 **구성하여야 한다**.
　㉠ 층간소음 민원의 청취 및 사실관계 확인
　㉡ 분쟁의 자율적인 중재 및 조정
　㉢ 층간소음 예방을 위한 홍보 및 교육
　㉣ 그 밖에 층간소음 분쟁 방지 및 예방을 위하여 관리규약으로 정하는 업무

⑧ 층간소음관리위원회는 다음의 사람으로 구성한다.
　㉠ **입주자대표회의 또는 임차인대표회의의 구성원**
　㉡ **선거관리위원회 위원**
　㉢ 법 제21조에 따른 **공동체 생활의 활성화를 위한 단체에서 추천하는 사람**
　㉣ **관리사무소장**
　㉤ 그 밖에 공동주택관리 분야에 관한 전문지식과 경험을 갖춘 사람으로서 관리규약으로 정하거나 지방자치단체의 장이 추천하는 사람

⑨ **국토교통부장관**은 층간소음의 피해 예방 및 분쟁 해결을 지원하기 위하여 다음의 업무를 수행하는 **기관 또는 단체**를 '지정'하여 '고시'할 수 있다.
  ㉠ 층간소음의 측정 지원
  ㉡ 피해사례의 조사·상담
  ㉢ 층간소음관리위원회의 구성원에 대한 **층간소음 예방 및 분쟁 조정 교육**
  ㉣ 그 밖에 국토교통부장관 또는 지방자치단체의 장이 층간소음과 관련하여 의뢰하거나 위탁하는 업무

⑩ 층간소음관리위원회의 구성원은 위 ⑨에 따라 고시하는 기관 또는 단체에서 실시하는 교육을 성실히 이수하여야 한다. 이 경우 교육의 시기·방법 및 비용 부담 등에 필요한 사항은 **'대통령령'**으로 정한다.

⑪ 층간소음 피해를 입은 입주자등은 관리주체 또는 층간소음관리위원회의 조치에도 불구하고 층간소음 발생이 계속될 경우 **공동주택관리 분쟁조정위원회**나 「환경분쟁 조정 및 환경피해 구제 등에 관한 법률」에 따른 **환경분쟁조정피해구제위원회**에 조정을 신청할 수 있다.

관련법령 층간소음관리위원회 구성원의 교육(영 제21조의3)

1. 위 **(4)**의 ⑨에 따라 국토교통부장관이 정하여 고시하는 기관 또는 단체(이하 이 조에서 '**층간소음분쟁해결지원기관**'이라 한다)는 공동주택 층간소음관리위원회(이하 '**층간소음관리위원회**'라 한다)의 구성원에 대해 층간소음 예방 및 분쟁 조정 교육(이하 이 조에서 '**층간소음예방등교육**'이라 한다)을 하려면 다음의 사항을 교육 **10일 전까지** 공고하거나 교육대상자에게 알려야 한다.
   ㉠ 교육일시, 교육기간 및 교육장소
   ㉡ 교육내용
   ㉢ 교육대상자
   ㉣ 그 밖에 교육에 관하여 필요한 사항
2. **층간소음관리위원회의 구성원**은 **매년 4시간의 층간소음예방등교육**을 이수해야 한다. 28회 주관식
3. **층간소음예방등교육**은 **집합교육의 방법**으로 한다. 다만, 교육 참여현황의 관리가 가능한 경우에는 그 전부 또는 일부를 **온라인교육**으로 할 수 있다.
4. **층간소음분쟁해결지원기관**은 **층간소음예방등교육**을 **이수한 사람에게 수료증을 내주어야** 한다. 다만, 교육수료사실을 층간소음관리위원회의 구성원이 소속된 **층간소음관리위원회에 문서로 통보함으로써** '수료증의 수여'를 갈음할 수 있다.
5. 층간소음관리위원회의 **구성원**에 대한 층간소음예방등교육의 **수강비용**은 영 제23조 제8항 후단에 따른 **잡수입**에서 부담한다.
6. **층간소음분쟁해결지원기관**은 층간소음관리위원회 **구성원**의 **층간소음예방등교육 참여현황**을 엄격히 관리해야 한다.

(5) 간접흡연의 방지 등(법 제20조의2)

① 공동주택의 입주자등은 발코니, 화장실 등 세대 내에서의 흡연으로 인하여 다른 입주자등에게 피해를 주지 아니하도록 노력하여야 한다.

② '간접흡연으로 피해를 입은 입주자등'은 **관리주체**에게 간접흡연 발생 사실을 알리고, **관리주체**가 '간접흡연 피해를 끼친 해당 입주자등'에게 일정한 장소에서 흡연을 중단하도록 권고할 것을 요청할 수 있다. 이 경우 관리주체는 사실관계 확인을 위하여 세대 내 확인 등 필요한 조사를 할 수 있다.

③ 간접흡연 피해를 끼친 입주자등은 위 ②에 따른 관리주체의 권고에 협조하여야 한다.

④ **관리주체**는 필요한 경우 입주자등을 대상으로 간접흡연의 예방, 분쟁의 조정 등을 위한 교육을 실시할 수 있다.

⑤ **입주자등**은 필요한 경우 간접흡연에 따른 분쟁의 예방, 조정, 교육 등을 위하여 **자치적인 조직**을 구성하여 운영할 수 있다.

(6) 공동체 생활의 활성화(법 제21조)

① 공동주택의 '**입주자등**'은 입주자등의 소통 및 화합 증진 등을 위하여 필요한 활동을 자율적으로 실시할 수 있고, 이를 위하여 필요한 조직을 구성하여 운영할 수 있다.

② **입주자대표회의** 또는 **관리주체**는 공동체 생활의 활성화에 필요한 경비의 일부를 '재활용품의 매각 수입 등 공동주택을 관리하면서 부수적으로 발생하는 수입(**잡수입**)'에서 지원할 수 있다.

③ 위 ②에 따른 '경비의 지원'은 **관리규약**으로 정하거나 '**관리규약에 위배되지 아니하는 범위**'에서 **입주자대표회의의 의결**로 정한다.

(7) 전자적 방법을 통한 의사결정(법 제22조)

① **입주자등**은 동별 대표자나 입주자대표회의의 임원을 선출하는 등 공동주택의 관리와 관련하여 의사를 결정하는 경우(서면동의에 의하여 의사를 결정하는 경우를 포함한다) 대통령령으로 정하는 바에 따라 **전자적 방법**(전자문서 및 전자거래 기본법 제2조 제2호에 따른 **정보처리시스템**을 사용하거나 그 밖에 **정보통신기술을 이용하는 방법**을 말한다. 이하 같다)을 통하여 그 의사를 결정할 수 있다. 27회

② 의무관리대상 공동주택의 **입주자대표회의**, **관리주체** 및 **선거관리위원회**는 입주자등의 참여를 확대하기 위하여 위 ①에 따른 공동주택의 관리와 관련한 의사결정에 대하여 **전자적 방법**을 우선적으로 **이용**하도록 노력하여야 한다.

| 관련법령 | 전자적 방법을 통한 입주자등의 의사결정(영 제22조) |

1. 입주자등은 위 **(7)**에 따라 전자적 방법으로 의결권을 행사(이하 '전자투표'라 한다)하는 경우에는 다음의 어느 하나에 해당하는 방법으로 본인확인을 거쳐야 한다.
   ㉠ 휴대전화를 통한 본인인증 등 「정보통신망 이용촉진 및 정보보호 등에 관한 법률」 제23조의3에 따른 본인확인기관에서 제공하는 본인확인의 방법
   ㉡ 「전자서명법」 제2조 제2호에 따른 전자서명 또는 같은 법 제2조 제6호에 따른 인증서를 통한 본인확인의 방법
   ㉢ 그 밖에 관리규약에서 「전자문서 및 전자거래 기본법」 제2조 제1호에 따른 전자문서를 제출하는 등 본인확인 절차를 정하는 경우에는 그에 따른 본인확인의 방법
2. 관리주체, 입주자대표회의, 의무관리대상 전환 공동주택의 관리인 또는 선거관리위원회는 위 1.에 따라 전자투표를 실시하려는 경우에는 다음의 사항을 입주자등에게 미리 알려야 한다.
   ㉠ 전자투표를 하는 방법
   ㉡ 전자투표기간
   ㉢ 그 밖에 전자투표의 실시에 필요한 기술적인 사항

CHAPTER 03 관리비 및 회계운영, 시설관리 및 행위허가

회독체크 1 2 3

CHAPTER 미리보기

학습전략

관리비 및 회계운영, 시설관리 및 행위허가를 다루는 단원으로서 1문제 내지 2문제 정도 출제됩니다. 출제 빈도가 높은 편이므로 꼼꼼히 숙지하시기 바랍니다.

학습키워드

- 관리비
- 사용료 등
- 장기수선충당금
- 관리비예치금
- 사업자 선정
- 회계감사
- 장기수선계획 및 안전관리계획
- 안전점검
- 소규모 공동주택

제1절 관리비 및 회계운영

1. 관리비 등

(1) 관리비 등의 납부 및 공개 등(법 제23조 제1항·제3항)

① '의무관리대상 공동주택'의 입주자등은 그 공동주택의 유지관리를 위하여 필요한 '**관리비**'를 관리주체에게 납부하여야 한다.

② '의무관리대상 공동주택'의 관리주체는 '입주자등이 납부하는 대통령령으로 정하는 **사용료 등**'을 입주자등을 **대행**하여 '그 사용료 등을 받을 자'에게 납부할 수 있다.

(2) 관리비(영 제23조 제1항)

위 **(1)**에 따른 관리비는 다음 비목의 '월별 금액의 합계액'으로 하며, 비목별 세부명세는 [별표 2]와 같다.

별표 2 관리비의 비목별 세부명세(영 제23조 제1항 관련)

관리비 항목	구성명세
1. 일반관리비	가. 인건비: 급여, 제수당, 상여금, 퇴직금, 산재보험료, 고용보험료, 국민연금, 국민건강보험료 및 식대 등 복리후생비 나. 제사무비: 일반사무용품비, 도서인쇄비, 교통통신비 등 관리사무에 직접 소요되는 비용 다. 제세공과금: 관리기구가 사용한 전기료, 통신료, 우편료 및 관리기구에 부과되는 세금 등 라. 피복비 마. 교육훈련비 바. 차량유지비: 연료비, 수리비, 보험료 등 차량유지에 직접 소요되는 비용 사. 그 밖의 부대비용: 관리용품구입비, 회계감사비 그 밖에 관리업무에 소요되는 비용
2. 청소비	용역 시에는 용역금액, 직영 시에는 청소원인건비, 피복비 및 청소용품비 등 청소에 직접 소요된 비용
3. 경비비	용역 시에는 용역금액, 직영 시에는 경비원인건비, 피복비 등 경비에 직접 소요된 비용
4. 소독비	용역 시에는 용역금액, 직영 시에는 소독용품비 등 소독에 직접 소요된 비용
5. 승강기유지비	용역 시에는 용역금액, 직영 시에는 제부대비, 자재비 등. 다만, 전기료는 공동으로 사용되는 시설의 전기료에 포함한다.
6. 지능형 홈네트워크 설비 유지비	용역 시에는 용역금액, 직영 시에는 지능형 홈네트워크 설비 관련 인건비, 자재비 등 지능형 홈네트워크 설비의 유지 및 관리에 직접 소요되는 비용. 다만, 전기료는 공동으로 사용되는 시설의 전기료에 포함한다.
7. 난방비	난방 및 급탕에 소요된 원가(유류대, 난방비 및 급탕용수비)에서 급탕비를 뺀 금액
8. 급탕비	급탕용 유류대 및 급탕용수비

9. 수선유지비	가. 법 제29조 제1항에 따른 **장기수선계획에서 제외**되는 공동주택의 공용부분의 수선·보수에 소요되는 비용으로 보수용역 시에는 용역금액, 직영 시에는 자재 및 인건비 나. **냉난방시설의 청소비**, 소화기충약비 등 공동으로 이용하는 시설의 보수유지비 및 제반 검사비 다. '건축물의 **안전점검비용**' 라. 재난 및 재해 등의 예방에 따른 비용
10. 위탁관리 수수료	'주택관리업자'에게 위탁하여 관리하는 경우로서 '입주자대표회의'와 '주택관리업자' 간의 계약으로 정한 월간 비용

1. '난방비'는 「주택건설기준 등에 관한 규정」 제37조에 따라 난방열량을 계량하는 계량기 등이 설치된 공동주택의 경우에는 그 계량에 따라 산정한 난방비를 말한다.
2. '수선유지비'에 '냉방·난방시설의 청소비'를 '포함'한다.

(3) 관리비와 구분 징수(영 제23조 제2항)

관리주체는 다음의 비용에 대해서는 위 **(2)**에 따른 '관리비'와 '구분'하여 징수하여야 한다. 22회, 27회

① 장기수선충당금
② 영 제40조 제2항 단서에 따른 안전진단 실시비용

> **참고** 내력구조부 안전진단(영 제40조)
>
> 1. 시장·군수·구청장은 공동주택의 구조안전에 중대한 하자가 있다고 인정하는 경우에는 일정한 기관 또는 단체에 해당 공동주택의 안전진단을 의뢰할 수 있다.
> 2. 위 1.에 따른 안전진단에 드는 비용은 '사업주체'가 부담한다. 다만, 하자의 원인이 사업주체 '외'의 자에게 있는 경우에는 '그 자'가 부담한다. ➡ 구분 징수

(4) 사용료 등(영 제23조 제3항~제7항)

① 위 **(1)**의 ②에서 '대통령령으로 정하는 사용료 등'이란 다음의 사용료 등을 말한다.
  ㉠ 전기료(공동으로 사용하는 시설의 전기료를 포함한다)
  ㉡ 수도료(공동으로 사용하는 수도료를 포함한다)
  ㉢ 가스사용료
  ㉣ **지역난방방식인** 공동주택의 **난방비와 급탕비**
  ㉤ 정화조오물수수료
  ㉥ 생활폐기물수수료
  ㉦ 공동주택단지 안의 건물 **전체**를 대상으로 하는 **보험료**
  ㉧ 입주자대표회의 운영경비
  ㉨ 선거관리위원회 운영경비
  ㉩ 「방송법」 제64조에 따른 **텔레비전방송수신료**

② 관리주체는 주민공동시설, 인양기 등 공용시설물의 이용료를 해당 시설의 이용자에게 따로 부과할 수 있다. 이 경우 영 제29조에 따라 주민공동시설의 운영을 위탁한 경우의 주민공동시설 이용료는 주민공동시설의 위탁에 따른 수수료 및 주민공동시설 관리비용 등의 범위에서 정하여 부과·징수하여야 한다(제4항).

③ 관리주체는 보수가 필요한 시설(누수되는 시설을 포함한다)이 2세대 이상의 공동사용에 제공되는 것인 경우에는 직접 보수하고 해당 입주자등에게 그 비용을 따로 부과할 수 있다.

④ 관리주체는 관리비 등을 통합하여 부과하는 때에는 그 수입 및 집행세부내용을 쉽게 알 수 있도록 정리하여 **입주자등**에게 알려주어야 한다.

⑤ 관리주체는 **관리비 등**을 다음의 금융기관 중 '입주자대표회의가 지정하는 금융기관'에 예치하여 관리하되, **장기수선충당금**은 **'별도의 계좌'**로 예치·관리하여야 한다. 이 경우 계좌는 **관리사무소장**의 **'직인'** 외에 입주자대표회의의 **회장 '인감'**을 복수로 등록할 수 있다. 28회

  ㉠ 「은행법」에 따른 은행
  ㉡ 「중소기업은행법」에 따른 중소기업은행
  ㉢ 「상호저축은행법」에 따른 상호저축은행
  ㉣ 「보험업법」에 따른 보험회사 28회
  ㉤ 그 밖의 법률에 따라 금융업무를 하는 기관으로서 '국토교통부령으로 정하는 다음의 기관'(규칙 제3조의2)
     ⓐ 「농업협동조합법」에 따른 조합, 농업협동조합중앙회 및 농협은행
     ⓑ 「수산업협동조합법」에 따른 수산업협동조합 및 수산업협동조합중앙회 28회
     ⓒ 「신용협동조합법」에 따른 신용협동조합 및 신용협동조합중앙회
     ⓓ 「새마을금고법」에 따른 새마을금고 및 새마을금고중앙회
     ⓔ 「산림조합법」에 따른 산림조합 및 산림조합중앙회 28회
     ⓕ 「한국주택금융공사법」에 따른 한국주택금융공사 28회
     ⓖ 「우체국예금·보험에 관한 법률」에 따른 체신관서

(5) 관리비 등의 공개(법 제23조 제4항~제8항)

① **'의무관리대상 공동주택'**의 **관리주체**는 다음의 내역(항목별 산출내역을 말하며, 세대별 부과내역은 '제외'한다)을 '대통령령으로 정하는 바'에 따라 해당 공동주택단지의 **인터넷 홈페이지**('인터넷 홈페이지가 없는 경우'에는 인터넷 포털을 통하여 관리주체가 운영·통제하는 유사한 기능의 **'웹사이트'** 또는 **'관리사무소의 게시판'**을 말한다. 이하 같다) 및 **동별 게시판**(통로별 게시판이 설치된 경우에는 이를 포함한다. 이하 같다)과 국토교통부장관이 구축·운영하는 **공동주택관리정보시스템**에 공개하여야 한다. 다만, 공동주택관리정보시스템에 공개하기 곤란한 경우로서 '대통령령으로 정하는 경우'에는 해당 공동주택단지의 **인터넷 홈페이지 및 동별 게시판**에만 공개할 수 있다. 22회

㉠ 관리비
㉡ 사용료 등
㉢ 장기수선충당금과 그 적립금액
㉣ 그 밖에 대통령령으로 정하는 사항

② 의무관리대상이 아닌 공동주택으로서 대통령령으로 정하는 세대수[50세대(주택 외의 시설과 주택을 동일 건축물로 건축한 건축물의 경우 **주택**을 **기준**으로 한다)] 이상인 공동주택의 관리인은 관리비 등의 내역을 위 ①의 공개방법에 따라 공개하여야 한다. 이 경우 **대통령령으로 정하는 세대수 미만의 공동주택 관리인은 공동주택관리정보시스템 공개를 생략**할 수 있으며, 구체적인 공개 내역·기한 등은 **대통령령**으로 정한다.

③ **지방자치단체의 장**은 위 ①에 따라 공동주택관리정보시스템에 공개된 **관리비 등의 적정성을 확인**하기 위해 필요한 경우 관리비 등의 내역에 대한 **점검을 대통령령으로 정하는 다음의 기관 또는 법인**으로 하여금 수행하게 할 수 있다(법 제23조 제6항, 영 제23조 제11항).
㉠ 공동주택관리 지원기구
㉡ 지역공동주택관리지원센터
㉢ 공동주택관리정보시스템의 구축·운영 업무를 위탁받은 「한국부동산원법」에 따른 **한국부동산원**
㉣ 그 밖에 관리비 등 내역의 점검을 수행하는 데 필요한 전문인력과 전담조직을 갖추었다고 지방자치단체의 장이 인정하는 기관 또는 법인

④ **지방자치단체의 장**은 위 ③에 따른 '**점검 결과**'에 따라 관리비 등의 내역이 **부적정**하다고 판단되는 경우 공동주택의 **입주자대표회의** 및 **관리주체**에게 **개선**을 **권고**할 수 있다.

⑤ 위 ③에 따른 **점검**의 내용·방법·절차 및 위 ④에 따른 **개선 권고** 등에 필요한 사항은 **국토교통부령**으로 정한다.

관련법령 　관리비 등의 공개(영 제23조 제8항)

1. 관리비 등을 입주자등에게 부과한 관리주체는 위 **(5)**의 ①에 따라 그 명세['**관리비**' 중 난방비와 급탕비 및 '**사용료**' 중 전기료(공동으로 사용하는 시설의 전기료를 포함한다), 수도료(공동으로 사용하는 수도료를 포함한다), 가스사용료, 지역난방 방식인 공동주택의 난방비와 급탕비는 '**사용량**'을, 장기수선충당금은 그 **적립요율** 및 '**사용한 금액**'을 각각 포함한다]를 **다음 달 말일**까지 해당 공동주택단지의 **인터넷 홈페이지** 및 **동별 게시판**(통로별 게시판이 설치된 경우에는 이를 포함한다. 이하 같다)과 **공동주택관리 정보시스템**에 공개해야 한다.
2. '**잡수입**(재활용품의 매각 수입, 복리시설의 이용료 등 공동주택을 관리하면서 부수적으로 발생하는 수입을 말한다. 이하 같다)'의 경우에도 동일한 방법으로 공개해야 한다.

> **참고** 영 제23조 제9항·제10항
>
> 1. 위 **(5)**의 ② 전단에서 '대통령령으로 정하는 세대수'란 50세대(주택 외의 시설과 주택을 동일 건축물로 건축한 건축물의 경우 주택을 기준으로 한다)를 말한다.
> 2. 위 **(5)**의 ② 전단에 따른 공동주택의 관리인은 다음의 관리비 등을 영 제23조 제8항의 방법에 따라 다음 달 말일까지 공개해야 한다. 다만, 100세대(주택 외의 시설과 주택을 동일 건축물로 건축한 건축물의 경우 주택을 기준으로 한다) 미만인 공동주택의 관리인은 위 **(5)**의 ② 후단에 따라 공동주택관리정보시스템 공개를 생략할 수 있다.
>   ㉠ 위 **(2)**의 [별표 2]의 비목별 월별 합계액
>   ㉡ 장기수선충당금
>   ㉢ 위 **(4)**의 ①의 ㉠부터 ㉺까지의 각각의 사용료 등(세대수가 '50세대 이상 100세대 미만인 공동주택'의 경우에는 각각의 사용료의 합계액을 말한다)
>   ㉣ 잡수입

(6) 관리비예치금(법 제24조)

① '**관리주체**'는 해당 공동주택의 공용부분의 관리 및 운영 등에 필요한 경비(이하 '**관리비예치금**'이라 한다)를 공동주택의 '**소유자**'로부터 징수할 수 있다.

② **관리주체**는 소유자가 공동주택의 소유권을 상실한 경우에는 위 ①에 따라 징수한 관리비예치금을 **반환**하여야 한다. 다만, '소유자가 관리비·사용료 및 장기수선충당금 등을 미납한 때'에는 관리비예치금에서 '**정산**'한 후 그 잔액을 반환할 수 있다. 22회

> **관련법령** 관리비예치금의 징수(영 제24조)
>
> '**사업주체**'는 입주예정자의 과반수가 입주할 때까지 공동주택을 직접 관리하는 경우에는 입주예정자와 '**관리계약**'을 체결하여야 하며, 그 관리계약에 따라 위 **(6)**의 ①에 따른 '**관리비예치금**'을 징수할 수 있다.

(7) 관리비등의 집행을 위한 **사업자 선정**(법 제25조)

의무관리대상 공동주택의 '**관리주체**' 또는 '**입주자대표회의**'가 위 **(5)** ①의 ㉠~㉢의 어느 하나에 해당하는 금전 또는 하자보수보증금과 그 밖에 해당 공동주택단지에서 발생하는 모든 수입에 따른 금전(이하 '**관리비등**'이라 한다)을 집행하기 위하여 **사업자를 선정**하려는 경우 다음의 기준을 따라야 한다.

① '**전자입찰방식**'으로 사업자를 선정할 것. 다만, 선정방법 등이 전자입찰방식을 적용하기 곤란한 경우로서 '**국토교통부장관이 정하여 고시하는 경우**'에는 전자입찰방식으로 선정하지 아니할 수 있다.

② 그 밖에 '입찰의 방법 등 **대통령령으로 정하는 방식**'을 따를 것

| 관련법령 | 관리비등의 집행을 위한 사업자 선정(영 제25조) |

1. 위 **(7)**에 따라 관리주체 또는 입주자대표회의는 다음의 구분에 따라 사업자를 선정(계약의 체결을 포함한다. 이하 같다)하고 집행해야 한다.
    ㉠ '**관리주체**'가 사업자를 '**선정**'하고 '**집행**'하는 다음의 사항
        ⓐ 청소, 경비, 소독, 승강기유지, 지능형 홈네트워크, 수선·유지(냉방·난방시설의 청소를 포함한다)를 위한 용역 및 공사 24회
        ⓑ 주민공동시설의 위탁, 물품의 구입과 매각, 잡수입의 취득[영 제29조의3 제1항 각 호의 시설(**어린이집, 다함께돌봄센터, 공동육아나눔터**)의 임대에 따른 잡수입의 취득은 **제외**한다], 보험계약 등 국토교통부장관이 정하여 고시하는 사항
    ㉡ '**입주자대표회의**'가 사업자를 '**선정**'하고 '**집행**'하는 다음의 사항
        ⓐ 하자보수보증금을 사용하여 보수하는 공사 22회, 24회
        ⓑ 사업주체로부터 지급받은 공동주택 공용부분의 하자보수비용을 사용하여 보수하는 공사 24회
    ㉢ '**입주자대표회의**'가 사업자를 '**선정**'하고 '**관리주체**'가 '**집행**'하는 다음의 사항
        ⓐ 장기수선충당금을 사용하는 공사 24회
        ⓑ 전기안전관리(전기안전관리법 제22조 제2항 및 제3항에 따라 전기설비의 안전관리에 관한 업무를 위탁 또는 대행하게 하는 경우를 말한다)를 위한 용역
2. 위 **(7)**의 ①에 따른 '**전자입찰방식**'에 대해서는 영 제5조 제1항(**주택관리업자의 선정** 등)을 **준용**한다.
3. 위 **(7)**의 ②에서 '입찰의 방법 등 대통령령으로 정하는 방식'이란 다음에 따른 방식을 말한다.
    ㉠ 국토교통부장관이 정하여 고시하는 경우 '**외**'에는 **경쟁입찰**로 할 것. 이 경우 다음의 사항은 **국토교통부장관**이 정하여 고시한다.
        ⓐ 입찰의 절차
        ⓑ 입찰 참가자격
        ⓒ 입찰의 효력
        ⓓ 그 밖에 사업자의 적정한 선정을 위하여 필요한 사항
    ㉡ 입주자대표회의의 감사가 '입찰과정 참관을 원하는 경우'에는 참관할 수 있도록 할 것
4. 입주자등은 기존 사업자(용역 사업자만 해당한다. 이하 4.에서 같다)의 서비스가 만족스럽지 못한 경우에는 **전체 입주자등의 과반수**의 서면동의로 새로운 사업자의 선정을 위한 입찰에서 '**기존 사업자의 참가를 제한**'하도록 관리주체 또는 입주자대표회의에 요구할 수 있다. 이 경우 관리주체 또는 입주자대표회의는 그 요구에 따라야 한다.

(8) 관리비등의 사업계획 및 예산안 수립 등(영 제26조)

① '의무관리대상 공동주택'의 **관리주체**는 다음 회계연도에 관한 관리비등의 **사업계획** 및 **예산안**을 매 회계연도 개시 1개월 전까지 입주자대표회의에 '**제출**'하여 **승인**을 받아야 하며, 승인 사항에 변경이 있는 때에는 변경승인을 받아야 한다.

② **사업주체** 또는 **의무관리대상 전환 공동주택의 관리인**으로부터 공동주택의 관리업무를 인계받은 **관리주체**는 지체 없이 '다음 회계연도가 시작되기 전까지의 기간'에 대한 **사업계획** 및 **예산안**을 수립하여 '**입주자대표회의**'의 승인을 받아야 한다. 다만, 다음 회계연도가 시작되기 전까지의 기간이 '**3개월 미만인 경우**'로서 **입주자대표회의 '의결'**이 있는 경우에는 생략할 수 있다.

③ '의무관리대상 공동주택'의 관리주체는 회계연도마다 '사업실적서' 및 '결산서'를 작성하여 회계연도 종료 후 2개월 이내에 입주자대표회의에 '제출'하여야 한다. 26회

2. 회계감사 등

(1) 회계감사(법 제26조)

① 의무관리대상 공동주택의 관리주체는 대통령령으로 정하는 바에 따라 「주식회사 등의 외부감사에 관한 법률」 제2조 제7호에 따른 감사인의 회계감사를 매년 1회 이상 받아야 한다. 다만, 다음의 구분에 따른 연도에는 그러하지 아니하다.
　㉠ **300세대 이상인 공동주택**: 해당 연도에 회계감사를 받지 아니하기로 입주자등의 3분의 2 이상의 서면동의를 받은 경우 그 연도
　㉡ **300세대 미만인 공동주택**: 해당 연도에 회계감사를 받지 아니하기로 입주자등의 과반수의 서면동의를 받은 경우 그 연도 26회 주관식

② 관리주체는 위 ①에 따라 회계감사를 받은 경우에는 감사보고서 등 회계감사의 결과를 제출받은 날부터 1개월 이내에 입주자대표회의에 '보고'하고 해당 공동주택단지의 인터넷 홈페이지 및 동별 게시판에 공개하여야 한다. 20회 주관식

③ 위 ①에 따른 회계감사의 감사인은 입주자대표회의가 선정한다. 이 경우 입주자대표회의는 시장·군수·구청장 또는 「공인회계사법」 제41조에 따른 한국공인회계사회에 '감사인의 추천을 의뢰'할 수 있으며, 입주자등의 10분의 1 이상이 연서하여 감사인의 추천을 요구하는 경우 입주자대표회의는 '감사인의 추천을 의뢰한 후' 추천을 받은 자 중에서 감사인을 선정하여야 한다. 26회

④ 위 ①에 따라 회계감사를 받는 관리주체는 다음의 어느 하나에 해당하는 행위를 하여서는 아니 된다.
　㉠ 정당한 사유 없이 감사인의 자료열람·등사·제출 요구 또는 조사를 거부·방해·기피하는 행위
　㉡ 감사인에게 거짓 자료를 제출하는 등 부정한 방법으로 회계감사를 방해하는 행위

⑤ 위 ①에 따른 회계감사의 감사인은 회계감사 완료일부터 1개월 이내에 회계감사 결과를 해당 공동주택을 관할하는 시장·군수·구청장에게 제출하고 공동주택관리정보시스템에 공개하여야 한다.

⑥ 관리주체는 위 ① 단서에 따라 서면동의를 받으려는 경우에는 회계감사를 받지 아니할 사유를 입주자등이 명확히 알 수 있도록 동의서에 기재하여야 한다.

⑦ 관리주체는 위 ⑥에 따른 동의서를 관리규약으로 정하는 바에 따라 보관하여야 한다.

| 관련법령 | 관리주체에 대한 회계감사 등(영 제27조) |

1. 위 **(1)**의 ①에 따라 회계감사를 받아야 하는 공동주택의 관리주체는 매 회계연도 종료 후 **9개월 이내**에 다음의 **재무제표**에 대하여 회계감사를 받아야 한다. 23회 주관식
   ㉠ 재무상태표
   ㉡ 운영성과표 23회 주관식
   ㉢ 이익잉여금처분계산서(또는 결손금처리계산서) 23회 주관식
   ㉣ 주석(註釋)
2. 위 1.의 재무제표를 작성하는 **회계처리기준**은 **국토교통부장관**이 정하여 고시한다.
3. 국토교통부장관은 위 2.에 따른 **회계처리기준**의 제정 또는 개정의 업무를 외부 전문기관에 위탁할 수 있다.
4. 위 1.에 따른 회계감사는 공동주택 회계의 특수성을 고려하여 제정된 **회계감사기준**에 따라 실시되어야 한다.
5. 위 4.에 따른 '**회계감사기준**'은 「공인회계사법」 제41조에 따른 한국공인회계사회가 정하되, '**국토교통부장관**'의 승인을 받아야 한다.
6. 위 **(1)**의 ①에 따른 감사인은 위 1.에 따라 관리주체가 회계감사를 받은 날부터 **1개월 이내**에 '**관리주체**'에게 감사보고서를 제출해야 한다.
7. **입주자대표회의**는 '감사인'에게 감사보고서에 대한 설명을 하여 줄 것을 요청할 수 있다.
8. 공동주택 회계감사의 원활한 운영 등을 위하여 필요한 사항은 국토교통부령으로 정한다.

(2) 회계서류 등의 작성·보관 및 공개 등(법 제27조)

① 의무관리대상 공동주택의 '**관리주체**'는 **다음의 구분에 따른 기간 동안** 해당 장부 및 증빙서류를 **보관**하여야 한다. 이 경우 관리주체는 「전자문서 및 전자거래 기본법」에 따른 **정보처리시스템**을 통하여 장부 및 증빙서류를 작성하거나 보관할 수 있다.

　㉠ **관리비등의 징수·보관·예치·집행 등 모든 거래행위에 관하여 월별로 작성한 장부 및 그 증빙서류**: 해당 회계연도 종료일부터 **5년간**

　㉡ **주택관리업자 및 사업자 선정 관련 증빙서류**: 해당 계약 체결일부터 **5년간** 22회 주관식

② 국토교통부장관은 **위 ①의 ㉠**에 따른 회계서류에 필요한 사항을 정하여 고시할 수 있다.

③ 위 ①에 따른 관리주체는 입주자등이 위 ①에 따른 장부나 증빙서류, 그 밖에 '**대통령령으로 정하는 정보**'의 열람을 요구하거나 자기의 비용으로 복사를 요구하는 때에는 관리규약으로 정하는 바에 따라 이에 응하여야 한다. 다만, 다음의 정보는 제외하고 요구에 응하여야 한다.

　㉠ 「개인정보 보호법」 제24조에 따른 고유식별정보 등 개인의 사생활의 비밀 또는 자유를 침해할 우려가 있는 정보

　㉡ 의사결정과정 또는 내부검토과정에 있는 사항 등으로서 공개될 경우 업무의 공정한 수행에 현저한 지장을 초래할 우려가 있는 정보

> **관련법령** 열람대상 정보의 범위(영 제28조)
>
> 1. 위 **(2)**의 ③의 ㉠, ㉡ 외의 부분 본문에서 '대통령령으로 정하는 정보'란 **관리비등**의 **사업계획, 예산안, 사업실적서** 및 **결산서**를 말한다.
> 2. **관리주체**는 다음의 사항(입주자등의 세대별 사용명세 및 연체자의 동·호수 등 기본권 침해의 우려가 있는 것은 제외한다)을 그 공동주택단지의 **인터넷 홈페이지** 및 '**동별 게시판**'에 각각 공개하거나 입주자 등에게 **개별통지**해야 한다. 이 경우 '**동별 게시판**'에는 **정보의 주요내용**을 '**요약**'하여 '**공개**'할 수 있다.
>   ㉠ 입주자대표회의의 소집 및 그 회의에서 의결한 사항
>   ㉡ 관리비등의 부과명세(영 제23조 제1항부터 제4항까지의 관리비, 사용료 및 이용료 등에 대한 항목 별 산출명세를 말한다) 및 연체내용
>   ㉢ 관리규약 및 장기수선계획·안전관리계획의 현황
>   ㉣ 입주자등의 건의사항에 대한 조치결과 등 주요업무의 추진상황
>   ㉤ 동별 대표자의 선출 및 입주자대표회의의 구성원에 관한 사항
>   ㉥ 관리주체 및 공동주택관리기구의 조직에 관한 사항

(3) 계약서의 공개(법 제28조)

'**의무관리대상 공동주택**'의 **관리주체** 또는 **입주자대표회의**는 법령에 따라 선정한 **주택관리업자** 또는 공사, 용역 등을 수행하는 **사업자**와 계약을 체결하는 경우 계약 체결일부터 **1개월 이내** 그 '**계약서**'를 해당 공동주택단지의 **인터넷 홈페이지** 및 **동별 게시판**에 공개해야 한다. 이 경우 위 **(2)**의 ③의 ㉠의 정보는 제외하고 공개하여야 한다.

(4) 주민공동시설의 위탁 운영(영 제29조)

① **관리주체**는 입주자등의 이용을 방해하지 아니하는 한도에서 주민공동시설을 관리주체가 아닌 자에게 위탁하여 운영할 수 있다.
② **관리주체**는 주민공동시설을 위탁하려면 다음의 구분에 따른 절차를 거쳐야 한다. 관리주체 가 위탁 여부를 변경하는 경우에도 또한 같다.
  ㉠ 「주택법」에 따른 **사업계획승인**을 받아 건설한 공동주택 중 건설임대주택을 제외한 공동주택의 경우에는 다음의 어느 하나에 해당하는 방법으로 '**제안**'하고 **입주자등 과반수**의 동의를 받을 것
    ⓐ 입주자대표회의의 의결
    ⓑ '입주자등' 10분의 1 이상의 요청
  ㉡ 「주택법」에 따른 **사업계획승인**을 받아 건설한 **건설임대주택**의 경우에는 다음의 어느 하나에 해당하는 방법으로 '**제안**'하고 '**임차인**' 과반수의 동의를 받을 것
    ⓐ 임대사업자의 요청
    ⓑ '임차인' 10분의 1 이상의 요청

ⓒ 「건축법」에 따른 건축허가를 받아 주택 외의 시설과 주택을 동일건축물로 건축한 건축물의 경우에는 다음의 어느 하나에 해당하는 방법으로 '제안'하고 입주자등 과반수의 동의를 받을 것
    ⓐ 입주자대표회의의 의결
    ⓑ '입주자등' 10분의 1 이상의 요청

(5) 인근 공동주택단지 입주자등의 주민공동시설 이용의 허용(영 제29조의2)

① 관리주체는 입주자등의 이용을 방해하지 아니하는 한도에서 주민공동시설을 인근 공동주택단지 입주자등도 이용할 수 있도록 허용할 수 있다. 이 경우 **영리를 목적으로 주민공동시설**을 운영해서는 아니 된다.

② 관리주체가 위 ①에 따라 주민공동시설을 인근 공동주택단지 입주자등도 이용할 수 있도록 허용하려면 다음의 구분에 따른 절차를 거쳐야 한다. 관리주체가 허용 여부를 변경하는 경우에도 또한 같다.

ⓐ 「주택법」 제15조에 따른 사업계획승인을 받아 건설한 공동주택 중 건설임대주택을 제외한 공동주택의 경우에는 다음의 어느 하나에 해당하는 방법으로 제안하고 '과반의 범위'에서 '관리규약으로 정하는 비율 이상'의 입주자등의 동의를 받을 것
    ⓐ 입주자대표회의의 의결
    ⓑ '입주자등' 10분의 1 이상의 요청

ⓑ 「주택법」 제15조에 따른 '사업계획승인'을 받아 건설한 '건설임대주택'의 경우에는 '다음의 어느 하나에 해당하는 방법'으로 제안하고 과반의 범위에서 관리규약으로 정하는 비율 이상의 임차인의 동의를 받을 것
    ⓐ 임대사업자의 요청
    ⓑ '임차인' 10분의 1 이상의 요청

ⓒ 「건축법」 제11조에 따른 건축허가를 받아 주택 외의 시설과 주택을 동일건축물로 건축한 건축물의 경우에는 다음의 어느 하나에 해당하는 방법으로 제안하고 과반의 범위에서 관리규약으로 정하는 비율 이상의 입주자등의 동의를 받을 것
    ⓐ 입주자대표회의의 의결
    ⓑ '입주자등' 10분의 1 이상의 요청

(6) 사업주체의 어린이집 등의 임대계약 체결(영 제29조의3)

① 시장·군수·구청장은 '입주자대표회의가 구성되기 전'에 다음의 주민공동시설의 임대계약 체결이 필요하다고 인정하는 경우에는 사업주체로 하여금 입주예정자 10분의 3 이상의 서면동의를 받아 '해당 시설의 임대계약'을 체결하도록 할 수 있다. 〈개정 2025. 4. 15.〉

㉠ 「영유아보육법」 제10조에 따른 **어린이집**
㉡ 「아동복지법」 제44조의2에 따른 **다함께돌봄센터**
㉢ 「아이돌봄 지원법」 제19조에 따른 **공동육아나눔터**

② **사업주체**는 위 ①에 따라 임대계약을 체결하려는 경우에는 해당 공동주택단지의 '**인터넷 홈페이지**'에 관련 내용을 공고하고 **입주예정자**에게 **개별 통지**해야 한다.

③ 사업주체는 위 ①에 따라 임대계약을 체결하려는 경우에는 **관리규약 및 관련 법령의 규정**에 따라야 한다. 이 경우 **어린이집**은 **관리규약** 중 영 제19조 제1항 제21호 다목(어린이집을 이용하는 입주자등 중 어린이집 임대에 동의하여야 하는 비율)의 사항은 적용하지 않는다.

제2절 시설관리 및 행위허가

1. 장기수선계획 및 장기수선충당금 등

(1) 장기수선계획(법 제29조)

① '다음의 어느 하나에 해당하는 공동주택'을 건설·공급하는 **사업주체**[건축법 제11조에 따른 건축허가를 받아 주택 외의 시설과 주택을 동일 건축물로 건축하는 건축주를 포함한다. 이하 **(1)**에서 같다] 또는 「주택법」 제66조 제1항 및 제2항에 따라 **리모델링을 하는 자**는 대통령령으로 정하는 바에 따라 그 공동주택의 공용부분에 대한 **장기수선계획**을 수립하여 **사용검사**[다음 ㉣의 경우에는 건축법에 따른 **사용승인**을 말한다. 이하 **(1)**에서 같다]를 신청할 때에 **사용검사권자**에게 제출하고, **사용검사권자**는 이를 그 공동주택의 '**관리주체**'에게 **인계**하여야 한다. 이 경우 **사용검사권자**는 '사업주체 또는 리모델링을 하는 자'에게 장기수선계획의 **보완**을 **요구**할 수 있다. 25회

㉠ 300세대 이상의 공동주택
㉡ 승강기가 설치된 공동주택
㉢ 중앙집중식 난방방식 또는 지역난방방식의 공동주택
㉣ 「건축법」 제11조에 따른 건축허가를 받아 주택 외의 시설과 주택을 동일 건축물로 건축한 건축물

② '**입주자대표회의**'와 '**관리주체**'는 장기수선계획을 **3년마다** '**검토**'하고, 필요한 경우 이를 '**조정**'하여야 하며, 수립 또는 조정된 장기수선계획에 따라 주요시설을 교체하거나 보수하여야 한다. 이 경우 **입주자대표회의**와 **관리주체**는 장기수선계획에 대한 검토사항을 기록하고 보관하여야 한다. 24회

▶ 수립되거나 조정된 장기수선계획에 따라 주요시설을 교체하거나 보수하지 아니한 자에게는 1천만원 이하의 과태료를 부과한다.

③ '입주자대표회의'와 '관리주체'는 주요시설을 신설하는 등 관리여건상 필요하여 전체 '입주자' '과반수'의 서면동의를 받은 경우에는 '3년이 지나기 전'에 장기수선계획을 조정할 수 있다.

④ **관리주체**는 장기수선계획을 검토하기 전에 해당 공동주택의 '**관리사무소장**'으로 하여금 '**시·도지사**'가 실시하는 '장기수선계획의 비용산출 및 공사방법 등에 관한 교육'을 받게 할 수 있다.

관련법령 | 장기수선계획의 수립(영 제30조)

위 (1)의 ①에 따라 장기수선계획을 수립하는 자는 '국토교통부령으로 정하는 기준'에 따라 장기수선계획을 수립하여야 한다. 이 경우 해당 공동주택의 **건설비용**을 고려하여야 한다. 24회

관련법령 | 장기수선계획의 수립기준 등(규칙 제7조)

1. 영 제30조 전단에서 '국토교통부령으로 정하는 기준'이란 [별표 1]에 따른 기준을 말한다.
2. 위 (1)의 ②에 따른 장기수선계획 조정은 **관리주체**가 조정안을 '작성'하고, **입주자대표회의**가 '의결'하는 방법으로 한다. 27회
3. 입주자대표회의와 관리주체는 장기수선계획을 조정하려는 경우에는 「에너지이용 합리화법」 제25조에 따라 **산업통상자원부장관**에게 등록한 에너지절약전문기업이 제시하는 에너지절약을 통한 주택의 **온실가스 감소**를 위한 시설개선방법을 반영할 수 있다.
4. 장기수선계획의 조정교육에 관한 업무를 영 제95조 제3항 제1호에 따라 위탁받은 기관은 교육 실시 **10일 전**에 교육의 일시·장소·기간·내용·대상자 및 그 밖에 교육에 필요한 사항을 공고하거나 관리주체에게 통보하여야 한다.
5. 특별시장·광역시장·특별자치시장·도지사 또는 특별자치도지사(이하 '시·도지사'라 한다)는 위 4.에 따른 수탁기관으로 하여금 다음의 사항을 이행하도록 하여야 한다.
   ㉠ **매년 11월 30일까지** 다음의 내용이 포함된 다음 연도의 교육계획서를 작성하여 시·도지사의 승인을 받을 것
      ⓐ 교육일시·장소 및 교육시간
      ⓑ 교육예정인원
      ⓒ 강사의 성명·주소 및 교육과목별 이수시간
      ⓓ 교육과목 및 내용
      ⓔ 그 밖에 교육시행과 관련하여 시·도지사가 요구하는 사항
   ㉡ 해당 연도의 교육 종료 후 **1개월 이내**에 다음의 내용이 포함된 교육결과보고서를 작성하여 시·도지사에게 보고할 것
      ⓐ 교육대상자 및 이수자명단
      ⓑ 교육계획의 주요내용이 변경된 경우에는 그 변경내용과 사유
      ⓒ 그 밖에 교육시행과 관련하여 시·도지사가 요구하는 사항

(2) 장기수선충당금의 적립(법 제30조)

① **관리주체**는 장기수선계획에 따라 공동주택의 주요시설의 교체 및 보수에 필요한 장기수선충당금을 해당 주택의 **소유자**로부터 징수하여 적립하여야 한다.

② 장기수선충당금의 **사용**은 **장기수선계획**에 따른다. 다만, 해당 공동주택의 '**입주자**' '**과반수**'의 **서면동의**가 있는 경우에는 다음의 용도로 사용할 수 있다.

　㉠ 법 제45조에 따른 **조정 등의 비용**
　㉡ 법 제48조에 따른 **하자진단 및 감정**에 드는 비용
　㉢ 위 ㉠ 또는 ㉡의 비용을 **청구**하는 데 드는 비용

관련법령　장기수선충당금의 적립 등(영 제31조)

1. 장기수선충당금의 '**요율**'은 해당 공동주택의 공용부분의 내구연한 등을 고려하여 **관리규약**으로 정한다.
2. 위 1.에도 불구하고 건설임대주택을 **분양전환**한 이후 관리업무를 **인계**하기 전까지의 '**장기수선충당금 요율**'은 「민간임대주택에 관한 특별법 시행령」 제43조 제3항 또는 「공공주택 특별법 시행령」 제57조 제5항에 따른 **특별수선충당금 적립요율**에 따른다. 27회
3. 장기수선충당금은 다음의 계산식에 따라 산정한다. 27회 주관식
　월간 세대별 장기수선충당금 = [장기수선계획기간 중의 **수선비총액** ÷ (**총공급면적** × 12 × 계획기간(년))] × '**세대당**' 주택공급면적
4. 장기수선충당금의 '**적립금액**'은 **장기수선계획**으로 정한다. 이 경우 '**국토교통부장관**'이 주요시설의 계획적인 교체 및 보수를 위하여 '**최소 적립금액의 기준**'을 정하여 고시하는 경우에는 그에 맞아야 한다.
5. 장기수선충당금은 **관리주체**가 다음의 사항이 포함된 장기수선충당금 **사용계획서**를 장기수선계획에 따라 '작성'하고 **입주자대표회의의** 의결을 거쳐 사용한다(**사용절차**).
　㉠ 수선공사(공동주택 공용부분의 보수·교체 및 개량을 말한다. 이하 같다)의 명칭과 공사내용
　㉡ 수선공사 대상 시설의 위치 및 부위
　㉢ 수선공사의 설계도면 등
　㉣ 공사기간 및 공사방법
　㉤ 수선공사의 범위 및 예정공사금액
　㉥ 공사발주 방법 및 절차 등
6. 장기수선충당금은 해당 공동주택에 대한 다음의 구분에 따른 날부터 **1년**이 경과한 날이 속하는 달부터 **매달** 적립한다. 다만, 건설임대주택에서 **분양전환된 공동주택**의 경우에는 임대사업자가 관리주체에게 공동주택의 관리업무를 **인계**한 날이 속하는 달부터 적립한다.
　㉠ 「주택법」 제49조에 따른 사용검사(공동주택단지 안의 공동주택 전부에 대하여 같은 조에 따른 임시 사용승인을 받은 경우에는 임시 사용승인을 말한다)를 받은 날
　㉡ 「건축법」 제22조에 따른 사용승인(공동주택단지 안의 공동주택 전부에 대하여 같은 조에 따른 임시 사용승인을 받은 경우에는 임시 사용승인을 말한다)을 받은 날
7. 공동주택 중 분양되지 아니한 세대의 장기수선충당금은 **사업주체**가 부담한다. 24회, 27회
8. 공동주택의 소유자는 장기수선충당금을 '**사용자가 대신하여 납부한 경우**'에는 그 금액을 반환하여야 한다.
9. **관리주체**는 공동주택의 **사용자**가 장기수선충당금의 납부 확인을 요구하는 경우에는 지체 없이 확인서를 발급해 주어야 한다.

(3) 설계도서의 보관 등(법 제31조)

'의무관리대상 공동주택'의 관리주체는 공동주택의 체계적인 유지관리를 위하여 '대통령령으로 정하는 바'에 따라 공동주택의 **설계도서 등을 보관**하고, 공동주택 시설의 **교체·보수** 등의 내용을 기록·보관·유지하여야 한다. 27회

> **관련법령** 설계도서의 보관 등(영 제32조)
>
> 1. 위 (3)에 따라 의무관리대상 공동주택의 관리주체는 '**국토교통부령으로 정하는 서류**'를 기록·보관·유지하여야 한다.
> 2. 위 (3)에 따라 의무관리대상 공동주택의 관리주체는 공용부분에 관한 시설의 **교체, 유지보수 및 하자보수** 등을 한 경우에는 그 실적을 시설별로 **이력관리**하여야 하며, **공동주택관리정보시스템**에도 '**등록**'하여야 한다. 26회

> **관련법령** 설계도서의 보관(규칙 제10조)
>
> 1. 영 제32조 제1항에서 '국토교통부령으로 정하는 서류'란 다음의 서류를 말한다.
>   ㉠ 영 제10조 제4항에 따라 사업주체로부터 인계받은 **설계도서 및 장비의 명세**
>   ㉡ 법 제33조 제1항에 따른 **안전점검 결과보고서** 27회
>   ㉢ 「주택법」 제44조 제2항에 따른 **감리보고서**
>   ㉣ 영 제32조 제2항에 따른 공용부분 시설물의 교체, 유지보수 및 하자보수 등의 **이력관리 관련 서류·도면 및 사진**
> 2. '의무관리대상 공동주택의 관리주체'는 영 제32조 제2항에 따라 공용부분 시설물의 교체, 유지보수 및 하자보수 등을 한 경우에는 '다음의 서류'를 공동주택관리정보시스템에 '등록'하여야 한다.
>   ㉠ **이력 명세**
>   ㉡ **공사 전·후의 평면도 및 단면도** 등 주요 도면
>   ㉢ **주요 공사 사진**

(4) 안전관리계획 및 교육 등(법 제32조)

① '**의무관리대상 공동주택**'의 **관리주체**는 해당 공동주택의 시설물로 인한 안전사고를 예방하기 위하여 대통령령으로 정하는 바에 따라 **안전관리계획**을 수립하고, 이에 따라 시설물별로 **안전관리자 및 안전관리책임자**를 지정하여 이를 시행하여야 한다. 26회, 27회

◐ 안전관리계획의 조정은 '관리사무소장'의 업무이다(규칙 제30조 제1항 제3호).

② 다음의 사람은 '국토교통부령으로 정하는 바'에 따라 공동주택단지의 각종 안전사고의 예방과 방범을 위하여 '**시장·군수·구청장**'이 실시하는 **방범교육 및 안전교육**을 받아야 한다.
㉠ 경비업무에 종사하는 사람
㉡ 안전관리계획에 따라 시설물 안전관리자 및 안전관리책임자로 선정된 사람

③ 시장·군수·구청장은 방범교육 및 안전교육을 국토교통부령으로 정하는 바에 따라 다음의 구분에 따른 기관 또는 법인에 '위임'하거나 '위탁'하여 실시할 수 있다.

㉠ **방범교육**: 관할 경찰서장 또는 법 제89조(권한의 위임·위탁) 제2항에 따라 인정받은 법인
㉡ **소방에 관한 안전교육**: 관할 소방서장 또는 법 제89조 제2항에 따라 인정받은 법인
㉢ **시설물에 관한 안전교육**: 법 제89조 제2항에 따라 인정받은 법인

관련법령 시설물의 안전관리계획(영 제33조)

1. 위 **(4)**의 ①에 따라 의무관리대상 공동주택의 관리주체는 다음의 시설에 관한 안전관리계획을 수립하여야 한다. 19회
   ㉠ 고압가스·액화석유가스 및 도시가스시설
   ㉡ 중앙집중식 난방시설
   ㉢ 발전 및 변전시설
   ㉣ 위험물저장시설
   ㉤ 소방시설 26회
   ㉥ 승강기 및 인양기
   ㉦ **연탄가스배출기**(세대별로 설치된 것은 제외한다) 24회, 27회
   ㉧ 주차장
   ㉨ 그 밖에 국토교통부령으로 정하는 다음의 시설(규칙 제11조 제1항)
      ⓐ 석축, 옹벽, 담장, 맨홀, 정화조 및 하수도
      ⓑ 옥상 및 계단 등의 난간
      ⓒ 우물 및 비상저수시설
      ⓓ 펌프실, 전기실 및 기계실
      ⓔ 경로당 또는 어린이놀이터에 설치된 시설
      ⓕ 「주택건설기준 등에 관한 규정」에 따른 지능형 홈네트워크 설비
      ⓖ 주민운동시설
      ⓗ 주민휴게시설
2. 위 1.에 따른 안전관리계획에는 다음의 사항이 포함되어야 한다.
   ㉠ 시설별 안전관리자 및 안전관리책임자에 의한 책임점검사항
   ㉡ '국토교통부령으로 정하는 시설의 안전관리에 관한 기준' 및 진단사항
   ㉢ 위 ㉠ 및 ㉡의 점검 및 진단결과 위해의 우려가 있는 시설에 대한 이용제한 또는 보수 등 필요한 조치사항
   ㉣ 지하주차장의 침수 예방 및 대응에 관한 사항
   ㉤ 수립된 안전관리계획의 조정에 관한 사항
   ㉥ 그 밖에 시설안전관리에 필요한 사항

관련법령 안전관리계획 수립대상 등(규칙 제11조 제2항)

영 제33조 제2항 제2호에 따라 안전관리계획에 포함되어야 하는 시설의 안전관리에 관한 기준 및 진단사항은 [별표 2]와 같다.

| 관련법령 | 방범교육 및 안전교육(규칙 제12조) |

1. 위 **(4)**의 ②에 따른 **방범교육 및 안전교육**은 다음의 기준에 따른다.〈개정 2025.4.15.〉
   ㉠ 이수 의무 교육시간: 연 2회 이내에서 시장·군수·구청장이 실시하는 횟수, 매회별 4시간
   ㉡ 대상자
      ⓐ '방범교육': 경비책임자
      ⓑ '소방'에 관한 '안전교육': 시설물 안전관리책임자 및 경비책임자
      ⓒ '시설물'에 관한 '안전교육': 시설물 안전관리책임자
   ㉢ 교육내용
      ⓐ '방범교육': 강도, 절도 등의 예방 및 대응
      ⓑ '소방'에 관한 '안전교육': 소화, 연소 및 화재예방 등 소방안전에 관한 사항
      ⓒ '시설물'에 관한 '안전교육': 시설물 안전사고의 예방 및 대응
2. 「화재의 예방 및 안전관리에 관한 법률」 제34조 제1항 제2호에 따른 소방안전관리자 실무교육 또는 같은 법 제38조에 따른 소방안전교육을 이수한 사람은 위 1.에 따른 소방에 관한 안전교육을 이수한 것으로 본다.
3. 위 **(4)**의 ②에 따른 '시설물에 관한 안전교육'에 관해서는 규칙 제7조(장기수선계획의 수립기준 등) 제4항 및 제5항을 준용한다.

| 별표 2 | 시설의 안전관리에 관한 기준 및 진단사항(규칙 제11조 제2항 관련) |

구분	대상시설	점검횟수
1. 해빙기진단	석축, 옹벽, 법면, 교량, 우물 및 비상저수시설	연 1회(2월 또는 3월)
2. 우기진단	석축, 옹벽, 법면, 담장, 하수도 및 **주차장**	연 1회(6월)
3. 월동기진단	연탄가스배출기, 중앙집중식 난방시설, 노출배관의 동파방지 및 수목보온	연 1회(9월 또는 10월)
4. 안전진단	변전실, 고압가스시설, 도시가스시설, 액화석유가스시설, 소방시설, 맨홀(정화조의 뚜껑을 포함한다), 유류저장시설, 펌프실, 인양기, 전기실, 기계실 및 **어린이 놀이터, 주민운동시설 및 주민휴게시설**	매분기 1회 이상
	승강기	「승강기안전관리법」에서 정하는 바에 따른다.
	지능형 홈네트워크 설비	**매월 1회 이상**
5. 위생진단	저수시설, 우물 및 **어린이 놀이터**	연 2회 이상

[비고]
안전관리진단사항의 세부내용은 시·도지사가 정하여 고시한다.

2. 안전점검 등

(1) 안전점검(법 제33조)

① **'의무관리대상 공동주택'**의 관리주체는 그 공동주택의 기능유지와 안전성 확보로 입주자등을 재해 및 재난 등으로부터 보호하기 위하여 「시설물의 안전 및 유지관리에 관한 특별법」 제21조에 따른 지침에서 정하는 안전점검의 실시방법 및 절차 등에 따라 공동주택의 **안전점검**을 실시하여야 한다. 다만, **16층 이상**의 공동주택 및 사용연수, 세대수, 안전등급, 층수 등을 고려하여 '대통령령으로 정하는 **15층 이하의 공동주택**'에 대하여는 '**대통령령으로 정하는 자**'로 하여금 안전점검을 실시하도록 하여야 한다.

② 위 ①에 따른 **관리주체**는 **안전점검**의 결과 건축물의 구조·설비의 안전도가 매우 낮아 재해 및 재난 등이 발생할 우려가 있는 경우에는 지체 없이 **입주자대표회의**['임대주택'은 임대사업자를 말한다. 이하 (1)에서 같다]에 그 사실을 **통보**한 후 대통령령으로 정하는 바에 따라 **시장·군수·구청장에게** 그 사실을 '**보고**'하고, 해당 건축물의 이용제한 또는 보수 등 필요한 조치를 하여야 한다.

③ '**의무관리대상 공동주택**'의 입주자대표회의 및 **관리주체**는 건축물과 공중의 안전 확보를 위하여 건축물의 안전점검과 재난예방에 필요한 **예산**을 '**매년**' 확보하여야 한다.

④ 공동주택의 안전점검방법, 안전점검의 실시시기, 안전점검을 위한 보유장비, 그 밖에 안전점검에 필요한 사항은 대통령령으로 정한다.

⑤ '건축물의 안전점검비용'은 '**관리비**'로서 '**수선유지비 항목**'에 속한다.

관련법령 공동주택의 안전점검(영 제34조)

1. 위 **(1)**의 ①에 따른 안전점검은 **반기마다** 하여야 한다.
2. 위 **(1)**의 ① 단서에서 '대통령령으로 정하는 15층 이하의 공동주택'이란 15층 이하의 공동주택으로서 다음의 어느 하나에 해당하는 것을 말한다. 22회 주관식
   ㉠ 사용검사일부터 **30년**이 경과한 공동주택
   ㉡ 「재난 및 안전관리 기본법 시행령」 제34조의2 제1항에 따른 안전등급이 C등급, D등급 또는 E등급에 해당하는 공동주택
3. 위 **(1)**의 ① 단서에서 '대통령령으로 정하는 자'란 다음의 어느 하나에 해당하는 자를 말한다.
   ㉠ 「시설물의 안전 및 유지관리에 관한 특별법 시행령」 제9조에 따른 **책임기술자**로서 해당 공동주택단지의 관리직원인 자
   ㉡ 주택관리사등이 된 후 '국토교통부령으로 정하는 교육기관'에서 「시설물의 안전 및 유지관리에 관한 특별법 시행령」 [별표 5]에 따른 **정기안전점검교육을 이수한 자** 중 관리사무소장으로 배치된 자 또는 해당 공동주택단지의 **관리직원**인 자
      ● '국토교통부령으로 정하는 교육기관'이란 다음의 교육기관을 말한다(규칙 제13조).
         1. 「시설물의 안전 및 유지관리에 관한 특별법 시행규칙」 제10조 제1항 각 호에 따른 교육기관
         2. 법 제81조 제1항에 따른 주택관리사단체

ⓒ 「시설물의 안전 및 유지관리에 관한 특별법」 제28조에 따라 등록한 안전진단전문기관
ⓔ 「건설산업기본법」 제9조에 따라 국토교통부장관에게 등록한 유지관리업자
4. 위 3.의 ⓛ의 안전점검교육을 실시한 기관은 지체 없이 그 '교육 이수자 명단'을 법 제81조 제1항에 따른 **주택관리사단체**에 통보하여야 한다.
5. 위 (1)의 ②에 따라 '관리주체'는 안전점검의 결과 건축물의 구조·설비의 안전도가 매우 낮아 위해 발생의 우려가 있는 경우에는 다음의 사항을 '시장·군수·구청장'에게 '보고'하고, 그 보고내용에 따른 조치를 취하여야 한다. 28회
   ⊙ 점검대상 구조·설비
   ⓛ 취약의 정도
   ⓒ 발생 가능한 위해의 내용
   ⓔ 조치할 사항
6. 시장·군수·구청장은 위 5.에 따른 보고를 받은 공동주택에 대해서는 국토교통부령으로 정하는 바에 따라 관리하여야 한다.

관련법령 공동주택의 안전점검(규칙 제14조)

영 제34조 제6항에 따라 시장·군수·구청장은 같은 조 제5항에 따라 보고받은 공동주택에 대하여 다음의 조치를 하고 **매월 1회 이상** 점검을 실시하여야 한다.
1. 공동주택단지별 점검책임자의 지정
2. 공동주택단지별 관리카드의 비치
3. 공동주택단지별 점검일지의 작성
4. 공동주택단지의 관리기구와 관계 행정기관 간의 비상연락체계 구성

참고 안전진단

1. 시장·군수·구청장은 담보책임기간에 공동주택의 '구조안전에 중대한 하자'가 있다고 인정하는 경우에는 안전진단기관에 의뢰하여 안전진단을 할 수 있다. 이 경우 안전진단의 대상·절차 및 비용부담에 관한 사항과 안전진단 실시기관의 범위 등에 필요한 사항은 대통령령으로 정한다(법 제37조 제4항).
2. 안전진단에 드는 비용은 사업주체가 부담한다. 다만, 하자의 원인이 사업주체 외의 자에게 있는 경우에는 그 자가 부담한다(구분 징수)(영 제40조 제2항).

(2) '소규모 공동주택'의 안전관리(법 제34조)

'지방자치단체의 장'은 '의무관리대상 공동주택에 해당하지 아니하는 공동주택(이하 '소규모 공동주택'이라 한다)'의 관리와 안전사고의 예방 등을 위하여 다음의 업무를 할 수 있다.
① 시설물에 대한 **안전관리계획의 수립 및 시행**
② 공동주택에 대한 **안전점검**
③ 그 밖에 지방자치단체의 조례로 정하는 사항

(3) 소규모 공동주택의 층간소음 상담 등(법 제34조의2)

① 지방자치단체의 장은 '소규모 공동주택'에서 발생하는 층간소음 분쟁의 예방 및 자율적인 조정을 위하여 조례로 정하는 바에 따라 소규모 공동주택 입주자등을 대상으로 **층간소음 상담·진단 및 교육 등의 지원을 할 수 있다.**

② 지방자치단체의 장은 위 ①에 따른 층간소음 상담·진단 및 교육 등의 지원을 위하여 필요한 경우 **관계 중앙행정기관의 장 또는 지방자치단체의 장이 인정하는 기관 또는 단체에 협조를 요청할 수 있다.**

3. 행위허가

(1) 행위허가 기준 등(법 제35조)

① 공동주택[일반인에게 분양되는 복리시설을 포함한다. 이하 (1)에서 같다]의 **입주자등 또는 관리주체**가 다음의 어느 하나에 해당하는 행위를 하려는 경우에는 허가 또는 신고와 관련된 면적, 세대수 또는 입주자나 입주자등의 동의비율에 관하여 '**대통령령으로 정하는 기준 및 절차 등**'에 따라 시장·군수·구청장의 **허가**를 받거나 시장·군수·구청장에게 **신고**를 하여야 한다.

㉠ 공동주택을 사업계획에 따른 용도 외의 용도에 사용하는 행위
㉡ 공동주택을 증축·개축·대수선하는 행위(주택법에 따른 **리모델링은 제외한다**)
㉢ 공동주택을 파손하거나 해당 시설의 전부 또는 일부를 철거하는 행위('**국토교통부령으로 정하는 경미한 행위**'는 제외한다)

> **참고 규칙 제15조 제1항**
>
> 법 제35조 제1항 제3호[위 (1)의 ①의 ㉢]에서 '국토교통부령으로 정하는 경미한 행위'란 다음의 어느 하나에 해당하는 행위를 말한다.
> 1. 창틀·문틀의 교체
> 2. 세대 내 천장·벽·바닥의 마감재 교체
> 3. 급·배수관 등 배관설비의 교체
> 4. 세대 내 난방설비의 교체(시설물의 파손·철거는 제외한다)
> 5. 구내통신선로설비, 경비실과 통화가 가능한 구내전화, 지능형 홈네트워크 설비, 방송수신을 위한 공동수신설비 또는 영상정보처리기기의 교체(폐쇄회로텔레비전과 네트워크 카메라 간의 교체를 포함한다)
> 6. 보안등, 자전거보관소, 안내표지판, 담장(축대는 제외한다) 또는 보도블록의 교체
> 7. 폐기물보관시설(재활용품 분류보관시설을 포함한다), 택배보관함 또는 우편함의 교체
> 8. 조경시설 중 수목의 일부 제거 및 교체
> 9. 주민운동시설의 교체(다른 운동종목을 위한 시설로 변경하는 것을 말하며, 면적이 변경되는 경우는 제외한다)
> 10. 부대시설 중 각종 설비나 장비의 수선·유지·보수를 위한 부품의 일부 교체
> 11. 그 밖에 위 1.~10.의 규정에서 정한 사항과 유사한 행위로서 시장·군수·구청장이 인정하는 행위

ㄹ 「주택법」 제2조 제19호에 따른 **세대구분형 공동주택**을 설치하는 행위

ㅁ 그 밖에 공동주택의 효율적 관리에 지장을 주는 행위로서 '대통령령으로 정하는 다음의 행위'(영 제35조 제2항)

ⓐ 공동주택의 용도폐지

ⓑ 공동주택의 재축·증설 및 비내력벽의 철거(입주자 공유가 아닌 복리시설의 비내력벽 철거는 제외한다)

② 시장·군수·구청장은 위 ①에 따른 신고를 받은 경우 그 내용을 검토하여 이 법에 적합하면 신고를 수리하여야 한다.

③ 위 ①에 따른 행위에 관하여 시장·군수·구청장이 관계 행정기관의 장과 협의하여 허가를 하거나 신고의 수리를 한 사항에 관하여는 「주택법」 제19조를 준용하며, 「건축법」 제19조에 따른 신고의 수리를 한 것으로 본다.

④ 공동주택의 시공 또는 감리업무를 수행하는 자는 공동주택의 입주자등 또는 관리주체가 허가를 받거나 신고를 하지 아니하고 위 ①의 어느 하나에 해당하는 행위를 하는 경우 그 행위에 협조하여 공동주택의 시공 또는 감리업무를 수행하여서는 아니 된다. 이 경우 공동주택의 시공 또는 감리업무를 수행하는 자는 입주자등 또는 관리주체가 허가를 받거나 신고를 하였는지를 사전에 확인하여야 한다.

⑤ 공동주택의 입주자등 또는 관리주체가 위 ①에 따른 행위에 관하여 시장·군수·구청장의 허가를 받거나 신고를 한 후 그 공사를 완료하였을 때에는 **시장·군수·구청장**의 **사용검사**를 받아야 하며, 사용검사에 관하여는 「주택법」 제49조(사용검사 등)를 준용한다.

⑥ 시장·군수·구청장은 위 ①에 해당하는 자가 거짓이나 그 밖의 부정한 방법으로 위 ①부터 ③까지에 따른 허가를 받거나 신고를 한 경우에는 그 허가나 신고의 수리를 취소할 수 있다.

(2) 행위허가 등의 기준 등(영 제35조)

① 위 **(1)**의 ①의 ㄱ~ㅁ의 행위에 대한 허가 또는 신고의 기준은 [별표 3]과 같다.

② 위 **(1)**의 ①의 ㅁ에서 '대통령령으로 정하는 행위'란 다음의 행위를 말한다.

㉠ 공동주택의 용도폐지

㉡ 공동주택의 재축·증설 및 비내력벽의 철거(입주자 공유가 아닌 복리시설의 비내력벽 철거는 제외한다)

③ 위 **(1)**의 ①에 따라 허가를 받거나 신고를 하려는 자는 허가신청서 또는 신고서에 **국토교통부령으로 정하는 서류**를 첨부하여 시장·군수·구청장에게 제출하여야 한다.

④ 공동주택의 **지하층**은 주민공동시설로 활용할 수 있다. 이 경우 관리주체는 '대피시설로 사용하는 데 지장이 없도록' 이를 유지·관리하여야 한다.

CHAPTER

04 하자담보책임 및 하자분쟁조정

회독체크 1 2 3

CHAPTER 미리보기

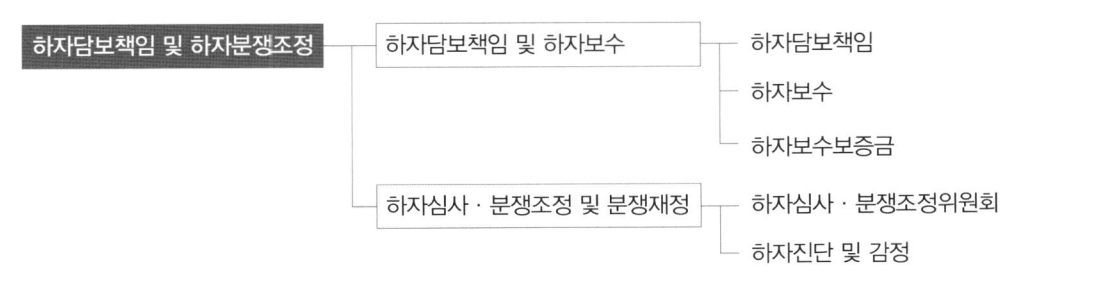

학습전략

하자담보책임 및 하자분쟁을 다루는 단원으로서 1문제 내지 2문제 정도 출제됩니다. 특히 하자분쟁 절차 중 '분쟁재정 절차'가 신설되었으므로 철저히 정리하시기 바랍니다.

학습키워드

- 하자담보책임(하자보수 및 손해배상책임)
- 하자담보책임의 기산일 및 담보책임기간
- 주택인도증서
- 담보책임종료확인서
- 하자보수보증금

- 하자심사
- 분쟁조정위원회
- 하자심사, 분쟁조정 및 분쟁재정
- 하자진단 및 감정

제1절 하자담보책임 및 하자보수

1. 하자담보책임

(1) 하자담보책임(법 제36조)

① 다음의 사업주체(이하 이 장에서 '사업주체'라 한다)는 공동주택의 **하자**에 대하여 '**분양**'에 따른 담보책임(ⓒ 및 ⓔ의 시공자는 '**수급인**'의 담보책임을 말한다)을 진다. 23회, 27회
   ㉠ 「주택법」 제2조 제10호 각 목에 따른 자('**주택법**'상 **사업주체**)
   ㉡ 「건축법」 제11조에 따른 건축허가를 받아 분양을 목적으로 하는 공동주택을 건축한 **건축주**
   ㉢ 법 제35조 제1항 제2호[공동주택을 증축·개축·대수선하는 행위(주택법에 따른 리모델링은 제외한다)]에 따른 행위를 한 **시공자**
   ㉣ 「주택법」 제66조에 따른 리모델링을 수행한 **시공자**

② 위 ①에도 불구하고 「공공주택 특별법」 제2조 제1호 가목에 따라 '**임대한 후**' '**분양전환을 할 목적**'으로 공급하는 공동주택(이하 '**공공임대주택**'이라 한다)을 공급한 '**위 ①의 ㉠의 사업주체**'는 '**분양전환이 되기 전**'까지는 '**임차인**'에 대하여 '**하자보수에 대한 담보책임**'(법 제37조 제2항에 따른 **손해배상책임**은 '**제외**'한다)을 진다.

③ 위 ① 및 ②에 따른 담보책임의 기간(이하 '담보책임기간'이라 한다)은 하자의 중대성, 시설물의 사용 가능 햇수 및 교체 가능성 등을 고려하여 공동주택의 **내력구조부별** 및 시설공사별로 **10년**의 범위에서 대통령령으로 정한다. 이 경우 담보책임기간은 '다음의 날'부터 기산한다. 24회 주관식
   ㉠ **전유부분**: '**입주자**'(위 ②의 담보책임의 경우에는 '**임차인**')에게 **인도한 날** 23회, 26회, 27회
   ㉡ **공용부분**: 「주택법」 제49조에 따른 **사용검사일**(공동주택의 '**전부**'에 대하여 임시 사용승인을 받은 경우에는 그 **임시 사용승인일**을 말하고, 분할사용검사나 동별 사용검사를 받은 경우에는 그 '**분할사용검사일**' 또는 '**동별 사용검사일**'을 말한다) 또는 「건축법」 제22조에 따른 공동주택의 **사용승인일**

(2) 담보책임기간(영 제36조)

① 위 **(1)**의 ③에 따른 공동주택의 내력구조부별 및 시설공사별 담보책임기간은 다음과 같다.
   ㉠ **내력구조부별**(건축법 제2조 제1항 제7호에 따른 건물의 **주요구조부**를 말한다. 이하 같다) **하자에 대한 담보책임기간: 10년** 23회, 27회
   ㉡ **시설공사별 하자에 대한 담보책임기간**: [별표 4]에 따른 기간

② **사업주체**[건축법에 따른 건축허가를 받아 분양을 목적으로 하는 공동주택을 건축한 **건축주**를 포함한다. 이하 **(2)**에서 같다]는 해당 공동주택의 '**전유부분**을 입주자에게 인도한 때'에는 국토교

통부령으로 정하는 바에 따라 **주택인도증서를** 작성하여 **관리주체**['의무관리대상 공동주택이 아닌 경우'에는 집합건물의 소유 및 관리에 관한 법률에 따른 관리인을 말한다. 이하 **(2)**에서 같다]에게 인계하여야 한다. 이 경우 '**관리주체**'는 30일 이내에 공동주택관리정보시스템에 '**전유부분의 인도일**'을 '**공개**'하여야 한다.

③ 사업주체가 해당 공동주택의 전유부분을 위 **(1)**의 ②에 따른 공공임대주택의 임차인에게 인도한 때에는 주택인도증서를 작성하여 분양전환하기 전까지 보관하여야 한다. 이 경우 사업주체는 주택인도증서를 작성한 날부터 30일 이내에 공동주택관리정보시스템에 전유부분의 인도일을 공개하여야 한다.

④ 사업주체는 주택의 **미분양**(未分讓) 등으로 인하여 영 제10조 제4항에 따른 **인계·인수서**에 '**인도일의 현황이 누락된 세대가 있는 경우**'에는 주택의 인도일부터 15일 이내에 '**인도일의 현황**'을 관리주체에게 '**인계**'하여야 한다.

별표 4   시설공사별 담보책임기간(영 제36조 제1항 제2호 관련)

구분		기간
시설공사	세부공종	
1. 마감공사 25회, 27회	가. 미장공사 나. 수장공사(건축물 내부 마무리 공사) 다. 도장공사 라. 도배공사 마. 타일공사 바. 석공사(건물 내부 공사) 사. 옥내가구공사 아. 주방기구공사 자. 가전제품	2년
2. 옥외급수·위생 관련 공사	가. 공동구공사 나. 저수조(물탱크)공사 다. 옥외위생(정화조) 관련 공사 라. 옥외급수 관련 공사	
3. 난방·냉방·환기, 공기조화 설비공사	가. 열원기기설비공사 나. 공기조화기기설비공사 다. 덕트설비공사 라. 배관설비공사 마. 보온공사 바. 자동제어설비공사 사. 온돌공사(세대매립배관 포함) 아. 냉방설비공사	3년

4. 급·배수 및 위생설비공사	가. 급수설비공사 나. 온수공급설비공사 다. 배수·통기설비공사 라. 위생기구설비공사 마. 철 및 보온공사 바. 특수설비공사	3년
5. 가스설비공사	가. 가스설비공사 나. 가스저장시설공사	
6. 목공사	가. 구조체 또는 바탕재공사 나. 수장목공사	
7. 창호공사	가. 창문틀 및 문짝공사 나. 창호철물공사 다. 창호유리공사 라. 커튼월공사	
8. 조경공사	가. 식재공사 나. 조경시설물공사 다. 관수 및 배수공사 라. 조경포장공사 마. 조경부대시설공사 바. 잔디심기공사 사. 조형물공사	
9. 전기 및 전력설비공사	가. 배관·배선공사 나. 피뢰침공사 다. 동력설비공사 라. 수·변전설비공사 마. 수·배전공사 바. 전기기기공사 사. 발전설비공사 아. 승강기설비공사 자. 인양기설비공사 차. 조명설비공사	
10. 신재생에너지 설비공사 25회	가. 태양열설비공사 나. 태양광설비공사 23회 다. 지열설비공사 라. 풍력설비공사	
11. 정보통신공사	가. 통신·신호설비공사 나. TV공청설비공사 다. 감시제어설비공사 라. 가정자동화설비공사 마. 정보통신설비공사	

12. 지능형 홈네트워크 설비공사 25회	가. 홈네트워크망공사 나. 홈네트워크기기공사 다. 단지공용시스템공사	3년
13. 소방시설공사	가. 소화설비공사 나. 제연설비공사 다. 방재설비공사 라. 자동화재탐지설비공사	
14. 단열공사 25회	벽체, 천장 및 바닥의 단열공사	
15. 잡공사	가. 옥내설비공사(우편함, 무인택배시스템 등) 나. 옥외설비공사(담장, 울타리, 안내시설물 등), 금속공사	
16. 대지조성공사	가. 토공사 나. 석축공사 다. 옹벽공사(토목옹벽) 라. 배수공사 마. 포장공사	5년
17. 철근콘크리트공사	가. 일반철근콘크리트공사 나. 특수콘크리트공사 다. 프리캐스트콘크리트공사 라. 옹벽공사(건축옹벽) 마. 콘크리트공사	
18. 철골공사	가. 일반철골공사 나. 철골부대공사 다. 경량철골공사	
19. 조적공사	가. 일반벽돌공사 나. 점토벽돌공사 다. 블록공사 라. 석공사(건물 외부 공사)	
20. 지붕공사	가. 지붕공사 나. 홈통 및 우수관공사	
21. 방수공사 25회	방수공사	

[비고]
기초공사·지정공사 등「집합건물의 소유 및 관리에 관한 법률」제9조의2 제1항 제1호에 따른 **지반공사**의 경우 담보책임기간은 10년

(3) 하자의 범위(영 제37조)

법 제36조 제4항에 따른 하자의 범위는 다음의 구분에 따른다.
① **내력구조부별 하자**: 다음의 어느 하나에 해당하는 경우
  ㉠ 공동주택 구조체의 일부 또는 전부가 **붕괴**된 경우

ⓒ 공동주택의 구조안전상 **위험**을 **초래**하거나 그 **위험**을 **초래할 우려**가 있는 정도의 균열·침하(沈下) 등의 결함이 발생한 경우

② **시설공사별 하자:** 공사상의 잘못으로 인한 균열·처짐·비틀림·들뜸·침하·파손·붕괴·누수·누출·탈락, 작동 또는 기능불량, 부착·접지 또는 전선 연결 불량, 고사(枯死) 및 입상(서 있는 상태) 불량 등이 발생하여 건축물 또는 시설물의 안전상·기능상 또는 미관상의 지장을 초래할 정도의 결함이 발생한 경우

2. 하자보수

(1) 하자보수 등(법 제37조)

① **사업주체**(건설산업기본법 제28조에 따라 하자담보책임이 있는 자로서 사업주체로부터 건설공사를 일괄 도급받아 건설공사를 수행한 자가 따로 있는 경우에는 그 자를 말한다. 이하 이 장에서 같다)는 담보책임기간에 하자가 발생한 경우에는 해당 공동주택의 다음 ㉠부터 ㉣까지에 해당하는 자(이하 이 장에서 '입주자대표회의등'이라 한다) 또는 다음 ㉤에 해당하는 자('임차인등')의 청구에 따라 그 하자를 보수하여야 한다. 이 경우 하자보수의 절차 및 종료 등에 필요한 사항은 대통령령으로 정한다. 20회

㉠ 입주자

㉡ 입주자대표회의

㉢ 관리주체(하자보수청구 등에 관하여 입주자 또는 입주자대표회의를 대행하는 관리주체를 말한다)

㉣ 「집합건물의 소유 및 관리에 관한 법률」에 따른 **관리단**

㉤ '공공임대주택'의 '임차인' 또는 '임차인대표회의'(이하 '임차인등'이라 한다)

② **사업주체**는 담보책임기간에 공동주택에 하자가 발생한 경우에는 하자 발생으로 인한 손해를 배상할 책임이 있다. 이 경우 손해배상책임에 관하여는 「민법」 제667조를 준용한다. 26회

> **판례**
>
> 입주자대표회의는 공동주택에 하자가 있는 경우 그 하자에 갈음하여 하자보수를 청구할 수 있을 뿐 손해배상청구권을 가지지 못한다(대판 2006.8.24, 2004다20807).

③ 위 ①에 따라 청구된 하자의 보수와 위 ②에 따른 손해배상책임을 위하여 필요한 하자의 조사방법 및 기준, 하자 보수비용의 산정방법 등에 관하여는 법 제39조 제4항에 따라 정하는 하자판정에 관한 기준을 준용할 수 있다.

④ '시장·군수·구청장'은 담보책임기간에 공동주택의 **구조안전에 중대한 하자**가 있다고 인정하는 경우에는 안전진단기관에 의뢰하여 **안전진단**을 할 수 있다. 이 경우 '안전진단의 대상·절차 및 비용 부담에 관한 사항'과 '안전진단 실시기관의 범위 등에 필요한 사항'은 '대통령령'으로 정한다.

⑤ **시장·군수·구청장**은 위 ①에 따라 '입주자대표회의등' 및 '임차인등'이 하자보수를 청구한 사항에 대하여 '사업주체가 정당한 사유 없이 따르지 아니할 때'에는 **시정을 명할 수 있다.**

관련법령 하자보수절차(영 제38조)

1. 위 (1)의 ① 후단에 따라 입주자대표회의등[위 (1)의 ①의 ㉠부터 ㉣까지의 어느 하나에 해당하는 자를 말한다. 이하 같다] 또는 임차인등은 공동주택에 하자가 발생한 경우에는 **담보책임기간 내에 사업주체에게** 하자보수를 청구하여야 한다.
2. 하자보수의 청구는 '다음의 구분에 따른 자'가 하여야 한다. 이 경우 **입주자**는 '전유부분'에 대한 청구를 **관리주체**가 '**대행**'하도록 할 수 있으며, '공용부분'에 대한 하자보수의 청구를 다음 ㉡의 어느 하나에 해당하는 자에게 요청할 수 있다. ^{22회, 26회}
   ㉠ **전유부분**: **입주자** 또는 공공임대주택의 **임차인**
   ㉡ **공용부분**: 다음의 어느 하나에 해당하는 자
      ⓐ **입주자대표회의** 또는 공공임대주택의 **임차인대표회의**
      ⓑ **관리주체**(하자보수청구 등에 관하여 입주자 또는 입주자대표회의를 대행하는 관리주체를 말한다)
      ⓒ 「집합건물의 소유 및 관리에 관한 법률」에 따른 **관리단**
3. **사업주체**는 하자보수를 청구받은 날(법 제48조 제1항 후단에 따라 하자진단결과를 통보받은 때에는 그 통보받은 날을 말한다)부터 **15일 이내에** 그 하자를 보수하거나 다음의 사항을 명시한 하자보수계획을 **입주자대표회의등** 또는 **임차인등**에 '**서면**'(전자문서 및 전자거래 기본법 제2조 제1호에 따른 '**정보처리시스템을 사용한 전자문서**'를 포함한다. 이하 같다)으로 통보하고 그 계획에 따라 하자를 보수하여야 한다. 다만, 하자가 아니라고 판단되는 사항에 대해서는 그 이유를 서면으로 통보하여야 한다.
   ㉠ 하자부위, 보수방법 및 보수에 필요한 상당한 기간(동일한 하자가 2세대 이상에서 발생한 경우 세대별 보수 일정을 포함한다)
   ㉡ 담당자 성명 및 연락처
   ㉢ 그 밖에 보수에 필요한 사항
4. 위 3.에 따라 '하자보수를 실시한 **사업주체**'는 하자보수가 완료되면 즉시 그 보수결과를 하자보수를 청구한 '**입주자대표회의등 또는 임차인등**'에 통보하여야 한다. ^{27회}

관련법령 내력구조부 안전진단(영 제40조)

1. 위 (1)의 ④에 따라 시장·군수·구청장은 공동주택의 구조안전에 중대한 하자가 있다고 인정하는 경우에는 다음의 어느 하나에 해당하는 기관 또는 단체에 해당 공동주택의 안전진단을 의뢰할 수 있다.
   ㉠ 「과학기술분야 정부출연연구기관 등의 설립·운영 및 육성에 관한 법률」 제8조에 따른 한국건설기술연구원
   ㉡ 「국토안전관리원법」에 따른 '**국토안전관리원**'
   ㉢ 「건축사법」 제31조에 따라 설립한 **대한건축사협회**
   ㉣ 「고등교육법」 제2조 제1호·제2호의 대학 및 산업대학의 부설연구기관(상설기관으로 한정한다)
   ㉤ 「시설물의 안전 및 유지관리에 관한 특별법 시행령」 제23조 제1항에 따른 건축 분야 안전진단전문기관
2. 위 1.에 따른 안전진단에 드는 비용은 **사업주체**가 부담한다. 다만, 하자의 원인이 '사업주체 외의 자'에게 있는 경우에는 '그 자'가 부담한다(**구분 징수**).

(2) 담보책임의 종료(영 제39조)

① '**사업주체**'는 담보책임기간이 만료되기 **30일 전**까지 그 만료 예정일을 해당 공동주택의 **입주자대표회의**(의무관리대상 공동주택이 아닌 경우에는 집합건물의 소유 및 관리에 관한 법률에 따른 **관리단**을 말한다. 이하 이 장에서 같다) 또는 해당 공공임대주택의 **임차인대표회의**에 서면으로 통보하여야 한다. 이 경우 사업주체는 다음의 사항을 함께 알려야 한다. [26회]
  ㉠ 영 제38조에 따라 입주자대표회의등 또는 임차인등이 하자보수를 청구한 경우에는 '하자보수를 완료한 내용'
  ㉡ 담보책임기간 내에 하자보수를 신청하지 아니하면 '하자보수를 청구할 수 있는 권리가 없어진다는 사실'

② 위 ①에 따른 통보를 받은 입주자대표회의 또는 공공임대주택의 임차인대표회의는 다음의 구분에 따른 조치를 하여야 한다.
  ㉠ '**전유부분**'에 대한 조치: 담보책임기간이 만료되는 날까지 **하자보수를 청구하도록** 입주자 또는 공공임대주택의 임차인에게 **개별통지**하고 공동주택단지 안의 잘 보이는 '**게시판**'에 **20일 이상 게시**
  ㉡ '**공용부분**'에 대한 조치: '담보책임기간이 만료되는 날까지' **하자보수 청구**

③ **사업주체**는 위 ②에 따라 하자보수 청구를 받은 사항에 대하여 **지체 없이** 보수하고 그 보수 결과를 **서면**으로 **입주자대표회의등** 또는 **임차인등**에 통보해야 한다. 다만, 하자가 아니라고 판단한 사항에 대해서는 '그 이유를 명확히 기재'하여 '서면'으로 통보해야 한다.

④ 위 ③ 본문에 따라 보수결과를 통보받은 입주자대표회의등 또는 임차인등은 통보받은 날부터 '**30일 이내**'에 '이유를 명확히 기재한 서면'으로 사업주체에게 '**이의를 제기**'할 수 있다. 이 경우 사업주체는 이의제기 내용이 타당하면 지체 없이 하자를 보수하여야 한다.

⑤ '**사업주체**'와 '**다음의 구분에 따른 자**'는 하자보수가 끝난 때에는 '**공동**'으로 '**담보책임 종료 확인서**'를 작성해야 한다. 이 경우 '담보책임기간이 만료되기 전'에 담보책임 종료확인서를 작성해서는 안 된다. [26회]
  ㉠ '**전유부분**': 입주자
  ㉡ '**공용부분**': **입주자대표회의의 회장**['의무관리대상 공동주택이 아닌 경우'에는 집합건물의 소유 및 관리에 관한 법률에 따른 '**관리인**'을 말한다. 이하 (2) 및 영 제61조 제3항 제1호에서 같다] 또는 5분의 4 이상의 '**입주자**'(입주자대표회의의 구성원 중 **사용자인 동별 대표자가 과반수인 경우**만 해당한다)

⑥ 입주자대표회의의 회장은 위 ⑤에 따라 '**공용부분**'의 담보책임 종료확인서를 작성하려면 '**다음의 절차**'를 차례대로 거쳐야 한다. 이 경우 **전체 입주자의 5분의 1 이상이 서면으로 반대**하면 입주자대표회의는 **입주자대표회의 의결**을 할 수 없다.

㉠ '의견청취'를 위하여 입주자에게 다음의 사항을 서면으로 개별통지하고 공동주택단지 안의 '게시판'에 20일 이상 게시할 것
  ⓐ 담보책임기간이 만료된 사실
  ⓑ 완료된 하자보수의 내용
  ⓒ 담보책임 종료확인에 대하여 반대의견을 제출할 수 있다는 사실, 의견제출기간 및 의견제출서
㉡ 입주자대표회의 의결
⑦ 사업주체는 위 ⑤의 ㉡에 따라 '입주자'와 공용부분의 담보책임 종료확인서를 작성하려면 입주자대표회의 회장에게 위 ⑥의 ㉠에 따른 통지 및 게시를 '요청'해야 하고, '전체 입주자의 5분의 4 이상'과 담보책임 종료확인서를 작성한 경우에는 그 결과를 입주자대표회의등에 통보해야 한다.

3. 하자보수보증금

(1) 하자보수보증금의 예치 및 사용(법 제38조)

① 사업주체는 대통령령으로 정하는 바에 따라 하자보수를 보장하기 위하여 하자보수보증금을 담보책임기간('보증기간'은 공용부분을 기준으로 기산한다) 동안 **예치하여야 한다**. 다만, '국가·지방자치단체·한국토지주택공사 및 지방공사인 사업주체의 경우'에는 그러하지 아니하다. 23회

② 입주자대표회의등은 위 ①에 따른 하자보수보증금을 하자심사·분쟁조정위원회의 하자 여부 판정 등에 따른 하자보수비용 등 **'대통령령으로 정하는 용도'로만 사용하여야 하며**(위반자: 2천만원 이하의 과태료), 의무관리대상 공동주택의 경우에는 하자보수보증금의 사용 후 30일 이내에 '그 사용내역'을 국토교통부령으로 정하는 바에 따라 **시장·군수·구청장에게 신고하여야 한다**(위반자: 5백만원 이하의 과태료).

③ 위 ①에 따른 하자보수보증금을 예치받은 자(이하 '하자보수보증금의 보증서 발급기관'이라 한다)는 하자보수보증금을 의무관리대상 공동주택의 '입주자대표회의에 지급한 날'부터 30일 이내에 '지급 내역'을 '국토교통부령으로 정하는 바'에 따라 관할 **시장·군수·구청장에게 통보해야 한다.**

④ **시장·군수·구청장**은 위 ②에 따른 하자보수보증금 사용내역과 위 ③에 따른 하자보수보증금 지급내역을 **매**년 국토교통부령으로 정하는 바에 따라 **국토교통부장관에게 '제공'하여야 한다.**

> **관련법령** 하자보수보증금의 지급 내역 통보(규칙 제18조의2)

1. 위 **(1)**의 ③에 따른 하자보수보증금의 보증서 발급기관은 별지 제14호의2의 하자보수보증금 지급내역서(이하 '지급내역서'라 한다)에 하자보수보증금을 사용할 시설공사별 하자내역을 첨부하여 관할 시장·군수·구청장에게 제출해야 한다.
2. 지급내역서는 영 제36조 제1항 각 호에 따른 **담보책임기간별**로 **구분**하여 **작성하여야** 한다.

> **관련법령** 하자보수보증금의 사용내역 및 지급 내역 제공(규칙 제18조의3)

시장·군수·구청장은 위 **(1)**의 ④에 따라 해당 연도에 제출받은 **하자보수보증금 사용내역 신고서**(첨부서류는 제외한다)와 **지급내역서**(첨부서류를 포함한다)의 내용을 다음 해 1월 31일까지 국토교통부장관에게 제공해야 한다. 이 경우 **제공 방법**은 하자관리정보시스템에 **입력하는 방법**으로 한다.

> **관련법령** 하자보수보증금의 예치 및 보관(영 제41조)

1. 위 **(1)**의 ①에 따라 **사업주체**(건설임대주택을 **분양전환**하려는 경우에는 그 **임대사업자**를 말한다. 이하 같다)는 하자보수보증금을 은행(은행법에 따른 은행을 말한다)에 **현금**으로 예치하거나 다음의 어느 하나에 해당하는 자가 취급하는 보증으로서 하자보수보증금 지급을 보장하는 **보증에 가입**하여야 한다. 이 경우 '그 예치명의 또는 가입명의'는 **사용검사권자**(주택법 제49조에 따른 **사용검사권자** 또는 건축법 제22조에 따른 **사용승인권자**를 말한다. 이하 같다)로 하여야 한다.
   ㉠ 「주택도시기금법」에 따른 주택도시보증공사
   ㉡ 「건설산업기본법」에 따른 건설 관련 공제조합
   ㉢ 「보험업법」 제4조 제1항 제2호 라목에 따른 보증보험업을 영위하는 자
   ㉣ 다음의 영 제23조 제7항 각 호의 금융기관
      ⓐ 「은행법」에 따른 은행
      ⓑ 「중소기업은행법」에 따른 중소기업은행
      ⓒ 「상호저축은행법」에 따른 상호저축은행
      ⓓ 「보험업법」에 따른 보험회사
      ⓔ 그 밖의 법률에 따라 금융업무를 하는 기관으로서 국토교통부령으로 정하는 기관
2. 사업주체는 다음의 어느 하나에 해당하는 신청서를 사용검사권자에게 제출할 때에 현금 예치증서 또는 보증서를 함께 제출하여야 한다.
   ㉠ 「주택법」 제49조에 따른 사용검사 신청서(공동주택단지 안의 공동주택 전부에 대하여 임시 사용승인을 신청하는 경우에는 임시 사용승인 신청서)
   ㉡ 「건축법」 제22조에 따른 사용승인 신청서(공동주택단지 안의 공동주택 전부에 대하여 임시 사용승인을 신청하는 경우에는 임시 사용승인 신청서)
   ㉢ 「민간임대주택에 관한 특별법」에 따른 양도신고서, 양도허가신청서 또는 「공공주택 특별법」에 따른 분양전환 승인신청서, 분양전환 허가신청서, 분양전환 신고서
3. **사용검사권자**는 입주자대표회의가 구성된 때에는 지체 없이 위 1.에 따른 예치명의 또는 가입명의를 해당 **입주자대표회의로 변경**하고 **입주자대표회의**에 '**현금 예치증서 또는 보증서**'를 **인계**하여야 한다.
4. **입주자대표회의**는 위 3.에 따라 인계받은 현금 예치증서 또는 보증서를 해당 공동주택의 **관리주체**('의무관리대상 공동주택이 아닌 경우'에는 집합건물의 소유 및 관리에 관한 법률에 따른 **관리인**을 말한다)로 하여금 '**보관하게 하여야**' 한다.

(2) 하자보수보증금의 범위(영 제42조)

① 위 **(1)**의 ①에 따라 예치하여야 하는 하자보수보증금은 다음의 구분에 따른 금액으로 한다.
  ㉠ 대지조성사업계획과 주택사업계획승인을 함께 받아 '**대지조성과 함께**' 공동주택을 건설하는 경우: 다음 ⓐ의 비용에서 ⓑ의 가격을 '**뺀 금액**'의 100분의 3
    ⓐ 사업계획승인서에 기재된 해당 공동주택의 **총사업비**[간접비(설계비, 감리비, 분담금, 부담금, 보상비 및 일반분양시설경비를 말한다)는 제외한다. 이하 ①에서 같다]
    ⓑ 해당 공동주택을 건설하는 대지의 조성 전 가격
  ㉡ 주택사업계획승인만을 받아 '**대지조성 없이**' 공동주택을 건설하는 경우: 사업계획승인서에 기재된 해당 공동주택의 총사업비에서 '**대지가격**'을 뺀 금액의 100분의 3
  ㉢ 법 제35조 제1항 제2호에 따라 공동주택을 증축·개축·대수선하는 경우 또는 「주택법」 제66조에 따른 리모델링을 하는 경우: 허가신청서 또는 신고서에 기재된 해당 공동주택 총사업비의 100분의 3
  ㉣ 「건축법」 제11조에 따른 건축허가를 받아 분양을 목적으로 공동주택을 건설하는 경우: 사용승인을 신청할 당시의 「공공주택 특별법 시행령」 제56조 제7항에 따른 공공건설임대주택 분양전환가격의 산정기준에 따른 표준건축비를 적용하여 산출한 **건축비**의 100분의 3

② 위 ①에도 불구하고 건설임대주택이 '**분양전환되는 경우**'의 하자보수보증금은 위 ①의 ㉠ 또는 ㉡의 금액에 건설임대주택 세대 중 '**분양전환을 하는 세대의 비율**'을 곱한 금액으로 한다.

(3) 하자보수보증금의 용도(영 제43조)

위 **(1)**의 ②에서 '하자심사·분쟁조정위원회의 하자 여부 판정 등에 따른 하자보수비용 등 대통령령으로 정하는 용도'란 입주자대표회의가 직접 보수하거나 제3자에게 보수하게 하는 데 필요한 용도로서 하자보수와 관련된 다음의 용도를 말한다.

① 법 제43조 제2항에 따라 송달된 '**하자 여부 판정서**(같은 조 제8항에 따른 재심의 결정서를 포함한다) **정본**'에 따라 하자로 판정된 시설공사 등에 대한 하자보수비용
② 하자분쟁조정위원회(법 제39조 제1항에 따른 하자심사·분쟁조정위원회를 말한다. 이하 같다)가 송달한 '**조정서 정본**'에 따른 하자보수비용
③ 법 제44조의2 제7항 본문에 따른 재판상 화해와 동일한 효력이 있는 '**재정**'에 따른 하자보수비용
④ **법원의 재판 결과**에 따른 하자보수비용
⑤ 법 제48조 제1항에 따라 실시한 **하자진단의 결과**에 따른 하자보수비용

(4) 하자보수보증금의 청구 및 관리(영 제44조)

① 입주자대표회의는 '사업주체가 하자보수를 이행하지 아니하는 경우'에는 '하자보수보증서 발급기관'에 하자보수보증금의 지급을 청구할 수 있다. 이 경우 다음의 서류를 첨부하여야 한다.
  ㉠ 위 **(3)**의 어느 하나에 해당하는 서류[위 **(3)**의 ③의 경우에는 판결서를 말하며, ④의 경우에는 하자진단 결과통보서를 말한다]
  ㉡ 영 제47조 제3항에 따른 기준을 적용하여 산출한 하자보수비용 및 그 산출명세서[위 **(3)**의 ①~④의 절차에서 하자보수비용이 결정되지 아니한 경우만 해당한다]

② 위 ①에 따른 청구를 받은 **하자보수보증서 발급기관**은 청구일부터 30일 이내에 하자보수보증금을 지급해야 한다. 다만, 위 **(3)**의 ① 및 ⑤의 경우 하자보수보증서 발급기관이 '청구를 받은 금액에 이의'가 있으면 하자분쟁조정위원회에 '**분쟁조정**'이나 '**분쟁재정**'을 신청한 후 '그 결과에 따라' 지급해야 한다.

③ 하자보수보증서 발급기관은 위 ②에 따라 하자보수보증금을 지급할 때에는 '**다음의 구분에 따른 금융계좌**'로 이체하는 방법으로 지급해야 하며, 입주자대표회의는 그 금융계좌로 해당 하자보수보증금을 관리하여야 한다.
  ㉠ 의무관리대상 공동주택: 입주자대표회의의 회장의 인감과 관리사무소장의 직인을 '복수로 등록'한 금융계좌
  ㉡ 의무관리대상이 '아닌' 공동주택: 「집합건물의 소유 및 관리에 관한 법률」에 따른 관리인의 인감을 등록한 금융계좌('관리위원회'가 구성되어 있는 경우에는 '그 위원회를 대표하는 자' 1명과 '관리인'의 인감을 '복수로 등록'한 계좌)

④ 입주자대표회의는 위 ③에 따라 하자보수보증금을 지급받기 전에 미리 하자보수를 하는 사업자를 선정해서는 아니 된다.

⑤ '**입주자대표회의**'는 하자보수보증금을 사용한 때에는 그날부터 30일 이내에 그 사용명세를 '**사업주체**'에게 통보하여야 한다.

(5) 하자보수보증금의 반환(영 제45조)

① 입주자대표회의는 사업주체가 예치한 하자보수보증금을 다음의 구분에 따라 순차적으로 사업주체에게 반환하여야 한다.
  ㉠ 다음의 구분에 따른 날[이하 **(5)**에서 '사용검사일'이라 한다]부터 **2년**이 경과된 때: 하자보수보증금의 100분의 15
    ⓐ 「주택법」에 따른 **사용검사**(공동주택단지 안의 공동주택 '전부'에 대하여 같은 조에 따른 임시 사용승인을 받은 경우에는 **임시 사용승인**을 말한다)를 받은 날
    ⓑ 「건축법」에 따른 **사용승인**(공동주택단지 안의 공동주택 '전부'에 대하여 같은 조에 따른 임시 사용승인을 받은 경우에는 **임시 사용승인**을 말한다)을 받은 날

ⓒ 사용검사일부터 3년이 경과된 때: 하자보수보증금의 100분의 40
　　ⓓ 사용검사일부터 5년이 경과된 때: 하자보수보증금의 100분의 25　27회 주관식
　　ⓔ 사용검사일부터 10년이 경과된 때: 하자보수보증금의 100분의 20
② 하자보수보증금을 반환할 경우 '하자보수보증금을 사용한 경우'에는 이를 포함하여 위 ①의 비율을 계산하되, '이미 사용한 하자보수보증금'은 반환하지 아니한다.

(6) 하자보수청구 서류 등의 보관 등(법 제38조의2)

① 하자보수청구 등에 관하여 '입주자 또는 입주자대표회의'를 대행하는 **관리주체**[법 제2조 제1항 제10호 가목부터 다목까지의 규정에 따른 관리주체를 말한다. 이하 **(6)**에서 같다]는 하자보수 이력, 담보책임기간 준수 여부 등의 확인에 필요한 것으로서 하자보수청구 서류 등 '**대통령령으로 정하는 서류**'를 '대통령령으로 정하는 바'에 따라 **보관**하여야 한다.

② 위 ①에 따라 하자보수청구 서류 등을 보관하는 **관리주체**는 입주자 또는 입주자대표회의가 해당 하자보수청구 서류 등의 **제공을 요구**하는 경우 대통령령으로 정하는 바에 따라 이를 **제공**하여야 한다.

③ 공동주택의 관리주체가 변경되는 경우 '기존 관리주체'는 '새로운 관리주체'에게 법 제13조 제1항을 준용하여 해당 공동주택의 하자보수청구 서류 등을 **인계**하여야 한다.

관련법령　**하자보수청구 서류 등의 보관 등(영 제45조의2)**

1. 위 **(6)**의 ①에서 '하자보수청구 서류 등 대통령령으로 정하는 서류'란 다음의 서류를 말한다.
　ⓐ 하자보수청구 내용이 적힌 서류
　ⓑ 사업주체의 하자보수 내용이 적힌 서류
　ⓒ 하자보수보증금 청구 및 사용 내용이 적힌 서류
　ⓓ 하자분쟁조정위원회에 제출하거나 하자분쟁조정위원회로부터 받은 서류
　ⓔ 그 밖에 입주자 또는 입주자대표회의의 하자보수청구 대행을 위하여 관리주체가 입주자 또는 입주자대표회의로부터 제출받은 서류
2. 입주자 또는 입주자대표회의를 대행하는 **관리주체**(법 제2조 제1항 제10호 가목부터 다목까지의 규정에 따른 관리주체를 말한다. 이하 같다)는 위 **(6)**의 ①에 따라 위 1.의 서류를 '**문서 또는 전자문서의 형태**'로 '**보관**'해야 하며, 그 내용을 '**하자관리정보시스템**'에 '**등록**'해야 한다.
3. 위 2.에 따른 문서 또는 전자문서와 하자관리정보시스템에 등록한 내용은 **관리주체**가 사업주체에게 하자보수를 청구한 날부터 10년간 '**보관**'해야 한다.

관련법령　**하자보수청구 서류 등의 제공(영 제45조의3)**

1. 입주자 또는 입주자대표회의를 대행하는 **관리주체**는 위 **(6)**의 ②에 따라 영 제45조의2 제1항 각 호의 서류의 제공을 **요구받은** 경우 지체 없이 이를 열람하게 하거나 그 사본·복제물을 내주어야 한다.
2. **관리주체**는 위 1.에 따라 서류를 제공하는 경우 '그 서류제공을 요구한 자'가 '입주자나 입주자대표회의의 구성원인지'를 **확인해야** 한다.
3. **관리주체**는 '서류의 제공을 요구한 자'에게 서류의 제공에 드는 비용을 부담하게 할 수 있다.

제2절 하자심사·분쟁조정 및 분쟁재정

1. 하자심사·분쟁조정위원회

(1) 하자심사·분쟁조정위원회의 설치 등(법 제39조)

① 법 제36조부터 법 제38조까지에 따른 담보책임 및 하자보수 등과 관련한 다음 ②의 사무를 관장하기 위하여 **국토교통부**에 **하자심사·분쟁조정위원회**(이하 '하자분쟁조정위원회'라 한다)를 둔다.

② 하자분쟁조정위원회의 사무는 다음과 같다.
  ㉠ 하자 여부 판정
  ㉡ 하자담보책임 및 하자보수 등에 대한 사업주체·하자보수보증금의 보증서 발급기관(이하 '사업주체 등'이라 한다)과 입주자대표회의등·임차인등 간의 분쟁의 조정 및 재정
  ㉢ 하자의 책임범위 등에 대하여 사업주체등·설계자·감리자 및 「건설산업기본법」 제2조 제13호·제14호에 따른 수급인·하수급인 간에 발생하는 분쟁의 조정 및 재정
  ㉣ 다른 법령에서 하자분쟁조정위원회의 사무로 규정된 사항

③ 하자분쟁조정위원회에 하자심사·분쟁조정 또는 분쟁재정(이하 '조정 등'이라 한다)을 신청하려는 자는 '국토교통부령으로 정하는 바'에 따라 신청서를 제출하여야 한다.

(2) 선정대표자(영 제46조)

① 위 (1)의 ③에 따라 신청한 하자심사·분쟁조정 또는 분쟁재정(이하 '조정 등'이라 한다) 사건 중에서 여러 사람이 공동으로 조정 등의 당사자가 되는 사건(이하 '**단체사건**'이라 한다)의 경우에는 그중에서 **3명 이하**의 사람을 대표자로 선정할 수 있다. 24회

② 하자분쟁조정위원회는 단체사건의 당사자들에게 대표자를 선정하도록 권고할 수 있다.

③ 위 ①에 따라 선정된 대표자(이하 '**선정대표자**'라 한다)는 위 (1)의 ③에 따라 신청한 조정 등에 관한 권한을 갖는다. 다만, **신청을 철회하거나 조정안을 수락하려는 경우에는** 서면으로 '**다른 당사자**'의 동의를 받아야 한다.

④ 대표자가 선정되었을 때에는 다른 당사자들은 특별한 사유가 없으면 그 **선정대표자를 통해** 해당 사건에 관한 행위를 하여야 한다.

⑤ 대표자를 선정한 당사자들은 그 선정결과를 '국토교통부령으로 정하는 바'에 따라 하자분쟁조정위원회에 제출하여야 한다. 선정대표자를 해임하거나 변경한 경우에도 또한 같다.

(3) 하자의 조사방법 및 판정기준 등(영 제47조)

① 하자 여부의 조사는 **현장실사** 등을 통하여 하자가 주장되는 부위와 **설계도서**를 비교하여 측정하는 등의 방법으로 한다.

② 공동주택의 하자보수비용은 실제 하자보수에 소요되는 공사비용으로 산정하되, 하자보수에 필수적으로 수반되는 부대비용을 추가할 수 있다.

(4) 하자분쟁조정위원회의 구성 등(법 제40조)

① 하자분쟁조정위원회는 위원장 1명을 포함한 **60명 이내**의 위원으로 구성하며, 위원장은 상임으로 한다.

② 하자분쟁조정위원회에 **하자 여부 판정, 분쟁조정 및 분쟁재정**을 전문적으로 다루는 **분과위원회**를 둔다.

③ **하자 여부 판정 또는 분쟁조정**을 다루는 '**분과위원회**'는 하자분쟁조정위원회의 위원장(이하 '위원장'이라 한다)이 지명하는 **9명 이상 15명 이하**의 위원으로 구성한다.

④ '**분쟁재정을 다루는 분과위원회**'는 위원장이 지명하는 5명의 위원으로 구성하되, '다음 ⑦의 ㉢에 해당하는 사람'이 **1명 이상** 포함되어야 한다.

⑤ **위원장** 및 분과위원회의 위원장(이하 '**분과위원장**'이라 한다)은 **국토교통부장관**이 임명한다.

⑥ 위원장은 **분과위원회별**로 사건의 심리 등을 위하여 전문분야 등을 고려하여 **3명 이상 5명 이하**의 위원으로 '**소위원회**'를 구성할 수 있다. 이 경우 **위원장**이 해당 분과위원회 위원 중에서 소위원회의 위원장(이하 '**소위원장**'이라 한다)을 지명한다.

⑦ 하자분쟁조정위원회의 위원은 공동주택 하자에 관한 학식과 경험이 풍부한 사람으로서 다음의 어느 하나에 해당하는 사람 중에서 국토교통부장관이 임명 또는 위촉한다. 이 경우 **다음 ㉢에 해당하는 사람**이 **9명 이상** 포함되어야 한다.

㉠ 1급부터 4급까지 상당의 공무원 또는 고위공무원단에 속하는 공무원이거나 이와 같은 직에 재직한 사람

㉡ 공인된 대학이나 연구기관에서 부교수 이상 또는 이에 상당하는 직에 재직한 사람

㉢ '**판사·검사 또는 변호사의 직**'에 **6년 이상 재직한** 사람

㉣ 건설공사, 전기공사, 정보통신공사, 소방시설공사, 시설물 정밀안전진단 또는 감정평가에 관한 전문적 지식을 갖추고 그 업무에 10년 이상 종사한 사람

㉤ **주택관리사**로서 공동주택의 관리사무소장으로 **10년 이상** 근무한 사람

㉥ 「건축사법」제23조 제1항에 따라 신고한 건축사 또는 「기술사법」제6조 제1항에 따라 등록한 기술사로서 그 업무에 10년 이상 종사한 사람

⑧ 위원장과 공무원이 아닌 위원의 임기는 **2년**으로 하되 연임할 수 있으며, 보궐위원의 임기는 전임자의 남은 임기로 한다.

⑨ 하자분쟁조정위원회의 위원 중 공무원이 아닌 위원은 다음에 해당하는 경우를 제외하고는 본인의 의사에 반하여 해촉되지 아니한다.
　㉠ 신체상 또는 정신상의 장애로 직무를 수행할 수 없는 경우
　㉡ 「국가공무원법」 제33조 각 호의 어느 하나에 해당하는 경우
　㉢ 그 밖에 '직무상의 의무 위반 등 대통령령으로 정하는 해촉사유에 해당하는 경우'
⑩ 위원장은 하자분쟁조정위원회를 대표하고 그 직무를 총괄한다. 다만, 위원장이 부득이한 사유로 직무를 수행할 수 없는 경우에는 위원장이 **'미리 지명한 분과위원장'** 순으로 그 직무를 대행한다.

> **관련법령** 분과위원회의 구성 등(영 제48조)
>
> 1. 하자분쟁조정위원회에는 시설공사 등에 따른 하자 여부 판정 또는 분쟁의 조정·재정을 위하여 다음의 분과위원회를 '하나 이상씩' 둔다.
>   ㉠ **하자심사분과위원회**: 하자 여부 판정
>   ㉡ **분쟁조정분과위원회**: 분쟁의 조정
>   ㉢ **분쟁재정분과위원회**: 분쟁의 재정
>   ㉣ **하자재심분과위원회**: 다음 **(8)**의 ④에 따른 이의신청 사건에 대한 하자 여부 판정
>   ㉤ 그 밖에 국토교통부장관이 필요하다고 인정하는 분과위원회
> 2. 하자분쟁조정위원회의 위원장은 위원의 전문성과 경력 등을 고려하여 각 분과위원회별 위원을 지명하여야 한다.
> 3. 분과위원회 위원장이 부득이한 사유로 직무를 수행할 수 없을 때에는 해당 분과위원회 위원장이 해당 분과위원 중에서 '**미리 지명한 위원**'이 그 직무를 대행한다.

> **관련법령** 소위원회의 구성 등(영 제49조)
>
> 1. 위 **(4)**의 ⑥에 따라 분과위원회별로 시설공사의 종류 및 전문분야 등을 고려하여 **5개 이내의 소위원회**를 둘 수 있다.
> 2. 소위원회 위원장이 부득이한 사유로 직무를 수행할 수 없을 때에는 해당 소위원회 위원장이 해당 소위원회 위원 중에서 미리 지명한 위원이 그 직무를 대행한다.

> **관련법령** 하자분쟁조정위원회 위원의 해촉(영 제50조)
>
> 위 **(4)**의 ⑨의 ㉢에서 '직무상의 의무 위반 등 대통령령으로 정하는 해촉사유에 해당하는 경우'란 다음의 어느 하나에 해당하는 경우를 말한다.
> 1. 직무상 의무를 위반한 경우
> 2. 직무태만, 품위손상이나 그 밖의 사유로 위원으로 적합하지 아니하다고 인정되는 경우
> 3. 다음 **(5)**의 ①의 ㉠~㉧의 어느 하나에 해당하는 경우에도 불구하고 회피하지 아니한 경우

(5) 위원의 제척 등(법 제41조)

① 하자분쟁조정위원회의 위원이 다음의 어느 하나에 해당하는 경우에는 그 사건의 조정 등에서 '**제척**'된다.
  ㉠ 위원 또는 그 **배우자**나 **배우자였던 사람**이 해당 사건의 당사자가 되거나 해당 사건에 관하여 공동의 권리자 또는 의무자의 관계에 있는 경우
  ㉡ 위원이 해당 사건의 당사자와 **친족관계**에 '있거나' '있었던' 경우
  ㉢ 위원이 해당 사건에 관하여 **증언**이나 **하자진단** 또는 **하자감정**을 한 경우
  ㉣ 위원이 해당 사건에 관하여 당사자의 **대리인**으로서 **관여하였거나** **관여한** 경우
  ㉤ 위원이 해당 사건의 원인이 된 처분 또는 부작위에 **관여한** 경우
  ㉥ 위원이 최근 **3년 이내**에 해당 사건의 당사자인 법인 또는 단체의 임원 또는 직원으로 재직하거나 재직하였던 경우
  ㉦ 위원이 속한 법인 또는 단체(최근 3년 이내에 속하였던 경우를 포함한다)가 해당 사건에 관하여 설계, 감리, 시공, 자문, 감정 또는 조사를 수행한 경우
  ㉧ 위원이 최근 **3년 이내**에 해당 사건 당사자인 법인 또는 단체가 발주한 설계, 감리, 시공, 감정 또는 조사를 수행한 경우

② 하자분쟁조정위원회는 제척의 원인이 있는 경우에는 '직권' 또는 당사자의 '신청'에 따라 **제척 결정**을 하여야 한다.

③ 당사자는 위원에게 공정한 조정 등을 기대하기 어려운 사정이 있는 경우에는 하자분쟁조정위원회에 '**기피신청**'을 할 수 있으며, 하자분쟁조정위원회는 기피신청이 타당하다고 인정하면 **기피 결정**을 하여야 한다.

④ 위원은 '위 ① 또는 ③의 사유에 해당하는 경우'에는 **스스로** 그 사건의 조정 등에서 '**회피**'(回避)하여야 한다.

⑤ 하자분쟁조정위원회는 위 ③에 따른 기피신청을 받으면 그 신청에 대한 결정을 할 때까지 조정 등의 절차를 중지하여야 하고, 기피신청에 대한 결정을 한 경우 지체 없이 당사자에게 통지하여야 한다.

⑥ 조정 등의 절차에 관여하는 하자분쟁조정위원회의 운영 및 사무처리를 위한 조직의 **직원**에 대하여는 위 ①~⑤의 규정을 준용한다.

> **관련법령** 하자분쟁조정위원회 위원의 기피(영 제50조의2)
>
> 1. 당사자는 위 (5)의 ③에 따라 기피신청을 하려는 경우에는 '기피신청 사유와 그 사유를 입증할 수 있는 자료'를 서면으로 하자분쟁조정위원회에 '제출'해야 한다.
> 2. 위 (5)의 ③에 따른 기피신청의 대상이 된 **위원**은 '기피신청에 대한 의견서'를 하자분쟁조정위원회에 '제출'할 수 있다.
> 3. '기피신청에 대한 하자분쟁조정위원회의 결정'에 대해서는 **불복신청**을 하지 못한다.

(6) 하자분쟁조정위원회 회의 등(법 제42조)

① '**위원장**'은 전체위원회, 분과위원회 및 소위원회의 회의를 **소집**하며, 해당 회의의 '**의장**'은 다음의 구분에 따른다.
   ㉠ 전체위원회: 위원장
   ㉡ 분과위원회: 분과위원장. 다만, '다음 **(8)**의 ⑤에 따른 재심의 등 **대통령령으로 정하는 사항을 심의하는 경우**'에는 **위원장**이 **의장**이 된다.
   ㉢ 소위원회: 소위원장

② **전체위원회**는 다음에 해당하는 사항을 심의·의결한다. 이 경우 회의는 '재적위원 **과반수**'의 **출석**으로 개의하고 그 **출석위원 과반수**의 찬성으로 의결한다.
   ㉠ 하자분쟁조정위원회 의사에 관한 규칙의 제정·개정 및 폐지에 관한 사항
   ㉡ 분과위원회에서 전체위원회의 심의·의결이 필요하다고 요구하는 사항
   ㉢ 그 밖에 위원장이 필요하다고 인정하는 사항

③ **분과위원회**는 하자 여부 판정, 분쟁조정 및 분쟁재정 사건을 심의·의결하며, 회의는 그 '**구성원 과반수**'(분쟁재정을 다루는 분과위원회의 회의의 경우에는 그 '**구성원 전원**'을 말한다)의 **출석**으로 개의하고 '**출석위원 과반수의 찬성**'으로 의결한다. 이 경우 분과위원회에서 의결한 사항은 하자분쟁조정위원회에서 의결한 것으로 본다.

④ **소위원회**는 다음에 해당하는 사항을 심의·의결하거나, 소관 분과위원회의 사건에 대한 심리 등을 수행하며, 회의는 그 구성원 **과반수의 출석**으로 개의하고 '**출석위원 전원**의 찬성'으로 의결한다. 이 경우 소위원회에서 의결한 사항은 하자분쟁조정위원회에서 의결한 것으로 본다.
   ㉠ 1천만원 **미만**의 소액사건
   ㉡ 전문분야 등을 고려하여 분과위원회에서 소위원회가 의결하도록 결정한 사건
   ㉢ 다음 **(11)**의 ② 후단에 따른 조정 등의 신청에 대한 각하
   ㉣ 당사자 쌍방이 소위원회의 조정안을 수락하기로 합의한 사건
   ㉤ 그 밖에 '대통령령으로 정하는 **단순한 사건**'

⑤ 하자분쟁조정위원회는 분쟁조정 신청을 받으면 조정절차 계속 중에도 당사자에게 하자보수 및 손해배상 등에 관한 합의를 권고할 수 있다. 이 경우 권고는 조정절차의 진행에 영향을 미치지 아니한다.

관련법령 **소위원회 심의·의결대상인 단순사건(영 제52조)**

위 **(6)**의 ④의 ㉤에서 '대통령령으로 정하는 단순한 사건'이란 '하자의 발견 또는 보수가 쉬운 **전유부분**에 관한 하자 중 [별표 4]에 따른 **마감공사** 또는 '**하나**의 시설공사에서 발생한 하자'와 관련된 심사 및 분쟁조정 사건을 말한다.

> **관련법령** 위원장이 주재하는 분과위원회(영 제51조)

위 **(6)**의 ①의 ⓒ 단서에서 '다음 **(8)**의 ⑤에 따른 재심의 등 대통령령으로 정하는 사항을 심의하는 경우'란 다음의 어느 하나에 해당하는 사항을 심의하는 경우를 말한다.
1. 다음 **(8)**의 ⑤에 따른 재심의사건
2. 청구금액이 10억원 이상인 분쟁조정사건
3. 영 제48조 제1항 제4호에 따른 분과위원회의 안건으로서 하자분쟁조정위원회의 의사 및 운영 등에 관한 사항

> **관련법령** 하자분쟁조정위원회의 회의 등(영 제53조)

1. 하자분쟁조정위원회 위원장은 전체위원회, 분과위원회 또는 소위원회 회의를 소집하려면 특별한 사정이 있는 경우를 제외하고는 회의 개최 3일 전까지 회의의 일시·장소 및 안건을 각 위원에게 알려야 한다.
2. 하자분쟁조정위원회는 조정 등을 효율적으로 하기 위하여 필요하다고 인정하면 해당 사건들을 분리하거나 병합할 수 있다.
3. 하자분쟁조정위원회는 위 2.에 따라 해당 사건들을 분리하거나 병합한 경우에는 조정 등의 당사자에게 지체 없이 그 결과를 알려야 한다.
4. 법 및 이 영에서 규정한 사항 외의 하자분쟁조정위원회의 운영 등에 필요한 사항은 국토교통부장관이 정한다.
5. **국토교통부장관**은 다음의 사항을 인터넷을 이용하여 처리하기 위하여 **하자관리정보시스템**을 구축·운영할 수 있다.
   ㉠ 조정 등 사건의 접수·통지와 송달
   ㉡ 공동주택의 하자와 관련된 민원상담과 홍보
   ㉢ 하자보수보증금 사용내역과 지급내역의 관리
   ㉣ 하자보수 결과의 통보
   ㉤ 법 제43조(하자심사 등) 제9항에 따른 시장·군수·구청장에 대한 통보
   ㉥ 영 제45조의2(하자보수청구 서류 등의 보관 등) 제1항 각 호의 서류의 보관 및 관리
   ㉦ 그 밖에 다른 법령에서 하자관리정보시스템으로 처리하도록 규정한 사항
6. 시장·군수·구청장은 하자관리정보시스템을 통해 관할 지역 내 조정등 사건의 **접수 현황**을 확인할 수 있다. 〈신설 2025.4.15.〉

> **관련법령** 당사자에 대한 회의 개최통지(영 제53조의2)

1. **하자분쟁조정위원회**는 회의 개최 3일 전까지 **당사자**에게 다음의 사항을 통지해야 한다. 다만, '긴급히 개최해야 하는 등 부득이한 사유가 있는 경우'에는 **회의 개최 전날까지 통지**할 수 있다.
   ㉠ 회의의 일시 및 장소
   ㉡ 회의에 참석하는 위원의 주요이력과 기피신청 절차
   ㉢ 대리인 출석 시 위임장의 제출에 관한 사항
   ㉣ 관련 증거자료의 제출에 관한 사항
2. 하자분쟁조정위원회는 회의에 참석하는 위원이 변경된 경우에는 지체 없이 '변경된 위원'의 **주요이력**을 **당사자에게 통지**해야 한다.

> **관련법령** 조정 등의 각하(영 제54조)
>
> 1. 하자분쟁조정위원회는 분쟁의 성질상 하자분쟁조정위원회에서 조정 등을 하는 것이 맞지 아니하다고 인정하거나 부정한 목적으로 신청되었다고 인정되면 그 조정 등의 신청을 각하할 수 있다.
> 2. 하자분쟁조정위원회는 조정 등의 사건의 처리절차가 진행되는 도중에 한쪽 당사자가 법원에 소송을 제기한 경우에는 조정 등의 신청을 각하한다. 조정 등을 신청하기 전에 이미 소송을 제기한 사건으로 확인된 경우에도 또한 같다.
> 3. 하자분쟁조정위원회는 위 1. 및 2.에 따라 각하를 한 때에는 그 사유를 당사자에게 알려야 한다.

> **관련법령** 위원의 수당 및 여비(영 제55조)
>
> 하자분쟁조정위원회 위원에 대해서는 예산의 범위에서 업무수행에 따른 수당, 여비 및 그 밖에 **필요한 경비**를 지급할 수 있다. 다만, '공무원인 위원이 소관업무와 직접 관련하여 회의에 출석하는 경우'에는 그러하지 아니하다.

(7) 대리인(법 제42조의2)

① 위 **(1)**의 ③에 따라 조정 등을 신청하는 자와 그 상대방은 다음의 어느 하나에 해당하는 사람을 **대리인**으로 선임할 수 있다.
   ㉠ 변호사
   ㉡ 관리단의 **관리인**
   ㉢ **관리사무소장**
   ㉣ 당사자의 **배우자** 또는 **4촌 이내의 친족**
   ㉤ 주택(전유부분에 한정한다)의 **사용자**
   ㉥ 당사자가 국가 또는 지방자치단체인 경우에는 그 소속 공무원
   ㉦ 당사자가 법인인 경우에는 그 법인의 임원 또는 직원
② 다음의 행위에 대하여는 위임자가 특별히 위임하는 것임을 명확히 표현하여야 대리할 수 있다.
   ㉠ 신청의 취하
   ㉡ 조정안(調停案)의 수락
   ㉢ 복대리인(復代理人)의 선임
③ 대리인의 권한은 '**서면**'으로 소명(疎明)하여야 한다.

(8) 하자심사 등(법 제43조)

① 위 **(6)**의 ③에 따라 하자 여부 판정을 하는 분과위원회는 '하자의 정도에 비하여' '그 보수의 비용이 과다하게 소요되어' 사건을 다음 **(9)**에 따른 분쟁조정에 회부하는 것이 적합하다고 인정하는 경우에는 신청인의 의견을 들어 '대통령령으로 정하는 바'에 따라 **분쟁조정을 하는 분과위원회에 송부**하여 해당 사건을 조정하게 할 수 있다. 이 경우 '하자심사에 소요된 기간'은 '다음 **(11)**의 ①에 따른 기간 산정'에서 제외한다.

② **하자분쟁조정위원회**는 '하자 여부를 판정한 때'에는 '대통령령으로 정하는 사항'을 기재하고 **위원장**이 기명날인한 하자 여부 판정서 정본(正本)을 '각 당사자' 또는 '그 대리인'에게 **송달**하여야 한다.

③ **사업주체**는 위 ②에 따라 '하자 여부 판정서 정본'을 송달받은 경우로서 하자가 있는 것으로 판정된 경우(다음 ⑦에 따라 하자 여부 판정 결과가 변경된 경우는 제외한다)에는 **하자 여부 판정서**에 따라 **하자를 보수**하고, 그 결과를 지체 없이 '대통령령으로 정하는 바'에 따라 **하자분쟁조정위원회에 통보**하여야 한다.

④ 위 ②의 하자 여부 판정 결과에 대하여 **이의**가 있는 자는 '하자 여부 판정서를 송달받은 날'부터 30일 이내에 법 제48조 제1항에 따른 **안전진단전문기관** 또는 **대통령령으로 정하는 관계 전문가**가 작성한 **의견서**를 **첨부**하여 국토교통부령으로 정하는 바에 따라 **이의신청**을 할 수 있다.

⑤ 하자분쟁조정위원회는 위 ④의 이의신청이 있는 경우에는 위 ②의 하자 여부 판정을 의결한 분과위원회가 아닌 '**다른 분과위원회**'에서 해당 사건에 대하여 **재심의**를 하도록 하여야 한다. 이 경우 처리기간은 다음 **(11)**의 ① 및 ③을 준용한다.

⑥ 하자분쟁조정위원회는 이의신청사건을 심리하기 위하여 필요한 경우에는 기일을 정하여 당사자 및 위 ④의 의견서를 작성한 **안전진단기관 또는 관계 전문가를 출석**시켜 **진술**하게 하거나 **입증자료 등을 제출**하게 할 수 있다. 이 경우 안전진단기관 또는 관계 전문가는 이에 따라야 한다.

⑦ 위 ⑤에 따른 '재심의를 하는 분과위원회'가 '당초의 하자 여부 판정을 변경'하기 위하여는 '**재적위원 과반수**'의 출석으로 개의하고 '**출석위원 3분의 2 이상**'의 찬성으로 의결하여야 한다. 이 경우 '출석위원 3분의 2 이상이 찬성하지 아니한 경우'에는 **당초의 판정**을 하자분쟁조정위원회의 '**최종 판정**'으로 본다.

⑧ 위 ⑦에 따라 재심의가 확정된 경우에는 **하자분쟁조정위원회**는 '재심의 결정서 정본'을 지체 없이 '각 당사자' 또는 '그 대리인'에게 **송달**하여야 한다.

⑨ **하자분쟁조정위원회**는 다음의 사항을 **시장·군수·구청장에게 통보**할 수 있다.
  ㉠ 위 ③에 따라 사업주체가 통보한 하자 보수 결과
  ㉡ 위 ③에 따라 하자 보수 결과를 통보하지 아니한 사업주체의 현황

| 관련법령 | 하자심사사건의 분쟁조정 회부(영 제56조) |

위 **(8)**의 ①에 따라 하자심사분과위원회는 하자심사사건을 분쟁조정분과위원회에 회부하기로 결정한 때에는 지체 없이 해당 사건에 관한 문서 및 물건을 분쟁조정분과위원회로 **이송**하고, 그 사실을 국토교통부령으로 정하는 바에 따라 **당사자**에게 **통지**하여야 한다.

| 관련법령 | 하자 여부 판정서의 기재사항 등(영 제57조) |

1. 위 **(8)**의 ②에서 '대통령령으로 정하는 사항'이란 다음의 사항을 말한다.
   ㉠ 사건번호와 사건명
   ㉡ 하자의 발생 위치
   ㉢ 당사자, 선정대표자, 대리인의 주소 및 성명(법인인 경우에는 본점의 소재지 및 명칭을 말한다)
   ㉣ 신청의 취지(신청인 주장 및 피신청인 답변)
   ㉤ 판정일자
   ㉥ 판정이유
   ㉦ 판정결과
   ㉧ 보수기한
2. '보수기한'은 송달일부터 60일 이내의 범위에서 정하여야 한다.
3. 사업주체는 위 **(8)**의 ③에 따라 하자 보수 결과를 지체 없이 하자관리정보시스템에 등록하는 방법으로 하자분쟁조정위원회에 '통보'해야 한다.

(9) 분쟁조정(법 제44조)

① 하자분쟁조정위원회는 위 **(1)**의 ②의 ㉡ 및 ㉢에 따른 분쟁의 조정절차를 완료한 때에는 **지체 없이** '대통령령으로 정하는 사항'을 기재한 **조정안**(신청인이 조정신청을 한 후 조정절차 진행 중에 피신청인과 합의를 한 경우에는 합의한 내용을 반영하되, 합의한 내용이 명확하지 아니한 것은 제외한다)을 **결정**하고, '각 당사자' 또는 '그 대리인'에게 이를 **제시**하여야 한다.

② 위 ①에 따른 조정안을 제시받은 당사자는 그 제시를 받은 날부터 **30일 이내**에 그 **수락 여부**를 하자분쟁조정위원회에 통보하여야 한다. 이 경우 수락 여부에 대한 답변이 없는 때에는 그 조정안을 수락한 것으로 본다.

③ 하자분쟁조정위원회는 각 당사자 또는 그 대리인이 위 ②에 따라 조정안을 수락(대통령령으로 정하는 바에 따라 서면 또는 전자적 방법으로 수락한 경우를 말한다)하거나 기한까지 답변이 없는 때에는 **위원장이 기명날인**한 '**조정서 정본**'을 지체 없이 '각 당사자' 또는 '그 대리인'에게 **송달**하여야 한다.

④ 위 ③에 따른 조정서의 내용은 **재판상 화해**와 동일한 효력이 있다. 다만, 당사자가 임의로 처분할 수 없는 사항으로 대통령령으로 정하는 것은 그러하지 아니하다.

| 관련법령 | **조정안의 기재사항(영 제58조)** |

위 **(9)**의 ①에서 '대통령령으로 정하는 사항'이란 다음의 사항을 말한다.
1. 사건번호와 사건명
2. 하자의 발생 위치
3. 당사자, 선정대표자, 대리인의 주소 및 성명(법인인 경우에는 본점의 소재지 및 명칭을 말한다)
4. 신청의 취지
5. 조정일자
6. 조정이유
7. 조정결과

| 관련법령 | **조정안의 수락 및 조정서(영 제59조)** |

1. 위 **(9)**의 ①에 따라 하자분쟁조정위원회에서 제시한 조정안을 제시받은 각 당사자 또는 대리인은 위 **(9)**의 ③에 따라 그 조정안을 수락하거나 거부할 때에는 국토교통부령으로 정하는 바에 따라 '각 당사자' 또는 '대리인'이 **서명** 또는 **날인**한 서면[전자서명법 제2조 제2호에 따른 **전자서명**(서명자의 실지명의를 확인할 수 있는 것으로 한정한다)을 한 전자문서를 포함한다]을 **하자분쟁조정위원회**에 **제출**하여야 한다.
2. 위 **(9)**의 ③에 따른 '조정서의 기재사항'은 다음과 같다.
   ㉠ 사건번호와 사건명
   ㉡ 하자의 발생 위치
   ㉢ 당사자, 선정대표자, 대리인의 주소 및 성명(법인인 경우에는 본점의 소재지 및 명칭을 말한다)
   ㉣ 조정서 교부일자
   ㉤ 조정내용
   ㉥ 신청의 표시(신청취지 및 신청원인)
3. **사업주체**는 위 2.의 **조정서**에 따라 하자를 보수하고 그 **결과**를 지체 없이 '**하자관리정보시스템**'에 등록하여야 한다.

| 관련법령 | **당사자가 임의로 처분할 수 없는 분쟁조정 사항(영 제60조)** |

위 **(9)**의 ④ 단서에서 '대통령령으로 정하는 것'이란 다음의 어느 하나에 해당하는 것을 말한다.
1. **입주자대표회의**가 전체 입주자 5분의 4 이상의 '**동의 없이**' 공동주택 공용부분의 하자보수를 '**제외**'한 '**담보책임에 관한 분쟁조정**'을 **신청한 사건**. 다만, 입주자대표회의와 사업주체 등(사업주체 및 하자보수보증서 발급기관을 말한다. 이하 같다) 간의 분쟁조정으로서 영 제41조 제3항에 따라 입주자대표회의의 명의로 변경된 하자보수보증금의 반환에 관한 사건은 제외한다.
2. 법령이나 계약 등에 의하여 당사자가 독자적으로 권리를 행사할 수 '**없는**' 부분의 담보책임 및 하자보수 등에 관한 분쟁조정을 신청한 사건

| 관련법령 | 조정기일 출석(영 제61조) |

1. 하자분쟁조정위원회는 조정 등 사건의 당사자(분쟁재정 사건인 경우에는 참고인 및 감정인을 포함한다. 이하 다음 2.에서 같다)에게 조정 등 기일의 통지에 관한 출석요구서를 서면이나 전자적인 방법으로 송달할 수 있다.
2. 하자분쟁조정위원회는 조정 등 사건의 당사자로부터 진술을 들으려는 경우에는 위 1.을 준용하여 출석을 요구할 수 있다.
3. 하자분쟁조정위원회는 조정 등의 사건에 대한 다음의 이해관계자에게 조정 등 기일에 출석하도록 요구할 수 있다.
   ㉠ '전유부분'에 관한 하자의 원인이 '공용부분'의 하자와 관련된 경우에는 '입주자대표회의의 회장', 법 제64조 제1항에 따라 배치된 '관리사무소장'
   ㉡ 신청인 또는 피신청인이 '사업주체'인 경우로서 법 제38조 제1항에 따른 하자보수보증금으로 하자를 보수하는 것으로 조정안을 제시하거나 재정하려는 경우에는 '하자보수보증서 발급기관'
   ㉢ 신청인 또는 피신청인이 '하자보수보증서 발급기관'인 경우에는 하자보수보증금의 주채무자인 '사업주체'
   ㉣ 당사자의 요청이 있는 경우에는 「건설산업기본법」 제2조 제14호에 따른 '하수급인'

(10) 분쟁재정(법 제44조의2)

① **하자분쟁조정위원회**는 분쟁의 재정을 위하여 **심문(審問)의 기일**을 정하고 대통령령으로 정하는 바에 따라 당사자에게 의견을 진술하게 하여야 한다.

② 위 ①에 따른 심문에 참여한 하자분쟁조정위원회의 **위원**과 하자분쟁조정위원회의 운영 및 사무처리를 위한 조직(이하 '하자분쟁조정위원회의 **사무국**'이라 한다)의 **직원**은 '대통령령으로 정하는 사항'을 기재한 **심문조서를 작성**하여야 한다.

③ 하자분쟁조정위원회는 재정 사건을 심리하기 위하여 필요한 경우에는 기일을 정하여 당사자, 참고인 또는 감정인을 출석시켜 대통령령으로 정하는 절차에 따라 진술 또는 감정하게 하거나, 당사자 또는 참고인에게 사건과 관계있는 문서 또는 물건의 제출을 요구할 수 있다.

④ 분쟁재정을 다루는 분과위원회는 **재정신청된 사건을 분쟁조정에 회부**하는 것이 적합하다고 인정하는 경우에는 대통령령으로 정하는 바에 따라 '**분쟁조정을 다루는 분과위원회**'에 송부하여 조정하게 할 수 있다.

⑤ 위 ④에 따라 분쟁조정에 회부된 사건에 관하여 '당사자간에 합의가 이루어지지 아니하였을 때'에는 **재정절차를 계속 진행**하고, '합의가 이루어졌을 때'에는 **재정의 신청은 철회된 것으로 본다.**

⑥ 하자분쟁조정위원회는 '재정절차를 완료한 경우'에는 '대통령령으로 정하는 사항'을 기재하고 '재정에 참여한 위원'이 **기명날인한 재정문서의 정본**을 각 당사자 또는 그 대리인에게 송달하여야 한다.

⑦ 위 ⑥에 따른 재정문서는 그 정본이 '당사자에게 송달된 날'부터 **60일 이내**에 당사자 양쪽 또는 어느 한쪽이 그 재정의 대상인 공동주택의 하자담보책임을 원인으로 하는 '소송을 제기하지 아니하거나' '그 소송을 **취하한 경우**' **재판상** 화해와 동일한 효력이 있다. 다만, 당사자가 임의로 처분할 수 없는 사항으로서 대통령령으로 정하는 사항은 그러하지 아니하다.

관련법령 | **심문의 방법 및 절차 등(영 제60조의2)**

1. 하자분쟁조정위원회는 위 **(10)**의 ①에 따라 심문기일에 당사자를 출석시켜 **구두**(口頭)로 의견을 진술하게 해야 한다. 다만, 당사자가 질병, 해외 체류 등의 사유로 심문기일에 출석하여 의견을 진술하기 어렵다고 인정되는 경우에는 **서면**으로 진술하게 할 수 있다.
2. 하자분쟁조정위원회는 위 1.에 따른 심문기일의 **7일 전까지** 당사자에게 심문기일을 통지해야 한다.
3. 위 **(10)**의 ②에서 '대통령령으로 정하는 사항'이란 다음의 사항을 말한다.
   ㉠ 사건번호 및 사건명
   ㉡ 심문한 날짜 및 장소
   ㉢ 출석한 당사자 등의 성명
   ㉣ 심문한 내용과 당사자의 진술 내용
4. 위 **(10)**의 ②에 따른 **심문조서**에는 그 심문에 관여한 위원과 심문조서를 작성한 직원이 '기명날인'해야 한다.

관련법령 | **분쟁재정 사건의 분쟁조정 회부(영 제60조의3)**

1. **분쟁재정분과위원회**는 위 **(10)**의 ④에 따라 재정신청된 사건을 분쟁조정에 회부하기로 결정한 때에는 지체 없이 해당 사건에 관한 서류 및 물건 등을 **분쟁조정분과위원회**로 송부해야 한다.
2. **분쟁재정분과위원회**는 위 1.에 따라 서류 및 물건 등을 송부한 때에는 국토교통부령으로 정하는 바에 따라 그 사실을 **당사자에게 통지**해야 한다.

관련법령 | **재정문서의 기재사항(영 제60조의4)**

1. 위 **(10)**의 ⑥에서 '대통령령으로 정하는 사항'이란 다음의 사항을 말한다.
   ㉠ 사건번호와 사건명
   ㉡ 하자의 발생위치
   ㉢ 당사자, 선정대표자 및 대리인의 성명과 주소(법인인 경우에는 명칭과 본점 소재지로 한다)
   ㉣ 주문(主文)
   ㉤ 신청취지
   ㉥ 이유
   ㉦ 재정한 날짜
2. **하자분쟁조정위원회**는 위 1.의 ㉥의 **이유**를 적을 때 '주문의 내용이 정당함을 인정할 수 있는 한도'에서 '당사자의 주장 등에 대한 **판단**'을 **표시**해야 한다.

> **관련법령** 분쟁재정에 따른 이행결과의 등록(영 제60조의5)
>
> 사업주체는 위 (10)의 ⑦ 본문에 따른 '재판상 화해와 동일한 효력이 있는 재정'에 따라 **하자를 보수하고** 그 결과를 지체 없이 **하자관리정보시스템에 등록**해야 한다.

> **관련법령** 당사자가 임의로 처분할 수 없는 분쟁재정 사항(영 제60조의6)
>
> 위 (10)의 ⑦ 단서에서 '대통령령으로 정하는 사항'이란 다음의 사건에 관한 사항을 말한다.
> 1. **입주자대표회의가 전체 입주자 5분의 4 이상의 동의 없이** 공동주택 공용부분의 **하자보수를 '제외'** 한 담보책임에 관한 **분쟁재정을 신청한 사건**. 다만, '입주자대표회의와 사업주체등 간의 분쟁재정'으로서 영 제41조(하자보수보증금의 예치 및 보관) 제3항에 따라 '입주자대표회의의 명의로 변경'된 '**하자보수보증금의 반환에 관한 사건**'은 '**제외**'한다.
> 2. 법령이나 계약 등에 의하여 당사자가 독자적으로 권리를 행사할 수 없는 부분의 담보책임 및 하자보수 등에 관한 재정을 신청한 사건

(11) 조정 등의 처리기간 등(법 제45조)

① 하자분쟁조정위원회는 조정 등의 신청을 받은 때에는 지체 없이 조정 등의 절차를 개시하여야 한다. 이 경우 하자분쟁조정위원회는 그 신청을 받은 날부터 다음의 구분에 따른 기간[다음 ②에 따른 '흠결보정기간' 및 다음 2.의 (1)에 따른 '하자감정기간'은 제외한다] 이내에 그 절차를 완료하여야 한다.

 ㉠ 하자심사 및 분쟁조정: 60일(공용부분의 경우 90일)
 ㉡ 분쟁재정: 150일(공용부분의 경우 180일)

② 하자분쟁조정위원회는 신청사건의 내용에 흠이 있는 경우에는 상당한 기간을 정하여 그 흠을 바로잡도록 명할 수 있다. 이 경우 신청인이 흠을 바로잡지 아니하면 하자분쟁조정위원회의 결정으로 조정 등의 신청을 **각하**(却下)한다.

③ 위 ①에 따른 기간 이내에 조정 등을 완료할 수 없는 경우에는 해당 사건을 담당하는 분과위원회 또는 소위원회의 의결로 그 기간을 **한 차례만 연장**할 수 있으나, 그 기간은 **30일 이내**로 한다. 이 경우 그 사유와 기한을 명시하여 각 당사자 또는 대리인에게 서면으로 통지하여야 한다.

④ 하자분쟁조정위원회는 조정 등의 절차 개시에 앞서 이해관계인이나 하자진단을 실시한 안전진단기관 등의 의견을 들을 수 있다.

⑤ 하자분쟁조정위원회에 조정 등을 신청하는 자는 국토교통부장관이 정하여 고시하는 바에 따라 수수료를 납부해야 한다.

> **관련법령** 조정 등의 비용부담(규칙 제24조)
>
> 위 **(11)**에 따른 조정 등의 진행과정에서 다음의 비용이 발생할 때에는 당사자가 합의한 바에 따라 그 비용을 부담한다. 다만, 당사자가 합의하지 아니하는 경우에는 하자분쟁조정위원회에서 부담비율을 정한다.
> 1. 조사, 분석 및 검사에 드는 비용
> 2. 증인 또는 증거의 채택에 드는 비용
> 3. 통역 및 번역 등에 드는 비용
> 4. 그 밖에 조정 등에 드는 비용

(12) 조정 등의 신청의 통지 등(법 제46조)

① 하자분쟁조정위원회는 당사자 일방으로부터 조정 등의 신청을 받은 때에는 그 신청내용을 '**상대방**'에게 통지하여야 한다.

② 위 ①에 따라 통지를 받은 상대방은 신청내용에 대한 **답변서**를 특별한 사정이 없으면 10일 **이내**에 하자분쟁조정위원회에 제출하여야 한다.

③ 위 ①에 따라 하자분쟁조정위원회로부터 조정 등의 신청에 관한 통지를 받은 사업주체 등, 설계자, 감리자, 입주자대표회의등 및 임차인등은 분쟁조정에 **응하여야 한다**. 다만, 조정 등의 신청에 관한 통지를 받은 '**입주자**'(공공임대주택의 경우에는 '**임차인**'을 말한다)가 '조정기일에 출석하지 아니한 경우'에는 하자분쟁조정위원회가 **직권**으로 위 **(9)**의 ①에 따라 **조정안**을 결정하고, 이를 각 당사자 또는 그 대리인에게 **제시할 수 있다**.

> **참고** 과태료
>
> 다음의 자에게는 500만원 이하의 과태료를 부과한다.
> 1. 위 **(12)**의 ②에 따른 조정 등에 대한 답변서를 '하자분쟁조정위원회'에 제출하지 아니한 자 또는 법 제75조 제1항에 따른 분쟁조정 신청에 대한 답변서를 '중앙분쟁조정위원회'에 제출하지 아니한 자
> 2. 위 **(12)**의 ③에 따른 조정 등에 응하지 아니한 자(입주자 및 임차인은 제외한다) 또는 법 제75조 제2항에 따른 분쟁조정에 응하지 아니한 자

(13) 「민사조정법」 등의 준용(법 제47조)

① 하자분쟁조정위원회는 분쟁의 조정 등의 절차에 관하여 이 법에서 규정하지 아니한 사항 및 소멸시효의 중단에 관하여는 「**민사조정법**」을 준용한다.

② 조정 등에 따른 서류송달에 관하여는 「**민사소송법**」 제174조부터 제197조까지의 규정을 준용한다.

(14) 하자분쟁조정위원회의 운영 및 사무처리의 위탁(법 제49조)

① 국토교통부장관은 하자분쟁조정위원회의 운영 및 사무처리를 「국토안전관리원법」에 따른 **국토안전관리원**(이하 '국토안전관리원'이라 한다)에 위탁할 수 있다. 이 경우 하자분쟁조정위원회의 사무국 및 인력 등에 필요한 사항은 '대통령령'으로 정한다.

② 국토교통부장관은 '예산의 범위'에서 하자분쟁조정위원회의 운영 및 사무처리에 필요한 경비를 국토안전관리원에 출연 또는 보조할 수 있다.

> **관련법령** 하자분쟁조정위원회의 운영 및 사무처리(영 제63조)
>
> 1. 위 (14)의 ①에 따라 하자분쟁조정위원회의 운영을 지원·보조하는 등 그 사무를 처리하기 위하여 **국토안전관리원**에 사무국(이하 '사무국'이라 한다)을 둔다.
> 2. 사무국은 **위원장**의 명을 받아 그 사무를 처리한다.
> 3. 사무국의 조직·인력은 국토안전관리원의 원장이 **국토교통부장관**의 승인을 받아 정한다.

(15) 절차의 비공개 등(법 제50조)

① 하자분쟁조정위원회가 수행하는 조정 등의 절차 및 의사결정과정은 공개하지 아니한다. 다만, 분과위원회 및 소위원회에서 공개할 것을 의결한 경우에는 그러하지 아니하다.

② 하자분쟁조정위원회의 위원과 하자분쟁조정위원회의 사무국 직원으로서 그 업무를 수행하거나 수행하였던 사람은 조정 등의 절차에서 직무상 알게 된 비밀을 누설하여서는 아니 된다. [위반자: 1년 이하의 징역 또는 1천만원 이하의 벌금]

(16) 사실 조사·검사 등(법 제51조)

① 하자분쟁조정위원회가 조정 등을 신청받은 때에는 위원장은 하자분쟁조정위원회의 **사무국 직원**으로 하여금 조정 등의 대상물 및 관련 자료를 조사·검사 및 열람하게 하거나 참고인의 진술을 들을 수 있도록 할 수 있다. 이 경우 사업주체등, 입주자대표회의등 및 임차인등은 이에 협조하여야 한다.

② 위 ①에 따라 조사·검사 등을 하는 사람은 그 권한을 나타내는 증표를 지니고 이를 관계인에게 내보여야 한다.

> **관련법령** 관계 공공기관의 협조(영 제64조)
>
> 하자분쟁조정위원회는 조정 등을 위하여 필요한 경우에는 국가기관, 지방자치단체 또는 공공기관(공공기관의 운영에 관한 법률 제4조에 따른 공공기관을 말한다) 등에 대하여 자료 또는 의견의 제출, 기술적 지식의 제공, 그 밖에 조정 등에 필요한 협조를 요청할 수 있다. 이 경우 요청받은 기관은 특별한 사유가 없으면 협조해야 한다.

2. 하자진단 및 감정

(1) 하자진단 및 감정(법 제48조)

① **사업주체등**은 입주자대표회의등 또는 임차인등의 하자보수 청구에 **이의**가 있는 경우, '입주자대표회의등 또는 임차인등과 **협의**'하여 대통령령으로 정하는 안전진단기관에 보수책임이 있는 하자범위에 해당하는지 여부 등 **하자진단**을 의뢰할 수 있다. 이 경우 하자진단을 의뢰받은 안전진단기관은 지체 없이 하자진단을 실시하여 그 결과를 사업주체등과 입주자대표회의등 또는 임차인등에게 통보하여야 한다.

② **하자분쟁조정위원회**는 다음의 어느 하나에 해당하는 사건의 경우에는 '대통령령으로 정하는 안전진단기관'에 그에 따른 **감정**을 요청할 수 있다.
  ㉠ 위 ①의 '**하자진단 결과**'에 대하여 **다투는 사건**
  ㉡ 당사자 쌍방 또는 일방이 하자감정을 '**요청**'하는 사건
  ㉢ 하자원인이 '**불분명**'한 사건
  ㉣ 그 밖에 '**하자분쟁조정위원회에서 하자감정이 필요하다고 결정하는 사건**'

③ 위의 '**하자진단**'에 드는 비용과 '**감정**'에 드는 비용은 '국토교통부령으로 정하는 바'에 따라 **당사자가 부담한다**['입주자' 과반수의 서면 동의가 있는 경우, 장기수선충당금을 사용할 수 있다(법 제30조 제2항 단서)].

관련법령 하자진단 및 하자감정의 비용부담(규칙 제26조)

위 **(1)**의 ① 및 ②에 따른 하자진단 및 하자감정에 드는 비용은 다음의 구분에 따라 부담한다.
1. 하자진단에 드는 비용: 당사자가 합의한 바에 따라 부담
2. 하자감정에 드는 비용: 다음에 따라 부담. 이 경우 하자분쟁조정위원회에서 정한 기한 내에 다음 **(2)**의 ②에 따른 안전진단기관에 납부해야 한다.
   ㉠ 당사자가 합의한 바에 따라 부담
   ㉡ 당사자간 합의가 이루어지지 않을 경우에는 하자감정을 신청하는 당사자 일방 또는 쌍방이 미리 하자감정비용을 부담한 후 조정 등의 결과에 따라 **하자분쟁조정위원회에서 정하는 비율**에 따라 부담

---

(2) 하자진단 및 감정(영 제62조)

① 위 **(1)**의 ① 전단에서 '대통령령으로 정하는 안전진단기관'이란 다음의 자를 말한다.
  ㉠ **국토안전관리원**
  ㉡ **한국건설기술연구원**
  ㉢ 「엔지니어링산업 진흥법」에 따라 신고한 해당 분야의 엔지니어링사업자
  ㉣ 「기술사법」에 다라 등록한 해당 분야의 기술사
  ㉤ 「건축사법」에 따라 신고한 건축사
  ㉥ 건축 분야 안전진단전문기관

② 위 **(1)**의 ②에서 '대통령령으로 정하는 안전진단기관'이란 다음의 자를 말한다. 다만, 위 ①에 따른 안전진단기관은 같은 사건의 '조정 등 대상시설'에 대해서는 위 **(1)**의 ②에 따라 '감정'을 하는 안전진단기관이 될 수 없다.
   ㉠ 국토안전관리원
   ㉡ 한국건설기술연구원
   ㉢ 국립 또는 공립의 주택 관련 시험·검사기관
   ㉣ 「고등교육법」에 따른 대학 및 산업대학의 주택 관련 부설연구기관(상설기관으로 한정한다)
   ㉤ 위 ①의 ㉢~㉥의 자. 이 경우 분과위원회(법 제42조 제4항에 따라 소위원회에서 의결하는 사건은 소위원회를 말한다)에서 해당 하자감정을 위한 시설 및 장비를 갖추었다고 인정하고 당사자 쌍방이 합의한 자로 한정한다.
③ 위 ①에 따른 안전진단기관은 **'하자진단'**을 의뢰받은 날부터 **20일 이내**에 그 결과를 **사업주체등**과 **입주자대표회의등**에 제출하여야 한다. 다만, '당사자 사이에 달리 약정한 경우'에는 그에 따른다.
④ 위 ②에 따른 안전진단기관은 **'하자감정'**을 의뢰받은 날부터 **20일 이내**에 그 결과를 **하자분쟁조정위원회**에 제출하여야 한다. 다만, '하자분쟁조정위원회가 인정하는 부득이한 사유가 있는 때'에는 그 기간을 연장할 수 있다.

CHAPTER

05 공동주택의 전문관리

회독체크 1 2 3

CHAPTER 미리보기

공동주택의 전문관리
- 주택관리업자
- 관리주체 및 관리사무소장
- 주택관리사등

학습전략

공동주택을 전문적으로 관리하는 자인 주택관리업자, 관리사무소장 및 주택관리사등을 다루는 단원으로서 1문제 내지 2문제 정도 출제됩니다. 출제 빈도가 높은 편이므로 꼼꼼히 숙지하시기 바랍니다.

학습키워드

- 주택관리업의 등록
- 주택관리업자에 대한 행정처분
- 관리사무소장의 업무 및 손해배상책임
- 주택관리사등의 자격
- 주택관리업자 등의 교육

1. 주택관리업자

(1) 주택관리업의 등록(법 제52조)

① 주택관리업을 하려는 자는 '대통령령으로 정하는 바'에 따라 '시장·군수·구청장'에게 등록하여야 하며, '등록사항이 **변경**되는 경우'에는 국토교통부령으로 정하는 바에 따라 **변경신고**를 하여야 한다.

② 등록을 한 주택관리업자가 그 등록이 말소된 후 **2년**이 지나지 아니한 때에는 다시 등록할 수 없다. 20회, 22회

③ 등록은 **주택관리사**(임원 또는 사원의 3분의 1 **이상**이 주택관리사인 **상사법인**을 포함한다)가 신청할 수 있다. 이 경우 주택관리업을 등록하려는 자는 다음의 요건을 갖추어야 한다.
  ㉠ **자본금**(법인이 아닌 경우 **자산평가액**을 말한다)이 2억원 이상으로서 대통령령으로 정하는 금액(**2억원**) 이상일 것
  ㉡ 대통령령으로 정하는 인력·시설 및 장비를 보유할 것

④ 주택관리업자가 아닌 자는 주택관리업 또는 이와 유사한 명칭을 사용하지 못한다. [위반자: **1천만원 이하의 과태료**]

⑤ 주택관리업자의 지위에 관하여 이 법에 규정이 있는 것 외에는 「민법」 중 **위임**에 관한 규정을 준용한다.

관련법령 **주택관리업의 등록기준 및 등록절차 등(영 제65조)**

1. 위 (1)의 ①에 따라 주택관리업의 등록을 하려는 자는 국토교통부령으로 정하는 바에 따라 신청서(전자문서에 의한 신청서를 포함한다)를 시장·군수·구청장에게 제출하여야 한다.
2. 시장·군수·구청장은 주택관리업 등록을 한 자에게 등록증을 내주어야 한다.
3. 주택관리업 등록기준은 [별표 5]와 같다.

관련법령 **주택관리업의 등록신청 등(규칙 제28조)**

1. 영 제65조 제1항에 따른 신청서는 별지 제29호 서식과 같다.
2. 위 (1)의 ①에 따라 주택관리업의 등록을 하려는 자는 위 1.에 따른 신청서를 제출할 때에는 다음의 서류를 첨부하여야 한다. 28회
   ㉠ 법인인 경우에는 납입자본금에 관한 증명서류, 개인인 경우에는 자산평가서와 그 증명서류
   ㉡ 장비보유현황 및 그 증명서류
   ㉢ 기술자의 기술자격 및 주택관리사의 자격에 관한 증명서 사본
   ㉣ 사무실 확보를 증명하는 서류(건물 임대차계약서 사본 등 사용에 관한 권리를 증명하는 서류)
3. 위 1.에 따른 신청서를 받은 시장·군수·구청장은 「전자정부법」 제36조 제1항에 따른 행정정보의 공동이용을 통하여 건물등기사항증명서를 확인하여야 하며 신청인이 법인인 경우에는 법인 등기사항증명서를 확인하여야 한다.

4. 영 제65조 제2항에 다른 등록증은 별지 제30호 서식과 같다.
5. 시장·군수·구청장은 위의 3.에 따른 등록증을 발급한 경우에는 별지 제31호 서식의 주택관리업 등록대장에 그 내용을 적어야 한다.
6. 위 **(1)**의 ①에 따라 등록사항 **변경신고**를 하려는 자는 변경사유가 발생한 날부터 15일 **이내**에 별지 제32호 서식의 변경신고서에 변경내용을 증명하는 서류를 첨부하여 시장·군수·구청장에게 제출하여야 한다. [위반자: 5백만원 이하의 과태료]
7. 위 5.에 따른 주택관리업 등록대장은 전자적 처리가 불가능한 특별한 사유가 없으면 전자적 처리가 가능한 방법으로 작성·관리하여야 한다.

별표 5 주택관리업의 등록기준(영 제65조 제4항 관련)

구분		등록기준
1. 자본금		**2억원 이상**
2. 기술인력	가. 전기분야 기술자	전기산업기사 이상의 기술자 1명 이상
	나. 연료사용기기 취급 관련 기술자	에너지관리산업기사 이상의 기술자 또는 에너지관리기능사 1명 이상
	다. 고압가스 관련 기술자	가스기능사 이상의 자격을 가진 사람 1명 이상
	라. 위험물취급 관련 기술자	위험물기능사 이상의 기술자 1명 이상
3. 주택관리사		**주택관리사** 1명 이상
4. 시설·장비		가. **5마력 이상**의 양수기 1대 이상 나. 절연저항계(누전측정기를 말한다) 1대 이상 다. 사무실

[비고]
1. '자본금'이란 법인인 경우에는 주택관리업을 영위하기 위한 출자금을 말한다.
2. 주택관리사와 기술자격(국가기술자격법 시행령 [별표] 중 해당 분야의 것을 말한다)은 각각 상시 근무하는 사람으로 하며, 「국가기술자격법」에 따라 그 자격이 정지된 사람과 「건설기술 진흥법」에 따라 업무정지처분을 받은 기술인은 제외한다.
3. 사무실은 「건축법」 및 그 밖의 법령에 적합한 건물이어야 한다.

관련법령 주택관리업자의 관리상 의무(영 제66조)

1. **주택관리업자**는 관리하는 공동주택에 배치된 주택관리사등이 해임 그 밖의 사유로 결원이 된 때에는 그 사유가 발생한 날부터 15일 이내에 새로운 주택관리사등을 배치하여야 한다.
2. 주택관리업자는 공동주택을 관리할 때에는 [별표 1]('공동주택관리기구'의 기술인력 및 장비기준)에 따른 **기술인력 및 장비**를 갖추고 있어야 한다.

(2) 주택관리업의 등록말소 등(법 제53조)

① 시장·군수·구청장은 주택관리업자가 다음의 어느 하나에 해당하면 그 **등록을 말소**하거나 **1년 이내의 기간을 정하여 영업의 전부 또는 일부의 정지를 명할 수 있다.** 다만, 다음 ㉠, ㉡ 또는 ㉺에 해당하는 경우에는 그 **등록을 말소하여야** 하고, ㉾ 또는 ㉿에 해당하는 경우에는 1년 이내의 기간을 정하여 **영업의 전부 또는 일부의 정지를 명하여야 한다.**

㉠ **거짓**이나 그 밖의 부정한 방법으로 등록을 한 경우

㉡ '**영업정지기간 중에 주택관리업을 영위한 경우**' 또는 '최근 3년간 2회 이상의 영업정지 처분을 받은 자로서 그 **정지처분을 받은 기간**이 합산하여 **12개월을 초과한 경우**'

㉢ 고의 또는 과실로 공동주택을 잘못 관리하여 소유자 및 사용자에게 재산상의 손해를 입힌 경우

㉣ 공동주택 관리실적이 대통령령으로 정하는 기준에 미달한 경우

㉤ 법 제52조 제3항에 따른 등록요건에 미달하게 된 경우

㉥ 법 제52조 제4항에 따른 관리방법 및 업무내용 등을 위반하여 공동주택을 관리한 경우

㉦ 법 제90조 제2항을 위반하여 **부정**하게 재물 또는 재산상의 이익을 취득하거나 제공한 경우

㉧ 법 제90조 제3항을 위반하여 **관리비·사용료와 장기수선충당금**을 이 법에 따른 **용도 외의 목적**으로 사용한 경우

㉨ 법 제90조 제4항을 위반하여 다른 자에게 자기의 성명 또는 상호를 사용하여 이 법에서 정한 사업이나 업무를 수행하게 하거나 그 **등록증을 대여**한 경우

㉩ 법 제93조 제1항에 따른 보고, 자료의 제출, 조사 또는 검사를 거부·방해 또는 기피하거나 거짓으로 보고를 한 경우

㉪ 법 제93조 제3항·제4항에 따른 감사를 거부·방해 또는 기피한 경우

② **시장·군수·구청장**은 주택관리업자가 위 ①의 ㉢~㉥, ㉩ 및 ㉪의 어느 하나에 해당하는 경우에는 대통령령으로 정하는 바에 따라 '**영업정지**'를 갈음하여 **2천만원 이하**의 **과징금**을 부과할 수 있다.

③ 시장·군수·구청장은 주택관리업자가 과징금을 기한까지 내지 아니하면 「지방행정제재·부과금의 징수 등에 관한 법률」에 따라 징수한다.

관련법령 주택관리업자에 대한 등록말소 또는 영업정지 처분의 기준(영 제67조)

1. 위 **(2)**의 ①의 ㉣에서 '공동주택 관리실적이 대통령령으로 정하는 기준에 미달한 경우'란 매년 12월 31일을 기준으로 '최근 3년간 공동주택의 관리실적이 없는 경우'를 말한다.
2. **시장·군수·구청장**은 주택관리업자에 대하여 등록말소 또는 영업정지처분을 하려는 때에는 '처분일' 1개월 전까지 해당 주택관리업자가 관리하는 공동주택의 **입주자대표회의**에 그 사실을 통보하여야 한다.

3. 등록말소 및 영업정지처분의 기준은 [별표 6]과 같다.
4. 지방자치단체의 장은 주택관리업자가 위 **(2)**의 ①의 어느 하나에 해당하게 된 사실을 발견한 경우에는 그 사실을 지체 없이 '그 주택관리업을 등록한 **시장·군수·구청장**'에게 통보해야 한다.

관련법령 | **주택관리업자에 대한 과징금의 부과 및 납부(영 제68조)**

1. 과징금은 영업정지기간 1일당 3만원을 부과하며, 영업정지 1개월은 30일을 기준으로 한다. 이 경우 과징금은 2천만원을 초과할 수 없다.
2. 시장·군수·구청장은 과징금을 부과하려는 때에는 그 위반행위의 종류와 과징금의 금액을 명시하여 이를 납부할 것을 서면으로 통지하여야 한다.
3. 위 2.에 따라 통지를 받은 자는 통지를 받은 날부터 30일 이내에 과징금을 시장·군수·구청장이 정하는 수납기관에 납부하여야 한다.
4. 위 3.에 따라 과징금의 납부를 받은 수납기관은 그 납부자에게 영수증을 발급하여야 한다.
5. 과징금 수납기관은 위 3.에 따라 과징금을 수납한 때에는 지체 없이 그 사실을 시장·군수·구청장에게 통보하여야 한다.

별표 6 | **주택관리업자에 대한 행정처분기준(영 제67조 제3항 관련)**

1. 일반기준
    가. 위반행위의 횟수에 따른 행정처분의 기준은 최근 1년간 같은 위반행위로 처분을 받은 경우에 적용한다. 이 경우 기준 적용일은 '위반행위에 대한 행정처분일'과 '그 처분 후에 한 위반행위가 다시 적발된 날'을 기준으로 한다.
    나. 가목에 따라 가중된 처분을 하는 경우 '가중처분의 적용 차수'는 '그 위반행위 전 처분 차수'(가목에 따른 기간 내에 처분이 둘 이상 있었던 경우에는 높은 차수를 말한다)의 '다음 차수'로 한다.
    다. 같은 등록사업자가 둘 이상의 위반행위를 한 경우로서 그에 해당하는 각각의 처분기준이 다른 경우에는 다음의 기준에 따라 처분한다.
        1) '**가장 무거운 위반행위에 대한 처분기준**'이 등록말소인 경우에는 **등록말소처분**을 한다.
        2) 각 위반행위에 대한 처분기준이 **영업정지**인 경우에는 가장 중한 처분의 2분의 1까지 가중할 수 있되, 각 처분기준을 합산한 기간을 초과할 수 없다. 이 경우 '그 합산한 영업정지기간이 1년을 초과하는 때'에는 1년으로 한다.
    라. **시장·군수·구청장**은 위반행위의 동기·내용·횟수 및 위반의 정도 등 다음에 해당하는 사유를 고려하여 **제2호의 개별기준**에 따른 행정처분을 가중하거나 감경할 수 있다. 이 경우 그 처분이 **영업정지**인 경우에는 그 처분기준의 2분의 1의 범위에서 **가중**(가중한 영업정지기간은 1년을 초과할 수 없다)하거나 **감경**할 수 있고, '**등록말소**'인 경우('**필요적 등록말소**'의 경우는 제외한다)에는 6개월 이상의 '**영업정지처분**'으로 감경할 수 있다.
        1) 가중사유
            가) 위반행위가 고의나 **중대한 과실**에 따른 것으로 인정되는 경우
            나) 위반의 내용과 정도가 중대하여 입주자등 소비자에게 주는 피해가 크다고 인정되는 경우

2) 감경사유
    가) 위반행위가 사소한 부주의나 오류에 따른 것으로 인정되는 경우
    나) 위반의 내용과 정도가 경미하여 입주자등 소비자에게 미치는 피해가 적다고 인정되는 경우
    다) 위반행위자가 처음 위반행위를 한 경우로서 **3년 이상** 해당 사업을 **모범적으로** 해 온 사실이 인정되는 경우
    라) 위반행위자가 해당 위반행위로 검사로부터 **기소유예처분**을 받거나 법원으로부터 **선고유예의 판결**을 받은 경우
    마) 위반행위자가 해당 사업과 관련 지역사회의 발전 등에 기여한 사실이 인정되는 경우
    바) 위 (2)의 ①의 ㉫(**등록요건 미달**)에 해당하는 주택관리업자가 법 제95조에 따른 **청문** 또는 「행정절차법」 제22조 제3항에 따른 **의견제출 기한**까지 등록기준을 보완하고 그 증명서류를 제출하는 경우

2. 개별기준

위반행위	근거 법조문	행정처분기준		
		1차 위반	2차 위반	3차 이상 위반
가. **거짓**이나 그 밖의 부정한 방법으로 등록을 한 경우	법 제53조 제1항 제1호	**등록말소**		
나. '**영업정지기간 중**에 주택관리업을 **영위**한 경우' 또는 '최근 **3년간 2회 이상**의 영업정지처분을 받은 자로서 그 정지처분을 받은 기간이 합산하여 **12개월을 초과**한 경우'	법 제53조 제1항 제2호	**등록말소**		
다. 고의 또는 과실로 공동주택을 잘못 관리하여 소유자 및 사용자에게 재산상의 손해를 입힌 경우	법 제53조 제1항 제3호			
1) **고의**로 공동주택을 잘못 관리하여 소유자 및 사용자에게 재산상의 손해를 입힌 경우		영업정지 6개월	영업정지 1년	
2) **중대한 과실**로 공동주택을 잘못 관리하여 소유자 및 사용자에게 재산상의 손해를 입힌 경우		영업정지 2개월	영업정지 3개월	영업정지 3개월
3) **경미한 과실**로 공동주택을 잘못 관리하여 소유자 및 사용자에게 재산상의 손해를 입힌 경우		경고	영업정지 1개월	영업정지 1개월
라. 최근 **3년간** 공동주택 관리실적이 없는 경우	법 제53조 제1항 제4호	등록말소		
마. 법 제52조 제3항에 따른 **등록요건에 미달**하게 된 경우	법 제53조 제1항 제5호			
1) 등록요건에 미달하게 된 날부터 **1개월**이 지날 때까지 **보완하지 않은 경우**		영업정지 3개월 등록말소	영업정지 6개월	등록말소
2) 위 1)에 해당되어 '**영업정지처분**'을 받은 후 '영업정지기간이 끝나는 날까지 **보완하지 않은 경우**				

바. 법 제52조 제4항에 따른 관리방법 및 업무내용 등을 위반하여 공동주택을 관리한 경우	법 제53조 제1항 제6호			
1) 배치된 주택관리사등의 해임 그 밖의 사유로 결원이 된 때 '그 사유가 발생한 날'부터 **15일 이내**에 새로운 주택관리사등을 **배치하지 않은 경우**		경고	영업정지 3개월	영업정지 6개월
2) [별표 1]에 따른 기술인력 및 장비를 **갖추지 않고** 공동주택을 **관리**한 경우		경고	영업정지 1개월	영업정지 3개월
사. 법 제90조 제2항을 위반하여 **부정**하게 재물 또는 재산상의 이익을 취득하거나 제공한 경우	법 제53조 제1항 제7호	영업정지 3개월	영업정지 6개월	영업정지 1년
아. 법 제90조 제3항을 위반하여 관리비·사용료와 장기수선충당금을 법에 따른 **용도 외의 목적**으로 사용한 경우	법 제53조 제1항 제8호	영업정지 3개월	영업정지 6개월	영업정지 6개월
자. 법 제90조 제4항을 위반하여 다른 자에게 자기의 성명 또는 상호를 사용하여 법에서 정한 사업이나 업무를 수행하게 하거나 그 **등록증을 대여**한 경우	법 제53조 제1항 제9호	**등록말소**		
차. 법 제93조 제1항에 따른 보고, 자료의 제출, 조사 또는 검사를 거부·방해 또는 기피하거나 거짓으로 보고를 한 경우	법 제53조 제1항 제10호			
1) 조사 또는 검사를 거부·방해 또는 기피하거나 거짓으로 보고를 한 경우		경고	영업정지 2개월	영업정지 3개월
2) 보고 또는 자료제출 등의 명령을 이행하지 않은 경우		경고	영업정지 1개월	영업정지 2개월
3) 공동주택관리에 관한 신고 또는 보고를 게을리한 경우		경고	영업정지 1개월	영업정지 1개월
카. 법 제93조 제3항·제4항에 따른 감사를 거부·방해 또는 기피한 경우	법 제53조 제1항 제11호	경고	영업정지 2개월	영업정지 3개월

2. 관리주체 및 관리사무소장

(1) 관리주체의 업무 등(법 제63조)

① 관리주체는 다음의 업무를 수행한다. 이 경우 관리주체는 필요한 범위에서 공동주택의 공용부분을 사용할 수 있다.

㉠ 공동주택의 공용부분의 유지·보수 및 안전관리

㉡ 공동주택단지 안의 경비·청소·소독 및 쓰레기 수거

㉢ 관리비 및 **사용료**의 징수와 공과금 등의 **납부대행**

㉣ 장기수선충당금의 징수·적립 및 관리

ⓜ 관리규약으로 정한 사항의 집행

ⓗ 입주자대표회의에서 의결한 사항의 집행

ⓢ 그 밖에 국토교통부령으로 정하는 사항

② 관리주체는 공동주택을 이 법 또는 이 법에 따른 명령에 따라 관리하여야 한다.

> **관련법령** 관리주체의 업무(규칙 제29조)
>
> 위 (1)의 ①의 ⓢ에서 '국토교통부령으로 정하는 사항'이란 다음의 사항을 말한다.
> 1. 공동주택관리업무의 공개·홍보 및 공동시설물의 사용방법에 관한 지도·계몽
> 2. 입주자등의 공동사용에 제공되고 있는 공동주택단지 안의 토지, 부대시설 및 복리시설에 대한 무단 점유행위의 방지 및 위반행위 시의 조치
> 3. 공동주택단지 안에서 발생한 안전사고 및 도난사고 등에 대한 대응조치
> 4. 법 제37조 제1항 제3호에 따른 하자보수청구 등의 대행

(2) 관리사무소장의 업무 등(법 제64조, 영 제69조 제1항)

① **의무관리대상 공동주택을 관리하는 다음의 어느 하나에 해당하는 자는 '주택관리사'를 해당 공동주택의 관리사무소장으로 배치하여야 한다.** 다만, '대통령령으로 정하는 세대수'(500세대) 미만의 공동주택에는 '주택관리사'를 갈음하여 **'주택관리사보'를 해당 공동주택의 관리사무소장으로 배치할 수 있다.** [위반자: 1천만원 이하의 벌금] 19회

㉠ 입주자대표회의(자치관리의 경우에 한정한다)

㉡ 법 제13조 제1항에 따라 관리업무를 인계하기 전의 사업주체

㉢ 주택관리업자

㉣ 임대사업자

② 관리사무소장은 공동주택을 안전하고 효율적으로 관리하여 공동주택의 입주자등의 권익을 보호하기 위하여 다음의 업무를 집행한다.

㉠ **입주자대표회의에서 의결하는 다음의 업무**

ⓐ 공동주택의 운영·관리·유지·보수·교체·개량

ⓑ 위 ⓐ의 업무를 집행하기 위한 관리비·장기수선충당금이나 그 밖의 경비의 청구·수령·지출 및 그 금액을 관리하는 업무

㉡ **하자의 발견 및 하자보수의 청구, 장기수선계획의 조정, 시설물 안전관리계획의 수립 및 건축물의 안전점검에 관한 업무.** 다만, '비용지출을 수반하는 사항'에 대하여는 **입주자대표회의 의결을 거쳐야 한다.**

㉢ 관리사무소 업무의 지휘·총괄

㉣ 그 밖에 공동주택관리에 관하여 '국토교통부령으로 정하는 업무'

③ '관리사무소장'은 위 ②의 ㉠의 ⓐ 및 ⓑ와 관련하여 '입주자대표회의'를 대리하여 **재판상** 또는 **재판 외의 행위**를 할 수 있다.

④ 관리사무소장은 선량한 관리자의 주의로 그 직무를 수행하여야 한다.

⑤ **관리사무소장**은 그 배치내용과 업무의 집행에 사용할 직인을 **국토교통부령**으로 정하는 바에 따라 '**시장·군수·구청장**'에게 **신고**하여야 한다. 신고한 배치내용과 직인을 변경할 때에도 또한 같다. 19회

관련법령 **관리사무소장의 배치(영 제69조)**

1. 위 **(2)**의 ① 단서에서 '대통령령으로 정하는 세대수'란 500세대를 말한다.
2. 위 **(2)**의 ①의 ㉠~㉣의 자는 **주택관리사등**을 관리사무소장의 **보조자**로 배치할 수 있다.

관련법령 **관리사무소장의 업무 등(규칙 제30조)**

1. 위 **(2)**의 ②의 ㉣에서 '국토교통부령으로 정하는 업무'란 다음의 업무를 말한다.
   ㉠ 위 **(1)**의 ①의 ㉠~㉦ 및 이 규칙 제29조 각 호의 업무를 **지휘·총괄**하는 업무
   ㉡ 입주자대표회의 및 선거관리위원회의 운영에 필요한 업무 지원 및 사무처리
   ㉢ **안전관리계획의 조정**. 이 경우 3년마다 조정하되, 관리여건상 필요하여 관리사무소장이 입주자대표회의 **구성원 과반수**의 '서면동의'를 받은 경우에는 '3년이 지나기 전'에 조정할 수 있다.
   ㉣ 관리비등이 예치된 금융기관으로부터 '**매월 말일**'을 기준으로 발급받은 '**잔고증명서의 금액**'과 법 제27조(회계서류 등의 작성·보관 및 공개 등) 제1항 제1호에 따른 '**장부상 금액**'이 일치하는지 여부를 관리비등이 부과된 달의 **다음 달 10일**까지 확인하는 업무
2. 위 **(2)**의 ⑤ 전단에 따라 '배치내용'과 '업무의 집행에 사용할 직인'을 신고하려는 관리사무소장은 '**배치된 날**'부터 15일 이내에 별지 제33호 서식의 신고서에 다음의 서류를 첨부하여 '**주택관리사단체**'에 **제출**하여야 한다.
   ㉠ 법 제70조 제1항에 따른 관리사무소장 교육 또는 같은 조 제2항에 따른 주택관리사등의 교육 이수 현황(주택관리사단체가 해당 교육 이수현황을 발급하는 경우에는 제출하지 아니할 수 있다) 1부
   ㉡ 임명장 사본 1부. 다만, 배치된 공동주택의 **전임(前任) 관리사무소장**이 다음 3.에 따른 **배치종료 신고를 하지 아니한 경우**에는 배치를 증명하는 다음의 구분에 따른 서류를 함께 제출하여야 한다.
      ⓐ 공동주택의 관리방법이 '**자치관리**'인 경우: 근로계약서 사본 1부
      ⓑ 공동주택의 관리방법이 '**위탁관리**'인 경우: 위·수탁 계약서 사본 1부
   ㉢ 주택관리사보자격시험 합격증서 또는 주택관리사 자격증 사본 1부
   ㉣ 주택관리사등의 손해배상책임을 보장하기 위한 **보증설정을 입증하는** 서류 1부
3. 위 **(2)**의 ⑤ 후단에 따라 신고한 배치내용과 업무의 집행에 사용하는 직인을 변경하려는 관리사무소장은 변경사유(**관리사무소장의 배치가 종료된 경우를 포함**한다)가 발생한 날부터 15일 이내에 별지 제33호 서식의 신고서에 변경내용을 증명하는 서류를 첨부하여 주택관리사단체에 제출하여야 한다.
4. 위 2. 또는 3.에 따른 신고 또는 변경신고를 접수한 주택관리사단체는 관리사무소장의 배치내용 및 직인 신고(변경신고하는 경우를 포함한다) '접수현황'을 **분기별**로 '**시장·군수·구청장**'에게 **보고**하여야 한다.
5. '**주택관리사단체**'는 관리사무소장이 신고 또는 변경신고에 대한 증명서 발급을 요청하면 즉시 별지 제34호 서식에 따라 증명서를 발급하여야 한다.

(3) 관리사무소장의 업무에 대한 부당간섭 배제 등(법 제65조)

① **입주자대표회의**[구성원을 포함한다. 이하 (3)에서 같다] 및 **입주자등**은 위 **(2)**의 ②에 따른 관리사무소장의 업무에 대하여 다음의 어느 하나에 해당하는 행위를 하여서는 아니 된다.
  ㉠ 이 법 또는 관계 법령에 위반되는 지시를 하거나 명령을 하는 등 부당하게 간섭하는 행위
  ㉡ 폭행, 협박 등 위력을 사용하여 정당한 업무를 방해하는 행위

② **관리사무소장**은 **입주자대표회의** 또는 **입주자등**이 위 ①을 위반한 경우 **입주자대표회의** 또는 **입주자등**에게 그 위반사실을 **설명**하고 해당 행위를 **중단할 것을 요청**하거나 부당한 지시 또는 명령의 이행을 **거부**할 수 있으며, **시장·군수·구청장**에게 이를 **보고**하고, **사실 조사를 의뢰**할 수 있다.

③ **시장·군수·구청장**은 위 ②에 따라 사실 조사를 의뢰받은 때에는 **지체 없이** 조사를 마치고, 위 ①을 위반한 사실이 있다고 인정하는 경우 법 제93조에 따라 **입주자대표회의** 및 **입주자등**에게 필요한 **명령 등의 조치**를 하여야 한다. 이 경우 **범죄혐의**가 있다고 인정될 만한 상당한 이유가 있을 때에는 수사기관에 **고발**할 수 있다.

④ **시장·군수·구청장**은 사실 조사 결과 또는 필요한 명령 등의 조치 결과를 **지체 없이** '입주자대표회의', '해당 입주자등', '주택관리업자' 및 '관리사무소장'에게 통보하여야 한다.

⑤ **입주자대표회의**는 위 ②에 따른 보고나 사실 조사 의뢰 또는 위 ③에 따른 명령 등을 '이유'로 관리사무소장을 해임하거나 해임하도록 **주택관리업자**에게 요구하여서는 아니 된다.

(4) 경비원 등 근로자의 업무 등(법 제65조의2)

① 공동주택에 경비원을 배치한 **경비업자**(경비업법 제4조 제1항에 따라 허가를 받은 경비업자를 말한다)는 「경비업법」 제7조 제5항에도 불구하고 '대통령령으로 정하는 공동주택 관리에 필요한 업무'에 경비원을 종사하게 할 수 있다.

② 입주자등, 입주자대표회의 및 관리주체 등은 경비원 등 근로자에게 **적정한 보수를 지급**하고, **처우개선과 인권존중**을 위하여 노력하여야 한다.

③ 입주자등, 입주자대표회의 및 관리주체 등은 경비원 등 근로자에게 다음의 어느 하나에 해당하는 행위를 하여서는 아니 된다.
  ㉠ 이 법 또는 관계 법령에 위반되는 지시를 하거나 명령을 하는 행위
  ㉡ 업무 이외에 부당한 지시를 하거나 명령을 하는 행위

④ 경비원 등 근로자는 입주자등에게 수준 높은 근로 서비스를 제공하여야 한다.

> **관련법령** 경비원이 예외적으로 종사할 수 있는 업무 등(영 제69조의2)

1. 위 **(4)**의 ①에서 '대통령령으로 정하는 공동주택 관리에 필요한 업무'란 다음의 업무를 말한다.
   ㉠ **청소**와 이에 준하는 **미화**의 '**보조**'
   ㉡ '**재활용 가능 자원**'의 **분리배출** '**감시**' 및 '**정리**'
   ㉢ **안내문의 게시와 우편수취함 투입**
2. 공동주택 경비원은 공동주택에서의 도난, 화재, 그 밖의 혼잡 등으로 인한 위험발생을 방지하기 위한 범위에서 '**주차 관리**'와 '**택배물품 보관 업무**'를 수행할 수 있다.

(5) 주택관리업자에 대한 부당간섭 배제 등(법 제65조의3)

입주자대표회의 및 입주자등은 위 **(3)**의 ① 또는 위 **(4)**의 ③의 행위를 할 목적으로 주택관리업자에게 '**관리사무소장**' 및 '**소속 근로자**'에 대한 해고, 징계 등 **불이익 조치를 요구하여서는 아니 된다**.

(6) 관리사무소장의 손해배상책임(법 제66조)

① **주택관리사등**은 관리사무소장의 업무를 집행하면서 고의 또는 과실로 입주자등에게 재산상의 손해를 입힌 경우에는 그 손해를 배상할 책임이 있다. 19회

② 위 ①에 따른 손해배상책임을 보장하기 위하여 **주택관리사등**은 대통령령으로 정하는 바에 따라 보증보험 또는 법 제82조에 따른 공제에 가입하거나 공탁을 하여야 한다.

③ **주택관리사등**은 위 ②에 따른 손해배상책임을 보장하기 위한 보증보험 또는 공제에 가입하거나 공탁을 한 후 해당 공동주택의 '**관리사무소장**'으로 **배치된 날**에 다음의 어느 하나에 해당하는 자에게 보증보험 등에 가입한 사실을 입증하는 서류를 제출하여야 한다.
   ㉠ 입주자대표회의의 **회장**
   ㉡ 임대주택의 경우에는 **임대사업자**
   ㉢ 입주자대표회의가 없는 경우에는 **시장·군수·구청장**

④ 위 ②에 따라 공탁한 **공탁금**은 주택관리사등이 해당 공동주택의 관리사무소장의 직을 사임하거나 그 직에서 해임된 날 또는 사망한 날부터 **3년 이내**에는 회수할 수 없다.

> **관련법령** 손해배상책임의 보장(영 제70조)

위 (2)의 ①에 따라 관리사무소장으로 배치된 주택관리사등은 위 (6)의 ①에 따른 손해배상책임을 보장하기 위하여 다음의 구분에 따른 금액을 보장하는 보증보험 또는 공제에 가입하거나 공탁을 하여야 한다.
19회, 23회, 26회 주관식

1. 500세대 미만의 공동주택: 3천만원
2. 500세대 이상의 공동주택: 5천만원

> **관련법령** 보증설정의 변경(영 제71조)

1. 위 **(6)**의 ②에 따라 관리사무소장의 손해배상책임을 보장하기 위한 보증보험 또는 공제에 가입하거나 공탁을 한 조치(이하 '보증설정'이라 한다)를 이행한 주택관리사등은 그 보증설정을 **다른 보증설정으로 변경**하려는 경우에는 '해당 보증설정의 **효력이 있는 기간 중**'에 다른 보증설정을 하여야 한다.
2. 보증보험 또는 공제에 가입한 주택관리사등으로서 보증기간이 만료되어 **다시 보증설정**을 하려는 자는 '**그 보증기간이 만료되기 전**'에 다시 보증설정을 하여야 한다. 20회
3. 위 1. 및 2.에 따라 보증설정을 한 경우에는 해당 보증설정을 입증하는 서류를 위 **(6)**의 ③에 따라 제출하여야 한다.

> **관련법령** 보증보험금 등의 지급 등(영 제72조)

1. 입주자대표회의는 손해배상금으로 보증보험금·공제금 또는 공탁금을 지급받으려는 경우에는 다음의 어느 하나에 해당하는 서류를 첨부하여 보증보험회사, 공제회사 또는 공탁기관에 손해배상금의 지급을 청구하여야 한다.
   ㉠ 입주자대표회의와 주택관리사등 간의 손해배상합의서 또는 화해조서
   ㉡ 확정된 법원의 판결문 사본
   ㉢ 위 ㉠ 또는 ㉡에 준하는 효력이 있는 서류
2. '주택관리사등'은 보증보험금·공제금 또는 공탁금으로 손해배상을 한 때에는 '**15일 이내**' 보증보험 또는 공제에 다시 가입하거나 공탁금 중 '**부족하게 된 금액**'을 **보전**하여야 한다.

3. 주택관리사등

(1) 주택관리사등의 자격(법 제67조)

① 주택관리사보가 되려는 사람은 **국토교통부장관**이 시행하는 자격시험에 합격한 후 **시·도지사**[지방자치법 제198조에 따른 서울특별시·광역시 및 특별자치시를 제외한 인구 50만 이상의 **대도시**(이하 '대도시'라 한다)의 경우에는 그 **시장**을 말한다. 이하 **(4)**까지에서 같다]로부터 **합격증서**를 발급받아야 한다.

② 주택관리사는 다음의 요건을 갖추고 시·도지사로부터 **주택관리사 자격증**을 발급받은 사람으로 한다.
   ㉠ 위 ①에 따라 주택관리사보 합격증서를 발급받았을 것
   ㉡ 대통령령으로 정하는 주택 관련 **실무경력**이 있을 것

③ 위 ②에 따른 주택관리사 자격증의 발급절차 등에 필요한 사항은 대통령령으로 정한다.

④ 다음의 어느 하나에 해당하는 사람은 **주택관리사등이 될 수 없으며 그 자격을 상실한다.**
   ㉠ 피성년후견인 또는 피한정후견인
   ㉡ 파산선고를 받은 사람으로서 복권되지 아니한 사람

ⓒ 금고 이상의 실형을 선고받고 그 집행이 끝나거나(집행이 끝난 것으로 보는 경우를 포함한다) 집행이 면제된 날부터 **2년**이 지나지 아니한 사람 20회 주관식
ⓔ 금고 이상의 형의 집행유예를 선고받고 **그 유예기간 중**에 있는 사람
ⓜ 주택관리사등의 자격이 취소된 후 3년이 지나지 아니한 사람('**위 ⓒ 및 ⓔ에 해당**하여 주택관리사등의 자격이 취소된 경우'는 제외한다)

⑤ 국토교통부장관은 직전 3년간 사업계획승인을 받은 공동주택단지 수, 직전 3년간 주택관리사보 자격시험 응시인원, 주택관리사등의 취업현황과 주택관리사보 시험위원회의 심의의견 등을 고려하여 해당 연도 주택관리사보 자격시험의 선발예정인원을 정한다. 이 경우 국토교통부장관은 **선발예정인원의 범위에서 대통령령으로 정하는 합격자 결정 점수 이상을 얻은 사람**으로서 **전 과목 총득점의 고득점자 순**으로 주택관리사보 자격시험 **합격자를 결정**한다.

⑥ 위 ①에 따른 주택관리사보 자격시험의 응시자격, 시험과목, 시험의 일부 면제, 응시수수료, 그 밖에 시험에 필요한 사항은 '대통령령'으로 정한다.

(2) 주택관리사보 시험위원회(법 제68조)

① 주택관리사보 자격시험과 관련한 다음의 사항을 심의하기 위하여 '법 제89조 제2항 제6호에 따른 자격시험의 시행기관'(한국산업인력공단법에 따른 **한국산업인력공단**)에 **주택관리사보 시험위원회**를 둘 수 있다.
  ⓐ 주택관리사보 자격시험 과목의 조정 등 시험에 관한 사항
  ⓑ 시험 선발인원 및 합격기준의 결정에 관한 사항
  ⓒ 그 밖에 주택관리사보 자격시험과 관련한 중요사항
② 주택관리사보 시험위원회의 구성 및 운영, 위원의 선임 등에 필요한 사항은 대통령령으로 정한다.

관련법령 　주택관리사 자격증의 발급 등(영 제73조)

1. 위 **(1)**의 ②의 ⓑ에 따라 특별시장·광역시장·특별자치시장·도지사 또는 특별자치도지사(이하 '**시·도지사**'라 한다)는 주택관리사보 자격시험에 **합격하기 '전'**이나 **합격한 '후'** 다음의 어느 하나에 해당하는 경력을 갖춘 자에 대하여 주택관리사 자격증을 발급한다.
   ⓐ 「주택법」에 따른 **사업계획승인**을 받아 건설한 **50세대 이상 500세대 미만**의 공동주택(건축법에 따른 **건축허가**를 받아 주택과 주택 외의 시설을 동일 건축물로 건축한 건축물 중 주택이 **50세대 이상 300세대 미만**인 건축물을 포함한다)의 '관리사무소장'으로 근무한 경력 3년 이상
   ⓑ 「주택법」에 따른 **사업계획승인**을 받아 건설한 **50세대 이상**의 공동주택(건축법에 따른 **건축허가**를 받아 주택과 주택 외의 시설을 동일 건축물로 건축한 건축물 중 주택이 **50세대 이상 300세대 미만**인 건축물을 포함한다)의 관리사무소의 '**직원**'('경비원, 청소원 및 소독원'은 '제외'한다) 또는 주택관리업자의 '**임직원**'으로 주택관리업무에 종사한 경력 **5년 이상**

ⓒ 한국토지주택공사 또는 지방공사의 직원으로 주택관리업무에 종사한 경력 5년 이상
ⓔ 공무원으로 주택 관련 지도·감독 및 인·허가 업무 등에 종사한 경력 5년 이상
ⓜ '**주택관리사단체**'와 '국토교통부장관이 정해 고시하는 **공동주택관리와 관련된 단체**'의 '**임직원**'으로 주택 관련 업무에 종사한 경력 5년 이상
ⓑ 위 ㉠~㉤의 경력을 **합산한 기간 5년 이상**

2. 위 **(1)**의 ②에 따른 주택관리사 자격증을 발급받으려는 자는 자격증발급신청서(전자문서로 된 신청서를 포함한다)에 위 1. 각 내용의 실무경력에 대한 증명서류(전자문서를 포함한다) 및 사진을 첨부하여 주택관리사보 자격시험 합격증서를 발급한 시·도지사에게 제출해야 한다.

관련법령 주택관리사 자격증 등(규칙 제31조)

1. 위 **(1)**의 ①에 따른 주택관리사보자격시험 합격증서 및 영 제73조 제1항에 따른 주택관리사 자격증은 별지 제35호 서식과 같다.
2. 영 제73조 제2항에 따른 신청서는 별지 제36호 서식과 같다.
3. **시·도지사**는 위 2.에 따른 신청서를 받으면 다음의 사항을 **확인**해야 한다.
   ㉠ 주택관리사보 자격시험 **합격증서**
   ㉡ 영 제73조 제1항 각 호에 따른 다음의 **실무경력 증명서류**. 이 경우 「전자정부법」 제36조 제1항에 따른 행정정보의 공동이용을 통해 확인해야 하며, 신청인이 확인에 동의하지 않는 경우에는 해당 서류를 제출하도록 해야 한다.
      ⓐ 국민연금가입자가입증명
      ⓑ 건강보험자격득실확인서
4. 주택관리사등은 주택관리사 자격증 또는 주택관리사보자격시험 합격증서의 분실·훼손으로 재발급을 받으려는 경우에는 별지 제37호 서식의 신청서를 시·도지사에게 제출하여야 한다.

관련법령 주택관리사보 자격시험(영 제74조)

1. 주택관리사보 자격시험은 제1차 시험 및 제2차 시험으로 구분하여 시행한다.
2. 제1차 시험은 선택형을 원칙으로 하되, 주관식 단답형 또는 기입형을 가미할 수 있다.
3. 제2차 시험은 **논문형**을 **원칙**으로 하되, **주관식 단답형 또는 기입형을 가미할 수 있다**. 다만, 국토교통부장관이 필요하다고 인정하는 경우에는 주택관리사보 시험위원회(이하 '시험위원회'라 한다)의 의결을 거쳐 위 2.에 따른 방법으로 실시할 수 있다.
4. 제2차 시험은 제1차 시험에 합격한 사람에 대하여 실시한다.
5. 제1차 시험에 합격한 사람에 대해서는 다음 회의 시험에 한정하여 제1차 시험을 면제한다. 다만, 다음 회의 제1차 시험의 시행일을 기준으로 위 **(1)**의 ④에 해당하는 사람(결격자)에 대해서는 면제하지 아니한다.
6. 위 **(1)**의 ⑤에 따라 주택관리사보 자격시험의 시험과목은 [별표 7]과 같다.
7. 제1차 시험 및 제2차 시험의 시행일을 기준으로 위 **(1)**의 ④에 해당하는 자(결격자)는 해당 시험에 응시할 수 없다.

별표 7	주택관리사보 자격시험의 시험과목(영 제74조 제6항 관련)

시험구분	시험과목
1. 제1차 시험	가. 「민법」(총칙, 물권, 채권 중 총칙·계약총칙·매매·임대차·도급·위임·부당이득·불법행위) 나. 회계원리 다. 공동주택시설개론(목구조·특수구조를 제외한 일반건축구조와 철골구조, 홈네트워크를 포함한 건축설비개론 및 장기수선계획 수립 등을 위한 건축적산을 포함한다)
2. 제2차 시험	가. **주택관리관계법규**: 다음의 법률 중 **주택관리에 관련되는 규정** 　1) 「주택법」 　2) 「공동주택관리법」 　3) 「민간임대주택에 관한 특별법」 　4) 「공공주택 특별법」 　5) 「건축법」 　6) 「소방기본법」 　7) 「화재의 예방 및 안전관리에 관한 법률」, 「소방시설 설치 및 관리에 관한 법률」 　8) 「승강기 안전관리법」 　9) 「전기사업법」 　10) 「시설물의 안전 및 유지관리에 관한 특별법」 　11) 「도시 및 주거환경정비법」 　12) 「도시재정비 촉진을 위한 특별법」 　13) 「집합건물의 소유 및 관리에 관한 법률」 나. 공동주택관리실무: 시설관리, 환경관리, 공동주택회계관리, 입주자관리, 공동주거관리이론, 대외업무, 사무·인사관리, 안전·방재관리 및 리모델링, 공동주택 하자관리(보수공사를 포함한다) 등

관련법령	시험합격자의 결정(영 제75조)

1. 위 **(1)**의 ⑤ 후단에서 '대통령령으로 정하는 합격자 결정 점수 이상을 얻은 사람'이란 다음의 구분에 따른 사람을 말한다.
    ㉠ 제1차 시험: 과목당 100점을 만점으로 하여 모든 과목 40점 이상이고 **전 과목 평균 60점 이상**의 득점을 한 사람
    ㉡ 제2차 시험: 과목당 100점을 만점으로 하여 모든 과목 40점 이상이고 **전 과목 평균 60점 이상**의 득점을 한 사람. 다만, 모든 과목 40점 이상이고 전 과목 평균 60점 이상의 득점을 한 사람의 수가 위 **(1)**의 ⑤ 전단에 따른 선발 예정인원(이하 '선발예정인원'이라 한다)에 미달하는 경우에는 모든 과목 40점 이상을 득점한 사람을 말한다.
2. 위 **(1)**의 ⑤ 후단에 따라 '제2차 시험 합격자'를 '결정'하는 경우 '동점자로 인하여 선발예정인원을 초과하는 경우'에는 '그 동점자 모두'를 '합격자'로 결정한다. 이 경우 동점자의 점수는 소수점 이하 둘째 자리까지만 계산하며, 반올림은 하지 아니한다.

| 관련법령 | 시험의 시행·공고(영 제76조) |

1. 주택관리사보 자격시험은 매년 1회 시행한다. 다만, 국토교통부장관은 시험을 실시하기 어려운 부득이한 사정이 있는 경우에는 그 해의 시험을 실시하지 아니할 수 있다.
2. 국토교통부장관은 주택관리사보 자격시험을 시행하려는 경우에는 시험일시, 시험장소, 시험방법, **선발예정인원**, 합격자 결정기준 및 그 밖에 시험시행에 필요한 사항을 **시험시행일 90일 전까지** 국토교통부의 **인터넷 홈페이지** 등에 공고하여야 한다.

| 관련법령 | 응시원서 등(영 제77조) |

1. 주택관리사보 자격시험에 응시하려는 자는 국토교통부령으로 정하는 응시원서를 국토교통부장관에게 제출하여야 한다.
2. 응시원서를 제출하는 사람은 국토교통부령으로 정하는 수수료를 정보통신망을 이용한 전자화폐·전자결제 등의 방법으로 납부하여야 한다.
3. 위 2.에 따라 수수료를 납부한 사람이 다음의 어느 하나에 해당하는 경우에는 국토교통부령으로 정하는 바에 따라 응시수수료의 전부 또는 일부를 반환하여야 한다.
   ㉠ 수수료를 과오납(過誤納)한 경우
   ㉡ 국토교통부장관의 귀책사유로 시험에 응시하지 못한 경우
   ㉢ 시험시행일 10일 전까지 응시원서 접수를 취소한 경우

| 관련법령 | 시험수당 등의 지급(영 제78조) |

시험감독 업무에 종사하는 사람에 대해서는 예산의 범위에서 수당 및 여비를 지급할 수 있다.

| 관련법령 | 시험부정행위자에 대한 제재(영 제79조) |

주택관리사보 자격시험에서 부정한 행위를 한 응시자에 대해서는 그 시험을 무효로 하고, 해당 시험시행일부터 **5년간** 시험응시자격을 정지한다.

| 관련법령 | 시험위원회의 구성(영 제80조) |

1. 위 **(2)**의 ①에 따라 주택관리사보 자격시험을 시행하기 위해 주택관리사보 자격시험의 시행을 위탁받은 「한국산업인력공단법」에 따른 한국산업인력공단에 시험위원회를 둔다.
2. 시험위원회는 위원장 1명, 당연직 위원 2명과 6명 이내의 민간위원을 포함하여 9명 이내의 위원으로 구성하되, 성별을 고려하여야 한다.
3. 시험위원회의 위원장(이하 '위원장'이라 한다)은 한국산업인력공단 자격검정 업무를 담당하는 상임이사가 되고, 당연직 위원은 다음의 사람이 된다.
   ㉠ 국토교통부 소속 공무원으로서 주택관리사보 자격시험 관련 업무를 담당하는 부서장
   ㉡ **한국산업인력공단**의 **실장급 또는 국장급 직원**으로서 주택관리사보 자격시험관련 업무를 담당하는 사람 중 한국산업인력공단 이사장이 지명하는 사람

4. **민간위원**은 공동주택관리에 관하여 학식과 경험이 풍부한 사람으로서 다음의 사람 중에서 한국산업인력공단 이사장이 위촉한다.
   ㉠ 「고등교육법」 제2조 제1호부터 제6호까지의 규정에 따른 대학 또는 공인된 연구기관에서 주택관리사보 자격시험과 관련된 분야(이하 '시험관련분야'라 한다)의 **조교수 이상** 또는 이에 상당하는 직에 있는 사람
   ㉡ 시험관련분야의 **박사학위** 또는 기술사 자격 소지자
   ㉢ 시험관련분야의 **석사학위**를 소지한 사람으로서 해당 분야에서 **5년 이상** 근무한 경력(학위 취득 전의 경력을 포함한다)이 있는 사람
   ㉣ 시험관련분야의 **학사학위**를 소지한 사람으로서 해당 분야에서 **7년 이상** 근무한 경력(학위 취득 전의 경력을 포함한다)이 있는 사람
   ㉤ **주택관리사 자격을 취득한 후 10년**이 경과한 사람으로서 법 제81조 제1항에 따른 주택관리사단체의 장이 추천하는 사람
   ㉥ 위 ㉠부터 ㉤까지의 규정에 해당하는 사람과 동등한 수준 이상의 자격이 있다고 한국산업인력공단 이사장이 인정하는 사람
5. **민간위원의 임기는 3년**으로 한다.
6. 시험위원회에 간사 1명을 두되, 간사는 한국산업인력공단 직원으로서 주택관리사보 자격시험 관련 업무를 담당하는 사람 중 위원장이 지명한다.

관련법령 시험위원회의 운영(영 제80조의2)

1. 위원장은 시험위원회를 대표하고, 시험위원회의 업무를 총괄한다.
2. 위원장이 부득이한 사유로 직무를 수행할 수 없을 때에는 위원장이 미리 지명한 위원이 그 직무를 대행한다.
3. 위원장은 회의를 소집하려는 경우 회의 개최 **7일 전**까지 회의의 일시·장소 및 안건을 위원에게 서면으로 통보하여야 한다. 다만, 긴급히 개최하여야 하거나 부득이한 사유가 있는 경우에는 회의 개최 전날까지 통보할 수 있다.
4. 시험위원회의 회의는 재적위원 과반수의 출석으로 개의하고, 출석위원 과반수의 찬성으로 의결한다.
5. 위원회의 간사는 시험위원회의 회의에 참석하여야 하며, 회의록을 작성·보관하여야 한다.
6. 위 1.~5.에서 규정한 사항 외에 시험위원회 운영에 필요한 사항은 시험위원회의 의결을 거쳐 위원장이 정한다.

---

(3) 주택관리사등의 자격취소 등(법 제69조)

① **시·도지사**는 주택관리사등이 다음의 어느 하나에 해당하면 그 **자격을 취소**하거나 **1년 이내의 기간**을 정하여 그 **자격을 정지**시킬 수 있다. 다만, 다음 ㉠~㉣, ㉥ 중 어느 하나에 해당하는 경우에는 그 **자격을 취소하여야 한다**. 27회 주관식
   ㉠ **거짓**이나 그 밖의 부정한 방법으로 자격을 취득한 경우 25회, 27회 주관식
   ㉡ 공동주택의 **관리업무**와 관련하여 **금고 이상의 형**을 선고받은 경우 25회, 26회
   ㉢ **의무관리대상 공동주택**에 취업한 **주택관리사등**이 다른 공동주택 및 **상가·오피스텔** 등 **주택 외의 시설에 '취업'한 경우** 25회, 26회

ⓔ 주택관리사등이 **자격정지기간**에 **공동주택관리업무를 수행**한 경우 25회, 26회, 27회 주관식
　　ⓜ '**고의**' 또는 '**중대한 과실**'로 공동주택을 잘못 관리하여 '소유자' 및 '사용자'에게 **재산상의 손해**를 입힌 경우
　　ⓑ 주택관리사등이 **업무**와 **관련**하여 **금품수수**(收受) 등 부당이득을 취한 경우 25회
　　ⓢ 법 제90조 제4항을 위반하여 다른 사람에게 자기의 명의를 사용하여 이 법에서 정한 업무를 수행하게 하거나 **자격증을 대여**한 경우 26회
　　ⓞ 법 제93조 제1항에 따른 보고, 자료의 제출, 조사 또는 검사를 거부·방해 또는 기피하거나 거짓으로 보고를 한 경우
　　ⓩ 법 제93조 제3항·제4항에 따른 감사를 거부·방해 또는 기피한 경우
　② 위 ①에 따른 자격의 취소 및 정지처분에 관한 기준은 '대통령령'으로 정한다.

관련법령 | **주택관리사등의 자격취소 등의 기준(영 제81조)**

위 **(3)**의 ①에 따른 주택관리사등의 자격취소 및 정지처분에 관한 기준은 [별표 8]과 같다.

별표 8 | **주택관리사등에 대한 행정처분기준(영 제81조 관련)**

1. 일반기준
　가. 위반행위의 횟수에 따른 행정처분의 기준은 최근 1년간 같은 위반행위로 처분을 받은 경우에 적용한다. 이 경우 **기준 적용일**은 '위반행위에 대한 행정처분일'과 '그 처분 후에 한 위반행위가 다시 적발된 날'을 기준으로 한다.
　나. 가목에 따라 가중된 처분을 하는 경우 '가중처분의 적용 차수'는 '그 위반행위 전 처분 차수'(가목에 따른 기간 내에 처분이 둘 이상 있었던 경우에는 높은 차수를 말한다)의 '다음 차수'로 한다.
　다. 같은 주택관리사등이 둘 이상의 위반행위를 한 경우로서 그에 해당하는 각각의 처분기준이 다른 경우에는 다음의 기준에 따라 처분한다.
　　1) **가장 무거운** 위반행위에 대한 **처분기준**이 **자격취소**인 경우에는 **자격취소처분**을 한다.
　　2) 각 위반행위에 대한 처분기준이 자격정지인 경우에는 가장 중한 처분의 2분의 1까지 가중할 수 있되, 각 처분기준을 합산한 기간을 초과할 수 없다. 이 경우 '그 합산한 자격정지기간이 1년을 초과하는 때'에는 1년으로 한다.
　라. **시·도지사**는 위반행위의 동기·내용·횟수 및 위반의 정도 등 다음에 해당하는 사유를 고려하여 **제2호의 개별기준**에 따른 행정처분을 가중하거나 감경할 수 있다. 이 경우 그 처분이 **자격정지**인 경우에는 그 처분기준의 **2분의 1의** 범위에서 **가중**(가중한 자격정지기간은 1년을 초과할 수 없다)하거나 **감경**할 수 있고, '**자격취소**'인 경우('**필요적 자격취소**'의 경우는 **제외**한다)에는 **6개월 이상**의 '**자격정지처분**'으로 감경할 수 있다.
　　1) 가중사유
　　　가) 위반행위가 **고의**나 **중대한 과실**에 따른 것으로 인정되는 경우
　　　나) 위반의 내용과 정도가 중대하여 입주자등 소비자에게 주는 피해가 크다고 인정되는 경우
　　2) 감경사유
　　　가) 위반행위가 사소한 부주의나 오류에 따른 것으로 인정되는 경우
　　　나) 위반의 내용과 정도가 경미하여 입주자등 소비자에게 미치는 피해가 적다고 인정되는 경우

다) 위반행위자가 처음 위반행위를 한 경우로서 주택관리사로서 **3년 이상 관리사무소장을 모범적**으로 해 온 사실이 인정되는 경우
라) 위반행위자가 해당 위반행위로 검사로부터 **기소유예처분**을 받거나 법원으로부터 **선고유예의 판결**을 받은 경우
마) '**중대한 과실**'로 공동주택을 잘못 관리하여 소유자 및 사용자에게 재산상 손해를 입힌 경우로 '자격정지처분'을 하려는 경우로써 위반행위자가 영 제70조 각 호에 따른 손해배상책임을 보장하는 금액을 **2배 이상** 보장하는 보증보험가입·공제가입 또는 공탁을 한 경우

2. 개별기준

위반행위	근거 법조문	행정처분기준		
		1차 위반	2차 위반	3차 위반
가. **거짓**이나 그 밖의 부정한 방법으로 자격을 취득한 경우	법 제69조 제1항 제1호	**자격취소**		
나. 공동주택의 **관리업무**와 관련하여 **금고 이상의 형**을 **선고**받은 경우	법 제69조 제1항 제2호	**자격취소**		
다. **의무관리대상 공동주택**에 취업한 주택관리사등이 **다른 공동주택** 및 **상가·오피스텔** 등 주택 외의 **시설**에 **취업**한 경우	법 제69조 제1항 제3호	**자격취소**		
라. 주택관리사등이 **자격정지기간에 공동주택관리 업무를 수행**한 경우	법 제69조 제1항 제4호	**자격취소**		
마. 고의 또는 중대한 과실로 공동주택을 잘못 관리하여 소유자 및 사용자에게 재산상의 손해를 입힌 경우 1) '**고의**'로 공동주택을 잘못 관리하여 소유자 및 사용자에게 재산상의 손해를 입힌 경우 2) '**중대한 과실**'로 공동주택을 잘못 관리하여 소유자 및 사용자에게 재산상 손해를 입힌 경우	법 제69조 제1항 제5호	자격정지 6개월 자격정지 3개월	자격정지 1년 자격정지 6개월	자격정지 6개월
바. 주택관리사등이 **업무와 관련**하여 **금품수수 등** 부당이득을 취한 경우	법 제69조 제1항 제6호	자격정지 6개월	자격정지 1년	
사. 법 제90조 제4항을 위반하여 다른 사람에게 자기의 명의를 사용하여 이 법에서 정한 업무를 수행하게 하거나 **자격증**을 **대여**한 경우	법 제69조 제1항 제7호	**자격취소**		
아. 법 제93조 제1항에 따른 보고, 자료의 제출, 조사 또는 검사를 거부·방해 또는 기피하거나 거짓으로 보고를 한 경우 1) 조사 또는 검사를 거부·방해 또는 기피하거나 거짓으로 보고를 한 경우 2) 보고 또는 자료제출 등의 명령을 이행하지 않은 경우	법 제69조 제1항 제8호	경고 경고	자격정지 2개월 자격정지 1개월	자격정지 3개월 자격정지 2개월
자. 법 제93조 제3항 제4항에 따른 감사를 거부·방해 또는 기피한 경우	법 제69조 제1항 제9호	경고	자격정지 2개월	자격정지 3개월

(4) 주택관리업자 등의 교육(법 제70조)

① '**주택관리업자**'(법인인 경우에는 그 **대표자**를 말한다)와 '**관리사무소장으로 배치받은 주택관리사등**'은 국토교통부령으로 정하는 바에 따라 **시·도지사**로부터 공동주택관리에 관한 **교육과 윤리교육**을 받아야 한다. 이 경우 '관리사무소장으로 **배치받으려는 주택관리사등**'은 국토교통부령으로 정하는 바에 따라 공동주택관리에 관한 교육과 윤리교육을 받을 수 있고, 그 교육을 받은 경우에는 관리사무소장의 교육의무를 이행한 것으로 본다.

② '관리사무소장으로 배치받으려는 주택관리사등'이 '배치예정일'부터 직전 **5년 이내**에 관리사무소장·공동주택관리기구의 직원 또는 주택관리업자의 임직원으로서 **종사한 경력이 없는 경우**에는 국토교통부령으로 정하는 바에 따라 **시·도지사**가 실시하는 '**공동주택관리에 관한 교육과 윤리교육**'을 이수하여야 관리사무소장으로 **배치받을 수 있다**. 이 경우 공동주택관리에 관한 교육과 윤리교육을 이수하고 관리사무소장으로 배치받은 주택관리사등에 대하여는 위 ①에 따른 관리사무소장의 교육의무를 이행한 것으로 본다. ^{21회 주관식}

③ 공동주택의 관리사무소장으로 배치받아 근무 중인 '**주택관리사등**'은 위 ① 또는 ②에 따른 교육을 받은 후 **3년마다** 국토교통부령으로 정하는 바에 따라 '공동주택관리에 관한 교육과 윤리교육'을 받아야 한다.

④ '**국토교통부장관**'은 위 ①~③에 따라 시·도지사가 실시하는 교육의 전국적 균형을 유지하기 위하여 교육수준 및 교육방법 등에 필요한 **지침**을 마련하여 시행할 수 있다.

관련법령 **주택관리업자 등의 교육(규칙 제33조)**

1. 위 **(4)**의 ①에 따라 주택관리업자(법인인 경우에는 그 대표자를 말한다) 또는 관리사무소장으로 배치받은 주택관리사등은 다음의 구분에 따른 시기에 교육업무를 위탁받은 기관 또는 단체(이하 '**교육수탁기관**'이라 한다)로부터 '공동주택관리에 관한 교육과 윤리교육'을 받아야 한다. 이 경우 교육수탁기관은 관리사무소장으로 배치받으려는 주택관리사등에 대해서도 공동주택관리에 관한 교육과 윤리교육을 시행할 수 있다.
   ㉠ 주택관리업자: 주택관리업의 **등록**을 한 날부터 **3개월** 이내
   ㉡ 관리사무소장: 관리사무소장으로 **배치**된 날(주택관리사보로서 관리사무소장이던 사람이 주택관리사의 자격을 취득한 경우에는 그 **자격취득일**을 말한다)부터 **3개월** 이내 ^{19회}
2. 위 **(4)**의 ②에 따른 교육은 주택관리사와 주택관리사보로 **구분**하여 **실시**한다.
3. 공동주택의 관리사무소장으로 배치받아 근무 중인 주택관리사등이 위 **(4)**의 ③에 따라 받는 '공동주택관리에 관한 교육과 윤리교육'에는 다음의 사항이 포함되어야 한다.
   ㉠ 공동주택의 관리 책임자로서 필요한 관계 법령, 소양 및 윤리에 관한 사항
   ㉡ 공동주택 주요시설의 교체 및 수리방법 등 주택관리사로서 필요한 전문지식에 관한 사항
   ㉢ 공동주택의 하자보수 절차 및 분쟁해결에 관한 교육
4. 위 1.~3.의 규정에 따른 교육기간은 3일로 한다. 이 경우 교육은 교육과정의 성격, 교육여건 등을 고려하여 집합교육 또는 인터넷을 이용한 교육의 방법으로 실시할 수 있다.
5. 위 **(4)**의 ①~③의 규정에 따른 교육에 관해서는 규칙 제7조 제4항 및 제5항(장기수선계획의 조정교육)을 준용한다.

CHAPTER 06 공동주택관리 분쟁조정, 협회, 보칙 및 벌칙

회독체크 1 2 3

CHAPTER 미리보기

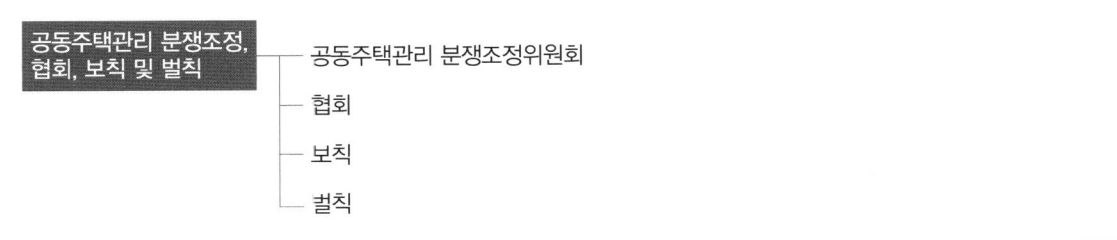

학습전략

공동주택관리 분쟁조정, 협회, 보칙 및 벌칙을 다루는 단원으로서 1문제 내지 2문제 정도가 출제되고 있습니다. 출제빈도가 높은 편이므로 꼼꼼히 숙지하시기 바랍니다.

학습키워드

- 공동주택관리 분쟁조정위원회
- 공동주택관리 지원기구
- 공동주택관리정보시스템
- 주택관리사단체
- 공동주택 관리비리 신고센터

1. 공동주택관리 분쟁조정위원회

(1) 공동주택관리 분쟁조정위원회의 설치(법 제71조)

① 공동주택관리 분쟁(법 제36조 및 제37조에 따른 공동주택의 하자담보책임 및 하자보수 등과 관련한 분쟁은 제외한다. 이하 이 장에서 같다)을 조정하기 위하여 **국토교통부**에 중앙 공동주택관리 분쟁조정위원회(이하 '**중앙분쟁조정위원회**'라 한다)를 두고, **시·군·구**(자치구를 말하며, 이하 같다)에 지방 공동주택관리 분쟁조정위원회(이하 '**지방분쟁조정위원회**'라 한다)를 둔다. 다만, '**공동주택 비율이 낮은** 시·군·구'로서 국토교통부장관이 인정하는 시·군·구의 경우에는 지방분쟁조정위원회를 두지 아니할 수 있다.

② 공동주택관리 분쟁조정위원회는 다음의 사항을 심의·조정한다. 23회
   ㉠ 입주자대표회의의 구성·운영 및 동별 대표자의 자격·선임·해임·임기에 관한 사항
   ㉡ 공동주택관리기구의 구성·운영 등에 관한 사항
   ㉢ 관리비·사용료 및 장기수선충당금 등의 징수·사용 등에 관한 사항
   ㉣ 공동주택(공용부분만 해당한다)의 유지·보수·개량 등에 관한 사항 24회
   ㉤ 공동주택의 리모델링에 관한 사항
   ㉥ 공동주택의 층간소음에 관한 사항
   ㉦ 혼합주택단지에서의 분쟁에 관한 사항
   ㉧ 다른 법령에서 공동주택관리 분쟁조정위원회가 분쟁을 심의·조정할 수 있도록 한 사항
   ㉨ 그 밖에 공동주택의 관리와 관련하여 분쟁의 심의·조정이 필요하다고 대통령령 또는 시·군·구의 조례(지방분쟁조정위원회에 한정한다)로 정하는 사항

(2) 중앙·지방분쟁조정위원회의 업무 관할(법 제72조)

① **중앙분쟁조정위원회**는 위 **(1)**의 ②의 ㉠~㉨의 사항 중 다음의 사항을 심의·조정한다.
   ㉠ 둘 이상의 시·군·구의 관할 구역에 **걸친** 분쟁
   ㉡ 시·군·구에 **지방분쟁조정위원회가 설치되지 아니한 경우** 해당 시·군·구 관할 분쟁
   ㉢ 분쟁당사자가 **쌍방**이 **합의**하여 중앙분쟁조정위원회에 조정을 신청하는 분쟁
   ㉣ 그 밖에 중앙분쟁조정위원회에서 관할하는 것이 필요하다고 '**대통령령으로 정하는 다음의 분쟁**'(영 제82조의2)
      ⓐ **500세대 이상**의 공동주택단지에서 발생한 분쟁 24회
      ⓑ '지방분쟁조정위원회'가 스스로 조정하기 곤란하다고 결정하여 '중앙분쟁조정위원회'에 **이송한** 분쟁

② 지방분쟁조정위원회는 해당 시·군·구의 관할 구역에서 발생한 분쟁 중 위 ①에 따른 중앙분쟁조정위원회의 심의·조정대상인 분쟁 '**외**'의 분쟁을 심의·조정한다.

(3) 중앙분쟁조정위원회의 구성 등(법 제73조)

① 중앙분쟁조정위원회는 위원장 1명을 포함한 **15명 이내**의 위원으로 구성한다.
② 중앙분쟁조정위원회의 위원은 공동주택관리에 관한 학식과 경험이 풍부한 사람으로서 다음의 어느 하나에 해당하는 사람 중에서 국토교통부장관이 임명 또는 위촉한다. 이 경우 **다음 ⓒ에 해당하는 사람이 3명 이상** 포함되어야 한다. 24회
  ㉠ 1급부터 4급까지 상당의 공무원 또는 고위공무원단에 속하는 공무원
  ㉡ 공인된 대학이나 연구기관에서 부교수 이상 또는 이에 상당하는 직에 재직한 사람
  ㉢ **판사·검사 또는 변호사의 직에 6년 이상 재직한 사람** 24회
  ㉣ 공인회계사·세무사·건축사·감정평가사 또는 공인노무사의 자격이 있는 사람으로서 10년 이상 근무한 사람
  ㉤ **주택관리사**로서 공동주택의 관리사무소장으로 **10년 이상** 근무한 사람
  ㉥ 그 밖에 공동주택관리에 대한 전문적 지식을 갖춘 사람으로서 대통령령으로 정하는 사람
③ 중앙분쟁조정위원회의 위원장의 임명, 공무원이 아닌 위원의 임기 및 연임에 관한 사항, 보궐위원의 임기, 공무원이 아닌 위원이 본인의 의사에 반하여 해촉되지 아니할 권리는 법 제40조(하자분쟁조정위원회의 구성 등) 제5항·제8항·제9항을 각각 준용한다.
④ 중앙분쟁조정위원회의 위원장의 직무나 위원장이 부득이한 사유로 직무를 수행할 수 없는 때의 직무 대행은 법 제40조 제10항을 준용한다. 이 경우 법 제40조 제10항 중 '분과위원장'은 '위원'으로 본다.
⑤ 중앙분쟁조정위원회의 위원의 제척·기피·회피에 관하여는 법 제41조(위원의 제척 등)를 준용한다.
⑥ 중앙분쟁조정위원회의 회의는 재적위원 **과반수**의 출석으로 개의하고 출석위원 **과반수**의 찬성으로 의결한다.
⑦ 중앙분쟁조정위원회는 위원회의 소관 사무 처리절차와 그 밖에 위원회의 운영에 관한 규칙을 정할 수 있다.

관련법령 중앙분쟁조정위원회의 구성(영 제82조의3)

위 (3)의 ②의 ㉥에서 '대통령령으로 정하는 사람'이란 다음의 어느 하나에 해당하는 사람을 말한다.
1. 「민사조정법」 제10조 제1항에 따른 조정위원으로서 같은 조 제3항에 따른 사무를 **3년 이상** 수행한 사람
2. 국가, 지방자치단체, 「공공기관의 운영에 관한 법률」에 따른 공공기관 및 「비영리민간단체 지원법」에 따른 비영리민간단체에서 공동주택관리 관련 업무에 **5년 이상** 종사한 사람

> **관련법령** 중앙 공동주택관리 분쟁조정위원회의 회의 등(영 제82조)

1. '중앙분쟁조정위원회'를 구성할 때에는 '성별을 고려'하여야 한다.
2. 중앙분쟁조정위원회의 위원장은 위원회의 회의를 소집하려면 특별한 사정이 있는 경우를 제외하고는 회의 개최 **3일 전**까지 회의의 일시·장소 및 심의안건을 각 위원에게 서면(전자우편을 포함한다)으로 알려야 한다.
3. 중앙분쟁조정위원회는 조정을 효율적으로 하기 위하여 필요하다고 인정하면 해당 사건들을 분리하거나 병합할 수 있다.
4. 중앙분쟁조정위원회는 위 3.에 따라 해당 사건들을 분리하거나 병합한 경우에는 조정의 당사자에게 지체 없이 서면으로 그 뜻을 알려야 한다. 24회
5. 중앙분쟁조정위원회는 조정을 위하여 필요하다고 인정하면 당사자에게 증거서류 등 관련 자료의 제출을 요청할 수 있다.
6. 중앙분쟁조정위원회는 다음 **(4)**의 ②에 따라 당사자나 **이해관계인**을 중앙분쟁조정위원회에 **출석시켜 의견을 들으려면** 회의 개최 **5일 전**까지 서면(전자우편을 포함한다)으로 출석을 요청하여야 한다. 이 경우 출석을 요청받은 사람은 출석할 수 없는 부득이한 사유가 있는 경우에는 미리 서면으로 의견을 제출할 수 있다.
7. 위 1.~6.에서 규정한 사항 외에 중앙분쟁조정위원회의 운영 등 필요한 사항은 중앙분쟁조정위원회의 의결을 거쳐 위원장이 정한다.
8. '**국토교통부장관**'은 분쟁조정사건을 전자적 방법으로 접수·통지 및 송달하거나, 민원상담 및 홍보 등을 인터넷을 이용하여 처리하기 위하여 **중앙분쟁조정시스템**을 구축·운영할 수 있다.

> **관련법령** 선정대표자(영 제83조)

여러 사람이 공동으로 조정의 당사자가 될 경우의 선정대표자에 대해서는 영 제46조(하자분쟁조정위원회의 선정대표자)를 준용한다. 24회

(4) 분쟁조정의 신청 및 조정 등(법 제74조)

① 위 **(1)**의 ②의 ㉠~㉣의 사항에 대하여 분쟁이 발생한 때에는 중앙분쟁조정위원회에 조정을 신청할 수 있다.

② 중앙분쟁조정위원회는 조정의 신청을 받은 때에는 **지체 없이** 조정의 절차를 개시하여야 한다. 이 경우 중앙분쟁조정위원회는 필요하다고 인정하면 당사자나 이해관계인을 중앙분쟁조정위원회에 출석하게 하여 의견을 들을 수 있다.

③ 중앙분쟁조정위원회는 조정절차를 개시한 날부터 **30일 이내**에 **그 절차를 완료**한 후 '**조정안**'을 작성하여 지체 없이 이를 각 당사자에게 **제시**하여야 한다. 다만, 부득이한 사정으로 **30일 이내**에 조정절차를 완료할 수 없는 경우 중앙분쟁조정위원회는 그 기간을 '**연장**'할 수 있다. 이 경우 그 사유와 기한을 명시하여 당사자에게 서면으로 통지하여야 한다.

④ '조정안을 제시받은 당사자'는 그 제시를 받은 날부터 **30일 이내**에 그 **수락 여부**를 중앙분쟁조정위원회에 서면으로 통보하여야 한다. 이 경우 30일 이내에 의사표시가 없는 때에는 수락한 것으로 본다. _{25회 주관식}

⑤ 당사자가 조정안을 **수락**하거나 **수락한 것으로 보는 경우** 중앙분쟁조정위원회는 '**조정서**'를 작성하고, '**위원장** 및 **각 당사자**'가 **서명날인**한 후 '**조정서 정본**'을 지체 없이 각 당사자 또는 그 대리인에게 **송달**하여야 한다. 다만, 수락한 것으로 보는 경우에는 각 당사자의 서명날인을 생략할 수 있다. _{25회 주관식}

⑥ 당사자가 위 ⑤에 따라 조정안을 수락하거나 수락한 것으로 보는 때에는 그 조정서의 내용은 **재판상 화해**와 동일한 효력을 갖는다. 다만, 당사자가 임의로 처분할 수 없는 사항에 관한 것은 그러하지 아니하다. _{25회 주관식}

⑦ 조정의 신청절차 및 방법, 비용의 부담 등에 필요한 사항은 국토교통부령으로 정한다.

⑧ 중앙분쟁조정위원회에 조정을 신청하는 자는 국토교통부장관이 정하여 고시하는 바에 따라 수수료를 납부하여야 한다.

> **관련법령** 조정안 및 조정서의 기재사항(영 제84조)
>
> 1. 위 **(4)**의 ③에 따른 '**조정안**'에는 다음의 사항을 기재하여야 한다.
>   ㉠ 사건번호와 사건명
>   ㉡ 당사자, 선정대표자, 대리인의 주소 및 성명(법인인 경우에는 본점의 소재지 및 명칭을 말한다)
>   ㉢ 신청취지
>   ㉣ 조정일자
>   ㉤ 조정이유
>   ㉥ 조정결과
> 2. 위 **(4)**의 ⑤에 따른 '**조정서**'에 기재할 사항은 다음과 같다.
>   ㉠ 사건번호와 사건명
>   ㉡ 당사자, 선정대표자, 대리인의 주소 및 성명(법인인 경우에는 본점의 소재지 및 명칭을 말한다)
>   ㉢ 교부일자
>   ㉣ 조정내용
>   ㉤ 신청의 표시(신청취지 및 신청원인)

(5) 분쟁조정 신청의 통지 등(법 제75조)

① 중앙분쟁조정위원회의 분쟁조정 신청에 대한 상대방 통지의무, 통지를 받은 상대방의 **답변서 제출의무**는 법 제46조(하자분쟁조정위원회의 조정등의 신청의 통지 등) 제1항·제2항을 각각 **준용**한다.

② 중앙분쟁조정위원회로부터 분쟁조정 신청에 관한 통지를 받은 **입주자대표회의**(구성원을 포함한다)와 **관리주체**는 분쟁조정에 **응하여야** 한다.

(6) 사실 조사·검사 등(법 제76조)

① 중앙분쟁조정위원회는 위원 또는 중앙분쟁조정위원회의 운영 및 사무처리를 위한 조직(이하 '중앙분쟁조정위원회의 **사무국**'이라 한다)의 직원으로 하여금 해당 공동주택 등에 출입하여 조사·검사 및 열람하게 하거나 참고인의 진술을 들을 수 있도록 할 수 있다. 이 경우 당사자와 이해관계인은 이에 협조하여야 한다.

② 위 ①에 따라 조사·검사 등을 하는 사람은 그 권한을 나타내는 증표를 지니고 이를 관계인에게 내보여야 한다.

(7) 조정의 거부와 중지(법 제77조)

① 중앙분쟁조정위원회는 분쟁의 성질상 분쟁조정위원회에서 조정을 하는 것이 맞지 아니하다고 인정하거나 부정한 목적으로 신청되었다고 인정하면 그 조정을 거부할 수 있다. 이 경우 조정의 거부사유를 신청인에게 알려야 한다.

② 중앙분쟁조정위원회는 '신청된 사건의 처리절차가 진행되는 도중'에 '한쪽 당사자가 소를 제기한 경우'에는 **조정의 처리를 중지**하고 이를 당사자에게 알려야 한다.

③ 중앙분쟁조정위원회의 분쟁의 당사자에 대한 조정의 절차 중 합의 권고에 관하여는 법 제42조(하자분쟁조정위원회 회의 등) 제5항을 준용한다.

(8) 「민사조정법」 등의 준용 등(법 제78조)

중앙분쟁조정위원회의 **소멸시효의 중단** 등에 관한 「**민사조정법**」의 준용이나 서류송달, 절차, 의사결정과정의 비공개 및 직무상 알게 된 **비밀의 누설 금지**에 관하여는 법 제47조(민사조정법 등의 준용) 및 법 제50조(절차의 비공개 등)를 준용한다. [**비밀누설금지 위반자: 1년 이하 징역 또는 1천만원 이하 벌금**]

(9) 중앙분쟁조정위원회의 운영 및 사무처리의 위탁(법 제79조)

① 국토교통부장관은 중앙분쟁조정위원회의 운영 및 사무처리를 고시로 정하는 기관 또는 단체에 위탁할 수 있다.

② 중앙분쟁조정위원회의 운영 및 사무처리를 위한 조직 및 인력 등에 필요한 사항은 대통령령으로 정한다.

③ 국토교통부장관은 예산의 범위에서 중앙분쟁조정위원회의 운영 및 사무처리에 필요한 경비를 위 ①에 따른 수탁기관 또는 단체에 출연 또는 보조할 수 있다.

| 관련법령 | 중앙분쟁조정위원회의 운영 및 사무처리(영 제85조) |

1. 위 **(9)**의 ①에 따른 기관 또는 단체(이하 '**운영수탁자**'라 한다)에 중앙분쟁조정위원회의 운영 및 사무처리를 위한 **사무국**을 두며, 사무국은 **위원장의 명**을 받아 사무를 처리한다.
2. 위 **(9)**의 ②에 따라 위 1.에 따른 '사무국의 조직 및 인력 등'은 '**운영수탁자**'가 **국토교통부장관의 승인**을 받아 정한다.

| 관련법령 | 수당 등(영 제86조) |

중앙분쟁조정위원회에 출석한 위원에 대한 수당, 여비 등의 지급에 대해서는 영 제55조(위원의 수당 및 여비)를 준용한다.

(10) 지방분쟁조정위원회(법 제80조)

① 지방분쟁조정위원회의 위원 중 공무원이 아닌 위원이 본인의 의사에 반하여 해촉되지 아니할 권리, 위원의 제척·기피·회피에 관한 내용은 '중앙분쟁조정위원회에 관한 규정'을 준용한다.
② 분쟁당사자가 지방분쟁조정위원회의 조정결과를 수락한 경우에는 당사자간에 **조정조서(調停調書)**와 같은 내용의 합의가 성립된 것으로 본다.
③ 지방분쟁조정위원회의 구성에 필요한 사항은 대통령령으로 정하며, 지방분쟁조정위원회의 회의·운영 등에 필요한 사항은 해당 시·군·구의 조례로 정한다.

| 관련법령 | 지방 공동주택관리 분쟁조정위원회의 구성(영 제87조) |

1. 지방 공동주택관리 분쟁조정위원회(이하 '지방분쟁조정위원회'라 한다)는 위원장 1명을 포함하여 **10명** 이내의 위원으로 구성하되, '**성별을 고려**'하여야 한다.
2. 지방분쟁조정위원회의 위원은 다음의 어느 하나에 해당하는 사람 중에서 해당 시장·군수·구청장이 위촉하거나 임명한다.
   ㉠ 해당 시·군 또는 구(자치구를 말한다) 소속 공무원
   ㉡ 법학·경제학·부동산학 등 주택분야와 관련된 학문을 전공한 사람으로 대학이나 공인된 연구기관에서 조교수 이상 또는 이에 상당하는 직(職)에 있거나 있었던 사람
   ㉢ 변호사·공인회계사·세무사·건축사·공인노무사의 자격이 있는 사람 또는 판사·검사
   ㉣ 공동주택 **관리사무소장**으로 **5년 이상** 근무한 경력이 있는 주택관리사
   ㉤ 그 밖에 공동주택관리 분야에 대한 학식과 경험을 갖춘 사람
3. 지방분쟁조정위원회의 위원장은 위원 중에서 해당 **지방자치단체의 장**이 **지명**하는 사람이 된다.
4. 공무원이 아닌 위원의 임기는 **2년**으로 한다. 다만, 보궐위원의 임기는 전임자의 남은 임기로 한다.

2. 협회

(1) 협회의 설립 등(법 제81조)

① 주택관리사등은 공동주택관리에 관한 기술·행정 및 법률문제에 관한 연구와 그 업무를 효율적으로 수행하기 위하여 **주택관리사단체**를 설립할 수 있다.
② 위 ①의 단체(이하 '협회'라 한다)는 **법인**으로 한다.
③ 협회는 그 주된 사무소의 소재지에서 **설립등기**를 함으로써 성립한다.
④ 이 법에 따라 국토교통부장관, 시·도지사, 대도시 시장으로부터 '**영업 및 자격의 정지처분**을 받은 협회 회원의 권리·의무'는 그 **영업 및 자격의 정지기간 중**에는 '**정지**'되며, '주택관리사 등의 자격이 취소된 때'에는 **협회의 회원자격**을 '**상실**'한다.
⑤ 협회를 설립하려면 주택관리사단체의 경우 공동주택의 관리사무소장으로 **배치된 자의 5분의 1 이상**의 인원수를 **발기인**으로 하여 **정관**을 마련한 후 **창립총회의 의결**을 거쳐 **국토교통부장관**의 **인가**를 받아야 한다. 인가받은 정관을 변경하는 경우에도 또한 같다.
⑥ 국토교통부장관은 위 ⑤에 따른 인가를 하였을 때에는 이를 지체 없이 공고하여야 한다.

(2) 공제사업(법 제82조)

① **주택관리사단체**는 법 제66조에 따른 '관리사무소장의 손해배상책임'과 '공동주택에서 발생하는 인적·물적 사고, 그 밖에 공동주택관리업무와 관련한 종사자와 사업자'의 '손해배상책임 등을 보장'하기 위하여 **공제사업**을 할 수 있다.
② **주택관리사단체**는 공제사업을 하려면 **공제규정**을 제정하여 **국토교통부장관**의 '**승인**'을 받아야 한다. 공제규정을 '변경'하려는 경우에도 또한 같다.
③ '공제규정'에는 대통령령으로 정하는 바에 따라 공제사업의 범위, 공제계약의 내용, 공제금, 공제료, 회계기준 및 책임준비금의 적립비율 등 공제사업의 운용에 필요한 사항이 포함되어야 한다.
④ 주택관리사단체는 공제사업을 다른 회계와 구분하여 '**별도의 회계**'로 관리하여야 하며, **책임준비금**을 '다른 용도로 사용하려는 경우'에는 '**국토교통부장관**'의 승인을 받아야 한다.
⑤ 주택관리사단체는 대통령령으로 정하는 바에 따라 매년도의 공제사업 운용실적을 일간신문 또는 단체의 홍보지 등을 통하여 **공제계약자에게 공시**하여야 한다.
⑥ 국토교통부장관은 주택관리사단체가 이 법 및 공제규정을 지키지 아니하여 공제사업의 건전성을 해칠 우려가 있다고 인정되는 경우에는 시정을 명하여야 한다.
⑦ 「금융위원회의 설치 등에 관한 법률」에 따른 '**금융감독원 원장**'은 국토교통부장관이 요청한 경우에는 '주택관리사단체'의 공제사업에 관하여 **검사**를 할 수 있다.

| 관련법령 | 공제사업의 범위(영 제88조) |

위 (2)의 ①에 따라 주택관리사단체가 할 수 있는 공제사업의 범위는 다음과 같다.
1. 주택관리사등의 손해배상책임을 보장하기 위한 공제기금의 조성 및 공제금의 지급에 관한 사업
2. 공제사업의 부대사업으로서 국토교통부장관의 '승인'을 받은 사업

| 관련법령 | 공제규정(영 제89조) |

위 (2)의 ②에 따른 공제규정에는 다음의 사항이 포함되어야 한다.
1. '공제계약의 내용'으로서 다음의 사항
   ㉠ 주택관리사단체의 공제책임
   ㉡ 공제금, 공제료(공제사고 발생률 및 보증보험료 등을 종합적으로 고려하여 정한다) 및 공제기간
   ㉢ 공제금의 청구와 지급절차, 구상 및 대위권, 공제계약의 실효
   ㉣ 그 밖에 공제계약에 필요한 사항
2. 회계기준: 공제사업을 손해배상기금과 복지기금으로 구분하여 각 기금별 목적 및 회계원칙에 부합되는 기준
3. 책임준비금의 적립비율: 공제료 수입액의 100분의 10 이상(공제사고 발생률 및 공제금 지급액 등을 종합적으로 고려하여 정한다)

| 관련법령 | 공제사업 운용실적의 공시(영 제90조) |

위 (2)의 ⑤에 따라 주택관리사단체는 다음의 사항이 모두 포함된 공제사업 운용실적을 '매 회계연도 종료 후' 2개월 이내에 국토교통부장관에게 보고하고, '일간신문 또는 주택관리사단체의 인터넷 홈페이지 등'을 통하여 공시하여야 한다
1. 재무상태표, 손익계산서 및 감사보고서
2. 공제료 수입액, 공제금 지급액, 책임준비금 적립액
3. 그 밖에 공제사업의 운용에 관한 사항

(3) 협회에 대한 지도·감독(법 제83조)

'국토교통부장관'은 협회를 지도·감독한다.

| 관련법령 | 주택관리사단체의 감독(영 제91조) |

국토교통부장관은 위 (3)에 따른 감독상 필요한 경우에는 주택관리사단체에 대하여 다음의 사항을 보고하게 할 수 있다.
1. 총회 또는 이사회의 의결사항
2. 회원의 실태파악을 위하여 필요한 사항
3. 주택관리사단체의 운영계획 등 업무와 관련된 중요사항
4. 그 밖에 공동주택의 관리와 관련하여 필요한 사항

(4) 「민법」의 준용(법 제84조)

협회에 관하여 이 법에서 규정한 것 외에는 「민법」 중 사단법인에 관한 규정을 준용한다.

3. 보칙

(1) 관리비용 등의 지원(법 제85조)

① 지방자치단체의 장은 그 지방자치단체의 조례로 정하는 바에 따라 **공동주택의 관리, 층간소음 개선을 위한 층간소음의 측정·진단에 필요한 비용**(경비원 등 근로자의 근무환경 개선에 필요한 냉난방 및 안전시설 등의 설치·운영 비용을 포함한다)의 일부를 지원할 수 있다.

② 국가는 공동주택의 보수·개량, 층간소음 저감재 설치 등에 필요한 비용의 일부를 '**주택도시기금**'에서 융자할 수 있다. 23회 주관식

(2) 층간소음 실태조사(법 제85조의2)

① 국토교통부장관 또는 지방자치단체의 장은 공동주택의 층간소음 예방을 위한 정책의 수립과 시행에 필요한 기초자료를 확보하기 위하여 대통령령으로 정하는 바에 따라 층간소음에 관한 실태조사를 '단독' 또는 '합동'으로 실시할 수 있다.

② 국토교통부장관 또는 지방자치단체의 장은 위 ①에 따른 실태조사와 관련하여 관계 기관의 장 또는 관련 단체의 장에게 필요한 자료의 제출을 요청할 수 있다. 이 경우 자료제출을 요청받은 자는 정당한 사유가 없으면 이에 따라야 한다.

③ 국토교통부장관 또는 지방자치단체의 장은 위 ①에 따른 층간소음에 관한 실태조사 업무를 '대통령령으로 정하는 기관 또는 단체'에 위탁하여 실시할 수 있다.

> **관련법령** 층간소음 실태조사(영 제91조의2)
>
> 1. 국토교통부장관 또는 지방자치단체의 장은 위 (2)의 ①에 따라 층간소음에 관한 실태 조사를 하는 경우에는 국토교통부장관 또는 지방자치단체의 장이 **환경부장관과 협의하여 정하는 방법**에 따라 다음의 사항을 조사한다.
>   ㉠ 공동주택의 주거환경
>   ㉡ 층간소음 피해 및 분쟁조정 현황
>   ㉢ 그 밖에 층간소음 예방을 위한 정책의 수립과 시행에 필요한 사항
> 2. 위 (2)의 ③에서 '대통령령으로 정하는 기관 또는 단체'란 다음 기관 또는 단체를 말한다.
>   ㉠ 공동주택관리 지원기구
>   ㉡ 「정부출연연구기관 등의 설립·운영 및 육성에 관한 법률」에 따라 설립된 **정부출연연구기관**
>   ㉢ 「지방자치단체출연 연구원의 설립 및 운영에 관한 법률」에 따라 설립된 **지방자치단체출연 연구원**
> 3. 국토교통부장관 또는 지방자치단체의 장은 위 (2)의 ③에 따라 업무를 위탁하는 경우에는 위탁받는 기관 또는 단체 및 위탁업무의 내용을 관보 또는 공보에 '고시'해야 한다.

(3) **공동주택관리 지원기구**(법 제86조)

① 국토교통부장관은 다음의 업무를 수행할 기관 또는 단체를 공동주택관리 지원기구(이하 이 조에서 '공동주택관리 지원기구'라 한다)로 지정하여 고시할 수 있다.

㉠ 공동주택관리와 관련한 민원상담 및 교육
㉡ 관리규약 제정·개정의 지원
㉢ 입주자대표회의 구성 및 운영과 관련한 지원
㉣ 장기수선계획의 수립·조정 지원 또는 공사·용역의 타당성 자문 등 기술지원
㉤ 공동주택 관리상태 진단 및 지원
㉥ 공동주택 입주자등의 공동체 활성화 지원
㉦ 공동주택의 조사·검사 및 분쟁조정의 지원
㉧ 공동주택 관리실태 조사·연구
㉨ 국토교통부장관 또는 지방자치단체의 장이 의뢰하거나 위탁하는 업무
㉩ 그 밖에 공동주택 입주자등의 권익보호와 공동주택관리의 투명화 및 효율화를 위하여 '대통령령으로 정하는 업무'

② **국토교통부장관**은 예산의 범위에서 공동주택관리 지원기구의 운영 및 사무처리에 필요한 경비를 **출연 또는 보조**할 수 있다.

③ 공동주택관리 지원기구는 위 ①의 ㉠~㉩의 업무를 수행하는 데 필요한 경비의 전부 또는 일부를 **관리주체** 또는 **입주자대표회의**로부터 받을 수 있다.

> **관련법령** 공동주택관리 지원기구의 업무 등(영 제92조)
>
> 위 **(3)**의 ①의 ㉩에서 '대통령령으로 정하는 업무'란 다음의 업무를 말한다.
> 1. 법 제10조에 따른 혼합주택단지의 분쟁조정 상담 지원
> 2. 법 제20조에 따른 층간소음의 방지 등에 대하여 필요한 조사 또는 상담 지원
> 3. 법 제32조 및 제34조에 따른 공동주택의 안전관리업무 지원

(4) 지역공동주택관리지원센터(법 제86조의2)

① **지방자치단체의 장**은 관할 지역 내 공동주택의 효율적인 관리에 필요한 지원 및 시책을 수행하기 위해 '공동주택관리에 전문성을 가진 기관 또는 단체'를 **지역공동주택관리지원센터** [이하 **(4)**에서 '지역센터'라 한다]로 **지정**할 수 있다.

② 지역센터는 다음의 업무를 수행한다.
㉠ 위 **(3)**의 ①의 ㉠~㉩에 따른 업무
㉡ 소규모 공동주택에 대한 관리 지원
㉢ 그 밖에 지역 내 공동주택의 효율적인 관리를 위해 지방자치단체의 조례로 정하는 업무

③ **지방자치단체**는 지역센터의 운영 및 사무처리에 필요한 비용을 예산의 범위에서 출연 또는 보조할 수 있다.

④ 지역센터의 지정 및 운영 등에 필요한 사항은 지방자치단체의 조례로 정한다.

(5) 공동주택 우수관리단지 선정(법 제87조)

① 시·도지사는 공동주택단지를 모범적으로 관리하도록 장려하기 위하여 매년 공동주택 모범관리단지를 선정할 수 있다.

② 시·도지사는 위 ①에 따라 모범관리단지를 선정하는 경우 층간소음 예방 및 분쟁 조정 활동을 모범적으로 수행한 단지를 '별도'로 선정할 수 있다.

③ 국토교통부장관은 위 ① 및 ②에 따라 시·도지사가 선정한 공동주택 모범관리단지 중에서 공동주택 우수관리단지를 선정하여 표창하거나 상금을 지급할 수 있고, 그 밖에 필요한 지원을 할 수 있다.

④ 공동주택 모범관리단지와 공동주택 우수관리단지의 선정, 표창 및 상금 지급 등에 필요한 사항은 국토교통부장관이 정하여 고시한다.

(6) 공동주택관리정보시스템의 구축·운영 등(법 제88조)

① '국토교통부장관'은 공동주택관리의 투명성과 효율성을 제고하기 위해 공동주택관리에 관한 정보를 종합적으로 관리할 수 있는 공동주택관리정보시스템을 구축·운영할 수 있고, 이에 관한 정보를 관련 기관·단체 등에 제공할 수 있다. 24회 주관식

② 국토교통부장관은 공동주택관리정보시스템을 구축·운영하기 위하여 필요한 자료를 관련 기관·단체 등에 요청할 수 있다. 이 경우 기관·단체 등은 특별한 사유가 없으면 그 요청에 따라야 한다.

③ 시·도지사는 공동주택관리에 관한 정보를 종합적으로 관리할 수 있고, 이에 관한 정보를 관련 기관·단체 등에 제공하거나 요청할 수 있다. 이 경우 기관·단체 등은 특별한 사유가 없으면 그 요청에 따라야 한다.

> **관련법령** 공동주택관리정보시스템의 구축·운영 등(영 제93조)
>
> 위 (6)에 따른 공동주택관리정보시스템의 구축·운영 등에 관하여 필요한 사항은 국토교통부장관이 정하여 고시한다.

(7) 권한의 위임·위탁(법 제89조)

① 이 법에 따른 국토교통부장관의 권한은 대통령령으로 정하는 바에 따라 그 일부를 시·도지사 또는 국토교통부 소속 기관의 장에게 위임할 수 있다.

② 국토교통부장관 또는 지방자치단체의 장은 이 법에 따른 권한 중 다음의 권한을 대통령령으로 정하는 바에 따라 공동주택관리의 전문화, 시설물의 안전관리 및 자격검정 등을 목적으로 설립된 법인 중 국토교통부장관 또는 지방자치단체의 장이 인정하는 자에게 위탁할 수 있다.
  ㉠ 입주자대표회의의 구성원 등 교육
  ㉡ 장기수선계획의 조정교육

ⓒ 법 제32조에 따른 방범교육, 소방에 관한 안전교육, 시설물에 관한 안전교육

ⓔ 법 제34조에 따른 '소규모 공동주택'의 안전관리

ⓜ 관리사무소장의 배치내용 및 직인 신고의 접수

ⓗ 주택관리사보 자격시험의 시행

ⓢ 주택관리업자 및 관리사무소장에 대한 교육

ⓞ 공동주택관리정보시스템의 구축·운영

관련법령 권한의 위임(영 제94조)

국토교통부장관은 위 (7)의 ①에 따라 다음 (10)에 따른 보고·검사의 권한을 시·도지사에게 위임한다.

관련법령 업무의 위탁(영 제95조)

1. **국토교통부장관**은 주택관리사보 자격시험의 시행에 관한 업무를 '한국산업인력공단'에 위탁한다.
2. **국토교통부장관**은 공동주택관리정보시스템의 구축·운영에 관한 업무를 「한국부동산원법」에 따른 '한국부동산원'에 위탁한다.
3. **시·도지사**는 다음의 업무를 '주택관리에 관한 전문기관 또는 단체'를 지정하여 위탁한다.
   ㉠ 장기수선계획의 **조정교육**
   ㉡ 주택관리업자 및 관리사무소장에 대한 **교육**
4. **시장·군수·구청장**은 입주자대표회의 **구성원** 교육을 위 (3)에 따른 공동주택관리 지원기구(이하 '공동주택관리 지원기구'라 한다)에 위탁한다.
5. **시장·군수·구청장**은 법 제32조에 따른 **방범교육**을 같은 조 제3항에 따른 '**관할 경찰서장**' 또는 '공동주택관리 지원기구'를 지정하여 위탁한다.
6. **시장·군수·구청장**은 법 제32조에 따른 **소방에 관한 안전교육**을 같은 조 제3항에 따른 '**관할 소방서장**' 또는 '**공동주택관리 지원기구**'를 지정하여 위탁한다.
7. **시장·군수·구청장**은 법 제32조에 따른 **시설물 안전교육**을 '공동주택관리 지원기구' 또는 '**주택관리사단체**'를 지정하여 위탁한다.
8. **시장·군수·구청장**은 '**소규모 공동주택의**' 안전관리 업무를 다음의 어느 하나에 해당하는 법인을 지정하여 위탁한다. 〈개정 2025.4.15.〉
   ㉠ 국토안전관리원
   ㉡ 주택관리사단체
   ㉢ 그 밖에 **국토교통부장관**이 소규모 공동주택의 안전관리 업무를 수행할 수 있다고 **인정하여 고시**하는 법인
9. **시장·군수·구청장**은 관리사무소장의 배치내용 및 직인 신고의 접수에 관한 업무를 '주택관리사단체'에 위탁한다.
10. 시·도지사 또는 시장·군수·구청장은 위 3. 및 5.~8.의 규정에 따라 업무를 위탁하는 경우에는 위탁받은 기관·단체, 위탁한 업무의 내용 및 처리방법, 그 밖의 필요한 사항을 공보에 고시하여야 한다.

(8) 부정행위 금지 등(법 제90조)

① 공동주택의 **관리**와 관련하여 **입주자대표회의**[구성원을 포함한다. 이하 (8)에서 같다]와 **관리사무소장**은 '공모(共謀)하여' **부정**하게 재물 또는 재산상의 이익을 취득하거나 제공하여서는 아니 된다. [위반자: 3년 이하의 징역 또는 3천만원 이하의 벌금]

② 공동주택의 **관리**(관리사무소장 등 근로자의 채용을 포함한다)와 관련하여 **입주자등·관리주체·입주자대표회의·선거관리위원회**(위원을 포함한다)는 **부정**하게 재물 또는 재산상의 이익을 취득하거나 제공하여서는 아니 된다. [위반자: 2년 이하의 징역 또는 2천만원 이하의 벌금]

③ '**입주자대표회의**' 및 '**관리주체**'는 '관리비·사용료와 장기수선충당금'을 이 법에 따른 **용도 외의 목적**으로 사용하여서는 아니 된다. [위반자: 1천만원 이하의 과태료]

④ **주택관리업자** 및 **주택관리사등**은 다른 자에게 자기의 성명 또는 상호를 사용하여 이 법에서 정한 사업이나 업무를 수행하게 하거나 그 **등록증 또는 자격증을 빌려 주어서는 아니 된다**. [위반자: 1년 이하의 징역 또는 1천만원 이하의 벌금]

⑤ 누구든지 다른 자의 성명 또는 상호를 사용하여 주택관리업 또는 주택관리사등의 업무를 수행하거나 그 등록증 또는 자격증을 **빌려서는 아니 된다**. [위반자: 1년 이하의 징역 또는 1천만원 이하의 벌금]

⑥ 누구든지 위 ④나 ⑤에서 금지된 행위를 **알선**하여서는 아니 된다. [위반자: 1년 이하의 징역 또는 1천만원 이하의 벌금]

(9) 체납된 장기수선충당금 등의 강제징수(법 제91조)

'국가 또는 지방자치단체인 관리주체'가 관리하는 공동주택의 '**장기수선충당금**' 또는 '**관리비**'가 '**체납**'된 경우 국가 또는 지방자치단체는 국세 또는 지방세 체납처분의 예에 따라 해당 장기수선충당금 또는 관리비를 **강제징수**할 수 있다.

(10) 보고·검사 등(법 제92조)

① 국토교통부장관 또는 지방자치단체의 장은 필요하다고 인정할 때에는 이 법에 따라 허가를 받거나 신고·등록 등을 한 자에게 필요한 보고를 하게 하거나, 관계 공무원으로 하여금 사업장에 출입하여 필요한 검사를 하게 할 수 있다.

② 위 ①에 따른 검사를 할 때에는 검사 **7일 전**까지 검사일시, 검사이유 및 검사내용 등 검사계획을 검사를 받을 자에게 알려야 한다. 다만, 긴급한 경우나 사전에 통지하면 증거인멸 등으로 검사 목적을 달성할 수 없다고 인정하는 경우에는 그러하지 아니하다.

③ 위 ①에 따라 검사를 하는 공무원은 그 권한을 나타내는 증표를 지니고 이를 관계인에게 내보여야 한다.

(11) 공동주택관리에 관한 감독(법 제93조)

① 지방자치단체의 장은 공동주택관리의 효율화와 입주자등의 보호를 위하여 다음의 어느 하나에 해당하는 경우 입주자등, 입주자대표회의나 그 구성원, 관리주체[**의무관리대상 공동주택이 아닌 경우에는 관리인을 말한다. 이하 (11)에서 같다**], 관리사무소장 또는 선거관리위원회나 그 위원 등에게 관리비등의 사용내역 등 '대통령령으로 정하는 업무'에 관한 사항을 보고하게 하거나 자료의 제출이나 그 밖에 필요한 명령을 할 수 있으며, 소속 공무원으로 하여금 영업소·관리사무소 등에 출입하여 공동주택의 시설·장부·서류 등을 조사 또는 검사하게 할 수 있다. 이 경우 출입·검사 등을 하는 공무원은 그 권한을 나타내는 증표를 지니고 이를 관계인에게 내보여야 한다.
  ㉠ 다음 ③ 또는 ④에 따른 감사에 필요한 경우
  ㉡ 이 법 또는 이 법에 따른 명령이나 처분을 위반하여 조치가 필요한 경우
  ㉢ 공동주택단지 내 분쟁의 조정이 필요한 경우
  ㉣ 공동주택 시설물의 안전관리를 위하여 필요한 경우
  ㉤ 입주자대표회의 등이 공동주택 관리규약을 위반한 경우
  ㉥ 그 밖에 공동주택관리에 관한 감독을 위하여 필요한 경우

② 공동주택의 **입주자등**은 위 ①의 ㉡, ㉢ 또는 ㉤에 해당하는 경우 **전체 입주자등의 10분의 2 이상의 동의를 받아 지방자치단체의 장**에게 '입주자대표회의나 그 구성원, 관리주체, 관리사무소장 또는 선거관리위원회나 그 위원 등의 업무'에 대하여 **감사를 요청**할 수 있다. 이 경우 감사 요청은 그 사유를 소명하고 이를 뒷받침할 수 있는 자료를 첨부하여 서면으로 하여야 한다. 22회

③ **지방자치단체의 장**은 위 ②에 따른 감사 요청이 이유가 있다고 인정하는 경우에는 감사를 실시한 후 감사를 요청한 입주자등에게 그 결과를 통보하여야 한다.

④ **지방자치단체의 장**은 위 ②에 따른 감사 요청이 없더라도 공동주택관리의 효율화와 입주자등의 보호를 위하여 필요하다고 인정하는 경우에는 위 ②의 감사대상이 되는 업무에 대하여 감사를 실시할 수 있다.

⑤ **지방자치단체의 장**은 위 ③ 또는 ④에 따라 감사를 실시할 경우 변호사·공인회계사 등의 전문가에게 자문하거나 해당 전문가와 함께 영업소·관리사무소 등을 조사할 수 있다.

⑥ 위 ②~⑤의 감사 요청 및 감사 실시에 필요한 사항은 지방자치단체의 조례로 정한다.

⑦ **지방자치단체의 장**은 위 ①~④의 규정에 따라 명령, 조사 또는 검사, 감사의 결과 등을 통보하는 경우 그 내용을 해당 공동주택의 **입주자대표회의** 및 **관리주체**에게도 통보하여야 한다.

⑧ **관리주체**는 위 ⑦에 따라 통보받은 내용을 대통령령으로 정하는 바에 따라 해당 공동주택단지의 **인터넷 홈페이지** 및 **동별 게시판**에 공개하고 입주자등의 열람, 복사 요구에 따라야 한다.

| 관련법령 | 공동주택관리에 관한 감독(영 제96조) |

1. 위 **(11)**의 ①에서 '대통령령으로 정하는 업무'란 다음의 업무를 말한다.
   ㉠ 입주자대표회의의 구성 및 의결
   ㉡ 관리주체 및 관리사무소장의 업무
   ㉢ 자치관리기구의 구성 및 운영
   ㉣ 관리규약의 제정·개정
   ㉤ 시설물의 안전관리
   ㉥ 공동주택의 안전점검
   ㉦ 장기수선계획 및 장기수선충당금 관련 업무
   ㉧ 법 제35조 제1항에 따른 행위허가 또는 신고
   ㉨ 그 밖에 공동주택의 관리에 관한 업무
2. 위 **(11)**의 ㉦에 따른 통보를 받은 관리주체는 위 **(11)**의 ⑧에 따라 통보를 받은 날부터 **10일 이내**에 그 내용을 공동주택단지의 인터넷 홈페이지 및 동별 게시판에 **7일 이상** 공개해야 한다. 이 경우 동별 게시판에는 통보받은 일자, 통보한 기관 및 관계 부서, 주요 내용 및 조치사항 등을 요약하여 공개할 수 있다.
3. 관리주체는 위 2.에 따라 공개하는 내용에서 「개인정보 보호법 시행령」 제19조 각 호에 따른 고유식별정보 등 개인의 사생활의 비밀 또는 자유를 침해할 우려가 있는 정보는 제외해야 한다.

(12) 공동주택 관리비리 신고센터의 설치 등(법 제93조의2)

① **국토교통부장관**은 공동주택 관리비리와 관련된 불법행위 신고의 접수·처리 등에 관한 업무를 효율적으로 수행하기 위하여 **공동주택 관리비리 신고센터**(이하 '신고센터'라 한다)를 설치·운영할 수 있다. 23회

② 신고센터는 다음의 업무를 수행한다.
㉠ 공동주택관리의 불법행위와 관련된 신고의 상담 및 접수
㉡ 해당 **지방자치단체의 장**에게 해당 신고사항에 대한 **조사 및 조치 요구**
㉢ 신고인에게 조사 및 조치 결과의 요지 등 통보

③ 공동주택관리와 관련하여 불법행위를 인지한 자는 신고센터에 그 사실을 신고할 수 있다. 이 경우 신고를 하려는 자는 자신의 인적사항과 신고의 취지·이유·내용을 적고 서명한 문서와 함께 신고대상 및 증거 등을 제출하여야 한다. 23회

④ 위 ②의 ㉡에 따른 요구를 받은 **지방자치단체의 장**은 **신속하게** 해당 요구에 따른 '조사 및 조치를 완료하고 완료한 날'부터 **10일 이내**에 그 결과를 **국토교통부장관**에게 통보하여야 하며, **국토교통부장관**은 통보를 받은 경우 '**즉시**' 신고자에게 **그 결과의 요지**를 알려야 한다.

⑤ 위 ①부터 ④까지에서 규정한 사항 외에 신고센터의 설치·운영·업무·신고 및 처리 등에 필요한 사항은 대통령령으로 정한다.

> **관련법령** 공동주택 관리비리 신고센터의 설치 및 구성(영 제96조의2)

1. **국토교통부장관**은 위 **(12)**의 ①에 따라 **국토교통부**에 공동주택 관리비리 신고센터(이하 '**신고센터**'라 한다)를 설치한다.
2. **신고센터의 장**은 국토교통부의 '**공동주택 관리업무를 총괄**'하는 부서의 장으로 하고, **구성원**은 '**공동주택 관리와 관련된 업무를 담당**'하는 공무원으로 한다. 23회
3. **국토교통부장관**은 신고센터의 운영을 위하여 필요한 경우 **지방자치단체의 장**에게 소속 직원의 **파견을 요청**할 수 있다. 이 경우 국토교통부장관은 공동주택 관리비리 신고 및 처리 건수 등을 고려하여 관계 지방자치단체의 장과 협의를 거쳐 인력지원의 규모, 기간 및 방법 등을 조정할 수 있다.
4. 위 3.에 따라 국토교통부장관으로부터 소속 직원의 파견을 요청받은 지방자치단체의 장은 특별한 사유가 없으면 파견에 필요한 조치를 하여야 한다.

> **관련법령** 공동주택 관리비리의 신고 및 확인(영 제96조의3)

1. 위 **(12)**의 ③에 따라 신고를 하려는 자는 다음의 사항을 포함한 신고서(전자문서를 포함한다)를 신고센터에 제출하여야 한다. 23회
   ㉠ **신고자**의 **성명**, 주소, 연락처 등 **인적사항**
   ㉡ **신고대상자**의 **성명**, 주소, 연락처 및 근무기관 등 **인적사항**
   ㉢ 신고자와 신고대상자의 관계
   ㉣ 신고의 경위 및 이유
   ㉤ 신고 대상 비리행위의 발생일시·장소 및 그 내용
   ㉥ 신고내용을 증명할 수 있는 참고인의 인적사항 또는 증거자료
2. 위 1.에 따른 신고서를 받은 신고센터는 다음의 사항을 **확인**할 수 있다.
   ㉠ 신고자 및 신고대상자의 인적사항
   ㉡ 신고내용을 증명할 수 있는 참고인 또는 증거자료의 확보 여부
   ㉢ 신고자가 신고내용의 조사·처리 등에서 '**신고센터**' 및 '**해당 지방자치단체의 담당 공무원**' 외의 자에게 그 신분을 밝히거나 암시하는 것(이하 '**신분공개**'라 한다)에 동의하는지 여부
3. '**신고센터**'는 위 2.의 ㉢에 따라 '신분공개의 동의 여부를 확인하는 경우'에는 신고내용의 처리절차 및 신분공개의 절차 등에 관하여 **설명**하여야 한다.
4. 신고센터는 위 2.에 따른 확인 결과 신고서가 '신고자의 인적사항이나 신고내용의 특정에 필요한 사항을 갖추지 못한 경우'에는 신고자로 하여금 **15일 이내**의 기간을 정하여 이를 **보완**하게 할 수 있다. 다만, **15일 이내**에 자료를 보완하기 곤란한 사유가 있다고 인정되는 경우에는 신고자와 협의하여 '보완기간'을 **따로 정할 수 있다**. 23회
5. 신고센터 및 위 **(12)**의 ②의 ㉡에 따른 해당 **지방자치단체의 장**은 신고내용의 확인을 위하여 신고자로부터 진술을 듣거나 신고자 또는 신고대상자에게 필요한 **자료의 제출을 요구**할 수 있다.

관련법령 공동주택 관리비리 신고의 종결처리(영 제96조의4)

신고센터는 다음의 어느 하나에 해당하는 경우 위 **(12)**의 ③에 따라 접수된 신고를 **종결**할 수 있다. 이 경우 종결 사실과 그 사유를 신고자에게 통보하여야 한다.
1. 신고내용이 명백히 거짓인 경우
2. 신고자가 영 제96조의3 제4항에 따른 보완요구를 받고도 보완기간 내 보완하지 아니한 경우 [23회]
3. 신고에 대한 처리결과를 통보받은 사항에 대하여 정당한 사유 없이 다시 신고한 경우로서 새로운 증거자료 또는 참고인이 없는 경우
4. 그 밖에 비리행위를 확인할 수 없는 등 조사가 필요하지 아니하다고 신고센터의 장이 인정하는 경우

관련법령 공동주택 관리비리 신고의 처리(영 제96조의5)

1. '신고센터'는 영 제96조의3 제1항에 따른 신고서를 받은 날부터 10일 이내(같은 조 제4항에 따른 보완기간은 제외한다)에 해당 **지방자치단체의 장에게 신고사항에 대한 조사 및 조치를 요구**하고, 그 사실을 신고자에게 **통보**하여야 한다.
2. 위 1.에 따라 신고사항에 대한 조사 및 조치를 요구받은 **지방자치단체의 장**은 '요구를 받은 날'부터 60일 **이내에 조사 및 조치를 완료**하고, '조사 및 조치를 완료한 날'부터 10일 이내에 **국토교통부장관에게 통보**하여야 한다. 다만, **60일 이내에 처리가 곤란한 경우에는 한 차례만 30일 이내의 범위에서 그 기간을 '연장'할 수 있다.** [23회]
3. 위 2.의 단서에 따라 조사 및 조치 기간을 연장하려는 지방자치단체의 장은 그 사유와 연장기간을 신고센터에 통보하여야 한다.

(13) 공사의 중지 등(법 제94조)

① 국토교통부장관 또는 지방자치단체의 장은 사업주체 등 및 공동주택의 입주자등, 관리주체, 입주자대표회의나 그 구성원이 이 법 또는 이 법에 따른 명령이나 처분을 위반한 경우에는 공사의 중지, 원상복구, 하자보수 이행 또는 그 밖에 필요한 조치를 명할 수 있다.

② 국토교통부장관 또는 지방자치단체의 장은 위 ①에 따라 공사의 중지 등 필요한 조치를 명하는 경우 그 내용을 해당 공동주택의 **입주자대표회의** 및 **관리주체**에게도 통보하여야 한다.

③ 관리주체는 위 ②에 따라 통보받은 내용을 대통령령으로 정하는 바에 따라 해당 공동주택단지의 **인터넷 홈페이지** 및 **동별 게시판**에 공개하고 입주자등의 열람, 복사 요구에 따라야 한다.

> **관련법령** 관리주체 등에 대한 감독(영 제97조)
>
> 1. 지방자치단체의 장은 위 (13)의 규정에 따라 관리주체 등에 대하여 공사의 중지, 원상복구 또는 그 밖에 필요한 조치를 명한 때에는 즉시 **국토교통부장관**에게 보고하여야 한다.
> 2. 위 **(13)**의 ②에 따른 통보를 받은 관리주체는 위 (13)의 ③에 따라 통보를 받은 날부터 10일 이내에 그 내용을 공동주택단지의 인터넷 홈페이지 및 동별 게시판에 7일 이상 공개해야 한다. 이 경우 동별 게시판에는 통보받은 일자, 통보한 기관 및 관계 부서, 주요 내용 및 조치사항 등을 요약하여 공개할 수 있다.
> 3. 관리주체는 위 2.에 따라 공개하는 내용에서 「개인정보 보호법 시행령」 제19조 각 호에 따른 고유식별 정보 등 개인의 사생활의 비밀 또는 자유를 침해할 우려가 있는 정보는 **제외**해야 한다.

(14) **청문**(법 제95조)

국토교통부장관 또는 **지방자치단체의 장**은 다음의 어느 하나에 해당하는 처분을 하려면 **청문**을 하여야 한다. 20회

① 법 제35조 제6항에 따른 **행위허가의 취소**
② 법 제53조 제1항에 따른 주택관리업의 **등록말소**
③ 주택관리사등의 자격취소

(15) **벌칙 적용에서 공무원 의제**(법 제96조)

다음의 어느 하나에 해당하는 자는 「형법」 제129조부터 제132조까지의 규정(뇌물 관련 죄)을 적용할 때에는 공무원으로 본다.

① 하자분쟁조정위원회의 위원 또는 하자분쟁조정위원회의 사무국 직원으로서 공무원이 아닌 자
② 법 제48조 제1항에 따라 **하자진단**을 실시하는 자
③ 공동주택관리 분쟁조정위원회의 위원 또는 중앙분쟁조정위원회의 사무국 직원으로서 공무원이 아닌 자

4. 벌칙

(1) **벌칙**(법 제97조)

위 3.의 **(8)**의 ①을 위반하여 공모하여 부정하게 재물 또는 재산상의 이익을 취득하거나 제공한 자는 3년 이하의 징역 또는 3천만원 이하의 벌금에 처한다. 다만, 그 위반행위로 얻은 이익의 100분의 50에 해당하는 금액이 3천만원을 **초과**하는 자는 3년 이하의 징역 또는 그 **이익의 2배**에 해당하는 금액 이하의 벌금에 처한다.

(2) 벌칙(법 제98조)

다음의 어느 하나에 해당하는 자는 2년 이하의 징역 또는 2천만원 이하의 벌금에 처한다. 다만, 다음 ②에 해당하는 자로서 그 위반행위로 얻은 이익의 100분의 50에 해당하는 금액이 2천만원을 초과하는 자는 2년 이하의 징역 또는 그 이익의 2배에 해당하는 금액 이하의 벌금에 처한다.

① 법 제52조 제1항에 따른 등록을 하지 아니하고 주택관리업을 운영한 자 또는 거짓이나 그 밖의 부정한 방법으로 등록한 자

② 위 3. (8)의 ②를 위반하여 부정하게 재물 또는 재산상의 이익을 취득하거나 제공한 자

(3) 벌칙(법 제99조)

다음의 어느 하나에 해당하는 자는 1년 이하의 징역 또는 1천만원 이하의 벌금에 처한다.

① 법 제26조 제1항을 위반하여 회계감사를 받지 아니하거나 부정한 방법으로 받은 자

② 법 제26조 제5항을 위반하여 회계감사를 방해하는 등 같은 항 각 호의 어느 하나에 해당하는 행위를 한 자

③ 법 제27조 제1항을 위반하여 장부 및 증빙서류를 작성 또는 보관하지 아니하거나 거짓으로 작성한 자

④ 법 제35조 제1항 및 제4항을 위반한 자(같은 조 제1항 각 호의 행위 중 신고대상 행위를 신고하지 아니하고 행한 자는 제외한다)

⑤ 법 제50조(하자분쟁조정위원회의 비밀누설 금지) 제2항 및 법 제78조(중앙분쟁조정위원회의 비밀누설 금지)를 위반하여 직무상 알게 된 비밀을 누설한 자

⑥ 법 제53조(주택관리업자)에 따른 영업정지기간에 영업을 한 자나 '주택관리업'의 등록이 말소된 후 영업을 한 자

⑦ 주택관리사등의 '자격을 취득하지 아니하고' '관리사무소장의 업무'를 수행한 자 또는 해당 자격이 없는 자에게 이를 수행하게 한 자

⑧ **법 제90조**(부정행위 금지 등) **제4항부터 제6항까지를 위반하여 다음의 어느 하나에 해당하는 자**

  ㉠ 다른 자에게 자기의 성명 또는 상호를 사용하여 이 법에서 정한 사업이나 업무를 수행하게 하거나 자기의 등록증 또는 자격증을 빌려준 자

  ㉡ 다른 자의 성명 또는 상호를 사용하여 주택관리업 또는 주택관리사등의 업무를 수행하거나 다른 자의 등록증 또는 자격증을 빌린 자

  ㉢ 위 ㉠ 또는 ㉡의 행위를 알선한 자

⑨ 법 제92조 제1항 또는 법 제93조 제1항·제3항·제4항에 따른 조사 또는 검사나 감사를 거부·방해 또는 기피한 자

⑩ 법 제94조에 따른 공사 중지 등의 명령을 위반한 자

(4) 벌칙(법 제100조)

다음의 어느 하나에 해당하는 자는 **1천만원 이하의 벌금**에 처한다.
① 법 제6조(자치관리) 제1항에 따른 **기술인력 또는 장비**를 갖추지 아니하고 관리행위를 한 자
② 법 제64조 제1항을 위반하여 **주택관리사등을 배치**하지 아니한 자

(5) 양벌규정(법 제101조)

법인의 대표자나 법인 또는 개인의 대리인, 사용인, 그 밖의 종업원이 그 법인 또는 개인의 업무에 관하여 위 **(1)~(3)**의 어느 하나에 해당하는 위반행위를 하면 그 '**행위자**'를 벌하는 외에 '**그 법인 또는 개인**'에게도 '**해당 조문의 벌금형**'을 과한다. 다만, 법인 또는 개인이 그 위반행위를 방지하기 위하여 해당 업무에 관하여 상당한 주의와 감독을 게을리하지 아니한 경우에는 그러하지 아니하다.

(6) 과태료(법 제102조)

① 법 제38조 제2항을 위반하여 **하자보수보증금**을 이 법에 따른 **용도 외의 목적**으로 사용한 자에게는 '**2천만원 이하의 과태료**'를 부과한다.
② 다음의 어느 하나에 해당하는 자에게는 **1천만원 이하의 과태료**를 부과한다.
　㉠ 법 제13조를 위반하여 공동주택의 **관리업무를 인계**하지 아니한 자
　㉡ 법 제29조 제2항을 위반하여 '수립되거나 조정된 장기수선계획'에 따라 **주요시설을 교체하거나 보수하지 아니한 자**
　㉢ 법 제43조 제3항에 따라 판정받은 하자를 보수하지 아니한 자
　㉣ 법 제52조 제5항을 위반하여 유사명칭을 사용한 자
　㉤ 법 제93조 제1항에 따른 보고 또는 자료제출 등의 명령을 위반한 자
　㉥ 법 제65조 제5항을 위반하여 관리사무소장을 해임하거나 해임하도록 주택관리업자에게 요구한 자
　㉦ 법 제90조 제3항을 위반하여 **관리비·사용료와 장기수선충당금**을 이 법에 따른 **용도 외의 목적**으로 사용한 자
③ 다음의 어느 하나에 해당하는 자에게는 **500만원 이하의 과태료**를 부과한다.
　㉠ 법 제6조 제1항에 따른 **자치관리기구**를 구성하지 아니한 자
　㉡ 법 제7조 제1항 또는 제25조를 위반하여 **주택관리업자 또는 사업자**를 선정한 자
　㉢ 법 제10조의2 제1항 본문 및 제4항에 따른 **의무관리대상 공동주택의 전환 및 제외**, 법 제11조 제3항에 따른 **관리방법의 결정 및 변경**, 법 제19조 제1항에 따른 **관리규약의 제정 및 개정, 입주자대표회의의 구성 및 변경** 등의 신고를 하지 아니한 자
　㉣ 법 제14조 제8항을 위반하여 회의록을 작성하여 보관하게 하지 아니한 자

ⓜ 법 제14조 제9항 후단을 위반하여 회의록의 열람 청구 또는 복사 요구에 응하지 아니한 자

ⓑ 법 제23조 제4항 또는 제5항을 위반하여 관리비등의 내역을 공개하지 아니하거나 거짓으로 공개한 자

ⓢ 법 제26조 제3항을 위반하여 회계감사의 결과를 보고 또는 공개하지 아니하거나 거짓으로 보고 또는 공개한 자

ⓞ 법 제26조 제6항을 위반하여 회계감사 결과를 제출 또는 공개하지 아니하거나 거짓으로 제출 또는 공개한 자

ⓩ 법 제27조 제3항을 위반하여 장부나 증빙서류 등의 정보에 대한 열람, 복사의 요구에 응하지 아니하거나 거짓으로 응한 자

ⓒ 법 제28조를 위반하여 **계약서를 공개하지 아니하거나 거짓으로 공개**한 자

ⓚ 법 제29조를 위반하여 **장기수선계획을 수립**하지 아니하거나 **검토**하지 아니한 자 또는 장기수선계획에 대한 검토사항을 **기록**하고 **보관**하지 아니한 자

ⓣ 법 제30조에 따른 **장기수선충당금을 적립하지 아니한 자**

ⓟ 법 제31조에 따라 설계도서 등을 보관하지 아니하거나 시설의 교체 및 보수 등의 내용을 기록·보관·유지하지 아니한 자

ⓗ 법 제32조에 따른 **안전관리계획을 수립 또는 시행**하지 아니하거나 **교육을 받지 아니한 자**

㉮ 법 제33조 제1항에 따라 **안전점검을 실시하지 아니하거나** 같은 조 제2항에 따라 입주자대표회의 또는 시장·군수·구청장에게 통보 또는 보고하지 아니하거나 필요한 조치를 하지 아니한 자

㉯ 법 제35조(행위허가 기준 등) 제1항 각 호의 행위를 신고하지 아니하고 행한 자

㉰ 법 제37조 제5항에 따른 **하자보수에 대한 시정명령을 이행하지 아니한 자**

㉱ 법 제38조(의무관리대상 공동주택의 경우, 하자보수보증금 사용 후 30일 이내 신고) 제2항에 따른 신고를 하지 아니하거나 거짓으로 신고한 자

㉲ 법 제38조의2 제1항을 위반하여 하자보수청구 서류 등을 보관하지 아니한 자

㉳ 법 제38조의2 제2항을 위반하여 하자보수청구 서류 등을 제공하지 아니한 자

㉴ 법 제38조의2 제3항을 위반하여 공동주택의 하자보수청구 서류 등을 인계하지 아니한 자

㉵ 법 제43조 제6항을 위반하여 하자분쟁조정위원회의 출석 요구를 따르지 아니한 안전진단기관 또는 관계 전문가

㉶ 법 제44조의2 제3항에 따라 하자분쟁조정위원회로부터 계속하여 2회의 출석 요구를 받고 정당한 사유 없이 출석하지 아니한 자 또는 출석하여 거짓으로 진술하거나 감정한 자

㉔ 법 제44조의2 제3항에 따라 제출을 요구받은 문서 또는 물건을 제출하지 아니하거나 거짓으로 제출한 자
㉕ 법 제46조 제2항에 따른 조정 등에 대한 **답변서**를 하자분쟁조정위원회에 제출하지 아니한 자 또는 법 제75조 제1항에 따른 분쟁조정 신청에 대한 답변서를 중앙분쟁조정위원회에 제출하지 아니한 자
㉖ 법 제46조(하자분쟁조정위원회) 제3항에 따른 **조정 등에 응하지 아니한 자**(입주자 및 임차인은 제외한다) 또는 법 제75조(중앙분쟁조정위원회) 제2항에 따른 **분쟁조정에 응하지 아니한 자**
㉗ 법 제51조 제1항에 따른 조사·검사 및 열람을 거부하거나 방해한 자
㉘ 주택관리업의 등록사항 변경신고를 하지 아니하거나 거짓으로 신고한 자
㉙ 법 제63조(관리주체의 업무 등) 제2항을 위반하여 공동주택을 관리한 자
㉚ 법 제64조 제5항에 따른 **배치내용 및 직인의 신고 또는 변경신고를 하지 아니한 자**
㉛ 법 제66조 제3항에 따른 **보증보험 등에 가입한 사실을 입증하는 서류를 제출하지 아니한 자**
㉜ 법 제70조(**주택관리업자 등의 교육**)에 따른 교육을 받지 아니한 자
㉝ 법 제92조 제1항에 따른 보고 또는 검사의 명령을 위반한 자
㉞ 법 제93조 제8항 또는 제94조 제3항을 위반하여 국토교통부장관 또는 지방자치단체의 장으로부터 통보받은 명령, 조사 또는 검사, 감사 결과 등의 내용을 공개하지 아니하거나 거짓으로 공개한 자 또는 열람, 복사 요구에 따르지 아니하거나 거짓으로 따른 자

④ 위 ①~③의 규정에 따른 과태료는 '대통령령으로 정하는 바'에 따라 국토교통부장관 또는 지방자치단체의 장이 부과한다.

> **관련법령** 과태료의 부과(영 제100조)
> 1. 위 **(6)**의 ④에 따른 과태료의 부과기준은 [별표 9]와 같다.
> 2. **국토교통부장관** 또는 **지방자치단체의 장**은 **주택관리업자**에 대하여 **과태료**를 부과한 경우에는 그 사실을 '그 주택관리업을 등록한 **시장·군수·구청장**'에게 통보해야 한다.

PART 3

민간임대주택에 관한 특별법

CHAPTER 01	총칙
CHAPTER 02	임대사업자 및 주택임대관리업자
CHAPTER 03	민간임대주택의 건설
CHAPTER 04	공공지원민간임대주택 공급촉진지구
CHAPTER 05	민간임대주택의 공급, 임대차계약 및 관리
CHAPTER 06	보칙 및 벌칙

최근 5개년
평균 출제문항 수 **2개**

최근 5개년
평균 출제비중 **5%**

PART 3 합격전략

「민간임대주택에 관한 특별법」은 제19회 시험부터 제28회 시험까지 2문제씩 출제되었습니다. 제29회 시험의 경우에도 2문제 정도가 출제될 것으로 예상됩니다.

이 법에서는 공공지원민간임대주택을 비롯한 '용어의 정의'가 중요하게 다루어집니다. 특히, 용어의 정의 중 공공지원민간임대주택, 장기일반민간임대주택 및 신설된 '단기민간임대주택'과 민간임대주택이 될 수 있는 '준주택' 중 신설 및 개정된 부분을 유의 깊게 학습할 필요가 있으며, 그 밖에 민간임대주택의 종류 및 의의, 임대사업자의 등록, 주택임대관리업자, 공공지원민간임대주택 공급촉진지구, 임대의무기간, 임대료, 임대차계약의 해지 등 사유, 임대보증금에 대한 보증가입 의무, 임대차계약의 신고, 임차인대표회의, 장기수선계획 및 특별수선충당금, 임대주택분쟁조정위원회, 가산금리 등이 중요 부분이므로 유의 깊게 학습하시기 바랍니다.

CHAPTER 01 총칙

CHAPTER 미리보기

학습전략

「민간임대주택에 관한 특별법」을 정확하게 이해하는 데 필요한 '용어의 정의'에 대한 단원으로서 1문제 정도가 출제되고 있습니다. 각종 정의를 꼼꼼히 숙지하시기 바랍니다.

학습키워드

- 공공지원민간임대주택
- 장기일반민간임대주택
- 준주택
- 임대사업자
- 주택임대관리업자

- 공공지원민간임대주택 공급촉진지구
- 주거지원대상자
- 역세권 등
- 복합지원시설

1. 목적(법 제1조)

이 법은 '민간임대주택'의 건설·공급 및 관리와 '민간 주택임대사업자' 육성 등에 관한 사항을 정함으로써 '민간임대주택'의 공급을 촉진하고 '국민의 주거생활을 안정'시키는 것을 목적으로 한다.

2. 정의(법 제2조)

(1) 민간임대주택

임대 목적으로 제공하는 주택('토지를 임차하여 건설된 주택' 및 '오피스텔 등 대통령령으로 정하는 준주택' 및 '대통령령으로 정하는 일부만을 임대하는 주택'을 포함한다. 이하 같다)으로서 임대사업자가 제5조에 따라 **등록한 주택**을 말하며, **민간건설임대주택**과 **민간매입임대주택**으로 구분한다.

> **참고** '공유형 민간임대주택'
>
> '공유형 민간임대주택'이란 '가족관계가 아닌' 2명 이상의 임차인이 하나의 주택에서 거실·주방 등 어느 하나 이상의 공간을 '공유하여 거주'하는 민간임대주택으로서 임차인이 각각 '임대차계약을 체결'하는 민간임대주택을 말한다.

> **관련법령** 준주택의 범위(영 제2조)
>
> 위 (1)에서 '오피스텔 등 대통령령으로 정하는 준주택'이란 다음의 건축물(이하 '준주택'이라 한다)을 말한다.
> 1. 「주택법」 제2조 제1호에 따른 주택 외의 건축물을 「건축법」에 따라 「주택법 시행령」 제4조 제1호의 기숙사 중 일반기숙사로 리모델링한 건축물
> 2. 「주택법 시행령」 제4조 제1호의 기숙사 중 임대형기숙사
> 3. 다음의 요건을 모두 갖춘 「주택법 시행령」 제4조 제4호의 '오피스텔'
>   ㉠ 전용면적이 120제곱미터 이하일 것
>   ㉡ 상하수도 시설이 갖추어진 전용 입식 부엌, 전용 수세식 화장실 및 목욕시설(전용 수세식 화장실에 목욕시설을 갖춘 경우를 포함한다)을 갖출 것

> **관련법령** 일부만을 임대하는 주택의 범위(영 제2조의2)
>
> 위 (1)에서 '대통령령으로 정하는 일부만을 임대하는 주택'이란 「건축법 시행령」 [별표 1] 제1호 다목에 따른 **다가구주택**으로서 임대사업자 본인이 거주하는 실(室)(한 세대가 독립하여 **구분 사용**할 수 있도록 구획된 부분을 말한다)을 제외한 나머지 실 전부를 임대하는 주택을 말한다.

(2) 민간건설임대주택

다음의 어느 하나에 해당하는 민간임대주택을 말한다.
① 임대사업자가 임대를 목적으로 건설하여 임대하는 주택
②「주택법」제4조에 따라 등록한 주택건설사업자가 같은 법 제15조에 따라 사업계획승인을 받아 건설한 주택 중 사용검사 때까지 분양되지 아니하여 임대하는 주택

(3) 민간매입임대주택

임대사업자가 매매 등으로 소유권을 취득하여 임대하는 민간임대주택을 말한다. 21회 주관식

(4) **공공지원민간임대주택**

임대사업자가 다음의 어느 하나에 해당하는 민간임대주택을 **10년 이상** 임대할 목적으로 취득하여 이 법에 따른 **임대료 및 임차인의 자격 제한 등을 받아** 임대하는 민간임대주택을 말한다.
①「주택도시기금법」에 따른 **주택도시기금**(이하 '주택도시기금'이라 한다)의 출자를 받아 건설 또는 매입하는 민간임대주택
②「주택법」제2조 제24호에 따른 **공공택지** 또는 이 법 제18조 제2항에 따라 수의계약 등으로 공급되는 토지 및「혁신도시 조성 및 발전에 관한 특별법」제2조 제6호에 따른 종전부동산 (이하 '**종전부동산**'이라 한다)을 매입 또는 임차하여 건설하는 민간임대주택
③ 법 제21조 제2호에 따라 **용적률을 완화**받거나「국토의 계획 및 이용에 관한 법률」제30조에 따라 용도지역 변경을 통하여 용적률을 완화받아 건설하는 민간임대주택
④ **공공지원민간임대주택 공급촉진지구**에서 건설하는 민간임대주택
⑤ 그 밖에 '**국토교통부령으로 정하는 공공지원**'을 받아 건설 또는 매입하는 민간임대주택

(5) **장기일반민간임대주택**

임대사업자가 공공지원민간임대주택이 '**아닌**' 주택을 10년 이상 임대할 목적으로 취득하여 임대하는 민간임대주택[아파트(주택법 제2조 제20호의 **도시형 생활주택이 아닌 것을 말한다**)를 임대하는 민간매입임대주택은 **제외한다**]을 말한다. 23회 주관식

(6) **단기민간임대주택**

임대사업자가 **6년 이상** 임대할 목적으로 취득하여 임대하는 **민간임대주택**[아파트(주택법 제2조 제20호의 **도시형 생활주택이 아닌 것을 말한다**)는 **제외한다**]을 말한다.

구분	도시형 생활주택인 아파트		도시형 생활주택이 아닌 아파트	
	건설	매입	건설	매입
장기일반민간임대주택	○	○	○	×
단기민간임대주택	○	○	×	×

(7) 임대사업자

「공공주택 특별법」 제4조 제1항에 따른 공공주택사업자가 아닌 자로서 1호 이상의 민간임대주택을 취득하여 임대하는 사업을 할 목적으로 법 제5조에 따라 '등록'한 자를 말한다.

(8) 주택임대관리업

주택의 소유자로부터 임대관리를 위탁받아 관리하는 업(業)을 말하며, 다음으로 구분한다.
① **자기관리형 주택임대관리업**: 주택의 '소유자'로부터 주택을 '임차'하여 자기책임으로 '전대'(轉貸)하는 형태의 업
② **위탁관리형 주택임대관리업**: 주택의 '소유자'로부터 '수수료'를 받고 임대료 부과·징수 및 시설물 유지·관리 등을 '대행'하는 형태의 업

(9) 주택임대관리업자

'주택임대관리업'을 하기 위하여 법 제7조 제1항에 따라 '등록'한 자를 말한다.

> **참고** 주택임대관리업자의 유형
> 1. 자기관리형 주택임대관리업자
> 2. 위탁관리형 주택임대관리업자

(10) 공공지원민간임대주택 공급촉진지구

공공지원민간임대주택의 공급을 촉진하기 위해 법 제22조에 따라 지정하는 지구를 말한다.

(11) 역세권 등

'다음의 어느 하나에 해당하는 시설'부터 '1킬로미터 거리 이내'에 위치한 지역을 말한다. 이 경우 특별시장·광역시장·특별자치시장·도지사·특별자치도지사(이하 '시·도지사'라 한다)는 해당 지방자치단체의 조례로 그 거리를 50퍼센트의 범위에서 증감하여 달리 정할 수 있다.
① 「철도의 건설 및 철도시설 유지관리에 관한 법률」, 「철도산업발전기본법」 및 「도시철도법」에 따라 건설 및 운영되는 철도역
② 「간선급행버스체계의 건설 및 운영에 관한 특별법」 제2조 제3호 다목에 따른 환승시설
③ 「산업입지 및 개발에 관한 법률」 제2조 제8호에 따른 산업단지
④ 「수도권정비계획법」 제2조 제3호에 따른 인구집중유발시설로서 '대통령령으로 정하는 시설'
⑤ 그 밖에 해당 지방자치단체의 조례로 정하는 시설

| 관련법령 | 역세권 등에 해당하는 시설(영 제3조) |

위 **(11)**의 ④에서 '대통령령으로 정하는 시설'이란 다음의 시설을 말한다.
1. 「고등교육법」 제2조 제1호에 따른 대학, 같은 조 제2호에 따른 **산업대학**, 같은 조 제3호에 따른 **교육대학** 및 같은 조 제4호에 따른 **전문대학**
2. 「건축법 시행령」 [별표 1] 제10호 마목에 따른 **연구소**

(12) 주거지원대상자

청년·신혼부부 등 주거지원이 필요한 사람으로서 '국토교통부령으로 정하는 요건'을 충족하는 사람을 말한다.

| 관련법령 | 주거지원대상자(규칙 제1조의3) |

위 **(12)**에서 '국토교통부령으로 정하는 요건'이란 [별표 1] 제1호 나목에 따른 임차인 자격을 말한다.

| 별표 1 | 공공지원민간임대주택의 임차인 자격 및 선정방법(규칙 제14조의3 관련) |

1. 공공지원민간임대주택의 임차인 자격

주택유형	공급비율	임차인 자격
가. 일반공급대상자에게 공급하는 주택	80퍼센트 미만	「주택공급에 관한 규칙」 제2조에 따른 무주택세대구성원(이하 '무주택세대구성원'이라 한다)
나. 특별공급대상자에게 공급하는 주택	20퍼센트 이상	1) 청년: **무주택자**로서 가)부터 라)까지의 요건을 모두 갖춘 사람 　가) 연령: **19세 이상이면서 39세 이하**일 것 　나) 혼인: 혼인 중이 아닐 것 　다) 소득: 다음의 구분에 따른 기준을 충족할 것 　　(1) 주택공급신청자가 소득이 있는 경우: 해당 세대의 월평균소득이 전년도 도시근로자 가구원(태아를 포함한다) 수별 가구당 월평균소득(이하 '전년도 도시근로자 가구원 수별 가구당 월평균소득'이라 한다)의 **120퍼센트 이하**일 것 　　(2) 주택공급신청자가 소득이 없는 경우: **부모의 월평균소득 합계**가 전년도 도시근로자 가구원수별 가구당 월평균소득의 **120퍼센트 이하**일 것 　라) 자산: 규칙 제14조의3 제2항에 따른 자산요건을 충족할 것 2) 신혼부부: 혼인 중인 사람 또는 예비신혼부부(혼인을 계획 중이며 해당 주택의 입주 전까지 혼인사실을 증명할 수 있는 사람을 말한다. 이하 이 별표에서 같다)로서 **무주택세대구성원**(예비신혼부부의 경우 혼인으로 구성될 세대의 세대구성원 모두 무주택자인 경우를 말한다)이면서 가)부터 다)까지의 요건을 모두 갖춘 사람

가) 혼인: 주택공급신청자의 혼인 합산 기간이 **7년 이내**일 것
나) 소득: 해당 세대(예비신혼부부인 경우 혼인으로 구성될 세대의 세대구성원 모두를 말한다)의 월평균소득이 전년도 도시근로자 가구원 수별 가구당 월평균소득의 **120퍼센트 이하**일 것
다) 자산: 규칙 제14조의3 제2항에 따른 자산요건을 충족할 것
3) 고령자: 무주택세대구성원으로서 가)부터 다)까지의 요건을 모두 갖춘 사람
가) 연령: **65세 이상**인 사람
나) 소득: 해당 세대의 월평균소득 합계가 전년도 도시근로자 가구원 수별 가구당 월평균소득의 **120퍼센트 이하**일 것
다) 자산: 규칙 제14조의3 제2항에 따른 자산요건을 충족할 것

(13) 복합지원시설

공공지원민간임대주택에 거주하는 임차인 등의 '경제활동'과 '일상생활'을 지원하는 시설로서 대통령령으로 정하는 시설을 말한다. 22회 주관식

> **관련법령** 복합지원시설(영 제3조의2)
>
> 위 (13)에서 '대통령령으로 정하는 시설'이란 다음의 시설을 말한다.
> 1. 「건축법 시행령」 [별표 1] 제3호에 따른 제1종 근린생활시설
> 2. 「건축법 시행령」 [별표 1] 제4호에 따른 제2종 근린생활시설
> 3. 「건축법 시행령」 [별표 1] 제5호에 따른 문화 및 집회시설
> 4. 「건축법 시행령」 [별표 1] 제7호 나목에 따른 소매시장 및 같은 호 다목에 따른 상점
> 5. 「건축법 시행령」 [별표 1] 제10호에 따른 교육연구시설
> 6. 「건축법 시행령」 [별표 1] 제11호에 따른 노유자시설
> 7. 「건축법 시행령」 [별표 1] 제13호에 따른 운동시설
> 8. 「건축법 시행령」 [별표 1] 제14호에 따른 업무시설
> 9. 위 1.부터 8.까지의 규정에 따른 시설의 부속건축물(건축법 시행령 제2조 제12호에 따른 부속건축물을 말한다)

3. 다른 법률과의 관계 및 국가 등의 지원

(1) 다른 법률과의 관계(법 제3조)

민간임대주택의 건설·공급 및 관리 등에 관하여 이 법에서 정하지 아니한 사항에 대하여는 「**주택법**」, 「**건축법**」, 「**공동주택관리법**」 및 「**주택임대차보호법**」을 적용한다. 20회 주관식

(2) 국가 등의 지원(법 제4조)

① 국가 및 지방자치단체는 다음의 목적을 위하여 주택도시기금 등의 자금을 우선적으로 지원하고, 「조세특례제한법」, 「지방세특례제한법」 및 조례로 정하는 바에 따라 조세를 감면할 수 있다.
  ㉠ 민간임대주택의 공급 확대
  ㉡ 민간임대주택의 개량 및 품질 제고
  ㉢ 사회적기업, 사회적협동조합 등 비영리단체의 민간임대주택 공급 참여 유도
  ㉣ 주택임대관리업의 육성

② '국가 및 지방자치단체'는 **'공유형 민간임대주택'**('가족관계가 아닌' 2명 이상의 **임차인**이 하나의 주택에서 거실·주방 등 어느 하나 이상의 공간을 **'공유하여 거주'**하는 민간임대주택으로서 **'임차인'**이 **각각** '임대차계약을 체결'하는 민간임대주택을 말한다)의 활성화를 위하여 임대사업자 및 임차인에게 필요한 행정지원을 할 수 있다.

CHAPTER 02 임대사업자 및 주택임대관리업자

회독체크 1 2 3

CHAPTER 미리보기

학습전략

임대사업자, 주택임대관리업자 및 민간임대협동조합을 다루는 단원으로서 등록 임대사업자와 주택임대관리업에서 출제된 경우가 있습니다. 해당 부분은 특히 유의해서 학습하시기 바랍니다.

학습키워드

- 임대사업자의 등록
- 주택임대관리업자의 등록
- 자기관리형 주택임대관리업자 및 위탁관리형 주택임대관리업자
- 민간임대협동조합의 조합원 모집신고 및 공개모집

1. 등록 임대사업자

(1) 임대사업자의 등록(법 제5조)

① 주택을 임대하려는 자는 특별자치시장·특별자치도지사·시장·군수 또는 구청장(구청장은 자치구의 구청장을 말하며, 이하 '시장·군수·구청장'이라 한다)에게 **등록**을 신청할 수 있다. 다만, **외국인**은 '국내에 체류하는 자'로서 「출입국관리법」 제10조의 체류자격에 따른 활동범위를 고려하여 '대통령령으로 정하는 체류자격에 해당하는 경우'에 한정하여 등록을 신청할 수 있다. 21회

② 위 ①에 따라 **등록**하는 경우 다음에 따라 **구분**하여야 한다.
  ㉠ 민간건설임대주택 및 민간매입임대주택
  ㉡ **공공지원민간임대주택**, **장기일반민간임대주택** 및 **단기민간임대주택**

③ 등록한 자가 그 등록한 사항을 **변경**하고자 할 경우 시장·군수·구청장에게 '**신고**'하여야 한다. 다만, 임대주택 면적을 **10퍼센트 이하**의 범위에서 증축하는 등 '국토교통부령으로 정하는 경미한 사항'은 신고하지 아니하여도 된다. 21회

> ▶ 위에서 '국토교통부령으로 정하는 경미한 사항'이란 민간임대주택 면적을 다음의 구분에 따른 해당 민간임대주택의 '규모 구간을 벗어나지 않는 범위'에서 10퍼센트 이하로 증축하는 것을 말한다(규칙 제3조 제3항).
> 1. 40제곱미터 이하
> 2. 40제곱미터 초과 60제곱미터 이하
> 3. 60제곱미터 초과 85제곱미터 이하
> 4. 85제곱미터 초과

④ 시장·군수·구청장은 신고를 받은 날부터 **7일 이내** 신고수리 여부를 신고인에게 통지하여야 한다.

⑤ 시장·군수·구청장이 위 ④에서 정한 기간 내에 신고수리 여부 또는 민원 처리 관련 법령에 따른 처리기간의 연장을 신고인에게 통지하지 아니하면 '그 기간(민원 처리 관련 법령에 따라 처리기간이 연장 또는 재연장된 경우에는 해당 처리기간을 말한다)이 **끝난 날**'의 **다음 날**에 신고를 수리한 것으로 본다.

⑥ **시장·군수·구청장**이 등록신청을 받은 경우 다음의 어느 하나에 해당하는 때에는 해당 등록신청을 거부할 수 있다.
  ㉠ 해당 신청인의 **신용도**, 신청 임대주택의 **부채비율**(등록 시 존속 중인 임대차계약이 **없는** 경우에는 등록을 신청하려는 자로부터 등록 이후 책정하려는 임대차계약의 임대보증금의 상한을 제출받아 산정한다) 등을 고려하여 법 제49조에 따른 '**임대보증금 보증 가입**'이 현저히 곤란하다고 판단되는 경우
  ㉡ 해당 주택이 「도시 및 주거환경정비법」 제2조 제2호에 따른 **정비사업** 또는 「빈집 및 소규모주택 정비에 관한 특례법」 제2조 제1항 제3호에 따른 **소규모주택정비사업**으로 인해 법 제43조의 임대의무기간 내 멸실 우려가 있다고 판단되는 경우

ⓒ 해당 신청인의 국세 또는 지방세 체납기간, 금액 등을 고려할 때 임차인에 대한 '보증금 반환채무의 이행'이 현저히 곤란한 경우로서 대통령령으로 정하는 경우

관련법령 임대사업자 등록 및 변경신고 등(영 제4조)

1. 위 **(1)**의 ① 단서에서 '대통령령으로 정하는 체류자격'이란 다음의 어느 하나에 해당하는 체류자격을 말한다.
   ㉠ 「출입국관리법 시행령」[별표 1의2] 제24호(마목 및 아목은 제외)에 따른 거주(F-2) 체류자격
   ㉡ 「출입국관리법 시행령」[별표 1의2] 제26호에 따른 재외동포(F-4) 체류자격
   ㉢ 「출입국관리법 시행령」[별표 1의2] 제27호에 따른 결혼이민(F-6) 체류자격
   ㉣ 「출입국관리법 시행령」[별표 1의3]에 따른 영주(F-5) 체류자격
2. 위 **(1)**의 ①에 따라 임대사업자로 등록할 수 있는 자는 다음과 같다. 이 경우 2인 이상이 공동으로 건설하거나 소유하는 주택의 경우에는 공동 명의로 등록해야 한다.
   ㉠ 민간임대주택으로 등록할 주택을 **소유한 자** 21회
   ㉡ 민간임대주택으로 등록할 주택을 취득하려는 계획이 확정되어 있는 자로서 다음의 어느 하나에 해당하는 자
      ⓐ 민간임대주택으로 등록할 주택을 건설하기 위하여 「주택법」 제15조에 따른 **사업계획승인**을 받은 자
      ⓑ 민간임대주택으로 등록할 주택을 건설하기 위하여 「건축법」 제11조에 따른 **건축허가**를 받은 자
      ⓒ 민간임대주택으로 등록할 주택을 매입하기 위하여 **매매계약을 체결**한 자
      ⓓ 민간임대주택으로 등록할 주택을 매입하기 위해 **분양계약을 체결**한 자로서 다음의 어느 하나에 해당하는 자
         ⅰ) 등록 신청일을 기준으로 분양계약서에 따른 잔금지급일이 3개월 이내인 자
         ⅱ) 등록 신청일이 분양계약서에 따른 잔금지급일 이후인 자
   ㉢ 민간임대주택으로 등록할 주택을 취득하려는 위 ㉡ 외의 자로서 다음의 어느 하나에 해당하는 자
      ⓐ 「주택법」 제4조에 따라 등록한 **주택건설사업자**
      ⓑ 「부동산투자회사법」 제2조 제1호에 따른 **부동산투자회사**
      ⓒ 「조세특례제한법」 제104조의31 제1항에 해당하는 **투자회사**
      ⓓ 「자본시장과 금융투자업에 관한 법률」 제9조 제18항에 따른 **집합투자기구**
      ⓔ 소속 근로자에게 임대하기 위하여 민간임대주택을 건설하려는 **고용자**(법인으로 한정한다)
3. 위 2.에도 불구하고 과거 5년 이내에 민간임대주택 또는 공공임대주택(공공주택 특별법 제2조 제1호 가목에 따른 공공임대주택을 말한다. 이하 같다)사업에서 부도(부도 후 부도 당시의 채무를 변제하고 사업을 정상화시킨 경우는 제외한다)가 발생한 사실이 있는 자(부도 당시 법인의 대표자나 임원이었던 자와 부도 당시 법인의 대표자나 임원 또는 부도 당시 개인인 임대사업자가 대표자나 임원으로 있는 법인을 포함한다)는 임대사업자로 등록할 수 없다.
4. 위 **(1)**의 ①에 따라 임대사업자로 등록하려는 자는 신청서에 국토교통부령으로 정하는 서류를 첨부하여 **임대사업자의 주소지**를 관할하는 특별자치시장, 특별자치도지사, 시장, 군수 또는 자치구청장(이하 '시장·군수·구청장'이라 한다) 또는 해당 **민간임대주택의 소재지**를 관할하는 시장·군수·구청장에게 제출하여야 한다.
5. 위 4.에 따라 **민간임대주택의 소재지**를 관할하는 시장·군수·구청장이 신청서를 받은 경우에는 즉시 **임대사업자의 주소지**를 관할하는 시장·군수·구청장에게 이송하여야 한다.

6. 위 4. 또는 5.에 따라 신청서를 받은 **임대사업자의 주소지**를 관할하는 **시장·군수·구청장**은 등록기준에 적합한지를 확인한 후 적합한 경우에는 등록대장에 올리고 신청인에게 등록증을 발급하여야 한다.
7. 임대사업자는 위 4.에 따라 등록한 사항이 변경된 경우에는 변경 사유가 발생한 날부터 30일 **이내**에 **임대사업자의 주소지**를 관할하는 시장·군수·구청장(변경 사항이 임대사업자의 주소인 경우에는 전입지의 시장·군수·구청장을 말한다) 또는 해당 **민간임대주택의 소재지**를 관할하는 시장·군수·구청장에게 신고해야 한다.
8. **임대사업자의 주소지**를 관할하는 **시장·군수·구청장**은 위 7.에도 불구하고 「도로명주소법 시행령」 제10조 제3항, 제11조 제5항, 제13조 제5항, 제14조 제7항, 제15조 제5항, 제16조 제7항, 제17조 제2항, 제24조, 제26조 제1항·제3항 및 제6항에 따라 **부여**되거나 **변경·폐지**된 경우 **민간임대주택의 주소**를 **직권**으로 **변경**할 수 있다. 이 경우 **시장·군수·구청장**은 해당 민간임대주택을 **등록**한 임대사업자에게 그 사실을 알려야 한다.
9. 위 (1)의 ⑥의 ⓒ에서 '대통령령으로 정하는 경우'란 임대사업자로 등록하려는 자가 '등록신청 당시 체납한 국세 및 지방세의 합계액'이 **2억원 이상인 경우**를 말한다. 이 경우 체납한 국세 및 지방세와 관련하여 '다음에 따른 **불복절차가 진행 중인 체납액**'은 **제외**하고 산정한다.
   ㉠ 「국세기본법」에 따른 이의신청·심사청구·심판청구
   ㉡ 「지방세기본법」에 따른 이의신청·심판청구
   ㉢ 「감사원법」에 따른 심사청구
   ㉣ 「행정소송법」에 따른 행정소송

(2) 등록 민간임대주택의 부기등기(법 제5조의2)

① **임대사업자**는 등록한 민간임대주택이 임대의무기간과 **임대료 증액기준을 준수**하여야 하는 재산임을 **소유권등기**에 **부기등기**하여야 한다.
② 위 ①에 따른 부기등기는 **'임대사업자의 등록 후'** 지체 없이 하여야 한다. 다만, '임대사업자로 등록한 이후에 소유권보존등기를 하는 경우'에는 소유권보존등기와 **동시**에 하여야 한다.
③ 위 ① 및 ②에 따른 부기등기에 포함되어야 할 표기내용 및 말소 등에 필요한 사항은 대통령령으로 정한다.

> **관련법령** 부기등기(영 제4조의2)
>
> 1. 위 (2)의 ①에 따른 **부기등기**에는 "이 주택은 「민간임대주택에 관한 특별법」 제43조 제1항에 따라 임대사업자가 **임대의무기간 동안 계속 임대**해야 하고, 같은 법 제44조의 '**임대료 증액기준**'을 준수해야 하는 민간임대주택임"이라고 표기해야 한다.
> 2. **임대사업자**는 다음 (8)의 ①, ⑤ 또는 법 제43조(임대의무기간 및 양도 등) 제4항에 따라 **등록이 말소된 경우**에는 위 (2)의 ①에 따른 **부기등기의 말소를 신청해야 한다.**
> 3. 시장·군수·구청장은 다음 (8)의 ①, ⑤ 또는 법 제43조(임대의무기간 및 양도 등) 제4항에 따라 **등록이 말소되었음에도 불구하고** 위 2.에 따라 **부기등기가 말소되지 않은 경우**는 직권으로 또는 **이해관계인**(위 2.에 따라 말소를 신청할 수 있는 임대사업자는 제외한다)의 **신청**에 따라 **부기등기의 말소**를 촉탁할 수 있다. 〈신설 2025.6.2.〉

(3) 조합원 모집신고 및 공개모집(법 제5조의3)

① 조합원에게 공급하는 민간건설임대주택을 포함하여 **30호 이상**으로서 '대통령령으로 정하는 호수' 이상의 주택을 공급할 목적으로 설립된 「협동조합 기본법」에 따른 **협동조합 또는 사회적협동조합**(이하 '민간임대협동조합'이라 한다)이나 **민간임대협동조합의 발기인**이 조합원을 모집하려는 경우 해당 민간임대주택 건설대지의 관할 시장·군수·구청장에게 **신고**하고, **공개모집**의 방법으로 **조합원**을 모집하여야 한다.

② 위 ①에도 불구하고 공개모집 이후 조합원의 사망·자격상실·탈퇴 등으로 인한 결원을 충원하거나 미달된 조합원을 재모집하는 경우에는 신고하지 아니하고 **선착순**의 방법으로 조합원을 모집할 수 있다.

③ 위 ①에 따라 신고를 받은 **시장·군수·구청장**은 신고내용이 이 법에 적합한 경우에는 **신고를 수리하고** 그 사실을 **신고인**에게 **통보**하여야 한다.

  ▶ 시장·군수·구청장은 신고서가 접수된 날부터 15일 이내에 신고의 수리 여부를 결정·통지해야 한다(규칙 제4조의2 제2항).

④ **시장·군수·구청장**은 다음의 어느 하나에 해당하는 경우 조합원 모집 **신고를 수리해서는 아니 된다.**

  ㉠ 해당 민간임대주택 건설대지의 **80퍼센트 이상**에 해당하는 토지의 **사용권원**을 확보하지 못한 경우
  ㉡ 이미 신고된 사업대지와 전부 또는 일부가 **중복**되는 경우
  ㉢ 이미 수립되었거나 수립 예정인 도시·군계획, 이미 수립된 토지이용계획 또는 이 법이나 관계 법령에 따른 건축기준 및 건축제한 등에 따라 해당 민간임대주택 건설대지에 민간임대협동조합이 건설하는 주택을 건설할 수 **없는** 경우
  ㉣ 해당 민간임대주택을 공급받을 수 **없는** 조합원을 모집하려는 경우
  ㉤ 신고한 내용이 사실과 **다른** 경우

> **관련법령** 조합원 모집신고 대상 민간임대협동조합(영 제4조의3)
>
> 위 (3)의 ①에서 '대통령령으로 정하는 호수'란 다음의 구분에 따른 호수 또는 세대수를 말한다.
> 1. 「건축법 시행령」[별표 1] 제1호 가목부터 다목까지의 단독주택[(협의) **단독주택, 다중주택, 다가구주택**]인 경우: 30호
> 2. '**준주택**' 또는 「건축법 시행령」[별표 1] 제2호 가목부터 다목까지의 공동주택(**아파트, 연립주택, 다세대주택**)인 경우: 30세대

(4) 조합원 모집 시 설명의무(법 제5조의4)

① 조합원 모집신고를 하고 조합원을 모집하는 **민간임대협동조합 및 민간임대협동조합의 발기인**(이하 '**모집주체**')은 민간임대협동조합 **가입 계약**(민간임대협동조합의 설립을 위한 계약을 포함한다. 이하 같다) **체결** 시 다음의 사항을 **조합가입신청자**에게 **설명**하고 이를 **확인**받아야 한다.

㉠ 조합원의 **권리**와 **의무**에 관한 사항
  ㉡ 해당 민간임대주택 건설대지의 위치와 면적 및 해당 민간임대주택 **건설대지에 대한 사용권, 소유권 확보** 현황
  ㉢ 해당 민간임대주택사업의 **자금계획**에 관한 사항
  ㉣ 해당 민간임대주택을 공급받을 수 있는 **조합원의 자격**에 관한 사항
  ㉤ 민간임대협동조합의 **탈퇴**, 제명 및 출자금 등 납부한 **금전의 반환** 절차 등에 관한 사항
  ㉥ 다음 **(5)**에 따른 **청약 철회**, 금전의 예치 및 **가입비 등의 반환** 등에 관한 사항
  ㉦ 그 밖에 민간임대협동조합의 사업추진 및 운영을 위하여 필요한 사항으로서 '대통령령으로 정하는 사항'
 ② 위 ①에 따른 설명 및 확인의 방법, 절차 등에 관한 사항은 대통령령으로 정한다.

> **관련법령** 조합원 모집 시 설명의무(영 제4조의4)
>
> 1. 위 **(4)**의 ①의 ㉦에서 '대통령령으로 정하는 사항'이란 다음의 사항을 말한다.
>   ㉠ 민간임대협동조합의 **사업 개요**
>   ㉡ 해당 민간임대주택 건설대지에 대한 **사용권 또는 소유권 확보 계획**
>   ㉢ **주택건설** 예정 세대수 및 주택건설 예정기간
>   ㉣ 계약금·분담금의 납부시기 및 납부방법 등 **조합원의 비용부담**에 관한 사항
>   ㉤ 조합 자금관리의 주체 및 계획
> 2. 모집주체는 위 **(4)**의 ①에 따라 **설명한 내용**을 민간임대협동조합 가입을 신청한 자(이하 '조합가입신청자'라 한다)가 이해했음을 서명 또는 기명날인의 방법으로 확인받아 조합가입신청자에게 **교부**해야 한다.

(5) 청약 철회 및 가입비 등의 반환 등(법 제5조의5)

① **조합가입신청자**가 민간임대협동조합 가입 계약을 체결하면 **모집주체**는 조합가입신청자로 하여금 계약 체결 시 납부하여야 하는 일체의 금전(이하 '**가입비 등**'이라 한다)을 '대통령령으로 정하는 기관'(이하 '**예치기관**'이라 한다)에 **예치**하게 하여야 한다.
② **조합가입신청자**는 민간임대협동조합 가입 계약체결일부터 **30일 이내**에 민간임대협동조합 가입에 관한 **청약을 철회**할 수 있다.
③ 청약 철회를 **서면**으로 하는 경우에는 청약 철회의 의사를 표시한 **서면을 발송한 날**에 그 **효력이 발생**한다. 25회·26회 주관식
④ **모집주체**는 조합가입신청자가 청약 철회를 한 경우 '청약 철회 의사가 **도달한 날**'부터 **7일 이내**에 예치기관의 장에게 **가입비 등의 반환**을 **요청**하여야 한다. 25회, 26회 주관식
⑤ **예치기관의 장**은 위 ④에 따른 가입비 등의 **반환 요청**을 받은 경우 요청일부터 **10일 이내**에 가입비 등을 **조합가입신청자에게 반환**하여야 한다.
⑥ 조합가입신청자가 위 ②에 따른 기간 이내에 '**청약 철회**'를 하는 경우 **모집주체**는 조합가입신청자에게 '**청약 철회를 이유**'로 위약금 또는 손해배상을 **청구할 수 없다**. 25회

> **관련법령** **가입비 등의 예치(영 제4조의5)**
>
> 1. 위 **(5)**의 ①에서 '대통령령으로 정하는 기관'이란 다음의 기관을 말한다.
>   ㉠ 「은행법」 제2조 제1항 제2호에 따른 은행
>   ㉡ 「우체국예금·보험에 관한 법률」에 따른 체신관서
>   ㉢ 「보험업법」 제2조 제6호에 따른 보험회사
>   ㉣ 「자본시장과 금융투자업에 관한 법률」 제8조 제7항에 따른 신탁업자
> 2. **모집주체**는 위 1. ㉠~㉣의 **어느 하나에 해당하는 기관**과 위 **(5)**의 ①에 따른 가입비 등(이하 '**가입비 등**'이라 한다)의 **예치에 관한 계약**을 **체결**해야 한다.
> 3. **조합가입신청자**는 민간임대협동조합 가입 계약을 체결하면 위 2.에 따른 기관(이하 '**예치기관**'이라 한다)에 '**국토교통부령으로 정하는 가입비 등 예치신청서**'를 **제출**해야 한다.
> 4. **예치기관**은 위 3.에 따른 신청을 받은 경우 **가입비 등**을 **예치기관의 명의**로 예치해야 하고, 이를 **다른 금융자산과 분리**하여 **관리**해야 한다. 25회
> 5. **예치기관의 장**은 위 4.에 따라 가입비 등을 예치한 경우에는 **모집주체**와 **조합가입신청자**에게 각각 '**국토교통부령으로 정하는 증서**'를 내주어야 한다.

> **관련법령** **가입비 등의 지급 및 반환(영 제4조의6)**
>
> 1. **모집주체**는 위 **(5)**의 ④에 따라 **가입비 등의 반환**을 요청하는 경우 '**국토교통부령으로 정하는 요청서**'를 **예치기관의 장**에게 **제출**해야 한다.
> 2. **모집주체**는 민간임대협동조합 **가입 계약 체결일부터 30일이 지난 경우 예치기관의 장**에게 가입비 등의 **지급**을 요청할 수 있다. 이 경우 **모집주체**는 '**국토교통부령으로 정하는 요청서**'를 **예치기관의 장**에게 **제출**해야 한다. 25회
> 3. **예치기관의 장**은 위 2.에 따라 요청서를 받은 경우 **요청일부터 10일 이내**에 가입비 등을 **모집주체**에게 **지급**해야 한다.

(6) 임대사업자의 결격사유(법 제5조의6)

다음의 어느 하나에 해당하는 자는 위 (1)에 따른 임대사업자로 등록할 수 없다. 법인의 경우 그 임원 중 다음의 어느 하나에 해당하는 사람이 있는 경우에도 또한 같다.

① 미성년자

② 다음 **(8)**의 ①의 ㉠, ㉣, ㉼부터 ㉾까지, ㉿부터 ㉮까지 및 ㉰에 따라 등록이 전부 **말소된 후 2년이 지나지 아니한 자**

③ 임차인에 대한 보증금반환채무의 이행과 관련하여 「형법」 제347조의 죄를 범하여 금고 이상의 형을 선고받고 집행이 종료(집행이 종료된 것으로 보는 경우를 포함한다)되거나 그 집행이 면제된 날부터 2년이 지나지 아니한 자

④ 위 ③에 따른 죄를 범하여 형의 집행유예를 선고받고 그 유예기간 중에 있는 자

(7) 임대사업자의 임대주택 추가 등록 제한 등(법 제5조의7)

다음 **(8)**의 ①의 ㉠, ㉢, ㉧부터 ㉩까지, ㉫부터 ㉤까지 및 ㉰에 따라 임대사업자 등록이 일부 말소된 후 2년이 지나지 아니한 자는 등록한 임대주택 외에 위 **(1)**의 ③ 본문에 따른 등록사항 변경신고를 통하여 임대주택을 변경·추가(일부 말소로 임대주택에서 제외된 주택을 변경·추가하는 경우를 포함한다) 등록할 수 없다.

(8) 임대사업자 등록의 말소(법 제6조)

① '시장·군수·구청장'은 임대사업자가 다음의 어느 하나에 해당하면 등록의 전부 또는 일부를 '**말소할 수**' 있다. 다만, 다음 ㉠에 해당하는 경우에는 등록의 전부 또는 일부를 '**말소하여야**' 한다.

㉠ 거짓이나 그 밖의 부정한 방법으로 등록한 경우

㉡ 임대사업자가 위 **(1)**에 따라 등록한 후 '대통령령으로 정하는 일정 기간 안'에 '민간임대주택을 취득하지 아니하는 경우'

㉢ 위 **(1)**의 ①에 따라 '등록한 날부터 **3개월이 지나기 전**'(임대주택으로 등록한 이후 체결한 임대차계약이 있는 경우에는 그 임차인의 동의가 있는 경우로 한정한다) 또는 법 제43조의 **임대의무기간이 지난 후** '**등록 말소를 신청**'하는 경우

㉣ 위 **(1)**의 ⑥의 '**등록기준을 갖추지 못한 경우**'

㉤ 법 제43조 제2항('**신고**'한 후 '**다른 임대사업자**'에게 **양도**) 또는 제6항에 따라 민간임대주택을 양도한 경우

▶ 법 43조 제6항: 임대사업자는 제3항에 따라 '신고'된 장기일반민간임대주택과 제5항에 따라 '신고가 수리'된 공공지원민간임대주택을 양도할 수 있다.

㉥ 법 제43조 제4항(부도 등 사유로 '**허가**'받아 '**임대사업자가 아닌 자**'에게 **양도**)에 따라 민간임대주택을 양도한 경우

㉦ 법 제44조에 따른 **임대조건을 위반한 경우**

㉧ 법 제45조를 위반하여 임대차계약을 '해제·해지'하거나 '재계약'을 거절한 경우

㉨ 법 제50조의 '**준주택**'에 대한 **용도제한**을 위반한 경우

㉩ 법 제48조 제1항 제2호에 따른 **설명**이나 **정보**를 **거짓**이나 그 밖의 부정한 방법으로 **제공**한 경우

㉪ 법 제43조에도 불구하고 종전의 「민간임대주택에 관한 특별법」(법률 제17482호 민간임대주택에 관한 특별법 일부개정법률에 따라 개정되기 전의 것을 말한다. 이하 같다) 제2조 제5호의 **장기일반민간임대주택 중 아파트**(주택법 제2조 제20호의 **도시형 생활주택이 아닌 것**을 말한다)를 임대하는 민간매입임대주택 또는 제2조 제6호의 단기민간임대주택에 대하여 임대사업자가 '**임대의무기간 내**' 등록 말소를 **신청**(신청 당시 체결된 임대차계약이 있는 경우 임차인의 동의가 있는 경우로 한정한다)하는 경우

ⓔ **임대사업자**가 **보증금 반환**을 **지연**하여 '임차인의 피해가 명백히 발생하였다고 대통령령으로 정하는 경우'

ⓟ **임대사업자**가 '임차인에게 보증금을 변제하지 아니하여' '**보증회사**'가 보증채무를 **2회 이상** 또는 **2호 이상** 대위변제한 후 **6개월**이 경과한 후에도 보증채무를 **전액상환하지 아니한 경우**로서 다음의 어느 하나에 해당하여 '**보증회사**'가 시장·군수·구청장에게 통보한 경우 〈신설〉

  ⓐ 대위변제 후 **1년간** 임의상환 이력이 없는 경우

  ⓑ 보증회사의 **미회수채권 총액**이 **2억원 이상**인 경우

ⓗ 법 제46조에 따른 임대차계약 신고 또는 변경신고를 하지 아니하여 시장·군수·구청장이 법 제61조 제1항에 따라 보고를 하게 하였으나 거짓으로 보고하거나 3회 이상 불응한 경우

㉮ 법 제49조 제1항에 따른 임대보증금에 대한 보증에 가입하지 아니한 경우로서 대통령령으로 정하는 경우

㉯ 국세 또는 지방세를 **체납**하여 '보증금반환채무의 이행'과 관련한 임차인의 피해가 명백히 예상되는 경우로서 '대통령령으로 정하는 경우'

㉰ 임차인에 대한 '보증금반환채무의 이행'과 관련하여 「형법」 제347조의 죄를 범하여 금고 이상의 실형(집행유예를 포함한다)을 선고받고 그 형이 **확정**된 경우

㉱ 그 밖에 민간임대주택으로 계속 임대하는 것이 어렵다고 인정하는 경우로서 대통령령으로 정하는 경우

② **시장·군수·구청장**은 위 ①에 따라 등록을 말소하는 경우 **청문**을 하여야 한다. 다만, 위 ①의 ⓒ, ⓜ 및 ⓗ의 경우는 **제외**한다.

③ **시장·군수·구청장**은 위 ①에 따라 등록을 말소하면 해당 임대사업자의 명칭과 말소사유 등 필요한 사항을 '공고'하여야 한다.

④ **임대사업자**가 위 ①의 ⓒ에 따라 '등록말소를 신청'하거나 위 ②에 따른 '청문 통보를 받은 경우' 7일 이내에 그 사실을 '**임차인**'에게 '**통지**'하여야 한다.

⑤ 종전의 「민간임대주택에 관한 특별법」 제2조 제5호에 따른 **장기일반민간임대주택 중 아파트**(주택법 제2조 제20호의 **도시형 생활주택이 아닌 것**을 말한다)를 임대하는 민간매입임대주택 및 제2조 제6호에 따른 **단기민간임대주택**은 '**임대의무기간이 종료한 날**' 등록이 **말소**된다.

⑥ 위 ①의 ㉠~㉰(ⓜ 중 법 제43조 제2항에 따라 민간임대주택을 다른 임대사업자에게 양도하는 경우는 제외한다) 및 위 ⑤에 따라 등록이 말소된 경우에는 '그 임대사업자'(**해당 주택을 양도한 경우에는 그 양수한 자**를 말한다)를 이미 체결된 임대차계약의 기간이 끝날 때까지 임차인에 대한 관계에서 '이 법에 따른 임대사업자'로 본다.

> **관련법령** 임대사업자 등록의 말소(영 제5조)

1. 위 **(8)**의 ①의 ⓒ에서 '대통령령으로 정하는 일정 기간'이란 다음의 구분에 따른 기간을 말한다.
   ㉠ 민간임대주택으로 등록할 주택을 건설하기 위하여 '**사업계획승인**'을 받은 자: 임대사업자로 등록한 날부터 **6년**
   ㉡ 민간임대주택으로 등록할 주택을 건설하기 위하여 '**건축허가**'를 받은 자: 임대사업자로 등록한 날부터 **4년**
   ㉢ 민간임대주택으로 등록할 주택을 매입하기 위하여 '**매매계약**'을 체결한 자: 임대사업자로 등록한 날부터 **3개월**
   ㉣ 민간임대주택으로 등록할 주택을 매입하기 위하여 '**분양계약**'을 체결한 자: 임대사업자로 등록한 날부터 **1년**
   ㉤ 기타의 자: 임대사업자로 등록한 날부터 **6년**

2. 위 **(8)**의 ①의 ⓔ에서 '대통령령으로 정하는 경우'란 다음의 어느 하나에 해당하는 경우를 말한다.
   ㉠ 임차인이 보증금 반환에 대하여 소송을 제기하여 승소판결이 확정되었으나 임대사업자가 보증금을 반환하지 않는 경우
   ㉡ 보증금 반환과 관련하여 「주택임대차보호법」 제14조에 따른 주택임대차분쟁조정위원회가 작성한 조정안을 각 당사자가 수락하여 조정이 성립되었으나 임대사업자가 보증금을 반환하지 않는 경우

3. 위 **(8)**의 ①의 ⓒ 또는 ㉠에 따라 **등록 말소를 신청**하려는 임대사업자는 신청서에 국토교통부령으로 정하는 서류를 첨부하여 **임대사업자의 주소지를 관할하는 시장·군수·구청장** 또는 해당 **민간임대주택의 소재지를 관할하는 시장·군수·구청장**에게 제출해야 한다. 이 경우 **민간임대주택의 소재지를 관할하는 시장·군수·구청장**이 신청서를 제출받은 경우에는 즉시 **임대사업자의 주소지를 관할하는 시장·군수·구청장**에게 **이송**해야 한다.

4. 위 **(8)**의 ①의 ⓗ에서 '대통령령으로 정하는 경우'란 다음의 경우를 말한다.
   ㉠ 임대사업자(다음의 ㉡ 또는 ㉢의 등록말소사유에 해당하는 임대사업자는 제외한다)가 법 제49조 제1항에 따른 보증에 가입하지 않아 시장·군수·구청장이 **3회 이상** 보증 가입을 요구했으나 임대사업자가 보증에 가입하지 않은 경우
   ㉡ 법 제49조 제3항 전단에 따른 보증대상 금액이 있음에도 불구하고 '보증대상 금액이 없음을 이유'로 임대사업자가 보증에 가입하지 않은 경우
   ㉢ 법 제49조 제7항(보증 가입의무의 예외)에 해당하지 않음에도 불구하고 '같은 항에 해당함을 이유'로 임대사업자가 보증에 가입하지 않은 경우

5. 위 **(8)**의 ㉮에서 '대통령령으로 정하는 경우'란 임대사업자의 체납 발생일부터 **6개월**이 지난 국세 및 지방세의 합계액이 2억원 이상인 경우를 말한다. 이 경우 체납한 국세 및 지방세와 관련하여 '영 제4조 제9항 각 호에 따른 **불복절차가 진행 중인 체납액**'은 제외하고 산정한다.

2. 주택임대관리업

(1) 주택임대관리업의 등록(법 제7조)

① 주택임대관리업을 하려는 자는 시장·군수·구청장에게 '**등록할 수**' 있다. 다만, 100호 이상의 범위에서 '대통령령으로 정하는 규모' 이상으로 주택임대관리업을 하려는 자(국가, 지방자치단체, 공공기관의 운영에 관한 법률 제4조 제1항에 따른 공공기관(이하 '공공기관'이라 한다), 지방공기업법 제49조 제1항에 따라 설립된 지방공사(이하 '지방공사'라 한다)는 제외한다]는 '**등록하여야**' 한다. 22회

② 위 ①에 따라 등록하는 경우에는 '자기관리형 주택임대관리업'과 '위탁관리형 주택임대관리업'을 '**구분**'하여 등록하여야 한다. 이 경우 '자기관리형 주택임대관리업'을 등록한 경우에는 '**위탁관리형 주택임대관리업**'도 등록한 것으로 본다. 19회, 23회

③ 위 ①에 따라 등록한 자가 등록한 사항을 '**변경**'하거나 '**말소**'하고자 할 경우 시장·군수·구청장에게 '**신고**'하여야 한다. 다만, 자본금의 증가 등 '국토교통부령으로 정하는 경미한 사항'은 신고하지 아니하여도 된다. 19회, 23회

④ '시장·군수·구청장'은 위 ③에 따른 신고를 받은 날부터 5일 이내에 신고수리 여부를 '신고인'에게 통지하여야 한다.

⑤ 시장·군수·구청장이 위 ④에서 정한 기간 내에 신고수리 여부 또는 민원 처리 관련 법령에 따른 처리기간의 연장을 신고인에게 통지하지 아니하면 그 **기간**(민원 처리 관련 법령에 따라 처리기간이 연장 또는 재연장된 경우에는 해당 처리기간을 말한다)이 **끝난 날의 다음 날**에 **신고를 수리한 것으로 본다**.

관련법령 주택임대관리업의 등록 및 변경신고 등(영 제6조)

1. 위 **(1)**의 ① 단서에서 '대통령령으로 정하는 규모'란 다음의 구분에 따른 규모를 말한다. 〈개정 2025.2.25. 시행 2026.2.26.〉
   ㉠ 자기관리형 주택임대관리업의 경우: 단독주택, 공동주택, 준주택(영 제2조 제1호에 따른 일반기숙사로 리모델링한 건축물은 제외한다. 이하 이 항에서 같다)을 합산하여 100호
   ㉡ '위탁관리형 주택임대관리업'의 경우: 단독주택, 공동주택, 준주택을 합산하여 300호
2. 위 **(1)**의 ①에 따라 주택임대관리업을 등록하려는 자는 신청서에 국토교통부령으로 정하는 서류를 첨부하여 시장·군수·구청장에게 제출하여야 한다.
3. 시장·군수·구청장은 위 2.에 따른 신청서를 받으면 영 제7조에 따른 등록기준에 적합한지를 확인한 후 적합하면 등록대장에 올리고 신청인에게 등록증을 발급하여야 한다.
4. 주택임대관리업자는 위 3.에 따라 등록한 사항이 변경된 경우에는 변경사유가 발생한 날부터 15일 이내에 시장·군수·구청장(변경사항이 주택임대관리업자의 주소인 경우에는 전입지의 시장·군수·구청장을 말한다)에게 신고하여야 하며, 주택임대관리업을 폐업하려면 폐업일 30일 이전에 시장·군수·구청장에게 말소신고를 하여야 한다.

| 관련법령 | 주택임대관리업의 변경신고 등(규칙 제6조) |

1. 주택임대관리업자는 위 (1)의 ③ 및 영 제6조 제4항에 따라 변경신고를 하려는 경우에는 별지 제10호 서식의 주택임대관리업 등록사항 변경신고서에 변경내용을 증명하는 서류 및 주택임대관리업 등록증을 첨부하여 시장·군수·구청장에게 제출하여야 한다.
2. 주택임대관리업자는 위 (1)의 ③ 및 영 제6조 제4항에 따라 주택관리업을 폐업하려는 경우에는 별지 제11호 서식의 주택임대관리업 말소 신고서에 말소사항을 증명할 수 있는 서류를 첨부하여 시장·군수·구청장에게 제출하여야 한다.
3. 위 1. 및 2.에 따라 신고를 받은 시장·군수·구청장은 변경내용을 확인한 후 별지 제8호 서식의 주택임대관리업 등록대장에 그 내용을 기록하여야 한다.
4. 위 (1)의 ③에서 '자본금의 증가 등 국토교통부령으로 정하는 경미한 사항'이란 **자본금 또는 전문인력의 수**가 '**증가**'한 경우를 말한다. 23회

(2) 주택임대관리업의 등록기준(법 제8조)

위 (1)에 따라 등록을 하려는 자는 다음의 요건을 갖추어야 한다.

① 자본금(법인이 아닌 경우 자산평가액을 말한다)이 **1억원** 이상으로서 '대통령령으로 정하는 금액' 이상일 것
② 주택관리사등 '대통령령으로 정하는 전문인력'을 보유할 것
③ 사무실 등 '대통령령으로 정하는 시설'을 보유할 것

| 관련법령 | 주택임대관리업의 등록기준(영 제7조) |

위 (2)에 따른 주택임대관리업의 등록기준은 [별표 1]과 같다.

별표 1 주택임대관리업의 등록기준(영 제7조 관련) 22회

구분		자기관리형 주택임대관리업	위탁관리형 주택임대관리업
1. 자본금		2억원 이상	1억원 이상
2. 전문인력	가. 변호사, 법무사, 공인회계사, 세무사, 감정평가사, 건축사, 공인중개사, 주택관리사 자격을 취득한 후 각각 해당 분야에 2년 이상 종사한 사람	2명 이상	1명 이상
	나. 부동산 관련 분야의 석사 이상의 학위를 취득한 후 부동산 관련 업무에 3년 이상 종사한 사람		
	다. 부동산 관련 회사에서 5년 이상 근무한 사람으로서 부동산 관련 업무에 3년 이상 종사한 사람		
3. 시설		사무실	

[비고]
1. '자본금'이란 법인인 경우에는 주택임대관리업을 영위하기 위한 출자금을 말한다.
2. '전문인력'이란 위 표 제2호 가목부터 다목까지의 어느 하나에 해당하는 사람으로서 상시 근무하는 사람을 말한다.

3. '부동산 관련 분야'란 경영학, 경제학, 법학, 부동산학, 건축학, 건축공학 및 그 밖에 이에 상당하는 분야를 말한다.
4. '부동산 관련 회사'란 공인중개업, 주택관리업, 부동산개발업을 하는 법인 또는 개인사무소나 부동산투자회사, 자산관리회사 및 그 밖에 이에 준하는 법인·사무소 등을 말한다.
5. '부동산 관련 업무'란 부동산 관련 회사에서 수행하는 부동산의 취득·처분·관리 또는 자문 관련 업무를 말한다.
6. 사무실은 「건축법」 및 그 밖의 건축 관련 법령상의 기준을 충족시키는 건물이어야 한다.

(3) 주택임대관리업의 결격사유(법 제9조)

다음의 어느 하나에 해당하는 자는 주택임대관리업의 등록을 할 수 없다. 법인의 경우 그 임원 중 다음의 어느 하나에 해당하는 사람이 있을 때에도 또한 같다.

① 파산선고를 받고 복권되지 아니한 자

② 피성년후견인 또는 피한정후견인

③ 다음 (4)에 따라 주택임대관리업의 등록이 말소된 후 2년이 지나지 아니한 자. 이 경우 등록이 말소된 자가 법인인 경우에는 말소 당시의 원인이 된 행위를 한 사람과 대표자를 포함한다. 19회

④ 이 법, 「주택법」, 「공공주택 특별법」 또는 「공동주택관리법」을 위반하여 금고 이상의 실형을 선고받고 집행이 종료(집행이 종료된 것으로 보는 경우를 포함한다)되거나 그 집행이 면제된 날부터 3년이 지나지 아니한 사람

⑤ 이 법, 「주택법」, 「공공주택 특별법」 또는 「공동주택관리법」을 위반하여 형의 집행유예를 선고받고 그 유예기간 중에 있는 사람

(4) 주택임대관리업의 등록말소 등(법 제10조)

① **시장·군수·구청장**은 주택임대관리업자가 다음의 어느 하나에 해당하면 그 '등록을 말소'하거나 1년 이내의 기간을 정하여 '영업의 전부 또는 일부의 정지'를 명할 수 있다. 다만, 다음 ㉠, ㉡ 또는 ㉥에 해당하는 경우에는 그 등록을 '말소하여야' 한다.

㉠ **거짓**이나 그 밖의 부정한 방법으로 등록을 한 경우 19회

㉡ '**영업정지기간 중에 주택임대관리업을 영위한 경우**' 또는 '최근 3년간 2회 이상의 영업정지처분을 받은 자로서 그 정지처분을 받은 기간이 합산하여 **12개월을 초과**한 경우' 25회 주관식

㉢ '**고의**' 또는 '**중대한 과실**'로 임대를 목적으로 하는 주택을 잘못 관리하여 임대인 및 임차인에게 재산상의 손해를 입힌 경우

㉣ 정당한 사유 없이 최종 위탁계약 종료일의 다음 날부터 '**1년 이상**' 위탁계약 실적이 없는 경우

㉤ 위 (2)에 따른 등록기준을 갖추지 못한 경우. 다만, '일시적으로 등록기준에 미달하는 등 대통령령으로 정하는 경우'는 그러하지 아니하다.

㉥ 다음 (10)의 ①을 위반하여 다른 자에게 자기의 명의 또는 상호를 사용하여 이 법에서 정한 사업이나 업무를 수행하게 하거나 그 **등록증을 대여**한 경우

ⓢ 법 제61조에 따른 보고, 자료의 제출 또는 검사를 거부·방해 또는 기피하거나 거짓으로 보고한 경우
　② 시장·군수·구청장은 주택임대관리업자가 위 ①의 ⓒ~ⓜ 및 ⓢ 중 어느 하나에 해당하는 경우에는 '**영업정지**'를 갈음하여 '**1천만원 이하**'의 '**과징금**'을 부과할 수 있다.
　③ 시장·군수·구청장은 주택임대관리업자가 위 ②에 따라 부과받은 과징금을 기한까지 내지 아니하면 「지방행정제재·부과금의 징수 등에 관한 법률」에 따라 징수한다.

관련법령　주택임대관리업의 일시적인 등록기준 미달(영 제8조)

위 **(4)**의 ①의 ⓜ 단서에서 '일시적으로 등록기준에 미달하는 등 대통령령으로 정하는 경우'란 다음의 어느 하나에 해당하는 경우를 말한다.
1. 위 **(2)**의 ①에 따른 자본금 기준에 미달하였으나 다음의 어느 하나에 해당하는 경우
　　㉠ 「채무자 회생 및 파산에 관한 법률」 제49조에 따라 법원이 해당 주택임대관리업자에 대하여 회생절차개시의 결정을 하고 그 절차가 진행 중인 경우
　　㉡ 회생계획의 수행에 지장이 없다고 인정되는 경우로서 해당 주택임대관리업자가 「채무자 회생 및 파산에 관한 법률」 제283조에 따라 법원으로부터 회생절차종결의 결정을 받고 회생계획을 수행 중인 경우
　　㉢ 「기업구조조정 촉진법」 제8조에 따라 금융채권자가 금융채권자협의회의 의결을 거쳐 해당 주택임대관리업자에 대한 금융채권자협의회에 의한 공동관리절차를 개시하고 그 절차가 진행 중인 경우
2. 「상법」 제542조의8 제1항 단서의 적용대상인 법인이 직전 사업연도 말 현재 자산총액의 감소로 위 **(2)**의 ①에 따른 자본금 기준에 미달하게 되었으나 **50일 이내**에 그 기준을 갖춘 경우
3. 전문인력의 사망·실종 또는 퇴직으로 위 **(2)**의 ②에 따른 전문인력 기준에 미달하게 되었으나 **50일 이내**에 그 기준을 갖춘 경우

관련법령　주택임대관리업 등록말소 등의 기준(영 제9조)

1. **시장·군수·구청장**은 주택임대관리업 등록의 말소 또는 영업정지처분을 하려면 처분 예정일 **1개월** 전까지 해당 주택임대관리업자가 관리하는 주택의 **임대인** 및 **임차인**에게 그 사실을 통보하여야 한다.
2. 주택임대관리업 등록의 말소 및 영업정지처분의 기준은 [별표 2]와 같다.
3. **과징금**은 영업정지기간 **1일당 3만원**을 부과하되, 영업정지 1개월은 30일을 기준으로 한다. 이 경우 과징금은 **1천만원**을 초과할 수 없다.

별표 2　주택임대관리업자에 대한 행정처분기준(영 제9조 제2항 관련)

1. 일반기준
　가. '위반행위의 횟수'에 따른 '행정처분의 가중된 부과기준'은 최근 1년간 같은 위반행위로 처분을 받은 경우에 적용한다. 이 경우 **기간의 계산**은 위반행위에 대하여 '처분을 받은 날'과 '그 처분 후 다시 같은 위반행위를 하여 적발된 날'을 기준으로 한다.
　나. 가목에 따라 가중된 부과처분을 하는 경우 '가중처분의 적용 차수'는 **그 위반행위 전 부과처분 차수**(가목에 따른 기간 내에 처분이 둘 이상 있었던 경우에는 **높은 차수**를 말한다)의 **다음 차수**로 한다.
　다. 같은 등록사업자가 둘 이상의 위반행위를 한 경우로서 그에 해당하는 각각의 처분 기준이 다른 경우에는 다음의 기준에 따라 처분한다.

1) 가장 무거운 위반행위에 대한 처분기준이 **등록말소**인 경우에는 **등록말소** 처분을 한다.
2) 각 위반행위에 대한 처분기준이 **영업정지**인 경우에는 가장 무거운 처분의 2분의 1까지 **가중할 수 있되**, 가중하는 경우에도 각 처분기준을 **합산한 기간을 초과할 수 없다**. 이 경우 그 합산한 영업정지기간이 **1년을 초과할** 때에는 1년으로 한다.

라. **시장·군수·구청장**은 등록기준 미달로 등록말소 또는 영업정지 처분사유에 해당하게 된 등록사업자가 「행정절차법」 제22조 제3항에 따른 **의견제출 시**까지 등록기준을 보완하고 이를 증명하는 서류를 제출할 때에는 당초 처분기준의 2분의 1까지 **감경**한다. 다만, 당초 처분기준이 등록말소인 경우에는 **영업정지 '3개월'**로 한다.

마. **시장·군수·구청장**은 위반행위의 동기·내용·횟수 및 위반의 정도 등 다음에 해당하는 사유를 고려하여 다음 2.의 개별기준에 따른 행정처분을 가중하거나 감경할 수 있다. 이 경우 그 처분이 **영업정지**인 경우에는 그 처분기준의 2분의 1의 범위에서 **가중**(가중한 영업정지기간은 1년을 초과할 수 없다)하거나 **감경**할 수 있고, **'등록말소'**인 경우(법 제10조 제1항 제1호, 제2호 또는 제6호에 해당하는 경우는 **'제외'**한다)에는 **'6개월 이상'**의 **영업정지처분**으로 감경할 수 있다.

1) 가중사유
   가) 위반행위가 **'고의'**나 **'중대한 과실'**에 따른 것으로 인정되는 경우
   나) 위반의 내용과 정도가 중대하여 임대인 및 임차인에게 주는 피해가 크다고 인정되는 경우
2) 감경사유
   가) 위반행위가 사소한 부주의나 오류에 따른 것으로 인정되는 경우
   나) 위반의 내용과 정도가 경미하여 임대인 및 임차인에게 미치는 피해가 적다고 인정되는 경우
   다) 위반행위자가 처음 위반행위를 한 경우로서 **3년 이상** 해당 사업을 **'모범적'**으로 해 온 사실이 인정되는 경우
   라) 위반행위자가 해당 위반행위로 검사로부터 **기소유예처분**을 받거나 법원으로부터 **선고유예의 판결**을 받은 경우
   마) 위반행위자가 해당 사업과 관련 지역사회의 발전 등에 기여한 사실이 인정되는 경우

2. 개별기준

위반행위	근거 법조문	행정처분기준		
		1차 위반	2차 위반	3차 이상 위반
가. **거짓**이나 그 밖의 부정한 방법으로 등록을 한 경우	법 제10조 제1항 제1호	**등록말소**		
나. 영업정지기간 중에 주택임대관리업을 영위한 경우 또는 최근 3년간 2회 이상의 영업정지처분을 받은 자로서 그 정지처분을 받은 기간이 합산하여 12개월을 초과한 경우 1) **영업정지기간 중**에 주택임대관리업을 영위한 경우 2) 최근 **3년간 2회 이상**의 영업정지처분을 받은 자로서 그 정지 처분을 받은 기간이 합산하여 **12개월**을 초과한 경우	법 제10조 제1항 제2호	**등록말소** 이미 처분한 영업정지 기간의 1.5배 **등록말소**	이미 처분한 영업정지 기간의 2배	**등록말소**

위반행위	근거 법조문	1차	2차	3차
다. 고의 또는 중대한 과실로 임대를 목적으로 하는 주택을 잘못 관리하여 임대인 및 임차인에게 재산상의 손해를 입힌 경우 　1) 고의로 인한 경우 　2) 중대한 과실로 인한 경우	법 제10조 제1항 제3호	영업정지 6개월 영업정지 2개월	영업정지 1년 영업정지 3개월	등록말소 영업정지 6개월
라. 정당한 사유 없이 최종 위탁계약 종료일의 다음 날부터 1년 이상 위탁계약 실적이 없는 경우	법 제10조 제1항 제4호	등록말소		
마. 법 제8조에 따른 등록기준을 갖추지 못한 경우 　1) 등록기준을 갖추지 못하게 된 날부터 1개월이 지날 때까지 이를 보완하지 않은 경우 　2) 위 1)에 해당되어 영업정지처분을 받은 후 영업정지기간이 끝나는 날까지 이를 보완하지 않은 경우	법 제10조 제1항 제5호	영업정지 3개월 등록말소	영업정지 6개월	영업정지 6개월
바. 법 제16조 제1항을 위반하여 다른 자에게 자기의 명의 또는 상호를 사용하여 이 법에서 정한 사업이나 업무를 수행하게 하거나 그 **등록증**을 **대여**한 경우	법 제10조 제1항 제6호	**등록말소**		
사. 법 제61조에 따른 보고, 자료의 제출 또는 검사를 거부·방해 또는 기피하거나 거짓으로 보고한 경우 　1) 보고 또는 자료제출을 거부·방해 또는 기피한 경우 　2) 검사를 거부·방해 또는 기피한 경우 　3) 거짓으로 보고한 경우	법 제10조 제1항 제7호	경고 경고 경고	영업정지 1개월 영업정지 1개월 영업정지 2개월	영업정지 2개월 영업정지 2개월 영업정지 3개월

(5) 주택임대관리업자의 업무범위(법 제11조, 영 제10조)

① 주택임대관리업자는 임대를 목적으로 하는 주택에 대하여 다음의 업무를 수행한다.
　㉠ '임대차계약'의 체결·해제·해지·갱신 및 갱신거절 등
　㉡ '임대료'의 부과·징수 등
　㉢ '임차인'의 입주 및 명도·퇴거 등(공인중개사법 제2조 제3호에 따른 중개업은 제외한다)

② 주택임대관리업자는 임대를 목적으로 하는 주택에 대하여 **부수적**으로 다음의 업무를 수행할 수 있다.
　㉠ '**시설물**' 유지·보수·**개량** 및 그 밖의 **주택관리업무**(공동주택관리법령상 '**관리주체**') [23회]
　㉡ '임차인'의 주거 편익을 위하여 필요하다고 '대통령령으로 정하는 다음의 업무'
　　ⓐ 임차인이 거주하는 주거공간의 관리
　　ⓑ 임차인의 안전 확보에 필요한 업무
　　ⓒ 임차인의 입주에 필요한 지원 업무

(6) 주택임대관리업자의 현황 신고(법 제12조)

① **주택임대관리업자**는 분기마다 그 분기가 끝나는 달의 **다음 달 말일**까지 자본금, 전문인력, 관리 호수 등 '대통령령으로 정하는 정보'를 **시장·군수·구청장**에게 '**신고**'하여야 한다. 이 경우 신고받은 **시장·군수·구청장**은 **국토교통부장관**에게 이를 '**보고**'하여야 한다. 19회, 23회

② 위 ①에 따른 신고 및 보고 등에 필요한 사항은 '대통령령'으로 정한다.

③ **국토교통부장관**은 다음의 정보를 법 제60조 제1항에 따른 **임대주택정보체계** 등 '대통령령으로 정하는 방식'에 따라 공개할 수 있다.
   ㉠ 위 ① 후단에 따라 보고받은 정보
   ㉡ 법 제61조에 따라 보고받은 정보

> **관련법령** 주택임대관리업자의 현황 신고(영 제11조)
>
> 1. 위 **(6)**의 ① 전단에서 '자본금, 전문인력, 관리 호수 등 대통령령으로 정하는 정보'란 다음의 정보를 말한다. 다만, 임대사업자로부터 임대관리를 위탁받은 **자기관리형 주택임대관리업자**가 법 제15조에 따라 법 제46조 제1항 또는 제2항에 따른 **전대차계약 신고 또는 변경신고**를 한 경우에는 위 **(6)**의 ① 전단에 따라 ㉃의 사항을 신고한 것으로 본다. 〈단서 신설〉
>   ㉠ 자본금
>   ㉡ 전문인력
>   ㉢ 사무실 소재지
>   ㉣ 위탁받아 관리하는 주택의 호수·세대수 및 소재지
>   ㉤ 보증보험 가입사항[자기관리형 주택임대관리업을 등록한 자(이하 '자기관리형 주택임대관리업자'라 한다)만 해당한다]
>   ㉥ 계약기간, 관리수수료(**위탁관리형 주택임대관리업자만 해당**한다) 및 임대료(**자기관리형 주택임대관리업자만 해당**한다) 등 위·수탁 계약조건에 관한 정보 〈개정〉
>   ㉃ 자기관리형 주택임대관리업자가 체결한 전대차 계약기간, 전대료 및 전대보증금 〈신설〉
> 2. 위 **(6)**의 ①에 따라 주택임대관리업자로부터 위 1. 각 호의 정보를 신고받은 시장·군수·구청장은 신고받은 날부터 30일 이내에 국토교통부장관에게 보고하여야 한다.
> 3. 국토교통부장관은 위 **(6)**의 ③에 따라 같은 항 각 호의 정보를 다음의 어느 하나에 해당하는 방식으로 공개할 수 있다.
>   ㉠ 법 제60조 제1항에 따른 임대주택정보체계에의 게시
>   ㉡ 「건축법」 제32조 제1항에 따른 **전자정보처리시스템**에의 게시
>   ㉢ 국토교통부장관이 정하여 고시하는 「정보통신망 이용촉진 및 정보보호 등에 관한 법률」에 따른 정보통신망에의 게시

(7) 위·수탁계약서 등(법 제13조)

① '**주택임대관리업자**'는 위 **(5)**의 업무를 위탁받은 경우 '**위·수탁계약서**'를 작성하여 '**주택의 소유자**'에게 교부하고 그 사본을 보관하여야 한다.

② 위 ①의 위·수탁계약서에는 계약기간, 주택임대관리업자의 의무 등 대통령령으로 정하는 사항이 포함되어야 한다.

③ '국토교통부장관'은 위 ①에 따른 위·수탁계약의 체결에 필요한 '표준위·수탁계약서'를 작성하여 보급하고 활용하게 할 수 있다.

> **관련법령** 위·수탁계약서(영 제12조)
>
> 위 **(7)**의 ②에서 '계약기간, 주택임대관리업자의 의무 등 대통령령으로 정하는 사항'이란 다음의 사항을 말한다.
> 1. 관리수수료('위탁관리형 주택임대관리업자'만 해당한다)
> 2. 임대료(자기관리형 주택임대관리업자만 해당한다)
> 3. 전대료(轉貸料) 및 전대보증금('자기관리형 주택임대관리업자'만 해당한다)
> 4. 계약기간
> 5. 주택임대관리업자 및 임대인의 권리·의무에 관한 사항
> 6. 그 밖에 위 **(5)**의 ①에 따른 주택임대관리업자의 업무 외에 임대인·임차인의 편의를 위하여 추가적으로 제공하는 업무의 내용

(8) 보증상품의 가입(법 제14조)

① '자기관리형 주택임대관리업'을 하는 주택임대관리업자는 임대인 및 임차인의 권리보호를 위하여 **보증상품에 가입하여야 한다.** 22회, 23회

② 보증상품의 종류와 가입절차 등에 필요한 사항은 '대통령령'으로 정한다.

> **관련법령** 주택임대관리업자의 보증상품 가입(영 제13조)
>
> 1. 자기관리형 주택임대관리업자는 다음의 보증을 할 수 있는 보증상품에 가입하여야 한다.
>   ㉠ 임대인의 권리보호를 위한 보증: 자기관리형 주택임대관리업자가 약정한 임대료를 지급하지 아니하는 경우 약정한 임대료의 3개월분 이상의 지급을 책임지는 보증
>   ㉡ 임차인의 권리보호를 위한 보증: 자기관리형 주택임대관리업자가 임대보증금의 반환의무를 이행하지 아니하는 경우 **임대보증금의 반환을 책임지는 보증**
> 2. 자기관리형 주택임대관리업자는 임대인과 **주택임대관리계약**을 체결하거나 임차인과 **주택임대차계약**을 체결하는 경우에는 위 1.의 보증상품 가입을 증명하는 보증서를 임대인 또는 임차인에게 내주어야 한다.
> 3. 위 2.에 따른 보증서는 다음의 어느 하나에 해당하는 기관이 발행한 것이어야 한다.
>   ㉠ 「주택도시기금법」 제16조에 따른 주택도시보증공사
>   ㉡ 다음의 금융기관 중 국토교통부장관이 지정하여 고시하는 금융기관
>   ⓐ 「은행법」에 따른 은행
>   ⓑ 「중소기업은행법」에 따른 중소기업은행
>   ⓒ 「상호저축은행법」에 따른 상호저축은행
>   ⓓ 「보험업법」에 따른 보험회사
>   ⓔ 그 밖의 법률에 따라 금융업무를 행하는 기관으로서 국토교통부령으로 정하는 것
> 4. 자기관리형 주택임대관리업자는 위 1.의 ㉠, ㉡에 따른 보증상품의 내용을 변경하거나 해지하는 경우에는 그 사실을 임대인 및 임차인에게 알리고, 자기관리형 주택임대관리업자의 사무실 등 임대인 및 임차인이 잘 볼 수 있는 장소에 게시하여야 한다.

(9) 자기관리형 주택임대관리업자의 의무(법 제15조)

'임대사업자인 임대인'이 '자기관리형 주택임대관리업자'에게 임대관리를 위탁한 경우 주택임대관리업자는 위탁받은 범위에서 이 법에 따른 '임대사업자의 의무'를 이행하여야 한다. 이 경우 제7장(벌칙)을 적용할 때에는 '주택임대관리업자'를 '임대사업자'로 본다.

(10) 등록증 대여 등 금지(법 제16조)

① 주택임대관리업자는 다른 자에게 자기의 명의 또는 상호를 사용하여 이 법에서 정한 업무를 수행하게 하거나 그 등록증을 대여하여서는 아니 된다. [위반자: 2년 이하의 징역이나 2천만원 이하의 벌금]

② 주택임대관리업자가 '아닌' 자는 주택임대관리업 또는 이와 유사한 명칭을 사용하지 못한다. [위반자: 2년 이하 징역이나 2천만원 이하의 벌금] 22회

CHAPTER 03 민간임대주택의 건설

CHAPTER 미리보기

민간임대주택의 건설 ─┬─ 택지취득의 특례 등
　　　　　　　　　　└─ 기타 특례

학습전략

민간임대주택의 건설을 다루는 단원으로서 출제 빈도는 높지 않은 편이나, 언제든지 출제될 수 있으므로 정리가 필요합니다.

학습키워드

- 민간임대주택의 건설

1. 택지취득의 특례 등

(1) 민간임대주택의 건설(법 제17조)

민간임대주택의 건설은 「주택법」 또는 「건축법」에 따른다. 이 경우 관계 법률에서 「주택법」 제15조에 따른 '사업계획의 승인' 또는 「건축법」 제11조에 따른 '건축허가' 등을 준용하는 경우 그 법률을 포함한다.

(2) 토지 등의 우선 공급(법 제18조)

① 국가·지방자치단체·공공기관 또는 지방공사가 그가 소유하거나 조성한 토지를 공급[매각 또는 임대를 말한다. 이하 (2)에서 같다]하는 경우에는 「주택법」 제30조 제1항에도 불구하고 '민간임대주택을 건설'하려는 임대사업자에게 우선적으로 공급할 수 있다.

② 국가·지방자치단체·공공기관 또는 지방공사가 공공지원민간임대주택 건설용으로 토지를 공급하거나 종전부동산을 보유하고 있는 공공기관(같은 법 제43조 제3항의 '매입공공기관'을 포함한다)이 공공지원민간임대주택 건설용으로 종전부동산을 매각하는 경우에는 「택지개발촉진법」, 「혁신도시 조성 및 발전에 관한 특별법」 등 관계 법령에도 불구하고 추첨, 자격제한, 수의계약 등 대통령령으로 정하는 방법 및 조건에 따라 공급할 수 있다.

③ **국가·지방자치단체·한국토지주택공사·지방공사**는 그가 조성한 토지 중 **1퍼센트** 이상의 범위에서 '대통령령으로 정하는 비율(**3퍼센트**) 이상'을 임대사업자[소속 근로자에게 임대하기 위하여 민간임대주택을 건설하려는 고용자(법인에 한정한다)로서 임대사업자로 등록한 자를 포함한다]에게 우선 공급하여야 한다. 다만, 해당 토지는 **2개 단지 이상**의 공동주택용지 공급계획이 포함된 경우로서 대통령령으로 정하는 규모(**15만 제곱미터**) **이상**이어야 한다.

④ 위 ①부터 ③까지의 규정에 따라 토지 및 종전부동산[이하 (2)에서 '토지등'이라 한다]을 공급받은 자는 토지등을 공급받은 날부터 **4년** 이하의 범위에서 '대통령령으로 정하는 기간(**2년**) 이내'에 민간임대주택을 건설하여야 한다.

⑤ 위 ④에도 불구하고 민간임대주택을 건설하지 아니한 경우 토지 등을 공급한 자는 대통령령으로 정하는 기준과 절차에 따라 토지 등을 환매하거나 임대차계약을 **해제** 또는 **해지**할 수 있다.

⑥ 「주택법」 제54조에 따른 사업주체가 주택을 공급하는 경우에는 같은 조 제1항에도 불구하고 그 주택을 **공공지원민간임대주택** 또는 **장기일반민간임대주택**으로 운영하려는 임대사업자에게 주택(같은 법 제57조에 따른 **분양가상한제 적용주택**은 제외한다) **전부를 우선적으로** 공급할 수 있다.

관련법령 토지 등의 우선 공급방법 등(영 제14조)

1. 위 **(2)**의 ②에 따른 토지 및 종전부동산의 공급(매각 또는 임대를 말한다. 이하 같다)은 미리 가격을 정한 후 공급받을 자를 선정하여 공급하는 방법으로 한다.
2. 위 1.에 따라 공급받을 자를 선정할 때에는 주택사업실적, 시공능력 등이 일정기준 이상인 자로 자격을 제한하여 **경쟁**에 부친다. 다만, 신속한 토지 공급 등을 위하여 필요한 경우에는 국토교통부장관이 정하는 바에 따라 **추첨의 방법**으로 공급할 수 있다.
3. 위 2.에도 불구하고 다음의 어느 하나에 해당하는 경우에는 **수의계약**의 방법으로 공급할 수 있다.
   ㉠ 다음의 어느 하나에 해당하는 자가 단독 또는 공동으로 총지분의 **50퍼센트**를 초과하여 출자한 부동산투자회사에 공급하는 경우
      ⓐ 국가
      ⓑ 지방자치단체
      ⓒ 「한국토지주택공사법」에 따른 한국토지주택공사
      ⓓ 「지방공기업법」 제49조에 따라 주택사업을 목적으로 설립된 지방공사
      ⓔ 위 ⓐ부터 ⓓ까지에 해당하는 자가 출자하여 설립한 부동산투자회사 또는 집합투자기구
   ㉡ 관할 지역에 민간임대주택 공급을 촉진하기 위해 **지방자치단체의 장**이 해당 지방자치단체 또는 지방공사가 소유한 토지를 **공모의 방법**으로 선정한 자에게 공급하는 경우
   ㉢ 위 2.에 따른 공급이 **2회** 이상 성립되지 아니한 경우
   ㉣ 그 밖에 「공무원연금법」, 「한국보훈복지의료공단법」 등 관계 법령에 따라 수의계약으로 공급할 수 있는 경우
4. 국가·지방자치단체·한국토지주택공사 또는 지방공사는 위 **(2)**의 ③ 본문에 따라 그가 조성한 토지 중 **3퍼센트 이상**을 임대사업자에게 우선 공급해야 한다. 다만, 조성한 토지가 **50만 제곱미터 이상**인 경우로서 토지를 조성한 목적 및 해당 지역의 주택 수요 등을 고려하여 국토교통부장관이 **1퍼센트 이상 3퍼센트 미만**으로 그 비율을 달리 **정하여 고시하는 경우**에는 그 비율에 **해당하는 토지**를 우선 공급해야 한다.

관련법령 토지 등의 환매 등의 기준과 절차(영 제15조)

1. 위 **(2)**의 ①부터 ③까지의 규정에 따라 토지등을 공급하는 자는 위 **(2)**의 ④에 따라 그 토지 등을 공급한 날부터 2년 이내에 민간임대주택 건설을 착공하지 아니하면 그 토지 등을 환매하거나 임대차계약을 **해제·해지**할 수 있다는 **특약 조건**을 붙여 공급하여야 한다. 이 경우 **환매 특약**은 **등기**하여야 한다.
2. 위 **(2)**의 ①부터 ③까지의 규정에 따라 토지 등을 공급받은 자는 그 토지에 민간임대주택 건설을 착공하면 그 사실을 증명하는 서류를 첨부하여 토지 등을 공급한 자에게 통지하여야 한다.
3. 위 **(2)**의 ①부터 ③까지의 규정에 따라 토지 등을 공급한 자는 토지 등을 공급한 날부터 **1년 6개월** 이내에 그 토지 등을 공급받은 자로부터 위 2.에 따른 통지가 없는 경우에는 그 토지 등을 공급받은 자에게 지체 없이 **착공**할 것을 **촉구**하여야 한다.

(3) 간선시설의 우선 설치(법 제19조)

「주택법」 제28조에 따라 '간선시설을 설치하는 자'는 민간임대주택 건설사업이나 민간임대주택 건설을 위한 대지조성사업에 필요한 간선시설을 다른 주택건설사업이나 대지조성사업보다 우선하여 설치하여야 한다.

2. 기타 특례

(1) 「공익사업을 위한 토지 등의 취득 및 보상에 관한 법률」에 관한 특례(법 제20조)

① 임대사업자가 전용면적 **85제곱미터 이하**의 민간임대주택을 **100호 이상**의 범위에서 '대통령령으로 정하는 호수' 이상 건설하기 위하여 사업 대상 토지면적의 **80퍼센트 이상**을 매입한 경우(토지소유자로부터 매입에 관한 동의를 받은 경우를 포함한다)로서 나머지 토지를 취득하지 아니하면 그 사업을 시행하기가 현저히 곤란해질 사유가 있는 경우에는 '**시·도지사**'에게 「공익사업을 위한 토지 등의 취득 및 보상에 관한 법률」 제4조 제5호에 따른 지정을 요청할 수 있다. 이 경우 요청절차, 제출서류 등 필요한 사항은 대통령령으로 정한다.

② 위 ①에 따라 지정을 받은 임대사업자가 「주택법」 제15조에 따른 **사업계획승인**을 받으면 「공익사업을 위한 토지 등의 취득 및 보상에 관한 법률」 제20조 제1항에 따른 **사업인정**을 받은 것으로 본다. 다만, **재결신청**은 「공익사업을 위한 토지 등의 취득 및 보상에 관한 법률」 제23조 제1항('1년') 및 같은 법 제28조 제1항에도 불구하고 '사업계획승인을 받은 **주택건설사업 기간**'에 할 수 있다.

> **참고** 「공익사업을 위한 토지 등의 취득 및 보상에 관한 법률」 제23조 제1항 및 제28조 제1항
>
> 1. 법 제23조(사업인정의 실효) 제1항: 사업시행자가 '사업인정의 고시가 된 날'부터 1년 이내에 '재결신청을 하지 아니한 경우'에는 사업인정고시가 된 날부터 1년이 되는 날의 '다음 날'에 사업인정은 그 효력을 상실한다.
> 2. 법 제28조(재결의 신청) 제1항: 협의가 성립되지 아니하거나 협의를 할 수 없을 때에는 사업시행자는 사업인정고시가 된 날부터 1년 이내에 대통령령으로 정하는 바에 따라 관할 토지수용위원회에 '재결'을 '신청'할 수 있다.

> **관련법령** 공익사업자의 지정 신청 등(영 제16조)
>
> 1. 위 **(1)**의 ① 전단에서 '대통령령으로 정하는 호수'란 단독주택의 경우에는 100호, 공동주택의 경우에는 100세대를 말한다.
> 2. 위 **(1)**의 ①에 따라 「공익사업을 위한 토지 등의 취득 및 보상에 관한 법률」 제4조 제5호에 따른 지정을 요청하려는 임대사업자는 사업계획서에 다음의 서류를 첨부하여 특별시장·광역시장·특별자치시장·도지사 또는 특별자치도지사(이하 '시·도지사'라 한다)에게 제출하여야 한다.
>   ⊙ 사업대상 토지를 표시한 도면
>   ⊙ 사업대상 토지면적의 **100분의 80 이상**을 **매입**(토지소유자로부터 매입에 관한 동의를 받은 경우를 포함한다. 이하 다음 ⓒ에서 같다)한 사실을 증명하는 서류
>   ⓒ 사업대상 토지 중 매입하지 못한 토지를 표시한 도면
>   ⓔ 사업대상 토지 중 매입하지 못한 토지의 세목을 적은 서류

(2) 「국토의 계획 및 이용에 관한 법률」 등에 관한 특례(법 제21조)

「주택법」에 따른 사업계획승인권자 또는 「건축법」에 따른 허가권자(이하 '승인권자 등'이라 한다)는 임대사업자가 **공공지원민간임대주택**을 건설하기 위하여 「주택법」에 따른 사업계획승인을 신청하거나 「건축법」에 따른 건축허가를 신청하는 경우에 관계 법령에도 불구하고 다음에 따라 완화된 기준을 적용할 수 있다. 다만, '**공공지원민간임대주택**'과 '**공공지원민간임대주택이 아닌 시설**'을 '같은 건축물로 건축하는 경우' 전체 연면적 대비 **공공지원민간임대주택** 연면적의 비율이 **50퍼센트 이상 범위**에서 '대통령령으로 정하는 비율'(**50퍼센트**) 이상인 경우에 한정한다.

① 「국토의 계획 및 이용에 관한 법률」 제77조에 따라 조례로 정한 건폐율에도 불구하고 같은 조 및 관계 법령에 따른 건폐율의 상한까지 완화
② 「국토의 계획 및 이용에 관한 법률」 제52조에 따라 **지구단위계획에서 정한 용적률** 또는 같은 법 제78조에 따라 **조례로 정한 용적률에도 불구**하고 같은 조 및 관계 법령에 따른 **용적률의 상한까지 완화**
③ 「건축법」 제2조 제2항에 따른 건축물의 층수 제한을 '대통령령으로 정하는 바'에 따라 완화

> **관련법령** 「국토의 계획 및 이용에 관한 법률」 등에 관한 특례(영 제17조)
>
> 1. 위 **(2)**의 ①~③ 외의 부분 단서에서 '대통령령으로 정하는 비율'이란 **50퍼센트**를 말한다.
> 2. 위 **(2)**의 ③에 따라 「건축법 시행령」 [별표 1]의 **연립주택**과 **다세대주택**에 대하여 「건축법」 제4조에 따른 **건축위원회**의 심의를 받은 경우에는 주택으로 쓰는 층수를 **5층**까지 건축할 수 있다.

(3) 용적률의 완화로 건설되는 주택의 공급 등(법 제21조의2)

① 승인권자 등이 임대사업자의 사업계획승인 또는 건축허가 신청 당시 30호 이상으로서 '**대통령령으로 정하는 호수**'(**30호 또는 30세대**) 이상의 공공지원민간임대주택을 건설하는 사업에 대하여 「국토의 계획 및 이용에 관한 법률」에 따라 해당 지방자치단체의 조례로 정한 용적률 또는 지구단위계획으로 정한 용적률(이하 '기준용적률'이라 한다)보다 완화된 위 **(2)**의 ②에 따른 용적률(이하 '완화용적률'이라 한다)을 적용하는 경우 **승인권자 등**은 시·도지사 및 임대사업자와 협의하여 **임대사업자에게 다음의 어느 하나에 해당하는 조치**를 명할 수 있다. 다만, 다른 법령에서 임대사업자에게 부여한 이행 부담이 있는 경우에는 본문에 따른 조치를 감면하여야 한다.

㉠ 임대사업자는 완화용적률에서 기준용적률을 뺀 용적률의 **50퍼센트 이하의 범위**에서 해당 지방자치단체의 **조례**로 정하는 비율을 곱하여 증가하는 면적에 해당하는 임대주택을 건설하여 '**시·도지사**'에게 **공급**하여야 한다. 이 경우 **주택의 공급가격**은 「공공주택 특별법」 제50조의3 제1항에 따른 공공건설임대주택의 분양전환가격 산정기준에서 정하는 **건축비**로 하고, 그 **부속토지**는 시·도지사에게 기부채납한 것으로 본다.

ⓒ 임대사업자는 완화용적률에서 기준용적률을 뺀 용적률의 **50퍼센트 이하의 범위**에서 해당 지방자치단체의 **조례**로 정하는 비율을 곱하여 증가하는 면적에 해당하는 주택의 **부속토지에 해당하는 가격을 시·도지사에게 현금으로 납부**하여야 한다. 이 경우 토지의 가격은 사업계획승인 또는 건축허가 신청 당시 **표준지공시지가**를 기준으로 「감정평가 및 감정평가사에 관한 법률」제2조 제4호에 따른 감정평가법인 등(이하 '**감정평가법인 등**' 이라 한다)이 평가한 금액으로 한다.

ⓒ 임대사업자는 완화용적률에서 기준용적률을 뺀 용적률의 **100퍼센트 이하의 범위**에서 해당 지방자치단체의 **조례**로 정하는 비율을 곱하여 증가하는 면적의 범위에서 **주거지원대상자에게 공급하는 임대주택을 건설**하거나 **복합지원시설을 설치**하여야 한다.

ⓔ 임대사업자는 완화용적률에서 기준용적률을 뺀 용적률의 **50퍼센트 이하의 범위**에서 해당 지방자치단체의 **조례**로 정하는 비율을 곱하여 증가하는 면적에 해당하는 임대주택을 건설하여 **주거지원대상자에게 20년 이상** 민간임대주택으로 공급하여야 한다.

② 위 ①의 ⓒ에 따라 **임대사업자가 납부한 현금**은 「주택법」제84조에 따라 설치되는 **국민주택사업특별회계의 재원**으로 귀속된다.

관련법령 용적률의 완화로 공급되는 주택의 공급절차 등(영 제17조의2)

1. 위 **(3)**의 ① 본문에서 '대통령령으로 정하는 호수'란 30호 또는 30세대를 말한다.
2. 임대사업자는 위 **(3)**의 ①의 ㉠에 따라 임대주택을 건설하여 **시·도지사에게 공급하는 경우 공개추첨의 방법**으로 시·도지사에게 공급하는 임대주택을 선정하여야 한다. 다만, 시·도지사가 임대주택의 효율적인 운영을 위하여 동별 또는 구획별로 구분된 임대주택의 공급을 요청하는 경우에는 특별한 사유가 없는 한 이에 따라야 한다.
3. **임대사업자**는 위 **(3)**의 ①의 ㉠에 따라 시·도지사에게 공급하는 주택의 사용검사(주택법에 따른 사용검사를 말한다) 또는 사용승인(건축법의 사용승인을 말한다)을 받은 경우 **지체 없이** 해당 주택의 **등기를 촉탁(囑託) 또는 신청**하여야 한다. 다만, 임대사업자가 거부 또는 지체하는 경우에는 **시·도지사**가 등기를 촉탁 또는 신청할 수 있다.

관련법령 토지의 가격 산정절차 및 납부방법 등(영 제17조의3)

1. 위 **(3)**의 ①의 ⓒ 후단에 따라 토지의 가격을 평가하는 데 드는 비용은 **임대사업자와 시·도지사**가 각각 **50퍼센트씩** 부담한다.
2. 시·도지사는 위 **(3)**의 ①의 ⓒ 후단에 따라 **감정평가법인 등**(감정평가 및 감정평가사에 관한 법률 제2조 제4호에 따른 감정평가법인 등을 말한다. 이하 같다)이 평가한 금액이 통보된 날부터 **60일 이내**에 같은 호 전단에 따라 현금으로 납부해야 하는 토지의 가격과 위 1.에 따라 부담해야 하는 비용을 **임대사업자에게 부과**해야 한다.
3. 임대사업자는 위 2.에 따라 부과된 금액을 해당 주택의 사용검사 또는 사용승인 신청 시까지 납부하여야 한다.

> **관련법령** 복합지원시설의 운영 등(영 제17조의4)
>
> 1. 임대사업자가 위 (3)의 ①의 ㉢에 따라 설치하는 복합지원시설의 면적을 산정할 때 「주택법」 및 다른 법령에 따라 의무적으로 설치하여야 하는 시설의 면적은 해당 복합지원시설의 면적에 포함하지 아니한다.
> 2. 위 (3)의 ①의 ㉢에 따라 **복합지원시설을 설치하여야 하는 임대사업자**는 해당 주택의 '사업계획승인' 또는 '건축허가'를 받기 전까지 '사업계획승인권자' 또는 '허가권자'(이하 '승인권자 등'이라 한다)에게 다음의 사항을 포함한 **'복합지원시설의 설치 및 운영 계획'**을 **제출**하여야 한다.
>   ㉠ 복합지원시설의 설치 위치·규모 등 건축계획
>   ㉡ 복합지원시설의 입주자격, 임대료, 공급 기준·절차 등 임대 및 운영 계획
>   ㉢ 그 밖에 복합지원시설의 임대 및 운영에 필요한 사항
> 3. 승인권자 등은 임대사업자가 위 2.에 따라 제출한 계획에 따라 **복합지원시설을 설치 및 운영하는지 여부를 감독**하여야 한다.
> 4. 승인권자 등은 복합지원시설의 효율적 설치 및 운영을 위하여 필요한 사항을 조례로 정할 수 있다.

(4) 용도지역의 변경 결정을 통하여 건설되는 주택의 공급 등(법 제21조의3)

공공지원민간임대주택의 공급확대를 위하여 「국토의 계획 및 이용에 관한 법률」 제30조에 따라 해당 용도지역을 **'용적률이 완화되는 용도지역으로 변경 결정**하고 사업계획승인 또는 건축허가를 하는 경우' 임대주택의 건설, 공급, 부속토지의 현금 납부, 복합지원시설의 설치 등에 관하여는 **위 (3)**을 **'준용'**한다. 이 경우 '기준용적률'은 '용도지역 변경 전에 조례 또는 지구단위계획에서 정한 용적률'로, '완화용적률'은 '용도지역 변경 후 승인권자등이 사업계획승인 또는 건축허가 시 적용한 용적률'로 본다.

CHAPTER 04 공공지원민간임대주택 공급촉진지구

CHAPTER 미리보기

공공지원민간임대주택 공급촉진지구
- '공공지원민간임대주택 공급촉진지구'의 지정 및 해제절차 등
- 지구계획 및 다른 법률에 따른 인가·허가 등의 의제
- 통합심의위원회 등

학습전략

공공지원민간임대주택 공급촉진지구를 다루는 단원으로서 출제 빈도는 높지 않은 편이나, 언제든지 출제될 수 있으므로 정리가 필요합니다.

학습키워드

- 공공지원민간임대주택 공급촉진지구의 지정 및 지구계획의 승인

1. '공공지원민간임대주택 공급촉진지구'의 지정 및 해제절차 등

(1) 촉진지구의 지정(법 제22조)

① 시·도지사는 공공지원민간임대주택이 원활하게 공급될 수 있도록 공공지원민간임대주택 공급촉진지구(이하 '촉진지구'라 한다)를 지정할 수 있다. 이 경우 촉진지구는 다음의 요건을 모두 갖추어야 한다.

㉠ 촉진지구에서 건설·공급되는 전체 주택 호수의 **50퍼센트 이상**이 **공공지원민간임대주택으로 건설·공급될 것** 27회 주관식

㉡ 촉진지구의 면적은 '**5천 제곱미터 이상의 범위**'에서 '**대통령령으로 정하는 면적**' 이상일 것. 다만, '**역세권 등**'에서 촉진지구를 지정하는 경우 1천 제곱미터 이상의 범위에서 해당 지방자치단체가 '**조례**'로 정하는 면적 이상이어야 한다.

㉢ 유상공급 토지면적(도로, 공원 등 관리청에 귀속되는 공공시설 면적을 제외한 면적을 말한다) 중 **주택건설 용도가 아닌 토지로 공급하는** 면적이 유상공급 토지면적의 **50퍼센트를 초과하지 아니할 것**

② **국토교통부장관**은 위 ①에도 불구하고 국민의 주거안정을 위하여 공공지원민간임대주택을 건설·공급할 필요가 있는 경우에는 촉진지구를 지정할 수 있다.

관련법령 촉진지구의 지정 기준 및 절차(영 제18조)

1. 위 **(1)**의 ①의 ㉡ 본문에서 '대통령령으로 정하는 면적'이란 다음의 구분에 따른 면적을 말한다.
   ㉠ 「국토의 계획 및 이용에 관한 법률」에 따른 도시지역의 경우: **5천 제곱미터**
   ㉡ **도시지역과 인접한** 다음 지역의 경우: **2만 제곱미터**
      ⓐ 도시지역과 경계면이 접한 지역
      ⓑ 도시지역과 경계면이 도로, 하천 등으로 분리되어 있으나 도시지역의 도로, 상하수도, 학교 등 주변 기반시설의 연결 또는 활용이 적합한 지역
   ㉢ 부지에 **도시지역**과 위 ㉡의 어느 하나에 해당하는 지역이 **함께** 포함된 경우: **2만 제곱미터**
   ㉣ 그 밖의 지역의 경우: **10만 제곱미터**
2. 시·도지사는 공공지원민간임대주택 공급촉진지구(이하 '촉진지구')를 지정한 경우에는 **국토교통부장관**에게 **보고하여야** 한다.
3. **국토교통부장관**은 다음의 어느 하나에 해당하는 경우에는 촉진지구를 지정할 수 있다.
   ㉠ 둘 이상의 특별시·광역시·특별자치시·도에 **걸쳐** 촉진지구를 지정하는 경우(관계 시·도지사 간 협의가 이루어지지 아니하여 관계 시·도지사가 국토교통부장관에게 촉진지구의 지정을 요청하는 경우를 포함한다)
   ㉡ 그 밖에 국민의 주거안정을 위하여 공공지원민간임대주택을 건설·공급할 필요가 있는 경우

---

(2) 시행자(법 제23조)

① 위 **(1)**에 따라 촉진지구를 지정할 수 있는 자(이하 '지정권자')는 다음의 자 중에서 공공지원민간임대주택 개발사업의 시행자(이하 '시행자')를 지정한다.

㉠ 촉진지구에서 국유지·공유지를 제외한 토지 면적의 **50퍼센트 이상**에 해당하는 토지를 소유한 '**임대사업자**'
㉡ 「공공주택 특별법」 제4조 제1항 각 호에 해당하는 자(공공주택사업자)

> **참고** 「공공주택 특별법」 제4조(공공주택사업자) 제1항 각 호에 해당하는 자
> 1. 국가 또는 지방자치단체
> 2. 「한국토지주택공사법」에 따른 한국토지주택공사
> 3. 「지방공기업법」 제49조에 따라 주택사업을 목적으로 설립된 지방공사
> 4. 「공공기관의 운영에 관한 법률」 제5조에 따른 공공기관 중 대통령령으로 정하는 기관
> 5. 위 1.~4.의 규정 중 어느 하나에 해당하는 자가 총지분의 100분의 50을 초과하여 출자·설립한 법인
> 6. '주택도시기금' 또는 '위 1.~4.의 규정 중 어느 하나에 해당하는 자가 총지분의 전부(도심 공공주택 복합사업의 경우에는 100분의 50을 초과한 경우를 포함한다)를 출자(공동으로 출자한 경우를 포함한다)하여 「부동산투자회사법」에 따라 설립'한 부동산투자회사

② 시행자가 할 수 있는 공공지원민간임대주택 개발사업의 범위는 다음과 같다. 다만, **위 ①의 ㉡에 해당하는 시행자**는 아래의 ㉡에 따른 주택건설사업 중 '**공공지원민간임대주택 건설사업**'을 시행할 수 없다.
 ㉠ 촉진지구 조성사업
 ㉡ 공공지원민간임대주택 건설사업 등 주택건설사업
③ **지정권자**는 촉진지구 조성사업의 시행자를 지정하는 경우 위 ①의 ㉠, ㉡에 해당하는 자를 **공동시행자**로 지정할 수 있다.
④ '위 ①에 해당하는 자' 또는 '촉진지구 안에서 국유지·공유지를 제외한 토지면적의 50퍼센트 이상에 해당하는 토지소유자의 동의를 받은 자'는 지정권자에게 **촉진지구의 지정을 제안**할 수 있다. 이 경우 지정권자는 그 지정을 제안한 자가 '위 ①의 ㉠의 요건을 갖춘 경우'에 우선적으로 시행자로 지정할 수 있다.
⑤ **지정권자**는 다음의 어느 하나에 해당하는 경우에는 **시행자를 변경**할 수 있다.
 ㉠ **시행자**가 출자한 「부동산투자회사법」에 따른 '**부동산투자회사**'로 시행자 변경을 **요청**하는 경우
 ㉡ '시행자의 **부도·파산, 사정 변경** 등 대통령령으로 정하는 사유'로 촉진지구 사업 추진이 곤란하여 시행자를 **공공기관** 또는 **지방공사로 변경**하는 경우
 ㉢ 법 제40조 제1항에 따라 **지구계획 승인이 취소**되어 시행자를 **공공기관** 또는 **지방공사**로 변경하는 경우
⑥ '위 ①의 ㉡에 따른 자가 시행자인 경우' 지정권자는 촉진지구에 복합지원시설을 건설·운영하도록 요청할 수 있다. 이 경우 시행자는 대통령령으로 정하는 바에 따라 **복합지원시설의 설치·운영계획**을 **수립**하여야 한다.

| 관련법령 | 공공지원민간임대주택 개발사업 시행자의 변경 등(영 제18조의2) |

1. 위 **(2)**의 ⑤의 ㉡에서 '시행자의 부도·파산, 사정 변경 등 대통령령으로 정하는 사유'란 공공지원민간임대주택 개발사업의 시행자(이하 '시행자'라 한다)의 부도·파산 및 그 밖에 이와 유사한 경제적 사유를 말한다.
2. 위 **(2)**의 ⑥ 전단에 따라 촉진지구에 복합지원시설을 건설·운영하도록 요청받은 시행자는 다음의 사항을 포함한 복합지원시설의 설치·운영계획을 **수립**하여 위 **(1)**에 따라 촉진지구를 지정할 수 있는 자(이하 '**지정권자**'라 한다)에게 제출해야 한다. 이 경우 시행자는 복합지원시설의 설치·운영계획 '**수립 전**'에 **지정권자의 의견을 들어야 한다.**
   ㉠ 사업환경분석
   ㉡ 영 제17조의4 제2항(복합지원시설의 운영 등) 각 호의 사항

(3) 촉진지구 지정의 해제(법 제27조)

① 지정권자는 다음의 어느 하나에 해당하는 경우에는 **촉진지구의 지정**을 해제할 수 있다.
   ㉠ 촉진지구가 지정·고시된 날부터 **2년 이내**에 다음 **2.**의 **(1)**에 따른 '**지구계획**' 승인을 신청하지 아니하는 경우 20회
   ㉡ '공공지원민간임대주택' 개발사업이 완료된 경우
② 위 ①에 따라 촉진지구의 지정이 해제되는 경우 지정권자는 대통령령으로 정하는 바에 따라 관보 또는 공보에 고시하고, 다음의 구분에 따라 조치하여야 한다.
   ㉠ **국토교통부장관**: '관계 행정기관의 장' 및 관할 '시·도지사'에게 통보할 것. 이 경우 통보를 받은 시·도지사는 관할 '시장·군수·구청장'에게 통보하여야 하고, 통보를 받은 '시장·군수·구청장'은 관계 서류의 사본을 일반인에게 **공람**시켜야 한다.
   ㉡ **시·도지사**: '국토교통부장관', '관계 행정기관의 장' 및 관할 '시장·군수·구청장'에게 통보할 것. 이 경우 **지정권자**인 '특별자치시장·특별자치도지사' 및 **통보를 받은** '시장·군수·구청장'은 관계 서류의 사본을 일반인에게 **공람**시켜야 한다.
③ 위 ①의 ㉠의 사유로 촉진지구가 해제고시된 경우 「국토의 계획 및 이용에 관한 법률」에 따른 용도지역·용도지구·용도구역, 지구단위계획구역 및 도시·군계획시설은 각각 지정 당시로 **환원**된 것으로 본다. 다만, 해제하는 당시 이미 사업이나 공사에 **착수한 경우** 등 해제 고시에서 '별도로 정하는 **도시·군계획시설**'은 그 사업이나 공사를 **계속할 수 있다.**

2. 지구계획 및 다른 법률에 따른 인가·허가 등의 의제

(1) 지구계획 승인 등(법 제28조)

① **시행자**는 대통령령으로 정하는 바에 따라 다음의 내용을 포함한 '**공공지원민간임대주택 공급촉진지구계획**'(이하 '**지구계획**'이라 한다)을 작성하여 **지정권자의 '승인'**을 받아야 한다. 승인받은 지구계획을 변경('대통령령으로 정하는 경미한 사항'의 변경은 제외한다)하는 경우에도 또한 같다.

㉠ 지구계획의 개요

㉡ 사업시행자의 성명 또는 명칭(주소와 대표자의 성명을 포함한다)

㉢ 사업시행기간 및 재원조달계획

㉣ 토지이용계획 및 개략설계도서

㉤ 인구·주택 수용계획

㉥ 교통·공공·문화체육시설 등을 포함한 기반시설 설치계획

㉦ 환경보전 및 탄소저감 등 환경계획

㉧ 그 밖에 지구단위계획 등 대통령령으로 정하는 사항

② **지정권자**는 지구계획에 따른 기반시설 확보를 위하여 필요한 부지 또는 설치비용의 전부 또는 일부를 **시행자**에게 '부담'시킬 수 있다. 이 경우 기반시설의 부지 또는 설치비용의 부담은 건축제한의 완화에 따른 **'토지가치상승분'**(감정평가법인 등이 건축제한 완화 전후에 대하여 각각 감정평가한 트지가액의 차이를 말한다)을 초과하지 아니하도록 한다.

③ 지정권자가 위 ①에 따라 지구계획을 승인하는 경우 **'시행자의 요청'**이 있으면 법 제32조에 따른 **'공공지원민간임대주택 통합심의위원회'**의 심의를 거쳐야 한다.

④ 지정권자가 위 ①에 따라 지구계획을 승인 또는 변경승인하려는 경우에는 관할 지방자치단체의 장의 의견을 들어야 한다. 다만, 시행자가 미리 관할 지방자치단체의 장과 협의한 경우에는 그러하지 아니하다.

⑤ 위 ④에 따른 의견을 요청받은 관할 지방자치단체의 장은 요청받은 날부터 30일 내에 의견을 제출하여야 하며, 그 기간 동안 의견을 제출하지 아니하면 의견이 없는 것으로 본다.

⑥ '지정권자'는 위 ①에 따라 지구계획을 승인한 때에는 대통령령으로 정하는 바에 따라 관보 또는 공보에 고시하고, 관계 서류의 사본을 '시장·군수·구청장'에게 송부하여야 하며, 이를 송부받은 '시장·군수·구청장'은 이를 일반인이 열람할 수 있도록 하여야 한다.

⑦ 위 ⑥에 따라 관계 서류의 사본을 송부받은 '시장·군수·구청장'은 관계 서류에 도시·군관리계획결정사항이 포함되어 있는 경우에는 「국토의 계획 및 이용에 관한 법률」 제32조 및 「토지이용규제 기본법」 제8조에 따라 지형도면 작성에 필요한 조치를 하여야 한다. 이 경우 시행자는 지형도면 고시에 필요한 서류를 시장·군수·구청장에게 제출하여야 한다.

(2) 촉진지구 조성사업에 관한 공사의 감리(법 제28조의2)

① 위 (1)의 ⑥에 따라 지구계획 서류의 사본을 송부받은 시장·군수·구청장은 「건설기술 진흥법」에 따른 건설엔지니어링사업자 또는 「건축사법」에 따른 건축사를 촉진지구 조성사업의 공사에 대한 감리를 하는 자로 지정하고 지도·감독하여야 한다. 다만, 시행자가 법 제23조 제1항 제2호에 해당하는 자인 경우에는 그러하지 아니하다.

② 위 ①에도 불구하고 촉진지구 조성사업을 「주택법」 제15조에 따른 주택건설사업계획 승인대상 공사 또는 「건축법」에 따른 감리대상인 공사와 함께 시행하는 경우에는 「주택법」 등 관련 법령에서 정하는 바에 따른다.

3. 통합심의위원회 등

(1) 공공지원민간임대주택 통합심의위원회(법 제32조)

① 지정권자는 도시계획·건축·환경·교통·재해 등 지구계획 승인과 관련된 다음의 사항을 검토 및 심의하기 위하여 **공공지원민간임대주택 통합심의위원회**(이하 '통합심의위원회'라 한다)를 둔다.
　㉠ 「국토의 계획 및 이용에 관한 법률」에 따른 도시·군관리계획 관련 사항
　㉡ 「대도시권 광역교통 관리에 관한 특별법」에 따른 광역교통개선대책
　㉢ 「도시교통정비 촉진법」에 따른 교통영향평가 등

② 통합심의위원회는 위원장 1명, 부위원장 1명을 포함하여 24명 이내의 위원으로 구성한다.

③ 통합심의위원회의 위원은 다음의 사람이 되고, 위원장은 다음 ㉡에 해당하는 사람 중 위원들이 호선하는 사람으로 한다.
　㉠ 국토교통부, 관계 행정기관(법 제24조 제1항에 따라 사전협의를 거치는 기관을 말한다) 또는 지정권자 소속의 관계 부서의 장으로서 대통령령으로 정하는 공무원
　㉡ 도시계획·건축·교통·환경·재해 분야 등의 전문가로서 택지개발 및 주택사업에 관한 학식과 경험이 풍부한 사람 중 지정권자가 위촉하는 사람
　㉢ 중앙도시계획위원회(국토교통부장관이 촉진지구를 지정한 경우에 한정한다) 또는 시·도 도시계획위원회의 위원 중 도시계획전문가·설계전문가·환경전문가 각 1명 이상을 포함하여 해당 위원회의 위원장이 추천하는 사람 등

④ 통합심의위원회의 회의는 재적위원 과반수의 출석으로 개의하고, 출석위원 과반수의 찬성으로 의결한다.

⑤ 통합심의위원회는 회의내용을 녹취하고 회의록을 작성하여야 한다.

⑥ 통합심의를 받고자 하는 시행자는 대통령령으로 정하는 바에 따라 위 ①의 ㉠~㉢ 등과 관련된 서류를 제출하여야 하며 통합심의위원회에 최종의견서를 제출할 수 있다.

⑦ **통합심의위원회**는 지구계획의 승인과 관련된 사항, 시행자의 최종의견서, 관계 기관 의견서 등을 종합적으로 검토하여 심의하여야 한다. 이 경우 정당한 사유가 없으면 **지정권자**는 심의결과를 반영하여 '**지구계획**'을 '**승인**'하여야 한다.

⑧ 통합심의위원회의 검토 및 심의를 거친 경우에는 다음에서 정한 위원회의 검토 및 심의를 거친 것으로 본다.

㉠ 중앙도시계획위원회(국토교통부장관이 촉진지구를 지정한 경우에 한정한다) 및 시·도 도시계획위원회
　　㉡ 「국가통합교통체계효율화법」에 따른 국가교통위원회
　　㉢ 「도시교통정비 촉진법」에 따른 교통영향평가심의위원회
　　㉣ 「산지관리법」에 따른 산지관리위원회 등

> **관련법령** 　**공공지원민간임대주택 통합심의위원회의 구성·운영(영 제27조)**
> 1. 위 **(1)**의 ③의 ㉠에서 '대통령령으로 정하는 공무원'이란 지정권자가 소속 공무원 중에서 직접 임명하거나 국토교통부장관 또는 관계 행정기관의 장이 추천하여 임명하는 5급 이상의 공무원을 말한다.
> 2. 위 **(1)**의 ⑥에 따라 위 **(1)**의 ①에 따른 공공지원민간임대주택 통합심의위원회(이하 '통합심의위원회'라 한다)의 통합심의를 받으려는 시행자는 위 **(1)**의 ⑦에 따른 관계 기관 의견서를 받은 후에 위 **(1)**의 ①과 관련된 서류를 지정권자에게 제출하여야 한다. 이 경우 관계 기관 의견서에 대한 최종의견서를 첨부할 수 있다.

(2) 촉진지구 지정절차에 관한 특례(법 제33조)

① 촉진지구가 **10만 제곱미터 이하**의 범위에서 '대통령령으로 정하는 면적(**10만 제곱미터**) **이하**'인 경우 '**시행자**'는 촉진지구 지정을 신청할 때 다음의 승인 또는 허가를 포함하여 신청할 수 있다. 이 경우 지정권자는 촉진지구 지정과 통합하여 승인 또는 허가를 하여야 한다.
　㉠ 위 **2.**의 **(1)**에 따른 지구계획 승인
　㉡ 「주택법」 제15조에 따른 사업계획 승인
　㉢ 「건축법」 제11조에 따른 건축허가

② **지정권자**는 「국토의 계획 및 이용에 관한 법률」 제36조 제1항에 따른 **녹지지역이 아닌 도시지역**으로서 '대통령령으로 정하는 지역'에서 위 ①에 따라 촉진지구 지정과 지구계획을 통합 승인하기 위하여 '통합심의위원회 심의를 거친 경우'에는 법 제24조 제3항에 따른 '중앙도시계획위원회' 또는 '시·도도시계획위원회'의 심의를 생략할 수 있다.

③ 지정권자는 「국토의 계획 및 이용에 관한 법률」에 따른 '**주거지역**' 안에서 **10만 제곱미터 이하**의 범위에서 대통령령으로 정하는 면적 이하의 촉진지구를 지정 또는 변경하는 경우에는 중앙도시계획의원회 또는 시·도도시계획위원회의 심의를 생략할 수 있다.

④ 시행자가 위 ③에 따른 촉진지구의 지정 또는 변경을 제안할 때에는 토지이용계획 등 대통령령으로 정하는 사항을 포함하여야 한다.

> **관련법령** 촉진지구 지정절차에 관한 특례 등(영 제30조)
>
> 1. 위 **(2)**의 ①의 ㉠~㉢ 외의 부분 전단 및 위 **(2)**의 ③에서 '대통령령으로 정하는 면적'이란 각각 **10만 제곱미터**를 말한다.
> 2. 위 **(2)**의 ②에서 '대통령령으로 정하는 지역'이란 다음의 어느 하나에 해당하는 지역을 말한다.
>   ㉠ 「국토의 계획 및 이용에 관한 법률 시행령」에 따른 **주거지역**
>   ㉡ 「국토의 계획 및 이용에 관한 법률 시행령」에 따른 **중심상업지역, 일반상업지역 또는 근린상업지역**
>   ㉢ 「국토의 계획 및 이용에 관한 법률 시행령」에 따른 **준공업지역**
> 3. 위 **(2)**의 ④에서 '토지이용계획 등 대통령령으로 정하는 사항'이란 다음의 사항을 말한다.
>   ㉠ 토지이용계획
>   ㉡ 개략적인 사업계획서
>   ㉢ 수용하거나 사용할 「공익사업을 위한 토지 등의 취득 및 보상에 관한 법률」 제3조에서 정하는 토지·물건 및 권리의 소재지, 지번, 지목, 면적, 소유권 및 소유권 외의 권리의 명세와 그 소유자 및 권리자의 성명(법인인 경우에는 명칭을 말한다), 주소를 적은 서류
>   ㉣ 법 제23조 제4항에 따른 토지소유자 동의서
>   ㉤ 개략적인 주택건설사업계획
>   ㉥ 그 밖에 국토교통부령으로 정하는 서류

(3) 토지 등의 수용 등(법 제34조)

① '시행자'는 촉진지구 '토지면적'의 **3분의 2 이상**에 해당하는 토지를 **소유**하고 '토지소유자 총수'의 **2분의 1 이상**에 해당하는 자의 **동의**를 받은 경우 나머지 토지 등을 **수용** 또는 **사용**할 수 있다. 다만, 법 제23조 제1항 제2호의 자(공공주택 특별법 제4조 제1항 각 호에 해당하는 자: '국가 등')가 시행자인 경우 본문의 요건을 적용하지 아니하고 수용 또는 사용할 수 있다.

19회 주관식

② '촉진지구를 지정하여 고시'한 때에는 「공익사업을 위한 토지 등의 취득 및 보상에 관한 법률」 제20조 제1항 및 같은 법 제22조에 따른 '사업인정' 및 '사업인정의 고시'가 있는 것으로 본다.

> **참고** 「공익사업을 위한 토지 등의 취득 및 보상에 관한 법률」 제20조(사업인정) 제1항
>
> 사업시행자는 토지 등을 수용하거나 사용하려면 국토교통부장관의 '사업인정'을 받아야 한다.

> **참고** 「공익사업을 위한 토지 등의 취득 및 보상에 관한 법률」 제22조(사업인정의 고시)
>
> 1. 국토교통부장관은 사업인정을 하였을 때에는 지체 없이 그 뜻을 사업시행자, 토지소유자 및 관계인, 관계 시·도지사에게 통지하고 사업시행자의 성명이나 명칭, 사업의 종류, 사업지역 및 수용하거나 사용할 토지의 세목을 관보에 고시하여야 한다.
> 2. 위 1.에 따라 사업인정의 사실을 통지받은 시·도지사(특별자치도지사는 제외한다)는 관계 시장·군수 및 구청장에게 이를 통지하여야 한다.
> 3. '사업인정'은 위 1.에 따라 '고시한 날'부터 그 효력이 발생한다.

③ 재결신청은 위 ①에 따른 토지를 확보한 후에 할 수 있으며, 「공익사업을 위한 토지 등의 취득 및 보상에 관한 법률」 제23조 제1항 및 제28조 제1항에도 불구하고 지구계획에서 정하는 '사업시행기간 종료일'까지 하여야 한다.

④ 위 ①에 따른 토지 등의 수용 또는 사용에 관하여 동의요건의 산정기준일, 동의자 수 산정방법 등 필요한 사항은 대통령령으로 정하고, 그 밖에 이 법에 특별한 규정이 있는 것을 제외하고는 「공익사업을 위한 토지 등의 취득 및 보상에 관한 법률」을 준용한다.

> **관련법령** 동의자 수의 산정방법 등(영 제30조의2)
>
> 1. 위 (3)의 ① 본문에 따른 토지 등의 수용 또는 사용에 관한 토지소유자 동의요건의 산정기준일(이하 '**산정기준일**'이라 한다)은 영 제21조 제1항에 따른 '**촉진지구 지정 고시일**'로 한다.
> 2. 위 1.에 따른 토지소유자는 산정기준일 당시 「부동산등기법」 제14조 제1항에 따른 토지등기부(土地登記簿)에 등재된 토지소유자를 기준으로 하되, 다음의 기준에 따라 산정한다.
>   ㉠ 1필지의 토지를 2인 이상이 **공유**하는 경우: 다른 공유자의 동의를 받은 대표 공유자 1인을 토지소유자 **1인**으로 산정한다. 다만, 「집합건물의 소유 및 관리에 관한 법률」 제2조 제2호에 따른 구분소유자는 각각을 토지소유자 1인으로 산정한다.
>   ㉡ 1인이 **다수**의 필지를 소유하고 있는 경우: 필지의 수에 관계없이 토지소유자를 **1인**으로 산정한다.
> 3. 토지소유자는 소유한 토지의 '전부'에 대하여 동의 또는 반대의 의사표시를 할 수 있으며, 소유한 토지 중 '일부'에 대한 부분 동의는 인정하지 아니한다.
> 4. 토지소유자가 동의하거나 동의를 철회할 경우에는 국토교통부령으로 정하는 동의서 또는 동의철회서에 국토교통부령으로 정하는 서류를 첨부하여 시행자에게 제출하여야 한다.

(4) 준공검사(법 제39조의2)

① 시행자가 촉진지구 조성사업의 공사를 완료한 때에는 국토교통부령으로 정하는 바에 따라 공사완료보고서를 작성하여 시장·군수·구청장에게 **준공검사**를 받아야 한다. 다만, 시행자가 한국토지주택공사 또는 지방공사인 경우에는 시장·군수·구청장의 준공검사 권한을 한국토지주택공사 또는 지방공사에 위탁할 수 있다.

② 시장·군수·구청장은 공사완료보고서의 내용에 포함된 공공시설(법 제28조 제2항에 따른 기반시설을 포함한다)을 인수하거나 관리하게 될 국가기관·지방자치단체 또는 공공기관의 장 등에게 준공검사에 참여할 것을 요청할 수 있다. 이 경우 기관·단체의 장은 특별한 사유가 없으면 요청에 따라야 한다.

③ 시장·군수·구청장은 준공검사를 한 결과 공공지원민간임대주택사업이 실시계획대로 끝났다고 인정되면 시행자에게 준공검사증명서를 내어주고 공사완료 공고를 하여야 하며, 실시계획대로 끝나지 아니하였으면 지체 없이 보완 시공 등 필요한 조치를 하도록 명하여야 한다.

④ 시행자가 준공검사를 받은 경우에는 법 제29조에 따라 의제되는 인·허가 등에 따른 해당 사업의 준공검사 또는 준공인가를 받은 것으로 본다.

CHAPTER 05 민간임대주택의 공급, 임대차계약 및 관리

회독체크 1 2 3

CHAPTER 미리보기

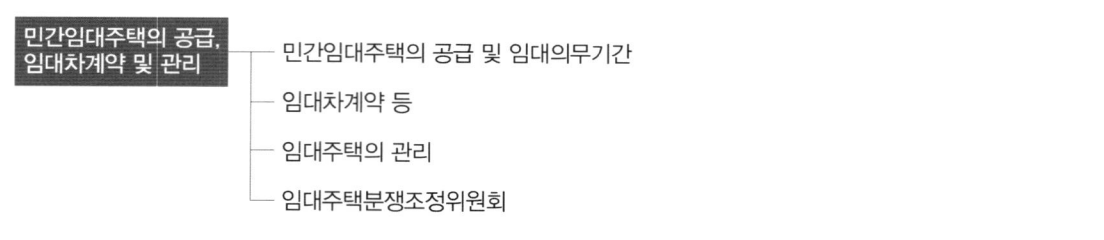

학습전략

민간임대주택의 공급, 임대차계약 및 관리를 다루는 단원으로서 임차인대표회의, 임대주택분쟁조정위원회 등 중요한 내용을 다루고 있으므로 꼼꼼한 정리가 필요합니다.

학습키워드

- 임차인 자격 및 선정방법
- 임대의무기간 및 양도
- 임대료
- 임대차계약의 해지 등 사유
- 임대차계약 신고
- 임대보증금에 대한 보증 가입 의무
- 자체관리(인가) 및 위탁관리
- 장기수선계획 및 특별수선충당금
- 임차인대표회의
- 임대주택분쟁조정위원회

1. 민간임대주택의 공급 및 임대의무기간

(1) 민간임대주택의 공급(법 제42조)

① 임대사업자는 임대기간 중 민간임대주택의 **임차인 자격 및 선정방법** 등에 대하여 다음에서 정하는 바에 따라 공급하여야 한다.

　㉠ **공공지원민간임대주택**: 주거지원대상자 등의 주거안정을 위해 **국토교통부령으로 정하는 기준**에 따라 공급

　㉡ **장기일반민간임대주택** 및 **단기민간임대주택**: 임대사업자가 정한 기준에 따라 공급 ²⁸회

② **공공지원민간임대주택**의 **임차인**은 국토교통부령으로 정하는 임차인의 자격을 갖추어야 하며, 거짓이나 그 밖의 부정한 방법으로 공공지원민간임대주택을 공급받아서는 아니 된다. ²⁸회

③ 민간임대주택의 공급에 관한 사항에 대해서는 「주택법」 제20조, 제54조, 제57조부터 제63조까지, 제64조 및 제65조를 적용하지 아니한다. 다만, **임차인** 자격 확인 등 임차인의 원활한 모집과 관리가 필요한 경우에 국토교통부령으로 정하는 바에 따라 일부 적용할 수 있다.

④ '**동일한 주택단지**'에서 30호 이상의 민간임대주택을 건설 또는 매입한 임대사업자가 '**최초**'로 민간임대주택을 공급하는 경우에는 시장·군수·구청장에게 대통령령으로 정하는 방법에 따라 '**신고**'하여야 한다.

⑤ **시장·군수·구청장**은 위 ④에 따라 **공공지원민간임대주택의 공급신고**를 받은 경우 그 내용을 검토하여 이 법에 **적합**하면 **신고를 수리하여야 한다.**

⑥ 시장·군수·구청장은 위 ④에 따라 **장기일반민간임대주택** 또는 **단기민간임대주택**의 공급신고를 받은 날부터 **7일 이내**에 신고수리 여부를 신고인에게 통지하여야 한다.

⑦ 시장·군수·구청장이 위 ⑥에서 정한 기간 내에 신고수리 여부 또는 민원 처리 관련 법령에 따른 처리기간의 연장을 신고인에게 통지하지 아니하면 그 기간(민원 처리 관련 법령에 따라 처리기간이 연장 또는 재연장된 경우에는 해당 처리기간을 말한다)이 끝난 날의 **다음 날**에 신고를 수리한 것으로 본다.

> **관련법령** 민간임대주택 공급 신고(영 제33조의2)
>
> 위 **(1)**의 ④에 따라 민간임대주택을 공급하려는 임대사업자는 임차인을 모집하려는 날의 10일 전까지 국토교통부령으로 정하는 신고서에 '국토교통부령으로 정하는 다음의 서류'(규칙 제14조의12 제2항)를 첨부하여 해당 **민간임대주택의 소재지**를 관할하는 시장·군수·구청장에게 제출하여야 한다.
> 1. 다음의 사항이 포함된 임차인 모집계획안
>   ㉠ 민간임대주택 공급현황 및 임대조건
>   ㉡ 임차인의 자격 및 선정방법
>   ㉢ 토지임대계약서·토지사용승낙서 등 토지확보 현황을 증명할 수 있는 서류(토지를 임차하여 건설된 민간임대주택 또는 토지의 소유권을 확보하지 못한 경우만 해당한다)
>   ㉣ 토지 및 주택에 설정된 소유권 외의 권리의 명세
> 2. 신고대상 주택이 임대보증금에 대한 보증가입대상에 해당하는 경우 해당 보증계약의 보증서

(2) 공공지원민간임대주택의 중복 입주 등의 확인(법 제42조의2)

① **국토교통부장관** 및 **지방자치단체의 장**은 '**공공지원민간임대주택**'과 「공공주택 특별법」 제2조 제1호 가목에 따른 '**공공임대주택**'에 중복하여 입주 또는 계약하고 있는 임차인['**임대차계약 당사자**'를 말한다. 이하 (2)에서 같다]이 있는지를 **확인할 수 있다**.

② **임대사업자**는 다음에 해당하는 공공지원민간임대주택 임차인에 관한 정보를 **국토교통부장관**이 지정·고시하는 기관[이하 (2)에서 '**전산관리지정기관**'이라 한다]에 통보하여야 한다.
  ㉠ 임차인의 성명
  ㉡ 임차인의 주민등록번호
  ㉢ 민간임대주택의 유형
  ㉣ 거주지 주소
  ㉤ 최초 입주일자

③ **전산관리지정기관**은 위 ②에 따른 정보를 전산으로 관리하여야 하며, 임차인에 관한 정보가 분실·도난·위조·변조 또는 훼손되지 아니하도록 안정성 확보에 필요한 조치를 마련하여야 한다.

(3) 임차인의 자격 확인(법 제42조의3)

임대사업자는 임차인[입주를 신청하는 자와 계약 중인 임차인을 포함한다. 이하 (3), 다음 (4)부터 (6)까지에서 같다] 자격 확인을 위하여 필요한 경우 '임차인 및 배우자', '임차인 또는 배우자와 세대를 같이하는 세대원'(이하 '임차인등'이라 한다)으로부터 소득 자료를 제출받아 **확인할 수 있다**.

(4) 임차인의 자격 확인 요청 등(법 제42조의4)

① **임대사업자**는 '**임차인 자격 확인을 위해 필요한 경우**' **국토교통부장관**에게 다음 (5)부터 (7)까지의 규정에 따라 '**임차인**'의 자격을 확인하여 줄 것을 **요청할 수 있다**.

② '**국토교통부장관**'은 위 ①에 따라 **임대사업자가 요청한 대로** '임차인의 자격을 확인하여 주는 것'이 임차인의 주거 생활 안정 등을 위하여 필요하다고 인정하는 경우 **임차인등**에게 다음의 정보 또는 자료를 제공받는 데 필요한 **동의서면**을 **제출하도록 요청할 수 있다**.
  ㉠ 「금융실명거래 및 비밀보장에 관한 법률」 제2조 제2호·제3호에 따른 금융자산 및 금융거래의 내용에 대한 자료 또는 정보 중 예금·적금·저축의 잔액 또는 불입금·지급금과 유가증권 등 금융자산에 대한 증권·증서의 가액(이하 '**금융정보**'라 한다)
  ㉡ 「신용정보의 이용 및 보호에 관한 법률」 제2조 제1호에 따른 신용정보 중 채무액과 연체정보(이하 '**신용정보**'라 한다)
  ㉢ 「보험업법」 제4조 제1항 각 호에 따른 보험에 가입하여 납부한 보험료, 환급금 및 지급금(이하 '**보험정보**'라 한다)

③ '**국토교통부장관**'이 위 ②에 따라 동의서면의 제출을 요청하는 경우 **임차인등**은 동의서면을 제출하여야 한다.

> **관련법령** 임차인 등의 금융정보 등(영 제33조의3)
>
> 1. 위 **(4)**의 ②의 ㉠~㉢의 정보 또는 자료의 구체적인 내용은 다음과 같다.
>   ㉠ **금융정보**: 다음의 정보 또는 자료
>   ⓐ 보통예금, 저축예금, 자유저축예금 등 요구불예금: 최근 3개월 이내의 평균 잔액
>   ⓑ 정기예금, 정기적금, 정기저축 등 저축성예금: 잔액 또는 총납입금
>   ⓒ 주식, 수익증권, 출자금, 출자지분: 최종 시세가액. 이 경우 비상장주식의 평가에 관하여는 「상속세 및 증여세법 시행령」 제54조 제1항을 준용한다.
>   ⓓ 채권, 어음, 수표, 채무증서, 신주인수권 증서: 액면가액
>   ⓔ 연금저축: 정기적으로 지급된 금액 또는 최종 잔액
>   ㉡ **신용정보**: 다음의 정보 또는 자료
>   ⓐ 대출 현황 및 연체 내용
>   ⓑ 신용카드 미결제 금액
>   ㉢ **보험정보**: 다음의 정보 또는 자료
>   ⓐ 보험증권: 해약하는 경우 지급받게 될 환급금 또는 최근 1년 이내에 지급된 보험금
>   ⓑ 연금보험: 해약하는 경우 지급받게 될 환급금 또는 정기적으로 지급되는 금액
> 2. 위 **(4)**의 ③에 따라 임차인(입주를 신청하는 자와 계약 중인 임차인을 포함한다. 이하 영 제33조의4에서 같다), 배우자, 임차인 또는 배우자와 세대를 같이 하는 세대원(이하 '**임차인등**'이라 한다)은 국토교통부령으로 정하는 금융정보 등의 제공 **동의서면**을 **국토교통부장관**에게 직접 제출하거나 우편·팩스 또는 정보통신망을 통하여 제출할 수 있다.

(5) 금융정보 등의 제공(법 제42조의5)

① **국토교통부장관**은 위 **(4)**의 ②에 따라 임차인의 자격을 확인하여 주는 것이 필요하다고 인정한 경우 「금융실명거래 및 비밀보장에 관한 법률」 제4조 제1항과 「신용정보의 이용 및 보호에 관한 법률」 제32조 제1항에도 불구하고 **임차인등**이 제출한 **동의서면을 전자적 형태로 바꾼 문서**에 의하여 **금융기관 등**(금융실명거래 및 비밀보장에 관한 법률 제2조 제1호에 따른 금융회사 등, 신용정보의 이용 및 보호에 관한 법률 제25조에 따른 신용정보집중기관을 말한다. 이하 같다)**의 장**에게 금융정보·신용정보 또는 보험정보(이하 '**금융정보 등**'이라 한다)의 제공을 요청할 수 있다.

② 위 ①에 따라 금융정보 등의 제공을 요청받은 **금융기관 등의 장**은 「금융실명거래 및 비밀보장에 관한 법률」 제4조 제1항과 「신용정보의 이용 및 보호에 관한 법률」 제32조 제1항 및 제3항에도 불구하고 명의인의 '**금융정보 등**'을 **제공하여야 한다**.

③ 위 ②에 따라 금융정보 등을 제공한 **금융기관 등의 장**은 금융정보 등의 제공사실을 **명의인**에게 통보하여야 한다. 다만, 명의인의 동의가 있는 경우에는 「금융실명거래 및 비밀보장에 관한 법률」 제4조의2 제1항과 「신용정보의 이용 및 보호에 관한 법률」 제35조에도 불구하고 통보하지 아니할 수 있다.

④ 위 ① 및 ②에 따른 금융정보 등의 제공요청 및 제공은 「정보통신망 이용촉진 및 정보보호 등에 관한 법률」 제2조 제1항 제1호에 따른 정보통신망을 이용하여야 한다. 다만, 정보통신망의 손상 등 불가피한 사유가 있는 경우에는 그러하지 아니하다.

관련법령 금융정보 등의 요청 및 제공(영 제33조의4)

1. **국토교통부장관**은 위 (5)에 따라 **금융기관 등**(금융실명거래 및 비밀보장에 관한 법률 제2조 제1호에 따른 금융회사 등, 신용정보의 이용 및 보호에 관한 법률 제25조 제2항 제1호에 따른 종합신용정보집중기관을 말한다. 이하 같다)**의 장**에게 임차인등에 대한 영 제33조의3 제1항에 따른 금융정보·신용정보 또는 보험정보(이하 '**금융정보 등**'이라 한다)의 제공을 요청하는 경우에는 요청 내용에 다음의 사항을 포함해야 한다.
   ㉠ 임차인등의 성명과 주민등록번호
   ㉡ 제공을 요청하는 금융정보 등의 범위와 조회기준일 및 조회기간
2. 위 1.에 따라 금융정보 등의 제공을 요청받은 **금융기관 등의 장**이 **국토교통부장관**에게 해당 금융정보 등을 제공할 때에는 다음의 사항을 포함하여야 한다.
   ㉠ **임차인등의 성명과 주민등록번호**
   ㉡ 금융정보 등을 제공하는 금융기관등의 명칭
   ㉢ 제공대상 금융상품명과 계좌번호
   ㉣ 금융정보 등의 내용
3. **국토교통부장관**은 금융기관 등이 가입한 협회, 연합회 또는 중앙회의 정보통신망을 이용하여 해당 **금융기관 등의 장**에게 금융정보 등을 제공하도록 요청할 수 있다.

(6) 자료요청(법 제42조의6)

① '**국토교통부장관**'은 위 **(4)**의 ②에 따라 임차인의 자격을 확인하여 주는 것이 필요하다고 인정한 경우 **임차인등**에 대한 다음의 자료를 **관계 기관의 장**에게 요청할 수 있다. 이 경우 자료의 제공을 요청받은 관계 기관의 장은 특별한 사유가 없으면 이에 따라야 한다.

㉠ 「가족관계의 등록 등에 관한 법률」 제9조 제1항에 따른 가족관계 등록사항 또는 「주민등록법」 제30조 제1항에 따른 **주민등록전산정보자료**, 「출입국관리법」에 따른 외국인 등록 자료

㉡ 국세 및 지방세에 관한 자료

㉢ 국민연금·공무원연금·군인연금·사립학교교직원연금·별정우체국연금·장애인연금·건강보험·고용보험·산업재해보상보험·보훈급여 등 각종 연금·보험·급여에 관한 자료

ⓛ 「부동산등기법」 제2조 제1호에 따른 등기부, 「건축법」 제38조에 따른 건축물대장, 「자동차관리법」 제5조에 따른 자동차등록원부 등 부동산 및 자동차에 관한 자료
② 위 ①에 따라 '국토교통부장관' 또는 '법 제62조에 따라 업무를 위임·위탁받은 기관'에 제공되는 자료에 대해서는 사용료, 수수료 등을 면제한다.

> **관련법령** 자료제공의 요청(영 제33조의5)
>
> 국토교통부장관(법 제62조 제4항 제2호에 따라 업무를 위임 또는 위탁받은 **보건복지부장관 또는 지방자치단체의 장**을 포함한다), **한국토지주택공사, 지방공사 및 「한국부동산원법」에 따른 한국부동산원**(이하 '부동산원'이라 한다)이 위 **(5)**의 ① 및 법 제59조의2 제2항에 따라 요청할 수 있는 자료는 다음과 같다.
> 1. 국세 및 지방세에 관한 자료
> 2. 각종 연금·보험·급여에 관한 자료
> 3. 부동산 및 자동차에 관한 자료

(7) 자료 및 정보의 수집 등(법 제42조의7)

① **국토교통부장관**, 위 **(2)**에 따른 **전산관리지정기관, 임대사업자** 및 법 제62조에 따라 위 **(4)**부터 **(6)**까지의 업무를 위임·위탁받은 기관의 장은 민간임대주택 공급을 위하여 위 **(2)**부터 **(6)**까지의 규정에 따라 제공받은 자료 및 정보를 제공받은 목적의 범위에서 수집·관리·보유 또는 활용할 수 있다.

② **국토교통부장관 및 지방자치단체의 장**은 위 **(5)** 및 **(6)**에 따른 자료 및 정보를 확인하기 위해 「사회복지사업법」 제6조의2 제2항에 따른 정보시스템을 연계하여 사용할 수 있다.

③ 위 **(2)부터 (6)**까지의 규정에 따른 업무에 종사하거나 종사하였던 자는 **위 (2)부터 (6)까지**의 규정에 따라 제공받은 정보와 자료를 이 법에서 정한 목적 외의 다른 용도로 사용하거나 다른 사람 또는 기관에 제공하거나 누설해서는 아니 된다. [위반자: 5년 이하의 징역이나 5천만원 이하의 벌금]

(8) 임대의무기간 및 양도 등(법 제43조)

① 임대사업자는 임대사업자 등록일 등 '**대통령령으로 정하는 시점**'부터 법 제2조 제4호(공공지원민간임대주택, 10년)·제5호(장기일반민간임대주택, 10년) 또는 제6호의2(단기민간임대주택, 6년)에 따른 기간(이하 '임대의무기간'이라 한다) 동안 민간임대주택을 계속 임대하여야 하며, 그 기간이 지나지 아니하면 이를 **양도할 수 없다.** 18회

② 위 ①에도 불구하고 임대사업자는 임대의무기간 동안에도 국토교통부령으로 정하는 바에 따라 시장·군수·구청장에게 **신고한 후** 민간임대주택을 '**다른 임대사업자**'에게 양도할 수 있다. 이 경우 양도받는 자는 양도하는 자의 임대사업자로서의 지위를 '**포괄적으로 승계**'하며, 이러한 뜻을 **양수도계약서**에 명시하여야 한다.

③ 임대사업자가 '**임대의무기간이 지난 후**' 민간임대주택을 양도하려는 경우 국토교통부령으로 정하는 바에 따라 시장·군수·구청장에게 **신고**하여야 한다. 이 경우 **양도받는 자**가 '**임대사업자로 등록하는 경우**'에는 위 ② 후단을 적용한다.

④ 위 ①에도 불구하고 '임대사업자'는 임대의무기간 중에도 다음의 어느 하나에 해당하는 경우에는 임대의무기간 내에도 계속 임대하지 아니하고 말소하거나, '**대통령령으로 정하는 바**'에 따라 **시장·군수·구청장**에게 **허가**를 받아 **임대사업자가 아닌** 자에게 민간임대주택을 양도할 수 있다.

   ㉠ **부도, 파산**, 그 밖의 대통령령으로 정하는 경제적 사정 등으로 임대를 계속할 수 없는 경우
   ㉡ **공공지원임대주택**을 20년 이상 임대하기 위한 경우로서 필요한 운영비용 등을 마련하기 위해 법 제21조의2 제1항 제4호에 따라 '20년 이상 공급하기로 한 주택' 중 '일부'를 10년 임대 이후 '**매각**'하는 경우

   ◐ 위의 ㉡에서 '공공지원임대주택'으로 규정하고 있으나, '공공지원민간임대주택'으로 규정하여야 할 듯함

   ㉢ 법 제6조 제1항 제11호에 따라 말소하는 경우

⑤ 임대사업자가 위 ②에 따라 **임대의무기간 동안** 다른 임대사업자에게 '민간임대주택'을 양도하기 위하여 **신고**하거나 위 ③에 따라 **임대의무기간이 지난 후** '공공지원민간임대주택'을 양도하기 위하여 신고하는 경우 **시장·군수·구청장**은 그 내용을 검토하여 이 법에 **적합**하면 **신고를 수리하여야 한다.**

⑥ 임대사업자는 위 ③에 따라 신고된 '**장기일반민간임대주택**' 및 단기민간임대주택과 위 ⑤에 따라 신고가 수리된 '**공공지원민간임대주택**'을 양도할 수 있다.

관련법령 | **민간임대주택의 임대의무기간 등(영 제34조)**

1. 위 (8)의 ①에서 '임대사업자 등록일 등 대통령령으로 정하는 시점'이란 다음의 구분에 따른 시점을 말한다.
   ㉠ 민간건설임대주택: **입주지정기간 개시일**. 이 경우 입주지정기간을 정하지 아니한 경우에는 법 제5조에 따른 임대사업자 등록 이후 최초로 체결된 '임대차계약서상의 실제 임대개시일'을 말한다.
   ㉡ 민간매입임대주택: **임대사업자 등록일**. 다만, 임대사업자 등록 이후 임대가 개시되는 주택은 '임대차계약서상'의 실제 임대개시일로 한다.
   ㉢ 법 제5조 제3항 본문에 따라 **장기일반민간임대주택을 공공지원민간임대주택으로 변경신고**한 경우: 변경신고의 수리일(같은 조 제5항의 경우에는 신고를 수리한 것으로 보는 날을 말한다). 다만, 변경신고 이후 임대가 개시되는 주택은 임대차계약서상의 실제 임대개시일로 한다.
   ㉣ 법 제5조 제3항 본문에 따라 **단기민간임대주택을 장기일반민간임대주택으로 변경신고**한 경우: 다음의 구분에 따른 시점 〈신설 2025.6.2.〉
      ⓐ 단기민간임대주택의 **임대의무기간 '종료 전'**에 변경신고한 경우: 다음의 구분에 따른 시점
         ⅰ) 해당 단기민간임대주택이 **민간건설임대주택**인 경우: 위 ㉠에 따른 시점
         ⅱ) 해당 단기민간임대주택이 **민간매입임대주택**인 경우: 위 ㉡에 따른 시점

ⓑ 단기민간임대주택의 임대의무기간이 '**종료된 이후**' 변경신고한 경우: **변경신고의 수리일**(법 제5조 제5항의 경우에는 신고를 수리한 것으로 보는 날을 말한다)부터 **역산**하여 **6년이 되는 날**

2. 위 **(8)**의 ④에 따라 임대의무기간[위 **(8)**의 ①에 따른 임대의무기간을 말한다. 이하 같다] 중에 민간임대주택을 양도하려는 임대사업자는 국토교통부령으로 정하는 신청서와 첨부서류를 해당 민간임대주택의 소재지를 관할하는 시장·군수·구청장에게 제출해야 한다.

3. 위 **(8)**의 ④의 ㉠에서 '대통령령으로 정하는 경제적 사정 등'이란 다음의 어느 하나에 해당하는 경우를 말한다. 다만, 임대의무기간이 **8년 이상**인 민간임대주택을 300호 또는 300세대 이상 등록한 임대사업자에 대해서는 **다음** ㉢, ㉣, ㉤**의** ⓑ, ㉥**부터** ㉧까지로 '**한정**'한다.
   ㉠ 2년 연속 적자가 발생한 경우
   ㉡ 2년 연속 부(負)의 영업현금흐름이 발생한 경우
   ㉢ 최근 12개월간 해당 임대사업자의 전체 민간임대주택 중 '임대되지 아니한 주택'이 **20퍼센트 이상**이고 같은 기간 동안 특정 민간임대주택이 계속하여 임대되지 아니한 경우
   ㉣ 관계 법령에 따라 재개발, 재건축 등으로 민간임대주택의 **철거가 예정**되어 있거나 민간임대주택이 철거된 경우
   ㉤ 임대사업자의 **상속인**이 다음의 어느 하나에 해당하는 경우
      ⓐ 임대사업자로서의 지위 승계를 거부하는 경우
      ⓑ 법 제5조의6 또는 제5조의7에 해당되어 **등록**이 **제한**되는 경우
   ㉥ 민간임대주택 **가격의 하락** 등으로 '임대보증금을 반환하지 못할 우려가 있는 경우'로서 **다음의 요건을 모두 갖춘** 임대사업자가 민간임대주택을 2024년 4월 1일부터 12월 31일까지 **한국토지주택공사 또는 지방공사**에 양도하는 경우. 이 경우 임대사업자가 양도할 수 있는 민간임대주택은 1호 또는 **1세대**로 한정한다.
      ⓐ 양도하려는 민간임대주택을 포함하여 **3호 또는 3세대 이상 등록한 임대사업자**일 것
      ⓑ 양도하려는 민간임대주택의 전용면적이 **60제곱미터 이하**일 것
      ⓒ 양도하려는 민간임대주택의 '취득가액'(임대사업자가 취득할 당시 '취득세'의 과세표준인 지방세법 제10조에 따른 취득 당시의 가액을 말한다)이 **3억원**(수도권정비계획법에 따른 수도권이 아닌 지역의 경우에는 **2억원**) **이하**일 것
      ⓓ 양도하려는 민간임대주택이 「건축법 시행령」 [별표 1] 제2호 가목에 따른 **아파트**(주택법에 따른 **도시형 생활주택인 아파트는 제외한다**)가 아닐 것
   ㉦ 「전세사기피해자 지원 및 주거안정에 관한 특별법」에 따른 **전세사기피해주택**에 해당하는 **민간임대주택**을 **한국토지주택공사** 또는 **지방공사**에 양도하는 경우
   ㉧ 「민사집행법」에 따른 **경매**(민법 제269조 제2항에 따른 **공유물 분할**을 위한 **경매**는 제외한다), 「국세징수법」 또는 「지방세징수법」에 따른 **공매**의 **방법**으로 민간임대주택의 소유권이 이전되는 경우
   〈신설 2025.6.2.〉

4. 시장·군수·구청장은 위 3.의 ㉢, ㉣ 및 ㉥**부터** ㉧까지에 해당하여 위 **(8)**의 ④에 따른 **양도허가**를 하려는 경우에는 해당 사유가 발생한 주택에 한정하여 허가해야 한다.

5. 시장·군수·구청장은 위 **(8)**의 ④의 ㉡에 해당하여 같은 항에 따른 양도허가를 하려는 경우에는 '주택의 총양도가격'이 '필요한 운영비용 등의 추계액'을 초과하지 아니하는 범위에서 허가하여야 한다.

6. 위 **(8)**의 ④에 따른 **말소 신청**에 관하여는 영 제5조 제4항을 준용한다.

2. 임대차계약 등

(1) 임대료(법 제44조)

① **임대사업자**가 **민간임대주택**을 임대하는 경우에 **최초 임대료**(임대보증금과 월임대료를 포함한다. 이하 같다)는 다음의 임대료와 같다.

㉠ '**공공지원민간임대주택**'의 경우: '주거지원대상자 등의 주거안정'을 위해 '국토교통부령으로 정하는 기준'에 따라 '임대사업자'가 정하는 임대료

㉡ **장기일반민간임대주택 및 단기민간임대주택의 경우**: '임대사업자'가 정하는 임대료. 다만, 법 제5조에 따른 '민간임대주택' '등록 당시' '존속 중'인 임대차계약(이하 '종전임대차계약'이라 한다)이 있는 경우에는 그 '**종전임대차계약에 따른 임대료**'

② **임대사업자**는 '임대기간' 동안 임대료의 증액을 청구하는 경우에는 임대료의 5퍼센트의 범위에서 주거비 물가지수, 인근 지역의 임대료 변동률, 임대주택 세대수 등을 고려하여 대통령령으로 정하는 증액 비율을 초과하여 청구해서는 아니 된다.

③ 위 ②에 따른 임대료 증액 청구는 임대차계약 또는 약정한 임대료의 증액이 있은 후 1년 이내에는 하지 못한다.

④ 임대사업자가 위 ②에 따라 임대료의 증액을 청구하면서 임대보증금과 월임대료를 상호간에 전환하는 경우의 적용기준은 국토교통부령으로 정한다.

⑤ 임대사업자는 임대료를 현금 또는 「여신전문금융업법」 제2조에 따른 신용카드, 직불카드, 선불카드를 이용한 결제로 받을 수 있다.

> **관련법령 임대료(영 제34조의2)**
>
> 위 **(1)**의 ② 본문에서 '대통령령으로 정하는 증액 비율'이란 다음 구분에 따른 비율을 말한다.
> 1. 100세대 이상 민간임대주택단지[법 제2조 제4호 가목(주택도시기금)에 따른 공공지원민간임대주택 중 20년 이상 임대할 목적으로 건설 또는 매입하는 100세대 이상 민간임대주택단지는 제외한다]: 「통계법」에 따라 통계청장이 고시하는 지출목적별 소비자물가지수 항목 중 해당 임대주택이 소재한 특별시, 광역시, 특별자치시, 도 또는 특별자치도의 '주택임차료', '주거시설 유지·보수' 및 기타 '**주거관련 서비스 지수**'를 '가중 평균한 값'의 변동률. 다만, 임대료의 **5퍼센트 범위**에서 시·군·자치구의 조례로 해당 시·군·자치구에서 적용하는 비율을 정하고 있는 경우에는 그에 따른다.
> 2. 위 1.을 **제외한** 민간임대주택: 임대료의 5퍼센트. 다만, 주거비 물가지수 및 인근 지역의 임대료 변동률 등을 고려해야 한다.

(2) 초과 임대료의 반환 청구(법 제44조의2)

임차인은 위 **(1)**의 ②에 따른 증액 비율을 초과하여 증액된 임대료를 지급한 경우 초과 지급한 임대료 상당금액의 반환을 청구할 수 있다.

(3) 임대차계약의 해제·해지 등(법 제45조)

① **임대사업자**는 임차인이 의무를 위반하거나 임대차를 계속하기 어려운 경우 등 '대통령령으로 정하는 사유가 발생한 때'를 **제외**하고는 임대사업자로 등록되어 있는 기간 동안 임대차계약을 해제 또는 해지하거나 재계약을 거절할 수 **없다**.

② **임차인**은 시장·군수·구청장이 임대주택에 거주하기 곤란할 정도의 중대한 하자가 있다고 인정하는 경우 등 '대통령령으로 정하는 경우'에는 임대차계약을 해제하거나 해지할 수 있다.

> **관련법령** 임대차계약의 해제·해지 등(영 제35조)
>
> 1. **임대사업자**는 임차인이 다음의 어느 하나에 해당하는 경우를 제외하고는 위 **(3)**의 ①에 따라 임대사업자로 등록되어 있는 기간 동안 임대차계약을 해제 또는 해지하거나 재계약을 거절할 수 없다.
>   ㉠ **거짓**이나 그 밖의 부정한 방법으로 민간임대주택을 임대받은 경우
>   ㉡ **임대사업자의 귀책사유 없이** 영 제34조 제1항 각 호의 시점으로부터 **3개월 이내**에 입주하지 않은 경우
>   ㉢ **월임대료**를 **3개월** 이상 연속하여 연체한 경우
>   ㉣ 민간임대주택 및 그 부대시설을 **임대사업자의 동의를 받지 않고** 개축·증축 또는 변경하거나 본래의 용도가 아닌 용도로 사용한 경우
>   ㉤ 민간임대주택 및 그 부대시설을 **고의**로 파손 또는 멸실한 경우
>   ㉥ **공공지원민간임대주택**의 임차인이 다음의 어느 하나에 해당하게 된 경우
>   ⓐ 임차인의 **자산 또는 소득**이 법 제42조 제2항에 따른 **자격요건을 초과**하는 경우로서 국토교통부령으로 정하는 기준을 초과하는 경우
>   ⓑ 임대차계약기간 중 **다른 주택을 소유**하게 된 경우. 다만, 다음의 어느 하나에 해당하는 경우는 제외한다.
>   ⅰ) **상속·판결** 또는 **혼인** 등 그 밖의 부득이한 사유로 다른 주택을 소유하게 된 경우로서 임대차계약이 해제·해지되거나 재계약이 거절될 수 있다는 내용을 '통보받은 날'부터 **6개월 이내**에 해당 주택을 **처분**하는 경우
>   ⅱ) '혼인 등의 사유로 주택을 소유하게 된 세대구성원'이 소유권을 취득한 날부터 **14일** 이내에 **전출신고**를 하여 **세대가 분리**된 경우
>   ⅲ) 공공지원민간임대주택의 입주자를 선정하고 남은 공공지원민간임대주택에 대하여 **선착순의 방법**으로 입주자로 선정된 경우
>   ㉦ 법 제42조의2에 따라 임차인이 공공지원민간임대주택 또는 공공임대주택에 '**중복**하여 **입주**하거나 **계약**한 것으로 **확인**'된 경우
>   ㉧ 다음 **(5)**에 따른 **표준임대차계약서상의 의무를 위반**한 경우
>
> 2. 위 **(3)**의 ②에서 '시장·군수·구청장이 임대주택에 거주하기 곤란할 정도의 중대한 하자가 있다고 인정하는 경우 등 대통령령으로 정하는 경우'란 다음의 어느 하나에 해당하는 경우를 말한다.
>   ㉠ **시장·군수·구청장**이 민간임대주택에 거주하기 곤란할 정도의 **중대한 하자**가 있다고 **인정**하는 경우
>   ㉡ 임대사업자가 **임차인의 의사에 반**하여 민간임대주택의 부대시설·복리시설을 파손시킨 경우
>   ㉢ **임대사업자의 귀책사유**로 입주지정기간이 끝난 날부터 **3개월 이내**에 입주할 수 없는 경우
>   ㉣ 임대사업자가 다음 **(5)**에 따른 표준임대차계약서상의 **의무를 위반**한 경우
>   ㉤ 임대보증금에 대한 보증에 가입해야 하는 임대사업자가 임대보증금에 대한 보증에 가입하지 않은 경우

(4) 임대차계약 신고(법 제46조)

① **임대사업자**는 민간임대주택의 임대차기간, 임대료 및 임차인(준주택에 한정한다) 등 '대통령령으로 정하는 임대차계약에 관한 사항'을 **임대차계약을 체결한 날**(종전임대차계약이 있는 경우 민간임대주택으로 **등록한 날**을 말한다) 또는 **임대차계약을 변경한 날부터 3개월 이내**에 시장·군수·구청장에게 '신고' 또는 '변경신고'를 하여야 한다.

② 위 ①에도 불구하고 **100세대 이상**의 공동주택을 임대하는 임대사업자가 임대차계약에 관한 사항을 **변경**하여 신고하는 경우에는 **변경예정일 1개월 전까지** 신고하여야 한다. 28회

③ **시장·군수·구청장**은 위 ②에 따라 신고된 임대료가 위 **(1)**의 ②에 따른 증액 비율을 초과하여 증액되었거나 해당 지역의 경제적 사정 변동 등으로 조정될 필요가 있다고 인정하는 경우에는 **임대료**를 '**조정**'하도록 **권고**할 수 있다.

④ 위 ③에 따른 '**조정권고를 받은 임대사업자**'는 권고사항을 통지받은 날부터 **10일 이내**에 **재신고**하여야 한다.

⑤ '**시장·군수·구청장**'은 위 ①에 따른 신고 또는 위 ④에 따른 재신고를 받거나 위 ②에 따른 신고를 받고 조정권고하지 아니한 경우 그 내용을 검토하여 이 법에 적합하면 신고를 수리하여야 한다.

관련법령 임대차계약 신고(영 제36조)

1. 위 **(4)**의 ① 및 ②에 따라 임대사업자가 시장·군수·구청장에게 '신고 또는 변경신고를 해야 하는 사항'은 다음과 같다.
   ㉠ 임대차기간
   ㉡ 임대료
   ㉢ 민간임대주택의 소유권을 취득하기 위하여 **대출받은 금액**(**민간매입임대주택**으로 **한정**한다)
   ㉣ 임차인 현황(**준주택**으로 한정한다)

2. 위 1.의 ㉠~㉣의 사항을 신고 또는 변경신고하려는 임대사업자는 '국토교통부령으로 정하는 신고·변경신고서'에 표준임대차계약서를 첨부하여 해당 '**민간임대주택의 소재지**'를 관할하는 시장·군수·구청장 또는 '임대사업자의 주소지'를 관할하는 시장·군수·구청장에게 제출해야 한다. 다만, 위 **(1)**의 ①의 ㉡ 단서에 따른 종전임대차계약을 신고(변경신고는 제외한다)하는 경우로서 다음 **(5)**에 따른 표준임대차계약서를 사용하지 않은 경우에는 다음의 서류를 모두 첨부해야 한다.
   ㉠ 임대차계약서
   ㉡ 임대사업자가 임차인에게 임대사업자로 등록한 사실을 직접 전달했거나 내용증명우편 등으로 통보한 사실을 객관적으로 증명할 수 있는 자료

3. 위 2.에 따라 '**임대사업자의 주소지**'를 관할하는 시장·군수·구청장이 신고·변경신고서를 받은 경우에는 즉시 '**민간임대주택의 소재지**'를 관할하는 시장·군수·구청장에게 **이송**해야 한다.

4. 위 2. 또는 3.에 따라 신고·변경신고서를 받은 시장·군수·구청장('민간임대주택의 소재지'를 관할하는 시장·군수·구청장을 말한다. 이하 다음 5.에서 같다)은 신고 또는 변경신고 내용을 확인한 후 신고 또는 변경신고를 받은 날(위 3.의 경우에는 이송받은 날을 말한다)부터 10일 이내에 국토교통부령으로 정하는 바에 따라 **임대조건 신고대장**에 신고 또는 변경신고 사실을 적고 '**임대조건 신고·변경신고 증명서**'를 신고인에게 발급해야 한다.

5. 시장·군수·구청장은 위 **(4)**의 ①, ② 및 ④에 따라 임대사업자가 신고, 변경신고 또는 재신고한 임대조건을 매 분기 종료 후 다음 달 말일까지 해당 지방자치단체의 '공보'에 '공고'하여야 한다.

(5) 표준임대차계약서(법 제47조)

① 임대사업자가 민간임대주택에 대한 임대차계약을 체결하려는 경우에는 **국토교통부령**으로 정하는 '**표준임대차계약서**'를 사용하여야 한다. [위반자: 1천만원 이하의 과태료] 28회

② 위 ①의 표준임대차계약서에는 다음의 사항이 포함되어야 한다.
  ㉠ 임대료 및 위 **(1)**에 따른 임대료 증액 제한에 관한 사항
  ㉡ 임대차계약기간
  ㉢ 다음 **(7)**에 따른 임대보증금의 보증에 관한 사항
  ㉣ 민간임대주택의 선순위 담보권, 국세·지방세의 체납사실 등 권리관계에 관한 사항
  ㉤ 임대사업자 및 임차인의 권리·의무에 관한 사항
  ㉥ 민간임대주택의 수선·유지 및 보수에 관한 사항
  ㉦ 임대의무기간 중 '남아 있는 기간'과 위 **(3)**에 따른 '임대차계약의 해제·해지 등'에 관한 사항
  ㉧ 그 밖에 국토교통부령으로 정하는 사항(민간임대주택의 양도에 관한 사항)

(6) 임대사업자의 설명의무(법 제48조)

① 민간임대주택에 대한 임대차계약을 체결하거나 월임대료를 임대보증금으로 전환하는 등 계약내용을 변경하는 경우에는 **임대사업자**는 다음의 사항을 임차인에게 **설명**하고 이를 **확인**받아야 한다.
  ㉠ 다음 **(7)**에 따른 임대보증금에 대한 보증의 보증기간 등 대통령령으로 정하는 사항
  ㉡ 민간임대주택의 선순위 담보권, 국세·지방세의 체납사실 등 권리관계에 관한 사항. 이 경우 등기부등본 및 납세증명서를 제시하여야 한다.
  ㉢ 임대의무기간 중 '남아 있는 기간'과 위 **(3)**에 따른 '임대차계약의 해제·해지 등'에 관한 사항
  ㉣ 위 **(1)**의 ②에 따른 임대료 증액 제한에 관한 사항

② 민간임대주택에 둘 **이상**의 임대차계약이 존재하는 등 대통령령으로 정하는 사유에 해당하는 경우 **임대사업자**는 그 주택에 대한 **임대차계약을 체결하려는** 자에게 「주택임대차보호법」 제3조의6 제2항에 따라 **확정일자부**에 기재된 주택의 **차임 및 보증금 등의 정보**를 제공하여야 한다.

> **관련법령** 임대사업자의 설명의무 및 확인의 방법 등(영 제37조)

1. 위 **(6)**의 ①의 ㉠에서 '임대보증금에 대한 보증의 보증기간 등 대통령령으로 정하는 사항'이란 다음의 사항을 말한다.
    ㉠ 보증대상액
    ㉡ 보증기간
    ㉢ 보증수수료 산정방법 및 금액, 분담비율, 납부방법
    ㉣ 보증기간 중 임대차계약이 해제·해지되거나 임대보증금이 증감되는 경우의 보증수수료의 환급 또는 추가 납부에 관한 사항
    ㉤ 임대차계약기간 중 보증기간이 만료되는 경우의 재가입에 관한 사항
    ㉥ 보증약관의 내용 중 국토교통부장관이 정하여 고시하는 중요사항에 관한 내용
2. 위 **(6)**의 ①의 ㉡에 따라 임대사업자가 임차인에게 설명하고 확인받아야 하는 권리관계는 다음과 같다.
    ㉠ 임대주택에 설정된 제한물권, 압류·가압류·가처분 등에 관한 사항
    ㉡ 임대사업자의 국세·지방세 체납에 관한 사항
3. 임대사업자는 위 **(6)**의 ①에 따라 임차인과 임대차계약을 체결하거나 계약내용을 변경하는 경우에는 위 1. 및 2.에서 정하는 사항이 포함된 표준임대차계약서를 임차인에게 내주고 임차인이 이해할 수 있도록 설명해야 하며, 임차인은 **서명** 또는 **기명날인**의 방법으로 확인하여야 한다.
4. 위 **(6)**의 ②에서 '민간임대주택에 둘 이상의 임대차계약이 존재하는 등 대통령령으로 정하는 사유에 해당하는 경우'란 **'민간임대주택'**으로서 「건축법 시행령」 [별표 1] **제1호 가목부터 다목까지의 규정에 따른 주택에 둘 이상의 임대차계약이 존재하는 경우**를 말한다.
5. 위 **(6)**의 ②에 따라 임대사업자가 임대차계약을 체결하려는 자에게 제공해야 하는 정보는 다음과 같다.
    ㉠ 임대차목적물
    ㉡ 확정일자 부여일
    ㉢ 차임·보증금
    ㉣ 임대차기간
6. 위 5.에 따른 정보는 「주택임대차보호법 시행령」 제6조 제1항에 따라 **확정일자부여기관**에 '요청'하여 **받은 서면**으로 제공해야 한다.

(7) 임대보증금에 대한 보증(법 제49조)

① **임대사업자**(법 제5조 제1항에 따라 임대사업자로 등록하려는 자를 포함한다)는 다음의 어느 하나에 해당하는 **민간임대주택**을 임대하는 경우 **임대보증금에 대한 보증**에 가입하여야 한다.
    ㉠ 민간건설임대주택
    ㉡ 법 제18조 제6항에 따라 **분양주택 전부를 우선 공급**받아 임대하는 민간매입임대주택 27회
    ㉢ 동일 주택단지에서 100호 이상으로서 '**대통령령으로 정하는 호수**' 이상의 주택을 임대하는 **민간매입임대주택**(위 ㉡에 해당하는 민간매입임대주택은 '**제외**'한다)
    ㉣ 위 ㉡과 ㉢ '**외**'의 민간매입임대주택
② 위 ①에 따른 보증에 가입하는 경우 보증대상은 '임대보증금 전액'으로 한다. 다만, 임대사업자가 사용검사 전에 임차인을 모집하는 경우 임차인을 모집하는 날부터 사용검사를 받는

날까지의 보증대상액은 임대보증금 중 사용검사 이후 납부하는 임대보증금을 제외한 금액으로 한다.

③ 위 ②에도 불구하고 **다음에 모두 해당하는 경우에는 담보권이 설정된 금액과 임대보증금을 합한 금액에서 주택가격의 100분의 60에 해당하는 금액을 뺀 금액 이상으로** 대통령령에서 정하는 금액을 보증대상으로 할 수 있다. 이 경우 주택가격의 산정방법은 **대통령령**으로 정한다.

   ㉠ 근저당권이 **세대별로 분리된 경우**(근저당권이 주택단지에 설정된 경우에는 근저당권의 공동담보를 해제하고, '채권최고액을 감액'하는 근저당권 변경등기의 방법으로 할 수 있다)

   ㉡ '임대사업자'가 '임대보증금보다 선순위'인 **제한물권**(다만, 위 ㉠에 따라 세대별로 분리된 근저당권은 제외한다), 압류·가압류·가처분 등을 **해소한 경우**

   ㉢ 전세권이 설정된 경우 또는 임차인이 「주택임대차보호법」 제3조의2 제2항에 따른 대항요건과 확정일자를 갖춘 경우

   ㉣ 임차인이 ③의 ㉠~㉢ 외의 부분 전단에 따른 대통령령으로 정하는 금액을 보증대상으로 하는 데 동의한 경우

   ㉤ 그 밖에 '위 ㉠~㉣까지에 준하는 경우'로서 **대통령령으로 정하는 경우**

④ 임대사업자는 위 ①에 따른 보증에 **다음의 시점 이전까지 가입해야 하며**, 법 제6조에 따라 **임대사업자 등록이 말소되는 날**(임대사업자 등록이 말소되는 날에 임대 중인 경우에는 임대차계약이 종료되는 날로 한다)까지 **가입을 유지하여야 한다**. 27회

   ㉠ 위 ①의 ㉠ 및 ㉡에 해당하는 민간임대주택: 「주택법」에 따른 사용검사, 임시 사용승인 또는 「건축법」에 따른 사용승인, 임시 사용승인의 신청일. 다만, 신청일 이전에 임차인을 모집하는 경우에는 모집일로 한다.

   ㉡ 위 ㉠ 이외의 민간임대주택 중 등록일에 존속 중인 임대차계약이 **있는 경우**: '민간임대주택 등록 신청일'

   ㉢ 위 ㉠ 이외의 민간임대주택 중 등록일에 존속 중인 임대차계약이 **없는 경우**: '민간임대주택 등록일 이후 **최초 임대차계약 개시일**'

⑤ 임대사업자는 위 ①에 따른 **보증의 수수료를 1년 단위로 재산정하여 분할납부할 수 있으며**, 임대사업자가 보증 가입 후 1년이 지났으나 재산정한 보증수수료를 보증회사에 납부하지 아니하는 경우에는 **보증회사는 그 보증계약을 해지할 수 있다**. 다만, 임차인이 보증수수료를 납부하는 경우에는 그러하지 아니하다. 27회

⑥ 위 ①에 따라 임대사업자가 보증에 가입하거나 위 ⑤에 따라 보증회사가 **보증계약을 해지하는 경우 보증회사는** 보증 가입 또는 보증계약 해지 사실을 **시장·군수·구청장에게 알리고**, 관련 자료를 제출해야 한다. 이 경우 **시장·군수·구청장**은 대통령령으로 정하는 바에 따라 **국토교통부장관에게** 관련 자료를 제공해야 한다. 27회

⑦ 위 ①에도 불구하고 다음의 어느 하나에 해당하면 **임대보증금에 대한 보증에 가입하지 아니할 수 있다.**

　㉠ 임대보증금이 「주택임대차보호법」 제8조 제3항에 따른 금액 이하이고 **임차인이 임대보증금에 대한 보증에 가입하지 아니하는 것에 동의한 경우** 27회

　㉡ '임대사업자'가 「공공주택 특별법」 제45조의2에 따라 '기존주택을 임차하는 공공주택사업자'와 임대차계약을 체결하는 경우로서 해당 **공공주택사업자가 보증 가입 등 임대보증금 회수를 위하여 필요한 조치를 취한 경우**

　㉢ **임차인이 보증회사 및 이에 준하는 기관에서 운용하는 전세금 반환을 보장하는 보증에 가입하였고, 임대사업자가 해당 보증의 보증수수료를 임차인에게 전부 지급한 경우**

⑧ 위 ①에 따라 임대사업자가 보증에 가입한 경우 보증회사는 그 임대사업자의 허위서류 제출을 포함한 **사기, 고의 또는 중대한 과실이 있는 경우에도** 이에 대하여 임차인에게 책임이 있는 사유가 없으면 **임차인에게 해당 임대보증금에 대한 보증의 해지 또는 취소로써 대항할 수 없다.** 〈개정 2025.1.14.〉

⑨ 보증회사는 위 ①에 따라 **보증에 가입한 임대사업자** 중 법 제6조 제1항 제12호의2에 따른 말소요건에 해당하는 **임대사업자**[이하 **(7)**에서 '보증금 미반환 임대사업자'라 한다]를 **별도 관리**하여야 하고, 보증금 미반환 임대사업자가 추가적으로 위 ①에 따라 **보증에 가입되지 아니하도록 하여야 한다.** 다만, '법원의 변제계획인가'를 얻었거나 '그 인가계획에 따라 채무를 이행하고 있는 경우' 등 대통령령으로 정하는 경우에는 **그러하지 아니하다.**
〈개정 2025.1.14.〉

⑩ 보증회사는 위 ⑨ 본문에 따라 추가적으로 보증에 가입되지 아니하도록 하기 위하여 **보증금 미반환 임대사업자의 식별에 필요한 정보 등을 공유할 수 있고**, 그 밖에 구체적인 정보 공유의 범위, 절차 등에 필요한 사항은 대통령령으로 정한다. 〈개정 2025.1.14.〉

⑪ 위 ①에 따른 보증에 가입하는 경우 보증수수료의 납부방법, 소요 비용의 부담비율, 보증대상 임대보증금의 범위, 보증의 가입·유지·탈퇴 등에 필요한 사항은 대통령령으로 정한다. 〈신설 2025.1.14.〉

> **관련법령** 임대보증금에 대한 보증 가입 등(영 제38조)
>
> 1. 위 **(7)**의 ①의 ㉢에서 '대통령령으로 정하는 호수'란 100호를 말한다.
> 2. 위 **(7)**의 ①에 따른 임대사업자는 임대보증금에 대한 보증에 가입하였으면 지체 없이 해당 보증서 사본을 '민간임대주택의 소재지'를 관할하는 시장·군수·구청장에게 **제출하여야 한다.**
> 3. 위 3.에 따라 보증서 사본을 받은 **시장·군수·구청장**은 '임대보증금에 대한 보증기간이 끝날 때까지' 보증서 사본을 **보관하여야 한다.**
> 4. 위 **(7)**의 ①에 따른 임대사업자는 임대보증금에 대한 보증에 가입한 경우에는 임차인이 해당 민간임대주택에 입주한 후 지체 없이 보증서 및 보증약관 각각의 사본을 '**임차인**'에게 내주어야 한다.
> 5. 위 **(7)**의 ①에 따른 임대사업자는 임대보증금에 대한 보증 가입 여부를 '임차인이 잘 볼 수 있는 장소'에 공고하여야 한다. 가입한 보증을 해지하거나 변경하는 경우에도 또한 같다.

| 관련법령 | 보증대상액(영 제39조) |

1. 위 **(7)**의 ③의 ㉠~㉢ 외의 부분 전단에서 '대통령령에서 정하는 금액'이란 담보권이 설정된 금액과 임대 보증금을 합한 금액에서 주택가격의 100분의 60에 해당하는 금액을 뺀 금액을 말한다.
2. 위 **(7)**의 ③의 ㉠~㉢ 외의 부분 후단에 따른 **주택가격의 산정방법**은 다음의 어느 하나에 해당하는 방법 으로 한다. 다만, ㉠의 방법은 ㉡ 또는 ㉢의 방법으로 주택가격을 산정할 수 없는 경우이거나 ㉡ 또는 ㉢의 방법을 적용하면 보증 가입 시점의 실제 주택가격을 적절하게 반영하지 못한다고 임대사업자가 이의를 신청하여 '보증회사가 이를 인정한 경우'로 한정한다. 〈단서 신설 2025.6.2.〉
   ㉠ 보증회사의 의뢰를 받은 감정평가법인등이 「감정평가 및 감정평가사에 관한 법률」 제3조에 따라 **감 정평가액을 산정**하는 방법
   ㉡ 「부동산 가격공시에 관한 법률」 제16조부터 제18조까지의 규정에 따라 **공시된 가격**(준주택의 경우 에는 소득세법 제99조 제1항 제1호 다목에 따른 기준시가를 말한다)에 '국토교통부장관이 정하여 고시하는 비율'을 곱하여 산정하는 방법
   ㉢ 보증회사가 전세금 반환을 보장하는 보증을 할 때 적용하는 주택가격 산정 기준을 국토교통부장관이 정하여 고시하는 방법에 따라 적용하여 산정하는 방법

| 관련법령 | 보증 가입 자료 등의 제공(영 제39조의2) |

1. **시장·군수·구청장**은 위 **(7)**의 ⑥ 후단에 따라 '보증회사로부터 제출받은 임대사업자의 보증 가입이나 보증계약 해지에 관한 자료' 중 다음의 자료를 '보증회사로부터 제출받은 날이 속하는 달'의 다음 달 15일 까지 '**국토교통부장관**'에게 제공해야 한다.
   ㉠ 임대사업자의 성명과 주소(법인인 경우에는 명칭과 본점 소재지)
   ㉡ 보증금액, 보증기간 및 보증 가입일·해지일
   ㉢ 그 밖에 국토교통부장관이 정하는 자료
2. 시장·군수·구청장은 위 1.에 따라 자료를 제공하는 경우 '**임대주택정보체계**'에 '위 1. ㉠~㉢의 자료'를 입력하는 방식으로 '제공'할 수 있다.

| 관련법령 | 보증금 미반환 임대사업자에 대한 추가 보증 가입 제한 등(영 제39조의3) |

1. 위 **(7)**의 ⑨ 단서에서 '법원의 변제계획인가를 얻었거나 그 인가계획에 따라 채무를 이행하고 있는 경우 등 대통령령으로 정하는 경우'란 다음의 경우를 말한다.
   ㉠ 「서민의 금융생활 지원에 관한 법률」 제74조 제1항에 따라 **채무조정안의 합의가 성립된 경우**
   ㉡ 「채무자 회생 및 파산에 관한 법률」 제243조 제1항에 따라 회생계획인가결정 또는 같은 법 제614조 제1항에 따라 **변제계획인가결정을 받고 그에 따라 채무를 이행하고 있는 경우**(회생계획인가결정 또 는 변제계획인가결정 이후 그에 따른 채무의 이행시기가 도래하지 않은 경우를 포함한다)
   ㉢ 「채무자 회생 및 파산에 관한 법률」 제565조에 따라 **면책결정이 확정된 경우**
   ㉣ 그 밖에 임대차 계약기간 중 **보증기간이 만료**되어 **재가입**하는 경우 등 보증회사가 임차인의 보호를 위해 해당 임대사업자의 보증 가입이 필요하다고 인정하는 경우
2. 위 **(7)**의 ⑩에 따른 **보증금 미반환 임대사업자의 식별에 필요한 정보 공유의 범위**는 「신용정보의 이용 및 보호에 관한 법률」 제25조 제2항 제1호에 따른 **종합신용정보집중기관**을 통해 같은 법 시행령 제21 조 제3항에 따라 **집중관리·활용되는 신용정보**로서 같은 영 제21조 제9항에 따라 '금융위원회가 정하여 고시하는 범위'로 한다.

3. 보증회사는 위 (7)의 ⑩에 따라 보증금 미반환 임대사업자의 식별에 필요한 정보를 공유하는 경우에는 「신용정보의 이용 및 보호에 관한 법률」 제25조 제2항 제1호에 따른 **종합신용정보집중기관**이 같은 법 제26조의 **신용정보집중관리위원회를 통해 정한 기준**에 따라야 한다.
〈본조신설 2025.6.2.〉

관련법령 보증수수료의 납부방법 등(영 제40조)

위 (7)의 ⑪에 따른 보증수수료의 납부방법, 보증수수료의 부담비율 등은 다음과 같다.
1. 보증수수료의 **75퍼센트**는 '임대사업자'가 부담하고, **25퍼센트**는 '임차인'이 부담할 것. 다만, 임대사업자가 '사용검사 전에 임차인을 모집하는 경우' '임차인을 모집하는 날부터 사용검사를 받는 날까지의 보증수수료'는 임대사업자가 **전액** 부담한다.
2. 보증수수료는 '**임대사업자**'가 납부할 것. 이 경우 임차인이 부담하는 보증수수료는 '임대료'에 포함하여 징수하되 '임대료 납부고지서'에 그 내용을 명시하여야 한다.
3. 위 (7)의 ④에 따라 보증수수료를 '분할납부'하는 경우에는 재산정한 보증수수료를 '임대보증금 보증계약일'부터 '매 1년이 되는 날'까지 납부할 것

관련법령 임대보증금 보증대상 금액 등에 대한 임차인의 동의 방식(규칙 제20조의2)

1. '위 (7)의 ③의 ㉣에 따른 임차인의 동의'는 임차인이 별지 제25호 서식의 '임대보증금 일부보증에 대한 임차인 동의서'에 서명하거나 날인하는 방식으로 한다.
2. '위 (7)의 ⑦의 ㉠에 따른 임차인의 동의'는 임차인이 별지 제25호의2 서식의 '임대보증금 보증 미가입에 대한 임차인 동의서'에 서명하거나 날인하는 방식으로 한다.

---

(8) 준주택의 용도제한(법 제50조)

① '민간임대주택으로 **등록**'한 준주택은 주거용이 아닌 용도로 사용할 수 없다. 28회 주관식

② 시장·군수·구청장은 '민간임대주택으로 등록'한 **준주택**이 '주거용으로 사용되고 있는지를 확인하기 위하여 필요한 경우' 임대사업자 및 임차인에게 필요한 서류 등의 제출을 요구할 수 있고, 소속 공무원으로 하여금 해당 준주택에 출입하여 조사하게 하거나 관계인에게 필요한 질문을 하게 할 수 있다. 이 경우 임대사업자 및 임차인은 정당한 사유가 없으면 이에 따라야 한다.

(9) 가정어린이집 운영에 관한 특례(법 제50조의2)

① 민간임대주택의 임대사업자는 보육 수요 충족을 위하여 필요한 경우 해당 민간임대주택의 일부 세대를 「영유아보육법」 제10조 제5호에 따른 가정어린이집을 운영하려는 자에게 임대할 수 있다.

② 임대사업자는 위 ①에 따라 민간임대주택을 임대하는 경우 법 제42조 및 제44조 제1항에도 불구하고 국토교통부령으로 정하는 바에 따라 임차인의 자격, 선정방법 및 임대료를 달리 정할 수 있다.

| 관련법령 | 가정어린이집 운영자의 입주자격 등(규칙 제20조의3) |

1. 위 **(9)**에 따라 **임대사업자**가 「영유아보육법」 제10조 제5호에 따른 **가정어린이집**을 설치·운영하려는 자에게 **임대**하는 경우 법 제42조에도 불구하고 '임대차계약 체결 후' 임대사업자가 정한 기간 이내에 「영유아보육법」 제13조 제1항에 따른 '**인가**를 받았음을 증명하는 자료를 제출한 자' 중에서 **임대사업자**가 정하는 **임차인 선정** 순위에 따라 가정어린이집으로 임대할 세대의 **임차인**을 선정한다.
2. 가정어린이집의 **최초의 대료**는 법 제44조 제1항에도 불구하고 민간임대주택의 규모, 주변 지역의 임대료 등을 **고려**하여 **임대사업자**가 정한다.
3. 위 1.에 따라 **임차인으로 선정된 자**가 '가정어린이집을 설치·운영하지 않게 된 경우'에는 즉시 그 사실을 **임대사업자에게 통보**해야 한다.
4. **임대사업자**는 위 1.부터 위 3.까지에서 규정한 사항 외에 가정어린이집의 설치·운영 등에 관한 세부적인 사항을 따로 정한 경우 임차인모집계획, 관리규약 또는 가정어린이집 운영자와 체결하는 '표준임대차계약서' **특약**에 **반영**해야 한다.

3. 임대주택의 관리

(1) 민간임대주택의 관리(법 제51조)

① '민간건설임대주택' 및 '대통령령으로 정하는 민간매입임대주택'의 회계서류 작성, 보관 등 관리에 필요한 사항은 대통령령으로 정하는 바에 따라 「**공동주택관리법**」을 적용한다.

② 임대사업자는 민간임대주택이 300세대 이상의 공동주택 등 **대통령령으로 정하는 규모 이상**에 해당하면 「공동주택관리법」 제2조 제1항 제15호에 따른 주택관리업자에게 관리를 위탁하거나 자체관리하여야 한다.

③ 임대사업자가 위 ②에 따라 민간임대주택을 **자체관리**하려면 대통령령으로 정하는 기술인력 및 장비를 갖추고 국토교통부령으로 정하는 바에 따라 '시장·군수·구청장'의 **인가**를 받아야 한다.

④ 임대사업자(둘 이상의 임대사업자를 포함한다)가 동일한 **시**('특별시·광역시·특별자치시·특별자치도'를 '포함'한다)·**군지역**에서 민간임대주택을 관리하는 경우에는 대통령령으로 정하는 바에 따라 **공동으로 관리**할 수 있다.

⑤ '**임대사업자**'는 '국토교통부령으로 정하는 바'에 따라 '**임차인**'으로부터 민간임대주택을 관리하는 데에 필요한 경비를 받을 수 있다.

⑥ 임대사업자는 민간임대주택을 관리하는 데 필요한 경비를 임차인이 최초로 납부하기 전까지 해당 민간임대주택의 유지관리 및 운영에 필요한 경비(이하 '선수관리비'라 한다)를 대통령령으로 정하는 바에 따라 부담할 수 있다.

> **관련법령**　민간임대주택의 관리(영 제41조)

1. 위 (1)의 ①에서 '대통령령으로 정하는 민간매입임대주택'이란 임대사업자가 「주택법」 제54조에 따라 사업주체가 건설·공급하는 **주택 전체**를 **매입**하여 임대하는 민간매입임대주택을 말한다.
2. 위 (1)의 ①에 해당하는 민간임대주택의 관리에 대해서는 「공동주택관리법」 및 「공동주택관리법 시행령」 중 다음의 규정만을 적용한다.
   ㉠ 「공동주택관리법」 제8조에 따른 구분관리에 관한 사항
   ㉡ 「공동주택관리법」 제23조 제4항에 따른 관리비등의 공개에 관한 사항
   ㉢ 「공동주택관리법」 제27조 제1항 제1호에 따른 회계서류의 작성·보관에 관한 사항
   ㉣ 「공동주택관리법」 제63조에 따른 관리주체의 업무에 관한 사항
   ㉤ 「공동주택관리법 시행령」 제19조 제2항에 따른 관리주체의 동의에 관한 사항
   ㉥ 「공동주택관리법 시행령」 제23조 제4항에 따른 이용료 부과 및 제29조에 따른 주민운동시설의 위탁 운영에 관한 사항
   ㉦ 「공동주택관리법 시행령」 제25조 제1항 제1호 가목에 따른 관리비의 집행을 위한 사업자 선정에 관한 사항
   ㉧ 「공동주택관리법 시행령」 제33조에 따른 시설물의 안전관리에 관한 사항
   ㉨ 「공동주택관리법 시행령」 제34조에 따른 공동주택의 안전점검에 관한 사항
   ㉪ 「공동주택관리법 시행령」 제35조에 따른 행위허가 등의 기준에 관한 사항
   ㉫ 「공동주택관리법 시행령」 제36조 및 제44조에 따른 하자 보수에 관한 사항
   ㉬ 「공동주택관리법 시행령」 제69조, 제70조, 제71조 및 제73조에 따른 관리사무소장의 배치와 주택관리사 및 주택관리사보 등에 관한 사항
   ㉭ 「공동주택관리법 시행령」 제96조에 따른 공동주택관리의 감독에 관한 사항
3. 위 (1)의 ②에서 '300세대 이상의 공동주택 등 대통령령으로 정하는 규모'란 민간임대주택단지별로 다음의 어느 하나에 해당하는 규모의 민간임대주택을 말한다.
   ㉠ 300세대 이상의 공동주택
   ㉡ 150세대 이상의 공동주택으로서 **승강기가 설치**된 공동주택
   ㉢ 150세대 이상의 공동주택으로서 **중앙집중식 난방방식** 또는 **지역난방방식**인 공동주택
4. 위 (1)의 ③에서 '대통령령으로 정하는 기술인력 및 장비'란 「공동주택관리법 시행령」 [별표 1]의 기준에 따른 기술인력 및 장비를 말한다.
5. 위 (1)의 ④에 따라 임대사업자가 '민간임대주택을 공동으로 관리할 수 있는 경우'는 단지별로 **임차인대표회의** 또는 **임차인 과반수**(임차인대표회의를 구성하지 않은 경우만 해당한다)의 **서면동의**를 받은 경우로서 둘 이상의 민간임대주택단지를 공동으로 관리하는 것이 합리적이라고 특별시장, 광역시장, 특별자치시장, 특별자치도지사, 시장 또는 군수가 **인정**하는 경우로 한다.
6. 위 5.에 따라 '공동관리'하는 '둘 이상의 민간임대주택단지'에 위 4.에 따른 기술인력 및 장비 기준을 적용할 때에는 둘 이상의 민간임대주택단지를 **하나의 민간임대주택단지로 본다**. 다만, 특별시장, 광역시장, 특별자치시장, 특별자치도지사, 시장 또는 군수가 '민간임대주택단지 간의 거리' 및 '안전성 등'을 고려하여 '**민간임대주택단지마다 갖출 것을 요구**하는 경우'에는 그렇지 않다.
7. **임대사업자**는 민간임대주택을 관리하는 데 필요한 경비를 **임차인이 최초로 납부하기 전까지** 민간임대주택의 유지관리 및 운영에 필요한 경비(이하 '**선수관리비**'라 한다)를 부담하는 경우에는 **해당 임차인의 입주가능일 전까지** 「공동주택관리법」에 따른 **관리주체**에게 선수관리비를 **지급해야 한다**.

8. **관리주체**는 '해당 임차인의 임대기간이 종료되는 경우' 위 7.에 따라 지급받은 선수관리비를 **임대사업자**에게 **반환**해야 한다. 다만, '다른 임차인이 해당 주택에 입주할 예정인 경우' 등 '임대사업자와 관리주체가 협의하여 정하는 경우'에는 선수관리비를 **반환하지 않을 수 있다**.
9. 위 7.에 따라 관리주체에게 지급하는 **선수관리비의 금액**은 해당 민간임대주택의 유형 및 세대수 등을 고려하여 **임대사업자 · 관리주체**가 '협의하여 정한다'.

관련법령 | **관리비 징수 등(규칙 제22조)**

1. 위 **(1)**의 ⑤에 따라 임대사업자가 임차인으로부터 받을 수 있는 관리에 필요한 경비는 다음의 항목에 대한 **월별 비용의 합계**액으로 하며, 다음의 항목별 구성 명세는 [별표 3]과 같다.
   ㉠ 일반관리비
   ㉡ 청소비
   ㉢ 경비비
   ㉣ 소독비
   ㉤ 승강기유지비
   ㉥ 난방비
   ㉦ 급탕비
   ㉧ 수선유지비
   ㉨ 지능형 홈네트워크 설비가 설치된 민간임대주택의 경우에는 지능형 홈네트워크 설비유지비
2. 위 1.의 ㉠~㉨의 항목에 따른 비용의 세대별 부담액 산정방법은 '사용자 부담'과 '공평한 부담의 원칙'에 따라야 한다.
3. 임대사업자는 위 1.의 ㉠~㉨의 관리비 외에 어떠한 명목으로도 관리비를 징수할 수 없다.
4. 임대사업자는 임차인이 내야 하는 다음의 사용료 등을 임차인을 대행하여 그 사용료 등을 받을 자에게 낼 수 있다.
   ㉠ 전기료(공동으로 사용하는 시설의 전기료를 포함한다)
   ㉡ 수도료(공동으로 사용하는 수도료를 포함한다)
   ㉢ 가스사용료
   ㉣ 지역난방방식인 공동주택의 난방비와 급탕비
   ㉤ 정화조오물수수료
   ㉥ 생활폐기물수수료
   ㉦ **임차인대표회의 운영비**
5. 임대사업자는 인양기 등의 사용료를 해당 시설의 사용자에게 따로 부과할 수 있다.
6. **임대사업자**는 위 1. 및 4.에 따라 산정·징수한 관리비와 사용료 등의 징수 및 그 사용명세에 관한 장부를 따로 **작성**하고 증명자료와 함께 **보관**하여 임차인 또는 '임차인대표회의'가 열람할 수 있게 해야 한다.
7. 위 1. 및 4.에 따라 산정·징수한 관리비와 사용료 등의 징수 및 그 사용명세에 대하여 임대사업자와 임차인 간의 **다툼**이 있을 때에는 **임차인**(임차인 **과반수** 이상의 결의가 있는 경우만 해당한다. 이하 같다) 또는 '**임차인대표회의**'는 '**임대사업자**'로 하여금 「공인회계사법」 제7조 제1항에 따라 등록한 공인회계사 또는 같은 법 제23조에 따라 설립된 회계법인(이하 '공인회계사 등'이라 한다)으로부터 회계감사를 받고 그 감사결과와 감사보고서를 열람할 수 있도록 갖춰 둘 것을 요구할 수 있다.
8. '임차인' 또는 '임차인대표회의'는 '**시장·군수·구청장**'에게 공인회계사 등의 선정을 의뢰할 수 있다.
9. 위 7.에 따른 '회계감사비용'은 '**임차인 또는 임차인대표회의**'가 부담한다.

| 별표 3 | 관리비 항목의 구성명세(규칙 제22조 제1항 관련) |

관리비 항목	구성 내역
1. 일반관리비	가. 인건비: 급여, 제수당, 상여금, 퇴직금, 산재보험료, 고용보험료, 국민연금, 국민건강보험료 및 식대 등 복리후생비 나. 제사무비: 일반사무용품비, 도서인쇄비, 교통통신비 등 관리사무에 직접 드는 비용 다. 제세공과금: 관리기구가 사용한 전기료, 통신료, 우편료 및 관리기구에 부과되는 세금 등 라. 피복비 마. 교육훈련비 바. 차량유지비: 연료비, 수리비 및 보험료 등 차량유지에 직접 드는 비용 사. 그 밖의 부대비용: 관리용품구입비 및 그 밖에 관리업무에 드는 비용
2. 청소비	가. 용역인 경우: 용역금액 나. 직영인 경우: 청소원인건비, 피복비 및 청소용품비 등 청소에 직접 드는 비용
3. 경비비	가. 용역인 경우: 용역금액 나. 직영인 경우: 경비원인건비, 피복비 등 경비에 직접 드는 비용
4. 소독비	가. 용역인 경우: 용역금액 나. 직영인 경우: 소독용품비 등 소독에 직접 드는 비용
5. 승강기 유지비	가. 용역인 경우: 용역금액 나. 직영인 경우: 제부대비, 자재비 등. 다만, 전기료는 공공용으로 사용되는 시설의 전기료에 포함한다.
6. 난방비	난방 및 급탕에 소요된 원가(유류대, 난방 및 급탕용수비)에서 급탕비를 뺀 금액
7. 급탕비	급탕용 유류대 및 급탕용수비
8. 수선유지비	가. 보수용역인 경우: 용역금액 나. 직영인 경우: 자재 및 인건비 다. 냉난방시설의 청소비, 소화기충약비 등 임차인의 주거생활의 편익을 위하여 제공되는 비용으로서 소모적 지출에 해당하는 비용
9. 지능형 홈네트워크 설비유지비	가. 용역인 경우: 용역금액 나. 직영인 경우: 지능형 홈네트워크 설비 관련 인건비, 자재비 등 지능형 홈네트워크 설비의 유지 및 관리에 직접 드는 비용. 다만, 전기료는 공동으로 사용되는 시설의 전기료에 포함한다.

(2) 임차인대표회의(법 제52조)

① 임대사업자가 **20세대 이상**의 범위에서 대통령령으로 정하는 세대 이상의 민간임대주택을 공급하는 공동주택단지에 입주하는 '임차인'은 **'임차인대표회의'를 구성할 수 있다.** 다만, '임대사업자'가 150세대 이상의 민간임대주택을 공급하는 공동주택단지 중 '대통령령으로 정하는 공동주택단지'에 입주하는 임차인은 임차인대표회의를 **구성하여야 한다.** 24회 주관식, 28회

② 임대사업자는 입주예정자의 **과반수**가 입주한 때에는 과반수가 입주한 날부터 **30일 이내**에 '입주현황'과 '임차인대표회의를 구성할 수 있다는 사실' 또는 구성하여야 한다는 사실을 '입주한 임차인'에게 **통지해야 한다.** 다만, 임대사업자가 본문에 따른 통지를 하지 아니하는 경우 '시장·군수·구청장'이 '임차인대표회의를 구성하도록' 임차인에게 **통지할 수 있다.**

③ 위 ① 단서에 따라 임차인대표회의를 구성하여야 하는 임차인이 임차인대표회의를 구성하지 아니한 경우 **임대사업자**는 임차인이 임차인대표회의를 구성할 수 있도록 대통령령으로 정하는 바에 따라 **지원하여야** 한다.

④ 위 ①에 따라 임차인대표회의가 구성된 경우에는 '**임대사업자**'는 다음의 사항에 관하여 **협의하여야 한다.**
  ㉠ 민간임대주택 관리규약의 제정 및 개정
  ㉡ 관리비
  ㉢ 민간임대주택의 공용부분·부대시설 및 복리시설의 유지·보수
  ㉣ 임대료 증감
  ㉤ 그 밖에 민간임대주택의 유지·보수·관리 등에 필요한 사항으로서 대통령령으로 정하는 사항

관련법령 임차인대표회의(영 제42조)

1. 위 **(2)**의 ①의 본문에서 '대통령령으로 정하는 세대'란 20세대를 말한다.
2. 위 **(2)**의 ①의 단서에서 '대통령령으로 정하는 공동주택단지'란 다음의 어느 하나에 해당하는 공동주택단지를 말한다. 28회
  ㉠ 300세대 이상의 공동주택단지
  ㉡ 150세대 이상의 공동주택으로서 승강기가 설치된 공동주택단지
  ㉢ 150세대 이상의 공동주택으로서 **중앙집중식 난방방식** 또는 **지역난방방식**인 공동주택단지
3. 임대사업자는 위 **(2)**의 ③에 따라 위 **(2)**의 ① 단서에 따른 '임차인이 임차인대표회의를 구성하지 않는 경우'에 '임차인대표회의를 구성해야 한다는 사실'과 '위 **(2)**의 ④에 따른 협의사항' 및 '이 조에 따른 임차인대표회의의 구성·운영에 관한 사항'을 반기 1회 이상 '임차인'에게 통지해야 한다.
4. 위 **(2)**의 ④의 ㉤에서 '대통령령으로 정하는 사항'이란 다음의 사항을 말한다.
  ㉠ 하자보수
  ㉡ 공동주택의 관리에 관하여 임대사업자와 임차인대표회의가 합의한 사항
  ㉢ 임차인 외의 자에게 민간임대주택 주차장을 개방하는 경우 다음의 사항
    ⓐ 개방할 수 있는 주차대수 및 위치
    ⓑ 주차장의 개방시간
    ⓒ 주차료 징수 및 사용에 관한 사항
    ⓓ 그 밖에 주차장의 적정한 개방을 위해 필요한 사항
  ● **민간임대주택 주차장의 외부개방(영 제42조의2)**
    임대사업자는 영 제42조 제4항 제3호(위 4.의 ㉢)에 따라 임차인대표회의와 협의하여 결정한 사항에 대해 전체 임차인 과반수의 서면동의를 받은 경우 지방자치단체와 협약을 체결하여 주차장을 개방할 수 있다. 이 경우 개방하는 민간임대주택 주차장의 운영·관리자는 지방자치단체, 「지방공기업법」 제76조에 따라 설립된 지방공단 또는 지방자치단체의 장이 지정하는 자 중에서 **지방자치단체와의 협약**에 따라 정한다.

5. 임대사업자는 임차인대표회의가 위 **(2)**의 ④의 ㉠~㉤의 사항에 대하여 협의를 요청하면 성실히 응하여야 한다.
6. 임차인대표회의는 민간임대주택의 **동별 세대수**에 비례하여 선출한 대표자(이하 '**동별 대표자**'라 한다)로 구성한다.
7. 동별 대표자가 될 수 있는 사람은 해당 민간임대주택단지에서 **6개월** 이상 **계속 거주**하고 있는 임차인으로 한다. 다만, '최초로 임차인대표회의를 구성하는 경우'에는 그러하지 아니하다. 26회
8. 임차인대표회의는 회장 1명, **부회장** 1명 및 감사 1명을 동별 대표자 중에서 선출하여야 한다. 26회
9. 임차인대표회의를 소집하려는 경우에는 소집일 **5일 전**까지 회의의 목적·일시 및 장소 등을 임차인에게 알리거나 공고하여야 한다. 26회
10. 임차인대표회의는 그 회의에서 의결한 사항, 임대사업자와의 협의결과 등 주요 업무의 추진 상황을 지체 없이 임차인에게 알리거나 공고하여야 한다.
11. **임차인대표회의**는 회의를 개최하였을 때에는 '**회의록**'을 작성하여 **보관**하고, 임차인이 회의록의 열람을 청구하거나 자기의 비용으로 복사를 요구할 경우에는 그에 따라야 한다.

(3) 특별수선충당금의 적립 등(법 제53조)

① '다음 규모의 공동주택'에 대한 민간임대주택의 **임대사업자**는 **주요시설**을 교체하고 보수하는 데에 필요한 **특별수선충당금**을 **적립하여야** 한다. [위반자: 1천만원 이하의 과태료 및 '가산금리']
  ㉠ 300세대 이상의 공동주택
  ㉡ 150세대 이상의 공동주택으로서 **승강기가** 설치된 공동주택
  ㉢ 150세대 이상의 공동주택으로서 **중앙집중식 난방방식** 또는 **지역난방방식**인 공동주택
② 임대사업자가 '위 **(1)**의 ②에 따른 민간임대주택을 **양도**하는 경우'에는 특별수선충당금을 「공동주택관리법」 제11조에 따라 **최초로** 구성되는 **입주자대표회의**에 넘겨주어야 한다.
  [위반자: 1천만원 이하의 과태료]

> **관련법령** 특별수선충당금의 요율 및 사용절차 등(영 제43조)
>
> 1. 다음 민간임대주택의 임대사업자는 해당 민간임대주택의 공용부분, 부대시설 및 복리시설(분양된 시설은 제외한다)에 대한 **장기수선계획**(공동주택관리법 제29조에 따른 **장기수선계획**을 말한다. 이하 같다)을 수립하여 「주택법」 제49조에 따른 **사용검사 신청 시** 함께 **제출하여야** 하며, '임대기간 중' 해당 민간임대주택단지에 있는 **관리사무소**에 장기수선계획을 갖춰 놓아야 한다.
>   ㉠ 300세대 이상의 공동주택
>   ㉡ 150세대 이상의 공동주택으로서 **승강기가** 설치된 공동주택
>   ㉢ 150세대 이상의 공동주택으로서 **중앙집중식 난방방식** 또는 **지역난방방식**인 공동주택
> 2. 위 1.에 따른 장기수선계획은 '국토교통부령으로 정하는 기준'에 따라야 한다.
> 3. 위 1.에 따라 장기수선계획을 수립해야 하는 민간임대주택의 임대사업자는 특별수선충당금을 사용검사일 또는 임시 사용승인일부터 1년이 지난 날이 속하는 달부터 「주택법」에 따른 '사업계획 승인 당시 표준건축비'의 1만분의 1의 요율로 매달 적립하여야 한다.

4. 특별수선충당금은 '임대사업자'와 해당 민간임대주택 소재지를 관할하는 '시장·군수·구청장'의 **공동 명의**로 금융회사 등에 예치하여 따로 관리하여야 한다. 26회
5. 임대사업자는 특별수선충당금을 **사용**하려면 미리 해당 민간임대주택의 소재지를 관할하는 '시장·군수·구청장'과 **협의**하여야 한다. 26회
6. **시장·군수·구청장**은 국토교통부령으로 정하는 방법에 따라 임대사업자의 특별수선충당금 적립 여부, 적립금액 등을 관할 '시·도지사'에게 보고하여야 하며, 시·도지사는 시장·군수·구청장의 보고를 종합하여 '**국토교통부장관**'에게 보고하여야 한다.
7. 위 1.~6.에서 규정한 사항 외에 특별수선충당금의 사용방법, 세부사용절차, 그 밖에 필요한 사항은 '**장기수선계획**'으로 정한다.

> **관련법령** 민간임대주택의 주요 시설의 범위 등(규칙 제23조)
>
> 위 (3)의 ①에 따른 주요 시설의 범위, 교체 및 보수시기와 방법 등은 영 제43조 제1항에 따라 수립된 '**장기수선계획**'에서 정하는 바에 따른다.

(4) 준주택에 관한 특례(법 제54조)

'민간임대주택으로 등록'한 준주택에 대하여는 위 **(1)~(3)의 규정을 적용하지 아니한다**.

4. 임대주택분쟁조정위원회

(1) 임대주택분쟁조정위원회(법 제55조)

① **시장·군수·구청장**은 임대주택(민간임대주택 및 공공임대주택을 말한다. 이하 같다)에 관한 학식 및 경험이 풍부한 자 등으로 **임대주택분쟁조정위원회**(이하 '조정위원회'라 한다)를 구성한다.
② 조정위원회는 위원장 1명을 포함하여 **10명** 이내로 구성하되, 조정위원회의 운영, 절차 등에 필요한 사항은 대통령령으로 정한다. 24회
③ **위원장**은 해당 **지방자치단체의 장**이 된다. 24회
④ '**위원장을 제외한 위원**'은 다음의 어느 하나에 해당하는 사람 중에서 해당 **시장·군수·구청장**이 성별을 고려하여 임명하거나 위촉하되, 다음의 사람이 각각 1명 이상 포함되어야 하고, **공무원이 아닌 위원**이 **6명 이상**이 되어야 한다.
  ㉠ 법학, 경제학이나 부동산학 등 주택 분야와 관련된 학문을 전공한 사람으로서 「고등교육법」 제2조 제1호·제2호 또는 제5호에 따른 학교에서 조교수 이상으로 1년 이상 재직한 사람
  ㉡ 변호사, 공인회계사, 감정평가사 또는 세무사로서 해당 자격과 관련된 업무에 1년 이상 종사한 사람
  ㉢ 「공동주택관리법」 제67조 제2항에 따른 **주택관리사**가 된 후 관련 업무에 **3년 이상** 근무한 사람

ⓔ 국가 또는 다른 지방자치단체에서 민간임대주택 또는 공공임대주택 사업의 인·허가 등 관련 업무를 수행하는 5급 이상 공무원으로서 해당 기관의 장이 추천한 사람 또는 해당 지방자치단체에서 민간임대주택 또는 공공임대주택 사업의 인·허가 등 관련 업무를 수행하는 5급 이상 공무원
　　ⓜ 한국토지주택공사 또는 지방공사에서 민간임대주택 또는 공공임대주택 사업 관련 업무에 종사하고 있는 임직원으로서 해당 기관의 장이 추천한 사람
　　ⓗ 임대주택과 관련된 시민단체 또는 소비자단체가 추천한 사람
　⑤ 공무원이 아닌 위원의 임기는 **2년**으로 하며, **두 차례만** 연임할 수 있다.

> **관련법령　임대주택분쟁조정위원회(영 제44조)**
>
> 1. 위 **(1)**의 ①에 따른 임대주택분쟁조정위원회(이하 '조정위원회'라 한다)의 **부위원장**은 위원 중에서 **호선(互選)**한다.
> 2. 위원의 제척·기피·회피 및 위촉위원의 해촉에 관하여는 영 제28조 및 제29조를 준용한다.

> **관련법령　회의(영 제45조)**
>
> 1. 조정위원회의 회의는 위원장이 소집한다.
> 2. 위원장은 회의 개최일 **2일 전**까지 회의와 관련된 사항을 위원에게 알려야 한다.
> 3. 조정위원회의 회의는 재적위원 **과반수**의 출석으로 개의(開議)하고, 출석위원 **과반수**의 찬성으로 의결한다.
> 4. 위원장은 조정위원회의 사무를 처리하도록 하기 위하여 해당 지방자치단체에서 민간임대주택 또는 공공임대주택 관련 업무를 하는 직원 중 1명을 간사로 임명하여야 한다.
> 5. 간사는 조정위원회의 회의록을 작성하여 「공공기록물 관리에 관한 법률」에 따라 보존하되, 그 회의록에는 다음의 사항이 포함되어야 한다.
>   ㉠ 회의 개최일시와 장소
>   ㉡ 출석위원의 서명부
>   ㉢ 회의에 상정된 안건 및 회의결과
>   ㉣ 그 밖에 논의된 주요 사항
> 6. 조정위원회의 회의에 참석한 위원에게는 '예산의 범위'에서 '수당과 여비 등'을 지급할 수 있다. 다만, '**공무원인 위원**'이 소관 업무와 직접적으로 관련되어 조정위원회에 출석하는 경우에는 그러하지 아니하다.
> 7. **조정위원회**는 해당 민간임대주택 또는 공공임대주택의 분쟁을 조정하기 위해 필요한 자료를 **임대사업자** 또는 **공공주택사업자**에게 요청할 수 있다.

(2) 분쟁의 조정신청(법 제56조)

① **임대사업자** 또는 임차인대표회의는 다음의 어느 하나에 해당하는 분쟁에 관하여 조정위원회에 조정을 신청할 수 있다. 24회
  ㉠ 법 제44조에 따른 **임대료의 증액**
  ㉡ 법 제51조에 따른 **주택관리**
  ㉢ 법 제52조 제4항 각 호의 사항(임대사업자가 임차인대표회의와 협의하여야 할 사항)
  ㉣ 그 밖에 대통령령으로 정하는 사항(부도 등)

② **공공주택사업자** 또는 임차인대표회의는 다음의 어느 하나에 해당하는 분쟁에 관하여 조정위원회에 조정을 신청할 수 있다. 24회
  ㉠ 위 ①의 ㉠~㉣의 사항
  ㉡ 공공임대주택의 '분양전환가격'. 다만, '분양전환승인에 관한 사항'은 '제외'한다.

③ **공공주택사업자, 임차인대표회의** 또는 **임차인**은 「공공주택 특별법」 제50조의3에 따른 우선 분양전환 자격에 대한 분쟁에 관하여 조정위원회에 조정을 신청할 수 있다.

> **관련법령** 분쟁조정사항(영 제46조)
>
> 위 **(2)**의 ①의 ㉣에서 '대통령령으로 정하는 사항'이란 다음의 어느 하나에 해당하는 임대사업자의 민간임대주택에 대한 분양전환, 주택관리, 주택도시기금 융자금의 변제 및 임대보증금 반환 등에 관한 사항을 말한다.
> 1. 발행한 어음 및 수표를 기한까지 결제하지 못하여 어음교환소로부터 거래정지처분을 받은 임대사업자
> 2. 「주택도시기금법」에 따른 '주택도시기금 융자금에 대한 이자'를 6개월을 초과하여 내지 아니한 임대사업자
> 3. 법 제49조 제1항에 따라 임대보증금에 대한 보증에 가입하여야 하는 임대사업자로서 '임대보증금에 대한 보증의 가입 또는 재가입이 거절된' 이후 6개월이 지난 자
> 4. 모회사(상법 제342조의2에 따른 모회사)가 **위 1.의 처분**을 받은 경우로서 '자기자본 **전부**가 잠식'된 임대사업자

> **관련법령** 운영세칙(영 제47조)
>
> 이 영에 규정된 사항 외에 조정위원회의 회의·운영 등에 필요한 사항은 조정위원회의 의결을 거쳐 위원장이 정한다.

(3) 조정의 효력(법 제57조)

위 **(2)**에 따른 조정의 각 당사자가 조정위원회의 조정안을 받아들이면 당사자 간에 조정조서와 같은 내용의 합의가 성립된 것으로 본다. 24회

CHAPTER 06 보칙 및 벌칙

CHAPTER 미리보기

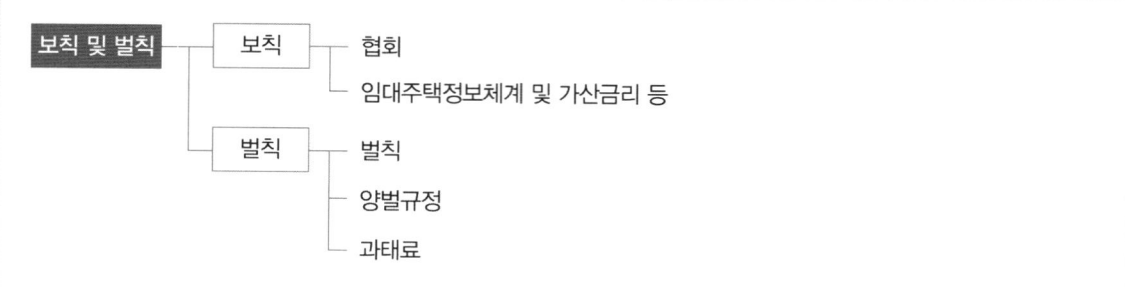

학습전략

협회, 임대주택정보체계, 가산금리 등, 벌칙을 다루는 단원으로서 출제 빈도는 높지 않은 편이나, 언제든지 출제될 수 있으므로 정리가 필요합니다.

학습키워드

- 협회
- 임대주택정보체계
- 가산금리

제1절 보칙

1. 협회

(1) 협회의 설립 등(법 제58조)

① 임대사업자는 민간임대사업의 건전한 발전을 도모하기 위하여 **임대사업자단체**를 설립할 수 있다.
② 주택임대관리업자는 주택임대관리업의 효율적인 업무수행을 위하여 **주택임대관리업자단체**를 설립할 수 있다.
③ 위 ① 및 ②에 따른 단체(이하 '협회'라 한다)는 각각 **법인**으로 한다.
④ 협회는 그 주된 사무소의 소재지에서 설립등기를 함으로써 성립한다.
⑤ 이 법에 따라 국토교통부장관, 시·도지사 또는 시장·군수·구청장으로부터 영업의 정지처분을 받은 협회 회원의 권리·의무는 그 영업 및 자격의 정지기간 중에는 정지되며, '임대사업자 등록이 말소'된 때에는 '협회의 회원자격'을 상실한다.

(2) 협회의 설립인가 등(법 제59조, 영 제48조)

① 협회를 설립하려면 다음의 인원을 **발기인**으로 하여 **정관**을 마련한 후 '창립총회의 의결'을 거쳐 **국토교통부장관**의 '**인가**'를 받아야 한다.
  ㉠ 임대사업자단체: 5인 이상
  ㉡ 주택임대관리업자단체: 10인 이상
② 국토교통부장관은 위 ①에 따른 인가를 하였을 때에는 이를 지체 없이 '공고'하여야 한다.

(3) 임대사업 등의 지원(법 제59조의2)

① '국토교통부장관' 또는 '지방자치단체의 장'은 '**민간임대주택**'의 원활한 공급을 위하여 한국토지주택공사, 지방공사 또는 「한국부동산원법」에 따른 한국부동산원(이하 '**부동산원**'이라 한다)에 다음의 어느 하나에 해당하는 업무를 수행하게 할 수 있다. 다만, **부동산원**이 수행할 수 있는 업무는 **다음** ㉠, ㉣ **및** ㉤의 업무로 한정한다.
  ㉠ 공공지원민간임대주택 사업계획의 자문 및 사업성 분석
  ㉡ 사업계획 수립 시 기반시설 설치계획 등의 자문
  ㉢ 공공지원민간임대주택의 건설 및 재원조달 등 사업 지원
  ㉣ 임차인의 모집·선정 및 명도·퇴거 지원
  ㉤ 임대료의 부과·징수 등의 업무 지원
② **한국토지주택공사, 지방공사** 및 **부동산원**은 위 ①의 ㉣에 따라 임차인의 자격 확인이 필요한 경우에 법 제42조의3부터 제42조의7에 따른 자료 또는 정보를 해당 기관에 요청하여 그 자료 또는 정보를 활용할 수 있다.

③ **한국토지주택공사, 지방공사** 및 **부동산원**의 소속 임직원은 위 ②에 따라 제공받은 자료 또는 정보를 이 법에서 정한 목적 외의 다른 용도로 사용하거나 다른 사람 또는 기관에 제공하거나 누설해서는 아니 된다. [위반자: **5년 이하**의 징역이나 **5천만원 이하**의 벌금]

> **관련법령** 임대사업 등의 지원(영 제48조의2)
>
> **국토교통부장관**은 위 **(3)**의 ①에 따라 **(3)**의 ①의 ㉠~㉤의 업무를 **한국토지주택공사, 지방공사** 또는 **부동산원**에 수행하게 한 경우에는 그 사실과 수행 기관 및 수행 업무를 **관보**에 **고시**해야 한다.

2. 임대주택정보체계 및 가산금리 등

(1) 임대주택정보체계(법 제60조)

① **국토교통부장관**은 임대주택에 대한 국민의 정보 접근을 쉽게 하고 관련 통계의 정확성을 제고하며 부동산 정책 등에 활용하기 위하여 **임대주택정보체계**(이하 '정보체계'라 한다)를 구축·운영할 수 있다.

② '**시장·군수·구청장**'과 '**공공주택사업자**'는 임대주택, 임대사업자(시행자를 포함한다), 임차인(공공임대주택에 한정한다), 임대차계약 등 '대통령령으로 정하는 자료'를 국토교통부령으로 정하는 절차 및 방법에 따라 '**국토교통부장관**'에게 제공하여야 한다.

③ **국토교통부장관**은 정보체계상의 임대주택 등록자료와 임대주택 통계의 정확성을 제고하기 위하여 '**주민등록·국세·지방세** 등 대통령령으로 정하는 자료'를 관계 기관의 장에게 요청할 수 있다. 이 경우 관계 기관의 장은 자료의 사용 목적·방법, 자료 사용의 안전성 등을 검토하여 정당한 이유가 없으면 요청에 따라야 한다.

④ **지방자치단체의 장**은 임대주택을 효율적으로 관리하기 위해 '정보체계에서 제공하는 자료'를 활용할 수 있다. 이 경우 **국토교통부장관**은 정보체계 운영을 위하여 불가피한 사유가 있거나 개인정보 보호를 위하여 필요하다고 인정할 때에는 제공하는 정보의 종류와 내용을 **제한**할 수 있다.

⑤ 위 ①~④의 업무에 종사하고 있거나 종사하였던 자는 위 ②부터 ④까지의 규정에 따라 받은 정보 또는 자료를 이 법에서 정한 목적 외의 다른 용도로 사용하거나 다른 자 또는 기관에 제공하거나 누설하여서는 아니 된다(위반자: **5년 이하**의 징역 또는 **5천만원 이하**의 벌금). 다만, 다른 법률에 특별한 규정이 있는 경우에는 위 ②부터 ④까지의 규정에 따라 받은 정보 또는 자료를 제공할 수 있다.

⑥ **국토교통부장관**은 이 법에 따라 정보체계에 구축된 정보를 활용하는 경우 개인의 사생활의 비밀을 침해하지 아니하도록 정보를 보호하여야 한다.

(2) 보증금반환채무를 이행하지 아니한 임대사업자의 공개(법 제60조의2)

① 국토교통부장관은 시장·군수·구청장이 법 제6조 제1항 제12호에 따라 임대사업자 등록을 말소한 날부터 6개월이 경과하였음에도 불구하고 해당 임대사업자가 반환하지 아니한 보증금이 1억원 이상인 경우 3년간 다음의 사항을 국토교통부의 인터넷 홈페이지 등 「정보통신망 이용촉진 및 정보보호 등에 관한 법률」 제2조 제1항 제1호에 따른 정보통신망을 이용하여 공개할 수 있다. 다만, 임대사업자가 사망한 경우 등 대통령령으로 정하는 사유가 있는 경우에는 그러하지 아니하다.
  ㉠ 등록이 말소된 임대사업자의 성명 또는 명칭, 임대사업자 등록번호
  ㉡ 등록이 말소된 임대주택의 소재지
  ㉢ 임대사업자 등록 말소사유 및 말소일자

② 법 제6조 제1항 제12호(임대사업자가 보증금 반환을 지연하여 임차인의 피해가 명백히 발생하였다고 대통령령으로 정하는 경우)에 따라 임대사업자 등록을 말소한 **시장·군수·구청장**은 위 ①의 ㉠~㉢의 사항을 대통령령으로 정하는 바에 따라 **국토교통부장관**에게 제출하여야 한다.

③ **국토교통부장관**은 위 ①에 따라 임대사업자의 등록말소 사실을 정보통신망에 **공개**하려는 경우 해당 **임대사업자**에게 그 사실을 **통지**하여야 한다.

④ **임대사업자**는 위 ③에 따른 통지를 받은 후 **1개월 이내**에 **국토교통부장관**에게 서면으로 **이의를 신청할 수 있다**.

⑤ 위 ①의 ㉠~㉢의 사항의 공개 여부를 심의하기 위하여 **국토교통부**에 **임대인정보공개심의위원회**를 둔다. 이 경우 임대인정보공개심의위원회의 구성·운영 등에 필요한 사항은 대통령령으로 정한다.

⑥ **국토교통부장관**은 임대사업자가 보증금을 반환하는 등 대통령령으로 정하는 사유가 발생한 경우에는 위 ①의 ㉠~㉢의 사항을 **정보통신망**에서 **삭제**하여야 한다.

⑦ 위 ①에 따른 정보의 공개 절차·방법 및 관리, 위 ③에 따른 통지 및 위 ④에 따른 이의신청의 절차·방법, 그 밖에 필요한 사항은 대통령령으로 정한다.

관련법령 보증금반환채무를 이행하지 않은 임대사업자의 공개(영 제50조의2)

1. 위 **(2)**의 ①의 ㉠~㉢ 외의 부분 단서에서 '임대사업자가 사망한 경우 등 대통령령으로 정하는 사유가 있는 경우'란 다음의 어느 하나에 해당하는 경우를 말한다.
   ㉠ 임대사업자가 사망한 경우 또는 「민법」 제27조에 따라 실종선고를 받은 경우
   ㉡ 임대사업자가 보증금반환채무를 전부 이행한 경우
   ㉢ 임대사업자가 보증금의 100분의 50 이상을 반환하고, 나머지 보증금에 대한 구체적인 반환계획 및 자금 조달 방안을 충분히 소명하여 위 **(2)**의 ⑤에 따른 임대인정보공개심의위원회(이하 '임대인정보공개심의위원회'라 한다)가 공개 대상에서 제외할 필요가 있다고 인정하는 경우
   ㉣ 위 ㉠부터 ㉢까지에 준하는 경우로서 임대인정보공개심의위원회가 공개할 실효성이 없거나 공개하는 것이 부적절하다고 인정하는 경우

2. 시장·군수·구청장은 법 제6조 제1항 제12호에 따라 등록이 말소된 임대사업자의 성명 등을 위 **(2)**의 ②에 따라 국토교통부장관에게 제출하는 경우에는 공개 사유가 발생한 날(임대사업자의 등록이 말소된 날부터 6개월이 경과한 날을 말한다)부터 14일 이내에 제출해야 한다.
3. 국토교통부장관은 위 **(2)**의 ③에 따라 임대사업자에게 공개대상자임을 통지하는 경우에는 이의 사유가 있으면 통지를 받은 날부터 1개월 이내에 소명자료를 서면으로 제출하도록 안내해야 한다.
4. 위 **(2)**의 ①에 따른 공개는 다음의 모든 방법으로 한다.
   ㉠ 국토교통부의 인터넷 홈페이지에 게시하는 방법
   ㉡ 위 **(1)**의 ①에 따른 임대주택정보체계에 게시하는 방법
   ㉢ 국토교통부장관이 정하여 고시하는 「정보통신망 이용촉진 및 정보보호 등에 관한 법률」에 따른 정보통신망에 게시하는 방법
5. 법인인 임대사업자를 공개하는 경우에는 법인의 대표자를 함께 공개한다.
6. 위 **(2)**의 ⑥에서 '임대사업자가 보증금을 반환하는 등 대통령령으로 정하는 사유'란 위 1. ㉠~㉣의 어느 하나에 해당하는 경우를 말한다.
7. 국토교통부장관은 위 **(2)**의 ①에 따라 성명 등을 공개한 경우 또는 위 **(2)**의 ⑥에 따라 공개된 성명 등을 삭제한 경우에는 지체 없이 공개대상자나 그 상속인 또는 법정대리인에게 그 사실을 알려야 한다.
8. 위 1.부터 7.까지에서 규정한 사항 외에 위 **(2)**에 따른 임대사업자의 성명 등의 공개 절차 및 방법 등에 관하여 필요한 사항은 국토교통부장관이 정하여 고시한다.

관련법령 임대인정보공개심의위원회 구성 및 운영(영 제50조의3)

1. 임대인정보공개심의위원회는 위원장 1명을 포함한 7명 이내의 위원으로 구성한다.
2. 임대인정보공개심의위원회의 위원장은 위원 중에서 국토교통부장관이 지명하는 사람이 되고, 위원은 다음의 사람 중에서 국토교통부장관이 임명하거나 위촉하는 사람이 된다.
   ㉠ 국토교통부의 4급 이상 공무원(고위공무원단에 속하는 일반직공무원을 포함한다)
   ㉡ 법학, 경제학 또는 부동산학 등 주택 분야와 관련된 학문을 전공한 사람으로서 「고등교육법」 제2조에 따른 대학에서 부교수 이상으로 재직하였거나 재직하고 있는 사람
   ㉢ 판사·검사 또는 변호사의 직에 6년 이상 재직하였거나 재직하고 있는 사람
   ㉣ 법학, 경제학 또는 부동산학 등 주택 분야에 관한 전문적 지식과 경험을 갖춘 사람
3. 위 2.의 ㉡부터 ㉣까지에 따른 위원의 임기는 2년으로 한다.
4. 위원의 제척·기피·회피 및 위촉위원의 해촉에 관하여는 영 제28조 및 영 제29조를 준용한다.
5. 위원장은 임대인정보공개심의위원회를 대표하고 그 직무를 총괄한다. 다만, 위원장이 부득이한 사유로 직무를 수행할 수 없는 경우에는 위원장이 미리 지명한 위원이 그 직무를 대행한다.
6. 임대인정보공개심의위원회의 회의는 위원장을 포함한 재적위원 과반수의 출석으로 개의하고, 출석위원 과반수의 찬성으로 의결한다.
7. 위 1.부터 6.까지에서 규정한 사항 외에 임대인정보공개심의위원회의 구성 및 운영 등에 필요한 사항은 국토교통부장관이 정한다.

(3) 보고·검사 등(법 제61조)

① 국토교통부장관 또는 지방자치단체의 장은 필요하다고 인정할 때에는 임대사업자, 주택임대관리업자, 그 밖에 이 법에 따른 인가·승인 또는 등록을 한 자에게 필요한 보고를 하게 하거나 관계 공무원으로 하여금 사업장에 출입하여 필요한 검사를 하게 할 수 있다.

② 위 ①에 따른 검사를 할 때에는 검사 **7일 전**까지 검사일시, 검사이유 및 검사내용 등 검사계획을 검사를 받을 자에게 알려야 한다. 다만, 긴급한 경우나 사전에 통지하면 증거인멸 등으로 검사 목적을 달성할 수 없다고 인정하는 경우에는 그러하지 아니하다.

③ 위 ①에 따라 검사를 하는 공무원은 그 권한을 나타내는 증표를 지니고 이를 관계인에게 내보여야 한다.

④ 지방자치단체의 장은 법 제5조에 따른 임대주택 등록실적, 법 제46조에 따른 임대조건 등 대통령령으로 정한 사항에 대하여 **분기**마다 '그 분기가 끝나는 달의 다음 달 말일'까지 국토교통부장관에게 보고하여야 한다.

> **관련법령** 지방자치단체장의 보고(영 제51조)
>
> 위 (3)의 ④에 따라 지방자치단체의 장이 국토교통부장관에게 보고하여야 하는 사항은 다음과 같다.
> 1. 법 제5조에 따른 민간임대주택 등록실적
> 2. 민간임대주택 재고
> 3. 임대료

(4) 권한의 위임 등(법 제62조)

① 국토교통부장관은 이 법에 따른 권한의 일부를 대통령령으로 정하는 바에 따라 시·도지사에게 **위임**할 수 있다.

② 위 ①에 따라 '권한을 위임받은 시·도지사'는 그 권한의 일부를 '국토교통부장관'의 **승인**을 받아 '시장(행정시의 시장을 포함한다)·군수·구청장'에게 **재위임**할 수 있다.

③ '시·도지사'는 이 법에 따른 권한의 일부를 대통령령으로 정하는 바에 따라 '시장·군수·구청장' 또는 '시행자'에게 위임 또는 위탁할 수 있다.

④ 국토교통부장관은 다음의 업무를 위임 또는 위탁할 수 있다.

㉠ 법 제42조의4에 따른 동의서 제출에 관한 업무: 임대사업자

㉡ 법 제42조의5 및 제42조의6에 따른 관계 기관의 장에 대한 자료제공 요청에 관한 업무: 보건복지부장관 또는 지방자치단체의 장

㉢ 법 제60조에 따른 '**임대주택정보체계 구축·운영**': 한국토지주택공사 또는 부동산원

> **관련법령** 업무의 위탁(영 제52조)
>
> 국토교통부장관은 위 **(4)**의 ④의 ⓒ에 따라 정보체계 구축·운영에 관한 업무를 위탁한 경우에는 그 사실 및 위탁받은 기관을 관보에 고시해야 한다.

(5) 가산금리(법 제63조)

① 국토교통부장관은 다음의 어느 하나에 해당하는 임대사업자에 대하여 주택도시기금 융자금에 **연 1퍼센트 포인트**의 범위에서 가산금리를 부과할 수 있다.

㉠ 법 제49조(임대보증금에 대한 보증)에 따른 보증에 가입하지 아니하거나 보증수수료(분할납부액을 포함한다)를 납부하지 아니한 자

㉡ 법 제67조 제2항 제8호(특별수선충당금을 적립하지 아니하거나 입주자대표회의에 넘겨주지 아니한 자에 대해 1천만원 이하의 과태료 부과)에 따라 과태료를 부과받은 시점부터 **6개월 이상** 특별수선충당금을 적립하지 아니한 자

② 위 ①에 따른 가산금리 부과의 방법 및 절차 등은 국토교통부령으로 정한다.

(6) 벌칙 적용에서 공무원 의제(법 제64조)

'통합심의위원회의 위원' 중 '공무원이 아닌 사람'은 「형법」 제129조부터 제132조까지의 규정(뇌물 관련의 죄)을 적용할 때에는 공무원으로 본다.

제2절 벌칙

1. 벌칙

(1) 5년 이하의 징역이나 5천만원 이하의 벌금(법 제65조 제1항)

법 제42조의7 제3항, 법 제59조의2 제3항 및 법 제60조 제5항을 위반하여 정보 또는 자료를 사용·제공 또는 누설한 자는 5년 이하의 징역이나 5천만원 이하의 벌금에 처한다.

(2) 2년 이하의 징역이나 2천만원 이하의 벌금(법 제65조 제2항)

① 법 제5조의3 제1항을 위반하여 신고하지 아니하고 조합원을 모집하거나 조합원을 공개로 모집하지 아니한 자

② 법 제5조의5 제1항을 위반하여 가입비 등을 예치하게 하지 아니한 자

③ 법 제5조의5 제4항을 위반하여 가입비 등의 반환을 요청하지 아니한 자

④ 법 제7조에 따른 등록을 하지 아니하고 주택임대관리업을 한 자 또는 거짓이나 그 밖의 부정한 방법으로 등록한 자

⑤ 법 제10조에 따른 영업정지기간 중에 주택임대관리업을 영위한 주택임대관리업자
⑥ 법 제14조에 따른 **보증상품**에 가입하지 아니한 주택임대관리업자
⑦ 법 제16조 제1항을 위반하여 다른 자에게 자기의 명의 또는 상호를 사용하여 이 법에서 정한 사업이나 업무를 수행하게 하거나 그 등록증을 대여한 주택임대관리업자
⑧ 법 제16조 제2항을 위반하여 주택임대관리업자가 아니면서 주택임대관리업 또는 이와 유사한 명칭을 사용한 자

(3) 1년 이하의 징역이나 1천만원 이하의 벌금(법 제65조 제3항)

① 거짓 또는 부정한 방법으로 법 제23조에 따른 시행자 지정 또는 변경을 받은 자
② 법 제26조 제3항을 위반하여 **촉진지구 내**에서 시장·군수·구청장의 허가를 받지 아니하고 건축물의 건축 등의 행위를 하거나 거짓 또는 부정한 방법으로 허가를 받은 자
③ 거짓 또는 부정한 방법으로 법 제28조에 따른 지구계획 승인(법 제41조의2에 따라 준용하는 경우를 포함한다)을 받은 자
④ 법 제28조 제1항에 따른 지구계획의 승인 또는 변경승인(법 제41조의2에 따라 준용하는 경우를 포함한다)의 내용을 위반하여 사업을 시행한 자
⑤ 법 제42조 제2항을 위반하여 **공공지원민간임대주택**을 공급받은 자
⑥ 법 제51조를 위반하여 **민간임대주택**을 관리한 자

2. 양벌규정

(1) **법인의 경우**(법 제63조 제1항)

법인의 대표자, 대리인, 사용인, 그 밖의 종업원이 그 '법인의 업무'에 관하여 위 1.에 따른 위반행위를 하면 그 행위자를 벌할 뿐만 아니라 그 법인에도 해당 조문의 벌금형을 과한다. 다만, 법인이 그 위반행위를 방지하기 위하여 해당 업무에 관하여 상당한 주의와 감독을 게을리하지 아니한 때에는 그러하지 아니하다.

(2) **개인의 경우**(법 제66조 제2항)

개인의 대리인, 사용인, 그 밖의 종업원이 그 '개인의 업무'에 관하여 위 1.에 따른 위반행위를 하면 그 행위자를 벌할 뿐만 아니라 그 개인에게도 해당 조문의 벌금형을 과한다. 다만, 개인이 그 위반행위를 방지하기 위하여 해당 업무에 관하여 상당한 주의와 감독을 게을리하지 아니한 때에는 그러하지 아니하다.

3. 과태료

(1) 3천만원 이하의 과태료(법 제67조 제1항)

① 법 제43조 제1항을 위반하여 **임대의무기간 중**에 민간임대주택을 **임대하지 아니한 자**

② 법 제43조 제4항을 위반하여 시장·군수·구청장의 **허가를 받지 아니하고** '임대의무기간 중'에 임대사업자가 아닌 자에게 민간임대주택을 **양도**한 자

③ 법 제44조 제1항 제1호를 위반하여 **공공지원민간임대주택**의 '최초 임대료'를 **국토교통부령으로 정하는** 기준에 따라 **정하지 아니한 자**

④ 법 제44조 제2항에 따른 **임대료의 증액 비율을 초과**하여 임대료의 증액을 청구한 자

(2) 1천만원 이하의 과태료(법 제67조 제2항)

① 법 제42조 제4항(임차인 모집 내용 신고)을 위반하여 신고를 하지 아니한 임대사업자

② 법 제45조를 위반하여 임대차계약을 해제·해지하거나 재계약을 거절한 임대사업자

③ 법 제46조에 따른 임대차계약 신고를 하지 아니하거나 거짓으로 신고한 자

④ 법 제47조에 따른 표준임대차계약서를 사용하지 아니한 임대사업자

⑤ 법 제50조를 위반하여 준주택을 주거용이 아닌 용도로 사용한 자

⑥ 법 제53조 제1항 및 제2항에 따라 특별수선충당금을 적립하지 아니하거나 입주자대표회의에 넘겨주지 아니한 자

(3) 500만원 이하의 과태료(법 제67조 제3항)

① 법 제5조의2에 따른 부기등기를 하지 아니한 자

② 법 제5조의4를 위반하여 설명하지 않거나 설명한 사항을 확인받지 아니한 자

③ 법 제7조를 위반하여 등록사항 변경신고 또는 말소신고를 하지 아니한 주택임대관리업자

④ 법 제12조에 따른 현황 신고를 하지 아니한 주택임대관리업자

⑤ 법 제48조 제1항에 따른 설명 및 확인의무를 위반하거나 법 제48조 제2항에 따른 정보 제공 의무를 위반한 임대사업자

⑥ 법 제50조 제2항, 제60조 및 제61조에 따른 보고, 자료의 제출 또는 검사를 거부·방해 또는 기피하거나 거짓으로 보고한 자

⑦ 법 제52조 제4항을 위반하여 임차인대표회의와 관리규약 제정·개정 등을 협의하지 아니한 임대사업자

⑧ 법 제5조 제7항에 따라 등록 신청 당시 임대차계약이 없는 경우 산정한 **임대보증금의 상한**을 추후 임대차계약에서 준수하지 아니한 임대사업자

(4) 100만원 이하의 과태료(법 제67조 제4항)

① 법 제13조 제1항 및 제2항에 따른 위·수탁계약서 작성·교부 및 보관의무를 게을리한 주택임대관리업자

② 법 제43조 제2항 또는 제3항을 위반하여 민간임대주택 '**양도신고**'를 하지 아니하고 민간임대주택을 **양도**한 자

③ 법 제52조 제2항을 위반하여 임차인대표회의를 구성할 수 있다는 사실 또는 구성해야 한다는 사실을 임차인에게 통지하지 아니한 임대사업자

> **관련법령** 과태료의 부과기준 등(영 제55조)
>
> 1. 위 (1)부터 (4)까지의 규정에 따른 과태료의 부과기준은 [별표 3]과 같다.
> 2. 국토교통부장관 또는 민간임대주택의 소재지를 관할하는 시장·군수·구청장이 과태료를 부과한 경우에는 그 사실을 임대사업자의 주소지를 관할하는 시장·군수·구청장에게 통보해야 한다. 이 경우 임대사업자의 주소지를 관할하는 시장·군수·구청장은 통보받은 사항을 등록대장에 기록해야 한다.

(5) 보증에 가입하지 아니한 임대사업자에 대한 과태료(법 제67조 제5항)

법 제49조를 위반하여 임대보증금에 대한 보증에 가입하지 아니한 임대사업자에게는 **임대보증금의 100분의 10 이하**에 상당하는 금액의 과태료를 부과한다. 이 경우 그 금액이 '3천만원을 초과하는 경우'에는 **3천만원**으로 한다.

(6) 과태료의 부과·징수(법 제67조 제6항)

이 조에 따른 과태료는 대통령령으로 정하는 바에 따라 국토교통부장관이나 시장·군수·구청장이 부과·징수한다.

PART 4

공공주택 특별법

- CHAPTER 01 　총칙
- CHAPTER 02 　공공주택지구의 지정 등
- CHAPTER 03 　공공주택지구의 조성
- CHAPTER 04 　공공주택통합심의위원회
- CHAPTER 05 　도심 공공주택 복합사업
- CHAPTER 06 　공공주택의 건설과 매입 등
- CHAPTER 07 　공공주택의 공급 및 운영·관리 등
- CHAPTER 08 　보칙 및 벌칙

최근 5개년
평균 출제문항 수 **2개**

최근 5개년
평균 출제비중 **5%**

PART 4 합격전략

「공공주택 특별법」은 제19회 시험부터 제28회 시험까지 2문제씩 출제되었습니다. 제29회 시험의 경우에도 2문제 정도가 출제될 것으로 예상됩니다.

이 법에서는 '공공임대주택'의 종류, 공공주택지구, 특별관리지역, 중소규모주택지구, 임차인의 자격과 선정 방법, 임대료, 양도 및 전대의 제한, 우선 분양전환, 임대차계약 해지, 임대의무기간의 내용 및 '공공분양주택' 중 최근 신설된 지분적립형 분양주택, 이익공유형 분양주택, 도심 공공주택 복합사업 등도 꼭 정리해야 할 부분입니다. 특히, 신설 및 개정된 장기수선계획의 조정, 특별수선충당금의 적립요율 및 표준임대차계약서 사용의무 위반자 및 특별수선충당금의 적립요율 및 인계 의무 위반자에 대한 과태료 부과 등은 반드시 정리 하시기 바랍니다.

CHAPTER 01 총칙

회독체크 1 2 3

CHAPTER 미리보기

학습전략

「공공주택 특별법」을 정확하게 이해하는 데 필요한 '용어의 정의'에 대한 단원으로서 1문제 정도가 출제되고 있습니다. 공공임대주택의 종류는 반드시 숙지해야 하는 부분입니다.

학습키워드

- 공공주택
- 공공임대주택 및 공공분양주택
- 공공주택사업자
- 분양전환
- 공공준주택
- 공공임대주택의 종류

1. 목적(법 제1조)

이 법은 공공주택의 원활한 건설과 효과적인 운영을 위하여 필요한 사항을 규정함으로써 서민의 주거안정 및 주거수준 향상을 도모하여 국민의 쾌적한 주거생활에 이바지함을 목적으로 한다.

2. 정의 등(법 제2조, 제2조의2)

(1) 공공주택(법 제2조 제1호)

법 제4조 제1항 각 호에 규정된 자 또는 법 제4조 제2항에 따른 '**공공주택사업자**'가 '**국가 또는 지방자치단체의 재정**'이나 「주택도시기금법」에 따른 '주택도시기금(이하 '**주택도시기금**'이라 한다)을 지원받아' 이 법 또는 다른 법률에 따라 '**건설**', '**매입**' 또는 '**임차**'하여 '**공급**'하는 다음의 어느 하나에 해당하는 주택을 말한다.

① '**임대**' 또는 임대한 후 '**분양전환**'을 할 목적으로 공급하는 「주택법」 제2조 제1호에 따른 주택으로서 대통령령으로 정하는 주택(이하 '**공공임대주택**'이라 한다)

② '**분양**'을 목적으로 공급하는 주택으로서 「주택법」 제2조 제5호에 따른 '국민주택규모 이하'의 주택(이하 '**공공분양주택**'이라 한다)

(2) 공공건설임대주택(법 제2조 제1호의2)

법 제4조에 따른 공공주택사업자가 '**직접 건설하여 공급**'하는 공공임대주택을 말한다.

(3) 공공매입임대주택(법 제2조 제1호의3)

법 제4조에 따른 **공공주택사업자**가 '**직접 건설하지 아니하고**' '**매매 등으로 취득하여 공급**'하는 공공임대주택을 말한다.

(4) 지분적립형 분양주택(법 제2조 제1호의4) 24회 주관식

법 제4조에 따른 **공공주택사업자**가 직접 건설하거나 매매 등으로 취득하여 공급하는 **공공분양주택**으로서 주택을 공급받은 자가 20년 이상 30년 이하의 범위에서 '**대통령령으로 정하는 기간 동안**' '**공공주택사업자**'와 주택의 소유권을 공유하면서 대통령령으로 정하는 바에 따라 소유지분을 적립하여 취득하는 주택을 말한다.

> **관련법령** 지분적립형 분양주택의 소유권 공유기간 등(영 제2조의2)

1. 위 **(4)**에서 '대통령령으로 정하는 기간'이란 20년 **또는** 30년 중에서 **공공주택사업자**가 지분적립형 분양주택의 공급가격을 고려해 **정하는 기간**을 말한다.
2. 공공주택사업자는 위 1.에 따라 소유권 공유기간을 정하는 경우 **20년 또는 30년** 중에서 '**지분적립형 분양주택을 공급받을 자**'가 **선택하게 하는 방식**으로 소유권 공유기간을 **정할 수 있다**.
3. 지분적립형 분양주택을 공급받은 자는 위 **(4)**에 따라 '위 1. 또는 2.에 따른 기간 동안' '**10퍼센트 이상 25퍼센트 이하의 범위**'에서 '**공공주택사업자가 정하는 비율**'에 따라 정해지는 '**회차별**'로 '공급받은 주택의 지분'을 적립하여 취득할 수 있다.
4. 위 3.에 따라 회차별로 취득하는 지분의 가격은 **주택공급가격**(지분 전체에 대한 가격을 말한다)과 **이에 대한 이자**(최초 지분 취득일과 추가 지분 취득일에 각각 적용되는 은행법에 따른 은행의 1년 만기 정기예금 평균이자율을 산술평균한 이자율을 적용한 이자를 말한다)를 **합산한 금액**(이하 '**취득기준가격**'이라 한다)에 '**취득하는 지분의 비율**'을 곱한 금액으로 한다.

(5) 이익공유형 분양주택(법 제2조 제1호의5)

법 제4조에 따른 **공공주택사업자**가 직접 건설하거나 매매 등으로 취득하여 공급하는 **공공분양주택**으로서 '**주택을 공급받은 자**'가 해당 주택을 처분하려는 경우 '**공공주택사업자**'가 환매하되 **공공주택사업자**와 '**처분 손익**'을 공유하는 것을 '조건'으로 '분양하는 주택'을 말한다.

(6) 공공주택지구(법 제2조 제2호)

공공주택의 공급을 위하여 공공주택이 전체 주택 중 **100분의 50 이상**이 되고, 법 제6조 제1항에 따라 지정·고시하는 지구를 말한다. 이 경우 위 **(1)**의 ①, ②별 주택비율은 전단의 규정의 범위에서 대통령령으로 정한다. 28회 주관식

> **관련법령** 공공주택의 건설비율(영 제3조)

1. 위 **(6)** 후단에 따른 공공주택지구의 '**공공주택 비율**'은 다음의 구분에 따른다. 이 경우 다음 ㉠ 및 ㉡의 주택을 합한 주택이 공공주택지구 전체 주택 호수의 100분의 50 '**이상**'이 되어야 한다. 20회 주관식
   - ㉠ **공공임대주택**: 전체 주택 호수의 100분의 35 '**이상**'
   - ㉡ **공공분양주택**: 전체 주택 호수의 100분의 30 '**이하**'
2. 다음 **(7)** 후단에 따른 **도심 공공주택 복합지구**(이하 '**복합지구**'라 한다)에서의 공공주택 비율은 다음의 구분에 따른다.
   - ㉠ **공공임대주택**: 전체 주택 호수의 100분의 10 이상. 다만, [별표 4의2] 제1호 가목에 따른 **주거상업고밀지구**의 경우에는 100분의 15 이상으로 한다.
   - ㉡ **공공분양주택**: 다음의 구분에 따른 비율
     - ⓐ **지분적립형 분양주택** 또는 **이익공유형 분양주택**: 전체 주택 호수의 100분의 10 이상
     - ⓑ **위 ⓐ 외의 공공분양주택**: 전체 주택 호수의 100분의 60 이상
3. 국토교통부장관은 위 1.의 ㉠·㉡ 및 2.의 ㉠·㉡에 따른 비율의 범위에서 공공주택의 세부 유형별 주택비율을 정하여 고시할 수 있다.

4. 위 1.의 ㉠·㉡, 2. 및 3.에도 불구하고 다음의 자는 해당 지역의 주택 수요 및 여건 등을 고려하여 **공공주택의 비율** 및 공공주택의 세부 유형별 주택 비율을 **조정**할 필요가 있다고 인정되면 **공공주택사업자**와 **협의**하여 그 비율을 조정할 수 있다. 이 경우 비율을 조정하려는 공공주택지구의 면적이 30만 제곱미터 이상인 경우에는 위 1.의 ㉠·㉡ 및 3.에 따른 비율에 전체 주택 호수(위 3.에 따른 비율을 조정하려는 경우에는 유형별 주택 호수로 한다)의 100분의 5를 가감한 비율의 범위에서 조정할 수 있다.
   ㉠ '**공공주택지구**'의 경우에는 **국토교통부장관**[영 제61조 제1항에 따라 법 제17조 제1항에 따른 지구계획의 승인 권한을 위임한 경우에는 특별시장·광역시장·특별자치시장·도지사 또는 특별자치도지사(이하 '시·도지사'라 한다)를 말한다]
   ㉡ 복합지구의 경우에는 법 제40조의7 제1항 각 호의 구분에 따른 지정권자(이하 '**지정권자**'라 한다)

(7) 도심 공공주택 복합지구(법 제2조 제2호의2)

도심 내 역세권, 준공업지역, 저층주거지에서 공공주택과 업무시설, 판매시설, 산업시설 등을 복합하여 조성하는 거점으로 법 제40조의7에 따라 지정·고시하는 지구를 말한다. 이 경우 법 제2조 제1호 각 목별 주택비율은 대통령령으로 정한다. [2026년 12월 31일까지 유효함]

(8) 공공주택사업(법 제2조 제3호)

다음에 해당하는 사업을 말한다.
① **공공주택지구조성사업**: 공공주택지구를 조성하는 사업
② **공공주택건설사업**: 공공주택을 건설하는 사업
③ **공공주택매입사업**: 공공주택을 공급할 목적으로 주택을 매입하거나 인수하는 사업
④ **공공주택관리사업**: 공공주택을 운영·관리하는 사업
⑤ **도심 공공주택 복합사업**: 도심 내 역세권, 준공업지역, 저층주거지에서 공공주택과 업무시설, 판매시설, 산업시설 등을 복합하여 건설하는 사업

(9) **분양전환**(법 제2조 제4호)

공공임대주택을 '법 제4조 제1항 각 호에 규정된 자'(공공주택사업자)가 '아닌 자'에게 매각하는 것을 말한다.

참고 법 제4조 제1항 각 호에 규정된 자('공공주택사업자')

1. 국가 또는 지방자치단체
2. 「한국토지주택공사법」에 따른 한국토지주택공사
3. 「지방공기업법」 제49조에 따라 주택사업을 목적으로 설립된 지방공사
4. 「공공기관의 운영에 관한 법률」 제5조에 따른 공공기관 중 대통령령으로 정하는 기관
5. 위 1.~4. 중 어느 하나에 해당하는 자가 총지분의 100분의 50을 초과하여 출자·설립한 법인
6. 주택도시기금 또는 위 1.~4.의 규정 중 어느 하나에 해당하는 자가 총지분의 전부(도심 공공주택 복합사업의 경우에는 100분의 50을 초과한 경우를 포함한다)를 출자(공동으로 출자한 경우를 포함한다)하여 「부동산투자회사법」에 따라 설립한 부동산투자회사

(10) 현물보상(법 제2조 제5호)

공공주택사업자가 「공익사업을 위한 토지 등의 취득 및 보상에 관한 법률」에 따른 **협의에 응한** '공공주택지구' 또는 '도심 공공주택 복합지구' 내 토지 또는 건축물의 소유자(이하 '토지등소유자'라 한다)에게 **사업시행으로 조성되는** 토지 또는 **건설되는** 건축물(건축물에 부속된 토지를 '포함'한다)로 **보상**하는 것을 말한다. 〈신설 2025.1.31.〉

(11) 준주택의 준용(법 제2조의2)

① 법 제4조 제1항 각 호에 규정된 자가 '국가 또는 지방자치단체의 재정'이나 '주택도시기금을 지원받아' 건설, 매입 또는 임차하여 임대를 목적으로 공급하는 「주택법」에 따른 '**준주택**'으로서 대통령령으로 정하는 준주택(이하 '**공공준주택**'이라 한다)은 법 제3조, 제3조의2, 제4조, 제5조, 제35조부터 제39조까지, 제40조의2부터 제40조의5까지, 제41조, 제43조, 제43조의2, 제44조, 제45조의2, 제48조, 제48조의2부터 제48조의7까지, 제49조, 제49조의2부터 제49조의4까지, 제49조의7, 제49조의8, 제50조, 제50조의2, 제50조의3, 제53조, 제53조의2, 제54조부터 제57조까지, 제57조의2부터 제57조의7까지 및 제58조부터 제60조까지의 규정을 준용할 수 있다. 이 경우 '**공공주택**'은 '**공공준주택**'으로 본다.

② '공공준주택의 면적'은 「주거기본법」 제17조에 따라 국토교통부장관이 공고한 **최저주거기준** 중 '1인 가구의 최소 주거면적'을 만족하여야 한다.

관련법령 공공준주택(영 제4조)

위 (11)의 ① 전단에서 '대통령령으로 정하는 준주택'이란 다음의 준주택을 말한다.
1. 「주택법 시행령」 제4조 제1호부터 제3호까지의 규정에 따른 준주택(**기숙사, 다중생활시설, 노인복지주택**)으로서 전용면적이 85제곱미터 이하인 것
2. 「주택법 시행령」 제4조 제4호에 따른 '**오피스텔**'로서 다음의 요건을 모두 갖춘 것
   ㉠ 전용면적이 85제곱미터 이하일 것
   ㉡ 상·하수도시설이 갖추어진 **전용 입식 부엌, 전용 수세식 화장실 및 목욕시설**(전용 수세식 화장실에 목욕시설을 갖춘 경우를 포함한다)을 갖출 것

---

3. 공공임대주택(영 제2조)

「공공주택 특별법」 제2조 제1호 가목에서 '대통령령으로 정하는 주택'이란 다음의 주택을 말하며, 임대주택의 입주자격에 관한 세부기준은 국토교통부령으로 정한다.

(1) 영구임대주택(영 제2조 제1호)

'국가나 지방자치단체의 재정'을 지원받아 **최저소득 계층**의 주거안정을 위해 **50년 이상** 또는 영구적인 임대를 목적으로 공급하는 공공임대주택

(2) 국민임대주택(영 제2조 제2호)

국가나 지방자치단체의 재정이나 「주택도시기금법」에 따른 주택도시기금의 자금을 지원받아 저소득서민의 주거안정을 위하여 **30년 이상** 장기간 임대를 목적으로 공급하는 공공임대주택

(3) 행복주택(영 제2조 제3호)

국가나 지방자치단체의 재정이나 주택도시기금의 자금을 지원받아 대학생, 사회초년생, 신혼부부 등 **젊은 층**의 주거안정을 목적으로 공급하는 공공임대주택 22회 주관식

(4) 통합공공임대주택(영 제2조 제3호의2)

국가나 지방자치단체의 재정이나 주택도시기금의 자금을 지원받아 **최저소득 계층, 저소득 서민, 젊은 층** 및 **장애인·국가유공자** 등 **'사회 취약계층'** 등의 주거안정을 목적으로 공급하는 공공임대주택

(5) 장기전세주택(영 제2조 제4호)

국가나 지방자치단체의 재정이나 주택도시기금의 자금을 지원받아 **전세계약의 방식**으로 공급하는 공공임대주택 21회

(6) 분양전환공공임대주택(영 제2조 제5호)

일정 기간 임대 후 분양전환할 목적으로 공급하는 공공임대주택

(7) 기존주택등매입임대주택(영 제2조 제6호)

국가나 지방자치단체의 재정이나 주택도시기금의 자금을 지원받아 영 제37조 제1항의 어느 하나에 해당하는 주택 또는 건축물(이하 '기존주택 등'이라 한다)을 **매입**하여 「국민기초생활 보장법」에 따른 수급자 등 저소득층과 청년 및 신혼부부 등에게 **공급**하는 공공임대주택

(8) 기존주택전세임대주택(영 제2조 제7호)

국가나 지방자치단체의 재정이나 주택도시기금의 자금을 지원받아 기존주택을 **임차**하여 「국민기초생활 보장법」에 따른 수급자 등 저소득층과 청년 및 신혼부부 등에게 **전대(轉貸)**하는 공공임대주택

(9) 분납임대주택(영 제44조 제1항)

'분양전환공공임대주택' 중 **'임대보증금 없이'** '분양전환금'을 분할하여 납부하는 **공공건설임대주택**을 말한다.

4. 공공주택 공급·관리계획

(1) 주거종합계획 및 시·도 주거종합계획 수립 시 반영(법 제3조 제1항)

국토교통부장관과 특별시장·광역시장·특별자치시장·도지사 또는 특별자치도지사(이하 '시·도지사'라 한다)는 「주거기본법」 제5조에 따른 '주거종합계획' 및 같은 법 제6조에 따른 '시·도 주거종합계획'을 수립하는 때에는 '공공주택의 공급에 관한 사항'을 포함하여야 한다.

(2) 공공주택 공급·관리계획의 수립(법 제3조 제2항~제6항)

① '**국토교통부장관**'은 공공주택의 원활한 건설, 매입, 관리 등을 위하여 「주거기본법」 제5조에 따른 '**10년 단위 주거종합계획**'과 '연계'하여 **5년마다** '**공공주택 공급·관리계획**'을 수립하여야 한다. 이 경우 '공공주택 공급·관리계획'에는 다음의 사항을 포함하여야 한다.
  ㉠ 공공주택의 지역별, 수요 계층별 공급에 관한 사항
  ㉡ 공공주택 재고의 운영 및 관리에 관한 사항(장기공공임대주택 입주자 삶의 질 향상 지원법 제2조 제1호에 따른 장기공공임대주택의 노후화에 따른 시설개선에 관한 사항을 포함한다)
  ㉢ 공공주택의 공급·관리 등에 필요한 비용과 그 재원의 확보에 관한 사항
  ㉣ 그 밖에 공공주택의 공급·관리를 위하여 필요하다고 국토교통부장관이 인정하는 사항
② 위 ①에 따라 공공주택 공급·관리계획을 수립하는 경우에는 '공공주택의 유형' 및 '지역별 입주 수요량'을 조사하여야 한다.
③ 국토교통부장관은 공공주택 공급·관리계획을 수립하려는 경우에는 미리 관계 중앙행정기관의 장 및 지방자치단체의 장에게 공공주택 공급·관리계획에 반영되어야 할 정책 및 사업에 관한 **소관별 계획서**의 제출을 요청하여야 한다. 이 경우 관계 중앙행정기관의 장 및 지방자치단체의 장은 특별한 사유가 없으면 요청에 따라야 한다.
④ 국토교통부장관은 위 ③에 따라 받은 소관별 계획서를 기초로 공공주택 공급·관리계획을 마련하여 관계 중앙행정기관의 장 및 지방자치단체의 장과 협의 후 「주거기본법」 제8조에 따른 **주거정책심의위원회**를 거쳐 확정한다. 이 경우 국토교통부장관은 확정된 공공주택 공급·관리계획을 관계 중앙행정기관의 장 및 지방자치단체의 장에게 지체 없이 '통보'하여야 한다.
⑤ '**지방자치단체의 장**'은 위 ①의 공공주택 공급·관리계획에 따라 **관할 지역**의 공공주택 공급·관리계획'을 수립할 수 있다.

(3) 공공주택의 공급·관리 수준에 대한 평가(법 제3조 제7항·제8항)

① '국토교통부장관'은 공공주택의 공급·관리 실태를 파악하기 위하여 '지방자치단체별'로 '공공주택의 공급·관리 수준에 대한 평가'를 실시할 수 있다.
② 국토교통부장관은 위 ①에 따른 평가결과를 **공공주택 공급·관리계획**에 '반영'하여야 하며, 다른 관련된 계획의 수립이나 사업을 지원·선정하는 기준에 반영할 수 있다.

5. 공공주택의 재원·세제지원 등

(1) 세출예산에 반영(법 제3조의2 제1항)

국가 및 지방자치단체는 **매년** 공공주택 건설, 매입 또는 임차에 사용되는 자금을 '**세출예산**'에 반영하도록 노력하여야 한다.

(2) 조세 등의 감면(법 제3조의2 제2항)

국가 및 지방자치단체는 '**청년층·장애인·고령자·신혼부부** 및 **저소득층** 등' 주거지원이 필요한 계층(이하 '**주거지원필요계층**'이라 한다)의 주거안정을 위하여 공공주택의 건설·취득 또는 관리와 관련한 국세 또는 지방세를 「조세특례제한법」, 「지방세특례제한법」, 그 밖에 조세 관계 법률 및 조례로 정하는 바에 따라 **감면**할 수 있다. 21회

(3) 주택도시기금 우선 배정(법 제3조의2 제3항)

국토교통부장관은 공공주택의 건설, 매입 또는 임차에 **주택도시기금**을 우선적으로 배정하여야 한다. 21회

(4) 공공주택사업자에게 우선공급 등(법 제3조의2 제4항·제5항)

① 다른 법령에 따른 개발사업을 하려는 자가 임대주택을 계획하는 경우 공공임대주택을 우선 고려하여야 하며, 임대주택건설용지를 공급할 때 임대주택 유형이 결정되지 아니한 경우 '공공임대주택을 공급하려는 **공공주택사업자**'에게 대통령령으로 정하는 방법에 따라 **우선적으로 공급**하여야 한다. 21회

② 국가·지방자치단체 또는 「공공기관의 운영에 관한 법률」 제5조 제3항에 따른 공기업 및 준정부기관은 그가 소유한 토지를 매각하거나 임대할 때 「주택법」 제30조 제1항 및 「민간임대주택에 관한 특별법」 제18조에도 불구하고 '공공임대주택을 건설하려는 **공공주택사업자**'에게 **우선적으로 매각 또는 임대**할 수 있다.

> **관련법령** 토지 등의 우선공급(영 제5조)
>
> 위 (4)의 ①에 따라 임대주택건설용지를 공급하려는 자[다음 6. (1) ①의 ㉠~㉥에 해당하는 경우로 한정한다]는 공급가격 등 국토교통부장관이 정하는 기준에 따라 '**공공주택사업자**'에게 **수의계약**의 방법으로 매각하거나 임대할 수 있다.

6. 공공주택사업자

(1) 공공주택사업자, 공동 공공주택사업자 지정(법 제4조 제1항·제2항)

① '국토교통부장관'은 다음의 자 중에서 '**공공주택사업자**'를 지정한다.
㉠ 국가 또는 지방자치단체

ⓒ 「한국토지주택공사법」에 따른 한국토지주택공사
　　ⓒ 「지방공기업법」 제49조에 따라 주택사업을 목적으로 설립된 지방공사
　　② 「공공기관의 운영에 관한 법률」 제5조에 따른 공공기관 중 대통령령으로 정하는 기관
　　◎ 위 ⊙~②의 규정 중 어느 하나에 해당하는 자가 총지분의 100분의 50을 초과하여 출자·설립한 법인
　　ⓗ '**주택도시기금**' 또는 '위 ⊙~②의 규정 중 어느 하나에 해당하는 자가 총지분의 **전부**(도심 공공주택 복합사업의 경우에는 100분의 50을 **초과한** 경우를 포함한다)를 출자'(공동으로 출자한 경우를 포함한다)하여 「부동산투자회사법」에 따라 설립한 **부동산투자회사**
② 국토교통부장관은 '위 ①의 ⊙~②의 규정 중 어느 하나에 해당하는 자'와 「주택법」 제4조에 따른 '주택건설사업자'를 '**공동 공공주택사업자**'로 지정할 수 있다.
③ 위 ①의 ⓗ 및 ②에 따른 공공주택사업자의 선정방법·절차 및 공동시행을 위한 협약 등에 필요한 사항은 국토교통부장관이 정하여 고시한다.
④ **공공주택사업자**는 공공주택사업을 효율적으로 시행하기 위하여 필요한 경우에는 대통령령으로 정하는 바에 따라 **설계·공사 등 공공주택사업의 일부**를 「주택법」 제4조에 따른 **주택건설사업자**로 하여금 **대행**하게 할 수 있다. 이 경우 **공공주택사업자는 대행의 대가로 토지를 공급**할 수 있다. 〈신설 2025.1.31.〉

관련법령 | **공공주택사업자(영 제6조)**

1. 위 **(1)**의 ①의 ②에서 '대통령령으로 정하는 기관'이란 다음의 공공기관을 말한다.
   ⊙ 「한국농어촌공사 및 농지관리기금법」에 따른 한국농어촌공사
   ⓒ 「한국철도공사법」에 따른 한국철도공사
   ⓒ 「국가철도공단법」에 따른 국가철도공단
   ② 「공무원연금법」에 따른 공무원연금공단
   ◎ 「제주특별자치도 설치 및 국제자유도시 조성을 위한 특별법」에 따른 제주국제자유도시개발센터(제주특별자치도에서 개발사업을 하는 경우만 해당한다)
   ⓗ 「주택도시기금법」에 따른 주택도시보증공사
   ⓢ 「한국자산관리공사 설립 등에 관한 법률」에 따른 한국자산관리공사
   ⓞ 「공공기관의 운영에 관한 법률」에 따른 기금관리형 준정부기관
2. 위 1.의 ⊙~ⓗ까지 및 ⓞ에 따른 공공기관은 그 설립 근거법령에 따라 시행할 수 있는 사업과 관련이 있는 공공주택사업을 시행하거나 위 **(1)**의 ①의 ⓜ에 따른 법인(이하 '공동출자법인'이라 한다)에 출자하여 공공주택사업을 시행할 수 있다.
3. 위 1.의 ⓢ에 따른 공공기관은 다음의 어느 하나에 해당하는 '개발사업'을 하는 경우 개발사업과 관련이 있는 공공주택사업을 시행할 수 있다. 이 경우 개발사업의 전체 면적에서 공공주택사업이 차지하는 면적이 50퍼센트를 초과해서는 아니 된다.
   ⊙ 「국유재산법」 제26조의6 제2항 및 같은 법 시행령 제18조의2 제1항 제3호에 따라 위탁받은 국유재산관리기금을 재원으로 하는 개발사업
   ⓒ 「국유재산법」 제42조 제3항 및 같은 법 시행령 제38조 제5항 제1호에 따라 위탁받은 일반재산의 개발사업

(2) 공공주택사업의 대행(법 제6조의2) 〈신설 2025.7.31.〉

① 공공주택사업자는 위 (1)의 ④에 따라 공공주택사업 중 다음의 설계·공사 등을 「주택법」 제4조에 따라 등록한 **주택건설사업자**[위 (1)의 ①의 ㉣에 따른 공공주택사업자는 제외하며, 이하 '**주택건설사업자**'라 한다]로 하여금 **대행**하게 할 수 있다.
  ㉠ 실시설계
  ㉡ 부지조성공사
  ㉢ 기반시설공사
  ㉣ 공공주택 건설공사
  ㉤ 조성된 토지의 분양

② **주택건설사업자**는 위 (1)의 ④에 따라 공공주택사업의 일부를 **대행**하려는 경우에는 다음의 사항을 적은 '공공주택사업 대행신청서'에 '국토교통부령으로 정하는 서류'를 첨부하여 **공공주택사업자**에게 제출해야 한다.
  ㉠ 대행 주택건설사업자의 성명(법인의 경우에는 법인의 명칭 및 대표자의 성명을 말한다) 및 주소
  ㉡ 공공주택사업을 대행하려는 공공주택지구의 명칭·위치 및 면적
  ㉢ 다음의 사항이 포함된 공공주택사업 대행의 시행계획
    ⓐ 사업의 목적
    ⓑ 사업의 개요 및 종류
    ⓒ 사업의 시행 기간

③ **공공주택사업자**는 위 (1)의 ④에 따라 주택건설사업자로 하여금 공공주택사업의 일부를 대행하게 하려는 경우에는 '해당 주택건설사업자'와 공공주택사업의 '대행에 관한 **계약**'을 체결해야 한다.

7. 다른 법률과의 관계

(1) 다른 법률에 우선 적용(법 제5조 제1항)

이 법은 공공주택사업에 관하여 다른 법률에 우선하여 적용한다. 다만, 다른 법률에서 이 법의 규제에 관한 특례보다 완화되는 규정이 있으면 그 법률에서 정하는 바에 따른다.

(2) 공공주택의 건설·공급 및 관리에 관한 사항(법 제5조 제2항)

공공주택의 건설·공급 및 관리에 관하여 이 법에서 정하지 아니한 사항은 「**주택법**」, 「**건축법**」 및 「**주택임대차보호법**」을 적용한다.

CHAPTER

02 공공주택지구의 지정 등

회독체크 1 2 3

CHAPTER 미리보기

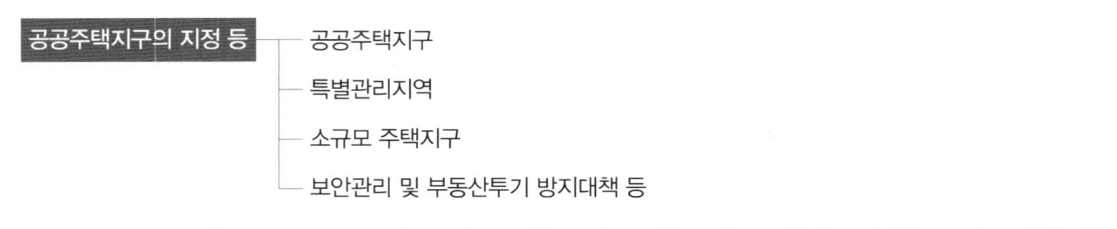

학습전략

공공주택지구의 지정을 다루는 단원으로서 출제 빈도는 높지 않은 편이나, 언제든지 출제될 수 있으므로 정리가 필요합니다.

학습키워드

- 공공주택지구의 지정
- 특별관리지역 및 소규모주택지구
- 보안관리 및 부동산투기 방지대책

1. 공공주택지구

(1) 공공주택지구의 지정, 변경, 해제(법 제6조 제1항)

국토교통부장관은 공공주택지구조성사업(이하 '지구조성사업'이라 한다)을 추진하기 위하여 필요한 지역을 **공공주택지구**(이하 '주택지구'라 한다)로 지정하거나 지정된 주택지구를 변경 또는 해제할 수 있다.

(2) 공공주택지구의 지정, 변경, 해제의 제안(법 제6조 제2항)

공공주택사업자는 **국토교통부장관**에게 주택지구의 지정을 제안할 수 있으며, 다음의 어느 하나에 해당하는 경우 주택지구의 변경 또는 해제를 제안할 수 있다.
① 주택지구의 경계선이 하나의 필지를 관통하는 경우
② 주택지구의 지정으로 주택지구 밖의 토지나 건축물의 출입이 제한되거나 사용 가치가 감소하는 경우
③ 주택지구의 변경으로 기반시설의 설치비용이 감소하는 경우
④ 사정의 변경으로 인하여 공공주택사업을 계속 추진할 필요성이 없어지거나 추진하는 것이 현저히 곤란한 경우
⑤ 그 밖에 토지이용의 합리화를 위하여 필요한 경우

(3) 중앙도시계획위원회의 심의 등(법 제6조 제3항·제4항)

① **국토교통부장관**은 주택지구를 지정하거나 지정된 주택지구를 변경하려면 「국토의 계획 및 이용에 관한 법률」 제106조에 따른 **'중앙도시계획위원회의 심의'**를 거쳐야 하며, 이 경우 같은 법 제8조 및 제9조는 적용하지 아니한다. 다만, '대통령령으로 정하는 다음의 경미한 사항을 변경하는 경우'에는 그러하지 아니하다(영 제7조 제6항).
　㉠ 측량 결과에 따라 착오 또는 누락된 면적을 정정하는 경우
　㉡ 주택지구의 면적을 100분의 10의 범위에서 변경하는 경우
② 위 ①에 따라 중앙도시계획위원회가 심의를 하는 경우에는 **60일** 이내에 심의를 완료하여야 하며 같은 기간 내에 심의를 완료하지 아니한 경우에는 심의한 것으로 본다.

(4) 종합적 검토(법 제6조 제5항)

국토교통부장관이 위 **(1)**에 따라 주택지구를 지정·변경·해제하거나 공공주택사업자가 위 **(2)**에 따라 주택지구의 지정·변경·해제를 제안하려는 경우, 국토교통부장관 및 공공주택사업자는 해당 지역의 주택수요, 지역여건 등을 **종합적**으로 **검토**하여야 한다. 이 경우 국토교통부장관 및 공공주택사업자는 주택지구의 지정·변경·해제 및 그 제안에 대하여 관계 중앙행정기관의 장, 관할 지방자치단체의 장, 지방공사 등 관계기관과 사전 협의할 수 있다.

2. 특별관리지역

(1) 특별관리지역의 지정 등(법 제6조의2 제1항·제2항)

① **국토교통부장관**은 위 1.의 **(1)**에 따라 '주택지구'를 해제할 때 국토교통부령으로 정하는 일정 규모(330만 제곱미터) 이상으로서 체계적인 관리계획을 수립하여 관리하지 아니할 경우 **난개발**이 우려되는 지역에 대하여 **10년**의 범위에서 **특별관리지역**으로 지정할 수 있다.

<small>26회 주관식</small>

② 국토교통부장관은 특별관리지역을 지정하고자 할 경우에는 다음의 사항을 포함한 **특별관리지역 관리계획**(이하 '관리계획'이라 한다)을 수립하여야 한다. 이 경우 '종전 주택지구의 공공주택사업자'(이하 '**종전 사업자**'라 한다)는 관리계획의 입안을 제안할 수 있다.
  ㉠ 특별관리지역의 관리기본방향에 관한 사항
  ㉡ 인구 및 주택 수용계획에 관한 사항
  ㉢ 「도시개발법」에 따른 도시개발사업 등 취락정비에 관한 사항
  ㉣ 「개발제한구역의 지정 및 관리에 관한 특별조치법」 제4조 제4항에 따른 훼손지 복구계획에 따라 존치된 개발제한구역의 해제 및 관리방안에 관한 사항

(2) 특별관리지역의 관리 등(법 제6조의3)

① 특별관리지역 안에서는 건축물의 건축 및 용도변경, 공작물의 설치, 토지의 형질변경, 죽목의 벌채, 토지의 분할, 물건을 쌓아 놓는 행위를 할 수 없다. 다만, 특별관리지역의 취지에 부합하는 범위에서 '대통령령으로 정하는 행위'에 한정하여 시장, 군수 또는 구청장의 **허가**를 받아 할 수 있으며, 허가된 사항을 변경하고자 하는 경우에도 또한 같다.

② 위 ① 이외의 행위제한에 관한 사항은 법 제11조 제2항부터 제6항까지의 규정을 준용한다. 이 경우 '주택지구'는 '특별관리지역'으로 본다.

③ 위 ①에도 불구하고 국토교통부장관 또는 관계 중앙행정기관의 장이나 지방자치단체의 장[이하 **(2)** 및 다음 **(3)**에서 '해당 기관장'이라 한다]은 특별관리지역 안에서 대통령령으로 정하는 개발사업을 위한 지정·승인·허가·인가 등[이하 **(2)** 및 다음 **(3)**에서 '지정 등'이라 한다]을 할 수 있다.

④ 해당 기관장이 위 ③에 따른 지정 등을 하는 경우에는 미리 국토교통부장관과 협의하여야 한다.

⑤ 특별관리지역을 지정할 경우 국가 또는 지방자치단체는 다음의 사항에 대한 행정적·재정적 지원을 할 수 있다. 이 경우 국토교통부장관은 법 제4조에 따른 종전 사업자에게 다음의 지원사항의 전부 또는 일부를 부담하게 할 수 있다.
  ㉠ 취락정비를 실시하기 위한 계획의 수립 등
  ㉡ 주택지구 지정으로 인하여 추진이 중단된 사회기반시설 사업의 조속한 시행

ⓒ 법 제6조의2 제5항에 따라 존치된 개발제한구역의 해제
　　② 특별관리지역 및 종전 주택지구 내 공장 및 제조업소 등(특별관리지역 지정 당시 공장 및 제조업소 등의 용도로 사용되는 동식물 관련 시설을 포함한다)의 계획적인 이전·정비 및 개발을 위한 공업용지의 조성
　　⑩ 그 밖에 지방자치단체가 취락(위 ⓒ의 취락정비계획이 수립되지 아니하는 취락에 한정한다)의 거주환경 개선을 위하여 추진하는 사업
⑥ 종전 사업자가 위 ⑤의 ⓒ에 따른 계획에 따라「도시개발법」에 따른 환지(換地) 방식의 도시개발사업으로 취락정비사업을 시행하는 경우로서 해당 지방자치단체의 장의 요청이 있는 때에는 같은 법 제4조 제4항에도 불구하고 같은 법 제3조에 따라 도시개발구역을 지정하는 자는 개발계획 수립 또는 변경 시 환지 방식이 적용되는 지역의 토지면적의 2분의 1 이상에 해당하는 토지소유자와 그 지역의 토지소유자 총수의 2분의 1 이상의 동의를 받아야 한다. 이 경우 동의자 수의 산정방법 및 동의절차 등은「도시개발법」에 따른다.
⑦ 해당 기관장은 위 ⑤의 ②에 따른 공업용지를 조성하기 위하여「수도권정비계획법」 제7조에도 불구하고 같은 법 제21조에 따른 수도권정비위원회의 심의를 거쳐 특별관리지역 내 공업지역을 지정할 수 있다.
⑧ **시·도지사 및 시장·군수 또는 구청장**은 특별관리지역의 관리 및 계획적인 개발을 지원하기 위하여 **특별관리지역 지원센터**(이하 '지원센터'라 한다)를 설치·운영할 수 있다. 이 경우 지원센터의 구성 및 운영 등에 필요한 사항은 해당 지방자치단체의 조례로 정한다.

> **관련법령** 　특별관리지역에서 지정 등을 할 수 있는 개발사업의 범위(영 제9조)
>
> 위 **(2)**의 ③에서 '대통령령으로 정하는 개발사업'이란 다음의 사업을 말한다.
> 1.「도시개발법」에 따른 도시개발사업
> 2.「산업입지 및 개발에 관한 법률」에 따른 산업단지개발사업 및 특수지역개발사업
> 3.「관광진흥법」에 따른 관광지·관광단지 조성사업
> 4.「물류시설의 개발 및 운영에 관한 법률」에 따른 물류시설 용지 및 지원시설 용지의 조성사업
> 5. 특별관리지역(특별관리지역 지정 이전에 해당 주택지구에 포함되었다가 주택지구의 변경으로 주택지구에서 제외된 지역을 포함한다)에서 시행하는 공익사업(공익사업을 위한 토지 등의 취득 및 보상에 관한 법률 제4조에 따른 공익사업을 말한다)의 시행에 따라 철거된 건축물을 이축하기 위한 이주단지 조성사업
> 6. 그 밖에 위 **(1)**의 ②에 따른 특별관리지역 관리계획에 반영된 개발사업

(3) 특별관리지역의 해제(법 제6조의4)

① 위 **(1)**의 ①에 따른 특별관리지역의 지정기간이 만료되거나 해당 기관장이 특별관리지역 중 전부 또는 일부에 대하여 지정 등을 하여 도시·군관리계획을 수립한 경우[수립의제(樹立擬制)된 경우를 포함한다]에는 해당 지역은 특별관리지역에서 **해제**된 것으로 본다.

② 특별관리지역의 지정기간이 만료된 때에는 '해당 특별시장·광역시장·특별자치시장·특별자치도지사·시장 또는 군수'는 지체 없이 **도시·군관리계획**을 수립하여야 한다. 다만, '해당 특별시장·광역시장·특별자치시장·특별자치도지사·시장 또는 군수'가 요청한 경우에는 '**국토교통부장관**'이 도시·군관리계획을 '**직접 입안**'할 수 있다.

(4) 특별관리지역의 건축물 등에 대한 조치(법 제6조의5)

① 시장·군수 또는 구청장은 특별관리지역 지정 이전부터 이 법 또는 「개발제한구역의 지정 및 관리에 관한 특별조치법」에 따른 적법한 허가나 신고 등의 절차를 거치지 아니하고 설치하거나 용도변경한 건축물, 설치한 공작물, 쌓아 놓은 물건 또는 형질변경한 토지 등(이하 '건축물 등'이라 한다)에 대하여 기간을 정하여 해당 법률에 따른 철거·원상복구·사용제한, 그 밖에 필요한 조치를 명(이하 '**시정명령**'이라 한다)할 수 있다.

② **시장·군수 또는 구청장**은 시정명령을 받은 후 그 시정기간 내에 해당 시정명령의 이행을 하지 아니한 자에 대하여 **이행강제금**을 부과한다. 이 경우 이행강제금의 부과기준, 절차 및 징수 등에 관하여는 「개발제한구역의 지정 및 관리에 관한 특별조치법」 제30조의2 제1항부터 제6항까지 및 제9항을 준용한다.

3. 중소규모 주택지구

(1) 중소규모 주택지구 지정 등(법 제7조)

① '**국토교통부장관**'은 「국토의 계획 및 이용에 관한 법률」에 따른 **주거지역** 안에서 '**대통령령으로 정하는 규모(10만 제곱미터) 이하**'의 주택지구를 지정 또는 변경하는 경우에는 **중앙도시계획위원회**의 심의를 **생략**할 수 있다.

② '공공주택사업자'가 위 ①에 따른 주택지구의 지정 또는 변경을 **제안**할 때에는 토지이용계획 등 대통령령으로 정하는 사항을 포함하여야 한다.

③ '**국토교통부장관**'은 '대통령령으로 정하는 규모(100만 제곱미터) 이하의 주택지구'를 지정 또는 변경하는 경우에는 이와 동시에 법 제17조에 따른 지구계획을 승인할 수 있다. 이 경우 공공주택사업자는 위 1.의 **(2)**에 따라 주택지구의 지정 또는 변경을 제안할 때 법 제16조에 따른 지구계획 승인 신청을 포함하여 할 수 있다.

④ 도시지역으로서 '**대통령령으로 정하는 지역**'에서 위 ③에 따른 주택지구 지정 또는 변경[대통령령으로 정하는 규모(10만 제곱미터) 이하의 주택지구를 지정 또는 변경하는 경우로 **한정한다**]을 위하여 법 제33조에 따른 '**공공주택통합심의위원회**' 심의를 거친 경우에는 위 1. **(3)**의 ①에 따른 '**중앙도시계획위원회**'의 심의를 생략할 수 있다.

| 관련법령 | 중소규모 복합지구 지정(영 제35조의16) 〈신설 2025.7.31.〉 |

법 제40조의17(도심 공공주택 복합사업에서의 준용) 제1항에서 준용하는 위 **(1)**의 ①에서 '대통령령으로 정하는 규모'란 5만 제곱미터를 말한다.

| 관련법령 | 소규모 주택지구 지정 등(영 제10조) |

1. 위 **(1)**의 ①에서 '대통령령으로 정하는 규모'란 각각 10만 제곱미터를 말한다.
2. 위 **(1)**의 ②에서 '토지이용계획 등 대통령령으로 정하는 사항'이란 다음의 사항을 말한다.
   ㉠ 주택지구의 명칭, 위치 및 면적 등 지구개요
   ㉡ 공공주택사업자의 명칭, 소재지 및 대표자 성명
   ㉢ 토지이용계획
   ㉣ 그 밖에 국토교통부령으로 정하는 서류 및 도면
3. **(1)**의 ③ 전단에서 '대통령령으로 정하는 규모'란 100만 제곱미터를 말한다.
4. **(1)**의 ④에서 '대통령령으로 정하는 지역'이란 「국토의 계획 및 이용에 관한 법률」 제6조 제1호에 따른 '도시지역'으로서 '개발제한구역이 아닌 지역'을 말한다.
5. **(1)**의 ④에서 '대통령령으로 정하는 규모'란 10만 제곱미터를 말한다.

(2) 주택지구 주변지역의 정비(법 제7조의2)

① '소규모 주택지구'를 지정 또는 변경할 때 및 법 제35조에 따라 주택건설사업계획을 승인 또는 변경할 때 '관할 지방자치단체의 장'은 주택지구 또는 공공주택 주변지역의 주거환경을 개선하기 위하여 가로의 정비, 편의시설의 설치 등을 포함한 주변지역 정비계획을 수립하여 제안할 수 있다. 이 경우 '공공주택사업자'는 관할 지방자치단체의 계획 수립을 지원할 수 있다.

② '국토교통부장관'은 위 ①에 따라 '주변지역 정비계획'과 함께 '제안된 주택지구'를 우선 지정하거나 주택건설사업계획을 우선 승인할 수 있다. 이 경우 '국토교통부장관'은 주택지구를 지정하거나 주택건설사업계획을 승인하기 전에 주변지역 정비계획에 포함된 사업을 담당하는 관계 중앙행정기관의 장 및 지방자치단체의 장과 협의하여야 한다.

③ 위 ②에 따라 주택지구가 지정되거나 주택건설사업계획이 승인된 경우 위 ①에 따라 수립된 '주변지역 정비계획'에 포함된 사업을 담당하는 관계 중앙행정기관의 장 및 지방자치단체의 장은 관련 사업의 계획을 수립하거나 지원 및 추진대상 사업을 선정할 때 위 ①에 따른 사업을 우선 반영하여야 한다.

(3) 주택지구의 지정 등을 위한 관계기관 협의(법 제8조)

① 국토교통부장관은 주택지구를 지정 또는 변경하려면 '지구개요·지정목적 및 인구수용계획 등 대통령령으로 정하는 사항'을 포함한 주택지구 지정안 또는 변경안에 대하여 법 제10조 제1항에 따른 주민 등의 의견청취 전에 국방부·농림축산식품부 등 관계 중앙행정기관의 장 및 관할 시·도지사와 '협의'하여야 한다. 다만, '대통령령으로 정하는 경미한 사항을 변경하는 경우'에는 그러하지 아니하다.

② 위 ①에 따른 협의기간은 **20일 이내**로 하되, 관계 중앙행정기관의 장 또는 관할 시·도지사의 요청이 있는 경우 등 국토교통부장관이 필요하다고 인정하는 경우에는 1회에 한하여 10일의 범위에서 그 기간을 연장할 수 있다. 다만, '협의기간 내에 협의가 완료되지 아니한 경우'에는 협의를 거친 것으로 본다.

③ **국토교통부장관**은 위 ①에 따라 관계 중앙행정기관의 장 및 관할 시·도지사와 협의한 내용을 반영한 **조치계획**을 작성하고 이를 성실히 이행하여야 한다.

④ 국토교통부장관은 위 ①에 따라 협의를 하는 경우 '다음에서 정한 협의'를 **별도**로 하여야 한다. 이 경우 협의기간은 **30일 이내**로 한다.

　㉠ 「환경영향평가법」 제16조에 따른 전략환경영향평가 협의(자연환경보전법 제28조에 따른 자연경관영향협의를 포함하며, 법 제9조에 따른 보안관리 등을 위하여 환경영향평가법 제13조에 따른 주민 등의 의견 수렴을 생략할 수 있다)

　㉡ 「자연재해대책법」에 따른 재해영향평가 등의 협의

⑤ **국토교통부장관**은 주택지구로 지정하고자 하는 지역이 대통령령으로 정하는 면적(10제곱킬로미터) 이상인 경우로서 국민의 주거안정과 주거수준 향상을 위하여 '국무회의의 심의가 필요하다고 인정되는 경우'에는 위 ①에 따른 협의 후 '**국무회의의 심의**'를 거쳐 주택지구의 지정 여부를 결정할 수 있다.

관련법령 | **주택지구 지정을 위한 사전협의 등(영 제11조)**

1. 위 **(3)**의 ① 본문에서 '지구개요·지정목적 및 인구수용계획 등 대통령령으로 정하는 사항'이란 다음의 사항을 말한다.
　㉠ 주택지구의 명칭, 위치 및 면적 등 지구개요
　㉡ 주택지구의 지정목적
　㉢ 인구 및 주택 수용계획
　㉣ 축척 2만 5천분의 1 또는 5만분의 1인 위치도
　㉤ 군사시설에 관한 자료
　㉥ 농지 및 임야에 관한 자료
　㉦ 주택지구의 경계와 그 결정 사유를 표시한 축척 5천분의 1의 지형도

2. **국토교통부장관**은 위 **(3)**의 ① 본문에 따른 사전협의를 위하여 필요한 경우에는 '관계 공무원, 전문가 및 공공주택사업자 등을 위원으로 하는 **협의회**'를 구성·운영할 수 있다. 이 경우 협의회의 구성·운영 등에 필요한 사항은 국토교통부장관이 따로 정한다.

---

4. 보안관리 및 부동산투기 방지대책 등

(1) 보안관리 및 부동산투기 방지대책(법 제9조)

① 국토교통부장관, 위 1.의 (2)에 따라 주택지구의 지정을 제안하거나 제안하려는 **공공주택사업자**, 관계기관 협의대상이 되는 **관계 중앙행정기관의 장 및 관할 시·도지사**는 법 제10조에 따른 '주민 등의 의견청취를 위한 공고 전까지는' 주택지구의 지정을 위한 조사, 관계 서류

작성, 사전협의, 관계기관 협의, 국무회의 심의 등의 과정에서 '관련 정보가 누설되지 아니하도록 필요한 조치'를 해야 한다. 다만, **국토교통부장관**이 법 제40조의2 제1항에 따른 공공주택사업을 시행하기 위하여 필요하다고 인정하는 경우에는 **관련 정보**를 '**미리 공개**'할 수 있다.

② 다음의 기관 또는 업체에 종사하였거나 종사하는 자는 업무 처리 중 알게 된 주택지구 지정 또는 지정 제안과 관련한 미공개정보[자산 또는 재산상 이익의 취득 여부의 판단에 중대한 영향을 미칠 수 있는 정보로서 불특정 다수인이 알 수 있도록 공개되기 전의 것을 말한다. 이하 **(1)** 및 법 제57조에서 같다]를 부동산 등의 매매, 그 밖의 거래에 사용하거나 타인에게 제공 또는 누설해서는 아니 된다. [위반자: **5년 이하의 징역** 또는 그 **위반행위로 얻은 재산상의 이익** 또는 **회피한 손실액의 3배 이상 5배 이하에 상당하는 벌금**]

  ㉠ 국토교통부
  ㉡ 법 제4조 제1항에 따른 공공주택사업자
  ㉢ 법 제6조 제5항 및 법 제8조 제1항에 따라 협의하는 관계 중앙행정기관, 관할 지방자치단체, 지방공사 등 관계기관
  ㉣ 공공주택사업자가 법 제6조 제2항 및 제6항에 따라 주택지구의 지정 제안 또는 지정에 필요한 조사, 관계서류 작성 등을 위하여 용역계약을 체결한 업체

③ '**국토교통부장관**'은 '**주택지구**' 또는 '**특별관리지역**'으로 지정하고자 하는 지역 및 주변지역이 부동산투기가 성행하거나 성행할 우려가 있다고 판단되는 경우에는 '**대통령령으로 정하는 바**'에 따라 '**투기방지대책**'을 수립하여야 한다.

④ 위 ②의 ㉠~㉣의 어느 하나에 해당하는 기관 또는 업체에 종사하였거나 종사하는 자로부터 주택지구의 지정 또는 지정 제안과 관련한 미공개정보를 **제공받은 자** 또는 미공개정보를 **부정한 방법으로 취득한 자**는 그 미공개정보를 부동산 등의 매매, 그 밖의 거래에 사용하거나 타인에게 제공 또는 누설해서는 아니 된다.

⑤ 국토교통부장관은 위 ② 또는 ④에 따른 위반행위에 대하여 **매년 정기조사**를 실시하고, 필요한 경우 수시로 **실태조사**를 실시할 수 있다.

⑥ 국토교통부장관은 위 ⑤에 따른 정기조사 및 실태조사를 위하여 위 ②의 ㉠~㉣의 기관 또는 업체에 필요한 서류 등의 제출을 요구할 수 있으며, 소속 공무원으로 하여금 해당 기관 또는 업체에 출입하여 조사하게 하거나 관계인에게 필요한 질문을 하게 할 수 있다. 이 경우 서류 등의 제출을 요구받거나 해당 기관 또는 업체의 출입·조사 또는 필요한 질문을 받은 자는 정당한 사유가 없으면 이에 따라야 한다.

⑦ 국토교통부장관은 위 ⑤에 따른 정기조사 및 실태조사를 위하여 필요한 경우 관계 중앙행정기관의 장, 지방자치단체의 장, 공공기관의 장, 그 밖의 관련 법인·단체의 장에게 필요한 자료의 제출 또는 의견의 진술 등을 요청할 수 있다. 이 경우 중앙행정기관의 장 등은 특별한 사유가 없으면 그 요청에 따라야 한다.

⑧ 국토교통부장관은 위 ⑤에 따른 정기조사 및 실태조사 결과를 「공직자윤리법」 제9조에 따른 공직자윤리위원회에 통보하여야 하고, 위 ② 또는 ④에 따른 위반행위를 발견한 때에는 이를 수사기관에 고발하거나 보안관리의 개선에 필요한 조치를 할 수 있다.

> **관련법령** 부동산투기 방지대책(영 제12조)
>
> 국토교통부장관은 위 (1)의 ③에 따라 다음의 '부동산투기 방지대책'을 수립·시행하여야 한다.
> 1. 주택지구의 지정 제안 등으로 부동산투기 또는 부동산가격의 급등이 우려되는 지역에 대한 「주택법」 제63조에 따른 투기과열지구 지정 등의 대책
> 2. 주택지구 또는 특별관리지역 및 주변지역의 무분별한 개발을 방지하기 위한 개발행위허가 제한 등의 대책
> 3. 주택지구 또는 특별관리지역 지정을 위한 조사·용역·협의 등의 과정에서 '직접적·간접적으로 관계되는 자'에 대한 '자체 보안대책'
> 4. 그 밖에 부동산투기를 방지하기 위하여 필요한 대책

> **관련법령** 정기조사 및 실태조사의 범위 등(영 제12조의2)
>
> 1. 위 (1)의 ⑤에 따른 정기조사 및 실태조사의 범위는 다음과 같다.
>   ㉠ 법 제6조 제1항 및 제2항에 따른 주택지구의 지정 및 지정 제안(이하 1.에서 '주택지구지정등'이라 한다)과 관련한 미공개정보의 제공·누설·부정취득 여부
>   ㉡ 주택지구지정등이 된 지역에서 위 (1)의 ②의 ㉠~㉣에 따른 기관 또는 업체에 종사하였거나 종사하는 자의 부동산 등의 매매, 그 밖의 거래행위의 내역
>   ㉢ 그 밖에 주택지구지정등과 관련된 미공개정보의 제공·누설·부정취득 및 부정사용을 예방하기 위해 필요한 사항으로서 국토교통부령으로 정하는 사항
> 2. 국토교통부장관(영 제61조 제1항 제3호에 따라 국토교통부장관의 권한을 위임받은 시·도지사를 포함한다)은 정기조사 및 실태조사를 위해 필요한 경우 다음의 시스템 등에 입력된 자료를 활용하거나 위 (1)의 ⑦에 따라 다음의 시스템 등을 구축·운영하는 기관의 장에게 자료의 제출을 요청할 수 있다.
>   ㉠ 「건축법」 제32조에 따른 전자정보처리시스템
>   ㉡ 「공간정보의 구축 및 관리 등에 관한 법률」 제76조에 따른 지적전산자료가 입력된 정보관리체계
>   ㉢ 「부동산 거래신고 등에 관한 법률」 제25조에 따른 부동산정보체계
>   ㉣ 그 밖에 정기조사 및 실태조사 대상 종사자·부동산 등의 조사에 필요한 자료가 입력되어 있는 시스템으로서 국토교통부령으로 정하는 시스템

(2) 주민 등의 의견청취(법 제10조 제1항)

국토교통부장관은 주택지구를 지정 또는 변경하거나 특별관리지역을 지정하려면 공고를 하여 주민 및 관계 전문가 등의 의견을 들어야 한다. 다만, 국방을 위하여 기밀을 지켜야 할 필요가 있거나 대통령령으로 정하는 경미한 사항을 변경하는 경우에는 그러하지 아니하다.

> **관련법령** 주민 등의 의견청취(영 제13조)

1. 국토교통부장관은 위 **(2)**의 본문에 따라 주택지구의 지정 또는 변경에 관하여 주민 및 관계 전문가 등의 의견을 들으려면 관계 서류의 사본을 해당 지역을 관할하는 시장(특별자치도의 경우에는 특별자치도지사를 말한다. 이하 같다)·군수 또는 구청장(자치구의 구청장을 말한다. 이하 같다)에게 보내야 한다.
2. 위 1.에 따른 관계 서류를 받은 시장·군수 또는 구청장은 지체 없이 다음의 사항을 해당 지방자치단체의 **공보** 및 **인터넷 홈페이지** 등에 공고하고, 공고한 날부터 **14일 동안** 일반인이 그 서류를 열람하게 하여야 한다.
   ㉠ 주택지구의 명칭, 위치 및 면적
   ㉡ 관계 서류의 열람기간 및 열람방법
3. 주택지구의 지정 또는 변경에 대하여 의견이 있는 자는 위 2.에 따른 열람기간에 시장·군수 또는 구청장에게 의견서를 제출할 수 있다.
4. 시장·군수 또는 구청장은 위 3.에 따라 제출된 의견이 있는 경우에는 제출된 의견을 종합하여 국토교통부장관에게 제출하여야 하며, 제출된 의견이 없는 경우에도 그 사실을 국토교통부장관에게 통보하여야 한다.
5. 위 1.~4.의 규정에도 불구하고 다음의 어느 하나에 해당하는 경우에는 국토교통부장관이 직접 주민과 관계 전문가 등의 의견을 듣거나 관계 시·도지사(특별자치도지사는 제외한다. 이하 같다)에게 의견을 듣게 할 수 있다.
   ㉠ 주택지구가 둘 이상의 시·군 또는 구(자치구를 말한다. 이하 같다)에 걸치는 경우
   ㉡ 위 1.에 따라 관계 서류를 받은 시장·군수 또는 구청장이 위 2.에 따른 공고를 하지 아니하는 경우

CHAPTER 03 공공주택지구의 조성

회독체크 1 2 3

CHAPTER 미리보기

공공주택지구의 조성 ─┬─ 공공주택사업자의 지정 등
　　　　　　　　　　└─ 공공주택사업자에 대한 특례 등

학습전략

공공주택지구의 조성을 다루는 단원으로서 출제 빈도는 높지 않은 편이나, 언제든지 출제될 수 있으므로 정리가 필요합니다.

학습키워드

- 지구계획의 승인
- 준공검사
- 선수금

1. 공공주택사업자의 지정 등

(1) 공공주택사업자의 우선 지정 등(법 제15조)

① 국토교통부장관은 '법 제6조 제2항에 따라 주택지구 지정을 **제안한 자**'를 '공공주택사업자'로 '우선 지정'할 수 있다.

② **국토교통부장관**은 '공공주택사업자'가 '공공주택지구계획(이하 '지구계획'이라 한다)의 승인을 받은 후 2년 이내에 지구조성사업에 착수하지 아니하거나' '지구계획에 정하여진 기간 내에 지구조성사업을 완료하지 못하거나 완료할 가능성이 없다고 판단되는 경우'에는 '**다른 공공주택사업자**'를 지정하여 해당 지구조성사업을 시행하게 할 수 있다.

(2) 지구계획 승인 신청 등(법 제16조)

① '공공주택사업자'는 '주택지구가 지정·고시된 날'부터 1년 이내에 '지구계획'을 수립하여 '국토교통부장관'에게 승인을 신청하여야 한다.

② 국토교통부장관은 '공공주택사업자가 위 ①에 따른 기간 이내에 승인을 신청하지 아니한 때'에는 '**다른 공공주택사업자**'로 하여금 지구계획을 수립·신청하게 할 수 있다.

(3) 지구계획 승인 등(법 제17조)

① 공공주택사업자는 다음의 사항을 포함한 '**공공주택지구계획**'을 수립하여 국토교통부장관의 승인을 받아야 한다. 승인된 지구계획을 변경하는 때에도 같다. 다만, 법 제7조 제1항에 따라 주거지역 안에서 주택지구를 지정·변경하는 경우와 대통령령으로 정하는 경미한 사항을 변경하는 경우에는 그러하지 아니하다.
　㉠ 지구계획의 개요
　㉡ 토지이용계획
　㉢ 인구·주택 수용계획
　㉣ 교통·공공·문화체육시설 등을 포함한 기반시설 설치 계획
　㉤ 환경보전 및 탄소저감 등 환경계획
　㉥ 조성된 토지의 공급에 관한 계획
　㉦ 그 밖에 대통령령으로 정하는 사항

② **국토교통부장관**은 위 ①에 따라 '**지구계획을 승인**'하려면 법 제33조에 따른 '**공공주택통합심의위원회**'의 심의를 거쳐야 한다. 다만, 지구계획의 변경(법 제34조 제3항 제2호부터 제7호까지의 어느 하나에 해당하는 위원회의 검토나 심의를 거쳐야 하는 변경은 제외한다)이나 공공주택사업자가 요청한 경우 등 대통령령으로 정하는 경우에는 그러하지 아니하다.

③ 국토교통부장관은 위 ①에 따라 지구계획을 승인한 때에는 대통령령으로 정하는 바에 따라 고시하고, 관계 서류의 사본을 관계 시장·군수 또는 구청장에게 송부하여야 한다.

④ 위 ③에 따라 관계 서류의 사본을 송부받은 시장·군수 또는 구청장은 이를 일반인이 열람할 수 있도록 하여야 한다.

⑤ 위 ③에 따라 관계 서류의 사본을 송부받은 시장·군수 또는 구청장은 관계 서류에 도시·군관리계획결정사항이 포함되어 있는 경우에는 「국토의 계획 및 이용에 관한 법률」제32조 및 「토지이용규제 기본법」제8조에 따라 지형도면 작성에 필요한 조치를 하여야 한다. 이 경우 공공주택사업자는 지형도면 고시에 필요한 서류를 시장·군수 또는 구청장에게 제출하여야 한다.

> **관련법령 지구계획 승인 등(영 제17조)**
> 1. 국토교통부장관은 위 (3)에 따라 지구계획을 승인하려면 관계 **시장·군수 또는 구청장의 의견**을 들어야 한다. 다만, 공공주택사업자가 미리 관계 시장·군수 또는 구청장과 협의한 경우에는 그러하지 아니하다.
> 2. 위 1.에 따른 의견 제출을 요청받은 **시장·군수 또는 구청장**은 요청받은 날부터 30일 내에 의견을 제출하여야 하며, 그 기간 동안 '의견을 제출하지 아니하면' 의견이 없는 것으로 본다.

2. 공공주택사업자에 대한 특례 등

(1) 간선시설의 설치 및 지원 등(법 제25조)

① 공공주택사업을 시행하는 때에는 해당 간선시설의 설치 및 설치비용의 상환에 관하여 「주택법」제28조(간선시설의 설치 및 비용의 상환)를 준용한다. 이 경우 간선시설을 설치하는 자는 공공주택사업에 필요한 간선시설을 다른 주택건설사업이나 대지조성사업보다 우선하여 설치하여야 한다.

② **국가 또는 지방자치단체**는 공공주택사업의 원활한 시행을 위하여 도로·철도·공원 등 대통령령으로 정하는 시설을 직접 설치하거나 이를 설치하는 자에게 설치비용을 **보조**할 수 있다.

> **관련법령 간선시설 등의 설치 및 지원 등(영 제19조)**
> 1. 위 (1)의 ②에서 '도로·철도·공원 등 대통령령으로 정하는 시설'이란 다음의 시설을 말한다.
>   ㉠ 항만, 도로 및 철도
>   ㉡ 도시공원 및 녹지
>   ㉢ 용수공급시설, 전기·통신시설, 가스시설 및 열공급시설
>   ㉣ 하수도 및 폐기물처리시설
>   ㉤ 공동구(共同溝)
>   ㉥ 그 밖에 주택지구 개발을 위하여 특히 필요한 시설로서 국토교통부장관이 정하는 시설
> 2. **국가나 지방자치단체**는 위 (1)의 ②에 따라 다음의 어느 하나에 해당하는 주택지구에 대하여 위 1.에 따른 시설의 설치비용을 **지원**할 수 있다.
>   ㉠ 다음의 요건을 모두 갖춘 주택지구
>   ⓐ 법 제31조에 따른 '준공검사'를 받지 아니하였을 것
>   ⓑ 주택지구의 **공공주택 호수가 전체 주택 호수의 100분의 70 이상**일 것
>   ㉡ 위 ㉠ 외의 주택지구 중 법 제33조에 따른 **공공주택통합심의위원회**(이하 '통합심의위원회'라 한다)에서 저렴한 주택공급 및 자족시설 확보 등을 위하여 지원이 필요하다고 **인정**하는 주택지구

(2) 토지에의 출입 등(법 제26조 제1항)

주택지구의 지정을 제안하는 자 또는 공공주택사업자는 주택지구의 지정제안 또는 지구계획의 작성을 위한 조사·측량을 하고자 하는 때와 지구조성사업의 시행을 위하여 필요한 경우에는 타인의 토지에 출입하거나 타인의 토지를 재료적치장·통로 또는 임시도로로 일시 사용할 수 있으며 죽목·토석, 그 밖의 장애물을 변경하거나 제거할 수 있다.

(3) 토지 등의 수용 등(법 제27조)

① '공공주택사업자'는 주택지구의 조성 또는 공공주택건설을 위하여 필요한 경우에는 토지 등을 **수용 또는 사용**할 수 있다. 26회
② '주택지구를 지정하거나 법 제35조 제1항에 따라 주택건설사업계획을 승인하여 고시한 때'에는 「공익사업을 위한 토지 등의 취득 및 보상에 관한 법률」 제20조 제1항 및 같은 법 제22조에 따른 '사업인정' 및 '사업인정의 고시'가 있는 것으로 본다.
③ 위 ①에 따른 토지 등의 수용 또는 사용에 대한 **재결의 신청**은 「공익사업을 위한 토지 등의 취득 및 보상에 관한 법률」 제23조 제1항 및 같은 법 제28조 제1항에도 불구하고 '지구계획 또는 법 제35조 제1항에 따른 주택건설사업계획에서 정하는 사업의 시행기간 내'에 할 수 있다.
④ 위 ①에 따른 '토지 등의 수용 또는 사용에 대한 재결의 관할 토지수용위원회'는 **중앙토지수용위원회**로 한다.
⑤ 법 제10조 제1항에 따른 주민 등의 의견청취 공고로 인하여 취득하여야 할 토지가격이 변동되었다고 인정되는 등 '대통령령으로 정하는 요건에 해당하는 경우'에는 「공익사업을 위한 토지 등의 취득 및 보상에 관한 법률」 제70조 제1항에 따른 공시지가는 같은 법 제70조 제3항부터 제5항까지의 규정에도 불구하고 법령에 따른 주민 등의 의견청취 공고일 전의 시점을 공시기준일로 하는 공시지가로서 해당 토지의 가격시점 당시 공시된 공시지가 중 법령에 따른 '주민 등의 의견청취 공고일'에 가장 가까운 시점에 공시된 공시지가로 한다.
⑥ 위 ①에 따른 토지등의 수용 또는 사용에 관하여 이 법에 특별한 규정이 있는 것을 제외하고는 「공익사업을 위한 토지 등의 취득 및 보상에 관한 법률」을 적용한다.

관련법령 토지등의 수용 등(영 제20조)

1. 위 **(3)**의 ⑤에서 '대통령령으로 정하는 요건에 해당하는 경우'란 주택지구에 대한 감정평가의 기준이 되는 표준지공시지가(부동산 가격공시에 관한 법률에 따른 표준지공시지가를 말한다. 이하 같다)의 **평균변동률**이 해당 주택지구가 속하는 특별자치시, 특별자치도, 시·군 또는 구 전체 표준지공시지가의 **평균변동률**보다 **30퍼센트 이상 높은 경우**를 말한다. 〈개정 2025.7.31.〉
2. 위 1.에 따른 **평균변동률**은 법령에 따른 '주민 등의 의견청취 공고일 당시' 공시된 공시지가 중 그 공고일에 가장 가까운 시점에 공시된 공시지가의 공시기준일부터 법 제12조 제1항에 따른 주택지구 지정의 고시일 당시 공시된 공시지가 중 그 고시일에 가장 가까운 시점에 공시된 공시지가의 공시기준일까지의 변동률로 한다.

3. 위 1.에 따른 평균변동률을 산정할 때 주택지구가 둘 이상의 시·군 또는 구에 걸치는 경우에는 해당 주택지구가 속한 시·군 또는 구별로 **평균변동률을 산정한 후 이를 해당 시·군 또는 구에 속한 주택지구 면적의 비율로 가중평균**한다.

(4) 건축물의 존치 등(법 제27조의2)

① '**공공주택사업자**'는 주택지구에 있는 기존의 건축물이나 그 밖의 시설을 이전하거나 철거하지 아니하여도 지구조성사업에 지장이 없다고 인정하여 대통령령으로 정하는 요건을 충족하는 경우에는 이를 **존치**하게 할 수 있다.

② '**공공주택사업자**'는 위 ①에 따라 존치하게 된 시설물의 '**소유자**'에게 도로, 공원, 상하수도, 그 밖에 대통령령으로 정하는 공공시설의 설치 등에 필요한 비용의 일부를 **부담하게 할 수 있다**.

관련법령 건축물의 존치 등(영 제21조)

1. 위 **(4)**의 ①에서 '대통령령으로 정하는 요건을 충족하는 경우'란 다음의 어느 하나에 해당하는 경우를 말한다.
   ㉠ 다음의 요건을 모두 충족하는 경우
      ⓐ 건축물 및 영업장 등이 관계 법령에 따라 인·허가 등을 받았을 것
      ⓑ 주택지구의 토지이용계획상 받아들일 수 있을 것
      ⓒ 해당 건축물 등을 존치하는 것이 공익상 또는 경제적으로 현저히 유익할 것
      ⓓ 해당 건축물 등이 해당 지구조성사업의 준공 이후까지 장기간 활용될 것으로 예상될 것
   ㉡ 지방자치단체 등 관계 행정기관의 장이 문화적·예술적 가치가 있다고 인정하여 존치를 요청하는 경우로서 통합심의위원회나 「국토의 계획 및 이용에 관한 법률」에 따른 **중앙도시계획위원회** 또는 **지방도시계획위원회의 심의**를 거친 경우
2. 위 **(4)**의 ②에서 '대통령령으로 정하는 공공시설'이란 「국토의 계획 및 이용에 관한 법률」 제65조에 따라 관리청에 무상으로 귀속되는 공공시설을 말한다.
3. 공공주택사업자가 위 **(4)**의 ①에 따라 존치하게 된 시설물의 소유자에게 위 **(4)**의 ②에 따라 부담하게 할 수 있는 공공시설의 설치 등에 필요한 비용(이하 '**존치부담금**'이라 한다)의 구체적인 산정방식 및 존치하는 부지의 범위 등은 [별표 4]에 따른다.
4. '공공주택사업자'는 법 제32조의2에 따라 조성된 토지의 '**조성원가**'를 공시할 때 해당 사업지구의 존치부담금 내역도 공개할 수 있다.

(5) 공공주택지구 주민에 대한 지원대책의 수립·시행(법 제27조의3)

시·도지사, 시장·군수·구청장 또는 **공공주택사업자**는 대통령령으로 정하는 규모 이상의 공공주택사업 또는 「노숙인 등의 복지 및 자립지원에 관한 법률」에 따른 **쪽방 밀집지역**이 포함된 공공주택사업 중 '**대통령령으로 정하는 사업**'으로 인하여 생활기반을 상실하게 되는 공공주택지구 안의 **주민**에 대하여 직업전환훈련, 소득창출사업지원, 그 밖에 주민의 재정착에 필요한 **지원대책**을 대통령령으로 정하는 바에 따라 **수립·시행**할 수 있다.

> **관련법령** 주택지구 주민에 대한 지원대책(영 제21조의2)
>
> 1. 위 **(5)**에 따라 시·도지사, 시장·군수·구청장 또는 공공주택사업자는 다음의 구분에 따른 공공주택사업으로 생활기반을 상실하게 되는 주택지구 안의 주민에 대하여 해당 호에서 정하는 **지원대책을** 수립·시행할 수 있다.
>   ㉠ 주택지구의 면적이 10만 제곱미터 이상인 공공주택사업: 다음의 지원대책
>   ⓐ 전업(轉業)을 희망하는 주택지구 안의 주민에 대한 **직업전환훈련의** 실시
>   ⓑ 주택지구 안의 주민에 대한 직업 알선
>   ⓒ 공공주택사업에 참여하는 시공업체 등에 대한 주택지구 안의 주민의 **고용 추천**
>   ㉡ 주택지구의 면적이 50만 제곱미터 이상인 공공주택사업: 다음의 지원대책
>   ⓐ 위 ㉠의 ⓐ~ⓒ의 지원대책
>   ⓑ '주택지구 안의 주민으로 구성된 **법인 또는 단체**'에 대한 **소득창출사업의 지원**
>   ㉢ 「노숙인 등의 복지 및 자립지원에 관한 법률」에 따른 '쪽방 밀집지역'이 포함된 공공주택사업 중 해당 쪽방 밀집지역의 쪽방거주자가 100명 이상인 공공주택사업: 다음의 지원대책
>   ⓐ 위 ㉡의 ⓐ, ⓑ의 지원대책
>   ⓑ 공공주택사업의 시행으로 철거되는 주택의 소유자 및 세입자에 대한 공공임대주택 등을 활용한 임시 거주 지원
> 2. 시·도지사, 시장·군수·구청장 또는 공공주택사업자는 위 **(5)**에 따라 위 1. ㉠의 ⓐ의 직업전환훈련을 실시하려는 경우에는 직업전환훈련의 대상·방법과 수당의 지급기준 등 직업전환훈련의 주요 내용을 '공보'에 고시하거나 '인터넷 홈페이지'에 게시해야 한다.
> 3. 공공주택사업자는 공공주택사업의 시행에 따른 분묘의 이장(移葬), 수목의 벌채, 방치된 지하수 굴착시설의 원상복구 및 지장물(支障物)의 철거 등 '시장·군수·구청장이 주택지구 안의 주민의 **생활안정을** 위하여 필요하다고 판단하여 고시하는 사업'을 위 1. ㉡의 ⓑ의 **법인 또는 단체에 위탁하여** 시행할 수 있다.

(6) 쪽방 밀집지역을 포함하는 주택지구의 토지 등의 수용 등에 대한 특례(법 제27조의4)

① 공공주택사업자는 국토교통부장관이 쪽방 밀집지역을 포함하여 지구조성사업을 '법 제6조 및 제7조에 따라 지정하여 고시하는 주택지구'의 토지등소유자가 「공익사업을 위한 토지 등의 취득 및 보상에 관한 법률」에 따른 협의에 응하여 주택지구 내 **토지등의 전부를 공공주택사업자에게 양도하는 경우**로서 토지등소유자가 원하는 경우는 현물보상을 할 수 있다. 〈개정 2025.1.31.〉

② **현물보상에** 관하여는 법 제40조의10 제6항·제8항 및 제10항을 준용한다. 이 경우 '복합지구'는 '공공주택지구'로, '복합사업'은 '지구조성사업'으로, '후보지 선정일'은 '해당 주택지구가 지정·고시된 날로부터 **역산하여 1년이 되는 날**'로 본다. 〈개정 2025.1.31.〉

③ 토지등소유자가 위 ①에 따라 현물보상을 받는 경우 「공익사업을 위한 토지 등의 취득 및 보상에 관한 법률」 제63조(현금보상 등) 제1항 단서를 적용하지 아니한다.

④ 쪽방 밀집지역을 포함하는 지구조성사업의 '주민의견수렴 등'에 대하여는 법 제40조의11(주택공급 등에 관한 특례)부터 제40조의14(복합사업의 토지등소유자 등에 대한 지원)까지를 준용한다. 이 경우 '복합지구'는 '공공주택지구'로, '복합사업'은 '지구조성사업'으로 본다. 〈개정 2025.1.31.〉

[법률 제19763호(2023.10.24.) 제27조의4의 개정 규정은 같은 법 부칙 제2조의 규정에 의하여 2026년 12월 31일까지 '유효'함]

(7) 국·공유지의 처분제한 등(법 제28조)

① 주택지구 안에 있는 국가 또는 지방자치단체 소유의 토지로서 지구조성사업에 필요한 토지는 '지구조성사업 외의 목적'으로 매각하거나 양도할 수 없다. 26회

② 주택지구 안에 있는 국가 또는 지방자치단체 소유의 재산은 「국유재산법」 및 「공유재산 및 물품 관리법」에도 불구하고 공공주택사업자에게 **수의계약**으로 양도할 수 있다. 이 경우 그 재산의 용도폐지 및 양도에 관하여는 국토교통부장관이 미리 관계 행정기관의 장과 협의하여야 한다. 26회

③ 위 ② 후단에 따라 협의의 요청이 있는 때에는 관계 행정기관의 장은 그 요청을 받은 날부터 60일 이내에 용도폐지 및 양도, 그 밖의 필요한 조치를 하여야 한다.

④ 위 ②에 따라 공공주택사업자에게 양도하고자 하는 재산 중 **관리청을 알 수 없는 국유재산**에 관하여는 다른 법령에도 불구하고 **기획재정부장관**이 이를 관리 또는 처분한다.

(8) 공공시설 등의 귀속(법 제29조)

① 공공주택사업자가 「국토의 계획 및 이용에 관한 법률」 제2조 제13호에 따른 공공시설[주차장·운동장은 제외한다. 이하 (8)에서 같다]을 새로 설치하거나 기존의 공공시설에 대체되는 시설을 설치한 경우 그 귀속에 관하여는 같은 법 제65조를 적용한다. 이 경우 '행정청'은 '공공주택사업자'로 본다.

② 위 ①에 따라 「국토의 계획 및 이용에 관한 법률」을 적용함에 있어서 관리청이 불분명한 재산 중 도로·구거(溝渠)에 대하여는 **국토교통부장관**을, 하천에 대하여는 **환경부장관**을, 그 밖의 재산에 대하여는 **기획재정부장관**을 관리청으로 본다.

③ 위 ①에 따라 공공주택사업자가 대체공공시설 등을 설치하고자 하는 경우에는 대통령령으로 정하는 바에 따라 위 1.의 **(2)**에 따른 '지구계획 승인을 신청하는 때'에 이를 **명시**하여야 한다. 다만, 법 제7조에 따라 주거지역 안에서 주택지구를 지정하는 경우에는 법 제35조에 따라 주택건설사업계획을 승인 신청하는 때에 이를 명시하여야 한다.

④ 위 ①에 따른 공공시설과 재산을 등기할 때에는 지구계획승인서, 주택건설사업계획승인서 또는 그 변경승인서와 준공확인서로서 「부동산등기법」에 따른 등기원인을 증명하는 서류를 갈음할 수 있다.

> **관련법령** 대체공공시설 등의 설치 명시(영 제22조)
>
> 위 **(8)**의 ③에 따른 대체공공시설 등의 설치의 명시는 기존 공공시설과 대체공공시설의 종류, 규모 및 관리청을 명시하는 방법으로 한다.

(9) 준공검사(법 제31조)

① **공공주택사업자**는 지구조성사업을 완료한 때에는 지체 없이 대통령령으로 정하는 바에 따라 **국토교통부장관의 준공검사**를 받아야 한다.

② **국토교통부장관**은 지구조성사업이 지구계획대로 '완료'되었다고 인정하는 경우에는 **준공검사서**를 **공공주택사업자**에게 **교부**하고 이를 대통령령으로 정하는 바에 따라 **관보에 공고**하여야 한다.

③ 공공주택사업자가 위 ①에 따라 준공검사를 받은 때에는 법 제18조에 따라 의제되는 인가·허가 등에 따른 해당 사업의 **준공검사** 또는 **준공인가** 등을 받은 것으로 본다.

④ 공공주택사업자는 지구조성사업을 효율적으로 시행하기 위하여 지구계획의 범위에서 주택지구 중 '일부지역에 한정하여' 준공검사를 신청할 수 있다. 26회

> **관련법령** 준공검사(영 제23조)
>
> 1. 공공주택사업자는 위 **(9)**의 ①에 따라 준공검사를 받으려면 신청서에 준공조서 등의 서류를 첨부하여 국토교통부장관에게 제출하여야 한다.
> 2. 위 **(9)**의 ②에 따른 공사 완료의 공고는 사업의 명칭, 준공일의 사항을 **관보**에 공고하는 방법으로 한다.

(10) 조성된 토지의 공급(법 제32조)

① 주택지구로 조성된 토지를 공급하려는 자는 지구계획에서 정한 바에 따라 공급하여야 한다.

② 위 ①에 따라 공급하는 토지의 용도, 공급의 절차·방법 및 대상자, 그 밖에 공급조건에 관한 사항은 대통령령으로 정한다.

③ 공공주택사업자는 「주택법」에 따른 국민주택의 건설용지로 사용할 토지를 공급할 때 그 가격을 조성원가 이하로 할 수 있다. 26회

(11) 조성된 토지의 전매행위 제한 등(법 제32조의3)

① '주택지구로 조성된 토지에 대한 공급계약을 체결한 자(이하 '공급받은 자'라 한다)는 '소유권이전등기를 하기 전까지'는 그 토지를 '공급받은 용도대로 사용하지 아니한 채' 그대로 전매(명의변경, 매매 또는 그 밖에 권리의 변동을 수반하는 모든 행위를 포함하되, 상속의 경우는 제외한다. 이하 같다)할 수 없고, 누구든지 그 토지를 전매받아서도 아니 된다. 다만, '이주대책용으로 공급하는 주택건설용지 등 대통령령으로 정하는 경우'에는 그러하지 아니하다.

② 조성된 토지의 공급대상자로 선정된 자(이하 '**공급대상자**'라 한다)는 해당 토지를 공급받을 수 있는 권리·자격·지위 등을 **전매할 수 없고**, 누구든지 이를 **전매받아서도 아니 된다**.

③ 토지를 공급받은 자가 위 ①을 위반하여 토지를 전매한 경우 해당 법률행위를 **무효**로 하며, **공공주택사업자**(당초의 토지 공급자를 말한다)는 이미 체결된 **토지의 공급계약을 취소**한다. 이 경우 **공공주택사업자**는 토지를 공급받은 자가 지급한 금액 중 '해당 토지 공급계약에서 정한 계약보증금을 제외한 금액' 및 '이에 대한 이자'(은행법에 따른 은행의 1년 만기 정기예금 평균이자율을 적용한 이자를 말한다)를 합산한 금액을 지체 없이 **지급**하여야 한다.

④ '공급대상자가 위 ②를 위반하여 토지를 공급받을 수 있는 권리·자격·지위 등을 **전매한 경우**' 해당 법률행위와 토지를 공급받을 수 있는 권리·자격·지위 등은 **무효**로 한다.

(12) 선수금 등(법 제32조의4)

① '**공공주택사업자**'는 토지를 공급받을 자로부터 그 대금의 전부 또는 일부를 미리 받을 수 있다.

② '**공공주택사업자**'는 토지를 공급받을 자에게 토지로 상환하는 채권(이하 '**토지상환채권**'이라 한다)을 발행할 수 있다.

③ 토지상환채권의 발행절차·방법 및 조건 등은 「국채법」, 「지방재정법」, 「한국토지주택공사법」, 그 밖의 법률에서 정하는 바에 따른다.

④ 위 ① 또는 ②에 따라 '선수금을 받거나' '토지상환채권을 발행하려는 공공주택사업자'는 '**국토교통부장관**'의 승인을 받아야 한다.

CHAPTER 04 공공주택통합심의위원회

CHAPTER 미리보기

공공주택통합심의위원회 ─┬─ 공공주택통합심의위원회의 설치
　　　　　　　　　　　 └─ 통합심의위원회

학습전략

공공주택통합심의위원회를 다루는 단원으로서 출제 빈도는 높지 않은 편이나, 언제든지 출제될 수 있으므로 정리가 필요합니다.

학습키워드

- 공공주택통합심의위원회의 설치

1. 공공주택통합심의위원회의 설치

(1) 공공주택통합심의위원회의 설치 등(법 제33조 제1항·제2항)

① 법 제17조에 따른 지구계획, 법 제35조에 따른 사업계획 또는 법 제40조의8에 따른 도심 공공주택 복합사업계획(이하 '관련 계획'이라 한다)의 **승인**과 관련하여 도시계획·건축·환경·교통·재해 등 「건축법」에 따른 건축물의 건축 및 특별건축구역의 지정 등에 관한 사항 등을 검토 및 심의하기 위하여 **국토교통부**에 '**공공주택통합심의위원회**'(이하 '통합심의위원회'라 한다)를 둔다.

② 이 법에서 국토교통부장관의 권한에 속하는 사항 중 법 제53조 제1항에 따라 시·도지사에게 위임된 사항과 관련하여 통합심의위원회의 심의대상에 해당되는 사항과 법 제40조의8에 따른 도심 공공주택 복합사업계획의 승인과 관련하여 위 ①의 사항을 검토 및 심의하기 위하여 시·도에 '시·도 공공주택통합심의위원회'를 둘 수 있다.

(2) 공공주택통합심의위원회의 구성(법 제33조 제3항)

통합심의위원회는 위원장 1인 및 부위원장 1인을 포함하여 **33인 이하**의 위원으로 구성한다.

(3) 공공주택통합심의위원회의 위원(법 제33조 제4항~제9항)

① 통합심의위원회의 위원은 다음의 사람이 되고, 위원장은 다음 ⓒ에 해당하는 사람 중 위원들이 호선하는 사람으로 하며, 위원장은 원활한 심의를 위하여 필요한 경우 다음 ㉠의 사람 중 국토교통부 소속 공무원을 부위원장으로 임명할 수 있다.

  ㉠ 관계 중앙행정기관 및 해당 주택지구 또는 공공주택이 속한 지역을 관할하는 시·도 소속의 관계 부서의 장으로서 고위공무원단에 속하는 공무원(시·도의 경우에는 3급 이상인 공무원을 말한다)과 국토교통부에서 주택 관련 업무를 담당하는 고위공무원단에 속하는 공무원

  ㉡ 도시계획·건축·교통·환경·재해 분야 등의 전문가로서 택지개발 및 주택사업에 관한 학식과 경험이 풍부한 사람 중 국토교통부장관이 위촉한 사람

  ㉢ 「건축법」에 따른 중앙건축위원회의 위원 중 해당 위원회의 위원장이 추천한 사람

  ㉣ 「국토의 계획 및 이용에 관한 법률」에 따른 중앙도시계획위원회의 위원 중 해당 위원회의 위원장이 추천하는 사람 1인과 해당 주택지구 및 공공주택이 속한 시·도에 설치된 시·도 도시계획위원회의 위원 중 도시계획전문가·설계전문가·환경전문가 각 1인 이상을 포함하여 해당 시·도 도시계획위원회의 위원장이 추천하는 사람 등

② 위원장은 위 ①의 ㉢~㉣ 등에 해당하는 위원이 속한 위원회의 위원장에게 위원의 추천을 요청하여야 하며, 위원의 추천을 요청받은 위원장은 그 요청을 받은 날부터 **7일 이내**에 위원을 추천하여야 한다.

③ 통합심의위원회의 회의는 재적위원 과반수의 출석으로 개의하고, 출석위원 과반수의 찬성으로 의결한다. 다만, 일정한 경우에는 재적위원을 다르게 운영할 수 있다.
④ 통합심의위원회는 회의내용을 녹취하고 회의록을 작성하여야 한다.
⑤ 통합심의위원회 및 시·도 공공주택통합심의위원회의 위원 중 공무원이 아닌 위원은 「형법」 제127조 및 제129조부터 제132조까지의 규정을 적용할 때에는 공무원으로 본다.

2. 통합심의위원회

(1) 통합심의위원회의 심의절차 등(법 제34조 제1항·제2항)

① '공공주택사업자'는 다음의 구분에 따라 서류를 첨부하여야 한다. 이 경우 국토교통부장관은 관련계획의 승인을 효율적으로 처리하기 위하여 필요하면 제출기한을 정하여 이에 따라 제출하도록 할 수 있다.
  ㉠ 법 제16조 제1항에 따라 지구계획의 승인을 신청하는 경우: 법 제33조 제1항 각 호와 관련된 서류
  ㉡ 법 제35조 제1항에 따라 사업계획을 승인할 때 통합심의위원회의 심의를 신청하는 경우: 법 제33조 제1항 제1호, 제1호의2, 제2호부터 제4호까지 및 제10호와 관련된 서류
  ㉢ 법 제40조의8 제1항에 따라 도심 공공주택 복합사업계획을 승인할 때 통합심의위원회의 심의를 신청하는 경우: 법 제33조 제1항 각 호와 관련된 서류
② 공공주택사업자는 통합심의위원회에 최종의견서를 제출할 수 있으며, 통합심의위원회는 관련 계획의 승인과 관련된 사항, 공공주택사업자의 최종의견서, 관계 기관 의견서 등을 종합적으로 검토하여 심의하여야 한다. 이 경우 특별한 사유가 없으면 국토교통부장관은 심의결과를 반영하여 관련 계획을 승인하여야 한다.

(2) 의제 규정(법 제34조 제3항)

통합심의위원회의 검토 및 심의를 거친 경우에는 「건축법」에 따른 건축위원회, 「국토의 계획 및 이용에 관한 법률」에 따른 시·도 도시계획위원회 등의 검토 및 심의를 거친 것으로 본다.

CHAPTER 05 도심 공공주택 복합사업

회독체크 1 2 3

CHAPTER 미리보기

도심 공공주택 복합사업 ─┬─ 도심 공공주택 복합지구 및 복합사업
　　　　　　　　　　　　└─ 주택공급 등에 관한 특례 등

학습전략

2021.7.20. 신설된 부분으로, 최근 시험의 출제 경향을 보면 신설 또는 개정된 부분에 대한 출제 빈도가 높으므로, 꼼꼼히 숙지하시기 바랍니다.

학습키워드

- 도심 공공주택 복합지구
- 도심 공공주택 복합사업계획

1. 도심 공공주택 복합지구 및 복합사업

(1) 도심 공공주택 복합지구의 지정 등(법 제40조의7)〈개정 및 신설 2025.1.31.〉

① **국토교통부장관** 또는 **시·도지사**(이하 '**지정권자**'라 한다)는 다음의 구분에 따라 **도심 공공주택 복합사업**(이하 '**복합사업**'이라 한다)을 추진하기 위하여 필요한 지역을 **도심 공공주택 복합지구**(이하 '**복합지구**'라 한다)로 **지정**하거나 지정된 복합지구를 **변경** 또는 **해제**할 수 있다.

   ㉠ 지방공사 또는 지방공사가 총지분의 **100분의 50**을 초과하여 출자·설립한 **법인**이 다음 ④에 따른 **제안**을 하는 경우 지정권자: 시·도지사

   ㉡ 위 ㉠ 이외의 공공주택사업자가 다음 ④에 따른 제안을 하는 경우 지정권자: 국토교통부장관

② **지정권자**는 복합지구의 지정을 검토할 필요성이 있는 지역에 대하여 **복합지구 후보지**(이하 '**후보지**'라 한다)로 **선정**하거나 선정된 후보지를 **변경**하여 대통령령으로 정하는 바에 따라 **공고**할 수 있으며, **시장·군수 또는 구청장**은 관할구역 내에서 복합사업을 추진할 필요가 있다고 인정되는 지역을 '후보지로 선정하여 줄 것'을 **지정권자**에게 **요청**할 수 있다. 이 경우 **시·도지사**가 후보지로 선정하려면 **국토교통부장관**과, 국토교통부장관이 후보지로 선정하려면 **시·도지사**와 '**미리**' **협의**하여야 한다. 〈신설〉

③ **지정권자**는 다음의 어느 하나에 해당하는 경우에는 위 ②에 따라 선정한 후보지에 대하여 그 선정을 **철회**할 수 있다. 이 경우 지정권자는 대통령령으로 정하는 바에 따라 그 사실을 **공고**하여야 한다. 〈신설〉

   ㉠ 사정의 변경으로 인하여 복합사업을 추진할 필요성이 없어지거나 추진하는 것이 현저히 곤란한 경우

   ㉡ **토지등소유자**의 **2분의 1 이상**이 **후보지 선정의 철회를 요청**하는 경우(제4항에 따라 공공주택사업자가 지정권자에게 복합지구의 지정을 제안한 경우는 제외한다)

   ㉢ 후보지 선정 후 **2년**이 되는 날까지 ⑦에 따른 복합지구의 지정·변경에 관한 **주민 등의 의견청취를 하지 아니하는 경우**

④ **공공주택사업자**는 **지정권자**에게 위 ②에 따라 선정된 후보지에 대하여 복합지구의 **지정·변경**을 **제안**할 수 있으며, 다음의 어느 하나에 해당하는 경우에는 **해제**를 **제안**할 수 있다.

   ㉠ 사정의 변경으로 인하여 복합사업을 계속 추진할 필요성이 없어지거나 추진하는 것이 현저히 곤란한 경우

   ㉡ 복합지구 지정 후 **3년**이 경과한 구역으로서 복합지구에 위치한 토지등소유자의 **2분의 1 이상**이 공공주택사업자에게 **해제**를 **요청**하는 경우(법 제40조의8에 따른 도심 공공주택 복합사업계획을 신청한 경우는 **제외**한다)

⑤ **공공주택사업자**는 대통령령으로 정하는 바에 따라 **국가 또는 지방자치단체**에 '⑧의 ㉠에 따른 동의 여부 확인을 위한 목적의 한도'에서 토지등소유자의 주소, 전화번호 등 대통령령으로 정하는 자료의 제공, 복합사업에 필요한 서류의 발급 또는 그 밖에 멸실건축물에 대한 공부의 정리 등 필요한 **협조**를 **요청**할 수 있으며, **국가 또는 지방자치단체**는 특별한 사정이 없으면 이에 따라야 한다. 이 경우 국가나 지방자치단체는 발급하는 서류에 대하여 수수료를 부과하지 아니한다. 〈개정〉

⑥ **지정권자**가 위 ①에 따라 복합지구를 지정·변경·해제하거나 공공주택사업자가 위 ④에 따라 복합지구의 **지정·변경·해제**를 제안하려는 경우에는 **지정권자 및 공공주택사업자**는 해당 지역의 주택수요, 지역여건 등을 **종합적으로 검토**하여야 한다. 이 경우 **지정권자 및 공공주택사업자**는 복합지구의 지정·변경·해제 및 그 제안에 대하여 **관계 중앙행정기관의 장, 관할 지방자치단체의 장, 지방공사 등 관계 기관과 사전 협의**하여야 한다. 〈개정〉

⑦ **지정권자**가 복합지구를 **지정·변경**(대통령령으로 정하는 경미한 사항을 변경하는 경우는 제외한다. 이하 ⑧에서 같다)하려면 **공고**를 하여 주민 및 관계 전문가 등의 **의견**을 들어야 한다. 이 경우 **지정 공고한 지역**은 도심 공공주택 복합사업 예정지구(이하 '예정지구'라 한다)로 **지정된 것으로 본다.** 〈개정〉

⑧ **지정권자**는 '다음의 어느 하나에 해당하는 경우'에는 위 ④에 따른 복합지구 지정·변경 제안을 **반려하여야 한다.** 〈개정〉
㉠ 공공주택사업자가 위 ⑦에 따른 복합지구의 지정·변경에 관한 주민 등의 의견청취의 공고일부터 1년이 지날 때까지 토지등소유자 **3분의 2 이상의 동의**와 토지 면적의 **2분의 1 이상**에 해당하는 토지를 **확보**(토지 소유권을 취득하거나 토지등소유자로부터 사용동의를 받은 것을 말한다)하지 못하는 경우
㉡ **사정의 변경**으로 인하여 복합사업을 추진할 필요성이 없어지거나 추진하는 것이 현저히 곤란한 경우
㉢ 위 ⑦에 따른 복합지구의 지정·변경에 관한 주민 등의 의견청취의 공고일부터 6개월이 지난 날 이후로 **2분의 1을 초과하는** 토지등소유자가 예정지구 **지정 해제를 요청하는** 경우

⑨ 위 ⑧에 따라 **복합지구 지정 제안이 반려된 경우 예정지구 지정은 해제된 것으로 보며 지정권자**는 이를 공고하여야 한다. 〈개정〉

⑩ 위에서 규정한 사항 외에 지구의 유형 및 지정기준, 제안의 방법, 동의자 수 산정방법 등 복합지구의 지정·변경 또는 해제에 필요한 사항은 대통령령으로 정한다. 〈개정〉

[법률 제18311호(2021.7.20.) 제40조의7의 개정 규정은 같은 법 부칙 제2조의 규정에 의하여 2026년 12월 31일까지 '유효'함]

(2) 도심 공공주택 복합사업계획의 승인 등(법 제40조의8)

① **공공주택사업자**는 다음의 사항을 포함한 도심 공공주택 복합사업계획(이하 '**복합사업계획**' 이라 한다)을 수립하여 **지정권자의 승인**을 받아야 한다. 승인된 복합사업계획을 변경(대통령령으로 정하는 경미한 사항을 변경하는 경우는 제외한다)하는 때에도 또한 같다.
   ㉠ 복합사업계획의 개요
   ㉡ 토지이용계획 및 기반시설 설치 계획
   ㉢ 건축 및 주택건설계획
   ㉣ 임시거주시설을 포함한 주민이주대책
   ㉤ 세입자의 주거 및 이주대책
   ㉥ 조성된 토지의 공급에 관한 계획
   ㉦ 그 밖에 사업시행을 위하여 필요한 사항으로서 대통령령으로 정하는 사항(총사업비)

② **시·도지사**는 위 ①에 따라 복합사업계획을 승인하기 전에 **국토교통부장관**과 **미리 협의**하여야 한다.

③ 지정권자는 위 ①에 따라 복합사업계획의 승인 또는 변경승인을 하려면 대통령령으로 정하는 바에 따라 공고를 하여 주민 및 관계 전문가 등의 의견을 들어야 한다.

④ 위 ①에 따른 복합사업계획의 승인 또는 변경승인이 있는 때에는 다음의 인·허가 등을 받은 것으로 보며, 복합사업계획 승인고시가 있는 때에는 다음의 법률에 따른 인·허가 등의 고시 또는 공고가 있는 것으로 본다.
   ㉠ 이 법 제35조에 따른 주택건설사업계획의 승인
   ㉡ 「건축법」에 따른 건축허가, 건축신고, 허가·신고사항의 변경, 같은 가설건축물의 허가·신고, 같은 법 제29조에 따른 건축 협의
   ㉢ 「주택법」 제15조에 따른 사업계획의 승인 등

⑤ **지정권자**는 위 ④의 어느 하나에 해당하는 사항이 포함되어 있는 복합사업계획을 승인하려는 경우에는 공공주택사업자가 제출한 관계 서류를 첨부하여 **미리** 관계 행정기관의 장과 **협의**하여야 한다. 이 경우 **관계 행정기관의 장**은 '협의요청을 받은 날'부터 **30일 이내**에 의견을 제출하여야 하며 같은 기간 이내에 의견제출이 없는 경우에는 의견이 없는 것으로 본다.

⑥ 위 ④에 따라 다른 법률에 따른 인·허가 등을 받은 것으로 보는 경우에는 관계 법률에 따라 부과되는 면허세·수수료 또는 사용료 등을 **면제**한다.

[법률 제18311호(2021.7.20.) 부칙 제2조의 규정에 의하여 이 조는 2026년 12월 31일까지 유효함]

(3) 복합사업의 건축기준 등에 대한 특례(법 제40조의9)

① 지정권자는 복합사업의 원활한 시행을 위하여 필요한 경우에는 다음에 따른 관계 규정에도 불구하고 대통령령으로 정하는 범위에서 다음의 사항에 대하여 **완화된 기준**을 정하여 시행할 수 있다.

㉠ 「국토의 계획 및 이용에 관한 법률」 제76조에 따른 용도지역 및 용도지구에서의 건축물 건축 제한

㉡ 「국토의 계획 및 이용에 관한 법률」 제77조에 따른 건폐율의 제한

㉢ 「국토의 계획 및 이용에 관한 법률」 제78조에 따른 용적률의 제한

㉣ 「도시공원 및 녹지 등에 관한 법률」 제14조에 따른 도시공원 또는 녹지 확보 기준

㉤ 「주차장법」 제12조의3, 제19조 및 「주택법」 제35조에 따른 주차장의 설치기준

② 위 ①의 ㉤에 따라 주차장의 설치기준을 완화하는 경우 법 제33조에도 불구하고 「도시교통정비 촉진법」 제17조 제1항에 따른 교통영향평가심의위원회의 심의를 받아야 한다.

[법률 제18311호(2021.7.20.) 부칙 제2조의 규정에 의하여 이 조는 2026년 12월 31일까지 유효함]

(4) 토지 등의 수용 등(법 제40조의10)

① **공공주택사업자**는 복합지구에서 복합사업을 시행하기 위하여 필요한 경우에는 토지 등을 **수용 또는 사용**할 수 있다.

② '복합지구를 지정하여 고시한 때'에는 「공익사업을 위한 토지 등의 취득 및 보상에 관한 법률」 제20조 제1항 및 같은 법 제22조에 따른 **사업인정** 및 **사업인정의 고시**가 있는 것으로 본다.

③ 위 ①에 따른 토지등의 수용 또는 사용에 대한 **재결의 관할 토지수용위원회는 중앙토지수용위원회**로 한다. 〈신설 2025.1.31.〉

2. 주택공급 등에 관한 특례 등

(1) 주택공급 등에 관한 특례(법 제40조의11)

① 위 1.의 (4)에 따라 현물보상으로 공급하는 주택 및 주택 이외의 건축물에 대하여는 「주택법」 제57조, 제57조의2, 제64조 및 「건축물의 분양에 관한 법률」 제6조를 적용하지 아니하고, 공공주택사업자가 대통령령으로 정하는 바에 따라 사업계획 및 권리변동에 관한 사항 등을 고려하여 공급기준 및 분양가격 등을 따로 정할 수 있다. 〈개정 2025.1.31.〉

② 공공주택사업자는 「주택법」 제2조 제12호 각 목의 시설로 분리되어 있는 복합지구 안의 주택단지를 공동으로 관리하려는 경우에는 이를 하나의 주택단지로 복합사업을 시행할 수 있다.

[법률 제18311호(2021.7.20.) 부칙 제2조의 규정에 의하여 이 조는 2026년 12월 31일까지 유효함]

(2) 계약의 방법 및 시공자 선정 등(법 제40조의12)

① 공공주택사업자가 시공자를 선정하는 경우 대통령령으로 정하는 바에 따라 법 제40조의13에 따른 주민협의체는 의결을 거쳐 **경쟁입찰 또는 수의계약**(2회 이상 경쟁입찰이 유찰된 경우로 한정한다)의 방법으로 시공자를 추천할 수 있다.

② 위 ①에 따라 토지등소유자가 시공자를 추천한 경우 공공주택사업자는 추천받은 자를 시공자로 선정하여야 한다. 이 경우 시공자와의 계약에 관하여는 「국가를 당사자로 하는 계약에 관한 법률」 제7조, 「지방자치단체를 당사자로 하는 계약에 관한 법률」 제9조, 「공공기관의 운영에 관한 법률」 제39조 또는 「지방공기업법」 제64조의2를 적용하지 아니한다.

[법률 제18311호(2021.7.20.) 부칙 제2조의 규정에 의하여 이 조는 2026년 12월 31일까지 유효함]

> **관련법령** **시공자 추천 방법(제35조의12)**
>
> 복합지구토지등소유자가 위 **(2)**의 ① 전단에 따른 경쟁입찰의 방법으로 시공자를 추천하는 경우에는 다음의 요건을 모두 갖춰야 한다.
> 1. 일반경쟁입찰·제한경쟁입찰 또는 지명경쟁입찰 방식으로 할 것
> 2. 일간신문에 1회 이상 위 1.의 입찰을 위한 공고를 하고, 입찰 참가자를 대상으로 현장 설명회를 개최할 것
> 3. 입찰 참가자로 하여금 복합지구토지등소유자를 대상으로 합동홍보설명회를 개최하도록 할 것. 다만, 입찰 참가자가 이를 거부하는 경우 해당 입찰 참가자는 제외한다.
> 4. 영 제35조의13 제3항에 따른 의결을 거칠 것

(3) 주민협의체 및 주민대표회의(법 제40조의13)

① 복합지구 지정에 관한 주민 등의 의견청취를 위하여 공고일 이후 **토지등소유자 전원**을 구성원으로 **주민협의체**(이하 '주민협의체'라 한다)를 구성한다.

② 주민협의체의 효율적인 운영을 위하여 **주민협의체에 주민대표자 회의기구**(이하 '**주민대표회의**')를 두어야 하며, '**공공주택사업자**'는 복합지구 지정 후 **1년 이내에 주민대표회의가 구성될 수 있도록 하여야 한다.** 〈개정 2025.1.31.〉

③ 주민대표회의는 토지등소유자의 **과반수**의 동의를 받아 구성하며, 국토교통부령으로 정하는 방법 및 절차에 따라 **특별자치시장·시장·군수 또는 구청장의 승인**을 받아야 한다.

④ 주민협의체 및 주민대표회의의 구성·운영 등에 필요한 사항은 대통령령으로 정한다.

[법률 제19763호(2023.10.24.) 제40조의13의 개정 규정은 같은 법 부칙 제4조의 규정에 의하여 2026년 12월 31일까지 유효함]

> **관련법령** **주민협의체의 구성 및 운영 등(영 제35조의13)**
>
> 1. 주민협의체는 다음의 사항을 의결한다. 〈개정 2025.7.31.〉
>   ㉠ 주민협의체 운영규정의 제정 및 변경
>   ㉡ 위 **(2)**의 ①에 따른 시공자의 추천
>   ㉢ 주민대표자 회의기구(이하 '주민대표회의'라 한다)의 구성
>   ㉣ 주민협의체 및 주민대표회의의 운영 경비
>   ㉤ 다음 **(4)**의 ①에 따른 지원에 관한 공공주택사업자와의 협의
>   ㉥ 「공익사업을 위한 토지 등의 취득 및 보상에 관한 법률」 제68조 제2항에 따른 감정평가사의 추천
>   ㉦ 영 제35조의3 제3항 제4호 각 목에 따른 공동 공공주택사업자의 지정에 관한 사항
>   ㉧ 그 밖에 주민협의체 운영규정으로 정하는 사항

2. 주민협의체는 위 1.의 ㉢의 사항에 대해서는 **구성원 과반수**의 찬성으로 의결하고, 위 1.의 ㉠, ㉡ 및 ㉣부터 ㉦까지의 사항에 대해서는 **구성원 과반수**의 출석과 **출석자 과반수**의 찬성으로 의결한다. 이 경우 서면으로 의사를 표시한 자와 「재난 및 안전관리기본법」 제3조 제1호의 재난이 발생하여 출석이 어렵다고 인정되어 전자적 방법으로 의사를 표시한 자도 출석자와 의사표시를 한 자로 본다.
3. 주민협의체 의결 시의 의결권 산정 방법에 관하여는 영 제35조의4 제1항을 준용한다.

관련법령 주민대표회의 구성 및 운영 등(영 제35조의14)

1. 주민대표회의는 위원장과 부위원장 각 1명과 1명 이상 3명 이하의 감사를 포함하여 5명 이상 25명 이하의 위원으로 구성한다. 이 경우 위 **(3)**의 ③에 따른 토지등소유자의 동의는 다음의 방법으로 한다.
   ㉠ 국토교통부령으로 정하는 동의서에 토지등소유자의 성명을 적고, 지장(指章)을 날인한 후 주민등록증이나 여권 등 신원을 확인할 수 있는 신분증명서의 사본을 첨부하여 제출
   ㉡ 「전자문서 및 전자거래 기본법」 제2조 제1호에 따른 전자문서에 「전자서명법」 제2조 제2호에 따른 전자서명을 하여 제출
2. 주민대표회의는 다음의 사항에 관한 의견을 공공주택사업자에게 제시할 수 있다. 이 경우 공공주택사업자는 제시된 의견을 반영하기 위하여 노력해야 한다. 〈개정 2025.7.31.〉
   ㉠ 현물보상으로 받는 건축물 및 토지의 분양가격
   ㉡ 현물보상을 받은 건축물 및 토지에 대한 대금의 납부 시기 및 방법 등에 관한 사항
   ㉢ 그 밖에 복합사업의 시행과 관련해 복합지구토지등소유자의 의견이 반영될 필요가 있는 사항
3. 공공주택사업자는 주민대표회의의 요청이 있는 경우 복합지구 지정 제안의 추진 현황과 복합사업의 진행 상황 등을 설명해야 한다.
4. 주민대표회의 위원의 선출·교체 및 해임, 운영방법, 운영비용의 조달과 그 밖에 주민대표회의의 운영에 필요한 사항은 주민대표회의가 정한다.

(4) 복합사업의 토지등소유자 등에 대한 지원(법 제40조의14) 〈개정 2025.1.31.〉

① 공공주택사업자는 복합사업의 효율적인 추진을 위하여 총사업비의 범위에서 **토지등소유자 등**에 대하여 다음의 지원을 할 수 있다. 이 경우 **주민협의체**와 '협의'를 거쳐야 한다.
  ㉠ 주민협의체 및 주민대표회의의 구성·운영에 필요한 비용의 지원
  ㉡ 주민대표회의 사무실 임차료 등 복합사업의 추진에 필요한 비용의 지원
  ㉢ 복합지구 지정 전에 복합지구 내에서 「도시 및 주거환경정비법」에 따른 추진위원회 구성승인 또는 조합설립인가가 취소된 경우 해당 추진위원회 또는 조합이 사용한 비용의 지원[같은 법 제21조(정비구역등의 직권해제) 제3항에 따라 보조받는 경우는 제외한다]
  ㉣ 복합지구 내 '**다가구주택** 소유자', '**다세대주택** 소유자' 및 '**상가** 소유자' 등에 대해 복합사업의 시행으로 인하여 받을 수 없게 되는 **임대료 등**' 비용의 일부 지원
② 위 ①에 따른 지원의 구체적인 범위 및 절차 등에 필요한 사항은 대통령령으로 정한다.

[법률 제19763호(2023.10.24.) 제40조의14의 개정 규정은 같은 법 부칙 제4조의 규정에 의하여 2026년 12월 31일까지 유효함]

(5) 지상권 등 계약의 해지(법 제40조의15)

① 복합사업의 시행으로 지상권·전세권 또는 임차권의 설정 목적을 달성할 수 없는 때에는 그 권리자는 그 지상권 및 전세권의 소멸을 '청구'하거나 임대차계약을 해지할 수 있다.

② 위 ①에 따라 소멸을 청구하거나 계약을 해지할 수 있는 자가 가지는 전세금·보증금, 그 밖의 계약상의 금전의 반환청구권은 공공주택사업자에게 행사할 수 있다.

③ 위 ②에 따른 금전의 반환청구권의 행사로 해당 금전을 지급한 공공주택사업자는 해당 토지등소유자에게 구상할 수 있다.

④ 공공주택사업자는 위 ③에 따른 구상이 되지 아니하는 때에는 해당 토지등소유자에게 공급될 토지 또는 건축물을 압류할 수 있다. 이 경우 압류한 권리는 저당권과 동일한 효력을 가진다.

⑤ 법 제40조의8(도심 공공주택 복합사업계획의 승인 등)에 따라 복합사업계획의 승인을 받은 경우 지상권·전세권의 존속기간 또는 임대차계약의 계약기간은 「민법」 제280조, 제281조, 제312조 제2항, 「주택임대차보호법」 제4조 제1항, 「상가건물 임대차보호법」 제9조 제1항을 적용하지 아니한다.

[법률 제19763호(2023.10.24.) 제40조의15의 개정 규정은 같은 법 부칙 제4조의 규정에 의하여 2026년 12월 31일까지 유효함]

(6) 건축물 등의 사용·수익의 중지(법 제40조의16)

종전의 토지 또는 건축물의 지상권자·전세권자·임차권자 등 권리자는 위 1.의 **(2)**에 따른 복합사업계획의 승인고시가 있는 때에는 법 제31조에 따른 공고일까지 종전의 토지 또는 건축물을 사용하거나 수익할 수 없다. 다만, 다음의 어느 하나에 해당하는 경우에는 그러하지 아니하다.

① 공공주택사업자의 동의를 받은 경우
② 「공익사업을 위한 토지 등의 취득 및 보상에 관한 법률」에 따른 손실보상이 완료되지 아니한 경우

[법률 제19763호(2023.10.24.) 제40조의16의 개정 규정은 같은 법 부칙 제4조의 규정에 의하여 2026년 12월 31일까지 유효함]

CHAPTER 06 공공주택의 건설과 매입 등

CHAPTER 미리보기

공공주택의 건설과 매입 등
- 공공주택의 건설 등
- 공공주택의 매입
- 공공주택본부 및 관계 공무원 등의 파견요청

학습전략

공공주택의 건설과 매입 등을 다루는 단원으로서 출제 빈도는 높지 않은 편이나, 언제든지 출제될 수 있으므로 정리가 필요합니다.

학습키워드

- 공공주택의 건설과 매입

1. 공공주택의 건설 등

(1) 주택건설사업계획의 승인 등(법 제35조)

① '공공주택사업자'는 공공주택에 대한 **사업계획**(부대시설 및 복리시설의 설치에 관한 계획을 포함한다)을 작성하여 '국토교통부장관'의 **승인**을 받아야 한다. 사업계획을 변경하고자 하는 경우에도 같다.

② '국토교통부장관'은 '주택지구 내에서 건설되는 공공주택 외의 주택'(이하 '**민간분양주택 등**'이라 한다)을 공공주택과 동시에 건설하는 것이 불가피하다고 판단하는 경우에는 '민간분양주택 등의 건설에 대한 사업계획'을 해당 사업의 주체로부터 직접 또는 이 법에 따른 공공주택사업자를 통하여 신청받아 이를 승인할 수 있다. 사업계획을 변경하고자 하는 경우에도 같다.

③ 공공주택사업자는 주택건설사업계획을 법 제16조 제1항에 따른 지구계획 신청서에 포함하여 제출할 수 있다.

(2) 공공주택의 건설기준 등(법 제37조)

공공주택의 구조·기능 및 설비에 관한 기준과 부대·복리시설의 범위, 설치기준 등에 필요한 사항은 대통령령으로 정할 수 있다.

2. 공공주택의 매입

(1) 공공주택사업자의 부도임대주택 매입(법 제41조)

① '**공공주택사업자**'는 부도임대주택(법률 제13499호로 개정되기 전의 임대주택법 제2조 제2호의2에 해당하는 주택 중 같은 조 제8호의 부도임대주택 등을 말한다. 이하 같다) 중에 국토교통부장관이 지정·고시하는 주택을 매입하여 '**공공임대주택**'으로 공급할 수 있다.

② '위 ①에 따라 지정·고시를 하기 전'에 부도임대주택의 **임차인**이 '공공주택사업자'에게 **매입을 동의**한 경우에는 '임차인에게 부여된 **우선매수할 권리**'(법률 제13499호로 개정되기 전의 임대주택법 제22조에 따른 권리를 말한다)를 '공공주택사업자'에게 **양도**한 것으로 본다. 이 경우 공공주택사업자는 「민사집행법」 제113조에서 정한 '**보증의 제공 없이**' 우선매수 신고를 할 수 있다.

③ '국가 또는 지방자치단체'는 '공공주택사업자가 부도임대주택을 매입하는 경우' **재정**이나 **주택도시기금**에 따른 공공주택 건설자금지원 수준을 고려하여 '공공주택사업자'를 **지원**할 수 있다.

④ 공공주택사업자가 위 ③에 따라 재정이나 주택도시기금을 지원받은 경우 '공공주택사업자'는 '지원받는 금액의 범위'에서 주택 수리비 등을 제외하고 남은 금액을 '임차인의 **임대보증금 보전비용**으로 사용'할 수 있다.

| 관련법령 | 부도임대주택의 매입(영 제36조) |

1. 공공주택사업자[법 제4조 제1항 제2호 및 제3호에 따른 공공주택사업자(**한국토지주택공사 및 지방공사**)를 말한다. 이하 같다]는 위 **(1)**의 ①에 따라 부도임대주택(법률 제13499호로 개정되기 전의 임대주택법 제2조 제2호의2에 해당하는 주택 중 같은 조 제8호의 부도임대주택 등을 말한다. 이하 같다)을 매입하려는 경우에는 다음의 사항이 포함된 신청서를 작성하여 국토교통부장관에게 매입대상주택 지정을 신청하여야 한다. 이 경우 법률 제13499호로 개정되기 전의 「임대주택법」 제2조 제7호 나목에 해당하는 부도임대주택에 대해서는 매입대상주택 지정 신청 전에 주택도시기금 대출 금융기관과 협의하여야 한다.
   ㉠ 매입대상주택 호수
   ㉡ 매입시기
   ㉢ 매입에 드는 비용
   ㉣ 그 밖에 국토교통부령으로 정하는 사항
2. 국토교통부장관은 위 1.에 따라 매입대상주택 지정의 신청을 받았을 때에는 주택의 노후상태, 단지 규모 등 국토교통부령으로 정하는 사항을 심사하여 매입대상주택으로 지정·고시할지 여부를 결정하여야 한다.
3. 국가나 지방자치단체는 위 **(1)**의 ①에 따라 지정·고시된 매입대상주택 중 공공주택사업자가 경매로 취득한 주택의 매입비용에 대하여 위 **(1)**의 ③에 따라 재정 및 주택도시기금을 지원할 수 있다.
4. 위 3.에 따라 매입한 주택은 영 제2조 제1항 제1호부터 제3호(영구임대주택, 국민임대주택, 행복주택)까지, 제3호의2(통합공공임대주택) 및 제5호(분양전환공공임대주택)의 공공임대주택으로 공급해야 한다.

(2) 공공주택사업자의 기존주택 등 매입(법 제43조)

① 공공주택사업자는 「주택법」 제49조에 따른 사용검사 또는 「건축법」 제22조에 따른 사용승인을 받은 건축물로서 대통령령으로 정하는 규모 및 기준의 주택 등(이하 '**기존주택 등**'이라 한다)을 매입하여 '**공공매입임대주택**'으로 공급할 수 있다.

② '**국가 또는 지방자치단체**'는 공공주택사업자가 위 ①에 따라 **기존주택 등을 매입하는 경우** '**재정**'이나 '**주택도시기금**'에 따른 공공주택 건설자금지원 수준을 고려하여 '**공공주택사업자**'를 지원할 수 있다.

③ 「주택법」 제15조에 따른 사업계획승인권자 또는 「건축법」 제11조에 따른 허가권자는 주택을 건설하여 위 ①에 따라 공공주택사업자에게 매도하기로 약정을 체결한 자가 「주택법」 제15조에 따른 사업계획승인을 신청하거나 「건축법」 제11조에 따른 건축허가를 신청하는 경우 「주차장법」 제12조의3, 제19조 및 「주택법」 제35조에도 불구하고 '**대통령령으로 정하는 주차장의 설치기준**'을 적용할 수 있다.

④ 공공주택사업자는 국토교통부장관이 정하는 특별한 사정이 없으면 위 ③에 따른 주차장 설치기준을 적용받아 **주택을 건설한 자가** 「주택법」 제49조에 따른 사용검사 또는 「건축법」 제22조에 따른 사용승인을 받은 날부터 1개월 이내에 그 주택의 매도를 요청하여야 한다.

⑤ 위 ④에 따른 **매도 요청을 받은 자**는 '매도 요청을 받은 날'부터 **2개월 이내**에 그 주택을 매도하여야 한다.

⑥ 위 ④에 따라 매도 요청을 받은 자가 위 ⑤에 따라 매도하지 않는 경우 **공공주택사업자**는 「주택법」 제49조에 따른 사용검사권자 또는 「건축법」 제22조에 따른 사용승인권자에게 그 사실을 **통보**하여야 한다.

관련법령 기존주택 등의 매입(영 제37조)

1. 위 **(2)**의 ①에서 '대통령령으로 정하는 규모 및 기준의 주택 등'이란 다음의 어느 하나에 해당하는 주택 또는 건축물을 말한다.
   ㉠ 「건축법 시행령」 [별표 1] 제1호 가목부터 다목까지에 따른 **단독주택, 다중주택 및 다가구주택**
   ㉡ 「건축법 시행령」 [별표 1] 제2호에 따른 **공동주택**(주택법 제2조 제6호에 따른 **국민주택규모 이하**인 것만 해당한다)
   ㉢ 「건축법 시행령」 [별표 1] 제3호, 제4호, 제11호, 제12호, 제14호 또는 제15호에 따른 제1종 근린생활시설, 제2종 근린생활시설, 노유자시설, 수련시설, 업무시설 또는 숙박시설의 용도로 사용하는 건축물

2. 공공주택사업자는 위 **(2)**의 ①에 따라 기존주택 등을 매입하면서 위 **(2)**의 ②에 따른 지원을 받으려면 다음의 사항을 포함한 **매입계획**을 수립하여 미리 **국토교통부장관**의 승인을 받아야 한다. 다만, 다음 ㉣~㉥까지의 사항은 기존주택 등을 매입하여 개량(기존주택 등을 철거한 후 다시 건설한 경우를 포함하며, 기존주택 등의 세대수·구조 등의 변경 없이 보수하는 경우는 제외한다. 이하 같다)한 후 공공임대주택으로 공급하려는 경우만 작성한다.
   ㉠ 매입대상인 기존주택 등의 호수
   ㉡ 매입시기
   ㉢ 매입에 드는 비용
   ㉣ 개량 후 주택 호수
   ㉤ 개량기간
   ㉥ 개량에 드는 비용

3. 공공주택사업자는 위 2.에 따라 국토교통부장관의 승인을 받았으면 매입대상인 기존주택 등의 소유자와 매입가격 등 매입조건에 관하여 협의하고 매입절차를 마쳐야 한다.

4. 위 **(2)**의 ①에 따라 공공주택사업자에게 매도하기로 약정을 체결한 주택의 경우 세대당 전용면적이 30제곱미터 미만인 세대는 위 **(2)**의 ③에 따라 세대당 주차대수 기준을 0.3대로 적용할 수 있다. 이 경우 해당 주택이 「주택법」에 따른 **도시형 생활주택**으로서 다음의 요건을 모두 갖춘 경우에는 **주차장**에 설치해야 하는 **주차단위구획**(주차장법에 따른 주차단위구획을 말한다. 이하 같다)의 총수를 산정할 때 「도시교통정비 촉진법」 제33조 제1항 제4호에 따른 승용차공동이용 지원(승용차공동이용을 위한 전용주차구획을 설치하고 공동이용을 위한 승용자동차를 상시 배치하는 것을 말한다. 이하 같다)을 위해 설치한 주차단위구획 수의 3.5배수(소수점 이하는 버린다)에 해당하는 주차단위구획을 설치한 것으로 본다.
   ㉠ 주차장의 전부 또는 일부를 승용차공동이용 지원을 위해 사용할 것
   ㉡ 「민간임대주택에 관한 특별법」 제2조 제13호 가목 및 나목에 해당하는 시설로부터 반경 1킬로미터 이내에 건설되는 주택일 것
   ㉢ 입주자 자격 등 국토교통부장관이 정하여 고시하는 기준을 충족할 것

5. 위 **(2)**의 ①에 따라 공공주택사업자에게 매도하기로 약정을 체결한 위 1.의 ㉢의 건축물로서 다음의 요건을 모두 갖춘 건축물에 대해서는 해당 건축물을 공공임대주택으로 사용하는 기간 동안 다음 ㉠에 따라 용도변경을 하기 전의 용도를 기준으로 「주차장법」 제19조에 따른 부설주차장 설치기준을 적용할 수 있다.
   ㉠ 해당 건축물을 「주택법 시행령」 제4조 각 호의 용도로 변경할 것
   ㉡ 세대별 전용면적이 30제곱미터 미만일 것
   ㉢ 임대기간 동안 자동차(장애인복지법 제39조 제2항에 따른 장애인사용자동차등표지를 발급받은 자동차는 제외한다)를 소유하지 않을 것을 임차인 자격요건으로 하여 임대할 것

(3) 공공매입임대주택의 용적률에 대한 특례(법 제43조의2)

① 「주택법」에 따른 **사업계획승인권자** 또는 「건축법」에 따른 **허가권자**는 공공주택사업자가 위 **(2)**의 ①에 따라 '공공매입임대주택으로 공급하기 위하여 매입하였거나 매입하기로 약정을 체결한 기존주택 등'에 대하여 「국토의 계획 및 이용에 관한 법률」에 따라 해당 지방자치단체의 조례, 지구단위계획 또는 도시혁신계획에서 정한 용적률에도 불구하고 기존주택 등의 용적률을 적용할 수 있다. 다만, 기존주택 등을 철거 후 신축하는 경우에는 그러하지 아니하다.

② **공공주택사업자**는 '위 ① 본문에 따라 매입하기로 약정을 체결한 기존주택 등을 매입하지 아니하는 경우' 「주택법」에 따른 **사용검사권자** 또는 「건축법」에 따른 **건축허가권자**에게 그 사실을 통보하여야 한다.

(4) 공공주택사업자의 건설 중에 있는 주택 매입(법 제44조)

① '공공주택사업자 외의 자'는 **건설 중에 있는 주택**[건설을 계획하고 있는 경우를 포함한다. 이하 **(4)**에서 같다]으로서 대통령령으로 정하는 규모 및 기준에 해당하는 주택을 공공임대주택으로 **매입하여 줄 것**을 '공공주택사업자'에게 **제안**할 수 있다.

② '위 ①에 따라 제안을 하려는 공공주택사업자 외의 자'는 건설 중에 있는 주택에 대한 '**대지**'의 **소유권**을 **확보**하여야 한다.

③ '국가 또는 지방자치단체'는 공공주택사업자가 위 ①에 따라 제안을 받아 건설 중에 있는 주택을 매입하는 경우 **재정**이나 주택도시기금에 따른 공공주택 건설자금지원 수준을 고려하여 '공공주택사업자'를 **지원**할 수 있다.

④ 건설 중에 있는 주택의 매입절차 및 공공주택사업자에 대한 재정지원에 필요한 사항은 대통령령으로 정하며, 매입기준 등은 국토교통부장관이 별도로 정하는 바에 따른다.

> **관련법령** 건설 중에 있는 주택의 매입(영 제38조)

1. 위 **(4)**의 ①에서 '대통령령으로 정하는 규모 및 기준에 해당하는 주택'이란 영 제37조 제1항 각 호의 어느 하나에 해당하는 주택(**단독주택, 다중주택, 다가구주택 및 국민주택규모 이하의 공동주택**)을 말한다.
2. 공공주택사업자는 위 **(4)**의 ①에 따라 건설 중에 있는 주택(건설을 계획하고 있는 경우를 포함한다. 이하 같다)을 공공임대주택으로 매입하여 줄 것을 제안받은 경우에는 그 건설 중에 있는 주택이 위 **(4)**의 ② 및 ④에 따른 기준에 적합한지를 확인하여야 한다.
3. 공공주택사업자는 위 **(4)**의 ①에 따른 건설 중에 있는 주택의 매입에 대하여 위 **(4)**의 ③에 따른 지원을 받으려면 다음의 사항을 포함한 **매입계획**을 수립하여 **국토교통부장관의 승인**을 받아야 한다.
   ㉠ 매입대상주택 호수
   ㉡ 매입시기
   ㉢ 매입에 드는 비용
4. 공공주택사업자는 위 3.에 따라 국토교통부장관의 승인을 받았으면 해당 주택의 매입을 제안한 자와 매입가격 등 매입조건에 관하여 협의하고 매입절차를 마쳐야 한다.

(5) 임대주택의 인수(법 제45조)

① '공공주택사업자'는 「도시재정비 촉진을 위한 특별법」 제31조 제3항, 「도시 및 주거환경정비법」 제55조 제1항 및 제2항 또는 제79조 제5항에 따른 주택을 해당 법령에도 불구하고 대통령령으로 정하는 바에 따라 우선 인수할 수 있다. 이 경우 '국가 또는 지방자치단체'는 재정이나 주택도시기금에 따른 공공주택 건설자금지원 수준을 고려하여 '공공주택사업자'를 지원할 수 있다.

② 위 ①에 따라 '공공주택사업자가 인수한 임대주택'은 **공공임대주택**으로 공급하여야 한다.

> **관련법령** 임대주택의 인수(영 제39조)

1. 임대의무기간이 **30년 이상**인 공공임대주택을 공급하려는 공공주택사업자가 「도시재정비 촉진을 위한 특별법」에 따른 재정비촉진사업의 **사업시행자**, 정비사업의 **사업시행자** 또는 **조합**에 임대주택의 인수를 요청하여 '해당 사업시행자 또는 조합이 동의한 경우'에는 위 **(5)**의 ①에 따라 임대주택을 우선 인수할 수 있다.
2. 위 1.에 따라 우선 인수한 주택은 영 제2조 제1항 제1호부터 제3호(**영구임대주택, 국민임대주택, 행복주택**)까지 및 제3호의2(**통합공공임대주택**)의 공공임대주택으로 공급해야 한다.

(6) 기존주택의 임차(법 제45조의2)

① '공공주택사업자'는 **기존주택**을 **임차**하여 '공공임대주택으로 공급'할 수 있다.
② '국가 또는 지방자치단체'는 '공공주택사업자'가 위 ①에 따른 공공임대주택을 공급하는 경우 **재정**이나 **주택도시기금**으로 이를 '지원'할 수 있다.

> **관련법령** 기존주택의 임차(영 제40조)
>
> 1. 공공주택사업자는 위 **(6)**의 ①에 따른 '기존주택 임차에 대하여 위 **(6)**의 ②에 따른 지원을 받으려면' 임차 전에 임차 규모, 공급지역, 공급시기 및 비용 조달계획 등을 포함한 **사업계획**을 수립하여 **국토교통부장관**의 승인을 받아야 한다.
> 2. 위 1.에 따른 기존주택은 전용면적 85제곱미터 **이하**여야 한다. 다만, '입주자가 속한 가구가 다음의 어느 하나에 해당하는 경우'에는 그러하지 아니하다.
>   ㉠ 가구원 수가 **5명 이상**인 가구
>   ㉡ **다자녀가구**[미성년자인 세 명 이상의 자녀(태아를 포함한다)를 둔 가구를 말한다]

3. 공공주택본부 및 관계 공무원 등의 파견요청

(1) 공공주택본부의 설치(법 제46조)

공공주택사업의 신속한 추진 및 효율적 지원을 위하여 '**국토교통부**'에 **공공주택본부**를 설치한다.

> **관련법령** 공공주택본부의 구성 및 운영(영 제41조)
>
> 1. 위 **(1)**에 따른 공공주택본부에는 본부장을 둔다.
> 2. 공공주택본부의 본부장은 국토교통부의 고위공무원단에 속하는 일반직공무원 중에서 국토교통부장관이 임명한다.
> 3. 공공주택본부의 본부장은 국토교통부장관의 명을 받아 공공주택본부의 구성 및 운영에 관한 사항을 총괄한다.

(2) 관계 공무원 등의 파견요청(법 제47조)

'**국토교통부장관**'은 공공주택본부의 원활한 업무수행을 위하여 필요한 때에는 중앙행정기관 또는 지방자치단체의 장, 주택 관련 연구기관의 장, 시행자에게 소속 공무원 또는 직원의 파견을 요청할 수 있다.

CHAPTER

07 공공주택의 공급 및 운영·관리 등

회독체크 1 2 3

CHAPTER 미리보기

공공주택의 공급 및 운영·관리 등
- 공공주택의 공급 등
- 중복 입주 등의 확인 및 금융정보 등의 제공
- 공공주택의 운영·관리

학습전략

공공주택의 공급 및 운영·관리 등을 다루는 중요 단원으로서 1문제 정도가 출제됩니다. 특히 공공주택의 운영·관리 부분의 출제 빈도가 높은 편이므로 꼼꼼히 숙지하시기 바랍니다.

학습키워드

- 입주자의 자격 및 선정방법
- 임대료
- 임대차계약의 해지 등 사유
- 공공임대주택의 전대 제한
- 공공임대주택의 매각 제한
- 우선 분양전환
- 장기수선계획 및 특별수선충당금

1. 공공주택의 공급 등

(1) 공공주택의 공급(법 제48조)

① 공공주택의 입주자의 자격, 선정방법 및 입주자 관리에 관한 사항은 **국토교통부령**[규칙 제13조(공공주택의 입주자 자격 등) 이하]으로 정한다. 이 경우 공공주택의 유형 등에 따라 달리 정할 수 있다.

② 공공주택사업자는 '**주거지원필요계층**'과 **다자녀 가구**에 공공주택을 우선 공급하여야 한다. 이 경우 주거지원필요계층 및 다자녀 가구의 요건, 우선 공급 비율 등 필요한 사항은 국토교통부령[규칙 제23조(장애인·고령자 등 주거약자용 주택의 입주자 선정에 관한 특례) 이하]으로 정한다.

(2) 공공분양주택 분양가심사위원회의 설치 등(법 제48조의2)

① '주택지구 전체 개발면적'의 100분의 50 이상을 「개발제한구역의 지정 및 관리에 관한 특별조치법」 제3조에 따라 **개발제한구역을 해제**하여 조성하는 주택지구에서 '법 제4조 제4호 또는 제6호에 해당하는 자'가 건설하여 공급하는 공공주택의 **분양가에 관한 사항을 심의**하기 위하여 「주택법」 제59조(분양가심사위원회의 운영 등)에도 불구하고 '법 제4조 제1호부터 제4호까지의 규정 중 어느 하나에 해당하는 자'가 '**분양가심사위원회**'를 설치·운영하여야 한다.

> **참고** 법 제4조 제1호부터 제6호의 자(공공주택사업자)
>
> 1. 국가 또는 지방자치단체
> 2. 「한국토지주택공사법」에 따른 한국토지주택공사
> 3. 「지방공기업법」 제49조에 따라 주택사업을 목적으로 설립된 지방공사
> 4. 「공공기관의 운영에 관한 법률」 제5조에 따른 공공기관 중 대통령령으로 정하는 기관
> 5. 위 1.~4.의 규정 중 어느 하나에 해당하는 자가 총지분의 100분의 50을 초과하여 출자·설립한 법인
> 6. 주택도시기금 또는 위 1.~4.의 규정 중 어느 하나에 해당하는 자가 총지분의 전부(도심 공공주택 복합사업의 경우에는 100분의 50을 초과한 경우를 포함한다)를 출자(공동으로 출자한 경우를 포함한다)하여 「부동산투자회사법」에 따라 설립한 부동산투자회사

② 시장·군수·구청장은 「주택법」에 따라 공공주택의 '**입주자 모집승인을 할 때**'에는 '분양가심사위원회의 **심사결과에 따라**' 승인 여부를 결정하여야 한다.

③ 위 ①의 분양가심사위원회의 설치·구성 및 운영 등에 관한 구체적인 사항은 「주택법」 제59조를 준용한다.

2. 중복 입주 등의 확인 및 금융정보 등의 제공

(1) 공공임대주택의 중복 입주 등의 확인(법 제48조의3)

① 국토교통부장관은 '공공임대주택'에 중복하여 입주 또는 계약하고 있는 임차인[임대차계약 당사자를 말한다. 이하 (1)에서 같다]이 있는지를 **확인하여야 한다**.

② 공공주택사업자는 다음에 해당하는 임차인에 관한 정보를 국토교통부장관이 지정·고시하는 기관[이하 (1) 및 법 제49조의7에서 '**전산관리지정기관**'이라 한다]에 통보하여야 한다.
  ㉠ 임차인의 성명
  ㉡ 임차인의 주민등록번호
  ㉢ 임대주택의 유형
  ㉣ 거주지 주소
  ㉤ 최초 입주일자

③ 전산관리지정기관은 위 ②에 따른 정보를 전산관리하여야 하며, 임차인에 관한 정보가 분실·도난·변조 또는 훼손되지 아니하도록 안정성 확보에 필요한 조치를 강구하여야 한다.

(2) 공공주택 지원 신청자의 금융정보 등의 제공에 따른 동의서 제출(법 제48조의4)

① '공공주택의 공급을 신청(재계약을 체결하는 경우를 포함한다. 이하 같다)하는 자'는 신청자 본인 및 배우자, 그 밖에 대통령령으로 정하는 자(이하 '신청자 등'이라 한다)와 관련된 다음의 자료 또는 정보를 '다음 (3)의 ①에 따른 금융기관 등'(금융실명거래 및 비밀보장에 관한 법률 제2조 제1호에 따른 금융회사 등, 신용정보의 이용 및 보호에 관한 법률 제25조에 따른 신용정보집중기관을 말한다)으로부터 제공받는 데 필요한 **동의서면**을 **국토교통부장관**에게 제출하여야 한다.
  ㉠ 「금융실명거래 및 비밀보장에 관한 법률」 제2조 제2호·제3호에 따른 금융자산 및 금융거래의 내용에 대한 자료 또는 정보 중 예금·적금·저축의 잔액 또는 불입금·지급금과 유가증권 등 금융자산에 대한 증권·증서의 가액(이하 '**금융정보**'라 한다)
  ㉡ 「신용정보의 이용 및 보호에 관한 법률」 제2조 제1호에 따른 신용정보 중 채무액과 연체정보(이하 '**신용정보**'라 한다)
  ㉢ 「보험업법」 제4조 제1항 각 호에 따른 보험에 가입하여 납부한 보험료, 환급금 및 지급금(이하 '**보험정보**'라 한다)

② 위 ①에 따른 동의방법·절차 등에 필요한 사항과 구체적인 자료 또는 정보의 내용은 대통령령으로 정한다.

(3) 금융정보 등의 제공(법 제48조의5)

① **국토교통부장관**은 「금융실명거래 및 비밀보장에 관한 법률」 제4조 제1항과 「신용정보의 이용 및 보호에 관한 법률」 제32조 제1항에도 불구하고 공공주택의 공급을 신청하는 신청자 등이 위 (2)의 ①에 따라 제출한 **동의서면**을 '전자적 형태로 바꾼 문서에 의하여' **금융기관 등**(금융실명거래 및 비밀보장에 관한 법률 제2조 제1호에 따른 금융회사 등, 신용정보의 이용 및 보호에 관한 법률 제25조에 따른 신용정보집중기관을 말한다. 이하 같다)**의 장**에게 금융정보·신용정보 또는 보험정보(이하 '**금융정보 등**'이라 한다)의 제공을 요청할 수 있다.

② 위 ①에 따라 금융정보 등의 제공을 요청받은 금융기관 등의 장은 「금융실명거래 및 비밀보장에 관한 법률」 제4조 제1항과 「신용정보의 이용 및 보호에 관한 법률」 제32조 제1항 및 제3항에도 불구하고 명의인의 금융정보 등을 제공하여야 한다.

③ 위 ②에 따라 금융정보 등을 제공한 금융기관 등의 장은 금융정보 등의 제공사실을 명의인에게 통보하여야 한다. 다만, 명의인의 동의가 있는 경우에는 「금융실명거래 및 비밀보장에 관한 법률」 제4조의2 제1항과 「신용정보의 이용 및 보호에 관한 법률」 제35조에도 불구하고 통보하지 아니할 수 있다.

④ 위 ① 및 ②에 따른 금융정보 등의 제공요청 및 제공은 「정보통신망 이용촉진 및 정보보호 등에 관한 법률」 제2조 제1항 제1호에 따른 정보통신망을 이용하여야 한다. 다만, 정보통신망의 손상 등 불가피한 사유가 있는 경우에는 그러하지 아니하다.

⑤ 위 ① 및 ②에 따른 업무에 종사하거나 종사하였던 자는 업무를 수행하면서 취득한 금융정보 등을 이 법에서 정한 목적 외의 다른 용도로 사용하거나 다른 사람 또는 기관에 제공하거나 누설하여서는 아니 된다. [위반자: **5년 이하의 징역** 또는 **3천만원 이하의 벌금**]

관련법령 금융정보 등의 요청 및 제공(영 제43조)

1. 국토교통부장관은 위 (3)에 따라 금융기관 등(금융실명거래 및 비밀보장에 관한 법률 제2조 제1호에 따른 금융회사 등, 신용정보의 이용 및 보호에 관한 법률 제25조 제2항 제1호에 따른 종합신용정보집중기관을 말한다. 이하 같다)의 장에게 위 (2)의 ①에 따른 신청자 본인, 배우자 및 영 제42조 제1항에 해당하는 자(이하 '신청자 등'이라 한다)에 대한 영 제42조 제2항에 따른 금융정보·신용정보 또는 보험정보(이하 '금융정보 등'이라 한다)의 제공을 요청하는 경우에는 요청내용에 다음의 사항을 포함하여야 한다.
   ㉠ 신청자 등의 성명과 주민등록번호
   ㉡ 제공을 요청하는 금융정보 등의 범위와 조회기준일 및 조회기간
2. 위 1.에 따라 금융정보 등의 제공을 요청받은 금융기관 등의 장이 국토교통부장관에게 해당 금융정보 등을 제공할 때에는 다음의 사항을 포함하여야 한다.
   ㉠ 신청자 등의 성명과 주민등록번호
   ㉡ 금융정보 등을 제공하는 금융기관 등의 명칭
   ㉢ 제공대상 금융상품명과 계좌번호
   ㉣ 금융정보 등의 내용

3. 국토교통부장관은 금융기관 등이 가입한 협회, 연합회 또는 중앙회의 정보통신망을 이용하여 해당 금융기관 등의 장에게 금융정보 등을 제공하도록 요청할 수 있다.

(4) 자료요청(법 제48조의6)

① 국토교통부장관은 '공공주택의 공급을 신청하는 자의 자격을 확인 또는 다음 **3.**의 **(7)**에 따른 공공주택 거주자 실태조사를 위하여 필요한 자료'로서 신청자에 대한 다음의 자료를 **관계 기관의 장**에게 요청할 수 있다. 이 경우 자료의 제공을 요청받은 관계 기관의 장은 특별한 사유가 없으면 이에 따라야 한다.
  ㉠ 「가족관계의 등록 등에 관한 법률」 제9조 제1항에 따른 가족관계 등록사항 또는 「주민등록법」 제30조 제1항에 따른 **주민등록전산정보자료**(주민등록번호·외국인등록번호 등 고유식별번호를 포함한다)
  ㉡ 국세 및 지방세에 관한 자료
  ㉢ 국민연금·공두원연금·공무원재해보상급여·군인연금·사립학교교직원연금·별정우체국연금·장애인연금·건강보험·고용보험·산업재해보상보험·보훈급여 등 각종 연금·보험·급여에 관한 자료
  ㉣ 「부동산등기법」 제2조 제1호에 따른 등기부, 「건축법」 제38조에 따른 건축물대장, 「자동차관리법」 제5조에 따른 자동차등록원부 등 부동산 및 자동차에 관한 자료
  ㉤ 출입국 사실에 관한 자료
② 국토교통부 소속 공무원 또는 소속 공무원이었던 자와 법 제53조에 따라 업무를 위임·위탁받은 기관의 소속 임직원은 위 ①에 따라 제공받은 정보와 자료를 이 법에서 정한 목적 외의 다른 용도로 사용하거나 다른 사람 또는 기관에 제공하거나 누설하여서는 아니 된다.
  [위반자: 3년 이하의 징역 또는 2천만원 이하의 벌금]
③ 위 ①에 따라 국토교통부장관 또는 법 제53조에 따라 업무를 위임·위탁받은 기관에 제공되는 자료에 대하여는 사용료, 수수료 등을 면제한다.

(5) 자료 및 정보의 수집 등(법 제48조의7)

국토교통부장관 및 법 제53조에 따라 위 **(2)~(4)**의 업무를 위임·위탁받은 기관의 장은 공공주택의 공급을 위하여 위 **(3)** 및 **(4)**에 따라 제공받은 자료 또는 정보를 수집·관리·보유 또는 활용할 수 있다.

(6) 입주자 자격 확인 및 입주 관련 정보의 제공 등(법 제48조의7) 〈신설 2025.1.31.〉

① 국토교통부장관은 공공임대주택을 공급받으려는 자 또는 재계약을 체결하려고 하는 자가 신청하는 경우 신청자 세대의 **입주자 자격**을 확인할 수 있다. 이 경우 입주자 자격 확인을 위한 금융정보 및 신용정보 등의 수집 및 관리에 관하여는 법 제48조의4부터 제48조의7까지를 준용한다.

② 국토교통부장관은 위 ①의 신청자로서 입주자 자격이 확인된 자에게 확인 결과를 활용하여 공급 가능한 주택 현황, 입주 대기 순서 등 입주 관련 정보를 제공하여야 한다.

③ 국토교통부장관은 위 ① 및 ②의 업무를 효율적으로 수행하기 위하여 입주자 자격 확인 및 입주 대기 순서 등 관리기관(이하 이 조에서 '**입주자 자격 확인기관**'이라 한다)을 지정·고시할 수 있다.

④ **국토교통부장관**은 입주자 자격 확인기관의 운영 및 정보 제공 등 사무처리에 필요한 **경비**의 전부 또는 일부를 **지원**할 수 있다.

3. 공공주택의 운영·관리

(1) 공공임대주택의 임대조건 등(법 제49조)

① 공공임대주택의 **임대료**(임대보증금 및 월임대료를 말한다. 이하 같다) 등 임대조건에 관한 기준은 '**대통령령**'으로 정한다.

② '공공임대주택의 공공주택사업자'가 **임대료 증액을 청구**하는 경우(재계약을 하는 경우를 포함한다)에는 임대료의 **100분의 5 이내의 범위**에서 주거비 물가지수, 인근지역의 주택 임대료 변동률 등을 고려하여 증액하여야 한다. 이 경우 증액이 있은 후 **1년 이내**에는 증액하지 못한다. 19회·25회 주관식, 28회

③ 위 ②에 따라 임대료 중 임대보증금이 증액되는 경우 임차인은 대통령령으로 정하는 바에 따라 그 증액분을 **분할하여 납부**할 수 있다.

④ '공공임대주택'의 임대료 등 임대조건을 정하는 경우에는 임차인의 소득수준 및 공공임대주택의 규모 등을 고려하여 **차등적**으로 정할 수 있다. 이 경우 소득수준 등의 변화로 임대료가 변경되는 경우에는 위 ② 및 ③을 적용하지 아니한다.

⑤ '공공주택사업자'가 임대보증금과 월임대료를 **상호 전환**하고자 하는 경우에는 해당 주택의 건설을 위한 주택도시기금 융자금 및 저당권 등 담보물권 설정금액 등 대통령령으로 정하는 사항을 임차인에게 알려주어야 한다.

⑥ '공공주택사업자'는 공공임대주택의 임대조건 등 임대차계약에 관한 사항을 '시장·군수 또는 구청장'에게 **신고**하여야 한다. 이 경우 신고방법 등은 「민간임대주택에 관한 특별법」 제46조(임대차계약 신고)를 준용한다. 24회

⑦ **공공주택사업자**는 '**지분적립형 분양주택을 공급받은 자**'와 해당 주택의 소유권을 공유하는 동안 '**공공주택사업자**'가 **소유한 지분**에 대하여 대통령령으로 정하는 기준에 따라 산정한 **임대료**를 받을 수 있다.

> **관련법령** 공공임대주택의 임대료(영 제44조)

1. 영 제2조 제1항 제1호부터 제3호(**영구임대주택, 국민임대주택, 행복주택**), 제3호의2(**통합공공임대주택**), 제4호(**장기전세주택**) 및 제5호(**분양전환공공임대주택**)에 따른 공공임대주택의 최초의 임대료(임대보증금 및 월임대료를 말한다. 이하 같다)는 '**국토교통부장관**'이 정하여 고시하는 **표준임대료**를 초과할 수 없다. 다만, '전용면적이 85제곱미터를 초과'하거나 '분납임대주택'(분양전환공공임대주택 중 임대보증금 없이 분양전환금을 분할하여 납부하는 공공건설임대주택을 말한다. 이하 같다) 또는 '장기전세주택'으로 공급하는 공공임대주택의 최초의 임대보증금에는 적용하지 않는다.
2. **국토교통부장관**은 위 1.에 따른 표준임대료를 산정할 때에는 다음의 사항을 고려하여야 한다. 이 경우 공공건설임대주택의 건설원가는 국토교통부령으로 정하는 산정기준에 따라 산출한 가격으로 한다.
   ㉠ 공공임대주택과 그 부대시설에 대한 건설원가
   ㉡ 재정 및 주택도시기금 지원비율
   ㉢ 해당 공공임대주택 주변지역의 임대료 수준
   ㉣ 임대보증금의 보증수수료(임차인 부담분만 해당한다)
   ㉤ 감가상각비, 수선유지비 및 화재보험료
   ㉥ 주택도시기금의 융자금에 대한 지급이자, 대손충당금 및 각종 공과금
3. 위 1.에 따른 공공임대주택의 최초의 임대보증금과 월임대료는 위 1.에도 불구하고 임차인이 동의한 경우에 임대차계약에 따라 **상호 전환**할 수 있다. 이 경우 '최초의 임대보증금'은 해당 임대주택과 그 부대시설에 대한 **건설원가**(위 2.의 ㉠~㉥ 외의 부분 후단에 따른 건설원가를 말한다)에서 **주택도시기금의 융자금**을 뺀 금액을 초과할 수 없다.
4. **분납임대주택**의 '임대료'는 임차인이 미리 납부한 분양전환가격에 해당하는 금액(이하 '분양전환금'이라 한다) 등을 고려하여 국토교통부장관이 **따로** 정하여 고시하는 표준임대료를 초과할 수 없다.
5. **장기전세주택**으로 공급하는 공공임대주택의 '최초의 임대보증금'은 해당 임대주택과 그 유형, 규모, 생활여건 등이 비슷한 인근 주택의 전세계약금액을 고려하여 국토교통부령으로 정하는 바에 따라 산정한 금액(공공주택사업자가 장기전세주택으로 공급하는 공공건설임대주택과 같거나 인접한 시·군 또는 자치구에 있는 주택 중 해당 공공임대주택과 유형, 규모, 생활여건 등이 비슷한 **2개 또는 3개 단지**의 공동주택의 '전세계약금액을 평균한 금액'의 **80퍼센트**)을 초과할 수 없다.
6. **기존주택등매입임대주택**의 '최초의 임대료'는 해당 임대주택과 그 규모, 생활여건 등이 비슷한 주변지역 임대주택의 임대료를 고려하여 국토교통부령으로 정하는 바에 따라 산정한 금액[해당 기존주택등매입임대주택의 주변지역 임대주택의 임대료(임대보증금 및 월임대료를 말한다. 이하 같다)에 대한 '감정평가금액'의 **50퍼센트**(규칙 제20조 제1항 제1호 다목 단서에 따라 입주자의 소득기준을 달리 정하는 경우에는 **100퍼센트**) 이내의 금액을 말한다. 이 경우 기존주택등매입임대주택의 최초 임대료에 관한 구체적인 기준은 국토교통부장관이 정한다]으로 한다.
   ● 위 6.의 규칙 제20조 제1항 제1호 다목 단서
   해당 세대(신청자 본인 및 배우자, 영 제42조 제1항 각 호로 구성된 세대를 말한다. 이하 같다)의 월평균소득이 전년도 도시근로자 가구원(태아를 포함한다) 수별 가구당 월평균소득(이하 '전년도 도시근로자 가구원 수별 가구당 월평균소득'이라 한다) 대비 다음의 구분에 따른 비율 이하인 사람. 다만, 국토교통부장관이 필요하다고 인정하는 경우에는 전년도 도시근로자 가구원 수별 가구당 월평균소득 이하의 범위에서 소득기준을 달리 정할 수 있다.
      1. 가구원 수가 1명인 경우: 70퍼센트
      2. 가구원 수가 2명인 경우: 60퍼센트
      3. 그 밖의 경우: 50퍼센트

> **관련법령** 공공임대주택 임대보증금의 분할납부(영 제45조)
>
> 1. 임차인은 위 (1)의 ③에 따라 '증액된 임대보증금'이 적용된 임대차계약을 체결한 날부터 **1년 이내**에 **3회**에 걸쳐 임대보증금의 증액분을 분할하여 납부할 수 있다. 이 경우 공공주택사업자는 남은 금액에 대하여 전년도 기준 「은행법」에 따른 은행의 **1년** 만기 정기예금의 평균이자율을 적용한 금액을 가산(加算)할 수 있다.
> 2. 공공주택사업자는 위 1.에 따른 분할납부 방법 및 절차에 관하여 필요한 사항을 정할 수 있다.

> **관련법령** 임차인에 대한 정보제공의 내용 및 방법(영 제46조)
>
> 1. 위 (1)의 ⑤에서 '해당 주택의 건설을 위한 주택도시기금 융자금 및 저당권 등 담보물권 설정금액 등 대통령령으로 정하는 사항'이란 다음의 사항을 말한다.
>   ㉠ 해당 주택의 건설을 위한 주택도시기금 융자금
>   ㉡ 저당권, 전세권 등 해당 주택에 대한 제한물권 설정금액
>   ㉢ 가압류, 가처분 등 해당 주택에 대한 보전처분 여부
>   ㉣ 해당 주택의 신탁 여부
> 2. 공공주택사업자는 위 1.의 ㉠~㉣의 정보를 직접 서면 또는 우편(전자우편을 포함한다)으로 임차인에게 알려주어야 한다.

> **관련법령** 지분적립형 분양주택의 임대료(영 제46조의2)
>
> 1. 위 (1)의 ⑦에서 '대통령령으로 정하는 기준에 따라 산정한 임대료'란 영 제44조 제5항을 준용하여 산정한 **임대보증금에 공공주택사업자가 소유한 지분의 비율을 곱한 금액**을 초과하지 않는 금액을 말한다.
> 2. 위 1.에 따른 임대료의 지급은 그 금액을 **공공주택사업자에게 예치하는 방식**으로 한다.
> 3. 위 2.에도 불구하고 위 1.에 따른 임대료는 그 **일부**를 '**매월**' 지급하는 **방식**으로 **전환**할 수 있다.
> 4. 위 3.에 따른 '임대료 전환의 기준'과 '구체적인 임대료 지급 방식'은 **공공주택사업자가 정한다**.

(2) 공공임대주택의 표준임대차계약서 등(법 제49조의2)

① '공공임대주택'에 대한 임대차계약을 체결하려는 자는 '**국토교통부령**'으로 정하는 **표준임대차계약서**를 사용하여야 한다.

② 위 ①의 표준임대차계약서에는 다음의 사항이 포함되어야 한다.

㉠ 임대료 및 그 증액에 관한 사항

㉡ 임대차계약기간

㉢ 공공주택사업자 및 임차인의 권리·의무에 관한 사항

㉣ 공공임대주택의 수선·유지 및 보수에 관한 사항

㉤ 그 밖에 국토교통부령으로 정하는 사항

③ '**공공주택사업자**'가 임대차계약을 체결할 때 임대차계약기간이 끝난 후 임대주택을 그 임차인에게 **분양전환**할 예정이면 「주택임대차보호법」 제4조 제1항(2년 보장 규정)에도 불구하고 임대차계약기간을 **2년 이내**로 할 수 있다. 24회

④ **공공주택사업자**는 임차인이 '대통령령으로 정하는 공공임대주택'에 입주하기 전까지 해당 공공임대주택의 세대 내 거실, 화장실 등 주거 공간의 시설 및 설비의 상태 등 국토교통부령으로 정하는 사항을 **설명**하고 이를 **확인**받아야 한다.

관련법령 공공임대주택의 임차인에 대한 설명 및 확인(영 제46조의3)

1. 위 **(2)**의 ④에서 '대통령령으로 정하는 공공임대주택'이란 영 제2조 제1항 제1호부터 제3호(**영구임대주택, 국민임대주택, 행복주택**)까지, 제3호의2(**통합공공임대주택**) 및 제4호부터 제6호(**장기전세주택, 분양전환공공임대주택, 기존주택등매입임대주택**)까지의 공공임대주택을 말한다.
2. 위 **(2)**의 ④에 따른 설명 및 확인의 시기는 다음의 구분에 따른다.
   ㉠ 위 1.에 따른 공공임대주택을 **최초**로 공급하는 경우: 해당 공공임대주택의 입주 예정일 **30일 전**까지
   ㉡ 위 1.에 따른 공공임대주택을 **재공급**하는 경우: 해당 공공임대주택의 **계약 체결** 전까지
3. **공공주택사업자**는 위 **(2)**의 ④에 따라 **위 2.에 따른 시기**까지 임차인에게 세대 내 시설·설비의 상태를 설명하고 상태 점검표 등에 **확인**을 받아야 한다.
4. **공공주택사업자**는 위 3.에 따른 상태 점검 확인 결과 보수가 필요하다고 인정되는 시설물 등에 대해서는 해당 **임차인**이 보수 결과를 확인할 수 있도록 입주할 때 조치결과 **확인서**를 제공해야 한다.

관련법령 표준임대차계약서(규칙 제32조)

1. 위 **(2)**의 ①에서 '국토교통부령으로 정하는 표준임대차계약서'란 다음의 구분에 따른 표준임대차계약서를 말한다.
   ㉠ **공공건설임대주택**(분납임대주택은 제외한다): 별지 제5호 서식의 표준임대차계약서
   ㉡ **분납임대주택**: 별지 제6호 서식의 표준임대차계약서
   ㉢ 그 밖에 **공공임대주택**: 별지 제7호 서식의 표준임대차계약서
2. 위 **(2)**의 ②의 ㉺에서 '국토교통부령으로 정하는 사항'이란 다음의 사항을 말한다.
   ㉠ 분양전환공공임대주택의 분양전환시기 및 분양전환가격 산정기준(전용면적이 85제곱미터를 초과하는 경우에는 분양전환가격 산정기준을 포함하지 아니할 수 있다)
   ㉡ 분납임대주택의 분납금의 납부시기 및 산정기준

관련법령 공공임대주택의 임차인에 대한 설명 및 확인 사항(규칙 제32조의2)

위 **(2)**의 ④에서 '해당 공공임대주택의 세대 내 거실, 화장실 등 주거 공간의 시설 및 설비의 상태 등 국토교통부령으로 정하는 사항'이란 다음의 사항을 말한다.
1. 거실, 방, 주방 등 주거 공간의 도배, 바닥재 및 타일 상태
2. 현관문, 발코니문 등 문 잠금 기능 작동 여부
3. 현관 센서등 및 조명의 점등 가능 여부
4. 화장실 및 주방 등 배수구의 배수 상태
5. 홈네트워크, 주방기구 및 온도조절기 등의 시설 작동 상태
6. 그 밖에 세대 내 시설 및 설비의 하자 여부

(3) 재계약 거절 등(법 제49조의3)

① **공공주택사업자**는 임차인이 다음의 어느 하나에 해당하는 경우에는 임대차계약을 해제 또는 해지하거나 재계약을 거절할 수 있다.
  ㉠ **거짓**이나 그 밖의 부정한 방법으로 공공임대주택을 임대받은 경우
  ㉡ 임차인의 **자산 또는 소득**이 법 제48조에 따른 '**자격요건을 초과**하는 범위'에서 '국토교통부령으로 정하는 기준을 초과'하는 경우
  ㉢ 임차인이 공공임대주택에 **중복하여 입주하거나 계약**한 것으로 확인된 경우
  ㉣ **표준임대차계약서상의 의무를 위반한 경우**
  ㉤ 공공임대주택의 임차권을 다른 사람에게 **양도**하거나 공공임대주택을 **전대**한 경우
  ㉥ 기간 내 입주의무, 임대료 납부의무, 분납금 납부의무 등 '대통령령으로 정하는 의무를 위반한 경우'
  ㉦ 공공임대주택을 고의로 파손·멸실하는 등 그 밖에 '대통령령으로 정하는 경우'

② '공공임대주택에 거주 중인 **임차인**'은 시장·군수 또는 구청장이 임대주택에 거주하기 곤란할 정도의 중대한 하자가 있다고 인정하는 경우 등 대통령령으로 정하는 바에 따라 임대차계약을 해제 또는 해지하거나 재계약을 거절할 수 있다.

관련법령 | **재계약의 거절 등(영 제47조)**

1. 위 **(3)**의 ①의 ㉥에서 '기간 내 입주의무, 임대료 납부의무, 분납금 납부의무 등 대통령령으로 정하는 의무를 위반한 경우'란 다음의 어느 하나에 해당하는 경우를 말한다.
  ㉠ **공공주택사업자의 귀책사유 없이** 표준임대차계약서상의 '임대차계약기간이 시작된 날부터 3개월 이내에 입주하지 아니한 경우' 23회, 24회
  ㉡ **월임대료를 3개월 이상 연속**하여 연체한 경우 28회
  ㉢ 분납임대주택의 분납금(분할하여 납부하는 분양전환금)을 3개월 이상 연체한 경우 23회

2. 위 **(3)**의 ①의 ㉦에서 '공공임대주택을 고의로 파손·멸실하는 등 그 밖에 대통령령으로 정하는 경우'란 다음의 어느 하나에 해당하는 경우를 말한다.
  ㉠ 공공임대주택 및 그 부대시설을 **고의로 파손**하거나 **멸실한 경우**
  ㉡ 공공임대주택 및 그 부대시설을 공공주택사업자의 **동의를 받지 아니하고** 개축·증축 또는 변경하거나 본래의 용도가 아닌 용도로 사용하는 경우
  ㉢ 임차인이 법 제50조의3 제2항 후단에 따른 분양전환 신청기간 이내에 우선 분양전환을 신청하지 않은 경우
  ㉣ 공공임대주택(전용면적이 85제곱미터를 초과하는 주택은 제외한다. 이하 ㉣에서 같다)의 임대차계약기간 중 **다른 주택을 소유**하게 된 경우. 다만, 다음의 어느 하나에 해당하는 경우는 제외한다.
    ⓐ 상속·판결 또는 혼인 등 그 밖의 부득이한 사유로 다른 주택을 소유하게 된 경우로서 임대차계약이 해제·해지되거나 재계약이 거절될 수 있다는 내용을 통보받은 날부터 **6개월 이내**에 해당 주택을 처분하는 경우. 다만, 법원의 소송이 진행 중인 경우 등 주택의 처분이 곤란하다고 객관적으로 입증되는 경우에는 소송 판결확정일 등 그 사유가 종료된 날부터 6개월 이내로 한다.

ⓑ 혼인 등의 사유로 주택을 소유하게 된 세대구성원이 소유권을 취득한 날부터 **14일 이내**에 **전출신고**를 하여 세대가 분리된 경우. 다만, 취득한 주택의 보수공사가 진행 중인 경우 등 입주가 곤란하다고 객관적으로 입증되는 경우에는 공사비를 완전히 납부한 날 등 그 사유가 종료된 날부터 14일 이내로 한다.
ⓒ 공공임대주택의 입주자를 선정하고 남은 공공임대주택에 대하여 **선착순의 방법**으로 입주자로 선정된 경우
ⓓ 임차인이 해당 주택에서 **퇴거**하거나 다른 공공임대주택에 **당첨되어 입주**하는 경우
3. 공공임대주택에 거주 중인 **임차인**은 위 **(3)**의 ②에 따라 임대주택이 다음의 어느 하나에 해당하는 경우에는 임대차계약을 해제 또는 해지하거나 재계약을 거절할 수 있다.
㉠ **시장·군수 또는 구청장**이 공공임대주택에 거주하기 곤란할 정도의 **중대한 하자**가 있다고 인정한 경우
㉡ 공공주택사업자가 시장·군수 또는 구청장이 지정한 기간에 **하자보수명령**을 이행하지 아니한 경우
㉢ 공공주택사업자가 **임차인의 의사에 반하여** 공공임대주택의 부대시설·복리시설을 파손하거나 철거시킨 경우
㉣ **공공주택사업자의 귀책사유**로 입주기간 종료일부터 **3개월 이내**에 입주할 수 없는 경우 20회, 28회
㉤ 공공주택사업자가 **표준임대차계약서상의 의무**를 위반한 경우
4. **분납임대주택**의 공공주택사업자는 위 **(3)**에 따라 임대차계약을 해제 또는 해지하거나 재계약을 거절하는 경우에는 국토교통부령으로 정하는 기준에 따라 산정된 **반환금**을 임차인에게 지급하여야 한다.

(4) 공공임대주택의 전대 제한(법 제49조의4)

공공임대주택의 임차인은 임차권을 다른 사람에게 양도(매매, 증여, 그 밖에 권리변동이 따르는 모든 행위를 포함하되, 상속의 경우는 제외한다)하거나 공공임대주택을 다른 사람에게 전대(轉貸)할 수 없다. 다만, 근무·생업·질병치료 등 대통령령으로 정하는 경우로서 '**공공주택사업자**'의 '**동의**'를 받은 경우에는 양도하거나 전대할 수 있다.

> **관련법령** 임차권의 양도 등의 허용(영 제48조)

1. 위 **(4)** 단서에서 '근무·생업·질병치료 등 대통령령으로 정하는 경우'란 다음의 어느 하나에 해당하는 경우를 말한다.
㉠ 공공임대주택(임대의무기간이 **10년 이하**인 경우로 한정한다) 임차인의 세대구성원 모두가 공공임대주택 입주 후 다음의 어느 하나에 해당되어 **무주택 세대구성원**에게 임차권을 '**양도**'하거나 임대주택을 '**전대**'하는 경우
ⓐ 다음 ⅰ)~ⅲ)의 규정에 모두 해당하는 경우
ⅰ) 근무·생업 또는 질병치료(의료법 제3조에 따른 의료기관의 장이 1년 이상의 치료나 요양이 필요하다고 인정하는 경우로 한정한다) 등의 사유로 주거를 이전할 것
ⅱ) '현재 거주하는 시·군 또는 구'의 행정구역이 '아닌' 시·군 또는 구로 주거를 이전할 것
ⅲ) 현재 거주지와 새로 이전하는 거주지 간의 거리('최단직선거리'를 말한다)가 **40킬로미터** 이상일 것. 다만, 출퇴근 거리 및 교통여건 등을 고려하여 해당 '시·도의 조례'로 '별도 기준'을 정하는 경우에는 그에 따른다.
ⓑ '상속' 또는 '혼인'으로 소유하게 된 주택으로 이전할 경우
ⓒ 국외로 이주하거나 1년 이상 국외에 머무를 경우 28회

ⓒ '다음의 어느 하나에 해당하는 법률'에 따라 이전하는 기관 또는 그 기관에 종사하는 사람이 해당 기관이 '이전하기 이전'에 공공임대주택을 공급받아 **전대**하는 경우
  ⓐ 「지방자치분권 및 지역균형발전에 관한 특별법」
  ⓑ 「신행정수도 후속대책을 위한 연기·공주지역 행정중심복합도시 건설을 위한 특별법」
  ⓒ 「도청이전을 위한 도시건설 및 지원에 관한 특별법」
  ⓓ 「혁신도시 조성 및 발전에 관한 특별법」
ⓒ 임차인이 혼인 또는 이혼으로 공공임대주택에서 퇴거하거나 「국민기초생활 보장법」에 따른 수급자인 임차인이 같은 법 제32조에 따른 **보장시설에 입소**하기 위해 공공임대주택에서 **퇴거**하고, 해당 공공임대주택에 계속 거주하려는 다음의 어느 하나에 해당하는 사람이 자신으로 임차인을 변경할 경우 24회
  ⓐ 배우자, 직계혈족 및 형제자매
  ⓑ 직계혈족의 배우자, 배우자의 직계혈족 및 배우자의 형제자매
2. 위 (4) 단서에 따라 임차권의 양도 또는 공공임대주택의 전대에 대한 동의를 받으려는 임차인은 위 1.의 ㉠~㉢의 어느 하나에 해당함을 증명하는 자료를 공공주택사업자에게 제출하여야 한다. 이 경우 위 1. ㉠의 ⓐ에 해당하는 경우에는 공공주택사업자는 임차인에게 다른 시·군 또는 구로의 전입과 관련된 주택임대차계약서, 전세계약서 또는 주택매매계약서 등을 요구할 수 있다.
3. 공공주택사업자는 위 2.에 따라 임차인이 공공주택사업자에게 제출한 증명자료 등에 특별한 문제가 없으면 임차인의 임차권 양도 또는 전대 요구를 받아들여야 한다.
4. 위 1.의 ㉡에 따라 공공임대주택을 전대하는 기관 또는 사람은 해당 기관의 이전이 완료된 경우에는 전대차계약기간이 종료된 후 **3개월 이내**에 입주자를 입주시키거나 입주해야 한다. 이 경우 전대차계약기간은 **2년**을 넘을 수 없다.

(5) 지분적립형 분양주택의 전매행위 제한 등 (법 제49조의5)

① 「주택법」 제64조 제1항에도 불구하고 '지분적립형 분양주택의 소유 지분 또는 입주자로 선정된 지위'는 **10년 이내**의 범위에서 대통령령으로 정하는 기간(**10년**)이 지나기 전에는 전매하거나 전매를 알선할 수 없다.
② 위 ①에 따른 지분적립형 분양주택의 전매행위 등의 제한에 관하여 이 법에서 규정한 것을 제외하고는 「주택법」 제64조(같은 조 제1항은 제외한다) 및 제92조를 준용한다.
③ **지분적립형 분양주택을 공급받은 자**가 '위 ①에 따른 전매제한기간이 지난 후' 해당 주택의 **소유권 전부를 취득하기 이전**에 소유 지분을 **전매**하려면 '**공공주택사업자**'와 주택의 **매매가격 등을 협의**한 후 '공공주택사업자'의 **동의**를 받아 '공공주택사업자의 소유 지분'과 **함께** '**해당 주택의 소유권 전부**'를 **전매**하여야 한다. 다만, '해당 주택의 소유 지분'을 **배우자에게 증여**하는 경우에는 **그러하지 아니하다**.
④ 위 ③에 따라 지분적립형 분양주택을 **전매**하는 경우로서 '매매가격이 대통령령으로 정하는 취득가격보다 높은 경우'에는 그 **차액**을 **공공주택사업자**와 **해당 주택을 공급받은 자**가 '**전매 시점의 소유 지분 비율**'에 따라 나누어야 한다.
⑤ 지분적립형 분양주택을 공급받은 자와 공공주택사업자가 해당 주택의 소유권을 **공유하는 동안**에는 「민법」 제268조에도 불구하고 그 주택에 대하여 **공유물의 분할**을 **청구할 수 없다**.

⑥ 지분적립형 분양주택을 공급받은 자[상속받은 자는 제외한다. 이하 (5)에서 '**거주의무자**'라 한다]는 「주택법」 제57조의2 제1항 각 호 외의 부분 본문에도 불구하고 해당 주택의 **최초 입주가능일부터 5년 이내**의 범위에서 대통령령으로 정하는 기간[5년(이하 (5)에서 '**거주의무기간**'이라 한다)] 동안 계속하여 해당 주택에 거주하여야 한다. 다만, 해외 체류 등 대통령령으로 정하는 부득이한 사유가 있는 경우 그 기간은 해당 주택에 거주한 것으로 본다.

⑦ 거주의무자가 **위 ⑥ 단서에 따른 사유 없이** '거주의무기간 이내에 거주를 이전하려는 경우' '거주의무자'는 대통령령으로 정하는 바에 따라 '**공공주택사업자**'에게 해당 주택의 **매입을 신청하여야 한다**.

⑧ **공공주택사업자**는 '위 ⑦에 따라 매입신청'을 받거나 '거주의무자가 위 ⑥을 위반하였다는 사실을 알게 된 경우' 대통령령으로 정하는 절차에 따라 위반사실에 대한 의견청취를 거쳐 '대통령령으로 정하는 특별한 사유'가 없으면 **해당 주택을 매입하여야 한다**.

⑨ 공공주택사업자가 위 ⑧에 따라 주택을 매입하는 경우 거주의무자에게 그가 납부한 **입주금**과 '그 입주금에 「은행법」에 따른 은행의 **1년 만기** 정기예금의 평균이자율을 적용한 **이자**'를 **합산한 금액을 지급한 때**에는 그 지급한 날에 공공주택사업자가 해당 주택을 **취득한 것으로 본다**.

⑩ 공공주택사업자는 거주의무자가 거주의무기간 동안 계속하여 거주하여야 함을 소유권에 관한 등기에 **부기등기**하여야 한다. 이 경우 부기등기는 **소유권보존등기**와 동시에 하여야 한다. 28회

⑪ 거주의무자는 거주의무기간 동안 **계속 거주**하고, **국토교통부장관** 또는 **지방자치단체의 장**으로부터 이러한 사실을 확인받은 경우 **부기등기 사항**을 말소할 수 있다. 이 경우 '사실 확인에 관한 업무'를 대통령령으로 정하는 바에 따라 **공공주택사업자에게 위탁**할 수 있다.

⑫ 위 ⑩ 및 ⑪에 따른 부기등기의 내용 및 말소에 관한 사항은 대통령령으로 정한다.

⑬ 공공주택사업자는 지분적립형 분양주택을 위 ⑧ 및 ⑨에 따라 취득한 경우 국토교통부령으로 정하는 바에 따라 **지분적립형 분양주택으로 재공급**하여야 한다.

⑭ 위 ⑬에 따라 주택을 공급받은 사람은 위 ①에 따른 전매제한기간 중 잔여기간 동안 그 주택을 전매할 수 없으며, 거주의무기간 중 잔여기간 동안 계속하여 그 주택에 거주하여야 한다.

⑮ 공공주택사업자가 위 ⑧ 및 ⑨에 따라 주택을 취득하거나 위 ⑬에 따라 주택을 공급하는 경우에는 위 ①을 적용하지 아니한다.

> **관련법령** 지분적립형 분양주택의 전매행위 제한기간 등(영 제49조)

1. 전매행위 제한기간은 해당 주택의 입주자로 선정된 날부터 기산한다.
2. 위 **(5)**의 ④에서 '대통령령으로 정하는 취득가격'이란 지분적립형 분양주택을 **전매하기 직전의 지분을 취득할 때**의 취득기준가격을 말한다.
3. 위 **(5)**의 ⑥ 본문에서 '대통령령으로 정하는 기간'이란 **5년**을 말한다.
4. 위 **(5)**의 ⑥ 단서에서 '해외 체류 등 대통령령으로 정하는 부득이한 사유'란 다음의 어느 **하나에 해당하는 사유**를 말한다. 이 경우 ⓒ부터 ⓞ까지의 규정에 해당하는지는 해당 **공공주택사업자의 확인**을 받아야 한다.
   ⊙ 해당 주택에 입주하기 위해 준비기간이 필요한 경우. 이 경우 해당 주택에 거주한 것으로 보는 기간은 '최초 입주가능일'부터 **90일까지**로 한다.
   ⓒ 위 **(5)**의 ⑥ 본문에 따른 거주의무자(이하 '거주의무자'라 한다)가 거주의무기간 중 세대원(거주의무자가 포함된 세대의 구성원을 말한다. 이하 4.에서 같다)의 근무·생업·취학 또는 질병치료를 위해 해외에 체류하는 경우
   ⓒ 거주의무자가 주택의 특별공급(군인복지기본법 제10조에 따른 공급을 말한다)을 받은 군인으로서 인사발령에 따라 거주의무기간 중 해당 주택건설지역[주택을 건설하는 특별시·광역시·특별자치시·특별자치도(관할 구역에 지방자치단체인 시·군이 없는 특별자치도만 해당한다) 또는 시·군의 행정구역을 말한다. 이하 4.에서 같다]이 아닌 지역에 거주하는 경우
   ⓔ 거주의무자가 거주의무기간 중 세대원의 근무·생업·취학 또는 질병치료를 위해 세대원 전원이 다른 주택건설지역에 거주하는 경우. 다만, 수도권에서 거주를 이전하는 경우는 제외한다.
   ⓜ 거주의무자가 거주의무기간 중 혼인 또는 이혼으로 입주한 주택에서 퇴거하고 해당 주택에 계속 거주하려는 거주의무자의 직계존속·직계비속, 배우자(종전 배우자를 포함한다) 또는 형제자매가 자신으로 세대주를 변경한 후 거주의무기간 중 남은 기간을 승계하여 거주하는 경우
   ⓑ 「영유아보육법」 제10조 제5호에 따른 가정어린이집을 설치·운영하려는 자가 같은 법 제13조에 따라 해당 주택에 가정어린이집의 설치를 목적으로 인가를 받은 경우. 이 경우 해당 주택에 거주한 것으로 보는 기간은 가정어린이집을 설치·운영하는 기간으로 한정한다.
   ⓢ 위 **(5)**의 ②에 따라 준용되는 「주택법」 제64조 제2항 본문 및 「주택법 시행령」 제73조 제4항(같은 항 제7호 및 제8호는 제외한다)에 따라 법 제49조의5 제1항에 따른 전매제한이 적용되지 않는 경우
   ⓞ 거주의무자의 직계비속이 「초·중등교육법」 제2조에 따른 학교에 재학 중인 학생으로서 주택의 최초 입주가능일 현재 해당 학기가 끝나지 않은 경우. 이 경우 해당 주택에 거주한 것으로 보는 기간은 학기가 끝난 후 90일까지로 한정한다.
5. 거주의무자는 위 **(5)**의 ⑦에 따라 공공주택사업자에게 해당 주택의 매입을 신청하려는 경우에는 국토교통부령으로 정하는 매입신청서를 공공주택사업자에게 제출해야 한다.
6. 공공주택사업자는 거주의무자가 위 **(5)**의 ⑦에 따라 매입신청을 하거나 위 **(5)**의 ⑥을 위반하여 위 **(5)**의 ⑧에 따라 해당 주택을 매입하려면 **14일 이상**의 기간을 정하여 거주의무자에게 의견을 제출할 수 있는 기회를 줘야 한다.
7. 위 6.에 따라 의견을 제출받은 공공주택사업자는 제출 의견의 처리 결과를 거주의무자에게 통보해야 한다.
8. 위 **(5)**의 ⑧에서 '대통령령으로 정하는 특별한 사유'란 다음 각 호의 사유를 말한다.
   ⊙ 공공주택사업자의 부도·파산
   ⓒ 위 ⊙과 유사한 사유로서 공공주택사업자가 해당 주택을 매입하는 것이 어렵다고 국토교통부장관 또는 지방자치단체의 장이 인정하는 사유

9. 위 **(5)**의 ⑩에 따른 부기등기에는 "이 주택은 「공공주택 특별법」 제49조의5 제6항에 따른 거주의무자가 거주의무기간 동안 계속하여 거주해야 하는 주택으로서 거주의무자가 이를 위반할 경우 공공주택사업자에게 매입을 신청해야 하며, 매입신청을 받은 공공주택사업자가 이 주택을 매입함"이라는 내용을 표기해야 한다.
10. 위 **(5)**의 ⑪에 따라 부기등기 사항을 말소하려는 거주의무자는 국토교통부령으로 정하는 거주사실 확인 신청서에 거주사실을 확인할 수 있는 서류(법 제49조의7 제2항에 따라 제공받은 주민등록 전산정보로 거주사실을 확인할 수 없는 경우만 해당한다)를 첨부하여 국토교통부장관 또는 지방자치단체의 장에게 제출해야 한다. 이 경우 거주사실 확인 신청서를 제출받은 국토교통부장관 또는 지방자치단체의 장은 거주의무 이행이 확인되면 신청서를 접수한 날부터 **14일 이내**에 국토교통부령으로 정하는 거주사실 확인서를 **발급**해야 한다.
11. **국토교통부장관**은 위 **(5)**의 ⑪ 후단에 따라 같은 항 전단에 따른 거주의무자의 거주사실 확인에 관한 업무를 **공공주택사업자**에게 **위탁**한다.

(6) 공공분양주택의 예외적 전매 허용 시 주택의 매입 등(법 제49조의6)

① 공공분양주택을 공급받은 자가 위 **(5)**의 ① 또는 「주택법」 제64조(주택의 전매행위 제한 등) 제1항에 따른 전매제한기간에 같은 조 제2항 본문의 사유에 해당되어 해당 입주자로 선정된 지위 또는 주택[**지분적립형 분양주택**의 경우 주택의 소유 지분을 말한다. 이하 **(6)**에서 같다]을 전매(입주자로 선정된 지위 또는 주택의 일부를 배우자에게 증여하는 경우는 제외한다)할 수 있다고 **인정**되는 경우 **공공분양주택을 공급받은 자**는 공공주택사업자에게 입주자로 선정된 지위 또는 **주택의 매입을 신청하여야** 한다.

② 위 ①에 따라 매입신청을 받은 **공공주택사업자**는 '대통령령으로 정하는 특별한 사유'가 없으면 해당 입주자로 선정된 지위 또는 주택을 **매입하여야 한다**.

③ 공공주택사업자가 위 ②에 따라 입주자로 선정된 지위 또는 주택을 매입하는 경우 매입비용과 입주자로 선정된 지위 또는 주택의 취득에 관하여는 「주택법」 제57조의2(분양가상한제 적용주택 등의 입주자의 거주의무 등) 제4항을 준용한다.

④ 공공주택사업자는 위 ② 및 ③에 따라 취득한 입주자로 선정된 지위 또는 주택을 국토교통부령으로 정하는 바에 따라 공급하여야 한다.

> **관련법령** 공공분양주택의 예외적 전매 허용 시 주택의 매입 등(영 제50조)

1. **공공분양주택을 공급받은 자**가 위 **(6)**의 ①에 따라 입주자로 선정된 지위 또는 주택(지분적립형 분양주택의 경우 **주택의 소유 지분**을 말한다. 이하 같다)의 매입을 신청하려는 경우 국토교통부령으로 정하는 매입신청서를 **공공주택사업자**에게 제출해야 한다.
2. 위 **(6)**의 ②에서 '대통령령으로 정하는 특별한 사유'란 **공공주택사업자**의 **부도·파산**, 그 밖에 이와 유사한 사유로 입주자로 선정된 지위 또는 주택의 매입이 어렵다고 인정되는 경우를 말한다.

(7) 공공주택의 거주실태조사 등(법 제49조의7)

① **국토교통부장관** 또는 **지방자치단체의 장**은 다음의 사항을 확인하기 위하여 **입주자** 및 **임차인**에게 필요한 서류 등의 제출을 요구할 수 있으며, 소속 공무원으로 하여금 해당 주택에 출입하여 조사하게 하거나 관계인에게 필요한 질문을 하게 할 수 있다. 이 경우 서류 등의 제출을 요구받거나 해당 주택의 출입·조사 또는 필요한 질문을 받은 **입주자** 및 **임차인**은 모든 세대원의 해외출장 등 특별한 사유가 없으면 이에 따라야 한다.
  ㉠ 임차인의 실제 거주 여부 및 임차인이 아닌 사람의 거주 상황
  ㉡ 위 **(4)**에 따른 임차권의 양도 및 전대 여부
  ㉢ 위 **(5)** 및 다음 **(10)**에 따른 **거주의무자의 실제 거주 여부**
  ㉣ 임대주택이 다른 용도로 사용되고 있는지 여부

② '**국토교통부장관**' 또는 '**지방자치단체의 장**'은 위 ①에 따른 조사를 위하여 필요하면 관계 행정기관 및 관련 단체 등에 대하여 **주민등록정보** 및 '실제 거주 여부를 확인하기 위한 자료의 제공'을 요구할 수 있다. 이 경우 자료의 제공을 요구받은 관계 행정기관 및 관련 단체 등은 특별한 사유가 없으면 이에 따라야 한다.

③ 위 ①에 따라 출입·조사·질문을 하는 자는 국토교통부령으로 정하는 증표를 지니고 이를 관계인에게 내보여야 하며, 조사자의 이름·출입시간 및 출입목적 등이 표시된 문서를 관계인에게 교부하여야 한다.

④ 위 ① 및 ②에 따라 거주 여부 등을 확인하기 위하여 국토교통부장관 또는 지방자치단체의 장이 관계 행정기관 및 관련 단체 등에 대하여 요청할 수 있는 자료 등 필요한 사항은 대통령령으로 정한다.

⑤ **국토교통부장관** 또는 **지방자치단체의 장**은 위 ①의 ㉡에 따라 불법사실이 확인된 임차인에 관한 정보를 **전산관리지정기관**에 통보하여야 한다.

⑥ **전산관리지정기관**은 위 ⑤에 따른 정보를 **전산관리**하여야 한다.

⑦ 국토교통부 또는 지방자치단체의 소속 공무원 또는 소속 공무원이었던 사람은 위 ①·②·④에 따라 얻은 정보와 자료를 이 법에서 정한 목적 외의 다른 용도로 사용하거나 다른 사람 또는 기관에 제공하거나 누설하여서는 아니 된다. [위반자: **5년 이하의 징역** 또는 **5천만원 이하의 벌금**]

관련법령 거주의무의 입증자료(영 제52조)

위 **(7)**의 ④에 따라 국토교통부장관 또는 지방자치단체의 장이 입주자의 거주 여부 등을 확인하기 위하여 관계 행정기관 및 관련 단체 등에 요청할 수 있는 자료는 다음과 같다.
1. 주민등록표 등본·초본
2. 국민연금보험료 납입증명서
3. 건강보험료 납부확인서

4. 고용보험료 납입증명서
5. 전화사용료 납부확인서
6. 케이블텔레비전 수신료 납부확인서
7. 인터넷 사용료 납부확인서
8. 신용카드 대중교통 이용명세서
9. 자녀의 재학증명서

(8) 공공임대주택의 입주자 자격제한 등(법 제49조의8)

국토교통부장관 또는 지방자치단체의 장은 위 (4)를 위반하여 공공임대주택의 임차권을 양도하거나 공공임대주택을 전대하는 임차인에 대하여 4년의 범위에서 '국토교통부령으로 정하는 바'에 따라 공공임대주택의 입주자격을 제한할 수 있다.

> **관련법령** 공공임대주택 입주자격 제한 등(규칙 제36조의2)
>
> 1. 위 (8)에 따른 공공임대주택의 입주자격 제한기간은 공공임대주택 임차인이 '위 (4)를 위반한 사실이 확인된 날'부터 4년으로 한다.
> 2. '국토교통부장관' 또는 '지방자치단체의 장'은 '공공주택사업자'로 하여금 공공임대주택의 임차인 선정 시 전산관리지정기관에 공공임대주택 입주대상자 명단을 송부하여 입주대상자가 '위 (8)에 따라 입주자격이 제한되는 자에 해당되는지 여부'를 확인하도록 할 수 있다. 이 경우 '공공주택사업자'는 전단에 따라 '입주자격 제한이 확인된 입주대상자'에게 그 사실을 즉시 통보하고 10일 이상의 기간을 정하여 소명할 기회를 주어야 한다.

(9) 가정어린이집 운영에 관한 공급 특례(법 제49조의9)

① 공공주택사업자는 임차인의 보육수요 충족을 위하여 필요하다고 판단하는 경우 해당 공공임대주택의 일부 세대를 6년 이내의 범위에서 「영유아보육법」 제10조 제5호에 따른 가정어린이집을 설치·운영하려는 자에게 임대할 수 있다. 이 경우 공공주택사업자는 국토교통부령으로 정하는 바에 따라 관할 시장·군수 또는 구청장과 협의하여야 한다. 21회

② 위 ①에 따라 공공주택사업자가 공공임대주택의 일부 세대를 가정어린이집을 설치·운영하려는 자에게 임대하려는 경우 '공공주택사업자'는 공공임대주택의 보육수요를 판단하기 위하여 필요한 자료를 관할 **시장·군수 또는 구청장**에게 요청할 수 있다.

③ 위 ①에 따라 가정어린이집을 설치·운영하려는 자의 입주자격, 선정방법과 임대조건 등에 필요한 사항은 국토교통부령으로 정한다.

④ 위 ①에 따라 공공임대주택을 임차하여 가정어린이집을 설치·운영하는 자는 「주택법」 제57조의2(분양가상한제 적용주택 등의 입주자의 거주의무 등) 제1항에도 불구하고 해당 공공임대주택에 거주하지 아니할 수 있다.

> **관련법령** 가정어린이집 설치를 위한 협의(규칙 제36조의3)

1. 공공주택사업자가 위 **(9)**의 ① 전단에 따라 공공임대주택의 일부 세대를 「영유아보육법」 제10조 제5호에 따른 '가정어린이집'을 설치·운영하려는 자에게 임대하려는 경우에는 다음의 사항을 포함한 협의요청서를 관할 시장·군수 또는 구청장에게 제출하여야 한다.
   ㉠ 협의요청 당시 해당 공공임대주택에 설치·운영 중인 가정어린이집의 현황
   ㉡ 총세대수, 동별 세대수 및 입주시기 등 해당 공공임대주택의 현황
   ㉢ 그 밖에 가정어린이집의 설치·운영을 위하여 필요한 사항
2. 위 1.에 따른 협의요청서를 제출받은 시장·군수 또는 구청장은 이를 검토한 후 지체 없이 그 검토 결과를 공공주택사업자에게 통보하여야 한다.

> **관련법령** 가정어린이집 운영자의 입주자격 등(규칙 제36조의4)

1. 위 **(9)**의 ① 전단에 따라 가정어린이집을 설치·운영하려는 자는 위 **(9)**의 ③에 따라 다음의 요건을 모두 갖추어야 한다.
   ㉠ 임대차계약 체결 후 공공주택사업자가 정한 기간 이내에 「영유아보육법」 제13조 제1항에 따른 인가를 받았음을 증명할 수 있을 것
   ㉡ 해당 공공임대주택 내 다른 가정어린이집을 설치·운영하고 있지 아니할 것
2. 공공주택사업자는 위 1.의 요건을 갖춘 자 중에서 공공주택사업자가 정하는 임차인 선정순위에 따라 가정어린이집으로 임대할 세대의 임차인을 선정한다.
3. 위 2.에 따라 임차인으로 선정된 자가 가정어린이집을 설치·운영하지 아니하게 된 경우에는 즉시 그 사실을 공공주택사업자에게 통보하여야 한다.
4. 가정어린이집의 임대료는 해당 공공임대주택의 규모, 주변지역의 임대료 등을 고려하여 공공주택사업자가 정한다.
5. 공공주택사업자는 위 1.부터 4.까지에서 규정한 사항 외에 가정어린이집의 설치·운영 등에 관한 세부적인 사항을 따로 정할 수 있다.

(10) 이익공유형 분양주택의 공급·처분 등(법 제49조의10)

① **이익공유형 분양주택**의 원활한 공급을 위하여 세부 공급유형 및 공급대상에 따라 **환매조건**을 부과할 수 있다. 이 경우 환매조건, 환매가격의 산정기준 및 공급가격 등 필요한 사항은 대통령령으로 정한다.

② 이익공유형 분양주택을 **공급받은 자**가 **해당 주택**[해당 주택의 입주자로 선정된 지위(입주자로 선정되어 그 주택에 입주할 수 있는 권리·자격·지위 등을 말한다)를 포함한다]을 **처분**하려는 경우에는 위 ①에 따른 **환매조건**에 따라 **공공주택사업자**에게 해당 주택의 **매입**을 **신청**하여야 한다.

③ 위 ②에 따라 매입신청을 받은 **공공주택사업자**가 이익공유형 분양주택을 **환매**하는 경우 해당 주택을 **공급받은 자**는 해당 주택의 공급가격 등을 고려하여 대통령령으로 정하는 기준에 따라 **'처분 손익'**을 공공주택사업자와 **공유**하여야 한다.

④ 이익공유형 분양주택을 **공급받은 자**가 이를 **처분**하려는 경우 '공공주택사업자가 환매하는 주택임'을 소유권에 관한 등기에 **부기등기**하여야 한다. 이 경우 부기등기는 주택의 **소유권**

보존등기와 **동시**에 하여야 하며, 부기등기에 포함되어야 할 표기내용 등은 대통령령으로 정한다.
⑤ 이익공유형 분양주택의 **전매행위 제한**에 관하여는 「주택법」 제64조를 적용하지 아니한다.
⑥ 이익공유형 분양주택을 **공급받은 자**(상속받은 자는 제외한다)는 「주택법」 제57조의2 제1항 각 호 외의 부분 본문에도 불구하고 해당 주택의 최초 입주가능일부터 **최대 5년 이내**에서 대통령령으로 정하는 거주의무기간(5년) 동안 계속하여 해당 주택에 거주해야 한다. 다만, 해외 체류 등 대통령령으로 정하는 부득이한 사유가 있는 경우 그 기간은 해당 주택에 거주한 것으로 본다.
⑦ 위 ⑥에 따른 이익공유형 분양주택의 **거주의무**에 관하여는 법 제49조의5 제7항부터 제12항까지를 준용한다.
⑧ 이익공유형 분양주택의 **환매**에 관하여는 「민법」 제591조 및 제593조부터 제595조까지의 규정을 **적용하지 아니한다**.
⑨ '공공주택사업자'는 '이익공유형 분양주택의 입주자로 선정된 지위'를 **환매**하거나 **해당 주택**을 위 ⑦에 따라 위 **(5)**의 ⑧ 및 ⑨를 준용하여 **취득한 경우** 국토교통부령으로 정하는 바에 따라 **이익공유형 분양주택**으로 **재공급**하여야 한다.
⑩ 위 ⑨에 따라 주택을 공급받은 사람은 위 ⑥에 따른 거주의무기간 중 잔여기간 동안 계속하여 그 주택에 거주하여야 한다.

> **관련법령** 이익공유형 분양주택의 공급가격 및 거주의무기간 등(영 제52조의2)
>
> 1. 이익공유형 분양주택의 공급가격은 다음의 구분에 따른다.
>   ㉠ 복합지구에서 현물보상으로 공급하는 경우: 영 제35조의11 제1항에 따른 분양가격의 100분의 50 이상 100분의 80 이하의 범위에서 공공주택사업자가 복합지구토지등소유자와 협의하여 정하는 가격
>   ㉡ 「도시재생 활성화 및 지원에 관한 특별법」 제2조 제6호의3에 따른 주거재생혁신지구에서 같은 법 제55조의3에 따른 현물보상으로 공급하는 경우: 같은 법 시행령 제53조의5 제1항에 따른 분양가격의 100분의 50 이상 100분의 80 이하의 범위에서 혁신지구사업시행자가 같은 법 제55조의3 제1항 전단에 따른 토지등소유자와 협의하여 정하는 가격
>   ㉢ 그 밖의 경우: 「주택법」 제57조에 따라 산정한 분양가격의 100분의 80 이하의 범위에서 공공주택사업자가 정하는 가격
> 2. 위 **(10)**의 ③에서 '대통령령으로 정하는 기준'이란 [별표 4의5]에 따른 기준을 말한다.
> 3. 위 **(10)**의 ④에 따른 부기등기에는 "이 주택은 공공주택사업자가 환매할 권리를 보류하고 있는 주택으로서 「공공주택 특별법」 제49조의10 제2항에 따라 이 주택을 처분하려는 경우 공공주택사업자에게 매입을 신청해야 하며, 매입신청을 받은 공공주택사업자가 이 주택을 매입함"이라는 내용을 표기해야 한다.
> 4. 위 **(10)**의 ⑥ 단서에서 '해외 체류 등 대통령령으로 정하는 사유'란 영 제49조 제5항 제1호부터 제6호까지 및 제8호의 사유를 말한다. 이 경우 영 제49조 제5항 제2호부터 제6호까지 및 제8호의 사유에 해당하는지는 해당 **공공주택사업자**의 **확인**을 받아야 한다.

(11) 공공임대주택의 관리(법 제50조)

① 주택의 관리, 임차인대표회의 및 분쟁조정위원회 등에 관하여는 「민간임대주택에 관한 특별법」 제51조(민간임대주택의 관리), 제52조(임차인대표회의) 및 제55조(임대주택분쟁조정위원회)를 대통령령으로 정하는 바에 따라 '준용'한다.

② 공공주택사업자는 공공임대주택을 관리하는 데 필요한 **경비를 임차인이 최초로 납부하기 전까지** '해당 공공임대주택의 유지관리 및 운영에 필요한 경비'(이하 '선수관리비'라 한다)를 **대통령령**으로 정하는 바에 따라 '부담'할 수 있다.

> **관련법령** 공공임대주택의 관리 등(영 제53조)
>
> 1. 위 (11)의 ①에 따라 주택의 관리, 임차인대표회의 및 분쟁조정위원회 등에 관하여는 「민간임대주택에 관한 특별법」 제51조(민간임대주택의 관리), 제52조(임차인대표회의) 및 제55조(임대주택분쟁조정위원회)를 준용하되, 같은 법 제51조 제3항에 따른 **자체관리**를 위한 시장·군수 또는 구청장의 인가나 '관리비와 관련된 **회계감사**'는 국토교통부령으로 정하는 바에 따라 **준용하지 않는다**.
> 2. 공공주택사업자는 위 (9)의 ②에 따라 공공임대주택의 유지관리 및 운영에 필요한 경비(이하 '선수관리비'라 한다)를 부담하는 경우에는 해당 임차인의 입주가능일 전까지 「공동주택관리법」 제2조 제1항 제10호에 따른 관리주체에게 선수관리비를 지급해야 한다.
> 3. **관리주체**는 해당 임차인의 **임대기간이 종료되는 경우** 위 2.에 따라 지급받은 선수관리비를 **공공주택사업자에게 반환**해야 한다. 다만, **다른 임차인**이 해당 주택에 **입주할 예정인 경우** 등 공공주택사업자와 **관리주체가 협의**하여 정하는 경우에는 선수관리비를 반환하지 않을 수 있다.
> 4. 위 2.에 따라 관리주체에게 지급하는 선수관리비의 금액은 해당 공공임대주택의 유형 및 세대수 등을 고려하여 공공주택사업자와 관리주체가 **협의**하여 정한다.

(12) 공공임대주택의 매각제한(법 제50조의2)

① '공공주택사업자'는 공공임대주택을 **5년 이상의 범위**에서 대통령령으로 정한 임대의무기간이 지나지 아니하면 매각할 수 없다.

② 위 ①에도 불구하고 다음의 어느 하나에 해당하는 경우에는 임대의무기간이 지나기 전에도 공공임대주택을 매각할 수 있다.

㉠ 국토교통부령으로 정하는 바에 따라 '**다른 공공주택사업자**'에게 **매각**하는 경우. 이 경우 해당 공공임대주택을 매입한 공공주택사업자는 기존 공공주택사업자의 지위를 '**포괄적**'으로 '**승계**'한다.

㉡ 임대의무기간의 2분의 1이 지나 '공공주택사업자'가 '임차인'과 **합의**한 경우 등 대통령령으로 정하는 경우로서 임차인 등에게 분양전환하는 경우

㉢ '**공공매입임대주택**'이 **복합지구**, 「도시 및 주거환경정비법」에 따른 **정비구역**, 「주택법」에 따른 **주택건설사업** 등 국토교통부령으로 정하는 지구·구역 및 사업 등에 '**포함**'된 경우로서 **공공주택사업자**가 해당 지역의 공공매입임대주택 재고 유지를 위한 공공매입

임대주택 공급계획, 매각 또는 교환 방법, 입주자 이주대책 등 국토교통부령으로 정하는 사항에 대하여 **국토교통부장관**의 **승인**을 받은 경우

> **관련법령** 공공임대주택의 임대의무기간(영 제54조)
>
> 1. 위 **(12)**의 ①에서 '대통령령으로 정한 임대의무기간'이란 그 공공임대주택의 임대개시일부터 다음의 기간을 말한다. ^{22회 주관식, 23회}
>   ⊙ 영구임대주택: 50년
>   ⓒ 국민임대주택: 30년
>   ⓒ 행복주택: 30년
>   ② 통합공공임대주택: 30년
>   ⓜ 장기전세주택: 20년
>   ⓗ 위 ⊙~ⓜ의 규정에 해당하지 않는 공공임대주택 중 임대조건을 신고할 때 임대차계약기간을 6년 **이상 10년 미만**으로 정하여 신고한 주택: **6년**
>   ⓢ 위 ⊙~ⓜ의 규정에 해당하지 않는 공공임대주택 중 임대조건을 신고할 때 임대차계약기간을 10년 **이상**으로 정하여 신고한 주택: **10년**
>   ⓞ 위 ⊙~ⓢ의 규정에 해당하지 않는 공공임대주택: 5년
> 2. 위 **(12)**의 ②의 ⓒ에 따라 임대의무기간이 지나기 전에도 임차인 등에게 분양전환할 수 있는 경우는 다음과 같다.
>   ⊙ 공공주택사업자가 '경제적 사정 등'으로 공공임대주택에 대한 임대를 계속할 수 없는 경우로서 공공주택사업자가 **국토교통부장관**의 **허가**를 받아 임차인에게 **분양전환**하는 경우. 이 경우 다음 **(13)**의 ①에 해당하는 임차인에게 우선적으로 분양전환하여야 한다.
>   ⓒ 임대 개시 후 해당 주택의 임대의무기간의 2분의 1이 지난 분양전환공공임대주택에 대하여 공공주택사업자와 임차인이 해당 임대주택의 분양전환에 합의하여 공공주택사업자가 '임차인'에게 다음 **(13)**에 따라 분양전환하는 경우
>   ⓒ 주택도시기금의 융자를 받아 주택이 없는 근로자를 위하여 건설한 공공임대주택(1994년 9월 13일 이전에 사업계획승인을 받은 경우로 한정한다)을 **시장·군수 또는 구청장**의 **허가**를 받아 **분양전환**하는 경우. 이 경우 다음 **(13)**의 ①의 요건을 충족하는 임차인에게 우선적으로 분양전환하여야 한다.
> 3. 공공주택사업자가 위 2.의 ⊙에 따라 경제적 사정 등으로 임대를 계속할 수 없어 **승인 허가**를 받으려는 경우에는 다음의 어느 하나에 해당하는 서류를 국토교통부장관에게 제출하여야 한다.
>   ⊙ 2년 연속 적자가 발생한 사실을 입증할 수 있는 해당 기간의 손익계산서
>   ⓒ 2년 연속 부(負)의 영업현금흐름이 발생한 사실을 입증할 수 있는 해당 기간의 현금흐름표
>   ⓒ 최근 12개월간 해당 공공주택사업자의 전체 공공임대주택 중 임대되지 아니한 주택의 비율이 100분의 20 이상이고 같은 기간 동안 특정 공공임대주택이 계속하여 임대되지 아니하였다는 사실을 입증할 수 있는 서류
>   ② 관계 법령에 따라 '재개발, 재건축 등'으로 공공임대주택의 '철거'가 예정되어 임대사업을 계속하기 곤란한 사실을 입증할 수 있는 서류
> 4. 전용면적이 **85제곱미터를 초과**하는 주택을 제외한 공공건설임대주택을 위 2.의 ⊙ 또는 ⓒ에 따라 분양전환하는 경우 그 분양전환가격의 산정기준은 국토교통부령으로 정한다.

(13) 공공임대주택의 우선 분양전환 등(법 제50조의3)

① **공공주택사업자**는 임대 후 분양전환을 할 목적으로 건설한 공공건설임대주택을 임대의무기간이 지난 후 분양전환하는 경우에는 다음의 어느 하나에 해당하는 자에게 **우선 분양전환**하여야 한다. 이 경우 우선 분양전환의 방법·절차 등에 관하여 필요한 사항은 대통령령으로 정한다.

  ㉠ **분양전환 시점**에 해당 임대주택에 **거주**하고 있는 **임차인**으로서 다음의 어느 하나에 해당하는 경우

   ⓐ '입주한 후부터 분양전환할 때까지' 해당 임대주택에 계속하여 **거주**한 **무주택자**인 경우
   ⓑ 공공건설임대주택에 입주한 후 '**상속**이나 **판결** 또는 **혼인**으로' 다른 주택을 소유하게 되었으나 입주한 후부터 분양전환할 때까지 해당 임대주택에 계속하여 **거주**하면서 분양전환 이전까지 다른 주택을 **처분**한 **무주택자**인 경우
   ⓒ 위 **(4)**의 단서에 따라 임차권을 양도받은 자로서 양도일부터 분양전환할 때까지 해당 임대주택에 **거주**한 **무주택자**인 경우
   ⓓ '**선착순의 방법**으로 해당 임대주택의 입주자로 선정된 자'로서 입주일부터 분양전환할 때까지 계속하여 **거주**하면서 '**분양전환하는 시점**'에 해당 임대주택 입주 시 자격요건 중 **주택소유기준을 충족**하고 있는 경우
   ⓔ 분양전환 당시에 '**거주하고 있는 해당 임대주택**'이 전용면적 85제곱미터를 초과하는 경우

  ㉡ 분양전환 시점에 '해당 임대주택의 임차인'인 **국가기관**이나 **법인**

② **공공주택사업자**는 공공건설임대주택의 임대의무기간이 지난 후 해당 주택의 임차인에게 위 ①에 따른 **우선 분양전환 자격, 우선 분양전환 가격** 등 우선 분양전환에 관한 사항을 **통보**하여야 한다. 이 경우 '우선 분양전환 자격이 있다고 통보받은 **임차인**'이 우선 분양전환에 응하려는 경우에는 그 통보를 받은 후 6개월(임대의무기간이 10년인 공공건설임대주택의 경우에는 12개월을 말한다) 이내에 '**우선 분양전환 계약**'을 하여야 한다. 27회

③ 위 ①에 따른 우선 분양전환에 응하려는 **임차인**은 '국토교통부령으로 정하는 바'에 따라 '거주 여부를 확인할 수 있는 서류'를 **공공주택사업자**에게 제출하여야 한다. 이 경우 **공공주택사업자**는 '임차인이 제출한 서류'를 국토교통부령으로 정하는 바에 따라 **확인**하여야 한다.

④ **공공주택사업자**는 다음의 어느 하나에 해당하는 경우 해당 임대주택을 위 ②에 따라 통보한 **분양전환 가격 이하의 가격**으로 국토교통부령으로 정하는 바에 따라 **제3자**에게 매각할 수 있다.

  ㉠ 위 ①에 따른 우선 분양전환 자격을 갖춘 자가 존재하지 아니하는 경우
  ㉡ 위 ②에 따라 공공주택사업자가 임차인에게 우선 분양전환에 관한 사항을 통보한 날부터 6개월(임대의무기간이 10년인 공공건설임대주택의 경우에는 12개월을 말한다) 이내에 **임차인이 우선 분양전환 계약을 하지 아니한 경우** 24회

⑤ 위 ①에 따른 우선 분양전환 가격 및 위 ④에 따른 매각가격 산정을 위한 **감정평가**는 '**공공주택사업자**가 비용을 부담하는 조건'으로 대통령령으로 정하는 바에 따라 **시장·군수·구청장**이 **감정평가법인**을 선정하여 시행한다. 다만, '감정평가에 대하여' '대통령령으로 정하는 사항'에 해당하여 '**공공주택사업자**' 또는 '임차인 **과반수 이상**의 동의를 받은 **임차인**'(임차인대표회의가 구성된 경우 **임차인대표회의**를 말한다)이 **이의신청**을 하는 경우 **시장·군수·구청장**은 '**이의신청을 한 자**가 비용을 부담하는 조건' 등 대통령령으로 정하는 바에 따라 **한 차례만 재평가**하게 할 수 있다.

⑥ '**공공주택사업자**'는 위 ⑤에도 불구하고 위 ④에 따라 '**제3자**'에게 공공건설임대주택을 **매각**하려는 경우 그 매각 시점이 위 ⑤에 따른 '감정평가가 완료된 날'부터 **1년**이 지난 때에는 같은 항에 따라 '**매각가격**'을 **재산정**할 수 있다.

> **관련법령** 분납임대주택의 우선 분양전환(영 제55조)
>
> '**분납임대주택**'의 임대사업자는 위 (13)의 ①의 ㉠에 따라 임차인에게 우선 분양전환하려는 경우에는 해당 임차인으로부터 '**임대 개시 전**' 또는 '**임대기간 중**' 분양전환금의 일부를 미리 받을 수 있다. 이 경우 분양전환금의 분납기준 및 분납방법 등에 관하여 필요한 사항은 국토교통부령으로 정한다.

> **관련법령** 분양전환가격 산정을 위한 감정평가 등(영 제56조)
>
> 1. 시장·군수 또는 구청장은 위 **(13)**의 ⑤ 본문에 따라 감정평가를 「부동산 가격공시에 관한 법률 시행령」 제7조 제2항에 따라 국토교통부장관이 고시하는 기준을 충족하는 감정평가법인(이하 '감정평가법인'이라 한다) **두 곳**에 의뢰해야 한다.
> 2. 위 1.에 따라 감정평가를 의뢰받은 감정평가법인은 공공주택사업자 또는 임차인(임차인대표회의가 구성된 경우 임차인대표회의를 말한다)이 감정평가법인을 선정하여 줄 것을 요청한 날을 기준으로 평가한다.
> 3. 감정평가법인은 위 1.에 따라 감정평가를 의뢰받은 날부터 **20일** 이내에 감정평가를 완료하여야 한다. 다만, 시장·군수 또는 구청장이 인정하는 부득이한 사유가 있는 경우에는 **10일**의 범위에서 이를 연장할 수 있다.
> 4. 위 **(13)**의 ⑤ 단서에 따른 이의신청은 다음의 경우에 시장·군수 또는 구청장으로부터 감정평가결과를 통보받은 날부터 **30일 이내**에 해야 한다.
>   ㉠ 관계 법령을 위반하여 감정평가가 이루어진 경우
>   ㉡ 부당하게 평가되었다고 인정하는 경우
> 5. 위 **(13)**의 ⑤ 단서에 따른 '재평가'는 '그 사유'를 명시하여 위 1.을 준용하되, 당초 감정평가한 감정평가법인에 의뢰해서는 안 된다.
> 6. 재평가의 기한에 관하여는 위 3.을 준용하며, 재평가의 비용은 '**이의신청을 한 자**'가 부담한다.
> 7. 위 **(13)**의 ①~⑥ 규정에 따라 공공건설임대주택(전용면적 '85제곱미터를 초과하는 경우'는 '제외'한다)을 분양전환하는 경우 분양전환가격 산정의 기준·방법 및 절차 등에 관해 위 1.~6.에서 규정한 사항 외에 필요한 사항은 국토교통부령으로 정한다.

(14) 특별수선충당금의 적립 등(법 제50조의4)

① '대통령령으로 정하는 다음의 어느 하나의 규모에 해당하는 **공공임대주택의 공공주택사업자**'는 **주요시설**을 교체하고 보수하는 데에 필요한 '**특별수선충당금**'을 적립하여야 한다. 19회 주관식
  ㉠ 300세대 이상의 공동주택
  ㉡ 승강기가 설치된 공동주택
  ㉢ 중앙집중식 난방방식의 공동주택

② **공공주택사업자**가 임대의무기간이 지난 공공건설임대주택을 **분양전환**하는 경우에는 특별수선충당금을 「공동주택관리법」 제11조에 따라 **최초로** 구성되는 **입주자대표회의**에 넘겨주어야 한다. 19회 주관식

③ 특별수선충당금의 요율, 적립방법, 사용절차 및 사후관리 등에 필요한 사항은 대통령령으로 정한다.

④ 위 ①에 따른 주요시설의 범위·교체 및 보수시기·방법 등에 필요한 사항은 국토교통부령으로 정한다.

관련법령 특별수선충당금의 요율 및 사용절차 등(영 제57조)

1. 위 **(14)**의 ①에서 '대통령령으로 정하는 규모에 해당하는 공공임대주택'이란 공공임대주택 단지별로 다음의 어느 하나 해당하는 공공임대주택을 말한다. 다만, 1997년 3월 1일 전에 주택건설사업계획의 승인을 받은 공공임대주택은 제외한다.
   ㉠ 300세대 이상의 공동주택
   ㉡ 승강기가 설치된 공동주택
   ㉢ 중앙집중식 난방방식의 공동주택

2. 위 1.의 ㉠~㉢의 어느 하나에 해당하는 공공임대주택을 '건설'한 공공주택사업자는 해당 공공임대주택의 공용부분, 부대시설 및 복리시설(분양된 시설은 제외한다)에 대하여 「공동주택관리법」 제29조에 따른 장기수선계획을 수립하여 「주택법」 제29조에 따른 사용검사를 신청할 때 사용검사신청서와 함께 제출하여야 하며, 임대기간 중 해당 임대주택단지에 있는 **관리사무소에 장기수선계획을 갖춰 놓아야 한다.**

3. 위 2.에 따른 장기수선계획은 국토교통부령으로 정하는 기준에 따라야 한다.

4. **공공주택사업자**는 위 2. 및 3.에 따라 장기수선계획을 수립한 후 이를 조정할 필요가 있는 경우에는 임차인대표회의 **구성원**(임차인대표회의가 구성되지 않은 경우에는 **전체 임차인**) **과반수**의 서면동의를 받아 '장기수선계획'을 **조정**할 수 있다.

5. 공공주택사업자는 특별수선충당금을 사용검사일(임시 사용승인을 받은 경우에는 임시 사용승인일을 말한다)부터 **1년**이 지난날이 속하는 달부터 매달 적립하되, 적립요율은 다음의 비율에 따른다. 다만, 다음의 주택이 「공동주택관리법」에 따른 **혼합주택단지 안에 있는 경우**(혼합주택단지의 입주자대표회의와 공공주택사업자가 '장기수선충당금 및 특별수선충당금'을 사용하는 주요시설의 교체 및 보수에 관한 사항'을 각자 결정하는 경우는 제외한다) 해당 주택에 대한 '**특별수선충당금의 적립요율**'에 관하여는 '**관리규약**'으로 정하는 '**장기수선충당금의 요율**'을 준용한다. 25회

㉠ 영구임대주택, 국민임대주택, 행복주택, 통합공공임대주택 및 장기전세주택: 국토교통부장관이 고시하는 표준건축비의 1만분의 4
㉡ 위 ㉠에 해당하지 아니하는 공공임대주택: 「주택법」 제15조 제1항에 따른 사업계획승인 당시 표준건축비의 1만분의 1
6. 공공주택사업자는 특별수선충당금을 금융회사 등에 예치하여 **따로** 관리하여야 한다.
7. 공공주택사업자는 특별수선충당금을 사용하려면 **미리** 해당 공공임대주택의 주소지를 관할하는 **시장·군수 또는 구청장과 협의**해야 한다. 다만, 다음의 어느 하나에 해당하는 경우에는 **그렇지 않다.** 25회
   ㉠ 「주택법 시행령」 제53조의2 제4항 각 호에 따른 중대한 하자가 발생한 경우
   ㉡ 천재지변이나 그 밖의 재해로 장기수선계획 수립 대상물이 파손되거나 멸실되어 긴급하게 교체·보수가 필요한 경우
8. 공공주택사업자는 위 7. 단서에 따라 특별수선충당금을 사용한 경우에는 그 사유를 사용일부터 30일 이내에 관할 시장·군수 또는 구청장에게 통보해야 한다.
9. '시장·군수 또는 구청장'은 국토교통부령으로 정하는 방법에 따라 공공주택사업자의 특별수선충당금 적립 여부, 적립금액 등을 관할 '시·도지사'에게 보고하여야 하며, '시·도지사'는 시장·군수 또는 구청장의 보고를 받으면 이를 '**국토교통부장관**'에게 보고하여야 한다.
10. 위 1.~9.에서 규정한 사항 외에 특별수선충당금 사용방법, 세부 사용절차, 그 밖에 필요한 사항은 '**장기수선계획**'으로 정한다.

(15) 분양전환 공공임대주택 매각의 신고(법 제50조의5)

① 공공주택사업자가 분양전환 공공건설임대주택을 다른 공공주택사업자에게 **매각**하려는 경우 '국토교통부령으로 정하는 바'에 따라 해당 **임대주택 소재지를 관할하는 시장·군수·구청장에게 신고**하여야 한다. 이 경우 '공공건설임대주택을 양도받는 공공주택사업자'는 '양도하는 공공주택사업자의 지위'를 **포괄적으로 승계**한다는 뜻을 **계약서**에 **명시**하여야 한다.
② '공공주택사업자'가 위 ①에 따라 '다른 임대사업자'에게 분양전환공공임대주택을 양도하기 위하여 신고하는 경우 **시장·군수·구청장**은 그 내용을 검토하여 이 법에 적합하면 국토교통부령으로 정하는 바에 따라 신고를 수리하여야 한다.

(16) 정보체계의 구축 등(법 제51조)

① '국토교통부장관'은 공공주택의 원활한 공급 및 관리를 위하여 다음의 정보를 관리할 수 있는 '**정보체계**'를 구축·운영할 수 있다. 〈개정 2025.1.31.〉
   ㉠ 공공주택의 입주자 모집 및 관리에 관한 사항
   ㉡ 공공주택사업에 관한 정보 및 자료
   ㉢ 공공주택의 입주자 자격의 확인 및 입주 대기 순서 등 관리에 관한 정보 및 자료
② 위 ①에 따른 정보체계는 「사회복지사업법」 제6조의2에 따른 정보시스템과 전자적으로 연계하여 활용할 수 있다.

③ 국토교통부장관 및 위 ①에 따른 업무를 위임·위탁받은 기관의 장은 위 ①에 따른 관련 정보체계를 구축·운영하기 위하여 필요한 사항에 대하여 관련 기관·단체 등에 자료를 요청할 수 있다. 이 경우 관련 기관·단체 등은 특별한 사유가 없으면 그 요청에 따라야 한다.

> **관련법령** 정보체계의 구축 및 관리(영 제58조)
>
> 1. 위 **(16)**의 ①에 따라 '**국토교통부장관**'은 다음의 사항을 종합적으로 고려하여 '**정보체계**'를 구축하여야 한다.
>   ㉠ 공공주택의 인터넷 청약, 그 밖에 공공주택사업에 관한 알기 쉽고 다양한 정보의 제공
>   ㉡ 공공주택 관련 자료 및 정보를 공동으로 이용하기 위한 데이터베이스의 표준화 및 호환시스템의 구축
>   ㉢ 정보시스템의 안정적인 관리·운영
> 2. 국토교통부장관은 위 **(16)**의 ③에 따라 관련 기관·단체 등으로부터 다음의 공공주택사업 관련 정보 및 입주 관련 정보를 디스크 등 **전자저장매체** 또는 **정보통신망**을 통하여 제공받을 수 있다. 이 경우 토지대장, 지적도는 부동산종합공부의 토지 관련 자료로 대체하여 제공받을 수 있다.
>   ㉠ 공공주택 수급 관련 자료
>   ㉡ 주택지구 지정, 지구계획, 토지보상, 통합심의결과 등 주택지구 관련 자료
>   ㉢ 공공주택건설사업계획, 직접 시공 등 공공주택건설 관련 자료
>   ㉣ 공공주택 매입 및 임대주택 인수 관련 자료
>   ㉤ 토지대장, 공시지가, 지형도, 지적도, 토지 특성 자료 및 부동산 실거래가격 등 토지 관련 자료
>   ㉥ 용도지역 및 용도지구, 토지이용 규제, 광역도시계획, 도시·군기본계획 및 도시·군관리계획 등 도시·군계획 관련 자료
>   ㉦ 건축물대장 또는 부동산종합공부 등 건축물 관련 자료
>   ㉧ 주택 공시가격, 주택 특성 자료, 개별주택·공동주택 실거래가격, 주택가격 동향, 주택 미분양 현황 및 주택보급률 등 주택 관련 정보
>   ㉨ 청약통장 가입 현황 등 입주자저축 관련 자료
>   ㉩ 공공임대주택 공급정보
> 3. 국토교통부장관은 위 1.에 따른 정보체계의 구축 및 운영에 관한 세부기준을 정할 수 있다.

CHAPTER 08 보칙 및 벌칙

CHAPTER 미리보기

학습전략

보칙 및 벌칙에 관한 단원으로서, 지금까지 출제된 적은 없으나 언제든지 출제될 수 있으므로 정리하시기 바랍니다.

학습키워드

- 권한의 위임 또는 위탁
- 벌칙

1. 보칙

(1) 토지매수업무 등의 위탁(법 제52조)

공공주택사업자는 토지매수업무·손실보상업무 및 이주대책업무 등을 「공익사업을 위한 토지 등의 취득 및 보상에 관한 법률」 제81조 제1항에 따라 **지방자치단체** 등에 '위탁'할 수 있다.

> **관련법령** 토지매수업무 등의 위탁(영 제59조)
>
> 공공주택사업자는 위 (1)의 ①에 따라 토지매수업무, 손실보상업무 및 이주대책업무 등을 위탁하려면 위탁할 업무의 내용 및 위탁조건에 관하여 '위탁하려는 **기관의 장**'과 **협의**하여야 한다.

(2) 권한의 위임 또는 위탁(법 제53조)

① 국토교통부장관은 이 법에 따른 권한의 일부를 대통령령으로 정하는 바에 따라 시·도지사에게 위임할 수 있다. 이 경우 중앙행정기관은 관계 행정기관으로 보며, 중앙도시계획위원회는 지방도시계획위원회로 본다.

② 위 ①에 따라 권한을 위임받은 시·도지사는 그 권한의 일부를 국토교통부장관의 승인을 받아 시장(제주특별자치도 설치 및 국제자유도시 조성을 위한 특별법 제10조 제2항에 따른 행정시의 시장을 포함한다)·군수 또는 구청장에게 재위임할 수 있다.

③ 국토교통부장관은 이 법에 따른 권한의 일부를 대통령령으로 정하는 바에 따라 관계 중앙행정기관의 장 또는 공공주택사업자에게 위탁할 수 있다.

> **관련법령** 권한의 위임 또는 위탁(영 제61조)
>
> 1. '국토교통부장관'은 위 (2)의 ①에 따라 면적이 30만 제곱미터 미만인 지구조성사업에 관한 다음의 권한을 '시·도지사'에게 위임한다. 이 경우 지구조성사업의 시행구역이 '둘 이상의 시·도에 걸치는 경우'에는 '사업시행 면적이 넓은 지역'을 관할하는 '시·도지사'에게 위임하며, '위임받은 시·도지사'는 그 수임사무의 처리에 관하여 '관련 시·도지사'와 협의해야 한다.
>   ㉠ 법 제4조에 따른 공공주택사업자 지정
>   ㉡ 법 제6조 제1항에 따른 주택지구의 지정, 변경 또는 해제
>   ㉢ 법 제9조 제5항에 따른 정기조사 및 실태조사
>   ㉣ 법 제12조 제1항에 따른 주택지구의 지정, 변경 또는 해제의 고시
>   ㉤ 법 제17조 제1항에 따른 지구계획의 승인(변경승인을 포함한다) 및 같은 조 제3항에 따른 지구계획의 고시
> 2. 위 1.에도 불구하고 다음의 어느 하나에 해당하는 경우에는 국토교통부장관이 위 1.의 ㉠~㉤의 권한을 행사한다.
>   ㉠ 국가의 계획이나 조정이 필요한 지역으로서 국토교통부장관이 필요하다고 인정하여 주택지구를 지정할 때 그 뜻을 관보에 고시한 지역
>   ㉡ 국가 또는 「한국토지주택공사법」에 따른 한국토지주택공사가 법 제7조에 따라 소규모 주택지구에서 지구조성사업과 공공주택건설사업을 일괄하여 시행하는 경우

3. **국토교통부장관**은 위 **(2)**의 ①에 따라 지방공사 및 공동출자법인이 시행하는 지구조성사업에 대한 법 제31조 제1항에 따른 **준공검사** 및 같은 조 제2항에 따른 **준공검사의 공고**에 관한 권한을 '시·도지사'에게 위임한다. 이 경우 법 제31조 제2항에 따른 '관보'는 '해당 시·도의 공보'로 본다.
4. **국토교통부장관**은 위 **(2)**의 ①에 따라 다음의 어느 하나에 해당하는 공공주택건설사업에 대한 법 제35조 제1항에 따른 **사업계획승인** 및 같은 조 제5항에 따른 **사업계획의** 고시에 관한 권한을 시·도지사에게 위임한다.
   ㉠ 지방자치단체 또는 지방공사가 단독으로 시행하는 공공주택건설사업
   ㉡ 지방자치단체 또는 지방공사와 주택건설사업자가 공동으로 시행하는 공공주택건설사업
   ㉢ 다음의 어느 하나에 해당하는 부동산투자회사(부동산투자회사법에 따른 부동산투자회사를 말한다. 이하 같다)가 시행하는 공공주택건설사업
      ⓐ 지방자치단체 또는 지방공사가 단독 또는 공동으로 총지분의 전부를 출자하여 설립한 부동산투자회사
      ⓑ 지방자치단체가 주택도시기금과 공동으로 총지분의 전부를 출자하여 설립한 부동산투자회사
      ⓒ 지방공사가 주택도시기금과 공동으로 총지분의 전부를 출자하여 설립한 부동산투자회사
      ⓓ 지방자치단체 및 지방공사가 주택도시기금과 공동으로 총지분의 전부를 출자하여 설립한 부동산투자회사
   ㉣ 위 ㉠부터 ㉢까지 외의 공공주택건설사업 중 복합지구에서 시행하는 공공주택건설사업
5. 국토교통부장관은 위 **(2)**의 ①에 따라 법 제40조의8 제1항에 따른 복합사업계획의 승인 권한을 시·도지사에게 위임한다.
6. 국토교통부장관은 위 **(2)**의 ③에 따라 공공주택사업자(지방공사, 공동출자법인 및 법 제4조 제1항 제6호에 따른 부동산투자회사는 제외한다. 이하 6.에서 같다)가 시행하는 지구조성사업에 대한 법 제31조 제1항(법 제40조의13 제1항에서 준용하는 경우를 포함한다)에 따른 준공검사에 관한 권한을 **공공주택사업자**에게 위탁한다.
7. 국토교통부장관은 위 **(2)**의 ③에 따라 공공주택에 대한 다음의 사항에 관한 업무를 **공공주택사업자**에게 위탁한다.
   ㉠ 법 제48조의4에 따른 동의서면의 제출요구에 관한 업무
   ㉡ 법 제48조의6에 따른 자료의 제공에 관한 업무
   ㉢ 법 제49조의7에 따른 다음의 업무
      ⓐ 법 제49조의7 제1항에 따른 거주실태조사
      ⓑ 법 제49조의7 제2항에 따른 자료 제공 요구
      ⓒ 법 제49조의7 제5항에 따른 임차인에 관한 정보의 통보
   ㉣ 법 제51조에 따른 정보체계의 구축·운영에 관한 업무
8. 국토교통부장관은 위 **(2)**의 ③에 따라 다음의 업무를 **보건복지부장관**에게 위탁한다.
   ㉠ 법 제48조의5에 따른 금융정보 등의 제공에 관한 업무
   ㉡ 법 제48조의6에 따른 자료의 제공에 관한 업무

(3) 협조 요청(법 제53조의2)

'**국토교통부장관 또는 시·도지사**'는 '**관계 기관의 장**'에게 공공주택사업의 시행을 위해 필요한 자료의 제출 또는 그 밖에 필요한 협조를 요청할 수 있다. 이 경우 협조를 요청받은 관계 기관의 장은 특별한 사유가 없으면 협조하여야 한다.

(4) 보고·검사 등(법 제54조)

① 국토교통부장관은 이 법의 시행을 위하여 필요한 경우에는 공공주택사업자에게 필요한 보고를 하게 하거나 자료의 제출을 명할 수 있으며, 소속 공무원으로 하여금 공공주택사업자의 사무실·사업장, 그 밖에 필요한 장소에 출입하여 공공주택사업에 관한 업무를 검사하게 할 수 있다.

② 위 ①에 따른 공공주택사업에 관한 업무를 검사하는 공무원은 그 권한을 표시하는 증표를 지니고 이를 관계인에게 내보여야 한다.

(5) 감독(법 제55조)

① 국토교통부장관은 공공주택사업자가 다음의 어느 하나에 해당하는 경우에는 이 법에 따른 허가 또는 승인을 취소하거나 공사의 중지·변경, 시설물 또는 물건의 개축·변경 또는 이전 등을 명할 수 있다.

  ㉠ 거짓이나 그 밖의 부정한 방법으로 이 법에 따른 허가 또는 승인을 받은 경우
  ㉡ 법 제17조 제1항에 따른 지구계획의 승인 또는 변경승인의 내용을 위반하여 사업을 시행한 경우
  ㉢ 법 제35조 제1항 또는 제2항에 따른 사업계획의 승인 또는 변경승인의 내용을 위반하여 사업을 시행한 경우
  ㉣ 사정의 변경으로 인하여 지구조성사업 또는 주택건설사업의 계속적인 시행이 불가능하게 된 경우

② 국토교통부장관은 위 ①에 따른 처분 또는 명령을 한 때에는 대통령령으로 정하는 바에 따라 이를 고시하여야 한다.

관련법령 감독에 따른 처분 등의 고시(영 제62조)

위 (5)의 ②에 따른 고시는 다음의 사항을 관보에 고시하는 방법으로 한다.
1. 사업의 명칭
2. 처분 또는 명령을 받은 공공주택사업자 명칭, 소재지 및 대표자 성명
3. 사업시행지역의 위치
4. 처분 또는 명령의 내용 및 사유

---

(6) 청문(법 제56조)

국토교통부장관은 이 법에 따른 허가 또는 승인을 위 (5)의 ①에 따라 **취소**하려면 **청문**을 하여야 한다.

2. 벌칙

(1) 벌칙(법 제57조)

① 법 제9조(보안관리 및 부동산투기 방지대책) 제2항 또는 제4항을 위반하여(법 제40조의17에 따라 준용되는 경우를 포함한다) 주택지구의 지정 또는 지정 제안과 관련한 미공개정보를 부동산 등의 매매, 그 밖의 거래에 사용하거나 타인에게 제공 또는 누설한 자는 **5년 이하의 징역** 또는 그 위반행위로 얻은 **재산상의 이익** 또는 **회피한 손실액의 3배 이상 5배 이하**에 상당하는 벌금에 처한다. 다만, 그 위반행위로 얻은 이익 또는 회피한 손실액이 없거나 산정하기 곤란한 경우 또는 그 위반행위로 얻은 재산상의 이익 또는 회피한 손실액의 5배에 해당하는 금액이 **10억원 이하**인 경우에는 벌금의 상한액을 **10억원**으로 한다.

② 위 ①의 위반행위로 얻은 이익 또는 회피한 손실액이 **5억원 이상**인 경우에는 위 ①의 징역을 다음의 구분에 따라 가중한다.
  ㉠ 이익 또는 회피한 손실액이 **50억원 이상**인 경우에는 **무기** 또는 **5년 이상**의 징역
  ㉡ 이익 또는 회피한 손실액이 **5억원 이상 50억원 미만**인 경우에는 **3년 이상**의 유기징역

③ 위 ① 및 ②에 따라 **징역**에 처하는 경우에는 위 ①에 따른 **벌금**을 **병과**할 수 있다.

④ 위 ①의 죄를 범한 자 또는 그 정을 아는 제3자가 위 ①의 죄로 인하여 취득한 재물 또는 재산상의 이익은 **몰수**한다. 다만, '이를 몰수할 수 없을 때'에는 그 가액을 **추징**한다.

⑤ 법 제49조의7 제7항을 위반하여 정보 또는 자료를 사용·제공 또는 **누설**한 사람은 **5년 이하**의 징역 또는 **5천만원 이하**의 벌금에 처한다.

⑥ 법 제48조의5(금융정보 등의 제공) 제5항(법 제48조의8에 따라 준용되는 경우를 포함한다. 이하 법 제57조의4에서 같다)을 위반하여 금융정보 등을 사용·제공 또는 누설한 자는 **5년 이하의 징역 또는 3천만원 이하의 벌금**에 처한다.

(2) 벌칙(법 제57조의2)

다음의 어느 하나에 해당하는 자는 **3년 이하의 징역 또는 1억원 이하의 벌금**에 처한다.

① 법 제32조의3 제1항 또는 제2항을 위반하여(법 제40조의17에 따라 준용되는 경우를 포함한다) 토지 또는 토지를 공급받을 수 있는 권리·자격·지위 등을 **전매한 자**

② 전매가 금지됨을 알면서 법 제32조의3 제1항 또는 제2항을 위반하여(법 제40조의17에 따라 준용되는 경우를 포함한다) 토지 또는 토지를 공급받을 수 있는 권리·자격·지위 등을 **전매받은 자**

(3) 벌칙(법 제57조의3)

다음의 어느 하나에 해당하는 자는 **3년 이하의 징역** 또는 **3천만원 이하의 벌금**에 처한다. 다만, ④**부터** ⑥**까지**에 해당하는 자로서 그 위반행위로 얻은 이익의 3배에 해당하는 금액이 **3천만원**을 **초과**하는 자는 3년 이하의 징역 또는 **그 이익의 3배**에 해당하는 금액 이하의 벌금에 처한다.

① **거짓**이나 그 밖의 부정한 방법으로 임대주택을 임대받거나 임대받게 한 자

② 법 제40조의12를 위반하여 시공자를 선정한 자와 시공자로 선정된 자

③ 법 제49조의4를 위반하여 공공임대주택의 임차권을 양도하거나 공공임대주택을 전대한 자 및 이를 알선한 자

④ 법 제49조의5 제1항을 위반하여 입주자로 선정된 지위 또는 주택의 소유 지분을 전매하거나 이의 전매를 알선한 자

⑤ 법 제49조의5 제3항을 위반하여 공공주택사업자의 동의를 받지 아니하고 주택의 소유 지분을 전매한 자

⑥ 법 제49조의10 제2항을 위반하여 공공주택사업자가 아닌 자에게 주택을 처분한 자

⑦ 법 제50조의3 제2항에 따라 우선 분양전환에 관한 사항을 통보한 이후 같은 조 제1항의 자격을 충족하는 자에게 우선 분양전환하지 아니한 공공주택사업자. 다만, 법 제50조의3 제1항의 자격을 충족하는 자가 우선 분양전환 계약에 응하지 아니하는 경우는 제외한다.

[법률 제18311호(2021.7.20.) 부칙 제2조의 규정에 의하여 이 조의 ②는 2026년 12월 31일까지 유효함]

(4) 벌칙(법 제57조의4)

법 제48조의6 제2항[법 제48조의8(입주자 자격 확인 및 입주 관련 정보의 제공 등)에 따라 준용되는 경우를 포함하며, **법 제48조의5 제5항**을 위반한 경우는 '제외'한다]을 위반하여 정보 또는 자료를 사용·제공 또는 누설한 자는 **3년 이하의 징역 또는 2천만원 이하의 벌금**에 처한다.

  1. 법 제48조의6(자료요청) 제2항: 국토교통부 소속 공무원 또는 소속 공무원이었던 자와 법 제53조(권한의 위임 또는 위탁)에 따라 업무를 위임·위탁받은 기관의 소속 임직원은 제1항에 따라 제공받은 정보와 자료를 이 법에서 정한 목적 외의 다른 용도로 사용하거나 다른 사람 또는 기관에 제공하거나 누설하여서는 아니 된다.
  2. 법 제48조의5(금융정보 등의 제공) 제5항: 제1항 및 제2항에 따른 업무에 종사하거나 종사하였던 자는 업무를 수행하면서 취득한 금융정보 등을 이 법에서 정한 목적 외의 다른 용도로 사용하거나 다른 사람 또는 기관에 제공하거나 누설하여서는 아니 된다(위반자: 5년 이하의 징역 또는 3천만원 이하의 벌금).

(5) 벌칙(법 제58조)

다음의 어느 하나에 해당하는 자는 **1년 이하의 징역 또는 1천만원 이하의 벌금**에 처한다.

① 법 제6조의3 제1항 및 제11조 제1항(법 제40조의17에 따라 준용되는 경우를 포함한다)에 따른 허가 또는 변경허가를 받지 아니하고 건축물의 건축 등의 행위를 하거나 거짓 또는 부정한 방법으로 허가를 받은 자

② 법 제49조의5 제6항·제14항 및 법 제49조의10 제6항·제10항을 위반하여 거주의무기간 중에 실제로 거주를 하지 아니하고 거주한 것으로 속인 자

③ 법 제50조 제1항에 따라 준용되는 「민간임대주택에 관한 특별법」 제51조를 위반하여 공공임대주택을 관리한 자

④ 법 제55조 제1항에 따른 공사의 중지·변경 등의 명령을 위반한 자

(6) 양벌규정(법 제59조)

법인의 대표자나 법인 또는 개인의 대리인, 사용인, 그 밖의 종업원이 그 법인 또는 개인의 업무에 관하여 위 **(1)~(5)**의 위반행위를 하면 그 행위자를 벌하는 외에 그 법인 또는 개인에게도 해당 조문의 벌금형을 과(科)한다. 다만, 법인 또는 개인이 그 위반행위를 방지하기 위하여 해당 업무에 관하여 상당한 주의와 감독을 게을리하지 아니한 경우에는 그러하지 아니하다.

(7) 과태료(법 제60조)

① 법 제50조의3 제4항을 위반하여 같은 조 제2항에 따라 임차인에게 통보한 우선 분양전환 가격을 초과한 가격으로 제3자에게 매각한 자에게는 '그 위반행위로 얻은 이익'의 2배에 상당하는 과태료를 부과한다. 다만, 법 제50조의3 제6항에 따른 매각가격 재산정 시의 감정평가로 인하여 매각가격이 달라지는 경우는 제외한다.

② 다음의 어느 하나에 해당하는 자에게는 **1천만원 이하**의 **과태료**를 부과한다.
〈신설 2025.1.81. 시행 2025.8.1.〉
  ㉠ 법령을 위반하여 **표준임대차계약서**를 사용하지 아니한 자
  ㉡ 법령을 위반하여 **특별수선충당금**을 적립하지 아니하거나 **입주자대표회의에 넘겨주지 아니한 자**

③ 다음의 어느 하나에 해당하는 자에게는 **300만원 이하**의 **과태료**를 부과한다.
  ㉠ 정당한 사유 없이 법 제9조 제6항에 따른 서류 등의 제출을 거부하거나 거짓 서류 등을 제출하거나 해당 기관 또는 업체의 출입·조사 또는 질문을 거부·방해하거나 기피한 자
  ㉡ 정당한 사유 없이 법 제26조 제1항에 따른 공공주택사업자의 행위를 거부 또는 방해한 자
  ㉢ 법 제54조 제1항에 따른 보고 또는 자료제출을 하지 아니하거나 거짓으로 한 자
  ㉣ 법 제54조 제1항에 따른 검사를 거부 또는 방해한 자
  ㉤ 법 제49조의6 제1항을 위반하여 공공주택사업자에게 입주자로 선정된 지위 또는 주택의 매입을 신청하지 아니한 자
  ㉥ 법 제49조의7 제1항에 따른 서류 등의 제출을 거부하거나 해당 주택의 출입·조사 또는 질문을 방해하거나 기피한 자
  ㉦ 법 제49조 제6항에 따른 임대차계약을 신고하지 아니하거나 거짓으로 신고한 자
  ㉧ 법 제50조의3 제3항을 위반하여 임차인의 거주 여부를 확인하지 아니한 자
  ㉨ 법 제50조의5 제1항을 위반하여 분양전환 공공건설임대주택 양도 신고를 하지 아니하고 분양전환 공공건설임대주택을 양도한 자

④ 위 ①부터 ③까지에 따른 과태료는 대통령령으로 정하는 바에 따라 **국토교통부장관** 또는 **지방자치단체**의 장이 부과·징수한다.

> **관련법령** 과태료의 부과기준(영 제64조)
>
> 1. 위 **(7)**의 ① 본문에서 '그 위반행위로 얻은 이익'이란 해당 임대주택의 실제 매각가격에서 법 제50조의3 제2항 전단에 따라 통보한 우선 분양전환 가격을 **뺀** 금액을 말한다.
> 2. 위 **(7)**의 ② 및 ③에 따른 과태료의 부과기준은 [별표 5]와 같다.

인생은 자전거를 타는 것과 같습니다.
균형을 잡으려면 계속해서 움직여야만 합니다.

– 알버트 아인슈타인(Albert Einstein)

PART 5

건축법

CHAPTER 01　총칙
CHAPTER 02　건축물의 건축
CHAPTER 03　건축의 규제

최근 5개년
평균 출제문항 수 **7개**

최근 5개년
평균 출제비중 **17.5%**

PART 5 합격전략

건축법은 제19회 시험까지는 계속 8문제(20%)씩 출제되었으나, 제20회 이후 계속하여 7문제씩 출제되었습니다. 제29회 시험의 경우에도 7문제 정도가 출제될 것으로 예상됩니다. 주택관리관계법규 과목 중 「주택법」과 「공동주택관리법」 다음으로 출제비중이 높은 법령인 만큼 전 부분에 걸쳐 골고루 출제되므로 꼼꼼하게 정리하시기 바랍니다.

용어의 정의 중 '특수구조 건축물', 「건축법」상의 행위(건축, 대수선, 용도변경), 건축물의 건축절차(허가, 신고, 착공, 공사감리 공사시공, 사용승인), 각종 건축 규제(대지와 도로의 관계, 건축선, 내진설계, 공개공지, 건축물대장 등), 건축물의 용도, 면적의 산정, 이행강제금, 건축물의 높이제한 및 일조권 확보를 위한 높이제한, 특별건축구역 및 특별가로구역, 건축협정 및 결합건축 등을 철저히 정리하시기 바랍니다.

CHAPTER 01 총칙

회독체크 1 2 3

CHAPTER 미리보기

학습전략

「건축법」을 정확하게 이해하는 데 필요한 '용어의 정의'에 대한 단원으로서 1문제 내지 2문제 정도가 꾸준히 출제되고 있습니다. 출제 빈도가 높은 편이므로 꼼꼼히 숙지하시기 바랍니다.

학습키워드

- 각종 건축물의 정의
- 기타 용어의 정의
- 「건축법」상 행위(건축, 대수선, 용도변경)
- 건축위원회 및 건축분쟁전문위원회
- 리모델링에 대비한 특례 등

제1절 목적 및 용어의 정의

1. 목적(법 제1조)

건축물의 대지·구조·설비기준 및 용도 등을 정하여 건축물의 안전·기능·환경 및 미관을 향상시킴으로써 공공복리의 증진에 이바지하는 것을 목적으로 한다. 17회 주관식

2. 건축물 등

(1) 건축물(법 제2조 제1항 제2호)

토지에 정착하는 공작물 중 지붕과 기둥 또는 벽이 있는 것과 이에 딸린 시설물, 지하나 고가(高架)의 공작물에 설치하는 사무소·공연장·점포·차고·창고, 그 밖에 대통령령으로 정하는 것을 말한다.

(2) 고층건축물(법 제2조 제1항 제19호)

층수가 30층 이상이거나 높이가 120미터 이상인 건축물을 말한다. 18회, 19회

(3) 초고층 건축물(영 제2조 제15호)

층수가 50층 이상이거나 높이가 200미터 이상인 건축물을 말한다.

(4) 준초고층 건축물(영 제2조 제15호의2)

고층건축물 중 초고층 건축물이 아닌 것을 말한다.

(5) 다중이용 건축물(영 제2조 제17호)

다음의 어느 하나에 해당하는 건축물을 말한다. 18회

① 다음의 어느 하나에 해당하는 용도로 쓰는 바닥면적의 합계가 5천 제곱미터 이상인 건축물
  ㉠ 문화 및 집회시설(동물원·식물원은 제외한다)
  ㉡ 종교시설
  ㉢ 판매시설
  ㉣ 운수시설 중 여객용 시설
  ㉤ 의료시설 중 종합병원
  ㉥ 숙박시설 중 관광숙박시설
② 16층 이상인 건축물

(6) 준다중이용 건축물(영 제2조 제17호의2)

다중이용 건축물 '외'의 건축물로서 다음의 어느 하나에 해당하는 용도로 쓰는 바닥면적의 합계가 **1천 제곱미터 이상**인 건축물을 말한다.
① 문화 및 집회시설(동물원 및 식물원은 제외한다)
② 종교시설
③ 판매시설
④ 운수시설 중 여객용 시설
⑤ 의료시설 중 종합병원
⑥ 교육연구시설
⑦ 노유자시설
⑧ 운동시설
⑨ 숙박시설 중 관광숙박시설
⑩ 위락시설
⑪ 관광휴게시설
⑫ 장례시설

(7) 한옥(영 제2조 제16호)

「한옥 등 건축자산의 진흥에 관한 법률」 제2조 제2호에 따른 한옥을 말한다.

> **관련법령** 「한옥 등 건축자산의 진흥에 관한 법률」 제2조 제2호
> '한옥'이란 주요 구조가 기둥·보 및 한식지붕틀로 된 목구조로서 우리나라 전통양식이 반영된 건축물 및 그 부속건축물을 말한다.

(8) 부속건축물(영 제2조 제12호)

같은 대지에서 주된 건축물과 **분리**된 부속용도의 건축물로서 주된 건축물을 **이용** 또는 **관리**하는 데에 필요한 건축물을 말한다. 27회 주관식

3. 기타 용어의 정의

(1) 건축설비(법 제2조 제1항 제4호)

건축물에 설치하는 전기·전화 설비, 초고속 정보통신 설비, 지능형 홈네트워크 설비, 가스·급수·배수(配水)·배수(排水)·환기·**난방**·**냉방**·소화(消火)·배연(排煙) 및 오물처리의 설비, 굴뚝, 승강기, 피뢰침, 국기 게양대, 공동시청 안테나, 유선방송 수신시설, 우편함, 저수조(貯水槽), 방범시설, 그 밖에 국토교통부령으로 정하는 설비를 말한다.

(2) 지하층(법 제2조 제1항 제5호)

건축물의 바닥이 지표면 아래에 있는 층으로서 바닥에서 지표면까지 평균높이가 해당 층 높이의 **2분의 1 이상**인 것을 말한다. 17회

● '지하층'은 건축물의 층수에서 산입되지 아니한다.

(3) 거실(법 제2조 제1항 제6호)

건축물 안에서 거주, 집무, 작업, 집회, 오락, 그 밖에 이와 유사한 목적을 위하여 사용되는 방을 말한다. 17회

(4) 주요구조부(법 제2조 제1항 제7호)

내력벽(耐力壁), 기둥, 바닥, 보, 지붕틀 및 주계단(主階段)을 말한다. 다만, 사이 기둥, 최하층 바닥, 작은 보, 차양, 옥외 계단, 그 밖에 이와 유사한 것으로 건축물의 구조상 중요하지 아니한 부분은 제외한다. 19회

(5) 리모델링(법 제2조 제1항 제10호)

건축물의 노후화를 억제하거나 기능 향상 등을 위하여 **대수선**하거나 건축물의 일부를 **증축** 또는 **개축**하는 행위를 말한다. 19회

(6) 건축주(법 제2조 제1항 제12호)

건축물의 건축·대수선·용도변경, 건축설비의 설치 또는 공작물의 축조(이하 '건축물의 건축 등'이라 한다)에 관한 공사를 발주하거나 현장 관리인을 두어 스스로 그 공사를 하는 자를 말한다. 19회

(7) 제조업자(법 제2조 제1항 제12호의2)

건축물의 건축·대수선·용도변경, 건축설비의 설치 또는 공작물의 축조 등에 필요한 **건축자재**를 '제조'하는 사람을 말한다.

(8) 유통업자(법 제2조 제1항 제12호의3)

건축물의 건축·대수선·용도변경, 건축설비의 설치 또는 공작물의 축조에 필요한 **건축자재**를 '판매'하거나 공사현장에 '납품'하는 사람을 말한다.

(9) 설계자(법 제2조 제1항 제13호)

자기의 책임(보조자의 도움을 받는 경우를 포함한다)으로 설계도서를 작성하고 그 설계도서에서 의도하는 바를 해설하며, 지도하고 자문에 응하는 자를 말한다. 17회

(10) 설계도서(법 제2조 제1항 제14호)

건축물의 건축 등에 관한 공사용 도면, **구조계산서**, **시방서**(示方書), 그 밖에 국토교통부령으로 정하는 공사에 필요한 서류(건축설비계산 관계 서류, 토질 및 지질 관계 서류, 기타 공사에 필요한 서류)를 말한다. 21회 주관식

(11) 공사감리자(법 제2조 제1항 제15호)

자기의 책임(보조자의 도움을 받는 경우를 포함한다)으로 건축물, 건축설비 또는 공작물이 설계도서의 내용대로 시공되는지를 확인하고, 품질관리·공사관리·안전관리 등에 대하여 지도·감독하는 자를 말한다. 19회

(12) 공사시공자(법 제2조 제1항 제16호)

「건설산업기본법」에 따른 건설공사를 하는 자를 말한다.

(13) 관계전문기술자(법 제2조 제1항 제17호)

건축물의 구조·설비 등 건축물과 관련된 전문기술자격을 보유하고 설계와 공사감리에 참여하여 **설계자** 및 **공사감리자**와 **협력**하는 자를 말한다. 17회 주관식

> **참고 건축관계자**(법 제5조 제1항)
> 건축주, 설계자, 공사시공자 또는 공사감리자를 '건축관계자'라 한다.

> **참고 건축관계자 등**(법 제25조의2 제1항)
> 설계자, 공사시공자, 공사감리자 및 관계전문기술자를 '건축관계자 등'이라 한다.

(14) 발코니(영 제2조 제14호)

건축물의 내부와 외부를 연결하는 **완충공간**으로서 전망이나 휴식 등의 목적으로 건축물 **외벽**에 접하여 부가적(附加的)으로 설치되는 공간을 말한다. 이 경우 주택에 설치되는 발코니로서 국토교통부장관이 정하는 기준에 적합한 발코니는 필요에 따라 거실·침실·창고 등의 용도로 사용할 수 있다. 18회, 20회·23회·26회 주관식

(15) 내수재료(영 제2조 제6호)

인조석·콘크리트 등 내수성을 가진 재료로서 국토교통부령으로 정하는 재료를 말한다.

(16) 내화구조(영 제2조 제7호)

화재에 견딜 수 있는 성능을 가진 구조로서 국토교통부령으로 정하는 기준에 적합한 구조를 말한다.

(17) 방화구조(영 제2조 제8호)

화염의 확산을 막을 수 있는 성능을 가진 구조로서 국토교통부령으로 정하는 기준에 적합한 구조를 말한다.

(18) 난연재료(영 제2조 제9호)

불에 잘 타지 아니하는 성능을 가진 재료로서 국토교통부령으로 정하는 기준에 적합한 재료를 말한다.

(19) 불연재료(영 제2조 제10호)

불에 타지 아니하는 성질을 가진 재료로서 국토교통부령으로 정하는 기준에 적합한 재료를 말한다.

(20) 준불연재료(영 제2조 제11호)

불연재료에 준하는 성질을 가진 재료로서 국토교통부령으로 정하는 기준에 적합한 재료를 말한다.

(21) 부속용도(영 제2조 제13호)

건축물의 주된 용도의 기능에 필수적인 용도로서 다음의 어느 하나에 해당하는 용도를 말한다.
① 건축물의 설비, 대피, 위생, 그 밖에 이와 비슷한 시설의 용도
② 사무, 작업, 집회, 물품저장, 주차, 그 밖에 이와 비슷한 시설의 용도
③ 구내식당·직장어린이집·구내운동시설 등 종업원 후생복리시설, 구내소각시설, 그 밖에 이와 비슷한 시설의 용도. 이 경우 다음의 요건을 모두 갖춘 휴게음식점([별표 1] 제3호의 제1종 근린생활시설 중 같은 호 나목에 따른 휴게음식점을 말한다)은 구내식당에 포함되는 것으로 본다.
　㉠ 구내식당 내부에 설치할 것
　㉡ 설치면적이 구내식당 전체 면적의 3분의 1 이하로서 50제곱미터 이하일 것
　㉢ 다류(茶類)를 조리·판매하는 휴게음식점일 것
④ 관계 법령에서 주된 용도의 부수시설로 설치할 수 있게 규정하고 있는 시설, 그 밖에 국토교통부장관이 이와 유사하다고 인정하여 고시하는 시설의 용도

(22) 실내건축(법 제2조 제1항 제20호, 영 제3조의4)

① 건축물의 실내를 안전하고 쾌적하며 효율적으로 사용하기 위하여 내부 공간을 칸막이로 구획하거나 '벽지, 천장재, 바닥재, 유리 등 대통령령으로 정하는 재료 또는 장식물'을 설치하는 것을 말한다.

② 위 ①에서 '벽지, 천장재, 바닥재, 유리 등 대통령령으로 정하는 재료 또는 장식물'이란 다음의 재료를 말한다.
　㉠ 벽, 천장, 바닥 및 반자틀의 재료
　㉡ 실내에 설치하는 난간, 창호 및 출입문의 재료
　㉢ 실내에 설치하는 전기·가스·급수(給水), 배수(排水)·환기시설의 재료
　㉣ 실내에 설치하는 충돌·끼임 등 사용자의 안전사고 방지를 위한 시설의 재료

(23) 특수구조 건축물(영 제2조 제18호)

다음의 어느 하나에 해당하는 건축물을 말한다.
① 한쪽 끝은 고정되고 다른 끝은 지지(支持)되지 아니한 구조로 된 보·차양 등이 외벽(외벽이 없는 경우에는 외곽 기둥을 말한다)의 중심선으로부터 **3미터** 이상 돌출된 건축물
② 기둥과 기둥 사이의 거리(기둥의 중심선 사이의 거리를 말하며, 기둥이 없는 경우에는 내력벽과 내력벽의 중심선 사이의 거리를 말한다. 이하 같다)가 **20미터** 이상인 건축물
③ **무량판 구조**(보가 없이 바닥판·기둥으로 구성된 구조를 말한다. 이하 같다)를 가진 건축물로서 무량판 구조인 어느 하나의 층에 '**수직으로 배치된 주요구조부의 전체 단면적**'에서 '**보가 없이 배치된 기둥의 전체 단면적**'이 차지하는 비율이 **4분의 1 이상**인 건축물 〈신설〉
④ 특수한 설계·시공·공법 등이 필요한 건축물로서 국토교통부장관이 정하여 고시하는 구조로 된 건축물

(24) 부속구조물(법 제2조 제1항 제21호, 영 제2조 제19호)

건축물의 안전·기능·환경 등을 향상시키기 위하여 건축물에 추가적으로 설치하는 환기시설물 등 대통령령으로 정하는 구조물[급기(給氣) 및 배기(排氣)를 위한 건축 구조물의 개구부(開口部)인 환기구]을 말한다.

(25) 건축물의 유지·관리(법 제2조 제1항 제16호의2)

건축물의 **소유자**나 **관리자**가 사용 승인된 건축물의 대지·구조·설비 및 용도 등을 지속적으로 유지하기 위하여 건축물이 **멸실**될 때까지 관리하는 행위를 말한다.

> **참고**
> '건축물의 유지·관리' 및 '건축물의 해체 및 멸실'에 대한 「건축법」 규정이 전부 삭제되고, 새롭게 제정되어 2020.5.1. 시행된 「건축물관리법」으로 이관되었다. 다만, '용어의 정의' 중 법 제2조 제1항 제16호의2인 위 **(25)**는 삭제되지 않았다.

(26) 결합건축(법 제2조 제1항 제8호의2)

법 제56조에 따른 **용적률**을 개별 대지마다 적용하지 아니하고, 2개 이상의 대지를 대상으로 **통합적용**하여 건축물을 건축하는 것을 말한다. 22회 주관식

제2절 도로 및 대지

1. 도로

(1) 도로(법 제2조 제1항 제11호, **소요너비**)

보행과 자동차 통행이 가능한 너비 **4미터 이상**의 도로(지형적으로 자동차 통행이 불가능한 경우와 막다른 도로의 경우에는 '대통령령으로 정하는 구조와 너비의 도로')로서 다음의 어느 하나에 해당하는 도로나 그 **예정도로**를 말한다.

① 「국토의 계획 및 이용에 관한 법률」, 「도로법」, 「사도법」, 그 밖의 관계 법령에 따라 신설 또는 변경에 관한 고시가 된 도로
② 건축허가 또는 신고 시에 특별시장·광역시장·특별자치시장·도지사·특별자치도지사(이하 '시·도지사'라 한다) 또는 시장·군수·구청장(자치구의 구청장을 말한다. 이하 같다)이 위치를 **지정**하여 공고한 도로

(2) 지형적 조건 등에 따른 도로의 구조와 너비(영 제3조의3)

위 **(1)**에서 '대통령령으로 정하는 구조와 너비의 도로'란 다음의 어느 하나에 해당하는 도로를 말한다.

① 특별자치시장·특별자치도지사 또는 시장·군수·구청장이 지형적 조건으로 인하여 차량 통행을 위한 도로의 설치가 곤란하다고 인정하여 그 위치를 **지정·공고**하는 구간의 너비 **3미터 이상**(길이가 10미터 미만인 막다른 도로인 경우에는 너비 2미터 이상)인 도로
② 위 ①에 해당하지 아니하는 막다른 도로로서 그 도로의 너비가 그 길이에 따라 각각 다음 표에 정하는 기준 이상인 도로

막다른 도로의 길이	도로의 너비
10미터 미만	2미터
10미터 이상 35미터 미만	3미터
35미터 이상	6미터(도시지역이 아닌 읍·면지역은 4미터)

2. 대지(垈地)

(1) 의의(법 제2조 제1호)

「공간정보의 구축 및 관리 등에 관한 법률」에 따라 각 필지(筆地)로 나눈 토지를 말한다. 다만, 대통령령으로 정하는 토지는 둘 이상의 필지를 하나의 대지로 하거나 하나 이상의 필지의 일부를 하나의 대지로 할 수 있다.

(2) 대지의 범위(영 제3조)

① 「건축법」에 따라 둘 이상의 필지를 하나의 대지로 할 수 있는 토지는 다음과 같다.
　㉠ 하나의 건축물을 두 필지 이상에 걸쳐 건축하는 경우: 그 건축물이 건축되는 각 필지의 토지를 합한 토지
　㉡ 「공간정보의 구축 및 관리 등에 관한 법률」에 따라 합병이 불가능한 경우 중 다음의 어느 하나에 해당하는 경우: 그 합병이 불가능한 필지의 토지를 합한 토지. 다만, 토지의 소유자가 서로 다르거나 소유권 외의 권리관계가 서로 다른 경우는 제외한다.
　　ⓐ 각 필지의 지번부여지역(地番附與地域)이 서로 다른 경우
　　ⓑ 각 필지의 도면의 축척이 다른 경우
　　ⓒ 서로 인접하고 있는 필지로서 각 필지의 지반(地盤)이 연속되지 아니한 경우
　㉢ 「국토의 계획 및 이용에 관한 법률」에 따른 도시·군계획시설(이하 '도시·군계획시설'이라 한다)에 해당하는 건축물을 건축하는 경우: 그 도시·군계획시설이 설치되는 일단(一團)의 토지
　㉣ 「주택법」에 따른 사업계획승인을 받아 주택과 그 부대시설 및 복리시설을 건축하는 경우: 주택단지
　㉤ 도로의 지표 아래에 건축하는 건축물의 경우: 특별시장·광역시장·특별자치시장·특별자치도지사·시장·군수 또는 구청장(자치구의 구청장을 말한다)이 그 건축물이 건축되는 토지로 정하는 토지
　㉥ **사용승인**을 신청할 때 둘 이상의 필지를 하나의 필지로 합칠 것을 조건으로 건축허가를 하는 경우: 그 필지가 합쳐지는 토지. 다만, 토지의 소유자가 서로 '다른 경우'는 제외한다.

② 하나 이상의 필지의 일부를 하나의 대지로 할 수 있는 토지는 다음과 같다.
　㉠ 하나 이상의 필지의 일부에 대하여 도시·군계획시설이 결정·고시된 경우: 그 결정·고시된 부분의 토지
　㉡ 하나 이상의 필지의 일부에 대하여 「농지법」에 따른 농지전용허가를 받은 경우: 그 허가받은 부분의 토지
　㉢ 하나 이상의 필지의 일부에 대하여 「산지관리법」에 따른 산지전용허가를 받은 경우: 그 허가받은 부분의 토지
　㉣ 하나 이상의 필지의 일부에 대하여 「국토의 계획 및 이용에 관한 법률」에 따른 개발행위허가를 받은 경우: 그 허가받은 부분의 토지
　㉤ **사용승인**을 신청할 때 필지를 나눌 것을 조건으로 건축허가를 하는 경우: 그 필지가 나누어지는 토지

제3절 건축법상의 행위 및 용도

1. 건축법상의 행위

(1) 건축(법 제2조 제1항 제8호, 영 제2조 제1호~제5호)

건축물을 신축·증축·개축·재축(再築)하거나 건축물을 이전하는 것을 말한다. 17회

① **신축**: 건축물이 없는 대지(기존 건축물이 **해체**되거나 **멸실**된 대지를 포함한다)에 새로 건축물을 축조(築造)하는 것[부속건축물만 있는 대지에 새로 주된 건축물을 축조하는 것을 포함하되, 개축(改築) 또는 재축(再築)하는 것은 제외한다]을 말한다.

② **증축**: 기존 건축물이 있는 대지에서 건축물의 건축면적, 연면적, 층수 또는 높이를 늘리는 것을 말한다.

③ **개축**: 기존 건축물의 전부 또는 일부[내력벽·기둥·보·지붕틀(제16호에 따른 한옥의 경우에는 지붕틀의 범위에서 서까래는 제외한다) 중 셋 이상이 포함되는 경우를 말한다]를 **해체**하고 그 대지에 **종전과 같은 규모의 범위에서** 건축물을 다시 축조하는 것을 말한다.

④ **재축**: 건축물이 천재지변이나 그 밖의 재해(災害)로 **멸실**된 경우 그 대지에 다음의 요건을 모두 갖추어 다시 축조하는 것을 말한다.
  ㉠ **연면적 합계는 종전 규모 이하로 할 것**
  ㉡ 동(棟)수, 층수 및 높이는 다음의 어느 하나에 해당할 것
    ⓐ 동수, 층수 및 높이가 모두 종전 규모 이하일 것
    ⓑ 동수, 층수 또는 높이의 어느 하나가 종전 규모를 초과하는 경우에는 해당 동수, 층수 및 높이가 「건축법」(이하 '법'이라 한다), 이 영 또는 건축조례(이하 '법령 등'이라 한다)에 모두 적합할 것

⑤ **이전**: 건축물의 **주요구조부**를 해체하지 아니하고 **같은 대지**의 **다른 위치**로 옮기는 것을 말한다.

(2) 대수선(법 제2조 제1항 제9호, 영 제3조의2)

① 건축물의 기둥, 보, 내력벽, 주계단 등의 구조나 외부 형태를 수선·변경하거나 증설하는 것으로서 '대통령령으로 정하는 것'을 말한다.

② 위에서 '대통령령으로 정하는 것'이란 다음의 어느 하나에 해당하는 것으로서 증축·개축 또는 재축에 해당하지 아니하는 것을 말한다. 17회
  ㉠ 내력벽을 증설 또는 해체하거나 그 벽면적을 30제곱미터 이상 수선 또는 변경하는 것
  ㉡ 기둥을 증설 또는 해체하거나 세 개 이상 수선 또는 변경하는 것
  ㉢ 보를 증설 또는 해체하거나 세 개 이상 수선 또는 변경하는 것

② 지붕틀(한옥의 경우에는 지붕틀의 범위에서 서까래는 제외한다)을 증설 또는 해체하거나 세 개 이상 수선 또는 변경하는 것

⑩ 방화벽 또는 방화구획을 위한 바닥 또는 벽을 증설 또는 해체하거나 수선 또는 변경하는 것

⑪ 주계단·피난계단 또는 특별피난계단을 증설 또는 해체하거나 수선 또는 변경하는 것

⑫ 다가구주택의 가구 간 경계벽 또는 다세대주택의 세대 간 경계벽을 증설 또는 해체하거나 수선 또는 변경하는 것

⑬ 건축물의 외벽에 사용하는 마감재료(법 제52조 제2항에 따른 마감재료를 말한다)를 증설 또는 해체하거나 벽면적 30제곱미터 이상 수선 또는 변경하는 것 20회

관련법령 법 제52조 제2항의 내용

'대통령령으로 정하는 건축물'의 외벽에 사용하는 마감재료(두 가지 이상의 재료로 제작된 자재의 경우 각 재료를 포함한다)는 방화에 지장이 없는 재료로 하여야 한다. 이 경우 마감재료의 기준은 국토교통부령으로 정한다.

관련법령 영 제61조 제2항의 내용

법 제52조 제2항에서 '대통령령으로 정하는 건축물'이란 다음의 건축물을 말한다.
1. **상업지역**(근린상업지역은 **제외**한다)의 건축물로서 다음의 어느 하나에 해당하는 것
   ㉠ 제1종 근린생활시설, 제2종 근린생활시설, 문화 및 집회시설, 종교시설, 판매시설, 운동시설 및 위락시설의 용도로 쓰는 건축물로서 그 용도로 쓰는 바닥면적의 합계가 **2천 제곱미터 이상**인 건축물
   ㉡ 공장(국토교통부령으로 정하는 화재 위험이 적은 공장은 제외한다)의 용도로 쓰는 건축물로부터 6미터 이내에 위치한 건축물
2. **의료시설**, **교육연구시설**, **노유자시설** 및 **수련시설**의 용도로 쓰는 건축물
3. **3층 이상** 또는 **높이 9미터 이상**인 건축물
4. 1층의 **전부 또는 일부**를 **필로티 구조**로 설치하여 **주차장**으로 쓰는 건축물
5. 영 제61조 제1항 제4호에 해당하는 건축물

(3) 용도변경

건축물의 용도를 다른 용도로 바꾸는 것을 말한다.

2. 건축물의 용도

(1) 의의(법 제2조 제1항 제3호, 제2항)

① '건축물의 용도'란 건축물의 종류를 유사한 구조, 이용 목적 및 형태별로 묶어 분류한 것을 말한다. 17회

② 건축물의 용도는 다음과 같이 구분하되, 각 용도에 속하는 건축물의 세부 용도는 대통령령으로 정한다.
- ㉠ 단독주택
- ㉡ 공동주택
- ㉢ 제1종 근린생활시설
- ㉣ 제2종 근린생활시설
- ㉤ 문화 및 집회시설
- ㉥ 종교시설
- ㉦ 판매시설
- ㉧ 운수시설
- ㉨ 의료시설
- ㉩ 교육연구시설
- ㉪ 노유자(노인 및 어린이)시설
- ㉫ 수련시설
- ㉬ 운동시설
- ㉭ 업무시설
- ㉮ 숙박시설
- ㉯ 위락(慰樂)시설
- ㉰ 공장
- ㉱ 창고시설
- ㉲ 위험물저장 및 처리시설
- ㉳ 자동차 관련 시설
- ㉴ 동물 및 식물 관련 시설
- ㉵ 자원순환 관련 시설
- ㉶ 교정(矯正)시설
- ㉷ 국방·군사시설
- ㉸ 방송통신시설
- ㉹ 발전시설
- ㉺ 묘지 관련 시설
- ㉻ 관광휴게시설
- ㋐ 장례시설
- ㋑ 야영장시설

(2) 용도별 건축물의 종류(영 제3조의5)

위 **(1)**의 ②의 용도에 속하는 건축물의 종류는 다음 [별표 1]과 같다.

> **별표 1** 용도별 건축물의 종류(영 제3조의5 관련) 〈개정 2025.8.26.〉
>
> 1. 단독주택[단독주택의 형태를 갖춘 가정어린이집·공동생활가정·지역아동센터·공동육아나눔터(아이돌봄지원법 제19조에 따른 공동육아나눔터를 말한다. 이하 같다)·작은도서관(도서관법 제4조 제2항 제1호 가목에 따른 작은도서관을 말하며, 해당 주택의 1층에 설치한 경우만 해당한다. 이하 같다) 및 노인복지시설(노인복지주택은 제외한다)을 포함한다]
>   가. 단독주택
>   나. 다중주택: 다음의 요건을 모두 갖춘 주택을 말한다.
>   1) 학생 또는 직장인 등 여러 사람이 장기간 거주할 수 있는 구조로 되어 있는 것
>   2) 독립된 주거의 형태를 갖추지 않은 것(각 실별로 욕실은 설치할 수 있으나, 취사시설은 설치하지 않은 것을 말한다)
>   3) 1개 동의 주택으로 쓰이는 바닥면적(부설 주차장 면적은 제외한다. 이하 같다)의 합계가 660제곱미터 이하이고 주택으로 쓰는 층수(지하층은 제외한다)가 3개 층 이하일 것. 다만, 1층의 전부 또는 일부를 필로티 구조로 하여 주차장으로 사용하고 나머지 부분을 주택(주거 목적으로 한정한다) 외의 용도로 쓰는 경우에는 해당 층을 주택의 층수에서 제외한다.
>   4) 적정한 주거환경을 조성하기 위하여 건축조례로 정하는 실별 최소 면적, 창문의 설치 및 크기 등의 기준에 적합할 것
>   다. 다가구주택: 다음의 요건을 모두 갖춘 주택으로서 공동주택에 해당하지 아니하는 것을 말한다.
>   1) 주택으로 쓰는 층수(지하층은 제외한다)가 3개 층 이하일 것. 다만, 1층의 전부 또는 일부를 필로티 구조로 하여 주차장으로 사용하고 나머지 부분을 주택(주거 목적으로 한정한다) 외의 용도로 쓰는 경우에는 해당 층을 주택의 층수에서 제외한다.
>   2) 1개 동의 주택으로 쓰이는 바닥면적의 합계가 660제곱미터 이하일 것
>   3) 19세대(대지 내 동별 세대수를 합한 세대를 말한다) 이하가 거주할 수 있을 것
>   라. 공관(公館)
> 2. 공동주택[공동주택의 형태를 갖춘 가정어린이집·공동생활가정·지역아동센터·공동육아나눔터·작은도서관·노인복지시설(노인복지주택은 제외한다) 및 주택법 시행령 제10조 제1항 제1호에 따른 아파트형 주택을 포함한다]. 다만, 가목이나 나목에서 층수를 산정할 때 1층 전부를 필로티 구조로 하여 주차장으로 사용하는 경우에는 필로티 부분을 층수에서 제외하고, 다목에서 층수를 산정할 때 1층의 전부 또는 일부를 필로티 구조로 하여 주차장으로 사용하고 나머지 부분을 주택(주거 목적으로 한정한다) 외의 용도로 쓰는 경우에는 해당 층을 주택의 층수에서 제외하며, 가목부터 라목까지의 규정에서 층수를 산정할 때 지하층을 주택의 층수에서 제외한다.
>   가. 아파트: 주택으로 쓰는 층수가 5개 층 이상인 주택
>   나. 연립주택: 주택으로 쓰는 1개 동의 바닥면적(2개 이상의 동을 지하주차장으로 연결하는 경우에는 각각의 동으로 본다) 합계가 660제곱미터를 초과하고, 층수가 4개 층 이하인 주택
>   다. 다세대주택: 주택으로 쓰는 1개 동의 바닥면적 합계가 660제곱미터 이하이고, 층수가 4개 층 이하인 주택(2개 이상의 동을 지하주차장으로 연결하는 경우에는 각각의 동으로 본다)
>   라. 기숙사: 다음의 어느 하나에 해당하는 건축물로서 공간의 구성과 규모 등에 관하여 국토교통부장관이 정하여 고시하는 기준에 적합한 것. 다만, 구분소유된 개별 실(室)은 제외한다.

1) 일반기숙사: 학교 또는 공장 등의 학생 또는 종업원 등을 위하여 사용하는 것으로서 해당 기숙사의 공동취사시설 이용 세대 수가 전체 세대 수(건축물의 일부를 기숙사로 사용하는 경우에는 기숙사로 사용하는 세대 수로 한다. 이하 같다)의 50퍼센트 이상인 것(교육기본법 제27조 제2항에 따른 학생복지주택을 포함한다)
2) 임대형기숙사: 「공공주택 특별법」 제4조에 따른 공공주택사업자 또는 「민간임대주택에 관한 특별법」 제2조 제7호에 따른 임대사업자가 임대사업에 사용하는 것으로서 임대 목적으로 제공하는 실이 20실 이상이고 해당 기숙사의 공동취사시설 이용 세대 수가 전체 세대 수의 50퍼센트 이상인 것

3. 제1종 근린생활시설
   가. 식품·잡화·의류·완구·서적·건축자재·의약품·의료기기 등 일용품을 판매하는 소매점으로서 같은 건축물(하나의 대지에 두 동 이상의 건축물이 있는 경우에는 이를 같은 건축물로 본다. 이하 같다)에 해당 용도로 쓰는 바닥면적의 합계가 1천 제곱미터 미만인 것
   나. 휴게음식점, 제과점 등 음료·차(茶)·음식·빵·떡·과자 등을 조리하거나 제조하여 판매하는 시설(제4호 너목 또는 제17호에 해당하는 것은 제외한다)로서 같은 건축물에 해당 용도로 쓰는 바닥면적의 합계가 300제곱미터 미만인 것
   다. 이용원, 미용원, 목욕장, 세탁소 등 사람의 위생관리나 의류 등을 세탁·수선하는 시설(세탁소의 경우 공장에 부설되는 것과 대기환경보전법, 물환경보전법 또는 소음·진동관리법에 따른 배출시설의 설치 허가 또는 신고의 대상인 것은 제외한다)
   라. 의원, 치과의원, 한의원, 침술원, 접골원(接骨院), 조산원, 안마원, 산후조리원 등 주민의 진료·치료 등을 위한 시설
   마. 탁구장, 체육도장으로서 같은 건축물에 해당 용도로 쓰는 바닥면적의 합계가 500제곱미터 미만인 것
   바. 지역자치센터, 파출소, 지구대, 소방서, 우체국, 방송국, 보건소, 공공도서관, 건강보험공단 사무소 등 주민의 편의를 위하여 공공업무를 수행하는 시설로서 같은 건축물에 해당 용도로 쓰는 바닥면적의 합계가 1천 제곱미터 미만인 것
   사. 마을회관, 마을공동작업소, 마을공동구판장, 공중화장실, 대피소, 지역아동센터(단독주택과 공동주택에 해당하는 것은 제외한다) 등 주민이 공동으로 이용하는 시설
   아. 변전소, 도시가스배관시설, 통신용 시설(해당 용도로 쓰는 바닥면적의 합계가 1천 제곱미터 미만인 것에 한정한다), 정수장, 양수장 등 주민의 생활에 필요한 에너지공급·통신서비스제공이나 급수·배수와 관련된 시설
   자. 금융업소, 사무소, 부동산중개사무소, 결혼상담소 등 소개업소, 출판사 등 일반업무시설로서 같은 건축물에 해당 용도로 쓰는 바닥면적의 합계가 30제곱미터 미만인 것
   차. 전기자동차 충전소(해당 용도로 쓰는 바닥면적의 합계가 1천 제곱미터 미만인 것으로 한정한다)
   카. 동물병원, 동물미용실 및 동물보호법 제73조 제1항 제2호에 따른 동물위탁관리업을 위한 시설로서 같은 건축물에 해당 용도로 쓰는 바닥면적의 합계가 300제곱미터 미만인 것

4. 제2종 근린생활시설
   가. 공연장(극장, 영화관, 연예장, 음악당, 서커스장, 비디오물감상실, 비디오물소극장, 그 밖에 이와 비슷한 것을 말한다. 이하 같다)으로서 같은 건축물에 해당 용도로 쓰는 바닥면적의 합계가 500제곱미터 미만인 것
   나. 종교집회장[교회, 성당, 사찰, 기도원, 수도원, 수녀원, 제실(祭室), 사당, 그 밖에 이와 비슷한 것을 말한다. 이하 같다]으로서 같은 건축물에 해당 용도로 쓰는 바닥면적의 합계가 500제곱미터 미만인 것

다. 자동차영업소로서 같은 건축물에 해당 용도로 쓰는 바닥면적의 합계가 1천 제곱미터 미만인 것
라. 서점(제1종 근린생활시설에 해당하지 않는 것)
마. 총포판매소
바. 사진관, 표구점
사. 청소년게임제공업소, 복합유통게임제공업소, 인터넷컴퓨터게임시설제공업소, 가상현실체험 제공업소, 그 밖에 이와 비슷한 게임 및 체험 관련 시설로서 같은 건축물에 해당 용도로 쓰는 바닥면적의 합계가 500제곱미터 미만인 것
아. 휴게음식점, 제과점 등 음료·차(茶)·음식·빵·떡·과자 등을 조리하거나 제조하여 판매하는 시설(너목 또는 제17호에 해당하는 것은 제외한다)로서 같은 건축물에 해당 용도로 쓰는 바닥면적의 합계가 300제곱미터 이상인 것
자. 일반음식점
차. 장의사, 동물병원, 동물미용실, 「동물보호법」 제73조 제1항 제2호에 따른 동물위탁관리업을 위한 시설, 그 밖에 이와 유사한 것(제1종 근린생활시설에 해당하는 것은 제외한다)
카. 학원(자동차학원·무도학원 및 정보통신기술을 활용하여 원격으로 교습하는 것은 제외한다), 교습소(자동차교습·무도교습 및 정보통신기술을 활용하여 원격으로 교습하는 것은 제외한다), 직업훈련소(운전·정비 관련 직업훈련소는 제외한다)로서 같은 건축물에 해당 용도로 쓰는 바닥면적의 합계가 500제곱미터 미만인 것
타. 독서실, 기원
파. 테니스장, 체력단련장, 에어로빅장, 볼링장, 당구장, 실내낚시터, 골프연습장, 놀이형시설(관광진흥법 시행령에 따른 기타테마파크업의 시설을 말한다. 이하 같다) 등 주민의 체육 활동을 위한 시설(제3호 마목의 시설은 제외한다)로서 같은 건축물에 해당 용도로 쓰는 바닥면적의 합계가 500제곱미터 미만인 것
하. 금융업소, 사무소, 부동산중개사무소, 결혼상담소 등 소개업소, 출판사 등 일반업무시설로서 같은 건축물에 해당 용도로 쓰는 바닥면적의 합계가 500제곱미터 미만인 것(제1종 근린생활시설에 해당하는 것은 제외한다)
거. 다중생활시설(다중이용업소의 안전관리에 관한 특별법에 따른 다중이용업 중 고시원업의 시설로서 국토교통부장관이 고시하는 기준과 그 기준에 위배되지 않는 범위에서 적정한 주거환경을 조성하기 위하여 건축조례로 정하는 실별 최소 면적, 창문의 설치 및 크기 등의 기준에 적합한 것을 말한다. 이하 같다)로서 같은 건축물에 해당 용도로 쓰는 바닥면적의 합계가 500제곱미터 미만인 것
너. 제조업소, 수리점 등 물품의 제조·가공·수리 등을 위한 시설로서 같은 건축물에 해당 용도로 쓰는 바닥면적의 합계가 500제곱미터 미만이고, 다음 요건 중 어느 하나에 해당하는 것
　　1) 「대기환경보전법」, 「물환경보전법」 또는 「소음·진동관리법」에 따른 배출시설의 설치 허가 또는 신고의 대상이 아닌 것
　　2) 「물환경보전법」 제33조 제1항 본문에 따라 폐수배출시설의 설치 허가를 받거나 신고해야 하는 시설로서 발생되는 폐수를 전량 위탁처리하는 것
더. 단란주점으로서 같은 건축물에 해당 용도로 쓰는 바닥면적의 합계가 150제곱미터 미만인 것
러. 안마시술소, 노래연습장
머. 「물류시설의 개발 및 운영에 관한 법률」 제2조 제5호의2에 따른 주문배송시설로서 같은 건축물에 해당 용도로 쓰는 바닥면적의 합계가 500제곱미터 미만인 것(같은 법 제21조의2 제1항에 따라 물류창고업 등록을 해야 하는 시설을 말한다)
버. 공유보관시설로서 같은 건축물에 해당 용도로 쓰는 바닥면적의 합계가 1천 제곱미터 미만인 것

5. 문화 및 집회시설
   가. 공연장으로서 제2종 근린생활시설에 해당하지 아니하는 것
   나. 집회장[예식장, 공회당, 회의장, 마권(馬券) 장외 발매소, 마권 전화투표소, 그 밖에 이와 비슷한 것을 말한다]으로서 제2종 근린생활시설에 해당하지 아니하는 것
   다. 관람장(경마장, 경륜장, 경정장, 자동차 경기장, 그 밖에 이와 비슷한 것과 체육관 및 운동장으로서 관람석의 바닥면적의 합계가 1천 제곱미터 이상인 것을 말한다)
   라. 전시장(박물관, 미술관, 과학관, 문화관, 체험관, 기념관, 산업전시장, 박람회장, 그 밖에 이와 비슷한 것을 말한다)
   마. 동·식물원(동물원, 식물원, 수족관, 그 밖에 이와 비슷한 것을 말한다)
6. 종교시설
   가. 종교집회장으로서 제2종 근린생활시설에 해당하지 아니하는 것
   나. 종교집회장(제2종 근린생활시설에 해당하지 아니하는 것을 말한다)에 설치하는 봉안당(奉安堂)
7. 판매시설
   가. 도매시장(농수산물유통 및 가격안정에 관한 법률에 따른 농수산물도매시장, 농수산물공판장, 그 밖에 이와 비슷한 것을 말하며, 그 안에 있는 근린생활시설을 포함한다)
   나. 소매시장(유통산업발전법 제2조 제3호에 따른 대규모 점포, 그 밖에 이와 비슷한 것을 말하며, 그 안에 있는 근린생활시설을 포함한다)
   다. 상점(그 안에 있는 근린생활시설을 포함한다)으로서 다음의 요건 중 어느 하나에 해당하는 것
      1) 제3호 가목에 해당하는 용도(서점은 제외한다)로서 제1종 근린생활시설에 해당하지 아니하는 것
      2) 「게임산업진흥에 관한 법률」 제2조 제6호의2 가목에 따른 청소년게임제공업의 시설, 같은 호 나목에 따른 일반게임제공업의 시설, 같은 조 제7호에 따른 인터넷컴퓨터게임시설제공업의 시설 및 같은 조 제8호에 따른 복합유통게임제공업의 시설로서 제2종 근린생활시설에 해당하지 아니하는 것
8. 운수시설
   가. 여객자동차터미널
   나. 철도시설
   다. 공항시설
   라. 항만시설
   마. 「도심항공교통 활용 촉진 및 지원에 관한 법률」에 따른 버티포트(Vertiport)
   바. 그 밖에 가목부터 마목까지의 규정에 따른 시설과 비슷한 시설
9. 의료시설
   가. 병원(종합병원, 병원, 치과병원, 한방병원, 정신병원 및 요양병원을 말한다)
   나. 격리병원(전염병원, 다약진료소, 그 밖에 이와 비슷한 것을 말한다)
10. 교육연구시설(제2종 근린생활시설에 해당하는 것은 제외한다)
    가. 학교(유치원, 초등학교, 중학교, 고등학교, 전문대학, 대학, 대학교, 그 밖에 이에 준하는 각종 학교를 말한다)
    나. 교육원(연수원, 그 밖에 이와 비슷한 것을 포함한다)
    다. 직업훈련소(운전 및 정비 관련 직업훈련소는 제외한다)
    라. 학원(자동차학원·구도학원 및 정보통신기술을 활용하여 원격으로 교습하는 것은 제외한다), 교습소(자동차교습·무도교습 및 정보통신기술을 활용하여 원격으로 교습하는 것은 제외한다)
    마. 연구소(연구소에 준하는 시험소와 계측계량소를 포함한다)
    바. 도서관

11. 노유자시설
    가. 아동 관련 시설(어린이집, 아동복지시설, 그 밖에 이와 비슷한 것으로서 단독주택, 공동주택 및 제1종 근린생활시설에 해당하지 아니하는 것을 말한다)
    나. 노인복지시설(단독주택과 공동주택에 해당하지 아니하는 것을 말한다)
    다. 그 밖에 다른 용도로 분류되지 아니한 사회복지시설 및 근로복지시설
12. 수련시설
    가. 생활권 수련시설(청소년활동진흥법에 따른 청소년수련관, 청소년문화의 집, 청소년특화시설, 그 밖에 이와 비슷한 것을 말한다)
    나. 자연권 수련시설(청소년활동진흥법에 따른 청소년수련원, 청소년야영장, 그 밖에 이와 비슷한 것을 말한다)
    다. 「청소년활동진흥법」에 따른 유스호스텔
    라. 「관광진흥법」에 따른 야영장 시설로서 제29호에 해당하지 아니하는 시설
13. 운동시설
    가. 탁구장, 체육도장, 테니스장, 체력단련장, 에어로빅장, 볼링장, 당구장, 실내낚시터, 골프연습장, 놀이형시설, 그 밖에 이와 비슷한 것으로서 제1종 근린생활시설 및 제2종 근린생활시설에 해당하지 아니하는 것
    나. 체육관으로서 관람석이 없거나 관람석의 바닥면적이 1천 제곱미터 미만인 것
    다. 운동장(육상장, 구기장, 볼링장, 수영장, 스케이트장, 롤러스케이트장, 승마장, 사격장, 궁도장, 골프장 등과 이에 딸린 건축물을 말한다)으로서 관람석이 없거나 관람석의 바닥면적이 1천 제곱미터 미만인 것
14. 업무시설
    가. 공공업무시설: 국가 또는 지방자치단체의 청사와 외국공관의 건축물로서 제1종 근린생활시설에 해당하지 아니하는 것
    나. 일반업무시설: 다음 요건을 갖춘 업무시설을 말한다.
        1) 금융업소, 사무소, 결혼상담소 등 소개업소, 출판사, 신문사, 그 밖에 이와 비슷한 것으로서 제1종 근린생활시설 및 제2종 근린생활시설에 해당하지 않는 것
        2) 오피스텔(업무를 주로 하며, 분양하거나 임대하는 구획 중 일부 구획에서 숙식을 할 수 있도록 한 건축물로서 국토교통부장관이 고시하는 기준에 적합한 것을 말한다)
15. 숙박시설
    가. 일반숙박시설 및 생활숙박시설(공중위생관리법 제3조 제1항 전단에 따라 숙박업 신고를 해야 하는 시설로서 국토교통부장관이 정하여 고시하는 요건을 갖춘 시설을 말한다)
    나. 관광숙박시설(관광호텔, 수상관광호텔, 한국전통호텔, 가족호텔, 호스텔, 소형호텔, 의료관광호텔 및 휴양 콘도미니엄)
    다. 다중생활시설(제2종 근린생활시설에 해당하지 아니하는 것을 말한다)
    라. 그 밖에 가목부터 다목까지의 시설과 비슷한 것
16. 위락시설
    가. 단란주점으로서 제2종 근린생활시설에 해당하지 아니하는 것
    나. 유흥주점이나 그 밖에 이와 비슷한 것
    다. 「관광진흥법」에 따른 테마파크업의 시설, 그 밖에 이와 비슷한 시설(제2종 근린생활시설과 운동시설에 해당하는 것은 제외한다)

라. 삭제 〈2010.2.18.〉
마. 무도장, 무도학원
바. 카지노영업소

17. 공장

물품의 제조·가공[염색·도장(塗裝)·표백·재봉·건조·인쇄 등을 포함한다] 또는 수리에 계속적으로 이용되는 건축물로서 제1종 근린생활시설, 제2종 근린생활시설, 위험물저장 및 처리시설, 자동차 관련 시설, 자원순환 관련 시설 등으로 따로 분류되지 아니한 것

18. 창고시설(제2종 근린생활시설에 해당하는 것과 위험물 저장 및 처리 시설 또는 그 부속용도에 해당하는 것은 제외한다)

가. 창고(물품저장시설로서 물류정책기본법에 따른 일반창고와 냉장 및 냉동 창고를 포함한다)
나. 하역장
다. 「물류시설의 개발 및 운영에 관한 법률」에 따른 물류터미널
라. 집배송 시설

19. 위험물 저장 및 처리 시설

「위험물안전관리법」, 「석유 및 석유대체연료 사업법」, 「도시가스사업법」, 「고압가스 안전관리법」, 「액화석유가스의 안전관리 및 사업법」, 「총포·도검·화약류 등 단속법」, 「화학물질 관리법」 등에 따라 설치 또는 영업의 허가를 받아야 하는 건축물로서 다음 각 목의 어느 하나에 해당하는 것. 다만, 자가난방, 자가발전, 그 밖에 이와 비슷한 목적으로 쓰는 저장시설은 제외한다.

가. 주유소(기계식 세차설비를 포함한다) 및 석유 판매소
나. 액화석유가스 충전소·판매소·저장소(기계식 세차설비를 포함한다)
다. 위험물 제조소·저장소·취급소
라. 액화가스 취급소·판매소
마. 유독물 보관·저장·판매시설
바. 고압가스 충전소·판매소·저장소
사. 도료류 판매소
아. 도시가스 제조시설
자. 화약류 저장소
차. 그 밖에 가목부터 자목까지의 시설과 비슷한 것

20. 자동차 관련 시설(건설기계 관련 시설을 포함한다)

가. 주차장
나. 세차장
다. 폐차장
라. 검사장
마. 매매장
바. 정비공장
사. 운전학원 및 정비학원(운전 및 정비 관련 직업훈련시설을 포함한다)
아. 「여객자동차 운수사업법」, 「화물자동차 운수사업법」 및 「건설기계관리법」에 따른 차고 및 주기장(駐機場)
자. 전기자동차 충전소로서 제1종 근린생활시설에 해당하지 않는 것

21. 동물 및 식물 관련 시설
    가. 축사(양잠·양봉·양어·양돈·양계·곤충사육 시설 및 부화장 등을 포함한다)
    나. 가축시설[가축용 운동시설, 인공수정센터, 관리사(管理舍), 가축용 창고, 가축시장, 동물검역소, 실험동물 사육시설, 그 밖에 이와 비슷한 것을 말한다]
    다. 도축장
    라. 도계장
    마. 작물 재배사
    바. 종묘배양시설
    사. 화초 및 분재 등의 온실
    아. 동물 또는 식물과 관련된 가목부터 사목까지의 시설과 비슷한 것(동·식물원은 제외한다)
22. 자원순환 관련 시설
    가. 하수 등 처리시설
    나. 고물상
    다. 폐기물재활용시설
    라. 폐기물 처분시설
    마. 폐기물감량화시설
23. 교정시설(제1종 근린생활시설에 해당하는 것은 제외한다)
    가. 교정시설(보호감호소, 구치소 및 교도소를 말한다)
    나. 갱생보호시설, 그 밖에 범죄자의 갱생·보육·교육·보건 등의 용도로 쓰는 시설
    다. 소년원 및 소년분류심사원
    라. 삭제 〈2023.5.15.〉
23의2. 국방·군사시설(제1종 근린생활시설에 해당하는 것은 제외한다)
    「국방·군사시설 사업에 관한 법률」에 따른 국방·군사시설
24. 방송통신시설(제1종 근린생활시설에 해당하는 것은 제외한다)
    가. 방송국(방송프로그램 제작시설 및 송신·수신·중계시설을 포함한다)
    나. 전신전화국
    다. 촬영소
    라. 통신용 시설
    마. 데이터센터
    바. 그 밖에 가목부터 마목까지의 시설과 비슷한 것
25. 발전시설
    발전소(집단에너지 공급시설을 포함한다)로 사용되는 건축물로서 제1종 근린생활시설에 해당하지 아니하는 것
26. 묘지 관련 시설
    가. 화장시설
    나. 봉안당(종교시설에 해당하는 것은 제외한다)
    다. 묘지와 자연장지에 부수되는 건축물
    라. 동물화장시설, 동물건조장(乾燥葬)시설 및 동물 전용의 납골시설
27. 관광 휴게시설
    가. 야외음악당
    나. 야외극장

다. 어린이회관
  라. 관망탑
  마. 휴게소
  바. 공원·유원지 또는 관광지에 부수되는 시설
28. 장례시설
  가. 장례식장[의료시설의 부수시설(의료법 제36조 제1호에 따른 의료기관의 종류에 따른 시설을 말한다)에 해당하는 것은 제외한다]
  나. 동물 전용의 장례식장 27회
29. 야영장 시설
  「관광진흥법」에 따른 야영장 시설로서 관리동, 화장실, 샤워실, 대피소, 취사시설 등의 용도로 쓰는 바닥면적의 합계가 300제곱미터 미만인 것

3. 적용 제외 등

(1) 「건축법」을 적용하지 아니하는 건축물(법 제3조 제1항)

다음의 어느 하나에 해당하는 건축물에는 이 법을 적용하지 아니한다.
① 「문화유산의 보존 및 활용에 관한 법률」에 따른 지정문화유산이나 임시지정문화유산 또는 「자연유산의 보존 및 활용에 관한 법률」에 따라 지정된 천연기념물 등이나 임시지정천연기념물, 임시지정명승, 임시지정시·도자연유산 27회
② 철도나 궤도의 선로부지에 있는 다음의 시설
  ㉠ 운전보안시설 27회
  ㉡ 철도 선로의 위나 아래를 가로지르는 보행시설
  ㉢ 플랫폼 27회
  ㉣ 해당 철도 또는 궤도사업용 급수(給水)·급탄(給炭) 및 급유(給油) 시설
③ 고속도로 통행료 징수시설 27회
④ 컨테이너를 이용한 간이창고(산업집적활성화 및 공장설립에 관한 법률에 따른 공장의 용도로만 사용되는 건축물의 대지에 설치하는 것으로서 이동이 쉬운 것만 해당된다) 27회
⑤ 「하천법」에 따른 하천구역 내의 수문조작실

(2) 「건축법」 일부 규정이 적용되지 아니한 지역 및 그 규정(법 제3조 제2항)

「국토의 계획 및 이용에 관한 법률」에 따른 도시지역 및 지구단위계획구역 외의 지역으로서 동이나 읍(동이나 읍에 속하는 섬의 경우에는 인구가 500명 이상인 경우만 해당된다)이 아닌 지역은 법 제44조(대지와 도로의 관계), 제45조(도로의 지정·폐지 또는 변경), 제46조(건축선의 지정), 제47조(건축선에 따른 건축제한), 제51조(방화지구 안의 건축물) 및 제57조(대지의 분할제한)를 적용하지 아니한다.

(3) 도시·군계획시설로 결정된 도로의 예정지에 건축하는 경우(법 제3조 제3항)

「국토의 계획 및 이용에 관한 법률」에 따른 건축물이나 공작물을 도시·군계획시설로 결정된 도로의 예정지에 건축하는 경우에는 제45조(도로의 지정·폐지 또는 변경), 제46조(건축선의 지정), 제47조(건축선에 따른 건축제한)의 규정을 적용하지 아니한다.

제4절 건축위원회 및 건축분쟁전문위원회

1. 건축위원회 등

(1) 건축위원회(법 제4조)

① 국토교통부장관, 시·도지사 및 시장·군수·구청장은 다음의 사항을 조사·심의·조정 또는 재정(이하 이 조에서 '심의 등'이라 한다)하기 위해 각각 건축위원회를 두어야 한다.
  ㉠ 이 법과 조례의 제정·개정 및 시행에 관한 중요사항
  ㉡ 건축물의 건축 등과 관련된 **분쟁**의 조정 또는 재정에 관한 사항. 다만, **시·도지사 및 시장·군수·구청장**이 두는 건축위원회는 제외한다.
  ㉢ 건축물의 건축 등과 관련된 **민원**에 관한 사항. 다만, **국토교통부장관**이 두는 건축위원회는 제외한다.
  ㉣ 건축물의 건축 또는 대수선에 관한 사항
  ㉤ 다른 법령에서 건축위원회의 심의를 받도록 규정한 사항
② 국토교통부장관, 시·도지사 및 시장·군수·구청장은 건축위원회 심의 등을 효율적으로 수행하기 위하여 필요하면 자신이 설치하는 건축위원회에 다음의 전문위원회를 두어 운영할 수 있다.
  ㉠ **건축분쟁전문위원회**(국토교통부에 설치하는 건축위원회에 한정한다)
  ㉡ **건축민원전문위원회**(시·도 및 시·군·구에 설치하는 건축위원회에 한정한다)
  ㉢ 건축계획·건축구조·건축설비 등 **분야별 전문위원회**
③ 위 ②에 따른 전문위원회는 건축위원회가 정하는 사항에 대하여 심의 등을 한다.
④ 위 ③에 따라 전문위원회 심의 등을 거친 사항은 건축위원회의 심의 등을 거친 것으로 본다.
⑤ 위 ①에 따른 각 건축위원회 조직·운영, 그 밖에 필요한 사항은 대통령령으로 정하는 바에 따라 국토교통부령이나 해당 지방자치단체의 조례(자치구의 경우에는 특별시나 광역시의 조례를 말한다. 이하 같다)로 정한다.

(2) 건축위원회의 건축 심의 등(법 제4조의2)

① '대통령령으로 정하는 건축물'을 건축하거나 대수선하려는 자는 국토교통부령으로 정하는 바에 따라 시·도지사 또는 시장·군수·구청장에게 건축위원회의 심의를 신청하여야 한다.

② 위 ①에 따라 심의 신청을 받은 시·도지사 또는 시장·군수·구청장은 대통령령으로 정하는 바에 따라 건축위원회에 심의 안건을 상정하고, 심의결과를 '**국토교통부령**으로 정하는 바'에 따라 심의를 신청한 자에게 통보하여야 한다.

③ 위 ②에 따른 건축위원회의 심의결과에 이의가 있는 자는 심의결과를 통보받은 날부터 **1개월** 이내 시·도지사 또는 시장·군수·구청장에게 건축위원회의 재심의를 신청할 수 있다.

④ 위 ③에 따른 재심의 신청을 받은 시·도지사 또는 시장·군수·구청장은 그 신청을 받은 날부터 **15일** 이내에 대통령령으로 정하는 바에 따라 건축위원회에 재심의 안건을 상정하고, 재심의 결과를 '**국토교통부령**으로 정하는 바'에 따라 재심의를 신청한 자에게 통보하여야 한다.

관련법령 지방건축위원회의 심의(영 제5조의7)

1. 위 **(2)**의 ①에서 '대통령령으로 정하는 건축물'이란 영 제5조의5 제1항 제4호·제7호 및 제8호에 따른 심의 대상 건축물을 말한다.
2. 시·도지사 또는 시장·군수·구청장은 위 **(2)**의 ①에 따라 건축물을 건축하거나 대수선하려는 자가 지방건축위원회의 심의를 신청한 경우에는 위 **(2)**의 ②에 따라 심의 신청 접수일부터 **30일 이내**에 해당 지방건축위원회에 **심의 안건을 상정**하여야 한다.
3. 위 **(2)**의 ③에 따라 재심의 신청을 받은 시·도지사 또는 시장·군수·구청장은 지방건축위원회의 심의에 참여할 위원을 다시 확정하여 위 **(2)**의 ④에 따라 해당 지방건축위원회에 재심의 안건을 상정하여야 한다.

관련법령 지방건축위원회의 심의 신청 등(규칙 제2조의4)

1. 위 **(2)**의 ① 및 ③에 따라 건축물을 건축하거나 대수선하려는 자는 특별시·광역시·특별자치시·도·특별자치도 및 시·군·구(자치구를 말한다. 이하 같다)에 두는 건축위원회(이하 '지방건축위원회'라 한다)의 **심의** 또는 **재심의**를 신청하려는 경우에는 별지 제1호 서식의 건축위원회 심의(재심의)신청서에 영 제5조의5 제6항 제2호 자목에 따른 **간략설계도서**를 첨부(심의를 신청하는 경우에 한정한다)하여 제출하여야 한다.
2. 영 제6조의3 제2항 및 제4항에 따라 구조 안전에 관한 지방건축위원회의 심의 또는 재심의를 신청할 때에는 별지 제1호의5 서식의 건축위원회 구조 안전 심의(재심의) 신청서에 [별표 1의2]에 따른 서류를 첨부(재심의를 신청하는 경우는 제외한다)하여 제출하여야 한다.
3. 위 **(2)**의 ② 및 ④에 따라 특별시장·광역시장·특별자치시장·도지사·특별자치도지사(이하 '시·도지사'라 한다) 또는 시장·군수·구청장(자치구의 구청장을 말한다. 이하 같다)은 지방건축위원회의 심의 또는 재심의를 완료한 날부터 **14일** 이내에 그 **심의** 또는 **재심의 결과**를 심의 또는 재심의를 **신청한 자**에게 통보하여야 한다.

(3) 건축위원회 회의록의 공개(법 제4조의3)

시·도지사 또는 시장·군수·구청장은 위 **(2)**의 ①에 따른 심의[위 **(2)**의 ③에 따른 재심의를 포함한다. 이하 **(3)**에서 같다]를 신청한 자가 요청하는 경우에는 대통령령으로 정하는 바에 따라 건축위원회 심의의 일시·장소·안건·내용·결과 등이 기록된 **회의록을 공개**하여야 한다. 다만, 심의의 공정성을 침해할 우려가 있다고 인정되는 '이름, 주민등록번호 등 대통령령으로 정하는 개인식별정보'에 관한 부분의 경우에는 그러하지 아니하다.

관련법령 지방건축위원회 회의록의 공개(영 제5조의8)

1. 시·도지사 또는 시장·군수·구청장은 위 **(3)**의 본문에 따라 위 **(2)**의 ①에 따른 심의[위 **(2)**의 ③에 따른 재심의를 포함한다. 이하 같다]를 신청한 자가 지방건축위원회의 회의록 공개를 요청하는 경우에는 지방건축위원회의 심의결과를 통보한 날부터 **6개월**까지 공개를 요청한 자에게 열람 또는 사본을 제공하는 방법으로 공개하여야 한다.
2. 위 **(3)**의 단서에서 '이름, 주민등록번호 등 대통령령으로 정하는 개인식별정보'란 이름, 주민등록번호, 직위 및 주소 등 특정인임을 식별할 수 있는 정보를 말한다.

---

(4) 건축민원전문위원회(법 제4조의4)

① '건축민원전문위원회'는 건축물의 건축 등과 관련된 다음의 민원[특별시장·광역시장·특별자치시장·특별자치도지사 또는 시장·군수·구청장(이하 '허가권자'라 한다)의 처분이 완료되기 전의 것으로 한정하며, 이하 '**질의민원**'이라 한다]을 심의하며, **시·도지사**가 설치하는 건축민원전문위원회(이하 '**광역지방**건축민원전문위원회'라 한다)와 **시장·군수·구청장**이 설치하는 건축민원전문위원회(이하 '**기초지방**건축민원전문위원회'라 한다)로 구분한다.

㉠ 건축법령의 운영 및 집행에 관한 민원

㉡ 건축물의 건축 등과 복합된 사항으로서 법 제11조 제5항 각 호에 해당하는 법률 규정의 운영 및 집행에 관한 민원

㉢ 그 밖에 '대통령령으로 정하는 다음의 어느 하나에 해당하는 민원'(영 제5조의9)

ⓐ 건축조례의 운영 및 집행에 관한 민원

ⓑ 그 밖에 관계 건축법령에 따른 처분기준 외의 사항을 요구하는 등 허가권자의 부당한 요구에 따른 민원

② '광역지방건축민원전문위원회'는 허가권자나 **도지사**(이하 '허가권자 등'이라 한다)의 법 제11조(건축허가)에 따른 '건축허가'나 '**사전승인**'에 대한 질의민원을 심의하고, '기초지방건축민원전문위원회'는 시장(행정시의 시장을 포함한다)·군수·구청장의 법 제11조(건축허가) 및 제14조(건축신고)에 따른 '건축허가' 또는 '건축신고'와 관련한 질의민원을 심의한다.

(5) 질의민원 심의의 신청(법 제4조의5)

① 건축물의 건축 등과 관련된 질의민원의 심의를 신청하려는 자는 위 **(4)**의 ②에 따른 관할 건축민원전문위원회에 심의신청서를 제출하여야 한다.

② 위 ①에 따른 심의를 신청하고자 하는 자는 다음의 사항을 기재하여 문서로 신청해야 한다. 다만, 문서에 의할 수 없는 특별한 사정이 있는 경우에는 '구술'로 신청할 수 있다.
  ㉠ 신청인의 이름과 주소
  ㉡ 신청의 취지·이유와 민원신청의 원인이 된 사실내용
  ㉢ '행정기관의 명칭 등 대통령령으로 정하는 다음의 사항'(영 제5조의10 제2항)
    ⓐ 민원 대상 행정기관의 명칭
    ⓑ 대리인 또는 대표자의 이름과 주소[다음 **(6)**의 ② 및 **(7)**의 ②·⑤에 따른 위원회 출석, 의견 제시, 결정내용 통지 수령 및 처리결과 통보 수령 등을 위임한 경우만 해당한다]

> **참고** 질의민원 심의의 신청(영 제5조의10 제1항)
> '구술'로 신청한 질의민원 심의 신청을 접수한 담당 공무원은 신청인이 심의신청서를 작성할 수 있도록 협조하여야 한다.

③ 건축민원전문위원회는 신청인의 질의민원을 받으면 **15일 이내**에 심의절차를 마쳐야 한다. 다만, 사정이 있으면 건축민원전문위원회의 의결로 **15일 이내**의 범위에서 기간을 연장할 수 있다.

(6) 심의를 위한 조사 및 의견청취(법 제4조의6)

① 건축민원전문위원회는 심의에 필요하다고 인정하면 위원 또는 사무국의 소속 공무원에게 관계 서류를 열람하게 하거나 관계 사업장에 출입하여 조사하게 할 수 있다.

② 건축민원전문위원회는 필요하다고 인정하면 신청인, 허가권자의 업무담당자, 이해관계자 또는 참고인을 위원회에 출석하게 하여 의견을 들을 수 있다.

③ 민원의 심의신청을 받은 건축민원전문위원회는 심의기간 내에 심의하여 심의결정서를 작성하여야 한다.

(7) 의견의 제시 등(법 제4조의7)

① 건축민원전문위원회는 질의민원에 대해 관계 법령, 관계 행정기관의 유권해석, 유사판례와 현장여건 등을 충분히 검토하여 심의의견을 제시할 수 있다.

② 건축민원전문위원회는 민원심의의 **결정내용**을 지체 없이 **신청인** 및 해당 **허가권자** 등에게 통지하여야 한다.

③ 위 ②에 따라 심의 결정내용을 통지받은 **허가권자 등**은 이를 **존중**해야 하며, 통지받은 날부터 **10일 이내**에 그 처리결과를 해당 건축민원전문위원회에 통보해야 한다.

④ 위 ②에 따른 심의 결정내용을 **시장·군수·구청장**이 이행하지 아니하는 경우에는 위 **(4)**의 ②에도 불구하고 해당 **민원인**은 '시장·군수·구청장이 통보한 처리결과'를 첨부하여 **광역지방건축민원전문위원회**에 심의를 신청할 수 있다.

⑤ 위 ③에 따라 처리결과를 통보받은 **건축민원전문위원회**는 **신청인**에게 그 내용을 지체 없이 통보하여야 한다.

(8) 사무국(법 제4조의8)

① 건축민원전문위원회의 사무를 처리하기 위하여 위원회에 사무국을 두어야 한다.

② 건축민원전문위원회에는 다음의 사무를 나누어 맡도록 심사관을 둔다.
  ㉠ 건축민원전문위원회의 심의·운영에 관한 사항
  ㉡ 건축물의 건축 등과 관련된 민원처리에 관한 업무지원 사항
  ㉢ 그 밖에 위원장이 지정하는 사항

③ 건축민원전문위원회의 위원장은 특정 사건에 관한 전문적인 사항을 처리하기 위하여 관계 전문가를 위촉하여 위 ②의 사무를 하게 할 수 있다.

(9) 중앙건축위원회의 설치 등(영 제5조)

① 국토교통부에 두는 건축위원회(이하 '**중앙건축위원회**'라 한다)는 다음의 사항을 조사·심의·조정 또는 재정(이하 '심의 등'이라 한다)한다.
  ㉠ 표준설계도서의 인정에 관한 사항
  ㉡ 건축물의 건축·대수선·용도변경, 건축설비의 설치 또는 공작물의 축조(이하 '건축물의 건축 등'이라 한다)와 관련된 분쟁의 조정 또는 재정에 관한 사항
  ㉢ 법과 이 영의 제정·개정 및 시행에 관한 중요사항
  ㉣ 다른 법령에서 중앙건축위원회의 심의를 받도록 한 경우 해당 법령에서 규정한 심의사항
  ㉤ 그 밖에 국토교통부장관이 중앙건축위원회의 심의가 필요하다고 인정하여 회의에 부치는 사항

② 위 ①에 따라 심의 등을 받은 건축물이 다음의 어느 하나에 해당하는 경우에는 해당 건축물의 건축 등에 관한 중앙건축위원회의 심의 등을 생략할 수 있다.
  ㉠ 건축물의 규모를 '변경'하는 것으로서 다음의 요건을 모두 갖춘 경우
    ⓐ 건축위원회의 심의 등의 결과에 위반되지 아니할 것
    ⓑ 심의 등을 받은 건축물의 건축면적, 연면적, 층수 또는 높이 중 어느 하나도 10분의 1을 넘지 아니하는 범위에서 변경할 것
  ㉡ 중앙건축위원회의 심의 등의 결과를 반영하기 위하여 건축물의 건축 등에 관한 사항을 '변경'하는 경우

③ 중앙건축위원회는 위원장 및 부위원장 각 1명을 포함하여 **80명 이내**의 위원으로 구성한다. 〈개정 2025.8.26.〉

④ 중앙건축위원회의 위원은 관계 공무원과 건축에 관한 학식 또는 경험이 풍부한 사람 중에서 국토교통부장관이 임명하거나 위촉한다.

⑤ 중앙건축위원회의 위원장과 부위원장은 위 ④에 따라 임명 또는 위촉된 위원 중에서 국토교통부장관이 임명하거나 위촉한다.

⑥ 공무원이 아닌 위원의 임기는 **2년**으로 하며, **한 차례**만 **연임**할 수 있다.

(10) 위원의 제척·기피·회피(영 제5조의2)

① 중앙건축위원회의 위원이 다음의 어느 하나에 해당하는 경우에는 중앙건축위원회의 심의·의결에서 **제척**(除斥)된다.
  ㉠ 위원 또는 그 배우자나 배우자이었던 사람이 해당 안건의 당사자(당사자가 법인·단체 등인 경우에는 그 임원을 포함한다)가 되거나 그 안건의 당사자와 공동권리자 또는 공동의무자인 경우
  ㉡ 위원이 해당 안건의 당사자와 친족이거나 친족이었던 경우
  ㉢ 위원이 해당 안건에 대하여 자문, 연구, 용역(하도급을 포함한다), 감정 또는 조사를 한 경우
  ㉣ 위원이나 위원이 속한 법인·단체 등이 해당 안건의 당사자의 대리인이거나 대리인이었던 경우
  ㉤ 위원이 임원 또는 직원으로 재직하고 있거나 최근 3년 내에 재직하였던 기업 등이 해당 안건에 관하여 자문, 연구, 용역(하도급을 포함한다), 감정 또는 조사를 한 경우

② 해당 안건의 당사자는 위원에게 공정한 심의·의결을 기대하기 어려운 사정이 있는 경우에는 중앙건축위원회에 **기피신청**을 할 수 있고, 중앙건축위원회는 의결로 이를 결정한다. 이 경우 기피신청의 대상인 위원은 그 의결에 참여하지 못한다.

③ 위원이 위 ①에 따른 제척사유에 해당하는 경우에는 스스로 해당 안건의 심의·의결에서 **회피**(回避)하여야 한다.

(11) 위원의 해임·해촉(영 제5조의3)

국토교통부장관은 위원이 다음의 어느 하나에 해당하는 경우에는 해당 위원을 해임하거나 해촉할 수 있다.

① 심신장애로 인하여 직무를 수행할 수 없게 된 경우
② 직무태만, 품위손상이나 그 밖의 사유로 인하여 위원으로 적합하지 아니하다고 인정되는 경우
③ 위 **(10)**의 ①의 어느 하나에 해당하는 데에도 불구하고 회피하지 아니한 경우

(12) 운영세칙(영 제5조의4)

위 **(9), (10), (11)**에서 규정한 사항 외에 중앙건축위원회의 운영에 관한 사항, 수당 및 여비의 지급에 관한 사항은 국토교통부령으로 정한다.

(13) 지방건축위원회(영 제5조의5)

① 특별시·광역시·특별자치시·도·특별자치도(이하 '시·도'라 한다) 및 시·군·구(자치구를 말한다)에 두는 건축위원회(이하 '지방건축위원회'라 한다)는 다음의 사항에 대한 심의 등을 한다.
  ㉠ 법 제46조 제2항(특별자치시장·특별자치도지사 또는 시장·군수·구청장이 지정)에 따른 건축선(建築線)의 지정에 관한 사항
  ㉡ 법 또는 이 영에 따른 조례(해당 지방자치단체의 장이 발의하는 조례만 해당한다)의 제정·개정 및 시행에 관한 중요 사항
  ㉢ **'다중이용 건축물' 및 '특수구조 건축물'의 구조안전에 관한 사항**
  ㉣ 다른 법령에서 지방건축위원회의 심의를 받도록 한 경우 해당 법령에서 규정한 심의사항
  ㉤ 특별시장·광역시장·특별자치시장·도지사 또는 특별자치도지사(이하 '시·도지사'라 한다) 및 시장·군수·구청장이 도시 및 건축 환경의 체계적인 관리를 위하여 필요하다고 인정하여 지정·공고한 지역에서 건축조례로 정하는 건축물의 건축 등에 관한 것으로서 시·도지사 및 시장·군수·구청장이 지방건축위원회의 심의가 필요하다고 인정한 사항. 이 경우 심의 사항은 시·도지사 및 시장·군수·구청장이 건축 계획, 구조 및 설비 등에 대해 심의 기준을 정하여 공고한 사항으로 한정한다.
② 위 ①에 따라 심의 등을 받은 건축물이 위 **(9)**의 ②의 어느 하나에 해당하는 경우에는 해당 건축물의 건축 등에 관한 지방건축위원회의 심의 등을 생략할 수 있다.
③ 위 ①에 따른 지방건축위원회는 위원장 및 부위원장 각 1명을 포함하여 **25명 이상 150명 이하**의 위원으로 성별을 고려하여 구성한다.
④ 지방건축위원회의 위원은 다음의 어느 하나에 해당하는 사람 중에서 시·도지사 및 시장·군수·구청장이 임명하거나 위촉한다.
  ㉠ 도시계획 및 건축 관계 공무원
  ㉡ 도시계획 및 건축 등에서 학식과 경험이 풍부한 사람
⑤ 지방건축위원회의 위원장과 부위원장은 임명 또는 위촉된 위원 중에서 시·도지사 및 시장·군수·구청장이 임명하거나 위촉한다.
⑥ 지방건축위원회 위원의 임명·위촉·제척·기피·회피·해촉·임기 등에 관한 사항, 회의 및 소위원회의 구성·운영 및 심의 등에 관한 사항, 위원의 수당 및 여비 등에 관한 사항은 조례로 정하되, 다음의 기준에 따라야 한다.

㉠ 위원의 임명·위촉 기준 및 제척·기피·회피·해촉·임기
  ⓐ **공무원**을 위원으로 임명하는 경우에는 그 수를 전체 위원 수의 **4분의 1 이하**로 할 것
  ⓑ 공무원이 아닌 위원은 건축 관련 학회 및 협회 등 관련 단체나 기관의 추천 또는 공모 절차를 거쳐 위촉할 것
  ⓒ 다른 법령에 따라 지방건축위원회의 심의를 하는 경우에는 해당 분야의 **관계 전문가**가 그 심의에 위원으로 참석하는 심의위원 수의 **4분의 1 이상**이 되게 할 것. 이 경우 필요하면 해당 심의에만 위원으로 참석하는 관계 전문가를 임명하거나 위촉할 수 있다.
  ⓓ 위원의 제척·기피·회피·해촉에 관하여는 위 **(10)** 및 **(11)**을 준용할 것
  ⓔ 공무원이 아닌 위원의 임기는 3년 이내로 하며, 필요한 경우에는 한 차례만 연임할 수 있게 할 것

㉡ 심의 등에 관한 기준
  ⓐ 「국토의 계획 및 이용에 관한 법률」에 따라 건축위원회와 도시계획위원회가 공동으로 심의한 사항에 대해서는 심의를 생략할 것
  ⓑ 위 ①의 ㉢('다중이용 건축물' 및 '특수구조 건축물'의 구조안전에 관한 사항)에 관한 사항은 법 제21조에 따른 착공신고 전에 심의할 것. 다만, 법 제13조의2에 따라 안전영향평가 결과가 확정된 경우는 제외한다.
  ⓒ 지방건축위원회의 **위원장**은 회의 개최 10일 **전**까지 회의 안건과 심의에 참여할 위원을 확정하고, 회의 개최 7일 **전**까지 회의에 부치는 안건을 각 위원에게 알릴 것. 다만, 대외적으로 기밀 유지가 필요한 사항이나 그 밖에 부득이한 사유가 있는 경우에는 그러하지 아니하다.
  ⓓ 지방건축위원회의 위원장은 위 ⓒ에 따라 심의에 참여할 위원을 확정하면 심의 등을 신청한 자에게 위원 명단을 알릴 것
  ⓔ 지방건축위원회의 회의는 구성위원(위원장과 위원장이 회의 참여를 확정한 위원을 말한다) **과반수**의 출석으로 개의(開議)하고, **출석위원 과반수 찬성**으로 심의 등을 의결하며, 심의 등을 신청한 자에게 심의 등의 결과를 알릴 것
  ⓕ 지방건축위원회의 위원장은 업무 수행을 위하여 필요하다고 인정하는 경우에는 관계 전문가를 지방건축위원회의 회의에 출석하게 하여 발언하게 하거나 관계 기관·단체에 자료를 요구할 것
  ⓖ 건축주·설계자 및 심의 등을 신청한 자가 희망하는 경우에는 회의에 참여하여 해당 안건 등에 대하여 설명할 수 있도록 할 것
  ⓗ 위 ①의 ㉢, ㉣ 및 ㉤에 따른 사항을 심의하는 경우 심의 등을 신청한 자에게 지방건축위원회에 간략설계도서(배치도·평면도·입면도·주단면도 및 국토교통부장관이 정하여 고시하는 도서로 한정하며, 전자문서로 된 도서를 포함한다)를 제출하도록 할 것

ⓘ 건축구조 분야 등 전문분야에 대해서는 분야별 해당 전문위원회에서 심의하도록 할 것('건축구조 분야'에 대해서는 영 제5조의6 제1항에 따라 **해당 전문위원회를 구성하여 심의해야 하고**, '그 밖의 전문분야'에 대해서는 같은 항에 따라 **분야별 전문위원회를 구성한 경우만 해당**한다) 〈개정 2024.12.17. 시행 2025.12.18.〉

ⓙ 지방건축위원회 심의절차 및 방법 등에 관하여 국토교통부장관이 정하여 고시하는 기준에 따를 것

(14) 전문위원회의 구성 등(영 제5조의6)

① 국토교통부장관, 시·도지사 또는 시장·군수·구청장은 다음의 분야별로 전문위원회를 구성·운영할 수 있다.
  ㉠ 건축계획 분야
  ㉡ 건축구조 분야
  ㉢ 건축설비 분야
  ㉣ 건축방재 분야
  ㉤ 에너지관리 등 건축환경 분야
  ㉥ 건축물 경관 분야(공간환경 분야를 포함한다)
  ㉦ 조경 분야
  ㉧ 도시계획 및 단지계획 분야
  ㉨ 교통 및 정보기술 분야
  ㉩ 사회 및 경제 분야
  ㉪ 그 밖의 분야

② 위 ①에 따른 전문위원회의 구성·운영에 관한 사항, 수당 및 여비 지급에 관한 사항은 국토교통부령 또는 건축조례로 정한다.

2. 건축분쟁전문위원회

(1) 분쟁의 당사자(법 제88조 제1항)

건축 등과 관련된 다음의 분쟁(건설산업기본법 제69조에 따른 조정의 대상이 되는 분쟁은 제외한다. 이하 같다)의 **조정**(調停) 및 **재정**(裁定)을 하기 위해 **국토교통부**에 **건축분쟁전문위원회**(이하 '분쟁위원회'라 한다)를 둔다.

① 건축관계자와 해당 건축물의 건축 등으로 피해를 입은 인근주민 간의 분쟁
② 관계전문기술자와 인근주민 간의 분쟁
③ 건축관계자와 관계전문기술자 간의 분쟁
④ 건축관계자 간의 분쟁

⑤ 인근주민 간의 분쟁
⑥ 관계전문기술자 간의 분쟁
⑦ 그 밖에 대통령령으로 정하는 사항

(2) 분쟁조정(영 제119조의4)

① 위 **(1)**에 따라 분정·조정 또는 재정(이하 '조정 등'이라 한다)을 받으려는 자는 국토교통부령으로 정하는 바에 따라 신청 취지와 신청사건의 내용을 분명하게 밝힌 조정 등의 신청서를 국토교통부에 설치된 건축분쟁전문위원회(이하 '분쟁위원회'라 한다)에 제출(전자문서에 의한 제출을 포함한다)하여야 한다.

② 조정위원회는 법 제95조 제2항에 따라 당사자나 참고인을 조정위원회에 출석하게 하여 의견을 들으려면 회의 개최 **5일 전**에 서면(당사자 또는 참고인이 원하는 경우에는 전자문서를 포함한다)으로 출석을 요청하여야 하며, 출석을 요청받은 당사자 또는 참고인은 조정위원회의 회의에 출석할 수 없는 부득이한 사유가 있는 경우에는 미리 서면 또는 전자문서로 의견을 제출할 수 있다.

③ 법 제88조, 제89조 및 제91조부터 제104조까지의 규정에 따른 분쟁의 조정 등을 할 때 '서류의 송달'에 관하여는 「민사소송법」 제174조부터 제197조까지를 준용한다.

④ 조정위원회 또는 재정위원회는 법 제102조 제1항에 따라 당사자가 분쟁의 조정 등을 위한 감정·진단·시험 등에 드는 비용을 내지 아니한 경우에는 그 분쟁에 대한 조정 등을 보류할 수 있다.

(3) 분쟁위원회의 구성(법 제89조)

① 분쟁위원회는 위원장과 부위원장 각 1명을 포함한 **15명** 이내의 위원으로 구성한다.
② 분쟁위원회의 위원은 건축이나 법률에 관한 학식과 경험이 풍부한 자로서 다음의 어느 하나에 해당하는 자 중에서 국토교통부장관이 임명하거나 위촉한다. 이 경우에 **다음 ㉢에 해당하는 자가 2명 이상** 포함되어야 한다.
　㉠ 3급 상당 이상의 공무원으로 1년 이상 재직한 자
　㉡ 「고등교육법」에 따른 대학에서 건축공학이나 법률학을 가르치는 조교수 이상의 직(職)에 3년 이상 재직한 자
　㉢ **판사, 검사 또는 변호사의 직에 6년 이상** 재직한 자
　㉣ 「국가기술자격법」에 따른 건축분야 기술사 또는 「건축사법」 제23조에 따라 건축사사무소개설신고를 하고 건축사로 6년 이상 종사한 자
　㉤ 건설공사나 건설업에 대한 학식과 경험이 풍부한 자로서 그 분야에 15년 이상 종사한 자
③ 분쟁위원회의 위원장과 부위원장은 위원 중에서 국토교통부장관이 위촉한다.

④ 공무원이 아닌 위원의 임기는 **3년**으로 하되, 연임할 수 있으며, 보궐위원의 임기는 전임자의 남은 임기로 한다.
⑤ 분쟁위원회의 회의는 재적위원 **과반수**의 출석으로 열고 **출석위원 과반수**의 찬성으로 의결한다.
⑥ 다음의 어느 하나에 해당하는 자는 분쟁위원회의 위원이 될 수 없다.
　㉠ 피성년후견인, 피한정후견인 또는 파산선고를 받고 복권되지 아니한 자
　㉡ 금고 이상의 실형을 선고받고 그 집행이 끝나거나(집행이 끝난 것으로 보는 경우를 포함한다) 집행이 면제된 날부터 2년이 지나지 아니한 자
　㉢ 법원의 판결이나 법률에 따라 자격이 정지된 자
⑦ 위원의 제척·기피·회피 및 위원회의 운영, 조정 등의 거부와 중지 등 그 밖에 필요한 사항은 대통령령으로 정한다.

(4) 위원의 제척 등(영 제119조의7)

① 분쟁위원회의 위원이 다음의 어느 하나에 해당하면 그 직무의 집행에서 **제외**된다.
　㉠ 위원 또는 그 배우자나 배우자였던 자가 해당 분쟁사건(이하 '사건'이라 한다)의 당사자가 되거나 그 사건에 관하여 당사자와 공동권리자 또는 의무자의 관계에 있는 경우
　㉡ 위원이 해당 사건의 당사자와 친족이거나 친족이었던 경우
　㉢ 위원이 해당 사건에 관하여 진술이나 감정을 한 경우
　㉣ 위원이 해당 사건에 당사자의 대리인으로서 관여하였거나 관여한 경우
　㉤ 위원이 해당 사건의 원인이 된 처분이나 부작위에 관여한 경우
② 분쟁위원회는 제척 원인이 있는 경우 직권이나 당사자의 신청에 따라 **제척의 결정**을 한다.
③ 당사자는 위원에게 공정한 직무집행을 기대하기 어려운 사정이 있으면 분쟁위원회에 기피신청을 할 수 있으며, 분쟁위원회는 기피신청이 타당하다고 인정하면 **기피의 결정**을 하여야 한다.
④ 위원은 위 ①이나 ③의 사유에 해당하면 스스로 그 사건의 직무집행을 회피할 수 있다.

(5) 조정 등의 거부와 중지(영 제119조의8)

① 분쟁위원회는 분쟁의 성질상 분쟁위원회에서 조정 등을 하는 것이 맞지 아니하다고 인정하거나 부정한 목적으로 신청하였다고 인정되면 그 조정 등을 거부할 수 있다. 이 경우 조정 등의 거부사유를 신청인에게 알려야 한다.
② 분쟁위원회는 신청된 사건의 처리 절차가 진행되는 도중에 한쪽 당사자가 소를 제기한 경우에는 조정 등의 처리를 중지하고 이를 당사자에게 알려야 한다.

(6) 조정 등의 비용 예치(영 제119조의9)

법 제102조 제2항에 따라 조정위원회 또는 재정위원회는 조정 등을 위한 비용을 예치할 금융기관을 지정하고 예치기간을 정하여 당사자로 하여금 비용을 예치하게 할 수 있다.

(7) 분쟁위원회의 운영 및 사무처리(영 제119조의10)

① 국토교통부장관은 법 제103조 제1항에 따라 분쟁위원회의 운영 및 사무처리를 **국토안전관리원**에 위탁한다.
② 위 ①에 따라 위탁을 받은 국토안전관리원은 그 소속으로 분쟁위원회 사무국을 두어야 한다.

(8) 대리인(법 제91조)

① 당사자는 다음에 해당하는 자를 대리인으로 선임할 수 있다.
    ㉠ 당사자의 배우자, 직계존·비속 또는 형제자매
    ㉡ 당사자인 법인의 임직원
    ㉢ 변호사
② 대리인의 권한은 서면으로 소명하여야 한다.
③ 대리인은 **다음의 행위**를 하기 위하여는 **당사자의 위임**을 받아야 한다.
    ㉠ 신청의 철회
    ㉡ 조정안의 수락
    ㉢ 복대리인의 선임

(9) 조정 등의 신청(법 제92조)

① 건축물의 건축 등과 관련된 분쟁의 조정 또는 재정(이하 '조정 등'이라 한다)을 신청하려는 자는 분쟁위원회에 조정 등의 신청서를 제출하여야 한다.
② 위 ①에 따른 조정신청은 해당 사건의 당사자 중 **1명 이상**이 하며, 재정신청은 해당 사건 당사자간의 **합의**로 한다. 다만, 분쟁위원회는 조정신청을 받으면 해당 사건의 모든 당사자에게 조정신청이 접수된 사실을 알려야 한다.
③ 분쟁위원회는 당사자의 조정신청을 받으면 **60일** 이내에, 재정신청을 받으면 **120일** 이내에 절차를 마쳐야 한다. 다만, 부득이한 사정이 있으면 분쟁위원회의 의결로 기간을 연장할 수 있다.

(10) 조정 등의 신청에 따른 공사중지(법 제93조 제3항)

시·도지사 또는 시장·군수·구청장은 위해 방지를 위해 긴급한 상황이거나 그 밖에 특별한 사유가 없으면 조정 등의 신청이 있다는 이유만으로 해당 공사를 중지하게 하여서는 아니 된다.

(11) 조정위원회와 재정위원회(법 제94조)

① 조정은 **3명**의 위원으로 구성되는 조정위원회에서 하고, 재정은 **5명**의 위원으로 구성되는 재정위원회에서 한다.
② 조정위원회의 위원('조정위원')과 재정위원회의 위원('재정위원')은 사건마다 분쟁위원회의 위원 중에서 위원장이 지명한다. 이 경우 재정위원회에는 '판사, 검사 또는 변호사의 직에 **6년 이상 재직한 자**'에 해당하는 위원이 **1명** 이상 포함되어야 한다.
③ 조정위원회와 재정위원회의 회의는 구성원 전원의 출석으로 열고 과반수의 찬성으로 의결한다.

(12) 조정을 위한 조사 및 의견청취(법 제95조)

① 조정위원회는 조정에 필요하다고 인정하면 조정위원 또는 사무국의 소속 직원에게 관계 서류를 열람하게 하거나 관계 사업장에 출입하여 조사하게 할 수 있다.
② 조정위원회는 필요하다고 인정하면 당사자나 참고인을 조정위원회에 출석하게 하여 의견을 들을 수 있다.
③ 분쟁의 조정신청을 받은 조정위원회는 조정기간 내에 심사하여 **조정안**을 작성하여야 한다.

(13) 조정의 효력(법 제96조)

① 조정위원회는 **조정안**을 작성하면 지체 없이 각 당사자에게 조정안을 제시하여야 한다.
② 위 ①에 따라 **조정안**을 제시받은 당사자는 제시를 받은 날부터 **15일 이내**에 수락 여부를 조정위원회에 알려야 한다.
③ 조정위원회는 당사자가 조정안을 수락하면 즉시 **조정서**를 작성하여야 하며, 조정위원과 각 당사자는 이에 기명날인하여야 한다.
④ 당사자가 위 ③에 따라 조정안을 수락하고 **조정서**에 기명날인하면 조정서의 내용은 **재판상 화해**와 동일한 효력을 갖는다. 다만, 당사자가 임의로 처분할 수 없는 사항에 관한 것은 그러하지 아니하다.

(14) 분쟁의 재정(법 제97조)

① 재정은 문서로써 하여야 하며, 재정 문서에는 다음의 사항을 적고 재정위원이 이에 기명날인하여야 한다.
　㉠ 사건번호와 사건명
　㉡ 당사자, 선정대표자, 대표당사자 및 대리인의 주소·성명
　㉢ 주문(主文)
　㉣ 신청 취지
　㉤ 이유

　　　　ⓗ 재정 날짜
　② 위 ①의 ⓜ에 따른 이유를 적을 때에는 주문의 내용이 정당하다는 것을 인정할 수 있는 한도에서 당사자의 주장 등을 표시하여야 한다.
　③ 재정위원회는 재정을 하면 지체 없이 재정 문서의 정본(正本)을 당사자나 대리인에게 송달하여야 한다.

(15) 재정을 위한 조사권 등(법 제98조)

　① 재정위원회는 분쟁의 재정을 위하여 필요하다고 인정하면 당사자의 신청이나 직권으로 재정위원 또는 소속 공무원에게 다음의 행위를 하게 할 수 있다.
　　㉠ 당사자나 참고인에 대한 출석 요구, 자문 및 진술 청취
　　㉡ 감정인의 출석 및 감정 요구
　　㉢ 사건과 관계있는 문서나 물건의 열람·복사·제출 요구 및 유치
　　㉣ 사건과 관계있는 장소의 출입·조사
　② 당사자는 위 ①에 따른 조사 등에 참여할 수 있다.
　③ 재정위원회가 직권으로 위 ①에 따른 조사 등을 한 경우에는 그 결과에 대하여 당사자의 의견을 들어야 한다.
　④ 재정위원회는 위 ①에 따라 당사자나 참고인에게 진술하게 하거나 감정인에게 감정하게 할 때에는 당사자나 참고인 또는 감정인에게 선서를 하도록 하여야 한다.
　⑤ 위 ①의 ㉣의 경우 재정위원 또는 소속 공무원은 그 권한을 나타내는 증표를 지니고 이를 관계인에게 내보여야 한다.

(16) 재정의 효력 등(법 제99조)

　재정위원회가 재정을 한 경우 **재정 문서의 정본**이 당사자에게 송달된 날부터 **60일** 이내에 당사자 양쪽이나 어느 한쪽으로부터 그 재정의 대상인 건축물의 건축 등의 분쟁을 원인으로 하는 소송이 제기되지 아니하거나 그 소송이 철회되면 그 재정 내용은 **재판상 화해**와 동일한 효력을 갖는다. 다만, 당사자가 임의로 처분할 수 없는 사항에 관한 것은 그러하지 아니하다.

(17) 시효의 중단(법 제100조)

　당사자가 재정에 불복하여 소송을 제기한 경우 **시효의 중단**과 **제소기간**을 산정할 때에는 **재정신청을 재판상의 청구**로 본다.

(18) 조정 회부(법 제101조)

　분쟁위원회는 재정신청이 된 사건을 조정에 회부하는 것이 적합하다고 인정하면 직권으로 직접 조정할 수 있다.

(19) 비용부담(법 제102조)

① 분쟁의 조정 등을 위한 감정·진단·시험 등에 드는 비용은 당사자간의 합의로 정하는 비율에 따라 당사자가 부담하여야 한다. 다만, 당사자간에 비용부담에 대하여 합의가 되지 아니하면 조정위원회나 재정위원회에서 부담비율을 정한다.
② 조정위원회나 재정위원회는 필요하다고 인정하면 대통령령으로 정하는 바에 따라 당사자에게 위 ①에 따른 비용을 예치하게 할 수 있다.
③ 위 ①에 따른 비용의 범위에 관하여는 국토교통부령으로 정한다.

(20) 분쟁위원회의 운영 및 사무처리 위탁(법 제103조)

① 국토교통부장관은 분쟁위원회의 운영 및 사무처리를 「국토안전관리원법」에 따른 '**국토안전관리원**'에 위탁할 수 있다.
② 분쟁위원회의 운영 및 사무처리를 위한 조직 및 인력 등은 대통령령으로 정한다.
③ 국토교통부장관은 예산의 범위에서 분쟁위원회의 운영 및 사무처리에 필요한 경비를 **국토안전관리원**에 출연 또는 보조할 수 있다.

(21) 조정 등의 절차(법 제104조)

법 제88조부터 제103조까지의 규정에서 정한 것 외에 분쟁의 조정 등의 방법·절차 등에 관하여 필요한 사항은 대통령령으로 정한다.

(22) 건축위원회의 사무의 정보보호(법 제104조의2)

건축위원회 또는 관계 행정기관 등은 법 제4조의5의 민원심의 및 법 제92조의 분쟁조정 신청과 관련된 정보의 유출로 인하여 신청인과 이해관계인의 이익이 침해되지 아니하도록 노력하여야 한다.

(23) 선정대표자(영 제119조의5)

① 여러 사람이 공동으로 조정 등의 당사자가 될 때에는 그중에서 **3명 이하**의 대표자를 선정할 수 있다.
② 분쟁위원회는 당사자가 위 ①에 따라 대표자를 선정하지 아니한 경우 필요하다고 인정하면 당사자에게 대표자를 선정할 것을 권고할 수 있다.
③ 위 ① 또는 ②에 따라 선정된 대표자(이하 '선정대표자'라 한다)는 다른 신청인 또는 피신청인을 위하여 그 사건의 조정 등에 관한 모든 행위를 할 수 있다. 다만, 신청을 철회하거나 조정안을 수락하려는 경우에는 서면으로 다른 신청인 또는 피신청인의 동의를 받아야 한다.

④ 대표자가 선정된 경우에는 다른 신청인 또는 피신청인은 그 선정대표자를 통해서만 그 사건에 관한 행위를 할 수 있다.

⑤ 대표자를 선정한 당사자는 필요하다고 인정하면 선정대표자를 해임하거나 변경할 수 있다. 이 경우 당사자는 그 사실을 지체 없이 분쟁위원회에 통지하여야 한다.

(24) 절차의 비공개(영 제119조의6)

분쟁위원회가 행하는 조정 등의 절차는 특별한 규정이 있는 경우를 제외하고는 공개하지 아니한다.

제5절 적용의 완화 등

1. 적용의 완화

(1) 적용의 완화(법 제5조)

① 건축주, 설계자, 공사시공자 또는 공사감리자(이하 '건축관계자'라 한다)는 업무를 수행할 때 이 법을 적용하는 것이 매우 불합리하다고 인정되는 대지나 건축물로서 대통령령으로 정하는 것에 대하여는 이 법의 기준을 완화하여 적용할 것을 '허가권자'에게 요청할 수 있다.

② 위 ①에 따른 요청을 받은 허가권자는 건축위원회의 심의를 거쳐 완화 여부와 적용범위를 결정하고 그 결과를 신청인에게 알려야 한다.

(2) 적용의 완화(영 제6조)

① 위 (1)의 ①에 따라 완화하여 적용하는 건축물 및 기준은 다음과 같다.

㉠ 수면 위에 건축하는 건축물 등 대지의 범위를 설정하기 곤란한 경우: 법 제40조(대지의 안전 등)부터 제47조(건축선에 따른 건축제한)까지, 법 제55조(건축물의 건폐율)부터 제57조(대지의 분할제한)까지, 법 제60조(건축물의 높이제한) 및 법 제61조(일조 등의 확보를 위한 건축물의 높이제한)에 따른 기준 27회

㉡ 거실이 없는 통신시설 및 기계·설비시설인 경우: 법 제44조(대지와 도로의 관계)부터 법 제46조(건축선의 지정)까지의 규정에 따른 기준

㉢ 31층 이상인 건축물(건축물 전부가 공동주택의 용도로 쓰이는 경우는 제외한다)과 발전소, 제철소, 「산업집적활성화 및 공장설립에 관한 법률 시행령」에 따라 산업통상자원부령으로 정하는 업종의 제조시설, 운동시설 등 특수 용도의 건축물인 경우: 법 제43조(공개공지 등의 확보), 제49조(건축물의 피난시설 및 용도제한 등)부터 제52조(건축물의 마감재료 등)까지, 제62조(건축설비기준 등), 제64조(승강기), 제67조(관계전문기술자) 및 제68조(기술적 기준)에 따른 기준

ⓔ 전통사찰, 전통한옥 등 전통문화의 보존을 위하여 시·도의 건축조례로 정하는 지역의 건축물인 경우: 법 제2조 제1항 제11호(도로), 제44조(대지와 도로의 관계), 제46조(건축선의 지정)에 따른 기준

ⓜ '경사진 대지에 계단식으로 건축하는 공동주택으로서 지면에서 직접 각 세대가 있는 층으로의 출입이 가능하고, 위층 세대가 아래층 세대의 지붕을 정원 등으로 활용하는 것이 가능한 형태의 건축물'과 '초고층 건축물'인 경우: 법 제55조(건축물의 건폐율)에 따른 기준 ^{27회}

ⓗ 다음의 어느 하나에 해당하는 건축물인 경우: 법 제42조(대지의 조경), 제43조(공개공지 등의 확보), 제46조(건축선의 지정), 제55조(건축물의 건폐율), 제56조(건축물의 용적률), 제58조(대지 안의 공지), 제60조(건축물의 높이제한), 제61조 제2항(즉, 제2항의 '공동주택'에 대한 일조 등의 확보를 위한 건축물의 높이제한은 완화되나, 제1항의 '전용주거지역과 일반주거지역 안에서 정북방향의 인접대지경계선으로부터의 띄어야 하는 높이제한은 완화되지 아니한다)에 따른 기준 ^{17회}

　ⓐ '허가권자'가 '리모델링 활성화가 필요하다고 인정'하여 지정·공고한 구역(이하 '**리모델링 활성화 구역**'이라 한다) 안의 건축물

　ⓑ 사용승인을 받은 후 **15년 이상**이 되어 리모델링이 필요한 건축물 ^{27회}

　ⓒ 기존 건축물을 건축(증축, 일부 개축 또는 일부 재축으로 한정한다. 이하 ⓒ의 ⅱ) 및 제32조 제4항에서 같다)하거나 대수선하는 경우로서 다음의 요건을 모두 갖춘 건축물

　　ⅰ) 기존 건축물이 건축 또는 대수선 당시의 법령상 건축물 전체에 대하여 다음 구분에 따른 확인 또는 확인서류 제출을 해야 하는 건축물에 해당하지 아니할 것
　　　• 2009년 7월 16일 대통령령 제21629호 「건축법 시행령」 일부개정령으로 개정되기 전의 제32조에 따른 지진에 대한 안전 여부의 확인
　　　• 2009년 7월 16일 대통령령 제21629호 「건축법 시행령」 일부개정령으로 개정된 이후부터 2014년 11월 28일 대통령령 제25786호 「건축법 시행령」 일부개정령으로 개정되기 전까지의 제32조에 따른 구조 안전의 확인
　　　• 2014년 11월 28일 대통령령 제25786호 「건축법 시행령」 일부개정령으로 개정된 이후의 제32조에 따른 구조 안전의 확인서류 제출

　　ⅱ) 영 제32조 제4항에 따라 기존 건축물을 건축 또는 대수선하기 전과 후의 건축물 전체에 대한 구조 안전의 확인서류를 제출할 것. 다만, 기존 건축물을 일부 재축하는 경우에는 재축 후의 건축물에 대한 구조 안전의 확인서류만 제출한다.

ⓢ 기존 건축물에 「장애인·노인·임산부 등의 편의증진 보장에 관한 법률」에 따른 편의시설을 설치하면 법 제55조(건축물의 건폐율) 또는 법 제56조(건축물의 용적률)에 따른 기준에 적합하지 아니하게 되는 경우: 법 제55조(건축물의 건폐율) 및 법 제56조(건축물의 용적률)에 따른 기준

ⓞ 「국토의 계획 및 이용에 관한 법률」에 따른 도시지역 및 지구단위계획구역 외의 지역 중 동이나 읍에 해당하는 지역에 건축하는 건축물로서 건축조례로 정하는 건축물인 경우: 법 제2조 제1항 제11호(도로) 및 제44조(대지와 도로의 관계)에 따른 기준

ⓩ 다음의 어느 하나에 해당하는 대지에 건축하는 건축물로서 재해예방을 위한 조치가 필요한 경우: 법 제55조(건축물의 건폐율), 법 제56조(건축물의 용적률), 법 제60조(건축물의 높이제한) 및 법 제61조(일조 등의 확보를 위한 건축물의 높이제한)에 따른 기준
  ⓐ 「국토의 계획 및 이용에 관한 법률」에 따라 지정된 방재지구
  ⓑ 「급경사지 재해예방에 관한 법률」에 따라 지정된 붕괴위험지역

㉲ '조화롭고 창의적인 건축을 통하여 아름다운 도시경관을 창출한다고 특별시장·광역시장·특별자치시장·특별자치도지사 또는 시장·군수·구청장(이하 '허가권자'라 한다)이 인정하는 건축물'과 「주택법 시행령」에 따른 '도시형 생활주택'(아파트는 제외한다)인 경우: 법 제60조(건축물의 높이제한) 및 제61조(일조 등의 확보를 위한 건축물의 높이제한)에 따른 기준

㉳ 「공공주택 특별법」 제2조 제1호에 따른 '공공주택'인 경우: 법 제61조 제2항(일조 등의 확보를 위한 건축물의 높이제한, 공동주택)에 따른 기준

ⓔ 다음의 어느 하나에 해당하는 공동주택에 「주택건설기준 등에 관한 규정」에 따른 **주민공동시설**(주택소유자가 공유하는 시설로서 영리를 목적으로 하지 아니하고 주택의 부속용도로 사용하는 시설만 해당하며, 이하 '주민공동시설'이라 한다)을 설치하는 경우: 법 제56조(건축물의 **용적률**)에 따른 기준
  ⓐ 「주택법」에 따라 **사업계획승인**을 받아 건축하는 공동주택
  ⓑ 상업지역 또는 준주거지역에서 건축허가를 받아 건축하는 200세대 이상 300세대 미만인 공동주택
  ⓒ **건축허가**를 받아 건축하는 「주택법 시행령」에 따른 '도시형 생활주택'

㉴ '건축협정'을 체결하여 건축물의 건축·대수선 또는 리모델링을 하려는 경우: 법 제55조(건축물의 건폐율) 및 제56조(건축물의 용적률)에 따른 기준

㉵ 기존 주택단지에 「아동복지법」 제44조의2에 따른 **다함께돌봄센터**를 설치하는 경우: 법 제56조(건축물의 **용적률**)에 따른 기준

② 허가권자는 완화 여부 및 적용범위를 결정할 때에는 다음의 기준을 지켜야 한다.
  ㉠ 위 ①의 ㉠~㉢, ㉥, ⓞ 및 ⓩ의 경우
    ⓐ 공공의 이익을 해치지 아니하고, 주변의 대지 및 건축물에 지나친 불이익을 주지 아니할 것
    ⓑ 도시의 미관이나 환경을 지나치게 해치지 아니할 것

ⓛ 위 ①의 ⓑ의 경우
　ⓐ 위 ㉠의 기준에 적합할 것
　ⓑ 증축은 기능향상 등을 고려하여 '국토교통부령으로 정하는 규모와 범위'에서 할 것
　ⓒ 「주택법」에 따른 사업계획승인 대상인 공동주택의 리모델링은 복리시설을 분양하기 위한 것이 아닐 것

ⓒ 위 ①의 ㉾의 경우
　ⓐ 위 ㉠의 기준에 적합할 것
　ⓑ 해당 지역에 적용되는 법 제55조(건축물의 건폐율), 법 제56조(건축물의 용적률), 법 제60조(건축물의 높이제한) 및 법 제61조(일조 등의 확보를 위한 건축물의 높이제한)에 따른 기준을 100분의 140 이하의 범위에서 건축조례로 정하는 비율을 적용할 것

㉾ 위 ①의 ㉾의 경우
　ⓐ 위 ㉠의 기준에 적합할 것
　ⓑ 기준이 완화되는 범위는 외벽의 중심선에서 발코니 끝부분까지의 길이 중 1.5미터를 초과하는 발코니 부분에 한정될 것. 이 경우 완화되는 범위는 최대 1미터로 제한하며, 완화되는 부분에 창호를 설치해서는 아니 된다.

㉾ 위 ①의 ㉾ 및 ㉾의 경우
　ⓐ 위 ㉠의 기준에 적합할 것
　ⓑ 용적률의 기준은 해당 지역에 적용되는 용적률에 주민공동시설에 해당하는 용적률을 가산한 범위에서 건축조례로 정하는 용적률을 적용할 것

㉾ 위 ①의 ㉾의 경우
　ⓐ 위 ㉠의 기준에 적합할 것
　ⓑ 법 제55조 및 제56조에 따른 건폐율 또는 용적률의 기준은 법 제77조의4 제1항에 따라 건축협정이 체결된 지역 또는 구역(이하 '건축협정구역'이라 한다) 안에서 연접한 둘 이상의 대지에서 건축허가를 동시에 신청하는 경우 둘 이상의 대지를 하나의 대지로 보아 적용할 것

2. 기존의 건축물 등에 관한 특례 등

(1) 기존의 건축물 등에 관한 특례(법 제6조)

허가권자는 법령의 제정·개정이나 '그 밖에 대통령령으로 정하는 사유'로 대지나 건축물이 이 법에 맞지 아니하게 된 경우에는 대통령령으로 정하는 범위에서 해당 지방자치단체의 조례로 정하는 바에 따라 건축을 허가할 수 있다.

| 관련법령 | 기존의 건축물 등에 대한 특례(영 제6조의2) |

1. 위 (1)에서 '그 밖에 대통령령으로 정하는 사유'란 다음의 어느 하나에 해당하는 경우를 말한다.
   ㉠ 도시·군관리계획의 결정·변경 또는 행정구역의 변경이 있는 경우
   ㉡ 도시·군계획시설의 설치, 도시개발사업의 시행 또는 「도로법」에 따른 도로의 설치가 있는 경우
   ㉢ 그 밖에 위 ㉠ 및 ㉡과 비슷한 경우로서 '국토교통부령으로 정하는 경우'
2. 허가권자는 기존 건축물 및 대지가 법령의 제정·개정이나 위 1.의 ㉠~㉢의 사유로 법령 등에 부적합하더라도 다음의 어느 하나에 해당하는 경우에는 건축을 허가할 수 있다.
   ㉠ 기존 건축물을 재축하는 경우
   ㉡ 증축하거나 개축하려는 부분이 법령 등에 적합한 경우
   ㉢ 기존 건축물의 대지가 도시·군계획시설의 설치 또는 「도로법」에 따른 도로의 설치로 법 제57조에 따라 해당 지방자치단체가 정하는 면적에 미달되는 경우로서 그 기존 건축물을 연면적 합계의 범위에서 증축하거나 개축하는 경우
   ㉣ 기존 건축물이 도시 군계획시설 또는 「도로법」에 따른 도로의 설치로 법 제55조 또는 법 제56조에 부적합하게 된 경우로서 화장실·계단·승강기의 설치 등 그 건축물의 기능을 유지하기 위하여 그 기존 건축물의 연면적 합계의 범위에서 증축하는 경우
   ㉤ 법률 제7696호 「건축법」 일부개정법률 제50조의 개정규정에 따라 최초로 개정한 해당 지방자치단체의 조례 시행일 이전에 건축된 기존 건축물의 건축선 및 인접대지경계선으로부터의 거리가 그 조례로 정하는 거리에 미달되는 경우로서 그 기존 건축물을 건축 당시의 법령에 위반되지 않는 범위에서 수직으로 증축하는 경우
   ㉥ 기존 한옥을 개축하는 경우
   ㉦ 건축물 대지의 전부 또는 일부가 「자연재해대책법」 제12조에 따른 **'자연재해위험개선지구'**에 포함되고 법 제22조에 따른 사용승인 후 **20년**이 지난 기존 건축물을 재해로 인한 피해 예방을 위해 '연면적의 합계 범위'에서 **개축**하는 경우
3. 허가권자는 「국토의 계획 및 이용에 관한 법률 시행령」 제84조의2 또는 제93조의3에 따라 기존 공장을 증축하는 경우에는 다음의 기준을 적용하여 해당 공장(이하 **'기존 공장'**이라 한다)의 증축을 허가할 수 있다.
   ㉠ 영 제3조의3 제2호에도 불구하고 도시지역에서의 길이 35미터 이상인 막다른 도로의 너비기준은 4미터 이상으로 한다.
   ㉡ 영 제28조 제2항에드 불구하고 연면적 합계가 3천 제곱미터 미만인 기존 공장이 증축으로 3천 제곱미터 이상이 되는 경우 해당 대지가 접하여야 하는 도로의 너비는 4미터 이상으로 하고, 해당 대지가 도로에 접하여야 하는 길이는 2미터 이상으로 한다.

(2) 특수구조 건축물의 특례(법 제6조의2)

건축물의 구조, 재료, 형식, 공법 등이 특수한 '대통령령으로 정하는 건축물'(이하 '특수구조 건축물'이라 한다)은 법 제4조(건축위원회), 제4조의2(건축위원회의 건축 심의 등)부터 제4조의8(사무국)까지, 제5조(적용의 완화)부터 제9조(다른 법령의 배제)까지, 제11조(건축허가), 제14조(건축신고), 제19조(용도변경), 제21조(착공신고 등)부터 제25조(건축물의 공사감리)까지, 제40조(대지의 안전 등), 제41조(토지 굴착 부분에 대한 조치 등), 제48조(구조내력 등), 제48조의2(건축물 내진등급의 설정), 제49조(건축물의 피난시설 및 용도제한 등), 제50조(건축물의 내화구조와 방화벽), 제50조의2(고층건축물의 피난 및 안전관리), 제51조(방화지구 안의 건축물), 제52조(건축물의 마감재료),

제52조의2(실내건축), 제52조의4(건축자재의 품질관리 등), 제53조(지하층), 제62조(건축설비기준 등)부터 제64조(승강기)까지, 제65조의2(지능형건축물의 인증), 제67조(관계전문기술자), 제68조(기술적 기준) 및 제84조(면적·높이 및 층수의 산정)를 적용할 때 대통령령으로 정하는 바에 따라 **강화** 또는 **변경**하여 적용할 수 있다.

> **관련법령** 특수구조 건축물 구조 안전의 확인에 관한 특례(영 제6조의3)
>
> 1. 위 **(2)**에서 '대통령령으로 정하는 건축물'이란 영 제2조 제18호에 따른 **특수구조 건축물**을 말한다.
> 2. '특수구조 건축물'을 건축하거나 대수선하려는 건축주(영 제32조 제3항에 따라 구조 안전의 확인 방법이 달리 적용되는 건축주는 제외한다)는 '**착공신고**를 하기 전'에 국토교통부령으로 정하는 바에 따라 허가권자에게 해당 건축물의 구조 안전에 관하여 지방건축위원회의 심의를 신청하여야 한다. 이 경우 건축주는 **설계자**로부터 미리 법 제48조 제2항에 따른 '구조 안전 확인'을 받아야 한다.
> 3. 위 2.의 신청을 받은 허가권자는 심의 신청 접수일부터 15일 이내에 영 제5조의6 제1항 제2호에 따른 '건축구조 분야 전문위원회'에 심의 안건을 상정하고, 심의결과를 심의를 신청한 자에게 통보하여야 한다.
> 4. 위 3.의 '심의결과'에 이의가 있는 자는 심의결과를 통보받은 날부터 1개월 이내에 허가권자에게 '재심의'를 신청할 수 있다.
> 5. 위 3.의 심의결과 또는 위 4.의 재심의 결과를 통보받은 건축주는 **착공신고**를 할 때 그 결과를 반영하여야 한다.
> 6. 위 3.의 심의결과의 통보, 위 4.의 재심의의 방법 및 결과 통보에 관하여는 법 제4조의2(건축위원회의 건축 심의 등) 제2항 및 제4항을 준용한다.

(3) 부유식 건축물의 특례(법 제6조의3)

① 「공유수면 관리 및 매립에 관한 법률」 제8조(공유수면의 점용·사용허가)에 따른 공유수면 위에 고정된 인공대지(법 제2조 제1항 제1호의 '대지'로 본다)를 설치하고 그 위에 설치한 건축물(이하 '**부유식 건축물**'이라 한다)은 법 제40조(대지의 안전 등)부터 제44조(대지와 도로의 관계)까지, 제46조(건축선의 지정) 및 제47조(건축선에 따른 건축제한)를 적용할 때 대통령령으로 정하는 바에 따라 달리 적용할 수 있다.

② 부유식 건축물의 설계, 시공 및 유지관리 등에 대하여 이 법을 적용하기 어려운 경우에는 대통령령으로 정하는 바에 따라 변경하여 적용할 수 있다.

> **관련법령** 부유식 건축물의 특례(영 제6조의4)
>
> 1. 위 **(3)**의 ①에 따라 ①에 따른 '부유식 건축물'에 대해서는 다음의 구분기준에 따라 법 제40조(대지의 안전 등)부터 제44조(대지와 도로의 관계)까지, 제46조(건축선의 지정) 및 제47조(건축선에 따른 건축제한)를 적용한다.
>   ㉠ 법 제40조(대지의 안전 등)에 따른 대지의 안전 기준의 경우: 같은 조 제3항에 따른 오수의 배출 및 처리에 관한 부분만 적용
>   ㉡ 법 제41조(토지 굴착 부분에 대한 조치 등)부터 제44조(대지와 도로의 관계)까지, 제46조(건축선의 지정) 및 제47조(건축선에 따른 건축제한)의 경우: 미적용. 다만, 법 제44조(대지와 도로의 관계)는 부유식 건축물의 출입에 지장이 없다고 인정하는 경우에만 적용하지 아니한다.

2. 위 1.에도 불구하고 건축조례에서 지역별 특성 등을 고려하여 그 기준을 달리 정한 경우에는 그 기준에 따른다. 이 경우 그 기준은 법 제40조(대지의 안전 등)부터 제44조(대지와 도로의 관계)까지, 제46조(건축선의 지정) 및 제47조(건축선에 따른 건축제한)에 따른 기준의 범위에서 정하여야 한다.

(4) 통일성을 유지하기 위한 도의 조례(법 제7조)

도(道) 단위로 통일성을 유지할 필요가 있으면 법 제5조 제3항(적용의 완화), 제6조(기존의 건축물 등에 관한 특례), 제17조 제2항(건축허가 등의 수수료), 제20조 제2항 제3호(가설건축물), 제27조 제3항(현장조사·검사 및 확인업무의 대행), 제42조(대지의 조경), 제57조 제1항(대지의 분할제한), 제58조(대지 안의 공지) 및 제61조(일조 등의 확보를 위한 건축물의 높이제한)에 따라 시·군의 조례로 정하여야 할 사항을 도의 조례로 정할 수 있다.

(5) 리모델링에 대비한 특례 등(법 제8조)

리모델링이 쉬운 구조의 **공동주택**의 건축을 촉진하기 위하여 공동주택을 '대통령령으로 정하는 구조'로 하여 건축허가를 신청하면 제56조(건축물의 용적률), 제60조(건축물의 높이제한) 및 제61조(일조 등의 확보를 위한 건축물의 높이제한)에 따른 기준을 **100분의 120**의 범위에서 '대통령령으로 정하는 비율'로 완화하여 적용할 수 있다. 23회 주관식

> **관련법령** 리모델링이 쉬운 구조 등(영 제6조의5)
>
> 1. 위 (5)에서 '대통령령으로 정하는 구조'란 다음의 요건에 적합한 구조를 말한다. 이 경우 다음의 요건에 적합한지에 관한 세부적인 판단기준은 국토교통부장관이 정하여 고시한다.
>   ㉠ 각 세대는 인접한 세대와 수직 또는 수평 방향으로 통합하거나 분할할 수 있을 것
>   ㉡ 구조체에서 건축설비, 내부 마감재료 및 외부 마감재료를 분리할 수 있을 것
>   ㉢ 개별 세대 안에서 구획된 실(室)의 크기, 개수 또는 위치 등을 변경할 수 있을 것
> 2. 위 (5)에서 '대통령령으로 정하는 비율'이란 100분의 120을 말한다. 다만, 건축조례에서 지역별 특성 등을 고려하여 그 비율을 강화한 경우에는 건축조례로 정하는 기준에 따른다.

(6) 다른 법령의 배제(법 제9조)

① 건축물의 건축 등을 위하여 지하를 굴착하는 경우에는 「민법」 제244조 제1항을 적용하지 아니한다. 다만, 필요한 안전조치를 하여 위해를 방지하여야 한다.

> **민법 제244조【지하시설 등에 대한 제한】** ① 우물을 파거나 용수, 하수 또는 오물 등을 저치할 지하시설을 하는 때에는 경계로부터 2미터 이상의 거리를 두어야 하며 저수지, 구거 또는 지하실공사에는 경계로부터 그 깊이의 반 이상의 거리를 두어야 한다.

② 건축물에 딸린 개인하수처리시설에 관한 설계의 경우에는 「하수도법」 제38조(개인하수처리시설의 설계·시공)를 적용하지 아니한다.

CHAPTER 02 건축물의 건축

회독체크 1 2 3

CHAPTER 미리보기

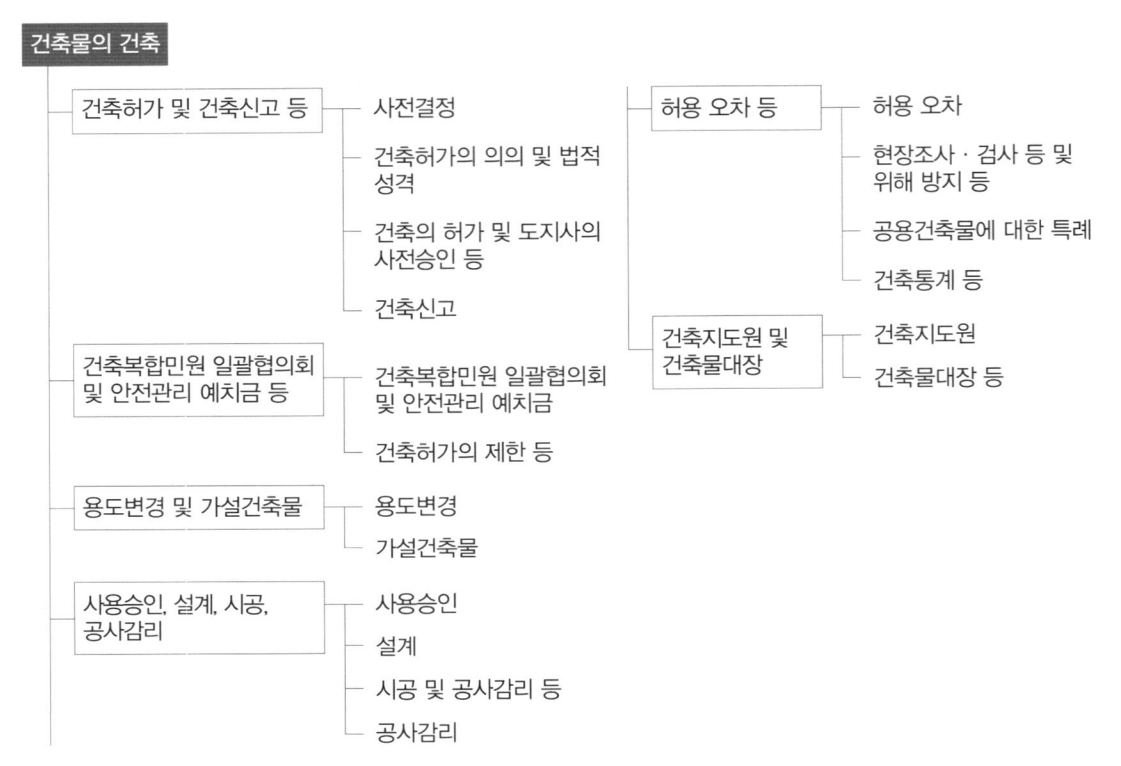

학습전략

건축물의 건축 절차를 다루는 단원으로서 1문제 정도가 꾸준히 출제되고 있으며, 출제 빈도가 높은 편이므로 꼼꼼히 숙지하시기 바랍니다.

학습키워드

- 사전결정
- 건축복합민원일괄협의회
- 안전관리 예치금
- 건축허가 및 신고
- 도지사의 사전승인
- 건축허가의 요건 및 매도청구
- 안전영향평가

- 가설건축물
- 설계
- 공사감리 및 사용승인
- 건축지도원
- 건축물대장
- 등기촉탁

제1절 건축허가 및 건축신고 등

1. 사전결정

(1) 건축 관련 입지와 규모의 사전결정 신청(법 제10조 제1항~제5항)

① 건축허가 대상 건축물을 건축하려는 자는 '건축허가를 신청하기 전'에 **허가권자**에게 그 건축물의 건축에 관한 다음의 사항에 대한 **사전결정**을 신청할 수 있다.
  ㉠ 해당 대지에 건축하는 것이 이 법이나 관계 법령에서 허용되는지 여부
  ㉡ 이 법 또는 관계 법령에 따른 건축기준 및 건축제한, 그 완화에 관한 사항 등을 고려하여 해당 대지에 건축 가능한 건축물의 규모
  ㉢ 건축허가를 받기 위하여 신청자가 고려하여야 할 사항

② 위 ①에 따른 사전결정을 신청하는 자(이하 '사전결정신청자'라 한다)는 **건축위원회 심의**와 「도시교통정비 촉진법」에 따른 **교통영향평가서의 검토**를 동시에 신청할 수 있다.

③ **허가권자**는 사전결정이 신청된 건축물의 대지면적이 「환경영향평가법」 제43조에 따른 소규모 환경영향평가 대상사업인 경우 환경부장관이나 지방환경관서의 장과 **소규모 환경영향평가에 관한 협의**를 하여야 한다.

④ 허가권자는 위 ①과 ②에 따른 신청을 받으면 입지, 건축물의 규모, 용도 등을 사전결정한 후 사전결정신청자에게 알려야 한다.

⑤ 위 ①과 ②에 따른 신청절차, 신청서류, 통지 등에 필요한 사항은 국토교통부령으로 정한다.

⑥ 허가권자는 사전결정을 한 후 사전결정서를 사전결정일부터 **7일 이내**에 사전결정을 신청한 자에게 송부해야 한다(규칙 제5조 제1항).

(2) 사전결정의 효력 등(법 제10조 제6항~제9항)

① 사전결정통지를 받은 경우에는 다음의 허가를 받거나 신고 또는 협의를 한 것으로 본다.
  ㉠ 「국토의 계획 및 이용에 관한 법률」에 따른 개발행위허가
  ㉡ 「산지관리법」에 따른 산지전용허가와 산지전용신고, 산지일시사용허가·신고. 다만, 보전산지인 경우에는 도시지역만 해당된다.
  ㉢ 「농지법」에 따른 농지전용허가·신고 및 협의
  ㉣ 「하천법」에 따른 **하천점용허가**

② 허가권자는 위 ①의 어느 하나에 해당되는 내용이 포함된 사전결정을 하려면 미리 관계 행정기관의 장과 협의하여야 하며, 협의를 요청받은 관계 행정기관의 장은 요청받은 날부터 **15일 이내**에 의견을 제출하여야 한다.

③ 관계 행정기관의 장이 위 ②에서 정한 기간(민원 처리에 관한 법률 제20조 제2항에 따라 회신기간을 연장한 경우에는 그 연장된 기간을 말한다) 내에 의견을 제출하지 아니하면 협의가 이루어진 것으로 본다.
④ 사전결정신청자는 사전결정을 통지받은 날부터 2년 이내에 건축허가를 신청하여야 하며, 이 기간에 건축허가를 신청하지 아니하면 사전결정의 효력이 상실된다.

2. 건축허가의 의의 및 법적 성격

(1) 의의

건축물의 건축·대수선에 관한 일반적·상대적인 금지를 특정한 경우에 해제하여 적법하게 건축할 수 있도록 하는 행정기관의 행정처분이다.

(2) 건축허가의 법적 성격

① 행정처분(행정행위)으로서 명령적 행정처분이지 형성적 행정처분이 아니다. 즉, 법에 의해 금지되어 있는 건축금지라는 의무의 해제이지 건축할 수 있는 새로운 권리를 취득하는 것이 아니다.
② 대물적 행정행위로서 이전성이 인정된다.
③ 쌍방적 행정행위이며, 요식행위이다.
④ 기속적 행정행위이지 자유재량행위가 아니다.
⑤ 수익적 행정행위이며, 부담적 행정행위가 아니다.
⑥ 건축행위의 적법요건이지 효력발생요건이 아니므로 건축허가를 받지 않고 건축한 건축물도 인정되며, 사법상 유효한 거래의 대상이 된다.

(3) 판례의 태도

「건축법」상 건축허가는 '기속행위'로, 「주택법」상 사업계획승인은 '재량행위'로 본다.

(4) 건축허가의 효과

건축허가를 받은 건축주는 적법하게 허가받은 대로 건축을 할 수 있다.

3. 건축의 허가 및 도지사의 사전승인 등

(1) 건축허가권자 등(법 제11조 제1항)

① 건축물을 건축하거나 대수선하려는 자는 '특별자치시장·특별자치도지사 또는 시장·군수·구청장'의 허가를 받아야 한다.
② 21층 이상의 건축물 등 '대통령령으로 정하는 용도 및 규모의 건축물'을 특별시나 광역시에 건축하려면 '특별시장이나 광역시장'의 허가를 받아야 한다. 20회

> **관련법령** '특별시장 또는 광역시장'의 허가(영 제8조 제1항)

1. 위 **(1)**의 ②에 따라 특별시장 또는 광역시장의 허가를 받아야 하는 건축물의 건축은 층수가 21층 이상이거나 연면적의 합계가 10만 제곱미터 이상인 건축물의 건축(**연면적의 10분의 3 이상을 증축하여 층수가 21층 이상으로 되거나 연면적의 합계가 10만 제곱미터 이상으로 되는 경우를 포함한다**)을 말한다. 24회
2. 다음의 어느 하나에 해당하는 건축물의 건축은 제외한다.
   ㉠ 공장 24회
   ㉡ 창고
   ㉢ 지방건축위원회의 심의를 거친 건축물(특별시 또는 광역시의 건축조례로 정하는 바에 따라 해당 지방건축위원회의 심의사항으로 할 수 있는 건축물에 한정하며, '초고층 건축물'은 **제외**한다)

> **관련법령** 건축허가 등의 신청(영 제9조)

1. 위 **(1)**에 따라 건축물의 건축 또는 대수선의 허가를 받으려는 자는 국토교통부령으로 정하는 바에 따라 허가신청서에 관계 서류를 첨부하여 허가권자에게 제출하여야 한다. 다만, 「방위사업법」에 따른 방위산업시설의 건축 또는 대수선의 허가를 받으려는 경우에는 건축 관계 법령에 적합한지 여부에 관한 설계자의 확인으로 관계 서류를 갈음할 수 있다.
2. 허가권자는 위 **(1)**에 따라 허가를 하였으면 국토교통부령으로 정하는 바에 따라 허가서를 신청인에게 발급하여야 한다.

(2) 도지사의 사전승인(법 제11조 제2항, 영 제8조 제3항)

시장·군수는 다음의 어느 하나에 해당하는 건축물의 건축을 허가하려면 미리 건축계획서와 국토교통부령으로 정하는 건축물의 용도, 규모 및 형태가 표시된 기본설계도서를 첨부하여 도지사의 승인을 받아야 한다.

① 특별시장이나 광역시장의 허가를 받아야 할 규모에 해당하는 건축물(다만, 도시환경, 광역교통 등을 고려하여 해당 도의 조례로 정하는 건축물은 제외한다)

② **자연환경**이나 **수질**을 **보호**하기 위하여 도지사가 지정·공고한 구역에 건축하는 **3층 이상** 또는 연면적의 합계가 **1천 제곱미터 이상**인 건축물로서 위락시설과 숙박시설 등 '대통령령으로 정하는 다음의 용도'에 해당하는 건축물
   ㉠ 공동주택
   ㉡ 제2종 근린생활시설(일반음식점만 해당한다)
   ㉢ 업무시설(일반업무시설만 해당한다)
   ㉣ 숙박시설
   ㉤ 위락시설

③ **주거환경**이나 **교육환경** 등 주변 환경을 보호하기 위하여 필요하다고 인정하여 도지사가 지정·공고한 구역에 건축하는 **위락시설** 및 **숙박시설**에 해당하는 건축물

| 관련법령 | 건축허가의 사전승인(규칙 제7조 제2항) |

사전승인의 신청을 받은 도지사는 승인요청을 받은 날부터 **50일 이내**에 승인 여부를 시장·군수에게 통보(전자문서에 의한 통보를 포함한다)하여야 한다. 다만, 건축물의 규모가 큰 경우 등 불가피한 경우에는 **30일의 범위** 내에서 그 기간을 연장할 수 있다.

(3) 허가신청서의 제출(법 제11조 제3항)

위 **(1)**에 따라 허가를 받으려는 자는 허가신청서에 국토교통부령으로 정하는 설계도서와 다음 **(5)** ①의 ㉠~㉣에 따른 허가 등을 받거나 신고를 하기 위하여 관계 법령에서 제출하도록 의무화하고 있는 신청서 및 구비서류를 첨부하여 허가권자에게 제출하여야 한다. 다만, 국토교통부장관이 관계 행정기관의 장과 협의하여 국토교통부령으로 정하는 신청서 및 구비서류는 법 제21조에 따른 착공신고 전까지 제출할 수 있다.

(4) 건축허가를 하지 아니할 수 있는 경우(법 제11조 제4항)

허가권자는 건축허가를 하고자 하는 때에 「건축기본법」 제25조에 따른 **한국건축규정의 준수 여부**를 확인하여야 한다. 다만, 다음의 어느 하나에 해당하는 경우에는 이 법이나 다른 법률에도 불구하고 **건축위원회의 심의**를 거쳐 건축허가를 하지 아니할 수 있다. 24회

① '**위락시설**'이나 '**숙박시설**'에 해당하는 건축물의 건축을 허가하는 경우 해당 대지에 건축하려는 건축물의 용도·규모 또는 형태가 주거환경이나 교육환경 등 주변 환경을 고려할 때 부적합하다고 인정되는 경우 24회

② 「국토의 계획 및 이용에 관한 법률」에 따른 '**방재지구**' 및 「자연재해대책법」에 따른 '**자연재해위험개선지구**' 등 상습적으로 **침수되거나 침수가 우려되는 대통령령으로 정하는 지역**에 건축하려는 건축물에 대하여 **일부 공간**에 **거실**을 설치하는 것이 부적합하다고 인정되는 경우

| 관련법령 | 상습 침수 우려지역(영 제9조의2) |

허가권자는 위 **(4)**의 ②에 따라 다음의 어느 하나에 해당하는 지역에 건축하려는 건축물에 대하여 **일부 공간에 거실을 설치하는 것이 부적합한 경우**에는 **건축위원회의 심의**를 거쳐 건축허가를 하지 않을 수 있다.
1. 「국토의 계획 및 이용에 관한 법률」에 따른 **방재지구**
2. 「자연재해대책법」에 따른 **자연재해위험개선지구**('**상습가뭄재해지구**'는 **제외**한다)
3. 위 1. 및 2.에 준하는 지역으로서 허가권자가 상습적으로 침수되거나 침수가 우려된다고 인정하여 지정·고시하는 지역

(5) 허가 등의 의제 및 사전협의 등(법 제11조 제5항·제6항)

① 위 **(1)**에 따른 건축허가를 받으면 다음의 허가 등을 받거나 신고를 한 것으로 보며, 공장건축물의 경우에는 「산업집적활성화 및 공장설립에 관한 법률」에 따라 관련 법률의 인·허가 등이나 허가 등을 받은 것으로 본다.

㉠ 공사용 가설건축물의 축조신고
㉡ 공작물의 축조신고
㉢ 「국토의 계획 및 이용에 관한 법률」에 따른 개발행위허가
㉣ 「산지관리법」에 따른 산지전용허가와 산지전용신고, 산지일시사용허가·신고. 다만, 보전산지인 경우에는 도시지역만 해당된다.
㉤ 「농지법」에 따른 농지전용허가·신고 및 협의
㉥ 「도로법」 제61조에 따른 도로의 점용허가
㉦ 「전기안전관리법」 제8조에 따른 자가용전기설비 공사계획의 인가 또는 신고
㉧ 「하천법」에 따른 하천점용 등의 허가
㉨ 「자연공원법」에 따른 행위허가 등

② 허가권자는 위 ①의 어느 하나에 해당하는 사항이 다른 행정기관의 권한에 속하면 그 행정기관의 장과 미리 협의하여야 하며, 협의 요청을 받은 관계 행정기관의 장은 요청을 받은 날부터 15일 이내에 의견을 제출하여야 한다. 이 경우 관계 행정기관의 장은 다음 **(7)**의 ①에 따른 처리기준이 아닌 사유를 이유로 협의를 거부할 수 없고, 협의 요청을 받은 날부터 15일 이내에 의견을 제출하지 아니하면 협의가 이루어진 것으로 본다.

(6) 허가를 취소하여야 하는 경우(법 제11조 제7항)

허가권자는 허가를 받은 자가 다음의 어느 하나에 해당하면 허가를 취소해야 한다. 다만, 다음 ①에 해당하는 경우로서 정당한 사유가 있다고 인정되면 **1년**의 범위에서 공사의 착수기간을 연장할 수 있다. 24회

① 허가를 받은 날부터 **2년**(산업집적활성화 및 공장설립에 관한 법률 제13조에 따라 공장의 신설·증설 또는 업종변경의 승인을 받은 공장은 **3년**) 이내에 공사에 착수하지 아니한 경우 24회
② 위 ①의 기간 이내에 공사에 착수하였으나 공사의 완료가 불가능하다고 인정되는 경우
③ 법 제21조에 따른 착공신고 전에 경매 또는 공매 등으로 건축주가 '대지의 소유권을 상실한 때'부터 **6개월**이 지난 이후 공사의 착수가 불가능하다고 판단되는 경우

(7) 통보 및 고시(법 제11조 제8항·제9항)

① 위 **(5)**의 ①의 어느 하나에 해당하는 사항과 법 제12조 제1항의 관계 법령을 관장하는 중앙행정기관의 장은 그 처리기준을 국토교통부장관에게 통보해야 한다. 처리기준을 변경한 경우에도 또한 같다.
② 국토교통부장관은 처리기준을 통보받은 때에는 이를 통합하여 고시하여야 한다.

(8) 심의 효력의 상실(법 제11조 제10항)

법 제4조 제1항에 따른 '건축위원회의 심의'를 받은 자가 심의결과를 통지받은 날부터 **2년** 이내에 건축허가를 신청하지 아니하면 건축위원회 심의의 효력이 상실된다.

(9) 건축허가의 요건(법 제11조 제11항)

건축허가를 받으려는 자는 해당 대지의 **소유권**을 확보하여야 한다. 다만, 다음의 어느 하나에 해당하는 경우에는 그러하지 아니하다.

① 건축주가 대지의 소유권을 확보하지 못하였으나 그 대지를 사용할 수 있는 권원을 확보한 경우. 다만, '**분양**을 목적으로 하는 공동주택'은 제외한다. 24회

② 건축주가 건축물의 노후화 또는 구조안전 문제 등 대통령령으로 정하는 사유로 건축물을 신축·개축·재축 및 리모델링을 하기 위하여 건축물 및 해당 대지의 '공유자 수'의 **100분의 80** 이상의 '**동의**'를 얻고 '동의한 공유자의 **지분 합계**'가 전체 지분의 **100분의 80** 이상인 경우

③ 건축주가 위 (1)에 따른 '건축허가를 받아 주택과 주택 외의 시설을 동일 건축물로 건축'하기 위하여 「주택법」 제21조(대지의 소유권 확보 등)를 준용한 대지 소유 등의 권리 관계를 증명한 경우. 다만, 「주택법」 제15조 제1항 각 호 외의 부분 본문에 따른 대통령령으로 정하는 호수(사업계획의 승인대상 호수) 이상으로 건설·공급하는 경우에 한정한다.

④ 건축하려는 대지에 포함된 **국유지** 또는 **공유지**에 대하여 허가권자가 해당 토지의 **관리청**이 해당 토지를 건축주에게 매각하거나 양여할 것을 확인한 경우

⑤ 건축주가 **집합건물**의 '공용부분'을 **변경**하기 위하여 「집합건물의 소유 및 관리에 관한 법률」 제15조 제1항에 따른 결의(구분소유자의 3분의 2 이상 및 의결권의 3분의 2 이상의 결의)가 있었음을 증명한 경우

⑥ 건축주가 **집합건물**을 **재건축**하기 위하여 「집합건물의 소유 및 관리에 관한 법률」 제47조에 따른 결의(구분소유자의 5분의 4 이상 및 의결권의 5분의 4 이상의 결의)가 있었음을 증명한 경우

관련법령 건축허가 신청 시 소유권 확보 예외사유(영 제9조의3)

1. 위 (9)의 ②에서 '건축물의 노후화 또는 구조안전 문제 등 대통령령으로 정하는 사유'란 건축물이 다음의 어느 하나에 해당하는 경우를 말한다.
   ㉠ 급수·배수·오수 설비 등의 설비 또는 지붕·벽 등의 노후화나 손상으로 그 기능 유지가 곤란할 것으로 우려되는 경우
   ㉡ 건축물의 노후화로 내구성에 영향을 주는 기능적 결함이나 구조적 결함이 있는 경우
   ㉢ 건축물이 훼손되거나 일부가 멸실되어 붕괴 등 그 밖의 안전사고가 우려되는 경우
   ㉣ 천재지변이나 그 밖의 재해로 붕괴되어 다시 신축하거나 재축하려는 경우
2. 허가권자는 건축주가 위 1.의 ㉠~㉢의 어느 하나에 해당하는 사유로 위 (9)의 ②의 동의요건을 갖추어 위 (1)에 따른 건축허가를 신청한 경우에는 그 사유 해당 여부를 확인하기 위하여 **현지조사**를 하여야 한다. 이 경우 필요한 경우에는 건축주에게 다음의 어느 하나에 해당하는 자로부터 **안전진단**을 받고 그 결과를 제출하도록 할 수 있다.
   ㉠ 건축사
   ㉡ 「기술사법」 제5조의7에 따라 등록한 건축구조기술사(이하 '건축구조기술사'라 한다)
   ㉢ 「시설물의 안전 및 유지관리에 관한 특별법」 제28조 제1항에 따라 등록한 건축분야 안전진단전문기관

(10) '숙박시설'의 특례(법 제11조 제12항)

허가권자는 '국토교통부령으로 정하는 **숙박시설**'에 대하여 '건축허가를 하는 경우'에는 **허가를 받는 자**에게 국토교통부령으로 정하는 바에 따라 '**사용승인 요건**'을 알려야 한다. 〈신설 2025.8.26.〉

(11) 매도청구 등(법 제17조의2)

① '위 **(9)**의 ②에 따라 건축허가를 받은 건축주'는 해당 건축물 또는 대지의 공유자 중 '동의하지 아니한 공유자'에게 그 공유지분을 **시가**(市價)로 **매도할 것을 청구**할 수 있다. 이 경우 '매도청구를 하기 전'에 매도청구 대상이 되는 공유자와 **3개월 이상** 협의를 하여야 한다.

② 위 ①의 매도청구에 관하여는 「집합건물의 소유 및 관리에 관한 법률」 제48조를 준용한다. 이 경우 **구분소유권** 및 **대지사용권**은 매도청구의 대상이 되는 대지 또는 건축물의 **공유지분**으로 본다.

(12) 소유자를 확인하기 곤란한 공유지분 등에 대한 처분(법 제17조의3)

① 위 **(9)**의 ②에 따라 건축허가를 받은 건축주는 해당 건축물 또는 대지의 공유자가 거주하는 곳을 확인하기가 현저히 곤란한 경우에는 전국적으로 배포되는 **둘 이상**의 일간신문에 **두 차례** 이상 공고하고, 공고한 날부터 **30일 이상**이 지났을 때에는 위 **(10)**에 따른 매도청구 대상이 되는 건축물 또는 대지로 본다.

② 건축주는 위 ①에 따른 매도청구 대상 공유지분의 감정평가액에 해당하는 금액을 법원에 **공탁**(供託)하고 착공할 수 있다.

③ 위 ②의 '공유지분의 감정평가액'은 허가권자가 추천하는 「감정평가 및 감정평가사에 관한 법률」에 따른 **감정평가법인 등 2인 이상**이 평가한 금액을 산술평균하여 산정한다.

(13) 건축물 안전영향평가(법 제13조의2)

① **허가권자**는 '초고층 건축물 등 대통령령으로 정하는 주요 건축물'에 대해 법 제11조에 따른 '건축허가를 하기 전'에 건축물의 구조, 지반 및 풍환경(風環境) 등이 건축물의 구조안전과 인접 대지의 안전에 미치는 영향 등을 평가하는 건축물 안전영향평가(이하 '**안전영향평가**'라 한다)를 '안전영향평가기관'에 의뢰하여 실시하여야 한다. 26회

② 안전영향평가기관은 국토교통부장관이 「공공기관의 운영에 관한 법률」 제4조에 따른 공공기관으로서 건축 관련 업무를 수행하는 기관 중에서 지정하여 고시한다.

③ '안전영향평가 결과'는 **건축위원회**의 심의를 거쳐 확정한다. 이 경우 법 제4조의2에 따라 건축위원회의 심의를 받아야 하는 건축물은 건축위원회 심의에 안전영향평가 결과를 '포함'하여 심의할 수 있다. 26회

④ 안전영향평가 대상 건축물의 **건축주**는 건축허가 신청 시 제출하여야 하는 도서에 '안전영향평가 결과'를 반영해야 하며, 건축물의 계획상 반영이 곤란하다고 판단되는 경우에는 그 근거 자료를 첨부하여 허가권자에게 건축위원회의 **재심의**를 요청할 수 있다. 26회

⑤ 안전영향평가의 검토 항목과 건축주의 안전영향평가 의뢰, 평가 비용 납부 및 처리 절차 등 그 밖에 필요한 사항은 대통령령으로 정한다.

⑥ 허가권자는 위 ③ 및 ④의 심의결과 및 안전영향평가 내용을 국토교통부령으로 정하는 방법에 따라 '즉시' **공개**하여야 한다. 26회

⑦ 안전영향평가를 실시하여야 하는 건축물이 다른 법률에 따라 구조안전과 인접 대지의 안전에 미치는 영향 등을 평가받은 경우에는 안전영향평가의 해당 항목을 평가받은 것으로 본다.

관련법령 | **건축물 안전영향평가(영 제10조의3)**

1. 위 (13)의 ①에서 '초고층 건축물 등 대통령령으로 정하는 주요 건축물'이란 다음의 어느 하나에 해당하는 건축물을 말한다.
   ㉠ **초고층 건축물** 26회
   ㉡ 다음의 요건을 모두 충족하는 건축물
      ⓐ 연면적(하나의 대지에 둘 이상의 건축물을 건축하는 경우에는 각각의 건축물의 연면적을 말한다)이 10만 **제곱미터 이상**일 것
      ⓑ **16층 이상**일 것
2. 위 1.의 건축물을 건축하려는 자는 법 제11조에 따른 건축허가를 신청하기 전에 다음의 자료를 첨부하여 허가권자에게 위 (13)의 ①에 따른 건축물 안전영향평가(이하 '안전영향평가'라 한다)를 의뢰하여야 한다.
   ㉠ 건축계획서 및 기본설계도서 등 국토교통부령으로 정하는 도서
   ㉡ 인접 대지에 설치된 상수도·하수도 등 국토교통부장관이 정하여 고시하는 지하시설물의 현황도
   ㉢ 그 밖에 국토교통부장관이 정하여 고시하는 자료
3. 위 (13)의 ①에 따라 허가권자로부터 안전영향평가를 의뢰받은 기관[위 (13)의 ②에 따라 지정·고시된 기관을 말하며, 이하 '안전영향평가기관'이라 한다]은 다음의 항목을 검토하여야 한다.
   ㉠ 해당 건축물에 적용된 설계기준 및 하중의 적정성
   ㉡ 해당 건축물의 하중저항시스템의 해석 및 설계의 적정성
   ㉢ 지반조사 방법 및 지내력(地耐力) 산정결과의 적정성
   ㉣ 굴착공사에 따른 지하수위 변화 및 지반 안전성에 관한 사항
   ㉤ 그 밖에 건축물의 안전영향평가를 위하여 국토교통부장관이 필요하다고 인정하는 사항
4. 안전영향평가기관은 안전영향평가를 의뢰받은 날부터 **30일** 이내에 안전영향평가 결과를 허가권자에게 제출하여야 한다. 다만, 부득이한 경우에는 **20일**의 범위에서 그 기간을 한 차례만 연장할 수 있다.
5. 위 2.에 따라 안전영향평가를 의뢰한 자가 보완하는 기간 및 공휴일·토요일은 위 4.에 따른 기간의 산정에서 제외한다.
6. 허가권자는 위 4.에 따라 안전영향평가 결과를 제출받은 경우에는 지체 없이 위 2.에 따라 안전영향평가를 의뢰한 자에게 그 내용을 통보하여야 한다.
7. 안전영향평가에 드는 비용은 위 2.에 따라 안전영향평가를 의뢰한 자가 부담한다.
8. 위 1.부터 7.까지에서 규정한 사항 외에 안전영향평가에 관하여 필요한 사항은 국토교통부장관이 정하여 고시한다.

4. 건축신고

(1) 건축신고(법 제14조 제1항, 영 제11조 제1항~제3항)

허가대상 건축물이라 하더라도 다음의 어느 하나에 해당하는 경우에는 미리 특별자치시장·특별자치도지사 또는 시장·군수·구청장에게 국토교통부령으로 정하는 바에 따라 신고를 하면 건축허가를 받은 것으로 본다.

① **'바닥면적의 합계'**가 **85제곱미터 이내의 증축·개축 또는 재축**. 다만, **3층 이상** 건축물인 경우에는 증축·개축 또는 재축하려는 부분의 바닥면적의 합계가 건축물 연면적의 **10분의 1 이내**인 경우로 한정한다.

② 「국토의 계획 및 이용에 관한 법률」에 따른 **관리지역, 농림지역 또는 자연환경보전지역**에서 **연면적이 200제곱미터 미만이고 3층 미만**인 건축물의 건축. 다만, 다음의 어느 하나에 해당하는 구역에서의 건축은 제외한다.

　㉠ 지구단위계획구역
　㉡ 방재지구 등 재해취약지역으로서 '대통령령으로 정하는 다음의 지구 또는 지역'
　　ⓐ 「국토의 계획 및 이용에 관한 법률」 제37조에 따라 지정된 **방재지구**
　　ⓑ 「급경사지 재해예방에 관한 법률」 제6조에 따라 지정된 **붕괴위험지역**

③ **연면적이 200제곱미터 미만이고 3층 미만인 건축물의 대수선**

④ **주요 구조부의 해체가 없는 등 '대통령령으로 정하는 다음의 대수선'** 28회

　㉠ 내력벽의 면적을 30제곱미터 이상 **수선**하는 것
　㉡ 기둥을 세 개 이상 **수선**하는 것
　㉢ 보를 세 개 이상 **수선**하는 것
　㉣ 지붕틀을 세 개 이상 **수선**하는 것
　㉤ 방화벽 또는 방화구획을 위한 바닥 또는 벽을 **수선**하는 것
　㉥ 주계단·피난계단 또는 특별피난계단을 **수선**하는 것 28회

⑤ **그 밖에 소규모 건축물로서 '대통령령으로 정하는 다음의 건축물의 건축'**

　㉠ **'연면적의 합계'**가 100제곱미터 이하인 건축물의 건축 24회
　㉡ 건축물의 **높이를 3미터 이하의 범위에서 증축**하는 건축물의 건축
　㉢ **표준설계도서**에 따라 건축하는 건축물로서 그 용도 및 규모가 주위환경이나 미관에 지장이 없다고 인정하여 건축조례로 정하는 건축물의 건축
　㉣ 「국토의 계획 및 이용에 관한 법률」에 따른 공업지역, 지구단위계획구역(산업·유통형만 해당한다) 및 「산업입지 및 개발에 관한 법률」에 따른 산업단지에서 건축하는 **2층 이하**인 건축물로서 연면적 합계 **500제곱미터 이하**인 **공장**([별표 1] 제4호 너목에 따른 제조업소 등 물품의 제조·가공을 위한 시설을 포함한다)의 건축

ⓜ 농업이나 수산업을 경영하기 위해 읍·면지역(특별자치시장·특별자치도지사·시장·군수가 지역계획 또는 도시·군계획에 지장이 있다고 지정·공고한 구역은 제외한다)에서 건축하는 연면적 200제곱미터 이하의 창고 및 연면적 400제곱미터 이하의 축사, 작물재배사(作物栽培舍), 종묘배양시설, 화초 및 분재 등의 온실의 건축

(2) 준용(법 제14조 제2항, 영 제11조 제4항)

① 건축신고에 관하여는 법 제11조 제5항(허가 등의 의제) 및 제6항(행정기관의 장과 미리 협의)을 준용한다.
② 건축신고에 관하여는 영 제9조 제1항(건축허가 등의 신청)을 준용한다.

(3) 통지의무(법 제14조 제3항 및 제4항)

① 특별자치시장·특별자치도지사 또는 시장·군수·구청장은 위 **(1)**에 따른 신고를 받은 날부터 5일 이내에 '신고수리 여부' 또는 '민원처리 관련 법령에 따른 처리기간의 연장 여부'를 신고인에게 통지하여야 한다. 다만, 이 법 또는 다른 법령에 따라 심의, 동의, 협의, 확인 등이 필요한 경우에는 20일 이내에 통지하여야 한다.
② 특별자치시장·특별자치도지사 또는 시장·군수·구청장은 위 **(1)**에 따른 신고가 위 ① 단서에 해당하는 경우에는 신고를 받은 날부터 5일 이내에 신고인에게 '그 내용'을 통지하여야 한다.

(4) 신고 효력의 상실(법 제14조 제5항)

신고를 한 자가 신고일부터 1년 이내에 공사에 착수하지 아니하면 그 신고의 효력은 없어진다. 다만, 건축주의 요청에 따라 허가권자가 정당한 사유가 있다고 인정하면 1년의 범위에서 착수기한을 연장할 수 있다. 20회 주관식

제2절 건축복합민원 일괄협의회 및 안전관리 예치금 등

1. 건축복합민원 일괄협의회 및 안전관리 예치금

(1) 건축복합민원 일괄협의회(법 제12조)

① 허가권자는 법 제11조에 따라 허가를 하려면 해당 용도·규모 또는 형태의 건축물을 건축하려는 대지에 건축하는 것이 「국토의 계획 및 이용에 관한 법률」 제54조, 제56조부터 제62조까지 및 제76조부터 제82조까지의 규정과 그 밖에 '대통령령으로 정하는 관계 법령의 규정'에 맞는지를 확인하고, 제10조 제6항 각 호와 같은 조 제7항 또는 제11조 제5항 각 호와 같은 조 제6항의 사항을 처리하기 위하여 대통령령으로 정하는 바에 따라 **건축복합민원 일괄협의회**를 개최하여야 한다.

② 위 ①에 따라 확인이 요구되는 법령의 관계 행정기관의 장과 법 제10조 제7항(사전결정 관련 허가권자는 미리 관계 행정기관의 장과 협의) 및 법 제11조 제6항(행정기관의 장과 미리 협의)에 따른 관계 행정기관의 장은 소속 공무원을 건축복합민원 일괄협의회에 참석하게 하여야 한다.

(2) 건축복합민원 일괄협의회의 개최(영 제10조)

① 위 **(1)**의 ①에서 '대통령령으로 정하는 관계 법령의 규정'이란 다음의 규정을 말한다.
  ㉠ 「군사기지 및 군사시설보호법」 제13조
  ㉡ 「자연공원법」 제23조
  ㉢ 「택지개발촉진법」 제6조 등
② 허가권자는 건축복합민원 일괄협의회의 회의를 사전결정 신청일 또는 **건축허가 신청일**부터 **10일 이내**에 개최하여야 한다.
③ 허가권자는 협의회의 회의를 개최하기 3일 **전까지** 회의 개최 사실을 관계 행정기관 및 관계 부서에 통보하여야 한다.
④ 협의회의 회의에 참석하는 관계 공무원은 회의에서 관계 법령에 관한 의견을 발표하여야 한다.
⑤ 사전결정 또는 건축허가를 하는 관계 행정기관 및 관계 부서는 그 협의회의 회의를 개최한 날부터 5일 이내에 동의 또는 부동의 의견을 허가권자에게 제출하여야 한다.

(3) 건축 공사현장 안전관리 예치금 등(법 제13조, 영 제10조의2, 규칙 제9조)

① 건축허가를 받은 자는 건축물의 건축공사를 중단하고 장기간 공사현장을 방치할 경우 공사현장의 미관 개선과 안전관리 등 필요한 조치를 하여야 한다.
② 허가권자는 연면적이 **1천 제곱미터** 이상인 건축물(주택도시기금법에 따른 주택도시보증공사가 분양보증을 한 건축물, 건축물의 분양에 관한 법률 제4조 제1항 제1호에 따른 분양보증이나 신탁계약을 체결한 건축물은 제외한다)로서 해당 지방자치단체의 조례로 정하는 건축물에 대하여는 **착공신고를 하는 건축주**(한국토지주택공사법에 따른 한국토지주택공사 또는 지방공기업법에 따라 건축사업을 수행하기 위하여 설립된 지방공사는 제외한다)에게 장기간 건축물의 공사현장이 방치되는 것에 대비하여 미리 미관 개선과 안전관리에 필요한 비용('대통령령으로 정하는 다음의 보증서'를 포함하며, 이하 '예치금'이라 한다)을 **건축공사비의 1퍼센트**의 범위에서 예치하게 할 수 있다.
  ㉠ 「보험업법」에 따른 보험회사가 발행한 보증보험증권
  ㉡ 「은행법」에 따른 은행이 발행한 지급보증서
  ㉢ 「건설산업기본법」에 따른 공제조합이 발행한 채무액 등의 지급을 보증하는 보증서
  ㉣ 「자본시장과 금융투자업에 관한 법률 시행령」에 따른 상장증권
  ㉤ 「주택도시기금법」 제16조에 따른 주택도시보증공사가 발행하는 보증서

③ 허가권자가 예치금을 반환할 때에는 '대통령령으로 정하는 이율'(안전관리 예치금을 국고금관리법 시행령 제11조에서 정한 금융기관에 예치한 경우의 '안전관리 예치금'에 대하여 적용하는 이자율)로 산정한 이자를 포함하여 반환하여야 한다. 다만, 보증서를 예치한 경우에는 그러하지 아니하다.

④ 위 ②에 따른 예치금의 산정·예치방법, 반환 등에 관하여 필요한 사항은 해당 지방자치단체의 조례로 정한다.

⑤ 허가권자는 공사현장이 방치되어 도시미관을 저해하고 안전을 위해한다고 판단되면 건축허가를 받은 자에게 건축물 공사현장의 미관과 안전관리를 위한 다음의 개선을 명할 수 있다.
  ㉠ 안전울타리 설치 등 안전조치
  ㉡ 공사재개 또는 해체 등 정비

⑥ 허가권자는 위 ⑤의 개선명령을 받은 자가 개선을 하지 아니하면 「행정대집행법」에 따라 대집행을 할 수 있다. 이 경우 위 ②에 따라 건축주가 예치한 예치금을 행정대집행에 필요한 비용에 사용할 수 있으며, 행정대집행에 필요한 비용이 이미 납부한 예치금보다 많을 때에는 「행정대집행법」에 따라 그 차액을 추가로 징수할 수 있다.

⑦ 허가권자는 방치되는 공사현장의 안전관리를 위하여 긴급한 필요가 있다고 인정하는 경우에는 '대통령령으로 정하는 바'에 따라 건축주에게 고지한 후 위 ②에 따라 건축주가 예치한 예치금을 사용하여 위 ⑤의 ㉠ 중 '대통령령으로 정하는 조치'를 할 수 있다.

관련법령 영 제10조의2 제3항

위 (3)의 ⑦에 따라 허가권자는 착공신고 이후 건축 중에 공사가 중단된 건축물로서 공사 중단 기간이 **2년**을 경과한 경우에는 건축주에게 서면으로 알린 후 위 (3)의 ②에 따른 예치금을 사용하여 공사현장의 미관과 안전관리 개선을 위한 다음의 조치를 할 수 있다.
1. 공사현장 **안전울타리**의 설치
2. 대지 및 건축물의 붕괴 방지 조치
3. 공사현장의 미관 개선을 위한 조경 또는 시설물 등의 설치
4. 그 밖에 공사현장의 미관 개선 또는 대지 및 건축물에 대한 안전관리 개선 조치가 필요하여 건축조례로 정하는 사항

2. 건축허가의 제한 등

(1) 건축허가 제한 등(법 제18조)

① **국토교통부장관**은 국토관리를 위해 특히 필요하다고 인정하거나 주무부장관이 국방, 「국가유산기본법」 제3조에 따른 국가유산의 보존, 환경보전 또는 국민경제를 위해 특히 필요하다고 인정하여 요청하면 **'허가권자'**의 건축허가나 허가를 받은 건축물의 착공을 제한할 수 있다.

② **특별시장·광역시장·도지사**는 지역계획이나 도시·군계획에 특히 필요하다고 인정하면 '**시장·군수·구청장**'의 건축허가나 허가를 받은 건축물의 착공을 제한할 수 있다.

③ 국토교통부장관이나 시·도지사는 위 ①이나 ②에 따라 건축허가나 건축허가를 받은 건축물의 착공을 제한하려는 경우에는 「토지이용규제 기본법」 제8조에 따라 주민의견을 청취한 후 '**건축위원회의 심의**'를 거쳐야 한다.

④ 위 ①이나 ②에 따라 건축허가나 건축물의 착공을 제한하는 경우 제한기간은 **2년 이내**로 한다. 다만, 1회에 한하여 **1년 이내**의 범위에서 제한기간을 연장할 수 있다.

⑤ 국토교통부장관이나 특별시장·광역시장·도지사는 위 ①이나 ②에 따라 건축허가나 건축물의 착공을 제한하는 경우 제한 목적·기간, 대상 건축물의 용도와 대상 구역의 위치·면적·경계 등을 상세하게 정하여 '**허가권자**'에게 통보하여야 하며, 통보를 받은 허가권자는 지체 없이 이를 공고하여야 한다.

⑥ 특별시장·광역시장·도지사는 위 ②에 따라 시장·군수·구청장의 건축허가나 건축물의 착공을 제한한 경우 '**즉시**' 국토교통부장관에게 '**보고**'하여야 하며, 보고를 받은 국토교통부장관은 제한내용이 지나치다고 인정하면 **해제**를 명할 수 있다.

(2) 건축주와의 계약 등(법 제15조)

① 건축관계자는 건축물이 설계도서에 따라 이 법과 이 법에 따른 명령이나 처분, 그 밖의 관계 법령에 맞게 건축되도록 업무를 성실히 수행하여야 하며, 서로 위법하거나 부당한 일을 하도록 강요하거나 이와 관련하여 어떠한 불이익도 주어서는 아니 된다.

② 건축관계자 간의 책임에 관한 내용과 그 범위는 이 법에서 규정한 것 외에는 건축주와 설계자, 건축주와 공사시공자, 건축주와 공사감리자 간의 계약으로 정한다.

③ 국토교통부장관은 위 ②에 따른 계약의 체결에 필요한 **표준계약서**를 작성하여 보급하고 활용하게 하거나 「건축사법」 제31조에 따른 '건축사협회', 「건설산업기본법」 제50조에 따른 '**건설사업자단체**'로 하여금 **표준계약서**를 작성하여 보급하고 활용하게 할 수 있다.

(3) 허가와 신고사항의 변경(법 제16조)

① 건축주가 법 제11조나 법 제14조에 따라 허가를 받았거나 신고한 사항을 변경하려면 변경하기 전에 '대통령령으로 정하는 바'에 따라 허가권자의 허가를 받거나 특별자치시장·특별자치도지사 또는 시장·군수·구청장에게 신고하여야 한다. 다만, '대통령령으로 정하는 경미한 사항의 변경'은 그러하지 아니하다.

② 위 ① 본문에 따른 허가나 신고사항 중 '대통령령으로 정하는 사항'의 변경은 '사용승인을 신청할 때' 허가권자에게 일괄하여 신고할 수 있다.

| 관련법령 | 허가·신고사항의 변경 등(영 제12조) |

1. 위 (3)의 ①에 따라 허가를 받았거나 신고한 사항을 변경하려면 다음의 구분에 따라 허가권자의 허가를 받거나 특별자치시장·특별자치도지사 또는 시장·군수·구청장에게 신고하여야 한다.
   ㉠ 바닥면적의 합계가 85제곱미터를 초과하는 부분에 대한 신축·증축·개축에 해당하는 변경인 경우에는 '허가'를 받고, 그 밖의 경우에는 '신고'할 것
   ㉡ 신고로써 허가를 갈음하는 건축물에 대하여는 변경 후 건축물의 연면적을 각각 신고로써 허가를 갈음할 수 있는 규모에서 변경하는 경우에는 위 ㉠에도 불구하고 신고할 것
   ㉢ 건축주·설계자·공사시공자 또는 공사감리자(이하 '건축관계자'라 한다)를 변경하는 경우에는 신고할 것
2. 위 (3)의 ① 단서에서 '대통령령으로 정하는 경미한 사항의 변경'이란 신축·증축·개축·재축·이전·대수선 또는 용도변경에 해당하지 아니하는 변경을 말한다.
3. 위 (3)의 ②에서 '대통령령으로 정하는 사항'이란 다음의 어느 하나에 해당하는 사항을 말한다.
   ㉠ 건축물의 동수나 층수를 변경하지 아니하면서 변경되는 부분의 바닥면적의 합계가 50제곱미터 이하인 경우로서 다음의 요건을 모두 갖춘 경우
      ⓐ 변경되는 부분의 높이가 1미터 이하이거나 전체 높이의 10분의 1 이하일 것
      ⓑ 허가를 받거나 신고를 하고 건축 중인 부분의 위치 변경범위가 1미터 이내일 것
      ⓒ 법 제14조 제1항에 따라 신고를 하면 법 제11조에 따른 건축허가를 받은 것으로 보는 규모에서 건축허가를 받아야 하는 규모로의 변경이 아닐 것
   ㉡ 건축물의 동수나 층수를 변경하지 아니하면서 변경되는 부분이 연면적 합계의 10분의 1 이하인 경우(연면적이 5천 제곱미터 이상인 건축물은 각 층의 바닥면적이 50제곱미터 이하의 범위에서 변경되는 경우만 해당한다). 다만, 다음 ㉣ 본문 및 ㉤ 본문에 따른 범위의 변경인 경우만 해당한다.
   ㉢ '대수선'에 해당하는 경우
   ㉣ 건축물의 층수를 변경하지 아니하면서 변경되는 부분의 높이가 1미터 이하이거나 전체 높이의 10분의 1 이하인 경우. 다만, 변경되는 부분이 위 ㉠ 본문, ㉡ 본문 및 다음 ㉤ 본문에 따른 범위의 변경인 경우만 해당한다.
   ㉤ 허가를 받거나 신고를 하고 건축 중인 부분의 위치가 1미터 이내에서 변경되는 경우. 다만, 변경되는 부분이 위 ㉠ 본문, ㉡ 본문 및 ㉣ 본문에 따른 범위의 변경인 경우만 해당한다.

(4) 건축허가 등의 수수료(법 제17조)

① 법 제11조(건축허가), 제14조(건축신고), 제16조(허가와 신고사항의 변경), 제19조(용도변경), 제20조(가설건축물) 및 제83조(옹벽 등의 공작물에의 준용)에 따라 허가를 신청하거나 신고를 하는 자는 허가권자나 신고수리자에게 수수료를 납부하여야 한다.

② 위 ①에 따른 수수료는 국토교통부령으로 정하는 범위에서 해당 지방자치단체의 조례로 정한다.

(5) 착공신고 등(법 제21조)

① 법 제11조(건축허가), 제14조(건축신고) 또는 제20조 제1항(가설건축물의 허가)에 따라 허가를 받거나 신고를 한 건축물의 공사를 착수하려는 건축주는 국토교통부령으로 정하는 바에 따라 허가권자에게 공사계획을 신고하여야 한다.

② 위 ①에 따라 공사계획을 신고하거나 변경신고를 하는 경우 해당 공사감리자(공사감리자를 지정한 경우만 해당된다)와 공사시공자가 신고서에 함께 서명하여야 한다.

③ 허가권자는 위의 ① 본문에 따른 신고를 받은 날부터 **3일** 이내에 신고수리 여부 또는 민원처리 관련 법령에 따른 처리기간의 연장 여부를 신고인에게 통지하여야 한다.

④ 허가권자가 위 ③에서 정한 기간 내에 신고수리 여부 또는 민원처리 관련 법령에 따른 처리기간의 연장 여부를 신고인에게 통지하지 아니하면 '그 기간이 끝난 날'의 '다음 날'에 신고를 수리한 것으로 본다.

⑤ 건축주는 「건설산업기본법」 제41조를 위반하여 건축물의 공사를 하거나 하게 할 수 없다.

⑥ 건축허가를 받은 건축물의 건축주는 위 ①에 따른 신고를 할 때에는 위 **(2)**의 ②에 따른 각 계약서의 사본을 첨부하여야 한다.

제3절 용도변경 및 가설건축물

1. 용도변경

(1) 용도변경(법 제19조 제1항, 영 제14조 제3항)

① 건축물의 용도변경은 변경하려는 용도의 건축기준에 맞게 하여야 한다.

② 국토교통부장관은 용도변경을 할 때 적용되는 '건축기준'을 고시할 수 있다. 이 경우 다른 행정기관의 권한에 속하는 '건축기준'에 대하여는 미리 관계 행정기관의 장과 협의하여야 한다.

(2) 허가 및 신고대상(법 제19조 제2항)

사용승인을 받은 건축물의 용도를 변경하려는 자는 다음의 구분에 따라 국토교통부령으로 정하는 바에 따라 특별자치시장·특별자치도지사 또는 시장·군수·구청장의 허가를 받거나 신고를 하여야 한다. 18회, 24회

① **허가대상**: 다음 **(4)**의 어느 하나에 해당하는 시설군에 속하는 건축물의 용도를 **상위군**[다음 **(4)**의 번호가 용도변경하려는 건축물이 속하는 시설군보다 작은 시설군을 말한다]에 해당하는 용도로 변경하는 경우

② **신고대상**: 다음 **(4)**의 어느 하나에 해당하는 시설군에 속하는 건축물의 용도를 **하위군**[다음 **(4)**의 번호가 용도변경하려는 건축물이 속하는 시설군보다 큰 시설군을 말한다]에 해당하는 용도로 변경하는 경우

(3) 건축물대장 기재내용의 변경신청(법 제19조 제3항, 영 제14조 제4항)

① '같은 시설군 안'에서 용도를 변경하려는 자는 국토교통부령으로 정하는 바에 따라 특별자치시장·특별자치도지사 또는 시장·군수·구청장에게 건축물대장 기재내용의 변경을 신청하여야 한다.

② '대통령령으로 정하는 다음의 변경'의 경우에는 그러하지 아니하다. 다만, [별표 1] 제3호 다목(목욕장만 해당한다)·라목, 같은 표 제4호 가목·사목·카목·파목(골프연습장, 놀이형 시설만 해당한다)·더목·러목·머목, 같은 표 제7호 다목 2), 같은 표 제15호 가목(생활숙박시설만 해당한다) 및 같은 표 제16호 가목·나목에 해당하는 용도로 변경하는 경우는 제외한다.
　㉠ [별표 1]의 '같은 호'에 속하는 건축물 상호간의 용도변경
　㉡ 「국토의 계획 및 이용에 관한 법률」이나 그 밖의 관계 법령에서 정하는 용도제한에 적합한 범위에서 '제1종 근린생활시설'과 '제2종 근린생활시설' 상호간의 용도변경

(4) 시설군(법 제19조 제4항, 영 제14조 제5항) 18회

① **자동차 관련 시설군**: 자동차 관련 시설
② **산업 등 시설군**
　㉠ 운수시설
　㉡ 창고시설
　㉢ 공장 24회
　㉣ 위험물저장 및 처리시설
　㉤ 자원순환 관련 시설
　㉥ 묘지 관련 시설
　㉦ 장례시설
③ **전기통신시설군**
　㉠ 방송통신시설
　㉡ 발전시설
④ **문화 및 집회시설군**
　㉠ 문화 및 집회시설
　㉡ 종교시설
　㉢ 위락시설
　㉣ 관광휴게시설
⑤ **영업시설군**
　㉠ 판매시설
　㉡ 운동시설 25회
　㉢ 숙박시설

ⓔ 제2종 근린생활시설 중 '다중생활시설'
⑥ **교육 및 복지시설군**
  ㉠ 의료시설
  ㉡ 교육연구시설
  ㉢ 노유자시설 24회
  ㉣ 수련시설
  ㉤ 야영장시설
⑦ **근린생활시설군**
  ㉠ 제1종 근린생활시설 24회
  ㉡ 제2종 근린생활시설('다중생활시설'은 제외한다)
⑧ **주거업무시설군** 25회
  ㉠ 단독주택 24회, 25회
  ㉡ 공동주택 24회, 25회
  ㉢ 업무시설 24회, 25회
  ㉣ 교정시설 25회
  ㉤ 국방·군사시설 25회
⑨ **그 밖의 시설군**: 동물 및 식물 관련 시설

(5) 용도변경 후의 용도로 다시 사용승인을 받아야 하는 경우(법 제19조 제5항)

위 **(2)**에 따른 허가나 신고대상인 경우로서 용도변경하려는 부분의 바닥면적의 합계가 100제곱미터 이상인 경우의 사용승인에 관하여는 법 제22조(사용승인)를 준용한다. 다만, 용도변경하려는 부분의 바닥면적의 합계가 500제곱미터 미만으로서 '대수선에 해당되는 공사를 수반하지 아니하는 경우'에는 그러하지 아니하다.

(6) 건축사가 설계하여야 하는 경우(법 제19조 제6항, 영 제14조 제7항)

위 **(2)**에 따른 허가대상인 경우로서 용도변경하려는 부분의 바닥면적의 합계가 500제곱미터 이상인 용도변경['대통령령으로 정하는 경우'(1층인 축사를 공장으로 용도변경하는 경우로서 증축·개축 또는 대수선이 수반되지 아니하고 구조안전이나 피난 등에 지장이 없는 경우)는 '제외'한다]의 설계에 관하여는 법 제23조(설계)를 준용하여 건축사가 설계하여야 한다.

(7) 법령의 제정·개정 등의 사유로 법령 등에 부적합하게 된 경우(영 제14조 제6항)

기존의 건축물 또는 대지가 법령의 제정·개정이나 영 제6조의2 제1항(기존의 건축물 등에 대한 특례)의 사유로 법령 등에 부적합하게 된 경우에는 건축조례로 정하는 바에 따라 용도변경을 할 수 있다.

(8) 준용(법 제19조 제7항)

위 **(1)**과 **(2)**에 따른 건축물의 용도변경에 관하여는 법 제3조, 제5조, 제6조, 제7조, 제11조 제2항부터 제9항까지, 제12조, 제14조부터 제16조까지, 제18조, 제20조, 제27조, 제29조, 제38조, 제42조부터 제44조까지, 제48조부터 제50조까지, 제50조의2, 제51조부터 제56조까지, 제58조, 제60조부터 제64조까지, 제67조, 제68조, 제78조부터 제87조까지의 규정과 「녹색건축물 조성 지원법」 제15조 및 「국토의 계획 및 이용에 관한 법률」 제54조를 준용한다.

(9) 복수 용도의 인정(법 제19조의2)

① 건축주는 **건축물의 용도를 복수**로 하여 법 제11조에 따른 건축허가, 법 제14조에 따른 건축신고 및 법 제19조에 따른 용도변경 허가·신고 또는 건축물대장 기재내용의 변경 신청을 할 수 있다.

② 허가권자는 위 ①에 따라 신청한 복수의 용도가 이 법 및 관계 법령에서 정한 건축기준과 입지기준 등에 모두 적합한 경우에 한정하여 국토교통부령으로 정하는 바에 따라 복수 용도를 허용할 수 있다.

> **관련법령** 복수 용도의 인정(규칙 제12조의3)
> 1. 위 **(9)**의 ②에 따른 **복수 용도**는 '**같은 시설군 내**'에서 **허용**할 수 있다.
> 2. 위 1.에도 불구하고 **허가권자**는 **지방건축위원회의 심의**를 거쳐 '**다른 시설군의 용도 간**'의 복수 용도를 **허용**할 수 있다. 다만, '**종교시설**' 및 '**노유자시설**' 간의 복수 용도를 허용하려는 경우에는 **지방건축위원회의 심의**를 **생략**할 수 있다. 〈개정 2025.1.14.〉

2. 가설건축물

(1) 가설건축물(법 제20조, 영 제15조 제1항)

① **도시·군계획시설** 및 **도시·군계획시설 예정지**에서 가설건축물을 건축하려는 자는 특별자치시장·특별자치도지사 또는 시장·군수·구청장의 '허가'를 받아야 한다. 26회

② 특별자치시장·특별자치도지사 또는 시장·군수·구청장은 해당 가설건축물의 건축이 다음의 어느 하나에 해당하는 경우가 아니면 위 ①에 따른 '허가'를 하여야 한다.

㉠ 「국토의 계획 및 이용에 관한 법률」 제64조에 위배되는 경우

㉡ 4층 이상인 경우

㉢ 구조, 존치기간, 설치목적 및 다른 시설 설치 필요성 등에 관하여 '대통령령으로 정하는 다음의 기준'의 범위에서 조례로 정하는 바에 따르지 아니한 경우

　ⓐ 철근콘크리트조 또는 철골철근콘크리트조가 아닐 것

　ⓑ 존치기간은 **3년** 이내일 것. 다만, '도시·군계획사업이 시행될 때'까지 그 기간을 연장할 수 있다.

ⓒ 전기·수도·가스 등 새로운 간선 공급설비의 설치를 필요로 하지 아니할 것
ⓓ 공동주택·판매시설·운수시설 등으로서 분양을 목적으로 건축하는 건축물이 아닐 것
㉣ 그 밖에 이 법 또는 다른 법령에 따른 제한규정을 위반하는 경우

③ 위 ①에도 불구하고 재해복구, 흥행, 전람회, 공사용 가설건축물 등 대통령령으로 정하는 용도의 가설건축물을 축조하려는 자는 '대통령령으로 정하는 **존치기간**, 설치기준 및 절차'에 따라 특별자치시장·특별자치도지사 또는 시장·군수·구청장에게 '신고'한 후 착공하여야 한다. 26회

④ 위 ③에 따른 신고에 관하여는 법 제14조 제3항(통지의무) 및 제4항(통지의무)을 준용한다.

⑤ 위 ①과 ③에 따른 가설건축물을 건축하거나 축조할 때에는 대통령령으로 정하는 바에 따라 법 제25조, 제38조부터 제42조까지, 제44조부터 제50조까지, 제50조의2, 제51조부터 제64조까지, 제67조, 제68조와 「녹색건축물 조성 지원법」 제15조 및 「국토의 계획 및 이용에 관한 법률」 제76조 중 일부 규정을 적용하지 아니한다.

⑥ 특별자치시장·특별자치도지사 또는 시장·군수·구청장은 위 ①~③의 규정에 따라 가설건축물의 건축을 '허가'하거나 '축조신고'를 받은 경우 국토교통부령으로 정하는 바에 따라 **가설건축물대장**에 이를 기재하여 관리하여야 한다.

⑦ 위 ② 또는 ③에 따라 가설건축물의 건축허가 신청 또는 축조신고를 받은 때에는 다른 법령에 따른 제한 규정이 대하여 확인이 필요한 경우 관계 행정기관의 장과 미리 협의하여야 하고, 협의 요청을 받은 관계 행정기관의 장은 요청을 받은 날부터 15일 이내에 의견을 제출하여야 한다. 이 경우 관계 행정기관의 장이 협의 요청을 받은 날부터 15일 이내에 의견을 제출하지 아니하면 협의가 이루어진 것으로 본다.

(2) 가설건축물(영 제15조)

① 위 **(1)**의 ②의 ⓒ의 기준을 준수하여야 한다.
② 위 ①에 따른 가설건축물에 대하여는 법 제38조(건축물대장)를 적용하지 아니한다.
③ 위 ①에 따른 가설건축물 중 시장의 공지 또는 도로에 설치하는 차양시설에 대하여는 법 제46조(건축선의 지정) 및 법 제55조(건축물의 건폐율)를 적용하지 아니한다.
④ 위 ①에 따른 가설건축물을 도시·군계획 예정 도로에 건축하는 경우에는 법 제45조(도로의 지정·폐지 또는 변경)부터 제47조(건축선에 따른 건축제한)를 적용하지 아니한다.
⑤ 위 **(1)**의 ③에서 '재해복구, 흥행, 전람회, 공사용 가설건축물 등 대통령령으로 정하는 용도의 가설건축물'이란 다음의 어느 하나에 해당하는 것을 말한다.
㉠ 재해가 발생한 구역 또는 그 인접구역으로서 특별자치시장·특별자치도지사 또는 시장·군수·구청장이 지정하는 구역에서 일시사용을 위하여 건축하는 것

ⓛ 특별자치시장·특별자치도지사 또는 시장·군수·구청장이 도시미관이나 교통소통에 지
장이 없다고 인정하는 가설흥행장, 가설전람회장, 농·수·축산물 직거래용 가설점포,
그 밖에 이와 비슷한 것

ⓒ 공사에 필요한 규모의 공사용 가설건축물 및 공작물

ⓔ 전시를 위한 견본주택이나 그 밖에 이와 비슷한 것

ⓜ 특별자치시장·특별자치도지사 또는 시장·군수·구청장이 도로변 등의 미관정비를 위
하여 지정·공고하는 구역에서 축조하는 가설점포(물건 등의 판매를 목적으로 하는 것을 말
한다)로서 안전·방화 및 위생에 지장이 없는 것

ⓗ 조립식 구조로 된 경비용으로 쓰는 가설건축물로서 연면적이 10제곱미터 이하인 것 26회

ⓢ 조립식 경량구조로 된 외벽이 없는 임시 자동차 차고 26회

ⓞ 컨테이너 또는 이와 비슷한 것으로 된 가설건축물로서 임시사무실·임시창고 또는 임시
숙소로 사용되는 것(건축물의 옥상에 축조하는 것은 제외한다. 다만, 2009년 7월 1일부터
2015년 6월 30일까지 및 2016년 7월 1일부터 2019년 6월 30일까지 공장의 옥상에 축조하는
것은 포함한다)

ⓩ 도시지역 중 주거지역·상업지역 또는 공업지역에 설치하는 농업·어업용 비닐하우스로
서 연면적이 100제곱미터 이상인 것 26회

ⓒ 연면적이 100제곱미터 이상인 간이축사용, 가축분뇨처리용, 가축운동용, 가축의 비가
림용 비닐하우스 또는 천막(벽 또는 지붕이 합성수지 재질로 된 것과 지붕 면적의 2분의 1
이하가 합성강판으로 된 것을 포함한다)구조 건축물

ⓚ 농업·어업용 고정식 온실 및 간이작업장, 가축양육실

ⓣ 물품저장용, 간이포장용, 간이수선작업용 등으로 쓰기 위하여 공장 또는 창고시설에 설
치하거나 인접 대지에 설치하는 천막(벽 또는 지붕이 합성수지 재질로 된 것을 포함한다),
그 밖에 이와 비슷한 것

ⓟ 유원지, 종합휴양업 사업지역 등에서 한시적인 관광·문화행사 등을 목적으로 천막 또는
경량구조로 설치하는 것 26회

ⓗ 야외전시시설 및 촬영시설

㉮ 야외흡연실 용도로 쓰는 가설건축물로서 연면적이 50제곱미터 이하인 것 26회

㉯ 그 밖에 위 ㉠~㉭의 규정에 해당하는 것과 비슷한 것으로서 건축조례로 정하는 건축물

⑥ 위 **(1)**의 ⑤에 따라 가설건축물을 축조하는 경우에는 다음의 구분에 따라 관련 규정을 적용
하지 않는다.

㉠ 위 ⑤의 가설건축물(ⓔ은 제외한다)을 축조하는 경우에는 법 제25조(건축물의 공사감리),
제38조(건축물대장)부터 제42조(대지의 조경)까지, 제44조(대지와 도로의 관계)부터 제
47조(건축선에 따른 건축제한)까지, 제48조(구조내력 등), 제48조의2(건축물 내진등급의 설
정), 제49조(건축물의 피난시설 및 용도제한 등), 제50조(건축물의 내화구조와 방화벽), 제

50조의2(고층건축물의 피난 및 안전관리), 제51조(방화지구 안의 건축물), 제52조(건축물의 마감재료 등), 제52조의2(실내건축), 제52조의4(건축자재의 품질관리 등), 제53조(지하층), 제53조의2(건축물의 범죄예방), 제54조(건축물의 대지가 지역·지구 또는 구역에 걸치는 경우의 조치)부터 제58조(대지 안의 공지)까지, 제60조(건축물의 높이제한)부터 제62조(건축설비기준 등)까지, 제64조(승강기), 제67조(관계전문기술자) 및 제68조(기술적 기준)와 「국토의 계획 및 이용에 관한 법률」 제76조를 적용하지 않는다. 다만, 법 제48조(구조내력 등), 제49조(건축물의 피난시설 및 용도제한 등) 및 제61조(일조 등의 확보를 위한 건축물의 높이제한)는 다음의 경우에만 적용하지 않는다.

   ⓐ 법 제48조 및 제49조를 적용하지 않는 경우: 다음의 어느 하나에 해당하는 경우
      ⅰ) 1층 또는 2층인 가설건축물(위 ⑤의 ⓒ 및 ⓗ의 경우에는 1층인 가설건축물만 해당한다)을 건축하는 경우
      ⅱ) 3층 이상인 가설건축물(위 ⑤의 ⓒ 및 ⓗ의 경우에는 2층 이상인 가설건축물을 말한다)을 건축하는 경우로서 지방건축위원회의 심의결과 구조 및 피난에 관한 안전성이 인정된 경우. 다만, 구조 및 피난에 관한 안전성을 인정할 수 있는 서류로서 국토교통부령으로 정하는 서류를 특별자치시장·특별자치도지사 또는 시장·군수·구청장에게 제출하는 경우에는 지방건축위원회의 심의를 생략할 수 있다.
   ⓑ 법 제61조를 적용하지 아니하는 경우: 정북방향으로 접하고 있는 대지의 소유자와 합의한 경우
  ⓒ 위 ⑤의 ⓔ의 가설건축물을 축조하는 경우에는 법 제25조(건축물의 공사감리), 제38조(건축물대장), 제39조(등기촉탁), 제42조(대지의 조경), 제45조(도로의 지정·폐지 또는 변경), 제50조의2(고층건축물의 피난 및 안전관리), 제53조(지하층), 제54조(건축물의 대지가 지역·지구 또는 구역에 걸치는 경우의 조치)부터 제57조(대지의 분할제한)까지, 제60조(건축물의 높이제한), 제61조(일조 등의 확보를 위한 건축물의 높이제한) 및 제68조(기술적 기준)와 「국토의 계획 및 이용에 관한 법률」 제76조만을 적용하지 아니한다.
⑦ 위 **(1)**의 ③에 따라 신고해야 하는 가설건축물의 존치기간은 **3년 이내**로 하며, 존치기간의 연장이 필요한 경우에는 **'횟수별' 3년의 범위**에서 위 ⑤의 ㉠~㉯의 가설건축물별로 **건축조례**로 정하는 **횟수만큼** 존치기간을 **연장**할 수 있다. 다만, 위 ⑤의 ⓒ의 **공사용 가설건축물 및 공작물의 경우에는 해당 공사의 완료일까지의** 기간으로 한다.

  ◐ 이 경우 해당 가설건축물의 현황(가설건축물의 전면, 후면 및 양 측면을 포함한다)을 확인할 수 있는 사진('가설건축물 존치기간 연장신고서 제출일 이전' 1개월 내 촬영된 사진을 말한다)을 '함께' 제출해야 한다.
⑧ 위 **(1)**의 ① 또는 ③에 따라 가설건축물의 건축허가를 받거나 축조신고를 하려는 자는 국토교통부령으로 정하는 가설건축물 건축허가신청서 또는 가설건축물 축조신고서에 관계 서류를 첨부하여 특별자치시장·특별자치도지사 또는 시장·군수·구청장에게 제출해야 한다.

다만, 건축물의 건축허가를 신청할 때 건축물의 건축에 관한 사항과 함께 공사용 가설건축물의 건축에 관한 사항을 제출한 경우에는 가설건축물 축조신고서의 제출을 생략한다.

⑨ 위 ⑧ 본문에 따라 가설건축물 건축허가신청서 또는 가설건축물 축조신고서를 제출받은 특별자치시장·특별자치도지사 또는 시장·군수·구청장은 그 내용을 확인한 후 신청인 또는 신고인에게 국토교통부령으로 정하는 바에 따라 가설건축물 건축허가서 또는 가설건축물 축조신고필증을 주어야 한다.

(3) 가설건축물의 존치기간 연장(영 제15조의2)

① 특별자치시장·특별자치도지사 또는 시장·군수·구청장은 위 **(1)**에 따른 가설건축물의 존치기간 만료일 30일 **전까지** 해당 가설건축물의 건축주에게 다음의 사항을 알려야 한다.
  ㉠ 존치기간 만료일
  ㉡ 존치기간 연장 가능 여부
  ㉢ 다음 **(4)**에 따라 존치기간이 연장될 수 있다는 사실[다음 **(4)** ①의 ㉠~㉢의 어느 하나에 해당하는 가설건축물에 한정한다]

② 존치기간을 연장하려는 가설건축물의 건축주는 다음의 구분에 따라 특별자치시장·특별자치도지사 또는 시장·군수·구청장에게 허가를 신청하거나 신고하여야 한다.
  ㉠ **허가대상 가설건축물**: 존치기간 만료일 14일 전까지 허가 신청
  ㉡ **신고대상 가설건축물**: 존치기간 만료일 7일 전까지 신고

③ 위 ②에 따른 존치기간 연장허가신청 또는 존치기간 연장신고에 관하여는 위 **(2)**의 ⑧ 본문 및 ⑨를 준용한다. 이 경우 '건축허가'는 '존치기간 연장허가'로, '축조신고'는 '존치기간 연장신고'로 본다.

(4) 공장에 설치한 가설건축물 등의 존치기간 연장(영 제15조의3)

위 **(3)**의 ②에도 불구하고 다음의 요건을 모두 충족하는 가설건축물로서 건축주가 위 **(3)**의 ②의 구분에 따른 기간까지 특별자치시장·특별자치도지사 또는 시장·군수·구청장에게 그 존치기간의 연장을 원하지 않는다는 사실을 통지하지 않는 경우에는 기존 가설건축물과 동일한 기간(다음 ①의 ㉢의 경우에는 국토의 계획 및 이용에 관한 법률 제2조 제10호의 도시·군계획시설사업이 시행되기 전까지의 기간으로 한정한다)으로 존치기간을 연장한 것으로 본다.

① **다음의 어느 하나에 해당하는 가설건축물일 것**
  ㉠ 공장에 설치한 가설건축물
  ㉡ 위 **(2)**의 ⑤의 ㉠에 따른 가설건축물(국토의 계획 및 이용에 관한 법률 제36조 제1항 제3호에 따른 농림지역에 설치한 것만 해당한다)
  ㉢ 도시·군계획시설 예정지에 설치한 가설건축물

② **존치기간 연장이 가능한 가설건축물일 것**

제4절 사용승인, 설계, 시공, 공사감리

1. 사용승인

(1) 건축물의 사용승인(법 제22조, 영 제17조 제5항)

① 건축주가 법 제11조(건축허가), 제14조(건축신고) 또는 제20조 제1항(가설건축물의 허가)에 따라 허가를 받았거나 신고를 한 건축물의 건축공사를 완료(하나의 대지에 둘 이상의 건축물을 건축하는 경우 동별 공사를 완료한 경우를 포함한다)한 후 그 건축물을 사용하려면 공사감리자가 작성한 감리완료보고서(공사감리자를 지정한 경우만 해당된다)와 공사완료도서 등 국토교통부령으로 정하는 서류를 첨부하여 **허가권자**에게 사용승인을 신청하여야 한다. 22회 〈개정 2025.8.26. 시행 2026.2.27.〉

② 허가권자는 사용승인 신청을 받은 경우 국토교통부령으로 정하는 기간(**7일 이내**)에 다음의 사항에 대한 **검사**를 실시하고, 검사에 합격된 건축물에 대하여는 **사용승인서**를 내주어야 한다. 다만, 해당 지방자치단체의 조례로 정하는 건축물(**국토교통부령으로 정하는 숙박시설은 제외한다**)은 사용승인을 위한 검사를 실시하지 아니하고 사용승인서를 내줄 수 있다. 22회 〈개정 2025.8.26. 시행 2026.2.27.〉

  ㉠ 사용승인을 신청한 건축물이 허가 또는 신고한 설계도서대로 시공되었는지의 여부
  ㉡ 감리완료보고서, 공사완료도서 등의 서류 및 도서가 적합하게 작성되었는지의 여부
  ㉢ 「건축물의 분양에 관한 법률」 제6조 제4항에 따른 분양계약이 「공중위생관리법」 제3조 제1항에 따른 숙박업 신고의 시설 및 설비기준에 적합한 내용으로 체결되었는지의 여부(**국토교통부령으로 정하는 숙박시설에 한정**한다)

> **참고** 규칙 제16조 제3항
>
> 허가권자는 사용승인 신청을 받은 경우에는 그 신청서를 받은 날부터 **7일 이내**에 사용승인을 위한 현장검사를 실시하여야 하며, 현장검사에 합격된 건축물에 대하여는 별지 제18호 서식의 사용승인서를 신청인에게 발급하여야 한다.

③ 건축주는 위 ②에 따라 사용승인을 받은 후가 아니면 건축물을 사용하거나 사용하게 할 수 없다. 다만, 다음의 어느 하나에 해당하는 경우에는 그러하지 아니하다.
  ㉠ 허가권자가 기간 내에 사용승인서를 교부하지 아니한 경우
  ㉡ 사용승인서를 교부받기 전에 공사가 완료된 부분이 건폐율, 용적률, 설비, 피난·방화 등 국토교통부령으로 정하는 기준에 적합한 경우로서 기간을 정하여 대통령령으로 정하는 바에 따라 임시로 사용의 승인을 한 경우

④ 건축주가 위 ②에 따른 사용승인을 받은 경우에는 다음에 따른 사용승인·준공검사 또는 등록신청 등을 받거나 한 것으로 보며, 공장건축물의 경우에는 「산업집적활성화 및 공장설립에 관한 법률」에 따라 관련 법률의 검사 등을 받은 것으로 본다.

㉠ 「하수도법」에 따른 배수설비(排水設備)의 준공검사 및 개인하수처리시설의 준공검사
㉡ 「공간정보의 구축 및 관리 등에 관한 법률」 제64조에 따른 지적공부의 변동사항 등록신청
㉢ 「승강기 안전관리법」에 따른 승강기 설치검사
㉣ 「도로법」에 따른 도로점용공사의 준공확인 등

⑤ 허가권자는 위 ②에 따른 사용승인을 하는 경우 위 ④의 어느 하나에 해당하는 내용이 포함되어 있으면 관계 행정기관의 장과 미리 협의하여야 한다.

⑥ **특별시장 또는 광역시장**은 위 ②에 따라 사용승인을 한 경우 지체 없이 그 사실을 **군수 또는 구청장**에게 알려서 건축물대장에 적게 하여야 한다. 이 경우 건축물대장에는 설계자, '대통령령으로 정하는 다음의 **주요 공사의 시공자**', 공사의 감리자를 적어야 한다.
㉠ 「건설산업기본법」에 따라 종합공사 또는 전문공사를 시공하는 업종을 등록한 자로서 발주자로부터 건설공사를 도급받은 **건설사업자**
㉡ 「전기공사업법」, 「소방시설공사업법」 또는 「정보통신공사업법」에 따라 공사를 수행하는 시공자

(2) 건축물의 임시 사용승인(영 제17조 제2항~제4항)

① 건축주는 사용승인서를 받기 전에 공사가 완료된 부분에 대한 임시 사용의 승인을 받으려는 경우에는 국토교통부령으로 정하는 바에 따라 임시사용승인신청서를 허가권자에게 제출(전자문서에 의한 제출을 포함한다)하여야 한다.

② 허가권자는 위 ①의 신청서를 접수한 경우에는 공사가 완료된 부분이 위 **(1)**의 ③의 ㉡에 따른 기준에 적합한 경우에만 임시 사용을 승인할 수 있으며, 식수 등 조경에 필요한 조치를 하기에 부적합한 시기에 건축공사가 완료된 건축물은 허가권자가 지정하는 시기까지 식수(植樹) 등 조경에 필요한 조치를 할 것을 조건으로 임시 사용을 승인할 수 있다.

③ 임시 사용승인의 기간은 **2년** 이내로 한다. 다만, 허가권자는 '대형 건축물' 또는 '암반공사' 등으로 인하여 공사기간이 긴 건축물에 대하여는 그 기간을 연장할 수 있다. 22회

2. 설계

(1) 건축물의 설계(법 제23조 제1항, 영 제18조)

'건축허가'를 받아야 하거나 '건축신고'를 해야 하는 건축물 또는 「주택법」 제66조 제1항 또는 제2항에 따른 리모델링을 하는 건축물의 건축 등을 위한 설계는 **건축사**가 아니면 할 수 없다. 다만, 다음의 어느 하나에 해당하는 경우에는 그러하지 아니하다.

① 바닥면적의 합계가 85제곱미터 미만인 증축·개축 또는 재축 26회
② 연면적이 200제곱미터 미만이고 층수가 3층 미만인 건축물의 대수선 26회

③ 건축물의 특수성과 용도 등을 고려하여 '대통령령으로 정하는 다음의 어느 하나에 해당하는 건축물의 건축' 등

㉠ 읍·면지역(시장 또는 군수가 지역계획 또는 도시·군계획에 지장이 있다고 인정하여 지정·공고한 구역은 제외한다)에서 건축하는 건축물 중 연면적이 200제곱미터 이하인 창고 및 농막(농지법에 따른 농막을 말한다)과 연면적 400제곱미터 이하인 축사, 작물재배사, **종묘배양시설**, 화초 및 분재 등의 온실

㉡ 영 제15조 제5항 각 호의 어느 하나에 해당하는 **가설건축물**(신고대상 가설건축물)로서 건축조례로 정하는 가설건축물

(2) 법 제23조 제1항의 예외(법 제23조 제4항)

국토교통부장관이 국토교통부령으로 정하는 바에 따라 작성하거나 인정하는 '표준설계도서'나 '특수한 공법을 적용한 설계도서'에 따라 건축물을 건축하는 경우 위 **(1)**을 적용하지 아니한다.

(3) 설계도서 작성기준 등(법 제23조 제2항·제3항)

① 설계자는 건축물이 이 법과 이 법에 따른 명령이나 처분, 그 밖의 관계 법령에 맞고 안전·기능 및 미관에 지장이 없도록 설계하여야 하며, 국토교통부장관이 정하여 고시하는 설계도서 작성기준에 따라 설계도서를 작성하여야 한다. 다만, 해당 건축물의 공법 등이 특수한 경우로서 국토교통부령으로 정하는 바에 따라 건축위원회의 심의를 거친 때에는 그러하지 아니하다.

② 위 ①에 따라 설계도서를 작성한 설계자는 설계가 이 법과 이 법에 따른 명령이나 처분, 그 밖의 관계 법령에 맞게 작성되었는지를 확인한 후 설계도서에 **서명날인**하여야 한다.

3. 시공 및 공사감리 등

(1) 건축시공(법 제24조, 영 제18조의2)

① 공사시공자는 계약대로 성실하게 공사를 수행하여야 하며, 이 법과 이 법에 따른 명령이나 처분, 그 밖의 관계 법령에 맞게 건축물을 건축하여 건축주에게 인도하여야 한다.

② 공사시공자는 건축물(건축허가나 용도변경허가 대상인 것만 해당된다)의 공사현장에 설계도서를 갖추어 두어야 한다.

③ 공사시공자는 설계도서가 이 법과 이 법에 따른 명령이나 처분, 그 밖의 관계 법령에 맞지 아니하거나 공사의 여건상 불합리하다고 인정되면 건축주와 공사감리자의 동의를 받아 서면으로 설계자에게 설계를 변경하도록 요청할 수 있다. 이 경우 설계자는 정당한 사유가 없으면 요청에 따라야 한다.

④ 공사시공자는 공사를 하는 데에 필요하다고 인정하거나 공사감리자로부터 **상세시공도면을** 작성하도록 요청을 받으면 상세시공도면을 작성하여 공사감리자의 확인을 받아야 하며, 이에 따라 공사를 하여야 한다.

⑤ 공사시공자는 건축허가나 용도변경허가가 필요한 건축물의 건축공사를 착수한 경우에는 해당 건축공사의 현장에 국토교통부령으로 정하는 바에 따라 '**건축허가표지판**'을 설치해야 한다.

⑥ 「건설산업기본법」 제41조 제1항 각 호에 해당하지 아니하는 건축물의 **건축주**는 공사 현장의 공정 및 안전을 관리하기 위하여 같은 법 제2조 제15호에 따른 **건설기술인** 1명을 **현장관리인**으로 지정하여야 한다. 이 경우 현장관리인은 국토교통부령으로 정하는 바에 따라 공정 및 안전 관리 업무를 수행하여야 하며, 건축주의 승낙을 받지 아니하고는 정당한 사유 없이 그 공사 현장을 이탈하여서는 아니 된다. [위반자: 전문 위반 시 5천만원 이하의 벌금, 후문 위반 시 50만원 이하의 과태료]

⑦ **공동주택**, 종합병원, 관광숙박시설 등 '**대통령령**으로 정하는 용도 및 규모의 건축물'의 **공사시공자**는 건축주, 공사감리자 및 허가권자가 설계도서에 따라 적정하게 공사되었는지를 확인할 수 있도록 공사의 공정이 '대통령령으로 정하는 진도에 다다른 때'마다 사진 및 동영상을 촬영하고 보관하여야 한다. 이 경우 **촬영** 및 **보관** 등 그 밖에 필요한 사항은 국토교통부령으로 정한다.

관련법령 「건설산업기본법」 제41조 제1항 각 호의 건축물

다음의 어느 하나에 해당하는 건축물의 건축 또는 대수선(大修繕)에 관한 건설공사(같은 법 제9조 제1항 단서에 따른 경미한 건설공사는 제외한다)는 **건설사업자가 하여야 한다**. 다만, 다음 1, 2. 외의 건설공사와 농업용, 축산업용 건축물 등 '대통령령으로 정하는 건축물'의 건설공사는 **건축주가 직접 시공**하거나 **건설사업자에게 도급**하여야 한다.

1. 연면적이 200제곱미터를 초과하는 건축물
2. 연면적이 200제곱미터 이하인 건축물로서 다음의 어느 하나에 해당하는 경우
   ㉠ 「건축법」에 따른 공동주택
   ㉡ 「건축법」에 따른 단독주택 중 다중주택, 다가구주택, 공관, 그 밖에 대통령령으로 정하는 경우
   ㉢ 주거용 외의 건축물로서 많은 사람이 이용하는 건축물 중 학교, 병원 등 대통령령으로 정하는 건축물

관련법령 사진 및 동영상 촬영 대상 건축물 등(영 제18조의2)

1. 위 (1)의 ⑦ 전단에서 '공동주택, 종합병원, 관광숙박시설 등 대통령령으로 정하는 용도 및 규모의 건축물'이란 다음의 어느 하나에 해당하는 건축물을 말한다.
   ㉠ 다중이용건축물
   ㉡ 특수구조 건축물
   ㉢ 건축물의 하층부가 필로티나 그 밖에 이와 비슷한 구조(벽면적의 2분의 1 이상이 그 층의 바닥면에서 위층 바닥 아래면까지 공간으로 된 것만 해당한다)로서 상층부와 다른 구조형식으로 설계된 건축물(이하 '**필로티형식 건축물**'이라 한다) 중 **3층 이상**인 건축물
2. 위 (1)의 ⑦ 전단에서 '대통령령으로 정하는 진도에 다다른 때'란 다음의 구분에 따른 단계에 다다른 경우를 말한다.
   ㉠ 다중이용 건축물: 다음에 해당하는 단계
      ⓐ 영 제19조(공사감리) 제3항 제1호부터 제3호까지의 구분에 따른 단계

ⓑ 영 제46조(방화구획 등의 설치) 제1항에 따른 방화구획 설치 공사와 관련하여 국토교통부령으로 정하는 단계
        ⓒ 특수구조 건축물: 다음의 어느 하나에 해당하는 단계
                ⓐ 매 층마다 상부 슬래브배근을 완료한 경우
                ⓑ 매 층마다 주요구조부의 조립을 완료한 경우
        ⓒ 3층 이상의 필로티형식 건축물: 다음의 어느 하나에 해당하는 단계
                ⓐ 기초공사 시 철근배치를 완료한 경우
                ⓑ 건축물 상층부의 하중이 상층부와 다른 구조형식의 하층부로 전달되는 다음의 어느 하나에 해당하는 부재(部材)의 철근배치를 완료한 경우
                    ⅰ) 기둥 또는 벽체 중 하나
                    ⅱ) 보 또는 슬래브 중 하나

> **관련법령** 현장관리인의 업무(규칙 제18조의2)
>
> 현장관리인은 위 **(1)**의 ⑥ 후단에 따라 다음의 업무를 수행한다.
> 1. 건축물 및 대지가 이 법 또는 관계 법령에 적합하도록 건축주를 지원하는 업무
> 2. 건축물의 위치와 규격 등이 설계도서에 따라 적정하게 시공되는지에 대한 확인·관리
> 3. 시공계획 및 설계 변경에 관한 사항 검토 등 공정관리에 관한 업무
> 4. 안전시설의 적정 설치 및 안전기준 준수 여부의 점검·관리
> 5. 그 밖에 건축주와 계약으로 정하는 업무

(2) 건축허가표지판(규칙 제18조)

공사시공자는 건축물의 규모·용도·설계자·시공자 및 감리자 등을 표시한 '건축허가표지판'을 주민이 보기 쉽도록 해당 건축공사 현장의 주요 출입구에 설치하여야 한다.

4. 공사감리

(1) 건축물의 공사감리(법 제25조, 영 제19조의2 제6항·제8항)

① **건축주**는 대통령령으로 정하는 용도·규모 및 구조의 건축물을 건축하는 경우 건축사나 대통령령으로 정하는 자를 **공사감리자**(공사시공자 **본인** 및 독점규제 및 공정거래에 관한 법률 제2조에 따른 **계열회사**는 제외한다)로 지정하여 공사감리를 하게 하여야 한다.

② 위 ①에도 불구하고 「건설산업기본법」 제41조 제1항 각 호에 해당하지 아니하는 **소규모 건축물**로서 '건축주가 직접 시공하는 건축물' 및 **'주택으로 사용하는 건축물'** 중 **대통령령으로 정하는 건축물**의 경우에는 대통령령으로 정하는 바에 따라 **허가권자**가 '해당 건축물의 설계에 참여하지 아니한 자' 중에서 공사감리자를 지정하여야 한다. 다만, 다음의 어느 하나에 해당하는 건축물의 건축주가 국토교통부령으로 정하는 바에 따라 허가권자에게 신청하는 경우에는 해당 건축물을 설계한 자를 공사감리자로 지정할 수 있다.

㉠ 「건설기술 진흥법」 제14조에 따른 신기술 중 '대통령령으로 정하는 신기술'(건축물의 주요구조부 및 주요구조부에 사용하는 마감재료에 적용하는 신기술)을 보유한 자가 그 신기술을 적용하여 설계한 건축물

㉡ 「건축서비스산업 진흥법」 제13조 제4항에 따른 역량 있는 건축사로서 대통령령으로 정하는 건축사가 설계한 건축물

㉢ 설계공모를 통하여 설계한 건축물

③ **공사감리자**는 공사감리를 할 때 이 법과 이 법에 따른 명령이나 처분, 그 밖의 관계 법령에 위반된 사항을 발견하거나 공사시공자가 설계도서대로 공사를 하지 아니하면 이를 **건축주**에게 알린 후 **공사시공자**에게 **시정**하거나 **재시공**하도록 **요청**하여야 하며, 공사시공자가 시정이나 재시공 요청에 따르지 아니하면 **서면**으로 그 **건축공사를 중지**하도록 **요청**할 수 있다. 이 경우 공사중지를 요청받은 공사시공자는 정당한 사유가 없으면 즉시 공사를 중지하여야 한다.

> **참고** 감리보고서 등(규칙 제19조 제1항)
>
> 공사감리자는 건축공사기간 중 발견한 위법사항에 관하여 시정·재시공 또는 공사중지의 요청을 하였음에도 불구하고 공사시공자가 이에 따르지 아니하는 경우에는 시정 등을 요청할 때에 명시한 기간이 만료되는 날부터 7일 이내에 별지 제20호 서식의 위법건축공사보고서를 허가권자에게 제출(전자문서로 제출하는 것을 포함한다)하여야 한다.

④ 공사감리자는 위 ③에 따라 공사시공자가 시정이나 재시공 요청을 받은 후 이에 따르지 아니하거나 공사중지 요청을 받고도 공사를 계속하면 '국토교통부령으로 정하는 바'에 따라 이를 **허가권자에게 보고**하여야 한다.

⑤ 대통령령으로 정하는 용도 또는 규모의 공사(연면적의 합계가 5천 제곱미터 이상인 건축공사)의 공사감리자는 필요하다고 인정하면 공사시공자에게 **상세시공도면**을 작성하도록 요청할 수 있다.

⑥ **공사감리자**는 국토교통부령으로 정하는 바에 따라 감리일지를 기록·유지하여야 하고, 공사의 공정(工程)이 대통령령으로 정하는 진도에 다다른 경우에는 **감리중간보고서**를, 공사를 완료한 경우에는 **감리완료보고서**를 국토교통부령으로 정하는 바에 따라 각각 작성하여 **건축주**에게 제출하여야 한다. 이 경우 **건축주**는 '감리중간보고서'는 '제출받은 때', '감리완료보고서'는 '건축물의 사용승인을 신청할 때' **허가권자**에게 제출하여야 한다.

⑦ 건축주나 공사시공자는 위 ③과 ④에 따라 위반사항에 대한 시정이나 재시공을 요청하거나 위반사항을 허가권자에게 보고한 공사감리자에게 '이를 이유로' 공사감리자의 지정을 취소하거나 보수의 지급을 거부하거나 지연시키는 등 불이익을 주어서는 아니 된다.

⑧ 위 ①에 따른 공사감리의 방법 및 범위 등은 건축물의 용도·규모 등에 따라 대통령령으로 정하되, 이에 따른 세부기준이 필요한 경우에는 **국토교통부장관**이 정하거나 '건축사협회'로 하여금 **국토교통부장관의 승인**을 받아 정하도록 할 수 있다.

⑨ 국토교통부장관은 위 ⑧에 따라 세부기준을 정하거나 승인을 한 경우 이를 고시하여야 한다.

⑩ 「주택법」 제15조에 따른 사업계획승인 대상과 「건설기술 진흥법」 제39조 제2항에 따라 건설사업관리를 하게 하는 건축물의 공사감리는 위 ①~⑨ 및 다음 ⑪~⑭까지의 규정에도 불구하고 각각 **해당 법령**으로 정하는 바에 따른다.

⑪ 위 ①에 따라 건축주가 공사감리자를 지정하거나 위 ②에 따라 허가권자가 공사감리자를 지정하는 건축물의 **건축주**는 '착공신고를 하는 때'에 감리비용이 명시된 **감리계약서를 허가권자**에게 제출하여야 하고, '사용승인을 신청하는 때'에는 감리용역 계약내용에 따라 **감리비용**을 '지급'하여야 한다. 이 경우 **허가권자**는 '감리계약서에 따라 감리비용이 지급되었는지를 확인한 후' **사용승인**을 하여야 한다.

⑫ 위 ②에 따라 허가권자가 공사감리자를 지정하는 건축물의 **건축주**는 '설계자의 설계의도가 구현되도록' 해당 건축물의 **설계자**를 건축과정에 참여시켜야 한다. 이 경우 「건축서비스산업 진흥법」 제22조를 준용한다.

⑬ 위 ⑫에 따라 '설계자를 건축과정에 참여시켜야 하는 **건축주**'는 '**착공신고를 하는 때**'에 해당 계약서 등 '대통령령으로 정하는 다음의 서류'를 **허가권자**에게 제출하여야 한다.
  ㉠ 설계자의 건축과정 참여에 관한 계획서
  ㉡ 건축주와 설계자와의 계약서

⑭ 허가권자는 위 ②에 따라 허가권자가 공사감리자를 지정하는 경우의 감리비용에 관한 기준을 해당 지방자치단체의 조례로 정할 수 있다.

관련법령 '허가권자'가 공사감리자를 지정하는 건축물 등(영 제19조의2)

1. 위 (1)의 ②의 ㉠~㉢ 외의 부분 본문에서 '대통령령으로 정하는 건축물'이란 다음의 건축물을 말한다.
   ㉠ 「건설산업기본법」 제41조 제1항 각 호에 해당하지 아니하는 건축물 중 다음의 어느 하나에 **해당하지 아니하는** 건축물
      ⓐ [별표 1] 제1호 가목의 **단독주택**
      ⓑ 농업·임업·축산업 또는 어업용으로 설치하는 창고·저장고·작업장·퇴비사·축사·양어장 및 그 밖에 이와 유사한 용도의 건축물
      ⓒ 해당 건축물의 건설공사가 「건설산업기본법 시행령」 제8조 제1항 각 호의 어느 하나에 해당하는 경미한 건설공사인 경우
   ㉡ 주택으로 사용하는 다음의 어느 하나에 해당하는 건축물(각 목에 해당하는 건축물과 그 외의 건축물이 하나의 건축물로 복합된 경우를 포함한다)
      ⓐ **아파트**
      ⓑ **연립주택**

ⓒ 다세대주택
ⓓ 다중주택
ⓔ 다가구주택

2. 시·도지사는 위 **(1)**의 ②의 ㉠~㉢ 외의 부분 본문에 따라 공사감리자를 지정하기 위하여 다음의 구분에 따른 자를 대상으로 **모집공고**를 거쳐 **공사감리자의 명부**를 작성하고 관리해야 한다. 이 경우 시·도지사는 미리 관할 **시장·군수·구청장**과 **협의**해야 한다.
   ㉠ **다중이용 건축물의 경우**: 「건축사법」 제23조 제1항에 따라 **건축사사무소의 개설신고를 한 건축사** 및 「건설기술 진흥법」에 따른 **건설엔지니어링사업자**
   ㉡ **그 밖의 경우**: 「건축사법」 제23조 제1항에 따라 **건축사사무소의 개설신고를 한 건축사**

3. 위 1.의 ㉠~㉢의 어느 하나에 해당하는 건축물의 **건축주**는 법 제21조에 따른 '착공신고를 하기 전'에 '국토교통부령으로 정하는 바'에 따라 **허가권자**에게 '공사감리자의 지정'을 **신청**하여야 한다.

4. **허가권자**는 위 2.에 따른 명부에서 공사감리자를 지정하여야 한다.

5. 위 3. 및 4.에서 규정한 사항 외에 공사감리자 모집공고, 명부작성 방법 및 공사감리자 지정 방법 등에 관한 세부적인 사항은 시·도의 조례로 정한다.

6. 위 **(1)**의 ②의 ㉠에서 '대통령령으로 정하는 신기술'이란 건축물의 주요구조부 및 주요구조부에 사용하는 마감재료에 적용하는 신기술을 말한다.

7. 위 **(1)**의 ②의 ㉡에서 '대통령령으로 정하는 건축사'란 건축주가 같은 항 각 호 외의 부분 단서에 따라 '허가권자에게 공사감리 지정을 신청한 날부터 최근 **5년간**「건축서비스산업 진흥법 시행령」제11조 제1항 각 호의 어느 하나에 해당하는 설계공모 또는 대회에서 **당선**되거나 **최우수 건축 작품**으로 수상한 실적이 있는 건축사를 말한다. 〈개정 2025.8.26.〉

8. 위 **(1)**의 ⑬에서 '해당 계약서 등 대통령령으로 정하는 서류'란 다음의 서류를 말한다.
   ㉠ 설계자의 건축과정 참여에 관한 계획서
   ㉡ 건축주와 설계자와의 계약서

(2) 공사감리자의 자격(영 제19조 제1항)

공사감리자를 지정하여 공사감리를 하게 하는 경우에는 다음의 구분에 따른 자를 공사감리자로 지정하여야 한다.

① **다음의 어느 하나에 해당하는 경우: 건축사**
   ㉠ 건축허가를 받아야 하는 건축물('**건축신고대상 건축물**'은 제외한다)을 건축하는 경우
   ㉡ 사용승인을 받은 후 15년 이상이 되어 리모델링이 필요한 건축물을 리모델링하는 경우

② **다중이용 건축물을 건축하는 경우**: 「건설기술 진흥법」에 따른 **건설엔지니어링사업자**(공사시공자 본인이거나 독점규제 및 공정거래에 관한 법률 제2조 제12호에 따른 계열회사인 **건설엔지니어링사업자**는 제외한다) 또는 **건축사**(건설기술 진흥법 시행령 제60조에 따라 **건설사업관리기술인**을 배치하는 경우만 해당한다)

(3) 건축물의 공사감리(영 제19조 제2항~제12항)

① 다중이용 건축물의 공사감리자를 지정하는 경우 감리원의 배치기준 및 감리대가는 「건설기술 진흥법」에서 정하는 바에 따른다.

② 위 **(1)**의 ⑥에서 '공사의 공정이 대통령령으로 정하는 진도에 다다른 경우'란 공사(하나의 대지에 둘 이상의 건축물을 건축하는 경우에는 각각의 건축물에 대한 공사를 말한다)의 공정이 다음의 구분에 따른 단계에 다다른 경우를 말한다.

㉠ 해당 건축물의 구조가 철근콘크리트조·철골철근콘크리트조·조적조 또는 보강콘크리트블록조인 경우: 다음의 어느 하나에 해당하는 단계
　ⓐ 기초공사 시 철근배치를 완료한 경우
　ⓑ 지붕슬래브배근을 완료한 경우
　ⓒ 지상 5개 층마다 상부 슬래브배근을 완료한 경우
　ⓓ **지하층 각 층**('특수구조 건축물'로서 **무량판 구조**인 해당 지하층에 '수직으로 배치된 주요구조부의 전체 단면적'에서 '보가 없이 배치된 기둥의 전체 단면적이 차지하는 비율'이 4분의 1 **이상인 경우**만 해당한다)의 **상부 슬래브배근**을 완료한 경우

㉡ 해당 건축물의 구조가 철골조인 경우: 다음의 어느 하나에 해당하는 단계
　ⓐ 기초공사 시 철근배치를 완료한 경우
　ⓑ 지붕철골 조립을 완료한 경우
　ⓒ 지상 3개 층마다 또는 높이 20미터마다 주요구조부의 조립을 완료한 경우

㉢ 해당 건축물의 구조가 위 ㉠ 또는 ㉡ 외의 구조인 경우: 기초공사에서 거푸집 또는 주춧돌의 설치를 완료한 단계

㉣ 위 ㉠부터 ㉢까지에 해당하는 건축물이 **3층 이상의 필로티형식 건축물**인 경우: 다음의 어느 하나에 해당하는 단계
　ⓐ 해당 건축물의 구조에 따라 위 ㉠부터 ㉢까지의 어느 하나에 해당하는 경우
　ⓑ 영 제18조의2 제2항 제3호 나목에 해당하는 경우

③ 위 **(1)**의 ⑤에서 '대통령령으로 정하는 용도 또는 규모의 공사'란 연면적의 합계가 **5천 제곱미터** 이상인 건축공사를 말한다.

④ **공사감리자**는 수시로 또는 필요할 때 공사현장에서 감리업무를 수행해야 하며, 다음의 건축공사를 감리하는 경우에는 「건축사법」 제2조 제2호에 따른 **건축사보**(기술사법 제6조에 따른 기술사사무소 또는 건축사법 제23조 제9항 각 호의 **건설엔지니어링사업자** 등에 소속되어 있는 사람으로서 국가기술자격법에 따른 해당 분야 기술계 자격을 취득한 사람과 건설기술 진흥법 시행령 제4조에 따른 건설사업관리를 수행할 자격이 있는 사람을 포함한다. 이하 같다) 중 **건축 분야의 건축사보** 한 명 이상을 **전체 공사기간 동안**, **토목·전기 또는 기계 분야의 건축사보** 한 명 이상을 **각 분야별 해당 공사기간 동안** 각각 공사현장에서 감리업무를 수행하게 해야 한다. 이 경우 건축사보는 건축공사의 시공·공사감독 또는 감리업무 등에 **2년 이상** 종사한 경력이 있는 사람이어야 한다.

㉠ 바닥면적의 합계가 5천 제곱미터 이상인 건축공사. 다만, 축사 또는 작물재배사의 건축공사는 제외한다.

ⓒ 연속된 5개 층(지하층을 포함한다) 이상으로서 바닥면적의 합계가 3천 제곱미터 이상인 건축공사
　　ⓓ 아파트 건축공사
　　ⓔ '준다중이용 건축물' 건축공사
⑤ 공사감리자는 위 ④의 ㉠~㉣에 해당하지 않는 건축공사로서 깊이 **10미터 이상**의 토지 굴착 공사 또는 높이 5미터 이상의 옹벽 등의 공사(산업집적활성화 및 공장설립에 관한 법률 제2조 제14호에 따른 산업단지에서 바닥면적 합계가 2천 제곱미터 이하인 공장을 건축하는 경우는 제외한다)를 감리하는 경우에는 건축사보 중 건축 또는 토목 분야의 건축사보 한 명 이상을 해당 공사기간 동안 공사현장에서 감리업무를 수행하게 해야 한다. 이 경우 건축사보는 해당 공사의 시공·감독 또는 감리업무 등에 2년 이상 종사한 경력이 있는 사람이어야 한다.
⑥ 공사감리자는 영 제61조 제1항 제4호에 해당하는 건축물의 마감재료 설치공사를 감리하는 경우로서 국토교통부령으로 정하는 경우에는 건축 또는 안전관리 분야의 건축사보 한 명 이상 **마감재료 설치공사기간 동안** 그 공사현장에서 감리업무를 수행하게 해야 한다. 이 경우 건축사보는 건축공사의 설계·시공·시험·검사·공사감독 또는 감리업무 등에 **2년 이상** 종사한 경력이 있는 사람이어야 한다.
⑦ 공사감리자는 위 ④부터 ⑥까지의 규정에 따라 건축사보로 하여금 감리업무를 수행하게 하는 경우 다른 공사현장이나 공정의 감리업무를 수행하고 있지 않는 건축사보가 감리업무를 수행하게 해야 한다.
⑧ 공사감리자가 수행하여야 하는 감리업무는 다음과 같다.
　　㉠ 공사시공자가 설계도서에 따라 적합하게 시공하는지 여부의 확인
　　㉡ 공사시공자가 사용하는 건축자재가 관계 법령에 따른 기준에 적합한 건축자재인지 여부의 확인
　　㉢ 그 밖에 공사감리에 관한 사항으로서 국토교통부령으로 정하는 사항
⑨ 위 ④부터 ⑥의 규정에 따라 공사현장에 건축사보를 두는 공사감리자는 다음의 구분에 따른 기간에 국토교통부령으로 정하는 바에 따라 건축사보의 배치현황을 허가권자에게 제출해야 한다.
　　㉠ 최초로 건축사보를 배치하는 경우에는 착공 예정일(위 ⑤ 또는 ⑥에 따라 배치하는 경우에는 배치일을 말한다)부터 7일
　　㉡ 건축사보의 배치가 변경된 경우에는 변경된 날부터 7일
　　㉢ 건축사보가 철수한 경우에는 철수한 날부터 7일
⑩ 허가권자는 위 ⑨에 따라 공사감리자로부터 건축사보의 배치현황을 받으면 지체 없이 건축사보가 이중으로 배치되어 있는지 여부 등 국토교통부령으로 정하는 내용을 확인한 후 「전자정부법」 제37조에 따른 행정정보 공동이용센터를 통해 그 배치현황을 「건축사법」 제31조에 따른 **대한건축사협회**에 보내야 한다.

⑪ 위 ⑩에 따라 건축사보의 배치현황을 받은 **대한건축사협회**는 이를 관리해야 하며, 건축사보가 이중으로 배치된 사실 등을 확인한 경우에는 지체 없이 그 사실 등을 관계 시·도지사, 허가권자 및 그 밖에 국토교통부령으로 정하는 자에게 알려야 한다.

(4) 건축관계자 등에 대한 업무제한(법 제25조의2)

① 허가권자는 설계자, 공사시공자, 공사감리자 및 관계전문기술자(이하 '건축관계자 등'이라 한다)가 '대통령령으로 정하는 주요 건축물'에 대해 '착공신고 시'부터 「건설산업기본법」 제28조에 따른 하자담보책임기간에 '법 제40조, 제41조, 제48조, 제50조 및 제51조를 위반'하거나 '중대한 과실로 건축물의 기초 및 주요 구조부에 중대한 손괴를 일으켜 사람을 사망하게 한 경우'에는 1년 이내의 기간을 정하여 이 법에 의한 업무를 수행할 수 없도록 '업무정지를 명'할 수 있다.

② 허가권자는 건축관계자 등이 법 제40조, 제41조, 제48조, 제49조, 제50조, 제50조의2, 제51조, 제52조 및 제52조의4를 위반하여 '건축물의 기초 및 주요구조부에 중대한 손괴를 일으켜 대통령령으로 정하는 규모 이상의 재산상 피해가 발생한 경우'(위 ①에 해당하는 위반행위는 제외한다)에는 '다음에서 정하는 기간 이내'의 범위에서 '다중이용 건축물 등 대통령령으로 정하는 주요 건축물'에 대하여 이 법에 의한 업무를 수행할 수 없도록 업무정지를 명할 수 있다.
㉠ **최초로 위반행위가 발생한 경우**: '업무정지일'부터 **6개월**
㉡ **2년 이내에 동일한 현장에서 위반행위가 다시 발생한 경우**: '다시 업무정지를 받는 날'부터 **1년**

③ 허가권자는 건축관계자 등이 법 제40조, 제41조, 제48조, 제49조, 제50조, 제50조의2, 제51조, 제52조 및 제52조의4를 위반한 경우(위 ① 및 ②에 해당하는 위반행위는 제외한다)와 법 제28조를 위반하여 가설시설물이 붕괴된 경우에는 기간을 정하여 시정을 명하거나 필요한 지시를 할 수 있다.

④ 허가권자는 위 ③에 따른 시정명령 등에도 불구하고 특별한 이유 없이 이를 이행하지 아니한 경우에는 '다음에서 정하는 기간 이내'의 범위에서 이 법에 의한 업무를 수행할 수 없도록 업무정지를 명할 수 있다.
㉠ 최초의 위반행위가 발생하여 허가권자가 지정한 시정기간 동안 특별한 사유 없이 시정하지 아니하는 경우: 업무정지일부터 3개월
㉡ 2년 이내에 위 ③에 따른 위반행위가 동일한 현장에서 **2차례** 발생한 경우: 업무정지일부터 3개월
㉢ 2년 이내에 위 ③에 따른 위반행위가 동일한 현장에서 **3차례** 발생한 경우: 업무정지일부터 1년

⑤ 허가권자는 위 ④에 따른 **업무정지처분**을 '갈음'하여 다음의 구분에 따라 건축관계자 등에게 **과징금**을 부과할 수 있다.
　㉠ 위 ④의 ㉠ 또는 ㉡에 해당하는 경우: **3억원** 이하
　㉡ 위 ④의 ㉢에 해당하는 경우: **10억원** 이하

⑥ 건축관계자 등은 위 ①, ② 또는 ④에 따른 '업무정지처분'에도 불구하고 그 처분을 받기 전에 계약을 체결하였거나 관계 법령에 따라 허가, 인가 등을 받아 착수한 업무는 법 제22조에 따른 사용승인을 받은 때까지 계속 수행할 수 있다.

⑦ 위 ①~⑤에 해당하는 조치는 '**그 소속 법인 또는 단체**'에게도 동일하게 적용한다. 다만, 소속 법인 또는 단체가 위반행위를 방지하기 위하여 해당 업무에 관하여 상당한 주의와 감독을 게을리하지 아니한 경우에는 그러하지 아니하다.

⑧ 위 ①~⑤의 조치는 관계 법률에 따라 건축허가를 의제하는 경우의 '**건축관계자 등**'에게 동일하게 적용한다.

⑨ 허가권자는 위 ①~⑤의 조치를 한 경우 그 내용을 **국토교통부장관**에게 통보하여야 한다.

⑩ '**국토교통부장관**'은 위 ⑨에 따라 통보된 사항을 종합관리하고, 허가권자가 해당 건축관계자 등과 그 소속 법인 또는 단체를 알 수 있도록 국토교통부령으로 정하는 바에 따라 **공개**하여야 한다.

⑪ 건축관계자 등, 소속 법인 또는 단체에 대한 '**업무정지처분**'을 하려는 경우에는 **청문**을 하여야 한다.

관련법령 　업무제한 대상 건축물 등(영 제19조의3)

1. 위 **(4)**의 ①에서 '대통령령으로 정하는 주요 건축물'이란 다음의 건축물을 말한다.
　㉠ **다중이용 건축물**
　㉡ **준다중이용 건축물**
2. 위 **(4)**의 ②에서 '대통령령으로 정하는 규모 이상의 재산상의 피해'란 도급 또는 하도급받은 금액의 **100분의 10 이상으로서 그 금액이 1억원 이상**인 재산상의 피해를 말한다.
3. 위 **(4)**의 ②에서 '다중이용 건축물 등 대통령령으로 정하는 주요 건축물'이란 다음의 건축물을 말한다.
　㉠ **다중이용 건축물**
　㉡ **준다중이용 건축물**

제5절 허용 오차 등

1. 허용 오차

(1) 허용 오차(법 제26조)

① 대지의 측량(공간정보의 구축 및 관리 등에 관한 법률에 따른 지적측량은 제외한다)이나 건축물의 건축 과정에서 부득이하게 발생하는 오차는 이 법을 적용할 때 국토교통부령으로 정하는 범위에서 허용한다.

② 허용 오차의 범위는 다음 [별표 5]와 같다(규칙 제20조).

(2) 건축 허용 오차([별표 5], 규칙 제20조 관련)

별표 5   건축 허용 오차(규칙 제20조 관련)

1. 대지 관련 건축기준의 허용 오차

항목	허용되는 오차의 범위
건축선의 후퇴거리	3퍼센트 이내
인접대지경계선과의 거리	3퍼센트 이내
인접건축물과의 거리	3퍼센트 이내
건폐율	0.5퍼센트 이내(건축면적 5제곱미터를 초과할 수 없다)
용적률	1퍼센트 이내(연면적 30제곱미터를 초과할 수 없다)

2. 건축물 관련 건축기준의 허용 오차

항목	허용되는 오차의 범위
건축물 높이	2퍼센트 이내(1미터를 초과할 수 없다)
평면길이	2퍼센트 이내(건축물 전체 길이는 1미터를 초과할 수 없고, 벽으로 구획된 각 실의 경우에는 10센티미터를 초과할 수 없다)
출구너비	2퍼센트 이내
반자높이	2퍼센트 이내
벽체두께	3퍼센트 이내
바닥판두께	3퍼센트 이내

2. 현장조사·검사 등 및 위해 방지 등

(1) 현장조사·검사 등(법 제27조)

① 허가권자는 이 법에 따른 현장조사·검사 및 확인업무를 '대통령령으로 정하는 바'에 따라 「건축사법」 제23조에 따라 건축사사무소개설신고를 한 자에게 대행하게 할 수 있다.

② 업무를 대행하는 자는 현장조사·검사 또는 확인결과를 국토교통부령으로 정하는 바에 따라 허가권자에게 서면으로 보고하여야 한다.

③ 허가권자는 위 ①에 따른 자에게 업무를 대행하게 한 경우 국토교통부령으로 정하는 범위에서 해당 지방자치단체의 조례로 정하는 수수료를 지급하여야 한다.

> **관련법령** 현장조사·검사 및 확인업무의 대행(영 제20조)
>
> 1. 허가권자는 위 (1)의 ①에 따라 건축조례로 정하는 건축물의 건축허가, 건축신고, 사용승인 및 임시 사용승인과 관련되는 현장조사·검사 및 확인업무를 **건축사**로 하여금 대행하게 할 수 있다. 이 경우 허가권자는 건축물의 사용승인 및 임시 사용승인과 관련된 현장조사·검사 및 확인업무를 대행할 건축사를 다음의 기준에 따라 선정해야 한다.
>   ㉠ 해당 건축물의 설계자 또는 공사감리자가 아닐 것
>   ㉡ 건축주의 추천을 받지 아니하고 직접 선정할 것
> 2. 시·도지사는 위 (1)의 ①에 따라 현장조사·검사 및 확인업무를 대행하게 하는 건축사(이하 '**업무대행건축사**'라 한다)의 명부를 '모집공고'를 거쳐 '작성·관리'해야 한다. 이 경우 시·도지사는 미리 관할 **시장·군수·구청장**과 협의해야 한다.
> 3. 허가권자는 위 2.에 따른 명부에서 **업무대행건축사**를 지정해야 한다.
> 4. 위 2. 및 3.에 따른 업무대행건축사 모집공고, 명부 작성·관리 및 지정에 필요한 사항은 시·도의 조례로 정한다.

(2) 공사현장의 위해 방지 등(법 제28조)

① 건축물의 공사시공자는 '대통령령으로 정하는 바'에 따라 공사현장의 위해를 방지하기 위하여 필요한 조치를 하여야 한다.

② 허가권자는 건축물의 공사와 관련하여 건축관계자 간 분쟁상담 등의 필요한 조치를 하여야 한다.

> **관련법령** 공사현장의 위해 방지(영 제21조)
>
> 건축물의 시공 또는 **해체**에 따른 유해·위험의 방지에 관한 사항은 산업안전보건에 관한 법령에서 정하는 바에 따른다.

3. 공용건축물에 대한 특례

(1) 미리 협의한 경우 공용건축물에 대한 특례(법 제29조)

① 국가나 지방자치단체는 법 제11조, 제14조, 제19조, 제20조 및 제83조에 따른 건축물을 건축·대수선·용도변경하거나 가설건축물을 건축하거나 공작물을 축조하려는 경우에는 대통령령으로 정하는 바에 따라 미리 건축물의 소재지를 관할하는 허가권자와 협의하여야 한다.

② 국가나 지방자치단체가 건축물의 소재지를 관할하는 허가권자와 협의한 경우에는 법 제11조, 제14조, 제19조, 제20조 및 제83조에 따른 허가를 받았거나 신고한 것으로 본다.
③ 협의한 건축물에는 법 제22조(사용승인) 제1항부터 제3항까지 규정을 적용하지 아니한다. 다만, 건축물의 공사가 끝난 경우에는 지체 없이 허가권자에게 통보해야 한다.
④ 국가나 지방자치단체가 소유한 대지의 지상 또는 지하 여유공간에 **구분지상권**을 설정하여 주민편의시설 등 대통령령으로 정하는 시설을 설치하고자 하는 경우 허가권자는 **구분지상권자**를 **건축주**로 보고 구분지상권이 설정된 부분을 법 제2조 제1항 제1호의 대지로 보아 건축허가를 할 수 있다. 이 경우 구분지상권 설정의 대상 및 범위, 기간 등은 「국유재산법」 및 「공유재산 및 물품 관리법」에 적합하여야 한다.

(2) 공용건축물에 대한 특례(영 제22조)

① 국가 또는 지방자치단체가 위 **(1)**에 따라 건축물을 건축하려면 해당 건축공사를 시행하는 행정기관의 장 또는 그 위임을 받은 자는 건축공사에 착수하기 전에 그 공사에 관한 설계도서와 국토교통부령으로 정하는 관계 서류를 허가권자에게 제출(전자문서에 의한 제출을 포함한다)하여야 한다. 다만, 국가안보상 중요하거나 국가기밀에 속하는 건축물을 건축하는 경우에는 설계도서의 제출을 생략할 수 있다.
② 허가권자는 위 ① 본문에 따라 제출된 설계도서와 관계 서류를 심사한 후 그 결과를 해당 행정기관의 장 또는 그 위임을 받은 자에게 통지(해당 행정기관의 장 또는 그 위임을 받은 자가 원하거나 전자문서로 설계도서 등을 제출한 경우에는 전자문서로 알리는 것을 포함한다)하여야 한다.
③ 국가 또는 지방자치단체는 위 **(1)**의 ③ 단서에 따라 건축물의 공사가 완료되었음을 허가권자에게 통보하는 경우에는 국토교통부령으로 정하는 관계 서류를 첨부해야 한다.
④ 위 **(1)**의 ④ 전단에서 '주민편의시설 등 대통령령으로 정하는 시설'이란 다음의 시설을 말한다.
  ㉠ 제1종 근린생활시설
  ㉡ 제2종 근린생활시설(총포판매소, 장의사, 다중생활시설, 제조업소, 단란주점, 안마시술소 및 노래연습장은 제외한다)
  ㉢ 문화 및 집회시설(공연장 및 전시장으로 한정한다)
  ㉣ 의료시설
  ㉤ 교육연구시설
  ㉥ 노유자시설
  ㉦ 운동시설
  ㉧ 업무시설(오피스텔은 제외한다)

4. 건축통계 등

(1) 건축통계 등(법 제30조)
① 허가권자는 다음의 사항(이하 '건축통계'라 한다)을 국토교통부령으로 정하는 바에 따라 국토교통부장관이나 시·도지사에게 보고하여야 한다.
  ㉠ 건축허가 현황
  ㉡ 건축신고 현황
  ㉢ 용도변경허가 및 신고 현황
  ㉣ 착공신고 현황
  ㉤ 사용승인 현황
  ㉥ 그 밖에 대통령령으로 정하는 사항
② 건축통계의 작성 등에 필요한 사항은 국토교통부령으로 정한다.

(2) 건축행정 전산화(법 제31조)
① 국토교통부장관은 건축행정 관련 업무를 전산처리하기 위하여 종합적인 계획을 수립·시행할 수 있다.
② 허가권자는 법 제10조, 제11조, 제14조, 제16조, 제19조부터 제22조까지, 제25조, 제29조, 제30조, 제38조, 제83조 및 제92조에 따른 신청서, 신고서, 첨부서류, 통지, 보고 등을 디스켓, 디스크 또는 정보통신망 등으로 제출하게 할 수 있다.

(3) 건축허가 업무 등의 전산처리 등(법 제32조)
① 허가권자는 건축허가 업무 등의 효율적인 처리를 위하여 '국토교통부령으로 정하는 바'에 따라 **전자정보처리시스템**을 이용하여 이 법에 규정된 업무를 처리할 수 있다.
② 전자정보처리시스템에 따라 처리된 자료(이하 '전산자료'라 한다)를 이용하려는 자는 '대통령령으로 정하는 바'에 따라 관계 중앙행정기관의 장의 심사를 거쳐 다음의 구분에 따라 국토교통부장관, 시·도지사 또는 시장·군수·구청장의 승인을 받아야 한다. 다만, 지방자치단체의 장이 승인을 신청하는 경우에는 관계 중앙행정기관의 장의 심사를 받지 아니한다.
  ㉠ **전국 단위의 전산자료**: 국토교통부장관
  ㉡ **특별시·광역시·특별자치시·도·특별자치도**(시·도) **단위의 전산자료**: 시·도지사
  ㉢ **시·군 또는 구**(자치구를 말한다. 이하 같다) **단위의 전산자료**: 시장·군수·구청장
③ 국토교통부장관, 시·도지사 또는 시장·군수·구청장이 위 ②에 따른 승인 신청을 받은 경우에는 건축허가 업무 등의 효율적인 처리에 지장이 없고 '대통령령으로 정하는 건축주 등의 개인정보 보호기준'을 위반하지 아니한다고 인정되는 경우에만 승인할 수 있다. 이 경우 용도를 한정하여 승인할 수 있다.

④ 위 ② 및 ③에도 불구하고 건축물의 **소유자**가 **본인 소유의 건축물**에 대한 소유 정보를 신청하거나 건축물의 소유자가 사망하여 그 **상속인**이 **피상속인의 건축물**에 대한 소유 정보를 신청하는 경우에는 승인 및 심사를 받지 아니할 수 있다.

⑤ 위 ②에 따른 승인을 받아 전산자료를 이용하려는 자는 사용료를 내야 한다.

> **관련법령** 건축허가 업무 등의 전산처리 등(영 제22조의2)
>
> 1. 전자정보처리시스템으로 처리된 자료(이하 '전산자료'라 한다)를 이용하려는 자는 관계 중앙행정기관의 장의 심사를 받기 위하여 다음의 사항을 적은 신청서를 관계 중앙행정기관의 장에게 제출하여야 한다.
>   ㉠ 전산자료의 이용목적 및 근거
>   ㉡ 전산자료의 범위 및 내용
>   ㉢ 전산자료를 제공받는 방식
>   ㉣ 전산자료의 보관방법 및 안전관리대책 등
> 2. 전산자료를 이용하려는 자는 전산자료의 이용목적에 맞는 **최소한의 범위**에서 신청하여야 한다.
> 3. 신청을 받은 관계 중앙행정기관의 장은 다음의 사항을 심사한 후 신청받은 날부터 '15일' 이내에 그 심사결과를 신청인에게 알려야 한다.
>   ㉠ 타당성·적합성 및 공익성
>   ㉡ 개인정보 보호기준의 적합 여부
>   ㉢ 전산자료의 이용목적 외 사용방지대책의 수립 여부
> 4. 위 (3)의 ②에 따라 전산자료 이용의 승인을 받으려는 자는 국토교통부령으로 정하는 건축행정 전산자료 이용승인신청서에 위 3.에 따른 심사결과를 첨부하여 국토교통부장관, 시·도지사 또는 시장·군수·구청장에게 제출하여야 한다. 다만, 중앙행정기관의 장 또는 지방자치단체의 장이 전산자료를 이용하려는 경우에는 전산자료 이용의 근거·목적 및 안전관리대책 등을 적은 문서로 승인을 신청할 수 있다.
> 5. 위 (3)의 ③에서 '대통령령으로 정하는 건축주 등의 개인정보 보호기준'이란 다음의 기준을 말한다.
>   ㉠ 신청한 전산자료는 그 자료에 포함되어 있는 성명·주민등록번호 등의 사항에 따라 특정 개인임을 알 수 있는 정보(해당 정보만으로는 특정 개인을 식별할 수 없더라도 다른 정보와 쉽게 결합하여 식별할 수 있는 정보를 포함한다), 그 밖에 개인의 사생활을 침해할 우려가 있는 정보가 아닐 것. 다만, 개인의 동의가 있거나 다른 법률에 근거가 있는 경우에는 이용하게 할 수 있다.
>   ㉡ 위 ㉠ 단서에 따라 개인정보가 포함된 전산자료를 이용하는 경우에는 전산자료의 이용목적 외의 사용 또는 외부로의 누출·분실·도난 등을 방지할 수 있는 안전관리대책이 마련되어 있을 것
> 6. 국토교통부장관, 시·도지사 또는 시장·군수·구청장은 위 (3)의 ③에 따라 전산자료의 이용을 승인하였으면 그 승인한 내용을 기록·관리하여야 한다.

(4) 전산자료의 이용자에 대한 지도·감독(법 제33조)

국토교통부장관, 시·도지사 또는 시장·군수·구청장은 개인정보의 보호 및 전산자료의 이용목적 외 사용 방지 등을 위하여 필요하다고 인정되면 전산자료의 보유 또는 관리 등에 관한 사항에 관하여 전산자료를 이용하는 자를 지도·감독할 수 있다.

| 관련법령 | 전산자료의 이용자에 대한 지도·감독의 대상 등(영 제22조의3) |

1. 위 **(4)**에 따라 전산자료를 이용하는 자에 대하여 그 보유 또는 관리 등에 관한 사항을 지도·감독하는 대상은 다음의 구분에 따른 전산자료(다른 법령에 따라 제공받은 전산자료를 포함한다)를 이용하는 자로 한다. 다만, 국가 및 지방자치단체는 제외한다.
   ⊙ 국토교통부장관: 연간 50만 건 이상 전국 단위의 전산자료를 이용하는 자
   ⓒ 시·도지사: 연간 10만 건 이상 시·도 단위의 전산자료를 이용하는 자
   ⓒ 시장·군수·구청장: 연간 5만 건 이상 시·군·구 단위의 전산자료를 이용하는 자
2. 국토교통부장관, 시·도지사 또는 시장·군수·구청장은 지도·감독을 위하여 필요한 경우에는 지도·감독 대상에 해당하는 자에 대하여 다음의 자료를 제출하도록 요구할 수 있다.
   ⊙ 전산자료의 이용실태에 관한 자료
   ⓒ 전산자료의 이용에 따른 안전관리대책에 관한 자료
3. 위 2.에 따라 자료제출을 요구받은 자는 정당한 사유가 있는 경우를 제외하고는 15일 이내에 관련 자료를 제출하여야 한다.
4. 국토교통부장관, 시·도지사 또는 시장·군수·구청장은 전산자료의 이용실태에 관한 현지조사를 하려면 조사대상자에게 조사목적·내용, 조사자의 인적 사항, 조사일시 등을 **7일 전**까지 알려야 한다.
5. 국토교통부장관, 시·도지사 또는 시장·군수·구청장은 현지조사 결과를 조사대상자에게 알려야 하며, 조사결과 필요한 경우에는 시정을 요구할 수 있다.

(5) 건축종합민원실의 설치(법 제34조)

특별자치시장·특별자치도지사 또는 시장·군수·구청장은 대통령령으로 정하는 바에 따라 건축허가, 건축신고, 사용승인 등 건축과 관련된 민원을 종합적으로 접수하여 처리할 수 있는 '**민원실**'을 설치·운영하여야 한다.

| 관련법령 | 건축에 관한 종합민원실(영 제22조의4) |

1. 특별자치시·특별자치도 또는 시·군·구에 설치하는 민원실은 다음의 업무를 처리한다.
   ⊙ 사용승인에 관한 업무
   ⓒ 건축사가 현장조사·검사 및 확인업무를 대행하는 건축물의 건축허가와 사용승인 및 임시 사용승인에 관한 업무
   ⓒ 건축물대장의 작성 및 관리에 관한 업무
   ⓔ 복합민원의 처리에 관한 업무
   ⓜ 건축허가·건축신고 또는 용도변경에 관한 상담업무
   ⓗ 건축관계자 사이의 분쟁에 대한 상담
   ⓢ 그 밖에 특별자치시장·특별자치도지사 또는 시장·군수·구청장이 주민의 편익을 위하여 필요하다고 인정하는 업무
2. 위 1.에 따른 민원실은 민원인의 이용에 편리한 곳에 설치하고, 그 조직 및 기능에 관하여는 특별자치시·특별자치도 또는 시·군·구의 규칙으로 정한다.

제6절 건축지도원 및 건축물대장

1. 건축지도원

(1) 건축지도원의 지정(법 제37조)

'**특별자치시장·특별자치도지사 또는 시장·군수·구청장**'은 이 법 또는 이 법에 따른 명령이나 처분에 위반되는 건축물의 발생을 예방하고 건축물을 적법하게 유지·관리하도록 지도하기 위하여 대통령령으로 정하는 바에 따라 **건축지도원**을 지정할 수 있다.

(2) 건축지도원의 업무 등(영 제24조)

① 건축지도원은 '**특별자치시장·특별자치도지사 또는 시장·군수·구청장**'이 특별자치시·특별자치도 또는 시·군·구에 근무하는 건축직렬의 공무원과 건축에 관한 학식이 풍부한 자로서 건축조례로 정하는 자격을 갖춘 자 중에서 지정한다.

② 건축지도원의 업두는 다음과 같다.
  ㉠ '**건축신고**'를 하고 건축 중에 있는 건축물의 '시공 지도'와 위법 시공 여부의 '확인·지도 및 단속'
  ㉡ 건축물의 대지, 높이 및 형태, 구조안전 및 화재안전, 건축설비 등이 법령 등에 적합하게 '유지·관리'되고 있는지의 '확인·지도 및 단속'
  ㉢ 허가를 받지 아니하거나 신고를 하지 아니하고 건축하거나 용도변경한 건축물의 '단속'

③ 건축지도원은 위 ②의 업무를 수행할 때에는 권한을 나타내는 증표를 지니고 관계인에게 내보여야 한다.

2. 건축물대장 등

(1) 건축물대장(법 제38조, 영 제25조)

① '**특별자치시장·특별자치도지사 또는 시장·군수·구청장**'은 건축물의 소유·이용 및 유지·관리상태를 확인하거나 건축정책의 기초자료로 활용하기 위하여 다음의 어느 하나에 해당하면 '**건축물대장**'에 건축물과 그 대지의 현황 및 국토교통부령으로 정하는 건축물의 구조내력(構造耐力)에 관한 정보를 적어서 보관하고 이를 지속적으로 정비하여야 한다.
  ㉠ 사용승인서를 내준 경우
  ㉡ 건축허가대상 건축물(신고대상 건축물을 포함한다) 외의 건축물의 공사를 끝낸 후 기재를 요청한 경우

ⓒ 그 밖에 대통령령으로 정하는 다음의 경우(영 제25조)
- ⓐ 「집합건물의 소유 및 관리에 관한 법률」 제56조 및 제57조에 따른 건축물대장의 신규등록 및 변경등록의 신청이 있는 경우
- ⓑ 법 시행일 전에 법령 등에 적합하게 건축되고 유지·관리된 건축물의 소유자가 그 건축물의 건축물관리대장이나 그 밖에 이와 비슷한 공부(公簿)를 법 제38조에 따른 건축물대장에 옮겨 적을 것을 신청한 경우
- ⓒ 그 밖에 기재내용의 변경 등이 필요한 경우로서 국토교통부령으로 정하는 경우

② 특별자치시장·특별자치도지사 또는 시장·군수·구청장은 건축물대장의 작성·보관 및 정비를 위하여 필요한 자료나 정보의 제공을 중앙행정기관의 장 또는 지방자치단체의 장에게 요청할 수 있다. 이 경우 자료나 정보의 제공을 요청받은 기관의 장은 특별한 사유가 없으면 그 요청에 따라야 한다.

(2) 등기촉탁(법 제39조)

① **특별자치시장·특별자치도지사 또는 시장·군수·구청장**은 다음의 어느 하나에 해당하는 사유로 건축물대장의 기재내용이 변경되는 경우(다음 ⓒ의 경우 신규등록은 제외한다) **관할 등기소**에 그 등기를 촉탁하여야 한다. 이 경우 다음 ㉠과 ㉣의 등기촉탁은 지방자치단체가 자기를 위하여 하는 등기로 본다.
- ㉠ 지번이나 행정구역의 명칭이 변경된 경우
- ㉡ 사용승인을 받은 건축물로서 사용승인 내용 중 건축물의 면적·구조·용도 및 층수가 변경된 경우
- ㉢ 「건축물관리법」 제30조에 따라 건축물을 **해체**한 경우
- ㉣ 「건축물관리법」 제34조에 따른 건축물의 **멸실** 후 '멸실신고'를 한 경우

② 등기촉탁의 절차에 관하여 필요한 사항은 국토교통부령으로 정한다.

CHAPTER 03 건축의 규제

회독체크 1 2 3

CHAPTER 미리보기

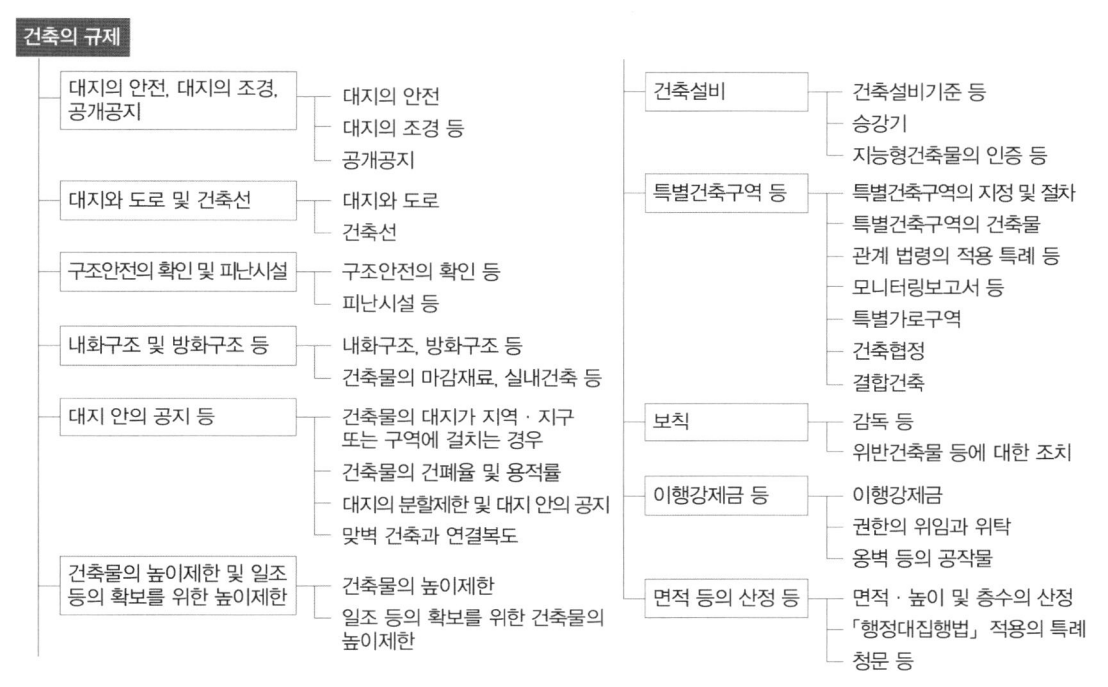

학습전략

건축의 규제를 다루는 단원으로서 최근 5개년 동안 3문제 이상 꾸준히 출제되고 있으며, 「건축법」에서 매우 중요한 부분입니다. 전 부분에 걸쳐 꼼꼼히 숙지하시기 바랍니다.

학습키워드

- 조경
- 공개공지
- 대지와 도로 및 건축선
- 구조안전의 확인
- 내진능력의 공개 및 내진등급의 설정
- 피난안전구역
- 방화지구 안의 건축물
- 방화문

- 건축설비
- 승강기
- 지능형건축물 인증
- 특별건축구역 및 특별가로구역
- 건축협정 및 결합건축
- 이행강제금
- 축조신고대상 공작물
- 각종 면적의 산정(건축면적, 바닥면적, 연면적 등)

제1절 대지의 안전, 대지의 조경, 공개공지

1. 대지의 안전

(1) 대지의 안전 등(법 제40조)
① 대지는 인접한 도로면보다 낮아서는 아니 된다. 다만, 대지의 배수에 지장이 없거나 건축물의 용도상 방습(防濕)의 필요가 없는 경우에는 인접한 도로면보다 낮아도 된다.
② 습한 토지, 물이 나올 우려가 많은 토지, 쓰레기, 그 밖에 이와 유사한 것으로 매립된 토지에 건축물을 건축하는 경우에는 성토(盛土), 지반 개량 등 필요한 조치를 하여야 한다.
③ 대지에는 빗물과 오수를 배출하거나 처리하기 위하여 필요한 하수관, 하수구, 저수탱크, 그 밖에 이와 유사한 시설을 하여야 한다.
④ 손궤(무너져 내림)의 우려가 있는 토지에 대지를 조성하려면 '국토교통부령으로 정하는 바'에 따라 옹벽을 설치하거나 그 밖에 필요한 조치를 하여야 한다.

(2) 대지의 조성(규칙 제25조)
위 **(1)**의 ④에 따라 손궤의 우려가 있는 토지에 대지를 조성하는 경우에는 다음의 조치를 하여야 한다. 다만, 건축사 또는 「기술사법」에 따라 등록한 건축구조기술사에 의해 해당 토지의 구조안전이 확인된 경우는 그러하지 아니하다.
① 성토 또는 절토하는 부분의 경사도가 1 : 1.5 이상으로서 높이가 1미터 이상인 부분에는 옹벽을 설치할 것
② 옹벽의 높이가 2미터 이상인 경우에는 이를 '콘크리트구조'로 할 것. 다만, [별표 6]의 옹벽에 관한 기술적 기준에 적합한 경우에는 그러하지 아니하다.
③ 옹벽의 외벽 면에는 이의 지지 또는 배수를 위한 시설 외의 구조물이 밖으로 튀어 나오지 아니하게 할 것
④ 옹벽의 윗가장자리로부터 안쪽으로 2미터 이내에 묻는 배수관은 주철관, 강관 또는 흄관으로 하고, 이음부분은 물이 새지 아니하도록 할 것
⑤ 옹벽에는 3제곱미터마다 하나 이상의 배수구멍을 설치하여야 하고, 옹벽의 윗가장자리로부터 안쪽으로 2미터 이내에서의 지표수는 지상으로 또는 배수관으로 배수하여 옹벽의 구조상 지장이 없도록 할 것
⑥ 성토부분의 높이는 위 **(1)**에 따른 대지의 안전 등에 지장이 없는 한 인접대지의 지표면보다 0.5미터 이상 높게 하지 아니할 것. 다만, 절토에 의하여 조성된 대지 등 허가권자가 지형조건상 부득이하다고 인정하는 경우에는 그러하지 아니하다.

(3) 토지 굴착 부분에 대한 조치 등(법 제41조)

① 공사시공자는 대지를 조성하거나 건축공사를 하기 위하여 토지를 굴착·절토(切土)·매립(埋立) 또는 성토 등을 하는 경우 그 변경 부분에는 국토교통부령으로 정하는 바에 따라 공사 중 비탈면 붕괴, 토사 유출 등 위험 발생의 방지, 환경 보존, 그 밖에 필요한 조치를 한 후 해당 공사현장에 그 사실을 게시하여야 한다.

② 허가권자는 위 ①을 위반한 자에게 의무이행에 필요한 조치를 명할 수 있다.

관련법령 토지의 굴착부분에 대한 조치(규칙 제26조)

1. 위 (3)의 ①에 따라 대지를 조성하거나 건축공사에 수반하는 토지를 굴착하는 경우에는 다음에 따른 위험발생의 방지조치를 하여야 한다.
   ㉠ 지하에 묻은 수도관·하수도관·가스관 또는 케이블 등이 토지굴착으로 인하여 파손되지 아니하도록 할 것
   ㉡ 건축물 및 공작물에 근접하여 토지를 굴착하는 경우에는 그 건축물 및 공작물의 기초 또는 지반의 구조내력의 약화를 방지하고 급격한 배수를 피하는 등 토지의 붕괴에 의한 위해를 방지하도록 할 것
   ㉢ 토지를 깊이 1.5미터 이상 굴착하는 경우에는 그 경사도가 [별표 7]에 의한 비율 이하이거나 주변상황에 비추어 위해방지에 지장이 없다고 인정되는 경우를 제외하고는 토압에 대하여 안전한 구조의 흙막이를 설치할 것 21회
   ㉣ 굴착공사 및 흙막이 공사의 시공 중에는 항상 점검을 하여 흙막이의 보강, 적절한 배수조치 등 안전상태를 유지하도록 하고, 흙막이판을 제거하는 경우에는 주변지반의 내려앉음을 방지하도록 할 것
2. 성토부분·절토부분 또는 되메우기를 하지 아니하는 굴착부분의 비탈면으로서 규칙 제25조에 따른 옹벽을 설치하지 아니하는 부분에 대하여는 위 (3)의 ①에 따라 다음에 따른 환경의 보전을 위한 조치를 하여야 한다.
   ㉠ 배수를 위한 수로는 돌 또는 콘크리트를 사용하여 토양의 유실을 막을 수 있도록 할 것
   ㉡ 높이가 3미터를 넘는 경우에는 높이 3미터 이내마다 그 비탈면의 5분의 1 이상에 해당하는 면적의 단을 만들 것. 다만, 허가권자가 그 비탈면의 토질·경사도 등을 고려하여 붕괴의 우려가 없다고 인정하는 경우에는 그러하지 아니하다.
   ㉢ 비탈면에는 토양의 유실방지와 미관의 유지를 위하여 나무 또는 잔디를 심을 것. 다만, 나무 또는 잔디를 심는 것으로는 비탈면의 안전을 유지할 수 없는 경우에는 돌붙이기를 하거나 콘크리트블록격자 등의 구조물을 설치하여야 한다.

---

2. 대지의 조경 등

(1) 대지의 조경(법 제42조)

① 면적이 200제곱미터 이상인 '대지'에 건축을 하는 건축주는 용도지역 및 건축물의 규모에 따라 해당 지방자치단체의 조례로 정하는 기준에 따라 대지에 조경이나 그 밖에 필요한 조치를 하여야 한다. 다만, 조경이 필요하지 아니한 건축물로서 대통령령으로 정하는 건축물에 대하여는 조경 등의 조치를 하지 아니할 수 있으며, 옥상 조경 등 대통령령으로 따로 기준을 정하는 경우에는 그 기준에 따른다. 22회

② 국토교통부장관은 식재(植栽) 기준, 조경 시설물의 종류 및 설치방법, 옥상 조경의 방법 등 조경에 필요한 사항을 정하여 고시할 수 있다.

(2) 조경 등의 조치를 하지 아니할 수 있는 경우(영 제27조)

① 위 **(1)**의 ① 단서에 따라 다음의 어느 하나에 해당하는 건축물에 대하여는 조경 등의 조치를 하지 아니할 수 있다. ^{22회}

㉠ '녹지지역'에 건축하는 건축물
㉡ 면적 5천 제곱미터 미만인 대지에 건축하는 공장 ^{24회}
㉢ 연면적의 합계가 1천500제곱미터 미만인 공장
㉣ 「산업집적활성화 및 공장설립에 관한 법률」에 따른 산업단지의 공장
㉤ 대지에 염분이 함유되어 있는 경우 또는 건축물 용도의 특성상 조경 등의 조치를 하기가 곤란하거나 조경 등의 조치를 하는 것이 불합리한 경우로서 건축조례로 정하는 건축물
㉥ 축사
㉦ 가설건축물
㉧ 연면적의 합계가 1천500제곱미터 미만인 물류시설(주거지역 또는 상업지역에 건축하는 것은 제외한다)로서 '국토교통부령으로 정하는 것'(물류정책기본법에 따른 물류시설)
㉨ 「국토의 계획 및 이용에 관한 법률」에 따라 지정된 '자연환경보전지역·농림지역 또는 관리지역'('**지구단위계획구역**'으로 지정된 지역은 '제외'한다)의 건축물
㉩ 다음의 어느 하나에 해당하는 건축물 중 건축조례로 정하는 건축물
　ⓐ 「관광진흥법」에 따른 관광지 또는 관광단지에 설치하는 관광시설
　ⓑ 「관광진흥법 시행령」에 따른 전문휴양업의 시설 또는 종합휴양업의 시설
　ⓒ 「국토의 계획 및 이용에 관한 법률 시행령」에 따른 관광·휴양형 지구단위계획구역에 설치하는 관광시설
　ⓓ 「체육시설의 설치·이용에 관한 법률 시행령」 [별표 1]에 따른 골프장

② 위 **(1)**의 ① 단서에 따른 조경 등의 조치에 관한 기준은 다음과 같다. 다만, 건축조례로 다음의 기준보다 더 '완화된 기준'을 정한 경우에는 그 기준에 따른다.

㉠ **공장**(위 ①의 ㉡~㉣의 규정에 해당하는 공장은 제외한다) **및 물류시설**('위 ①의 ㉧에 해당하는 물류시설'과 '주거지역 또는 상업지역에 건축하는 물류시설'은 제외한다)
　ⓐ 연면적의 합계가 2천 제곱미터 이상인 경우: 대지면적의 10퍼센트 이상
　ⓑ 연면적의 합계가 1천500제곱미터 이상 2천 제곱미터 미만인 경우: 대지면적의 5퍼센트 이상
㉡ 「공항시설법」에 따른 공항시설: 대지면적(활주로·유도로·계류장·착륙대 등 항공기의 이륙 및 착륙시설로 쓰는 면적은 제외한다)의 10퍼센트 이상

ⓒ 「철도의 건설 및 철도시설 유지관리에 관한 법률」에 따른 철도 중 역시설: 대지면적(선로·승강장 등 철도운행에 이용되는 시설의 면적은 제외한다)의 10퍼센트 이상

ⓔ 그 밖에 면적 200제곱미터 이상 300제곱미터 미만인 대지에 건축하는 건축물: 대지면적의 10퍼센트 이상

③ 건축물의 옥상에 위 **(1)**의 ②에 따라 국토교통부장관이 고시하는 기준에 따라 조경이나 그 밖에 필요한 조치를 하는 경우에는 옥상부분 조경면적의 **3분의 2**에 해당하는 면적을 위 **(1)**의 ①에 따른 대지의 조경면적으로 산정할 수 있다. 이 경우 조경면적으로 산정하는 면적은 위 **(1)**의 ①에 따른 조경면적의 100분의 50을 초과할 수 없다.

3. 공개공지

(1) 공개공지 등의 확보대상 지역(법 제43조)

① 다음의 어느 하나에 해당하는 지역의 환경을 쾌적하게 조성하기 위하여 대통령령으로 정하는 용도와 규모의 건축물은 일반이 사용할 수 있도록 대통령령으로 정하는 기준에 따라 소규모 휴식시설 등의 공개공지(공터) 또는 공개공간(이하 '공개공지등'이라 한다)을 설치하여야 한다.

  ㉠ 일반주거지역, 준주거지역 [25회]
  ㉡ 상업지역 [25회]
  ㉢ 준공업지역 [25회]
  ㉣ 특별자치시장·특별자치도지사 또는 시장·군수·구청장이 도시화의 가능성이 크거나 노후 산업단지의 정비가 필요하다고 인정하여 지정·공고하는 지역

② 위 ①에 따라 공개공지등을 설치하는 경우에 법 제55조(건축물의 **건폐율**), 법 제56조(건축물의 **용적률**)와 법 제60조(건축물의 **높이제한**)를 '대통령령으로 정하는 바'에 따라 완화하여 적용할 수 있다. [24회]

③ 시·도지사 또는 시장·군수·구청장은 관할 구역 내 공개공지등에 대한 점검 등 유지·관리에 관한 사항을 해당 지방자치단체의 조례로 정할 수 있다.

④ 누구든지 공개공지등에 물건을 쌓아놓거나 출입을 차단하는 시설을 설치하는 등 공개공지등의 활용을 저해하는 행위를 하여서는 아니 된다.

(2) 공개공지 등의 확보대상 건축물(영 제27조의2)

① 위 **(1)**의 ①에 따라 다음의 어느 하나에 해당하는 건축물의 대지에는 공개공지 또는 공개공간(이하 '공개공지등'이라 한다)을 설치해야 한다. 이 경우 공개공지는 **필로티**의 구조로 설치할 수 있다. [20회, 24회]

㉠ 문화 및 집회시설, 종교시설, 판매시설(농수산물 유통 및 가격안정에 관한 법률에 따른 농수산물유통시설은 제외한다), 운수시설(여객용 시설만 해당한다), 업무시설 및 숙박시설로서 해당 용도로 쓰는 바닥면적의 합계가 **5천 제곱미터 이상**인 건축물
㉡ 그 밖에 다중이 이용하는 시설로서 건축조례로 정하는 건축물

② 공개공지등의 **면적은 대지면적의 100분의 10 이하**의 범위에서 건축조례로 정한다. 이 경우 위 **2.**의 **(1)**에 따른 '**조경면적**'과 「매장유산 보호 및 조사에 관한 법률」 제14조 제1항 제1호에 따른 **매장유산**의 '**현지 보존 조치 면적**'을 공개공지등의 면적으로 할 수 있다. 24회

③ 위 ①에 따라 공개공지등을 설치할 때에는 모든 사람들이 환경친화적으로 편리하게 이용할 수 있도록 **긴 의자** 또는 **조경시설** 등 건축조례로 정하는 시설을 설치해야 한다.

④ 위 ①에 따른 건축물(위 ①에 따른 건축물과 ①에 해당되지 아니하는 건축물이 하나의 건축물로 복합된 경우를 포함한다)에 공개공지등을 설치하는 경우에는 위 **(1)**의 ②에 따라 다음의 범위에서 대지면적에 대한 공개공지등 면적비율에 따라 법 제56조(건축물의 **용적률**) 및 제60조(건축물의 **높이제한**)를 완화하여 적용한다. 다만, 다음의 범위에서 '건축조례로 정한 기준'이 '완화비율'보다 '큰 경우'에는 해당 '건축조례로 정하는 바'에 따른다.
㉠ '**용적률**'은 해당 지역에 적용하는 용적률의 **1.2배 이하**
㉡ '**높이제한**'은 해당 건축물에 적용하는 높이기준의 **1.2배 이하**

⑤ 위 ①에 따른 공개공지등의 설치대상이 아닌 건축물(주택법 제15조 제1항에 따른 사업계획승인 대상인 공동주택 중 주택 외의 시설과 주택을 동일건축물로 건축하는 것 외의 공동주택은 제외한다)의 대지에 위 **(1)**의 ④, 위의 ② 및 ③에 적합한 공개공지를 설치하는 경우에는 위 ④를 준용한다.

⑥ 공개공지등에는 **연간 60일 이내의 기간** 동안 건축조례로 정하는 바에 따라 주민들을 위한 **문화행사를 열거나 판촉활동**을 할 수 있다. 다만, 울타리를 설치하는 등 공중이 해당 공개공지 등을 이용하는 데 지장을 주는 행위를 해서는 아니 된다.

⑦ 위 **(1)**의 ④에 따라 제한되는 행위는 다음과 같다.
㉠ 공개공지등의 일정 공간을 **점유**하여 **영업**을 하는 행위
㉡ 공개공지등의 이용에 방해가 되는 행위로서 다음의 행위
  ⓐ 공개공지등에 위 ③에 따른 **시설 외의 시설물**을 설치하는 행위
  ⓑ 공개공지등에 **물건을 쌓아 놓는 행위**
㉢ 울타리나 담장 등의 시설을 설치하거나 출입구를 폐쇄하는 등 공개공지등의 **출입을 차단**하는 행위
㉣ 공개공지등과 그에 설치된 **편의시설**을 **훼손**하는 행위
㉤ 그 밖에 위 ㉠부터 ㉣까지의 행위와 유사한 행위로서 건축조례로 정하는 행위

제2절 대지와 도로 및 건축선

1. 대지와 도로

(1) 대지와 도로의 관계(법 제44조)

① 건축물의 대지는 2미터 이상이 도로(자동차만의 통행에 사용되는 도로는 제외한다)에 접하여야 한다. 다만, 다음의 어느 하나에 해당하면 그러하지 아니하다. 19회
  ㉠ 해당 건축물의 출입에 지장이 없다고 인정되는 경우
  ㉡ 건축물의 주변에 '대통령령으로 정하는 공지'가 있는 경우
  ㉢ 「농지법」 제2조 제1호 나목에 따른 농막을 건축하는 경우
② 건축물의 대지가 접하는 도로의 너비, 대지가 도로에 접하는 부분의 길이, 그 밖에 대지와 도로의 관계에 관하여 필요한 사항은 '대통령령으로 정하는 바'에 따른다.

(2) 예외 및 규제의 강화(영 제28조)

① 위 (1)의 ①의 ㉡에서 '대통령령으로 정하는 공지'란 다음의 어느 하나에 해당하는 공지로서 허가권자가 인정한 것을 말한다. 24회
  ㉠ 광장
  ㉡ 공원
  ㉢ 유원지
  ㉣ 그 밖에 관계 법령에 따라 **건축이 금지되고 공중의 통행에 지장이 없는** 공지
② 위 (1)의 ②에 따라 연면적의 합계가 2천 제곱미터(공장인 경우에는 **3천 제곱미터**) 이상인 건축물(축사, 작물재배사, 그 밖에 이와 비슷한 건축물로서 건축조례로 정하는 규모의 건축물은 제외한다)의 대지는 너비 6미터 이상의 도로에 4미터 이상 접하여야 한다. 22회 주관식

(3) 도로의 지정·폐지 또는 변경(법 제45조)

① 허가권자는 **법 제2조 제1항 제11호 나목**에 따라 도로의 위치를 지정·공고하려면 국토교통부령으로 정하는 바에 따라 그 도로에 대한 이해관계인의 동의를 받아야 한다. 다만, 다음의 어느 하나에 해당하면 **이해관계인의 동의를 받지 아니하고** '건축위원회'의 심의를 거쳐 도로를 지정할 수 있다.
  ㉠ 허가권자가 이해관계인이 해외에 거주하는 등의 사유로 이해관계인의 동의를 받기가 곤란하다고 인정하는 경우
  ㉡ 주민이 오랫동안 통행로로 이용하고 있는 사실상의 통로로서 해당 지방자치단체의 조례로 정하는 것인 경우 19회

② 허가권자는 위 ①에 따라 지정한 도로를 폐지하거나 변경하려면 그 도로에 대한 이해관계인의 동의를 받아야 한다. 그 도로에 편입된 토지의 소유자, 건축주 등이 허가권자에게 위 ①에 따라 지정된 도로의 폐지나 변경을 신청하는 경우에도 또한 같다.

③ 허가권자는 위 ①과 ②에 따라 도로를 지정하거나 변경하면 국토교통부령으로 정하는 바에 따라 '도로관리대장'에 이를 적어서 관리하여야 한다.

2. 건축선

(1) 원칙적인 건축선(법 제46조 제1항 본문)

도로와 접한 부분에 건축물을 건축할 수 있는 선[이하 '건축선(建築線)'이라 한다]은 대지와 도로의 경계선으로 한다.

(2) 소요너비에 못 미치는 너비의 도로인 경우의 건축선(법 제46조 제1항 단서)

① 법 제2조 제1항 제11호에 따른 소요너비에 못 미치는 너비의 도로인 경우에는 그 '중심선'으로부터 그 '소요너비의 2분의 1'의 수평거리만큼 물러난 선을 건축선으로 한다.

② 그 도로의 반대쪽에 경사지, 하천, 철도, 선로부지, 그 밖에 이와 유사한 것이 있는 경우는 그 경사지 등이 있는 쪽의 '도로경계선'에서 '소요너비'에 해당하는 수평거리의 선을 건축선으로 한다.

(3) 도로의 모퉁이에서의 건축선(영 제31조 제1항) 19회

너비 8미터 미만인 도로의 모퉁이에 위치한 대지의 도로모퉁이 부분의 건축선은 그 대지에 접한 도로경계선의 '교차점'으로부터 도로경계선에 따라 다음의 표에 따른 거리를 각각 후퇴한 두 점을 연결한 선으로 한다.

(단위: 미터)

도로의 교차각	해당 도로의 너비		교차되는 도로의 너비
	6 이상 8 미만	4 이상 6 미만	
90° 미만	4	3	6 이상 8 미만
	3	2	4 이상 6 미만
90° 이상 120° 미만	3	2	6 이상 8 미만
	2	2	4 이상 6 미만

(4) 특별자치시장 등이 지정하는 건축선(법 제46조 제2항, 영 제31조 제2항·제3항)

① 특별자치시장·특별자치도지사 또는 시장·군수·구청장은 시가지 안에서 건축물의 위치나 환경을 정비하기 위하여 필요하다고 인정하면 위 (1)~(3)에도 불구하고 '대통령령으로 정하는 범위'에서 건축선을 따로 지정할 수 있다.

② 특별자치시장·특별자치도지사 또는 시장·군수·구청장은 위 ①에 따라 건축선을 지정하면 지체 없이 이를 고시하여야 한다.

③ 특별자치시장·특별자치도지사, 시장·군수·구청장은 「국토의 계획 및 이용에 관한 법률」에 따른 '**도시지역**'에는 '**4미터 이하**'의 범위에서 건축선을 따로 지정할 수 있다.

④ 특별자치시장·특별자치도지사 또는 시장·군수·구청장은 위 ③에 따라 건축선을 지정하려면 미리 그 내용을 해당 지방자치단체의 공보, 일간신문 또는 인터넷 홈페이지 등에 30일 이상 공고하여야 하며, 공고한 내용에 대하여 의견이 있는 자는 공고기간에 특별자치시장·특별자치도지사 또는 시장·군수·구청장에게 의견을 제출(전자문서에 의한 제출을 포함한다)할 수 있다.

(5) 건축선에 따른 건축제한(법 제47조)

① 건축물과 '**담장**'은 **건축선**의 수직면을 넘어서는 아니 된다. 다만, '지표 아래 부분'은 그러하지 아니하다. 19회

② '**도로면**'으로부터 높이 4.5미터 이하에 있는 출입구, 창문, 그 밖에 이와 유사한 구조물은 열고 닫을 때 건축선의 수직면을 넘지 아니하는 구조로 하여야 한다. 19회

제3절 구조안전의 확인 및 피난시설

1. 구조안전의 확인 등

(1) 구조내력 등(법 제48조)

① 건축물은 고정하중, 적재하중(積載荷重), 적설하중(積雪荷重), 풍압(風壓), 지진, 그 밖의 진동 및 충격 등에 대하여 안전한 구조를 가져야 한다.

② 법 제11조 제1항(**건축허가**)에 따른 건축물을 건축하거나 대수선하는 경우에는 대통령령으로 정하는 바에 따라 '구조의 안전을 확인'하여야 한다.

③ 지방자치단체의 장은 위 ②에 따른 구조안전 확인대상 건축물에 대하여 허가 등을 하는 경우 내진(耐震)성능 확보 여부를 확인하여야 한다.

(2) 구조안전의 확인(영 제32조)

① 위 **(1)**의 ②에 따라 법 제11조 제1항에 따른 건축물(**허가대상 건축물**)을 건축하거나 대수선하는 경우 해당 건축물의 '**설계자**'는 국토교통부령으로 정하는 구조기준 등에 따라 그 구조의 안전을 확인하여야 한다.

② 위 ①에 따라 구조안전을 확인한 건축물 중 다음의 어느 하나에 해당하는 건축물의 '**건축주**'는 해당 건축물의 '설계자'로부터 구조안전의 확인 서류를 받아 '**착공신고를 하는 때**'에 그 확인서류를 '**허가권자**'에게 제출하여야 한다. 다만, 표준설계도서에 따라 건축하는 건축물은 제외한다. [제2항 = 내진능력 공개대상, 내진설계 기준에 따라 소방시설 설치대상]
  ㉠ 층수가 2층[주요 구조부인 기둥과 보를 설치하는 건축물로서 그 기둥과 보가 목재인 목구조 건축물(이하 '목구조 건축물'이라 한다)의 경우에는 3층] 이상인 건축물
  ㉡ 연면적이 200제곱미터(목구조 건축물의 경우에는 500제곱미터) 이상인 건축물. 다만, 창고, 축사, 작물재배사는 제외한다.
  ㉢ 높이가 13미터 이상인 건축물 28회
  ㉣ 처마높이가 9미터 이상인 건축물
  ㉤ 기둥과 기둥 사이의 거리가 10미터 이상인 건축물
  ㉥ 건축물의 용도 및 규모를 고려한 중요도가 높은 건축물로서 국토교통부령으로 정하는 건축물(건축물의 구조기준 등에 관한 규칙 [별표 11]에 따른 중요도 특 또는 중요도 1에 해당하는 건축물)
  ㉦ 국가적 문화유산으로 보존할 가치가 있는 건축물로서 '국토교통부령으로 정하는 것'(국가적 문화유산으로 보존할 가치가 있는 박물관·기념관 그 밖에 이와 유사한 것으로서 연면적의 합계가 5천 제곱미터 이상인 건축물)(건축물의 구조기준 등에 관한 규칙 제56조 제3항)
  ㉧ 영 제2조 제18호('특수구조 건축물') 중 다음의 건축물
    ⓐ 한쪽 끝은 고정되고 다른 끝은 지지되지 아니한 구조로 된 보·차양 등이 외벽의 중심선으로부터 3미터 이상 돌출된 건축물
    ⓑ **무량판 구조**(보가 없이 바닥판·기둥으로 구성된 구조를 말한다. 이하 같다)를 가진 건축물로서 **무량판 구조**인 어느 하나의 층에 '**수직으로 배치된 주요구조부의 전체 단면적**'에서 '**보가 없이 배치된 기둥의 전체 단면적**'이 차지하는 비율이 **4분의 1 이상**인 건축물
    ⓒ 특수한 설계·시공·공법 등이 필요한 건축물로서 국토교통부장관이 정하여 고시하는 구조로 된 건축물
  ㉨ [별표 1] 제1호의 **단독주택** 및 같은 표 제2호의 **공동주택**
③ 위 ① 및 ② 각 호 외의 부분 본문에도 불구하고 방화·방수·단열 등의 성능 개선을 위해 기존 건축물을 국토교통부령으로 정하는 바에 따라 증축 또는 대수선하는 건축주에 대해서는 다음의 요건을 모두 갖춘 경우 국토교통부령으로 정하는 바에 따라 구조 안전의 확인 방법을 달리 적용할 수 있다. 다만, 영 제3조의2(대수선 범위) 제5호(방화벽 또는 방화구획을 위한 바닥 또는 벽을 증설 또는 해체하거나 수선 또는 변경하는 것)에 해당하는 경우에는 ㉠을 적용하지 않는다.
  ㉠ 주요구조부의 변경이 없을 것

ⓒ 위 **(1)**의 ①에 따른 구조내력(構造耐力)의 변경이 국토교통부령으로 정하는 경미한 변경에 해당할 것

④ 영 제6조 제1항 제6호 다목에 따라 기존 건축물을 건축 또는 대수선하려는 건축주는 법 제5조 제1항에 따라 적용의 완화를 요청할 때 구조 안전의 확인서류를 허가권자에게 제출하여야 한다.

(3) 관계전문기술자와의 협력(영 제91조의3)

① 다음의 어느 하나에 해당하는 건축물의 **설계자**는 위 **(2)**의 ①에 따라 해당 건축물에 대한 '구조의 안전을 확인하는 경우'에는 **건축구조기술사**의 협력을 받아야 한다.
   ㉠ **6층 이상**인 건축물
   ㉡ **특수구조** 건축물
   ㉢ **다중이용** 건축물
   ㉣ **준다중이용** 건축물
   ㉤ **3층 이상의 필로티형식** 건축물
   ㉥ 영 제32조(구조안전의 확인) 제2항 제6호(국토교통부령으로 정하는 **지진구역** 안의 건축물)에 해당하는 건축물 중 '국토교통부령으로 정하는 건축물'([별표 10]에 따른 지진구역 Ⅰ의 지역에 건축하는 건축물로서 [별표 11]에 따른 **중요도**가 '**특**'에 해당하는 건축물)

② 연면적 **1만 제곱미터** 이상인 건축물(창고시설은 제외한다) 또는 에너지를 대량으로 소비하는 건축물로서 국토교통부령으로 정하는 건축물에 건축설비를 설치하는 경우에는 국토교통부령으로 정하는 바에 따라 다음의 구분에 따른 **관계전문기술자**의 협력을 받아야 한다.
   ㉠ **전기, 승강기**(전기분야만 해당한다) 및 **피뢰침**:「기술사법」에 따라 등록한 건축전기설비기술사 또는 발송배전기술사
   ㉡ **급수·배수**(配水)**·배수**(排水)**·환기·난방·소화·배연·오물처리 설비 및 승강기**(기계분야만 해당한다):「기술사법」에 따라 등록한 건축기계설비기술사 또는 공조냉동기계기술사
   ㉢ **가스설비**:「기술사법」에 따라 등록한 건축기계설비기술사, 공조냉동기계기술사 또는 가스기술사

③ 깊이 **10미터 이상의 '토지 굴착공사'** 또는 높이 **5미터 이상의 '옹벽 등의 공사'**를 수반하는 건축물의 **설계자 및 공사감리자**는 토지 굴착 등에 관하여 국토교통부령으로 정하는 바에 따라 「기술사법」에 따라 등록한 **토목구조기술사, 토질 및 기초 기술사, 지질 및 지반 기술사** 또는 **토목시공기술사**의 협력을 받아야 한다.

④ **설계자 및 공사감리자**는 안전상 필요하다고 인정하는 경우, 관계 법령에서 정하는 경우 및 설계계약 또는 감리계약에 따라 건축주가 요청하는 경우에는 **관계전문기술자**의 협력을 받아야 한다.

⑤ **특수구조 건축물** 및 **고층건축물**의 '공사감리자'는 영 제19조 제3항 제1호 각 목 및 제2호 각 목에 해당하는 공정에 다다를 때 **건축구조기술사**의 협력을 받아야 한다.

⑥ **3층 이상**인 **필로티형식 건축물**의 공사감리자는 위 **(1)**에 따른 건축물의 구조상 안전을 위한 공사감리를 할 때 공사가 영 제18조의2 제2항 제3호 나목에 따른 단계에 다다른 경우마다 법 제67조 제1항 제1호부터 제3호까지의 규정에 따른 **관계전문기술자**의 협력을 받아야 한다. 이 경우 관계전문기술자는 「건설기술 진흥법 시행령」 [별표 1] 제3호 라목 1)에 따른 **건축구조 분야의 특급** 또는 **고급기술자의 자격요건을 갖춘 소속 기술자**로 하여금 업무를 수행하게 할 수 있다.

⑦ 위 ①~⑥의 규정에 따라 설계자 또는 공사감리자에게 협력한 **관계전문기술자**는 공사현장을 확인하고, 그가 작성한 설계도서 또는 감리중간보고서 및 감리완료보고서에 설계자 또는 공사감리자와 함께 서명날인하여야 한다.

⑧ 위 **(2)**의 ①에 따른 구조안전의 확인에 관하여 설계자에게 협력한 **건축구조기술사**는 구조의 안전을 확인한 건축물의 구조도 등 구조 관련 서류에 설계자와 함께 **서명날인**하여야 한다.

(4) 건축물 내진등급의 설정(법 제48조의2) 17회 주관식

① 국토교통부장관은 지진으로부터 건축물의 구조안전을 확보하기 위해 건축물의 용도, 규모 및 설계구조의 중요도에 따라 '**내진등급**(耐震等級)'을 설정하여야 한다.

② 위 ①에 따른 내진등급을 설정하기 위한 내진등급기준 등 필요한 사항은 국토교통부령으로 정한다.

(5) 건축물의 내진능력 공개(법 제48조의3)

① 다음의 어느 하나에 해당하는 건축물을 건축하고자 하는 자는 사용승인을 받는 즉시 건축물이 지진 발생 시에 견딜 수 있는 능력(이하 '**내진능력**'이라 한다)을 공개하여야 한다. 다만, 위 **(1)**의 ②에 따른 구조안전 확인대상 건축물이 아니거나 내진능력 산정이 곤란한 건축물로서 대통령령으로 정하는 건축물은 공개하지 아니한다.

　㉠ 층수가 **2층**[주요구조부인 기둥과 보를 설치하는 건축물로서 그 기둥과 보가 목재인 목구조 건축물(이하 '**목구조 건축물**'이라 한다)의 경우에는 **3층**] 이상인 건축물

　㉡ 연면적이 **200제곱미터**(목구조 건축물의 경우에는 **500제곱미터**) 이상인 건축물

　㉢ 그 밖에 건축물의 규모와 중요도를 고려하여 '대통령령으로 정하는 건축물'

② 위 ①의 내진능력의 산정기준과 공개방법 등 세부사항은 국토교통부령으로 정한다.

| 관련법령 | 건축물의 내진능력 공개(영 제32조의2) |

1. 위 **(5)**의 ①의 단서에서 '대통령령으로 정하는 건축물'이란 다음의 어느 하나에 해당하는 건축물을 말한다.
   ㉠ '창고, 축사, 작물재배사' 및 '표준설계도서에 따라 건축하는 건축물'로서 영 제32조 제2항 제1호 및 제3호부터 제9호까지의 어느 하나에도 해당하지 아니하는 건축물
   ㉡ 영 제32조 제1항에 따른 구조기준 중 국토교통부령으로 정하는 소규모건축구조기준을 적용한 건축물
2. 위 **(5)**의 ①의 ㉢에서 '대통령령으로 정하는 건축물'이란 영 제32조 제2항 제3호부터 제9호까지[위 **(2)**의 ②의 ㉢부터 ㉺까지]의 어느 하나에 해당하는 건축물을 말한다.

(6) 부속구조물의 설치 및 관리(법 제48조의4)

건축관계자, 소유자 및 관리자는 건축물의 부속구조물을 설계·시공 및 유지·관리 등을 고려하여 국토교통부령으로 정하는 기준에 따라 설치·관리하여야 한다.

2. 피난시설 등

(1) 건축물의 피난시설 및 용도제한 등(법 제49조)

① 대통령령으로 정하는 용도 및 규모의 건축물과 그 대지에는 국토교통부령으로 정하는 바에 따라 복도, 계단, 출입구, 그 밖의 피난시설과 저수조(貯水槽), 대지 안의 피난과 소화에 필요한 통로를 설치하여야 한다.

② 대통령령으로 정하는 용도 및 규모의 건축물의 안전·위생 및 방화(防火) 등을 위하여 필요한 용도 및 구조의 제한, 방화구획(防火區劃), 화장실의 구조, 계단·출입구, 거실의 반자 높이, 거실의 채광·환기, 배연설비와 바닥의 방습 등에 관하여 필요한 사항은 국토교통부령으로 정한다. 다만, '대규모 창고시설 등 대통령령으로 정하는 용도 및 규모의 건축물'에 대해서는 방화구획 등 화재 안전에 필요한 사항을 국토교통부령으로 별도로 정할 수 있다.

③ 대통령령(영 제51조 제4항)으로 정하는 건축물은 국토교통부령으로 정하는 기준에 따라 **소방관이 진입할 수 있는 창**을 설치하고, '외부에서 주야간에 식별할 수 있는 **표시**'를 하여야 한다. ['**영 제41조(대지 안의 피난 및 소화에 필요한 통로 설치)'와 비교**]

④ 대통령령으로 정하는 용도 및 규모의 건축물에 대하여 가구·세대 등 간 소음 방지를 위하여 국토교통부령으로 정하는 바에 따라 경계벽 및 바닥을 설치하여야 한다.

⑤ 「자연재해대책법」 제12조 제1항에 따른 '**자연재해위험개선지구**' 중 '**침수위험지구**'에 국가·지방자치단체 또는 「공공기관의 운영에 관한 법률」 제4조 제1항에 따른 공공기관이 건축하는 건축물은 침수 방지 및 방수를 위해 다음의 기준에 따라야 한다.
   ㉠ 건축물의 1층 전체를 필로티(건축물을 사용하기 위한 경비실, 계단실, 승강기실, 그 밖에 이와 비슷한 것을 포함한다) 구조로 할 것
   ㉡ 국토교통부령으로 정하는 침수 방지시설을 설치할 것

| 관련법령 | 영 제46조 제7항 |

위 (1)의 ②의 단서에서 '대규모 창고시설 등 대통령령으로 정하는 용도 및 규모의 건축물'이란 영 제46조 제2항 제2호에 해당하여 영 제46조 제1항을 적용하지 않거나 완화하여 적용하는 부분이 포함된 **창고시설**을 말한다.

(2) 피난시설 등의 유지·관리에 대한 기술지원(법 제49조의2)

국가 또는 지방자치단체는 건축물의 소유자나 관리자에게 위 (1)의 ① 및 ②에 따른 피난시설 등의 설치, 개량·보수 등 유지·관리에 대한 **기술지원**을 할 수 있다.

(3) 직통계단의 설치(영 제34조 제1항)

① 건축물의 **피난층**('직접 지상으로 통하는 출입구가 있는 층' 및 '초고층 건축물 및 준초고층 건축물의 **피난안전구역**'을 말한다) 외의 층에서는 피난층 또는 지상으로 통하는 '**직통계단**'(경사로를 포함한다)을 거실의 각 부분으로부터 계단(거실로부터 가장 가까운 거리에 있는 1개소의 **계단**을 말한다)에 이르는 보행거리가 **30미터** 이하가 되도록 설치해야 한다.

② 건축물(지하층에 설치하는 것으로서 바닥면적의 합계가 300제곱미터 이상인 공연장·집회장·관람장 및 전시장은 제외한다)의 주요구조부가 내화구조 또는 불연재료로 된 건축물은 그 보행거리가 **50미터**(층수가 '**16층 이상인 공동주택**'의 경우 16층 이상인 층에 대해서는 **40미터**) 이하가 되도록 설치할 수 있으며, 자동화 생산시설에 스프링클러 등 자동식 소화설비를 설치한 공장으로서 국토교통부령으로 정하는 공장인 경우에는 그 보행거리가 **75미터**(무인화 공장인 경우는 100미터) 이하가 되도록 설치할 수 있다. 25회 주관식

(4) 피난층 등으로 통하는 직통계단을 2개소 이상 설치하여야 하는 경우(영 제34조 제2항)

위 (1)의 ①에 따라 피난층 외의 층이 다음의 어느 하나에 해당하는 용도 및 규모의 건축물에는 국토교통부령으로 정하는 기준에 따라 피난층 또는 지상으로 통하는 직통계단을 2개소 이상 설치하여야 한다.

① 제2종 근린생활시설 중 공연장·종교집회장, 문화 및 집회시설(전시장 및 동·식물원은 제외한다), 종교시설, 위락시설 중 주점영업 또는 장례시설의 용도로 쓰는 층으로서 그 층에서 해당 용도로 쓰는 바닥면적의 합계가 200제곱미터(제2종 근린생활시설 중 공연장·종교집회장은 각각 300제곱미터) 이상인 것

② 단독주택 중 다중주택·다가구주택, 제1종 근린생활시설 중 정신과의원(입원실이 있는 경우로 한정한다), 제2종 근린생활시설 중 인터넷컴퓨터게임시설제공업소(해당 용도로 쓰는 바닥면적의 합계가 300제곱미터 이상인 경우만 해당한다)·학원·독서실, 판매시설, 운수시설(여객용 시설만 해당한다), 의료시설(입원실이 없는 치과병원은 제외한다), 교육연구시설 중 학원, 노유자시설 중 아동 관련 시설·노인복지시설·장애인 거주시설(장애인복지법 제58조 제1항

제1호에 따른 장애인 거주시설 중 국토교통부령으로 정하는 시설을 말한다. 이하 같다) 및 「장애인복지법」 제58조 제1항 제4호에 따른 장애인 의료재활시설(이하 '장애인 의료재활시설'이라 한다), 수련시설 중 유스호스텔 또는 숙박시설의 용도로 쓰는 3층 이상의 층으로서 그 층의 해당 용도로 쓰는 거실의 바닥면적의 합계가 200제곱미터 이상인 것

③ 공동주택(층당 4세대 이하인 것은 제외한다) 또는 업무시설 중 오피스텔의 용도로 쓰는 층으로서 그 층의 해당 용도로 쓰는 거실의 바닥면적의 합계가 300제곱미터 이상인 것

④ 위 ①~③의 용도로 쓰지 아니하는 3층 이상의 층으로서 그 층 거실의 바닥면적의 합계가 400제곱미터 이상인 것

⑤ 지하층으로서 그 층 거실의 바닥면적의 합계가 200제곱미터 이상인 것

(5) 피난안전구역(영 제34조 제3항~제5항)

① **'초고층 건축물'**에는 피난층 또는 지상으로 통하는 직통계단과 직접 연결되는 **'피난안전구역'**(건축물의 피난·안전을 위해 건축물 중간층에 설치하는 **'대피공간'**을 말한다)을 지상층으로부터 **'최대 30개 층마다'** 1개소 이상 설치하여야 한다.

② **'준초고층 건축물'**에는 피난층 또는 지상으로 통하는 직통계단과 직접 연결되는 **'피난안전구역'**을 해당 건축물 **'전체 층수의 2분의 1에 해당하는 층'**으로부터 **'상하 5개 층 이내'**에 31개소 이상 설치해야 한다. 다만, 국토교통부령으로 정하는 기준에 따라 피난층 또는 지상으로 통하는 직통계단을 설치하는 경우에는 그러하지 아니하다.

③ 위 ① 및 ②에 따른 피난안전구역의 규모와 설치기준은 국토교통부령으로 정한다.

(6) 피난계단 또는 특별피난계단의 설치(영 제35조)

① 위 (1)의 ①에 따라 **5층 이상 또는 지하 2층 이하인 층**에 설치하는 직통계단은 국토교통부령으로 정하는 기준에 따라 **'피난계단'** 또는 **'특별피난계단'**으로 설치하여야 한다. 다만, 건축물의 주요구조부가 내화구조 또는 불연재료로 되어 있는 경우로서 다음의 어느 하나에 해당하는 경우에는 그러하지 아니하다.

㉠ 5층 이상인 층의 바닥면적의 합계가 200제곱미터 이하인 경우
㉡ 5층 이상인 층의 바닥면적 200제곱미터 이내마다 방화구획이 되어 있는 경우

② 건축물('갓복도식 공동주택'은 '제외'한다)의 **'11층'**('공동주택'의 경우에는 '16층') 이상인 층(바닥면적이 400제곱미터 미만인 층은 제외한다) 또는 **지하 3층 이하인 층**(바닥면적이 400제곱미터 미만인 층은 제외한다)으로부터 피난층 또는 지상으로 통하는 직통계단은 **'특별피난계단'**으로 설치하여야 한다.

③ 위 ①에서 판매시설의 용도로 쓰는 층으로부터의 직통계단은 그중 1개소 이상을 **'특별피난계단'**으로 설치하여야 한다.

④ 건축물의 '5층 이상인 층'으로서 문화 및 집회시설 중 전시장 또는 동·식물원, 판매시설, 운수시설(여객용 시설만 해당한다), 운동시설, 위락시설, 관광휴게시설(다중이 이용하는 시설만 해당한다) 또는 수련시설 중 생활권수련시설의 용도로 쓰는 층에는 직통계단 외에 그 층의 해당 용도로 쓰는 바닥면적의 합계가 2천 제곱미터를 넘는 경우에는 그 넘는 2천 제곱미터 이내마다 1개소의 피난계단 또는 특별피난계단(4층 이하의 층에는 쓰지 아니하는 피난계단 또는 특별피난계단만 해당한다)을 설치하여야 한다.

(7) 옥외피난계단의 설치 (영 제36조)

건축물의 3층 이상인 층(피난층은 제외한다)으로서 다음의 어느 하나에 해당하는 용도로 쓰는 층에는 **직통계단 외**에 그 층으로부터 지상으로 통하는 '**옥외피난계단**'을 따로 설치하여야 한다.

① 제2종 근린생활시설 중 **공연장**(해당 용도로 쓰는 바닥면적의 합계가 300제곱미터 이상인 경우만 해당한다), 문화 및 집회시설 중 공연장이나 위락시설 중 주점영업의 용도로 쓰는 층으로서 그 층 거실의 바닥면적의 합계가 **300제곱미터 이상**인 것

② 문화 및 집회시설 중 **집회장**의 용도로 쓰는 층으로서 그 층 거실의 바닥면적의 합계가 **1천 제곱미터 이상**인 것

(8) 지하층과 피난층 사이의 개방공간 설치 (영 제37조)

바닥면적의 합계가 **3천 제곱미터** 이상인 공연장·집회장·관람장 또는 전시장을 지하층에 설치하는 경우에는 각 실에 있는 자가 지하층 각 층에서 건축물 밖으로 피난하여 옥외계단 또는 경사로 등을 이용하여 피난층으로 대피할 수 있도록 천장이 개방된 '**외부공간**'을 설치하여야 한다. 19회 주관식

(9) 관람실 등으로부터의 출구 설치 (영 제38조)

다음의 어느 하나에 해당하는 건축물에는 국토교통부령으로 정하는 기준에 따라 **관람실** 또는 **집회실**로부터의 **출구**를 설치해야 한다. 26회

① 제2종 근린생활시설 중 공연장·종교집회장(해당 용도로 쓰는 바닥면적의 합계가 각각 300제곱미터 이상인 경우만 해당한다)
② 문화 및 집회시설(전시장 및 동·식물원은 제외한다)
③ 종교시설
④ 위락시설
⑤ 장례시설

(10) 건축물 바깥쪽으로의 출구 설치 (영 제39조)

① 다음의 어느 하나에 해당하는 건축물에는 국토교통부령으로 정하는 기준에 따라 그 건축물로부터 '바깥쪽으로 나가는 출구'를 설치하여야 한다.

㉠ 제2종 근린생활시설 중 공연장·종교집회장·인터넷컴퓨터게임시설제공업소(해당 용도로 쓰는 바닥면적의 합계가 각각 300제곱미터 이상인 경우만 해당한다) 27회
㉡ 문화 및 집회시설(전시장 및 동·식물원은 제외한다) 27회
㉢ 종교시설
㉣ 판매시설
㉤ 업무시설 중 국가 또는 지방자치단체의 청사
㉥ 위락시설
㉦ 연면적이 5천 제곱미터 이상인 창고시설 27회
㉧ 교육연구시설 중 학교 27회
㉨ 장례시설
㉩ 승강기를 설치하여야 하는 건축물 27회
② 위 **(1)**의 ①에 따라 건축물의 출입구에 설치하는 '회전문'은 국토교통부령으로 정하는 기준에 적합해야 한다.

(11) 옥상광장 등의 설치(영 제40조 제1항~제3항)

① **옥상광장** 또는 **2층 이상인 층**에 있는 노대 등[노대(露臺)나 그 밖에 이와 비슷한 것을 말한다]의 주위에는 높이 '**1.2미터 이상**'의 '**난간**'을 설치하여야 한다. 다만, 그 노대 등에 출입할 수 없는 구조인 경우에는 그러하지 아니하다. 19회, 28회

② '**5층 이상인 층**'이 제2종 근린생활시설 중 공연장·종교집회장·인터넷컴퓨터게임시설제공업소(해당 용도로 쓰는 바닥면적의 합계가 각각 300제곱미터 이상인 경우만 해당한다), 문화 및 집회시설(전시장 및 동·식물원은 제외한다), 종교시설, 판매시설, 위락시설 중 주점영업 또는 장례시설의 용도로 쓰는 경우에는 '**피난 용도로 쓸 수 있는 광장**'을 '**옥상**'에 설치하여야 한다. 19회

③ 다음의 어느 하나에 해당하는 건축물은 **옥상**으로 통하는 **출입문**에 「소방시설 설치 및 관리에 관한 법률」 제40조 제1항에 따른 성능인증 및 같은 조 제2항에 따른 제품검사를 받은 **비상문자동개폐장치**(화재 등 비상시에 소방시스템과 연동되어 잠김 상태가 자동으로 풀리는 장치를 말한다)를 **설치**해야 한다.
  ㉠ 위 ②에 따라 피난 용도로 쓸 수 있는 **광장**을 **옥상**에 설치해야 하는 건축물
  ㉡ 피난 용도로 쓸 수 있는 **광장**을 **옥상**에 설치하는 다음의 건축물
    ⓐ **다중이용 건축물**
    ⓑ 연면적 **1천 제곱미터 이상**인 **공동주택**

(12) 헬리포트 설치대상 건축물(영 제40조 제4항·제5항)

① 층수가 '**11층 이상인 건축물**'로서 '**11층 이상인 층의 바닥면적의 합계**'가 1만 제곱미터 이상인 건축물의 옥상에는 다음의 구분에 따른 공간을 확보하여야 한다.

㉠ 건축물의 지붕을 평지붕으로 하는 경우: '**헬리포트**'를 설치하거나 '**헬리콥터**'를 통해 인명 등을 구조할 수 있는 공간

㉡ 건축물의 지붕을 경사지붕으로 하는 경우: 경사지붕 아래에 설치하는 '**대피공간**'(㉡의 경우, 용적률을 산정할 때 '대피공간'의 면적은 '연면적'에서 제외한다)

② 헬리포트를 설치하거나 헬리콥터를 통하여 인명 등을 구조할 수 있는 공간 및 경사지붕 아래에 설치하는 대피공간의 설치기준은 국토교통부령으로 정한다.

(13) 대지 안의 피난 및 소화에 필요한 통로 설치(영 제41조)

① 건축물의 대지 안에는 그 건축물 바깥쪽으로 통하는 주된 출구와 지상으로 통하는 피난계단 및 특별피난계단으로부터 도로 또는 공지(공원, 광장, 그 밖에 이와 비슷한 것으로서 피난 및 소화를 위하여 해당 대지의 출입에 지장이 없는 것을 말한다)로 통하는 통로를 다음의 기준에 따라 설치하여야 한다.

㉠ 통로의 너비는 다음의 구분에 따른 기준에 따라 확보할 것

ⓐ 단독주택: 유효너비 0.9미터 이상

ⓑ 바닥면적의 합계가 500제곱미터 이상인 문화 및 집회시설, 종교시설, 의료시설, 위락시설 또는 장례시설: 유효너비 3미터 이상

ⓒ 그 밖의 용도로 쓰는 건축물: 유효너비 1.5미터 이상

㉡ 필로티 내 통로의 길이가 2미터 이상인 경우에는 피난 및 소화활동에 장애가 발생하지 아니하도록 자동차 진입억제용 말뚝 등 통로 보호시설을 설치하거나 통로에 단차(段差)를 둘 것

② 위 ①에도 불구하고 '다중이용 건축물', '준다중이용 건축물' 또는 '층수가 11층 이상인 건축물'이 건축되는 대지에는 그 안의 모든 다중이용 건축물, 준다중이용 건축물 또는 층수가 11층 이상인 건축물에 「소방기본법」 제21조에 따른 **소방자동차의 접근이 가능한 통로**를 설치해야 한다. 다만, 모든 다중이용 건축물, 준다중이용 건축물 또는 층수가 11층 이상인 건축물이 소방자동차의 접근이 가능한 도로 또는 공지에 직접 접하여 건축되는 경우로서 소방자동차가 도로 또는 공지에서 직접 소방활동이 가능한 경우에는 그러하지 아니하다.

(14) 피난 규정의 적용례(영 제44조)

건축물이 창문, 출입구, 그 밖의 개구부(開口部)(이하 '창문 등'이라 한다)가 없는 내화구조의 바닥 또는 벽으로 구획되어 있는 경우에는 그 구획된 각 부분을 각각 별개의 건축물로 보아 영 제34조(직통계단의 설치)부터 제41조(대지 안의 피난 및 소화에 필요한 통로 설치)까지 및 제48조(계단·복도 및 출입구의 설치)를 적용한다.

(15) 방화구획 등의 설치(영 제46조 제1항~제3항)

① 위 **(1)**의 ② 본문에 따라 주요구조부가 내화구조 또는 불연재료로 된 건축물로서 연면적이 **1천 제곱미터**를 넘는 것은 국토교통부령으로 정하는 기준에 따라 다음의 구조물로 구획(이하 '방화구획'이라 한다)을 해야 한다. 다만, 「원자력안전법」 제2조 제8호 및 제10호에 따른 원자로 및 관계시설은 같은 법에서 정하는 바에 따른다.

　㉠ 내화구조로 된 바닥 및 벽
　㉡ 영 제64조 제1항 제1호·제2호에 따른 방화문 또는 자동방화셔터(국토교통부령으로 정하는 기준에 적합한 것을 말한다. 이하 같다)

② 다음에 해당하는 건축물의 부분에는 위 ①을 적용하지 않거나 그 사용에 지장이 없는 범위에서 위 ①을 완화하여 적용할 수 있다.

　㉠ 문화 및 집회시설(동·식물원은 제외한다), 종교시설, 운동시설 또는 장례시설의 용도로 쓰는 거실로서 시선 및 활동공간의 확보를 위하여 불가피한 부분
　㉡ 물품의 제조·가공 및 운반 등(보관은 제외한다)에 필요한 고정식 대형 기기(器機) 또는 설비의 설치를 위하여 불가피한 부분. 다만, 지하층인 경우에는 지하층의 외벽 한쪽 면(지하층의 바닥면에서 지상층 바닥 아래면까지의 외벽 면적 중 4분의 1 이상이 되는 면을 말한다) 전체가 건물 밖으로 개방되어 보행과 자동차의 진입·출입이 가능한 경우로 한정한다.
　㉢ 계단실·복도 또는 승강기의 승강장 및 승강로로서 그 건축물의 다른 부분과 방화구획으로 구획된 부분. 다만, 해당 부분에 위치하는 설비배관 등이 바닥을 관통하는 부분은 제외한다.
　㉣ 건축물의 최상층 또는 피난층으로서 대규모 회의장·강당·스카이라운지·로비 또는 피난안전구역 등의 용도로 쓰는 부분으로서 그 용도로 사용하기 위하여 불가피한 부분
　㉤ 복층형 공동주택의 세대별 층간 바닥 부분
　㉥ 주요구조부가 내화구조 또는 불연재료로 된 주차장
　㉦ 단독주택, 동물 및 식물 관련 시설 또는 국방·군사시설(집회, 체육, 창고 등의 용도로 사용되는 시설만 해당한다)로 쓰는 건축물
　㉧ 건축물의 1층과 2층의 일부를 동일한 용도로 사용하며 그 건축물의 다른 부분과 방화구획으로 구획된 부분(바닥면적의 합계가 500제곱미터 이하인 경우로 한정한다)

③ 건축물 일부의 주요구조부를 내화구조로 하거나 위 ②에 따라 건축물의 일부에 위 ①을 완화하여 적용한 경우에는 내화구조로 한 부분 또는 위 ①을 완화하여 적용한 부분과 그 밖의 부분을 방화구획으로 구획하여야 한다.

(16) 발코니에 대피공간 설치의무(영 제46조 제4항·제5항)

① **공동주택** 중 **아파트**로서 '**4층**' 이상인 층의 각 세대가 2개 이상의 직통계단을 사용할 수 없는 경우에는 발코니(발코니의 외부에 접하는 경우를 포함한다)에 인접 세대와 공동으로 또는 각 세대별로 다음의 요건을 모두 갖춘 '**대피공간**'을 하나 이상 설치해야 한다. 이 경우 인접 세대와 공동으로 설치하는 대피공간은 인접 세대를 통하여 2개 이상의 직통계단을 쓸 수 있는 위치에 우선 설치되어야 한다. 21회

  ⊙ 대피공간은 바깥의 공기와 접할 것
  ⓒ 대피공간은 실내의 다른 부분과 '**방화구획**'으로 구획될 것
  ⓒ 대피공간의 바닥면적은 인접 세대와 공동으로 설치하는 경우에는 3제곱미터 이상, 각 세대별로 설치하는 경우에는 2제곱미터 이상일 것
  ㉣ 대피공간으로 통하는 출입문은 '**60분＋방화문**'으로 설치할 것
  ㉤ 국토교통부장관이 정하는 기준에 적합할 것

  ▶ 「주택건설기준 등에 관한 규정」상 '경계벽의 두께 규정'에도 불구하고 '**공동주택**'의 '**3층 이상인 층**'의 발코니에 세대 간 경계벽을 설치하는 경우에는 화재 등의 경우에 피난용도로 사용할 수 있는 '피난구'를 경계벽에 설치하거나 경계벽의 구조를 '파괴하기 쉬운 경량구조 등'으로 할 수 있다. 다만, 경계벽에 창고 기타 이와 유사한 시설을 설치하는 경우에는 그러하지 아니하다.

② 위 ①에도 불구하고 아파트의 4층 이상인 층에서 발코니(㉣의 경우에는 발코니의 외부에 접하는 경우를 포함한다)에 다음의 어느 하나에 해당하는 구조 또는 시설을 갖춘 경우에는 대피공간을 설치하지 않을 수 있다. 28회

  ⊙ 발코니와 인접 세대와의 경계벽이 **파괴하기 쉬운 경량구조** 등인 경우
  ⓒ 발코니의 경계벽에 **피난구**를 설치한 경우 28회
  ⓒ 발코니의 바닥에 국토교통부령으로 정하는 **하향식 피난구**를 설치한 경우
  ㉣ 국토교통부장관이 위 ①에 따른 대피공간과 동일하거나 그 이상의 성능이 있다고 인정하여 고시하는 구조 또는 시설(이하 '**대체시설**'이라 한다)을 갖춘 경우. 이 경우 국토교통부장관은 대체시설의 성능에 대해 미리 「과학기술분야 정부출연연구기관 등의 설립·운영 및 육성에 관한 법률」 제8조 제1항에 따라 설립된 한국건설기술연구원의 기술검토를 받은 후 고시해야 한다.

관련법령 | 대피공간의 구조(발코니 등의 구조변경절차 및 설치기준 제3조)

1. 위 **(16)**의 ①의 규정에 따라 설치되는 대피공간은 채광방향과 관계없이 거실 각 부분에서 접근이 용이하고 외부에서 신속하고 원활한 구조활동을 할 수 있는 장소에 설치하여야 하며, 출입구에 설치하는 갑종 방화문은 거실쪽에서만 열 수 있는 구조(대피공간임을 알 수 있는 표지판을 설치할 것)로서 대피공간을 향해 열리는 밖여닫이로 하여야 한다.
2. 대피공간은 1시간 이상의 내화성능을 갖는 내화구조의 벽으로 구획되어야 하며, 벽·천장 및 바닥의 내부마감재료는 준불연재료 또는 불연재료를 사용하여야 한다.

3. 대피공간은 외기에 개방되어야 한다. 다만, 창호를 설치하는 경우에는 폭 0.7미터 이상, 높이 1.0미터 이상(구조체에 고정되는 창틀 부분은 제외한다)은 반드시 외기에 개방될 수 있어야 하며, 비상시 외부의 도움을 받는 경우 피난에 장애가 없는 구조로 설치하여야 한다.
4. 대피공간에는 정전에 대비해 휴대용 손전등을 비치하거나 비상전원이 연결된 조명설비가 설치되어야 한다.
5. 대피공간은 대피에 지장이 없도록 시공·유지관리되어야 하며, 대피공간을 보일러실 또는 창고 등 대피에 장애가 되는 공간으로 사용하여서는 아니 된다. 다만, 에어컨 실외기 등 냉방설비의 배기장치를 대피공간에 설치하는 경우에는 다음의 기준에 적합하여야 한다.
   ㉠ 냉방설비의 배기장치를 불연재료로 구획할 것
   ㉡ 위 ㉠에 따라 구획된 면적은 위 **(16)**의 ①의 ㉢에 따른 대피공간 바닥면적 산정 시 제외할 것

(17) 요양병원 등의 피난층 외의 층에 설치하여야 할 시설(영 제46조 제6항)

요양병원, 정신병원, 「노인복지법」 제34조 제1항 제1호에 따른 노인요양시설(이하 '노인요양시설'이라 한다), 장애인 거주시설 및 장애인 의료재활시설의 피난층 외의 층에는 다음의 어느 하나에 해당하는 시설을 설치하여야 한다.

① 각 층마다 별도로 '**방화구획된 대피공간**'
② 거실에 접하여 설치된 **노대 등**
③ 계단을 이용하지 아니하고 건물 외부의 지상으로 통하는 경사로 또는 인접 건축물로 피난할 수 있도록 설치하는 **연결복도** 또는 **연결통로**

(18) 방화에 장애가 되는 용도의 제한(영 제47조)

① 의료시설, 노유자시설(아동 관련 시설 및 노인복지시설만 해당한다), 공동주택, 장례시설 또는 제1종 근린생활시설(산후조리원만 해당한다)과 위락시설, 위험물저장 및 처리시설, 공장 또는 자동차 관련 시설(정비공장만 해당한다)은 같은 건축물에 함께 설치할 수 없다. 다만, 다음에 해당하는 경우로서 국토교통부령으로 정하는 경우에는 같은 건축물에 함께 설치할 수 있다.
   ㉠ 공동주택(기숙사만 해당한다)과 공장이 같은 건축물에 있는 경우
   ㉡ 중심상업지역·일반상업지역 또는 근린상업지역에서 「도시 및 주거환경정비법」에 따른 재개발사업을 시행하는 경우
   ㉢ 공동주택과 위락시설이 같은 초고층 건축물에 있는 경우. 다만, 사생활을 보호하고 방범·방화 등 주거 안전을 보장하며 소음·악취 등으로부터 주거환경을 보호할 수 있도록 주택의 출입구·계단 및 승강기 등을 주택 외의 시설과 분리된 구조로 하여야 한다.
   ㉣ 「산업집적활성화 및 공장설립에 관한 법률」 제2조 제13호에 따른 지식산업센터와 「영유아보육법」 제10조 제4호에 따른 직장어린이집이 같은 건축물에 있는 경우
② 다음에 해당하는 용도의 시설은 같은 건축물에 함께 설치할 수 없다.
   ㉠ 노유자시설 중 아동 관련 시설 또는 노인복지시설과 판매시설 중 도매시장 또는 소매시장

ⓒ 단독주택(다중주택, 다가구주택에 한정한다), 공동주택, 제1종 근린생활시설 중 조산원 또는 산후조리원과 제2종 근린생활시설 중 다중생활시설

(19) 계단·복도 및 출입구의 설치(영 제48조)

① 연면적 200제곱미터를 초과하는 건축물에 설치하는 계단 및 복도는 국토교통부령으로 정하는 기준에 적합해야 한다.

② 위 **(1)**의 ② 본문에 따라 위 **(10)**의 ①에 해당하는 건축물의 '출입구'는 국토교통부령으로 정하는 기준에 적합해야 한다.

③ 위 ①에도 불구하고 숙박시설 중 **생활숙박시설**을 업무시설 중 **오피스텔**로 용도를 변경하기 위해 변경허가를 신청하거나 변경신고를 하는 경우 또는 용도변경 신고를 하는 경우로서 다음의 요건을 모두 갖춘 경우에는 국토교통부령으로 정하는 바에 따라 **복도의 설치 기준을 달리 적용**할 수 있다. 〈신설 2025.4.15.〉

　㉠ 2024년 10월 16일 이전에 해당 생활숙박시설에 대한 건축허가를 신청한 경우(건축허가를 신청하기 위해 법 제4조의2 제1항에 따라 시·도지사 또는 시장·군수·구청장에게 지방건축위원회의 심의를 신청한 경우를 포함한다)일 것

　㉡ 해당 생활숙박시설의 소재지를 관할하는 **'소방서장'**이 화재위험성 및 피난안전성 검토를 거쳐 '오피스텔로의 용도변경'에 따른 안전성이 확보되었다고 **인정**하였을 것. 이 경우 화재위험성 및 피난안전성 검토에 필요한 사항은 국토교통부장관과 소방청장이 협의하여 공동으로 고시한다.

　㉢ 위 ㉡에 따라 **'소방서장'**의 인정을 받은 후 **지방건축위원회의 심의**를 거칠 것

(20) 거실반자의 설치(영 제50조)

공장, 창고시설, 위험물저장 및 처리시설, 동물 및 식물 관련 시설, 자원순환 관련 시설 또는 묘지 관련 시설 외의 용도로 쓰는 건축물 거실의 반자(반자가 없는 경우에는 보 또는 바로 위층의 바닥판의 밑면, 그 밖에 이와 비슷한 것을 말한다)는 '국토교통부령으로 정하는 기준'에 적합해야 한다.

관련법령 거실의 반자높이(건축물의 피난·방화구조 등의 기준에 관한 규칙 제16조)

1. 거실의 반자(반자가 없는 경우에는 보 또는 바로 위층의 바닥판의 밑면 기타 이와 유사한 것을 말한다. 이하 같다)는 그 높이를 **2.1미터 이상**으로 하여야 한다.
2. 문화 및 집회시설(전시장 및 동·식물원은 제외한다), 종교시설, 장례식장 또는 위락시설 중 유흥주점의 용도에 쓰이는 건축물의 관람실 또는 집회실로서 그 바닥면적이 200제곱미터 이상인 것의 반자의 높이는 위 1.에도 불구하고 **4미터**(노대의 아랫부분의 높이는 **2.7미터**) 이상이어야 한다. 다만, 기계환기장치를 설치하는 경우에는 그렇지 않다.

(21) 채광 및 환기를 위한 창문이나 설비의 설치(영 제51조 제1항)

단독주택 및 공동주택의 거실, 교육연구시설 중 학교의 교실, 의료시설의 병실 및 숙박시설의 객실에는 국토교통부령으로 정하는 기준에 따라 채광 및 환기를 위한 창문 등이나 설비를 설치해야 한다.

(22) 배연설비의 설치(영 제51조 제2항)

위 (1)의 ② 본문에 따라 다음의 어느 하나에 해당하는 건축물의 거실(피난층의 거실은 제외한다)에는 **배연설비**(排煙設備)를 해야 한다.

① 6층 이상인 건축물로서 다음에 해당하는 용도로 쓰는 건축물
  ㉠ 제2종 근린생활시설 중 공연장, 종교집회장, 인터넷컴퓨터게임시설제공업소 및 다중생활시설(공연장, 종교집회장 및 인터넷컴퓨터게임시설제공업소는 해당 용도로 쓰는 바닥면적의 합계가 각각 300제곱미터 이상인 경우만 해당한다)
  ㉡ 문화 및 집회시설
  ㉢ 종교시설
  ㉣ 판매시설
  ㉤ 운수시설
  ㉥ 의료시설(요양병원 및 정신병원은 제외한다)
  ㉦ 교육연구시설 중 연구소
  ㉧ 노유자시설 중 아동 관련 시설, 노인복지시설(노인요양시설은 제외한다)
  ㉨ 수련시설 중 유스호스텔
  ㉩ 운동시설
  ㉪ 업무시설
  ㉫ 숙박시설
  ㉬ 위락시설
  ㉭ 관광휴게시설
  ㉮ 장례시설

② 다음에 해당하는 용도로 쓰는 건축물
  ㉠ 의료시설 중 요양병원 및 정신병원
  ㉡ 노유자시설 중 노인요양시설·장애인 거주시설 및 장애인 의료재활시설
  ㉢ 제1종 근린생활시설 중 산후조리원

(23) 오피스텔 추락방지를 위한 안전시설 설치(영 제51조 제3항)

오피스텔에 거실 바닥으로부터 높이 1.2미터 이하 부분에 여닫을 수 있는 창문을 설치하는 경우에는 국토교통부령으로 정하는 기준에 따라 추락방지를 위한 안전시설을 설치해야 한다.

(24) 소방관 진입로 표시(영 제51조 제4항)

위 **(1)**의 ③에 따라 건축물의 **11층 이하**의 층에는 **소방관이** 진입할 수 있는 **'창'**을 설치하고, '외부에서 주야간에 식별할 수 있는 **표시**'를 해야 한다. 다만, 다음의 어느 하나에 해당하는 **아파트**는 **제외**한다.

① 영 제46조 제4항 및 제5항에 따라 **대피공간 등**을 설치한 **아파트**
② 「주택건설기준 등에 관한 규정」 제15조 제2항에 따라 **비상용 승강기**를 설치한 **아파트**

(25) 거실 등의 방습(영 제52조)

다음에 해당하는 거실·욕실 또는 조리장의 바닥 부분에는 국토교통부령으로 정하는 기준에 따라 방습을 위한 조치를 해야 한다.

① 건축물의 최하층에 있는 거실(바닥이 목조인 경우만 해당한다)
② 제1종 근린생활시설 중 목욕장의 욕실과 휴게음식점 및 제과점의 조리장
③ 제2종 근린생활시설 중 일반음식점, 휴게음식점 및 제과점의 조리장과 숙박시설의 욕실

(26) 경계벽 등의 설치(영 제53조)

① 다음의 어느 하나에 해당하는 건축물의 경계벽은 국토교통부령(건축물의 피난·방화구조 등의 기준에 관한 규칙 제19조)으로 정하는 기준에 따라 설치해야 한다.
   ㉠ 단독주택 중 다가구주택의 각 가구 간 또는 공동주택(기숙사는 제외한다)의 각 세대 간 경계벽(영 제2조 제14호 후단에 따라 거실·침실 등의 용도로 쓰지 아니하는 발코니 부분은 제외한다)
   ㉡ 공동주택 중 기숙사의 침실, 의료시설의 병실, 교육연구시설 중 학교의 교실 또는 숙박시설의 객실 간 경계벽
   ㉢ 제1종 근린생활시설 중 산후조리원의 다음의 어느 하나에 해당하는 경계벽
      ⓐ 임산부실 간 경계벽
      ⓑ 신생아실 간 경계벽
      ⓒ 임산부실과 신생아실 간 경계벽
   ㉣ 제2종 근린생활시설 중 다중생활시설의 호실 간 경계벽
   ㉤ 노유자시설 중 「노인복지법」 제32조 제1항 제3호에 따른 노인복지주택(이하 '노인복지주택'이라 한다)의 각 세대 간 경계벽
   ㉥ 노유자시설 중 노인요양시설의 호실 간 경계벽
② 다음의 어느 하나에 해당하는 건축물의 층간바닥(화장실의 바닥은 제외한다)은 국토교통부령으로 정하는 기준에 따라 설치해야 한다.
   ㉠ 단독주택 중 다가구주택
   ㉡ 공동주택(주택법에 따른 주택건설사업계획승인 대상은 제외한다)

ⓒ 업무시설 중 오피스텔
　　② 제2종 근린생활시설 중 다중생활시설
　　⑩ 숙박시설 중 다중생활시설

(27) 건축물에 설치하는 굴뚝(영 제54조)

건축물에 설치하는 굴뚝은 국토교통부령으로 정하는 기준에 따라 설치하여야 한다.

(28) 창문 등의 **차면시설**(영 제55조)

인접대지경계선으로부터 직선거리 2미터 이내에 이웃 주택의 내부가 보이는 창문 등을 설치하는 경우에는 차면시설(遮面施設)을 설치하여야 한다. 19회

제4절　내화구조 및 방화구조 등

1. 내화구조, 방화구조 등

(1) 건축물의 내화구조와 방화벽(법 제50조)

① 문화 및 집회시설, 의료시설, 공동주택 등 '대통령령으로 정하는 건축물'은 국토교통부령으로 정하는 기준에 따라 **주요구조부**와 지붕을 내화(耐火)구조로 하여야 한다. 다만, 막구조 등 대통령령으로 정하는 구조는 **주요구조부**에만 내화구조로 할 수 있다. 26회 주관식

② '대통령령으로 정하는 용도 및 규모의 건축물'은 국토교통부령으로 정하는 기준에 따라 방화벽으로 구획하여야 한다.

(2) 건축물의 내화구조(영 제56조)

① 다음의 어느 하나에 해당하는 건축물(다음 ⑩에 해당하는 건축물로서 2층 이하인 건축물은 지하층 부분만 해당한다)의 주요구조부와 지붕은 내화구조로 해야 한다. 다만, 연면적이 50제곱미터 이하인 단층의 부속건축물로서 외벽 및 처마 밑면을 방화구조로 한 것과 무대의 바닥은 그렇지 않다.

　　㉠ 제2종 근린생활시설 중 공연장·종교집회장(해당 용도로 쓰는 바닥면적의 합계가 각각 300제곱미터 이상인 경우만 해당한다), 문화 및 집회시설(전시장 및 동·식물원은 제외한다), 종교시설, 위락시설 중 주점영업 및 장례시설의 용도로 쓰는 건축물로서 관람실 또는 집회실의 바닥면적의 합계가 200제곱미터(옥외관람석의 경우에는 1천 제곱미터) 이상인 건축물

　　㉡ 문화 및 집회시설 중 전시장 또는 동·식물원, 판매시설, 운수시설, 교육연구시설에 설치하는 체육관·강당, 수련시설, 운동시설 중 체육관·운동장, 위락시설(주점영업의 용도로 쓰는 것은 제외한다), 창고시설, 위험물저장 및 처리시설, 자동차 관련 시설, 방송통신

시설 중 방송국·전신전화국·촬영소, 묘지 관련 시설 중 화장시설·동물화장시설 또는 관광휴게시설의 용도로 쓰는 건축물로서 그 용도로 쓰는 바닥면적의 합계가 500제곱미터 이상인 건축물

ⓒ 공장의 용도로 쓰는 건축물로서 그 용도로 쓰는 바닥면적의 합계가 2천 제곱미터 이상인 건축물. 다만, 화재의 위험이 적은 공장으로서 국토교통부령으로 정하는 공장은 제외한다.

ⓒ 건축물의 2층이 단독주택 중 다중주택 및 다가구주택, 공동주택, 제1종 근린생활시설(의료의 용도로 쓰는 시설만 해당한다), 제2종 근린생활시설 중 다중생활시설, 의료시설, 노유자시설 중 아동 관련 시설 및 노인복지시설, 수련시설 중 유스호스텔, 업무시설 중 오피스텔, 숙박시설 또는 장례시설의 용도로 쓰는 건축물로서 그 용도로 쓰는 바닥면적의 합계가 400제곱미터 이상인 건축물

ⓔ 3층 이상인 건축물 및 지하층이 있는 건축물. 다만, 단독주택(다중주택 및 다가구주택은 제외한다), 동물 및 식물 관련 시설, 발전시설(발전소의 부속용도로 쓰는 시설은 제외한다), 교도소·소년원 또는 묘지 관련 시설(화장시설·동물화장시설은 제외한다)의 용도로 쓰는 건축물과 철강 관련 업종의 공장 중 제어실로 사용하기 위하여 연면적 50제곱미터 이하로 증축하는 부분은 제외한다.

② 위 **(1)**의 ① 단서에 따라 막구조의 건축물은 주요구조부에만 내화구조로 할 수 있다.

(3) 대규모 건축물의 방화벽 등(영 제57조)

① 위 **(1)**의 ②에 따라 연면적 1천 제곱미터 이상인 건축물은 '**방화벽**'으로 구획하되, 각 구획된 바닥면적의 합계는 **1천 제곱미터 미만**이어야 한다. 다만, 주요구조부가 내화구조이거나 불연재료인 건축물과 위 **(2)**의 ①의 ⓔ 단서에 따른 건축물 또는 내부설비의 구조상 방화벽으로 구획할 수 없는 '창고시설'의 경우에는 그러하지 아니하다. 28회

② 방화벽의 구조에 관하여 필요한 사항은 국토교통부령으로 정한다.

③ 연면적 1천 제곱미터 이상인 '**목조 건축물**'의 구조는 '국토교통부령'으로 정하는 바에 따라 '**방화구조**'로 하거나 '**불연재료**'로 하여야 한다.

(4) 고층건축물의 피난 및 안전관리(법 제50조의2)

① '고층건축물'에는 대통령령으로 정하는 바에 따라 '**피난안전구역**'을 설치하거나 '**대피공간**'을 확보한 '**계단**'을 설치하여야 한다. 이 경우 피난안전구역의 설치기준, 계단의 설치기준과 구조 등에 관하여 필요한 사항은 국토교통부령으로 정한다.

② 고층건축물에 설치된 피난안전구역·피난시설 또는 대피공간에는 국토교통부령으로 정하는 바에 따라 화재 등의 경우에 피난 용도로 사용되는 것임을 표시하여야 한다.

③ 고층건축물의 화재예방 및 피해경감을 위하여 국토교통부령으로 정하는 바에 따라 법 제48조(구조내력 등)부터 제50조(건축물의 내화구조와 방화벽)까지의 기준을 **강화**하여 적용할 수 있다.

(5) 방화지구 안의 건축물(법 제51조)

① 「국토의 계획 및 이용에 관한 법률」에 따른 방화지구 안에서는 건축물의 **주요구조부**와 지붕·외벽을 '**내화구조**'로 하여야 한다. 다만, 대통령령으로 정하는 경우에는 그러하지 아니하다. 28회 주관식

② '방화지구 안의 공작물'로서 간판, 광고탑, 그 밖에 대통령령으로 정하는 공작물 중 건축물의 '**지붕 위**'에 설치하는 공작물이나 높이 '**3미터 이상**의 공작물'은 주요부를 '**불연재료**'로 하여야 한다. 19회, 28회 주관식

③ '방화지구 안'의 지붕·방화문 및 인접대지경계선에 접하는 외벽은 국토교통부령으로 정하는 구조 및 재료로 하여야 한다.

(6) 방화지구의 건축물(영 제58조)

위 (5)의 ①에 따라 그 주요구조부 및 외벽을 '내화구조'로 하지 아니할 수 있는 건축물'은 다음과 같다.

① 연면적 30제곱미터 미만인 단층 부속건축물로서 외벽 및 처마면이 내화구조 또는 불연재료로 된 것

② 도매시장의 용도로 쓰는 건축물로서 그 주요구조부가 불연재료로 된 것 19회

2. 건축물의 마감재료, 실내건축 등

(1) 건축물의 마감재료 등(법 제52조)

① 대통령령으로 정하는 용도 및 규모의 건축물의 벽, 반자, 지붕(반자가 없는 경우에 한정한다) 등 내부의 마감재료[법 제52조의4 제1항의 복합자재의 경우 심재(心材)를 포함한다]는 방화에 지장이 없는 재료로 하되, 「실내공기질 관리법」 제5조 및 제6조에 따른 실내공기질 유지기준 및 권고기준을 고려하고 관계 중앙행정기관의 장과 협의하여 국토교통부령으로 정하는 기준에 따른 것이어야 한다.

② 대통령령으로 정하는 건축물의 외벽에 사용하는 마감재료(두 가지 이상의 재료로 제작된 자재의 경우 각 재료를 포함한다)는 방화에 지장이 없는 재료로 하여야 한다. 이 경우 마감재료의 기준은 국토교통부령으로 정한다.

③ 욕실, 화장실, 목욕장 등의 바닥 마감재료는 **미끄럼**을 방지할 수 있도록 국토교통부령으로 정하는 기준에 적합하여야 한다.

④ 대통령령으로 정하는 용도 및 규모에 해당하는 건축물 외벽에 설치되는 창호(窓戶)는 방화에 지장이 없도록 인접 대지와의 이격거리를 고려하여 방화성능 등이 국토교통부령으로 정하는 기준에 적합하여야 한다.

(2) 건축물의 마감재료 등(영 제61조)

① 위 **(1)**의 ①에서 '대통령령으로 정하는 용도 및 규모의 건축물'이란 다음의 어느 하나에 해당하는 건축물을 말한다. 다만, 다음 ㉠~㉢까지의 어느 하나에 해당하는 건축물(다음 ㉣에 해당하는 건축물은 제외한다)의 주요구조부가 내화구조 또는 불연재료로 되어 있고 그 거실의 바닥면적(스프링클러나 그 밖에 이와 비슷한 자동식 소화설비를 설치한 바닥면적을 뺀 면적으로 한다) 200제곱미터 이내마다 방화구획이 되어 있는 건축물은 제외한다.

㉠ 단독주택 중 다중주택·다가구주택

㉡ 공동주택

㉢ 제1종 근린생활시설 중 의원, 치과의원, 한의원, 조산원

㉣ 제2종 근린생활시설 중 공연장·종교집회장·인터넷컴퓨터게임시설제공업소·학원·독서실·당구장·다중생활시설·공유보관시설의 용도로 쓰는 건축물 〈개정 2025.8.26.〉

㉤ 발전시설, 방송통신시설(방송국·촬영소의 용도로 쓰는 건축물로 한정한다)

㉥ 공장, 창고시설, 위험물 저장 및 처리 시설(자가난방과 자가발전 등의 용도로 쓰는 시설을 포함한다), 자동차 관련 시설의 용도로 쓰는 건축물

㉦ 5층 이상인 층 거실의 바닥면적의 합계가 500제곱미터 이상인 건축물

㉧ 문화 및 집회시설, 종교시설, 판매시설, 운수시설, 의료시설, 교육연구시설 중 학교·학원, 노유자시설, 수련시설, 업무시설 중 오피스텔, 숙박시설, 위락시설, 장례시설

㉩ 「다중이용업소의 안전관리에 관한 특별법 시행령」 제2조에 따른 다중이용업의 용도로 쓰는 건축물

② 위 **(1)**의 ②에서 '대통령령으로 정하는 건축물'이란 다음의 건축물을 말한다.

㉠ **상업지역**(근린상업지역은 제외한다)의 건축물로서 다음의 어느 하나에 해당하는 것

ⓐ 제1종 근린생활시설, 제2종 근린생활시설, 문화 및 집회시설, 종교시설, 판매시설, 운동시설 및 위락시설의 용도로 쓰는 건축물로서 그 용도로 쓰는 바닥면적의 합계가 **2천 제곱미터 이상**인 건축물

ⓑ 공장(국토교통부령으로 정하는 화재 위험이 적은 공장은 제외한다)의 용도로 쓰는 건축물로부터 **6미터 이내**에 위치한 건축물

㉡ **의료시설, 교육연구시설, 노유자시설 및 수련시설**의 용도로 쓰는 건축물

㉢ **3층 이상** 또는 **높이 9미터 이상**인 건축물

㉣ 1층의 **전부 또는 일부를 필로티 구조**로 설치하여 **주차장**으로 쓰는 건축물

㉤ 위 ①의 ㉥에 해당하는 건축물

③ 위 **(1)**의 ④에서 '대통령령으로 정하는 용도 및 규모에 해당하는 건축물'이란 위 ②의 각 건축물을 말한다.

(3) 실내건축(법 제52조의2, 영 제61조의2)

① '대통령령으로 정하는 용도 및 규모에 해당하는 건축물'의 실내건축은 방화에 지장이 없고 사용자의 안전에 문제가 없는 구조 및 재료로 시공하여야 한다.
② '실내건축의 구조·시공방법 등에 관한 기준'은 국토교통부령으로 정한다.
③ 특별자치시장·특별자치도지사 또는 시장·군수·구청장은 위 ① 및 ②에 따라 실내건축이 적정하게 설치 및 시공되었는지를 검사하여야 한다. 이 경우 검사하는 대상 건축물과 주기(週期)는 건축조례로 정한다.

> **관련법령** 실내건축(영 제61조의2)
>
> 위 (3)의 ①에서 '대통령령으로 정하는 용도 및 규모에 해당하는 건축물'이란 다음의 어느 하나에 해당하는 건축물을 말한다.
> 1. **다중이용 건축물**
> 2. 「건축물의 분양에 관한 법률」 제3조에 따른 건축물[건축법 제11조에 따른 건축허가를 받아 건축하여야 하는 다음의 어느 하나에 해당하는 건축물로서 사용승인서의 교부('사용승인') 전에 **분양하는 건축물**]
>   ㉠ 분양하는 부분의 바닥면적(건축법 제84조에 따른 바닥면적을 말한다)의 합계가 3천 제곱미터 이상인 건축물
>   ㉡ 업무시설 등 대통령령으로 정하는 용도 및 규모의 건축물
> 3. [별표 1] 제3호 나목 및 같은 표 제4호 아목에 따른 건축물(칸막이로 거실의 일부를 가로로 구획하거나 가로 및 세로로 구획하는 경우만 해당한다)

(4) 건축자재의 제조 및 유통 관리(법 제52조의3)

① 제조업자 및 유통업자는 건축물의 안전과 기능 등에 지장을 주지 아니하도록 건축자재를 제조·보관 및 유통하여야 한다.
② 국토교통부장관, 시·도지사 및 시장·군수·구청장은 건축물의 구조 및 재료의 기준 등이 공사현장에서 준수되고 있는지를 확인하기 위하여 제조업자 및 유통업자에게 필요한 자료의 제출을 요구하거나 건축공사장, 제조업자의 제조현장 및 유통업자의 유통장소 등을 점검할 수 있으며 필요한 경우에는 시료를 채취하여 성능 확인을 위한 시험을 할 수 있다.
③ 국토교통부장관, 시·도지사 및 시장·군수·구청장은 위 ②의 점검을 통하여 위법 사실을 확인한 경우 대통령령으로 정하는 바에 따라 공사 중단, 사용 중단 등의 조치를 하거나 관계 기관에 대하여 관계 법률에 따른 영업정지 등의 요청을 할 수 있다.
④ 국토교통부장관, 시·도지사, 시장·군수·구청장은 위 ②의 점검업무를 대통령령으로 정하는 전문기관으로 하여금 대행하게 할 수 있다.

> **관련법령** 건축자재 제조 및 유통에 관한 위법사실의 점검 및 조치(영 제61조의3)

1. 국토교통부장관, 시·도지사 및 시장·군수·구청장은 위 **(4)**의 ②에 따른 점검을 통하여 위법사실을 확인한 경우에는 위 **(4)**의 ③에 따라 해당 **건축관계자 및 제조업자·유통업자**에게 위법사실을 통보해야 하며, 해당 건축관계자 및 제조업자·유통업자에 대하여 다음의 구분에 따른 조치를 할 수 있다.
    ㉠ **건축관계자에 대한 조치**
        ⓐ 해당 건축자재를 사용하여 시공한 부분이 있는 경우: 시공부분의 시정, 해당 공정에 대한 공사 중단 및 해당 건축자재의 사용 중단 명령
        ⓑ 해당 건축자재가 공사현장에 반입 및 보관되어 있는 경우: 해당 건축자재의 사용 중단 명령
    ㉡ **제조업자 및 유통업자에 대한 조치**: 관계 행정기관의 장에게 관계 법률에 따른 해당 제조업자 및 유통업자에 대한 영업정지 등의 요청
2. 건축관계자 및 제조업자·유통업자는 위 1.에 따라 위법사실을 통보받거나 위 1.의 ㉠의 명령을 받은 경우에는 그날부터 7일 이내에 조치계획을 수립하여 국토교통부장관, 시·도지사 및 시장·군수·구청장에게 제출하여야 한다.
3. 국토교통부장관, 시·도지사 및 시장·군수·구청장은 위 2.에 따른 조치계획(위 1. ㉠의 ⓐ의 명령에 따른 조치계획만 해당한다)에 따른 개선조치가 이루어졌다고 인정되면 공사 중단 명령을 해제하여야 한다.

> **관련법령** 위법사실의 점검업무 대행 전문기관(영 제61조의4)

1. 위 **(4)**의 ④에서 '대통령령으로 정하는 전문기관'이란 다음의 기관을 말한다.
    ㉠ 한국건설기술연구원
    ㉡ 「국토안전관리원법」에 따른 국토안전관리원(이하 '국토안전관리원'이라 한다)
    ㉢ 「한국토지주택공사법」에 따른 한국토지주택공사
    ㉣ 영 제63조 제2호에 따른 자 및 같은 조 제3호에 따른 시험·검사기관
    ㉤ 그 밖에 점검업무를 수행할 수 있다고 인정하여 국토교통부장관이 지정하여 고시하는 기관
2. 위 **(4)**의 ④에 따라 위법사실의 점검업무를 대행하는 기관의 직원은 그 권한을 나타내는 증표를 지니고 관계인에게 내보여야 한다.

(5) 건축자재의 품질관리 등(법 제52조의4)

① **복합자재**(불연재료인 양면 철판, 석재, 콘크리트 또는 이와 유사한 재료와 불연재료가 아닌 심재로 구성된 것을 말한다)를 포함한 위 **(1)**에 따른 마감재료, 방화문 등 대통령령으로 정하는 건축자재의 **제조업자, 유통업자, 공사시공자 및 공사감리자**는 국토교통부령으로 정하는 사항을 기재한 품질관리서를 대통령령으로 정하는 바에 따라 **허가권자**에게 제출하여야 한다.

② 위 ①에 따른 건축자재의 **제조업자, 유통업자**는 「과학기술분야 정부출연연구기관 등의 설립·운영 및 육성에 관한 법률」에 따른 한국건설기술연구원 등 대통령령으로 정하는 시험기관에 건축자재의 **성능시험**을 **의뢰**하여야 한다.

③ 위 ②에 따른 **성능시험**을 수행하는 **시험기관의 장**은 성능시험 결과 등 건축자재의 품질관리에 필요한 **정보**를 국토교통부령으로 정하는 바에 따라 기관 또는 단체에 **제공**하거나 **공개**하여야 한다.

④ 위 ③에 따라 정보를 제공받은 기관 또는 단체는 해당 건축자재의 정보를 **홈페이지** 등에 **게시**하여 일반인이 알 수 있도록 하여야 한다.

⑤ 위 ①에 따른 건축자재 중 국토교통부령으로 정하는 **단열재**는 국토교통부장관이 고시하는 기준에 따라 해당 건축자재에 대한 **정보**를 표면에 **표시**하여야 한다.

> **관련법령** 건축자재의 품질관리 등(영 제62조)
>
> 1. 위 **(5)**의 ①에서 '복합자재[불연재료인 양면 철판, 석재, 콘크리트 또는 이와 유사한 재료와 불연재료가 아닌 심재(心材)로 구성된 것을 말한다]를 포함한 위 **(1)**에 따른 마감재료, 방화문 등 대통령령으로 정하는 건축자재'란 다음의 어느 하나에 해당하는 것을 말한다.
>   ㉠ 위 **(5)**의 ①에 따른 복합자재
>   ㉡ 건축물의 외벽에 사용하는 마감재료로서 단열재
>   ㉢ 다음 **(10)**의 ①의 ㉠~㉢의 규정에 따른 방화문
>   ㉣ 그 밖에 방화와 관련된 건축자재로서 국토교통부령으로 정하는 건축자재
> 2. 위 **(5)**의 ①에 따른 건축자재의 제조업자는 같은 항에 따른 품질관리서(이하 '품질관리서'라 한다)를 건축자재 유통업자에게 제출해야 하며, 건축자재 유통업자는 품질관리서와 건축자재의 일치 여부 등을 확인하여 품질관리서를 공사시공자에게 전달해야 한다.
> 3. 위 2.에 따라 품질관리서를 제출받은 공사시공자는 품질관리서와 건축자재의 일치 여부를 확인한 후 해당 건축물에서 사용된 건축자재 품질관리서 전체를 공사감리자에게 제출해야 한다.
> 4. 공사감리자는 위 3.에 따라 제출받은 품질관리서를 공사감리완료보고서에 첨부하여 법 제25조 제6항에 따라 건축주에게 제출해야 하며, 건축주는 법 제22조에 따른 건축물의 사용승인을 신청할 때에 이를 허가권자에게 제출해야 한다.

> **관련법령** 건축자재 성능 시험기관(영 제63조)
>
> 위 **(5)**의 ②에서 '「과학기술분야 정부출연연구기관 등의 설립·운영 및 육성에 관한 법률」에 따른 한국건설기술연구원 등 대통령령으로 정하는 시험기관'이란 다음의 기관을 말한다.
> 1. 한국건설기술연구원
> 2. 「건설기술 진흥법」에 따른 **건설엔지니어링사업자**로서 건축 관련 품질시험의 수행능력이 국토교통부장관이 정하여 고시하는 기준에 해당하는 자
> 3. 「국가표준기본법」 제23조에 따라 인정받은 시험·검사기관

(6) 건축자재등의 품질인정(법 제52조의5)

① '방화문, 복합자재 등 대통령령으로 정하는 건축자재와 내화구조'(이하 '**건축자재등**'이라 한다)는 방화성능, 품질관리 등 국토교통부령으로 정하는 기준에 따라 품질이 적합하다고 인정받아야 한다.

② 건축관계자등은 위 ①에 따라 품질인정을 받은 건축자재등만 사용하고, 인정받은 내용대로 제조·유통·시공하여야 한다.

> **관련법령** 품질인정 대상 건축자재 등(영 제63조의2)
>
> 위 **(6)**의 ①에서 '방화문, 복합자재 등 대통령령으로 정하는 건축자재와 내화구조'란 다음의 건축자재와 내화구조(이하 영 제63조의4 및 영 제63조의5에서 '건축자재등'이라 한다)를 말한다.
> 1. 위 **(5)**의 ①에 따른 복합자재 중 국토교통부령으로 정하는 강판과 심재로 이루어진 복합자재
> 2. 주요구조부가 내화구조 또는 불연재료로 된 건축물의 방화구획에 사용되는 다음의 건축자재와 내화구조
>   ㉠ 자동방화셔터
>   ㉡ 영 제62조 제1항 제4호에 따라 국토교통부령으로 정하는 건축자재 중 내화채움성능이 인정된 구조
> 3. 다음 **(10)**의 ①의 ㉠~㉢의 **방화문**
> 4. 그 밖에 건축물의 안전·화재예방 등을 위하여 품질인정이 필요한 건축자재와 내화구조로서 국토교통부령으로 정하는 건축자재와 내화구조

(7) 건축자재등 품질인정기관의 지정·운영 등(법 제52조의6)

① **국토교통부장관**은 건축 관련 업무를 수행하는 「공공기관의 운영에 관한 법률」 제4조에 따른 공공기관으로서 '대통령령으로 정하는 기관'을 품질인정 업무를 수행하는 기관(이하 '**건축자재등 품질인정기관**'이라 한다)으로 지정할 수 있다.

② **건축자재등 품질인정기관**은 위 **(6)**의 ①에 따른 건축자재등에 대한 품질인정 업무를 수행하며, 품질인정을 신청한 자에 대하여 국토교통부령으로 정하는 바에 따라 수수료를 받을 수 있다.

③ 건축자재등 품질인정기관은 위 ②에 따라 품질이 적합하다고 인정받은 건축자재등(이하 '품질인정자재등'이라 한다)이 다음의 어느 하나에 해당하면 그 인정을 취소할 수 있다. 다만, ㉠에 해당하는 경우에는 그 인정을 취소하여야 한다.
 ㉠ 거짓이나 그 밖의 부정한 방법으로 인정받은 경우
 ㉡ 인정받은 내용과 다르게 제조·유통·시공하는 경우
 ㉢ 품질인정자재등이 국토교통부장관이 정하여 고시하는 품질관리기준에 적합하지 아니한 경우
 ㉣ 인정의 유효기간을 연장하기 위한 시험결과를 제출하지 아니한 경우

④ 건축자재등 품질인정기관은 위 **(6)**의 ②에 따른 건축자재등의 품질 유지·관리 의무가 준수되고 있는지 확인하기 위하여 국토교통부령으로 정하는 바에 따라 위 **(5)**에 따른 건축자재 시험기관의 시험장소, 제조업자의 제조현장, 유통업자의 유통장소, 건축공사장 등을 점검하여야 한다.

⑤ 건축자재등 품질인정기관은 위 ④에 따른 점검 결과 위법 사실을 발견한 경우 국토교통부장관에게 그 사실을 통보하여야 한다. 이 경우 국토교통부장관은 대통령령으로 정하는 바에 따라 공사 중단, 사용 중단 등의 조치를 하거나 관계 기관에 대하여 관계 법률에 따른 **영업정지** 등의 요청을 할 수 있다.

⑥ 건축자재등 품질인정기관은 건축자재등의 품질관리 상태 확인 등을 위하여 대통령령으로 정하는 바에 따라 제조업자, 유통업자, 건축관계자등에 대하여 건축자재등의 생산 및 판매 실적, 시공현장별 시공실적 등의 자료를 요청할 수 있다.

> **관련법령** **건축자재등 품질인정기관(영 제63조의3)**
>
> 위 **(7)**의 ①에서 '대통령령으로 정하는 기관'이란 **한국건설기술연구원**을 말한다.

> **관련법령** **건축자재등 품질 유지·관리 의무 위반에 따른 조치(영 제63조의4)**
>
> 1. 국토교통부장관은 위 **(7)**의 ⑤ 전단에 따른 통보를 받은 경우 위 **(7)**의 ③에 따른 품질인정자재등의 **제조업자, 유통업자** 및 **건축관계자등**(이하 이 조 및 영 제63조의5에서 '**제조업자등**'이라 한다)에게 위법사실을 통보해야 하며, 제조업자등에게 다음의 구분에 따른 조치를 할 수 있다.
>   ㉠ **건축관계자등**: 다음의 구분에 따른 조치
>   ⓐ 품질인정자재등을 사용하지 않거나 인정받은 내용대로 시공하지 않은 부분이 있는 경우: **시공부분의 시정**, 해당 공정에 대한 **공사 중단**과 '품질인정을 받지 않은 건축자재등'의 **사용 중단 명령**
>   ⓑ 품질인정을 받지 않은 건축자재등이 공사현장에 반입되어 있거나 보관되어 있는 경우: '해당 건축자재등'의 사용 중단 명령
>   ㉡ **제조업자 및 유통업자**: 관계 기관에 대한 관계 법률에 따른 **영업정지 등의 요청**
> 2. 위 1.에 따른 국토교통부장관의 조치에 관하여는 영 제61조의3 제2항 및 제3항을 준용한다. 이 경우 '건축관계자 및 제조업자·유통업자'는 '제조업자등'으로, '국토교통부장관, 시·도지사 및 시장·군수·구청장'은 '국토교통부장관'으로 본다.

> **관련법령** **제조업자등에 대한 자료요청(영 제63조의5)**
>
> 위 **(7)**의 ① 및 이 영 제63조의3에 따라 건축자재등 품질인정기관으로 지정된 **한국건설기술연구원**은 위 **(7)**의 ⑥에 따라 **제조업자등**에게 다음의 자료를 요청할 수 있다.
> 1. 건축자재등 및 품질인정자재등의 생산 및 판매 실적
> 2. 시공현장별 건축자재등 및 품질인정자재등의 시공 실적
> 3. 품질관리서
> 4. 그 밖에 제조공정에 관한 기록 등 품질인정자재등에 대한 품질관리의 적정성을 확인할 수 있는 자료로서 국토교통부장관이 정하여 고시하는 자료

(8) 지하층(법 제53조)

① 건축물에 설치하는 지하층의 구조 및 설비는 국토교통부령으로 정하는 기준에 맞게 하여야 한다.
② **단독주택, 공동주택** 등 대통령령으로 정하는 건축물의 **지하층**에는 **거실을 설치할 수 없다.** 다만, 다음의 사항을 고려하여 해당 지방자치단체의 조례로 정하는 경우에는 **그러하지 아니하다.**

㉠ 침수위험 정도를 비롯한 지역적 특성
㉡ 피난 및 대피 가능성
㉢ 그 밖에 주거의 안전과 관련된 사항

> **관련법령** 지하층에 거실 설치가 금지되는 건축물(영 제63조의6)
>
> 위 **(8)**의 ②에서 '단독주택, 공동주택 등 대통령령으로 정하는 건축물'이란 다음의 어느 하나에 해당하는 건축물을 말한다. 다만, 지하층에 거실을 부속용도로 설치하는 건축물은 제외한다.
> 1. 단독주택
> 2. 공동주택

(9) 건축물의 범죄예방(법 제53조의2, 영 제63조의7)

① 국토교통부장관은 범죄를 예방하고 안전한 생활환경을 조성하기 위해 건축물, 건축설비 및 대지에 관한 '**범죄예방기준**'을 정하여 고시할 수 있다. 21회 주관식

② '대통령령으로 정하는 건축물'은 위 ①의 범죄예방기준에 따라 건축하여야 한다.

③ 위 ②에서 '대통령령으로 정하는 건축물'이란 다음의 어느 하나에 해당하는 건축물을 말한다.

㉠ **다가구주택, 아파트, 연립주택 및 다세대주택** 28회
㉡ 제1종 근린생활시설 중 **일용품을 판매하는 소매점** 28회
㉢ 제2종 근린생활시설 중 **다중생활시설**
㉣ 문화 및 집회시설(동·식물원은 제외한다)
㉤ 교육연구시설(연구소 및 도서관은 제외한다)
㉥ 노유자시설
㉦ 수련시설 28회
㉧ 업무시설 중 오피스텔 28회
㉨ 숙박시설 중 다중생활시설

(10) 방화문의 구분(영 제64조)

① 방화문은 다음과 같이 구분한다. 25회

㉠ **60분+ 방화문**: 연기 및 불꽃을 차단할 수 있는 시간이 60분 이상이고, **열을 차단할 수 있는 시간이 30분 이상**인 방화문 24회 주관식, 25회
㉡ **60분 방화문**: 연기 및 불꽃을 차단할 수 있는 시간이 60분 이상인 방화문 25회
㉢ **30분 방화문**: 연기 및 불꽃을 차단할 수 있는 시간이 30분 이상 60분 미만인 방화문 25회

② 위 ①의 ㉠~㉢의 구분에 따른 방화문 인정 기준은 국토교통부령으로 정한다.

제5절 대지 안의 공지 등

1. 건축물의 대지가 지역·지구 또는 구역에 걸치는 경우

(1) 건축물의 대지가 지역 등에 걸치는 경우의 조치(법 제54조 제1항)

대지가 이 법이나 다른 법률에 따른 지역·지구[녹지지역과 방화지구는 제외한다. 이하 **(1)**에서 같다] 또는 구역에 걸치는 경우에는 대통령령으로 정하는 바에 따라 그 건축물과 대지의 **전부**에 대하여 대지의 **과반**(過半)이 속하는 지역·지구 또는 구역 안의 건축물 및 대지 등에 관한 이 법의 규정을 적용한다.

(2) 방화지구(법 제54조 제2항)

하나의 건축물이 '**방화지구**'와 그 밖의 구역에 걸치는 경우에는 그 전부에 대해 방화지구 안의 건축물에 관한 이 법의 규정을 적용한다. 다만, 건축물의 방화지구에 속한 부분과 그 밖의 구역에 속한 부분의 경계가 '**방화벽**'으로 구획되는 경우 그 밖의 구역에 있는 부분에 대하여는 그러하지 아니하다.

(3) 녹지지역(법 제54조 제3항)

① 대지가 '**녹지지역**'과 그 밖의 지역·지구 또는 구역에 걸치는 경우에는 '각' 지역·지구 또는 구역 안의 건축물과 대지에 관한 이 법의 규정을 적용한다.
② 다만, 녹지지역 안의 건축물이 방화지구에 걸치는 경우에는 위 **(2)**에 따른다.

(4) 조례로 적용방법을 따로 정하는 경우(법 제54조 제4항)

위 **(1)**에도 불구하고 해당 대지의 규모와 그 대지가 속한 용도지역·지구 또는 구역의 성격 등 그 대지에 관한 주변여건상 필요하다고 인정하여 해당 지방자치단체의 조례로 적용방법을 따로 정하는 경우에는 그에 따른다.

(5) 건축물의 대지가 지역·지구 또는 구역에 걸치는 경우(영 제77조)

대지가 지역·지구 또는 구역에 걸치는 경우 그 대지의 과반이 속하는 지역·지구 또는 구역의 건축물 및 대지 등에 관한 규정을 그 대지의 전부에 대하여 적용받으려는 자는 해당 대지의 지역·지구 또는 구역별 면적과 적용받으려는 지역·지구 또는 구역에 관한 사항을 허가권자에게 제출(전자문서에 의한 제출을 포함한다)하여야 한다.

2. 건축물의 건폐율 및 용적률

(1) 건축물의 **건폐율**(법 제55조)

① 대지면적에 대한 건축면적(대지에 건축물이 둘 이상 있는 경우에는 이들 건축면적의 합계로 한다)의 비율(이하 '건폐율'이라 한다)의 최대한도는 「국토의 계획 및 이용에 관한 법률」에 따른 건폐율의 기준에 따른다.

② 이 법에서 기준을 완화하거나 강화하여 적용하도록 규정한 경우에는 그에 따른다.

(2) 건축물의 **용적률**(법 제56조)

① 대지면적에 대한 연면적(대지에 건축물이 둘 이상 있는 경우에는 이들 연면적의 합계로 한다)의 비율(이하 '용적률'이라 한다)의 최대한도는 「국토의 계획 및 이용에 관한 법률」에 따른 용적률의 기준에 따른다. 19회 주관식

② 이 법에서 기준을 완화하거나 강화하여 적용하도록 규정한 경우에는 그에 따른다.

3. 대지의 분할제한 및 대지 안의 공지

(1) **대지의 분할제한**(법 제57조, 영 제80조)

① **건축물이 있는 대지**는 대통령령으로 정하는 '다음의 어느 하나에 해당하는 규모 **이상**'의 범위에서 해당 지방자치단체의 **조례**로 정하는 면적에 못 미치게 분할할 수 없다.
  ㉠ 주거지역: 60제곱미터
  ㉡ 상업지역: 150제곱미터
  ㉢ 공업지역: 150제곱미터
  ㉣ 녹지지역: 200제곱미터
  ㉤ 위 ㉠~㉣의 규정에 해당하지 아니하는 지역: 60제곱미터

② 건축물이 있는 대지는 법 제44조(대지와 도로의 관계), 제55조(건축물의 건폐율), 제56조(건축물의 용적률), 제58조(대지 안의 공지), 제60조(건축물의 높이제한) 및 제61조(일조 등의 확보를 위한 건축물의 높이제한)에 따른 기준에 못 미치게 분할할 수 없다.

③ 위 ①, ②에도 불구하고 법 제77조의6에 따라 '**건축협정**'이 인가된 경우 그 건축협정의 대상이 되는 대지는 분할할 수 있다.

(2) **대지 안의 공지**(법 제58조, 영 제80조의2)

① 건축물을 건축하는 경우에는 「국토의 계획 및 이용에 관한 법률」에 따른 용도지역·용도지구, 건축물의 용도 및 규모 등에 따라 '**건축선**' 및 '**인접대지경계선**'으로부터 '**6미터 이내**'의 범위에서 '대통령령으로 정하는 바'에 따라 해당 지방자치단체의 조례로 정하는 거리 이상을 띄어야 한다. 26회 주관식

② 위 ①에 따라 건축선(법 제46조 제1항에 따른 건축선을 말한다. 이하 같다) 및 인접대지경계선(대지와 대지 사이에 공원, 철도, 하천, 광장, 공공공지, 녹지, 그 밖에 건축이 허용되지 아니하는 공지가 있는 경우에는 그 반대편의 경계선을 말한다)으로부터 건축물 각 부분까지 띄어야 하는 거리의 기준은 다음 [별표 2]와 같다.

별표 2 대지의 공지 기준(영 제80조의2 관련)

1. '건축선'으로부터 건축물까지 띄어야 하는 거리

대상 건축물	건축조례에서 정하는 건축기준
가. 해당 용도로 쓰는 바닥면적의 합계가 500제곱미터 이상인 공장(전용공업지역, 일반공업지역 또는 산업입지 및 개발에 관한 법률에 따른 산업단지에 건축하는 공장은 제외한다)으로서 건축조례로 정하는 건축물	• 준공업지역: 1.5미터 이상 6미터 이하 • 준공업지역 외의 지역: 3미터 이상 6미터 이하
나. 해당 용도로 쓰는 바닥면적의 합계가 500제곱미터 이상인 창고(전용공업지역, 일반공업지역 또는 산업입지 및 개발에 관한 법률에 따른 산업단지에 건축하는 창고는 제외한다)로서 건축조례로 정하는 건축물	• 준공업지역: 1.5미터 이상 6미터 이하 • 준공업지역 외의 지역: 3미터 이상 6미터 이하
다. 해당 용도로 쓰는 바닥면적의 합계가 1천 제곱미터 이상인 판매시설, 숙박시설(일반숙박시설은 제외한다), 문화 및 집회시설(전시장 및 동·식물원은 제외한다) 및 종교시설	3미터 이상 6미터 이하
라. 다중이 이용하는 건축물로서 건축조례로 정하는 건축물	3미터 이상 6미터 이하
마. 공동주택	• 아파트: 2미터 이상 6미터 이하 • 연립주택: 2미터 이상 5미터 이하 • 다세대주택: 1미터 이상 4미터 이하
바. 그 밖에 건축조례로 정하는 건축물	1미터 이상 6미터 이하(한옥의 경우에는 처마선 2미터 이하, 외벽선 1미터 이상 2미터 이하)

2. '인접대지경계선'으로부터 건축물까지 띄어야 하는 거리

대상 건축물	건축조례에서 정하는 건축기준
가. 전용주거지역에 건축하는 건축물(공동주택은 제외한다)	1미터 이상 6미터 이하(한옥의 경우에는 처마선 2미터 이하, 외벽선 1미터 이상 2미터 이하)
나. 해당 용도로 쓰는 바닥면적의 합계가 500제곱미터 이상인 공장(전용공업지역, 일반공업지역 또는 산업입지 및 개발에 관한 법률에 따른 산업단지에 건축하는 공장은 제외한다)으로서 건축조례로 정하는 건축물	• 준공업지역: 1미터 이상 6미터 이하 • 준공업지역 외의 지역: 1.5미터 이상 6미터 이하

다. 상업지역이 아닌 지역에 건축하는 건축물로서 해당 용도로 쓰는 바닥면적의 합계가 1천 제곱미터 이상인 판매시설, 숙박시설(일반숙박시설은 제외한다), 문화 및 집회시설(전시장 및 동·식물원은 제외한다) 및 종교시설	1.5미터 이상 6미터 이하	
라. 다중이 이용하는 건축물('상업지역'에 건축하는 건축물로서 스프링클러나 그 밖에 이와 비슷한 자동식 소화설비를 설치한 건축물은 제외한다)로서 건축조례로 정하는 건축물	1.5미터 이상 6미터 이하	
마. 공동주택(상업지역에 건축하는 공동주택으로서 스프링클러나 그 밖에 이와 비슷한 자동식 소화설비를 설치한 공동주택은 제외한다)	• 아파트: 2미터 이상 6미터 이하 • 연립주택: 1.5미터 이상 5미터 이하 • 다세대주택: 0.5미터 이상 4미터 이하	
바. 그 밖에 건축조례로 정하는 건축물	0.5미터 이상 6미터 이하(한옥의 경우에는 처마선 2미터 이하, 외벽선 1미터 이상 2미터 이하)	

[비고]
1. 제1호 가목 및 제2호 나목에 해당하는 건축물 중 법 제11조에 따른 허가를 받거나 법 제14조에 따른 신고를 하고 2009년 7월 1일부터 2015년 6월 30일까지, 2016년 7월 1일부터 2019년 6월 30일까지 또는 2021년 11월 2일부터 2024년 11월 1일까지 법 제21조에 따른 착공신고를 하는 건축물에 대해서는 건축조례로 정하는 건축기준을 2분의 1로 완화하여 적용한다.
2. 제1호에 해당하는 건축물([별표 1] 제1호, 제2호 및 제17호부터 제19호까지의 건축물은 제외한다)이 너비가 20미터 이상인 도로를 포함하여 2개 이상의 도로에 접한 경우로서 너비가 20미터 이상인 도로(도로와 접한 공공공지 및 녹지를 포함한다)면에 접한 건축물에 대해서는 건축선으로부터 건축물까지 띄어야 하는 거리를 적용하지 않는다.
3. 제1호에 따른 건축물의 부속용도에 해당하는 건축물에 대해서는 주된 용도에 적용되는 대지의 공지 기준 범위에서 건축조례로 정하는 바에 따라 완화하여 적용할 수 있다. 다만, 최소 0.5미터 이상은 띄어야 한다.

4. 맞벽 건축과 연결복도

(1) 맞벽 건축과 연결복도(법 제59조)

① 다음의 어느 하나에 해당하는 경우에는 법 제58조(대지 안의 공지), 제61조(일조 등의 확보를 위한 건축물의 높이제한) 및 「민법」 제242조를 적용하지 아니한다.
  ㉠ '대통령령으로 정하는 지역'에서 도시미관 등을 위해 둘 이상의 건축물 벽을 맞벽('대지경계선'으로부터 50센티미터 이내인 경우를 말한다)으로 하여 건축하는 경우
  ㉡ '대통령령으로 정하는 기준'에 따라 인근 건축물과 이어지는 연결복도나 연결통로를 설치하는 경우

> **민법 제242조【경계선부근의 건축】** ① 건물을 축조함에는 특별한 관습이 없으면 경계로부터 반 미터 이상의 거리를 두어야 한다.
> ② 인접지소유자는 전항의 규정에 위반한 자에 대하여 건물의 변경이나 철거를 청구할 수 있다. 그러나 건축에 착수한 후 1년을 경과하거나 건물이 완성된 후에는 손해배상만을 청구할 수 있다.

② 위 ①에 따른 맞벽, 연결복도, 연결통로의 구조·크기 등에 관하여 필요한 사항은 대통령령으로 정한다.

(2) 맞벽 건축 및 연결복도(영 제81조)

① 위 **(1)**의 ①의 ㉠에서 '대통령령으로 정하는 지역'이란 다음의 어느 하나에 해당하는 지역을 말한다.
  ㉠ 상업지역('**다중이용 건축물**' 및 '**공동주택**'은 스프링클러나 그 밖에 이와 비슷한 자동식 소화설비를 설치한 경우로 한정한다)
  ㉡ 주거지역(건축물 및 토지의 소유자 간 맞벽 건축을 합의한 경우에 한정한다)
  ㉢ 허가권자가 도시미관 또는 한옥 보전·진흥을 위하여 건축조례로 정하는 구역
  ㉣ 건축협정구역

② 위 **(1)**의 ①의 ㉠에 따른 '맞벽'은 다음의 기준에 적합하여야 한다.
  ㉠ 주요구조부가 내화구조일 것
  ㉡ 마감재료가 불연재료일 것

③ 위 ①에 따른 지역(건축협정구역은 제외한다)에서 맞벽 건축을 할 때 맞벽 대상 건축물의 용도, 맞벽 건축물의 수 및 층수 등 맞벽에 필요한 사항은 건축조례로 정한다.

④ 위 **(1)**의 ①의 ㉡에서 '대통령령으로 정하는 기준'이란 다음의 기준을 말한다.
  ㉠ 주요구조부가 내화구조일 것
  ㉡ 마감재료가 불연재료일 것
  ㉢ 밀폐된 구조인 경우 벽면적의 10분의 1 이상에 해당하는 면적의 창문을 설치할 것. 다만, 지하층으로서 환기설비를 설치하는 경우에는 그러하지 아니하다.
  ㉣ 너비 및 높이가 각각 5미터 이하일 것. 다만, 허가권자가 건축물의 용도나 규모 등을 고려할 때 원활한 통행을 위하여 필요하다고 인정하면 지방건축위원회의 심의를 거쳐 그 기준을 완화하여 적용할 수 있다.
  ㉤ 건축물과 복도 또는 통로의 연결부분에 **자동방화셔터** 또는 **방화문**을 설치할 것
  ㉥ 연결복도가 설치된 대지면적의 합계가 「국토의 계획 및 이용에 관한 법률 시행령」에 따른 개발행위의 최대 규모 이하일 것. 다만, 지구단위계획구역에서는 그러하지 아니하다.

⑤ 법 제59조 제1항 제2호[위 **(1)**의 ①의 ㉡]에 따른 연결복도나 연결통로는 건축사 또는 건축구조기술사로부터 안전에 관한 확인을 받아야 한다.

제6절 건축물의 높이제한 및 일조 등의 확보를 위한 높이제한

1. 건축물의 높이제한

(1) 가로구역별 높이의 지정·공고(법 제60조)

① **'허가권자'**는 가로구역(도로로 둘러싸인 일단의 지역을 말한다. 이하 같다)을 단위로 하여 '대통령령으로 정하는 기준과 절차'에 따라 건축물의 높이를 지정·공고할 수 있다. 다만, 특별자치시장·특별자치도지사 또는 시장·군수·구청장은 가로구역의 높이를 완화하여 적용할 필요가 있다고 판단되는 대지에 대하여는 '대통령령으로 정하는 바'에 따라 건축위원회의 심의를 거쳐 높이를 완화하여 적용할 수 있다.

② 특별시장이나 광역시장은 도시의 관리를 위하여 필요하면 위 ①에 따른 가로구역별 건축물의 높이를 '특별시나 광역시의 조례'로 정할 수 있다.

③ **허가권자**는 위 ① 및 ②에도 불구하고 일조(日照)·통풍 등 주변 환경 및 도시미관에 미치는 영향이 크지 않다고 인정하는 경우에는 **건축위원회의 심의**를 거쳐 이 법 및 다른 법률에 따른 '가로구역의 높이 **완화에 관한 규정**'을 **중첩하여 적용**할 수 있다.

(2) 건축물의 높이제한(영 제82조)

① 허가권자는 위 **(1)**의 ①에 따라 가로구역별로 건축물의 높이를 지정·공고할 때에는 다음의 사항을 고려하여야 한다.
  ㉠ 도시·군관리계획 등의 토지이용계획
  ㉡ 해당 가로구역이 접하는 도로의 너비
  ㉢ 해당 가로구역의 상·하수도 등 간선시설의 수용능력
  ㉣ 도시미관 및 경관계획
  ㉤ 해당 도시의 장래 발전계획

② 허가권자는 위 ①에 따라 가로구역별 건축물의 높이를 지정하려면 지방건축위원회의 심의를 거쳐야 한다. 이 경우 주민의 의견청취절차 등은 「토지이용규제 기본법」 제8조에 따른다.

③ 허가권자는 같은 가로구역에서 건축물의 용도 및 형태에 따라 건축물의 높이를 다르게 정할 수 있다.

④ 위 **(1)**의 ① 단서에 따라 가로구역의 높이를 완화하여 적용하는 경우에 대한 구체적인 완화기준은 위 ①의 각 사항을 고려하여 건축조례로 정한다.

2. 일조 등의 확보를 위한 건축물의 높이제한

(1) 전용주거지역과 일반주거지역 안에의 건축물 높이(법 제61조 제1항)

전용주거지역과 일반주거지역 안에서 건축하는 건축물의 높이는 일조 등의 확보를 위하여 '**정북방향**'의 인접대지경계선으로부터의 거리에 따라 '대통령령으로 정하는 높이' 이하로 하여야 한다. 21회·25회 주관식

(2) 전용주거지역과 일반주거지역에서 높이제한(영 제86조 제1항·제2항)

① 전용주거지역이나 일반주거지역에서 건축물을 건축하는 경우에는 위 **(1)**에 따라 건축물의 각 부분을 정북방향으로의 인접대지경계선으로부터 다음의 범위에서 건축조례로 정하는 거리 이상을 띄어 건축하여야 한다.
  ㉠ **높이 10미터 이하인 부분**: 인접대지경계선으로부터 1.5미터 이상
  ㉡ **높이 10미터를 초과하는 부분**: 인접대지경계선으로부터 해당 건축물 각 부분 높이의 2분의 1 이상

② 다음의 어느 하나에 해당하는 경우에는 위 ①을 적용하지 아니한다.
  ㉠ 다음의 어느 하나에 해당하는 구역 안의 대지 상호간에 건축하는 건축물로서 해당 대지가 너비 **20미터 이상의 도로**(자동차·보행자·자전거전용도로를 포함하며, 도로에 공공공지, 녹지, 광장, 그 밖에 건축미관에 지장이 없는 도시·군계획시설이 접한 경우 해당 시설을 포함한다)에 접한 경우
    ⓐ 「국토의 계획 및 이용에 관한 법률」 제51조에 따른 지구단위계획구역, 같은 법 제37조 제1항 제1호에 따른 '**경관지구**'
    ⓑ 「경관법」 제9조 제1항 제4호에 따른 '**중점경관관리구역**'
    ⓒ 법 제77조의2 제1항에 따른 '**특별가로구역**'
    ⓓ 도시미관 향상을 위하여 허가권자가 지정·공고하는 구역
  ㉡ '**건축협정구역 안**'에서 대지 상호간에 건축하는 건축물('건축협정'에 일정 거리 이상을 띄어 건축하는 내용이 포함된 경우만 해당한다)의 경우
  ㉢ 건축물의 '정북방향의 인접 대지'가 '전용주거지역'이나 '일반주거지역'이 '**아닌**' 용도지역에 해당하는 경우

(3) 정남방향의 인접대지경계선으로부터 띄어 건축할 수 있는 경우(법 제61조 제3항)

다음의 어느 하나에 해당하면 위 **(1)**에도 불구하고 건축물의 높이를 **정남(正南)방향**의 인접대지경계선으로부터의 거리에 따라 '대통령령으로 정하는 높이' 이하로 할 수 있다.
① 「택지개발촉진법」에 따른 택지개발지구인 경우
② 「주택법」에 따른 대지조성사업지구인 경우
③ 「지역 개발 및 지원에 관한 법률」 제11조에 따른 지역개발사업구역인 경우

④ 「산업입지 및 개발에 관한 법률」에 따른 국가산업단지, 일반산업단지, 도시첨단산업단지 및 농공단지인 경우
⑤ 「도시개발법」에 따른 도시개발구역인 경우
⑥ 「도시 및 주거환경정비법」에 따른 정비구역인 경우
⑦ 정북방향으로 도로, 공원, 하천 등 건축이 금지된 공지에 접하는 대지인 경우
⑧ 정북방향으로 접하고 있는 대지의 소유자와 합의한 경우나 그 밖에 대통령령으로 정하는 경우

> **관련법령** 일조 등의 확보를 위한 건축물의 높이제한(영 제86조 제4항·제5항)
>
> 1. 위 **(3)**에서 '대통령령으로 정하는 높이'란 위 **(2)**의 ①에 따른 높이의 범위에서 특별자치시장·특별자치도지사 또는 시장·군수·구청장이 정하여 고시하는 높이를 말한다.
> 2. 특별자치시장·특별자치도지사 또는 시장·군수·구청장은 위 1.에 따라 건축물의 높이를 고시하려면 국토교통부령으로 정하는 바에 따라 미리 해당 지역주민 의견을 들어야 한다. 다만, 위 **(3)**의 ①~⑥의 어느 하나에 해당하는 지역인 경우로서 건축위원회의 심의를 거친 경우에는 그러하지 아니하다.

> **관련법령** 높이제한의 절차(규칙 제36조)
>
> 특별자치시장·특별자치도지사 또는 시장·군수·구청장은 영 제86조 제5항에 따라 건축물의 높이를 고시하기 위하여 주민의 의견을 듣고자 할 때에는 그 내용을 30일간 주민에게 공람시켜야 한다.

(4) 공동주택의 일조 등의 확보를 위한 건축물의 높이제한(법 제61조 제2항)

다음의 어느 하나에 해당하는 공동주택('일반상업지역'과 '중심상업지역'에 건축하는 것은 '제외'한다)은 채광 등의 확보를 위하여 '대통령령으로 정하는 높이' 이하로 하여야 한다. 21회 주관식

① 인접대지경계선 등의 방향으로 채광을 위한 창문 등을 두는 경우
② 하나의 대지에 두 동(棟) 이상을 건축하는 경우

(5) 공동주택의 높이제한(영 제86조 제3항)

위 **(4)**에 따라 공동주택은 다음의 기준을 충족해야 한다. 다만, 채광을 위한 창문 등이 있는 벽면에서 직각방향으로 인접대지경계선까지의 수평거리가 **1미터** 이상으로서 건축조례로 정하는 거리 이상인 **'다세대주택'**은 '다음 ①'을 적용하지 않는다.

① 건축물(기숙사는 제외한다)의 각 부분의 높이는 그 부분으로부터 채광을 위한 창문 등이 있는 벽면에서 직각방향으로 인접대지경계선까지의 수평거리의 **2배**(근린상업지역 또는 준주거지역의 건축물은 **4배**) 이하로 할 것
② 같은 대지에서 두 동(棟) 이상의 건축물이 서로 마주보고 있는 경우(한 동의 건축물 각 부분이 서로 마주보고 있는 경우를 포함한다)에 건축물 각 부분 사이의 거리는 다음의 거리 이상을 띄어 건축할 것. 다만, 그 대지의 모든 세대가 동지(冬至)를 기준으로 9시에서 15시 사이에 2시간 이상을 계속하여 일조를 확보할 수 있는 거리 이상으로 할 수 있다.

㉠ 채광을 위한 창문 등이 있는 벽면으로부터 직각방향으로 건축물 각 부분 높이의 0.5배(도시형 생활주택의 경우에는 0.25배) 이상의 범위에서 건축조례로 정하는 거리 이상

㉡ 위 ㉠에도 불구하고 서로 마주보는 건축물 중 **높은 건축물**(높은 건축물을 중심으로 마주보는 두 동의 축이 시계방향으로 정동에서 정서 방향인 경우만 해당한다)**의 주된 개구부**(거실과 주된 침실이 있는 부분의 개구부를 말한다)**의 방향이 '낮은 건축물을 향하는 경우'에는 10미터 이상**으로서 **'낮은 건축물 각 부분의 높이'**의 0.5배(도시형 생활주택의 경우에는 0.25배) 이상의 범위에서 건축조례로 정하는 거리 이상

㉢ 위 ㉠에도 불구하고 건축물과 부대시설 또는 복리시설이 서로 마주보고 있는 경우에는 부대시설 또는 복리시설 각 부분 높이의 1배 이상

㉣ 채광창(창넓이가 0.5제곱미터 이상인 창을 말한다)이 **없는** 벽면과 측벽이 마주보는 경우에는 **8미터 이상**

㉤ 측벽과 측벽이 마주보는 경우[마주보는 측벽 중 하나의 측벽에 채광을 위한 창문 등이 설치되어 있지 아니한 바닥면적 3제곱미터 이하의 발코니(출입을 위한 개구부를 포함한다)를 설치하는 경우를 포함한다]에는 4미터 이상

③ 주택단지에 두 동 이상의 건축물이 법 제2조 제1항 제11호에 따른 도로를 사이에 두고 서로 마주보고 있는 경우에는 위 ②의 ㉠~㉢의 규정을 적용하지 아니하되, '해당 도로의 중심선'을 '인접대지경계선'으로 보아 '위 ①'을 적용한다.

(6) 건축하려는 대지와 다른 대지 사이에 일정한 시설 등이 있는 경우(영 제86조 제6항)

영 제86조 제1항부터 제5항까지를 적용할 때 건축물을 건축하려는 대지와 다른 대지 사이에 다음의 시설 또는 부지가 있는 경우에는 그 반대편의 대지경계선(공동주택은 인접대지경계선과 그 반대편 대지경계선의 중심선)을 인접대지경계선으로 한다.

① 공원(도시공원 및 녹지 등에 관한 법률 제2조 제3호에 따른 도시공원 중 지방건축위원회의 심의를 거쳐 허가권자가 공원의 일조 등을 확보할 필요가 있다고 인정하는 공원은 제외한다), 도로, 철도, 하천, 광장, 공공공지, 녹지, 유수지, 자동차 전용도로, 유원지

② **다음에 해당하는 대지**(건축물이 없는 경우로 한정)
㉠ 너비(대지경계선에서 가장 가까운 거리를 말한다)가 2미터 이하인 대지
㉡ 면적이 영 제80조 각 호에 따른 분할제한 기준 이하인 대지

③ 위 ① 및 ② 외에 '건축이 허용되지 아니하는' 공지

관련법령 영 제86조 제7항

영 제86조 제1항부터 제5항까지의 규정을 적용할 때 건축물(공동주택으로 한정한다)을 건축하려는 하나의 대지 사이에 위 (6)의 각 시설 또는 부지가 있는 경우에는 지방건축위원회의 심의를 거쳐 위 (6)의 각 시설 또는 부지를 기준으로 마주하고 있는 해당 **대지의 경계선의 중심선**을 인접대지경계선으로 할 수 있다.

(7) 2층 이하로서 높이가 8미터 이하인 건축물(법 제61조 제4항)

'2층 이하로서 높이가 8미터 이하'인 건축물에는 해당 지방자치단체의 조례로 정하는 바에 따라 법 제61조 제1항부터 제3항까지(일조 등의 확보를 위한 건축물의 높이제한)의 규정을 적용하지 아니할 수 있다.

제7절 건축설비

1. 건축설비기준 등

(1) 건축설비기준 등(법 제62조)

건축설비의 설치 및 구조에 관한 기준과 설계 및 공사감리에 관하여 필요한 사항은 대통령령으로 정한다.

(2) 건축설비 설치의 원칙(영 제87조)

① 건축설비는 건축물의 안전·방화, 위생, 에너지 및 **정보통신**의 합리적 이용에 지장이 없도록 설치하여야 하고, 배관피트 및 덕트의 단면적과 **수선구**의 크기를 해당 설비의 수선에 지장이 없도록 하는 등 설비의 유지·관리가 쉽게 설치하여야 한다. 23회

② 건축물에 설치하는 급수·배수·냉방·난방·환기·피뢰 등 건축설비의 설치에 관한 기술적 기준은 국토교통부령으로 정하되, 에너지 이용 합리화와 관련한 건축설비의 기술적 기준에 관하여는 '**산업통상자원부장관**'과 협의하여 정한다. 23회

③ 건축물에 설치하여야 하는 장애인 관련 시설 및 설비는 「장애인·노인·임산부 등의 편의증진보장에 관한 법률」에 따라 작성하여 보급하는 '편의시설 상세표준도'에 따른다.

④ 건축물에는 방송수신에 지장이 없도록 공동시청 안테나, 유선방송 수신시설, 위성방송 수신설비, 에프엠(FM)라디오방송 수신설비 또는 방송 공동수신설비를 **설치할 수 있다**. 다만, 다음의 건축물에는 '**방송 공동수신설비**'를 설치하여야 한다. 22회, 23회

  ㉠ 공동주택

  ㉡ 바닥면적의 합계가 5천 제곱미터 이상으로서 업무시설이나 숙박시설의 용도로 쓰는 건축물

⑤ **위 ④에 따른** 방송 수신설비의 설치기준은 '**과학기술정보통신부장관**'이 정하여 고시하는 바에 따른다.

⑥ 연면적이 **500제곱미터 이상**인 건축물의 대지에는 국토교통부령으로 정하는 바에 따라 「전기사업법」에 따른 전기사업자가 전기를 배전(配電)하는 데 필요한 전기설비를 설치할 수 있는 공간을 확보하여야 한다. 23회 주관식

⑦ 해풍이나 염분 등으로 인하여 건축물의 재료 및 기계설비 등에 조기 부식과 같은 피해 발생

이 우려되는 지역에서는 해당 지방자치단체는 이를 방지하기 위하여 다음의 사항을 조례로 정할 수 있다.
  ㉠ 해풍이나 염분 등에 대한 내구성 설계기준
  ㉡ 해풍이나 염분 등에 대한 내구성 허용기준
  ㉢ 그 밖에 해풍이나 염분 등에 따른 피해를 막기 위하여 필요한 사항
⑧ 건축물에 설치하여야 하는 '우편수취함'은 「우편법」 제37조의2의 기준에 따른다.

2. 승강기

(1) 승강기(법 제64조)

① 건축주는 '**6층 이상**'으로서 연면적이 '**2천 제곱미터 이상**'인 건축물('대통령령으로 정하는 건축물은 제외한다)을 건축하려면 승강기를 설치하여야 한다. 이 경우 승강기의 규모 및 구조는 국토교통부령으로 정한다. 19회 주관식, 28회

② **높이 31미터**를 '**초과**'하는 건축물에는 '대통령령으로 정하는 바'에 따라 승강기뿐만 아니라 '**비상용 승강기**'를 '**추가**'로 설치하여야 한다. 다만, 국토교통부령으로 정하는 건축물의 경우에는 그러하지 아니하다. 22회, 24회 주관식

③ **고층건축물**에는 위 ①에 따라 건축물에 설치하는 승용 승강기 중 **1대 이상**을 '대통령령으로 정하는 바'에 따라 '**피난용 승강기**'로 설치하여야 한다. 22회, 25회, 28회

> **관련법령** 피난용 승강기의 설치(영 제91조)
>
> 위 (1)의 ③에 따른 피난용 승강기(피난용 승강기의 승강장 및 승강로를 포함한다)는 다음의 기준에 맞게 설치하여야 한다.
> 1. 승강장의 바닥면적은 승강기 1대당 **6제곱미터 이상**으로 할 것 25회
> 2. 각 층으로부터 피난층까지 이르는 승강로를 **단일구조**로 연결하여 설치할 것 25회, 28회
> 3. 예비전원으로 작동하는 **조명설비**를 설치할 것 25회
> 4. 승강장의 출입구 부근의 잘 보이는 곳에 해당 승강기가 '피난용 승강기임을 알리는 **표지**'를 설치할 것 25회
> 5. 그 밖에 화재예방 및 피해경감을 위하여 '국토교통부령으로 정하는 구조 및 설비 등의 기준'에 맞을 것

(2) 승강기 설치의 예외(영 제89조)

위 (1)의 ①에서 '대통령령으로 정하는 건축물'이란 층수가 '**6층인**' 건축물로서 각 층 거실의 바닥면적 300제곱미터 이내마다 1개소 이상의 '**직통계단**'을 설치한 건축물을 말한다.

(3) 비상용 승강기의 설치(영 제90조)

① 위 (1)의 ②에 따라 높이 31미터를 넘는 건축물에는 다음의 기준에 따른 대수 이상의 비상용 승강기(비상용 승강기의 승강장 및 승강로를 포함한다)를 설치하여야 한다. 다만, 설치되는 승강기를 '비상용 승강기의 구조'로 하는 경우에는 그러하지 아니하다.

㉠ 높이 31미터를 넘는 각 층의 바닥면적 중 최대 바닥면적이 1천 500제곱미터 **'이하'** 인 건축물: 1대 이상

㉡ 높이 31미터를 넘는 각 층의 바닥면적 중 최대 바닥면적이 1천 500제곱미터를 **'넘는'** 건축물: 1대에 1천 500제곱미터를 넘는 3천 제곱미터 이내마다 1대씩 더한 대수 이상

② 위 ①에 따라 2대 이상의 비상용 승강기를 설치하는 경우에는 화재가 났을 때 소화에 지장이 없도록 일정한 간격을 두고 설치하여야 한다.

3. 지능형건축물의 인증 등

(1) **지능형건축물의 인증**(법 제65조의2)

① '국토교통부장관'은 지능형건축물(Intelligent Building)의 건축을 활성화하기 위하여 **'지능형건축물 인증제도'** 를 실시한다. 23회

② '국토교통부장관'은 지능형건축물의 인증을 위하여 인증기관을 지정할 수 있다.

③ 지능형건축물의 인증을 받으려는 자는 위 ②에 따른 인증기관에 인증을 신청하여야 한다.

④ 국토교통부장관은 건축물을 구성하는 설비 및 각종 기술을 최적으로 통합하여 건축물의 생산성과 설비 운영의 효율성을 극대화할 수 있도록 다음의 사항을 포함하여 지능형건축물 인증기준을 고시한다. 23회

㉠ 인증기준 및 절차
㉡ 인증표시 홍보기준
㉢ 유효기간
㉣ 수수료
㉤ 인증등급 및 심사기준 등

⑤ 위 ②와 ③에 따른 인증기관의 지정기준, 지정절차 및 인증신청절차 등에 필요한 사항은 국토교통부령으로 정한다.

⑥ **허가권자**는 지능형건축물로 인증을 받은 건축물에 대하여 **조경설치면적을 100분의 85까지** 완화하여 적용할 수 있으며, **용적률** 및 **건축물의 높이를 100분의 115의 범위**에서 완화하여 적용할 수 있다. 22회, 23회

(2) **관계전문기술자**(법 제67조)

① 설계자와 공사감리자는 법 제40조(대지의 안전 등), 제41조(토지 굴착 부분에 대한 조치 등), 제48조(구조내력 등)부터 제50조(건축물의 내화구조와 방화벽)까지, 제50조의2(고층건축물의 피난 및 안전관리), 제51조(방화지구 안의 건축물), 제52조(건축물의 마감재료 등), 제62조(건축설비기준 등) 및 제64조(승강기)와 「녹색건축물 조성 지원법」에 따른 대지의 안전, 건축물의 구조상 안전, 부속구조물 및 건축설비의 설치 등을 위한 설계 및 공사감리를 할 때 대통령령으

로 정하는 바에 따라 다음의 어느 하나의 자격을 갖춘 **관계전문기술자**[기술사법에 따라 벌칙을 받은 후 대통령령으로 정하는 기간(**2년**)이 지나지 아니한 자는 제외한다]**의 협력**을 받아야 한다.
  ㉠ 「기술사법」 제6조에 따라 기술사사무소를 개설등록한 자
  ㉡ 「건설기술 진흥법」 제26조에 따라 건설엔지니어링사업자로 등록한 자
  ㉢ 「엔지니어링산업 진흥법」 제21조에 따라 엔지니어링사업자의 신고를 한 자
  ㉣ 「전력기술관리법」 제14조에 따라 설계업 및 감리업으로 등록한 자
② '관계전문기술자'는 건축물이 이 법 및 이 법에 따른 명령이나 처분, 그 밖의 관계 법령에 맞고 안전·기능 및 미관에 지장이 없도록 업무를 수행하여야 한다.

(3) 기술적 기준(법 제68조)

① 법 제40조(대지의 안전 등), 제41조(토지 굴착 부분에 대한 조치 등), 제48조(구조내력 등)부터 제50조(건축물의 내화구조와 방화벽)까지, 제50조의2(고층건축물의 피난 및 안전관리), 제51조(방화지구 안의 건축물), 제52조(건축물의 마감재료 등), 제52조의2(실내건축), 제62조(건축설비기준 등) 및 제64조(승강기)에 따른 대지의 안전, 건축물의 구조상의 안전, 건축설비 등에 관한 기술적 기준은 이 법에서 특별히 규정한 경우 외에는 국토교통부령으로 정하되, 이에 따른 세부기준이 필요하면 국토교통부장관이 세부기준을 정하거나 국토교통부장관이 지정하는 연구기관(시험기관·검사기관을 포함한다), 학술단체, 그 밖의 관련 전문기관 또는 단체가 국토교통부장관의 승인을 받아 정할 수 있다.
② 국토교통부장관은 위 ①에 따라 세부기준을 정하거나 승인을 하려면 미리 건축위원회의 심의를 거쳐야 한다.
③ 국토교통부장관은 위 ①에 따라 세부기준을 정하거나 승인을 한 경우 이를 고시하여야 한다.
④ **국토교통부장관**은 위 ①에 따른 기술적 기준 및 세부기준을 적용하기 어려운 건축설비에 관한 기술·제품이 개발된 경우, 개발한 자의 신청을 받아 그 기술·제품을 평가하여 신규성·진보성 및 현장 적용성이 있다고 판단하는 경우에는 대통령령으로 정하는 바에 따라 설치 등을 위한 기준을 건축위원회의 심의를 거쳐 인정할 수 있다.

> **관련법령** 신기술·신제품인 건축설비의 기술적 기준(영 제91조의4)
>
> 1. 위 (3)의 ④에 따라 기술적 기준을 인정받으려는 자는 국토교통부령으로 정하는 서류를 국토교통부장관에게 제출해야 한다.
> 2. 국토교통부장관은 위 1.에 따른 서류를 제출받으면 한국건설기술연구원에 그 기술·제품이 신규성·진보성 및 현장 적용성이 있는지 여부에 대해 검토를 요청할 수 있다.
> 3. 국토교통부장관은 위 1.에 따라 기술적 기준의 인정 요청을 받은 기술·제품이 신규성·진보성 및 현장 적용성이 있다고 판단되면 그 기술적 기준을 중앙건축위원회의 심의를 거쳐 인정할 수 있다.

4. 국토교통부장관은 위 3.에 따라 기술적 기준을 인정할 때 **5년**의 범위에서 유효기간을 정할 수 있다. 이 경우 유효기간은 국토교통부령으로 정하는 바에 따라 연장할 수 있다.
5. 국토교통부장관은 위 3. 및 4.에 따라 기술적 기준을 인정하면 그 기준과 유효기간을 관보에 고시하고, 인터넷 홈페이지에 게재해야 한다.
6. 위 1.부터 5.까지에서 정한 사항 외에 위 **(3)**의 ④에 따른 건축설비 기술·제품의 평가 및 그 기술적 기준 인정에 관하여 필요한 세부 사항은 국토교통부장관이 정하여 고시할 수 있다.

(4) 건축물의 구조 및 재료 등에 관한 기준의 관리(법 제68조의3)

① 국토교통부장관은 기후 변화나 건축기술의 변화 등에 따라 법 제48조(구조내력 등), 제48조의2(건축물 내진등급의 설정), 제49조(건축물의 피난시설 및 용도제한 등), 제50조(건축물의 내화구조와 방화벽), 제50조의2(고층건축물의 피난 및 안전관리), 제51조(방화지구 안의 건축물), 제52조(건축물의 마감재료 등), 제52조의2(실내건축), 제52조의4(건축자재의 품질관리 등), 제53조(지하층)의 건축물의 구조 및 재료 등에 관한 기준이 적정한지를 검토하는 모니터링(이하 이 조에서 '건축모니터링'이라 한다)을 '대통령령으로 정하는 기간'(**3년**)마다 실시하여야 한다.

② 국토교통부장관은 '대통령령으로 정하는 전문기관'을 지정하여 건축모니터링을 하게 할 수 있다.

> **관련법령** 건축모니터링의 운영(영 제92조)
>
> 국토교통부장관은 위 **(4)**의 ②에 따라 다음의 인력 및 조직을 갖춘 자를 건축모니터링 전문기관으로 지정할 수 있다.
> 1. 인력: 「국가기술자격법」에 따른 건축분야 기사 이상 자격을 갖춘 인력 5명 이상
> 2. 조직: 건축모니터링을 수행할 수 있는 전담조직

제8절 특별건축구역 등

1. 특별건축구역의 지정 및 절차

(1) 의의(법 제2조 제1항 제18호)

조화롭고 창의적인 건축물의 건축을 통하여 도시경관의 창출, 건설기술 수준향상 및 건축 관련 제도개선을 도모하기 위하여 이 법 또는 관계 법령에 따라 일부 규정을 적용하지 아니하거나 완화 또는 통합하여 적용할 수 있도록 특별히 지정하는 구역을 말한다.

(2) 특별건축구역의 지정(법 제69조)

① '국토교통부장관' 또는 '시·도지사'는 다음의 구분에 따라 도시나 지역의 일부가 특별건축구역으로 특례 적용이 필요하다고 인정하는 경우에는 특별건축구역을 지정할 수 있다.
　㉠ 국토교통부장관이 지정하는 경우
　　ⓐ 국가가 국제행사 등을 개최하는 도시 또는 지역의 사업구역
　　ⓑ 관계 법령에 따른 국가정책사업으로서 '대통령령으로 정하는 사업구역'
　㉡ 시·도지사가 지정하는 경우
　　ⓐ 지방자치단체가 국제행사 등을 개최하는 도시 또는 지역의 사업구역
　　ⓑ 관계 법령에 따른 도시개발·도시재정비 및 건축문화 진흥사업으로서 건축물 또는 공간환경을 조성하기 위하여 '대통령령으로 정하는 사업구역'
　　ⓒ 그 밖에 '대통령령으로 정하는 도시 또는 지역'의 사업구역
② 다음의 어느 하나이 해당하는 지역·구역 등에 대하여는 특별건축구역으로 지정할 수 없다.
　㉠ 「개발제한구역의 지정 및 관리에 관한 특별조치법」에 따른 **개발제한구역**
　㉡ 「자연공원법」에 따른 **자연공원**
　㉢ 「도로법」에 따른 **접도구역**
　㉣ 「산지관리법」에 따른 **보전산지**
③ 국토교통부장관 또는 시·도지사는 특별건축구역으로 지정하고자 하는 지역이 「군사기지 및 군사시설 보호법」에 따른 군사기지 및 군사시설 보호구역에 해당하는 경우에는 '**국방부장관**'과 '사전'에 '협의'하여야 한다.

(3) 특별건축구역의 지정대상 사업구역 등(영 제105조)

① 위 **(2)**의 ① ㉠의 ⓑ에서 '대통령령으로 정하는 사업구역'이란 다음의 어느 하나에 해당하는 구역을 말한다.
　㉠ 「신행정수도 후속대책을 위한 연기·공주지역 행정중심복합도시 건설을 위한 특별법」에 따른 행정중심복합도시의 사업구역
　㉡ 「혁신도시 조성 및 발전에 관한 특별법」에 따른 혁신도시의 사업구역
　㉢ 「경제자유구역의 지정 및 운영에 관한 특별법」 제4조에 따라 지정된 경제자유구역
　㉣ 「택지개발촉진법」에 따른 택지개발사업구역
　㉤ 「공공주택 특별법」 제2조 제2호에 따른 공공주택지구
　㉥ 「도시개발법」에 따른 도시개발구역
　㉦ 「아시아문화중심도시 조성에 관한 특별법」에 따른 국립아시아문화전당 건설사업구역
　㉧ 「국토의 계획 및 이용에 관한 법률」 제51조에 따른 지구단위계획구역 중 현상설계(懸賞設計) 등에 따른 창의적 개발을 위한 특별계획구역

② 위 **(2)**의 ① ⓒ의 ⓑ에서 '대통령령으로 정하는 사업구역'이란 다음의 어느 하나에 해당하는 구역을 말한다.
　㉠ 「경제자유구역의 지정 및 운영에 관한 특별법」에 따라 지정된 경제자유구역
　㉡ 「택지개발촉진법」에 따른 택지개발사업구역
　㉢ 「도시 및 주거환경정비법」에 따른 정비구역
　㉣ 「도시개발법」에 따른 도시개발구역
　㉤ 「도시재정비 촉진을 위한 특별법」에 따른 재정비촉진구역
　㉥ 「제주특별자치도 설치 및 국제자유도시 조성을 위한 특별법」에 따른 국제자유도시의 사업구역
　㉦ 「국토의 계획 및 이용에 관한 법률」 제51조에 따른 지구단위계획구역 중 현상설계(懸賞設計) 등에 따른 창의적 개발을 위한 특별계획구역
　㉧ 「관광진흥법」 제52조 및 제70조에 따른 관광지, 관광단지 또는 관광특구
　㉨ 「지역문화진흥법」 제18조에 따른 문화지구

③ 위 **(2)**의 ① ⓒ의 ⓒ에서 '대통령령으로 정하는 도시 또는 지역'이란 다음의 어느 하나에 해당하는 도시 또는 지역을 말한다.
　㉠ 건축문화 진흥을 위하여 국토교통부령으로 정하는 건축물 또는 공간환경을 조성하는 지역
　㉡ 주거, 상업, 업무 등 다양한 기능을 결합하는 복합적인 토지이용을 증진시킬 필요가 있는 지역으로서 다음의 요건을 모두 갖춘 지역
　　ⓐ 도시지역일 것
　　ⓑ 「국토의 계획 및 이용에 관한 법률 시행령」 제71조에 따른 용도지역 안에서의 건축제한 적용을 배제할 필요가 있을 것
　㉢ 그 밖에 도시경관의 창출, 건설기술 수준향상 및 건축 관련 제도개선을 도모하기 위하여 특별건축구역으로 지정할 필요가 있다고 시·도지사가 인정하는 도시 또는 지역

(4) 특별건축구역의 지정절차 등(법 제71조)

① **중앙행정기관의 장**, 위 **(2)**의 ①의 사업구역을 관할하는 **시·도지사** 또는 **시장·군수·구청장**(이하 '지정신청기관'이라 한다)은 특별건축구역의 지정이 필요한 경우에는 다음의 자료를 갖추어 중앙행정기관의 장 또는 시·도지사는 **국토교통부장관**에게, 시장·군수·구청장은 **특별시장·광역시장·도지사**에게 각각 특별건축구역의 지정을 신청할 수 있다.
　㉠ 특별건축구역의 위치·범위 및 면적 등에 관한 사항
　㉡ 특별건축구역의 지정목적 및 필요성
　㉢ 특별건축구역 내 건축물의 규모 및 용도 등에 관한 사항
　㉣ 특별건축구역의 도시·군관리계획에 관한 사항. 이 경우 '도시·군관리계획의 세부내용'은 대통령령으로 정한다.

ⓜ 건축물의 설계, 공사감리 및 건축시공 등의 발주방법 등에 관한 사항

ⓗ 법 제74조에 따라 특별건축구역 전부 또는 일부를 대상으로 통합하여 적용하는 미술작품, 부설주차장, 공원 등의 시설에 대한 운영관리계획서. 이 경우 운영관리계획서의 작성방법, 서식, 내용 등에 관한 사항은 국토교통부령으로 정한다.

ⓢ 그 밖에 특별건축구역의 지정에 필요한 '대통령령으로 정하는 사항'

② 위 ①에 따른 **지정신청기관 외의 자**는 위 ①의 각 자료를 갖추어 위 **(2)**의 ①의 ⓛ의 사업구역을 관할하는 **시·도지사**에게 특별건축구역의 지정을 제안할 수 있다.

③ 위 ②에 따른 특별건축구역 지정 제안의 방법 및 절차 등에 관하여 필요한 사항은 대통령령으로 정한다.

④ 국토교통부장관 또는 특별시장·광역시장·도지사는 위 ①에 따라 지정신청이 접수된 경우에는 특별건축구역 지정의 필요성, 타당성 및 공공성 등과 피난·방재 등의 사항을 검토하고, 지정 여부를 결정하기 위하여 지정신청을 받은 날부터 30일 이내에 국토교통부장관이 지정신청을 받은 경우에는 **국토교통부장관**이 두는 **건축위원회**(이하 '중앙건축위원회'라 한다), 특별시장·광역시장·도지사가 지정신청을 받은 경우에는 각각 **특별시장·광역시장·도지사가** 두는 **건축위원회의 심의**를 거쳐야 한다.

⑤ 국토교통부장관 또는 특별시장·광역시장·도지사는 각각 중앙건축위원회 또는 특별시장·광역시장·도지사가 두는 건축위원회의 심의결과를 고려하여 필요한 경우 특별건축구역의 범위, 도시·군관리계획 등에 관한 사항을 조정할 수 있다.

⑥ 국토교통부장관 또는 시·도지사는 필요한 경우 **직권**으로 특별건축구역을 지정할 수 있다. 이 경우 위 ①의 자료에 따라 특별건축구역 지정의 필요성, 타당성 및 공공성 등과 피난·방재 등의 사항을 검토하고 각각 중앙건축위원회 또는 시·도지사가 두는 건축위원회의 심의를 거쳐야 한다.

⑦ 국토교통부장관 또는 시·도지사는 특별건축구역을 지정하거나 변경·해제하는 경우에는 대통령령으로 정하는 바에 따라 주요 내용을 관보(시·도지사는 공보)에 고시하고, 국토교통부장관 또는 특별시장·광역시장·도지사는 지정신청기관에 관계 서류의 사본을 송부하여야 한다.

⑧ 위 ⑦에 따라 관계 서류의 사본을 받은 지정신청기관은 관계 서류에 도시·군관리계획의 결정사항이 포함되어 있는 경우에는 「국토의 계획 및 이용에 관한 법률」 제32조에 따라 지형도면의 승인신청 등 필요한 조치를 취하여야 한다.

⑨ 지정신청기관은 특별건축구역 지정 이후 변경이 있는 경우 변경지정을 받아야 한다. 이 경우 변경지정을 받아야 하는 변경의 범위, 변경지정의 절차 등 필요한 사항은 대통령령으로 정한다.

⑩ 국토교통부장관 또는 시·도지사는 다음의 어느 하나에 해당하는 경우에는 특별건축구역의 전부 또는 일부에 대하여 지정을 해제할 수 있다. 이 경우 국토교통부장관 또는 특별시장·광역시장·도지사는 지정신청기관의 의견을 청취하여야 한다.
  ㉠ 지정신청기관의 요청이 있는 경우
  ㉡ 거짓이나 그 밖의 부정한 방법으로 지정을 받은 경우
  ㉢ 특별건축구역 지정일부터 5년 이내에 특별건축구역 지정목적에 부합하는 건축물의 착공이 이루어지지 아니하는 경우
  ㉣ 특별건축구역 지정요건 등을 위반하였으나 시정이 불가능한 경우
⑪ 특별건축구역을 지정하거나 변경한 경우에는 「국토의 계획 및 이용에 관한 법률」 제30조에 따른 도시·군관리계획의 결정(용도지역·지구·구역의 지정 및 변경은 제외한다)이 있는 것으로 본다.

(5) 특별건축구역의 지정절차 등(영 제107조)

① 위 **(4)**의 ①의 ㉣에 따른 '도시·군관리계획의 세부내용'은 다음과 같다.
  ㉠ 「국토의 계획 및 이용에 관한 법률」 제36조부터 제38조까지, 제38조의2, 제39조, 제40조 및 같은 법 시행령 제30조부터 제32조까지의 규정에 따른 용도지역, 용도지구 및 용도구역에 관한 사항
  ㉡ 「국토의 계획 및 이용에 관한 법률」 제43조에 따라 도시·군관리계획으로 결정되었거나 설치된 도시·군계획시설의 현황 및 도시·군계획시설의 신설·변경 등에 관한 사항
  ㉢ 「국토의 계획 및 이용에 관한 법률」 제50조부터 제52조까지 및 같은 법 시행령 제43조부터 제47조까지의 규정에 따른 지구단위계획구역의 지정, 지구단위계획의 내용 및 지구단위계획의 수립·변경 등에 관한 사항
② 위 **(4)**의 ①의 ㉥에서 '대통령령으로 정하는 사항'이란 다음의 사항을 말한다.
  ㉠ 특별건축구역의 주변지역에 「국토의 계획 및 이용에 관한 법률」 제43조에 따라 도시·군관리계획으로 결정되었거나 설치된 도시·군계획시설에 관한 사항
  ㉡ 특별건축구역의 주변지역에 대한 지구단위계획구역의 지정 및 지구단위계획의 내용 등에 관한 사항
  ㉢ 「건축기본법」 제21조에 따른 건축디자인 기준의 반영에 관한 사항
  ㉣ 「건축기본법」 제23조에 따라 민간전문가를 위촉한 경우 그에 관한 사항
  ㉤ 위 **(3)**의 ③의 ㉡에 따른 복합적인 토지이용에 관한 사항[위 **(3)**의 ③의 ㉡에 해당하는 지역을 지정하기 위한 신청의 경우로 한정한다]
③ 국토교통부장관 또는 시·도지사는 특별건축구역을 지정하거나 변경·해제하는 경우에는 다음의 사항을 즉시 관보(시·도지사의 경우에는 공보)에 고시해야 한다.

㉠ 지정·변경 또는 해제의 목적
　　　㉡ 특별건축구역의 위치, 범위 및 면적
　　　㉢ 특별건축구역 내 건축물의 규모 및 용도 등에 관한 주요 사항
　　　㉣ 건축물의 설계, 공사감리 및 건축시공 등 발주방법에 관한 사항
　　　㉤ 도시·군계획시설의 신설·변경 및 지구단위계획의 수립·변경 등에 관한 사항
　　　㉥ 그 밖에 국토교통부장관 또는 시·도지사가 필요하다고 인정하는 사항
　④ 특별건축구역의 지정신청기관이 다음의 어느 하나에 해당하여 위 **(4)**의 ⑨에 따라 특별건축구역의 변경지정을 받으려는 경우에는 국토교통부령으로 정하는 자료를 갖추어 국토교통부장관 또는 특별시장·광역시장·도지사에게 변경지정 신청을 해야 한다. 이 경우 특별건축구역의 변경지정에 관하여는 위 **(4)**의 ④ 및 ⑤를 준용한다.
　　　㉠ 특별건축구역의 범위가 10분의 1(특별건축구역의 면적이 10만 제곱미터 미만인 경우에는 20분의 1) 이상 증가하거나 감소하는 경우
　　　㉡ 특별건축구역의 도시·군관리계획에 관한 사항이 변경되는 경우
　　　㉢ 건축물의 설계, 공사감리 및 건축시공 등 발주방법이 변경되는 경우
　　　㉣ 그 밖에 특별건축구역의 지정목적이 변경되는 등 국토교통부령으로 정하는 경우

> **관련법령** **특별건축구역의 지정 제안 절차 등(영 제107조의2)**
>
> 1. 위 **(4)**의 ②에 따라 특별건축구역 지정을 제안하려는 자는 위 **(4)**의 ①의 자료를 갖추어 시장·군수·구청장에게 의견을 요청할 수 있다.
> 2. 시장·군수·구청장은 위 1.에 따라 의견 요청을 받으면 특별건축구역 지정의 필요성, 타당성, 공공성 등과 피난·방재 등의 사항을 검토하여 의견을 통보해야 한다. 이 경우 「건축기본법」 제23조에 따라 시장·군수·구청장이 위촉한 민간전문가의 자문을 받을 수 있다.
> 3. 위 **(4)**의 ②에 따라 특별건축구역 지정을 제안하려는 자는 시·도지사에게 제안하기 전에 다음에 해당하는 자의 서면 동의를 받아야 한다. 이 경우 토지소유자의 서면 동의 방법은 국토교통부령으로 정한다.
>   ㉠ 대상 토지 면적(국유지·공유지의 면적은 제외한다)의 **3분의 2 이상**에 해당하는 **토지소유자**
>   ㉡ 국유지 또는 공유지의 **재산관리청**(국유지 또는 공유지가 포함되어 있는 경우로 한정한다)
> 4. 위 **(4)**의 ②에 따라 특별건축구역 지정을 제안하려는 자는 다음의 서류를 시·도지사에게 제출해야 한다.
>   ㉠ 위 **(4)**의 ①의 ㉠~㉥의 자료
>   ㉡ 위 2.에 따른 시장·군수·구청장의 의견(의견을 요청한 경우로 한정한다)
>   ㉢ 위 3.에 따른 토지소유자 및 재산관리청의 서면 동의서
> 5. 시·도지사는 위 4.에 따른 서류를 받은 날부터 **45일 이내**에 특별건축구역 지정의 필요성, 타당성, 공공성 등과 피난·방재 등의 사항을 검토하여 특별건축구역 지정 여부를 결정해야 한다. 이 경우 관할 시장·군수·구청장의 의견을 청취(위 4.의 ㉡의 의견서를 제출받은 경우는 제외한다)한 후 시·도지사가 두는 건축위원회의 심의를 거쳐야 한다.
> 6. 시·도지사는 위 5.에 따라 지정 여부를 결정한 날부터 **14일 이내**에 특별건축구역 지정을 제안한 자에게 그 결과를 통보해야 한다.
> 7. 위 5.에 따라 지정된 특별건축구역에 대한 변경지정의 제안에 관하여는 위 1.부터 6.까지의 규정을 준용한다.

(6) 특별건축구역 내 건축물의 심의 등(법 제72조)

① 특별건축구역에서 법 제73조에 따라 건축기준 등의 특례사항을 적용하여 건축허가를 신청하고자 하는 자[이하 (6)에서 '허가신청자'라 한다]는 다음의 사항이 포함된 특례적용계획서를 첨부하여 해당 허가권자에게 건축허가를 신청해야 한다. 이 경우 특례적용계획서의 작성방법 및 제출서류 등은 국토교통부령으로 정한다.

  ㉠ 법 제5조에 따라 기준을 완화하여 적용할 것을 요청하는 사항
  ㉡ 법 제71조에 따른 특별건축구역의 지정요건에 관한 사항
  ㉢ 법 제73조 제1항의 적용배제 특례를 적용한 사유 및 예상효과 등
  ㉣ 법 제73조 제2항의 완화적용 특례의 동등 이상의 성능에 대한 증빙내용
  ㉤ 건축물의 공사 및 유지·관리 등에 관한 계획

② 위 ①에 따른 건축허가는 해당 건축물이 특별건축구역의 지정목적에 적합한지의 여부와 특례적용계획서 등 해당 사항에 대하여 법 제4조 제1항에 따라 시·도지사 및 시장·군수·구청장이 설치하는 건축위원회(이하 '지방건축위원회'라 한다)의 심의를 거쳐야 한다.

③ 허가신청자는 위 ①에 따른 건축허가 시 「도시교통정비 촉진법」 제16조에 따른 교통영향평가서의 검토를 동시에 진행하고자 하는 경우에는 같은 법 제16조에 따른 교통영향평가서에 관한 서류를 첨부하여 허가권자에게 심의를 신청할 수 있다.

④ 위 ③에 따라 교통영향평가서에 대하여 지방건축위원회에서 통합심의한 경우에는 「도시교통정비 촉진법」 제17조에 따른 교통영향평가서의 심의를 한 것으로 본다.

⑤ 위 ① 및 ②에 따라 심의된 내용에 대하여 대통령령으로 정하는 변경사항이 발생한 경우에는 지방건축위원회의 변경심의를 받아야 한다. 이 경우 변경심의는 위 ①~③의 규정을 준용한다.

⑥ **국토교통부장관** 또는 **특별시장·광역시장·도지사**는 건축제도의 개선 및 건설기술의 향상을 위하여 허가권자의 의견을 들어 특별건축구역 내에서 위 ① 및 ②에 따라 건축허가를 받은 건축물에 대하여 '**모니터링**'(특례를 적용한 건축물에 대하여 해당 건축물의 건축시공, 공사감리, 유지·관리 등의 과정을 검토하고 실제로 건축물에 구현된 기능·미관·환경 등을 분석하여 평가하는 것을 말한다)을 실시할 수 있다.

⑦ **허가권자**는 위 ① 및 ②에 따라 건축허가를 받은 건축물의 '특례적용계획서'를 심의하는 데에 필요한 '국토교통부령으로 정하는 자료'를 **특별시장·광역시장·특별자치시장·도지사·특별자치도지사**는 '국토교통부장관'에게, **시장·군수·구청장**은 '특별시장·광역시장·도지사'에게 각각 제출하여야 한다.

⑧ 위 ① 및 ②에 따라 건축허가를 받은 「건설기술 진흥법」 제2조 제6호에 따른 발주청은 설계의도의 구현, 건축시공 및 공사감리의 모니터링, 그 밖에 발주청이 위탁하는 업무의 수행 등을 위하여 필요한 경우 설계자를 건축허가 이후에도 해당 건축물의 건축에 참여하게 할 수 있다. 이 경우 설계자의 업무내용 및 보수 등에 관하여는 대통령령으로 정한다.

(7) 특별건축구역에서의 건축물의 심의대상 등(영 제108조)

① 위 **(6)**의 ⑤에 따라 지방건축위원회의 변경심의를 받아야 하는 경우는 다음과 같다.
  ㉠ 법 제16조에 따라 변경허가를 받아야 하는 경우
  ㉡ 법 제19조 제2항에 따라 변경허가를 받거나 변경신고를 하여야 하는 경우
  ㉢ 건축물 외부의 디자인, 형태 또는 색채를 변경하는 경우
  ㉣ 그 밖에 위 **(6)**의 ①의 ㉠~㉤ 사항 중 국토교통부령으로 정하는 사항을 변경하는 경우
② 위 **(6)**의 ⑧ 전단에 따라 설계자가 해당 건축물의 건축에 참여하는 경우 공사시공자 및 공사감리자는 특별한 사유가 있는 경우를 제외하고는 설계자의 자문 의견을 반영하도록 하여야 한다.
③ 위 **(6)**의 ⑧ 후단에 따른 설계자의 업무내용은 다음과 같다.
  ㉠ 위 **(6)**의 ⑥에 따른 모니터링
  ㉡ 설계변경에 대한 자문
  ㉢ 건축디자인 및 도시경관 등에 관한 설계의도의 구현을 위한 자문
  ㉣ 그 밖에 발주청이 위탁하는 업무
④ 위 ③에 따른 설계자의 업무내용에 대한 보수는 「엔지니어링산업 진흥법」 제31조에 따른 엔지니어링사업대가의 기준의 범위에서 국토교통부장관이 정하여 고시한다.

2. 특별건축구역의 건축물

(1) 특별건축구역에서 건축할 수 있는 건축물(법 제70조)

특별건축구역에서 다음 3.의 (1)에 따라 건축기준 등의 특례사항을 적용하여 건축할 수 있는 건축물은 다음의 어느 하나에 해당되어야 한다.
① 국가 또는 지방자치단체가 건축하는 건축물
② 「공공기관의 운영에 관한 법률」에 따른 공공기관 중 '대통령령으로 정하는 공공기관'이 건축하는 건축물
③ 그 밖에 '대통령령으로 정하는 용도·규모의 건축물'로서 도시경관의 창출, 건설기술 수준향상 및 건축 관련 제도개선을 위하여 특례 적용이 필요하다고 허가권자가 인정하는 건축물

(2) 특별건축구역에서의 건축물(영 제106조)

① 위 **(1)**의 ②에서 '대통령령으로 정하는 공공기관'이란 다음의 공공기관을 말한다.
  ㉠ 「한국토지주택공사법」에 따른 한국토지주택공사
  ㉡ 「한국수자원공사법」에 따른 한국수자원공사
  ㉢ 「한국도로공사법」에 따른 한국도로공사
  ㉣ 「한국철도공사법」에 따른 한국철도공사
  ㉤ 「국가철도공단법」에 따른 국가철도공단

ⓑ 「한국관광공사법」에 따른 한국관광공사

ⓢ 「한국농어촌공사 및 농지관리기금법」에 따른 한국농어촌공사

② 위 **(1)**의 ③에서 '대통령령으로 정하는 용도·규모의 건축물'이란 다음 [별표 3]과 같다.

| 별표 3 | 특별건축구역의 특례사항 적용대상 건축물(영 제106조 제2항 관련) |

용도	규모(연면적, 세대 또는 동)
1. 문화 및 집회시설, 판매시설, 운수시설, 의료시설, 교육연구시설, 수련시설 18회 주관식	2천 제곱미터 이상
2. 운동시설, 업무시설, 숙박시설, 관광휴게시설, 방송통신시설	3천 제곱미터 이상
3. 종교시설	–
4. 노유자시설	5백 제곱미터 이상
5. 공동주택(주거용 외의 용도와 복합된 건축물을 포함한다)	100세대 이상
6. 단독주택 　가. 「한옥 등 건축자산의 진흥에 관한 법률」 제2조 제2호 또는 제3호의 한옥 또는 한옥건축양식의 단독주택 　나. 그 밖의 단독주택	1) 10동 이상 2) 30동 이상
7. 그 밖의 용도	1천 제곱미터 이상

[비고]
1. 위 표의 용도에 해당하는 건축물은 허가권자가 인정하는 비슷한 용도의 건축물을 포함한다.
2. 용도가 복합된 건축물의 경우에는 해당 용도의 연면적 합계가 기준 연면적을 합한 값 이상이어야 한다. 이 경우 공동주택과 주거용 외의 용도가 복합된 건축물의 경우에는 각각 해당 용도의 연면적 또는 세대 기준에 적합해야 한다.
3. 위 표 제6호 가목의 건축물에는 허가권자가 인정하는 범위에서 단독주택 외의 용도로 쓰는 한옥 또는 한옥건축양식의 건축물을 일부 포함할 수 있다.

3. 관계 법령의 적용 특례 등

(1) 관계 법령의 적용 특례(법 제73조, 영 제109조)

① 특별건축구역에 건축하는 건축물에 대하여는 다음을 적용하지 아니할 수 있다.

㉠ 법 제42조(대지의 **조경**), 제55조(건축물의 **건폐율**), 제56조(건축물의 **용적률**), 제58조(**대지 안의 공지**), 제60조(건축물의 **높이제한**) 및 제61조(일조 등의 확보를 위한 건축물의 높이제한)

㉡ 「주택법」 제35조 중 '대통령령으로 정하는 규정'[주택건설기준 등에 관한 규정 제10조(공동주택의 배치), 제13조(기준척도), 제14조(세대 간의 경계벽 등), 제35조(비상급수시설), 제37조(난방설비 등), 제50조(근린생활시설 등) 및 제52조(유치원)]

② 특별건축구역에 건축하는 건축물이 법 제49조(건축물의 피난시설 및 용도제한 등), 제50조(건축물의 내화구조와 방화벽), 제50조의2(고층건축물의 피난 및 안전관리), 제51조(방화지구 안의 건축물)부터 제53조(지하층)까지, 제62조(건축설비기준 등) 및 제64조(승강기)와 「녹색건축물 조성 지원법」 제15조에 해당할 때에는 해당 규정에서 요구하는 기준 또는 성능 등을 다른

방법으로 대신할 수 있는 것으로 지방건축위원회가 인정하는 경우에만 해당 규정의 전부 또는 일부를 완화하여 적용할 수 있다.

③ 「소방시설 설치 및 관리에 관한 법률」 제12조와 제13조에서 요구하는 기준 또는 성능 등을 대통령령으로 정하는 절차·심의방법 등에 따라 다른 방법으로 대신할 수 있는 경우 전부 또는 일부를 완화하여 적용할 수 있다.

④ 허가권자가 위 ③에 따라 「소방시설 설치 및 관리에 관한 법률」 제12조 및 제13조에 따른 기준 또는 성능 등을 완화하여 적용하려면 「소방시설공사업법」 제30조 제2항에 따른 지방소방기술심의위원회의 심의를 거치거나 소방본부장 또는 소방서장과 협의를 하여야 한다 (영 제109조 제2항).

(2) 통합적용계획의 수립 및 시행(법 제74조)

① 특별건축구역에서는 다음의 관계 법령의 규정에 대하여는 개별 건축물마다 적용하지 아니하고 특별건축구역 전부 또는 일부를 대상으로 통합하여 적용할 수 있다.
  ㉠ 「문화예술진흥법」 제9조에 따른 건축물에 대한 미술작품의 설치
  ㉡ 「주차장법」 제19조에 따른 부설주차장의 설치
  ㉢ 「도시공원 및 녹지 등에 관한 법률」에 따른 공원의 설치

② 지정신청기관은 위 ①에 따라 관계 법령의 규정을 통합하여 적용하려는 경우에는 특별건축구역 전부 또는 일부에 대하여 미술작품, 부설주차장, 공원 등에 대한 수요를 개별법으로 정한 기준 이상으로 산정하여 파악하고 이용자의 편의성, 쾌적성 및 안전 등을 고려한 통합적용계획을 수립하여야 한다.

③ 지정신청기관이 위 ②에 따라 통합적용계획을 수립하는 때에는 해당 구역을 관할하는 허가권자와 협의하여야 하며, 협의 요청을 받은 허가권자는 요청받은 날부터 20일 이내에 지정신청기관에게 의견을 제출하여야 한다.

④ 지정신청기관은 도시·군관리계획의 변경을 수반하는 통합적용계획이 수립된 때에는 관련 서류를 「국토의 계획 및 이용에 관한 법률」에 따른 도시·군관리계획 결정권자에게 송부하여야 하며, 이 경우 해당 도시·군관리계획 결정권자는 특별한 사유가 없으면 도시·군관리계획의 변경에 필요한 조치를 취하여야 한다.

4. 모니터링보고서 등

(1) 건축주 등의 의무(법 제75조)

특별건축구역에서 위 3.의 (1)에 따라 건축기준 등의 적용 특례사항을 적용하여 건축허가를 받은 건축물의 공사감리자, 시공자, 건축주, 소유자 및 관리자는 시공 중이거나 건축물의 사용승인 이후에도 당초 허가를 받은 건축물의 형태, 재료, 색채 등이 원형을 유지하도록 필요한 조치를 하여야 한다.

(2) 허가권자 등의 의무(법 제76조)

① 허가권자는 특별건축구역의 건축물에 대하여 설계자의 창의성·심미성 등의 발휘와 제도개선·기술발전 등이 유도될 수 있도록 노력하여야 한다.

② '허가권자'는 다음 (3)의 ②에 따른 모니터링 결과를 '국토교통부장관 또는 특별시장·광역시장·도지사'에게 제출하여야 하며, '국토교통부장관 또는 특별시장·광역시장·도지사'는 다음 (3)에 따른 검사 및 모니터링 결과 등을 분석하여 필요한 경우 이 법 또는 관계 법령의 제도개선을 위하여 노력하여야 한다.

(3) 특별건축구역 건축물의 검사 등(법 제77조)

① '국토교통부장관 및 허가권자'는 특별건축구역의 건축물에 대하여 법 제87조에 따라 검사를 할 수 있으며, 필요한 경우 법 제79조에 따라 시정명령 등 필요한 조치를 할 수 있다.

② 국토교통부장관 및 허가권자는 위 1. (6)의 ⑥에 따라 모니터링을 실시하는 건축물에 대하여 직접 모니터링을 하거나 분야별 전문가 또는 전문기관에 용역을 의뢰할 수 있다. 이 경우 해당 건축물의 건축주, 소유자 또는 관리자는 특별한 사유가 없으면 모니터링에 필요한 사항에 대하여 협조하여야 한다.

5. 특별가로구역

(1) 특별가로구역의 지정(법 제77조의2)

① **국토교통부장관** 및 **허가권자**는 '도로'에 인접한 건축물의 건축을 통한 조화로운 도시경관의 창출을 위하여 이 법 및 관계 법령에 따라 일부 규정을 적용하지 아니하거나 완화하여 적용할 수 있도록 다음의 어느 하나에 해당하는 지구 또는 구역에서 '대통령령으로 정하는 도로에 접한 대지의 일정 구역'을 **특별가로구역**으로 지정할 수 있다.
  ㉠ 경관지구
  ㉡ 지구단위계획구역 중 '미관유지를 위하여 필요하다고 인정'하는 구역

② 국토교통부장관 및 허가권자는 위 ①에 따라 특별가로구역을 지정하려는 경우에는 다음의 자료를 갖추어 국토교통부장관 또는 허가권자가 두는 건축위원회의 심의를 거쳐야 한다.
  ㉠ 특별가로구역의 위치·범위 및 면적 등에 관한 사항
  ㉡ 특별가로구역의 지정목적 및 필요성
  ㉢ 특별가로구역 내 건축물의 규모 및 용도 등에 관한 사항
  ㉣ 그 밖에 특별가로구역의 지정에 필요한 사항으로서 '대통령령으로 정하는 사항'

③ 국토교통부장관 및 허가권자는 특별가로구역을 지정하거나 변경·해제하는 경우에는 국토교통부령으로 정하는 바에 따라 이를 지역 주민에게 알려야 한다.

(2) 특별가로구역의 지정(영 제110조의2)

① 위 **(1)**의 ①에서 '**대통령령으로 정하는 도로**'란 다음의 어느 하나에 해당하는 도로를 말한다.
   ㉠ '**건축선을 후퇴한 대지에 접한 도로**'로서 허가권자[허가권자가 구청장인 경우는 특별시장이나 광역시장을 말한다. 이하 **(2)**에서 같다]가 건축조례로 정하는 도로
   ㉡ 허가권자가 '**리모델링 활성화가 필요**하다고 인정하여 지정·공고한 지역 안'의 도로
   ㉢ **보행자전용도로**로서 '**도시미관 개선**'을 위해 허가권자가 건축조례로 정하는 도로
   ㉣ 「지역문화진흥법」 제18조에 따른 '**문화지구 안의 도로**'
   ㉤ 그 밖에 조화로운 도시경관 창출을 위하여 필요하다고 인정하여 국토교통부장관이 고시하거나 허가권자가 건축조례로 정하는 도로

② 위 **(1)**의 ②의 ㉣에서 '**대통령령으로 정하는 사항**'이란 다음의 사항을 말한다.
   ㉠ 특별가로구역에서 이 법 또는 관계 법령의 규정을 적용하지 아니하거나 완화하여 적용하는 경우에 해당 규정과 완화 등의 범위에 관한 사항
   ㉡ 건축물의 지붕 및 외벽의 형태나 색채 등에 관한 사항
   ㉢ 건축물의 배치, 대지의 출입구 및 조경의 위치에 관한 사항
   ㉣ 건축선 후퇴 공간 및 공개공지 등의 관리에 관한 사항
   ㉤ 그 밖에 특별가로구역의 지정에 필요하다고 인정하여 국토교통부장관이 고시하거나 허가권자가 건축조례로 정하는 사항

(3) 특별가로구역의 관리 및 건축물의 건축기준 적용 특례 등(법 제77조의3)

① 국토교통부장관 및 허가권자는 특별가로구역을 효율적으로 관리하기 위하여 국토교통부령으로 정하는 바에 따라 위 **(1)**의 ②의 지정내용을 작성하여 관리하여야 한다.
② 특별가로구역의 변경절차 및 해제, 특별가로구역 내 건축물에 관한 건축기준의 적용 등에 관하여는 법 제71조 제9항·제10항(각 호 외의 부분 후단은 제외한다), 제72조 제1항부터 제5항까지, 제73조 제1항[위 **(1)**의 ①의 ㉢에 해당하는 경우에는 법 제55조 및 법 제56조는 제외한다]·제2항, 제75조 제1항 및 제77조 제1항을 준용한다. 이 경우 '특별건축구역'은 각각 '특별가로구역'으로, '지정신청기관', '국토교통부장관 또는 시·도지사' 및 '국토교통부장관, 시·도지사 및 허가권자'는 각각 '국토교통부장관 및 허가권자'로 본다.
③ 특별가로구역 안의 건축물에 대하여 국토교통부장관 또는 허가권자가 배치기준을 따로 정하는 경우에는 법 제46조(건축선의 지정) 및 「민법」 제242조(경계선부근의 건축, 반 미터 이상 이격)를 적용하지 아니한다.

6. 건축협정

(1) 건축협정의 체결(법 제77조의4)

① 토지 또는 건축물의 소유자, 지상권자 등 '대통령령으로 정하는 자'(이하 '소유자 등'이라 한다)는 **전원의 합의**로 다음의 어느 하나에 해당하는 지역 또는 구역에서 건축물의 건축·대수선 또는 리모델링에 관한 협정(이하 '건축협정'이라 한다)을 체결할 수 있다. [23회]

　㉠ 「국토의 계획 및 이용에 관한 법률」에 따라 지정된 **지구단위계획구역**
　㉡ 「도시 및 주거환경정비법」 제2조 제2호 가목에 따른 **주거환경개선사업**을 시행하기 위하여 같은 법 제8조에 따라 지정·고시된 정비구역
　㉢ 「도시재정비 촉진을 위한 특별법」에 따른 **존치지역**
　㉣ 「도시재생 활성화 및 지원에 관한 특별법」 제2조 제1항 제5호에 따른 **도시재생활성화지역**
　㉤ 그 밖에 **시·도지사** 및 **시장·군수·구청장**(이하 '건축협정인가권자'라 한다)이 '도시 및 주거환경개선이 필요하다고 인정'하여 해당 지방자치단체의 **조례**로 정하는 구역

② 위 ①의 각 지역 또는 구역에서 둘 이상의 토지를 소유한 자가 1인인 경우에도 그 토지소유자는 해당 토지의 구역을 건축협정대상 지역으로 하는 건축협정을 정할 수 있다. 이 경우 그 토지소유자 1인을 '건축협정체결자'로 본다.

③ 소유자 등은 위 ①에 따라 건축협정을 체결(위 ②에 따라 토지소유자 1인이 건축협정을 정하는 경우를 포함한다. 이하 같다)하는 경우에는 다음의 사항을 준수해야 한다.
　㉠ 이 법 및 관계 법령을 위반하지 아니할 것
　㉡ 「국토의 계획 및 이용에 관한 법률」 제30조에 따른 도시·군관리계획 및 이 법 제77조의11 제1항에 따른 건축물의 건축·대수선 또는 리모델링에 관한 계획을 위반하지 아니할 것

④ 건축협정은 다음의 사항을 포함하여야 한다.
　㉠ 건축물의 건축·대수선 또는 리모델링에 관한 사항
　㉡ 건축물의 위치·용도·형태 및 부대시설에 관하여 '대통령령으로 정하는 사항'

⑤ 소유자 등이 건축협정을 체결하는 경우에는 **'건축협정서'**를 작성하여야 하며, 건축협정서에는 다음의 사항이 명시되어야 한다.
　㉠ 건축협정의 명칭
　㉡ 건축협정대상 지역의 위치 및 범위
　㉢ 건축협정의 목적
　㉣ 건축협정의 내용
　㉤ 위 ① 및 ②에 따라 건축협정을 체결하는 자(이하 '협정체결자'라 한다)의 성명, 주소 및 생년월일(법인, 법인 아닌 사단이나 재단 및 외국인의 경우에는 부동산등기법 제49조에 따라 부여된 등록번호를 말한다. 이하 ㉥에서 같다)

ⓑ '건축협정운영회'가 구성되어 있는 경우에는 그 명칭, 대표자 성명, 주소 및 생년월일
　　　ⓢ 건축협정의 유효기간
　　　ⓞ 건축협정 위반 시 제재에 관한 사항
　　　ⓩ 그 밖에 건축협정에 필요한 사항으로서 해당 지방자치단체의 조례로 정하는 사항
　⑥ 위 ①의 ㉣에 따라 **시·도지사**가 필요하다고 인정하여 조례로 구역을 정하려는 때에는 해당 **시장·군수·구청장**의 '의견'을 들어야 한다.

(2) 건축협정의 체결(영 제110조의3)

① 위 **(1)**의 ①의 ㉠~㉤ 외의 부분에서 '토지 또는 건축물의 소유자, 지상권자 등 대통령령으로 정하는 자'란 다음의 자를 말한다.
　㉠ 토지 또는 건축물의 소유자(공유자를 포함한다. 이하 ①에서 같다)
　㉡ 토지 또는 건축물의 지상권자
　㉢ 그 밖에 해당 토지 또는 건축물에 이해관계가 있는 자로서 건축조례로 정하는 자 중 그 토지 또는 건축물 소유자의 동의를 받은 자

② 위 **(1)**의 ④의 ㉡에서 '대통령령으로 정하는 사항'이란 다음의 사항을 말한다.
　㉠ 건축선
　㉡ 건축물 및 건축설비의 위치
　㉢ 건축물의 용도, 높이 및 층수
　㉣ 건축물의 지붕 및 외벽의 형태
　㉤ 건폐율 및 용적률
　㉥ 담장, 대문, 조경, 주차장 등 부대시설의 위치 및 형태
　㉦ 차양시설, 차면시설 등 건축물에 부착하는 시설물의 형태
　㉧ 법 제59조 제1항 제1호에 따른 맞벽건축의 구조 및 형태
　㉨ 그 밖에 건축물의 위치, 용도, 형태 또는 부대시설에 관하여 건축조례로 정하는 사항

(3) 건축협정운영회의 설립(법 제77조의5)

① 협정체결자는 건축협정서 작성 및 건축협정 관리 등을 위해 필요한 경우 협정체결자 간의 **'자율적 기구'**로서 운영회(이하 '**건축협정운영회**'라 한다)를 설립할 수 있다.

② 위 ①에 따라 건축협정운영회를 설립하려면 '협정체결자 **과반수**'의 동의를 받아 건축협정운영회의 대표자를 선임하고, 국토교통부령으로 정하는 바에 따라 건축협정인가권자에게 **'신고'**하여야 한다. 다만, '건축협정 인가' 신청 시 '건축협정운영회'에 관한 사항을 포함한 경우에는 그러하지 아니하다.

(4) 건축협정의 인가(법 제77조의6)

① '협정체결자' 또는 '건축협정운영회의 대표자'는 건축협정서를 작성하여 국토교통부령으로 정하는 바에 따라 해당 건축협정인가권자의 **'인가'**를 받아야 한다. 이 경우 인가신청을 받은 건축협정인가권자는 인가를 하기 전에 건축협정인가권자가 두는 '건축위원회의 심의'를 거쳐야 한다.

② 위 ①에 따른 건축협정 체결대상 토지가 **둘 이상**의 특별자치시 또는 시·군·구에 **걸치는 경우** 건축협정 체결대상 **'토지면적의 과반'**이 속하는 건축협정인가권자에게 인가를 신청할 수 있다. 이 경우 '인가신청을 받은 건축협정인가권자'는 '건축협정을 인가하기 전'에 '다른 특별자치시장 또는 시장·군수·구청장'과 **협의**하여야 한다.

③ 건축협정인가권자는 위 ①에 따라 건축협정을 인가하였을 때에는 국토교통부령으로 정하는 바에 따라 그 내용을 공고하여야 한다.

(5) 건축협정의 변경(법 제77조의7)

① 협정체결자 또는 건축협정운영회의 대표자는 인가받은 사항을 변경하려면 국토교통부령으로 정하는 바에 따라 **변경인가**를 받아야 한다. 다만, '대통령령으로 정하는 경미한 사항을 변경하는 경우'에는 그러하지 아니하다.

② 위 ①에 따른 변경인가에 관하여는 위 **(4)**를 준용한다.

(6) 건축협정의 관리(법 제77조의8)

건축협정인가권자는 위 **(4)** 및 **(5)**에 따라 건축협정을 인가하거나 변경인가하였을 때에는 국토교통부령으로 정하는 바에 따라 **'건축협정관리대장'**을 작성하여 관리해야 한다.

(7) 건축협정의 폐지(법 제77조의9)

① 협정체결자 또는 건축협정운영회의 대표자는 건축협정을 '폐지하려는 경우'에는 '협정체결자 **과반수**'의 동의를 받아 국토교통부령으로 정하는 바에 따라 건축협정인가권자의 **'인가'**를 받아야 한다. 다만, 다음 **(13)**에 따른 특례를 적용하여 법 제21조에 따른 착공신고를 한 경우에는 '대통령령으로 정하는 기간'(**착공신고를 한 날부터 20년**)이 지난 후에 건축협정의 폐지 인가를 신청할 수 있다.

② 위 ①에 따른 건축협정의 폐지에 관하여는 위 **(4)**의 ③을 준용한다.

> **관련법령 건축협정의 폐지 제한 기간(영 제110조의4)**
>
> 1. 위 **(7)**의 ① 단서에서 '대통령령으로 정하는 기간'이란 **착공신고를 한 날부터 20년**을 말한다.
> 2. 위 1.에도 불구하고 다음의 요건을 모두 갖춘 경우에는 '위 1.에 따른 기간이 지난 것'으로 본다.
>   ㉠ 법 제57조 제3항에 따라 분할된 대지를 같은 조 제1항 및 제2항의 기준에 적합하게 할 것

ⓒ 다음 **(13)**에 따른 특례를 적용받지 아니하는 내용으로 건축협정 변경인가를 받고 그에 따라 건축허가를 받을 것. 다만, 다음 **(13)**에 따른 특례적용을 받은 내용대로 사용승인을 받은 경우에는 특례를 적용받지 아니하는 내용으로 건축협정 변경인가를 받고 그에 따라 건축허가를 받은 후 해당 건축물의 사용승인을 받아야 한다.
　　ⓒ 다음 **(10)**의 ②에 따라 지원받은 사업비용을 반환할 것

(8) 건축협정의 효력 및 승계(법 제77조의10)

① 건축협정이 체결된 지역 또는 구역(이하 '건축협정구역'이라 한다)에서 건축물의 건축·대수선 또는 리모델링을 하거나 그 밖에 '대통령령으로 정하는 행위'를 하려는 소유자 등은 위 **(4)** 및 **(5)**에 따라 인가·변경인가된 건축협정에 따라야 한다.

② 위 **(4)**의 ③에 따라 건축협정이 공고된 후 건축협정구역에 있는 토지나 건축물 등에 관한 권리를 협정체결자인 소유자 등으로부터 이전받거나 설정받은 자는 협정체결자로서의 지위를 승계한다. 다만, 건축협정에서 달리 정한 경우에는 그에 따른다.

(9) 건축협정에 따라야 하는 행위(영 제110조의5)

위 **(8)**의 ①에서 '대통령령으로 정하는 행위'란 위 **(2)**의 ②의 ㉠~㉢ 사항에 관한 행위를 말한다.

(10) 건축협정에 관한 계획 수립 및 지원(법 제77조의11)

① 건축협정인가권자는 소유자 등이 건축협정을 효율적으로 체결할 수 있도록 건축협정구역에서 건축물의 건축·대수선 또는 리모델링에 관한 계획을 수립할 수 있다.

② 건축협정인가권자는 '대통령령으로 정하는 바'에 따라 도로 개설 및 정비 등 건축협정구역 안의 주거환경개선을 위한 사업비용의 일부를 지원할 수 있다.

(11) 건축협정에 관한 지원(영 제110조의6)

위 **(1)**의 ①의 ㉣에 따른 건축협정인가권자가 위 **(10)**의 ②에 따라 건축협정구역 안의 주거환경개선을 위한 사업비용을 지원하려는 경우에는 위 **(1)**의 ① 및 ②에 따라 건축협정을 체결한 자(이하 '협정체결자'라 한다) 또는 위 **(3)**의 ①에 따른 건축협정운영회(이하 '건축협정운영회'라 한다)의 대표자에게 다음의 사항이 포함된 사업계획서를 요구할 수 있다.

① 주거환경개선사업의 목표
② 협정체결자 또는 건축협정운영회 대표자의 성명
③ 주거환경개선사업의 내용 및 추진방법
④ 주거환경개선사업의 비용
⑤ 그 밖에 건축조례로 정하는 사항

(12) 경관협정과의 관계(법 제77조의12)

① 소유자 등은 위 **(1)**에 따라 건축협정을 체결할 때 「경관법」 제19조에 따른 경관협정을 함께 체결하려는 경우에는 「경관법」 제19조 제3항·제4항 및 제20조에 관한 사항을 반영하여 건축협정인가권자에게 인가를 신청할 수 있다.

② 위 ①에 따른 인가신청을 받은 건축협정인가권자는 건축협정에 대한 인가를 하기 전에 건축위원회의 심의를 하는 때에 「경관법」 제29조 제3항에 따라 경관위원회와 공동으로 하는 심의를 거쳐야 한다.

③ 위 ②에 따른 절차를 거쳐 건축협정을 인가받은 경우에는 「경관법」 제21조에 따른 경관협정의 인가를 받은 것으로 본다.

(13) 건축협정에 따른 특례(법 제77조의13)

① 건축협정을 체결하여 법 제59조 제1항 제1호에 따라 둘 이상의 건축물 벽을 맞벽으로 하여 건축하려는 경우 맞벽으로 건축하려는 자는 공동으로 법 제11조에 따른 건축허가를 신청할 수 있다.

② 위 ①의 경우에 법 제17조(건축허가 등의 수수료), 제21조(착공신고 등), 제22조(건축물의 사용승인) 및 제25조(건축물의 공사감리)에 관하여는 개별 건축물마다 적용하지 아니하고 허가를 신청한 건축물 전부 또는 일부를 대상으로 통합하여 적용할 수 있다.

③ 건축협정의 인가를 받은 건축협정구역에서 연접한 대지에 대하여는 다음의 관계 법령의 규정을 개별 건축물마다 적용하지 아니하고 건축협정구역의 전부 또는 일부를 대상으로 통합하여 적용할 수 있다.

  ㉠ 법 제42조에 따른 대지의 조경
  ㉡ 법 제44조에 따른 대지와 도로와의 관계
  ㉢ 법 제53조에 따른 지하층의 설치
  ㉣ 법 제55조에 따른 건폐율
  ㉤ 「주차장법」 제19조에 따른 부설주차장의 설치
  ㉥ 「하수도법」 제34조에 따른 개인하수처리시설의 설치

④ 위 ③에 따라 관계 법령의 규정을 적용하려는 경우에는 건축협정구역 전부 또는 일부에 대하여 조경 및 부설주차장에 대한 기준을 이 법 및 「주차장법」에서 정한 기준 이상으로 산정하여 적용하여야 한다.

⑤ **건축협정**을 체결하여 '둘 이상 건축물의 경계벽을 전체 또는 일부를 공유하여 건축하는 경우'에는 위 ①~④의 특례를 적용하며, '해당 대지를 **하나의 대지**로 보아 이 법의 기준을 **개별 건축물마다** 적용하지 아니하고' 허가를 신청한 건축물의 **전부** 또는 **일부**를 대상으로 '통합하여 적용'할 수 있다.

⑥ **건축협정구역**에 건축하는 건축물에 대하여는 법 제42조(**대지의 조경**), 제55조(건축물의 **건폐율**), 제56조(건축물의 **용적률**), 제58조(대지 안의 공지), 제60조(**건축물의 높이제한**) 및 제61조(**일조 등의 확보를 위한 건축물의 높이제한**)와 「주택법」 제35조(**주택건설기준 등**)를 대통령령으로 정하는 바에 따라 '완화'하여 '적용'할 수 있다. 다만, 법 제56조(건축물의 용적률)를 완화하여 적용하는 경우에는 **건축위원회**의 심의와 「국토의 계획 및 이용에 관한 법률」 제113조에 따른 **지방도시계획위원회**의 심의를 통합하여 거쳐야 한다.

⑦ 위 ⑥ 단서에 따라 통합 심의를 하는 경우 통합 심의의 방법 및 절차 등에 관한 구체적인 사항은 대통령령으로 정한다.

⑧ 위 ⑥ 본문에 따른 건축협정구역 내의 건축물에 대한 건축기준의 적용에 관하여는 법 제72조(특별건축구역 내 건축물의 심의 등) 제1항[제2호(특별건축구역의 지정요건에 관한 사항) 및 제4호(완화적용 특례의 동등 이상의 성능에 대한 증빙내용)는 제외한다]부터 제5항(변경사항이 발생한 경우 지방건축위원회의 변경심의)까지를 준용한다. 이 경우 '특별건축구역'은 '건축협정구역'으로 본다.

관련법령 　**건축협정에 따른 특례(영 제110조의7)**

1. 건축협정구역에서 건축하는 건축물에 대해서는 위 **(13)**의 ⑥에 따라 법 제42조, 제55조, 제56조, 제60조 및 제61조를 다음의 구분에 따라 완화하여 적용할 수 있다.
   ㉠ 법 제42조에 따른 **대지의 조경 면적**: 대지의 조경을 도로에 면하여 통합적으로 조성하는 건축협정구역에 한정하여 해당 지역에 적용하는 조경 면적기준의 100분의 20의 범위에서 완화
   ㉡ 법 제55조에 따른 **건폐율**: 해당 지역에 적용하는 건폐율의 100분의 20의 범위에서 완화. 이 경우 「국토의 계획 및 이용에 관한 법률 시행령」 제84조에 따른 건폐율의 최대한도를 초과할 수 없다.
   ㉢ 법 제56조에 따른 **용적률**: 해당 지역에 적용하는 용적률의 100분의 20의 범위에서 완화. 이 경우 「국토의 계획 및 이용에 관한 법률 시행령」 제85조에 따른 용적률의 최대한도를 초과할 수 없다.
   ㉣ 법 제60조에 따른 **높이제한**: 너비 6미터 이상의 도로에 접한 건축협정구역에 한정하여 해당 건축물에 적용하는 높이 기준의 100분의 20의 범위에서 완화
   ㉤ 법 제61조에 따른 **일조 등의 확보를 위한 건축물의 높이제한**: 건축협정구역 안에서 대지 상호간에 건축하는 공동주택에 한정하여 영 제86조 제3항 제1호에 따른 기준의 100분의 20의 범위에서 완화
2. 허가권자는 위 **(13)**의 ⑥ 단서에 따라 **건축위원회**의 심의와 「국토의 계획 및 이용에 관한 법률」 제113조에 따른 **지방도시계획위원회**의 심의를 통합하여 하려는 경우에는 다음의 기준에 따라 '통합심의위원회'를 구성하여야 한다.
   ㉠ '통합심의위원회 위원'은 법 제4조에 따른 건축위원회 및 「국토의 계획 및 이용에 관한 법률」 제113조에 따른 지방도시계획위원회의 위원 중에서 '시·도지사' 또는 '시장·군수·구청장'이 임명 또는 위촉할 것
   ㉡ 통합심의위원회의 위원 수는 **15명 이내**로 할 것
   ㉢ 통합심의위원회의 위원 중 **건축위원회**의 위원이 **2분의 1 이상**이 되도록 할 것
   ㉣ 통합심의위원회의 위원장은 위원 중에서 시·도지사 또는 시장·군수·구청장이 임명 또는 위촉할 것
3. 위 2.에 따른 통합심의위원회는 다음의 사항을 검토한다.
   ㉠ 해당 대지의 토지이용 현황 및 용적률 완화 범위의 적정성
   ㉡ '건축협정'으로 '완화되는 용적률'이 주변 경관 및 환경에 미치는 영향

(14) 건축협정 집중구역 지정 등(법 제77조의14)

① **건축협정인가권자**는 건축협정의 효율적인 체결을 통한 도시의 기능 및 미관의 증진을 위하여 위 **(1)**의 ①의 어느 하나에 해당하는 지역 및 구역의 전체 또는 일부를 **건축협정 집중구역**으로 지정할 수 있다.

② 건축협정인가권자는 위 ①에 따라 건축협정 집중구역을 지정하는 경우에는 미리 다음의 사항에 대하여 건축협정인가권자가 두는 건축위원회의 심의를 거쳐야 한다.
  ㉠ 건축협정 집중구역의 위치, 범위 및 면적 등에 관한 사항
  ㉡ 건축협정 집중구역의 지정 목적 및 필요성
  ㉢ 건축협정 집중구역에서 위 **(1)**의 ④의 ㉠, ㉡의 사항 중 건축협정인가권자가 도시의 기능 및 미관 증진을 위하여 세부적으로 규정하는 사항
  ㉣ 건축협정 집중구역에서 위 **(13)**에 따른 건축협정의 특례 적용에 관하여 세부적으로 규정하는 사항

③ 위 ①에 따른 건축협정 집중구역의 지정 또는 변경·해제에 관하여는 위 **(4)**의 ③을 준용한다.

④ 건축협정 집중구역 내의 건축협정이 위 ② 각 호에 관한 심의내용에 부합하는 경우에는 법 제77조의6 제1항에 따른 건축위원회의 심의를 생략할 수 있다.

7. 결합건축

(1) 결합건축 대상지(법 제77조의15)

① 다음의 어느 하나에 해당하는 지역에서 대지 간의 최단거리가 **100미터 이내**의 범위에서 대통령령으로 정하는 범위에 있는 '2개의 대지의 건축주'가 서로 '**합의**'한 경우 2개의 대지를 대상으로 **결합건축**을 할 수 있다.
  ㉠ 「국토의 계획 및 이용에 관한 법률」 제36조에 따라 지정된 상업지역
  ㉡ 「역세권의 개발 및 이용에 관한 법률」 제4조에 따라 지정된 역세권개발구역
  ㉢ 「도시 및 주거환경정비법」 제2조에 따른 정비구역 중 주거환경개선사업의 시행을 위한 구역
  ㉣ 그 밖에 도시 및 주거환경 개선과 효율적인 토지이용이 필요하다고 대통령령으로 정하는 지역

② 다음의 어느 하나에 해당하는 경우에는 위 ①의 ㉠~㉣의 어느 하나에 해당하는 지역에서 대통령령으로 정하는 범위에 있는 '**3개 이상 대지**'의 건축주 등이 서로 합의한 경우 '**3개 이상의 대지**'를 대상으로 **결합건축**을 할 수 있다.
  ㉠ 국가·지방자치단체 또는 「공공기관의 운영에 관한 법률」 제4조 제1항에 따른 공공기관이 소유 또는 관리하는 건축물과 결합건축하는 경우

ⓒ 「빈집 및 소규모주택 정비에 관한 특례법」 제2조 제1항 제1호에 따른 빈집 또는 「건축물 관리법」 제42조에 따른 빈 건축물을 철거하여 그 대지에 공원, 광장 등 대통령령으로 정하는 시설을 설치하는 경우

　　ⓒ 그 밖에 대통령령으로 정하는 건축물과 결합건축하는 경우

③ 위 ① 또는 ②에도 불구하고 도시경관의 형성, 기반시설 부족 등의 사유로 해당 지방자치단체의 **조례**로 정하는 지역 안에서는 **결합건축**을 할 수 없다.

④ 위 ① 및 ②에 따라 결합건축을 하려는 2개 이상의 대지를 소유한 자가 1명인 경우는 법 제77조의4(건축협정의 체결) 제2항을 준용한다.

> **관련법령　결합건축 대상지(영 제111조)**
>
> 1. 위 **(1)**의 ①의 ㉠~㉣ 외의 부분에서 '대통령령으로 정하는 범위에 있는 2개의 대지'란 다음의 요건을 모두 충족하는 2개의 대지를 말한다.
>   ㉠ 2개의 대지 모두가 위 **(1)**의 ①의 ㉠~㉣의 지역 중 동일한 지역에 속할 것
>   ㉡ 2개의 대지 모두가 너비 12미터 이상인 도로로 둘러싸인 하나의 구역 안에 있을 것. 이 경우 그 구역 안에 너비 12미터 이상인 도로로 둘러싸인 더 작은 구역이 있어서는 아니 된다.
> 2. 위 **(1)**의 ①의 ㉣에서 '대통령령으로 정하는 지역'이란 다음의 지역을 말한다.
>   ㉠ 건축협정구역
>   ㉡ 특별건축구역
>   ㉢ 리모델링 활성화 구역
>   ㉣ 「도시재생 활성화 및 지원에 관한 특별법」 제2조 제1항 제5호에 따른 도시재생활성화지역
>   ㉤ 「한옥 등 건축자산의 진흥에 관한 법률」 제17조 제1항에 따른 건축자산 진흥구역
> 3. 위 **(1)**의 ②의 ㉠~㉢ 외의 부분 본문에서 '대통령령으로 정하는 범위에 있는 3개 이상의 대지'란 다음의 요건을 모두 충족하는 **3개 이상의 대지**를 말한다.
>   ㉠ 대지 모두가 위 **(1)**의 ①의 ㉠~㉣의 지역 중 **같은 지역**에 속할 것
>   ㉡ 모든 대지 간 최단거리가 **500미터 이내**일 것
> 4. 위 **(1)**의 ②의 ㉡에서 '공원, 광장 등 대통령령으로 정하는 시설'이란 다음의 어느 하나에 해당하는 시설을 말한다.
>   ㉠ 공원, 녹지, 광장, 정원, 공지, 주차장, 놀이터 등 공동이용시설
>   ㉡ 그 밖에 위 ㉠의 시설과 비슷한 것으로서 건축조례로 정하는 시설
> 5. 위 **(1)**의 ②의 ㉢에서 '대통령령으로 정하는 건축물'이란 다음의 건축물을 말한다.
>   ㉠ 마을회관, 마을공동작업소, 마을도서관, 어린이집 등 공동이용건축물
>   ㉡ 공동주택 중 「민간임대주택에 관한 특별법」 제2조 제1호의 민간임대주택
>   ㉢ 그 밖에 위 ㉠ 및 ㉡의 건축물과 비슷한 것으로서 건축조례로 정하는 건축물

(2) 결합건축의 절차(법 제77조의16)

① '결합건축을 하고자 하는 건축주'는 법 제11조에 따라 건축허가를 신청하는 때에는 다음의 사항을 명시한 **결합건축협정서**를 첨부하여야 하며 국토교통부령으로 정하는 도서를 제출하여야 한다.

㉠ 결합건축 대상 대지의 위치 및 용도지역

㉡ 결합건축협정서를 체결하는 자(이하 '**결합건축협정체결자**'라 한다)의 성명, 주소 및 생년월일(법인, 법인 아닌 사단이나 재단 및 외국인의 경우에는 부동산등기법 제49조에 따라 부여된 등록번호를 말한다)

㉢ 「국토의 계획 및 이용에 관한 법률」 제78조에 따라 조례로 정한 용적률과 결합건축으로 조정되어 적용되는 대지별 용적률

㉣ 결합건축 대상 대지별 건축계획서

② 허가권자는 「국토의 계획 및 이용에 관한 법률」 제2조 제11호에 따른 도시·군계획사업에 편입된 대지가 있는 경우에는 결합건축을 포함한 건축허가를 아니할 수 있다.

③ 허가권자는 위 ①에 따른 건축허가를 하기 전에 **건축위원회**의 심의를 거쳐야 한다. 다만, 결합건축으로 조정되어 적용되는 **대지별 용적률**이 「국토의 계획 및 이용에 관한 법률」 제78조에 따라 해당 대지에 적용되는 '도시계획조례의 용적률'의 **100분의 20을 초과**하는 경우에는 대통령령으로 정하는 바에 따라 건축위원회 심의와 도시계획위원회 심의를 **공동**으로 하여 거쳐야 한다.

④ 위 ①에 따른 결합건축 대상 대지가 둘 이상의 특별자치시, 특별자치도 및 시·군·구에 걸치는 경우 법 제77조의6(건축협정의 인가) 제2항을 준용한다.

> **관련법령** 건축위원회 및 도시계획위원회의 공동심의(영 제111조의2)
>
> 허가권자는 위 (2)의 ③ 단서에 따라 건축위원회의 심의와 도시계획위원회의 심의를 공동으로 하려는 경우에는 영 제110조의7 제2항 각 호의 기준에 따라 **공동위원회**를 구성하여야 한다.

(3) 결합건축의 관리(법 제77조의17)

① 허가권자는 결합건축을 포함하여 건축허가를 한 경우 국토교통부령으로 정하는 바에 따라 그 내용을 '공고'하고, **결합건축관리대장**을 작성하여 관리하여야 한다.

② 허가권자는 위 **(1)**의 ①에 따른 결합건축과 관련된 건축물의 사용승인 신청이 있는 경우 해당 결합건축협정서상의 다른 대지에서 착공신고 또는 대통령령으로 정하는 조치가 이행되었는지를 확인한 후 **사용승인**을 해야 한다.

③ 허가권자는 결합건축을 허용한 경우 **건축물대장**에 국토교통부령으로 정하는 바에 따라 '결합건축에 관한 내용'을 명시하여야 한다.

④ 결합건축협정서에 따른 **협정체결 유지기간**은 **최소 30년**으로 한다. 다만, '결합건축협정서'의 '용적률 기준'을 '종전대로 환원하여 신축·개축·재축하는 경우'에는 그러하지 아니한다.

⑤ 결합건축협정서를 **폐지**하려는 경우 결합건축협정체결자 **전원**이 **동의**하여 허가권자에게 '**신고**'해야 하며, 허가권자는 '용적률을 이전받은 건축물'이 '멸실된 것을 확인한 후' 결합건축의 **폐지**를 **수리**해야 한다. 이 경우 결합건축 폐지에 관하여는 위 ① 및 ③을 준용한다.

⑥ 결합건축협정의 준수 여부, 효력 및 승계에 대하여는 법 제77조의4(건축협정의 체결) 제3항 및 제77조의10(건축협정의 효력 및 승계)을 준용한다. 이 경우 '건축협정'은 각각 '결합건축협정'으로 본다.

> **관련법령** 결합건축 건축물의 사용승인(영 제111조의3)
>
> 위 **(3)**의 ②에서 '대통령령으로 정하는 조치'란 다음의 어느 하나에 해당하는 조치를 말한다.
> 1. 법 제11조 제7항 각 호 외의 부분 단서에 따른 공사의 착수기간 연장 신청. 다만, 착공이 지연된 것에 건축주의 귀책사유가 없고 착공 지연에 따른 건축허가 취소의 가능성이 없다고 인정하는 경우로 한정한다.
> 2. 「국토의 계획 및 이용에 관한 법률」에 따른 도시·군계획시설의 결정

제9절 보칙

1. 감독 등

(1) 감독(법 제78조)

① 국토교통부장관은 시·도지사 또는 시장·군수·구청장이 한 명령이나 처분이 이 법이나 이 법에 따른 명령이나 처분 또는 조례에 위반되거나 부당하다고 인정하면 그 명령 또는 처분의 취소·변경, 그 밖에 필요한 조치를 명할 수 있다.

② 특별시장·광역시장·도지사는 시장·군수·구청장이 한 명령이나 처분이 이 법 또는 이 법에 따른 명령이나 처분 또는 조례에 위반되거나 부당하다고 인정하면 그 명령이나 처분의 취소·변경, 그 밖에 필요한 조치를 명할 수 있다.

③ 시·도지사 또는 시장·군수·구청장이 위 ①에 따라 필요한 조치명령을 받으면 그 시정결과를 국토교통부장관에게 지체 없이 보고하여야 하며, 시장·군수·구청장이 위 ②에 따라 필요한 조치명령을 받으면 그 시정결과를 특별시장·광역시장·도지사에게 지체 없이 보고하여야 한다.

④ 국토교통부장관 및 시·도지사는 건축허가의 적법한 운영, 위법 건축물의 관리실태 등 건축행정의 건실한 운영을 지도·점검하기 위하여 '국토교통부령으로 정하는 바'에 따라 '매년' **지도·점검계획**을 수립·시행하여야 한다.

⑤ 국토교통부장관 및 시·도지사는 건축위원회의 심의방법 또는 결과가 이 법 또는 이 법에 따른 명령이나 처분 또는 조례에 위반되거나 부당하다고 인정하면 그 심의방법 또는 결과의 취소·변경, 그 밖에 필요한 조치를 할 수 있다. 이 경우 심의에 관한 조사·시정명령 및 변경절차 등에 관하여는 대통령령으로 정한다.

| 관련법령 | 건축위원회 심의방법 및 결과 조사 등(영 제112조) |

1. 국토교통부장관은 위 (1)의 ⑤에 따라 지방건축위원회 심의방법 또는 결과에 대한 조사가 필요하다고 인정하면 시·도지사 또는 시장·군수·구청장에게 관련 서류를 요구하거나 직접 방문하여 조사를 할 수 있다.
2. 시·도지사는 위 (1)의 ⑤에 따라 시장·군수·구청장이 설치하는 지방건축위원회의 심의방법 또는 결과에 대한 조사가 필요하다고 인정하면 시장·군수·구청장에게 관련 서류를 요구하거나 직접 방문하여 조사를 할 수 있다.
3. 국토교통부장관 및 시·도지사는 위 1. 또는 2.에 따른 조사과정에서 필요하면 법 제4조의2에 따른 심의의 신청인 및 건축관계자 등의 의견을 들을 수 있다.

| 관련법령 | 위법·부당한 건축위원회의 심의에 대한 조치(영 제113조) |

1. 국토교통부장관 및 시·도지사는 영 제112조에 따른 조사 및 의견청취 후 건축위원회의 심의방법 또는 결과가 법 또는 법에 따른 명령이나 처분 또는 조례(이하 '**건축법규 등**'이라 한다)에 위반되거나 부당하다고 인정하면 다음의 구분에 따라 시·도지사 또는 시장·군수·구청장에게 시정명령을 할 수 있다.
   ㉠ 심의대상이 아닌 건축물을 심의하거나 심의내용이 건축법규 등에 위반된 경우: 심의결과 취소
   ㉡ 건축법규 등의 위반은 아니나 심의현황 및 건축여건을 고려하여 특별히 과도한 기준을 적용하거나 이행이 어려운 조건을 제시한 것으로 인정되는 경우: 심의결과 조정 또는 재심의
   ㉢ 심의절차에 문제가 있다고 인정되는 경우: 재심의
   ㉣ 건축관계자에게 심의개최 통지를 하지 아니하고 심의를 하거나 건축법규 등에서 정한 범위를 넘어 과도한 도서의 제출을 요구한 것으로 인정되는 경우: 심의절차 및 기준의 개선 권고
2. 위 1.에 따른 시정명령을 받은 시·도지사 또는 시장·군수·구청장은 특별한 사유가 없으면 이에 따라야 한다. 이 경우 위 1.의 ㉡ 또는 ㉢에 따라 재심의 명령을 받은 경우에는 해당 명령을 받은 날부터 **15일** 이내에 **건축위원회**의 심의를 하여야 한다.
3. 시·도지사 또는 시장·군수·구청장은 위 1.에 따른 시정명령에 이의가 있는 경우에는 해당 심의에 참여한 위원으로 구성된 지방건축위원회의 심의를 거쳐 국토교통부장관 또는 시·도지사에게 이의신청을 할 수 있다.
4. 위 3.에 따라 이의신청을 받은 국토교통부장관 및 시·도지사는 영 제112조에 따른 조사를 다시 실시한 후 그 결과를 시·도지사 또는 시장·군수·구청장에게 통지하여야 한다.

(2) 건축행정의 지도·감독(규칙 제39조)

국토교통부장관 또는 시·도지사는 연 1회 이상 건축행정의 건실한 운영을 지도·감독하기 위하여 다음의 내용이 포함된 지도·점검계획을 수립하여야 한다.
① 건축허가 등 건축민원 처리실태
② 건축통계의 작성에 관한 사항
③ 건축부조리 근절대책
④ 위반건축물의 정비계획 및 실적
⑤ 기타 건축행정과 관련하여 필요한 사항

2. 위반건축물 등에 대한 조치

(1) 위반건축물 등에 대한 조치 등(법 제79조)

① 허가권자는 이 법 또는 이 법에 따른 명령이나 처분에 위반되는 대지나 건축물에 대하여 이 법에 따른 허가 또는 승인을 취소하거나 그 건축물의 건축주·공사시공자·현장관리인·소유자·관리자 또는 점유자(이하 '건축주 등'이라 한다)에게 공사의 중지를 명하거나 '상당한 기간을 정하여 그 건축물의 해체·개축·증축·수선·용도변경·사용금지·사용제한, 그 밖에 필요한 조치를 명할 수 있다.' [시정명령]

② 허가권자는 위 ①에 따라 허가나 승인이 취소된 건축물 또는 위 ①에 따른 시정명령을 받고 이행하지 아니한 건축물에 대하여는 다른 법령에 따른 영업이나 그 밖의 행위를 허가·면허·인가·등록·지정 등을 하지 아니하도록 요청할 수 있다. 다만, '허가권자가 기간을 정하여 그 사용 또는 영업. 그 밖의 행위를 허용한 주택'과 '대통령령으로 정하는 경우'에는 그러하지 아니하다.

③ 위 ②의 요청을 받은 자는 특별한 이유가 없으면 요청에 따라야 한다. 20회

④ 허가권자는 위 ①에 따른 시정명령을 하는 경우 '국토교통부령'으로 정하는 바에 따라 건축물대장에 위반내용을 적어야 한다. 28회

⑤ 허가권자는 이 법 또는 이 법에 따른 명령이나 처분에 위반되는 대지나 건축물에 대한 실태를 파악하기 위하여 조사를 할 수 있다.

⑥ 위 ⑤에 따른 실태조사의 방법 및 절차에 관한 사항은 대통령령으로 정한다.

> **관련법령** 위반건축물에 대한 사용 및 영업행위의 허용 등(영 제114조)
>
> 위 (1)의 ② 단서에서 '대통령령으로 정하는 경우'란 바닥면적의 합계가 400제곱미터 미만인 축사와 바닥면적의 합계가 400제곱미터 미만인 농업용·임업용·축산업용 및 수산업용 창고를 말한다.

(2) 위반건축물 등에 대한 실태조사 및 정비(영 제115조)

① **허가권자**는 위 **(1)**의 ⑤에 따른 실태조사를 **매년 정기적**으로 하며, 위반행위의 예방 또는 확인을 위하여 **수시**로 **실태조사**를 할 수 있다. 28회

② **허가권자**는 위 ①에 따른 조사를 하려는 경우에는 조사 목적·기간·대상 및 방법 등이 포함된 '**실태조사 계획**'을 수립해야 한다. 28회

③ 위 ①에 따른 조사는 **서면** 또는 **현장조사**의 방법으로 실시할 수 있다. 28회

④ **허가권자**는 위 ①에 다른 조사를 한 경우 위 **(1)**에 따른 시정조치를 하기 위하여 '**정비계획**'을 수립·시행해야 하며, 그 결과를 **시·도지사**(특별자치시장 및 특별자치도지사는 제외한다)에게 보고해야 한다.

⑤ **허가권자**는 위반건축물의 체계적인 사후 관리와 정비를 위하여 국토교통부령으로 정하는 바에 따라 **위반건축물 관리대장**을 작성·관리해야 한다. 이 경우 전자적 처리가 불가능한 특별한 사유가 없으면 '**전자정보처리시스템**'을 이용하여 작성·관리해야 한다. 28회

⑥ 위 ①부터 ④까지에서 규정한 사항 외에 실태조사의 방법·절차에 필요한 세부적인 사항은 건축조례로 정할 수 있다.

관련법령 위반 건축물에 대한 실태조사(규칙 제40조)

1. 허가권자는 위 (2)의 ①에 따른 실태조사 결과를 기록·관리해야 한다.
2. 위 (2)의 ⑤ 전단에 따른 위반건축물 관리대장은 별지 제29호 서식에 따른다.

제10절 이행강제금 등

1. 이행강제금

(1) 이행강제금(법 제80조)

① 허가권자는 법 제79조 제1항에 따라 시정명령을 받은 후 시정기간 내에 시정명령을 이행하지 아니한 건축주 등에 대하여는 그 **시정명령**의 이행에 필요한 상당한 이행기한을 정하여 그 기한까지 시정명령을 이행하지 아니하면 다음의 **이행강제금**을 부과한다. 다만, '**연면적**' (공동주택의 경우에는 '**세대 면적**'을 기준으로 한다)이 **60제곱미터 이하**인 '**주거용 건축물**'과 '다음 ⓒ 중 주거용 건축물'로서 '**대통령령으로 정하는 경우**'에는 다음의 어느 하나에 해당하는 금액의 2분의 1의 범위에서 해당 지방자치단체의 **조례**로 정하는 금액을 부과한다.

  ㉠ 건축물이 **건폐율**이나 **용적률**을 초과하여 건축된 경우 또는 **허가**를 받지 아니하거나 **신고**를 하지 아니하고 건축된 경우에는 「지방세법」에 따라 해당 건축물에 적용되는 '**1제곱미터의 시가표준액**'의 100분의 50에 해당하는 금액에 **위반면적**을 곱한 금액 이하의 범위에서 위반내용에 따라 **대통령령으로 정하는 비율**을 곱한 금액 24회, 27회 주관식

  ㉡ 건축물이 '위 ㉠ 외의 위반건축물'에 해당하는 경우에는 「지방세법」에 따라 그 건축물에 적용되는 **시가표준액**에 해당하는 금액의 100분의 10의 범위에서 위반내용에 따라 대통령령으로 정하는 금액

② 허가권자는 **영리목적**을 위한 위반이나 **상습적 위반** 등 대통령령으로 정하는 경우에 위 ①에 따른 금액을 100분의 100의 범위에서 해당 지방자치단체의 조례로 정하는 바에 따라 **가중하여야 한다**.

③ 허가권자는 위 ① 및 ②에 따른 이행강제금을 부과하기 전에 위 ① 및 ②에 따른 이행강제금을 부과·징수한다는 뜻을 미리 **문서**로써 **계고**(戒告)하여야 한다. 23회

④ 허가권자는 위 ① 및 ②에 따른 이행강제금을 부과하는 경우 금액, 부과 사유, 납부기한, 수납기관, 이의제기방법 및 이의제기기관 등을 구체적으로 밝힌 **문서**로 하여야 한다. 23회

⑤ 허가권자는 최초 시정명령이 있었던 날을 기준으로 하여 **1년**에 **2회** 이내의 범위에서 해당 지방자치단체의 **조례**로 정하는 횟수만큼 그 시정명령이 이행될 때까지 반복하여 위 ① 및 ②에 따른 이행강제금을 부과·징수할 수 있다. 23회

⑥ 허가권자는 법 제79조 제1항에 따라 시정명령을 받은 자가 이를 이행하면 새로운 이행강제금의 부과를 **즉시 중지**하되, 이미 부과된 이행강제금은 **징수**하여야 한다. 23회

⑦ 허가권자는 위 ④에 따라 이행강제금 부과처분을 받은 자가 이행강제금을 납부기한까지 내지 아니하면 「지방행정제재·부과금의 징수 등에 관한 법률」에 따라 징수한다. 23회

관련법령 이행강제금의 부과 및 징수(영 제115조의2)

1. 위 (1)의 ①의 ㉠, ㉡ 외의 부분 단서에서 '대통령령으로 정하는 경우'(2분의 1이 감경되는 '주거용 건축물')란 다음의 경우를 말한다.
   ㉠ 법 제22조에 따른 **사용승인**을 받지 아니하고 건축물을 사용한 경우
   ㉡ 법 제42조에 따른 **대지의 조경**에 관한 사항을 위반한 경우
   ㉢ 법 제60조에 따른 건축물의 **높이제한**을 위반한 경우
   ㉣ 법 제61조에 따른 **일조 등의 확보를 위한 건축물의 높이제한**을 위반한 경우
   ㉤ 그 밖에 법 또는 법에 따른 명령이나 처분을 위반한 경우([별표 15] 위반건축물란의 제1호의2, 제4호부터 제9호까지의 규정에 해당하는 경우는 제외한다)로서 건축조례로 정하는 경우
2. 위 (1)의 ①의 ㉡에 따른 이행강제금의 산정기준은 [별표 15]와 같다.
3. 이행강제금의 부과 및 징수절차는 국토교통부령으로 정한다.

관련법령 이행강제금의 탄력적 운영(영 제115조의3)

1. 위 (1)의 ①의 ㉠에서 '대통령령으로 정하는 비율'이란 다음의 구분에 따른 비율을 말한다. 다만, 건축조례로 다음의 비율을 낮추어 정할 수 있되, 낮추는 경우에도 그 비율은 **100분의 60 이상**이어야 한다.
   ㉠ **건폐율**을 초과하여 건축한 경우: **100분의 80**
   ㉡ **용적률**을 초과하여 건축한 경우: **100분의 90** 24회
   ㉢ **허가**를 받지 아니하고 건축한 경우: **100분의 100** 27회 주관식
   ㉣ **신고**를 하지 아니하고 건축한 경우: **100분의 70**
2. 위 (1)의 ②에서 '영리목적을 위한 위반이나 상습적 위반 등 대통령령으로 정하는 경우'란 다음의 어느 하나에 해당하는 경우를 말한다. 다만, 위반행위 후 소유권이 변경된 경우는 제외한다.
   ㉠ 임대 등 **영리를 목적**으로 법 제19조를 위반하여 **용도변경**을 한 경우(위반면적이 50제곱미터를 초과하는 경우로 한정한다)
   ㉡ 임대 등 **영리를 목적**으로 '허가나 신고 없이' **신축 또는 증축**한 경우(위반면적이 50제곱미터를 초과하는 경우로 한정한다)

ⓒ 임대 등 **영리를 목적**으로 '허가나 신고 없이' 다세대주택의 **세대수** 또는 다가구주택 **가구수**를 **증가**시킨 경우(5세대 또는 5가구 이상 증가시킨 경우로 한정한다)
ⓔ 동일인이 **최근 3년** 내에 **2회 이상** 법 또는 법에 따른 명령이나 처분을 위반한 경우
ⓜ 위 ⓐ~ⓔ의 규정과 비슷한 경우로서 건축조례로 정하는 경우

(2) 이행강제금 부과에 관한 특례(법 제80조의2)

① 허가권자는 위 **(1)**에 따른 이행강제금을 다음에서 정하는 바에 따라 감경할 수 있다. 다만, 지방자치단체의 조례로 정하는 기간까지 위반내용을 시정하지 아니한 경우는 제외한다.
  ⓐ **축사 등 농업용·어업용 시설**로서 **500제곱미터**(수도권정비계획법 제2조 제1호에 따른 **수도권 외의 지역**에서는 **1천 제곱미터**) 이하인 경우는 5분의 1을 감경
  ⓑ 그 밖에 위반 동기, 위반 범위 및 위반 시기 등을 고려하여 '대통령령으로 정하는 경우' [위 **(1)**의 ②에 해당하는 경우는 제외한다]에는 **100분의 75**의 범위에서 '대통령령으로 정하는 비율'을 감경

② 허가권자는 법률 제4381호 「건축법」 개정법률의 시행일(1992년 6월 1일을 말한다) '이전'에 이 법 또는 이 법에 따른 명령이나 처분을 위반한 **주거용 건축물**에 관하여는 '대통령령으로 정하는 바'에 따라 위 **(1)**에 따른 이행강제금을 감경할 수 있다.

> **관련법령** 이행강제금의 감경(영 제115조의4)
>
> 1. 위 (2)의 ①의 ⓑ에서 '대통령령으로 정하는 경우'란 다음의 어느 하나에 해당하는 경우를 말한다.
>   ⓐ 위반행위 후 소유권이 변경된 경우
>   ⓑ 임차인이 있어 현실적으로 임대기간 중에 위반내용을 시정하기 어려운 경우(법 제79조 제1항에 따른 최초의 시정명령 전에 이미 임대차계약을 체결한 경우로서 해당 계약이 종료되거나 갱신되는 경우는 제외한다) 등 상황의 특수성이 인정되는 경우
>   ⓒ 위반면적이 30제곱미터 이하인 경우([별표 1] 제1호부터 제4호까지의 규정에 따른 건축물로 한정하며, 집합건물의 소유 및 관리에 관한 법률의 적용을 받는 집합건축물은 제외한다)
>   ⓓ 「집합건물의 소유 및 관리에 관한 법률」의 적용을 받는 집합건축물의 구분소유자가 위반한 면적이 5제곱미터 이하인 경우([별표 1] 제2호부터 제4호까지의 규정에 따른 건축물로 한정한다)
>   ⓔ 법 제22조에 따른 사용승인 당시 존재하던 위반사항으로서 사용승인 이후 확인된 경우
>   ⓕ 법률 제12516호 「가축분뇨의 관리 및 이용에 관한 법률」 일부개정법률 부칙 제9조에 따라 같은 조 제1항 각 호에 따른 기간(같은 조 제3항에 따른 환경부령으로 정하는 규모 미만의 시설의 경우 같은 항에 따른 환경부령으로 정하는 기한을 말한다) 내에 「가축분뇨의 관리 및 이용에 관한 법률」 제11조에 따른 허가 또는 변경허가를 받거나 신고 또는 변경신고를 하려는 배출시설(처리시설을 포함한다)의 경우
>   ⓖ 법률 제12516호 「가축분뇨의 관리 및 이용에 관한 법률」 일부개정법률 부칙 제10조의2에 따라 같은 조 제1항에 따른 기한까지 환경부장관이 정하는 바에 따라 허가신청을 하였거나 신고한 배출시설(개 사육시설은 제외하되, 처리시설은 포함한다)의 경우
>   ⓗ 그 밖에 위반행위의 정도와 위반 동기 및 공중에 미치는 영향 등을 고려하여 감경이 필요한 경우로서 건축조례로 정하는 경우

2. 위 **(2)**의 ①의 ⓒ에서 '대통령령으로 정하는 비율'이란 다음의 구분에 따른 비율을 말한다. 다만, 위 **(1)**의 ① 단서에 해당하는 경우에는 위 **(1)**의 ㉠, ㉡ 외의 부분 단서에 따른 금액의 100분의 50을 말한다.
   ㉠ 위 1.의 ㉠~㉃의 경우: 100분의 75
   ㉡ 위 1.의 ◎의 경우: 건축조례로 정하는 비율
3. 위 **(2)**의 ②에 따른 이행강제금의 감경비율은 다음과 같다.
   ㉠ 연면적 85제곱미터 이하 '주거용 건축물'의 경우: 100분의 80
   ㉡ 연면적 85제곱미터 초과 '주거용 건축물'의 경우: 100분의 60

2. 권한의 위임과 위탁

(1) 권한의 위임과 위탁(법 제82조)

① 국토교통부장관은 이 법에 따른 권한의 일부를 대통령령으로 정하는 바에 따라 시·도지사에게 위임할 수 있다.
② 시·도지사는 이 법에 따른 권한의 일부를 대통령령으로 정하는 바에 따라 시장(행정시의 시장을 포함한다)·군수·구청장에게 위임할 수 있다.
③ 시장·군수·구청장은 이 법에 따른 권한의 일부를 대통령령으로 정하는 바에 따라 구청장(자치구가 아닌 구의 구청장을 말한다)·동장·읍장 또는 면장에게 위임할 수 있다.
④ 국토교통부장관은 법 제31조 제1항과 제32조 제1항에 따라 건축허가 업무 등을 효율적으로 처리하기 위하여 구축하는 전자정보처리시스템의 운영을 '대통령령으로 정하는 기관 또는 단체'에 위탁할 수 있다.

(2) 권한의 위임과 위탁(영 제117조)

① 국토교통부장관은 위 **(1)**의 ①에 따라 법 제69조 및 제71조(제6항은 제외한다)에 따른 특별건축구역의 지정, 변경 및 해제에 관한 권한을 '시·도지사'에게 위임한다.
② 위 **(1)**의 ③에 따라 구청장(자치구가 아닌 구의 구청장을 말한다) 또는 동장·읍장·면장(지방자치단체의 행정기구와 정원기준 등에 관한 규정 [별표 3] 제2호 비고 제2호에 따라 행정안전부장관이 시장·군수·구청장과 협의하여 정하는 동장·읍장·면장으로 한정한다)에게 위임할 수 있는 권한은 다음과 같다.
   ㉠ 6층 이하로서 연면적 2천 제곱미터 이하인 건축물의 건축·대수선 및 용도변경에 관한 권한
   ㉡ 기존 건축물 연면적의 10분의 3 미만의 범위에서 하는 증축에 관한 권한

③ 위 **(1)**의 ③에 따라 동장·읍장 또는 면장에게 위임할 수 있는 권한은 다음과 같다.
  ㉠ 법 제14조에 따른 건축물의 건축 및 대수선에 관한 권한
  ㉡ 법 제20조 제3항에 따른 가설건축물의 축조 및 이 영 제15조의2에 따른 가설건축물의 존치기간 연장에 관한 권한
  ㉢ 법 제83조에 따른 옹벽 등의 공작물 축조에 관한 권한
④ 위 **(1)**의 ④에서 '대통령령으로 정하는 기관 또는 단체'란 다음의 기관 또는 단체 중 국토교통부장관이 정하여 고시하는 기관 또는 단체를 말한다.
  ㉠ 「공공기관의 운영에 관한 법률」에 따른 공기업
  ㉡ 「정부출연연구기관 등의 설립·운영 및 육성에 관한 법률」 및 「과학기술분야 정부출연연구기관 등의 설립·운영 및 육성에 관한 법률」에 따른 연구기관

3. 옹벽 등의 공작물

(1) 옹벽 등의 공작물에의 준용(법 제83조)

① 대지를 조성하기 위한 옹벽, 굴뚝, 광고탑, 고가수조(高架水槽), 지하대피호, 그 밖에 이와 유사한 것으로서 대통령령으로 정하는 공작물을 축조하려는 자는 대통령령으로 정하는 바에 따라 특별자치시장·특별자치도지사 또는 시장·군수·구청장에게 신고하여야 한다.
② 법 제14조, 제21조 제5항, 제29조, 제40조 제4항, 제41조, 제47조, 제48조, 제55조, 제58조, 제60조, 제61조, 제79조, 제84조, 제85조, 제87조와 「국토의 계획 및 이용에 관한 법률」 제76조는 대통령령으로 정하는 바에 따라 위 ①의 경우에 준용한다.

(2) 축조신고대상 공작물(영 제118조)

① 위 **(1)**의 ①에 따라 공작물을 축조(건축물과 '분리'하여 '축조'하는 것을 말한다)할 때 특별자치시장·특별자치도지사 또는 시장·군수·구청장에게 신고를 해야 하는 공작물은 다음과 같다.
  ㉠ 높이 '6미터'를 넘는 굴뚝 27회
  ㉡ 높이 '4미터'를 넘는 **장식탑, 기념탑, 첨탑, 광고탑, 광고판,** 그 밖에 이와 비슷한 것 27회
  ㉢ 높이 '8미터'를 넘는 고가수조나 그 밖에 이와 비슷한 것 27회
  ㉣ 높이 '2미터'를 넘는 **옹벽 또는 담장**
  ㉤ 바닥면적 '30제곱미터'를 넘는 지하대피호
  ㉥ 높이 '6미터'를 넘는 '골프연습장 등의 운동시설을 위한' **철탑,** '주거지역·상업지역에 설치하는' **통신용 철탑,** 그 밖에 이와 비슷한 것 27회
  ㉦ 높이 '8미터'(위험을 방지하기 위한 난간의 높이는 제외한다) **'이하'**의 **'기계식 주차장 및 철골조립식 주차장'**(바닥면이 조립식이 아닌 것을 포함한다)으로서 **'외벽이 없는 것'**

ⓞ 건축조례로 정하는 제조시설, 저장시설(시멘트사일로를 포함한다), 유희시설, 그 밖에 이와 비슷한 것

　　ⓩ 건축물의 구조에 심대한 영향을 줄 수 있는 중량물로서 건축조례로 정하는 것

　　ⓒ 높이 '**5미터**'를 넘는 「신에너지 및 재생에너지 개발·이용·보급 촉진법」 제2조 제2호 가목에 따른 '**태양에너지를 이용하는 발전설비**'와 그 밖에 이와 비슷한 것 27회

② 위 ①의 어느 하나에 해당하는 공작물을 축조하려는 자는 공작물 축조신고서와 국토교통부령으로 정하는 설계도서를 특별자치시장·특별자치도지사 또는 시장·군수·구청장에게 제출(전자문서에 의한 제출을 포함한다)하여야 한다.

③ 위 ①의 공작물에 관하여는 법 제83조 제3항에 따라 법 제14조, 제21조 제5항, 제29조, 제40조 제4항, 제41조, 제47조, 제48조, 제55조, 제58조, 제60조, 제61조, 제79조, 제84조, 제85조, 제37조 및 「국토의 계획 및 이용에 관한 법률」 제76조를 준용한다. 다만, 위 ①의 ⓒ의 공작물로서 「옥외광고물 등의 관리와 옥외광고산업 진흥에 관한 법률」에 따라 허가를 받거나 신고를 한 공작물에 관하여는 법 제14조(건축신고)를 준용하지 않고, 위 ①의 ⓜ의 공작물에 관하여는 법 제58조(대지 안의 공지)를 준용하지 않으며, 위 ①의 ⓞ의 공작물에 관하여는 법 제55조(건축물의 건폐율)를 준용하지 않고, 위 ①의 ⓒ, ⓞ의 공작물에 대해서만 법 제61조(일조 등의 확보를 위한 건축물의 높이제한)를 준용한다.

④ 위 ③ 본문에 따라 법 제48조(구조내력 등)를 준용하는 경우 해당 공작물에 대한 구조안전 확인의 내용 및 방법 등은 국토교통부령으로 정한다.

⑤ 특별자치시장·특별자치도지사 또는 시장·군수·구청장은 위 ①에 따라 공작물 축조신고를 받았으면 국토교통부령으로 정하는 바에 따라 '공작물관리대장'에 그 내용을 작성하고 관리하여야 한다.

⑥ 공작물관리대장은 전자적 처리가 불가능한 특별한 사유가 없으면 전자적 처리가 가능한 방법으로 작성하고 관리하여야 한다.

제11절　면적 등의 산정 등

1. 면적·높이 및 층수의 산정

(1) 면적·높이 및 층수의 산정(법 제84조)

건축물의 대지면적, 연면적, 바닥면적, 높이, 처마, 천장, 바닥 및 층수의 산정방법은 대통령령으로 정한다.

(2) 대지면적의 산정(영 제119조 제1항 제1호)

① 대지의 수평투영면적으로 한다.
② 다음의 어느 하나에 해당하는 면적은 제외한다.
　㉠ 법 제46조 제1항 단서(소요너비 미달 및 도로모퉁이)에 따라 대지에 건축선이 정하여진 경우: 그 건축선과 도로 사이의 대지면적
　㉡ 대지에 도시·군계획시설인 도로·공원 등이 있는 경우: 그 도시·군계획시설에 포함되는 대지(국토의 계획 및 이용에 관한 법률 제47조 제7항에 따라 건축물 또는 공작물을 설치하는 도시·군계획시설의 부지는 제외한다)면적

(3) 건축면적의 산정(영 제119조 제1항 제2호 가목·나목)

① 건축물의 **외벽**(외벽이 없는 경우에는 외곽 부분의 기둥으로 한다)의 '**중심선**'으로 둘러싸인 부분의 **수평투영면적**으로 한다. _{24회 주관식}
② 다음의 어느 하나에 해당하는 경우에는 해당 항목에서 정하는 기준에 따라 산정한다.
　㉠ 처마, 차양, 부연(附椽), 그 밖에 이와 비슷한 것으로서 그 외벽의 중심선으로부터 수평거리 1미터 이상 돌출된 부분이 있는 건축물의 건축면적은 그 돌출된 끝부분으로부터 다음의 구분에 따른 수평거리를 후퇴한 선으로 둘러싸인 부분의 수평투영면적으로 한다.
　　ⓐ 「전통사찰의 보존 및 지원에 관한 법률」에 따른 전통사찰: 4미터 이하의 범위에서 외벽의 중심선까지의 거리
　　ⓑ 사료 투여, 가축 이동 및 가축 분뇨 유출 방지 등을 위하여 처마, 차양, 부연 그 밖에 이와 비슷한 것이 설치된 축사: 3미터 이하의 범위에서 외벽의 중심선까지의 거리(두 동의 축사가 하나의 차양으로 연결된 경우에는 6미터 이하의 범위에서 축사 양 외벽의 중심선까지의 거리를 말한다)
　　ⓒ 한옥: 2미터 이하의 범위에서 외벽의 중심선까지의 거리
　　ⓓ 「환경친화적자동차의 개발 및 보급 촉진에 관한 법률 시행령」 제18조의5에 따른 **충전시설**(그에 딸린 충전 전용 주차구획을 포함한다)의 설치를 목적으로 처마, 차양, 부연, 그 밖에 이와 비슷한 것이 설치된 **공동주택**(주택법 제15조에 따른 사업계획승인 대상으로 한정한다): **2미터 이하**의 범위에서 외벽의 중심선까지의 거리
　　ⓔ 「신에너지 및 재생에너지 개발·이용·보급 촉진법」 제2조 제3호에 따른 신·재생에너지 설비(신·재생에너지를 생산하거나 이용하기 위한 것만 해당한다)를 설치하기 위하여 처마, 차양, 부연, 그 밖에 이와 비슷한 것이 설치된 건축물로서 「녹색건축물 조성 지원법」 제17조에 따른 제로에너지건축물 인증을 받은 건축물: 2미터 이하의 범위에서 외벽의 중심선까지의 거리

ⓕ 「환경친화적 자동차의 개발 및 보급 촉진에 관한 법률」 제2조 제9호의 **수소연료 공급시설**을 설치하기 위하여 처마, 차양, 부연 그 밖에 이와 비슷한 것이 설치된 [별표 1] 제19호 가목의 주유소, 같은 호 나목의 **액화석유가스 충전소** 또는 같은 호 바목의 **고압가스 충전소**: 2미터 이하의 범위에서 외벽의 중심선까지의 거리

ⓖ 그 밖의 **건축물**: 1미터

ⓛ 다음의 건축물의 건축면적은 국토교통부령으로 정하는 바에 따라 산정한다.
  ⓐ 태양열을 주된 에너지원으로 이용하는 주택 18회
  ⓑ 창고 또는 공장 중 물품을 입출고하는 부위의 상부에 한쪽 끝은 고정되고 다른 쪽 끝은 지지되지 않는 구조로 설치된 돌출차양
  ⓒ 단열재를 구조체의 외기측에 설치하는 단열공법으로 건축된 건축물

(4) 건축면적에 산입하지 않는 경우(영 제119조 제1항 제2호 다목)

① 지표면으로부터 1미터 이하에 있는 부분(창고 중 물품을 입출고하기 위하여 차량을 접안시키는 부분의 경우에는 지표면으로부터 1.5미터 이하에 있는 부분)
② 「다중이용업소의 안전관리에 관한 특별법 시행령」에 따라 기존의 다중이용업소(2004년 5월 29일 이전의 것만 해당한다)의 비상구에 연결하여 설치하는 폭 2미터 이하의 옥외피난계단(기존 건축물에 옥외피난계단을 설치함으로써 건폐율의 기준에 적합하지 아니하게 된 경우만 해당한다)
③ 건축물 지상층에 일반인이나 차량이 통행할 수 있도록 설치한 보행통로나 차량통로 18회, 22회
④ 지하주차장의 경사로 18회
⑤ 건축물 지하층의 출입구 상부(출입구 너비에 상당하는 규모의 부분을 말한다) 18회
⑥ 생활폐기물보관시설(음식물쓰레기, 의류 등의 수거시설을 말한다) 18회, 22회
⑦ 「영유아보육법」에 따른 어린이집(2005년 1월 29일 이전에 설치된 것만 해당한다)의 비상구에 연결하여 설치하는 폭 2미터 이하의 영유아용 대피용 미끄럼대 또는 비상계단(기존 건축물에 영유아용 대피용 미끄럼대 또는 비상계단을 설치함으로써 건폐율 기준에 적합하지 아니하게 된 경우만 해당한다)
⑧ 「장애인·노인·임산부 등의 편의증진 보장에 관한 법률 시행령」 [별표 2]의 기준에 따라 설치하는 장애인용 승강기, 장애인용 에스컬레이터, 휠체어리프트 또는 경사로
⑨ 「가축전염병 예방법」 제17조 제1항 제1호에 따른 소독설비를 갖추기 위하여 같은 호에 따른 가축사육시설(2015년 4월 27일 전에 건축되거나 설치된 가축사육시설로 한정한다)에서 설치하는 시설
⑩ 「매장유산 보호 및 조사에 관한 법률」 제14조 제1항 제1호 및 제2호에 따른 현지보존 및 이전보존을 위하여 매장유산 보호 및 전시에 전용되는 부분
⑪ 「가축분뇨의 관리 및 이용에 관한 법률」 제12조 제1항에 따른 처리시설(법률 제12516호 가축분뇨의 관리 및 이용에 관한 법률 일부개정법률 부칙 제9조에 해당하는 배출시설의 처리시설로 한정한다)

⑫ 「영유아보육법」제15조에 따른 설치기준에 따라 직통계단 1개소를 갈음하여 건축물의 외부에 설치하는 비상계단(같은 조에 따른 어린이집이 2011년 4월 6일 이전에 설치된 경우로서 기존 건축물에 비상계단을 설치함으로써 법 제55조에 따른 건폐율 기준에 적합하지 않게 된 경우만 해당한다)

(5) 바닥면적의 산정(영 제119조 제1항 제3호)

① 건축물의 각 층 또는 그 일부로서 '**벽**', 기둥, 그 밖에 이와 비슷한 구획의 '**중심선**'으로 둘러싸인 부분의 **수평투영면적**으로 한다. 24회 주관식

② 다음의 어느 하나에 해당하는 경우에는 각 사항에서 정하는 바에 따른다.
  ㉠ 벽·기둥의 구획이 없는 건축물은 그 지붕 끝부분으로부터 수평거리 1미터를 후퇴한 선으로 둘러싸인 수평투영면적으로 한다.
  ㉡ 건축물의 **노대 등**의 바닥은 난간 등의 설치 여부에 관계없이 노대 등의 면적(외벽의 중심선으로부터 노대 등의 끝부분까지의 면적을 말한다)에서 노대 등이 접한 가장 긴 외벽에 접한 길이에 1.5미터를 곱한 값을 뺀 면적을 바닥면적에 산입한다.

> **참고** **노대**
> 건축물 벽면 바깥쪽에 나와 있어 지면과 닿지 않는 바닥 또는 마루로서 주로 2층 이상으로 양옥에 달려 있으며 난간이나 낮은 벽으로 둘러싸여 있다.

  ㉢ 필로티나 그 밖에 이와 비슷한 구조(벽면적의 2분의 1 이상이 그 층의 바닥면에서 위층 바닥 아래면까지 공간으로 된 것만 해당한다)의 부분은 '그 부분이 공중의 통행이나 차량의 통행 또는 주차에 전용되는 경우'와 '**공동주택**의 경우'에는 바닥면적에 산입하지 아니한다.
  ㉣ **승강기탑**(옥상 출입용 승강장을 포함한다. **이하 같다**), 계단탑, 장식탑, 다락[층고 (層高)가 1.5미터(경사진 형태의 지붕인 경우에는 1.8미터) 이하인 것만 해당한다], 건축물의 내부에 설치하는 냉방설비 배기장치 전용 설치공간(각 세대나 실별로 외부 공기에 직접 닿는 곳에 설치하는 경우로서 1제곱미터 이하로 한정한다), 건축물의 외부 또는 내부에 설치하는 굴뚝, 더스트슈트, 설비덕트, 그 밖에 이와 비슷한 것과 옥상·옥외 또는 지하에 설치하는 물탱크, 기름탱크, 냉각탑, 정화조, 도시가스 정압기, 그 밖에 이와 비슷한 것을 설치하기 위한 구조물과 건축물 간에 화물의 이동에 이용되는 컨베이어벨트만을 설치하기 위한 구조물은 바닥면적에 산입하지 않는다. 28회
  ㉤ 공동주택으로서 지상층에 설치한 기계실, 전기실, 어린이놀이터, 조경시설 및 생활폐기물보관시설의 면적은 바닥면적에 산입하지 않는다. 22회
  ㉥ 「다중이용업소의 안전관리에 관한 특별법 시행령」에 따라 기존의 다중이용업소(2004년 5월 29일 이전의 것만 해당한다)의 비상구에 연결하여 설치하는 폭 1.5미터 이하의 옥외피난계단(기존 건축물에 옥외피난계단을 설치함으로써 용적률에 적합하지 아니하게 된 경우만 해당한다)은 바닥면적에 산입하지 아니한다.

ⓢ 사용승인을 받은 후 15년 이상이 되어 리모델링이 필요한 건축물을 리모델링하는 경우로서 미관 향상, 열의 손실 방지 등을 위하여 외벽에 부가하여 마감재 등을 설치하는 부분은 바닥면적에 산입하지 아니한다.

ⓞ 단열재를 구조체의 외기측에 설치하는 단열공법으로 건축된 건축물의 경우에는 단열재가 설치된 외벽 중 내측 내력벽의 중심선을 기준으로 산정한 면적을 바닥면적으로 한다.

ⓩ 「영유아보육법」에 따른 어린이집(2005년 1월 29일 이전에 설치된 것만 해당한다)의 비상구에 연결하여 설치하는 폭 2미터 이하의 영유아용 대피용 미끄럼대 또는 비상계단의 면적은 바닥면적(기존 건축물에 영유아용 대피용 미끄럼대 또는 비상계단을 설치함으로써 용적률 기준에 적합하지 아니하게 된 경우만 해당한다)에 산입하지 아니한다.

ⓩ 「장애인·노인·임산부 등의 편의증진 보장에 관한 법률 시행령」 [별표 2]의 기준에 따라 설치하는 장애인용 승강기, 장애인용 에스컬레이터, 휠체어리프트 또는 경사로는 바닥면적에 산입하지 아니한다.

ⓚ 「가축전염병 예방법」 제17조 제1항 제1호에 따른 소독설비를 갖추기 위하여 같은 호에 따른 가축사육시설(2015년 4월 27일 전에 건축되거나 설치된 가축사육시설로 한정한다)에서 설치하는 시설은 바닥면적에 산입하지 아니한다.

ⓔ 「매장유산 보호 및 조사에 관한 법률」 제14조 제1항 제1호 및 제2호에 따른 현지보존 및 이전보존을 위하여 매장유산 보호 및 전시에 전용되는 부분은 바닥면적에 산입하지 아니한다.

ⓟ 「영유아보육법」 제15조에 따른 설치기준에 따라 직통계단 1개소를 갈음하여 건축물의 외부에 설치하는 비상계단의 면적은 바닥면적(같은 조에 따른 어린이집이 2011년 4월 6일 이전에 설치된 경우로서 기존 건축물에 비상계단을 설치함으로써 법 제56조에 따른 용적률 기준에 적합하지 않게 된 경우만 해당한다)에 산입하지 않는다.

ⓗ 지하주차장의 경사로(지상층에서 지하 1층으로 내려가는 부분으로 한정한다)는 바닥면적에 산입하지 않는다.

㉮ 영 제46조 제4항 제3호[**공동(3제곱미터), 세대별(2제곱미터)**]에 따른 대피공간의 바닥면적은 건축물의 각 층 또는 그 일부로서 벽의 **내부선**으로 둘러싸인 부분의 수평투영면적으로 한다.

㉯ 영 제46조 제5항 제3호(하향식 피난구) 또는 제4호(대체시설)에 따른 구조 또는 시설(해당 세대 밖으로 대피할 수 있는 구조 또는 시설만 해당한다)을 같은 조 제4항에 따른 대피공간에 설치하는 경우 또는 같은 조 제5항 제4호에 따른 대체시설을 발코니(발코니의 외부에 접하는 경우를 포함한다. 이하 같다)에 설치하는 경우에는 해당 구조 또는 시설이 설치되는 대피공간 또는 발코니의 면적 중 **다음의 구분에 따른 면적**까지를 **바닥면적**에 **산입하지 않는다.**

ⓐ 인접세대와 공동으로 설치하는 경우: 4제곱미터
ⓑ 각 세대별로 설치하는 경우: 3제곱미터

(6) **연면적의 산정**(영 제119조 제1항 제4호)

'하나의 건축물' '각 층'의 바닥면적의 합계로 하되, '용적률'을 산정할 때에는 다음에 해당하는 면적은 제외한다. 22회

① 지하층의 면적
② 지상층의 주차용(해당 건축물의 부속용도인 경우만 해당한다)으로 쓰는 면적
③ 초고층 건축물과 준초고층 건축물에 설치하는 '**피난안전구역**'의 면적
④ 층수가 11층 이상인 건축물로서 11층 이상인 층의 바닥면적 합계가 1만 제곱미터 이상인 건축물의 지붕을 경사지붕으로 하는 경우에 '경사지붕 아래'에 설치하는 '**대피공간**'의 면적

(7) **건축물의 높이**(영 제119조 제1항 제5호)

지표면으로부터 그 건축물의 '상단'까지의 높이[건축물의 **1층 전체**에 **필로티**(건축물을 사용하기 위한 경비실, 계단실, 승강기실, 그 밖에 이와 비슷한 것을 포함한다)가 설치되어 있는 경우에는 법 제60조 및 법 제61조 제2항을 적용할 때 **필로티의 층고를 제외한 높이**]로 한다. 다만, 다음의 어느 하나에 해당하는 경우에는 각 사항에서 정하는 바에 따른다.

① 건축물의 높이는 전면도로의 '중심선'으로부터의 높이로 산정한다. 다만, 전면도로가 다음의 어느 하나에 해당하는 경우에는 그에 따라 산정한다.
  ㉠ 건축물의 대지에 접하는 전면도로의 노면에 고저차가 있는 경우에는 그 건축물이 접하는 범위의 전면도로 부분의 수평거리에 따라 '가중평균'한 높이의 수평면을 전면도로면으로 본다.
  ㉡ 건축물의 대지의 지표면이 전면도로보다 높은 경우에는 그 고저차의 2분의 1의 높이만큼 올라온 위치에 그 전면도로의 면이 있는 것으로 본다.
② 법 제61조에 따른 건축물 높이를 산정할 때 건축물 대지의 지표면과 인접 대지의 지표면 간에 고저차가 있는 경우에는 그 지표면의 평균 수평면을 지표면으로 본다. 다만, 법 제61조 제2항에 따른 높이를 산정할 때 해당 대지가 인접 대지의 높이보다 낮은 경우에는 해당 대지의 지표면을 지표면으로 보고, 공동주택을 다른 용도와 복합하여 건축하는 경우에는 공동주택의 가장 낮은 부분을 그 건축물의 지표면으로 본다.
③ 건축물의 '옥상'에 설치되는 '**승강기탑**(다음 ④의 ㉢에 따른 '장애인용 승강기의 승강기탑'으로서 그 높이가 **12미터 이하**인 것은 **제외한다**)'·계단탑·망루·장식탑·옥탑 등으로서 그 수평투영면적의 합계가 해당 건축물 건축면적의 8분의 1(주택법에 따른 사업계획승인 대상인 공동주택 중 세대별 전용면적이 85제곱미터 이하인 경우에는 6분의 1) 이하인 경우로서 그 부분의 높이가 **12미터**를 넘는 경우에는 **그 넘는 부분만** 해당 건축물의 **높이**에 **산입**한다.
④ 다음에 해당하는 것은 그 **건축물의 높이에 산입하지 않는다.**
  ㉠ 지붕마루장식·굴뚝·방화벽의 옥상돌출부나 그 밖에 이와 비슷한 옥상돌출물
  ㉡ 난간벽(그 벽면적의 2분의 1 이상이 공간으로 되어 있는 것만 해당한다)
  ㉢ 장애인용 승강기의 승강기탑으로서 그 높이가 **12미터 이하**인 것

(8) 처마높이(영 제119조 제1항 제6호)

지표면으로부터 건축물의 지붕틀 또는 이와 비슷한 수평재를 지지하는 벽·깔도리 또는 기둥의 '**상단**'까지의 높이로 한다. 28회 주관식

(9) 반자높이(영 제119조 제1항 제7호)

방의 바닥면으로부터 반자까지의 높이로 한다. 다만, 한 방에서 반자높이가 다른 부분이 있는 경우에는 그 각 부분의 반자면적에 따라 '**가중평균**'한 높이로 한다.

(10) 층고(영 제119조 제1항 제8호)

방의 바닥구조체 '**윗면**'으로부터 위층 바닥구조체의 '**윗면**'까지의 높이로 한다. 다만, 한 방에서 층의 높이가 다른 부분이 있는 경우에는 그 각 부분 높이에 따른 면적에 따라 '**가중평균**한 높이' 로 한다.

(11) 층수(영 제119조 제1항 제9호)

다음에 해당하는 것은 건축물의 **층수에 산입하지 않고**, 층의 구분이 명확하지 아니한 건축물은 그 건축물의 높이 '**4미터**'마다 하나의 층으로 보고 그 층수를 산정하며, 건축물이 부분에 따라 그 층수가 다른 경우에는 그중 '**가장 많은 층수**'를 그 건축물의 층수로 본다. 22회

① **승강기탑**(다음 ③에 따른 **장애인용 승강기의 승강기탑은 제외**한다), 계단탑, 망루, 장식탑, 옥탑, 그 밖에 이와 비슷한 건축물의 **옥상 부분**으로서 **그 수평투영면적의 합계**가 해당 건축물 **건축면적의 8분의 1**(주택법 제15조 제1항에 따른 사업계획승인 대상인 공동주택 중 세대별 전용면적이 85제곱미터 이하인 경우에는 **6분의 1**) 이하인 것

② 지하층

③ 장애인용 승강기의 승강기탑

(12) 지하층의 지표면(영 제119조 제1항 제10호)

지하층의 지표면은 각 층의 주위가 접하는 각 지표면 부분의 높이를 그 지표면 부분의 수평거리에 따라 '**가중평균**'한 높이의 수평면을 지표면으로 산정한다.

(13) 지표면의 산정(영 제119조 제2항)

영 제119조 제1항 각 호[위 **(12)**는 제외한다]에 따른 기준에 따라 건축물의 면적·높이 및 층수 등을 산정할 때 지표면에 고저차가 있는 경우에는 건축물의 주위가 접하는 각 지표면 부분의 높이를 그 지표면 부분의 수평거리에 따라 '**가중평균한 높이**'의 수평면을 지표면으로 본다. 이 경우 그 고저차가 3미터를 넘는 경우에는 그 고저차 3미터 이내의 부분마다 그 지표면을 정한다.

(14) 건축면적에서 제외할 수 있는 경우(영 제119조 제3항)

다음의 요건을 모두 갖춘 건축물의 **건폐율**을 산정할 때에는 위 **(3)** 및 **(4)**에도 불구하고 지방건축위원회의 심의를 통해 다음 ②에 따른 '개방 부분의 상부에 해당하는 면적'을 **건축면적**에서 제외할 수 있다.

① **다음의 어느 하나에 해당하는 시설로서 해당 용도로 쓰는 바닥면적의 합계가 1천 제곱미터 이상일 것**
   ㉠ 문화 및 집회시설(공연장·관람장·전시장만 해당한다)
   ㉡ 교육연구시설(학교·연구소·도서관만 해당한다)
   ㉢ 수련시설 중 생활권수련시설, 업무시설 중 공공업무시설

② 지면과 접하는 저층의 일부를 높이 **8미터 이상**으로 개방하여 보행통로나 공지 등으로 활용할 수 있는 구조·형태일 것

(15) 건축면적의 산정방법(영 제119조 제4항)

위 **(7)**의 ③ 또는 **(11)**에 따른 수평투영면적의 산정은 위 **(3)**에 따른 건축면적의 산정방법에 따른다.

(16) 공개(영 제119조 제5항)

국토교통부장관은 영 제119조 제1항부터 제4항[위 **(1)**~**(15)**]까지에서 규정한 건축물의 면적, 높이 및 층수 등의 산정방법에 관한 구체적인 적용사례 및 적용방법 등을 작성하여 **공개**할 수 있다.

2. 「행정대집행법」 적용의 특례

(1) 「행정대집행법」 적용의 특례(법 제85조)

① 허가권자는 법 제11조(건축허가), 제14조(건축신고), 제41조(토지 굴착 부분에 대한 조치 등)와 제79조 제1항(위반건축물 등에 대한 시정명령)에 따라 필요한 조치를 할 때 다음의 어느 하나에 해당하는 경우로서 「행정대집행법」 제3조 제1항(계고)과 제2항(대집행 통지)에 따른 절차에 의하면 그 목적을 달성하기 곤란한 때에는 해당 절차를 거치지 아니하고 **대집행**할 수 있다.
   ㉠ 재해가 발생할 위험이 절박한 경우
   ㉡ 건축물의 구조안전상 심각한 문제가 있어 붕괴 등 손괴의 위험이 예상되는 경우
   ㉢ 허가권자의 공사중지명령을 받고도 따르지 아니하고 공사를 강행하는 경우
   ㉣ 도로통행에 현저하게 지장을 주는 불법건축물인 경우
   ㉤ 그 밖에 공공의 안전 및 공익에 매우 저해되어 신속하게 실시할 필요가 있다고 인정되는 경우로서 '대통령령으로 정하는 경우'

② 위 ①에 따른 대집행은 건축물의 관리를 위하여 필요한 최소한도에 그쳐야 한다.

(2) 대집행의 특례(영 제119조의2)

위 **(1)**의 ①의 ⑪에서 '대통령령으로 정하는 경우'란 「대기환경보전법」에 따른 대기오염물질 또는 「물환경보전법」에 따른 수질오염물질을 배출하는 건축물로서 주변 환경을 심각하게 오염시킬 우려가 있는 경우를 말한다.

3. 청문 등

(1) 청문(법 제86조)

허가권자는 법 제79조(위반 건축물 등에 대한 조치)에 따라 허가나 승인을 취소하려면 '**청문**'을 실시하여야 한다.

(2) 보고와 검사 등(법 제87조)

① 국토교통부장관, 시·도지사, 시장·군수·구청장, 그 소속 공무원, 업무대행자 또는 건축지도원은 건축물의 건축주 등, 공사감리자, 공사시공자 또는 **관계전문기술자**에게 필요한 자료의 제출이나 보고를 요구할 수 있으며, 건축물·대지 또는 건축공사장에 출입하여 그 건축물, 건축설비, 그 밖에 건축공사에 관련되는 물건을 검사하거나 필요한 시험을 할 수 있다.

② 위 ①에 따라 검사나 시험을 하는 자는 그 권한을 표시하는 증표를 지니고 이를 관계인에게 내보여야 한다.

③ 허가권자는 '**건축관계자 등**'과의 계약내용을 검토할 수 있으며, 검토 결과 불공정 또는 불합리한 사항이 있어 부실설계·시공·감리가 될 우려가 있는 경우에는 해당 건축주에게 그 사실을 통보하고 해당 건축물의 건축공사 현장을 특별히 지도·감독하여야 한다.

(3) 지역건축안전센터 설립(법 제87조의2)

① '**지방자치단체의 장**'은 다음의 업무를 수행하기 위하여 관할 구역에 '**지역건축안전센터**'를 설치할 수 있다.

　㉠ 법 제21조, 제22조, 제27조 및 제87조에 따른 기술적인 사항에 대한 보고·확인·검토·심사 및 점검

　㉡ 법 제11조, 제14조 및 제16조에 따른 허가 또는 신고에 관한 업무

　㉢ 법 제25조에 따른 공사감리에 대한 관리·감독

　㉣ 그 밖에 대통령령으로 정하는 사항

② 위 ①에도 불구하고 '다음의 어느 하나에 해당하는 지방자치단체의 장'은 관할 구역에 '지역건축안전센터'를 설치하여야 한다.
  ㉠ 시·도
  ㉡ 인구 50만명 이상 시·군·구
  ㉢ 국토교통부령으로 정하는 바에 따라 산정한 **건축허가 면적**(직전 5년 동안의 연평균 건축허가 면적을 말한다) 또는 **노후건축물 비율**이 전국 지방자치단체 중 **상위 30퍼센트 이내**에 해당하는 **인구 50만명 미만 시·군·구**

③ 체계적이고 전문적인 업무 수행을 위하여 지역건축안전센터에 「건축사법」 제23조 제1항에 따라 신고한 건축사 또는 「기술사법」 제6조 제1항에 따라 등록한 기술사 등 전문인력을 배치하여야 한다.

> **관련법령** 지역건축안전센터의 업무(영 제119조의3)
>
> 위 (3)의 ①의 ㉣에서 '대통령령으로 정하는 사항'이란 관할 구역 내 건축물의 **안전**에 관한 사항으로서 해당 지방자치단체의 **조례**로 정하는 사항을 말한다.

(4) 건축안전특별회계의 설치(법 제87조의3)

① 시·도지사 또는 시장·군수·구청장은 관할 구역의 지역건축안전센터 설치·운영 등을 지원하기 위하여 건축안전특별회계(이하 '특별회계'라 한다)를 설치할 수 있다.
② 특별회계는 다음의 재원으로 조성한다.
  ㉠ 일반회계로부터의 전입금
  ㉡ 법 제17조에 따라 납부되는 건축허가 등의 수수료 중 해당 지방자치단체의 조례로 정하는 비율의 금액
  ㉢ 법 제80조에 따라 부과·징수되는 이행강제금 중 해당 지방자치단체의 조례로 정하는 비율의 금액
  ㉣ 법 제113조에 따라 부과·징수되는 과태료 중 해당 지방자치단체의 조례로 정하는 비율의 금액
  ㉤ 그 밖의 수입금
③ 특별회계는 다음의 용도로 사용한다.
  ㉠ 지역건축안전센터의 설치·운영에 필요한 경비
  ㉡ 지역건축안전센터의 전문인력 배치에 필요한 인건비
  ㉢ 법 제87조의2 제1항 각 호의 업무 수행을 위한 조사·연구비
  ㉣ 특별회계의 조성·운용 및 관리를 위하여 필요한 경비
  ㉤ 그 밖에 건축물 안전에 관한 기술지원 및 정보제공을 위하여 해당 지방자치단체의 조례로 정하는 사업의 수행에 필요한 비용

(5) 벌칙 적용 시 공무원 의제(법 제105조)

다음의 어느 하나에 해당하는 사람은 공무원이 아니더라도 「형법」 제129조부터 제132조까지의 규정과 「특정범죄 가중처벌 등에 관한 법률」 제2조와 제3조에 따른 벌칙을 적용할 때에는 공무원으로 본다.

① 건축위원회의 위원
② 법 제13조의2 제2항에 따라 안전영향평가를 하는 자
③ 법 제52조의3 제4항에 따라 건축자재를 점검하는 자
④ 법 제27조(현장조사·검사 및 확인업무의 대행)에 따라 현장조사·검사 및 확인업무를 대행하는 사람
⑤ 건축지도원
⑥ 법 제82조 제4항(전자정보처리시스템 운영을 대통령령으로 정하는 기관 또는 단체에 위탁)에 따른 기관 및 단체의 임직원
⑦ 법 제87조의2(지역건축안전센터 설립) 제3항에 따라 지역건축안전센터에 배치된 전문인력

INDEX 기본용어 다시보기

※ 기본서 학습이 모두 끝나셨나요? 아래 용어의 의미를 정확히 알고 있는지 확인해보고, 헷갈리는 용어는 다시 학습하세요.

ㄱ

용어	페이지
가산금리	366
가설건축물	516
간선시설	26
감정	245
개축	465
거실	459
건강친화형 주택	28
건축	465
건축구조기술사	95
건축물	457
건축물대장	539
건축물의 유지·관리	462
건축민원전문위원회	478
건축복합민원 일괄협의회	508
건축선	548
건축시공	523
건축안전특별회계	626
건축위원회	476
건축주	459
건축지도원	539
건축협정	600
건폐율	576
결합건축	606
고층건축물	457
공개공지	545
공공임대주택	376
공공주택	373
공공주택지구	374
공공지원민간임대주택	294
공공지원민간임대주택 공급촉진지구	295
공공택지	29
공구	26
공동관리	173
공동사업주체	35
공동주택	21, 165
공동주택관리기구	174
공동주택관리 분쟁조정위원회	268
공동주택 관리비리 신고센터	282
공동주택관리정보시스템	278
공동주택관리 지원기구	276
공동주택성능등급	72
공사감리	525
공사감리자	460
공사시공자	460
공업화주택	104
관계전문기술자	460
관리규약	166, 188
관리규약의 준칙	188
관리비예치금	201
관리사무소장	254
관리주체	31, 166
구분관리	173
구조설계도서	143
국민임대주택	377
국민주택	22
국민주택규모	22
국민주택사업특별회계	154
권리변동계획	141
기간시설	26
기반시설	25
기존주택등매입임대주택	377
기존주택전세임대주택	377

ㄴ

용어	페이지
내진능력 공개	552
내진등급	552
내화구조	460

ㄷ

용어	페이지
다중이용 건축물	457
단독주택	21
대수선	465
대지	463
대지 안의 공지	576
도로	463
도시형 생활주택	27
도심 공공주택 복합지구 및 복합사업	405
등기촉탁	540

ㄹ

용어	페이지
리모델링	30, 459
리모델링 기본계획	31
리모델링 지원센터	146

ㅁ

용어	페이지
매도청구	62
모범관리단지	278
민간임대주택	293
민영주택	23

ㅂ

용어	페이지
바닥면적	620
발코니	460
방화구조	461
방화지구	567
복리시설	25
복합지원시설	297
부대시설	24
부속건축물	458
부속구조물	462
분납임대주택	377

분양가상한제 적용주택	113	임대주택	23	**ㅌ**	
분양가심사위원회	121	임대주택분쟁조정위원회	357	토지임대부 분양주택	23
분양전환	375	임차인대표회의	167, 354	통합공공임대주택	377
분양전환공공임대주택	377	입주자	31, 166	투기과열지구	129
		입주자대표회의	166	특별가로구역	598
ㅅ		입주자등	166	특별건축구역	588
		입주자저축	110	특별관리지역	384
사업계획승인권자	53			특별수선충당금	356, 442
사업자 선정	201	**ㅈ**		특별피난계단	555
사업주체	23	자치관리	171	특수구조 건축물	462
사용승인	521	장기수선계획	167		
사용자	31, 166	장기수선충당금	209	**ㅍ**	
사전결정	499	장기일반민간임대주택	294	피난계단	555
사전승인	501	장기전세주택	377	피난안전구역	555
설계	522	장수명 주택	29		
설계도서	460	재축	465	**ㅎ**	
설계자	459	제조업자	459	하자담보책임	218
세대구분형 공동주택	26	주거지원대상자	296	하자보수보증금	225
소규모 공동주택	274	주민공동시설	88	하자심사·분쟁조정위원회	230
소음방지대책	77	주요구조부	459	하자진단	245
신축	465	주택	21	한옥	458
		주택관리업	167	행복주택	377
ㅇ		주택단지	24	헬리포트	557
안전관리계획	210	주택상환사채	152	혼합주택단지	166
안전관리 예치금	509	주택임대관리업	295	회계감사	203
안전영향평가	505	주택조합	23		
안전점검	213	준다중이용 건축물	458		
안전진단	141	준주택	22		
에너지절약형 친환경주택	28	준초고층 건축물	457		
역세권 등	295	중소규모 주택지구	386		
연면적	622	증축	465		
영구임대주택	376	지능형건축물	586		
영상정보처리기기	37	지하층	459		
옥외피난계단	556				
용도	456	**ㅊ**			
용적률	576	차면시설	565		
위탁관리	172	청문	285		
유통업자	459	체비지	68		
의무관리대상 공동주택	165	초고층 건축물	457		
이전	465	층간소음	191		
이행강제금	612	층고	623		
임대사업자	295	층수	623		
임대의무기간	339				

에듀윌이
너를
지지할게

ENERGY

끝이 좋아야 시작이 빛난다.

— 마리아노 리베라(Mariano Rivera)

memo

12,800여 건의 생생한 후기

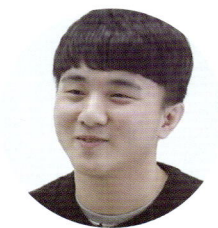

한○수 합격생

에듀윌로 합격과 취업 모두 성공

저는 1년 정도 에듀윌에서 공부하여 합격하였습니다. 수많은 주택관리사 합격생을 배출해 낸 1위 기업이라는 점 때문에 에듀윌을 선택하였고, 선택은 틀리지 않았습니다. 에듀윌에서 제시하는 커리큘럼은 상대평가에 최적화되어 있으며, 나에게 맞는 교수님을 선택할 수 있었기 때문에 만족하며 공부를 할 수 있었습니다. 또한 합격 후에는 에듀윌 취업지원센터의 도움을 통해 취업까지 성공할 수 있었습니다. 에듀윌만 믿고 따라간다면 합격과 취업 모두 문제가 없을 것입니다.

박○현 합격생

20년 군복무 끝내고 주택관리사로 새 출발

육군 소령 전역을 앞두고 70세까지 전문직으로 할 수 있는 제2의 직업이 뭘까 고민하다가 주택관리사 시험에 도전하게 됐습니다. 주택관리사를 검색하면 에듀윌이 가장 먼저 올라오고, 취업까지 연결해 주는 프로그램이 잘 되어 있어서 에듀윌을 선택하였습니다. 특히, 언제 어디서나 지원되는 동영상 강의와 시험을 앞두고 진행되는 특강, 모의고사가 많은 도움이 되었습니다. 거기에 오답노트를 만들어서 틈틈이 공부했던 것까지가 제 합격의 비법인 것 같습니다.

이○준 합격생

에듀윌에서 공인중개사, 주택관리사 준비해 모두 합격

에듀윌에서 준비해 제27회 공인중개사 시험에 합격한 후, 취업 전망을 기대하고 주택관리사에도 도전하게 됐습니다. 높은 합격률, 차별화된 학습 커리큘럼, 훌륭한 교수진, 취업지원센터를 통한 취업 연계 등 여러 가지 이유로 다시 에듀윌을 선택했습니다. 에듀윌 학원은 체계적으로 학습 관리를 해 주고, 공부할 수 있는 공간이 많아서 좋았습니다. 교수님과 자기 자신을 믿고, 에듀윌에서 시작하면 반드시 합격할 수 있습니다.

다음 합격의 주인공은 당신입니다!

* 에듀윌 홈페이지 게시 건수 기준 (2025년 9월 기준)

더 많은 합격 비법

1위 에듀윌만의
체계적인 합격 커리큘럼

원하는 시간과 장소에서, 1:1 관리까지 한번에
온라인 강의

① 전 과목 최신 교재 제공
② 업계 최강 교수진의 전 강의 수강 가능
③ 교수진이 직접 답변하는 1:1 Q&A 서비스

쉽고 빠른 합격의 첫걸음 **기초용어집** 무료 신청

최고의 학습 환경과 빈틈 없는 학습 관리
직영 학원

① 현장 강의와 온라인 강의를 한번에
② 합격할 때까지 온라인 강의 평생 무제한 수강
③ 강의실, 자습실 등 프리미엄 호텔급 학원 시설

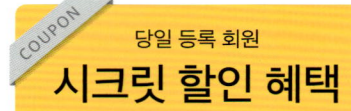 

설명회 참석 당일 등록 시 **특별 수강 할인권** 제공

친구 추천 이벤트

"**친구 추천**하고 한 달 만에
920만원 받았어요"

친구 1명 추천할 때마다 현금 10만원 제공
추천 참여 횟수 무제한 반복 가능

※ *a*o*h**** 회원의 2021년 2월 실제 리워드 금액 기준
※ 해당 이벤트는 예고 없이 변경되거나 종료될 수 있습니다.

친구 추천 이벤트
바로가기

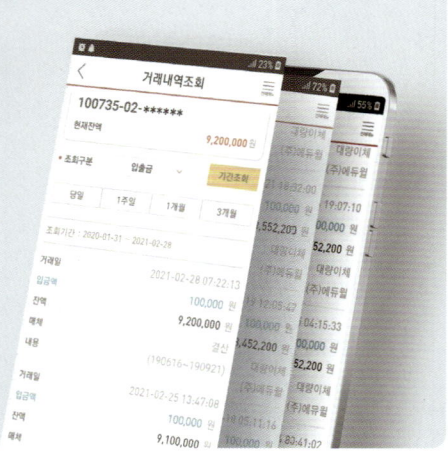

* 2023 대한민국 브랜드만족도 주택관리사 교육 1위 (한경비즈니스)

에듀월 직영학원에서 합격을 수강하세요

언제나 전문 학습 매니저와 상담이 가능한 안내데스크

고품질 영상 및 음향 장비를 갖춘 최고의 강의실

재충전을 위한 카페 분위기의 아늑한 휴게실

에듀윌의 상징 노란색의 환한 학원 입구

에듀윌 직영학원 대표전화

공인중개사 학원 02)815-0600	공무원 학원 02)6328-0600	편입 학원 02)6419-0600
주택관리사 학원 02)815-3388	소방 학원 02)6337-0600	부동산아카데미 02)6736-0600
전기기사 학원 02)6268-1400		

주택관리사 학원 바로가기

꿈을 현실로 만드는
에듀윌

DREAM

공무원 교육
- 선호도 1위, 신뢰도 1위! 브랜드만족도 1위!
- 합격자 수 2,100% 폭등시킨 독한 커리큘럼

종합출판
- 온라인서점 베스트셀러 1위!
- 출제위원급 전문 교수진이 직접 집필한 합격 교재

학점은행제
- 99%의 과목이수율
- 17년 연속 교육부 평가 인정 기관 선정

자격증 교육
- 9년간 아무도 깨지 못한 기록 합격자 수 1위
- 가장 많은 합격자를 배출한 최고의 합격 시스템

어학 교육
- 토익 베스트셀러 1위
- 토익 동영상 강의 무료 제공

대학 편입
- 편입 교육 1위!
- 최대 200% 환급 상품 서비스

콘텐츠 제휴·B2B 교육
- 고객 맞춤형 위탁 교육 서비스 제공
- 기업, 기관, 대학 등 각 단체에 최적화된 고객 맞춤형 교육 및 제휴 서비스

직영학원
- 검증된 합격 프로그램과 강의
- 1:1 밀착 관리 및 컨설팅
- 호텔 수준의 학습 환경

부동산 아카데미
- 부동산 실무 교육 1위!
- 상위 1% 고소득 창업/취업 비법
- 부동산 실전 재테크 성공 비법

국비무료 교육
- '5년우수훈련기관' 선정
- K-디지털, 산대특 등 특화 훈련과정
- 원격국비교육원 오픈

에듀윌 교육서비스 **AI 교육** AI 프롬프트 연구소/AI CLASS(ChatGPT/AICE/노션 AI/중개업 AI 등) **공무원 교육** 9급공무원/소방공무원/계리직공무원 **자격증 교육** 공인중개사/주택관리사/손해평가사/감정평가사/노무사/전기기사/경비지도사/검정고시/소방설비기사/소방시설관리사/사회복지사1급/대기환경기사/수질환경기사/건축기사/토목기사/직업상담사/청소년상담사/전기기능사/산업안전기사/산업위생관리기사/건설안전기사/위험물산업기사/위험물기능사/설비보전기사/에너지관리기사/유통관리사/물류관리사/행정사/한국사능력검정/한경TESAT/매경TEST/KBS한국어능력시험/실용글쓰기/국제무역사/무역영어 **어학 교육** 토익 교재/토익 동영상 강의 **금융/IT/비즈니스** 전산세무회계/ERP정보관리사/재경관리사/정보처리기사/컴퓨터활용능력/SQLD/AdsP **대학 편입** 편입 영어·수학/연고대/의약대/경찰대/논술/면접 **직영학원** 공무원학원/소방학원/공인중개사 학원/주택관리사 학원/전기기사 학원/편입학원 **종합출판** 공무원·자격증 수험교재 및 단행본 **학점은행제** 교육부평가인정기관 원격평생교육원(사회복지사2급/경영학/CPA) **콘텐츠 제휴·B2B 교육** 교육 콘텐츠 제휴/기업 맞춤 자격증 교육/대학취업역량 강화 교육 **부동산 아카데미** 부동산 창업CEO/부동산 경매 마스터/부동산 컨설팅 **주택취업센터** 실무 특강/실무 아카데미 **국비무료 교육(국비교육원)** 전기기능사/전기(산업)기사/소방설비(산업)기사/IT(빅데이터/자바프로그램/파이썬)/게임그래픽/3D프린터/실내건축디자인/웹퍼블리셔/그래픽디자인/영상편집(유튜브) 디자인/온라인 쇼핑몰광고 및 제작(쿠팡, 스마트스토어)/전산세무회계/컴퓨터활용능력/ITQ/GTQ/직업상담사

교육문의 **1600-6700** www.eduwill.net

• 2022 소비자가 선택한 최고의 브랜드 공무원·자격증 교육 1위 (조선일보) • 2023 대한민국 브랜드만족도 공무원·자격증·취업·학원·편입·부동산 실무 교육 1위 (한경비즈니스) • 2017/2022 에듀윌 공무원 과정 최종 환급자 수 기준 • 2023년 성인 자격증, 공무원 직영학원 기준 • YES24 공인중개사 부문, 2025 에듀윌 공인중개사 오시훈 필살키 부동산공법 (2025년 8월 월별 베스트) 그 외 다수 • YES24 한국산업인력공단 부문, 2025 에듀윌 산업안전기사 필기 한권끝장 (2025년 7월 월별 베스트) 그 외 다수 • 교보문고 취업/수험서 부문, 2025 에듀윌 공기업 코레일 한국철도공사 실전모의고사 9+2+4회(2025년 2월 1일~2월 28일, 인터넷 월간 베스트) 그 외 다수 • 알라딘 시사/상식 부문, 2025 최신판 에듀윌 취업 공기업 기출 일반상식 (2025년 6월 5주 주별 베스트) 그 외 다수 • YES24 컴퓨터활용능력 부문, 2024 컴퓨터활용능력 1급 필기 초단기끝장(2023년 10월 3-4주 주별 베스트) 그 외 다수 • YES24 신규자격증 부문, 2025 에듀윌 SQL 개발자 SQLD 2주끝장+무료특강(2025년 7월 월별 베스트) 그 외 다수 • 인터파크 자격서/수험서 부문, 에듀윌 한국사능력검정시험 2주끝장 심화 (1, 2, 3급) (2020년 6~8월 월간 베스트) 그 외 다수 • YES24 국어 외국어사전영어 토익/TOEIC 기출문제/모의고사 베스트셀러 1위 (에듀윌 토익 READING RC 4주끝장 리딩 종합서, 2022년 9월 4주 주별 베스트) • 에듀윌 토익 교재 입문~실전 인강 무료 제공 (2022년 최신 강좌 기준/1092강) • 2024년 종강반 중 모든 평가항목 정상 참여자 기준, 99% (평생교육원 기준) • 2008년~2024년까지 234만 누적수강학점으로 과목 운영 (평생교육원 기준) • 에듀윌 국비교육원 구로센터 고용노동부 지정 "5년우수훈련기관" 선정 (2023~2027) • KRI 한국기록원 2016, 2017, 2019년 공인중개사 최다 합격자 배출 공식 인증 (2025년 현재까지 업계 최고 기록)

업계 최초 대통령상 3관왕, 정부기관상 19관왕 달성!

2010 대통령상   2019 대통령상   2019 대통령상

대한민국 브랜드대상 국무총리상 / 국무총리상 / 문화체육관광부 장관상 / 농림축산식품부 장관상 / 과학기술정보통신부 장관상 / 여성가족부장관상

서울특별시장상 / 과학기술부장관상 / 정보통신부장관상 / 산업자원부장관상 / 고용노동부장관상 / 미래창조과학부장관상 / 법무부장관상

2004
서울특별시장상 우수벤처기업 대상

2006
부총리 겸 과학기술부장관 표창 국가 과학 기술 발전 유공

2007
정보통신부장관상 디지털콘텐츠 대상
산업자원부장관 표창 대한민국 e비즈니스대상

2010
대통령 표창 대한민국 IT 이노베이션 대상

2013
고용노동부장관 표창 일자리 창출 공로

2014
미래창조과학부장관 표창 ICT Innovation 대상

2015
법무부장관 표창 사회공헌 유공

2017
여성가족부장관상 사회공헌 유공
2016 합격자 수 최고 기록 KRI 한국기록원 공식 인증

2018
2017 합격자 수 최고 기록 KRI 한국기록원 공식 인증

2019
대통령 표창 범죄예방대상
대통령 표창 일자리 창출 유공
과학기술정보통신부장관상 대한민국 ICT 대상

2020
국무총리상 대한민국 브랜드대상
2019 합격자 수 최고 기록 KRI 한국기록원 공식 인증

2021
고용노동부장관상 일·생활 균형 우수 기업 공모전 대상
문화체육관광부장관 표창 근로자휴가지원사업 우수 참여 기업
농림축산식품부장관상 대한민국 사회공헌 대상
문화체육관광부장관 표창 여가친화기업 인증 우수 기업

2022
국무총리 표창 일자리 창출 유공
농림축산식품부장관상 대한민국 ESG 대상

YES24 수험서 자격증 주택관리사 기본서 베스트셀러 1위(2024년 11월 3주 주별 베스트)
2024년~2022년 공동주택관리실무 시험 최고득점.
2021년~2020년 주택관리관계법규, 공동주택관리실무 시험 과목별 최고득점.
2019년 주택관리관계법규 시험 최고득점
2020년 제23회 주택관리사(보) 제2차(최종) 시험 원서접수 이벤트 및 풀서비스 시 수험번호를 입력한 수강회원 기준
2023 대한민국 브랜드만족도 주택관리사 교육 1위(한경비즈니스)

에듀윌 주택관리사
기본서

2차 주택관리관계법규 上

온라인 강의/직영학원 house.eduwill.net

고객의 꿈, 직원의 꿈, 지역사회의 꿈을 실현한다

에듀윌 도서몰
book.eduwill.net
- 부가학습자료 및 정오표: 에듀윌 도서몰 > 도서자료실
- 교재 문의: 에듀윌 도서몰 > 문의하기 > 교재(내용, 출간) / 주문 및 배송

2026

에듀윌 주택관리사 기본서

2차 주택관리관계법규 下

윤동섭 편저

합격자 수가 선택의 기준!

YES24 24년 11월 3주
주별 베스트셀러 기준
베스트셀러 1위

6년 연속 최고득점자 배출

YES24 수험서 자격증
주택관리사 기본서 베스트셀러 1위
산출근거 후면표기

1,710명 최종 합격생 중
1,103명이 에듀윌! 산출근거 후면표기

eduwill

에듀윌이
너를
지지할게

ENERGY

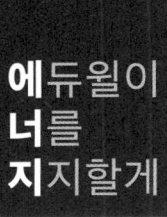

시작하라. 그 자체가 천재성이고,
힘이며, 마력이다.

– 요한 볼프강 폰 괴테(Johann Wolfgang von Goethe)

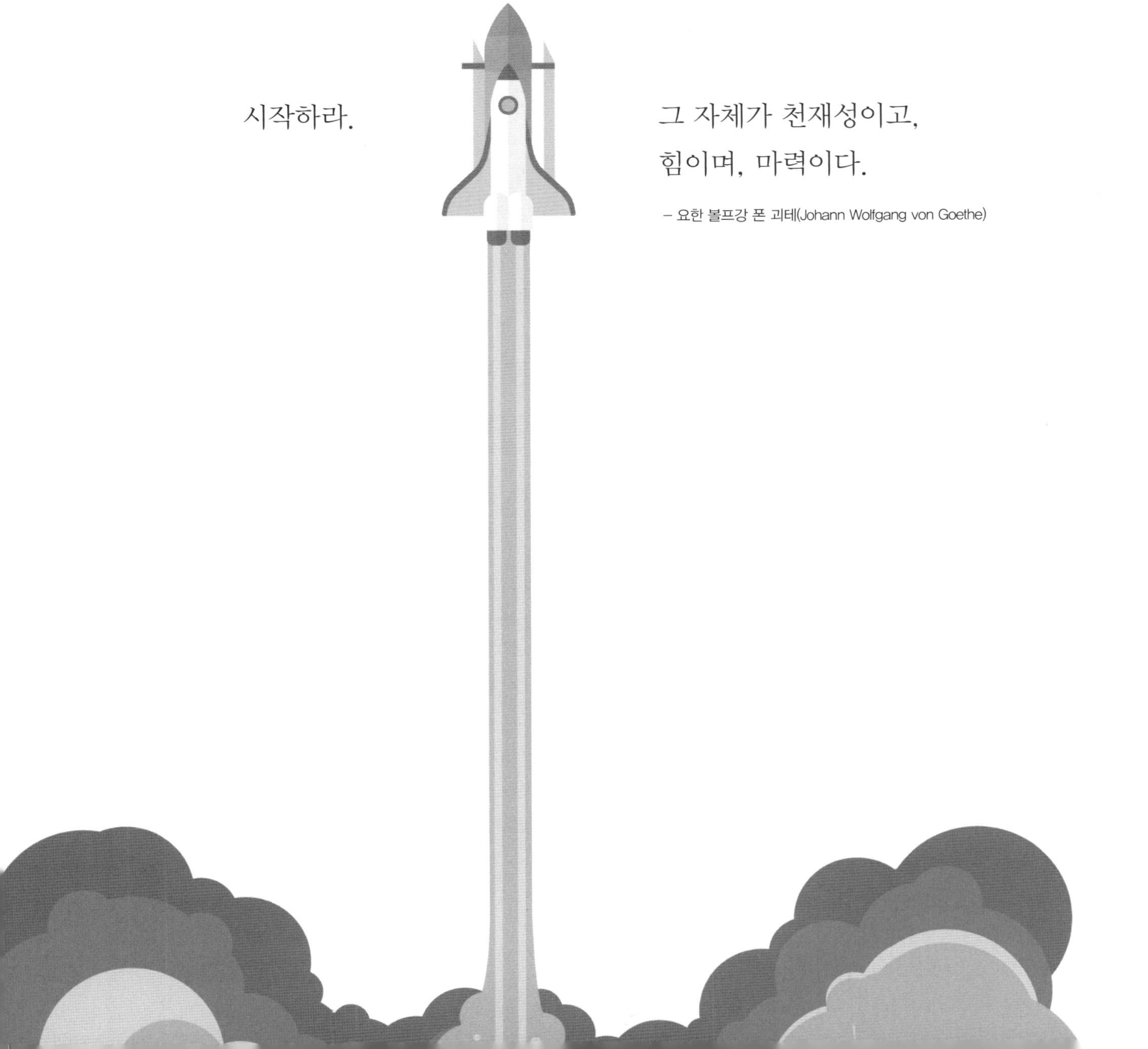

➕ **합격할 때까지 책임지는 개정법령 원스톱 서비스!**

기준 및 법령 개정이 잦은 주택관리사 시험,
개정사항을 어떻게 확인해야 할지 막막하고 걱정스러우신가요?
에듀윌에서는 필요한 개정법령만을 빠르게! 한번에! 제공해 드립니다.

| 에듀윌 도서몰 접속
(book.eduwill.net) | ▶ | 도서자료실
클릭 |

개정법령
확인하기

2026
에듀윌 주택관리사

기본서 2차

주택관리관계법규 下

차례

| 下 |

PART 6 | 도시 및 주거환경정비법

CHAPTER 01 | 총칙   8

CHAPTER 02 | 기본계획의 수립 및 정비구역의 지정   14

CHAPTER 03 | 정비사업의 시행   32

PART 7 | 도시재정비 촉진을 위한 특별법

CHAPTER 01 | 총칙   136

CHAPTER 02 | 재정비촉진지구의 지정   139
- 제1절   재정비촉진지구의 지정신청 및 지정   140
- 제2절   재정비촉진지구 지정요건 및 효력상실   142

CHAPTER 03 | 재정비촉진계획의 수립 및 결정   145

CHAPTER 04 | 재정비촉진사업의 시행 및 사업지원 등   152
- 제1절   재정비촉진사업의 시행   153
- 제2절   재정비촉진사업의 시행을 위한 지원   156
- 제3절   개발이익의 환수 등   161
- 제4절   보칙   167

PART 8 | 시설물의 안전 및 유지관리에 관한 특별법

CHAPTER 01 | 총칙   172

CHAPTER 02 | 기본계획 등   176

CHAPTER 03 | 시설물의 안전관리   185

PART 9 | 소방기본법

CHAPTER 01 | 총칙 등   228
- 제1절   총칙   229
- 제2절   소방장비 및 소방용수시설 등   234

CHAPTER 02 | 소방활동 등   237

PART 10 | 화재의 예방 및 안전관리에 관한 법률

CHAPTER 01 | 총칙   260

CHAPTER 02 | 화재의 예방 및 안전관리 기본계획의 수립·시행 등   262

| CHAPTER 03 | 소방안전관리 | 279 |

| CHAPTER 04 | 보칙 및 벌칙 | 300 |

PART 11 | 소방시설 설치 및 관리에 관한 법률

| CHAPTER 01 | 총칙 | 308 |

| CHAPTER 02 | 소방시설등의 설치 · 관리 및 방염 | 315 |

| CHAPTER 03 | 소방시설등의 자체점검 등 | 339 |

| CHAPTER 04 | 보칙 및 벌칙 | 353 |

PART 12 | 전기사업법

CHAPTER 01	총칙 등	364
제1절	총칙	365
제2절	전기사업	371

CHAPTER 02	전력수급의 안정 등	391
제1절	전력 관련 계획 등	392
제2절	전력시장	396
제3절	전력산업의 기반조성 등	406

PART 13 | 승강기 안전관리법

| CHAPTER 01 | 총칙 등 | 430 |

| CHAPTER 02 | 승강기부품 등의 안전인증 | 443 |

| CHAPTER 03 | 승강기의 설치 및 안전관리 | 459 |

PART 14 | 집합건물의 소유 및 관리에 관한 법률

CHAPTER 01	건물의 구분소유	494
제1절	구분소유 및 공용부분 등	495
제2절	기관 및 규약 등	505
제3절	재건축 등	519

| CHAPTER 02 | 구분건물의 건축물대장 및 벌칙 등 | 527 |

PART 6
도시 및 주거환경정비법

CHAPTER 01 총칙
CHAPTER 02 기본계획의 수립 및 정비구역의 지정
CHAPTER 03 정비사업의 시행

최근 5개년
평균 출제문항 수 **2개**

최근 5개년
평균 출제비중 **5%**

PART 6 합격전략

제28회 시험까지 계속 2문제(5%)씩 출제되었으며, 제29회 시험의 경우에도 2문제 정도가 출제될 것으로 예상됩니다.
「도시 및 주거환경정비법」은 그 양에 비해 출제문항이 현저히 적은 법령으로서 정비사업의 정의, 절차, 사업시행자, 시공자 선정시기 등을 중심으로 정리하시기 바라며, 특히 사업시행자 중 '정비사업조합' 부분 및 최근에 개정된 재건축사업의 관리처분계획, 정비사업조합 인가 요건 및 재건축진단을 철저히 학습하시기 바랍니다.

CHAPTER 01 총칙

회독체크 １ ２ ３

CHAPTER 미리보기

학습전략

「도시 및 주거환경정비법」을 정확하게 이해하는 데 필요한 '용어의 정의'에 대한 단원으로서 1문제 정도가 출제됩니다. 출제 빈도가 높은 편이므로 꼼꼼히 숙지하시기 바랍니다.

학습키워드

- 정비사업의 종류
- 정비구역
- 노후불량건축물
- 정비기반시설
- 공동이용시설
- 토지등소유자
- 정관등

※ 본문의 **굵은 글씨**는 주관식 대비에 좋은 강조 지문입니다.
※ 본문에 형광펜 처리가 된 용어는 주택관리관계법규 학습에서 기본적으로 알아야 하는 용어이니 꼭! 알아두세요.
학습이 끝난 후에는 교재 맨 뒤의 '기본용어 다시보기'에서 내가 제대로 용어를 기억하고 있는지 되짚어 보세요.

1. 목적(법 제1조)

이 법은 도시기능의 회복이 필요하거나 주거환경이 불량한 지역을 계획적으로 정비하고 노후·불량건축물을 효율적으로 개량하기 위하여 필요한 사항을 규정함으로써 도시환경을 개선하고 주거생활의 질을 높이는 데 이바지함을 목적으로 한다.

▶ 정비사업과 도시개발사업의 비교

정비사업	도시개발사업
「도시 및 주거환경정비법」	「도시개발법」
'도시지역' 중 (주로) 주거지역, 상업지역, 공업지역	도시지역이 '아닌' 지역 중 관리지역, 농림지역, 자연환경보전지역
이미 개발된 '구도시'를 정비하는 사업	'신도시'로 개발하는 사업

2. 정의 등(법 제2조)

(1) 정비구역

정비사업을 계획적으로 시행하기 위하여 법 제16조에 따라 지정·고시된 구역을 말한다.

(2) 정비사업

이 법에서 정한 절차에 따라 도시기능을 회복하기 위하여 정비구역에서 정비기반시설을 정비하거나 주택 등 건축물을 개량 또는 건설하는 다음의 사업을 말한다.

① **주거환경개선사업**: 도시저소득 주민이 집단거주하는 지역으로서 **정비기반시설이 극히 열악**하고 **노후·불량건축물이 과도하게 밀집**한 지역의 주거환경을 개선하거나 '**단독주택**' 및 '**다세대주택**'이 밀집한 지역에서 **정비기반시설과 공동이용시설 확충**을 통하여 주거환경을 보전·정비·개량하기 위한 사업 24회 주관식

② **재개발사업**: 정비기반시설이 열악하고 노후·불량건축물이 밀집한 지역에서 주거환경을 개선하거나 '**상업지역**'·'**공업지역**' 등에서 도시기능의 회복 및 상권활성화 등을 위하여 도시환경을 개선하기 위한 사업

③ **재건축사업**: 정비기반시설은 '**양호**'하나 노후·불량건축물에 해당하는 **공동주택**이 밀집한 지역에서 주거환경을 개선하기 위한 사업 22회

(3) 공공재개발사업

다음 요건을 모두 갖추어 시행하는 재개발사업을 '공공재개발사업'이라 한다.

① 특별자치시장, 특별자치도지사, 시장, 군수, 자치구의 구청장(이하 '시장·군수등'이라 한다) 또는 **토지주택공사등**(조합과 공동으로 시행하는 경우를 포함한다)이 주거환경개선사업의 시행자, 재개발사업의 시행자나 재개발사업의 대행자(이하 '**공공재개발사업 시행자**'라 한다)일 것

② 건설·공급되는 주택의 전체 세대수 또는 전체 연면적 중 토지등소유자 대상 분양분(지분형주택은 제외한다)을 제외한 나머지 주택의 세대수 또는 연면적의 100분의 20 이상 100분의 50 이하의 범위에서 대통령령으로 정하는 기준에 따라 **특별시·광역시·특별자치시·도·특별자치도** 또는 「지방자치법」에 따른 서울특별시·광역시 및 특별자치시를 제외한 인구 50만 이상 **대도시**의 조례(이하 '시·도 조례'라 한다)로 정하는 비율 **이상**을 '**지분형주택', '공공임대주택'** 또는 '**공공지원민간임대주택'**으로 건설·공급할 것. 이 경우 주택 수 산정방법 및 주택 유형별 건설비율은 대통령령으로 정한다.

> **관련법령** 공공재개발사업의 공공임대주택 건설비율(영 제1조의2)
>
> 1. 위 (3)의 ②에 따른 '대통령령으로 정하는 기준'이란 다음의 구분에 따른 기준을 말한다.
>   ㉠ 「수도권정비계획법」에 따른 과밀억제권역에서 시행하는 경우: 100분의 30 이상 100분의 40 이하
>   ㉡ '과밀억제권역 외의 지역'에서 시행하는 경우: 100분의 20 이상 100분의 30 이하
> 2. 위 (3)의 ②에 따라 건설·공급해야 하는 '**공공임대주택 건설비율'**은 건설·공급되는 주택의 전체 세대수의 100분의 20 이하에서 국토교통부장관이 정하여 고시하는 비율 이상으로 한다.
> 3. 특별시장·광역시장·특별자치시장·특별자치도지사·시장 또는 군수(광역시의 군수는 제외하며, 이하 '정비구역지정권자'라 한다)는 위 2.에도 불구하고 다음의 어느 하나에 해당하는 경우에는 「국토의 계획 및 이용에 관한 법률」 제113조에 따라 해당 지방자치단체에 설치된 **지방도시계획위원회**(이하 '지방도시계획위원회'라 하며, 정비구역이 도시재정비 촉진을 위한 특별법 제5조에 따른 재정비촉진지구 내에 있는 경우로서 도시재정비위원회가 설치된 지역의 경우 **도시재정비위원회**를 말한다. 이하 같다)의 심의를 거쳐 **공공임대주택 건설비율**을 위 2.의 비율보다 **완화**할 수 있다.
>   ㉠ 건설하는 주택의 전체 세대수가 **200세대 미만**인 경우
>   ㉡ 정비구역의 입지, 정비사업의 규모, 토지등소유자의 수 등을 고려할 때 토지등소유자의 부담이 지나치게 높아 위 2.에 따른 공공임대주택 건설비율을 확보하기 어렵다고 인정하는 경우

(4) 공공재건축사업

다음 요건을 모두 갖추어 시행하는 재건축사업을 '공공재건축사업'이라 한다.
① **시장·군수등** 또는 **토지주택공사등**(조합과 공동으로 시행하는 경우를 포함한다)이 재건축사업의 시행자나 재건축사업의 대행자(이하 '**공공재건축사업 시행자'**라 한다)일 것
② 종전의 용적률, 토지면적, 기반시설 현황 등을 고려하여 '대통령령으로 정하는 세대수' 이상을 건설·공급할 것. 다만, 정비구역의 지정권자가 '「국토의 계획 및 이용에 관한 법률」 제18조에 따른 도시·군기본계획, 토지이용 현황 등 대통령령으로 정하는 불가피한 사유'로 해당하는 세대수를 충족할 수 없다고 인정하는 경우에는 그러하지 아니하다.

> **관련법령** 공공재건축사업의 세대수 기준(영 제1조의3)
>
> 1. 위 (4)의 ② 본문에서 '대통령령으로 정하는 세대수'란 공공재건축사업을 추진하는 단지의 **종전 세대수**의 100분의 160에 해당하는 세대를 말한다.
> 2. 위 (4)의 ② 단서에서 '「국토의 계획 및 이용에 관한 법률」 제18조에 따른 도시·군기본계획, 토지이용 현황 등 대통령령으로 정하는 불가피한 사유'란 다음의 어느 하나에 해당하는 사유를 말한다. 이 경우

정비구역지정권자는 ㉠·㉡의 사유로 위 1.에 따른 세대수를 충족할 수 없는지를 판단할 때에는 지방도시계획위원회의 심의를 거쳐야 한다.
㉠ 위 1.에 따른 세대수를 건설·공급하는 경우 「국토의 계획 및 이용에 관한 법률」 제18조에 따른 도시·군기본계획에 부합하지 않게 되는 경우
㉡ 해당 토지 및 인근 토지의 이용 현황을 고려할 때 위 1.에 따른 세대수를 건설·공급하기 어려운 부득이한 사정이 있는 경우

(5) 노후·불량건축물

다음의 어느 하나에 해당하는 건축물을 말한다.
① 건축물이 훼손되거나 일부가 멸실되어 붕괴, 그 밖의 안전사고의 우려가 있는 건축물
② 내진성능이 확보되지 아니한 건축물 중 중대한 기능적 결함 또는 부실 설계·시공으로 구조적 결함 등이 있는 건축물로서 대통령령으로 정하는 건축물
③ **다음의 요건을 모두 충족하는 건축물로서 '대통령령으로 정하는 바'에 따라 시·도 조례로 정하는 건축물**
  ㉠ 주변 토지의 이용 상황 등에 비추어 주거환경이 불량한 곳에 위치할 것
  ㉡ 건축물을 철거하고 새로운 건축물을 건설하는 경우 **'건설에 드는 비용'**과 비교하여 **'효용'**의 **현저한 증가**가 예상될 것
④ 도시미관을 저해하거나 노후화된 건축물로서 대통령령으로 정하는 바에 따라 시·도 조례로 정하는 건축물

관련법령 | 노후·불량건축물의 범위(영 제2조)

1. 위 (5)의 ②에서 '대통령령으로 정하는 건축물'이란 건축물을 건축하거나 대수선할 당시에 건축법령에 따른 지진에 대한 안전 여부 확인대상이 아닌 건축물로서 다음의 어느 하나에 해당하는 건축물을 말한다.
   ㉠ 급수·배수·오수 설비 등의 설비 또는 지붕·외벽 등 마감의 노후화나 손상으로 그 기능을 유지하기 곤란할 것으로 우려되는 건축물
   ㉡ 재건축진단기관이 실시한 재건축진단 결과 건축물의 내구성·내하력 등이 국토교통부장관이 정하여 고시하는 기준에 미치지 못할 것으로 예상되어 구조안전의 확보가 곤란할 것으로 우려되는 건축물
2. 위 (5)의 ③에 따라 '시·도 조례'로 정할 수 있는 건축물은 다음의 어느 하나에 해당하는 건축물을 말한다.
   ㉠ 「건축법」 제57조 제1항에 따라 해당 지방자치단체 조례로 정하는 면적에 미치지 못하거나 「국토의 계획 및 이용에 관한 법률」에 따른 도시·군계획시설 등의 설치로 인하여 효용을 다할 수 없게 된 대지에 있는 건축물
   ㉡ 공장의 매연·소음 등으로 인하여 위해를 초래할 우려가 있는 지역에 있는 건축물
   ㉢ 해당 건축물을 준공일 기준으로 '40년까지 사용하기 위하여 보수·보강하는 데 드는 비용'이 '철거 후 새로운 건축물을 건설하는 데 드는 비용'보다 클 것으로 예상되는 건축물
3. 위 (5)의 ④에 따라 '시·도 조례로 정할 수 있는 건축물'은 다음의 어느 하나에 해당하는 건축물을 말한다.
   ㉠ 준공된 후 20년 이상 30년 이하의 범위에서 시·도 조례로 정하는 기간이 지난 건축물
   ㉡ 「국토의 계획 및 이용에 관한 법률」 제19조 제1항 제8호에 따른 도시·군기본계획의 경관에 관한 사항에 어긋나는 건축물

(6) 정비기반시설

도로·상하수도·구거(溝渠: 도랑)·공원·공용주차장·공동구(국토의 계획 및 이용에 관한 법률 제2조 제9호에 따른 공동구를 말한다. 이하 같다), 그 밖에 주민의 생활에 필요한 열·가스 등의 공급시설로서 대통령령으로 정하는 시설을 말한다. 20회 주관식

> **관련법령 정비기반시설(영 제3조)**
>
> 위 (6)에서 '대통령령으로 정하는 시설'이란 다음의 시설을 말한다.
> 1. 녹지
> 2. 하천
> 3. 공공공지
> 4. 광장
> 5. 소방용수시설
> 6. 비상대피시설
> 7. 가스공급시설
> 8. 지역난방시설
> 9. 주거환경개선사업을 위하여 지정·고시된 정비구역에 설치하는 공동이용시설로서 '사업시행계획서'에 해당 특별자치시장·특별자치도지사·시장·군수 또는 자치구의 구청장(이하 '시장·군수등'이라 한다)이 관리하는 것으로 포함된 시설

(7) 공동이용시설

주민이 공동으로 사용하는 놀이터·마을회관·공동작업장, 그 밖에 대통령령으로 정하는 시설을 말한다.

> **관련법령 공동이용시설(영 제4조)**
>
> 위 (7)에서 '대통령령으로 정하는 시설'이란 다음의 시설을 말한다.
> 1. 공동으로 사용하는 구판장·세탁장·화장실 및 수도
> 2. 탁아소·어린이집·경로당 등 노유자시설

(8) 대지

정비사업으로 조성된 토지를 말한다.

(9) 주택단지

주택 및 부대시설·복리시설을 건설하거나 대지로 조성되는 일단의 토지로서 다음의 어느 하나에 해당하는 일단의 토지를 말한다.
① 「주택법」 제15조에 따른 사업계획승인을 받아 주택 및 부대시설·복리시설을 건설한 일단의 토지
② 위 ①에 따른 일단의 토지 중 「국토의 계획 및 이용에 관한 법률」에 따른 도시·군계획시설인 도로나 그 밖에 이와 유사한 시설로 분리되어 따로 관리되고 있는 각각의 토지

③ 위 ①에 따른 일단의 토지 둘 이상이 공동으로 관리되고 있는 경우 그 전체 토지
④ 법 제67조에 따라 분할된 토지 또는 분할되어 나가는 토지
⑤ 「건축법」에 따라 건축허가를 받아 아파트 또는 연립주택을 건설한 일단의 토지

(10) 사업시행자

정비사업을 시행하는 자를 말한다.

(11) **토지등소유자**

다음의 어느 하나에 해당하는 자를 말한다. 다만, 법 제27조 제1항에 따라 「자본시장과 금융투자업에 관한 법률」에 따른 신탁업자(이하 '신탁업자'라 한다)가 사업시행자로 지정된 경우 토지등소유자가 정비사업을 목적으로 신탁업자에게 신탁한 토지 또는 건축물에 대하여는 위탁자를 토지등소유자로 본다.
① 주거환경개선사업 및 재개발사업의 경우에는 정비구역에 위치한 토지 **또는** 건축물의 소유자 **또는** 그 지상권자
② 재건축사업의 경우에는 정비구역에 위치한 건축물 및 그 부속토지의 소유자 22회

(12) **토지주택공사등**

「한국토지주택공사법」에 따라 설립된 **한국토지주택공사** 또는 「지방공기업법」에 따라 주택사업을 수행하기 위하여 설립된 **지방공사**를 말한다.

(13) **정관등**

다음의 것을 말한다.
① 조합의 **정관**
② 사업시행자인 토지등소유자가 자치적으로 정한 **규약**
③ 시장·군수등, 토지주택공사등 또는 신탁업자가 법 제53조에 따라 작성한 **시행규정**

(14) **도시·주거환경정비 기본방침**(법 제3조)

국토교통부장관은 도시 및 주거환경을 개선하기 위하여 **10년마다** 다음의 사항을 포함한 기본방침을 정하고, 5년마다 타당성을 검토하여 그 결과를 기본방침에 반영하여야 한다.
① 도시 및 주거환경 정비를 위한 국가 정책 방향
② 도시·주거환경정비기본계획의 수립 방향
③ 노후·불량 주거지 조사 및 개선계획의 수립
④ 도시 및 주거환경 개선에 필요한 재정지원계획
⑤ 그 밖에 도시 및 주거환경 개선을 위하여 필요한 사항으로서 대통령령으로 정하는 사항

CHAPTER 02 기본계획의 수립 및 정비구역의 지정

회독체크 1 2 3

CHAPTER 미리보기

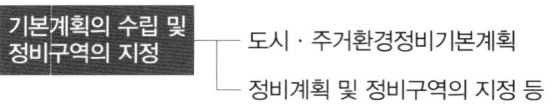

학습전략

기본계획의 수립 및 정비구역의 지정을 다루는 단원입니다. 제21회 시험에 출제된 바 있으며, 출제 빈도는 높지 않은 편이나 언제든지 출제될 수 있으므로 정리가 필요합니다.

학습키워드

- 기본계획의 수립 및 정비구역의 지정

1. 도시·주거환경정비기본계획

(1) 도시·주거환경정비기본계획의 수립(법 제4조)

① 특별시장·광역시장·특별자치시장·특별자치도지사 또는 시장은 관할 구역에 대하여 도시·주거환경정비기본계획(이하 '기본계획'이라 한다)을 **10년 단위**로 수립하여야 한다. 다만, 도지사가 대도시가 아닌 시로서 기본계획을 수립할 필요가 없다고 인정하는 시에 대하여는 기본계획을 수립하지 아니할 수 있다.

② 특별시장·광역시장·특별자치시장·특별자치도지사 또는 시장(이하 '기본계획의 수립권자'라 한다)은 기본계획에 대하여 **5년마다** 타당성을 검토하여 그 결과를 기본계획에 반영하여야 한다.

(2) 기본계획의 내용(법 제5조)

① 기본계획에는 다음의 사항이 포함되어야 한다.
  ㉠ 정비사업의 기본방향
  ㉡ 정비사업의 계획기간
  ㉢ 인구·건축물·토지이용·정비기반시설·지형 및 환경 등의 현황
  ㉣ 주거지 관리계획
  ㉤ 토지이용계획·정비기반시설계획·공동이용시설설치계획 및 교통계획
  ㉥ 녹지·조경·에너지공급·폐기물처리 등에 관한 환경계획
  ㉦ 사회복지시설 및 주민문화시설 등의 설치계획
  ㉧ 도시의 광역적 재정비를 위한 기본방향
  ㉨ **정비구역으로 지정할 예정인 구역**(이하 '**정비예정구역**'이라 한다)의 개략적 범위
  ㉩ 단계별 정비사업 추진계획(정비예정구역별 정비계획의 수립시기가 포함되어야 한다)
  ㉪ 건폐율·용적률 등에 관한 건축물의 밀도계획
  ㉫ 세입자에 대한 주거안정대책 등
  ㉬ 그 밖에 주거환경 등을 개선하기 위하여 필요한 사항으로서 대통령령으로 정하는 사항

② 기본계획의 수립권자는 기본계획에 다음의 사항을 포함하는 경우에는 위 ①의 ㉨ 및 ㉩의 사항을 생략할 수 있다.
  ㉠ 생활권의 설정, 생활권별 기반시설 설치계획 및 주택수급계획
  ㉡ 생활권별 주거지의 정비·보전·관리의 방향

관련법령 **기본계획의 내용(영 제5조)**

위 (2)의 ①의 ㉬에서 '대통령령으로 정하는 사항'이란 다음의 사항을 말한다.
1. 도시관리·주택·교통정책 등 「국토의 계획 및 이용에 관한 법률」의 도시·군계획과 연계된 도시·주거환경정비의 기본방향
2. 도시·주거환경정비의 목표

3. 도심기능의 활성화 및 도심공동화 방지 방안
  4. 역사적 유물 및 전통건축물의 보존계획
  5. 정비사업의 유형별 공공 및 민간부문의 역할
  6. 정비사업의 시행을 위하여 필요한 재원조달에 관한 사항

(3) 기본계획 수립을 위한 주민의견청취 등(법 제6조)

① 기본계획의 수립권자는 기본계획을 수립하거나 변경하려는 경우에는 14일 이상 주민에게 공람하여 의견을 들어야 하며, 제시된 의견이 타당하다고 인정되면 이를 기본계획에 반영하여야 한다.
② 기본계획의 수립권자는 위 ①에 따른 공람과 함께 지방의회의 의견을 들어야 한다. 이 경우 지방의회는 기본계획의 수립권자가 기본계획을 통지한 날부터 60일 이내에 의견을 제시하여야 하며, 의견제시 없이 60일이 지난 경우 이의가 없는 것으로 본다.
③ 위 ① 및 ②에도 불구하고 대통령령으로 정하는 경미한 사항을 변경하는 경우에는 주민공람과 지방의회의 의견청취 절차를 거치지 아니할 수 있다.

(4) 기본계획의 확정·고시 등(법 제7조)

① 기본계획의 수립권자(대도시의 시장이 아닌 시장은 제외한다)는 기본계획을 수립하거나 변경하려면 관계 행정기관의 장과 협의한 후 「국토의 계획 및 이용에 관한 법률」에 따른 지방도시계획위원회의 심의를 거쳐야 한다. 다만, 대통령령으로 정하는 경미한 사항을 변경하는 경우에는 관계 행정기관의 장과의 협의 및 지방도시계획위원회의 심의를 거치지 아니한다.
② 대도시의 시장이 아닌 시장은 기본계획을 수립하거나 변경하려면 도지사의 승인을 받아야 하며, 도지사가 이를 승인하려면 관계 행정기관의 장과 협의한 후 지방도시계획위원회의 심의를 거쳐야 한다. 다만, 위 ① 단서에 해당하는 변경의 경우에는 도지사의 승인을 받지 아니할 수 있다.
③ 기본계획의 수립권자는 기본계획을 수립하거나 변경한 때에는 지체 없이 이를 해당 지방자치단체의 공보에 고시하고 일반인이 열람할 수 있도록 하여야 한다.
④ 기본계획의 수립권자는 위 ③에 따라 기본계획을 고시한 때에는 국토교통부령으로 정하는 방법 및 절차에 따라 국토교통부장관에게 보고하여야 한다.

2. 정비계획 및 정비구역의 지정 등

(1) 정비구역의 지정(법 제8조)

① '특별시장·광역시장·특별자치시장·특별자치도지사' · '시장 또는 군수'(광역시의 군수는 제외하며, 이하 '정비구역의 지정권자'라 한다)는 **기본계획**에 적합한 범위에서 노후·불량건축물이 밀집하는 등 대통령령으로 정하는 요건에 해당하는 구역에 대하여 **정비계획을 결정**하여 **정비구역을 지정**(변경지정을 포함한다)할 수 있다.

② 위 ①에도 불구하고 법 제26조 제1항 제1호(천재지변 등) 및 법 제27조 제1항 제1호에 따라 정비사업을 시행하려는 경우에는 기본계획을 수립하거나 변경하지 아니하고 정비구역을 지정할 수 있다.

③ 정비구역의 지정권자는 정비구역의 진입로 설치를 위하여 필요한 경우에는 진입로 지역과 그 인접지역을 포함하여 정비구역을 지정할 수 있다.

④ 정비구역의 지정권자는 정비구역 지정을 위하여 직접 정비계획을 입안할 수 있다.

⑤ **자치구의 구청장** 또는 **광역시의 군수**(이하 법 제9조, 법 제11조 및 법 제20조에서 '**구청장 등**'이라 한다)는 **정비계획을 입안**하여 **특별시장·광역시장**에게 **정비구역 지정을 신청**하여야 한다. 이 경우 법 제15조 제2항에 따른 지방의회의 의견을 첨부하여야 한다.

관련법령 　**정비계획의 입안대상지역(영 제7조)**

1. 특별시장·광역시장·특별자치시장·특별자치도지사·시장·군수 또는 자치구의 구청장은 위 **(1)의 ④ 및 ⑤**에 따라 [별표 1]의 요건에 해당하는 지역에 대하여 위 **(1)의 ① 및 ⑤**에 따른 '정비계획'을 입안할 수 있다.
2. 특별시장·광역시장·특별자치시장·특별자치도지사·시장·군수 또는 자치구의 구청장은 위 1.에 따라 정비계획을 입안하는 경우에는 다음의 사항을 조사하여 [별표 1]의 요건에 적합한지 여부를 확인하여야 하며, 정비계획의 입안 내용을 변경하려는 경우에는 변경내용에 해당하는 사항을 조사·확인하여야 한다.
   ㉠ 주민 또는 산업의 현황
   ㉡ 토지 및 건축물의 이용과 소유현황
   ㉢ 도시·군계획시설 및 정비기반시설의 설치현황
   ㉣ 정비구역 및 주변지역의 교통상황
   ㉤ 토지 및 건축물의 가격과 임대차 현황
   ㉥ 정비사업의 시행계획 및 시행방법 등에 대한 주민의 의견
   ㉦ 그 밖에 시·도 조례로 정하는 사항
3. 특별시장·광역시장·특별자치시장·특별자치도지사·시장·군수 또는 자치구의 구청장은 사업시행자(사업시행자가 둘 이상인 경우는 그 대표자를 말한다. 이하 같다)에게 위 2.에 따른 조사를 하게 할 수 있다.

---

(2) **정비계획의 내용**(법 제9조)

① 정비계획에는 다음의 사항이 포함되어야 한다. ²¹회
　㉠ 정비사업의 명칭
　㉡ 정비구역 및 그 면적
　㉢ 토지등소유자 유형별 분담금 추산액 및 산출근거 〈개정, 시행 2025.5.1.〉
　㉣ 도시·군계획시설의 설치에 관한 계획
　㉤ 공동이용시설 설치계획
　㉥ 건축물의 주용도·건폐율·용적률·높이에 관한 계획
　㉦ 환경보전 및 재난방지에 관한 계획
　㉧ 정비구역 주변의 교육환경 보호에 관한 계획

ⓩ 세입자 주거대책
ⓧ 정비사업시행 예정시기
㉠ 정비사업을 통하여 '공공지원민간임대주택'을 공급하거나 '주택임대관리업자'에게 임대할 목적으로 주택을 위탁하려는 경우에는 다음의 사항. 다만, 다음 ⓑ와 ⓒ의 사항은 건설하는 주택 전체 세대수에서 공공지원민간임대주택 또는 임대할 목적으로 주택임대관리업자에게 위탁하려는 주택(이하 '**임대관리 위탁주택**'이라 한다)이 차지하는 비율이 100분의 20 이상, 임대기간이 8년 이상의 범위 등에서 대통령령으로 정하는 요건에 해당하는 경우로 한정한다.
ⓐ 공공지원민간임대주택 또는 임대관리 위탁주택에 관한 획지별 토지이용계획
ⓑ 주거·상업·업무 등의 기능을 결합하는 등 복합적인 토지이용을 증진시키기 위하여 필요한 건축물의 용도에 관한 계획
ⓒ 「국토의 계획 및 이용에 관한 법률」에 따른 '주거지역'을 세분 또는 변경하는 계획과 용적률에 관한 사항
ⓓ 그 밖에 공공지원민간임대주택 또는 임대관리 위탁주택의 원활한 공급 등을 위하여 대통령령으로 정하는 사항
㉡ 「국토의 계획 및 이용에 관한 법률」 제52조 제1항 각 호의 사항에 관한 계획(필요한 경우로 한정한다)
㉢ 그 밖에 정비사업의 시행을 위하여 필요한 사항으로서 대통령령으로 정하는 사항
② 위 ①의 ㉠의 ⓒ를 포함하는 정비계획은 기본계획에서 정하는 위 1. (2)의 ①의 ㉠에 따른 건폐율·용적률 등에 관한 건축물의 밀도계획에도 불구하고 달리 입안할 수 있다.
③ 위 **(1)**의 ④ 및 ⑤에 따라 정비계획을 입안하는 특별자치시장, 특별자치도지사, 시장, 군수 또는 구청장 등(이하 '정비계획의 입안권자'라 한다)이 위 1. **(2)**의 ②의 ㉠·㉡의 사항을 포함하여 기본계획을 수립한 지역에서 정비계획을 입안하는 경우에는 그 정비구역을 포함한 해당 생활권에 대하여 위 1. **(2)**의 ②의 ㉠·㉡의 사항에 대한 세부 계획을 입안할 수 있다.

> **관련법령 정비계획의 내용(영 제8조)**
>
> 1. 위 **(2)**의 ①의 ㉠의 ⓐ~ⓓ **외의 부분 단서**에서 '대통령령으로 정하는 요건에 해당하는 경우'란 건설하는 주택 전체 세대수에서 다음의 주택으로서 임대기간이 '**8년 이상**'인 주택이 차지하는 비율 합계가 '**100분의 20 이상**'인 경우를 말한다.
>   ㉠ 「민간임대주택에 관한 특별법」에 따른 **공공지원민간임대주택**
>   ㉡ 「민간임대주택에 관한 특별법」 제2조 제11호에 따른 주택임대관리업자에게 관리를 위탁하려는 주택(이하 '**임대관리 위탁주택**'이라 한다)
> 2. 위 **(2)**의 ①의 ㉠의 ⓓ에서 '공공지원민간임대주택 또는 임대관리 위탁주택의 원활한 공급 등을 위하여 대통령령으로 정하는 사항'이란 다음의 사항을 말한다. 다만, ㉡ 및 ㉢의 사항은 정비계획에 필요한 경우로 한정한다.
>   ㉠ 건설하는 주택 전체 세대수에서 공공지원민간임대주택 또는 임대관리 위탁주택이 차지하는 비율

ⓒ 공공지원민간임대주택 및 임대관리 위탁주택의 건축물 배치 계획
　　ⓓ 주변지역의 여건 등을 고려한 입주예상 가구 특성 및 임대사업 운영방향
3. 위 (2)의 ①의 ㉖에서 '대통령령으로 정하는 사항'이란 다음의 사항을 말한다.
　㉠ 법 제17조 제4항에 따른 현금납부에 관한 사항
　㉡ 법 제18조에 따라 정비구역을 분할, 통합 또는 결합하여 지정하려는 경우 그 계획
　㉢ 법 제23조 제1항 제2호에 따른 방법으로 시행하는 주거환경개선사업의 경우 법 제24조에 따른 사업시행자로 예정된 자
　㉣ 정비사업의 시행방법
　㉤ 기존 건축물의 정비·개량에 관한 계획
　㉥ 정비기반시설의 설치계획
　㉦ 건축물의 건축선에 관한 계획
　㉧ 홍수 등 재해에 대한 취약요인에 관한 검토 결과
　㉨ 정비구역 및 주변지역의 주택수급에 관한 사항
　㉩ 안전 및 범죄예방에 관한 사항
　㉪ 그 밖에 정비사업의 원활한 추진을 위하여 시·도 조례로 정하는 사항

(3) 임대주택 및 주택규모별 건설비율(법 제10조)

① 정비계획의 입안권자는 주택수급의 안정과 저소득 주민의 입주기회 확대를 위하여 정비사업으로 건설하는 주택에 대하여 다음의 구분에 따른 범위에서 국토교통부장관이 정하여 고시하는 임대주택 및 주택규모별 건설비율 등을 정비계획에 반영하여야 한다. ^{21회 주관식}
　㉠ 「주택법」에 따른 국민주택규모의 주택이 전체 세대수의 100분의 90 이하에서 대통령령으로 정하는 범위
　㉡ 임대주택('공공임대주택' 및 민간임대주택에 관한 특별법에 따른 '민간임대주택'을 말한다. 이하 같다)이 전체 세대수 또는 전체 연면적의 100분의 30 이하에서 대통령령으로 정하는 범위
② 사업시행자는 위 ①에 따라 고시된 내용에 따라 주택을 건설하여야 한다.

관련법령 │ 주택의 규모 및 건설비율(영 제9조)

1. 위 (3)의 ①의 ㉠ 및 ㉡에서 '대통령령으로 정하는 범위'란 각각 다음의 범위를 말한다.
　㉠ '주거환경개선사업'의 경우 다음의 범위
　　ⓐ 「주택법」 제2조 제6호에 따른 국민주택규모(이하 '국민주택규모'라 한다)의 주택: 건설하는 주택 전체 세대수의 100분의 90 이하
　　ⓑ 공공임대주택: 건설하는 주택 전체 세대수의 100분의 30 이하로 하며, 주거전용면적이 40제곱미터 이하인 공공임대주택이 전체 공공임대주택 세대수의 100분의 50 이하
　㉡ '재개발사업'의 경우 다음의 범위
　　ⓐ 국민주택규모의 주택: 건설하는 주택 전체 세대수의 100분의 80 이하
　　ⓑ 임대주택(민간임대주택에 관한 특별법에 따른 민간임대주택과 공공임대주택을 말한다. 이하 같다): 건설하는 주택 전체 세대수 또는 전체 연면적(법 제54조 제1항, 법 제66조 제2항 또는 법

제101조의5 제1항에 따라 정비계획으로 정한 용적률을 초과하여 건축함으로써 증가된 세대수 또는 면적은 제외한다. 이하 ⓑ에서 같다)의 **100분의 20 이하**[법 제55조 제1항, 법 제66조 제3항 또는 법 제101조의5 제2항 본문에 따라 공급되는 임대주택은 제외하며, 해당 임대주택 중 주거전용면적이 **40제곱미터** 이하인 임대주택이 전체 임대주택 세대수(법 제55조 제1항, 법 제66조 제3항 또는 법 제101조의5 제2항 본문에 따라 공급되는 임대주택은 제외한다. 이하 ⓑ에서 같다)의 **100분의 40** 이하여야 한다]. 다만, 특별시장·광역시장·특별자치시장·특별자치도지사·시장·군수 또는 자치구의 구청장이 정비계획을 입안할 때 관할 구역에서 시행된 재개발사업에서 건설하는 주택 전체 세대수에서 [별표 3] 제2호 가목 1)에 해당하는 세입자가 입주하는 임대주택 세대수가 차지하는 비율이 특별시장·광역시장·특별자치시장·도지사·특별자치도지사(이하 '시·도지사'라 한다)가 정하여 고시하는 임대주택 비율보다 높은 경우 등 관할 구역의 특성상 주택수급 안정이 필요한 경우에는 다음 계산식에 따라 산정한 임대주택 비율 이하의 범위에서 임대주택 비율을 높일 수 있다.

$$해당\ 시 \cdot 도지사가\ 고시한\ 임대주택\ 비율 + (건설하는\ 주택\ 전체\ 세대수 \times \frac{10}{100})$$

ⓒ '재건축사업'의 경우 국민주택규모의 주택이 건설하는 주택 전체 세대수의 **100분의 60 이하**

2. 위 1.의 ⓒ에도 불구하고 과밀억제권역에서 다음의 요건을 모두 갖춘 경우에는 국민주택규모의 주택 건설 비율을 적용하지 아니한다.
   ㉠ 재건축사업의 조합원에게 분양하는 주택은 기존 주택(재건축하기 전의 주택을 말한다)의 주거전용면적을 축소하거나 30퍼센트의 범위에서 그 규모를 확대할 것
   ㉡ 조합원 이외의 자에게 분양하는 주택은 모두 85제곱미터 이하 규모로 건설할 것

(4) 기본계획 및 정비계획 수립 시 용적률 완화(법 제11조)

① 기본계획의 수립권자 또는 정비계획의 입안권자는 정비사업의 원활한 시행을 위하여 기본계획을 수립하거나 정비계획을 입안하려는 경우에는(기본계획 또는 정비계획을 변경하려는 경우에도 또한 같다)「국토의 계획 및 이용에 관한 법률」제36조에 따른 **주거지역**에 대하여는 같은 법 제78조에 따라 조례로 정한 용적률에도 불구하고 같은 조 및 관계 법률에 따른 용적률의 상한까지 용적률을 정할 수 있다.

② 기본계획의 수립권자 또는 정비계획의 입안권자는 천재지변, 그 밖의 불가피한 사유로 건축물이 붕괴할 우려가 있어 긴급히 정비사업을 시행할 필요가 있다고 인정하는 경우에는 용도지역의 변경을 통해 용적률을 완화하여 기본계획을 수립하거나 정비계획을 입안할 수 있다. 이 경우 기본계획의 수립권자, 정비계획의 입안권자 및 정비구역의 지정권자는 용도지역의 변경을 이유로 기부채납을 요구하여서는 아니 된다.

③ 구청장 등 또는 대도시의 시장이 아닌 시장은 위 ①에 따라 정비계획을 입안하거나 변경입안하려는 경우 기본계획의 변경 또는 변경승인을 특별시장·광역시장·도지사에게 요청할 수 있다.

(5) 재건축사업을 위한 재건축진단(법 제12조) 〈개정 2024.12.3. 시행 2025.6.4.〉

① **시장·군수등**은 정비예정구역별 정비계획의 수립시기가 도래한 때부터 사업시행계획인가 전까지 **재건축진단**을 실시하여야 한다.

② **시장·군수등**은 위 ①에도 불구하고 다음의 어느 하나에 해당하는 경우에는 재건축진단을 실시하여야 한다. 이 경우 시장·군수등은 **재건축진단에 드는 비용**을 해당 **재건축진단의 실시를 요청하는 자**에게 부담하게 할 수 있다.

 ㉠ 정비계획의 입안을 요청하려는 자가 입안을 요청하기 전에 해당 정비예정구역 또는 사업예정구역에 위치한 건축물 및 그 부속토지의 소유자 **10분의 1 이상**의 동의를 받아 재건축진단의 실시를 요청하는 경우

 ㉡ 법 제14조에 따라 정비계획의 입안을 제안하려는 자가 입안을 제안하기 전에 해당 정비예정구역에 위치한 건축물 및 그 부속토지의 소유자 **10분의 1 이상**의 동의를 받아 재건축진단의 실시를 요청하는 경우

 ㉢ 법 제5조 제2항에 따라 정비예정구역을 지정하지 아니한 지역에서 재건축사업을 하려는 자가 사업예정구역에 있는 건축물 및 그 부속토지의 소유자 **10분의 1 이상**의 동의를 받아 재건축진단의 실시를 요청하는 경우

 ㉣ 법 제2조 제3호 나목에 해당하는 건축물의 소유자로서 재건축사업을 시행하려는 자가 해당 사업예정구역에 위치한 건축물 및 그 부속토지의 소유자 **10분의 1 이상**의 동의를 받아 재건축진단의 실시를 요청하는 경우

 ㉤ 법 제15조에 따라 정비계획을 입안하여 주민에게 공람한 지역 또는 법 제16조에 따라 정비구역으로 지정된 지역에서 재건축사업을 시행하려는 자가 해당 구역에 위치한 건축물 및 그 부속토지의 소유자 **10분의 1 이상**의 동의를 받아 재건축진단의 실시를 요청하는 경우

 ㉥ 법 제31조에 따라 시장·군수등의 승인을 받은 조합설립추진위원회(이하 '추진위원회'라 한다) 또는 사업시행자가 재건축진단의 실시를 요청하는 경우

③ 위 ①에 따른 재건축사업의 재건축진단은 **주택단지**(연접한 단지를 포함한다)**의 건축물**을 대상으로 한다. 다만, 대통령령으로 정하는 주택단지의 건축물인 경우에는 재건축진단 대상에서 제외할 수 있다.

④ **시장·군수등**은 대통령령으로 정하는 재건축진단기관에 의뢰하여 주거환경 적합성, 해당 건축물의 구조안전성, 건축마감, 설비노후도 등에 관한 **재건축진단**을 실시하여야 한다.

⑤ 위 ④에 따라 재건축진단을 의뢰받은 재건축진단기관은 국토교통부장관이 정하여 고시하는 기준(건축물의 내진성능 확보를 위한 비용을 포함한다)에 따라 **재건축진단**을 실시하여야 하며, 국토교통부령으로 정하는 방법 및 절차에 따라 **재건축진단 결과보고서**를 작성하여 **시장·군수등** 및 위 ②에 따라 **재건축진단의 실시를 요청한** 자에게 제출하여야 한다.

⑥ **시장·군수등**은 '재건축진단의 결과'와 '도시계획 및 지역여건 등'을 종합적으로 검토하여 **사업시행계획인가 여부**(법 제75조에 따른 시기 조정을 포함한다)를 결정하여야 한다.

| 관련법령 | 재건축사업의 재건축진단대상 등(영 제10조) 〈개정 및 신설 2025.5.27.〉 |

1. 시장·군수등은 위 **(5)**의 ②의 ㉠~㉥에 따른 재건축진단의 요청이 있는 경우에는 재건축진단의 실시 시기 등을 포함한 재건축진단 실시계획을 '수립'하여 요청일부터 30일 이내에 요청인에게 통보해야 한다. 이 경우 시장·군수등은 단계별 정비사업 추진계획 등의 사유로 재건축사업의 시기를 조정할 필요가 있다고 인정하는 경우에는 재건축진단의 실시 시기를 조정할 수 있다. 〈개정〉
2. 위 1. 후단에 따른 재건축진단의 실시 시기 조정은 '정비구역의 지정·고시일 전'에만 할 수 있다. 〈개정〉
3. 위 **(5)**의 ③ 단서에서 '대통령령으로 정하는 주택단지의 건축물'이란 다음 어느 하나를 말한다. 〈개정〉
   ㉠ 시장·군수등이 천재지변 등으로 주택이 붕괴되어 신속히 재건축을 추진할 필요가 있다고 인정하는 것
   ㉡ 주택의 구조안전상 사용금지가 필요하다고 시장·군수등이 인정하는 것
   ㉢ [별표 1] 제3호 라목에 따른 '노후·불량건축물 수에 관한 기준을 충족한 경우' 잔여 건축물
   ㉣ 시장·군수등이 '진입도로 등 기반시설 설치를 위해' 불가피하게 정비구역에 포함된 것으로 인정하는 건축물
   ㉤ 「시설물의 안전 및 유지관리에 관한 특별법」 제2조 제1호의 시설물로서 같은 법 제16조에 따라 지정받은 안전등급이 D(미흡) 또는 E(불량)인 건축물
4. 위 **(5)**의 ④에서 '대통령령으로 정하는 재건축진단기관'이란 다음의 기관을 말한다. 〈개정〉
   ㉠ 「과학기술분야 정부출연연구기관 등의 설립·운영 및 육성에 관한 법률」 제8조에 따른 한국건설기술연구원
   ㉡ 「시설물의 안전 및 유지관리에 관한 특별법」 제28조에 따른 안전진단전문기관
   ㉢ 「국토안전관리원법」에 따른 국토안전관리원
5. 삭제 〈2025.5.27.〉
6. 위 **(5)**의 ⑤에 따른 재건축사업의 재건축진단은 다음의 구분에 따른다. 〈개정〉
   ㉠ 구조안전성 평가: 영 제2조 제1항 각 호에 따른 노후·불량건축물을 대상으로 구조적 또는 기능적 결함 등을 평가하는 재건축진단
   ㉡ 구조안전성 및 주거환경 중심 평가: 위 ㉠ 외의 노후·불량건축물을 대상으로 구조적·기능적 결함 등 구조안전성과 주거생활의 편리성 및 거주의 쾌적성 등 주거환경을 종합적으로 평가하는 재건축진단
7. 시장·군수등은 위 **(5)**의 ⑤에 따라 재건축진단 결과보고서를 제출받은 경우에는 다음의 구분에 따른 기간 이내 국토교통부장관이 정하여 고시하는 기준에 따른 재건축진단 판정 결과를 위 1.에 따른 요청인에게 통보해야 한다. 〈신설〉
   ㉠ 다음 **(6)**의 ② 및 ③에 따라 재건축진단 결과에 대한 적정성 검토를 하지 않는 경우: 재건축진단 결과보고서를 제출받은 날부터 30일
   ㉡ 다음 **(6)**의 ② 및 ③에 따라 재건축진단 결과에 대한 적정성 검토를 하는 경우: '다음의 구분에 따른 날'부터 30일
     ⓐ 다음 **(6)**의 ④에 따른 조치의 요청이 있는 경우: 해당 조치를 마친 날
     ⓑ 위 ⓐ 외의 경우: 영 제11조 제4항에 따라 재건축진단에 대한 적정성 검토의 결과를 통보받은 날
8. 시장·군수등은 위 7.에 따라 재건축 대상이 아닌 것으로 재건축진단 판정 결과를 '통보한 이후' 재건축진단을 다시 실시하는 경우에는 국토교통부장관이 정하여 고시하는 바에 따라 '종전'의 재건축진단 결과보고서를 활용할 수 있다. 〈신설〉
9. 위 1.부터 4.까지 및 6.부터 8.까지에서 규정한 사항 외에 '재건축진단의 요청 절차 및 그 처리'에 관하여 필요한 세부사항은 시·도조례로 정할 수 있다. 〈개정〉

(6) 재건축진단 결과의 적정성 검토(법 제13조)

① **시장·군수등**[특별자치시장 및 특별자치도지사는 제외한다. 이하 **(6)**에서 같다]은 **(5)**의 ⑤에 따라 재건축진단 결과보고서를 제출받은 경우에는 지체 없이 **특별시장·광역시장·도지사**에게 결정내용과 해당 재건축진단 결과보고서를 제출하여야 한다.

② 특별시장·광역시장·특별자치시장·도지사·특별자치도지사(이하 '시·도지사'라 한다)는 필요한 경우「국토안전관리원법」에 따른 **국토안전관리원** 또는「과학기술분야 정부출연연구기관 등의 설립·운영 및 육성에 관한 법률」에 따른 **한국건설기술연구원**에 재건축진단 결과의 **적정성**에 대한 검토를 의뢰할 수 있다.

③ **국토교통부장관**은 시·도지사에게 재건축진단 결과보고서의 제출을 요청할 수 있으며, 필요한 경우 시·도지사에게 재건축진단 결과의 적정성에 대한 검토를 **요청**할 수 있다.

④ **특별시장·광역시장·도지사**는 위 ② 및 ③에 따른 검토결과에 따라 필요한 경우 **시장·군수등**에게 재건측진단에 대한 시정요구 등 대통령령으로 정하는 조치를 요청할 수 있으며, **시장·군수등**은 특별한 사유가 없으면 그 요청에 따라야 한다.

⑤ 위 ①부터 ④까지의 규정에 따른 재건축진단 결과의 평가 등에 필요한 사항은 대통령령으로 정한다.

관련법령 **재건축진단 결과의 적정성 검토(영 제11조)** 〈개정 및 신설 2025.5.27.〉

1. 시·도지사는 위 **(6)**의 ①에 따라 재건축진단전문기관이 제출한 재건축진단 결과보고서를 받은 경우에는 위 **(6)**의 ②에 따라 한국건설기술연구원 또는 국토안전관리원에 따른 재건축진단기관에 재건축진단 **결과보고서의 적정성 여부**에 대한 검토를 의뢰할 수 있다. 〈개정〉
2. 위 **(6)**의 ② 또는 ③에 따른 재건축진단 결과의 적정성 여부에 따른 **검토 비용**은 적정성 여부에 대한 검토를 **의뢰** 또는 **요청**한 국토교통부장관 또는 시·도지사가 부담한다. 〈개정〉
3. 위 **(6)**의 ② 또는 ③에 따라 재건축진단 결과의 적정성 여부에 따른 **검토를 의뢰받은 기관**은 '적정성 여부에 따른 검토를 의뢰받은 날'부터 60일 이내 그 결과를 시·도지사에게 제출하여야 한다. 다만, 부득이한 경우에는 30일의 범위에서 **한 차례만 연장**할 수 있다. 〈개정〉
4. 시·도지사는 위 3.에 따라 '재건축진단 결과의 적정성 검토에 대한 결과'를 제출받은 경우에는 **지체 없이** 그 결과를 **시장·군수등**에게 **통보**해야 한다. 〈신설〉
5. 위 **(6)**의 ④에서 '재건축진단에 대한 시정요구 등 대통령령으로 정하는 조치'란 다음의 조치를 말한다. 〈신설〉
   ㉠ 재건축진단의 전부 또는 일부에 대한 **시정요구**('재건축진단의 재실시'를 포함한다)
   ㉡ '재건축진단 결과보고서 내용'에 대한 **재검토**

---

(7) 정비구역의 지정을 위한 정비계획의 입안 요청 등(법 제13조의2)

① 토지등소유자 또는 추진위원회는 다음의 어느 하나에 해당하는 경우에는 **정비계획의 입안권자**에게 '정비구역의 지정'을 위한 **정비계획의 입안**을 요청할 수 있다.

㉠ 법 제4조 제_항 단서에 따라 **기본계획**을 수립하지 아니한 지역으로서 대통령령으로 정하는 경우

ⓛ 단계별 정비사업 추진계획상 정비예정구역별 정비계획의 입안시기가 지났음에도 불구하고 정비계획이 입안되지 아니한 경우
　　　ⓒ 법 제5조 제2항에 따라 기본계획에 같은 조 제1항 제9호(정비예정구역의 개략적 범위) 및 제10호(단계별 정비사업 추진계획)에 따른 사항을 생략한 경우
　　　ⓔ 천재지변 등 대통령령으로 정하는 불가피한 사유로 긴급하게 정비사업을 시행할 필요가 있다고 판단되는 경우
　② **정비계획의 입안권자**는 위 ①의 요청이 있는 경우에는 요청일부터 **4개월 이내**에 **정비계획의 입안 여부를 결정**하여 **토지등소유자** 및 **정비구역의 지정권자**에게 알려야 한다. 다만, 정비계획의 입안권자는 정비계획의 입안 여부의 결정 기한을 **2개월의 범위**에서 **한 차례만** 연장할 수 있다.
　③ **정비구역의 지정권자**는 다음의 어느 하나에 해당하는 경우에는 토지이용, 주택건설 및 기반시설의 설치 등에 관한 기본방향(이하 '**정비계획의 기본방향**'이라 한다)을 작성하여 정비계획의 입안권자에게 제시하여야 한다.
　　　㉠ 위 ②에 따라 정비계획의 입안권자가 토지등소유자에게 정비계획을 입안하기로 통지한 경우
　　　ⓒ 단계별 정비사업 추진계획에 따라 정비계획의 입안권자가 요청하는 경우
　　　ⓒ 정비계획의 입안권자가 정비계획을 입안하기로 결정한 경우로서 대통령령으로 정하는 경우
　　　ⓔ 정비계획을 변경하는 경우로서 대통령령으로 정하는 경우
　④ 위 ①부터 ③까지에서 규정한 사항 외에 정비구역의 지정요청을 위한 요청서의 작성, 토지등소유자의 동의, 요청서의 처리 및 정비계획의 기본방향 작성을 위하여 필요한 사항은 대통령령으로 정한다.

> **관련법령**　**정비구역의 지정을 위한 정비계획의 입안 요청 등(영 제11조의2)** 〈개정 및 신설 2025.5.27.〉
>
> 1. 위 **(7)**의 ①의 ㉠에서 '대통령령으로 정하는 경우'란 [별표 1]의 요건에 해당하는 경우를 말한다. 〈신설〉
> 2. 위 **(7)** ①의 ⓔ에서 '천재지변 등 대통령령으로 정하는 불가피한 사유'란 다음의 어느 하나에 해당하는 경우를 말한다. 〈개정〉
>   ㉠ 천재지변
>   ⓒ 「재난 및 안전관리 기본법」 제27조 제1항에 따른 특정관리대상지역으로 지정된 경우
>   ⓒ 「시설물의 안전 및 유지관리에 관한 특별법」 제23조 제1항에 따른 안전조치를 해야 하는 경우
> 3. **토지등소유자** 또는 **조합설립추진위원회**(이하 '**추진위원회**'라 한다)는 정비계획의 입안권자(법 제9조 제3항에 따른 **정비계획의 입안권자**를 말한다. 이하 같다)에게 정비구역의 지정을 위한 **정비계획의 입안을 요청**하려는 경우에는 토지등소유자의 **2분의 1 이하**의 범위에서 **시·도조례**로 정하는 비율 이상의 동의를 받은 후 시·도조례로 정하는 요청서 서식에 정비계획의 입안을 요청하는 구역의 범위 및 해당 구역에 위치한 **건축물 현황**에 관한 서류를 첨부하여 정비계획의 입안권자에게 제출해야 한다. 〈개정〉

4. 위 **(7)**의 ③의 ㉢에서 '대통령령으로 정하는 경우'란 정비계획의 입안권자가 토지등소유자의 2분의 1 이하의 범위에서 시·도조례로 정하는 비율 이상의 동의를 받아 정비구역지정권자에게 요청하는 경우를 말한다. 〈개정〉
5. 위 **(7)**의 ③의 ㉣에서 '대통령령으로 정하는 경우'란 법 제54조, 법 제66조 제2항부터 제5항까지, 법 제101조의5 또는 법 제101조의6에 따른 용적률 완화를 위해 **정비계획을 변경하는 경우**로서 정비계획의 입안권자가 토지등소유자의 2분의 1 이하의 범위에서 시·도조례로 정하는 비율 이상의 동의를 받아 **정비구역지정권자에게 요청하는 경우**를 말한다. 〈개정〉
6. 위 3.부터 5.까지의 규정에 따른 토지등소유자의 동의자 수 산정 방법에 관하여는 법 제33조(토지등소유자의 동의자 수 산정 방법 등)를 준용한다. 〈개정〉
7. 위 **(7)**의 ③에 따른 토지이용, 주택건설 및 기반시설의 설치 등에 관한 기본방향(이하 '정비계획의 기본방향'이라 한다)에는 다음의 사항이 포함되어야 한다. 〈개정〉
   ㉠ 용적률, 건폐율, 높이 및 용도지역 등 개발밀도에 관한 사항
   ㉡ 지형, 지역적 특성, 경관, 보행자의 보행 편의 등을 고려한 건축 기준에 관한 사항
   ㉢ 정비기반시설, 공동이용시설, 「국토의 계획 및 이용에 관한 법률」 제2조 제6호에 따른 기반시설 및 같은 법 제52조의2 제1항 제3호에 따른 시설의 설치가 필요한 경우 그 설치에 관한 사항
   ㉣ 법 제13조의2 제3항 제4호에 따라 정비계획을 변경하는 경우로서 법 제50조의3 제1항에 따라 정비계획의 변경을 위한 지방도시계획위원회 심의를 사업시행계획인가와 관련된 심의와 함께 통합하여 검토 및 심의하려는 경우에는 법 제9조 제1항 제4호·제5호·제7호 및 이 영 제8조 제3항 제6호에 관한 사항
8. 정비계획의 입안권자는 정비구역지정권자가 위 **(7)**의 ①의 ㉠에 따라 제시한 정비계획의 기본방향을 해당 정비계획의 입안을 요청한 토지등소유자에게 통지해야 한다. 〈개정〉
9. 위 1.부터 8.까지에서 규정한 사항 외에 정비계획의 입안 요청, 회신 및 정비계획의 기본방향 작성에 필요한 세부사항은 시·도조례로 정한다. 〈개정〉

(8) 정비계획의 입안 제안(법 제14조)

토지등소유자(다음 ⑤의 경우에는 법 제26조 제1항 제1호 및 법 제27조 제1항 제1호에 따라 사업시행자가 되려는 자를 말한다) 또는 **추진위원회**는 다음의 어느 하나에 해당하는 경우에는 **정비계획의 입안권자에게 정비계획의 입안을 제안**할 수 있다.
① 법 제5조 제1항 제10호[위 **1. (2)** ①의 ㉺]에 따른 단계별 정비사업 추진계획상 정비예정구역별 정비계획의 입안시기가 지났음에도 불구하고 정비계획이 입안되지 아니하거나 같은 호에 따른 정비예정구역별 정비계획의 수립시기를 정하고 있지 아니한 경우
② 토지등소유자가 법 제26조 제1항 제7호 및 제8호에 따라 토지주택공사등을 사업시행자로 지정 요청하려는 경우
③ 대도시가 아닌 시 또는 군으로서 시·도 조례로 정하는 경우
④ 정비사업을 통하여 공공지원민간임대주택을 공급하거나 임대할 목적으로 주택을 주택임대관리업자에게 위탁하려는 경우로서 법 제9조 제1항 제10호[위 **(2)**의 ①의 ㉠] 각 목을 포함하는 정비계획의 입안을 요청하려는 경우
⑤ 법 제26조 제1항 제1호(천재지변 등) 및 법 제27조 제1항 제1호에 따라 정비사업을 시행하려는 경우

⑥ 토지등소유자(조합이 설립된 경우에는 조합원을 말한다. 이하 ⑥에서 같다)가 **3분의 2 이상**의 동의로 정비계획의 변경을 요청하는 경우. 다만, 다음 **(9)**의 ③에 따른 경미한 사항을 변경하는 경우에는 토지등소유자의 동의절차를 거치지 아니한다.

⑦ 토지등소유자가 **공공재개발사업** 또는 **공공재건축사업**을 추진하려는 경우

관련법령 정비계획의 입안 제안(영 제12조)

1. 토지등소유자 또는 추진위원회가 위 **(8)**의 ①에 따라 정비계획의 입안권자에게 정비계획의 입안을 제안하려는 경우 **토지등소유자의 3분의 2 이하 및 토지면적 3분의 2 이하**의 범위에서 시·도 조례로 정하는 비율 이상의 동의를 받은 후 시·도 조례로 정하는 제안서 서식에 정비계획도서, 계획설명서, 그 밖의 필요한 서류를 첨부하여 정비계획의 입안권자에게 제출하여야 한다.
2. 정비계획의 입안권자는 위 1.의 제안이 있는 경우에는 제안일부터 **60일 이내**에 정비계획에의 반영 여부를 제안자에게 통보하여야 한다. 다만, 부득이한 사정이 있는 경우에는 **한 차례만** 30일을 연장할 수 있다.
3. 정비계획의 입안권자는 위 1.에 따른 제안을 정비계획에 반영하는 경우에는 제안서에 첨부된 정비계획도서와 계획설명서를 정비계획의 입안에 활용할 수 있다.

---

(9) 정비계획 입안을 위한 주민의견청취 등(법 제15조)

① 정비계획의 입안권자는 정비계획을 입안하거나 변경하려면 주민에게 서면으로 통보한 후 주민설명회 및 30일 이상 주민에게 공람하여 의견을 들어야 하며, 제시된 의견이 타당하다고 인정되면 이를 정비계획에 반영하여야 한다.

② 정비계획의 입안권자는 위 ①에 따른 주민공람과 함께 지방의회의 의견을 들어야 한다. 이 경우 지방의회는 정비계획의 입안권자가 정비계획을 통지한 날부터 60일 이내에 의견을 제시하여야 하며, 의견제시 없이 60일이 지난 경우 이의가 없는 것으로 본다.

③ 위의 ① 및 ②에도 불구하고 대통령령으로 정하는 경미한 사항을 변경하는 경우에는 주민에 대한 서면통보, 주민설명회, 주민공람 및 지방의회의 의견청취 절차를 거치지 않을 수 있다.

④ 정비계획의 입안권자는 법 제97조, 법 제98조, 법 제101조 등에 따라 정비기반시설 및 국유·공유재산의 귀속 및 처분에 관한 사항이 포함된 정비계획을 입안하려면 미리 해당 정비기반시설 및 국유·공유재산의 관리청의 의견을 들어야 한다.

(10) 정비계획의 결정 및 정비구역의 지정·고시(법 제16조)

① 정비구역의 지정권자는 정비구역을 지정하거나 변경지정하려면 지방도시계획위원회의 심의를 거쳐야 한다. 다만, 위 **(9)**의 ③에 따른 경미한 사항을 변경하는 경우에는 지방도시계획위원회의 심의를 거치지 아니할 수 있다.

② 정비구역의 지정권자는 정비구역을 지정(변경지정을 포함한다. 이하 같다)하거나 정비계획을 결정(변경결정을 포함한다. 이하 같다)한 때에는 정비계획을 포함한 정비구역 지정의 내용을 해당 지방자치단체의 공보에 고시하여야 한다. 이 경우 지형도면 고시 등에 대하여는 「토지이용규제 기본법」 제8조에 따른다.

③ 정비구역의 지정권자는 위 ②에 따라 정비계획을 포함한 정비구역을 지정·고시한 때에는 국토교통부령으로 정하는 방법 및 절차에 따라 국토교통부장관에게 그 지정의 내용을 보고하여야 하며, 관계 서류를 일반인이 열람할 수 있도록 하여야 한다.

(11) 정비구역 지정·고시의 효력 등(법 제17조)

① 위 **(10)**의 ② 전단에 따라 정비구역의 지정·고시가 있는 경우 해당 정비구역 및 정비계획 중「국토의 계획 및 이용에 관한 법률」제52조 제1항 각 호의 어느 하나에 해당하는 사항은 같은 법 제50조에 따라 **지구단위계획구역** 및 **지구단위계획으로** 결정·고시된 것으로 본다.

② 「국토의 계획 및 이용에 관한 법률」에 따른 지구단위계획구역에 대하여 위 **(2)**의 ①의 ㉠~㉤의 사항을 모두 포함한 지구단위계획을 결정·고시(변경 결정·고시하는 경우를 포함한다)하는 경우 해당 지구단위계획구역은 정비구역으로 지정·고시된 것으로 본다.

③ 정비계획을 통한 토지의 효율적 활용을 위하여「국토의 계획 및 이용에 관한 법률」제52조 제3항에 따른 건폐율·용적률 등의 완화규정은 위 **(2)**의 ①에 따른 정비계획에 준용한다. 이 경우 '지구단위계획구역'은 '정비구역'으로, '지구단위계획'은 '정비계획'으로 본다.

④ 위 ③에도 불구하고 용적률이 완화되는 경우로서 사업시행자가 정비구역에 있는 대지의 가액 일부에 해당하는 금액을 현금으로 납부한 경우에는 대통령령으로 정하는 공공시설 또는 기반시설(이하 '공공시설 등'이라 한다)의 부지를 제공하거나 공공시설 등을 설치하여 제공한 것으로 본다.

(12) 정비구역의 분할, 통합 및 결합(법 제18조)

① 정비구역의 지정권자는 정비사업의 효율적인 추진 또는 도시의 경관보호를 위하여 필요하다고 인정하는 경우에는 다음의 방법에 따라 정비구역을 지정할 수 있다.
  ㉠ 하나의 정비구역을 둘 이상의 정비구역으로 분할
  ㉡ 서로 연접한 정비구역을 하나의 정비구역으로 통합
  ㉢ 서로 연접하지 아니한 둘 이상의 구역[위 **(1)**의 ①에 따라 대통령령으로 정하는 요건에 해당하는 구역으로 한정한다] 또는 정비구역을 하나의 정비구역으로 결합

② 위 ①에 따라 정비구역을 분할·통합하거나 서로 떨어진 구역을 하나의 정비구역으로 결합하여 지정하려는 경우 시행 방법과 절차에 관한 세부사항은 시·도 조례로 정한다.

(13) 행위제한 등(법 제19조)

① 정비구역에서 다음의 어느 하나에 해당하는 행위를 하려는 자는 시장·군수등의 허가를 받아야 한다. 허가받은 사항을 변경하려는 때에도 또한 같다.
  ㉠ 건축물의 건축
  ㉡ 공작물의 설치
  ㉢ 토지의 형질변경
  ㉣ 토석의 채취

　　　　ⓜ 토지분할
　　　　ⓗ 물건을 쌓아 놓는 행위
　　　　ⓢ 그 밖에 대통령령으로 정하는 행위
　　② 다음의 어느 하나에 해당하는 행위는 위 ①에도 불구하고 허가를 받지 아니하고 할 수 있다.
　　　　㉠ 재해복구 또는 재난수습에 필요한 응급조치를 위한 행위
　　　　㉡ 기존 건축물의 붕괴 등 안전사고의 우려가 있는 경우 해당 건축물에 대한 안전조치를 위한 행위
　　　　㉢ 그 밖에 대통령령으로 정하는 행위
　　③ 위 ①에 따라 허가를 받아야 하는 행위로서 정비구역의 지정 및 고시 당시 이미 관계 법령에 따라 행위허가를 받았거나 허가를 받을 필요가 없는 행위에 관하여 그 공사 또는 사업에 착수한 자는 대통령령으로 정하는 바에 따라 시장·군수등에게 신고한 후 이를 계속 시행할 수 있다.
　　④ 시장·군수등은 위 ①을 위반한 자에게 원상회복을 명할 수 있다. 이 경우 명령을 받은 자가 그 의무를 이행하지 아니하는 때에는 시장·군수등은 「행정대집행법」에 따라 대집행할 수 있다.
　　⑤ 위 ①에 따른 허가에 관하여 이 법에 규정된 사항을 제외하고는 「국토의 계획 및 이용에 관한 법률」 제57조부터 제60조까지 및 제62조를 준용한다.
　　⑥ 위 ①에 따라 허가를 받은 경우에는 「국토의 계획 및 이용에 관한 법률」 제56조에 따라 허가를 받은 것으로 본다.
　　⑦ 국토교통부장관, 시·도지사, 시장, 군수 또는 구청장(자치구의 구청장을 말한다. 이하 같다)은 비경제적인 건축행위 및 투기 수요의 유입을 막기 위하여 **기본계획**을 공람 중인 정비예정구역 또는 **정비계획**을 수립 중인 지역에 대하여 **3년 이내의 기간**(1년의 범위에서 **한 차례만** 연장할 수 있다)을 정하여 대통령령으로 정하는 방법과 절차에 따라 다음의 행위를 제한할 수 있다.
　　　　㉠ 건축물의 건축
　　　　㉡ 토지의 분할
　　　　㉢ 「건축법」 제38조에 따른 건축물대장 중 일반건축물대장을 집합건축물대장으로 전환
　　　　㉣ 「건축법」 제38조에 따른 건축물대장 중 집합건축물대장의 전유부분 분할
　　⑧ 정비예정구역 또는 정비구역(이하 '정비구역 등'이라 한다)에서는 「주택법」 제2조 제11호 가목에 따른 지역주택조합의 조합원을 모집해서는 아니 된다.

(14) **정비구역 등의 해제**(법 제20조)

　　① 정비구역의 지정권자는 다음의 어느 하나에 해당하는 경우에는 정비구역 등을 **해제하여야 한다.**
　　　　㉠ **정비예정구역**에 대하여 기본계획에서 정한 '**정비구역 지정 예정일**'부터 **3년**이 되는 날까지 특별자치시장, 특별자치도지사, 시장 또는 군수가 정비구역을 지정하지 아니하거나 구청장 등이 정비구역의 지정을 신청하지 아니하는 경우

ⓛ **재개발사업·재건축사업**('조합'이 시행하는 경우로 한정한다)이 다음의 어느 하나에 해당하는 경우
  ⓐ 토지등소유자가 '**정비구역으로 지정·고시된 날**'부터 **2년**이 되는 날까지 '**추진위원회**'의 승인을 신청하지 아니하는 경우(법 제31조 제2항 제1호에 따라 **추진위원회를 구성하는 경우로 한정한다**)
  ⓑ 토지등소유자가 '**정비구역으로 지정·고시된 날**'부터 **3년**이 되는 날까지 '**조합설립인가**'를 신청하지 아니하는 경우(추진위원회를 구성하지 아니하는 경우로 한정한다)
  ⓒ 추진위원회가 '**추진위원회 승인일**'[법 제31조 제2항 제2호(정비구역으로 지정·고시되지 아니한 지역으로서 일정한 지역)에 따라 추진위원회를 구성하는 경우에는 법 제16조에 따른 정비구역 지정·고시일로 본다]부터 **2년**이 되는 날까지 '**조합설립인가**'를 신청하지 아니하는 경우
  ⓓ 조합이 '**조합설립인가를 받은 날**'부터 **3년**이 되는 날까지 '**사업시행계획인가**'를 신청하지 아니하는 경우
ⓒ '**토지등소유자**'가 시행하는 **재개발사업**으로서 토지등소유자가 '**정비구역으로 지정·고시된 날**'부터 **5년**이 되는 날까지 '**사업시행계획인가**'를 신청하지 아니하는 경우
② 구청장 등은 위 ①의 어느 하나에 해당하는 경우에는 특별시장·광역시장에게 정비구역 등의 해제를 요청하여야 한다.
③ 특별자치시장, 특별자치도지사, 시장, 군수 또는 구청장 등이 다음의 어느 하나에 해당하는 경우에는 **30일 이상** 주민에게 공람하여 의견을 들어야 한다.
  ㉠ 위 ①에 따라 정비구역 등을 해제하는 경우
  ㉡ 위 ②에 따라 정비구역 등의 해제를 요청하는 경우
④ 특별자치시장, 특별자치도지사, 시장, 군수 또는 구청장 등은 위 ③에 따른 주민공람을 하는 경우에는 지방의회의 의견을 들어야 한다. 이 경우 지방의회는 특별자치시장, 특별자치도지사, 시장, 군수 또는 구청장 등이 정비구역 등의 해제에 관한 계획을 통지한 날부터 **60일** 이내에 의견을 제시하여야 하며, 의견제시 없이 60일이 지난 경우 이의가 없는 것으로 본다.
⑤ 정비구역의 지정권자는 위 ①부터 ④까지의 규정에 따라 정비구역 등의 해제를 요청받거나 정비구역 등을 해제하려면 지방도시계획위원회의 심의를 거쳐야 한다. 다만, 「도시재정비 촉진을 위한 특별법」 제5조에 따른 재정비촉진지구에서는 같은 법 제34조에 따른 도시재정비위원회의 심의를 거쳐 정비구역 등을 해제하여야 한다.
⑥ 위 ①에도 불구하고 정비구역의 지정권자는 다음의 어느 하나에 해당하는 경우에는 위 ①의 ㉠부터 ㉢까지의 규정에 따른 해당 기간을 **2년의 범위에서 연장**하여 정비구역 등을 해제하지 아니할 수 있다.
  ㉠ 정비구역 등의 토지등소유자(조합을 설립한 경우에는 조합원을 말한다)가 **100분의 30 이상의 동의**로 위 ①의 ㉠부터 ㉢까지의 규정에 따른 해당 기간이 도래하기 전까지 연장을 요청하는 경우

ⓛ 정비사업의 추진 상황으로 보아 주거환경의 계획적 정비 등을 위하여 정비구역 등의 존치가 필요하다고 인정하는 경우

⑦ 정비구역의 지정권자는 위 ⑤에 따라 정비구역 등을 해제하는 경우(위 ⑥에 따라 해제하지 아니한 경우를 포함한다)에는 그 사실을 해당 지방자치단체의 공보에 고시하고 국토교통부장관에게 통보하여야 하며, 관계 서류를 일반인이 열람할 수 있도록 하여야 한다.

(15) 정비구역 등의 직권해제(법 제21조)

① 정비구역의 지정권자는 다음의 어느 하나에 해당하는 경우 지방도시계획위원회의 심의를 거쳐 정비구역 등을 **해제할 수 있다**. 이 경우 다음 ㉠ 및 ㉡에 따른 구체적인 기준 등에 필요한 사항은 시·도 조례로 정한다.

㉠ 정비사업의 시행으로 토지등소유자에게 과도한 부담이 발생할 것으로 예상되는 경우

㉡ 정비구역 등의 추진 상황으로 보아 지정 목적을 달성할 수 없다고 인정되는 경우

㉢ 토지등소유자의 100분의 30 이상이 정비구역 등(추진위원회가 구성되지 아니한 구역으로 한정한다)의 해제를 요청하는 경우

㉣ 법 제23조 제1항 제1호에 따른 방법으로 시행 중인 **주거환경개선사업의 정비구역이 지정·고시된 날부터 10년 이상** 지나고, 추진 상황으로 보아 지정 목적을 달성할 수 없다고 인정되는 경우로서 토지등소유자의 **과반수**가 정비구역의 해제에 동의하는 경우

㉤ 추진위원회 구성 또는 조합 설립에 동의한 토지등소유자의 **2분의 1 이상 3분의 2 이하**의 범위에서 시·도 조례로 정하는 비율 이상의 동의로 정비구역의 해제를 요청하는 경우(사업시행계획인가를 신청하지 아니한 경우로 한정한다)

㉥ 추진위원회가 구성되거나 조합이 설립된 정비구역에서 토지등소유자 **과반수**의 동의로 정비구역의 해제를 요청하는 경우(사업시행계획인가를 신청하지 아니한 경우로 한정한다)

② 위 ①에 따른 정비구역 등의 해제의 절차에 관하여는 위 **(14)**의 ③부터 ⑤까지 및 ⑦을 준용한다.

③ 위 ①에 따라 정비구역 등을 해제하여 추진위원회 구성승인 또는 조합설립인가가 취소되는 경우 정비구역의 지정권자는 해당 추진위원회 또는 조합이 사용한 비용의 일부를 대통령령으로 정하는 범위에서 시·도 조례로 정하는 바에 따라 보조할 수 있다.

관련법령　추진위원회 및 조합 비용의 보조(영 제17조)

위 **(15)**의 ③에서 '대통령령으로 정하는 범위'란 다음의 비용을 말한다.
1. 정비사업전문관리 용역비
2. 설계 용역비
3. 감정평가비용
4. 그 밖에 '**추진위원회**' 및 '**조합**'이 법 제32조, 제44조 및 제45조에 따른 업무를 수행하기 위하여 사용한 비용으로서 시·도 조례로 정하는 비용

(16) 도시재생선도지역 지정 요청(법 제21조의2)

위 **(14)** 또는 **(15)**에 따라 정비구역 등이 해제된 경우 정비구역의 지정권자는 해제된 정비구역 등을 「도시재생 활성화 및 지원에 관한 특별법」에 따른 도시재생선도지역으로 지정하도록 국토교통부장관에게 요청할 수 있다.

(17) 정비구역 등 해제의 효력(법 제22조)

① 위 **(14)** 및 **(15)**에 따라 정비구역 등이 해제된 경우에는 정비계획으로 변경된 용도지역, 정비기반시설 등은 정비구역 지정 이전의 상태로 환원된 것으로 본다. 다만, 위 **(15)**의 ①의 ㉣의 경우 정비구역의 지정권자는 정비기반시설의 설치 등 해당 정비사업의 추진 상황에 따라 환원되는 범위를 제한할 수 있다.

② 위 **(14)** 및 **(15)**에 따라 정비구역 등(재개발사업 및 재건축사업을 시행하려는 경우로 한정한다. 이하 ②에서 같다)이 해제된 경우 정비구역의 지정권자는 해제된 정비구역 등을 **법 제23조 제1항 제1호**의 방법으로 시행하는 **주거환경개선구역**(주거환경개선사업을 시행하는 정비구역을 말한다. 이하 같다)으로 지정할 수 있다. 이 경우 주거환경개선구역으로 지정된 구역은 법 제7조에 따른 기본계획에 반영된 것으로 본다.

③ 위 **(14)**의 ⑦ 및 위 **(15)**의 ②에 따라 정비구역 등이 해제·고시된 경우 추진위원회 구성승인 또는 조합설립인가는 취소된 것으로 보고, 시장·군수등은 해당 지방자치단체의 공보에 그 내용을 고시하여야 한다.

CHAPTER 03 정비사업의 시행

회독체크 1 2 3

CHAPTER 미리보기

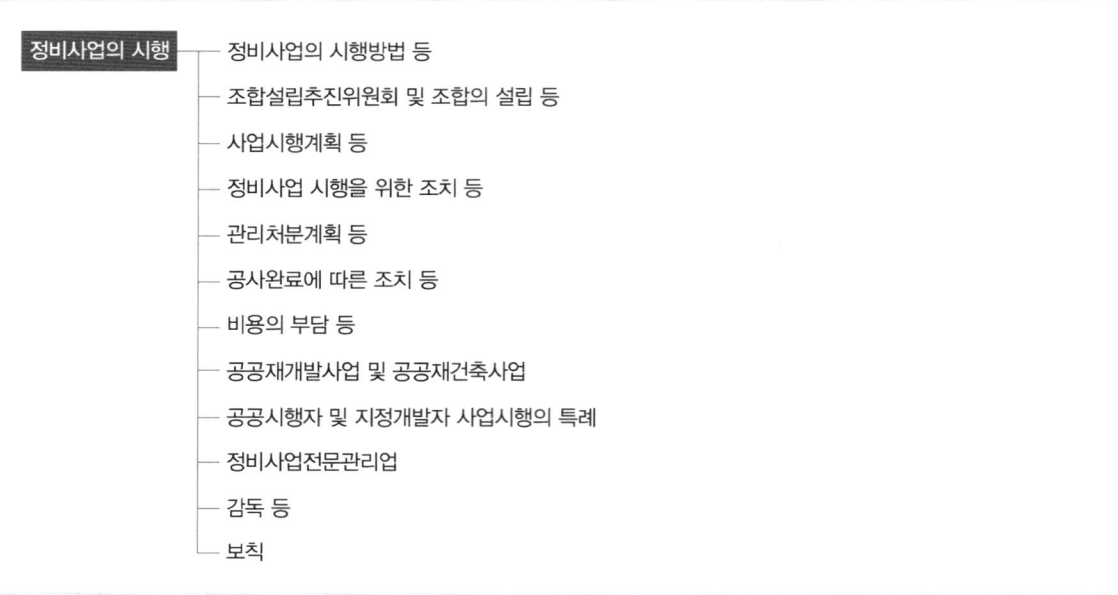

학습전략

정비사업의 시행을 다루는 단원으로서 1문제 정도가 꾸준히 출제되고 있습니다. 조합에 관련된 내용뿐만 아니라 전 부분에 대한 이해와 학습이 필요합니다.

학습키워드

- 정비사업의 시행방법 및 시행자
- 지정개발자
- 시공자의 선정
- 조합설립추진위원회(승인) 및 공공지원
- 조합설립의 인가
- 조합의 임원
- 총회
- 대의원회
- 주민대표회의
- 사업시행계획인가
- 관리처분계획의 인가
- 준공인가
- 지분형주택
- 정비사업전문관리업

1. 정비사업의 시행방법 등

(1) 정비사업의 시행방법(법 제23조)

① **주거환경개선사업**은 다음의 어느 하나에 해당하는 방법 또는 이를 혼용하는 방법으로 한다.
  ㉠ '**사업시행자**'가 정비구역에서 **정비기반시설 및 공동이용시설**을 새로 설치하거나 확대하고 '**토지등소유자**'가 **스스로** 주택을 보전·정비하거나 개량하는 방법
  ㉡ '**사업시행자**'가 정비구역의 전부 또는 일부를 **수용**하여 **주택**을 건설한 후 '**토지등소유자**'에게 **우선** 공급하거나 **대지**를 토지등소유자 또는 토지등소유자 외의 자에게 **공급**하는 방법
  ㉢ '사업시행자'가 **환지**로 공급하는 방법
  ㉣ '사업시행자'가 정비구역에서 인가받은 **관리처분계획**에 따라 **주택** 및 **부대시설·복리시설**을 건설하여 공급하는 방법

② **재개발사업**은 정비구역에서 인가받은 **관리처분계획**에 따라 건축물을 건설하여 공급하거나 **환지**로 공급하는 방법으로 한다.

③ **재건축사업**은 정비구역에서 인가받은 '관리처분계획'에 따라 **건축물**을 건설하여 공급하는 방법으로 한다. 다만, 주택단지에 있지 아니하는 건축물의 경우에는 지형여건·주변의 환경으로 보아 사업 시행상 불가피한 경우로서 정비구역으로 보는 사업에 한정한다. 〈개정 2025.1.31.〉

④ 위 ③에 따라 **건축물**을 건설하여 공급하는 경우 '**주택, 부대시설, 복리시설을 제외**한 건축물(이하 ④에서 '**공동주택 외 건축물**'이라 한다)'은 「국토의 계획 및 이용에 관한 법률」에 따른 **준주거지역** 및 **상업지역**에서만 건설할 수 있다. 이 경우 **공동주택 외 건축물**의 연면적은 전체 건축물 연면적의 **100분의 30 이하**이어야 한다. 〈개정 2025.1.31.〉

(2) 주거환경개선사업의 시행자(법 제24조)

① 위 (1)의 ①의 ㉠에 따른 방법으로 시행하는 **주거환경개선사업**은 **시장·군수등**이 직접 시행하되, 토지주택공사등을 사업시행자로 지정하여 시행하게 하려는 경우에는 법 제15조 제1항에 따른 공람공고일 현재 '**토지등소유자**'의 **과반수**의 동의를 받아야 한다.

② 위 (1)의 ①의 ㉡부터 ㉣까지의 규정에 따른 방법으로 시행하는 **주거환경개선사업**은 **시장·군수등**이 직접 시행하거나 **다음에서 정한 자**에게 시행하게 할 수 있다.
  ㉠ 시장·군수등이 다음의 어느 하나에 해당하는 자를 사업시행자로 지정하는 경우
    ⓐ 토지주택공사등
    ⓑ 주거환경개선사업을 시행하기 위하여 국가, 지방자치단체, 토지주택공사등 또는 「공공기관의 운영에 관한 법률」 제4조에 따른 공공기관이 총지분의 100분의 50을 초과하는 출자로 설립한 **법인**
  ㉡ 시장·군수등이 위 ㉠에 해당하는 자와 다음의 어느 하나에 해당하는 자를 공동시행자로 지정하는 경우
    ⓐ 「건설산업기본법」 제9조에 따른 건설업자(이하 '건설업자'라 한다)

ⓑ 「주택법」 제7조 제1항에 따라 건설업자로 보는 등록사업자(이하 '등록사업자'라 한다)

③ 위 ②에 따라 시행하려는 경우에는 법 제15조 제1항에 따른 공람공고일 현재 해당 정비예정구역의 토지 또는 건축물의 소유자 또는 지상권자의 **3분의 2 이상의 동의**와 **세입자**(공람공고일 3개월 전부터 해당 정비예정구역에 3개월 이상 거주하고 있는 자를 말한다) **세대수**의 **과반수**의 동의를 각각 받아야 한다. 다만, 세입자의 세대수가 토지등소유자의 2분의 1 이하인 경우 등 대통령령으로 정하는 사유가 있는 경우에는 세입자의 동의절차를 거치지 아니할 수 있다.

④ 시장·군수등은 **천재지변**, 그 밖의 불가피한 사유로 건축물이 붕괴할 우려가 있어 긴급히 정비사업을 시행할 필요가 있다고 인정하는 경우에는 **위의 ① 및 ③에도 불구**하고 토지등소유자 및 세입자의 동의 **없이** 자신이 직접 시행하거나 토지주택공사등을 사업시행자로 지정하여 시행하게 할 수 있다. 이 경우 시장·군수등은 지체 없이 토지등소유자에게 긴급한 정비사업의 시행 사유·방법 및 시기 등을 통보하여야 한다.

> **관련법령** **세입자 동의의 예외(영 제18조)**
>
> 위 (2)의 ③의 단서에서 '세입자의 세대수가 토지등소유자의 2분의 1 이하인 경우 등 대통령령으로 정하는 사유'란 다음의 어느 하나에 해당하는 것을 말한다.
> 1. 세입자의 세대수가 토지등소유자의 2분의 1 이하인 경우
> 2. 정비구역의 지정·고시일 현재 해당 지역이 속한 시·군·구에 공공임대주택 등 세입자가 입주 가능한 임대주택이 충분하여 임대주택을 건설할 필요가 없다고 시·도지사가 인정하는 경우
> 3. 위 (1)의 ①의 ㉠·㉢ 또는 ㉣에 따른 방법으로 사업을 시행하는 경우

(3) 재개발사업·재건축사업의 시행자(법 제25조)

① 재개발사업은 다음의 어느 하나에 해당하는 방법으로 시행할 수 있다.
   ㉠ 조합이 시행하거나 조합이 조합원의 **과반수**의 동의를 받아 시장·군수등, 토지주택공사등, 건설업자, 등록사업자 또는 대통령령으로 정하는 요건을 갖춘 자와 **공동**으로 시행하는 방법
   ㉡ 토지등소유자가 20인 미만인 경우에는 토지등소유자가 시행하거나 토지등소유자가 토지등소유자의 **과반수**의 동의를 받아 시장·군수등, 토지주택공사등, 건설업자, 등록사업자 또는 대통령령으로 정하는 요건을 갖춘 자와 **공동**으로 시행하는 방법

② 재건축사업은 조합이 시행하거나 조합이 조합원의 **과반수**의 동의를 받아 시장·군수등, 토지주택공사등, 건설업자 또는 등록사업자와 **공동**으로 시행할 수 있다.

> **관련법령** **재개발사업의 공동시행자 요건(영 제19조)**
>
> 위 (3)의 ①의 ㉠ 및 ㉡에서 '대통령령으로 정하는 요건을 갖춘 자'란 각각 「자본시장과 금융투자업에 관한 법률」 제8조 제7항에 따른 '신탁업자'와 「한국부동산원법」에 따른 한국부동산원을 말한다.

(4) 재개발사업·재건축사업의 공공시행자(법 제26조)

① 시장·군수등은 재개발사업 및 재건축사업이 다음의 어느 하나에 해당하는 때에는 위 (3)에도 불구하고 직접 정비사업을 시행하거나 토지주택공사등(토지주택공사등이 건설업자 또는 등록사업자와 공동으로 시행하는 경우를 포함한다. 이하 ①부터 ④까지에서 같다)을 사업시행자로 지정하여 정비사업을 시행하게 할 수 있다.

㉠ 천재지변, 「재난 및 안전관리 기본법」제27조 또는 「시설물의 안전 및 유지관리에 관한 특별법」제23조에 따른 사용제한·사용금지, 그 밖의 불가피한 사유로 긴급하게 정비사업을 시행할 필요가 있다고 인정하는 때

㉡ 법 제16조 제2항 전단에 따라 고시된 정비계획에서 정한 정비사업시행 예정일부터 2년 이내에 사업시행계획인가를 신청하지 아니하거나 사업시행계획인가를 신청한 내용이 위법 또는 부당하다고 인정하는 때(재건축사업의 경우는 제외한다)

㉢ 추진위원회가 시장·군수등의 구성승인을 받은 날부터 3년 이내에 조합설립인가를 신청하지 아니하거나 조합이 조합설립인가를 받은 날부터 3년 이내에 사업시행계획인가를 신청하지 아니한 때

㉣ 지방자치단체의 장이 시행하는 「국토의 계획 및 이용에 관한 법률」제2조 제11호에 따른 도시·군계획사업과 병행하여 정비사업을 시행할 필요가 있다고 인정하는 때

㉤ 법 제59조 제1항에 따른 순환정비방식으로 정비사업을 시행할 필요가 있다고 인정하는 때

㉥ 법 제113조에 따라 사업시행계획인가가 취소된 때

㉦ 해당 정비구역의 국·공유지 면적 또는 국·공유지와 토지주택공사등이 소유한 토지를 합한 면적이 전체 토지면적의 2분의 1 이상으로서 토지등소유자의 과반수가 시장·군수등 또는 토지주택공사등을 사업시행자로 지정하는 것에 동의하는 때

㉧ 해당 정비구역의 토지면적 2분의 1 이상의 토지소유자와 토지등소유자의 3분의 2 이상에 해당하는 자가 시장·군수등 또는 토지주택공사등을 사업시행자로 지정할 것을 요청하는 때. 이 경우 법 제14조 제1항 제2호에 따라 토지등소유자가 정비계획의 입안을 제안한 경우 입안제안에 동의한 토지등소유자는 토지주택공사등의 사업시행자 지정에 동의한 것으로 본다. 다만, 사업시행자의 지정 요청 전에 시장·군수등 및 법 제47조에 따른 주민대표회의에 사업시행자의 지정에 대한 반대의 의사표시를 한 토지등소유자의 경우에는 그러하지 아니하다.

② 시장·군수등은 위 ①에 따라 직접 정비사업을 시행하거나 토지주택공사등을 사업시행자로 지정하는 때에는 정비사업 시행구역 등 토지등소유자에게 알릴 필요가 있는 사항으로서 대통령령으로 정하는 사항을 해당 지방자치단체의 공보에 고시하여야 한다. 다만, 위 ①의 ㉠의 경우에는 토지등소유자에게 지체 없이 정비사업의 시행 사유·시기 및 방법 등을 통보하여야 한다.

③ 위 ②에 따라 **시장·군수등이** 직접 정비사업을 **시행**하거나 **토지주택공사등을** 사업시행자로 지정·고시한 때에는 그 고시일 다음 날에 **추진위원회의 구성승인** 또는 **조합설립인가**가 **취소**된 것으로 **본다**. 이 경우 시장·군수등은 해당 지방자치단체의 공보에 해당 내용을 고시하여야 한다.

④ **토지주택공사등과** 재개발사업 또는 재건축사업의 준비·추진에 필요한 사항에 대하여 협약 또는 계약 등(이하 '**협약등**'이라 한다)을 **체결하려는 자**(토지등소유자로 구성된 자를 말한다)는 대통령령으로 정하는 절차를 거친 사실을 **시장·군수등**에게 확인받은 후 **대통령령으로 정하는 비율** 이상의 토지등소유자의 동의를 받아 위 ①**에 따른 사업시행자 지정 이전에 협약등**을 **체결할 수 있다**.

⑤ 위 ④에 따른 협약등의 체결에 필요한 사항은 대통령령으로 정한다.

관련법령 | **공공시행자와의 협약체결 등(영 제20조의2)〈신설 2025.5.27.〉**

1. 위 **(4)**의 ④에서 '대통령령으로 정하는 절차'란 다음의 사항이 포함된 **주민설명회의 개최**를 말한다.
   ㉠ 위 **(3)**부터 **(4)**까지에 따른 사업시행자별 사업시행 방식의 주요내용
   ㉡ 재개발사업 또는 재건축사업의 준비·추진에 필요한 사항에 대하여 **토지주택공사등과** 체결하려는 **협약 또는 계약** 등(이하 이 조 및 영 제21조의2에서 '**협약등**'이라 한다)의 주요내용
2. 위 **(4)**의 ④에 따라 협약등을 체결하려는 자는 위 1.에 따른 주민설명회를 개최하려는 경우에는 '개최일'을 기준으로 **7일 이전부터** 주민설명회의 일시, 장소, 목적 및 안건을 토지등소유자가 쉽게 접할 수 있는 정비구역 안의 일정한 장소에 게시하고, **인터넷을 통해 공개해야 한다**.
3. 위 **(4)**의 ④에서 '대통령령으로 정하는 비율'이란 100분의 30을 말한다.
4. 위 **(4)**의 ④에 따른 토지등소유자의 동의자 수 산정 방법 등에 관하여는 영 제33조를 준용한다.

---

(5) 재개발사업·재건축사업의 **지정개발자**(법 제27조)

① **시장·군수등은 재개발사업 및 재건축사업**이 다음의 어느 하나에 해당하는 때에는 토지등소유자,「사회기반시설에 대한 민간투자법」제2조 제12호에 따른 민관합동법인 또는 신탁업자로서 대통령령으로 정하는 요건을 갖춘 자(이하 '지정개발자'라 한다)를 사업시행자로 지정하여 정비사업을 시행하게 할 수 있다.

㉠ **천재지변**,「재난 및 안전관리 기본법」제27조 또는「시설물의 안전 및 유지관리에 관한 특별법」제23조에 따른 사용제한·사용금지, 그 밖의 불가피한 사유로 긴급하게 정비사업을 시행할 필요가 있다고 인정하는 때

㉡ 법 제16조 제2항 전단에 따라 고시된 정비계획에서 정한 **정비사업시행 예정일부터 2년 이내에 사업시행계획인가를 신청하지 아니하거나** 사업시행계획인가를 **신청한 내용이 위법 또는 부당**하다고 인정하는 때(재건축사업의 경우는 제외한다)

㉢ 법 제35조에 따른 재개발사업 및 재건축사업의 조합설립을 위한 동의요건 이상에 해당하는 자가 신탁업자를 사업시행자로 지정하는 것에 동의하는 때

② 시장·군수등은 위 ①에 따라 지정개발자를 사업시행자로 지정하는 때에는 정비사업 시행구역 등 토지등소유자에게 알릴 필요가 있는 사항으로서 대통령령으로 정하는 사항을 해당

지방자치단체의 공보에 고시하여야 한다. 다만, 위 ①의 ㉠의 경우에는 토지등소유자에게 지체 없이 정비사업의 시행 사유·시기 및 방법 등을 통보하여야 한다.
③ 신탁업자는 위 ①의 ㉢에 따른 사업시행자 지정에 필요한 동의를 받기 전에 다음에 관한 사항을 토지등소유자에게 제공하여야 한다.
  ㉠ 토지등소유자별 분담금 추산액 및 산출근거
  ㉡ 그 밖에 추정분담금의 산출 등과 관련하여 시·도 조례로 정하는 사항
④ 위 ①의 ㉢에 따른 토지등소유자의 동의는 국토교통부령으로 정하는 동의서에 동의를 받는 방법으로 한다. 이 경우 동의서에는 다음의 사항이 모두 포함되어야 한다.
  ㉠ 건설되는 건축물의 설계의 개요
  ㉡ 건축물의 철거 및 새 건축물의 건설에 드는 공사비 등 정비사업에 드는 비용(이하 '정비사업비'라 한다)
  ㉢ 정비사업비의 분담기준(신탁업자에게 지급하는 신탁보수 등의 부담에 관한 사항을 포함한다)
  ㉣ 사업 완료 후 소유권의 귀속
  ㉤ 정비사업의 시행방법 등에 필요한 시행규정
  ㉥ 신탁계약의 내용
⑤ 위 ②에 따라 시장·군수등이 **지정개발자를 사업시행자로 지정·고시**한 때에는 그 고시일 다음 날에 **추진위원회의 구성승인** 또는 **조합설립인가가 취소된 것으로 본다.** 이 경우 시장·군수등은 해당 지방자치단체의 공보에 해당 내용을 고시하여야 한다.
⑥ **국토교통부장관**은 신탁업자와 토지등소유자 상호간의 공정한 계약의 체결을 위하여 대통령령으로 정하는 바에 따라 **표준 계약서 및 표준 시행규정**을 마련하여 그 사용을 권장할 수 있다.
⑦ **신탁업자**와 재개발사업 또는 재건축사업의 준비·추진에 필요한 사항에 대하여 **협약등을 체결하려는 자**(토지등소유자로 구성된 자를 말한다)는 대통령령으로 정하는 절차를 거친 사실을 **시장·군수등에게 확인받은 후 대통령령으로 정하는 비율** 이상의 토지등소유자의 동의를 받아 **신탁업자를 공개모집한 후 사업시행자 지정 전에 협약등을 체결할 수 있다.**
⑧ 위 ⑦에 따른 공개모집 및 협약등의 체결에 필요한 사항은 대통령령으로 정한다.

> **관련법령** **사업시행자 지정의 고시 등(영 제20조)**

1. 위 **(4)**의 ② 본문 및 위 **(5)**의 ② 본문에서 '대통령령으로 정하는 사항'이란 각각 다음의 사항을 말한다.
   ㉠ 정비사업의 종류 및 명칭
   ㉡ 사업시행자의 성명 및 주소(법인인 경우에는 법인의 명칭 및 주된 사무소의 소재지와 대표자의 성명 및 주소를 말한다. 이하 같다)
   ㉢ 정비구역(법 제18조에 따라 정비구역을 둘 이상의 구역으로 분할하는 경우에는 분할된 각각의 구역을 말한다. 이하 같다)의 위치 및 면적
   ㉣ 정비사업의 착수예정일 및 준공예정일
2. 시장·군수등은 토지등소유자에게 위 **(4)**의 ② 본문 및 위 **(5)**의 ② 본문에 따라 고시한 위 1.의 내용을 통지하여야 한다.

| 관련법령 | 지정개발자의 요건(영 제21조) |

1. 위 (5)의 ①에서 '대통령령으로 정하는 요건을 갖춘 자(지정개발자)'란 다음의 어느 하나에 해당하는 자를 말한다.
   ㉠ 정비구역의 토지 중 정비구역 전체 면적 대비 50퍼센트 이상의 토지를 소유한 자로서 토지등소유자의 2분의 1 이상의 추천을 받은 자
   ㉡ 「사회기반시설에 대한 민간투자법」 제2조 제12호에 따른 **민관합동법인**(민간투자사업의 부대사업으로 시행하는 경우에만 해당한다)으로서 토지등소유자의 2분의 1 이상의 추천을 받은 자
   ㉢ 신탁업자로서 토지등소유자의 2분의 1 이상의 추천을 받거나 법 제27조(재개발사업·재건축사업의 지정개발자) 제1항 제3호 또는 법 제28조(재개발사업·재건축사업의 사업대행자) 제1항 제2호 또는 법 제101조의8(정비구역 지정의 특례) 제1항 각 호 외의 부분 전단에 따른 동의를 받은 자
2. 위 1.의 ㉠~㉢에 따른 토지등소유자의 추천은 다음의 기준에 따라 산정한다.
   ㉠ '재개발사업'의 경우에는 다음의 기준에 따를 것
      ⓐ 1필지의 토지 또는 하나의 건축물을 여럿이서 공유할 때에는 그 여럿을 대표하는 1인을 토지등소유자로 산정할 것. 다만, 재개발구역의 「전통시장 및 상점가 육성을 위한 특별법」 제2조에 따른 전통시장 및 상점가로서 1필지의 토지 또는 하나의 건축물을 여럿이서 공유하는 경우에는 해당 토지 또는 건축물의 토지등소유자의 4분의 3 이상의 동의를 받아 이를 대표하는 1인을 토지등소유자로 산정할 수 있다.
      ⓑ 토지에 지상권이 설정되어 있는 경우 토지의 소유자와 해당 토지의 지상권자를 대표하는 1인을 토지등소유자로 산정할 것
      ⓒ 1인이 다수 필지의 토지 또는 다수의 건축물을 소유하고 있는 경우에는 필지나 건축물의 수에 관계없이 토지등소유자를 1인으로 산정할 것
      ⓓ 둘 이상의 토지 또는 건축물을 소유한 공유자가 동일한 경우에는 그 공유자 여럿을 대표하는 1인을 토지등소유자로 산정할 것
   ㉡ '재건축사업'의 경우에는 다음의 기준에 따를 것
      ⓐ 소유권 또는 구분소유권을 여럿이서 공유하는 경우에는 그 여럿을 대표하는 1인을 토지등소유자로 산정할 것
      ⓑ 1인이 둘 이상의 소유권 또는 구분소유권을 소유하고 있는 경우에는 소유권 또는 구분소유권의 수에 관계없이 토지등소유자를 1인으로 산정할 것
      ⓒ 둘 이상의 소유권 또는 구분소유권을 소유한 공유자가 동일한 경우에는 그 공유자 여럿을 대표하는 1인을 토지등소유자로 할 것
   ㉢ 토지건물등기사항증명서, 건물등기사항증명서, 토지대장 또는 건축물관리대장에 소유자로 등재될 당시 주민등록번호의 기록이 없고 기록된 주소가 현재 주소와 다른 경우로서 소재가 확인되지 아니한 자는 토지등소유자의 수 또는 공유자 수에서 제외할 것
   ㉣ 국·공유지에 대해서는 그 재산관리청 각각을 토지등소유자로 산정할 것
3. 위 1.의 ㉠~㉢에 따른 추천의 철회는 해당 ㉠~㉢의 구분에 따른 추천이 있은 날부터 30일 이내에 할 수 있다.
4. 위 3.에 따라 추천을 철회하려는 토지등소유자는 철회서에 토지등소유자가 성명을 적고 지장(指章)을 날인한 후 주민등록증 및 여권 등 신원을 확인할 수 있는 신분증명서 사본을 첨부하여 추천의 상대방 및 시장·군수등에게 내용증명의 방법으로 발송해야 한다. 이 경우 시장·군수등이 철회서를 받았을 때에는 지체 없이 추천의 상대방에게 철회서가 접수된 사실을 통지해야 한다.
5. 위 3.에 따른 추천의 철회는 위 4. 전단에 따라 철회서가 추천의 상대방에게 도달한 때 또는 위 4.의 후단에 따라 시장·군수등이 추천의 상대방에게 철회서가 접수된 사실을 통지한 때 중 **빠른 때**에 효력이 발생한다.

6. 위 (5)의 ⑥에 따른 표준 계약서 및 표준 시행규정에는 다음의 구분에 따른 내용이 포함되어야 한다.
    ㉠ 표준 계약서: 다음의 사항
        ⓐ 신탁의 목적에 관한 사항
        ⓑ 신탁계약의 기간, 신탁 종료 및 해지에 관한 사항
        ⓒ 신탁재산의 관리, 운영 및 처분에 관한 사항
        ⓓ 자금의 차입 방법에 관한 사항
        ⓔ 그 밖에 토지등소유자 권익 보호 및 정비사업의 추진을 위해 필요한 사항
    ㉡ 표준 시행규정: 법 제53조 각 호의 사항

관련법령 | 지정개발자와의 협약체결 등(영 제21조의2) 〈신설 2025.5.27.〉

1. 위 (5)의 ⑦에서 '대통령령으로 정하는 절차'란 다음의 사항이 포함된 주민설명회의 개최를 말한다.
    ㉠ 위 (3)부터 (5)까지에 따른 사업시행자별 사업시행 방식의 주요내용
    ㉡ 재개발사업 또는 재건축사업의 준비·추진에 필요한 사항에 대하여 신탁업자와 체결하려는 협약등의 주요내용
2. 위 (5)의 ⑦에 따라 협약등을 체결하려는 자는 위 1.에 따른 주민설명회를 개최하려는 경우에는 '개최일'을 기준으로 7일 이전부터 주민설명회의 일시, 장소, 목적 및 안건을 토지등소유자가 쉽게 접할 수 있는 정비구역 안의 일정한 장소에 게시하고, 인터넷을 통해 공개해야 한다.
3. 위 (5)의 ⑦에서 '대통령령으로 정하는 비율'이란 100분의 30을 말한다.
4. 위 (5)의 ⑦에 따른 토지등소유자의 동의자 수 산정 방법 등에 관하여는 영 제33조를 준용한다.
5. 위 (5)의 ⑦에 따라 신탁업자를 공개모집할 때는 「전자조달의 이용 및 촉진에 관한 법률」 제2조 제4호의 국가종합전자조달시스템을 이용해야 한다.

(6) 재개발사업·재건축사업의 사업대행자(법 제28조)

① 시장·군수등은 다음의 어느 하나에 해당하는 경우에는 해당 조합 또는 토지등소유자를 대신하여 직접 정비사업을 시행하거나 **토지주택공사등 또는 지정개발자**에게 해당 조합 또는 토지등소유자를 **대신**하여 정비사업을 **시행하게 할 수 있다**.
    ㉠ **장기간** 정비사업이 **지연**되거나 권리관계에 관한 분쟁 등으로 해당 조합 또는 토지등소유자가 시행하는 정비사업을 **계속 추진하기 어렵다고 인정하는 경우**
    ㉡ 토지등소유자(조합을 설립한 경우에는 조합원을 말한다)의 **과반수 동의**로 **요청하는 경우**
② 위 ①에 따라 정비사업을 대행하는 시장·군수등, 토지주택공사등 또는 지정개발자(이하 '사업대행자'라 한다)는 사업시행자에게 청구할 수 있는 보수 또는 비용의 상환에 대한 권리로써 사업시행자에게 귀속될 대지 또는 건축물을 **압류할 수 있다**.

관련법령 | 사업대행개시결정 및 효과 등(영 제22조)

1. 시장·군수등은 위 (6)의 ①에 따라 정비사업을 직접 시행하거나 위 (5)에 따른 지정개발자 또는 토지주택공사등에게 정비사업을 대행하도록 결정(이하 '사업대행개시결정'이라 한다)한 경우에는 다음의 사항을 해당 지방자치단체의 공보 등에 고시하여야 한다.
    ㉠ 영 제20조 제1항 각 호의 사항

   ⓒ 사업대행개시결정을 한 날
   ⓒ 사업대행자[위 (6)의 ①에 따라 정비사업을 대행하는 시장·군수등, 토지주택공사등 또는 지정개발자를 말한다. 이하 같다]
   ⓔ 대행사항
2. 시장·군수등은 토지등소유자 및 사업시행자에게 위 1.에 따라 고시한 내용을 통지하여야 한다.
3. 사업대행자는 위 (6)의 ①에 따라 정비사업을 대행하는 경우 위 1.에 따른 '**고시를 한 날의 다음 날**'부터 **영 제23조에 따라** '사업대행완료를 고시하는 날'까지 자기의 이름 및 사업시행자의 계산으로 사업시행자의 업무를 집행하고 재산을 관리한다. 이 경우 법 또는 법에 따른 명령이나 정관등으로 정하는 바에 따라 사업시행자가 행하거나 사업시행자에 대하여 행하여진 처분·절차 그 밖의 행위는 사업대행자가 행하거나 사업대행자에 대하여 행하여진 것으로 본다.
4. 시장·군수등이 아닌 사업대행자는 재산의 처분, 자금의 차입 그 밖에 사업시행자에게 재산상 부담을 주는 행위를 하려는 때에는 미리 시장·군수등의 승인을 받아야 한다.
5. 사업대행자는 위 3. 및 4.에 따른 업무를 하는 경우 선량한 관리자로서의 주의의무를 다하여야 하며, 필요한 때에는 사업시행자에게 협조를 요청할 수 있고, 사업시행자는 특별한 사유가 없는 한 이에 응하여야 한다.

관련법령 **사업대행의 완료(영 제23조)**

1. 사업대행자는 위 (6)의 ①의 사업대행의 원인이 된 사유가 없어지거나 법 제88조 제1항에 따른 등기를 완료한 때에는 사업대행을 완료하여야 한다. 이 경우 시장·군수등이 아닌 사업대행자는 미리 시장·군수등에게 사업대행을 완료할 뜻을 보고하여야 한다.
2. 시장·군수등은 위 1.에 따라 사업대행을 완료한 때에는 영 제22조 제1항 각 호의 사항과 사업대행완료일을 해당 지방자치단체의 공보 등에 고시하고, 토지등소유자 및 사업시행자에게 각각 통지하여야 한다.
3. 사업대행자는 위 2.에 따른 **사업대행완료의 고시**가 있는 때에는 지체 없이 **사업시행자에게 업무를 인계**하여야 하며, 사업시행자는 정당한 사유가 없는 한 이를 인수하여야 한다.
4. 위 3.에 따른 **인계·인수가 완료된 때**에는 사업대행자가 정비사업을 대행할 때 취득하거나 부담한 권리와 의무는 **사업시행자에게 승계**된다.
5. **사업대행자**는 위 1.에 따른 사업대행의 완료 후 **사업시행자에게** 보수 또는 비용의 상환을 청구할 때에 그 보수 또는 비용을 지출한 날 이후의 **이자**를 청구할 수 있다.

---

(7) 계약의 방법 및 시공자 선정 등(법 제29조)

 ① 추진위원장 또는 사업시행자(청산인을 포함한다)는 이 법 또는 다른 법령에 특별한 규정이 있는 경우를 제외하고는 계약(공사, 용역, 물품구매 및 제조 등을 포함한다. 이하 같다)을 체결하려면 일반경쟁에 부쳐야 한다. **다만, 계약규모, 재난의 발생 등 대통령령으로 정하는 경우에는** '입찰 참가자'를 지명(指名)하여 경쟁에 부치거나 수의계약(隨意契約)으로 할 수 있다.

 ② 위 ① 본문에 따라 **일반경쟁**의 방법으로 계약을 체결하는 경우로서 대통령령으로 정하는 규모를 초과하는 계약은 「전자조달의 이용 및 촉진에 관한 법률」 제2조 제4호의 **국가종합전자조달시스템**(이하 '전자조달시스템'이라 한다)을 이용하여야 한다.

 ③ 위의 ① 및 ②에 따라 계약을 체결하는 경우 계약의 방법 및 절차 등에 필요한 사항은 국토교통부장관이 정하여 고시한다.

④ 조합은 조합설립인가를 받은 후 조합총회에서 위 ①에 따라 **경쟁입찰** 또는 **수의계약**(2회 이상 경쟁입찰이 유찰된 경우로 한정한다)의 방법으로 건설업자 또는 등록사업자를 시공자로 선정하여야 한다. 다만, '**대통령령으로 정하는 규모 이하**(조합원 '100인 이하')**의 정비사업**'은 '**조합총회**'에서 정관으로 정하는 바에 따라 선정할 수 있다.

⑤ 토지등소유자가 위 **(3)**의 ①의 ⓒ에 따라 **재개발사업**을 시행하는 경우에는 위 ①에도 불구하고 **사업시행계획인가**를 받은 후 '**규약**'에 따라 건설업자 또는 등록사업자를 시공자로 선정하여야 한다.

⑥ 시장·군수등이 위 **(4)**의 ① 및 **(5)**의 ①에 따라 직접 정비사업을 시행하거나 **토지주택공사등** 또는 **지정개발자**를 사업시행자로 지정한 경우 사업시행자는 위 **(4)**의 ② 및 **(5)**의 ②에 따른 **사업시행자 지정·고시** 후 위의 ①에 따른 **경쟁입찰** 또는 수의계약의 방법으로 건설업자 또는 등록사업자를 시공자로 선정하여야 한다.

⑦ 위 ⑥에 따라 시공자를 선정하거나 위 **(1)**의 ①의 ⓔ의 방법으로 시행하는 주거환경개선사업의 사업시행자가 시공자를 선정하는 경우 '주민대표회의' 또는 '토지등소유자 전체회의'는 대통령령으로 정하는 경쟁입찰 또는 수의계약(2회 이상 경쟁입찰이 유찰된 경우로 한정한다)의 방법으로 시공자를 추천할 수 있다.

⑧ '조합'은 위 ④에 따른 시공자 선정을 위한 입찰에 참가하는 건설업자 또는 등록사업자가 '토지등소유자'에게 '시공에 관한 정보를 제공'할 수 있도록 **합동설명회를 2회 이상** 개최하여야 한다.

⑨ 위 ⑧에 따른 합동설명회의 개최 방법이나 시기 등은 국토교통부령으로 정한다.

⑩ 위 ⑦에 따라 주민대표회의 또는 토지등소유자 전체회의가 시공자를 추천한 경우 사업시행자는 추천받은 자를 시공자로 선정하여야 한다. 이 경우 시공자와의 계약에 관해서는 「지방자치단체를 당사자로 하는 계약에 관한 법률」 제9조 또는 「공공기관의 운영에 관한 법률」 제39조를 적용하지 아니한다.

⑪ 사업시행자(사업대행자를 포함한다)는 위 ④부터 ⑦까지 및 ⑩에 따라 선정된 시공자와 공사에 관한 계약을 체결할 때에는 기존 건축물의 철거 공사(석면안전관리법에 따른 석면 조사·해체·제거를 포함한다)에 관한 사항을 포함시켜야 한다.

> **관련법령** **계약의 방법 및 시공자의 선정(영 제24조)**

1. 위 **(7)**의 ① 단서에서 '계약규모, 재난의 발생 등 대통령령으로 정하는 경우'란 다음의 구분에 따른 경우를 말한다.
   ㉠ 입찰 참가자를 지명하여 경쟁에 부치려는 경우: 다음의 어느 하나에 해당하여야 한다.
      ⓐ 계약의 성질 또는 목적에 비추어 특수한 설비·기술·자재·물품 또는 실적이 있는 자가 아니면 계약의 목적을 달성하기 곤란한 경우로서 입찰대상자가 10인 이내인 경우
      ⓑ 「건설산업기본법」에 따른 건설공사(전문공사를 제외한다. 이하 같다)로서 추정가격이 3억원 이하인 공사인 경우
      ⓒ 「건설산업기본법」에 따른 전문공사로서 추정가격이 1억원 이하인 공사인 경우

                ⓓ 공사관련 법령(건설산업기본법은 제외한다)에 따른 공사로서 추정가격이 1억원 이하인 공사인 경우
                ⓔ 추정가격 1억원 이하의 물품 제조·구매, 용역, 그 밖의 계약인 경우
            ㉡ 수의계약을 하려는 경우: 다음의 어느 하나에 해당하여야 한다.
                ⓐ 「건설산업기본법」에 따른 건설공사로서 추정가격이 2억원 이하인 공사인 경우
                ⓑ 「건설산업기본법」에 따른 전문공사로서 추정가격이 1억원 이하인 공사인 경우
                ⓒ 공사관련 법령(건설산업기본법은 제외한다)에 따른 공사로서 추정가격이 8천만원 이하인 공사인 경우
                ⓓ 추정가격 5천만원 이하인 물품의 제조·구매, 용역, 그 밖의 계약인 경우
                ⓔ 소송, 재난복구 등 예측하지 못한 긴급한 상황에 대응하기 위하여 경쟁에 부칠 여유가 없는 경우
                ⓕ 일반경쟁입찰이 입찰자가 없거나 단독 응찰의 사유로 2회 이상 유찰된 경우
2. 위 (7)의 ②에서 '대통령령으로 정하는 규모를 초과하는 계약'이란 다음의 어느 하나에 해당하는 계약을 말한다.
    ㉠ 「건설산업기본법」에 따른 건설공사로서 추정가격이 6억원을 초과하는 공사의 계약
    ㉡ 「건설산업기본법」에 따른 전문공사로서 추정가격이 2억원을 초과하는 공사의 계약
    ㉢ 공사관련 법령(건설산업기본법은 제외한다)에 따른 공사로서 추정가격이 2억원을 초과하는 공사의 계약
    ㉣ 추정가격 2억원을 초과하는 물품 제조·구매, 용역, 그 밖의 계약
3. 위 (7)의 ④ 단서에서 '대통령령으로 정하는 규모 이하의 정비사업'이란 조합원이 100인 이하인 정비사업을 말한다.
4. 위 (7)의 ⑦에서 '대통령령으로 정하는 경쟁입찰'이란 다음의 요건을 모두 갖춘 입찰방법을 말한다.
    ㉠ 일반경쟁입찰·제한경쟁입찰 또는 지명경쟁입찰 중 하나일 것
    ㉡ 해당 지역에서 발간되는 일간신문에 1회 이상 위 ㉠의 입찰을 위한 공고를 하고, 입찰 참가자를 대상으로 현장 설명회를 개최할 것
    ㉢ 해당 지역 주민을 대상으로 '**합동설명회**'를 개최할 것
    ㉣ 토지등소유자를 대상으로 제출된 입찰서에 대한 투표를 실시하고 그 결과를 반영할 것

(8) 공사비 검증 요청 등(법 제29조의2)

재개발사업·재건축사업의 사업시행자(시장·군수등 또는 토지주택공사등이 단독 또는 공동으로 정비사업을 시행하는 경우는 제외한다)는 시공자와 계약 체결 후 다음의 어느 하나에 해당하는 때에는 법 제114조에 따른 '정비사업 지원기구'에 공사비 검증을 요청하여야 한다.

① 토지등소유자 또는 조합원 5분의 1 이상이 사업시행자에게 검증 의뢰를 요청하는 경우
② **공사비의 증액 비율**(당초 계약금액 대비 누적 증액 규모의 비율로서 생산자물가상승률은 제외한다)**이 다음의 어느 하나에 해당하는 경우**
    ㉠ 사업시행계획인가 이전에 시공자를 선정한 경우: 100분의 10 이상
    ㉡ 사업시행계획인가 이후에 시공자를 선정한 경우: 100분의 5 이상
③ 위 ① 또는 ②에 따른 공사비 검증이 완료된 이후 공사비의 증액 비율(검증 당시 계약금액 대비 누적 증액 규모의 비율로서 생산자물가상승률은 제외한다)이 **100분의 3 이상인 경우**

(9) 임대사업자의 선정(법 제30조)

사업시행자는 공공지원민간임대주택을 원활히 공급하기 위하여 국토교통부장관이 정하는 경쟁입찰의 방법 또는 수의계약('2회 이상 경쟁입찰이 유찰된 경우'와 '공공재개발사업을 통해 건설·공급되는 공공지원민간임대주택을 국가가 출자·설립한 법인 등 대통령령으로 정한 자에게 매각하는 경우'로 한정한다)의 방법으로 「민간임대주택에 관한 특별법」 제2조 제7호에 따른 임대사업자를 선정할 수 있다.

> **관련법령** 수의계약에 의한 임대사업자의 선정(영 제24조의2)
>
> 위 (9)에서 '국가가 출자·설립한 법인 등 대통령령으로 정한 자'란 「공공주택 특별법」 제4조 제1항 제1호부터 제5호까지에서 규정하는 자가 단독으로 또는 공동으로 총지분의 100분의 50을 초과하여 출자한 「부동산투자회사법」 제2조 제1호에 따른 부동산투자회사를 말한다.

2. 조합설립추진위원회 및 조합의 설립 등

(1) 조합설립추진위원회의 구성·승인(법 제31조)

① 조합을 설립하려는 경우에는 다음의 사항에 대하여 토지등소유자 과반수의 동의를 받아 '조합설립을 위한 추진위원회'를 구성하여 국토교통부령으로 정하는 방법과 절차에 따라 시장·군수등의 승인을 받아야 한다. 이 경우 시장·군수등은 승인 이후 구역경계, 토지등소유자의 수 등 국토교통부령으로 정하는 사항을 해당 지방자치단체 공보에 고시해야 한다. 24회
  ㉠ 추진위원회 위원장을 포함한 5명 이상의 추진위원회 위원(이하 '추진위원'이라 한다)
  ㉡ 법 제34조 제1항에 따른 운영규정
② 추진위원회는 다음의 어느 하나에 해당하는 지역을 대상으로 구성한다.
  ㉠ 법 제16조에 따라 정비구역으로 지정·고시된 지역
  ㉡ 법 제16조에 따라 정비구역으로 지정·고시되지 아니한 지역으로서 다음의 어느 하나에 해당하는 지역
    ⓐ 법 제4조 제1항 단서에 따라 기본계획을 수립하지 아니한 지역 또는 법 제5조 제2항에 따라 기본계획에 같은 조 제1항 제9호 및 제10호의 사항을 생략한 지역으로서 '대통령령으로 정하는 지역'
    ⓑ 기본계획에 법 제5조 제1항 제9호에 따른 정비예정구역이 설정된 지역
    ⓒ 법령에 따른 입안 요청 및 입안 제안에 따라 정비계획의 입안을 결정한 지역
    ⓓ 법 제15조에 따라 정비계획의 입안을 위하여 주민에게 공람한 지역
③ 위 ①에 따라 추진위원회의 구성에 동의한 토지등소유자[이하 (1)에서 '추진위원회 동의자'라 한다]는 법 제35조 제1항부터 제5항까지의 규정에 따른 조합의 설립에 동의한 것으로 본다. 다만, 조합설립인가를 신청하기 전에 시장·군수등 및 추진위원회에 조합설립에 대한 반대의 의사표시를 한 추진위원회 동의자의 경우에는 그러하지 아니하다.

④ 위 ②의 ⓒ에 따라 추진위원회를 구성하여 승인받은 경우로서 **승인 당시의 구역**과 법 제16조에 따라 **지정·고시된 정비구역의 면적 차이**가 **대통령령으로 정하는 기준 이상**인 경우 추진위원회는 위 ①의 ㉠ 및 ㉡의 사항에 대하여 토지등소유자 **과반수**의 동의를 받아 **시장·군수등에게 다시 승인**을 받아야 한다. 이 경우 위 ①의 추진위원회 구성에 동의한 자는 정비구역 지정·고시 이후 '**1개월 이내**'에 동의를 철회하지 아니하는 경우 동의한 것으로 본다.

⑤ **위 ④에 따른 승인**이 있는 경우 기존의 추진위원회의 업무와 관련된 권리·의무는 승인받은 추진위원회가 **포괄승계**한 것으로 본다.

⑥ 위 ① 및 ④에 따른 토지등소유자의 동의를 받으려는 자는 대통령령으로 정하는 방법 및 절차에 따라야 한다. 이 경우 동의를 받기 전에 위 ③의 내용을 **설명·고지**해야 한다.

⑦ 정비사업에 대하여 법 제118조에 따른 **공공지원**을 하려는 경우에는 추진위원회를 구성하지 아니할 수 있다. 이 경우 조합설립 방법 및 절차 등에 필요한 사항은 대통령령으로 정한다. ²⁴회

> **관련법령** **추진위원회 구성을 위한 토지등소유자의 동의 등(영 제25조)**
>
> 1. 위 (1)의 ①에 따라 토지등소유자의 동의를 받으려는 자는 국토교통부령으로 정하는 동의서에 추진위원회의 위원장(이하 '추진위원장'이라 한다), 추진위원회 위원, 다음 (2)의 ①에 따른 추진위원회의 업무 및 다음 (4)의 ①에 따른 운영규정을 미리 쓴 후 토지등소유자의 동의를 받아야 한다.
> 2. 위 (1) ②의 ⓒ의 ⓐ에서 '**대통령령으로 정하는 지역**'이란 [별표 1]에 해당하는 지역으로서 다음의 어느 하나에 해당하는 지역을 말한다. 〈신설 2025.5.27.〉
>   ㉠ 「국토의 계획 및 이용에 관한 법률」에 따른 **지구단위계획구역**(법 제17조 제2항에 따라 정비구역으로 지정·고시된 것으로 보는 경우는 제외한다)으로서 향후 정비사업을 추진하기에 적합하도록 지구단위계획이 **수립되어 있는 지역**
>   ㉡ 영 제10조 제7항에 따라 재건축 대상인 것으로 재건축진단 판정 결과가 통보된 재건축사업 예정지역
>   ㉢ 그 밖에 시·도조례로 정하는 기준에 적합한 지역
> 3. 위 (1)의 ④ 전단에서 '대통령령으로 정하는 기준'이란 '추진위원회의 구성에 관한 승인 당시' 구역 면적의 100분의 10을 말한다. 〈신설 2025.5.27.〉
> 4. 토지등소유자의 동의를 받으려는 자는 위 (1)의 ⑥에 따라 다음의 사항을 설명·고지하여야 한다.
>   ㉠ 동의를 받으려는 사항 및 목적
>   ㉡ 동의로 인하여 의제되는 사항
>   ㉢ 영 제33조 제2항에 따른 동의의 철회 또는 반대의사 표시의 절차 및 방법

(2) 추진위원회의 기능(법 제32조)

① 추진위원회는 다음의 업무를 수행할 수 있다.
  ㉠ **정비사업전문관리업자**의 선정 및 변경
  ㉡ **설계자**의 선정 및 변경
  ㉢ **개략적인 정비사업 시행계획서**의 작성
  ㉣ 조합설립인가를 받기 위한 준비업무
  ㉤ 그 밖에 조합설립을 추진하기 위하여 대통령령으로 정하는 업무

② 추진위원회가 정비사업전문관리업자를 선정하려는 경우에는 추진위원회 '승인'을 받은 후 위 1. (7)의 ①에 따른 경쟁입찰 또는 수의계약(2회 이상 경쟁입찰이 유찰된 경우로 한정한다)의 방법으로 선정하여야 한다.

③ 추진위원회는 다음 (5)의 ②, ③, ⑤에 따른 '조합설립인가를 신청하기 전'에 대통령령으로 정하는 방법 및 절차에 따라 '조합설립을 위한 창립총회'를 개최하여야 한다.

④ 추진위원회가 위 ①에 따라 수행하는 업무의 내용이 토지등소유자의 비용부담을 수반하거나 권리·의무에 변동을 발생시키는 경우로서 대통령령으로 정하는 사항에 대하여는 그 업무를 수행하기 전에 '대통령령으로 정하는 비율 이상'의 토지등소유자의 동의를 받아야 한다.

> **관련법령** 추진위원회의 업무 등(영 제26조)
>
> 위 (2)의 ①의 ⑪에서 '대통령령으로 정하는 업무'란 다음의 업무를 말한다.
> 1. 추진위원회 운영규정의 작성
> 2. 토지등소유자의 동의서의 접수
> 3. 조합의 설립을 위한 창립총회(이하 '창립총회'라 한다)의 개최
> 4. 조합 정관의 초안 작성
> 5. 그 밖에 추진위원회 운영규정으로 정하는 업무

> **관련법령** 창립총회의 방법 및 절차 등(영 제27조)
>
> 1. 추진위원회(추진위원회를 구성하지 아니하는 경우에는 토지등소유자를 말한다)는 다음 (5)의 ②부터 ④까지의 규정에 따른 동의를 받은 후 조합설립인가를 신청하기 전에 위 (2)의 ③에 따라 창립총회를 개최하여야 한다.
> 2. 추진위원회(추진위원회를 구성하지 아니하는 경우에는 조합설립을 추진하는 토지등소유자의 대표자를 말한다)는 창립총회 14일 전까지 회의목적·안건·일시·장소·참석자격 및 구비사항 등을 인터넷 홈페이지를 통하여 공개하고, 토지등소유자에게 등기우편으로 발송·통지하여야 한다.
> 3. 창립총회는 추진위원장(추진위원회를 구성하지 아니하는 경우에는 토지등소유자의 대표자를 말한다. 이하 같다)의 직권 또는 토지등소유자 5분의 1 이상의 요구로 추진위원장이 소집한다. 다만, 토지등소유자 5분의 1 이상의 소집요구에도 불구하고 추진위원장이 2주 이상 소집요구에 응하지 아니하는 경우 소집요구한 자의 대표가 소집할 수 있다.
> 4. 창립총회에서는 다음의 업무를 처리한다.
>   ㉠ 조합 정관의 확정
>   ㉡ 법 제41조에 따른 조합의 임원(이하 '조합임원'이라 한다)의 선임
>   ㉢ 대의원의 선임
>   ㉣ 그 밖에 필요한 사항으로서 위 2.에 따라 사전에 통지한 사항
> 5. 창립총회의 의사결정은 토지등소유자(재건축사업의 경우 조합설립에 동의한 토지등소유자로 한정한다)의 과반수 출석과 출석한 토지등소유자 과반수 찬성으로 결의한다. 다만, 조합임원 및 대의원의 선임은 위 4.의 ㉠에 따라 확정된 정관에서 정하는 바에 따라 선출한다.
> 6. 법 제118조에 따라 공공지원 방식으로 시행하는 정비사업 중 추진위원회를 구성하지 아니하는 경우에는 위 1.부터 5.까지에서 규정한 사항 외에 영 제26조 제2호부터 제4호까지의 업무에 대한 절차 등에 필요한 사항을 시·도 조례로 정할 수 있다.

(3) 추진위원회의 조직(법 제33조)

① 추진위원회는 추진위원회를 대표하는 **추진위원장 1명과 감사**를 두어야 한다.
② 추진위원의 선출에 관한 선거관리는 법 제41조 제3항을 준용한다. 이 경우 '조합'은 '추진위원회'로, '조합임원'은 '추진위원'으로 본다.
③ 토지등소유자는 다음 (4)에 따른 추진위원회의 운영규정에 따라 추진위원회에 추진위원의 교체 및 해임을 요구할 수 있으며, 추진위원장이 사임, 해임, 임기만료, 그 밖에 불가피한 사유 등으로 직무를 수행할 수 없는 때부터 6개월 이상 선임되지 아니한 경우 그 업무의 대행에 관하여는 법 제41조 제5항 단서를 준용한다. 이 경우 '조합임원'은 '추진위원장'으로 본다.
④ 위 ③에 따른 추진위원의 교체·해임 절차 등에 필요한 사항은 다음 (4)의 ①에 따른 운영규정에 따른다.
⑤ 추진위원의 결격사유는 법 제43조 제1항부터 제3항까지를 준용한다. 이 경우 '조합'은 '추진위원회'로, '조합임원'은 '추진위원'으로, '법 제35조에 따른 조합설립 인가권자'는 '법 제31조에 따른 추진위원회 승인권자'로 본다.

(4) 추진위원회의 운영(법 제34조)

① 국토교통부장관은 추진위원회의 공정한 운영을 위하여 다음의 사항을 포함한 추진위원회의 **운영규정**을 정하여 고시하여야 한다.
  ㉠ 추진위원의 선임방법 및 변경
  ㉡ 추진위원의 권리·의무
  ㉢ 추진위원회의 업무범위
  ㉣ 추진위원회의 운영방법
  ㉤ 토지등소유자의 운영경비 납부
  ㉥ 추진위원회 운영자금의 차입
  ㉦ 그 밖에 추진위원회의 운영에 필요한 사항으로서 대통령령으로 정하는 사항
② 추진위원회는 운영규정에 따라 운영하여야 하며, 토지등소유자는 운영에 필요한 경비를 운영규정에 따라 납부하여야 한다.
③ 추진위원회는 수행한 업무를 '**총회**'에 보고하여야 하며, 그 업무와 관련된 권리·의무는 조합이 포괄승계한다.
④ 추진위원회는 사용경비를 기재한 회계장부 및 관계 서류를 조합설립인가일부터 30일 이내에 조합에 인계하여야 한다.

관련법령 추진위원회 운영규정(영 제28조)

위 (4)의 ①의 ㉦에서 '대통령령으로 정하는 사항'이란 다음의 사항을 말한다.
1. 추진위원회 운영경비의 회계에 관한 사항
2. '정비사업전문관리업자'의 선정에 관한 사항
3. 그 밖에 국토교통부장관이 정비사업의 원활한 추진을 위하여 필요하다고 인정하는 사항

| 관련법령 | 추진위원회의 운영(영 제29조) |

1. 추진위원회는 다음의 사항을 토지등소유자가 쉽게 접할 수 있는 일정한 장소에 게시하거나 인터넷 등을 통하여 공개하고, 필요한 경우에는 토지등소유자에게 서면통지를 하는 등 토지등소유자가 그 내용을 충분히 알 수 있도록 하여야 한다. 다만, ⓒ 및 ㉛의 사항은 '조합설립인가' 신청일 60일 전까지 추진위원회 구성에 동의한 토지등소유자에게 등기우편으로 통지하여야 한다.
   ㉠ 법 제12조에 따른 재건축진단의 결과
   ㉡ 정비사업전문관리업자의 선정에 관한 사항
   ㉢ 토지등소유자의 부담액 범위를 포함한 개략적인 사업시행계획서
   ㉣ 추진위원회 위원의 선정에 관한 사항
   ㉤ 토지등소유자의 비용부담을 수반하거나 권리·의무에 변동을 일으킬 수 있는 사항
   ㉥ 법 제32조 제1항에 따른 추진위원회의 업무에 관한 사항
   ㉦ 창립총회 개최의 방법 및 절차
   ㉧ 조합설립에 대한 동의철회(법 제31조 제3항 단서에 따른 반대의 의사표시를 포함한다) 및 방법
   ㉨ 영 제30조 제2항에 따른 조합설립 동의서에 포함되는 사항
2. 추진위원회는 추진위원회의 지출내역서를 매분기별로 토지등소유자가 쉽게 접할 수 있는 일정한 장소에 게시하거나 인터넷 등을 통하여 공개하고, 토지등소유자가 열람할 수 있도록 하여야 한다.

(5) **조합설립인가 등**(법 제35조)

① 시장·군수등, 토지주택공사등 또는 지정개발자가 아닌 자가 정비사업을 시행하려는 경우에는 토지등소유자로 구성된 조합을 설립하여야 한다. 다만, 법 제25조 제1항 제2호에 따라 **20인 미만**인 토지등소유자가 '**재개발사업**'을 시행하려는 경우에는 그러하지 아니하다.

② **재개발사업**의 추진위원회(법 제31조 제7항에 따라 추진위원회를 구성하지 아니하는 경우에는 토지등소유자를 말한다)가 조합을 설립하려면 토지등소유자의 **4분의 3 이상** 및 토지면적의 **2분의 1 이상**의 토지소유자의 동의를 받아 다음의 사항을 첨부하여 법 제16조에 따른 정비구역 지정·고시 후 '**시장·군수등**'의 **인가**를 받아야 한다. 23회
   ㉠ 정관
   ㉡ 정비사업비와 관련된 자료 등 국토교통부령으로 정하는 서류
   ㉢ 그 밖에 시·도 조례로 정하는 서류

③ **재건축사업**의 추진위원회(법 제31조 제4항에 따라 추진위원회를 구성하지 아니하는 경우에는 토지등소유자를 말한다)가 조합을 설립하려는 때에는 주택단지의 공동주택의 **각 동**(복리시설의 경우에는 주택단지의 복리시설 전체를 하나의 동으로 본다)**별** 구분소유자의 **과반수**(복리시설로서 대통령령으로 정하는 경우에는 3분의 1 이상으로 한다) 동의(공동주택의 각 동별 구분소유자가 5 이하인 경우는 제외한다)와 주택단지의 **전체** 구분소유자의 **100분의 70 이상** 및 토지면적의 **100분의 70 이상**의 토지소유자의 동의를 받아 위 ②의 ㉠~㉢의 사항을 첨부하여 '시장·군수등'의 인가를 받아야 한다.

④ 위 ③에도 불구하고 '주택단지가 아닌 지역'이 정비구역에 포함된 때에는 주택단지가 아닌 지역의 토지 또는 건축물 소유자의 **4분의 3 이상** 및 토지면적의 **3분의 2 이상**의 토지소유자의 동의를 받아야 한다.

⑤ 위 ② 및 ③에 따라 설립된 조합이 인가받은 사항을 '**변경**'하고자 하는 때에는 총회에서 조합원의 **3분의 2 이상**의 찬성으로 의결하고, 위 ②의 ㉠~㉢의 사항을 첨부하여 '시장·군수등'의 **인가**를 받아야 한다. 다만, 대통령령으로 정하는 경미한 사항을 변경하려는 때에는 총회의 의결 없이 시장·군수등에게 신고하고 변경할 수 있다. 24회
⑥ 시장·군수등은 위 ⑤ 단서에 따른 신고를 받은 날부터 **20일 이내**에 신고수리 여부를 신고인에게 통지하여야 한다.
⑦ 시장·군수등이 위 ⑥에서 정한 기간 내에 신고수리 여부 또는 민원 처리 관련 법령에 따른 처리기간의 연장을 신고인에게 통지하지 아니하면 그 기간(민원 처리 관련 법령에 따라 처리기간이 연장 또는 재연장된 경우에는 해당 처리기간을 말한다)이 끝난 날의 **다음 날에 신고를 수리한 것으로 본다.**
⑧ 조합이 정비사업을 시행하는 경우 「주택법」 제54조를 적용할 때에는 조합을 같은 법 제2조 제10호에 따른 사업주체로 보며, 조합설립인가일부터 같은 법 제4조에 따른 주택건설사업 등의 등록을 한 것으로 본다.
⑨ 위 ②부터 ⑤까지의 규정에 따른 토지등소유자에 대한 동의의 대상 및 절차, 조합설립 신청 및 인가 절차, 인가받은 사항의 변경 등에 필요한 사항은 대통령령으로 정한다.
⑩ 추진위원회는 조합설립에 필요한 동의를 받기 전에 추정분담금 등 대통령령으로 정하는 정보를 토지등소유자에게 제공하여야 한다.

관련법령 **조합설립인가신청의 방법 등(영 제30조)**

1. 위 **(5)**의 ②부터 ④까지의 규정에 따른 토지등소유자의 동의는 국토교통부령으로 정하는 동의서에 동의를 받는 방법에 따른다.
2. 위 1.에 따른 동의서에는 다음의 사항이 포함되어야 한다.
   ㉠ 건설되는 건축물의 설계의 개요
   ㉡ 공사비 등 정비사업비용에 드는 비용(이하 '정비사업비'라 한다)
   ㉢ 정비사업비의 분담기준
   ㉣ 사업 완료 후 소유권의 귀속에 관한 사항
   ㉤ 조합 정관
3. 위 **(5)**의 ③에서 '대통령령으로 정하는 경우'란 **기본계획의 수립·고시일**(노후계획도시 정비 및 지원에 관한 특별법 제2조 제6호 가목에 따른 노후계획도시정비사업의 경우에는 같은 법 제6조 제6항에 따른 노후계획도시정비기본계획의 수립·고시일을 말하고, 도시재정비 촉진을 위한 특별법 제13조 제1항 제1호에 따라 기본계획의 수립이 의제되는 경우에는 같은 법 제12조 제3항에 따른 재정비촉진계획의 결정·고시일을 말한다) 이후로서 **시·도지사가 따로 정하는 날**[따로 정하는 날이 없는 경우에는 **정비구역의 지정·고시일**(노후계획도시 정비 및 지원에 관한 특별법 제14조 제1호에 따라 정비구역의 지정이 의제되는 같은 법 제13조 제3항에 따른 노후계획도시특별정비구역의 지정·고시일 및 도시재정비 촉진을 위한 특별법 제13조 제1항 제1호에 따라 정비구역의 지정이 의제되는 같은 법 제12조 제3항에 따른 재정비촉진계획의 결정·고시일을 포함한다)을 말한다]**의 다음 날부터 '조합설립인가 신청일'까지 복리시설의 구분소유자가 증가한 경우**를 말한다. 다만, 다음의 요건을 모두 갖춘 경우에는 구분소유자가 증가한 경우로 보지 않는다. 〈신설 2025.4.29.〉

㉠ 영업 등 해당 복리시설의 용도로 사용하기 위해 「집합건물의 소유 및 관리에 관한 법률」 제2조 제3호에 따른 전유부분을 분할하였을 것
㉡ 위 ㉠에 따라 분할된 전유부분을 '조합설립인가 신청일'까지 영업 등 해당 복리시설의 용도로 사용하고 있을 것
4. 조합은 조합설립인가를 받은 때에는 정관으로 정하는 바에 따라 토지등소유자에게 그 내용을 통지하고, 이해관계인이 열람할 수 있도록 하여야 한다. 〈개정 2025.4.29.〉

> **관련법령** **추정분담금 등 정보의 제공(영 제32조)**
>
> 위 **(5)**의 ⑩에서 '추정분담금 등 대통령령으로 정하는 정보'란 다음의 정보를 말한다.
> 1. 토지등소유자별 분담금 추산액 및 산출근거
> 2. 그 밖에 추정분담금의 산출 등과 관련하여 시·도 조례로 정하는 정보

(6) 토지등소유자의 동의방법 등(법 제36조) 〈개정 및 신설 2024.12.3. 시행 2025.12.4.〉

① 다음에 대한 동의(동의한 사항의 철회 또는 법 제26조 제1항 제8호 단서, 법 제31조 제3항 단서 및 법 제47조 제4항 단서에 따른 반대의 의사표시를 포함한다)는 **서면동의서** 또는 **전자서명동의서**(전자문서 및 전자거래 기본법 제2조 제1호에 따른 전자문서에 전자서명법 제2조 제2호에 따른 전자서명을 한 동의서를 말한다. 이하 같다)를 제출하는 방법으로 한다. 이 경우 서면동의서는 **토지등소유자**가 **성명**을 적고 **지장**(指章)을 **날인**하는 방법으로 하며, 주민등록증, 여권 등 신원을 확인할 수 있는 신분증명서의 사본을 첨부하여야 한다. 〈개정〉
  ㉠ 법 제20조 제6항 제1호에 따라 정비구역 등 해제의 연장을 요청하는 경우
  ㉡ 법 제21조 제1항 제4호에 따라 정비구역의 해제에 동의하는 경우
  ㉢ 법 제24조 제1항에 따라 주거환경개선사업의 시행자를 토지주택공사등으로 지정하는 경우
  ㉣ 법 제25조 제1항 제2호에 따라 토지등소유자가 재개발사업을 시행하려는 경우
  ㉤ 법 제26조 또는 법 제27조에 따라 재개발사업·재건축사업의 공공시행자 또는 지정개발자를 지정하는 경우
  ㉥ 법 제31조 제1항에 따라 조합설립을 위한 추진위원회를 구성하는 경우
  ㉦ 법 제32조 제4항에 따라 추진위원회의 업무가 토지등소유자의 비용부담을 수반하거나 권리·의무에 변동을 가져오는 경우
  ㉧ 법 제35조 제2항부터 제5항까지의 규정에 따라 조합을 설립하는 경우
  ㉨ 법 제47조 제3항에 따라 주민대표회의를 구성하는 경우
  ㉩ 법 제50조 제6항에 따라 사업시행계획인가를 신청하는 경우
  ㉪ 법 제58조 제3항에 따라 사업시행자가 사업시행계획서를 작성하려는 경우
② 위 ①에도 불구하고 토지등소유자가 해외에 장기체류하거나 법인인 경우 등 불가피한 사유가 있다고 시장·군수등이 인정하는 경우에는 **토지등소유자의 인감도장을 찍은 서면동의서**에 해당 **인감증명서**를 **첨부**하는 방법으로 할 수 있다.

③ 위 ① 및 ②에 따라 **서면동의서** 또는 **전자서명동의서**(이하 ③에서 '동의서'라 한다)를 작성하는 경우 법 제31조(조합설립추진위원회의 구성·승인) 제1항 및 법 제35조(조합설립인가 등) 제2항부터 제4항까지의 규정에 해당하는 때에는 시장·군수등이 대통령령으로 정하는 방법에 따라 **검인**(檢印) 또는 **확인한 동의서**를 사용하여야 하며, 검인 또는 확인을 받지 아니한 동의서는 그 효력이 발생하지 아니한다. 〈개정〉

④ 위 ①, ② 및 법 제12조에 따른 토지등소유자의 동의자 수 산정 방법·절차 및 위 ①에 따른 전자서명동의서의 본인확인 방법 등에 필요한 사항은 대통령령으로 정한다. 〈개정〉

관련법령 | **토지등소유자의 동의자 수 산정방법 등(영 제33조)**

1. 법 제12조 제2항, 제28조 제1항, 제36조 제1항, 이 영 제12조, 제14조 제2항 및 제27조에 따른 토지등소유자(토지면적에 관한 동의자 수를 산정하는 경우에는 토지소유자를 말한다. 이하 같다)의 동의는 다음의 기준에 따라 산정한다.
   ㉠ **'주거환경개선사업'**, **'재개발사업'**의 경우에는 다음의 기준에 의할 것
      ⓐ 1필지의 토지 또는 하나의 건축물을 여럿이서 공유하는 경우에는 해당 토지 또는 건축물의 토지등소유자의 **4분의 3 이상**의 동의를 받아 이를 **대표하는** 1인을 토지등소유자로 산정할 것
      ⓑ 토지에 **지상권**이 설정되어 있는 경우 **토지의 소유자**와 해당 토지의 **지상권자를 대표하는** 1인을 토지등소유자로 산정할 것
      ⓒ 1인이 **다수** 필지의 토지 또는 다수의 건축물을 소유하고 있는 경우에는 필지나 건축물의 수에 관계없이 토지등소유자를 1인으로 산정할 것. 다만, 재개발사업으로서 법 제25조 제1항 제2호에 따라 토지등소유자가 재개발사업을 시행하는 경우 토지등소유자가 정비구역 지정 후에 정비사업을 목적으로 취득한 토지 또는 건축물에 대해서는 정비구역 지정 당시의 토지 또는 건축물의 소유자를 토지등소유자의 수에 포함하여 산정하되, 이 경우 동의 여부는 이를 취득한 토지등소유자에 따른다.
      ⓓ 둘 이상의 토지 또는 건축물을 소유한 공유자가 동일한 경우에는 그 공유자 여럿을 대표하는 1인을 토지등소유자로 산정할 것
   ㉡ **'재건축사업'**의 경우에는 다음의 기준에 따를 것
      ⓐ 소유권 또는 구분소유권을 여럿이서 공유하는 경우에는 그 여럿을 **대표하는** 1인을 토지등소유자로 산정할 것 27회
      ⓑ 1인이 **둘 이상**의 소유권 또는 구분소유권을 소유하고 있는 경우에는 소유권 또는 구분소유권의 수에 관계없이 토지등소유자를 1인으로 산정할 것 22회, 27회
      ⓒ 둘 이상의 소유권 또는 구분소유권을 소유한 **공유자**가 **동일한** 경우에는 그 공유자 여럿을 대표하는 1인을 토지등소유자로 할 것 27회
   ㉢ 추진위원회의 구성 또는 조합의 설립에 동의한 자로부터 토지 또는 건축물을 취득한 자는 추진위원회의 구성 또는 조합의 설립에 동의한 것으로 볼 것 27회
   ㉣ 토지건물등기사항증명서·건물등기사항증명서·토지대장 또는 건축물관리대장에 소유자로 등재될 당시 주민등록번호의 기록이 없고 기록된 주소가 현재 주소와 다른 경우로서 소재가 확인되지 아니한 자는 토지등소유자의 수 또는 공유자 수에서 제외할 것
   ㉤ 국·공유지에 대해서는 그 재산관리청 각각을 토지등소유자로 산정할 것. 이 경우 재산관리청은 동의 요청을 받은 날부터 30일 이내에 동의 여부를 표시하지 않으면 동의한 것으로 본다. 27회

2. 법 제12조 제2항 및 위 (6)의 ①의 ㉠~㉣ 외의 부분에 따른 동의(법 제26조 제1항 제8호, 제31조 제2항 및 제47조 제4항에 따라 의제된 동의를 포함한다)의 철회 또는 반대의사 표시의 시기는 다음의 기준에 따른다.
   ㉠ 동의의 철회 또는 반대의사의 표시는 해당 동의에 따른 인·허가 등을 신청하기 전까지 할 수 있다.
   ㉡ 위 ㉠에도 불구하고 다음의 동의는 최초로 동의한 날부터 30일까지만 철회할 수 있다. 다만, ⓑ의 동의는 최초로 동의한 날부터 30일이 지나지 아니한 경우에도 조합설립을 위한 창립총회 후에는 철회할 수 없다.
      ⓐ 법 제21조 제1항 제4호에 따른 정비구역의 해제에 대한 동의
      ⓑ 법 제35조에 따른 조합설립에 대한 동의(동의 후 영 제30조 제2항 각 호의 사항이 변경되지 아니한 경우로 한정한다)
3. 위 2.에 따라 동의를 **철회**하거나 **반대의 의사표시**를 하려는 토지등소유자는 **철회서**에 토지등소유자가 **성명**을 적고 **지장을 날인**한 후 주민등록증 및 여권 등 신원을 확인할 수 있는 신분증명서 사본을 첨부하여 동의의 상대방 및 시장·군수등에게 내용증명의 방법으로 발송하여야 한다. 이 경우 시장·군수등이 철회서를 받은 때에는 지체 없이 동의의 상대방에게 철회서가 접수된 사실을 통지하여야 한다.
4. 위 2.에 따른 동의의 철회나 반대의 의사표시는 위 3. 전단에 따라 철회서가 동의의 상대방에게 도달한 때 또는 3. 후단에 따라 시장·군수등이 동의의 상대방에게 철회서가 접수된 사실을 통지한 때 중 빠른 때에 효력이 발생한다.

관련법령 동의서의 검인방법 등(영 제34조)

1. 위 **(6)**의 ③에 따라 서면동의서에 검인을 받으려는 자는 영 제25조 제1항 또는 영 제30조 제2항에 따라 서면동의서에 기재할 사항을 기재한 후 관련 서류를 첨부하여 시장·군수등에게 검인을 신청하여야 한다.
2. 위 1.에 따른 신청을 받은 시장·군수등은 서면동의서 기재사항의 기재 여부 등 형식적인 사항을 확인하고 해당 서면동의서에 연번을 부여한 후 검인을 하여야 한다.
3. 시장·군수등은 위 1.에 따른 신청을 받은 날부터 **20일 이내**에 신청인에게 검인한 동의서를 내주어야 한다.
4. 위 **(6)**의 ③에 따라 **(5)**의 ①에 따른 전자서명동의서(이하 '전자서명동의서'라 한다)의 확인을 받으려는 자는 시장·군수등에게 다음의 사항에 대한 확인을 신청해야 한다. 〈신설 2025.5.27.〉
   ㉠ 전자서명동의서의 보관 및 위조·변조 방지에 관한 사항
   ㉡ 전자서명동의서를 다음의 어느 하나에 해당하는 방법에 따라 작성한 사실
      ⓐ 위 1.부터 3.까지에 따라 작성된 서면동의서를 「전자문서 및 전자거래 기본법」 제2조 제1호에 따라 정보처리시스템에 의하여 전자적 형태로 변환하는 방법
      ⓑ 「전자문서 및 전자거래 기본법」 제2조 제1호에 따라 정보처리시스템에 의하여 전자적 형태로 작성하는 방법
   ㉢ 위 ㉡의 ⓑ에 따른 방법으로 작성된 전자서명동의서의 경우 동의서에 기재할 사항의 기재 여부 등 형식적인 사항을 갖추었다는 사실
5. 위 4.에 따른 신청을 받은 시장·군수등은 신청일부터 **20일 이내**에 신청인에게 전자서명동의서의 확인 결과를 알려주어야 한다. 이 경우 시장·군수등은 위 4.의 ㉡의 ⓑ에 따른 방법으로 작성된 전자서명동의서에 대해 위 4.의 ㉠~㉢의 사항이 모두 확인된 경우에는 **연번**을 부여해야 한다. 〈신설 2025.5.27.〉
6. 전자서명동의서의 본인확인은 「전자서명법」 제8조 제1항에 따른 '운영기준 준수사실의 인정'을 받은 전자서명인증사업자가 제공하는 본인확인의 방법을 따라야 한다. 〈신설 2025.5.27.〉

(7) '토지등소유자가 시행하는 재개발사업'에서의 토지등소유자의 동의자 수 산정에 관한 특례 (법 제36조의2)

① 정비구역 지정·고시(변경지정·고시는 제외한다. 이하 ①에서 같다) 이후 법 제25조 제1항 제2호에 따라 '토지등소유자가 재개발사업을 시행하는 경우' 토지등소유자의 '동의자 수를 산정하는 기준일'은 다음의 구분에 따른다.
  ㉠ 법 제14조 제1항 제6호에 따라 '정비계획의 변경을 제안'하는 경우: 정비구역 지정·고시가 있는 날
  ㉡ 법 제50조 제6항에 따라 '사업시행계획인가를 신청'하는 경우: 사업시행계획인가를 신청하기 직전의 정비구역 변경지정·고시가 있는 날(정비구역 변경지정이 없거나 정비구역 지정·고시 후에 정비사업을 목적으로 취득한 토지 또는 건축물에 대해서는 정비구역 지정·고시가 있는 날을 말한다)

② 위 ①에 따른 토지등소유자의 동의자 수를 산정함에 있어 '위 ①의 ㉠·㉡의 구분에 따른 산정기준일 이후' '1명의 토지등소유자'로부터 토지 또는 건축물의 소유권이나 지상권을 '양수'하여 '여러 명이 소유하게 된 때'에는 그 여러 명을 대표하는 1명을 토지등소유자로 본다.

(8) 토지등소유자의 동의 인정에 관한 특례 (법 제36조의3)

① 토지등소유자가 다음의 어느 하나에 해당하는 사항에 대하여 동의를 하는 경우, '다음 ②의 요건을 모두 충족한 경우에 한정'하여 **다음 사항 중 동의하지 아니한 다른 사항에 대하여도 동의를 한 것으로 본다.**
  ㉠ 법 제13조의2에 따른 정비계획의 입안 요청을 위한 동의
  ㉡ 법 제14조에 따른 입안의 제안을 위한 동의
  ㉢ 법 제31조 제1항에 따른 추진위원회 구성에 대한 동의
② 위 ①에 따라 동의를 인정받기 위한 요건은 다음과 같다.
  ㉠ 위 ①의 ㉠~㉢의 동의를 받을 때 위 ①의 ㉠~㉢의 다른 동의에 관하여 대통령령으로 정하는 사항을 포함하여 동의를 받을 것
  ㉡ 위 ①의 ㉠~㉢의 동의를 받을 때 위 ①의 ㉠~㉢의 다른 동의로도 인정될 수 있음을 고지받고, 고지받은 날부터 대통령령으로 정하는 기간 내에 동의를 철회하지 아니할 것
  ㉢ 그 밖에 대통령령으로 정하는 기준과 방법을 충족할 것

> **관련법령** 토지등소유자의 동의 인정에 관한 특례(영 제34조의2) 〈신설 2025.5.27.〉
>
> 1. 위 **(8)**의 ②의 ㉠에서 '대통령령으로 정하는 사항'이란 위 **(8)**의 ①에 따라 동의를 한 것으로 보는 위 **(8)**의 ①의 ㉠~㉢의 구체적인 내용을 말한다.
> 2. 위 **(8)**의 ②의 ㉡에서 '대통령령으로 정하는 기간'이란 다음의 구분에 따른 '요청, 제안 또는 신청 전까지에 해당하는 기간'을 말한다.
>   ㉠ 위 **(8)**의 ①의 ㉠의 동의(동의를 한 것으로 보는 경우를 포함한다. '이하' ②에서 같다): 법 제13조의2 제1항에 따른 정비구역의 지정을 위한 정비계획의 입안 요청

ⓒ 위 **(8)** ①의 ⓑ의 동의: 법 제14조 제1항에 따른 정비계획의 입안 제안
　　ⓓ 위 **(8)** ①의 ⓒ의 등의: 법 제31조 제1항에 따른 추진위원회 구성에 대한 승인 신청
3. 위 **(8)**의 ②의 ⓓ에서 '대통령령으로 정하는 기준과 방법'이란 위 **(8)**의 ①의 ⓐ~ⓒ의 어느 하나에 해당하는 사항에 대하여 동의를 받을 때 영 제33조 제3항 및 제4항에 따른 동의의 철회 및 반대의 의사표시 절차와 방법을 설명·고지하는 것을 말한다.

(9) 토지등소유자의 동의서 재사용의 특례(법 제37조)

① 조합설립인가[변경인가를 포함한다. 이하 **(9)**에서 같다]를 받은 후에 동의서 위조, 동의 철회, 동의율 미달 또는 동의자 수 산정방법에 관한 하자 등으로 다툼이 있는 경우로서 다음의 어느 하나에 해당하는 때에는 동의서의 **유효성에 다툼이 없는** 토지등소유자의 동의서를 다시 사용할 수 있다.
　ⓐ 조합설립인가의 무효 또는 취소소송 중에 일부 동의서를 **추가 또는 보완**하여 조합설립변경인가를 신청하는 때
　ⓑ 법원의 판결로 조합설립인가의 무효 또는 취소가 **확정**되어 조합설립인가를 **다시 신청**하는 때
② 조합(위 ①의 ⓑ의 경우에는 추진위원회를 말한다)이 위 ①에 따른 토지등소유자의 동의서를 다시 사용하려면 다음의 요건을 충족하여야 한다.
　ⓐ 토지등소유자에게 기존 동의서를 다시 사용할 수 있다는 취지와 반대 의사표시의 절차 및 방법을 설명·고지할 것
　ⓑ 위 ①의 ⓑ의 경우에는 다음의 요건
　　ⓐ 조합설립인가의 무효 또는 취소가 확정된 조합과 새롭게 설립하려는 조합이 추진하려는 정비사업의 목적과 방식이 동일할 것
　　ⓑ 조합설립인가의 무효 또는 취소가 확정된 날부터 3년의 범위에서 대통령령으로 정하는 기간 내에 새로운 조합을 설립하기 위한 창립총회를 개최할 것

관련법령　토지등소유자의 동의서 재사용의 특례(영 제35조)

위 **(9)**의 ①에 따라 토지등소유자의 동의서를 다시 사용하기 위한 요건은 다음과 같다.
1. 위 **(9)**의 ①의 ⓐ의 경우: 다음의 요건
　ⓐ 토지등소유자에게 기존 동의서를 다시 사용할 수 있다는 취지와 반대의사표시의 절차 및 방법을 서면으로 설명·고지할 것
　ⓑ 60일 이상의 반대의사 표시기간을 ⓐ의 서면에 **명백히** 적어 부여할 것
2. 위 **(9)**의 ①의 ⓑ의 경우: 다음의 요건
　ⓐ 토지등소유자에게 기존 동의서를 다시 사용할 수 있다는 취지와 반대의사표시의 절차 및 방법을 서면으로 설명·고지할 것
　ⓑ 90일 이상의 반대의사 표시기간을 ⓐ의 서면에 **명백히** 적어 부여할 것
　ⓒ 정비구역, 조합정관, 정비사업비, 개인별 추정분담금, 신축되는 건축물의 연면적 등 정비사업의 변경내용을 ⓐ의 서면에 포함할 것

㉣ 다음의 변경의 범위가 모두 100분의 10 미만일 것
　　　　ⓐ 정비구역 면적의 변경
　　　　ⓑ 정비사업비의 증가(생산자물가상승률분 및 법 제73조에 따른 현금청산 금액은 제외한다)
　　　　ⓒ 신축되는 건축물의 연면적 변경
　　㉤ 조합설립인가의 무효 또는 취소가 확정된 조합과 새롭게 설립하려는 조합이 추진하려는 정비사업의 목적과 방식이 동일할 것
　　㉥ 조합설립의 무효 또는 취소가 확정된 날부터 3년 내에 새로운 조합을 설립하기 위한 창립총회를 개최할 것

(10) 조합의 법인격 등(법 제38조)

① 조합은 법인으로 한다.
② 조합은 조합설립인가를 받은 날부터 **30일 이내**에 주된 사무소의 소재지에서 대통령령으로 정하는 사항을 '등기'하는 때에 성립한다. ^{24회, 27회 주관식}
③ 조합은 명칭에 '**정비사업조합**'이라는 문자를 사용하여야 한다. ^{24회, 27회 주관식}

▶ 「주택법」상 리모델링 주택조합의 경우, 조합의 법인격 등(법 제38조) 규정이 적용된다.

관련법령　조합의 등기사항(영 제36조)

위 **(10)**의 ②에서 '대통령령으로 정하는 사항'이란 다음의 사항을 말한다.
1. 설립목적
2. 조합의 명칭
3. 주된 사무소의 소재지
4. 설립인가일
5. 임원의 성명 및 주소
6. 임원의 대표권을 제한하는 경우에는 그 내용
7. 법 제41조 제5항 단서에 따른 전문조합관리인을 선정한 경우에는 그 성명 및 주소

---

(11) 조합원의 자격 등(법 제39조)

① 법 제25조에 따른 **정비사업의 조합원**(사업시행자가 신탁업자인 경우에는 **위탁자**를 말하며, **사업시행자가 토지주택공사등인 경우에는 법 제72조에 따른 분양신청을 할 수 있는 자**를 말한다. 이하 이 조에서 같다)은 **토지등소유자**(재건축사업의 경우에는 재건축사업에 동의한 자만 해당한다)로 하되, 다음의 어느 하나에 해당하는 때에는 그 여러 명을 대표하는 1명을 조합원으로 본다.
　㉠ 토지 또는 건축물의 소유권과 지상권이 여러 명의 공유에 속하는 때
　㉡ 여러 명의 토지등소유자가 1세대에 속하는 때. 이 경우 동일한 세대별 주민등록표상에 등재되어 있지 아니한 배우자 및 미혼인 19세 미만의 직계비속은 1세대로 보며, 1세대로 구성된 여러 명의 토지등소유자가 조합설립인가 후 세대를 분리하여 동일한 세대에 속하지 아니하는 때에도 이혼 및 19세 이상 자녀의 분가(세대별 주민등록을 달리하고, 실거주지를 분가한 경우로 한정한다)를 제외하고는 1세대로 본다.

ⓒ 조합설립인가[조합설립인가 전에 법 제26조 제1항 또는 법 제27조 제1항 제3호에 따라 **토지주택공사등** 또는 **신탁업자**를 사업시행자로 지정한 경우에는 사업시행자의 지정을 말한다. 이하 **(11)**에서 같다] 후 1명의 토지등소유자로부터 토지 또는 건축물의 소유권이나 지상권을 양수하여 여러 명이 소유하게 된 때

② 「주택법」 제63조 제1항에 따른 투기과열지구로 지정된 지역에서 재건축사업을 시행하는 경우에는 조합설립인가 후, 재개발사업을 시행하는 경우에는 법 제74조에 따른 관리처분계획의 인가 후 해당 정비사업의 건축물 또는 토지를 양수[매매·증여, 그 밖의 권리의 변동을 수반하는 모든 행위를 포함하되, 상속·이혼으로 인한 양도·양수의 경우는 제외한다. 이하 **(11)**에서 같다]한 자는 위 ①에도 불구하고 조합원이 될 수 없다. 다만, 양도인이 다음의 어느 하나에 해당하는 경우 그 양도인으로부터 그 건축물 또는 토지를 양수한 자는 그러하지 아니하다.

　㉠ 세대원[세대주가 포함된 세대의 구성원을 말한다. 이하 **(11)**에서 같다]의 근무상 또는 생업상의 사정이나 질병치료(의료법 제3조에 따른 의료기관의 장이 1년 이상의 치료나 요양이 필요하다고 인정하는 경우로 한정한다)·취학·결혼으로 세대원이 모두 해당 사업구역에 위치하지 아니한 특별시·광역시·특별자치시·특별자치도·시 또는 군으로 이전하는 경우

　ⓒ 상속으로 취득한 주택으로 세대원 모두 이전하는 경우

　ⓒ 세대원 모두 해외로 이주하거나 세대원 모두 2년 이상 해외에 체류하려는 경우

　㉣ 1세대(위 ①의 ⓒ에 따라 1세대에 속하는 때를 말한다) 1주택자로서 양도하는 주택에 대한 소유기간 및 거주기간이 '대통령령으로 정하는 기간 이상'인 경우

　㉤ **지분형주택**을 공급받기 위하여 건축물 또는 토지를 **토지주택공사등과 공유**하려는 경우

　㉥ **공공임대주택**, 「공공주택 특별법」에 따른 **공공분양주택**의 공급 및 대통령령으로 정하는 사업을 목적으로 건축물 또는 토지를 양수하려는 **공공재개발사업 시행자**에게 양도하려는 경우

　ⓢ 그 밖에 불가피한 사정으로 양도하는 경우로서 대통령령으로 정하는 경우

③ 사업시행자는 위 ②의 ㉠~ⓢ 외의 부분 본문에 따라 조합원의 자격을 취득할 수 없는 경우 정비사업의 토지, 건축물 또는 그 밖의 권리를 취득한 자에게 법 제73조를 준용하여 손실보상을 하여야 한다.

> **관련법령**　**조합원(영 제37조)**
>
> 1. 위 **(11)**의 ②의 ㉣에서 '대통령령으로 정하는 기간'이란 다음의 구분에 따른 기간을 말한다. 이 경우 소유자가 피상속인으로부터 주택을 상속받아 소유권을 취득한 경우에는 피상속인의 주택의 소유기간 및 거주기간을 합산한다.
>   ㉠ 소유기간: 10년
>   ⓒ 거주기간(주민등록법 제7조에 따른 주민등록표를 기준으로 하며, 소유자가 거주하지 아니하고 소유자의 배우자나 직계존비속이 해당 주택에 거주한 경우에는 그 기간을 합산한다): 5년
> 2. 위 **(11)**의 ②의 ㉥에서 '대통령령으로 정하는 사업'이란 '공공재개발사업 시행자'가 상가를 임대하는 사업을 말한다.

3. 위 (11)의 ②의 Ⓐ에서 '대통령령으로 정하는 경우'란 다음의 어느 하나에 해당하는 경우를 말한다.
   ㉠ 조합설립인가일부터 3년 이상 사업시행인가 신청이 없는 재건축사업의 건축물을 3년 이상 계속하여 소유하고 있는 자(소유기간을 산정할 때 소유자가 피상속인으로부터 상속받아 소유권을 취득한 경우에는 피상속인의 소유기간을 합산한다. 이하 ㉡ 및 ㉢에서 같다)가 사업시행인가 신청 전에 양도하는 경우
   ㉡ 사업시행계획인가일부터 3년 이내에 착공하지 못한 재건축사업의 토지 또는 건축물을 3년 이상 계속하여 소유하고 있는 자가 착공 전에 양도하는 경우
   ㉢ 착공일부터 3년 이상 준공되지 않은 **재개발사업·재건축사업**의 토지를 3년 이상 계속하여 소유하고 있는 경우
   ㉣ 법률 제7056호 「도시 및 주거환경정비법」 일부개정법률 부칙 제2항에 따른 토지등소유자로부터 상속·이혼으로 인하여 토지 또는 건축물을 소유한 자
   ㉤ 국가·지방자치단체 및 금융기관(주택법 시행령 제71조 제1호 각 목의 금융기관을 말한다)에 대한 채무를 이행하지 못하여 재개발사업·재건축사업의 토지 또는 건축물이 경매 또는 공매되는 경우
   ㉥ 「주택법」 제63조 제1항에 따른 투기과열지구로 지정되기 전에 건축물 또는 토지를 양도하기 위한 계약(계약금 지급 내역 등으로 계약일을 확인할 수 있는 경우로 한정한다)을 체결하고, 투기과열지구로 지정된 날부터 60일 이내에 「부동산 거래신고 등에 관한 법률」 제3조에 따라 부동산 거래의 신고를 한 경우

(12) 정관의 기재사항 등(법 제40조)

① 조합의 정관에는 다음의 사항이 포함되어야 한다.
   ㉠ 조합의 명칭 및 사무소의 소재지
   ㉡ 조합원의 자격
   ㉢ 조합원의 제명·탈퇴 및 교체
   ㉣ 정비구역의 위치 및 면적
   ㉤ 조합의 임원(이하 '조합임원'이라 한다)의 수 및 업무의 범위
   ㉥ 조합임원의 권리·의무·보수·선임방법·변경 및 해임
   ㉦ 대의원의 수, 선임방법, 선임절차 및 대의원회의 의결방법
   ㉧ 조합의 비용부담 및 조합의 회계
   ㉨ 정비사업의 시행연도 및 시행방법
   ㉩ 총회의 소집 절차·시기 및 의결방법
   ㉪ 총회의 개최 및 조합원의 총회소집 요구
   ㉫ 법 제73조 제3항에 따른 이자 지급
   ㉬ 정비사업비의 부담 시기 및 절차
   ㉭ 정비사업이 종결된 때의 청산절차(법 제86조의2에 따른 '조합의 해산' 이후 '청산인의 보수' 등 '청산 업무에 필요한 사항'을 포함한다)
   ㉮ 청산금의 징수·지급의 방법 및 절차
   ㉯ 시공자·설계자의 선정 및 계약서에 포함될 내용
   ㉰ 정관의 변경절차

㉔ 그 밖에 정비사업의 추진 및 조합의 운영을 위하여 필요한 사항으로서 대통령령으로 정하는 사항
② 시·도지사는 위 ①의 ㉠~㉔의 사항이 포함된 **표준정관**을 작성하여 보급할 수 있다.
③ 조합이 정관을 변경하려는 경우에는 위 **(5)**의 ②부터 ⑤까지의 규정에도 불구하고 총회를 개최하여 조합원 과반수의 찬성으로 시장·군수등의 인가를 받아야 한다. 다만, 위 ①의 ㉡·㉢·㉣·㉤·㉥ 또는 ㉦의 경우에는 조합원 3분의 2 이상의 찬성으로 한다.
④ 위 ③에도 불구하고 대통령령으로 정하는 경미한 사항을 변경하려는 때에는 이 법 또는 정관으로 정하는 방법에 따라 변경하고 시장·군수등에게 신고하여야 한다.
⑤ 시장·군수등은 위 ④에 따른 신고를 받은 날부터 **20일 이내**에 신고수리 여부를 신고인에게 통지하여야 한다.
⑥ 시장·군수등이 위 ⑤에서 정한 기간 내에 신고수리 여부 또는 민원 처리 관련 법령에 따른 처리기간의 연장을 신고인에게 통지하지 아니하면 그 기간(민원 처리 관련 법령에 따라 처리기간이 연장 또는 재연장된 경우에는 해당 처리기간을 말한다)이 끝난 날의 **다음 날**에 **신고를 수리한 것으로 본다**.

> **관련법령** 조합 정관에 정할 사항(영 제38조)
>
> 위 (12)의 ①의 ㉔에서 '대통령령으로 정하는 사항'이란 다음의 사항을 말한다.
> 1. 정비사업의 종류 및 명칭
> 2. 임원의 임기, 업무의 분담 및 대행 등에 관한 사항
> 3. 대의원회의 구성, 개최와 기능, 의결권의 행사방법 및 그 밖에 회의의 운영에 관한 사항
> 4. 법 제24조 및 제25조에 따른 정비사업의 공동시행에 관한 사항
> 5. 정비사업전문관리업자에 관한 사항
> 6. 정비사업의 시행에 따른 회계 및 계약에 관한 사항
> 7. 정비기반시설 및 공동이용시설의 부담에 관한 개략적인 사항
> 8. 공고·공람 및 통지의 방법
> 9. 토지 및 건축물 등에 관한 권리의 평가방법에 관한 사항
> 10. '관리처분계획' 및 청산(분할징수 또는 납입에 관한 사항을 포함한다)에 관한 사항
> 11. 사업시행계획서의 변경에 관한 사항
> 12. 조합의 합병 또는 해산에 관한 사항
> 13. 임대주택의 건설 및 처분에 관한 사항
> 14. 총회의 의결을 거쳐야 할 사항의 범위
> 15. 조합원의 권리·의무에 관한 사항
> 16. 조합직원의 채용 및 임원 중 상근임원의 지정에 관한 사항과 직원 및 상근임원의 보수에 관한 사항

> **관련법령** 정관의 경미한 변경사항(영 제39조)
>
> 위 (12)의 ④에서 '대통령령으로 정하는 경미한 사항'이란 다음의 사항을 말한다.
> 1. 위 (12)의 ①의 ㉠에 다른 조합의 명칭 및 사무소의 소재지에 관한 사항
> 2. 조합임원의 수 및 업무의 범위에 관한 사항

3. 위 **(12)**의 ①의 ㉣에 따른 총회의 소집 절차·시기 및 의결방법에 관한 사항
   4. 영 제38조 제2호에 따른 임원의 임기, 업무의 분담 및 대행 등에 관한 사항
   5. 영 제38조 제3호에 따른 대의원회의 구성, 개회와 기능, 의결권의 행사방법, 그 밖에 회의의 운영에 관한 사항
   6. 영 제38조 제5호에 따른 정비사업전문관리업자에 관한 사항
   7. 영 제38조 제8호에 따른 공고·공람 및 통지의 방법에 관한 사항
   8. 영 제38조 제13호에 따른 임대주택의 건설 및 처분에 관한 사항
   9. 영 제38조 제14호에 따른 총회의 의결을 거쳐야 할 사항의 범위에 관한 사항
   10. 영 제38조 제16호에 따른 조합직원의 채용 및 임원 중 상근임원의 지정에 관한 사항과 직원 및 상근임원의 보수에 관한 사항
   11. 착오·오기 또는 누락임이 명백한 사항
   12. 법 제16조에 따른 정비구역 또는 정비계획의 변경에 따라 변경되어야 하는 사항

(13) 조합의 임원(법 제41조)

① 조합은 **조합원**으로서 정비구역에 위치한 건축물 또는 토지(재건축사업의 경우에는 건축물과 그 부속토지를 말한다)를 **소유한 자**[하나의 건축물 또는 토지의 소유권을 다른 사람과 공유한 경우에는 가장 많은 지분을 소유(2인 이상의 공유자가 가장 많은 지분을 소유한 경우를 포함한다)한 경우로 한정한다] 중 다음의 어느 하나의 요건을 갖춘 **조합장 1명과 이사, 감사를 임원으로 둔다.** 이 경우 **조합장**은 선임일부터 **관리처분계획인가**를 받을 때까지는 해당 정비구역에서 거주(영업을 하는 자의 경우 영업을 말한다)하여야 한다. 28회
  ㉠ 정비구역에 위치한 건축물 또는 토지를 **5년 이상** 소유할 것
  ㉡ 정비구역에서 거주하고 있는 자로서 선임일 **직전 3년 동안** 정비구역에서 **1년 이상 거주**할 것
② 조합의 이사와 감사의 수는 **대통령령으로 정하는 범위**에서 **정관**으로 정한다.
③ 조합은 총회 의결을 거쳐 조합임원의 선출에 관한 선거관리를 「선거관리위원회법」 제3조에 따라 선거관리위원회에 위탁할 수 있다.
④ 조합임원의 임기는 3년 이하의 범위에서 정관으로 정하되, 연임할 수 있다.
⑤ 조합임원의 선출방법 등은 **정관**으로 정한다. 다만, 시장·군수등은 다음의 어느 하나에 해당하는 경우 시·도 조례로 정하는 바에 따라 변호사·회계사·기술사 등으로서 대통령령으로 정하는 요건을 갖춘 자를 **전문조합관리인**으로 선정하여 조합임원의 업무를 대행하게 할 수 있다.
  ㉠ 조합임원이 사임, 해임, 임기만료, 그 밖에 불가피한 사유 등으로 직무를 수행할 수 없는 때부터 **6개월 이상** 선임되지 아니한 경우
  ㉡ 총회에서 조합원 **과반수의 출석**과 출석 조합원 **과반수의 동의**로 전문조합관리인의 선정을 **요청**하는 경우

> **관련법령 조합임원의 수(영 제40조)**
>
> 조합에 두는 이사의 수는 3명 이상으로 하고, 감사의 수는 1명 이상 3명 이하로 한다. 다만, 토지등소유자의 수가 100인을 초과하는 경우에는 이사의 수를 5명 이상으로 한다. ^{28회 주관식}

> **관련법령 전문조합관리인의 선정(영 제41조)**
>
> 1. 위 (13)의 ⑤ 단서에서 '대통령령으로 정하는 요건을 갖춘 자'란 다음의 어느 하나에 해당하는 사람을 말한다.
>   ㉠ 다음의 어느 하나에 해당하는 자격을 취득한 후 정비사업 관련 업무에 5년 이상 종사한 경력이 있는 사람
>   ⓐ 변호사
>   ⓑ 공인회계사
>   ⓒ 법무사
>   ⓓ 세무사
>   ⓔ 건축사
>   ⓕ 도시계획·건축분야의 기술사
>   ⓖ 감정평가사
>   ⓗ 행정사(일반행정사를 말한다)
>   ㉡ 조합임원으로 5년 이상 종사한 사람
>   ㉢ 공무원 또는 공공기관의 임직원으로 정비사업 관련 업무에 5년 이상 종사한 사람
>   ㉣ 정비사업전문관리업자에 소속되어 정비사업 관련 업무에 10년 이상 종사한 사람
>   ㉤ 「건설산업기본법」 제2조 제7호에 따른 건설사업자에 소속되어 정비사업 관련 업무에 10년 이상 종사한 사람
>   ㉥ 위 ㉠부터 ㉤까지의 경력을 합산한 경력이 5년 이상인 사람. 이 경우 같은 시기의 경력은 중복하여 계산하지 아니하며, 위 ㉣ 및 ㉤의 경력은 2분의 1만 포함하여 계산한다.
> 2. 시장·군수등은 위 (13)의 ⑤ 단서에 따른 '전문조합관리인'의 선정이 필요하다고 **인정**하거나 **조합원**(추진위원회의 경우에는 토지등소유자를 말한다. 이하 같다) **3분의 1 이상**이 전문조합관리인의 선정을 **요청**하면 **공개모집**을 통하여 전문조합관리인을 선정할 수 있다. 이 경우 조합 또는 추진위원회의 의견을 들어야 한다.
> 3. '**전문조합관리인**'은 선임 후 6개월 이내에 '법 제115조에 따른 교육'을 60시간 이상 받아야 한다. 다만, 선임 전 최근 3년 이내에 해당 교육을 60시간 이상 받은 경우에는 그러하지 아니하다.
> 4. 전문조합관리인의 임기는 **3년**으로 한다.

(14) 조합임원의 직무 등(법 제42조)

① **조합장**은 조합을 **대표**하고, 그 사무를 총괄하며, '**총회**' 또는 '**대의원회**'의 **의장**이 된다.
② 위 ①에 따라 조합장이 대의원회의 의장이 되는 경우에는 대의원으로 본다.
③ 조합장 또는 이사가 자기를 위하여 조합과 계약이나 소송을 할 때에는 **감사가 조합을 대표**한다.
④ 조합임원은 같은 목적의 정비사업을 하는 다른 조합의 임원 또는 직원을 겸할 수 없다. ^{23회}

(15) 조합임원 등의 결격사유 및 해임(법 제43조)

① 다음의 어느 하나에 해당하는 자는 **조합임원** 또는 **전문조합관리인**이 될 수 없다.
  ㉠ 미성년자·피성년후견인 또는 피한정후견인
  ㉡ 파산선고를 받고 복권되지 아니한 자
  ㉢ 금고 이상의 실형을 선고받고 그 집행이 종료(종료된 것으로 보는 경우를 포함한다)되거나 집행이 면제된 날부터 2년이 지나지 아니한 자 28회
  ㉣ 금고 이상의 형의 집행유예를 받고 그 유예기간 중에 있는 자
  ㉤ 이 법을 위반하여 벌금 100만원 이상의 형을 선고받고 10년이 지나지 아니한 자
  ㉥ **조합설립 인가권자**에 해당하는 지방자치단체의 장, 지방의회의원 또는 그 배우자·직계존속·직계비속

② 조합임원이 다음의 어느 하나에 해당하는 경우에는 당연 퇴임한다.
  ㉠ 위 ①의 어느 하나에 해당하게 되거나 선임 당시 그에 해당하는 자이었음이 밝혀진 경우
  ㉡ 조합임원이 위 **(13)**의 ①에 따른 자격요건을 갖추지 못한 경우

③ 위 ②에 따라 퇴임된 임원이 퇴임 전에 관여한 행위는 그 효력을 잃지 아니한다.

④ 조합임원은 다음 **(17)**의 ②에도 불구하고 조합원 10분의 1 이상의 요구로 소집된 총회에서 조합원 '**과반수**'의 '**출석**'과 출석 조합원 **과반수의 동의**를 받아 해임할 수 있다. 이 경우 **요구자 대표로 선출된 자**가 해임 총회의 소집 및 진행을 할 때에는 조합장의 권한을 대행한다.

⑤ 위 **(13)**의 ⑤의 ㉡에 따라 시장·군수등이 전문조합관리인을 선정한 경우 전문조합관리인이 업무를 대행할 임원은 **당연 퇴임**한다.

(16) 벌금형의 분리 선고(법 제43조의2)

「형법」제38조에도 불구하고 이 법 제135조부터 제138조까지에 규정된 죄와 다른 죄의 경합범(競合犯)에 대하여 벌금형을 선고하는 경우에는 이를 분리하여 선고하여야 한다.

(17) 총회의 소집(법 제44조)

① 조합에는 조합원으로 구성되는 총회를 둔다.

② 총회는 조합장이 '**직권**'으로 소집하거나 조합원 5분의 1 이상['정관의 기재사항' 중 위 **(12)**의 ①의 ㉥에 따른 '조합임원의 권리·의무·보수·선임방법·변경 및 해임에 관한 사항을 변경하기 위한 총회'의 경우는 10분의 1 이상으로 한다] 또는 대의원 3분의 2 이상의 요구로 조합장이 소집하며, 조합원 또는 대의원의 요구로 총회를 소집하는 경우 조합은 소집을 요구하는 자가 본인인지 여부를 대통령령으로 정하는 기준에 따라 정관으로 정하는 방법으로 확인하여야 한다.

③ 위 ②에도 불구하고 조합임원의 '사임, 해임' 또는 임기만료 후 **6개월 이상** 조합임원이 선임되지 아니한 경우에는 **시장·군수등**이 조합임원 선출을 위한 총회를 소집할 수 있다. 23회, 28회

④ 위 ② 및 ③에 따라 총회를 소집하려는 자는 총회가 개최되기 7일 전까지 회의 목적·안건·일시 및 장소와 다음 **(19)**의 ⑤·⑥ 및 ⑧에 따른 의결권의 행사기간 및 장소 등 의결권 행사에 필요한 사항을 정하여 **조합원에게 통지**하여야 한다.

⑤ 총회의 소집 절차·시기 등에 필요한 사항은 정관으로 정한다.

| 관련법령 | 총회의 소집(영 제41조의2) |

위 **(17)**의 ②에서 '대통령령으로 정하는 기준'이란 다음과 같다.
1. 총회의 소집을 요구하는 조합원 또는 대의원은 요구서에 성명을 적고 서명 또는 지장날인을 하며, 주민등록증, 여권 등 신원을 확인할 수 있는 **신분증명서의 사본**을 '첨부'할 것
2. 위 1.에도 불구하고 총회의 소집을 요구하는 조합원 또는 대의원이 해외에 장기체류하는 등 불가피한 사유가 있다고 인정되는 경우에는 해당 조합원 또는 대의원의 인감도장을 찍은 요구서에 해당 인감증명서를 '첨부'할 것

(18) 온라인총회(법 제44조의2) 〈신설 2024.12.3. 시행 2025.12.4.〉

① 조합은 총회의 의결을 거쳐 '**총회**'와 **병행**하여 「정보통신망 이용촉진 및 정보보호 등에 관한 법률」 제2조 제1항 제1호에 따른 **정보통신망을 이용한 총회**(이하 '온라인총회'라 한다)를 **개최**하여 조합원이 참석하게 할 수 있다. 다만, 「재난 및 안전관리 기본법」 제3조 제1호에 따른 재난의 발생 등 대통령령으로 정하는 사유가 발생하여 **시장·군수등**이 '조합원의 직접 출석이 어렵다고 인정하는 경우'에는 **온라인총회**를 **단독**으로 **개최**할 수 있다.

② 위 ①에 따른 **온라인총회**는 다음의 요건을 모두 갖추어 개최하여야 한다. 이 경우 '정족수를 산정할 때'에는 직접 출석한 것으로 본다.
  ㉠ 온라인총회에 참석한 조합원이 **본인인지 여부**를 확인할 수 있을 것
  ㉡ 온라인총회에 참석한 조합원의 접속 기록 등이 보관되어 **실제 참석 여부**를 **확인·관리**할 수 있을 것
  ㉢ 그 밖에 원활한 의견의 청취·제시 등을 위하여 대통령령으로 정하는 기준에 부합할 것

③ 그 밖에 온라인총회의 개최 방법 및 절차에 관하여 필요한 사항은 대통령령으로 정한다.

| 관련법령 | 온라인총회(영 제41조의3) 〈신설 2025.5.27.〉 |

1. 위 **(18)**의 ① 단서에서 '「재난 및 안전관리 기본법」 제3조 제1호에 따른 재난의 발생 등 대통령령으로 정하는 사유'란 다음의 사유를 말한다.
   ㉠ 「재난 및 안전관리 기본법」 제3조 제1호에 따른 재난
   ㉡ 「감염병의 예방 및 관리에 관한 법률」 제49조 제1항 제2호에 따른 집합 제한 또는 금지 조치
2. 위 **(18)**의 ②의 ㉢에서 '대통령령으로 정하는 기준'이란 다음의 기준을 말한다.
   ㉠ 온라인총회에 참석하는 조합원이 위 **(18)**의 ②의 ㉠에 따른 본인 여부의 확인이 가능하도록 다음의 어느 하나에 해당하는 방법에 따른 본인확인 절차를 마련할 것
     ⓐ 「전자서명법」 제8조 제1항에 따른 운영기준 준수사실의 인정을 받은 전자서명인증사업자가 제공하는 본인확인의 방법
     ⓑ 「정보통신망 이용촉진 및 정보보호 등에 관한 법률」 제23조의3에 따른 본인확인기관에서 제공하는 본인확인의 방법
   ㉡ 다음의 체계를 모두 갖추어 온라인총회를 개최할 것
     ⓐ 온라인총회에 참석하는 조합원이 원하는 경우 안건 등에 관해 의견 제시 및 질의응답을 진행할 수 있는 체계

ⓑ 온라인총회의 개최부터 종료까지 조합원이 접속한 기록 및 제시한 의견 내용 등을 확인하고 정관으로 정하는 기간까지 보관할 수 있는 체계
ⓒ 온라인총회가 중단 없이 진행될 수 있도록 기술적 보호조치를 확보한 체계
ⓓ 총회에 참석한 조합원과 온라인총회에 참석한 조합원을 구분하여 관리할 수 있는 체계
3. 조합은 위 **(18)**의 ①에 따라 온라인총회를 개최하려는 경우에는 총회의 소집을 통지할 때 다음의 사항을 함께 통지해야 한다.
㉠ 온라인총회의 개최 여부
㉡ 온라인총회에 접속하는 방법

(19) 총회의 의결(법 제45조)

① 다음의 사항은 **총회의 의결**을 거쳐야 한다.
㉠ 정관의 변경(법 제40조 제4항에 따른 경미한 사항의 변경은 이 법 또는 정관에서 총회의결사항으로 정한 경우로 한정한다)
㉡ 자금의 차입과 그 방법·이자율 및 상환방법
㉢ 정비사업비의 세부 항목별 사용계획이 포함된 예산안 및 예산의 사용내역
㉣ 예산으로 정한 사항 외에 조합원에게 부담이 되는 계약
㉤ **시공자·설계자 및 감정평가법인 등**(법 제74조 제4항에 따라 시장·군수등이 선정·계약하는 감정평가법인 등은 제외한다)의 선정 및 변경. 다만, 감정평가법인 등 선정 및 변경은 총회의 의결을 거쳐 시장·군수등에게 위탁할 수 있다.
㉥ 정비사업전문관리업자의 선정 및 변경
㉦ 조합임원의 선임 및 해임
㉧ 정비사업비의 조합원별 분담내역
㉨ 사업시행계획서의 작성 및 변경(법 제50조 제1항 본문에 따른 정비사업의 중지 또는 폐지에 관한 사항을 포함하며, 같은 항 단서에 따른 경미한 변경은 제외한다)
㉩ 관리처분계획의 수립 및 변경(법 제74조 제1항 각 호 외의 부분 단서에 따른 경미한 변경은 제외한다)
㉪ 법 제86조의2에 따른 조합의 해산과 조합 해산 시의 회계보고
㉫ 청산금의 징수·지급(분할징수·분할지급을 포함한다)
㉬ 법 제93조에 따른 비용의 금액 및 징수방법
㉭ 그 밖에 조합원에게 경제적 부담을 주는 사항 등 주요한 사항을 결정하기 위하여 대통령령 또는 정관으로 정하는 사항
② 위 ①의 ㉠~㉭의 사항 중 이 법 또는 정관에 따라 조합원의 동의가 필요한 사항은 총회에 상정하여야 한다.
③ 총회의 의결은 이 법 또는 정관에 다른 규정이 없으면 조합원 **과반수**의 **출석**과 출석 조합원의 **과반수 찬성**으로 한다.

④ 위 ①의 ㉧ 및 ㉩의 경우에는 조합원 **과반수의 찬성**으로 의결한다. 다만, 정비사업비가 100분의 10(생산자물가상승률분, 법 제73조에 따른 손실보상금액은 제외한다) **이상 늘어나는 경우**에는 조합원 3분의 2 이상의 찬성으로 의결하여야 한다.

⑤ 조합원은 서면으로 의결권을 행사하거나 다음의 어느 하나에 해당하는 경우에는 대리인을 통하여 의결권을 행사할 수 있다. 서면으로 의결권을 행사하는 경우에는 정족수를 산정할 때에 출석한 것으로 본다.
  ㉠ 조합원이 권한을 행사할 수 없어 배우자, 직계존비속 또는 형제자매 중에서 성년자를 대리인으로 정하여 위임장을 제출하는 경우
  ㉡ 해외에 거주하는 조합원이 대리인을 지정하는 경우
  ㉢ 법인인 토지등소유자가 대리인을 지정하는 경우. 이 경우 법인의 대리인은 조합임원 또는 대의원으로 선임될 수 있다.

⑥ 위 ⑤에도 불구하고 조합원은 다음의 요건을 모두 충족한 경우에는 **전자적 방법**(전자문서 및 전자거래 기본법 제2조 제2호에 따른 정보처리시스템을 사용하거나 그 밖의 정보통신기술을 이용하는 방법을 말한다. 이하 같다)으로 **의결권을 행사할 수 있다**. 이 경우 **정족수를 산정할 때에 출석한 것으로 본다**.
  ㉠ 조합원이 전자적 방법 외에 위 ⑤에 따른 방법으로도 의결권을 행사할 수 있게 할 것
  ㉡ 의결권의 행사 방법에 따른 결과가 각각 구분되어 확인·관리할 수 있을 것
  ㉢ 그 밖에 전자적 방법을 통한 의결권의 투명한 행사 등을 위하여 대통령령으로 정하는 기준에 부합할 것

⑦ 조합은 조합원의 참여를 확대하기 위하여 조합원이 전자적 방법을 우선적으로 이용하도록 노력하여야 한다.

⑧ 위 ⑥의 ㉠에도 불구하고 법 제44조의2 제1항 단서에 해당하는 경우에는 전자적 방법만으로 의결권을 행사할 수 있다.

⑨ 조합은 위 ⑤·⑥ 및 ⑧에 따라 서면 또는 전자적 방법으로 의결권을 행사하는 자가 **본인인지를 확인하여야 한다**.

⑩ 총회의 의결은 조합원의 100분의 10 이상이 **직접 출석**(위 ⑤에 따라 대리인을 통하거나 ⑥ 또는 ⑧에 따라 전자적 방법으로 의결권을 행사하는 경우 직접 출석한 것으로 본다. 이하 이 조에서 같다)하여야 한다. 다만, **시공자의 선정을 의결하는 총회**의 경우에는 조합원의 **과반수가 직접 출석**하여야 하고, **창립총회, 시공자 선정 취소를 위한 총회, 사업시행계획서의 작성 및 변경, 관리처분계획의 수립 및 변경**을 의결하는 총회 등 대통령령으로 정하는 총회의 경우에는 조합원의 **100분의 20 이상이 직접 출석**하여야 한다.

⑪ 총회의 의결방법, 서면 또는 전자적 방법에 따른 의결권 행사 및 본인확인방법 등에 필요한 사항은 정관으로 정한다.

> **관련법령** 총회의 의결(영 제42조)

1. 위 **(19)**의 ①의 ⓒ에 따라 총회의 의결을 거쳐야 하는 사항은 다음과 같다.
    ㉠ 조합의 합병 또는 해산에 관한 사항
    ㉡ 대의원의 선임 및 해임에 관한 사항
    ㉢ 건설되는 건축물의 설계 개요의 변경
    ㉣ 정비사업비의 변경
2. 위 **(19)**의 ⑥의 ㉢에서 '대통령령으로 정하는 기준에 부합할 것'이란 다음의 기준을 모두 갖춘 것을 말한다. 〈신설 2025.5.27.〉
    ㉠ 총회를 소집하려는 자가 총회의 소집통지를 할 때 전자적 방법을 통한 의결권의 행사(이하 '**전자의결**'이라 한다)와 관련한 다음의 사항을 함께 **통지할 것**
        ⓐ 전자의결을 하는 방법
        ⓑ 전자의결 기간
        ⓒ 그 밖에 전자의결의 실시에 필요한 사항
    ㉡ 전자의결을 할 때 다음의 어느 하나에 해당하는 방법으로 **본인임을 확인할 수 있을 것**
        ⓐ 「전자서명법」 제8조 제1항에 따른 운영기준 준수사실의 인정을 받은 전자서명인증사업자가 제공하는 본인확인의 방법
        ⓑ 「정보통신망 이용촉진 및 정보보호 등에 관한 법률」 제23조의3에 따른 '본인확인기관'에서 제공하는 본인확인의 방법
    ㉢ 다음에서 정하는 바에 따라 **전자의결 결과를 관리할 수 있는 체계를 갖출 것**
        ⓐ 총회에서 개표하기 전까지 전자의결의 집계 결과를 알 수 없도록 할 것
        ⓑ 정비사업의 완료 또는 폐지 시점까지 전자의결 결과를 보관할 것. 다만, 본문에 따른 기간 이후로서 정관에서 전자의결 결과의 보관 기간을 달리 정한 경우에는 그에 따른다.
3. 위 **(19)**의 ⑩ 단서에서 '창립총회, 시공자 선정 취소를 위한 총회, 사업시행계획서의 작성 및 변경, 관리처분계획의 수립 및 변경을 의결하는 총회 등 대통령령으로 정하는 총회'란 다음의 어느 하나에 해당하는 총회를 말한다. 〈개정 2025.5.27.〉
    ㉠ 창립총회
    ㉡ 시공자 선정 취소를 위한 총회
    ㉢ 사업시행계획서의 작성 및 변경을 위하여 개최하는 총회
    ㉣ 관리처분계획의 수립 및 변경을 위하여 개최하는 총회
    ㉤ 정비사업비의 사용 및 변경을 위하여 개최하는 총회

(20) **대의원회**(법 제46조)

① 조합원의 수가 100명 이상인 조합은 **대의원회를 두어야 한다.**
② 대의원회는 조합원의 **10분의 1 이상으로 구성**한다. 다만, 조합원의 10분의 1이 100명을 넘는 경우에는 조합원의 10분의 1의 범위에서 100명 이상으로 구성할 수 있다.
③ 조합장이 아닌 조합임원은 대의원이 될 수 없다. 23회, 28회
④ 대의원회는 총회의 의결사항 중 **대통령령으로 정하는 사항 외에는 총회의 권한을 대행할** 수 있다. 23회
⑤ 대의원의 수, 선임방법, 선임절차 및 대의원회의 의결방법 등은 대통령령으로 정하는 범위에서 정관으로 정한다.

| 관련법령 | **대의원회가 총회의 권한을 대행할 수 없는 사항(영 제43조)**

위 (20)의 ④에서 '대통령령으로 정하는 사항'이란 다음의 사항을 말한다.
1. 위 **(19)**의 ①의 ㉠에 따른 **정관의 변경에 관한 사항**[위 **(12)**의 ④에 따른 경미한 사항의 변경은 법 또는 정관에서 총회의결사항으로 정한 경우로 한정한다]
2. 위 **(19)**의 ①의 ㉡에 따른 자금의 차입과 그 방법·이자율 및 상환방법에 관한 사항
3. 위 **(19)**의 ①의 ㉣에 따른 예산으로 정한 사항 외에 조합원에게 부담이 되는 계약에 관한 사항
4. 위 **(19)**의 ①의 ㉤에 따른 시공자·설계자 또는 감정평가법인 등(법 제74조 제4항에 따라 시장·군수등이 선정·계약하는 감정평가법인 등은 제외한다)의 선정 및 변경에 관한 사항
5. 위 **(19)**의 ①의 ㉥에 따른 정비사업전문관리업자의 선정 및 변경에 관한 사항 23회
6. 위 **(19)**의 ①의 ㉦에 따른 조합임원의 선임 및 해임과 영 제42조 제1항 제2호에 따른 **대의원의 선임 및 해임에 관한 사항**. 다만, 정관으로 정하는 바에 따라 임기 중 궐위된 자(조합장은 제외한다)를 보궐선임하는 경우를 제외한다.
7. 위 **(19)**의 ①의 ㉧에 따른 사업시행계획서의 작성 및 변경에 관한 사항(법 제50조 제1항 본문에 따른 **정비사업의 중지 또는 폐지에 관한 사항**을 포함하며, 같은 항 단서에 따른 경미한 변경은 제외한다)
8. 위 **(19)**의 ①의 ㉨에 따른 **관리처분계획의 수립 및 변경에 관한 사항**(법 제74조 제1항 각 호 외의 부분 단서에 따른 경미한 변경은 제외한다)
9. 위 **(19)**의 ②에 따라 총회에 상정하여야 하는 사항
10. 영 제42조 제1항 제1호에 따른 **조합의 합병 또는 해산에 관한 사항**. 다만, 사업완료로 인한 해산의 경우는 제외한다.
11. 영 제42조 제1항 제3호에 따른 건설되는 **건축물의 설계 개요의 변경에 관한 사항**
12. 영 제42조 제1항 제4호에 따른 **정비사업비의 변경에 관한 사항**

| 관련법령 | **대의원회(영 제44조)**

1. 대의원은 **조합원** 중에서 선출한다.
2. 대의원의 선임 및 해임에 관하여는 **정관**으로 정하는 바에 따른다.
3. 대의원의 수는 위 **(20)**의 ②에 따른 범위에서 정관으로 정하는 바에 따른다.
4. 대의원회는 **조합장**이 필요하다고 인정하는 때에 소집한다. 다만, 다음의 어느 하나에 해당하는 때에는 조합장은 해당일부터 **14일 이내**에 대의원회를 소집하여야 한다. 28회
   ㉠ **정관**으로 정하는 바에 따라 소집청구가 있는 때
   ㉡ **대의원의 3분의 1 이상**(정관으로 달리 정한 경우에는 그에 따른다)이 회의의 목적사항을 제시하여 청구하는 때
5. 위 4.의 어느 하나에 따른 소집청구가 있는 경우로서 조합장이 위 4. 외의 부분 단서에 따른 기간 내에 정당한 이유 없이 대의원회를 소집하지 아니한 때에는 감사가 지체 없이 이를 소집하여야 하며, 감사가 소집하지 아니하는 때에는 위 4.에 따라 소집을 청구한 사람의 대표가 소집한다. 이 경우 미리 시장·군수등의 승인을 받아야 한다.
6. 위 5.에 따라 대의원회를 소집하는 경우에는 소집주체에 따라 감사 또는 위 4.에 따라 소집을 청구한 사람의 대표가 의장의 직무를 대행한다.
7. 대의원회의 소집은 집회 **7일 전**까지 그 회의의 목적·안건·일시 및 장소를 기재한 서면을 대의원에게 통지하는 방법에 따른다. 이 경우 정관으로 정하는 바에 따라 대의원회의 소집내용을 공고하여야 한다.
8. 대의원회는 재적대의원 과반수의 출석과 출석대의원 과반수의 찬성으로 의결한다. 다만, 그 이상의 범위에서 정관으로 달리 정하는 경우에는 그에 따른다.

9. 대의원회는 위 7. 전단에 따라 사전에 통지한 안건만 의결할 수 있다. 다만, 사전에 통지하지 아니한 안건으로서 대의원회의 회의에서 정관으로 정하는 바에 따라 채택된 안건의 경우에는 그러하지 아니하다.
10. 특정한 대의원의 이해와 관련된 사항에 대해서는 그 대의원은 의결권을 행사할 수 없다.

(21) 주민대표회의(법 제47조)

① 토지등소유자가 시장·군수등 또는 토지주택공사등의 사업시행을 원하는 경우에는 **정비구역 지정·고시 후** 주민대표기구(이하 '주민대표회의'라 한다)를 **구성하여야 한다**. 다만, 법 제26조 제4항에 따라 협약등이 체결된 경우에는 **정비구역 지정·고시 이전에** 주민대표회의를 **구성할 수 있다**.
② 주민대표회의는 위원장을 포함하여 **5명 이상 25명 이하**로 구성한다.
③ 주민대표회의는 토지등소유자의 **과반수**의 동의를 받아 구성하며, 국토교통부령으로 정하는 방법 및 절차에 따라 **시장·군수등의 승인**을 받아야 한다.
④ 위 ③에 따라 주민대표회의의 구성에 동의한 자는 법 제26조 제1항 제8호 후단에 따른 사업시행자의 지정에 동의한 것으로 본다. 다만, 사업시행자의 지정 요청 전에 시장·군수등 및 주민대표회의에 사업시행자의 지정에 대한 반대의 의사표시를 한 토지등소유자의 경우에는 그러하지 아니하다.
⑤ **주민대표회의** 또는 **세입자**(상가세입자를 포함한다. 이하 같다)는 사업시행자가 다음의 사항에 관하여 법 제53조에 따른 시행규정을 정하는 때에 **의견을 제시**할 수 있다. 이 경우 사업시행자는 주민대표회의 또는 세입자의 의견을 반영하기 위하여 노력하여야 한다.
　㉠ 건축물의 철거
　㉡ 주민의 이주(세입자의 퇴거에 관한 사항을 포함한다)
　㉢ 토지 및 건축물의 보상(세입자에 대한 주거이전비 등 보상에 관한 사항을 포함한다)
　㉣ 정비사업비의 부담
　㉤ 세입자에 대한 임대주택의 공급 및 입주자격
　㉥ 그 밖에 정비사업의 시행을 위하여 필요한 사항으로서 대통령령으로 정하는 사항

관련법령　주민대표회의(영 제45조)

1. 주민대표회의에는 위원장과 부위원장 각 1명과 1명 이상 3명 이하의 감사를 둔다.
2. 위 (21)의 ⑤의 ㉥에서 '대통령령으로 정하는 사항'이란 다음의 사항을 말한다.
　㉠ 법 제29조 제7항에 따른 시공자의 추천
　㉡ 다음의 변경에 관한 사항
　　ⓐ 법 제47조 제5항 제1호에 따른 건축물의 철거
　　ⓑ 법 제47조 제5항 제2호에 따른 주민의 이주(세입자의 퇴거에 관한 사항을 포함한다)
　　ⓒ 법 제47조 제5항 제3호에 따른 토지 및 건축물의 보상(세입자에 대한 주거이전비 등 보상에 관한 사항을 포함한다)
　　ⓓ 법 제47조 제5항 제4호에 따른 정비사업비의 부담

ⓒ 관리처분계획 및 청산에 관한 사항(법 제23조 제1항 제1호부터 제3호까지의 방법으로 시행하는 주거환경개선사업은 제외한다)
ⓓ 위 ⓒ에 따른 사항의 변경에 관한 사항
3. 시장·군수등 또는 토지주택공사등은 주민대표회의의 운영에 필요한 경비의 일부를 해당 정비사업비에서 지원할 수 있다.
4. 주민대표회의 위원의 선출·교체 및 해임, 운영방법, 운영비용의 조달 그 밖에 주민대표회의의 운영에 필요한 사항은 주민대표회의가 정한다.

(22) **토지등소유자 전체회의**(법 제48조)

① 법 제27조 제1항 제3호에 따라 사업시행자로 지정된 **신탁업자**는 다음의 사항에 관하여 해당 정비사업의 **토지등소유자**[재건축사업의 경우에는 신탁업자를 사업시행자로 지정하는 것에 동의한 토지등소유자를 말한다. 이하 (22)에서 같다] **전원으로 구성되는 회의**(이하 '토지등소유자 전체회의'라 한다)의 의결을 거쳐야 한다.
  ㉠ **시행규정의 확정 및 변경**
  ㉡ **정비사업비의 사용 및 변경**
  ㉢ **정비사업전문관리업자와의 계약 등 토지등소유자의 부담이 될 계약**
  ㉣ **시공자의 선정 및 변경**
  ㉤ **정비사업비의 토지등소유자별 분담내역**
  ㉥ **자금의 차입과 그 방법·이자율 및 상환방법**
  ㉦ **사업시행계획서의 작성 및 변경**(법 제50조 제1항 본문에 따른 정비사업의 중지 또는 폐지에 관한 사항을 포함하며, 같은 항 단서에 따른 경미한 변경은 제외한다)
  ㉧ **관리처분계획의 수립 및 변경**(법 제74조 제1항 각 호 외의 부분 단서에 따른 경미한 변경은 제외한다)
  ㉨ **청산금의 징수·지급**(분할징수·분할지급을 포함한다)과 조합 해산 시의 회계보고
  ㉩ 법 제93조에 따른 비용의 금액 및 징수방법
  ㉪ 그 밖에 토지등소유자에게 부담이 되는 것으로 시행규정으로 정하는 사항
② 토지등소유자 전체회의는 사업시행자가 직권으로 소집하거나 토지등소유자 **5분의 1 이상의 요구**로 사업시행자가 소집한다.
③ 토지등소유자 전체회의의 소집 절차·시기 및 의결방법 등에 관하여는 위 (17)의 ⑤, (18) 및 (19)의 ③부터 ⑪까지를 준용한다. 이 경우 '총회'는 '토지등소유자 전체회의'로, '조합'은 '사업시행자'로, '정관'은 '시행규정'으로, '조합원'은 '토지등소유자'로 본다.
〈개정 2024.12.3. 시행 2025.12.4.〉

(23) 「**민법**」의 **준용**(법 제49조)

조합에 관하여는 이 법에 규정된 사항을 제외하고는 「민법」 중 **사단법인**에 관한 규정을 준용한다.

3. 사업시행계획 등

(1) **사업시행계획인가**(법 제50조)

① **사업시행자**(법 제25조 제1항 및 제2항에 따른 공동시행의 경우를 포함하되, 사업시행자가 시장·군수등인 경우는 제외한다)는 정비사업을 시행하려는 경우에는 '**사업시행계획서**'에 정관등과 그 밖에 국토교통부령으로 정하는 서류를 첨부하여 **시장·군수등**에게 제출하고 **사업시행계획인가**를 받아야 하고, 인가받은 사항을 변경하거나 정비사업을 중지 또는 폐지하려는 경우에도 또한 같다. 다만, 대통령령으로 정하는 경미한 사항을 변경하려는 때에는 시장·군수등에게 신고하여야 한다.

② 시장·군수등은 위 ① 단서에 따른 신고를 받은 날부터 **20일 이내**에 신고수리 여부를 신고인에게 통지하여야 한다.

③ 시장·군수등이 위 ②에서 정한 기간 내에 신고수리 여부 또는 민원 처리 관련 법령에 따른 처리기간의 연장을 신고인에게 통지하지 아니하면 그 기간(민원 처리 관련 법령에 따라 처리기간이 연장 또는 재연장된 경우에는 해당 처리기간을 말한다)이 끝난 날의 **다음 날**에 신고를 **수리한 것으로 본다**.

④ 시장·군수등은 특별한 사유가 없으면 위 ①에 따라 사업시행계획서의 제출이 있은 날부터 **60일 이내**에 인가 여부를 결정하여 사업시행자에게 통보하여야 한다.

⑤ **사업시행자**(시장·군수등 또는 토지주택공사등은 제외한다)는 **사업시행계획인가를 신청하기 전**에 미리 **총회의 의결**을 거쳐야 하며, 인가받은 사항을 변경하거나 정비사업을 중지 또는 폐지하려는 경우에도 또한 같다. 다만, 위 ① 단서에 따른 경미한 사항의 변경은 총회의 의결을 필요로 하지 아니한다.

⑥ **토지등소유자**가 법 제25조 제1항 제2호에 따라 **재개발사업**을 시행하려는 경우에는 **사업시행계획인가를 신청하기 전**에 사업시행계획서에 대하여 **토지등소유자의 4분의 3 이상** 및 **토지면적의 2분의 1 이상**의 토지소유자의 동의를 받아야 한다. 다만, 인가받은 사항을 변경하려는 경우에는 규약으로 정하는 바에 따라 토지등소유자의 과반수의 동의를 받아야 하며, 위 ① 단서에 따른 경미한 사항의 변경인 경우에는 토지등소유자의 동의를 필요로 하지 아니한다.

⑦ **지정개발자**가 정비사업을 시행하려는 경우에는 **사업시행계획인가를 신청하기 전에 토지등소유자의 과반수의 동의** 및 **토지면적의 2분의 1 이상**의 토지소유자의 동의를 받아야 한다. 다만, 위 ① 단서에 따른 경미한 사항의 변경인 경우에는 토지등소유자의 동의를 필요로 하지 아니한다.

⑧ 법 제26조 제1항 제1호 및 법 제27조 제1항 제1호에 따른 사업시행자는 위 ⑦에도 불구하고 토지등소유자의 동의를 필요로 하지 아니한다.

⑨ 시장·군수등은 위 ①에 따른 사업시행계획인가(시장·군수등이 사업시행계획서를 작성한 경우를 포함한다)를 하거나 정비사업을 변경·중지 또는 폐지하는 경우에는 국토교통부령으로 정하는 방법 및 절차에 따라 그 내용을 해당 지방자치단체의 공보에 고시하여야 한다. 다만, 위 ① 단서에 따른 경미한 사항을 변경하려는 경우에는 그러하지 아니하다.

(2) 사업시행계획의 통합심의(법 제50조의2)

① **정비구역의 지정권자**는 사업시행계획인가와 관련된 다음 중 **둘 이상**의 심의가 필요한 경우에는 이를 통합하여 검토 및 심의(이하 '**통합심의**'라 한다)하여야 한다.
　㉠ 「건축법」에 따른 건축물의 건축 및 특별건축구역의 지정 등에 관한 사항
　㉡ 「경관법」에 따른 경관 심의에 관한 사항
　㉢ 「교육환경 보호에 관한 법률」에 따른 교육환경평가
　㉣ 「국토의 계획 및 이용에 관한 법률」에 따른 도시·군관리계획에 관한 사항
　㉤ 「도시교통정비 촉진법」에 따른 교통영향평가에 관한 사항
　㉥ 「환경영향평가법」에 따른 환경영향평가 등에 관한 사항
　㉦ 그 밖에 국토교통부장관, 시·도지사 또는 시장·군수등이 필요하다고 인정하여 통합심의에 부치는 사항

② **사업시행자**가 통합심의를 신청하는 경우에는 위 ①의 ㉠~㉦과 관련된 서류를 첨부하여야 한다. 이 경우 정비구역의 지정권자는 통합심의를 효율적으로 처리하기 위하여 필요한 경우 제출기한을 정하여 제출하도록 할 수 있다.

③ 정비구역의 지정권자가 통합심의를 하는 경우에는 다음의 어느 하나에 해당하는 **위원회**에 속하고 해당 위원회의 위원장의 추천을 받은 위원, **정비구역의 지정권자**가 속한 지방자치단체 소속 공무원 및 **사업시행계획 인가권자**가 속한 지방자치단체 소속 공무원으로 소집된 '**통합심의위원회**'를 구성하여 통합심의하여야 한다. 이 경우 통합심의위원회의 구성, 통합심의의 방법 및 절차에 관한 사항은 대통령령으로 정한다.
　㉠ 「건축법」에 따른 건축위원회
　㉡ 「경관법」에 따른 경관위원회
　㉢ 「교육환경 보호에 관한 법률」에 따른 교육환경보호위원회
　㉣ 지방도시계획위원회
　㉤ 「도시교통정비 촉진법」에 따른 교통영향평가심의위원회
　㉥ 도시재정비위원회(정비구역이 재정비촉진지구 내에 있는 경우에 한정한다)
　㉦ 「소방시설 설치 및 관리에 관한 법률」에 따른 성능위주설계평가단 또는 중앙소방기술심의위원회
　㉧ 「자연재해대책법」에 따른 재해영향평가심의위원회
　㉨ 「환경영향평가법」에 따른 환경영향평가협의회
　㉩ 위 ①의 ㉦에 대하여 심의권한을 가진 관련 위원회
　㉪ 그 밖에 국토교통부장관, 시·도지사 또는 시장·군수등이 필요하다고 인정하여 통합심의에 부치는 사항

④ **시장·군수등**은 특별한 사유가 없으면 통합심의 결과를 반영하여 사업시행계획을 인가하여야 한다.

⑤ 통합심의를 거친 경우에는 위 ①의 ㉠~㉦의 사항에 대한 검토·심의·조사·협의·조정 또는 재정을 거친 것으로 본다.

관련법령 통합심의위원회의 구성(영 제46조의2)

1. '통합심의위원회'는 위원장 1명과 부위원장 1명을 포함하여 24명 이상 150명 이하의 위원으로 성별을 고려하여 구성한다. 〈개정 2025.4.29.〉
2. 통합심의위원회는 다음의 기준에 따라 구성한다.
   ㉠ 위 **(2)**의 ③의 ㉠·㉣·㉥의 위원회 위원: 각 위원회별 3명 이상
   ㉡ 위 **(2)**의 ③의 ㉡·㉢·㉤·㉦·㉧·㉨의 위원회 위원: 각 위원회별 2명 이상 〈개정 2025.4.29.〉
   ㉢ 위 **(2)**의 ③의 ㉩의 위원회 위원: 각 위원회별 1명 이상
   ㉣ 정비구역지정권자가 속한 지방자치단체 소속 공무원: 1명 이상
   ㉤ 위 **(1)**에 따른 사업시행계획 인가권자가 속한 지방자치단체 소속 공무원: 1명 이상
3. 통합심의위원회 위원장과 부위원장은 위 2.에 따른 통합심의위원회의 위원(이하 '위원'이라 한다) 중에서 정비구역지정권자가 임명하거나 위촉한다.

관련법령 위원의 제척·기피·회피(영 제46조의3)

1. 위원이 다음 어느 하나에 해당하는 경우에는 통합심의위원회의 심의·의결에서 제척된다.
   ㉠ 위원 또는 그 배우자나 배우자였던 사람이 해당 안건의 당사자(당사자가 법인·단체 등인 경우에는 그 임원을 포함한다. 이하 ㉠ 및 ㉡에서 같다)가 되거나 그 안건의 당사자와 공동권리자 또는 공동의무자인 경우
   ㉡ 위원이 해당 안건의 당사자와 친족이거나 친족이었던 경우
   ㉢ 위원이 해당 안건에 대하여 자문, 연구, 용역(하도급을 포함한다), 감정 또는 조사를 한 경우
   ㉣ 위원이나 위원이 속한 법인·단체 등이 해당 안건 당사자의 대리인이거나 대리인이었던 경우
   ㉤ 위원이 임원 또는 직원으로 재직하고 있거나 최근 3년 내에 재직했던 기업 등이 해당 안건에 대하여 자문, 연구, 용역(하도급을 포함한다), 감정 또는 조사를 한 경우
2. 해당 안건의 당사자는 위원에게 공정한 심의·의결을 기대하기 어려운 사정이 있는 경우에는 통합심의위원회에 기피 신청을 할 수 있고, 통합심의위원회는 의결로 기피 여부를 결정한다. 이 경우 기피 신청의 대상인 위원은 그 의결에 참여할 수 없다.
3. 위원이 위 1. ㉠~㉤의 제척 사유에 해당하는 경우에는 스스로 해당 안건의 심의·의결에서 회피해야 한다.

관련법령 통합심의의 방법과 절차(영 제46조의4)

1. 통합심의를 하는 경우 정비구역지정권자는 통합심의위원회 개최 7일 전까지 회의 안건과 심의에 참여할 위원을 확정하고, 회의 일시, 장소 및 회의에 부치는 안건 등 회의 내용을 회의에 참여하는 위원에게 알려야 한다.
2. 통합심의위원회의 회의는 위 1.에 따라 참여가 확정된 위원 과반수의 출석으로 개의하고, 출석위원 과반수의 찬성으로 의결한다.
3. 통합심의위원회의 회의를 개의할 때에는 위 **(2)**의 ③의 ㉠~㉩의 위원회 위원(통합심의 안건과 직접 관련이 없는 위원회 위원은 제외한다)이 각각 1명 이상 출석해야 한다.
4. 통합심의위원회는 통합심의와 관련하여 필요하다고 인정하거나 정비구역지정권자가 요청하는 경우에는 당사자 또는 관계자를 출석하게 하여 의견을 듣거나 설명하게 할 수 있다.
5. 통합심의위원회는 사업시행계획인가와 관련된 사항, 당사자 또는 관계자의 의견 및 설명, 관계 기관의 의견 등을 종합적으로 검토하여 심의해야 한다.

6. 통합심의위원회는 회의를 할 때 회의내용을 녹취하고, 다음의 사항을 회의록으로 작성해야 한다.
   ㉠ 회의일시, 장소 및 공개 여부
   ㉡ 출석위원 서명부
   ㉢ 상정된 의안 및 심의결과
   ㉣ 그 밖에 주요 논의사항 등
7. 통합심의위원회의 회의에 참석한 위원에게는 예산의 범위에서 수당 및 여비를 지급할 수 있다. 다만, 공무원인 위원이 소관 업무와 직접 관련되어 위원회에 출석하는 경우에는 그렇지 않다.
8. 통합심의위원회의 업무를 효율적으로 수행하기 위하여 필요한 때에는 통합심의위원회에 분과위원회를 둘 수 있다.
9. 분과위원회에서 의결한 사항은 통합심의위원회 위원장에게 보고하고 통합심의위원회의 심의를 거쳐야 한다.
10. 위 1.부터 9.까지에서 규정한 사항 외에 통합심의위원회 및 분과위원회 운영에 필요한 사항은 통합심의위원회의 의결을 거쳐 통합심의위원회 위원장이 정한다.

(3) 정비계획 변경 및 사업시행인가의 심의 특례(법 제50조의3)

① **정비구역의 지정권자**는 사업시행계획인가(인가받은 사항을 변경하는 경우를 포함한다)에 앞서 법 제16조 제2항에 따라 결정·고시된 **정비계획의 변경**(정비구역의 변경도 포함하며, 법 제15조 제3항에 따른 경미한 변경은 제외한다)이 필요한 경우 법 제16조에도 불구하고 정비계획의 변경을 위한 '지방도시계획위원회 심의'를 '사업시행계획인가와 관련된 심의'와 **함께 통합**하여 검토 및 심의할 수 있다.

② **정비구역의 지정권자가 위 ①에 따라 심의를 통합하여 실시하는 경우 사업시행자는 하나의 총회**(법 제27조 제1항에 따라 신탁업자가 사업시행자로 지정된 경우에는 '토지등소유자 전체회의'를 말한다)에서 법 제45조 제1항 제8호 및 제9호[위 2. (19)의 ①의 ㉳ 및 ㉵]에 관한 사항을 **의결하여야 한다.**

③ 위 ① 및 ②에서 규정한 사항 외에 심의 및 총회 의결을 위한 절차와 방법에 관하여 필요한 사항은 대통령령으로 정한다.

(4) 기반시설의 기부채납 기준(법 제51조)

① 시장·군수등은 위 **(1)**의 ①에 따라 사업시행계획을 인가하는 경우 사업시행자가 제출하는 사업시행계획에 해당 정비사업과 직접적으로 관련이 없거나 과도한 정비기반시설의 기부채납을 요구하여서는 아니 된다.

② 국토교통부장관은 정비기반시설의 기부채납과 관련하여 다음의 사항이 포함된 운영기준을 작성하여 고시할 수 있다.
   ㉠ 정비기반시설의 기부채납 부담의 원칙 및 수준
   ㉡ 정비기반시설의 설치기준 등

③ 시장·군수등은 위 ②에 따른 운영기준의 범위에서 지역여건 또는 사업의 특성 등을 고려하여 따로 기준을 정할 수 있으며, 이 경우 사전에 국토교통부장관에게 보고하여야 한다.

(5) 사업시행계획서의 작성(법 제52조)

① 사업시행자는 정비계획에 따라 다음의 사항을 포함하는 사업시행계획서를 작성하여야 한다.
  ㉠ 토지이용계획(건축물배치계획을 포함한다)
  ㉡ 정비기반시설 및 공동이용시설의 설치계획
  ㉢ 임시거주시설을 포함한 주민이주대책
  ㉣ 세입자의 주거 및 이주 대책
  ㉤ 사업시행기간 동안 정비구역 내 가로등 설치, 폐쇄회로 텔레비전 설치 등 범죄예방대책 26회
  ㉥ 법 제10조에 따른 임대주택의 건설계획(재건축사업의 경우는 제외한다)
  ㉦ 다음 (7)의 ④, 법 제101조의5 및 법 제101조의6에 따른 **국민주택규모 주택**의 건설계획(주거환경개선사업의 경우는 제외한다)
  ㉧ 공공지원민간임대주택 또는 임대관리 위탁주택의 건설계획(필요한 경우로 한정한다)
  ㉨ 건축물의 높이 및 용적률 등에 관한 건축계획
  ㉩ 정비사업의 시행과정에서 발생하는 폐기물의 처리계획
  ㉪ 교육시설의 교육환경 보호에 관한 계획(정비구역부터 200미터 이내에 교육시설이 설치되어 있는 경우로 한정한다) 26회
  ㉫ 정비사업비
  ㉬ 그 밖에 사업시행을 위한 사항으로서 대통령령으로 정하는 바에 따라 시·도 조례로 정하는 사항

② 사업시행자가 위 ①에 따른 사업시행계획서에 「공공주택 특별법」 제2조 제1호에 따른 공공주택(이하 '공공주택'이라 한다) 건설계획을 포함하는 경우에는 공공주택의 구조·기능 및 설비에 관한 기준과 부대시설·복리시설의 범위, 설치기준 등에 필요한 사항은 같은 법 제37조에 따른다.

(6) 시행규정의 작성(법 제53조)

시장·군수등, 토지주택공사등 또는 **신탁업자**가 **단독**으로 정비사업을 시행하는 경우 다음의 사항을 포함하는 **시행규정**을 작성하여야 한다.
① 정비사업의 종류 및 명칭
② 정비사업의 시행연도 및 시행방법
③ 비용부담 및 회계
④ 토지등소유자의 권리·의무
⑤ 정비기반시설 및 공동이용시설의 부담
⑥ 공고·공람 및 통지의 방법
⑦ 토지 및 건축물에 관한 권리의 평가방법
⑧ 관리처분계획 및 청산(분할징수 또는 납입에 관한 사항을 포함한다). 다만, 수용의 방법으로 시행하는 경우는 제외한다.

⑨ 시행규정의 변경
⑩ 사업시행계획서의 변경
⑪ 토지등소유자 전체회의(신탁업자가 사업시행자인 경우로 한정한다)

(7) 재건축사업 등의 용적률 완화 및 국민주택규모 주택 건설비율(법 제54조)

① 사업시행자는 다음의 어느 하나에 해당하는 정비사업[도시재정비 촉진을 위한 특별법 제2조 제1호에 따른 재정비촉진지구에서 시행되는 '재개발사업' 및 '재건축사업'은 **제외**한다. 이하 **(7)**에서 같다]을 시행하는 경우 정비계획[이 법에 따라 정비계획으로 의제되는 계획을 포함한다. 이하 **(7)**에서 같다]으로 정하여진 용적률에도 불구하고 지방도시계획위원회의 심의를 거쳐 「국토의 계획 및 이용에 관한 법률」 제78조 및 관계 법률에 따른 용적률의 상한[이하 **(7)**에서 '법적상한용적률'이라 한다]까지 건축할 수 있다.
   ㉠ 「수도권정비계획법」 제6조 제1항 제1호에 따른 '**과밀억제권역**'에서 시행하는 **재개발사업 및 재건축사업**[국토의 계획 및 이용에 관한 법률 제78조에 따른 **주거지역** 및 **대통령령으로 정하는 공업지역**(국토의 계획 및 이용에 관한 법률 시행령에 따른 **준공업지역**)으로 한정한다. 이하 **(7)**에서 같다]
   ㉡ '**위 ㉠ 외**'의 경우 시·도 조례로 정하는 지역에서 시행하는 **재개발사업** 및 **재건축사업**
② 위 ①에 따라 사업시행자가 정비계획으로 정하여진 용적률을 초과하여 건축하려는 경우에는 「국토의 계획 및 이용에 관한 법률」 제78조에 따라 특별시·광역시·특별자치시·특별자치도·시 또는 군의 조례로 정한 용적률 제한 및 정비계획으로 정한 허용세대수의 제한을 받지 아니한다.
③ 위 ①의 관계 법률에 따른 용적률의 상한은 다음의 어느 하나에 해당하여 건축행위가 제한되는 경우 건축이 가능한 용적률을 말한다.
   ㉠ 「국토의 계획 및 이용에 관한 법률」 제76조에 따른 건축물의 층수제한
   ㉡ 「건축법」 제60조에 따른 높이제한
   ㉢ 「건축법」 제61조에 따른 일조 등의 확보를 위한 건축물의 높이제한
   ㉣ 「공항시설법」 제34조에 따른 장애물 제한표면구역 내 건축물의 높이제한
   ㉤ 「군사기지 및 군사시설 보호법」 제10조에 따른 비행안전구역 내 건축물의 높이제한
   ㉥ 「문화유산의 보존 및 활용에 관한 법률」 제12조에 따른 건설공사 시 문화유산 보호를 위한 건축제한
   ㉦ 「자연유산의 보존 및 활용에 관한 법률」 제9조에 따른 건설공사 시 천연기념물 등의 보호를 위한 건축제한
   ㉧ 그 밖에 시장·군수등이 건축 관계 법률의 건축제한으로 용적률의 완화가 불가능하다고 근거를 제시하고, 지방도시계획위원회 또는 「건축법」 제4조에 따라 시·도에 두는 건축위원회가 심의를 거쳐 용적률 완화가 불가능하다고 인정한 경우

④ 사업시행자는 법적상한용적률에서 **정비계획**으로 정하여진 용적률을 뺀 용적률(이하 '초과용적률'이라 한다)의 '다음의 비율에 해당하는 면적'에 **국민주택규모 주택**을 건설해야 한다. 다만, 법 제24조 제4항(천재지변 등), 법 제26조 제1항 제1호(천재지변 등) 및 법 제27조 제1항 제1호(천재지변 등)에 따른 정비사업을 시행하는 경우에는 그러하지 아니하다.

  ㉠ **과밀억제권역**에서 시행하는 **재건축사업**은 초과용적률의 100분의 30 이상 100분의 50 이하로서 시·도 조례로 정하는 비율
  ㉡ **과밀억제권역**에서 시행하는 **재개발사업**은 초과용적률의 100분의 50 이상 100분의 75 이하로서 시·도 조례로 정하는 비율
  ㉢ **과밀억제권역 외의 지역**에서 시행하는 **재건축사업**은 초과용적률의 100분의 50 이하로서 시·도 조례로 정하는 비율
  ㉣ **과밀억제권역 외의 지역**에서 시행하는 **재개발사업**은 초과용적률의 100분의 75 이하로서 시·도 조례로 정하는 비율

(8) 국민주택규모 주택의 공급 및 인수(법 제55조)

① 사업시행자는 위 **(7)**의 ④에 따라 건설한 국민주택규모 주택을 **국토교통부장관, 시·도지사, 시장, 군수, 구청장** 또는 **토지주택공사등**(이하 '인수자'라 한다)에 공급하여야 한다.
② 위의 ①에 따른 국민주택규모 주택의 공급가격은 「공공주택 특별법」 제50조의4에 따라 국토교통부장관이 고시하는 공공건설임대주택의 **표준건축비**로 하며, 부속 토지는 인수자에게 **기부채납**한 것으로 본다.
③ 사업시행자는 위 **(7)**의 ① 및 ②에 따라 정비계획상 용적률을 초과하여 건축하려는 경우에는 사업시행계획인가를 신청하기 전에 미리 위의 ① 및 ②에 따른 국민주택규모 주택에 관한 사항을 인수자와 협의하여 사업시행계획서에 반영하여야 한다.
④ 위 ① 및 ②에 따른 국민주택규모 주택의 인수를 위한 절차와 방법 등에 필요한 사항은 대통령령으로 정할 수 있으며, 인수된 국민주택규모 주택은 '대통령령으로 정하는 **장기공공임대주택**'(임대의무기간이 20년 이상인 것)으로 활용하여야 한다. 다만, 토지등소유자의 부담 완화 등 대통령령으로 정하는 요건에 해당하는 경우에는 인수된 국민주택규모 주택을 '장기공공임대주택이 **아닌** 임대주택'으로 활용할 수 있다.
⑤ 위 ②에도 불구하고 위 ④ 단서에 따른 임대주택의 인수자는 임대의무기간에 따라 **감정평가액**의 100분의 50 이하의 범위에서 **대통령령으로 정하는 가격으로 부속 토지를 인수하여야** 한다.

관련법령 **국민주택규모 주택의 공급방법 등(영 제48조)**

1. 사업시행자는 위 **(7)**의 ④에 따라 건설한 국민주택규모 주택 중 위 **(8)**의 ①에 따른 국토교통부장관, 시·도지사, 시장·군수·구청장 또는 토지주택공사등(이하 '인수자'라 한다)에 공급해야 하는 국민주택규모 주택을 공개추첨의 방법으로 선정해야 하며, 그 선정결과를 지체 없이 위 **(8)**의 ①에 따른 인수자에게 통보해야 한다.

2. 사업시행자가 위 1.에 따라 선정된 국민주택규모 주택을 공급하는 경우에는 시·도지사, 시장·군수·구청장 순으로 우선하여 인수할 수 있다. 다만, 시·도지사 및 시장·군수·구청장이 국민주택규모 주택을 인수할 수 없는 경우에는 시·도지사는 국토교통부장관에게 인수자 지정을 요청해야 한다.
3. 국토교통부장관은 위 2. 단서에 따라 시·도지사로부터 인수자 지정 요청이 있는 경우에는 30일 이내에 인수자를 지정하여 시·도지사에게 통보해야 하며, 시·도지사는 지체 없이 이를 시장·군수·구청장에게 보내어 그 인수자와 국민주택규모 주택의 공급에 관하여 협의하도록 해야 한다.
4. 위 (8)의 ④ 본문에서 '대통령령으로 정하는 장기공공임대주택'이란 공공임대주택으로서 「공공주택 특별법」 제50조의2 제1항에 따른 임대의무기간이 20년 이상인 것을 말한다.
5. 위 (8)의 ④ 단서에서 '토지등소유자의 부담 완화 등 대통령령으로 정하는 요건에 해당하는 경우'란 다음의 어느 하나에 해당하는 경우를 말한다.
    ㉠ ⓐ의 가액을 ⓑ의 가액으로 나눈 값이 100분의 80 미만인 경우. 이 경우 ⓐ 및 ⓑ의 가액은 사업시행계획인가 고시일을 기준으로 하여 산정하되 구체적인 산정방법은 국토교통부장관이 정하여 고시한다.
        ⓐ 정비사업 후 대지 및 건축물의 총가액에서 총사업비를 제외한 가액
        ⓑ 정비사업 전 토지 및 건축물의 총가액
    ㉡ 시·도지사가 정비구역의 입지, 토지등소유자의 조합설립 동의율, 정비사업비의 증가규모, 사업기간 등을 고려하여 토지등소유자의 부담이 지나치게 높다고 인정하는 경우
6. 위 (8)의 ⑤에서 '대통령령으로 정하는 가격'이란 다음의 구분에 따른 가격을 말한다.
    ㉠ 임대의무기간이 '10년 이상(20년 미만)'인 경우: 감정평가액(시장·군수등이 지정하는 둘 이상의 감정평가법인 등이 평가한 금액을 산술평균한 금액을 말한다. 이하 ㉡에서 같다)의 100분의 30에 해당하는 가격
    ㉡ 임대의무기간이 '10년 미만'인 경우: 감정평가액의 100분의 50에 해당하는 가격

(9) 관계 서류의 공람과 의견청취(법 제56조)

① 시장·군수등은 사업시행계획인가를 하거나 사업시행계획서를 작성하려는 경우에는 대통령령으로 정하는 방법 및 절차에 따라 관계 서류의 사본을 14일 이상 일반인이 공람할 수 있게 하여야 한다. 다만, 위 **(1)**의 ① 단서에 따른 경미한 사항을 변경하려는 경우에는 그러하지 아니하다.
② 토지등소유자 또는 조합원, 그 밖에 정비사업과 관련하여 이해관계를 가지는 자는 위 ①의 공람기간 이내에 시장·군수등에게 서면으로 의견을 제출할 수 있다.
③ 시장·군수등은 위 ②에 따라 제출된 의견을 심사하여 채택할 필요가 있다고 인정하는 때에는 이를 채택하고, 그러하지 아니한 경우에는 의견을 제출한 자에게 그 사유를 알려주어야 한다.

> **관련법령** 관계 서류의 공람(영 제49조)
>
> 시장·군수등은 위 (9)의 ① 본문에 따라 사업시행계획인가 또는 사업시행계획서 작성과 관계된 서류를 일반인에게 공람하게 하려는 대에는 그 요지와 공람장소를 해당 지방자치단체의 공보 등에 공고하고, 토지등소유자에게 공고내용을 통지하여야 한다.

(10) 인·허가 등의 의제 등(법 제57조)

① 사업시행자가 사업시행계획인가를 받은 때[시장·군수등이 직접 정비사업을 시행하는 경우에는 사업시행계획서를 작성한 때를 말한다. 이하 (10)에서 같다]에는 다음의 인가·허가·결정·승인·신고·등록·협의·동의·심사·지정 또는 해제(이하 '인·허가 등'이라 한다)가 있은 것으로 보며, 사업시행계획인가의 고시가 있은 때에는 다음의 관계 법률에 따른 인·허가 등의 고시·공고 등이 있은 것으로 본다.
  ㉠ 「주택법」 제15조에 따른 사업계획의 승인
  ㉡ 「공공주택 특별법」 제35조에 따른 주택건설사업계획의 승인
  ㉢ 「건축법」 제11조에 따른 건축허가, 같은 법 제20조에 따른 가설건축물의 건축허가 또는 축조신고 및 같은 법 제29조에 따른 건축협의 등

② 사업시행자가 공장이 포함된 구역에 대하여 재개발사업의 사업시행계획인가를 받은 때에는 위 ①에 따른 인·허가 등 외에 다음의 인·허가 등이 있은 것으로 보며, 사업시행계획인가를 고시한 때에는 다음의 관계 법률에 따른 인·허가 등의 고시·공고 등이 있은 것으로 본다.
  ㉠ 「산업집적활성화 및 공장설립에 관한 법률」 제13조에 따른 공장설립등의 승인 및 같은 법 제15조에 따른 공장설립 등의 완료신고
  ㉡ 「폐기물관리법」 제29조 제2항에 따른 폐기물처리시설의 설치승인 또는 설치신고(변경승인 또는 변경신고를 포함한다)
  ㉢ 「대기환경보전법」 제23조, 「물환경보전법」 제33조 및 「소음·진동관리법」 제8조에 따른 배출시설 설치의 허가 및 신고 등

③ 사업시행자는 정비사업에 대하여 위 ① 및 ②에 따른 인·허가 등의 의제를 받으려는 경우에는 '사업시행계획인가'를 신청하는 때에 해당 법률에서 정하는 관계 서류를 함께 제출하여야 한다. 다만, 사업시행계획인가를 신청한 때에 시공자가 선정되어 있지 아니하여 관계 서류를 제출할 수 없거나 다음 ⑥에 따라 '사업시행계획인가'를 하는 경우에는 시장·군수등이 정하는 기한까지 제출할 수 있다.

④ 시장·군수등은 사업시행계획인가를 하거나 사업시행계획서를 작성하려는 경우 위 ①의 ㉠~㉢ 및 ②의 ㉠~㉢에 따라 의제되는 인·허가 등에 해당하는 사항이 있는 때에는 미리 관계 행정기관의 장과 협의하여야 하고, 협의를 요청받은 관계 행정기관의 장은 요청받은 날(위 ③ 단서의 경우에는 서류가 관계 행정기관의 장에게 도달된 날을 말한다)부터 30일 이내에 의견을 제출하여야 한다. 이 경우 관계 행정기관의 장이 30일 이내에 의견을 제출하지 아니하면 협의된 것으로 본다.

⑤ 시장·군수등은 사업시행계획인가(시장·군수등이 사업시행계획서를 작성한 경우를 포함한다)를 하려는 경우 정비구역부터 200미터 이내에 교육시설이 설치되어 있는 때에는 해당 지방자치단체의 교육감 또는 교육장과 협의하여야 하며, 인가받은 사항을 변경하는 경우에도 또한 같다.

⑥ 시장·군수등은 위 ④ 및 ⑤에도 불구하고 천재지변이나 그 밖의 불가피한 사유로 긴급히 정비사업을 시행할 필요가 있다고 인정하는 때에는 관계 행정기관의 장 및 교육감 또는 교육장과 협의를 마치기 전에 '사업시행계획인가'를 할 수 있다. 이 경우 협의를 마칠 때까지는 위 ① 및 ②에 따른 인·허가 등을 받은 것으로 보지 아니한다.

⑦ 위 ①이나 ②에 따라 인·허가 등을 받은 것으로 보는 경우에는 관계 법률 또는 시·도 조례에 따라 해당 인·허가 등의 대가로 부과되는 수수료와 해당 국·공유지의 사용 또는 점용에 따른 사용료 또는 점용료를 면제한다.

(11) 사업시행계획인가의 특례(법 제58조)

① 사업시행자는 일부 건축물의 존치 또는 리모델링(주택법 제2조 제25호 또는 건축법 제2조 제1항 제10호에 따른 리모델링을 말한다. 이하 같다)에 관한 내용이 포함된 사업시행계획서를 작성하여 사업시행계획인가를 신청할 수 있다.

② 시장·군수등은 존치 또는 리모델링하는 건축물 및 건축물이 있는 토지가 「주택법」 및 「건축법」에 따른 다음의 건축 관련 기준에 적합하지 아니하더라도 대통령령으로 정하는 기준에 따라 사업시행계획인가를 할 수 있다.
  ㉠ 「주택법」 제2조 제12호에 따른 주택단지의 범위
  ㉡ 「주택법」 제35조 제1항 제3호 및 제4호에 따른 부대시설 및 복리시설의 설치기준
  ㉢ 「건축법」 제44조에 따른 대지와 도로의 관계
  ㉣ 「건축법」 제46조에 따른 건축선의 지정
  ㉤ 「건축법」 제61조에 따른 일조 등의 확보를 위한 건축물의 높이제한

③ 사업시행자가 위 ㉡에 따라 사업시행계획서를 작성하려는 경우에는 존치 또는 리모델링하는 건축물 소유자의 동의(집합건물의 소유 및 관리에 관한 법률 제2조 제2호에 따른 구분소유자가 있는 경우에는 구분소유자의 3분의 2 이상의 동의와 해당 건축물 연면적의 3분의 2 이상의 구분소유자의 동의로 한다)를 받아야 한다. 다만, 정비계획에서 존치 또는 리모델링하는 것으로 계획된 경우에는 그러하지 아니한다.

(12) 순환정비방식의 정비사업 등(법 제59조)

① 사업시행자는 정비구역의 안과 밖에 새로 건설한 주택 또는 이미 건설되어 있는 주택의 경우 그 정비사업의 시행으로 철거되는 주택의 소유자 또는 세입자[정비구역에서 실제 거주하는 자로 한정한다. 이하 ① 및 다음 4. (1)의 ①에서 같다]를 임시로 거주하게 하는 등 그 정비구역을 **순차적으로 정비**하여 주택의 소유자 또는 세입자의 이주대책을 수립하여야 한다.

② 사업시행자는 위 ①에 따른 방식으로 정비사업을 시행하는 경우에는 임시로 거주하는 주택(이하 '**순환용주택**'이라 한다)을 「주택법」 제54조에도 불구하고 법 제61조에 따른 **임시거주시설**로 **사용**하거나 **임대**할 수 있으며, 대통령령으로 정하는 방법과 절차에 따라 토지주택공사등이 보유한 공공임대주택을 순환용주택으로 우선 공급할 것을 요청할 수 있다.

③ 사업시행자는 순환용주택에 거주하는 자가 정비사업이 완료된 후에도 순환용주택에 **계속 거주하기를 희망하는 때**에는 대통령령으로 정하는 바에 따라 **분양**하거나 **계속 임대**할 수 있다. 이 경우 사업시행자가 소유하는 순환용주택은 다음 5. **(3)**에 따라 인가받은 관리처분계획에 따라 토지등소유자에게 처분된 것으로 본다.

> **관련법령** 순환용주택의 분양 또는 임대(영 제52조)
>
> 위 (12)의 ③에 따라 순환용주택에 거주하는 자가 순환용주택에 계속 거주하기를 희망하는 경우 토지주택공사등은 다음의 기준에 따라 분양을 하거나 계속하여 임대할 수 있다.
> 1. 순환용주택에 거주하는 자가 해당 주택을 분양받으려는 경우 토지주택공사등은「공공주택 특별법」제50조의2에서 정한 매각 요건 및 매각 절차 등에 따라 해당 거주자에게 순환용주택을 매각할 수 있다. 이 경우「공공주택 특별법 시행령」제54조 제1항 각 호에 따른 임대주택의 구분은 순환용주택으로 공급할 당시의 유형에 따른다.
> 2. 순환용주택에 거주하는 자가 계속 거주하기를 희망하고「공공주택 특별법」제48조 및 제49조에 따른 임대주택 입주자격을 만족하는 경우 토지주택공사등은 그 자와 우선적으로 임대차계약을 체결할 수 있다.

(13) 지정개발자의 정비사업비의 예치 등(법 제60조)

① 시장·군수등은 재개발사업의 사업시행계획인가를 하는 경우 해당 정비사업의 사업시행자가 **지정개발자**(지정개발자가 토지등소유자인 경우로 한정한다)인 때에는 정비사업비의 100분의 20의 범위에서 시·도 조례로 정하는 금액을 예치하게 할 수 있다.
② 위 ①에 따른 예치금은 청산금의 지급이 완료된 때에 반환한다.

4. 정비사업 시행을 위한 조치 등

(1) 임시거주시설·임시상가의 설치 등(법 제61조)

① 사업시행자는 주거환경개선사업 및 재개발사업의 시행으로 철거되는 주택의 소유자 또는 세입자에게 해당 정비구역 안과 밖에 위치한 임대주택 등의 시설에 임시로 거주하게 하거나 주택자금의 융자를 알선하는 등 임시거주에 상응하는 조치를 하여야 한다. 26회 주관식
② 사업시행자는 위 ①에 따라 '임시거주시설'의 설치 등을 위하여 필요한 때에는 국가·지방자치단체, 그 밖의 공공단체 또는 개인의 시설이나 토지를 일시 사용할 수 있다.
③ 국가 또는 지방자치단체는 사업시행자로부터 임시거주시설에 필요한 건축물이나 토지의 사용신청을 받은 때에는 대통령령으로 정하는 사유가 없으면 이를 거절하지 못한다. 이 경우 사용료 또는 대부료는 면제한다.
④ 사업시행자는 '정비사업의 공사를 완료한 때에는 완료한 날'부터 30일 이내에 임시거주시설을 철거하고, 사용한 건축물이나 토지를 **원상회복**하여야 한다. 26회 주관식
⑤ **재개발사업**의 사업시행자는 사업시행으로 이주하는 상가세입자가 사용할 수 있도록 정비구역 또는 정비구역 인근에 **임시상가**를 설치할 수 있다.

> **관련법령** 임시거주시설의 설치 등(영 제53조)
>
> 위 (1)의 ③ 전단에서 '대통령령으로 정하는 사유'란 다음의 사유를 말한다.
> 1. 위 (1)의 ①에 따른 임시거주시설의 설치를 위하여 필요한 건축물이나 토지에 대하여 제3자와 이미 매매계약을 체결한 경우
> 2. 사용신청 이전에 임시거주시설의 설치를 위하여 필요한 건축물이나 토지에 대한 사용계획이 확정된 경우
> 3. 제3자에게 이미 임시거주시설의 설치를 위하여 필요한 건축물이나 토지에 대한 사용허가를 한 경우

(2) 임시거주시설·임시상가의 설치 등에 따른 손실보상(법 제62조)

① 사업시행자는 의 (1)에 따라 공공단체(지방자치단체는 제외한다) 또는 개인의 시설이나 토지를 일시 사용함으로써 손실을 입은 자가 있는 경우에는 손실을 보상하여야 하며, 손실을 보상하는 경우에는 손실을 입은 자와 협의하여야 한다.

② 사업시행자 또는 손실을 입은 자는 위 ①에 따른 손실보상에 관한 협의가 성립되지 아니하거나 협의할 수 없는 경우에는 「공익사업을 위한 토지 등의 취득 및 보상에 관한 법률」 제49조에 따라 설치되는 관할 토지수용위원회에 재결을 신청할 수 있다.

③ 위 ① 또는 ②에 따른 손실보상은 이 법에 규정된 사항을 제외하고는 「공익사업을 위한 토지 등의 취득 및 보상에 관한 법률」을 준용한다.

(3) 토지 등의 수용 또는 사용(법 제63조)

사업시행자는 정비구역에서 정비사업[재건축사업의 경우에는 법 제26조 제1항 제1호(천재지변 등) 및 법 제27조 제1항 제1호(천재지변 등)에 해당하는 사업으로 한정한다]을 시행하기 위하여 「공익사업을 위한 토지 등의 취득 및 보상에 관한 법률」 제3조에 따른 토지·물건 또는 그 밖의 권리를 취득하거나 사용할 수 있다.

(4) 재건축사업에서의 **매도청구**(법 제64조)

① 재건축사업의 사업시행자는 **사업시행계획인가의 고시가 있은 날부터 30일 이내**에 다음의 자에게 조합설립 또는 사업시행자의 지정에 관한 동의 여부를 회답할 것을 서면으로 촉구하여야 한다.
  ㉠ **조합설립에 동의하지 아니한 자**
  ㉡ 시장·군수등, 토지주택공사등 또는 신탁업자의 **사업시행자 지정에 동의하지 아니한 자**

② 위 ①의 촉구를 받은 토지등소유자는 촉구를 받은 날부터 **2개월 이내**에 회답하여야 한다.

③ 위 ②의 기간 내에 회답하지 아니한 경우 그 토지등소유자는 조합설립 또는 사업시행자의 지정에 동의하지 아니하겠다는 뜻을 회답한 것으로 본다.

④ 위 ②의 기간이 지나면 사업시행자는 '그 기간이 만료된 때부터 **2개월 이내**에 조합설립 또는 사업시행자 지정에 동의하지 아니하겠다는 뜻을 회답한 토지등소유자'와 '**건축물 또는 토지만 소유한 자**'에게 건축물 또는 토지의 소유권과 그 밖의 권리를 매도할 것을 청구할 수 있다.

(5) 「공익사업을 위한 토지 등의 취득 및 보상에 관한 법률」의 준용(법 제65조)

① 정비구역에서 정비사업의 시행을 위한 토지 또는 건축물의 소유권과 그 밖의 권리에 대한 수용 또는 사용은 이 법에 규정된 사항을 제외하고는 「공익사업을 위한 토지 등의 취득 및 보상에 관한 법률」을 준용한다. 다만, 정비사업의 시행에 따른 손실보상의 기준 및 절차는 대통령령으로 정할 수 있다.

② 위 ①에 따라 「공익사업을 위한 토지 등의 취득 및 보상에 관한 법률」을 준용하는 경우 사업시행계획인가 고시[시장·군수등이 직접 정비사업을 시행하는 경우에는 법 제50조 제9항에 따른 사업시행계획서의 고시를 말한다. 이하 (5)에서 같다]가 있는 때에는 같은 법 제20조 제1항 및 제22조 제1항에 따른 사업인정 및 그 고시가 있은 것으로 본다.

③ 위 ①에 따른 수용 또는 사용에 대한 **재결의 신청**은 「공익사업을 위한 토지 등의 취득 및 보상에 관한 법률」 제23조 및 같은 법 제28조 제1항에도 불구하고 사업시행계획인가(사업시행계획변경인가를 포함한다)를 할 때 정한 **사업시행기간 이내**에 하여야 한다.

④ 대지 또는 건축물을 현물보상하는 경우에는 「공익사업을 위한 토지 등의 취득 및 보상에 관한 법률」 제42조에도 불구하고 준공인가 이후에도 할 수 있다.

(6) 용적률에 관한 특례 등(법 제66조)

① 사업시행자가 다음의 어느 하나에 해당하는 경우에는 「국토의 계획 및 이용에 관한 법률」 제78조 제1항에도 불구하고 해당 정비구역에 적용되는 용적률의 **100분의 125 이하**의 범위에서 대통령령으로 정하는 바에 따라 특별시·광역시·특별자치시·특별자치도·시 또는 군의 조례로 용적률을 완화하여 정할 수 있다.
 ㉠ 위 **(5)**의 ① 단서에 따라 대통령령으로 정하는 손실보상의 기준 이상으로 세입자에게 주거이전비를 지급하거나 영업의 폐지 또는 휴업에 따른 손실을 보상하는 경우
 ㉡ 위 **(5)**의 ① 단서에 따른 손실보상에 더하여 임대주택을 추가로 건설하거나 임대상가를 건설하는 등 추가적인 세입자 손실보상 대책을 수립하여 시행하는 경우

② 정비구역이 역세권 등 대통령령으로 정하는 요건에 해당하는 경우(법 제24조 제4항, 법 제26조 제1항 제1호 및 법 제27조 제1항 제1호에 따른 정비사업을 시행하는 경우는 제외한다)에는 법 제11조, 법 제54조 및 「국토의 계획 및 이용에 관한 법률」 제78조에도 불구하고 다음의 어느 하나에 따라 용적률을 완화하여 적용할 수 있다.
 ㉠ 지방도시계획위원회의 심의를 거쳐 법적상한용적률의 **100분의 120**까지 완화
 ㉡ 용도지역의 변경을 통하여 용적률을 완화하여 정비계획을 수립(변경수립을 포함한다)한 후 변경된 용도지역의 법적상한용적률까지 완화

③ **사업시행자**는 위 ②에 따라 완화된 용적률에서 정비계획으로 정하여진 용적률을 뺀 용적률의 **100분의 75 이하**로서 대통령령으로 정하는 바에 따라 **시·도 조례로 정하는 비율**에 해당하는 면적에 **국민주택규모 주택**을 건설하여 인수자에게 공급하여야 한다. 이 경우 국민주택규모 주택의 공급 및 인수방법에 관하여는 법 제55조를 준용한다.

④ 위 ③에도 불구하고 **인수자**는 '사업시행자로부터 공급받은 주택' 중 '**대통령으로 정하는 비율에 해당하는 주택**'에 대해서는 「공공주택 특별법」 제48조에 따라 분양할 수 있다. 이 경우 해당 주택의 **공급가격**은 「주택법」 제57조 제4항에 따라 '국토교통부장관이 고시하는 **건축비**'로 하며, **부속 토지의 가격**은 감정평가액의 **100분의 50 이상의 범위**에서 대통령령으로 정한다.

⑤ 위 ③ 및 ④에서 규정한 사항 외에 국민주택규모 주택의 인수 절차 및 활용에 필요한 사항은 대통령령으로 정할 수 있다.

> **관련법령** 용적률에 관한 특례(영 제55조)

1. 사업시행자가 위 **(6)**의 ①에 따라 완화된 용적률을 적용받으려는 경우에는 사업시행계획인가 신청 전에 다음의 사항을 시장·군수등에게 제출하고 사전협의하여야 한다.
   ㉠ 정비구역 내 세입자 현황
   ㉡ 세입자에 대한 손실보상 계획
2. 위 1.에 따른 협의를 요청받은 시장·군수등은 의견을 사업시행자에게 통보해야 하며, 용적률을 완화받을 수 있다는 통보를 받은 사업시행자는 사업시행계획서를 작성할 때 위 1.의 ㉡에 따른 세입자에 대한 손실보상 계획을 포함해야 한다.
3. 위 **(6)**의 ②의 ㉠·㉡ 외의 부분에서 '역세권 등 대통령령으로 정하는 요건에 해당하는 경우'란 다음의 요건을 모두 갖춘 경우를 말한다.
   ㉠ 해당 정비구역 총면적의 **2분의 1 이상**이 다음의 어느 하나에 해당하는 지역에 위치할 것
      ⓐ 「철도의 건설 및 철도시설 유지관리에 관한 법률」 제2조 제1호에 따른 철도 또는 「도시철도법」 제2조 제2호에 따른 도시철도의 승강장 경계로부터 시·도 조례로 정하는 거리 이내에 위치한 지역
      ⓑ 세 개 이상의 대중교통 정류장이 인접해 있거나 고속버스·시외버스 터미널, 간선도로의 교차지 등 양호한 기반시설을 갖추고 있어 대중교통 이용이 용이한 지역으로서 시·도 조례로 정하는 요건을 모두 갖춘 지역
   ㉡ 해당 정비구역에서 시행하는 정비사업이 법 제54조(재건축사업 등의 용적률 완화 및 국민주택규모 주택 건설비율) 제1항 각 호의 어느 하나에 해당할 것
4. 사업시행자가 위 **(6)**의 ③에 따라 국민주택규모 주택을 건설하여 인수자에게 공급해야 하는 면적은 위 **(6)**의 ②에 따라 완화된 용적률에서 정비계획으로 정하여진 용적률을 뺀 용적률(이하 '추가용적률'이라 한다)의 다음의 구분이 따른 비율에 해당하는 면적으로 한다.
   ㉠ 과밀억제권역에서 시행하는 재건축사업: 추가용적률의 100분의 30 이상 100분의 75 이하의 범위에서 시·도 조례로 정하는 비율
   ㉡ 과밀억제권역에서 시행하는 재개발사업: 추가용적률의 100분의 50 이상 100분의 75 이하의 범위에서 시·도 조례로 정하는 비율
   ㉢ 과밀억제권역 외의 지역에서 시행하는 재건축사업: 추가용적률의 100분의 50 이하의 범위에서 시·도 조례로 정하는 비율
   ㉣ 과밀억제권역 외의 지역에서 시행하는 재개발사업: 추가용적률의 100분의 75 이하의 범위에서 시·도 조례로 정하는 비율
5. 위 **(6)**의 ④ 전단에서 '대통령령으로 정하는 비율'이란 100분의 20 이상의 범위에서 **시·도 조례로 정하는 비율**을 말한다.

6. 인수자는 위 **(6)**의 ④에 따라 사업시행자로부터 공급받은 주택을 「공공주택 특별법」 제48조에 따라 분양하려는 경우에는 감정평가액의 100분의 50에 해당하는 가격으로 부속 토지를 '인수'해야 하며, 해당 주택을 다음의 어느 하나에 해당하는 주택으로 '분양'해야 한다.
   ㉠ 「공공주택 특별법」 제2조 제1호의4에 따른 지분적립형 분양주택
   ㉡ 「공공주택 특별법」 제2조 제1호의5에 따른 이익공유형 분양주택
   ㉢ 「주택법」 제2조 제9호에 따른 토지임대부 분양주택(사업주체가 공공주택 특별법 제4조에 따른 공공주택사업자인 경우로 한정한다)

(7) 재건축사업의 범위에 관한 특례(법 제67조)

① 사업시행자 또는 추진위원회는 다음의 어느 하나에 해당하는 경우에는 그 주택단지 안의 일부 토지에 대하여 「건축법」 제57조에도 불구하고 분할하려는 토지면적이 같은 조에서 정하고 있는 면적에 미달되더라도 토지분할을 청구할 수 있다.
   ㉠ 「주택법」 제15조 제1항에 따라 사업계획승인을 받아 건설한 둘 이상의 건축물이 있는 주택단지에 재건축사업을 하는 경우
   ㉡ 법 제35조 제3항에 따른 조합설립의 동의요건을 충족시키기 위하여 필요한 경우
② 사업시행자 또는 추진위원회는 위 ①에 따라 토지분할 청구를 하는 때에는 토지분할의 대상이 되는 토지 및 그 위의 건축물과 관련된 토지등소유자와 협의하여야 한다.
③ 사업시행자 또는 추진위원회는 위 ②에 따른 토지분할의 협의가 성립되지 아니한 경우에는 법원에 토지분할을 청구할 수 있다.
④ 시장·군수등은 위 ③에 따라 토지분할이 청구된 경우에 분할되어 나가는 토지 및 그 위의 건축물이 다음의 요건을 충족하는 때에는 토지분할이 완료되지 아니하여 위 ①에 따른 동의요건에 미달되더라도 「건축법」 제4조에 따라 특별자치시·특별자치도·시·군·구(자치구를 말한다)에 설치하는 건축위원회의 심의를 거쳐 조합설립인가와 사업시행계획인가를 할 수 있다.
   ㉠ 해당 토지 및 건축물과 관련된 토지등소유자의 수(법 제77조에 따른 기준일의 **다음 날 이후**에 정비구역에 위치한 건축물 및 그 부속토지의 소유권을 **취득한 자는 제외한다**)가 전체의 10분의 1 이하일 것
   ㉡ 분할되어 나가는 토지 위의 건축물이 분할선상에 위치하지 아니할 것
   ㉢ 그 밖에 사업시행계획인가를 위하여 대통령령으로 정하는 요건에 해당할 것

(8) 건축규제의 완화 등에 관한 특례(법 제68조)

① 주거환경개선사업에 따른 건축허가를 받은 때와 부동산등기(소유권보존등기 또는 이전등기로 한정한다)를 하는 때에는 「주택도시기금법」 제8조의 국민주택채권의 매입에 관한 규정을 적용하지 아니한다.
② 주거환경개선구역에서 「국토의 계획 및 이용에 관한 법률」 제43조 제2항에 따른 도시·군계획시설의 결정·구조 및 설치의 기준 등에 필요한 사항은 국토교통부령으로 정하는 바에 따른다.

③ 사업시행자는 주거환경개선구역에서 다음의 어느 하나에 해당하는 사항은 시·도 조례로 정하는 바에 따라 기준을 따로 정할 수 있다.
   ㉠ 「건축법」 제44조에 따른 대지와 도로의 관계(소방활동에 지장이 없는 경우로 한정한다)
   ㉡ 「건축법」 제60조 및 제61조에 따른 건축물의 높이제한(사업시행자가 공동주택을 건설·공급하는 경우로 한정한다)
④ 사업시행자는 공공재건축사업을 위한 정비구역, 법 제26조 제1항 제1호 및 법 제27조 제1항 제1호에 따른 재건축구역(재건축사업을 시행하는 정비구역을 말한다. 이하 같다) 또는 법 제66조 제2항에 따라 용적률을 완화하여 적용하는 정비구역에서 다음의 어느 하나에 해당하는 사항에 대하여 대통령령으로 정하는 범위에서 지방건축위원회 또는 지방도시계획위원회의 심의를 거쳐 그 기준을 완화받을 수 있다.
   ㉠ 「건축법」 제42조에 따른 대지의 조경기준
   ㉡ 「건축법」 제55조에 따른 건폐율의 산정기준
   ㉢ 「건축법」 제58조에 따른 대지 안의 공지기준
   ㉣ 「건축법」 제60조 및 제61조에 따른 건축물의 높이제한
   ㉤ 「주택법」 제35조 제1항 제3호 및 제4호에 따른 부대시설 및 복리시설의 설치기준
   ㉥ 「도시공원 및 녹지 등에 관한 법률」 제14조에 따른 도시공원 또는 녹지 확보기준
   ㉦ 위 ㉠부터 ㉥까지에서 규정한 사항 외에 공공재건축사업 또는 법 제26조 제1항 제1호 및 법 제27조 제1항 제1호에 따른 재건축사업의 원활한 시행을 위하여 대통령령으로 정하는 사항

(9) 다른 법령의 적용 및 배제(법 제69조)

① 주거환경개선구역은 해당 정비구역의 지정·고시가 있는 날부터 「국토의 계획 및 이용에 관한 법률」 제36조 제1항 제1호 가목 및 같은 조 제2항에 따라 주거지역을 세분하여 정하는 지역 중 대통령령으로 정하는 지역으로 결정·고시된 것으로 본다. 다만, 다음의 어느 하나에 해당하는 경우에는 그러하지 아니하다.
   ㉠ 해당 정비구역이 「개발제한구역의 지정 및 관리에 관한 특별조치법」 제3조 제1항에 따라 결정된 개발제한구역인 경우
   ㉡ 시장·군수등이 주거환경개선사업을 위하여 필요하다고 인정하여 해당 정비구역의 일부분을 종전 용도지역으로 그대로 유지하거나 동일면적의 범위에서 위치를 변경하는 내용으로 정비계획을 수립한 경우
   ㉢ 시장·군수등이 법 제9조 제1항 제10호 다목의 사항을 포함하는 정비계획을 수립한 경우
② 정비사업과 관련된 환지에 관하여는 「도시개발법」 제28조부터 제49조까지의 규정을 준용한다. 이 경우 같은 법 제41조 제2항 본문에 따른 '환지처분을 하는 때'는 '사업시행계획인가를 하는 때'로 본다.

③ '주거환경개선사업'의 경우에는 「공익사업을 위한 토지 등의 취득 및 보상에 관한 법률」 제78조 제4항을 적용하지 아니하며, 「주택법」을 적용할 때에는 이 법에 따른 **사업시행자**(토지주택공사등이 공동사업시행자인 경우에는 토지주택공사등을 말한다)는 「주택법」에 따른 **사업주체**로 본다.
④ 공공재개발사업 시행자 또는 공공재건축사업 시행자는 공공재개발사업 또는 공공재건축사업을 시행하는 경우 「건설기술 진흥법」 등 관계 법령에도 불구하고 대통령령으로 정하는 바에 따라 '건설사업관리기술인의 배치기준'을 별도로 정할 수 있다.

(10) 지상권 등 계약의 해지(법 제70조)
① 정비사업의 시행으로 지상권·전세권 또는 임차권의 설정 목적을 달성할 수 없는 때에는 그 권리자는 계약을 해지할 수 있다.
② 위 ①에 따라 **계약을 해지할 수 있는 자**가 가지는 전세금·보증금, 그 밖의 계약상의 금전의 반환청구권은 **사업시행자**에게 행사할 수 있다.
③ 위 ②에 따른 금전의 반환청구권의 행사로 해당 금전을 지급한 **사업시행자**는 해당 **토지등소유자**에게 **구상**할 수 있다.
④ 사업시행자는 위 ③에 따른 구상이 되지 아니하는 때에는 해당 토지등소유자에게 귀속될 대지 또는 건축물을 **압류**할 수 있다. 이 경우 압류한 권리는 **저당권**과 동일한 **효력**을 가진다.
⑤ '관리처분계획의 인가'를 받은 경우 지상권·전세권설정계약 또는 임대차계약의 계약기간은 「민법」 제280조·제281조 및 제312조 제2항, 「주택임대차보호법」 제4조 제1항, 「상가건물 임대차보호법」 제9조 제1항을 적용하지 아니한다.

(11) 소유자의 확인이 곤란한 건축물 등에 대한 처분(법 제71조)
① 사업시행자는 다음에서 정하는 날 현재 건축물 또는 토지의 소유자의 소재 확인이 현저히 곤란한 때에는 전국적으로 배포되는 둘 **이상**의 일간신문에 **2회 이상** 공고하고, 공고한 날부터 30일 이상이 지난 때에는 그 소유자의 해당 건축물 또는 토지의 감정평가액에 해당하는 금액을 법원에 **공탁**하고 정비사업을 **시행**할 수 있다.
  ㉠ 법 제25조에 따라 조합이 사업시행자가 되는 경우에는 제35조에 따른 조합설립인가일
  ㉡ 법 제25조 제1항 제2호에 따라 토지등소유자가 시행하는 재개발사업의 경우에는 법 제50조에 따른 사업시행계획인가일
  ㉢ 법 제26조 제1항에 따라 시장·군수등, 토지주택공사등이 정비사업을 시행하는 경우에는 같은 조 제2항에 따른 고시일
  ㉣ 법 제27조 제1항에 따라 지정개발자를 사업시행자로 지정하는 경우에는 같은 조 제2항에 따른 고시일
② 재건축사업을 시행하는 경우 조합설립인가일 현재 조합원 전체의 공동소유인 토지 또는 건축물은 조합 소유의 토지 또는 건축물로 본다.

③ 위 ②에 따라 조합 소유로 보는 토지 또는 건축물의 처분에 관한 사항은 법 제74조 제1항에 따른 관리처분계획에 명시하여야 한다.

④ 위 ①에 따른 토지 또는 건축물의 감정평가는 법 제74조 제4항 제1호를 준용한다.

5. 관리처분계획 등

(1) 분양공고 및 분양신청(법 제72조)

① 사업시행자는 '사업시행계획인가'의 고시가 있은 날(사업시행계획인가 이후 시공자를 선정한 경우에는 '시공자와 계약을 체결'한 날)부터 **90일**(대통령령으로 정하는 경우에는 1회에 한정하여 30일의 범위에서 연장할 수 있다) 이내에 다음의 사항을 토지등소유자에게 **통지**하고, 분양의 대상이 되는 대지 또는 건축물의 내역 등 대통령령으로 정하는 사항을 해당 지역에서 발간되는 '일간신문'에 공고하여야 한다. 다만, 토지등소유자 1인이 시행하는 재개발사업의 경우에는 그러하지 아니하다.

  ㉠ 분양대상자별 종전의 토지 또는 건축물의 명세 및 사업시행계획인가의 고시가 있은 날을 기준으로 한 가격(사업시행계획인가 전에 법 제81조 제3항에 따라 철거된 건축물은 시장·군수등에게 허가를 받은 날을 기준으로 한 가격)

  ㉡ 분양대상자별 분담금의 추산액

  ㉢ 분양신청기간

  ㉣ 그 밖에 대통령령으로 정하는 사항

② 위 ①의 ㉢에 따른 '분양신청기간'은 통지한 날부터 30일 이상 60일 이내로 하여야 한다. 다만, 사업시행자는 관리처분계획의 수립에 지장이 없다고 판단하는 경우에는 분양신청기간을 20일의 범위에서 '한 차례만' 연장할 수 있다.

③ 대지 또는 건축물에 대한 분양을 받으려는 토지등소유자는 '분양신청기간'에 대통령령으로 정하는 방법 및 절차에 따라 사업시행자에게 대지 또는 건축물에 대한 분양신청을 하여야 한다.

④ 사업시행자는 '분양신청기간 종료 후' 사업시행계획인가의 변경(경미한 사항의 변경은 제외한다)으로 세대수 또는 주택규모가 달라지는 경우 위의 ①부터 ③까지의 규정에 따라 분양공고 등의 절차를 다시 거칠 수 있다.

⑤ 사업시행자는 정관등으로 정하고 있거나 총회의 의결을 거친 경우 위 ④에 따라 다음 **(2)** ①의 ㉠ 및 ㉡에 해당하는 토지등소유자에게 분양신청을 다시 하게 할 수 있다.

⑥ 위 ③부터 ⑤까지의 규정에도 불구하고 **투기과열지구**의 정비사업에서 다음 (3)에 따른 관리처분계획에 따라 다음 **(3)**의 ①의 ㉡ 또는 ㉣의 ⓐ의 분양대상자 및 그 세대에 속한 자는 분양대상자 선정일(조합원 분양분의 분양대상자는 최초 관리처분계획 인가일을 말한다)부터 **5년 이내**에는 **투기과열지구**에서 위 ③부터 ⑤까지의 규정에 따른 분양신청을 할 수 없다. 다만, 상속, 결혼, 이혼으로 조합원 자격을 취득한 경우에는 분양신청을 할 수 있다.

⑦ **공공재개발사업 시행자**는 법 제39조 제2항 제6호에 따라 건축물 또는 토지를 양수하려는 경우 무분별한 분양신청을 방지하기 위하여 위 ① 또는 ④에 따른 분양공고 시 '양수대상이 되는 건축물 또는 토지의 조건'을 함께 공고하여야 한다.

> **관련법령** 분양신청의 절차 등(영 제59조)
>
> 1. 위 **(1)**의 ①의 ㉠~㉣ 외의 부분 본문에서 '대통령령으로 정하는 경우'란 재개발사업 중 해당 정비구역이 **시·도조례로 정하는 면적 이상인 사업의 경우**를 말한다. 〈신설 2025.4.29.〉
> 2. 위 **(1)**의 ①의 ㉠~㉣ 외의 부분 본문에서 '분양의 대상이 되는 대지 또는 건축물의 내역 등 대통령령으로 정하는 사항'이란 다음의 사항을 말한다.
>   ㉠ 사업시행인가의 내용
>   ㉡ 정비사업의 종류·명칭 및 정비구역의 위치·면적
>   ㉢ 분양신청기간 및 장소
>   ㉣ 분양대상 대지 또는 건축물의 내역
>   ㉤ 분양신청자격
>   ㉥ 분양신청방법
>   ㉦ 토지등소유자 외의 권리자의 권리신고방법
>   ㉧ 분양을 신청하지 아니한 자에 대한 조치
>   ㉨ 그 밖에 시·도 조례로 정하는 사항
> 3. 위 **(1)**의 ①의 ㉣에서 '대통령령으로 정하는 사항'이란 다음의 사항을 말한다.
>   ㉠ 위 2.의 ㉠부터 ㉥까지 및 ㉧의 사항
>   ㉡ 분양신청서
>   ㉢ 그 밖에 시·도 조례로 정하는 사항
> 4. 위 **(1)**의 ③에 따라 분양신청을 하려는 자는 분양신청서에 소유권의 내역을 분명하게 적고, 그 소유의 토지 및 건축물에 관한 등기부등본 또는 환지예정지증명원을 첨부하여 사업시행자에게 제출하여야 한다. 이 경우 우편의 방법으로 분양신청을 하는 때에는 분양신청기간 내에 발송된 것임을 증명할 수 있는 우편으로 하여야 한다. 〈개정 2025.4.29.〉
> 5. 재개발사업의 경우 토지등소유자가 정비사업에 제공되는 종전의 토지 또는 건축물에 따라 분양받을 수 있는 것 외에 공사비 등 사업시행에 필요한 비용의 일부를 부담하고 그 대지 및 건축물(주택을 제외한다)을 분양받으려는 때에는 위 4.에 따른 분양신청을 하는 때에 그 의사를 분명히 하고, 위 **(1)**의 ①의 ㉠에 따른 가격의 10퍼센트에 상당하는 금액을 사업시행자에게 납입하여야 한다. 이 경우 그 금액은 납입하였으나 영 제62조 제3호에 따라 정하여진 비용부담액을 정하여진 시기에 납입하지 아니한 자는 그 납입한 금액의 비율에 해당하는 만큼의 대지 및 건축물(주택을 제외한다)만 분양을 받을 수 있다. 〈개정 2025.4.29.〉
> 6. 위 4.에 따라 분양신청서를 받은 사업시행자는 「전자정부법」 제36조 제1항에 따른 행정정보의 공동이용을 통하여 첨부서류를 확인할 수 있는 경우에는 그 확인으로 첨부서류를 갈음하여야 한다. 〈개정 2025.4.29.〉

(2) 분양신청을 하지 아니한 자 등에 대한 조치(법 제73조)

① 사업시행자는 '관리처분계획이 인가·고시된 다음 날'부터 **90일** 이내에 다음에서 정하는 자와 토지, 건축물 또는 그 밖의 권리의 **손실보상**에 관한 **협의**를 하여야 한다. 다만, 사업시행자는 '분양신청기간 종료일의 다음 날'부터 협의를 시작할 수 있다.

㉠ 분양신청을 하지 아니한 자
　　㉡ 분양신청기간 종료 이전에 분양신청을 철회한 자
　　㉢ 위 **(1)**의 ⑥ 본문에 따라 분양신청을 할 수 없는 자
　　㉣ 다음 **(3)**에 따라 인가된 관리처분계획에 따라 분양대상에서 제외된 자
② 사업시행자는 위 ①에 따른 협의가 성립되지 아니하면 그 기간의 만료일 다음 날부터 60일 이내에 수용재결을 신청하거나 매도청구소송을 제기하여야 한다.
③ 사업시행자는 위 ②에 따른 기간을 넘겨서 수용재결을 신청하거나 매도청구소송을 제기한 경우에는 해당 토지등소유자에게 지연일수(遲延日數)에 따른 이자를 지급하여야 한다. 이 경우 이자는 100분의 15 이하의 범위에서 대통령령으로 정하는 이율을 적용하여 산정한다.

> **관련법령** **분양신청을 하지 아니한 자 등에 대한 조치(영 제60조)**
>
> 1. 사업시행자가 위 (2)의 ①에 따라 토지등소유자의 토지, 건축물 또는 그 밖의 권리에 대하여 현금으로 청산하는 경우 청산금액은 사업시행자와 토지등소유자가 협의하여 산정한다. 이 경우 재개발사업의 손실보상액의 산정을 위한 감정평가법인 등 선정에 관하여는 「공익사업을 위한 토지 등의 취득 및 보상에 관한 법률」 제68조 제1항에 따른다.
> 2. 위 (2)의 ③ 후단에서 '대통령령으로 정하는 이율'이란 다음을 말한다.
>   ㉠ 6개월 이내의 지연일수에 따른 이자의 이율: 100분의 5
>   ㉡ 6개월 초과 12개월 이내의 지연일수에 따른 이자의 이율: 100분의 10
>   ㉢ 12개월 초과의 지연일수에 따른 이자의 이율: 100분의 15

(3) 관리처분계획의 인가 등(법 제74조)

① 사업시행자는 분양신청기간이 종료된 때에는 분양신청의 현황을 기초로 다음의 사항이 포함된 '관리처분계획'을 수립하여 '시장·군수등'의 '인가'를 받아야 하며, 관리처분계획을 변경·중지 또는 폐지하려는 경우에도 또한 같다. 다만, 대통령령으로 정하는 경미한 사항을 변경하려는 경우에는 시장·군수등에게 신고하여야 한다.
　㉠ 분양설계
　㉡ 분양대상자의 주소 및 성명
　㉢ 분양대상자별 분양예정인 대지 또는 건축물의 추산액(임대관리 위탁주택에 관한 내용을 포함한다) 25회
　㉣ 다음에 해당하는 보류지 등의 명세와 추산액 및 처분방법. 다만, 다음 ⓑ의 경우에는 법 제30조 제1항에 따라 선정된 임대사업자의 성명 및 주소(법인인 경우에는 법인의 명칭 및 소재지와 대표자의 성명 및 주소)를 포함한다.
　　ⓐ 일반 분양분
　　ⓑ 공공지원민간임대주택
　　ⓒ 임대주택
　　ⓓ 그 밖에 부대시설·복리시설 등

ⓜ 분양대상자별 종전의 토지 또는 건축물 명세 및 사업시행계획인가 고시가 있은 날을 기준으로 한 가격(사업시행계획인가 전에 법 제81조 제3항에 따라 철거된 건축물은 시장·군수등에게 허가를 받은 날을 기준으로 한 가격) 25회
　　ⓗ 정비사업비의 추산액(재건축사업의 경우에는 재건축초과이익 환수에 관한 법률에 따른 재건축부담금에 관한 사항을 포함한다) 및 그에 따른 조합원 분담규모 및 분담시기 25회
　　ⓢ 분양대상자의 종전 토지 또는 건축물에 관한 소유권 외의 권리명세
　　ⓞ 세입자별 손실보상을 위한 권리명세 및 그 평가액
　　ⓩ 그 밖에 정비사업과 관련한 권리 등에 관하여 대통령령으로 정하는 사항
② 시장·군수등은 위 ①의 ㉠~㉢ 외의 부분 단서에 따른 신고를 받은 날부터 **20일 이내**에 **신고수리 여부**를 신고인에게 통지하여야 한다.
③ 시장·군수등이 위 ②에서 정한 기간 내에 신고수리 여부 또는 민원 처리 관련 법령에 따른 처리기간의 연장을 신고인에게 통지하지 아니하면 '그 기간(민원 처리 관련 법령에 따라 처리기간이 연장 또는 재연장된 경우에는 해당 처리기간을 말한다)이 끝난 날'의 **다음 날**에 **신고를 수리한 것으로 본다.**
④ 정비사업에서 위 ①의 ㉢·ⓜ 및 ⓞ에 따라 재산 또는 권리를 평가할 때에는 다음의 방법에 따른다.
　　㉠ 「감정평가 및 감정평가사에 관한 법률」에 따른 감정평가법인 등 중 다음의 구분에 따른 감정평가법인 등이 평가한 금액을 산술평균하여 산정한다. 다만, 관리처분계획을 변경·중지 또는 폐지하려는 경우 분양예정 대상인 대지 또는 건축물의 추산액과 종전의 토지 또는 건축물의 가격은 사업시행자 및 토지등소유자 전원이 합의하여 산정할 수 있다.
　　　　ⓐ **주거환경개선사업 또는 재개발사업**: 시장·군수등이 선정·계약한 2인 이상의 감정평가법인 등
　　　　ⓑ **재건축사업**: 시장·군수등이 선정·계약한 1인 이상의 감정평가법인 등과 조합총회의 의결로 선정·계약한 1인 이상의 감정평가법인 등
　　㉡ 시장·군수등은 위 ㉠에 따라 감정평가법인 등을 선정·계약하는 경우 감정평가법인 등의 업무수행능력, 소속 감정평가사의 수, 감정평가 실적, 법규 준수 여부, 평가계획의 적정성 등을 고려하여 객관적이고 투명한 절차에 따라 선정하여야 한다. 이 경우 감정평가법인 등의 선정·절차 및 방법 등에 필요한 사항은 시·도 조례로 정한다.
　　㉢ 사업시행자는 위 ㉠에 따라 감정평가를 하려는 경우 시장·군수등에게 감정평가법인 등의 선정·계약을 요청하고 감정평가에 필요한 비용을 미리 예치하여야 한다. 시장·군수등은 감정평가가 끝난 경우 예치된 금액에서 감정평가 비용을 직접 지급한 후 나머지 비용을 사업시행자와 정산하여야 한다.
⑤ 조합은 법 제45조 제1항 제10호의 사항을 의결하기 위한 총회의 개최일부터 1개월 전에 위 ①의 ㉢부터 ⓗ까지의 규정에 해당하는 사항을 각 조합원에게 문서로 통지하여야 한다.
⑥ 관리처분계획의 내용, 관리처분의 방법 등에 필요한 사항은 대통령령으로 정한다.

⑦ 관리처분계획의 내용과 위 ④부터 ⑥까지의 규정은 시장·군수등이 직접 수립하는 관리처분계획에 준용한다.

> **관련법령 관리처분계획의 경미한 변경(영 제61조)**
>
> 위 (3)의 ①의 ⑦~㉧ 의의 부분 단서에서 '대통령령으로 정하는 경미한 사항을 변경하려는 경우'란 다음의 어느 하나에 해당하는 경우를 말한다.
> 1. 계산착오·오기·누락 등에 따른 조서의 단순정정인 경우(불이익을 받는 자가 없는 경우에만 해당한다)
> 2. 정관 및 사업시행계획인가의 변경에 따라 관리처분계획을 변경하는 경우
> 3. 법 제64조에 따른 매도청구에 대한 판결에 따라 관리처분계획을 변경하는 경우
> 4. 법 제129조에 따른 권리·의무의 변동이 있는 경우로서 분양설계의 변경을 수반하지 아니하는 경우
> 5. 주택분양에 관한 권리를 포기하는 토지등소유자에 대한 임대주택의 공급에 따라 관리처분계획을 변경하는 경우
> 6. 「민간임대주택에 관한 특별법」제2조 제7호에 따른 임대사업자의 주소(법인인 경우에는 법인의 소재지와 대표자의 성명 및 주소)를 변경하는 경우

> **관련법령 관리처분계획의 내용(영 제62조)**
>
> 위 (3)의 ①의 ㉧에서 '대통령령으로 정하는 사항'이란 다음의 사항을 말한다.
> 1. 위 (2)에 따라 현금으로 청산하여야 하는 토지등소유자별 기존의 토지·건축물 또는 그 밖의 권리의 명세와 이에 대한 청산방법
> 2. 법 제79조 제4항 전단에 따른 보류지 등의 명세와 추산가액 및 처분방법
> 3. 영 제63조 제1항 제4호에 따른 비용의 부담비율에 따른 대지 및 건축물의 분양계획과 그 비용부담의 한도·방법 및 시기. 이 경우 비용부담으로 분양받을 수 있는 한도는 정관등에서 따로 정하는 경우를 제외하고는 기존의 토지 또는 건축물의 가격의 비율에 따라 부담할 수 있는 비용의 50퍼센트를 기준으로 정한다.
> 4. 정비사업의 시행으로 인하여 새롭게 설치되는 정비기반시설의 명세와 용도가 폐지되는 정비기반시설의 명세
> 5. 기존 건축물의 철거 예정시기 25회
> 6. 그 밖에 시·도 조례로 정하는 사항

> **관련법령 관리처분의 방법 등(영 제63조)**
>
> 1. 법 제23조 제1항 제4호의 방법으로 시행하는 '주거환경개선사업'과 '재개발사업'의 경우 위 (3)에 따른 관리처분은 다음의 방법에 따른다.
>   ㉠ 시·도 조례로 분양주택의 규모를 제한하는 경우에는 그 규모 이하로 주택을 공급할 것
>   ㉡ 1개의 건축물의 대지는 1필지의 토지가 되도록 정할 것. 다만, 주택단지의 경우에는 그러하지 아니하다.
>   ㉢ 정비구역의 토지등소유자(지상권자는 제외한다. 이하 1.에서 같다)에게 분양할 것. 다만, 공동주택을 분양하는 경우 시·도 조례로 정하는 금액·규모·취득 시기 또는 유형에 대한 기준에 부합하지 아니하는 토지등소유자는 시·도 조례로 정하는 바에 따라 분양대상에서 제외할 수 있다.

ⓔ 1필지의 대지 및 그 대지에 건축된 건축물[아래 **(8)**의 ④ 전단에 따라 보류지로 정하거나 조합원 외의 자에게 분양하는 부분은 제외한다]을 2인 이상에게 분양하는 때에는 기존의 토지 및 건축물의 가격(영 제93조에 따라 사업시행방식이 전환된 경우에는 환지예정지의 권리가액을 말한다. 이하 ⓢ에서 같다)과 영 제59조 제4항 및 영 제62조 제3호에 따라 토지등소유자가 부담하는 비용(재개발사업의 경우에만 해당한다)의 비율에 따라 분양할 것

ⓜ 분양대상자가 공동으로 취득하게 되는 건축물의 공용부분은 각 권리자의 공유로 하되, 해당 공용부분에 대한 각 권리자의 지분비율은 그가 취득하게 되는 부분의 위치 및 바닥면적 등의 사항을 고려하여 정할 것

ⓗ 1필지의 대지 위에 2인 이상에게 분양될 건축물이 설치된 경우에는 건축물의 분양면적의 비율에 따라 그 대지소유권이 주어지도록 할 것(주택과 그 밖의 용도의 건축물이 함께 설치된 경우에는 건축물의 용도 및 규모 등을 고려하여 대지지분이 합리적으로 배분될 수 있도록 한다). 이 경우 토지의 소유관계는 공유로 한다.

ⓢ 주택 및 부대시설·복리시설의 공급순위는 기존의 토지 또는 건축물의 가격을 고려하여 정할 것. 이 경우 그 구체적인 기준은 시·도 조례로 정할 수 있다.

2. '재건축사업'의 경우 위 (3)에 따른 관리처분은 다음의 방법에 따른다. 다만, 조합이 조합원 전원의 동의를 받아 그 기준을 따로 정하는 경우에는 그에 따른다.

㉠ 위 1.의 ⓜ 및 ⓗ을 적용할 것

㉡ 부대시설·복리시설(부속토지를 포함한다. 이하 ㉡에서 같다)의 소유자에게는 부대시설·복리시설을 공급할 것. 다만, 다음의 어느 하나에 해당하는 경우에는 1주택을 공급할 수 있다.

ⓐ 새로운 부대시설·복리시설을 건설하지 아니하는 경우로서 기존 부대시설·복리시설의 가액이 분양주택 중 최소분양단위규모의 추산액에 정관등으로 정하는 비율(정관등으로 정하지 아니하는 경우에는 1로 한다. 이하 ⓑ에서 같다)을 곱한 가액보다 클 것

ⓑ 기존 부대시설·복리시설의 가액에서 새로 공급받는 부대시설·복리시설의 추산액을 뺀 금액이 분양주택 중 최소분양단위규모의 추산액에 정관등으로 정하는 비율을 곱한 가액보다 클 것

ⓒ 새로 건설한 부대시설·복리시설 중 최소분양단위규모의 추산액이 분양주택 중 최소분양단위규모의 추산액보다 클 것

(4) 사업시행계획인가 및 관리처분계획인가의 시기 조정(법 제75조)

① 특별시장·광역시장 또는 도지사는 정비사업의 시행으로 정비구역 주변 지역에 주택이 현저하게 부족하거나 주택시장이 불안정하게 되는 등 특별시·광역시 또는 도의 조례로 정하는 사유가 발생하는 경우에는 「주거기본법」 제9조에 따른 시·도 주거정책심의위원회의 심의를 거쳐 **사업시행계획인가** 또는 **관리처분계획인가의 시기를 조정하도록 해당 시장, 군수 또는 구청장**에게 요청할 수 있다. 이 경우 요청을 받은 시장, 군수 또는 구청장은 특별한 사유가 없으면 그 요청에 따라야 하며, 사업시행계획인가 또는 관리처분계획인가의 조정 시기는 인가를 신청한 날부터 **1년**을 넘을 수 없다.

② **특별자치시장 및 특별자치도지사는** 정비사업의 시행으로 정비구역 주변 지역에 주택이 현저하게 부족하거나 주택시장이 불안정하게 되는 등 특별자치시 및 특별자치도의 조례로 정하는 사유가 발생하는 경우에는 「주거기본법」 제9조에 따른 시·도 주거정책심의위원회의 심의를 거쳐 **사업시행계획인가** 또는 **관리처분계획인가의 시기를 조정할 수 있다.** 이 경우

사업시행계획인가 또는 관리처분계획인가의 조정 시기는 인가를 신청한 날부터 1년을 넘을 수 없다.
③ 위 ① 및 ②에 따른 사업시행계획인가 또는 관리처분계획인가의 시기 조정의 방법 및 절차 등에 필요한 사항은 특별시·광역시·특별자치시·도 또는 특별자치도의 조례로 정한다.

(5) 관리처분계획의 수립기준(법 제76조)
관리처분계획의 내용은 다음의 기준에 따른다.
① 종전의 토지 또는 건축물의 면적·이용 상황·환경, 그 밖의 사항을 종합적으로 고려하여 대지 또는 건축물이 균형 있게 분양신청자에게 배분되고 합리적으로 이용되도록 한다.
② 지나치게 좁거나 넓은 토지 또는 건축물은 넓히거나 좁혀 대지 또는 건축물이 **적정 규모**가 되도록 한다.
③ 너무 좁은 토지 또는 건축물을 취득한 자나 정비구역 지정 후 분할된 토지 또는 집합건물의 구분소유권을 취득한 자에게는 현금으로 청산할 수 있다.
④ 재해 또는 위생상의 위해를 방지하기 위하여 토지의 규모를 조정할 특별한 필요가 있는 때에는 너무 좁은 토지를 넓혀 토지를 갈음하여 보상을 하거나 건축물의 일부와 그 건축물이 있는 대지의 공유지분을 교부할 수 있다.
⑤ 분양설계에 관한 계획은 '**분양신청기간이 만료하는 날**'을 기준으로 하여 수립한다.
⑥ 1세대 또는 1명이 **하나 이상**의 주택 또는 토지를 소유한 경우 1주택을 공급하고, 같은 세대에 속하지 않는 2명 이상이 1주택 또는 1토지를 공유한 경우에는 **1주택만** 공급한다.
⑦ 위 ⑥에도 불구하고 다음의 경우에는 ㉠~㉢의 방법에 따라 주택을 공급할 수 있다.
  ㉠ 2명 이상이 1토지를 공유한 경우로서 시·도 조례로 주택공급을 따로 정하고 있는 경우에는 시·도 조례로 정하는 바에 따라 주택을 공급할 수 있다.
  ㉡ 다음의 어느 하나에 해당하는 토지등소유자에게는 **소유한 주택 수만큼** 공급할 수 있다.
    ⓐ **과밀억제권역에 위치하지 아니한 재건축사업의 토지등소유자**. 다만, 투기과열지구 또는 「주택법」 제63조의2 제1항 제1호에 따라 지정된 **조정대상지역**에서 사업시행계획인가(최초 사업시행계획인가를 말한다)를 신청하는 재건축사업의 토지등소유자는 **제외**한다.
    ⓑ 근로자(공무원인 근로자를 포함한다) 숙소, 기숙사 용도로 주택을 소유하고 있는 토지등소유자
    ⓒ 국가, 지방자치단체 및 토지주택공사등
  ㉢ 위 ㉡의 ⓐ 단서에도 불구하고 **과밀억제권역 외의 조정대상지역 또는 투기과열지구**에서 '조정대상지역 또는 투기과열지구로 지정되기 전'에 '**1명**의 토지등소유자로부터 토지 또는 건축물의 소유권을 양수'하여 '**여러 명**이 소유하게 된 경우'에는 양도인과 양수인에게 **각각 1주택**을 공급할 수 있다.

② 위 **(3)**의 ①의 ㉥에 따른 가격의 범위 또는 종전 주택의 주거전용면적의 범위에서 2주택을 공급할 수 있고, 이 중 1주택은 주거전용면적을 60제곱미터 이하로 한다. 다만, 60제곱미터 이하로 공급받은 1주택은 법 제86조 제2항에 따른 이전고시일 다음 날부터 3년이 지나기 전에는 주택을 전매(매매·증여나 그 밖에 권리의 변동을 수반하는 모든 행위를 포함하되, 상속의 경우는 제외한다)하거나 전매를 알선할 수 없다.

㉤ **과밀억제권역**에 위치한 **재건축사업**의 경우에는 '**토지등소유자가 소유한 주택 수의 범위**'에서 '**3주택까지**' 공급할 수 있다. 다만, 투기과열지구 또는 조정대상지역에서 사업시행계획인가(최초 사업시행계획인가를 말한다)를 신청하는 재건축사업의 경우에는 **그러하지 아니하다**.

(6) 주택 등 건축물을 분양받을 권리의 산정 기준일(법 제77조)

① 정비사업을 통하여 분양받을 건축물이 다음의 어느 하나에 해당하는 경우에는 법 제16조 제2항 전단에 따른 고시(정비구역의 지정 고시)가 있은 날 또는 **시·도지사가 투기를 억제하기 위하여 기본계획 수립을 위한 주민공람의 공고일 후 정비구역 지정·고시 전에 따로 정하는 날**[이하 **(6)**에서 '**기준일**'이라 한다]의 다음 날을 기준으로 건축물을 분양받을 권리를 산정한다.

㉠ 1필지의 토지가 여러 개의 필지로 분할되는 경우

㉡ 「집합건물의 소유 및 관리에 관한 법률」에 따른 **집합건물이 아닌 건축물**이 같은 법에 따른 **집합건물로 전환되는 경우**

㉢ 하나의 대지 범위에 속하는 동일인 소유의 토지와 주택 등 건축물을 토지와 주택 등 건축물로 각각 분리하여 소유하는 경우

㉣ 나대지에 건축물을 새로 건축하거나 기존 건축물을 철거하고 다세대주택, 그 밖의 공동주택을 건축하여 토지등소유자의 수가 증가하는 경우

㉤ 「집합건물의 소유 및 관리에 관한 법률」 제2조 제3호에 따른 **전유부분의 분할로 토지등 소유자의 수가 증가하는 경우**

② 시·도지사는 위 ①에 따라 기준일을 따로 정하는 경우에는 기준일·지정사유·건축물을 분양받을 권리의 산정기준 등을 해당 지방자치단체의 공보에 고시하여야 한다.

(7) 관리처분계획의 공람 및 인가절차 등(법 제78조)

① 사업시행자는 관리처분계획인가를 신청하기 전에 관계 서류의 사본을 30일 이상 토지등소유자에게 공람하게 하고 의견을 들어야 한다. 다만, 위 **(3)**의 ①의 ㉠~㉣ 외의 부분 단서에 따라 대통령령으로 정하는 경미한 사항을 변경하려는 경우에는 토지등소유자의 공람 및 의견청취 절차를 거치지 아니할 수 있다.

② 시장·군수등은 사업시행자의 관리처분계획인가의 신청이 있은 날부터 **30일 이내**에 인가 여부를 결정하여 사업시행자에게 통보하여야 한다. 다만, 시장·군수등은 다음 ③에 따라 관리처분계획의 타당성 검증을 요청하는 경우에는 관리처분계획인가의 신청을 받은 날부터 **60일 이내**에 인가 여부를 결정하여 사업시행자에게 통지하여야 한다.

③ 시장·군수등은 다음의 어느 하나에 해당하는 경우에는 대통령령으로 정하는 **공공기관**에 관리처분계획의 **타당성 검증**을 **요청**하여야 한다. 이 경우 시장·군수등은 타당성 검증 비용을 사업시행자에게 부담하게 할 수 있다.
  ㉠ 위 **(3)**의 ①의 ㉥에 따른 정비사업비가 법 제52조 제1항 제12호에 따른 정비사업비 기준으로 100분의 10 이상으로서 대통령령으로 정하는 비율 이상 늘어나는 경우
  ㉡ 위 **(3)**의 ①의 ㉥에 따른 조합원 분담규모가 위 **(1)**의 ①의 ㉡에 따른 분양대상자별 분담금의 추산액 총액 기준으로 100분의 20 이상으로서 대통령령으로 정하는 비율 이상 늘어나는 경우
  ㉢ 조합원 5분의 1 이상이 관리처분계획인가 신청이 있은 날부터 15일 이내에 시장·군수등에게 타당성 검증을 요청한 경우
  ㉣ 그 밖에 시장·군수등이 필요하다고 인정하는 경우
④ 시장·군수등이 위 ②에 따라 관리처분계획을 인가하는 때에는 그 내용을 해당 지방자치단체의 공보에 고시하여야 한다.
⑤ 사업시행자는 위 ①에 따라 공람을 실시하려거나 위 ④에 따른 시장·군수등의 고시가 있은 때에는 대통령령으로 정하는 방법과 절차에 따라 토지등소유자에게는 공람계획을 통지하고, 분양신청을 한 자에게는 관리처분계획인가의 내용 등을 통지하여야 한다.
⑥ 위 ①, ④ 및 ⑤는 시장·군수등이 직접 관리처분계획을 수립하는 경우에 준용한다.
⑦ 사업시행자는 관리처분계획의 내용이 위 ③의 ㉠ 또는 ㉡에 해당하는 경우 관리처분계획인가의 신청 이전(제45조 제1항 제10호에 따른 총회 의결이 있은 경우로 한정한다)에 '위 ③에 따른 공공기관'에 '관리처분계획의 **타당성 검증**'을 요청할 수 있다. 이 경우 위 ③에 따른 타당성 검증이 요청된 것으로 본다.〈신설 2025.1.31.〉

> **관련법령** 관리처분계획의 타당성 검증(영 제64조)
>
> 1. 위 **(7)**의 ③의 ㉠~㉣ 외의 부분 전단에서 '대통령령으로 정하는 공공기관'이란 다음의 기관을 말한다.
>   ㉠ 토지주택공사등
>   ㉡ 한국부동산원
> 2. 위 **(7)**의 ③의 ㉠에서 '대통령령으로 정하는 비율'이란 100분의 10을 말한다.
> 3. 위 **(7)**의 ③의 ㉡에서 '대통령령으로 정하는 비율'이란 100분의 20을 말한다.

(8) 관리처분계획에 따른 처분 등(법 제79조)

① 정비사업의 시행으로 조성된 대지 및 건축물은 관리처분계획에 따라 처분 또는 관리하여야 한다.
② 사업시행자는 정비사업의 시행으로 건설된 건축물을 위 **(3)**에 따라 인가받은 관리처분계획에 따라 토지등소유자에게 공급하여야 한다.
③ 사업시행자(법 제23조 제1항 제2호에 따라 대지를 공급받아 주택을 건설하는 자를 포함한다. 이하 ③, 다음의 ⑥ 및 ⑦에서 같다)는 정비구역에 주택을 건설하는 경우에는 입주자 모집 조건·방

법·절차, 입주금(계약금·중도금 및 잔금을 말한다)의 납부 방법·시기·절차, 주택공급 방법·절차 등에 관하여 「주택법」 제54조에도 불구하고 대통령령으로 정하는 범위에서 시장·군수등의 승인을 받아 따로 정할 수 있다.

④ 사업시행자는 위 (1)에 따른 분양신청을 받은 후 잔여분이 있는 경우에는 정관등 또는 사업시행계획으로 정하는 목적을 위하여 그 잔여분을 보류지(건축물을 포함한다)로 정하거나 조합원 또는 토지등소유자 이외의 자에게 분양할 수 있다. 이 경우 분양공고와 분양신청절차 등에 필요한 사항은 대통령령으로 정한다.

⑤ 국토교통부장관, 시·도지사, 시장, 군수, 구청장 또는 토지주택공사등은 조합이 요청하는 경우 재개발사업의 시행으로 건설된 임대주택을 인수하여야 한다. 이 경우 재개발임대주택의 인수 절차 및 방법, 인수 가격 등에 필요한 사항은 대통령령으로 정한다.

⑥ 사업시행자는 정비사업의 시행으로 임대주택을 건설하는 경우에는 임차인의 자격·선정방법·임대보증금·임대료 등 임대조건에 관한 기준 및 무주택 세대주에게 우선 매각하도록 하는 기준 등에 관하여 「민간임대주택에 관한 특별법」 제42조 및 제44조, 「공공주택 특별법」 제48조, 제49조 및 제50조의3에도 불구하고 대통령령으로 정하는 범위에서 시장·군수등의 승인을 받아 따로 정할 수 있다. 다만, 재개발임대주택으로서 최초의 임차인 선정이 아닌 경우에는 대통령령으로 정하는 범위에서 인수자가 따로 정한다.

⑦ 사업시행자는 위 ②부터 ⑥까지의 규정에 따른 공급대상자에게 주택을 공급하고 남은 주택을 위 ②부터 ⑥까지의 규정에 따른 공급대상자 외의 자에게 공급할 수 있다.

⑧ 위 ⑦에 따른 주택의 공급 방법·절차 등은 「주택법」 제54조를 준용한다. 다만, 사업시행자가 법 제64조에 따른 매도청구소송을 통하여 법원의 승소판결을 받은 후 입주예정자에게 피해가 없도록 손실보상금을 공탁하고 분양예정인 건축물을 담보한 경우에는 법원의 승소판결이 확정되기 전이라도 「주택법」 제54조에도 불구하고 입주자를 모집할 수 있으나, 다음 6.의 (1)에 따른 준공인가 신청 전까지 해당 주택건설 대지의 소유권을 확보하여야 한다.

관련법령 주택의 공급 등(영 제66조)

법 제23조 제1항 제1호부터 제3호까지의 방법으로 시행하는 '주거환경개선사업'의 사업시행자 및 같은 항 제2호에 따라 대지를 공급받아 주택을 건설하는 자가 위 (8)의 ③에 따라 정비구역에 주택을 건설하는 경우 주택의 공급에 관하여는 [별표 2]에 규정된 범위에서 시장·군수등의 승인을 받아 사업시행자가 따로 정할 수 있다.

관련법령 일반분양신청절차 등(영 제67조)

위 (8)의 ④에 따라 조합원 외의 자에게 분양하는 경우의 공고·신청절차·공급조건·방법 및 절차 등은 「주택법」 제54조를 준용한다. 이 경우 '사업주체'는 '사업시행자(토지주택공사등이 공동사업시행자인 경우에는 토지주택공사등을 말한다)'로 본다.

관련법령 재개발임대주택 인수방법 및 절차 등(영 제68조)

1. 위 (8)의 ⑤에 따라 조합이 재개발사업의 시행으로 건설된 임대주택(이하 '재개발임대주택'이라 한다)의 인수를 요청하는 경우 시·도지사 또는 시장, 군수, 구청장이 우선하여 인수하여야 하며, 시·도지사 또는 시장, 군수, 구청장이 예산·관리인력의 부족 등 부득이한 사정으로 인수하기 어려운 경우에는 국토교통부장관에게 토지주택공사등을 인수자로 지정할 것을 요청할 수 있다.
2. 위 (8)의 ⑤에 따른 재개발임대주택의 인수 가격은 다음의 금액 또는 가격을 합한 금액으로 하며, ⓒ에 따른 부속토지의 가격은 사업시행계획인가 고시가 있는 날을 기준으로 감정평가법인등 둘 이상이 평가한 금액을 산술평균한 금액으로 한다.
   ㉠ 「주택법」에 따른 국토교통부장관이 정하여 고시하는 **건축비**(이하 이 조에서 '**기본형건축비**'라 한다)의 **80퍼센트**에 해당하는 금액. 이 경우 **기본형건축비**는 영 제67조에 따른 '조합원 외의 자'에게 분양하는 경우의 분양 공고일 직전에 고시된 금액으로 한다.
   ㉡ 부속토지의 가격
   ㉢ 다음에 따른 금액의 범위에서 인수자가 정하는 금액을 합산한 금액. 이 경우 인수자가 시·도지사 또는 시장, 군수, 구청장인 경우에는 다음에 따른 금액의 범위에서 시·도조례로 정하는 기준에 따라 정한다.
      ⓐ 기본형건축비에 가산되는 금액으로서 국토교통부령으로 정하는 금액
      ⓑ 위 ㉡에 따른 부속토지의 가격에 가산되는 금액으로서 국토교통부령으로 정하는 금액
3. 위 1. 및 2.에서 정한 사항 외에 재개발임대주택의 인수계약 체결을 위한 사전협의, 인수계약의 체결, 인수대금의 지급방법 등 필요한 사항은 인수자가 따로 정하는 바에 따른다. 이 경우 인수자가 시·도지사 또는 시장·군수·구청장인 경우에는 시·도조례로 정하는 바에 따른다.

관련법령 임대주택의 공급 등(영 제69조)

1. 위 (8)의 ⑥ 본문에 따라 임대주택을 건설하는 경우의 임차인의 자격·선정방법·임대보증금·임대료 등 임대조건에 관한 기준 및 무주택 세대주에게 우선 분양전환하도록 하는 기준 등에 관하여는 [별표 3]에 규정된 범위에서 시장·군수등의 승인을 받아 사업시행자 및 법 제23조 제1항 제2호에 따라 대지를 공급받아 주택을 건설하는 자가 따로 정할 수 있다.
2. 위 (8)의 ⑥ 단서에 따라 인수자는 다음의 범위에서 재개발임대주택의 임차인의 자격 등에 관한 사항을 정하여야 한다.
   ㉠ 임차인의 자격은 구주택 기간과 해당 정비사업이 위치한 지역에 거주한 기간이 각각 1년 이상인 범위에서 오래된 순으로 할 것. 다만, 시·도지사가 위 (8)의 ⑤ 및 이 영 제48조 제2항에 따라 임대주택을 인수한 경우에는 거주지역, 거주기간 등 임차인의 자격을 별도로 정할 수 있다.
   ㉡ 임대보증금과 임대료는 정비사업이 위치한 지역의 시세의 100분의 90 이하의 범위로 할 것
   ㉢ 임대주택의 계약방법 등에 관한 사항은 「공공주택 특별법」에서 정하는 바에 따를 것
   ㉣ 관리비 등 주택의 관리에 관한 사항은 「공동주택관리법」에서 정하는 바에 따를 것
3. 시장·군수등은 사업시행자 및 법 제23조 제1항 제2호에 따라 대지를 공급받아 주택을 건설하는 자가 요청하거나 임차인 선정을 위하여 필요한 경우 국토교통부장관에게 위 1. 및 2.에 따른 임차인 자격 해당 여부에 관하여 주택전산망에 따른 전산검색을 요청할 수 있다.

(9) 지분형주택 등의 공급(법 제80조)

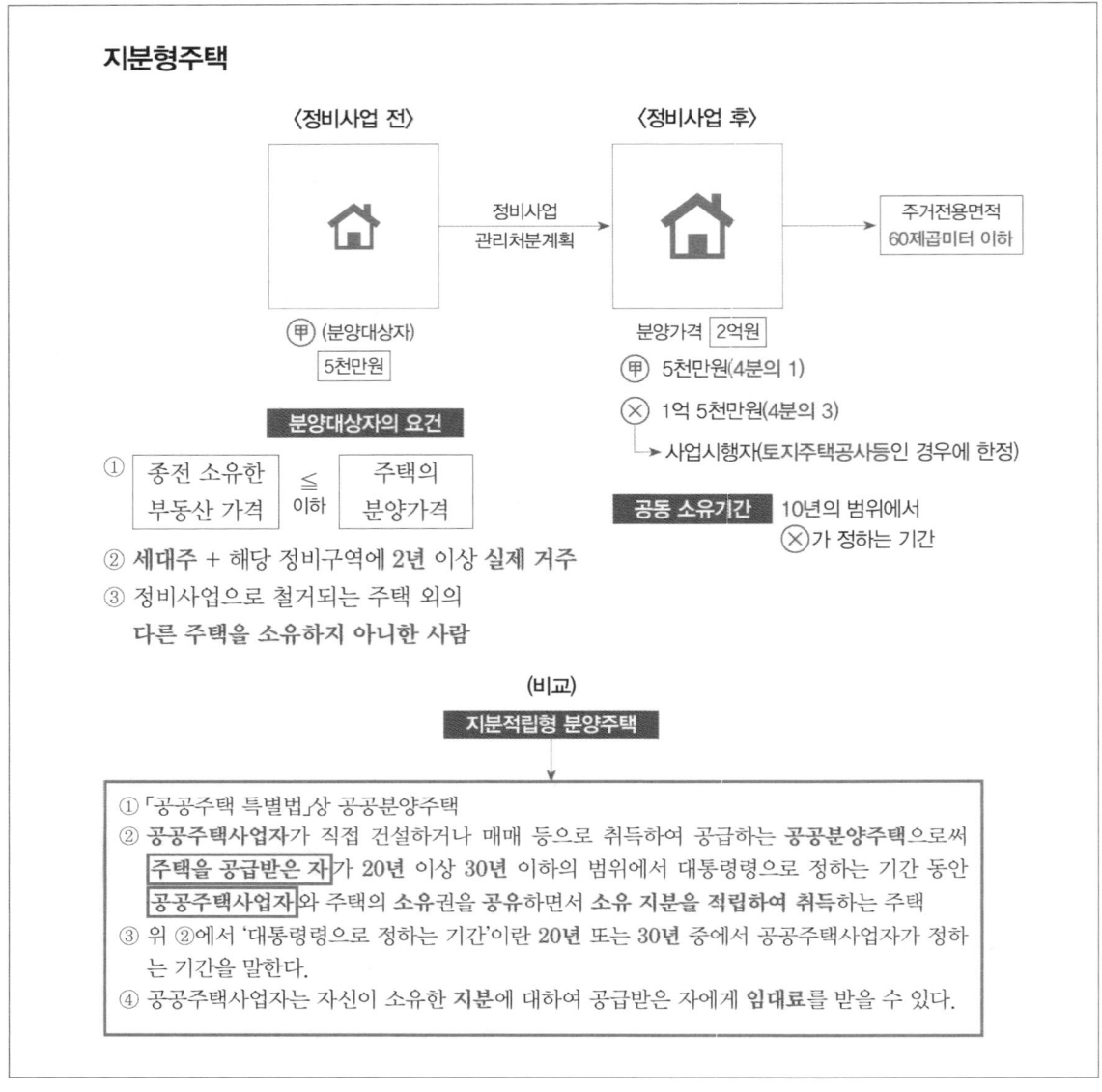

① 사업시행자가 **토지주택공사등**인 경우에는 분양대상자와 사업시행자가 공동소유하는 방식으로 주택(이하 '**지분형주택**'이라 한다)을 공급할 수 있다. 이 경우 공급되는 지분형주택의 규모, 공동 소유기간 및 분양대상자 등 필요한 사항은 대통령령으로 정한다. 22회 주관식

② 국토교통부장관, 시·도지사, 시장, 군수, 구청장 또는 토지주택공사등은 정비구역에 세입자와 대통령령으로 정하는 면적 이하의 토지 또는 주택을 소유한 자의 요청이 있는 경우에는 법 제79조 제5항[위 **(8)**의 ⑤]에 따라 인수한 임대주택의 일부를 「주택법」에 따른 '**토지임대부 분양주택**'으로 전환하여 공급하여야 한다.

관련법령 지분형주택의 공급(영 제70조)

1. '지분형주택'의 규모, 공동소유기간 및 분양대상자는 다음과 같다.
   ㉠ 지분형주택의 규모는 주거전용면적 60제곱미터 이하인 주택으로 한정한다. 23회 주관식
   ㉡ 지분형주택의 공동소유기간은 법 제86조 제2항에 따라 소유권을 취득한 날부터 10년의 범위에서 사업시행자가 정하는 기간으로 한다.
   ㉢ 지분형주택의 분양대상자는 다음의 요건을 모두 충족하는 자로 한다.
      ⓐ 법 제74조 제1항 제5호에 따라 산정한 '종전에 소유하였던 토지 또는 건축물의 가격'이 위 ㉠에 따른 '주택의 분양가격' 이하에 해당하는 사람
      ⓑ 세대주로서 정비계획의 공람 공고일 당시 해당 정비구역에 2년 이상 실제 거주한 사람
      ⓒ 정비사업의 시행으로 철거되는 주택 외 다른 주택을 소유하지 아니한 사람
2. 지분형주택의 공급방법·절차, 지분 취득비율, 지분 사용료 및 지분 취득가격 등에 관하여 필요한 사항은 사업시행자가 따로 정한다.

관련법령 소규모 토지 등의 소유자에 대한 토지임대부 분양주택 공급(영 제71조)

1. 위 (9)의 ②에서 '대통령령으로 정하는 면적 이하의 토지 또는 주택을 소유한 자'란 다음의 어느 하나에 해당하는 자를 말한다.
   ㉠ 면적이 90제곱미터 미만의 토지를 소유한 자로서 건축물을 소유하지 아니한 자
   ㉡ 바닥면적이 40제곱미터 미만의 사실상 주거를 위하여 사용하는 건축물을 소유한 자로서 토지를 소유하지 아니한 자
2. 위 1.에도 불구하고 토지 또는 주택의 면적은 위 1.에서 정한 면적의 2분의 1 범위에서 시·도 조례로 달리 정할 수 있다.

(10) 건축물 등의 사용·수익의 중지 및 철거 등(법 제81조)

① 종전의 토지 또는 건축물의 소유자·지상권자·전세권자·임차권자 등 권리자는 '**관리처분계획인가의 고시**'가 있은 때에는 법 제86조에 따른 이전고시(소유권이전고시)가 있는 날까지 종전의 토지 또는 건축물을 사용하거나 수익할 수 없다. 다만, 다음의 어느 하나에 해당하는 경우에는 그러하지 아니하다.
   ㉠ 사업시행자의 동의를 받은 경우
   ㉡ 「공익사업을 위한 토지 등의 취득 및 보상에 관한 법률」에 따른 손실보상이 완료되지 아니한 경우
② 사업시행자는 '**관리처분계획인가**'를 받은 후 기존의 건축물을 철거하여야 한다.
③ 사업시행자는 다음의 어느 하나에 해당하는 경우에는 위 ②에도 불구하고 기존 건축물 '**소유자**'의 동의 및 '**시장·군수등**'의 허가를 받아 해당 건축물을 철거할 수 있다. 이 경우 건축물의 철거는 토지등소유자로서의 권리·의무에 영향을 주지 아니한다.
   ㉠ 「재난 및 안전관리 기본법」·「주택법」·「건축법」 등 관계 법령에서 정하는 기존 건축물의 **붕괴** 등 안전사고의 우려가 있는 경우
   ㉡ '**폐공가(廢空家)의 밀집**'으로 '**범죄발생의 우려**'가 있는 경우

④ 시장·군수등은 사업시행자가 위 ②에 따라 기존의 건축물을 철거하거나 철거를 위하여 점유자를 퇴거시키려는 경우 다음의 어느 하나에 해당하는 시기에는 건축물을 철거하거나 점유자를 퇴거시키는 것을 제한할 수 있다.
  ㉠ 일출 전과 일몰 후
  ㉡ 호우, 대설, 폭풍해일, 지진해일, 태풍, 강풍, 풍랑, 한파 등으로 해당 지역에 중대한 재해발생이 예상되어 기상청장이「기상법」제13조의2에 따라 특보를 발표한 때
  ㉢「재난 및 안전관리 기본법」제3조에 따른 재난이 발생한 때
  ㉣ 위 ㉠부터 ㉢까지의 규정에 준하는 시기로 시장·군수등이 인정하는 시기

> **관련법령** **물건조서 등의 작성(영 제72조)**
>
> 1. 사업시행자는 위 **(10)**의 ③에 따라 건축물을 철거하기 전에 관리처분계획의 수립을 위하여 기존 건축물에 대한 물건조서와 사진 또는 영상자료를 만들어 이를 착공 전까지 보관하여야 한다.
> 2. 위 1.에 따른 물건조서를 작성할 때에는 법 제74조 제1항 제5호에 따른 종전 건축물의 가격산정을 위하여 건축물의 연면적, 그 실측평면도, 주요마감재료 등을 첨부하여야 한다. 다만, 실측한 면적이 건축물대장에 첨부된 건축물현황도와 일치하는 경우에는 건축물현황도로 실측평면도를 갈음할 수 있다.

(11) 시공보증(법 제82조)

① 조합이 정비사업의 시행을 위하여 시장·군수등 또는 토지주택공사등이 **아닌 자를 시공자로 선정**(법 제25조에 따른 공동사업시행자가 시공하는 경우를 포함한다)한 경우 그 시공자는 공사의 시공보증[시공자가 공사의 계약상 의무를 이행하지 못하거나 의무이행을 하지 아니할 경우 보증기관에서 시공자를 대신하여 계약이행의무를 부담하거나 총공사금액의 100분의 50 이하 대통령령으로 정하는 비율(총공사금액의 100분의 30) 이상의 범위에서 사업시행자가 정하는 금액을 납부할 것을 보증하는 것을 말한다]을 위하여 국토교통부령으로 정하는 기관의 시공보증서를 조합에 제출하여야 한다.
② 시장·군수등은「건축법」제21조에 따른 착공신고를 받는 경우에는 위 ①에 따른 시공보증서의 제출 여부를 확인하여야 한다.

6. 공사완료에 따른 조치 등

(1) 정비사업의 **준공인가**(법 제83조)

① 시장·군수등이 **아닌** 사업시행자가 정비사업 공사를 완료한 때에는 대통령령으로 정하는 방법 및 절차에 따라 시장·군수등의 **준공인가**를 받아야 한다.
② 위 ①에 따라 준공인가신청을 받은 시장·군수등은 지체 없이 준공검사를 실시하여야 한다. 이 경우 시장·군수등은 효율적인 준공검사를 위하여 필요한 때에는 관계 행정기관·공공기관·연구기관, 그 밖의 전문기관 또는 단체에게 준공검사의 실시를 의뢰할 수 있다.
③ 시장·군수등은 위 ② 전단 또는 후단에 따른 준공검사를 실시한 결과 정비사업이 인가받은 사업시행계획대로 완료되었다고 인정되는 때에는 준공인가를 하고 공사의 완료를 해당 지방자치단체의 공보에 고시하여야 한다.

④ 시장·군수등은 직접 시행하는 정비사업에 관한 공사가 완료된 때에는 그 완료를 해당 지방자치단체의 공보에 고시하여야 한다.

⑤ 시장·군수등은 위 ①에 따른 준공인가를 하기 전이라도 완공된 건축물이 사용에 지장이 없는 등 대통령령으로 정하는 기준에 적합한 경우에는 입주예정자가 완공된 건축물을 사용할 수 있도록 사업시행자에게 허가할 수 있다. 다만, 시장·군수등이 사업시행자인 경우에는 허가를 받지 아니하고 입주예정자가 완공된 건축물을 사용하게 할 수 있다.

> **관련법령** **준공인가 전 사용허가(영 제75조)**
>
> 1. 위 (1)의 ⑤ 본문에서 '완공된 건축물이 사용에 지장이 없는 등 대통령령으로 정하는 기준'이란 다음을 말한다.
>   ㉠ 완공된 건축물에 전기·수도·난방 및 상·하수도 시설 등이 갖추어져 있어 해당 건축물을 사용하는 데 지장이 없을 것
>   ㉡ 완공된 건축물이 관리처분계획에 적합할 것
>   ㉢ 입주자가 공사에 따른 차량통행·소음·분진 등의 위해로부터 안전할 것
> 2. 사업시행자는 위 (1)의 ⑤ 본문에 따른 사용허가를 받으려는 때에는 국토교통부령으로 정하는 신청서를 시장·군수등에게 제출하여야 한다.
> 3. 시장·군수등은 위 (1)의 ⑤에 따른 사용허가를 하는 때에는 동별·세대별 또는 구획별로 사용허가를 할 수 있다.

(2) 준공인가 등에 따른 정비구역의 해제(법 제84조)

① 정비구역의 지정은 '준공인가의 고시가 있은 날'(관리처분계획을 수립하는 경우에는 '이전고시가 있은 때'를 말한다)의 다음 날에 해제된 것으로 본다. 이 경우 지방자치단체는 해당 지역을 「국토의 계획 및 이용에 관한 법률」에 따른 지구단위계획으로 관리하여야 한다.

② 위 ①에 따른 정비구역의 해제는 조합의 존속에 영향을 주지 아니한다.

(3) 공사완료에 따른 관련 인·허가 등의 의제(법 제85조)

① 준공인가를 하거나 공사완료를 고시하는 경우 시장·군수등이 법 제57조에 따라 의제되는 인·허가 등에 따른 준공검사·준공인가·사용검사·사용승인 등(이하 '준공검사·인가 등'이라 한다)에 관하여 다음 ③에 따라 관계 행정기관의 장과 협의한 사항은 해당 준공검사·인가 등을 받은 것으로 본다.

② 시장·군수등이 아닌 사업시행자는 위 ①에 따른 준공검사·인가 등의 의제를 받으려는 경우에는 준공인가를 신청하는 때에 해당 법률에서 정하는 관계 서류를 함께 제출하여야 한다.

③ 시장·군수등은 준공인가를 하거나 공사완료를 고시하는 경우 그 내용에 법 제57조에 따라 의제되는 인·허가 등에 따른 준공검사·인가 등에 해당하는 사항이 있은 때에는 미리 관계 행정기관의 장과 협의하여야 한다.

④ 관계 행정기관의 장은 위 ③에 따른 협의를 요청받은 날부터 10일 이내에 의견을 제출하여야 한다.

⑤ 관계 행정기관의 장이 위 ④에서 정한 기간(민원 처리에 관한 법률 제20조 제2항에 따라 회신기간을 연장한 경우에는 그 연장된 기간을 말한다) 내에 의견을 제출하지 아니하면 협의가 이루어진 것으로 본다.
⑥ 법 제57조 제6항은 위 ①에 따른 준공검사·인가 등의 의제에 준용한다.

(4) 이전고시 등(법 제86조)

① 사업시행자는 위 **(1)**의 ③(준공인가) 및 ④(공사완료)에 따른 고시가 있은 때에는 지체 없이 대지확정측량을 하고 토지의 분할절차를 거쳐 관리처분계획에서 정한 사항을 분양받을 자에게 통지하고 대지 또는 건축물의 소유권을 이전하여야 한다. 다만, 정비사업의 효율적인 추진을 위하여 필요한 경우에는 해당 정비사업에 관한 공사가 전부 완료되기 전이라도 완공된 부분은 준공인가를 받아 대지 또는 건축물별로 분양받을 자에게 소유권을 이전할 수 있다.
② 사업시행자는 위 ①에 따라 대지 및 건축물의 **소유권을 이전하려는 때**에는 그 내용을 해당 지방자치단체의 **공보**에 고시한 후 **시장·군수등**에게 '**보고**'하여야 한다. 이 경우 대지 또는 건축물을 분양받을 자는 (소유권이전)고시가 있은 날의 '**다음 날**'에 그 대지 또는 건축물의 **소유권을 취득**한다.

(5) 조합의 해산(법 제86조의2)

① 조합장은 '위 **(4)**의 ②에 따른 고시가 있은 날'부터 **1년 이내**에 조합 해산을 위한 **총회를 소집**하여야 한다.
② 조합장이 위 ①에 따른 기간 내에 총회를 소집하지 아니한 경우 법 제44조(총회의 소집) 제2항에도 불구하고 **조합원 5분의 1 이상**의 '요구'로 소집된 총회에서 **조합원 과반수의 '출석'과 출석 조합원 과반수의 '동의'**를 받아 **해산을 의결**할 수 있다. 이 경우 '**요구자 대표로 선출된 자**'가 '조합 해산을 위한 총회의 소집 및 진행을 할 때'에는 **조합장의 권한을 대행**한다.
③ **시장·군수등**은 조합이 정당한 사유 없이 위 ① 또는 ②에 따라 해산을 의결하지 아니하는 경우에는 **조합설립인가를 취소**할 수 있다.
④ 해산하는 조합에 청산인이 될 자가 없는 경우에는 「민법」제83조에도 불구하고 **시장·군수등**은 **법원**에 **청산인의 선임**을 '청구'할 수 있다.
⑤ 위 ① 또는 ②에 따라 조합이 해산을 의결하거나 위 ③에 따라 조합설립인가가 취소된 경우 **청산인**은 지체 없이 청산의 목적범위에서 성실하게 '청산인의 직무'를 수행하여야 한다.

(6) 대지 및 건축물에 대한 권리의 확정(법 제87조)

① 대지 또는 건축물을 분양받을 자에게 위 **(4)**의 ②에 따라 소유권을 이전한 경우 종전의 토지 또는 건축물에 설정된 지상권·전세권·저당권·임차권·가등기담보권·가압류 등 등기된 권리 및 「주택임대차보호법」제3조 제1항의 요건을 갖춘 임차권은 소유권을 이전받은 대지 또는 건축물에 설정된 것으로 본다.
② 위 ①에 따라 취득하는 대지 또는 건축물 중 토지등소유자에게 분양하는 대지 또는 건축물은 「도시개발법」제40조에 따라 행하여진 '환지'로 본다.

③ 법 제79조 제4항[위 **(8)**의 ④]에 따른 보류지와 일반에게 분양하는 대지 또는 건축물은 「도시개발법」 제34조에 따른 보류지 또는 체비지로 본다.

(7) 등기절차 및 권리변동의 제한(법 제88조)

① 사업시행자는 위 **(4)**의 ②에 따른 (소유권)이전고시가 있은 때에는 지체 없이 대지 및 건축물에 관한 등기를 지방법원지원 또는 등기소에 촉탁 또는 신청하여야 한다.
② 위 ①의 등기에 필요한 사항은 대법원규칙으로 정한다.
③ 정비사업에 관하여 위 **(4)**의 ②에 따른 (소유권)이전고시가 있은 날부터 위 ①에 따른 등기가 있을 때까지는 저당권 등의 다른 등기를 하지 못한다.

(8) 청산금 등(법 제89조)

① 대지 또는 건축물을 분양받은 자가 '**종전에 소유하고 있던 토지 또는 건축물의 가격**'과 '**분양받은 대지 또는 건축물의 가격**' 사이에 차이가 있는 경우 사업시행자는 위 **(4)**의 ②에 따른 (소유권)이전고시가 있은 후에 그 차액에 상당하는 금액(이하 '**청산금**'이라 한다)을 분양받은 자로부터 징수하거나 분양받은 자에게 지급하여야 한다.
② 위 ①에도 불구하고 사업시행자는 정관등에서 분할징수 및 분할지급을 정하고 있거나 총회의 의결을 거쳐 따로 정한 경우에는 관리처분계획인가 후부터 위 **(4)**의 ②에 따른 (소유권)이전고시가 있은 날까지 일정 기간별로 분할징수하거나 분할지급할 수 있다.
③ 사업시행자는 위 ① 및 ②를 적용하기 위하여 종전에 소유하고 있던 토지 또는 건축물의 가격과 분양받은 대지 또는 건축물의 가격을 평가하는 경우 그 토지 또는 건축물의 규모·위치·용도·이용 상황·정비사업비 등을 참작하여 평가하여야 한다.

(9) 청산금의 징수방법 등(법 제90조)

① 시장·군수등인 사업시행자는 청산금을 납부할 자가 이를 납부하지 아니하는 경우 '지방세 체납처분의 예'에 따라 징수[분할징수를 포함한다. 이하 **(9)**에서 같다]할 수 있으며, 시장·군수등이 아닌 사업시행자는 시장·군수등에게 청산금의 징수를 위탁할 수 있다. 이 경우 법 제93조 제5항을 준용한다.
② 청산금을 지급받을 자가 받을 수 없거나 받기를 거부한 때에는 사업시행자는 그 청산금을 공탁할 수 있다.
③ 청산금을 지급(분할지급을 포함한다)받을 권리 또는 이를 징수할 권리는 위 **(4)**의 ②에 따른 (소유권)이전고시일의 다음 날부터 **5년간** 행사하지 아니하면 소멸한다.

(10) 저당권의 물상대위(법 제91조)

정비구역에 있는 토지 또는 건축물에 저당권을 설정한 권리자는 사업시행자가 저당권이 설정된 토지 또는 건축물의 소유자에게 '청산금을 지급하기 전'에 '압류절차'를 거쳐 **저당권**을 행사할 수 있다.

7. 비용의 부담 등

(1) 비용부담의 원칙(법 제92조)

① 정비사업비는 이 법 또는 다른 법령에 특별한 규정이 있는 경우를 제외하고는 **사업시행자가** 부담한다.

② 시장·군수등은 시장·군수등이 아닌 사업시행자가 시행하는 정비사업의 정비계획에 따라 설치되는 다음의 시설에 대하여는 그 건설에 드는 비용의 전부 또는 일부를 부담할 수 있다.
　㉠ 도시·군계획시설 중 '대통령령으로 정하는 주요 정비기반시설 및 공동이용시설'
　㉡ 임시거주시설

> **관련법령 　주요 정비기반시설(영 제77조)**
>
> 위 (1)의 ②의 ㉠에서 '대통령령으로 정하는 주요 정비기반시설 및 공동이용시설'이란 다음의 시설을 말한다.
> 1. 도로
> 2. 상·하수도
> 3. 공원
> 4. 공용주차장
> 5. 공동구
> 6. 녹지
> 7. 하천
> 8. 공공공지
> 9. 광장

(2) 비용의 조달(법 제93조)

① 사업시행자는 토지등소유자로부터 위 (1)의 ①에 따른 비용과 정비사업의 시행과정에서 발생한 수입의 차액을 부과금으로 부과·징수할 수 있다.

② 사업시행자는 토지등소유자가 위 ①에 따른 부과금의 납부를 게을리한 때에는 연체료를 부과·징수할 수 있다.

③ 위 ① 및 ②에 따른 부과금 및 연체료의 부과·징수에 필요한 사항은 정관등으로 정한다.

④ 시장·군수등이 아닌 사업시행자는 부과금 또는 연체료를 체납하는 자가 있는 때에는 시장·군수등에게 그 부과·징수를 위탁할 수 있다.

⑤ 시장·군수등은 위 ④에 따라 부과·징수를 위탁받은 경우에는 '지방세 체납처분의 예'에 따라 부과·징수할 수 있다. 이 경우 사업시행자는 징수한 금액의 100분의 4에 해당하는 금액을 해당 시장·군수등에게 교부하여야 한다.

(3) 정비기반시설 관리자의 비용부담(법 제94조)

① 시장·군수등은 자신이 시행하는 정비사업으로 현저한 이익을 받는 정비기반시설의 관리자가 있는 경우에는 대통령령으로 정하는 방법 및 절차에 따라 해당 정비사업비의 일부를 그 정비기반시설의 관리자와 협의하여 그 관리자에게 부담시킬 수 있다.

② 사업시행자는 정비사업을 시행하는 지역에 전기·가스 등의 공급시설을 설치하기 위하여 공동구를 설치하는 경우에는 다른 법령에 따라 그 공동구에 수용될 시설을 설치할 의무가 있는 자에게 공동구의 설치에 드는 비용을 부담시킬 수 있다.

③ 위 ②의 비용부담의 비율 및 부담방법과 공동구의 관리에 필요한 사항은 국토교통부령으로 정한다.

(4) 보조 및 융자(법 제95조)

① 국가 또는 시·도는 시장, 군수, 구청장 또는 토지주택공사등이 시행하는 정비사업에 관한 기초조사 및 정비사업의 시행에 필요한 시설로서 대통령령으로 정하는 정비기반시설, 임시거주시설 및 주거환경개선사업에 따른 공동이용시설의 건설에 드는 비용의 일부를 보조하거나 융자할 수 있다. 이 경우 국가 또는 시·도는 다음의 어느 하나에 해당하는 사업에 우선적으로 보조하거나 융자할 수 있다.
　㉠ 시장·군수등 또는 토지주택공사등이 다음의 어느 하나에 해당하는 지역에서 시행하는 주거환경개선사업
　　ⓐ 법 제20조 및 법 제21조에 따라 해제된 정비구역 등
　　ⓑ 「도시재정비 촉진을 위한 특별법」 제7조 제2항에 따라 재정비촉진지구가 해제된 지역
　㉡ 국가 또는 지방자치단체가 도시영세민을 이주시켜 형성된 낙후지역으로서 대통령령으로 정하는 지역에서 시장·군수등 또는 토지주택공사등이 단독으로 시행하는 재개발사업
② 시장·군수등은 사업시행자가 토지주택공사등인 주거환경개선사업과 관련하여 위 ①에 따른 정비기반시설 및 공동이용시설, 임시거주시설을 건설하는 경우 건설에 드는 비용의 전부 또는 일부를 토지주택공사등에게 보조하여야 한다.
③ 국가 또는 지방자치단체는 시장·군수등이 아닌 사업시행자가 시행하는 정비사업에 드는 비용의 일부를 보조 또는 융자하거나 융자를 알선할 수 있다.
④ 국가 또는 지방자치단체는 위 ① 및 ②에 따라 정비사업에 필요한 비용을 보조 또는 융자하는 경우 법 제59조 제1항에 따른 순환정비방식의 정비사업에 우선적으로 지원할 수 있다. 이 경우 순환정비방식의 정비사업의 원활한 시행을 위하여 국가 또는 지방자치단체는 다음의 비용 일부를 보조 또는 융자할 수 있다.
　㉠ 순환용주택의 건설비
　㉡ 순환용주택의 단열보완 및 창호교체 등 에너지 성능 향상과 효율개선을 위한 리모델링 비용
　㉢ 공가(空家)관리비
⑤ 국가는 다음의 어느 하나에 해당하는 비용의 전부 또는 일부를 지방자치단체 또는 토지주택공사등에 보조 또는 융자할 수 있다.
　㉠ 법 제59조 제2항에 따라 토지주택공사등이 보유한 공공임대주택을 순환용주택으로 조합에게 제공하는 경우 그 건설비 및 공가관리비 등의 비용
　㉡ 위 5. (8)의 ⑤에 따라 시·도지사, 시장, 군수, 구청장 또는 토지주택공사등이 재개발임대주택을 인수하는 경우 그 인수 비용
⑥ 국가 또는 지방자치단체는 위 5. (9)의 ②에 따라 토지임대부 분양주택을 공급받는 자에게 해당 공급비용의 전부 또는 일부를 보조 또는 융자할 수 있다.

(5) 정비기반시설의 설치(법 제96조)

사업시행자는 관할 지방자치단체의 장과의 협의를 거쳐 정비구역에 정비기반시설(주거환경개선사업의 경우에는 공동이용시설을 포함한다)을 설치하여야 한다.

(6) 정비기반시설 및 토지 등의 귀속(법 제97조)

① 시장·군수등 또는 토지주택공사등이 정비사업의 시행으로 새로 정비기반시설을 설치하거나 기존의 정비기반시설을 대체하는 정비기반시설을 설치한 경우에는 「국유재산법」 및 「공유재산 및 물품 관리법」에도 불구하고 종래의 정비기반시설은 사업시행자에게 무상으로 귀속되고, 새로 설치된 정비기반시설은 그 시설을 관리할 국가 또는 지방자치단체에 무상으로 귀속된다.

② 시장·군수등 또는 토지주택공사등이 아닌 사업시행자가 정비사업의 시행으로 새로 설치한 정비기반시설은 그 시설을 관리할 국가 또는 지방자치단체에 무상으로 귀속되고, 정비사업의 시행으로 용도가 폐지되는 국가 또는 지방자치단체 소유의 정비기반시설은 사업시행자가 새로 설치한 정비기반시설의 설치비용에 상당하는 범위에서 그에게 무상으로 양도된다.

③ 위 ① 및 ②의 정비기반시설에 해당하는 도로는 다음의 어느 하나에 해당하는 도로를 말한다.
   ㉠ 「국토의 계획 및 이용에 관한 법률」 제30조에 따라 도시·군관리계획으로 결정되어 설치된 도로
   ㉡ 「도로법」 제23조에 따라 도로관리청이 관리하는 도로
   ㉢ 「도시개발법」 등 다른 법률에 따라 설치된 국가 또는 지방자치단체 소유의 도로
   ㉣ 그 밖에 「공유재산 및 물품 관리법」에 따른 공유재산 중 일반인의 교통을 위하여 제공되고 있는 부지. 이 경우 부지의 사용 형태, 규모, 기능 등 구체적인 기준은 시·도 조례로 정할 수 있다.

④ 시장·군수등은 위 ①부터 ③까지의 규정에 따른 정비기반시설의 귀속 및 양도에 관한 사항이 포함된 정비사업을 시행하거나 그 시행을 인가하려는 경우에는 미리 그 관리청의 의견을 들어야 한다. 인가받은 사항을 변경하려는 경우에도 또한 같다.

⑤ 사업시행자는 위 ①부터 ③까지의 규정에 따라 관리청에 귀속될 정비기반시설과 사업시행자에게 귀속 또는 양도될 재산의 종류와 세목을 정비사업의 준공 전에 관리청에 통지하여야 하며, 해당 정비기반시설은 그 정비사업이 준공인가되어 관리청에 준공인가통지를 한 때에 국가 또는 지방자치단체에 귀속되거나 사업시행자에게 귀속 또는 양도된 것으로 본다.

⑥ 위 ⑤에 따른 정비기반시설에 대한 등기의 경우 정비사업의 시행인가서와 준공인가서(시장·군수등이 직접 정비사업을 시행하는 경우에는 법 제50조 제9항에 따른 '사업시행계획인가의 고시'와 법 제83조 제4항에 따른 '공사완료의 고시'를 말한다)는 「부동산등기법」에 따른 등기원인을 증명하는 서류를 갈음한다.

⑦ 위 ① 및 ②에 따라 정비사업의 시행으로 용도가 폐지되는 국가 또는 지방자치단체 소유의 정비기반시설의 경우 정비사업의 시행기간 동안 해당 시설의 대부료는 면제된다.

(7) 국유·공유재산의 처분 등(법 제98조)

① 시장·군수등은 법 제50조 및 법 제52조에 따라 인가하려는 사업시행계획 또는 직접 작성하는 사업시행계획서에 국유·공유재산의 처분에 관한 내용이 포함되어 있는 때에는 미리 관리청과 협의하여야 한다. 이 경우 관리청이 불분명한 재산 중 도로·구거(도랑) 등은 국토교통부장관을, 하천은 '환경부장관'을, 그 외의 재산은 기획재정부장관을 관리청으로 본다.
② 위 ①에 따라 협의를 받은 관리청은 20일 이내에 의견을 제시하여야 한다.
③ 정비구역의 국우·공유재산은 정비사업 외의 목적으로 매각되거나 양도될 수 없다.
④ 정비구역의 국유·공유재산은 「국유재산법」 제9조 또는 「공유재산 및 물품 관리법」 제10조에 따른 국유재산종합계획 또는 공유재산관리계획과 「국유재산법」 제43조 및 「공유재산 및 물품 관리법」 제29조에 따른 계약의 방법에도 불구하고 사업시행자 또는 점유자 및 사용자에게 다른 사람에 우선하여 수의계약으로 매각 또는 임대될 수 있다.
⑤ 위 ④에 따라 다른 사람에 우선하여 매각 또는 임대될 수 있는 국유·공유재산은 「국유재산법」, 「공유재산 및 물품 관리법」 및 그 밖에 국·공유지의 관리와 처분에 관한 관계 법령에도 불구하고 사업시행계획인가의 고시가 있은 날부터 종전의 용도가 폐지된 것으로 본다.
⑥ 위 ④에 따라 정비사업을 목적으로 우선하여 매각하는 국·공유지는 사업시행계획인가의 고시가 있은 날을 기준으로 평가하며, 주거환경개선사업의 경우 매각가격은 평가금액의 100분의 80으로 한다. 다만, 사업시행계획인가의 고시가 있은 날부터 3년 이내에 매매계약을 체결하지 아니한 국·공유지는 「국유재산법」 또는 「공유재산 및 물품 관리법」에서 정한다.

(8) 국유·공유재산의 임대(법 제99조)

① 지방자치단체 또는 토지주택공사등은 주거환경개선구역 및 재개발구역(재개발사업을 시행하는 정비구역을 말한다. 이하 같다)에서 임대주택을 건설하는 경우에는 「국유재산법」 제46조 제1항 또는 「공우재산 및 물품 관리법」 제31조에도 불구하고 국·공유지 관리청과 협의하여 정한 기간 동안 국·공유지를 임대할 수 있다.
② 시장·군수등은 「국유재산법」 제18조 제1항 또는 「공유재산 및 물품 관리법」 제13조에도 불구하고 위 ①에 자라 임대하는 국·공유지 위에 공동주택, 그 밖의 영구시설물을 축조하게 할 수 있다. 이 경우 해당 시설물의 임대기간이 종료되는 때에는 임대한 국·공유지 관리청에 기부 또는 원상으로 회복하여 반환하거나 국·공유지 관리청으로부터 매입하여야 한다.
③ 위 ①에 따라 임대하는 국·공유지의 임대료는 「국유재산법」 또는 「공유재산 및 물품 관리법」에서 정한다.

(9) 공동이용시설 사용료의 면제(법 제100조)

① 지방자치단체의 장은 마을공동체 활성화 등 공익 목적을 위하여 「공유재산 및 물품 관리법」 제20조에 따라 주거환경개선구역 내 공동이용시설에 대한 사용허가를 하는 경우 같은 법 제22조에도 불구하고 사용료를 면제할 수 있다.

② 위 ①에 따른 공익 목적의 기준, 사용료 면제 대상 및 그 밖에 필요한 사항은 시·도 조례로 정한다.

(10) 국·공유지의 무상양여 등(법 제101조)

① 다음의 어느 하나에 해당하는 구역에서 국가 또는 지방자치단체가 소유하는 토지는 '사업시행계획인가의 고시가 있은 날'부터 종전의 용도가 폐지된 것으로 보며, 「국유재산법」, 「공유재산 및 물품 관리법」 및 그 밖에 국·공유지의 관리 및 처분에 관하여 규정한 관계 법령에도 불구하고 해당 사업시행자에게 무상으로 양여된다. 다만, 「국유재산법」 제6조 제2항에 따른 행정재산 또는 「공유재산 및 물품 관리법」 제5조 제2항에 따른 행정재산과 국가 또는 지방자치단체가 양도계약을 체결하여 정비구역 지정 고시일 현재 대금의 일부를 수령한 토지에 대하여는 그러하지 아니하다.
  ㉠ 주거환경개선구역
  ㉡ 국가 또는 지방자치단체가 도시영세민을 이주시켜 형성된 낙후지역으로서 대통령령으로 정하는 재개발구역(위 ①의 본문에도 불구하고 무상양여 대상에서 국유지는 제외하고, 공유지는 시장·군수등 또는 토지주택공사등이 단독으로 사업시행자가 되는 경우로 한정한다)

② 위 ①에 따라 무상양여된 토지의 사용수익 또는 처분으로 발생한 수입은 주거환경개선사업 또는 재개발사업 외의 용도로 사용할 수 없다.

③ 시장·군수등은 위 ①에 따른 무상양여의 대상이 되는 국·공유지를 소유 또는 관리하고 있는 국가 또는 지방자치단체와 협의를 하여야 한다.

④ 사업시행자에게 양여된 토지의 관리처분에 필요한 사항은 국토교통부장관의 승인을 받아 해당 시·도 조례 또는 토지주택공사등의 시행규정으로 정한다.

> **관련법령 국·공유지의 무상양여 등(영 제80조)**
>
> 1. 위 (10)의 ①에 따라 국가 또는 지방자치단체로부터 토지를 무상으로 양여받은 사업시행자는 사업시행계획인가 고시문 사본을 그 토지의 관리청 또는 지방자치단체의 장에게 제출하여 그 토지에 대한 소유권이전등기절차의 이행을 요청하여야 한다. 이 경우 토지의 관리청 또는 지방자치단체의 장은 「전자정부법」 제36조 제1항에 따른 행정정보의 공동이용을 통하여 그 토지의 토지대장 등본 또는 등기사항증명서를 확인하여야 한다.
> 2. 위 (10)의 ①의 ㉡에서 '대통령령으로 정하는 재개발구역'이란 영 제79조 제2항의 지역을 대상으로 한 재개발구역을 말한다.
> 3. 위 1.에 따른 요청을 받은 관리청 또는 지방자치단체의 장은 즉시 소유권이전등기에 필요한 서류를 사업시행자에게 교부하여야 한다.
> 4. 사업시행자는 사업시행계획인가가 취소된 때에는 위 (10)의 ①에 따라 무상양여된 토지를 원소유자인 국가 또는 지방자치단체에 반환하기 위하여 필요한 조치를 하고, 즉시 관할 등기소에 소유권이전등기를 신청하여야 한다.

8. 공공재개발사업 및 공공재건축사업

(1) '공공재개발사업 예정구역'의 지정·고시(법 제101조의2)

① 정비구역의 지정권자는 비경제적인 건축행위 및 투기 수요의 유입을 방지하고, 합리적인 사업계획을 수립하기 위하여 공공재개발사업을 추진하려는 구역을 **공공재개발사업 예정구역**으로 지정할 수 있다. 이 경우 공공재개발사업 예정구역의 지정·고시에 관한 절차는 법 제16조를 준용한다.

② 정비계획의 입안권자 또는 토지주택공사등은 정비구역의 지정권자에게 '공공재개발사업 예정구역'의 지정을 신청할 수 있다. 이 경우 토지주택공사등은 정비계획의 입안권자를 통하여 신청하여야 한다.

③ 공공재개발사업 예정구역에서 법 제19조 제7항 각 호의 어느 하나에 해당하는 행위 또는 같은 조 제8항의 행위를 하려는 자는 **시장·군수등의 허가**를 받아야 한다. 허가받은 사항을 변경하려는 때에도 또한 같다.

④ 공공재개발사업 예정구역 내에 분양받을 건축물이 법 제77조 제1항 각 호의 어느 하나에 해당하는 경우에는 법 제77조에도 불구하고 '공공재개발사업 예정구역 지정·고시가 있은 날' 또는 '시·도지사가 투기를 억제하기 위하여 공공재개발사업 예정구역 지정·고시 전에 따로 정하는 날'의 다음 날을 기준으로 '건축물을 분양받을 권리'를 산정한다. 이 경우 시·도지사가 건축물을 분양받을 권리일을 따로 정하는 경우에는 법 제77조 제2항을 준용한다.

⑤ **정비구역의 지정권자**는 공공재개발사업 예정구역이 지정·고시된 날부터 2년이 되는 날까지 공공재개발사업 예정구역이 공공재개발사업을 위한 정비구역으로 지정되지 아니하거나, 공공재개발사업 시행자가 지정되지 아니하면 그 **2년**이 되는 날의 **다음 날**에 '공공재개발사업 예정구역 지정'을 해제하여야 한다. 다만, 정비구역의 지정권자는 1회에 한하여 1년의 범위에서 '공공재개발사업 예정구역의 지정'을 연장할 수 있다.

> **관련법령** 공공재개발사업 예정구역의 지정 등(영 제80조의2)
>
> 1. 정비구역지정권자는 위 **(1)**의 ① 후단에서 준용하는 법 제16조 제1항에 따라 공공재개발사업 예정구역 지정에 관하여 지방도시계획위원회의 심의를 거치기 전에 미리 관할 시장·군수등의 의견을 들어야 한다. 다만, 위 **(1)**의 ②에 따라 정비계획의 입안권자가 공공재개발사업 예정구역의 지정을 신청한 경우에는 의견청취를 생략할 수 있다.
> 2. 지방도시계획위원회는 위 1.에 따른 심의를 하는 경우에는 다음 5.의 ⑦~⑪의 사항을 고려해야 한다.
> 3. 지방도시계획위원회는 위 **(1)**의 ②에 따른 공공재개발사업 예정구역 지정의 신청이 있는 경우 신청일부터 30일 이내에 심의를 완료해야 한다. 다만, 30일 이내에 심의를 완료할 수 없는 정당한 사유가 있다고 판단되는 경우에는 심의기간을 30일의 범위에서 한 차례 연장할 수 있다.
> 4. 정비구역지정권자는 위 **(1)**의 ① 후단에서 준용하는 법 제16조 제2항에 따라 공공재개발사업 예정구역을 지정·고시하기 전에 예정구역 지정의 내용을 14일 이상 주민에게 공람하여 의견을 들어야 하며, 제시된 의견이 타당하다고 인정되면 이를 반영하여 지정·고시해야 한다.

> 5. 위 4.에 따른 공공재개발사업 예정구역 고시에는 다음의 사항이 포함되어야 한다.
>   ㉠ 공공재개발사업 예정구역의 명칭, 위치 및 면적 등 구역개요
>   ㉡ 공공재개발사업 예정구역의 현황(인구, 건축물, 토지이용계획, 정비기반시설 등)
>   ㉢ 다음 (1)의 ①에 따른 정비구역 지정 예정시기
>   ㉣ 공공재개발사업을 시행할 시장·군수등이나 토지주택공사등의 명칭, 소재지 및 대표자 성명
>   ㉤ 그 밖에 공공재개발사업 예정구역의 지정과 관련하여 시·도 조례로 정하는 사항
> 6. 다음 (4)의 ④ 전단에서 '대통령령으로 정하는 비율'이란 100분의 50 이상의 범위에서 시·도 조례로 정하는 비율을 말한다.

(2) '공공재개발사업을 위한 정비구역' 지정 등(법 제101조의3)

① 정비구역의 지정권자는 법 제8조 제1항에도 불구하고 '기본계획을 수립하거나 변경하지 아니하고' 공공재개발사업을 위한 **정비계획을 결정**하여 **정비구역을 지정**할 수 있다.

② 정비계획의 입안권자는 '공공재개발사업의 추진을 전제'로 **정비계획을 작성**하여 **정비구역의 지정권자**에게 공공재개발사업을 위한 **정비구역의 지정을 신청**할 수 있다. 이 경우 공공재개발사업을 시행하려는 공공재개발사업 시행자는 정비계획의 입안권자에게 공공재개발사업을 위한 정비계획의 수립을 제안할 수 있다.

③ 정비계획의 지정권자는 공공재개발사업을 위한 정비구역을 지정·고시한 날부터 1년이 되는 날까지 공공재개발사업 시행자가 지정되지 아니하면 그 **1년이 되는 날의 다음 날**에 공공재개발사업을 위한 정비구역의 지정을 **해제**하여야 한다. 다만, 정비구역의 지정권자는 1회에 한하여 1년의 **범위**에서 공공재개발사업을 위한 정비구역의 지정을 **연장**할 수 있다.

(3) '공공재개발사업 예정구역' 및 '공공재개발사업·공공재건축사업을 위한 정비구역' 지정을 위한 특례(법 제101조의4)

① 지방도시계획위원회 또는 도시재정비위원회는 공공재개발사업 예정구역 또는 공공재개발사업·공공재건축사업을 위한 정비구역의 지정에 필요한 사항을 심의하기 위하여 분과위원회를 둘 수 있다. 이 경우 분과위원회의 심의는 지방도시계획위원회 또는 도시재정비위원회의 심의로 본다.

② 정비구역의 지정권자가 공공재개발사업 또는 공공재건축사업을 위한 정비구역의 지정·변경을 고시한 때에는 기본계획의 수립·변경, 「도시재정비 촉진을 위한 특별법」 제5조에 따른 재정비촉진지구의 지정·변경 및 같은 법 제12조에 따른 재정비촉진계획의 결정·변경이 고시된 것으로 본다.

(4) 공공재개발사업에서의 용적률 완화 및 주택 건설비율 등(법 제101조의5)

① 공공재개발사업 시행자는 공공재개발사업(도시재정비촉진을 위한 특별법 제2조 제1호에 따른 재정비촉진지구에서 시행되는 공공재개발사업을 포함한다)을 시행하는 경우 「국토의 계획 및 이용에 관한 법률」 제78조 및 조례에도 불구하고 지방도시계획위원회 및 도시재정비위원회의

심의를 거쳐 **법적상한용적률의 100분의 120**(이하 '법적상한초과용적률'이라 한다)까지 건축할 수 있다.
② **공공재개발사업 시행자**는 법 제54조에도 불구하고 법적상한초과용적률에서 정비계획으로 정하여진 용적률을 뺀 용적률의 **100분의 20 이상 100분의 70 이하**로서 **시·도 조례**로 정하는 비율에 해당하는 면적에 '**국민주택규모 주택**'을 건설하여 인수자에게 공급하여야 한다. 다만, 법 제24조 제4항, 법 제26조 제1항 제1호 및 법 제27조 제1항 제1호에 따른 정비사업을 시행하는 경우에는 그러하지 아니한다.
③ 위 ②에 따른 국민주택규모 주택의 공급 및 인수방법에 관하여는 법 제55조를 준용한다.
④ 위 ③에도 불구하고 **인수자**는 공공재개발사업 시행자로부터 공급받은 주택 중 '대통령령으로 정하는 비율(100분의 50 이상의 범위에서 시·도 조례로 정하는 비율)에 해당하는 주택'에 대해서는 「공공주택 특별법」 제48조에 따라 **분양**할 수 있다. 이 경우 해당 주택의 **공급가격**과 **부속 토지의 가격**은 법 제66조 제4항을 준용하여 정한다.

(5) 공공재건축사업에서의 용적률 완화 및 주택 건설비율 등(법 제101조의6)

① 공공재건축사업을 위한 정비구역에 대해서는 해당 정비구역의 지정·고시가 있은 날부터 「국토의 계획 및 이용에 관한 법률」 제36조 제1항 제1호 가목 및 같은 조 제2항에 따라 주거지역을 세분하여 정하는 지역 중 대통령령으로 정하는 지역으로 결정·고시된 것으로 보아 해당 지역이 적용되는 용적률 상한까지 용적률을 정할 수 있다. 다만, 다음의 어느 하나에 해당하는 경우에는 그러하지 아니하다.
   ㉠ 해당 정비구역이 「개발제한구역의 지정 및 관리에 관한 특별조치법」 제3조 제1항에 따라 결정된 개발제한구역인 경우
   ㉡ 시장·군수등이 공공재건축사업을 위하여 필요하다고 인정하여 해당 정비구역의 일부분을 종전 용도지역으로 그대로 유지하거나 동일면적의 범위에서 위치를 변경하는 내용으로 정비계획을 수립한 경우
   ㉢ 시장·군수등이 법 제9조 제1항 제10호 다목의 사항을 포함하는 정비계획을 수립한 경우
② **공공재건축사업 시행자**는 공공재건축사업(도시재정비 촉진을 위한 특별법 제2조 제1호에 따른 재정비촉진지구에서 시행되는 공공재건축사업을 포함한다)을 시행하는 경우 법 제54조 제4항에도 불구하고 위 ①에 따라 완화된 용적률에서 정비계획으로 정하여진 용적률을 뺀 용적률의 **100분의 40 이상 100분의 70 이하**로서 주택증가 규모, 공공재건축사업을 위한 정비구역의 재정적 여건 등을 고려하여 **시·도 조례**로 정하는 비율에 해당하는 면적에 '**국민주택규모 주택**'을 건설하여 인수자에게 공급하여야 한다.
③ 위 ②에 따른 주택의 공급가격은 「공공주택 특별법」 제50조의4에 따라 국토교통부장관이 고시하는 공공건설임대주택의 **표준건축비**로 하고, ④의 단서에 따라 분양을 목적으로 인수한 주택의 공급가격은 「주택법」 제57조 제4항에 따라 국토교통부장관이 고시하는 **기본형 건축비**로 한다. 이 경우 부속 토지는 인수자에게 **기부채납**한 것으로 본다.

④ 위 ②에 따른 국민주택규모 주택의 공급 및 인수방법에 관하여는 법 제55조를 준용한다. 다만, 인수자는 공공재건축사업 시행자로부터 공급받은 주택 중 대통령령으로 정하는 비율(100분의 50 이상의 범위에서 시·도 조례로 정하는 비율)에 해당하는 주택에 대해서는 「공공주택 특별법」 제48조에 따라 분양할 수 있다.

⑤ 위 ③ 후단에도 불구하고 위 ④ 단서에 따른 분양주택의 인수자는 **감정평가액의 100분의 50 이상**의 범위에서 대통령령으로 정하는 가격(부속 토지 감정평가액의 100분의 50)으로 부속 토지를 인수하여야 한다.

> **관련법령** 공공재건축사업에서의 용적률 완화 및 국민주택규모 주택 공급(영 제80조의3)
>
> 1. 위 **(5)**의 ①에서 '대통령령으로 정하는 지역'이란 다음의 구분에 따른 용도지역을 말한다.
>   ㉠ 현행 용도지역이 「국토의 계획 및 이용에 관한 법률 시행령」 제30조 제1항 제1호 가목 (1)의 제1종 전용주거지역인 경우: 같은 목 (2)의 제2종 전용주거지역
>   ㉡ 현행 용도지역이 「국토의 계획 및 이용에 관한 법률 시행령」 제30조 제1항 제1호 가목 (2)의 제2종 전용주거지역인 경우: 같은 호 나목 (1)의 제1종 일반주거지역
>   ㉢ 현행 용도지역이 「국토의 계획 및 이용에 관한 법률 시행령」 제30조 제1항 제1호 나목 (1)의 제1종 일반주거지역인 경우: 같은 목 (2)의 제2종 일반주거지역
>   ㉣ 현행 용도지역이 「국토의 계획 및 이용에 관한 법률 시행령」 제30조 제1항 제1호 나목 (2)의 제2종 일반주거지역인 경우: 같은 목 (3)의 제3종 일반주거지역
>   ㉤ 현행 용도지역이 「국토의 계획 및 이용에 관한 법률 시행령」 제30조 제1항 제1호 나목 (3)의 제3종 일반주거지역인 경우: 같은 호 다목의 준주거지역
> 2. 정비구역지정권자는 위 1.에도 불구하고 주택공급의 규모, 인근 토지의 이용현황 등을 고려할 때 용도지역을 달리 정할 필요가 있다고 인정하는 경우에는 지방도시계획위원회의 심의를 거쳐 「국토의 계획 및 이용에 관한 법률 시행령」 제30조 제1항 제1호에 따라 주거지역을 세분하여 정하는 지역 중 어느 하나의 지역으로 용도지역을 달리 정할 수 있다.
> 3. 위 **(5)**의 ④ 단서에서 '대통령령으로 정하는 비율'이란 100분의 50 이상의 범위에서 시·도 조례로 정하는 비율을 말한다.
> 4. 위 **(5)**의 ⑤에서 '대통령령으로 정하는 가격'이란 부속 토지 감정평가액의 100분의 50을 말한다.

9. 공공시행자 및 지정개발자 사업시행의 특례

(1) 정비구역 지정의 특례(법 제101조의8)

① 토지주택공사등(법 제26조에 따라 사업시행자로 지정되려는 경우로 한정한다) 또는 지정개발자(법 제27조 제1항에 따른 신탁업자로 한정한다)는 **법 제8조에도** 불구하고 대통령령으로 정하는 비율 이상(3분의 2 이상)의 토지등소유자의 동의를 받아 **정비구역의 지정권자**(특별자치시장·특별자치도지사·시장·군수인 경우로 한정한다)에게 **정비구역의 지정**(변경지정을 포함한다)을 **제안**할 수 있다. 이 경우 토지주택공사등 또는 지정개발자는 다음의 사항을 포함한 제안서를 정비구역의 지정권자에게 제출하여야 한다.
   ㉠ 정비사업의 명칭
   ㉡ 정비구역의 위치, 면적 등 개요

ⓒ 토지이용, 주택건설 및 기반시설의 설치 등에 관한 기본방향

ⓔ 그 밖에 지정제안을 위하여 필요한 사항으로서 대통령령으로 정하는 사항

② 위 ①에 따라 **토지주택공사등** 또는 **지정개발자**가 정비구역의 지정을 제안한 경우 **정비구역의 지정권자**는 법 제8조 및 법 제16조에도 불구하고 **정비계획을 수립하기 전에 정비구역을 지정할 수 있다.**

③ 정비구역의 지정권자는 위 ②에 따라 정비구역을 지정하려면 주민 및 지방의회의 의견을 들어야 하며, 지방도시계획위원회의 심의를 거쳐야 한다. 다만, 법 제15조 제3항에 따른 경미한 사항을 변경하는 경우에는 그러하지 아니하다.

④ 정비구역 지정에 대한 고시에 대하여는 법 제16조 제2항 및 제3항을 준용한다. 이 경우 '정비계획을 포함한 정비구역'은 '정비구역'으로 본다.

⑤ 위 ①부터 ④까지에서 규정한 사항 외에 정비구역의 지정제안 및 정비구역 지정을 위한 절차 등에 관하여 필요한 사항은 대통령령으로 정한다.

관련법령 　정비구역 지정의 특례(영 제80조의4)

1. 위 **(1)**의 ①의 ⓐ~ⓔ 외의 부분 전단에서 '대통령령으로 정하는 비율 이상'이란 3분의 2 이상을 말한다.
2. 위 **(1)**의 ①의 ⓔ에서 '대통령령으로 정하는 사항'이란 다음의 사항을 말한다.
   ⓐ 사업시행자의 명칭, 소재지 및 대표자 성명
   ⓑ 정비사업 시행 예정시기
3. 위 **(1)**의 ①의 ⓐ~ⓔ 외의 부분 전단에 따른 토지등소유자의 동의는 국토교통부령으로 정하는 동의서에 동의를 받는 방법에 따른다. 이 경우 동의서에는 다음의 사항이 포함되어야 한다.
   ⓐ 정비사업비의 분담기준
   ⓑ 사업 완료 후 소유권의 귀속에 관한 사항
   ⓒ 정비사업의 종류, 시행방법 등에 관한 시행규정의 내용
   ⓓ 신탁계약의 내용(정비사업을 시행하려는 자가 지정개발자인 경우에만 해당한다)
4. 위 **(1)**의 ①의 ⓐ~ⓔ 외의 부분 전단에 따른 토지등소유자의 동의자 수 산정 방법에 관하여는 영 제33조(토지등소유자의 동의자 수 산정 방법 등)를 준용한다.
5. 위 **(1)**의 ③ 본문에 따른 주민 의견청취에 관하여는 영 제13조(정비구역의 지정을 위한 주민공람 등) 제1항부터 제3항까지의 규정을 준용한다. 이 경우 '정비계획의 입안권자'는 '정비구역지정권자'로, '정비계획'은 '정비구역의 지정(변경지정을 포함한다)에 관한 사항'으로 본다.
6. 위 1.부터 5.까지에서 규정된 사항 외에 정비구역 지정의 제안 및 지정에 필요한 세부사항은 시·도 조례로 정한다.

---

(2) 사업시행자 지정의 특례(법 제101조의9)

① 정비구역의 지정권자는 법 제26조 제1항 제8호 및 법 제27조 제1항 제3호에도 불구하고 토지면적 **2분의 1 이상**의 토지소유자와 토지등소유자의 **3분의 2 이상**에 해당하는 자가 동의하는 경우에는 **정비구역의 지정과 동시에** '토지주택공사등 또는 지정개발자'를 **사업시행자로 지정할 수 있다.** 이 경우 위 **(1)**의 ①에 따라 정비구역 지정제안에 동의한 토지등소유자는 토지주택공사등 또는 지정개발자의 사업시행자 지정에 동의한 것으로 본다.

② **정비구역의 지정권자**는 위 ①에 따라 토지주택공사등 또는 지정개발자를 사업시행자로 지정하는 때에는 정비사업 시행구역 등 토지등소유자에게 알릴 필요가 있는 사항으로서 '대통령령으로 정하는 사항'을 해당 지방자치단체의 공보에 고시하여야 한다.

> **관련법령** 사업시행자 지정 고시 등(영 제80조의5)
>
> 1. 위 **(2)**의 ②에서 '대통령령으로 정하는 사항'이란 영 제20조(사업시행자 지정의 고시 등) 제1항 각 호의 사항을 말한다.
> 2. 정비구역지정권자는 토지등소유자에게 위 **(2)**의 ②에 따라 고시한 영 제20조(사업시행자 지정의 고시 등) 제1항 각 호의 사항을 통지해야 한다.

(3) 정비계획과 사업시행계획의 통합 수립(법 제101조의10)

① **사업시행자**는 위 **(1)**에 따라 정비구역이 지정된 경우에는 법 제9조에 따른 **정비계획**과 법 제52조에 따른 **사업시행계획**을 통합하여 다음의 사항이 포함된 계획(이하 '정비사업계획'이라 한다)을 **수립하여야 한다**.
  ㉠ 법 제9조 제1항에 따른 **정비계획**의 내용(제9호는 제외한다)
  ㉡ 법 제52조 제1항에 따른 **사업시행계획서의 내용**

② **사업시행자**는 정비사업을 시행하려는 경우에는 위 ①에 따른 **정비사업계획**에 정관등과 그 밖에 국토교통부령으로 정하는 서류를 첨부하여 **정비구역의 지정권자에게 제출**하고 **정비사업계획인가**를 받아야 하고, 인가받은 사항을 변경하거나 정비사업을 중지 또는 폐지하려는 경우에도 또한 같다. 다만, 법 제15조 제3항 및 법 제50조 제1항 단서에 따른 경미한 사항을 변경하려는 때에는 정비구역의 지정권자에게 신고하여야 한다.

③ **지정개발자**가 정비사업을 시행하려는 경우에는 **정비사업계획인가**(최초 정비사업계획인가를 말한다)**를 신청하기 전에** 법 제35조에 따른 '재개발사업 및 재건축사업'의 **조합설립을 위한 동의요건 이상의 동의**를 받아야 한다. 이 경우 위 **(2)**에 따라 사업시행자 지정에 동의한 토지등소유자는 동의한 것으로 본다.

④ **정비구역의 지정권자**는 위 ②에 따른 **정비사업계획인가**를 하거나 **정비사업을 변경·중지 또는 폐지**하는 경우에는 국토교통부령으로 정하는 방법 및 절차에 따라 그 내용을 해당 지방자치단체의 **공보에 고시하여야 한다**. 다만, 위 ② 단서에 따른 경미한 사항을 변경하려는 경우에는 그러하지 아니하다.

⑤ 위 ④에 따라 **정비사업계획인가의 고시**가 있는 경우 해당 정비사업계획 중 「국토의 계획 및 이용에 관한 법률」 제52조 제1항 각 호의 어느 하나에 해당하는 사항은 같은 법 제50조에 따라 **지구단위계획구역** 및 **지구단위계획으로 결정·고시**된 것으로 본다.

⑥ 위 ④에 따른 **정비사업계획인가의 고시**는 법 제16조 제2항에 따른 **정비계획 결정의 고시** 및 법 제50조 제9항에 따른 **사업시행계획인가의 고시**로 본다.

⑦ 정비사업계획에 관하여는 법 제10조부터 제13조까지, 법 제17조 제3항부터 제5항까지, 법 제50조 제2항부터 제8항까지(제7항은 제외한다), 법 제50조의2, 법 제51조 및 법 제53조부

터 제59조까지를 준용한다. 이 경우 '시장·군수등'은 '정비구역의 지정권자'로, '정비계획' 및 '사업시행계획'은 '정비사업계획'으로 본다.
⑧ 위 ①부터 ⑦까지에서 규정한 사항 외에 정비사업계획인가 및 고시 등을 위하여 필요한 사항은 대통령령으로 정한다.

10. 정비사업전문관리업

(1) 정비사업전문관리업의 등록(법 제102조)

① 다음의 사항을 추진위원회 또는 사업시행자로부터 위탁받거나 이와 관련한 자문을 하려는 자는 대통령령으로 정하는 자본·기술인력 등의 기준을 갖춰 '시·도지사'에게 등록 또는 변경(대통령령으로 정하는 경미한 사항의 변경은 제외한다)등록하여야 한다. 다만, 주택의 건설 등 정비사업 관련 업무를 하는 공공기관 등으로 대통령령으로 정하는 기관(한국토지주택공사 및 한국부동산원)의 경우에는 그러하지 아니하다.
  ㉠ 조합설립의 동의 및 정비사업의 동의에 관한 업무의 대행
  ㉡ 조합설립인가의 신청에 관한 업무의 대행
  ㉢ 사업성 검토 및 정비사업의 시행계획서의 작성
  ㉣ 설계자 및 시공자 선정에 관한 업므의 지원
  ㉤ 사업시행계획인가의 신청에 관한 업무의 대행
  ㉥ 관리처분계획의 수립에 관한 업무의 대행
  ㉦ 법 제118조 제2항 제2호에 따라 시장·군수등이 정비사업전문관리업자를 선정한 경우에는 추진위원회 설립에 필요한 다음의 업무
    ⓐ 동의서 저출의 접수
    ⓑ 운영규정 작성 지원
    ⓒ 그 밖에 시·도 조례로 정하는 사항
② 위 ①에 따른 등록의 절차 및 방법, 등록수수료 등에 필요한 사항은 대통령령으로 정한다.
③ 시·도지사는 위 ①에 따라 정비사업전문관리업의 등록 또는 변경등록한 현황, 법 제106조 제1항에 따라 정비사업전문관리업의 등록취소 또는 업무정지를 명한 현황을 국토교통부령으로 정하는 방법 및 절차에 따라 국토교통부장관에게 보고하여야 한다.

> **관련법령** 정비사업전문관리업의 등록기준 등(영 제81조)
> 1. 위 (1)의 ①의 ㉠~㉦ 외의 부분 본문에 따른 정비사업전문관리업의 등록기준은 [별표 4]와 같다.
> 2. 위 (1)의 ①의 ㉠~㉦ 외의 부분 본문에서 '대통령령으로 정하는 경미한 사항'이란 자본금이 증액되거나 기술인력의 수가 증가된 경우를 말한다.
> 3. 위 (1)의 ①의 ㉠~㉦ 외의 부분 단서에서 '대통령령으로 정하는 기관'이란 다음의 기관을 말한다.
>   ㉠ 「한국토지주택공사법」에 따른 한국토지주택공사
>   ㉡ 한국부동산원

> **관련법령** 등록의 절차 및 수수료 등(영 제82조)
>
> 1. 위 (1)의 ①에 따라 정비사업전문관리업자로 등록 또는 변경등록하려는 자는 국토교통부령으로 정하는 신청서를 시·도지사에게 제출하여야 하며, 등록한 사항이 변경된 경우에는 2개월 이내에 변경사항을 시·도지사에게 제출하여야 한다.
> 2. 시·도지사는 위 1.에 따른 신청서를 제출받은 때에는 다음의 어느 하나에 해당하는 경우를 제외하고는 국토교통부령으로 정하는 바에 따라 정비사업전문관리업자 등록부에 등재하고 등록증을 교부하여야 한다.
>   ㉠ 등록을 신청한 자가 아래 (4)의 ①의 어느 하나에 해당하는 경우
>   ㉡ [별표 4]에 따른 등록기준을 갖추지 못한 경우
> 3. 위 (1)의 ①에 따라 정비사업전문관리업자의 등록(변경등록을 제외한다)을 신청하는 자는 국토교통부령으로 정하는 수수료를 납부하여야 한다.

(2) 정비사업전문관리업자의 업무제한 등(법 제103조)

정비사업전문관리업자는 동일한 정비사업에 대하여 다음의 업무를 병행하여 수행할 수 없다.
① 건축물의 철거
② 정비사업의 설계
③ 정비사업의 시공
④ 정비사업의 회계감사
⑤ 그 밖에 정비사업의 공정한 질서유지에 필요하다고 인정하여 대통령령으로 정하는 업무

> **관련법령** 정비사업전문관리업자의 업무제한 등(영 제83조)
>
> 1. 정비사업전문관리업자와 다음의 어느 하나의 관계에 있는 자는 위 (2)를 적용할 때 해당 정비사업전문관리업자로 본다.
>   ㉠ 정비사업전문관리업자가 법인인 경우에는 「독점규제 및 공정거래에 관한 법률」 제2조 제12호에 따른 계열회사
>   ㉡ 정비사업전문관리업자와 상호 출자한 관계
> 2. 위 (2)의 ⑤에서 '대통령령으로 정하는 업무'란 법 제12조에 따른 재건축진단업무를 말한다.

(3) 정비사업전문관리업자와 위탁자와의 관계(법 제104조)

정비사업전문관리업자에게 업무를 위탁하거나 자문을 요청한 자와 정비사업전문관리업자의 관계에 관하여 이 법에 규정된 사항을 제외하고는 「민법」 중 위임에 관한 규정을 준용한다.

(4) 정비사업전문관리업자의 결격사유(법 제105조)

① 다음의 어느 하나에 해당하는 자는 정비사업전문관리업의 등록을 신청할 수 없으며, 정비사업전문관리업자의 업무를 대표 또는 보조하는 임직원이 될 수 없다.
㉠ 미성년자(대표 또는 임원이 되는 경우로 한정한다)·피성년후견인 또는 피한정후견인
㉡ 파산선고를 받은 자로서 복권되지 아니한 자

ⓒ 정비사업의 시행과 관련한 범죄행위로 인하여 금고 이상의 실형의 선고를 받고 그 집행이 종료(종료된 것으로 보는 경우를 포함한다)되거나 집행이 면제된 날부터 2년이 지나지 아니한 자

ⓔ 정비사업의 시행과 관련한 범죄행위로 인하여 금고 이상의 형의 집행유예를 받고 그 유예기간 중에 있는 자

ⓜ 이 법을 위반하여 벌금형 이상의 선고를 받고 2년이 지나지 아니한 자

ⓑ 법 제106조에 따라 등록이 취소된 후 2년이 지나지 아니한 자(법인인 경우 그 대표자를 말한다)

ⓢ 법인의 업무를 대표 또는 보조하는 임직원 중 위 ㉠부터 ㉣까지 중 어느 하나에 해당하는 자가 있는 법인

② 정비사업전문관리업자의 업무를 대표 또는 보조하는 임직원이 위 ①의 ㉠~㉣의 어느 하나에 해당하게 되거나 선임 당시 그에 해당하였던 자로 밝혀진 때에는 당연 퇴직한다.

③ 위 ②에 따라 퇴직된 임직원이 퇴직 전에 관여한 행위는 효력을 잃지 아니한다.

(5) 정비사업전문관리업의 등록취소 등(법 제106조)

① 시·도지사는 정비사업전문관리업자가 다음의 어느 하나에 해당하는 때에는 그 등록을 취소하거나 1년 이내의 기간을 정하여 업무의 전부 또는 일부의 정지를 명할 수 있다. 다만, 다음 ㉠·㉣·㉵ 및 ㉹에 해당하는 때에는 그 등록을 취소하여야 한다.

㉠ 거짓, 그 밖의 부정한 방법으로 등록을 한 때

㉡ 위 (1)의 ①에 따른 등록기준에 미달하게 된 때

㉢ 추진위원회, 사업시행자 또는 시장·군수등의 위탁이나 자문에 관한 계약 없이 위 (1)의 ①의 ㉠~㉣에 따른 업무를 수행한 때

㉣ 위 (1)의 ①은 ㉠~㉣에 따른 업무를 직접 수행하지 아니한 때

㉤ 고의 또는 과실로 조합에게 계약금액(정비사업전문관리업자가 조합과 체결한 총계약금액을 말한다)의 3분의 1 이상의 재산상 손실을 끼친 때

㉥ 법 제107조에 따른 보고·자료제출을 하지 아니하거나 거짓으로 한 때 또는 조사·검사를 거부·방해 또는 기피한 때

㉦ 법 제111조에 따른 보고·자료제출을 하지 아니하거나 거짓으로 한 때 또는 조사를 거부·방해 또는 기피한 때

㉧ 최근 3년간 2회 이상의 업무정지처분을 받은 자로서 그 정지처분을 받은 기간이 합산하여 12개월을 초과한 때

㉨ 다른 사람에게 자기의 성명 또는 상호를 사용하여 이 법에서 정한 업무를 수행하게 하거나 등록증을 대여한 때

㉩ 이 법을 위반하여 벌금형 이상의 선고를 받은 경우(법인의 경우 그 소속 임직원을 포함한다)

㉪ 그 밖에 이 법 또는 이 법에 따른 명령이나 처분을 위반한 때

② 위 ①에 따른 등록의 취소 및 업무의 정지처분에 관한 기준은 대통령령으로 정한다.
③ 위 ①에 따라 등록취소처분 등을 받은 **정비사업전문관리업자**와 등록취소처분 등을 명한 **시·도지사는 추진위원회** 또는 **사업시행자**에게 해당 내용을 지체 없이 통지하여야 한다.
④ 정비사업전문관리업자는 위 ①에 따라 등록취소처분 등을 받기 전에 계약을 체결한 업무는 계속하여 수행할 수 있다. 이 경우 정비사업전문관리업자는 해당 업무를 완료할 때까지는 정비사업전문관리업자로 본다.
⑤ 정비사업전문관리업자는 위 ④ 전단에도 불구하고 다음의 어느 하나에 해당하는 경우에는 업무를 계속하여 수행할 수 없다.
　㉠ 사업시행자가 위 ③에 따른 통지를 받거나 처분사실을 안 날부터 3개월 이내에 총회 또는 대의원회의 의결을 거쳐 해당 업무계약을 해지한 경우
　㉡ 정비사업전문관리업자가 등록취소처분 등을 받은 날부터 3개월 이내에 사업시행자로부터 업무의 계속 수행에 대하여 동의를 받지 못한 경우. 이 경우 사업시행자가 동의를 하려는 때에는 총회 또는 대의원회의 의결을 거쳐야 한다.
　㉢ 위 ①의 ㉠~㉣ 외의 부분 단서에 따라 등록이 취소된 경우

(6) 정비사업전문관리업자에 대한 조사 등(법 제107조)

① 국토교통부장관 또는 시·도지사는 다음의 어느 하나에 해당하는 경우 정비사업전문관리업자에 대하여 그 업무에 관한 사항을 보고하게 하거나 자료의 제출, 그 밖의 필요한 명령을 할 수 있으며, 소속 공무원에게 영업소 등에 출입하여 장부·서류 등을 조사 또는 검사하게 할 수 있다.
　㉠ 등록요건 또는 결격사유 등 이 법에서 정한 사항의 위반 여부를 확인할 필요가 있는 경우
　㉡ 정비사업전문관리업자와 토지등소유자, 조합원, 그 밖에 정비사업과 관련한 이해관계인 사이에 분쟁이 발생한 경우
　㉢ 그 밖에 시·도 조례로 정하는 경우
② 위 ①에 따라 출입·검사 등을 하는 공무원은 권한을 표시하는 증표를 지니고 관계인에게 내보여야 한다.
③ 국토교통부장관 또는 시·도지사가 정비사업전문관리업자에게 위 ①에 따른 업무에 관한 사항의 보고, 자료의 제출을 하게 하거나, 소속 공무원에게 조사 또는 검사하게 하려는 경우에는 「행정조사기본법」 제17조에 따라 사전통지를 하여야 한다.
④ 위 ①에 따라 업무에 관한 사항의 보고 또는 자료의 제출 명령을 받은 정비사업전문관리업자는 그 명령을 받은 날부터 **15일 이내**에 이를 보고 또는 제출(전자문서를 이용한 보고 또는 제출을 포함한다)하여야 한다.
⑤ 국토교통부장관 또는 시·도지사는 위 ①에 따른 업무에 관한 사항의 보고, 자료의 제출, 조사 또는 검사 등이 완료된 날부터 **30일 이내**에 그 결과를 통지하여야 한다.

(7) 정비사업전문관리업 정보의 종합관리(법 제108조)

① '국토교통부장관'은 정비사업전문관리업자의 자본금·사업실적·경영실태 등에 관한 정보를 종합적이고 체계적으로 관리하고 '시·도지사, 시장, 군수, 구청장, 추진위원회 또는 사업시행자 등'에게 제공하기 위하여 '정비사업전문관리업 정보종합체계'를 구축·운영할 수 있다.
② 위 ①에 따른 정비사업전문관리업 정보종합체계의 구축·운영에 필요한 사항은 국토교통부령으로 정한다.

(8) 협회의 설립 등(법 제109조)

① 정비사업전문관리업자는 정비사업전문관리업의 전문화와 정비사업의 건전한 발전을 도모하기 위하여 정비사업전문관리업자단체(이하 '협회'라 한다)를 설립할 수 있다.
② 협회는 **법인**으로 한다.
③ 협회는 주된 사무소의 소재지에서 설립등기를 하는 때에 성립한다.
④ 협회를 설립하려는 때에는 **회원의 자격**이 있는 **50명 이상**을 발기인으로 하여 **정관**을 작성한 후 **창립총회의 의결**을 거쳐 **국토교통부장관의 인가**를 받아야 한다. 협회가 정관을 변경하려는 때에도 또한 같다.
⑤ 이 법에 따라 시·도지사로부터 업무정지처분을 받은 회원의 권리·의무는 영업정지기간 중 정지되며, 정비사업전문관리업의 등록이 취소된 때에는 회원의 자격을 상실한다.
⑥ 협회의 정관, 설립인가의 취소, 그 밖에 필요한 사항은 대통령령으로 정한다.
⑦ 협회에 관하여 이 법에 규정된 사항을 제외하고는 「민법」 중 **사단법인**에 관한 규정을 준용한다.

관련법령 **협회의 정관(영 제85조)**

위 (8)에 따른 정비사업전문관리업자단체(이하 '협회'라 한다)의 정관에는 다음의 사항이 포함되어야 한다.
1. 목적
2. 명칭
3. 주된 사무소의 소재지
4. 회원의 가입 및 탈퇴에 관한 사항
5. 사업 및 그 집행에 관한 사항
6. 임원의 정원·임기 및 선출방법에 관한 사항
7. 총회 및 이사회에 관한 사항
8. 조직 및 운영에 관한 사항
9. 자산 및 회계에 관한 사항
10. 정관의 변경에 관한 사항
11. 위에서 규정한 사항 외에 협회의 운영에 필요하다고 인정되는 사항

| 관련법령 | 협회의 설립인가 및 설립인가의 취소(영 제86조) |

1. 국토교통부장관은 위 (8)의 ④에 따른 협회 설립인가 신청의 내용이 다음의 기준에 적합한 경우에 인가할 수 있다.
   ㉠ 법인의 목적과 사업이 실현 가능할 것
   ㉡ 협회의 회원은 정비사업전문관리업자일 것
   ㉢ 목적하는 사업을 수행할 수 있는 충분한 능력이 있고, 재정적 기초가 확립되어 있거나 확립될 수 있을 것
   ㉣ 다른 법인과 동일한 명칭이 아닐 것
2. 국토교통부장관은 위 (8)의 ⑥에 따라 협회가 다음의 어느 하나에 해당하는 경우에는 협회의 설립인가를 취소할 수 있다. 다만, ㉠ 및 ㉢에 해당하는 경우에는 설립인가를 취소하여야 한다.
   ㉠ 거짓이나 부정한 방법으로 설립인가를 받은 경우
   ㉡ 설립인가 조건을 위반한 경우
   ㉢ 목적 달성이 불가능하게 된 경우
   ㉣ 목적사업 외의 사업을 한 경우
3. 국토교통부장관은 위 2.에 따라 협회의 설립인가를 취소하려면 미리 청문을 하여야 한다.

(9) 협회의 업무 및 감독(법 제110조)

① 협회의 업무는 다음과 같다.
   ㉠ 정비사업전문관리업 및 정비사업의 건전한 발전을 위한 조사·연구
   ㉡ 회원의 상호 협력증진을 위한 업무
   ㉢ 정비사업전문관리 기술인력과 정비사업전문관리업 종사자의 자질향상을 위한 교육 및 연수
   ㉣ 그 밖에 대통령령으로 정하는 업무
② 국토교통부장관은 협회의 업무 수행 현황 또는 이 법의 위반 여부를 확인할 필요가 있는 때에는 협회에게 업무에 관한 사항을 보고하게 하거나 자료의 제출, 그 밖에 필요한 명령을 할 수 있으며, 소속 공무원에게 그 사무소 등에 출입하여 장부·서류 등을 조사 또는 검사하게 할 수 있다.
③ 위 ②에 따른 업무에 관한 사항의 보고, 자료의 제출, 조사 또는 검사에 관하여는 위 (6)의 ②부터 ⑤까지의 규정을 준용한다.

| 관련법령 | 협회의 감독(영 제87조) |

1. 국토교통부장관은 위 (9)의 ②에 따라 협회의 업무에 대한 조사 또는 검사가 필요하면 소속 공무원으로 하여금 그 사무소에 출입하여 조사하거나 검사하게 할 수 있다.
2. 위 1.에 따라 협회의 업무를 조사하거나 검사하는 공무원은 그 권한을 표시하는 증표를 지니고 관계인에게 내보여야 한다.

11. 감독 등

(1) 자료의 제출 등(법 제111조)

① 시·도지사는 국토교통부령으로 정하는 방법 및 절차에 따라 정비사업의 추진실적을 분기별로 국토교통부장관에게, 시장, 군수 또는 구청장은 시·도 조례로 정하는 바에 따라 정비사업의 추진실적을 특별시장·광역시장 또는 도지사에게 보고하여야 한다.

② 국토교통부장관, 시·도지사, 시장, 군수 또는 구청장은 정비사업(법 제86조의2에 따라 해산한 조합의 청산 업무를 포함한다. 이하 ②에서 같다)의 원활한 시행을 감독하기 위하여 필요한 경우로서 다음의 어느 하나에 해당하는 때에는 추진위원회·사업시행자(청산인을 포함한다)·정비사업전문관리업자·설계자 및 시공자 등 이 법에 따른 업무를 하는 자에게 그 업무에 관한 사항을 보고하게 하거나 자료의 제출, 그 밖의 필요한 명령을 할 수 있으며, 소속 공무원에게 영업소 등에 출입하여 장부·서류 등을 조사 또는 검사하게 할 수 있다.

  ㉠ 이 법의 위반 여부를 확인할 필요가 있는 경우
  ㉡ 토지등소유자, 조합원, 그 밖에 정비사업과 관련한 이해관계인 사이에 분쟁이 발생된 경우
  ㉢ 법 제86조의2에 따라 해산한 조합의 잔여재산의 인도 등 청산인의 직무를 성실히 수행하고 있는지를 확인할 필요가 있는 경우
  ㉣ 그 밖에 시·도 조례로 정하는 경우

③ 위 ②에 따른 업무에 관한 사항의 보고, 자료의 제출, 조사 또는 검사에 관하여는 위 **(6)**의 ②부터 ⑤까지의 규정을 준용한다.

(2) 자금차입의 신고(법 제111조의2)

추진위원회 또는 **사업시행자**(시장·군수등과 토지주택공사등은 제외한다)는 자금을 '**차입**'한 때에는 '대통령령으로 정하는 바'에 따라 '자금을 대여한 상대방, 차입액, 이자율 및 상환방법 등의 사항'을 시장·군수등에게 '**신고**'하여야 한다.

> **관련법령** 자금차입 신고의 방법(영 제87조의2)
>
> 위 **(2)**에 따른 자금차입의 신고는 추진위원회 또는 사업시행자(시장·군수등과 토지주택공사등은 제외한다)가 자금을 차입한 날부터 30일 이내에 자금을 대여한 상대방, 차입일, 차입액, 이자율, 상환기한 및 상환방법을 기재한 자금차입계약서의 사본을 관할 시장·군수등에게 제출하는 방법으로 한다.

(3) 회계감사(법 제112조)

① 시장·군수등 또는 토지주택공사등이 **아닌** 사업시행자 또는 추진위원회는 '다음의 어느 하나에 해당하는 경우'에는 **다음의 구분에 따른 기간 이내**에 「주식회사 등의 외부감사에 관한 법률」 제2조 제7호 및 제9조에 따른 감사인의 회계감사를 받기 위해 '시장·군수등'에게 '회계감사기관의 선정·계약'을 **요청**해야 하며, 그 감사결과를 '회계감사가 종료된

날부터 15일 이내 '시장·군수등' 및 '해당 조합'에 보고하고 조합원이 공람할 수 있도록 하여야 한다. 다만, '지정개발자가 사업시행자인 경우'에는 다음 ㉠에 해당하는 경우는 제외한다.

- ㉠ 법 제34조 제4항에 따라 **추진위원회에서 사업시행자로 인계되기 전까지** 납부 또는 지출된 금액과 계약 등으로 지출될 것이 확정된 금액의 합이 대통령령으로 정한 금액 이상인 경우: 추진위원회에서 사업시행자로 인계되기 전 7일 이내
- ㉡ 법 제50조 제9항에 따른 **사업시행계획인가 고시일 전까지** 납부 또는 지출된 금액이 대통령령으로 정하는 금액 이상인 경우: 사업시행계획인가의 고시일부터 20일 이내
- ㉢ 법 제83조 제1항에 따른 준공인가 신청일까지 납부 또는 지출된 금액이 대통령령으로 정하는 금액 이상인 경우: 준공인가의 신청일부터 7일 이내
- ㉣ 토지등소유자 또는 조합원 5분의 1 이상이 사업시행자에게 회계감사를 요청하는 경우: 다음 ④에 따른 절차를 고려한 상당한 기간 이내

② 시장·군수등은 위 ①에 따른 요청이 있는 경우 즉시 회계감사기관을 선정하여 회계감사가 이루어지도록 하여야 한다.

③ 위 ②에 따라 회계감사기관을 선정·계약한 경우 시장·군수등은 공정한 회계감사를 위하여 선정된 회계감사기관을 감독하여야 하며, 필요한 처분이나 조치를 명할 수 있다.

④ 사업시행자 또는 추진위원회는 위 ①에 따라 회계감사기관의 선정·계약을 요청하려는 경우 '시장·군수등'에게 회계감사에 필요한 비용을 미리 예치하여야 한다. 시장·군수등은 회계감사가 끝난 경우 예치된 금액에서 회계감사비용을 직접 지급한 후 나머지 비용은 사업시행자와 정산하여야 한다.

> **관련법령 회계감사(영 제88조)**
>
> 위 (3)에 따라 시장·군수등 또는 토지주택공사등이 아닌 사업시행자 또는 추진위원회는 다음의 어느 하나에 해당하는 경우에는 회계감사를 받아야 한다.
> 1. 위 (3)의 ①의 ㉠의 경우에는 추진위원회에서 사업시행자로 인계되기 전까지 납부 또는 지출된 금액과 계약 등으로 지출될 것이 확정된 금액의 합이 3억 5천만원 이상인 경우
> 2. 위 (3)의 ①의 ㉡의 경우에는 사업시행계획인가 고시일 전까지 납부 또는 지출된 금액이 7억원 이상인 경우
> 3. 위 (3)의 ①의 ㉢의 경우에는 준공인가 신청일까지 납부 또는 지출된 금액이 14억원 이상인 경우

(4) 감독(법 제113조)

① 정비사업[법 제86조의2에 따라 해산한 조합의 청산 업무를 포함한다. 이하 (4)에서 같다]의 시행이 이 법 또는 이 법에 따른 명령·처분이나 사업시행계획서 또는 관리처분계획에 위반되었다고 인정되는 때에는 정비사업의 적정한 시행을 위하여 필요한 범위에서 국토교통부장관은 시·도지사, 시장, 군수, 구청장, 추진위원회, 주민대표회의, 사업시행자(청산인을 포함한다. 이하 ①에서 같다) 또는 정비사업전문관리업자에게, 특별시장, 광역시장 또는 도지사는 시장, 군수, 구청장, 추진위원회, 주민대표회의, 사업시행자 또는 정비사업전문관리업자에

게, 시장·군수등은 추진위원회, 주민대표회의, 사업시행자 또는 정비사업전문관리업자에게 처분의 취소·변경 또는 정지, 공사의 중지·변경, 임원의 개선 권고, 그 밖의 필요한 조치를 취할 수 있다.
② 국토교통부장관, 시·도지사, 시장, 군수 또는 구청장은 이 법에 따른 정비사업의 원활한 시행을 위하여 관계 공무원 및 전문가로 구성된 점검반을 구성하여 정비사업 현장조사를 통하여 분쟁의 조정, 위법사항의 시정요구 또는 수사기관에 고발 등 필요한 조치를 할 수 있다. 이 경우 관할 지방자치단체의 장과 조합 등은 대통령령으로 정하는 자료의 제공 등 점검반의 활동에 적극 협조하여야 한다.
③ 위 ②에 따른 정비사업 현장조사에 관하여는 위 10.의 (6)의 ②, ③ 및 ⑤를 준용한다.

> **관련법령** 감독(영 제89조)
>
> 위 (4)의 ② 후단에서 '대통령령으로 정하는 자료'란 다음의 자료를 말한다.
> 1. 토지등소유자의 동의서
> 2. 총회의 의사록
> 3. 정비사업과 관련된 계약에 관한 서류
> 4. 사업시행계획서·관리처분계획서 및 회계감사보고서를 포함한 회계관련 서류
> 5. 정비사업의 추진과 관련하여 분쟁이 발생한 경우에는 해당 분쟁과 관련된 서류

(5) 시공자 선정 취소 명령 또는 과징금(법 제113조의2)

① 시·도지사[해당 정비사업을 관할하는 시·도지사를 말한다. 이하 (5) 및 다음 (6)에서 같다]는 건설업자 또는 등록사업자가 다음의 어느 하나에 해당하는 경우 사업시행자에게 건설업자 또는 등록사업자의 해당 정비사업에 대한 '**시공자 선정을 취소할 것을 명**'하거나 그 건설업자 또는 등록사업자에게 '사업시행자와 시공자 사이의 계약서상 공사비의 **100분의 20 이하**에 해당하는 금액의 범위'에서 **과징금**을 부과할 수 있다. 이 경우 시공자 선정 취소의 명을 받은 사업시행자는 시공자 선정을 취소하여야 한다.
 ㉠ 건설업자 또는 등록사업자가 법 제132조(조합임원 등의 선임·선정 및 계약 체결 시 행위제한) 제1항 또는 제2항을 위반한 경우
 ㉡ 건설업자 또는 등록사업자가 법 제132조의2(건설업자와 등록사업자의 관리·감독 의무)를 위반하여 관리·감독 등 필요한 조치를 하지 아니한 경우로서 용역업체의 임직원(건설업자 또는 등록사업자가 고용한 개인을 포함한다. 이하 같다)이 법 제132조 제1항을 위반한 경우
② 위 ①에 따라 과징금을 부과하는 위반행위의 종류와 위반 정도 등에 따른 과징금의 금액 등에 필요한 사항은 대통령령으로 정한다.
③ 시·도지사는 위 ①에 따라 과징금의 부과처분을 받은 자가 납부기한까지 과징금을 내지 아니하면 「지방행정제재·부과금의 징수 등에 관한 법률」에 따라 징수한다.

| 관련법령 | 과징금의 부과기준 등(영 제89조의2) |

1. 위 **(5)**에 따른 과징금의 부과기준은 [별표 5의2]와 같다.
2. 시·도지사는 위 **(5)**에 따라 시공자 선정을 취소할 것을 명하거나 과징금을 부과하려는 경우에는 그 위반행위, 처분의 종류 및 과징금의 금액(과징금을 부과하는 경우만 해당한다)을 적어 서면으로 통지하여야 한다.
3. 위 2.에 따른 과징금 부과 통지를 받은 자는 통지가 있는 날부터 20일 또는 시·도지사가 20일 이상의 **범위에서 따로 정한 기간** 이내에 시·도지사가 정하는 수납기관에 과징금을 납부해야 한다.
4. 위 3.에 따라 과징금을 납부받은 **수납기관**은 그 납부자에게 **영수증**을 발급하여야 하고, 지체 없이 그 사실을 해당 시·도지사에게 통보하여야 한다.

(6) 건설업자 및 등록사업자의 입찰참가 제한(법 제113조의3)

① 시·도지사는 위 **(5)**의 ①의 어느 하나에 해당하는 건설업자 또는 등록사업자에 대해서는 2년 이내의 범위에서 대통령령으로 정하는 기간 동안 정비사업의 **입찰참가를 제한하여야 한다.**

② 시·도지사는 위 ①에 따라 건설업자 또는 등록사업자에 대한 정비사업의 입찰참가를 제한하려는 경우에는 '대통령령으로 정하는 바'에 따라 대상, 기간, 사유, 그 밖의 입찰참가 제한과 관련된 내용을 공개하고, 관할 구역의 시장, 군수 또는 구청장 및 사업시행자에게 통보하여야 한다. 다만, 정비사업의 입찰참가를 제한하려는 해당 건설업자 또는 등록사업자가 입찰 참가자격을 제한받은 사실이 있는 경우에는 **시·도지사가** 입찰참가 제한과 관련된 내용을 전국의 시장, 군수 또는 구청장에게 **통보하여야 하고, 통보를 받은 시장, 군수 또는 구청장은 관할 구역의 사업시행자에게 관련된 내용을 다시 통보**하여야 한다.

③ 위 ②에 따라 입찰자격 제한과 관련된 내용을 통보받은 **사업시행자**는 해당 건설업자 또는 '등록사업자의 입찰 참가자격'을 **제한하여야 한다.** 이 경우 **사업시행자**는 전단에 따라 '입찰참가를 제한받은 건설업자 또는 등록사업자와 계약(수의계약을 포함한다)'을 **체결하여서는 아니 된다.**

④ 시·도지사는 위 ①에 따라 '정비사업의 입찰참가를 제한하는 경우'에는 대통령령으로 정하는 바에 따라 '입찰참가 제한과 관련된 내용'을 **정비사업관리시스템에 등록**하여야 한다.

⑤ 시·도지사는 대통령령으로 정하는 위반행위에 대하여는 위 ①부터 ③까지에도 불구하고 **1회에 한하여 '과징금'으로** 위 ①의 **입찰참가 제한을 갈음**할 수 있다. 이 경우 과징금의 부과기준 및 절차는 위 **(5)**의 ① 및 ③을 준용하고, 과징금을 부과하는 위반행위의 종류와 위반 정도 등에 따른 과징금의 금액 등에 필요한 사항은 대통령령으로 정한다.

| 관련법령 | 정비사업의 입찰참가 제한(영 제89조의3) |

1. 위 **(6)**의 ①에서 '대통령령으로 정하는 기간'이란 [별표 5의3]에 따른 기간을 말한다.
2. 시·도지사는 위 **(6)**의 ①에 따라 정비사업의 입찰참가를 제한하려는 경우에는 다음의 사항을 지체 없이 해당 지방자치단체의 공보에 게재하고 일반인이 해당 내용을 열람할 수 있도록 인터넷 홈페이지에 입찰참가 제한기간 동안 게시해야 한다.
   ㉠ 업체(상호)명·성명(법인인 경우 대표자의 성명) 및 사업자등록번호(법인인 경우 법인등록번호)

ⓒ 입찰참가자격 제한기간
　　　ⓓ 입찰참가자격을 제한하는 구체적인 사유
　　　ⓔ 입찰참가자격 제한처분이 집행정지된 경우 그 집행정지 또는 집행정지의 해제사실
　3. 시·도지사는 위 2.에 따라 공개한 입찰제한과 관련된 내용을 지체 없이 관할 구역의 시장, 군수 또는 구청장 및 사업시행자에게 통보해야 한다.
　4. 시·도지사는 위 2.에 따라 공보에 게재한 날부터 1개월 이내에 위 2.의 사항을 법 제119조 제1항에 따른 **정비사업관리시스템**에 등록해야 한다.
　5. 위 **(6)**의 ⑤에 따른 **입찰참가 제한**을 갈음하는 **과징금**을 부과하는 위반행위의 종류와 위반 정도 등에 따른 과징금의 금액 등 과징금의 부과기준은 [별표 5의3]과 같다.
　6. 위 5.에 따른 **과징금**의 부과 및 납부에 관하여는 영 제89조의2 제2항부터 제4항까지를 준용한다.

(7) 정비사업 지원기구(법 제114조)

　국토교통부장관 또는 시·도지사는 다음의 업무를 수행하기 위하여 정비사업 지원기구를 설치할 수 있다. 이 경우 국토교통부장관은「한국부동산원법」에 따른 한국부동산원 또는「한국토지주택공사법」에 따라 설립된 한국토지주택공사에, 시·도지사는「지방공기업법」에 따라 주택사업을 수행하기 위하여 설립된 지방공사에 정비사업 지원기구의 업무를 대행하게 할 수 있다.
　① 정비사업 상담지원업무
　② 정비사업전문관리제도의 지원
　③ 전문조합관리인의 교육 및 운영지원
　④ 소규모 영세사업장 등의 사업시행계획 및 관리처분계획 수립지원
　⑤ 정비사업을 통한 공공지원민간임대주택 공급업무지원
　⑥ 법 제29조의2에 따른 공사비 검증 업무
　⑦ 공공재개발사업 및 공공재건축사업의 지원
　⑧ 그 밖에 국토교통부장관이 정하는 업무

(8) 교육의 실시(법 제115조) 〈개정 및 신설 2025.5.20.〉

　① 국토교통부장관, 시·도지사, 시장, 군수 또는 구청장은 추진위원장 및 감사, 조합임원, 전문조합관리인(이하 '조합임원등'이라 한다), 정비사업전문관리업자의 대표자 및 기술인력, 토지등소유자 등에 대하여 대통령령으로 정하는 바에 따라 **교육**을 실시할 수 있다. 〈개정〉
　② 국토교통부장관, 시·도지사, 시장, 군수 또는 구청장은 대통령령으로 정하는 바에 따라 조합임원등에게 추진위원회 또는 조합의 운영과 관련하여 필요한 교육 및 윤리교육을 실시하여야 한다. 이 경우 조합임원등은 법 제31조(조합설립추진위원회의 구성·승인), 법 제41조(조합의 임원) 또는 법 제45조(총회의 의결)에 따라 그 직으로 선임(연임을 포함한다) 또는 선정된 날부터 **6개월** 이내에 그 교육을 이수하여야 한다. 〈신설〉

(9) 도시분쟁조정위원회의 구성 등(법 제116조)

① 정비사업의 시행으로 발생한 분쟁을 조정하기 위하여 정비구역이 지정된 '**특별자치시, 특별자치도, 또는 시·군·구**'[자치구를 말한다. 이하 (9)에서 같다]에 도시분쟁조정위원회(이하 '조정위원회'라 한다)를 둔다. 다만, 시장·군수등을 당사자로 하여 발생한 정비사업의 시행과 관련된 분쟁 등의 조정을 위하여 필요한 경우에는 '시·도'에 조정위원회를 둘 수 있다.
② 조정위원회는 부시장·부지사·부구청장 또는 부군수를 위원장으로 한 **10명 이내**의 위원으로 구성한다.
③ 조정위원회 위원은 정비사업에 대한 학식과 경험이 풍부한 사람으로서 다음의 어느 하나에 해당하는 사람 중에서 시장·군수등이 임명 또는 위촉한다. 이 경우 다음 ㉠·㉢ 및 ㉣에 해당하는 사람이 각 **2명 이상** 포함되어야 한다.
　㉠ 해당 특별자치시, 특별자치도 또는 시·군·구에서 정비사업 관련 업무에 종사하는 5급 이상 공무원
　㉡ 대학이나 연구기관에서 부교수 이상 또는 이에 상당하는 직에 재직하고 있는 사람
　㉢ 판사, 검사 또는 변호사의 직에 **5년 이상** 재직한 사람
　㉣ 건축사, 감정평가사, 공인회계사로서 5년 이상 종사한 사람
　㉤ 그 밖에 정비사업에 전문적 지식을 갖춘 사람으로서 시·도 조례로 정하는 자
④ 조정위원회에는 위원 3명으로 구성된 분과위원회(이하 '분과위원회'라 한다)를 두며, 분과위원회에는 위 ③의 ㉠ 및 ㉢에 해당하는 사람이 각 1명 이상 포함되어야 한다.

(10) 조정위원회의 조정 등(법 제117조)

① 조정위원회는 정비사업의 시행과 관련하여 다음의 어느 하나에 해당하는 분쟁사항을 심사·조정한다. 다만, 「주택법」, 「공익사업을 위한 토지 등의 취득 및 보상에 관한 법률」, 그 밖의 관계 법률에 따라 설치된 위원회의 심사대상에 포함되는 사항은 제외할 수 있다.
　㉠ 매도청구권 행사 시 감정가액에 대한 분쟁
　㉡ 공동주택 평형 배정방법에 대한 분쟁
　㉢ 그 밖에 대통령령으로 정하는 분쟁
② 시장·군수등은 다음의 어느 하나에 해당하는 경우 조정위원회를 개최할 수 있으며, 조정위원회는 조정신청을 받은 날(다음 ㉡의 경우 조정위원회를 처음 개최한 날을 말한다)부터 **60일** 이내에 조정절차를 마쳐야 한다. 다만, 조정기간 내에 조정절차를 마칠 수 없는 정당한 사유가 있다고 판단되는 경우에는 조정위원회의 의결로 그 기간을 **한 차례만** 연장할 수 있으며 그 기간은 30일 이내로 한다.
　㉠ 분쟁당사자가 정비사업의 시행으로 인하여 발생한 분쟁의 조정을 신청하는 경우
　㉡ 시장·군수등이 조정위원회의 조정이 필요하다고 인정하는 경우
③ 조정위원회의 위원장은 조정위원회의 심사에 앞서 분과위원회에서 사전 심사를 담당하게 할 수 있다. 다만, 분과위원회의 위원 전원이 일치된 의견으로 조정위원회의 심사가 필요없다고 인정하는 경우 조정위원회에 회부하지 아니하고 분과위원회의 심사로 조정절차를 마칠 수 있다.

④ 조정위원회 또는 분과위원회는 위 ② 또는 ③에 따른 조정절차를 마친 경우 조정안을 작성하여 지체 없이 각 당사자에게 제시하여야 한다. 이 경우 조정안을 제시받은 각 당사자는 제시받은 날부터 **15일 이내**에 수락 여부를 조정위원회 또는 분과위원회에 통보하여야 한다.

⑤ 당사자가 조정안을 수락한 경우 조정위원회는 즉시 조정서를 작성한 후, 위원장 및 각 당사자는 조정서에 서명·날인하여야 한다.

⑥ 위 ⑤에 따라 당사자가 강제집행을 승낙하는 취지의 내용이 기재된 조정서에 서명·날인한 경우 조정서의 정본은 「민사집행법」 제56조에도 불구하고 집행력 있는 집행권원과 같은 효력을 가진다. 다만, 청구에 관한 이의의 주장에 대하여는 「민사집행법」 제44조 제2항을 적용하지 아니한다.

> **관련법령** **분쟁조정위원회의 조정대상(영 제91조)**
>
> 위 (10)의 ①의 ㉢에서 '대통령령으로 정하는 분쟁'이란 다음의 어느 하나에 해당하는 분쟁을 말한다.
> 1. 건축물 또는 토지 명도에 관한 분쟁
> 2. 손실보상 협의에서 발생하는 분쟁
> 3. 총회 의결사항에 대한 분쟁
> 4. 그 밖에 시·도 조례로 정하는 사항에 대한 분쟁

(11) 협의체의 운영 등(법 제117조의2)

① **시장·군수등**은 정비사업과 관련하여 발생하는 문제를 협의하기 위하여 위 **(10)**의 ②에 따라 '조정위원회의 **조정신청을 받기 전**'에 사업시행자, 관계 공무원 및 전문가, 그 밖에 이해관계가 있는 자 등으로 구성된 '**협의체**'를 구성·운영할 수 있다.

② **특별시장·광역시장 또는 도지사**는 위 ①에 따른 협의체의 구성·운영에 드는 비용의 전부 또는 일부를 **보조**할 수 있다.

③ 위 ①에 따른 협의체의 구성·운영 시기, 협의 대상·방법 및 위 ②에 따른 비용 보조 등에 관하여 필요한 사항은 '**시·도 조례**'로 정한다.

(12) 정비사업의 공공지원(법 제118조)

① 시장·군수등은 정비사업의 투명성 강화 및 효율성 제고를 위하여 시·도 조례로 정하는 정비사업에 대하여 사업시행 과정을 지원(이하 '**공공지원**'이라 한다)하거나 토지주택공사등, 신탁업자, 「주택도시기금법」에 따른 주택도시보증공사 또는 이 법 제102조 제1항 각 호 외의 부분 단서에 따라 대통령령으로 정하는 기관에 공공지원을 위탁할 수 있다.

② 위 ①에 따라 정비사업을 공공지원하는 시장·군수등 및 공공지원을 위탁받은 자(이하 '위탁지원자'라 한다)는 다음의 업무를 수행한다.
  ㉠ 추진위원회 또는 주민대표회의 구성
  ㉡ 정비사업전문관리업자의 선정(위탁지원자는 선정을 위한 지원으로 한정한다)
  ㉢ 설계자 및 시공자 선정방법 등

② 법 제52조 제1항 제4호에 따른 세입자의 주거 및 이주 대책(이주 거부에 따른 협의 대책을 포함한다) 수립
⑩ 관리처분계획 수립
⑭ 그 밖에 시·도 조례로 정하는 사항
③ 시장·군수등은 위탁지원자의 공정한 업무수행을 위하여 관련 자료의 제출 및 조사, 현장점검 등 필요한 조치를 할 수 있다. 이 경우 위탁지원자의 행위에 대한 대외적인 책임은 **시장·군수등**에게 있다.
④ 공공지원에 필요한 비용은 **시장·군수등**이 부담하되, 특별시장, 광역시장 또는 도지사는 관할 구역의 시장, 군수 또는 구청장에게 특별시·광역시 또는 도의 조례로 정하는 바에 따라 그 비용의 일부를 지원할 수 있다.
⑤ 추진위원회가 위 ②의 ㉡에 따라 시장·군수등이 선정한 정비사업전문관리업자를 선정하는 경우에는 법 제32조 제2항(경쟁입찰 또는 수의계약의 방법)을 적용하지 아니한다.
⑥ 공공지원의 시행을 위한 방법과 절차, 기준 및 도시·주거환경정비기금의 지원, 시공자 선정시기 등에 필요한 사항은 시·도 조례로 정한다.
⑦ 위 ⑥에도 불구하고 다음의 어느 하나에 해당하는 경우에는 토지등소유자(법 제35조에 따라 조합을 설립한 경우에는 조합원을 말한다)의 과반수 동의를 받아 법 제29조 제4항에 따라 시공자를 선정할 수 있다. 다만, 다음 ㉠의 경우에는 해당 건설업자를 시공자로 본다.
㉠ 조합이 법 제25조에 따라 건설업자와 공동으로 정비사업을 시행하는 경우로서 조합과 건설업자 사이에 협약을 체결하는 경우
㉡ 법 제28조 제1항 및 제2항에 따라 사업대행자가 정비사업을 시행하는 경우
⑧ 위 ⑦의 ㉠의 협약사항에 관한 구체적인 내용은 시·도 조례로 정할 수 있다.

(13) **정비사업관리시스템의 구축**(법 제119조)
① 국토교통부장관 또는 시·도지사는 정비사업의 효율적이고 투명한 관리를 위하여 '**정비사업관리시스템**'을 구축하여 운영할 수 있다.
② 국토교통부장관은 시·도지사에게 위 ①에 따른 정비사업관리시스템의 구축 등에 필요한 자료의 제출 등 협조를 요청할 수 있다. 이 경우 자료의 제출 등 협조를 요청받은 시·도지사는 정당한 사유가 없으면 이에 따라야 한다.

(14) **정비사업의 정보공개**(법 제120조)
시장·군수등은 정비사업의 투명성 강화를 위하여 조합이 시행하는 정비사업에 관한 다음의 사항을 매년 1회 이상 인터넷과 그 밖의 방법을 병행하여 공개하여야 한다. 이 경우 공개의 방법 및 시기 등 필요한 사항은 시·도 조례로 정한다.
① 법 제74조 제1항에 따라 관리처분계획의 인가[변경인가를 포함한다. 이하 **(14)**에서 같다]를 받은 사항 중 법 제29조에 따른 계약금액
② 법 제74조 제1항에 따라 관리처분계획의 인가를 받은 사항 중 정비사업에서 발생한 이자

③ 그 밖에 시·도 조례로 정하는 사항

(15) 청문(법 제121조)

국토교통부장관, 시·도지사, 시장, 군수 또는 구청장은 다음의 어느 하나에 해당하는 처분을 하려는 경우에는 청문을 하여야 한다.
① 조합설립인가의 취소
② 정비사업전문관리업의 등록취소
③ 추진위원회 승인의 취소, 조합설립인가의 취소, 사업시행계획인가의 취소 또는 관리처분계획인가의 취소
④ 위 (5)의 ①에 따른 시공자 선정 취소 또는 과징금 부과
⑤ 위 (6)의 ①에 따른 입찰참가 제한

12. 보칙

(1) 토지등소유자의 설명의무(법 제122조)

① 토지등소유자는 자신이 소유하는 정비구역 내 토지 또는 건축물에 대하여 매매·전세·임대차 또는 지상권 설정 등 부동산 거래를 위한 계약을 체결하는 경우 다음의 사항을 거래상대방에게 설명·고지하고, 거래계약서에 기재 후 서명·날인하여야 한다.
  ㉠ 해당 정비사업의 추진단계
  ㉡ 퇴거예정시기(건축물의 경우 철거예정시기를 포함한다)
  ㉢ 법 제19조에 따른 행위제한
  ㉣ 법 제39조에 따른 조합원의 자격
  ㉤ 법 제70조 제5항에 따른 계약기간
  ㉥ 법 제77조에 따른 주택 등 건축물을 분양받을 권리의 산정 기준일
  ㉦ 그 밖에 거래상대방의 권리·의무에 중대한 영향을 미치는 사항으로서 대통령령으로 정하는 사항
② 위 ①의 ㉠~㉦의 사항은 「공인중개사법」 제25조 제1항 제2호의 '법령의 규정에 의한 거래 또는 이용제한사항'으로 본다.

> **관련법령 토지등소유자의 설명의무(영 제92조)**
>
> 위 (1)의 ①의 ㉦에서 '대통령령으로 정하는 사항'이란 다음을 말한다.
> 1. 법 제35조 제3항에 따른 '재건축사업의 조합설립을 위한 동의요건' 중 '복리시설에 대한 동의요건 완화'에 관한 사항(복리시설의 거래를 위한 계약을 체결하는 경우로 한정한다) 〈신설 2025.5.27.〉
> 2. 법 제72조 제1항 제2호에 따른 분양대상자별 분담금의 추산액
> 3. 법 제74조 제1항 제6호에 따른 정비사업비의 추산액(재건축사업의 경우에는 재건축초과이익 환수에 관한 법률에 따른 재건축부담금에 관한 사항을 포함한다) 및 그에 따른 조합원 분담규모 및 분담시기

(2) 재개발사업 등의 시행방식의 전환(법 제123조)

① 시장·군수등은 법 제28조 제1항에 따라 사업대행자를 지정하거나 토지등소유자의 5분의 4 이상의 요구가 있어 법 제23조 제2항에 따른 재개발사업의 시행방식의 전환이 필요하다고 인정하는 경우에는 정비사업이 완료되기 전이라도 대통령령으로 정하는 범위에서 정비구역의 전부 또는 일부에 대하여 시행방식의 전환을 승인할 수 있다.

② 사업시행자는 위 ①에 따라 시행방식을 전환하기 위하여 관리처분계획을 변경하려는 경우 토지면적의 3분의 2 이상의 토지소유자의 동의와 토지등소유자의 5분의 4 이상의 동의를 받아야 하며, 변경절차에 관하여는 법 제74조 제1항의 관리처분계획 변경에 관한 규정을 준용한다.

③ 사업시행자는 위 ①에 따라 정비구역의 일부에 대하여 시행방식을 전환하려는 경우에 재개발사업이 완료된 부분은 법 제83조에 따라 준공인가를 거쳐 해당 지방자치단체의 공보에 공사완료의 고시를 하여야 하며, 전환하려는 부분은 이 법에서 정하고 있는 절차에 따라 시행방식을 전환하여야 한다.

④ 위 ③에 따라 공사완료의 고시를 한 때에는 「공간정보의 구축 및 관리 등에 관한 법률」 제86조 제3항에도 불구하고 관리처분계획의 내용에 따라 법 제86조에 따른 이전이 된 것으로 본다.

⑤ 사업시행자는 정비계획이 수립된 주거환경개선사업을 법 제23조 제1항 제4호의 시행방법으로 변경하려는 경우에는 토지등소유자의 3분의 2 이상의 동의를 받아야 한다.

> **관련법령** 　**사업시행방식의 전환(영 제93조)**
>
> 위 (2)의 ①에 따라 시장·군수등은 환지로 공급하는 방법으로 실시하는 재개발사업을 위하여 정비구역의 전부 또는 일부를 법 제74조에 따라 인가받은 관리처분계획에 따라 건축물을 건설하여 공급하는 방법으로 전환하는 것을 승인할 수 있다.

(3) 관련 자료의 공개 등(법 제124조)

① 추진위원장 또는 사업시행자(조합의 경우 청산인을 포함한 조합임원, 토지등소유자가 단독으로 시행하는 재개발사업의 경우에는 그 대표자를 말한다)는 정비사업의 시행에 관한 다음의 서류 및 관련 자료가 작성되거나 변경된 후 15일 이내에 이를 조합원, 토지등소유자 또는 세입자가 알 수 있도록 인터넷과 그 밖의 방법을 병행하여 공개하여야 한다.
　㉠ 추진위원회 운영규정 및 정관등
　㉡ 설계자·시공자·철거업자 및 정비사업전문관리업자 등 용역업체의 선정계약서
　㉢ 추진위원회·주민총회·조합총회 및 조합의 이사회·대의원회의 의사록
　㉣ 사업시행계획서
　㉤ 관리처분계획서
　㉥ 해당 정비사업의 시행에 관한 공문서
　㉦ 회계감사보고서

　　　　ⓞ 월별 자금의 입금·출금 세부내역
　　　　ⓩ 법 제111조의2에 따라 신고한 자금차입에 관한 사항
　　　　ⓧ 결산보고서
　　　　ⓣ 청산인의 업무 처리 현황
　　　　ⓔ 그 밖에 정비사업 시행에 관하여 대통령령으로 정하는 서류 및 관련 자료
　　② 위 ①에 따라 공개의 대상이 되는 서류 및 관련 자료의 경우 분기별로 공개대상의 목록, 개략적인 내용, 공개장소, 열람·복사 방법 등을 대통령령으로 정하는 방법과 절차에 따라 조합원 또는 토지등소유자에게 서면으로 통지하여야 한다.
　　③ 추진위원장 또는 사업시행자는 위 ① 및 ④에 따라 공개 및 열람·복사 등을 하는 경우에는 주민등록번호를 제외하고 국토교통부령으로 정하는 방법 및 절차에 따라 공개하여야 한다.
　　④ 조합원, 토지등소유자가 위 ①에 따른 서류 및 다음을 포함하여 정비사업 시행에 관한 서류와 관련 자료에 대하여 열람·복사 요청을 한 경우 추진위원장이나 사업시행자는 15일 이내에 그 요청에 따라야 한다.
　　　　㉠ 토지등소유자 명부
　　　　㉡ 조합원 명부
　　　　㉢ 그 밖에 대통령령으로 정하는 서류 및 관련 자료
　　⑤ 위 ④의 복사에 필요한 비용은 실비의 범위에서 청구인이 부담한다. 이 경우 비용납부의 방법, 시기 및 금액 등에 필요한 사항은 시·도 조례로 정한다.
　　⑥ 위 ④에 따라 열람·복사를 요청한 사람은 제공받은 서류와 자료를 사용목적 외의 용도로 이용·활용하여서는 아니 된다.

(4) 관련 자료의 보관 및 인계(법 제125조)

　　① 추진위원장·정비사업전문관리업자 또는 사업시행자(조합의 경우 청산인을 포함한 조합임원, 토지등소유자가 단독으로 시행하는 재개발사업의 경우에는 그 대표자를 말한다)는 위 **(3)**의 ①에 따른 서류 및 관련 자료와 총회 또는 중요한 회의(조합원 또는 토지등소유자의 비용부담을 수반하거나 권리·의무의 변동을 발생시키는 경우로서 대통령령으로 정하는 회의를 말한다)가 있은 때에는 속기록·녹음 또는 영상자료를 만들어 청산 시까지 보관하여야 한다.
　　② 시장·군수등 또는 토지주택공사등이 아닌 사업시행자는 정비사업을 완료하거나 폐지한 때에는 시·도 조례로 정하는 바에 따라 관계 서류를 시장·군수등에게 인계하여야 한다.
　　③ 시장·군수등 또는 토지주택공사등인 사업시행자와 위 ②에 따라 관계 서류를 인계받은 시장·군수등은 해당 정비사업의 관계 서류를 **5년간** 보관하여야 한다.

(5) 도시·주거환경정비기금의 설치 등(법 제126조)

　　① 법 제4조 및 법 제7조에 따라 기본계획을 수립하거나 승인하는 특별시장·광역시장·특별자치시장·도지사·특별자치도지사 또는 시장은 정비사업의 원활한 수행을 위하여 **도시·주거환경정비기금**(이하 '정비기금'이라 한다)을 설치하여야 한다. 다만, 기본계획을 수립하지 아니하는 시장 및 군수도 필요한 경우에는 정비기금을 설치할 수 있다.

② 정비기금은 다음의 어느 하나에 해당하는 금액을 재원으로 조성한다.
   ㉠ 법 제17조 제4항에 따라 사업시행자가 현금으로 납부한 금액
   ㉡ 법 제55조 제1항, 법 제101조의5 제2항 및 법 제101조의6 제2항에 따라 시·도지사, 시장, 군수 또는 구청장에게 공급된 주택의 임대보증금 및 임대료
   ㉢ 법 제94조에 따른 부담금 및 정비사업으로 발생한 「개발이익 환수에 관한 법률」에 따른 개발부담금 중 지방자치단체 귀속분의 일부
   ㉣ 법 제98조에 따른 정비구역(재건축구역은 제외한다) 안의 국·공유지 매각대금 중 대통령령으로 정하는 일정 비율 이상의 금액
   ㉤ 법 제113조의2에 따른 과징금
   ㉥ 「재건축초과이익 환수에 관한 법률」에 따른 재건축부담금 중 같은 법 제4조 제3항 및 제4항에 따른 지방자치단체 귀속분
   ㉦ 「지방세법」 제69조에 따라 부과·징수되는 지방소비세 또는 같은 법 제112조(같은 조 제1항 제1호는 제외한다)에 따라 부과·징수되는 재산세 중 대통령령으로 정하는 일정 비율 이상의 금액
   ㉧ 그 밖에 시·도 조례로 정하는 재원

③ 정비기금은 다음의 어느 하나의 용도 이외의 목적으로 사용하여서는 아니 된다.
   ㉠ **이 법에 따른 정비사업으로서 다음의 어느 하나에 해당하는 사항**
      ⓐ 기본계획의 수립
      ⓑ 재건축진단 및 정비계획의 수립
      ⓒ 추진위원회의 운영자금 대여
      ⓓ 그 밖에 이 법과 시·도 조례로 정하는 사항
   ㉡ 임대주택의 건설·관리
   ㉢ 임차인의 주거안정 지원
   ㉣ 「재건축초과이익 환수에 관한 법률」에 따른 재건축부담금의 부과·징수
   ㉤ 주택개량의 지원
   ㉥ 정비구역 등이 해제된 지역에서의 정비기반시설의 설치 지원
   ㉦ 「빈집 및 소규모주택 정비에 관한 특례법」 제44조에 따른 빈집정비사업 및 소규모주택 정비사업에 대한 지원
   ㉧ 「주택법」 제68조에 따른 증축형 리모델링의 안전진단 지원
   ㉨ 법 제142조에 따른 신고포상금의 지급

④ 정비기금의 관리·운용과 개발부담금의 지방자치단체의 귀속분 중 정비기금으로 적립되는 비율 등에 필요한 사항은 시·도 조례로 정한다.

| 관련법령 | 도시·주거환경정비기금(영 제95조) |

1. 위 (5)의 ②의 ㉣에서 '대통령령으로 정하는 일정 비율'이란 국유지의 경우에는 20퍼센트, 공유지의 경우에는 30퍼센트를 말한다. 다만, 국유지의 경우에는 「국유재산법」 제2조 제11호에 따른 중앙관서의 장과 협의하여야 한다.
2. 위 (5)의 ②의 ㉳에서 '대통령령으로 정하는 일정 비율'이란 다음의 비율을 말한다. 다만, 해당 지방자치단체의 조례로 다음의 비율 이상의 범위에서 달리 정하는 경우에는 그 비율을 말한다.
    ㉠ 「지방세법」에 따라 부과·징수되는 지방소비세의 경우: 3퍼센트
    ㉡ 「지방세법」에 따라 부과·징수되는 재산세의 경우: 10퍼센트

(6) 노후·불량주거지 개선계획의 수립(법 제127조)

국토교통부장관은 주택 또는 기반시설이 열악한 주거지의 주거환경개선을 위하여 5년마다 개선대상지역을 조사하고 연차별 재정지원계획 등을 포함한 노후·불량주거지 개선계획을 수립하여야 한다.

(7) 권한의 위임 등(법 제128조)

① 국토교통부장관은 이 법에 따른 권한의 일부를 대통령령으로 정하는 바에 따라 시·도지사, 시장, 군수 또는 구청장에게 위임할 수 있다.
② 국토교통부장관, 시·도지사, 시장, 군수 또는 구청장은 이 법의 효율적인 집행을 위하여 필요한 경우에는 대통령령으로 정하는 바에 따라 다음의 어느 하나에 해당하는 사무를 정비사업지원기구, 협회 등 대통령령으로 정하는 기관 또는 단체에 위탁할 수 있다.
 ㉠ 정비사업전문관리업 정보종합체계의 구축·운영
 ㉡ 법 제115조에 따른 교육의 실시
 ㉢ 법 제119조에 따른 정비사업관리시스템의 구축·운영
 ㉣ 그 밖에 대통령령으로 정하는 사무

(8) 사업시행자 등의 권리·의무의 승계(법 제129조)

사업시행자와 정비사업과 관련하여 권리를 갖는 자(이하 '권리자'라 한다)의 변동이 있은 때에는 종전의 사업시행자와 권리자의 권리·의무는 새로 사업시행자와 권리자로 된 자가 승계한다.

(9) 정비구역의 범죄 등의 예방(법 제130조)

① 시장·군수등은 '사업시행계획인가'를 한 경우 그 사실을 관할 경찰서장 및 관할 소방서장에게 통보하여야 한다.
② 시장·군수등은 사업시행계획인가를 한 경우 정비구역 내 주민 안전 등을 위하여 다음의 사항을 관할 시·도 경찰청장 또는 경찰서장에게 요청할 수 있다.
 ㉠ 순찰 강화
 ㉡ 순찰초소의 설치 등 범죄 예방을 위하여 필요한 시설의 설치 및 관리
 ㉢ 그 밖에 주민의 안전을 위하여 필요하다고 인정하는 사항

③ 시장·군수등은 **사업시행계획인가**를 한 경우 정비구역 내 주민 안전 등을 위하여 관할 시·도 소방본부장 또는 소방서장에게 **화재예방 순찰**을 강화하도록 요청할 수 있다.

(10) 조합임원 등의 선임·선정 및 계약 체결 시 행위제한 등(법 제132조)

① 누구든지 추진위원, 조합임원의 선임 또는 법 제29조에 따른 계약 체결과 관련하여 다음의 행위를 하여서는 아니 된다.
　㉠ 금품, 향응 또는 그 밖의 재산상 이익을 제공하거나 제공의사를 표시하거나 제공을 약속하는 행위
　㉡ 금품, 향응 또는 그 밖의 재산상 이익을 제공받거나 제공의사표시를 승낙하는 행위
　㉢ 제3자를 통하여 위 ㉠ 또는 ㉡에 해당하는 행위를 하는 행위
② **건설업자와 등록사업자**는 법 제29조에 따른 계약의 체결과 관련하여 '시공과 관련 없는 사항'으로서 다음의 어느 하나에 해당하는 사항을 **제안하여서는 아니 된다**.
　㉠ 이사비, 이주비, 이주촉진비, 그 밖에 시공과 관련 없는 사항에 대한 금전이나 재산상 이익을 제공하는 것으로서 '대통령령으로 정하는 사항'
　㉡ 「재건축초과이익 환수에 관한 법률」에 따른 재건축부담금의 대납 등 이 법 또는 다른 법률을 위반하는 방법으로 정비사업을 수행하는 것으로서 '대통령령으로 정하는 사항'
③ **시·도지사, 시장, 군수 또는 구청장**은 위 ①의 ㉠~㉢ 또는 ②의 ㉠·㉡ 행위에 대한 신고의 접수·처리 등의 업무를 수행하기 위하여 **신고센터**를 설치·운영할 수 있다.
④ 위 ③에 따른 **신고센터**의 설치 및 운영에 필요한 사항은 국토교통부령으로 정한다.

> **관련법령** 제안이 금지되는 사항(영 제96조의2)
>
> 1. 위 **(10)**의 ②의 ㉠에서 '대통령령으로 정하는 사항'이란 다음의 사항을 말한다.
>   ㉠ 이사비, 이주비, 이주촉진비 및 그 밖에 시공과 **관련 없는** 금전이나 재산상 이익을 무상으로 제공하는 것
>   ㉡ 이사비, 이주비, 이주촉진비, 그 밖에 시공과 **관련 없는** 금전이나 재산상 이익을 무이자나 제안 시점에 「은행법」에 따라 설립된 은행 중 전국을 영업구역으로 하는 은행이 적용하는 대출금리 중 '가장 낮은 금리'보다 더 **낮은 금리로 대여**하는 것
> 2. 위 **(10)**의 ②의 ㉡에서 '대통령령으로 정하는 사항'이란 「재건축초과이익 환수에 관한 법률」에 따른 재건축부담금의 대납을 말한다.

(11) 건설업자와 등록사업자의 관리·감독 의무(법 제132조의2)

건설업자와 등록사업자는 시공자 선정과 관련하여 홍보 등을 위하여 계약한 용역업체의 임직원이 위 **(10)**의 ①을 위반하지 아니하도록 교육, 용역비 집행 점검, 용역업체 관리·감독 등 필요한 조치를 하여야 한다.

(12) 허위·과장된 정보제공 등의 금지(법 제132조의3)

① 건설업자, 등록사업자 및 **정비사업전문관리업자**는 토지등소유자에게 정비사업에 관한 정보를 제공함에 있어 다음의 행위를 하여서는 아니 된다.

㉠ 사실과 다르게 정보를 제공하거나 사실을 부풀려 정보를 제공하는 행위
　　㉡ 사실을 숨기거나 축소하는 방법으로 정보를 제공하는 행위
② 위 ①의 각 행위의 구체적인 내용은 '대통령령'으로 정한다.
③ **건설업자, 등록사업자 및 정비사업전문관리업자**는 위 ①을 위반함으로써 피해를 입은 자가 있는 경우에는 그 피해자에 대하여 **손해배상의 책임**을 진다.
④ 위 ③에 따른 '손해가 발생된 사실은 인정'되나 '그 손해액을 증명하는 것이 사안의 성질상 곤란한 경우' **법원**은 '변론 전체의 취지'와 '증거조사의 결과'에 기초하여 **'상당한 손해액'**을 인정할 수 있다.

> **관련법령** 　**금지되는 허위·과장된 정보제공 행위(영 제96조의3)**
>
> 1. 위 **(12)**의 ①의 ㉠에 따라 금지되는 행위의 구체적인 내용은 다음과 같다.
>   ㉠ 정비사업 방식에 따른 용적률, 기부채납 비율, 임대주택 건설비율, 임대주택 인수가격, 건축물 높이 제한, 건축물 층수 제한 및 분양가격에 대한 정보를 **사실과 다르게 제공**하는 행위
>   ㉡ 객관적인 근거 없이 정비사업 추진에 따른 예상수익 정보를 **과장하여 제공**하는 행위
> 2. 위 **(12)**의 ①의 ㉡에 따라 금지되는 행위의 구체적인 내용은 다음과 같다.
>   ㉠ 정비사업 방식에 따른 용적률, 기부채납 비율, 임대주택 건설비율, 임대주택 인수가격, 건축물 높이 제한, 건축물 층수 제한 및 분양가격에 대한 **정보를 숨기는** 행위
>   ㉡ 객관적인 근거 없이 정비사업 추진에 따른 분담금 추산액 및 예상손실에 대한 **정보를 축소하여 제공**하는 행위

(13) 조합설립인가 등의 취소에 따른 채권의 손해액 산입(법 제133조)

시공자·설계자 또는 정비사업전문관리업자 등[이하 **(13)**에서 '시공자 등'이라 한다]은 해당 추진위원회 또는 조합[연대보증인을 포함하며, 이하 **(13)**에서 '조합 등'이라 한다]에 대한 채권[조합 등이 시공자 등과 합의하여 이미 상환하였거나 상환할 예정인 채권은 제외한다. 이하 **(13)**에서 같다]의 전부 또는 일부를 포기하고 이를 「조세특례제한법」 제104조의26에 따라 손금에 산입하려면 해당 조합 등과 합의하여 다음의 사항을 포함한 채권확인서를 시장·군수등에게 제출하여야 한다.
① 채권의 금액 및 그 증빙 자료
② 채권의 포기에 관한 합의서 및 이후의 처리 계획
③ 그 밖에 채권의 포기 등에 관하여 시·도 조례로 정하는 사항

(14) 벌칙 적용에서 공무원 의제(법 제134조)

추진위원장·조합임원·청산인·전문조합관리인 및 정비사업전문관리업자의 대표자(법인인 경우에는 임원을 말한다)·직원 및 위탁지원자는 「형법」 제129조부터 제132조까지의 규정(뇌물죄)을 적용할 때에는 공무원으로 본다.

PART 7

도시재정비 촉진을 위한 특별법

CHAPTER 01 총칙
CHAPTER 02 재정비촉진지구의 지정
CHAPTER 03 재정비촉진계획의 수립 및 결정
CHAPTER 04 재정비촉진사업의 시행 및 사업지원 등

최근 5개년
평균 출제문항 수 **1개**

최근 5개년
평균 출제비중 **2.5%**

PART 7 합격전략

「도시재정비 촉진을 위한 특별법」은 제28회 시험까지 계속 1문제(2.5%)씩 출제되었으며, 제29회 시험의 경우에도 1문제 정도가 출제될 것으로 예상됩니다.
용어의 정의, 재정비촉진지구의 유형 및 지정절차, 재정비촉진계획의 수립 및 결정절차 등을 중점적으로 학습하시기 바랍니다.

CHAPTER 01 총칙

CHAPTER 미리보기

학습전략

「도시재정비 촉진을 위한 특별법」을 정확하게 이해하는 데 필요한 '용어의 정의'에 대한 단원으로서 각종 정의에 대해 꼼꼼히 정리하시기 바랍니다.

학습키워드

- 재정비촉진지구의 유형(주거지형, 중심지형, 고밀복합형)
- 재정비촉진사업
- 우선사업구역
- 존치지역

1. 목적(법 제1조)

이 법은 도시의 낙후된 지역에 대한 주거환경의 개선, 기반시설의 확충 및 도시기능의 회복을 위한 사업을 광역적으로 계획하고 체계적·효율적으로 추진하기 위하여 필요한 사항을 정함으로써 도시의 균형 있는 발전을 도모하고 국민의 삶의 질 향상에 기여함을 목적으로 한다.

2. 정의 등

(1) 용어의 정의(법 제2조)

① **재정비촉진지구**: 도시의 낙후된 지역에 대한 주거환경의 개선, 기반시설의 확충 및 도시기능의 회복을 광역적으로 계획하고 체계적·효율적으로 추진하기 위하여 법 제5조에 따라 지정하는 지구(地區)를 말한다. 이 경우 지구의 특성에 따라 다음의 유형으로 구분한다. 27회, 28회

  ㉠ **주거지형**: 노후·불량주택과 건축물이 밀집한 지역으로서 주로 주거환경의 개선과 기반시설의 정비가 필요한 지구

  ㉡ **중심지형**: 상업지역, 공업지역 등으로서 토지의 효율적 이용과 도심 또는 부도심 등의 도시기능의 회복이 필요한 지구

  ㉢ **고밀복합형**: 주요 역세권, 간선도로의 교차지 등 양호한 기반시설을 갖추고 있어 대중교통 이용이 용이한 지역으로서 도심 내 소형주택의 공급 확대, 토지의 고도이용과 건축물의 복합개발이 필요한 지구 20회 주관식

② **재정비촉진사업**: 재정비촉진지구에서 시행되는 다음의 사업을 말한다. 21회, 26회

  ㉠ 「도시 및 주거환경정비법」에 따른 **주거환경개선사업, 재개발사업 및 재건축사업**, 「빈집 및 소규모주택 정비에 관한 특례법」에 따른 **가로주택정비사업, 소규모재건축사업 및 소규모재개발사업**

  ㉡ 「도시개발법」에 따른 **도시개발사업**

  ㉢ 「도시재생 활성화 및 지원에 관한 특별법」에 따른 주거재생혁신지구의 **혁신지구재생사업**

  ㉣ 「공공주택 특별법」에 따른 **도심 공공주택 복합사업**

  ㉤ 「전통시장 및 상점가 육성을 위한 특별법」에 따른 **시장정비사업**

  ㉥ 「국토의 계획 및 이용에 관한 법률」에 따른 **도시·군계획시설사업**

③ **재정비촉진계획**: 재정비촉진지구의 재정비촉진사업을 계획적이고 체계적으로 추진하기 위한 재정비촉진지구의 토지이용, 기반시설의 설치 등에 관한 계획을 말한다.

④ **재정비촉진구역**: 위 ②의 해당 사업별로 결정된 구역을 말한다.

⑤ **우선사업구역**: 재정비촉진구역 중 재정비촉진사업의 활성화, 소형주택 공급 확대, 주민 이주대책 지원 등을 위하여 다른 구역에 우선하여 개발하는 구역으로서 재정비촉진계획으로 결정되는 구역을 말한다.

⑥ **존치지역**: 재정비촉진지구에서 재정비촉진사업을 할 필요성이 적어 재정비촉진계획에 따라 존치하는 지역을 말한다.

⑦ **기반시설**: 「국토의 계획 및 이용에 관한 법률」 제2조 제6호에 따른 시설을 말한다.
⑧ **토지등소유자**
   ㉠ 「도시 및 주거환경정비법」에 따른 주거환경개선사업·재개발사업 및 「빈집 및 소규모주택 정비에 관한 특례법」에 따른 가로주택정비사업·소규모개발사업, 「전통시장 및 상점가 육성을 위한 특별법」에 따른 시장정비사업 및 「국토의 계획 및 이용에 관한 법률」에 따른 도시·군계획시설사업의 경우: 재정비촉진구역에 있는 토지 또는 건축물의 소유자와 그 지상권자
   ㉡ 「도시 및 주거환경정비법」에 따른 재건축사업 및 「빈집 및 소규모주택 정비에 관한 특례법」에 따른 소규모재건축사업의 경우: 재정비촉진구역에 있는 건축물 및 그 부속 토지의 소유자
   ㉢ 「도시개발법」에 따른 도시개발사업의 경우: 재정비촉진구역에 있는 **토지**의 소유자와 그 지상권자 27회
   ㉣ 「도시재생 활성화 및 지원에 관한 특별법」에 따른 주거재생혁신지구의 혁신지구재생사업의 경우: 재정비촉진구역에 있는 토지·물건 또는 권리의 소유자
   ㉤ 「공공주택 특별법」에 따른 도심 공공주택 복합사업의 경우: 재정비촉진구역에 있는 토지 또는 건축물의 소유자

(2) 다른 법률과의 관계 등(법 제3조)

① 이 법은 재정비촉진지구에서는 다른 법률보다 우선하여 적용한다.
② 재정비촉진사업의 시행에 관하여 이 법에서 규정하지 아니한 사항에 대하여는 해당 사업에 관하여 정하고 있는 관계 법률에 따른다.
③ 「도시 및 주거환경정비법」에 따른 재건축사업 및 「빈집 및 소규모주택 정비에 관한 특례법」에 따른 소규모재건축사업이 시행되는 재정비촉진구역에 대하여는 법 제19조(건축규제의 완화 등에 관한 특례 중 용적률 최대한도의 예외는 제외한다) 및 제20조(주택의 규모 및 건설비율의 특례)를 적용하지 아니한다.

CHAPTER 02 재정비촉진지구의 지정

회독체크 1 2 3

CHAPTER 미리보기

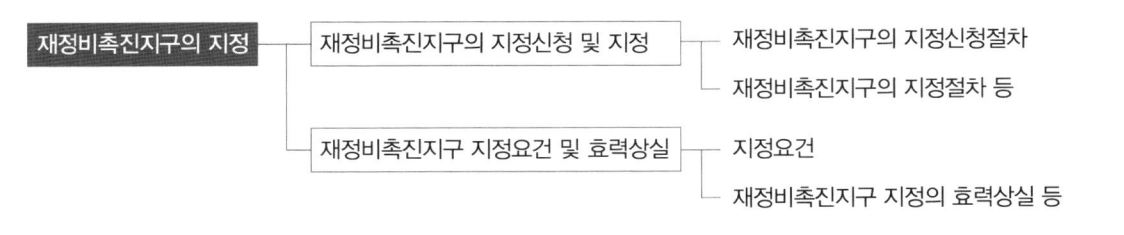

학습전략

재정비촉진지구의 지정을 다루는 단원으로서 제22회 및 제23회 시험에 출제된 바 있습니다. 출제 빈도는 높지 않은 편이나 언제든지 출제될 수 있으므로 정리가 필요합니다.

학습키워드

- 재정비촉진지구의 지정절차 및 지정요건

제1절 재정비촉진지구의 지정신청 및 지정

1. 재정비촉진지구의 지정신청절차

(1) 재정비촉진지구 지정의 신청 등(법 제4조)

① **시장**[지방자치법에 따른 서울특별시·광역시 및 특별자치시를 제외한 인구 50만 이상 대도시의 시장(이하 '대도시 시장'이라 한다)에 대하여는 재정비촉진사업이 필요하다고 인정되는 지역이 그 관할 지역 및 다른 시·군·구에 '걸쳐 있는 경우'로 한정한다]·**군수·구청장**(자치구의 구청장을 말한다)은 '**특별시장·광역시장 또는 도지사**'에게 재정비촉진지구의 지정을 '**신청**'할 수 있다. 재정비촉진지구를 변경하려는 경우에도 또한 같다.

② 재정비촉진지구의 지정 또는 변경을 신청하려는 자는 다음의 서류 및 도면(변경의 경우에는 변경하려는 사항에 한정한다)을 첨부하여 '특별시장·광역시장 또는 도지사'에게 제출하여야 한다.
  ㉠ 재정비촉진지구의 명칭·위치 및 면적
  ㉡ 재정비촉진지구의 지정목적
  ㉢ 재정비촉진지구의 현황(인구, 주택수, 용적률, 세입자 현황 등)
  ㉣ 재정비촉진지구 개발의 기본 방향
  ㉤ 재정비촉진지구에서 시행 중인 재정비촉진사업의 현황
  ㉥ 개략적인 기반시설 설치에 관한 사항
  ㉦ 부동산 투기에 대한 대책
  ㉧ 그 밖에 '대통령령으로 정하는 사항'

③ 시장·군수·구청장은 재정비촉진지구의 지정 또는 변경을 신청하려는 경우에는 주민설명회를 열고, 그 내용을 14일 이상 주민에게 공람하며, 지방의회의 의견을 들은 후(이 경우 지방의회는 시장·군수·구청장이 재정비촉진지구의 지정 또는 변경신청서를 통지한 날부터 60일 이내에 의견을 제시하여야 하며, 의견제시 없이 60일이 지난 때에는 이의가 없는 것으로 본다) 그 의견을 첨부하여 신청하여야 한다. 다만, '대통령령으로 정하는 경미한 사항'의 변경을 신청하려는 경우에는 주민설명회, 주민공람 및 지방의회의 의견청취절차를 거치지 아니할 수 있다.

(2) 대통령령으로 정하는 사항(영 제2조)

위 **(1)**의 ②의 ㉧에서 '대통령령으로 정하는 사항'이란 다음의 사항을 말한다.
① 재정비촉진지구의 유형
② 재정비촉진지구에서 시행되는 재정비촉진사업의 완료 목표 연도
③ 도심·부도심 또는 생활권 중심 등 재정비촉진지구가 도시 안에서 차지하는 공간적 위치, 재정비촉진지구의 특성, 주변지역의 특성 등 해당 재정비촉진지구의 재정비촉진 필요성을 설명하는 자료

④ 주변지역의 주택보급률 등 주택수급현황, 인구구성·인구이동현황 및 변화추이, 각종 개발사업계획 등 재정비촉진사업의 추진가능성을 설명하는 자료
⑤ 그 밖에 특별시·광역시·특별자치시·도 또는 특별자치도(이하 '시·도'라 한다)의 조례가 정하는 사항

2. 재정비촉진지구의 지정절차 등

(1) 재정비촉진지구의 지정(법 제5조)

① '특별시장·광역시장 또는 도지사'는 재정비촉진지구의 지정을 신청받은 경우는 관계 행정기관의 장과 협의를 거쳐 「국토의 계획 및 이용에 관한 법률」에 따른 '지방도시계획위원회'의 심의를 거쳐 재정비촉진지구를 지정한다. 재정비촉진지구의 지정을 변경('대통령령으로 정하는 경미한 사항'의 변경은 제외한다)하려는 경우에도 또한 같다. 18회
② 위 ①에도 불구하고 도시재정비위원회가 설치된 특별시, 광역시, 도의 경우에는 '도시재정비위원회의 심의'로 지방도시계획위원회의 심의를 갈음할 수 있다.
③ 위 ①에도 불구하고 '특별시장·광역시장 또는 도지사'는 시장·군수·구청장이 재정비촉진지구의 지정을 신청하지 아니하더라도 해당 시장·군수·구청장과의 협의를 거쳐 '직접' 재정비촉진지구를 지정할 수 있다. 이 경우 특별시장·광역시장 또는 도지사는 위 1. (1)의 ③의 절차를 거치거나 시장·군수·구청장으로 하여금 같은 절차를 거치도록 하여야 하며, 지정절차에 관하여는 위 ① 및 ②를 준용한다.
④ '다음의 자'는 '직접' 재정비촉진지구를 지정하거나 변경한다. 이 경우 위 1. (1)의 ②의 서류 및 도면을 작성하여 위 1. (1)의 ③의 절차를 거쳐야 하며, 지정절차에 관하여는 위 ① 및 ②를 준용한다.
  ㉠ 특별자치시장
  ㉡ 특별자치도지사
  ㉢ **대도시 시장**. 다만, 재정비촉진사업이 필요하다고 인정되는 지역이 그 관할 지역에 있고 다른 시·군·구에 '걸쳐 있지 아니하는 경우'에 한정한다.
⑤ 특별시장·광역시장·특별자치시장·도지사 또는 특별자치도지사(이하 '시·도지사'라 한다) 또는 대도시 시장은 재정비촉진지구를 지정하거나 변경할 때에는 대통령령으로 정하는 바에 따라 그 내용을 지체 없이 해당 지방자치단체의 공보에 고시해야 한다.
⑥ 시·도지사 또는 대도시 시장이 재정비촉진지구를 지정하거나 변경하였을 때에는 국토교통부령으로 정하는 바에 따라 국토교통부장관에게 보고하여야 한다.

(2) 주민공람을 위한 공고 등(영 제3조)

특별시장·광역시장·특별자치시장·도지사 또는 특별자치도지사(이하 '시·도지사'라 한다) 또는 「지방자치법」에 따른 서울특별시·광역시 및 특별자치시를 제외한 인구 50만 이상 대도시(이하 '대도시'라 한다)의 시장, 시장·군수 또는 구청장(자치구의 구청장을 말한다. 이하 같다)은 주민공람을 실시하는 때에는 미리 공람의 요지 및 장소를 해당 지방자치단체의 공보 및 인터넷 홈페이지에 공고하고, 공람장소에 관계 서류를 비치하여야 한다.

제2절 재정비촉진지구 지정요건 및 효력상실

1. 지정요건

(1) 재정비촉진지구 지정의 요건(법 제6조)

① 시·도지사 또는 대도시 시장은 재정비촉진지구를 지정하거나 변경하려는 경우에는 「국토의 계획 및 이용에 관한 법률」에 따라 수립된 도시·군기본계획과 「도시 및 주거환경정비법」에 따라 수립된 도시·주거환경정비기본계획을 고려하여야 한다.

② 재정비촉진지구는 다음의 어느 하나 이상에 해당하는 경우에 지정할 수 있다.
  ㉠ 노후·불량주택과 건축물이 밀집한 지역으로서 주로 주거환경의 개선과 기반시설의 정비가 필요한 경우
  ㉡ 상업지역, 공업지역 등으로서 토지의 효율적 이용과 도심 또는 부도심 등의 도시기능의 회복이 필요한 경우
  ㉢ 주요 역세권, 간선도로의 교차지 등 양호한 기반시설을 갖추고 있어 대중교통 이용이 용이한 지역으로서 도심 내 소형주택의 공급 확대, 토지의 고도이용과 건축물의 복합개발이 필요한 경우
  ㉣ 법 제2조 제2호 각 목에 따른 여러 사업을 체계적·계획적으로 개발할 필요가 있는 경우
  ㉤ 그 밖에 '대통령령으로 정하는 경우'

③ 재정비촉진지구의 면적은 **10만 제곱미터 이상**으로 한다. 다만, **고밀복합형 재정비촉진지구**를 지정하는 경우에는 주요 역세권 또는 간선도로 교차지 등으로부터 일정 반경 이내 등 '대통령령으로 정하는 지정범위'에서 지정하여야 한다. 28회

④ 재정비촉진지구는 **2개 이상**의 **재정비촉진사업**을 '포함'하여 지정하여야 한다. 27회, 28회

(2) 재정비촉진지구 지정의 요건(영 제6조)

① 위 **(1)**의 ②의 ⑰에서 '대통령령으로 정하는 경우'란 국가 또는 지방자치단체의 계획에 따라 이전되는 대규모 시설의 기존 부지를 포함한 지역으로서 도시기능의 재정비가 필요한 경우를 말한다.

② 위 **(1)**의 ③ 단서에 따른 고밀복합형 재정비촉진지구의 지정범위는 다음의 어느 하나에 해당하는 역세권의 역사(驛舍)의 중심점 또는 간선도로 교차지의 교차점에서부터 500미터 이내로 한다.

㉠ 「철도의 건설 및 철도시설 유지관리에 관한 법률」에 따라 건설·운영되는 철도 또는 「도시철도법」에 따라 건설·운영되는 도시철도가 2개 이상 교차하는 역세권

㉡ 「철도의 건설 및 철도시설 유지관리에 관한 법률」에 따라 건설·운영되는 철도, 「도시철도법」에 따라 건설·운영되는 도시철도 또는 버스전용차로가 설치된 간선도로가 3개 이상 교차하는 역세권 또는 간선도로 교차지

㉢ 그 밖에 시·도 또는 대도시의 조례로 정하는 주요 역세권 또는 간선도로 교차지

2. 재정비촉진지구 지정의 효력상실 등

(1) 재정비촉진지구 지정의 효력상실 등(법 제7조)

① 재정비촉진지구 지정을 고시한 날부터 **2년**이 되는 날까지 **재정비촉진계획**이 결정되지 아니하면 그 2년이 되는 날의 **다음 날**에 재정비촉진지구 지정의 효력이 상실된다. 다만, 시·도지사 또는 대도시 시장은 해당 기간을 **1년**의 범위에서 연장할 수 있다. _{23회 주관식, 28회}

② 시·도지사 또는 대도시 시장은 그 밖에 재정비촉진사업의 추진상황으로 보아 재정비촉진지구의 지정 목적을 달성하였거나 달성할 수 없다고 인정하는 경우에는 지방도시계획위원회 또는 도시재정비위원회의 심의를 거쳐 재정비촉진지구의 지정을 해제할 수 있다.

③ 위 ②에 따라 재정비촉진지구의 지정을 해제하려는 시·도지사 또는 대도시 시장은 지방도시계획위원회 또는 도시재정비위원회 심의 전에 주민설명회를 열고 그 내용을 14일 이상 주민에게 공람하여야 하며, 지방의회의 의견을 들어야 한다. 이 경우 지방의회는 의견을 요청받은 날부터 60일 이내에 의견을 제시하여야 하며, 의견제시 없이 60일이 지난 경우 이의가 없는 것으로 본다.

④ 위 ②에 따라 재정비촉진지구의 지정을 해제하려는 시·도지사 또는 대도시 시장은 필요하다고 인정하는 경우 시장·군수·구청장으로 하여금 위 ③에 따른 절차를 거치도록 할 수 있다. 이 경우 시장·군수·구청장은 지방의회의 의견을 특별시장·광역시장 또는 도지사에게 제출하여야 한다.

⑤ 위 ②부터 ④까지의 규정에 따라 **재정비촉진지구**의 지정이 해제된 경우 **재정비촉진계획** 결정의 효력은 상실된 것으로 본다.

⑥ 위 ②부터 ④까지의 규정에 따라 재정비촉진지구의 지정을 해제하는 경우 재정비촉진구역 내 추진위원회(도시 및 주거환경정비법 제31조의 추진위원회를 말한다) 또는 조합(**도시 및 주거환경정비법 제35조의 조합**을 말한다)의 구성에 동의한 토지등소유자 2분의 1 이상 3분의 2 이하의 범위에서 특별시·광역시·특별자치시·도·특별자치도(이하 '시·도'라 한다) 또는 대도시 조례로 정하는 비율 이상 또는 토지등소유자의 과반수가 해당 재정비촉진사업을 「도시 및 주거환경정비법」에 따른 정비사업으로 전환하여 계속 시행하기를 원하는 구역에서는 이 법 또는 관계 법률에 따른 종전의 지정·인가·허가·승인·신고·등록·협의·동의·심사 등[이하 (1)에서 '인가 등'이라 한다]이 유효한 것으로 본다. 이 경우 시·도지사 또는 대도시 시장, 시장·군수·구청장 또는 사업시행자는 종전의 인가 등을 변경하여야 한다.

⑦ 시·도지사 또는 대도시 시장은 위 ①부터 ④까지의 규정에 따라 재정비촉진지구 지정의 효력이 상실되거나 지정을 해제하는 경우에는 대통령령으로 정하는 바에 따라 그 사실을 지체 없이 해당 지방자치단체의 공보에 고시하여야 한다.

(2) 재정비촉진지구 지정의 효력상실 등의 고시(영 제7조)

① 재정비촉진지구 지정의 효력상실 또는 해제의 고시는 다음의 사항을 포함하여야 한다.
  ㉠ 재정비촉진지구의 명칭·위치와 면적
  ㉡ 재정비촉진지구의 유형
  ㉢ 재정비촉진지구의 지정목적
  ㉣ 재정비촉진지구 지정의 효력상실 또는 해제일자
  ㉤ 재정비촉진지구 지정의 효력상실 또는 해제사유

② 시·도지사 또는 대도시 시장은 위 ①에 따른 고시를 한 때에는 국토교통부령이 정하는 바에 따라 국토교통부장관에게 보고하여야 한다.

(3) 행위 등의 제한(법 제8조)

① 특별시장·광역시장·특별자치시장·특별자치도지사·시장 또는 군수(광역시의 관할 구역에 있는 군의 군수는 제외한다)는 재정비촉진지구의 지정을 고시한 날부터 재정비촉진계획의 결정을 고시한 날까지 재정비촉진지구에서 「국토의 계획 및 이용에 관한 법률」에 따른 개발행위의 허가를 할 수 없다. 다만, 특별시장·광역시장·특별자치시장·특별자치도지사·시장 또는 군수가 재정비촉진계획의 수립에 지장이 없다고 판단하여 허가하는 경우에는 그러하지 아니하다.

② 재정비촉진계획이 결정·고시된 날부터 해당 재정비촉진지구에서는 재정비촉진계획의 내용에 적합하지 아니한 건축물의 건축 또는 공작물의 설치를 할 수 없다. 다만, 특별자치시장, 특별자치도지사, 시장·군수·구청장이 재정비촉진사업의 시행에 지장이 없다고 판단하여 허가하는 경우에는 그러하지 아니하다.

CHAPTER 03 재정비촉진계획의 수립 및 결정

회독체크 1 2 3

CHAPTER 미리보기

학습전략

재정비촉진계획의 수립 및 결정을 다루는 단원으로서 출제 빈도는 높지 않은 편이나 언제든지 출제될 수 있으므로 정리가 필요합니다.

학습키워드

- 재정비촉진계획의 수립
- 결정 및 결정의 효력
- 존치정비구역 및 존치관리구역
- 총괄계획가의 위촉

1. 재정비촉진계획

(1) 재정비촉진계획의 수립(법 제9조, 영 제8조)

① '시장·군수·구청장'은 다음의 사항을 포함한 재정비촉진계획을 수립하여 '특별시장·광역시장 또는 도지사'에게 결정을 '신청'하여야 한다. 이 경우 재정비촉진지구가 둘 이상의 시·군·구의 관할 지역에 '걸쳐 있는 경우'에는 관할 시장·군수·구청장이 '공동'으로 이를 수립한다.

㉠ 위치, 면적, 개발기간 등 재정비촉진계획의 개요
㉡ 토지이용에 관한 계획
㉢ 인구·주택 수용계획
㉣ 교육시설, 문화시설, 복지시설 등 기반시설 설치계획
㉤ 공원·녹지 조성 및 환경보전계획
㉥ 교통계획
㉦ 경관계획
㉧ **재정비촉진구역 지정에 관한 사항**
　ⓐ 재정비촉진구역의 경계
　ⓑ 개별법에 따라 시행할 수 있는 재정비촉진사업의 종류
　ⓒ 존치지역에 관한 사항. 세분하여 관리할 필요가 있는 경우 다음의 유형으로 구분할 수 있다.
　　ⅰ) **존치정비구역**: 재정비촉진구역의 지정요건에는 해당하지 아니하나 시간의 경과 등 여건의 변화에 따라 재정비촉진사업 요건에 해당할 수 있거나 재정비촉진사업의 필요성이 높아질 수 있는 구역
　　ⅱ) **존치관리구역**: 재정비촉진구역의 지정요건에 해당하지 아니하거나 기존의 시가지로 유지·관리할 필요가 있는 구역
　ⓓ 우선사업구역의 지정에 관한 사항(필요한 경우만 해당한다) 등
㉨ 재정비촉진사업별 용도지역 변경계획(필요한 경우만 해당한다)
㉩ 재정비촉진사업별 용적률·건폐율 및 높이 등에 관한 건축계획
㉪ 기반시설의 비용분담계획
㉫ 기반시설의 민간투자사업에 관한 계획(필요한 경우만 해당한다)
㉬ 임대주택 건설 등 재정비촉진지구에 거주하는 세입자 및 소규모의 주택 또는 토지의 소유자(이하 '세입자 등'이라 한다)의 주거대책
㉭ 재정비촉진사업 시행기간 동안의 범죄예방대책
㉮ 순환개발방식의 시행을 위한 사항(필요한 경우만 해당한다)
㉯ 단계적 사업 추진에 관한 사항

㉑ 상가의 분포 및 수용계획
㉒ 그 밖에 '대통령령으로 정하는 사항'

② 위 ㉒에서 '대통령령으로 정하는 사항'이란 다음의 사항을 말한다(영 제8조).
㉠ 재정비촉진지구 정비의 기본방향 및 목표
㉡ 존치지역의 관리 및 정비계획
㉢ 용도지구의 지정 및 변경계획(필요한 경우에 한한다)
㉣ 재정비촉진구역별로 다음의 해당 사항
　ⓐ 「도시 및 주거환경정비법」 제9조 제1항 각 호의 사항
　ⓑ 「도시개발법」 제5조 제1항 각 호의 사항
㉤ 국토교통부장관이 따로 재정비촉진계획의 수립기준을 정한 경우 그 수립기준에 해당되는 사항
㉥ 그 밖에 시·도의 조례가 정하는 사항

③ '시·군·구 간의 협의가 어려운 경우'나 '특별시장·광역시장 또는 도지사가 직접 재정비촉진지구를 지정한 경우'에는 **특별시장·광역시장 또는 도지사가 '직접'** 재정비촉진계획을 수립할 수 있으며, 특별자치시장, 특별자치도지사 또는 대도시 시장이 '직접' 재정비촉진지구를 지정한 경우에는 **특별자치시장, 특별자치도지사 또는 대도시 시장이 '직접'** 재정비촉진계획을 수립한다. 이 경우 특별시장·광역시장 또는 도지사는 다음 ④의 절차를 거치거나 시장·군수·구청장으로 하여금 같은 절차를 거치도록 해야 하며, 특별자치시장, 특별자치도지사 또는 대도시 시장은 같은 절차를 거쳐야 한다.

④ 시장·군수·구청장은 재정비촉진계획을 수립하거나 변경하려는 경우에는 그 내용을 14일 이상 주민에게 공람하고 지방의회의 의견을 들은 후(이 경우 지방의회는 시장·군수·구청장이 재정비촉진계획의 수립 또는 변경을 통지한 날부터 60일 이내에 의견을 제시하여야 하며, 의견제시 없이 60일이 지난 때에는 이의가 없는 것으로 본다) 공청회를 개최하여야 한다. 다만, 대통령령으로 정하는 경미한 사항을 변경하는 경우에는 그러하지 아니하다.

⑤ 재정비촉진계획의 수립 및 변경을 하는 경우에는 시·도 또는 대도시 조례로 정하는 바에 따라 주민의 동의를 받는 절차를 거칠 수 있다.

⑥ **'시·도지사 또는 대도시 시장'**은 대통령령으로 정하는 바에 따라 재정비촉진계획의 수립의 모든 과정을 총괄 진행·조정하게 하기 위해 도시계획·도시설계·건축 등 분야의 전문가를 **'총괄계획가'**로 위촉할 수 있다.

⑦ 기반시설의 설치 및 비용분담의 기준 등 재정비촉진계획의 수립기준에 관하여 필요한 사항은 대통령령으로 정하는 바에 따라 국토교통부장관이 따로 정할 수 있다.

⑧ **한국토지주택공사 또는 지방공사는 재정비촉진사업을 효율적으로 추진하기 위하여** 위 ① ㉠~㉣의 사항을 포함한 재정비촉진계획을 마련한 후 토지등소유자 **과반수의 동의**를 받아 위 ① 및 ②에 따른 **재정비촉진계획 수립권자**에게 '재정비촉진계획의 수립'(변경하는 경우를 포함한다)을 **제안**할 수 있다. 이 경우 동의자 수의 산정 방법, 제안서의 처리 등에 필요한 사항은 대통령령으로 정한다.

> **관련법령** 동의자 수의 산정(영 제13조의2)

위 **(1)**의 ⑧에 따른 동의자 수의 산정 방법은 다음과 같다.
1. 법 제2조 제2호 가목의 사업(**정비사업**): 다음에 따른다.
    ㉠ 「도시 및 주거환경정비법」에 따른 주거환경개선사업, 재개발사업 및 재건축사업: 같은 법 시행령 제33조의 방법에 따른다.
    ㉡ 「빈집 및 소규모주택 정비에 관한 특례법」에 따른 가로주택정비사업, 소규모재건축사업 및 소규모재개발사업: 같은 법 시행령 제23조에 따라 준용되는 「도시 및 주거환경정비법 시행령」 제33조의 방법에 따른다.
2. 도시개발사업: 「도시개발법 시행령」 제25조의 방법에 따른다.
3. 주거재생혁신지구의 혁신지구재생사업: 「도시재생 활성화 및 지원에 관한 특별법 시행령」 제53조의3의 방법에 따른다.
4. 도심 공공주택 복합사업: 「공공주택 특별법 시행령」 제35조의4의 방법에 따른다.
5. 시장정비사업: 「전통시장 및 상점가 육성을 위한 특별법 시행령」 제15조의 방법에 따른다.
6. 도시·군계획시설사업: 「도시 및 주거환경정비법 시행령」 제33조를 준용한다.

> **관련법령** 재정비촉진계획의 수립 제안(영 제13조의3)

1. 한국토지주택공사 또는 지방공사는 위 **(1)**의 ⑧에 따라 **재정비촉진계획의 수립**(변경하는 경우를 포함한다)을 제안하는 경우 시·도 또는 대도시의 조례로 정하는 제안서 서식에 재정비촉진계획도서, 계획설명서, 토지등소유자의 명부 및 동의서를 첨부하여 **계획수립권자**에게 제출해야 한다.
2. **계획수립권자**는 위 1.에 따른 제안을 받은 날부터 60일 이내에 재정비촉진계획에의 반영 여부를 **제안자**에게 통보해야 한다. 다만, 부득이한 사정이 있는 경우에는 **한 차례**에 한정하여 **30일의 범위**에서 그 기간을 연장할 수 있다.
3. 계획수립권자는 위 1.에 따른 제안을 재정비촉진계획에 반영하는 경우에는 제안서에 첨부된 **재정비촉진계획도서**와 **계획설명서**를 재정비촉진계획의 수립에 '활용'할 수 있다.
4. 위 1.부터 3.까지에서 규정한 사항 외에 재정비촉진계획 수립·변경의 제안 및 그 처리에 필요한 세부사항은 시·도 또는 대도시의 조례로 정할 수 있다.

(2) 재정비촉진계획의 수립을 위한 주민공람 및 공청회(영 제9조)

① 시·도지사 또는 대도시 시장, 시장·군수 또는 구청장은 주민공람을 실시하는 때에는 미리 공람의 요지 및 장소를 해당 지방자치단체의 공보 및 인터넷 홈페이지에 공고하고, 공람장소에 관계 서류를 비치하여야 한다.
② 시·도지사 또는 대도시 시장, 시장·군수 또는 구청장은 공청회를 개최하려는 때에는 다음의 사항을 전국 또는 해당 지방을 주된 보급지역으로 하는 일간신문이나 인터넷 홈페이지에 공청회 개최 예정일 14일 전까지 1회 이상 공고해야 한다.
    ㉠ 공청회의 개최 목적
    ㉡ 공청회의 개최 예정 일시 및 장소
    ㉢ 재정비촉진계획의 개요
    ㉣ 그 밖에 필요한 사항

(3) 총괄계획가의 위촉 등(영 제11조)

① 특별시장·광역시장 또는 도지사는 총괄계획가를 위촉하려는 경우에는 미리 시장·군수 또는 구청장의 의견을 들어야 한다.
② 시·도지사 또는 대도시 시장이 위촉한 총괄계획가(이하 '총괄계획가'라 한다)는 재정비촉진계획 수립권자(이하 '계획수립권자'라 한다)에게 관련 분야 전문가의 지원 등 재정비촉진계획의 수립을 위하여 필요한 사항을 요청할 수 있다.
③ 총괄계획가는 자신이 수립을 총괄한 재정비촉진계획이 재정비촉진계획으로 결정될 수 있도록 노력하여야 한다.
④ 총괄계획가는 재정비촉진계획의 변경 시 계획수립권자가 의견을 요청하는 경우에는 그 변경에 대하여 의견을 제시하여야 한다.
⑤ 국토교통부장관은 총괄계획가의 업무 수행에 관하여 필요한 사항을 정할 수 있다.
⑥ 총괄계획가의 위촉·보수 등에 관하여 필요한 사항은 시·도 또는 대도시의 조례로 정한다.

(4) 재정비촉진계획의 수립기준(영 제13조)

국토교통부장관이 재정비촉진계획의 수립기준을 정하는 때에는 다음의 사항을 고려하여야 한다.
① 재정비촉진사업의 시행에 따라 발생하는 개발이익을 적절히 환수할 수 있도록 기반시설의 설치규모 및 설치비용의 분담 규모를 정할 것
② 기반시설이 재정비촉진지구와 주변지역에 적정한 역할을 할 수 있도록 기반시설의 종류·규모 및 위치 등 기반시설의 설치계획은 재정비촉진지구의 토지이용계획 또는 앞으로 예상되는 개발수요를 고려할 것
③ 미래의 주거지 또는 중심지가 요구하는 생활환경을 조성할 수 있도록 할 것
④ 다양한 주민의 의견을 반영할 수 있도록 할 것
⑤ 지역적 특성이 충분히 고려될 수 있도록 할 것

2. 기반시설

(1) 기반시설의 설치계획(법 제10조)

재정비촉진계획에 따른 기반시설의 설치계획은 재정비촉진사업을 서로 연계하여 광역적으로 수립하여야 하고, 재정비촉진지구의 존치지역과 재정비촉진사업의 추진 가능시기 등을 종합적으로 고려하여 수립하여야 한다.

(2) 기반시설 설치비용의 분담 등(법 제11조)

① 기반시설 설치비용은 재정비촉진사업의 시행자(이하 '사업시행자'라 한다)가 재정비촉진계획의 비용분담계획에 따라 부담하여야 한다.
② 기반시설 설치비용의 부담규모는 재정비촉진사업별 시행규모 및 건축계획의 내용 등을 고려하여 균형 있게 정하여야 한다.

③ 사업시행자가 기반시설의 설치를 위하여 필요한 부지를 제공하는 경우에는 해당 재정비촉진계획에 대통령령으로 정하는 바에 따라 용적률, 건축물의 높이 등을 조정하는 내용을 포함시킬 수 있다. 28회

④ 시·도지사 또는 시장·군수·구청장이 재정비촉진계획에 따라 기반시설을 설치하게 되는 경우에 시·도지사 또는 시장·군수·구청장으로부터 토지 또는 건축물 등에 관한 보상을 받은 자가 그 보상금액에 국토교통부령으로 정하는 이자를 더한 금액을 시·도지사 또는 시장·군수·구청장에게 반환하는 경우에는 해당 재정비촉진구역 또는 인접한 재정비촉진구역의 토지등소유자로 보며, 이 경우 해당 재정비촉진구역 사업시행자가 기반시설의 설치에 필요한 부지를 제공한 것으로 본다. 또한 토지 또는 건축물 등에 관한 보상을 받은 자가 보상금액을 반환하지 아니한 경우에는 해당 재정비촉진구역 또는 인접한 재정비촉진구역에서 매각되는 토지 또는 건축물에 대하여 우선매수를 청구할 수 있다.

(3) 재정비촉진계획의 결정(법 제12조, 영 제15조)

① 특별시장·광역시장 또는 도지사가 시장·군수·구청장으로부터 재정비촉진계획의 결정을 신청받은 경우나 시·도지사 또는 대도시 시장이 직접 재정비촉진계획을 수립한 경우에는 관계 행정기관의 장과 협의하고 해당 시·도 또는 대도시에 두는 지방도시계획위원회 심의 또는 「건축법」에 따라 해당 시·도 또는 대도시에 두는 건축위원회와 지방도시계획위원회가 공동으로 하는 심의를 거쳐 결정하거나 변경하여야 한다. 다만, 대통령령으로 정하는 경미한 사항을 변경하는 경우에는 그러하지 아니하다.

② 도시재정비위원회가 설치된 시·도 또는 대도시의 경우에는 도시재정비위원회의 심의로 지방도시계획위원회의 심의 또는 건축위원회와 지방도시계획위원회의 공동심의를 갈음할 수 있다.

③ 시·도지사 또는 대도시 시장은 재정비촉진계획을 결정 또는 변경하는 경우에는 대통령령으로 정하는 바에 따라 이를 지체 없이 해당 지방자치단체의 공보에 고시하여야 하고, 대도시 시장은 이를 도지사에게 통보하여야 한다.

④ 시·도지사 또는 대도시 시장이 재정비촉진계획의 결정 또는 변경을 고시하는 경우에는 다음의 사항이 포함된 재정비촉진계획의 요지와 열람장소를 고시하여야 한다.
  ㉠ 재정비촉진지구의 명칭·유형·위치·면적 및 지정목적
  ㉡ 재정비촉진지구에서 시행되는 재정비촉진사업의 완료 목표 연도
  ㉢ 재정비촉진지구 정비의 기본방향 및 목표
  ㉣ 결정 또는 변경되는 재정비촉진계획의 개요

⑤ 위 ③에 따라 시·도지사 또는 대도시 시장이 재정비촉진계획의 결정을 고시하였을 때에는 국토교통부령으로 정하는 방법 및 절차에 따라 국토교통부장관에게 보고하여야 한다.

(4) 재정비촉진계획 결정의 효력(법 제13조)

① '재정비촉진계획이 결정·고시되었을 때'에는 그 고시일에 다음에 해당하는 승인·결정 등이 있은 것으로 본다.
   ㉠ 「도시 및 주거환경정비법」 제4조에 따른 도시·주거환경정비기본계획의 수립 또는 변경, 같은 법 제8조에 따른 **정비구역**의 지정 또는 변경 및 같은 조에 따른 **정비계획**의 수립 또는 변경
   ㉡ 「도시개발법」에 따른 **도시개발구역**의 지정 및 **개발계획**의 수립 또는 변경
   ㉢ 「국토의 계획 및 이용에 관한 법률」에 따른 **도시·군관리계획**(국토의 계획 및 이용에 관한 법률 제2조 제4호 가목·다목 및 마목의 경우만 해당한다)의 결정 또는 변경 및 같은 법에 따른 도시·군계획시설사업의 시행자 지정
   ㉣ 「도시재생 활성화 및 지원에 관한 특별법」 제41조에 따른 주거재생혁신지구의 지정 또는 변경 및 같은 조에 따른 주거혁신지구계획의 확정·승인 또는 변경
   ㉤ 「공공주택 특별법」 제40조의7에 따른 도심 공공주택 복합지구의 지정 또는 변경

② 재정비촉진계획을 수립할 때에는 재정비촉진사업에 대해 「도시교통정비 촉진법」 제16조에 따른 교통영향평가서의 검토를 받고 「환경영향평가법」 제22조에 따라 환경영향평가를 받을 수 있으며, 이 경우 재정비촉진사업을 시행할 때에는 교통영향평가서의 검토와 환경영향평가를 받지 아니한다.

③ 재정비촉진지구에서의 재정비촉진사업은 재정비촉진계획의 내용에 적합하게 시행하여야 한다.

(5) 재정비촉진구역 지정의 효력상실 등(법 제13조의2)

① 재정비촉진사업 관계 법률에 따라 '재정비촉진구역 지정의 효력'이 상실된 경우에는 해당 재정비촉진구역에 대한 '재정비촉진계획 결정의 효력'도 상실된 것으로 본다. 이 경우 시·도지사 또는 대도시 시장은 재정비촉진계획을 변경하여야 한다.

② '재정비촉진계획의 효력이 상실된 구역'은 '재정비촉진지구'에서 제외된다. 이 경우 재정비촉진계획의 효력이 상실된 구역은 재정비촉진계획에 따라 변경된 「국토의 계획 및 이용에 관한 법률」에 따른 도시·군관리계획은 재정비촉진계획 결정 이전의 상태로 환원된 것으로 본다.

③ 시·도지사 또는 대도시 시장은 '**재정비촉진계획 결정의 효력이 상실된 구역**'을 '**존치지역**'으로 전환할 수 있다. 이 경우 해당 존치지역에서는 기반시설과 관련된 「국토의 계획 및 이용에 관한 법률」에 따른 도시·군관리계획은 재정비촉진계획 결정 이전의 상태로 환원되지 아니할 수 있다.

CHAPTER 04 재정비촉진사업의 시행 및 사업지원 등

회독체크 1 2 3

CHAPTER 미리보기

학습전략

재정비촉진사업의 시행 및 사업지원 등을 다루는 단원으로서 제24회, 제25회 시험에 임대주택의 건설과 관련된 문제가 1문제씩 출제되었습니다. 최근 출제 빈도가 높은 편이므로 정리가 필요합니다.

학습키워드

- 재정비촉진사업의 시행
- 총괄사업관리자의 지정
- 사업시행의 촉진
- 사업협의회의 구성
- 주택의 규모별 건설비율
- 임대주택의 건설
- 범죄예방

제1절 재정비촉진사업의 시행

1. 총괄관리

(1) 재정비촉진지구의 사업시행 총괄관리(법 제14조, 영 제17조)

① '재정비촉진계획 수립권자'는 사업을 효율적으로 추진하기 위하여 재정비촉진계획 수립단계에서부터 '한국토지주택공사 또는 지방공사'를 '총괄사업관리자'로 지정할 수 있다. 다만, 특별시장·광역시장 또는 도지사가 총괄사업관리자를 지정하는 경우에는 관할 시장·군수·구청장과 협의하여야 한다. 17회

② 지정된 총괄사업관리자는 지방자치단체의 장을 대행하여 다음의 업무를 수행한다.
  ㉠ 재정비촉진지구에서의 모든 재정비촉진사업의 총괄관리
  ㉡ 도로 등 기반시설의 설치 18회
  ㉢ 기반시설의 비용 분담금 및 지원금의 관리
  ㉣ 재정비촉진계획 수립 시 기반시설 설치계획 등의 자문에 대한 조언
  ㉤ 그 밖에 이 법에서 규정하는 업무 및 '대통령령으로 정하는 업무'

③ 위 ②의 ㉤에서 '대통령령으로 정하는 업무'란 다음의 사항을 말한다.
  ㉠ 재원의 확보·운영에 관한 계획의 수립 및 집행
  ㉡ 재정비촉진사업의 시행현황에 관한 자료의 작성·분석 및 관리
  ㉢ 재정비촉진사업의 효율적인 시행방안의 마련 및 의견수렴
  ㉣ 재정비촉진사업의 시행과 관련하여 특별자치시장·특별자치도지사·시장·군수 또는 구청장이 요청하는 사항
  ㉤ 그 밖에 국토교통부령이 정하는 사항

④ 총괄사업관리자는 업무를 수행함에 있어 필요한 경우에는 조합설립추진위원회·사업시행자·설계자·시공자 및 정비사업전문관리업자 등 재정비촉진사업의 참여자에게 재정비촉진사업과 관련된 자료의 제출을 요구할 수 있으며, 자료의 제출을 요구받은 자는 특별한 사유가 없는 한 그 요구에 응하여야 한다.

⑤ 총괄사업관리자의 업무 수행에 관하여 필요한 사항은 국토교통부장관이 정한다.

(2) 총괄사업관리자의 지정(영 제16조)

계획수립권자는 총괄사업관리자를 지정하는 경우 총괄사업관리자로 지정될 수 있는 요건을 갖춘 자에게 총괄사업관리 수행계획제안서를 제출받아 평가하고 지정한다.

2. 사업시행자 등

(1) 사업시행자(법 제15조)

① 재정비촉진사업은 법 제2조 제2호 각 목의 **관계 법령에 따른 사업시행자**가 시행한다. 다만, 법 제2조 제2호 가목(정비사업)에 따른 사업은 「도시 및 주거환경정비법」에도 불구하고 토지등소유자의 **과반수가 동의한 경우**는 **특별자치시장, 특별자치도지사, 시장·군수·구청장**이 재정비촉진사업을 직접 시행하거나 다음에 해당하는 자를 사업시행자로 **지정할 수 있다**.
  ㉠ 「한국토지주택공사법」에 따라 설립된 한국토지주택공사
  ㉡ 「지방공기업법」에 따라 주택사업을 수행하기 위하여 설립된 지방공사(이하 '지방공사'라 한다)

② '우선사업구역'의 재정비촉진사업은 관계 법령에도 불구하고 토지등소유자의 과반수의 동의를 받아 특별자치시장, 특별자치도지사, 시장·군수·구청장이 직접 시행하거나 '총괄사업관리자'를 사업시행자로 지정하여 **'시행하도록 하여야'** 한다. 17회

③ 특별자치시장, 특별자치도지사, 시장·군수·구청장이 법 제9조 제7항에 따라 재정비촉진계획 수립을 **제안한 자**를 위 ① 및 ②에 따라 **사업시행자로 지정**하려는 경우 '해당 재정비촉진계획의 수립 제안에 동의한 토지등소유자'는 '사업시행자 지정'에 동의한 것으로 본다.

④ 위 ① 단서 및 ②에 따라 특별자치시장, 특별자치도지사, 시장·군수·구청장이 재정비촉진사업을 직접 시행하거나 위 ①의 ㉠·㉡에 해당하는 자가 사업시행자로 지정되는 경우 사업시행자는 「지방자치단체를 당사자로 하는 계약에 관한 법률」 제9조 또는 「공공기관의 운영에 관한 법률」 제39조에도 불구하고 「도시 및 주거환경정비법」 제47조 및 「빈집 및 소규모주택 정비에 관한 특례법」 제25조에 따른 주민대표회의에서 대통령령으로 정하는 '경쟁입찰의 방법'에 따라 추천한 자를 시공자로 선정할 수 있다. 17회

⑤ 위 ① 및 ②에 따라 사업시행자를 지정한 경우 국가는 「주택도시기금법」에 따른 **주택도시기금**에서 사업시행에 필요한 자금을 융자할 수 있다.

⑥ 동의자 수의 산정방법 등에 관하여 필요한 사항은 대통령령으로 정한다.

(2) 주민대표회의의 시공자 추천(영 제18조)

위 (1)의 ④에서 '대통령령으로 정하는 경쟁입찰의 방법에 따라 추천한 자'란 주민대표회의가 다음의 절차를 거쳐 추천한 자를 말한다.

① 입찰은 일반경쟁입찰, 제한경쟁입찰 또는 지명경쟁입찰로 할 것
② 위 ①의 입찰을 위한 입찰공고는 1회 이상 일간신문에 하여야 하고 현장설명회를 개최할 것
③ 입찰자로부터 제출받은 입찰제안서에 대하여 토지등소유자를 대상으로 투표를 실시할 것

(3) 동의자 수의 산정(영 제19조)

① 위 (1)의 ①의 ㉠·㉡ 외의 부분 단서에 따른 동의자 수의 산정 방법은 **영 제13조의2 제1호**와 같다.

② 위 (1)의 ②에 따른 동의자 수의 산정 방법은 영 제13조의2 각 호와 같다.

3. 사업시행의 촉진 등

(1) 사업시행의 촉진(법 제18조)

① '재정비촉진계획의 결정·고시일'부터 2년 이내에 재정비촉진사업과 관련하여 해당 사업을 규정하고 있는 관계 법률에 따른 '조합설립인가를 신청하지 아니하거나', 3년 이내에 해당 사업에 관하여 규정하고 있는 관계 법률에 따른 '사업시행(계획)인가를 신청하지 아니한 경우'에는 특별자치시장, 특별자치도지사, 시장·군수·구청장이 그 사업을 직접 시행하거나 '총괄사업관리자'를 사업시행자로 우선하여 지정할 수 있다. 다만, 특별자치시장, 특별자치도지사, 시장·군수·구청장은 총괄사업관리자가 법 제2조 제2호 각 목의 관계 법률에 규정된 각각의 재정비촉진사업에 대하여 해당 법률에 따라 사업시행자가 될 수 있는 사업(공동시행자가 될 수 있는 사업을 포함한다)에 한정하여 총괄사업관리자를 사업시행자로 지정할 수 있다.

② 존치지역에 대한 위 ①의 기간은 재정비촉진계획에서 정한 재정비촉진사업 가능시기부터 산정한다. 이 경우 해당 시기가 도래하여 재정비촉진사업 추진을 위하여 재정비촉진계획을 변경·고시한 때에는 그 고시일부터 산정한다.

(2) 민간투자사업 등(법 제16조)

① 지방자치단체의 장은 기반시설의 확충을 촉진하기 위하여 일단(一團)의 기반시설부지를 대상으로 「사회기반시설에 대한 민간투자법」에 따른 민간투자사업으로 기반시설을 설치할 수 있다.

② 지방자치단체의 장은 재정비촉진지구의 총괄사업관리자로 하여금 위 ①에 따른 민간투자사업을 대행하게 할 수 있다.

③ 민간투자사업의 시행과 관련하여 필요한 사항은 대통령령으로 정할 수 있다.

(3) 사업협의회의 구성(법 제17조)

① 재정비촉진계획 수립권자는 다음의 사항에 관한 협의 또는 자문을 위하여 사업협의회를 구성·운영할 수 있다. 다만, 특별시장·광역시장 또는 도지사가 직접 재정비촉진계획을 수립하는 경우에는 재정비촉진계획이 결정될 때까지 특별시장·광역시장 또는 도지사가 사업협의회를 구성·운영할 수 있다.

㉠ 재정비촉진계획의 수립 및 재정비촉진사업의 시행을 위하여 필요한 사항
㉡ 재정비촉진사업별 지역주민의 의견 조정을 위하여 필요한 사항
㉢ 그 밖에 대통령령으로 정하는 사항

② 사업협의회는 **20인 이내**(재정비촉진구역이 10곳 이상인 경우에는 30인 이내)의 위원으로 구성하되, 총괄계획가와 총괄사업관리자는 사업협의회의 위원이 되며, 그 외의 위원은 재정비촉진계획 수립권자가 다음 중에서 임명하거나 위촉한다. 17회
  ㉠ 해당 지방자치단체의 관계 공무원
  ㉡ 사업시행자(개별법에 따른 조합 등의 사업시행자를 포함한다. 다만, 사업시행자를 지정하기 전인 경우에는 도시 및 주거환경정비법에 따른 주민대표회의, 조합설립추진위원회 또는 전통시장 및 상점가 육성을 위한 특별법에 따른 시장정비사업 추진위원회 등 주민의사를 대표할 수 있는 대표자 또는 사업시행자가 되려는 자를 포함한다)
  ㉢ 관계 전문가
③ 재정비촉진계획 수립권자는 다음의 경우에 사업협의회를 개최한다.
  ㉠ 사업협의회 위원의 2분의 1 이상이 요청하는 경우 18회
  ㉡ 재정비촉진계획 수립권자가 필요하다고 판단하는 경우
④ 이 법에서 규정한 사항 외에 사업협의회의 구성·운영 등에 필요한 사항은 지방자치단체의 조례로 정한다.

제2절 재정비촉진사업의 시행을 위한 지원

1. 특례

(1) 건축규제의 완화 등에 관한 특례(법 제19조)
  ① 재정비촉진계획 수립권자는 필요한 경우 「국토의 계획 및 이용에 관한 법률」에 따른 용도지역을 변경하는 내용으로 재정비촉진계획을 수립할 수 있다.
  ② 재정비촉진계획 수립권자는 필요한 경우 「국토의 계획 및 이용에 관한 법률」의 규정 또는 같은 법의 위임에 따라 규정한 조례에도 불구하고 다음의 내용을 포함하는 내용으로 재정비촉진계획을 수립할 수 있다.
    ㉠ 「국토의 계획 및 이용에 관한 법률」에 따른 용도지역 및 용도지구에서의 건축물 건축제한 등의 예외
    ㉡ 「국토의 계획 및 이용에 관한 법률」과 관련한 위임규정에 따라 조례로 정한 건폐율 최대한도의 예외
    ㉢ 「국토의 계획 및 이용에 관한 법률」과 관련한 위임규정에 따라 조례로 정한 용적률 최대한도의 예외. 다만, 「국토의 계획 및 이용에 관한 법률」 제78조에 따른 **용적률의 최대한도의 100분의 120**을 초과할 수 없으며, 법 제11조 제3항에 따라 기반시설에 대한 부지 제공의 대가로 증가된 용적률은 포함하지 아니한다.

③ 재정비촉진계획 수립권자는 「건축법」 제60조 및 제61조에 따른 건축물의 높이제한에도 불구하고 이를 완화하는 내용으로 재정비촉진계획을 수립할 수 있다. 다만, 주거지형 재정비촉진지구의 경우에는 지방도시계획위원회의 심의를 거쳐 높이제한을 완화하는 내용으로 재정비촉진계획을 수립할 수 있다.

④ 재정비촉진계획 수립권자는 고밀복합형 재정비촉진지구의 경우에는 「건축법」에 따라 조례로 정한 가로구역별 건축물의 최고 높이 또는 높이제한에도 불구하고 이를 완화하는 내용으로 재정비촉진계획을 수립할 수 있다.

(2) 우선사업구역에 관한 특례(법 제19조의2)

① 시장·군수·구청장 또는 시·도지사는 재정비촉진사업의 활성화, 소형주택의 공급 확대, 주민이주대책 지원 등을 위하여 필요한 경우 재정비촉진지구 전체에 대한 재정비촉진계획을 결정·고시하기 전이라도 우선사업구역에 대한 재정비촉진계획을 별도로 수립하여 결정을 신청하거나, 결정·고시할 수 있다.

② 우선사업구역에 대한 재정비촉진계획이 결정·고시된 경우 해당 우선사업구역에 대하여는 전체 재정비촉진계획이 결정·고시(변경하는 경우를 포함한다)되기 전이라도 관계 법령에 따라 사업을 시행할 수 있다.

2. 주택의 규모 및 건설비율 등

(1) 주택의 규모 및 건설비율의 특례(법 제20조)

「도시 및 주거환경정비법」 제10조 및 「빈집 및 소규모주택 정비에 관한 특례법」 제32조 및 「도시개발법」 제5조에도 불구하고 재정비촉진사업의 주택의 규모 및 건설비율에 관하여는 대통령령으로 달리 정할 수 있다.

(2) 주택의 규모별 건설비율(영 제21조)

① 재정비촉진사업어서 규모가 '**주거전용면적 85제곱미터 이하인 주택의 건설비율**'은 다음과 같다.
  ㉠ 「도시 및 주거환경정비법」에 따른 **주거환경개선사업**: 전체 세대수 중 **80퍼센트 이상**
  ㉡ 「도시 및 주거환경정비법」에 따른 **재개발사업**: 전체 세대수 중 **60퍼센트 이상**. 다만, 「도시 및 주거환경정비법」에 따라 국토교통부장관이 고시하는 비율이 이보다 낮은 경우에는 그 고시하는 비율에 따른다.

② 주택수급의 안정과 저소득주민의 입주기회를 확대하기 위하여 필요한 경우에는 위 ①에서 정한 범위 안에서 '**85제곱미터보다 작은 규모 이하의 주택의 건설비율**'을 시·도 또는 대도시의 **조례**로 따로 정할 수 있다.

(3) 증가용적률에 대한 주택규모 및 건설비율에 관한 특례(법 제20조의2)

고밀복합형 재정비촉진지구의 경우 해당 재정비촉진사업으로 증가되는 용적률에 대한 주택의 규모 및 건설비율은 대통령령으로 달리 정할 수 있다. 이 경우 증가되는 용적률이란 재정비촉진지구 지정 당시의 용도지역을 기준으로 증가되는 용적률을 말하며, 기반시설에 대한 부지제공의 대가로 증가되는 용적률은 그 산정대상에서 제외한다.

(4) 증가용적률에 대한 주택건설규모 및 건설비율(영 제21조의2)

'고밀복합형' 재정비촉진지구에서의 재정비촉진사업으로 증가되는 용적률에 대한 주택의 규모 및 건설비율은 다음과 같다.

① **「수도권정비계획법」에 따른 과밀억제권역**: 주거전용면적이 60제곱미터 이하인 주택을 '증가되는 용적률'의 50퍼센트 이상의 범위에서 시·도 또는 대도시의 조례로 정하는 비율만큼 건설한다.

② **「수도권정비계획법」에 따른 과밀억제권역을 제외한 지역**: 주거전용면적이 60제곱미터 이하인 주택을 '증가되는 용적률'의 25퍼센트 이상의 범위에서 시·도 또는 대도시의 조례로 정하는 비율만큼 건설한다.

(5) 도시개발사업의 시행에 관한 특례(법 제21조)

① 재정비촉진지구에서 시행하는 도시개발사업의 시행자는 주택 등 건축물을 소유하고 있는 자 또는 토지소유자를 대상으로 입체환지(立體換地)계획을 수립할 수 있다.

② 입체환지계획은 「도시개발법」에 따른 체비지(替費地) 등이 아닌 토지를 대상으로 수립할 수 있다.

3. 지방세의 감면 등

(1) 지방세의 감면(법 제22조)

재정비촉진지구에서 재정비촉진계획에 따라 건축하는 다음의 어느 하나에 해당하는 건축물에 대하여는 「지방세특례제한법」 및 지방자치단체의 조례로 정하는 바에 따라 취득세, 등록면허세 등 지방세를 감면할 수 있다.

① 「문화예술진흥법」에 따른 문화시설
② 「의료법」에 따른 종합병원, 병원 또는 한방병원
③ 「학원의 설립·운영 및 과외교습에 관한 법률」에 따른 학원
④ 「유통산업발전법」에 따른 대규모 점포
⑤ 「상법」에 따른 회사의 본점 또는 주사무소 건물
⑥ 그 밖에 조례로 지역발전을 위하여 필요하다고 인정하는 시설

(2) 과밀부담금의 면제(법 제23조)

① 「수도권정비계획법」 제12조에 따라 부과·징수하는 **과밀부담금**은 같은 법 제13조에도 불구하고 '재정비촉진계획에 따라 건축하는 건축물'에는 부과하지 아니한다.

② 재정비촉진계획에 따른 **재정비촉진사업**에 대해서는 **다음의 부담금**을 해당 법률에서 정하는 바에 따라 **면제**한다.
  ㉠ 「개발이익 환수에 관한 법률」 제2조 제4호에 따른 **개발부담금**
  ㉡ 「도시교통정비 촉진법」 제36조에 따른 **교통유발부담금**
  ㉢ 「대도시권 광역교통 관리에 관한 특별법」 제11조에 따른 **광역교통시설 부담금**

(3) 특별회계의 설치 등(법 제24조)

① 시·도지사 또는 시장·군수·구청장은 재정비촉진사업을 촉진하고 기반시설의 설치 지원 등을 하기 위하여 지방자치단체에 재정비촉진특별회계(이하 '특별회계'라 한다)를 설치할 수 있다.

② 특별회계는 다음의 재원(財源)으로 조성한다.
  ㉠ 일반회계로부터의 전입금
  ㉡ 정부의 보조금
  ㉢ 「재건축초과이익 환수에 관한 법률」에 따른 재건축부담금 중 지방자치단체 귀속분
  ㉣ 「수도권정비계획법」에 따라 시·도에 귀속되는 과밀부담금 중 해당 시·도의 조례로 정하는 비율에 해당하는 금액
  ㉤ 「지방세법」에 따라 부과·징수되는 재산세의 징수액 중 '대통령령으로 정하는 비율'에 해당하는 금액
  ㉥ 차입금
  ㉦ 해당 특별회계자금의 융자 회수금, 이자 수익금 및 그 밖의 수익금
  ㉧ 시·도지사에게 공급된 임대주택의 임대보증금 및 임대료
  ㉨ 그 밖에 시·도의 조례로 정하는 재원

③ 특별회계는 다음의 용도로 사용한다.
  ㉠ 기반시설의 설치, 그 설치비용의 보조 및 융자
  ㉡ 차입금의 원리금 상환
  ㉢ 특별회계의 조성·운용 및 관리를 위한 경비
  ㉣ 「재건축초과이익 환수에 관한 법률」에 따른 재건축부담금의 부과·징수
  ㉤ 임대주택의 매입·관리 등 세입자 등의 주거안정 지원
  ㉥ 그 밖에 '대통령령으로 정하는 사항'

④ 국토교통부장관은 필요한 경우에는 지방자치단체의 장으로 하여금 특별회계의 운용상황을 보고하게 할 수 있다.

⑤ 특별회계의 설치 및 운용·관리에 필요한 사항은 대통령령으로 정하는 기준에 따라 해당 지방자치단체의 조례로 정한다.

(4) 재정비촉진특별회계로 전입되는 재산세의 비율(영 제22조)

위 (3)의 ②의 ㉱에서 '대통령령으로 정하는 비율'이란 30퍼센트를 말한다. 다만, 해당 지방자치단체가 10퍼센트 이상 30퍼센트 이하의 범위 안에서 비율을 달리 조례로 정하는 경우에는 그 비율을 말한다.

(5) 교육환경의 개선을 위한 특례(법 제25조)
① 재정비촉진계획 수립권자는 교육환경을 개선하기 위하여 교육감과의 협의를 거쳐 재정비촉진계획에 학교의 설치계획 또는 정비계획을 포함하여야 한다.
② 교육감은 학교의 설치계획 또는 정비계획에 따라 해당 학교부지의 매수계획 또는 해당 학교의 정비계획을 수립하여야 한다.
③ 교육감은 「초·중등교육법」에 따라 학교 및 교육과정 운영의 특례가 적용되는 학교를 적극 유치할 수 있도록 조치하여야 한다.
④ 지방자치단체의 장은 교육환경을 개선하기 위하여 필요하다고 인정하는 경우에는 수립·결정된 학교의 설치계획이 포함된 재정비촉진계획에 따라 학교용지를 직접 매입할 수 있다.
⑤ 지방자치단체의 장은 지방자치단체가 소유하는 토지나 그 밖의 재산(이하 '토지 등'이라 한다)을 「공유재산 및 물품 관리법」 및 관계 법령에도 불구하고 재정비촉진지구에서 사립학교를 설립·운영하려는 자에게 수의계약으로 사용·수익 또는 대부(이하 '임대'라 한다)하거나 매각할 수 있다.
⑥ 지방자치단체가 소유하는 토지 등을 임대하는 경우 그 임대기간은 「공유재산 및 물품 관리법」에도 불구하고 50년의 범위에서 대통령령으로 따로 정한다. 이 경우 임대기간은 대통령령으로 정하는 갱신기간의 범위에서 연장할 수 있다.
⑦ 지방자치단체가 소유하는 토지를 임대하는 경우에는 「공유재산 및 물품 관리법」에도 불구하고 그 토지 위에 영구시설물을 축조하게 할 수 있다. 이 경우 해당 시설물의 종류 등을 고려하여 임대기간이 끝날 때에 이를 지방자치단체에 기부하거나 원상으로 회복하여 반환하는 것을 조건으로 한다.
⑧ 지방자치단체의 장은 소유 토지 등을 임대하거나 매각하는 경우 「공유재산 및 물품 관리법」에도 불구하고 대통령령으로 정하는 바에 따라 그 토지 등의 임대료 및 매각대금을 감면하거나 분할납부하게 할 수 있다.

(6) 「국유재산법」 등에 관한 특례(법 제25조의2)
① 국가와 지방자치단체는 다음의 법률에도 불구하고 **수의계약**을 통하여 사업시행자에게 국유재산 또는 공유재산을 임대하거나 매각할 수 있다. 이 경우 임대기간은 **50년 이내**로 할 수 있다.
㉠ 「국유재산법」
㉡ 「공유재산 및 물품 관리법」
㉢ 그 밖에 국유재산 또는 공유재산에 관한 사항을 규정한 법률

② 국가와 지방자치단체는 위 ①에 따라 임대한 국유재산 또는 공유재산에 영구시설물을 축조하게 할 수 있다. 이 경우 해당 영구시설물의 **소유권**은 국가, 지방자치단체 등과 사업시행자 간에 별도의 합의가 없으면 그 국유재산 또는 공유재산을 반환할 때까지 **사업시행자에게** 귀속된다.

제3절 개발이익의 환수 등

1. 개발이익의 환수 등

(1) 비용부담의 원칙(법 제26조)

재정비촉진계획에 따라 설치되는 기반시설의 설치비용은 이 법에 특별한 규정이 있는 경우를 제외하고는 **사업시행자**가 부담하는 것을 원칙으로 한다. 18회, 19회 주관식

(2) 재정비촉진지구에서의 기반시설 설치(법 제27조)

① 재정비촉진지구에서의 기반시설의 설치는 다음의 구분에 따른 자가 한다.
  ㉠ 도로 및 상수도·하수도시설: 지방자치단체
  ㉡ 전기시설, 가스공급시설 또는 **지역난방시설**: 해당 지역에 전기·가스 또는 난방을 공급하는 자
  ㉢ 통신시설: 해당 지역에 통신서비스를 제공하는 자
  ㉣ 그 밖의 기반시설: '대통령령으로 정하는 자'
② 기반시설의 설치는 특별한 사유가 없으면 해당 재정비촉진사업의 준공검사신청일까지 완료하여야 한다.
③ 기반시설의 종류별 설치범위는 대통령령으로 정한다.
④ 지방자치단체의 설치의무범위에 속하지 아니하는 도로 또는 상수도·하수도시설로서 사업시행자가 해당 설치비용을 부담하려는 시설의 경우에는 사업시행자의 요청에 따라 지방자치단체가 그 도로 또는 상수도·하수도시설사업을 대행할 수 있다.
⑤ 기반시설을 원활하게 설치하기 위하여 필요한 경우에는 지방자치단체가 해당 기반시설을 먼저 설치하고 사업시행자로부터 '대통령령으로 정하는 기간이 지난 후'에 그 비용을 징수할 수 있다. 이 경우 사업시행자가 그 비용을 내지 아니하면 「지방행정제재·부과금의 징수 등에 관한 법률」에 따라 징수할 수 있다.

(3) 재정비촉진지구 밖의 기반시설의 설치비용 등(법 제28조, 영 제30조)

① 재정비촉진지구의 이용에 제공하기 위하여 '대통령령으로 정하는 기반시설'을 재정비촉진지구 밖의 지역에 설치하는 경우 재정비촉진계획 수립권자는 비용분담계획이 포함된 재정비촉진계획에 따라 사업시행자로 하여금 그 설치비용을 부담하게 할 수 있다.
② 위 ①에서 '대통령령으로 정하는 기반시설'이란 공공시설을 말한다.
③ 재정비촉진계획 수립권자는 사업시행자의 부담으로 재정비촉진지구 밖의 지역에 설치하는 기반시설로 인하여 이익을 얻는 지방자치단체 또는 공공시설의 관리자가 있을 때에는 대통령령으로 정하는 바에 따라 그 기반시설의 설치에 드는 비용의 일부를 이익을 얻는 지방자치단체 또는 공공시설의 관리자에게 부담시킬 수 있다. 이 경우 재정비촉진계획 수립권자는 해당 지방자치단체나 공공시설의 관리자 및 사업시행자와 협의하여야 한다.

(4) 기반시설 설치비용의 지원 등(법 제29조)

① 국가 또는 시·도지사는 다음의 어느 하나 이상에 해당하는 경우에는 시·도지사 또는 시장·군수·구청장에게 '대통령령으로 정하는 기반시설'의 설치에 드는 비용의 전부 또는 일부를 지원할 수 있다. 다만, 다음 ⓒ 또는 ⓒ에 해당하는 경우 국가는 '대통령령으로 정하는 기반시설'의 설치에 드는 비용의 100분의 10 이상 100분의 70 이하의 범위에서 '대통령령으로 정하는 금액'의 한도에서 지원하여야 한다.
  ㉠ 국가 또는 시·도의 계획과 관련이 있는 경우
  ㉡ '국가 또는 지방자치단체가 도시영세민을 집단이주시켜 형성된 낙후지역 등 대통령령으로 정하는 지역'으로서 기반시설이 열악하여 사업시행자의 부담만으로는 기반시설을 확보하기 어려운 경우
  ㉢ 재정비촉진지구를 관할하는 기초자치단체의 재정자립도 등을 고려하여 '대통령령으로 정하는 경우'
  ㉣ 그 밖에 '대통령령으로 정하는 경우'
② 국토교통부장관은 시·도지사 또는 시장·군수·구청장에게 대통령령으로 정하는 기반시설의 설치에 드는 비용의 전부 또는 일부를 「주택도시기금법」에 따른 주택도시기금에서 융자·지원할 수 있으며, 주택도시기금의 구체적인 융자방법 및 조건 등에 관하여 필요한 사항은 대통령령으로 정한다.
③ 국가는 위 ①에 따라 기반시설 설치에 드는 비용을 지원하려는 경우 「주거기본법」 제8조에 따른 주거정책심의위원회의 심의를 거쳐 확보된 예산의 범위에서 지원할 수 있다.
④ '특별시장·광역시장 또는 도지사'는 위 ① 단서에 따라 국가가 해당 시장·군수·구청장에게 지원하는 기반시설 설치비용의 전부 또는 일부에 상당하는 비용을 시장·군수·구청장에게 지원할 수 있다.

2. 임대주택 건설 등

(1) 세입자 등을 위한 임대주택 건설 등(법 제30조, 영 제33조)

① 지방자치단체의 장 및 사업시행자는 세입자 등의 주거안정을 위하여 노력하여야 한다.
② 재정비촉진계획 수립권자는 재정비촉진계획을 수립하기 전에 재정비촉진지구의 거주자에 대하여 다음의 사항을 포함한 주거실태를 조사하여야 한다.
   ㉠ 주택 수, 세대수 및 거주자 수
   ㉡ 가구별 소득수준 및 직업형태
   ㉢ 주택의 규모 및 거주형태[자가(自家)·전세·월세 등]
   ㉣ 주택가격 및 임대료 수준
   ㉤ 그 밖에 '대통령령으로 정하는 사항'
③ 위 ②의 ㉤에서 '대통령령으로 정하는 사항'이란 다음의 사항을 말한다.
   ㉠ 주택의 준공 후 경과연수
   ㉡ 그 밖에 시·도 또는 대도시의 조례로 정하는 사항
④ 재정비촉진계획 수립권자는 세입자 등의 재정착을 유도하기 위하여 다음의 사항을 포함한 주택 수요를 조사하여 재정비촉진계획에 반영하여야 한다.
   ㉠ 주택규모, 임대료 수준 등을 포함한 임대주택 희망 수요
   ㉡ 주택규모, 분양가격 수준 등을 포함한 소형 분양주택 희망 수요
   ㉢ 인근지역 이주 희망 수요
   ㉣ 그 밖에 대통령령으로 정하는 사항
⑤ 재정비촉진계획 수립권자는 재정비촉진계획에 위 ② 및 ④에 따른 조사 결과를 고려한 임대주택 건설계획을 포함하여야 하며, 사업시행자는 그 계획에 따라 임대주택을 건설·공급하여야 한다. 이 경우 임대주택의 공급방법 등은 국토교통부령으로 정할 수 있다.
⑥ 사업시행자는 재정비촉진사업을 시행하는 기간 동안 주택소유자(재정비촉진구역에 실제 거주하는 사람만 해당한다) 또는 세입자의 주거안정을 위하여 인근지역에 자체 건설하는 「공공주택 특별법」 제2조 제1호 가목에 해당하는 공공주택 또는 매입임대주택 등으로 임시거주시설을 지원하거나 재정비촉진사업을 단계적으로 개발하는 순환개발방식을 활용할 수 있다.
⑦ 사업시행자가 순환개발방식으로 사업을 시행하려는 경우에는 사업시행인가를 신청하기 전에 미리 인근지역의 공공주택 또는 매입임대주택 등 임시거주시설의 확보 여부, 이주대상자, 임대조건 등 순환개발방식의 시행계획을 수립하여 사업시행계획서에 반영하여야 한다.

(2) 영세상인 및 상가세입자 대책(법 제30조의2)

사업시행자, 특별자치시장, 특별자치도지사 및 시장·군수·구청장은 재정비촉진지구의 영세상인 및 상가세입자 보호대책 마련을 위하여 노력하여야 한다.

(3) 재정비촉진지구의 범죄예방(법 제30조의3)

특별자치시장, 특별자치도지사 및 시장·군수·구청장은 '**재정비촉진계획이 결정·고시된 때**'에는 그 사실을 관할 경찰서장에게 통보하여야 하며, 재정비촉진사업이 시행되는 경우에는 재정비촉진구역의 주민 안전 등을 위하여 다음의 사항을 관할 **시·도 경찰청장** 또는 **경찰서장**에게 요청할 수 있다.
① 순찰 강화
② 순찰초소의 설치 등 범죄예방을 위하여 필요한 시설의 설치 및 관리
③ 그 밖에 주민의 안전을 위하여 필요하다고 인정하는 사항

(4) 임대주택의 건설(법 제31조)

① 사업시행자는 세입자의 주거안정과 개발이익의 조정을 위하여 해당 재정비촉진사업으로 증가되는 용적률의 **75퍼센트** 범위에서 대통령령으로 정하는 바에 따라 **임대주택 및 분양주택**[이하 (4)에서 '**임대주택등**'이라 한다]을 공급하여야 한다. 이 경우 해당 재정비촉진사업으로 증가되는 용적률은 재정비촉진지구 지정 당시의 용도지역을 기준으로 증가되는 용적률을 말하며, 기반시설에 대한 부지 제공의 대가로 증가된 용적률은 그 산정대상에서 제외한다.
_{24회·25회 주관식}

② 위 ①에 따라 건설되는 '**임대주택등 중 주거전용면적이 85제곱미터를 초과하는 주택의 비율**'은 **50퍼센트 이하**의 범위에서 '**대통령령**'으로 정한다. _{24회 주관식}

③ 사업시행자는 위 ①에 따라 건설되는 **임대주택등**을 대통령령으로 정하는 바에 따라 국토교통부장관, 시·도지사, 한국토지주택공사 또는 지방공사에 공급하여야 한다. 이 경우 해당 주택의 공급가격은 다음의 구분에 따른다.
  ㉠ '**임대주택**'인 경우: 임대주택의 건설에 투입되는 **건축비**를 기준으로 국토교통부장관이 고시하는 금액으로 하고, 그 **부속토지**는 인수자에게 **기부채납**(寄附採納)한 것으로 본다.
  ㉡ '**분양주택**'인 경우: 분양주택의 건설에 투입되는 **건축비**를 기준으로 국토교통부장관이 고시하는 금액으로 하고, 그 **부속토지의 가격은 감정평가액의 100분의 50 이상의 범위**에서 **대통령령**으로 정한다.

④ 사업시행자는 사업시행인가를 신청하기 전에 미리 **임대주택등의 규모** 등 위 ①에 따라 건설되는 **임대주택등**의 건설에 관한 사항을 인수자와 협의하여 사업시행계획서에 반영하여야 한다.

⑤ 사업시행자는 재정비촉진사업의 준공인가를 받으면 지체 없이 인수자에게 위 ①에 따라 건설되는 **임대주택등**의 등기를 촉탁하거나 신청하여야 한다. 이 경우 사업시행자가 해당 등기의 촉탁 또는 신청을 거부하거나 지체하는 경우에는 인수자가 등기를 촉탁하거나 신청할 수 있다.

⑥ 위 ①에 따라 건설되는 **임대주택**의 임차인 자격 및 임대료 수준, **분양주택의 유형 및 분양방법** 등에 관하여는 대통령령으로 정한다.

> **관련법령** 임대주택의 건설비율 등(영 제34조)

1. 사업시행자는 위 **(4)**의 ①에 따라 **임대주택** 및 **분양주택**(이하 '**임대주택등**'이라 한다)을 공급하는 경우에는 다음의 구분에 따른 비율에 맞게 공급해야 한다.
   ㉠ 「도시 및 주거환경정비법」에 따른 **재개발사업**의 경우: 해당 사업으로 증가되는 용적률의 **20퍼센트 이상 50퍼센트 이하**의 범위에서 시·도 또는 대도시의 조례로 정하는 비율. 다만, 「수도권정비계획법」에 따른 '과밀억제권역 외의 지역'은 50퍼센트 이하의 범위에서 시·도 또는 대도시의 조례로 정하는 비율을 말한다.
   ㉡ 「도시개발법」에 따른 **도시개발사업** 및 「전통시장 및 상점가 육성을 위한 특별법」에 따른 **시장정비사업**의 경우: 다음에 해당하는 비율을 합한 비율
      ⓐ 해당 재정비촉진사업으로 증가되는 용적률 중 주택 용도의 증가된 용적률(재정비촉진계획에서 정한 용적률을 주택 용도의 용적률과 주택 외의 용도의 용적률로 구분하고, 그 구성비율에 따라 재정비촉진지구 지정 당시의 용도지역에 적용되는 용적률을 주택 용도의 용적률과 주택 외의 용도의 용적률도 구분·산정한 뒤, 재정비촉진계획에서 정한 용적률 중 주택 용도의 용적률에서 재정비촉진지구 지정 당시의 용적률 중 주택 용도의 용적률을 뺀 용적률을 말한다)의 **50퍼센트 이상 75퍼센트 이하**의 범위 안에서 시·도 또는 대도시의 조례로 정하는 비율
      ⓑ 해당 재정비촉진사업으로 증가되는 용적률 중 주택 외의 용도의 증가된 용적률(재정비촉진계획에서 정한 용적률을 주택 용도의 용적률과 주택 외의 용도의 용적률로 구분하고, 그 구성비율에 따라 재정비촉진지구 지정 당시의 용도지역에 적용되는 용적률을 주택 용도의 용적률과 주택 외의 용도의 용적률로 구분·산정한 뒤, 재정비촉진계획에서 정한 용적률 중 주택 외의 용도의 용적률에서 재정비촉진지구 지정 당시의 용적률 중 주택 외의 용도의 용적률을 뺀 용적률을 말한다)의 **75퍼센트** 범위 안에서 시·도 또는 대도시의 조례로 정하는 비율. 이 경우 기반시설(법 제11조 제3항에 따라 부지 제공의 대가로 용적률이 조정된 기반시설을 제외한다)의 설치를 위한 비용분담을 고려하여야 한다.
   ㉢ 「도시 및 주거환경정비법」에 따른 **재건축사업**의 경우: 해당 사업으로 증가되는 용적률의 **10퍼센트 이상 30퍼센트 이하**의 범위에서 시·도 또는 대도시의 조례로 정하는 비율. 다만, 「수도권정비계획법」에 따른 '과밀억제권역 외의 지역'은 30퍼센트 이하의 범위에서 시·도 또는 대도시의 조례로 정하는 비율을 말한다.
   ㉣ 「공공주택 특별법」에 따라 '공공주택지구'가 지정되는 시·군·구에서의 「도시 및 주거환경정비법」에 따른 **재개발사업**의 경우: '위 ㉠에 따른 비율의 2분의 1의 범위'에서 공공주택지구에 건설되는 임대주택 세대수를 고려하여 시·도 또는 대도시의 조례로 정하는 비율
2. 위 1.을 적용할 때 법 제9조(재정비촉진계획의 수립 등) 제1항 제10호의 재정비촉진계획에 따른 용적률이 「국토의 계획 및 이용에 관한 법률」에 따른 용적률의 최대한도의 **100퍼센트 초과 120퍼센트 이하**인 경우에는 분양주택을 임대주택등의 50퍼센트 이상의 범위에서 공급하되, **시·도 또는 대도시의 조례로 30퍼센트포인트 범위에서 증감**할 수 있다.
3. 위 **(4)**의 ②에 따른 건설되는 '**임대주택등**' 중 '주거전용면적이 85제곱미터를 초과하는 주택의 비율'은 **50퍼센트 이하의 범위 안에서 시·도 또는 대도시의 조례로 정하는 비율**을 말한다.

(5) 임대주택등의 공급(영 제35조)

① 위 (4)의 ①에 따라 사업시행자가 **임대주택등**을 공급하는 경우에는 시·도지사가 우선 인수할 수 있다. 다만, 시·도지사는 임대주택을 인수할 수 없는 경우 재정비촉진계획이 고시된 때에 국토교통부장관에게 인수자 지정을 요청하여야 한다.

② 국토교통부장관은 위 ① 단서에 따라 시·도지사로부터 인수자 지정의 요청을 받은 경우 30일 이내에 인수자를 시·도지사에게 통보해야 하며, 시·도지사는 지체 없이 통보내용을 시장·군수 또는 구청장에게 송부하여 인수자와 협의하도록 조치해야 한다.

③ 「한국토지주택공사법」에 따른 한국토지주택공사 또는 「지방공기업법」에 따라 주택사업을 수행하기 위하여 설립된 지방공사가 총괄사업관리자로 지정된 재정비촉진지구 안에서 건설되는 **임대주택등**은 해당 총괄사업관리자에게 우선공급할 수 있다.

④ 위 ①~③에 따라 임대주택을 우선 인수받거나 공급받은 자는 임대주택 중 주거전용면적이 85제곱미터 이하인 '임대주택'은 「공공주택 특별법」 제2조 제1호 가목의 공공임대주택(이하 '공공임대주택'이라 한다)으로 우선 공급할 수 있다. 다만, 주거전용면적이 60제곱미터 이하인 '임대주택'은 공공임대주택으로 우선 공급해야 한다.

(6) 임대주택의 임차인의 자격 등(영 제36조)

① 위 (4)의 ⑥에 따른 **임대주택의 임차인의 자격**은 다음의 순위로 하되, 그 밖에 필요한 사항은 시·도 또는 대도시의 조례로 정한다.
  ㉠ **제1순위**: 무주택 기간과 해당 재정비촉진지구가 위치한 시·군·구에 거주한 기간이 각각 1년 이상인 자
  ㉡ **제2순위**: 해당 재정비촉진지구가 위치한 시·군·구에 **거주하는 자**
  ㉢ **제3순위**: 제1순위 및 제2순위에 해당되지 아니하는 자

② 위 (4)의 ⑥에 따른 **임대주택의 임대료의 수준** 등은 다음에 따른다.
  ㉠ **임대보증금과 임대료**는 각각 재정비촉진지구의 인근 시세의 100분의 90 이하로 한다.
  ㉡ **임대주택의 계약방법** 등에 관한 사항은 「공공주택 특별법」이 정하는 바에 따른다.
  ㉢ 관리비 등 **주택의 관리**에 관한 사항은 「공동주택관리법」이 정하는 바에 따른다.

③ 위 ①에도 불구하고 '공공임대주택의 임차인의 자격'은 재정비촉진사업으로 인해 '철거되는 주택의 소유자 또는 세입자'를 우선하되 세부적인 사항은 국토교통부령으로 정하는 바에 따른다.

④ 위 ②의 ㉠에도 불구하고 '공공임대주택의 임대보증금과 임대료'는 「공공주택 특별법 시행령」 제44조에 따른다.

(7) 분양주택의 유형 및 분양 방법 등(영 제37조)

① 위 (4)의 ③ 및 위 (5)의 ①부터 ③까지의 규정에 따라 '분양주택'을 우선 인수받거나 공급받은 자는 그 분양주택을 「공공주택 특별법」 제48조에 따라 다음의 어느 하나에 해당하는 주택으로 분양할 수 있다.

㉠ 「공공주택 특별법」에 따른 **지분적립형 분양주택**
㉡ 「공공주택 특별법」에 따른 **이익공유형 분양주택**
㉢ 「주택법」에 따른 **토지임대부 분양주택**('사업주체'가 공공주택 특별법 제4조에 따른 공공주택 사업자에 해당하는 경우로 '한정'한다)

② 위 (4)의 ③의 ㉡에 따른 부속토지의 가격은 감정평가액의 100분의 50에 해당하는 가격으로 한다.

제4절 보칙

1. 투기방지책

(1) 토지 등 분할거래(법 제33조)

① 재정비촉진사업별로 해당 사업에 관하여 정하고 있는 관계 법률에 따라 주택 등 건축물을 공급하는 경우, '재정비촉진지구 지정의 고시'가 있은 날 또는 '시·도지사나 대도시 시장이 투기 억제 등을 위하여 따로 정하는 날'(이하 '기준일'이라 한다) 이후에 다음의 어느 하나에 해당하는 경우에는 해당 토지 또는 주택 등 건축물을 분양받을 권리는 기준일을 기준으로 산정한다.
  ㉠ 한 필지의 토지가 여러 개의 필지로 분할되는 경우
  ㉡ 단독주택 또는 다가구주택이 다세대주택으로 전환되는 경우
  ㉢ 주택 등 건축물이 분할되거나 공유자의 수가 증가되는 경우
  ㉣ 하나의 대지 범위에 속하는 동일인 소유의 토지와 주택 등 건축물을 토지와 주택 등 건축물로 각각 분리하여 소유하는 경우
  ㉤ 나대지에 건축물을 새로 건축하거나 기존 건축물을 철거하고 다세대주택이나 그 밖의 공동주택을 건축하여 토지등소유자가 증가하는 경우

② 시·도지사 또는 대도시 시장은 기준일을 따로 정하는 경우 기준일, 지정사유, 건축물을 분양받을 권리의 산정기준 등을 해당 지방자치단체의 공보에 고시하여야 한다.

2. 도시재정비위원회

(1) 도시재정비위원회(법 제34조)

① 다음의 사항을 심의하거나 시·도지사 또는 대도시 시장의 자문에 응하기 위하여 '시·도지사 또는 대도시 시장 소속'으로 도시재정비위원회를 둘 수 있다.
  ㉠ 재정비촉진지구의 지정 및 변경에 대한 심의 또는 자문
  ㉡ 재정비촉진계획의 수립에 대한 자문

㉢ 재정비촉진계획의 결정 및 변경에 대한 심의 또는 자문
    ㉣ 재정비촉진사업의 시행에 대한 자문
    ㉤ 그 밖에 도시재정비 촉진을 위하여 필요한 사항에 대한 자문
  ② 도시재정비위원회의 설치 및 운영에 필요한 사항은 대통령령으로 정하는 범위에서 해당 지방자치단체의 조례로 정한다.

(2) 도시재정비위원회의 설치·운영 등(영 제38조)

① 도시재정비위원회(이하 '위원회'라 한다)는 위원장 및 부위원장 각 1인을 포함한 **20인 이상 25인 이하**의 위원으로 구성한다.
② 위원장은 다음의 구분에 따른 자가 되며, 부위원장은 위원 중에서 호선한다.
  ㉠ 특별시의 경우: 행정(2)부시장
  ㉡ 광역시의 경우: 행정부시장
  ㉢ 특별자치시의 경우: 행정부시장
  ㉣ 도의 경우: 행정부지사
  ㉤ 특별자치도의 경우: 행정부지사
  ㉥ 대도시의 경우: 부시장
③ 위원회의 위원은 다음의 어느 하나에 해당하는 자 중에서 시·도지사 또는 대도시 시장이 임명 또는 위촉한다. 이 경우 다음 ㉠ 및 ㉡에 해당하지 아니하면서 ㉢ 및 ㉣에 해당하는 위원의 수가 각각 전체 위원의 30퍼센트 이상이어야 한다.
  ㉠ 해당 시·도 또는 대도시 지방의회의 의원
  ㉡ 해당 시·도 또는 대도시 소속 공무원 및 도시재정비와 관련 있는 행정기관의 공무원
  ㉢ 해당 지방도시계획위원회의 위원 및 건축위원회의 위원
  ㉣ 도시계획·도시설계·도시디자인·건축 및 주택 등 도시재정비 관련 분야에 학식과 경험이 풍부한 자
④ 위 ③의 ㉢ 및 ㉣에 해당하는 위원의 임기는 2년으로 하되, 연임할 수 있다. 다만, 보궐위원의 임기는 전임자의 임기 중 남은 기간으로 한다.
⑤ 위원장은 위원회를 대표하고, 위원회의 업무를 총괄한다.
⑥ 위원장은 위원회의 회의를 소집하고, 그 의장이 된다.
⑦ 위원회의 회의는 재적위원 과반수의 출석으로 개의하고, 출석위원 과반수의 찬성으로 의결한다.
⑧ 위원회의 업무를 효율적으로 수행하기 위하여 필요한 경우에는 소위원회를 둘 수 있다.
⑨ 위원회의 직무에 관한 전문적인 조사·연구 등을 위하여 필요한 때에는 위원회에 도시재정비 관련 분야 전문가 중에서 시·도지사 또는 대도시 시장이 위촉하는 3인 이내의 전문위원을 둘 수 있다.

3. 감독 등

(1) 감독 등(법 제35조)

① 국토교통부장관, 시·도지사 또는 시장·군수·구청장은 사업시행자가 재정비촉진계획을 위반하여 재정비촉진사업을 시행하는 경우에는 시정기간을 정하여 이를 시정하도록 명할 수 있다.

② 국토교통부장관, 시·도지사 또는 시장·군수·구청장은 시정명령을 받고도 해당 기간에 시정하지 아니하는 사업시행자에 대하여는 사업시행자 지정의 취소, 해당 법령에 따른 재정비촉진사업의 인가 또는 승인의 취소 등 필요한 조치를 할 수 있다.

③ 국토교통부장관, 시·도지사 또는 시장·군수·구청장은 위 ②의 처분을 하려면 청문을 하여야 한다.

(2) 자료의 제출 요구 등(법 제36조)

① 국토교통부장관, 시·도지사 또는 대도시 시장은 재정비촉진지구에서 시행하는 재정비촉진사업에 대하여 시·도지사 또는 시장·군수·구청장 및 사업시행자에게 그 재정비촉진사업의 추진단계별 현황 자료 등 필요한 자료를 요구할 수 있으며, 자료의 제출을 요구받은 자는 해당 자료를 지체 없이 제출하여야 한다.

② 총괄사업관리자는 법 제14조 제2항에 따른 업무를 수행하기 위하여 필요한 경우에는 조합설립추진위원회·사업시행자·설계자·시공자 및 정비사업전문관리업자[도시 및 주거환경정비법에 따른 정비사업전문관리업자를 말한다. 이하 (2)에서 같다] 등 재정비촉진사업의 참여자에게 재정비촉진사업과 관련된 자료의 제출을 요구할 수 있으며, 자료의 제출을 요구받은 자는 특별한 사유가 없으면 그 요구에 따라야 한다.

③ 위 ① 또는 ②에 따라 국토교통부장관, 시·도지사 또는 대도시 시장 및 총괄사업관리자가 조합설립추진위원회·사업시행자·설계자·시공자 및 정비사업전문관리업자 등 재정비촉진사업의 참여자에게 자료를 요구하는 경우「행정조사기본법」제17조에 따라 사전통지를 하여야 한다.

(3) 벌칙 적용 시의 공무원 의제(법 제37조)

총괄계획가 및 총괄사업관리자 소속의 총괄사업관리업무 담당자는「형법」제129조부터 제132조까지의 규정을 적용할 때에는 공무원으로 본다.

PART 8

시설물의 안전 및 유지관리에 관한 특별법

CHAPTER 01 총칙
CHAPTER 02 기본계획 등
CHAPTER 03 시설물의 안전관리

최근 5개년
평균 출제문항 수 **2개**

최근 5개년
평균 출제비중 **5%**

PART 8 합격전략

제28회 시험까지 2문제(5%)씩 꾸준히 출제되었으며, 제29회 시험의 경우에도 2문제 정도가 출제될 것으로 예상됩니다.

「시설물의 안전 및 유지관리에 관한 특별법」은 안전점검, 긴급안전점검, 정밀안전진단 및 유지관리 등이 특히 중요하며, 시설물의 의의 및 종류(제1종 시설물, 제2종 시설물, 제3종 시설물), 내진성능평가 및 성능평가의 비교 등 전 부분에 대해 꼼꼼히 정리하시기 바랍니다.

CHAPTER 01 총칙

회독체크 1 2 3

CHAPTER 미리보기

학습전략

「시설물의 안전 및 유지관리에 관한 특별법」을 정확하게 이해하는 데 필요한 '용어의 정의'에 대한 단원으로서 1문제 정도가 출제될 수 있습니다.

학습키워드

• 용어의 정의

1. 목적(법 제1조)

이 법은 시설물의 안전점검과 적정한 유지관리를 통하여 재해와 재난을 예방하고 시설물의 효용을 증진시킴으로써 공중(公衆)의 안전을 확보하고 나아가 국민의 복리증진에 기여함을 목적으로 한다.

2. 정의(법 제2조)

(1) 시설물

건설공사를 통하여 만들어진 교량·터널·항만·댐·건축물 등 구조물과 그 부대시설로서 법 제7조 각 호에 따른 제1종 시설물, 제2종 시설물 및 제3종 시설물을 말한다.

(2) 관리주체

관계 법령에 따라 해당 시설물의 관리자로 규정된 자나 해당 시설물의 **소유자**를 말한다. 이 경우 해당 시설물의 소유자와의 관리계약 등에 따라 시설물의 관리책임을 진 자는 관리주체로 보며, 관리주체는 공공관리주체(公共管理主體)와 민간관리주체(民間管理主體)로 구분한다.

(3) 공공관리주체

다음의 어느 하나에 해당하는 관리주체를 말한다.
① 국가·지방자치단체
②「공공기관의 운영에 관한 법률」제4조에 따른 공공기관
③「지방공기업법」에 따른 지방공기업

(4) 민간관리주체

공공관리주체 외의 관리주체를 말한다.

(5) 안전점검

경험과 기술을 갖춘 자가 육안이나 점검기구 등으로 검사하여 시설물에 내재(內在)되어 있는 **위험요인**을 조사하는 행위를 말하며, 점검목적 및 점검수준을 고려하여 국토교통부령으로 정하는 바에 따라 다음의 **정기안전점검** 및 **정밀안전점검**으로 구분한다.
① **정기안전점검**: 시설물의 상태를 판단하고 시설물이 점검 당시의 사용요건을 만족시키고 있는지 확인할 수 있는 수준의 외관조사를 실시하는 안전점검
② **정밀안전점검**: 시설물의 상태를 판단하고 시설물이 점검 당시의 사용요건을 만족시키고 있는지 확인하며 '시설물 주요부재의 상태를 확인할 수 있는 수준'의 외관조사 및 '측정·시험 장비를 이용한 조사'를 실시하는 안전점검

(6) 정밀안전진단

시설물의 물리적·기능적 결함을 발견하고 그에 대한 신속하고 적절한 조치를 하기 위하여 구조적 안전성과 결함의 원인 등을 조사·측정·평가하여 보수·보강 등의 방법을 제시하는 행위를 말한다. 21회 주관식, 23회

(7) 긴급안전점검

시설물의 붕괴·전도 등으로 인한 재난 또는 재해가 발생할 우려가 있는 경우에 시설물의 물리적·기능적 결함을 신속하게 발견하기 위하여 실시하는 점검을 말한다. 23회 주관식

(8) 내진성능평가(耐震性能評價)

지진으로부터 시설물의 안전성을 확보하고 기능을 유지하기 위하여 「지진·화산재해대책법」 제14조 제1항에 따라 시설물별로 정하는 내진설계기준(耐震設計基準)에 따라 시설물이 지진에 견딜 수 있는 능력을 평가하는 것을 말한다. 23회 주관식

(9) 도급(都給)

원도급·하도급·위탁, 그 밖에 명칭 여하에도 불구하고 안전점검·정밀안전진단이나 긴급안전점검, 유지관리 또는 성능평가를 완료하기로 약정하고, 상대방이 그 일의 결과에 대하여 대가를 지급하기로 한 계약을 말한다.

(10) 하도급

도급받은 안전점검·정밀안전진단이나 긴급안전점검, 유지관리 또는 성능평가 용역의 전부 또는 일부를 도급하기 위하여 수급인(受給人)이 제3자와 체결하는 계약을 말한다.

(11) 유지관리

완공된 시설물의 기능을 보전하고 시설물이용자의 편의와 안전을 높이기 위하여 시설물을 일상적으로 점검·정비하고 손상된 부분을 원상복구하며 경과시간에 따라 요구되는 시설물의 개량·보수·보강에 필요한 활동을 하는 것을 말한다.

(12) 성능평가

시설물의 기능을 유지하기 위하여 요구되는 시설물의 구조적 안전성, 내구성, 사용성 등의 성능을 종합적으로 평가하는 것을 말한다.

(13) 하자담보책임기간

「건설산업기본법」과 「공동주택관리법」 등 관계 법령에 따른 하자담보책임기간 또는 하자보수기간 등을 말한다.

3. 국가 등의 책무 등

(1) 국가 등의 책무(법 제3조) 〈개정 및 신설 2024.12.3. 시행 2025.12.4.〉
① 국가 및 지방자치단체는 국민의 생명·신체 및 재산을 보호하기 위하여 시설물의 안전 및 유지관리에 관한 종합적인 시책을 수립·시행하여야 한다.
② 관리주체는 매년 시설물의 유지관리 및 안전점검 등에 필요한 인력 및 재원을 확보하도록 노력하여야 한다. 〈신설〉
③ 관리주체는 시설물의 안전을 확보하고 지속적인 이용을 도모하기 위하여 수시점검 및 보수 등을 통한 상시관리를 하는 등 필요한 조치를 하여야 한다. 〈개정〉
④ 모든 국민은 국가 및 지방자치단체, 관리주체가 수행하는 시설물의 안전 및 유지관리 활동에 적극 협조하여야 한다. 〈개정〉

(2) 다른 법률과의 관계(법 제4조)
이 법은 시설물의 안전과 유지관리에 관하여 다른 법률에 우선하여 적용한다.

CHAPTER 02 기본계획 등

회독체크 1 2 3

CHAPTER 미리보기

학습전략

기본계획 등을 다루는 단원으로서 출제 빈도는 높지 않은 편이나 언제든지 출제될 수 있으므로 정리가 필요합니다.

학습키워드

- 기본계획
- 시설물의 종류(제1종 시설물, 제2종 시설물, 제3종 시설물)
- 설계도서

1. 기본계획

(1) **시설물의 안전 및 유지관리 기본계획의 수립·시행**(법 제5조)

① **국토교통부장관**은 시설물이 안전하게 유지관리될 수 있도록 하기 위하여 **5년마다** 시설물의 안전 및 유지관리에 관한 기본계획(이하 '**기본계획**'이라 한다)을 수립·시행하여야 한다. 24회

② 기본계획에는 다음의 사항이 포함되어야 한다.
  ㉠ 시설물의 안전 및 유지관리에 관한 기본목표 및 추진방향에 관한 사항
  ㉡ 시설물의 안전 및 유지관리체계의 개발, 구축 및 운영에 관한 사항
  ㉢ 시설물의 안전 및 유지관리에 관한 정보체계의 구축·운영에 관한 사항
  ㉣ 시설물의 안전 및 유지관리에 필요한 기술의 연구·개발에 관한 사항
  ㉤ 시설물의 안전 및 유지관리에 필요한 인력의 양성에 관한 사항
  ㉥ 그 밖에 시설물의 안전 및 유지관리에 관하여 대통령령으로 정하는 사항

③ 국토교통부장관은 기본계획을 수립할 때에는 미리 관계 중앙행정기관의 장과 협의하여야 하며, 기본계획을 수립하기 위하여 필요하다고 인정되면 관계 중앙행정기관의 장 및 지방자치단체의 장에게 관련 자료를 제출하도록 요구할 수 있다. 기본계획을 변경할 때에도 또한 같다.

④ 국토교통부장관은 기본계획을 수립 또는 변경한 때에는 이를 관보에 고시하여야 한다.

> **관련법령** **시설물의 안전 및 유지관리 기본계획의 수립(영 제2조)**
> 위 (1)의 ②의 ㉥에서 '대통령령으로 정하는 사항'이란 다음의 사항을 말한다.
> 1. '안전진단전문기관'의 육성·지원에 관한 사항
> 2. 시설물의 안전 및 유지관리에 관한 기준의 작성·변경과 그 운영에 관한 사항

(2) **시설물의 안전 및 유지관리계획의 수립·시행**(법 제6조)

① **관리주체**는 기본계획에 따라 소관 시설물에 대한 안전 및 유지관리계획(이하 '**시설물관리계획**'이라 한다)을 **매년** 수립·시행하여야 한다. 다만, **제3종 시설물 중** 「공동주택관리법」에 따른 **의무관리대상 공동주택이 아닌 공동주택** 등 민간관리주체 소관 시설물 중 '**대통령령으로 정하는 시설물**'의 경우에는 특별자치시장·특별자치도지사·시장·군수 또는 구청장(구청장은 자치구의 구청장을 말하며, 이하 '**시장·군수·구청장**'이라 한다)이 **수립하여야 한다**.

② 시설물관리계획에는 다음의 사항이 포함되어야 한다. 다만, 위 ① 단서에 해당하여 시장·군수·구청장이 시설물관리계획을 수립하는 경우에는 **다음 ㉤ 및 ㉥의 사항을 생략할** 수 있다. 22회 〈개정, 시행 2025.12.4.〉
  ㉠ 시설물의 적정한 안전과 유지관리를 위한 조직·인원 및 장비의 확보에 관한 사항
  ㉡ 긴급상황 발생 시 조치체계에 관한 사항
  ㉢ 시설물의 설계·시공·감리 및 유지관리 등에 관련된 설계도서의 수집 및 보존에 관한 사항

ㄹ 안전점검 또는 정밀안전진단의 실시에 관한 사항
　　　ㅁ 보수·보강 등 유지관리 및 그에 필요한 비용에 관한 사항
　　　ㅂ 시설물의 상시관리를 위한 수시점검에 관한 사항
③ 위 ① 단서에 따라 시장·군수·구청장이 시설물관리계획을 수립하는 경우에는 이를 해당 관리주체에게 통보하여야 한다.
④ **공공관리주체**는 시설물관리계획을 수립한 경우 다음에 해당하는 관계 **행정기관의 장**에게 보고하여야 한다.
　　　ㄱ 공공관리주체가 중앙행정기관의 소속 기관이거나 감독을 받는 기관인 경우에는 소속 중앙행정기관의 장
　　　ㄴ 위 ㄱ 외의 공공관리주체는 특별시장·광역시장·도지사·특별자치시장 또는 특별자치도지사(이하 '시·도지사'라 한다)
⑤ **민간관리주체**는 시설물관리계획을 수립한 경우 관할 **시장·군수·구청장**에게 제출하여야 한다.
⑥ 위 ⑤에 따라 시설물관리계획을 제출받은 시장·군수·구청장은 국토교통부령으로 정하는 바에 따라 그 제출 자료를 관할 시·도지사(특별자치시장·특별자치도지사는 제외한다)에게 보고하여야 한다.
⑦ 위 ④부터 ⑥까지에 따라 시설물관리계획을 보고받거나 제출받은 중앙행정기관의 장과 시·도지사는 그 현황을 확인한 후 시설물관리계획에 관한 자료를 국토교통부장관에게 제출하여야 한다.
⑧ 국토교통부장관 또는 관계 행정기관의 장은 위 ④부터 ⑦까지에 따라 보고받거나 제출받은 시설물관리계획의 타당성을 검토하여 필요한 경우 관리주체 또는 시장·군수·구청장(위 ① 단서의 경우에 한정한다)에게 수정 또는 보완을 요구할 수 있다. 이 경우 수정 또는 보완을 요구받은 자는 특별한 사유가 없으면 이에 따라야 한다.

> **관련법령** **시설물의 안전 및 유지관리계획의 수립(영 제3조)**
>
> 1. 관리주체는 위 (2)의 ① 본문에 따라 시설물의 안전 및 유지관리계획(이하 '시설물관리계획'이라 한다)을 소관 시설물별로 **매년** 수립·시행해야 한다. 다만, 「공동주택관리법」 제2조 제1항 제1호에 따른 공동주택의 경우에는 위 (2)의 ②의 ㄱ 및 ㄴ의 사항에 대해서는 「공동주택관리법」 제2조 제1항 제3호에 따른 공동주택단지에 소재하는 공동주택 '전체'를 대상으로 수립할 수 있다.
> 2. 위 (2)의 ① 단서에서 '대통령령으로 정하는 시설물'이란 '**제3종 시설물**' 중 다음의 어느 하나에 해당하는 민간관리주체 소관 시설물로서 특별자치시장·특별자치도지사·시장·군수 또는 구청장(구청장은 자치구의 구청장을 말하며, 이하 '시장·군수·구청장'이라 한다)이 **시설물관리계획을 수립하도록 국토교통부장관이 정하여 고시하는** 시설물을 말한다.
>   ㄱ 「공동주택관리법」 제2조 제2호에 따른 **의무관리대상 공동주택이 아닌 공동주택**
>   ㄴ 「건축법」 제2조 제2항 제11호에 따른 **노유자시설**
>   ㄷ 그 밖에 시장·군수·구청장이 시설물관리계획을 수립할 필요가 있다고 국토교통부장관이 정하는 시설물

3. 위 (2)의 ③에 따른 시설물관리계획의 통보는 그 수립일부터 **15일 이내**에 서면 또는 전자문서로 해야 한다.
4. 위 1.에도 불구하고 법 제40조 제1항에 따른 시설물(이하 '성능평가대상시설물'이라 한다)의 관리주체는 **위 (2)의 ① 본문**에 따라 해당 시설물의 생애주기를 고려하여 소관 시설물별로 5년마다 중기 시설물관리계획(이하 '중기관리계획'이라 한다)을 수립·시행하고, 중기관리계획에 따라 매년 시설물관리계획을 수립·시행하여야 한다.
5. 중기관리계획에는 의 (2)의 ②의 ㉠부터 ㉤까지 사항 '외'에 다음의 사항이 포함되어야 한다.
   ㉠ 성능평가대상시설물에 대한 성능목표 및 관리기준 설정에 관한 사항
   ㉡ 성능평가대상시설물의 성능목표 달성 방법에 관한 사항
   ㉢ 성능평가대상시설물의 안전점검·정밀안전진단 또는 긴급안전점검(이하 '안전점검등'이라 한다), 성능평가 및 유지관리 이행에 관한 사항
   ㉣ 성능평가대상시설물의 성능평가 결과에 관한 사항
   ㉤ 그 밖에 성능평가대상시설물의 안전점검등, 성능평가 및 유지관리를 위하여 국토교통부장관이 정하여 고시하는 사항

2. 시설물의 종류(법 제7조)

(1) 제1종 시설물

공중의 이용편의와 안전을 도모하기 위하여 특별히 관리할 필요가 있거나 구조상 안전 및 유지관리에 고도의 기술이 필요한 대규모 시설물로서 다음의 어느 하나에 해당하는 시설물 등 대통령령으로 정하는 시설물
① 고속철도 교량, 연장 500미터 이상의 도로 및 철도 교량
② 고속철도 및 도시철도 터널, 연장 1,000미터 이상의 도로 및 철도 터널
③ 갑문시설 및 연장 1,000미터 이상의 방파제
④ 다목적댐, 발전용댐, 홍수전용댐 및 총저수용량 1천만 톤 이상의 용수전용댐
⑤ **21층 이상** 또는 연면적 **5만 제곱미터 이상**의 건축물 22회 주관식, 23회, 24회
⑥ 하구둑, 포용저수량 8천만 톤 이상의 방조제
⑦ 광역상수도, 공업용수도, 1일 공급능력 3만 톤 이상의 지방상수도

(2) 제2종 시설물

제1종 시설물 외에 사회기반시설 등 재난이 발생할 위험이 높거나 재난을 예방하기 위하여 계속적으로 관리할 필요가 있는 시설물로서 다음의 어느 하나에 해당하는 시설물 등 대통령령으로 정하는 시설물
① 연장 100미터 이상의 도로 및 철도 교량
② 고속국도, 일반국도, 특별시도 및 광역시도 도로터널 및 특별시 또는 광역시에 있는 철도터널
③ 연장 500미터 이상의 방파제
④ 지방상수도 전용댐 및 총저수용량 1백만 톤 이상의 용수전용댐

⑤ 16층 이상 또는 연면적 3만 제곱미터 이상의 건축물 23회, 26회 주관식
⑥ 포용저수량 1천만 톤 이상의 방조제
⑦ 1일 공급능력 3만 톤 미만의 지방상수도

> **관련법령** 시설물의 종류(영 제4조)
>
> 위 (1)의 '제1종 시설물' 및 위 (2)의 '제2종 시설물'의 종류는 다음의 [별표 1]과 같다.

별표 1 제1종 시설물 및 제2종 시설물의 종류(건축물)(영 제4조 관련)

구분	제1종 시설물	제2종 시설물
공동주택	–	16층 이상의 공동주택
공동주택 '외의' 건축물	1) 21층 이상 또는 연면적 5만 제곱미터 이상의 건축물 2) 연면적 3만 제곱미터 이상의 철도 역시설 및 관람장 3) 연면적 1만 제곱미터 이상의 지하도상가(지하보도면적 포함)	1) 제1종 시설물에 해당하지 않는 건축물로서 16층 이상 또는 연면적 3만 제곱미터 이상의 건축물 2) 제1종 시설물에 해당하지 않는 건축물로서 연면적 5천 제곱미터 이상(각 용도별 시설의 합계를 말한다)의 문화 및 집회시설, 종교시설, 판매시설, 운수시설 중 여객용 시설, 의료시설, 노유자시설, 수련시설, 운동시설, 숙박시설 중 관광숙박시설 및 관광휴게시설 3) 제1종 시설물에 해당하지 않는 철도 역시설로서 고속철도, 도시철도 및 광역철도 역시설 4) 제1종 시설물에 해당하지 않는 지하도상가로서 연면적 5천 제곱미터 이상의 지하도상가(지하보도면적을 포함한다)

[비고]
1. 위 표의 건축물에는 그 부대시설인 옹벽과 절토사면을 포함하며, 건축설비, 소방설비, 승강기설비 및 전기설비는 포함하지 아니한다.
2. 건축물의 연면적은 지하층을 포함한 동별로 계산한다. 다만, 2동 이상의 건축물이 하나의 구조로 연결된 경우와 둘 이상의 지하도상가가 연속되어 있는 경우에는 연면적의 합계를 말한다.
3. 건축물의 층수에는 필로티나 그 밖에 이와 비슷한 구조로 된 층을 포함한다.
4. '공동주택 외의 건축물'은 「건축법 시행령」 [별표 1]에서 정한 용도별 분류를 따른다.
5. 건축물 중 주상복합건축물은 '공동주택 외의 건축물'로 본다.
6. '운수시설 중 여객용 시설'이란 「건축법 시행령」 [별표 1] 제8호에 따른 운수시설 중 여객자동차터미널, 일반철도역사, 공항청사, 항만여객터미널을 말한다.
7. '철도 역시설'이란 「철도의 건설 및 철도시설의 유지관리에 관한 법률」 제2조 제6호 가목에 따른 역시설(물류시설은 제외한다)을 말한다. 다만, 선하역사의 선로구간은 연속되는 교량시설물에 포함하고, 지하역사의 선로구간은 연속되는 터널시설물에 포함한다.

(3) 제3종 시설물

제1종 시설물 및 제2종 시설물 외에 안전관리가 필요한 소규모 시설물로서 법 제8조에 따라 지정·고시된 시설물

(4) 제3종 시설물의 지정 등(법 제8조)

① 중앙행정기관의 장 또는 지방자치단체의 장은 다중이용시설 등 재난이 발생할 위험이 높거나 재난을 예방하기 위하여 계속적으로 관리할 필요가 있다고 인정되는 제1종 시설물 및 제2종 시설물 외의 시설물을 대통령령으로 정하는 바에 따라 **제3종 시설물**로 지정·고시하여야 한다.

② 중앙행정기관의 장 또는 지방자치단체의 장은 제3종 시설물이 보수·보강의 시행 등으로 재난 발생 위험이 없어지거나 재난을 예방하기 위하여 계속적으로 관리할 필요성이 없는 경우에는 대통령령으로 정하는 바에 따라 그 지정을 해제하여야 한다.

③ 중앙행정기관의 장 또는 지방자치단체의 장은 위 ① 및 ②에 따라 제3종 시설물을 지정·고시 또는 해제할 때에는 국토교통부령으로 정하는 바에 따라 그 사실을 해당 관리주체에게 통보하여야 한다.

관련법령 　**제3종 시설물의 지정·해제 등(영 제5조)**

1. 위 (4)의 ① 및 ②에 따라 지정 또는 지정 해제의 대상이 되는 제3종 시설물의 범위는 [별표 1의2]와 같다.
2. 중앙행정기관의 장 또는 지방자치단체의 장이 위 (4)의 ① 및 ②에 따라 제3종 시설물을 지정하거나 지정을 해제하는 경우에는 다음의 구분에 따라야 한다.
    ㉠ [별표 1의2]에 따른 시설물 중 같은 표 제1호 가목 1), 3) 및 같은 호 나목 1), 2), 4)에 해당하는 시설물: 제3종 시설물로 지정할 것
    ㉡ [별표 1의2]에 따른 시설물 중 위 ㉠ 외의 시설물: 시설물의 안전상태, 공중(公衆)에게 미치는 위험도 또는 경과연수 등을 고려하여 지정 또는 지정 해제를 할 것. 이 경우 지정 및 지정 해제에 관한 세부기준은 국토교통부장관이 정하여 고시한다.
3. 제1종 시설물 및 제2종 시설물 외의 시설물의 **관리주체**는 재난발생의 위험이 높거나 재난을 예방하기 위하여 계속적으로 관리할 필요가 있는 경우에는 다음의 구분에 따른 자에게 국토교통부령으로 정하는 바에 따라 해당 시설물을 **제3종 시설물**로 지정해 줄 것을 **요청**할 수 있다.
    ㉠ 시설물의 관리주체가 **공공관리주체**인 경우: 다음의 구분에 따른 자
        ⓐ 중앙행정기관의 소속 기관이거나 감독을 받는 기관인 공공관리주체: **소속 중앙행정기관의 장**
        ⓑ 위 ⓐ 외의 공공관리주체: 특별시장, 광역시장, 도지사, 특별자치시장 또는 특별자치도지사(이하 '**시·도지사**'라 한다)
    ㉡ 시설물의 관리주체가 **민간관리주체**인 경우: 관할 **시장·군수·구청장**
4. 제3종 시설물의 관리 주체는 시설물의 보수·보강 등으로 인하여 재난 발생의 위험이 해소되거나 용도변경 등으로 인하여 재난을 예방하기 위하여 계속적으로 관리할 필요성이 없는 경우에는 해당 시설물의 지정권자에게 국토교통부령으로 정하는 바에 따라 제3종 시설물의 지정을 해제해 줄 것을 요청할 수 있다.
5. 위 3. 및 4.에 따라 제3종 시설물의 지정 또는 해제의 요청을 받은 중앙행정기관의 장 또는 지방자치단체의 장은 위 2.의 기준에 따라 제3종 시설물을 지정하거나 지정을 해제하여야 한다.

| 별표 1의2 | 제3종 시설물의 범위(영 제5조 제1항 관련) |

1. 토목분야: 준공 후 10년이 경과된 시설물(마목은 제외)로서 다음 구분에 따른 시설물

구분	대상범위
가. 교량	1) 「도로법」 제10조에 따른 도로에 설치된 연장 20미터 이상 100미터 미만인 도로교량 2) 「도로법」 제10조에 따른 도로 외의 도로에 설치된 연장 20미터 이상인 교량 3) 연장 100미터 미만인 철도교량
나. 터널	1) 연장 300미터 미만의 지방도, 시도, 군도 및 구도의 터널 2) 「농어촌도로 정비법 시행령」 제2조 제1호에 따른 터널 3) 연장 100미터 미만인 지하차도 4) 제1종 시설물에 해당하지 않는 터널로서 특별시 및 광역시 외의 지역에 있는 철도터널
다. 육교	보도육교
라. 옹벽	1) 지면으로부터 노출된 높이가 5미터 이상인 부분이 포함된 연장 100미터 이상인 옹벽 2) 지면으로부터 노출된 높이가 5미터 이상인 부분이 포함된 연장 40미터 이상인 복합식 옹벽
마. 그 밖의 시설물	그 밖에 중앙행정기관의 장 또는 지방자치단체의 장이 재난예방을 위해 안전관리가 필요한 것으로 인정하는 교량·터널·옹벽·항만·댐·하천·상하수도 등의 구조물(부대시설을 포함)과 이와 구조가 유사한 시설물

2. 건축분야: 준공 후 15년이 경과된 시설물(다목은 제외)로서 다음 구분에 따른 시설물

구분	대상범위
가. 공동주택	1) **5층 이상 15층 이하**인 **아파트** 2) 연면적이 **660제곱미터를 초과**하고 **4층 이하**인 **연립주택** 3) 연면적 **660제곱미터 초과**인 **기숙사**
나. 공동주택 외의 건축물	1) 11층 이상 16층 미만 또는 연면적 5천 제곱미터 이상 3만 제곱미터 미만인 건축물(동물 및 식물 관련 시설 및 자원순환 관련 시설은 제외) 2) 연면적 1천 제곱미터 이상 5천 제곱미터 미만인 문화 및 집회시설, 종교시설, 판매시설, 운수시설, 의료시설, 교육연구시설(연구소는 제외), 노유자시설, 수련시설, 운동시설, 숙박시설, 위락시설, 관광휴게시설, 장례시설 3) 연면적 500제곱미터 이상 1천 제곱미터 미만인 문화 및 집회시설(공연장 및 집회장만 해당), 종교시설 및 운동시설 4) 연면적 300제곱미터 이상 1천 제곱미터 미만인 위락시설 및 관광휴게시설 5) 연면적 1천 제곱미터 이상인 공공업무시설(외국공관은 제외) 6) 연면적 5천 제곱미터 미만인 지하도상가(지하보도면적을 포함)
다. 그 밖의 시설물	그 밖에 중앙행정기관의 장 또는 지방자치단체의 장이 재난예방을 위해 안전관리가 필요한 것으로 인정하는 시설물

[비고]
1. 교량의 '연장'이란 교량 양측 교대의 흉벽 사이를 교량 중심선에 따라 측정한 거리를 말한다.
2. 터널 및 지하차도의 '연장'이란 각 본체 구간과 하나의 구조로 연결된 구간을 포함한 거리를 말한다.
3. 위 표 제1호 라목 2)에서 '복합식 옹벽'이란 재료형식이 2가지 이상인 옹벽을 말한다.
4. 위 표 제2호의 시설물에는 그 부대시설인 옹벽과 절토사면을 포함하며, 건축설비, 소방설비, 승강기 설비 및 전기설비는 포함하지 않는다.

5. 건축물의 '연면적'은 부대시설 및 지하층을 포함한 동별로 계산하고, 2동 이상의 건축물이 하나의 구조로 연결된 경우에는 연면적의 합계로 계산하며, 위 표 제2호 나목 2)부터 4)까지의 규정에서 연면적을 계산할 때 2개 이상의 용도가 하나의 건축물에 같이 있는 경우 각 용도별 시설의 합계로 계산한다.
6. 건축물의 층수에는 필로티 나 그 밖에 이와 비슷한 구조로 된 층을 포함한다.
7. 위 표 제2호 나목에서 '공동주택 외의 건축물'은 「건축법 시행령」 [별표 1]에서 정한 용도별 분류를 따른다.
8. 건축물 중 주상복합건축물은 '공동주택 외의 건축물'로 본다.

3. 설계도서

(1) 설계도서 등의 제출 등(법 제9조)

① 제1종 시설물 및 제2종 시설물을 건설·공급하는 **사업주체**는 설계도서, 시설물관리대장 등 대통령령으로 정하는 서류를 **관리주체**와 **국토교통부장관**에게 제출하여야 한다.

② **제3종 시설물의 관리주체**는 위 2. **(4)**의 ①에 따라 제3종 시설물로 지정·고시된 경우에는 위 ①에 따른 서류를 1개월 이내에 **국토교통부장관**에게 제출하여야 한다.

③ 위 ①에도 불구하고 제1종 시설물 및 제2종 시설물을 건설·공급하는 사업주체는 국방이나 그 밖의 보안상 비밀유지가 필요한 시설물에 대하여 관계 중앙행정기관의 장의 요구가 있을 경우에는 그 시설물과 관련된 위 ①에 따른 서류를 제출하지 아니할 수 있다. 이 경우 관계 중앙행정기관의 장은 그 사유를 국토교통부장관에게 통보하여야 한다.

④ 관리주체는 대통령령으로 정하는 중요한 보수·보강을 실시한 경우 위 ①에 따른 서류를 국토교통부장관에게 제출하여야 한다.

⑤ 국토교통부장관은 사업주체 또는 관리주체가 위 ①·② 또는 ④에 따른 서류를 제출하지 아니하는 경우에는 **10일 이상 60일 이내**의 범위에서 기간을 정하여 그 제출을 명할 수 있다.
[위반자: 매달 1택만원, 이행강제금]

⑥ 관리주체는 위 ①·② 및 ④에 따른 서류를 해당 시설물의 '존속시기'까지 보존하여야 한다.

⑦ 제1종 시설물 및 제2종 시설물에 대한 준공 또는 사용승인을 하는 관계 행정기관의 장(공공기관의 운영에 관한 법률 제4조에 따른 공공기관이 관계 법령에 따라 준공인가 또는 사용승인에 관한 권한을 위탁받은 경우에는 해당 공공기관의 장을 말한다)은 제1종 시설물 및 제2종 시설물을 건설·공급하는 사업주체가 위 ①에 따른 서류를 제출한 것을 확인한 후 준공 또는 사용승인을 하여야 한다.

⑧ 위 ⑦에 따라 시설물의 준공 또는 사용승인을 한 관계 행정기관의 장은 준공 또는 사용승인을 한 날부터 **1개월 이내**에 국토교통부령으로 정하는 바에 따라 준공 또는 사용승인 사실을 국토교통부장관에게 통보하여야 한다.

⑨ 위 ①부터 ④까지에 따른 서류의 제출방법 등에 필요한 사항은 국토교통부령으로 정한다.

> **관련법령** 설계도서 등(영 제6조)
>
> 위 **(1)**의 ①에서 '설계도서, 시설물관리대장 등 대통령령으로 정하는 서류'란 다음 [별표 2]의 서류를 말한다.

별표 2	설계도서·시설물관리대장 등 관련 서류의 종류(영 제6조 관련)	
구분	제1종 시설물·제2종 시설물	제3종 시설물
1. 설계도서 등	가. 준공 도면 나. 준공 내역서 및 시방서 다. 구조계산서 라. 그 밖에 시공상 특기한 사항에 관한 보고서 등	준공 도면(준공 도면이 없는 경우 실측 도면)
2. 시설물관리대장	법 제21조 제1항에 따른 안전점검등에 관한 지침에서 정한 시설물관리대장	법 제21조 제1항에 따른 안전점검등에 관한 지침에서 정한 시설물관리대장
3. 감리보고서	최종감리보고서	

관련법령 설계도서 등을 제출하여야 하는 보수·보강의 범위(영 제7조)

위 (1)의 ④에서 '대통령령으로 정하는 중요한 보수·보강'이란 다음의 부분에 대한 보수·보강을 말한다.
1. 철근콘크리트구조부 또는 철골구조부
2. 「건축법」 제2조 제1항 제7호에 따른 주요구조부
3. 그 밖에 국토교통부령으로 정하는 주요 부분

(2) 설계도서 등의 열람(법 제10조)

① 법 제28조에 따라 등록한 **안전진단전문기관**(이하 '안전진단전문기관'이라 한다), 법 제28조의2에 따라 등록한 **안전점검전문기관**(이하 '안전점검전문기관'이라 한다), 「건설산업기본법」 제9조에 따라 등록한 **건설사업자**(이하 '건설사업자'라 한다) 또는 「국토안전관리원법」에 따른 **국토안전관리원**(이하 '국토안전관리원'이라 한다)은 안전점검·정밀안전진단 또는 긴급안전점검(이하 '안전점검등'이라 한다)이나 유지관리 업무를 수행하기 위하여 필요한 경우 **관리주체**에게 해당 시설물의 설계·시공 및 감리와 관련된 서류의 열람이나 그 사본의 교부를 요청할 수 있다. 다만, 국방이나 그 밖의 보안상 비밀유지가 필요한 시설물은 관리주체나 관련 기관의 동의를 받아 이를 열람할 수 있다.
② 다음에 해당하는 자는 시설물의 안전 및 유지관리를 위하여 필요한 경우 **국토교통부장관**에게 설계도서 및 시설물관리대장 등 관련 서류의 열람을 요청할 수 있다.
 ㉠ 관계 행정기관의 장
 ㉡ 안전진단전문기관·**안전점검전문기관**·국토안전관리원 또는 **건설사업자**
 ㉢ 법 제58조 제4항 및 제5항에 따른 중앙시설물사고조사위원회 또는 시설물사고조사위원회
③ 위 ① 및 ②에 따라 서류의 열람이나 그 사본의 교부를 요청받은 관리주체 및 국토교통부장관은 특별한 사유가 없으면 이에 따라야 한다.

CHAPTER

03 시설물의 안전관리

회독체크 1 2 3

CHAPTER 미리보기

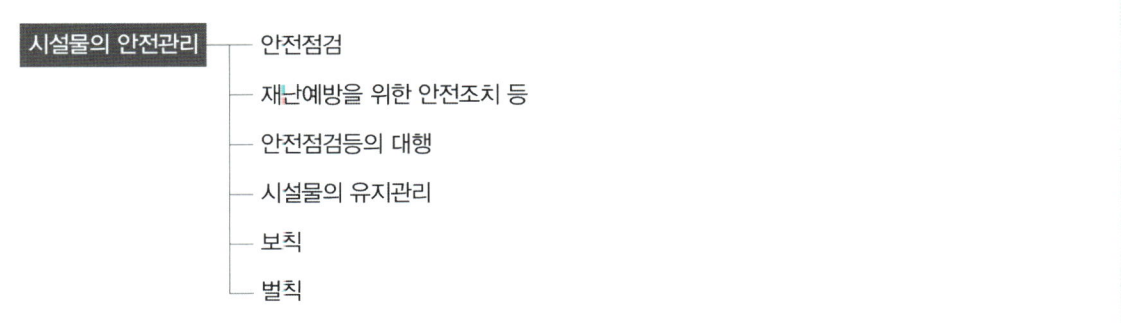

학습전략

시설물의 안전관리를 다루는 부분으로서 1문제 정도가 꾸준히 출제됩니다. 출제 빈도가 높은 단원으로, 안전점검등에 대한 내용을 꼼꼼히 정리하시기 바랍니다.

학습키워드

- 안전점검
- 긴급안전점검 및 정밀안전진단의 실시
- 안전등급의 지정
- 안전점검등의 대행
- 안전진단전문기관의 등록
- 시설물의 유지관리 및 성능평가
- 사고조사

1. 안전점검

(1) 안전점검의 실시(법 제11조)

① 관리주체는 소관 시설물의 안전과 기능을 유지하기 위하여 **정기적으로 안전점검**을 실시하여야 한다. 다만, '제3종 시설물' 중 다음의 시설물의 경우에는 시장·군수·구청장이 안전점검을 실시하여야 한다. 23회

　㉠ 「공동주택관리법」 제2조 제2호에 따른 **의무관리대상 공동주택이 아닌 공동주택**
　㉡ 「건축법」 제2조 제2항 제11호에 따른 **노유자시설**
　㉢ 그 밖에 시장·군수·구청장이 시설물관리계획을 수립할 필요가 있다고 국토교통부장관이 정하는 시설물

② **관리주체**는 시설물의 하자담보책임기간(동일한 시설물의 각 부분별 하자담보책임기간이 다른 경우에는 시설물의 부분 중 대통령령으로 정하는 주요 부분의 하자담보책임기간을 말한다)이 끝나기 전에 마지막으로 실시하는 **정밀안전점검**의 경우에는 **안전진단전문기관**이나 **국토안전관리원**에 의뢰하여 실시하여야 한다. 28회

③ **민간관리주체**가 어음·수표의 지급불능으로 인한 부도(不渡) 등 부득이한 사유로 인하여 안전점검을 실시하지 못하게 될 때에는 관할 **시장·군수·구청장**이 민간관리주체를 **대신**하여 안전점검을 실시할 수 있다. 이 경우 안전점검에 드는 비용은 그 민간관리주체에게 부담하게 할 수 있다.

④ 위 ③에 따라 시장·군수·구청장이 안전점검을 대신 실시한 후 민간관리주체에게 비용을 청구하는 경우에 해당 민간관리주체가 그에 따르지 아니하면 시장·군수·구청장은 '지방세 체납처분의 예'에 따라 징수할 수 있다.

⑤ 시설물의 종류에 따른 안전점검의 수준, 안전점검의 실시시기, 안전점검의 실시 절차 및 방법, 안전점검을 실시할 수 있는 자의 자격 등 안전점검 실시에 필요한 사항은 대통령령으로 정한다.

관련법령　안전점검의 실시 등(영 제8조)

1. 관리주체 또는 시장·군수·구청장은 소관 시설물의 안전과 기능을 유지하기 위하여 **정기안전점검** 및 **정밀안전점검**을 실시해야 한다. 다만, 제3종 시설물에 대한 정밀안전점검은 **정기안전점검 결과** 해당 시설물의 안전등급이 **D등급(미흡) 또는 E등급(불량)**인 경우에 한정하여 실시한다. 25회, 26회, 28회
2. 위 (1)의 ①에 따른 안전점검의 실시시기는 다음의 [별표 3]과 같다.
3. 위 (1)의 ②에서 '대통령령으로 정하는 주요 부분'이란 다음의 [별표 4]에 따른 시설물별 주요 부분을 말한다.
4. 관리주체는 위 (1)의 ②에 따라 정밀안전점검을 의뢰하려는 경우에는 다음에 해당하는 안전진단전문기관 또는 법 제28조의2에 따라 등록한 안전점검전문기관에 의뢰해서는 아니 된다.
　㉠ 해당 시설물을 설계·시공·감리한 자 또는 그 계열회사(독점규제 및 공정거래에 관한 법률 제2조 제12호에 따른 계열회사를 말한다. 이하 같다)인 안전진단전문기관 또는 안전점검전문기관

ⓒ 해당 시설물의 관리주체에 소속되어 있거나 그 자회사인 안전진단전문기관 또는 안전점검전문기관. 다만, 공공관리주체인 안전진단전문기관 또는 안전점검전문기관으로서 소관 시설물의 구조적 특수성으로 해당 기관의 전문기술이 필요하여 국토교통부장관이 인정하는 경우에는 그렇지 않다.

별표 3 | 안전점검, 정밀안전진단 및 성능평가의 실시시기(영 제8조 제2항, 영 제10조 제1항 및 영 제28조 제2항 관련)

안전등급	정기안전점검	정밀안전점검		정밀안전진단 (제1종시설물)	성능평가
		건축물	건축물 외 시설물		
A등급	반기에 1회 이상	4년에 1회 이상	3년에 1회 이상	6년에 1회 이상	5년에 1회 이상
B·C등급		3년에 1회 이상	2년에 1회 이상	5년에 1회 이상	
D·E등급	1년에 3회 이상	2년에 1회 이상	1년에 1회 이상	4년에 1회 이상	

[비고]
1. '안전등급'이란 영 제12조 및 [별표 8]에 따른 시설물의 안전등급을 말한다.
2. 준공 또는 사용승인 후부터 최초 안전등급이 지정되기 전까지의 기간에 실시하는 정기안전점검은 반기에 1회 이상 실시한다. 23회
3. 제1종 및 제2종 시설물 중 D·E등급 시설물의 정기안전점검은 해빙기·우기·동절기 전 각각 1회 이상 실시한다. 이 경우 해빙기 전 점검시기는 2월·3월로, 우기 전 점검시기는 5월·6월로, 동절기 전 점검시기는 11월·12월로 한다.
4. 공동주택의 정기안전점검은 「공동주택관리법」 제33조에 따른 안전점검(지방자치단체의 장이 의무관리대상이 아닌 공동주택에 대하여 같은 법 제34조에 따라 안전점검을 실시한 경우에는 이를 포함한다)으로 갈음한다.
5. 최초로 실시하는 정밀안전점검은 시설물의 준공일 또는 사용승인일(구조형태의 변경으로 시설물로 된 경우에는 구조형태의 변경에 따른 준공일 또는 사용승인일을 말한다)을 기준으로 3년 이내(건축물은 4년 이내)에 실시한다. 다만, 임시 사용승인을 받은 경우는 임시 사용승인일을 기준으로 한다.
5의2. 제5호에도 불구하고 정기안전점검 결과 안전등급이 D등급(미흡) 또는 E등급(불량)으로 지정된 제3종 시설물의 최초 정밀안전점검은 '해당 정기안전점검을 완료한 날'부터 1년 이내에 실시한다. 다만, 이 기간 내 '정밀안전진단을 실시한 경우'에는 '해당 정밀안전점검'을 '생략'할 수 있다.
6. 최초로 실시하는 정밀안전진단은 준공일 또는 사용승인일(준공 또는 사용승인 후에 구조형태의 변경으로 제1종 시설물로 된 경우에는 최초 준공일 또는 사용승인일을 말한다) 후 10년이 지난 때부터 1년 이내에 실시한다. 다만, 준공 및 사용승인 후 10년이 지난 후에 구조형태의 변경으로 인하여 제1종 시설물로 된 경우에는 구조형태의 변경에 따른 준공일 또는 사용승인일부터 1년 이내에 실시한다.
7. 최초로 실시하는 성능평가는 성능평가대상시설물 중 제1종 시설물의 경우에는 최초로 정밀안전진단을 실시하는 때, 제2종 시설물의 경우에는 법 제13조 제2항에 따른 하자담보책임기간이 끝나기 전에 마지막으로 실시하는 정밀안전점검을 실시하는 때에 실시한다. 다만, 준공 및 사용승인 후 구조형태의 변경으로 인하여 성능평가대상시설물로 된 경우에는 제5호 및 제6호에 따라 정밀안전점검 또는 정밀안전진단을 실시하는 때에 실시한다.
8. 정밀안전점검 및 정밀안전진단의 실시 주기는 이전 정밀안전점검 및 정밀안전진단을 완료한 날을 기준으로 한다. 다만, 정밀안전점검 실시 주기에 따라 정밀안전점검을 실시한 경우에도 법 제12조에 따라 정밀안전진단을 실시한 경우에는 그 정밀안전진단을 완료한 날을 기준으로 정밀안전점검의 실시 주기를 정한다.
9. 정밀안전점검, 긴급안전점검 및 정밀안전진단의 실시 완료일이 속한 '반기에 실시하여야 하는 정기안전점검'은 생략할 수 있다. 26회
10. 정밀안전진단의 실시 완료일부터 '6개월 전 이내에 그 실시 주기의 마지막 날이 속하는 정밀안전점검'은 생략할 수 있다.
11. 성능평가 실시 주기는 0 전 성능평가를 완료한 날을 기준으로 한다.
12. 증축, 개축 및 리모델링 등을 위하여 공사 중이거나 철거예정인 시설물로서, 사용되지 않는 시설물에 대해서는 국토교통부장관과 협의하여 안전점검, 정밀안전진단 및 성능평가의 실시를 생략하거나 그 시기를 조정할 수 있다.

(최초의 안전점검등)

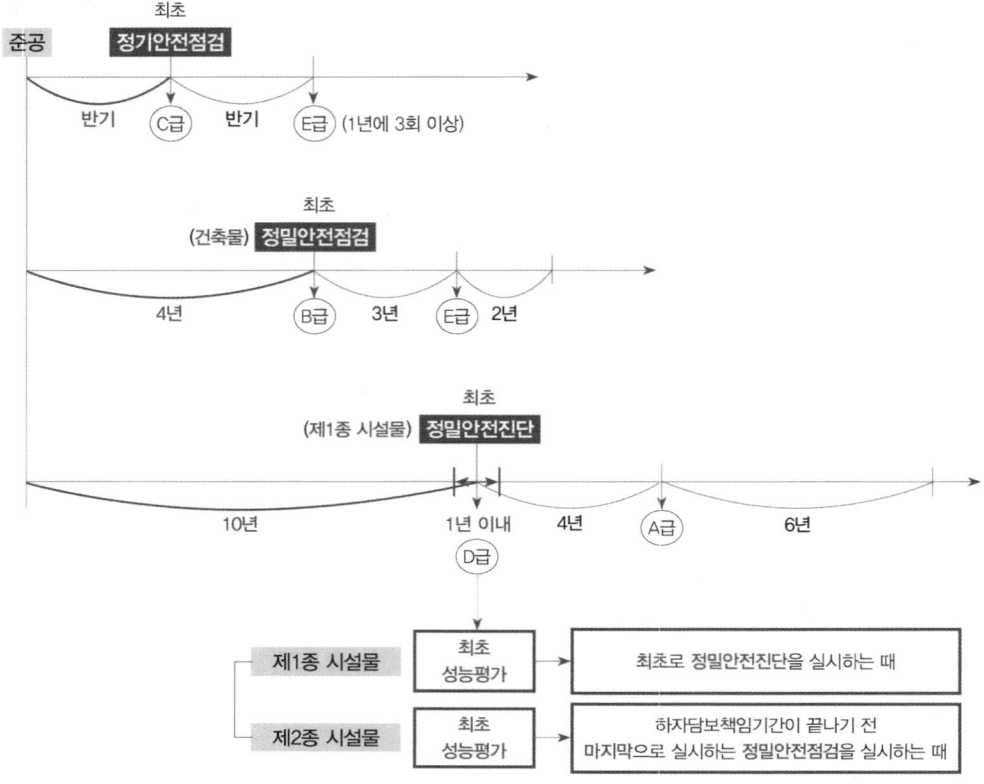

(제3종 시설물의 정밀안전점검)

① 제3종 시설물에 대한 정밀안전점검 은 정기안전점검 결과 해당 시설물의 **안전등급**이 **D등급(미흡)** 또는 **E등급(불량)**인 경우에 한정하여 실시한다.

② 제3종 시설물 의 최초 정밀안전점검

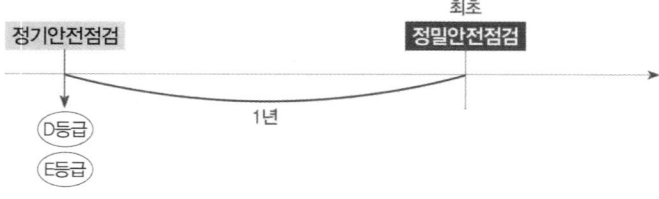

③ 제1종 시설물 및 제2종 시설물 의 최초 정밀안전점검 [비교]

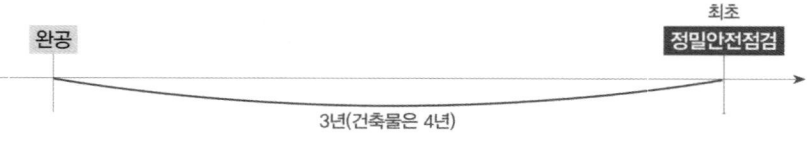

별표 4 시설물별 주요 부분(영 제8조 제3항 관련)

시설물별	주요 부분
1. 교량	가. 최대 경간장이 50미터 이상이거나 연장이 500미터 이상인 교량의 철근콘크리트 또는 철골구조부 나. 연장이 500미터 미만인 교량의 철근콘크리트 또는 철골구조부
2. 터널	터널(철도터널을 포함한다)의 철근콘크리트 또는 철골구조부
3. 항만	철근콘크리트·철골구조부
4. 댐	본체 및 여수로(여분 수량 배수로) 부분
5. 건축물	대형공공성 건축물(공동주택·종합병원·관광숙박시설·관람집회시설·대규모소매점과 그 밖의 용도의 16층 이상의 건축물)의 기둥 및 내력벽
6. 상·하수도	철근콘크리트·철골구조부

(2) 정밀안전진단의 실시(법 제12조)

① **관리주체**는 제1종 시설물과 '**대통령령으로 정하는 제2종 시설물**'에 대하여 **정기적으로 정밀안전진단**을 실시하여야 한다. 20회, 21회 주관식 〈개정, 시행 2025.12.4.〉

② **관리주체**는 '**안전점검**' 또는 '**긴급안전점검**'을 실시한 결과 재해 및 재난을 예방하기 위하여 필요하다고 인정되는 경우에는 **정밀안전진단**을 실시하여야 한다. 이 경우 다음 **(3)**의 ⑦ 및 **(7)**의 ④에 따른 결과보고서 제출일부터 **1년 이내**에 정밀안전진단을 착수하여야 한다. 24회 주관식

③ **관리주체**는 준공 후 30년이 경과된 시설물 중 '다음의 요건에 모두 해당하는 시설물'에 대하여 **정밀안전진단**을 실시하여야 한다. 〈신설, 시행 2025.12.4.〉
  ㉠ 준공 후 30년이 경과한 이후 **정밀안전진단을 받지 아니한 제2종 시설물**이나 **제3종 시설물**
  ㉡ 안전점검을 실시한 결과 법 제16조에 따라 지정된 안전등급 중 '**대통령령으로 정하는 안전등급**'으로 지정된 경우

④ 관리주체는 「지진·화산재해대책법」 제14조 제1항에 따른 **내진설계 대상 시설물** 중 '**내진성능평가를 받지 않은 시설물**'에 대하여 **정밀안전진단**을 실시하는 경우에는 해당 시설물에 대한 **내진성능평가를 포함**하여 실시하여야 한다.

⑤ 국토교통부장관은 내진성능평가가 포함된 정밀안전진단의 실시결과를 다음 **(8)**에 따라 평가한 결과 내진성능의 보강이 필요하다고 인정되면 내진성능을 보강하도록 권고할 수 있다.

⑥ 정밀안전진단의 실시시기, 정밀안전진단의 실시 절차 및 방법, 정밀안전진단을 실시할 수 있는 자의 자격 등 정밀안전진단 실시에 필요한 사항은 대통령령으로 정한다.

| 관련법령 | 정밀안전진단의 실시(영 제10조) |

1. 위 (2)의 ①에 따른 시설물의 정밀안전진단의 시기는 [별표 3]과 같다.
2. 관리주체는 안전진단전문기관에 정밀안전진단을 의뢰하려는 경우에는 다음에 해당하는 안전진단전문기관에 의뢰해서는 아니 된다.
   ⊙ 해당 시설물을 설계·시공·감리한 자 또는 그 계열회사인 안전진단전문기관
   ⓒ 해당 시설물의 관리주체에 소속되어 있거나 그 자회사인 안전진단전문기관. 다만, 공공관리주체인 안전진단전문기관으로서 소관 시설물의 구조적 특수성으로 해당 기관의 전문기술이 필요하여 국토교통부장관이 인정하는 경우에는 그러하지 아니하다.
3. 전기설비, 기계설비 또는 계측시설을 포함하는 복합된 시설물(건축물은 제외한다)의 구조안전에 관련되는 전기설비, 기계설비 또는 계측시설에 대한 정밀안전진단을 실시하는 경우에는 [별표 6]에 따른 해당 분야의 기술자격자에게 해당 시설물의 구조안전에 관련되는 전기설비, 기계설비 또는 계측시설에 대하여 정밀안전진단을 하게 하여야 한다.

(3) 긴급안전점검의 실시(법 제13조)

① 관리주체는 시설물의 붕괴·전도 등이 발생할 위험이 있다고 판단하는 경우 긴급안전점검을 실시하여야 한다.
② **국토교통부장관 및 관계 행정기관의 장**은 시설물의 구조상 공중의 안전한 이용에 중대한 영향을 미칠 우려가 있다고 판단되는 경우에는 소속 공무원으로 하여금 **긴급안전점검을** 하게 하거나 해당 관리주체 또는 시장·군수·구청장(법 제6조 제1항 단서에 해당하는 시설물의 경우에 한정한다)에게 **긴급안전점검을** 실시할 것을 요구할 수 있다. 이 경우 요구를 받은 자는 특별한 사유가 없으면 그 요구를 따라야 한다.
③ 국토교통부장관 또는 관계 행정기관의 장이 위 ②에 따른 긴급안전점검을 실시하는 경우 점검의 효율성을 높이기 위하여 관계 기관 또는 전문가와 **합동**으로 긴급안전점검을 실시할 수 있다.
④ 위 ②에 따라 긴급안전점검을 실시하는 공무원은 관계인에게 필요한 질문을 하거나 관계 서류 등을 열람할 수 있다.
⑤ 위 ②에 따라 긴급안전점검을 실시하는 공무원은 그 권한을 나타내는 증표를 지니고 이를 관계인에게 보여주어야 한다.
⑥ 국토교통부장관 또는 관계 행정기관의 장은 위 ②에 따라 긴급안전점검을 실시한 경우 그 결과를 해당 관리주체에게 통보하여야 하며, 시설물의 안전 확보를 위하여 필요하다고 인정하는 경우에는 정밀안전진단의 실시, 보수·보강 등 필요한 조치를 취할 것을 명할 수 있다.
⑦ 위 ① 및 ②에 따라 관리주체 또는 관계 행정기관의 장이 긴급안전점검을 실시한 경우 그 결과보고서를 **국토교통부장관**에게 제출하여야 한다. 관리주체가 제출하는 경우에는 법 제6조 제4항부터 제7항까지를 준용한다. 22회

| 관련법령 | **책임기술자의 자격 등(영 제9조)** |

1. 위 (1)의 ①, (2)의 ①·②, (3)의 ① 또는 법 제40조 제1항에 따라 안전점검등 또는 성능평가를 자신의 책임하에 실시할 수 있는 사람(이하 '책임기술자'라 한다)은 [별표 5]에 따른 자격요건을 갖추고 국토교통부령으로 정하는 바에 따라 법 제55조에 따른 '시설물통합정보관리체계'에 책임기술자로 등록한 사람으로 한다.
2. 책임기술자는 안전점검등 또는 성능평가를 실시할 때 필요한 경우에는 다음의 요건을 모두 갖춘 사람(이하 '참여기술자'라 한다)으로 하여금 자신의 감독하에 안전점검등 또는 성능평가를 하게 할 수 있다. 다만, 위 (1)에 따른 안전점검 및 위 (3)에 따른 긴급안전점검을 실시하는 참여기술자의 경우 다음 ⓒ의 요건은 제외한다.
   ⊙ 「건설기술 진흥법 시행령」 [별표 1]에 따른 토목·건축·안전관리(건설안전 기술자격자 분야만 해당한다) 분야의 초급기술인 이상 또는 「건축사법」에 따른 건축사의 자격요건을 갖춘 사람일 것
   ⓒ 국토교통부장관이 인정하는 해당 분야(교량 및 터널, 수리, 항만, 건축 분야로 구분한다)의 정밀안전진단교육 또는 성능평가교육을 이수하였을 것
   ⓒ 국토교통부령으로 정하는 바에 따라 시설물통합정보관리체계에 참여기술자로 등록하였을 것

| 관련법령 | **긴급안전점검의 실시 등(영 제11조)** |

1. 국토교통부장관 및 관계 행정기관의 장은 위 (3)의 ②에 따라 긴급안전점검을 실시할 때는 미리 긴급안전점검 대상 시설물의 **관리주체**에게 긴급안전점검의 목적·날짜 및 대상 등을 서면으로 통지하여야 한다. 다만, 서면 통지로는 긴급안전점검의 목적을 달성할 수 없는 경우에는 구두로 또는 전화 등으로 통지할 수 있다. ^{27회 주관식}
2. 국토교통부장관 또는 관계 행정기관의 장은 위 (3)의 ⑥에 따라 긴급안전점검을 종료한 날부터 15일 이내에 그 결과를 해당 **관리주체**에게 서면으로 통보하여야 한다. ^{25회, 27회 주관식}
3. 위 (3)의 ⑦에 따른 긴급안전점검 결과보고서에 포함되어야 할 사항은 [별표 7]과 같다.

(4) 사법경찰권(법 제14조)

'위 (3)의 ②에 따라 긴급안전점검을 하는 공무원'은 정당한 사유 없이 긴급안전점검을 거부 또는 기피하거나 방해하는 경우 등 긴급안전점검과 관련된 범죄에 관하여는 「사법경찰관리의 직무를 수행할 자와 그 직무범위에 관한 법률」에서 정하는 바에 따라 **사법경찰관리의 직무를 수행한다.**

(5) 지방자치단체에 대한 지원(법 제15조)

국가는 제3종 시설물의 지정과 안전점검등에 필요한 지원을 할 수 있다. ^{25회}

(6) 시설물의 안전등급 지정 등(법 제16조)

① 안전점검등을 실시하는 자는 안전점검등의 실시결과에 따라 대통령령으로 정하는 기준에 적합하게 해당 시설물의 안전등급을 지정하여야 한다.
② 위 ①에도 불구하고 국토교통부장관은 다음에 해당하는 경우에는 해당 시설물의 안전등급을 변경할 수 있다. 이 경우 해당 시설물의 관리주체에게 그 변경 사실을 통보하여야 한다.

㉠ 정밀안전점검 또는 정밀안전진단 실시결과를 평가한 결과 안전등급의 변경이 필요하다고 인정되는 경우
㉡ 법 제41조에 따라 제출된 유지관리 결과보고서의 확인 등 시설물의 보수·보강이 완료되어 등급조정이 필요하다고 인정되는 경우
㉢ 그 밖에 사고나 재해 등으로 인한 시설물의 상태변화 등 안전등급 조정이 필요한 것으로 국토교통부장관이 인정하는 경우

관련법령 시설물의 안전등급 기준(영 제12조)

위 (6)의 ①에서 '대통령령으로 정하는 기준'이란 다음의 [별표 8]의 기준을 말한다.

별표 8 시설물의 안전등급 기준(영 제12조 관련)

안전등급	시설물의 상태
1. A(우수)	문제점이 없는 최상의 상태
2. B(양호)	보조부재에 경미한 결함이 발생하였으나 기능 발휘에는 지장이 없으며, 내구성 증진을 위하여 일부의 보수가 필요한 상태
3. C(보통)	주요부재에 경미한 결함 또는 보조부재에 광범위한 결함이 발생하였으나 전체적인 시설물의 안전에는 지장이 없으며, 주요부재에 내구성, 기능성 저하 방지를 위한 보수가 필요하거나 보조부재에 간단한 보강이 필요한 상태
4. D(미흡)	주요부재에 결함이 발생하여 긴급한 보수·보강이 필요하며 사용제한 여부를 결정하여야 하는 상태
5. E(불량)	주요부재에 발생한 심각한 결함으로 인하여 시설물의 안전에 위험이 있어 즉각 사용을 금지하고 보강 또는 개축을 하여야 하는 상태

(7) 안전점검 및 정밀안전진단 결과보고 등(법 제17조)

① 위 (1)에 따른 안전점검 및 위 (2)에 따른 정밀안전진단을 실시한 자는 대통령령으로 정하는 바에 따라 그 **결과보고서**를 작성하고, 이를 **관리주체** 및 **시장·군수·구청장**[위 (1)의 ① 단서 및 위 (1)의 ③의 경우에 한정한다. 이하 (7) 및 다음 (8)에서 같다]에게 통보하여야 한다.
② 안전점검 및 정밀안전진단을 실시한 자가 위 ①에 따른 결과보고서를 작성할 때에는 다음의 사항을 지켜야 한다.
  ㉠ 다른 안전점검 및 정밀안전진단 결과보고서의 내용을 복제하여 안전점검 및 정밀안전진단 결과보고서를 작성하지 아니할 것
  ㉡ 안전점검 및 정밀안전진단 결과보고서와 그 작성의 기초가 되는 자료를 거짓으로 또는 부실하게 작성하지 아니할 것
  ㉢ 안전점검 및 정밀안전진단 결과보고서와 그 작성의 기초가 되는 자료를 국토교통부령으로 정하는 기간 동안 보존할 것
③ 위 ②의 ㉠ 및 ㉡에 따른 복제, 거짓 또는 부실 작성의 구체적인 판단기준은 국토교통부령으로 정한다.

④ 관리주체 및 시장·군수·구청장은 위 ①에 따른 안전점검 및 정밀안전진단 결과보고서를 국토교통부장관에게 제출하여야 한다. 이 경우 제출 절차에 관하여는 법 제6조 제4항부터 제7항까지를 준용한다.

⑤ 국토교통부장관은 관리주체 및 시장·군수·구청장이 위 ④에 따른 결과보고서를 제출하지 아니하는 경우에는 기한을 정하여 제출을 명할 수 있다.

> **관련법령** 　**안전점검 및 정밀안전진단 결과보고 등(영 제13조)**
>
> 1. 위 **(7)**의 ①에 따른 안전점검 및 정밀안전진단 결과보고서에 포함되어야 할 사항은 [별표 7]과 같다.
> 2. 안전점검 및 정밀안전진단을 실시한 자는 해당 안전점검 및 정밀안전진단을 완료한 경우에는 관리주체 및 시장·군수·구청장(법 제11조 제1항 단서 및 같은 조 제3항의 경우로 한정한다)에게 서면 또는 전자문서로 안전점검 및 정밀안전진단 결과보고서를 작성하여 제출해야 한다.
> 3. 관리주체는 위 2.에 따른 결과보고서를 안전점검 및 정밀안전진단을 완료한 날부터 **30일 이내**에 공공관리주체의 경우는 소속 중앙행정기관 또는 시·도지사에게, 민간관리주체의 경우에는 관할 시장·군수·구청장에게 각각 제출하여야 한다.
> 4. 국토교통부장관은 위 **(7)**의 ③에 따라 결과보고서와 그 작성의 기초가 되는 자료를 부실하게 작성한 것으로 판단하는 때에는 부실의 정도 등을 고려하여 **매우 불량**, **불량** 및 **미흡**으로 구분하여 판단한다.

(8) 정밀안전점검 또는 정밀안전진단 실시결과에 대한 평가(법 제18조)

① **국토교통부장관**은 위 **(7)**의 ④에 따라 정밀안전점검이나 정밀안전진단의 결과보고서를 받은 때에는 정밀안전점검 또는 정밀안전진단의 기술수준을 향상시키고 부실 점검 및 진단을 방지하기 위하여 **정밀안전점검**이나 **정밀안전진단**의 **실시결과**를 **평가**할 수 있다.

② 국토교통부장관은 관리주체, 시장·군수·구청장, 국토안전관리원, 안전진단전문기관 또는 **안전점검전문기관**에게 위 ①에 따른 평가에 필요한 자료를 제출하도록 요구할 수 있다. 이 경우 자료의 제출을 요구받은 자는 특별한 사유가 없으면 이에 따라야 한다.

③ **국토교통부장관**은 위 ①에 따라 정밀안전점검이나 정밀안전진단의 실시결과를 평가한 결과 부실 등 부적정한 것으로 밝혀진 경우 **관리주체** 또는 **시장·군수·구청장**에게 이를 통보하고, **관리주체 또는 시장·군수·구청장**은 대통령령으로 정하는 바에 따라 해당 **결과보고서를 수정** 또는 **보완**하여 **국토교통부장관**에게 제출하여야 한다. 다만, 법 제26조 제1항 및 제2항에 따라 정밀안전점검이나 정밀안전진단을 대행한 경우에는 **대행한 자**가 수정 또는 보완하여 국토교통부장관에게 제출하여야 한다.

④ 국토교통부장관은 관리주체, 시장·군수·구청장 또는 정밀안전점검이나 정밀안전진단을 대행한 자가 위 ③에 따라 결과보고서를 수정 또는 보완하여 제출하지 아니하는 경우에는 기한을 정하여 **제출을 명**할 수 있다. [위반자: 매월 50만원 이행강제금]

⑤ 국토교통부장관은 위 ①에 따라 정밀안전점검이나 정밀안전진단의 실시결과를 평가한 결과 필요하다고 인정(위 ③에 따라 부실 등 부적정한 것으로 밝혀진 경우는 제외한다)하면 관리주체 또는 시장·군수·구청장에게 해당 결과보고서의 수정이나 보완을 요구할 수 있다.

> **관련법령** 정밀안전점검 또는 정밀안전진단 실시결과에 대한 평가(영 제14조)

1. 위 (8)의 ①에 따른 정밀안전점검 또는 정밀안전진단의 실시결과에 대한 평가의 대상은 다음과 같다.
   ㉠ 정밀안전점검 또는 정밀안전진단을 성실하게 실시하지 아니함으로써 시설물에 중대한 파손이나 공중의 안전에 위험을 발생시킬 우려가 있다고 인정되는 경우
   ㉡ 민간관리주체를 지도·감독하는 시장·군수·구청장이 정밀안전점검이나 정밀안전진단의 실시결과에 대하여 부실 점검·진단의 우려가 있다고 인정하여 평가를 의뢰하는 경우
   ㉢ 법 제37조에 따른 안전점검등의 대행에 필요한 비용의 산정기준(이하 '안전점검등 비용산정기준'이라 한다)에 따라 산출한 금액과 비교하여 국토교통부령으로 정하는 비율에 현저하게 미달하는 금액으로 도급계약을 체결한 경우
   ㉣ 관리주체, 국토안전관리원, 안전진단전문기관 또는 안전점검전문기관이 법 또는 법에 따른 명령을 위반하여 정밀안전점검이나 정밀안전진단을 실시함으로써 부실 점검·진단의 우려가 있다고 인정되는 경우
   ㉤ 그 밖에 정밀안전점검이나 정밀안전진단의 부실을 방지하기 위하여 국토교통부장관이 정하여 고시하는 사항에 해당하는 경우
2. 국토교통부장관이 위 1.에 따른 평가를 하는 경우에는 다음의 사항이 포함되어야 한다.
   ㉠ 구조물 전체에 대한 조사·분석·평가의 방법과 그 결과의 적정성
   ㉡ 정밀안전점검 및 정밀안전진단의 실시결과에 따라 제시된 보수·보강방법의 적정성
   ㉢ 그 밖에 국토교통부장관이 해당 시설물의 안전을 위하여 필요하다고 인정하는 사항
3. 국토교통부장관은 위 (8)의 ①에 따라 평가를 한 결과 정밀안전점검 또는 정밀안전진단 실시결과가 부실하다고 평가하는 때에는 부실의 정도 등을 고려하여 매우 불량, 불량 및 미흡으로 구분하여 평가한다. 이 경우 부실 구분의 판단 기준은 국토교통부장관이 정하여 고시한다.
4. 국토교통부장관은 위 (8)에 따라 정밀안전점검 또는 정밀안전진단 실시결과를 평가하는 경우 그 결과보고서가 위 (7)의 ②의 ㉠ 및 ㉡을 준수했는지 여부를 함께 확인해야 한다.
5. 국토교통부장관은 위 1.에 따른 평가를 한 때에는 그 결과를 정밀안전점검 또는 정밀안전진단을 실시한 관리주체, 국토안전관리원, 안전진단전문기관, 안전점검전문기관 및 이들을 지도·감독하는 중앙행정기관의 장 또는 지방자치단체의 장에게 통보하여야 한다.

> **관련법령** 부적정한 정밀안전점검 또는 정밀안전진단 실시결과의 수정·보완(영 제14조의2)

1. 위 (8)의 ③에 따른 수정·보완의 제출기한은 다음의 구분에 따른다. 이 경우 위 (8)의 ①에 따라 실시한 평가결과에 대한 이의제기 등 불복절차의 진행 기간은 제외하고 계산한다.
   ㉠ **정밀안전점검**: 위 (8)의 ③ 본문에 따라 평가결과를 통보받은 날부터 **2개월 이내**
   ㉡ **정밀안전진단**: 위 (8)의 ③ 본문에 따라 평가결과를 통보받은 날부터 **3개월 이내**
2. 위 1.에도 불구하고 해당 시설물이 공사 중이거나 정밀안전점검 또는 정밀안전진단을 대행한 자가 폐업했거나 영업정지 중인 경우 등 불가피한 사유로 해당 기한까지 결과보고서를 수정하거나 보완하여 제출할 수 없는 경우에는 **국토교통부장관과 사전협의**하여 **제출기한을 조정**할 수 있다.

(9) 소규모 취약시설의 안전점검등(법 제19조)

① **국토교통부장관**은 법 제7조 각 호의 시설물(위 CHAPTER 02의 2. 시설물의 종류)이 아닌 시설 중에서 안전에 취약하거나 재난의 위험이 있다고 판단되는 사회복지시설 등 대통령령으로 정하는 시설(이하 '**소규모 취약시설**'이라 한다)에 대하여 해당 시설의 관리자, 소유자 또는 관계 행정기관의 장이 요청하는 경우 안전점검등을 **실시할 수 있다**. 28회

② 국토교통부장관은 위 ①의 요청을 받은 경우 해당 소규모 취약시설에 대한 안전점검등을 실시하고, 그 결과와 안전조치에 필요한 사항을 소규모 취약시설의 관리자, 소유자 또는 관계 행정기관의 장에게 통보하여야 한다.

③ 소규모 취약시설의 관리자, 소유자 또는 관계 행정기관의 장은 위 ②에 따라 통보를 받은 경우 보수·보강 등의 조치가 필요한 사항에 대하여 보수·보강 조치계획을 다음에 해당하는 관계 행정기관의 장에게 제출하고 이를 성실히 이행하도록 노력하여야 한다.

　㉠ 관계 법령에 따라 소규모 취약시설의 관리자로 규정된 자나 해당 소규모 취약시설의 소유자 또는 소유자와의 관리계약 등에 따라 소규모 취약시설의 관리책임을 진 자(이하 '**소규모취약시설관리자**'라 한다)가 '중앙행정기관의 소속 기관이거나 감독을 받는 기관인 경우'에는 소속 **중앙행정기관의 장**

　㉡ 소규모취약시설관리자가 '시·도지사의 소속 기관이거나 감독을 받는 기관인 경우'에는 소속 **시·도지사**

　㉢ '그 외'의 소규모취약시설관리자는 관할 **시장·군수·구청장**

④ 위 ③에 따라 보수·보강 조치계획을 제출받은 시장·군수·구청장은 국토교통부령으로 정하는 바에 따라 그 제출 자료를 관할 시·도지사(특별자치시장·특별자치도지사는 제외한다)에게 보고하여야 한다.

⑤ 위 ③과 ④에 따라 보수·보강 조치계획을 제출받은 중앙행정기관의 장과 시·도지사는 그 계획을 확인한 후 보수·보강 조치계획에 관한 자료를 국토교통부장관에게 제출하여야 한다.

⑥ 위 ③의 ㉠~㉢에 해당하는 **관계 행정기관의 장**은 관할 **소규모 취약시설**에 대한 체계적인 안전관리를 위하여 **매년** 소규모 취약시설의 현황 등 대통령령으로 정하는 사항이 포함된 소규모 취약시설의 안전점검 및 관리계획을 수립하여야 한다.

⑦ 위 ⑥에 따라 안전점검 및 관리계획을 수립한 **시장·군수·구청장**은 국토교통부령으로 정하는 바에 따라 그 수립 자료를 관할 **시·도지사**(특별자치시장·특별자치도지사는 제외한다)에게 **보고하여야 한다**.

⑧ 위 ⑥과 ⑦에 따라 안전점검 및 관리계획을 수립하거나 보고받은 **중앙행정기관의 장과 시·도지사**는 그 내용을 확인한 후 안전점검 및 관리계획에 관한 자료를 **국토교통부장관**에게 제출하여야 한다.

⑨ **국토교통부장관** 및 **관계 행정기관의 장**은 소규모 취약시설의 관리자, 소유자 등에 대하여 국토교통부령으로 정하는 바에 따라 소규모 취약시설의 안전 및 유지관리에 관한 **교육**을 실시할 수 있다.

> **관련법령** **소규모 취약시설의 범위**(영 제15조)
>
> 위 **(9)**의 ①에서 '사회복지시설 등 대통령령으로 정하는 시설'이란 다음의 시설(이하 '**소규모 취약시설**'이라 한다)을 말한다. 다만, 지방자치단체 또는 「지방공기업법」에 따른 지방공기업이 관리주체인 시설은 제외한다.
> 1. 「사회복지사업법」 제2조 제4호에 따른 사회복지시설
> 2. 「전통시장 및 상점가 육성을 위한 특별법」 제2조 제1호에 따른 전통시장
> 3. 「농어촌도로 정비법 시행령」 제2조 제1호에 따른 교량
> 4. 「도로법 시행령」 제2조 제2호에 따른 지하도 및 육교
> 5. 옹벽 및 절토사면(깎기비탈면). 다만, 「도로법」 및 「급경사지 재해예방에 관한 법률」의 적용을 받는 시설은 제외한다.
> 6. 그 밖에 안전에 취약하거나 재난의 위험이 있어 안전점검등을 실시할 필요가 있는 시설로서 국토교통부장관이 정하여 고시하는 시설

> **관련법령** **소규모 취약시설의 안전점검 및 관리계획의 수립**(영 제15조의2)
>
> 위 **(9)**의 ⑥에서 '소규모 취약시설의 현황 등 대통령령으로 정하는 사항'이란 다음의 사항을 말한다.
> 1. 관할 소규모 취약시설의 종류, 명칭, 위치 및 규모 등 현황
> 2. 관할 소규모 취약시설의 변동 현황
> 3. 관할 소규모 취약시설의 관리자, 소유자 또는 관계 행정기관에 관한 정보
> 4. 관할 소규모 취약시설의 설계도서 보유 현황
> 5. 관할 소규모 취약시설의 안전점검 실시계획 및 그에 필요한 비용에 관한 사항
> 6. 그 밖에 소규모 취약시설의 안전 및 유지관리에 필요한 사항

(10) 안전점검등을 하는 자의 의무 등(법 제20조)

① 안전점검등을 하는 자는 다음의 **(11)**에 따른 안전점검등에 관한 지침에서 정하는 안전점검등의 실시 방법 및 절차 등에 따라 성실하게 업무를 수행하여야 한다.

② 안전점검등을 하는 자는 보유 기술인력 또는 등록분야에 따라 대통령령으로 정하는 실시범위에서 안전점검등을 실시하여야 한다.

(11) 안전점검등에 관한 지침(법 제21조)

① **국토교통부장관**은 대통령령으로 정하는 바에 따라 안전점검·정밀안전진단 및 긴급안전점검의 실시 시기·방법·절차 등의 안전점검등에 관한 **지침**을 **작성**하여 **관보**에 고시하여야 한다.

② 국토교통부장관은 위 ①에 따른 지침을 작성할 때에는 미리 관계 행정기관의 장과 협의하여야 하며, 필요한 경우 관계 행정기관의 장에게 관련 자료의 제출을 요구할 수 있다.

> **관련법령** 안전점검등에 관한 지침(영 제17조)

위 (11)의 ①에 따른 안전점검등에 관한 지침(이하 '안전점검등 지침'이라 한다)에는 다음의 사항이 포함되어야 한다.
1. 안전점검등에 필요한 설계도면, 시방서, 사용재료명세 등 시공 관련 자료의 수집 및 검토에 관한 사항
2. 안전점검등의 실시자 구성에 관한 사항
3. 안전점검등의 실시계획의 수립·시행에 관한 사항
4. 안전점검등의 장비에 관한 사항
5. 안전점검등의 항목 및 항목별 점검방법에 관한 사항
6. 안전점검등에 필요한 사용재료의 시험에 관한 사항
7. 안전점검등 결과의 평가에 관한 사항
8. 안전점검 및 정밀안전진단 결과보고서의 작성에 관한 사항 등

(12) 결과보고서 작성 준수사항 위반자에 대한 명단 공표(법 제21조의2)

① 국토교통부장관은 직전연도부터 과거 2년간 위 (7)의 ②의 ㉠ 또는 ㉡을 위반한 자(부실하게 작성한 경우는 3회 이상 작성한 자를 말한다)의 **명단을 공표**할 수 있다. 다만, 이의신청 등 불복절차가 진행 중인 조치는 명단 공표 대상에서 제외한다.
② 위 ①에 따른 명단 공표 여부를 심의하기 위하여 국토교통부에 결과보고서 작성 준수사항 위반자 **명단 공표심의위원회**[이하 (12)에서 '심의위원회'라 한다]를 둔다.
③ 국토교통부장관은 심의위원회의 심의를 거친 공표대상자에게 명단 공표대상자임을 통지하고 **1개월 이상**의 기간을 정하여 **소명기회**를 주어야 한다.

> **관련법령** 결과보고서 작성 준수사항 위반자에 대한 명단 공표 등(영 제17조의2)

1. 위 (12)의 ①에 따른 명단 공표에는 다음의 내용이 포함되어야 한다.
   ㉠ 위 (7)의 ②의 ㉠(복제) 또는 ㉡(거짓)을 위반한 자의 성명, 상호 및 주소(위반자가 법인인 경우에는 그 대표자의 성명 및 법인의 명칭·주소를 말한다)
   ㉡ 명단 공표 직전연도부터 과거 2년간 위반사항 내용
2. 위 (12)의 ①에 따른 명단 공표는 '시설물통합정보관리체계'에 1년간 게시하는 방법으로 한다.

> **관련법령** 결과보고서 작성 준수사항 위반자 명단 공표심의위원회의 구성 및 운영(영 제17조의3)

1. 위 (12)의 ②에 따른 결과보고서 작성 준수사항 위반자 명단 공표심의위원회(이하 '심의위원회'라 한다)는 위원장 1명을 포함한 **10명 이내**의 위원으로 성별을 고려하여 구성하며, 위원장은 심의위원회의 위원 중에서 **국토교통부장관**이 임명한다.
2. 심의위원회의 위원은 다음의 어느 하나에 해당하는 사람 중에서 **국토교통부장관**이 임명하거나 위촉한다.
   ㉠ 시설물의 안전 및 유지관리업무와 관련된 부서에 근무하는 4급 이상 공무원
   ㉡ 시설물의 안전 및 유지관리업무와 관련된 단체 및 연구기관 등의 임직원
   ㉢ 판사·검사 또는 변호사로 6년 이상 재직하고 있거나 재직하였던 사람
   ㉣ 그 밖에 시설물의 안전 및 유지관리업무에 관한 학식과 경험이 풍부한 사람
3. 심의위원회의 위원 중 공무원이 아닌 사람의 임기는 **2년**으로 하며, 연임할 수 있다.

4. 심의위원회의 회의는 재적위원 과반수의 출석으로 개의하고, 출석위원 과반수의 찬성으로 의결한다.
5. 위 1.부터 4.까지에서 규정한 사항 외에 심의위원회의 구성 및 운영에 필요한 사항은 심의위원회의 **의결**을 거쳐 심의위원회 **위원장**이 정한다.

관련법령   위원의 제척·기피·회피(영 제17조의4)

1. 심의위원회의 **위원**이 다음의 어느 하나에 해당하는 경우에는 해당 안건의 심의·의결에서 제척된다.
   ㉠ 위원 또는 그 배우자나 배우자였던 사람이 해당 안건의 당사자(당사자가 법인·단체 등인 경우에는 그 임원을 포함한다. 이하 ㉠ 및 다음 ㉡에서 같다) 또는 이해관계인(이하 1.에서 '당사자'라 한다)이 되거나 그 안건의 당사자와 공동권리자 또는 공동의무자인 경우
   ㉡ 위원이 해당 안건의 당사자와 「민법」 제777조에 따른 친족이거나 친족이었던 경우
   ㉢ 위원이 해당 안건에 대하여 증언, 진술, 자문, 연구, 용역(하도급을 포함한다. 이하 같다), 감정 또는 조사를 한 경우
   ㉣ 위원이나 위원이 속한 법인·단체 등이 해당 안건의 당사자의 대리인이거나 대리인이었던 경우
   ㉤ 위원이 임원 또는 직원으로 재직하고 있거나 최근 3년 내에 재직하였던 기업 등이 해당 안건에 관하여 자문, 연구, 용역, 감정 또는 조사를 한 경우
2. 해당 안건의 **당사자**는 위원에게 공정한 심의·의결을 기대하기 어려운 사정이 있는 경우에는 심의위원회에 기피 신청을 할 수 있고, 심의위원회는 의결로 이를 결정한다. 이 경우 기피 신청의 대상인 위원은 그 의결에 참여하지 못한다.
3. **위원**이 위 1.의 ㉠~㉤에 따른 제척 사유에 해당하는 경우에는 스스로 해당 안건의 심의·의결에서 회피(回避)해야 한다.

관련법령   위원의 해촉(영 제17조의5)

국토교통부장관은 심의위원회의 위원이 다음의 어느 하나에 해당하는 경우에는 해당 위원을 해촉할 수 있다.
1. 심신장애 등의 사유로 인하여 직무를 수행할 수 없게 된 경우
2. 심의위원회의 활동으로 알게 된 정보를 다른 사람에게 누설하거나 자신의 이익을 위하여 사용한 경우 등 직무와 관련한 비위사실이 있는 경우
3. 직무태만, 품위손상, 그 밖의 사유로 인하여 위원의 직을 유지하는 것이 적합하지 않다고 인정되는 경우
4. 영 제17조의4 제1항 각 호의 어느 하나에 해당함에도 불구하고 회피하지 않은 경우
5. 위원 스스로 직무를 수행하는 것이 곤란하다고 의사를 밝히는 경우

2. 재난예방을 위한 안전조치 등

(1) 시설물의 중대한 결함 등의 통보(법 제22조)

① 안전점검등을 실시하는 자는 해당 시설물에서 시설물기초의 세굴(洗掘), 부등침하(不等沈下) 등 대통령령으로 정하는 중대한 결함을 발견하는 경우에는 지체 없이 대통령령으로 정하는 바에 따라 그 사실을 관리주체 및 관할 시장·군수·구청장에게 통보하여야 한다.

② **'안전점검등을 실시하는 자'**는 위 ①에 따른 **중대한 결함 '외'**에 해당 시설물에서 교량 난간의 파손 등 대통령령으로 정하는 **공중이 이용하는 부위의 결함**을 발견한 경우에는 지체 없이 대통령령으로 정하는 바에 따라 그 사실을 **관리주체** 및 관할 **시장·군수·구청장**에게 통보하여야 한다.

③ **관리주체**는 위 ①에 따른 중대한 결함 또는 위 ②에 따른 공중이 이용하는 부위의 결함(이하 '중대한 결함 등'이라 한다)에 대하여 통보받은 내용을 해당 시설물을 관리하거나 감독하는 관계 **행정기관의 장** 및 **국토교통부장관**에게 즉시 **통보**하여야 한다.

> **관련법령** 　시설물의 중대한 결함 등(영 제18조)
>
> 1. 위 (1)의 ①에서 '시설물기초의 세굴, 부등침하 등 대통령령으로 정하는 중대한 결함'이란 시설물의 구조안전에 중대한 영향을 미치는 것으로 인정되는 다음의 결함을 말한다.
>   ㉠ 시설물기초의 세굴
>   ㉡ 교량교각의 부등침하
>   ㉢ 교량받침의 파손
>   ㉣ 터널지반의 부등침하
>   ㉤ 항만 계류시설 중 강관 또는 철근콘크리트파일의 파손·부식
>   ㉥ 댐의 파이핑(piping; 흙·모래 등이 깎여 땅속에 관 모양의 물길이 생기는 현상을 말한다. 이하 같다) 및 구조적 균열
>   ㉦ 건축물의 기둥·보 또는 내력벽의 내력 손실
>   ㉧ 하천시설물의 본체, 교량 및 수문의 파손·누수·파이핑 또는 세굴
>   ㉨ 시설물의 철근콘크리트의 염해(鹽害; 염분 피해) 또는 탄산화에 따른 내력 손실
>   ㉩ 절토사면 및 성토사면(쌓기비탈면)의 균열·이완 등에 따른 옹벽의 균열 또는 파손
>   ㉪ 그 밖에 시설물의 구조안전에 영향을 미치는 것으로 인정되는 결함으로서 국토교통부령으로 정하는 결함
>
> 2. 위 (1)의 ②에서 '교량 난간의 파손 등 대통령령으로 정하는 공중이 이용하는 부위의 결함'이란 시설물을 이용하는 공중의 안전에 영향을 미치는 것으로 인정되는 다음의 결함을 말한다.
>   ㉠ 시설물의 난간 등 추락방지시설의 파손
>   ㉡ 도로교량, 도로터널의 포장 부분이나 신축(伸縮) 이음부의 파손
>   ㉢ 보행자 또는 차량이 이동하는 구간에 있는 환기구 등의 덮개 파손
>   ㉣ 그 밖에 공중의 안전에 영향을 미치는 것으로 인정되는 부위의 결함으로서 국토교통부령으로 정하는 부위의 결함
>
> 3. 위 (1)의 ① 및 ②에 따른 통보에는 다음의 사항이 포함되어야 한다.
>   ㉠ 시설물의 명칭 및 소재지
>   ㉡ 관리주체의 상호, 명칭, 성명(관리주체가 법인인 경우에는 대표자의 성명을 말한다) 및 주소
>   ㉢ 안전점검등의 실시기간과 실시자
>   ㉣ 시설물의 상태별 등급과 중대한 결함의 내용
>   ㉤ 관리주체가 조치하여야 할 사항
>   ㉥ 그 밖에 안전관리에 필요한 사항

(2) 긴급안전조치(법 제23조)

① **관리주체**는 시설물의 중대한 결함 등을 '통보'받거나 시설물이 '법 제16조에 따라 지정된 안전등급' 중 '**대통령령으로 정하는 안전등급으로 지정**'되는 등 시설물의 구조상 공중의 안전한 이용에 미치는 영향이 중대하여 긴급한 조치가 필요하다고 인정되는 경우에는 시설물의 사용제한·사용금지·철거, **주민대피 등의 안전조치**를 하여야 한다. 22회, 28회

② **시장·군수·구청장**은 시설물의 중대한 결함 등을 통보받는 등 시설물의 구조상 공중의 안전한 이용에 미치는 영향이 중대하여 긴급한 조치가 필요하다고 인정되는 경우에는 **관리주체**에게 시설물의 사용제한·사용금지·철거, **주민대피 등의 안전조치**를 **명할 수 있다**. 이 경우 관리주체는 신속하게 **안전조치명령**을 이행하여야 한다.

③ **관리주체**는 위 ① 또는 ②에 따른 사용제한 등을 하는 경우에는 즉시 그 사실을 관계 **행정기관의 장** 및 **국토교통부장관**에게 통보하여야 하며, 통보를 받은 **관계 행정기관의 장**은 이를 공고하여야 한다.

④ 시장·군수·구청장은 위 ②에 따른 안전조치명령을 받은 자가 그 명령을 이행하지 아니하는 경우에는 그에 대신하여 필요한 안전조치를 할 수 있다. 이 경우 「행정대집행법」을 준용한다. 25회 주관식

⑤ 시장·군수·구청장은 위 ④에 따른 안전조치를 할 때에는 미리 해당 관리주체에게 서면으로 그 사실을 알려주어야 한다. 다만, 긴급한 경우이거나 알리는 것이 불가능한 경우에는 안전조치를 한 후 그 사실을 통보할 수 있다.

(3) 시설물의 보수·보강 등(법 제24조)

① **관리주체**는 다음의 어느 하나에 해당하는 경우 대통령령으로 정하는 바에 따라 시설물의 '보수·보강 등 필요한 조치'를 하여야 한다. 〈개정, 시행 2025.12.4.〉

　㉠ 법 제13조(긴급안전점검의 실시) 제6항에 따른 조치명령을 받은 경우
　㉡ 정밀안전점검 또는 정밀안전진단 결과 시설물이 법 제16조에 따라 지정된 안전등급 중 '대통령령으로 정하는 안전등급으로 지정'된 경우
　㉢ 위 **(2)**에 따라 '시설물의 중대한 결함 등에 대한 통보'를 받은 경우

② **국토교통부장관** 및 관계 **행정기관의 장**은 **관리주체**가 위 ①에 따른 시설물의 보수·보강 등 필요한 조치를 하지 아니한 경우 이에 대하여 **이행** 및 **시정을 명**할 수 있다.

③ 위 ①에 따라 시설물의 보수·보강 등 필요한 조치를 끝낸 **관리주체**는 그 결과를 **국토교통부장관** 및 관계 **행정기관의 장**에게 통보하여야 한다.

> **관련법령　중대한 결함 등에 대한 보수·보강조치의 이행(영 제19조)**
>
> 관리주체는 위 (3)의 ①에 따라 법 제13조 제6항에 따른 조치명령 또는 위 (1)의 ①·②에 따른 통보를 받은 날부터 2년 이내에 시설물의 보수·보강 등 필요한 조치에 착수해야 하며, 특별한 사유가 없으면 착수한 날부터 3년 이내에 이를 완료해야 한다.

(4) 위험표지의 설치 등(법 제25조)

① **관리주체**는 안전점검등을 실시한 결과 해당 시설물에 중대한 결함 등이 있거나 위 1.의 **(6)**에 따라 안전등급을 지정한 결과 해당 시설물이 긴급한 보수·보강이 필요하다고 판단되는 경우에는 해당 시설물에 위험을 알리는 표지를 설치하고, 방송·인터넷 등의 매체를 통하여 주민에게 알려야 한다.

② 위의 ①에 따라 설치하는 위험표지의 크기·기재사항 등에 관한 세부사항은 국토교통부령으로 정한다.

③ 누구든지 관리주체의 허락 없이 위험표지를 이전하거나 훼손하여서는 아니 된다.

3. 안전점검등의 대행

(1) 안전점검등의 대행(법 제26조)

① **관리주체**는 **안전점검 및 긴급안전점검**을 국토안전관리원, 안전진단전문기관 또는 안전점검전문기관에 대행하게 할 수 있다.

② **관리주체**는 **정밀안전진단**을 실시하려는 경우 이를 직접 수행할 수 없고 **국토안전관리원** 또는 **안전진단전문기관**에 대행하게 하여야 한다. 다만, '**대통령령으로 정하는 시설물**'의 경우에는 **국토안전관리원에만** 대행하게 하여야 한다.

③ 관리주체는 위 ①과 ②에 따라 안전점검, 긴급안전점검 및 정밀안전진단을 국토안전관리원, 안전진단전문기관 또는 **안전점검전문기관**에 대행하게 하는 경우에는 안전상태를 사실과 다르게 진단하게 하거나, 결과보고서를 거짓으로 또는 부실하게 작성하도록 요구해서는 아니 된다.

④ 위 ②에 따라 국토안전관리원이나 안전진단전문기관이 정밀안전진단을 실시할 때에는 **관리주체의 '승인'**을 받아 다른 안전진단전문기관과 **공동**으로 정밀안전진단을 실시할 수 있다.

관련법령 　**정밀안전진단을 실시할 시설물(영 제21조)**

1. 위 (1)의 ② 단서에서 '대통령령으로 정하는 시설물'이란 다음의 시설물 중 시설물의 규모 및 안전관리의 필요성 등을 고려하여 국토교통부장관이 정하여 고시하는 시설물을 말한다. 다만, 공공관리주체가 관리하는 시설물로서 관리주체가 국토안전관리원 외의 자의 정밀안전진단이 필요하다고 인정하여 국토교통부장관과 협의한 시설물은 제외한다.
   ㉠ 다음의 교량
   　ⓐ 도로교량 중 상부구조형식이 현수교·사장교·아치교·트러스교인 교량 및 최대 경간장 50미터 이상인 교량(한 경간 교량은 제외한다)
   　ⓑ 철도교량 중 상부구조형식이 아치교·트러스교인 교량
   　ⓒ 고속철도 교량
   ㉡ 연장 1천 미터 이상인 터널
   ㉢ 갑문시설

ⓔ 다목적댐·발전용댐·홍수전용댐 및 저수용량 2천만 톤 이상인 용수전용댐
　　　ⓜ 하구둑과 특별시에 있는 국가하천의 수문 및 배수펌프장
　　　ⓑ 광역상수도 및 그 부대시설과 공업용수도(용수공급능력이 100만 톤 이상인 것만 해당한다) 및 그 부대시설
　　　ⓢ 말뚝구조의 계류시설(10만 톤급 이상의 시설만 해당한다)
　　　ⓞ 포용조수량 8천만 톤 이상의 방조제
　　　ⓩ 다기능 보(높이 5미터 이상인 것만 해당한다)
　2. 국토교통부장관은 위 1.에 따라 고시한 시설물에 대하여 2020년 1월 31일을 기준으로 **5년마다** 시설물 선정의 적정성을 검토하여 개선 등의 조치를 해야 한다.

(2) 하도급 제한 등(법 제27조)

① 안전진단전문기관, **안전점검전문기관** 또는 국토안전관리원은 관리주체로부터 안전점검등의 실시에 관한 도급을 받은 경우에는 이를 하도급할 수 없다. 다만, 총도급금액의 **100분의 50 이하**의 범위에서 전문기술이 필요한 경우 등 대통령령으로 정하는 경우에는 분야별로 한 차례만 하도급할 수 있다. 26회

② 위 ① 단서에 따라 하도급을 한 자는 대통령령으로 정하는 바에 따라 관리주체에게 통보하여야 한다.

③ 관리주체는 안전진단전문기관, **안전점검전문기관** 또는 국토안전관리원이 위 ①을 위반하여 하도급을 하였다고 의심할 만한 상당한 사유가 있는 경우에는 다음의 구분에 따른 자에게 사실조사를 요청할 수 있다.
　㉠ 안전진단전문기관 및 안전점검전문기관의 경우: 시·도지사
　㉡ 국토안전관리원의 경우: 국토교통부장관

④ **국토교통부장관** 또는 **시·도지사**는 위 ③에 따른 요청을 받으면 필요한 **사실조사**를 하고 그 **결과**를 **관리주체**에게 **통보**하여야 한다.

⑤ 국토교통부장관 또는 시·도지사는 위 ④에 따른 조사의 결과 도급을 받은 자가 위 ①을 위반하여 하도급을 한 사실을 확인한 경우에는 다음 **(7)**에 따른 처분 또는 처분의 요청 등 필요한 조치를 하여야 한다.

⑥ 국토교통부장관 또는 시·도지사는 위 ④에 따른 사실조사를 위하여 필요한 경우에는 안전진단전문기관, **안전점검전문기관** 또는 국토안전관리원과 그 밖의 관계인에게 필요한 자료의 제출을 요구할 수 있으며, 소속 공무원으로 하여금 그 사무실이나 사업장에 출입하여 장부·서류나 그 밖의 자료 또는 물건을 조사하게 할 수 있다.

> **관련법령** 하도급 제한 등(영 제22조)
>
> 1. 위 **(2)**의 ① 단서에서 '전문기술이 필요한 경우 등 대통령령으로 정하는 경우'란 [별표 10]의 전문기술이 필요한 경우를 말한다.
> 2. 위 **(2)**의 ②에 따른 통보는 국토교통부령으로 정하는 바에 따라 하도급계약을 체결한 날부터 10일 이내에 하여야 한다. 하도급계약을 변경하거나 해제하는 경우에도 또한 같다.

(3) 안전진단전문기관의 등록 등(법 제28조)

① 시설물의 안전점검등 또는 성능평가를 대행하려는 자는 기술인력 및 장비 등 대통령령으로 정하는 분야별 등록기준을 갖추어 **시·도지사**에게 안전진단전문기관으로 등록을 하여야 한다.
② 시·도지사는 위 ①에 따라 안전진단전문기관으로 등록을 한 때에는 등록증을 발급하여야 한다.
③ 안전진단전문기관은 대통령령으로 정하는 등록사항이 변경된 때에는 그날부터 **30일 이내**에 시·도지사에게 신고하여야 한다.
④ 시·도지사는 위 ③에 따른 신고를 받은 경우 그 내용을 검토하여 이 법에 적합하면 신고를 수리하여야 한다.
⑤ 안전진단전문기관은 위 ②에 따라 받은 등록증을 잃어버리거나 못쓰게 된 때에는 다시 등록증을 교부받을 수 있다.
⑥ 안전진단전문기관은 계속하여 1년 이상 휴업하거나 재개업 또는 폐업하려는 경우에는 시·도지사에게 신고하여야 한다.
⑦ 시·도지사는 위 ⑥에 따라 폐업신고를 받은 때에는 그 등록을 말소하여야 한다.
⑧ 시·도지사는 위 ①·③·④ 및 ⑥에 따라 안전진단전문기관의 등록을 하거나 안전진단전문기관으로부터 등록사항의 변경신고를 받고 신고를 수리한 때 또는 안전진단전문기관으로부터 휴업, 재개업 또는 폐업신고를 받은 때에는 그 사실을 국토교통부장관에게 통보하여야 한다.

> **관련법령** 안전진단전문기관의 등록 등(영 제23조)
>
> 1. 위 (3)의 ①에서 '기술인력 및 장비 등 대통령령으로 정하는 분야별 등록기준'이란 [별표 11] 제1호에 따른 안전진단전문기관의 등록기준을 말한다.
> 2. 위 (3)의 ③에서 '대통령령으로 정하는 등록사항'이란 다음의 사항을 말한다.
>   ㉠ 상호
>   ㉡ 대표자
>   ㉢ 사무소 소재지
>   ㉣ 기술인력
>   ㉤ 장비

(4) 안전점검전문기관의 등록 등(법 제28조의2)

① 시설물의 안전점검 또는 긴급안전점검을 대행하려는 자는 기술인력 및 장비 등 대통령령으로 정하는 분야별 등록기준을 갖추어 **시·도지사**에게 등록하여야 한다.
② **안전점검전문기관**의 변경등록, 등록증의 발급·재발급, 휴업·재개업·폐업 신고, 결격사유, 명의대여의 금지 및 영업 양도 등에 관하여는 법 제28조(안전진단전문기관의 등록 등)(같은 조 제1항은 제외한다), 법 제29조(결격사유), 법 제30조(명의대여의 금지 등) 및 법 제38조(안전진단전문기관의 영업 양도 등)를 준용한다. 이 경우 '안전진단전문기관'은 '안전점검전문기관'으로, '안전점검등 또는 성능평가'는 '안전점검 또는 긴급안전점검'으로 본다.

| 관련법령 | 안전진단전문기관의 등록(영 제23조의2) |

위 **(4)**의 ①에서 '기술인력 및 장비 등 대통령령으로 정하는 분야별 등록기준'이란 [별표 11] 제2호에 따른 안전진단전문기관의 등록기준을 말한다.

(5) 결격사유(법 제29조)

다음의 어느 하나에 해당하는 자는 안전진단전문기관으로 등록할 수 없다.
① 피성년후견인 또는 피한정후견인
② 파산선고를 받고 복권되지 아니한 자
③ 등록이 취소된 날부터 2년이 지나지 아니한 자. 다만, 다음 **(7)** ①의 ㋐에 해당하여 취소된 경우는 제외한다.
④ 이 법을 위반하여 징역 이상의 실형을 선고받고 그 형의 집행이 끝나거나(집행이 끝난 것으로 보는 경우를 포함한다) 집행을 받지 아니하기로 확정된 날부터 2년이 지나지 아니한 자
⑤ 이 법을 위반하여 징역형의 집행유예를 선고받고 그 유예기간 중에 있는 자
⑥ 임원 중에 위 ①부터 ⑤까지의 어느 하나에 해당하는 자가 있는 법인

(6) 명의대여의 금지 등(법 제30조)

안전진단전문기관은 타인에게 자기의 명칭이나 상호(商號)를 사용하여 안전점검등 또는 성능평가의 업무를 하게 하거나 안전진단전문기관 등록증을 대여(貸與)하여서는 아니 된다. [위반자: 2년 이하의 징역 또는 2천만원 이하의 벌금]

(7) 등록의 취소 등(법 제31조)

① 시·도지사는 **안전진단전문기관** 또는 **안전점검전문기관**이 다음의 어느 하나에 해당하면 그 등록을 취소하거나 1년 이내의 기간을 정하여 영업정지를 명할 수 있다. 다만, ㉠부터 ㉢까지, ㊀, ㊂ 또는 ㊅의 어느 하나에 해당하는 경우에는 그 등록을 취소하여야 한다.
㉠ 거짓이나 그 밖의 부정한 방법으로 등록한 경우
㉡ 최근 2년 이내에 두 번의 영업정지처분을 받고 다시 영업정지처분에 해당하는 행위를 한 경우
㉢ 영업정지처분을 받고 그 영업정지기간 중 안전점검등 또는 성능평가의 대행계약을 새로 체결한 경우
㉣ 최근 3년[기간 계산 시 위 **(3)**의 ⑥[위 **(4)**의 ②에서 준용하는 경우를 포함한다]에 따라 신고한 휴업기간은 제외한다] 이상의 기간 동안 정당한 사유 없이 안전점검등 또는 성능평가의 대행실적이 없는 경우
㉤ 국토교통부장관이 법 제18조(정밀안전점검 또는 정밀안전진단 실시결과에 대한 평가)에 따라 안전진단전문기관의 정밀안전점검과 정밀안전진단 실시결과를 평가한 결과 고의 또는 과실로 안전상태를 사실과 다르게 진단하는 등 업무를 부실하게 수행한 것으로 평가한 경우

ⓑ 법 제20조 제1항[위 1. (10)의 ①]을 위반하여 안전점검등의 업무를 성실하게 수행하지 아니함으로써 시설물의 손괴(損壞)나 구조상의 중대한 결함을 발생시킨 경우
ⓢ 법 제20조 제2항[위 1. (10)의 ②]에 따른 안전점검등의 실시범위를 위반한 경우
ⓞ 위 (2)를 위반하여 안전점검등을 하도급한 경우
ⓩ 위 (3)의 ① 또는 위 (4)의 ①에 따른 등록기준에 못 미치게 된 경우. 다만, 일시적으로 등록기준에 못 미치는 등 대통령령으로 정하는 경우에는 그러하지 아니하다.
ⓒ 위 (5)[위 (4)의 ②에서 준용하는 경우를 포함한다. 이하 ⓒ에서 같다]의 ①~⑥의 어느 하나에 해당하는 경우. 다만, 위 (5)의 ⑥에 해당하는 법인이 6개월 이내에 그 임원을 바꾸어 임명한 경우에는 그러하지 아니하다.
ⓚ 위 (6)[위 (4)의 ②에서 준용하는 경우를 포함한다]을 위반하여 타인에게 자기의 명칭 또는 상호를 사용하게 하거나 그 안전진단전문기관 등록증을 대여한 경우
ⓣ 최근 2년간 법 제35조[다음 (11)]에 따른 시정명령을 두 차례 받고 새로 시정명령에 해당하는 사유가 발생한 경우
ⓟ 법 제42조 제1항을 위반하여 성능평가 업무를 성실하게 수행하지 아니함으로써 시설물의 손괴(損壞)나 구조상의 중대한 결함을 발생시킨 경우
ⓗ 법 제11조에 따른 안전점검, 법 제12조에 따른 정밀안전진단, 법 제13조에 따른 긴급안전점검 또는 법 제40조에 따른 성능평가를 수행할 자격이 있는 자[이하 (7)에서 '기술자'라 한다]가 아닌 자에게 안전점검등 또는 성능평가 업무를 수행하게 한 경우
㉮ 소속 임직원인 기술자가 수행하여야 할 안전점검등 또는 성능평가 업무를 소속 임직원이 아닌 기술자에게 수행하게 한 경우
㉯ 다른 행정기관으로부터 법령에 따라 영업정지 등의 요청이 있는 경우
㉰ 국토교통부장관, 주무부처의 장 또는 지방자치단체의 장이 폐업사실을 확인한 때
② 국토교통부장관 또는 시·도지사는 **건설사업자**가 법 제42조(시설물을 유지관리 또는 성능평가를 하는 자의 의무 등) 제1항을 위반하여 유지관리 업무를 성실하게 수행하지 아니함으로써 시설물에 중대한 손괴를 발생시킨 경우 「건설산업기본법」 제83조 제11호에 따라 영업정지 또는 등록말소를 요청할 수 있다.
③ 위 ②에 따른 영업정지 또는 등록말소의 요청을 받은 관계 행정기관의 장은 그 조치결과를 국토교통부장관 또는 해당 시·도지사에게 통보하여야 한다.
④ 위 ①에 따른 행정처분의 세부적인 기준은 그 처분의 사유와 위반의 정도 등을 고려하여 대통령령으로 정한다.

> **관련법령** **일시적인 등록기준의 미달(영 제24조)**
>
> 위 (7)의 ①의 ⓩ 단서에서 '일시적으로 등록기준에 못 미치는 등 대통령령으로 정하는 경우'란 다음의 어느 하나에 해당하는 경우를 말한다.
> 1. 영 제23조 제1항에 따른 등록기준 중 기술인력에 해당하는 사람의 사망·실종 또는 퇴직으로 등록기준에 미치지 못하는 기간이 30일 이내인 경우

2. 영 제23조 제1항에 따른 등록기준 중 자본금 기준에 미치지 못하는 경우로서 다음의 어느 하나에 해당하는 경우
   ㉠ 「채무자 회생 및 파산에 관한 법률」에 따라 법원이 회생절차개시의 결정을 하고 그 절차가 진행 중인 경우
   ㉡ 「기업구조조정 촉진법」에 따라 금융채권자협의회에 의한 공동관리절차의 개시를 의결하고 그 절차가 진행 중인 경우

(8) 청문(법 제32조)

시·도지사는 위 (7)에 따라 안전진단전문기관 또는 **안전점검전문기관의 등록을 취소**하거나 **영업정지**를 하려는 경우에는 **청문**을 하여야 한다.

(9) 행정처분 후의 업무수행(법 제33조)

① 위 (7)에 따라 등록의 취소 또는 영업정지처분을 받은 안전진단전문기관 또는 안전점검전문기관은 처분 전에 체결한 안전점검등 또는 성능평가의 대행계약에 한정하여 해당 업무를 계속할 수 있다. 이 경우 안전진단전문기관이나 **안전점검전문기관**은 그 처분받은 내용을 지체 없이 안전점검등 또는 성능평가의 대행계약을 체결한 관리주체에게 문서로 알려야 한다.

② 관리주체는 위 ①에 따른 통지를 받거나 그 사실을 안 때에는 그날부터 30일 이내에 해당 계약을 해지할 수 있다.

③ 위 ①에 따라 업무를 계속하는 자는 그 업무를 끝낼 때까지 그 업무에 관하여는 안전진단전문기관 또는 **안전점검전문기관**으로 본다.

(10) 보고·조사(법 제34조)

① 국토교통부장관 또는 시·도지사는 안전진단전문기관이나 **안전점검전문기관**의 안전점검등의 실시현황 등 그 업무에 관한 사항을 파악하기 위하여 필요하면 안전진단전문기관이나 **안전점검전문기관**에 필요한 보고를 하도록 명하거나 관련 자료를 제출하게 할 수 있으며, 소속 공무원으로 하여금 관련 서류 등을 조사하게 할 수 있다.

② 위 ①에 따른 조사를 하는 경우에는 조사 **7일 전**까지 조사의 일시·이유 및 내용 등에 대한 조사계획을 조사대상자에게 알려야 한다. 다만, 긴급히 처리할 필요가 있거나 사전에 알릴 경우 증거인멸 등으로 조사의 목적을 달성할 수 없다고 인정하는 경우에는 그러하지 아니하다.

③ 위 ①에 따른 조사를 하는 공무원은 그 권한을 표시하는 증표를 지니고 이를 관계인에게 내보여야 한다.

(11) 시정명령(법 제35조)

국토교통부장관 또는 시·도지사는 안전진단전문기관이나 **안전점검전문기관** 및 **건설사업자**가

법 제20조 제1항(안전점검등을 하는 자의 의무) 및 법 제42조 제1항(시설물을 유지관리 또는 성능평가를 하는 자의 의무)을 위반하여 안전점검등, 유지관리 또는 성능평가 업무를 성실하게 수행하지 아니하여 공중에 대한 위험이 발생될 우려가 있는 경우에는 기간을 정하여 그 시정을 명할 수 있다.

(12) 안전점검등 및 성능평가 실적의 관리 등(법 제36조)

① 안전진단전문기관 및 **안전점검전문기관**은 안전점검등 또는 성능평가를 대행한 경우 관리주체 등에게 그 실시결과에 대한 확인을 받은 후 그 대행실적을 다음에 해당하는 관계 행정기관의 장을 거쳐 국토교통부장관에게 제출하여야 한다.
  ㉠ 관리주체가 중앙행정기관의 소속 기관이거나 감독을 받는 공공관리주체인 경우에는 소속 중앙행정기관의 장
  ㉡ 위 ㉠ 외의 공공관리주체는 시·도지사
  ㉢ 민간관리주체는 관할 시장·군수·구청장 및 시·도지사
② 시·도지사는 매년 안전진단전문기관 및 **안전점검전문기관**에 대한 영업정지 등 행정처분 현황을 국토교통부장관에게 보고하여야 한다.
③ 국토교통부장관은 위 ①에 따라 제출받은 안전점검등 및 성능평가의 대행실적을 관리하여야 하며, 안전진단전문기관이나 **안전점검전문기관**이 신청을 하는 경우에는 안전점검등 및 성능평가 실적확인서를 발급할 수 있다.
④ 국토교통부장관은 관리주체가 적절한 안전점검등 및 성능평가 대행자를 선정할 수 있도록 하기 위하여 안전진단전문기관 및 **안전점검전문기관**의 현황과 위 ①에 따른 대행실적을 공개할 수 있다.

(13) 안전점검등 비용의 산정기준(법 제37조)

국토교통부장관은 안전점검등의 대행에 필요한 비용의 산정기준을 정하여 고시하여야 한다.

> **관련법령** 안전점검등 비용의 산정기준(영 제26조)
>
> 국토교통부장관은 위 (13)에 따라 안전점검등 비용산정기준을 정하여 고시하려는 경우에는 **기획재정부장관**과 협의하여야 한다.

(14) 안전진단전문기관의 영업 양도 등(법 제38조)

① 안전진단전문기관이 영업의 양도나 합병을 하려는 경우에는 국토교통부령으로 정하는 바에 따라 시·도지사에게 신고하여야 한다.
② 시·도지사는 위 ①에 따른 신고를 받은 경우 그 내용을 검토하여 이 법에 적합하면 신고를 수리하여야 한다.
③ 영업의 양수인이나 합병으로 설립 또는 존속하는 법인은 위 ①에 따른 신고가 수리됨으로써 안전진단전문기관으로서의 지위를 승계한다.

④ 위 ③에 따라 종전의 안전진단전문기관의 지위를 승계한 자는 국토교통부령으로 정하는 바에 따라 위 **(12)**의 ①에 따른 종전의 안전진단전문기관의 실적을 승계한다.

⑤ 안전진단전문기관의 영업을 상속받는 경우에 대해서는 위 ①부터 ④까지의 규정을 준용한다. 이 경우 피상속인이 사망한 날부터 신고가 수리된 날까지의 기간 동안은 피상속인의 안전진단전문기관 등록을 상속인의 안전진단전문기관 등록으로 본다.

(15) 협회의 설립 등(법 제38조의2)

① **안전진단전문기관**은 시설물 안전 산업의 건전한 발전과 시설물의 안전 및 유지관리에 관한 기술개발 등을 위해 **안전진단전문협회**(이하 '협회'라 한다)를 설립할 수 있다.
② 협회는 법인으로 한다.
③ 협회는 주된 사무소의 소재지에서 설립등기를 함으로써 성립한다.
④ 협회 회원의 자격과 임원에 관한 사항 등은 **정관**으로 정한다.
⑤ '협회 정관의 기재 사항'과 '협회에 대한 감독'에 필요한 사항은 대통령령으로 정한다.

> **관련법령** 안전진단전문협회 정관의 기재사항(영 제26조의2)
>
> 안전진단전문협회의 **정관**에는 다음의 사항이 포함되어야 한다.
> 1. 목적
> 2. 명칭
> 3. 사업
> 4. 주된 사무소의 소재지
> 5. 회원의 가입 및 탈퇴에 관한 사항
> 6. 임원 구성에 관한 사항
> 7. 회원의 권리 및 의무에 관한 사항
> 8. 총회·대의원회 및 이사회에 관한 사항
> 9. 자산과 회계에 관한 사항
> 10. 정관의 변경에 관한 사항
> 11. 그 밖에 안전진단전문협회의 운영에 필요한 사항

> **관련법령** 안전진단전문협회에 대한 지도·감독(영 제26조의3)
>
> **국토교통부장관**은 안전진단전문협회에 대하여 지도·감독상 필요할 때에는 그 업무에 관한 사항을 보고하게 하거나 자료의 제출을 요구할 수 있다.

(16) 협회 설립의 인가 절차 등(법 제38조의3)

① 협회를 설립하려면 회원 자격이 있는 안전진단전문기관 **50인 이상**이 발기하고 회원 자격이 있는 안전진단전문기관 중 '대통령령으로 정하는 수' 이상의 동의를 받아 **창립 총회**에서 **정관**을 작성한 후 **국토교통부장관**에게 **인가**를 신청하여야 한다.
② 국토교통부장관은 위 ①에 따른 신청을 인가하면 그 사실을 공고하여야 한다.
③ 협회가 성립되고 임원이 선임될 때까지 필요한 사무는 '**발기인**'이 처리한다.

| 관련법령 | 협회 설립 시 동의를 얻어야 하는 안전진단전문기관의 수(영 제26조의4) |

위 **(16)**의 ①에서 '대통령령으로 정하는 수'란 '회원 자격이 있는 안전진단전문기관 수'의 10분의 1을 말한다.

(17) 「**민법**」의 준용(법 제38조의4)

협회에 관하여 이 법에 규정된 사항을 제외하고는 「민법」 중 **사단법인**에 관한 규정을 준용한다.

4. 시설물의 유지관리

(1) 시설물의 유지관리(법 제39조)

① **관리주체**는 시설물의 기능을 보전하고 편의와 안전을 높이기 위하여 소관 시설물을 유지관리하여야 한다. 다만, 대통령령으로 정하는 시설물(공동주택)로서 다른 법령에 따라 유지관리하는 경우에는 그러하지 아니하다.
② **관리주체**는 **건설사업자** 또는 그 시설물을 **시공한 자**[하자담보책임기간(동일한 시설물의 각 부분별 하자담보책임기간이 다른 경우에는 가장 긴 하자담보책임기간을 말한다) 내인 경우에 한정한다]로 하여금 시설물의 유지관리를 대행하게 할 수 있다. 24회
③ 시설물의 유지관리에 드는 비용은 **관리주체가** 부담한다. 24회

| 관련법령 | 다른 법령에 따라 유지관리하는 시설물(영 제27조) |

위 **(1)**의 ① 단서에서 '대통령령으로 정하는 시설물'이란 '**공동주택**'을 말한다.

(2) 시설물의 **성능평가**(법 제40조)

① **도로, 철도, 항만, 댐** 등 대통령령으로 정하는 시설물(제1종 시설물 및 제2종 시설물에 해당하는 공항청사 등)의 **관리주체**는 시설물의 성능을 유지하기 위하여 시설물에 대한 성능평가를 실시하여야 한다.
② 위 ①에 따른 **관리주체**는 성능평가를 **국토안전관리원과 안전진단전문기관**에게 대행하게 할 수 있다.
③ 성능평가를 실시한 자는 대통령령으로 정하는 바에 따라 그 결과보고서를 작성하고, 이를 관리주체에게 통보하여야 한다.
④ 관리주체는 위 ③에 따른 성능평가 결과보고서를 국토교통부장관에게 제출하여야 한다. 이 경우 제출 절차에 관하여는 법 제6조 제4항부터 제7항까지를 준용한다.
⑤ 위 ③에 따른 결과보고서의 작성에 관하여는 법 제17조 제2항 및 제3항을 준용한다. 이 경우 '안전점검 및 정밀안전진단'은 '성능평가'로 본다.
⑥ **성능평가**를 실시한 자는 실시결과에 따라 대통령령으로 정하는 기준에 적합하게 해당 시설물의 성능등급을 지정하여야 한다.

| 관련법령 | 시설물의 성능평가(영 제28조) |

1. 위 (2)의 ①에서 '도로, 철도, 항만, 댐 등 대통령령으로 정하는 시설물'이란 다음의 [별표 13]과 같다.
2. 위 (2)의 ①에 따른 성능평가의 실시시기는 앞의 [별표 3]과 같다.
3. 위 (2)의 ①에 따라 성능평가를 실시하는 자는 보유 기술인력 또는 등록분야에 따라 [별표 9]에 따른 실시범위 안에서 성능평가를 실시하여야 한다.
4. 관리주체는 위 (2)의 ①에 따라 성능평가를 실시하는 경우 정밀안전점검 또는 정밀안전진단을 포함하여 실시할 수 있다.
5. 관리주체는 성능평가를 실시할 때 다음의 어느 하나에 해당하는 정밀안전점검 또는 정밀안전진단에서 실시한 현장조사·시험 등의 결과를 활용할 수 있다.
    ㉠ 성능평가에 포함하여 실시한 정밀안전점검 또는 정밀안전진단
    ㉡ 성능평가를 하는 날부터 1년 이내에 실시한 정밀안전점검 또는 정밀안전진단
6. 성능평가를 실시한 자는 위 (2)의 ③에 따라 다음의 사항을 포함하여 성능평가 결과보고서를 서면 또는 전자문서로 작성해야 한다.
    ㉠ 관리주체가 설정한 시설물 성능목표 및 관리지표
    ㉡ 시설물의 안전성 평가에 관한 사항
    ㉢ 시설물의 내구성 평가에 관한 사항
    ㉣ 시설물의 사용성 평가에 관한 사항
    ㉤ 시설물의 종합성능에 관한 사항
    ㉥ 시설물의 성능목표를 고려한 유지관리에 대한 제안
    ㉦ 그 밖에 시설물의 성능평가에 관한 것으로서 국토교통부장관이 정하여 고시하는 사항
7. 국토교통부장관은 위 (2)의 ⑤에 따라 준용되는 법 제17조 제3항에 따라 성능평가 결과보고서와 그 작성의 기초가 되는 자료를 부실하게 작성한 것으로 판단하는 때에는 부실의 정도 등을 고려하여 **매우 불량, 불량 및 미흡**으로 구분하여 판단한다.
8. 위 (2)의 ⑥에서 '대통령령으로 정하는 기준'이란 다음의 [별표 14]와 같다.

| 별표 13 | 성능평가대상 시설물의 범위(영 제28조 제1항 관련) |

구분	성능평가대상 시설물
1. 교량 　가. 도로교량 　나. 철도교량	제1종 시설물 및 제2종 시설물에 해당하는 고속국도 및 일반국도의 교량 제1종 시설물 및 제2종 시설물에 해당하는 고속철도 및 일반철도의 교량
2. 터널 　가. 도로터널 　나. 철도터널	제1종 시설물 및 제2종 시설물에 해당하는 고속국도 및 일반국도의 터널 제1종 시설물 및 제2종 시설물에 해당하는 고속철도 및 일반철도의 터널
3. 항만	제1종 시설물 및 제2종 시설물에 해당하는 무역항 및 연안항의 계류시설
4. 댐	제1종 시설물에 해당하는 다목적댐
5. 건축물	**제1종 시설물 및 제2종 시설물에 해당하는 공항청사**

6. 하천		
	가. 하구둑	제1종 시설물 및 제2종 시설물에 해당하는 국가하천의 하구둑 및 방조제
	나. 수문 및 통문	제1종 시설물 및 제2종 시설물에 해당하는 국가하천의 수문 및 통문
	다. 제방	제2종 시설물에 해당하는 국가하천의 제방(부속시설인 통관 및 호안을 포함한다)
7. 상수도		제1종 시설물에 해당하는 광역상수도
8. 옹벽 및 절토사면		제2종 시설물에 해당하는 고속국도·일반국도·고속철도·일반철도의 옹벽 및 절토사면

[비고]
1. '도로'란 「도로법」 제10조에 따른 도로를 말한다.
2. '계류시설'이란 「항만법」 제2조 제5호 가목 4)에 따른 계류시설을 말한다.
3. '댐'이란 「저수지·댐의 안전관리 및 재해예방에 관한 법률」 제2조 제1호에 따른 저수지·댐을 말한다.
4. '무역항'이란 「항만법」 제2조 제2호에 따른 무역항을 말한다.
5. '연안항'이란 「항만법」 제2조 제3호에 따른 연안항을 말한다.
6. 위 표의 건축물에는 그 부대시설인 옹벽과 절토사면을 포함하며, 건축설비, 소방설비, 승강기설비 및 전기설비는 포함하지 아니한다.
7. '방조제'란 「공유수면 관리 및 매립에 관한 법률」 제37조, 「농어촌정비법」 제2조 제6호, 「방조제관리법」 제2조 제1호 및 「산업입지 및 개발에 관한 법률」 제20조 제1항에 따라 설치한 방조제를 말한다.
8. 하천의 '통문'이란 제방을 관통하여 설치한 사각형 단면의 문짝을 가진 구조물을 말하며, '통관'이란 제방을 관통하여 설치한 원형 단면의 문짝을 가진 구조물을 말한다.
9. 위 표의 광역상수도에는 수원지시설(용수전용댐은 제외한다), 도수관로·송수관로(터널을 포함한다), 취수시설, 정수장, 취수·가압펌프장 및 배수지를 포함하고, 배수관로 및 급수시설은 제외한다.

별표 14 성능등급 기준(영 제28조 제8항 관련)

1. 안전성능등급

등급	안전성능 수준
가. A(우수)	외관상 결함, 손상 또는 붕괴 등의 요인에 대한 문제점이 없는 성능 수준
나. B(양호)	일부 부재에서 경미한 결함이 발생하였으며, 결함의 진행 여부를 지속적으로 관찰하고 보수 여부를 결정해야 하는 성능 수준
다. C(보통)	광범위한 부재에서 결함이 발생하였으나 전체적인 시설물의 안전에는 지장이 없으며, 간단한 보수 또는 보강이 필요한 성능 수준
라. D(미흡)	심각한 결함에 대한 긴급한 보수·보강이 필요하며 사용제한 여부를 결정해야 하는 성능 수준
마. E(불량)	심각한 결함으로 인하여 시설물의 안전에 위험이 있어 즉각 사용을 금지하고 보강 또는 개축이 필요한 수준

[비고]
'안전성능'이란 조사 시점의 외관상 결함 정도 및 시설물에 주어지는 내적하중(자중) 및 외적 하중(활하중 등)으로 인해 시설물에 발생할 수 있는 손상 또는 붕괴에 저항하는 구조물의 성능을 말한다.

2. 내구성능등급

등급	내구성능 수준
가. A(우수)	외부 환경조건 등으로 인한 내구성능 저하가 발생할 가능성이 낮은 성능 수준
나. B(양호)	일부 부재에서 내구성능의 저하 가능성이 조사되었으며, 외부 환경 등의 조건을 고려하여 보수 여부를 결정해야 하는 성능 수준

다. C(보통)	광범위한 부재에서 내구성능의 저하 가능성이 조사되었거나 주의가 필요한 수준으로 진행되어 간단한 보수가 필요한 성능 수준
라. D(미흡)	광범위한 부재에서 내구성 저하가 진행되어 긴급한 보수 또는 교체가 요구되는 성능 수준
마. E(불량)	광범위한 부재에서 내구성능의 저하가 심각하게 진행되어 즉각 사용을 금지하고 보수 또는 교체가 필요한 성능수준

[비고]
'내구성능'이란 시설물 공용연수 경과 및 외부 환경조건에 따른 영향으로 인한 재료적 성질 변화로 발생할 수 있는 손상에 저항하는 구조물의 성능을 말한다.

3. 사용성능등급

등급	사용성능 수준
가. A(우수)	현재 수요 등을 만족하고 장래 수요 및 외부조건 변화 등을 수용할 수 있는 성능 수준
나. B(양호)	현재 수요 등을 만족하나 장래 수요 및 외부조건 변화 등에 대한 관찰 및 주의가 필요한 성능 수준
다. C(보통)	장래 수요 및 외부조건 변화에 대해 기능발휘 또는 사용상 편의에 일부 문제점이 있어 일부 개선이 필요한 성능 수준
라. D(미흡)	대부분의 기능이 요구되는 기능에 미치지 못하거나 운영 및 사용상 편의가 심각하게 우려되는 수준으로서 광범위한 부분에서 개선이 필요한 성능 수준
마. E(불량)	기능 발휘 또는 사용상 편의를 기대할 수 없어 개선 또는 개량이 필요한 성능 수준

[비고]
'사용성능'이란 시설물의 예상 수요를 고려하여 공용연수 동안 확보해야 할 사용자 편의성 및 계획 당시의 설계기준에 근거한 사용 목적을 만족하기 위한 구조물의 성능을 말한다.

4. 종합성능등급

등급	종합성능 수준
가. A(우수)	외관상 결함, 손상 등의 요인에 대한 문제점이 없고 내구성능 저하 가능성이 낮으며 외부 환경조건 변화 등을 수용할 수 있는 성능 수준
나. B(양호)	일부 부재에서 경미한 결함이나 내구성 저하 가능성이 조사되었으며, 외부 환경조건 등을 고려하여 진행 여부를 지속 관찰하고 보수 여부를 결정하여야 하는 성능 수준
다. C(보통)	광범위한 부재에서 결함이나 내구성 저하 가능성이 조사되었고 기능 또는 사용상의 편의에 일부 문제점이 있으나, 전체적인 시설물의 안전에는 지장이 없으며, 간단한 보수 또는 보강 및 개선이 필요한 성능 수준
라. D(미흡)	성능이 기준에 미치지 못하여 시설물의 지속적인 사용이 어려운 수준으로 긴급한 보수·보강 또는 개선이 필요하며 사용제한 여부를 검토해야 하는 성능 수준
마. E(불량)	심각한 결함 또는 내구성능 저하로 인하여 시설물의 안전에 위험이 있거나 기능을 발휘하지 못하는 수준으로 즉각 사용을 중단하고 보강 또는 개축을 하여야 하는 성능 수준

[비고]
'종합성능'이란 조사 시점의 구조적 안전성뿐만 아니라 시설물 공용연수 경과 및 외부 환경조건에 따른 손상에 저항하는 내구성과 예상 수요를 고려하여 공용연수 동안 확보해야 할 성능을 종합적으로 반영한 구조물의 성능을 말한다.

(3) 유지관리의 결과보고 등(법 제41조)

① 관리주체는 위 (1)에 따라 대통령령으로 정하는 유지관리를 시행한 경우에는 대통령령으로 정하는 바에 따라 그 **결과보고서**를 작성하고 이를 **국토교통부장관**에게 제출하여야 한다. 이 경우 제출 절차에 관하여는 법 제6조 제4항부터 제7항까지를 준용한다.

② 위 ①에 따른 결과보고서의 작성에 관하여는 법 제17조 제2항 및 제3항을 준용한다. 이 경우 '안전점검 및 정밀안전진단'은 '유지관리'로 본다.

> **관련법령** 유지관리의 결과보고 등(영 제29조)
>
> 1. 위 (3)의 ①에서 '대통령령으로 정하는 유지관리'란 영 제7조의 어느 하나에 해당하는 부분에 대한 구조안전과 관련된 보수·보강 등을 말한다.
> 2. 위 (3)의 ①에 따른 유지관리 결과보고서에는 다음의 사항이 포함되어야 한다.
>   ㉠ 보수·보강 및 사용제한에 관한 조치 실적
>   ㉡ 시설물 제원의 변경에 관한 사항
>   ㉢ 그 밖에 시설물의 유지관리에 관한 것으로서 국토교통부장관이 정하여 고시하는 사항
> 3. 관리주체는 위 (3)의 ①에 따라 유지관리를 완료한 날부터 30일 이내에 공공관리주체의 경우에는 소속 중앙행정기관 또는 시·도지사에게, 민간관리주체의 경우에는 관할 시장·군수·구청장에게 각각 유지관리 결과보고서를 작성하고 제출하여야 한다.
> 4. 국토교통부장관은 위 (3)의 ②에 따라 준용되는 법 제17조 제3항에 따라 유지관리 결과보고서와 그 작성의 기초가 되는 자료를 부실하게 작성한 것으로 판단하는 때에는 부실의 정도 등을 고려하여 **매우 불량, 불량 및 미흡**으로 구분하여 판단한다.

(4) 시설물을 유지관리 또는 성능평가를 하는 자의 의무 등(법 제42조)

① 시설물의 유지관리 또는 성능평가를 하는 자는 다음 (5)에 따른 유지관리·성능평가지침에서 정하는 유지관리 또는 성능평가의 실시 방법 및 절차 등에 따라 성실하게 그 업무를 수행하여야 한다.

② 관리주체는 소관 시설물을 과학적으로 유지관리하도록 노력하여야 한다.

(5) 유지관리·성능평가지침(법 제43조)

① **국토교통부장관**은 대통령령으로 정하는 바에 따라 유지관리 및 성능평가의 실시 방법·절차 등에 관한 '**유지관리·성능평가지침**'을 '**작성**'하여 **관보**에 **고시하여야** 한다.

② 국토교통부장관이 위 ①에 따른 지침을 작성하는 경우에는 미리 관계 행정기관의 장과 협의하여야 하며, 이 경우 필요하다고 인정되면 관계 중앙행정기관의 장 및 지방자치단체의 장에게 관련 자료를 제출하도록 요구할 수 있다.

| 관련법령 | 유지관리·성능평가지침(영 제30조) |

위 (5)의 ①에 따른 '유지관리·성능평가지침'에는 다음의 사항이 포함되어야 한다.
1. 유지관리·성능평가에 필요한 설계도면, 시방서, 사용재료명세 등 시공 관련 자료의 수집 및 검토에 관한 사항
2. 유지관리·성능평가 실시자의 구성에 관한 사항
3. 유지관리·성능평가 실시계획의 수립·시행에 관한 사항
4. 유지관리·성능평가 장비에 관한 사항
5. 유지관리·성능평가에 필요한 사용재료의 시험에 관한 사항
6. 시설물의 성능목표 설정에 관한 사항
7. 시설물의 종류에 따른 성능평가의 수준
8. 유지관리·성능평가의 항목별 점검·평가 방법에 관한 사항
9. 유지관리·성능평가 결과보고서의 작성에 관한 사항
10. 그 밖에 유지관리·성능평가 시행에 필요한 것으로서 국토교통부령으로 정하는 사항

(6) 성능평가 비용의 산정기준(법 제44조)

국토교통부장관은 성능평가의 대행에 필요한 비용의 산정기준을 정하여 고시하여야 한다.

| 관련법령 | 성능평가 비용의 산정기준(영 제31조) |

국토교통부장관은 위 (6)에 따라 성능평가의 대행에 필요한 비용의 산정기준(이하 '성능평가비용산정기준'이라 한다)을 정하여 고시하려는 경우에는 **기획재정부장관**과 협의하여야 한다. [24회]

5. 보칙

(1) 시설물통합정보관리체계의 구축·운영 등(법 제55조)

① **국토교통부장관**은 시설물의 안전 및 유지관리에 관한 정보를 체계적으로 관리하기 위하여 다음의 사항이 포함된 시설물통합정보관리체계를 구축·운영하여야 한다.
  ㉠ 법 제5조 및 제6조에 따른 기본계획과 시설물관리계획
  ㉡ 법 제9조에 따른 설계도서 및 시설물관리대장 등 관련 서류
  ㉢ 법 제9조 제8항에 따른 시설물의 준공 또는 사용승인 통보 내용
  ㉣ 법 제17조에 따른 안전점검 및 정밀안전진단 결과보고서
  ㉤ 법 제18조에 따른 정밀안전점검 또는 정밀안전진단 실시결과에 대한 평가
  ㉥ 법 제23조에 따른 사용제한 등 긴급안전조치에 관한 사항
  ㉦ 법 제24조에 따른 시설물의 보수·보강 등에 관한 사항
  ㉧ 법 제28조, 법 제31조 제1항, 법 제35조 및 법 제67조에 따른 안전진단전문기관의 등록, 등록사항의 변경신고, 휴업·재개업 또는 폐업 신고, 등록취소, 영업정지, 시정명령 또는 과태료 등에 관한 사항

ⓩ 법 제28조의 2, 법 제31조 제2항, 법 제35조 및 법 제67조에 따른 **안전점검전문기관**의 등록, 등록사항의 변경신고, 휴업·재개업 또는 폐업신고, 등록취소, 영업정지, 시정명령 또는 과태료 등에 관한 사항
ⓧ 법 제36조에 따른 안전점검등 및 성능평가의 실적
ⓣ 법 제40조에 따른 성능평가 결과보고서
ⓔ 법 제41조에 따른 유지관리 결과보고서
ⓟ 그 밖에 시설물의 안전 및 유지관리에 관한 사항으로서 국토교통부령으로 정하는 사항

② 위 ①에 따른 시설물통합정보관리체계의 구축·운영에 필요한 사항은 대통령령으로 정한다.

③ **관리주체**는 소관 시설물의 안전 및 유지관리에 관한 정보를 체계적으로 관리하기 위하여 **정보화시스템**을 구축·운영할 수 있다. 이 경우 위 ①에 따른 시설물통합정보관리체계와 연계하여 운영할 수 있다.

④ **국토교통부장관**은 소규모 **취약시설**의 안전관리에 관한 정보를 체계적으로 관리하기 위하여 **정보화시스템**을 구축·운영할 수 있다. 이 경우 위 ①에 따른 **시설물통합정보관리체계**와 연계하여 운영할 수 있다.

> **관련법령** **시설물통합정보관리체계의 구축·운영 등(영 제35조)**
> 1. 위 (1)의 ①의 사항에 해당하는 시설물의 정보를 생산하는 자는 시설물통합정보관리체계를 이용하여 보고, 통보, 제출 등을 할 수 있다.
> 2. 국토교통부장관은 위 1.에 따라 보고, 통보, 제출 등을 한 시설물관리계획, 안전점검 및 정밀안전진단 결과보고서, 긴급안전점검 결과보고서, 성능평가·유지관리 결과보고서, 중대한 결함 등 시설물 정보의 신뢰성과 객관성을 확보하기 위하여 시설물 정보를 확인·점검할 수 있다.
> 3. 위 1. 및 2.에서 규정한 사항 외에 자료의 입력기준, 확인절차, 보관방법 및 정보공개 등 시설물통합정보관리체계의 관리·운영 등에 필요한 사항은 국토교통부장관이 정하여 고시한다.

(2) 시설물 안전확보를 위한 정보의 공개(법 제55조의2)

① 국토교통부장관은 공중의 안전을 확보하기 위하여 시설물에 관한 다음의 사항을 공개할 수 있다.
ⓐ 법 제6조에 따른 시설물관리계획
ⓑ 법 제16조에 따른 안전등급의 이력
ⓒ 법 제22조에 따른 중대한 결함의 이력
ⓓ 법 제23조에 따른 긴급안전조치 현황
ⓔ 안전점검등·성능평가·유지관리의 이력
ⓕ 시설물의 제원(諸元)
ⓖ 그 밖에 대통령령으로 정하는 사항

② 위 ①에 따른 '시설물에 관한 정보의 공개의 범위'는 다음의 기준에 따른다.
ⓐ 공공관리주체 소관 시설물의 경우: 위 ①의 ⓐ부터 ⓖ까지의 사항

ⓒ 민간관리주체 소관 시설물 중 다중이 이용하는 시설물 등 '대통령령으로 정하는 시설물'의 경우: 위 ①의 ⓒ부터 ⓑ까지의 사항
　　ⓒ 위 ⓒ 이외의 민간관리주체 소관 시설물의 경우: 위 ①의 ⓑ의 사항

> **관련법령** **시설물 안전확보를 위한 정보의 공개(영 제35조의2)**
>
> 1. 국토교통부장관은 위 **(2)**의 ①의 ㉠~㉦의 사항이 국방이나 그 밖의 보안상 비밀유지가 필요한 시설물의 정보인 경우에는 정보를 공개하기 전에 '관계 중앙행정기관의 장' 또는 '해당 시설물 관리주체'의 **동의**를 받아야 한다.
> 2. 위 **(2)**의 ①에 따른 정보의 공개는 **시설물통합정보관리체계**에 **게시**하는 방법으로 한다.
> 3. 위 **(2)**의 ②의 ⓒ에서 '대통령령으로 정하는 시설물'이란 다음의 시설물을 말한다.
>   ㉠ 「사회기반시설에 대한 민간투자법」 제2조 제1호에 따른 사회기반시설
>   ㉡ 「건축법 시행령」 제2조 제17호에 따른 다중이용 건축물
>   ㉢ 옹벽 및 절토사면
>   ㉣ 그 밖에 공중의 안전을 확보하기 위하여 위 **(2)**의 ①의 ㉠~㉦의 사항을 공개할 필요가 있다고 국토교통부장관이 인정하여 고시하는 시설물

(3) 비용의 부담(법 제56조)

안전점검등과 성능평가에 드는 비용은 **관리주체**가 부담한다. 다만, 하자담보책임기간 내에 시공자가 책임져야 할 사유로 정밀안전진단을 실시하여야 하는 경우 그에 드는 비용은 **시공자**가 부담한다. 28회 주관식

(4) 시설물의 안전 및 유지관리 예산의 확보(법 제57조)

공공관리주체는 대통령령으로 정하는 바에 따라 **매년** 소관 시설물의 안전 및 유지관리에 필요한 **예산**을 확보하여야 한다.

> **관련법령** **시설물의 안전 및 유지관리 예산의 확보(영 제36조)**
>
> 위 **(4)**에 따른 시설물의 안전 및 유지관리 예산은 시설물의 안전성·기능·사용빈도·성능 등에 따라 보수·보강·교체 등이 시급하다고 판단되는 시설물에 대하여 우선 계상되어야 한다.

(5) 사고조사 등(법 제58조)

① 관리주체는 소관 시설물에 사고가 발생한 경우에는 지체 없이 응급 안전조치를 하여야 하며, '대통령령으로 정하는 규모 이상의 사고'가 발생한 경우에는 '공공관리주체'는 **주무부처의 장** 또는 관할 **시·도지사** 및 **시장·군수·구청장**에게, '민간관리주체'는 관할 **시장·군수·구청장**에게 사고 발생 사실을 알려야 한다.

② 위 ①에 따라 사고 발생 사실을 통보받은 **주무부처의 장, 관할 시·도지사 또는 시장·군수·구청장**은 사고 발생 사실을 **국토교통부장관**에게 알려야 한다.

③ 국토교통부장관, 중앙행정기관의 장 또는 지방자치단체의 장은 위 ① 및 ②에 따라 사고 발생 사실을 통보받은 경우 그 사고 원인 등에 대한 조사를 할 수 있다.

④ **국토교통부장관**은 대통령령으로 정하는 규모 이상의 피해가 발생한 시설물의 사고조사 등을 위하여 필요하다고 인정되는 때에는 '**중앙시설물사고조사위원회**'를 구성·운영할 수 있다. 21회

⑤ **중앙행정기관의 장**이나 **지방자치단체의 장**은 해당 기관이 지도·감독하는 관리주체의 시설물에 대한 붕괴·파손 등의 사고조사 등을 위하여 필요하다고 인정되는 때에는 '**시설물사고조사위원회**'를 구성·운영할 수 있다.

⑥ 관리주체는 위 ④ 및 ⑤에 따른 중앙시설물사고조사위원회 및 시설물사고조사위원회의 사고조사에 필요한 현장보존, 자료제출, 관련 장비의 제공 및 관련자 의견청취 등에 적극 협조하여야 한다.

⑦ 중앙행정기관의 장이나 지방자치단체의 장은 위 ⑤에 따라 사고조사를 실시한 경우 그 결과를 지체 없이 **국토교통부장관**에게 통보하여야 한다.

⑧ 국토교통부장관, 중앙행정기관의 장 또는 지방자치단체의 장은 위 ④에 따른 **중앙시설물사고조사위원회** 또는 위 ⑤에 따른 **시설물사고조사위원회**의 '**사고조사 결과**'를 공표하여야 한다.

관련법령 **피해 규모(영 제37조)**

위 (5)의 ① 및 ④에서 '대통령령으로 정하는 규모 이상의 피해'란 각각 다음의 어느 하나에 해당하는 시설물피해 또는 인명피해를 말한다. 21회
1. 시설물이 붕괴되거나 쓰러지는 등 재시공이 필요한 시설물피해
2. 사망자 또는 실종자가 **3명 이상**이거나 사상자가 **10명 이상**인 인명피해
3. 그 밖에 국토교통부장관이 조사가 필요하다고 정하여 고시하는 시설물피해 또는 인명피해

관련법령 **중앙시설물사고조사위원회의 구성·운영 등(영 제38조)**

1. 위 (5)의 ④에 따른 '중앙시설물사고조사위원회'는 위원장 1명을 포함한 12명 이내의 위원으로 구성하며, 위원장은 위원 중에서 국토교통부장관이 임명한다.
2. 중앙시설물사고조사위원회의 위원은 다음의 어느 하나에 해당하는 사람 중에서 국토교통부장관이 임명 또는 위촉한다.
   ㉠ 시설물의 안전 및 유지관리업무와 관련된 4급 이상의 공무원으로서 2년 이상 관련 업무를 수행한 사람
   ㉡ 대학에서 시설물 안전관리분야 과목을 가르치는 부교수 이상으로 5년 이상 재직하고 있거나 재직하였던 사람
   ㉢ 「건설기술 진흥법」에 따른 건축·토목·안전관리 분야의 특급기술인 이상으로서 시설물 안전관리 분야에 10년 이상 재직하고 있거나 재직하였던 사람
   ㉣ 그 밖에 사고조사와 관련된 학식 또는 경험이 풍부한 사람
3. 위원의 임기는 영 제41조 제1항에 따른 사고조사 결과보고서를 제출하는 날까지로 한다.
4. 중앙시설물사고조사위원회는 위원장이 소집하며, 위원회의 의사는 재적위원 과반수의 찬성으로 결정한다.
5. 중앙시설물사고조사위원회 위원의 제척·기피·회피 및 해촉에 관하여는 영 제17조의4 및 영 제17조의5를 준용한다. 이 경우 '심의위원회'는 '중앙시설물사고조사위원회'로 본다.
6. 위 1.부터 5.까지에서 규정한 사항 외에 중앙시설물사고조사위원회의 구성·운영 등에 필요한 사항은 국토교통부장관이 정한다.

| 관련법령 | 시설물사고조사위원회의 구성·운영(영 제40조) |

위 (5)의 ⑤에 따른 '시설물사고조사위원회'의 구성·운영에 관하여는 영 제38조 및 제39조를 준용한다. 이 경우 '국토교통부장관'은 '중앙행정기관의 장이나 지방자치단체의 장'으로 본다.

| 관련법령 | 사고조사 결과의 공표(영 제41조) |

1. 중앙시설물사고조사위원회는 사고조사를 완료한 날부터 30일 **이내**에 국토교통부장관에게 다음의 사항이 포함된 사고조사 결과보고서를 제출하여야 한다.
   ㉠ 사고의 개요
   ㉡ 사고원인의 분석
   ㉢ 조치결과 및 사후대책
   ㉣ 그 밖에 사고와 관련하여 조사·분석한 사항
2. **국토교통부장관**은 **위 (5)의 ⑦**에 따라 위 1.의 사항을 포함하여 사고조사 결과를 **국토교통부**의 **인터넷 홈페이지**에 공표하여야 한다.
3. 국토교통부장관은 위 1.에 따라 제출된 사고조사 결과보고서를 관계 기관에 배포하여 유사한 사고의 예방을 위한 자료로 활용될 수 있도록 하여야 한다.
4. 시설물사고조사위원회의 사고조사 결과보고서 제출·공표 및 배포에 관한 사항은 위 1.부터 3.까지의 규정을 준용한다. 이 경우 '중앙시설물사고조사위원회'는 '시설물사고조사위원회'로, '국토교통부장관'은 '중앙행정기관의 장 또는 지방자치단체의 장'으로, '국토교통부'는 '중앙행정기관 또는 지방자치단체'로 본다.

(6) 실태점검(법 제59조)

① 국토교통부장관, 주무부처의 장 또는 지방자치단체의 장은 **시설물 및 소규모 취약시설**의 안전 및 유지관리 실태를 점검할 수 있다.

② **시장·군수·구청장**은 민간관리주체 소관 시설물에 대하여 시설물관리계획의 이행 여부 확인 등 안전 및 유지관리 실태를 **연 1회 이상** 점검하여야 한다.

③ 국토교통부장관, 주무부처의 장 또는 지방자치단체의 장은 위 ①에 따른 실태점검 결과 필요한 사항을 관계 행정기관의 장, 관리주체 또는 그 밖의 관계인에게 권고하거나 시정하도록 요청할 수 있다. 이 경우 요청을 받은 자는 특별한 사유가 없으면 이에 따라야 한다.

④ 국토교통부장관, 주무부처의 장 또는 지방자치단체의 장은 위 ①에 따른 실태점검을 실시하기 위하여 필요한 경우 관계 행정기관의 장, 관리주체 또는 그 밖의 관계인에게 관련 자료를 제출할 것을 요구할 수 있다. 이 경우 요구를 받은 자는 특별한 사유가 없으면 이에 따라야 한다.

⑤ **국토교통부장관, 주무부처의 장 또는 지방자치단체의 장**은 위 ①에 따른 실태점검의 효율성을 높이기 위하여 필요한 경우 관계 기관 및 전문가와 **합동**하여 **현장조사**를 실시할 수 있다.

⑥ **국토교통부장관, 주무부처의 장 또는 지방자치단체의 장**은 필요한 경우 **실태점검 결과**를 **공표**할 수 있다.

| 관련법령 | 실태점검의 결과 공표(영 제42조) |

1. 국토교통부장관, 주무부처의 장 또는 지방자치단체의 장은 **위 (6)의** ①에 따른 실태점검의 결과가 다음의 어느 하나에 해당하는 경우에는 **위 (6)의** ⑥에 따라 그 결과를 공표할 수 있다.
   ㉠ 시설물의 결함으로 인하여 긴급한 보수·보강 또는 사용제한 등의 조치가 필요한 경우
   ㉡ 관련 법령을 위반하여 시설물의 유지관리를 성실하게 수행하지 아니함으로써 공중의 안전에 위해를 끼칠 우려가 있다고 인정되는 경우
2. 국토교통부장관, 주무부처의 장 또는 지방자치단체의 장은 위 1.에 따라 실태점검의 결과를 공표할 때에는 다음의 사항을 포함하여야 한다.
   ㉠ 시설물의 명칭 및 위치
   ㉡ 시설물의 안전상태 및 관리주체의 유지관리 실태
   ㉢ 조치나 시정이 필요한 사항
   ㉣ 그 밖에 해당 시설물의 안전 및 유지관리를 위하여 필요한 사항
3. 위 1.에 따른 공표는 '국토교통부, 주무부처 또는 지방자치단체'의 **인터넷 홈페이지**나 **신문·방송** 등에 **공개**하는 방법으로 한다.

(7) 권한의 위임·위탁(법 제60조)

① 이 법에 따른 국토교통부장관의 권한은 그 일부를 대통령령으로 정하는 바에 따라 시·도지사 또는 소속기관의 장에게 위임할 수 있다.

② 이 법에 따른 국토교통부장관의 권한 중 다음의 권한은 대통령령으로 정하는 바에 따라 국토안전관리원 또는 대통령령으로 정하는 위탁업무를 수행하는 데에 필요한 인력과 장비를 갖춘 기관 및 단체에 위탁할 수 있다.
   ㉠ 법 제12조 제5항에 따른 시설물의 내진성능평가 결과검토 및 내진 보강의 권고
   ㉡ 법 제18조 제1항 및 제2항에 따른 정밀안전점검 및 정밀안전진단 실시결과의 평가와 그 평가에 필요한 관련 자료의 제출요구
   ㉢ 법 제19조 제1항·제2항·제9항에 따른 안전점검등의 실시, 그 결과와 안전조치에 필요한 사항의 통보 및 안전 및 유지관리에 관한 교육
   ㉣ 법 제36조 제3항에 따른 실적관리 및 실적확인서의 발급
   ㉤ 위 **(1)**의 ① 및 ㉡에 따른 시설물통합정보관리체계 및 소규모 취약시설 정보화시스템의 구축·운영
   ㉥ 위 **(5)**의 ④에 따른 중앙시설물사고조사위원회 운영에 관한 사무

③ 위 ②의 ㉡에 따른 정밀안전점검 또는 정밀안전진단 실시결과의 평가에 관한 권한을 위탁받은 기관은 평가의 공정성과 전문성을 확보하기 위하여 대통령령으로 정하는 바에 따라 정밀안전점검·정밀안전진단평가위원회를 설치하고 그 심의를 거쳐야 한다.

④ 위 ②의 ㉣에 따른 실적확인서의 발급에 관한 권한을 위탁받은 기관은 법 제36조 제3항에 따른 실적확인서를 발급할 때에는 그 신청인으로부터 실비(實費)의 범위에서 수수료를 받을 수 있다.

| 관련법령 | 정밀안전점검·정밀안전진단평가위원회의 구성 및 운영(영 제44조) |

1. 위 (7)의 ③에 따른 정밀안전점검·정밀안전진단평가위원회(이하 '평가위원회'라 한다)는 위원장 및 부위원장 각 1명을 포함한 300명 이내의 위원으로 구성한다.
2. 평가위원회의 위원은 다음의 어느 하나에 해당하는 사람 중에서 실시결과평가기관의 장이 국토교통부장관의 승인을 받아 위촉하며, 위원장·부위원장은 위원 중에서 실시결과평가기관의 장이 임명한다.
   ㉠ 시설물의 안전 및 유지관리업무와 관련된 부서에 근무하는 4급 이상의 공무원
   ㉡ 시설물의 안전 및 유지관리업무와 관련된 단체 및 연구기관 등의 임직원
   ㉢ 그 밖에 시설물의 안전 및 유지관리업무에 관한 학식과 경험이 풍부한 사람
3. 평가위원회의 위원장, 부위원장 및 위원 중 공무원이 아닌 사람의 임기는 2년으로 하며, 1회에 한하여 연임할 수 있다.
4. 평가위원회를 효율적으로 운영하기 위하여 필요한 경우에는 시설물의 기능적·기술적 특성을 고려하여 분야별로 소위원회를 구성·운영할 수 있다.
5. 평가위원회의 위원장 또는 부위원장은 소위원회 위원장을 겸임할 수 있으며, 소위원회의 심의를 거친 사항은 평가위원회의 심의를 거친 것으로 본다.
6. 위원의 제척·기피·회피에 관하여는 영 제17조의4를 준용한다. 이 경우 '심의위원회'는 '평가위원회'로 본다.
7. 위원의 해촉에 관하여는 영 제17조의5를 준용한다. 이 경우 '국토교통부장관'은 '실시결과평가기관의 장'으로, '심의위원회'는 '평가위원회'로 보며, 위원을 해촉하는 경우에는 **국토교통부장관**의 승인을 받아야 한다.
8. 위에서 규정한 사항 외에 평가위원회의 구성·운영 등에 필요한 세부사항은 실시결과평가기관의 장이 **국토교통부장관**의 승인을 받아 정한다.

(8) 비밀 유지의 의무(법 제61조)

안전점검·정밀안전진단·긴급안전점검·유지관리 및 성능평가 업무를 수행하는 자는 업무상 알게 된 비밀을 누설하거나 도용하여서는 아니 된다. 다만, 시설물의 안전과 유지관리를 위하여 국토교통부장관이 필요하다고 인정할 때에는 그러하지 아니하다.

(9) 이행강제금(법 제61조의2)

① **국토교통부장관**은 다음의 어느 하나에 해당하는 자에게는 해당 명령이 이행될 때까지 매달 **100만원 이하의 범위**에서 **이행강제금**을 부과할 수 있다.
   ㉠ 법 제9조(설계도서 등의 제출 등) 제5항에 따른 명령을 받은 후 이행기간 이내에 그 명령을 이행하지 아니한 자
   ㉡ 법 제17조(안전점검 및 정밀안전진단 결과보고 등) 제5항에 따른 명령을 받은 후 이행기간 이내에 그 명령을 이행하지 아니한 자
   ㉢ 법 제18조(정밀안전점검 또는 정밀안전진단 실시결과에 대한 평가) 제4항에 따른 명령을 받은 후 이행기간 이내에 그 명령을 이행하지 아니한 자
② 국토교통부장관은 위 ①의 이행강제금을 부과하기 전에 이행강제금을 부과·징수한다는 것을 미리 문서로 알려 주어야 한다.

③ 국토교통부장관은 위 ①의 ㉠~㉢에 따라 이행강제금을 부과할 때에는 이행강제금의 금액, 부과사유, 납부기한, 수납기관, 이의제기 방법 및 이의제기 기관 등을 구체적으로 밝힌 문서로 하여야 한다.

④ 국토교통부장관은 법 제9조 제5항, 법 제17조 제5항 또는 법 제18조 제4항에 따라 이행명령을 받은 자가 명령을 이행하면 새로운 이행강제금의 부과를 즉시 중지하되, 이미 부과된 이행강제금은 징수해야 한다.

⑤ 국토교통부장관은 위 ①에 따라 이행강제금 부과처분을 받은 자가 이행강제금을 기한까지 납부하지 아니하면 국세 체납처분의 예에 따라 징수한다.

> **관련법령** **이행강제금의 부과·징수(영 제45조)**
>
> 1. 위 **(9)**의 ①에 따른 이행강제금의 부과기준은 다음의 구분에 따른다.
>   ㉠ 위 **(9)**의 ①의 ㉠의 경우: 100만원
>   ㉡ 위 **(9)**의 ①의 ㉡ 및 ㉢의 경우: 50만원
> 2. 위 **(9)**의 ②에 따라 이행강제금을 부과·징수한다는 뜻을 미리 문서로써 알려줄 때에는 10일 **이상**의 기간을 정하여 구술 또는 서면(전자문서를 포함한다)으로 의견을 진술할 수 있는 기회를 주어야 한다. 이 경우 지정된 기일까지 의견진술이 없는 때에는 의견이 없는 것으로 본다.
> 3. 위 1. 및 2.에서 규정한 사항 외에 이행강제금의 부과·징수 절차는 국토교통부령으로 정한다.

(10) 벌칙 적용에서 공무원 의제(법 제62조)

다음의 어느 하나에 해당하는 사람은 「형법」 제129조부터 제132조까지의 규정에 따른 벌칙을 적용할 때에는 공무원으로 본다.

① 국토안전관리원의 임직원, 안전점검·정밀안전진단·긴급안전점검·유지관리 및 성능평가 업무를 하는 사람

② 위 **(5)**의 ④에 따른 중앙시설물사고조사위원회, 위 **(5)**의 ⑤에 따른 시설물사고조사위원회 및 위 **(7)**의 ③에 따른 정밀안전점검·정밀안전진단평가위원회 위원 중 공무원이 아닌 위원

6. 벌칙

(1) 벌칙(법 제63조)

① 다음의 어느 하나에 해당하는 자는 1년 이상 10년 이하의 징역에 처한다.

㉠ 법 제11조 제1항에 따른 **안전점검**, 법 제12조 제1항부터 제3항까지에 따른 **정밀안전진단** 또는 법 제13조 제1항에 따른 **긴급안전점검**을 실시하지 아니하거나 성실하게 실시하지 아니함으로써 시설물에 중대한 손괴를 야기하여 **공공의 위험을** 발생하게 한 자

㉡ 법 제13조 제2항 또는 제6항을 위반하여 정당한 사유 없이 긴급안전점검을 실시하지 아니하거나 필요한 조치명령을 이행하지 아니함으로써 시설물에 중대한 손괴를 야기하여 **공공의 위험을** 발생하게 한 자

- ⓒ 법 제20조 제1항을 위반하여 안전점검등의 업무를 성실하게 수행하지 아니함으로써 시설물에 중대한 손괴를 야기하여 **공공의 위험을 발생**하게 한 자
- ⓔ 법 제23조 제1항 또는 제2항을 위반하여 안전조치를 하지 아니하거나 안전조치명령을 이행하지 아니함으로써 시설물에 중대한 손괴를 야기하여 **공공의 위험을 발생**하게 한 자
- ⓕ 법 제24조 제1항 또는 제2항을 위반하여 보수·보강 등 필요한 조치를 하지 아니하거나 필요한 조치의 이행 및 시정명령을 이행하지 아니함으로써 시설물에 중대한 손괴를 야기하여 **공공의 위험을 발생**하게 한 자
- ⓗ 법 제42조 제1항을 위반하여 유지관리 또는 성능평가를 성실하게 수행하지 아니함으로써 시설물에 중대한 손괴를 야기하여 **공공의 위험을 발생**하게 한 자
② 위 ①의 ㉠~㉥의 죄를 범하여 사람을 **사상(死傷)에 이르게 한 자**는 무기 또는 5년 이상의 징역에 처한다.

(2) 벌칙(법 제64조)

① **업무상 과실**로 위 **(1)**의 ①의 ㉠~㉥의 죄를 범한 자는 5년 이하의 징역이나 금고 또는 5천만원 이하의 벌금에 처한다.

② **업무상 과실**로 위 **(1)**의 ②의 죄를 범한 자는 10년 이하의 징역이나 금고 또는 1억원 이하의 벌금에 처한다.

(3) 벌칙(법 제65조)

① 다음의 어느 하나에 해당하는 자는 **3년 이하의 징역 또는 3천만원 이하의 벌금**에 처한다. 〈개정 2024.12.3. 시행 2025.12.4.〉
- ㉠ 법령을 위반하여 '다른 안전점검 및 정밀안전진단 결과보고서의 내용'을 **복제**하여 안전점검 및 정밀안전진단 결과보고서를 작성한 자
- ㉡ 법령을 위반하여 안전점검 및 정밀안전진단 결과보고서와 그 작성의 기초가 되는 자료를 거짓으로 작성한 자
- ㉢ 법 제23조 제1항 또는 제2항을 위반하여 안전조치를 하지 아니하거나 안전조치명령을 이행하지 아니한 자
- ㉣ 법 제24조 제1항 또는 제2항을 위반하여 보수·보강 등 필요한 조치를 하지 아니하거나 필요한 조치의 이행 및 시정명령을 이행하지 아니한 자(법 제6조 제1항 단서에 해당하는 시설물의 관리주체는 제외한다)

② 다음의 어느 하나에 해당하는 자는 **2년 이하의 징역 또는 2천만원 이하의 벌금**에 처한다. 〈개정 2024.12.3. 시행 2025.12.4.〉
- ㉠ 법 제9조 제6항에 따른 서류를 보존하지 아니한 자
- ㉡ 법 제27조 제1항을 위반하여 하도급을 한 자
- ㉢ 법 제28조 제1항에 따른 안전진단전문기관으로 등록하지 아니하고 안전점검등 또는 성능평가 업무를 수행한 자

ⓐ 속임수나 그 밖의 부정한 방법으로 법 제28조 제1항에 따른 안전진단전문기관으로 등록한 자

ⓑ 법 제28조의2 제1항에 따라 등록하지 아니하거나 거짓이나 그 밖의 부정한 방법으로 등록하고 안전점검 또는 긴급안전점검을 수행한 자

ⓑ 법 제30조(법 제28조의2 제2항에서 준용하는 경우를 포함한다)를 위반하여 명의대여 등을 한 자와 명의대여 등을 받은 자

ⓢ 법 제31조에 따른 영업정지처분을 받고 그 영업정지기간 중에 새로 안전점검등 또는 성능평가를 실시한 자

ⓞ 법 제61조를 위반하여 업무상 알게 된 비밀을 누설하거나 도용한 자

③ 다음의 어느 하나에 해당하는 자는 **1년 이하의 징역** 또는 **1천만원 이하의 벌금**에 처한다. 〈개정 2024.12.3. 시행 2025.12.4.〉

ⓐ 법 제9조 제5항에 따른 서류의 제출명령을 이행하지 아니한 자

ⓑ 법 제13조 제2항에 따른 긴급안전점검을 거부·방해 또는 기피한 자

ⓒ 법 제26조 제3항을 위반하여 안전상태를 사실과 다르게 진단하게 하거나 결과보고서를 거짓으로 또는 부실하게 작성하도록 요구한 자

ⓓ 법 제27조 제6항을 위반하여 자료 제출을 하지 아니하거나 거짓으로 자료를 제출한 자 또는 정당한 사유 없이 조사를 거부·방해 또는 기피한 자

ⓔ 법 제34조에 따른 자료 제출 또는 보고를 거부하거나 정당한 사유 없이 조사를 거부·방해 또는 기피한 자

ⓕ 법 제35조에 따른 시정명령을 이행하지 아니한 자

ⓖ 법 제58조에 따른 사고조사를 거부·방해 또는 기피한 자

ⓗ 법 제59조 제1항에 따른 실태점검을 거부·방해 또는 기피한 자

ⓘ 법 제59조 제4항을 위반하여 정당한 사유 없이 자료 제출을 하지 아니하거나 거짓으로 자료를 제출한 자

(4) 양벌규정(법 제66조)

① 법인의 대표자나 법인 또는 개인의 대리인, 사용인, 그 밖의 종업원이 그 법인 또는 개인의 업무에 관하여 위 (1)의 위반행위를 하면 그 행위자를 벌하는 외에 그 법인 또는 개인에게도 10억원 이하의 벌금형을 과(科)한다. 다만, 법인 또는 개인이 그 위반행위를 방지하기 위하여 해당 업무에 관하여 상당한 주의와 감독을 게을리하지 아니한 때에는 그러하지 아니하다.

② 법인의 대표자나 법인 또는 개인의 대리인, 사용인, 그 밖의 종업원이 그 법인 또는 개인의 업무에 관하여 위 (2)와 (3)의 위반행위를 하면 그 행위자를 벌하는 외에 그 법인 또는 개인에게도 해당 조문의 벌금형을 과(科)한다. 다만, 법인 또는 개인이 그 위반행위를 방지하기 위하여 해당 업무에 관하여 상당한 주의와 감독을 게을리하지 아니한 때에는 그러하지 아니하다.

(5) 과태료(법 제67조) 〈개정 및 신설 2024.12.3. 시행 2025.12.4.〉

① 다음의 어느 하나에 해당하는 자에게는 **3천만원 이하**의 **과태료**를 부과한다. 〈개정〉
  ㉠ 법 제12조 제1항부터 제3항까지에 따른 정밀안전진단을 실시하지 아니한 자
  ㉡ 법 제13조 제1항에 따른 긴급안전점검을 실시하지 아니한 자
  ㉢ 법 제40조 제1항에 따른 성능평가를 실시하지 아니한 자

② 다음의 어느 하나에 해당하는 자에게는 **2천만원 이하**의 **과태료**를 부과한다. 〈개정〉
  ㉠ 법 제11조 제1항에 따른 안전점검을 실시하지 아니한 자(제6조 제1항 단서에 따라 시장·군수·구청장이 실시하여야 하는 경우는 제외한다)
  ㉡ 법 제12조 제4항에 따라 내진성능평가를 실시하지 아니한 자
  ㉢ 법 제13조 제7항에 따라 긴급안전점검 결과보고서를 제출하지 아니한 자
  ㉣ 법 제17조 제1항 또는 제4항에 따라 안전점검 또는 정밀안전진단 결과보고서를 통보하지 아니하거나 제출하지 아니한 자
  ㉤ 제17조 제2항 제2호(제40조 제5항 및 제41조 제2항에서 준용하는 경우를 포함한다)를 위반하여 안전점검 및 정밀안전진단 결과보고서와 그 작성의 기초가 되는 자료를 부실하게 작성한 자
  ㉥ 법 제18조 제3항을 위반하여 결과보고서를 수정 또는 보완하여 제출하지 아니한 자
  ㉦ 법 제22조 제1항부터 제3항까지의 규정에 따른 통보를 하지 아니한 자
  ㉧ 법 제25조 제1항에 따라 위험표지를 설치하지 아니하거나 긴급한 보수·보강 등이 필요한 사실을 주민에게 알리지 아니한 자
  ㉨ 법 제25조 제3항을 위반하여 위험표지를 이전하거나 훼손한 자
  ㉩ 법 제40조 제4항에 따른 성능평가 결과보고서를 제출하지 아니한 자

③ 다음의 어느 하나에 해당하는 자에게는 1천만원 이하의 과태료를 부과한다. 〈신설〉
  ㉠ 법 제10조 제3항을 위반하여 서류의 열람 또는 그 사본의 교부 요청에 정당한 사유 없이 따르지 아니한 자
  ㉡ 법 제18조 제2항에 따른 정밀안전점검 또는 정밀안전진단 실시결과에 대한 평가에 필요한 관련 자료를 정당한 사유 없이 제출하지 아니한 자
  ㉢ 법 제59조 제3항을 위반하여 정당한 사유 없이 시정 요청에 따르지 아니한 자

④ 다음의 어느 하나에 해당하는 자에게는 500만원 이하의 과태료를 부과한다. 〈개정〉
  ㉠ 법 제6조 제1항·제4항·제5항에 따라 시설물관리계획을 수립하지 아니하거나 시설물관리계획을 보고 또는 제출하지 아니한 자
  ㉡ 법 제9조 제1항·제2항 또는 제4항에 따른 서류를 제출하지 아니한 자
  ㉢ 법 제17조 제2항 제3호(법 제40조 제5항 및 법 제41조 제2항에서 준용하는 경우를 포함한다)를 위반하여 안전점검 및 정밀안전진단 결과보고서와 그 작성의 기초가 되는 자료를 보존하지 아니한 자
  ㉣ 법 제23조 제3항을 위반하여 사용제한 등을 하는 사실을 통보하지 아니한 자

ⓜ 법 제24조 제3항을 위반하여 보수·보강 등의 조치결과를 통보하지 아니한 자
ⓗ 법 제27조 제2항을 위반하여 하도급한 사실을 통보하지 아니한 자
ⓢ 법 제28조 제3항(법 제28조의2 제2항에서 준용하는 경우를 포함한다)에 따른 변경신고를 하지 아니한 자
ⓞ 법 제28조 제6항(법 제28조의2 제2항에서 준용하는 경우를 포함한다)에 따른 휴업·재개업 또는 폐업 신고를 하지 아니한 자
ⓙ 법 제33조 제1항 후단을 위반하여 등록의 취소 또는 영업정지처분을 받은 사실을 안전점검등 또는 성능평가의 대행계약을 체결한 관리주체에게 알리지 아니한 자
ⓒ 법 제36조 제1항을 위반하여 안전점검등 또는 성능평가의 대행실적을 제출하지 아니하거나 거짓으로 제출한 자
ⓚ 법 제38조(법 제28조의2 제2항에서 준용하는 경우를 포함한다)에 따른 영업의 양도나 합병 또는 상속의 신고를 하지 아니한 자
ⓣ 법 제41조 제1항에 따라 유지관리 결과보고서를 제출하지 아니한 자
⑤ ①부터 ④까지에 따른 과태료는 대통령령으로 정하는 바에 따라 국토교통부장관, 시·도지사 또는 시장·군수·구청장이 부과·징수한다. 〈개정〉

(6) 과태료의 부과(영 제47조)
① 위 **(5)**의 ①부터 ③까지의 규정에 따른 과태료의 부과기준 및 부과권자는 [별표 15]와 같다.
② **시·도지사 또는 시장·군수·구청장**은 위 ① 및 [별표 15]에 따라 과태료를 부과·징수한 경우에는 그 처리 내용을 **국토교통부장관에게 10일 이내**에 통보해야 한다. 다만, **시설물통합정보관리체계**에 과태료의 처리 내용을 **입력**한 경우에는 그 처리 내용을 '국토교통부장관에게 통보한 것'으로 본다.

PART 9

소방기본법

CHAPTER 01 총칙 등
CHAPTER 02 소방활동 등

최근 5개년
평균 출제문항 수 **1개**

최근 5개년
평균 출제비중 **2.5%**

PART 9 합격전략

제19회 시험까지 2문제(5%)씩 꾸준히 출제되었으나, 제20회 시험부터는 1문제(2.5%)씩 출제되고 있으며, 제29회에서도 1문제가 출제될 것으로 예상됩니다.

「소방기본법」은 비교적 양이 적은 법령으로서 용어의 정의, 소방활동구역, 소방자동차 전용구역 및 소방활동, 소방지원활동, 생활안전활동 및 손실보상 등을 정리하시기 바랍니다.

CHAPTER 01 총칙 등

CHAPTER 미리보기

학습전략

「소방기본법」을 정확하게 이해하는 데 필요한 '용어의 정의'에 대한 단원으로서 1문제 정도 출제될 수 있으므로 꼼꼼히 숙지하시기 바랍니다.

학습키워드

- 용어의 정의
- 119종합상황실
- 소방력
- 소방용수시설
- 비상소화장치

제1절 총칙

1. 목적(법 제1조)

이 법은 화재를 예방·경계하거나 진압하고 화재, 재난·재해, 그 밖의 위급한 상황에서의 구조·구급활동 등을 통하여 국민의 생명·신체 및 재산을 보호함으로써 공공의 안녕 및 질서유지와 복리증진에 이바지함을 목적으로 한다.

2. 정의(법 제2조)

(1) 소방대상물

건축물, 차량, 선박(선박법에 따른 선박으로서 **항구에 매어둔 선박만 해당**한다), 선박 건조 구조물, 산림, 그 밖의 **인공 구조물** 또는 물건을 말한다.

(2) 관계지역

소방대상물이 **있는** 장소 및 그 **이웃** 지역으로서 화재의 예방·경계·진압, 구조·구급 등의 활동에 필요한 지역을 말한다.

(3) 관계인

소방대상물의 **소유자·관리자 또는 점유자**를 말한다. 18회, 19회

(4) 소방본부장

특별시·광역시·특별자치시·도 또는 특별자치도(이하 '시·도'라 한다)에서 화재의 예방·경계·진압·조사 및 구조·구급 등의 업무를 담당하는 부서의 장을 말한다.

(5) 소방대(消防隊)

화재를 진압하고 화재, 재난·재해, 그 밖의 위급한 상황에서 구조·구급활동 등을 하기 위하여 다음의 사람으로 구성된 조직체를 말한다.
① 「소방공무원법」에 따른 **소방공무원**
② 「의무소방대설치법」에 따라 임용된 **의무소방원**
③ 「의용소방대 설치 및 운영에 관한 법률」에 따른 **의용소방대원**

(6) 소방대장(消防隊長)

소방본부장 또는 **소방서장** 등 화재, 재난·재해, 그 밖의 위급한 상황이 발생한 현장에서 소방대를 지휘하는 사람을 말한다.

3. 국가와 지방자치단체의 책무(법 제2조의2)

국가와 지방자치단체는 화재, 재난·재해, 그 밖의 위급한 상황으로부터 국민의 생명·신체 및 재산을 보호하기 위하여 필요한 시책을 수립·시행하여야 한다.

4. 소방기관의 설치 등

(1) 소방기관의 설치 등(법 제3조)

① 시·도의 화재 예방·경계·진압 및 조사, 소방안전교육·홍보와 화재, 재난·재해, 그 밖의 위급한 상황에서의 구조·구급 등의 업무(이하 '소방업무'라 한다)를 수행하는 소방기관의 설치에 필요한 사항은 대통령령으로 정한다.
② 소방업무를 수행하는 소방본부장 또는 소방서장은 그 소재지를 관할하는 특별시장·광역시장·특별자치시장·도지사 또는 특별자치도지사(이하 '시·도지사'라 한다)의 지휘와 감독을 받는다.
③ 위 ②에도 불구하고 **소방청장**은 화재 예방 및 대형 재난 등 필요한 경우 **시·도 소방본부장 및 소방서장**을 지휘·감독할 수 있다.
④ 시·도에서 소방업무를 수행하기 위하여 시·도지사 직속으로 **소방본부**를 둔다.

(2) 소방공무원의 배치(법 제3조의2)

위 **(1)**의 ①의 **소방기관** 및 ④의 **소방본부**에는 「지방자치단체에 두는 국가공무원의 정원에 관한 법률」에도 불구하고 대통령령으로 정하는 바에 따라 **소방공무원**을 둘 수 있다.

(3) 다른 법률과의 관계(법 제3조의3)

제주특별자치도에는 「제주특별자치도 설치 및 국제자유도시 조성을 위한 특별법」 제44조에도 불구하고 같은 법 제6조 제1항 단서에 따라 위 **(2)**를 우선하여 적용한다.

(4) 119종합상황실의 설치와 운영(법 제4조)

① 소방청장, 소방본부장 및 소방서장은 화재, 재난·재해, 그 밖에 구조·구급이 필요한 상황이 발생하였을 때에 신속한 소방활동(소방업무를 위한 모든 활동을 말한다. 이하 같다)을 위한 정보의 수집·분석과 판단·전파, 상황관리, 현장 지휘 및 조정·통제 등의 업무를 수행하기 위하여 119종합상황실을 설치·운영하여야 한다.
② 위 ①에 따라 소방본부에 설치하는 119종합상황실에는 「지방자치단체에 두는 국가공무원의 정원에 관한 법률」에도 불구하고 대통령령으로 정하는 바에 따라 경찰공무원을 둘 수 있다.
③ 위 ①에 따른 119종합상황실의 설치·운영에 필요한 사항은 행정안전부령으로 정한다.

> **관련법령** 종합상황실의 설치·운영(규칙 제2조)
>
> 1. 위 **(4)**의 규정에 의한 종합상황실은 **소방청**과 특별시·광역시·특별자치시·도 또는 특별자치도(이하 '시·도'라 한다)의 소방본부 및 소방서에 각각 설치·운영하여야 한다.
> 2. 소방청장, 소방본부장 또는 소방서장은 신속한 소방활동을 위한 정보를 수집·전파하기 위하여 종합상황실에 「소방력 기준에 관한 규칙」에 의한 **전산·통신요원**을 배치하고, 소방청장이 정하는 유·무선통신시설을 갖추어야 한다.
> 3. 종합상황실은 24시간 운영체제를 유지하여야 한다.

(5) 종합상황실의 실장의 업무 등(규칙 제3조)

① 종합상황실의 **실장**[종합상황실에 근무하는 자 중 최고직위에 있는 자(최고직위에 있는 자가 2인 이상인 경우에는 선임자)를 말한다. 이하 같다]은 다음의 업무를 행하고, 그에 관한 내용을 기록·관리하여야 한다.

  ㉠ 화재, 재난·재해 그 밖에 구조·구급이 필요한 상황(이하 '재난상황'이라 한다)의 발생의 신고접수
  ㉡ 접수된 재난상황을 검토하여 가까운 소방서에 인력 및 장비의 동원을 요청하는 등의 사고수습
  ㉢ 하급소방기관에 대한 출동지령 또는 동급 이상의 소방기관 및 유관기관에 대한 지원요청
  ㉣ 재난상황의 전파 및 보고
  ㉤ 재난상황이 발생한 현장에 대한 지휘 및 피해현황의 파악
  ㉥ 재난상황의 수습에 필요한 정보수집 및 제공

② 종합상황실의 **실장**은 다음의 어느 하나에 해당하는 상황이 발생하는 때에는 그 사실을 지체 없이 별지 제1호 서식에 따라 서면·팩스 또는 컴퓨터통신 등으로 **소방서**의 종합상황실의 경우는 **소방본부**의 종합상황실에, **소방본부**의 종합상황실의 경우는 **소방청**의 종합상황실에 각각 **보고**해야 한다. 17회

  ㉠ **다음의 하나에 해당하는 화재**
    ⓐ 사망자가 **5인 이상** 발생하거나 사상자가 **10인 이상** 발생한 화재
    ⓑ 이재민이 100인 이상 발생한 화재
    ⓒ 재산피해액이 50억원 이상 발생한 화재
    ⓓ 관공서·학교·정부미도정공장·문화재·지하철 또는 지하구의 화재
    ⓔ 관광호텔, 층수(건축법 시행령의 규정에 의하여 산정한 층수를 말한다. 이하 같다)가 11층 이상인 건축물, 지하상가, 시장, 백화점, 「위험물안전관리법」의 규정에 의한 지정수량의 3천 배 이상의 위험물의 제조소·저장소·취급소, 층수가 5층 이상이거나 객실이 30실 이상인 숙박시설, 층수가 5층 이상이거나 병상이 30개 이상인 종합병원·정신병원·한방병원·요양소, 연면적 1만 5천 제곱미터 이상인 공장 또는 「화재의 예방 및 안전관리에 관한 법률」 제18조 제1항에 따른 **화재예방강화지구**에서 발생한 화재

- ⓕ 철도차량, 항구에 매어둔 총 톤수가 1천 톤 이상인 선박, 항공기, 발전소 또는 변전소에서 발생한 화재
- ⓖ 가스 및 화약류의 폭발에 의한 화재
- ⓗ 「다중이용업소의 안전관리에 관한 특별법」 제2조에 따른 다중이용업소의 화재
- ⓛ 「긴급구조대응활동 및 현장지휘에 관한 규칙」에 의한 통제단장의 현장지휘가 필요한 재난상황
- ⓒ 언론에 보도된 재난상황
- ⓔ 그 밖에 소방청장이 정하는 재난상황
③ 종합상황실 근무자의 근무방법 등 종합상황실의 운영에 관하여 필요한 사항은 종합상황실을 설치하는 소방청장, 소방본부장 또는 소방서장이 각각 정한다.

(6) 소방정보통신망 구축·운영(법 제4조의2)

① 소방청장 및 시·도지사는 119종합상황실 등의 효율적 운영을 위하여 소방정보통신망을 구축·운영할 수 있다.
② 소방청장 및 시·도지사는 소방정보통신망의 안정적 운영을 위하여 소방정보통신망의 회선을 이중화할 수 있다. 이 경우 이중화된 각 회선은 서로 다른 사업자로부터 제공받아야 한다.

(7) 소방기술민원센터의 설치·운영(법 제4조의3)

소방청장 또는 **소방본부장**은 소방시설, 소방공사 및 위험물 안전관리 등과 관련된 법령해석 등의 민원을 종합적으로 접수하여 처리할 수 있는 기구(이하 이 조에서 '**소방기술민원센터**'라 한다)를 설치·운영할 수 있다.

> **관련법령** 소방기술민원센터의 설치·운영(영 제1조의2)
>
> 1. **소방청장** 또는 **소방본부장**은 '소방기술민원센터'를 **소방청** 또는 **소방본부**에 각각 설치·운영한다.
> 2. 소방기술민원센터는 센터장을 포함하여 **18명 이내**로 구성한다.
> 3. 소방기술민원센터는 다음의 업무를 수행한다.
>   - ㉠ 소방시설, 소방공사와 위험물 안전관리 등과 관련된 법령해석 등의 민원(이하 '**소방기술민원**'이라 한다)의 처리
>   - ㉡ 소방기술민원과 관련된 질의회신집 및 해설서 발간
>   - ㉢ 소방기술민원과 관련된 정보시스템의 운영·관리
>   - ㉣ 소방기술민원과 관련된 현장 확인 및 처리
>   - ㉤ 그 밖에 소방기술민원과 관련된 업무로서 소방청장 또는 소방본부장이 필요하다고 인정하여 지시하는 업무
> 4. **소방청장** 또는 **소방본부장**은 소방기술민원센터의 업무수행을 위하여 필요하다고 인정하는 경우에는 **관계 기관의 장**에게 소속 공무원 또는 직원의 **파견**을 **요청**할 수 있다.
> 5. 위 1.부터 4.까지에서 규정한 사항 '외'에 소방기술민원센터의 설치·운영에 필요한 사항은 소방청에 설치하는 경우에는 소방청장이 정하고, 소방본부에 설치하는 경우에는 해당 특별시·광역시·특별자치시·도 또는 특별자치도(이하 '**시·도**'라 한다)의 **규칙**으로 정한다.

(8) 소방박물관 등의 설립과 운영(법 제5조)

소방의 역사와 안전문화를 발전시키고 국민의 안전의식을 높이기 위하여 '**소방청장**'은 **소방박물관**을, '**시·도지사**'는 **소방체험관**(화재 현장에서의 피난 등을 체험할 수 있는 체험관을 말한다)을 설립하여 운영할 수 있다.

(9) 소방업무에 관한 종합계획의 수립·시행 등(법 제6조)

① **소방청장**은 화재, 재난·재해, 그 밖의 위급한 상황으로부터 국민의 생명·신체 및 재산을 보호하기 위하여 '**소방업무에 관한 종합계획**'[이하 (9)에서 '**종합계획**'이라 한다]을 **5년마다** 수립·시행하여야 하고, 이에 필요한 재원을 확보하도록 노력하여야 한다. [19회]

② 종합계획에는 다음의 사항이 포함되어야 한다.
　㉠ 소방서비스의 질 향상을 위한 정책의 기본방향
　㉡ 소방업무에 필요한 체계의 구축, 소방기술의 연구·개발 및 보급
　㉢ 소방업무에 필요한 장비의 구비
　㉣ 소방전문인력 양성
　㉤ 소방업무에 필요한 기반조성
　㉥ 소방업무의 교육 및 홍보(법 제21조에 따른 소방자동차의 우선 통행 등에 관한 홍보를 포함한다)
　㉦ 그 밖에 소방업무의 효율적 수행을 위하여 필요한 사항으로서 '**대통령령으로 정하는 사항**'

③ 소방청장은 위 ①에 따라 수립한 종합계획을 관계 중앙행정기관의 장, 시·도지사에게 통보하여야 한다.

④ **시·도지사**는 관할 지역의 특성을 고려하여 '종합계획의 시행에 필요한 세부계획'(이하 이 조에서 '**세부계획**'이라 한다)을 **매년** 수립하여 소방청장에게 제출하여야 하며, 세부계획에 따른 소방업무를 성실히 수행하여야 한다.

⑤ 소방청장은 소방업무의 체계적 수행을 위하여 필요한 경우 위 ④에 따라 시·도지사가 제출한 세부계획의 보완 또는 수정을 요청할 수 있다.

(10) 소방업무에 관한 종합계획 및 세부계획의 수립·시행(영 제1조의3)

① **소방청장**은 위 **(9)**의 ①에 따른 소방업무에 관한 **종합계획**을 관계 중앙행정기관의 장과의 협의를 거쳐 계획 시행 **전년도 10월 31일까지** 수립해야 한다.

② 위 **(9)**의 ②의 ㉦에서 '대통령령으로 정하는 사항'이란 다음의 사항을 말한다.
　㉠ 재난·재해 환경 변화에 따른 소방업무에 필요한 대응체계 마련
　㉡ 장애인, 노인, 임산부, 영유아 및 어린이 등 이동이 어려운 사람을 대상으로 한 소방활동에 필요한 조치

③ 시·도지사는 위 **(9)**의 ④에 따른 종합계획의 시행에 필요한 **세부계획**을 계획 시행 **전년도 12월 31일까지** 수립하여 **소방청장**에게 제출하여야 한다.

(11) 세부계획 추진실적 등의 평가(영 제1조의4)

① 소방청장은 재난·재해 등 위급한 상황으로부터 국민의 생명·신체 및 재산을 보호하기 위해 **세부계획 수립의 적절성, 세부계획 추진실적 등**에 대하여 **정기적으로 평가**할 수 있다.

② **소방청장**은 위 ①에 따른 평가를 하려는 경우 다음 연도의 평가계획을 **11월 30일**까지 시·도지사에게 통지해야 한다.

③ 위 ②에 따라 통지를 받은 **시·도지사**는 전년도 세부계획 추진실적 등을 **1월 31일**까지 소방청장에게 제출해야 하고, 소방청장은 위 ①에 따른 **'평가결과'**를 **3월 31일**까지 시·도지사에게 통보해야 한다.

④ 위 ①부터 ③까지에서 규정한 사항 '외'에 세부계획 추진실적 등의 평가에 필요한 사항은 소방청장이 정한다.

(12) 소방의 날 제정과 운영 등(법 제7조)

① 국민의 안전의식과 화재에 대한 경각심을 높이고 안전문화를 정착시키기 위하여 매년 **'11월 9일'**을 **'소방의 날'**로 정하여 기념행사를 한다. 27회 주관식

② 소방의 날 행사에 관하여 필요한 사항은 소방청장 또는 시·도지사가 따로 정하여 시행할 수 있다.

③ 소방청장은 다음에 해당하는 사람을 명예직 소방대원으로 위촉할 수 있다.

㉠ 「의사상자 등 예우 및 지원에 관한 법률」 제2조에 따른 의사상자(義死傷者)로서 같은 법 제3조 제3호 또는 제4호에 해당하는 사람

㉡ 소방행정 발전에 공로가 있다고 인정되는 사람

제2절 소방장비 및 소방용수시설 등

1. 소방력 등

(1) 소방력의 기준 등(법 제8조)

① 소방기관이 소방업무를 수행하는 데에 필요한 인력과 장비 등[이하 '**소방력**(消防力)'이라 한다]에 관한 기준은 **행정안전부령**으로 정한다. 22회

② **시·도지사**는 위 ①에 따른 소방력의 기준에 따라 관할 구역의 소방력을 확충하기 위하여 필요한 **계획**을 수립하여 시행하여야 한다. 22회

③ 소방자동차 등 소방장비의 분류·표준화와 그 관리 등에 필요한 사항은 따로 법률에서 정한다.

(2) 소방력의 동원(법 제11조의2)

① **소방청장**은 해당 시·도의 소방력만으로는 소방활동을 효율적으로 수행하기 어려운 화재, 재난·재해, 그 밖의 구조·구급이 필요한 상황이 발생하거나 특별히 국가적 차원에서 소방활동을 수행할 필요가 인정될 때에는 **각 시·도지사**에게 행정안전부령으로 정하는 바에 따라 소방력을 동원할 것을 요청할 수 있다.

② 위 ①에 따라 동원 요청을 받은 시·도지사는 정당한 사유 없이 요청을 거절하여서는 아니 된다.

③ **소방청장**은 시·도지사에게 위 ①에 따라 동원된 소방력을 화재, 재난·재해 등이 발생한 지역에 지원·파견하여 줄 것을 **요청**하거나 필요한 경우 **직접** 소방대를 편성하여 화재진압 및 인명구조 등 소방에 필요한 활동을 하게 할 수 있다.

④ 위 ①에 따라 동원된 소방대원이 다른 시·도에 파견·지원되어 소방활동을 수행할 때에는 특별한 사정이 없으면 '화재, 재난·재해 등이 **발생한 지역**을 관할하는 소방본부장 또는 소방서장의 **지휘**'에 따라야 한다. 다만, '소방청장'이 '**직접**' 소방대를 편성하여 소방활동을 하게 하는 경우에는 '소방청장의 **지휘**'에 따라야 한다.

⑤ 소방활동을 수행하는 과정에서 발생하는 경비부담에 관한 사항, 소방활동을 수행한 민간소방인력이 사망하거나 부상을 입었을 경우의 보상주체·보상기준 등에 관한 사항, 그 밖에 동원된 소방력의 운용과 관련하여 필요한 사항은 대통령령으로 정한다.

(3) 소방력의 동원(영 제2조의3)

① 위 **(2)**의 ③ 및 ④에 따라 동원된 소방력의 소방활동 수행과정에서 발생하는 경비는 화재, 재난·재해나 그 밖의 구조·구급이 필요한 상황이 발생한 **시·도**에서 부담하는 것을 **원칙**으로 하며, 구체적인 내용은 해당 시·도가 서로 협의하여 정한다.

② 위 **(2)**의 ③ 및 ④에 따라 동원된 민간소방인력이 소방활동을 수행하다가 사망하거나 부상을 입은 경우 화재, 재난·재해 또는 그 밖의 구조·구급이 필요한 상황이 발생한 시·도가 해당 시·도의 조례로 정하는 바에 따라 **보상**한다.

③ 위 ① 및 ②에서 규정한 사항 외에 동원된 소방력의 운용과 관련하여 필요한 사항은 소방청장이 정한다.

2. 국고보조 등

(1) 소방장비 등에 대한 국고보조(법 제9조)

① 국가는 소방장비의 구입 등 시·도의 소방업무에 필요한 경비의 일부를 보조한다.

② 위 ①에 따른 보조 대상사업의 범위와 기준보조율은 대통령령으로 정한다.

(2) 국고보조 대상사업의 범위와 기준보조율(영 제2조)

① 국고보조 대상사업의 범위는 다음과 같다.

㉠ 다음의 소방활동장비와 설비의 구입 및 설치
  ⓐ 소방자동차
  ⓑ 소방헬리콥터 및 소방정
  ⓒ 소방전용통신설비 및 전산설비
  ⓓ 그 밖에 방화복 등 소방활동에 필요한 소방장비
㉡ 소방관서용 청사의 건축(건축법에 따른 건축을 말한다)
② 위 ①의 ㉠에 따른 소방활동장비 및 설비의 종류와 규격은 행정안전부령으로 정한다.
③ 위 ①에 따른 국고보조 대상사업의 기준보조율은 「보조금 관리에 관한 법률 시행령」에서 정하는 바에 따른다.

(3) 소방용수시설의 설치 및 관리 등(법 제10조)

① 시·도지사는 소방활동에 필요한 **소화전**(消火栓)·**급수탑**(給水塔)·**저수조**(貯水槽)(이하 '**소방용수시설**'이라 한다)를 설치하고 유지·관리하여야 한다. 다만, 「수도법」에 따라 소화전을 설치하는 **일반수도사업자**는 관할 소방서장과 사전협의를 거친 후 **소화전**을 설치하여야 하며, 설치 사실을 관할 소방서장에게 통지하고, 그 **소화전**을 **유지·관리**하여야 한다. 19회, 22회

② 시·도지사는 법 제21조 제1항(소방자동차의 우선 통행)에 따른 소방자동차의 진입이 곤란한 지역 등 화재발생 시에 초기 대응이 필요한 지역으로서 '**대통령령으로 정하는 지역**'에 **소방호스 또는 호스 릴** 등을 **소방용수시설**에 연결하여 화재를 진압하는 시설이나 장치(이하 '**비상소화장치**'라 한다)를 설치하고 유지·관리할 수 있다.

> **관련법령** 비상소화장치의 설치대상 지역(영 제2조의2)
> 위 **(3)**의 ②에서 '대통령령으로 정하는 지역'이란 다음의 어느 하나에 해당하는 지역을 말한다.
> 1. 「화재의 예방 및 안전관리에 관한 법률」제18조 제1항에 따라 지정된 **화재경계지구**(화재예방강화지구)
> 2. 시·도지사가 위 **(3)**의 ②에 따른 비상소화장치의 설치가 필요하다고 인정하는 지역

(4) 소방업무의 응원(법 제11조)

① 소방본부장이나 소방서장은 소방활동을 할 때에 긴급한 경우에는 **이웃한 소방본부장 또는 소방서장**에게 소방업무의 **응원**(應援)을 요청할 수 있다. 22회

② 위 ①에 따라 소방업무의 응원 요청을 받은 소방본부장 또는 소방서장은 정당한 사유 없이 그 요청을 거절하여서는 아니 된다.

③ 위 ①에 따라 소방업무의 응원을 위하여 '**파견**'된 소방대원은 응원을 '**요청**'한 소방본부장 또는 소방서장의 **지휘**에 따라야 한다.

④ 시·도지사는 위 ①에 따라 소방업무의 응원을 요청하는 경우를 대비하여 출동 대상지역 및 규모와 필요한 경비의 부담 등에 관하여 필요한 사항을 행정안전부령으로 정하는 바에 따라 **이웃하는** 시·도지사와 협의하여 미리 **규약**으로 정하여야 한다.

CHAPTER 02 소방활동 등

회독체크 1 2 3

CHAPTER 미리보기

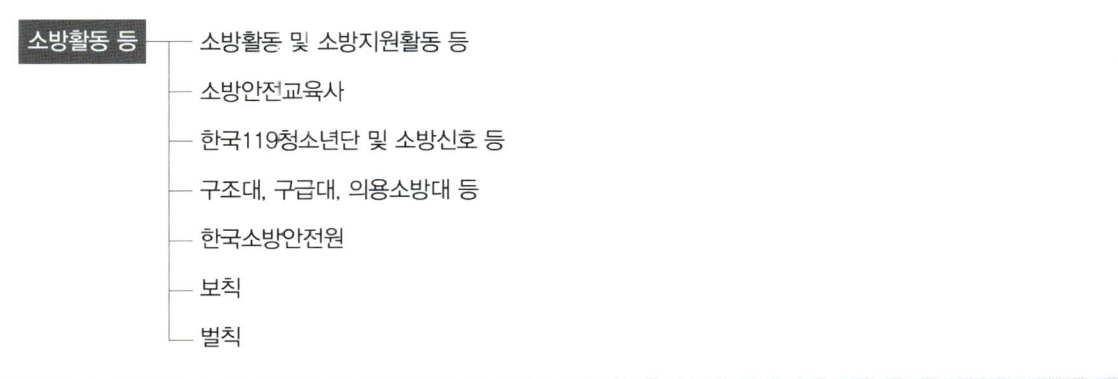

학습전략

소방활동 등을 다루는 단원으로서 1문제씩 꾸준히 출제된 바 있습니다. 기존에 출제 빈도가 높았던 화재의 예방과 경계에 대한 부분은 「화재의 예방 및 안전관리에 관한 법률」로 이관되었으므로, 참고하시기 바랍니다.

학습키워드

- 소방활동
- 소방지원활동
- 생활안전활동
- 한국119청소년단
- 소방신호
- 소방자동차 전용구역
- 한국소방안전원
- 손실보상

1. 소방활동 및 소방지원활동 등

(1) 소방활동(법 제16조)
　① 소방청장, 소방본부장 또는 소방서장은 화재, 재난·재해, 그 밖의 위급한 상황이 발생하였을 때에는 **소방대**를 현장에 신속하게 출동시켜 화재진압과 인명구조·구급 등 소방에 필요한 활동[이하 (1)에서 '소방활동'이라 한다]을 하게 하여야 한다.
　② 누구든지 정당한 사유 없이 위 ①에 따라 출동한 소방대의 소방활동을 방해하여서는 아니 된다.

(2) 소방지원활동(법 제16조의2)
　① 소방청장·소방본부장 또는 소방서장은 공공의 안녕질서 유지 또는 복리증진을 위하여 필요한 경우 소방활동 외에 다음의 활동(이하 '**소방지원활동**'이라 한다)을 하게 할 수 있다.
　　㉠ 산불에 대한 예방·진압 등 지원활동
　　㉡ 자연재해에 따른 급수·배수 및 제설 등 지원활동
　　㉢ 집회·공연 등 각종 행사 시 사고에 대비한 근접대기 등 지원활동
　　㉣ 화재, 재난·재해로 인한 피해복구 지원활동
　　㉤ 그 밖에 행정안전부령으로 정하는 다음의 활동(규칙 제8조의4)
　　　ⓐ 군·경찰 등 유관기관에서 실시하는 훈련지원활동
　　　ⓑ 소방시설 오작동 신고에 따른 조치활동
　　　ⓒ 방송제작 또는 촬영 관련 지원활동 26회
　② 소방지원활동은 소방활동 수행에 지장을 주지 아니하는 범위에서 할 수 있다.
　③ 유관기관·단체 등의 요청에 따른 소방지원활동에 드는 비용은 '지원요청을 한 유관기관·단체 등'에 **부담**하게 할 수 있다. 다만, 부담금액 및 부담방법에 관하여는 지원요청을 한 유관기관·단체 등과 협의하여 결정한다.

(3) 생활안전활동(법 제16조의3)
　① '소방청장·소방본부장 또는 소방서장'은 신고가 접수된 생활안전 및 위험제거활동(화재, 재난·재해, 그 밖의 위급한 상황에 해당하는 것은 제외한다)에 대응하기 위하여 **소방대**를 출동시켜 다음의 활동(이하 '**생활안전활동**'이라 한다)을 하게 하여야 한다. 24회
　　㉠ 붕괴, 낙하 등이 우려되는 고드름, 나무, 위험 구조물 등의 제거활동
　　㉡ 위해동물, 벌 등의 포획 및 퇴치활동
　　㉢ 끼임, 고립 등에 따른 위험제거 및 구출활동
　　㉣ 단전사고 시 비상전원 또는 조명의 공급
　　㉤ 그 밖에 방치하면 급박해질 우려가 있는 위험을 예방하기 위한 활동
　② 누구든지 정당한 사유 없이 위 ①에 따라 출동하는 소방대의 생활안전활동을 방해하여서는 아니 된다. [**위반자: 1백만원 이하의 벌금**]

(4) 소방자동차의 보험 가입 등(법 제16조의4)

① 시·도지사는 소방자동차의 공무상 운행 중 교통사고가 발생한 경우 그 운전자의 법률상 분쟁에 소요되는 비용을 지원할 수 있는 **보험**에 가입하여야 한다.

② 국가는 위 ①에 따른 보험 가입비용의 일부를 지원할 수 있다.

(5) 소방활동에 대한 면책(법 제16조의5)

소방공무원이 위 (1)의 ①에 따른 소방활동으로 인하여 타인을 사상(死傷)에 이르게 한 경우 그 소방활동이 불가피하고 소방공무원에게 **고의 또는 중대한 과실이 없는 때**에는 그 정상을 참작하여 사상에 대한 형사책임을 **감경**하거나 **면제**할 수 있다.

(6) 소송지원(법 제16조의6)

소방청장, 소방본부장 또는 소방서장은 소방공무원이 위 (1)의 ①에 따른 소방활동, 위 (2)의 ①에 따른 소방지원활동, 위 (3)의 ①에 따른 생활안전활동으로 인하여 민·형사상 책임과 관련된 소송을 수행할 경우 변호인 선임 등 '**소송수행**'에 필요한 **지원**을 할 수 있다.

(7) 소방교육·훈련(법 제17조)

① 소방청장, 소방본부장 또는 소방서장은 소방업무를 전문적이고 효과적으로 수행하기 위하여 **소방대원에게** 필요한 교육·훈련을 실시하여야 한다.

② 소방청장, 소방본부장 또는 소방서장은 화재를 예방하고 화재 발생 시 인명과 재산피해를 최소화하기 위하여 다음에 해당하는 사람을 대상으로 행정안전부령으로 정하는 바에 따라 소방안전에 관한 교육과 훈련을 실시할 수 있다. 이 경우 소방청장, 소방본부장 또는 소방서장은 해당 어린이집·유치원·학교·장애인복지시설·아동복지시설의 장 또는 노인복지시설의 장과 교육일정 등에 관하여 협의하여야 한다. 〈개정 2025.1.7.〉

　㉠ 「영유아보육법」에 따른 어린이집의 영유아
　㉡ 「유아교육법」에 따른 유치원의 유아
　㉢ 「초·중등교육법」에 따른 학교의 학생
　㉣ 「장애인복지법」에 따른 장애인복지시설에 거주하거나 해당 시설을 이용하는 장애인
　㉤ 「아동복지법」 제52조에 따른 아동복지시설에 거주하거나 해당 시설을 이용하는 아동
　㉥ 「노인복지법」 제31조에 따른 노인복지시설에 거주하거나 해당 시설을 이용하는 노인

③ 소방청장, 소방본부장 또는 소방서장은 국민의 안전의식을 높이기 위하여 화재발생 시 피난 및 행동방법 등을 홍보하여야 한다.

관련법령 소방교육·훈련의 종류 등(규칙 제9조)

1. 위 **(7)**의 ①에 따라 소방대원에게 실시할 교육·훈련의 종류, 해당 교육·훈련을 받아야 할 대상자 및 교육·훈련기간 등은 [별표 3의2]와 같다.
2. 위 **(7)**의 ②에 따른 소방안전에 관한 교육과 훈련(이하 '소방안전교육훈련'이라 한다)에 필요한 시설, 장비, 강사자격 및 교육방법 등의 기준은 [별표 3의3]과 같다.

3. 소방청장, 소방본부장 또는 소방서장은 소방안전교육훈련을 실시하려는 경우 매년 12월 31일까지 다음 해의 '소방안전교육훈련 운영계획'을 수립하여야 한다.
4. 소방청장은 위 3.에 따른 '소방안전교육훈련 운영계획'의 작성에 필요한 지침을 정하여 소방본부장과 소방서장에게 매년 10월 31일까지 통보하여야 한다.

▶ 교육·훈련 횟수 및 기간 [별표 3의2]

횟수	기간
2년마다 1회	2주 이상

2. 소방안전교육사

(1) 소방안전교육사(법 제17조의2)

① 소방청장은 소방안전교육을 위하여 소방청장이 실시하는 시험에 합격한 사람에게 소방안전교육사 자격을 부여한다.
② 소방안전교육사는 소방안전교육의 기획·진행·분석·평가 및 교수업무를 수행한다.
③ 위 ①에 따른 소방안전교육사시험의 응시자격, 시험방법, 시험과목, 시험위원, 그 밖에 소방안전교육사시험의 실시에 필요한 사항은 대통령령으로 정한다.
④ 위 ①에 따른 소방안전교육사시험에 응시하려는 사람은 대통령령으로 정하는 바에 따라 수수료를 내야 한다.

(2) 소방안전교육사의 결격사유(법 제17조의3)

① 피성년후견인
② 금고 이상의 실형을 선고받고 그 집행이 끝나거나(집행이 끝난 것으로 보는 경우를 포함한다) 집행이 면제된 날부터 2년이 지나지 아니한 사람
③ 금고 이상의 형의 집행유예를 선고받고 그 유예기간 중에 있는 사람 18회
④ 법원의 판결 또는 다른 법률에 따라 자격이 정지되거나 상실된 사람

(3) 부정행위자에 대한 조치(법 제17조의4)

① 소방청장은 위 (1)에 따른 소방안전교육사시험에서 부정행위를 한 사람에 대하여는 해당 시험을 정지시키거나 무효로 처리한다.
② 위 ①에 따라 시험이 정지되거나 무효로 처리된 사람은 그 처분이 있은 날부터 2년간 소방안전교육사시험에 응시하지 못한다.

(4) 소방안전교육사의 배치(법 제17조의5, 영 제7조의10)

① 소방안전교육사를 소방청, 소방본부 또는 소방서, '그 밖에 대통령령으로 정하는 대상'에 배치할 수 있다.

② 위 ①에서 '그 밖에 대통령령으로 정하는 대상'이란 다음의 어느 하나에 해당하는 기관이나 단체를 말한다.
　㉠ 법 제40조에 따라 설립된 한국소방안전원(이하 '안전원'이라 한다)
　㉡ 「소방산업의 진흥에 관한 법률」에 따른 한국소방산업기술원

3. 한국119청소년단 및 소방신호 등

(1) 한국119청소년단(법 제17조의6)

① 청소년에게 소방안전에 관한 올바른 이해와 안전의식을 함양시키기 위하여 **한국119청소년단**을 설립한다.
② 한국119청소년단은 **법인**으로 하고, 그 주된 사무소의 소재지에 설립등기를 함으로써 성립한다.
③ **국가**나 **지방자치단체**는 한국119청소년단에 그 조직 및 활동에 필요한 시설·장비를 **지원**할 수 있으며, 운영경비와 시설비 및 국내외 행사에 필요한 경비를 **보조**할 수 있다.
④ **개인·법인** 또는 **단체**는 한국119청소년단의 시설 및 운영 등을 지원하기 위하여 금전이나 그 밖의 재산을 **기부**할 수 있다.
⑤ 이 법에 따른 한국119청소년단이 아닌 자는 한국119청소년단 또는 이와 유사한 명칭을 사용할 수 없다. [위반자: 2백만원 이하의 과태료]
⑥ 한국119청소년단의 정관 또는 사업의 범위·지도·감독 및 지원에 필요한 사항은 **행정안전부령**으로 정한다.
⑦ 한국119청소년단에 관하여 이 법에서 규정한 것을 제외하고는 「민법」 중 **사단법인**에 관한 규정을 준용한다.

(2) 소방신호(법 제18조)

화재예방, 소방활동 또는 소방훈련을 위하여 사용되는 소방신호의 종류와 방법은 행정안전부령으로 정한다.

(3) 소방신호의 종류 및 방법(규칙 제10조)

① 위 (2)에 의한 소방신호의 종류는 다음과 같다. 17회, 28회
　㉠ 경계신호: 화재예방상 필요하다고 인정되거나 「화재의 예방 및 안전관리에 관한 법률」 제20조의 규정에 의한 화재위험경보 시 발령
　㉡ 발화신호: 화재가 발생한 때 발령
　㉢ 해제신호: 소화활동이 필요 없다고 인정되는 때 발령
　㉣ 훈련신호: 훈련상 필요하다고 인정되는 때 발령
② 위 ①의 규정에 의한 소방신호의 종류별 소방신호의 방법은 다음의 [별표 4]와 같다.

별표 4 　소방신호의 방법(규칙 제10조 제2항 관련)

신호방법 종별	타종신호	사이렌신호	그 밖의 신호
경계신호	1타와 연 2타를 반복	5초 간격을 두고 30초씩 3회	'통풍대' '게시판' 적색/백색, 화재경보발령중
발화신호	난타	5초 간격을 두고 5초씩 3회	
해제신호	상당한 간격을 두고 1타씩 반복	1분간 1회	
훈련신호	연 3타 반복	10초 간격을 두고 1분씩 3회	'기' 적색/백색

[비고]
1. 소방신호의 방법은 그 전부 또는 일부를 함께 사용할 수 있다.
2. 게시판을 철거하거나 통풍대 또는 기를 내리는 것으로 소방활동이 해제되었음을 알린다.
3. 소방대의 비상소집을 하는 경우에는 훈련신호를 사용할 수 있다.

(4) 화재 등의 통지(법 제19조)

① 화재현장 또는 구조·구급이 필요한 사고현장을 발견한 사람은 그 현장의 상황을 소방본부, 소방서 또는 관계 행정기관에 지체 없이 알려야 한다.

② 다음의 어느 하나에 해당하는 지역 또는 장소에서 화재로 오인할 만한 우려가 있는 불을 피우거나 연막(煙幕) 소독을 하려는 자는 시·도의 조례로 정하는 바에 따라 관할 소방본부장 또는 소방서장에게 **신고하여야 한다**. 25회

　㉠ 시장지역 26회
　㉡ 공장·창고가 밀집한 지역
　㉢ 목조건물이 밀집한 지역
　㉣ 위험물의 저장 및 처리시설이 밀집한 지역
　㉤ 석유화학제품을 생산하는 공장이 있는 지역
　㉥ 그 밖에 시·도의 조례로 정하는 지역 또는 장소

　　● 비교: 화재예방강화지구의 지정 대상지역과 비교 요망

③ 위 ②에 따른 '신고를 하지 아니하여' 소방자동차를 출동하게 한 자에게는 **20만원 이하의 과태료**를 부과한다.

(5) 관계인의 소방활동 등(법 제20조)

① **관계인**은 소방대상물에 화재, 재난·재해, 그 밖의 위급한 상황이 발생한 경우에는 **소방대가 현장에 도착할 때까지** 경보를 울리거나 대피를 유도하는 등의 방법으로 사람을 구출하는 조치 또는 불을 끄거나 불이 번지지 아니하도록 필요한 조치를 하여야 한다. [위반자: **1백만원 이하의 벌금**]

② 관계인은 소방대상물에 화재, 재난·재해, 그 밖의 위급한 상황이 발생한 경우에는 이를 소방본부, 소방서 또는 관계 행정기관에 지체 없이 알려야 한다. [위반자: **5백만원 이하의 과태료**]

(6) 자체소방대의 설치·운영 등(법 제20조의2)

① 관계인은 화재를 진압하거나 구조·구급 활동을 하기 위하여 상설 조직체(위험물안전관리법 제19조 및 그 밖의 다른 법령에 따라 설치된 자체소방대를 포함하며, 이하 '자체소방대'라 한다)를 설치·운영할 수 있다.

② 자체소방대는 소방대가 현장에 도착한 경우 소방대장의 지휘·통제에 따라야 한다.

③ 소방청장, 소방본부장 또는 소방서장은 자체소방대의 역량 향상을 위하여 필요한 교육·훈련 등을 지원할 수 있다.

④ 위 ③에 따른 교육·훈련 등의 지원에 필요한 사항은 행정안전부령으로 정한다.

(7) 소방자동차의 우선 통행 등(법 제21조)

① 모든 차와 사람은 소방자동차(지휘를 위한 자동차와 구조·구급차를 포함한다)가 화재진압 및 구조·구급활동을 위하여 출동을 할 때에는 이를 방해하여서는 아니 된다.

② 소방자동차가 화재진압 및 구조·구급 활동을 위하여 출동하거나 훈련을 위하여 필요할 때에는 사이렌을 사용할 수 있다.

③ 모든 차와 사람은 소방자동차가 화재진압 및 구조·구급 활동을 위하여 위 ②에 따라 사이렌을 사용하여 출동하는 경우에는 다음의 행위를 하여서는 아니 된다.
　㉠ 소방자동차에 진로를 양보하지 아니하는 행위
　㉡ 소방자동차 앞에 끼어들거나 소방자동차를 가로막는 행위
　㉢ 그 밖에 소방자동차의 출동에 지장을 주는 행위

④ 위 ③의 경우를 제외하고 소방자동차의 우선 통행에 관하여는 「**도로교통법**」에서 정하는 바에 따른다.

(8) **소방자동차 전용구역 등**(법 제21조의2, 영 제7조의12)

① 「건축법」 제2조 제2항 제2호에 따른 공동주택 중 '대통령령으로 정하는 다음 ㉠·㉡'의 건축주는 법 제16조 제1항에 따른 소방활동의 원활한 수행을 위하여 공동주택에 소방자동차 전용구역(이하 '전용구역')을 설치하여야 한다. 다만, **하나의 대지**에 **하나의 동**(棟)으로 구성되고 「도로교통법」 제32조 또는 제33조에 따라 정차 또는 주차가 금지된 '편도 2차선 이상의 도로에 직접 접하여' **소방자동차**가 '도로에서 직접 소방활동이 가능한 공동주택'은 제외한다.

㉠ 「건축법 시행령」 [별표 1]의 세대수가 **100세대 이상인 아파트**
㉡ 「건축법 시행령」 [별표 1]의 **3층 이상의 기숙사**
② 누구든지 전용구역에 차를 주차하거나 전용구역에의 진입을 가로막는 등의 방해행위를 하여서는 아니 된다. [위반자: 100만원 이하 과태료]

관련법령 소방자동차 전용구역의 설치 기준·방법(영 제7조의13)

1. '위 **(8)**의 ①의 ㉠·㉡ 외의 부분 본문에 따른 **공동주택**'의 건축주는 소방자동차가 접근하기 쉽고 소방활동이 원활하게 수행될 수 있도록 **각 동별 '전면 또는 후면'**에 소방자동차 전용구역(이하 '전용구역'이라 한다)을 1개소 이상 설치해야 한다. 다만, 하나의 전용구역에서 여러 동에 접근하여 소방활동이 가능한 경우로서 소방청장이 정하는 경우에는 **각 동별로 설치하지 않을 수 있다.**
2. 전용구역의 설치 방법은 [별표 2의5]와 같다.

별표 2의5 전용구역의 설치 방법(영 제7조의13 제2항 관련)

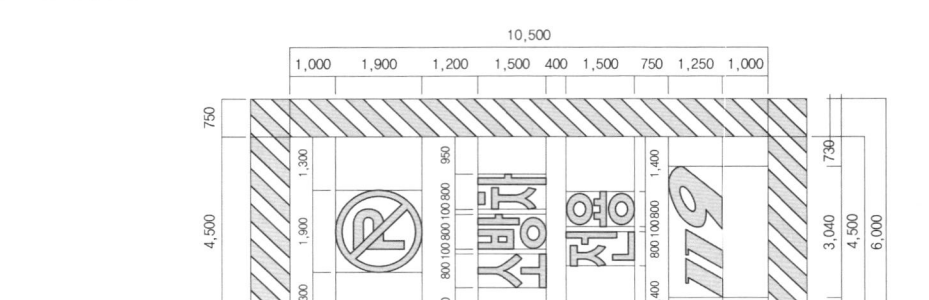

(단위: mm)

[비고]
1. 전용구역 노면표지의 외곽선은 빗금무늬로 표시하되, 빗금은 두께를 30센티미터로 하여 50센티미터 간격으로 표시한다.
2. 전용구역 노면표지 도료의 색채는 황색을 기본으로 하되, 문자(P, 소방차 전용)는 백색으로 표시한다.

관련법령 전용구역 방해행위의 기준(영 제7조의14)

위 **(8)**의 ②에 따른 방해행위의 기준은 다음과 같다.
1. 전용구역에 물건 등을 쌓거나 주차하는 행위
2. 전용구역의 앞면, 뒷면 또는 양 측면에 물건 등을 쌓거나 주차하는 행위. 다만, 「주차장법」 제19조에 따른 부설주차장의 주차구획 내에 주차하는 경우는 제외한다.
3. 전용구역 진입로에 물건 등을 쌓거나 주차하여 전용구역으로의 진입을 가로막는 행위
4. 전용구역 노면표지를 지우거나 훼손하는 행위
5. 그 밖의 방법으로 소방자동차가 전용구역에 주차하는 것을 방해하거나 전용구역으로 진입하는 것을 방해하는 행위

(9) 소방자동차 교통안전 분석 시스템 구축·운영(법 제21조의3)

① **소방청장** 또는 **소방본부장**은 '대통령령으로 정하는 소방자동차'에 행정안전부령으로 정하는 기준에 적합한 '**운행기록장치**'를 장착하고 운용하여야 한다.

② **소방청장**은 소방자동차의 안전한 운행 및 교통사고 예방을 위하여 운행기록장치 데이터의 수집·저장·통합·분석 등의 업무를 전자적으로 처리하기 위한 시스템(이하 '**소방자동차 교통안전 분석 시스템**'이라 한다)을 구축·운영할 수 있다.

③ **소방청장**, **소방본부장** 및 **소방서장**은 '소방자동차 교통안전 분석 시스템으로 처리된 자료(이하 '**전산자료**'라 한다)를 이용하여 **소방자동차의 장비운용자 등**'에게 어떠한 불리한 제재나 처벌을 하여서는 아니 된다.

④ 소방자동차 교통안전 분석 시스템의 구축·운영, 운행기록장치 데이터 및 전산자료의 보관·활용 등에 필요한 사항은 '**행정안전부령**'으로 정한다.

> **관련법령** 운행기록장치 장착 소방자동차의 범위(영 제7조의15)
>
> 위 **(9)**의 ①에서 '대통령령으로 정하는 소방자동차'란 「소방장비관리법 시행령」 제6조 및 [별표 1] 제1호 가목에 따른 다음의 소방자동차를 말한다.
> 1. 소방펌프차
> 2. 소방물탱크차
> 3. 소방화학차
> 4. 소방고가차(消防高架車)
> 5. 무인방수차
> 6. 구조차
> 7. 그 밖에 소방청장이 소방자동차의 안전한 운행 및 교통사고 예방을 위하여 운행기록장치 장착이 필요하다고 인정하여 정하는 소방자동차

(10) 소방대의 긴급통행(법 제22조)

소방대는 화재, 재난·재해, 그 밖의 위급한 상황이 발생한 현장에 신속하게 출동하기 위하여 긴급할 때에는 일반적인 통행에 쓰이지 아니하는 도로·빈터 또는 물 위로 통행할 수 있다. 18회

(11) **소방활동구역의 설정**(법 제23조, 영 제8조)

① **소방대장**은 화재, 재난·재해, 그 밖의 위급한 상황이 발생한 현장에 **소방활동구역**을 정하여 소방활동에 필요한 사람으로서 '대통령령으로 정하는 사람' 외에는 그 구역에 출입하는 것을 제한할 수 있다.

② 위 ①에서 '대통령령으로 정하는 사람'이란 다음의 사람을 말한다.
  ㉠ 소방활동구역 안에 있는 소방대상물의 소유자·관리자 또는 점유자
  ㉡ 전기·가스·수도·통신·교통의 업무에 종사하는 사람으로서 원활한 소방활동을 위하여 필요한 사람

ⓒ 의사·간호사 그 밖의 구조·구급업무에 종사하는 사람
　　　ⓓ 취재인력 등 보도업무에 종사하는 사람
　　　ⓔ 수사업무에 종사하는 사람
　　　ⓕ 그 밖에 소방대장이 소방활동을 위하여 출입을 허가한 사람
　　③ **경찰공무원**은 소방대가 위 ①에 따른 소방활동구역에 있지 아니하거나 소방대장의 요청이 있을 때에는 위 ①에 따른 조치를 할 수 있다. 26회

(12) **소방활동 종사명령**(법 제24조)

① '소방본부장, 소방서장 또는 소방대장'은 화재, 재난·재해, 그 밖의 위급한 상황이 발생한 현장에서 소방활동을 위하여 필요할 때에는 '그 관할 구역에 사는 사람' 또는 '그 현장에 있는 사람'으로 하여금 사람을 구출하는 일 또는 불을 끄거나 불이 번지지 아니하도록 하는 일을 하게 할 수 있다. 이 경우 소방본부장, 소방서장 또는 소방대장은 소방활동에 필요한 **보호장구**를 지급하는 등 안전을 위한 조치를 하여야 한다.

② 위 ①에 따른 명령에 따라 소방활동에 종사한 사람은 **시·도지사**로부터 **소방활동의 비용**을 지급받을 수 있다. 다만, 다음의 어느 하나에 해당하는 사람의 경우에는 그러하지 아니하다.
　ⓐ 소방대상물에 화재, 재난·재해, 그 밖의 위급한 상황이 발생한 경우 그 관계인 26회
　ⓑ 고의 또는 과실로 화재 또는 구조·구급활동이 필요한 상황을 발생시킨 사람
　ⓒ 화재 또는 구조·구급 현장에서 물건을 가져간 사람

(13) **강제처분 등**(법 제25조)

① 소방본부장, 소방서장 또는 소방대장은 사람을 구출하거나 불이 번지는 것을 막기 위하여 필요할 때에는 화재가 발생하거나 불이 번질 우려가 있는 소방대상물 및 토지를 일시적으로 사용하거나 그 사용의 제한 또는 소방활동에 필요한 처분을 할 수 있다.

② 소방본부장, 소방서장 또는 소방대장은 사람을 구출하거나 불이 번지는 것을 막기 위하여 긴급하다고 인정할 때에는 위 ①에 따른 소방대상물 또는 토지 외의 소방대상물과 토지에 대하여 위 ①에 따른 처분을 할 수 있다.

③ 소방본부장, 소방서장 또는 소방대장은 소방활동을 위하여 긴급하게 출동할 때에는 소방자동차의 통행과 소방활동에 방해가 되는 주차 또는 정차된 차량 및 물건 등을 제거하거나 이동시킬 수 있다.

④ 소방본부장, 소방서장 또는 소방대장은 위 ③에 따른 소방활동에 방해가 되는 주차 또는 정차된 차량의 제거나 이동을 위하여 관할 지방자치단체 등 관련 기관에 견인차량과 인력 등에 대한 지원을 요청할 수 있고, 요청을 받은 관련 기관의 장은 정당한 사유가 없으면 이에 협조하여야 한다.

⑤ 시·도지사는 위 ④에 따라 견인차량과 인력 등을 지원한 자에게 시·도의 조례로 정하는 바에 따라 비용을 지급할 수 있다.

(14) 피난명령(법 제26조)

① 소방본부장, 소방서장 또는 소방대장은 화재, 재난·재해, 그 밖의 위급한 상황이 발생하여 사람의 생명을 위험하게 할 것으로 인정할 때에는 일정한 구역을 지정하여 그 구역에 있는 사람에게 그 구역 밖으로 피난할 것을 명할 수 있다.
② 소방본부장, 소방서장 또는 소방대장은 위 ①에 따른 명령을 할 때 필요하면 관할 경찰서장 또는 자치경찰단장에게 협조를 요청할 수 있다.

(15) 위험시설 등에 대한 긴급조치(법 제27조)

① 소방본부장, 소방서장 또는 소방대장은 화재진압 등 소방활동을 위하여 필요할 때에는 소방용수 외에 댐·저수지 또는 수영장 등의 물을 사용하거나 수도(水道)의 개폐장치 등을 조작할 수 있다.
② 소방본부장, 소방서장 또는 소방대장은 화재발생을 막거나 폭발 등으로 화재가 확대되는 것을 막기 위하여 가스·전기 또는 유류 등의 시설에 대하여 위험물질의 공급을 차단하는 등 필요한 조치를 할 수 있다. 26회

(16) 방해행위의 제지 등(법 제27조의2)

소방대원은 '소방활동' 또는 '생활안전활동'을 방해하는 행위를 하는 사람에게 필요한 경고를 하고, 그 행위로 인하여 사람의 생명·신체에 위해를 끼치거나 재산에 중대한 손해를 끼칠 우려가 있는 긴급한 경우에는 그 행위를 제지할 수 있다.

(17) 소방용수시설 또는 비상소화장치의 사용금지 등(법 제28조)

누구든지 다음의 어느 하나에 해당하는 행위를 하여서는 아니 된다.
① 정당한 사유 없이 소방용수시설 또는 비상소화장치를 사용하는 행위
② 정당한 사유 없이 손상·파괴, 철거 또는 그 밖의 방법으로 소방용수시설 또는 비상소화장치의 효용(效用)을 해치는 행위
③ 소방용수시설 또는 비상소화장치의 정당한 사용을 방해하는 행위

4. 구조대, 구급대, 의용소방대 등

(1) 구조대 및 구급대의 편성과 운영(법 제34조)

구조대 및 구급대의 편성과 운영에 관하여는 별도의 법률로 정한다.

(2) 의용소방대의 설치 및 운영(법 제37조)

의용소방대의 설치 및 운영에 관하여는 별도의 법률로 정한다.

(3) 국가의 책무(법 제39조의3)

국가는 소방산업(소방용 기계·기구의 제조, 연구·개발 및 판매 등에 관한 일련의 산업을 말한다)의 육성·진흥을 위하여 필요한 계획의 수립 등 행정상·재정상의 지원시책을 마련하여야 한다.

(4) 소방산업과 관련된 기술개발 등의 지원(법 제39조의5)

① 국가는 소방산업과 관련된 기술(이하 '소방기술'이라 한다)의 개발을 촉진하기 위하여 기술개발을 실시하는 자에게 그 기술개발에 드는 자금의 전부나 일부를 출연하거나 보조할 수 있다.

② 국가는 우수소방제품의 전시·홍보를 위하여 「대외무역법」에 따른 무역전시장 등을 설치한 자에게 다음에서 정한 범위에서 재정적인 지원을 할 수 있다.
  ㉠ 소방산업전시회 운영에 따른 경비의 일부
  ㉡ 소방산업전시회 관련 국외 홍보비
  ㉢ 소방산업전시회 기간 중 국외의 구매자 초청 경비

(5) 소방기술의 연구·개발사업 수행(법 제39조의6)

① 국가는 국민의 생명과 재산을 보호하기 위하여 다음의 어느 하나에 해당하는 기관이나 단체로 하여금 소방기술의 연구·개발사업을 수행하게 할 수 있다.
  ㉠ 국공립 연구기관
  ㉡ 「과학기술분야 정부출연연구기관 등의 설립·운영 및 육성에 관한 법률」에 따라 설립된 연구기관
  ㉢ 「특정연구기관 육성법」에 따른 특정연구기관
  ㉣ 「고등교육법」에 따른 대학·산업대학·전문대학 및 기술대학
  ㉤ 「민법」이나 다른 법률에 따라 설립된 소방기술 분야의 법인인 연구기관 또는 법인부설 연구소
  ㉥ 「기업부설연구소등의 연구개발 지원에 관한 법률」 제7조 제1항에 따라 인정받은 기업부설연구소 〈개정〉
  ㉦ 「소방산업의 진흥에 관한 법률」에 따른 한국소방산업기술원
  ㉧ 그 밖에 대통령령으로 정하는 소방에 관한 기술개발 및 연구를 수행하는 기관·협회

② 국가가 위 ①에 따른 기관이나 단체로 하여금 소방기술의 연구·개발사업을 수행하게 하는 경우에는 필요한 경비를 지원하여야 한다.

(6) 소방기술 및 소방산업의 국제화 사업(법 제39조의7)

① 국가는 소방기술 및 소방산업의 국제경쟁력과 국제적 통용성을 높이는 데에 필요한 기반조성을 촉진하기 위한 시책을 마련하여야 한다.

② 소방청장은 소방기술 및 소방산업의 국제경쟁력과 국제적 통용성을 높이기 위하여 다음의 사업을 추진하여야 한다.

㉠ 소방기술 및 소방산업의 국제협력을 위한 조사·연구
㉡ 소방기술 및 소방산업에 관한 국제 전시회, 국제 학술회의 개최 등 국제교류
㉢ 소방기술 및 소방산업의 국외시장 개척
㉣ 그 밖에 소방기술 및 소방산업의 국제경쟁력과 국제적 통용성을 높이기 위하여 필요하다고 인정하는 사업

5. 한국소방안전원

(1) 한국소방안전원의 설립 등(법 제40조)

① 소방기술과 안전관리기술의 향상 및 홍보, 그 밖의 교육·훈련 등 행정기관이 위탁하는 업무의 수행과 소방 관계 종사자의 기술 향상을 위하여 한국소방안전원(이하 '안전원'이라 한다)을 **소방청장**의 **인가**를 받아 설립한다.
② 위 ①에 따라 설립되는 안전원은 **법인**으로 한다.
③ 안전원에 관하여 이 법에 규정된 것을 제외하고는 「민법」 중 **재단법인**에 관한 규정을 준용한다.

(2) 교육계획의 수립 및 평가 등(법 제40조의2)

① 안전원의 장(이하 '안전원장'이라 한다)은 소방기술과 안전관리의 기술향상을 위해 **매년** 교육수요조사를 실시하여 '**교육계획**'을 수립하고 **소방청장**의 승인을 받아야 한다.
② **안전원장**은 **소방청장**에게 해당 연도 '**교육결과**'를 '**평가·분석**'하여 보고하여야 하며, 소방청장은 교육평가 결과를 위 ①의 교육계획에 반영하게 할 수 있다.
③ 안전원장은 위 ②의 교육결과를 객관적이고 정밀하게 분석하기 위하여 필요한 경우 '교육관련 전문가로 구성된 **위원회**'를 운영할 수 있다.

> **관련법령** 교육평가심의위원회의 구성·운영(영 제9조)
>
> 1. 안전원의 장(이하 '안전원장'이라 한다)은 위 (2)의 ③에 따라 다음의 사항을 심의하기 위해 **교육평가심의위원회**(이하 '평가위원회'라 한다)를 둔다.
>   ㉠ 교육평가 및 운영에 관한 사항
>   ㉡ 교육결과 분석 및 개선에 관한 사항
>   ㉢ 다음 연도의 교육계획에 관한 사항
> 2. 평가위원회는 위원장 1명을 포함하여 **9명** 이하의 위원으로 성별을 고려하여 구성한다.
> 3. 평가위원회의 위원장은 위원 중에서 호선(互選)한다.
> 4. 평가위원회의 위원은 다음의 어느 하나에 해당하는 사람 중에서 안전원장이 임명 또는 위촉한다.
>   ㉠ 소방안전교육 업무 담당 소방공무원 중 소방청장이 추천하는 사람
>   ㉡ 소방안전교육 전문가
>   ㉢ 소방안전교육 수료자
>   ㉣ 소방안전에 관한 학식과 경험이 풍부한 사람

5. 평가위원회에 참석한 위원에게는 예산의 범위에서 수당을 지급할 수 있다. 다만, 공무원인 위원이 소관 업무와 직접 관련되어 참석하는 경우에는 수당을 지급하지 아니한다.
6. 위 1.부터 5.까지에서 규정한 사항 외에 평가위원회의 운영 등에 필요한 사항은 안전원장이 정한다.

(3) 안전원의 업무(법 제41조)

안전원은 다음의 업무를 수행한다.
① 소방기술과 안전관리에 관한 교육 및 조사·연구
② 소방기술과 안전관리에 관한 각종 간행물 발간
③ 화재 예방과 안전관리의식 고취를 위한 대국민 홍보
④ 소방업무에 관하여 행정기관이 위탁하는 업무
⑤ 소방안전에 관한 국제협력
⑥ 그 밖에 회원에 대한 기술지원 등 정관으로 정하는 사항

(4) 회원의 관리(법 제42조)

안전원은 소방기술과 안전관리 역량의 향상을 위하여 다음의 사람을 회원으로 관리할 수 있다.
① 「소방시설 설치 및 관리에 관한 법률」, 「소방시설공사업법」 또는 「위험물안전관리법」에 따라 등록을 하거나 허가를 받은 사람으로서 회원이 되려는 사람
② 「화재의 예방 및 안전관리에 관한 법률」, 「소방시설공사업법」 또는 「위험물안전관리법」에 따라 소방안전관리자, 소방기술자 또는 위험물안전관리자로 선임되거나 채용된 사람으로서 회원이 되려는 사람
③ 그 밖에 소방 분야에 관심이 있거나 학식과 경험이 풍부한 사람으로서 회원이 되려는 사람

(5) 안전원의 정관(법 제43조)

① 안전원의 정관에는 다음의 사항이 포함되어야 한다.
  ㉠ 목적
  ㉡ 명칭
  ㉢ 주된 사무소의 소재지
  ㉣ 사업에 관한 사항
  ㉤ 이사회에 관한 사항
  ㉥ 회원과 임원 및 직원에 관한 사항
  ㉦ 재정 및 회계에 관한 사항
  ㉧ 정관의 변경에 관한 사항
② 안전원은 **정관을 변경**하려면 **소방청장의 인가**를 받아야 한다.

(6) 안전원의 운영 경비(법 제44조)

안전원의 운영 및 사업에 소요되는 경비는 다음의 재원으로 충당한다.
① 위 **(3)**의 ① 및 ⓒ의 업무 수행에 따른 수입금
② 위 **(4)**에 따른 회원의 회비
③ 자산운영수익금
④ 그 밖의 부대수입

(7) 안전원의 임원(법 제44조의2)

① 안전원에 임원으로 원장 1명을 포함한 9명 이내의 이사와 1명의 감사를 둔다.
② 위 ①에 따른 원장과 감사는 **소방청장**이 임명한다.

(8) 유사명칭의 사용금지(법 제44조의3)

이 법에 따른 안전원이 아닌 자는 한국소방안전원 또는 이와 유사한 명칭을 사용하지 못한다.

6. 보칙

(1) 감독(법 제48조)

① **소방청장**은 '**안전원의 업무**'를 감독한다.
② 소방청장은 안전원에 대하여 업무·회계 및 재산에 관하여 필요한 사항을 보고하게 하거나, 소속 공무원으로 하여금 안전원의 장부·서류 및 그 밖의 물건을 검사하게 할 수 있다.
③ 소방청장은 위 ②에 따른 보고 또는 검사의 결과 필요하다고 인정되면 시정명령 등 필요한 조치를 할 수 있다.

> **관련법령** 감독 등(영 제10조)
>
> 1. 소방청장은 위 (1)의 ①에 따라 안전원의 다음 업무를 감독하여야 한다.
>   ㉠ 이사회의 중요의결 사항
>   ㉡ 회원의 가입·탈퇴 및 회비에 관한 사항
>   ㉢ 사업계획 및 예산에 관한 사항
>   ㉣ 기구 및 조직에 관한 사항
>   ㉤ 그 밖에 소방청장이 위탁한 업무의 수행 또는 정관에서 정하고 있는 업무의 수행에 관한 사항
> 2. 협회의 사업계획 및 예산에 관하여는 소방청장의 승인을 얻어야 한다.
> 3. 소방청장은 협회의 업무감독을 위하여 필요한 자료의 제출을 명하거나 「소방시설 설치 및 관리에 관한 법률」 제50조, 「소방시설공사업법」 제33조 및 「위험물안전관리법」 제30조의 규정에 의하여 위탁된 업무와 관련된 규정의 개선을 명할 수 있다. 이 경우 협회는 정당한 사유가 없는 한 이에 따라야 한다.

(2) 권한의 위임(법 제49조)

소방청장은 이 법에 따른 권한의 일부를 대통령령으로 정하는 바에 따라 시·도지사, 소방본부장 또는 소방서장에게 위임할 수 있다.

(3) 손실보상(법 제49조의2)

① 소방청장 또는 시·도지사는 다음의 어느 하나에 해당하는 자에게 다음 ③에 따른 **손실보상심의위원회**의 심사·의결에 따라 **정당한 보상**을 하여야 한다.
  ㉠ 법 제16조의3 제1항에 따른 조치로 인하여 손실을 입은 자
  ㉡ 법 제24조 제1항 전단에 따른 **소방활동 종사**로 인하여 사망하거나 부상을 입은 자
  ㉢ 법 제25조 제2항 또는 제3항에 따른 처분으로 인하여 손실을 입은 자. 다만, 같은 조 제3항에 해당하는 경우로서 법령을 위반하여 소방자동차의 통행과 소방활동에 방해가 된 경우는 제외한다.
  ㉣ 법 제27조 제1항 또는 제2항에 따른 조치로 인하여 손실을 입은 자
  ㉤ 그 밖에 소방기관 또는 소방대의 적법한 소방업무 또는 소방활동으로 인하여 손실을 입은 자

② 위 ①에 따라 '**손실보상을 청구할 수 있는 권리**'는 손실이 있음을 안 날부터 **3년**, 손실이 발생한 날부터 **5년간** 행사하지 아니하면 시효의 완성으로 소멸한다.

③ 소방청장 또는 시·도지사는 위 ①에 따른 손실보상청구 사건을 심사·의결하기 위하여 필요한 경우 손실보상심의위원회를 구성·운영할 수 있다.

④ 소방청장 또는 시·도지사는 손실보상심의위원회의 구성 목적을 달성하였다고 인정하는 경우에는 손실보상심의위원회를 해산할 수 있다.

관련법령 **손실보상의 기준 및 보상금액(영 제11조)**

1. 위 (3)의 ①에 따라 위 (3)의 ①(㉡은 제외한다)의 어느 하나에 해당하는 자에게 물건의 '**멸실·훼손으로 인한 손실보상을 하는 때**'는 다음의 기준에 따른 금액으로 보상한다. 이 경우 영업자가 손실을 입은 물건의 수리나 교환으로 인하여 영업을 계속할 수 없는 때에는 영업을 계속할 수 없는 기간의 영업이익액에 상당하는 금액을 더하여 보상한다.
   ㉠ 손실을 입은 물건을 수리할 수 있는 때: **수리비에 상당하는 금액**
   ㉡ 손실을 입은 물건을 수리할 수 없는 때: '손실을 입은 당시'의 해당 물건의 **교환가액**
2. 물건의 **멸실·훼손**으로 인한 손실 외의 재산상 손실에 대해서는 직무집행과 상당한 인과관계가 있는 범위에서 보상한다.
3. 위 (3)의 ①의 ㉡에 따른 사상자의 보상금액 등의 기준은 [별표 2의4]와 같다.

별표 2의4 **소방활동 종사 사상자의 보상금액 등의 기준(영 제11조 제3항 관련)**

1. 사망자의 보상금액 기준
   「의사상자 등 예우 및 지원에 관한 법률 시행령」 제12조 제1항에 따라 보건복지부장관이 결정하여 고시하는 보상금에 따른다.
2. 부상등급의 기준
   「의사상자 등 예우 및 지원에 관한 법률 시행령」 제2조 및 [별표 1]에 따른 부상범위 및 등급에 따른다.

3. 부상등급별 보상금액 기준

「의사상자 등 예우 및 지원에 관한 법률 시행령」 제12조 제2항 및 [별표 2]에 따른 의상자의 부상등급별 보상금에 따른다.

4. 보상금 지급순위의 기준

「의사상자 등 예우 및 지원에 관한 법률」 제10조의 규정을 준용한다.

5. 보상금의 환수 기준

「의사상자 등 예우 및 지원에 관한 법률」 제19조의 규정을 준용한다.

> **관련법령** 손실보상의 지급절차 및 방법(영 제12조)

1. 위 **(3)**의 ①에 따라 소방기관 또는 소방대의 적법한 소방업무 또는 **소방활동**으로 인하여 발생한 손실을 보상받으려는 자는 행정안전부령으로 정하는 보상금 지급 청구서에 손실내용과 손실금액을 증명할 수 있는 서류를 첨부하여 소방청장 또는 시·도지사(이하 '소방청장 등'이라 한다)에게 제출하여야 한다. 이 경우 소방청장 등은 손실보상금의 산정을 위하여 필요하면 손실보상을 청구한 자에게 증빙·보완 자료의 제출을 요구할 수 있다.
2. **소방청장 등**은 손실보상심의위원회의 심사·의결을 거쳐 특별한 사유가 없으면 보상금 지급 청구서를 받은 날부터 **60일 이내**에 보상금 지급 여부 및 보상금액을 결정하여야 한다.
3. 소방청장 등은 다음의 어느 하나에 해당하는 경우에는 그 청구를 각하(却下)하는 결정을 하여야 한다.
   ㉠ 청구인이 같은 청구 원인으로 보상금 청구를 하여 보상금 지급 여부 결정을 받은 경우. 다만, 기각 결정을 받은 청구인이 손실을 증명할 수 있는 새로운 증거가 발견되었음을 소명(疎明)하는 경우에는 제외한다.
   ㉡ 손실보상 청구가 요건과 절차를 갖추지 못한 경우. 다만, 그 잘못된 부분을 시정할 수 있는 경우는 제외한다.
4. 소방청장 등은 위 2. 또는 3.에 따른 결정일부터 **10일 이내**에 행정안전부령으로 정하는 바에 따라 결정 내용을 청구인에게 통지하고, 보상금을 지급하기로 결정한 경우에는 특별한 사유가 없으면 통지한 날부터 **30일 이내**에 보상금을 지급하여야 한다.
5. 소방청장 등은 보상금을 지급받을 자가 지정하는 예금계좌(우체국예금·보험에 관한 법률에 따른 체신관서 또는 은행법에 따른 은행의 계좌를 말한다)에 입금하는 방법으로 보상금을 지급한다. 다만, 보상금을 지급받을 자가 체신관서 또는 은행이 없는 지역에 거주하는 등 부득이한 사유가 있는 경우에는 그 보상금을 지급받을 자의 신청에 따라 현금으로 지급할 수 있다.
6. 보상금은 일시불로 지급하되, 예산 부족 등의 사유로 일시불로 지급할 수 없는 특별한 사정이 있는 경우에는 청구인의 동의를 받아 분할하여 지급할 수 있다.
7. 위 1.부터 6.까지에서 규정한 사항 외에 보상금의 청구 및 지급에 필요한 사항은 **소방청장**이 정한다.

> **관련법령** 손실보상심의위원회 설치 및 구성(영 제13조)

1. 소방청장 등은 위 **(3)**의 ③에 따라 손실보상청구 사건을 심사·의결하기 위하여 필요한 경우 각각 **손실보상심의위원회**(이하 '보상위원회'라 한다)를 구성·운영할 수 있다.
2. 보상위원회는 위원장 1명을 포함하여 **5명 이상 7명 이하**의 위원으로 구성한다. 다만, 청구금액이 100만원 이하인 사건에 대해서는 다음 3.의 ㉠에 해당하는 위원(소속 소방공무원) **3명**으로만 구성할 수 있다.

3. 보상위원회 위원은 다음의 어느 하나에 해당하는 사람 중에서 소방청장 등이 위촉하거나 임명한다. 이 경우 위 2. 본문에 따라 보상위원회를 구성할 때에는 위원의 **과반수**는 성별을 고려하여 **소방공무원이 아닌 사람**으로 하여야 한다.
   ㉠ 소속 소방공무원
   ㉡ 판사·검사 또는 변호사로 5년 이상 근무한 사람
   ㉢ 「고등교육법」 제2조에 따른 학교에서 법학 또는 행정학을 가르치는 부교수 이상으로 5년 이상 재직한 사람
   ㉣ 「보험업법」 제186조에 따른 손해사정사
   ㉤ 소방안전 또는 의학 분야에 관한 학식과 경험이 풍부한 사람
4. 위 3.에 따라 위촉되는 위원의 임기는 **2년**으로 한다. 다만, 위 **(3)**의 ④에 따라 보상위원회가 **해산**되는 경우에는 '그 **해산되는 때**'에 '임기가 만료되는 것'으로 한다.
5. 보상위원회의 사무를 처리하기 위하여 보상위원회에 간사 1명을 두되, 간사는 소속 소방공무원 중에서 소방청장 등이 지명한다.

관련법령 보상위원회의 위원장(영 제14조)

1. 보상위원회의 위원장(이하 '보상위원장'이라 한다)은 '영 제13조 제3항 제1호에 따른 위원' 중에서 **소방청장등**이 **지명**한다.
2. 보상위원장은 보상위원회를 대표하며, 보상위원회의 업무를 총괄한다.
3. 보상위원장이 부득이한 사유로 직무를 수행할 수 없는 때에는 보상위원장이 미리 지명한 위원이 그 직무를 대행한다.

관련법령 보상위원회의 운영(영 제15조)

1. 보상위원장은 보상위원회의 회의를 소집하고, 그 의장이 된다.
2. 보상위원회의 회의는 재적위원 과반수의 출석으로 개의(開議)하고, 출석위원 과반수의 찬성으로 의결한다.
3. 보상위원회는 심의를 위하여 필요한 경우에는 관계 공무원이나 관계 기관에 사실조사나 자료의 제출 등을 요구할 수 있으며, 관계 전문가에게 필요한 정보의 제공이나 의견의 진술 등을 요청할 수 있다.

관련법령 보상위원회 위원의 제척·기피·회피(영 제16조)

1. 보상위원회의 위원이 다음의 어느 하나에 해당하는 경우에는 보상위원회의 심의·의결에서 제척(除斥)된다.
   ㉠ 위원 또는 그 배우자나 배우자였던 사람이 심의 안건의 청구인인 경우
   ㉡ 위원이 심의 안건의 청구인과 친족이거나 친족이었던 경우
   ㉢ 위원이 심의 안건에 대하여 증언, 진술, 자문, 용역 또는 감정을 한 경우
   ㉣ 위원이나 위원이 속한 법인(법무조합 및 공증인가합동법률사무소를 포함한다)이 심의 안건 청구인의 대리인이거나 대리인이었던 경우
   ㉤ 위원이 해당 심의 안건의 청구인인 법인의 임원인 경우

2. 청구인은 보상위원회의 위원에게 공정한 심의·의결을 기대하기 어려운 사정이 있는 때에는 보상위원회에 기피 신청을 할 수 있고, 보상위원회는 의결로 이를 결정한다. 이 경우 기피 신청의 대상인 위원은 그 의결에 참여하지 못한다.
3. 보상위원회의 위원이 위 1.의 제척 사유에 해당하는 경우에는 스스로 해당 안건의 심의·의결에서 회피(回避)하여야 한다.

관련법령 **보상위원회 위원의 해촉 및 해임(영 제17조)**

소방청장 등은 보상위원회의 위원이 다음의 어느 하나에 해당하는 경우에는 해당 위원을 해촉(解囑)하거나 해임할 수 있다.
1. 심신장애로 인하여 직무를 수행할 수 없게 된 경우
2. 직무태만, 품위손상이나 그 밖의 사유로 위원으로 적합하지 아니하다고 인정되는 경우
3. 영 제16조 제1항 각 호의 어느 하나에 해당하는 데에도 불구하고 회피하지 아니한 경우
4. 영 제17조의2를 위반하여 직무상 알게 된 비밀을 누설한 경우

관련법령 **보상위원회의 비밀 누설 금지(영 제17조의2)**

보상위원회의 회의에 참석한 사람은 직무상 알게 된 비밀을 누설해서는 아니 된다.

관련법령 **보상위원회 운영 등에 필요한 사항(영 제18조)**

영 제13조부터 제17조까지 및 제17조의2에서 규정한 사항 외에 보상위원회의 운영 등에 필요한 사항은 소방청장 등이 정한다.

(4) 벌칙 적용에서 공무원 의제(법 제49조의3)

법 제41조 제4호에 따라 위탁받은 업무에 종사하는 안전원의 임직원은 「형법」 제129조부터 제132조(뇌물죄 관련)까지를 적용할 때에는 공무원으로 본다.

7. 벌칙

(1) 벌칙(법 제50조~제54조)

① 5년 이하의 징역 또는 5천만원 이하의 벌금
  ㉠ 법 제16조 제2항을 위반하여 다음의 어느 하나에 해당하는 행위를 한 사람
    ⓐ 위력(威力)을 사용하여 출동한 소방대의 화재진압·인명구조 또는 구급활동을 방해하는 행위 19회
    ⓑ 소방대가 화재진압·인명구조 또는 구급활동을 위하여 현장에 출동하거나 현장에 출입하는 것을 고의로 방해하는 행위
    ⓒ 출동한 소방대원에게 폭행 또는 협박을 행사하여 화재진압·인명구조 또는 구급활동을 방해하는 행위 19회

            ⓓ 출동한 소방대의 소방장비를 파손하거나 그 효용을 해하여 화재진압·인명구조 또는
               구급활동을 방해하는 행위
        ⓒ 소방자동차의 출동을 방해한 사람
        ⓒ 사람을 구출하는 일 또는 불을 끄거나 불이 번지지 아니하도록 하는 일을 방해한 사람
        ⓔ 정당한 사유 없이 소방용수시설 또는 비상소화장치를 사용하거나 소방용수시설 또는 비
           상소화장치의 효용을 해치거나 그 정당한 사용을 방해한 사람
    ② **3년 이하의 징역 또는 3천만원 이하의 벌금**: 법 제25조 제1항에 따른 처분을 방해한 자
       또는 정당한 사유 없이 그 처분에 따르지 아니한 자
    ③ **300만원 이하의 벌금**: 법 제25조 제2항 및 제3항에 따른 처분을 방해한 자 또는 정당한
       사유 없이 그 처분에 따르지 아니한 자
    ④ **100만원 이하의 벌금**
        ⓐ 법 제16조의3 제2항을 위반하여 정당한 사유 없이 소방대의 '생활안전활동'을 방해
           한 자
        ⓑ 정당한 사유 없이 소방대가 현장에 도착할 때까지 사람을 구출하는 조치 또는 불을 끄거
           나 불이 번지지 아니하도록 하는 조치를 하지 아니한 사람
        ⓒ 법 제26조 제1항에 따른 피난명령을 위반한 사람
        ⓓ 정당한 사유 없이 물의 사용이나 수도의 개폐장치의 사용 또는 조작을 하지 못하게 하거
           나 방해한 자
        ⓔ 법 제27조 제2항에 따른 조치를 정당한 사유 없이 방해한 자

(2) **「형법」상 감경규정에 관한 특례**(법 제54조의2)
    음주 또는 약물로 인한 심신장애 상태에서 **위 (1) ①의 ⓐ의 ⓒ의** 죄를 범한 때에는 「형법」
    제10조(심신장애인) 제1항 및 제2항을 적용하지 아니할 수 있다.

(3) **양벌규정**(법 제55조)
    ① 법인의 대표자나 법인 또는 개인의 대리인, 사용인, 그 밖의 종업원이 그 법인 또는 개인의
       업무에 관하여 위 **(1)**의 어느 하나에 해당하는 위반행위를 하면 그 행위자를 벌하는 외에
       그 법인 또는 개인에게도 해당 조문의 벌금형을 과한다.
    ② 법인 또는 개인이 그 위반행위를 방지하기 위하여 해당 업무에 관하여 상당한 주의와 감독
       을 게을리하지 아니한 경우에는 그러하지 아니하다.

(4) **과태료**(법 제56조)
    ① 다음의 어느 하나에 해당하는 자에게는 **500만원 이하의 과태료**를 부과한다.
        ⓐ 법 제19조 제1항을 위반하여 화재 또는 구조·구급이 필요한 상황을 **거짓**으로 알린 사람
        ⓑ 정당한 사유 없이 법 제20조 제2항을 위반하여 화재, 재난·재해, 그 밖의 위급한 상황
           을 소방본부, 소방서 또는 관계 행정기관에 알리지 아니한 관계인

② **200만원 이하의 과태료**
  ㉠ 한국119청소년단 또는 이와 유사한 명칭을 사용한 자
  ㉡ 소방자동차의 출동에 지장을 준 자
  ㉢ 소방활동구역을 출입한 사람
  ㉣ 한국소방안전원 또는 이와 유사한 명칭을 사용한 자
③ **100만원 이하의 과태료**: 법 제21조의2 제2항을 위반하여 '소방자동차 전용구역'에 차를 주차하거나 '소방자동차 전용구역'에의 진입을 가로막는 등의 방해행위를 한 자
④ 위 ①부터 ③까지에 따른 과태료는 대통령령으로 정하는 바에 따라 관할 시·도지사, 소방본부장 또는 소방서장이 부과·징수한다.

(5) 과태료(법 제57조)
① 법 제19조 제2항에 따른 신고(목조건물 밀집지역 등에서의 신고)를 하지 아니하여 소방자동차를 출동하게 한 자에게는 **20만원 이하의 과태료**를 부과한다. 19회
② 위 ①에 따른 과쾌료는 조례로 정하는 바에 따라 관할 소방본부장 또는 소방서장이 부과·징수한다.

PART 10

화재의 예방 및 안전관리에 관한 법률

CHAPTER 01 총칙
CHAPTER 02 화재의 예방 및 안전관리 기본계획의 수립·시행 등
CHAPTER 03 소방안전관리
CHAPTER 04 보칙 및 벌칙

최근 5개년
평균 출제문항 수 **1개**

최근 5개년
평균 출제비중 **2.5%**

PART 10 합격전략

기존 「화재예방, 소방시설 설치·유지 및 안전관리에 관한 법률」이 2022년 12월 1일부로 「화재의 예방 및 안전관리에 관한 법률」과 「소방시설 설치 및 관리에 관한 법률」로 분법, 시행되어 제25회 시험까지는 「화재예방, 소방시설 설치·유지 및 안전관리에 관한 법률」에서 2문제(5%)씩 꾸준히 출제되었고, 제26회 시험부터는 분법된 법률에서 각각 1문제씩 출제되었으며, 제29회 시험에서도 이 추세는 유지될 것으로 예상됩니다. 이 법에서는 용어의 정의 중 화재안전조사, 화재예방강화지구, 화재예방안전진단을 정리하시고, 특히 소방안전관리대상물에 대해서는 특급, 1급, 2급, 3급의 분류를 비롯하여, 각 경우의 소방안전관리자의 자격 등에 대해 철저히 숙지하시기 바랍니다.

CHAPTER 01 총칙

CHAPTER 미리보기

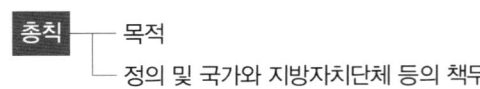

학습전략
2022.12.1.에 신설된 법령입니다.

학습키워드
- 용어의 정의

1. 목적(법 제1조)

이 법은 화재의 예방과 안전관리에 필요한 사항을 규정함으로써 화재로부터 국민의 생명·신체 및 재산을 보호하고 공공의 안전과 복리 증진에 이바지함을 목적으로 한다.

2. 정의 및 국가와 지방자치단체 등의 책무

(1) 정의(법 제2조)

① 이 법에서 사용하는 용어의 뜻은 다음과 같다.
  ㉠ '**예방**'이란 화재의 위험으로부터 사람의 생명·신체 및 재산을 보호하기 위하여 화재발생을 사전에 **제거**하거나 **방지**하기 위한 모든 활동을 말한다.
  ㉡ '**안전관리**'란 화재로 인한 피해를 최소화하기 위한 예방, 대비, 대응 등의 활동을 말한다.
  ㉢ '**화재안전조사**'란 소방청장, 소방본부장 또는 소방서장(이하 '소방관서장'이라 한다)이 '소방대상물', '관계지역' 또는 '관계인'에 대하여 **소방시설등**(소방시설 설치 및 관리에 관한 법률 제2조 제1항 제2호에 따른 소방시설등을 말한다. 이하 같다)이 '소방 관계 법령에 적합하게 설치·관리되고 있는지', '소방대상물에 화재의 발생 위험이 있는지' 등을 확인하기 위하여 실시하는 '**현장조사·문서열람·보고요구** 등을 하는 활동'을 말한다.
  ㉣ '**화재예방강화지구**'란 특별시장·광역시장·특별자치시장·도지사 또는 특별자치도지사(이하 '시·도지사'라 한다)가 화재발생 우려가 크거나 화재가 발생할 경우 피해가 클 것으로 예상되는 지역에 대하여 화재의 예방 및 안전관리를 강화하기 위해 지정·관리하는 지역을 말한다. 26회 주관식
  ㉤ '**화재예방안전진단**'이란 '화재가 발생할 경우 사회·경제적으로 피해 규모가 클 것으로 예상되는 소방대상물'에 대하여 **화재위험요인을 조사**하고 그 **위험성을 평가**하여 '**개선대책을 수립하는 것**'을 말한다. 28회 주관식

② 이 법에서 사용하는 용어의 뜻은 위 ①에서 규정하는 것을 제외하고는 「소방기본법」, 「소방시설 설치 및 관리에 관한 법률」, 「소방시설공사업법」, 「위험물안전관리법」 및 「건축법」에서 정하는 바에 따른다.

(2) 국가와 지방자치단체 등의 책무(법 제3조)

① 국가는 화재로부터 국민의 생명과 재산을 보호할 수 있도록 **화재의 예방 및 안전관리에 관한 정책**(이하 '화재예방정책'이라 한다)을 수립·시행하여야 한다.
② **지방자치단체**는 '국가의 화재예방정책'에 맞추어 지역의 실정에 부합하는 **화재예방정책**을 수립·시행하여야 한다.
③ **관계인**은 '국가와 지방자치단체의 화재예방정책'에 **적극적으로 협조**하여야 한다.

CHAPTER 02 화재의 예방 및 안전관리 기본계획의 수립·시행 등

회독체크 1 2 3

CHAPTER 미리보기

화재의 예방 및 안전관리 기본계획의 수립·시행 등
- 화재의 예방 및 안전관리 기본계획의 수립·시행
- 화재안전조사
- 화재의 예방조치 등

학습전략

아래 학습키워드에 나오는 용어의 정의 위주로 학습하시기 바랍니다.

학습키워드

- 기본계획
- 화재안전조사
- 화재예방강화지구

1. 화재의 예방 및 안전관리 기본계획의 수립·시행

(1) 화재의 예방 및 안전관리 기본계획 등의 수립·시행(법 제4조)

① **소방청장**은 화재예방정책을 체계적·효율적으로 추진하고 이에 필요한 기반 확충을 위하여 **화재의 예방 및 안전관리에 관한 기본계획**(이하 '기본계획'이라 한다)을 **5년마다** 수립·시행하여야 한다.

② 기본계획은 대통령령으로 정하는 바에 따라 **소방청장**이 '관계 중앙행정기관의 장'과 협의하여 수립한다.

③ 기본계획에는 다음의 사항이 포함되어야 한다.
   ㉠ 화재예방정책의 기본목표 및 추진방향
   ㉡ 화재의 예방과 안전관리를 위한 법령·제도의 마련 등 기반 조성
   ㉢ 화재의 예방과 안전관리를 위한 대국민 교육·홍보
   ㉣ 화재의 예방과 안전관리 관련 기술의 개발·보급
   ㉤ 화재의 예방과 안전관리 관련 전문인력의 육성·지원 및 관리
   ㉥ 화재의 예방과 안전관리 관련 산업의 국제경쟁력 향상
   ㉦ 그 밖에 대통령령으로 정하는 화재의 예방과 안전관리에 필요한 사항

④ **소방청장**은 기본계획을 시행하기 위하여 '**매년**' 시행계획을 수립·시행하여야 한다.

⑤ **소방청장**은 위 ① 및 ④에 따라 수립된 기본계획과 시행계획을 '관계 중앙행정기관의 장'과 '시·도지사'에게 통보하여야 한다.

⑥ 위 ⑤에 따라 기본계획과 시행계획을 통보받은 '관계 중앙행정기관의 장'과 '시·도지사'는 소관 사무의 특성을 반영한 **세부시행계획**을 수립·시행하고 그 결과를 소방청장에게 통보하여야 한다.

⑦ **소방청장**은 기본계획 및 시행계획을 수립하기 위하여 필요한 경우에는 '관계 중앙행정기관의 장' 또는 '시·도지사'에게 '관련 자료의 제출'을 요청할 수 있다. 이 경우 자료 제출을 요청받은 관계 중앙행정기관의 장 또는 시·도지사는 특별한 사유가 없으면 이에 따라야 한다.

⑧ 위 ①부터 ⑦까지에서 규정한 사항 외에 기본계획, 시행계획 및 세부시행계획의 수립·시행에 필요한 사항은 대통령령으로 정한다.

> **관련법령** 화재의 예방 및 안전관리 기본계획의 협의 및 수립(영 제2조)
>
> 소방청장은 위 (1)의 ①에 따른 '기본계획'을 계획 시행 전년도 8월 31일까지 관계 중앙행정기관의 장과 협의한 후 계획 시행 전년도 9월 30일까지 수립해야 한다.

> **관련법령** **'기본계획'의 내용(영 제3조)**
>
> 위 **(1)**의 ③의 ⓐ에서 '대통령령으로 정하는 화재의 예방과 안전관리에 필요한 사항'이란 다음의 사항을 말한다.
> 1. 화재발생 현황
> 2. 소방대상물의 환경 및 화재위험특성 변화 추세 등 화재예방정책의 여건 변화에 관한 사항
> 3. 소방시설의 설치·관리 및 화재안전기준의 개선에 관한 사항
> 4. 계절별·시기별·소방대상물별 화재예방대책의 추진 및 평가 등에 관한 사항
> 5. 그 밖에 화재의 예방 및 안전관리와 관련하여 소방청장이 필요하다고 인정하는 사항

> **관련법령** **'시행계획'의 수립·시행(영 제4조)**
>
> 1. **'소방청장'**은 위 **(1)**의 ④에 따라 기본계획을 시행하기 위한 계획(이하 **'시행계획'**)을 계획 시행 전년도 10월 31일까지 수립해야 한다.
> 2. 시행계획에는 다음의 사항이 포함되어야 한다.
>   ㉠ 기본계획의 시행을 위하여 필요한 사항
>   ㉡ 그 밖에 화재의 예방 및 안전관리와 관련하여 소방청장이 필요하다고 인정하는 사항

> **관련법령** **'세부시행계획'의 수립·시행(영 제5조)**
>
> 1. 소방청장은 위 **(1)**의 ⑤에 따라 **관계 중앙행정기관의 장과 특별시장·광역시장·특별자치시장·도지사** 또는 특별자치도지사(이하 '시·도지사'라 한다)에게 **기본계획 및 시행계획을 각각 계획 시행 전년도 10월 31일까지 통보**해야 한다.
> 2. 위 1.에 따라 통보를 받은 **관계 중앙행정기관의 장 및 시·도지사는** 위 **(1)**의 ⑥에 따른 **세부시행계획**(이하 '세부시행계획'이라 한다)을 수립하여 계획 시행 전년도 **12월 31일까지 '소방청장'**에게 통보해야 한다.
> 3. **세부시행계획**에는 다음의 사항이 포함되어야 한다.
>   ㉠ 기본계획 및 시행계획에 대한 관계 중앙행정기관 또는 특별시·광역시·특별자치시·도·특별자치도 (이하 '시·도'라 한다)의 세부 집행계획
>   ㉡ 직전 세부시행계획의 시행 결과
>   ㉢ 그 밖에 화재안전과 관련하여 관계 중앙행정기관의 장 또는 시·도지사가 필요하다고 결정한 사항

(2) 실태조사(법 제5조)

　① **소방청장**은 기본계획 및 시행계획의 수립·시행에 필요한 기초자료를 확보하기 위하여 다음의 사항에 대하여 **실태조사**를 할 수 있다. 이 경우 '관계 중앙행정기관의 장의 요청이 있는 때'에는 **합동**으로 **실태조사**를 할 수 있다.
　　㉠ 소방대상물의 용도별·규모별 현황
　　㉡ 소방대상물의 화재의 예방 및 안전관리 현황
　　㉢ 소방대상물의 소방시설등 설치·관리 현황
　　㉣ 그 밖에 기본계획 및 시행계획의 수립·시행을 위하여 필요한 사항

② **소방청장**은 소방대상물의 현황 등 관련 정보를 보유·운용하고 있는 관계 중앙행정기관의 장, 지방자치단체의 장, 「공공기관의 운영에 관한 법률」제4조에 따른 '**공공기관의 장**' 또는 '**관계인 등**'에게 위 ①에 따른 실태조사에 필요한 자료의 제출을 요청할 수 있다. 이 경우 자료 제출을 요청받은 자는 특별한 사유가 없으면 이에 따라야 한다.

③ 위 ①에 따른 실태조사의 방법 및 절차 등에 필요한 사항은 행정안전부령으로 정한다.

(3) 통계의 작성 및 관리(법 제6조)

① **소방청장**은 '화재의 예방 및 안전관리에 관한 통계'를 '**매년**' 작성·관리하여야 한다.

② 소방청장은 위 ①의 통계자료를 작성·관리하기 위하여 '관계 중앙행정기관의 장', '지방자치단체의 장', '공공기관의 장' 또는 '관계인' 등에게 필요한 자료와 정보의 제공을 요청할 수 있다. 이 경우 자료와 정보의 제공을 요청받은 자는 특별한 사정이 없으면 이에 따라야 한다.

③ 소방청장은 위 ①에 따른 통계자료의 작성·관리에 관한 업무의 전부 또는 일부를 행정안전부령으로 정하는 바에 따라 '전문성이 있는 기관'을 지정하여 수행하게 할 수 있다.

④ 위 ①에 따른 통계의 작성·관리 등에 필요한 사항은 대통령령으로 정한다.

관련법령 **통계의 작성·관리(영 제6조)**

1. 위 **(3)**의 ①에 따른 통계의 작성·관리 항목은 다음과 같다.
   ㉠ 소방대상물의 현황 및 안전관리에 관한 사항
   ㉡ 소방시설등의 설치 및 관리에 관한 사항
   ㉢ 「다중이용업소의 안전관리에 관한 특별법」에 따른 다중이용업 현황 및 안전관리에 관한 사항
   ㉣ 「위험물안전관리법」제2조 제1항 제6호에 따른 제조소등(이하 '제조소등'이라 한다) 현황
   ㉤ 화재발생 이력 및 화재안전조사 등 화재예방 활동에 관한 사항
   ㉥ 법 제5조에 따른 실태조사 결과
   ㉦ 화재예방강화지구의 현황 및 안전관리에 관한 사항
   ㉧ 법 제23조에 따른 어린이, 노인, 장애인 등 화재의 예방 및 안전관리에 취약한 자에 대한 지역별·성별·연령별 지원 현황
   ㉨ 법 제24조 제1항에 따른 소방안전관리자 자격증 발급 및 선임 관련 지역별·성별·연령별 현황
   ㉩ 화재예방안전진단 대상의 현황 및 그 실시 결과
   ㉪ 소방시설업자, 소방기술자 및 「소방시설 설치 및 관리에 관한 법률」제29조에 따른 소방시설관리업 등록을 한 자의 지역별·성별·연령별 현황
   ㉫ 그 밖에 화재의 예방 및 안전관리에 관한 자료로서 소방청장이 작성·관리가 필요하다고 인정하는 사항
2. **소방청장**은 위 **(3)**의 ①에 따라 통계를 체계적으로 작성·관리하고 분석하기 위하여 **전산시스템**을 구축·운영할 수 있다.
3. **소방청장**은 위 2.에 따른 전산시스템을 구축·운영하는 경우 **빅데이터**(대용량의 정형 또는 비정형의 데이터 세트를 말한다. 이하 같다)를 활용하여 '화재발생 동향 분석 및 전망 등'을 할 수 있다.
4. 위 3.에 따른 빅데이터를 활용하기 위한 방법·절차 등에 관하여 필요한 사항은 **소방청장**이 정한다.

2. 화재안전조사

(1) 화재안전조사(법 제7조)

① **소방관서장**은 다음의 어느 하나에 해당하는 경우 **화재안전조사**를 실시할 수 있다. 다만, **개인의 주거**(실제 주거용도로 사용되는 경우에 한정한다)에 대한 화재안전조사는 '관계인의 승낙'이 있거나 '화재발생의 우려가 뚜렷하여 긴급한 필요가 있는 때'에 한정한다.
  - ㉠ 「소방시설 설치 및 관리에 관한 법률」 제22조에 따른 자체점검이 불성실하거나 불완전하다고 인정되는 경우
  - ㉡ 화재예방강화지구 등 법령에서 화재안전조사를 하도록 규정되어 있는 경우
  - ㉢ 화재예방안전진단이 불성실하거나 불완전하다고 인정되는 경우
  - ㉣ 국가적 행사 등 주요 행사가 개최되는 장소 및 그 주변의 관계 지역에 대하여 소방안전관리 실태를 조사할 필요가 있는 경우
  - ㉤ 화재가 자주 발생하였거나 발생할 우려가 뚜렷한 곳에 대한 조사가 필요한 경우
  - ㉥ 재난예측정보, 기상예보 등을 분석한 결과 소방대상물에 화재의 발생 위험이 크다고 판단되는 경우
  - ㉦ 위 ㉠부터 ㉥까지에서 규정한 경우 외에 화재, 그 밖의 긴급한 상황이 발생할 경우 인명 또는 재산 피해의 우려가 현저하다고 판단되는 경우

② 화재안전조사의 항목은 '대통령령'으로 정한다. 이 경우 화재안전조사의 항목에는 화재의 예방조치 상황, 소방시설등의 관리 상황 및 소방대상물의 화재 등의 발생 위험과 관련된 사항이 포함되어야 한다.

③ **소방관서장**은 화재안전조사를 실시하는 경우 다른 목적을 위하여 조사권을 남용하여서는 아니 된다.

관련법령 '화재안전조사'의 항목(영 제7조)

소방청장, 소방본부장 또는 소방서장(이하 '**소방관서장**'이라 한다)은 위 **(1)**의 ①에 따라 **다음의 항목**에 대하여 **화재안전조사**를 실시한다.
1. 법 제17조에 따른 화재의 예방조치 등에 관한 사항
2. 법 제24조, 제25조, 제27조 및 제29조에 따른 소방안전관리 업무 수행에 관한 사항
3. 법 제36조에 따른 피난계획의 수립 및 시행에 관한 사항
4. 법 제37조에 따른 소화·통보·피난 등의 훈련 및 소방안전관리에 필요한 교육(이하 '소방훈련·교육'이라 한다)에 관한 사항
5. 「소방기본법」 제21조의2에 따른 소방자동차 전용구역의 설치에 관한 사항
6. 「소방시설공사업법」 제12조에 따른 시공, 같은 법 제16조에 따른 감리 및 같은 법 제18조에 따른 감리원의 배치에 관한 사항
7. 「소방시설 설치 및 관리에 관한 법률」 제12조에 따른 소방시설의 설치 및 관리에 관한 사항
8. 「소방시설 설치 및 관리에 관한 법률」 제15조에 따른 건설현장 임시소방시설의 설치 및 관리에 관한 사항

9. 「소방시설 설치 및 관리에 관한 법률」 제16조에 따른 피난시설, 방화구획(防火區劃) 및 방화시설의 관리에 관한 사항
10. 「소방시설 설치 및 관리에 관한 법률」 제20조에 따른 방염(防炎)에 관한 사항
11. 「소방시설 설치 및 관리에 관한 법률」 제22조에 따른 소방시설등의 자체점검에 관한 사항
12. 「다중이용업소의 안전관리에 관한 특별법」 제8조, 제9조, 제9조의2, 제10조, 제10조의2 및 제11조부터 제13조까지의 규정에 따른 안전관리에 관한 사항
13. 「위험물안전관리법」 제5조, 제6조, 제14조, 제15조 및 제18조에 따른 위험물 안전관리에 관한 사항
14. 「초고층 및 지하연계 복합건축물 재난관리에 관한 특별법」 제9조, 제11조, 제12조, 제14조, 제16조 및 제22조에 따른 초고층 및 지하연계 복합건축물의 안전관리에 관한 사항
15. 그 밖에 소방대상물에 화재의 발생 위험이 있는지 등을 확인하기 위해 소방관서장이 화재안전조사가 필요하다고 인정하는 사항

(2) 화재안전조사의 방법·절차 등(법 제8조)

① 소방관서장은 화재안전조사를 조사의 목적에 따라 위 **(1)**의 ②에 따른 화재안전조사의 항목 전체에 대하여 **종합적**으로 실시하거나 특정 항목에 **한정**하여 실시할 수 있다.

② 소방관서장은 화재안전조사를 실시하려는 경우 **사전**에 **관계인**에게 '조사대상, 조사기간 및 조사사유 등'을 **우편**, **전화**, **전자메일** 또는 **문자전송** 등을 통하여 '통지'하고 이를 대통령령으로 정하는 바에 따라 **인터넷 홈페이지**나 법 제16조 제3항의 **전산시스템** 등을 통하여 '공개'하여야 한다. 다만, 다음의 어느 하나에 해당하는 경우에는 그러하지 아니하다.
  ㉠ 화재가 발생할 우려가 뚜렷하여 긴급하게 조사할 필요가 있는 경우
  ㉡ 위 ㉠ 외에 화재안전조사의 실시를 사전에 통지하거나 공개하면 조사목적을 달성할 수 없다고 인정되는 경우

③ 화재안전조사는 '관계인의 승낙 없이' 소방대상물의 '**공개시간**' 또는 '**근무시간**' 이외에는 할 수 없다. 다만, **위 ②의 ㉠**에 해당하는 경우에는 그러하지 아니하다.

④ 위 ②에 따른 통지를 받은 **관계인**은 '**천재지변**이나 그 밖에 대통령령으로 정하는 사유로 화재안전조사를 받기 곤란한 경우'에는 화재안전조사를 통지한 **소방관서장**에게 대통령령으로 정하는 바에 따라 화재안전조사를 **연기**하여 줄 것을 **신청**할 수 있다. 이 경우 **소방관서장**은 '연기 신청 승인 여부'를 결정하고 '그 결과'를 **조사 시작 전**까지 '**관계인**'에게 알려 주어야 한다.

⑤ 위 ①부터 ④까지에서 규정한 사항 외에 화재안전조사의 방법 및 절차 등에 필요한 사항은 대통령령으로 정한다.

> **관련법령** **화재안전조사의 방법·절차 등(영 제8조)**
>
> 1. 소방관서장은 화재안전조사의 목적에 따라 다음의 어느 하나에 해당하는 방법으로 **화재안전조사**를 실시할 수 있다.
>   ㉠ **종합조사**: 영 제7조의 화재안전조사 항목 **전부**를 확인하는 조사
>   ㉡ **부분조사**: 영 제7조의 화재안전조사 항목 중 **일부**를 확인하는 조사

2. **소방관서장**은 화재안전조사를 실시하려는 경우 사전에 위 **(2)**의 ②의 ㉠·㉡ 외의 부분 본문에 따라 조사대상, 조사기간 및 조사사유 등 **조사계획**을 소방청, 소방본부 또는 소방서(이하 '소방관서'라 한다)의 **인터넷 홈페이지**나 법 제16조 제3항에 따른 **전산시스템**을 통해 **7일 이상** '공개'해야 한다.
3. **소방관서장**은 위 **(2)**의 ②의 ㉠·㉡ 외의 부분 단서에 따라 **사전 통지 없이** 화재안전조사를 실시하는 경우에는 '화재안전조사를 실시하기 전'에 관계인에게 '조사사유 및 조사범위 등'을 **현장**에서 **설명**해야 한다.
4. **소방관서장**은 화재안전조사를 위하여 소속 **공무원**으로 하여금 **관계인**에게 '보고 또는 자료의 제출을 요구'하거나 소방대상물의 위치·구조·설비 또는 관리 상황에 대한 '조사·질문'을 하게 할 수 있다.
5. **소방관서장**은 화재안전조사를 효율적으로 실시하기 위해 필요한 경우 **다음의 기관의 장과 '합동'**으로 **조사반**을 편성하여 화재안전조사를 할 수 있다.
   ㉠ 관계 중앙행정기관 또는 지방자치단체
   ㉡ 「소방기본법」 제40조에 따른 한국소방안전원(이하 '안전원'이라 한다)
   ㉢ 「소방산업의 진흥에 관한 법률」 제14조에 따른 한국소방산업기술원(이하 '기술원'이라 한다)
   ㉣ 「화재로 인한 재해보상과 보험가입에 관한 법률」 제11조에 따른 한국화재보험협회(이하 '화재보험협회'라 한다)
   ㉤ 「고압가스 안전관리법」 제28조에 따른 한국가스안전공사(이하 '가스안전공사'라 한다)
   ㉥ 「전기안전관리법」 제30조에 따른 한국전기안전공사(이하 '전기안전공사'라 한다)
   ㉦ 그 밖에 소방청장이 정하여 고시하는 소방 관련 법인 또는 단체
6. 위 1.부터 5.까지에서 규정한 사항 외에 화재안전조사 계획의 수립 등 화재안전조사에 필요한 사항은 **소방청장**이 정한다.

관련법령 | 화재안전조사의 연기(영 제9조)

1. 위 **(2)**의 ④ 전단에서 '대통령령으로 정하는 사유'란 다음의 어느 하나에 해당하는 사유를 말한다.
   ㉠ 「재난 및 안전관리 기본법」 제3조 제1호에 해당하는 재난이 발생한 경우
   ㉡ 관계인의 질병, 사고, 장기출장의 경우
   ㉢ 권한 있는 기관에 자체점검기록부, 교육·훈련일지 등 화재안전조사에 필요한 장부·서류 등이 압수되거나 영치(領置)되어 있는 경우
   ㉣ 소방대상물의 증축·용도변경 또는 대수선 등의 공사로 화재안전조사를 실시하기 어려운 경우
2. 위 **(2)**의 ④ 전단에 따라 '화재안전조사의 **연기**를 신청하려는 **관계인**'은 행정안전부령으로 정하는 바에 따라 **연기신청서**에 '연기의 사유 및 기간 등'을 적어 **소방관서장**에게 제출해야 한다.
3. **소방관서장**은 위 **(2)**의 ④ 후단에 따라 화재안전조사의 연기를 승인한 경우라도 '연기기간이 끝나기 전에 연기사유가 없어졌거나' '긴급히 조사를 해야 할 사유가 발생하였을 때'는 **관계인**에게 '미리 알리고' 화재안전조사를 할 수 있다.

(3) 화재안전조사단 편성·운영(법 제9조)

① '**소방관서장**'은 화재안전조사를 효율적으로 수행하기 위하여 대통령령으로 정하는 바에 따라 소방청에는 '**중앙화재안전조사단**'을, 소방본부 및 소방서에는 '**지방화재안전조사단**'을 편성하여 운영할 수 있다.
② 소방관서장은 위 ①에 따른 중앙화재안전조사단 및 지방화재안전조사단의 업무 수행을 위하여 필요한 경우에는 관계 기관의 장에게 그 소속 공무원 또는 직원의 파견을 요청할 수

있다. 이 경우 공무원 또는 직원의 파견 요청을 받은 관계 기관의 장은 특별한 사유가 없으면 이에 협조하여야 한다.

> **관련법령** **화재안전조사단 편성·운영(영 제10조)**
>
> 1. 위 (3)의 ①에 따른 중앙화재안전조사단 및 지방화재안전조사단(이하 '조사단'이라 한다)은 각각 단장을 포함하여 **50명 이내**의 단원으로 성별을 고려하여 구성한다.
> 2. 조사단의 **단원**은 다음의 어느 하나에 해당하는 사람 중에서 소방관서장이 임명하거나 위촉하고, 단장은 단원 중에서 **소방관서장**이 임명하거나 위촉한다.
>   ㉠ 소방공무원
>   ㉡ 소방업무와 관련된 단체 또는 연구기관 등의 임직원
>   ㉢ 소방 관련 분야에서 전문적인 지식이나 경험이 풍부한 사람

(4) 화재안전조사위원회 구성·운영(법 제10조)

① 소방관서장은 '화재안전조사의 대상을 객관적이고 공정하게 선정하기 위하여 필요한 경우' 화재안전조사위원회를 구성하여 '화재안전조사의 **대상**'을 선정할 수 있다.
② 화재안전조사위원회의 구성·운영 등에 필요한 사항은 대통령령으로 정한다.

> **관련법령** **'화재안전조사위원회'의 구성·운영 등(영 제11조)**
>
> 1. 화재안전조사위원회(이하 '위원회'라 한다)는 위원장 1명을 포함하여 **7명 이내**의 위원으로 성별을 고려하여 구성한다.
> 2. 위원회의 위원장은 **소방관서장**이 된다.
> 3. 위원회의 **위원**은 다음의 어느 하나에 해당하는 사람 중에서 **소방관서장**이 임명하거나 위촉한다.
>   ㉠ 과장급 직위 이상의 소방공무원
>   ㉡ 소방기술사
>   ㉢ 소방시설관리사
>   ㉣ 소방 관련 분야의 석사 이상 학위를 취득한 사람
>   ㉤ 소방 관련 법인 또는 단체에서 소방 관련 업무에 5년 이상 종사한 사람
>   ㉥ 「소방공무원 교육훈련규정」 제3조 제2항에 따른 소방공무원 교육훈련기관, 「고등교육법」 제2조의 학교 또는 연구소에서 소방과 관련한 교육 또는 연구에 5년 이상 종사한 사람
> 4. 위촉위원의 임기는 **2년**으로 하며, **한 차례만 연임**할 수 있다.
> 5. 소방관서장은 위원회의 위원이 다음의 어느 하나에 해당하는 경우에는 해당 위원을 해임하거나 해촉(解囑)할 수 있다.
>   ㉠ 심신장애로 직무를 수행할 수 없게 된 경우
>   ㉡ 직무와 관련된 비위사실이 있는 경우
>   ㉢ 직무태만, 품위손상이나 그 밖의 사유로 위원으로 적합하지 않다고 인정되는 경우
>   ㉣ 영 제12조 제1항 각 호의 어느 하나에 해당함에도 불구하고 회피하지 않은 경우
>   ㉤ 위원 스스로 직무를 수행하기 어렵다는 의사를 밝히는 경우
> 6. 위원회에 출석한 **위원**에게는 '예산의 범위'에서 수당, 여비, 그 밖에 **필요한 경비**를 지급할 수 있다. 다만, '**공무원인 위원**'이 소관 업무와 직접 관련하여 위원회에 출석하는 경우에는 그렇지 않다.

> **관련법령** 위원의 제척·기피·회피(영 제12조)

1. 위원회의 **위원**이 다음의 어느 하나에 해당하는 경우에는 위원회의 심의·의결에서 **제척(除斥)**된다.
   ㉠ 위원, 그 **배우자**나 배우자였던 사람 또는 위원의 친족이거나 친족이었던 사람이 다음의 어느 하나에 해당하는 경우
      ⓐ 해당 소방대상물의 관계인이거나 그 관계인과 공동권리자 또는 공동의무자인 경우
      ⓑ 해당 소방대상물의 설계, 공사, 감리 또는 자체점검 등을 수행한 경우
      ⓒ 해당 소방대상물에 대하여 영 제7조 각 호의 업무를 수행한 경우 등 소방대상물과 직접적인 이해관계가 있는 경우
   ㉡ 위원이 해당 소방대상물에 관하여 자문, 연구, 용역(하도급을 포함한다), 감정 또는 조사를 한 경우
   ㉢ 위원이 임원 또는 직원으로 재직하고 있거나 최근 3년 내에 재직하였던 기업 등이 해당 소방대상물에 관하여 자문, 연구, 용역(하도급을 포함한다), 감정 또는 조사를 한 경우
2. **당사자**는 위 1.에 따른 제척사유가 있거나 위원에게 공정한 심의·의결을 기대하기 어려운 사정이 있는 경우에는 위원회에 **기피 신청**을 할 수 있고, **위원회**는 **의결**로 '기피 여부를 결정'한다. 이 경우 '기피 신청의 대상인 위원'은 그 의결에 참여하지 못한다.
3. 위원이 위 1. 또는 2.의 사유에 해당하는 경우에는 스스로 해당 안건의 심의·의결에서 **회피(回避)해야** 한다.

> **관련법령** 위원회 운영 세칙(영 제13조)

영 제11조 및 제12조에서 규정한 사항 외에 위원회의 구성 및 운영에 필요한 사항은 **소방청장**이 정한다.

(5) 화재안전조사 전문가 참여(법 제11조)

① **소방관서장**은 필요한 경우에는 소방기술사, 소방시설관리사, 그 밖에 화재안전 분야에 전문지식을 갖춘 사람을 '화재안전조사'에 참여하게 할 수 있다.
② 위 ①에 따라 조사에 참여하는 외부 전문가에게는 예산의 범위에서 수당, 여비, 그 밖에 필요한 경비를 지급할 수 있다.

(6) 증표의 제시 및 비밀유지 의무 등(법 제12조)

① 화재안전조사 업무를 수행하는 관계 공무원 및 관계 전문가는 그 권한 또는 자격을 표시하는 증표를 지니고 이를 관계인에게 내보여야 한다.
② 화재안전조사 업무를 수행하는 관계 공무원 및 관계 전문가는 관계인의 정당한 업무를 방해하여서는 아니 되며, 조사업무를 수행하면서 취득한 자료나 알게 된 비밀을 다른 사람 또는 기관에 제공 또는 누설하거나 목적 외의 용도로 사용하여서는 아니 된다.

(7) 화재안전조사 결과 통보(법 제13조)

소방관서장은 화재안전조사를 마친 때에는 그 조사 결과를 **관계인**에게 서면으로 통지하여야 한다. 다만, '화재안전조사의 현장에서 관계인에게 조사의 결과를 설명하고 화재안전조사 결과서의 부본을 교부한 경우'에는 그러하지 아니하다.

(8) 화재안전조사 결과에 따른 조치명령(법 제14조)

① **소방관서장**은 화재안전조사 결과에 따른 소방대상물의 위치·구조·설비 또는 관리의 상황이 화재예방을 위하여 보완될 필요가 있거나 화재가 발생하면 인명 또는 재산의 피해가 클 것으로 예상되는 때에는 행정안전부령으로 정하는 바에 따라 **관계인**에게 그 소방대상물의 개수(改修)·이전·제거, 사용의 금지 또는 제한, 사용폐쇄, 공사의 정지 또는 중지, 그 밖에 필요한 조치를 명할 수 있다.

② **소방관서장**은 화재안전조사 결과 소방대상물이 법령을 위반하여 건축 또는 설비되었거나 소방시설등, 피난시설·방화구획, 방화시설 등이 법령에 적합하게 설치 또는 관리되고 있지 아니한 경우에는 **관계인**에게 위 ①에 따른 조치를 명하거나 관계 행정기관의 장에게 필요한 조치를 하여 줄 것을 요청할 수 있다.

(9) 손실보상(법 제15조)

소방청장 또는 시·도지사는 '위 (8)의 ①에 따른 명령으로 인하여 손실을 입은 자가 있는 경우'에는 대통령령으로 정하는 바에 따라 보상하여야 한다.

> **관련법령 손실보상(영 제14조)**
> 1. 위 **(9)**에 따라 **소방청장** 또는 **시·도지사**가 손실을 보상하는 경우에는 **시가**(時價)로 보상해야 한다.
> 2. 위 1.에 따른 손실보상에 관하여는 '**소방청장** 또는 **시·도지사**'와 '손실을 입은 자'가 **협의**해야 한다.
> 3. **소방청장** 또는 **시·도지사**는 '위 2.에 따른 보상금액에 관한 협의가 성립되지 않은 경우'에는 그 보상금액을 **지급**하거나 **공탁**하고 이를 **상대방**에게 알려야 한다.
> 4. 위 3.에 따른 '보상금의 지급 또는 공탁의 통지에 **불복하는 자**'는 '지급 또는 공탁의 통지를 받은 날'부터 30일 이내에 「공익사업을 위한 토지 등의 취득 및 보상에 관한 법률」 제49조에 따른 **중앙토지수용위원회** 또는 관할 **지방토지수용위원회**에 **재결**(裁決)을 **신청**할 수 있다.

(10) 화재안전조사 결과 공개(법 제16조)

① **소방관서장**은 '화재안전조사를 실시한 경우' 다음의 전부 또는 일부를 **인터넷 홈페이지**나 다음 ③의 **전산시스템** 등을 통하여 '공개'할 수 있다.
  ㉠ 소방대상물의 위치, 연면적, 용도 등 현황
  ㉡ 소방시설등의 설치 및 관리 현황
  ㉢ 피난시설, 방화구획 및 방화시설의 설치 및 관리 현황
  ㉣ 그 밖에 대통령령으로 정하는 사항

② 위 ①에 따라 화재안전조사 결과를 공개하는 경우 공개 절차, 공개 기간 및 공개 방법 등에 필요한 사항은 대통령령으로 정한다.

③ **소방청장**은 위 ①에 따른 화재안전조사 결과를 체계적으로 관리하고 활용하기 위하여 **전산시스템**을 구축·운영하여야 한다.

④ **소방청장**은 건축, 전기 및 가스 등 화재안전과 관련된 정보를 소방활동 등에 활용하기 위하여 '위 ③에 따른 전산시스템'과 '관계 중앙행정기관, 지방자치단체 및 공공기관 등에서 구축·운용하고 있는 전산시스템'을 **연계**하여 구축할 수 있다.

> **관련법령** '화재안전조사' 결과 공개(영 제15조)
>
> 1. 위 **(10)**의 ①의 ㉣에서 '대통령령으로 정하는 사항'이란 다음의 사항을 말한다.
>   ㉠ 제조소등 설치 현황
>   ㉡ 소방안전관리자 선임 현황
>   ㉢ 화재예방안전진단 실시 결과
> 2. 소방관서장은 위 **(10)**의 ①에 따라 '화재안전조사 결과'를 '공개'하는 경우 30일 이상 해당 '**소방관서 인터넷 홈페이지**'나 같은 조 제3항에 따른 '**전산시스템**'을 통해 공개해야 한다.
> 3. 소방관서장은 위 2.에 따라 화재안전조사 결과를 공개하려는 경우 공개 기간, 공개 내용 및 공개 방법을 해당 소방대상물의 **관계인**에게 미리 알려야 한다.
> 4. 소방대상물의 **관계인**은 위 3.의 공개 내용 등을 통보받은 날부터 10일 **이내**에 **소방관서장**에게 **이의신청**을 할 수 있다.
> 5. 소방관서장은 위 4.의 이의신청을 받은 날부터 10일 이내에 심사·결정하여 그 결과를 지체 없이 **신청인**에게 알려야 한다.
> 6. '화재안전조사 결과의 공개가 제3자의 법익을 침해하는 경우'에는 제3자와 관련된 사실을 **제외**하고 공개해야 한다.

3. 화재의 예방조치 등

(1) 화재의 예방조치 등(법 제17조)

① **누구든지** '**화재예방강화지구**' 및 '이에 준하는 대통령령으로 정하는 장소'에서는 다음의 어느 하나에 해당하는 행위를 하여서는 아니 된다. 다만, 행정안전부령으로 정하는 바에 따라 안전조치를 한 경우에는 그러하지 아니한다.
㉠ 모닥불, 흡연 등 화기의 취급
㉡ 풍등 등 소형열기구 날리기
㉢ 용접·용단 등 불꽃을 발생시키는 행위
㉣ 그 밖에 대통령령으로 정하는 화재 발생 위험이 있는 행위

② **소방관서장**은 화재 발생 위험이 크거나 소화 활동에 지장을 줄 수 있다고 인정되는 행위나 물건에 대하여 **행위 당사자**나 '그 물건'의 **소유자, 관리자 또는 점유자**에게 다음의 명령을 할 수 있다. 다만, '㉡ 및 ㉢에 해당하는 물건'의 소유자, 관리자 또는 점유자를 알 수 없는 경우 소속 공무원으로 하여금 그 물건을 옮기거나 보관하는 등 필요한 조치를 하게 할 수 있다.
㉠ 위 ①의 어느 하나에 해당하는 행위의 금지 또는 제한
㉡ 목재, 플라스틱 등 가연성이 큰 물건의 제거, 이격, 적재 금지 등
㉢ 소방차량의 통행이나 소화 활동에 지장을 줄 수 있는 물건의 이동

③ 위 ② 단서에 따라 옮긴 물건 등에 대한 보관기간 및 보관기간 경과 후 처리 등에 필요한 사항은 대통령령으로 정한다.

④ 보일러, 난로, 건조설비, 가스·전기시설, 그 밖에 화재 발생 우려가 있는 대통령령으로 정하는 설비 또는 기구 등의 위치·구조 및 관리와 화재 예방을 위하여 불을 사용할 때 지켜야 하는 사항은 대통령령으로 정한다.

⑤ 화재가 발생하는 경우 불길이 빠르게 번지는 고무류·플라스틱류·석탄 및 목탄 등 대통령령으로 정하는 특수가연물(特殊可燃物)의 저장 및 취급 기준은 대통령령으로 정한다.

관련법령 | 화재의 예방조치 등(영 제16조)

1. 위 **(1)**의 ①의 ㉠~㉣ 외의 부분 본문에서 '대통령령으로 정하는 장소'란 다음의 장소를 말한다.
   ㉠ 제조소등
   ㉡ 「고압가스 안전관리법」 제3조 제1호에 따른 **저장소**
   ㉢ 「액화석유가스의 안전관리 및 사업법」 제2조 제1호에 따른 **액화석유가스의 저장소·판매소**
   ㉣ 「수소경제 육성 및 수소 안전관리에 관한 법률」 제2조 제7호에 따른 **수소연료공급시설** 및 같은 조 제9호에 따른 **수소연료사용시설**
   ㉤ 「총포·도검·화약류 등의 안전관리에 관한 법률」 제2조 제3항에 따른 **화약류를 저장하는 장소**
2. 위 **(1)**의 ①의 ㉣에서 '대통령령으로 정하는 화재 발생 위험이 있는 행위'란 「위험물안전관리법」 제2조 제1항 제1호에 따른 **위험물을 방치하는 행위**를 말한다.

관련법령 | 옮긴 물건 등의 보관기간 및 보관기간 경과 후 처리(영 제17조)

1. **'소방관서장'**은 위 **(1)**의 ②의 ㉠~㉢ 외의 부분 단서에 따라 옮긴 물건 등(이하 '옮긴물건등'이라 한다)을 **보관**하는 경우에는 그날부터 14일 동안 해당 소방관서의 인터넷 홈페이지에 그 사실을 '공고'해야 한다.
2. **'옮긴물건등의 보관기간'**은 '위 1.에 따른 공고기간의 종료일 다음 날'부터 7일까지로 한다.
3. 소방관서장은 '위 2.에 따른 **보관기간이 종료된 때**'에는 '보관하고 있는 옮긴물건등'을 매각해야 한다. 다만, '보관하고 있는 옮긴물건등'이 '**부패·파손** 또는 이와 유사한 사유로 정해진 용도로 계속 사용할 수 없는 경우'에는 **폐기**할 수 있다.
4. **소방관서장**은 보관하던 옮긴물건등을 위 3. 본문에 따라 **매각한 경우**에는 지체 없이 「국가재정법」에 따라 '**세입조치**'를 해야 한다.
5. **소방관서장**은 위 3.에 따라 매각되거나 폐기된 옮긴물건등의 소유자가 **보상**을 요구하는 경우에는 **보상금액**에 대하여 '**소유자와의 협의**'를 거쳐 이를 **보상**해야 한다.
6. 위 5.의 손실보상의 방법 및 절차 등에 관하여는 영 제14조(손실보상)를 준용한다.

관련법령 | 불을 사용하는 설비의 관리기준 등(영 제18조)

1. 위 **(1)**의 ④에서 '대통령령으로 정하는 설비 또는 기구 등'이란 다음의 설비 또는 기구를 말한다.
   ㉠ 보일러
   ㉡ 난로
   ㉢ 건조설비
   ㉣ 가스·전기시설

ⓜ 불꽃을 사용하는 용접·용단 기구
　　　ⓑ 노(爐)·화덕설비
　　　ⓢ 음식조리를 위하여 설치하는 설비
2. 위 1.의 ㉠~ⓢ에 따른 설비 또는 기구의 위치·구조 및 관리와 화재 예방을 위하여 불을 사용할 때 지켜야 하는 사항은 [별표 1]과 같다.
3. 위 1. 및 2.에서 규정한 사항 '외'에 '화재 발생 우려가 있는 설비 또는 기구의 종류, 해당 설비 또는 기구의 위치·구조 및 관리와 화재 예방을 위하여 불을 사용할 때 지켜야 하는 사항'은 **시·도의 조례로 정한다**.

> **관련법령** 화재의 확대가 빠른 특수가연물(영 제19조)
>
> 1. 위 (1)의 ⑤에서 '고무류·플라스틱류·석탄 및 목탄 등 대통령령으로 정하는 특수가연물(特殊可燃物)'이란 [별표 2]에서 정하는 **'품명별 수량 이상'**의 가연물을 말한다.
> 2. 위 (1)의 ⑤에 따른 특수가연물의 저장 및 취급 기준은 [별표 3]과 같다.

(2) 화재예방강화지구의 지정 등(법 제18조)

① 시·도지사는 다음의 어느 하나에 해당하는 지역을 '**화재예방강화지구**'로 지정하여 관리할 수 있다.
　㉠ **시장지역**
　㉡ **공장·창고가 밀집한 지역**
　㉢ **목조건물이 밀집한 지역**
　㉣ **노후·불량건축물이 밀집한 지역**
　㉤ **위험물의 저장 및 처리시설이 밀집한 지역**
　㉥ **석유화학제품을 생산하는 공장**이 있는 지역
　㉦ 「산업입지 및 개발에 관한 법률」 제2조 제8호에 따른 **산업단지**
　㉧ **소방시설·소방용수시설 또는 소방출동로가 없는 지역**
　㉨ 「물류시설의 개발 및 운영에 관한 법률」 제2조 제6호에 따른 **물류단지**
　㉩ 그 밖에 위 ㉠부터 ㉨까지에 준하는 지역으로서 소방관서장이 화재예방강화지구로 지정할 필요가 있다고 인정하는 지역
② 위 ①에도 불구하고 '시·도지사가 화재예방강화지구로 지정할 필요가 있는 지역을 화재예방강화지구로 지정하지 아니하는 경우' **소방청장**은 해당 **시·도지사**에게 해당 지역의 화재예방강화지구 **지정**을 **요청**할 수 있다.
③ **소방관서장**은 '대통령령으로 정하는 바'에 따라 위 ①에 따른 화재예방강화지구 안의 **소방대상물**의 위치·구조 및 설비 등에 대하여 '**화재안전조사**'를 **하여야 한다**.
④ 소방관서장은 '위 ③에 따른 화재안전조사를 한 결과' 화재의 예방강화를 위하여 필요하다고 인정할 때에는 **관계인**에게 '소화기구, 소방용수시설 또는 그 밖에 소방에 필요한 설비'(이하 '소방설비등'이라 한다)의 **설치**(보수, 보강을 포함한다. 이하 같다)를 **명할 수 있다**.

⑤ 소방관서장은 화재예방강화지구 안의 **관계인**에 대하여 '대통령령으로 정하는 바'에 따라 소방에 필요한 **훈련** 및 **교육**을 실시할 수 있다.

⑥ 시·도지사는 대통령령으로 정하는 바에 따라 위 ①에 따른 화재예방강화지구의 지정 현황, 위 ③에 따른 화재안전조사의 결과, 위 ④에 따른 소방설비등의 설치 명령 현황, 위 ⑤에 따른 소방훈련 및 교육 현황 등이 포함된 '화재예방강화지구'에서의 **'화재예방에 필요한 자료'**를 '**매년**' 작성·관리하여야 한다.

> **관련법령** '화재예방강화지구'의 관리(영 제20조)
>
> 1. 소방관서장은 위 **(2)**의 ③에 따라 '화재예방강화지구 안의 소방대상물'의 위치·구조 및 설비 등에 대한 **화재안전조사**를 '**연 1회 이상**' 실시해야 한다.
> 2. 소방관서장은 위 **(2)**의 ⑤에 따라 '화재예방강화지구 안의 **관계인**'에 대하여 '소방에 필요한 훈련 및 교육'을 '**연 1회 이상**' 실시할 수 있다.
> 3. 소방관서장은 위 2.이 따라 훈련 및 교육을 실시하려는 경우에는 '화재예방강화지구 안의 **관계인**'에게 훈련 또는 교육 **10일 전까지** 그 사실을 통보해야 한다.
> 4. '시·도지사'는 위 **(2)**의 ⑥에 따라 다음의 사항을 행정안전부령으로 정하는 '**화재예방강화지구 관리대장**'에 작성하고 관리해야 한다.
>   ⊙ 화재예방강화지구의 지정 현황
>   ⓒ 화재안전조사의 결과
>   ⓒ 위 **(2)**의 ④에 따른 소화기구, 소방용수시설 또는 그 밖에 소방에 필요한 설비(이하 '소방설비등'이라 한다)의 설치(보수, 보강을 포함한다) 명령 현황
>   ⓔ 위 **(2)**의 ⑤에 따른 소방훈련 및 교육의 실시 현황
>   ⓜ 그 밖에 화재예방 강화를 위하여 필요한 사항

(3) 화재의 예방 등에 대한 지원(법 제19조)

① **소방청장**은 위 **(2)**의 ④에 따라 '소방설비등의 설치를 명하는 경우' 해당 **관계인**에게 소방설비등의 설치에 필요한 **지원**을 할 수 있다.

② 소방청장은 '관계 중앙행정기관의 장 및 시·도지사'에게 위 ①에 따른 '지원에 필요한 **협조**'를 요청할 수 있다.

③ 시·도지사는 위 ②에 따라 '소방청장의 요청'이 있거나 '화재예방강화지구 안의 소방대상물의 화재안전성능 향상을 위하여 필요한 경우' 특별시·광역시·특별자치시·도 또는 특별자치도(이하 '시·도'라 한다)의 **조례**로 정하는 바에 따라 '소방설비등의 설치에 필요한 비용'을 지원할 수 있다.

(4) 화재 위험경보(법 제20조)

소방관서장은 「기상법」 제13조, 제13조의2 및 제13조의4에 따른 기상현상 및 기상영향에 대한 예보·특보·태풍예보에 따라 화재의 발생 위험이 높다고 분석·판단되는 경우에는 행정안전부령으로 정하는 바에 따라 **화재에 관한 위험경보**를 발령하고 '그에 따른 필요한 조치'를 할 수 있다.

(5) 화재안전영향평가(법 제21조)

① **소방청장**은 화재발생 원인 및 연소과정을 조사·분석하는 등의 과정에서 법령이나 정책의 개선이 필요하다고 인정되는 경우 그 법령이나 정책에 대한 화재 위험성의 유발요인 및 완화 방안에 대한 평가(이하 '**화재안전영향평가**'라 한다)를 실시할 수 있다.
② **소방청장**은 위 ①에 따라 화재안전영향평가를 실시한 경우 '그 결과'를 해당 법령이나 정책의 '**소관 기관의 장**'에게 통보하여야 한다.
③ 위 ②에 따라 결과를 통보받은 **소관 기관의 장**은 특별한 사정이 없는 한 이를 해당 법령이나 정책에 반영하도록 노력하여야 한다.
④ 화재안전영향평가의 방법·절차·기준 등에 필요한 사항은 대통령령으로 정한다.

> **관련법령** '**화재안전영향평가**'의 방법·절차·기준 등(영 제21조)
>
> 1. **소방청장**은 위 (5)의 ①에 따른 화재안전영향평가(이하 '**화재안전영향평가**'라 한다)를 하는 경우 화재현장 및 자료 조사 등을 기초로 화재·피난 모의실험 등 과학적인 예측·분석 방법으로 실시할 수 있다.
> 2. **소방청장**은 화재안전영향평가를 위하여 필요한 경우 해당 법령이나 정책의 **소관 기관의 장**에게 관련 자료의 제출을 요청할 수 있다. 이 경우 자료 제출을 요청받은 소관 기관의 장은 특별한 사유가 없으면 이에 따라야 한다.
> 3. 소방청장은 다음 사항이 포함된 **화재안전영향평가의 기준**을 화재안전영향평가심의회(이하 '심의회'라 한다)의 심의를 거쳐 정한다.
>   ㉠ 법령이나 정책의 화재위험 유발요인
>   ㉡ 법령이나 정책이 소방대상물의 재료, 공간, 이용자 특성 및 화재 확산 경로에 미치는 영향
>   ㉢ 법령이나 정책이 화재피해에 미치는 영향 등 사회경제적 파급 효과
>   ㉣ 화재위험 유발요인을 제어 또는 관리할 수 있는 법령이나 정책의 개선 방안
> 4. 위 1.부터 3.까지에서 규정한 사항 외에 화재안전영향평가의 방법·절차·기준 등에 관하여 필요한 사항은 '**소방청장**'이 정한다.

(6) 화재안전영향평가심의회(법 제22조)

① **소방청장**은 화재안전영향평가에 관한 업무를 수행하기 위하여 **화재안전영향평가심의회**(이하 '심의회'라 한다)를 구성·운영할 수 있다.
② 심의회는 위원장 1명을 포함한 **12명 이내**의 위원으로 구성한다.
③ 위원장은 위원 중에서 호선하고, 위원은 다음의 사람으로 한다.
   ㉠ 화재안전과 관련되는 법령이나 정책을 담당하는 관계 기관의 소속 직원으로서 대통령령으로 정하는 사람
   ㉡ 소방기술사 등 대통령령으로 정하는 화재안전과 관련된 분야의 학식과 경험이 풍부한 전문가로서 소방청장이 위촉한 사람
④ 위 ② 및 ③에서 규정한 사항 외에 심의회의 구성·운영 등에 필요한 사항은 대통령령으로 정한다.

> **관련법령** **'심의회'의 구성(영 제22조)**

1. 위 **(6)**의 ③의 ㉠에서 '대통령령으로 정하는 사람'이란 다음의 사람을 말한다.
   ㉠ '다음의 중앙행정기관'에서 화재안전 관련 법령이나 정책을 담당하는 '고위공무원단에 속하는 일반직공무원'(이에 상당하는 특정직공무원 및 별정직공무원을 포함한다) 중에서 해당 **중앙행정기관의 장**이 지명하는 사람 각 1명
      ⓐ 행정안전부·산업통상자원부·보건복지부·고용노동부·국토교통부
      ⓑ 그 밖에 심의회의 심의에 부치는 안건과 관련된 중앙행정기관
   ㉡ '소방청에서 화재안전 관련 업무를 수행하는 **소방준감 이상의 소방공무원**' 중에서 **소방청장**이 지명하는 사람
2. 위 **(6)**의 ③의 ㉡에서 '대통령령으로 정하는 화재안전과 관련된 분야의 학식과 경험이 풍부한 전문가'란 다음의 어느 하나에 해당하는 사람을 말한다.
   ㉠ 소방기술사
   ㉡ 다음의 기관이나 법인 또는 단체에서 화재안전 관련 업무를 수행하는 사람으로서 해당 기관이나 법인 또는 단체의 장이 추천하는 사람
      ⓐ 안전원
      ⓑ 기술원
      ⓒ 화재보험협회
      ⓓ 가스안전공사
      ⓔ 전기안전공사
   ㉢ 「고등교육법」 제2조에 따른 학교 또는 이에 준하는 학교나 공인된 연구기관에서 부교수 이상의 직(職) 또는 이에 상당하는 직에 있거나 있었던 사람으로서 화재안전 또는 관련 법령이나 정책에 전문성이 있는 사람
3. 위 **(6)**의 ③의 ㉡에 따른 **위촉위원**의 임기는 2년으로 하며 **한 차례만** '**연임**'할 수 있다.
4. 심의회의 **위원장**은 심의회를 대표하고 심의회 업무를 총괄한다.
5. 위원장이 부득이한 사유로 직무를 수행할 수 없을 때에는 '위원장이 지명한 위원'이 그 직무를 대행한다.
6. 소방청장은 심의회의 위원이 다음의 어느 하나에 해당하는 경우에는 해당 위원을 **해촉**할 수 있다.
   ㉠ 심신장애로 직무를 수행할 수 없게 된 경우
   ㉡ 직무와 관련된 비위사실이 있는 경우
   ㉢ 직무태만, 품위손상이나 그 밖의 사유로 위원으로 적합하지 않다고 인정되는 경우
   ㉣ 위원 스스로 직무를 수행하기 어렵다는 의사를 밝히는 경우

> **관련법령** **'심의회'의 운영(영 제23조)**

1. 심의회의 업무를 효율적으로 수행하기 위하여 심의회에 분야별로 **전문위원회**를 둘 수 있다.
2. 심의회 및 전문위원회에 출석한 위원 및 전문위원회의 위원에게는 **예산의 범위**에서 수당, 여비, 그 밖에 필요한 경비를 지급할 수 있다. 다만, '공무원인 위원 또는 전문위원회의 위원이 소관 업무와 직접 관련하여 심의회에 출석하는 경우'는 그렇지 않다.
3. 위 1. 및 2.에서 규정한 사항 외에 심의회의 운영 등에 필요한 사항은 **소방청장**이 정한다.

(7) 화재안전취약자에 대한 지원(법 제23조)

① **소방관서장**은 어린이, 노인, 장애인 등 화재의 예방 및 안전관리에 취약한 자(이하 '**화재안전취약자**'라 한다)의 안전한 생활환경을 조성하기 위하여 소방용품의 제공 및 소방시설의 개선 등 필요한 사항을 **지원**하기 위하여 **노력**하여야 한다.

② 위 ①에 따른 화재안전취약자에 대한 지원의 대상·범위·방법 및 절차 등에 필요한 사항은 대통령령으로 정한다.

③ **소방관서장**은 **관계 행정기관의 장**에게 위 ①에 따른 지원이 원활히 수행되는 데 **필요한 협력**을 '요청'할 수 있다. 이 경우 요청받은 관계 행정기관의 장은 특별한 사정이 없으면 요청에 따라야 한다.

관련법령 | **'화재안전취약자' 지원 대상 및 방법 등(영 제24조)**

1. 위 **(7)**의 ①에 따른 어린이, 노인, 장애인 등 화재의 예방 및 안전관리에 취약한 자(이하 '**화재안전취약자**')에 대한 **지원의 대상**은 다음과 같다.
   ㉠ 「국민기초생활 보장법」 제2조 제2호에 따른 수급자
   ㉡ 「장애인복지법」 제6조에 따른 중증장애인
   ㉢ 「한부모가족지원법」 제5조에 따른 지원대상자
   ㉣ 「노인복지법」 제27조의2에 따른 홀로 사는 노인
   ㉤ 「다문화가족지원법」 제2조 제1호에 따른 다문화가족의 구성원
   ㉥ 그 밖에 화재안전에 취약하다고 소방관서장이 인정하는 사람
2. **소방관서장**은 위 **(7)**의 ①에 따라 위 1.의 ㉠~㉥의 사람에게 다음의 사항을 지원할 수 있다.
   ㉠ 소방시설등의 설치 및 개선
   ㉡ 소방시설등의 안전점검
   ㉢ 소방용품의 제공
   ㉣ 전기·가스 등 화재위험 설비의 점검 및 개선
   ㉤ 그 밖에 화재안전을 위하여 필요하다고 인정되는 사항
3. 위 1. 및 2.에서 규정한 사항 외에 지원의 방법 및 절차 등에 관하여 필요한 사항은 **소방청장**이 정한다.

CHAPTER 03 소방안전관리

회독체크 1 2 3

CHAPTER 미리보기

소방안전관리 ─┬─ 소방대상물의 소방안전관리
　　　　　　 └─ 특별관리시설물의 소방안전관리

학습전략

아래 학습키워드에 나오는 용어의 정의 위주로 학습하시기 바랍니다.

학습키워드

- 소방안전관리대상물
- 소방안전관리자
- 특정소방대상물의 소방안전관리

1. 소방대상물의 소방안전관리

(1) 특정소방대상물의 소방안전관리(법 제24조)

① 특정소방대상물 중 '전문적인 안전관리가 요구되는 대통령령으로 정하는 특정소방대상물'(이하 '소방안전관리대상물'이라 한다)의 **관계인**은 소방안전관리업무를 수행하기 위하여 법 제30조 제1항에 따른 '**소방안전관리자 자격증을 발급받은 사람**'을 소방안전관리자로 **선임**하여야 한다. 이 경우 소방안전관리자의 업무에 대하여 보조가 필요한 대통령령으로 정하는 소방안전관리대상물의 경우에는 '소방안전관리자 외'에 **소방안전관리보조자**를 '**추가**'로 **선임**하여야 한다.

② **다른 안전관리자**(다른 법령에 따라 전기·가스·위험물 등의 안전관리 업무에 종사하는 자를 말한다. 이하 같다)는 소방안전관리대상물 중 '소방안전관리업무의 전담이 필요한 대통령령으로 정하는 소방안전관리대상물의 소방안전관리자'를 **겸할 수 없다**. 다만, 다른 법령에 특별한 규정이 있는 경우에는 그러하지 아니하다.

③ 위 ①에도 불구하고 '다음 **(2)**의 ①에 따른 소방안전관리대상물의 관계인'은 '**소방안전관리업무를 대행**하는 **관리업자**(소방시설 설치 및 관리에 관한 법률 제29조 제1항에 따른 소방시설관리업의 등록을 한 자를 말한다. 이하 '**관리업자**'라 한다)를 **감독할 수 있는 사람**'을 **지정**하여 **소방안전관리자로 선임**할 수 있다. 이 경우 소방안전관리자로 선임된 자는 선임된 날부터 **3개월 이내**에 법 제34조에 따른 교육을 받아야 한다.

④ 소방안전관리자 및 소방안전관리보조자의 선임 대상별 자격 및 인원기준은 대통령령으로 정하고, 선임 절차 등 그 밖에 필요한 사항은 행정안전부령으로 정한다.

⑤ '특정소방대상물(소방안전관리대상물은 제외한다)의 **관계인**'과 '소방안전관리대상물의 **소방안전관리자**'는 다음의 업무를 수행한다. 다만, 다음 ㉠·㉡·㉤ 및 ㉧의 업무는 '**소방안전관리대상물의 경우에만**' 해당한다. 24회, 25회

　㉠ 법 제36조에 따른 피난계획에 관한 사항과 대통령령으로 정하는 사항이 포함된 소방계획서의 작성 및 시행
　㉡ **자위소방대**(自衛消防隊) 및 **초기대응체계**의 구성, 운영 및 교육 25회
　㉢ 「소방시설 설치 및 관리에 관한 법률」 제16조에 따른 피난시설, 방화구획 및 방화시설의 관리
　㉣ 소방시설이나 그 밖의 소방 관련 시설의 관리 25회
　㉤ 법 제37조에 따른 소방훈련 및 교육
　㉥ 화기(火氣) 취급의 감독 25회, 27회
　㉦ 행정안전부령으로 정하는 바에 따른 소방안전관리에 관한 업무수행에 관한 기록·유지(위 ㉢·㉣ 및 ㉥의 업무를 말한다)
　㉧ 화재발생 시 초기대응
　㉨ 그 밖에 소방안전관리에 필요한 업무

⑥ 위 ⑤의 ⓒ에 따른 '자위소방대와 초기대응체계의 구성, 운영 및 교육 등에 필요한 사항'은 행정안전부령으로 정한다.

> **관련법령** '소방안전관리자' 및 '소방안전관리보조자'를 두어야 하는 특정소방대상물(영 제25조)
>
> 1. 위 (1)의 ① 전단에 따라 특정소방대상물 중 '전문적인 안전관리가 요구되는 특정소방대상물'(이하 '**소방안전관리대상물**'이라 한다)의 '**범위**'와 같은 조 제4항에 따른 '**소방안전관리자의 선임 대상별 자격 및 인원기준**'은 [별표 4]와 같다.
> 2. 위 (1)의 ① 후단에 따라 '소방안전관리보조자를 추가로 선임해야 하는 소방안전관리대상물의 범위'와 위 (1)의 ④에 따른 '소방안전관리보조자의 선임 대상별 자격 및 인원기준'은 [별표 5]와 같다.
> 3. 위 1.에도 불구하고 건축물대장의 건축물현황도에 표시된 대지경계선 안의 지역 또는 인접한 2개 이상의 대지에 위 1.에 따라 소방안전관리자를 두어야 하는 특정소방대상물이 둘 이상 있고, '그 관리에 관한 권원(權原)을 가진 자가 동일인인 경우'에는 이를 '**하나**'의 특정소방대상물로 본다. 이 경우 해당 특정소방대상물이 [별표 4]에 따른 등급 중 둘 이상에 해당하면 '그중에서 **등급이 높은 특정소방대상물**'로 본다. 27회

> **관련법령** 소방안전관리업무 전담 대상물(영 제26조)
>
> 위 (1)의 ② 본문에서 '대통령령으로 정하는 소방안전관리대상물'이란 다음의 소방안전관리대상물을 말한다.
> 1. [별표 4] 제1호에 따른 특급 소방안전관리대상물
> 2. [별표 4] 제2호에 따른 1급 소방안전관리대상물

> **별표 4** '소방안전관리자를 선임해야 하는 소방안전관리대상물의 범위'와 '소방안전관리자의 선임 대상별 자격 및 인원기준'(영 제25조 제1항 관련)
>
> 1. '**특급 소방안전관리대상물**'
>   가. 특급 소방안전관리대상물의 '**범위**'
>   「소방시설 설치 및 관리에 관한 법률 시행령」[별표 2]의 특정소방대상물 중 다음의 어느 하나에 해당하는 것
>   1) **50층 이상**(지하층은 **제외**한다)이거나 지상으로부터 높이가 **200미터 이상인 아파트** 27회
>   2) **30층 이상**(지하층을 **포함**한다)이거나 지상으로부터 높이가 120미터 이상인 특정소방대상물(아파트는 **제외**한다)
>   3) 위 2)에 해당하지 않는 특정소방대상물로서 연면적이 **10만 제곱미터 이상**인 특정소방대상물(아파트는 **제외**한다)
>   나. 특급 소방안전관리 대상물에 선임해야 하는 '**소방안전관리자의 자격**'
>   다음의 어느 하나에 해당하는 사람으로서 특급 소방안전관리자 자격증을 발급받은 사람
>   1) 소방기술사 또는 소방시설관리사의 자격이 있는 사람
>   2) 소방설비기사의 자격을 취득한 후 5년 이상 1급 소방안전관리대상물의 소방안전관리자로 근무한 실무경력(법 제24조 제3항에 따라 소방안전관리자로 선임되어 근무한 경력은 제외한다. 이하 이 표에서 같다)이 있는 사람
>   3) 소방설비산업기사의 자격을 취득한 후 7년 이상 1급 소방안전관리대상물의 소방안전관리자로 근무한 실무경력이 있는 사람

4) 소방공무원으로 20년 이상 근무한 경력이 있는 사람
5) 소방청장이 실시하는 특급 소방안전관리대상물의 소방안전관리에 관한 시험에 합격한 사람
다. 선임인원: **1명 이상** [27회]

2. '1급 소방안전관리대상물'
    가. 1급 소방안전관리대상물의 '**범위**'
    「소방시설 설치 및 관리에 관한 법률 시행령」[별표 2]의 특정소방대상물 중 다음의 어느 하나에 해당하는 것(제1호에 따른 특급 소방안전관리대상물은 제외한다)
    1) 30층 이상(지하층은 **제외**한다)이거나 지상으로부터 높이가 **120미터 이상**인 아파트
    2) 연면적 **1만 5천 제곱미터 이상**인 특정소방대상물('**아파트**' 및 '**연립주택**'은 **제외**한다)
    3) 위 2)에 해당하지 않는 특정소방대상물로서 지상층의 층수가 **11층 이상**인 특정소방대상물(아파트는 **제외**한다)
    4) '가연성 가스'를 **1천 톤 이상** 저장·취급하는 시설
    나. 1급 소방안전관리대상물에 선임해야 하는 '**소방안전관리자의 자격**'
    다음의 어느 하나에 해당하는 사람으로서 1급 소방안전관리자 자격증을 발급받은 사람 또는 제1호에 따른 특급 소방안전관리대상물의 소방안전관리자 자격증을 발급받은 사람
    1) 소방설비기사 또는 소방설비산업기사의 자격이 있는 사람
    2) **소방공무원**으로 **7년 이상** 근무한 경력이 있는 사람
    3) 소방청장이 실시하는 1급 소방안전관리대상물의 소방안전관리에 관한 시험에 합격한 사람
    다. 선임인원: **1명 이상**

3. '2급 소방안전관리대상물'
    가. 2급 소방안전관리대상물의 '**범위**'
    「소방시설 설치 및 관리에 관한 법률 시행령」[별표 2]의 특정소방대상물 중 다음의 어느 하나에 해당하는 것(제1호에 따른 특급 소방안전관리대상물 및 제2호에 따른 1급 소방안전관리대상물은 제외한다)
    1) 「소방시설 설치 및 관리에 관한 법률 시행령」[별표 4] 제1호 다목에 따라 옥내소화전설비를 설치해야 하는 특정소방대상물, 같은 호 라목에 따라 스프링클러설비를 설치해야 하는 특정소방대상물 또는 같은 호 바목에 따라 물분무등소화설비[화재안전기준에 따라 호스릴(hose reel) 방식의 물분무등소화설비만을 설치할 수 있는 특정소방대상물은 제외한다]를 설치해야 하는 특정소방대상물
    2) '가스 제조설비를 갖추고 도시가스사업의 허가를 받아야 하는 시설' 또는 '가연성 가스를 **100톤 이상 1천 톤 미만** 저장·취급하는 시설'
    3) **지하구**
    4) 「공동주택관리법」 제2조 제1항 제2호의 어느 하나에 해당하는 공동주택[**의무관리대상 공동주택**](소방시설 설치 및 관리에 관한 법률 시행령 [별표 4] 제1호 다목 또는 라목에 따른 '**옥내소화전설비 또는 스프링클러설비가** 설치된 공동주택'으로 **한정**한다)
    5) 「문화유산의 보존 및 활용에 관한 법률」 제23조에 따라 **보물** 또는 국보로 지정된 **목조건축물**
    나. 2급 소방안전관리대상물에 선임해야 하는 '**소방안전관리자의 자격**'
    다음의 어느 하나에 해당하는 사람으로서 2급 소방안전관리자 자격증을 발급받은 사람, 제1호에 따른 특급 소방안전관리대상물 또는 제2호에 따른 1급 소방안전관리대상물의 소방안전관리자 자격증을 발급받은 사람

      1) 위험물기능장·위험물산업기사 또는 위험물기능사 자격이 있는 사람
      2) 소방공무원으로 **3년 이상** 근무한 경력이 있는 사람
      3) 소방청장이 실시하는 2급 소방안전관리대상물의 소방안전관리에 관한 시험에 합격한 사람
      4) 「기업활동 규제완화에 관한 특별조치법」 제29조, 제30조 및 제32조에 따라 소방안전관리자로 선임된 사람(소방안전관리자로 선임된 기간으로 한정한다)
   다. 선임인원: **1명 이상**
4. '**3급 소방안전관리대상물**'
   가. 3급 소방안전관리대상물의 범위
      「소방시설 설치 및 관리에 관한 법률 시행령」 [별표 2]의 특정소방대상물 중 다음의 어느 하나에 해당하는 것(제1호에 따른 특급 소방안전관리대상물, 제2호에 따른 1급 소방안전관리대상물 및 제3호에 따른 2급 소방안전관리대상물은 제외한다)
      1) 「소방시설 설치 및 관리에 관한 법률 시행령」 [별표 4] 제1호 마목에 따라 **간이스프링클러설비**(주택전용 간이스프링클러설비는 제외한다)를 설치해야 하는 특정소방대상물
      2) 「소방시설 설치 및 관리에 관한 법률 시행령」 [별표 4] 제2호 다목에 따른 **자동화재탐지설비**를 설치해야 하는 특정소방대상물
   나. 3급 소방안전관리대상물에 선임해야 하는 '**소방안전관리자의 자격**'
      다음의 어느 하나에 해당하는 사람으로서 3급 소방안전관리자 자격증을 발급받은 사람 또는 제1호부터 제3호까지의 규정에 따라 특급 소방안전관리대상물, 1급 소방안전관리대상물 또는 2급 소방안전관리대상물의 소방안전관리자 자격증을 발급받은 사람
      1) 소방공무원으로 **1년 이상** 근무한 경력이 있는 사람
      2) 소방청장이 실시하는 3급 소방안전관리대상물의 소방안전관리에 관한 시험에 합격한 사람
      3) 「기업활동 규제완화에 관한 특별조치법」 제29조, 제30조 및 제32조에 따라 소방안전관리자로 선임된 사람(소방안전관리자로 선임된 기간으로 한정한다)
   다. 선임인원: **1명 이상**

[비고]
1. 동·식물원, 철강 등 불연성 물품을 저장·취급하는 창고, 위험물 저장 및 처리 시설 중 제조소등과 지하구는 특급 소방안전관리대상물 및 1급 소방안전관리대상물에서 제외한다.
2. 이 표 제1호에 따른 특급 소방안전관리대상물에 선임해야 하는 소방안전관리자의 자격을 산정할 때에는 동일한 기간에 수행한 경력이 두 가지 이상의 자격기준에 해당하는 경우 하나의 자격기준에 대해서만 그 기간을 인정하고 기간이 중복되지 않는 소방안전관리자 실무경력의 경우에는 각각의 기간을 실무경력으로 인정한다. 이 경우 자격기준별 실무경력 기간을 해당 실무경력 기준기간으로 나누어 합한 값이 1 이상이면 선임자격을 갖춘 것으로 본다.

별표 5 | **소방안전관리보조자를 선임해야 하는 소방안전관리대상물의 범위와 선임 대상별 자격 및 인원기준 (영 제25조 제2항 관련)**

1. '**소방안전관리보조자**'를 선임해야 하는 소방안전관리대상물의 '**범위**'
   [별표 4]에 따라 소방안전관리자를 선임해야 하는 소방안전관리대상물 중 다음 어느 하나에 해당하는 소방안전관리대상물
   가. 「건축법 시행령」 [별표 1] 제2호 가목에 따른 아파트 중 **300세대 이상**인 **아파트** 27회
   나. 연면적이 **1만 5천 제곱미터 이상**인 특정소방대상물('**아파트**' 및 '**연립주택**'은 제외한다)

다. 가목 및 나목에 따른 특정소방대상물을 제외한 특정소방대상물 중 다음의 어느 하나에 해당하는 특정소방대상물
  1) '공동주택' 중 기숙사
  2) 의료시설
  3) 노유자시설
  4) 수련시설
  5) 숙박시설(숙박시설로 사용되는 바닥면적의 합계가 1천500제곱미터 미만이고 관계인이 24시간 상시 근무하고 있는 숙박시설은 제외한다)

2. '소방안전관리보조자'의 자격
  가. [별표 4]에 따른 **특급 소방안전관리대상물, 1급 소방안전관리대상물, 2급 소방안전관리대상물** 또는 **3급 소방안전관리대상물의 소방안전관리자 자격이 있는 사람**
  나. 「국가기술자격법」 제2조 제3호에 따른 국가기술자격의 직무분야 중 건축, 기계제작, 기계장비설비·설치, 화공, 위험물, 전기, 전자 및 안전관리에 해당하는 국가기술자격이 있는 사람
  다. 「공공기관의 소방안전관리에 관한 규정」 제5조 제1항 제2호 나목에 따른 강습교육을 수료한 사람
  라. 법 제34조 제1항 제1호에 따른 강습교육 중 이 영 제33조 제1호부터 제4호까지에 해당하는 사람을 대상으로 하는 강습교육을 수료한 사람
  마. 소방안전관리대상물에서 소방안전 관련 업무에 **2년 이상** 근무한 경력이 있는 사람

3. 선임인원
  가. 제1호 가목에 따른 소방안전관리대상물의 경우에는 1명. 다만, 초과되는 300세대마다 1명 이상을 추가로 선임해야 한다.
  나. 제1호 나목에 따른 소방안전관리대상물의 경우에는 1명. 다만, 초과되는 연면적 1만 5천 제곱미터(특정소방대상물의 방재실에 자위소방대가 24시간 상시 근무하고 소방장비관리법 시행령 [별표 1] 제1호 가목에 따른 소방자동차 중 소방펌프차, 소방물탱크차, 소방화학차 또는 무인방수차를 운용하는 경우에는 3만 제곱미터로 한다)마다 1명 이상을 추가로 선임해야 한다.
  다. 제1호 다목에 따른 소방안전관리대상물의 경우에는 1명. 다만, 해당 특정소방대상물이 소재하는 지역을 관할하는 소방서장이 야간이나 휴일에 해당 특정소방대상물이 이용되지 않는다는 것을 확인한 경우에는 소방안전관리보조자를 선임하지 않을 수 있다.

관련법령 소방안전관리대상물의 소방계획서 작성 등(영 제27조)

1. 위 (1)의 ⑤의 ㉠에서 '대통령령으로 정하는 사항'이란 다음의 사항을 말한다.
   ㉠ 소방안전관리대상물의 위치·구조·연면적(건축법 시행령 제119조 제1항 제4호에 따라 산정된 면적을 말한다. 이하 같다)·용도 및 수용인원 등 일반 현황
   ㉡ 소방안전관리대상물에 설치한 소방시설, 방화시설, 전기시설, 가스시설 및 위험물시설의 현황
   ㉢ 화재 예방을 위한 자체점검계획 및 대응대책
   ㉣ 소방시설·피난시설 및 방화시설의 점검·정비계획
   ㉤ 피난층 및 피난시설의 위치와 피난경로의 설정, 화재안전취약자의 피난계획 등을 포함한 피난계획
   ㉥ 방화구획, 제연구획(除煙區劃), 건축물의 내부 마감재료 및 방염대상물품의 사용 현황과 그 밖의 방화구조 및 설비의 유지·관리계획
   ㉦ 법 제35조 제1항에 따른 관리의 권원이 분리된 특정소방대상물의 소방안전관리에 관한 사항
   ㉧ 소방훈련·교육에 관한 계획

ⓩ 법 제37조를 적용받는 소방안전관리대상물의 근무자 및 거주자의 자위소방대 조직과 대원의 임무(화재안전취약자의 피난 보조 임무를 포함한다)에 관한 사항
ⓧ 화기 취급 작업에 대한 사전 안전조치 및 감독 등 공사 중 소방안전관리에 관한 사항
ⓒ 소화에 관한 사항과 연소 방지에 관한 사항
ⓔ 위험물의 저장·취급에 관한 사항(위험물안전관리법 제17조에 따라 예방규정을 정하는 제조소등은 제외한다)
ⓟ 소방안전관리에 대한 업무수행에 관한 기록 및 유지에 관한 사항
ⓗ 화재발생 시 화재경보, 초기소화 및 피난유도 등 초기대응에 관한 사항
㉮ 그 밖에 소방본부장 또는 소방서장이 소방안전관리대상물의 위치·구조·설비 또는 관리 상황 등을 고려하여 소방안전관리에 필요하여 요청하는 사항
2. 소방본부장 또는 소방서장은 소방안전관리대상물의 소방계획서의 작성 및 그 실시에 관하여 지도·감독한다.

(2) 소방안전관리업무의 대행(법 제25조)

① 소방안전관리대상물 중 '**연면적 등이 일정규모 미만인 대통령령으로 정하는 소방안전관리대상물**'의 관계인은 위 (1)의 ①에도 불구하고 **관리업자**로 하여금 위 (1)의 ⑤에 따른 소방안전관리업무 중 '**대통령령으로 정하는 업무**'를 **대행**하게 할 수 있다. 이 경우 '위 (1)의 ③에 따라 선임된 소방안전관리자'는 '관리업자의 대행업무 수행'을 **감독**하고 '대행업무 외의 소방안전관리업무'는 **직접 수행**하여야 한다.
② '위 ① 전단에 따라 소방안전관리업무를 대행하는 자'는 대행인력의 배치기준·자격·방법 등 행정안전부령으로 정하는 준수사항을 지켜야 한다.
③ '위 ①에 따라 소방안전관리업무를 관리업자에게 대행하게 하는 경우'의 **대가**(代價)는 「엔지니어링산업 진흥법」 제31조에 따른 엔지니어링사업의 대가 기준 가운데 행정안전부령으로 정하는 방식에 따라 산정한다.

> **관련법령** '소방안전관리 업무'의 대행 대상 및 업무(영 제28조)
>
> 1. 위 (2)의 ① 전단에서 '대통령령으로 정하는 소방안전관리대상물'이란 다음의 소방안전관리대상물을 말한다.
>   ㉠ [별표 4] 제2호 가목 3)에 따른 지상층의 층수가 11층 이상인 1급 소방안전관리대상물('연면적 1만 5천 제곱미터 이상인 특정소방대상물'과 '아파트'는 '제외'한다)
>   ㉡ [별표 4] 제3호에 따른 2급 소방안전관리대상물
>   ㉢ [별표 4] 제4호에 따른 3급 소방안전관리대상물
> 2. 위 (2)의 ① 전단에서 '대통령령으로 정하는 업무'란 다음의 업무를 말한다.
>   ㉠ 위 (1)의 ⑤의 ㉢에 따른 피난시설, 방화구획 및 방화시설의 관리
>   ㉡ 위 (1)의 ⑤의 ㉣에 따른 소방시설이나 그 밖의 소방 관련 시설의 관리

(3) 소방안전관리자 선임신고 등(법 제26조)

① '소방안전관리대상물의 **관계인**'이 위 **(1)**에 따라 소방안전관리자 또는 소방안전관리보조자를 선임한 경우에는 행정안전부령으로 정하는 바에 따라 선임한 날부터 **14일 이내**에 '소방본부장 또는 소방서장'에게 **신고**하고, 소방안전관리대상물의 출입자가 쉽게 알 수 있도록 '소방안전관리자의 성명과 그 밖에 행정안전부령으로 정하는 사항'을 **게시**하여야 한다.

_{18회 주관식, 23회}

② '소방안전관리대상물의 관계인이 소방안전관리자 또는 소방안전관리보조자를 **해임한 경우**'에는 그 **관계인** 또는 **해임된 소방안전관리자 또는 소방안전관리보조자**는 소방본부장이나 소방서장에게 그 사실을 알려 '해임한 사실의 확인'을 받을 수 있다.

(4) 관계인 등의 의무(법 제27조)

① '**특정소방대상물의 관계인**'은 그 특정소방대상물에 대하여 '**위 (1)의 ⑤에 따른 소방안전관리업무**'를 수행하여야 한다.

② '**소방안전관리대상물의 관계인**'은 '소방안전관리자가 소방안전관리업무를 성실하게 수행'할 수 있도록 **지도·감독**하여야 한다.

③ **소방안전관리자**는 인명과 재산을 보호하기 위하여 소방시설·피난시설·방화시설 및 방화구획 등이 법령에 위반된 것을 발견한 때에는 지체 없이 '소방안전관리대상물의 **관계인**'에게 소방대상물의 개수·이전·제거·수리 등 필요한 조치를 할 것을 요구하여야 하며, '관계인이 시정하지 아니하는 경우' **소방본부장 또는 소방서장**에게 그 사실을 알려야 한다. 이 경우 **소방안전관리자**는 공정하고 객관적으로 그 업무를 수행하여야 한다.

④ '소방안전관리자로부터 위 ③에 따른 조치요구 등을 받은 소방안전관리대상물의 **관계인**'은 지체 없이 이에 따라야 하며, **이를 이유로 소방안전관리자를 해임**하거나 **보수**(報酬)**의 지급**을 거부하는 등 **불이익한 처우**를 하여서는 아니 된다.

(5) 소방안전관리자 선임명령 등(법 제28조)

① 소방본부장 또는 소방서장은 위 **(1)**의 ①에 따른 '소방안전관리자 또는 소방안전관리보조자를 선임하지 아니한 소방안전관리대상물의 **관계인**'에게 소방안전관리자 또는 소방안전관리보조자를 선임하도록 **명할 수 있다**.

② 소방본부장 또는 소방서장은 '위 **(1)**의 ⑤에 따른 업무를 다하지 아니하는 특정소방대상물의 관계인 또는 소방안전관리자'에게 그 **업무의 이행**을 **명할 수 있다**.

(6) 건설현장 소방안전관리(법 제29조)

① 「소방시설 설치 및 관리에 관한 법률」 제15조 제1항에 따른 공사시공자가 화재발생 및 화재피해의 우려가 큰 대통령령으로 정하는 특정소방대상물(이하 '**건설현장 소방안전관리대상물**'이라 한다)을 신축·증축·개축·재축·이전·용도변경 또는 대수선 하는 경우에는 '위 **(1)**의 ①

에 따른 소방안전관리자로서 법 제34조에 따른 교육을 받은 사람'을 '**소방시설공사 착공신고일**'부터 '**건축물 사용승인일**'(건축법 제22조에 따라 건축물을 사용할 수 있게 된 날을 말한다)까지 **소방안전관리자로 선임**하고 행정안전부령으로 정하는 바에 따라 **소방본부장 또는 소방서장에게 신고**하여야 한다.

② 위 ①에 따른 '**건설현장 소방안전관리대상물의 소방안전관리자**'의 업무는 다음과 같다.
   ㉠ 건설현장의 소방계획서의 작성
   ㉡ 「소방시설 설치 및 관리에 관한 법률」 제15조 제1항에 따른 임시소방시설의 설치 및 관리에 대한 감독
   ㉢ 공사진행 단계별 피난안전구역, 피난로 등의 확보와 관리
   ㉣ 건설현장의 작업자에 대한 소방안전 교육 및 훈련
   ㉤ 초기대응체계의 구성·운영 및 교육
   ㉥ 화기취급의 감독, 화재위험작업의 허가 및 관리
   ㉦ 그 밖에 건설현장의 소방안전관리와 관련하여 소방청장이 고시하는 업무

③ 그 밖에 건설현장 소방안전관리대상물의 소방안전관리에 관하여는 위 **(3)**부터 **(5)**까지의 규정을 준용한다. 이 경우 '소방안전관리대상물의 관계인' 또는 '특정소방대상물의 관계인'은 '공사시공자'로 본다.

관련법령 건설현장 소방안전관리대상물(영 제29조)

위 **(6)**의 ① 전단에서 '대통령령으로 정하는 특정소방대상물'이란 다음의 어느 하나에 해당하는 특정소방대상물을 말한다.
1. '신축·증축·개축·재축·이전·용도변경 또는 대수선을 하려는 부분'의 '연면적의 합계'가 1만 5천 제곱미터 이상인 것
2. '신축·증축·개축·재축·이전·용도변경 또는 대수선을 하려는 부분'의 '연면적이 5천 제곱미터 이상인 것'으로서 다음의 어느 하나에 해당하는 것
   ㉠ 지하층의 층수가 2개 층 이상인 것
   ㉡ 지상층의 층수가 11층 이상인 것
   ㉢ **냉동창고, 냉장창고** 또는 **냉동·냉장창고**

(7) 소방안전관리자 자격 및 자격증의 발급 등(법 제30조)

① 위 **(1)**의 ①에 따른 '소방안전관리자의 자격'은 다음의 어느 하나에 해당하는 사람으로서 **소방청장**으로부터 '소방안전관리자 자격증'을 발급받은 사람으로 한다.
   ㉠ 소방청장이 실시하는 소방안전관리자 자격시험에 합격한 사람
   ㉡ 다음에 해당하는 사람으로서 대통령령으로 정하는 사람
      ⓐ 소방안전과 관련한 국가기술자격증을 소지한 사람
      ⓑ 위 ⓐ에 해당하는 국가기술자격증 중 일정 자격증을 소지한 사람으로서 소방안전관리자로 근무한 실무경력이 있는 사람
      ⓒ 소방공무원 경력자

ⓓ 「기업활동 규제완화에 관한 특별조치법」에 따라 소방안전관리자로 선임된 사람(소방안전관리자로 선임된 기간에 한정한다)

② **소방청장**은 '위 ①에 따른 자격을 갖춘 사람'이 소방안전관리자 자격증 발급을 신청하는 경우 행정안전부령으로 정하는 바에 따라 **자격증**을 **발급**하여야 한다.

③ 위 ②에 따라 소방안전관리자 자격증을 발급받은 사람이 '소방안전관리자 자격증을 잃어버렸거나 못 쓰게 된 경우'에는 행정안전부령으로 정하는 바에 따라 소방안전관리자 자격증을 **재발급**받을 수 있다.

④ 위 ② 또는 ③에 따라 발급 또는 재발급받은 소방안전관리자 자격증을 다른 사람에게 빌려주거나 빌려서는 아니 되며, 이를 알선하여서도 아니 된다.

> **관련법령** **'소방안전관리자' 자격증의 발급 등(영 제30조)**
>
> 위 **(7)**의 ①의 ⓒ의 ⓐ~ⓓ 외의 부분에서 '대통령령으로 정하는 사람'이란 [별표 4] 각 호의 소방안전관리대상물별로 선임해야 하는 소방안전관리자의 자격을 갖춘 사람[위 **(7)**의 ①의 ㉠에 해당하는 사람은 '제외'한다]을 말한다.

(8) 소방안전관리자 자격의 정지 및 취소(법 제31조)

① 소방청장은 위 **(7)**의 ②에 따라 소방안전관리자 자격증을 발급받은 사람이 다음의 어느 하나에 해당하는 경우에는 행정안전부령으로 정하는 바에 따라 그 **자격**을 **취소**하거나 **1년 이하**의 기간을 정하여 그 **자격**을 **정지**시킬 수 있다. 다만, 다음 ㉠ **또는** ㉢에 해당하는 경우에는 그 **자격을 취소하여야 한다.**

㉠ 거짓이나 그 밖의 부정한 방법으로 소방안전관리자 자격증을 발급받은 경우
㉡ 위 **(1)**의 ⑤에 따른 소방안전관리업무를 게을리한 경우
㉢ 위 **(7)**의 ④를 위반하여 소방안전관리자 자격증을 다른 사람에게 빌려준 경우
㉣ 다음 **(11)**에 따른 실무교육을 받지 아니한 경우
㉤ 이 법 또는 이 법에 따른 명령을 위반한 경우

② 위 ①에 따라 '소방안전관리자 자격이 취소된 사람'은 '취소된 날'부터 **2년간** 소방안전관리자 자격증을 발급받을 수 없다.

(9) 소방안전관리자 자격시험(법 제32조)

① 위 **(7)**의 ①의 ㉠에 따른 소방안전관리자 자격시험에 응시할 수 있는 사람의 자격은 대통령령으로 정한다.

② 위 ①에 따른 소방안전관리자 자격의 시험방법, 시험의 공고 및 합격자 결정 등 소방안전관리자의 자격시험에 필요한 사항은 행정안전부령으로 정한다.

> **관련법령** **소방안전관리자 자격시험 응시자격(영 제31조)**
>
> 위 **(9)**의 ①에 따라 소방안전관리자 자격시험에 응시할 수 있는 사람의 자격은 [별표 6]과 같다.

| 별표 6 | 소방안전관리자 자격시험에 응시할 수 있는 사람의 자격(영 제31조 관련) |

1. 특급 소방안전관리자
   가. 1급 소방안전관리대상물의 소방안전관리자로 **5년**(소방설비기사의 경우에는 자격 취득 후 2년, 소방설비산업기사의 경우에는 자격 취득 후 3년) **이상 근무한 실무경력**(법 제24조 제3항에 따라 소방안전관리자로 선임되어 근무한 경력은 제외한다. 이하 이 표에서 같다)이 있는 사람
   나. 1급 소방안전관리대상물의 소방안전관리자로 **선임될 수 있는 자격을 갖춘 후** 특급 또는 1급 소방안전관리대상물의 **소방안전관리보조자로 7년 이상** 근무한 **실무경력**이 있는 사람
   다. '**소방공무원**'으로 **10년 이상** 근무한 경력이 있는 사람
   라. 〈이하 생략〉

2. 1급 소방안전관리자
   가. 대학 또는 고등학교에서 소방안전관리학과를 전공하고 졸업한 사람(법령에 따라 이와 같은 수준의 학력이 있다고 인정되는 사람을 포함한다)으로서 해당 학과를 졸업한 후 '**2년 이상**' 2급 소방안전관리대상물 또는 3급 소방안전관리대상물의 '**소방안전관리자**'로 근무한 **실무경력**이 있는 사람
   나. **5년 이상** 2급 소방안전관리대상물의 소방안전관리자로 근무한 실무경력이 있는 사람
   다. 〈이하 생략〉

3. 2급 소방안전관리자
   가. 대학 또는 고등학교에서 소방안전관리학과를 전공하고 졸업한 사람(법령에 따라 이와 같은 수준의 학력이 있다고 인정되는 사람을 포함한다)
   나. **경찰공무원으로 3년 이상** 근무한 경력이 있는 사람
   다. 〈이하 생략〉

4. 3급 소방안전관리자
   가. 「의용소방대 설치 및 운영에 관한 법률」 제3조에 따라 의용소방대원으로 임명되어 의용소방대원으로 2년 이상 근무한 경력이 있는 사람
   나. **경찰공무원으로 2년 이상** 근무한 경력이 있는 사람
   다. 특급 소방안전관리대상물, 1급 소방안전관리대상물, 2급 소방안전관리대상물 또는 3급 소방안전관리대상물의 소방안전관리보조자로 2년 이상 근무한 실무경력이 있는 사람
   라. 〈이하 생략〉

(10) 소방안전관리자 등 종합정보망의 구축·운영(법 제33조)

① 소방청장은 소방안전관리자 및 소방안전관리보조자에 대한 다음의 정보를 효율적으로 관리하기 위하여 **종합정보망**을 구축·운영할 수 있다.
  ㉠ 위 **(3)**의 ①에 따른 소방안전관리자 및 소방안전관리보조자의 선임신고 현황
  ㉡ 위 **(3)**의 ②에 따른 소방안전관리자 및 소방안전관리보조자의 해임 사실의 확인 현황
  ㉢ 위 **(6)**의 ①에 따른 건설현장 소방안전관리자 선임신고 현황
  ㉣ 위 **(7)**의 ① 및 ②에 따른 소방안전관리자 자격시험 합격자 및 자격증의 발급 현황
  ㉤ 위 **(8)**의 ①에 따른 소방안전관리자 자격증의 정지·취소 처분 현황
  ㉥ 다음 **(11)**에 따른 소방안전관리자 및 소방안전관리보조자의 교육실시 현황
② 위 ①에 따른 종합정보망의 구축·운영 등에 필요한 사항은 대통령령으로 정한다.

> **관련법령** '종합정보망'의 구축·운영(영 제32조)
>
> 소방청장은 위 **(10)**의 ①에 따른 '종합정보망'의 효율적인 운영을 위해 필요한 경우 다음의 업무를 수행할 수 있다.
> 1. 종합정보망과 유관 정보시스템의 연계·운영
> 2. 위 **(10)**의 ①의 ㉠~㉥ 정보를 저장·가공 및 제공하기 위한 시스템의 구축·운영

(11) 소방안전관리자 등에 대한 교육(법 제34조)

① '소방안전관리자가 되려고 하는 사람' 또는 '소방안전관리자(소방안전관리보조자를 포함한다)로 선임된 사람'은 소방안전관리업무에 관한 능력의 습득 또는 향상을 위하여 행정안전부령으로 정하는 바에 따라 **소방청장**이 실시하는 다음의 **강습교육** 또는 **실무교육**을 받아야 한다.

㉠ 강습교육
  ⓐ 소방안전관리자의 자격을 인정받으려는 사람으로서 대통령령으로 정하는 사람
  ⓑ 위 **(1)**의 ③에 따른 소방안전관리자로 선임되고자 하는 사람
  ⓒ 위 **(6)**에 따른 소방안전관리자로 선임되고자 하는 사람

㉡ 실무교육
  ⓐ 위 **(1)**의 ①에 따라 선임된 소방안전관리자 및 소방안전관리보조자
  ⓑ 위 **(1)**의 ③에 따라 선임된 소방안전관리자

② 위 ①에 따른 **교육실시방법**은 다음과 같다. 다만, 「감염병의 예방 및 관리에 관한 법률」 제2조에 따른 '감염병 등 불가피한 사유가 있는 경우'에는 행정안전부령으로 정하는 바에 따라 다음 ㉠ 또는 ㉢의 교육을 ㉡의 교육으로 실시할 수 있다.

㉠ 집합교육
㉡ 정보통신매체를 이용한 원격교육
㉢ 위 ㉠ 및 ㉡을 혼용한 교육

> **관련법령** 소방안전관리자의 자격을 인정받으려는 사람(영 제33조)
>
> 위 **(11)**의 ①의 ㉠의 ⓐ에서 '대통령령으로 정하는 사람'이란 다음의 사람을 말한다.
> 1. 특급 소방안전관리대상물의 소방안전관리자가 되려는 사람
> 2. 1급 소방안전관리대상물의 소방안전관리자가 되려는 사람
> 3. 2급 소방안전관리대상물의 소방안전관리자가 되려는 사람
> 4. 3급 소방안전관리대상물의 소방안전관리자가 되려는 사람
> 5. 「공공기관의 소방안전관리에 관한 규정」 제2조에 따른 공공기관의 소방안전관리자가 되려는 사람

> **관련법령** 강습교육의 실시(규칙 제25조)
>
> 1. 소방청장은 위 **(1)**의 ①의 ㉠에 따른 강습교육의 대상·일정·횟수 등을 포함한 강습교육의 실시계획을 매년 수립·시행해야 한다.
> 2. 소방청장은 강습교육을 실시하려는 경우에는 강습교육 실시 20일 전까지 일시·장소, 그 밖에 강습교육 실시에 필요한 사항을 인터넷 홈페이지에 공고해야 한다.
> 3. 소방청장은 강습교육을 실시한 경우에는 수료자에게 별지 제24호 서식의 **수료증**(전자문서를 포함한다)을 발급하고 강습교육의 과정별로 별지 제25호 서식의 **강습교육수료자 명부대장**(전자문서를 포함한다)을 작성·보관해야 한다.

> **관련법령** 실무교육의 실시(규칙 제29조)
>
> 1. 소방청장은 위 **(11)**의 ①의 ㉡에 따른 실무교육의 대상·일정·횟수 등을 포함한 실무교육의 실시 계획을 매년 수립·시행하야 한다.
> 2. 소방청장은 실무교육을 실시하려는 경우에는 실무교육 실시 30일 전까지 일시·장소, 그 밖에 실무교육 실시에 필요한 사항을 인터넷 홈페이지에 공고하고 '교육대상자'에게 통보해야 한다.
> 3. 소방안전관리자는 '소방안전관리자로 선임된 날'부터 6개월 이내 실무교육을 받아야 하며, 그 이후에는 2년마다(최초 실무교육을 받은 날을 기준일로 하여 매 2년이 되는 해의 기준일과 같은 날 전까지를 말한다) 1회 이상 '실무교육'을 받아야 한다. 다만, '소방안전관리 강습교육 또는 실무교육을 받은 후 1년 이내 소방안전관리자로 선임된 사람'은 '해당 강습교육을 수료하거나 실무교육을 이수한 날'에 실무교육을 이수한 것으로 본다.
> 4. 소방안전관리보조자는 '그 선임된 날'부터 6개월(영 [별표 5] 제2호 마목에 따라 소방안전관리보조자로 지정된 사람의 경우 3개월을 말한다) 이내에 실무교육을 받아야 하며, 그 이후에는 2년마다(최초 실무교육을 받은 날을 기준일로 하여 매 2년이 되는 해의 기준일과 같은 날 전까지를 말한다) 1회 이상 '실무교육'을 받아야 한다. 다만, '소방안전관리자 강습교육 또는 실무교육이나 소방안전관리보조자 실무교육을 받은 후' 1년 이내 소방안전관리보조자로 선임된 사람은 '해당 강습교육을 수료하거나 실무교육을 이수한 날'에 실무교육을 이수한 것으로 본다.

(12) 관리의 권원이 분리된 특정소방대상물의 소방안전관리(법 제35조)

① 다음의 어느 하나에 해당하는 특정소방대상물로서 그 **관리의 권원**(權原)이 분리되어 있는 특정소방대상물의 경우 '그 관리의 권원별 관계인'은 대통령령으로 정하는 바에 따라 위 **(1)**의 ①에 따른 **소방안전관리자를 선임**하여야 한다. 다만, 소방본부장 또는 소방서장은 '관리의 권원이 많아 효율적인 소방안전관리가 이루어지지 아니한다고 판단되는 경우' 대통령령으로 정하는 바에 따라 관리의 권원을 조정하여 소방안전관리자를 선임하도록 할 수 있다.

㉠ **복합건축물**(지하층을 제외한 층수가 11층 이상 또는 연면적 3만 제곱미터 이상인 건축물)

㉡ **지하가**(지하의 인공구조물 안에 설치된 상점 및 사무실, 그 밖에 이와 비슷한 시설이 연속하여 지하도에 접하여 설치된 것과 그 지하도를 합한 것을 말한다) 24회 주관식

㉢ 그 밖에 대통령령으로 정하는 특정소방대상물

② '위 ①에 따른 관리의 **권원별 관계인**'은 **상호 협의**하여 특정소방대상물의 전체에 걸쳐 소방안전관리상 필요한 업무를 총괄하는 소방안전관리자(이하 '**총괄소방안전관리자**'라 한다)를 '위 ①에 따라 선임된 소방안전관리자 중'에서 **선임**하거나 **별도로 선임**하여야 한다. 이 경우 총괄소방안전관리자의 자격은 대통령령으로 정하고 업무수행 등에 필요한 사항은 행정안전부령으로 정한다.

③ 위 ②에 따른 총괄소방안전관리자에 대하여는 위 **(1), (3)**부터 **(5)**까지 및 **(7)**부터 **(11)**까지에서 규정한 사항 중 소방안전관리자에 관한 사항을 준용한다.

④ 위 ① 및 ②에 따라 선임된 **소방안전관리자** 및 **총괄소방안전관리자**는 해당 특정소방대상물의 소방안전관리를 효율적으로 수행하기 위하여 **공동소방안전관리협의회**를 구성하고, 해당 특정소방대상물에 대한 **소방안전관리**를 **공동으로 수행**하여야 한다. 이 경우 공동소방안전관리협의회의 구성·운영 및 공동소방안전관리의 수행 등에 필요한 사항은 대통령령으로 정한다.

관련법령 **관리의 권원별 소방안전관리자 선임 및 조정 기준(영 제34조)**

1. 위 **(12)**의 ① 본문에 따라 '관리의 권원이 분리되어 있는 특정소방대상물의 **관계인**'은 '소유권, 관리권 및 점유권'에 따라 '**각각**' **소방안전관리자를 선임**해야 한다. 다만, '둘 이상의 소유권, 관리권 또는 점유권이 동일인에게 귀속된 경우'에는 '**하나의 관리 권원**'으로 보아 소방안전관리자를 선임할 수 있다.
2. 위 1.에도 불구하고 다음의 어느 하나에 해당하는 경우에는 해당 호에서 정하는 바에 따라 소방안전관리자를 선임할 수 있다.
    ㉠ '법령 또는 계약 등'에 따라 **공동으로 관리**하는 경우: '**하나의 관리 권원**'으로 보아 소방안전관리자 **1명** 선임
    ㉡ 화재 수신기 또는 소화펌프(가압송수장치를 포함한다)가 '**별도**'로 설치되어 있는 경우: '설치된 화재 수신기 또는 소화펌프가 화재를 감지·소화 또는 경보할 수 있는 부분'을 '**각각**' '**하나의 관리 권원**'으로 보아 '**각각**' 소방안전관리자 선임
    ㉢ 하나의 화재 수신기 및 소화펌프가 설치된 경우: '**하나의 관리 권원**'으로 보아 소방안전관리자 **1명** 선임
3. 위 1. 및 2.에도 불구하고 소방본부장 또는 소방서장은 위 **(12)**의 ①의 ㉠~㉢ 외의 부분 단서에 따라 '관리의 권원이 많아 효율적인 소방안전관리가 이루어지지 않는다고 판단되는 경우' 해당 특정소방대상물의 화재위험성 등을 고려하여 '관리의 권원이 분리되어 있는 특정소방대상물의 관리의 권원'을 '**조정**'하여 소방안전관리자를 선임하도록 할 수 있다.

관련법령 **관리의 권원이 분리된 특정소방대상물(영 제35조)**

위 **(12)**의 ①의 ㉢에서 '대통령령으로 정하는 특정소방대상물'이란 「소방시설 설치 및 관리에 관한 법률 시행령」 [별표 2]에 따른 **판매시설 중 도매시장, 소매시장** 및 **전통시장**을 말한다.

> **관련법령** 총괄소방안전관리자 선임자격(영 제36조)
>
> 위 **(12)**의 ②에 따른 '특정소방대상물의 **전체**에 걸쳐 소방안전관리상 필요한 업무를 **총괄**하는 소방안전관리자'(이하 '**총괄소방안전관리자**'라 한다)는 [별표 4]에 따른 '**소방안전관리대상물의 등급별 선임자격**'을 갖추어야 한다. 이 경우 '관리의 **권원**이 **분리**되어 있는 특정소방대상물'에 대하여 '소방안전관리대상물의 **등급을 결정할** 때'에는 해당 특정소방대상물 '**전체**'를 기준으로 한다.

> **관련법령** 공동소방안전관리협의회의 구성·운영 등(영 제37조)
>
> 1. 위 **(12)**의 ④에 따른 **공동소방안전관리협의회**(이하 '협의회'라 한다)는 위 **(12)**의 ① 및 ②에 따라 선임된 소방안전관리자 및 총괄소방안전관리자(이하 '**총괄소방안전관리자등**'이라 한다)로 구성한다.
> 2. **총괄소방안전관리자등**은 위 **(12)**의 ④에 따라 '다음의 공동소방안전관리 업무'를 '**협의회의 협의**'를 거쳐 **공동**으로 수행한다.
>   ㉠ 특정소방대상물 전체의 소방계획 수립 및 시행에 관한 사항
>   ㉡ 특정소방대상물 전체의 소방훈련·교육의 실시에 관한 사항
>   ㉢ 공용 부분의 소방시설 및 피난·방화시설의 유지·관리에 관한 사항
>   ㉣ 그 밖에 공동으로 소방안전관리를 할 필요가 있는 사항
> 3. **협의회**는 공동소방안전관리 업무의 수행에 필요한 기준을 정하여 운영할 수 있다.

(13) 피난계획의 수립 및 시행(법 제36조)

① '소방안전관리대상물의 **관계인**'은 그 장소에 근무하거나 거주 또는 출입하는 사람들이 화재가 발생한 경우에 안전하게 피난할 수 있도록 **피난계획**을 수립·시행하여야 한다.
② 위 ①의 **피난계획**에는 그 소방안전관리대상물의 구조, 피난시설 등을 고려하여 설정한 **피난경로**가 포함되어야 한다.
③ '소방안전관리대상물의 **관계인**'은 '피난시설의 위치, 피난경로 또는 대피요령이 포함'된 **피난유도 안내정보**를 근무자 또는 **거주자**에게 **정기적**으로 **제공**하여야 한다.
④ 위 ①에 따른 피난계획의 수립·시행, 위 ③에 따른 피난유도 안내정보 제공에 필요한 사항은 행정안전부령으로 정한다.

(14) 소방안전관리대상물 근무자 및 거주자 등에 대한 소방훈련 등(법 제37조)

① '소방안전관리대상물의 **관계인**'은 그 장소에 근무하거나 거주하는 사람 등[이하 **(14)**에서 '**근무자등**'이라 한다]에게 소화·통보·피난 등의 훈련(이하 '**소방훈련**'이라 한다)과 '**소방안전관리에 필요한 교육**'을 하여야 하고, '**피난훈련**'은 '그 소방대상물에 출입하는 사람을 안전한 장소로 대피시키고 유도하는 훈련'을 포함하여야 한다. 이 경우 소방훈련과 교육의 횟수 및 방법 등에 관하여 필요한 사항은 행정안전부령으로 정한다.
② 소방안전관리대상물 중 '소방안전관리업무의 전담이 필요한 대통령령으로 정하는 소방안전관리대상물의 관계인'은 위 ①에 따른 '소방훈련 및 교육을 한 날'부터 **30일 이내**에 '소방훈련 및 교육 결과'를 행정안전부령으로 정하는 바에 따라 **소방본부장 또는 소방서장**에게 '제출'하여야 한다.

③ 소방본부장 또는 소방서장은 위 ①에 따라 '소방안전관리대상물의 관계인이 실시하는 소방훈련과 교육'을 지도·감독할 수 있다.

④ 소방본부장 또는 소방서장은 소방안전관리대상물 중 '불특정 다수인이 이용하는 대통령령으로 정하는 특정소방대상물의 근무자등'에게 불시에 소방훈련과 교육을 실시할 수 있다. 이 경우 소방본부장 또는 소방서장은 '그 특정소방대상물 근무자등의 불편을 최소화하고 안전 등을 확보하는 대책'을 마련하여야 하며, 소방훈련과 교육의 내용, 방법 및 절차 등은 행정안전부령으로 정하는 바에 따라 관계인에게 사전에 통지하여야 한다.

⑤ 소방본부장 또는 소방서장은 위 ④에 따라 소방훈련과 교육을 실시한 경우에는 그 결과를 평가할 수 있다. 이 경우 소방훈련과 교육의 평가방법 및 절차 등에 필요한 사항은 행정안전부령으로 정한다.

> **관련법령** **'소방훈련·교육 결과' 제출의 대상(영 제38조)**
>
> 위 **(14)**의 ②에서 '대통령령으로 정하는 소방안전관리대상물'이란 다음의 소방안전관리대상물을 말한다.
> 1. [별표 4] 제1호에 따른 특급 소방안전관리대상물
> 2. [별표 4] 제2호에 따른 1급 소방안전관리대상물

> **관련법령** **'불시' 소방훈련·교육의 대상(영 제39조)**
>
> 위 **(14)**의 ④에서 '대통령령으로 정하는 특정소방대상물'이란 소방안전관리대상물 중 다음의 특정소방대상물을 말한다.
> 1. 「소방시설 설치 및 관리에 관한 법률 시행령」 [별표 2] 제7호에 따른 **의료시설**
> 2. 「소방시설 설치 및 관리에 관한 법률 시행령」 [별표 2] 제8호에 따른 **교육연구시설**
> 3. 「소방시설 설치 및 관리에 관한 법률 시행령」 [별표 2] 제9호에 따른 **노유자시설**
> 4. 그 밖에 화재 발생 시 불특정 다수의 인명피해가 예상되어 소방본부장 또는 소방서장이 소방훈련·교육이 필요하다고 인정하는 특정소방대상물

(15) 특정소방대상물의 관계인에 대한 소방안전교육(법 제38조)

① 소방본부장이나 소방서장은 '위 **(14)**를 적용받지 아니하는 특정소방대상물의 관계인'에 대하여 특정소방대상물의 화재예방과 소방안전을 위하여 행정안전부령으로 정하는 바에 따라 **소방안전교육**을 할 수 있다.

② 위 ①에 따른 교육대상자 및 특정소방대상물의 범위 등에 필요한 사항은 행정안전부령으로 정한다.

(16) 공공기관의 소방안전관리(법 제39조)

① '국가, 지방자치단체, 국공립학교 등 대통령령으로 정하는 공공기관의 장'은 소관 기관의 근무자 등의 생명·신체와 건축물·인공구조물 및 물품 등을 화재로부터 보호하기 위하여 '화재예방, 자위소방대의 조직 및 편성, 소방시설등의 자체점검과 소방훈련 등의 **소방안전관리**'를 하여야 한다.

② '위 ①에 따른 공공기관'에 대한 다음의 사항에 관하여는 위 (1)부터 (15)까지의 규정에도 불구하고 대통령령으로 정하는 바에 따른다.
  ㉠ 소방안전관리자의 자격·책임 및 선임 등
  ㉡ 소방안전관리의 업무대행
  ㉢ 자위소방대의 구성·운영 및 교육
  ㉣ 근무자 등에 대한 소방훈련 및 교육
  ㉤ 그 밖에 소방안전관리에 필요한 사항

> **관련법령** **공공기관의 소방안전관리(영 제40조)**
> 위 (16)에 따른 공공기관의 소방안전관리에 관하여는 「공공기관의 소방안전관리에 관한 규정」으로 정한다.

2. 특별관리시설물의 소방안전관리

(1) 소방안전 특별관리시설물의 안전관리(법 제40조)

① **소방청장**은 화재 등 재난이 발생할 경우 사회·경제적으로 피해가 큰 다음의 시설(이하 '**소방안전 특별관리시설물**'이라 한다)에 대하여 '**소방안전 특별관리**'를 하여야 한다.
  ㉠ 「공항시설법」 제2조 제7호의 **공항시설**
  ㉡ 「철도산업발전기본법」 제3조 제2호의 **철도시설**
  ㉢ 「도시철도법」 제2조 제3호의 도시철도시설
  ㉣ 「항만법」 제2조 제5호의 항만시설
  ㉤ 「문화유산의 보존 및 활용에 관한 법률」 제2조 제3항의 지정문화유산 및 「자연유산의 보존 및 활용에 관한 법률」 제2조 제5호에 따른 천연기념물 등인 시설(시설이 아닌 지정문화유산 및 천연기념물 등을 보호하거나 소장하고 있는 시설을 포함한다)
  ㉥ 「산업기술단지 지원에 관한 특례법」 제2조 제1호의 산업기술단지
  ㉦ 「산업입지 및 개발에 관한 법률」 제2조 제8호의 산업단지
  ㉧ 「초고층 및 지하연계 복합건축물 재난관리에 관한 특별법」 제2조 제1호·제2호의 초고층 건축물 및 지하연계 복합건축물
  ㉨ 「영화 및 비디오물의 진흥에 관한 법률」 제2조 제10호의 영화상영관 중 수용인원 1천 명 이상인 영화상영관
  ㉩ 전력용 및 통신용 지하구
  ㉪ 「한국석유공사법」 제10조 제1항 제3호의 석유비축시설
  ㉫ 「한국가스공사법」 제11조 제1항 제2호의 천연가스 인수기지 및 공급망
  ㉬ 「전통시장 및 상점가 육성을 위한 특별법」 제2조 제1호의 전통시장으로서 대통령령으로 정하는 전통시장
  ㉭ 그 밖에 대통령령으로 정하는 시설물

② 소방청장은 위 ①에 따른 특별관리를 체계적이고 효율적으로 하기 위하여 **시·도지사**와 '협의'하여 소방안전 특별관리기본계획을 '법 제4조 제1항에 따른 **기본계획**'에 포함하여 수립 및 시행하여야 한다.

③ **시·도지사**는 위 ②에 따른 **소방안전 특별관리기본계획**에 저촉되지 아니하는 범위에서 '관할구역에 있는 소방안전 특별관리시설물의 안전관리에 적합'한 '**소방안전 특별관리시행계획**'을 '법 제4조 제6항에 따른 **세부시행계획**'에 포함하여 수립 및 시행하여야 한다.

④ 그 밖에 위 ② 및 ③에 따른 소방안전 특별관리기본계획 및 소방안전 특별관리시행계획의 수립·시행에 필요한 사항은 대통령령으로 정한다.

> **관련법령 소방안전 특별관리시설물(영 제41조)**
>
> 1. 위 **(1)**의 ①의 ㉞에서 '대통령령으로 정하는 전통시장'이란 '점포가 500개 이상인 전통시장'을 말한다.
> 2. 위 **(1)**의 ①의 ㉖에서 '대통령령으로 정하는 시설물'이란 다음의 시설물을 말한다.
>   ㉠ 「전기사업법」 제2조 제4호에 따른 발전사업자가 가동 중인 발전소(발전소주변지역 지원에 관한 법률 시행령 제2조 제2항에 따른 발전소는 제외한다)
>   ㉡ 「물류시설의 개발 및 운영에 관한 법률」 제2조 제5호의2에 따른 물류창고로서 연면적 10만 제곱미터 이상인 것
>   ㉢ 「도시가스사업법」 제2조 제5호에 따른 가스공급시설

> **관련법령 소방안전 특별관리기본계획·시행계획의 수립·시행(영 제42조)**
>
> 1. 소방청장은 위 **(1)**의 ②에 따른 '소방안전 특별관리기본계획'(이하 **특별관리기본계획**이라 한다)을 5년마다 수립하여 시·도에 통보해야 한다.
> 2. **특별관리기본계획**에는 다음의 사항이 포함되어야 한다.
>   ㉠ 화재예방을 위한 중기·장기 안전관리정책
>   ㉡ 화재예방을 위한 교육·홍보 및 점검·진단
>   ㉢ 화재대응을 위한 훈련
>   ㉣ 화재대응과 사후 조치에 관한 역할 및 공조체계
>   ㉤ 그 밖에 화재 등의 안전관리를 위하여 필요한 사항
> 3. **시·도지사**는 특별관리기본계획을 시행하기 위하여 매년 위 **(1)**의 ③에 따른 소방안전 특별관리시행계획(이하 '**특별관리시행계획**'이라 한다)을 수립·시행하고, 그 결과를 **다음 연도 1월 31일까지 '소방청장'**에게 통보해야 한다.
> 4. **특별관리시행계획**에는 다음의 사항이 포함되어야 한다.
>   ㉠ 특별관리기본계획의 집행을 위하여 필요한 사항
>   ㉡ 시·도에서 화재 등의 안전관리를 위하여 필요한 사항
> 5. **소방청장 및 시·도지사**는 특별관리기본계획 또는 특별관리시행계획을 수립하는 경우 성별, 연령별, 화재안전취약자별 화재 피해현황 및 실태 등을 고려해야 한다.

(2) 화재예방안전진단(법 제41조)

① '대통령령으로 정하는 소방안전 특별관리시설물의 **관계인**'은 화재의 예방 및 안전관리를 체계적·효율적으로 수행하기 위하여 대통령령으로 정하는 바에 따라 「소방기본법」 제40조에 따른 **한국소방안전원**(이하 '안전원'이라 한다) 또는 '소방청장이 지정하는 **화재예방안전진단기관**'(이하 '진단기관'이라 한다)으로부터 **정기적**으로 **화재예방안전진단**을 받아야 한다.

② 위 ①에 따른 '화재예방안전진단의 범위'는 다음과 같다.
  ㉠ 화재위험요인의 조사에 관한 사항
  ㉡ 소방계획 및 피난계획 수립에 관한 사항
  ㉢ 소방시설 등의 유지·관리에 관한 사항
  ㉣ 비상대응조직 및 교육훈련에 관한 사항
  ㉤ 화재 위험성 평가에 관한 사항
  ㉥ 그 밖에 화재예방진단을 위하여 대통령령으로 정하는 사항

③ 위 ①에 따라 '안전원 또는 진단기관의 화재예방안전진단을 받은 연도'에는 법 제37조에 따른 **소방훈련과 교육** 및 「소방시설 설치 및 관리에 관한 법률」 제22조에 따른 **자체점검**을 받은 것으로 본다.

④ **안전원 또는 진단기관**은 위 ①에 따른 '화재예방안전진단 결과'를 행정안전부령으로 정하는 바에 따라 **소방본부장 또는 소방서장, 관계인**에게 제출하여야 한다.

⑤ **소방본부장 또는 소방서장**은 위 ④에 따라 제출받은 화재예방안전진단 결과에 따라 보수·보강 등의 조치가 필요하다고 인정하는 경우에는 '해당 소방안전 특별관리시설물의 **관계인**'에게 보수·보강 등의 조치를 취할 것을 명할 수 있다.

⑥ 화재예방안전진단 업무에 종사하고 있거나 종사하였던 사람은 업무를 수행하면서 알게 된 비밀을 이 법에서 정한 목적 외의 용도로 사용하거나 다른 사람 또는 기관에 제공하거나 누설하여서는 아니 된다.

관련법령 **'화재예방안전진단'의 대상(영 제43조)**

위 **(2)**의 ①에서 '대통령령으로 정하는 **소방안전 특별관리시설물**'이란 다음의 시설을 말한다.
1. 공항시설 중 여객터미널의 연면적이 1천 제곱미터 이상인 공항시설
2. 철도시설 중 역 시설의 연면적이 5천 제곱미터 이상인 철도시설
3. 도시철도시설 중 역사 및 역 시설의 연면적이 5천 제곱미터 이상인 도시철도시설
4. 항만시설 중 여객이용시설 및 지원시설의 연면적이 5천 제곱미터 이상인 항만시설
5. 전력용 및 통신용 지하구 중 「국토의 계획 및 이용에 관한 법률」 제2조 제9호에 따른 공동구
6. 천연가스 인수기지 및 공급망 중 「소방시설 설치 및 관리에 관한 법률 시행령」 [별표 2] 제17호 나목에 따른 가스시설
7. 발전소 중 연면적이 5천 제곱미터 이상인 발전소
8. 가스공급시설 중 가연성 가스 탱크의 저장용량의 합계가 100톤 이상이거나 저장용량이 30톤 이상인 가연성 가스 탱크가 있는 가스공급시설

관련법령 화재예방안전진단의 실시 절차 등(영 제44조)

1. 소방안전관리대상물이 건축되어 영 제43조 각 호의 '소방안전 특별관리시설물에 해당하게 된 경우' 해당 소방안전 특별관리시설물의 **관계인**은 「건축법」 제22조에 따른 사용승인 또는 「소방시설공사업법」 제14조에 따른 '**완공검사를 받은 날**'부터 '**5년**이 경과한 날이 속하는 해'에 위 **(2)**의 ①에 따라 '**최초의 화재예방안전진단**'을 받아야 한다.
2. 화재예방안전진단을 받은 소방안전특별관리시설물의 **관계인**은 다음 3.에 따른 '**안전등급**'에 따라 **정기적**으로 다음의 기간에 위 **(2)**의 ①에 따라 화재예방안전진단을 받아야 한다.
   ㉠ 안전등급이 **우수**인 경우: 안전등급을 통보받은 날부터 **6년**이 경과한 날이 속하는 해
   ㉡ 안전등급이 **양호·보통**인 경우: 안전등급을 통보받은 날부터 **5년**이 경과한 날이 속하는 해
   ㉢ 안전등급이 **미흡·불량**인 경우: 안전등급을 통보받은 날부터 **4년**이 경과한 날이 속하는 해
3. '화재예방안전진단 결과'는 우수, 양호, 보통, 미흡 및 불량의 '안전등급'으로 구분하며, '안전등급의 기준'은 [별표 7]과 같다.
4. 위 1.부터 3.까지에서 규정한 사항 외에 화재예방안전진단 절차 및 방법 등에 관하여 필요한 사항은 행정안전부령으로 정한다.

별표 7 화재예방안전진단 결과에 따른 안전등급 기준(영 제44조 제3항 관련)

안전등급	화재예방안전진단 대상물의 상태
우수(A)	화재예방안전진단 실시 결과 문제점이 발견되지 않은 상태
양호(B)	화재예방안전진단 실시 결과 문제점이 일부 발견되었으나 대상물의 화재안전에는 이상이 없으며 대상물 일부에 대해 법 제41조 제5항에 따른 보수·보강 등의 조치명령(이하 이 표에서 '조치명령'이라 한다)이 필요한 상태
보통(C)	화재예방안전진단 실시 결과 문제점이 다수 발견되었으나 대상물의 전반적인 화재안전에는 이상이 없으며 대상물에 대한 다수의 조치명령이 필요한 상태
미흡(D)	화재예방안전진단 실시 결과 광범위한 문제점이 발견되어 대상물의 화재안전을 위해 조치명령의 즉각적인 이행이 필요하고 대상물의 사용 제한을 권고할 필요가 있는 상태
불량(E)	화재예방안전진단 실시 결과 중대한 문제점이 발견되어 대상물의 화재안전을 위해 조치명령의 즉각적인 이행이 필요하고 대상물의 사용 중단을 권고할 필요가 있는 상태

[비고]
안전등급의 세부적인 기준은 소방청장이 정하여 고시한다.

관련법령 화재예방안전진단의 범위(영 제45조)

위 (2)의 ②의 ㉥에서 '대통령령으로 정하는 사항'이란 다음의 사항을 말한다.
1. 화재 등의 재난 발생 후 재발방지 대책의 수립 및 그 이행에 관한 사항
2. 지진 등 외부 환경 위험요인 등에 대한 예방·대비·대응에 관한 사항
3. 화재예방안전진단 결과 보수·보강 등 개선요구 사항 등에 대한 이행 여부

(3) 진단기관의 지정 및 취소(법 제42조)

① '위 (2)의 ①에 따라 소방청장으로부터 진단기관으로 지정을 받으려는 자'는 '대통령령으로 정하는 시설과 전문인력 등 지정기준'을 갖추어 소방청장에게 지정을 신청하여야 한다.

② 소방청장은 진단기관으로 지정받은 자가 다음의 어느 하나에 해당하는 경우에는 그 지정을 취소하거나 6개월 이내의 기간을 정하여 업무의 전부 또는 일부의 정지를 명할 수 있다. 다만, ⊙ 또는 ⓔ에 해당하는 경우에는 그 지정을 취소하여야 한다.

 ⊙ 거짓이나 그 밖의 부정한 방법으로 지정을 받은 경우
 ⓛ 위 (2)의 ④에 따른 화재예방안전진단 결과를 소방본부장 또는 소방서장, 관계인에게 제출하지 아니한 경우
 ⓒ 위 ①에 따른 지정기준에 미달하게 된 경우
 ⓔ 업무정지기간에 화재예방안전진단 업무를 한 경우

③ 진단기관의 지정절차, 지정취소 또는 업무정지의 처분 등에 필요한 사항은 행정안전부령으로 정한다.

관련법령   '화재예방안전진단기관'의 지정기준(영 제46조)

위 (3)의 ①에서 '대통령령으로 정하는 시설과 전문인력 등 지정기준'이란 [별표 8]에서 정하는 기준을 말한다.

별표 8   화재예방안전진단기관의 시설, 전문인력 등 지정기준(영 제46조 관련)

1. 시설

   '화재예방안전진단을 목적'으로 설립된 '비영리법인·단체'로서 제2호에 따른 전문인력이 근무할 수 있는 사무실과 제3호에 따른 장비를 보관할 수 있는 창고를 갖출 것. 이 경우 사무실과 창고를 임차하여 사용하는 경우도 사무실과 창고를 갖춘 것으로 본다.

2. 전문인력

   다음의 전문인력을 모두 갖출 것. 이 경우 전문인력은 해당 화재예방안전진단기관의 상근 직원이어야 하며, 한 사람이 다음 자격 요건 중 '둘 이상을 충족하는 경우'에도 한 명의 전문인력으로 본다.

   가. 다음에 해당하는 사람
       1) 소방기술사: 1명 이상
       2) 소방시설관리사: 1명 이상
       3) 전기안전기술사·화공안전기술사·가스기술사·위험물기능장 또는 건축사: 1명 이상
   나. 다음의 분야별로 각 1명 이상
       〈이하 생략〉

CHAPTER

04 보칙 및 벌칙

CHAPTER 미리보기

학습전략

아래 학습키워드에 나오는 용어의 정의 위주로 학습하시기 바랍니다.

학습키워드

- 조치명령 등
- 권한의 위임·위탁

1. 보칙

(1) 화재의 예방과 안전문화 진흥을 위한 시책의 추진(법 제43조)

① **소방관서장**은 국민의 화재 예방과 안전에 관한 의식을 높이고 화재의 예방과 안전문화를 진흥시키기 위한 **다음의 활동**을 적극 추진하여야 한다.
　㉠ 화재의 예방 및 안전관리에 관한 의식을 높이기 위한 활동 및 홍보
　㉡ 소방대상물 특성별 화재의 예방과 안전관리에 필요한 행동요령의 개발·보급
　㉢ 화재의 예방과 안전문화 우수사례의 발굴 및 확산
　㉣ 화재 관련 통계 현황의 관리·활용 및 공개
　㉤ 화재의 예방과 안전관리 취약계층에 대한 화재의 예방 및 안전관리 강화 등
② **소방관서장**은 화재의 예방과 안전문화 활동에 국민 또는 주민이 참여할 수 있는 **제도**를 마련하여 시행할 수 있다.
③ **소방청장**은 국민이 화재의 예방과 안전문화를 실천하고 체험할 수 있는 **체험시설**을 설치·운영할 수 있다.
④ **국가**와 **지방자치단체**는 지방자치단체 또는 그 밖의 기관·단체에서 추진하는 화재의 예방과 안전문화활동을 위하여 필요한 **예산**을 **지원**할 수 있다.

(2) 우수 소방대상물 관계인에 대한 포상 등(법 제44조)

소방청장은 소방대상물의 자율적인 안전관리를 유도하기 위하여 '안전관리 상태가 **우수한 소방대상물**'을 선정하여 **우수 소방대상물 표지**를 발급하고, '소방대상물의 **관계인**'을 **포상**할 수 있다.

(3) 조치명령 등의 기간연장(법 제45조)

① '다음에 따른 조치명령·선임명령 또는 이행명령(이하 '**조치명령등**'이라 한다)을 받은 관계인 등'은 **천재지변**이나 그 밖에 대통령령으로 정하는 사유로 조치명령등을 '그 기간 내에 이행할 수 없는 경우'에는 '조치명령등을 명령한 **소방관서장**'에게 대통령령으로 정하는 바에 따라 '조치명령등의 **이행시기**를 **연장**하여 줄 것'을 **신청**할 수 있다.
　㉠ 법 제14조에 따른 소방대상물의 개수·이전·제거, 사용의 금지 또는 제한, 사용폐쇄, 공사의 정지 또는 중지, 그 밖의 필요한 조치명령
　㉡ 법 제28조 제1항에 따른 소방안전관리자 또는 소방안전관리보조자 선임명령
　㉢ 법 제28조 제2항에 따른 소방안전관리업무 이행명령
② '위 ①에 따라 연장신청을 받은 **소방관서장**'은 **연장신청 승인 여부**를 '결정'하고 '그 결과'를 조치명령등의 이행 기간 내에 **관계인 등**에게 알려 주어야 한다.

| 관련법령 | 조치명령등의 기간연장(영 제47조) |

1. 위 **(3)**의 ①의 ㉠~㉢ 외의 부분에서 '대통령령으로 정하는 사유'란 다음의 어느 하나에 해당하는 사유를 말한다.
    ㉠ 「재난 및 안전관리 기본법」 제3조 제1호에 해당하는 **재난**이 발생한 경우
    ㉡ 경매 등의 사유로 '소유권이 변동 중이거나 변동'된 경우
    ㉢ '관계인'의 질병, 사고, 장기출장의 경우
    ㉣ 시장·상가·복합건축물 등 '소방대상물의 관계인'이 '**여러 명**'으로 구성되어 위 **(3)**의 ①의 ㉠~㉢ 에 따른 조치명령·선임명령 또는 이행명령(이하 '**조치명령등**'이라 한다)의 이행에 대한 '의견을 조정하기 어려운 경우'
    ㉤ 그 밖에 관계인이 운영하는 사업에 **부도 또는 도산** 등 중대한 위기가 발생하여 조치명령등을 그 기간 내에 이행할 수 없는 경우
2. 위 **(3)**의 ①에 따라 '조치명령등의 이행시기 연장을 신청하려는 **관계인 등**'은 행정안전부령으로 정하는 바에 따라 '연장신청서'에 기간연장의 사유 및 기간 등을 적어 **소방관서장**에게 제출해야 한다.
3. 위 2.에 따른 기간연장의 신청 및 연장신청서의 처리에 필요한 사항은 행정안전부령으로 정한다.

(4) 청문(법 제46조)

소방청장 또는 시·도지사는 다음의 어느 하나에 해당하는 처분을 하려면 **청문**을 하여야 한다.
① 법 제31조 제1항에 따른 소방안전관리자의 자격 취소
② 법 제42조 제2항에 따른 진단기관의 지정 취소

(5) 수수료 등(법 제47조)

다음의 어느 하나에 해당하는 자는 행정안전부령으로 정하는 **수수료** 또는 **교육비**를 내야 한다.
① 소방안전관리자 자격시험에 응시하려는 사람
② 소방안전관리자 자격증을 발급 또는 재발급받으려는 사람
③ 강습교육 또는 실무교육을 받으려는 사람
④ 화재예방안전진단을 받으려는 관계인

(6) 권한의 위임·위탁 등(법 제48조)

① 이 법에 따른 '**소방청장 또는 시·도지사의 권한**'은 그 일부를 대통령령으로 정하는 바에 따라 시·도지사, 소방본부장 또는 소방서장에게 위임할 수 있다.
② 소방관서장은 다음에 해당하는 업무를 **안전원**에 위탁할 수 있다.
    ㉠ 법 제26조 제1항에 따른 소방안전관리자 또는 소방안전관리보조자 선임신고의 접수
    ㉡ 법 제26조 제2항에 따른 소방안전관리자 또는 소방안전관리보조자 해임 사실의 확인
    ㉢ 법 제29조 제1항에 따른 건설현장 소방안전관리자 선임신고의 접수
    ㉣ 법 제30조 제1항 제1호에 따른 소방안전관리자 자격시험
    ㉤ 법 제30조 제2항 및 제3항에 따른 소방안전관리자 자격증의 발급 및 재발급

ⓗ 법 제33조에 다른 소방안전관리 등에 관한 종합정보망의 구축·운영
ⓘ 법 제34조에 다른 강습교육 및 실무교육
③ 위 ②에 따라 위탁받은 업무에 종사하고 있거나 종사하였던 사람은 업무를 수행하면서 알게 된 비밀을 이 법에서 정한 목적 외의 용도로 사용하거나 다른 사람 또는 기관에 제공하거나 누설하여서는 아니 된다.

관련법령 | **권한의 위임·위탁 등(영 제48조)**

'소방청장'은 소방안전관리자 자격의 정지 및 취소에 관한 업무를 '소방서장'에게 위임한다.

(7) 벌칙 적용에서 공무원 의제(법 제49조)

다음의 어느 하나에 해당하는 자 중 공무원이 아닌 사람은 「형법」 제129조부터 제132조까지의 규정을 적용할 때에는 공무원으로 본다.
① 법 제9조에 따른 화재안전조사단의 구성원
② 법 제10조에 따른 화재안전조사위원회의 위원
③ 법 제11조에 따라 화재안전조사에 참여하는 자
④ 법 제22조에 따른 화재안전영향평가심의회 위원
⑤ 법 제41조 제1항에 따른 화재예방안전진단업무 수행 기관의 임원 및 직원
⑥ 법 제48조 제2항에 따라 위탁받은 업무에 종사하는 안전원의 담당 임원 및 직원

2. 벌칙

(1) 벌칙(법 제50조)

① 다음의 어느 하나에 해당하는 자는 **3년 이하의 징역** 또는 **3천만원 이하의 벌금**에 처한다.
   ㉠ 법 제14조 제1항 및 제2항에 따른 조치명령을 정당한 사유 없이 위반한 자
   ㉡ 법 제28조 제1항 및 제2항에 따른 명령을 정당한 사유 없이 위반한 자
   ㉢ 법 제41조 제5항에 따른 보수·보강 등의 조치명령을 정당한 사유 없이 위반한 자
   ㉣ 거짓이나 그 밖의 부정한 방법으로 법 제42조 제1항에 따른 진단기관으로 지정을 받은 자
② 다음의 어느 하나에 해당하는 자는 **1년 이하의 징역** 또는 **1천만원 이하의 벌금**에 처한다.
   ㉠ 법 제12조 제2항을 위반하여 관계인의 정당한 업무를 방해하거나, 조사업무를 수행하면서 취득한 자료나 알게 된 비밀을 다른 사람 또는 기관에게 제공 또는 누설하거나 목적 외의 용도로 사용한 자
   ㉡ 법 제30조 제4항을 위반하여 자격증을 다른 사람에게 빌려 주거나 빌리거나 이를 알선한 자
   ㉢ 법 제41조 제1항을 위반하여 진단기관으로부터 화재예방안전진단을 받지 아니한 자

③ 다음의 어느 하나에 해당하는 자는 **300만원 이하의 벌금**에 처한다.
  ㉠ 법 제7조 제1항에 따른 화재안전조사를 정당한 사유 없이 거부·방해 또는 기피한 자
  ㉡ 법 제17조 제2항 각 호의 어느 하나에 따른 명령을 정당한 사유 없이 따르지 아니하거나 방해한 자
  ㉢ 법 제24조 제1항·제3항, 법 제29조 제1항 및 법 제35조 제1항·제2항을 위반하여 소방안전관리자, 총괄소방안전관리자 또는 소방안전관리보조자를 선임하지 아니한 자
  ㉣ 법 제27조 제3항을 위반하여 소방시설·피난시설·방화시설 및 방화구획 등이 법령에 위반된 것을 발견하였음에도 필요한 조치를 할 것을 요구하지 아니한 소방안전관리자
  ㉤ 법 제27조 제4항을 위반하여 소방안전관리자에게 불이익한 처우를 한 관계인
  ㉥ 법 제41조 제6항 및 법 제48조 제3항을 위반하여 업무를 수행하면서 알게 된 비밀을 이 법에서 정한 목적 외의 용도로 사용하거나 다른 사람 또는 기관에 제공하거나 누설한 자

(2) 양벌규정(법 제51조)

법인의 대표자나 법인 또는 개인의 대리인, 사용인, 그 밖의 종업원이 그 법인 또는 개인의 업무에 관하여 법 제50조에 해당하는 위반행위를 하면 그 행위자를 벌하는 외에 그 법인 또는 개인에게도 해당 조문의 벌금형을 과(科)한다. 다만, 법인 또는 개인이 그 위반행위를 방지하기 위하여 해당 업무에 관하여 상당한 주의와 감독을 게을리하지 아니한 경우에는 그러하지 아니하다.

(3) 과태료(법 제52조)

① 다음의 어느 하나에 해당하는 자에게는 **300만원 이하의 과태료**를 부과한다.
  ㉠ 정당한 사유 없이 법 제17조 제1항 각 호의 어느 하나에 해당하는 행위를 한 자
  ㉡ 법 제24조 제2항을 위반하여 소방안전관리자를 겸한 자
  ㉢ 법 제24조 제5항에 따른 소방안전관리업무를 하지 아니한 특정소방대상물의 관계인 또는 소방안전관리대상물의 소방안전관리자
  ㉣ 법 제27조 제2항을 위반하여 소방안전관리업무의 지도·감독을 하지 아니한 자
  ㉤ 법 제29조 제2항에 따른 건설현장 소방안전관리대상물의 소방안전관리자의 업무를 하지 아니한 소방안전관리자
  ㉥ 법 제36조 제3항을 위반하여 피난유도 안내정보를 제공하지 아니한 자
  ㉦ 법 제37조 제1항을 위반하여 소방훈련 및 교육을 하지 아니한 자
  ㉧ 법 제41조 제4항을 위반하여 화재예방안전진단 결과를 제출하지 아니한 자
② 다음의 어느 하나에 해당하는 자에게는 **200만원 이하의 과태료**를 부과한다.
  ㉠ 법 제17조 제4항에 따른 불을 사용할 때 지켜야 하는 사항 및 같은 조 제5항에 따른 특수가연물의 저장 및 취급 기준을 위반한 자
  ㉡ 법 제18조 제4항에 따른 소방설비등의 설치 명령을 정당한 사유 없이 따르지 아니한 자

ⓒ 법 제26조 제1항을 위반하여 기간 내에 선임신고를 하지 아니하거나 소방안전관리자의 성명 등을 게시하지 아니한 자

　　ⓔ 법 제29조 제1항을 위반하여 기간 내에 선임신고를 하지 아니한 자

　　ⓜ 법 제37조 제2항을 위반하여 기간 내에 소방훈련 및 교육 결과를 제출하지 아니한 자

③ 법 제34조 제1항 제2호를 위반하여 실무교육을 받지 아니한 소방안전관리자 및 소방안전관리보조자에게는 **100만원 이하**의 **과태료**를 부과한다.

④ 위 ①부터 ③까지에 따른 과태료는 대통령령으로 정하는 바에 따라 **소방청장, 시·도지사, 소방본부장** 또는 **소방서장**이 부과·징수한다.

PART 11
소방시설 설치 및 관리에 관한 법률

CHAPTER 01 총칙
CHAPTER 02 소방시설등의 설치·관리 및 방염
CHAPTER 03 소방시설등의 자체점검 등
CHAPTER 04 보칙 및 벌칙

최근 5개년
평균 출제문항 수 **1개**

최근 5개년
평균 출제비중 **2.5%**

PART 11 합격전략

기존 「화재예방, 소방시설 설치·유지 및 안전관리에 관한 법률」이 2022년 12월 1일부로 「화재의 예방 및 안전관리에 관한 법률」과 「소방시설 설치 및 관리에 관한 법률」로 분법, 시행되고 있습니다. 제25회 시험까지는 「화재예방, 소방시설 설치·유지 및 안전관리에 관한 법률」에서 2문제(5%)씩 꾸준히 출제되었고, 제26회 시험부터는 분법된 법률에서 각각 1문제가 출제되었으며, 제29회 시험에서도 이 추세가 유지될 것으로 예상됩니다. 이 퍼트에서는 '용어의 정의' 중에서 소방시설, 소방시설등, 특정소방대상물, 화재안전성능, 화재안전기준, 성능위주설계, 무창층 및 피난층 등을 정리하여야 하며, 기타 내진설계기준 및 임시소방시설 등도 정확하게 정리하시기 바랍니다.

CHAPTER 01 총칙

회독체크 1 2 3

CHAPTER 미리보기

학습전략

아래 학습키워드에 나오는 용어의 정의 위주로 학습하시기 바랍니다.

학습키워드

- 소방시설
- 소방시설등
- 특정소방대상물
- 소방용품

1. 목적

(1) '법률'의 목적(법 제1조)

이 법은 특정소방대상물 등에 설치하여야 하는 소방시설등의 설치·관리와 소방용품 성능관리에 필요한 사항을 규정함으로써 국민의 생명·신체 및 재산을 보호하고 공공의 안전과 복리 증진에 이바지함을 목적으로 한다.

(2) '시행령'의 목적(영 제1조)

이 영은 「소방시설 설치 및 관리에 관한 법률」에서 위임된 사항과 그 시행에 필요한 사항을 규정함을 목적으로 한다.

2. 정의(법 제2조)

(1) 소방시설

소화설비, 경보설비, 피난구조설비, 소화용수설비, 그 밖에 소화활동설비로서 대통령령으로 정하는 것을 말한다.

> **관련법령** 소방시설(영 제3조)
>
> 위 **(1)**에서 '대통령령으로 정하는 것'이란 [별표 1]의 설비를 말한다.

> **별표 1** 소방시설(영 제3조 관련)
>
> 1. **소화설비**: 물 또는 그 밖의 소화약제를 사용하여 소화하는 기계·기구 또는 설비로서 다음의 것
>   가. 소화기구
>   1) 소화기
>   2) 간이소화용구: 에어로졸식 소화용구, 투척용 소화용구, 소공간용 소화용구 및 소화약제 외의 것을 이용한 간이소화용구
>   3) 자동확산소화기
>   나. 자동소화장치
>   1) 주거용 주방자동소화장치
>   2) 상업용 주방자동소화장치
>   3) 캐비닛형 자동소화장치
>   4) 가스자동소화장치
>   5) 분말자동소화장치
>   6) 고체에어로졸자동소화장치
>   다. 옥내소화전설비[호스릴(hose reel) 옥내소화전설비를 포함한다]
>   라. 스프링클러설비등
>   1) 스프링클러설비
>   2) 간이스프링클러설비(캐비닛형 간이스프링클러설비를 포함한다)
>   3) 화재조기진압용 스프링클러설비

마. 물분무등소화설비
　　　　1) 물분무소화설비
　　　　2) 미분무소화설비
　　　　3) 포소화설비
　　　　4) 이산화탄소소화설비
　　　　5) 할론소화설비
　　　　6) 할로겐화합물 및 불활성기체(다른 원소와 화학반응을 일으키기 어려운 기체를 말한다) 소화설비
　　　　7) 분말소화설비
　　　　8) 강화액소화설비
　　　　9) 고체에어로졸소화설비
　　바. 옥외소화전설비
2. **경보설비**: 화재발생 사실을 통보하는 기계·기구 또는 설비로서 다음의 것
　　가. 단독경보형 감지기
　　나. 비상경보설비
　　　　1) 비상벨설비
　　　　2) 자동식사이렌설비
　　다. 자동화재탐지설비
　　라. 시각경보기
　　마. 화재알림설비
　　바. 비상방송설비
　　사. 자동화재속보설비
　　아. 통합감시시설
　　자. 누전경보기
　　차. 가스누설경보기
3. **피난구조설비**: 화재가 발생할 경우 피난하기 위하여 사용하는 기구 또는 설비로서 다음의 것
　　가. 피난기구
　　　　1) 피난사다리
　　　　2) 구조대
　　　　3) 완강기
　　　　4) 간이완강기
　　　　5) 그 밖에 화재안전기준으로 정하는 것
　　나. 인명구조기구
　　　　1) 방열복, 방화복(안전모, 보호장갑 및 안전화를 포함한다)
　　　　2) 공기호흡기
　　　　3) 인공소생기
　　다. 유도등
　　　　1) 피난유도선
　　　　2) 피난구유도등
　　　　3) 통로유도등
　　　　4) 객석유도등
　　　　5) 유도표지
　　라. 비상조명등 및 휴대용비상조명등

4. **소화용수설비**: 화재를 진압하는 데 필요한 물을 공급하거나 저장하는 설비로서 다음의 것
   가. 상수도소화용수설비
   나. 소화수조·저수조, 그 밖의 소화용수설비
5. **소화활동설비**: 화재를 진압하거나 인명구조활동을 위하여 사용하는 설비로서 다음의 것
   가. 제연설비
   나. 연결송수관설비
   다. 연결살수설비
   라. 비상콘센트설비
   마. 무선통신보조설비
   바. 연소방지설비

(2) 소방시설등

소방시설과 **비상구**(非常口), 그 밖에 소방 관련 시설로서 대통령령으로 정하는 것(방화문 및 자동방화셔터)을 말한다.

(3) 특정소방대상물

건축물 등의 규모·용도 및 수용인원 등을 고려하여 '소방시설을 설치하여야 하는 소방대상물'로서 대통령령으로 정하는 것을 말한다. 27회 주관식

관련법령 특정소방대상물(영 제5조)

위 **(3)**에서 '대통령령으로 정하는 것'이란 [별표 2]의 소방대상물을 말한다.

별표 2 특정소방대상물(영 제5조 관련)

1. **공동주택**
   가. **아파트등**: 주택으로 쓰는 층수가 5층 이상인 주택
   나. **연립주택**: 주택으로 쓰는 1개 동의 바닥면적(2개 이상의 동을 지하주차장으로 연결하는 경우에는 각각의 동으로 본다) 합계가 660제곱미터를 초과하고, 층수가 4개 층 이하인 주택
   다. **다세대주택**: 주택으로 쓰는 1개 동의 바닥면적(2개 이상의 동을 지하주차장으로 연결하는 경우에는 각각의 동으로 본다) 합계가 660제곱미터 이하이고, 층수가 4개 층 이하인 주택
   라. **기숙사**: 학교 또는 공장 등의 학생 또는 종업원 등을 위하여 쓰는 것으로서 1개 동의 공동취사시설 이용 세대수가 전체의 50퍼센트 이상인 것(교육기본법 제27조 제2항에 따른 학생복지주택 및 공공주택 특별법 제2조 제1호의3에 따른 공공매입임대주택 중 독립된 주거의 형태를 갖추지 않은 것을 포함한다)
2. **근린생활시설**
   〈이하 생략〉

(4) 화재안전성능

화재를 예방하고 화재발생 시 피해를 최소화하기 위하여 '소방대상물의 재료, 공간 및 설비 등에 요구'되는 안전성능을 말한다.

(5) 성능위주설계

건축물 등의 재료, 공간, 이용자, 화재 특성 등을 종합적으로 고려하여 '공학적 방법'으로 화재위험성을 평가하고 '그 결과'에 따라 **화재안전성능**이 확보될 수 있도록 **특정소방대상물**을 설계하는 것을 말한다.

(6) 화재안전기준

소방시설 설치 및 관리를 위한 다음의 기준을 말한다.
① **성능기준**: '화재안전 확보를 위하여 재료, 공간 및 설비 등에 요구되는 안전성능'으로서 소방청장이 '**고시**'로 정하는 기준
② **기술기준**: '위 ①에 따른 **성능기준**을 충족하는 상세한 규격, 특정한 수치 및 시험방법 등에 관한 기준'으로서 행정안전부령으로 정하는 절차에 따라 소방청장의 '**승인**'을 받은 기준

(7) 소방용품

소방시설등을 구성하거나 소방용으로 사용되는 제품 또는 기기로서 대통령령으로 정하는 것을 말한다.

> **관련법령 소방용품(영 제6조)**
>
> 위 **(7)**에서 '대통령령으로 정하는 것'이란 [별표 3]의 제품 또는 기기를 말한다.

> **별표 3 소방용품(영 제6조 관련)**
>
> 1. '소화설비'를 구성하는 제품 또는 기기
>   가. [별표 1] 제1호 가목의 소화기구('소화약제 외의 것을 이용한 간이소화용구'는 제외한다)
>   나. [별표 1] 제1호 나목의 자동소화장치
>   다. 소화설비를 구성하는 소화전, 관창(菅槍), 소방호스, 스프링클러헤드, 기동용 수압개폐장치, 유수제어밸브 및 가스관선택밸브
> 2. '경보설비'를 구성하는 제품 또는 기기
>   가. 누전경보기 및 가스누설경보기
>   나. 경보설비를 구성하는 발신기, 수신기, 중계기, 감지기 및 음향장치(경종만 해당한다) 28회
> 3. '피난구조설비'를 구성하는 제품 또는 기기
>   가. 피난사다리, 구조대, 완강기(지지대를 포함한다) 및 간이완강기(지지대를 포함한다)
>   나. 공기호흡기(충전기를 포함한다)
>   다. 피난구유도등, 통로유도등, 객석유도등 및 예비 전원이 내장된 비상조명등

> 4. '소화용'으로 사용하는 제품 또는 기기
>   가. '소화약제'([별표 1] 제1호 나목 2) 및 3)의 '자동소화장치'와 같은 호 마목 3)부터 9)까지의 '소화설비용'만 해당한다)
>   나. 방염제(방염액·방염도료 및 방염성물질을 말한다)
> 5. 그 밖에 행정안전부령으로 정하는 소방 관련 제품 또는 기기

(8) 무창층(無窓層)

'**지상층**' 중 다음의 요건을 모두 갖춘 '**개구부**'(건축물에서 채광·환기·통풍 또는 출입 등을 위하여 만든 창·출입구, 그 밖에 이와 비슷한 것을 말한다. 이하 같다)의 면적의 합계가 해당 층의 **바닥면적**(건축법 시행령 제119조 제1항 제3호에 따라 산정된 면적을 말한다. 이하 같다)의 30분의 1 이하가 되는 층을 말한다.

① 크기는 지름 **50센티미터 이상**의 원이 통과할 수 있을 것
② 해당 층의 바닥면으로부터 개구부 밑부분까지의 높이가 **1.2미터 이내**일 것
③ 도로 또는 차량이 진입할 수 있는 빈터를 향할 것
④ 화재 시 건축물로부터 쉽게 피난할 수 있도록 창살이나 그 밖의 장애물이 설치되지 않을 것
⑤ 내부 또는 외부에서 쉽게 부수거나 열 수 있을 것

(9) 피난층

'곧바로 지상으로 갈 수 있는 출입구가 있는 층'을 말한다.

(10) 기타 용어의 뜻

'이 법에서 사용하는 용어의 뜻'은 위에서 규정하는 것을 제외하고는 「**소방기본법**」, 「**화재의 예방 및 안전관리에 관한 법률**」, 「소방시설공사업법」, 「위험물안전관리법」 및 「**건축법**」에서 정하는 바에 따른다.

3. 국가 등의 책무 등

(1) 국가 및 지방자치단체의 책무(법 제3조)

① 국가와 지방자치단체는 소방시설등의 설치·관리와 소방용품의 품질 향상 등을 위하여 필요한 정책을 수립하고 시행하여야 한다.
② 국가와 지방자치단체는 새로운 소방 기술·기준의 개발 및 조사·연구, 전문인력 양성 등 필요한 노력을 하여야 한다.
③ 국가와 지방자치단체는 위 ① 및 ②에 따른 정책을 수립·시행하는 데 있어 필요한 행정적·재정적 지원을 하여야 한다.

(2) 관계인의 의무(법 제4조)

① '**관계인**'(소방기본법 제2조 제3호에 따른 관계인을 말한다. 이하 같다)은 소방시설등의 기능과 성능을 보전·향상시키고 이용자의 편의와 안전성을 높이기 위하여 노력하여야 한다.
② '**관계인**'은 **매년** 소방시설등의 관리에 필요한 **재원**을 **확보**하도록 노력하여야 한다.
③ '**관계인**'은 '국가 및 지방자치단체의 소방시설등의 설치 및 관리 활동'에 **적극 협조**하여야 한다.
④ '**관계인**' 중 **점유자**는 '소유자 및 관리자의 소방시설등 관리 업무'에 적극 **협조**하여야 한다.

(3) 다른 법률과의 관계(법 제5조)

특정소방대상물 가운데「위험물안전관리법」에 따른 위험물 제조소등의 안전관리와 위험물 제조소등에 설치하는 소방시설등의 설치기준에 관하여는「위험물안전관리법」에서 정하는 바에 따른다.

CHAPTER 02 소방시설등의 설치·관리 및 방염

CHAPTER 미리보기

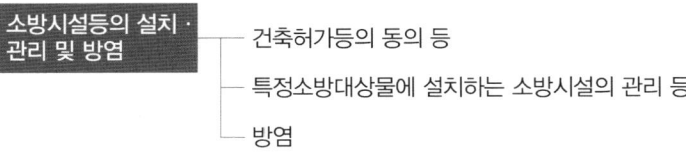

학습전략

아래 학습키워드에 나오는 용어의 정의 위주로 학습하시기 바랍니다.

학습키워드

- 내진설계기준
- 성능위주설계
- 임시소방시설

1. 건축허가등의 동의 등

(1) 건축허가등의 동의 등(법 제6조)

① 건축물 등의 신축·증축·개축·재축(再築)·이전·용도변경 또는 대수선(大修繕)의 허가·협의 및 사용승인(주택법 제15조에 따른 승인 및 같은 법 제49조에 따른 사용검사, 학교시설사업 촉진법 제4조에 따른 승인 및 같은 법 제13조에 따른 사용승인을 포함하며, 이하 '**건축허가등**'이라 한다)의 **권한이 있는 행정기관**은 건축허가등을 할 때 **미리** 그 건축물 등의 시공지(施工地) 또는 소재지를 관할하는 '**소방본부장이나 소방서장**'의 동의를 받아야 한다.

② 건축물 등의 증축·개축·재축·용도변경 또는 대수선의 **신고를 수리(受理)할 권한이 있는 행정기관**은 '그 **신고를 수리하면**' 그 건축물 등의 시공지 또는 소재지를 관할하는 '**소방본부장이나 소방서장**'에게 **지체 없이** 그 사실을 **알려야 한다**.

③ 위 ①에 따른 건축허가등의 권한이 있는 행정기관과 위 ②에 따른 신고를 수리할 권한이 있는 행정기관은 위 ①에 따라 건축허가등의 동의를 받거나 위 ②에 따른 신고를 수리한 사실을 알릴 때 관할 '소방본부장이나 소방서장'에게 건축허가등을 하거나 신고를 수리할 때 '건축허가등을 받으려는 자 또는 신고를 한 자'가 제출한 설계도서 중 건축물의 내부구조를 알 수 있는 **설계도면**을 제출하여야 한다. 다만, 국가안보상 중요하거나 국가기밀에 속하는 건축물을 건축하는 경우로서 관계 법령에 따라 행정기관이 설계도면을 확보할 수 없는 경우에는 그러하지 아니하다.

④ 소방본부장 또는 소방서장은 위 ①에 따른 동의를 요구받은 경우 해당 건축물 등이 다음의 사항을 따르고 있는지를 검토하여 '**행정안전부령으로 정하는 기간 내**'에 해당 행정기관에 **동의 여부를 알려야** 한다.
  ㉠ 이 법 또는 이 법에 따른 명령
  ㉡ 「소방기본법」 제21조의2에 따른 소방자동차 전용구역의 설치

⑤ 소방본부장 또는 소방서장은 위 ④에 따른 건축허가등의 동의 여부를 알릴 경우에는 '원활한 소방활동 및 건축물 등의 화재안전성능을 확보하기 위하여 필요한' 다음의 사항에 대한 **검토 자료 또는 의견서**를 **첨부할 수 있다**.
  ㉠ 「건축법」 제49조 제1항 및 제2항에 따른 피난시설, 방화구획(防火區劃)
  ㉡ 「건축법」 제49조 제3항에 따른 소방관 진입창
  ㉢ 「건축법」 제50조, 제50조의2, 제51조, 제52조, 제52조의2 및 제53조에 따른 방화벽, 마감재료 등(이하 '방화시설'이라 한다)
  ㉣ 그 밖에 소방자동차의 접근이 가능한 통로의 설치 등 대통령령으로 정하는 사항

⑥ 위 ①에 따라 '사용승인에 대한 동의'를 할 때에는 「소방시설공사업법」 제14조 제3항에 따른 '소방시설공사의 완공검사증명서를 발급하는 것'으로 동의를 갈음할 수 있다. 이 경우 '위 ①에 따른 건축허가등의 권한이 있는 행정기관'은 '소방시설공사의 완공검사증명서'를 확인하여야 한다.

⑦ 위 ①에 따른 건축허가등을 할 때 소방본부장이나 소방서장의 동의를 받아야 하는 건축물 등의 범위는 대통령령으로 정한다.

⑧ 다른 법령에 따른 인가·허가 또는 신고 등(건축허가등과 위 ②에 따른 신고는 제외하며, 이하 ⑧에서 '인허가등'이라 한다)의 시설기준에 소방시설등의 설치·관리 등에 관한 사항이 포함되어 있는 경우 '**해당 인허가등의 권한이 있는 행정기관**'은 인허가등을 할 때 **미리** 그 시설의 소재지를 관할하는 '**소방본부장이나 소방서장**'에게 그 시설이 이 법 또는 이 법에 따른 명령을 따르고 있는지를 **확인**하여 줄 것을 **요청**할 수 있다. 이 경우 요청을 받은 '소방본부장 또는 소방서장'은 '**행정안전부령으로 정하는 기간 내**'(7일)에 **확인 결과**를 알려야 한다.

관련법령 건축허가등의 동의대상물의 범위 등(영 제7조)

1. 위 **(1)**의 ①에 따라 건축물 등의 신축·증축·개축·재축·이전·용도변경 또는 대수선의 허가·협의 및 사용승인(주택법 제15조에 따른 승인 및 제49조에 따른 사용검사, 학교시설사업 촉진법 제4조에 따른 승인 및 같은 법 제13조에 따른 사용승인을 포함하며, 이하 '건축허가등'이라 한다)을 할 때 미리 **소방본부장 또는 소방서장의 동의를 받아야 하는 건축물** 등의 범위는 다음과 같다.
   ㉠ 연면적이 **400제곱미터 이상**인 건축물이나 시설. 다만, 다음의 어느 하나에 해당하는 건축물이나 시설은 해당 항목에서 정한 기준 이상인 건축물이나 시설로 한다.
   　ⓐ 「학교시설사업 촉진법」 제5조의2 제1항에 따라 건축등을 하려는 '**학교시설**': 100제곱미터
   　ⓑ [별표 2]의 특정소방대상물 중 '**노유자시설**' 및 '**수련시설**': 200제곱미터
   　ⓒ 「정신건강증진 및 정신질환자 복지서비스 지원에 관한 법률」 제3조 제5호에 따른 정신의료기관(입원실이 없는 정신건강의학과 의원은 제외하며, 이하 '**정신의료기관**'이라 한다): 300제곱미터
   　ⓓ 「장애인복지법」 제58조 제1항 제4호에 따른 **장애인 의료재활시설**(이하 '**의료재활시설**'): 300제곱미터
   ㉡ '**지하층**' 또는 '**무창층**'이 있는 건축물로서 바닥면적이 150제곱미터(공연장의 경우에는 100제곱미터) 이상인 층이 있는 것
   ㉢ 차고·주차장 또는 주차 용도로 사용되는 시설로서 다음의 어느 하나에 해당하는 것
   　ⓐ 차고·주차장으로 사용되는 '**바닥면적**'이 200제곱미터 이상인 층이 있는 건축물이나 주차시설
   　ⓑ 승강기 등 기계장치에 의한 주차시설로서 '**자동차**' 20대 이상을 주차할 수 있는 시설
   ㉣ 층수가 6층 이상인 건축물
   ㉤ [별표 2]의 특정소방대상물 중 **공동주택**, 의원(입원실 또는 인공신장실이 있는 것으로 한정한다)·조산원·산후조리원, 숙박시설, 위험물 저장 및 처리 시설, 발전시설 중 풍력발전소·전기저장시설, 지하구(地下溝)
   ㉥ 위 ㉠의 ⓑ에 해당하지 않는 노유자시설 중 다음의 어느 하나에 해당하는 시설. 다만, ⓐ의 2) 및 ⓑ부터 ⓕ까지의 시설 중 「건축법 시행령」 [별표 1]의 **단독주택** 또는 **공동주택**에 설치되는 시설은 **제외**한다.
   　ⓐ [별표 2] 제9호 가목에 따른 노인 관련 시설 중 다음의 어느 하나에 해당하는 시설
   　　1) 「노인복지법」 제31조 제1호에 따른 노인주거복지시설, 제2호의 노인의료복지시설 및 제4호의 재가노인복지시설
   　　2) 「노인복지법」 제31조 제7호에 따른 학대피해노인 전용쉼터

ⓑ 「아동복지법」 제52조에 따른 아동복지시설(아동상담소, 아동전용시설, 지역아동센터는 제외)
ⓒ 「장애인복지법」 제58조 제1항 제1호에 따른 장애인 거주시설
ⓓ 정신질환자 관련 시설(정신건강증진및정신질환자 복지서비스지원에 관한 법률 제27조 제1항 제2호에 따른 공동생활가정을 제외한 재활훈련시설과 같은 법 시행령 제16조 제3호에 따른 종합시설 중 24시간 주거를 제공하지 않는 시설은 제외한다)
ⓔ [별표 2] 제9호 마목의 노숙인 관련 시설 중 노숙인자활시설, 노숙인재활시설 및 노숙인요양시설
ⓕ 결핵환자나 한센인이 24시간 생활하는 노유자시설
Ⓢ 〈이하 생략〉

2. 위 1.에도 불구하고 다음의 어느 하나에 해당하는 특정소방대상물은 '소방본부장 또는 소방서장의 건축허가등의 동의대상'에서 **제외**한다.
   ㉠ [별표 4]에 따라 특정소방대상물에 설치되는 소화기구, 자동소화장치, 누전경보기, 단독경보형감지기, 가스누설경보기 및 피난구조설비(비상조명등은 제외한다)가 화재안전기준에 적합한 경우 해당 특정소방대상물
   ㉡ 건축물의 증축 또는 용도변경으로 인해 해당 특정소방대상물에 추가로 소방시설이 설치되지 않는 경우 해당 특정소방대상물
   ㉢ 「소방시설공사업법 시행령」 제4조에 따른 소방시설공사의 착공신고 대상에 해당하지 않는 경우 해당 특정소방대상물

3. 위 **(1)**의 ①에 따라 '건축허가등의 권한이 있는 행정기관'은 건축허가등의 동의를 받으려는 경우에는 '동의요구서'에 '행정안전부령으로 정하는 서류'를 첨부하여 해당 건축물 등의 소재지를 관할하는 소방본부장 또는 소방서장에게 동의를 요구해야 한다. 이 경우 동의 요구를 받은 소방본부장 또는 소방서장은 첨부서류 등이 미비한 경우에는 그 서류의 보완을 요구할 수 있다.

4. 위 **(1)**의 ⑤의 ㉣에서 '대통령령으로 정하는 사항'이란 다음의 사항을 말한다.
   ㉠ 소방자동차의 접근이 가능한 통로의 설치
   ㉡ 「건축법」 제64조 및 「주택건설기준 등에 관한 규정」 제15조에 따른 승강기의 설치
   ㉢ 「주택건설기준 등에 관한 규정」 제26조에 따른 주택단지 안 도로의 설치
   ㉣ 「건축법 시행령」 제40조 제2항에 따른 옥상광장, 같은 조 제3항에 따른 비상문자동개폐장치 또는 같은 조 제4항에 따른 헬리포트의 설치
   ㉤ 그 밖에 소방본부장 또는 소방서장이 소화활동 및 피난을 위해 필요하다고 인정하는 사항

| 관련법령 | 건축허가등의 동의 요구(규칙 제3조 제3항~제6항) |

1. 동의 요구를 받은 소방본부장 또는 소방서장은 위 **(1)**의 ④에 따라 건축허가등의 동의 요구서류를 접수한 날부터 5일(허가를 신청한 건축물 등이 **특급 소방안전관리대상물**에 해당하는 경우에는 10일) 이내에 건축허가등의 동의 여부를 회신해야 한다.
2. 소방본부장 또는 소방서장은 위 1.에도 불구하고 동의요구서 및 첨부서류의 보완이 필요한 경우에는 **4일 이내의 기간**을 정하여 **보완을 요구**할 수 있다. 이 경우 보완 기간은 위 1.에 따른 회신 기간에 산입하지 않으며 보완 기간 내에 보완하지 않는 경우에는 동의요구서를 반려해야 한다.
3. 건축허가등의 동의를 요구한 기관이 그 건축허가등을 **취소했을** 때에는 취소한 날부터 **7일 이내**에 건축물 등의 시공지 또는 소재지를 관할하는 '소방본부장 또는 소방서장'에게 그 사실을 **통보**해야 한다.
4. 소방본부장 또는 소방서장은 위 1.에 따라 동의 여부를 회신하는 경우에는 별지 제1호 서식의 '건축허가등의 동의대장'에 이를 기록하고 관리해야 한다.

(2) 소방시설의 내진설계기준(법 제7조)

「지진·화산재해대책법」 제14조 제1항 각 호의 시설 중 '대통령령으로 정하는 특정소방대상물'에 '대통령령으로 정하는 소방시설을 설치하려는 자'는 '지진이 발생할 경우 소방시설이 정상적으로 작동될 수 있도록' 소방청장이 정하는 **내진설계기준**에 맞게 소방시설을 설치하여야 한다.

> **관련법령** 소방시설의 내진설계(영 제8조)
>
> 1. 위 **(2)**에서 '대통령령으로 정하는 특정소방대상물'이란 「건축법」 제2조 제1항 제2호에 따른 건축물로서 「지진·화산재해대책법 시행령」 제10조 제1항 각 호에 해당하는 다음의 시설을 말한다.
>   ㉠ 「건축법 시행령」 제32조 제2항 각호에 해당하는 건축물[**건축주**가 해당 건축물의 설계자로부터 '구조 안전의 확인 서류'를 받아 **착공신고를 하는 때**에 '그 확인 서류'를 **허가권자**에게 제출하여야 하는 건축물 = 내진능력 공개대상 건축물]
>   ㉡ 「공유수면 관리 및 매립에 관한 법률」과 「방조제관리법」 등 관계 법령에 따라 국가에서 설치·관리하고 있는 배수갑문 및 방조제
>   ㉢ 「공항시설법」 제2조 제7호에 따른 공항시설 등
> 2. 위 **(2)**에서 '대통령령으로 정하는 소방시설'이란 소방시설 중 **옥내소화전설비, 스프링클러설비 및 물분무등소화설비**를 말한다.

(3) 성능위주설계(법 제8조)

① 연면적·높이·층수 등이 일정 규모 이상인 대통령령으로 정하는 특정소방대상물(신축하는 것만 해당한다)에 소방시설을 설치하려는 자는 **성능위주설계**를 하여야 한다.

② '위 ①에 따라 소방시설을 설치하려는 자'가 **성능위주설계를 한 경우**에는 「건축법」 제11조에 따른 '**건축허가를 신청하기 전**'에 해당 특정소방대상물의 시공지 또는 소재지를 관할하는 **소방서장에게 신고**하여야 한다. 해당 특정소방대상물의 연면적·높이·층수의 변경 등 행정안전부령으로 정하는 사유로 신고한 성능위주설계를 변경하려는 경우에도 또한 같다.

③ 소방서장은 위 ②에 따른 신고 또는 변경신고를 받은 경우 그 내용을 검토하여 이 법에 적합하면 신고를 수리하여야 한다.

④ 위 ②에 따라 성능위주설계의 신고 또는 변경신고를 하려는 자는 '해당 특정소방대상물이 「건축법」 제4조의2에 따른 **건축위원회의 심의를 받아야 하는 건축물인 경우**'에는 그 **심의를 신청하기 전**에 '성능위주설계의 기본설계도서(基本設計圖書) 등'에 대해서 해당 특정소방대상물의 시공지 또는 소재지를 관할하는 **소방서장의 사전검토**를 받아야 한다.

⑤ **소방서장**은 '위 ② 또는 위 ④에 따라 성능위주설계의 신고, 변경신고 또는 사전검토 신청을 받은 경우'에는 소방청 또는 관할 소방본부에 설치된 다음 **(4)**의 ①에 따른 **성능위주설계평가단**의 **검토·평가**를 거쳐야 한다. 다만, 소방서장은 '신기술·신공법 등 검토·평가에 고도의 기술이 필요한 경우'에는 법 제18조 제1항에 따른 **중앙소방기술심의위원회**에 **심의를 요청**할 수 있다.

⑥ **소방서장**은 위 ⑤에 따른 검토·평가 결과 성능위주설계의 수정 또는 보완이 필요하다고 인정되는 경우에는 **성능위주설계를 한 자**에게 그 수정 또는 보완을 요청할 수 있으며, **수정 또는 보완 요청을 받은 자**는 정당한 사유가 없으면 그 요청에 따라야 한다.

| 관련법령 | 성능위주설계를 해야 하는 특정소방대상물의 범위(영 제9조) |

위 (3)의 ①에서 '대통령령으로 정하는 특정소방대상물'이란 '다음 어느 하나에 해당하는 특정소방대상물' ('신축'하는 것만 해당한다)을 말한다.
1. 연면적 20만 제곱미터 이상인 특정소방대상물. 다만, [별표 2] 제1호 가목에 따른 **아파트등**(이하 '아파트등'이라 한다)은 **제외**한다.
2. **50층 이상**('지하층'은 **제외**한다)이거나 지상으로부터 높이가 **200미터 이상**인 **아파트등**
3. **30층 이상**('지하층'을 **포함**한다)이거나 지상으로부터 높이가 **120미터 이상**인 특정소방대상물('**아파트등**'은 **제외**한다)
4. 연면적 **3만 제곱미터 이상**인 특정소방대상물로서 다음의 어느 하나에 해당하는 특정소방대상물
   ㉠ [별표 2] 제6호 나목의 **철도 및 도시철도 시설**
   ㉡ [별표 2] 제6호 다목의 **공항시설**
5. [별표 2] 제16호의 창고시설 중 연면적 10만 제곱미터 이상인 것 또는 지하층의 층수가 2개 층 이상이고 지하층의 바닥면적의 합계가 3만 제곱미터 이상인 것
6. 하나의 건축물에 「영화 및 비디오물의 진흥에 관한 법률」 제2조 제10호에 따른 영화상영관이 10개 이상인 특정소방대상물
7. 「초고층 및 지하연계 복합건축물 재난관리에 관한 특별법」 제2조 제2호에 따른 지하연계 복합건축물에 해당하는 특정소방대상물
8. [별표 2] 제27호의 터널 중 수저(水底)터널 또는 길이가 5천 미터 이상인 것

(4) 성능위주설계평가단(법 제9조)

① 성능위주설계에 대한 전문적·기술적인 검토 및 평가를 위하여 **소방청** 또는 **소방본부**에 **성능위주설계 평가단**(이하 '**평가단**'이라 한다)을 둔다.

② 평가단에 소속되거나 소속되었던 사람은 평가단의 업무를 수행하면서 알게 된 비밀을 이 법에서 정한 목적 외의 용도로 사용하거나 다른 사람 또는 기관에 제공하거나 누설하여서는 아니 된다.

(5) 주택에 설치하는 소방시설(법 제10조)

① 다음의 주택의 소유자는 '대통령령으로 정하는 소방시설'(이하 '**주택용소방시설**'이라 한다)을 설치하여야 한다. 26회
   ㉠ 「건축법」 제2조 제2항 제1호의 **단독주택**
   ㉡ 「건축법」 제2조 제2항 제2호의 **공동주택**(아파트 및 기숙사는 '제외'한다)

② 국가 및 지방자치단체는 주택용소방시설의 설치 및 국민의 자율적인 안전관리를 촉진하기 위하여 필요한 시책을 마련하여야 한다.

③ 주택용소방시설의 설치기준 및 자율적인 안전관리 등에 관한 사항은 특별시·광역시·특별자치시·도 또는 특별자치도(이하 '시·도'라 한다)의 조례로 정한다.

| 관련법령 | 주택용소방시설(영 제10조) |

위 **(5)**의 ①에서 '대통령령으로 정하는 소방시설'이란 '소화기' 및 '단독경보형 감지기'를 말한다.

(6) 자동차에 설치 또는 비치하는 소화기(법 제11조)

① 「자동차관리법」 제3조 제1항에 따른 자동차 중 '다음의 어느 하나에 해당하는 자동차'를 제작·조립·수입·판매하려는 자 또는 해당 자동차의 소유자는 차량용 소화기를 설치하거나 비치하여야 한다.
  ㉠ 5인승 이상의 승용자동차
  ㉡ 승합자동차
  ㉢ 화물자동차
  ㉣ 특수자동차
② 위 ①에 따른 차량용 소화기의 설치 또는 비치 기준은 행정안전부령으로 정한다.
③ **국토교통부장관**은 「자동차관리법」 제43조 제1항에 따른 자동차검사 시 **차량용 소화기의 설치 또는 비치 여부** 등을 확인하여야 하며, 그 결과를 매년 12월 31일까지 소방청장에게 '통보'하여야 한다.

2. 특정소방대상물에 설치하는 소방시설의 관리 등

(1) 특정소방대상물에 설치하는 소방시설의 관리 등(법 제12조)

① 특정소방대상물의 관계인은 대통령령으로 정하는 소방시설을 화재안전기준에 따라 설치·관리하여야 한다. 이 경우 「장애인·노인·임산부 등의 편의증진 보장에 관한 법률」 제2조 제1호에 따른 장애인등이 사용하는 소방시설(경보설비 및 피난구조설비를 말한다)은 대통령령으로 정하는 바에 따라 장애인등에 적합하게 설치·관리하여야 한다.
② '소방본부장이나 소방서장'은 위 ①에 따른 소방시설이 화재안전기준에 따라 설치·관리되고 있지 아니할 때에는 해당 특정소방대상물의 **관계인**에게 필요한 조치를 명할 수 있다.
③ **특정소방대상물**의 **관계인**은 위 ①에 따라 소방시설을 설치·관리하는 경우 화재 시 소방시설의 기능과 성능에 지장을 줄 수 있는 폐쇄(잠금을 포함한다. 이하 같다)·차단 등의 행위를 하여서는 아니 된다. 다만, 소방시설의 점검·정비를 위하여 필요한 경우 폐쇄·차단은 할 수 있다.
④ 소방청장은 위 ③ 단서에 따라 특정소방대상물의 관계인이 소방시설의 점검·정비를 위하여 폐쇄·차단을 하는 경우 '안전을 확보'하기 위하여 필요한 **행동요령에 관한 지침**을 마련하여 고시하여야 한다.
⑤ **소방청장, 소방본부장** 또는 **소방서장**은 위 ①에 따른 '소방시설의 **작동정보** 등을 실시간으로 수집·분석할 수 있는 시스템'(이하 '**소방시설정보관리시스템**'이라 한다)을 구축·운영할 수 있다.
⑥ '소방청장, 소방본부장 또는 소방서장'은 위 ⑤에 따른 **작동정보**를 해당 특정소방대상물의 **관계인**에게 통보하여야 한다.

| 관련법령 | 특정소방대상물에 설치·관리해야 하는 소방시설(영 제11조) |

1. 위 **(1)**의 ① 전단에 따라 특정소방대상물의 관계인이 특정소방대상물에 설치·관리해야 하는 소방시설의 종류는 [별표 4]와 같다.
2. 위 **(1)**의 ① 후단에 따라 「장애인·노인·임산부 등의 편의증진 보장에 관한 법률」 제2조 제1호에 따른 장애인등이 사용하는 소방시설은 [별표 4] 제2호 및 제3호에 따라 장애인등에 적합하게 설치·관리해야 한다.

| 관련법령 | 소방시설정보관리시스템 구축·운영 대상 등(영 제12조) |

1. 소방청장, 소방본부장 또는 소방서장이 위 **(1)**의 ⑤에 따라 소방시설의 작동정보 등을 실시간으로 수집·분석할 수 있는 시스템(이하 '**소방시설정보관리시스템**'이라 한다)을 구축·운영하는 경우 그 구축·운영의 대상은 「화재의 예방 및 안전관리에 관한 법률」 제24조 제1항 전단에 따른 소방안전관리대상물 중 다음의 특정소방대상물로 한다.
   ㉠ 문화 및 집회시설
   ㉡ 종교시설
   ㉢ 판매시설(이하 '생략')
2. 영 제12조 제1항 각 호에 따른 특정소방대상물의 관계인은 소방청장, 소방본부장, 소방서장이 법 제12조 제5항에 따라 소방시설정보관리시스템을 구축·운영하려는 경우 특별한 사정이 없으면 이에 협조해야 한다.

| 관련법령 | 소방시설정보관리시스템 운영방법 및 통보 절차 등(규칙 제15조) |

1. 소방청장, 소방본부장 또는 소방서장은 위 **(1)**의 ⑤에 따른 소방시설의 작동정보 등을 실시간으로 수집·분석할 수 있는 시스템(이하 '**소방시설정보관리시스템**'이라 한다)으로 수집되는 소방시설의 작동정보 등을 분석하여 해당 특정소방대상물의 관계인(소방기본법 제2조 제3호에 따른 관계인을 말한다. 이하 같다)에게 해당 소방시설의 정상적인 작동에 필요한 사항과 관리 방법 등 개선사항에 관한 정보를 제공할 수 있다.
2. 소방청장, 소방본부장 또는 소방서장은 소방시설정보관리시스템을 통하여 소방시설의 고장 등 비정상적인 작동정보를 수집한 경우에는 해당 특정소방대상물의 관계인에게 그 사실을 알려주어야 한다.
3. 소방청장, 소방본부장 또는 소방서장은 소방시설정보관리시스템의 체계적·효율적·전문적인 운영을 위해 전담인력을 둘 수 있다.

| 별표 4 | 특정소방대상물의 관계인이 특정소방대상물에 설치·관리해야 하는 소방시설의 종류(영 제11조 관련) |

1. **소화설비**
   가. 화재안전기준에 따라 **소화기구**를 설치해야 하는 특정소방대상물은 다음의 어느 하나에 해당하는 것으로 한다.
      1) 연면적 33제곱미터 이상인 것. 다만, 노유자 시설의 경우에는 투척용 소화용구 등을 화재안전기준에 따라 산정된 소화기 수량의 2분의 1 이상으로 설치할 수 있다.
      2) 1)에 해당하지 않는 시설로서 가스시설, 발전시설 중 전기저장시설 및 문화재
      3) 터널
      4) 지하구

나. **자동소화장치**를 설치해야 하는 특정소방대상물은 다음의 어느 하나에 해당하는 특정소방대상물 중 후드 및 덕트가 설치되어 있는 주방이 있는 특정소방대상물로 한다. 이 경우 해당 주방에 자동소화장치를 설치해야 한다.
   1) '**주거용 주방자동소화장치**'를 설치해야 하는 것: **아파트등** 및 '**오피스텔**'의 **모든 층**
   2) 상업용 주방자동소화장치를 설치해야 하는 것
      가) 판매시설 중 「유통산업발전법」 제2조 제3호에 해당하는 대규모점포에 입점해 있는 일반음식점
      나) 「식품위생법」 제2조 제12호에 따른 집단급식소
   3) 캐비닛형 자동소화장치, 가스자동소화장치, 분말자동소화장치 또는 고체에어로졸자동소화장치를 설치해야 하는 것: 화재안전기준에서 정하는 장소
다. **옥내소화전설비**를 설치해야 하는 특정소방대상물은 다음의 어느 하나에 해당하는 것으로 한다. 다만, 위험물 저장 및 처리 시설 중 가스시설, 지하구 및 업무시설 중 무인변전소(방재실 등에서 스프링클러설비 또는 물분무등소화설비를 원격으로 조정할 수 있는 무인변전소로 한정한다)는 제외한다.
   1) 다음의 어느 하나에 해당하는 경우에는 모든 층
      가) 연면적 3천 제곱미터 이상인 것(지하가 중 터널은 제외한다)
      나) 지하층·무창층(축사는 제외한다)으로서 바닥면적이 600제곱미터 이상인 층이 있는 것
      다) 층수가 4층 이상인 것 중 바닥면적이 600제곱미터 이상인 층이 있는 것
   2) 1)에 해당하지 않는 근린생활시설, 판매시설, 운수시설, 의료시설, 노유자시설, 업무시설, 숙박시설, 위락시설, 공장, 창고시설, 항공기 및 자동차 관련 시설, 교정 및 군사시설 중 국방·군사시설, 방송통신시설, 발전시설, 장례시설 또는 복합건축물로서 다음의 어느 하나에 해당하는 경우에는 모든 층
      가) 연면적 1천5백 제곱미터 이상인 것
      나) 지하층·무창층으로서 바닥면적이 300제곱미터 이상인 층이 있는 것
      다) 층수가 4층 이상인 것 중 바닥면적이 300제곱미터 이상인 층이 있는 것
   3) 건축물의 옥상에 설치된 차고·주차장으로서 사용되는 면적이 200제곱미터 이상인 경우 해당 부분
   4) 〈이하 생략〉
라. **스프링클러설비**를 설치해야 하는 특정소방대상물(위험물 저장 및 처리 시설 중 가스시설 및 지하구는 제외한다)은 다음의 어느 하나에 해당하는 것으로 한다.
   1) 층수가 **6층 이상**인 특정소방대상물의 경우에는 **모든 층**. 다만, 다음의 어느 하나에 해당하는 경우는 제외한다.
      가) '주택 관련 법령'에 따라 **기존의 아파트등**을 **리모델링**하는 경우로서 건축물의 **연면적** 및 '**층의 높이**'가 **변경되지 않는 경우**. 이 경우 해당 아파트등의 사용검사 **당시**의 소방시설의 설치에 관한 대통령령 또는 화재안전기준을 '적용'한다.
      나) 스프링클러설비가 없는 기존의 특정소방대상물을 용도변경하는 경우. 다만, 2)부터 6)까지 및 9)부터 12)까지의 규정에 해당하는 특정소방대상물로 용도변경하는 경우에는 해당 규정에 따라 스프링클러설비를 설치한다.
   2) 기숙사(교육연구시설·수련시설 내에 있는 학생 수용을 위한 것을 말한다) 또는 복합건축물로서 연면적 5천 제곱미터 이상인 경우에는 모든 층
   3) 문화 및 집회시설(동·식물원은 제외한다), 종교시설(주요구조부가 목조인 것은 제외한다), 운동시설(물놀이형 시설 및 바닥이 불연재료이고 관람석이 없는 운동시설은 제외한다)로서 다음의 어느 하나에 해당하는 경우에는 모든 층
      가) 수용인원이 100명 이상인 것
      나) 영화상영관의 용도로 쓰는 층의 바닥면적이 지하층 또는 무창층인 경우에는 500제곱미터 이상, 그 밖의 층의 경우에는 1천 제곱미터 이상인 것

다) 무대부가 지하층·무창층 또는 4층 이상의 층에 있는 경우에는 무대부의 면적이 300제곱미터 이상인 것

라) 무대부가 다) 외의 층에 있는 경우에는 무대부의 면적이 500제곱미터 이상인 것

4) 판매시설, 운수시설 및 창고시설(물류터미널로 한정한다)로서 바닥면적의 합계가 5천 제곱미터 이상이거나 수용인원이 500명 이상인 경우에는 모든 층

5) 다음의 어느 하나에 해당하는 용도로 사용되는 시설의 바닥면적의 합계가 600제곱미터 이상인 것은 모든 층

  가) 근린생활시설 중 조산원 및 산후조리원
  나) 의료시설 중 정신의료기관
  다) 의료시설 중 종합병원, 병원, 치과병원, 한방병원 및 요양병원
  라) 노유자시설
  마) 숙박이 가능한 수련시설
  바) 숙박시설

6) 〈이하 생략〉

마. **간이스프링클러설비**를 설치해야 하는 특정소방대상물은 다음의 어느 하나에 해당하는 것으로 한다.

1) 공동주택 중 **연립주택** 및 **다세대주택**(연립주택 및 다세대주택에 설치하는 간이스프링클러설비는 화재안전기준에 따른 주택전용 간이스프링클러설비를 설치한다)

2) 근린생활시설 중 다음의 어느 하나에 해당하는 것

  가) 근린생활시설로 사용하는 부분의 바닥면적 합계가 1천 제곱미터 이상인 것은 모든 층
  나) 의원, 치과의원 및 한의원으로서 입원실이 있는 시설
  다) 조산원 및 산후조리원으로서 연면적 600제곱미터 미만인 시설

3) 의료시설 중 다음의 어느 하나에 해당하는 시설

  가) 종합병원, 병원, 치과병원, 한방병원 및 요양병원(의료재활시설은 제외한다)으로 사용되는 바닥면적의 합계가 600제곱미터 미만인 시설
  나) 정신의료기관 또는 의료재활시설로 사용되는 바닥면적의 합계가 300제곱미터 이상 600제곱미터 미만인 시설
  다) 정신의료기관 또는 의료재활시설로 사용되는 바닥면적의 합계가 300제곱미터 미만이고, 창살(철재·플라스틱 또는 목재 등으로 사람의 탈출 등을 막기 위하여 설치한 것을 말하며, 화재 시 자동으로 열리는 구조로 되어 있는 창살은 제외한다)이 설치된 시설

4) 교육연구시설 내에 합숙소로서 연면적 100제곱미터 이상인 경우에는 모든 층

5) 노유자시설로서 다음의 어느 하나에 해당하는 시설

  가) 제7조 제1항 제7호 각 목에 따른 시설[같은 호 가목 2) 및 같은 호 나목부터 바목까지의 시설 중 단독주택 또는 공동주택에 설치되는 시설은 제외하며, 이하 '노유자 생활시설'이라 한다]
  나) 가)에 해당하지 않는 노유자시설로 해당 시설로 사용하는 바닥면적의 합계가 300제곱미터 이상 600제곱미터 미만인 시설
  다) 가)에 해당하지 않는 노유자시설로 해당 시설로 사용하는 바닥면적의 합계가 300제곱미터 미만이고, 창살(철재·플라스틱 또는 목재 등으로 사람의 탈출 등을 막기 위하여 설치한 것을 말하며, 화재 시 자동으로 열리는 구조로 되어 있는 창살은 제외한다)이 설치된 시설

6) 숙박시설로 사용되는 바닥면적의 합계가 300제곱미터 이상 600제곱미터 미만인 시설

7) 건물을 임차하여 「출입국관리법」 제52조 제2항에 따른 보호시설로 사용하는 부분

8) 복합건축물([별표 2] 제30호 나목의 복합건축물만 해당한다)로서 연면적 1천 제곱미터 이상인 것은 모든 층

바. **물분무등소화설비**를 설치해야 하는 특정소방대상물(위험물 저장 및 처리 시설 중 가스시설 및 지하구는 제외한다)은 다음의 어느 하나에 해당하는 것으로 한다.
   1) 항공기 및 자동차 관련 시설 중 항공기 격납고
   2) 차고, 주차용 건축물 또는 철골 조립식 주차시설. 이 경우 연면적 800제곱미터 이상인 것만 해당한다.
   3) 건축물의 내부에 설치된 차고·주차장으로서 차고 또는 주차의 용도로 사용되는 면적이 200제곱미터 이상인 경우 해당 부분(50세대 미만 연립주택 및 다세대주택은 제외한다)
   4) 기계장치에 의한 주차시설을 이용하여 20대 이상의 차량을 주차할 수 있는 시설
   5)~7) 〈생략〉
   8) 국가유산 중 「문화유산의 보존 및 활용에 관한 법률」에 따른 지정문화유산(문화유산자료를 제외한다) 또는 「자연유산의 보존 및 활용에 관한 법률」에 따른 천연기념물등(자연유산자료를 제외한다)으로서 소방청장이 문화재청장과 협의하여 정하는 것
사. **옥외소화전설비**를 설치해야 하는 특정소방대상물(**아파트등**, 위험물 저장 및 처리 시설 중 가스시설, 지하구 및 지하가 중 터널은 **제외**한다)은 '다음의 어느 하나에 해당하는 것'으로 한다.
   1) 지상 1층 및 2층의 바닥면적의 합계가 9천 제곱미터 이상인 것. 이 경우 같은 구(區) 내의 둘 이상의 특정소방대상물이 행정안전부령으로 정하는 연소(延燒) 우려가 있는 구조인 경우에는 이를 하나의 특정소방대상물로 본다.
   2) 문화유산 중 「문화유산의 보존 및 활용에 관한 법률」 제23조에 따라 보물 또는 국보로 지정된 목조건축물
   3) 1)에 해당하지 않는 공장 또는 창고시설로서 「화재의 예방 및 안전관리에 관한 법률 시행령」 [별표 2]에서 정하는 수량의 750배 이상의 특수가연물을 저장·취급하는 것

2. **경보설비**
   가. **단독경보형 감지기**를 설치해야 하는 특정소방대상물은 다음의 어느 하나에 해당하는 것으로 한다. 이 경우 5)의 '연립주택 및 다세대주택에 설치하는 단독경보형 감지기'는 연동형으로 설치해야 한다.
      1) 교육연구시설 내에 있는 기숙사 또는 합숙소로서 연면적 2천 제곱미터 미만인 것
      2) 수련시설 내에 있는 기숙사 또는 합숙소로서 연면적 2천 제곱미터 미만인 것
      3) 다목 7)에 해당하지 않는 수련시설(숙박시설이 있는 것만 해당한다)
      4) 연면적 400제곱미터 미만의 유치원
      5) 공동주택 중 **연립주택** 및 **다세대주택**
   나. **비상경보설비**를 설치해야 하는 특정소방대상물(모래·석재 등 불연재료 공장 및 창고시설, 위험물 저장 및 처리 시설 중 가스시설, 사람이 거주하지 않거나 벽이 없는 축사 등 동물 및 식물 관련 시설 및 지하구는 제외한다)은 다음의 어느 하나에 해당하는 것으로 한다.
      1) 연면적 400제곱미터 이상인 것은 모든 층
      2) 지하층 또는 무창층의 바닥면적이 150제곱미터(공연장의 경우 100제곱미터) 이상인 것은 모든 층
      3) 지하가 중 터널로서 길이가 500미터 이상인 것
      4) 50명 이상의 근로자가 작업하는 옥내 작업장
   다. **자동화재탐지설비**를 설치해야 하는 특정소방대상물은 다음의 어느 하나에 해당하는 것으로 한다.
      [3급 소방안전관리대상물]
      1) 공동주택 중 아파트등·기숙사 및 숙박시설의 경우에는 모든 층
      2) 층수가 **6층** 이상인 건축물의 경우에는 모든 층
      3) 근린생활시설(목욕장은 제외한다), 의료시설(정신의료기관 및 요양병원은 제외한다), 위락시설, 장례시설 및 복합건축물로서 연면적 600제곱미터 이상인 경우에는 모든 층

4) 근린생활시설 중 목욕장, 문화 및 집회시설, 종교시설, 판매시설, 운수시설, 운동시설, 업무시설, 공장, 창고시설, 위험물 저장 및 처리 시설, 항공기 및 자동차 관련 시설, 교정 및 군사시설 중 국방·군사시설, 방송통신시설, 발전시설, 관광휴게시설, 지하가(터널은 제외한다)로서 연면적 1천 제곱미터 이상인 경우에는 모든 층

5) 교육연구시설(교육시설 내에 있는 기숙사 및 합숙소를 포함한다), 수련시설(수련시설 내에 있는 기숙사 및 합숙소를 포함하며, 숙박시설이 있는 수련시설은 제외한다), 동물 및 식물 관련 시설(기둥과 지붕만으로 구성되어 외부와 기류가 통하는 장소는 제외한다), 자원순환 관련 시설, 교정 및 군사시설(국방·군사시설은 제외한다) 또는 묘지 관련 시설로서 연면적 2천 제곱미터 이상인 경우에는 모든 층

6) 노유자 생활시설의 경우에는 모든 층

7) 6)에 해당하지 않는 노유자시설로서 연면적 400제곱미터 이상인 노유자시설 및 숙박시설이 있는 수련시설로서 수용인원 100명 이상인 경우에는 모든 층

8) 의료시설 중 정신의료기관 또는 요양병원으로서 다음의 어느 하나에 해당하는 시설
　가) 요양병원(의료재활시설은 제외한다)
　나) 정신의료기관 또는 의료재활시설로 사용되는 바닥면적의 합계가 300제곱미터 이상인 시설
　다) 정신의료기관 또는 의료재활시설로 사용되는 바닥면적의 합계가 300제곱미터 미만이고, 창살(철재·플라스틱 또는 목재 등으로 사람의 탈출 등을 막기 위하여 설치한 것을 말하며, 화재 시 자동으로 열리는 구조로 되어 있는 창살은 제외한다)이 설치된 시설

9) 판매시설 중 전통시장

10) 지하가 중 터널로서 길이가 1천 미터 이상인 것

11) **지하구**

12) 3)에 해당하지 않는 근린생활시설 중 조산원 및 산후조리원

13) 4)에 해당하지 않는 공장 및 창고시설로서 「화재의 예방 및 안전관리에 관한 법률 시행령」 [별표 2]에서 정하는 수량의 500배 이상의 특수가연물을 저장·취급하는 것

14) 4)에 해당하지 않는 발전시설 중 전기저장시설

라. '**시각경보기**'를 설치해야 하는 특정소방대상물은 다목에 따라 자동화재탐지설비를 설치해야 하는 특정소방대상물 중 다음의 어느 하나에 해당하는 것으로 한다.
　1) 근린생활시설, 문화 및 집회시설, 종교시설, 판매시설, 운수시설, 의료시설, 노유자시설
　2) 운동시설, 업무시설, 숙박시설, 위락시설, 창고시설 중 물류터미널, 발전시설 및 장례시설
　3) 교육연구시설 중 도서관, 방송통신시설 중 방송국
　4) 지하가 중 지하상가

마. **화재알림설비**를 설치해야 하는 특정소방대상물은 판매시설 중 전통시장으로 한다.

바. **비상방송설비**를 설치해야 하는 특정소방대상물(위험물 저장 및 처리 시설 중 가스시설, 사람이 거주하지 않거나 벽이 없는 축사 등 동물 및 식물 관련 시설, 지하가 중 터널 및 지하구는 제외한다)은 다음의 어느 하나에 해당하는 것으로 한다.
　1) 연면적 3천5백 제곱미터 이상인 것은 모든 층
　2) 층수가 11층 이상인 것은 모든 층
　3) 지하층의 층수가 3층 이상인 것은 모든 층

사. **자동화재속보설비**를 설치해야 하는 특정소방대상물은 다음의 어느 하나에 해당하는 것으로 한다. 다만, 방재실 등 화재 수신기가 설치된 장소에 24시간 화재를 감시할 수 있는 사람이 근무하고 있는 경우에는 자동화재속보설비를 설치하지 않을 수 있다.

1) 노유자 생활시설
2) 노유자시설로서 바닥면적이 500제곱미터 이상인 층이 있는 것
3) 수련시설(숙박시설이 있는 것만 해당한다)로서 바닥면적이 500제곱미터 이상인 층이 있는 것
4) 문화유산 중 「문화유산의 보존 및 활용에 관한 법률」 제23조에 따라 보물 또는 국보로 지정된 목조건축물
5) 근린생활시설 중 다음의 어느 하나에 해당하는 시설
　가) 의원, 치과의원 및 한의원으로서 입원실이 있는 시설
　나) 조산원 및 산후조리원
6) 의료시설 중 다음의 어느 하나에 해당하는 것
　가) 종합병원 병원, 치과병원, 한방병원 및 요양병원(의료재활시설은 제외한다)
　나) 정신병원 및 의료재활시설로 사용되는 바닥면적의 합계가 500제곱미터 이상인 층이 있는 것
7) 판매시설 중 전통시장

아. **통합감시시설**을 설치해야 하는 특정소방대상물은 **지하구**로 한다.

자. **누전경보기**는 계약전류용량(같은 건축물에 계약 종류가 다른 전기가 공급되는 경우에는 그중 최대 계약전류용량을 말한다)이 100암페어를 초과하는 특정소방대상물(내화구조가 아닌 건축물로서 벽·바닥 또는 반자의 전부나 일부를 불연재료 또는 준불연재료가 아닌 재료에 철망을 넣어 만든 것만 해당한다)에 설치해야 한다. 다만, 위험물 저장 및 처리 시설 중 가스시설, 지하가 중 터널 및 지하구의 경우에는 그렇지 않다.

차. **가스누설경보기**를 설치해야 하는 특정소방대상물(가스시설이 설치된 경우만 해당한다)은 다음의 어느 하나에 해당하는 것으로 한다.
1) 문화 및 집회시설, 종교시설, 판매시설, 운수시설, 의료시설, 노유자 시설
2) 수련시설, 운동시설, 숙박시설, 창고시설 중 물류터미널, 장례시설

3. **피난구조설비**

가. **피난기구**는 특정소방대상물의 **모든 층**에 '화재안전기준에 적합한 것'으로 설치해야 한다. 다만, 피난층, 지상 1층, 지상 2층(노유자 시설 중 피난층이 아닌 지상 1층과 피난층이 아닌 지상 2층은 제외한다), 층수가 11층 이상인 층과 위험물 저장 및 처리시설 중 가스시설, 지하가 중 터널 및 지하구의 경우에는 그렇지 않다.

나. **인명구조기구**를 설치해야 하는 특정소방대상물은 다음의 어느 하나에 해당하는 것으로 한다.
1) **방열복** 또는 **방화복**(안전모, 보호장갑 및 안전화를 포함한다), **인공소생기** 및 **공기호흡기**를 설치해야 하는 특정소방대상물: **지하층을 포함**하는 층수가 **7층 이상**인 것 중 **관광호텔 용도**로 사용하는 층
2) **방열복** 또는 **방화복**(안전모, 보호장갑 및 안전화를 포함한다) 및 **공기호흡기**를 설치해야 하는 특정소방대상물: **지하층을 포함**하는 층수가 **5층 이상**인 것 중 **병원 용도**로 사용하는 층
3) **공기호흡기**를 설치해야 하는 특정소방대상물은 다음의 어느 하나에 해당하는 것으로 한다.
　가) 수용인원 100명 이상인 문화 및 집회시설 중 영화상영관
　나) 판매시설 중 대규모점포
　다) 운수시설 중 지하역사
　라) 지하가 중 지하상가
　마) 제1호 바목 및 화재안전기준에 따라 이산화탄소소화설비(호스릴이산화탄소소화설비는 제외한다)를 설치해야 하는 특정소방대상물

다. **유도등**을 설치해야 하는 특정소방대상물은 다음의 어느 하나에 해당하는 것으로 한다.
  1) **피난구유도등, 통로유도등** 및 **유도표지**는 특정소방대상물에 설치한다. 다만, 다음의 어느 하나에 해당하는 경우는 제외한다.
    가) 동물 및 식물 관련 시설 중 축사로서 가축을 직접 가두어 사육하는 부분
    나) 지하가 중 터널
  2) **객석유도등**은 다음의 어느 하나에 해당하는 특정소방대상물에 설치한다.
    가) 유흥주점영업시설(식품위생법 시행령 제21조 제8호 라목의 유흥주점영업 중 손님이 춤을 출 수 있는 무대가 설치된 카바레, 나이트클럽 또는 그 밖에 이와 비슷한 영업시설만 해당한다)
    나) 문화 및 집회시설
    다) 종교시설
    라) 운동시설
  3) **피난유도선**은 화재안전기준에서 정하는 장소에 설치한다.
라. **비상조명등**을 설치해야 하는 특정소방대상물(창고시설 중 창고 및 하역장, 위험물 저장 및 처리 시설 중 가스시설 및 사람이 거주하지 않거나 벽이 없는 축사 등 동물 및 식물 관련 시설은 제외한다)은 다음의 어느 하나에 해당하는 것으로 한다.
  1) **지하층을 포함**하는 층수가 **5층 이상**인 건축물로서 연면적 **3천 제곱미터 이상**인 경우에는 **모든 층**
  2) 1)에 해당하지 않는 특정소방대상물로서 그 지하층 또는 **무창층**의 바닥면적이 **450제곱미터 이상**인 경우에는 해당 층
  3) 지하가 중 터널로서 그 길이가 500미터 이상인 것
마. '**휴대용비상조명등**'을 설치해야 하는 특정소방대상물은 다음의 어느 하나에 해당하는 것으로 한다.
  1) 숙박시설
  2) 수용인원 100명 이상의 영화상영관, 판매시설 중 대규모점포, 철도 및 도시철도 시설 중 지하역사, 지하가 중 지하상가

4. **소화용수설비**

  상수도소화용수설비를 설치해야 하는 특정소방대상물은 다음의 어느 하나에 해당하는 것으로 한다. 다만, 상수도소화용수설비를 설치해야 하는 특정소방대상물의 대지 경계선으로부터 180미터 이내에 지름 75밀리미터 이상인 상수도용 배수관이 설치되지 않은 지역의 경우에는 화재안전기준에 따른 소화수조 또는 저수조를 설치해야 한다.
  가. 연면적 5천 제곱미터 이상인 것. 다만, 위험물 저장 및 처리 시설 중 가스시설, 지하가 중 터널 또는 지하구의 경우에는 제외한다.
  나. 가스시설로서 지상에 노출된 탱크의 저장용량의 합계가 100톤 이상인 것
  다. 자원순환 관련 시설 중 폐기물재활용시설 및 폐기물처분시설

5. **소화활동설비**

  가. **제연설비**를 설치해야 하는 특정소방대상물은 다음의 어느 하나에 해당하는 것으로 한다.
    1) 문화 및 집회시설, 종교시설, 운동시설 중 무대부의 바닥면적이 200제곱미터 이상인 경우에는 해당 무대부
    2) 문화 및 집회시설 중 영화상영관으로서 수용인원 100명 이상인 경우에는 해당 영화상영관
    3) 지하층이나 무창층에 설치된 근린생활시설, 판매시설, 운수시설, 숙박시설, 위락시설, 의료시설, 노유자시설 또는 창고시설(물류터미널로 한정한다)로서 해당 용도로 사용되는 바닥면적의 합계가 1천 제곱미터 이상인 경우 해당 부분
    4) 운수시설 중 시외버스정류장, 철도 및 도시철도 시설, 공항시설 및 항만시설의 대기실 또는 휴게시설로서 지하층 또는 무창층의 바닥면적이 1천 제곱미터 이상인 경우에는 모든 층

5) 지하가(터널은 제외한다)로서 연면적 1천 제곱미터 이상인 것
6) 지하가 중 여상 교통량, 경사도 등 터널의 특성을 고려하여 행정안전부령으로 정하는 터널
7) 특정소방대상물(갓복도형 아파트등은 제외한다)에 부설된 특별피난계단, 비상용 승강기의 승강장 또는 피난용 승강기의 승강장

나. **연결송수관설비**를 설치해야 하는 특정소방대상물(위험물 저장 및 처리 시설 중 가스시설 및 지하구는 제외한다)은 다음의 어느 하나에 해당하는 것으로 한다.
1) 층수가 5층 이상으로서 연면적 6천 제곱미터 이상인 경우에는 모든 층
2) 1)에 해당하지 않는 특정소방대상물로서 지하층을 포함하는 층수가 7층 이상인 경우에는 모든 층
3) 1) 및 2)에 해당하지 않는 특정소방대상물로서 지하층의 층수가 3층 이상이고 지하층의 바닥면적의 합계가 1천 제곱미터 이상인 경우에는 모든 층
4) 지하가 중 터널로서 길이가 1천 미터 이상인 것

다. **연결살수설비**를 설치해야 하는 특정소방대상물(지하구는 제외한다)은 다음의 어느 하나에 해당하는 것으로 한다.
1) 판매시설, 운수시설, 창고시설 중 물류터미널로서 해당 용도로 사용되는 부분의 바닥면적의 합계가 1천 제곱미터 이상인 경우에는 해당 시설
2) 지하층(피난층으로 주된 출입구가 도로와 접한 경우는 제외한다)으로서 바닥면적의 합계가 150 제곱미터 이상인 경우에는 지하층의 모든 층. 다만, 「주택법 시행령」 제46조 제1항에 따른 국민주택규모 이하인 아파트등의 지하층(대피시설로 사용하는 것만 해당한다)과 교육연구시설 중 학교의 지하층의 경우에는 700제곱미터 이상인 것으로 한다.
3) 가스시설 중 지상에 노출된 탱크의 용량이 30톤 이상인 탱크시설
4) 1) 및 2)의 특정소방대상물에 부속된 연결통로

라. **비상콘센트설비**를 설치해야 하는 특정소방대상물(위험물 저장 및 처리 시설 중 가스시설 및 지하구는 제외한다)은 다음의 어느 하나에 해당하는 것으로 한다.
1) 층수가 11층 이상인 특정소방대상물의 경우에는 11층 이상의 층
2) 지하층의 층수가 3층 이상이고 지하층의 바닥면적의 합계가 1천 제곱미터 이상인 것은 지하층의 모든 층
3) 지하가 중 터널로서 길이가 500미터 이상인 것

마. **무선통신보조설비**를 설치해야 하는 특정소방대상물(위험물 저장 및 처리 시설 중 가스시설은 제외한다)은 다음의 어느 하나에 해당하는 것으로 한다.
1) 지하가(터널은 제외한다)로서 연면적 1천 제곱미터 이상인 것
2) 지하층의 바닥면적의 합계가 3천 제곱미터 이상인 것 또는 지하층의 층수가 3층 이상이고 지하층의 바닥면적의 합계가 1천 제곱미터 이상인 것은 지하층의 모든 층
3) 지하가 중 터널로서 길이가 500미터 이상인 것
4) 지하구 중 공동구
5) 층수가 30층 이상인 것으로서 16층 이상 부분의 모든 층

바. **연소방지설비**는 지하구(전력 또는 통신사업용인 것만 해당한다)에 설치해야 한다.

[비고]
1. [별표 2] 제1호부터 제27호까지 중 어느 하나에 해당하는 시설(이하 이 호에서 '근린생활시설등'이라 한다)의 소방시설 설치기준이 복합건축물의 소방시설 설치기준보다 강화된 경우 복합건축물 안에 있는 해당 근린생활시설등에 대해서는 그 근린생활시설등의 소방시설 설치기준을 적용한다.
2. 원자력발전소 중 「원자력안전법」 제2조에 따른 원자로 및 관계시설에 설치하는 소방시설에 대해서는 「원자력안전법」 제11조 및 제21조에 따른 허가기준에 따라 설치한다.
3. 특정소방대상물의 관계인은 제8조 제1항에 따른 내진설계 대상 특정소방대상물 및 제9조에 따른 성능위주설계 대상 특정소방대상물에 설치·관리해야 하는 소방시설에 대해서는 법 제7조에 따른 소방시설의 내진설계기준 및 법 제8조에 따른 성능위주설계의 기준에 맞게 설치·관리해야 한다.

(2) 소방시설기준 적용의 특례(법 제13조)

① 소방본부장이나 소방서장은 위 (1)의 ① 전단에 따른 '대통령령' 또는 '화재안전기준'이 **변경**되어 '그 기준이 **강화**되는 경우' 기존의 특정소방대상물(건축물의 신축·개축·재축·이전 및 대수선 중인 특정소방대상물을 포함한다)의 소방시설에 대하여는 **변경 전**의 '대통령령' 또는 '화재안전기준'을 적용한다. 다만, 다음의 어느 하나에 해당하는 소방시설의 경우에는 '대통령령' 또는 '화재안전기준'의 변경으로 **강화된 기준**을 적용할 수 있다.

㉠ 다음의 소방시설 중 대통령령 또는 화재안전기준으로 정하는 것
ⓐ 소화기구
ⓑ 비상경보설비
ⓒ 자동화재탐지설비
ⓓ 자동화재속보설비
ⓔ 피난구조설비

㉡ 다음의 특정소방대상물에 설치하는 소방시설 중 대통령령 또는 화재안전기준으로 정하는 것
ⓐ 「국토의 계획 및 이용에 관한 법률」 제2조 제9호에 따른 공동구
ⓑ 전력 및 통신사업용 지하구
ⓒ 노유자(老幼者)시설
ⓓ 의료시설

② '소방본부장이나 소방서장'은 특정소방대상물에 설치하여야 하는 소방시설 가운데 '기능과 성능이 유사한 스프링클러설비, 물분무등소화설비, 비상경보설비 및 비상방송설비 등의 소방시설의 경우'에는 대통령령으로 정하는 바에 따라 **유사한 소방시설의 설치**를 '면제'할 수 있다.

③ '소방본부장이나 소방서장'은 기존의 특정소방대상물이 증축되거나 용도변경되는 경우에는 대통령령으로 정하는 바에 따라 **'증축 또는 용도변경 당시'**의 소방시설의 설치에 관한 '대통령령' 또는 '화재안전기준'을 적용한다.

④ 다음의 어느 하나에 해당하는 특정소방대상물 가운데 대통령령으로 정하는 특정소방대상물에는 위 (1)의 ① 전단에도 불구하고 대통령령으로 정하는 소방시설을 설치하지 아니할 수 있다.

㉠ '화재 위험도가 낮은' 특정소방대상물
㉡ 화재안전기준을 '적용하기 어려운' 특정소방대상물
㉢ 화재안전기준을 '다르게 적용하여야 하는' 특수한 용도 또는 구조를 가진 특정소방대상물
㉣ 「위험물안전관리법」 제19조에 따른 자체소방대가 설치된 특정소방대상물

⑤ 위 ④의 어느 하나에 해당하는 특정소방대상물에 구조 및 원리 등에서 공법이 특수한 설계로 인정된 소방시설을 설치하는 경우에는 **'중앙소방기술심의위원회'**의 심의를 거쳐 위 (1)의 ① 전단에 따른 화재안전기준을 적용하지 아니할 수 있다.

(3) 특정소방대상물별로 설치하여야 하는 소방시설의 정비 등(법 제14조)

① 위 (1)의 ①에 따라 대통령령으로 소방시설을 정할 때에는 특정소방대상물의 규모·용도·수용인원 및 이용자 특성 등을 고려하여야 한다.

② **소방청장**은 건축 환경 및 화재위험특성 변화사항을 효과적으로 반영할 수 있도록 위 ①에 따른 '소방시설 규정'을 **3년에 1회 이상** '정비'하여야 한다.

③ **소방청장**은 건축 환경 및 화재위험특성 변화 추세를 체계적으로 연구하여 위 ②에 따른 '정비를 위한 개선방안'을 마련하여야 한다.

(4) 건설현장의 임시소방시설 설치 및 관리(법 제15조)

① 「건설산업기본법」 제2조 제4호에 따른 건설공사를 하는 자(이하 '**공사시공자**'라 한다)는 특정소방대상물의 신축·증축·개축·재축·이전·용도변경·대수선 또는 설비 설치 등을 위한 공사 현장에서 인화성(引火性) 물품을 취급하는 작업 등 대통령령으로 정하는 작업(이하 '**화재위험작업**'이라 한다)을 **하기 전**에 '설치 및 철거가 쉬운 화재대비시설'(이하 '임시소방시설'이라 한다)을 설치하고 관리하여야 한다.

② 위 ①에도 불구하고 **소방시설공사업자**가 화재위험작업 현장에 소방시설 중 임시소방시설과 기능 및 성능이 유사한 것으로서 대통령령으로 정하는 소방시설을 화재안전기준에 맞게 설치 및 관리하고 있는 경우에는 '**공사시공자가 임시소방시설을 설치하고 관리한 것**'으로 **본다**.

③ **소방본부장** 또는 **소방서장**은 위 ①이나 ②에 따라 임시소방시설 또는 소방시설이 설치 및 관리되지 아니할 때에는 해당 **공사시공자**에게 필요한 조치를 명할 수 있다.

관련법령 **화재위험작업 및 임시소방시설 등(영 제18조)**

1. 위 **(4)**의 ①에서 '인화성(引火性) 물품을 취급하는 작업 등 대통령령으로 정하는 작업'이란 다음의 어느 하나에 해당하는 작업을 말한다.
   ⊙ 인화성·가연성·폭발성 물질을 취급하거나 가연성 가스를 발생시키는 작업
   ⓒ 용접·용단(금속·유리·플라스틱 따위를 녹여서 절단하는 일을 말한다) 등 불꽃을 발생시키거나 화기(火氣)를 취급하는 작업
   ⓒ 전열기구, 가열전선 등 열을 발생시키는 기구를 취급하는 작업
   ② 알루미늄, 마그네슘 등을 취급하여 폭발성 부유분진(공기 중에 떠다니는 미세한 입자를 말한다)을 발생시킬 수 있는 작업
   ⓒ 그 밖에 위 ⊙부터 ②까지와 비슷한 작업으로 소방청장이 정하여 고시하는 작업
2. 위 **(4)**의 ①에 따른 '**임시소방시설의 종류**와 **임시소방시설을 설치해야 하는 공사의 종류 및 규모**'는 [**별표 8**] 제1호 및 제2호와 같다.
3. 위 **(4)**의 ②에 따른 '**임시소방시설과 기능 및 성능이 유사한 소방시설**'은 [**별표 8**] 제3호와 같다.

별표 8   임시소방시설의 종류와 설치기준 등(영 제18조 제2항 및 제3항 관련)

1. 임시소방시설의 종류
   - 가. 소화기
   - 나. **간이소화장치**: 물을 방사(放射)하여 화재를 진화할 수 있는 장치로서 소방청장이 정하는 성능을 갖추고 있을 것
   - 다. **비상경보장치**: 화재가 발생한 경우 주변에 있는 작업자에게 화재사실을 알릴 수 있는 장치로서 소방청장이 정하는 성능을 갖추고 있을 것
   - 라. **가스누설경보기**: 가연성 가스가 누설되거나 발생된 경우 이를 탐지하여 경보하는 장치로서 법 제37조에 따른 형식승인 및 제품검사를 받은 것
   - 마. **간이피난유도선**: 화재가 발생한 경우 피난구 방향을 안내할 수 있는 장치로서 소방청장이 정하는 성능을 갖추고 있을 것
   - 바. **비상조명등**: 화재가 발생한 경우 안전하고 원활한 피난활동을 할 수 있도록 자동 점등되는 조명장치로서 소방청장이 정하는 성능을 갖추고 있을 것
   - 사. **방화포**: 용접·용단 등의 작업 시 발생하는 불티로부터 가연물이 점화되는 것을 방지해주는 천 또는 불연성 물품으로서 소방청장이 정하는 성능을 갖추고 있을 것
2. 임시소방시설을 설치해야 하는 공사의 종류와 규모
   - 가. **소화기**: 법 제6조 제1항에 따라 소방본부장 또는 소방서장의 동의를 받아야 하는 특정소방대상물의 신축·증축·개축·재축·이전·용도변경 또는 대수선 등을 위한 공사 중 법 제15조 제1항에 따른 화재위험작업의 현장(이하 이 표에서 '화재위험작업현장'이라 한다)에 설치한다.
   - 나. **간이소화장치**: 다음의 어느 하나에 해당하는 공사의 화재위험작업현장에 설치한다.
     1) 연면적 3천 제곱미터 이상
     2) 지하층, 무창층 또는 4층 이상의 층. 이 경우 해당 층의 바닥면적이 600제곱미터 이상인 경우만 해당한다.
   - 다. **비상경보장치**: 다음의 어느 하나에 해당하는 공사의 화재위험작업현장에 설치한다.
     1) 연면적 400제곱미터 이상
     2) 지하층 또는 무창층. 이 경우 해당 층의 바닥면적이 150제곱미터 이상인 경우만 해당한다.
   - 라. **가스누설경보기**: 바닥면적이 150제곱미터 이상인 지하층 또는 무창층의 화재위험작업현장에 설치한다.
   - 마. **간이피난유도선**: 바닥면적이 150제곱미터 이상인 지하층 또는 무창층의 화재위험작업현장에 설치한다.
   - 바. **비상조명등**: 바닥면적이 150제곱미터 이상인 지하층 또는 무창층의 화재위험작업현장에 설치한다.
   - 사. **방화포**: 용접·용단 작업이 진행되는 화재위험작업현장에 설치한다.
3. 임시소방시설과 기능 및 성능이 유사한 소방시설로서 임시소방시설을 설치한 것으로 보는 소방시설
   - 가. **간이소화장치를 설치한 것으로 보는 소방시설**: 소방청장이 정하여 고시하는 기준에 맞는 소화기(연결송수관설비의 방수구 인근에 설치한 경우로 한정한다) 또는 옥내소화전설비
   - 나. **비상경보장치를 설치한 것으로 보는 소방시설**: 비상방송설비 또는 자동화재탐지설비
   - 다. **간이피난유도선을 설치한 것으로 보는 소방시설**: 피난유도선, 피난구유도등, 통로유도등 또는 비상조명등

(5) 피난시설, 방화구획 및 방화시설의 관리(법 제16조)

① 특정소방대상물의 관계인은 「건축법」 제49조에 따른 피난시설, 방화구획 및 방화시설에 대하여 정당한 사유가 없는 한 다음의 행위를 하여서는 아니 된다.

㉠ 피난시설, 방화구획 및 방화시설을 폐쇄하거나 훼손하는 등의 행위
㉡ 피난시설, 방화구획 및 방화시설의 주위에 물건을 쌓아두거나 장애물을 설치하는 행위
㉢ 피난시설, 방화구획 및 방화시설의 용도에 장애를 주거나 「소방기본법」 제16조에 따른 소방활동에 지장을 주는 행위
㉣ 그 밖에 피난시설, 방화구획 및 방화시설을 변경하는 행위
② 소방본부장이나 소방서장은 특정소방대상물의 관계인이 위 ①의 어느 하나에 해당하는 행위를 한 경우에는 피난시설, 방화구획 및 방화시설의 관리를 위하여 '필요한 조치를 명'할 수 있다.

(6) 소방용품의 내용연수 등(법 제17조)

① 특정소방대상물의 관계인은 '내용연수가 경과한 소방용품'을 교체하여야 한다. 이 경우 '내용연수를 설정하여야 하는 소방용품'의 종류 및 그 내용연수 연한에 필요한 사항은 대통령령으로 정한다.
② 위 ①에도 불구하고 행정안전부령으로 정하는 절차 및 방법 등에 따라 소방용품의 성능을 확인받은 경우에는 그 사용기한을 연장할 수 있다.

> **관련법령** 내용연수 설정대상 소방용품(영 제19조)
>
> 1. 위 **(6)**의 ① 후단에 따라 '내용연수를 설정해야 하는 소방용품'은 분말형태의 소화약제를 사용하는 소화기로 한다.
> 2. 위 1.에 따른 소방용품의 내용연수는 10년으로 한다. 28회

(7) 소방기술심의위원회(법 제18조)

① 다음의 사항을 심의하기 위하여 '소방청'에 중앙소방기술심의위원회(이하 '중앙위원회'라 한다)를 둔다.
 ㉠ 화재안전기준에 관한 사항
 ㉡ 소방시설의 구조 및 원리 등에서 공법이 특수한 설계 및 시공에 관한 사항
 ㉢ 소방시설의 설계 및 공사감리의 방법에 관한 사항
 ㉣ 소방시설공사의 하자를 판단하는 기준에 관한 사항
 ㉤ 법 제8조 제5항 단서에 따라 신기술·신공법 등 검토·평가에 고도의 기술이 필요한 경우로서 중앙위원회에 심의를 요청한 사항
 ㉥ 그 밖에 소방기술 등에 관하여 대통령령으로 정하는 사항
② 다음의 사항을 심의하기 위하여 '시·도'에 지방소방기술심의위원회(이하 '지방위원회'라 한다)를 둔다.
 ㉠ 소방시설에 하자가 있는지의 판단에 관한 사항
 ㉡ 그 밖에 소방기술 등에 관하여 대통령령으로 정하는 사항
③ 중앙위원회 및 지방위원회의 구성·운영 등에 필요한 사항은 대통령령으로 정한다.

| 관련법령 | 소방기술심의위원회의 심의사항(영 제20조) |

1. 위 **(7)**의 ①의 ⓗ에서 '대통령령으로 정하는 사항'이란 다음의 사항을 말한다.
    ㉠ '연면적 10만 제곱미터 이상'의 특정소방대상물에 설치된 소방시설의 '설계·시공·감리의 하자 유무'에 관한 사항
    ㉡ 새로운 소방시설과 소방용품 등의 도입 여부에 관한 사항
    ㉢ 그 밖에 소방기술과 관련하여 소방청장이 소방기술심의위원회의 심의에 부치는 사항
2. 위 **(7)**의 ②의 ⓒ에서 '대통령령으로 정하는 사항'이란 다음의 사항을 말한다.
    ㉠ '연면적 10만 제곱미터 미만'의 특정소방대상물에 설치된 소방시설의 '설계·시공·감리의 하자 유무'에 관한 사항
    ㉡ 소방본부장 또는 소방서장이 「위험물안전관리법」 제2조 제1항 제6호에 따른 제조소등(이하 '제조소등'이라 한다)의 시설기준 또는 화재안전기준의 적용에 관하여 기술검토를 요청하는 사항
    ㉢ 그 밖에 소방기술과 관련하여 특별시장·광역시장·특별자치시장·도지사 또는 특별자치도지사(이하 '시·도지사'라 한다)가 소방기술심의위원회의 심의에 부치는 사항

| 관련법령 | 소방기술심의위원회의 구성 등(영 제21조) |

1. 위 **(7)**의 ①에 따른 '중앙소방기술심의위원회'(이하 '**중앙위원회**'라 한다)는 위원장을 포함하여 '**60명 이내**'의 위원으로 성별을 고려하여 구성한다.
2. 위 **(7)**의 ②에 따른 '지방소방기술심의위원회'(이하 '**지방위원회**'라 한다)는 위원장을 포함하여 **5명 이상 9명 이하**의 위원으로 구성한다.
3. '**중앙위원회**'의 '**회의**'는 위원장과 위원장이 회의마다 지정하는 **6명 이상 12명 이하**의 위원으로 구성한다.
4. **중앙위원회**는 '**분야별 소위원회**'를 구성·운영할 수 있다.

| 관련법령 | 위원의 임명·위촉(영 제22조) |

1. **중앙위원회**의 위원은 과장급 직위 이상의 소방공무원과 다음의 어느 하나에 해당하는 사람 중에서 **소방청장**이 임명하거나 성별을 고려하여 위촉한다.
    ㉠ 소방기술사
    ㉡ 석사 이상의 소방 관련 학위를 소지한 사람
    ㉢ 소방시설관리사
    ㉣ 소방 관련 법인·단체에서 소방 관련 업무에 5년 이상 종사한 사람
    ㉤ 소방공무원 교육기관, 대학교 또는 연구소에서 소방과 관련된 교육이나 연구에 5년 이상 종사한 사람
2. **지방위원회**의 위원은 '해당 시·도 소속 소방공무원'과 '위 1.의 ㉠~㉤의 어느 하나에 해당하는 사람' 중에서 **시·도지사**가 임명하거나 성별을 고려하여 위촉한다.
3. '**중앙위원회**'의 **위원장**은 **소방청장**이 해당 위원 중에서 위촉하고, '지방위원회'의 **위원장**은 **시·도지사**가 해당 위원 중에서 위촉한다.
4. 중앙위원회 및 지방위원회의 위원 중 위촉위원의 임기는 **2년**으로 하되, **한 차례만** '연임'할 수 있다.

| 관련법령 | **위원장 및 위원의 직무(영 제23조)**

1. 중앙위원회 및 지방위원회(이하 '위원회'라 한다)의 각 위원장(이하 '**위원장**'이라 한다)은 각각 위원회의 회의를 '소집'하고 그 **의장**이 된다.
2. 위원장이 부득이한 사유로 직무를 수행할 수 없을 때에는 '위원장이 지정한 위원'이 그 직무를 대리한다.

| 관련법령 | **위원의 제척·기피·회피(영 제24조)**

1. 위원회의 '**위원**'이 '다음의 어느 하나에 해당하는 경우'에는 '위원회의 심의·의결'에서 제척(除斥)된다.
   ㉠ 위원 또는 그 **배우자**나 배우자였던 사람이 해당 안건의 당사자(당사자가 법인·단체 등인 경우는 그 임원을 포함한다. 이하 ㉠ 및 다음 ㉡에서 같다)가 되거나 그 안건의 당사자와 공동권리자 또는 공동의무자인 경우
   ㉡ 위원이 해당 안건의 당사자와 **친족**인 경우
   ㉢ 위원이 해당 안건에 관하여 증언, 진술, 자문, 연구, 용역 또는 감정을 한 경우
   ㉣ 위원이나 위원이 속한 법인·단체 등이 해당 안건의 당사자의 대리인이거나 대리인이었던 경우
2. 당사자는 위 1.에 따른 제척사유가 있거나 위원에게 공정한 심의·의결을 기대하기 어려운 사정이 있는 경우에는 위원회에 기**피신청**을 할 수 있고, '위원회'는 의결로 기피 여부를 결정한다. 이 경우 '기피신청의 대상인 위원'은 그 의결에 참여하지 못한다.
3. 위원이 위 1. 또는 2.의 사유에 해당하는 경우에는 스스로 해당 안건의 심의·의결에서 **회피**(回避)해야 한다.

| 관련법령 | **위원의 해임·해촉(영 제25조)**

소방청장 또는 시·도지사는 위원이 다음의 어느 하나에 해당하는 경우에는 해당 위원을 해임하거나 해촉(解囑)할 수 있다.
1. 심신장애로 직무를 수행할 수 없게 된 경우
2. 직무와 관련된 비위사실이 있는 경우
3. 직무태만, 품위손상이나 그 밖의 사유로 위원으로 적합하지 않다고 인정되는 경우
4. 영 제24조 제1항 각 호의 어느 하나에 해당하는 데도 불구하고 회피하지 않은 경우
5. 위원 스스로 직무를 수행하기 어렵다는 의사를 밝히는 경우

| 관련법령 | **시설 등의 확인 및 의견청취(영 제26조)**

소방청장 또는 시·도지사는 위원회의 원활한 운영을 위해 필요하다고 인정하는 경우 위원회 위원으로 하여금 관련 시설 등을 확인하게 하거나 해당 분야 전문가 또는 이해관계자 등으로부터 의견을 청취하게 할 수 있다.

| 관련법령 | **위원의 수당(영 제27조)**

위원회의 위원에게는 '**예산의 범위**'에서 수당, 여비, 그 밖에 필요한 경비를 지급할 수 있다. 다만, '공무원이 그 소관 업무와 직접 관련하여 출석하는 경우'에는 그렇지 않다.

| 관련법령 | 운영세칙(영 제28조) |

이 영에서 정한 것 외에 위원회의 운영에 필요한 사항은 소방청장 또는 시·도지사가 정한다.

(8) 화재안전기준의 관리·운영(법 제19조)

소방청장은 화재안전기준을 효율적으로 관리·운영하기 위하여 다음의 업무를 수행하여야 한다.
① 화재안전기준의 제정·개정 및 운영
② 화재안전기준의 연구·개발 및 보급
③ 화재안전기준의 검증 및 평가
④ 화재안전기준의 정보체계 구축
⑤ 화재안전기준에 대한 교육 및 홍보
⑥ 국외 화재안전기준의 제도·정책 동향 조사·분석
⑦ 화재안전기준 발전을 위한 국제협력
⑧ 그 밖에 화재안전기준 발전을 위하여 대통령령으로 정하는 사항

| 관련법령 | 화재안전기준의 관리·운영(영 제29조) |

위 **(8)**의 ⑧에서 '대통령령으로 정하는 사항'이란 다음의 사항을 말한다.
1. 화재안전기준에 대한 자문
2. 화재안전기준에 대한 해설서 제작 및 보급
3. 화재안전에 관한 국외 신기술·신제품의 조사·분석
4. 그 밖에 화재안전기준의 발전을 위하여 소방청장이 필요하다고 인정하는 사항

3. 방염

(1) 특정소방대상물의 방염 등(법 제20조)
① 대통령령으로 정하는 특정소방대상물에 실내장식 등의 목적으로 설치 또는 부착하는 물품으로서 대통령령으로 정하는 물품(이하 '**방염대상물품**'이라 한다)은 '방염성능기준 이상의 것'으로 설치하여야 한다.
② '소방본부장 또는 소방서장'은 방염대상물품이 위 ①에 따른 방염성능기준에 미치지 못하거나 다음 **(2)**의 ①에 따른 방염성능검사를 받지 아니한 것이면 **특정소방대상물**의 **관계인**에게 방염대상물품을 제거하도록 하거나 방염성능검사를 받도록 하는 등 필요한 조치를 명할 수 있다.
③ 위 ①에 따른 방염성능기준은 대통령령으로 정한다.

관련법령 | 방염성능기준 이상의 실내장식물 등을 설치해야 하는 특정소방대상물(영 제30조)

위 (1)의 ①에서 '대통령령으로 정하는 특정소방대상물'이란 다음의 것을 말한다.
1. 근린생활시설 중 의원, 치과의원, 한의원, 조산원, 산후조리원, 체력단련장, 공연장 및 종교집회장
2. 건축물의 옥내에 있는 다음의 시설
   ㉠ 문화 및 집회시설
   ㉡ 종교시설
   ㉢ 운동시설(수영장은 제외한다)
3. 의료시설
4. 교육연구시설 중 합숙소
5. 노유자시설
6. 숙박이 가능한 수련시설
7. 숙박시설
8. 방송통신시설 중 방송국 및 촬영소
9. 「다중이용업소의 안전관리에 관한 특별법」 제2조 제1항 제1호에 따른 다중이용업의 영업소(이하 '다중이용업소'라 한다)
10. 위 1.부터 9.까지의 시설에 해당하지 않는 것으로서 **층수가 11층 이상인 것**(아파트등은 제외한다)

관련법령 | 방염대상물품 및 방염성능기준(영 제31조)

1. 위 (1)의 ①에서 '대통령령으로 정하는 물품'이란 다음의 것을 말한다.
   ㉠ 제조 또는 가공 공정에서 방염처리를 한 다음의 물품
      ⓐ 창문에 설치하는 커튼류(블라인드를 포함한다)
      ⓑ 카펫
      ⓒ 벽지류(두께가 2밀리미터 미만인 종이벽지는 제외한다)
      ⓓ 전시용 합판·목재 또는 섬유판, 무대용 합판·목재 또는 섬유판(합판·목재류의 경우 불가피하게 설치 현장에서 방염처리한 것을 포함한다)
      ⓔ 암막·무대막(영화 및 비디오물의 진흥에 관한 법률 제2조 제10호에 따른 영화상영관에 설치하는 스크린과 다중이용업소의 안전관리에 관한 특별법 시행령 제2조 제7호의4에 따른 가상체험 체육시설업에 설치하는 스크린을 포함한다)
      ⓕ 섬유류 또는 합성수지류 등을 원료로 하여 제작된 소파·의자(다중이용업소의 안전관리에 관한 특별법 시행령 제2조 제1호 나목 및 같은 조 제6호에 따른 단란주점영업, 유흥주점영업 및 노래연습장업의 영업장에 설치하는 것으로 한정한다)
   ㉡ 건축물 내부의 천장이나 벽에 부착하거나 설치하는 다음의 것. 다만, 가구류(옷장, 찬장, 식탁, 식탁용 의자, 사무용 책상, 사무용 의자, 계산대, 그 밖에 이와 비슷한 것을 말한다. 이하 같다)와 너비 10센티미터 이하인 반자돌림대 등과 「건축법」 제52조에 따른 내부 마감재료는 제외한다.
      ⓐ 종이류(두께 2밀리미터 이상인 것을 말한다)·합성수지류 또는 섬유류를 주원료로 한 물품
      ⓑ 합판이나 목재
      ⓒ 공간을 구획하기 위하여 설치하는 간이 칸막이(접이식 등 이동 가능한 벽체나 천장 또는 반자가 실내에 접하는 부분까지 구획하지 않는 벽체를 말한다)
      ⓓ 흡음(吸音)을 위하여 설치하는 흡음재(흡음용 커튼을 포함한다)
      ⓔ 방음(防音)을 위하여 설치하는 방음재(방음용 커튼을 포함한다)

2. 위 **(1)**의 ③에 따른 방염성능기준은 다음의 기준에 따르되, 위 1.에 따른 방염대상물품의 종류에 따른 구체적인 방염성능기준은 다음의 기준의 범위에서 소방청장이 정하여 고시하는 바에 따른다.
    ㉠ 버너의 불꽃을 제거한 때부터 불꽃을 올리며 연소하는 상태가 그칠 때까지 시간은 20초 이내일 것
    ㉡ 버너의 불꽃을 제거한 때부터 불꽃을 올리지 않고 연소하는 상태가 그칠 때까지 시간은 30초 이내일 것
    ㉢ 탄화(炭化)한 면적은 50제곱센티미터 이내, 탄화한 길이는 20센티미터 이내일 것
    ㉣ 불꽃에 의하여 완전히 녹을 때까지 불꽃의 접촉 횟수는 3회 이상일 것
    ㉤ 소방청장이 정하여 고시한 방법으로 발연량(發煙量)을 측정하는 경우 최대연기밀도는 400 이하일 것
3. 소방본부장 또는 소방서장은 위 1.에 따른 방염대상물품 외에 다음의 물품은 방염처리된 물품을 사용하도록 권장할 수 있다.
    ㉠ 다중이용업소, 의료시설, 노유자시설, 숙박시설 또는 장례식장에서 사용하는 침구류·소파 및 의자
    ㉡ 건축물 내부의 천장 또는 벽에 부착하거나 설치하는 가구류

(2) 방염성능의 검사(법 제21조)

① '위 **(1)**의 ①에 따른 특정소방대상물에 사용하는 방염대상물품'은 '**소방청장**이 실시하는 **방염성능검사**'를 받은 것이어야 한다. 다만, '대통령령으로 정하는 방염대상물품의 경우'에는 특별시장·광역시장·특별자치시장·도지사 또는 특별자치도지사(이하 '**시·도지사**'라 한다)가 실시하는 **방염성능검사**를 받은 것이어야 한다.
② 「소방시설공사업법」 제4조에 따라 방염처리업의 등록을 한 자는 위 ①에 따른 방염성능검사를 할 때에 거짓 시료(試料)를 제출하여서는 아니 된다.

관련법령 '시·도지사'가 실시하는 방염성능검사(영 제32조)

위 **(2)**의 ① 단서에서 '대통령령으로 정하는 방염대상물품'이란 다음의 것을 말한다.
1. 영 제31조 제1항 제1호 '라목'의 '전시용 합판·목재 또는 무대용 합판·목재' 중 '설치 현장에서 방염처리를 하는 합판·목재류'
2. 영 제31조 제1항 제2호에 따른 '방염대상물품' 중 '설치 현장에서 방염처리를 하는 합판·목재류'

CHAPTER 03 소방시설등의 자체점검 등

회독체크 1 2 3

CHAPTER 미리보기

학습전략

아래 학습키워드에 나오는 용어의 정의 위주로 학습하시기 바랍니다.

학습키워드

- 소방용품의 형식승인 등
- 소방용품의 성능인증 등

1. 소방시설등의 자체점검

(1) 소방시설등의 자체점검(법 제22조)

① 특정소방대상물의 관계인은 그 대상물에 설치되어 있는 소방시설등이 이 법이나 이 법에 따른 명령 등에 적합하게 설치·관리되고 있는지에 대하여 '다음의 구분에 따른 기간 내'에 스스로 점검하거나 법 제34조에 따른 점검능력 평가를 받은 **관리업자** 또는 행정안전부령으로 정하는 **기술자격자**(이하 '관리업자등'이라 한다)로 하여금 정기적으로 점검(이하 '자체점검'이라 한다)하게 하여야 한다. 이 경우 **관리업자등**이 점검한 경우에는 '그 점검 결과'를 행정안전부령으로 정하는 바에 따라 **관계인**에게 제출하여야 한다.
  ㉠ 해당 특정소방대상물의 소방시설등이 신설된 경우: 「건축법」 제22조에 따라 '건축물을 사용할 수 있게 된 날'부터 60일
  ㉡ 위 ㉠ 외의 경우: '행정안전부령으로 정하는 기간'
② 자체점검의 구분 및 대상, 점검인력의 배치기준, 점검자의 자격, 점검 장비, 점검 방법 및 횟수 등 자체점검 시 준수하여야 할 사항은 '행정안전부령'으로 정한다.
③ 위 ①에 따라 관리업자등으로 하여금 자체점검하게 하는 경우의 **점검 대가**는 「엔지니어링산업 진흥법」 제31조에 따른 엔지니어링사업의 대가 기준 가운데 '행정안전부령으로 정하는 방식'에 따라 산정한다.
④ 위 ③에도 불구하고 **소방청장**은 소방시설등 자체점검에 대한 품질확보를 위하여 필요하다고 인정하는 경우에는 특정소방대상물의 규모, 소방시설등의 종류 및 점검인력 등에 따라 관계인이 부담하여야 할 자체점검 비용의 표준이 될 금액(이하 '**표준자체점검비**'라 한다)을 정하여 **공표**하거나 '**관리업자등**'에게 이를 '소방시설등 자체점검에 관한 표준가격'으로 **활용**하도록 **권고**할 수 있다.
⑤ 표준자체점검비의 공표 방법 등에 관하여 필요한 사항은 소방청장이 정하여 고시한다.
⑥ '**관계인**'은 **천재지변**이나 그 밖에 대통령령으로 정하는 사유로 자체점검을 실시하기 곤란한 경우에는 대통령령으로 정하는 바에 따라 **소방본부장** 또는 **소방서장**에게 **면제** 또는 **연기 신청**을 할 수 있다. 이 경우 **소방본부장** 또는 **소방서장**은 '그 면제 또는 연기 신청 승인 여부를 결정'하고 '그 결과'를 관계인에게 알려주어야 한다.

> **관련법령** 소방시설등의 자체점검 면제 또는 연기(영 제33조)
>
> 1. 위 (1)의 ⑥ 전단에서 '대통령령으로 정하는 사유'란 다음의 어느 하나에 해당하는 사유를 말한다.
>   ㉠ 「재난 및 안전관리 기본법」 제3조 제1호에 해당하는 재난이 발생한 경우
>   ㉡ 경매 등의 사유로 소유권이 변동 중이거나 변동된 경우
>   ㉢ 관계인의 질병, 사고, 장기출장의 경우
>   ㉣ 그 밖에 관계인이 운영하는 사업에 부도 또는 도산 등 중대한 위기가 발생하여 자체점검을 실시하기 곤란한 경우

2. 위 **(1)**의 ①에 따른 '자체점검'의 면제 또는 연기를 신청하려는 관계인은 행정안전부령으로 정하는 면제 또는 연기신청서에 면제 또는 연기의 사유 및 기간 등을 적어 소방본부장 또는 소방서장에게 제출해야 한다. 이 경우 '위 1.의 ㉠에 해당하는 경우에만' 면제를 신청할 수 있다.
3. 위 2.에 따른 면제 또는 연기의 신청 및 신청서의 처리에 필요한 사항은 행정안전부령으로 정한다.

관련법령 소방시설등의 자체점검 면제 또는 연기 등(규칙 제22조)

1. 위 **(1)**의 ⑥ 및 영 제33조 제2항에 따라 '자체점검의 면제 또는 연기를 신청하려는 특정소방대상물의 관계인'은 자체점검의 실시 만료일 3일 전까지 별지 제7호 서식의 소방시설등의 자체점검 면제 또는 연기신청서(전자문서로 된 신청서를 포함한다)에 자체점검을 실시하기 곤란함을 증명할 수 있는 서류(전자문서를 포함한다)를 첨부하여 소방본부장 또는 소방서장에게 제출해야 한다.
2. 위 1.에 따른 자체점검의 면제 또는 연기 신청서를 제출받은 소방본부장 또는 소방서장은 면제 또는 연기의 신청을 받은 날부터 3일 이내에 자체점검의 면제 또는 연기 여부를 결정하여 별지 제8호 서식의 자체점검 면제 또는 연기 신청 결과 통지서를 '면제 또는 연기 신청을 한 자'에게 통보해야 한다.

(2) 소방시설등의 자체점검 결과의 조치 등(법 제23조)

① 특정소방대상물의 관계인은 위 **(1)**의 ①에 따른 자체점검 결과 소화펌프 고장 등 대통령령으로 정하는 중대위반사항[이하 **(2)**에서 '중대위반사항'이라 한다]이 발견된 경우에는 지체 없이 '수리 등 필요한 조치'를 하여야 한다.
② '관리업자등'은 자체점검 결과 중대위반사항을 발견한 경우 즉시 관계인에게 알려야 한다. 이 경우 관계인은 지체 없이 수리 등 필요한 조치를 하여야 한다.
③ 특정소방대상물의 관계인은 위 **(1)**의 ①에 따라 자체점검을 한 경우에는 그 **점검 결과**를 행정안전부령으로 정하는 바에 따라 '소방시설등에 대한 수리·교체·정비에 관한 **이행계획**'[중대위반사항에 대한 조치사항을 포함한다. 이하 **(2)**에서 같다]을 첨부하여 소방본부장 또는 소방서장에게 **보고**하여야 한다. 이 경우 소방본부장 또는 소방서장은 '점검 결과 및 이행계획이 적합하지 아니하다고 인정되는 경우'에는 관계인에게 보완을 요구할 수 있다.
④ 특정소방대상물의 관계인은 위 ③에 따른 '이행계획'을 '행정안전부령으로 정하는 바에 따라 기간 내'에 완료하고, '소방본부장 또는 소방서장'에게 이행계획 완료 결과를 보고하여야 한다. 이 경우 '소방본부장 또는 소방서장'은 이행계획 완료 결과가 거짓 또는 허위로 작성되었다고 판단되는 경우에는 해당 특정소방대상물을 방문하여 그 이행계획 완료 여부를 확인할 수 있다.
⑤ 위 ④에도 불구하고 특정소방대상물의 관계인은 '천재지변이나 그 밖에 대통령령으로 정하는 사유'로 위 ③에 따른 이행계획을 완료하기 곤란한 경우에는 '소방본부장 또는 소방서장'에게 대통령령으로 정하는 바에 따라 '이행계획 완료'를 연기하여 줄 것을 신청할 수 있다. 이 경우 '소방본부장 또는 소방서장'은 연기 신청 승인 여부를 결정하고 '그 결과'를 관계인에게 알려주어야 한다.

⑥ '소방본부장 또는 소방서장'은 **관계인**이 '위 ④에 따라 이행계획을 완료하지 아니한 경우'에는 필요한 조치의 **이행을 명할 수 있고, 관계인**은 이에 따라야 한다.

> **관련법령** 소방시설등의 자체점검 결과의 조치 등(영 제34조)
>
> 위 **(2)**의 ①에서 '소화펌프 고장 등 대통령령으로 정하는 중대위반사항'이란 다음의 어느 하나에 해당하는 경우를 말한다.
> 1. 소화펌프(가압송수장치를 포함한다. 이하 같다), 동력·감시 제어반 또는 소방시설용 전원(비상전원을 포함한다)의 고장으로 소방시설이 작동되지 않는 경우
> 2. 화재 수신기의 고장으로 화재경보음이 자동으로 울리지 않거나 화재 수신기와 연동된 소방시설의 작동이 불가능한 경우
> 3. 소화배관 등이 폐쇄·차단되어 소화수(消火水) 또는 소화약제가 자동 방출되지 않는 경우
> 4. 방화문 또는 자동방화셔터가 훼손되거나 철거되어 본래의 기능을 못하는 경우

> **관련법령** 자체점검 결과에 따른 이행계획 완료의 연기(영 제35조)
>
> 1. 위 **(2)**의 ⑤ 전단에서 '대통령령으로 정하는 사유'란 다음의 어느 하나에 해당하는 사유를 말한다.
>   ㉠ 「재난 및 안전관리 기본법」 제3조 제1호에 해당하는 재난이 발생한 경우
>   ㉡ 경매 등의 사유로 소유권이 변동 중이거나 변동된 경우
>   ㉢ 관계인의 질병, 사고, 장기출장 등의 경우
>   ㉣ 그 밖에 관계인이 운영하는 사업에 부도 또는 도산 등 중대한 위기가 발생하여 이행계획을 완료하기 곤란한 경우
> 2. 위 **(2)**의 ⑤에 따라 이행계획 완료의 연기를 신청하려는 관계인은 행정안전부령으로 정하는 바에 따라 연기신청서에 연기의 사유 및 기간 등을 적어 소방본부장 또는 소방서장에게 제출해야 한다.
> 3. 위 2.에 따른 연기의 신청 및 연기신청서의 처리에 필요한 사항은 행정안전부령으로 정한다.

> **관련법령** 소방시설등의 자체점검 결과의 조치 등(규칙 제23조)
>
> 1. '관리업자 또는 소방안전관리자로 선임된 소방시설관리사 및 소방기술사'(이하 '**관리업자등**')는 '자체점검'을 실시한 경우는 위 **(1)**의 ①의 ㉠·㉡ 외의 부분 후단에 따라 그 점검이 끝난 날부터 **10일 이내**에 별지 제9호 서식의 **소방시설등 자체점검 실시결과 보고서**(전자문서로 된 보고서를 포함한다)에 '소방청장이 정하여 고시하는 **소방시설등점검표**'를 첨부하여 **관계인**에게 제출해야 한다.
> 2. '위 1.에 따른 자체점검 실시결과 보고서를 제출받거나 스스로 자체점검을 실시한 **관계인**'은 '위 **(2)**의 ③'에 따라 자체점검이 끝난 날부터 **15일 이내**에 별지 제9호 서식의 소방시설등 자체점검 실시결과 보고서(전자문서로 된 보고서를 포함한다)에 다음의 서류를 첨부하여 **소방본부장 또는 소방서장**에게 '**서면**'이나 '**소방청장이 지정하는 전산망**'을 통하여 보고해야 한다.
>   ㉠ 점검인력 배치확인서(관리업자가 점검한 경우만 해당한다)
>   ㉡ 별지 제10호 서식의 소방시설등의 자체점검 결과 이행계획서
> 3. 위 1. 및 2.에 따른 자체점검 실시결과의 보고기간에는 공휴일 및 토요일은 산입하지 않는다.
> 4. 위 2.에 따라 소방본부장 또는 소방서장에게 자체점검 실시결과 보고를 마친 **관계인**은 소방시설등 자체점검 실시결과 보고서(소방시설등점검표를 포함한다)를 점검이 끝난 날부터 **2년간** '자체 보관'해야 한다.

5. 위 2.에 따라 소방시설등의 자체점검 결과 이행계획서를 보고받은 **소방본부장 또는 소방서장**은 다음의 구분에 따라 '이행계획의 완료 기간'을 정하여 **관계인**에게 통보해야 한다. 다만, 소방시설등에 대한 수리·교체·정비의 규모 또는 절차가 복잡하여 다음의 기간 내에 이행을 완료하기가 어려운 경우에는 그 기간을 달리 정할 수 있다.
   ㉠ 소방시설등을 구성하고 있는 기계·기구를 수리하거나 정비하는 경우: 보고일부터 **10일 이내**
   ㉡ 소방시설등의 전부 또는 일부를 철거하고 새로 교체하는 경우: 보고일부터 **20일 이내**
6. 위 5.에 따른 완료기간 내에 이행계획을 완료한 **관계인**은 이행을 완료한 날부터 **10일 이내** 별지 제11호 서식의 '소방시설등의 자체점검 결과 **이행완료 보고서**'(전자문서로 된 보고서를 포함한다)에 다음의 서류(전자문서를 포함한다)를 첨부하여 **소방본부장 또는 소방서장**에게 보고해야 한다.
   ㉠ 이행계획 건별 전·후 사진 증명자료
   ㉡ 소방시설공사 계약서

> **관련법령** 이행계획 완료의 연기 신청 등(규칙 제24조)
>
> 1. 위 **(2)**의 ⑤ 및 영 제35조 제2항에 따라 '이행계획 완료의 **연기**를 신청하려는 **관계인**'은 '위 **(2)**의 ⑤'에 따른 '완료기간 만료일' **3일 전**까지 별지 제12호 서식의 소방시설등의 자체점검 결과 이행계획 완료 **연기신청서**(전자문서로 된 신청서를 포함한다)에 '기간 내에 이행계획을 완료하기 곤란함을 증명할 수 있는 서류'(전자문서를 포함한다)를 첨부하여 **소방본부장 또는 소방서장**에게 제출해야 한다.
> 2. 위 1.에 따른 '이행계획 완료의 연기신청서를 제출받은 **소방본부장 또는 소방서장**'은 '연기 신청을 받은 날부터' **3일 이내**에 위 **(2)**의 ⑤에 따른 완료기간의 연기 여부를 **결정**하여 별지 제13호 서식의 '소방시설등의 자체점검 결과 이행계획 완료 연기신청 결과 통지서'를 **연기 신청을 한 자**에게 '**통보**'해야 한다.

(3) 점검기록표 게시 등(법 제24조)

① 위 **(2)**의 ③에 따라 자체점검 결과 보고를 마친 **관계인**은 관리업자등, 점검일시, 점검자 등 자체점검과 관련된 사항을 **점검기록표**에 '기록'하여 특정소방대상물의 출입자가 쉽게 볼 수 있는 장소에 '게시'하여야 한다. 이 경우 점검기록표의 기록 등에 필요한 사항은 행정안전부령으로 정한다.

② **소방본부장 또는 소방서장**은 다음의 사항을 법 제48조에 따른 **전산시스템 또는 인터넷 홈페이지** 등을 통하여 **국민**에게 '**공개**'할 수 있다. 이 경우 공개 절차, 공개 기간 및 공개 방법 등 필요한 사항은 대통령령으로 정한다.
   ㉠ 자체점검 기간 및 점검자
   ㉡ 특정소방대상물의 정보 및 자체점검 결과
   ㉢ 그 밖에 소방본부장 또는 소방서장이 특정소방대상물을 이용하는 불특정다수인의 안전을 위하여 공개가 필요하다고 인정하는 사항

> **관련법령** 자체점검 결과 공개(영 제36조)
>
> 1. 소방본부장 또는 소방서장은 위 **(3)**의 ②에 따라 자체점검 결과를 공개하는 경우 **30일 이상** 법 제48조에 따른 **전산시스템** 또는 **인터넷 홈페이지** 등을 통해 '**공개**'해야 한다.
> 2. 소방본부장 또는 소방서장은 위 1.에 따라 자체점검 결과를 공개하려는 경우 공개 기간, 공개 내용 및 공개 방법을 해당 특정소방대상물의 **관계인**에게 미리 알려야 한다.
> 3. 특정소방대상물의 **관계인**은 위 2.에 따라 공개 내용 등을 통보받은 날부터 **10일 이내** 관할 **소방본부장 또는 소방서장**에게 **이의신청**을 할 수 있다.
> 4. 소방본부장 또는 소방서장은 위 3.에 따라 이의신청을 받은 날부터 **10일 이내**에 심사·결정하여 그 결과를 지체 없이 **신청인**에게 알려야 한다.
> 5. 자체점검 결과의 공개가 '제3자의 법익을 침해하는 경우'에는 제3자와 관련된 사실을 **제외**하고 공개해야 한다.

2. 소방시설관리사

(1) 소방시설관리사(법 제25조)

① 소방시설관리사(이하 '관리사'라 한다)가 되려는 사람은 소방청장이 실시하는 관리사시험에 합격하여야 한다.

② 위 ①에 따른 관리사시험의 응시자격, 시험방법, 시험과목, 시험위원, 그 밖에 관리사시험에 필요한 사항은 대통령령으로 정한다.

③ 관리사시험의 최종 합격자 발표일을 기준으로 다음 **(3)**의 결격사유에 해당하는 사람은 관리사시험에 응시할 수 없다.

④ 소방기술사 등 대통령령으로 정하는 사람에 대하여는 대통령령으로 정하는 바에 따라 위 ②에 따른 관리사시험 과목 가운데 일부를 면제할 수 있다.

⑤ 소방청장은 위 ①에 따른 관리사시험에 합격한 사람에게는 행정안전부령으로 정하는 바에 따라 소방시설관리사증을 발급하여야 한다.

⑥ 위 ⑤에 따라 소방시설관리사증을 발급받은 사람이 소방시설관리사증을 잃어버렸거나 못 쓰게 된 경우에는 행정안전부령으로 정하는 바에 따라 소방시설관리사증을 재발급받을 수 있다.

⑦ 관리사는 위 ⑤ 또는 ⑥에 따라 발급 또는 재발급받은 소방시설관리사증을 다른 사람에게 빌려주거나 빌려서는 아니 되며, 이를 알선하여서도 아니 된다.

⑧ 관리사는 동시에 둘 이상의 업체에 취업하여서는 아니 된다.

⑨ 법 제22조 제1항에 따른 기술자격자 및 법 제29조 제2항에 따라 관리업의 기술인력으로 등록된 관리사는 이 법과 이 법에 따른 명령에 따라 성실하게 자체점검 업무를 수행하여야 한다.

(2) 부정행위자에 대한 제재(법 제26조)

소방청장은 시험에서 부정한 행위를 한 응시자에 대하여는 그 시험을 정지 또는 무효로 하고, 그 처분이 있은 날부터 2년간 시험 응시자격을 정지한다.

(3) 관리사의 결격사유(법 제27조)

다음의 어느 하나에 해당하는 사람은 관리사가 될 수 없다.
① 피성년후견인
② 이 법, 「소방기본법」, 「화재의 예방 및 안전관리에 관한 법률」, 「소방시설공사업법」 또는 「위험물안전관리법」을 위반하여 금고 이상의 실형을 선고받고 그 집행이 끝나거나(집행이 끝난 것으로 보는 경우를 포함한다) 집행이 면제된 날부터 2년이 지나지 아니한 사람
③ 이 법, 「소방기본법」, 「화재의 예방 및 안전관리에 관한 법률」, 「소방시설공사업법」 또는 「위험물안전관리법」을 위반하여 금고 이상의 형의 집행유예를 선고받고 그 유예기간 중에 있는 사람
④ 다음 (4)에 따라 자격이 취소(위 ①에 해당하여 자격이 취소된 경우는 제외한다)된 날부터 2년이 지나지 아니한 사람

(4) 자격의 취소·정지(법 제28조)

소방청장은 관리사가 다음의 어느 하나에 해당할 때에는 행정안전부령으로 정하는 바에 따라 그 자격을 취소하거나 1년 이내의 기간을 정하여 그 자격의 정지를 명할 수 있다. 다만, 다음 ①, ④, ⑤ 또는 ⑦에 해당하면 그 자격을 취소하여야 한다.
① 거짓이나 그 밖의 부정한 방법으로 시험에 합격한 경우
② 「화재의 예방 및 안전관리에 관한 법률」 제25조 제2항에 따른 대행인력의 배치기준·자격·방법 등 준수사항을 지키지 아니한 경우
③ 법 제22조에 따른 점검을 하지 아니하거나 거짓으로 한 경우
④ 법 제25조 제7항을 위반하여 소방시설관리사증을 다른 사람에게 빌려준 경우
⑤ 법 제25조 제8항을 위반하여 동시에 둘 이상의 업체에 취업한 경우
⑥ 법 제25조 제9항을 위반하여 성실하게 자체점검 업무를 수행하지 아니한 경우
⑦ 법 제27조 각 호의 어느 하나에 따른 결격사유에 해당하게 된 경우

3. 소방시설관리업

(1) 소방시설관리업의 등록 등(법 제29조)

① 소방시설등의 점검 및 관리를 업으로 하려는 자 또는 「화재의 예방 및 안전관리에 관한 법률」 제25조에 따른 소방안전관리업무의 대행을 하려는 자는 대통령령으로 정하는 업종별로 **시·도지사**에게 소방시설관리업(이하 '관리업'이라 한다) 등록을 하여야 한다.

② 위 ①에 따른 업종별 기술인력 등 관리업의 등록기준 및 영업범위 등에 필요한 사항은 대통령령으로 정한다.

③ 관리업의 등록신청과 등록증·등록수첩의 발급·재발급 신청, 그 밖에 관리업의 등록에 필요한 사항은 행정안전부령으로 정한다.

> **관련법령 소방시설관리업의 등록기준 등(영 제45조)**
>
> 1. 위 (1)의 ①에 따른 소방시설관리업의 업종별 등록기준 및 영업범위는 [별표 9]와 같다.
> 2. 시·도지사는 위 (1)의 ①에 따른 등록신청이 '다음의 어느 하나에 해당하는 경우'를 '제외'하고는 등록을 해 주어야 한다.
>   ㉠ 위 1.에 따른 등록기준에 적합하지 않은 경우
>   ㉡ 등록을 신청한 자가 다음 (2)(등록의 결격사유)의 ①~⑤의 어느 하나에 해당하는 경우
>   ㉢ 그 밖에 이 법 또는 '소방 관계 법령에 따른 제한'에 위배되는 경우

(2) 등록의 결격사유(법 제30조)

다음의 어느 하나에 해당하는 자는 관리업의 등록을 할 수 없다.

① 피성년후견인

② 이 법, 「소방기본법」, 「화재의 예방 및 안전관리에 관한 법률」, 「소방시설공사업법」 또는 「위험물안전관리법」을 위반하여 금고 이상의 실형을 선고받고 그 집행이 끝나거나(집행이 끝난 것으로 보는 경우를 포함한다) 집행이 면제된 날부터 2년이 지나지 아니한 사람

③ 이 법, 「소방기본법」, 「화재의 예방 및 안전관리에 관한 법률」, 「소방시설공사업법」 또는 「위험물안전관리법」을 위반하여 금고 이상의 형의 집행유예를 선고받고 그 유예기간 중에 있는 사람

④ 다음 (7)의 ①에 따라 관리업의 등록이 취소(위 ①에 해당하여 등록이 취소된 경우는 제외한다)된 날부터 2년이 지나지 아니한 자

⑤ 임원 중에 위 ①부터 ④까지의 어느 하나에 해당하는 사람이 있는 법인

(3) 등록사항의 변경신고(법 제31조)

관리업자(관리업의 등록을 한 자를 말한다. 이하 같다)는 위 (1)에 따라 등록한 사항 중 행정안전부령으로 정하는 중요 사항이 변경되었을 때에는 행정안전부령으로 정하는 바에 따라 시·도지사에게 변경사항을 **신고**하여야 한다.

(4) 관리업자의 지위승계(법 제32조)

① 다음의 어느 하나에 해당하는 자는 종전의 관리업자의 지위를 승계한다.
   ㉠ 관리업자가 사망한 경우 그 상속인
   ㉡ 관리업자가 그 영업을 양도한 경우 그 양수인
   ㉢ 법인인 관리업자가 합병한 경우 합병 후 존속하는 법인이나 합병으로 설립되는 법인

② 「민사집행법」에 따른 경매, 「채무자 회생 및 파산에 관한 법률」에 따른 환가, 「국세징수법」, 「관세법」 또는 「지방세징수법」에 따른 압류재산의 매각과 그 밖에 이에 준하는 절차에 따라 관리업의 시설 및 장비의 전부를 인수한 자는 종전의 관리업자의 지위를 승계한다.

③ 위 ①이나 ②에 따라 종전의 관리업자의 지위를 승계한 자는 행정안전부령으로 정하는 바에 따라 시·도지사에게 신고하여야 한다.

④ 위 ①이나 ②에 따라 지위를 승계한 자의 결격사유에 관하여는 위 **(2)**를 준용한다. 다만, 상속인이 위 **(2)**의 어느 하나에 해당하는 경우에는 상속받은 날부터 3개월 동안은 그러하지 아니하다.

(5) 관리업의 운영(법 제33조)

① 관리업자는 이 법이나 이 법에 따른 명령 등에 맞게 소방시설등을 점검하거나 관리하여야 한다.

② 관리업자는 관리업의 등록증이나 등록수첩을 다른 자에게 빌려주거나 빌려서는 아니 되며, 이를 알선하여서도 아니 된다.

③ 관리업자는 다음의 어느 하나에 해당하는 경우에는 「화재의 예방 및 안전관리에 관한 법률」 제25조에 따라 소방안전관리업무를 대행하게 하거나 법 제22조 제1항에 따라 소방시설등의 점검업무를 수행하게 한 특정소방대상물의 관계인에게 지체 없이 그 사실을 알려야 한다.
 ㉠ 위 **(4)**에 따라 관리업자의 지위를 승계한 경우
 ㉡ 다음 **(7)**의 ①에 따라 관리업의 등록취소 또는 영업정지 처분을 받은 경우
 ㉢ 휴업 또는 폐업을 한 경우

④ 관리업자는 법 제22조 제1항 및 제2항에 따라 자체점검을 하거나 「화재의 예방 및 안전관리에 관한 법률」 제25조에 따른 소방안전관리업무의 대행을 하는 때에는 행정안전부령으로 정하는 바에 따라 소속 기술인력을 참여시켜야 한다.

⑤ 다음 **(7)**의 ①에 따라 등록취소 또는 영업정지 처분을 받은 관리업자는 그 날부터 소방안전관리업무를 대행하거나 소방시설등에 대한 점검을 하여서는 아니 된다. 다만, 영업정지처분의 경우 도급계약이 해지되지 아니한 때에는 대행 또는 점검 중에 있는 특정소방대상물의 소방안전관리업무 대행과 자체점검은 할 수 있다.

(6) 점검능력 평가 및 공시 등(법 제34조)

① 소방청장은 특정소방대상물의 관계인이 적정한 관리업자를 선정할 수 있도록 하기 위하여 관리업자의 신청이 있는 경우 해당 관리업자의 점검능력을 종합적으로 평가하여 공시하여야 한다.

② 위 ①에 따라 점검능력 평가를 신청하려는 관리업자는 소방시설등의 점검실적을 증명하는 서류 등을 행정안전부령으로 정하는 바에 따라 소방청장에게 제출하여야 한다.

③ 위 ①에 따른 점검능력 평가 및 공시방법, 수수료 등 필요한 사항은 행정안전부령으로 정한다.

④ 소방청장은 위 ①에 따른 점검능력을 평가하기 위하여 관리업자의 기술인력, 장비 보유현황, 점검실적 및 행정처분 이력 등 필요한 사항에 대하여 데이터베이스를 구축·운영할 수 있다.

(7) 등록의 취소와 영업정지 등(법 제35조)

① 시·도지사는 관리업자가 다음의 어느 하나에 해당하는 경우에는 행정안전부령으로 정하는 바에 따라 그 등록을 취소하거나 6개월 이내의 기간을 정하여 이의 시정이나 그 영업의 정지를 명할 수 있다. 다만, 다음 ㉠·㉣ 또는 ㉤에 해당할 때에는 등록을 취소하여야 한다.
 ㉠ 거짓이나 그 밖의 부정한 방법으로 등록을 한 경우
 ㉡ 법 제22조에 따른 점검을 하지 아니하거나 거짓으로 한 경우
 ㉢ 위 **(1)**의 ②에 따른 등록기준에 미달하게 된 경우
 ㉣ 위 **(2)**의 어느 하나에 해당하게 된 경우. 다만, 위 **(2)**의 ⑤에 해당하는 법인으로서 결격사유에 해당하게 된 날부터 2개월 이내에 그 임원을 결격사유가 없는 임원으로 바꾸어 선임한 경우는 제외한다.
 ㉤ 위 **(5)**의 ②를 위반하여 등록증 또는 등록수첩을 빌려준 경우
 ㉥ 위 **(6)**의 ①에 따른 점검능력 평가를 받지 아니하고 자체점검을 한 경우
② 위 **(4)**에 따라 관리업자의 지위를 승계한 상속인이 위 **(2)**의 어느 하나에 해당하는 경우에는 상속을 개시한 날부터 6개월 동안은 위 ①의 ㉣을 적용하지 아니한다.

(8) 과징금처분(법 제36조)

① 시·도지사는 위 **(7)**의 ①에 따라 영업정지를 명하는 경우로서 그 영업정지가 이용자에게 불편을 주거나 그 밖에 공익을 해칠 우려가 있을 때에는 영업정지처분을 갈음하여 **3천만원 이하의 과징금**을 부과할 수 있다.
② 위 ①에 따른 과징금을 부과하는 위반행위의 종류와 위반 정도 등에 따른 과징금의 금액, 그 밖에 필요한 사항은 행정안전부령으로 정한다.
③ 시·도지사는 위 ①에 따른 과징금을 내야 하는 자가 납부기한까지 내지 아니하면 「지방행정제재·부과금의 징수 등에 관한 법률」에 따라 징수한다.
④ 시·도지사는 위 ①에 따른 과징금의 부과를 위하여 필요한 경우에는 다음의 사항을 적은 문서로 관할 세무관서의 장에게 「국세기본법」 제81조의13에 따른 과세정보의 제공을 요청할 수 있다.
 ㉠ 납세자의 인적사항
 ㉡ 과세정보의 사용 목적
 ㉢ 과징금의 부과 기준이 되는 매출액

4. 소방용품의 품질관리

(1) 소방용품의 형식승인 등(법 제37조)

① '대통령령으로 정하는 소방용품'을 제조하거나 수입하려는 자는 **소방청장의 형식승인**을 받아야 한다. 다만, '연구개발 목적'으로 제조하거나 수입하는 소방용품은 그러하지 아니하다. 18회

② 위 ①에 따른 형식승인을 받으려는 자는 행정안전부령으로 정하는 기준에 따라 '형식승인을 위한 **시험시설**'을 갖추고 **소방청장의 심사**를 받아야 한다. 다만, '소방용품을 수입하는 자'가 '판매를 목적으로 하지 아니하고 자신의 건축물에 직접 설치하거나 사용하려는 경우' 등 '행정안전부령으로 정하는 경우'에는 시험시설을 갖추지 아니할 수 있다.

③ 위 ①과 ②에 따라 형식승인을 받은 자는 그 소방용품에 대하여 **소방청장**이 실시하는 **제품검사**를 받아야 한다. 28회

④ 위 ①에 따른 형식승인의 방법·절차 등과 위 ③에 따른 제품검사의 구분·방법·순서·합격표시 등에 필요한 사항은 행정안전부령으로 정한다.

⑤ '소방용품의 형상·구조·재질·성분·성능 등(이하 '형상등'이라 한다)의 **형식승인 및 제품검사**의 **기술기준** 등에 필요한 사항은 **소방청장**이 정하여 고시한다. 18회

⑥ 누구든지 다음의 어느 하나에 해당하는 소방용품을 판매하거나 판매 목적으로 진열하거나 소방시설공사에 사용할 수 없다.
  ㉠ 형식승인을 받지 아니한 것
  ㉡ 형상등을 임의로 변경한 것
  ㉢ 제품검사를 받지 아니하거나 합격표시를 하지 아니한 것

⑦ 소방청장, 소방본부장 또는 소방서장은 위 ⑥을 위반한 소방용품에 대하여는 그 제조자·수입자·판매자 또는 시공자에게 '수거·폐기 또는 교체' 등 '행정안전부령으로 정하는 필요한 조치'를 명할 수 있다.

⑧ **소방청장**은 소방용품의 작동기능, 제조방법, 부품 등이 위 ⑤에 따라 소방청장이 고시하는 형식승인 및 제품검사의 기술기준에서 정하고 있는 방법이 아닌 **새로운 기술이 적용된 제품**의 경우에는 '관련 전문가의 평가'를 거쳐 행정안전부령으로 정하는 바에 따라 위 ④에 따른 방법 및 절차와 **다른 방법 및 절차로 형식승인**을 할 수 있으며, '외국의 공인기관으로부터 인정받은 신기술 제품'은 형식승인을 위한 시험 중 **일부를 생략**하여 **형식승인**을 할 수 있다.

⑨ 다음의 어느 하나에 해당하는 소방용품의 형식승인 내용에 대하여 '공인기관의 평가 결과가 있는 경우' 형식승인 및 제품검사 시험 중 **일부만을 적용**하여 **형식승인 및 제품검사**를 할 수 있다.
  ㉠ 「군수품관리법」 제2조에 따른 군수품
  ㉡ 주한외국공관 또는 주한외국군 부대에서 사용되는 소방용품
  ㉢ 외국의 차관이나 국가 간의 협약 등에 따라 건설되는 공사에 사용되는 소방용품으로서 사전에 합의된 것
  ㉣ 그 밖에 특수한 목적으로 사용되는 소방용품으로서 소방청장이 인정하는 것

⑩ '하나의 소방용품에 **두 가지 이상**의 형식승인 사항 또는 형식승인과 성능인증 사항이 결합된 경우'에는 '두 가지 이상의 형식승인 또는 형식승인과 성능인증 시험'을 **함께 실시**하고 **하나의 형식승인**을 할 수 있다.
⑪ 위 ⑨ 및 ⑩에 따른 형식승인의 방법 및 절차 등에 필요한 사항은 행정안전부령으로 정한다.

> **관련법령** | **형식승인 대상 소방용품(영 제46조)**
>
> 위 (1)의 ① 본문에서 '대통령령으로 정하는 소방용품'이란 [별표 3]의 소방용품(같은 표 제1호 나목의 자동소화장치 중 **상업용 주방자동소화장치**는 '제외'한다)을 말한다.

(2) 형식승인의 변경(법 제38조)

① 위 (1)의 ① 및 ⑩에 따른 형식승인을 받은 자가 해당 소방용품에 대하여 '형상등의 일부를 **변경**'하려면 **소방청장**의 **변경승인**을 받아야 한다.
② 위 ①에 따른 변경승인의 대상·구분·방법 및 절차 등에 필요한 사항은 행정안전부령으로 정한다.

(3) 형식승인의 취소 등(법 제39조)

① **소방청장**은 소방용품의 형식승인을 받았거나 제품검사를 받은 자가 다음의 어느 하나에 해당할 때에는 행정안전부령으로 정하는 바에 따라 그 **형식승인을 취소**하거나 6개월 이내의 기간을 정하여 **제품검사의 중지를 명할 수 있다**. 다만, 다음 ㉠·㉢ **또는** ㉤의 경우에는 해당 소방용품의 **형식승인을 취소하여야 한다**.
  ㉠ 거짓이나 그 밖의 부정한 방법으로 위 (1)의 ① 및 ⑩에 따른 형식승인을 받은 경우
  ㉡ 위 (1)의 ②에 따른 시험시설의 시설기준에 미달되는 경우
  ㉢ 거짓이나 그 밖의 부정한 방법으로 위 (1)의 ③에 따른 제품검사를 받은 경우
  ㉣ 제품검사 시 위 (1)의 ⑤에 따른 기술기준에 미달되는 경우
  ㉤ 위 (2)에 따른 변경승인을 받지 아니하거나 거짓이나 그 밖의 부정한 방법으로 변경승인을 받은 경우
② 위 ①에 따라 '소방용품의 형식승인이 취소된 자'는 그 취소된 날부터 **2년 이내**에는 형식승인이 취소된 소방용품과 동일한 품목에 대하여 형식승인을 받을 수 없다. 19회 주관식

(4) 소방용품의 성능인증 등(법 제40조)

① **소방청장**은 '제조자 또는 수입자 등의 요청이 있는 경우' 소방용품에 대하여 **성능인증**을 할 수 있다. 18회
② '위 ①에 따라 성능인증을 받은 자'는 그 소방용품에 대하여 **소방청장**의 **제품검사**를 받아야 한다. 28회
③ 위 ①에 따른 성능인증의 대상·신청·방법 및 성능인증서 발급에 관한 사항과 위 ②에 따른 제품검사의 구분·대상·절차·방법·합격표시 및 수수료 등에 필요한 사항은 행정안전부령으로 정한다.

④ 위 ①에 따른 성능인증 및 위 ②에 따른 제품검사의 기술기준 등에 필요한 사항은 **소방청장**이 정하여 고시한다.
⑤ '위 ②에 따른 제품검사에 합격하지 아니한 소방용품'에는 성능인증을 받았다는 표시를 하거나 제품검사에 합격하였다는 표시를 하여서는 아니 되며, 제품검사를 받지 아니하거나 합격표시를 하지 아니한 소방용품을 판매 또는 판매 목적으로 진열하거나 소방시설공사에 사용하여서는 아니 된다.
⑥ '하나의 소방용품에 성능인증 사항이 **두 가지 이상** 결합된 경우'에는 해당 **성능인증 시험**을 **모두 실시하고 하나의 성능인증**을 할 수 있다. 28회
⑦ 위 ⑥에 따른 성능인증의 방법 및 절차 등에 필요한 사항은 행정안전부령으로 정한다.

(5) 성능인증의 변경(법 제41조)
① 위 **(4)**의 ① 및 ⑥에 따른 성능인증을 받은 자가 해당 소방용품에 대하여 형상등의 일부를 **변경**하려면 **소방청장**의 **변경인증**을 받아야 한다.
② 위 ①에 따른 변경인증의 대상·구분·방법 및 절차 등에 필요한 사항은 행정안전부령으로 정한다.

(6) 성능인증의 취소 등(법 제42조)
① **소방청장**은 소방용품의 성능인증을 받았거나 제품검사를 받은 자가 다음의 어느 하나에 해당하는 때에는 행정안전부령으로 정하는 바에 따라 해당 소방용품의 '**성능인증**'을 취소하거나 **6개월 이내**의 기간을 정하여 해당 소방용품의 '**제품검사**' **중지**를 명할 수 있다. 다만, 다음 ㉠·㉡ 또는 ㉤에 해당하는 경우에는 해당 소방용품의 성능인증을 **취소하여야 한다**.
  ㉠ 거짓이나 그 밖의 부정한 방법으로 위 **(4)**의 ① 및 ⑥에 따른 성능인증을 받은 경우
  ㉡ 거짓이나 그 밖의 부정한 방법으로 위 **(4)**의 ②에 따른 제품검사를 받은 경우
  ㉢ 제품검사 시 위 **(4)**의 ④에 따른 기술기준에 미달되는 경우
  ㉣ 위 **(4)**의 ⑤를 위반한 경우
  ㉤ 위 **(5)**에 따라 변경인증을 받지 아니하고 해당 소방용품에 대하여 형상등의 일부를 변경하거나 거짓이나 그 밖의 부정한 방법으로 변경인증을 받은 경우
② 위 ①에 따라 소방용품의 **성능인증**이 **취소**된 자는 그 취소된 날부터 **2년 이내**에는 성능인증이 취소된 소방용품과 동일한 품목에 대하여는 성능인증을 받을 수 없다. 28회

(7) 우수품질 제품에 대한 인증(법 제43조)
① **소방청장**은 법 위 **(1)**에 따른 형식승인의 대상이 되는 소방용품 중 품질이 우수하다고 인정하는 소방용품에 대하여 인증(이하 '**우수품질인증**'이라 한다)을 할 수 있다.
② 우수품질인증을 받으려는 자는 행정안전부령으로 정하는 바에 따라 소방청장에게 신청하여야 한다.
③ 우수품질인증을 받은 소방용품에는 우수품질인증 표시를 할 수 있다.

④ 우수품질인증의 유효기간은 **5년의 범위**에서 '행정안전부령'으로 정한다. 18회
⑤ 소방청장은 다음의 어느 하나에 해당하는 경우에는 우수품질인증을 **취소할 수 있다**. 다만, 다음 ㉠에 해당하는 경우에는 우수품질인증을 **취소하여야 한다**.
  ㉠ 거짓이나 그 밖의 부정한 방법으로 우수품질인증을 받은 경우
  ㉡ 우수품질인증을 받은 제품이 「발명진흥법」 제2조 제4호에 따른 산업재산권 등 타인의 권리를 침해하였다고 판단되는 경우
⑥ 위 ①부터 ⑤까지에서 규정한 사항 외에 우수품질인증을 위한 기술기준, 제품의 품질관리 평가, 우수품질인증의 갱신, 수수료, 인증표시 등 우수품질인증에 필요한 사항은 행정안전부령으로 정한다.

(8) 우수품질인증 소방용품에 대한 지원 등(법 제44조)

다음의 어느 하나에 해당하는 기관 및 단체는 건축물의 신축·증축 및 개축 등으로 소방용품을 변경 또는 신규 비치하여야 하는 경우 '우수품질인증 소방용품'을 우선 구매·사용하도록 노력하여야 한다.
① 중앙행정기관
② 지방자치단체
③ 「공공기관의 운영에 관한 법률」 제4조에 따른 공공기관(이하 '공공기관'이라 한다)
④ 그 밖에 대통령령으로 정하는 기관

> **관련법령** 우수품질인증 소방용품 우선 구매·사용 기관(영 제47조)
> 위 **(8)**의 ④에서 '대통령령으로 정하는 기관'이란 다음의 기관을 말한다.
> 1. 「지방공기업법」 제49조에 따라 설립된 지방공사 및 같은 법 제76조에 따라 설립된 지방공단
> 2. 「지방자치단체 출자·출연 기관의 운영에 관한 법률」 제2조에 따른 출자·출연 기관

(9) 소방용품의 제품검사 후 수집검사 등(법 제45조)

① **소방청장**은 소방용품의 품질관리를 위하여 필요하다고 인정할 때에는 '유통 중인 소방용품'을 수집하여 **검사할 수 있다**. 18회
② **소방청장**은 위 ①에 따른 수집검사 결과 행정안전부령으로 정하는 **중대한 결함**이 있다고 인정되는 소방용품에 대하여는 그 **제조자** 및 **수입자**에게 행정안전부령으로 정하는 바에 따라 회수·교환·폐기 또는 판매중지를 명하고, 형식승인 또는 성능인증을 취소할 수 있다.
③ 위 ②에 따라 소방용품의 회수·교환·폐기 또는 판매중지 명령을 받은 **제조자** 및 **수입자**는 해당 소방용품이 '이미 판매되어 사용 중인 경우' 행정안전부령으로 정하는 바에 따라 구매자에게 그 사실을 알리고 회수 또는 교환 등 필요한 조치를 하여야 한다.
④ **소방청장**은 위 ②에 따라 회수·교환·폐기 또는 판매중지를 명하거나 형식승인 또는 성능인증을 취소한 때에는 행정안전부령으로 정하는 바에 따라 그 사실을 **소방청 홈페이지** 등에 **공표**하여야 한다.

CHAPTER

04 보칙 및 벌칙

CHAPTER 미리보기

─ 보칙
　　　　　└ 벌칙

학습전략

아래 학습키워드에 나오는 용어의 정의 위주로 학습하시기 바랍니다.

학습키워드

- 제품검사 전문기관
- 조치명령등

1. 보칙

(1) 제품검사 전문기관의 지정 등(법 제46조)

① **소방청장**은 법 제37조 제3항 및 법 제40조 제2항에 따른 제품검사를 전문적·효율적으로 실시하기 위하여 다음의 요건을 모두 갖춘 기관을 **제품검사 전문기관**(이하 '전문기관'이라 한다)으로 지정할 수 있다.
  ㉠ 다음의 어느 하나에 해당하는 기관일 것
    ⓐ 「과학기술분야 정부출연연구기관 등의 설립·운영 및 육성에 관한 법률」 제8조에 따라 설립된 연구기관
    ⓑ 공공기관
    ⓒ 소방용품의 시험·검사 및 연구를 주된 업무로 하는 비영리 법인
  ㉡ 「국가표준기본법」 제23조에 따라 인정을 받은 시험·검사기관일 것
  ㉢ 행정안전부령으로 정하는 검사인력 및 검사설비를 갖추고 있을 것
  ㉣ 기관의 대표자가 법 제27조 제1호부터 제3호까지의 어느 하나에 해당하지 아니할 것
  ㉤ 다음 (2)에 따라 전문기관의 지정이 취소된 경우 그 지정이 취소된 날부터 **2년**이 경과하였을 것
② 전문기관 지정의 방법 및 절차 등에 필요한 사항은 행정안전부령으로 정한다.
③ **소방청장**은 위 ①에 따라 전문기관을 지정하는 경우에는 소방용품의 품질 향상, 제품검사의 기술개발 등에 드는 비용을 부담하게 하는 등 필요한 **조건**을 붙일 수 있다. 이 경우 그 조건은 공공의 이익을 증진하기 위하여 필요한 **최소한도**에 그쳐야 하며, **부당한 의무**를 부과하여서는 아니 된다.
④ **전문기관**은 행정안전부령으로 정하는 바에 따라 '제품검사 실시 현황'을 **소방청장**에게 보고하여야 한다.
⑤ **소방청장**은 '전문기관을 지정한 경우'에는 행정안전부령으로 정하는 바에 따라 전문기관의 '제품검사 업무'에 대한 **평가**를 실시할 수 있으며, '제품검사를 받은 소방용품'에 대하여 **확인검사**를 할 수 있다.
⑥ **소방청장**은 위 ⑤에 따라 전문기관에 대한 **평가**를 실시하거나 **확인검사**를 실시한 때에는 그 '평가 결과' 또는 '확인검사 결과'를 행정안전부령으로 정하는 바에 따라 **공표**할 수 있다.
⑦ **소방청장**은 위 ⑤에 따른 확인검사를 실시하는 때에는 행정안전부령으로 정하는 바에 따라 **전문기관**에 대하여 '확인검사에 드는 비용'을 부담하게 할 수 있다.

(2) 전문기관의 지정취소 등(법 제47조)

소방청장은 전문기관이 다음의 어느 하나에 해당할 때에는 그 **지정을 취소**하거나 6개월 이내의 기간을 정하여 그 **업무의 정지**를 명할 수 있다. 다만, 다음 ①에 해당할 때에는 그 지정을 **취소하여야 한다.**
① 거짓이나 그 밖의 부정한 방법으로 지정을 받은 경우

② 정당한 사유 없이 1년 이상 계속하여 제품검사 또는 실무교육 등 지정받은 업무를 수행하지 아니한 경우

③ 위 **(1)**의 ①의 ㉠~㉤ 요건을 갖추지 못하거나 위 **(1)**의 ③에 따른 조건을 위반한 경우

④ 다음 **(7)**의 ①으 ㉦에 따른 감독 결과 이 법이나 다른 법령을 위반하여 전문기관으로서의 업무를 수행하는 것이 부적당하다고 인정되는 경우

(3) 전산시스템 구축 및 운영(법 제48조)

① **소방청장, 소방본부장** 또는 **소방서장**은 특정소방대상물의 체계적인 안전관리를 위하여 다음의 정보가 포함된 **전산시스템**을 구축·운영하여야 한다.
㉠ 법 제6조 제3항에 따라 제출받은 설계도면의 관리 및 활용
㉡ 법 제23조 제3항에 따라 보고받은 자체점검 결과의 관리 및 활용
㉢ 그 밖에 소방청장, 소방본부장 또는 소방서장이 필요하다고 인정하는 자료의 관리 및 활용

② 소방청장, 소방본부장 또는 소방서장은 위 ①에 따른 전산시스템의 구축·운영에 필요한 자료의 제출 또는 정보의 제공을 관계 행정기관의 장에게 요청할 수 있다. 이 경우 자료의 제출이나 정보의 제공을 요청받은 관계 행정기관의 장은 정당한 사유가 없으면 이에 따라야 한다.

(4) 청문(법 제49조)

소방청장 또는 시·도지사는 다음의 어느 하나에 해당하는 처분을 하려면 **청문**을 하여야 한다.
① 법 제28조에 따른 관리사 자격의 취소 및 정지
② 법 제35조 제1항에 따른 관리업의 등록취소 및 영업정지
③ 법 제39조에 따른 소방용품의 형식승인 취소 및 제품검사 중지
④ 법 제42조에 따른 성능인증의 취소
⑤ 법 제43조 제5항에 따른 우수품질인증의 취소
⑥ 법 제47조에 따른 전문기관의 지정취소 및 업무정지

(5) 권한 또는 업무의 위임·위탁 등(법 제50조)

① 이 법에 따른 소방청장 또는 시·도지사의 권한은 대통령령으로 정하는 바에 따라 그 일부를 소속 기관의 장, 시·도지사, 소방본부장 또는 소방서장에게 위임할 수 있다.

② 소방청장은 다음의 업무를 「소방산업의 진흥에 관한 법률」 제14조에 따른 **한국소방산업기술원**(이하 '기술원'이라 한다)에 위탁할 수 있다. 이 경우 소방청장은 기술원에 소방시설 및 소방용품에 관한 기술개발·연구 등에 필요한 경비의 일부를 보조할 수 있다.
㉠ 법 제21조에 따른 방염성능검사 중 대통령령으로 정하는 검사
㉡ 법 제37조 제1항·제2항 및 제8항부터 제10항까지의 규정에 따른 소방용품의 형식승인
㉢ 법 제38조에 따른 형식승인의 변경승인

ⓔ 법 제39조 제1항에 따른 형식승인의 취소
　　ⓜ 법 제40조 제1항·제6항에 따른 성능인증 및 법 제42조에 따른 성능인증의 취소
　　ⓗ 법 제41조에 따른 성능인증의 변경인증
　　ⓢ 법 제43조에 따른 우수품질인증 및 그 취소
③ **소방청장**은 법 제37조 제3항 및 법 제40조 제2항에 따른 제품검사 업무를 **기술원** 또는 **전문기관**에 위탁할 수 있다.
④ 위 ② 및 ③에 따라 위탁받은 업무를 수행하는 기술원 및 전문기관이 갖추어야 하는 시설기준 등에 관하여 필요한 사항은 행정안전부령으로 정한다.
⑤ 소방청장은 다음의 업무를 대통령령으로 정하는 바에 따라 소방기술과 관련된 법인 또는 단체에 위탁할 수 있다.
　　㉠ 표준자체점검비의 산정 및 공표
　　㉡ 법 제25조 제5항 및 제6항에 따른 소방시설관리사증의 발급·재발급
　　㉢ 법 제34조 제1항에 따른 점검능력 평가 및 공시
　　㉣ 법 제34조 제4항에 따른 데이터베이스 구축·운영
⑥ **소방청장**은 법 제14조 제3항에 따른 '건축 환경 및 화재위험특성 변화 추세 연구에 관한 업무'를 대통령령으로 정하는 바에 따라 **화재안전 관련 전문연구기관**에 위탁할 수 있다. 이 경우 소방청장은 '연구에 필요한 경비'를 '지원'할 수 있다.
⑦ 위 ②부터 ⑥까지의 규정에 따라 위탁받은 업무에 종사하고 있거나 종사하였던 사람은 업무를 수행하면서 알게 된 비밀을 이 법에서 정한 목적 외의 용도로 사용하거나 다른 사람 또는 기관에 제공하거나 누설하여서는 아니 된다.

> **관련법령** | **권한 또는 업무의 위임·위탁 등(영 제48조)**
>
> 1. **소방청장**은 위 **(5)**의 ①에 따라 화재안전기준 중 기술기준에 대한 법 제19조 각 호에 따른 관리·운영 권한을 **국립소방연구원장**에게 위임한다.
> 2. 위 **(5)**의 ②의 ㉠에서 '대통령령으로 정하는 검사'란 영 제31조 제1항에 따른 방염대상물품에 대한 방염성능검사(영 제32조 각 호에 따라 설치 현장에서 방염처리를 하는 합판·목재류에 대한 방염성능검사는 '제외')를 말한다.
> 3. 소방청장은 위 **(5)**의 ⑤에 따라 다음의 업무를 소방청장의 허가를 받아 설립한 소방기술과 관련된 법인 또는 단체 중 해당 업무를 처리하는 데 필요한 관련 인력과 장비를 갖춘 법인 또는 단체에 위탁한다. 이 경우 소방청장은 위탁받는 기관의 명칭·주소·대표자 및 위탁 업무의 내용을 고시해야 한다.
>   ㉠ 표준자체점검비의 산정 및 공표
>   ㉡ 법 제25조 제5항 및 제6항에 따른 소방시설관리사증의 발급·재발급
>   ㉢ 법 제34조 제1항에 따른 점검능력 평가 및 공시
>   ㉣ 법 제34조 제4항에 따른 데이터베이스 구축·운영

(6) 벌칙 적용에서 공무원 의제(법 제51조)

다음의 어느 하나에 해당하는 자는 「형법」 제129조부터 제132조까지의 규정을 적용할 때에는 공무원으로 본다.
① '평가단'의 구성원 중 공무원이 아닌 사람
② 중앙위원회 및 지방위원회의 위원 중 공무원이 아닌 사람
③ 위 (5)의 ②부터 ⑥까지의 규정에 따라 위탁받은 업무를 수행하는 '기술원', '전문기관', 법인 또는 단체, '화재안전 관련 전문연구기관'의 담당 임직원

(7) 감독(법 제52조)

① 소방청장, 시·도지사, 소방본부장 또는 소방서장은 다음의 어느 하나에 해당하는 자, 사업체 또는 소방대상물 등의 감독을 위하여 필요하면 관계인에게 필요한 보고 또는 자료제출을 명할 수 있으며, 관계 공무원으로 하여금 소방대상물·사업소·사무소 또는 사업장에 출입하여 관계 서류·시설 및 제품 등을 검사하게 하거나 관계인에게 질문하게 할 수 있다.
 ㉠ 법 제22조에 따라 관리업자등이 점검한 특정소방대상물
 ㉡ 법 제25조에 따른 관리사
 ㉢ 법 제29조 제1항에 따른 등록한 관리업자
 ㉣ 법 제37조 제1항부터 제3항까지 및 제10항에 따른 소방용품의 형식승인, 제품검사 또는 시험시설의 심사를 받은 자
 ㉤ 법 제38조 제1항에 따라 변경승인을 받은 자
 ㉥ 법 제40조 제1항·제2항 및 제6항에 따라 성능인증 및 제품검사를 받은 자
 ㉦ 법 제46조 제1항에 따라 지정을 받은 전문기관
 ㉧ 소방용품을 판매하는 자
② 위 ①에 따라 출입·검사 업무를 수행하는 관계 공무원은 그 권한을 표시하는 증표를 지니고 이를 관계인에게 내보여야 한다.
③ 위 ①에 따라 출입·검사 업무를 수행하는 관계 공무원은 관계인의 정당한 업무를 방해하거나 출입·검사 업무를 수행하면서 알게 된 비밀을 다른 사람에게 누설하여서는 아니 된다.

(8) 수수료 등(법 제53조)

다음의 어느 하나에 해당하는 자는 행정안전부령으로 정하는 수수료를 내야 한다.
① 법 제21조에 따른 방염성능검사를 받으려는 자
② 법 제25조 제1항에 따른 관리사시험에 응시하려는 사람
③ 〈이하 생략〉

(9) 조치명령등의 기간연장(법 제54조)

① '다음에 따른 조치명령 또는 이행명령(이하 '**조치명령등**'이라 한다)을 받은 관계인 등'은 **천재지변**이나 그 밖에 대통령령으로 정하는 사유로 '조치명령등을 그 기간 내에 이행할 수 없는 경우'에는 '조치명령등을 명령한 소방청장, 소방본부장 또는 소방서장'에게 대통령령으로 정하는 바에 따라 **조치명령등**을 **연기**하여 줄 것을 신청할 수 있다.

　㉠ 법 제12조 제2항에 따른 소방시설에 대한 조치명령
　㉡ 법 제16조 제2항에 따른 피난시설, 방화구획 또는 방화시설에 대한 조치명령
　㉢ 법 제20조 제2항에 따른 방염대상물품의 제거 또는 방염성능검사 조치명령
　㉣ 법 제23조 제6항에 따른 소방시설에 대한 이행계획 조치명령
　㉤ 법 제37조 제7항에 따른 형식승인을 받지 아니한 소방용품의 수거·폐기 또는 교체 등의 조치명령
　㉥ 법 제45조 제2항에 따른 중대한 결함이 있는 소방용품의 회수·교환·폐기 조치명령

② 위 ①에 따라 '연기신청을 받은 **소방청장, 소방본부장 또는 소방서장**'은 **연기 신청 승인 여부**를 **결정**하고 그 결과를 '조치명령등의 이행 기간 내'에 **관계인등**에게 알려주어야 한다.

관련법령　조치명령등의 기간연장(영 제49조)

1. 위 **(9)**의 ①의 ㉠~㉥ 외의 부분에서 '대통령령으로 정하는 사유'란 다음의 어느 하나에 해당하는 사유를 말한다.
　㉠ 「재난 및 안전관리 기본법」 제3조 제1호에 해당하는 재난이 발생한 경우
　㉡ 경매 등의 사유로 소유권이 변동 중이거나 변동된 경우
　㉢ 관계인의 질병, 사고, 장기출장의 경우
　㉣ 시장·상가·복합건축물 등 소방대상물의 관계인이 여러 명으로 구성되어 위 **(9)**의 ①의 ㉠~㉥에 따른 조치명령 또는 이행명령(이하 '조치명령등'이라 한다)의 이행에 대한 의견을 조정하기 어려운 경우
　㉤ 그 밖에 관계인이 운영하는 사업에 부도 또는 도산 등 중대한 위기가 발생하여 조치명령등을 그 기간 내에 이행할 수 없는 경우
2. 위 **(9)**의 ①에 따라 '조치명령등의 연기를 신청하려는 관계인 등'은 행정안전부령으로 정하는 '연기신청서'에 연기의 사유 및 기간 등을 적어 소방청장, 소방본부장 또는 소방서장에게 제출해야 한다.
3. 위 2.에 따른 연기의 신청 및 연기신청서의 처리에 필요한 사항은 '행정안전부령'으로 정한다.

관련법령　조치명령등의 연기 신청(규칙 제42조)

1. 위 **(9)**의 ①에 따라 조치명령 또는 이행명령(이하 '조치명령등'이라 한다)의 연기를 신청하려는 관계인 등은 영 제49조 제2항에 따라 조치명령등의 이행기간 만료일 **5일 전**까지 별지 제33호 서식에 따른 조치명령등의 연기신청서(전자문서로 된 신청서를 '포함'한다)에 '조치명령등을 그 기간 내에 이행할 수 없음을 증명할 수 있는 서류'(전자문서를 포함한다)를 첨부하여 소방청장, 소방본부장 또는 소방서장에게 제출해야 한다.
2. 위 1.에 따른 신청서를 제출받은 '소방청장, 소방본부장 또는 소방서장'은 '신청받은 날'부터 **3일 이내**에 조치명령등의 연기 신청 승인 여부를 결정하여 별지 제34호 서식의 조치명령등의 연기통지서를 관계인 등에게 통지해야 한다.

(10) 위반행위의 신고 및 신고포상금의 지급(법 제55조)

① 누구든지 '소방본부장 또는 소방서장'에게 다음의 어느 하나에 해당하는 행위를 한 자를 신고할 수 있다.
  ㉠ 법 제12조 제1항을 위반하여 소방시설을 설치 또는 관리한 자
  ㉡ 법 제12조 제3항을 위반하여 폐쇄·차단 등의 행위를 한 자
  ㉢ 법 제16조 제1항 각 호의 어느 하나에 해당하는 행위를 한 자
② **소방본부장 또는 소방서장**은 위 ①에 따른 신고를 받은 경우 신고 내용을 확인하여 이를 신속하게 처리하고, 그 처리결과를 행정안전부령으로 정하는 방법 및 절차에 따라 **신고자**에게 '통지'하여야 한다.
③ **소방본부장 또는 소방서장**은 위 ①에 따른 신고를 한 사람에게 '예산의 범위'에서 **포상금**을 지급할 수 있다.
④ 위 ③에 따른 신고포상금의 지급대상, 지급기준, 지급절차 등에 필요한 사항은 시·도의 조례로 정한다.

2. 벌칙

(1) 벌칙(법 제56조)

① 법 제12조 제3항 본문을 위반하여 소방시설에 폐쇄·차단 등의 행위를 한 자는 5년 이하의 징역 또는 5천만원 이하의 벌금에 처한다.
② 위 ①의 죄를 범하여 사람을 상해에 이르게 한 때에는 7년 이하의 징역 또는 7천만원 이하의 벌금에 처하며, 사망에 이르게 한 때에는 10년 이하의 징역 또는 1억원 이하의 벌금에 처한다.

(2) 벌칙(법 제57조)

다음의 어느 하나에 해당하는 자는 3년 이하의 징역 또는 3천만원 이하의 벌금에 처한다.
① 법 제12조 제2항, 법 제15조 제3항, 법 제16조 제2항, 법 제20조 제2항, 법 제23조 제6항, 법 제37조 제7항 또는 법 제45조 제2항에 따른 명령을 정당한 사유 없이 위반한 자
② 법 제29조 제1항을 위반하여 관리업의 등록을 하지 아니하고 영업을 한 자
③ 법 제37조 제1항, 제2항 및 제10항을 위반하여 소방용품의 형식승인을 받지 아니하고 소방용품을 제조하거나 수입한 자 또는 거짓이나 그 밖의 부정한 방법으로 형식승인을 받은 자
④ 법 제37조 제3항을 위반하여 제품검사를 받지 아니한 자 또는 거짓이나 그 밖의 부정한 방법으로 제품검사를 받은 자
⑤ 법 제37조 제6항을 위반하여 소방용품을 판매·진열하거나 소방시설공사에 사용한 자
⑥ 법 제40조 제1항 및 제2항을 위반하여 거짓이나 그 밖의 부정한 방법으로 성능인증 또는 제품검사를 받은 자

⑦ 법 제40조 제5항을 위반하여 제품검사를 받지 아니하거나 합격표시를 하지 아니한 소방용품을 판매·진열하거나 소방시설공사에 사용한 자
⑧ 법 제45조 제3항을 위반하여 구매자에게 명령을 받은 사실을 알리지 아니하거나 필요한 조치를 하지 아니한 자
⑨ 거짓이나 그 밖의 부정한 방법으로 법 제46조 제1항에 따른 전문기관으로 지정을 받은 자

(3) 벌칙(법 제58조)

다음의 어느 하나에 해당하는 자는 1년 이하의 징역 또는 1천만원 이하의 벌금에 처한다.
① 법 제22조 제1항을 위반하여 소방시설등에 대하여 스스로 점검을 하지 아니하거나 관리업자등으로 하여금 정기적으로 점검하게 하지 아니한 자
② 법 제25조 제7항을 위반하여 소방시설관리사증을 다른 사람에게 빌려주거나 빌리거나 이를 알선한 자
③ 법 제25조 제8항을 위반하여 동시에 둘 이상의 업체에 취업한 자
④ 법 제28조에 따라 자격정지처분을 받고 그 자격정지기간 중에 관리사의 업무를 한 자
⑤ 법 제33조 제2항을 위반하여 관리업의 등록증이나 등록수첩을 다른 자에게 빌려주거나 빌리거나 이를 알선한 자
⑥ 법 제35조 제1항에 따라 영업정지처분을 받고 그 영업정지기간 중에 관리업의 업무를 한 자
⑦ 법 제37조 제3항에 따른 제품검사에 합격하지 아니한 제품에 합격표시를 하거나 합격표시를 위조 또는 변조하여 사용한 자
⑧ 법 제38조 제1항을 위반하여 형식승인의 변경승인을 받지 아니한 자
⑨ 법 제40조 제5항을 위반하여 제품검사에 합격하지 아니한 소방용품에 성능인증을 받았다는 표시 또는 제품검사에 합격하였다는 표시를 하거나 성능인증을 받았다는 표시 또는 제품검사에 합격하였다는 표시를 위조 또는 변조하여 사용한 자
⑩ 법 제41조 제1항을 위반하여 성능인증의 변경인증을 받지 아니한 자
⑪ 법 제43조 제1항에 따른 우수품질인증을 받지 아니한 제품에 우수품질인증 표시를 하거나 우수품질인증 표시를 위조하거나 변조하여 사용한 자
⑫ 법 제52조 제3항을 위반하여 관계인의 정당한 업무를 방해하거나 출입·검사 업무를 수행하면서 알게 된 비밀을 다른 사람에게 누설한 자

(4) 벌칙(법 제59조)

다음의 어느 하나에 해당하는 자는 300만원 이하의 벌금에 처한다.
① 법 제9조 제2항 및 법 제50조 제7항을 위반하여 업무를 수행하면서 알게 된 비밀을 이 법에서 정한 목적 외의 용도로 사용하거나 다른 사람 또는 기관에 제공하거나 누설한 자
② 법 제21조를 위반하여 방염성능검사에 합격하지 아니한 물품에 합격표시를 하거나 합격표시를 위조하거나 변조하여 사용한 자

③ 법 제21조 제2항을 위반하여 거짓 시료를 제출한 자
④ 법 제23조 제1항 및 제2항을 위반하여 필요한 조치를 하지 아니한 관계인 또는 관계인에게 중대위반사항을 알리지 아니한 관리업자등

(5) 양벌규정(법 제60조)

법인의 대표자나 법인 또는 개인의 대리인, 사용인, 그 밖의 종업원이 그 법인 또는 개인의 업무에 관하여 위 **(1)**부터 **(4)**까지의 어느 하나에 해당하는 위반행위를 하면 그 행위자를 벌하는 외에 그 법인 또는 개인에게도 해당 조문의 벌금형을 과(科)한다. 다만, 법인 또는 개인이 그 위반행위를 방지하기 위하여 해당 업무에 관하여 상당한 주의와 감독을 게을리하지 아니한 경우에는 그러하지 아니하다.

(6) 과태료(법 제61조)

① 다음의 어느 하나에 해당하는 자에게는 300만원 이하의 과태료를 부과한다.
  ㉠ 법 제12조 제1항을 위반하여 소방시설을 화재안전기준에 따라 설치·관리하지 아니한 자
  ㉡ 법 제15조 제1항을 위반하여 공사 현장에 임시소방시설을 설치·관리하지 아니한 자
  ㉢ 법 제16조 제1항을 위반하여 피난시설, 방화구획 또는 방화시설의 폐쇄·훼손·변경 등의 행위를 한 자
  ㉣ 법 제20조 제1항을 위반하여 방염대상물품을 방염성능기준 이상으로 설치하지 아니한 자
  ㉤ 법 제22조 제1항 전단을 위반하여 점검능력 평가를 받지 아니하고 점검을 한 관리업자
  ㉥ 법 제22조 제1항 후단을 위반하여 관계인에게 점검 결과를 제출하지 아니한 관리업자등
  ㉦ 법 제22조 제2항에 따른 점검인력의 배치기준 등 자체점검 시 준수사항을 위반한 자
  ㉧ 법 제23조 제3항을 위반하여 점검 결과를 보고하지 아니하거나 거짓으로 보고한 자
  ㉨ 법 제23조 제4항을 위반하여 이행계획을 기간 내에 완료하지 아니한 자 또는 이행계획 완료 결과를 보고하지 아니하거나 거짓으로 보고한 자
  ㉩ 법 제24조 제1항을 위반하여 점검기록표를 기록하지 아니하거나 특정소방대상물의 출입자가 쉽게 볼 수 있는 장소에 게시하지 아니한 관계인
  ㉪ 법 제31조 또는 법 제32조 제3항을 위반하여 신고를 하지 아니하거나 거짓으로 신고한 자
  ㉫ 법 제33조 제3항을 위반하여 지위승계, 행정처분 또는 휴업·폐업의 사실을 특정소방대상물의 관계인에게 알리지 아니하거나 거짓으로 알린 관리업자
  ㉬ 법 제33조 제4항을 위반하여 소속 기술인력의 참여 없이 자체점검을 한 관리업자
  ㉭ 법 제34조 제2항에 따른 점검실적을 증명하는 서류 등을 거짓으로 제출한 자
  ㉮ 법 제52조 제1항에 따른 명령을 위반하여 보고 또는 자료제출을 하지 아니하거나 거짓으로 보고 또는 자료제출을 한 자 또는 정당한 사유 없이 관계 공무원의 출입 또는 검사를 거부·방해 또는 기피한 자

② 위 ①에 따른 과태료는 대통령령으로 정하는 바에 따라 소방청장, 시·도지사, 소방본부장 또는 소방서장이 부과·징수한다.

PART 12

전기사업법

CHAPTER 01 총칙 등
CHAPTER 02 전력수급의 안정 등

최근 5개년
평균 출제문항 수 **2개**

최근 5개년
평균 출제비중 **5%**

PART 12 합격전략

제28회 시험까지 2문제(5%)씩 꾸준히 출제되었으며, 제29회 시험의 경우에도 2문제 정도가 출제될 것으로 예상됩니다.

특히, 최근에 개정 및 신설 부분이 많은 전기사업(5개) 및 전기신사업(6개)의 종류 및 그 의의를 정확하게 정리하시기 바라며, 기타 분산형전원, 전기공급의 의무, 전력시장 및 소규모전력중개시장, 전기공급약관 및 전기신사업의 약관, 전력시장운영규칙 및 중개시장운영규칙, 전력거래 등에 대하여는 철저한 이해가 필요합니다.

CHAPTER 01 총칙 등

회독체크 1 2 3

CHAPTER 미리보기

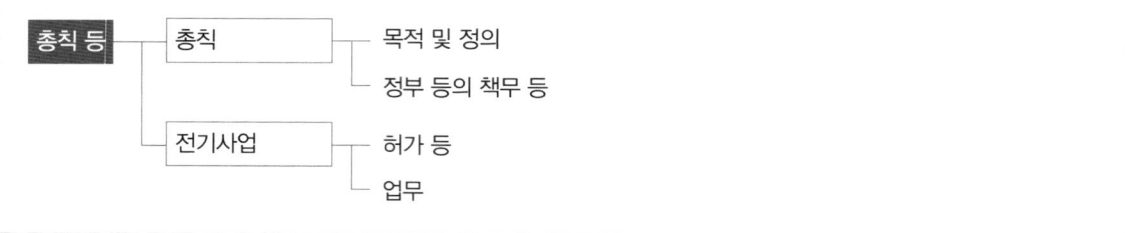

학습전략

「전기사업법」을 정확하게 이해하는 데 필요한 '용어의 정의'에 대한 부분으로서 1문제 정도가 꾸준히 출제되고 있으므로, 꼼꼼히 숙지하시기 바랍니다.

학습키워드

- 용어의 정의
- 전기사업의 허가 및 전기신사업의 등록
- 전기공급의 의무
- 전기공급약관의 인가
- 전기신사업의 약관 신고

제1절 총칙

1. 목적 및 정의

(1) 목적(법 제1조)

이 법은 전기사업에 관한 기본제도를 확립하고 전기사업의 경쟁과 새로운 기술 및 사업의 도입을 촉진함으로써 전기사업의 건전한 발전을 도모하고 전기사용자의 이익을 보호하여 국민경제의 발전에 이바지함을 목적으로 한다.

(2) 용어의 정의(법 제2조)

이 법에서 사용하는 용어의 뜻은 다음과 같다.
① **전기사업**: 발전사업·송전사업·배전사업·전기판매사업 및 구역전기사업을 말한다.
② **전기사업자**: 발전사업자·송전사업자·배전사업자·전기판매사업자 및 구역전기사업자를 말한다.
③ **발전사업**: 전기를 생산하여 이를 **전력시장**을 통하여 **전기판매사업자**에게 공급하는 것을 주된 목적으로 하는 사업을 말한다.
④ **발전사업자**: 발전사업의 허가를 받은 자를 말한다.
⑤ **송전사업**: 발전소에서 생산된 전기를 **배전사업자**에게 **송전**하는 데 필요한 '**전기설비**'를 설치·관리하는 것을 주된 목적으로 하는 사업을 말한다.
⑥ **송전사업자**: 송전사업의 허가를 받은 자를 말한다.
⑦ **배전사업**: 발전소로부터 송전된 전기를 **전기사용자**에게 **배전**하는 데 필요한 '**전기설비**'를 설치·운용하는 것을 주된 목적으로 하는 사업을 말한다.
⑧ **배전사업자**: 배전사업의 허가를 받은 자를 말한다.
⑨ **전기판매사업**: 전기사용자에게 전기를 공급하는 것을 주된 목적으로 하는 사업(전기자동차충전사업과 재생에너지전기공급사업 및 재생에너지전기저장판매사업은 제외한다)을 말한다.
⑩ **전기판매사업자**: 전기판매사업의 허가를 받은 자를 말한다.
⑪ **구역전기사업**: 대통령령으로 정하는 규모(3만 5천 킬로와트) 이하의 발전설비를 갖추고 특정한 공급구역의 수요에 맞추어 전기를 생산하여 '전력시장을 통하지 아니하고' 그 공급구역의 전기사용자에게 공급하는 것을 주된 목적으로 하는 사업을 말한다.
⑫ **구역전기사업자**: 구역전기사업의 허가를 받은 자를 말한다.
⑬ **전기신사업**: 전기자동차충전사업, 소규모전력중개사업, 재생에너지전기공급사업 및 통합발전소사업, **재생에너지전기저장판매사업** 및 **송전제약발생지역전기공급사업**을 말한다.
⑭ **전기신사업자**: 전기자동차충전사업자, 소규모전력중개사업자, 재생에너지전기공급사업자 및 통합발전소사업자, **재생에너지전기저장판매사업자** 및 **송전제약발생지역전기공급사업자**를 말한다.

⑮ **전기자동차충전사업**: 「환경친화적 자동차의 개발 및 보급 촉진에 관한 법률」 제2조 제3호에 따른 전기자동차(이하 '전기자동차'라 한다)에 전기를 유상으로 공급하는 것을 주된 목적으로 하는 사업을 말한다.

⑯ **전기자동차충전사업자**: 법 제7조의2 제1항에 따라 전기자동차충전사업의 등록을 한 자를 말한다.

⑰ **소규모전력중개사업**: 다음의 설비(이하 '소규모전력자원'이라 한다)에서 생산 또는 저장된 전력을 모아서 전력시장을 통하여 거래하는 것을 주된 목적으로 하는 사업을 말한다.
  ㉠ 대통령령으로 정하는 종류 및 규모의 「신에너지 및 재생에너지 개발·이용·보급 촉진법」 제2조 제3호에 따른 신에너지 및 재생에너지 설비
  ㉡ 대통령령으로 정하는 규모의 전기저장장치
  ㉢ 대통령령으로 정하는 유형의 전기자동차

⑱ **소규모전력중개사업자**: 법 제7조의2 제1항에 따라 소규모전력중개사업의 등록을 한 자를 말한다.

⑲ **재생에너지전기공급사업**: 「신에너지 및 재생에너지 개발·이용·보급 촉진법」 제2조 제2호에 따른 재생에너지를 이용하여 생산한 전기를 전기사용자에게 공급하는 것을 주된 목적으로 하는 사업을 말한다.

⑳ **재생에너지전기공급사업자**: 법 제7조의2 제1항에 따라 재생에너지전기공급사업의 등록을 한 자를 말한다.

㉑ **통합발전소사업**: 정보통신 및 자동제어 기술을 이용해 **대통령령으로 정하는 에너지자원**을 연결·제어하여 하나의 발전소처럼 운영하는 시스템을 활용하는 사업을 말한다.

㉒ **통합발전소사업자**: 법 제7조의2 제1항에 따라 통합발전소사업의 등록을 한 자를 말한다.

㉓ '**재생에너지전기저장판매사업**'이란 **재생에너지**를 이용하여 생산한 전기를 **전기저장장치**에 **저장**하여 **전기사용자에게 판매**하는 것을 주된 목적으로 하는 사업으로서 산업통상자원부령으로 정하는 것을 말한다.

㉔ '**재생에너지전기저장판매사업자**'란 법 제7조의2 제1항에 따라 재생에너지전기저장판매사업의 **등록**을 한 자를 말한다.

㉕ '**송전제약발생지역전기공급사업**'이란 **발전용량**과 **송전용량**의 불일치(이하 '**송전제약**'이라 한다)로 인하여 **전력시장을 통하여 '전기판매사업자'**에게 **공급하지 못하게 된 전기**를 '발전설비의 인접한 지역에 위치한 전기사용자의 신규 시설'에 **공급**하는 것을 주된 목적으로 하는 사업을 말한다.

㉖ '**송전제약발생지역전기공급사업자**'란 법 제7조의2 제1항에 따라 송전제약발생지역전기공급사업의 **등록**을 한 자를 말한다.

㉗ **전력시장**: 전력거래를 위하여 설립된 '**한국전력거래소**'가 개설하는 시장을 말한다.

㉘ **소규모전력중개시장**: 소규모전력중개사업자가 소규모전력자원을 모집·관리할 수 있도록 한국전력거래소가 개설하는 시장을 말한다.

㉙ **전력계통**: 전기의 원활한 흐름과 품질유지를 위하여 전기의 흐름을 통제·관리하는 체제를 말한다. 21회·24회 주관식

㉚ **보편적 공급**: 전기사용자가 언제 어디서나 적정한 요금으로 전기를 사용할 수 있도록 전기를 공급하는 것을 말한다. 22회 주관식, 28회 주관식

㉛ **전기설비**: 발전·송전·변전·배전·전기공급 또는 전기사용을 위하여 설치하는 기계·기구·댐·수로·저수지·전선로·보안통신선로 및 그 밖의 설비(댐건설·관리 및 주변지역지원 등에 관한 법률에 따라 건설되는 댐·저수지와 '선박·차량 또는 항공기에 설치되는 것'과 그 밖에 '대통령령으로 정하는 것'은 제외한다)로서 다음의 것을 말한다.
  ㉠ 전기사업용 전기설비
  ㉡ 일반용 전기설비
  ㉢ 자가용 전기설비

㉜ **전선로**: 발전소·변전소·개폐소 및 이에 준하는 장소와 전기를 사용하는 장소 상호간의 전선 및 이를 지지하거나 수용하는 시설물을 말한다.

㉝ **전기사업용 전기설비**: 전기설비 중 전기사업자가 전기사업에 사용하는 전기설비를 말한다.

㉞ **일반용 전기설비**: 산업통상자원부령으로 정하는 소규모의 전기설비로서 한정된 구역에서 전기를 사용하기 위하여 설치하는 전기설비를 말한다.

㉟ **자가용 전기설비**: '전기사업용 전기설비' 및 '일반용 전기설비' 외의 전기설비를 말한다. 25회 주관식

㊱ **안전관리**: 국민의 생명과 재산을 보호하기 위하여 이 법 및 「전기안전관리법」에서 정하는 바에 따라 전기설비의 공사·유지 및 운용에 필요한 조치를 하는 것을 말한다.

㊲ **분산형전원**: 전력수요 지역 인근에 설치하여 송전선로[발전소 상호간, 변전소 상호간 및 발전소와 변전소 간을 연결하는 전선로(통신용으로 전용하는 것은 제외)를 말한다. 이하 같다]의 건설을 최소화할 수 있는 일정 규모 이하의 발전설비로서 산업통상자원부령으로 정하는 다음의 어느 하나에 해당하는 발전설비를 말한다(규칙 제3조의2).
  ㉠ 발전설비용량 4만 킬로와트 이하의 발전설비(다음 ㉡의 자가 설치한 발전설비는 제외한다)
  ㉡ 다음의 자가 설치한 발전설비용량 50만 킬로와트 이하의 발전설비
    ⓐ 「집단에너지사업법」 제48조에 따라 발전사업의 허가를 받은 것으로 보는 **집단에너지사업자**
    ⓑ 구역전기사업자
    ⓒ 자가용 전기설비를 설치한 자

관련법령 | 소규모전력자원(영 제1조의3)

1. 위 **(2)**의 ⑰의 ㉠에서 '대통령령으로 정하는 종류 및 규모'란 「신에너지 및 재생에너지 개발·이용·보급 촉진법」 제2조 제1호 및 제2호에 따른 신에너지 및 재생에너지의 발전설비로서 발전설비용량 **2만 킬로와트 이하**를 말한다.
2. 위 **(2)**의 ⑰의 ㉡에서 '대통령령으로 정하는 규모'란 충전·방전설비용량 **2만 킬로와트 이하**를 말한다.
3. 위 **(2)**의 ⑰의 ㉢에서 '대통령령으로 정하는 유형'이란 「환경친화적 자동차의 개발 및 보급 촉진에 관한 법률」 제2조 제3호에 따른 전기자동차를 말한다.

관련법령 | 통합발전소사업의 에너지자원(영 제1조의4)

위 **(2)**의 ㉑에서 '**대통령령으로 정하는 에너지자원**'이란 다음의 어느 하나에 해당하는 발전설비 등에서 생산 또는 저장된 전력 및 「분산에너지 활성화 특별법」 제2조 제2호 카목에 따른 **수요관리사업**에 이용되는 **수요반응자원**을 말한다.
1. 「신에너지 및 재생에너지 개발·이용·보급 촉진법」 제2조 제4호에 따른 **신·재생에너지 발전**에 이용되는 발전설비
2. 법 제2조 제11호에 따른 **구역전기사업**에 이용되는 발전설비
3. 「분산에너지 활성화 특별법」 제2조 제2호 다목에 따른 **중소형 원자력 발전사업**에 이용되는 발전설비
4. 「집단에너지사업법」 제2조 제2호에 따른 사업에 이용되는 발전설비
5. **전기저장장치**

관련법령 | 일반용 전기설비의 범위(규칙 제3조)

1. 위 **(2)**의 ㉞에 따른 일반용 전기설비는 다음의 어느 하나에 해당하는 전기설비로 한다.
    ㉠ 저압에 해당하는 용량 75킬로와트(제조업 또는 심야전력을 이용하는 전기설비는 용량 100킬로와트) 미만의 전력을 타인으로부터 수전하여 그 수전장소(담·울타리 또는 그 밖의 시설물로 타인의 출입을 제한하는 구역을 포함한다. 이하 같다)에서 그 전기를 사용하기 위한 전기설비
    ㉡ 저압에 해당하는 용량 10킬로와트 이하인 발전설비 23회
2. 위 1.에도 불구하고 다음의 어느 하나에 해당하는 전기설비는 일반용 전기설비로 보지 아니한다.
    ㉠ 자가용 전기설비의 설치장소와 동일한 수전장소에 설치하는 전기설비
    ㉡ 다음의 위험시설에 설치하는 용량 20킬로와트 이상의 전기설비
        ⓐ 「총포·도검·화약류 등의 안전관리에 관한 법률」 제2조 제3항에 따른 화약류(장난감용 꽃불은 제외한다)를 제조하는 사업장
        ⓑ 「광산안전법 시행령」 제3조 제1항 제2호 가목에 따른 갑종탄광
        ⓒ 「도시가스사업법」에 따른 도시가스사업장, 「액화석유가스의 안전관리 및 사업법」에 따른 액화석유가스의 저장·충전 및 판매사업장 또는 「고압가스 안전관리법」에 따른 고압가스의 제조소 및 저장소
        ⓓ 「위험물 안전관리법」 제2조 제1항 제3호 및 제5호에 따른 위험물의 제조소 또는 취급소
    ㉢ 다음의 여러 사람이 이용하는 시설에 설치하는 용량 20킬로와트 이상의 전기설비
        ⓐ 「공연법」 제2조 제4호에 따른 공연장
        ⓑ 「영화 및 비디오물의 진흥에 관한 법률」 제2조 제10호에 따른 영화상영관
        ⓒ 「식품위생법 시행령」에 따른 유흥주점·단란주점
        ⓓ 「체육시설의 설치·이용에 관한 법률」에 따른 체력단련장

ⓔ 「유통산업발전법」 제2조 제3호 및 제7호에 따른 대규모점포 및 상점가
ⓕ 「의료법」 제3조에 따른 의료기관
ⓖ 「관광진흥법」에 따른 호텔
ⓗ 「화재예방, 소방시설 설치·유지 및 안전관리에 관한 법률 시행령」 [별표 2] 제3호 나목에 따른 집회장

3. 위 1.의 ㉠에 따른 심야전력의 범위는 산업통상자원부장관이 정한다.

(3) 정의(규칙 제2조)

① **변전소**: 변전소의 밖으로부터 전압 5만 볼트 이상의 전기를 전송받아 이를 변성(전압을 올리거나 내리는 것 또는 전기의 성질을 변경시키는 것을 말한다)하여 변전소 밖의 장소로 전송할 목적으로 설치하는 변압기와 그 밖의 전기설비 전체를 말한다.

② **개폐소**: 다음의 곳의 전압 5만 볼트 이상의 송전선로를 연결하거나 차단하기 위한 전기설비를 말한다. 27회 주관식
  ㉠ 발전소 상호간
  ㉡ 변전소 상호간
  ㉢ 발전소와 변전소 간

③ **송전선로**: 다음의 곳을 연결하는 전선로(통신용으로 전용하는 것은 제외한다)와 이에 속하는 전기설비를 말한다. 23회
  ㉠ 발전소 상호간
  ㉡ 변전소 상호간
  ㉢ 발전소와 변전소 간

④ **배전선로**: 다음의 곳을 연결하는 전선로와 이에 속하는 전기설비를 말한다. 23회
  ㉠ 발전소와 전기수용설비
  ㉡ 변전소와 전기수용설비
  ㉢ 송전선로와 전기수용설비
  ㉣ 전기수용설비 상호간

⑤ **전기수용설비**: 「전기안전관리법 시행규칙」 제2조 제1호에 따른 전기수용설비를 말한다.
⑥ **수전설비**: 「전기안전관리법 시행규칙」 제2조 제2호에 따른 수전설비를 말한다.
⑦ **구내배전설비**: 「전기안전관리법 시행규칙」 제2조 제3호에 따른 구내배전설비를 말한다.

> **관련법령** 정의(전기안전관리법 시행규칙 제2조 제1호~제3호)
>
> 1. '전기수용설비'란 수전설비와 구내배전설비를 말한다.
> 2. '수전설비'란 타인의 전기설비 또는 구내발전설비로부터 전기를 공급받아 구내배전설비로 전기를 공급하기 위한 전기설비로서 수전지점으로부터 배전반(구내배전설비로 전기를 배전하는 전기설비를 말한다)까지의 설비를 말한다.
> 3. '구내배전설비'란 수전설비의 배전반에서부터 전기사용기기에 이르는 전선로·개폐기·차단기·분전함·콘센트·제어반·스위치 및 그 밖의 부속설비를 말한다.

⑧ **저압**: '직류'에서는 1천500볼트 이하의 전압을 말하고, '교류'에서는 1천 볼트 이하의 전압을 말한다. 23회

⑨ **고압**: 직류에서는 1천500볼트를 초과하고 **7천 볼트** 이하인 전압을 말하고, 교류에서는 1천 볼트를 초과하고 **7천 볼트** 이하인 전압을 말한다.

⑩ **특고압**: 7천 볼트를 초과하는 전압을 말한다.

(4) 전기설비에서 제외하는 설비(영 제2조)

① 위 **(2)**의 ㉛에서 '선박·차량 또는 항공기에 설치되는 것'이란 해당 선박·차량 또는 항공기가 기능을 유지하도록 하기 위하여 설치되는 전기설비를 말한다.

② 위 **(2)**의 ㉛에서 '대통령령으로 정하는 것'이란 다음을 말한다.
  ㉠ 전압 30볼트 미만의 전기설비로서 전압 30볼트 이상의 전기설비와 전기적으로 접속되어 있지 아니한 것
  ㉡ 「전기통신기본법」에 따른 전기통신설비. 다만, 전기를 공급하기 위한 수전설비는 제외한다.

2. 정부 등의 책무 등

(1) 정부 등의 책무(법 제3조)

① '산업통상자원부장관'은 이 법의 목적을 달성하기 위하여 전력수급(電力需給)의 안정과 전력산업의 경쟁촉진 등에 관한 기본적이고 종합적인 시책을 마련하여야 한다.

② 산업통상자원부장관은 위 ①에 따른 시책 및 '전력수급기본계획'을 수립할 때 전기설비의 경제성, 환경 및 국민안전에 미치는 영향 등을 종합적으로 고려하여야 한다.

③ 한국전력거래소는 전력시장 및 전력계통의 운영과 관련하여 경제성, 환경 및 국민안전에 미치는 영향 등을 종합적으로 검토하여야 한다.

④ 특별시장·광역시장·특별자치시장·도지사·특별자치도지사(이하 '시·도지사'라 한다) 및 시장·군수·구청장(구청장은 자치구의 구청장을 말한다. 이하 같다)은 그 관할 구역의 전기사용자가 전기를 안정적으로 공급받기 위하여 필요한 시책을 마련하여야 하며, 산업통상자원부장관의 전력수급 안정을 위한 시책의 원활한 시행에 협력하여야 한다.

(2) 전기사용자의 보호(법 제4조)

'전기사업자'와 '전기신사업자'(이하 '**전기사업자 등**')는 전기사용자의 이익을 보호하기 위한 방안을 마련하여야 한다.

(3) 환경보호(법 제5조)

'전기사업자 등'은 전기설비를 설치하여 전기사업 및 전기신사업(이하 '전기사업 등'이라 한다)을 할 때에는 자연환경 및 생활환경을 적정하게 관리·보존하는 데 필요한 조치를 마련하여야 한다.

(4) 보편적 공급(법 제6조)

① '**전기사업자 등**'은 전기의 보편적 공급에 이바지할 의무가 있다.
② 산업통상자원부장관은 다음의 사항을 고려하여 전기의 보편적 공급의 구체적 내용을 정한다.
  ㉠ 전기기술의 발전 정도
  ㉡ 전기의 보급 정도
  ㉢ 공공의 이익과 안전
  ㉣ 사회복지의 증진

제2절 전기사업

1. 허가 등

(1) 전기사업의 허가(법 제7조)

① 전기사업을 하려는 자는 '대통령령으로 정하는 바'에 따라 전기사업의 **종류별** 또는 **규모별**로 **산업통상자원부장관** 또는 **시·도지사**(이하 '**허가권자**'라 한다)의 허가를 받아야 한다. 18회 허가받은 사항 중 중요사항을 변경하려는 경우에도 또한 같다.
② 산업통상자원부장관은 전기사업을 허가 또는 변경허가를 하려는 경우에는 미리 '**전기위원회**'의 심의를 거쳐야 한다.
③ 동일인에게는 두 종류 이상의 전기사업을 허가할 수 없다. 다만, 대통령령으로 정하는 경우에는 그러하지 아니하다.

> **관련법령** 두 종류 이상의 전기사업의 허가(영 제3조)
>
> 위 (1)의 ③ 단서에 따라 동일인이 두 종류 이상의 전기사업을 할 수 있는 경우는 다음과 같다.
> 1. **배전사업**과 **전기판매사업**을 겸업하는 경우 22회
> 2. 도서지역에서 전기사업을 하는 경우
> 3. 「집단에너지사업법」 제48조에 따라 발전사업의 허가를 받은 것으로 보는 집단에너지사업자가 전기판매사업을 겸업하는 경우. 다만, 같은 법 제9조에 따라 허가받은 공급구역에 전기를 공급하려는 경우로 한정한다.

④ '**허가권자**'는 필요한 경우 사업구역 및 특정한 공급구역별로 구분하여 전기사업의 허가를 할 수 있다. 다만, 발전사업의 경우에는 '**발전소별**'로 허가할 수 있다.
⑤ 전기사업의 허가기준은 다음과 같다.
  ㉠ 전기사업을 적정하게 수행하는 데 필요한 재무능력 및 기술능력이 있을 것
  ㉡ 전기사업이 계획대로 수행될 수 있을 것

ⓒ 배전사업 및 구역전기사업의 경우 둘 이상의 배전사업자의 사업구역 또는 구역전기사업자의 특정한 공급구역 중 그 전부 또는 일부가 중복되지 아니할 것
ⓔ 구역전기사업의 경우 특정한 공급구역의 전력수요의 **50퍼센트 이상**으로서 '대통령령으로 정하는 공급능력'(해당 특정한 공급구역의 전력수요의 60퍼센트 이상의 공급능력)을 갖추고, 그 사업으로 인하여 인근지역의 전기사용자에 대한 다른 전기사업자의 전기공급에 차질이 없을 것
ⓜ 발전소나 발전연료가 특정 지역에 편중되어 전력계통의 운영에 지장을 주지 아니할 것
ⓗ 「신에너지 및 재생에너지 개발·이용·보급 촉진법」 제2조에 따른 태양에너지 중 태양광, 풍력, 연료전지를 이용하는 발전사업의 경우 대통령령으로 정하는 바에 따라 발전사업 내용에 대한 사전고지를 통하여 주민 의견수렴 절차를 거칠 것
ⓢ 그 밖에 공익상 필요한 것으로서 '대통령령으로 정하는 기준'에 적합할 것

> **관련법령** 전기사업의 허가기준(영 제4조)
>
> 1. 위 **(1)**의 ⑤의 ⓔ에서 '대통령령으로 정하는 공급능력'이란 해당 특정한 공급구역의 전력수요의 60퍼센트 이상의 공급능력을 말한다.
> 2. 위 **(1)**의 ⑤의 ⓗ에 따라 발전사업의 허가를 받으려는 자가 거쳐야 하는 '주민 의견수렴 절차'는 영 제4조의2에 따른 절차로 한다.
> 3. 위 **(1)**의 ⑤의 ⓢ에서 '대통령령으로 정하는 기준'이란 발전사업에 있어서 다음의 기준을 말한다.
>   ㉠ 발전소가 특정 지역에 편중되어 전력계통의 운영에 지장을 주지 아니할 것
>   ㉡ 발전연료가 어느 하나에 편중되어 전력수급(電力需給)에 지장을 주지 아니할 것
>   ㉢ 법 제25조에 따른 전력수급기본계획에 부합할 것
>   ㉣ 「기후위기 대응을 위한 탄소중립·녹색성장 기본법」 제8조 제1항에 따른 중장기 국가 온실가스 감축목표의 달성에 지장을 주지 아니할 것

(2) 전기신사업의 등록(법 제7조의2)

① 전기신사업을 하려는 자는 전기신사업의 종류별로 **산업통상자원부장관에게 등록하여야** 한다. 27회
② 위 ①에 따라 전기신사업을 등록하려는 자는 산업통상자원부령으로 정하는 바에 따라 산업통상자원부장관에게 신청하여야 한다.
③ 산업통상자원부장관은 위 ②에 따른 신청이 다음의 어느 하나에 해당하는 경우를 제외하고는 등록을 해주어야 한다.
  ㉠ 신청인이 다음 **(5)**의 ②에 따른 결격사유에 해당하는 경우
  ㉡ 대통령령으로 정하는 자본금·인력·시설 등을 갖추지 못한 경우
④ 전기신사업자는 위 ①에 따라 등록한 사항 중 상호, 대표자 등 '대통령령으로 정하는 중요한 사항'[다음 **(3)**의 ②]을 변경하려면 산업통상자원부장관에게 변경등록을 하여야 한다.

(3) 전기신사업의 등록기준(영 제4조의3)

① 위 **(2)**의 ③의 ⓒ에 따라 전기신사업의 등록을 하려는 자가 갖추어야 하는 자본금·인력·시설 등의 기준은 [별표 1]과 같다.
② 위 **(2)**의 ④에서 '상호, 대표자 등 대통령령으로 정하는 중요한 사항'이란 다음의 사항을 말한다.
    ㉠ 상호 또는 명칭
    ㉡ 대표자
    ㉢ 사무소의 소재지
    ㉣ [별표 1]에 따른 인력의 보유 현황

관련법령 전기신사업의 등록 및 변경등록 등(규칙 제7조의2)

1. 전기신사업의 등록을 하려는 자는 별지 제5호의2 서식의 전기신사업 등록신청서에 위 **(3)**의 ①에 따른 등록기준을 갖추었음을 증명할 수 있는 서류와 사업계획서를 첨부하여 「지능형전력망의 구축 및 이용 촉진에 관한 법률」제20조에 따른 **지능형전력망 협회** 또는 '**한국전력거래소**'(이하 '지능형전력망 협회등'이라 한다)에 제출해야 한다.
2. 위 1.에 따른 사업계획서에는 사업자명, 사업내용, 준비기간, 사업개시 예정일 및 예산운용계획이 포함되어야 한다.
3. 위 **(2)**의 ④에 따라 변경등록을 하려는 전기신사업자는 위 **(3)**의 ②의 ㉠~㉣의 사항이 변경된 날부터 30일 이내 별지 제5호의2 서식의 전기신사업 변경등록신청서에 변경사항을 증명하는 서류를 첨부하여 지능형전력망 협회에 제출하여야 한다.
4. 지능형전력망 협회는 위 1. 또는 3.에 따른 신청을 받은 경우 「전자정부법」제36조 제1항에 따른 행정정보의 공동이용을 통하여 신청인의 법인 등기사항증명서(법인인 경우만 해당한다) 또는 사업자등록증을 확인하여야 하며, 신청인이 사업자등록증의 확인에 동의하지 않는 경우에는 그 **사본을 첨부**하도록 하여야 한다.
5. **지능형전력망 협회**는 위 1. 또는 3.에 따른 신청을 받으면 신청내용을 확인하고 그 결과를 **산업통상자원부장관에게 통지**하여야 한다.
6. 산업통상자원부장관은 위 **(2)**의 ① 또는 ④에 따라 전기신사업의 등록 또는 변경등록을 한 경우는 해당 신청인에게 별지 제5호의3 서식의 **전기신사업 등록증을 발급**하여야 한다.

---

(4) 관련 인·허가 등의 의제(법 제7조의3)

① 시·도지사가 법 제98조 제1항에 따라 전기사업의 허가 권한을 위임받거나 시·도지사가 허가권자인 태양광 발전사업(신에너지 및 재생에너지 개발·이용·보급 촉진법 제2조 제2호 가목의 태양에너지 중 태양광을 이용하는 발전사업을 말한다. 이하 같다)에 대하여 위 **(1)**에 따른 전기사업의 허가 또는 변경허가를 하는 경우 시·도지사가 다음의 인가·허가·승인·면허·협의·해제·신고 또는 심사 등(이하 '인·허가 등'이라 한다)에 관하여 다음 ③에 따라 미리 관계 행정기관의 장과 협의한 사항에 대해서는 그 인·허가 등을 받은 것으로 본다.
    ㉠ 「국토의 계획 및 이용에 관한 법률」제56조 제1항에 따른 개발행위의 허가
    ㉡ 〈이하 생략〉

② 위 ①에 따른 인·허가 등의 의제를 받으려는 자는 전기사업의 허가 또는 변경허가를 신청할 때 해당 법률에서 정하는 관련 서류를 함께 제출하여야 한다.
③ 시·도지사는 위 **(1)**에 따른 전기사업의 허가 또는 변경허가를 할 때 그 내용에 위 ①의 어느 하나에 해당하는 사항이 있으면 미리 관계 행정기관의 장과 협의하여야 한다.
④ 위 ③에 따라 협의를 요청받은 관계 행정기관의 장은 요청을 받은 날부터 **20일 이내**에 의견을 제출하여야 한다. 이 경우 그 기간 내에 의견을 제출하지 아니하면 협의가 이루어진 것으로 본다.
⑤ 위 ④에도 불구하고 관계 행정기관의 장은 위 ③에 따른 협의내용에 각종 위원회의 심의를 필요로 하는 사항이 포함된 경우에는 해당 위원회의 심의를 거친 후 그 결과에 따라 협의를 하여야 한다.
⑥ 산업통상자원부장관은 위 ①에 따라 의제되는 인·허가 등의 처리기준을 관계 중앙행정기관으로부터 제출받아 통합하여 고시하여야 한다.

(5) **결격사유**(법 제8조)

① 다음의 어느 하나에 해당하는 자는 전기사업의 허가를 받을 수 없다.
  ㉠ 피성년후견인
  ㉡ 파산선고를 받고 복권되지 아니한 자
  ㉢ 「형법」 중 전기에 관한 죄를 짓거나 이 법을 위반하여 금고 이상의 실형을 선고받고 그 집행이 끝나거나(집행이 끝난 것으로 보는 경우를 포함한다) 집행이 면제된 날부터 2년이 지나지 아니한 자
  ㉣ 위 ㉢에 규정된 죄를 지어 금고 이상의 형의 집행유예선고를 받고 그 유예기간 중에 있는 자
  ㉤ 다음 **(11)**의 ①에 따라 전기사업의 허가가 취소(위 ㉠ 또는 ㉡의 결격사유에 해당하여 허가가 취소된 경우는 제외한다)된 후 2년이 지나지 아니한 자
  ㉥ 위 ㉠~㉤의 어느 하나에 해당하는 자가 대표자인 법인
② 다음의 어느 하나에 해당하는 자는 전기신사업의 등록을 할 수 없다.
  ㉠ 위 ①의 ㉠부터 ㉣까지의 어느 하나에 해당하는 자
  ㉡ 다음 **(11)**의 ②에 따라 전기신사업의 등록이 취소[위 ①의 ㉠ 또는 ㉡의 사유에 해당하여 위 ㉠ 및 다음 **(11)**의 ②의 ㉢에 따라 등록이 취소된 경우는 제외한다]된 후 2년이 지나지 아니한 자
  ㉢ 위 ㉠ 또는 ㉡에 해당하는 자가 대표자인 법인

(6) **전기설비의 설치 및 사업의 개시 의무**(법 제9조)

① 전기사업자는 **허가권자**가 지정한 준비기간에 사업에 필요한 전기설비를 설치하고 사업을 시작하여야 한다.
② 위 ①에 따른 준비기간은 **10년**의 범위에서 **산업통상자원부장관**이 정하여 고시하는 기간을

넘을 수 없다. 다만, **허가권자**가 정당한 사유가 있다고 인정하는 경우에는 준비기간을 연장할 수 있다.

③ **허가권자**는 전기사업을 허가할 때 필요하다고 인정하면 전기사업별 또는 전기설비별로 구분하여 준비기간을 지정할 수 있다.

④ 전기사업자는 사업을 시작한 경우에는 지체 없이 그 사실을 **허가권자**에게 신고하여야 한다. 다만, **발전사업자의 경우에는 최초로 전력거래를 한 날부터 30일 이내**에 신고하여야 한다.

(7) 사업의 양수 및 법인의 분할·합병(법 제10조)

① 다음의 어느 하나에 해당하는 자는 산업통상자원부령으로 정하는 바에 따라 **허가권자**의 '**인가**'를 받아야 한다.
  ㉠ 전기사업의 전부 또는 일부를 양수하려는 자
  ㉡ 전기사업자인 법인을 분할하거나 합병하려는 자
  ㉢ 전기사업자(발전설비의 규모가 **2만 킬로와트 미만**인 발전사업자는 제외한다)의 경영권을 실질적으로 지배하려는 목적으로 주식을 취득하려는 자로서 대통령령으로 정하는 기준에 해당하는 자

② **허가권자**는 위 ①에 따른 인가를 하려는 경우 위 **(1)**의 절차에 따라 다음의 사항을 심사하여야 한다. 다만, **허가권자**가 시·도지사인 경우에는 **전기위원회의 심의**를 거치지 아니한다.
  ㉠ 위 **(1)**에 따른 허가기준에 적합할 것
  ㉡ 양수 또는 분할·합병 등으로 인하여 전력수급에 지장을 주거나 전력의 품질이 낮아지는 등 공공의 이익을 현저하게 해칠 우려가 없을 것
  ㉢ 위 **(6)**의 ①에 따른 준비기간에 사업을 개시하였을 것(태양광 발전사업에 한정하되, 사업 영위가 곤란한 경우 등 대통령령으로 정하는 정당한 사유가 있는 경우는 그러하지 아니하다)

③ **허가권자**는 인가를 하는 경우에는 산업통상자원부령으로 정하는 바에 따라 이를 공고하여야 한다.

④ **허가권자**는 인가를 하려는 경우 그 전기설비가 '원자력발전소인 경우'에는 '**원자력안전위원회**'와 협의하여야 한다.

관련법령 **사업의 양수 등의 인가 심사에 대한 예외(영 제5조의2)**

위 **(7)**의 ②의 ㉢에서 '사업 영위가 곤란한 경우 등 대통령령으로 정하는 정당한 사유가 있는 경우'란 다음의 어느 하나에 해당하는 경우를 말한다.
1. 태양광 발전사업자가 해산, 사망 또는 이에 준하는 중대한 질병 또는 사고로 사업을 계속 영위할 수 없게 된 경우
2. 태양광 발전사업자가 「채무자 회생 및 파산에 관한 법률」에 따른 파산 신청이나 회생절차의 개시 또는 「민사집행법」에 따른 강제집행절차의 개시로 사업을 계속 영위할 수 없게 된 경우
3. 태양광 발전사업자가 천재·지변, 화재 또는 이에 준하는 재해로 사업을 계속 영위할 수 없게 된 경우
4. 공익상 이유 등으로 사업 개시 전에 위 **(7)**의 ①에 따라 인가를 받아야 하는 행위를 할 것을 미리 계획하고 발전사업의 허가를 받는 등 산업통상자원부장관이 사업 영위가 곤란하다고 인정하는 경우

(8) 경매 등에 따른 시설인수의 신고 등(법 제10조의2)

① 다음의 어느 하나에 해당하는 절차에 따라 전기사업자의 사업용 시설 전부를 인수(引受)한 자가 전기사업을 하려는 경우에는 산업통상자원부령으로 정하는 바에 따라 **산업통상자원부장관**에게 **신고**하여야 한다.
  ㉠ 「민사집행법」에 따른 경매
  ㉡ 「채무자 회생 및 파산에 관한 법률」에 따른 환가(換價)
  ㉢ 「국세징수법」, 「관세법」 또는 「지방세징수법」에 따른 압류재산의 매각
  ㉣ 그 밖에 위 ㉠부터 ㉢까지의 규정에 준하는 절차
② 위 ①에 따른 신고의 수리에 관하여는 위 **(7)**을 준용한다.

(9) 사업의 승계 등(법 제11조)

① 다음의 어느 하나에 해당하는 자는 전기사업자의 지위를 승계한다.
  ㉠ 법인이 아닌 전기사업자가 사망한 경우에는 그 상속인
  ㉡ 인가를 받아 전기사업자의 사업을 양수한 자
  ㉢ 법인인 전기사업자가 인가를 받아 합병한 경우 합병 후 존속하는 법인이나 합병으로 설립되는 법인
  ㉣ 법인인 전기사업자가 인가를 받아 법인을 분할한 경우 그 분할에 의하여 설립되는 법인
  ㉤ 위 **(8)**에 따라 시설인수의 신고가 수리된 자. 이 경우 종전의 전기사업자에 대한 허가는 그 효력을 잃는다.
② 다음의 어느 하나에 해당하는 자는 전기신사업자의 지위를 승계한다.
  ㉠ 전기신사업자가 전기신사업을 전부 양도한 경우 그 양수인
  ㉡ 법인이 아닌 전기신사업자가 사망한 경우 그 상속인
  ㉢ 법인인 전기신사업자가 다른 법인과 합병한 경우 합병 후 존속하는 법인이나 합병으로 설립되는 법인
  ㉣ 법인인 전기신사업자가 법인을 분할한 경우 분할에 의하여 설립되는 법인
③ 위 ①에 따른 승계인에 관하여는 위 **(5)**의 ①을 준용하고, 위 ②에 따른 승계인에 관하여는 위 **(5)**의 ②를 준용한다.
④ 위 ②에 따라 전기신사업자의 지위를 승계한 자는 산업통상자원부령으로 정하는 바에 따라 승계한 날부터 30일 이내에 그 사실을 산업통상자원부장관에게 신고하여야 한다.

(10) **처분효과의 승계**(법 제11조의2)

위 **(9)**에 따라 전기사업자의 지위가 승계되면 종전의 전기사업자에 대한 다음 **(11)**에 따른 **사업정지처분**[다음 **(11)**에 따라 사업정지명령을 갈음하여 부과하는 **과징금을 포함**한다]의 효과는 그 지위를 승계받은 자에게 승계되며, 처분의 절차가 진행 중일 때에는 그 지위를 승계받은 자에 대하여 그 절차를 진행할 수 있다.

(11) 사업허가의 취소 등(법 제12조)

① **허가권자**는 전기사업자가 다음의 어느 하나에 해당하는 경우에는 전기위원회의 심의(허가권자가 시·도지사인 전기사업의 경우는 제외한다)를 거쳐 그 허가를 취소하거나 **6개월 이내**의 기간을 정하여 **사업정지**를 명할 수 있다. 다만, 다음 ㉠~㉑의 어느 하나에 해당하는 경우에는 그 허가를 취소하여야 한다.

㉠ 위 **(5)**의 ①의 어느 하나에 해당하게 된 경우
㉡ 위 **(6)**에 따른 준비기간에 전기설비의 설치 및 사업을 시작하지 아니한 경우
㉢ 원자력발전소를 운영하는 발전사업자(이하 '원자력발전사업자'라 한다)에 대한 외국인의 투자가 「외국인투자 촉진법」 제2조 제1항 제4호에 해당하게 된 경우
㉣ 거짓이나 그 밖의 부정한 방법으로 위 **(1)**의 ①에 따른 허가 또는 변경허가를 받은 경우
㉤ 산업통상자원부장관이 정하여 고시하는 시점까지 정당한 사유 없이 법 제61조 제1항에 따른 공사계획인가를 받지 못하여 공사에 착수하지 못하는 경우
㉥ 인가를 받지 아니하고 전기사업의 전부 또는 일부를 양수하거나 법인의 분할이나 합병을 한 경우
㉦ 정당한 사유 없이 전기의 공급을 거부한 경우
㉧ 산업통상자원부장관의 인가 또는 변경인가를 받지 아니하고 전기설비를 이용하게 하거나 전기를 공급한 경우
㉨ 법 제18조 제3항에 따른 산업통상자원부장관의 명령을 위반한 경우
㉩ 법 제23조 제1항에 따른 **허가권자**의 명령을 위반한 경우
㉪ 법 제29조 제1항에 따른 산업통상자원부장관의 명령을 위반한 경우
㉫ 법 제31조의2 제2항에 따른 산업통상자원부장관의 명령을 위반한 경우
㉬ 법 제34조 제2항에 따라 차액계약을 통하여서만 전력을 거래하여야 하는 전기사업자가 같은 조 제3항에 따라 인가받은 차액계약을 통하지 아니하고 전력을 거래한 경우
㉭ 법 제61조 제1항부터 제5항까지의 규정에 따라 인가를 받지 아니하거나 신고를 하지 아니한 경우
㉮ 법 제93조 제1항을 위반하여 회계를 처리한 경우
㉯ 사업정지기간에 전기사업을 한 경우

② 산업통상자원부장관은 **전기신사업자**가 다음의 어느 하나에 해당하는 경우에는 그 사업의 등록을 취소하거나 그 사업자에게 **6개월 이내**의 기간을 정하여 **사업정지**를 명할 수 있다. 다만, 다음 ㉠~㉢까지의 어느 하나에 해당하는 경우에는 그 등록을 취소하여야 한다.

㉠ 거짓이나 그 밖의 부정한 방법으로 위 **(2)**의 ①에 따른 등록 또는 위 **(2)**의 ④에 따른 변경등록을 한 경우
㉡ 위 **(2)**의 ③에 따른 등록기준에 부합하지 않게 된 경우. 다만, 「소상공인기본법」 제2조에 따른 **소상공인** 등이 '일시적으로 등록기준에 부합하지 아니하는 등' 대통령령으로 정하는 경우는 예외로 한다.

ⓒ 위 **(5)**의 ②의 어느 하나에 해당하게 된 경우
　　ⓔ 다음 2. **(1)**을 위반하여 정당한 사유 없이 전기의 공급을 거부한 경우
　　ⓜ 법 제23조 제1항에 따른 산업통상자원부장관의 명령을 위반한 경우
　　ⓗ 사업정지기간에 전기신사업을 한 경우
③ 다음의 어느 하나에 해당하는 경우에는 그 사유가 발생한 날부터 6개월간은 위 ① 또는 ②를 적용하지 아니한다.
　　㉠ 법인이 위 **(5)**의 ①의 ⓗ 또는 위 **(5)**의 ②의 ⓒ에 해당하게 된 경우
　　㉡ 원자력발전사업자가 위 ①의 ⓒ에 해당하게 된 경우
　　㉢ 전기사업자의 지위를 승계한 상속인이 위 **(5)**의 ①의 ㉠부터 ⓜ까지의 어느 하나에 해당하는 경우
　　㉣ 전기신사업자의 지위를 승계한 상속인이 위 **(5)**의 ②의 ㉠ 또는 ㉡에 해당하는 경우
④ **허가권자**는 배전사업자가 사업구역의 일부에서 허가받은 전기사업을 하지 아니하여 법 제6조를 위반한 사실이 인정되는 경우에는 그 사업구역의 일부를 감소시킬 수 있다.
⑤ **허가권자**는 다음의 어느 하나에 해당하는 경우로서 그 사업정지가 전기사용자 등에게 심한 불편을 주거나 공익을 해칠 우려가 있는 경우에는 대통령령으로 정하는 바에 따라 **사업정지 명령**을 갈음하여 '**5천만원**' 이하의 '**과징금**'을 부과할 수 있다.
　　㉠ 전기사업자가 위 ①의 ⓗ부터 ㋣까지, ㋩부터 ㋰까지의 어느 하나에 해당하는 경우
　　㉡ 전기신사업자가 위 ②의 ⓔ부터 ⓗ까지의 어느 하나에 해당하는 경우
⑥ 위 ① 및 ②에 따른 위반행위별 처분기준과 위 ⑤에 따른 과징금의 부과기준은 대통령령으로 정한다.
⑦ **허가권자**는 과징금을 내야 할 자가 납부기한까지 이를 내지 아니하면 국세 체납처분의 예 또는 「지방행정제재·부과금의 징수 등에 관한 법률」에 따라 징수할 수 있다.

관련법령　**전기사업자 등의 위반행위별 처분기준과 과징금 부과기준(영 제5조의3)**

1. 위 **(11)**의 ① 및 ⑤의 ㉠에 따른 전기사업자의 위반행위별 처분기준과 과징금의 금액은 [별표 1의2]와 같다.
2. 위 **(11)**의 ② 및 ⑤의 ㉡에 따른 전기신사업자의 위반행위별 처분기준과 과징금의 금액은 [별표 1의3]과 같다.
3. 위 **(11)**의 ②의 ㉡ 단서에서 '일시적으로 등록기준에 부합하지 아니하는 등 대통령령으로 정하는 경우'란 다음의 어느 하나에 해당하는 경우를 말한다.
　　㉠ [별표 1]에 따른 인력에 해당하는 자의 '사망·실종 또는 퇴직 등'으로 인하여 '등록기준에 부합하지 않는 기간'이 30일(소상공인기본법 제2조에 따른 **소상공인**인 경우에는 90일) 이내인 경우
　　㉡ '[별표 1]에 따른 시설의 파손·고장 등'으로 인하여 '등록기준에 부합하지 않는 기간'이 30일(소상공인기본법 제2조에 따른 **소상공인**인 경우에는 90일) 이내인 경우
4. 산업통상자원부장관은 위반행위의 동기·내용 및 횟수 등을 고려하여 위 1. 및 2.에 따른 사업정지기간과 과징금 금액의 **2분의 1**의 범위에서 이를 가중 또는 감경할 수 있다. 이 경우 가중할 때에도 사업정지기간과 과징금의 총액은 위 **(11)**의 ①·② 및 ⑤에 따른 기간 및 금액을 초과할 수 없다.

| 관련법령 | 전기사업자 등의 위반행위에 대한 과징금의 부과 및 납부(영 제5조의4) |

1. 산업통상자원부장관은 위 **(11)**의 ⑤에 따라 과징금을 부과하려는 때에는 그 위반행위의 종류와 해당 과징금의 금액을 명시하여 이를 납부할 것을 서면으로 통지해야 한다.
2. 위 1.에 따라 통지를 받은 자는 통지를 받은 날부터 **30일 이내**에 과징금을 산업통상자원부장관이 지정하는 수납기관에 납부해야 한다.
3. 위 2.에 따라 과징금의 납부를 받은 수납기관은 그 납부자에게 영수증을 발급해야 한다.
4. 과징금의 수납기관은 위 2.에 따라 과징금을 수납한 때에는 지체 없이 그 사실을 산업통상자원부장관에게 통보해야 한다.

(12) 청문(법 제13조)

허가권자는 다음의 어느 하나에 해당하는 경우에 청문을 하여야 한다.
① 위 **(11)**의 ①에 따라 허가를 취소하려는 경우
② 위 **(11)**의 ②에 따라 등록을 취소하려는 경우

2. 업무

(1) 전기공급의 의무(법 제14조)

발전사업자, 전기판매사업자, 전기자동차충전사업자, **재생에너지전기공급사업자** 및 **통합발전소사업자**, **재생에너지전기저장판매사업자** 및 **송전제약발생지역전기공급사업자**는 대통령령으로 정하는 정당한 사유 없이 전기의 공급을 거부하여서는 아니 된다. 18회

| 관련법령 | 전기공급의 거부사유(영 제5조의5) |

위 **(1)**에서 '대통령령으로 정하는 정당한 사유'란 다음의 어느 하나에 해당하는 경우를 말한다.
1. 전기요금을 납기일까지 납부하지 아니한 전기사용자가 납기일의 다음 날부터 다음 **(4)**의 ④에 따른 공급약관에서 정하는 기한까지 해당 요금을 납부하지 아니하는 경우 17회
2. 전기사용자가 다음의 약관이나 계약에서 정한 기한까지 전기요금을 지급하지 않은 경우
   ㉠ 전기신사업(소규모전력중개사업 및 **통합발전소사업**은 제외한다) 약관
   ㉡ 재생에너지전기공급사업자, 재생에너지전기저장판매사업자 및 송전제약발생지역전기공급사업자와 전기사용자 간에 체결한 전기공급 계약
   ㉢ 영 제19조 제1항 제3호에 따라 전기판매사업자와 전기사용자 간에 체결한 전기공급 계약
3. 전기의 공급을 요청하는 자가 불합리한 조건을 제시하거나 전기판매사업자, 전기자동차충전사업자 또는 재생에너지전기공급사업자 및 송전제약발생지역전기공급사업자의 정당한 조건에 따르지 않고 다른 방법으로 전기의 공급을 요청하는 경우
4. 발전사업자(한국전력거래소가 법 제45조에 따라 전력계통의 운영을 위하여 전기공급을 지시한 발전사업자는 제외한다)가 법 제5조에 따라 환경을 적정하게 관리·보존하는 데 필요한 조치로서 전기공급을 정지하는 경우
5. 전기사용자가 다음 **(12)**의 ①에 따른 전기의 품질에 적합하지 아니한 전기의 공급을 요청하는 경우 17회

6. 발전용 전기설비의 정기적인 보수기간 중 전기의 공급을 요청하는 경우(발전사업자만 해당한다) 20회, 22회
7. 전기설비의 정기적인 점검 및 보수 등 위 2.의 각 약관이나 계약에서 정한 정당한 전기공급 중단 또는 정지사유가 발생하는 경우
8. 전기를 **대량**으로 사용하려는 자가 다음에서 정하는 시기까지 전기판매사업자에게 **미리** 전기의 공급을 **요청**하지 아니하는 경우
   ㉠ 사용량이 5천 킬로와트(건축법 시행령 [별표 1] 제14호 나목의 일반업무시설인 경우에는 2천 킬로와트) 이상 1만 킬로와트 미만인 경우: 사용 예정일 1년 전
   ㉡ 사용량이 1만 킬로와트 이상 10만 킬로와트 미만인 경우: 사용 예정일 2년 전
   ㉢ 사용량이 10만 킬로와트 이상 30만 킬로와트 미만인 경우: 사용 예정일 3년 전 17회
   ㉣ 사용량이 30만 킬로와트 이상인 경우: 사용 예정일 4년 전
9. 위 8.에 따라 '전기를 대량으로 사용하려는 자'에 대한 전기의 공급으로 '전기판매사업자'가 다음의 기준을 유지하기 어려운 경우
   ㉠ 법 제18조 제1항에 따른 전기의 품질 유지 기준
   ㉡ 법 제27조의2 제1항에 따른 전력계통의 신뢰도 유지 기준
10. 「전기안전관리법」 제12조 제1항 본문에 따른 일반용 전기설비의 사용전점검을 받지 아니하고 전기공급을 요청하는 경우
11. 「전기안전관리법」 제12조 제9항 또는 다른 법률에 따라 시장·군수·구청장(자치구의 구청장을 말한다. 이하 같다) 또는 그 밖의 행정기관의 장이 전기공급의 정지를 요청하는 경우 17회
12. 재난이나 그 밖의 비상사태로 인하여 전기공급이 불가능한 경우

(2) 송전·배전용 전기설비의 이용요금 등(법 제15조)

① **송전사업자** 또는 **배전사업자**는 대통령령으로 정하는 바에 따라 **전기설비의 이용요금**과 그 밖의 이용조건에 관한 사항을 정하여 산업통상자원부장관의 '**인가**'를 받아야 한다. 이를 변경하려는 경우에도 또한 같다.
② 산업통상자원부장관은 위 ①에 따른 인가를 하려는 경우에는 '**전기위원회**'의 심의를 거쳐야 한다.

(3) 송전·배전용 전기설비의 이용요금 등에 대한 인가기준(영 제6조)

전기설비의 이용요금과 그 밖의 이용조건에 대한 인가 또는 변경인가의 기준은 다음과 같다.
① 이용요금이 적정 원가에 적정 이윤을 더한 것일 것
② 전기설비의 차별 없는 이용이 보장되어 있을 것
③ 전기설비의 이용에 대한 권리·의무관계가 명확하게 규정되어 있을 것

(4) 전기의 공급약관(법 제16조)

① **전기판매사업자**는 대통령령으로 정하는 바에 따라 전기요금과 그 밖의 공급조건에 관한 약관(이하 '**기본공급약관**'이라 한다)을 작성하여 '**산업통상자원부장관**'의 '**인가**'를 받아야 한다. 이를 변경하려는 경우에도 또한 같다. 22회, 24회

② 산업통상자원부장관은 위 ①에 따른 인가를 하려는 경우에는 **전기위원회의 심의**를 거쳐야 한다. 26회 주관식

③ '**전기판매사업자**'는 그 전기수요를 효율적으로 관리하기 위하여 필요한 범위에서 기본공급약관으로 정한 것과 다른 요금이나 그 밖의 공급조건을 내용으로 정하는 약관(이하 '선택공급약관'이라 한다)을 작성할 수 있으며, 전기사용자는 기본공급약관을 갈음하여 선택공급약관으로 정한 사항을 선택할 수 있다. 24회 주관식

④ '**전기판매사업자**'는 선택공급약관을 포함한 기본공급약관(이하 '공급약관'이라 한다)을 시행하기 전에 영업소 및 사업소 등에 이를 갖춰 두고 전기사용자가 열람할 수 있게 하여야 한다.

⑤ '**전기판매사업자**'는 공급약관에 따라 전기를 공급하여야 한다.

(5) 기본공급약관에 대한 인가기준(영 제7조)

전기요금과 그 밖의 공급조건에 관한 약관에 대한 인가 또는 변경인가의 기준은 다음과 같다.
① 전기요금이 적정 원가에 적정 이윤을 더한 것일 것
② 전기요금을 공급 종류별 또는 전압별로 구분하여 규정하고 있을 것
③ 전기판매사업자와 전기사용자 간의 권리·의무관계와 책임에 관한 사항이 명확하게 규정되어 있을 것
④ 전력량계 등의 전기설비의 설치주체와 비용부담자가 명확하게 규정되어 있을 것

(6) 구역전기사업자와 전기판매사업자의 전력거래 등(법 제16조의3)

① 구역전기사업자는 사고나 그 밖에 '산업통상자원부령으로 정하는 사유'로 전력이 부족하거나 남는 경우에는 '부족한 전력' 또는 '남는 전력'을 전기판매사업자와 거래할 수 있다. 28회

② 전기판매사업자는 정당한 사유 없이 위 ①의 거래를 거부하여서는 아니 된다.

③ 전기판매사업자는 위 ①의 거래에 따른 전기요금과 그 밖의 거래조건에 관한 사항을 내용으로 하는 약관(이하 '**보완공급약관**'이라 한다)을 작성하여 **산업통상자원부장관의 인가**를 받아야 한다. 이를 변경하는 경우에도 또한 같다. 28회

④ 위 ③의 인가에 관하여는 위 **(4)**의 ②를 준용한다.

(7) 전기신사업의 약관 신고 등(법 제16조의2)

① 전기신사업자는 '대통령령으로 정하는 바'에 따라 요금과 그 밖의 이용조건에 관한 약관을 작성하여 **산업통상자원부장관에게 신고**할 수 있다. 이를 변경한 경우에도 또한 같다. 27회

② 전기신사업자는 위 ①에 따라 약관의 신고 또는 변경신고를 한 경우에는 **신고 또는 변경신고한 약관을 사용하여야 한다**.

③ 위 ①에 따른 약관은 다음의 요건을 모두 갖추어야 한다.
  ㉠ 요금 또는 가격의 단가를 명확하게 규정하고 있을 것
  ㉡ 다음의 자[이하 **(7)**에서 '수요자'라 한다]의 권리와 책임 및 비용부담 등에 관한 사항을 적정하고 명확하게 규정하고 있을 것

　　　　ⓐ 전기자동차충전사업자로부터 전기를 공급받는 자
　　　　ⓑ 소규모전력중개사업자가 모집한 소규모전력자원의 소유자
　　　　ⓒ 재생에너지전기공급사업자 또는 **재생에너지전기저장판매사업자**로부터 전기를 공급받는 전기사용자
　　　　ⓓ 통합발전소사업자가 연결·제어하는 에너지자원의 소유자
　　　　ⓔ **송전제약발생지역전기공급사업자**로부터 전기를 공급받는 전기사용자
　　ⓒ 특정인에 대하여 부당한 차별적 대우를 하는 것이 아닐 것
　　ⓔ 요금 및 이용조건이 사회적·경제적으로 부적절하거나, 수요자의 공정한 이익을 해할 우려가 없을 것
　　ⓜ 수요자의 전기신사업자 선택권을 제한하는 등 다른 전기신사업자의 업무를 방해하지 아니할 것
　　ⓗ 그 밖에 수요자의 이익을 해치거나 공정한 경쟁을 제한하는 내용으로 산업통상자원부령으로 정하는 사항에 위반하지 아니할 것
④ 산업통상자원부장관은 위 ③에 따른 약관의 요건에 관한 세부 기준을 정하여 고시할 수 있다.
⑤ 산업통상자원부장관은 위 ①에 따른 신고 또는 변경신고를 받은 날부터 **7일 이내**에 수리(受理) 여부 또는 수리 지연 사유 및 민원 처리 관련 법령에 따른 처리기간의 연장을 통지하여야 한다. 이 경우 7일 이내에 수리 여부 또는 수리 지연 사유 및 처리기간의 연장을 통지하지 아니하면 7일(민원 처리 관련 법령에 따라 처리기간이 연장 또는 재연장된 경우에는 해당 처리기간을 말한다)이 지난 날의 **다음 날**에 신고 또는 변경신고가 수리된 것으로 본다.
⑥ **산업통상자원부장관**은 전기신사업의 공정한 거래질서를 확립하기 위하여 공정거래위원회 위원장과 협의를 거쳐 **표준약관**을 제정 또는 개정할 수 있다.
⑦ '위 ①에 따라 약관의 신고 또는 변경신고를 하지 아니한 전기신사업자'는 위 ⑥에 따른 **표준약관**을 **사용하여야 한다**.

> **관련법령** 　**전기신사업약관의 신고(영 제7조의2)**
>
> 위 **(7)**의 ①에 따른 약관(이하 '전기신사업약관'이라 한다)에는 다음 사항이 포함되어야 한다.
> 1. 전기신사업약관의 적용범위
> 2. 당사자의 권리와 의무
> 3. 요금 또는 가격의 산정기준 및 산정방식에 관한 사항
> 4. 요금 또는 가격의 수수 및 환급에 관한 사항
> 5. 전기신사업자의 책임과 배상에 관한 사항
> 6. 면책에 관한 사항
> 7. 위 **(7)**의 ③의 ⓛ의 ⓐ~ⓔ의 자(이하 '수요자'라 한다)의 비용부담에 관한 사항
> 8. 그 밖에 수요자의 보호 등을 위하여 필요한 사항

> **관련법령** 전기신사업 약관의 신고 등(규칙 제17조의2)
>
> 1. 전기신사업 약관을 신고하려는 전기신사업자는 별지 제13호의2 서식의 전기신사업 약관 신고서에 다음의 서류를 첨부하여 '**한국전력거래소**'에 제출하여야 한다.
>   ㉠ 전기신사업 약관
>   ㉡ 요금 또는 가격 산정의 근거
> 2. 전기신사업 약관을 '변경신고하려는 전기신사업자'는 별지 제13호의2 서식의 전기신사업 약관 변경신고서에 다음의 서류를 첨부하여 한국전력거래소에 제출하여야 한다.
>   ㉠ 전기신사업 약관의 신·구대비표
>   ㉡ 전기신사업 약관의 변경사유 및 근거
> 3. 위 **(7)**의 ③의 ㉪에서 '산업통상자원부령으로 정하는 사항'이란 다음의 사항을 말한다.
>   ㉠ 위 **(7)**의 ③의 ㉡의 자(이하 '수요자'라 한다)에게 부당한 비용이나 그 밖에 이에 준하는 부담을 요구하지 않을 것
>   ㉡ 전기신사업자의 거래상 지위를 이용하여 수요자에게 부당한 거래를 유인하거나 강제하지 않을 것

(8) 전기판매사업자 등의 전기자동차충전사업자와의 전력거래 거부금지(법 제16조의4)

전기판매사업자 또는 구역전기사업자는 정당한 사유 없이 **전기자동차충전사업자와의 전력거래를 거부해서는 아니 된다.**

(9) 재생에너지전기공급사업자의 전기공급(법 제16조의5)

① **재생에너지전기공급사업자** 및 **재생에너지전기저장판매사업자**는 재생에너지를 이용하여 생산한 전기를 '**전력시장을 거치지 아니하고**' 전기사용자에게 **공급**할 수 있다.

② **송전제약발생지역전기공급사업자**는 다음의 요건을 갖춘 경우에 생산한 전기를 '**전력시장을 거치지 아니하고**' 전기사용자에게 **공급**할 수 있다. 이 경우 송전제약발생지역전기공급사업자의 전기 공급에 관한 세부사항은 산업통상자원부장관이 정하여 고시한다.
   ㉠ **송전제약**으로 '발전설비의 최적 활용이 곤란한 지역에 위치한 발전설비'를 이용하여 생산한 전기를 공급할 것
   ㉡ '전기사용자의 수전설비'가 **발전설비 인접지역**에 '위치'하고 **신규 시설**일 것

③ **전기자동차충전사업자**는 대통령령으로 정하는 범위에서 재생에너지를 이용하여 생산한 전기를 '**전력시장을 거치지 아니하고**' 전기자동차에 **공급**할 수 있다. 27회

④ 위 ① 및 ②에 따라 **재생에너지전기공급사업자, 재생에너지전기저장판매사업자** 및 **송전제약발생지역전기공급사업자**가 전기사용자에게 전기를 공급하는 경우 요금과 그 밖의 공급조건 등을 **개별적으로 협의**하여 '계약'할 수 있다.

⑤ 위 ①부터 ③까지에 따라 공급되는 전기는 「신에너지 및 재생에너지 개발·이용·보급 촉진법」 제12조의7 제1항에 따른 **신·재생에너지 공급인증서의 발급대상이 되지 아니한다.**

⑥ 그 밖에 위 ①부터 ③까지에 따른 전기공급에 필요한 사항은 산업통상자원부령으로 정한다.

| 관련법령 | 전기자동차충전사업자의 전기공급(영 제7조의3) |

전기자동차충전사업자는 위 (9)의 ③에 따라 **재생에너지**를 이용하여 생산한 전기 중 다음의 요건을 모두 갖춘 전기를 '**전력시장을 거치지 아니하고**' 전기자동차에 공급할 수 있다.
1. '산업통상자원부장관이 정하여 고시하는 요건을 갖춘 재생에너지'를 이용하여 생산한 전기일 것
2. '송전용 또는 배전용 전기설비 없이' 공급할 수 있는 전기일 것

| 관련법령 | 재생에너지전기공급사업자의 전기공급(규칙 제17조의4) |

1. **재생에너지전기공급사업자**는 위 **(9)**에 따라 재생에너지를 이용하여 생산한 전기를 공급하는 경우에는 '**시간대별로 전력거래량을 측정**'할 수 있는 **전력량계**를 통하여 그 '**공급량을 확인**'해야 한다.
2. 재생에너지전기공급사업자의 안정적인 전기공급을 위하여 재생에너지전기공급사업자, 한국전력거래소 및 전기판매사업자는 다음의 정보를 서로 제공해야 한다.
   ㉠ 시간대별 발전량
   ㉡ 전기사용자의 시간대별 전기사용량
   ㉢ 그 밖에 재생에너지전기공급사업자의 안정적인 전기공급을 위하여 산업통상자원부장관이 필요하다고 인정하는 사항
3. 위 1. 및 2.에서 정한 사항 '외'에 재생에너지전기공급사업자의 전기공급에 필요한 사항은 '**산업통상자원부장관**'이 정하여 고시한다.

(10) 전기요금의 청구(법 제17조)

전기판매사업자는 전기사용자에게 청구하는 전기요금청구서에 산업통상자원부령으로 정하는 방법에 따라 요금 명세를 항목별로 구분하여 명시하여야 한다.

(11) 관계 기관에 대한 협조 요청(법 제17조의2)

① 전기판매사업자는 전기요금을 산정하기 위하여 관계 기관의 장에게 전기사용자의 국가유공자등록사항, 기초생활수급자등록사항, 장애인등록사항, 주민등록정보, 가족관계등록사항 및 재외국민등록사항 등의 자료를 요청하거나 「사회보장기본법」 제37조 제2항에 따른 사회보장정보시스템 등 관계 전산망의 이용을 요청할 수 있다. 이 경우 요청을 받은 관계 기관의 장은 정당한 사유가 없으면 그 요청에 따라야 한다.
② 위 ①에 따른 자료 또는 정보를 활용하여 업무를 수행하거나 수행하였던 자는 같은 항에 따라 제공받거나 취득한 자료 또는 정보를 이 법에서 정한 목적 외의 용도로 사용하거나 다른 사람 또는 기관에 제공 또는 누설하여서는 아니 된다. [위반자: 10년 이하의 징역 또는 1억원 이하의 벌금]
③ 위 ①에 따라 전기판매사업자에게 제공되는 자료 또는 정보에 대하여는 수수료 및 사용료 등을 면제한다.

| 관련법령 | 관계 기관에 대한 협조 요청 자료 등의 범위(영 제7조의4) |

위 **(11)**의 ①에 따라 전기판매사업자가 관계 기관의 장에게 요청할 수 있는 자료 또는 정보의 범위는 다음과 같다.
1. 행정안전부장관 또는 지방자치단체의 장에게 요청하는 「주민등록법」 제30조 제1항에 따른 주민등록전산정보자료 28회
2. 보건복지부장관 또는 지방자치단체의 장에게 요청하는 다음에 해당하는 사람의 급여신청 또는 등록에 관한 사항
   ㉠ 「국민기초생활 보장법」 제7조 제1항 제1호부터 제4호까지의 규정에 따른 생계급여, 주거급여, 의료급여 또는 교육급여의 수급자
   ㉡ 「국민기초생활 보장법」 제2조 제10호에 따른 차상위계층에 속하는 사람 중 다음의 어느 하나에 해당하는 사람
      ⓐ 「국민기초생활 보장법 시행령」 제5조의5 제1항에 따른 자활급여를 받는 사람
      ⓑ 「국민건강보험법 시행령」 [별표 2] 제3호 라목에 해당하는 사람
      ⓒ 「장애인복지법」 제49조 제1항에 따른 장애수당을 지급받는 사람
      ⓓ 「장애인복지법」 제50조 제1항에 따른 장애아동수당을 지급받는 사람
      ⓔ 「한부모가족지원법」 제5조에 따른 지원대상자. 이 경우 「국민기초생활 보장법」 제2조 제9호에 따른 소득인정액이 같은 조 제11호에 따른 기준 중위소득의 100분의 50을 초과하는 사람을 포함한다.
   ㉢ 「국민기초생활 보장법」 제24조 제1항에 따른 조사결과 차상위계층으로 결정된 사람
   ㉣ 「장애인복지법」 제32조에 따라 등록한 장애인 중 같은 법 시행령 제2조 제2항에 따른 장애의 정도가 심한 장애인
3. 보건복지부장관 또는 지방자치단체의 장에게 요청하는 「사회복지사업법」 제2조 제4호에 따른 사회복지시설의 현황과 해당 시설에 대한 허가 또는 신고 등에 관한 자료
4. **국가보훈부장관**에게 요청하는 다음에 해당하는 사람의 등록사항
   ㉠ 「5·18민주화운동 관련자 보상 등에 관한 법률」 제5조 제5항에 따라 1급부터 3급까지의 장해등급을 받은 사람
   ㉡ 「국가유공자 등 예우 및 지원에 관한 법률」 제6조의4 제1항에 따라 1급부터 3급까지의 상이등급 판정을 받은 사람
   ㉢ 「독립유공자예우에 관한 법률」 제4조에 따른 독립유공자

(12) 전기품질의 유지(법 제18조)

① '**전기사업자 등**'은 산업통상자원부령으로 정하는 바에 따라 그가 공급하는 전기의 품질을 유지하여야 한다.
② '**전기사업자**' 및 '**한국전력거래소**'는 산업통상자원부령으로 정하는 바에 따라 전기품질을 측정하고 그 결과를 기록·보존하여야 한다.
③ '**산업통상자원부장관**'은 전기사업자 등이 공급하는 전기의 품질이 위 ①에 적합하게 유지되지 아니하여 전기사용자의 이익을 해친다고 인정하는 경우에는 '**전기위원회**'의 심의를 거쳐 그 전기사업자 등에게 전기설비의 수리 또는 개조, 전기설비의 운용방법의 개선, 그 밖에 필요한 조치를 할 것을 명할 수 있다.

(13) 전력량계의 설치·관리(법 제19조)

다음의 자는 시간대별로 전력거래량을 측정할 수 있는 **전력량계**를 설치·관리하여야 한다.
① 발전사업자(대통령령으로 정하는 발전사업자는 제외한다)
② 자가용 전기설비를 설치한 자[법 제31조(전력거래) 제2항 단서에 따라 전력을 거래하는 경우만 해당한다]
③ 구역전기사업자[법 제31조(전력거래) 제3항에 따라 전력을 거래하는 경우만 해당한다]
④ 배전사업자
⑤ 법 제32조(전력의 직접 구매) 단서에 따라 전력을 직접 구매하는 전기사용자

(14) 전기설비의 이용제공(법 제20조)

① **송전사업자** 또는 **배전사업자**는 그 **전기설비**를 다른 전기사업자 등 또는 법 제32조(전력의 직접 구매) 단서에 따라 전력을 직접 구매하는 전기사용자에게 차별 없이 이용할 수 있도록 하여야 한다.
② 전기사업자는 「지능정보화 기본법」 제37조 제2항에 따른 전기통신선로설비(이하 '전기통신선로설비'라 한다)의 설치를 필요로 하는 자에게 전기설비를 대여할 수 있다.
③ 전기사업자는 「지능정보화 기본법」 제37조 제4항에 따른 협의가 성립된 경우에는 그 협의 결과에 따라 같은 조 제3항에 따른 조정을 요청한 자에게 전기설비를 대여하여야 한다.
④ '전기설비를 대여받아 전기통신선로설비를 설치하는 자'는 법 제67조에 따른 기술기준을 준수하여야 한다.

(15) 전기설비의 정보 공개(법 제20조의2)

송전사업자 또는 배전사업자는 그 전기설비를 다른 전기사업자가 이용할 수 있도록 산업통상자원부령으로 정하는 바에 따라 전기설비 용량 및 전기사업자의 이용 현황 등 전기설비의 정보를 공개하여야 한다.

(16) 금지행위(법 제21조)

'전기사업자 등'은 전력시장에서의 공정한 경쟁을 해치거나 전기사용자의 이익을 해칠 우려가 있는 다음의 어느 하나의 행위를 하거나 제3자로 하여금 이를 하게 하여서는 아니 된다.
① 전력거래가격을 부당하게 높게 형성할 목적으로 발전소에서 생산되는 전기에 대한 거짓 자료를 한국전력거래소에 제출하는 행위
② 송전용 또는 배전용 전기설비의 이용을 제공할 때 부당하게 차별을 하거나 이용을 제공하는 의무를 이행하지 아니하는 행위 또는 지연하는 행위
③ 송전용 또는 배전용 전기설비의 이용을 제공함으로 인하여 알게 된 정보 등을 자신의 사적 이익을 위해 부당하게 사용하거나 이러한 정보 등을 이용하여 다른 전기사업자 등의 영업활동 또는 전기사용자의 이익을 부당하게 해치는 행위

④ 비용이나 수익을 부당하게 분류하여 전기요금이나 송전용 또는 배전용 전기설비의 이용요금을 부당하게 산정하는 행위
⑤ 전기사업자 등의 업무처리 지연 등 전기공급 과정에서 전기사용자의 이익을 현저하게 해치는 행위
⑥ 전력계통의 운영에 관한 한국전력거래소의 지시를 정당한 사유 없이 이행하지 아니하는 행위

(17) 금지행위의 유형 및 기준(영 제9조)

① 위 **(16)**의 ①에 따른 행위는 발전사업자가 발전기의 입찰가격, 가동능력 또는 기술특성에 관한 자료를 거짓으로 작성·제출하여 그 발전사업자가 공급하는 전력거래가격이 적정 가격을 초과하는 경우로 한다.
② 위 **(16)**의 ②에 다른 행위는 전기의 안정적 공급에 대한 전문적·기술적인 사항에 관한 행위로서 다음의 어느 하나에 해당하는 행위로 한다.
 ㉠ 설비이용에 관한 전기설비의 이용자와의 협의를 부당하게 지연하거나 기피하는 행위
 ㉡ 전기설비의 이용요금 또는 이용조건을 이용자 간에 부당하게 차별하는 행위
 ㉢ 전기설비의 이용제공을 정당한 이유 없이 거부하거나 지연하는 행위
 ㉣ 이용을 제공하고 있는 전기설비의 유지 및 보수 등을 정당한 이유 없이 거절하는 행위
 ㉤ 위 ㉠~㉣에 준하여 전기설비의 이용제공을 부당하게 차별하거나 이용제공의무를 지연 또는 기피하는 행위로서 산업통상자원부령으로 정하는 행위
③ 위 **(16)**의 ③에 따른 행위는 다음의 어느 하나에 해당하는 행위로 한다.
 ㉠ 전기설비의 이용제공을 통하여 알게 된 정보를 해당 전기사업자와 전기신사업자(이하 '전기사업자 등'이라 한다)의 동의 없이 제3자에게 제공함으로써 그 전기사업자 등의 영업활동 또는 전기사용자의 이익을 침해하는 행위
 ㉡ 전기설비의 이용제공을 통하여 알게 된 정보를 이용하여 해당 전기사업자 등의 전기설비 이용요금의 산정(算定)에 불이익을 주는 행위
 ㉢ 위 ㉠ 및 ㉡에 준하여 다른 전기사업자 등에 관한 정보를 이용하여 다른 전기사업자 등의 영업활동 또는 전기사용자의 이익을 부당하게 침해하는 행위로서 산업통상자원부령으로 정하는 행위
④ 위 **(16)**의 ④에 따른 행위는 다음의 어느 하나에 해당하는 행위로 한다.
 ㉠ 기업회계기준 등을 위반하여 전기요금 또는 전기설비의 이용요금을 산정하는 행위
 ㉡ 전기사업과 다른 사업을 겸업하거나 복수(複數)의 전기사업을 하는 경우로서 다른 사업에의 보조금 지급 등의 수단을 통하여 부당한 전기요금 또는 전기설비의 이용요금을 산정하는 행위
 ㉢ 위 ㉠ 및 ㉡에 준하여 전기요금 또는 전기설비의 이용요금을 부당하게 산정하는 행위로서 산업통상자원부령으로 정하는 행위

⑤ 위 **(16)**의 ⑤에 따른 행위는 다음의 어느 하나에 해당하는 행위로 한다.
  ㉠ 정당한 이유 없이 전기공급을 거부하거나 전기공급을 정지하는 행위
  ㉡ 전기사용자로부터 전기공급에 관한 업무처리를 요청받은 경우 정당한 이유 없이 지연하는 행위
  ㉢ 공급약관을 위반하거나 공급약관에 규정되지 아니한 방식으로 전기를 공급하는 행위
  ㉣ 정당한 이유 없이 전기사용자를 차별하여 전기사용자에게 불이익을 주는 행위
  ㉤ 위 ㉠~㉣에 준하여 전기사용자의 이익을 현저하게 해치는 행위로서 산업통상자원부령으로 정하는 행위
⑥ 위 **(16)**의 ⑥에 따른 행위는 다음의 어느 하나에 해당하는 행위로 한다.
  ㉠ 발전사업자·송전사업자 또는 배전사업자가 한국전력거래소의 전력계통의 운영에 관한 지시를 정당한 이유 없이 이행하지 아니하는 행위
  ㉡ 전력계통의 운영업무를 수행하는 송전사업자 또는 배전사업자가 해당 전력계통의 운영에 관한 한국전력거래소의 지시를 기간 내에 이행하지 아니하는 행위

(18) 사실조사 등(법 제22조)

① **허가권자**는 공공의 이익을 보호하기 위하여 필요하다고 인정되거나 전기사업자 등이 위 **(16)**에 따른 금지행위를 한 것으로 인정되는 경우에는 전기위원회 소속 공무원[허가권자가 시·도지사인 전기사업자의 경우에는 해당 시·도 소속 공무원을 말한다. 이하 **(18)**에서 같다]으로 하여금 이를 확인하기 위하여 필요한 조사를 하게 할 수 있다.
② **허가권자**는 위 ①에 따른 조사를 위하여 필요한 경우에는 '전기사업자 등'에게 필요한 자료나 물건의 제출을 명할 수 있으며, 대통령령으로 정하는 바에 따라 전기위원회 소속 공무원으로 하여금 전기사업자 등의 사무소와 사업장 또는 전기사업자 등의 업무를 위탁받아 취급하는 자의 사업장에 출입하여 장부·서류나 그 밖의 자료 또는 물건을 조사하게 할 수 있다.
③ **허가권자**는 위 ②에 따른 조사를 하는 경우에는 조사 7일 **전**까지 조사일시, 조사이유 및 조사내용 등을 포함한 조사계획을 조사대상자에게 알려야 한다. 다만, 긴급한 경우나 사전에 알리면 증거인멸 등으로 조사목적을 달성할 수 없다고 인정하는 경우에는 그러하지 아니하다.
④ 위 ②에 따라 출입·조사하는 자는 그 권한을 표시하는 증표를 지니고 이를 관계인에게 내보여야 하며, 조사 시 그 조사의 일시·목적 등을 기록한 서류를 관계인에게 내주어야 한다.

(19) 사실조사(영 제10조)

① 위 **(18)**의 ②에 따라 전기사업자 등의 사무소와 사업장 또는 전기사업자 등의 업무를 위탁받아 취급하는 자의 사업장에 출입하여 조사하려는 공무원은 조사할 때 해당 사무소 또는 사업장의 관계인을 참석시켜야 한다.

② 산업통상자원부장관은 사실조사와 관련하여 필요하다고 인정하는 때에는 관계 전문가를 참여시킬 수 있다. 이 경우 관계 전문가에게는 예산의 범위에서 수당과 여비, 그 밖에 필요한 비용을 지급할 수 있다.

(20) 금지행위에 대한 조치(법 제23조)
① 허가권자는 전기사업자 등이 위 (16)에 따른 금지행위를 한 것으로 인정하는 경우에는 전기위원회의 심의를 거쳐 전기사업자에게 다음의 어느 하나의 조치를 명하거나 금지행위에 관여한 임직원의 징계를 요구할 수 있다. 다만, '**전기신사업자**'와 '**허가권자가 시·도지사인 전기사업자**'의 경우에는 전기위원회의 심의를 거치지 아니한다.
　㉠ 송전용 또는 배전용 전기설비의 이용제공
　㉡ 내부규정 등의 변경
　㉢ 정보의 공개
　㉣ 금지행위의 중지
　㉤ 금지행위를 하여 시정조치를 명령받은 사실에 대한 공표
　㉥ 금지행위로 인한 위법사항의 원상회복을 위하여 필요한 조치로서 '대통령령으로 정하는 사항'
② **허가권자**의 명령을 받은 전기사업자 등은 **허가권자**가 정한 기간에 이를 이행하여야 한다. 다만, **허가권자**는 천재지변이나 그 밖의 부득이한 사유로 전기사업자 등이 그 기간에 명령을 이행할 수 없다고 인정되는 경우에는 그 이행기간을 연장할 수 있다.

(21) 금지행위에 대한 조치(영 제11조)
위 **(20)**의 ①의 ㉥에서 '대통령령으로 정하는 사항'이란 공급약관 또는 계약조건의 변경을 말한다.

(22) 금지행위에 대한 과징금의 부과·징수(법 제24조)
① **허가권자**는 전기사업자 등이 위 **(16)**에 따른 금지행위를 한 경우에는 전기위원회의 심의(전기신사업자와 허가권자가 시·도지사인 전기사업자의 경우는 제외한다)를 거쳐 '대통령령으로 정하는 바'에 따라 그 전기사업자 등의 '매출액'의 '100분의 5의 범위'에서 **과징금**을 부과·징수할 수 있다. 다만, '매출액이 없거나' '매출액의 산정이 곤란한 경우'로서 '대통령령으로 정하는 경우'에는 '10억원 이하'의 **과징금**을 부과·징수할 수 있다.
② 위 ①에 따른 위반행위별 유형, 과징금의 부과기준, 그 밖에 필요한 사항은 대통령령으로 정한다.
③ **허가권자**는 과징금을 내야 할 자가 납부기한까지 이를 내지 아니하면 국세 체납처분의 예 또는 「지방행정제재·부과금의 징수 등에 관한 법률」에 따라 징수할 수 있다.

(23) 금지행위에 대한 과징금 산정방법(영 제12조)
① 위 **(22)**의 ①에서 매출액이란 해당 전기사업자 등의 금지행위와 관련된 전기사업 및 전기신사업에 대한 금지행위를 한 날이 속한 사업연도(이하 '해당 사업연도'라 한다)의 '직전 3개 사업연도의 연평균 매출액'을 말한다. 다만, 해당 사업연도 첫날 현재 사업을 시작한 후 3년이 되지 아니하는 경우에는 해당 사업연도의 직전 사업연도 말일까지의 매출액을 연평균 매출액으로 환산한 금액을 말하고, 해당 사업연도에 사업을 시작한 경우에는 사업 개시일부터 금지행위를 한 날까지의 매출액을 연매출액으로 환산한 금액을 말한다.
② 위 **(22)**의 ① 단서에서 '대통령령으로 정하는 경우'란 다음의 어느 하나에 해당하는 경우를 말한다.
　㉠ 영업중단 등으로 인하여 영업실적이 없는 경우
　㉡ 전기사업자 등이 매출액 산정자료의 제출을 거부하거나 거짓 자료를 제출한 경우
　㉢ 그 밖에 객관적인 매출액의 산정이 곤란한 경우

(24) 금지행위에 대한 과징금의 상한액 및 부과기준(영 제13조)
① 과징금을 부과하는 위반행위의 종류와 그에 대한 과징금 상한액은 [별표 1의4]와 같다.
② 산업통상자원부장관은 위 ①에 따른 상한액의 범위에서 구체적으로 과징금의 금액을 정할 때에는 다음의 사유를 모두 고려하여야 하며, 위 ①에 따른 과징금 금액의 **2분의 1**의 범위에서 이를 가중 또는 감경할 수 있다. 이 경우 가중할 때에도 과징금의 총액은 위 **(22)**의 ①에 따른 금액을 초과할 수 없다.
　㉠ 위반행위의 내용 및 정도
　㉡ 위반행위의 기간 및 횟수
　㉢ 위반행위로 인하여 취득한 경제적 이익의 규모
　㉣ 금지행위에 대한 조치 또는 과징금을 부과받은 횟수

(25) 금지행위에 대한 과징금의 부과 및 납부(영 제14조)
① 산업통상자원부장관은 과징금을 부과하려는 경우에는 해당 위반행위를 조사·확인한 후 위반행위의 종류와 해당 과징금의 금액 등을 구체적으로 밝혀 이를 낼 것을 통지하여야 한다.
② 위 ①에 따라 통지를 받은 자는 통지를 받은 날부터 **30일** 이내에 과징금을 산업통상자원부장관이 지정하는 수납기관에 내야 한다.
③ 과징금을 받은 수납기관은 납부자에게 영수증을 발급하여야 한다.
④ 과징금의 수납기관은 과징금을 받았을 때에는 지체 없이 그 사실을 산업통상자원부장관에게 통보하여야 한다.

(26) 구역전기사업자에 대한 준용(법 제24조의2)
구역전기사업자에 관하여는 법 제14조부터 제16조까지, 제17조 및 제20조 제1항을 준용한다.

CHAPTER 02 전력수급의 안정 등

CHAPTER 미리보기

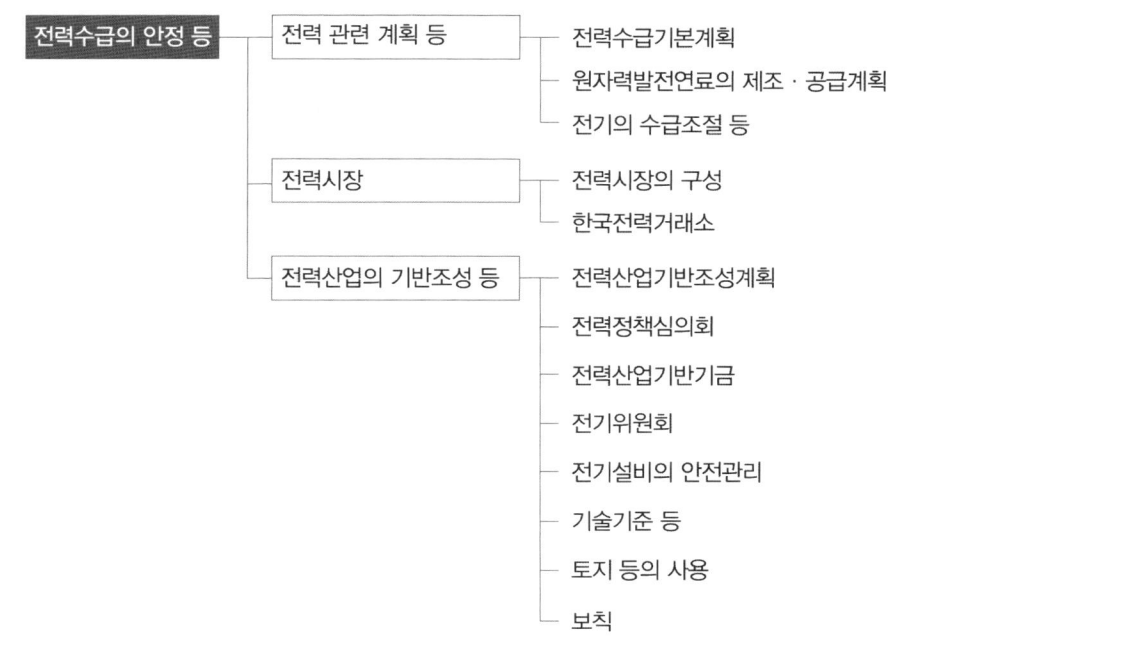

학습전략

전력수급의 안정 등을 다루는 단원으로서 1문제 정도가 출제될 수 있습니다. 전력시장 및 전력산업의 기반조성 등을 꼼꼼히 숙지하시기 바랍니다.

학습키워드

- 전력수급기본계획 및 전력산업기반조성계획
- 전력거래
- 전력시장운영규칙 및 중개시장운영규칙의 승인
- 한국전력거래소
- 전기위원회 및 전력정책심의회
- 전력산업기반기금
- 전기설비의 안전관리

제1절 전력 관련 계획 등

1. 전력수급기본계획

(1) 전력수급기본계획의 수립(법 제25조, 영 제15조의2)

① '**산업통상자원부장관**'은 전력수급의 안정을 위하여 **전력수급기본계획**(이하 '기본계획'이라 한다)을 수립하여야 한다.

② 산업통상자원부장관은 기본계획을 수립하거나 변경하고자 하는 때에는 관계 중앙행정기관의 장과 협의하고 공청회를 거쳐 의견을 수렴한 후 전력정책심의회의 심의를 거쳐 이를 확정한다. 다만, 산업통상자원부장관이 책임질 수 없는 사유로 '공청회가 정상적으로 진행되지 못하는 등 대통령령으로 정하는 사유'가 있는 경우에는 공청회를 개최하지 아니할 수 있으며 이 경우 대통령령으로 정하는 바에 따라 공청회에 준하는 방법으로 의견을 들어야 한다.

③ 기본계획 중 '대통령령으로 정하는 경미한 사항을 변경하는 다음의 어느 하나에 해당하는 경우'에는 위 ②에 따른 절차를 생략할 수 있다(법 제25조 제3항, 영 제15조의2).
　㉠ 전기설비 설치공사의 착공 또는 준공 등의 기간을 2년의 범위에서 조정하는 경우
　㉡ 전기설비별 용량의 20퍼센트의 범위에서 그 용량을 변경하는 경우
　㉢ 연도별 전기설비 총용량의 5퍼센트 범위에서 그 총용량을 변경하는 경우

④ 산업통상자원부장관은 기본계획이 확정된 때에는 지체 없이 이를 공고하고, 관계 중앙행정기관의 장에게 통보하여야 한다.

⑤ 산업통상자원부장관은 기본계획을 수립하거나 변경하는 경우 국회 소관 상임위원회에 보고하여야 한다. 이 경우 법 제3조 제2항에 따라 고려할 사항이 포함되어야 한다.

⑥ 기본계획에는 다음의 사항이 포함되어야 한다.
　㉠ 전력수급의 기본방향에 관한 사항
　㉡ 전력수급의 장기전망에 관한 사항
　㉢ 발전설비계획 및 주요 송전·변전설비계획에 관한 사항
　㉣ 전력수요의 관리에 관한 사항
　㉤ 직전 기본계획의 평가에 관한 사항
　㉥ 분산형전원의 확대에 관한 사항
　㉦ 그 밖에 전력수급에 관하여 필요하다고 인정하는 사항

⑦ 산업통상자원부장관은 **기본계획**이「기후위기 대응을 위한 탄소중립·녹색성장 기본법」제8조에 따른 '중장기 국가 온실가스 감축 목표'에 부합하도록 노력하여야 한다.

⑧ 산업통상자원부장관은 기본계획의 수립을 위하여 필요한 경우에는 전기사업자, 한국전력거래소, 그 밖에 '대통령령으로 정하는 관계 기관 및 단체'에 관련 자료의 제출을 요구할 수 있다.

(2) 전력수급기본계획의 수립(영 제15조)

① 전력수급기본계획은 2년 단위로 수립·시행한다.
② 위 (1)의 ② 단서에서 '공청회가 정상적으로 진행되지 못하는 등 대통령령으로 정하는 사유'란 다음의 어느 하나에 해당하는 경우를 말한다.
  ㉠ 이해관계자 등의 방해로 공청회가 개최되지 못한 횟수가 2회 이상인 경우
  ㉡ 공청회가 개최되었으나 이해관계자 등의 방해로 정상적으로 진행되지 못한 경우
③ 산업통상자원부장관은 위 (1)의 ② 단서에 따른 사유로 공청회를 개최하지 아니한 경우 다음의 사항을 일간신문 및 산업통상자원부 인터넷 홈페이지에 게재하여 의견을 들어야 한다.
  ㉠ 공청회의 미개최사유
  ㉡ 기본계획안의 열람방법
  ㉢ 의견제출의 시기 및 방법
  ㉣ 그 밖에 산업통상자원부장관이 필요하다고 인정하는 사항

(3) 기초조사 등의 실시(법 제25조의2)

① '산업통상자원부장관'은 기본계획을 수립하는 때에는 발전사업을 하려는 자에게 해당 지역에 미치는 영향을 포함한 '기초조사'와 지역주민·관계 전문가 등에 대한 의견청취를 실시하도록 하여야 한다.
② 위 ①에 따른 기초조사와 의견청취의 방법 및 절차에 필요한 사항은 대통령령으로 정한다.

(4) 전기설비의 시설계획 등의 신고(법 제26조)

'전기사업자'는 대통령령으로 정하는 바에 따라 **전기설비의 시설계획** 및 **전기공급계획**을 작성하여 산업통상자원부장관에게 '신고'하여야 한다. 신고한 사항을 변경하는 경우에도 또한 같다.

(5) 전기설비의 시설계획 및 전기공급계획의 신고(영 제17조)

① 전기사업자는 매년 12월 말까지 계획기간을 **3년 이상**으로 한 '전기설비의 시설계획' 및 '전기공급계획'을 작성하여 산업통상자원부장관에게 '신고'하여야 한다.
② 신고의 절차와 그 밖에 필요한 사항은 산업통상자원부령으로 정한다.

(6) 송전사업자 등의 책무(법 제27조)

송전사업자·배전사업자 및 **구역전기사업자**는 전기의 수요·공급의 변화에 따라 전기를 원활하게 '송전' 또는 '배전'할 수 있도록 산업통상자원부장관이 정하여 고시하는 기준에 적합한 설비를 갖추고 이를 유지·관리하여야 한다.

(7) 전력계통의 신뢰도 유지(법 제27조의2)

① 산업통상자원부장관은 전력계통의 신뢰도 유지를 위한 기준을 정하여 고시하여야 한다.
② **한국전력거래소** 및 **전기사업자**는 위 ①에서 정한 기준에 따라 전력계통의 신뢰도를 유지하여야 한다.
③ '산업통상자원부장관'은 대통령령으로 정하는 바에 따라 전력계통의 신뢰도 유지 여부에 관한 감시·평가 및 조사 등(이하 '전력계통 신뢰도 관리'라 한다)을 실시하고 그 결과를 공개하여야 한다.
④ '산업통상자원부장관'은 전력계통 신뢰도 관리를 위하여 필요한 때에는 '한국전력거래소' 및 '전기사업자'에게 자료의 제출을 요구할 수 있다. 이 경우 자료제출을 요구받은 자는 특별한 사유가 없으면 이에 따라야 한다.
⑤ '산업통상자원부장관'은 전력계통의 신뢰도가 위 ①에서 정한 기준에 적합하게 유지되지 아니하여 전기사용자의 이익을 해친다고 인정하는 경우에는 '전기위원회'의 심의를 거쳐 '한국전력거래소' 및 '전기사업자'에게 필요한 조치를 할 것을 명할 수 있다.

(8) 전력계통 신뢰도 관리(영 제17조의2)

① 산업통상자원부장관은 위 **(7)**의 ①에 따른 전력계통 신뢰도 유지를 위한 기준의 준수 여부를 상시적으로 감시하여야 한다.
② 산업통상자원부장관은 위 **(7)**의 ③에 따라 '한국전력거래소' 또는 '전기사업자'의 다음의 사항에 대한 평가를 실시하여야 한다.
   ㉠ 전력계통 신뢰도의 유지 수준
   ㉡ 전력계통의 운영에 관한 다음의 사항
      ⓐ 업무의 계획 및 실적
      ⓑ 전기설비 투자계획의 타당성
      ⓒ 전기설비와 통신·전산설비 등에 대한 자체점검 및 관리의 적정성
③ 산업통상자원부장관은 위 ②에 따른 평가를 실시하려는 경우 그 평가를 실시하기 **15일 전까**지 다음의 사항을 '한국전력거래소' 및 해당 '전기사업자'에게 통지해야 한다.
   ㉠ 평가의 항목
   ㉡ 제출이 필요한 자료의 목록
④ 산업통상자원부장관은 위 **(7)**의 ③에 따라 전력계통의 신뢰도 유지에 영향을 미치는 사고가 발생한 경우 그 사고의 원인 분석 및 재발 방지 대책 마련을 위한 조사를 실시하여야 한다.
⑤ '산업통상자원부장관'은 위 **(7)**의 ③에 따라 전력계통의 신뢰도 유지 여부에 관한 감시·평가 및 조사 등의 결과를 '한국전력거래소 홈페이지'에 게재하여야 한다.

2. 원자력발전연료의 제조·공급계획

(1) 원자력발전연료의 제조·공급계획(법 제28조)
'원자력발전연료를 원자력발전사업자에게 제조·공급하려는 자'는 대통령령으로 정하는 바에 따라 장기적인 **원자력발전연료의 제조·공급계획**을 작성하여 '산업통상자원부장관'의 '**승인**'을 받아야 한다. 승인받은 사항을 변경하려는 경우에도 또한 같다.

(2) 원자력발전연료의 제조·공급계획의 작성 등(영 제18조)
① 원자력발전연료의 제조·공급계획(이하 '원자력발전연료 제조·공급계획'이라 한다)은 「원자력안전법」에 따른 정련(精鍊)·변환 및 가공 사업별로 작성하여야 한다.
② 원자력발전연료 제조·공급계획에 대한 승인기준은 다음과 같다.
  ㉠ 원자력발전연료 제조·공급계획이 국가의 원자력산업과 관련한 정책에 부합할 것
  ㉡ 원자력발전연료 제조시설의 공사 공정이 구체적이고 타당할 것
  ㉢ 원자력발전연료의 설계인력과 생산인력의 확보계획이 적절할 것
  ㉣ 원자력발전연료 제조·공급계획의 시행을 위한 자금조달방법이 구체적이고 타당할 것

3. 전기의 수급조절 등

(1) 전기의 수급조절 등(법 제29조)
① 산업통상자원부장관은 천재지변, 전시·사변, 경제사정의 급격한 변동, 그 밖에 이에 준하는 사태가 발생하여 공공의 이익을 위하여 특히 필요하다고 인정하는 경우에는 **전기사업자** 또는 **자가용 전기설비를 설치한 자**에게 다음의 어느 하나에 해당하는 사항을 명할 수 있다.
  ㉠ 특정한 전기판매사업자 또는 구역전기사업자에 대한 전기의 공급
  ㉡ 특정한 전기사용자에 대한 전기의 공급
  ㉢ 특정한 전기판매사업자·구역전기사업자 또는 전기사용자에 대한 송전용 또는 배전용 전기설비의 이용제공
② 위 ①에 따른 명령이 있는 경우 당사자 간에 지급 또는 수령할 금액과 그 밖에 필요한 사항에 관하여는 당사자 간의 협의에 따른다.

(2) 손실보상(법 제30조)
산업통상자원부장관은 위 **(1)**의 ①에 따른 명령에 따라 '전기사업자' 또는 '자가용 전기설비를 설치한 자'가 손실을 입은 경우에는 정당한 보상을 하여야 한다.

제2절 전력시장

1. 전력시장의 구성

(1) 전력거래(법 제31조)

① '발전사업자' 및 '전기판매사업자'는 전력시장운영규칙으로 정하는 바에 따라 전력시장에서 전력거래를 하여야 한다. 다만, '도서지역 등 대통령령으로 정하는 경우'에는 그러하지 아니하다. 26회

② '자가용 전기설비를 설치한 자'는 그가 생산한 전력을 전력시장에서 거래할 수 없다. 다만, '대통령령으로 정하는 경우'에는 그러하지 아니하다.

③ 구역전기사업자는 대통령령으로 정하는 바에 따라 특정한 공급구역의 수요에 부족하거나 남는 전력을 전력시장에서 거래할 수 있다.

④ 전기판매사업자는 다음의 어느 하나에 해당하는 자가 생산한 전력을 전력시장운영규칙으로 정하는 바에 따라 우선적으로 구매할 수 있다.
   ㉠ '대통령령으로 정하는 규모 이하(2만 킬로와트 이하)의 발전사업자' 24회, 26회, 28회
   ㉡ 자가용 전기설비를 설치한 자(위 ② 단서에 따라 전력거래를 하는 경우만 해당한다)
   ㉢ 「신에너지 및 재생에너지 개발·이용·보급 촉진법」 제2조 제1호 및 제2호에 따른 신에너지 및 재생에너지를 이용하여 전기를 생산하는 발전사업자
   ㉣ 「집단에너지사업법」에 따라 발전사업의 허가를 받은 것으로 보는 집단에너지사업자
   ㉤ 수력발전소를 운영하는 발전사업자

⑤ 「지능형전력망의 구축 및 이용촉진에 관한 법률」 제12조 제1항에 따라 지능형전력망 서비스 제공사업자로 등록한 자 중 대통령령으로 정하는 자(이하 '수요관리사업자'라 한다)는 **전력시장운영규칙**으로 정하는 바에 따라 전력시장에서 전력거래를 할 수 있다. 다만, 수요관리사업자 중 「독점규제 및 공정거래에 관한 법률」 제31조 제1항의 상호출자제한기업집단에 속하는 자가 전력거래를 하는 경우에는 대통령령으로 정하는 전력거래량의 비율에 관한 기준을 충족하여야 한다.

⑥ 소규모전력중개사업자는 모집한 소규모전력자원에서 생산 또는 저장한 전력을 법 제43조에 따른 **전력시장운영규칙**으로 정하는 바에 따라 전력시장에서 거래하여야 한다. 26회

⑦ '**통합발전소사업자**'는 전력시장운영규칙에서 정하는 바에 따라 통합발전소에서 생산 또는 저장한 전력을 전력시장에서 거래할 수 있다.

(2) 전력거래(영 제19조)

① 위 **(1)**의 ① 단서에서 '도서지역 등 대통령령으로 정하는 경우'란 다음의 경우를 말한다.
   ㉠ 한국전력거래소가 운영하는 전력계통에 연결되어 있지 아니한 도서지역에서 전력을 거래하는 경우 26회

- ⓒ 「신에너지 및 재생에너지 개발·이용·보급 촉진법」에 따른 신·재생에너지발전사업자가 발전설비용량이 '1천 킬로와트 이하'인 발전설비를 이용하여 생산한 전력을 거래하는 경우
- ⓒ 산업통상자원부장관이 정하여 고시하는 요건을 갖춘 신·재생에너지발전사업자(자가용 전기설비를 설치한 자는 제외한다. ⓒ 및 ⓔ에서 같다)가 발전설비용량(둘 이상의 신·재생에너지발전사업자가 공동으로 공급하는 경우에는 그 발전설비용량을 합산한다. 이하 ⓔ에서 같다)이 **'1천 킬로와트를 초과'**하는 발전설비를 이용하여 생산한 전력을 **전기판매사업자**에게 공급하고, **전기**판매사업자가 그 전력을 '산업통상자원부장관이 정하여 고시하는 요건을 갖춘 **전기사용자**'에게 공급하는 방법으로 전력을 거래하는 경우
- ⓔ 산업통상자원부장관이 정하여 고시하는 요건을 갖춘 '신·재생에너지발전사업자가 발전설비를 이용하여 생산한 전력'을 '**재생에너지전기공급사업자**'에게 공급하는 경우로서 다음의 어느 하나에 해당하는 경우 〈개정 및 신설 2025.7.29.〉
    - ⓐ 발전설비용량이 1천킬로와트를 초과하는 발전설비를 이용하여 생산한 전력을 공급하는 경우
    - ⓑ 발전설비용량이 1천킬로와트 이하인 발전설비를 이용하여 생산한 전력을 **송전용 또는 배전용 전기설비 없이** 공급하는 경우 〈신설〉
- ⓜ 「수소경제 육성 및 수소 안전관리에 관한 법률」 제2조 제7호의4에 따른 수소발전사업자가 생산한 전력을 같은 법 제25조의6 제2항에 따른 수소발전 입찰시장에서 거래하는 경우
- ⓗ 산업통상자원부장관이 정하여 고시하는 요건을 갖춘 **재생에너지발전사업자**(신·재생에너지발전사업자 중 재생에너지를 이용하여 발전사업을 하는 자를 말한다. 이하 같다)가 발전설비용량이 1천 킬로와트('송전용 또는 배전용 전기설비 없이 공급하는 경우'에는 5백 킬로와트)를 **초과하는 발전설비**를 이용하여 생산한 전력을 **재생에너지전기저장판매사업자에게 공급하는 경우**
- ⓢ 산업통상자원부장관이 정하여 고시하는 요건을 갖춘 **재생에너지발전사업자**가 '발전설비를 이용하여 생산한 전력'을 **전기자동차충전사업자**에게 공급하는 경우

② 위 **(1)**의 ② 단서에서 '대통령령으로 정하는 경우'란 다음의 어느 하나에 해당하는 경우를 말한다.
- ㉠ 태양광 설비를 설치한 자가 해당 설비를 통하여 생산한 전력 중 자기가 사용하고 **남은 전력을 거래하는 경우** 26회
- ㉡ 태양광 설비 외의 설비(석탄을 에너지원으로 이용하는 설비는 2017년 2월 28일까지 전기안전관리법 제8조 제1항 전단 또는 같은 조 제2항 전단에 따른 설치공사·변경공사의 공사계획의 인가 신청 또는 신고를 한 경우로 한정한다)를 설치한 자가 해당 설비를 통하여 생산한 전력의 **연간 총생산량**의 30퍼센트 미만의 범위에서 전력을 거래하는 경우 〈개정 2025.1.7.〉

③ 발전사업자, 전기판매사업자, 전기사용자 및 자가용 전기설비를 설치한 자 간의 전력거래 절차와 그 밖에 필요한 사항은 산업통상자원부장관이 정하여 고시한다.

④ **구역전기사업자**는 다음의 어느 하나에 해당하는 전력을 전력시장에서 거래할 수 있다.
  ㉠ 허가받은 공급능력으로 해당 특정한 공급구역의 수요에 부족하거나 남는 전력
  ㉡ 발전기의 고장, 정기점검 및 보수 등으로 인하여 해당 특정한 공급구역의 수요에 부족한 전력 26회
  ㉢ 영 제59조의2에 해당하는 자가 산업통상자원부령으로 정하는 기간 동안 해당 특정한 공급구역의 열 수요가 감소함에 따라 발전기 가동을 단축하는 경우 생산한 전력으로는 해당 특정한 공급구역의 수요에 부족한 전력
⑤ 위 **(1)**의 ④의 ㉠에서 '대통령령으로 정하는 규모 이하의 발전사업자'란 설비용량이 '**2만 킬로와트 이하**'인 발전사업자를 말한다. 24회, 26회
⑥ 위 **(1)**의 ⑤ 본문에서 '대통령령으로 정하는 자'란 「지능형전력망의 구축 및 이용촉진에 관한 법률 시행령」 [별표 1]에 따른 수요반응관리서비스제공사업자(이하 '**수요관리사업자**'라 한다)를 말한다.
⑦ 「독점규제 및 공정거래에 관한 법률」 제9조 제1항에 따른 상호출자제한기업집단(이하 이 항에서 '**기업집단**'이라 한다)에 속하는 수요관리사업자가 위 **(1)**의 ⑤ 본문에 따라 전력거래를 하는 경우에는 다음 ㉠ 및 ㉡을 합한 전력거래량에서 ㉠의 전력거래량이 차지하는 비율이 **100분의 30**을 넘어서는 아니 된다.
  ㉠ 해당 수요관리사업자가 속하는 기업집단 내부의 전력소비자(해당 수요관리사업자는 제외한다)의 전력소비 감축(법 제45조 제1항에 따라 한국전력거래소가 전력계통의 운영을 위하여 수요관리사업자에게 하는 전력소비 감축의 지시에 따라 감축하는 것을 말한다. 이하 같다)을 통하여 확보한 전력거래량
  ㉡ 해당 수요관리사업자가 속하는 기업집단 외부의 전력소비자의 전력소비 감축을 통하여 확보한 전력거래량

(3) 산지에 설치되는 재생에너지 설비의 전력거래(법 제31조의2)

① 「산지관리법」 제2조 제1호에 따른 산지에 「신에너지 및 재생에너지 개발·이용·보급 촉진법」 제2조 제2호 가목 및 나목에 해당하는 재생에너지 설비를 설치하여 전력거래를 하려는 **발전사업자**는 「산지관리법」 제39조 제2항에 따른 **중간복구명령**(이에 따른 복구준공검사를 포함한다)이 있는 경우 이를 **전력거래 전**에 **완료**하여야 한다.
② **산업통상자원부장관**은 위 ①의 발전사업자가 중간복구를 완료하지 아니하고 전력거래를 한 경우로서 「산지관리법」 제41조의2 제2항에 따라 **산림청장 등**이 **사업정지를 요청**하는 경우에는 중간복구준공이 완료될 때까지 **사업정지를 명**할 수 있다.
③ 위 ②에도 불구하고 **산업통상자원부장관**은 계절적 요인으로 복구준공이 불가피하게 지연되거나 부분 복구준공이 가능한 경우 등 대통령령으로 정하는 사유가 있는 때에는 **6개월**의 범위에서 **사업정지 명령**을 **유예**할 수 있다.

> **관련법령** 사업정지 명령 및 해제 절차 등(영 제19조의2)
>
> 1. 산업통상자원부장관은 위 **(3)**의 ②에 따라 발전사업자에게 사업정지를 명한 때에는 그 사실을 법 제35조에 따른 한국전력거래소 및 「한국전력공사법」에 따른 한국전력공사에 알려야 한다.
> 2. 위 **(3)**의 ②에 따라 사업정지 명령을 받은 자는 「산지관리법」 제39조 제2항에 따른 중간복구준공을 완료한 때에는 산업통상자원부령으로 정하는 바에 따라 사업정지 명령의 해제를 신청할 수 있다.
> 3. 위 **(3)**의 ③에서 '계절적 요인으로 복구준공이 불가피하게 지연되거나 부분 복구준공이 가능한 경우 등 대통령령으로 정하는 사유가 있는 때'란 다음의 어느 하나에 해당하는 경우를 말한다.
>   ㉠ 풍수해, 태풍, 한파 등 천재지변으로 복구준공이 불가피하게 지연된 경우
>   ㉡ 부지를 분할하여 순차적으로 부분 복구준공이 가능한 경우
>   ㉢ 안정적인 전력수급을 위해 전기설비의 사용이 긴급하게 필요하다고 인정되는 경우
> 4. 위 **(3)**의 ③에 따라 사업정지 명령의 유예를 받으려는 자는 산업통상자원부령으로 정하는 바에 따라 사업정지 명령의 유예를 신청해야 한다.

(4) 전력의 직접 구매(법 제32조, 영 제20조)

전기사용자는 전력시장에서 전력을 직접 구매할 수 없다. 다만, 대통령령으로 정하는 규모 이상의 전기사용자[**수전설비**(受電設備)**의 용량**('재생에너지전기공급사업자로부터 전기를 공급받는 경우'에는 산업통상자원부장관이 정하여 고시하는 바에 따라 각 '**수전설비를 합산한 용량**'을 말한다)이 3만 킬로볼트암페어 이상인 전기사용자]는 그러하지 아니하다. [24회]

(5) 전력거래의 가격 및 정산(법 제33조)

① 전력시장에서 이루어지는 전력의 거래가격(이하 '**전력거래가격**'이라 한다)은 시간대별로 전력의 수요와 공급에 따라 결정되는 가격으로 한다.
② 산업통상자원부장관은 위 ①에도 불구하고 전기사용자의 이익을 보호하기 위하여 필요한 경우에는 전력거래가격의 상한을 정하여 고시할 수 있다. 이 경우 산업통상자원부장관은 미리 전기위원회의 심의를 거쳐야 한다.
③ 전력거래의 정산은 전력거래가격을 기초로 하며, 구체적인 정산방법은 법 제43조에 따른 전력시장운영규칙에 따른다.

(6) 차액계약(법 제34조)

① **발전사업자**는 **전력구매자**[전기판매사업자, 위 **(1)**의 ③에 따라 전력을 구매하는 구역전기사업자 또는 위 **(4)** 단서에 따라 전력을 직접 구매하는 전기사용자를 말한다. 이하 **(6)**에서 같다]와 전력거래가격의 변동으로 인하여 발생하는 위험을 줄이기 위하여 일정한 기준가격을 설정하고 그 기준가격과 전력거래가격 간의 차액 보전(補塡)에 관한 것을 내용으로 하는 계약(이하 '**차액계약**'이라 한다)을 체결할 수 있다.
② 전력수급의 안정을 도모하고 전기사용자의 이익을 보호하기 위하여 대통령령으로 정하는 기준에 해당하는 **발전사업자**와 **전력구매자**는 산업통상자원부장관이 정하여 고시하는 전력량에 대해서는 '차액계약을 통하여서만' 전력을 거래하여야 한다. 다만, 차액계약의 체결로

인하여 「댐건설·관리 및 주변지역지원 등에 관한 법률」 제44조 제2항 제1호에 따른 출연금이 감소하는 경우 전력구매자는 대통령령으로 정하는 바에 따라 감소한 출연금을 보전하여야 한다.
③ 위 ②에 따라 차액계약을 체결한 발전사업자와 전력구매자는 대통령령으로 정하는 바에 따라 차액계약의 내용에 대하여 공동으로 '산업통상자원부장관'의 '인가'를 받아야 한다. 이를 변경하려는 경우에도 또한 같다.
④ 산업통상자원부장관은 위 ③에 따른 인가를 하려는 경우에는 '전기위원회'의 심의를 거쳐야 한다. 다만, 대통령령으로 정하는 경미한 사항의 경우에는 전기위원회의 심의를 생략할 수 있다.

(7) 차액계약의 적용대상(영 제20조의2)

위 **(6)**의 ② 본문에서 '대통령령으로 정하는 기준에 해당하는 발전사업자와 전력구매자'란 다음의 구분에 따른 발전사업자와 전력구매자를 말한다.
① **발전사업자**: 다음의 요건을 모두 갖춘 발전사업자
　㉠ 산업통상자원부장관이 정하여 고시하는 저원가 발전원(發電源)을 사용할 것
　㉡ 발전설비용량이 2만 킬로와트를 초과하는 발전기를 보유할 것
② **전력구매자**: 다음의 어느 하나에 해당하는 전력구매자
　㉠ 전기판매사업자
　㉡ 위 **(1)**의 ③에 따라 전력을 구매하는 구역전기사업자 중 위 **(2)**의 ④의 ㉢의 전력을 구매하는 구역전기사업자
　㉢ 위 **(4)**의 단서 및 이 영 제20조에 따라 전력을 직접 구매하는 전기사용자

(8) 댐주변지역의 지원사업 출연금의 보전(영 제20조의3)

① 「댐건설·관리 및 주변지역지원 등에 관한 법률」 제5조에 따른 댐관리청 또는 댐수탁관리자는 위 **(6)**의 ② 본문에 따른 일정한 기준가격을 설정하고 그 기준가격과 전력거래가격 간의 차액 보전에 관한 사항을 내용으로 하는 계약(이하 '**차액계약**'이라 한다)의 체결로 인하여 「댐건설·관리 및 주변지역지원 등에 관한 법률」 제44조 제2항 제1호에 따른 출연금이 감소하는 경우 해당 계약 개시연도의 다음다음 연도분 댐주변지역지원사업(같은 법 제43조에 따른 지원사업을 말한다. 이하 '해당 댐주변지역지원사업'이라 한다)이 개시되기 **6개월 전**까지 그 감소 사실과 감소하는 출연금의 액수를 해당 전력구매자에게 통보하여야 한다.
② 위 ①에 따른 통보를 받은 전력구매자는 해당 댐주변지역지원사업이 개시되기 1개월 전까지 그 감소분을 보전하여야 한다.

(9) 차액계약의 인가(영 제20조의4)

① 발전사업자와 전력구매자가 위 **(6)**의 ② 본문에 따라 체결하는 차액계약에는 다음의 사항이 포함되어야 한다.
　㉠ 계약의 당사자

ⓒ 계약의 내용에 관한 다음의 사항
  ⓐ 기준가격
  ⓑ 차액계약 대상 발전기
  ⓒ 계약전력량
  ⓓ 계약기간
ⓒ 계약당사자의 권리·의무에 관한 사항
ⓔ 정산방법 및 절차

② 위 **(6)**의 ③ 전단에 따라 산업통상자원부장관의 인가를 받으려는 발전사업자 및 전력구매자는 산업통상자원부령으로 정하는 인가신청서에 위 ①의 내용을 증명할 수 있는 서류를 첨부하여 해당 계약이 개시되기 3개월 전까지 산업통상자원부장관에게 인가를 공동으로 신청하여야 한다. 다만, 해당 계약기간 개시 3개월 전까지 인가신청서를 제출하기 어려운 특별한 사유가 있다고 산업통상자원부장관이 인정하는 경우에는 1회에 한정하여 신청기한을 1개월 연장할 수 있다.

③ 위 **(6)**의 ③ 후단에 따라 변경인가를 신청하려는 발전사업자 및 전력구매자는 산업통상자원부령으로 정하는 변경인가신청서에 변경내용을 증명할 수 있는 서류를 첨부하여 변경사유가 발생한 날부터 **1개월** 이내에 '변경인가'를 '공동'으로 '신청'하여야 한다.

④ 산업통상자원부장관은 위 ②에 따라 인가의 신청을 받은 경우 해당 계약기간의 개시 전까지 인가 여부를 결정하여 해당 발전사업자 및 전력구매자에게 알려야 한다.

⑤ 산업통상자원부장관은 차액계약에 포함되는 내용 등 차액계약의 체결 및 인가에 필요한 세부사항을 정하여 고시할 수 있다. 이 경우 산업통상자원부장관은 필요한 사항에 관하여 관계 중앙행정기관의 장의 의견을 들을 수 있다.

(10) 경미한 사항의 변경(영 제20조의5)

위 **(6)**의 ④ 단서에서 '대통령령으로 정하는 경미한 사항의 경우'란 다음의 어느 하나에 해당하는 사항을 변경하는 경우를 말한다.
① 계약당사자(계약당사자의 대표자를 포함한다)의 상호 또는 성명
② 계약 대상 발전기 명칭
③ 그 밖에 계약서 기재사항의 단순 정정 등 산업통상자원부장관이 정해 고시하는 사항

2. 한국전력거래소

(1) 설립(법 제35조)
① 전력시장 및 전력계통의 운영을 위하여 한국전력거래소를 설립한다.
② 한국전력거래소는 법인으로 한다.
③ 한국전력거래소의 주된 사무소는 정관으로 정한다.
④ 한국전력거래소는 주된 사무소의 소재지에서 설립등기를 함으로써 성립한다. 18회

(2) 업무(법 제36조)

① 한국전력거래소는 그 목적을 달성하기 위하여 다음의 업무를 수행한다.
  ㉠ 전력시장 및 소규모전력중개시장의 개설·운영에 관한 업무
  ㉡ 전력거래에 관한 업무
  ㉢ 회원의 자격 심사에 관한 업무
  ㉣ 전력거래대금 및 전력거래에 따른 비용의 청구·정산 및 지불에 관한 업무
  ㉤ 전력거래량의 계량에 관한 업무
  ㉥ 다음 (11)에 따른 전력시장운영규칙 및 다음 (12)에 따른 중개시장운영규칙 등 관련 규칙의 제정·개정에 관한 업무
  ㉦ 전력계통의 운영에 관한 업무
  ㉧ 전기품질의 측정·기록·보존에 관한 업무
  ㉨ 그 밖에 위 ㉠~㉧의 업무에 딸린 업무
② 한국전력거래소는 위 ①에 따른 업무 중 일부를 다른 기관 또는 단체에 위탁하여 처리하게 할 수 있다.
③ 한국전력거래소는 그가 수행하는 업무의 성격이 서로 다른 분야에 대하여는 회계를 구분하여 처리할 수 있다.

> **관련법령** 전력계통 운영시스템의 구축·운영(영 제20조의6)
>
> 한국전력거래소는 위 (2)의 ①의 ㉦에 따른 전력계통의 운영에 관한 업무를 수행하기 위하여 **전력계통 운영시스템**을 구축·운영할 수 있다.

(3) 정관의 기재사항(법 제37조)

한국전력거래소의 정관에는 「공공기관의 운영에 관한 법률」에 따른 기재사항 외에 다음의 사항이 포함되어야 한다.
① 자산에 관한 사항
② 회원에 관한 사항
③ 회원의 보증금에 관한 사항
④ 회원의 지분 양도 및 반환에 관한 사항

(4) 다른 법률과의 관계(법 제38조)

한국전력거래소에 대하여 이 법 및 「공공기관의 운영에 관한 법률」에 규정된 것을 제외하고는 「민법」 중 **사단법인**에 관한 규정[같은 법 제39조(영리법인)는 제외한다]을 준용한다. 이 경우 사단법인의 사원·사원총회와 이사 또는 감사는 각각 한국전력거래소의 회원·회원총회와 임원으로 본다.

(5) 회원의 자격(법 제39조)

한국전력거래소의 회원은 다음의 자로 한다.

① 전력시장에서 전력거래를 하는 발전사업자
② 전기판매사업자
③ 전력시장에서 전력을 직접 구매하는 전기사용자
④ 전력시장에서 전력거래를 하는 자가용 전기설비를 설치한 자 [19회]
⑤ 전력시장에서 전력거래를 하는 구역전기사업자
⑥ 전력시장에서 전력거래를 하지 아니하는 자 중 한국전력거래소의 정관으로 정하는 요건을 갖춘 자
⑦ 전력시장에서 전력거래를 하는 수요관리사업자
⑧ 전력시장에서 전력거래를 하는 소규모전력중개사업자
⑨ 전력시장에서 전력거래를 하는 통합발전소사업자

(6) 한국전력거래소의 운영경비(법 제40조)
① 한국전력거래소의 운영에 필요한 경비는 다음의 재원으로 충당한다.
　㉠ 회원의 회비
　㉡ 전력거래에 대한 수수료
　㉢ 그 밖에 산업통상자원부령으로 정하는 수입
② 한국전력거래소는 대통령령으로 정하는 바에 따라 위 ①의 ㉡에 따른 수수료를 정하여 산업통상자원부장관에게 신고하여야 한다.

(7) 전력거래에 대한 수수료(영 제21조)
① 수수료는 다음 계산식에 따라 산정한다.

> 수수료(원/kW시간) = 한국전력거래소의 연간 운영비 ÷ [연간 예상 전력거래량(kW시간) × 2]

② 한국전력거래소의 연간 운영비 및 연간 예상 전력거래량을 산정하는 기준은 다음과 같다.
　㉠ 한국전력거래소의 연간 운영비: 인건비·용역비·연구개발비, 시설비·수선유지비 및 차입금 상환원리금 등의 비용을 산정할 것
　㉡ 연간 예상 전력거래량: 발전사업자와 수요관리사업자의 전년도 총전력거래량에 해당 연도의 예상 전력수요 증감량을 반영하여 산정할 것

(8) 정보의 공개(법 제41조)
① '한국전력거래소'는 공정한 전력거래를 위하여 대통령령으로 정하는 바에 따라 전력거래량, 전력거래가격 및 전력수요 전망 등 전력시장과 전력계통의 운영에 관한 정보를 공개하여야 한다.
② '한국전력거래소'는 전기사업자 및 수요관리사업자가 전력시장과 전력계통의 운영에 관한 자료[다음 (14)의 ②에 따라 전력시장에서 결정된 우선순위와 다르게 지시를 한 경우 변경된 지시의 기준과 사유를 포함한다] 제공을 요구하는 경우 그 내용이 다른 전기사업자 및 수요관리사업자의 영업비밀(부정경쟁방지 및 영업비밀보호에 관한 법률 제2조 제2호에 따른 영업비밀을 말한다)을 침해하는 등의 특별한 사유가 없으면 이에 따라야 한다.

(9) 정보의 공개범위 및 절차(영 제22조)

① '한국전력거래소'는 위 **(8)**의 ①에 따라 [별표 1의6]의 전력시장과 전력계통의 운영에 관한 정보를 공개하여야 한다.
② 위 ①에 따른 공개는 한국전력거래소 홈페이지에 게재하는 방법으로 하여야 하며, 그 밖에 추가적으로 다음에 따른 방법으로 할 수 있다.
    ㉠ 방송
    ㉡ 일간신문 또는 전력 관련 전문잡지에 게재
③ 한국전력거래소는 [별표 1의6]에 따른 정보를 1년간 보관하여야 한다.
④ 한국전력거래소가 위 **(8)**의 ① 및 ②에 따라 공개하거나 전기사업자에게 제공하는 정보 및 자료는 「공공기관의 정보공개에 관한 법률」 제9조에 따른 '비공개 대상 정보가 포함되지 아니한 정보 및 자료'로 '한정'한다.

(10) 임직원의 비밀누설 금지 등(법 제42조)

① 한국전력거래소의 임직원은 그 직무와 관련하여 알게 된 비밀을 누설 또는 도용하거나 다른 사람으로 하여금 이용하게 하여서는 아니 된다.
② 위 ①은 한국전력거래소의 업무를 위탁받은 기관 또는 단체의 임직원에 관하여 준용한다.

(11) **전력시장운영규칙**(법 제43조)

① **한국전력거래소**는 전력시장 및 전력계통의 운영에 관한 규칙(이하 '전력시장운영규칙'이라 한다)을 정하여야 한다.
② 한국전력거래소는 전력시장운영규칙을 제정·변경 또는 폐지하려는 경우에는 '산업통상자원부장관'의 '승인'을 받아야 한다.
③ 산업통상자원부장관은 위 ②에 따른 승인을 하려면 '**전기위원회**'의 심의를 거쳐야 한다.
④ 전력시장운영규칙에는 다음의 사항이 포함되어야 한다.
    ㉠ 전력거래방법에 관한 사항
    ㉡ 전력거래의 정산·결제에 관한 사항
    ㉢ 전력거래의 정보공개에 관한 사항
    ㉣ 전력계통의 운영절차와 방법에 관한 사항
    ㉤ 전력량계의 설치 및 계량 등에 관한 사항
    ㉥ 전력거래에 관한 분쟁조정에 관한 사항
    ㉦ 그 밖에 전력시장의 운영에 필요하다고 인정되는 사항

(12) 중개시장운영규칙(법 제43조의2)

① 한국전력거래소는 소규모전력중개시장의 운영에 관한 규칙(이하 '중개시장운영규칙'이라 한다)을 정하여야 한다.
② 한국전력거래소는 중개시장운영규칙을 제정·변경 또는 폐지하려는 경우에는 산업통상자원부장관의 승인을 받아야 한다.
③ 산업통상자원부장관은 위 ②에 따른 승인을 하려면 전기위원회의 심의를 거쳐야 한다.
④ 중개시장운영규칙에는 다음의 사항이 포함되어야 한다.
   ㉠ 소규모전력자원의 모집에 관한 사항
   ㉡ 소규모전력자원에서 생산 또는 저장된 전력의 거래에 따른 정산·결제에 관한 사항
   ㉢ 소규모전력자원 모집·관리의 정보공개에 관한 사항
   ㉣ 소규모전력자원 모집·관리 등의 분쟁조정에 관한 사항
   ㉤ 그 밖에 소규모전력중개시장의 운영에 필요하다고 인정되는 사항

(13) 전력시장에의 참여자격(법 제44조)

한국전력거래소의 회원이 아닌 자는 전력시장에서 전력거래를 하지 못한다.

(14) 전력계통의 운영방법(법 제45조)

① 한국전력거래소는 '전기사업자' 및 '수요관리사업자'에게 전력계통의 운영을 위하여 필요한 지시를 할 수 있다. 이 경우 발전사업자 및 수요관리사업자에 대한 지시는 전력시장에서 결정된 우선순위에 따라 하여야 한다.
② 한국전력거래소는 위 ① 후단에도 불구하고 전력계통의 운영을 위하여 필요하다고 인정하면 우선순위와 다르게 지시를 할 수 있다. 이 경우 변경된 지시는 객관적으로 공정한 기준에 따라 결정되어야 한다.
③ 산업통상자원부장관은 '송전사업자' 또는 '배전사업자'에 대하여 산업통상자원부령으로 정하는 바에 따라 전력계통의 운영에 관한 업무 중 일부를 수행하게 할 수 있다. 이 경우 업무의 범위 등에 관하여 필요한 사항은 산업통상자원부장관이 정하여 고시한다.

(15) 긴급사태에 대한 처분(법 제46조)

① 산업통상자원부장관은 천재지변, 전시·사변, 경제사정의 급격한 변동, 그 밖에 이에 준하는 사태가 발생하여 전력시장에서 전력거래가 정상적으로 이루어질 수 없다고 인정하는 경우에는 전력시장에서의 전력거래의 정지·제한이나 그 밖에 필요한 조치를 할 수 있다.
② 산업통상자원부장관은 위 ①에 따른 조치를 한 후 그 사유가 없어졌다고 인정되는 경우에는 지체 없이 해제하여야 한다.

제3절 전력산업의 기반조성 등

1. 전력산업기반조성계획

(1) 전력산업기반조성계획의 수립·시행(법 제47조)
① **산업통상자원부장관**은 전력산업의 지속적인 발전과 전력수급의 안정을 위하여 전력산업의 기반조성을 위한 계획(이하 '전력산업기반조성계획'이라 한다)을 수립·시행하여야 한다. 18회
② 전력산업기반조성계획에는 다음의 사항이 포함되어야 한다.
　㉠ 전력산업발전의 기본방향에 관한 사항
　㉡ 다음 3. (2)의 ①~⑮에 규정된 사업에 관한 사항
　㉢ 전력산업전문인력의 양성에 관한 사항
　㉣ 전력 분야의 연구기관 및 단체의 육성·지원에 관한 사항
　㉤ 「석탄산업법」에 따른 석탄산업장기계획상 발전용 공급량의 사용에 관한 사항
　㉥ 그 밖에 전력산업의 기반조성을 위하여 필요한 사항

(2) 전력산업기반조성계획의 수립 등(영 제23조)
① 전력산업기반조성계획은 **3년** 단위로 수립·시행한다. 18회
② 산업통상자원부장관은 전력산업기반조성계획을 수립하려는 경우에는 전력정책심의회의 심의를 거쳐야 한다. 이를 변경하려는 경우에도 또한 같다.
③ 산업통상자원부장관은 전력산업기반조성계획을 수립할 때에는 「석탄산업법」에 따른 석탄산업장기계획에서의 석탄사용량과, 발전연료로 석탄을 사용하는 발전사업자에 대한 전력거래가격 및 발전에 따른 비용과의 차액 보전(補塡) 방안 등을 반영하여야 한다.

(3) 시행계획의 수립 등(영 제24조)
① **산업통상자원부장관**은 전력산업기반조성계획을 효율적으로 추진하기 위하여 **매년 '시행계획'**을 수립하고 공고하여야 한다.
② 위 ①에 따른 시행계획에는 다음의 사항이 포함되어야 한다.
　㉠ 전력산업기반조성사업의 시행에 관한 사항
　㉡ 필요한 자금 및 자금조달계획
　㉢ 시행방법
　㉣ 자금지원에 관한 사항
　㉤ 그 밖에 시행계획의 추진에 필요한 사항
③ **산업통상자원부장관**은 **시행계획**을 수립하려는 경우에는 **전력정책심의회의 심의**를 거쳐야 한다. 이를 변경하려는 경우에도 또한 같다.

(4) 전력산업기반조성사업의 실시(영 제25조)

① 산업통상자원부장관은 전기사업자, 한국전력거래소 및 영 제16조(자료제출대상기관) 각 호의 자(이하 '**주관기관**'이라 한다)로 하여금 전력산업기반조성사업의 시행에 관한 사항을 실시하게 할 수 있다.

② 산업통상자원부장관은 산업통상자원부장관이 지정하는 기관(이하 '**기획관리평가전담기관**'이라 한다)으로 하여금 전력산업기반조성사업의 시행에 관한 사항의 기획·관리 및 평가 등의 업무를 수행하게 할 수 있다.

③ 주관기관은 전력산업기반조성사업 중 전력산업 관련 연구개발사업(이하 '연구개발사업'이라 한다)을 완료한 경우에는 그 성과를 직접 이용하거나 신청을 받아 다른 사람에게 이용하게 할 수 있다.

④ 주관기관은 위 ③에 따라 성과를 직접 이용하거나 다른 사람에게 이용하게 하는 경우에는 협약에 따라 기술료를 기획관리평가전담기관에 내야 한다. 이 경우 기획관리평가전담기관은 납부받은 기술료를 「산업기술혁신 촉진법」 제37조의2에 따른 산업기술진흥및사업화촉진기금에 출연하여야 한다.

(5) 협약체결(영 제26조)

① 산업통상자원부장관은 전력산업기반조성사업을 실시하려는 경우에는 주관기관의 장과 협약을 체결하여야 한다.

② 위 ①에 따른 협약에는 다음의 사항이 포함되어야 한다.
  ㉠ 사업과제, 사업범위 및 사업 수행방법에 관한 사항
  ㉡ 사업비의 지급에 관한 사항
  ㉢ 사업시행의 결과 보고 및 그 결과의 활용에 관한 사항
  ㉣ 협약의 변경·해약 및 위반에 관한 사항
  ㉤ 연구개발사업인 경우 기술료의 징수에 관한 사항
  ㉥ 그 밖에 산업통상자원부장관이 필요하다고 인정하는 사항

2. 전력정책심의회

(1) 전력정책심의회의 설치 등(법 제47조의2)

① 전력수급 및 전력산업기반조성에 관한 중요사항을 심의하기 위하여 '산업통상자원부'에 전력정책심의회를 둔다.

② 전력정책심의회는 다음의 사항을 심의한다.
  ㉠ 기본계획
  ㉡ 전력산업기반조성계획
  ㉢ 전력산업기반조성계획의 시행계획
  ㉣ 그 밖에 전력산업의 발전에 중요한 사항으로서 산업통상자원부장관이 심의에 부치는 사항

③ 전력정책심의회는 위원장 1명을 포함한 **30명 이내**의 위원으로 구성한다.

(2) 전력정책심의회의 구성 등(영 제28조)

① 전력정책심의회의 위원은 다음의 사람으로 한다.
　㉠ 기획재정부, 과학기술정보통신부, 산업통상자원부, 환경부, 국토교통부 등 관계 중앙행정기관의 3급 공무원 또는 고위공무원단에 속하는 일반직공무원 중 소속 기관의 장이 지정하는 사람
　㉡ 전기사업자, 전력산업에 관한 학식과 경험이 풍부한 사람 또는 시민단체(비영리민간단체지원법 제2조에 따른 비영리민간단체를 말한다)가 추천하는 사람 중 산업통상자원부장관이 위촉하는 사람
② 위 ①의 ㉡에 따른 위원의 임기는 2년으로 하며, 한 차례만 연임할 수 있다.
③ 위원 중 공무원이 아닌 위원의 사임 등으로 인하여 새로 위촉된 위원의 임기는 전임위원 임기의 남은 기간으로 한다.
④ 전력정책심의회를 효율적으로 운영하기 위하여 전력정책심의회에 분과위원회를 둘 수 있다.

(3) 전력정책심의회 위원의 해촉 등(영 제28조의2)

① 위 **(2)**의 ①의 ㉠에 따라 위원을 지정한 자는 위원이 다음의 어느 하나에 해당하는 경우에는 그 지정을 철회할 수 있다.
　㉠ 심신장애로 인하여 직무를 수행할 수 없게 된 경우
　㉡ 직무와 관련된 비위사실이 있는 경우
　㉢ 직무태만, 품위손상이나 그 밖의 사유로 인하여 위원으로 적합하지 아니하다고 인정되는 경우
　㉣ 위원 스스로 직무를 수행하는 것이 곤란하다고 의사를 밝히는 경우
② 산업통상자원부장관은 위 **(2)**의 ①의 ㉡에 따른 위원이 위 ①의 ㉠~㉣의 어느 하나에 해당하는 경우에는 해당 위원을 해촉(解囑)할 수 있다.

(4) 전력정책심의회의 위원장(영 제29조)

① 전력정책심의회의 위원장은 위원 중에서 재적위원 과반수의 찬성으로 선출한다.
② 전력정책심의회의 위원장은 전력정책심의회를 대표하고, 전력정책심의회의 업무를 총괄한다.

(5) 전력정책심의회의 회의(영 제30조)

① 전력정책심의회의 위원장은 전력정책심의회의 회의를 소집하고, 그 의장이 된다.
② 전력정책심의회의 회의는 위원장이 필요하다고 인정하거나 산업통상자원부장관이 요청하는 경우에 위원장이 소집한다.

③ 위원장은 전력정책심의회의 회의를 소집하려는 경우에는 회의일 7일 전까지 회의의 일시·장소 및 안건을 각 위원에게 알려야 한다. 다만, 긴급한 경우이거나 부득이한 사유가 있는 경우에는 그러하지 아니하다.
④ 전력정책심의회의 회의는 재적위원 과반수의 출석으로 개의(開議)하고, 출석위원 과반수의 찬성으로 의결한다.

(6) 의견청취(영 제31조)

전력정책심의회 및 분과위원회는 안건 심의나 그 밖의 업무 수행에 필요하다고 인정할 때에는 이해관계인을 출석하게 하여 그 의견을 들을 수 있으며, 관계 전문가에게 의견의 제출을 요청할 수 있다.

(7) 수당(영 제32조)

전력정책심의회 및 분과위원회에 출석한 위원과 관계 전문가에게는 예산의 범위에서 수당을 지급할 수 있다. 다만, 공무원인 위원이 그 소관 업무와 직접 관련하여 출석하는 경우에는 그러하지 아니하다.

(8) 운영세칙(영 제33조)

이 영에서 규정한 사항 외에 전력정책심의회 및 분과위원회의 운영 등에 필요한 사항은 전력정책심의회의 의결을 거쳐 위원장이 정한다.

3. 전력산업기반기금

(1) 기금의 설치(법 제48조)

정부는 전력산업의 지속적인 발전과 전력산업의 기반조성에 필요한 재원을 확보하기 위하여 전력산업기반기금(이하 '기금'이라 한다)을 설치한다.

(2) 기금의 사용(법 제49조)

기금은 다음의 사업을 위하여 사용한다.
① 「신에너지 및 재생에너지 개발·이용·보급 촉진법」에 따른 신·재생에너지 발전사업자에 대한 지원사업 및 신·재생에너지를 이용하여 생산한 전기의 전력계통 연계조건을 개선하기 위한 사업
② 전력수요관리사업
③ 전원개발의 촉진사업
④ 도서·벽지의 주민 등에 대한 전력공급 지원사업
⑤ 전력산업 관련 연구개발사업
⑥ 전력산업과 관련된 국내의 석탄산업, 액화천연가스산업 및 집단에너지사업에 대한 지원사업

⑦ 「전기안전관리법」에 따른 전기안전·전기재해 예방 및 대응 관련 조사·연구·홍보에 관한 지원사업
⑧ 「전기안전관리법」 제12조에 따른 일반용 전기설비의 점검사업
⑨ 「전기안전관리법」 제14조에 따른 공동주택 등의 안전점검사업
⑩ 「전기안전관리법」 제15조에 따른 응급조치 사업
⑪ 「발전소주변지역 지원에 관한 법률」에 따른 주변지역에 대한 지원사업
⑫ 「송·변전설비 주변지역의 보상 및 지원에 관한 법률」 제10조 제2항에 따른 송·변전설비 주변지역 지원사업
⑬ 「지능형전력망의 구축 및 이용촉진에 관한 법률」에 따른 지능형전력망의 구축 및 이용촉진에 관한 사업
⑭ 법 제72조의2에 따른 가공전선로의 지중이설 사업
⑮ 그 밖에 대통령령으로 정하는 전력산업과 관련한 중요사업

(3) 기금의 사용(영 제34조)

위 **(2)**의 ⑮에서 '대통령령으로 정하는 전력산업과 관련한 중요사업'이란 다음의 사업을 말한다.
① 안전관리를 위한 사업
② 법 제5조에 따른 자연환경 및 생활환경의 적정한 관리·보존을 위한 사업
③ 전기의 보편적 공급을 위한 사업
④ 전력산업기반조성사업 및 전력산업기반조성사업에 대한 기획·관리 및 평가
⑤ 전력산업 및 전력산업 관련 융복합 분야 전문인력의 양성 및 관리
⑥ 전력산업 분야의 시험·평가 및 검사시설의 구축
⑦ 전력산업의 해외진출 지원사업
⑧ 전력산업 분야 개발기술의 사업화 지원사업
⑨ 원자력발전의 감축을 위하여 발전사업 또는 「전원개발촉진법」 제2조 제2호에 따른 전원개발사업을 중단한 사업자에 대한 산업통상자원부장관이 인정하는 지원사업

(4) 기금의 조성(법 제50조)

① 기금은 다음의 재원으로 조성한다.
   ㉠ 부담금 및 가산금
   ㉡ 「신에너지 및 재생에너지 개발·이용·보급 촉진법」에 따른 과징금
   ㉢ 기금을 운용하여 생긴 수익금
   ㉣ 대통령령으로 정하는 수입금
② 산업통상자원부장관은 위 ①에 따라 조성된 재원 외에 기금의 부담으로 에너지 및 자원사업 특별회계 또는 다른 기금 등으로부터 자금을 차입할 수 있다.
③ 산업통상자원부장관은 자금을 차입하는 경우에는 미리 기획재정부장관과 협의하여야 한다.

(5) 기금의 조성(영 제35조)

위 (4) ①의 ㉣에서 '대통령령으로 정하는 수입금'이란 기금의 부담으로 차입하는 자금을 말한다.

(6) 부담금(법 제51조)

① **산업통상자원부장관**은 위 (2)의 ①~⑮의 사업을 수행하기 위하여 전기사용자에 대하여 전기요금(법 제32조 단서에 따라 '전력을 직접 구매하는 전기사용자의 경우'에는 '구매가격'에 '송전용 또는 배전용 전기설비의 이용요금을 포함한 금액'을 말한다)의 **1천분의 65 이내**에서 대통령령으로 정하는 바에 따라 **부담금**을 부과·징수할 수 있다.

② **산업통상자원부장관**은 다음의 어느 하나에 해당하는 전기를 사용하는 자에게는 위 ①에도 불구하고 부담금을 부과·징수하지 아니할 수 있다.
   ㉠ **자가발전설비**(신에너지 및 재생에너지 개발·이용·보급 촉진법에 따른 자가발전설비를 포함한다)에 의하여 생산된 전기
   ㉡ '전력시장에 판매할 전기를 생산할 목적으로 사용'되는 **양수발전사업용 전기**
   ㉢ **구역전기사업자**(이 법에 따라 구역전기사업자로 보는 집단에너지사업자를 포함한다)가 특정한 공급구역에서 공급하는 전기

③ **산업통상자원부장관**은 위 ①에 따른 부담금의 징수대상자가 납부기한까지 부담금을 내지 아니한 경우에는 그 납부기한 다음 날부터 납부한 날의 전날까지의 기간에 대하여 **100분의 5**를 초과하지 아니하는 범위에서 대통령령으로 정하는 **가산금**을 징수한다.

④ **산업통상자원부장관**은 위 ①에 따른 부담금의 징수대상자가 납부기한까지 부담금을 내지 아니하면 기간을 정하여 독촉하고, 그 지정된 기간에 **부담금** 및 위 ③에 따른 **가산금**을 내지 아니하면 **국세 체납처분의 예**에 따라 징수할 수 있다.

⑤ **산업통상자원부장관**은 위 ①과 ③에 따라 징수한 **부담금** 및 가산금을 '기금'에 내야 한다.

⑥ 산업통상자원부장관은 위 ①에 따른 부담금이 축소되도록 노력하고, 이에 필요한 조치를 마련하여야 한다.

⑦ 부담금의 징수 등에 필요한 사항은 대통령령으로 정한다.

관련법령 **부담금의 부과기준(영 제36조)**

위 (6)의 ①에 따른 **부담금**은 '전기요금'의 **1천분의 27**에 해당하는 금액으로 한다.

관련법령 **가산금(영 제37조)**

위 (6)의 ③에 따른 '가산금'은 '연체기간'에 따라 다음의 금액으로 한다.
1. 연체기간(부담금의 납부기한 다음 날부터 납부일 전날까지의 기간을 말한다. 이하 같다)이 **1개월 이하**인 경우: **부담금의 1천분의 15**에 해당하는 금액을 연체일수에 따라 일할계산(日割計算)하여 산정한 금액

2. 연체기간이 1개월 초과 2개월 미만인 경우: 처음 1개월에 대한 가산금(**부담금의 1천분의 15에 해당하는 금액**을 말한다)과 1개월을 초과하는 부분에 대한 가산금(**부담금의 1천분의 10에 해당하는 금액**을 연체일수에 따라 일할계산하여 산정한 금액을 말한다)을 합산한 금액
3. 연체기간이 2개월 이상인 경우: **부담금의 1천분의 25에 해당하는 금액**

(7) 기금의 운용·관리 (법 제52조)

① 기금은 산업통상자원부장관이 운용·관리한다.
② 산업통상자원부장관은 기금의 운용·관리에 관한 업무의 일부를 '대통령령으로 정하는 법인 또는 단체'에 위탁할 수 있다.
③ 기금의 운용·관리에 필요한 사항은 대통령령으로 정한다.

(8) 기금의 운용·관리에 관한 사무의 위탁 등 (영 제38조)

① 위 **(7)**의 ②에서 '대통령령으로 정하는 법인 또는 단체'란 다음의 기관을 말한다.
  ㉠ 기획관리평가전담기관
  ㉡ 전기사업자
  ㉢ 금융회사 등
② 산업통상자원부장관은 위 **(2)**에 따른 사업에 기금을 대출하려는 경우에는 금융회사 등에 대여하여 이를 운용하여야 한다. 이 경우 융자금리 등 융자에 필요한 사항은 기획재정부장관과 협의하여 정한다.
③ 산업통상자원부장관은 위 **(7)**의 ②에 따라 기금의 운용·관리에 관한 업무의 일부를 위탁하는 경우에는 그 위탁받은 기관의 임원 중에서 기금수입 담당임원과 기금지출원인행위 담당임원을, 그 직원 중에서 기금지출직원과 기금출납직원을 임명할 수 있다. 이 경우 기금수입 담당임원은 기금수입징수관의 직무를, 기금지출원인행위 담당임원은 기금재무관의 직무를, 기금지출직원은 기금지출관의 직무를, 기금출납직원은 기금출납공무원의 직무를 각각 수행한다.

4. 전기위원회

(1) 전기위원회의 설치 및 구성 (법 제53조)

① 전기사업 등의 공정한 경쟁환경 조성 및 전기사용자의 권익보호에 관한 사항의 심의와 전기사업 등과 관련된 '분쟁의 재정(裁定)'을 위해 '산업통상자원부'에 전기위원회를 둔다.
② 전기위원회는 위원장 1명을 포함한 **9명 이내의 위원**으로 구성하되, 위원 중 대통령령으로 정하는 수의 위원은 상임으로 한다.
③ 전기위원회의 위원장을 포함한 위원은 산업통상자원부장관의 제청으로 대통령이 임명 또는 위촉한다.
④ 전기위원회의 사무를 처리하기 위하여 전기위원회에 사무기구를 둔다.

(2) 전기위원회의 개회 및 운영(영 제39조)

① 전기위원회의 위원장은 전기위원회의 회의를 소집하고, 그 의장이 된다.
② 전기위원회의 위원장은 회의를 소집하려는 경우에는 회의의 일시·장소 및 안건을 정하여 회의일 7일 전까지 각 위원에게 서면으로 알려야 한다. 다만, 긴급한 경우이거나 부득이한 사유가 있는 경우에는 그러하지 아니하다.
③ 전기위원회는 이해관계인, 참고인 또는 관계 전문가를 회의에 출석하게 하여 의견을 진술하게 하거나 필요한 자료를 제출하게 할 수 있다.

(3) 위원의 자격 등(법 제54조)

① 전기위원회 위원은 다음의 어느 하나에 해당하는 사람으로 한다.
  ㉠ 3급 이상의 공무원으로 있거나 있었던 사람
  ㉡ 판사·검사 또는 변호사로서 10년 이상 있거나 있었던 사람
  ㉢ 대학에서 법률학·경제학·경영학·전기공학이나 그 밖의 전기 관련 학과를 전공한 사람으로서 「고등교육법」에 따른 학교나 공인된 연구기관에서 부교수 이상으로 있거나 있었던 사람 또는 이에 상당하는 자리에 10년 이상 있거나 있었던 사람
  ㉣ 전기 관련 기업의 대표자나 상임임원으로 5년 이상 있었거나 전기 관련 기업에서 15년 이상 종사한 경력이 있는 사람
  ㉤ 전기 관련 단체 또는 소비자보호 관련 단체에서 10년 이상 종사한 경력이 있는 사람
② 위 ①의 ㉡ 및 ㉢의 재직기간은 합산한다.
③ 공무원이 아닌 위원의 임기는 3년으로 하되, 연임할 수 있다.

(4) 위원의 신분보장(법 제55조)

전기위원회의 위원은 다음의 어느 하나에 해당하는 경우를 제외하고는 그 의사에 반하여 해임 또는 해촉되지 아니한다.
① 금고 이상의 형을 선고받은 경우
② 심신쇠약으로 장기간 직무를 수행할 수 없게 된 경우

(5) 전기위원회의 기능(법 제56조)

① 전기위원회는 다음의 사항을 심의하고 다음 (6)에 따른 재정을 한다.
  ㉠ 전기사업의 허가 또는 변경허가에 관한 사항
  ㉡ 전기사업의 양수 또는 법인의 분할·합병에 대한 인가에 관한 사항
  ㉢ 전기사업의 허가취소, 사업정지, 사업구역의 감소 및 과징금의 부과에 관한 사항
  ㉣ 송전용 또는 배전용 전기설비의 이용요금과 그 밖의 이용조건의 인가에 관한 사항
  ㉤ 전기판매사업자의 기본공급약관 및 보완공급약관의 인가에 관한 사항
  ㉥ 구역전기사업자의 기본공급약관의 인가에 관한 사항
  ㉦ 전기설비의 수리 또는 개조, 전기설비의 운용방법의 개선, 그 밖에 필요한 조치에 관한 사항

ⓞ 금지행위에 대한 조치에 관한 사항
　　　ⓩ 금지행위에 대한 과징금의 부과·징수에 관한 사항
　　　ⓒ 전력시장운영규칙 및 중개시장운영규칙의 승인에 관한 사항
　　　㉠ 전력계통 신뢰도 관리업무에 대한 연간계획 및 실적, 관계 규정의 제정·개정 및 폐지 등에 관한 사항
　　　㉡ 전기사용자의 보호에 관한 사항
　　　㉢ 전력산업의 경쟁체제 도입 등 전력산업의 구조개편에 관한 사항
　　　㉣ 다른 법령에서 전기위원회의 심의사항으로 규정한 사항
　　　㉮ 산업통상자원부장관이 심의를 요청한 사항
　　　㉯ 법 제33조 제2항에 따른 전력거래가격의 상한에 관한 사항
　　　㉰ 법 제34조 제3항에 따른 차액계약의 인가에 관한 사항
　　　㉱ 법 제27조의2 제5항에 따른 산업통상자원부장관의 조치명령에 관한 사항
　　② 전기위원회는 산업통상자원부장관에게 전력시장의 관리·운영 등에 필요한 사항에 관한 건의를 할 수 있다.

(6) 전기위원회의 재정(법 제57조)

　　① 전기사업자 등 또는 전기사용자 등은 전기사업 등과 관련한 다음의 어느 하나의 사항에 관하여 당사자 간에 협의가 이루어지지 아니하거나 협의를 할 수 없는 경우에는 전기위원회에 재정을 신청할 수 있다.
　　　㉠ 송전용 또는 배전용 전기설비 이용요금과 그 밖의 이용조건에 관한 사항
　　　㉡ 공급약관에 관한 사항
　　　㉢ 법 제29조에 따른 수급조절 명령에 따른 금액의 지급 또는 수령 등에 관한 당사자 간의 협의에 관한 사항
　　　㉣ 비용의 부담에 관한 사항
　　　㉤ 법 제90조(토지의 일시사용 등에 대한 손실보상)에 따른 손실보상에 관한 사항
　　　㉥ 법 제90조의2(토지의 지상 등의 사용에 대한 손실보상)에 따른 손실보상에 관한 사항
　　　㉦ 그 밖에 전기사업 등과 관련한 분쟁이나 다른 법률에서 전기위원회의 재정사항으로 규정한 사항
　　② 전기위원회는 재정신청을 받은 경우에는 그 사실을 다른 당사자에게 통지하고 기간을 정하여 의견을 진술할 기회를 주어야 한다. 다만, 당사자가 정당한 사유 없이 이에 응하지 아니하는 경우에는 그러하지 아니하다.
　　③ 전기위원회는 재정신청에 대하여 재정을 한 경우에는 지체 없이 재정서의 정본을 당사자에게 송달하여야 한다.
　　④ 전기위원회가 재정을 한 경우 그 재정의 내용에 대하여 재정서의 정본이 당사자에게 송달된 날부터 60일 이내에 다른 당사자를 피고로 하는 소송이 제기되지 아니하거나 그 소송이 취하(取下)된 경우에는 당사자 간에 그 재정의 내용과 동일한 합의가 성립된 것으로 본다.

(7) 재정의 신청 등(영 제39조의2)

① 재정을 신청하려는 자는 다음의 사항을 포함한 재정신청서를 전기위원회에 제출하여야 한다.
  ㉠ 당사자·대리인 또는 대표당사자의 성명 및 주소
  ㉡ 재정신청의 취지 및 이유
  ㉢ 분쟁의 내용
  ㉣ 당사자 간 협의 경과
  ㉤ 그 밖에 이용조건 및 당사자 간 협의사항이 포함된 협정서 사본 등 산업통상자원부장관이 필요하다고 인정하는 서류
② 전기위원회는 위 ①에 따른 재정의 신청내용이 미비하거나 명확하지 아니한 경우에는 상당한 기간을 정하여 보완을 요구할 수 있으며, 당사자가 그 기간에 보완을 하지 아니한 때에는 사유를 명시하여 재정신청을 각하할 수 있다.
③ 전기위원회는 재정의 대상에 해당하지 아니하거나 재정신청이 적법하지 아니한 경우에는 해당 재정신청을 각하하고, 그 사유를 당사자에게 알려야 한다.
④ 당사자·대리인 또는 대표당사자가 감정(鑑定)을 신청한 경우에는 전기위원회는 필요하다고 인정하면 관계 전문기관 또는 전문가에게 감정을 의뢰할 수 있다. 이 경우 감정인의 감정 및 출석에 관한 수당과 여비, 그 밖에 필요한 비용은 감정을 신청한 자가 부담한다.

(8) 의결정족수(법 제58조)

전기위원회의 의사는 재적위원 과반수의 찬성으로 의결한다.

(9) 전문위원회(법 제59조)

① 전기위원회는 그 업무를 효율적으로 수행하기 위하여 분야별로 전문위원회를 둘 수 있다.
② 전문위원회의 조직·기능·운영에 필요한 사항은 산업통상자원부령으로 정한다.

(10) 조직 및 운영(법 제60조)

이 법에 규정된 것 외에 전기위원회의 조직 및 운영 등에 필요한 사항은 대통령령으로 정한다.

(11) 위원의 제척·기피·회피(영 제39조의3)

① 전기위원회의 위원은 다음의 어느 하나에 해당하는 경우에는 심의·재정[이하 (11)에서 '사건'이라 한다]에서 제척된다.
  ㉠ 위원 또는 그 배우자나 배우자이었던 사람이 해당 사건의 당사자가 되거나 해당 사건의 당사자와 공동권리자 또는 공동의무자의 관계에 있는 경우
  ㉡ 위원이 해당 사건의 당사자와 친족(민법에 따른 친족을 말한다)의 관계에 있거나 있었던 경우
  ㉢ 위원 또는 위원이 속한 법인이 해당 사건에 관하여 진술이나 감정을 한 경우

ⓔ 위원 또는 위원이 속한 법인이 해당 사건에 관하여 당사자의 대리인으로서 관여하거나 관여하였던 경우
　　　ⓜ 위원 또는 위원이 속한 법인이 해당 사건의 원인이 된 작위 또는 부작위에 관여한 경우
　② 전기위원회는 위 ①의 사유가 있는 경우에는 직권 또는 당사자의 신청에 따라 제척의 결정을 하여야 한다.
　③ 당사자는 해당 사건의 공정을 기대하기 어려운 사정이 있는 경우에는 전기위원회에 그 사유를 적어 기피신청을 할 수 있으며, 전기위원회는 기피신청이 타당하다고 인정하는 경우에는 기피의 결정을 한다.
　④ 위원이 위 ① 또는 ③의 사유에 해당하는 경우에는 스스로 해당 사건에서 회피할 수 있다.

(12) 수당 등(영 제40조)

전기위원회에 출석하는 위원 및 참고인에게는 예산의 범위에서 수당과 여비를 지급할 수 있다. 다만, 공무원인 위원이 그 소관 업무와 직접 관련하여 위원회에 참석하는 경우에는 그러하지 아니하다.

(13) 운영규정(영 제41조)

위에서 규정한 사항 외에 전기위원회의 운영 등에 필요한 사항은 전기위원회가 정한다.

5. 전기설비의 안전관리

(1) 전기사업용 전기설비의 공사계획의 인가 또는 신고(법 제61조)

　① '전기사업자'는 '전기사업용 전기설비의 설치공사 또는 변경공사'로서 산업통상자원부령으로 정하는 공사를 하려는 경우에는 그 '공사계획'에 대하여 '산업통상자원부장관'의 **인가**를 받아야 한다. 인가받은 사항을 변경하려는 경우에도 또한 같다. 20회 주관식
　② 인가를 받은 사항 중 산업통상자원부령으로 정하는 경미한 사항을 변경하려는 경우에는 산업통상자원부장관에게 **신고**하여야 한다.
　③ 전기사업자는 '인가를 받아야 하는 공사 외'의 '전기사업용 전기설비의 설치공사 또는 변경공사'로서 산업통상자원부령으로 정하는 공사를 하려는 경우에는 대통령령으로 정하는 바에 따라 '**공사를 시작하기 전**'에 **허가권자**에게 **신고**하여야 한다. 신고한 사항을 변경하려는 경우에도 또한 같다.
　④ 위 ②에 따른 신고를 받은 산업통상자원부장관 또는 위 ③에 따른 신고·변경신고를 받은 허가권자는 그 내용을 검토하여 이 법에 적합하면 신고를 수리하여야 한다.
　⑤ 전기사업자는 전기설비가 사고·재해 또는 그 밖의 사유로 멸실·파손되거나 전시·사변 등 비상사태가 발생하여 부득이하게 공사를 하여야 하는 경우에는 산업통상자원부령으로 정하는 바에 따라 '**공사를 시작한 후**' 지체 없이 그 사실을 '**허가권자**'에게 **신고**하여야 한다.

(2) 공사계획의 인가(영 제42조)

산업통상자원부장관은 전기설비의 설치공사 또는 변경공사에 관한 계획을 인가할 때에는 해당 계획이 기술기준에 적합한 경우에만 인가하여야 한다.

(3) 사용전검사(법 제63조)

위 (1)에 따라 '전기설비의 설치공사 또는 변경공사를 한 자'는 산업통상자원부령으로 정하는 바에 따라 **허가권자**가 실시하는 '검사에 합격한 후'에 이를 사용하여야 한다. 19회

> **관련법령** 사용전검사의 대상·기준 및 절차 등(규칙 제31조 제5항)
>
> 사용전검사를 받으려는 자는 별지 제28호 서식의 사용전검사 신청서에 일정한 서류를 첨부하여 검사를 받으려는 날의 7일 전까지 「전기안전관리법」 제30조에 따른 한국전기안전공사(이하 '안전공사'라 한다)에 제출해야 한다. 다만, 제5호의 서류(사용전검사를 실시하는 데 필요한 서류로서 산업통상자원부장관이 정하여 고시하는 서류)는 사용전검사를 받는 날까지 제출할 수 있다.

> **관련법령** 검사 결과의 통지 등(규칙 제34조)
>
> 1. 안전공사는 규칙 제31조(사용전검사의 대상·기준 및 절차 등)에 따라 검사를 한 경우에는 검사완료일부터 5일 이내에 별지 제29호 서식의 검사확인증을 검사신청인에게 내주어야 한다. 다만, 검사 결과 불합격인 경우에는 그 내용·사유 및 재검사 기한을 통지하여야 한다. 23회
> 2. 안전공사는 규칙 제31조 제4항에 따른 검사시기에 검사를 받지 아니하고 전기설비를 사용하는 자를 산업통상자원부장관 또는 시·도지사에게 보고하여야 한다.

(4) 전기설비의 임시사용(법 제64조)

① **허가권자**는 위 (3)에 따른 검사에 불합격한 경우에도 안전상 지장이 없고 전기설비의 임시사용이 필요하다고 인정되는 경우에는 사용기간 및 방법을 정하여 그 설비를 임시로 사용하게 할 수 있다. 이 경우 **허가권자**는 그 사용기간 및 방법을 정하여 통지를 하여야 한다.
② 비상용 예비발전기가 완공되지 아니할 경우 등 위 ①에 따른 전기설비 임시사용의 허용기준, **1년의 범위**에서의 사용기간, 전기설비의 임시사용방법, 그 밖에 필요한 사항은 '산업통상자원부령'으로 정한다.

> **관련법령** 전기설비의 임시사용 허용기준 등(규칙 제31조의2)
>
> 1. 위 (4)의 ②에 따라 전기설비의 임시사용을 허용할 수 있는 경우는 다음의 어느 하나와 같다.
>   ㉠ 발전기의 출력이 인가를 받거나 신고한 출력보다 낮으나 사용상 안전에 지장이 없다고 인정되는 경우
>   ㉡ 송전·수전과 직접적인 관련이 없는 보호울타리 등이 시공되지 아니한 상태이나 사람이 접근할 수 없도록 안전조치를 한 경우
>   ㉢ 공사계획을 인가받거나 신고한 전기설비 중 교대성·예비성 설비 또는 비상용 예비발전기가 완공되지 아니한 상태이나 주된 설비가 전기의 사용상이나 안전에 지장이 없다고 인정되는 경우
>   ㉣ 일시적으로 전기설비를 사용해도 안전상 지장이 없다고 인정되는 경우로서 사용이 불가피한 경우

2. 위 **(4)**의 ②에 따른 전기설비의 임시사용기간은 **3개월 이내**로 한다. 다만, 임시사용기간에 임시사용의 사유를 해소할 수 없는 특별한 사유가 있다고 인정되는 경우에는 전체 임시사용기간이 **1년**을 초과하지 아니하는 범위에서 임시사용기간을 연장할 수 있다.
3. 안전공사는 위 **(4)**의 ① 전단에 따라 전기설비의 임시사용을 허용하였을 때에는 그 허용사유, 사용기간, 사용범위 등을 별지 제29호 서식의 검사확인증에 적어 사용전검사 신청인에게 통보하여야 한다.

(5) 송·배전사업자의 자체 검사(법 제65조의2)

송전사업자 및 배전사업자는 산업통상자원부령으로 정하는 바에 따라 송전사업자·배전사업자의 전기설비에 대하여 '**자체적으로 검사**'를 하여야 하고 **산업통상자원부장관**에게 '검사 결과'를 **보고**하여야 한다.

6. 기술기준 등

(1) 기술기준(법 제67조)

① 산업통상자원부장관은 원활한 전기공급 및 전기설비의 안전관리를 위하여 필요한 기술기준(이하 '기술기준'이라 한다)을 정하여 고시하여야 한다. 이를 변경하는 경우에도 또한 같다.
② 기술기준은 전자파가 인체에 미치는 영향을 고려한 전자파 인체보호기준을 포함하여야 한다.
③ 산업통상자원부장관은 위 ①에 따라 기술기준을 변경하는 경우 기존의 전기설비에 대하여는 변경 전의 기술기준을 적용한다. 다만, 공공의 안전 확보를 위하여 변경된 기술기준을 적용할 수 있다.

(2) 기술기준의 제정(영 제43조)

위 **(1)**에 따른 기술기준은 전기설비가 다음의 기준에 적합하도록 정하여야 한다.
① 사람이나 다른 물체에 위해(危害) 또는 손상을 주지 아니하도록 할 것
② 내구력의 부족 또는 기기 오작동에 의하여 전기공급에 지장을 주지 아니하도록 할 것
③ 다른 전기설비나 그 밖의 물건의 기능에 전기적 또는 자기적(磁氣的) 장애를 주지 아니하도록 할 것
④ 에너지의 효율적인 이용 및 신기술·신공법의 개발·활용 등에 지장을 주지 아니하도록 할 것

(3) 전기설비의 유지(법 제68조)

전기사업자는 전기설비를 기술기준에 적합하도록 유지하여야 한다.

(4) 물밑선로의 보호(법 제69조)

① 전기사업자는 물밑에 설치한 전선로(이하 '물밑선로'라 한다)를 보호하기 위하여 필요한 경우에는 물밑선로보호구역의 지정을 산업통상자원부장관에게 신청할 수 있다.

② 산업통상자원부장관은 위 ①에 따른 신청이 있는 경우에는 물밑선로보호구역을 지정할 수 있다. 이 경우 「양식산업발전법」에 따른 양식업 면허를 받은 지역을 물밑선로보호구역으로 지정하려는 경우에는 그 양식업 면허를 받은 자의 동의를 받아야 한다.

③ 산업통상자원부장관은 물밑선로보호구역을 지정하였을 때에는 이를 고시하여야 한다.

④ 산업통상자원부장관은 물밑선로보호구역을 지정하려는 경우에는 미리 해양수산부장관과 협의하여야 한다.

(5) 물밑선로보호구역의 선로 손상행위 금지(법 제70조)

누구든지 물밑선로보호구역에서는 다음의 행위를 하여서는 아니 된다. 다만, 산업통상자원부장관의 승인을 받은 경우에는 그러하지 아니하다.

① 물밑선로를 손상시키는 행위
② 선박의 닻을 내리는 행위
③ 물밑에서 광물·수산물을 채취하는 행위
④ 그 밖에 물밑선로를 손상하게 할 우려가 있는 행위로서 '대통령령으로 정하는 행위'

(6) 물밑선로의 손상행위(영 제44조)

위 (5)의 ④에서 '대통령령으로 정하는 행위'란 다음의 어느 하나에 해당하는 행위를 말한다.

① 안강망어업·저인망어업 또는 트롤어업 행위
② 연해·근해 준설(浚渫) 작업행위
③ 해저탐사를 위한 지형변경행위
④ 어초(魚礁) 설치행위

(7) 기술기준에의 적합명령(법 제71조)

허가권자는 법 제63조에 따른 검사의 결과 전기설비 또는 법 제20조 제4항에 따라 설치한 전기통신선로설비가 기술기준에 적합하지 아니하다고 인정되는 경우에는 해당 **전기사업자 및 전기통신선로를 설치한 자**에게 그 전기설비 또는 전기통신선로설비의 수리·개조·이전 또는 사용정지나 사용제한을 명할 수 있다.

(8) 설비의 이설 등(법 제72조)

① 전기사업용 전기설비 또는 자가용 전기설비와 다른 자의 전기설비나 그 밖의 물건 또는 다른 사업 간에 상호 장애가 발생하거나 발생할 우려가 있는 경우에는 후에 그 원인을 제공한 자가 그 장애를 제거하기 위하여 필요한 조치를 하거나 그 조치에 드는 비용을 부담하여야 한다.

② 전기사업용 전기설비가 다른 자가 설치하거나 설치하려는 지상물 또는 그 밖의 물건으로 인하여 기술기준에 적합하지 아니하게 되거나 아니하게 될 우려가 있는 경우 그 지상물 또는 그 밖의 물건을 설치하거나 설치하려는 자는 그 전기사업용 전기설비가 기술기준에 적합하도록 하기 위하여 필요한 조치를 하거나 전기사업자로 하여금 필요한 조치를 할 것을 요구할 수 있다.

③ 전기사업자는 위 ②에 따른 요구를 받은 경우 그 조치를 위한 이설부지(移設敷地) 확보가 불가능하거나 기술기준에 적합하도록 할 수 없는 등 업무를 수행함에 있어서 기술적으로 곤란한 경우로서 '대통령령으로 정하는 경우'를 제외하고는 필요한 조치를 하여야 한다.
④ 위 ②와 ③에 따른 조치에 필요한 비용은 지상물 또는 그 밖의 물건을 설치하거나 설치하려는 자가 부담하여야 한다. 다만, 다른 자의 토지의 지상 또는 지하 공간에 전선로를 설치한 후 그 토지의 소유자 또는 점유자가 그 토지에 지상물 또는 그 밖의 물건을 설치하거나 설치하려는 경우에는 그 전선로의 이설계획 및 경과연도 등 대통령령으로 정하는 기준에 따라 이설비용을 감면할 수 있다.

(9) 설비의 이설 등의 조치가 곤란한 경우(영 제44조의2)

위 (8)의 ③에서 '대통령령으로 정하는 경우'란 다음의 경우를 말한다.
① 전기설비 이설부지(移設敷地)의 확보가 불가능하거나 이설 등의 조치 시 해당 전기설비를 기술기준에 적합하게 유지할 수 없는 경우
② 전기설비의 이설 등을 위하여 그 전기설비에 대한 전기공급을 중지하는 경우 전기사업자의 전력계통에 중대한 영향을 미치게 되는 경우

(10) 이설비용의 감면(영 제44조의3)

위 (8)의 ④ 단서에 따른 전선로의 이설비용 감면기준은 다음과 같다.
① **이설계획에 따라 이설공사가 시행되고 있는 전선로의 경우**: 이설비용의 전액 면제
② **다음의 요건을 모두 갖춘 전선로의 경우**: 이설비용의 30퍼센트 감면
    ㉠ 설치된 후 30년 이상 지났을 것
    ㉡ 「공익사업을 위한 토지 등의 취득 및 보상에 관한 법률」에 따른 국가의 공익사업 시행으로 국가가 소유하거나 점유하게 되는 토지 위에 설치될 것

(11) 설비의 이설 등 조치의 범위 및 방법 등(영 제44조의4)

① 조치의 범위 및 방법은 다음과 같다.
    ㉠ 전선로 등 전기설비의 기능이 동일하게 유지되도록 할 것
    ㉡ 설비의 이설, 철거, 이전 및 그 밖에 장애를 제거하거나 기술기준에 적합하도록 하기 위하여 필요한 조치를 할 것
    ㉢ 전기사업자 외의 자가 위 ㉡에 따른 필요한 조치를 하려는 경우에는 전기사업자와 협의할 것
② 위 ①에 따른 조치에 필요한 비용은 다음의 금액으로 한다.
    ㉠ 설계, 측량, 감리, 전기설비의 신설 및 철거, 이설부지 확보 등 전기설비의 이설 등에 필요한 비용
    ㉡ 인·허가 및 권리 설정을 위한 지적측량수수료, 감정평가수수료, 등기수수료 등 이설공사를 위한 부대비용

(12) 가공전선로의 지중이설(법 제72조의2)
① 시장·군수·구청장 또는 토지소유자는 전주와 그 전주에 가공으로 설치된 전선로(전주에 설치된 전기통신선로설비를 포함한다)의 지중이설이 필요하다고 판단하는 경우 전기사업자에게 이를 요청할 수 있다.
② 지중이설에 필요한 비용은 그 요청을 한 자가 부담한다. 다만, 시장·군수·구청장이 공익적인 목적을 위하여 지중이설을 요청하는 경우 전선로를 설치한 자는 산업통상자원부장관이 정하는 기준과 절차에 따라 그 비용의 일부를 부담할 수 있다.
③ 위 ②에도 불구하고 국민안전과 관련하여 필요한 경우에는 산업통상자원부장관이 정하는 기준과 절차에 따라 지방자치단체가 부담하는 비용의 일부를 국가가 부담할 수 있다.
④ 산업통상자원부장관은 위 ② 및 ③에 따른 비용부담의 기준과 절차, 그 밖에 지중이설의 원활한 추진에 필요한 구체적인 사항을 정하여 고시할 수 있다.

7. 토지 등의 사용

(1) 다른 자의 토지 등의 사용(법 제87조)
① 전기사업자는 '전기사업용 전기설비의 설치'나 '이를 위한 실지조사·측량 및 시공' 또는 '전기사업용 전기설비의 유지·보수'를 위하여 필요한 경우에는 「공익사업을 위한 토지 등의 취득 및 보상에 관한 법률」에서 정하는 바에 따라 다른 자의 토지 또는 이에 정착된 건물이나 그 밖의 공작물(이하 '토지 등'이라 한다)을 사용하거나 다른 자의 식물 또는 그 밖의 장애물을 변경 또는 제거할 수 있다. 25회
② **전기사업자**는 다음의 어느 하나에 해당하는 경우에는 다른 자의 토지 등을 일시사용하거나 다른 자의 식물을 변경 또는 제거할 수 있다. 다만, 다른 자의 토지 등이 **주거용**으로 사용되고 있는 경우에는 그 사용 일시 및 기간에 관하여 **미리 '거주자'와 협의**하여야 한다. 25회
　㉠ **천재지변**, 전시·사변, 그 밖의 긴급한 사태로 전기사업용 전기설비 등이 파손되거나 파손될 우려가 있는 경우 **15일 이내**에서의 다른 자의 토지 등의 일시사용 25회
　㉡ '전기사업용 전선로에 장애가 되는 식물'을 **방치**하여 '그 전선로를 현저하게 파손하거나 화재 또는 그 밖의 재해를 일으키게 할 우려가 있다고 인정되는 경우' 그 식물의 변경 또는 제거
③ 전기사업자는 위 ②에 따라 다른 자의 토지 등을 일시사용하거나 식물의 변경 또는 제거를 한 경우에는 즉시 그 점유자나 소유자에게 그 사실을 통지하여야 한다. 25회
④ 토지 등의 점유자 또는 소유자는 정당한 사유 없이 위 ②에 따른 전기사업자의 토지 등의 일시사용 및 식물의 변경·제거행위를 거부·방해 또는 기피하여서는 아니 된다.

(2) 다른 자의 토지 등에의 출입(법 제88조)

① 전기사업자는 전기설비의 설치·유지 및 안전관리를 위하여 필요한 경우에는 다른 자의 토지 등에 출입할 수 있다. 이 경우 전기사업자는 출입방법 및 출입기간 등에 대하여 '미리' 토지 등의 소유자 또는 점유자와 '협의'하여야 한다. 25회
② 전기사업자는 '위 ①에 따른 협의가 성립되지 아니하거나 협의를 할 수 없는 경우'에는 시장·군수 또는 구청장의 허가를 받아 토지 등에 출입할 수 있다. 25회
③ 시장·군수 또는 구청장은 위 ②에 따른 허가신청이 있는 경우에는 그 사실을 토지 등의 소유자 또는 점유자에게 알리고 의견을 진술할 기회를 주어야 한다.
④ 전기사업자는 위 ②에 따라 다른 자의 토지 등에 출입하려면 미리 토지 등의 소유자 또는 점유자에게 그 사실을 알려야 한다.
⑤ 위 ②에 따라 다른 자의 토지 등에 출입하는 자는 그 권한을 표시하는 증표를 지니고 이를 관계인에게 내보여야 한다.

(3) 다른 자의 토지의 지상 등의 사용(법 제89조)

① 전기사업자는 그 사업을 수행하기 위하여 필요한 경우에는 현재의 사용방법을 방해하지 아니하는 범위에서 다른 자의 토지의 지상 또는 지하 공간에 전선로를 설치할 수 있다. 이 경우 전기사업자는 전선로의 설치방법 및 존속기간 등에 대하여 미리 그 토지의 소유자 또는 점유자와 협의하여야 한다.
② 위 ①의 경우에는 위 **(2)**의 ②~⑤의 규정을 준용한다.

(4) 구분지상권의 설정등기 등(법 제89조의2)

① 전기사업자는 다른 자의 토지의 지상 또는 지하 공간의 사용에 관하여 구분지상권의 설정 또는 이전을 전제로 그 토지의 소유자 및 「공익사업을 위한 토지 등의 취득 및 보상에 관한 법률」에 따른 관계인과 협의하여 그 협의가 성립된 경우에는 구분지상권을 설정 또는 이전한다.
② 전기사업자는 「공익사업을 위한 토지 등의 취득 및 보상에 관한 법률」에 따라 토지의 지상 또는 지하 공간의 사용에 관한 구분지상권의 설정 또는 이전을 내용으로 하는 수용·사용의 재결을 받은 경우에는 「부동산등기법」을 준용하여 단독으로 해당 구분지상권의 설정 또는 이전등기를 신청할 수 있다.
③ 토지의 지상 또는 지하 공간의 사용에 관한 구분지상권의 등기절차에 관하여 필요한 사항은 대법원규칙으로 정한다.
④ 위 ① 및 ②에 따른 구분지상권의 존속기간은 「민법」 제280조 및 제281조에도 불구하고 송전선로가 존속하는 때까지로 한다.

(5) 토지의 일시사용 등에 대한 손실보상(법 제90조)

전기사업자는 다른 자의 토지 등의 일시사용, 다른 자의 식물의 변경 또는 제거나 다른 자의 토지 등에의 출입으로 인하여 손실이 발생한 때에는 손실을 입은 자에게 **정당한 보상**을 하여야 한다.

(6) 토지의 지상 등의 사용에 대한 손실보상(법 제90조의2)

① 전기사업자는 다른 자의 토지의 지상 또는 지하 공간에 송전선로를 설치함으로 인하여 손실이 발생한 때에는 손실을 입은 자에게 정당한 보상을 하여야 한다.
② 위 ①에 따른 보상금액의 산정기준이 되는 토지면적은 다음의 구분에 따른다.
   ㉠ 지상 공간의 사용: 송전선로의 양측 가장 바깥선으로부터 수평으로 3미터를 더한 범위에서 수직으로 대응하는 토지의 면적. 이 경우 건축물 등의 보호가 필요한 경우에는 기술기준에 따른 전선과 건축물 간의 전압별 이격거리까지 확장할 수 있다.
   ㉡ 지하 공간의 사용: 송전선로 시설물의 설치 또는 보호를 위하여 사용되는 토지의 지하 부분에서 수직으로 대응하는 토지의 면적

(7) 손실보상의 방법(영 제51조)

전기사업자는 다른 자의 토지의 지상 또는 지하 공간에 송전선로를 설치함으로써 보상을 할 때에는 손실을 입은 자마다 일시불로 보상금을 지급하여야 한다.

(8) 원상회복(법 제91조)

전기사업자는 토지 등의 일시사용이 끝난 경우에는 토지 등을 원상으로 회복하거나 이에 필요한 비용을 토지 등의 소유자 또는 점유자에게 지급하여야 한다.

(9) 공공용 토지의 사용(법 제92조)

① **전기사업자**는 국가·지방자치단체나 그 밖의 공공기관이 관리하는 '**공공용 토지**'에 전기사업용 **전선로**를 설치할 필요가 있는 경우에는 '**그 토지관리자**'의 **허가**를 받아 토지를 사용할 수 있다. 14회
② 위 ①의 경우에 '토지관리자가 정당한 사유 없이 허가를 거절하거나 허가조건이 적절하지 아니한 경우'에는 '전기사업자의 신청'을 받아 그 토지를 관할하는 **주무부장관**이 사용을 '허가'하거나 '허가조건을 변경'할 수 있다.
③ **주무부장관**은 위 ②에 따라 사용을 허가하거나 허가조건을 변경하려는 경우에는 '미리' 산업통상자원부장관과 '협의'하여야 한다.

8. 보칙

(1) 집단에너지사업자의 전기공급에 대한 특례(법 제92조의2)

① 「집단에너지사업법」에 따라 사업허가를 받은 집단에너지사업자 중 **50만 킬로와트 이하**의 범위에서 '대통령령으로 정하는 발전설비용량을 갖춘 자'는 법 제31조 제1항에도 불구하고 「집단에너지사업법」에 따라 허가받은 공급구역에서 전기를 공급할 수 있다.

② 위 ①의 집단에너지사업자는 이 법을 적용할 때에는 구역전기사업자로 본다.

(2) 집단에너지사업자의 전기공급에 대한 특례(영 제59조의2)

위 **(1)**의 ①에서 '대통령령으로 정하는 발전설비용량을 갖춘 자'란「집단에너지사업법」제2조 제3호에 따른 사업자로서 **50만 킬로와트 이하**의 발전설비용량을 갖춘 자를 말한다.

(3) 회계의 구분(법 제93조)

① 대통령령으로 정하는 전기사업자는 재무상태표, 손익계산서 등 회계서류작성에 대하여 산업통상자원부령으로 정하는 바에 따라 그 회계를 처리하여야 한다.

② 위 ①에 따른 전기사업자가 전기사업 외의 사업을 하는 경우에는 전기사업에 관한 회계와 전기사업 외의 사업에 관한 회계를 **구분**하여 **처리**하여야 한다.

(4) 회계기준(영 제60조)

위 **(3)**의 ①에 따라 회계를 구분하여야 하는 전기사업자는 발전사업자(설비용량이 3천 킬로와트 이하인 경우는 제외한다), 송전사업자 및 배전사업자로 한다.

(5) 상각 등(법 제94조)

산업통상자원부장관은 전기사업의 적절한 수행을 도모하기 위하여 특히 필요하다고 인정되는 경우에는 「법인세법」또는 「조세특례제한법」에서 허용하는 범위에서 전기사업자에게 전기사업용 고정자산을 상각(償却)하거나 그 종류·방법 또는 금액을 정하여 적립금 또는 충당금을 설정할 것을 명할 수 있다.

(6) 외국인투자기업에 대한 제한(법 제96조)

산업통상자원부장관은「외국인투자 촉진법」에 따른 외국인투자기업에 대하여는 다음의 어느 하나의 허가·승인 또는 지정을 하여서는 아니 된다.

① 발전사업(원자력발전소를 운영하는 경우만 해당한다)의 허가

② 원자력발전연료의 제조·공급계획의 승인

(7) 충전요금의 표시(법 제96조의5)

① 전기자동차충전사업자는 대통령령으로 정하는 바에 따라 충전요금을 표시하여야 한다.
② 산업통상자원부장관은 거래의 투명성을 높여 경쟁을 촉진하고 충전요금의 적정화를 위하여 「부정경쟁방지 및 영업비밀보호에 관한 법률」 제2조 제2호에 따른 영업비밀을 침해하지 아니하는 범위에서 전기자동차충전사업자의 충전요금을 공개할 수 있다.

> **관련법령** 충전요금의 표시(영 제61조의4)
>
> 1. 전기자동차충전사업자는 위 (7)의 ①에 따라 충전요금을 표시하는 경우에는 충전요금 정보를 소비자가 쉽게 알아볼 수 있도록 **표시판을 설치**하거나 **인터넷 홈페이지** 또는 **이동통신단말장치에서 사용되는 애플리케이션**(Application)에 게시하는 방법 등으로 충전요금을 **표시하여야 한다**. 27회
> 2. 전기자동차충전사업자는 「옥외광고물 등의 관리와 옥외광고산업 진흥에 관한 법률 시행령」 제12조 제8항 및 제16조 제1항에도 불구하고 위 1.에 따른 표시판을 추가로 설치하거나 충전요금표시와 관련된 도형 등을 따로 표시 또는 사용할 수 있다.

(8) 수수료 등(법 제97조)

법 제63조에 따른 검사를 받으려는 자는 「전기안전관리법」 제42조 제1항에 따른 수수료를 내야 한다.

(9) 권한의 위임·위탁(법 제98조)

① 이 법에 따른 산업통상자원부장관의 권한은 그 일부를 '대통령령으로 정하는 바'에 따라 그 소속 기관 또는 시·도지사에게 위임할 수 있다.
② 이 법에 따른 산업통상자원부장관 또는 시·도지사의 권한 중 다음의 업무 중 일부를 대통령령으로 정하는 바에 따라 「전기안전관리법」 제30조에 따른 한국전기안전공사(이하 '안전공사'라 한다)에 위탁할 수 있다.
  ㉠ 법 제63조에 따른 전기설비의 검사
  ㉡ 법 제64조에 따른 전기설비의 임시사용의 허용
③ 산업통상자원부장관은 기술기준의 조사·연구 및 개정 검토에 관한 업무를 대통령령으로 정하는 바에 따라 전기설비의 안전관리와 관련된 법인 또는 단체에 위탁할 수 있다.
④ 이 법에 따른 전기신사업에 관한 산업통상자원부장관의 업무는 대통령령으로 정하는 바에 따라 그 일부를 전기사업 등 관련 기관 또는 단체에 위탁할 수 있다.

(10) 권한의 위임·위탁(영 제62조)

① 산업통상자원부장관은 위 (9)의 ①에 따라 다음의 권한을 특별시장·광역시장·도지사 또는 특별자치도지사(이하 '시·도지사'라 한다)에게 위임한다.
  ㉠ 발전시설용량이 3천 킬로와트 이하인 발전사업에 대한 다음의 권한
    ⓐ 전기사업의 허가
    ⓑ 준비기간의 지정·연장 및 사업개시 신고의 접수

ⓒ 전기사업의 양수, 전기사업자인 법인의 분할·합병의 인가 및 공고 등
ⓓ 사업허가의 취소 및 사업의 정지, 사업구역의 감소, 과징금의 부과·징수 등
ⓔ 청문
ⓕ 사업정지 명령 및 사업정지 명령의 유예 결정
ⓛ 설비용량이 1만 킬로와트 미만인 발전설비, 전압이 20만 볼트 미만인 송전·변전설비 또는 전압이 1만 볼트 이상인 공동구(전기·가스·수도 등의 공급설비, 통신시설, 하수도 시설 등 지하매설물을 공동 수용하는 지하 설치 시설물을 말한다) 및 전력구(전기 관련 설비를 설치하기 위한 지하 시설물을 말한다)의 배전선로에 대한 다음의 권한
ⓐ 공사계획의 신고 및 변경신고의 접수
ⓑ 기술기준에의 적합명령
ⓒ 설비용량이 1만 킬로와트 미만인 전기설비에 대한 법 제61조 제4항에 따른 공사 신고의 접수
ⓓ 과태료의 부과·징수 중 위 ㉠의 ⓑ에 따라 시·도지사의 권한으로 위임된 사항과 관련된 과태료의 부과·징수
② 산업통상자원부장관 또는 시·도지사는 위 **(9)**의 ②에 따라 다음의 업무를 「전기안전관리법」 제30조에 따른 **한국전기안전공사에 위탁**한다.
㉠ 법 제63조에 따른 전기설비의 검사
㉡ 법 제64조에 따른 전기설비 임시사용의 허용
③ 산업통상자원부장관은 기술기준의 조사·연구 및 개정 검토에 관한 업무를 해당 업무를 수행할 수 있다고 인정되는 전기설비의 안전관리 관련 법인 또는 단체 중에서 '**산업통상자원부장관이 지정하여 고시하는 법인 또는 단체**'에 위탁한다.
④ 산업통상자원부장관은 위 **(9)**의 ④에 따라 다음의 업무를 '다음의 구분에 따른 기관 또는 단체'에 위탁한다.
㉠ 전기신사업의 등록 및 변경등록의 접수: 「지능형전력망의 구축 및 이용촉진에 관한 법률」 제20조에 따른 지능형전력망 협회
㉡ 약관의 신고 및 변경신고의 접수: 한국전력거래소

(11) 벌칙 적용 시의 공무원 의제(법 제99조)

다음의 어느 하나에 해당하는 자는 「형법」 제129조부터 제132조까지의 규정에 따른 벌칙을 적용할 때에는 공무원으로 본다.
① 전기위원회의 위원 중 공무원이 아닌 위원
② 산업통상자원부장관 또는 시·도지사가 법 제52조 제2항 및 법 제98조 제2항부터 제5항까지의 규정에 따라 위탁한 업무에 종사하는 안전공사, 관련 기관, 법인 또는 단체의 임직원

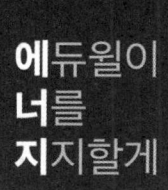

당신이 살아가는 삶을 사랑하고,
당신이 사랑하는 삶을 살아가라.

– 밥 말리(Bob Marley)

PART 13
승강기 안전관리법

CHAPTER 01 총칙 등
CHAPTER 02 승강기부품 등의 안전인증
CHAPTER 03 승강기의 설치 및 안전관리

최근 5개년
평균 출제문항 수 **2개**

최근 5개년
평균 출제비중 **5%**

PART 13 합격전략

제28회 시험까지 2문제(5%)씩 꾸준히 출제되었으며, 제29회 시험의 경우에도 2문제 정도가 출제될 것으로 예상됩니다.

제22회 시험부터 법률이 전부 개정되어 시행되었으므로 개정된 부분을 특히 주의 깊게 학습하시길 바랍니다. 특히 용어의 정의, 설치신고 및 설치검사, 자체점검 및 안전검사(정기검사, 수시검사, 정밀안전검사), 사후관리, 안전인증, 승강기(안전부품)의 정기심사 및 자체심사, 책임보험, 운행금지표지 및 운행정지표지 등을 철저히 정리하시기 바랍니다.

CHAPTER 01 총칙 등

CHAPTER 미리보기

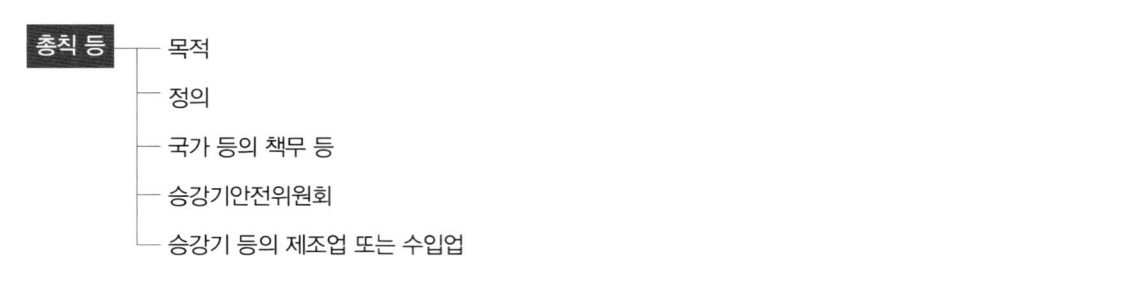

학습전략

「승강기 안전관리법」을 정확하게 이해하는 데 필요한 '용어의 정의'에 대한 단원으로서 1문제 정도가 출제될 수 있으므로, 꼼꼼히 숙지하시기 바랍니다.

학습키워드

- 용어의 정의
- 승강기안전위원회
- 제조업 및 수입업자
- 제조업
- 수입업자의 사후관리

1. 목적(법 제1조)

이 법은 승강기의 제조·수입 및 설치에 관한 사항과 승강기의 안전인증 및 안전관리에 관한 사항 등을 규정함으로써 승강기의 안전성을 확보하고, 승강기 이용자 등의 생명·신체 및 재산을 보호함을 목적으로 한다.

2. 정의(법 제2조)

(1) 승강기

건축물이나 고정된 시설물에 설치되어 일정한 경로에 따라 사람이나 화물을 승강장으로 옮기는 데에 사용되는 설비(주차장법에 따른 기계식주차장치 등 '대통령령으로 정하는 것'은 제외한다)로서 구조나 용도 등의 구분에 따라 '대통령령으로 정하는 설비'를 말한다.

> **관련법령** **적용이 제외되는 승강기(영 제2조)**
>
> 위 (1)에서 '「주차장법」에 따른 기계식주차장치 등 대통령령으로 정하는 것'이란 다음의 것을 말한다.
> 1. 「궤도운송법」 제2조 제1호에 따른 궤도
> 2. 「선박안전법」 제2조 제2호에 따른 선박시설 중 승강설비
> 3. 「주차장법」 제2조 제2호에 따른 기계식주차장치
> 4. 「광산안전법 시행령」 제10조 제1항 제3호에 따른 사람을 운반하거나 150킬로와트 이상의 동력을 사용하는 권양장치(중량물을 높은 곳으로 들어 올리거나 끌어당기는 장치를 말한다)
> 5. 「산업안전보건법 시행령」 제74조 제1항 제1호 라목에 따른 리프트
> 6. 주한외국공관 또는 이에 준하는 기관에 설치된 승강기 등 국제협약 또는 국가 간 협정을 준수하기 위해 행정안전부장관이 필요하다고 인정하는 승강기

> **관련법령** **승강기의 종류(영 제3조)**
>
> 1. 위 (1)에서 '대통령령으로 정하는 설비'란 다음의 구분에 따른 설비를 말한다.
>   ㉠ 엘리베이터: 일정한 수직로 또는 경사로를 따라 위·아래로 움직이는 운반구(運搬具)를 통해 사람이나 화물을 승강장으로 운송시키는 설비
>   ㉡ 에스컬레이터: 일정한 경사로 또는 수평로를 따라 위·아래 또는 옆으로 움직이는 디딤판을 통해 사람이나 화물을 승강장으로 운송시키는 설비
>   ㉢ 휠체어리프트: 일정한 수직로 또는 경사로를 따라 위·아래로 움직이는 운반구를 통해 휠체어에 탑승한 장애인 또는 그 밖의 장애인·노인·임산부 등 거동이 불편한 사람을 승강장으로 운송시키는 설비
> 2. 위 1.의 ㉠~㉢에 따라 구분된 승강기의 구조별 또는 용도별 세부종류는 행정안전부령으로 정한다.

별표 1 승강기의 구조별 또는 용도별 세부종류(규칙 제2조 관련)

1. 구조별 승강기의 세부종류

구분	승강기의 세부종류	분류기준
가. 엘리베이터	1) 전기식 엘리베이터	로프나 체인 등에 매달린 운반구(運搬具)가 구동기에 의해 수직로 또는 경사로를 따라 운행되는 구조의 엘리베이터
	2) 유압식 엘리베이터	운반구 또는 로프나 체인 등에 매달린 운반구가 유압잭에 의해 수직로 또는 경사로를 따라 운행되는 구조의 엘리베이터
나. 에스컬레이터	1) 에스컬레이터	계단형의 발판이 구동기에 의해 경사로를 따라 운행되는 구조의 에스컬레이터
	2) 무빙워크	평면형의 발판이 구동기에 의해 경사로 또는 수평로를 따라 운행되는 구조의 에스컬레이터
다. 휠체어리프트	1) 수직형 휠체어리프트	휠체어의 운반에 적합하게 제작된 운반구(이하 '휠체어운반구'라 한다) 또는 로프나 체인 등에 매달린 휠체어운반구가 구동기나 유압잭에 의해 수직로를 따라 운행되는 구조의 휠체어리프트
	2) 경사형 휠체어리프트	휠체어운반구 또는 로프나 체인 등에 매달린 휠체어운반구가 구동기나 유압잭에 의해 경사로를 따라 운행되는 구조의 휠체어리프트

2. 용도별 승강기의 세부종류

구분	승강기의 세부종류	분류기준
가. 엘리베이터	1) 승객용 엘리베이터	사람의 운송에 적합하게 제조·설치된 엘리베이터
	2) 전망용 엘리베이터	승객용 엘리베이터 중 엘리베이터 내부에서 외부를 전망하기에 적합하게 제조·설치된 엘리베이터
	3) 병원용 엘리베이터	병원의 병상 운반에 적합하게 제조·설치된 엘리베이터로서 평상시에는 승객용 엘리베이터로 사용하는 엘리베이터
	4) 장애인용 엘리베이터	「장애인·노인·임산부 등의 편의증진 보장에 관한 법률」 제2조 제1호에 따른 장애인 등(이하 '장애인 등'이라 한다)의 운송에 적합하게 제조·설치된 엘리베이터로서 평상시에는 승객용 엘리베이터로 사용하는 엘리베이터
	5) 소방구조용 엘리베이터	화재 등 비상시 소방관의 소화활동이나 구조활동에 적합하게 제조·설치된 엘리베이터(건축법 제64조 제2항 본문 및 주택건설기준 등에 관한 규정 제15조 제2항에 따른 비상용승강기를 말한다)로서 평상시에는 승객용 엘리베이터로 사용하는 엘리베이터
	6) **피난용 엘리베이터**	화재 등 재난 발생 시 거주자의 피난활동에 적합하게 제조·설치된 엘리베이터로서 평상시에는 승객용으로 사용하는 엘리베이터
	7) **주택용 엘리베이터**	「건축법 시행령」 [별표 1] 제1호 가목에 따른 **단독주택** 거주자의 운송에 적합하게 제조·설치된 엘리베이터로서 '**편도**' 운행거리가 **12미터 이하**인 엘리베이터

	8) 승객화물용 엘리베이터	사람의 운송과 화물 운반을 겸용하기에 적합하게 제조·설치된 엘리베이터	
	9) 화물용 엘리베이터	화물의 운반에 적합하게 제조·설치된 엘리베이터로서 조작자 또는 화물취급자가 탑승할 수 있는 엘리베이터(적재용량이 300킬로그램 미만인 것은 제외한다)	
	10) 자동차용 엘리베이터	**운전자**가 **탑승**한 자동차의 운반에 적합하게 제조·설치된 엘리베이터	
	11) 소형화물용 엘리베이터(Dumbwaiter)	음식물이나 서적 등 소형 화물의 운반에 적합하게 제조·설치된 엘리베이터로서 **사람의 탑승을 금지**하는 엘리베이터(바닥면적이 **0.5제곱미터 이하**이고, 높이가 **0.6미터 이하**인 것은 **제외**한다)	
나. 에스컬레이터	1) 승객용 에스컬레이터	사람의 운송에 적합하게 제조·설치된 에스컬레이터	
	2) 장애인용 에스컬레이터	장애인 등의 운송에 적합하게 제조·설치된 에스컬레이터로서 평상시에는 승객용 에스컬레이터로 사용하는 에스컬레이터	
	3) 승객화물용 에스컬레이터	사람의 운송과 화물 운반을 겸용하기에 적합하게 제조·설치된 에스컬레이터	
	4) 승객용 무빙워크	사람의 운송에 적합하게 제조·설치된 에스컬레이터	
	5) 승객화물용 무빙워크	사람의 운송과 화물의 운반을 겸용하기에 적합하게 제조·설치된 에스컬레이터	
다. 휠체어리프트	1) 장애인용 수직형 휠체어리프트	운반구가 수직로를 따라 운행되는 것으로서 장애인 등의 운송에 적합하게 제조·설치된 수직형 휠체어리프트	
	2) 장애인용 경사형 휠체어리프트	운반구가 경사로를 따라 운행되는 것으로서 장애인 등의 운송에 적합하게 제조·설치된 경사형 휠체어리프트	

(2) 승강기부품

승강기를 구성하는 제품이나 그 부분품 또는 부속품을 말한다.

(3) 제조

승강기나 승강기부품을 '판매'·'대여'하거나 '설치'할 목적으로 생산·조립하거나 가공하는 것을 말한다.

(4) 설치

승강기의 설계도면 등 기술도서(技術圖書)에 따라 승강기를 건축물이나 고정된 시설물에 장착('행정안전부령으로 정하는 범위'에서의 승강기 교체를 포함한다)하는 것을 말한다.

(5) 유지관리

법 제28조 제1항에 따른 설치검사를 받은 승강기가 그 설계에 따른 기능 및 안전성을 유지할 수 있도록 하는 다음의 **안전관리활동**을 말한다.

① 주기적인 점검
② 승강기 또는 승강기부품의 수리
③ 승강기부품의 교체
④ 그 밖에 행정안전부장관이 승강기의 기능 및 안전성의 유지를 위하여 필요하다고 인정하여 고시하는 안전관리활동

(6) 승강기사업자

다음의 어느 하나에 해당하는 자를 말한다.
① 법 제6조 제1항 전단에 따라 승강기나 승강기부품의 **제조업 또는 수입업**을 하기 위하여 **등록을 한 자**
② 법 제39조 제1항 전단에 따라 승강기의 **유지관리를 업**(業)으로 하기 위하여 **등록을 한 자**
③ 「건설산업기본법」 제9조 제1항에 따라 건설업의 등록을 한 자로서 '대통령령으로 정하는 승강기설치공사업'에 종사하는 자(이하 '설치공사업자'라 한다)

> **관련법령 승강기사업자(영 제4조)**
> 위 (6)의 ③에서 '대통령령으로 정하는 승강기설치공사업'이란 「건설산업기본법 시행령」 [별표 1]에 따른 승강기·삭도공사업(승강기설치공사를 주력분야로 등록한 경우로 한정한다)을 말한다.

▶ **삭도설치공사**: 삭도를 신설, 개설, 유지관리 또는 제거하는 공사(케이블카, 리프트의 설치공사 등)

(7) 관리주체

다음의 어느 하나에 해당하는 자를 말한다.
① 승강기 소유자
② 다른 법령에 따라 승강기 관리자로 규정된 자
③ 위 ① 또는 ②에 해당하는 자와의 계약에 따라 승강기를 안전하게 관리할 책임과 권한을 부여받은 자 22회

3. 국가 등의 책무 등

(1) 국가 등의 책무(법 제3조)
① **국가**는 승강기 안전에 관한 종합적인 시책을 수립하고 시행하여야 한다.
② **지방자치단체**는 관할구역의 승강기 안전에 관한 시책을 그 지역의 실정에 맞게 수립하고 시행하여야 한다.

(2) 승강기 안전관리 기본계획 등의 수립·시행(법 제3조의 2) 〈신설 2025.1.31.〉
① 행정안전부장관은 **5년마다** 다음 사항이 포함된 승강기 안전관리 기본계획(이하 '**기본계획**'이라 한다)을 수립·시행하여야 한다.

　　　　㉠ 승강기 안전관리의 기본목표 및 추진방향
　　　　㉡ 승강기 안전관리체계의 구축 및 운영
　　　　㉢ 승강기 안전관리 기술의 연구 및 개발
　　　　㉣ 승강기 안전관리 기술인력의 교육 및 양성
　　　　㉤ 승강기 안전산업의 진흥
　　　　㉥ 그 밖에 행정안전부장관이 승강기 안전관리를 위하여 필요하다고 인정하는 사항
　② **행정안전부장관**은 승강기 안전관리와 관련한 사회적·경제적 여건 변화 등으로 기본계획의 변경이 필요할 때에는 이를 변경할 수 있다.
　③ 행정안전부장관은 기본계획을 수립 또는 변경하려는 경우 관계 중앙행정기관의 장과 미리 협의하여야 한다.
　④ 행정안전부장관은 기본계획을 수립 또는 변경하기 위하여 필요하다고 인정하는 경우 관계 중앙행정기관의 장 또는 지방자치단체의 장에게 관련 자료를 제출할 것을 요청할 수 있다. 이 경우 요청을 받은 관계 중앙행정기관의 장 또는 지방자치단체의 장은 특별한 사유가 없으면 이에 따라야 한다.
　⑤ **행정안전부장관**은 기본계획을 수립 또는 변경한 경우 특별시장·광역시장·특별자치시장·도지사·특별자치도지사(이하 '**시·도지사**'라 한다)에게 **통보**하고 '관보'나 '인터넷 홈페이지'에 **게시**하여야 한다.
　⑥ **시·도지사**는 위 ⑤에 따라 통보받은 기본계획을 반영하여 관할구역의 실정에 맞게 지역 승강기 안전관리 시행계획(이하 '**시행계획**'이라 한다)을 **수립**하고 **시행**하여야 한다.
　⑦ 위 ①부터 ⑥까지에서 규정한 사항 외에 기본계획 또는 시행계획의 수립·변경 및 시행에 필요한 사항은 대통령령으로 정한다.

(3) 승강기 안전관리 기본계획 및 시행계획의 수립(영 제4조의2) 〈신설 2025.1.31.〉

　① **행정안전부장관**은 5년마다 '승강기안전위원회의 심의'를 거쳐 승강기 안전관리 기본계획(이하 '**기본계획**'이라 한다)을 '그 5년이 시작되는 해'의 **전년도 6월 30일**까지 수립해야 하고, '기본계획을 수립한 날'부터 **10일 이내**에 특별시장·광역시장·특별자치시장·도지사·특별자치도지사(이하 '**시·도지사**'라 한다)에게 통보해야 한다.
　② **행정안전부장관**은 기본계획의 **변경**이 필요한 경우에는 승강기안전위원회의 심의를 거쳐 기본계획을 변경하고, '기본계획을 변경한 날'부터 **10일 이내**에 **시·도지사**에게 통보해야 한다.
　③ **시·도지사**는 '매년 11월 30일까지' 위 **(2)**의 ⑥에 따른 '지역 승강기 안전관리 시행계획'(이하 '**시행계획**'이라 한다)을 수립해야 하고, '시행계획을 수립한 날'부터 **10일 이내**에 **행정안전부장관**에게 제출해야 한다.
　④ **시·도지사**는 위 ③에 따라 제출한 시행계획을 변경한 경우에는 시행계획을 변경한 날부터 **10일 이내**에 **행정안전부장관**에게 제출해야 한다.
　⑤ **시·도지사**는 시행계획을 수립하거나 변경한 경우에는 **공보**나 **인터넷 홈페이지**에 게시해야 한다.

(4) 승강기사업자 등의 의무(법 제4조)
① 승강기사업자는 승강기나 승강기부품을 제조·수입 또는 설치하거나 유지관리할 때 이 법과 이 법에서 정하는 기준 등을 준수하여 승강기 이용자 등에게 발생할 수 있는 피해를 방지하도록 노력하여야 한다.
② 관리주체는 승강기의 기능 및 안전성이 지속적으로 유지되도록 이 법에서 정하는 바에 따라 승강기를 안전하게 관리하여야 한다.

(5) 다른 법률과의 관계(법 제5조)
① 승강기 안전에 관하여 다른 법률에 특별한 규정이 있는 경우를 제외하고는 이 법에서 정하는 바에 따른다.
② 승강기 안전에 관하여 다른 법률을 제정하거나 개정하는 경우에는 이 법의 목적에 부합하도록 하여야 한다.

4. 승강기안전위원회

(1) 승강기안전위원회의 구성 및 운영(영 제5조)
① 행정안전부장관은 다음의 사항을 심의하기 위하여 승강기안전위원회(이하 '위원회'라 한다)를 구성·운영한다.
  ㉠ 법 제3조 제1항에 따른 승강기 안전에 관한 종합적인 시책
  ㉡ 법 제11조 제3항(승강기부품의 안전인증)에 따른 기준의 제정 또는 개정
  ㉢ 법 제17조 제3항(승강기의 안전인증)에 따른 기준의 제정 또는 개정
  ㉣ 법 제23조 제1항에 따른 부품안전인증 업무의 대행기관 지정
  ㉤ 법 제37조 제1항에 따른 정기검사 업무의 대행기관 지정
  ㉥ 법 제65조에 따른 승강기 안전산업의 기반 조성을 위한 시책
  ㉦ 법 제3조의2에 따른 기본계획의 수립 및 변경
  ㉧ 그 밖에 승강기 안전관리 관련 중요 정책사항으로서 행정안전부장관이 회의에 부치는 사항
② 위원회는 위원장 1명을 포함하여 15명 이내의 위원으로 구성한다.
③ 위원회의 위원장은 승강기 안전관리 업무를 담당하는 행정안전부의 고위공무원단에 속하는 일반직공무원(직무등급이 가등급에 해당하는 공무원으로 한정한다)이 되고, 위원회의 위원은 다음의 어느 하나에 해당하는 사람 중에서 성별을 고려하여 행정안전부장관이 지명하거나 위촉한다.
  ㉠ 승강기 안전관리 업무를 담당하는 행정안전부의 4급 이상 공무원 또는 고위공무원단에 속하는 일반직공무원(직무등급이 나등급에 해당하는 공무원으로 한정한다)
  ㉡ 법 제55조에 따른 한국승강기안전공단(이하 '공단'이라 한다)에서 승강기 안전관리 업무를 담당하는 임직원 중에서 공단 이사장이 추천하는 사람

ⓒ 「소비자기본법」 제33조에 따른 한국소비자원에서 승강기 안전관리 관련 업무를 담당하는 임직원 중에서 한국소비자원 원장이 추천하는 사람
ⓔ 「비영리민간단체 지원법」 제2조에 따른 비영리민간단체 중 승강기 안전관리 관련 단체가 추천하는 사람
ⓜ 그 밖에 승강기 안전관리에 관한 학식과 경험이 풍부한 사람

④ 위원회 위원(위 ③의 ㉠에 따른 위원은 제외한다)의 임기는 3년으로 하며, 한 번만 연임할 수 있다.
⑤ 위원회의 위원장은 위원회 회의를 소집하고, 그 회의의 의장이 된다.
⑥ 위원회의 회의는 재적위원 과반수의 출석으로 개의(開議)하고, 출석위원 과반수의 찬성으로 의결한다.
⑦ 위원회는 위 ①의 ㉠~㉺의 사항을 전문적으로 검토하기 위해 승강기 기술 관련 전문가로 구성되는 전문위원회(이하 '전문위원회'라 한다)를 둘 수 있다.
⑧ 위원회 또는 전문위원회의 회의에 출석하는 위원에게는 예산의 범위에서 수당과 여비 등을 지급할 수 있다. 다만, 공무원인 위원이 그 소관 업무와 직접적으로 관련되어 출석하는 경우에는 그렇지 않다.

(2) 위원회 위원의 제척·기피·회피(영 제6조)

① 위원회의 위원이 다음의 어느 하나에 해당하는 경우에는 위원회의 심의·의결에서 제척(除斥)된다.
  ㉠ 위원이나 위원의 배우자 또는 배우자였던 사람이 해당 안건의 당사자(당사자가 법인·단체 등인 경우에는 그 임원을 포함한다. 이하 ㉠ 및 ㉡에서 같다)가 되거나, 그 안건 당사자와 공동권리자 또는 공동의무자인 경우
  ㉡ 위원이 해당 안건의 당사자와 친족이거나 친족이었던 경우
  ㉢ 위원이 해당 안건에 대하여 증언, 진술, 자문, 연구, 용역 또는 감정을 한 경우
  ㉣ 위원이나 위원이 속한 법인·단체 등이 해당 안건의 당사자의 대리인이거나 대리인이었던 경우
  ㉤ 위원이 최근 2년 이내에 해당 안건의 당사자인 법인에 임원 또는 직원으로 재직한 사실이 있는 경우
② 해당 안건의 당사자는 위원에게 공정한 심의·의결을 기대하기 어려운 사정이 있는 경우에는 위원회에 기피 신청을 할 수 있고, 위원회는 의결로 이를 결정한다. 이 경우 기피 신청의 대상인 위원은 그 의결에 참여하지 못한다.
③ 위원회의 위원이 위 ①의 ㉠~㉤의 제척사유에 해당하는 경우에는 스스로 해당 안건의 심의·의결에서 회피(回避)해야 한다.

(3) 위원회 위원의 해촉 등(영 제7조)

행정안전부장관은 위원회의 위원이 다음의 어느 하나에 해당하는 경우에는 해당 위원의 지명을 철회하거나 해촉(解囑)할 수 있다.
① 심신장애로 인해 직무를 수행할 수 없게 된 경우
② 직무와 관련된 비위사실이 있는 경우
③ 직무태만, 품위손상이나 그 밖의 사유로 위원으로 적합하지 않다고 인정되는 경우
④ 위원 스스로 직무를 수행하기 어렵다는 의사를 밝히는 경우

5. 승강기 등의 제조업 또는 수입업

(1) 승강기 등의 제조업 또는 수입업의 등록 등(법 제6조)

① 승강기나 '대통령령으로 정하는 승강기부품'의 제조업 또는 수입업(이하 '제조업 또는 수입업'이라 한다)을 하려는 자는 '행정안전부령'으로 정하는 바에 따라 **시·도지사**에게 **등록하여야 한다**. '행정안전부령으로 정하는 다음의 사항'을 **변경**할 때에도 **또한 같다**.
  ㉠ 상호(법인인 경우에는 법인의 명칭을 말한다. 이하 같다)
  ㉡ 주된 사무소의 소재지
  ㉢ 공장(승강기 또는 승강기부품을 제조하는 산업집적활성화 및 공장설립에 관한 법률 제2조 제1호에 따른 공장을 말한다)의 수 및 소재지
  ㉣ 대표자
  ㉤ 영 제8조 및 [별표 1]에 따른 제조업 또는 수입업의 종류
② 위 ① 전단에 따라 등록을 하려는 자는 '대통령령으로 정하는 자본금'(개인인 경우에는 자산평가액을 말한다)·기술인력 및 설비를 갖추어야 한다.
③ 위 ① 후단에 따른 **변경등록**은 등록사항이 변경된 날부터 **30일 이내**에 하여야 한다.
④ 위 ① 전단에 따라 제조업 또는 수입업을 하기 위하여 등록을 한 자(이하 '제조·수입업자'라 한다)는 그 사업을 **폐업** 또는 **휴업**하거나 휴업한 사업을 **다시 시작한 경우**에는 그날부터 **30일 이내**에 시·도지사에게 신고하여야 한다.

관련법령 | **제조업 또는 수입업의 등록기준(영 제10조)**

위 (1)의 ① 전단에 따라 제조업 또는 수입업 등록을 하려는 자는 다음의 기준을 모두 갖춰야 한다.
1. 자본금(법인인 경우에는 납입자본금을 말하고, 개인인 경우에는 자산평가액을 말한다. 이하 같다)이 **2억원 이상**일 것
2. 영 제8조에 따른 제조업 또는 수입업의 종류별로 [별표 1] 제2호에 따른 기술인력 및 설비를 갖출 것

| 별표 1 | 제조업 또는 수입업의 종류 및 등록기준(영 제8조 및 영 제10조 관련) |

1. 제조업 또는 수입업의 종류

종류	구분 기준
가. 승강기 제조업	승강기를 직접 설계하고, 그 설계에 따라 해당 승강기를 「산업집적활성화 및 공장설립에 관한 법률」 제2조 제1호에 따른 공장(이하 '공장'이라 한다)에서 직접 제조하는 업(業)
나. 승강기 수입업	외국으로부터 승강기를 수입하는 업
다. 승강기부품 제조업	영 제9조에 따른 승강기부품을 직접 설계하고 그 설계에 따라 해당 승강기부품을 공장에서 직접 제조하는 업
라. 승강기부품 수입업	외국으로부터 영 제9조에 따른 승강기부품을 수입하는 업

2. 제조업 또는 수입업의 종류별 등록기준: 〈생략〉

(2) 제조업 또는 수입업 등록의 결격사유(법 제7조)

다음의 어느 하나에 해당하는 자는 제조업 또는 수입업의 등록을 할 수 없다.

① 피성년후견인
② 파산선고를 받고 복권되지 아니한 자
③ 이 법을 위반하여 징역 이상의 실형을 선고받고 그 집행이 끝나거나(집행이 끝난 것으로 보는 경우를 포함한다) 집행이 면제된 날부터 **2년**이 지나지 아니한 자
④ 이 법을 위반하여 형의 집행유예를 받고 그 유예기간 중에 있는 자
⑤ 법 제9조 제1항에 따라 등록이 취소(위 ① 또는 ②에 따른 사유에 해당하여 취소된 경우는 제외한다)된 후 **2년**(법 제9조 제1항 제7호 또는 제8호에 해당하여 등록이 취소된 경우는 **6개월**)이 지나지 아니한 자 〈개정 2025.1.31.〉
⑥ 대표자가 위 ①부터 ⑤까지의 어느 하나에 해당하는 법인

(3) 제조·수입업자의 사후관리(법 제8조)

① 제조·수입업자는 승강기 또는 승강기부품을 판매하거나 양도하였을 때에는 '대통령령으로 정하는 바'에 따라 다음(다음 ⓒ의 경우에는 '승강기의 유지관리를 업으로 하기 위하여 등록을 한 자가 요청하는 경우'로 한정한다)의 조치를 하여야 한다.
  ㉠ '행정안전부령으로 정하는 승강기 유지관리용 부품'의 유상 또는 무상 제공
  ㉡ 승강기의 결함 여부, 결함 부위 및 내용 등에 대한 점검·정비 및 검사에 필요한 장비 또는 소프트웨어(비밀번호 등 정보에 접근할 수 있는 권한을 포함한다)의 유상 또는 무상 제공
  ㉢ 법 제39조 제1항 전단에 따라 승강기의 유지관리를 업으로 하기 위하여 등록을 한 자에 대한 다음의 조치
    ⓐ 기술지도 및 교육의 유상 또는 무상 실시
    ⓑ 유지관리 매뉴얼 등 행정안전부령으로 정하는 유지관리 관련 자료의 제공
  ㉣ 승강기부품의 권장 교체주기 및 가격 자료의 공개

② 제조·수입업자는 다음의 어느 하나에 해당하는 자로부터 위 ①의 ㉠ 또는 ㉡에 해당하는 부품 등의 제공을 요청받은 경우에는 특별한 이유가 없으면 2일 이내에 그 요청에 따라야 한다.
㉠ 관리주체
㉡ 법 제39조 제1항 전단에 따라 승강기의 유지관리를 업으로 하기 위하여 등록을 한 자
㉢ 법 제39조 제1항 전단에 따라 승강기의 유지관리를 업으로 하기 위하여 등록을 한 자를 조합원으로 하여 「중소기업협동조합법」에 따라 설립된 법인
③ 시·도지사는 위 ① 및 ②에 따른 의무를 이행하지 아니한 제조·수입업자에 대해서는 그 의무 이행을 명할 수 있다.

관련법령 **승강기 유지관리용 부품 등의 제공기간 등(영 제11조)**

1. 위 **(1)**의 ① 전단에 따라 제조업 또는 수입업을 하기 위해 등록을 한 자(이하 '제조·수입업자'라 한다)는 위 **(3)**의 ①의 ㉠에 따른 승강기 유지관리용 부품(이하 '유지관리용 부품'이라 한다) 및 위 **(3)**의 ①의 ㉡에 따른 장비 또는 소프트웨어(이하 '장비 등'이라 한다)의 원활한 제공을 위해 동일한 형식의 유지관리용 부품 및 장비 등을 최종 판매하거나 양도한 날부터 10년 이상 제공할 수 있도록 해야 한다. 다만, 비슷한 다른 유지관리용 부품 또는 장비 등의 사용이 가능한 경우로서 그 부품 또는 장비 등을 제공할 수 있는 경우에는 그렇지 않다.
2. 제조·수입업자는 승강기 또는 승강기부품을 판매하거나 양도했을 때에는 그 구매인 또는 양수인(관리주체를 포함한다. 이하 같다)에게 다음의 자료를 제공해야 한다.
   ㉠ 사용설명서
   ㉡ 다음의 사항이 적힌 품질보증서
      ⓐ 판매일 또는 양도일
      ⓑ 품질보증기간
      ⓒ 품질보증내용
      ⓓ 제조·수입업자의 성명(법인인 경우에는 법인의 명칭과 대표자의 성명을 말한다), 주소 및 전화번호
      ⓔ 유지관리용 부품 및 장비 등의 제조국가, 제조사 및 보유기간
      ⓕ 사후수리 및 지원체계의 안내문
3. 품질보증기간은 3년 이상으로 하며, 그 기간에 구매인 또는 양수인이 사용설명서에 따라 정상적으로 사용·관리했음에도 불구하고 고장이나 결함이 발생한 경우에는 제조·수입업자가 무상으로 유지관리용 부품 및 장비 등을 제공(정비를 포함한다)해야 한다.

관련법령 **유지관리업자에 대한 기술지도 및 교육의 방법 등(영 제12조)**

1. 위 **(3)**의 ①의 ㉢의 ⓐ에 따른 기술지도 및 교육은 다음의 어느 하나에 해당하는 방법으로 한다.
   ㉠ 제조·수입업자의 인터넷 홈페이지 등을 통한 온라인 교육
   ㉡ 영상녹화물을 활용하는 시청각 교육
   ㉢ 교재 및 참고자료를 활용하는 서면 교육
2. 위 **(3)**의 ①의 ㉢의 ⓑ에 따른 유지관리 관련 자료는 해당 제조·수입업자의 **인터넷 홈페이지**를 통해 제공해야 한다. 다만, 인터넷 홈페이지를 통해 제공하기 어려운 경우에는 **인쇄물** 등으로 제공할 수 있다.

> **관련법령** 승강기부품의 권장 교체주기 및 가격 자료의 공개(영 제13조)
>
> 1. 제조·수입업자는 위 **(3)**의 ①의 ㉣에 따른 승강기부품(유지관리용 부품으로 한정한다. 이하 같다)의 권장 교체주기 및 가격 자료를 영 제11조 제1항 본문에 따른 기간(10년) 이상 해당 제조·수입업자의 인터넷 홈페이지에 공개해야 한다. 다만, '인터넷 홈페이지를 갖추고 있지 않은 제조·수입업자'는 그가 가입한 협회나 단체의 인터넷 홈페이지 등에 공개할 수 있다.
> 2. 제조·수입업자는 위 1.에 따른 승강기부품의 권장 교체주기 및 가격 자료를 매년 갱신해야 한다.

> **관련법령** 제조·수입업자에 대한 이행명령(영 제14조)
>
> 1. 특별시장·광역시장·특별자치시장·도지사·특별자치도지사(이하 '시·도지사'라 한다)는 위 **(3)**의 ③에 따라 제조·수입업자에게 이행명령을 하려는 경우에는 해당 제조·수입업자가 이행해야 할 구체적인 조치사항 및 이행기간 등을 명시하여 서면으로 통지해야 한다.
> 2. 시·도지사는 위 1.에 따른 **이행명령**[영 제11조 제3항(품질보증기간은 3년 이상으로 하며, 그 기간에 구매인 또는 양수인이 사용설명서에 따라 정상적으로 사용·관리했음에도 불구하고 고장이나 결함이 발생한 경우에는 제조·수입업자가 무상으로 유지관리용 부품 및 장비등을 제공(정비를 포함한다)해야 한다)과 관련된 경우로 한정한다]의 대상인지 여부를 판단하기 위해 필요하다고 인정하는 경우 영 제11조 제3항에 따른 고장이나 결함에 해당하는지에 대해 공단, 소비자단체 또는 학계 등 관련분야 전문가의 의견을 들을 수 있다.

(4) 제조업 또는 수입업 등록의 취소 등(법 제9조) 〈개정 2025.1.31.〉

① 시·도지사는 제조·수입업자가 다음의 어느 하나에 해당하는 경우에는 제조업 또는 수입업의 등록을 취소하거나 6개월 이내의 기간을 정하여 그 사업의 전부 또는 일부의 정지를 명할 수 있다. 다만, 다음 ㉠·㉡·㉣ 또는 ㉾에 해당하는 경우에는 그 등록을 취소하여야 한다.

㉠ 거짓이나 그 밖의 부정한 방법으로 제조업 또는 수입업의 등록을 한 경우
㉡ 사업정지명령을 받은 후 그 사업정지기간에 제조업 또는 수입업을 한 경우
㉢ 위 **(1)**의 ②에 따른 등록기준을 충족하지 못하게 된 경우
㉣ 위 **(2)**의 어느 하나에 해당하는 경우
㉤ 위 **(3)**의 ③에 따른 이행명령을 위반한 경우
㉥ 다음의 어느 하나에 해당하는 경우로서 법 제48조 제1항에 따른 **중대한 사고** 또는 **중대한 고장**이 발생한 경우
　ⓐ 승강기나 승강기부품의 제조를 잘못한 경우
　ⓑ 제조가 잘못된 승강기나 승강기부품을 수입한 경우
㉾ 제조·수입업자가 「부가가치세법」 제8조 제8항에 따른 **폐업신고**를 하거나 같은 조 제9항에 따라 관할 세무서장이 **사업자등록**을 말소한 경우 〈신설 2025.1.31.〉
㉿ 제조업 또는 수입업 등록을 한 날부터 3년이 지날 때까지 영업을 시작하지 아니하거나 계속하여 3년 이상 휴업한 경우 〈신설 2025.1.31.〉

② 시·도지사는 위 ①의 ⓒ에도 불구하고 위 **(1)**의 ②에 따른 등록기준을 충족하지 못한 정도가 경미하다고 인정되는 경우에는 기간을 정하여 등록기준에 맞게 보완할 것을 명하고, 그 명령을 이행하면 사업의 전부 또는 일부의 정지를 명하지 아니할 수 있다.

(5) 제조업 또는 수입업의 사업정지처분을 갈음하여 부과하는 과징금(법 제10조)

① 시·도지사는 위 **(4)**의 ①의 ⓒ·ⓜ 또는 ⓗ에 해당하여 사업정지를 명하여야 하는 경우로서 그 사업의 정지가 이용자 등에게 심한 불편을 주거나 공익을 해칠 우려가 있는 경우에는 사업정지처분을 갈음하여 **1억원 이하**의 **과징금**을 부과할 수 있다.

② 시·도지사는 위 ①에 따른 과징금을 내야 할 제조·수입업자가 납부기한까지 과징금을 내지 아니하면 「지방행정제재·부과금의 징수 등에 관한 법률」에 따라 징수한다.

> **관련법령** 제조·수입업자에 대해 사업정지처분을 갈음하여 부과하는 과징금(영 제15조)
>
> 1. 위 **(5)**의 ①에 따른 과징금의 금액은 [별표 3]에 따른 과징금의 부과기준을 적용하여 산정한다.
> 2. 시·도지사는 위 **(5)**의 ①에 따라 과징금을 부과할 때는 과징금 부과의 근거가 되는 조항 및 위반행위의 종류와 과징금의 금액을 명시하여 이를 납부할 것을 서면으로 통지해야 한다.
> 3. 위 2.에 따라 통지를 받은 자는 **20일 이내**에 과징금을 시·도지사가 정하는 수납기관에 납부해야 한다. 다만, 천재지변이나 그 밖의 부득이한 사유로 납부기한까지 과징금을 낼 수 없을 때에는 그 사유가 없어진 날부터 **7일 이내**에 납부해야 한다.
> 4. 위 3.에 따라 과징금을 받은 수납기관은 납부자에게 영수증을 발급하고, 지체 없이 그 사실을 시·도지사에게 통보해야 한다.
> 5. 시·도지사는 과징금을 부과받은 자에게 「행정기본법」 제29조 및 같은 법 시행령 제7조에 따라 과징금의 납부기한을 연기하거나 분할 납부하게 하는 경우 **납부기한 연기 및 분할 납부의 기한**은 '원래 납부기한의 다음 날'부터 **1년 이내**로 하고, **분할 납부 횟수**는 **3회 이내**로 하여야 한다.

CHAPTER 02 승강기부품 등의 안전인증

회독체크 1 2 3

CHAPTER 미리보기

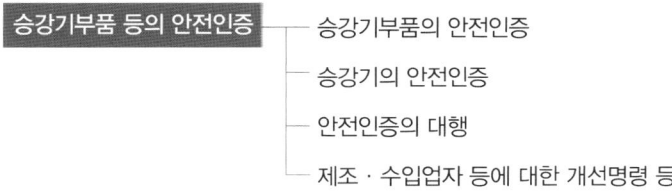

- 승강기부품의 안전인증
- 승강기의 안전인증
- 안전인증의 대행
- 제조·수입업자 등에 대한 개선명령 등

학습전략

승강기부품 등의 안전인증을 다루는 단원으로서 출제 빈도는 높지 않은 편이나 언제든지 출제될 수 있으므로 정리가 필요합니다.

학습키워드

- 승강기부품 및 승강기의 안전인증 및 면제
- 정기심사 및 자체심사

1. 승강기부품의 안전인증

(1) 승강기부품의 안전인증(법 제11조)

① 승강기부품의 제조·수입업자는 승강기 안전에 관련된 승강기부품으로서 '대통령령으로 정하는 승강기부품'([별표 4]에 따른 '승강기안전부품')에 대하여 '행정안전부령으로 정하는 바'에 따라 **모델**('행정안전부령'으로 정하는 고유한 명칭을 붙인 제품의 형식을 말한다)**별로 행정안전부장관**이 실시하는 안전인증(이하 '**부품안전인증**'이라 한다)을 받아야 한다.

② 승강기안전부품의 제조·수입업자는 부품안전인증을 받은 사항을 변경하려는 경우에는 '행정안전부령으로 정하는 바'에 따라 **행정안전부장관**으로부터 **변경사항**에 대한 부품안전인증을 받아야 한다. 다만, 승강기안전부품의 안전성과 관련이 없는 사항으로서 '행정안전부령으로 정하는 경미한 사항을 변경하는 경우'에는 그러하지 아니하다.

③ 행정안전부장관은 승강기안전부품이 '행정안전부장관이 정하여 고시하는 다음의 기준'에 모두 맞는 경우 **부품안전인증**을 하여야 한다. 다만, 다음 ㉠의 기준이 고시되지 아니하였거나 고시된 기준을 적용할 수 없는 경우의 승강기안전부품에 대해서는 '행정안전부령으로 정하는 바'에 따라 부품안전인증을 할 수 있다.
   ㉠ 승강기안전부품 자체의 안전성에 관한 기준(이하 '승강기안전부품 안전기준'이라 한다)
   ㉡ 승강기안전부품의 제조에 필요한 설비 및 기술능력 등에 관한 기준

④ 행정안전부장관은 위 ③에 따라 부품안전인증을 하는 경우 '행정안전부령으로 정하는 바'에 따라 조건을 붙일 수 있다. 이 경우 그 조건은 승강기안전부품의 제조·수입업자에게 부당한 의무를 부과하는 것이어서는 아니 된다.

관련법령 **부품안전인증의 내용(영 제7조)**

승강기안전부품의 제조·수입업자가 위 (1)의 ①에 따라 승강기안전부품에 대한 안전인증(이하 '부품안전인증'이라 한다)을 받으려는 경우에는 다음의 심사 및 시험을 거쳐야 한다.
1. 설계심사: 승강기안전부품의 기계도면, 전기도면 등 행정안전부장관이 정하여 고시하는 기술도서(技術圖書)가 위 (1)의 ③의 ㉠에 따른 기준(이하 '승강기안전부품 안전기준'이라 한다)에 맞는지를 심사하는 것
2. 안전성시험: 승강기안전부품이 승강기안전부품 안전기준에 맞는지를 확인하기 위해 시험하는 것
3. 공장심사: 승강기안전부품을 제조하는 공장의 설비 및 기술능력 등 제조 체계가 위 (1)의 ③의 ㉡에 따른 기준(이하 '부품공장심사기준'이라 한다)에 맞는지를 심사하는 것

관련법령 **승강기안전부품의 모델(규칙 제11조)**

위 (1)의 ①에서 '행정안전부령으로 정하는 고유한 명칭'이란 영 제16조에 따른 승강기안전부품을 구별하기 위해 [별표 4]에 따른 모델 구분 기준에 따라 설계 및 기능 등이 서로 다른 승강기안전부품별로 부여하는 고유한 명칭을 말한다.

(2) 부품안전인증의 면제(법 제12조)

행정안전부장관은 위 **(1)**의 ①에도 불구하고 승강기안전부품이 다음의 어느 하나에 해당하는 경우에는 '대통령령으로 정하는 바'에 따라 부품안전인증의 전부 또는 일부를 면제할 수 있다.

① '연구·개발, 전시 또는 부품안전인증을 위한 시험을 목적'으로 제조하거나 수입하는 승강기안전부품으로서 '대통령령으로 정하는 승강기안전부품'에 대하여 '행정안전부령으로 정하는 바'에 따라 행정안전부장관의 확인을 받은 경우
② '수출을 목적'으로 수입하는 승강기안전부품으로서 '대통령령으로 정하는 승강기안전부품'에 대하여 특별시·광역시·특별자치시·도 또는 특별자치도(이하 '시·도'라 한다)의 **조례**로 정하는 바에 따라 해당 시·도지사의 확인을 받은 경우
③ '수출을 목적'으로 승강기안전부품을 제조하는 경우
④ '국가 간 상호인정협정'에 따라 '행정안전부장관이 정하여 고시하는 외국의 기관'에서 부품안전인증에 준하는 안전인증을 받은 경우
⑤ '행정안전부령으로 정하는 일정 수준 이상의 시험능력을 갖춘 승강기안전부품의 제조·수입업자'가 '행정안전부령으로 정하는 바'에 따라 승강기안전부품 자체의 안전성에 관한 시험을 하여 **행정안전부장관이 적합한 것임을 확인한 경우**
⑥ '행정안전부령으로 정'하는 바에 따라 승강기안전부품을 일회성으로 수입하거나 제조하는 경우
⑦ 그 밖에 다른 법령에 따라 승강기안전부품의 안전성이 인정되는 경우 등 행정안전부령으로 정하는 경우

> **관련법령** **부품안전인증의 면제(영 제18조)**
>
> 1. 위 **(2)**에 따른 부품안전인증의 면제는 다음의 구분에 따른다.
>   ㉠ 위 **(2)**의 ①부터 ③까지의 어느 하나에 해당하는 경우: 부품안전인증의 면제
>   ㉡ 위 **(2)**의 ④에 해당하는 경우 다음의 구분에 따른 면제
>   ⓐ 위 **(2)**의 ④에 따른 외국의 기관에서 부품안전인증에 준하는 안전인증을 받은 경우: 부품안전인증의 면제
>   ⓑ 위 **(2)**의 ④에 따른 외국의 기관에서 영 제17조 각 호에 준하는 심사 또는 시험을 거친 경우: 그에 해당하는 심사 또는 시험의 면제
>   ㉢ 위 **(2)**의 ⑤에 해당하는 경우: 영 제17조 제2호에 따른 안전성시험의 면제
>   ㉣ 위 **(2)**의 ⑥에 해당하는 경우: 영 제17조 제3호에 따른 공장심사의 면제
>   ㉤ 위 **(2)**의 ⑦에 해당하는 경우 다음의 구분에 따른 면제
>   ⓐ 부품안전인증에 준하는 안전인증을 받은 경우: 부품안전인증의 면제
>   ⓑ 영 제17조 각 호에 준하는 심사 또는 시험을 거친 경우: 그에 해당하는 심사 또는 시험의 면제
> 2. 위 **(2)**의 ①에서 '대통령령으로 정하는 승강기안전부품'이란 [별표 5]에 따른 승강기안전부품을 말한다.
> 3. 위 **(2)**의 ②에서 '대통령령으로 정하는 승강기안전부품'이란 다음의 어느 하나에 해당하는 승강기안전부품을 말한다.

㉠ 국내에서 판매·대여하지 않는 부품으로서 수출을 목적으로 수입하는 승강기안전부품
　　　㉡ 수출한 승강기안전부품으로서 수리 또는 보수를 위해 반출을 조건으로 국내에 반입되는 승강기안전부품
　4. 위 (2)에 따라 부품안전인증의 전부 또는 일부를 면제받으려는 자는 행정안전부령으로 정하는 바에 따라 행정안전부장관에게 면제 신청을 해야 한다.

(3) 승강기안전부품의 **정기심사**와 **자체심사**(법 제13조)

① 승강기안전부품의 제조·수입업자는 부품안전인증을 받은 승강기안전부품이 위 **(1)**의 ③에 따른 기준에 맞는지를 확인하기 위하여 '대통령령으로 정하는 바'에 따라 **행정안전부장관**이 실시하는 '승강기안전부품에 대한 심사'를 **정기적**으로 받아야 한다.

② '부품안전인증을 받은 승강기안전부품의 제조·수입업자'는 '행정안전부령으로 정하는 바'에 따라 **부품안전인증을 받은 후** 제조하거나 수입하는 '**같은 모델**의 승강기안전부품'에 대하여 **안전성**에 대한 **자체심사**를 하고, 그 **기록**을 '작성·보관'하여야 한다.

> **관련법령**　**승강기안전부품의 정기심사(영 제19조)**
>
> 1. 승강기안전부품의 제조·수입업자는 위 **(3)**의 ①에 따라 부품안전인증을 받은 날부터 **3년마다** 행정안전부장관이 실시하는 승강기안전부품에 대한 심사(이하 '부품정기심사'라 한다)를 받아야 한다.
> 2. 행정안전부장관은 부품정기심사를 하는 경우에는 다음의 사항을 확인해야 한다.
>   ㉠ 해당 승강기안전부품이 승강기안전부품 안전기준에 맞는지 여부
>   ㉡ 해당 승강기안전부품을 제조하는 공장의 설비 및 기술능력 등 제조체계가 부품공장심사기준에 맞는지 여부
>   ㉢ 해당 승강기안전부품에 대한 위 **(3)**의 ②에 따른 자체심사의 실시 및 그 기록의 작성·보관 여부
>   ㉣ 그 밖에 해당 승강기안전부품의 안전성 확보를 위해 행정안전부장관이 확인이 필요하다고 인정하여 고시하는 사항
> 3. 승강기안전부품의 제조·수입업자는 부품정기심사 결과에 이의가 있는 경우 행정안전부장관에게 재심사를 요청할 수 있다.

> **관련법령**　**승강기안전부품의 안전성에 대한 자체심사(규칙 제23조)**
>
> 1. 승강기안전부품의 **제조·수입업자**는 위 **(3)**의 ②에 따라 **부품안전인증을 받은 후** 제조하거나 수입하는 **같은 모델**의 승강기안전부품에 대해서는 다음의 사항을 고려하여 '행정안전부장관이 고시하는 기준'에 따라 승강기안전부품의 **안전성**에 대한 **자체심사**를 해야 한다.
>   ㉠ 심사항목
>   ㉡ 심사항목별 심사주기
>   ㉢ 심사방법
> 2. 승강기안전부품의 **제조·수입업자**는 위 1.에 따른 **자체심사**를 마친 경우에는 다음의 사항을 기록하고, 그 기록을 **5년간** 보관해야 한다.
>   ㉠ 승강기안전부품명 및 모델명
>   ㉡ 자체심사의 연월일 및 심사장소

ⓒ 자체심사를 한 사람의 성명
ⓔ 자체심사 수량
ⓜ 자체심사 결과

(4) 부품안전인증의 표시 등(법 제14조)

① '승강기안전부품의 제조·수입업자'는 '행정안전부령으로 정하는 바'에 따라 승강기안전부품 및 그 포장에 다음의 구분에 따른 표시(이하 '**부품안전인증표시 등**'이라 한다)를 하여야 한다.
  ㉠ 부품안전인증을 받은 승강기안전부품 및 그 포장: 부품안전인증의 표시
  ㉡ 위 **(2)**에 따라 부품안전인증을 면제받은 승강기안전부품 및 그 포장: 부품안전인증 면제의 표시

② 부품안전인증을 받지 아니하거나 위 **(2)**에 따른 부품안전인증의 면제를 받지 아니한 자는 승강기안전부품 또는 그 포장에 부품안전인증표시 등을 하거나 이와 비슷한 표시를 하여서는 아니 된다.

③ 다음의 어느 하나에 해당하는 자는 부품안전인증표시 등을 **임의**로 **변경**하거나 **제거**하여서는 아니 된다.
  ㉠ 승강기안전부품의 제조·수입업자 또는 수입대행업자
  ㉡ 승강기안전부품의 판매업자, 판매중개업자 또는 구매대행업자
  ㉢ 승강기안전부품의 대여업자
  ㉣ 승강기안전부품을 부분품이나 부속품으로 사용하여 승강기부품을 제조하는 자
  ㉤ 승강기안전부품을 사용하는 다음의 어느 하나에 해당하는 자
    ⓐ 승강기의 제조·수입업자
    ⓑ 법 제39조 제1항 전단에 따라 승강기의 유지관리를 업으로 하기 위하여 등록을 한 자
    ⓒ 설치공사업자
  ㉥ 승강기안전부품을 영업에 사용하는 자

④ 위 ③의 어느 하나에 해당하는 자가 **인터넷을 통하여** 승강기안전부품을 **판매·대여·판매중개** (전자상거래 등에서의 소비자보호에 관한 법률에 따른 통신판매중개자가 자신이 운영하는 사이버몰에서 발견된 부품안전인증표시 등이 없는 승강기안전부품을 즉시 삭제하고, 통신판매중개의뢰자가 상품등록 시 부품안전인증표시 등의 정보를 입력하도록 하며, 소비자가 이러한 정보를 확인할 수 있도록 기술적 조치를 취한 경우는 제외한다) · **구매대행** 또는 **수입대행**을 하는 경우에는 '행정안전부령으로 정하는 바'에 따라 부품안전인증 관련 정보를 소비자가 알 수 있도록 그 **인터넷 홈페이지**에 **게시**하여야 한다.

(5) 부품안전인증표시 등이 없는 승강기안전부품의 판매·사용 등의 금지(법 제15조)

① '승강기안전부품의 제조·수입업자, 판매업자 및 대여업자'는 '부품안전인증표시 등이 **없는** 승강기안전부품'을 판매·대여하거나 판매·대여할 목적으로 수입·진열 또는 보관하여서는 아니 된다.

② '승강기안전부품의 판매중개업자, 구매대행업자 및 수입대행업자'는 '부품안전인증표시 등이 없는 승강기안전부품'을 판매중개하거나 구매 또는 수입을 대행하여서는 아니 된다.

③ '위 **(4)**의 ③의 ㉣부터 ㉯까지의 어느 하나에 해당하는 자'는 '부품안전인증표시 등이 **없는** 승강기안전부품'을 사용하여서는 아니 된다.

(6) 부품안전인증의 취소 등(법 제16조)

① 행정안전부장관은 '승강기안전부품의 제조·수입업자'가 다음의 어느 하나에 해당하는 경우에는 '행정안전부령으로 정하는 바'에 따라 부품안전인증을 **취소**하거나 **6개월 이내**의 범위에서 부품안전인증표시 등의 **사용금지명령** 또는 **개선명령**을 할 수 있다. 다만, 다음 ㉠에 해당하는 경우에는 부품안전인증을 **취소하여야** 하고, ㉺에 해당하는 경우에는 부품안전인증을 취소하거나 부품안전인증표시 등의 **사용금지명령**을 할 수 있다.

㉠ 거짓이나 그 밖의 부정한 방법으로 부품안전인증을 받은 경우
㉡ 부품안전인증을 받은 후 제조하거나 수입하는 승강기안전부품이 승강기안전부품 안전기준에 맞지 아니한 경우
㉢ 부품안전인증표시 등을 하지 아니하거나 거짓으로 표시한 경우
㉣ 위 **(1)**의 ④에 따른 조건을 이행하지 아니한 경우
㉤ 위 **(3)**의 ①에 따른 승강기안전부품의 정기심사를 받지 아니한 경우
㉯ 위 **(3)**의 ①에 따른 승강기안전부품의 정기심사 결과 위 **(1)**의 ③의 ㉡의 기준에 맞지 아니한 경우
㉾ 위 **(3)**의 ②에 따른 승강기안전부품의 자체심사를 하지 아니한 경우
㉸ 위 **(3)**의 ②에 따른 승강기안전부품의 자체심사 기록을 작성·보관하지 아니하거나 거짓으로 작성·보관한 경우
㉹ 법 제25조 제1항(개선·파기·수거 또는 판매중지명령 등) 또는 법 제26조(제조·수입업자 등에 대한 이행명령)에 따른 명령을 위반한 경우
㉺ 위 ㉡부터 ㉹까지의 어느 하나에 해당하는 경우로서 부품안전인증표시 등의 사용금지명령 또는 개선명령을 받고 이행하지 아니한 경우

② 행정안전부장관은 위 ①에 따라 부품안전인증의 취소, 부품안전인증표시 등의 사용금지명령 또는 개선명령을 한 경우에는 '행정안전부령으로 정하는 바'에 따라 그 사실을 공고하여야 한다.

③ 위 ①에 따라 '부품안전인증이 취소된 승강기안전부품의 제조·수입업자'는 취소된 날부터 1년 이내에는 '같은 모델의 승강기안전부품에 대한 부품안전인증'을 신청할 수 없다.

2. 승강기의 안전인증

(1) 승강기의 안전인증(법 제17조)

① '승강기의 제조·수입업자'는 **승강기**에 대하여 '행정안전부령으로 정하는 바'에 따라 **모델별**로 **행정안전부장관**이 실시하는 **안전인증**을 받아야 한다. 다만, '모델이 정하여지지 아니한 승강기'에 대해서는 '행정안전부령으로 정하는 기준과 절차'에 따라 승강기의 **안전성**에 관한 **별도의 안전인증**을 받아야 한다. 23회

② '승강기의 제조·수입업자'는 위 ①에 따른 안전인증(이하 '**승강기안전인증**'이라 한다)을 받은 사항을 **변경**하려는 경우에는 '행정안전부령으로 정하는 바'에 따라 **행정안전부장관**으로부터 '변경사항'에 대한 **승강기안전인증**을 받아야 한다. 다만, '승강기의 안전성과 관련이 없는 사항으로서 행정안전부령으로 정하는 경미한 사항'을 변경하는 경우에는 그러하지 아니하다.

③ **행정안전부장관**은 승강기(위 ① 단서에 따라 안전인증을 받는 승강기는 '제외'한다. 이하 ③에서 같다)가 '행정안전부장관이 정하여 고시하는 다음의 기준에 모두 맞는 경우' **승강기안전인증**을 하여야 한다. 다만, 다음 ㉠의 기준이 고시되지 아니하거나 고시된 기준을 적용할 수 없는 승강기에 대해서는 '행정안전부령으로 정하는 바'에 따라 승강기안전인증을 할 수 있다.
  ㉠ 승강기 자체의 안전성에 관한 기준(이하 '**승강기 안전기준**'이라 한다)
  ㉡ 승강기의 제조에 필요한 설비 및 기술능력 등에 관한 기준

④ **행정안전부장관**은 위 ③에 따라 승강기안전인증을 하는 경우 '행정안전부령으로 정하는 바'에 따라 **조건**을 붙일 수 있다. 이 경우 그 조건은 승강기의 제조·수입업자에게 부당한 의무를 부과하는 것이어서는 아니 된다.

관련법령 **승강기 안전인증의 내용(영 제20조)**

승강기의 제조·수입업자가 위 **(1)**의 ① 본문에 따라 모델별 승강기에 대한 안전인증(이하 '모델승강기안전인증'이라 한다)을 받으려는 경우에는 다음의 심사 및 시험을 거쳐야 한다.
1. **설계심사**: 승강기의 기계도면, 전기회로 등 행정안전부장관이 정하여 고시하는 기술도서가 위 **(1)**의 ③의 ㉠에 따른 기준(이하 '승강기 안전기준'이라 한다)에 맞는지를 심사하는 것
2. **안전성시험**: 승강기가 승강기 안전기준에 맞는지를 확인하기 위해 시험하는 것
3. **공장심사**: 승강기를 제조하는 공장의 설비 및 기술능력 등 제조체계가 위 **(1)**의 ③의 ㉡에 따른 기준(이하 '승강기공장심사기준'이라 한다)에 맞는지를 심사하는 것

관련법령 **승강기의 모델(규칙 제26조)**

위 **(1)**의 ① 본문에 따른 승강기의 모델은 승강기를 구별하기 위해 [별표 4]에 따른 모델 구분 기준에 따라 설계 및 기능 등이 서로 다른 승강기별로 부여하는 고유한 명칭을 말한다.

(2) 승강기안전인증의 면제(법 제18조)

행정안전부장관은 위 **(1)**의 ①에도 불구하고 승강기가 다음의 어느 하나에 해당하는 경우에는 '대통령령으로 정하는 바'에 따라 승강기안전인증의 전부 또는 일부를 **면제**할 수 있다. 23회

① '**연구·개발**, 전시 또는 승강기안전인증을 위한 시험을 목적'으로 제조하거나 수입하는 승강기로서 대통령령으로 정하는 승강기에 대하여 '행정안전부령으로 정하는 바'에 따라 **행정안전부장관의 확인을 받은 경우**

② '**수출을 목적**'으로 수입하는 승강기로서 '대통령령으로 정하는 승강기'에 대하여 시·도의 조례로 정하는 바에 따라 해당 **시·도지사의 확인**을 받은 경우 23회

③ '**수출을 목적**'으로 승강기를 **제조**하는 경우

④ '**국가 간 상호인정협정**'에 따라 '행정안전부장관이 정하여 고시하는 외국의 기관'에서 승강기안전인증에 준하는 안전인증을 받은 경우

⑤ '행정안전부령으로 정하는 일정 수준 이상의 시험능력을 갖춘 승강기'의 제조·수입업자가 '행정안전부령으로 정하는 바'에 따라 **승강기 자체의 안전성에 관한 시험**을 하여 **행정안전부장관**이 적합한 것임을 **확인**한 경우

⑥ '행정안전부령으로 정하는 바'에 따라 승강기를 **일회성**으로 '**수입**'하거나 '**제조**'하는 경우

⑦ 승강기의 제조·수입업자로 구성된 법인·단체로서 '행정안전부령으로 정하는 법인·단체'가 위 **(1)**의 ① 본문에 따른 승강기에 대하여 **공동**으로 **설계한 내용**이 행정안전부장관이 정하는 바에 따라 **승강기 안전기준에 맞는 것임을 확인받은 경우**(이 경우 면제의 범위는 '설계에 관한 사항'으로 '한정'한다)

⑧ 그 밖에 다른 법령에 따라 승강기의 안전성이 인정되는 경우 등 행정안전부령으로 정하는 경우

> **관련법령** 승강기안전인증의 면제(영 제21조)
>
> 1. 위 **(2)**에 따라 위 **(1)**의 ①에 따른 승강기에 대한 안전인증(이하 '승강기안전인증'이라 한다)의 면제는 다음의 구분에 따른다.
>   ㉠ 위 **(2)**의 ①부터 ③까지의 어느 하나에 해당하는 경우: 승강기안전인증의 면제
>   ㉡ 위 **(2)**의 ④에 해당하는 경우 다음의 구분에 따른 면제
>   ⓐ 위 **(2)**의 ④에 따른 외국의 기관에서 모델승강기안전인증에 준하는 안전인증을 받은 경우: 모델승강기안전인증의 면제
>   ⓑ 위 **(2)**의 ④에 따른 외국의 기관에서 영 제20조 각 호에 준하는 심사 또는 시험을 거친 경우: 그에 해당하는 심사 또는 시험의 면제
>   ㉢ 위 **(2)**의 ⑤에 해당하는 경우: 영 제20조 제2호에 따른 안전성시험의 면제
>   ㉣ 위 **(2)**의 ⑥에 해당하는 경우: 영 제20조 제3호에 따른 공장심사의 면제
>   ㉤ 위 **(2)**의 ⑦에 해당하는 경우: 영 제20조 제1호에 따른 **설계심사**의 면제
>   ㉥ 위 **(2)**의 ⑧에 해당하는 경우 다음의 구분에 따른 면제
>   ⓐ 승강기안전인증에 준하는 안전인증을 받은 경우: 승강기안전인증의 면제
>   ⓑ 영 제20조 각 호에 준하는 심사 또는 시험을 거친 경우: 그에 해당하는 심사 또는 시험의 면제
> 2. 위 **(2)**의 ①에서 '대통령령으로 정하는 승강기'란 [별표 5]에 따른 승강기를 말한다.

3. 위 **(2)**의 ②에서 '대통령령으로 정하는 승강기'란 국내에서 판매하거나 설치하지 않는 승강기로서 수출을 목적으로 수입하는 승강기를 말한다.
4. 위 **(2)**에 따른 승강기안전인증의 면제를 받으려는 자는 행정안전부령으로 정하는 바에 따라 행정안전부장관에게 면제 신청을 해야 한다.

(3) 승강기의 정기심사와 자체심사(법 제19조)

① **승강기의 제조·수입업자**는 '승강기안전인증을 받은 승강기'[위 **(1)**의 ① 단서에 따라 안전인증을 받은 승강기는 제외한다. 이하 **(3)**에서 같다]가 '위 **(1)**의 ③에 따른 기준에 맞는지를 확인하기 위하여' '대통령령으로 정하는 바'에 따라 **행정안전부장관**이 실시하는 **승강기에 대한 심사**를 **정기적**으로 받아야 한다.

② **승강기안전인증을 받은 승강기의 제조·수입업자**는 '행정안전부령으로 정하는 바'에 따라 **승강기안전인증을 받은 후** 제조하거나 수입하는 **같은 모델의 승강기**에 대하여 '안전성'에 대한 **자체심사**를 하고, 그 **기록**을 '작성·보관'하여야 한다. 23회

> **관련법령** 승강기의 정기심사(영 제22조)
>
> 1. 승강기의 제조·수입업자는 위 **(3)**의 ①에 따라 '승강기안전인증을 받은 날'부터 **3년마다** 행정안전부장관이 실시하는 승강기에 대한 심사(이하 '승강기정기심사'라 한다)를 받아야 한다.
> 2. 행정안전부장관은 승강기정기심사를 하는 경우에는 다음의 사항을 확인해야 한다.
>   ㉠ 해당 승강기가 승강기 안전기준에 맞는지 여부
>   ㉡ 해당 승강기를 제조하는 공장의 설비 및 기술능력 등 제조 체계가 승강기공장심사기준에 맞는지 여부
>   ㉢ 해당 승강기에 대한 자체심사의 실시 및 그 기록의 작성·보관 여부
>   ㉣ 그 밖에 승강기의 안전성 확보를 위해 행정안전부장관이 확인이 필요하다고 인정하여 고시하는 사항
> 3. 승강기의 제조·수입업자는 승강기정기심사 결과에 이의가 있는 경우 행정안전부장관에게 재심사를 요청할 수 있다.

> **관련법령** 승강기의 안전성에 대한 자체심사(규칙 제39조)
>
> 1. 위 **(3)**의 ②에 따른 승강기의 **안전성**에 대한 **자체심사**는 다음의 사항을 고려하여 '행정안전부장관이 고시하는 자체심사의 기준'에 따른다.
>   ㉠ 심사항목
>   ㉡ 심사항목별 심사주기
>   ㉢ 심사방법
> 2. 승강기의 **제조·수입업자**는 위 1.에 따른 '자체심사를 마친 경우'에는 다음의 사항을 **기록**하고, 그 기록을 **5년간** 보관해야 한다.
>   ㉠ 승강기명 및 모델명
>   ㉡ 자체심사의 연월일 및 심사장소
>   ㉢ 자체심사를 한 사람의 성명
>   ㉣ 자체심사 수량
>   ㉤ 자체심사 결과

(4) 승강기안전인증의 표시 등(법 제20조)

① 승강기의 제조·수입업자는 '행정안전부령으로 정하는 바'에 따라 승강기에 다음의 구분에 따른 표시(이하 '승강기안전인증표시 등'이라 한다)를 하여야 한다.
　㉠ 승강기안전인증을 받은 승강기: 승강기안전인증의 표시
　㉡ 위 (2)에 따라 승강기안전인증을 면제받은 승강기: 승강기안전인증 면제의 표시
② 승강기안전인증을 받지 아니하거나 위 (2)에 따른 승강기안전인증의 면제를 받지 아니한 자는 승강기에 승강기안전인증표시 등을 하거나 이와 비슷한 표시를 하여서는 아니 된다.
③ 다음의 어느 하나에 해당하는 자는 승강기안전인증표시 등을 임의로 변경하거나 제거하여서는 아니 된다.
　㉠ 승강기의 제조·수입업자 또는 수입대행업자
　㉡ 승강기의 판매업자, 판매중개업자 또는 구매대행업자
　㉢ 승강기의 대여업자
　㉣ 법 제39조 제1항 전단에 따라 승강기의 유지관리를 업으로 하기 위하여 등록을 한 자 또는 설치공사업자
　㉤ 승강기를 영업에 사용하는 자
④ 위 ③의 어느 하나에 해당하는 자가 **인터넷을 통하여 승강기를 판매·대여·판매중개**(전자상거래 등에서의 소비자보호에 관한 법률에 따른 통신판매중개자가 자신이 운영하는 사이버몰에서 발견된 승강기안전인증표시 등이 없는 승강기를 즉시 삭제하고, 통신판매중개의뢰자가 상품등록 시 승강기안전인증표시 등의 정보를 입력하도록 하며, 소비자가 이러한 정보를 확인할 수 있도록 기술적 조치를 취한 경우는 제외한다)·**구매대행** 또는 **수입대행**을 하는 경우에는 '행정안전부령으로 정하는 바'에 따라 '승강기안전인증 관련 정보'를 소비자가 알 수 있도록 그 **인터넷 홈페이지**에 게시하여야 한다.

(5) 승강기안전인증의 취소 등(법 제21조)

① **행정안전부장관**은 승강기의 제조·수입업자가 다음의 어느 하나에 해당하는 경우에는 '행정안전부령으로 정하는 바'에 따라 승강기안전인증을 취소하거나 6개월 이내의 범위에서 승강기안전인증표시 등의 **사용금지명령** 또는 **개선명령**을 할 수 있다. 다만, 다음 ㉠에 해당하는 경우에는 승강기안전인증을 **취소하여야** 하며, ㉥에 해당하는 경우에는 승강기안전인증을 **취소하거나** 승강기안전인증표시 등의 **사용금지명령**을 할 수 있다.
　㉠ 거짓이나 그 밖의 부정한 방법으로 승강기안전인증을 받은 경우
　㉡ 승강기안전인증을 받은 후 제조하거나 수입하는 승강기가 승강기 안전기준에 맞지 아니한 경우
　㉢ 승강기안전인증표시 등을 하지 아니하거나 거짓으로 표시한 경우
　㉣ 위 (1)의 ④에 따른 조건을 이행하지 아니한 경우
　㉤ 위 (3)의 ①에 따른 승강기의 정기심사를 받지 아니한 경우
　㉥ 위 (3)의 ①에 따른 승강기의 정기심사 결과 위 (1)의 ③의 ㉡의 기준에 맞지 아니한 경우

ⓐ 위 **(3)**의 ②에 따른 승강기의 자체심사를 하지 아니한 경우
ⓑ 위 **(3)**의 ②에 따른 승강기의 자체심사 기록을 작성·보관하지 아니하거나 거짓으로 작성·보관한 경우
ⓒ 법 제25조 제2항(개선·파기·수거 또는 판매중지 명령 등) 또는 법 제26조(제조·수입업자 등에 대한 이행명령)에 따른 명령을 위반한 경우
ⓓ 위 ⓛ부터 ⓒ까지의 어느 하나에 해당하는 경우로서 승강기안전인증표시 등의 사용금지 명령 또는 개선명령을 받고 이행하지 아니한 경우
② 행정안전부장관은 위 ①에 따라 승강기안전인증의 취소, 승강기안전인증표시 등의 사용금지명령 또는 개선명령을 한 경우에는 '행정안전부령으로 정하는 바'에 따라 그 사실을 공고하여야 한다.
③ 위 ①에 따라 승강기안전인증이 취소된 승강기의 제조·수입업자는 취소된 날부터 1년 이내에는 같은 모델의 승강기에 대한 승강기안전인증을 신청할 수 없다. 22회

3. 안전인증의 대행

(1) 안전인증의 대행(법 제22조)
① 행정안전부장관은 부품안전인증 또는 승강기안전인증의 업무를 다음의 자로 하여금 **대행하게 할 수 있다**. 다만, 다음 ⓛ에 따른 법인·단체 또는 기관에 대해서는 부품안전인증 업무의 일부를 대행하게 할 수 있다.
㉠ 법 제55조에 따른 한국승강기안전공단
㉡ 다음 **(2)**의 ①에 따라 부품안전인증 업무의 대행기관으로 지정받은 법인·단체 또는 기관
② 위 ①에 따라 부품안전인증 또는 승강기안전인증의 업무를 대행하는 자는 '행정안전부령으로 정하는 바'에 따라 국내외의 시험기관으로 하여금 승강기안전부품 또는 승강기가 다음의 구분에 따른 기준에 맞는지를 확인하는 시험을 실시하게 하여 그 결과를 부품안전인증 또는 승강기안전인증에 활용할 수 있다.
㉠ **승강기안전부품**: 위 1. **(1)**의 ③의 ㉠·㉡의 기준
㉡ **승강기**: 위 2. **(1)**의 ③의 ㉠·㉡의 기준
③ 행정안전부장관은 위 ①에 따라 부품안전인증 또는 승강기안전인증의 업무를 **대행하는 자**에 대하여 승강기안전부품과 승강기의 안전성을 확보하기 위하여 필요한 범위에서 지도·감독 및 지원을 할 수 있다.

(2) 지정인증기관의 지정 및 지정 취소 등(법 제23조)
① 행정안전부장관은 승강기 안전관리와 관련된 업무를 수행하는 법인·단체 또는 기관 중 '대통령령으로 정하는 지정기준을 갖춘 법인·단체 또는 기관'을 '행정안전부령으로 정하는 바'에 따라 부품안전인증 업무의 대행기관(이하 '지정인증기관'이라 한다)으로 지정할 수 있다.

② **행정안전부장관**은 지정인증기관이 다음의 어느 하나에 해당하는 경우에는 **지정을 취소하거나 1년 이내**의 기간을 정하여 **업무정지**를 명할 수 있다. 다만, 다음 ⊙ 또는 ⓒ에 해당하는 경우에는 **지정을 취소하여야** 한다.
  ⊙ 거짓이나 그 밖의 부정한 방법으로 지정인증기관으로 지정을 받은 경우
  ⓒ 업무정지명령을 받은 후 그 업무정지기간에 부품안전인증을 한 경우
  ⓒ 정당한 사유 없이 부품안전인증을 거부하거나 실시하지 아니한 경우
  ⓔ 부품안전인증을 할 자격이 없는 자로 하여금 부품안전인증 업무를 수행하게 한 경우
  ⓜ 위 ①에 따른 지정기준에 맞지 아니하게 된 경우
  ⓗ 부품안전인증을 하는 소속 직원이 고의 또는 중대한 과실로 법 제72조 제1항 제1호를 위반하여 부품안전인증 업무를 수행한 경우
  ⓢ 법 제72조 제2항을 위반하여 부품안전인증의 결과를 법 제73조에 따른 승강기안전종합정보망에 입력하지 아니하거나 거짓으로 입력한 경우
  ⓞ 법 제76조에 따른 수수료를 더 많이 받거나 적게 받은 경우
③ 행정안전부장관은 위 ②의 ⓜ에도 불구하고 위 ①에 따른 지정기준을 충족하지 못한 정도가 경미하다고 인정되는 경우에는 기간을 정하여 지정기준에 맞게 보완할 것을 명하고, 그 명령을 이행하면 업무정지를 명하지 아니할 수 있다.
④ 위 ②에 따라 지정이 취소된 법인·단체 또는 기관은 지정이 취소된 날부터 **1년 이내**에는 지정인증기관의 지정신청을 할 수 없다.

관련법령　지정인증기관의 지정기준(영 제23조)

위 (2)의 ①에 따라 부품안전인증 업무의 대행기관(이하 '**지정인증기관**'이라 한다)으로 지정을 받으려는 자는 다음의 지정기준을 모두 갖춰야 한다.
1. 승강기안전부품의 안전성시험 업무를 주된 업무로 하는 **비영리 법인 또는 단체**일 것
2. 「국가표준기본법」 제23조 제2항에 따른 인정기구로부터 부품안전인증 업무를 수행하기에 적합하다고 **인정받은 시험·검사기관**일 것
3. '승강기안전부품 중 **3분의 1 이상**에 대해 시험할 수 있는 설비'로서 '승강기안전부품 안전기준에서 요구하는 **시험설비**'를 보유할 것
4. 다음의 어느 하나에 해당하는 사람이 각각 **3명 이상** '상시 근무'할 것
    ⊙ 「국가표준기본법」 제23조 제2항에 따른 인정기구로부터 인정받은 시험·검사기관에서의 시험업무 경력이 5년 이상인 사람
    ⓒ 국제표준화기구(ISO)에서 정한 인증심사원의 자격 또는 「산업표준화법」 제18조에 따른 인증심사원의 자격을 갖춘 사람
5. 승강기사업자 또는 승강기사업자로 구성된 법인이나 단체로부터 '**재정적인 지원**'을 받지 않고, 부품안전인증 업무와 관련하여 **독립성**을 지닐 것
6. '**외국의 법인 또는 단체인 경우**'에는 그 국가가 대한민국의 법인 또는 단체에 대해 그 국가의 법인 또는 단체와 동일한 조건으로 부품안전인증 또는 이와 유사한 업무를 수행할 수 있도록 **허용**하고 있을 것

(3) 지정인증기관에 대한 업무정지처분을 갈음하여 부과하는 과징금(법 제24조)

① **행정안전부장관**은 위 **(2)**의 ②의 ㉢부터 ㉧까지의 어느 하나에 해당하여 업무정지를 명하여야 하는 경우로서 그 업무의 정지가 이용자 등에게 심한 불편을 주거나 공익을 해칠 우려가 있는 경우에는 그 **업무정지처분**을 '갈음'하여 3억원 이하의 **과징금**을 부과할 수 있다.

② 행정안전부장관은 위 ①에 따른 과징금을 내야 할 자가 납부기한까지 과징금을 내지 아니하면 국세 체납처분의 예에 따라 징수한다.

관련법령 지정인증기관에 대해 업무정지처분을 갈음하여 부과하는 과징금(영 제24조)

1. 위 **(3)**의 ①에 따른 과징금의 부과기준은 위 **(2)**의 ②에 따른 업무정지 일수에 200만원을 곱한 금액으로 한다.
2. 행정안전부장관은 위반행위의 동기, 내용, 정도 및 횟수 등을 고려하여 위 1.에 따른 금액의 **2분의 1** 범위에서 과징금을 늘리거나 줄일 수 있다. 이 경우 과징금을 늘릴 때에도 과징금의 총액은 위 **(3)**의 ①에 따른 **과징금 최고액(3억원)**을 초과할 수 없다.
3. 행정안전부장관은 위 **(3)**의 ①에 따라 과징금을 부과할 때에는 과징금 부과의 근거가 되는 조항 및 위반행위의 종류와 과징금의 금액을 명시하여 이를 납부할 것을 서면으로 통지해야 한다.
4. 위 3.에 따른 통지를 받은 자는 **20일 이내**에 과징금을 행정안전부장관이 정하는 수납기관에 납부해야 한다. 다만, 천재지변이나 그 밖의 부득이한 사유로 납부기한까지 과징금을 낼 수 없을 때에는 그 사유가 없어진 날부터 7일 이내에 납부해야 한다.
5. 위 4.에 따라 과징금을 받은 수납기관은 납부자에게 영수증을 발급하고, 지체 없이 그 사실을 행정안전부장관에게 통보해야 한다.
6. 과징금의 납부기한 연기 및 분할 납부에 관하여는 영 제15조(제조·수입업자에 대해 사업정지처분을 갈음하여 부과하는 과징금) 제5항 및 제6항을 준용한다.

---

4. 제조·수입업자 등에 대한 개선명령 등

(1) 개선·파기·수거 또는 판매중지명령 등(법 제25조)

① **행정안전부장관**은 '승강기안전부품'이 다음의 어느 하나에 해당하는 경우 그 승강기안전부품의 제조·수입업자, 판매업자, 대여업자, 영업자[법 제14조 제3항 제6호(승강기안전부품을 영업에 사용하는 자)에 해당하는 자를 말한다], 판매중개업자, 구매대행업자 및 수입대행업자에 대하여 '대통령령으로 정하는 바'에 따라 일정한 기간을 정하여 그 승강기안전부품의 개선·파기·수거 또는 판매중지(이하 '**판매중지 등**'이라 한다)를 명할 수 있다.

㉠ 부품안전인증을 받지 아니한 경우
㉡ 법 제11조 제2항 본문에 따른 변경사항에 대한 부품안전인증을 받지 아니한 경우
㉢ 법 제11조 제3항에 따른 기준에 맞지 아니한 경우
㉣ 법 제14조 제1항 제1호를 위반하여 부품안전인증을 받은 승강기안전부품에 부품안전인증의 표시를 하지 아니한 경우
㉤ 법 제14조 제2항을 위반하여 부품안전인증표시 등을 하거나 이와 비슷한 표시를 한 경우

ⓑ 법 제14조 제3항을 위반하여 부품안전인증표시 등을 임의로 변경하거나 제거한 경우
ⓢ 법 제15조 제1항을 위반하여 부품안전인증표시 등이 없는 승강기안전부품을 판매·대여하거나 판매·대여할 목적으로 수입·진열 또는 보관한 경우
ⓞ 법 제15조 제2항을 위반하여 부품안전인증표시 등이 없는 승강기안전부품의 판매를 중개하거나 구매 또는 수입을 대행한 경우
ⓩ 법 제15조 제3항을 위반하여 부품안전인증표시 등이 없는 승강기안전부품을 사용한 경우

② **행정안전부장관**은 '승강기'가 다음의 어느 하나에 해당하는 경우 그 승강기의 제조·수입업자, 판매업자, 대여업자, 영업자[법 제20조 제3항 제5호(승강기를 영업에 사용하는 자)에 해당하는 자를 말한다], 판매중개업자, 구매대행업자 또는 수입대행업자에 대하여 '대통령령으로 정하는 바'에 따라 일정한 기간을 정하여 그 승강기의 **판매중지 등**을 명할 수 있다.
㉠ 승강기안전인증을 받지 아니한 경우
㉡ 법 제17조 제2항 본문에 따른 변경사항에 대한 승강기안전인증을 받지 아니한 경우
㉢ 법 제17조 제3항에 따른 기준에 맞지 아니한 경우
㉣ 법 제20조 제1항 제1호를 위반하여 승강기안전인증을 받은 승강기에 승강기안전인증의 표시를 하지 아니한 경우
㉤ 법 제20조 제2항을 위반하여 승강기안전인증표시 등을 하거나 이와 비슷한 표시를 한 경우
㉥ 법 제20조 제3항을 위반하여 승강기안전인증표시 등을 임의로 변경하거나 제거한 경우

③ **행정안전부장관**은 '승강기안전부품' 또는 '승강기'의 제조·수입업자, 판매업자, 대여업자, 영업자[법 제14조 제3항 제6호(승강기안전부품을 영업에 사용하는 자) 또는 법 제20조 제3항 제5호(승강기를 영업에 사용하는 자)에 해당하는 자를 말한다. 이하 같다], 판매중개업자, 구매대행업자 또는 수입대행업자가 위 ① 또는 ②에 따른 판매중지 등의 명령에 따르지 아니한 경우 '대통령령으로 정하는 바'에 따라 **소속 공무원**에게 해당 승강기안전부품 또는 승강기를 직접 **파기**하거나 **수거**하게 할 수 있다. 이 경우 그 **비용**은 '해당 승강기안전부품 또는 승강기의 제조·수입업자, 판매업자, 대여업자, 영업자, 판매중개업자, 구매대행업자 또는 수입대행업자'가 **부담**한다.

④ 위 ③에 따라 승강기안전부품 또는 승강기의 파기 또는 수거 업무를 수행하는 공무원은 그 권한을 표시하는 증표를 지니고 관계인에게 보여 주어야 한다.

> **관련법령** 개선·파기·수거 또는 판매중지명령 등(영 제25조)

1. 행정안전부장관은 위 (1)의 ① 또는 ②에 따라 승강기안전부품 또는 승강기에 대해 그 승강기안전부품 또는 승강기의 제조·수입업자, 판매업자, 대여업자, 영업자(법 제14조 제3항 제6호 또는 법 제20조 제3항 제5호에 해당하는 자를 말한다), 판매중개업자, 구매대행업자 및 수입대행업자(이하 '제조·수입업자 등'이라 한다)에게 개선·파기·수거 또는 판매중지(이하 '**판매중지 등**'이라 한다)를 명할 때는 다음의 구분에 따른다.

㉠ 다음의 어느 하나에 해당하는 경우 판매중지를 명하고, **2개월 이내의 기간**을 정하여 수거 또는 파기를 명할 수 있다.
　　ⓐ 위 **(1)**의 ①의 ㉠·㉡·㉣·㉤ 및 ㉺부터 ㉾까지의 어느 하나에 해당하는 경우
　　ⓑ 위 **(1)**의 ②의 ㉠·㉡·㉣ 및 ㉤의 어느 하나에 해당하는 경우
㉡ 다음의 어느 하나에 해당하는 경우 판매중지와 **2개월 이내의 기간**을 정하여 개선을 명하고, 판매를 중지하지 않거나 개선명령을 이행하지 않은 경우는 **2개월 이내의 기간**을 정하여 수거 또는 파기를 명할 수 있다.
　　ⓐ 위 **(1)**의 ①의 ㉢ 및 ㉻의 어느 하나에 해당하는 경우
　　ⓑ 위 **(1)**의 ②의 ㉢ 및 ㉻의 어느 하나에 해당하는 경우

2. 판매중지 등의 명령은 다음의 사항을 적은 문서로 해야 한다.
　㉠ 명령이행 의무자의 상호 및 그 대표자의 성명
　㉡ 명령의 사유 및 내용
　㉢ 이행기간 및 이행기간 연장 신청 절차
　㉣ 승강기안전부품명·승강기명 및 모델명 등 해당 승강기안전부품 또는 승강기를 특정할 수 있는 사항
　㉤ 그 밖에 행정안전부장관이 해당 승강기안전부품 또는 승강기의 판매중지 등에 필요하다고 인정하는 사항

3. 위 1.에 따라 개선·파기 또는 수거(이하 '개선등'이라 한다) 명령을 받은 **제조·수입업자등**은 다음의 어느 하나에 해당하는 경우에는 행정안전부령으로 정하는 바에 따라 **행정안전부장관**에게 이행기간의 **연장**을 **신청**할 수 있다.
　㉠ 천재지변 등 부득이한 사유로 이행기간 내에 개선등 명령을 이행할 수 없는 경우
　㉡ 개선등을 위해 소요되는 비용·시간 등을 고려할 때 '이행기간 내'에 개선등 명령의 이행이 곤란한 경우

4. **제조·수입업자등**은 위 3.의 ㉡에 해당하여 이행기간의 연장을 신청하는 경우에는 다음의 구분에 따른 **정밀진단**을 거친 뒤 **공단**이 발급한 **안전성확인서**를 첨부해야 한다.
　㉠ 위 **(1)**의 ①의 ㉠·㉡·㉤·㉺·㉻ 또는 ㉾에 해당하여 개선등 명령을 받은 경우: 해당 승강기안전부품이 승강기안전부품 안전기준 및 부품공장심사기준에 맞는지를 확인하기 위해 **공단**이 실시하는 **정밀진단**
　㉡ 위 **(1)**의 ①의 ㉢에 해당하여 개선등 명령을 받은 경우: 「산업표준화법」 제12조에 따른 한국산업표준의 승강기 위험성 분석 방법에 따라 해당 승강기안전부품의 위해(危害) 여부 등을 확인하기 위해 **공단**이 실시하는 **정밀진단**
　㉢ 위 **(1)**의 ②의 ㉠·㉡ 또는 ㉤에 해당하여 개선등 명령을 받은 경우: 해당 승강기가 승강기 안전기준 및 승강기공장심사기준에 맞는지를 확인하기 위해 **공단**이 실시하는 **정밀진단**
　㉣ 위 **(1)**의 ②의 ㉢에 해당하여 개선등 명령을 받은 경우: 「산업표준화법」 제12조에 따른 한국산업표준의 승강기 위험성 분석 방법에 따라 해당 승강기의 위해 여부 등을 확인하기 위해 **공단**이 실시하는 **정밀진단**

5. 위 3. 및 4.에 따라 이행기간의 연장신청을 받은 **행정안전부장관**은 '개선등 명령의 이행기간'을 '최초의 이행기간을 포함'하여 **6개월**의 **범위**에서 **연장**할 수 있다.

6. 행정안전부장관은 위 **(1)**의 ③ 전단에 따라 소속 공무원에게 승강기안전부품 또는 승강기를 직접 파기하거나 수거하게 할 때에는 해당 제조·수입업자 등을 현장에 참석하게 하여 그 파기 또는 수거 사실을 확인하도록 해야 한다. 다만, 해당 제조·수입업자 등이 이에 따르지 않거나 소재를 알 수 없는 경우에는 현장에 참석하도록 하지 않을 수 있다.

> **관련법령** 개선·파기·수거 명령 이행기간의 연장 신청(규칙 제44조의2)
>
> 영 제25조 제3항에 따라 승강기안전부품 또는 승강기에 대한 개선·파기·수거 명령 이행기간의 연장을 신청하려는 자는 별지 제21호의2 서식의 이행기간 연장신청서에 **안전성확인서**(영 제25조 제4항에 따라 첨부해야 하는 경우로 한정한다)를 첨부하여 '**이행기간이 끝나기**' 15일 전까지 **행정안전부장관**에게 제출해야 한다.

(2) 제조·수입업자 등에 대한 이행명령(법 제26조)

행정안전부장관은 판매중지등만으로는 그 위해(危害)를 방지하기가 어렵다고 인정되면 '대통령령으로 정하는 바'에 따라 해당 제조·수입업자, 판매업자, 대여업자, 영업자, 판매중개업자, 구매대행업자 또는 수입대행업자에 대하여 다음의 사항을 **이행할 것을 명할 수 있다.**
① 판매중지 등의 명령을 받은 사실의 공표
② 해당 승강기안전부품 또는 승강기의 교환, 대금 반환 또는 수리
③ 그 밖에 행정안전부장관이 해당 승강기안전부품 또는 승강기로 인한 위해를 방지하기 위하여 필요하다고 인정하는 사항

> **관련법령** 제조·수입업자 등에 대한 이행명령 등(영 제26조)
>
> 1. **행정안전부장관**은 위 (2)에 따른 이행명령을 하려는 경우에는 다음의 사항을 적은 문서로 해야 한다.
>   ㉠ 영 제25조 제2항 각 호의 사항(이행기간 연장 신청 절차는 제외한다)
>   ㉡ 위 (2)의 ①에 따른 판매중지 등의 명령을 받은 사실의 공표 방법
>   ㉢ 그 밖에 행정안전부장관이 해당 승강기안전부품 또는 승강기의 위해 사실 공표, 교환, 대금 반환 또는 수리와 위해성 방지에 필요하다고 인정하는 사항
> 2. **행정안전부장관**은 위 1.에 따라 이행명령을 한 후 영 제25조 제5항에 따라 승강기안전부품 또는 승강기에 대한 개선등 명령의 이행기간을 연장하는 경우에는 '연장된 기간을 반영'하여 **다시** 위 1.에 따라 **이행명령**을 해야 한다.
> 3. 위 1. 및 2.에 따른 명령을 받은 **제조·수입업자 등**은 행정안전부령으로 정하는 바에 따라 **이행계획서**를 행정안전부장관에게 제출하고, 이행을 마친 경우에는 그 결과를 **행정안전부장관**에게 통보해야 한다.

CHAPTER 03 승강기의 설치 및 안전관리

회독체크 1 2 3

CHAPTER 미리보기

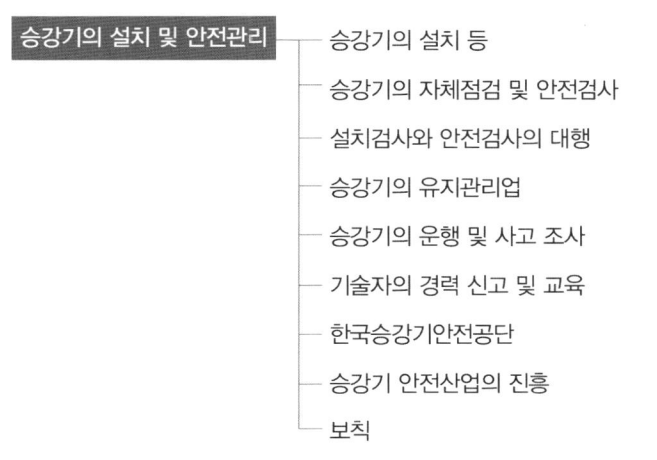

학습전략

승강기의 설치 및 안전관리를 다루는 단원으로서 1문제 내지 2문제 정도가 꾸준히 출제되고 있습니다. 특히 승강기의 자체점검 및 안전검사 부분은 꼼꼼히 숙지하시기 바랍니다.

학습키워드

- 설치신고 및 설치검사
- 자체점검
- 안전검사(정기검사, 수시검사, 정밀안전검사)
- 사고 보고 및 사고 조사
- 승강기사고조사위원회
- 운행정지표지 및 운행금지표지
- 한국승강기안전공단
- 승강기안전종합정보망
- 중대한 사고 및 중대한 고장

1. 승강기의 설치 등

(1) 승강기의 설치신고(법 제27조)

설치공사업자는 승강기의 설치를 끝냈을 때에는 '행정안전부령으로 정하는 바'에 따라 관할 시·도지사에게 그 사실을 신고하여야 한다. 21회

> **관련법령** 승강기의 설치신고(규칙 제46조)
>
> 1. 법 제2조 제6호 다목에 따른 설치공사업자는 위 (1)에 따라 승강기의 설치를 끝낸 날부터 10일 이내에 공단에 승강기의 설치신고를 해야 한다. 27회, 28회
> 2. 위 1.에 따른 승강기의 설치신고서는 별지 제22호 서식에 따른다.

(2) 승강기의 설치검사(법 제28조)

① 승강기의 제조·수입업자는 설치를 끝낸 승강기[법 제18조 제1호(연구·개발, 전시 또는 승강기 안전인증을 위한 시험을 목적으로 제조하거나 수입하는 승강기로서 대통령령으로 정하는 승강기에 대하여 행정안전부령으로 정하는 바에 따라 행정안전부장관의 확인을 받은 경우)에 따라 승강기안전 인증을 면제받은 승강기는 제외한다]에 대하여 '행정안전부령으로 정하는 바'에 따라 **행정안전부장관**이 실시하는 **설치검사**(이하 '설치검사'라 한다)를 받아야 한다. 22회
〈개정, 시행 2025.1.31.〉

② 승강기의 제조·수입업자 또는 관리주체는 설치검사를 받지 아니하거나 설치검사에 불합격한 승강기를 운행하게 하거나 운행하여서는 아니 된다. 26회 주관식

③ 위 ①과 ②에서 규정한 사항 외에 설치검사의 기준·항목 및 방법 등에 필요한 사항은 '행정안전부장관'이 정하여 고시한다.

> **관련법령** 승강기 설치검사의 신청(규칙 제47조)
>
> 승강기의 제조·수입업자가 위 (2)의 ①에 따라 승강기에 대한 '설치검사'를 받으려는 경우에는 별지 제23호 서식의 설치검사 신청서(전자문서를 포함한다)에 다음의 서류(전자문서를 포함한다)를 첨부하여 '공단'에 제출해야 한다.
> 1. 사업자등록증 사본
> 2. 승강기안전인증서(승강기안전인증의 면제를 받은 경우에는 승강기안전인증 면제확인서를 말한다) 사본
> 3. 설치검사 대상 승강기의 설치도면(전기도면 및 기계도면을 포함한다)

(3) 승강기 안전관리자(법 제29조)

① 관리주체는 승강기 운행에 대한 지식이 풍부한 사람을 승강기 안전관리자로 선임하여 승강기를 관리하게 하여야 한다. 다만, '관리주체가 직접 승강기를 관리하는 경우'에는 그러하지 아니하다. 27회

② 위 ① 본문에 따른 승강기 안전관리자는 다음의 사항을 고려하여 '행정안전부령으로 정하는 일정한 자격요건'을 갖추어야 한다.

㉠ 「건축법」 제2조 제2항에 따른 건축물의 용도
　　　㉡ 승강기의 종류
　　　㉢ 그 밖에 행정안전부장관이 승강기 관리에 필요하다고 인정하는 사항
　③ 관리주체는 위 ①에 따라 승강기 안전관리자('관리주체가 직접 승강기를 관리하는 경우'에는 그 관리주체를 말한다)를 선임하였을 때에는 **'행정안전부령으로 정하는 바'**에 따라 **30일 이내**에 **행정안전부장관에게 그 사실을 통보**하여야 한다. 승강기 안전관리자나 관리주체가 **'변경되었을 때'**에도 **또한 같다**. 28회 〈개정 2025.1.31.〉
　④ 관리주체(위 ① 본문리주에 따라 '관체가 승강기 안전관리자를 선임하는 경우에만 해당'한다)는 승강기 안전관리자가 안전하게 승강기를 관리하도록 지도·감독하여야 한다.
　⑤ 관리주체는 승강기 안전관리자로 하여금 **행정안전부령으로 정하는 기관**이 실시하는 승강기 관리에 관한 교육(이하 '**승강기관리교육**'이라 한다)을 받게 하여야 한다. 다만, '관리주체가 직접 승강기를 관리하는 경우에는 그 관리주체(법인인 경우에는 그 대표자를 말한다)가 승강기관리교육을 받아야 한다. 〈개정 2025.1.31.〉
　⑥ 위 ①부터 ⑤까지에서 규정한 사항 외에 승강기 안전관리자의 직무범위, 승강기관리교육의 내용·기간 및 주기 등에 필요한 사항은 행정안전부령으로 정한다.

관련법령 **승강기 안전관리자의 직무범위(규칙 제48조)**

위 (3)의 ①에 따른 '승강기 안전관리자'의 직무범위는 다음과 같다.
1. 승강기 운행 및 관리에 관한 규정 작성
2. 승강기 사고 또는 고장 발생에 대비한 비상연락망의 작성 및 관리
3. 유지관리업자로 하여금 자체점검을 대행하게 한 경우 유지관리업자에 대한 관리·감독
4. '중대한 사고' 또는 '중대한 고장'의 통보
5. 승강기 내에 갇힌 이용자의 신속한 구출을 위한 승강기 조작(승강기 안전관리자가 해당 승강기관리교육을 받은 경우만 해당한다)
6. 피난용 엘리베이터의 운행(승강기 안전관리자가 해당 승강기관리교육을 받은 경우만 해당한다)

관련법령 **승강기 안전관리자의 선임 또는 변경 통보(규칙 제50조)** 〈개정 2025.1.24.〉

관리주체는 '승강기 안전관리자'(관리주체가 직접 승강기를 관리하는 경우에는 그 '관리주체')를 선임하거나 변경한 경우에는 다음 구분에 따른 날부터 30일 이내에 별지 제24호 서식의 승강기 안전관리자의 선임 또는 변경 통보서(전자문서를 포함한다)에 [별표 9]에 따른 승강기 안전관리자의 자격요건을 갖추었음을 증명하는 서류('관리주체가 직접 승강기를 관리하는 경우'는 제외하며, 전자문서를 포함한다)를 첨부하여 '공단'에 제출해야 한다.
1. 승강기를 신규로 설치(규칙 제3조에 따른 승강기 교체는 제외한다)하여 관리주체가 직접 승강기를 관리하는 경우: 설치검사에 합격한 날
2. 승강기를 신규로 설치(규칙 제3조에 따른 승강기 교체는 제외한다)하여 승강기 안전관리자를 새롭게 선임한 경우: 승강기 안전관리자를 선임한 날
3. 승강기 안전관리자 또는 관리주체가 변경된 경우: 승강기 안전관리자 또는 관리주체가 변경된 날

관련법령 **승강기관리교육의 내용 등(규칙 제52조)** 〈개정 및 신설 2025.1.24.〉

1. '승강기관리교육'은 다음의 구분에 따른다. 〈개정〉
   ㉠ **신규교육**: 승강기관리교육을 받지 않은 승강기 안전관리자 또는 관리주체(법인인 경우에는 그 대표자를 말한다)가 받아야 하는 다음의 교육
      ⓐ 승강기를 **신규**로 설치(규칙 제3조에 따른 승강기 교체는 제외한다)하여 **해당 승강기에 대한 관리를 시작하는 경우**의 교육
      ⓑ 승강기를 관리하던 승강기 안전관리자 또는 관리주체가 **변경**된 경우(관리주체가 법인인 경우에는 그 대표자가 변경된 경우를 포함한다)의 교육
   ㉡ **정기교육**: 승강기 안전관리자 또는 관리주체(법인인 경우에는 그 대표자를 말한다)가 '직전 승강기관리교육을 수료한 날'부터 **3년**마다 받아야 하는 교육
2. 위 1.의 ㉠의 ⓐ에 따른 **신규교육**은 승강기 안전관리자를 새롭게 선임한 날(관리주체가 직접 승강기를 관리하는 경우에는 설치검사에 합격한 날)부터 **3개월 이내**에 받아야 하고, ⓑ에 따른 **신규교육**은 승강기 안전관리자 또는 관리주체가 **변경**된 날(관리주체가 법인인 경우로서 그 대표자가 변경된 경우에는 대표자가 변경된 날을 말한다)부터 **3개월 이내**에 받아야 한다. 〈개정〉
3. 직전 승강기관리교육을 수료한 날부터 **3년**이 경과한 경우에는 **위 1.의 ㉡에도 불구하고 위 1.의 ㉠에 따른 신규교육**을 받아야 한다. 〈신설〉
4. 승강기관리교육의 세부 내용 및 기간은 [별표 10]과 같다. 〈신설〉
5. 위 2. 및 3.에도 불구하고 **공단**은 법 제32조 제3항에 따라 안전검사가 연기된 승강기를 관리하는 승강기 안전관리자에 대해서는 **그 연기 사유가 없어진 날**까지 승강기관리교육을 **연기**할 수 있다. 〈개정〉
6. 승강기관리교육은 **집합교육**, **현장교육** 또는 **인터넷 원격교육** 등의 방법으로 할 수 있다.

(4) 보험 가입(법 제30조)

관리주체는 승강기의 사고로 승강기 이용자 등 다른 사람의 생명·신체 또는 재산상의 손해를 발생하게 하는 경우 그 손해에 대한 배상을 보장하기 위한 보험(이하 '책임보험'이라 한다)에 가입하여야 한다. 27회

관련법령 **보험의 종류 등(영 제27조)**

1. 위 **(4)**에 따른 책임보험의 종류는 승강기 사고배상책임보험 또는 승강기 사고배상책임보험과 같은 내용이 포함된 보험으로 한다. 26회
2. 책임보험은 다음의 어느 하나에 해당하는 시기에 가입하거나 재가입해야 한다.
   ㉠ 설치검사를 받은 날
   ㉡ 관리주체가 변경된 경우 그 변경된 날
   ㉢ 책임보험의 만료일 이내
3. 책임보험의 보상한도액은 다음의 기준에 해당하는 금액 이상으로 한다. 다만, 지급보험금액은 ㉠의 단서의 경우를 **제외하고는 실손해액을 초과할 수 없다**.
   ㉠ 사망의 경우에는 1인당 **8천만원**. 다만, 사망에 따른 실손해액이 2천만원 미만인 경우에는 **2천만원**으로 한다. 27회
   ㉡ 부상의 경우에는 1인당 [별표 6] 제1호에 따른 상해 등급별 보험금액에서 정하는 금액

ⓒ 부상의 경우 그 치료가 완료된 후 그 부상이 원인이 되어 신체장애(이하 '후유장애'라 한다)가 생긴 경우에는 1인당 [별표 6] 제2호에 따른 후유장애 등급별 보험금액에서 정하는 금액
ⓔ 재산피해의 경우에는 사고당 **1천만원** 28회
ⓜ 부상자가 치료 중에 그 부상이 원인이 되어 사망한 경우에는 위 ⓒ 및 ⓛ의 금액을 더한 금액
ⓗ 부상한 사람에게 그 부상이 원인이 되어 후유장애가 생긴 경우에는 위 ⓛ 및 ⓒ의 금액을 더한 금액
ⓢ 위 ⓒ의 금액을 지급한 후 그 부상이 원인이 되어 사망한 경우에는 위 ⓒ의 금액에서 위 ⓒ에 따라 지급한 금액을 뺀 금액
4. 책임보험에 가입(재가입을 포함한다. 이하 같다)한 **관리주체**는 책임보험 판매자로 하여금 '책임보험의 가입 사실을 가입한 날'부터 14일 이내에 승강기안전종합정보망에 입력하게 해야 한다. 26회

2. 승강기의 자체점검 및 안전검사

(1) 승강기의 **자체점검**(법 제31조)

① **관리주체**는 승강기의 안전에 관한 자체점검(이하 '**자체점검**'이라 한다)을 **월 1회 이상** 하고, 그 결과를 '**대통령령으로 정하는 기간 이내**'에 승강기안전종합정보망에 입력하여야 한다. 22회·28회 주관식, 23회, 26회 〈개정 2025.1.31.〉

② 관리주체는 자체점검 결과 승강기에 결함이 있다는 사실을 알았을 경우에는 즉시 보수하여야 하며, 보수가 끝날 때까지 해당 승강기의 운행을 중지하여야 한다.

③ 위 ①에도 불구하고 다음의 어느 하나에 해당하는 승강기에 대해서는 자체점검의 전부 또는 일부를 **면제**할 수 있다.
　ⓒ 법 제18조 제1호부터 제3호까지의 어느 하나에 해당하여 승강기안전인증을 면제받은 승강기
　ⓛ 다음 **(2)**의 ①에 따른 안전검사에 불합격한 승강기 23회
　ⓒ 다음 **(2)**의 ③에 따라 안전검사가 연기된 승강기
　ⓔ 그 밖에 새로운 유지관리기법의 도입 등 대통령령으로 정하는 사유에 해당하여 자체점검의 주기 조정이 필요한 승강기

④ **관리주체**는 자체점검을 스스로 할 수 없다고 판단하는 경우에는 법 제39조 제1항 전단에 따라 '승강기의 **유지관리를 업**으로 하기 위하여 **등록**을 한 자'로 하여금 이를 **대행**하게 할 수 있다.

> **관련법령** **자체점검을 담당할 수 있는 사람의 자격(영 제28조)**
>
> 1. 관리주체는 '자체점검'을 다음의 어느 하나에 해당하는 사람으로서 법 제52조 제2항에 따른 직무교육을 이수한 사람으로 하여금 담당하게 해야 한다.
>   ⓒ 「국가기술자격법」에 따른 승강기 기사 자격(이하 '승강기 기사 자격'이라 한다)을 취득한 사람
>   ⓛ 「국가기술자격법」에 따른 승강기 산업기사 자격(이하 '승강기 산업기사 자격'이라 한다)을 취득한 후 승강기의 설계·제조·설치·인증·검사 또는 유지관리에 관한 실무경력(이하 '승강기 실무경력'이라 한다)이 2개월 이상인 사람

ⓒ 「국가기술자격법」에 따른 승강기 기능사 자격(이하 '승강기 기능사 자격'이라 한다)을 취득한 후 승강기 실무경력이 4개월 이상인 사람
② 「국가기술자격법」에 따른 기계·전기 또는 전자 분야 산업기사 이상의 자격을 취득한 후 승강기 실무경력이 4개월 이상인 사람
ⓜ 「국가기술자격법」에 따른 기계·전기 또는 전자 분야 기능사 자격(이하 '기계·전기 또는 전자 분야 기능사 자격'이라 한다)을 취득한 후 승강기 실무경력이 6개월 이상인 사람
ⓑ 「고등교육법」 제2조에 따른 학교의 승강기·기계·전기 또는 전자 학과나 그 밖에 이와 유사한 학과의 **학사학위**(법령에 따라 이와 같은 수준 이상이라고 인정되는 학위를 포함한다. 이하 '승강기·기계·전기·전자 관련 학과의 학사학위'라 한다)를 취득한 후 승강기 실무경력이 **6개월 이상**인 사람
ⓢ 「고등교육법」 제2조에 따른 학교의 승강기·기계·전기 또는 전자 학과나 그 밖에 이와 유사한 학과의 **전문학사학위**(법령에 따라 이와 같은 수준 이상이라고 인정되는 학위를 포함한다. 이하 '승강기·기계·전기·전자 관련 학과의 전문학사학위'라 한다)를 취득한 후 승강기 실무경력이 **1년 이상**인 사람
ⓞ 「초·중등교육법」 제2조 제3호에 따른 **고등학교·고등기술학교**의 승강기·기계·전기 또는 전자 학과나 그 밖에 이와 유사한 학과(이하 '고등학교·고등기술학교의 승강기·기계·전기·전자 관련 학과'라 한다)를 졸업한 후 승강기 실무경력이 **1년 6개월 이상**인 사람
ⓩ 승강기 실무경력이 **3년 이상**인 사람

2. 위 1.에도 불구하고 정격속도가 **초당 4미터**를 초과하는 **고속 승강기**의 경우에는 다음의 어느 하나에 해당하는 사람으로서 법 제52조 제2항에 따른 직무교육을 이수한 사람으로 하여금 자체점검을 담당하게 해야 한다.
   ㉠ 승강기 기사 자격을 취득한 후 승강기 실무경력이 3년 이상인 사람
   ㉡ 승강기 산업기사 자격을 취득한 후 승강기 실무경력이 5년 이상인 사람
   ㉢ 승강기 기능사 자격을 취득한 후 승강기 실무경력이 7년 이상인 사람
   ㉣ 승강기·기계·전기·전자 관련 학과의 **학사학위**를 취득한 후 승강기 실무경력이 **5년 이상**인 사람
   ㉤ 승강기·기계·전기·전자 관련 학과의 **전문학사학위**를 취득한 후 승강기 실무경력이 **7년 이상**인 사람
   ㉥ **고등학교·고등기술학교**의 승강기·기계·전기·전자 관련 학과를 졸업한 후 승강기 실무경력이 **9년 이상**인 사람
   ㉦ 승강기 실무경력이 12년 이상인 사람

관련법령 승강기의 자체점검(영 제29조)

1. '자체점검을 담당하는 사람'은 다음의 사항을 고려하여 행정안전부장관이 정하여 고시하는 자체점검의 기준·항목 및 방법 등에 따라 자체점검을 해야 한다.
   ㉠ 승강기 안전기준
   ㉡ 유지관리 관련 자료에서 정하는 기준
   ㉢ 「산업안전보건법」에 따른 승강기 관련 사업주의 안전·보건 관련 의무 및 근로자의 준수사항
2. **자체점검을 담당하는 사람**은 자체점검을 마치면 지체 없이 자체점검 결과를 **양호, 주의관찰** 또는 **긴급수리**로 구분하여 **관리주체**에 통보해야 한다. 23회, 27회 〈개정〉
3. 위 (1)의 ①에서 '대통령령으로 정하는 기간'이란 '**자체점검 실시일**'부터 10일을 말한다. 23회, 27회

> **관련법령** 자체점검의 주기 조정 등(영 제30조)

1. 위 **(1)**의 ③의 ㉣에서 '새로운 유지관리기법의 도입 등 대통령령으로 정하는 사유'란 다음의 어느 하나에 해당하는 경우를 말한다.
   ㉠ 원격점검 및 실시간 고장 감시 등 행정안전부장관이 정하여 고시하는 원격관리기능이 있는 승강기를 관리하는 경우
   ㉡ 법 제39조 제1항 전단에 따라 승강기의 유지관리를 업으로 하기 위해 등록을 한 자(이하 '유지관리업자'라 한다)가 법 제2조 제5호 각 목의 안전관리 활동을 모두 포함하는 **포괄적인 유지관리 도급계약**을 체결하여 승강기를 관리하는 경우
   ㉢ 유지관리업자가 법 제2조 제7호 다목에 따른 계약(유지관리업자가 관리주체가 되는 계약)을 체결하여 승강기를 관리하는 경우
   ㉣ **안전관리우수기업**으로 선정된 유지관리업자가 최근 2년 동안 다음 **(2)**의 ①에 따른 안전검사에 합격한 승강기를 관리하는 경우
   ㉤ 다른 법령에서 정하는 바에 따라 건축물이나 고정된 시설물에 설치하도록 **의무화되지 않은** 승강기(다음의 어느 하나에 해당하는 승강기는 '**계외**'한다)를 관리하는 경우
      ⓐ 「건축법 시행령」에 따른 **다중이용 건축물, 준다중이용 건축물에 설치된 엘리베이터** 중 '사람이 탑승하는 용도'의 엘리베이터
      ⓑ 에스컬레이터
      ⓒ 휠체어리프트
2. 위 1.의 어느 하나에 해당하는 경우의 관리주체는 관리하는 승강기에 대해 3개월의 범위에서 자체점검의 주기를 조정할 수 있다. 다만, 다음의 어느 하나에 해당하는 승강기의 경우에는 그렇지 않다.
   ㉠ 설치검사를 받은 날부터 15년이 지난 승강기
   ㉡ 최근 3년 이내에 중대한 사고가 발생한 승강기
   ㉢ 최근 1년 이내에 법 제48조 제1항 제2호에 따른 **중대한 고장**이 3회 이상 발생한 승강기
3. 위 **(1)**의 ④에 따라 '자체점검을 대행하는 유지관리업자'는 위 2.의 ㉠~㉢ 외의 부분 본문에 따라 자체점검의 주기를 조정하려는 경우에는 미리 해당 **관리주체의 서면 동의**를 받아야 한다.

(2) 승강기의 안전검사(법 제32조)

① **관리주체**는 승강기에 대하여 **행정안전부장관이 실시**하는 다음의 안전검사(이하 '안전검사'라 한다)를 받아야 한다. 26회
   ㉠ **정기검사**: '설치검사' 후 정기적으로 하는 검사. 이 경우 검사주기는 **2년 이하**로 하되, 다음의 사항을 고려하여 '행정안전부령으로 정하는 바'에 따라 승강기별로 검사주기를 다르게 할 수 있다. 25회 주관식, 28회
      ⓐ 승강기의 종류 및 사용 연수
      ⓑ 법 제48조 제1항에 따른 중대한 사고 또는 중대한 고장의 발생 여부
      ⓒ 그 밖에 행정안전부령으로 정하는 사항
   ㉡ **수시검사**: 다음의 어느 하나에 해당하는 경우에 하는 검사 〈개정 2025.1.31.〉
      ⓐ 승강기의 종류, 제어방식, 정격(기기의 사용조건 및 성능의 범위를 말한다. 이하 같다)속도, 정격용량 또는 왕복운행거리를 **변경**한 경우(변경된 승강기에 대한 검사의 기준이 완화되는 경우 등 '행정안전부령으로 정하는 경우'는 '**제외**'한다)

        ⓑ 승강기의 제어반(制御盤) 또는 구동기(驅動機)를 교체한 경우 23회
        ⓒ 승강기에 사고가 발생하여 수리한 경우(다음 ㉢의 ⓑ 경우는 제외한다)
        ⓓ 관리주체가 요청하는 경우
      ㉢ **정밀안전검사**: 다음의 어느 하나에 해당하는 경우에 하는 검사. 이 경우 다음 ⓒ에 해당할 때에는 정밀안전검사를 받고, 그 후 **3년**마다 정기적으로 정밀안전검사를 받아야 한다. 23회, 25회 주관식
        ⓐ 정기검사 또는 수시검사 결과 **결함의 원인이 불명확**하여 사고 예방과 안전성 확보를 위하여 행정안전부장관이 정밀안전검사가 필요하다고 인정하는 경우
        ⓑ 승강기의 결함으로 법 제48조 제1항에 따른 **중대한 사고** 또는 **중대한 고장**이 발생한 경우
        ⓒ 설치검사를 받은 날부터 **15년**이 지난 경우 21회 주관식, 23회
        ⓓ 그 밖에 승강기 성능의 저하로 승강기 이용자의 안전을 위협할 우려가 있어 행정안전부장관이 정밀안전검사가 필요하다고 인정한 경우
  ② **관리주체**는 안전검사를 받지 아니하거나 안전검사에 불합격한 승강기를 운행할 수 없으며, 운행을 하려면 안전검사에 합격하여야 한다. 이 경우 관리주체는 안전검사에 불합격한 승강기에 대하여 '행정안전부령으로 정하는 기간('안전검사에 불합격한 날'부터 4개월 이내)'에 안전검사를 다시 받아야 한다. 22회, 24회, 26회
  ③ **행정안전부장관**은 '행정안전부령으로 정하는 바'에 따라 위 ① 또는 ②에 따른 안전검사를 받을 수 없다고 인정하면 그 사유가 없어질 때까지 안전검사를 **연기**할 수 있다. 26회
  ④ 위에서 규정한 사항 외에 안전검사의 기준·항목 및 방법 등에 필요한 사항은 '행정안전부장관'이 정하여 고시한다.

관련법령 정기검사의 검사주기 등(규칙 제54조)

1. 정기검사의 검사주기는 1년('설치검사' 또는 '직전 정기검사를 받은 날부터' 매 1년을 말한다)으로 한다.
2. 위 1.에도 불구하고 다음의 어느 하나에 해당하는 승강기의 경우에는 정기검사의 검사주기를 '직전 정기검사를 받은 날'부터 다음의 구분에 따른 기간으로 한다. 〈개정 2025.1.24.〉
    ㉠ '설치검사를 받은 날부터 25년이 지난 승강기: 6개월. 다만, 정기검사의 검사주기 도래일 전에 수시검사 또는 법 제32조 제1항 제3호[나목('중대한 사고' 또는 '중대한 고장')은 '제외'한다]에 따른 **정밀안전검사**를 받은 경우에는 '해당 검사 직후'의 정기검사에 한정하여 1년으로 한다. 24회
    ㉡ 승강기의 결함으로 '중대한 사고' 또는 '중대한 고장'이 발생한 후 2년이 지나지 않은 승강기: 6개월
    ㉢ 다음의 엘리베이터: 2년
        ⓐ 화물용 엘리베이터
        ⓑ 자동차용 엘리베이터
        ⓒ 소형화물용 엘리베이터(Dumbwaiter)
    ㉣ 「건축법 시행령」에 따른 단독주택에 설치된 승강기: 2년
3. 위 **(2)**의 ㉠의 ⓒ에서 '그 밖에 행정안전부령으로 정하는 사항'이란 승강기가 설치되는 건축물 또는 고정된 시설물의 용도를 말한다.

4. 정기검사의 검사기간은 정기검사의 '검사주기 도래일 전후' 각각 30일 이내로 한다. 28회 〈개정 2025.1.24.〉
5. 위 4.에 따른 정기검사의 검사기간 이내에 검사에 합격한 경우에는 정기검사의 검사주기 도래일에 정기검사를 받은 것으로 본다. 다만, '관리주체'가 정기검사의 검사주기 도래일 전에 정기검사의 신청을 하였으나 '관리주체의 귀책이 아닌 사유'로 위 4.에 따른 정기검사의 검사기간을 초과하여 검사에 합격한 경우에는 정기검사의 검사주기 도래일에 정기검사를 받은 것으로 본다. 〈단서 신설 2025.1.24.〉
6. 위 1. 및 2.의 규정어 따른 정기검사의 검사주기 도래일 전에 수시검사 또는 법 제32조 제1항 제3호 가목·나목·라목에 따른 정밀안전검사를 받은 경우 해당 정기검사의 검사주기는 수시검사 또는 '법 제32조 제1항 제3호 가목·나목·라목에 따른 정밀안전검사'를 받은 날부터 계산한다. 〈개정 2025.1.24.〉
7. 위 **(2)**의 ③에 따라 안전검사가 연기된 경우 해당 정기검사의 검사주기는 '연기된 안전검사를 받은 날'부터 계산한다.

관련법령 수시검사의 제외 대상(규칙 제55조)

위 **(2)**의 ①의 ⓒ의 ⓐ에서 '변경된 승강기에 대한 검사의 기준이 완화되는 경우 등 행정안전부령으로 정하는 경우'란 다음의 어느 하나에 해당하는 경우를 말한다.
1. '다음의 어느 하나에 해당하는 엘리베이터'를 [별표 1] 제2호 가목 1)에 따른 승객용 엘리베이터로 변경한 경우
   ㉠ [별표 1] 제2호 가목 4)에 따른 장애인용 엘리베이터
   ㉡ [별표 1] 제2호 가목 5)에 따른 소방구조용 엘리베이터
   ㉢ [별표 1] 제2호 가목 6)에 따른 피난용 엘리베이터
2. 그 밖에 검사의 기준이 같은 수준으로 승강기의 종류가 변경된 경우로서 수시검사를 받지 않아도 되는 경우로 행정안전부장관이 인정하는 경우

관련법령 승강기 안전검사의 연기 사유 등(규칙 제57조)

1. 위 **(2)**의 ③에 따라 안전검사를 연기할 수 있는 사유는 다음과 같다.
   ㉠ 승강기가 설치된 건축물이나 고정된 시설물에 중대한 결함이 있어 승강기를 '정상적으로 운행하는 것'이 불가능한 경우
   ㉡ 관리주체가 '승강기의 운행'을 중단한 경우(다른 법령에서 정하는 바에 따라 설치가 의무화된 승강기는 제외한다)
   ㉢ 그 밖에 천재지변 등 부득이한 사유가 발생한 경우
2. 위 **(2)**의 ③에 따라 안전검사 연기를 신청하려는 자는 별지 제26호 서식의 안전검사 연기신청서(전자문서를 포함한다)에 위 1.의 ㉠~㉢에 따른 안전검사 연기 사유를 확인할 수 있는 서류(전자문서를 포함한다)를 첨부하여 행정안전부장관에게 제출해야 한다.

(3) 안전검사의 면제(법 제33조)

행정안전부장관은 다음의 구분에 따른 승강기에 대해서는 해당 안전검사를 면제할 수 있다.

① **법 제18조 제1호부터 제3호까지의 어느 하나에 해당하여 승강기안전인증을 면제받은 승강기: 안전검사** 27회 주관식

② **위 (2)의 ①의 ㉢에 따른 정밀안전검사를 받았거나 정밀안전검사를 받아야 하는 승강기: 해당 연도의 정기검사** 22회, 27회 주관식

(4) 검사합격증명서 등의 발급 및 관리(법 제34조)

① 행정안전부장관은 '설치검사에 **합격**'한 승강기의 제조·수입업자와 '안전검사에 **합격**'한 승강기의 관리주체에 대하여 '행정안전부령으로 정하는 바'에 따라 각각 **검사합격증명서**를 '발급'하여야 한다.

② 행정안전부장관은 '설치검사에 **불합격**'한 승강기의 제조·수입업자와 '안전검사'에 **불합격**한 승강기의 관리주체에 대하여 '행정안전부령으로 정하는 바'에 따라 각각 **운행금지 표지**를 '발급'하여야 한다.

③ 위 ①에 따른 '검사합격증명서' 또는 위 ②에 따른 '운행금지 표지'를 발급받은 자는 그 증명서 또는 표지를 승강기 이용자가 잘 볼 수 있는 곳에 즉시 붙이고 훼손되지 아니하게 관리하여야 한다.

(5) 「건축물관리법」에 따른 유지·관리에 관한 특례(법 제35조)

관리주체가 안전검사를 받고 자체점검을 한 경우에는 「건축물관리법」 제12조에 따른 건축설비(승강기에 한정한다)의 유지·관리를 한 것으로 본다. 23회

3. 설치검사와 안전검사의 대행

(1) 설치검사와 안전검사의 대행(법 제36조)

① 행정안전부장관은 설치검사 또는 안전검사의 업무를 다음의 자로 하여금 대행하게 할 수 있다. 다만, 다음 ㉡에 따른 법인·단체 또는 기관에 대해서는 정기검사 업무의 '일부'를 대행하게 할 수 있다.
  ㉠ 한국승강기안전공단
  ㉡ 다음 **(2)**의 ①에 따라 정기검사 업무의 대행기관으로 지정받은 법인·단체 또는 기관

② **행정안전부장관**은 위 ①에 따라 설치검사 또는 안전검사의 업무를 대행하는 자에 대하여 승강기의 안전 확보에 필요한 범위에서 지도·감독 및 지원을 할 수 있다.

(2) 지정검사기관의 지정 및 지정 취소 등(법 제37조)

① **행정안전부장관**은 승강기 안전관리와 관련된 업무를 수행하는 법인·단체 또는 기관 중 '대통령령으로 정하는 지정기준을 갖춘 법인·단체 또는 기관'을 '행정안전부령으로 정하는 바'에 따라 정기검사 업무의 대행기관(이하 '**지정검사기관**'이라 한다)으로 **지정**할 수 있다.

② **행정안전부장관**은 지정검사기관이 다음의 어느 하나에 해당하는 경우에는 **지정**을 **취소**하거나 1년 이내의 기간을 정하여 **업무정지**를 명할 수 있다. 다만, **다음** ㉠ 또는 ㉡에 해당하는 경우에는 **지정**을 **취소하여야** 한다.
  ㉠ 거짓이나 그 밖의 부정한 방법으로 지정검사기관으로 지정을 받은 경우
  ㉡ 업무정지명령을 받은 후 그 업무정지기간에 정기검사를 한 경우
  ㉢ 정당한 사유 없이 정기검사를 거부하거나 실시하지 아니한 경우

ⓔ 정기검사를 할 자격이 없는 자로 하여금 정기검사 업무를 수행하게 한 경우
　　ⓜ 위 ①에 따른 지정기준을 충족하지 못하게 된 경우
　　ⓗ 정기검사를 하는 소속 직원이 고의 또는 중대한 과실로 법 제72조 제1항 제4호를 위반하여 정기검사 업무를 수행한 경우
　　ⓢ 법 제72조 제2항을 위반하여 정기검사의 결과를 법 제73조에 따른 승강기안전종합정보망에 입력하지 아니하거나 거짓으로 입력한 경우
　　ⓞ 법 제76조에 따른 수수료를 더 많이 받거나 적게 받은 경우
　③ **행정안전부장관**은 위 ②의 ⓜ에도 불구하고 위 ①에 따른 지정기준을 충족하지 못한 정도가 경미하다고 인정되는 경우에는 기간을 정하여 지정기준에 맞게 보완할 것을 명하고, 그 명령을 이행하면 업무정지를 명하지 아니할 수 있다.
　④ 위 ②에 따라 지정이 취소된 법인·단체 또는 기관은 지정이 취소된 날부터 1년 이내에는 지정검사기관의 지정신청을 할 수 없다.

> **관련법령** **지정검사기관의 지정기준**(영 제31조)
>
> 위 **(2)**의 ①에 따라 정기검사 업무의 대행기관(이하 '지정검사기관'이라 한다)으로 지정을 받으려는 자는 다음의 지정기준을 모두 갖춰야 한다.
> 1. 승강기 안전사고 예방을 목적으로 설립된 비영리 법인 또는 단체일 것
> 2. 특별시·광역시·특별자치 시·도 또는 특별자치도(이하 '시·도'라 한다) 중 3개 이상의 시·도에 사업장을 두고 있을 것
> 3. 위 2.에 따른 사업장다 [별표 7]에 따른 '검사인력 및 검사설비'를 갖추고 있을 것
> 4. 「국가표준기본법」 제23조 제2항에 따른 '인정기구'로부터 정기검사 업무를 수행하기에 적합하다고 인정받은 시험·검사기관일 것
> 5. 승강기사업자 또는 승강기사업자로 구성된 법인이나 단체로부터 '재정적인 지원'을 받지 않고, 정기검사 업무와 관련하여 독립성을 지닐 것

(3) 지정검사기관에 대한 업무정지처분을 갈음하여 부과하는 과징금(법 제38조)

　① **행정안전부장관**은 위 **(2)**의 ②의 ⓒ부터 ⓞ까지의 어느 하나에 해당하여 업무정지를 명하여야 하는 경우로서 그 업무의 정지가 이용자 등에게 심한 불편을 주거나 공익을 해칠 우려가 있는 경우에는 그 업무정지처분을 '갈음'하여 3억원 이하의 **과징금**을 부과할 수 있다.
　② **행정안전부장관**은 위 ①에 따른 과징금을 내야 할 자가 납부기한까지 과징금을 내지 아니하면 국세 체납처분의 예에 따라 징수한다.

> **관련법령** **지정검사기관에 대해 업무정지처분을 갈음하여 부과하는 과징금**(영 제32조)
>
> 1. 위 **(3)**의 ①에 따른 과징금의 부과기준은 위 **(2)**의 ②에 따른 업무정지 일수에 200만원을 곱한 금액으로 한다.
> 2. 행정안전부장관은 위반행위의 동기, 내용, 정도 및 횟수 등을 고려하여 위 1.에 따른 금액의 2분의 1 범위에서 과징금을 늘리거나 줄일 수 있다. 이 경우 과징금을 늘릴 때에도 과징금의 총액은 위 **(3)**의 ①에 따른 과징금 최고액을 초과할 수 없다.

3. 위 1.에 따른 과징금의 부과절차 및 납부절차에 관하여는 영 제24조 제3항부터 제5항까지의 규정을 준용한다.
4. 과징금의 납부기한 연기 및 분할 납부에 관하여는 영 제15조(제조·수입업자에 대해 사업정지처분을 갈음하여 부과하는 과징금) 제5항 및 제6항을 준용한다.

4. 승강기의 유지관리업

(1) 승강기 유지관리업의 등록(법 제39조)

① 승강기 유지관리를 업으로 하려는 자는 '행정안전부령으로 정하는 바'에 따라 시·도지사에게 등록하여야 한다. 행정안전부령으로 정하는 다음의 사항을 '변경할 때'에도 또한 같다.
  ㉠ 상호
  ㉡ 주된 사무소의 소재지
  ㉢ 사업장의 수 및 소재지
  ㉣ 대표자
  ㉤ 영 [별표 8] 제1호에 따른 유지관리 대상 승강기의 종류
  ㉥ 기술인력
② 위 ① 전단에 따라 등록을 하려는 자는 대통령령으로 정하는 승강기의 종류별 자본금(개인인 경우에는 자산평가액을 말한다)·기술인력 및 설비를 갖추어야 한다.
③ 위 ① 후단에 따른 **변경등록**은 등록사항이 변경된 날부터 30일 이내에 하여야 한다.
④ 위 ① 전단에 따라 승강기 유지관리를 업으로 하기 위하여 등록을 한 자(이하 '유지관리업자'라 한다)는 그 사업을 **폐업** 또는 휴업하거나 휴업한 사업을 **다시 시작한 경우**에는 그날부터 30일 이내에 시·도지사에게 신고하여야 한다.

> **관련법령** 승강기 유지관리업의 등록기준(영 제33조)
>
> 위 **(1)**의 ① 전단에 따라 승강기 유지관리업 등록을 하려는 자는 다음의 등록기준을 모두 갖춰야 한다.
> 1. 자본금이 1억원 이상일 것
> 2. [별표 8]에 따른 유지관리 대상 승강기의 종류별 기술인력 및 설비를 갖출 것

(2) 유지관리업 등록의 결격사유(법 제40조) 〈개정 2025.1.31.〉

다음의 어느 하나에 해당하는 자는 위 **(1)**에 따른 유지관리업(이하 '유지관리업'이라 한다)의 등록을 할 수 없다.
① 피성년후견인
② 파산선고를 받고 복권되지 아니한 자
③ 이 법을 위반하여 징역 이상의 실형을 선고받고 그 집행이 끝나거나(집행이 끝난 것으로 보는 경우를 포함한다) 집행이 면제된 날부터 2년이 지나지 아니한 자

④ 이 법을 위반하여 형의 집행유예를 받고 그 유예기간 중에 있는 자
⑤ 다음 **(6)**의 ①에 따라 등록이 취소(위 ① 또는 ②에 해당하여 '등록이 취소된 경우'는 제외한다)된 후 2년[다음 **(6)**의 ①의 ⓒ 또는 ⓒ에 해당하여 등록이 취소된 경우는 6개월]이 지나지 아니한 자
⑥ 대표자가 위 ①부터 ⑤까지의 어느 하나에 해당하는 법인

(3) 표준유지관리비(법 제41조)

행정안전부장관은 승강기의 안전관리와 유지관리에 관한 도급계약[다음 **(4)** 단서에 따라 체결하는 하도급계약을 포함하며, 이하 '도급계약'이라 한다] 당사자(이하 '계약당사자'라 한다)의 이익을 보호하기 위하여 필요하다고 인정하는 경우에는 승강기에 관한 전문기관을 지정하여 관리주체가 부담하여야 할 유지관리비의 표준이 될 금액(이하 '표준유지관리비'라 한다)을 **정하여 공표하도록** 하고, 계약당사자가 이를 활용할 것을 권고할 수 있다.

(4) 유지관리 업무의 하도급 제한(법 제42조)

유지관리업자는 그가 도급계약을 맺은 승강기의 유지관리 업무를 다른 유지관리업자 등에게 하도급하여서는 아니 된다. 다만, '대통령령으로 정하는 비율' 이하의 유지관리 업무를 다른 유지관리업자에게 하도급하는 경우로서 **관리주체**(유지관리업자가 관리주체인 경우에는 승강기 소유자나 다른 법령에 따라 승강기 관리자로 규정된 자를 말한다)가 **서면**으로 **동의**한 경우에는 그러하지 아니하다.

> **관련법령** 유지관리 업무의 하도급 비율 등(영 제34조)
>
> 1. 위 **(4)**의 단서에서 '대통령령으로 정하는 비율'이란 다음의 비율을 말한다.
>   ㉠ 유지관리 업무를 하도급하는 경우: 유지관리 업무의 2분의 1
>   ㉡ 유지관리 업무 중 승강기부품 교체 업무만을 하도급하는 경우: 승강기부품 교체 업무의 2분의 1
>   ㉢ 유지관리 업무 중 자체점검 업무만을 하도급하는 경우: 자체점검 업무의 3분의 2
> 2. 위 **(4)**의 단서에 따른 하도급 동의를 위한 서면에는 다음의 사항이 포함되어야 한다.
>   ㉠ 하도급받은 자의 상호(법인인 경우에는 법인의 명칭을 말한다) 및 유지관리업등록번호
>   ㉡ 도급받은 자와 하도급받은 자 간의 유지관리 업무 구분
>   ㉢ 도급 금액과 하도급 금액의 비율

(5) 유지관리 승강기 대수의 상한 등(법 제43조)

① 유지관리업자는 기술력, 승강기의 지역적 분포 및 기술인력의 수 등을 고려하여 '행정안전부령'으로 정하는 월간 유지관리 승강기 대수를 '초과'한 유지관리 업무를 하여서는 아니 된다.
② 유지관리업자는 도급계약에 따라 유지관리하는 승강기에 대하여 관리주체가 유지관리에 관한 용역 제공을 요청하였을 때 정당한 사유 없이 거부하거나 회피하여서는 아니 된다.

| 관련법령 | 유지관리 승강기 대수의 상한(규칙 제66조) |

위 **(5)**의 ①에서 '행정안전부령으로 정하는 월간 유지관리 승강기 대수'란 다음의 구분에 따른 승강기 대수를 말한다.
1. 위 **(1)**의 ①에 따라 등록한 유지관리업의 기술인력이 유지관리업자의 **주된 사무소 또는 사업장**이 있는 특별시·광역시·특별자치시·도 또는 특별자치도(이하 '시·도'라 한다)에 설치된 승강기를 유지관리하는 경우: **기술인력의 수에 100을 곱한 대수**
2. 위 **(1)**의 ①에 따라 등록한 유지관리업의 기술인력 중 1명 이상이 유지관리업자의 **주된 사무소 또는 사업장**이 없는 시·도에 설치된 승강기를 유지관리하는 경우: **기술인력의 수에 90을 곱한 대수**
3. 제조·수입업자인 유지관리업자가 위 1. 또는 2.에 따른 승강기 대수 중 일부를 다른 유지관리업자와 공동으로 유지관리하는 경우: 위 1. 또는 2.에 따른 승강기 대수에 **50퍼센트를 곱한 대수**

(6) 유지관리업 등록의 취소 등(법 제44조) 〈개정 2025.1.31.〉

① 시·도지사는 유지관리업자가 다음의 어느 하나에 해당하는 경우에는 유지관리업의 등록을 취소하거나 6개월 이내의 기간을 정하여 그 사업의 전부 또는 일부의 정지를 명할 수 있다. 다만, 다음 ㉠·㉡·㉣ 또는 ㉾에 해당하는 경우에는 **등록을 취소하여야** 한다.
  ㉠ 거짓이나 그 밖의 부정한 방법으로 유지관리업의 등록을 한 경우
  ㉡ 사업정지명령을 받은 후 그 사업정지기간에 유지관리업을 한 경우
  ㉢ 위 **(1)**의 ②에 따른 등록기준을 충족하지 못하게 된 경우
  ㉣ 위 **(2)**의 ①~⑥의 어느 하나에 해당하는 경우
  ㉤ 위 **(4)**를 위반하여 유지관리 업무를 하도급한 경우
  ㉥ 위 **(5)**의 ①을 위반하여 월간 유지관리 승강기 대수를 초과하여 유지관리 업무를 한 경우
  ㉦ 위 **(5)**의 ②를 위반하여 관리주체의 용역 제공 요청을 정당한 사유 없이 거부하거나 회피한 경우
  ㉧ 유지관리를 잘못하여 다음 5. **(3)**의 ①에 따른 중대한 사고 또는 중대한 고장이 발생한 경우
  ㉨ 유지관리업자가 「부가가치세법」 제8조 제8항에 따른 **폐업신고**를 하거나 같은 조 제9항에 따라 관할 세무서장이 **사업자등록을 말소**한 경우 〈신설 2025.1.31.〉
  ㉾ 유지관리업 등록을 한 날부터 3년이 지날 때까지 영업을 시작하지 아니하거나 계속하여 **3년 이상 휴업**한 경우 〈신설 2025.1.31.〉

② 시·도지사는 위 ①에도 불구하고 위 **(1)**의 ②에 따른 등록기준을 충족하지 못한 정도가 경미하다고 인정되는 경우나 위 ①의 ㉤에 해당하는 경우에는 기간을 정하여 등록기준에 맞게 '보완할 것을 명'하거나 '하도급계약의 해지를 명'하고, 그 **명령을 이행하면** 그 '사업의 전부 또는 일부의 정지'를 명하지 아니할 수 있다.

(7) 유지관리업의 사업정지처분을 갈음하여 부과하는 과징금(법 제45조)

① 시·도지사는 위 **(6)**의 ①의 ⓒ 또는 ⑩부터 ⓞ까지의 어느 하나에 해당하여 사업정지를 명하여야 하는 경우로서 그 사업의 정지가 이용자 등에게 심한 불편을 주거나 공익을 해칠 우려가 있는 경우에는 **사업정지처분을 '갈음'**하여 **1억원 이하**의 **과징금**을 부과할 수 있다.

② 시·도지사는 위 ①에 따른 과징금을 내야 할 자가 납부기한까지 과징금을 내지 아니하면 「지방행정제재·부과금의 징수 등에 관한 법률」에 따라 징수한다.

> **관련법령** 유지관리업자에 대해 사업정지처분을 갈음하여 부과하는 과징금(영 제35조)
>
> 1. 위 **(7)**의 ①에 따른 과징금의 금액은 [별표 3]에 따른 과징금의 부과기준을 적용하여 산정한다.
> 2. 위 1.에 따른 과징금의 부과절차 및 납부절차에 관하여는 영 제15조 제2항부터 제4항까지의 규정을 준용한다.
> 3. 과징금의 납부기한 연기 및 분할 납부에 관하여는 영 제15조(제조·수입업자에 대해 사업정지처분을 갈음하여 부과하는 과징금) 제5항 및 제6항을 준용한다.

5. 승강기의 운행 및 사고 조사

(1) 승강기 이용자의 준수사항(법 제46조)

승강기 이용자는 승강기를 이용할 때 다음의 안전수칙을 준수하여야 한다.

① 승강기 출입문에 충격을 가하지 아니할 것
② 운행 중인 승강기에서 뛰거나 걷지 아니할 것
③ 그 밖에 승강기 이용자의 안전에 관한 사항으로서 '대통령령으로 정하는 사항'을 준수할 것

> **관련법령** 승강기 이용자의 준수사항(영 제36조)
>
> 위 **(1)**의 ③에서 '대통령령으로 정하는 사항'이란 다음과 같다.
> 1. 정원을 초과하는 탑승 금지
> 2. 정격하중을 초과하는 화물의 적재 금지
> 3. 그 밖에 영 제3조에 따른 승강기의 종류별로 행정안전부장관이 정하여 고시하는 사항

(2) 장애인용 승강기의 운행(법 제47조, 규칙 제68조)

관리주체 또는 법 제29조 제1항 본문에 따른 **승강기 안전관리자**는 **'행정안전부령으로 정하는 장애인용 승강기'**([별표 1] 제2호 다목 2)에 따른 '장애인용 경사형 휠체어리프트')를 이용하려는 사람으로부터 운행 요청을 받은 경우에는 소속 직원 등으로 하여금 승강기를 조작하게 하여 안전하게 이동할 수 있도록 조치하여야 한다.

(3) 사고 보고 및 사고 조사(법 제48조)

① **관리주체**[법 제31조 제4항에 따라 '자체점검을 대행'하는 유지관리업자를 포함한다. 이하 **(3)**에서 같다]는 그가 관리하는 승강기로 인하여 다음의 어느 하나에 해당하는 사고 또는 고장이 발생한 경우에는 '행정안전부령으로 정하는 바'에 따라 **한국승강기안전공단에 '통보'**하여야 한다.
  ㉠ 사람이 죽거나 다치는 등 '대통령령으로 정하는 중대한 사고'(이하 '중대한 사고'라 한다) 25회
  ㉡ 출입문이 열린 상태에서 승강기가 운행되는 경우 등 '대통령령으로 정하는 **중대한 고장**'
② 누구든지 중대한 사고가 발생한 경우에는 사고현장 또는 중대한 사고와 관련되는 물건을 이동시키거나 변경 또는 훼손하여서는 아니 된다. 다만, 인명구조 등 긴급한 사유가 있는 경우에는 그러하지 아니하다.
③ 한국승강기안전공단은 위 ①에 따라 통보받은 내용을 **행정안전부장관, 시·도지사 및 승강기사고조사위원회**에 보고하여야 한다.
④ **행정안전부장관**은 위 ③에 따라 보고받은 승강기 사고의 재발 방지 및 예방을 위하여 필요하다고 인정할 경우에는 '승강기 사고의 원인 및 경위 등'에 관한 **조사**를 할 수 있으며, **관리주체 등**에게 행정안전부령으로 정하는 바에 따라 **폐쇄회로 텔레비전(CCTV) 영상정보와 피해 사실을 알 수 있는 자료 등**을 '요청'할 수 있다. 〈개정 2025.1.31.〉

관련법령 사고 보고 및 조사(규칙 제69조)

1. 관리주체(자체점검을 대행하는 유지관리업자를 포함한다)는 중대한 사고 또는 중대한 고장이 발생한 경우에는 결함확인장치 등에 기록된 해당 사고 또는 고장에 관한 자료를 보존하고 지체 없이 다음의 사항을 공단에 알려야 한다.
   ㉠ 승강기가 설치된 건축물이나 고정된 시설물의 명칭 및 주소
   ㉡ 영 제60조 제1항에 따른 승강기 고유 번호
   ㉢ 사고 또는 고장 발생 일시
   ㉣ 사고 또는 고장 내용
   ㉤ 피해 정도(사람이 엘리베이터 또는 휠체어리프트 내에 갇힌 경우에는 갇힌 사람의 수와 구출한 자를 포함한다) 및 응급조치 내용
2. 공단은 위 1.에 따라 중대한 사고 또는 중대한 고장에 관한 사항을 통보받은 경우에는 위 **(3)**의 ③에 따라 지체 없이 별지 제37호 서식의 중대한 사고 또는 중대한 고장 보고서(전자문서를 포함한다)를 작성하여 **행정안전부장관, 관할 시·도지사 및 승강기사고조사위원회에 보고**해야 한다.
3. 공단은 위 2.에 따라 보고한 승강기에 대해 그 원인 및 경위 등에 관한 **조사를 해야 한다**.
4. 위 3.에 따른 조사업무를 수행하는 사람은 위 **(3)**의 ④에 따라 다음의 구분에 따른 자료를 **관리주체** 및 '중대한 사고 또는 중대한 고장으로 피해를 입은 사람'(이하 '사고피해자'라 한다)에게 요청할 수 있다. 〈신설 2025.1.24.〉
   ㉠ 관리주체에게 요청할 수 있는 자료: 중대한 사고 또는 중대한 고장 발생 전후 상황을 확인할 수 있는 **폐쇄회로 텔레비전(CCTV) 영상정보**
   ㉡ 사고피해자에게 요청할 수 있는 자료: 중대한 사고 또는 중대한 고장으로 인한 피해 사실을 알 수 있는 **의사의 진단서**(중대한 사고 발생일 또는 중대한 고장 발생일부터 7일 이내 실시된 의사의 **최초 진단 결과**가 기재된 것을 말한다)

5. 위 3.에 따른 조사업무를 수행하는 사람은 위 4.에 따라 자료를 요청하는 경우 그 권한을 표시하는 증표를 지니고 이를 관리주체 또는 사고피해자에게 보여주어야 한다. 〈신설 2025.1.24.〉

> **관련법령** 중대한 사고 및 중대한 고장(영 제37조)
>
> 1. 위 **(3)**의 ①의 ㉠에서 '사람이 죽거나 다치는 등 대통령령으로 정하는 중대한 사고'란 다음의 어느 하나에 해당하는 사고를 말한다.
>   ㉠ 사망자가 발생한 사고 25회
>   ㉡ 사고 발생일부터 7일 이내에 실시된 의사의 최초 진단 결과 1주 이상의 입원 치료가 필요한 부상자가 발생한 사고
>   ㉢ 사고 발생일부터 7일 이내에 실시된 의사의 최초 진단 결과 3주 이상의 치료가 필요한 부상자가 발생한 사고
> 2. 위 **(3)**의 ①의 ㉡에서 '출입문이 열린 상태에서 승강기가 운행되는 경우 등 대통령령으로 정하는 중대한 고장'이란 다음의 구분에 따른 고장을 말한다.
>   ㉠ 엘리베이터 및 휠체어리프트: 다음에 해당하는 고장
>   ⓐ 출입문이 열린 상태로 움직인 경우 24회
>   ⓑ 출입문이 이탈되거나 파손되어 운행되지 않는 경우
>   ⓒ 최상층 또는 최하층을 지나 계속 움직인 경우 24회
>   ⓓ 운행하려는 층으로 운행되지 않은 고장으로서 이용자가 운반구에 갇히게 된 경우(정전 또는 천재지변으로 인해 발생한 경우는 제외한다)
>   ⓔ 운행 중 정지된 고장으로서 이용자가 운반구에 갇히게 된 경우(정전 또는 천재지변으로 인해 발생한 경우는 제외한다) 24회
>   ⓕ 운반구 또는 균형추(均衡鎚)에 부착된 매다는 장치 또는 보상수단(각각 그 부속품을 포함한다) 등이 이탈되거나 추락된 경우
>   ㉡ 에스컬레이터: 다음에 해당하는 고장
>   ⓐ 손잡이 속도와 디딤판 속도의 차이가 행정안전부장관이 고시하는 기준을 초과하는 경우
>   ⓑ 하강 운행 과정에서 행정안전부장관이 고시하는 기준을 초과하는 과속이 발생한 경우
>   ⓒ 상승 운행 과정에서 디딤판이 하강 방향으로 역행하는 경우 24회
>   ⓓ 과속 또는 역행을 방지하는 장치가 정상적으로 작동하지 않은 경우
>   ⓔ 디딤판이 이탈되거나 파손되어 운행되지 않은 경우 24회

(4) 승강기사고조사위원회(법 제49조)

① 행정안전부장관은 위 **(3)**의 ④에 따른 승강기 사고 조사의 결과 중대한 사고 등 '대통령령으로 정하는 사고'의 원인 및 경위에 대한 추가적인 조사가 필요하다고 인정하는 경우에는 승강기사고조사위원회를 구성하여 그 승강기사고조사위원회로 하여금 사고 조사를 하게 할 수 있다.

② 행정안전부장관은 위 ①에 따른 승강기사고조사위원회의 사고 조사 결과 등을 토대로 '승강기 사고의 재발 방지를 위한 대책'을 마련하여 시·도지사, 한국승강기안전공단, 지정인증기관 또는 지정검사기관에 권고할 수 있다.

| 관련법령 | **중대한 사고 등의 추가 조사(영 제38조)** |

위 **(4)**의 ①에서 '중대한 사고 등 대통령령으로 정하는 사고'란 다음의 어느 하나에 해당하는 사고를 말한다.
1. **중대한 사고**[위 **(3)**의 ④에 따른 '승강기 사고 조사의 결과' 이용자의 고의 또는 과실로 인한 사고는 제외한다]
2. **중대한 고장**으로 인해 이용자가 다친 사고로서 고장 발생일부터 **7일 이내**에 실시된 의사의 최초 진단 결과 그 이용자에게 **1주 이상**의 **치료**가 필요한 피해가 발생한 사고[위 **(3)**의 ④에 따른 승강기 사고 조사의 결과 이용자의 **고의 또는 과실로 인한 사고는 제외**한다]

| 관련법령 | **승강기사고조사위원회의 구성 등(영 제39조)** |

1. '승강기사고조사위원회'는 위원장 1명을 포함한 **9명 이내**의 위원으로 구성한다.
2. 사고조사위원회의 '위원'은 다음의 어느 하나에 해당하는 사람 중에서 성별을 고려하여 '행정안전부장관'이 지명하거나 위촉하고, '위원장'은 위원 중에서 행정안전부장관이 지명한다.
   ㉠ 승강기 안전관리 업무를 담당하는 행정안전부의 4급 이상 공무원 또는 고위공무원단에 속하는 일반직공무원
   ㉡ 변호사 자격을 취득한 후 10년 이상의 실무 경험이 있는 사람
   ㉢ 대학에서 승강기 안전관리 등 승강기 분야 관련 과목을 담당하는 부교수 이상으로 5년 이상 재직하고 있거나 재직하였던 사람
   ㉣ 행정기관의 4급 이상 공무원 또는 고위공무원단에 속하는 일반직공무원으로 2년 이상 재직하였던 사람
   ㉤ 공단, 지정인증기관 또는 지정검사기관에서 10년 이상 근무한 사람으로서 최근 3년 이전에 퇴직한 사람
   ㉥ 승강기나 승강기부품 제조·설치 또는 유지관리 관련 업체에서 15년 이상 근무한 경력이 있는 사람으로서 최근 3년 이전에 퇴직한 사람
3. 사고조사위원회 위원(위 2.의 ㉠에 따른 위원은 제외한다)의 임기는 **3년**으로 하며, 한 번만 연임할 수 있다.

| 관련법령 | **사고조사위원회의 운영(영 제40조)** |

1. '사고조사위원회'의 '위원장'은 사고조사위원회의 회의를 소집하고 그 회의의 의장이 된다.
2. 사고조사위원회의 회의는 재적위원 **과반수의 출석**으로 개의하고, **출석위원 과반수**의 찬성으로 의결한다.
3. 사고조사위원회는 필요하다고 인정되면 관계인이나 관계 전문가를 사고조사위원회에 출석시켜 발언하게 하거나 서면으로 의견을 제출하게 할 수 있다.
4. 사고조사위원회에 출석한 위원, 관계인 및 관계 전문가에게는 예산의 범위에서 수당과 여비를 지급할 수 있다. 다만, 공무원인 위원이 그 소관 업무와 직접 관련되어 사고조사위원회에 출석하는 경우는 그렇지 않다.
5. '사고조사위원회'는 사고 조사에 관한 심의·의결을 마쳤을 때에는 그 결과를 지체 없이 행정안전부장관에게 보고해야 한다.

| 관련법령 | **사고조사위원회 위원의 제척·기피·회피 및 해촉 등(영 제41조)** |

1. 사고조사위원회 위원의 제척·기피·회피에 관하여는 영 제6조를 준용한다. 이 경우 '위원회'는 '사고조사위원회'로 본다.
2. 사고조사위원회 위원의 지명 철회 및 해촉에 관하여는 영 제7조를 준용한다. 이 경우 '위원회'는 '사고조사위원회'로 본다.

(5) 승강기의 운행정지명령 등(법 제50조)

① **행정안전부장관**은 승강기가 다음의 어느 하나에 해당하는 경우에는 그 사실을 **특별자치시장·특별자치도지사 또는 시장·군수·구청장**(구청장은 자치구의 구청장을 말한다. 이하 같다)에게 '통보'하여야 한다.
  ㉠ 설치검사를 받지 아니하거나 설치검사에 불합격한 경우
  ㉡ 안전검사를 받지 아니하거나 안전검사에 불합격한 경우

② **특별자치시장·특별자치도지사 또는 시장·군수·구청장**은 승강기가 다음의 어느 하나에 해당하는 경우에는 그 사유가 없어질 때까지 해당 승강기의 **운행정지**를 **명할 수 있다.**
  ㉠ 설치검사를 받지 아니한 경우
  ㉡ 자체점검을 하지 아니한 경우
  ㉢ 법 제31조 제2항을 위반하여 승강기의 운행을 중지하지 아니하는 경우
  ㉣ 안전검사를 받지 아니한 경우
  ㉤ 법 제32조 제3항에 따라 안전검사가 연기된 경우
  ㉥ 그 밖에 승강기로 인하여 중대한 위해가 발생하거나 발생할 우려가 있다고 인정하는 경우

③ **특별자치시장·특별자치도지사 또는 시장·군수·구청장**은 위 ②에 따라 승강기의 운행정지를 명할 때에는 **관리주체**에게 '행정안전부령으로 정하는 **운행정지 표지**'를 발급하여야 한다.

④ **관리주체**는 위 ③에 따라 발급받은 표지를 '행정안전부령으로 정하는 바'에 따라 이용자가 잘 볼 수 있는 곳에 즉시 붙이고 훼손되지 아니하게 관리하여야 한다.

> **관련법령** **승강기의 운행정지명령(영 제42조)**
>
> 특별자치시장·특별자치도지사 또는 시장·군수·구청장(구청장은 자치구의 구청장을 말한다)은 위 (5)의 ②에 따라 승강기의 운행정지를 명할 때에는 '운행정지 사유'와 '운행정지 기간'을 분명하게 적은 서면으로 해야 한다.

> **관련법령** **검사를 받지 않은 승강기 등에 대한 통보(규칙 제70조)**
>
> 공단 또는 지정검사기관(다음 3.에 따른 안전검사에 불합격한 승강기에 대해 직접 정기검사를 한 지정검사기관을 말한다)은 위 (5)의 ①의 ㉠·㉡에 따른 사실을 다음의 구분에 따른 날까지 관할 특별자치시장·특별자치도지사 또는 시장·군수·구청장(구청장은 자치구의 구청장을 말한다. 이하 같다)에게 알려야 한다.
> 1. 설치검사를 받지 않은 승강기: 법 제27조에 따른 승강기 설치신고 접수일의 다음 날
> 2. 안전검사를 받지 않은 승강기: 다음의 구분에 따른 날
>   ㉠ 정기검사: 규칙 제54조에 따른 정기검사의 검사주기 도래일의 다음 날
>   ㉡ 수시검사: 수시검사를 받아야 하는 사유가 발생한 날의 다음 날
>   ㉢ 법 제32조 제1항 제3호에 따른 정밀안전검사: '해당' 정밀안전검사를 받아야 하는 사유가 발생한 날의 다음 날
> 3. 설치검사 또는 안전검사에 불합격한 승강기: 해당 설치검사 또는 안전검사에 불합격한 날의 다음 날

| 관련법령 | 승강기의 운행정지 표지 등(규칙 제71조) |

1. 위 (5)의 ③에 따른 승강기의 운행정지 표지는 별지 제38호 서식에 따른다.
2. 관리주체는 위 (5)의 ③에 따라 발급받은 승강기의 운행정지 표지를 위 (5)의 ④에 따라 이용자가 잘 볼 수 있도록 다음의 구분에 따른 장소에 붙여야 한다.
   ㉠ 엘리베이터: 엘리베이터 출입문의 중앙
   ㉡ 에스컬레이터: 탑승하는 승강장 입구 바닥의 중앙
   ㉢ 휠체어리프트: 다음의 구분에 따른 장소
      ⓐ [별표 1] 제1호 다목 1)에 따른 수직형 휠체어리프트: 수직형 휠체어리프트 출입문의 중앙
      ⓑ [별표 1] 제1호 다목 2)에 따른 경사형 휠체어리프트: 제어반 개폐문의 중앙 및 운반구 바닥의 중앙

6. 기술자의 경력 신고 및 교육

(1) 기술자의 경력 신고 등(법 제51조)

① 다음의 어느 하나에 해당하는 업무에 종사하는 기술자로서 '**대통령령으로 정하는 기술자**'([별표 9]에 따른 기술자)는 '행정안전부령으로 정하는 바'에 따라 근무처·경력 및 자격 등(이하 '경력 등'이라 한다)에 관한 사항을 **행정안전부장관**에게 신고하여야 한다. 신고한 사항이 '**변경되었을 때**'에도 또한 같다.
   ㉠ 승강기나 승강기부품의 제조 또는 수입
   ㉡ 유지관리
   ㉢ 부품안전인증
   ㉣ 승강기안전인증
   ㉤ 설치검사
   ㉥ 자체점검
   ㉦ 안전검사
   ㉧ 그 밖에 승강기 안전관리에 관한 업무로서 대통령령으로 정하는 업무
② **행정안전부장관**은 위 ①에 따라 신고받은 기술자의 경력 등에 관한 사항을 관리하여야 하며, 기술자의 신청을 받은 경우에는 기술자의 경력 등에 관한 **증명서**를 '**발급**'하여야 한다.
③ **행정안전부장관**은 위 ①에 따라 신고받은 내용의 확인을 위하여 필요한 경우 중앙행정기관, 지방자치단체, 한국승강기안전공단과 해당 기술자가 소속된 지정인증기관·지정검사기관 및 승강기사업자 등에 대하여 필요한 자료의 제출을 요청할 수 있다. 이 경우 요청을 받은 자는 특별한 사유가 없으면 요청에 따라야 한다.
④ 기술자는 위 ①에 따른 신고 또는 변경신고를 할 때에 경력등을 거짓으로 신고하여서는 아니 된다.

> **관련법령** 경력 등의 신고 대상 업무(영 제44조)
>
> 위 (1)의 ①의 ⓒ에서 '대통령령으로 정하는 업무'란 다음의 업무를 말한다.
> 1. 승강기의 설계에 관한 자문
> 2. 승강기의 설치공사
> 3. 승강기의 설치공사에 관한 감리(監理)

(2) 기술자에 대한 교육 등(법 제52조)

① 행정안전부장관은 위 (1)의 ①의 ㉠·㉡ 및 ⓒ의 업무에 종사하는 기술자에 대하여 행정안전부장관이 실시하는 승강기의 제조·설치 및 유지관리 등에 관한 기술교육(이하 '기술교육'이라 한다)을 받게 할 수 있다.

② 위 (1)의 ①의 ㉢부터 ㉺까지의 업무에 종사하는 기술자(이하 '안전관리기술자'라 한다)를 **고용하고 있는 사용자**는 '그 안전관리기술자'로 하여금 행정안전부장관이 실시하는 승강기 안전관리에 관한 직무교육(이하 '직무교육'이라 한다)을 이수하도록 하여야 한다.

③ 기술교육 또는 직무교육을 받아야 할 기술자를 고용하고 있는 **사용자**는 그 기술교육이나 직무교육을 받는 데 필요한 **경비**를 **부담**하여야 하며, 이를 이유로 해당 기술자에게 불리한 처분을 하여서는 아니 된다.

> **관련법령** 기술교육과 직무교육의 내용 및 시간 등(규칙 제73조)
>
> 1. 위 (2)의 ①에 따른 기술교육(이하 '기술교육'이라 한다)과 위 (2)의 ②에 따른 직무교육(이하 '직무교육'이라 한다)의 내용 및 시간은 [별표 13]과 같다.
> 2. 기술교육과 직무교육의 주기는 각각 3년으로 한다.
> 3. 기술교육과 직무교육은 다음의 방법으로 한다.
>   ㉠ 집합교육
>   ㉡ 현장교육
>   ㉢ 원격교육
> 4. 기술교육과 직무교육의 평가는 다음의 방법으로 한다.
>   ㉠ 교육평가를 위한 시험과목, 시험 실시 요령, 판정기준, 시험문제 출제, 시험방법·관리, 시험지 보관, 시험장, 시험감독 및 채점 등은 자체 실정에 맞게 교육기관의 장이 정한다.
>   ㉡ 교육생은 총교육시간의 100분의 90 이상을 출석해야 하고, 성적은 100점을 만점으로 하여 60점 이상을 받아야만 수료할 수 있다.

(3) 교육기관의 지정 및 지정 취소 등(법 제53조)

① 행정안전부장관은 기술교육 또는 직무교육에 관련된 업무를 수행하는 법인·단체 또는 기관 중 '대통령령으로 정하는 지정기준을 갖춘 법인·단체 또는 기관'을 '행정안전부령으로 정하는 바'에 따라 기술교육 또는 직무교육 전담기관(이하 '교육기관'이라 한다)으로 지정하여 기술교육 또는 직무교육을 하게 할 수 있다.

② 행정안전부장관은 교육기관이 다음의 어느 하나에 해당하는 경우에는 **지정을 취소**하거나 **1년 이내**의 기간을 정하여 **업무정지를 명**할 수 있다. 다만, **다음 ㉠ 또는 ㉡**에 해당하는 경우에는 **지정을 취소하여야 한다**.
　㉠ 거짓이나 그 밖의 부정한 방법으로 교육기관으로 지정받은 경우
　㉡ 업무정지명령을 받은 후 그 업무정지기간에 기술교육 또는 직무교육을 한 경우
　㉢ 교육기관이 정당한 사유 없이 기술교육 또는 직무교육을 거부하거나 실시하지 아니한 경우
　㉣ 위 ①에 따른 지정기준을 충족하지 못하게 된 경우
　㉤ 그 밖에 대통령령으로 정하는 사유에 해당하는 경우
③ 위 ②에 따라 지정이 취소된 법인·단체 또는 기관은 지정이 취소된 날부터 **1년 이내**에는 교육기관의 지정신청을 할 수 없다.

> **관련법령　교육기관의 지정기준(영 제45조)**
>
> 위 **(3)**의 ①에 따른 기술교육 또는 직무교육 전담기관(이하 '교육기관'이라 한다)의 지정기준은 다음과 같다.
> 1. 다음의 어느 하나에 해당하는 법인·단체 또는 기관일 것
> 　㉠ 공단
> 　㉡ 「승강기산업 진흥법」 제15조에 따라 설립된 승강기사업자 협회(이하 '협회'라 한다)
> 　㉢ 기술교육 또는 직무교육 관련 업무를 수행하기 위해 행정안전부장관의 허가를 받아 설립된 비영리 법인
> 2. [별표 10]에 따른 인력·시설 및 장비를 갖출 것

> **관련법령　교육기관 지정 취소 등의 사유(영 제46조)**
>
> 위 **(3)**의 ②의 ㉤에서 '대통령령으로 정하는 사유에 해당하는 경우'란 정당한 사유 없이 1개월 이상의 휴업으로 위 **(2)**의 ①에 따른 기술교육 또는 위 **(2)**의 ②에 따른 직무교육을 할 수 없게 된 경우를 말한다.

(4) 안전관리기술자의 업무정지(법 제54조)

행정안전부장관은 안전관리기술자가 다음의 어느 하나에 해당하는 경우 **6개월 이내**의 기간을 정하여 **업무의 정지를 명**할 수 있다.
① 자체점검을 거짓으로 한 경우
② 자체점검 결과를 승강기안전종합정보망에 입력하지 아니하거나 거짓으로 입력한 경우
③ 법 제72조 제1항을 위반하여 인증 또는 검사 업무를 수행한 경우
④ 법 제72조 제2항을 위반하여 인증 또는 검사의 결과를 승강기안전종합정보망에 입력하지 아니하거나 거짓으로 입력한 경우

7. 한국승강기안전공단

(1) 한국승강기안전공단의 설립(법 제55조)

① 행정안전부장관의 업무를 위탁받거나 대행하여 승강기 안전관리에 관한 사업의 추진과 승강기 안전에 관한 기술의 연구·개발 및 보급 등을 위하여 한국승강기안전공단(이하 '공단'이라 한다)을 설립한다.

② 공단은 **법인**으로 하고, 주된 사무소의 소재지에서 설립등기를 함으로써 성립한다.

(2) 부설기관의 설치(법 제56조)

공단은 필요하면 이사회의 의결을 거쳐 지역본부나 지사·출장소 및 교육원 등 부설기관을 설치할 수 있다.

(3) 공단의 사업(법 제57조)

공단은 승강기 안전관리에 관한 다음의 사업을 수행한다.
① 승강기 안전에 관한 조사·연구 및 기술 개발
② 승강기 안전에 관한 교육·홍보
③ 부품안전인증 및 승강기안전인증 업무의 대행
④ 설치검사 및 안전검사 업무의 대행
⑤ 승강기 기술인력의 양성 및 관리
⑥ 승강기 안전에 관한 정보의 종합관리와 자료의 수집·발간 및 제공
⑦ 승강기 안전에 관한 국제 교류 및 협력
⑧ 승강기 안전에 관한 진단 또는 컨설팅 등의 수탁업무
⑨ 이 법 또는 다른 법령에 따라 대행하거나 위탁받은 업무
⑩ 그 밖에 공단의 설립목적을 달성하기 위하여 필요한 사업으로서 공단의 정관으로 정하는 사업

(4) 임원(법 제58조)

① 공단에는 임원으로 이사장 1명을 포함하여 **10명 이하의 이사**와 **감사 1명**을 각각 둔다.
② 이사장은 공단을 대표하고, 그 업무를 총괄한다.

(5) 자금의 조달 등(법 제59조)

공단의 운영 및 사업에 필요한 자금은 다음의 재원으로 조달한다.
① 정부의 보조금·출연금 또는 융자금
② 위 **(3)**의 사업 수행에 따른 수입금
③ 자산운영수익금
④ 그 밖의 부대사업 수입금

(6) 보조금 등(법 제60조)

정부는 예산의 범위에서 공단의 운영 및 사업수행에 필요한 비용을 보조하거나 재정자금을 융자할 수 있다.

> **관련법령 정부보조금 등(영 제47조)**
>
> 공단은 위 (6)에 따라 사업수행에 필요한 보조금 또는 재정자금의 융자를 받으려면 보조금 등 신청서에 사업계획서 및 예산집행계획서를 첨부하여 행정안전부장관에게 제출해야 한다.

(7) 공단에 대한 지도·감독(법 제61조)

① **행정안전부장관**은 공단의 업무 중 다음의 사항과 그와 관련되는 업무에 대하여 지도·감독한다.
  ㉠ 연간 사업계획 및 예산 편성
  ㉡ 조직 및 정원
  ㉢ '대통령령으로 정하는 중요재산의 취득 및 처분 등에 관한 사항'
  ㉣ 행정안전부장관이 위탁한 사업의 수행
  ㉤ 행정안전부장관이 대행하게 하거나 승인한 사업의 수행
  ㉥ 다음 ③에 따른 기술인력 및 시험·검사설비 등에 관한 사항
② **공단**은 매 사업연도의 **사업계획서** 및 **예산안**을 작성하여 **행정안전부장관**의 **승인**을 받아야 한다. 이를 **변경**할 때에도 또한 같다.
③ 공단은 위 (3)의 ③ 및 ④에 따른 업무를 수행하는 경우에는 '대통령령으로 정하는 기술인력 및 시험·검사설비 등 인력 및 설비 기준'(영 [별표 11])을 갖추어야 한다.
④ **행정안전부장관**은 위 (3)의 ③ 및 ④에 관련된 업무를 수행하는 공단의 직원이 그 업무를 수행하면서 고의 또는 중대한 과실로 이 법이나 이 법의 위임에 따른 명령을 위반한 경우에는 공단에 대하여 그 **직원**의 **해임**을 **요청**할 수 있다.
⑤ 공단은 위 ④에 따른 **해임 요청**을 받았을 때에는 지체 없이 해당 직원에 대하여 조치를 하고, 그 결과를 **행정안전부장관**에게 **보고**하여야 한다.

> **관련법령 중요재산의 처분 등(영 제48조)**
>
> 1. 위 (7)의 ①의 ㉢에서 '대통령령으로 정하는 중요재산'이란 예정가격이 **10억원 이상**인 재산을 말한다. 이 경우 예정가격은 「감정평가 및 감정평가사에 관한 법률」 제17조 제1항에 따라 등록한 감정평가사 2명 이상이 조사·산정한 가격을 산술평균한 것으로 한다.
> 2. 위 1.에 따른 중요재산을 양도·양수·대여·교환하거나 담보로 제공하려면 미리 행정안전부장관의 승인을 받아야 한다. 다만, 위 (7)의 ②에 따라 행정안전부장관의 승인을 받은 사업계획 및 예산에 포함된 사항인 경우에는 그렇지 않다.

> **관련법령** **사업계획서 등의 제출(영 제49조)**
>
> 1. 공단은 위 (7)의 ②에 따라 다음 해의 사업계획서 및 예산안을 매년 11월 30일까지 행정안전부장관에게 제출하고, 승인을 받아야 한다.
> 2. 위 1.의 사업계획서 및 예산안을 제출할 때에는 그 내용을 명백히 하기 위해 필요한 서류를 첨부해야 한다.
> 3. 공단은 위 1.에 따라 승인을 받은 사업계획서 및 예산을 변경하려면 그 변경 사유와 변경 내용을 적은 서류를 행정안전부장관에게 제출하고, 승인을 받아야 한다.

> **관련법령** **잉여금의 처리(영 제50조)**
>
> 공단은 매 사업연도의 결산 결과 잉여금이 있으면 이월손실금의 보전(補塡)에 충당하고, 나머지는 다음 해 공단의 사업을 위한 자금으로 사용해야 한다.

(8) 비밀 유지의 의무(법 제62조)

공단의 임원이나 직원 또는 임직원으로 재직하였던 사람은 직무상 알게 된 비밀을 누설하거나 도용하여서는 아니 된다.

(9) 유사명칭의 사용 금지(법 제63조)

이 법에 따른 공단이 아닌 자는 한국승강기안전공단 또는 이와 유사한 명칭을 사용할 수 없다.

[위반자: 3백만원 이하의 과태료]

(10) 「민법」의 준용(법 제64조)

공단에 관하여 이 법 및 「공공기관의 운영에 관한 법률」에서 규정한 사항을 제외하고는 「민법」 중 재단법인에 관한 규정을 준용한다.

8. 승강기 안전산업의 진흥

(1) 승강기 안전산업의 기반 조성(법 제65조)

① **정부**는 승강기 안전에 관한 기술의 개발 및 다음의 산업(이하 '승강기 안전산업'이라 한다)의 국제경쟁력 제고를 위한 시책을 마련하여 추진하여야 한다.
  ㉠ 제조업 또는 수입업
  ㉡ 승강기설치공사업
  ㉢ 유지관리업
  ㉣ 위 ㉠부터 ㉢까지와 관련된 업으로서 행정안전부령으로 정하는 업
② **정부**는 승강기 안전에 관한 기술을 개발하거나 승강기 안전산업의 국제경쟁력 제고에 관한 업무에 종사하는 자에 대하여 그 기술 개발 또는 사업 수행에 드는 자금의 전부나 일부를 보조할 수 있다.

(2) 안전관리우수기업의 선정 등(법 제66조)

행정안전부장관은 승강기 안전관리 업무의 질적 향상을 위하여 **안전관리우수기업**을 선정하고, 그 기업에 대하여 필요한 지원을 할 수 있다.

> **관련법령** 안전관리우수기업의 선정 방법 및 절차 등(규칙 제78조)
>
> 1. 안전관리우수기업으로 선정을 받으려는 자는 별지 제45호 서식의 안전관리우수기업 선정신청서(전자문서를 포함한다)에 다음의 서류(전자문서를 포함한다)를 첨부하여 행정안전부장관에게 제출해야 한다.
>   ㉠ 안전관리계획서 및 결과보고서
>   ㉡ 최근 3년간의 재무제표
>   ㉢ 최근 3년간의 「부가가치세법」 제32조에 따른 세금계산서
> 2. 행정안전부장관은 위 1.에 따른 선정신청서를 받은 경우에는 현장심사 등이 포함된 심사계획을 수립하여 신청인에게 알려야 한다.
> 3. 행정안전부장관은 위 1.에 따른 선정신청서를 받은 경우에는 다음의 사항을 고려하여 행정안전부장관이 고시하는 심사기준에 따라 심사해야 한다.
>   ㉠ 심사항목
>   ㉡ 심사항목별 배점
>   ㉢ 심사항목별 심사방법
> 4. 행정안전부장관은 위 1.에 따라 선정신청서를 제출한 자가 위 3.에 따른 심사 결과 100점 만점의 **85점 이상**을 받은 경우에는 안전관리우수기업으로 선정할 수 있다.
> 5. 행정안전부장관은 위 4.에 따라 안전관리우수기업을 선정한 경우에는 별지 제46호 서식의 안전관리우수기업 선정서를 발급해야 한다.

(3) 제조·수입업자와 유지관리업자 간의 협력 등(법 제67조)

① **행정안전부장관**은 승강기 안전산업의 균형 있는 발전과 유지관리 업무의 효율적 수행을 위하여 다음의 협력 관계를 유지·발전시키도록 하도급 또는 공동도급 등에 관한 지도를 할 수 있다.
　㉠ 제조·수입업자와 유지관리업자 간의 협력 관계
　㉡ 대기업인 유지관리업자와 중소기업인 유지관리업자 간의 협력 관계
② **행정안전부장관**은 안정적인 승강기 유지관리를 위하여 승강기의 제조·수입업자에 대하여 '**관련 유지관리업자**'를 '**협력업자**'로 등재받도록 지도할 수 있다.
③ 위 ②에 따라 협력업자로 등재받거나 등재된 제조·수입업자 및 유지관리업자는 다음의 사항에 관하여 서로 협력하여야 한다.
　㉠ 유지관리에 관한 기술 및 정보의 교환
　㉡ 유지관리 업무 수행에 필요한 인력 또는 기술 개발에 대한 지원
　㉢ 그 밖에 협력 관계 유지를 위하여 행정안전부장관이 필요하다고 인정하는 사항

> **관련법령** 하도급 또는 공동도급 등에 관한 지도 등(영 제52조)

1. 행정안전부장관은 위 (3)의 ①에 따라 제조·수입업자와 유지관리업자 간 또는 대기업인 유지관리업자와 중소기업인 유지관리업자 간의 협력 관계를 유지하도록 하기 위해 필요하다고 인정하는 경우에는 하도급 또는 공동도급 등에 관하여 다음 사항을 정하여 고시하고, 그에 따른 지도를 할 수 있다.
   ㉠ 공동도급의 유형과 그 운영에 관한 기준
   ㉡ 인력 지원 등 상호 협력에 관한 권장사항
   ㉢ 상호 협력에 대한 평가기준
2. 행정안전부장관은 위 1.에 따른 협력 관계를 평가하여 실적이 우수한 제조·수입업자 또는 유지관리업자를 승강기 설치 또는 유지관리와 관련한 도급계약 발주 시 우대하도록 관계기관에 협조를 요청할 수 있다.

> **관련법령** 협력업자의 등재(영 제53조)

1. 행정안전부장관은 위 (3)의 ②에 따라 승강기의 제조·수입업자로 하여금 관련 유지관리업자를 협력업자로 등재하도록 하기 위해 필요하다고 인정하는 경우에는 협력업자의 등재 방법 및 절차 등을 정하여 고시하고, 그에 따른 지도를 할 수 있다.
2. 승강기의 제조·수입업자는 위 (3)의 ②에 따라 협력업자로 등재하려는 유지관리업자에게 유지관리 업무실적 및 재무구조 등의 자료를 요청할 수 있다.
3. 위 (3)의 ②에 따라 등재하는 경우 그 등재의 유효기간은 3년으로 하되, 당사자 간의 협의에 의하여 계속 연장할 수 있다.

> **관련법령** 협력 관계에서의 준수사항(영 제54조)

1. 위 (3)의 ②에 따라 협력업자를 등재한 승강기의 제조·수입업자와 그 협력업자는 합의에 의하여 상호 준수사항을 정해야 하며, 각각 대등한 입장에서 신의에 따라 준수사항을 성실하게 이행해야 한다.
2. 위 (3)의 ②에 따라 협력업자를 등재한 승강기의 제조·수입업자는 그 협력업자와 합의하여 유지관리 업무 수행을 위한 인력이나 기술 등을 지원할 수 있다. 이 경우 승강기의 제조·수입업자는 지원을 이유로 협력업자의 경영이나 업무에 간섭해서는 안 된다.

> **관련법령** 협력업자 등재의 해지(영 제55조)

위 (3)의 ②에 따라 협력업자를 등재한 승강기의 제조·수입업자와 그 협력업자는 상대방이 영 제54조에 따른 준수사항을 이행하지 않은 경우에는 등재를 해지할 수 있다.

9. 보칙

(1) 부품안전인증 등을 하는 자의 의무(법 제72조)

① 다음의 구분에 따른 인증 또는 검사를 하는 자는 해당 기준 또는 방법에 따라 성실히 그 업무를 수행하여야 한다.
  ㉠ 부품안전인증: 승강기안전부품 안전기준
  ㉡ 승강기안전인증: 승강기 안전기준

ⓒ 설치검사: 법 제28조 제3항에 따른 설치검사의 기준 및 방법
ⓔ 안전검사: 법 제32조 제4항에 따른 안전검사의 기준 및 방법
② 위 ①의 인증 또는 검사를 하는 자는 그 인증 또는 검사의 결과를 승강기안전종합정보망에 입력하여야 한다.

> **관련법령** 인증 또는 검사 결과의 입력(영 제59조)
>
> 다음의 어느 하나에 해당하는 인증 또는 검사를 한 자는 위 **(1)**의 ②에 따라 그 결과를 인증 또는 검사 후 5일 이내에 승강기안전종합정보망에 입력해야 한다.
> 1. 부품안전인증
> 2. 승강기안전인증
> 3. 설치검사
> 4. 안전검사

(2) 승강기안전종합정보망의 구축·운영(법 제73조)

① **행정안전부장관**은 승강기의 안전과 관련된 다음의 정보를 종합적으로 관리하기 위하여 **승강기안전종합정보망**(이하 '승강기안전종합정보망'이라 한다)을 구축·운영할 수 있으며, 그 정보를 제조·수입업자, 지정인증기관, 지정검사기관, 유지관리업자, 교육기관, 공단 또는 관계 행정기관 등에 제공하거나 필요 시 정보의 일부를 일반에 공개할 수 있다.
  ㉠ 제조업 또는 수입업의 등록 현황
  ㉡ 부품안전인증의 이력 정보
  ㉢ 법 제13조 제1항에 따른 승강기안전부품 정기심사의 이력 정보
  ㉣ 승강기안전인증의 이력 정보
  ㉤ 법 제19조 제1항에 따른 승강기 정기심사의 이력 정보
  ㉥ 설치검사의 이력 정보
  ㉦ 법 제29조에 따른 승강기 안전관리자 현황
  ㉧ 자체점검의 이력 정보
  ㉨ 안전검사의 이력 정보
  ㉩ 유지관리업의 등록 현황
  ㉪ 법 제48조 제1항에 따른 중대한 사고 또는 중대한 고장의 현황
  ㉫ 기술교육의 대상자 및 수료 현황
  ㉬ 직무교육의 대상자 및 수료 현황
  ㉭ 그 밖에 승강기의 안전과 관련되는 사항으로서 행정안전부령으로 정하는 정보
② **행정안전부장관**은 제조·수입업자, 지정인증기관, 지정검사기관, 관리주체, 유지관리업자, 교육기관, 공단 및 관계 행정기관에 대하여 승강기안전종합정보망의 구축·운영에 필요한 자료의 제출을 요청할 수 있다. 이 경우 요청을 받은 자는 특별한 사유가 없으면 요청에 따라야 한다.

> **관련법령** **승강기번호 표지의 발급·부착(영 제60조)**
>
> 1. 행정안전부장관은 의 (2)의 ①에 따라 승강기안전종합정보망을 구축·운영하기 위해 설치검사를 받은 승강기마다 고유한 번호(이하 '승강기번호'라 한다)를 부여하고, 그 승강기번호가 새겨진 표지를 해당 승강기의 제조·수입업자에게 발급해야 한다.
> 2. 위 1.에 따른 승강기번호가 새겨진 표지를 발급받은 자는 그 표지를 해당 승강기에 즉시 부착해야 한다.
> 3. 관리주체는 위 2.에 따른 승강기번호가 새겨진 표지가 훼손된 경우에는 새로운 표지를 발급받아 해당 승강기에 즉시 부착해야 한다.

(3) 실태조사(법 제74조)

① **행정안전부장관**은 다음의 어느 하나에 해당하는 승강기에 대하여 **운행 상황 파악** 등을 위한 **실태조사를 매년** 실시하여야 한다.
  ㉠ 설치검사를 받지 아니하거나 설치검사에 불합격한 승강기
  ㉡ 안전검사를 받지 아니하거나 안전검사에 불합격한 승강기
  ㉢ 그 밖에 승강기 안전관리를 위하여 행정안전부장관이 실태조사가 필요하다고 인정하는 승강기

② **시·도지사**는 다음의 어느 하나에 해당하는 자에 대하여 **등록기준 유지에 관한 사항** 등 '행정안전부령으로 정하는 사항'의 파악을 위한 **실태조사를 매년** 실시하여야 한다.
  ㉠ 제조·수입업자
  ㉡ 유지관리업자

> **관련법령** **실태조사(규칙 제80조)**
>
> 1. 행정안전부장관은 위 (3)의 ①의 ㉠~㉢의 어느 하나에 해당하는 승강기에 대해 운행 상황 파악 등을 위한 실태조사를 하는 경우에는 조사 대상 승강기의 범위 또는 지역을 나누어 조사할 수 있다.
> 2. 위 (3)의 ②에서 '등록기준 유지에 관한 사항 등 행정안전부령으로 정하는 사항'이란 다음의 사항을 말한다.
>   ㉠ 법 제6조 제2항 및 영 제10조에 따른 제조업 또는 수입업의 등록기준 유지 여부
>   ㉡ 법 제31조 제4항에 따른 자체점검의 대행 실태
>   ㉢ 법 제39조 제2항 및 영 제33조에 따른 유지관리업의 등록기준 유지 여부
>   ㉣ 그 밖에 시·도지사가 실태조사가 필요하다고 인정하는 사항
> 3. 시·도지사는 위 (3)의 ②에 따라 위 2.의 ㉠~㉢의 어느 하나에 해당하는 사항의 파악을 위한 실태조사를 하는 경우에는 조사 대상 제조·수입업자나 유지관리업자의 범위 또는 지역을 나누어 조사할 수 있다.
> 4. 행정안전부장관 또는 시·도지사는 위 (3)의 ① 또는 ②에 따른 실태조사를 하는 경우에는 조사 시작 **7일 전까지** 조사 일시, 이유 및 내용 등 조사계획을 미리 조사대상자에게 알려야 한다. 다만, 사전에 알리면 증거인멸 등으로 조사 목적을 달성할 수 없다고 인정되는 경우에는 미리 알리지 않을 수 있다.
> 5. **행정안전부장관** 또는 **시·도지사**는 효율적인 실태조사를 위해 **공단과 합동**으로 실태조사를 할 수 있다.

(4) 보고 및 검사(법 제75조)

① **행정안전부장관**은 이 법의 시행을 위하여 필요하다고 인정하는 경우에는 지정인증기관, 지정검사기관 및 교육기관으로 하여금 그 인력·장비 또는 실적에 관한 자료를 제출하게 하거나 보고하게 할 수 있다.

② **시·도지사**는 이 법의 시행을 위하여 필요하다고 인정하는 경우에는 다음의 구분에 따른 자로 하여금 해당 사항에 관한 자료를 제출하게 하거나 보고하게 할 수 있다.
  ㉠ 제조·수입업자: 생산량, 수입량, 기술인력, 설비 및 유지관리용 부품 확보 현황 등에 관한 사항
  ㉡ 관리주체: 자체점검, 승강기 안전관리자 및 사고의 현황 등에 관한 사항
  ㉢ 유지관리업자: 기술인력, 유지관리설비, 유지관리 대수 및 도급계약을 체결한 승강기 현황 등에 관한 사항

③ **행정안전부장관** 또는 **시·도지사**는 위 ①과 ②에 따른 자료 제출 또는 보고로 조사의 목적을 달성하기 어려운 경우에는 관계 공무원으로 하여금 해당 사업소·영업소 등에 출입하여 장부·서류와 그 밖의 물건을 검사하게 할 수 있다.

> **관련법령 자료 제출의 방법(영 제61조)**
> 다음의 어느 하나에 해당하는 자료의 제출을 요청받은 자는 해당 자료(전자문서를 포함한다)를 방문 또는 우편으로 제출하거나 팩스, 전자우편, 그 밖의 전자통신의 방법으로 제출할 수 있다.
> 1. 위 **(2)**의 ②에 따른 승강기안전종합정보망의 구축·운영에 필요한 자료
> 2. 위 **(4)**의 ①에 따른 지정인증기관, 지정검사기관 및 교육기관의 인력·장비 또는 실적에 관한 자료
> 3. 위 **(4)**의 ②의 ㉠~㉢의 사항에 관한 자료

(5) 수수료(법 제76조)

① 다음의 어느 하나에 해당하는 자는 '행정안전부령으로 정하는 바'에 따라 수수료를 내야 한다.
  ㉠ 부품안전인증을 받으려는 자
  ㉡ 법 제12조 제1호 또는 제5호에 따라 부품안전인증의 전부 또는 일부에 대한 면제 확인을 받으려는 자
  ㉢ 법 제13조 제1항에 따른 승강기안전부품의 정기심사를 받으려는 자
  ㉣ 승강기안전인증을 받으려는 자
  ㉤ 법 제18조 제1호·제5호 또는 제6호의2에 따라 승강기안전인증의 전부 또는 일부에 대한 면제 확인을 받으려는 자
  ㉥ 법 제19조 제1항에 따른 승강기의 정기심사를 받으려는 자
  ㉦ 설치검사를 받으려는 자
  ㉧ 승강기관리교육을 받으려는 자
  ㉨ 안전검사를 받으려는 자

ㅊ 법 제51조 제2항에 따라 경력 등에 관한 증명서 발급을 신청하려는 자
ㅋ 기술교육을 받으려는 자
ㅌ 직무교육을 받으려는 자

② 다음의 어느 하나에 해당하는 자는 '대통령령으로 정하는 범위'에서 해당 시·도의 조례로 정하는 바에 따라 수수료를 내야 한다.
ㄱ 제조업 또는 수입업 등록을 하려는 자
ㄴ 법 제12조 제2호에 따라 부품안전인증의 전부 또는 일부에 대한 면제 확인을 받으려는 자
ㄷ 법 제18조 제2호에 따라 승강기안전인증의 전부 또는 일부에 대한 면제 확인을 받으려는 자
ㄹ 법 제39조 제1항에 따라 유지관리업 등록을 하려는 자

> **관련법령** **시·도의 조례로 정하는 수수료의 범위(영 제62조)**
> 위 (5)의 ②에 따라 시·도의 조례로 정하는 수수료의 범위는 [별표 12]에 따른 금액 이하로 한다.

(6) 청문(법 제77조)

① **행정안전부장관**은 다음의 어느 하나에 해당하는 처분을 하려면 **청문**을 하여야 한다.
ㄱ 법 제23조 제2항에 따른 지정인증기관의 지정 취소
ㄴ 법 제37조 제2항에 따른 지정검사기관의 지정 취소
ㄷ 법 제53조 제2항에 따른 교육기관의 지정 취소

② 시·도지사는 다음의 어느 하나에 해당하는 처분을 하려면 청문을 하여야 한다. 다만, 법 제9조(제조업 또는 수입업 등록의 취소 등) 제1항 제7호 또는 법 제44조(유지관리업 등록의 취소 등) 제1항 제9호에 해당하여 제조·수입업 또는 유지관리업의 등록을 취소하려는 경우에는 청문을 하지 아니할 수 있다. 〈개정 2025.1.31.〉
ㄱ 법 제9조에 따른 제조업 또는 수입업의 등록 취소
ㄴ 법 제44조에 따른 유지관리업의 등록 취소

(7) 권한 등의 위임 및 위탁(법 제78조)

① 이 법에 따른 **행정안전부장관**의 권한은 그 일부를 '대통령령으로 정하는 바'에 따라 **시·도지사**에게 위임할 수 있다.

② 이 법에 따른 **행정안전부장관** 또는 **시·도지사**의 업무 중 다음의 업무를 '대통령령으로 정하는 바'에 따라 **공단**에 위탁할 수 있다.
ㄱ 법 제12조에 따른 부품안전인증의 면제 확인
ㄴ 법 제18조에 따른 승강기안전인증의 면제 확인
ㄷ 법 제19조 제1항에 따른 승강기의 정기심사
ㄹ 법 제22조 제3항에 따른 지정인증기관에 대한 지도·지원

ⓜ 법 제27조에 따른 승강기 설치신고의 접수
　　　ⓗ 법 제29조에 따른 승강기 안전관리자의 선임 및 변경 등의 통보의 접수
　　　ⓢ 법 제36조 제2항에 따른 지정검사기관에 대한 지도·지원
　　　ⓞ 법 제48조 제4항에 따른 승강기 사고의 조사
　　　ⓙ 법 제50조 제1항에 따른 통보
　　　ⓒ 승강기안전종합정보망의 구축·운영 및 정보 제공
　　　ⓚ 법 제75조 제1항에 따라 제출 또는 보고된 자료의 확인
　③ 이 법에 따른 행정안전부장관의 업무 중 다음의 업무를 '대통령령으로 정하는 바'에 따라 공단, 지정인증기관, 지정검사기관 또는 「승강기산업 진흥법」 제15조에 따른 **협회**에 위탁할 수 있다.
　　　㉠ 법 제13조 제1항에 따른 승강기안전부품의 정기심사
　　　㉡ 법 제34조에 따른 검사합격증명서 및 운행금지 표지의 발급
　　　㉢ 법 제50조 제1항에 따른 안전검사에 불합격한 승강기의 통보
　　　㉣ 법 제51조 제1항에 따른 기술자의 경력 등에 관한 사항 신고의 접수
　　　㉤ 법 제51조 제2항에 따른 기술자의 경력 등에 관한 사항 관리 및 증명서 발급
　　　㉥ 법 제67조에 따른 승강기사업자 간의 협력에 관한 지도
　④ **행정안전부장관**은 위 ①부터 ③까지의 규정에 따라 위임하거나 위탁한 업무의 효율적 수행을 위하여 필요하다고 인정하면 업무처리지침을 정하여 통보하거나 업무처리를 지도·감독할 수 있다.
　⑤ **공단**은 위 ②와 ③에 따른 위탁 업무를 수행하면서 이 법이나 이 법의 위임에 따른 명령을 위반한 사실이 있는 것을 발견하게 된 경우에는 **행정안전부장관** 또는 **시·도지사**에게 그 위반 사실을 알려야 한다.

관련법령　권한의 위임(영 제63조)

행정안전부장관은 위 **(7)**의 ①에 따라 다음에 관한 권한을 시·도지사에게 위임한다.
1. 법 제16조 제1항에 따른 부품안전인증의 취소, 부품안전인증표시등의 사용금지명령 또는 개선명령 및 같은 조 제2항에 따른 공고
2. 법 제21조 제1항에 따른 승강기안전인증의 취소, 승강기안전인증표시등의 사용금지명령 또는 개선명령 및 같은 조 제2항에 따른 공고
3. 법 제54조 제1항에 따른 안전관리기술자에 대한 업무정지명령(같은 항 제1호 및 제2호에 해당하는 경우만 해당한다)

| 관련법령 | 업무의 위탁(영 제64조) |

1. 행정안전부장관은 위 **(7)**의 ② 및 ③에 따라 다음의 업무를 공단에 위탁한다. 다만, ⓒ·ⓐ 및 ⓒ의 업무에서 다음 3.에 따라 지정인증기관에 위탁한 업무 및 다음 4.에 따라 지정검사기관에 위탁한 업무는 제외한다.
   ㉠ 법 제12조(같은 조 제2호는 제외한다)에 따른 부품안전인증의 면제 확인
   ㉡ 법 제13조 제1항에 따른 승강기안전부품의 정기심사
   ㉢ 법 제18조(같은 조 제2호는 제외한다)에 따른 승강기안전인증의 면제 확인
   ㉣ 법 제19조 제1항에 따른 승강기의 정기심사
   ㉤ 법 제22조 제3항에 따른 지정인증기관에 대한 지도·지원
   ㉥ 법 제29조에 따른 승강기 안전관리자의 선임 및 변경 등의 통보의 접수
   ㉦ 법 제34조에 따른 검사합격증명서 및 운행금지 표지의 발급
   ㉧ 법 제36조 제2항에 따른 지정검사기관에 대한 지도·지원
   ㉨ 법 제48조 제4항에 따른 승강기 사고의 조사
   ㉩ 법 제50조 제1항에 따른 통보
   ㉪ 승강기안전종합정보망의 구축·운영 및 정보 제공
   ㉫ 법 제75조 제1항에 따라 제출하거나 보고된 자료의 확인
2. 시·도지사는 위 **(7)**의 ②에 따라 다음의 업무를 공단에 위탁한다.
   ㉠ 법 제12조 제2호에 따른 부품안전인증의 면제 확인
   ㉡ 법 제18조 제2호에 따른 승강기안전인증의 면제 확인
   ㉢ 법 제27조에 따른 승강기 설치신고의 접수
3. 행정안전부장관은 위 **(7)**의 ③에 따라 법 제13조 제1항에 따른 승강기안전부품의 정기심사를 법 제22조 제1항 각 호 외의 부분 단서에 따라 부품안전인증 업무의 일부를 대행하게 한 해당 지정인증기관에 위탁할 수 있다.
4. 행정안전부장관은 위 **(7)**의 ③에 따라 다음의 업무를 법 제36조 제1항 각 호 외의 부분 단서에 따라 정기검사 업무의 일부를 대행하게 한 해당 지정검사기관에 위탁할 수 있다.
   ㉠ 법 제34조에 따른 검사합격증명서 또는 운행금지 표지의 발급
   ㉡ 법 제50조 제1항에 따른 안전검사에 불합격한 승강기의 통보
5. 행정안전부장관은 위 **(7)**의 ③에 따라 다음 업무를 공단 또는 협회에 위탁할 수 있다.
   ㉠ 법 제51조 제1항에 따른 기술자의 경력 등에 관한 사항 신고의 접수
   ㉡ 법 제51조 제2항에 따른 기술자의 경력 등에 관한 사항 관리 및 증명서 발급
   ㉢ 법 제67조에 따른 승강기사업자 간의 협력에 관한 지도
6. 행정안전부장관은 위 3.부터 5.까지의 규정에 따라 업무를 위탁한 경우에는 수탁자 및 위탁업무의 내용을 고시해야 한다.

(8) 벌칙 적용에서 공무원 의제(법 제79조)

다음의 어느 하나에 해당하는 사람은 「형법」 제129조부터 제132조까지의 규정(뇌물죄 관련)을 적용할 때에는 공무원으로 본다.
① 지정인증기관의 임직원
② 지정검사기관의 임직원
③ 승강기사고조사위원회의 위원 중 공무원이 아닌 위원

PART 14

집합건물의 소유 및 관리에 관한 법률

CHAPTER 01 건물의 구분소유
CHAPTER 02 구분건물의 건축물대장 및 벌칙 등

최근 5개년
평균 출제문항 수 **1개**

최근 5개년
평균 출제비중 **2.5%**

PART 14 합격전략

제28회 시험까지 계속 1문제(2.5%)씩 출제되었으며, 제29회 시험의 경우에도 공동주택의 관리와 관련성이 많음에도 불구하고 여전히 1문제 정도가 출제될 것으로 예상됩니다.

전유부분 및 공용부분, 대지사용권, 지분, 수선계획 및 수선적립금, 관리단, 관리인 및 임시관리인, 관리인의 보고의무, 회계감사, 관리위원회, 집합건물의 관리에 관한 감독, 규약 및 집회, 의무위반자에 대한 조치, 재건축, 집합건물분쟁조정위원회 및 구분건물의 건축물대장 등을 철저히 정리하시기 바랍니다.

CHAPTER 01 건물의 구분소유

회독체크 1 2 3

CHAPTER 미리보기

학습전략

「집합건물의 소유 및 관리에 관한 법률」 중 중요 부분으로서 꾸준히 1문제가 출제되고 있습니다. 특히 기관 및 규약 등의 부분은 꼼꼼히 숙지하시기 바랍니다.

학습키워드

- 전유부분 및 공용부분
- 관리단 및 관리인
- 관리인 선임 신고
- 임시관리인의 선임
- 관리인의 의무
- 회계감사

- 관리위원회
- 규약 및 집회
- 의무위반자에 대한 조치
- 재건축
- 집합건물분쟁조정위원회

제1절 구분소유 및 공용부분 등

1. 구분소유

(1) 건물의 구분소유(법 제1조)

1동의 건물 중 구조상 구분된 여러 개의 부분이 독립한 건물로서 사용될 수 있을 때에는 그 각 부분은 이 법에서 정하는 바에 따라 각각 소유권의 목적으로 할 수 있다.

(2) 상가건물의 구분소유(법 제1조의2)

① 1동의 건물이 다음에 해당하는 방식으로 여러 개의 건물부분으로 이용상 구분된 경우에 그 건물부분(이하 '구분점포'라 한다)은 이 법에서 정하는 바에 따라 각각 소유권의 목적으로 할 수 있다.
  ㉠ 구분점포의 용도가 「건축법」 제2조 제2항 제7호의 판매시설 및 같은 항 제8호의 운수시설일 것
  ㉡ 경계를 명확하게 알아볼 수 있는 표지를 바닥에 견고하게 설치할 것
  ㉢ 구분점포별로 부여된 '건물번호표지'를 견고하게 붙일 것
② 경계표지 및 건물번호표지에 관하여 필요한 사항은 대통령령으로 정한다.

(3) 경계표지(영 제2조)

① 위 **(2)**의 ①의 ㉡에 따른 경계표지는 바닥에 너비 3센티미터 이상의 동판, 스테인리스강판, 석재 또는 그 밖에 쉽게 부식·손상 또는 마모되지 아니하는 재료로서 구분점포의 바닥재료와는 다른 재료로 설치하여야 한다.
② 경계표지 재료의 색은 건물바닥의 색과 명확히 구분되어야 한다.

(4) 건물번호표지(영 제3조)

① 위 **(2)**의 ①의 ㉢에 따른 건물번호표지는 구분점포 내 바닥의 잘 보이는 곳에 설치해야 한다.
② 건물번호표지 글자의 가로규격은 5센티미터 이상, 세로규격은 10센티미터 이상이 되어야 한다.
③ 구분점포의 위치가 표시된 현황도를 건물 각층 입구의 잘 보이는 곳에 견고하게 설치하여야 한다.
④ 건물번호표지의 재료와 색에 관하여는 위 **(3)**을 준용한다.

(5) 정의(법 제2조)

① **구분소유권**: 위 **(1)** 또는 **(2)**에 규정된 건물부분[공용부분(共用部分)으로 된 것은 제외한다]을 목적으로 하는 소유권을 말한다.
② **구분소유자**: 구분소유권을 가지는 자를 말한다.

③ **전유부분**: 구분소유권의 목적인 건물부분을 말한다.
④ **공용부분**: 전유부분 외의 건물부분, 전유부분에 속하지 아니하는 건물의 부속물 및 다음 **(7)**의 ② 및 ③에 따라 공용부분으로 된 부속의 건물을 말한다.
⑤ 건물의 대지: 전유부분이 속하는 1동의 건물이 있는 토지 및 다음 **(8)**에 따라 건물의 대지로 된 토지를 말한다.
⑥ **대지사용권**: 구분소유자가 전유부분을 소유하기 위하여 건물의 대지에 대하여 가지는 권리를 말한다.

> **판례** 대지권 지분 이전등기 등
>
> 구분건물이 물리적으로 완성되기 이전에도 건축허가신청이나 분양계약 등을 통하여 장래 신축되는 건물을 구분건물로 하겠다는 구분의사가 객관적으로 표시되면 구분행위의 존재를 인정할 수 있고, 이후 1동의 건물 및 그 구분행위에 상응하는 구분건물이 객관적·물리적으로 완성되면 아직 그 건물이 집합건축물대장에 등록되거나 구분건물로서 등기부에 등기되지 않았더라도 그 시점에서 구분소유가 성립한다(대판 전합체 2013.1.17, 2010다71578).

(6) 다른 법률과의 관계(법 제2조의2)

집합주택의 관리방법과 기준, 하자담보책임에 관한 「주택법」 및 「공동주택관리법」의 특별한 규정은 이 법에 저촉되어 구분소유자의 기본적인 권리를 해치지 아니하는 범위에서 효력이 있다.

(7) 공용부분(법 제3조)

① 여러 개의 전유부분으로 통하는 복도, 계단, 그 밖에 구조상 구분소유자 전원 또는 일부의 공용(共用)에 제공되는 건물부분은 구분소유권의 목적으로 할 수 없다.
② 위 **(1)** 또는 **(2)**에 규정된 건물부분과 부속의 건물은 규약으로써 공용부분으로 정할 수 있다.
_{27회}
③ 위 **(1)** 또는 **(2)**에 규정된 건물부분의 전부 또는 부속건물을 소유하는 자는 공정증서(公正證書)로써 위 ②의 규약에 상응하는 것을 정할 수 있다.
④ 위 ②와 ③의 경우에는 '공용부분이라는 취지'를 등기하여야 한다.

(8) 규약에 따른 건물의 대지(법 제4조)

① 통로, 주차장, 정원, 부속건물의 대지, 그 밖에 전유부분이 속하는 1동의 건물 및 그 건물이 있는 토지와 하나로 관리되거나 사용되는 토지는 규약으로써 건물의 대지로 할 수 있다.
② 위 ①의 경우에는 위 **(7)**의 ③을 준용한다.
③ 건물이 있는 토지가 건물이 일부 멸실함에 따라 건물이 있는 토지가 아닌 토지로 된 경우에는 그 토지는 규약으로써 건물의 대지로 정한 것으로 본다. 건물이 있는 토지의 일부가 분할로 인하여 건물이 있는 토지가 아닌 토지로 된 경우에도 같다.

(9) 구분소유자의 권리·의무 등(법 제5조)

① 구분소유자는 건물의 보존에 해로운 행위나 그 밖에 건물의 관리 및 사용에 관하여 구분소유자 공동의 이익에 어긋나는 행위를 하여서는 아니 된다.
② 전유부분이 주거의 용도로 분양된 것인 경우에는 구분소유자는 정당한 사유 없이 그 부분을 주거 외의 용도로 사용하거나 그 내부 벽을 철거하거나 파손하여 증축·개축하는 행위를 하여서는 아니 된다.
③ 구분소유자는 그 전유부분이나 공용부분을 보존하거나 개량하기 위하여 필요한 범위에서 다른 구분소유자의 전유부분 또는 자기의 공유(共有)에 속하지 아니하는 공용부분의 사용을 청구할 수 있다. 이 경우 다른 구분소유자가 손해를 입었을 때에는 보상하여야 한다.
④ 전유부분을 점유하는 자로서 구분소유자가 아닌 자(이하 '점유자'라 한다)에 대하여는 위 ①~③의 규정을 준용한다.

(10) 건물의 설치·보존상의 흠 추정(법 제6조)

전유부분이 속하는 1동의 건물의 설치 또는 보존의 흠으로 인하여 다른 자에게 손해를 입힌 경우에는 그 흠은 **공용부분**에 존재하는 것으로 **추정**한다.

(11) 구분소유권 매도청구권(법 제7조)

대지사용권을 가지지 아니한 구분소유자가 있을 때에는 그 전유부분의 철거를 청구할 권리를 가진 자는 그 구분소유자에 대하여 **구분소유권을 시가**(時價)로 '매도할 것을 청구'할 수 있다.

(12) 대지공유자의 분할청구 금지(법 제8조)

대지 위에 구분소유권의 목적인 건물이 속하는 1동의 건물이 있을 때에는 그 대지의 공유자는 그 건물 사용에 필요한 범위의 대지에 대하여는 분할을 청구하지 못한다.

(13) 담보책임(법 제9조)

① 건물을 건축하여 분양한 자(이하 '분양자'라 한다)와 분양자와의 계약에 따라 건물을 건축한 자로서 '대통령령으로 정하는 자'(이하 '시공자'라 한다)는 '**구분소유자**'에 대하여 담보책임을 진다. 이 경우 그 담보책임에 관하여는 「민법」 제667조 및 제668조를 준용한다.

> **민법 제667조【수급인의 담보책임】** ① 완성된 목적물 또는 완성 전의 성취된 부분에 하자가 있는 때에는 도급인은 수급인에 대하여 상당한 기간을 정하여 그 하자의 보수를 청구할 수 있다. 그러나 하자가 중요하지 아니한 경우에 그 보수에 과다한 비용을 요할 때에는 그러하지 아니하다.
> ② 도급인은 하자의 보수에 갈음하여 또는 보수와 함께 손해배상을 청구할 수 있다.
> ③ 전항의 경우에는 제536조(동시이행의 항변권)의 규정을 준용한다.
> **제668조【도급인의 해제권】** 도급인이 완성된 목적물의 하자로 인하여 계약의 목적을 달성할 수 없는 때에는 계약을 해제할 수 있다. 그러나 건물 기타 토지의 공작물에 대하여는 그러하지 아니하다.

② 시공자가 분양자에게 부담하는 담보책임에 관하여 다른 법률에 특별한 규정이 있으면 시공자는 그 법률에서 정하는 담보책임의 범위에서 **구분소유자**에게 담보책임을 진다.

③ 시공자의 담보책임 중 「민법」에 따른 **손해배상책임**은 분양자에게 회생절차개시 신청, 파산신청, 해산, 무자력(無資力) 또는 그 밖에 이에 준하는 사유가 있는 경우에만 지며, 시공자가 이미 분양자에게 손해배상을 한 경우에는 그 범위에서 구분소유자에 대한 책임을 면한다.

④ 분양자와 시공자의 담보책임에 관하여 이 법과 「민법」에 규정된 것보다 **매수인**에게 불리한 특약은 효력이 없다.

(14) 시공자의 범위(영 제4조)

위 **(13)**의 ① 전단에서 '대통령령으로 정하는 자'란 다음의 자를 말한다.

① 건물의 전부 또는 일부를 시공하여 완성한 자
② 위 ①의 자로부터 건물의 시공을 일괄 도급받은 자(위 ①의 자가 담보책임을 질 수 없는 경우로 한정한다)

(15) 담보책임의 존속기간(법 제9조의2)

① 위 **(13)**에 따른 담보책임에 관한 구분소유자의 권리는 다음의 기간 내에 행사하여야 한다.
   ㉠ 「건축법」에 따른 건물의 주요 구조부 및 지반공사의 하자: 10년
   ㉡ 위 ㉠에 규정된 하자 외의 하자: 하자의 중대성, 내구연한, 교체가능성 등을 고려하여 5년의 범위에서 대통령령으로 정하는 기간

② 위 ①의 기간은 다음의 날부터 기산한다.
   ㉠ 전유부분: 구분소유자에게 '**인도**'한 날
   ㉡ 공용부분: 「주택법」에 따른 **사용검사일**(집합건물 전부에 대하여 임시사용승인을 받은 경우에는 그 **임시 사용승인일**을 말하고, 주택법에 따라 분할사용검사나 동별 사용검사를 받은 경우에는 분할 사용검사일 또는 동별 사용검사일을 말한다) 또는 「건축법」에 따른 사용승인일

③ 위 ①의 하자로 인하여 건물이 멸실되거나 훼손된 경우에는 그 '멸실'되거나 '훼손'된 날부터 1년 이내에 권리를 행사하여야 한다.

> **관련법령** 담보책임의 존속기간(영 제5조)
>
> 위 **(15)**의 ①의 ㉡에서 '대통령령으로 정하는 기간'이란 다음의 구분에 따른 기간을 말한다.
> 1. 기산일 전에 발생한 하자: 5년
> 2. 기산일 이후에 발생한 하자: 다음의 구분에 따른다.
>   ㉠ 대지조성공사, 철근콘크리트공사, 철골공사, 조적(組積)공사, 지붕 및 방수공사의 하자 등 건물의 구조상 또는 안전상의 하자: **5년**
>   ㉡ 「건축법」 제2조 제1항 제4호에 따른 건축설비공사(이와 유사한 설비공사를 포함한다), 목공사, 창호공사 및 조경공사의 하자 등 건물의 기능상 또는 미관상의 하자: **3년**
>   ㉢ 마감공사의 하자 등 하자의 발견·교체 및 보수가 용이한 하자: **2년**

(16) 분양자의 관리의무 등(법 제9조의3)

① 분양자는 법 제24조 제3항에 따라 선임(選任)된 관리인이 사무를 개시(開始)할 때까지 선량한 관리자의 주의로 건물과 대지 및 부속시설을 관리하여야 한다.

② 분양자는 법 제28조 제4항에 따른 **표준규약** 및 같은 조 제5항에 따른 **지역별 표준규약**을 참고하여 공정증서로써 규약에 상응하는 것을 정하여 분양계약을 체결하기 전에 분양을 받을 자에게 주어야 한다.

③ 분양자는 예정된 매수인의 2분의 1 이상이 이전등기를 한 때에는 **규약 설정** 및 **관리인 선임을 위한 관리단집회**(법 제23조에 따른 관리단의 집회를 말한다. 이하 같다)를 소집할 것을 대통령령으로 정하는 바에 따라 구분소유자에게 통지하여야 한다. 이 경우 통지받은 날부터 **3개월 이내**에 관리단집회를 소집할 것을 명시하여야 한다.

④ 분양자는 구분소유자가 위 ③의 통지를 받은 날부터 **3개월 이내**에 관리단집회를 소집하지 아니하는 경우에는 지체 없이 관리단집회를 소집하여야 한다.

> **관련법령** 분양자의 관리단집회 소집통지 등(영 제5조의2)
>
> 1. 위 **(13)**의 ①에 따른 분양자는 위 **(16)**의 ③에 따라 구분소유자에게 '**규약 설정**' 및 '**관리인 선임**'을 위한 **관리단집회**를 소집할 것을 다음의 사항을 기재한 서면으로 통지해야 한다.
>   ㉠ 예정된 매수인 중 이전등기를 마친 매수인의 비율
>   ㉡ 법 제33조 제4항에 따른 관리단집회의 소집청구에 필요한 구분소유자의 정수(定數)
>   ㉢ 구분소유자는 해당 통지를 받은 날부터 **3개월 이내**에 관리단집회를 소집해야 하고 그렇지 않은 경우에는 분양자가 위 **(16)**의 ④에 따라 지체 없이 관리단집회를 소집한다는 뜻
> 2. 위 1.의 통지는 구분소유자가 분양자에게 따로 통지장소를 알린 경우에는 그 장소로 발송하고, 알리지 않은 경우에는 구분소유자가 소유하는 전유부분이 있는 장소로 발송해야 한다. 이 경우 위 1.의 통지는 '통상적으로 도달할 시기'에 도달한 것으로 본다.
> 3. 분양자는 위 1.의 통지내용을 건물 내의 적당한 장소에 게시함으로써 건물 내에 주소를 가지는 구분소유자 또는 위 2.의 통지장소를 알리지 않은 구분소유자에 대한 소집통지를 갈음할 수 있음을 위 **(16)**의 ②에 따른 규약에 상응하는 것으로 정할 수 있다. 이 경우 위 1.의 통지는 '게시한 때'에 도달한 것으로 본다.

2. 공용부분

(1) 공용부분의 귀속 등(법 제10조)

① 공용부분은 구분소유자 전원의 공유에 속한다. 다만, 일부의 구분소유자만이 공용하도록 제공되는 것임이 명백한 공용부분(이하 '일부공용부분'이라 한다)은 그들 구분소유자의 공유에 속한다. 19회

② 공유에 관하여는 다음 **(2)~(11)**의 규정에 따른다. 다만, 다음 **(3)**, **(9)**에 규정한 사항에 관하여는 규약으로써 달리 정할 수 있다.

(2) 공유자의 사용권(법 제11조)

각 공유자는 공용부분을 그 용도에 따라 사용할 수 있다. 19회

(3) 공유자의 지분권(법 제12조)

① 각 공유자의 지분은 그가 가지는 전유부분의 면적비율에 따른다. 19회, 27회
② 위 ①의 경우 일부공용부분으로서 면적이 있는 것은 그 공용부분을 공용하는 구분소유자의 전유부분의 면적비율에 따라 배분하여 그 면적을 각 구분소유자의 전유부분 면적에 포함한다.

(4) 전유부분과 공용부분에 대한 지분의 일체성(법 제13조)

① 공용부분에 대한 공유자의 '지분'은 그가 가지는 전유부분의 처분에 따른다.
② 공유자는 그가 가지는 전유부분과 분리하여 공용부분에 대한 지분을 처분할 수 없다. 27회
③ 공용부분에 관한 물권의 득실변경(得失變更)은 등기가 필요하지 아니하다.

(5) 일부공용부분의 관리(법 제14조)

일부공용부분의 관리에 관한 사항 중 구분소유자 전원에게 이해관계가 있는 사항과 규약으로써 정한 사항은 구분소유자 전원의 집회결의로써 결정하고, 그 밖의 사항은 그것을 공용하는 구분소유자만의 집회결의로써 결정한다.

(6) 공용부분의 변경(법 제15조)

① 공용부분의 '변경'에 관한 사항은 관리단집회에서 구분소유자의 3분의 2 이상 및 의결권의 3분의 2 이상의 결의로써 결정한다. 다만, 다음의 어느 하나에 해당하는 경우에는 통상의 집회결의로써 결정할 수 있다. 27회
  ㉠ 공용부분의 개량을 위한 것으로서 지나치게 많은 비용이 드는 것이 아닐 경우
  ㉡ 「관광진흥법」에 따른 휴양콘도미니엄업의 운영을 위한 휴양콘도미니엄의 공용부분 변경에 관한 사항인 경우
② 공용부분의 변경이 다른 구분소유자의 권리에 특별한 영향을 미칠 때에는 그 구분소유자의 승낙을 받아야 한다. 19회

(7) 권리변동 있는 공용부분의 변경(법 제15조의2)

① 위 (6)에도 불구하고 건물의 노후화 억제 또는 기능 향상 등을 위한 것으로 구분소유권 및 대지사용권의 범위나 내용에 변동을 일으키는 공용부분의 변경에 관한 사항은 관리단집회에서 구분소유자의 5분의 4 이상 및 의결권의 5분의 4 이상의 결의로써 결정한다. 다만, 「관광진흥법」에 따른 휴양 콘도미니엄업의 운영을 위한 휴양콘도미니엄의 권리변동 있는 공용부분 변경에 관한 사항은 구분소유자의 3분의 2 이상 및 의결권의 3분의 2 이상의 결의로써 결정한다.

② 위 ①의 결의에서는 다음의 사항을 정하여야 한다. 이 경우 다음 ⓒ부터 ⓼까지의 사항은 각 구분소유자 사이에 형평이 유지되도록 정하여야 한다.
  ㉠ 설계의 개요
  ㉡ 예상 공사 기간 및 예상 비용(특별한 손실에 대한 전보 비용을 포함한다)
  ㉢ 위 ㉡에 따른 비용의 분담 방법
  ㉣ 변경된 부분의 용도
  ㉤ 전유부분 수의 증감이 발생하는 경우에는 변경된 부분의 귀속에 관한 사항
  ㉥ 전유부분이나 공용부분의 면적에 증감이 발생하는 경우에는 변경된 부분의 귀속에 관한 사항
  ㉦ 대지사용권의 변경에 관한 사항
  ㉧ 그 밖에 규약으로 정한 사항
③ 위 ①의 결의를 의한 관리단집회의 의사록에는 결의에 대한 각 구분소유자의 **찬반 의사**를 적어야 한다.
④ 위 ①의 결의가 있는 경우에는 법 제48조(구분소유권 등의 매도청구 등) 및 법 제49조(재건축에 관한 합의)를 준용한다.

(8) 공용부분의 관리(법 제16조)
① 공용부분의 '관리'에 관한 사항은 위 (6)의 ① 본문 및 위 (7)을 제외하고는 **통상의 집회결의**(과반수)로써 결정한다. 다만, '보존행위'는 각 공유자가 할 수 있다. 27회
② 구분소유자의 승낙을 받아 전유부분을 점유하는 자는 위 ①의 본문에 따른 집회에 참석하여 그 구분소유자의 의결권을 행사할 수 있다. 다만, 구분소유자와 점유자가 달리 정하여 관리단에 통지한 경우에는 그러하지 아니하며, 구분소유자의 권리·의무에 특별한 영향을 미치는 사항을 결정하기 위한 집회인 경우에는 점유자는 사전에 구분소유자에게 의결권 행사에 대한 동의를 받아야 한다.
③ 위 ①과 ②에 규정된 사항은 규약으로써 달리 정할 수 있다.
④ 위 ① 본문의 경우에는 위 (6)의 ②를 준용한다.

(9) 공용부분의 부담·수익(법 제17조)
각 공유자는 규약에 달리 정한 바가 없으면 그 **지분의 비율**에 따라 공용부분의 관리비용과 그 밖의 의무를 부담하며 공용부분에서 생기는 이익을 취득한다. 19회

(10) 수선적립금(법 제17조의2)

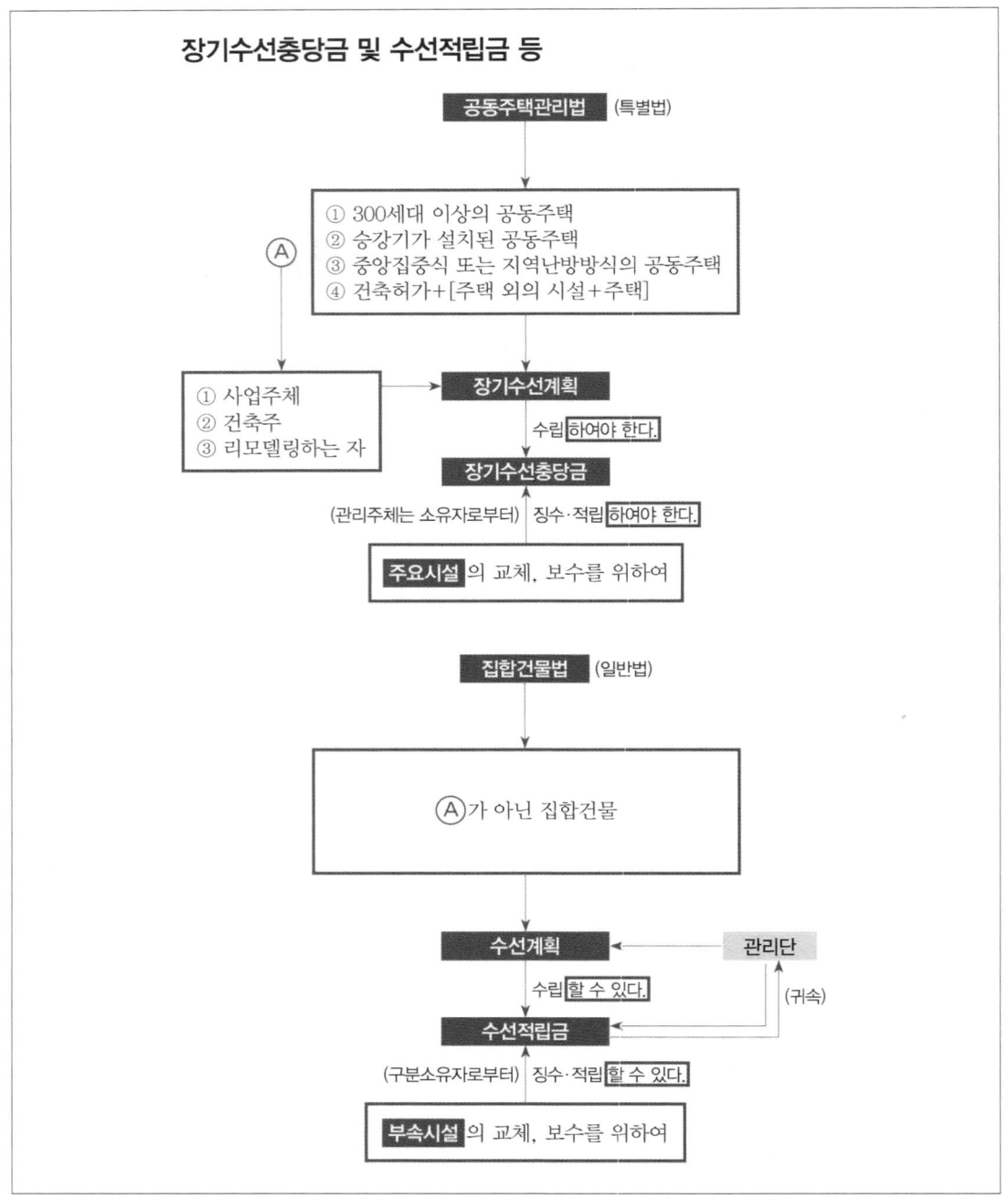

① **관리단**은 규약에 달리 정한 바가 없으면 관리단집회 결의에 따라 건물이나 대지 또는 **부속시설**의 교체 및 보수에 관한 '**수선계획**'을 '**수립**'할 수 있다.
② **관리단**은 규약에 달리 정한 바가 없으면 관리단집회의 결의에 따라 '**수선적립금**'을 '징수하여 적립'할 수 있다. 다만, 다른 법률에 따라 장기수선을 위한 계획이 수립되어 충당금 또는 적립금이 징수·적립된 경우에는 그러하지 아니하다.

③ 위 ②에 따른 **수선적립금**은 **구분소유자**로부터 '징수'하며 **관리단**에 '귀속'된다.
④ 관리단은 규약에 달리 정한 바가 없으면 수선적립금을 다음의 용도로 사용하여야 한다.
　㉠ 위 ①의 수선계획에 따른 공사
　㉡ 자연재해 등 예상하지 못한 사유로 인한 수선공사
　㉢ 위 ㉠ 및 ㉡의 용도로 사용한 금원의 변제
⑤ 위 ①에 따른 수선계획의 수립 및 수선적립금의 징수·적립에 필요한 사항은 대통령령으로 정한다.

> **관련법령** **수선계획의 수립(영 제5조의3)**
>
> 관리단이 위 (10)의 ①에 따라 수립하는 수선계획에는 다음의 사항이 포함되어야 한다.
> 1. 계획기간
> 2. 외벽 보수, 옥상 방수, 급수관·배수관 교체, 창·현관문 등의 개량 등 수선대상 및 수선방법
> 3. 수선대상별 예상 수선주기
> 4. 계획기간 내 수선비용 추산액 및 산출근거
> 5. 수선계획의 재검토주기
> 6. 수선적립금의 사용절차
> 7. 그 밖에 관리단집회의 결의에 따라 수선계획에 포함하기로 한 사항

> **관련법령** **수선적립금의 징수·적립(영 제5조의4)**
>
> 1. **관리단**은 위 (10)의 ② 본문에 따라 수선적립금을 징수하려는 경우 **관리비**와 **구분**하여 **징수**해야 한다.
> 2. '수선적립금'은 규약이나 관리단집회의 결의로 달리 정한 바가 없으면 구분소유자의 **지분 비율**에 따라 산출하여 **징수**하고, '관리단이 존속하는 동안' **매달** 적립한다. 이 경우 '분양되지 않은 **전유부분의 면적 비율**에 따라 산출한 수선적립금 부담분'은 분양자가 부담한다.
> 3. 수선적립금의 예치방법에 관하여 규약이나 관리단집회의 결의로 달리 정한 바가 없으면 「은행법」 제2조 제1항 제2호에 따른 '은행' 또는 '우체국'에 **관리단의 명의**로 계좌를 개설하여 예치해야 한다.
> 4. **구분소유자**는 수선적립금을 법 제5조 제4항에 따른 **점유자**가 **대신**하여 **납부**한 경우에는 그 금액을 점유자에게 지급해야 한다.

(11) **공용부분에 관하여 발생한 채권의 효력**(법 제18조)

공유자가 공용부분에 관하여 다른 공유자에 대하여 가지는 채권은 그 **특별승계인**에 대하여도 행사할 수 있다.

> **판례** **체납관리비의 승계**
>
> 아파트의 특별승계인은 전 입주자의 체납관리비 중 '공용부분'에 관하여는 이를 승계하여야 한다고 봄이 타당하다(대판 전합체 2001.9.20, 2001다8677).

(12) 공용부분에 관한 규정의 준용(법 제19조)

건물의 대지 또는 공용부분 외의 부속시설(이들에 대한 권리를 포함한다)을 구분소유자가 공유하는 경우에는 그 대지 및 부속시설에 관하여 위 **(6)~(9)**의 규정을 준용한다.

3. 대지사용권

(1) 전유부분과 대지사용권의 일체성(법 제20조)

① 구분소유자의 **대지사용권**은 그가 가지는 **전유부분의 처분**에 따른다.
② 구분소유자는 그가 가지는 전유부분과 분리하여 대지사용권을 처분할 수 없다. 다만, 규약으로써 달리 정한 경우에는 그러하지 아니하다.
③ 위 ② 본문의 분리처분금지는 그 취지를 등기하지 아니하면 선의로 물권을 취득한 제3자에게 대항하지 못한다.
④ 위 ② 단서의 경우에는 법 제3조 제3항을 준용한다.

> **판례** 구분건물의 전유부분만에 설정된 저당권의 효력범위
>
> 구분건물에 저당권을 설정한 후 대지권을 사후에 취득하여 동일 소유자에게 속한 경우, 대지권은 전유부분에 '종된 권리'이므로 저당권의 효력은 대지권에도 미친다(대판 2001.9.4, 2001다22604 참조).

(2) 전유부분의 처분에 따르는 대지사용권의 비율(법 제21조)

① 구분소유자가 둘 이상의 전유부분을 소유한 경우에는 각 전유부분의 처분에 따르는 대지사용권은 법 제12조(각 공유자의 지분은 그가 가지는 '전유부분의 면적'비율에 따른다)에 규정된 비율에 따른다. 다만, 규약으로써 달리 정할 수 있다.
② 위 ① 단서의 경우에는 법 제3조 제3항[위 1. **(7)**의 ③]을 준용한다.

(3) 「민법」 제267조의 적용배제(법 제22조)

위 **(1)**의 ② 본문의 경우 대지사용권에 대하여는 「민법」 제267조(같은 법 제278조에서 준용하는 경우를 포함한다)를 적용하지 아니한다.

> **민법 제267조【지분포기 등의 경우의 귀속】** 공유자가 그 지분을 포기하거나 상속인 없이 사망한 때에는 그 지분은 다른 공유자에게 각 지분의 비율로 귀속한다.

제2절 기관 및 규약 등

1. 관리단 및 관리단의 기관

(1) 관리단의 당연 설립 등(법 제23조)

① 건물에 대하여 구분소유관계가 성립되면 **구분소유자 전원**을 구성원으로 하여 건물과 그 대지 및 부속시설의 관리에 관한 사업의 시행을 목적으로 하는 **관리단**이 설립된다. 23회, 25회

② 일부공용부분이 있는 경우 그 일부의 구분소유자는 규약에 따라 그 공용부분의 관리에 관한 사업의 시행을 목적으로 하는 관리단을 구성할 수 있다.

(2) 관리단의 의무(법 제23조의2)

관리단은 건물의 관리 및 사용에 관한 공동이익을 위하여 필요한 구분소유자의 권리와 의무를 선량한 관리자의 주의로 행사하거나 이행하여야 한다.

(3) 관리인의 선임 등(법 제24조)

① 구분소유자가 10인 이상일 때에는 관리단을 대표하고 관리단의 사무를 집행할 **관리인**을 선임하여야 한다. 23회, 25회

② 관리인은 '**구분소유자일 필요가 없으며**', 그 임기는 2년의 범위에서 규약으로 정한다. 17회, 20회, 23회, 24회, 25회

③ 관리인은 관리단집회의 결의로 선임되거나 해임된다. 다만, 규약으로 관리위원회의 결의로 선임되거나 해임되도록 정한 경우에는 그에 따른다. 17회

④ '**구분소유자의 승낙을 받아**' 전유부분을 **점유하는** 자는 관리단집회에 '**참석**'하여 그 **구분소유자의 의결권**을 행사할 수 있다. 다만, 구분소유자와 점유자가 달리 정하여 관리단에 통지하거나 구분소유자가 집회 이전에 직접 의결권을 행사할 것을 관리단에 통지한 경우에는 그러하지 아니하다.

⑤ 관리인에게 부정한 행위나 그 밖에 그 직무를 수행하기에 적합하지 아니한 사정이 있을 때에는 각 **구분소유자**는 관리인의 해임을 법원에 청구할 수 있다. 23회, 24회

⑥ 전유부분이 50개 **이상**인 건물(공동주택관리법에 따른 의무관리대상 공동주택 및 임대주택과 유통산업발전법에 따라 신고한 대규모점포등관리자가 있는 대규모점포 및 준대규모점포는 제외한다)의 **관리인으로 선임된 자**는 대통령령으로 정하는 바에 따라 **선임된 사실**을 특별자치시장, 특별자치도지사, 시장, 군수 또는 자치구의 구청장(이하 '소관청'이라 한다)에게 신고하여야 한다.

| 관련법령 | 관리인의 선임신고(영 제5조의5) |

위 **(3)**의 ⑥에 따른 관리인으로 선임된 자는 선임일부터 **30일 이내**에 별지 서식의 관리인 선임 신고서에 선임사실을 입증할 수 있는 다음의 어느 하나에 해당하는 자료를 첨부하여 특별자치시장, 특별자치도지사, 시장, 군수 또는 자치구의 구청장(이하 '**소관청**'이라 한다)에게 제출해야 한다.
1. 법 제39조 제2항에 따른 관리단집회 의사록
2. 규약 및 영 제11조 제2항에 따른 관리위원회 의사록
3. 다음 **(4)**의 ①에 따른 임시관리인 선임청구에 대한 법원의 결정문

(4) 임시관리인의 선임 등(법 제24조의2)

① **구분소유자**, 그의 승낙을 받아 전유부분을 **점유하는 자**, **분양자** 등 이해관계인은 위 **(3)**의 ③에 따라 선임된 관리인이 없는 경우에는 **법원**에 **임시관리인의 선임**을 **청구**할 수 있다.

② **임시관리인**은 선임된 날부터 **6개월 이내**에 위 **(3)**의 ③에 따른 **관리인 선임**을 위하여 **관리단집회** 또는 **관리위원회**를 소집하여야 한다.

③ 임시관리인의 임기는 **선임된 날부터** 위 **(3)**의 ③에 따라 **관리인이 선임될 때**까지로 하되, 위 **(3)**의 ②에 따라 **규약으로 정한 임기를 초과할 수 없다.**

(5) 관리인의 권한과 의무(법 제25조)

① 관리인은 다음의 행위를 할 권한과 의무를 가진다.
  ㉠ 공용부분의 보존행위
  ㉡ 공용부분의 관리 및 변경에 관한 관리단집회 결의를 집행하는 행위 24회
  ㉢ 공용부분의 관리비용 등 관리단의 사무 집행을 위한 비용과 분담금을 각 구분소유자에게 청구·수령하는 행위 및 그 금원을 관리하는 행위
  ㉣ 관리단의 사업 시행과 관련하여 관리단을 대표하여 하는 재판상 또는 재판 외의 행위
    17회, 24회
  ㉤ 소음·진동·악취 등을 유발하여 공동생활의 평온을 해치는 행위의 중지 요청 또는 분쟁조정절차 권고 등 필요한 조치를 하는 행위
  ㉥ 그 밖에 규약에 정하여진 행위

② 관리인의 대표권은 제한할 수 있다. 다만, 이로써 선의의 제3자에게 대항할 수 없다.
  17회, 24회

(6) 관리인의 보고의무 등(법 제26조)

① 관리인은 대통령령으로 정하는 바에 따라 '**매년 1회**' 이상 **구분소유자** 및 그의 승낙을 받아 전유부분을 **점유하는** 자에게 그 사무에 관한 보고를 하여야 한다. 23회, 24회

② 전유부분이 **50개 이상**인 건물의 **관리인**은 관리단의 사무 집행을 위한 비용과 분담금 등 금원의 징수·보관·사용·관리 등 **모든 거래행위**에 관하여 장부를 **월별**로 **작성**하여 그 증빙서류와 함께 해당 회계연도 종료일부터 **5년간** 보관하여야 한다.

③ 이해관계인은 관리인에게 위 ①에 따른 보고자료, 위 ②에 따른 장부나 증빙서류의 열람을 청구하거나 자기 비용으로 등본의 교부를 청구할 수 있다. 이 경우 관리인은 다음의 정보를 제외하고 이에 응하여야 한다.
　㉠ 「개인정보 보호법」 제24조에 따른 고유식별정보 등 개인의 사생활의 비밀 또는 자유를 침해할 우려가 있는 정보
　㉡ 의사결정 과정 또는 내부검토 과정에 있는 사항 등으로서 공개될 경우 업무의 공정한 수행에 현저한 지장을 초래할 우려가 있는 정보
④ 「공동주택관리법」에 따른 **의무관리대상 공동주택** 및 **임대주택**과 「유통산업발전법」에 따라 신고한 대규모점포등관리자가 있는 **대규모점포** 및 **준대규모점포**에 대해서는 위 ①부터 ③까지를 **적용하지 아니한다.**
⑤ 이 법 또는 규약에서 규정하지 아니한 관리인의 권리·의무에 관하여는 「민법」의 위임에 관한 규정을 준용한다.

(7) **관리인의 보고의무**(영 제6조)

① 위 **(6)**의 ①에 따라 관리인이 보고해야 하는 사무는 다음과 같다.
　㉠ 관리단의 사무집행을 위한 분담금액과 비용의 산정방법, 징수·지출·적립내역에 관한 사항
　㉡ 위 ㉠ 외에 관리단이 얻은 수입 및 그 사용내역에 관한 사항
　㉢ 관리위탁계약 등 관리단이 체결하는 계약의 당사자 선정과정 및 계약조건에 관한 사항
　㉣ 규약 및 규약에 기초하여 만든 규정의 설정·변경·폐지에 관한 사항
　㉤ 관리단 임직원의 변동에 관한 사항
　㉥ 건물의 대지, 공용부분 및 부속시설의 보존·관리·변경에 관한 사항
　㉦ 관리단을 대표한 재판상 행위에 관한 사항
　㉧ 그 밖에 규약, 규약에 기초하여 만든 규정이나 관리단집회의 결의에서 정하는 사항
② 관리인은 규약에 달리 정한 바가 없으면 '**월 1회**' 구분소유자 및 그의 승낙을 받아 전유부분을 점유하는 자에게 관리단의 사무집행을 위한 '분담금액과 비용의 산정방법'을 서면으로 보고하여야 한다. 25회
③ 관리인은 정기 관리단집회에 출석하여 관리단이 수행한 사무의 주요 내용과 예산·결산내역을 보고하여야 한다.

(8) **회계감사**(법 제26조의2)

① 전유부분이 150개 **이상**으로서 대통령령으로 정하는 건물의 **관리인**은 「주식회사 등의 외부감사에 관한 법률」 제2조 제7호에 따른 감사인[이하 **(8)**에서 '**감사인**'이라 한다]의 **회계감사를 매년 1회 이상** 받아야 한다. 다만, 관리단집회에서 구분소유자의 **3분의 2 이상** 및 의결권의 **3분의 2 이상**이 회계감사를 받지 아니하기로 결의한 연도에는 그러하지 아니하다.

② 구분소유자의 승낙을 받아 전유부분을 점유하는 자는 위 ① 단서에 따른 **관리단집회**에 참석하여 그 구분소유자의 의결권을 행사할 수 있다. 다만, 구분소유자와 점유자가 달리 정하여 관리단에 통지하거나 구분소유자가 집회 이전에 직접 의결권을 행사할 것을 관리단에 통지한 경우에는 그러하지 아니하다.

③ 전유부분이 50개 이상 150개 미만으로서 대통령령으로 정하는 건물의 관리인은 구분소유자의 5분의 1 이상이 연서(連署)하여 요구하는 경우에는 감사인의 **회계감사**를 받아야 한다. 이 경우 구분소유자의 승낙을 받아 전유부분을 점유하는 자가 구분소유자를 대신하여 연서할 수 있다.

④ 관리인은 위 ① 또는 ③에 따라 회계감사를 받은 경우에는 대통령령으로 정하는 바에 따라 감사보고서 등 '회계감사'의 결과를 구분소유자 및 그의 승낙을 받아 전유부분을 점유하는 자에게 **보고하여야 한다**.

⑤ 위 ① 또는 ③에 따른 회계감사의 기준·방법 및 감사인의 선정방법 등에 관하여 필요한 사항은 대통령령으로 정한다.

⑥ 위 ① 또는 ③에 따라 회계감사를 받는 관리인은 다음의 어느 하나에 해당하는 행위를 하여서는 아니 된다.
  ㉠ 정당한 사유 없이 감사인의 자료열람·등사·제출 요구 또는 조사를 거부·방해·기피하는 행위
  ㉡ 감사인에게 거짓 자료를 제출하는 등 부정한 방법으로 회계감사를 방해하는 행위

⑦ 「공동주택관리법」에 따른 의무관리대상 공동주택 및 임대주택과 「유통산업발전법」에 따라 신고한 대규모점포등관리자가 있는 대규모점포 및 준대규모점포에는 위 ①부터 ⑥까지의 규정을 적용하지 아니한다.

> **관련법령** 회계감사대상 건물의 범위(영 제6조의2)

1. 위 **(8)**의 ① 본문에서 '대통령령으로 정하는 건물'이란 다음의 어느 하나에 해당하는 건물을 말한다.
   ㉠ 직전 회계연도에 구분소유자로부터 징수한 관리비(전기료, 수도료 등 구분소유자 또는 점유자가 납부하는 사용료를 포함한다. 이하 같다)가 3억원 이상인 건물
   ㉡ 직전 회계연도 말 기준으로 적립되어 있는 수선적립금이 3억원 이상인 건물
2. 위 **(8)**의 ③ 전단에서 '대통령령으로 정하는 건물'이란 다음의 어느 하나에 해당하는 건물을 말한다.
   ㉠ 위 1.의 어느 하나에 해당하는 건물
   ㉡ 직전 회계연도를 포함하여 3년 이상 「주식회사 등의 외부감사에 관한 법률」 제2조 제7호에 따른 감사인의 회계감사를 받지 않은 건물로서 다음의 어느 하나에 해당하는 건물
     ⓐ 직전 회계연도에 구분소유자로부터 징수한 관리비가 1억원 이상인 건물
     ⓑ 직전 회계연도 말 기준으로 적립되어 있는 수선적립금이 1억원 이상인 건물

> **관련법령** 감사인의 선정방법 및 회계감사의 기준 등(영 제6조의3)

1. 위 **(8)**의 ① 본문에 따라 회계감사를 받아야 하는 관리인은 매 회계연도 종료 후 3개월 이내에 해당 회계연도의 '회계감사를 실시할 감사인'을 선임해야 한다. 이 경우 해당 건물에 관리위원회가 구성되어 있는 경우에는 관리위원회의 결의를 거쳐 감사인을 선임해야 한다.
2. 위 **(8)**의 ① 또는 ③에 따라 회계감사를 받아야 하는 관리인은 소관청 또는 「공인회계사법」 제41조에 따른 한국공인회계사회에 감사인의 추천을 의뢰할 수 있다. 이 경우 해당 건물에 '관리위원회가 구성되어 있는 경우'에는 관리위원회의 결의를 거쳐 감사인의 추천을 의뢰해야 한다.
3. 위 **(8)**의 ① 또는 ③에 따라 회계감사를 받아야 하는 관리인은 매 회계연도 종료 후 9개월 이내에 다음의 재무제표와 관리비 운영의 적정성에 대하여 회계감사를 받아야 한다.
   ㉠ 재무상태표
   ㉡ 운영성과표
   ㉢ 이익잉여금처분계산서 또는 결손금처리계산서
   ㉣ 주석(註釋)
4. 위 3.의 ㉠~㉣의 재무제표를 작성하는 회계처리기준은 법무부장관이 정하여 고시한다.
5. 위 3.에 따른 회계감사는 「주식회사 등의 외부감사에 관한 법률」 제16조에 따른 회계감사기준에 따라 실시한다.

> **관련법령** 회계감사의 결과 보고(영 제6조의4)

1. 위 **(8)**의 ① 또는 ③에 따른 회계감사를 받은 관리인은 감사보고서 등 회계감사의 결과를 제출받은 날부터 1개월 이내에 해당 결과를 구분소유자 및 '그의 승낙을 받아 전유부분을 점유하는 자'에게 서면으로 보고해야 한다.
2. 위 1.의 보고는 구분소유자 또는 그의 승낙을 받아 전유부분을 점유하는 자가 '관리인에게 따로 보고장소를 알린 경우'에는 그 장소로 발송하고, '알리지 않은 경우'에는 '구분소유자가 소유하는 전유부분이 있는 장소'로 발송한다. 이 경우 위 1.의 보고는 '통상적으로 도달할 시기'에 도달한 것으로 본다.
3. 위 2.에도 불구하고 위 **(8)**의 ④에 따른 관리인의 보고의무는 '건물 내의 적당한 장소에 회계감사의 결과를 게시하거나 인터넷 홈페이지에 해당 결과를 공개함으로써 이행할 수 있음'을 '규약'으로 정할 수 있다. 이 경우 위 1.의 보고는 '게시한 때'에 도달한 것으로 본다.

(9) 관리위원회의 설치 및 기능(법 제26조의3)

① 관리단에는 규약으로 정하는 바에 따라 **관리위원회**를 둘 수 있다.
② 관리위원회는 이 법 또는 규약으로 정한 관리인의 '사무집행'을 감독한다.
③ 위 ①에 따라 관리위원회를 둔 경우 관리인은 위 **(5)**의 ①의 행위를 하려면 '관리위원회의 결의'를 거쳐야 한다. 다만, 규약으로 달리 정한 사항은 그러하지 아니하다.

(10) 관리위원회의 구성(영 제7조)

① 관리위원회의 위원은 '선거구별'로 선출할 수 있다. 이 경우 선거구 및 선거구별 관리위원회 위원의 수는 규약으로 정한다.

② 다음 (15)의 ① 단서에 따라 규약으로 관리위원회의 위원 선출에 대한 관리단집회의 결의에 관하여 달리 정하는 경우에는 구분소유자의 수 및 의결권의 비율을 합리적이고 공평하게 고려해야 한다.

③ 관리위원회에는 위원장 1명을 두며, 위원장은 관리위원회의 위원 중에서 선출하되 그 선출에 관하여는 다음 (15)의 ①을 준용한다.

④ 관리위원회의 위원은 규약에서 정한 사유가 있는 경우에 해임할 수 있다. 이 경우 관리위원회 위원의 해임방법에 관하여는 위 ① 및 다음 (15)의 ①을 준용하며, 이 경우 '선출'은 '해임'으로 본다.

(11) 관리위원회 위원의 결격사유(영 제8조)

다음의 어느 하나에 해당하는 사람은 관리위원회의 위원이 될 수 없다.
① 미성년자, 피성년후견인
② 파산선고를 받은 자로서 복권되지 아니한 사람
③ 금고 이상의 형을 선고받고 그 집행이 끝나거나 그 집행을 받지 아니하기로 확정된 후 **5년**이 지나지 아니한 사람(과실범은 제외한다)
④ 금고 이상의 형을 선고받고 그 집행유예기간이 끝난 날부터 **2년**이 지나지 아니한 사람(과실범은 제외한다)
⑤ 집합건물의 관리와 관련하여 '벌금' **100만원 이상**의 형을 선고받은 후 **5년**이 지나지 아니한 사람
⑥ 관리위탁계약 등 관리단의 사무와 관련하여 관리단과 계약을 체결한 자 또는 그 임직원
⑦ 관리단에 매달 납부하여야 할 분담금을 3개월 연속하여 체납한 사람

(12) 관리위원회의 소집(영 제9조)

① 관리위원회의 '위원장'은 필요하다고 인정할 때에는 관리위원회를 소집할 수 있다.
② 관리위원회의 위원장은 다음의 어느 하나에 해당하는 경우에는 관리위원회를 소집하여야 한다.
　㉠ 관리위원회 '위원' 5분의 1 이상이 청구하는 경우
　㉡ **관리인**이 청구하는 경우
　㉢ 그 밖에 규약에서 정하는 경우
③ 위 ②의 청구가 있은 후 관리위원회의 위원장이 청구일부터 **2주일 이내의 날**을 회의일로 하는 소집통지절차를 **1주일 이내**에 밟지 아니하면 '소집을 청구한 사람'이 관리위원회를 소집할 수 있다.
④ 관리위원회를 소집하려면 회의일 **1주일 전**에 회의의 일시, 장소, 목적사항을 구체적으로 밝혀 각 관리위원회 위원에게 통지하여야 한다. 다만, 이 기간은 규약으로 달리 정할 수 있다.

⑤ 관리위원회는 관리위원회의 위원 '전원이 동의'하면 위 ④에 따른 '소집절차를 거치지 아니하고 소집'할 수 있다.

(13) 관리위원회의 의결방법(영 제10조)
① 관리위원회의 의사(議事)는 규약에 달리 정한 바가 없으면 관리위원회 재적위원 과반수의 찬성으로 의결한다. 25회
② 관리위원회 위원은 질병, 해외체류 등 부득이한 사유가 있는 경우 외에는 서면이나 대리인을 통하여 의결권을 행사할 수 없다.

(14) 관리위원회의 운영(영 제11조)
① 규약에 달리 정한 바가 없으면 '다음의 순서'에 따른 사람이 관리위원회의 회의를 주재한다.
  ㉠ 관리위원회의 **위원장**
  ㉡ 관리위원회의 위원장이 **지정**한 관리위원회 위원
  ㉢ 관리위원회의 위원 중 **연장자**
② 관리위원회 회의를 주재한 자는 관리위원회의 의사에 관하여 의사록을 작성·보관하여야 한다.
③ 이해관계인은 위 ②에 따라 관리위원회의 의사록을 보관하는 자에게 관리위원회 의사록의 열람을 청구하거나 자기 비용으로 등본의 발급을 청구할 수 있다.

(15) 관리위원회의 구성 및 운영(법 제26조의4)
① '관리위원회의 위원'은 '**구분소유자 중**'에서 관리단집회의 결의에 의하여 선출한다. 다만, 규약으로 관리단집회의 결의에 관하여 달리 정한 경우에는 그에 따른다.
② **관리인**은 규약에 달리 정한 바가 없으면 **관리위원회의 위원**이 **될 수 없다**.
③ 관리위원회 **위원의 임기**는 **2년**의 범위에서 규약으로 정한다.
④ 위 ①부터 ③까지에서 규정한 사항 외에 관리위원회의 구성 및 운영에 필요한 사항은 대통령령으로 정한다.
⑤ 구분소유자의 **승낙**을 받아 전유부분을 **점유하는 자**는 위 ① 본문에 따른 **관리단집회**에 참석하여 그 구분소유자의 **의결권을 행사**할 수 있다. 다만, 구분소유자와 점유자가 달리 정하여 관리단에 통지하거나 구분소유자가 집회 이전에 직접 의결권을 행사할 것을 관리단에 통지한 경우에는 그러하지 아니하다.

(16) 집합건물의 관리에 관한 감독(법 제26조의5)
① 특별시장·광역시장·특별자치시장·도지사·특별자치도지사(이하 '**시·도지사**'라 한다) 또는 시장·군수·구청장(자치구의 구청장을 말하며, 이하 '**시장·군수·구청장**'이라 한다)은 '집합건물의 효율적인 관리와 주민의 복리증진을 위하여 필요하다고 인정하는 경우'에는 전유부분이 **50개 이상**인 건물의 '**관리인**'에게 다음의 사항을 **보고**하게 하거나 관련 **자료의 제출을 명**할 수 있다.

ⓐ 법 제17조의2 제2항에 따른 **수선적립금**의 징수·적립·사용 등에 관한 사항
ⓑ 법 제24조에 따른 **관리인의 선임·해임**에 관한 사항
ⓒ 법 제26조 제1항에 따른 보고와 같은 조 제2항에 따른 장부의 작성·보관 및 증빙서류의 **보관**에 관한 사항
ⓓ 법 제26조의2 제1항 또는 제3항에 따른 **회계감사**에 관한 사항
ⓔ 법 제32조에 따른 **정기 관리단집회의 소집**에 관한 사항
ⓕ 그 밖에 **집합건물의 관리에 관한 감독**을 위하여 필요한 사항으로서 대통령령으로 정하는 사항

② 위 ①에 따른 명령의 절차 등 필요한 사항은 해당 지방자치단체의 조례로 정한다.

(17) 관리단의 채무에 대한 구분소유자의 책임(법 제27조)

① 관리단이 그의 재산으로 채무를 전부 변제할 수 없는 경우에는 구분소유자는 '지분비율'에 따라 관리단의 채무를 변제할 책임을 진다. 다만, 규약으로써 그 부담비율을 달리 정할 수 있다.
② 구분소유자의 특별승계인은 승계 전에 발생한 관리단의 채무에 관하여도 책임을 진다. 17회

2. 규약 및 집회

(1) 규약(법 제28조)

① 건물과 대지 또는 부속시설의 관리 또는 사용에 관한 구분소유자들 사이의 사항 중 이 법에서 규정하지 아니한 사항은 규약으로써 정할 수 있다.
② 일부공용부분에 관한 사항으로서 구분소유자 전원에게 이해관계가 있지 아니한 사항은 구분소유자 전원의 규약에 따로 정하지 아니하면 일부공용부분을 공용하는 구분소유자의 규약으로써 정할 수 있다.
③ 위 ①과 ②의 경우에 구분소유자 외의 자의 권리를 침해하지 못한다.
④ **법무부장관**은 이 법을 적용받는 건물과 대지 및 부속시설의 효율적이고 공정한 관리를 위하여 **표준규약**을 마련하여야 한다.
⑤ 시·도지사는 위 ④에 따른 **표준규약**을 참고하여 대통령령으로 정하는 바에 따라 **지역별 표준규약**을 마련하여 보급하여야 한다.

(2) 표준규약(영 제12조)

위 (1)의 ④에 따라 법무부장관이 마련해야 하는 표준규약과 특별시장·광역시장·특별자치시장·도지사 및 특별자치도지사(이하 '시·도지사'라 한다)가 마련해야 하는 지역별 표준규약에는 각각 다음의 사항이 포함되어야 한다.
① 구분소유자의 권리와 의무에 관한 사항
② 규약의 설정·변경·폐지에 관한 사항

③ 구분소유자 공동의 이익과 관련된 전유부분의 사용에 관한 사항
④ 건물의 대지, 공용부분 및 부속시설의 사용 및 보존·관리·변경에 관한 사항
⑤ 관리위탁계약 등 관리단이 체결하는 계약에 관한 사항
⑥ 관리단집회의 운영에 관한 사항
⑦ 관리인의 선임 및 해임에 관한 사항
⑧ 관리위원회에 관한 사항
⑨ 관리단의 임직원에 관한 사항
⑩ 관리단의 사무집행을 위한 분담금액과 비용의 산정방법, 징수·지출·적립내역에 관한 사항
⑪ 위 ⑩ 외에 관리단이 얻은 수입의 사용방법에 관한 사항
⑫ 회계처리기준 및 회계관리·회계감사에 관한 사항
⑬ 의무위반자에 대한 조치에 관한 사항
⑭ 그 밖에 집합건물의 관리에 필요한 사항

(3) 규약의 설정·변경·폐지(법 제29조)

① 규약의 설정·변경 및 폐지는 관리단집회에서 구분소유자의 **4분의 3** 이상 및 의결권의 **4분의 3** 이상의 찬성을 얻어서 한다. 이 경우 규약의 설정·변경 및 폐지가 일부 구분소유자의 권리에 특별한 영향을 미칠 때에는 그 구분소유자의 승낙을 받아야 한다. 18회, 26회
② 위 **(1)**의 ②에 규정한 사항에 관한 구분소유자 전원의 규약의 설정·변경 또는 폐지는 그 일부공용부분을 공용하는 구분소유자의 4분의 1을 초과하는 자 또는 의결권의 4분의 1을 초과하는 의결권을 가진 자가 반대할 때에는 할 수 없다.

(4) 규약의 보관 및 열람(법 제30조)

① 규약은 관리인 또는 구분소유자나 대리인으로서 '건물을 사용하고 있는 자' 중 **1인**이 보관하여야 한다. 22회, 26회
② 위 ①에 따라 규약을 보관할 구분소유자나 그 대리인은 규약에 다른 규정이 없으면 관리단집회의 결의로써 정한다.
③ 이해관계인은 위 ①에 따라 규약을 보관하는 자에게 규약의 열람을 청구하거나 자기 비용으로 등본의 발급을 청구할 수 있다.

(5) 집회의 권한(법 제31조)

관리단의 사무는 이 법 또는 규약으로 관리인에게 위임한 사항 외에는 관리단집회의 결의에 따라 수행한다.

(6) 정기 관리단집회(법 제32조)

관리인은 매년 회계연도 종료 후 **3개월** 이내에 정기 관리단집회를 소집하여야 한다. 22회, 28회

(7) 임시 관리단집회(법 제33조)

① '관리인'은 필요하다고 인정할 때에는 관리단집회를 소집할 수 있다.
② '구분소유자'의 5분의 1 이상이 회의의 목적사항을 구체적으로 밝혀 관리단집회의 소집을 청구하면 관리인은 관리단집회를 소집하여야 한다. 이 정수(定數)는 규약으로 감경할 수 있다. 18회
③ 위 ②의 청구가 있은 후 1주일 내에 관리인이 청구일부터 2주일 이내의 날을 관리단집회일로 하는 소집통지절차를 밟지 아니하면 '소집을 청구한 구분소유자'는 '법원'의 허가를 받아 관리단집회를 소집할 수 있다.
④ '관리인이 없는 경우'에는 구분소유자의 5분의 1 이상은 관리단집회를 소집할 수 있다. 이 정수는 규약으로 감경할 수 있다. 28회

(8) 집회소집통지(법 제34조)

① 관리단집회를 소집하려면 관리단집회일 1주일 전에 회의의 목적사항을 구체적으로 밝혀 각 구분소유자에게 통지하여야 한다. 다만, 이 기간은 규약으로 달리 정할 수 있다. 28회
② 전유부분을 여럿이 공유하는 경우에 위 ①의 통지는 다음 (11)의 ②에 따라 정하여진 의결권을 행사할 자(그가 없을 때에는 공유자 중 1인)에게 통지하여야 한다.
③ 위 ①의 통지는 구분소유자가 관리인에게 따로 통지장소를 제출하였으면 그 장소로 발송하고, 제출하지 아니하였으면 구분소유자가 소유하는 전유부분이 있는 장소로 발송한다. 이 경우 위 ①의 통지는 통상적으로 도달할 시기에 도달한 것으로 본다.
④ 건물 내에 주소를 가지는 구분소유자 또는 위 ③의 통지장소를 제출하지 아니한 구분소유자에 대한 위 ①의 통지는 건물 내의 적당한 장소에 게시함으로써 소집통지를 갈음할 수 있음을 규약으로 정할 수 있다. 이 경우 ①의 통지는 게시한 때에 도달한 것으로 본다.
⑤ 회의의 목적사항이 법 제15조(공용부분의 변경) 제1항, 법 제29조(규약의 설정·변경·폐지) 제1항, 법 제47조(재건축결의) 제1항 및 법 제50조(건물이 일부멸실된 경우의 복구) 제4항인 경우에는 그 통지에 그 의안 및 계획의 내용을 적어야 한다.

(9) 소집절차의 생략(법 제35조) 22회, 26회

관리단집회는 구분소유자 '전원이 동의'하면 '소집절차를 거치지 아니하고' 소집할 수 있다. 28회

(10) 결의사항(법 제36조)

① 관리단집회는 위 (8)에 따라 '통지한 사항에 관하여만' 결의할 수 있다. 26회
② 위 ①의 규정은 이 법에 관리단집회의 결의에 관하여 특별한 정수가 규정된 사항을 제외하고는 규약으로 달리 정할 수 있다.
③ 위 ①과 ②는 위 (9)에 따른 관리단집회에 관하여는 적용하지 아니한다.

(11) 의결권(법 제37조)

① 각 구분소유자의 의결권은 규약에 특별한 규정이 없으면 법 제12조에 규정된 지분비율(전유부분의 면적비율)에 따른다.

② 전유부분을 여럿이 공유하는 경우에는 공유자는 관리단집회에서 의결권을 행사할 1인을 정한다.

③ 구분소유자의 승낙을 받아 동일한 전유부분을 점유하는 자가 여럿인 경우에는 법 제16조(공용부분의 관리) 제2항, 법 제24조(관리인의 선임 등) 제4항, 법 제26조의2(회계감사) 제2항 또는 법 제26조의4(관리위원회의 구성 및 운영) 제5항에 따라 해당 구분소유자의 의결권을 행사할 1인을 정하여야 한다.

(12) 의결방법(법 제38조)

① 관리단집회의 의사는 이 법 또는 규약에 특별한 규정이 없으면 '구분소유자'의 **과반수** 및 '의결권'의 **과반수**로써 의결한다. 18회

② 의결권은 서면이나 전자적 방법(전자정보처리조직을 사용하거나 그 밖에 정보통신기술을 이용하는 방법으로서 '대통령령으로 정하는 방법'을 말한다)으로 또는 대리인을 통하여 행사할 수 있다.

③ 위 (8)에 따른 관리단집회의 소집통지나 소집통지를 갈음하는 게시를 할 때에는 위 ②에 따라 의결권을 행사할 수 있다는 내용과 구체적인 의결권 행사방법을 명확히 밝혀야 한다.

④ 위 ①~③에서 규정한 사항 외에 의결권 행사를 위하여 필요한 사항은 대통령령으로 정한다.

(13) 전자적 방법에 의한 의결권 행사(영 제13조)

① 위 (12)의 ②에서 '대통령령으로 정하는 방법'이란 다음의 방법을 말한다.
  ㉠ 「전자서명법」 제2조 제2호에 따른 전자서명 또는 인증서로서 서명자의 실지명의를 확인할 수 있는 전자서명 또는 인증서를 통하여 본인 확인을 거쳐 의결권을 행사하는 방법
  ㉡ 휴대전화를 통한 본인인증 등 「정보통신망 이용촉진 및 정보보호 등에 관한 법률」 제23조의3 제1항에 따른 지정을 받은 본인확인기관에서 제공하는 본인 확인을 거쳐 의결권을 행사하는 방법
  ㉢ 규약에서 「전자서명법」 제2조 제1호에 따른 전자문서를 제출하는 방법 등 본인 확인절차를 완화한 방법으로 의결권을 행사할 수 있도록 위 ㉠과 ㉡에서 달리 정하고 있는 경우에는 그에 따른 방법

② 전자적 방법(이하 '전자투표'라 한다)으로 의결권을 행사할 수 있도록 하는 경우에는 관리단집회의 소집통지에 다음의 사항을 구체적으로 밝혀야 한다.
  ㉠ 전자투표를 할 인터넷 주소
  ㉡ 전자투표를 할 기간
  ㉢ 그 밖에 전자투표에 필요한 기술적인 사항

③ 전자투표는 규약 또는 관리단집회의 결의로 달리 정한 바가 없으면 **관리단집회일 전날까지** 하여야 한다.
④ 관리단은 전자투표를 관리하는 기관을 지정하여 본인 확인 등 의결권 행사절차의 운영을 위탁할 수 있다.

(14) 서면에 의한 의결권 행사(영 제14조)
① 관리단집회의 소집통지를 할 때에는 서면에 의하여 의결권을 행사하는 데 필요한 자료를 첨부하여야 한다.
② 서면에 의한 의결권 행사는 규약 또는 관리단집회의 결의로 달리 정한 바가 없으면 **관리단집회의 결의 전까지** 할 수 있다.

(15) 대리인에 의한 의결권 행사(영 제15조)
① 대리인은 의결권을 행사하기 전에 의장에게 대리권을 증명하는 서면을 제출하여야 한다.
② 대리인 1인이 수인의 구분소유자를 대리하는 경우에는 구분소유자의 과반수 또는 의결권의 과반수 이상을 대리할 수 없다.

(16) 집회의 의장과 의사록(법 제39조)
① 관리단집회의 의장은 관리인 또는 집회를 소집한 구분소유자 중 연장자가 된다. 다만, 규약에 특별한 규정이 있거나 관리단집회에서 다른 결의를 한 경우에는 그러하지 아니하다.
② 관리단집회의 의사에 관하여는 의사록을 작성하여야 한다.
③ 의사록에는 의사의 경과와 그 결과를 적고 의장과 구분소유자 2인 이상이 서명날인하여야 한다.
④ 의사록에 관하여는 위 **(4)**를 준용한다.

(17) 점유자의 의견진술권(법 제40조)
① '**구분소유자의 승낙을 받아**' 전유부분을 **점유하는 자**는 집회의 목적사항에 관하여 이해관계가 있는 경우에는 집회에 '**출석**'하여 **의견을 진술**할 수 있다. 28회
② 위 ①의 경우 집회를 소집하는 자는 소집통지를 한 후 지체 없이 집회의 일시, 장소 및 목적사항을 건물 내의 적당한 장소에 게시하여야 한다.

(18) 서면 또는 전자적 방법에 의한 결의 등(법 제41조)
① 이 법 또는 규약에 따라 관리단집회에서 결의할 것으로 정한 사항에 관하여 구분소유자의 **4분의 3 이상** 및 의결권의 **4분의 3 이상**이 서면이나 전자적 방법 또는 서면과 전자적 방법으로 합의하면 관리단집회를 소집하여 결의한 것으로 본다.
② 위 ①에도 불구하고 다음의 경우에는 그 구분에 따른 의결정족수 요건을 갖추어 서면이나 전자적 방법 또는 서면과 전자적 방법으로 합의하면 **관리단집회를 소집하여 결의한 것으로 본다**.

㉠ 법 제15조 제1항 제2호(휴양콘도미니엄의 공용부분 변경)의 경우: 구분소유자의 **과반수** 및 의결권의 **과반수**
　　㉡ 법 제15조의2 제1항 본문(구분소유권 및 대지사용권의 범위나 내용에 변동을 일으키는 공용부분의 변경), 법 제47조 제2항 본문(재건축 결의) 및 법 제50조 제4항(건물가격의 2분의 1 초과 부분의 공용부분 멸실 복구)의 경우: 구분소유자의 5분의 4 이상 및 의결권의 5분의 4 이상
　　㉢ 법 제15조의2 제1항 단서(휴양콘도미니엄의 권리변동 있는 공용부분 변경) 및 법 제47조 제2항 단서(휴양콘도미니엄의 재건축 결의)의 경우: 구분소유자의 3분의 2 이상 및 의결권의 3분의 2 이상
　③ 구분소유자들은 미리 그들 중 1인을 대리인으로 정하여 관리단에 신고한 경우에는 그 대리인은 그 구분소유자들을 대리하여 관리단집회에 참석하거나 서면 또는 전자적 방법으로 의결권을 행사할 수 있다.
　④ 위 ① 및 ②의 서면 또는 전자적 방법으로 기록된 정보에 관하여는 위 **(4)**를 준용한다.

(19) 규약 및 집회의 결의의 효력(법 제42조)

　① 규약 및 관리단집회의 결의는 구분소유자의 **특별승계인**에 대하여도 효력이 있다. 22회
　② 점유자는 구분소유자가 건물이나 대지 또는 부속시설의 사용과 관련하여 규약 또는 관리단집회의 결의에 다라 부담하는 의무와 동일한 의무를 진다.

(20) 결의취소의 소(법 제42조의2)

　구분소유자는 다음의 어느 하나에 해당하는 경우에는 '집회 결의 사실을 안 날'부터 **6개월** 이내에, '결의한 날'부터 **1년** 이내에 **결의취소의 소**를 제기할 수 있다. 22회, 26회
　① 집회의 소집절차나 결의방법이 법령 또는 규약에 위반되거나 현저하게 불공정한 경우
　② 결의내용이 법령 또는 규약에 위배되는 경우

3. 의무위반자에 대한 조치

(1) 공동의 이익에 어긋나는 행위의 정지청구 등(법 제43조)

　① 구분소유자가 법 제5조(구분소유자의 권리·의무) 제1항의 위반행위를 한 경우 또는 그 행위를 할 우려가 있는 경우에는 **관리인** 또는 관리단집회의 결의로 **지정된 구분소유자**는 구분소유자 공동의 이익을 위하여 그 행위를 정지하거나 그 행위의 결과를 제거하거나 그 행위의 예방에 필요한 조치를 할 것을 청구할 수 있다.
　② 위 ①에 따른 '소송의 제기'는 관리단집회의 결의가 있어야 한다.
　③ 점유자가 법 제5조(구분소유자의 권리·의무) 제4항에서 준용하는 같은 조 제1항에 규정된 행위를 한 경우 드는 그 행위를 할 우려가 있는 경우에도 위 ①과 ②를 준용한다.

(2) 사용금지의 청구(법 제44조)

① 위 **(1)**의 ①의 경우에 법 제5조(구분소유자의 권리·의무) 제1항에 규정된 위반행위로 구분소유자의 공동생활상의 장해가 현저하여 위 **(1)**의 ①에 규정된 청구로는 그 장해를 제거하여 공용부분의 이용 확보나 구분소유자의 공동생활 유지를 도모함이 매우 곤란할 때에는 관리인 또는 관리단집회의 결의로 지정된 구분소유자는 소(訴)로써 적당한 기간 동안 해당 구분소유자의 전유부분 사용금지를 청구할 수 있다.
② 위 ①의 청구는 구분소유자의 4분의 3 이상 및 의결권의 4분의 3 이상의 관리단집회 결의가 있어야 한다.
③ 위 ①의 결의를 할 때에는 미리 해당 구분소유자에게 **변명할 기회**를 주어야 한다.

(3) 구분소유권의 경매(법 제45조)

① 구분소유자가 법 제5조(구분소유자의 권리·의무) 제1항 및 제2항을 위반하거나 규약에서 정한 의무를 현저히 위반한 결과 공동생활을 유지하기 매우 곤란하게 된 경우에는 관리인 또는 관리단집회의 결의로 지정된 구분소유자는 해당 구분소유자의 **전유부분 및 대지사용권**의 '경매를 명할 것'을 법원에 청구할 수 있다.
② 위 ①의 청구는 구분소유자의 4분의 3 이상 및 의결권의 4분의 3 이상의 관리단집회 결의가 있어야 한다.
③ 위 ②의 결의를 할 때에는 미리 해당 구분소유자에게 **변명할 기회**를 주어야 한다.
④ 위 ①의 청구에 따라 경매를 명한 재판이 확정되었을 때에는 그 청구를 한 자는 경매를 신청할 수 있다. 다만, 그 재판 확정일부터 6개월이 지나면 그러하지 아니하다.
⑤ 위 ①의 해당 구분소유자는 ④의 본문의 신청에 의한 경매에서 경락인이 되지 못한다.

(4) 전유부분의 점유자에 대한 인도청구(법 제46조)

① '점유자'가 위 **(3)**의 ①에 따른 의무위반을 한 결과 공동생활을 유지하기 매우 곤란하게 된 경우에는 관리인 또는 관리단집회의 결의로 지정된 구분소유자는 그 전유부분을 목적으로 하는 **계약의 해제** 및 그 **전유부분의 인도**를 청구할 수 있다.
② 위 ①의 경우에는 위 **(2)**의 ② 및 ③을 준용한다.
③ 위 ①에 따라 전유부분을 인도받은 자는 지체 없이 그 전유부분을 점유할 권원이 있는 자에게 인도하여야 한다.

제3절 재건축 등

1. 재건축 및 복구

(1) 재건축 결의(법 제47조)
① 건물 건축 후 상당한 기간이 지나 건물이 훼손되거나 일부 멸실되거나 그 밖의 사정으로 건물 가격에 비하여 지나치게 많은 수리비·복구비나 관리비용이 드는 경우 또는 부근 토지의 이용상황의 변화나 그 밖의 사정으로 건물을 재건축하면 재건축에 드는 비용에 비하여 현저하게 효용이 증가하게 되는 경우에 관리단집회는 그 건물을 철거하여 그 대지를 구분소유권의 목적이 될 새 건물의 대지로 이용할 것을 결의할 수 있다. 다만, 재건축의 내용이 단지 내 다른 건물의 구분소유자에게 특별한 영향을 미칠 때에는 그 구분소유자의 승낙을 받아야 한다.
② 위 ①의 결의는 구분소유자의 **5분의 4 이상** 및 의결권의 **5분의 4 이상**의 결의에 따른다. 다만, 「관광진흥법」에 따른 휴양콘도미니엄업의 운영을 위한 **휴양콘도미니엄의 재건축 결의**는 구분소유자의 **3분의 2 이상** 및 의결권의 **3분의 2 이상**의 결의에 따른다.
③ 재건축을 결의할 때에는 다음의 사항을 정하여야 한다.
  ㉠ 새 건물의 설계 개요
  ㉡ 건물의 철거 및 새 건물의 건축에 드는 비용을 개략적으로 산정한 금액
  ㉢ 위 ㉡에 규정된 비용의 분담에 관한 사항
  ㉣ 새 건물의 구분소유권 귀속에 관한 사항
④ 위 ③의 ㉢ 및 ㉣의 사항은 각 구분소유자 사이에 형평이 유지되도록 정하여야 한다.
⑤ 위 ①의 결의를 위한 관리단집회의 의사록에는 결의에 대한 각 구분소유자의 찬반 의사를 적어야 한다.

(2) 구분소유권 등의 매도청구 등(법 제48조)
① 재건축의 결의가 있으면 집회를 소집한 자는 지체 없이 그 결의에 찬성하지 아니한 구분소유자(그의 승계인을 포함한다)에 대하여 그 결의내용에 따른 재건축에 참가할 것인지 여부를 회답할 것을 서면으로 **촉구**하여야 한다.
② 위 ①의 촉구를 받은 구분소유자는 촉구를 받은 날부터 **2개월** 이내에 회답하여야 한다.
③ 위 ②의 기간 내에 회답하지 아니한 경우 그 구분소유자는 '재건축에 참가하지 아니하겠다는 뜻'을 회답한 것으로 본다. 21회
④ 위 ②의 기간이 지나면 재건축 결의에 찬성한 각 구분소유자, 재건축 결의내용에 따른 재건축에 참가할 뜻을 회답한 각 구분소유자(그의 승계인을 포함한다) 또는 이들 전원의 합의에 따라 구분소유권과 대지사용권을 매수하도록 지정된 자(이하 '매수지정자'라 한다)는 ②의 기간 만료일부터 2개월 이내에 재건축에 참가하지 아니하겠다는 뜻을 회답한 구분소유자(그

의 승계인을 포함한다)에게 **구분소유권**과 **대지사용권**을 시가로 매도할 것을 청구할 수 있다. 재건축 결의가 있은 후에 이 구분소유자로부터 **대지사용권**만을 취득한 자의 **대지사용권**에 대하여도 또한 같다.

⑤ 위 ④에 따른 청구가 있는 경우에 재건축에 참가하지 아니하겠다는 뜻을 회답한 구분소유자가 건물을 명도(明渡)하면 생활에 현저한 어려움을 겪을 우려가 있고 재건축의 수행에 큰 영향이 없을 때에는 법원은 그 구분소유자의 청구에 의하여 대금지급일 또는 제공일부터 1년을 초과하지 아니하는 범위에서 건물 명도에 대하여 적당한 기간을 허락할 수 있다.

⑥ 재건축 결의일부터 2년 이내에 건물 철거공사가 착수되지 아니한 경우에는 위 ④에 따라 구분소유권이나 대지사용권을 매도한 자는 이 기간이 만료된 날부터 6개월 이내에 매수인이 지급한 대금에 상당하는 금액을 그 구분소유권이나 대지사용권을 가지고 있는 자에게 제공하고 이들의 권리를 매도할 것을 청구할 수 있다. 다만, 건물 철거공사가 착수되지 아니한 타당한 이유가 있을 경우에는 그러하지 아니하다.

⑦ 위 ⑥의 단서에 따른 건물 철거공사가 착수되지 아니한 타당한 이유가 없어진 날부터 6개월 이내에 공사에 착수하지 아니하는 경우에는 위의 ⑥ 본문을 준용한다. 이 경우 위의 ⑥ 본문 중 '이 기간이 만료된 날부터 6개월 이내에'는 '건물 철거공사가 착수되지 아니한 타당한 이유가 없어진 것을 안 날부터 6개월 또는 그 이유가 없어진 날부터 2년 중 빠른 날까지'로 본다.

(3) 재건축에 관한 합의(법 제49조)

재건축 결의에 찬성한 각 구분소유자, 재건축 결의내용에 따른 재건축에 참가할 뜻을 회답한 각 구분소유자 및 구분소유권 또는 대지사용권을 매수한 각 매수지정자(이들의 승계인을 포함한다)는 재건축 결의내용에 따른 재건축에 합의한 것으로 본다.

(4) 건물이 일부멸실된 경우의 복구(법 제50조)

① '건물가격'의 2분의 1 이하에 상당하는 건물부분이 멸실되었을 때에는 **각 구분소유자**는 멸실한 공용부분과 자기의 전유부분을 복구할 수 있다. 다만, 공용부분의 복구에 착수하기 전에 위 **(1)**의 ①의 결의나 공용부분의 복구에 대한 결의가 있는 경우에는 그러하지 아니하다.

② 위 ①에 따라 공용부분을 복구한 자는 다른 구분소유자에게 법 제12조의 지분비율(전유부분의 면적비율)에 따라 복구에 든 비용의 상환을 청구할 수 있다.

③ 위 ① 및 ②의 규정은 규약으로 달리 정할 수 있다.

④ 건물이 일부멸실된 경우로서 위 ①의 본문의 경우를 제외한 경우에 관리단집회는 구분소유자의 **5분의 4 이상** 및 의결권의 **5분의 4 이상**으로 멸실한 공용부분을 복구할 것을 결의할 수 있다.

⑤ 위 ④의 결의가 있는 경우에는 위 **(1)**의 ⑤를 준용한다.

⑥ 위 ④의 결의가 있을 때에는 그 결의에 찬성한 구분소유자(그의 승계인을 포함한다) 외의 구분소유자는 결의에 찬성한 구분소유자(그의 승계인을 포함한다)에게 건물 및 그 대지에 관한 권리를 '시가'로 '매수할 것을 청구'할 수 있다.

⑦ 위 ④의 경우에 건물 일부가 멸실한 날부터 6개월 이내에 같은 항 또는 위 **(1)**의 ①의 결의가 없을 때에는 각 구분소유자는 다른 구분소유자에게 건물 및 그 대지에 관한 권리를 '시가'로 '매수할 것을 청구'할 수 있다.

⑧ 법원은 위 ②, ③ 및 ⑦의 경우에 상환 또는 매수청구를 받은 구분소유자의 청구에 의하여 상환금 또는 대금의 지급에 관하여 적당한 기간을 허락할 수 있다.

2. 단지

(1) 단지관리단(법 제51조)

① 한 단지에 여러 동의 건물이 있고 그 단지 내의 토지 또는 부속시설(이들에 관한 권리를 포함한다)이 그 건물소유자(전유부분이 있는 건물에서는 구분소유자를 말한다)의 공동소유에 속하는 경우에는 이들 소유자는 그 단지 내의 토지 또는 부속시설을 관리하기 위한 단체를 구성하여 이 법에서 정하는 바에 따라 집회를 개최하고 규약을 정하며 관리인을 둘 수 있다.

② 한 단지에 여러 동의 건물이 있고 단지 내의 토지 또는 부속시설(이들에 관한 권리를 포함한다)이 그 건물소유자(전유부분이 있는 건물에서는 구분소유자를 말한다) 중 일부의 공동소유에 속하는 경우에는 이들 소유자는 그 단지 내의 토지 또는 부속시설을 관리하기 위한 단체를 구성하여 이 법에서 정하는 바에 따라 집회를 개최하고 규약을 정하며 관리인을 둘 수 있다.

③ 위 ①의 단지관리단은 단지관리단의 구성원이 속하는 각 관리단의 사업의 전부 또는 일부를 그 사업 목적으로 할 수 있다. 이 경우 각 관리단의 구성원의 4분의 3 이상 및 의결권의 4분의 3 이상에 의한 관리단집회의 결의가 있어야 한다.

(2) 단지에 대한 준용(법 제52조)

위 **(1)**의 경우에는 법 제3조(공용부분), 법 제23조의2(관리단의 의무), 법 제24조(관리인의 선임 등), 법 제24조의2(임시관리인의 선임 등), 법 제25조(관리인의 권한과 의무), 법 제26조(관리인의 보고의무 등), 법 제26조의2(회계감사)부터 법 제26조의5(집합건물의 관리에 관한 감독)까지, 법 제27조(관리단의 채무에 대한 구분소유자의 책임)부터 법 제42조(규약 및 집회의 결의의 효력)까지 및 법 제42조의2(결의취소의 소)를 준용한다. 이 경우 전유부분이 없는 건물은 해당 건물의 수를 전유부분의 수로 한다.

3. 집합건물분쟁조정위원회

(1) 집합건물분쟁조정위원회(법 제52조의2)

① 이 법을 적용받는 건물과 관련된 분쟁을 심의·조정하기 위하여 특별시·광역시·특별자치시·도 또는 특별자치도(이하 '시·도'라 한다)에 집합건물분쟁조정위원회(이하 '조정위원회'라 한다)를 둔다.
② 조정위원회는 분쟁 당사자의 신청에 따라 다음의 분쟁(이하 '집합건물분쟁'이라 한다)을 심의·조정한다.
　㉠ 이 법을 적용받는 건물의 '하자'에 관한 분쟁. 다만, 「공동주택관리법」 제36조 및 제37조에 따른 공동주택의 담보책임 및 하자보수 등과 관련된 분쟁은 제외한다.
　㉡ '관리인·관리위원'의 선임·해임 또는 '관리단·관리위원회' 구성·운영에 관한 분쟁
　㉢ 공용부분의 보존·관리 또는 변경에 관한 분쟁
　㉣ '관리비'의 징수·관리 및 사용에 관한 분쟁
　㉤ '규약'의 제정·개정에 관한 분쟁
　㉥ '재건축'과 관련된 철거, 비용분담 및 구분소유권 귀속에 관한 분쟁
　㉦ 소음·진동·악취 등 공동생활과 관련된 분쟁
　㉧ 그 밖에 이 법을 적용받는 건물과 관련된 분쟁으로서 '대통령령으로 정한 분쟁'

(2) 집합건물분쟁조정위원회의 심의·조정사항(영 제16조)

위 **(1)**의 ②의 ㉧에서 '대통령령으로 정한 분쟁'이란 다음의 분쟁을 말한다.
① 건물의 대지와 부속시설의 보존·관리 또는 변경에 관한 분쟁
② 규약에서 정한 전유부분의 사용방법에 관한 분쟁
③ 관리비 외에 관리단이 얻은 수입의 징수·관리 및 사용에 관한 분쟁
④ 관리위탁계약 등 관리단이 체결한 계약에 관한 분쟁
⑤ 그 밖에 집합건물분쟁조정위원회(이하 '조정위원회'라 한다)가 분쟁의 조정이 필요하다고 인정하는 분쟁

(3) 조정위원회의 구성과 운영(법 제52조의3)

① 조정위원회는 위원장 1명과 부위원장 1명을 포함한 **10명** 이내의 위원으로 구성한다.
② 조정위원회의 위원은 집합건물분쟁에 관한 법률지식과 경험이 풍부한 사람으로서 다음의 어느 하나에 해당하는 사람 중에서 시·도지사가 임명하거나 위촉한다. 이 경우 다음 ㉠ 및 ㉡에 해당하는 사람이 각각 2명 이상 포함되어야 한다.
　㉠ 법학 또는 조정·중재 등의 분쟁조정 관련 학문을 전공한 사람으로서 대학에서 조교수 이상으로 3년 이상 재직한 사람
　㉡ 변호사 자격이 있는 사람으로서 3년 이상 법률에 관한 사무에 종사한 사람

ⓒ 건설공사, 하자감정 또는 공동주택관리에 관한 전문적 지식을 갖춘 사람으로서 해당 업무에 3년 이상 종사한 사람
　　② 해당 시·도 소속 5급 이상 공무원으로서 관련 업무에 3년 이상 종사한 사람
③ 조정위원회의 의원장은 해당 시·도지사가 위원 중에서 임명하거나 위촉한다.
④ 조정위원회에는 분쟁을 **효율적으로** 심의·조정하기 위하여 **3명** 이내의 위원으로 구성되는 **소위원회**를 둘 수 있다. 이 경우 소위원회에는 위 ②의 ㉠ 및 ㉡에 해당하는 사람이 각각 1명 이상 포함되어야 한다.
⑤ 조정위원회는 저적위원 과반수의 출석과 출석위원 과반수의 찬성으로 의결하며, 소위원회는 재적위원 전원 출석과 출석위원 과반수의 찬성으로 의결한다.
⑥ 위 ①~⑤에서 규정한 사항 외에 조정위원회와 소위원회의 구성 및 운영에 필요한 사항과 조정절차에 관한 사항은 대통령령으로 정한다.

(4) 조정위원회의 구성(영 제17조)

① 조정위원회의 부위원장은 해당 시·도지사가 조정위원회의 위원장(이하 '위원장'이라 한다)의 추천을 받아 위원 중에서 임명하거나 위촉한다.
② 조정위원회 위원의 임기는 2년으로 한다.
③ 위 ① 및 ②에서 규정한 사항 외에 조정위원회의 구성에 필요한 사항은 조정위원회의 의결을 거쳐 위원장이 정한다.

(5) 조정위원회의 운영(영 제18조)

① 위원장은 회의를 소집하고 주재한다.
② 위원장이 부득이한 사유로 직무를 수행할 수 없는 경우에는 부위원장이 직무를 대행하고, 조정위원회의 부위원장도 직무를 대행할 수 없는 경우에는 위원 중 연장자가 직무를 대행한다.
③ 위원장이 회의를 소집하려면 회의 개최 3일 전까지 회의의 일시·장소 및 안건을 각 위원에게 알려야 한다.
④ 위원 전원이 동의하면 위 ③의 소집절차를 거치지 아니하고 조정위원회를 소집할 수 있다.
⑤ 다음 (14)에 따른 비용을 제외한 조정 비용에 관하여 필요한 사항은 특별시·광역시·특별자치시·도 및 특별자치도의 조례로 정한다.
⑥ 위 ①~⑤에서 규정한 사항 외에 조정위원회의 운영에 필요한 사항은 조정위원회의 의결을 거쳐 위원장이 정한다.

(6) 소위원회의 운영 등(영 제19조)

① 소위원회는 조정위원회의 의결로 위임한 분쟁을 심의·조정한다.
② 소위원회에 위원장 1명을 두며, 위원장은 해당 시·도지사가 위원장의 추천을 받아 소위원회 위원 중에서 임명하거나 위촉한다.
③ 위 ① 및 ②에서 규정한 사항 외에 소위원회의 구성 및 운영에 필요한 사항은 조정위원회의 의결을 거쳐 위원장이 정한다.

(7) 조정절차(영 제20조)

① 조정위원회는 조정을 효율적으로 하기 위하여 필요하다고 인정하면 사건들을 분리하거나 병합할 수 있다.
② 조정위원회는 위 ①에 따라 사건들을 분리하거나 병합한 경우에는 당사자에게 지체 없이 서면으로 통보하여야 한다.
③ 조정위원회는 조정을 위하여 필요하다고 인정하면 당사자에게 증거서류 등 관련 자료의 제출을 요청하거나 당사자 또는 참고인에게 출석을 요청할 수 있다.
④ 위 ①~③에서 규정한 사항 외에 조정절차에 필요한 사항은 조정위원회의 의결을 거쳐 위원장이 정한다.

(8) 위원의 제척 등(법 제52조의4)

① 조정위원회의 위원이 다음의 어느 하나에 해당하는 경우에는 그 사건의 심의·조정에서 제척(除斥)된다.
　㉠ 위원 또는 그 배우자나 배우자였던 사람이 해당 집합건물분쟁의 당사자가 되거나 그 집합건물분쟁에 관하여 당사자와 공동권리자 또는 공동의무자의 관계에 있는 경우
　㉡ 위원이 해당 집합건물분쟁의 당사자와 친족이거나 친족이었던 경우
　㉢ 위원이 해당 집합건물분쟁에 관하여 진술이나 감정을 한 경우
　㉣ 위원이 해당 집합건물분쟁에 당사자의 대리인으로서 관여한 경우
　㉤ 위원이 해당 집합건물분쟁의 원인이 된 처분이나 부작위에 관여한 경우
② 조정위원회는 위원에게 위 ①의 제척원인이 있는 경우에는 직권이나 당사자의 신청에 따라 제척의 결정을 한다.
③ 당사자는 위원에게 공정한 직무집행을 기대하기 어려운 사정이 있으면 조정위원회에 해당 위원에 대한 기피신청을 할 수 있다.
④ 위원은 위 ① 또는 ③의 사유에 해당하면 스스로 그 집합건물분쟁의 심의·조정을 회피할 수 있다.

(9) 분쟁조정신청과 통지 등(법 제52조의5)

① 조정위원회는 당사자 일방으로부터 분쟁의 조정신청을 받은 경우에는 지체 없이 그 신청내용을 '상대방'에게 '통지'하여야 한다.

② 위 ①에 따라 통지를 받은 '상대방'은 그 통지를 받은 날부터 **7일** 이내에 '조정에 응할 것인지에 관한 의사'를 조정위원회에 통지하여야 한다.

③ 위 ①에 따라 분쟁의 조정신청을 받은 조정위원회는 분쟁의 성질 등 조정에 적합하지 아니한 사유가 있다고 인정하는 경우에는 해당 조정의 불개시(不開始) 결정을 할 수 있다. 이 경우 조정의 불개시 결정 사실과 그 사유를 당사자에게 통보하여야 한다.

(10) 조정의 절차(법 제52조의6)

① 조정위원회는 위 **(9)**의 ①에 따른 조정신청을 받으면 위 **(9)**의 ②에 따른 조정 불응 또는 위 **(9)**의 ③에 따른 조정의 불개시 결정이 있는 경우를 제외하고는 지체 없이 조정절차를 개시하여야 하며, 신청을 받은 날부터 **60일** 이내에 그 절차를 마쳐야 한다.

② 조정위원회는 위 ①의 기간 내에 조정을 마칠 수 없는 경우에는 조정위원회의 의결로 그 기간을 **30일**의 범위에서 **한 차례**만 연장할 수 있다. 이 경우 그 사유와 기한을 분명히 밝혀 당사자에게 서면으로 통지하여야 한다.

③ 조정위원회는 위 ①에 따른 조정의 절차를 개시하기 전에 이해관계인 등의 의견을 들을 수 있다.

④ 조정위원회는 위 ①에 따른 절차를 마쳤을 때에는 조정안을 작성하여 지체 없이 각 당사자에게 제시하여야 한다.

⑤ 위 ④에 따른 조정안을 제시받은 당사자는 제시받은 날부터 **14일** 이내에 조정안의 수락 여부를 조정위원회에 통보하여야 한다. 이 경우 당사자가 그 기간 내에 조정안에 대한 수락 여부를 통보하지 아니한 경우에는 조정안을 수락한 것으로 본다.

(11) 출석 및 자료제출 요구(법 제52조의7)

① 조정위원회는 조정을 위하여 필요하다고 인정하는 경우 **분쟁당사자, 분쟁 관련 이해관계인** 또는 **참고인**에게 출석하여 진술하게 하거나 조정에 필요한 자료나 물건 등을 제출하도록 요구할 수 있다.

② 조정위원회는 해당 조정업무에 참고하기 위하여 **시·도지사** 및 **관련기관**에 해당 분쟁과 관련된 자료를 요청할 수 있다.

(12) 조정의 중지 등(법 제52조의8)

① 조정위원회는 당사자가 조정에 응하지 아니할 의사를 통지하거나 조정안을 거부한 경우에는 조정을 중지하고 그 사실을 상대방에게 서면으로 통보하여야 한다.

② 조정위원회는 당사자 중 일방이 소를 제기한 경우에는 조정을 중지하고 그 사실을 상대방에게 통보하여야 한다.

③ 조정위원회는 법원에 소송 계속 중인 당사자 중 일방이 조정을 신청한 때에는 해당 조정신청을 결정으로 각하하여야 한다.

(13) 조정의 효력(법 제52조의9)
① 당사자가 조정안을 수락하면 조정위원회는 지체 없이 조정서 3부를 작성하여 위원장 및 각 당사자로 하여금 조정서에 서명날인하게 하여야 한다.
② 위 ①의 경우 당사자 간에 조정서와 같은 내용의 합의가 성립된 것으로 본다.

(14) 하자 등의 감정(법 제52조의10)
① 조정위원회는 당사자의 신청으로 또는 당사자와 협의하여 '대통령령으로 정하는 안전진단기관, 하자감정전문기관 등'에 하자진단 또는 하자감정 등을 요청할 수 있다.
② 조정위원회는 당사자의 신청으로 또는 당사자와 협의하여 「공동주택관리법」 제39조에 따른 하자심사·분쟁조정위원회에 하자판정을 요청할 수 있다.
③ 위 ① 및 ②에 따른 비용은 대통령령으로 정하는 바에 따라 당사자가 부담한다.

(15) 하자의 진단 및 감정기관(영 제21조)
위 (14)의 ①에서 '대통령령으로 정하는 안전진단기관, 하자감정전문기관 등'이란 다음의 기관을 말한다. 다만, 하자감정전문기관은 다음 ①~④의 기관만 해당한다.
① 「고등교육법」에 따른 대학 및 산업대학의 주택 관련 부설연구기관(상설기관에 한정한다)
② 「과학기술분야 정부출연연구기관 등의 설립·운영 및 육성에 관한 법률」에 따른 한국건설기술연구원
③ 국립 또는 공립의 주택 관련 시험·검사기관
④ 「국토안전관리원법」에 따른 국토안전관리원
⑤ 「건축사법」에 따라 신고한 건축사
⑥ 「기술사법」에 따라 등록한 기술사
⑦ 「시설물의 안전 및 유지관리에 관한 특별법」에 따라 등록한 건축 분야 안전진단전문기관
⑧ 「엔지니어링산업 진흥법」에 따라 신고한 해당 분야의 엔지니어링사업자

(16) 하자진단 등의 비용부담(영 제22조)
위 (14)의 ① 및 ②에 따른 비용은 '당사자 간의 합의로 정하는 비율'에 따라 당사자가 미리 내야 한다. 다만, 당사자 간에 비용부담에 대하여 합의가 되지 아니하면 '조정위원회'에서 부담비율을 정한다.

CHAPTER 02 구분건물의 건축물대장 및 벌칙 등

CHAPTER 미리보기

학습전략
구분건물의 건축물대장 및 벌칙 등을 다루는 단원으로서 출제 빈도는 높지 않은 편이나 언제든지 출제될 수 있으므로 정리가 필요합니다.

학습키워드
- 건축물대장의 편성 및 등록

1. 건축물대장

(1) 건축물대장의 편성(법 제53조)
① **소관청**은 이 법을 적용받는 건물에 대하여는 이 법에서 정하는 건축물대장과 건물의 도면 및 각 층의 평면도를 갖추어 두어야 한다.
② 대장은 1동의 건물을 표시할 용지와 그 1동의 건물에 속하는 전유부분의 건물을 표시할 용지로 편성한다.
③ 1동의 건물에 대하여는 각 1용지를 사용하고 전유부분의 건물에 대하여는 구분한 건물마다 1용지를 사용한다.
④ 1동의 건물에 속하는 구분한 건물의 대장은 1책에 편철하고 1동의 건물을 표시할 용지 다음에 구분한 건물을 표시할 용지를 편철한다.
⑤ 위 ④의 경우에 편철한 용지가 너무 많을 때에는 여러 책으로 나누어 편철할 수 있다.

(2) 건축물대장의 등록사항(법 제54조)
① 1동의 건물을 표시할 용지에는 다음의 사항을 등록하여야 한다.
　㉠ 1동의 건물의 소재지와 지번(地番)
　㉡ 1동의 건물에 번호가 있을 때에는 그 번호
　㉢ 1동의 건물의 구조와 면적
　㉣ 1동의 건물에 속하는 전유부분의 번호
　㉤ 그 밖에 국토교통부령으로 정하는 사항
② 전유부분을 표시할 용지에는 다음의 사항을 등록하여야 한다.
　㉠ 전유부분의 번호
　㉡ 전유부분이 속하는 1동의 건물의 번호
　㉢ 전유부분의 종류, 구조와 면적
　㉣ 부속건물이 있을 때에는 부속건물의 종류, 구조, 면적
　㉤ 소유자의 성명 또는 명칭과 주소 또는 사무소. 이 경우 소유자가 둘 이상일 때에는 그 지분
　㉥ 그 밖에 국토교통부령으로 정하는 사항
③ 위 ②의 ㉣의 경우에 부속건물이 그 전유부분과 다른 별채의 건물이거나 별채인 1동의 건물을 구분한 것일 때에는 그 1동의 건물의 소재지, 지번, 번호, 종류, 구조 및 면적을 등록하여야 한다.
④ 위 ③의 경우에 건물의 표시 및 소유자의 표시에 관한 사항을 등록할 때에는 원인 및 그 연월일과 등록연월일을 적어야 한다.
⑤ 법 제3조 제2항(규약) 및 제3항(공정증서)에 따른 공용부분의 등록에 관하여는 위 ②와 ④를 준용한다. 이 경우 그 건물의 표시란에 공용부분이라는 취지를 등록한다.
⑥ 구분점포의 경우에는 전유부분 용지의 구조란에 경계벽이 없다는 뜻을 적어야 한다.

(3) 건축물대장의 등록절차(법 제55조)

건축물대장의 등록은 소유자 등의 신청이나 소관청의 조사결정에 의한다.

(4) 건축물대장의 신규등록신청(법 제56조)

① 이 법을 적용받는 건물을 신축한 자는 **1개월** 이내에 1동의 건물에 속하는 전유부분 **전부**에 대하여 **동시에** 건축물대장 등록신청을 하여야 한다.

② 위 ①의 신청서에는 위 (2)에 규정된 사항을 적고 건물의 도면, 각 층의 평면도(구분점포의 경우에는 건축사법에 따라 신고한 건축사 또는 공간정보의 구축 및 관리 등에 관한 법률 제39조 제2항에서 정한 측량기술자가 구분점포의 경계표지에 관한 측량성과를 적어 작성한 평면도를 말한다)와 신청인의 소유임을 증명하는 서면을 첨부하여야 하며, 신청서에 적은 사항 중 규약이나 규약에 상당하는 공정증서로써 정한 것이 있는 경우에는 그 규약이나 공정증서를 첨부하여야 한다.

③ 이 법을 적용받지 아니하던 건물이 구분, 신축 등으로 인하여 이 법을 적용받게 된 경우에는 위 ①과 ②를 준용한다.

④ 위 ③의 경우에 건물소유자는 다른 건물의 소유자를 대위(代位)하여 ①의 신청을 할 수 있다.

(5) 건축물대장의 변경등록신청(법 제57조)

① 건축물대장에 등록한 사항이 변경된 경우에는 소유자는 **1개월** 이내에 변경등록신청을 하여야 한다.

② 1동의 건물을 표시할 사항과 공용부분의 표시에 관한 사항의 변경등록은 전유부분 소유자 중 1인 또는 여럿이 위 ①의 기간까지 신청할 수 있다.

③ 위 ① 및 ②의 신청서에는 변경된 사항과 1동의 건물을 표시하기에 충분한 사항을 적고 그 변경을 증명하는 서면을 첨부하여야 하며 건물의 소재지, 구조, 면적이 변경되거나 부속건물을 신축한 경우에는 건물도면 또는 각 층의 평면도 첨부하여야 한다.

④ 구분점포는 법 제1조의2 제1항 제1호의 용도(판매시설 및 운수시설) 외의 다른 용도로 변경할 수 없다.

(6) 신청의무의 승계(법 제58조)

소유자가 변경된 경우에는 전 소유자가 하여야 할 위 **(4)**와 **(5)**의 ①의 등록신청은 소유자가 변경된 날부터 **1개월** 이내에 '새로운 소유자'가 하여야 한다.

(7) 소관청의 직권조사(법 제59조)

① 소관청은 위 (4) 또는 (5)의 **신청**을 받아 또는 **직권**으로 건축물대장에 등록할 때에는 소속 공무원에게 건물의 표시에 관한 사항을 조사하게 할 수 있다.

② 소관청은 구분점포에 관하여 위 **(4)** 또는 **(5)**의 신청을 받으면 신청내용이 법 제1조의2(상가건물의 구분소유) 제1항 각 호의 요건을 충족하는지와 건축물의 실제 현황과 일치하는지를 조사하여야 한다.

③ 위 ① 및 ②의 조사를 하는 경우 해당 공무원은 일출 후 일몰 전까지 그 건물에 출입할 수 있으며, 점유자나 그 밖의 이해관계인에게 질문하거나 문서의 제시를 요구할 수 있다. 이 경우 관계인에게 그 신분을 증명하는 증표를 보여주어야 한다.

(8) 조사 후 처리(법 제60조)

① 위 **(4)**의 경우에 소관청은 관계 공무원의 조사결과 그 신고내용이 부당하다고 인정할 때에는 그 취지를 적어 정정할 것을 명하고, '그 신고내용을 정정하여도 그 건물의 상황이 법 제1조(건물의 구분소유) 또는 법 제1조의2(상가건물의 구분소유)의 규정에 맞지 아니하다고 인정할 때'에는 '그 등록을 거부'하고 '그 건물 전체를 하나의 건물로 하여' **일반건축물대장**에 등록하여야 한다.

② 위 ①의 경우에는 일반건축물대장에 등록한 날부터 7일 이내에 신고인에게 그 등록거부사유를 서면으로 통지하여야 한다.

2. 벌칙

(1) 벌금(법 제65조)

① 법 제1조의2(상가건물의 구분소유) 제1항에서 정한 경계표지 또는 건물번호표지를 파손, 이동 또는 제거하거나 그 밖의 방법으로 경계를 알아볼 수 없게 한 사람은 3년 이하의 징역 또는 1천만원 이하의 벌금에 처한다.

② 건축사 또는 측량기술자가 위 1. **(4)**의 ②에서 정한 평면도에 측량성과를 사실과 다르게 적었을 때에는 2년 이하의 징역 또는 500만원 이하의 벌금에 처한다.

(2) 과태료(법 제66조)

① 다음의 어느 하나에 해당하는 자에게는 **500만원 이하의 과태료**를 부과한다.
　㉠ 법 제26조의2(회계감사) 제1항 또는 제3항[법 제52조(단지에 대한 준용)에서 준용하는 경우를 포함한다]에 따른 '회계감사를 받지 아니하거나' '부정한 방법'으로 받은 자
　㉡ 법 제26조의2(회계감사) 제6항[법 제52조(단지에 대한 준용)에서 준용하는 경우를 포함한다]을 위반하여 '회계감사를 방해'하는 등 같은 항 각 호의 어느 하나에 해당하는 행위를 한 자

② 다음의 어느 하나에 해당하는 자에게는 **300만원 이하의 과태료**를 부과한다.
　㉠ 법 제26조의2(회계감사) 제4항[법 제52조(단지에 대한 준용)에서 준용하는 경우를 포함한다]을 위반하여 '회계감사 결과를 보고하지 아니하거나 거짓으로 보고한 자'
　㉡ 법 제26조의5(집합건물의 관리에 관한 감독) 제1항(법 제52조에서 준용하는 경우를 포함한다)에 따른 보고 또는 자료 제출 명령을 위반한 자
　㉢ 법 제59조(소관청의 직권조사) 제1항에 따른 조사를 거부·방해 또는 기피한 자
　㉣ 법 제59조(소관청의 직권조사) 제3항에 따른 질문 및 문서 제시 요구에 응하지 아니하거나 거짓으로 응한 자

③ 다음의 어느 하나에 해당하는 자에게는 200만원 이하의 과태료를 부과한다.
  ㉠ 법 제9조의3(분양자의 관리의무 등) 제3항을 위반하여 통지를 하지 아니한 자
  ㉡ 법 제9조의3(분양자의 관리의무 등) 제4항을 위반하여 관리단집회를 소집하지 아니한 자
  ㉢ 법 제24조(관리인의 선임 등) 제6항[법 제52조(단지에 대한 준용)에서 준용하는 경우를 포함한다]에 따른 신고를 하지 아니한 자
  ㉣ 법 제26조(관리인의 보고의무 등) 제1항[법 제52조(단지에 대한 준용)에서 준용하는 경우를 포함한다]을 위반하여 '보고를 하지 아니하거나 거짓으로 보고한 자'
  ㉤ 법 제26조(관리인의 보고의무 등) 제2항(50개 이상, 작성 및 5년간 보관의무)(법 제52조에서 준용하는 경우를 포함한다)을 위반하여 장부 또는 증빙서류를 작성·보관하지 아니하거나 거짓으로 작성한 자
  ㉥ 법 제26조(관리인의 보고의무 등) 제3항 각 호 외의 부분 후단(법 제52조에서 준용하는 경우를 포함한다)을 위반하여 정당한 사유 없이 법 제26조 제1항에 따른 보고 자료 또는 같은 조 제2항에 따른 장부나 증빙서류에 대한 열람 청구 또는 등본의 교부 청구에 응하지 아니하거나 거짓으로 응한 자
  ㉦ 법 제30조(규약의 보관 및 열람) 제1항, 법 제39조(집회의 의장과 의사록) 제4항, 법 제41조(서면 또는 전자적 방법에 의한 결의 등) 제4항[이들 규정을 법 제52조(단지에 대한 준용)에서 준용하는 경우를 포함한다]을 위반하여 규약, 의사록 또는 서면(전자적 방법으로 기록된 정보를 포함한다)을 보관하지 아니한 자
  ㉧ 법 제30조(규약의 보관 및 열람) 제3항, 법 제39조(집회의 의장과 의사록) 제4항, 법 제41조(서면 또는 전자적 방법에 의한 결의 등) 제4항[이들 규정을 법 제52조(단지에 대한 준용)에서 준용하는 경우를 포함한다]을 위반하여 정당한 사유 없이 규약, 의사록 또는 서면(전자적 방법으로 기록된 정보를 포함한다)의 열람이나 등본의 발급청구를 거부한 자
  ㉨ 법 제39조(집회의 의장과 의사록) 제2항 및 제3항[이들 규정을 법 제52조(단지에 대한 준용)에서 준용하는 경우를 포함한다]을 위반하여 의사록을 작성하지 아니하거나 의사록에 적어야 할 사항을 적지 아니하거나 거짓으로 적은 자
  ㉩ 법 제56조(건축물대장의 신규 등록신청) 제1항, 법 제57조(건축물대장의 변경등록신청) 제1항, 법 제53조(신청의무의 승계)에 따른 등록신청을 게을리한 자
④ 위 ①부터 ③㉩까지의 규정에 따른 과태료는 대통령령으로 정하는 바에 따라 소관청(위 ②의 ㉡의 경우에는 시·도지사 또는 시장·군수·구청장을 말한다)이 부과·징수한다.

INDEX 기본용어 다시보기

※ 기본서 학습이 모두 끝나셨나요? 아래 용어의 의미를 정확히 알고 있는지 확인해보고, 헷갈리는 용어는 다시 학습하세요.

ㄱ

용어	쪽
경보설비	309
공급약관	380
공동이용시설	12
공용부분	496
과징금	348, 442, 473
관계인	229
관계지역	229
관리단	505
관리위원회	509
관리인	505
관리주체	173, 434
관리처분계획	85
구분소유권	495
구분소유자	495
구역전기사업	365
규약	512
기본공급약관	380
긴급안전점검	174, 190
긴급안전조치	200

ㄴ

용어	쪽
내진설계기준	319
내진성능평가	174
노후·불량건축물	11

ㄷ

용어	쪽
담보책임	497
대의원회	64
대지사용권	496
도시재생선도지역	31
도시재정비위원회	167
도시·주거환경정비기본계획	15

ㅁ

용어	쪽
매도청구	79
매도청구권	497

ㅂ

용어	쪽
발전사업	365
방화시설	332
배전사업	365
보편적 공급	367
부품안전인증	444
분산형전원	367
분양공고	85
분양신청	85

ㅅ

용어	쪽
사업시행계획서	72
사업시행계획인가	68
사용전검사	417
사후관리	439
생활안전활동	238
선택공급약관	381
설계도서	183
설치검사	460
설치신고	460
성능등급	209
성능위주설계	319
성능평가	174, 209
소규모전력중개사업	366
소규모전력중개시장	367
소방관서장	261
소방대	229
소방대상물	229
소방대장	229
소방력	234
소방본부장	229
소방시설	309
소방시설등	311
소방안전관리대상물	280
소방안전 특별관리시설물	295
소방용수시설	236
소방용품	312, 333
소방자동차 전용구역	243
소방지원활동	238
소방활동	238
소방활동구역	245
소방활동 종사명령	246
소화설비	309
소화용수설비	309
소화활동설비	309
송전사업	365
수시검사	465
승강기사고조사위원회	475
승강기사업자	434
승강기안전위원회	436
승강기안전인증	449
승강기안전종합정보망	463, 486
승강기 유지관리업	470
시설물	173
시설물사고조사위원회	217
시설물의 안전 및 유지관리계획	177
시설물의 안전 및 유지관리 기본계획	177
시설물통합정보관리체계	214
실태조사	487

ㅇ

용어	쪽
안전검사	465
안전등급	191
안전점검	173, 186
우선사업구역	137

유지관리	174, 209, 433		중앙시설물사고조사위원회	217
이행강제금	220		지분형주택	96
일반용 전기설비	367		지정개발자	36
임시소방시설	331		집합건물분쟁조정위원회	522

ㅈ

자가용 전기설비	367
자체심사	445, 451
자체점검	463
재건축	519
재생에너지전기공급사업	366
재정비촉진계획	146
재정비촉진사업	137
재정비촉진지구	137
전기신사업	365
전기신사업의 약관	381
전기위원회	412
전기자동차충전사업	366
전기판매사업	365
전력계통	367
전력산업기반기금	409
전력산업기반조성계획	406
전력수급기본계획	392
전력시장	366, 396
전력시장운영규칙	396, 404
전력정책심의회	407
전유부분	496
정기검사	465
정기심사	446, 451
정밀안전검사	466
정밀안전진단	174, 189
정비계획	16
정비구역	9, 16
정비기반시설	12
정비사업	9
조합설립인가	47
조합설립추진위원회	43
존치지역	137
종합상황실	230
주민대표회의	66
준공인가	98
중개시장운영규칙	405

ㅊ

책임보험	462
총괄계획가	149
총괄사업관리자	153
총회	60

ㅌ

토지등소유자	13
토지등소유자 전체회의	67
특정소방대상물	311

ㅍ

표준규약	512
표준유지관리비	471
피난구조설비	309

ㅎ

한국소방안전원	249
한국승강기안전공단	481
한국전력거래소	401
화재예방강화지구	261

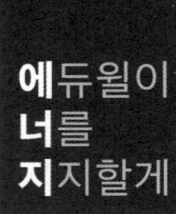

끝이 좋아야 시작이 빛난다.

— 마리아노 리베라(Mariano Rivera)

**여러분의 작은 소리
에듀윌은 크게 듣겠습니다.**

본 교재에 대한 여러분의 목소리를 들려주세요.
공부하시면서 어려웠던 점, 궁금한 점,
칭찬하고 싶은 점, 개선할 점, 어떤 것이라도 좋습니다.

에듀윌은 여러분께서 나누어 주신 의견을
통해 끊임없이 발전하고 있습니다.

에듀윌 도서몰 book.eduwill.net
- 부가학습자료 및 정오표: 에듀윌 도서몰 → 도서자료실
- 교재 문의: 에듀윌 도서몰 → 문의하기 → 교재(내용, 출간) / 주문 및 배송

2026 에듀윌 주택관리사 2차 기본서 **주택관리관계법규**

발 행 일	2025년 10월 29일 초판
편 저 자	윤동섭
펴 낸 이	양형남
펴 낸 곳	(주)에듀윌
I S B N	979-11-360-3960-6
등록번호	제25100-2002-000052호
주 소	08378 서울특별시 구로구 디지털로34길 55
코오롱싸이언스밸리 2차 3층

* 이 책의 무단 인용·전재·복제를 금합니다.

www.eduwill.net
대표전화 1600-6700